政协文史“亲历、亲见、亲闻”文库

人民政协与新中国成立

·第一辑·

《“三亲”文库》编纂工作委员会　编

中国文史出版社

图书在版编目(CIP)数据

人民政协与新中国成立 ：1–7 辑 / 《“三亲”文库》编纂工作委员会编 .-- 北京：中国文史出版社，2024.9. --（政协文史“亲历、亲见、亲闻”文库）.
ISBN 978–7–5205–4747–5

Ⅰ.D627

中国国家版本馆 CIP 数据核字第 2024QA5884 号

责任编辑：王文运　张春霞　梁　洁　李晓薇　赵姣娇　梁玉梅
　　　　　徐玉霞　卜伟欣　牛梦岳　高　贝　薛媛媛　薛未未

出版发行：中国文史出版社
社　　址：北京市海淀区西八里庄路69号　邮编：100142
电　　话：010-81136606　81136602　81136603（发行部）
传　　真：010-81136655
制　　版：北京方舟正佳图文制作有限公司
印　　装：北京科信印刷有限公司
经　　销：全国新华书店
开　　本：710mm×1000mm　1/16
印　　张：212.75
字　　数：2400千字
版　　次：2024年9月北京第1版
印　　次：2024年9月第1次印刷
定　　价：1800.00元（全7辑）

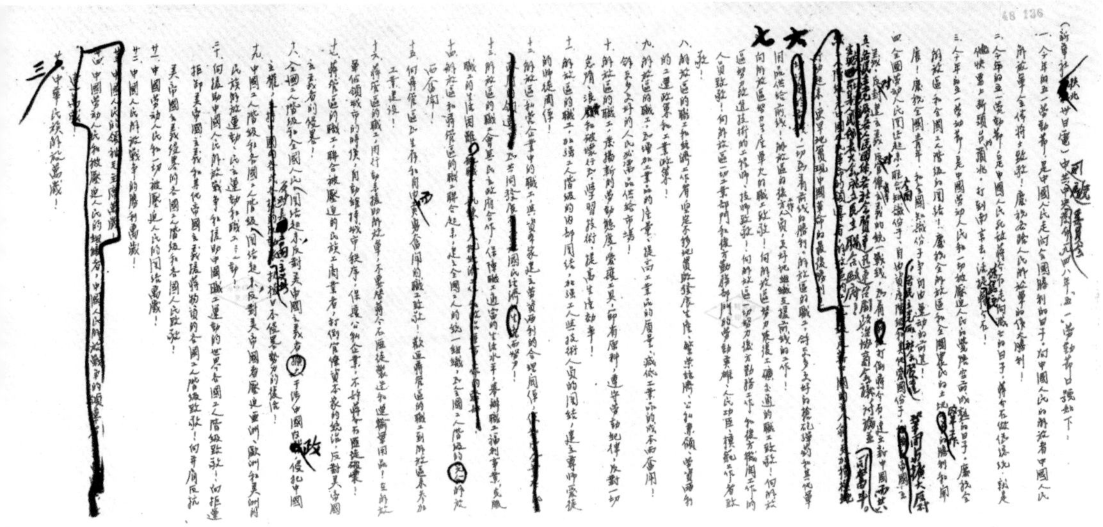

毛泽东修改的“五一口号”手稿。

晉察冀日報

中國共產黨中央委員會

發佈「五一」勞動節口號

毛主席

發展工業的勞動政策與稅收政策

1948 年 5 月 1 日，《晋察冀日报》首刊“五一口号”。

華商報

濰縣蔣軍 二萬五千被殲

陳金城軍長等將官六人被俘

各民主黨派民主人士

通電全國與中共

籌開新政協會議

新加坡僑團擁護中共號召

反對美蔣助日

心曠神怡

1948 年 5 月 6 日，香港《华商报》对 12 位民主人士联名通电的报道。

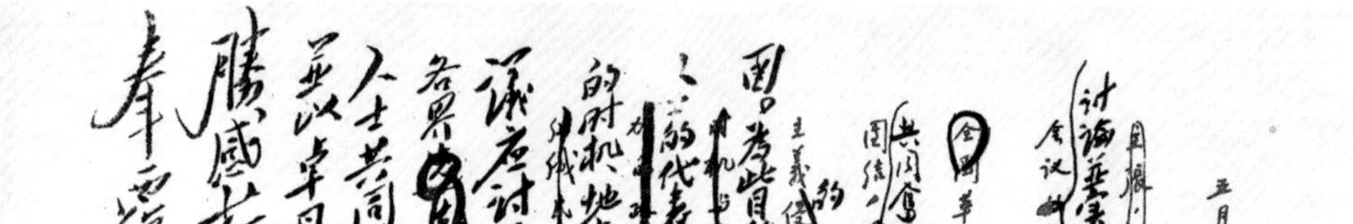

五月五日電敬悉。諸先生贊同敝黨五月一日關於召開新的政治協商會議，討論並實現召集人民代表大會，建立民主聯合政府一項建議，並熱心促其實現，極為欽佩。現在革命形勢日益開展，一切民主力量均宜加強團結，共同奮鬥，以期早日消滅中國反動勢力，制止美帝國主義的侵略，建立獨立、自由、富強和統一的中華人民民主共和國。為此目的，實有召集各民主黨派、各人民團體及無黨派民主人士的代表們共同協商的必要。關於召集此項會議的時機、地點、何人召集、參加會議者的範圍以及會議應討論的問題等項，希望諸先生及全國各界民主人士共同研討，並以卓見見示，曷勝感荷。謹電。

中國共產黨中央委員會主席毛澤東 八月一日

1948 年 8 月 1 日，中共中央主席毛泽东复各民主党派与民主人士李济深等电手稿。

毛泽东、周恩来在西柏坡运筹决策。

1948 年，郭沫若、谭平山、蔡廷锴、沈钧儒、何香凝、马叙伦（左起）等民主人士在香港合影。

社評

及早解決召開新政協的具體問題

五一勞動節，中共中央發佈了二十三條口號，其中極重要的一項，是號召「各民主黨派、各人民團體及社會賢達，迅速召開政治協商會議，討論並實現召集人民代表大會，成立民主聯合政府。」香港各民主黨派領袖與民主人士的代表，五月五日電中共中央主席毛澤東，響應這個號召。這三個月來，國內外各界人士已普遍而熱烈地捲入了這一個偉大的政治運動中。表明了這一主張正是全國人民的熱烈要求。

新華社重要社論「人民解放戰爭兩週年的總結和第三年的任務」一文中，指出「與過去一年的偉大軍事勝利同時，中國人民在政治上也取得了偉大的勝利！」表現這個勝利的一個方面，便是「廣大的中間階層迅速地失去了對於和平改良和中間路線的幻想，轉而寄希望於中國人民解放戰爭的澈底勝利，寄希望於中國共產黨，並且敢於把這種希望公開表示出來」。

由於中國革命的許多特點，「中國革命是不能在一次或幾次簡單的鬥爭中就能完全勝利的，中國的反動勢力是不會一次或幾次打擊之下就能完全消滅的」。「中國人民還要準備繼續作幾年的艱苦奮鬥。……才能最後解放全中國。」該社論又指出，「我們願意很快結束戰爭，并很快地得到和平，但是中國的反動勢力不完全消滅，美國的侵略勢力不退出中國，人民的民主權利不完全實現，是不能有眞正的和平的。除開揭露反動派「和平」陰謀外，隨着解放戰爭的繼續發展還應當積極準備於適當時機和適當地點，實行中共中央的五一號召，召開新的沒有帝國主義走狗及反動份子參加的完全革命的政治協商會議，以便進一步統一中國革命事業的領導，加速最後勝利的到來。」

現在，毛澤東先生的覆電來了，這個問題是更具體的提出來了，覆電中對於召集此項會議的時機、地點，何人召集，參加會議者的範圍以及會議應討論的問題等項，都希望能與各民主黨派領袖及各界民主人士共同研討，這是極端重要的一件事，全國人民及廣大海外僑胞，都渴望着這個會議能夠早日召開，聯合政府能夠早日產生，一切愛國的力量能夠更快的更廣泛的結合起來，這樣，中國人民的解放戰爭才能更順利的推進，革命道路上的困難才能更迅速掃除，最後勝利與完全勝利的日子也才能更快到來。

因此，毛澤東先生所提出來的問題，是值得各民主黨派各人民團體及無黨派的民主人士熱烈研討與提供具體意見的。

上左：“五一口号”发布后，中共香港分局通过《华商报》发表一系列社评，引导“新政协运动”的方向。

下左：1948 年 6 月，郭沫若在“新政丛书”第一辑《论新政协》上发表《为新政协催生》。

下右：1948 年 6 月，章伯钧在《光明报》发表《我们赞同迅速召开新政协》。

爲新政協催生

起了天翻地覆的革命

郭沫若

•光明報•

—2—

代論

我們贊同迅速召開新政協

章伯鈞

《政协文史“亲历、亲见、亲闻”文库》总　序

习近平总书记在中国共产党第二十次全国代表大会上的报告中强调：“全面建设社会主义现代化国家，必须坚持中国特色社会主义文化发展道路，增强文化自信，围绕举旗帜、聚民心、育新人、兴文化、展形象建设社会主义文化强国，发展面向现代化、面向世界、面向未来的，民族的科学的大众的社会主义文化，激发全民族文化创新创造活力，增强实现中华民族伟大复兴的精神力量。”

人民政协的文史资料孕育、产生并发展于人民政协制度的伟大实践，是社会主义文化的重要组成部分。1959 年4 月，时任全国政协主席周恩来提出，“戊戌以来是中国社会变动极大的时期，有关这个时期的历史资料要从各个方面记载下来”，“政协是联系各方面的，要注意组织这项工作”。这个具有远见卓识的倡议，得到了委员们的热烈响应和社会各界人士的支持。征集、整理、研究和出版文史资料，成为人民政协一项重要的经常性工作。60 多年来，人民政协始终高度重视文史资料工作，累计征集政协委员及其所联系的各方面人士撰写的“三亲”史料近百亿字，编辑出版了一大批专题图书。这些文史资料从不同侧面、不同层次、不同角度，翔实生

动地记述了近代以来各界代表人士“亲历、亲见、亲闻”的第一手资料，见证了各党派团体、各族各界人士拥护中国共产党领导，选择中国特色社会主义道路并为之共同奋斗的真实历程，凝聚着他们对真理的追求和鲜活的人生体验，是爱国主义和社会主义教育的生动教材，有效发挥了“存史、资政、团结、育人”的积极作用。

全国政协办公厅通过对数量庞大的文史资料进行专题化、系列化研究梳理，集成编纂出版《政协文史“亲历、亲见、亲闻”文库》（以下简称《“三亲”文库》），让历史说话，用史实发言，有利于进一步讲清楚为什么马克思主义能够成为中国革命、建设、改革事业的指导思想，讲清楚为什么中国共产党能够担负起领导人民实现民族独立、人民解放和国家富强、人民幸福的历史使命，讲清楚为什么社会主义能够在中国落地生根并不断发展完善；有利于不断增强各族各界人士对中国共产党领导和中国特色社会主义的政治认同、思想认同、理论认同、情感认同。这是新时代人民政协的责任使命，也是发挥文史资料特色优势的有益探索。

《“三亲”文库》的编纂出版是一项政治性和专业性都很强的系统工程。秉持的指导思想和工作原则是：坚持以习近平新时代中国特色社会主义思想为指导，深入贯彻习近平总书记关于加强和改进人民政协工作的重要思想，全面落实中央政协工作会议精神，高举爱国主义、社会主义旗帜，遵循辩证唯物主义和历史唯物主义世界观、方法论；坚持尊重史实，昭示后人；坚持统战、“三亲”特色，力求叙事翔实，允许多说并存；坚持质量为先，博采众长，持之以恒，久久为功。

《“三亲”文库》编纂工作委员会贯彻落实全国政协领导同志

关于加强人民政协珍贵史料保护利用工作的要求，在广泛听取有关方面意见建议基础上，经过各方面专家充分论证，认真研究确定了丛书的基本框架内容。《“三亲”文库》以《辛亥革命》卷为起点，以新民主主义革命时期、社会主义革命和建设时期、改革开放和社会主义现代化建设新时期、中国特色社会主义新时代等历史阶段的重大历史事件、重要历史人物、重大建设成就、人民政协重要实践成果等为重点，对文史资料进行全面梳理、深度研究，确定相关专题，以分卷专辑、系列丛书的形式出版。同时，对新中国成立以来尤其是改革开放以来各个时期的重要史料开展专题征集，多角度、立体式反映中华民族伟大复兴历史进程。

修史立典，存史启智，以文化人，这是中华民族延续几千年的一个传统。在中华民族从站起来、富起来到强起来的伟大飞跃中，《“三亲”文库》作为富有政协和统战特色的文化产品，将有益于从政协文史资料的角度，为这一历史进程保存重要片段、留下珍贵记忆，从而彰显人民政协在加强思想政治引领、广泛凝聚共识方面的独特优势，为全面建设社会主义现代化国家、全面推进中华民族伟大复兴贡献智慧和力量。

《“三亲”文库》编纂工作委员会

2022 年 12 月

《人民政协与新中国成立》卷

前　言

习近平总书记在《〈复兴文库〉序言》中强调："历史是最好的教科书，一切向前走，都不能忘记走过的路；走得再远、走到再光辉的未来，也不能忘记走过的过去。当前，世界百年未有之大变局加速演进，中华民族伟大复兴进入关键时期，我们更需要以史为鉴、察往知来。"这为推进《"三亲"文库》编纂出版工作提供了重要遵循。

中华人民共和国的成立，是中国共产党领导人民浴血奋战、改天换地的伟大成就，是中国共产党凝聚各方、协商国是的重大成果。这一伟大事件，彻底改变了近代以后100多年中国积贫积弱、受人欺凌的悲惨命运，中华民族走上了实现伟大复兴的壮阔道路。中国人民政治协商会议第一届全体会议，代行全国人民代表大会职权，为新中国诞生做了全面准备。

在中国共产党带领全国各族人民迈上全面建设社会主义现代化国家新征程之际，回顾人民政协成立和新中国诞生时的辉煌历史，以史为鉴、察往知来，有助于弄清楚我们从哪里来、要到哪里去，弄清楚中国共产党是干什么的、已经干了什么、还要干什么，弄清楚过去我们为什么能够成功、未来怎样才能继续成功；有利于我们坚定理想信念，增强制度自信，传承协商文化，凝聚精神力量，在复兴之路上开拓前行。

《“三亲”文库》编纂工作委员会顺时启动《人民政协与新中国成立》卷编纂，力求通过对相关文史资料进行系统梳理和综合研究利用，发挥“三亲”史料历史细节丰富的特点优势，从不同角度再现人民政协和新中国成立的历史画卷，立体展现中国共产党领导的多党合作和政治协商制度的形成过程。编纂《人民政协与新中国成立》卷，有助于生动反映中国共产党领导各党派团体、各族各界人士协商建立新中国的壮阔历史，彰显中国共产党的领导是历史的选择、人民的选择；有助于整合大量零散的文史资料和相关文献，为学习和研究中共党史、新中国史和人民政协历史提供生动的多视角的珍贵史料；有助于加强政协珍贵史料的保护、研究和利用，让文史资料“活”起来，在新时代更好发挥“存史、资政、团结、育人”的功能，凝聚团结奋斗的磅礴力量。

本卷意义深远，内容广泛。我们在编辑过程中坚持以习近平新时代中国特色社会主义思想为指导，深刻把握中国共产党百年奋斗的光辉历程、辉煌成就、历史意义、历史经验；坚持正确把握历史主题主线和主流本质，处理好政治性、时代性与多说并存的关系；坚持政协特色、统战特色、“三亲”特色，以各级政协征集出版的文史资料为主，补充各民主党派、人民团体收集的史料，选用少量具有典型性、代表性的文献资料。

本卷以中共中央发布“五一口号”为起点，以史为经，以事为纬，把重要历史时段、事件用“三亲”史料贯穿起来。全书共七辑：第一辑，“五一口号”的发布与响应；第二辑，民主人士汇聚解放区；第三辑，和平谈判；第四辑，城市接管与政权建设；第五辑，新政协筹备；第六辑，人民政协第一届全体会议；第七辑，开国大典。为体现叙事的完整性，在每辑开篇撰写选编说明，在每篇文章首页添加作者简介，在文章末尾标注文章来源，在本卷最后编写了《人民政协与新中国成立大事记》。

本卷是对政协文史资料中“人民政协与新中国成立”相关内容的首次大规模专题化汇编出版。囿于政协文史资料自身特点，作者个人身份立场、视野角度不同，一些人撰稿时年事已高、事隔经年，记忆恐有偏差，细节难求完全准确，有意偏重或弱化亦难避免。对此，我们力求维持原貌，体现多说并存，只对一些显而易见的讹误进行谨慎订正，与文献资料或多数人回忆抵牾之处作编者注。诚然如此，由于我们能力水平和主客观条件的限制，难免有疏漏之处，恳请广大读者批评指正！

编　者

2022 年 12 月

《人民政协与新中国成立》卷

总目录

第一辑　“五一口号”的发布与响应

聂荣臻　秉夜畅谈中国革命 …… 001
胡乔木　迎接中国革命新高潮的十二月会议 …… 007
杨成武　一次未执行的“特殊任务” …… 017
李济深　团结建国 …… 021
朱学范　新政协运动的开展 …… 024
章伯钧　我们赞同迅速召开新政协 …… 032
马叙伦　读了中共“五一口号”以后 …… 035
郭沫若　为新政协催生 …… 041
陈叔通　致马叙伦手札选刊 …… 061
罗青长　从延安到西柏坡 …… 078
叶子龙　回忆毛泽东进驻西柏坡 …… 083
陈春森　中共中央“五一口号”首刊亲历记 …… 088
刘　焱　中共“五一口号”的发布和南开大学地下党 …… 091
章乃器　新的转折点 …… 100

李伯球　民主统一的新中国 …………………………… 102
陈演生　新政协之前提及任务 ………………………… 105
方　方　为成立民主联合政府而奋斗 ………………… 110
连　贯　新政协的道路 ………………………………… 115
茅　盾　我在香港新政协运动前后的经历 …………… 120
周而复　香港成为临时文化中心 ……………………… 130
罗培元　新政协活动在香港 …………………………… 161
许涤新　香港二年半 …………………………………… 183
冯素陶　龙云对民主运动的态度及其与民盟的关系 ……… 209
林一元　关于中国国民党民主促进会的回忆 ………… 221
甘祠森　回忆三民主义同志联合会 …………………… 229
罗涵先　三次难忘的会见 ……………………………… 243
郭翘然　我从事华南民主运动的回忆 ………………… 248
寿墨卿　在上海坚持斗争的爱国老人陈叔通 ………… 257
杨　奇　新政协运动前后的《华商报》……………… 265
刘思慕　在香港发出我们的声音 ……………………… 279
徐铸成　港岛舆论斗争中的《文汇报》……………… 288
陆　诒　回忆香港《光明报》………………………… 296
仲秋元　生活书店在香港 ……………………………… 306
李筱桐
李筱薇　李济深在“五一口号”发布前后 …………… 315

张茂延　新中国成立前夕张澜在上海 …… 322
郭平英　郭沫若在中共“五一口号”发布前后 …… 334
许　进　“五一口号”发布前后的许德珩 …… 353
马　元　马叙伦与“五一口号” …… 356
彭润平　父亲彭泽民 20 世纪 40 年代在香港的政治活动 …… 361

重要文献选编

目前形势和我们的任务 …… 毛泽东 377
中国共产党中央委员会发布纪念“五一”劳动节口号 …… 394
毛泽东关于城南庄会议的议题致刘少奇、朱德、周恩来、任弼时电 …… 398
给李济深、沈钧儒的信 …… 毛泽东 400
毛泽东关于请张东荪等民主人士来解放区开代表会议事给刘仁的信 …… 402
各民主党派暨无党派民主人士响应中共“五一”号召致毛泽东电 …… 404
复各民主党派与民主人士电 …… 毛泽东 406
各民主党派与民主人士李济深等响应中共“五一”号召的通电 …… 408

第二辑　民主人士汇聚解放区

胡　绳　　记一次不寻常的旅行 …… 001
李济深　　离港北上途中散记 …… 007
朱学范　　民主人士在哈尔滨 …… 014
史　良　　上海解放前夕脱险经历 …… 032
叶圣陶　　北上手记 …… 037
童小鹏　　接送民主人士来解放区参加新政协 …… 063
连　贯　　辗转护送万里情
——周恩来关怀民主人士安危纪实 …… 071
钱之光　　接送民主人士进解放区参加新政协 …… 077
徐铸成　　我北上解放区的经过 …… 086
柳亚子　　前途真喜向光明
——北行日记 …… 099
林一元　　曲折的道路　前进的道路
——蔡廷锴将军北上始末 …… 108
刘　昂　　肝胆相照的光辉篇章
——记 1946—1948 年周恩来对民主人士的关怀 …… 116
周而复　　和李达同志在挪威货轮上 …… 137
罗培元　　丘哲先生北上参加新政协筹备的二三事 …… 144
宋云彬　　北游寄札 …… 151

黄振声　从香港秘密前往解放区 …… 163
李师弼　我由香港进解放区的经过 …… 168
顾执中　我前往解放区的经过 …… 176
罗培元　送船记 …… 185
许涤新　离港前的兴奋和紧张 …… 189
袁超俊　华润公司护送民主人士北上 …… 196
廖安祥　香港往事 …… 228
杨　奇　风雨同舟
——护送民主人士离港北上参加新政协始末 …… 235
曹　达　开辟香港前往解放区海上交通线的回忆 …… 265
赵子晖　记香港民主人士赴解放区的一次旅程 …… 270
廖梦醒　宋庆龄同志北上前后 …… 274
邓广殷　“红　屋”
——回忆我父亲邓文钊在香港的往事 …… 278
方学武　护送沈钧儒老先生去香港的经过 …… 285
吴企尧　1948 年护送许广平同志离沪赴港经过 …… 288
周海婴　航向新中国 …… 292
王　健　护送亲友北上解放区 …… 318
秦福铨　1948 年：香港—哈尔滨 …… 363
张潜华　国民党立法委员香港起义记 …… 371
贾若瑜　迎接海外归来的爱国民主人士 …… 388
章翼军　回忆父亲章乃器北上参加新政协 …… 398

王芝芙	父亲王芸生秘密北上投向光明始末	405
李韶东	台盟创始人谢雪红从事爱国 民主运动及参加新政协的情况	412
包启亚	从社会贤达到任职人民政府 ——回忆我的父亲包达三	420
郑尔康	可疑的船员 ——回忆父亲郑振铎北上	425
余心清	最后的归宿	431
玛依努尔·哈斯木	最后的行程	436
阎锦文	营救张澜、罗隆基脱险	459
沈　醉	关于杨杰被暗杀的简要经过	471
杨德慧 李　韧	热血沃中华 ——记杨杰烈士	476
雷洁琼	一次难忘的幸福会见	484
胡愈之	人民自己的国家	490
胡　风	到李家庄日札	495
吴　晗	报告在解放区的种种见闻	499
田　汉	在西柏坡、李家庄	502
童小鹏	沸腾的李家庄	504
李一氓	高明的预见	511

梅日新 吴锦华　在香港看到解放区的通讯 ………… 514
王蕴如 周　瑾　在最黑暗的日子入党 ………… 518
钟　灵　解放区的天 ………… 521
李瑞生　难忘的日子 ………… 525
武象廷　毛泽东在西柏坡接见民主人士 ………… 529
李　青　回忆周恩来于北平解放前夕与抵达李家庄民主人士座谈情况 ………… 531
金柏年　解放前夕周建人赴解放区的经历 ………… 541
陈鼎文　记通往晋察冀边区的一条秘密交通线 ………… 546
高　深　在平西、沧州交通站工作的二三事 ………… 558
季　洪　急中生智 ………… 562
池　重　护送吴晗去解放区 ………… 571
田大畏　田汉、安娥从西柏坡出发 ………… 580
符立达 周勉德　毛主席看望符定一 ………… 584
王　忠　陪同民主人士进北平 ………… 587

重要文献选编

中央关于邀请参加新政协者的名单给港分局的指示 ………… 594
中央关于邀请平津民主党派及社会贤达参加新政协给华北局的指示 ………… 596

毛泽东、周恩来电宋庆龄北上参加政协 …………………… 597
致宋庆龄 …………………………………………… 毛泽东 598
致陈嘉庚 …………………………………………… 毛泽东 599
致司徒美堂 ………………………………………… 毛泽东 600
给阿哈买提江的电报 ……………………………… 毛泽东 601
渴望同先生共商建国大计
——致宋庆龄 ……………………………………… 周恩来 603

第三辑　和平谈判

叶剑英　关于和平谈判问题 ………………………… 001
杨尚昆　粉碎反动派的“和平”阴谋 ……………… 013
李维汉　真假和谈的斗争
——记北平和谈 ………………………… 016
胡乔木　假和平与真和平 ………………………… 036
童小鹏　国共和谈破裂 …………………………… 040

李宗仁　忆 1949 年国共和谈 ……………………… 046
张治中　北平和谈 ………………………………… 079
程思远　蒋介石发表求和声明的经过 …………… 149
宋希濂　和谈前夕蒋介石的幕后操纵和李宗仁的
备战部署 …………………………………… 163

黄绍竑　李宗仁遣使赴北平和谈 …… 172
刘　斐　1949 年北平和谈的片段 …… 194
屈　武　参加国共北平和谈 …… 209

刘仲容　回忆北平和谈一二事 …… 217
江　庸　和谈回忆 …… 231
黄启汉　1949 年“和谈”的回忆 …… 236
余湛邦　毛泽东与张治中在香山的单独谈话 …… 270
张丰胄　1949 年国共和谈的有关史料 …… 278
张立钧　随张治中将军五年国共和谈 …… 296
李任仁　国民党崩溃前夕的和谈内幕 …… 309

李书城　湖北和平运动促进会前后
——兼及赴解放区见闻 …… 318
谈　瀛　蒋桂求和的阴谋和湖北和平运动 …… 330
吴忠亚　张笃伦与湖北和平运动 …… 344
胡楚藩　我所亲历的湖北和平运动 …… 352
贺有年　湖北和平运动的片断回忆 …… 358
周　杰　“十人座谈会”与和平运动 …… 363

张素我　父亲的 1949 年：再为和平奔走 …… 370
沈世猷　冒险送张治中先生家属去北平的回忆 …… 379

章含之　忆父亲章士钊致力于和谈 …… 386
卢存学　国共北平和平谈判中的卢郁文 …… 391
焦湘宗　我随颜惠庆参加国共和谈的见闻 …… 397

重要文献选编

将革命进行到底 …… 毛泽东 400
中共中央毛泽东主席关于时局的声明 …… 409
毛泽东关于进入正式谈判阶段应注意的问题给周恩来的信 …… 414
关于和平谈判问题的报告 …… 周恩来 425

第四辑　城市接管与政权建设

刘　达　解放哈尔滨　管好哈尔滨 …… 001
臧伯平　石家庄解放初期城市管理和政权建设 …… 021
狄井芗　忆“济南特别市” …… 027
诸葛士廉　忆济南市“各代会” …… 031
宋致和等　郑州解放初期的恢复与建设 …… 041
刘国荣　河南省各界人民代表会议纪实 …… 056
卢广绩　我与沈阳商会 …… 065
宋祝勤　接管天津市政府 …… 071

罗　云　忆天津市各界人民首次代表会议 …………………… 077
王文波　追忆接管天津商业的工作 ……………………………… 082
夏继诚　从参加民盟到合肥解放 ………………………………… 103
张友渔　接管北京 ………………………………………………… 108
何思源　我参加和平解放北平的活动 …………………………… 123
费孝通　我参加了北平市各界代表会议 ………………………… 139
罗常培　对于北平市各界代表会议的感想 ……………………… 143
陈修良　南京地下党为迎接解放进行的艰苦斗争 ……………… 146
朱明镜　接管南京市文教系统和总统府的回忆 ………………… 162
孙越崎　国民党资源委员会留在大陆的经过 …………………… 174
韩纯德　接收太原和初期城市工作 ……………………………… 191
余森文　完整接管杭州伪市政府 ………………………………… 207
曹湘渠　接管和改组杭州市商会前后 …………………………… 212
刘　实　从潜伏到接管的武汉岁月 ……………………………… 219
华煜卿
贺尔梅　武汉民建在解放前后的活动 …………………………… 228
金斌统
张士心　我在协商会的二三事 …………………………………… 239
田景福　西安解放前后我的部分活动 …………………………… 244
喻　松　城工部领导民主党派迎接
南昌解放斗争的点滴回忆 ………………………………………… 251
周而复　陈毅同志揭开新上海历史第一页 ……………………… 256

赵祖康　在统战政策的鼓舞下前进 …………………… 283
许涤新　上海解放初期经济战线上的斗争 ……………… 297
刘晴波　长沙市各界迎接解放联合会始末 ……………… 312
王传琛　忆迎接八一七福州解放两三事 ………………… 327
吕　梁　忆兰州解放之初的基层建政工作 ……………… 330
扎喜旺徐　喜饶嘉措在解放初的西宁 …………………… 340
董其武　绥远和平起义后实现解放区化的历程 ………… 346
纳长麒　解放初期银川市民主政权建设回顾 …………… 367
包尔汉　新疆和平解放的回忆 ………………………… 378
黄　毅　解放大军入粤　广州军事接管 ………………… 387
陈　棠　解放初期见闻 ………………………………… 397
杜恩训
陈　军　回忆解放初期贵阳市政府工作 ………………… 401
任白戈　接管重庆 ……………………………………… 415
刘明辉　治乱是接管山城的首要任务 …………………… 420
莫文骅　南宁解放初期的工作回顾 ……………………… 427
罗吉恩　忆解放初期昆明情侦、公安工作片段 ………… 438
冷寅东　我是如何度过最后一任成都市长的 …………… 450
崔懋峰　黎苗同胞喜迎渡海大军 ……………………… 458
阿沛·
阿旺晋美　回到温暖的祖国大家庭 ……………………… 465

金中·坚赞平措　西藏和平解放前后亲历略记 …… 473

重要文献选编

中共中央关于在新解放城市中成立各界代表会办法的规定 …… 480
中共中央关于迅速召开各界代表会议和人民代表会议的指示 …… 484
省各界人民代表会议组织通则 …… 489
市各界人民代表会议组织通则 …… 493
县各界人民代表会议组织通则 …… 497
中国人民政治协商会议全国委员会关于各省、市各界人民代表会议协商委员会工作的意见 …… 500

第五辑　新政协筹备

杨尚昆　在最后一个农村指挥所 …… 001
胡乔木　《共同纲领》的制定 …… 008
朱学范　忆参加政协第一届全体会议 …… 027
史　良　回忆新政协 …… 037
楚图南　我参加新政协筹备工作及首届政协的经过 …… 043
黄炎培　延安归来到北上解放区 …… 054

孙起孟　关于中国民主建国会的筹备和参加人民政协的二三事…… 061
雷洁琼　我参加一届政协的回忆 …… 069
叶圣陶　箦土为山记 …… 075
许德珩　欢呼新中国诞生 …… 092
陈嘉庚　东北解放区观感 …… 099
夏　衍　进入解放区　迎接新中国 …… 128
林一元　我北上解放区参加新政协的经过 …… 138
严信民　王一帆　中国农工民主党参加新政协的情况 …… 145
宋云彬　新政协筹备杂忆 …… 153
黄鼎臣　致公党参加新政协前后 …… 163
罗　琼　男女并驾　创建新中国 …… 174
谢邦定　代表全国学联参加新政协筹备会 …… 182
沈其益　参加全国政治协商会议 …… 191
巨　赞　佛教代表参加人民政协前后 …… 196
张元济　1949 年赴会记 …… 208
师　哲　刘少奇就新政协及中央政府与斯大林的会谈 …… 216
金　城　“民主人士的左派旗帜”——怀念沈钧儒老同志 …… 232
沙　里　黎明之前——从旧政协到新政协 …… 237

贺敬之　新中国成立前文艺界的大会师 …………………… 243
马少波　翻开文艺事业新篇章 ………………………… 246
李立功　团结全国青年向新中国前进 ………………… 250
周之同　1949 年西苑机场阅兵式亲历记 ……………… 257
于　刚　新政协筹备期间对一些政治派别和
团体要求参加新政协的处理经过 ……………… 262
王仲方　新政协筹备会工作的难忘经历 ……………… 278
李家友　新旧政协会议期间二三事 …………………… 290
彭光涵　国旗、国徽、国歌、纪年、国都都是怎样诞生的
——新政协筹备会第六小组工作的回忆 ………… 297
张昌龄　我参加国徽设计的点滴回忆 ………………… 309
张敦礼　我参加的人民政协筹备会秘书处工作 ……… 319
尹　进　全国政协筹备工作中几点亲历见闻 ………… 325
李银桥
韩桂馨　从双清别墅到菊香书屋 ……………………… 336
高富有　新政协筹备期间毛泽东与柳亚子交往的见闻 …… 350
黄方毅　双清别墅第一客 ……………………………… 360
庄秀琼　爱国华侨政协缘 ……………………………… 372

重要文献选编

在中国共产党第七届中央委员会
第二次全体会议上的报告 ……………………………… 毛泽东　377

论人民民主专政 …………………………………………………… 毛泽东 392
人民政协共同纲领草案的特点 …………………………………… 周恩来 406
《中华人民共和国中央人民政府组织法》的
草拟经过及其基本内容 ………………………………………… 董必武 412
关于草拟《中国人民政治协商会议组织法》的报告 ……… 谭平山 418
新政协代表名单协商经过情形 …………………………………… 李维汉 424
关于中国人民政治协商会议筹备工作的报告 ……………… 林伯渠 428
中国人民政治协商会议筹备会拟制
国旗国徽国歌方案组报告 …………………………………………… 436

第六辑　人民政协第一届全体会议

赛福鼎·艾则孜　人民民主放光彩 ………………………………………… 001
费孝通　获益终生的一段经历 ……………………………………… 015
胡厥文　民建在解放前后 …………………………………………… 020
孙起孟　曙光从东方升起 …………………………………………… 028
叶圣陶　参会琐忆 ……………………………………………………… 032
孙晓村　我所经历的第一届人民政协会议 ……………………… 039
叶笃义　我参加新政协的一点回忆 ……………………………… 045
马寅初　人民政协召开的经过 ……………………………………… 049
梅龚彬　迎接新中国诞生 …………………………………………… 061

秦柳方　　群贤毕集　为新中国政制奠基 …… 064
司马文森　　会师新中国的十月 …… 076
李子诵　　忆政协首届会议　话民主共和当年 …… 108
田富达　　参加人民政协一届全体会议的难忘回忆 …… 113
宋一平　　参加政协第一届全体会议简述 …… 121
陆　平　　我与政协第一届全体会议 …… 123
张子芳　　在这激动人心的日子里 …… 126
管文蔚　　难忘的回忆 …… 129
夏　衍　　迎接新中国的诞生 …… 132
王一鸣　　一次难忘的划时代的会议 …… 138
刘　春　　少数民族代表参加新政协会议记 …… 141
王再天　　创建新中国的盛会 …… 151
李葆华　　政协第一届全体会议前后的回忆 …… 160
资耀华　　最高的荣誉 …… 162
戴镜元　　我曾作为解放军代表参加政协第一届全体会议 … 167
廖运周　　难忘的盛会　深刻的教育 …… 170
杜中夫　　光照千秋的建国盛会和开国大典 …… 177
刘白羽　　记政协第一届全体会议 …… 189
曹　铁　　参加人民政协第一届盛会的回忆 …… 210
黄静汶　　回忆参加人民政协第一届全体会议 …… 215
梅　益　　一届政协会议见闻 …… 221

范小凤　难忘的时刻 …………………………………… 225
谢邦定　在新中国成立的日子里 ……………………… 229
孙宗汾　回顾参加新政治协商会议 …………………… 236
吴羹梅　一心向往共产党
——我参加第一届政治协商会议的回忆 ………… 241
陈震中　父子两代人　同台商国是 …………………… 253
葛志成　新中国的曙光 ………………………………… 269
刘尊棋　新闻工作者参加新政协杂记 ………………… 280
徐铸成　政协大会十日记 ……………………………… 283
天　宝　我参加人民政协第一届全体会议的经过 ………… 292
陈嘉庚　回国参加新政协 ……………………………… 297
司徒美堂　新中国向海外侨胞招手 …………………… 306
邓裕志　宗教界在一届政协会议上 …………………… 313
张元济　1949 年参会日记 …………………………… 319
袁雪芬　参加一届政协会议前后的感受 ……………… 329

沙　里　新政协召开前后琐忆 ………………………… 336
方荣欣　回忆新政协的成立 …………………………… 348
孙小礼　在新政协秘书处工作的难忘日子 …………… 359
李　庄　一个新闻记者看新中国诞生 ………………… 370
季　音　缔造新中国的历史盛会
——回忆采访首届政协会议及开国大典 ………… 376

陆　诒　　记首届政协会议开幕 …………………………… 384

沈北乐　　陈毅同志在新中国成立前后的一些活动 ………… 387
齐翔延
齐翔安　　父亲齐燕铭在新中国成立前后 ………………… 396
邓成城　　襄与盛举　共商大计 ……………………………… 402
司徒丙鹤　新中国成立前后的司徒美堂 …………………… 408
张树年　　陪同父亲张元济出席人民政协会议 …………… 430
王　鹏　　王芸生参加人民政协第一届全体会议前后 ……… 435
王家贤　　黎族代表王国兴赴京出席首届政协会议的经过 … 447

重要文献选编

中国人从此站立起来了 …………………………………… 毛泽东 454
中国人民大团结万岁 …………………………………… 毛泽东 459
中国人民政治协商会议共同纲领 ………………………… 462
中国人民政治协商会议组织法 …………………………… 474
中华人民共和国中央人民政府组织法 …………………… 479
关于中华人民共和国国都、纪年、
国歌、国旗的四个决议案 ………………………………… 487
中国人民政治协商会议第一届全体会议代表名单 ……… 488

第七辑　开国大典

胡乔木	人民大革命胜利前夕	001
滕代远	为新中国铁道事业奠基	039
萧　克	再办军校	044
马永顺	华北人民政府成立实录	056
赵秀山 赵军威	与党外民主人士合作不允许一点马虎	088
王丙乾	新中国财政奠基于华北	099
薛暮桥	在中财部和中财委	109
石　雷	回忆筹建中国人民银行片段	121
安　岗	华北局的机关报《人民日报》	135
杨献珍	少奇同志对党校建设的关怀和指导	141
荣高棠	中央团校建立之初	146
童小鹏	新中国首届“内阁”	149
王仲方	公安部是怎样成立的	154
陈守一	回忆和谢老在一起工作的日子	158
王　健	新中国成立初期的沈钧儒	164

罗　琼　　新中国首部《婚姻法》出台始末 …………………… 171
凌　青　　从中央外事组到中华人民共和国外交部的成立 … 174

杨成武　　开国大典阅兵式 ………………………………… 187
刘白羽　　那一刻，古老的民族复活了 …………………… 195
王国权　　参加新政协和开国大典的回忆 ………………… 204
赖少其　　我见到了伟大领袖毛泽东 ……………………… 211
陆　璀　　开国大典时我在天安门城楼上 ………………… 217
杨　刚　　毛主席和我们在一起 …………………………… 220
徐铸成　　余生平永不能忘之一日 ………………………… 226
司徒丙鹤　毛泽东在开国前后 ……………………………… 229
李银桥　　毛泽东升起第一面五星红旗 …………………… 238
王鹤滨　　在毛主席身边 …………………………………… 246
张人凤　　先祖张元济参加开国盛典前后 ………………… 258
余　云　　孙起孟忆开国大典往事 ………………………… 269
张致祥　　装扮天安门　举国同欢庆 ……………………… 273
周令钊　　为开国大典绘制毛主席画像 …………………… 282
侯　波　　我为共和国拍照 ………………………………… 290
丁一岚　　终生难忘的开国大典转播工作 ………………… 293

杨兆麟　　我为开国大典忙直播 …………………… 299
鲁　生　　终生难忘开国大典的采访 …………………… 303
田　申　　在开国大典的国歌声中 …………………… 307
刘秀荣　　迎接解放和参加开国大典 …………………… 314
罗　浪　　我与礼乐之神 …………………… 318
徐博文　　为开国大典升旗仪式保电 …………………… 323
刘向勃　　开国纪念章唤起的回忆 …………………… 326
慕丰韵　　保卫开国大典 …………………… 331
李永清　　我守卫在天安门城楼上 …………………… 336
邢海帆　　难忘的开国大典受阅飞行 …………………… 343
孙　坤　　我光荣地参加了开国大典阅兵仪式 …………………… 350
孙学周　　开国大典阅兵式上的骑三师 …………………… 353
胡经益　　作为海军代表参加开国大典 …………………… 359
杨大辛　　亲历开国盛典 …………………… 364
钱听涛　　开国大典回顾 …………………… 369
蔡振义　　开国盛典中的“二七”工人 …………………… 377
张继亮　　南苑农民参加开国大典 …………………… 381
王乐洲　　忆开国大典盛况 …………………… 388
邓旺兴　　参加开国大典的回忆 …………………… 394

韩进英　　参加开国大典前后见闻 ……………………… 398

重要文献选编

中华人民共和国中央人民政府公告 ……………………… 404

中华人民共和国中央人民政府主席、副主席及委员 ……… 406

中国人民政治协商会议第一届全国委员会主席、副主席、
常务委员和秘书长名单 ………………………………… 408

人民政协与新中国成立大事记 ………………………… 410

编后记 ………………………………………………… 422

第一辑　选编说明

在人民解放战争取得节节胜利的形势下，1948年4月30日，中共中央发布“五一口号”，提出“各民主党派、各人民团体、各社会贤达迅速召开政治协商会议，讨论并实现召集人民代表大会，成立民主联合政府！”5月5日，李济深等12人代表各自党派和无党派民主人士联名发出通电，热烈响应“五一口号”。各民主党派、各人民团体及海外华侨纷纷发表宣言、通电、声明、文章，拥护中国共产党的政治主张。当时，大部分民主党派领导人及重要民主人士避难滞留在香港。在中共推动和引领下，香港地区掀起了一场轰轰烈烈的“新政协运动”。各民主党派负责人、无党派民主人士通过召开座谈会和在《华商报》《群众周刊》等报刊上刊发文章，围绕新政协的性质、影响、任务及召集者、召开时间、召开地点等问题展开热烈讨论，发表意见和建议，为新政协筹备打下了思想基础。

本辑史料47篇，主要收录全国政协及地方政协征集的、政协委员及其联系的各界人士撰写的文史资料，适当选取回忆录、日记、书信等“三亲”史料，并选录若干重要文献，反映中共中央发布“五一口号”的背景及相关情况，各民主党派、民主人士响应“五一口号”，在香港开展新政协运动的情况。总体上，根据作者身份、各民主党派排序及事件发生先后时间，对稿件进行综合编排。

目　录

第一辑　“五一口号”的发布与响应

聂荣臻　秉夜畅谈中国革命 …… 001
胡乔木　迎接中国革命新高潮的十二月会议 …… 007
杨成武　一次未执行的“特殊任务” …… 017
李济深　团结建国 …… 021
朱学范　新政协运动的开展 …… 024
章伯钧　我们赞同迅速召开新政协 …… 032
马叙伦　读了中共“五一口号”以后 …… 035
郭沫若　为新政协催生 …… 041
陈叔通　致马叙伦手札选刊 …… 061
罗青长　从延安到西柏坡 …… 078
叶子龙　回忆毛泽东进驻西柏坡 …… 083
陈春森　中共中央“五一口号”首刊亲历记 …… 088
刘　焱　中共“五一口号”的发布和南开大学地下党 …… 091
章乃器　新的转折点 …… 100

李伯球　民主统一的新中国 …… 102
陈演生　新政协之前提及任务 …… 105
方　方　为成立民主联合政府而奋斗 …… 110
连　贯　新政协的道路 …… 115
茅　盾　我在香港新政协运动前后的经历 …… 120
周而复　香港成为临时文化中心 …… 130
罗培元　新政协活动在香港 …… 161
许涤新　香港二年半 …… 183
冯素陶　龙云对民主运动的态度及其与民盟的关系 …… 209
林一元　关于中国国民党民主促进会的回忆 …… 221
甘祠森　回忆三民主义同志联合会 …… 229
罗涵先　三次难忘的会见 …… 243
郭翘然　我从事华南民主运动的回忆 …… 248
寿墨卿　在上海坚持斗争的爱国老人陈叔通 …… 257
杨　奇　新政协运动前后的《华商报》 …… 265
刘思慕　在香港发出我们的声音 …… 279
徐铸成　港岛舆论斗争中的《文汇报》 …… 288
陆　诒　回忆香港《光明报》 …… 296
仲秋元　生活书店在香港 …… 306
李筱桐
李筱薇　李济深在“五一口号”发布前后 …… 315

张茂延　　新中国成立前夕张澜在上海 …………………… 322

郭平英　　郭沫若在中共“五一口号”发布前后 ………… 334

许　进　　“五一口号”发布前后的许德珩 ……………… 353

马　元　　马叙伦与“五一口号” ………………………… 356

彭润平　　父亲彭泽民 20 世纪 40 年代
在香港的政治活动 ………………………… 361

重要文献选编

目前形势和我们的任务 ……………………………… 毛泽东 377

中国共产党中央委员会发布纪念“五一”劳动节口号 ………… 394

毛泽东关于城南庄会议的议题致
刘少奇、朱德、周恩来、任弼时电 ………………………… 398

给李济深、沈钧儒的信 ……………………………… 毛泽东 400

毛泽东关于请张东荪等民主人士来解放区
开代表会议事给刘仁的信 ………………………………… 402

各民主党派暨无党派民主人士
响应中共“五一”号召致毛泽东电 ………………………… 404

复各民主党派与民主人士电 ………………………… 毛泽东 406

各民主党派与民主人士李济深等
响应中共“五一”号召的通电 ……………………………… 408

秉夜畅谈中国革命

聂荣臻*

1948年4月13日，中共中央和毛泽东同志来到了阜平县城南庄。

毛泽东同志来的时候，是从五台山北麓的鸿门岩过来的。听说，中途遇雪返回，停了两天时间，才上了五台山。

我熟悉那个地方。上鸿门岩，有一条盘山路。山下还没有什么，一上山巅，风疾云驰，气候就有很大不同。不要说路上有雪，就是好天通过它，也得花费一点力气。

毛泽东同志坐的是中吉普，汽车走在崎岖的山路上，轮子打滑，走得很慢。他看见山路难行，就从中吉普上下来，徒步走在山

* 聂荣臻：时任华北军区司令员；系新政协筹备会代表，人民政协第一届全体会议代表；后曾任第八、十一、十二届中共中央政治局委员，第四、五届全国人大常委会副委员长，国务院副总理，第一至三届国防委员会副主席，1983年6月起为中华人民共和国中央革命军事委员会副主席。

路上。同他一起来的周恩来、任弼时同志，也下车走在毛泽东同志后面。

他们时而乘车，时而步行，用了不少时间，才翻山越岭，过了龙泉关。

4 月 13 日傍晚，大约在离城南庄五六里远的地方，我们迎上了毛泽东同志的车队。同毛泽东同志一起到城南庄的，除了周恩来、任弼时同志外，还有一些随行工作人员。我把他们迎进了小院。

那时候，毛泽东同志显得有些疲劳。听说，他从重庆回来时，身体就不太好。前一段，又在陕北拖了一阵子，身体没有得到恢复。但是，看上去精神倒不错，我们希望他在城南庄期间，能够休息一下，恢复健康。

毛泽东同志住下之后，就忙起来了。按他的老习惯，晚上彻夜办公，直到第二天凌晨。我知道在白天睡眠是睡不踏实的。为了让毛泽东同志休息好，在他睡眠的时候，我们尽量不去打扰他。

过了两三天，周恩来和任弼时同志离开了城南庄。因为党中央机关设在西柏坡，他们到那里安排工作去了。

毛泽东同志同我住在一起，每天都有接触，经常谈一些问题。有一次，他越谈兴致越浓，同我进行了彻夜长谈。

这次谈话的内容，有许多已经记不得了，有些则至今记忆犹新。

看来，毛泽东同志对晋察冀边区的群众有颇为深刻的印象。他说，一过龙泉关，觉得群众很热情，就好像当年在江西到了兴国一样，群众都是笑逐颜开。他回忆说，在抗日战争开始的时候，我们就是要试一试，在敌后究竟能不能站得住，结果你们在敌后还是站住了。

我对毛泽东同志说，我们能不能站住脚，关键是执行党的政策，把一切抗日力量团结起来。

接着，我们的谈话内容，就集中在过去执行政策上的经验教训。我们回顾了在江西中央革命根据地的时候，由于王明的错误路线，实行了许多“左”的政策，结果在根据地周围，造成了严重的赤白对立，我们每向外走一步都有困难，这是自己孤立了自己，自己捆住了自己的手脚，给革命造成了很大损失。

我对毛泽东同志说，我们在建立晋察冀抗日根据地的过程中，接受了这个历史教训。我们认真执行了党的抗日民族统一战线政策，广泛地团结了各阶层的群众，再没有出现那种对立情况。所以，我们到处都可以走，自由得很，安全得很。每到一个地方，群众都欢迎我们，工作起来，非常方便。

关于当时的中心工作土地改革问题，我们也谈了许多。我向毛泽东同志汇报了晋察冀的土改情况和土改中出现的一些问题。我说，在土地改革问题上，有人批评我是右倾，原因就是我没有搞“左”的那一套。那时候，有的地方出现了消灭地主、富农的现象。这种做法是错误的，不符合中央的土改政策，我们不能那样子搞。过去，在王明路线时期，地主不分田，富农分坏田，甚至侵犯中农利益，这个教训太深刻了，无论如何不能再重复了。根据中央的指示，我们在根据地先平分土地，然后再进行复查，发现了问题就用“抽多补少，抽肥补瘦”的办法解决，对地主不搞“扫地出门”那一套。因为我们搞土地改革，是要消灭封建的剥削制度，消灭地主阶级是消灭它的剥削，不是从肉体上消灭他们。所以，我们在平分土地的时候，对地主、富农一样看待，该分给他们多少土地，就分给他们多少土地，使他们能够自食其力。

毛泽东同志对我说，斯大林曾经讲过，苏联当年搞富农吃了亏，我们应该记取这个教训。

我对毛泽东同志说，有的人还主张挖浮财，我说不能强调挖浮财。因为经营工商业的，有地主，有富农，甚至还有中农。对此，在工商业上你很难分得清楚。我们党的政策是在土改中不损害工商业，这是从革命利益出发的。尤其是在战争时期，我们可以通过工商业者，从敌占区买回需要的东西。如果我们强调挖浮财，必然损害他们的利益，就把这条渠道挖掉了。

毛泽东同志完全同意我上面的意见，批评了那些错误的做法。除了谈土地改革的问题，我们还谈了抗日战争时期实行的减租减息政策。毛泽东同志充分肯定了这一政策的作用，后来在解放战争的后期，我军打到蒋管区的时候，以及新中国成立初期，还是先实行减租减息政策，然后再进行土改。

谈罢土地改革问题，已经过了午夜时分。可是，毛泽东同志毫无倦意，他还要我搞一点酒来。

我让警卫员搞来一点酒，又搞来一点菜，同毛泽东同志继续畅谈。

我陪着毛泽东同志边喝边谈。从土地改革问题又谈到王明路线、党内斗争、遵义会议和《关于若干历史问题的决议》……

最后，毛泽东同志谈了对解放战争的想法。他说，抗日战争打日本，是要持久的，解放战争打蒋介石，不能拖得太久，解决得越快越好，这样对我们有利。第一步，先解决东北、华北。为了引开国民党的力量，让刘、邓大军出大别山，陈、粟大军打过长江去。

第二步，西北野战军到西北、西南去。华北除抽调部分兵力增援西北、西南外，其余部队仍留在华北地区，准备在华北搞两三个兵团。那时候，因为华北大部分地区已经解放了，敌人只固守着几个城市据点，部队建制用不着那么大，待解决了东北敌人之后，再解决华北剩下的城市据点。这就是当时毛泽东同志对战争进程的一些设想。

我们结束那次谈话的时候，村里已经是鸡鸣报晓了。

关于陈、粟大军打过长江去的问题，后来粟裕同志来见毛泽东同志，提出过长江有困难。我听了这个意见之后，曾经向毛泽东同志建议，他们可以先在黄河以南作战，同样可以拖开敌人的力量。毛泽东同志同意了这个建议。

在这次谈话之后，有一天毛泽东同志问我，因为他的身体不太好，斯大林要他去苏联休养，他是去好，还是不去好？

我说："斯大林邀请你去莫斯科，这固然是一番好意，如果主席要去的话，我们可以护送到东北。但是，如果主席征求我的意见，我觉得还是不去为好。因为根据现在的情况，护送主席到东北，一般说没有问题，不过处在战争环境，难以有绝对把握。其次是你现在的健康状况已经相当差，再长途跋涉，就更不利，请主席三思。"

毛泽东同志听了我的意见，表示考虑一下再作决定。后来，毛泽东同志决定不去苏联了。

在城南庄，毛泽东同志虽然身体不好，仍然日理万机，工作精神十分感人。这年五一节，毛泽东同志亲自起草了召开政治协商会议的通知，指示我用电话口述给在西柏坡的周恩来同志。以后中央将这个通知通电全国，许多爱国民主人士热烈响应，纷纷从蒋管区或国外来到了解放区。这对扩大统一战线，进一步发展当时的大好形势起了重要作用。

（节选自聂荣臻著《聂荣臻回忆录》，解放军出版社1986年版。原标题为《毛泽东同志来了》）

迎接中国革命新高潮的十二月会议

胡乔木*

毛主席对晋察冀战场极为关心，曾经作了许多具体的指示。1947 年 4 月 8 日，晋察冀野战军向石家庄外围发动进攻，歼敌 1 万余人。这时，保定以北敌军正在进攻冀中解放区。晋察冀我军不为敌人行动所牵制，继续西进攻占正（定）太（原）路阳泉以东各据点。毛主席收到聂荣臻、萧克、罗瑞卿的电报后答复称："你们现已取得主动权，如敌南援，你们不去理他，仍然集中全力完成正太战役，使敌完全陷入被动，这是很正确的方针。正太战役完成后，应完全不被敌之动作所迷惑，选择敌之薄弱部分主动地歼击之。选击何部那时再定。这即是先打弱的，后打强的，你打你的，我打我

* 胡乔木：时任中共中央宣传部副部长、毛泽东秘书；系新政协筹备会代表，人民政协第一届全体会议代表；后曾任第十二届中共中央政治局委员，第十一届中共中央书记处书记，全国政协常委。

的（各打各的）政策，亦即完全主动作战政策。”太原之敌两个师来援，我军将其包围歼灭。正太战役至5月8日胜利结束，共歼敌3万余人，收复了阳泉工矿区和平定、寿阳等县，切断了太原与石家庄的联系，并使晋察冀与晋冀鲁豫两个解放区连成一片。应该指出，少奇、朱德同志离开陕北到了平山县西柏坡村之后，对晋察冀的工作是一个有力的推动。9月19日，毛主席为中央起草了一份电报，同意中央工作委员会的建议，“为着加强晋察冀工作之目的，决定派彭真同志以中央政治局委员资格帮助与指导晋察冀工作”。10月22日，晋察冀我军于清风店附近一举歼敌13000余人，生俘敌军长罗历戎、副军长杨光钰等，毛主席立即打电报表示祝贺，指出清风店大歼灭战的胜利有巨大意义。11月1日，晋察冀我军准备攻打石家庄前夕，毛主席致电少奇同志，提出朱总司令到部队帮助整训很好，但作战时“请劝朱总回工委，不要亲临最前线”。11月12日，晋察冀我军解放华北战略要地和交通枢纽石家庄，歼敌24000人。毛主席当天打电报“庆祝晋察冀我军攻克石家庄歼敌二万余人之大胜”。

对在敌人后方坚持游击战争的同志们，毛主席经常提起并发出由衷的敬佩之情。这里不能不提到，1947年5月28日，毛主席在构思“三军配合，两翼牵制”的战略部署之时，特地亲自为中央起草了一份慰问电，给郑位三、李先念并转中原军全体同志，该电称：“我中原各部，为着反对卖国贼蒋介石的进攻，从去年7月起，在陕南、豫西、鄂西、鄂中、鄂东、湘西等地，在极端困难条件下，执行中央战略意图，坚持游击战争，曾经钳制了蒋介石正规军30个旅以上，使我华北华中主力度过蒋介石进攻的最困难时期，起了极大的战略作用。所有参加这一英勇斗争的指战员均为全国人民所敬佩，中央特向你们致慰问之意。所有参加这一斗争的部队，在和优势敌人的艰苦战斗中，虽然遭受了不小损失，但是基本骨干依然保存。中央希望你们在位三、先念二同志领导之下，加紧学习，根据中央路线检讨经验，团结一致，准备为着执行新的战斗任务而奋斗。”

陕北我军在沙家店战役之后，先后进行了岔口战役、清涧战役，取得了重大的胜利，从而使党中央的安全有了保证。“九支队”在神泉堡过了一个欢乐的中秋节。毛主席在神泉堡起草了著名的《中国人民解放军宣言》，第一次提出了“打倒蒋介石，解放全中国”的口号，宣布了中国人民解放军的八项基本政策。同一天，新华社又公布了由毛主席修改的《中国人民解放军训令》和《中国人民解放军口号》，在 67 条口号中，由毛主席加写上的有 15 条。在“坏人悔过自新”后边，毛主席又加了一句：“准许将功赎罪。”同一天，新华社又公布了毛主席起草的《中国人民解放军总部关于重新颁布三大纪律八项注意的训令》。一个《宣言》、两个《训令》的发表，使我们的党、军队和人民受到了极大的鼓舞，使人们感到中国革命的新高潮真的来到了！

11 月 22 日，毛主席率领中央机关全体人员到达陕北米脂县杨家沟，“九支队”从此改为“亚洲部”。来杨家沟之前，毛主席在佳县的谭家坪住了几天。他走门串户，访问了十几家贫苦农民。由于支援前线、敌人摧残，加上庄稼受冻，陕北人民的生活很苦，有些人家眼看就要断粮了。毛主席知道这些情况以后，非常焦急、难过，立即找到佳县县委书记说：“一定要把群众的生活和生产切切实实地安排好。我讲得切切实实，就是说不是一个区、一个乡地安排，而是要一村一户地安排。”来杨家沟以后，毛主席和恩来、弼时同志商量决定，“亚洲部”全体工作人员和中央警备团的指战员，每人每天从口粮中节约一两粮，帮助群众度荒。毛主席每次吃饭都要问管理员：“今天我的一两口粮节省下来了吗？”他还对饲养员说：“把大青马的料减上一半，我以后出门可以少骑马。”很快地，“亚洲部”全体人员节约了70石黑豆和30石小米，分给杨家沟和邻近各村的贫苦农民。

杨家沟是陕北地区一个典型的封建地主庄园。全村270多户人家，就有72户地主，占有周围四五个县的18万亩土地。其余200户人家中，除一户中农外，全部是贫雇农。毛主席不但派出一批工作人员参加杨家沟的土改，而且还抽空亲自参加土改会议，听取群众的意见和要求。有一次，在部分区、乡干部和土改积极分子座谈会上，毛主席听到有的干部随便没收粮食时说：“贫雇农生活困难，中农有粮食可以借，将来逐步还，但不能没收。”他一再强调团结中农的重要性，打了一个比方说：“贫农好比骨头，中农是肉。一个人只有骨头没有肉，那就不成其为一个人了。”

12月25日至28日，党中央在杨家沟召开会议。参加会议的有毛泽东、周恩来、任弼时、陆定一、彭德怀、叶剑英、贺龙、林伯渠、张宗逊、习仲勋、马明方、张德生、甘泗淇、王维舟、李井泉、赵林、王明、谢觉哉、罗迈（李维汉）、李涛等人。这次会议讨论和通过了毛主席的《目前形势和我们的任务》报告和他所写的《关于目前国际形势的几点估计》。会议决定指出，毛主席的报告“是整个打倒蒋介石反动统治集团，建立新民主主义中国的时期内，在政治、军事、经济各方面带纲领性的文件”。这次会议的其他重要决定有：（1）中国人民革命战争应该力争不间断地发展到完全胜利，应该不让敌人用缓兵之计（和谈）获得休整时间然后再来打人民。（2）组织革命的中央政府的时机目前尚未成熟，须待我军取得更大胜利，然后考虑此项问题，颁布宪法更是将来的问题。林彪在1947年春夏之交曾经打电报给毛主席，建议考虑建立民主联合政府。毛主席在7月25日复电称：“建立民主联合政府时机尚未成熟，在第二年作战再歼敌一百个旅左右，攻占中长、北宁大部，平绥、同蒲全部，并向长江流域发展，全国人民更加同情我党之时，可以考虑此问题。”在十二月会议上，又有一些同志提出了这个问题，所以会议经过讨论作出了这一决定。这次会议还详细讨论了当时党内的倾向问题以及土地改革和群众运动中的几个具体政策问题。讨论的结果后来由毛主席写在《关于目前党的政策中的几个重要问题》一文中。

在撤离延安8个月之后，战争形势发生了这么大的变化，实在使毛主席喜出望外，兴奋不已。在第一天的会议上，他分析敌我形势时说：人心动向变了，蒋介石很孤立，群众站在我们方面。这个问题长期没有解决，内战时期我们孤立，抗战时蒋介石逐渐失掉人心，我们逐渐得到人心，但仍未根本解决，直到这一两年来才解决。军事方面，蒋介石转入防御，我转入进攻。以前讲反攻，不完全妥当，以后都讲进攻。经济方面，蒋介石困难严重，我们也困难，特别是山东、陕北，但可以解决，根本出路是土改，而蒋介石没有出路，况且我军主力又打出去了。

毛主席说，从现在到明年一年内，国内形势还会有很大变化，有利于我们。革命的长征已经进到了高潮，将来还会更高。以前我们希望高潮有城市暴动配合，现在看来这是困难的。高潮主要表现在战争的胜利，但战争仍是长期的，这样大的国内敌人和美帝国主义，不会甘心于失败的。战争还要准备四五年，也可能还要长些。战争需要不间断的，不让蒋介石喘息，但也不能说死。我们不靠外援，不是不要外援，这是我们历来的方针，是完全可以办到的。我们要依靠自己的努力，依靠自己的政策，依靠群众。

毛主席说，关于统战，原则是孤立敌人，而不是孤立自己，既要反“左”，又要反右，以便划清界限，避免自己的孤立和失败。现在反右，第一是反对对敌人估计过高，害怕到国民党区去，害怕美国。到国民党区，我们三路出兵，一个月就解决了棉衣问题，证明了并不可怕。第二是对中间派认识模糊不清，但政治上打击与经济上消灭不同，内战时期混淆了这两点。因此，对中间派问题也是既反右又反“左”。对消灭封建阶级，如同对美蒋斗争一样，在全局问题上要大胆，在具体斗争中则要谨慎。有的同志则相反，重视抽象之敌，小视具体之敌。

毛主席最后说，世界战争的危险是存在着的，但战争是完全可以避免的。各国人民的方针是按照不同情况进行不同的斗争。

会议讨论时非常热烈，周恩来、彭德怀、林伯渠、王明、贺龙、任弼时、习仲勋等同志先后发言。恩来同志说，半年转入进攻，各战场无例外地转入主动。现在切忌骄傲，我们才四分天下有其一。彭总说，毛主席的报告现在发表很好，在胜利中易于轻敌，在受挫中易于怯敌，军事上如此，地方工作亦如此。华北各根据地土地问题未能彻底解决，均由“大体上已解决”的估计而来。贺总说，陈赓一出去就搞土改，我觉得是太早了。伏牛山土地很集中，地主都有寨子武装。要先消灭胡宗南反动派，统一战线要广泛些，等站住脚再保护群众翻身。西北野战军到关中也要注意这一点。另外，部队中非战斗员太多，要精兵，提高质量。

会议结束时，毛主席在会上作了结论。毛主席说，这次会议是很令人高兴的一个会，20 年未解决的优势问题，今天解决了，局面开展，胜利可期。北伐时期局面也很开展，但优势问题未解决，反而失败了。土地革命时期，战争频繁，党内纠纷太多，一直到长征，这是革命的最大难关，幸而渡过。抗日时期，特别是三次反共高潮到日本投降，形势一直严重，我们处于只有招架不能还手的地位。日本投降时，我们还是一则以喜，一则以惧。喜的是日本投降，抗战胜利了；惧的是优势问题未解决，蒋介石很强大，严重的内战危险临头，成败两个可能还在斗争。我到重庆那时候，蒋介石的事情好办，我们的事情不好办。日本投降后长时期内没有写过文章，的确是兢兢业业，很担了一份心，对形势只能估计“有利于我”，或者是说“可能”，而不能作出结论。现在不同了，现在好了，不再胆战心惊了。现在能作出结论，不是估计，而是事实，我们确实是占了优势。毛主席还说，我们这次会议，同今年 7 月小河会议不同，要解决新的问题，即中农问题，中小资产阶级问题，党外人士问题。中农问题所以提出，因为划成分在晋西北已经发生了严重的问题，发生了不团结中农的问题。在“左”倾成为一种潮流的时候，共产党要反对这个潮流，如同在抗日时期反对投降倾向的潮流一样。

在报告中，谈到 10 月 13 日少奇同志主持在西柏坡村召开的全国土地会议时，毛主席说：土地会议把右反掉了，是最伟大的一次整党，增进了党与人民群众的联系，把混入党内的地主分子及党员的地主思想洗掉了，通过了一个完整的土地法。这是保证战争胜利的一个伟大的会议。今天，只有在此基础上来谈反“左”问题，才不会给群众泼冷水。毛主席又说：土地会议，整党会议，是黄河主流，是一个伟大的潮流，一直流到大海，是成功的。但仅仅讲到这里还不够。主流向东流时，卷起了三个浪花，即侵犯中农利益、破坏工商业、把党外人士一脚踢开。不把这三个浪花反掉，它会成为一股逆流。维护主流，反对浪花，坚决保证革命成功，一定反“左”。

谈到《目前形势和我们的任务》时，毛主席说，十二月会议就是要解决这篇文章。这篇文章是当作一个时期的政治纲领，“打倒蒋介石，建立新中国”的纲领。它比《新民主主义论》《论联合政府》更进一步。这篇文章所要解决的问题是：（1）宣布美国是帝国主义，这是肯定了的。（2）宣布蒋介石是官僚资本主义，要打垮他是肯定了的。有些人赞成打倒蒋介石，不赞成打倒官僚资本主义，不懂得蒋介石是代表，官僚资本是基础。（3）推翻地主阶级，这是不错的。我们要打垮蒋介石集团，蒋介石是这个反革命集团的代表，但不能用打蒋介石一样的力量去打千百万地主富农。地主当作阶级要消灭，当作个人则要区别情况。要知道，千百万地主富农现在是生产力，将来是朋友，现在要改造，将来会改好的。这三条不错，其余就不会错。此次会议要注意的问题是中农问题，中小资产阶级问题，党外人士问题。

十二月会议开得很热烈，很成功。《目前形势和我们的任务》

这篇文章经新华社和陕北新华广播电台广播后，在全国人民中间引起了强烈的反响，在蒋介石营垒中引起了不安和恐慌，也在全世界引起了震动。

开会期间，正是毛主席 54 岁生日。在毛主席身边的工作人员，当然很想给他做寿。但是，毛主席坚决不答应，并且讲了 3 条理由：一是战争时期，许多同志为革命流血牺牲，应该纪念的是他们，为一个人祝寿，太不合情理；二是部队和群众都缺粮食吃，搞庆祝活动会造成浪费，脱离群众；三是我才 50 多岁，往后的日子长着哩，更用不着祝寿。做寿是不会使人长寿的。这样，12 月 26 日那天，毛主席白天主持会议，晚上和大家一起观看了贺龙同志从晋绥带来的平剧团演出的《恶虎村》。

1947 年快要过去了。毛主席把“亚洲部”各大队负责人召集在一起辞旧迎新。人们的心情都很激动。正是在这一年，如毛主席在新中国成立后一次谈话中所说：“胡宗南进攻延安以后，在陕北，我和周恩来、任弼时同志在两个窑洞里指挥了全国的战争。”（周恩来同志补充了一句：“毛主席是在世界上最小的司令部里，指挥了最大的人民解放战争。”）正是在这一年，在毛主席的领导下，中国人民解放军已经在中国这一块土地上扭转了美国帝国主义及其走狗蒋介石的反革命车轮，使之走向覆灭的道路，推进了自己的革命车轮，使之走向胜利的道路。“这是一个伟大的事变。这个事变所以带着伟大性，是因为这个事变发生在一个拥有四亿七千五百万人口的国家内，这个事变一经发生，它就将必然地走向全国的胜利。这个事变所以带着伟大性，还因为这个事变发生在世界的东方，在这里，共有十万万以上人口（占人类的一半）遭受帝国主义的压迫。中国人民的解放战争由防御转到进攻，不能不引起这些被压迫民族的欢欣鼓舞。同时，对于正在斗争的欧洲和美洲各国的被压迫人民，也是一种援助。”毛主席在《目前形势和我们的任务》中讲的这番话，各大队负责人体会最深刻，感觉最亲切，因为他们从延安撤出以后跟随毛主席转战千里，目睹了这个伟大的事变是如何发生的。他们尤其钦佩毛主席的预见性，由衷地称赞他是一个伟大的预言家。列宁曾经说过：“神奇的预言是神话。科学的预言却是事实。”人们亲眼看到，蒋介石一次又一次地预言“三个月到五个月”“半年之内”要“消灭共军”等等，最后都变成了昏话而破产；而毛主席一次又一次地预言中国革命的新高潮“毫无疑义地将要到来”“也许今年、明年、后年”等等，最后都变成了事实，而且比预计的时间提前变成了活生生的事实！原因是，蒋介石依据的是反革命的主观愿望，而毛主席依据的是马克思列宁主义的科学。回顾以往，毛主席也和大家一样心情激动。他对各大队负责人说：“1947 年是胜利年，也是辛苦的一年，大家要好好地过这个年。”

当 1948 年元旦的钟声响起的时候，蒋介石在元旦广播中又一次预言：“一年内消灭共军主力。”这恐怕连他自己也不相信了。而毛主席在陕北的杨家沟，热情地向大家举杯祝福：“1948 年，我们要以更大的努力取得更大的胜利！”

（节选自胡乔木著《胡乔木回忆毛泽东》，人民出版社 2003 年版）

一次未执行的“特殊任务”

杨成武 *

1948 年 4 月 15 日，接到聂司令员电报，指定要我立即到阜平县城南庄军区司令部，说有要事相商。我于 4 月 16、17 日，乘汽车赶到。

阜平，当时是晋察冀中央局和晋察冀军区所在地。它位于太行山北部、晋冀两省交界的地方。1937 年抗日战争全面爆发后，聂荣臻同志率领八路军一一五师独立团及骑兵营等部共 2000 多人，挺进敌后，建立了晋察冀抗日根据地。1940 年，根据地有了很大发展，抗日战争胜利后，又发展到包括山西、河北、察哈尔、热河、辽宁五省各一部的广大地区，阜平成了根据地的中心。1947 年，晋察冀

* 杨成武：时任华北军区第二十军团司令员；系人民政协第一届全体会议代表；后曾任第六届全国政协副主席，人民解放军副总参谋长。

军区司令部进驻阜平城南庄。

一进军区司令部的门，军区参谋长赵尔陆同志就对我说，毛主席来了，他有事和你商量。

我立即洗脸、吃饭。之后，聂司令员带着我和赵尔陆同志去见毛主席。

毛主席和聂司令员合住一个院子，中间有一个过厅，毛主席住东房，聂司令员住西房。我跟着聂司令员走进毛主席的卧室。

毛主席当时已经休息，半坐半躺，和我握了手，说："成武，你来了，什么时候到的？"

"刚到。"我一边回答，一边瞅了瞅毛主席。看来，他身体不大好，有些消瘦，但精神很好。看到他，我非常兴奋。我已经 11 年没有见到他了。在这以前，我最后一次见到他是在红军大学毕业典礼上，那次他出席了毕业典礼，比现在要年轻得多，身体也好得多。毛主席真够辛苦的了！八年抗战[①]刚刚胜利，他又以一身系国家安危，不畏风险，深入虎穴，去重庆同蒋介石谈判。全面内战爆发以来，他指挥全党全军打了数以百计的大小战役，在大西北的窑洞里度过了那么多的不眠之夜。特别是敌人发动重点进攻以后，他留在陕北，带着一个精干的指挥机构，在陕北高原上与胡宗南几十万大军周旋，指挥一野，指挥全军粉碎了敌人的重点进攻，歼灭了大量敌人，致使战局基本改观。为了加强指挥全国的解放战争，他才离开陕北，来到晋察冀。他为了中国革命，操心劳力，身体有了很大损伤。

我坐下后，毛主席问了部队的情况。他谈笑风生，非常兴奋。关于打大同、打集宁、清风店战役和石家庄战役，大的情况他都知

① 现在称为十四年抗战，下同。——编者注

道。对于一些具体问题，他也很感兴趣，问得很详细。

我一一作了回答，在汇报部队情况中，着重谈了刚刚结束的出击平绥线和察南战役的实施情况和经验教训。

毛主席听完我的汇报，给我谈了当前的大好形势。他说，解放战争已经转入到一个新的进攻的阶段了。南线，刘邓大军强渡黄河，过陇海路。陈粟大军转入鲁西黄河南岸和豫皖苏地区。陈谢大军也渡过黄河进入豫皖鄂地区。北线，东北我军从去年春季攻势以后即转入反攻，经过夏季攻势和秋季攻势，东北敌人被孤立在长春、沈阳、锦州3点。陕北我军在沙家店消灭敌三十六师以后，也转入了反攻。晋察冀我军取得大清河北的胜利后，又取得清风店、石家庄的胜利，也转入了进攻。如今主动权掌握在我们手里，敌人处于被动地位。

毛主席说完这些以后，提出了新的具体任务：让我负责，选一个我熟悉的、战斗力最强的师，由我带着，准备护送他到东北去。

在高度兴奋中，不知不觉已经是夜间12点多了，我们这才离开。

我在军区司令部住下，聂司令员、赵参谋长和我连夜商量，挑选执行这项特殊任务的部队，决定调战斗力很强的第二纵队第四旅前往。挑选这支部队护送毛主席，我们是放心的。

接着，我们又研究了行动路线，选择了过平绥铁路的地点。

第二天吃过早饭，我们又到毛主席那里，报告了我们昨夜研究的情况，毛主席表示同意。我问他还有什么指示，他说没有了。我这才离开了城南庄。

我乘坐汽车，经曲阳、唐县、易县、涞源，回到“野司”驻地广灵县暖泉镇，即向“野司”前委汇报了在毛主席那里接受的任务，汇报了毛主席询问的各种情况。我们对护送毛主席的任务进行了慎重、仔细、认真地研究，统一了意见，然后呈报毛主席和聂司令员。

过了十几天，毛主席来了个电报：同我谈的任务撤销。

后来我从聂司令员那里知道，当时毛主席身体不大好，斯大林邀请他去苏联疗养。他原拟由我带一个旅护送他到东北，他从东北转赴莫斯科。关于这件事，毛主席曾与聂司令员商量，征求聂司令员的意见。聂司令员认为斯大林相邀固然是一番好意，但在那时还是不去为好。毛主席经过斟酌，决定不去苏联了。

毛主席在城南庄期间，召开了座谈会，研究、部署了 1948 年土改和整党工作，还和晋察冀、华东军区负责同志研究了军事形势和作战部署；提出了召开政治协商会议，成立民主联合政府的主张。5 月 18 日，他移居花山村，后来到了西柏坡。

党中央和毛主席的到来，更加强了对华北的领导。毛主席这时作出关于反对无政府、无纪律的指示，号召学习马列主义，反对“左派”幼稚病。这些指示，对部队建设，对夺取解放战争的最后胜利是有着巨大意义的。

毛主席的到来，直接培养和指挥华北的部队，把华北部队放到全国一盘棋的重要位置上，实施战略指挥，使我们能在夺取最后胜利当中作出自己的贡献。

从毛主席到晋察冀，到全国革命的最后胜利，不过是一年多的时间。这一年，在中国历史上发生了史无前例的变化。他身在晋察冀火热的斗争前线，纵观全局，统率全军，展开最后的决战。

（选自张志平编《难忘的岁月》，河北教育出版社 1996 年版）

团结建国

李济深 *

人民革命已获得决定的胜利，中华民国的第 38 年（1949 年），全国同胞必然走尽了黑暗的历程，而踏入光明的大道。因而我们是以空前的兴奋与愉快来迎接这一元旦的。一切民主阵线的朋友、爱国的人士，到今天，应该各自准备以其知识能力，为建立一个民族独立、民主自由、民生幸福的新中国而奋斗。

在过去，我们团结对日抗战，获得胜利了；团结对独裁卖国者抗战，也获得胜利了；今后，我们的团结建国，必然使得中国的政治、经济、文化突飞猛进，使得全国同胞逐步生活于安定繁荣的环境中。

---

* 李济深：时任民革中央主席；系新政协筹备会代表，人民政协第一届全体会议代表；后曾任中央人民政府副主席，第一届全国人大常委会副委员长，第一、二届全国政协副主席。

最近的将来，包括各民主党派、各人民团体和无党无派的民主人士的新政协一定召开，从而订定一个照顾各阶层利益，促进各阶层合作的共同纲领，全国同胞就在这一共同纲领之下埋头苦干，努力建国。

自此以后，占中国绝大多数的农民，要得到适合他们的耕种能力的土地，不仅足食丰衣，而且要日渐获得改善生活条件的能力和购买工业必需品的购买力。同时又使中国的工商业与城市获得更丰裕更低廉的原料与粮食。中国的工商业一定会在民主政府的有计划的安排与指导之下，获得国家的保护与奖励，而有利于国民生计的企业，一定能以获得国家的资金融通，保证他们的合理利润，使新事业如雨后春笋地生长起来，而且日趋繁荣。各业的劳动大众，更会在国家保护与扶持下改善劳动条件，并保证他们免于失业、饥饿的权利。文化工作者，他们将得到更广阔的贡献于国家的机会与学术上的自由，而且得到国家、社会对他们应有的尊重和待遇。下一代的主人青年，他们将得到周到的葆爱和教育，准备对未来中国的建设肩负更繁重的责任。总结地说，在人民民主政权下的中国，除了封建地主和帝国主义的工具外，不问阶级，不问职业，不问男女都有贡献其心力与国家的机会。

有些人鉴于过去的内战，一幕一幕地出现，因而忧虑到我们打倒独裁卖国政权以后，会重蹈覆辙。这是希望国家安定的一番好意，我们应该谨慎避免。但这一次战争，是人民以自己的力量去进行的革命，和过去一切的军阀混战完全不同；人民的力量既然足以打倒最顽强的独裁卖国者，自然亦可以制止一切无理取闹。其次，建国的领导者，如果能坚守为人民服务的原则，凡事以人民的利害为利害，根本上就不会发生纠纷；再能保持民主的风度，凡事互相尊重，心平气和地研究讨论，服从众议，一切问题都容易解决，用不着以兵戎相见的了。再其次，正因为全国同胞渴望永久和平，就应该乘此时机，不容许拥兵自卫的封建军阀继续存在，根绝内战的因素。

（选自《华商报》1949 年 1 月 1 日元旦增刊第 1 版）

新政协运动的开展

朱学范*

我是1934年在上海法学院毕业的。在校期间，沈钧儒是教务长，是我的老师。

以沈钧儒为首的救国会派，在抗战中，对进行抗日宣传，支援敌后根据地的抗日斗争，反对国民党专制统治，促进中间党派和发展民主力量等方面，都做了大量工作，作出了重要的贡献。因此，救国会派在全国人民中有很高的声誉，中国共产党对它也一直给予了极高的评价。长期在蒋管区做统战工作的董必武，1945年在延安分析各党派在抗日时的表现，指出“救国会对于抗战最坚决”，它主张“全国各党派的彻底团结与共同抗日”，“对我们的新民主主

* 朱学范：时任民革中央执行委员会常委；系新政协筹备会代表，人民政协第一届全体会议代表；后曾任第五至七届全国人大常委会副委员长，邮电部部长，民革中央主席，全国政协常委。

义是完全赞成的”，“他们是我们党的亲密的朋友”。周恩来称赞沈钧儒“是民主人士左派的旗帜”。沈领导的救国会于1942年集体加入民盟，沈钧儒与章伯钧成为民盟的中坚力量。

沈钧儒到达哈尔滨时，已经74岁高龄，比我大30来岁，是一位德高望重的长者。沈抵哈后的第二天一早，我就专门到他房里请安。师生哈埠重逢，格外喜悦。一见面沈就说：“年初你从莫斯科寄出的信收到了。”又说：“你信上望我早日到解放区来，正中下怀，现在终于如愿以偿了。”沈还说：“来信要我劝任公能早来，但他素以瓦解蒋军工作为重，现在形势所趋，国民党将领纷纷与他联系之际，他正期待有所作为，暂时来不了。不过，随着形势的发展，任公来解放区亦指日可待了。”

10月4日，我又去向老师请安。坐定后，我把3月31日致李济深的信件底稿给他阅览。沈看后指出，接受共产党的领导不仅是民革，而且是所有民主党派唯一的选择。对此，民盟是有沉痛教训的。于是就谈到了我给李济深信中，关于“中共中央对于民革的成立与民盟的重建领导机构表示欢迎”这个问题上来。

沈钧儒简单介绍民盟解散的过程说：1945年10月国共两党签订的“双十协定”中，明确规定了要举行各党派及无党派人士的政治协商会议，亦即旧政协，并初步确定四方面的代表：国民党、共产党、民盟、社会贤达各9人。后来，国民党想到民盟若与共产党合作，国民党在会上就占不到优势。经过讨价还价，最后决定国民党8人，共产党7人，民盟9人，青年党5人，无党派社会贤达9人。沈强调说：“从名额上看，民盟在旧政协期间是举国瞩目的。”

沈说，11月，民盟与中共双方订立了“双方不得单独与国民党妥协合作”等四条约定。民盟代表与中共代表在旧政协会议期间紧密配合，使会议进行得较为顺利，显示了民主力量的重大胜利。以后，国民党一手制造了震惊中外的“较场口血案”。沈对我说：“你领导劳协工人参加了这次斗争，知道得比我清楚。”沈接着又说，从 1946 年 3 月 1 日至 17 日，国民党六届二中全会叫嚷推翻原来的协议精神会议上，公开撕毁政协决议，继续保持国民党的一党专政和个人独裁的政治制度。同时，向解放区发动进攻。民盟云南支部领导人李公朴因大声疾呼“内战万万打不得”，被国民党特务杀害。接着，闻一多又遭非命。李、闻被杀害的消息传出后，立即引起了国内外的强烈反应，声援民主战士的唁电纷至沓来。11 月 14 日，民盟总部发表了不参加“国大”的《紧急通告》。1947 年 1 月 6 日，民盟在上海召开二中全会，确定民盟今后斗争方针，仍然是“反对内战，恢复和平”，并提出 4 点主张：（1）努力促成国共和谈；（2）重新召开政治协商会议；（3）实行政协决议；（4）成立联合政府。沈说：“当时民革还没有成立，在蒋介石心目中，认为民盟在各民主党派中力量最强，只要消灭民盟，其他民主党派就不在话下了。”

沈继续介绍说，4 月 22 日国民党《中央日报》发表社论，公开对民盟加以诬蔑，行打击压迫民盟之先声。10 月 28 日，国民党中央社发表“政府宣布民盟非法”的声明，要“严加取缔，以遏乱萌”。11月5日，民盟在上海举行了中常会扩大会议，决定自动解散。11 月 6 日，民盟主席张澜发表了《中国民主同盟总部解散公告》。

1947 年 11 月中旬，沈钧儒与章伯钧等同志秘密到达香港，随即与原来在港的民盟同志会合，其中交叉民革的同志有彭泽民、柳亚子、朱蕴山、李章达、陈此生、何公敢等，积极准备重建民盟领导机关。这时，沈通过朱蕴山找到我，主要是想了解民革在酝酿之初就提出推翻蒋政权的政治主张的内情。我就把去年春夏之交见到李济深、何香凝和跨洋见到冯玉祥，以及大家一致认为南京政府发动内战，进攻延安，叫嚣消灭共产党，再与他们合作已不可能了，必须组织起来推翻蒋政权的过程，简介一番。沈问我："任公是否得到过中共方面的暗示？"我说："从第一次见面商谈筹建组织的情况看来，未必与中共方面事先有什么默契，但事后任公随时都向中共中央南方分局作详细汇报，征求过他们的意见，并得到他们的支持和帮助的。"沈认为，民盟如果仍以"促成国共和谈""重开政治协商会议"为奋斗目标，已经不合时宜。特别是不久前（1947年10月10日）中共中央发布了《中国人民解放军宣言》，正式提出了"打倒蒋介石，解放全中国"的口号，更使沈下定决心，坚决表示民盟也要积极响应这一号召。沈等仅用了两个月时间即完成了会前准备工作，于1948年1月19日在香港召集会议，恢复民盟，并在三中全会宣言中明确提出"彻底消灭独裁卖国的国民党反动集团"等新的奋斗目标。

沈通过回忆，慷慨地说："正是由于当年民革的成立和民盟的重建，都接受了中共关于时局的主张，发表宣言，主张联合中共和其他民主党派推翻蒋政权，所以中共中央对我们两党的这个举动表示欢迎。"

沈说："民革成立、民盟重建不久，即与各民主党派一道纷纷响应中共'五一'号召，之后，又再接再厉，从6月份起，各民主党派以香港为中心开展了一场新政协运动。在这场运动中，民盟总算出了一点力，挽回了因解散而造成的损失，社会影响重新好了起来。”

沈说：“1948 年 6 月 16 日，民盟中央在民盟机关报《光明报》上发表了《民盟致全国各民主党派、各人民团体、各报馆暨全国同胞书》，就开展新政协运动首先提出了倡议。《告同胞书》指出：发动新政协运动，其意义不只在于准备新政协会议本身，而尤其在于通过这一运动来加速独裁政权的覆灭，以为新民主中国之诞生创造前提。”

沈还说：“6 月 19 日，民盟中央又举行会议，通过了《中国民主同盟现阶段工作纲领》，决定把联合各民主党派为新政协的召开作准备为重要任务。还在《光明报》上发表了章伯钧、邓初民、沈志远等写的有关文章。民盟这一系列活动和倡议，引起了各民主党派、民主团体和民主人士的重视、支持和响应。接着各民主党派纷纷开会，发表文章和声明，投入新政协运动。”

我问沈钧儒：“听说 5 月间，农工民主党有位姓严的同志由陕北到达香港，带来一封毛主席的信，提出要与各民主党派合作，形成统一战线，是否确有其事？”沈答道：“听说在这封信上，毛主席还批评民盟自动解散是错误的。是真是假，一时弄不清楚。”“但是，当时周恩来同志确曾指出：中共与各民主党派的合作是很有诚意的，中共包办革命大业是不可能的，因为中共对农村问题有些经验，唯对城市则嫌不够，在这方面特别希望与各民主党派合作……”

沈说：“看来新政协的工作重点在城市，特别是我们民主党派在政协里的分工，重点也在城市。”

当时，我想到与谭平山、蔡廷锴谈话时，他们曾谈到过以下几点：

1. 6月26日香港民革集会，谭平山在会上报告新政协运动的情况时说：

（1）上海工商界对新政协很感兴趣，已开始讨论细节问题；

（2）南京政府想从台湾调新军五师作战，以稳定局势，分解新政协运动，美国不赞成；

（3）京沪人心动摇，上海工商界拟派人来港与民主党派联系，促进新政协之召开；

（4）社会上有美国弃蒋另觅新对象的传说。

2. 7月初，许宝驹从上海来港，在民革的一次会议上，提出上海民革、民联、民促同志都问起新政协的内容是什么，参加的条件是什么，民革处在一个什么地位，这些都是大家所关心的。大家要求的是成立一个联合政权。

3. 接着，在香港的各民主党派举行聚餐会，会上谈到有关召开新政协的时间、地点、召集方式、代表产生、会议议程以及是否召开人民代表大会成立联合政府等问题。

4. 7月31日民促在香港召开理事会，会议提出了凡拥护召开新政协的各民主党派、各人民团体、各民主人士应该缔结一项“行动公约”的主张；同时，还建议新中国定名为“中华人民共和国”，建议联合政府应以“新民主主义为建设中华人民共和国之最高施政纲领”。

沈又说道：“在新政协运动中，美国正在中国策划制造一个所谓‘弃蒋’的新‘第三种’政治势力的阴谋。不仅民革发表声明，其他民主党派也都发表文章、宣言，批判当时的‘中间道路’思想。”“《光明报》就发表了多篇有关批判中间路线之文章。”“特别是民联的《宣言》说：今后因民主运动高潮的来临，反动统治的垂死挣扎，美蒋仍旧本其一贯伎俩，继续不断玩弄其新花样以欺骗中国人民。凡是坚决地站在民主统一战线方面的，凡是希望今后新政协顺利成功者，不独不应该有丝毫第三条道路的幻想，而且应该积极起来揭露这种第三条道路的阴谋。”

沈兴奋地说：“中共中央对各民主党派响应‘五一’号召，开展新政协运动十分重视。8 月 1 日毛主席给在香港的各民主党派人士李济深、何香凝、沈钧儒、章伯钧、马叙伦、王绍鏊、陈其尤、彭泽民、李章达、蔡廷锴、谭平山和无党派人士郭沫若发了复电。”电文说：

> 五月五日电示，因交通阻隔，今始奉悉。诸先生赞同敝党五月一日关于召开新的政治协商会议讨论并实现召集人民代表大会建立民主联合政府一项主张，并热心促其实现，极为钦佩。现在革命形势日益开展，一切民主力量亟宜加强团结，共同奋斗，以期早日消灭中国反动势力，制止美帝国主义的侵略，建立独立、自由、富强和统一的中华人民民主共和国。为此目的，实有召集各民主党派、各人民团体及无党派民主人士的代表们共同协商的必要。关于召集此项会议的时机、地点、何人召集、参加会议者的范围以及会议应讨论的问题等项，希望诸先生及全国各界民主人士共同研讨，并以卓见见示，曷胜感荷。谨电奉复，即祈谅察。
>
> 中国共产党中央委员会主席　毛泽东

沈说：“毛主席电报到达香港，各民主党派的同志奔走相告，无不雀跃欢呼。”

我告诉沈钧儒，据谭平山、蔡廷锴说：“8 月 20 日民革中央总会集会，就毛主席电报所提问题进行讨论。陈其瑗、李相符等同志提出将来联合政府成立，要实现新民主主义，以无产阶级为领导。李济深认为很重要，要速向各民主党派座谈会作为专题汇报。”

沈说：“当时各民主党派提出了不少很好的意见。给我印象较深的还有，农工民主党在香港召开中央扩大会议，讨论了召开新的政治协商会议的问题，他们提出了三项重要建议：第一，制定统一战线的共同纲领；第二，筹备和产生人民的新政权，接收全国的统治；第三，向全国人民提出新民主宪章，准备交全国人民代表大会通过，以实施人民的进步宪政。”

最后，沈说：“新政协运动的开展，无疑对筹备和召开新政协是一个促进。通过这个运动，不但巩固和扩大了革命统一战线，而且粉碎了美蒋反动派妄图制造新的第三种势力。”并说：“你不在香港，没有参加这次运动；但你先后从莫斯科和哈尔滨寄给任公和我的信，主要内容都是接受中国共产党的领导和反对中间路线的，这对新政协运动起了一定的推进作用。”

从与沈钧儒这次畅谈关于开展新政协运动的情况中，我获益匪浅，留下了难忘的印象。我向他告辞出门时，沈又说：“再过四天（10 月 8 日）就要召开‘新政协诸问题’座谈会，我们一定要同心协力把这次座谈会开好，以实际行动迎接新政协的召开。”

（选自朱学范著《我与民革四十年》，团结出版社 1990 年版）

我们赞同迅速召开新政协

章伯钧*

中国共产党在今年5月1日，向全国人民发布了23个口号，其中第五项是建议："各民主党派、各人民团体、各社会贤达迅速召开政治协商会议，讨论并实现召集人民代表大会，成立民主联合政府！"这是一个适时而有力的重大主张，由当前中国第一个强大的革命政党首先提了出来，当然引起全世界的重视，当然获得水深火热中的中国人民的拥护，并将力求达到真正的实现，圆满的成功。

在香港的各民主党派负责人士，首于5月6日通电赞同，表明中共的这个号召，正是符合今日全国人民共同的要求，并与各民主党派一贯的主张是完全一致的。继此之后，国内外各阶层的民主分

* 章伯钧：时任民盟中央委员；系新政协筹备会代表，人民政协第一届全体会议代表；后曾任第二届全国政协副主席，交通部部长，农工党中央主席，民盟中央副主席。

子，即纷起讨论，对有关召开新政协的各项问题，提供很多宝贵的意见。民盟的机关刊物《光明报》曾于5月16日发表社论，说明“新的政治协商会议与我们的工作”，我是完全同意的。我个人除列名上述通电外，复于5月16日有一书面谈话发表，在这些文件里，关于新政协的见解和态度，不只是要积极的负责，而且更愿用我们的力量，促其迅速实现。

中国民主同盟是主张民主和平统一独立的政治集团，他首先把召开党派会议，列为奋斗行动的纲领。在旧政协时代，他为着贯彻主张，绝不顾忌一切无理的诽谤，坚决站在人民的政治利益方面，与中共合作，完成旧政协的决议；在反动的政府蓄意破坏政协决议时期，他更不顾一切地牺牲，遵守政治诺言，拒绝参加所谓“制宪国大”和所谓“联合政府”，以卒至遭受非法的解散。这一切坚决的正义的政治行动，正是民盟取得人民信仰的资本，也同是自己应尽的责任。在今天，以及今后，民盟对召开新政协是完全同意的，因为这就是他自己的主张。

民盟对于新政协的理解，也正与其他民主人士所了解的相同，他不把新政协看作与旧政协是同名同质的党派会议，而是在新的阶段，负有新的任务的政治协商会议。民盟为着共同担负完成新政协的使命，为着信守三中全会决议的精神和传统的友谊，更需要与中国共产党和其他真正的民主党派、民主人士、爱国分子，在互相尊重、平等自由的立场上，真诚地合作。对全国人民负责，对国家民族负责，对和平民主统一独立事业负责。

我认为召开新政协，是一件最艰苦的工作。我们要有严肃的态度，经过坚强英勇的斗争，更需要很高度的智慧。在中共“五一”

的 23 项口号当中，第四项号召就值得我们多多地理解。在这一项号召里面，指出了我们的共同任务，也指出了民主革命力量广泛集中的必要。全国劳动人民、全国知识分子、自由资产阶级、民主党派、爱国分子和社会贤达，这是一个多么广大的人民力量，这需要伟大的魄力和坚毅的精神，才能够把这些力量团结起来。新政协这一面旗帜，正是向着这些力量去发挥号召的影响。说到任务这一层，在第四项里面，也是列举出来的：反对帝国主义、反对封建主义、反对官僚资本主义，为着打倒蒋介石建立新中国而共同奋斗。我们中国被压迫的人民为要完成这神圣的历史任务，在近百年来，已付出无数的重大的代价。现在是接近胜利了，我们更需要坚强，奋斗到底，要在新政协的联合统一阵线里面，结合强大的民主力量，达成任务，粉碎一切反动势力。

（选自《光明报》1948 年第 1 卷第 8 期。有修订）

读了中共“五一口号”以后

马叙伦*

在中国历史上像唐朝陆贽替德宗写的一篇《奉天改元大赦制》，能够叫当时“骄将悍卒为之感泣”；我们如果用当时的眼光去读那篇文章，怕就是我们生在那时，也会很兴奋的。这才称得起时代文件，因为它在当时，的确起了扭转时局的作用。

同样的理由，像20多年来反动的独裁政权发表了许多的宣言和告什么什么文，真是“好话说尽”，形容得他怎样为国为民。但是，我们读了，固然一笑置之，就在他们自己人里，也觉得是又长又臭的裹脚带。这是为什么？因为没有起作用的可能，也就叫人感不到兴趣。那么，这种文章，不但称不得时代文件，倒是合了“擦屁股

* 马叙伦：时任民进常务理事；系新政协筹备会代表，人民政协第一届全体会议代表；后曾任第四届全国政协副主席，教育部部长，民进中央主席。

嫌罪过”的俗话。

中国共产党在本年5月1日为纪念劳动节发表了23个口号，被压迫到香港的我们，幸运地先听得了，我们感觉到无限的兴奋。现在我们并且晓得国内听到这个消息的人们，不论哪一方面，只除反动派以外，都“延颈企踵”希望即刻看到全文。因为他们都晓得，这些口号一定给新中国前途带来无限的喜慰。

是的，这些口号里最突出的是第五项：“各民主党派、各人民团体、各社会贤达迅速召开政治协商会议，讨论并实现召集人民代表大会，成立民主联合政府！”时局发展到了今日，任何中国人（包括反动派）都晓得独裁政权虽能“沐猴而冠”，玩一套换汤不换药的把戏，虽能有美帝不断的援助，都是“无济于事”，注定了它的末日快到了，换句话说，人民的胜利已经决定了。任何人对这，已经不是感觉而是信心了。所以，可以说全国一致在企望着卖国殃民的反动的独裁政权早一日消灭，新中国的人民自己的民主政权早一日成立，在企望着真正的人民革命的领导者——中国共产党，给一个鼓励和安慰的启示。现在是得到了。

这些口号，虽然是为着纪念五一劳动节而发的，它的精神是贯彻到世界的民族解放运动、民主运动和职工运动。它的号召是普遍到全国劳动人民、全国知识分子、自由资产阶级、各民主党派、社会贤达和其他爱国分子。它的启示是巩固与扩大反对帝国主义、反对封建主义、反对官僚资本主义的统一战线，为着结束国民党反动统治，建立新中国而共同奋斗！

然而它更重要的启示，还在第五项：“各民主党派、各人民团体、各社会贤达迅速召开政治协商会议，讨论并实现召集人民代表大会，成立民主联合政府！”这是一面对遵从美帝的命令，正披民主外衣、想骗取更合法的国际地位的反动的独裁政权下了另一个方式的讨伐令，意思是说你这种欺骗不了人民的伪装民主，只是小灯里的一点残火，告诉你吧，太阳就要出来了；一面对人民大众是像这样地说，我们的全面胜利快到面前了，我们该准备我们的新中国和世界见面了；另一面又告诉了美帝和世界：美帝制造成的伪装民主中国，不但是扶助了一个阿斗，也是像在热带地上装了一座冰山，一下子就变化了。所以，这次口号，实际上是对世界宣布了新中国将出现的姿态。

这次口号里吸引力最大的，自然是第五项了。这是任何阶级任何阶层没有不注意的。它不但是号召，已经指示了新中国形态建设的程序，和人民建立新国家基础的成分，尤其粉碎了反动集团“妖言惑众”的阴谋。

反动集团一向拿“向壁虚造”的什么共产党现在要实行无产阶级专政的口号，欺骗和恐吓人民大众，又拿什么共产党要排挤知识分子，要消灭资产阶级，不替无产阶级以外的人民谋福利等的瞎说或故意诬蔑来离间人民大众。这固然都是它末路蠢笨的表现，但是，由于消息被它封锁，也会有人被它迷惑的。现在由于革命势力的膨胀，解放的地方天天扩大，尤其人民解放军对俘虏的宽大，被释放的俘虏凭良心的说话，已叫反动集团无法继续造谣。而这次口号是一个对全国性的号召，把一个各方最关心的问题，在第五项里很庄严地宣布了。

这项里说明的是新中国的中央政府怎样组织起来，因为民主的全面胜利将迅速到临，不能不事先有个准备。当然，准备的是实质和形式两方面，实质自然重要过形式。实质方面，由于革命的胜利，虽然由于无产阶级的中国共产党领导，但革命的过程里，各阶级各阶层都参加了工作，而中国共产党领导的建立新中国的革命，并不像十五年国民党领导的革命一样独占了成果；并且它深切了解新中国的前程中，也要全国人民合作，所以它既不要它的一党来“专政”，并且主张一切反帝反封建的人民联合起来“专政”，这第五项口号就表示着这个意义。

政治协商会议是叫代表各阶级各阶层性的各方面拿出他们自己需要的政治主张和具体方案来，讨论出一个“衷于一是”的政治纲领，成立一个协议，来供给人民代表大会和民主联合政府的采纳。这是实现新中国的初步重要工作，同时它还要负担起人民代表大会怎样组织怎样召集的一件繁重工作。但是，新中国的基础是要建立在这一个会议上的。

政治协商会议这个名词，虽然已是历史性的，但是，这一个政协，不是继续上次的政协，它的性质完全和上次的政协不同。上次的政协，是民主和反民主、伪民主的集团妥协的。这次的政协，是民主方面的各阶级各阶层的代表自己互相商量“国是”，取得一个协议，只是“和衷共济”的而不是妥协的。这是性的不同。上次政协是反民主的反动集团做主体，而伪民主派也参加了的，这次是民主阵线的各方面自己的集合体，而中国共产党是当然的领导者。这是质的不同。

第五项里揭出的各民主党派便说明了反民主的或伪民主的并不包括在内。怎样是民主党派的标准？我敢简单地说我个人的意见：无疑的是一贯主张民主，而且有工作的表现，有群众的拥护，可以代表全国性的政治团体（中国学联应该属于这类里）。但是我以为这民主两个字还贯注到下文的各人民团体各社会贤达。这理由是显明的。人民团体比较党派来得广泛，除了合法代表各阶级各事业的农、工、商、教育等团体以外，还有文化、艺术等等，有全国性的团体，但是像中华全国文艺协会这个团体，反民主集团因为它的民主性很强，无法利用，就另外制造一个中国作家协会（名词我记不清了，是CC派张道藩干的）。当然，树倒猢狲散，它是会跟了反民主集团而消灭的，我不过举个例子，认为人民团体也该不包括反民主假民主的在内。社会贤达这个名词，是历史性的沿用，其实像郭沫若先生在上次政协里，就以这项资格参加的，但是郭先生现在听到这个名词在摇头了。但名词是个符号，不对可以修改的，实质是符号的来源，像上次政协里社会贤达的代表，怕除了郭先生以外，在那时，大家就觉得没有被公认的资格，结果，他们的表现是达而未必贤了。那么，这个口号是否应该修正，当然可以讨论的。至于实质上，除了他们本身在社会上不属于党派和团体而有领导资格和作用的以外，我以为还得通过民主两个字，不是可以拉黄牛当白马骑的。好在“五一口号”里第四项“全国劳动人民团结起来，联合全国知识分子、自由资产阶级、各民主党派、社会贤达和其他爱国分子，巩固与扩大反对帝国主义、反对封建主义、反对官僚资本主义的统一战线，为着打倒蒋介石，建立新中国而共同奋斗。”可以说已经给了一个唯一的方针，也就是我认为各人民团体、各社会贤达都得为民主奋斗才合标准的理由。

政协是人民代表大会的筹备员，不就等于人民代表大会，由为民主奋斗的各民主党派、各人民团体、各社会贤达来讨论并实现它是合理的。像辛亥革命时候，也由各参加革命的省份派出的代表协商而成立南京政府，就是先例。

我为着这第五项的重要性，所以给组织政协的成分加以个人的解释，供给讨论者参考。至于这项的目标，是在实现各革命阶级（就是反帝反封建反官僚资本主义的各阶级）联合专政的联合政府，建立新民主主义的共和国。

（选自石光树编《迎来曙光的盛会——新政治协商会议亲历记》，中国文史出版社 1987 年版）

为新政协催生

郭沫若*

一　起了天翻地覆的革命

在火花血涛的五月，在人民解放军节节胜利四方喁望的局势当中，中共中央颁发了纪念五一劳动节的口号，并在第五项里面响亮地提出了成立新政府的号召："各民主党派、各人民团体、各社会贤达迅速召开政治协商会议，讨论并实现召集人民代表大会，成立民主联合政府！"

这个号召给予了国内外民主人士，关心国事的一切爱国分子，

* 郭沫若：时为中华全国文学艺术工作者联合会主席；系新政协筹备会代表，人民政协第一届全体会议代表；后曾任第一至五届全国人大常委会副委员长，第一至三、五届全国政协副主席，政务院副总理，中国科学院院长。

以很大的振奋。香港南洋台湾各地，已纷纷开会讨论，并通电响应，表示着一个新形势业已成熟，大势所趋，人心所向，新民主主义的革命快要到达结晶的阶段了。

新政府成立的步骤，在这儿标识得非常明白：第一步是召开政治协商会议，第二步是召集人民代表大会，第三步是组织民主联合政府。但这三步事实上是有机联系的三段跳。到新政府成立的第三段，不用说还有相当的时期，就是到政治协商会议召开的第一段，在目前也还有充分的余裕来让我们作从长的商讨。目前是三段跳前的跑步时期，大家正好集中力量，调整气息，加速步调，尽量地、充分地提供些意见要求和方案出来，以求其迅速地逐步实现。

口号中明白提出了“政治协商会议”，这个富有历史意义的名词。好些朋友一接触到它，就好像旧友重逢的一样，表示欣慰。两年前已曾召开过的“旧政治协商会议”的那一幕，又活现在人们的眼前了。那是多么值得令人回忆的一幕呀！但那过去了的一幕旧政协，和今后所要召开的新政协究竟有没有什么有机的联系呢？在这儿我们可以不假思索地答复说有，但也可以更正确地答复说没有。毫无疑问名目是相同的。在促进中国的现代化，消灭独裁，争取民主，实现和平统一——这种种基本要求上也大抵相同。但如果更深一层去考察，人们便可以发觉，在这新旧两政协之间，无论在本质上、成分上、任务上，都会有着划然的区别。它们两者间的不同，我们甚至于可以放心地说，是起了一次天翻地覆的革命。

二　新旧政协本质上的不同

我们请先从本质上来看吧。

旧政协是在美帝国主义的干预之下，由民主党派的联合力量向国民党反动政权作媾和式的谈判。会是由反动政权召开的，反动势力是主体，民主力量是客体。在客体方面代表着人民的要求，虽然有着十分的热诚，但在主体方面却自始至终是勉强应付，出于虚伪。尤其参与导演的美帝，它一出马便居心布出一个骗局，在今天是已经由美帝自己完全暴露无遗了。美帝的居心是要独占中国这个从日寇魔掌下解放出来的广大“真空地带”，为了达成这个目的便必须扶助中国的反动势力，削弱中国的民主力量。在削弱这一方面的步骤，它是企图解除中共的武装，孤立甚至消灭中共，分化并软化中共以外的民主党派。因此它便将计就计，诱导着反动政府听从了民主力量的要求，召开那次实质上是“党派会议”的旧政协。在那前后，美帝的导演手法是相当技巧的，由莫斯科三外长会议的共同声明，经过杜鲁门1945年12月的声明，和平特使马歇尔的派遣，以至马歇尔的八上庐山，那期间确是有好几幕宏大的场面，绚烂的镜头，精彩的表演。渴望着民主和平的中国人差不多都被骗着了。例如民盟的发言人，在马歇尔离华回美时都还称赞过马歇尔人格的“崇高伟大”，斡旋和平的充分有诚意。中共虽然明知是伪，但也用了最大的诚意和超级的隐忍来应付，总想迫得反动派“弄假成真”，能够真正地化干戈为玉帛，拯生民于水火。然而无限的心血，结果是白费了。

国内外反动派之所以赞成召开旧政协只是一种烟幕，用以欺骗中国人民，欺骗国际，而在那烟幕下作着大规模的内战部署。等那部署就绪之后，反动派对于中共以及一般民主力量的态度，便是“不投降便打倒”，烟幕已无必要，旧政协也就从此吹掉了。

杜鲁门不是最近又声明了吗？说他所希望于中国的民主化，南京政府的扩大基础，自始便没有包含中共参加的意思，而是要美国所教育出来的“自由主义者”参加：好泰然！中国俨然是他的保护国！1945 年年底的那一番假惺惺的虚伪声明，那是骗了多少人呀！好些心肠太好的民主人士，对于美帝，尤其对于杜鲁门马歇尔之流，始终还存幻想，因而对于旧政协之为骗局也始终看不清，但在今天总应该豁然清醒了吧？

然而旧政协的本质，在国内外反动派的一面，尽管彻始彻终是一场骗局，而它在民主力量的一面，却依然有着它严肃的意义，我们并不想一概否认的。旧政协虽然失败了，它在民主运动史上依然要占着光辉的一页。我们现在姑且把那欺骗的一面除掉，并且假定它果然“弄假成真”而获得了五项协议的实现吧。那也毫无疑问，只是一种改良式的旧民主主义气息下的畸形产物，请想想看吧，它是由美帝所导演，由反动政权所召开的，在这样的先天条件之下，除产生出一种妥协性的东西之外还能有什么呢？当时一般的标识也表示得非常清楚，中国的民主化是以英美式的民主为准则，也就是说要以旧式的资本主义民主为目标而努力向着它学步。还有更具体一点的原则性的规定，便是由各党各派以及无党无派共同承认三民主义为最高指导原则，国民党为第一大党，蒋介石为当然领袖，所谓佛法僧三宝都为全中国人所顶礼了。请想想看吧，这是一种怎样的形势呢？当时一般的人有很适当的批评，便是“国民党请客”。幸好请客的人没有诚意，结果大多数的宾客没有就席，便不欢而散了，假使多少有点诚意而让大家上了席，那是怎样的一个席面呢？而且谁能保证在那席上不会有苦推打的大阴谋——新“鸿门宴”出现？

总之，旧政协的本质，除掉它虚伪的一面，它是改良式的折中式的以旧资本主义民主为基本的妥协性的东西。

那么，今后所要召开的新政协是怎样呢？听说在香港的朋友里面有些人在这样说：是“中共请客”，这虽然是存心歪曲，但也至少辨认了新旧两政协之间的不同。公平地说，新政协与其说“中共请客”，倒应该说“中共请主人”。口号上不是规定得明明白白要“各民主党派、各人民团体、各社会贤达迅速召开”吗？中共在请大家来召开，请问在旧政协时国民党反动派是不是有过这样的雅量？我们假如诚心诚意在干着民主运动的工作，那我们就不好自外于主人之列。你为什么一定要甘居于“客”？

“五一口号”一共是 23 项，那是一个完整的有机体，要有一个整个的了解，然后第五项才能得到真正地了解。整个口号里面不厌重复地、明白地规定着“反对美帝国主义”，一则曰“反对美帝国主义者的侵略”（第十七），再则曰“反对美帝国主义者干涉中国内政，侵犯中国主权，反对美帝国主义者扶植日本侵略势力的复活”（第十八），三则曰“反对美帝国主义者压迫亚洲、欧洲和美洲的民族解放运动、民主运动和职工运动”（第十九），四则曰“向并肩反抗美帝国主义侵略的各国工人阶级和各国人民致敬”（第二十）。由这里我们便可以得到了解，新政协不仅不容许美帝国主义者的干预，而且是彻底反对美帝国主义的。

其次口号里面也规定得很明白，把国民党反动派作为了“打倒”的对象，把那个当然领袖作为了“活捉”的目标。那个对象和目标是“中国人民的死敌”，植根在中国2000多年来的封建基础里面，受着外来的帝国主义的扶植，成为国家垄断的买办资本主义。因而“中国人民的死敌”除掉外来的帝国主义之外，也就必须反对内在的封建主义和以四大家族为代表的买办资本主义，因此，新政协不仅不是由反动派来召集，而且必须打倒反动派，彻底反对封建主义，反对买办资本主义。

更明白地说吧，新政协的本质是以新民主主义为它的指导原则，它不仅不以资本主义的旧民主主义为基本，除掉部分摄取之外，必须超越了它，而上升到更接近社会主义民主的阶段。它虽不否认少数自由资本家、民族工商业者的利益，但它不以他们的利益为主要的对象，而是以人民的利益为总对象，承认自由资本家的利益，并保护民族工商业者，是要求他们一同坚决地反对美帝国主义，反对封建主义，反对买办资本主义，在使中国近代化上，更能服务于人民的利益。要人民才是真正的主人，新政协也就是面向着要以人民为主的真正民主。

就这样，新旧两政协在本质上，实在是处在对跖的地位，旧政协是亲美的，新政协是反美的，旧政协是拥蒋的，新政协是反蒋的。旧政协是向帝国主义、封建主义、买办资本主义讲和的，新政协是向帝国主义、封建主义、买办资本主义宣战的。旧政协是以旧民主主义为蓝本，新政协是以新民主主义为蓝本。一句话归总，旧政协是改良性的产物，新政协是革命性的产物。

三　新旧两政协在成分上的不同

我们现在请来分析新旧两政协的成分上的差异吧。

旧政协既为反动势力所召开，反动派自然占了领导的地位，青年党是反动派的义子，无党无派的代表人选，要经过反动派的同意才能合格。故而旧政协的代表可以说大部分是钦赐代表。特别是无党无派的所谓“社会贤达”当中，把两名除外的7名，后来都参加了伪国大或伪政府，便充分表明了他们的钦赐性格了。而且在全体代表里面，中共代表在性质上虽然可以代表工农，而由人民团体所产生的代表是一个也没有的。

新政协的成分会是怎样呢？反民主的党派不用说是要完全筛掉。就是口号里面所揭举的“各民主党派”在事实上也起了质变。例如中国民主同盟，它在旧政协时期还包含有张君劢的一派，那一派早已分化出去，步了青年党的后尘，成为臭不堪闻的东西了。这不用说是一项质变，而民盟本身在这之外还起了本质的变化。它自从遭了反动派强迫封锁以后，已经由公开合法的组织变为非公开合法的组织，在今天它已不对美帝存幻想，并与反动势力处在势不两立的形势之下了。因而民盟的新近主张，在我们以客观的立场上看来，是更接近了新民主主义的主张。因此新政（协）里面的新民盟代表不仅会有人物上的不同，就是同一人物也已经有本质上的变化了。

大抵上有资格来召开新政协的民主党派，它必须是对于民主运动有过贡献，而诚心诚意为人民服务的。在今天要诚心诚意为人民服务就必须反对美帝国主义，反对封建主义，反对官僚资本主义。

三反的步骤可以容许有作风的不同，岗位上的不同，方向上的不同，但却不能容许“杀头（不要反帝），腰斩（不要反封），刖脚（不要反官僚资本），或降低其分量而打折扣”（方方先生语）。在召开新政协的责任上占首位的“各民主党派”，在今天必须自己检点，相互检点，更虚心坦怀地听民众检点，怕应该是最必要的事吧？

“各民主党派”之外，新政协的召开主人有了“各人民团体”，这是成分上的一个很大的变化。这是旧政协的成分里面所根本没有的。人民团体在蒋管区里面遭受了残酷的摧残，而在解放区里面却是林林总总，我们倒不愁选不出适当的代表。就是在蒋管区或华侨社会里面，这种代表性的民主团体也依然存在。例如代表工人利益的劳协，代表青年利益的学联，代表妇女利益的妇联，代表华侨利益的侨民协会等等，都会有适当的代表选出，而为一般的舆论所能公认的。

再其次是所谓“各社会贤达”，这里面包含着“自由职业者，知识分子，自由资产阶级以及从地主阶级分裂出来的开明绅士”。这一群主要是无党无派，然而也不妨是有党有派。尽管在党派上有所属，只要他在各个部门确有获得公认的代表性，他虽然不被该党该派所选出，而却可能为各党各派所共同选出并获得一般舆论的赞同。这儿我倒希望能够选出多数有权威的专家，如宪法专家、经济财政专家、自然科学或技术科学专家、文化艺术专家，以备将来立法时各种专门委员会的组织。

“社会贤达”这个名词被反动派用得来已经发了霉，在今天差不多成了骂人的口头语。这正表明旧政协乃至两番伪国大里面的所谓“社会贤达”要全部筛掉。今天我们能够承认王云五、莫德惠是“社会贤达”吗？今天我们能够承认胡适、傅斯年是“社会贤达”吗？这儿必须有人民所能公认的新社会贤达的产生，我倒很想建议，各种定期刊物不妨作一种民意测验，在今天来公举新社会贤达。

在这儿我要附带着声明一点私事。是旧政协的代表中，我自己也是所谓“社会贤达”之一人，我对于这事始终是认为很惭愧的。我自己是一个半聋子，除掉拿笔杆劳动以外，实在没有资格参加政协，也是不应该参加的。然而为什么当时却选了我而我又公然承担了呢？那倒并不是“蜀中无大将”，大将是有的，而是得不到反动派的通过（例如陈嘉庚先生、张奚若先生），反动派也就利用我是个聋子，不能有多大的作为，故就让我“廖化作先锋”了。新政协再没有应付反动派的必要了，假如再让一个聋子来参加协商，那是等于开新政协的玩笑。因此，新政协的“社会贤达”里面，就不能再有我这聋子的份，绝对不能再有。旧政协的“社会贤达”里面，还有一位邵明叔先生，他可以说是名副其实的真正的社会贤达。但邵老先生的年纪已经很老了，在南京被独裁者当面斥责，引起脑充血的险症，恐怕现在都还没有复原吧？我在前面说了一句旧社会贤达要全部筛掉的话，虽然把邵老先生也包含进去了，而情节却是两样的。这一点也当合并声明。就这样，新旧政协的代表成分实在判然不同。旧政协是大资本家大地主阶级的反动政权做主，客人方面不是钦赐代表便是“分赃”代表（独裁者说“党派会议就是分赃会议”），新政协无主客之分，凡是效忠人民，尽瘁民主的无论任何党派、任何团体、任何个人都是一样是主人或人民的公仆，无所谓钦赐，更说不上“分赃”。旧政协的代表必须经过反动派的同意，因而真正有代表性的人物，却推选不出来，便不免有滥竽充数的现象（我自己就是一例），新政协的代表虽不必由人民普选，但必须由人民公认，必须选出真才实学、有能有力的杰出者，那些人民中的盐，人民意识的结晶，以奠定根本建国的百年大计，滥竽充数的现象是决不容许存在的。

四 新旧政协的任务上的不同

再其次我们来谈谈新旧两政协的任务。

旧政协的任务，具体地表现在已经被撕毁了的5项协议里面。协议虽然被撕毁了，但作为旧政协，大体上是把协商的任务完成了的。那5项协议便是改组政府，召开国大，承认整军方案，通过和平建国纲领，修改宪草。费了3个礼拜的磋商，除掉修改宪草只得到几项共同承认的原则之外，其他四项都有了相当完整的成就。

在上面说过，旧政协的本质是改良性的东西，因此所有一切协议的成就，都不免一些改良性的折中方案，而且折中得非常勉强，到了今天，认真说用不着再费心血把那些旧账重提了。但为方便起见，我们也不妨根据这五项协议，来探究一下新旧两政协的任务上的不同。

首先是关于政府的组织。旧政协的改组政府，是承认反动政权的领导，只参加些新成分进去，以图逐渐改良。新政协的任务便是根本否认反动政权，而要重新建设新政府，这新政府是“民主联合政府”，要由“人民代表大会”产生出来，而“人民代表大会”是由新政协“讨论并实现召集”的。据此可知新政协不单是“讨论”

的机关，而且还负有更大的“实现召集人民代表大会”的责任，也就是说是一种执行机关。照这性质规定上看来，新政协可能就是一个过渡政府。这和旧政协的任务，便根本不同。

其次是关于民意机关的建立。旧政协同意召开国民代表大会，并追认了9年前一党包办的旧国大代表，而争取到一部分代表的增补，企图保有1/4的否决权，以保障和平建国纲领与政协宪草之实施。这是在政治上让步最大的一项，就在当时有好些民主人士都是认为不满意的。新政协不用说完全不同了，它根本否认所谓“国民代表大会”，而要“讨论并实现召集人民代表大会”。人民代表大会在解放区里面是已经有下层基础的，召集起来比较容易，问题是在非解放区。或怕要中国的全面或3/4以上的幅员得到解放之后才适宜于召集吧？假使是这样，那么新政协的召开至人民代表大会的召集，便可能有一个相当的时期。这里正好让新政协的代表们可以从容“讨论”，草拟出人民代表大会的组织条例，并进行种种周到的准备。

其三是关于军队国家化。这个问题的处理在旧政协虽然是核心的工作，在新政协可以说是不成问题的。反动派的武力是要完全消灭的。中共的武力，根本就是人民的武力，那不仅做到了军队国家化，而老早就做到人民化了。如国内外的反动派还未彻底消灭，人民便必须保存他的武力，这也是毫无疑问的事。但代替整军工作，性质比较接近的工作，倒也有不少的事项可以想到。例如战争罪犯审判问题，大量被解除武装的反动派军队的安插和再教育的问题，大批国特的处理问题，荣誉军人和烈属的优待问题等等，这些怕都是要新政协的代表们多绞些脑汁的吧。

其四是关于共同纲领的拟定。旧政协产生了一部和平建国纲领，那倒可以说是集改良妥协之大成的一个大拼盘。那部纲领的文从字顺，八面玲珑，是曾经博得了独裁者的赞赏的。那不用说只是纸面文章，对于今后的施政已经不能适用了。但新政协既为各党派各团体所共同召集的机构，并且不仅“讨论”，还负有执行的责任，那么共同纲领的拟定大约是必需的。在这纲领的拟定上，我相信也并没有多么大的困难。或许会把和平建国纲领来加以彻底修改吧，大体上今天的“各民主党派”在政见上是没有多么大的悬殊了。毛泽东先生的新民主主义在实际上已经成为政治上的准绳，各党各派必须实行三反以实现三民（民治、民享、民有），在原则上也可毫无疑问。反封建的土地法大纲已由中共提出而且逐渐实施了，新政协会加以追认或多少有些修改或补充，反官僚资本主义的保护民族工商业政策正在生成当中，还需要集中事实上的经验和学理上的研讨，以拟出具体方案。或许在新政协前便可以成形，也须得追认。此外关于财经问题、外交问题、护侨问题、文化教育问题、劳运农运问题、妇女儿童问题等等，都需要各党派、各团体、各专家，由各自的岗位贡献出周详的意见。这种汇集起来，便能成为新政协的一个人民所能公认的政纲，并可作为新宪法的基础。

其五关于宪法的起草。旧政协曾经拟定几项原则，想修改反动派的所谓“五五宪草”，主要是把总统制改为内阁制，中央集权改为地方分权，行政院对立法院负责等等。实际上都只是在旧民主主义的范围内作争执，今天那一切都为陈迹了。新政协必须重新拟定一部新民主主义的宪法草案，以备将来的人民代表大会审核通过。说不定这一项工作会是新政协的最主要的任务之一。这项工作必须从现在就要开始准备。各民主党派、各人民团体、各社会贤达，必须把中共近年来主张和毛泽东先生的著作和文告作通盘的检讨，而斟酌以本党派、本团体、本个人的意见、要求、经验，有不足的加以补充，有欠妥的提出修正，一本大同，不妨小异，大家来拟具些具体的条文出来，或者整套的，或者局部的，以互相商讨。这对将来的工作是会有很大效用的。东欧新民主主义国家的新宪法，苏联的斯大林宪法，不用说都是我们很好的参考资料，我们特别希望研究国际问题或宪法的专家们，把那些资料尽量介绍过来。并把它们和旧民主主义国家的宪法作比较研究。事不宜迟，为了要“迅速召开政治协商会议”这些事情就必须立刻着手。这项工作对于我们处在客观环境比较自由和宁静的人是最适当的。蒋管区是太不自由了，解放区的朋友在军事倥偬之中一定有忙不过来的情势，因此我们正不愁没有工作做，我们是应该当仁不让的。

五　革命机构必须代表人民

以上我相当琐碎地把新旧政协的本质、成分和任务做了一番比较，我不妨再扼要地专就新政协来叙述一遍，新政协是一个革命的机构，它必须反对帝国主义、反对封建主义、反对官僚资本主义，它的成分必须严选，要真正能够代表人民执行“三反”，而对新民主主义的新中国的诞生会尽助产的重任，因此有人认为新政协是旧政协的恢复，都是认识不足。又有人说新政协的成分不妨宽大，来者不拒，那是在慷人民之慨！新政协的代表是不会太多的，我们还不好把它同人民代表大会混同，但即使不能宽大地容纳代表，却必须会宽大地容纳意见。每一个人要做代表虽不可能，但每一个人要提供意见却是可能而且是应该的。在新政协召开之前，我们正应该广泛地征求人民的意见。我自己在这儿饶舌，也不过作为人民的一分子，坦率地提供我个人的意见而已。

六　支援前线并扩大宣传

对于新政协有了明确的认识，然后我们才能来考虑到怎样才可以使得它被“迅速召开”。这儿是必须我们努力多做些物质上和精神上的准备。为了新政协“召开”的“迅速”，我们请来想一想那必备的条件吧。我是在这样作想，最要紧的条件应该是人民解放军的胜利之更迅速地扩大和巩固。召开地必须是解放区里面一个可以暂时定都或永远定都的地点，地点定了，还必须让解放区外的代表们能有一条到达那地点的路。这，主要就要靠军事的力量才能达到。但我们没有参与军事工作而且离前线很远的人，就必须尽我们的力量来支援前线并扩大宣传。这两项工作应该正有广大的天地留待我们努力的。我们是处在海外的人，我们请看海外侨胞对于时局的态度吧。他们大抵上是采取的中立态度，恨反动势力而怕人民势力。因此他们对于革命工作大多数还在冷眼旁观或怀抱杞忧，这和抗日时期支援抗战的情形是有点两样的。

侨胞中不乏财力雄厚的人士，假如我们的工作做得得当，从中立争取到同情，从同情争取到合作，那么支持前线乃至扩大宣传的工作，不是更可以得到具体的保障吗？坦白地说，今天要支援前线和扩大宣传，都需要充分的经济上的后盾，假使能够做到“有钱出钱”的地步，那么宣传工作便可以更加充实而扩大，军事上的胜利，也可以更加迅速发展了。这样便可以促成新政协的“迅速召开”。这是我们在当前所必须准备的物质条件。

要怎么才可以使这种物质条件得到充分的准备呢？那就必须解除侨胞和一般工商业界的精神上的中立的态度，他们怕中共，我们必须使他们不要害怕，由不怕争取到了解，由了解争取到相亲。这并不是不可能的幻想，害怕是有理由的：一是受了蒙蔽，二是出于误解。敌对阵营的宣传机构有不可轻侮的力量，钱多，机关多，又有帝国主义的帮忙，他们仅有本领颠倒黑白，淆惑人心，人们朝朝暮暮和歪曲的宣传接触，你教他们怎易明白真相？更加以一些形式逻辑的推论，更易使误解发生。例如中共有土地改革政策，实行平分土地；而又有保护民族工商业的政策，要使独立资本家的经营不受侵犯。这本是两项同等重要的政策。但因为革命工作是先从农村发展起来的，故两项政策便有先后急缓之分，而我们不择对象地也有过分强调了前一政策而疏忽了后一政策。因此一般的工商业者大抵惶惶然抱着焦虑，他们有的根本不知道有保护工商业的政策，有的虽然知道亦不肯相信，以为只是一种幌子，形式逻辑的类推便发挥起效力来了。今天在农村里面，发动起农民来斗争地主的土地，明天到了城市不就发动起工人来斗争我的工厂，发动起店员来斗争我的商店吗？他们就不知道土地改革和保护工商业之间是有机的联系的。要改革了土地，使中国农民的生活提高了，生产力解放了，然后工业才能有资料的来源和生产品的出路。故土地改革正是保护工商业的具体条件。“消灭封建制度，发展农业生产，就给发展工业，变农业国为工业国的任务奠定了基础”（四一讲话），这是极醒豁而精粹的指示，但我们似乎还很少从这一方面去发挥，去解除城市人的误会。因此，害怕的便老是害怕，而中立的态度也就似乎越来越固执了。

有些人也知道了这个现象的普遍，而他们不是推波助澜，助长了这种现象，便是逡巡顾忌，投降了这种现象。于是倡导自由主义的路线或者中间路线，不是恶意的显示中共的果然可怕，便是懦弱地避开中共，以免别人害怕。这些，不管用心如何，其结果对于革命是一样有害。今天站在民主人士的立场所应该做的事，老实说，最好是在宣传方面尽量协助中共，平心静气地解释中共的政策，阐发革命的理论，以对抗敌人的歪曲蒙蔽，而减少人民的误解和害怕。那就是促进革命成功的路，促进军事胜利的路，促进新政协迅速召开的路了。

七　一个精粹的宣传大纲

今天是新民主主义革命的时代。毛泽东先生 4 月 1 日的讲话说得很明白："新民主主义的革命，不是任何别的革命，它只能是和必须是无产阶级领导的，人民大众的，反对帝国主义、封建主义和官僚资本主义的革命。……这个革命不能由任何别的阶级和任何别的政党充当领导者，只能和必须由无产阶级和中国共产党充当领导者。……由参加这个革命的人们所组成的统一战线是十分广大的，这里包括了工人、农民、独立劳动者、自由职业者、知识分子、自由资产阶级以及从地主阶级分裂出来的开明绅士，这就是我们所说的人民大众。由这个人民大众所建立的国家及政府，就是中华人民民主共和国及代表各民主阶级联合专政的民主联合政府。”

这一席讲话正是我们当前一个精粹的宣传大纲，我们应该不惮烦地细心地来把它说明和传播的。有好些朋友不大高兴“无产阶级和中国共产党充当领导者”，认真说，那就是不民主的、不坦白的态度。试问，今天中国的革命不由无产阶级和中共来领导，谁来领导？不是无产阶级和中共在领导谁在领导？故而我们今天不参加这个革命的统一战线则已，既已参加，而又要回避中共的领导，那是不合逻辑的事。有的人说，我们这样做，呈出一个自由公正的姿态，也是策略啊，好去争取中间分子的。但我认为那倒真正是笑话。自由并不是不允许的，只要没有任何党籍，论理谁都可以称为“自由人”，谁也可以充当“公正人”。但自由并不是无是非，公正并不等于中立，真正的自由人在今天只能承认代表人民要求者为是，而背叛人民要求者为非，要这样才能算得是“公正”。无是无非的中立并不“自由”，也并不“公正”，而只是乡愿。乡愿帮了谁的忙？帮了反动派的忙！把正数降低成零，把负数却上升成零，使谁占了便宜？古人说：“乡愿德之贼也。”可见2000多年前的人也早就看穿了这点机微。今天的一部分“民主人士”公然还是采取着这样的态度，他就无怪乎要被人在民主人士上加括弧了。我们今天如要希望革命早日成功，民主早日实现，所期待着新政协的早日召开，那在非共产党员的民主人士正好利用这种“自由”的地位来做革命的“公正人”，我们要坦白地承认事实并说明事实的真相。而承认中共的坚强领导。如是为了缓和对别的人刺激，我们也不妨这样说，确实是中共在为民主革命打冲锋，我们大家都应该跟踪上前。只有这样，才能和革命的要求相配合。

我们应该明白，无产阶级和中共在领导革命，而同时无产阶级和中共正大声疾呼地欢迎着其他的革命阶级或党派来共同革命。“统一战线是十分广大的”，而且“人民大众”里面也明明白白地包含着“自由资产阶级以及从地主阶级分裂出来的开明绅士”，只要你真正“自由”，并不怕你是资本家。只要你能够“开明”，并不怕你是地主。更“开明”一点，更“自由”一点吧，有什么可怕的呢？近来听说毛先生的《目前形势和我们的任务》发表了之后，沪港两地很多工商业界的人士都非常兴奋而表示欢迎，这正表明工商界的人并不是根本反动或彻底顽固；而同时也正表明我们往常对于工商业界的判断倒是大犯了主观主义的毛病，我们自己倒是应该深自反省。

老实说，我是有些不太理解的。有好些民主人士的态度对于中共总有些忌避，新民主主义是不肯使用的，毛泽东先生的名字更好像讳莫如深。假如是在不自由的蒋管区，还有理由可说，然而在比较自由的海外也是这样。这到底是什么意思呢？在旧政协时代，我们能够承认国民党反动派的领导，为什么在今天的革命战线上我们却要忌避中共的领导？在旧政协时代，我们能够承认三民主义为最高指导原则，在今天为什么不能承认使三民主义更充实了的新民主主义为最高指导原则？在旧政协时代，我们能够承认蒋介石为当然领袖，在今天为什么不能承认毛泽东为人民领袖？中国人中能有几个毛泽东？中国人中产生了毛泽东倒是我们的光荣。毛泽东才是孙中山先生的真正继承者，我们如果是诚心诚意的为了革命，如果是诚心诚意的为了人民，一些自我中心的虚矫态度倒是应该及早抛弃了。作为一个亲密的战友，努力协助中共，协助中共的宣传，正是民主人士在革命工作上所应分做的事，这样为自己充实精神上的准备，并为他人充实精神上的准备，支援前线的工作，扩大宣传的工作也就有着落了。

八　以大无畏的精神完成革命

最后或许有人要问：新政协究竟由谁来召开？

这在“五一口号”里面规定得很明白，是由“各民主党派、各人民团体、各社会贤达”来共同召开的。但这个战线既由中共在领导，将来召开的地点又必须在解放区，那么由中共来负荷召开的事务责任，应该是顺理成章的事。不消说，这样做，并不如某些先生所说“中共请客”，即便说是由中共奉请吧，中共是请你去革命，并不是请你去吃饭、去贪污呀！作为一个民主人士总不会那样洁癖，要不屑于同流吧？“国民党请客”的时候，大家都还兴高采烈过来，今天是我们自己做主人，难道我们还不好兴高采烈到狂热的地步吗？

今天或许有人会在这样作想：我们对于国外的敌对势力还不好过分刺激，我们应该稳重一点。如果过分刺激了，万一更放手地来干预，事情也是麻烦的。

应该谢谢这样的婆心。但是谁也不会幼稚到一定要存心去过分刺激谁。今天国外敌对力量的最大代表就是美帝，它已经疯狂到了那样的程度，你还以为它还保留了些清醒的余地吗？你就万分稳重，它也不会理你。你就过分刺激，它也只能疯狂到那样。老实说，对于精神病，特别像歇斯底里症的医治，在今天的医理上倒有了一个新的见解，便是不妨给它一个超度的过分刺激，那样倒有时有希望使它回复本性。我们今天倒还没有担负着医治国际狂人的义务，我们是要抢救我们自己。我们一向已经顾虑的太多了，但那并不单是别人的作风稳重与否，待遇宽大与否的问题，而主要是自我的批评严格与否，认识清楚与否的问题。为了要完成中国的革命，无论是谁，首先必须严格地执行自我革命，那也是毫无疑问的事。

振奋起来吧！以大无畏的精神响应中共的主张，研究毛泽东先生的思想，完成新民主主义的革命！

（选自《自由》周刊 1948 年第 15 期）

致马叙伦手札选刊

陈叔通 *

原编者按：这里所刊书札十三通，是陈叔通先生于1948年和1949年从上海托人带到香港交给马叙伦先生的，均未写受信人姓名，署名也是假的，有的则没有署名。其中少数信札没有发信日期，用语也多隐晦。如“友方”指共产党，“董事会”指新政协等。

一

行时匆匆，不及一握晤。最后光明，而在此沉闷中，正不知何时

* 陈叔通：工商界代表人士；系新政协筹备会代表，人民政协第一届全体会议代表；后曾任第一至三届全国人大常委会副委员长，第一至四届全国政协副主席，全国工商联主任委员。

可以一面。近来日暮途穷，倒行逆施愈甚。此间已成恐怖时期，如何！

马叙伦自注：此为陈叔通师于 1947 年底余离上海后致余者。1954 年 4 月 6 日清理抽屉得之。

二

前日托墨划钞，知已收转沫盾。后又托人带奉长函并人权保障会委托书，已否收到？长函随便拉杂写去，恐亦不能示人。七、八月，闻南京有新攻势，应付极代忧虑。□李内外，恐亦难于融洽。革命与非革命之间，无融洽之余地。邮局检查甚严，《群众》已久接不到，故信件除妥人带不可付邮。余详长函。

美排西，西反美；蒋倚西，亦畏美。故自为矛盾。李当选，西蒋均失败。

两浑

卅七 . 五 . 十

三

前信以无人携港。嗣读二十号、廿一号尊撰与沫撰两篇，似与尧峰所述两点不同：一点，关于任之赴港事，我们意，此由其自决，看来无此决心。一点，即为新协商事，似属从速进行。我们星二聚餐中人，亦分两派：一派盼速开，一派但可准备，不能速开。但所谓准备分两种：一、组织，此即甚难。学联是人民团体之一，教职员近益扩大，亦可以为人民团体。至农、工、商，非解放后即无从进行。二、方案，是否即协商各问题？此则可以准备。惟问题先须提出，港方能先将问题提出否？人民大会似在联合政府成立以后，须经过相当之时间。联合政府为协商所产生，不是人民大会产生。沬撰似与尊撰不同，此则先须一致。问题大者：（一）协商会名额若干？（至多百名，何如？）（二）人民团体，是否学联、教职联、农工商？（三）不必明定省份，暗中总须各省，乃至蒙回藏，均须有。（四）“社会贤达”须删去，不可蹈蒋政府之辙，以其太无标准。（五）政府如何组织？（六）选举问题。普选是否提名？（七）省域大小？省权大小？（八）处理财政金融之原则。（九）军队问题。（十）警察是否仍旧？（恐仍为军队之变相）（十一）乡村制。（十二）司法制度。（十三）教育制度。以上亦可以说是方案。中共先提出最好。

近来反对美扶持日本，这个题目甚好。学生、教员、商界就此可打成一片。可怜仍是学生先冲锋。小勻近来如何？衡山何以不赴南洋？恪生活如何？尊处笔墨生涯能有助于生活否？蔡尚思《大公星期论坛》（6月13日）一文，慧已剪寄。我以为甚好。就流毒言，不能谓其太过。千里或须赴港。定之画，我们集无上款者廿余件，均为售出，即以为其夫人之给养。世兄三人均好。惟两人均有子女，生活太涨得快，所入不能支持，实亦难兼顾夫人。近又有壬戌单款画一轴，总须觅售主，意在法币二三千万。近况安能及此，不拟代留，然不能不告，或代留扇面，山水亦甚少见。墨行难得，遂不觉拉杂写得多。

两浑

卅七．六．一四

九日致慧信，“是一位将要在此间出一份报的老板”，我未见到。是否《文汇》徐君？《文汇》八月方出版。港兴业经理无甚交情。又及。

另致萍兄的话，已转致。

四

慧告以韩君带去信已交到。此间盛传司徒派傅某到港与某接洽（弟不信可以接洽。某即乔木，是否此两字？）。又云，中共中央有属华君暂休息，以华与某意见微左。有此事否？

沫主张联合政府成立在人民大会之后。似人民大会之前，至少亦须临时政府。衣锦看事太易，故性益急。其心无他，并非为名利，屡次规劝，似未能采纳。兹有致施恩兼（闽人，拔可亦熟）信，愿否与之接近？此为江伯训婿，久在英法两界警局，能而廉，能辞，即为不可及，情形极熟。初拟到时用之（前以面谈过），先辞可惜。与之谈，可用渐近试探法。初交自谈不到深处。

近日物价可怕，然亦是好消息，个人谈不到。倘在三个月前不买几石米，今日已入枯鱼之肆矣。每日卅万菜，连吃素亦不敷。然生活高，我只能放低。每想到不如我的多得很，亦遂安之。

家兄入夏便健。卖物不能得主。况我辈之物太雅，得主更难。身外之物，不足怜也。裴子房租即须两石米（四十万），亦不得了。

两浑

七．十二

五

七月十日信均悉。所居夏日较苦而转健，亦可喜之事。承注售物，如有介绍人，能即请其过舍否？物价上下半日涨，真受不了，唯亟盼解倒悬耳！然不能急。谣传事，弟前日交徐国之转带信内所询，盼复甚殷。弟以为此次为革命，且为流血革命，要彻底。近闻新协商有提早开，且在哈尔滨开之说。弟则断为谣言。新协商为一种号召，不可轻易摊牌，摊牌即不值钱，更易惹起纠纷，总须与军事配合。军事至相当程度，地点尤须有全国性，如四川之类（因抗战历史，故有全国性，且防空较易，亦尚安全）。不能在黄河以北，何况关外！否则适予对方以口实。此间南北均有发动和谈之酝酿，要在旧军阀欲保留实力。其中或分两派：一、通电请□下野；二、安然送□出洋。弟以为即此亦尚早。如郑州失去（得襄樊要守得住），徐州吃紧，或出此途。彼时必要求停战。战争却为全国人心理所厌恶，中共颇难不接受（此为极困难之答案）。盖今日中国之前途，彻底两字，希望不可打破。但从军事彻底解决乎，抑军事至六七成，余三四成仍从政治进攻乎？（照新协商之提出，似亦预备以三四成由政治进攻，然否？）诚不可不先为决定也。来书盼具体办法，诚难言之。姑就协商组织与应商纲要，略陈如下：

一、组织（甲）废除“社会贤达”。此本为当时利用，以便钦派。果为贤达，应可包括在民主团体、人民团体之内，不必另列此目，（乙）何谓民主团体？是否即以民盟、民联、民促等为限？此中恐亦复杂，例如民盟实已暗裂。国民党中前进分子似以加入为妥。（丙）何谓人民团体？学联应占一地位。教员如能联系成全国性，与学联同，亦为团体之一。此外，农工商非解放区，尚无组织。职业是否另为一团体，如律师之类？（丁）总数不可多，至多50人，如此方把握得住。（戊）协商以团体组织，无地方性，然暗中能各省人均有，则更善。例如各团体，如甲团推定两人，可与他团互让，即同省人可让出一人与他省之类。满蒙回如何？

二、纲要（甲）人民大会组织法。（乙）临时联合政府组织法。（丙）宪法草案。以上关于立法者。

至行政纲要：（甲）中央地方之划分：省改小，权限放大。（乙）军区划分，以国防为主。（丙）经济制度。（丁）外交方针。弟颇欲集少数人以研究以上各问题，成为具体方案。将来协商必须有顾问，聘专家任之，此不可少者。人民大会成立，再以协商所定交大会议决（协商须持续至人民大会，人民大会前仍为军事行政）。弟在此坚持均须与中共配合，谓供给中共可，谓先商后定亦可。尊见以为何如？

两浑

卅七．七．廿三

六

交仁冰转托吴姓带上意见书，已收到否？属交仁冰一纸，今日已交去。内云有具体议案，即寄来，甚盼，甚盼！具体议案，无人着手。日前约同太朴、未风、宦乡（妙才）、志让谈过，议定一纸，先寄上，转示前途，以为何如？施政纲领再续议。根本大法即宪法。鄙意于此纸外尚有意见，即民主团体之限制是也。似应列举：

如民建、民联、民促、救国、革新（国民党）等（应否规定消极资格如民青是）。然是否由各团体自举？自举有无纠纷？例如民盟即不免。不自举又有何办法？此中均须面面顾到。或以旧协会原有者为限，后成立者加入另举，总以严为是。鄙意有奇想天开一则，完全为政治作用，即民主团体中可否加入旧军阀，包括黄埔在内之前进而抱有民主理想者。所以开此门，即拆彼之台。而在我则有各团体中间插入，此类亦无从为祟。不知前途以为何如？地点问题，此纸未详。鄙人意见，已见前信，不赘。千里信已收到，乞致念。其弟已到否？见过否？

两浑

八月五日

附件：新政协诸问题

一、程序

甲、由中共筹备并召集之。

乙、由协商会议产生临时联合政府，以中共为基础，联合各民主党派及无党无派之民主人士共同组织之。

二、组织

甲、民主团体应如何限制？

乙、人民团体农工商外，应包括具有民主性之“学联”及有代表性之教授团体、妇女团体、宗教团体、职业团体。

三、议题

甲、临时联合政府之组织及施政纲要。

乙、人民代表大会之组织及职权。

丙、人民代表大会召开之日期。

丁、根本大法之草定（交人民代表大会议决）。

四、其他

甲、协商会议应设顾问团，协助会议之进行，并供其咨询。

乙、参加政协之人数以较少为宜。

丙、协商会议应否持续至人民大会开幕之日？

丁、地点问题。

七

萍兄交到七月廿六日一函，吴君交到八一二夕一函，均照收（仅交太朴、宦乡、未风、萍兄、仁冰同观），并知七月廿三日及上月十二日及交墨转各函均交到。

方方所论及近出有间歇曲折等论，就实际言，鄙见向来以为，无空无海决不能占全面。弟在沪时，亦尚以为半年或一年内可解决（衣锦尤为性急），鄙见不敢赞同。至今不能占领省会，亦未必不由此。加以械缺，给养来源（关内）亦缺，艰苦可想而知（军事外，养成指导人才，亦甚费年月），即弟所谓应重视客观环境也（今年水灾恐亦是问题）。唯似不必老实说，使一般失望。间歇解作停顿（尤不必先以游击自居），曲折解作妥协，安得人人而喻之。俟河之清，人寿几何？此为普通之观念。老实说有何作用，则不得而知（无作用，未免失计）。友方因自有信心，然希腊近事，南斯拉夫近事，皆足以刺激一般人心理。而美国鼓吹第三次战争，亦甚普遍。傅斯年归，逢人便说十月三次大战必开始（此最足博草头欢心，傅固工于揣靡者。鄙见则绝对不信，此非杜、马及一般军人所能制造）。友方看法如何，下次能见示否？友方对于某方直接干涉，并不认为可怖。而直接干涉，则势所必然。所谓三四年乃至七八年（能有空、海乎？），是否连直接干涉及第三次大战均估计在内？我们不明了军事内容，但以资本主义已到没落时期，纵挣扎亦无济，则可断言。以上能否姑陈诸羲公之前，乞为斟酌。鄙性粗率，欲言便言。况三四乃至七八年中，未必除军事外无意外之机会。即如经济应与军事并重。前日忽改革币制（公子□亦反对，此人有野心。伍无用，思想不前进。罗或为卢之误，卢猾），此实友方意外之机会。以纸换纸，无异发三百万之大票（百元券即无异发三亿之大票），物价安得不涨。目前用特务强为镇压，未到昨日发行已大涨，或有黑市（条文有禁止登载黑市之语，可见已知有黑市）。不到一月，必起风波。此风波无法可以镇压（工潮必起，军警亦未必不发生问题）。草头亦说，只许成功，可见其心已虚，并报纸已明载倦勤之说，此即为卷逃埋伏之笔。港报应尽力揭穿破坏，胜师十万。此事即非说老实话（老实话限于军事）时所及料。

友方经济人才应多方罗致（总疑人才缺乏，尤其是专门。战事能有段落决定性，则人才亦较易罗致。草区人才真有愿投效者，只是战事无段落决定性，不免观望）。且须知经济人才应与军事并重。无论共产与资本主义，均建筑在经济上，不过主义不同耳！

新协商与人民大会，照尊示只限解放区（马叙伦注：“此事通老误会”），而非全国性。人民大会先就解决（放）区成立，可以说得过去，且事实上无可奈何。新协商总应属全国性，鄙见至少关外全部底定（热河非到手不可），而关内亦须有稳固之立脚点。甘川无希望，陕南恐亦难有希望（太原亦不易，实则太原最安全），然则关内立脚地究在何处？（想系依山为固，否则无以避空海之袭击。）新协商期期以为非在关内立脚地不可。我们以前所拟议，均系全国性，照现在看来不能适用。而新协商仍须有全国性。

三友而认为国际情形不佳，不如乘时得罢且罢，分步解决为有利。姑认此说为有理由，而亦无办法。假如去草，而以□□公自代之，背后仍为某方。我想：第一停战，第二放下武器（就令双方放下亦是假的），从政治解决。而政治又绝对谈不到一起，仍是回到战争。所谓“有利”，安在？故去草不过是一步骤，而非解决办法，背后老板仍须贯彻反共主张。为之奈何！鄙见不必排斥，作为容纳，亦讨论不出结果也。

我们主张新协商必须有顾问团，来函未提，此似为必要。前次未说理由，似有实际与虚的作用：（一）协商中人因有规定，未必能网罗不合规定之专门人才，则协商时必感缺乏资料，且不能周知各方面之实际情况。（二）协商人数不可太多，有顾问团可以容纳，于协商无碍而有益。（三）亦有有人望而未必需要，不妨置之顾问团，以示广大。于吸收人心有虚的作用。（四）减少热心政治者无处投奔之失望。（五）顾问团人数不限，能否暗中支配各省人均有，以表示有全国性。乞与老匀羲公令公商之。

正式政府须在全国统一，宪法成立以后成立。正式政府未成立以前，总须有临时联合机构，掌握行政。性质是专政，名称不可标以专政。标明专政，又太老实了。在一般必以为原来又是独裁。手段与技术必须顾到，不可动辄说老实话。

以下致衡老信，乞剪交。

两浑

卅七.八.廿六

八

九二二手示均悉，分答如下：

（一）民代为地方政府成立所必须，解放区各地均可先办。新协为全国性，但亦不能待至全国底定以后。惟必须在关内（太行山一带为富源所在，不但军事无飞机，高射炮非多，无以抵制轰炸），至少济南、承德、太原占领稳定。地点似以太原为宜，北平更满足。既不能待至全国底定（以我测度，远东各地，或包括菲律宾，在杜威明年三月就职以前，均须成立新政府，朝鲜为第一炮）。

尊示必须有正当角色，人望所归，甚是甚是。蒋管区只可象征，自属无可如何。工商界有身家之念，不易扭住。学术界即为正当角色，人望所归，当从此拉拢（分上海、北平两处）。顾问团除专门人才外，能各省乃至蒙回藏均有人，足以张大声势，并助成新协商全国性，乞注意。顾问团选择不必太严。港宜设无形招待所。此间人到港资斧已不易，到港后孑然一身，全凭招待。

伏波已与晤谈，渠以为甘为正义而被捕，不甘避港以蹈畏葸之嫌。告以此非避。无如此老于政治总是隔阂，且有人劝以不如留此间，过渡时大有借重。故仍未决。

说到此，本欲问：假如蒋政府卷逃，上海是否宜有假面具之中共，先代中共接收？（代市政府之保安会或维持会。张澜可否即利用为首？年最高。）此必须中共信任得过，然后可办。所谓有伊尹之志则可，无伊尹之志则篡也。如认为有此必要，可否告我？以便预备。到时地面地下合作，可以免（或减少）破坏。此为我所亟欲知之者。

燮侯在沪倾跌两次，已返杭，不良于行，其婚在沪，殆已成废。前晤时，唯以酒自遣。劝以戒酒，不能允我。内子说不明白，然又可怜。我心中终日憧憧，未尝无绝裾之意。倘上所说，果有必要，则留此亦大有作用。我甚不放心在沪诸有志之士，以有志亦会坏事。

（二）三友云云，不甚可解，无关紧要，或即指大小匀等而言。

（三）三四年间云云，我亦明白，此指全国。但三四年，美苏能否免于战争？在战争以前，全国把握在手方好。此却是一问题。照来示（四）以下云云，似苏方已看定美方无发生战争之可能，那是世界之幸，不独中国也。我希望美方因战争而崩溃。近来美似听命于阴谋家英国。英国似更不愿投入战争。然亦有持相反之议者，谓英实无路可走，欲以美为孤注，希冀投机以恢复殖民地，我不敢信。

（四）已答如前。

（五）意外机会即指改革币制，其成功即借此抢到黄金美钞，然不够花费（大部均买飞机）。所谓廿亿金圆券用不到年（法币可能延长收回），信用尚不如法币。小蒋到沪，天怒人怨（外商、宋、孔、军阀囤积，甚至金钞，均无法办，愈激人民之不平），“西西”亦与之火并。盖“西西”到手之金融界、实业界亦被破坏。根本无人信任金圆券，影响前方军事亦甚大。不一月，经济恐即总崩溃，抢货几遍全国，旋即无货可抢，此真意外机会也（上海恐怖近情，吴君能言之。“西西”、宋、孔、杜月笙合力反蒋，先从吴绍树开刀，《正言报》已被封）。尊示拆台，乃其自拆耳！尊示大头木土，终不可解，无关紧要。

（六）（七）人才亦看战局。战局好，劝驾较易。交大、同济学生去得不少。可由总部通知全线，或送总部，或分配各地。医药恐最缺乏，我辈当尽力拉拢劝导。外间有说，美方且看此次台湾开去三师如何。最后或调日本兵赴前线。张群赴日，与此事有关。此或为翁下台，政学系再上台预备，可备一说。美挟李迫蒋就范，无去蒋意，甚是。然内讧至烈，利用扶李倒蒋，以冀倒蒋，则拆台更易，未始不可。李决不能支持也。琅琊，大匀（小匀是否在内？）大龟银髯之行，此间早知之。港有特务报告。任之现有人暗随并监视电话，此即受大匀行后之影响。

最紧要之事，即弟离后，如须通消息，与何人通？港信检查甚密，我处门牌已由警备司令抄走。通信万万不可，只有带口信，或妥人带信。妥人带信由千里转，何如？

卅七．十．十六

九

友方克一城市，往往于银行中人（铁路服务员亦同）或其人有专业者，往往仍问以愿留与否？不愿则给川资放回。前鞍山技术人亦如此，或为宣传起见。然所得不偿所失。似应以我需要为主，需要不可放回。

顷闻此次由台湾送往前线之三师，已有日本人在内。当为中级或下级军官，利于指挥，不知确否？此与张群赴日有关。

卅七.十.十七

十

邓事，仁冰不知之。高家云云，不可解。董事会尚早，不必人人早去。来书似只看一面，此间事亦甚多。消极方面，可以减少支节，积极方面，救济外正有事。即如孟德所做之事，胜于赴董会。龙图乃至邱沈，均皆努力。龙图胃出血，不胜簸荡，留此大有用处。华翁因他事赴台即归，并无移眷之事（此人不如龙图，却非游移，稍嫌软弱，然江夏方面赖以探询）。萍兄在沪，与我并无助。晚香不能与萍兄并论，多方面均可倚重，心实佩之。萍兄不过认识，真于政治尚多隔阂。衣锦气盛，认识却未有丝毫移动。两峰聪明，萍兄不免误会。我认为，外交上可造之才急转，并非好消息，支节正多，且措手不及。我不怕咻，但怕誉，誉最难受。要之，各行其心之所安而已。所时时与商，康乐、孟德、龙图三人也。诸友均望代致念，尤致念晚香。

十一

尧来，携交便条，已悉。新协商（国民党前进分子仍宜容纳）不宜在两国形势之下实行，至少须军事奄有黄河以南或大江一半以后。絅云：须在南京，则更圆满。老实说，中共为主体，容纳各方意见，而仍以反对帝国主义、铲除封建制度为基础（假如蒋倒李代，开协商，似仍须反对）。反蒋、反美、土革有其一，即在同一战线，实太放得宽。投机分子不可不峻防也。

美支持军事，亦知蒋军不可用。现似越过蒋，凡能战者直接派人接洽，“五马”即其例。重视西北，过于东北。总盼北据热河，西据川陕，则大势定。未知华兄以为何如？

两浑

十二

交仁冰托吴君，又一次由仁冰托李君转，共计两函，已收到否？忘提：或交老匀同观。近日又有“双十”及明年元旦开新协商之传说，终不信以为实。以此事仍随军事发展而后能有所决定。此次太原未得，实为可惜。太原得，可能影响北方全局。辽沈何以亦尚无决定性？颇虑仍是不足之病。而美援可能加强，未知诸公看法如何？总须北局有决定性，然后可以到大江以南（稳扎稳打为不易之理，不是打来的，便不能彻底。辽、晋、陕、蜀决定，立脚方稳）。新政协期期以为不可急。有人谓，开则可有助力。但是不开反有一种吸力。开而非全国性，或所收分子人望不足，则吸力减少，甚且予以攻击之隙。且议题亦极难，温和则不免使人失望，以为有妥协性。彻底则又恐增加恐怖，即加大抵抗力。此中权衡，千万熟思而审处之（交通亦是一种大障碍）。

和平空气已过去，观于辟谣及翁文灏广布，可以知之。和平亦是美国为背影，纵令蒋去李来，但背影为美国，仍是反共。学联因东北学生“七五”惨案，因而又加扩大。教授近亦有大中小联合之企图，是可慰喜之事。前两函并此函，望详实见复，即交墨带来为要。

两浑

忽然收到第2卷29号《群众》（久断）[①]，读军事学说中游击战争与和平谣言及政变问题，明白了不少。战事决定性恐尚早，如何，如何！

十三

前信之外，尚有贡献，未知当否？

到时（即军事到与外人接触之时）似应有对外交之声明，就我意写如下：

我们对任何国（须）有坦白之声明，即反对任何方以我为军事根据地攻击任何方。经济方面，反对以我为任何方殖民地，而极愿与真正认我为友邦之国力谋合作。我国科学落后，且亟须开发，均赖友邦之协助，无可讳言（老实反见诚恳，并不寒酸），甚至投资亦所欢迎。唯主权在我，凡协助我之友邦投资，均担保安全。即在××年以前（即美国帮助内战以前，中共似曾有声明），对于各国所负之债务，亦当尽力之所及，徐谋合理之解决。至于本军所到之地，凡外人生命财产一律保护。我友邦须知：我国能独立自主，即

① 《群众》第2卷29号出版日期为1948年7月29日。据此推测，这一封信的发信日期，应在1948年8月间。——原编者注

所以奠定我国之和平，亦即所以奠定世界之和平。一国的饭，一国的大家吃；世界的饭，世界的大家吃。如此方是真和平。否则，和平是一种假面具，且是一种阴谋家代名词。

上海人物，就我们圈内说：宦乡是各方均可用之最有希望之人才（意志坚定，有胆略，文字好，其专门是铁路管理，手下有人。本人想办报，但局于办报，尚可惜）。曹未风次之（外交方面、行政方面、教育行政尤熟）。沈体兰、吴耀宗可接收教会方面，包括教会学校在内。包达三（其女尚未出狱）可接收商会（墨不来可惜）。盛丕华较弱。沈子槎、邱文奎，工商方面均可用。工人方面，中共地下必有人。外交我仍希望利用努生。张伯絅甚自负，然只可交努生用（叶笃义，我以为胜于絅伯）。萍兄、妇女界、学生界均可接洽。

宦乡在此恐站不住，或到港，先以附告。太朴、志让均是学界领导。太朴恐亦站不住，须入内。

以上如弟认为可以交友方看（须将以下裁去），则不妨交去，否则撕去可也。故另纸写上。后段备地面地下合作之用。第一段之用意：（一）以开外交上自新之路，免至有排外之误会；（二）则地面恐终被蒋军括尽，只剩地下。而地下非求助于人不可。只要有目的，有年限，借才借债，均无不可。

（选自民进中央会史工作领导小组编《民进会史资料选辑》第4辑，人民出版社2022年版）

从延安到西柏坡

罗青长 *

从延安行军的时候，中央组织了一个城工部的秘书处，当时我是中央城工部第一室主任，主管整个敌占区的秘密情报工作，就挑我做城工部秘书处的副处长，童小鹏是处长。就是通信联络同各大战区打仗的问题，另一个就是同国统区，包括海外、香港、南洋的通信联络。一直到恢复延安以后，中央又从陕北转移到晋西北，在这里住了一个短暂的时期。中央分为前委、工委、后委以后，我就在毛泽东、周恩来、任弼时领导的中央前方工作委员会工作，就在周恩来身边，始终管作战情报和国统区、海外的地下党秘密通信联络，后来我又兼周恩来办公室副主任，童小鹏到统战部，我在中南海办公室。

---

* 罗青长：时任中共中央军委情报部一局局长；后曾任中共中央调查部部长，国务院副秘书长。

退出延安以后，周恩来指示对国民党区的工作不能断，要下情上传，上情下达，组织一个精干的班子，当时还包括广播电台。所以我们弄不清楚共产党中央在哪个地方了，当时延安广播电台改成叫陕北广播电台，所以后来胡宗南占领延安以后他弄不清楚中央在哪。后来在枣林沟会议之后就决定中央分成 3 大部分，一部分作为前委指挥作战留在陕北。第二个叫中央工委，后来是在西柏坡，有刘少奇、朱德、董必武。第三个叫中央后方工作委员会，有叶剑英、杨尚昆、李克农、邓颖超，在当时山西临县的一个三交镇住。收复延安之后，中央的这 3 个部分最后在西柏坡会合，所以西柏坡这个地方是最小的指挥部指挥了世界上最大的战争。这个战争是两方面的，一个是武装斗争，一个是建立新中国。后来进入北平以后，开了全国政协会议，这也是经过周恩来精密的部署，特别是当时国民党统治的上海，英国统治的香港、南洋，这些人都是一个一个邀请的，最后到北平建立新中国。中国人民从此站立起来了。那么这个路确实是经过了长期的奋斗，22 年打败蒋介石。一个主要是靠武力，同时也靠我们统一战线的法宝。具体体现当时就是全国政协会议的召开，愿意和中共合作的朋友开的一个盛大的会议，也是我们建立新中国的一件大事。中央人民政府也是在这时成立的。从西柏坡进入到北平，后来同南京政府谈判，也是在毛主席领导下，周恩来同志作为中共的首席代表在北平一起谈的。当时南京政府的代表人物是李宗仁，蒋介石迫不得已下台了。最后，在惩罚战犯问题上，我们提出战争要有责任的。我们提出以蒋介石为首的 43 名战犯名单。这个战犯名单也是当时在西柏坡由我们研究后向中央建议的，所以西柏坡在中国的历史上，特别是打败蒋介石取得最后的胜利起了很大的作用。所以现在我们提到西柏坡一个是战争，一个是我们讲的第二战场。第二战场是在毛泽东、周恩来包括刘少奇许多同志领导之下，纠正了过去的“左”倾的错误，团结了国统区广大的爱国人士。现在的西柏坡有很大的变化了，我去看过。但回顾历史我们不能忘记中共在西柏坡领导全国取得的胜利，军事的胜利、政治的胜利，这是我几十年跟周恩来总理，当时的副主席亲身经历的。

在退出延安到西柏坡的时候，一方面周恩来是总参谋长指挥前方作战，指挥几个决战就是在西柏坡决定的。同时在国统区、香港、南洋、海外很多工作都是由周恩来筹划建议指挥的，具体执行就是通过我们的秘密电台。比如说当时要开全国政协会议，来了那么多民主人士，现在大部分都过世了，很不容易的，从香港到东北都是很费周折的，周恩来同志当时非常精细的，从哪个道路走，走哪个港口他都有很精密的布置，轮船也是很不容易的，从香港到大连，有的是经过朝鲜平壤转移到西柏坡，最后到北平，也需大量工作。当然具体工作是我们做的，但是周恩来亲自指挥费了很大劲的，常人根本不知道他的工作精神。

我们河北人民作出了很大贡献，比如说根据地最早的就是晋察冀，西柏坡所在地是原来建屏县，阜平是晋察冀中央局的所在地。毛主席从陕北东渡黄河后就转移到阜平，我也去过，以后从阜平转移到平山当时叫建屏县的这个西柏坡。当时是一个小村庄，同老百姓住在一起。人家也弄不清楚，开始用什么代号叫工校，因为来的这些干部有些戴眼镜的，有些女同志从北平、天津、上海去的，穿旗袍、高跟鞋的五颜六色，所以后来老百姓怀疑这个工校究竟是个什么机关，实际上就是当时的中央，解放全国指挥军事政治的指挥中心。北平和平解放，我们3月23日进入。毛主席开始进城的时候没有住中南海，是住在香山。当时选择这个地址是李克农。毛泽东曾经跟李克农讲“靠山近水扎大营”，后来就选择了香山。

解放军占领南京以后，毛主席写了一首诗“钟山风雨起苍黄，百万雄师过大江”。在西柏坡的时候他写过《将革命进行到底》，说是军事上胜利了但是还没有彻底胜利，包括蒋介石残部和帝国主义，所以号召全党4句话：“军队向前进，生产长一寸，加强纪律性，革命无不胜。”这是在西柏坡提出的。所以根据我的亲身经历，党中央、毛泽东、周恩来在西柏坡作了很多重大决策，军事的、政治的，包括当时估计帝国主义的干涉，最后毛主席写了一篇文章叫《别了，司徒雷登》，就是说美帝国被轰走了，夹着尾巴走了，蒋介石逃到了一个小岛上。所以新中国成立50周年，我们要居安思危，我们任重道远。我们已经老了，后一代不要忘记把革命进行到底。

七届二中全会是在西柏坡开的，当时我列席参加会议。毛主席的话言犹在耳。当时很多老帅现在都过世了，陈毅、贺龙、刘伯承等很多老同志都讲了好多话，就是革命胜利后我们要继续努力。现在我们在和平时期，但振兴中华、统一祖国的任务还很重要。就是老一辈未了之情要在我们后一辈实现祖国的统一，给我们的担子还很重，要真正把革命进行到底。

在我们退出延安的前一天，就是1947年3月18日，当时周恩来同志召集有关同志在延安窑洞里开了一个紧急会议。当时周恩来同志提出，我们要退出延安，我们要准备在陕北同敌人周旋，中央毛主席不离开陕北，继续领导人民解放战争。周恩来同志说一方面进行军事斗争，同时领导全国的（大部分国统区）地区，中央的领导不能中断，当时包括延安的广播电台在退出之后要继续工作，让地下党组织的同志知道中央的声音。于是中央决定成立一个城工部，部长是周恩来兼任，指定我和童小鹏来负责秘书处的职务，这个秘书处特别要注意秘密工作。秘书处主要是放在我的头上，负责同国统区的电信工作，使党中央同国统区的联系不能中断，这个工作一直维持到新中国成立。所以我觉得周恩来同志这个城工部起了很大作用，不仅是国统区，就是海外的很多民主人士都是通过中央的这个秘密电台得以上情下达，又可以把国统区各种情况向党中央包括军委反映。所以全国解放以后，毛主席题过词叫“知己知彼，百战百胜”，就是指这个。所以解放战争的胜利是伟大的，特别是毛泽东、周恩来的周密布置，所以取得胜利，周恩来建立的第二条战线，功不可没。

（节选自张同乐、张军锋编著《西柏坡口述史》，河北人民出版社 2021 年版。原标题为《西柏坡时期前后的周恩来》）

回忆毛泽东进驻西柏坡

叶子龙*

1948年3月21日，毛泽东从杨家沟出发，经绥德县吉镇、佳县螅蜊峪，23日中午到达吴堡县川口。面对黄河，毛泽东伫立良久。他仿佛在与黄河交谈。我从背包里拿出相机，对准了他。镜头里，一个伟岸的身影与苍茫的黄土高原、宽阔的黄河融为一体。那是一种刻骨铭心的感觉，这种感觉至今令我激动。我想到了12年前第一次渡黄河的那一天，毛泽东也是这样地伫立着。突然我的视线变得模糊，以致无法看清镜头中的景物。

这时，毛泽东一摆手："莫照了！过河吧。这次过去，争取不再回来，事不过三嘛！"

---

* 叶子龙：时任毛泽东机要秘书；后曾任中共中央办公厅机要室主任，北京市副市长。

渡船早已备好。毛泽东上船后，老船工一声号子，船解缆离岸。这时，毛泽东忽然对我说："子龙，还是照张相，留个纪念吧！"

我端起相机，以黄河西岸为背景为他拍了一张照片。不一会儿，船即到达了河对岸，我又连续为毛泽东拍了好几张照片。然而照片冲洗出来，怎么也找不到他让我拍的那一张，这真是一个难解之谜。

从 1947 年 3 月 18 日离开延安至 1948 年 3 月 23 日整整一年时间。毛泽东在陕北的千沟万壑转战期间，途经延川、子长、清涧、安塞、靖边、横山、子洲、绥德、佳县、米脂、吴堡等 11 个县，先后在 40 多个村镇驻留，最长的在杨家沟住了 4 个月，最短的只有几个小时，行程达数千公里。取得了丰硕的战果，不但粉碎了蒋介石国民党军的重点进攻，而且使人民的力量空前强大了。战略决战的时机已经成熟。正如毛泽东所说的："陕北一年，不虚此行！"

陕、晋二省历来以黄河为界，黄河以西为陕西省，黄河以东属山西省。毛泽东、周恩来、任弼时率中央机关于 1948 年 3 月 23 日从陕西省吴堡县川口乘船渡过黄河，在山西省临县碛口镇高家塔村登岸。站在黄河东岸广阔的卵石滩上，毛泽东用手里的木棍指着东边，说："这一次没有任何力量能够阻止我们前进了！"

渡过黄河以后，毛泽东一行来到一个名叫寨则山的小村子，在此住了一夜。第二天一早继续东进，到达中央后委驻地临县三交镇双塔村。毛泽东与叶剑英、杨尚昆等一起吃了饭。经短暂休息后，毛泽东等换乘吉普车沿公路向北行进。

毛泽东很长时间没有乘坐汽车了，他坐在车上，显得很高兴，一改平时不爱说话的习惯，他转头对我说："嗯，这车比那个'红十字'好！这车你会不会开呀？"我知道，他说的"红十字"是指抗战初期宋庆龄送给他的那辆涂着“红十字”标志的三轮摩托车。

我回答：“还不会！我学会开‘红十字’时是个二十出头的小青年，只是觉得好奇才学的。现在年纪大了，没有这种兴趣了。”

毛泽东说：“你刚刚30多岁，新的东西还是要学么！”进城以后，我仍与毛泽东同坐一部车，而且车里经常是只有毛泽东、司机和我3个人。解放初期，北京的治安条件还不是很好。我心想，万一路上遇到紧急情况，我要能立即开车把毛泽东带出险境才好。于是我就向司机请教，并学会了开车。毕竟是新手，一次，我单独驾车上街办事，回中南海南门时，由于驾驶技术不熟练，车碰在门柱上。为此，我与当时负责中央警卫工作的汪东兴发生了不大不小的争吵。

毛泽东转了个话题：“刚才见到小蒋没有？”

我说：“见到了，她还给我看了您给她的题词呢。”

我爱人蒋英1947年春随中央从延安撤离后，直接过黄河到临县从事土改工作，这年秋天到中央机关所在地杨家沟工作了一段时间后，于1948年年初回到临县三交镇。不久，从杨家沟来三交镇办事的一位同志给蒋英带来一封信，信封上用毛笔写了“蒋英”两个字。蒋英早在延安时就多次为毛泽东抄写文稿，对毛泽东的字很熟悉。她一看信封上的字迹就知道是毛泽东写的。她抽出信纸，上面写着8个苍劲有力的大字：“光明在前，努力奋斗。”她知道，这题词既是对自己的鼓励，更是毛泽东和中国共产党人对未来的期盼和必胜的信念。这题词我们一直珍藏至今。

毛泽东目视前方，好像自言自语地说：“是啊，前途是光明的，我们的胜利是不可阻挡的。但是要取得完全的胜利还要付出艰苦的努力！”

1948 年 4 月 12 日，毛泽东等到达河北阜平县西下关村。第二天来到晋察冀军区所在地城南庄。

城南庄位于河北省阜平县西南约 30 公里处。晋察冀军区司令部设在一座农家大院里。毛泽东被安排住在聂荣臻的院子里。这座院子坐北朝南，背依菩萨岭，四周苍松翠柏，一条小河从院旁流过，环境十分秀美。

4 月 21 日，传来西北野战军收复延安的电报。毛泽东并未显出特别的兴奋，只说了句："好，休息几天。可以搞几个菜，大家庆祝一下。"

4 月 23 日，按预先商量好的计划，周恩来、任弼时离开城南庄去西柏坡，毛泽东因准备去苏联而留在城南庄。

后来毛泽东准备去西柏坡，我奉命提前去看房子。我到西柏坡那天晚上，听到城南庄遭到国民党飞机轰炸的消息，同时得知毛泽东安然无恙，并已撤至附近一个安全的地方暂住。

5 月 27 日，毛泽东等乘车从花山村出发，当天到达平山县西柏坡村。

西柏坡位于太行山东麓，滹沱河北岸，是个只有数十户人家的小山村，三面环山，一面靠水。它地处深山区，但东距华北平原很近，离石家庄不足百公里。靠着滹沱河充沛的水源，西柏坡的农牧业生产历来比较发达，是冀西一带为数不多的稻麦两熟地区。

西柏坡是老解放区，在抗日战争时期就是晋察冀根据地的一部分。1947 年 3 月底中共中央枣林子沟会议后，按照中央决定，刘少奇、朱德等东渡黄河，前往华北太行山地区开展工作，辗转来到这里。同年 7 月 10 日，以刘少奇为书记，刘少奇、朱德、董必武、彭真、康生、陈伯达为常委的中央工委在西柏坡正式成立。为保密，当时工委对外称工校，校长胡服(刘少奇的化名)。

正如周恩来在新中国成立后的一个批示中写的："西柏坡是毛主席和党中央进入北平前、解放全中国的最后一个农村指挥所，指挥三大战役在此，开党的七届二中全会在此。"

中央机关是一座由若干农家小院组成的大院子。毛泽东住在其中一个普通的小院里。无论是毛泽东的住处还是整个中央机关大院，与一般农舍并无不同。到达西柏坡的第二天，毛泽东散步到柏坡岭，登高俯瞰西柏坡村，一座座黄土干打垒结构的院落点缀于青山绿水之间，中央机关大院与其他农民的住所一样掩映在郁郁葱葱的柏树林中。

毛泽东坐在一块石头上，用手里的木棍指着山下说道：西柏坡，果然是个好地方，这个总指挥部选得好。

早在延安时期，毛泽东就对平山县留下了印象。抗战初期，晋察冀边区就有个著名的抗日模范县——平山县，由该县农家子弟组成的平山团，能打善战，后被调到延安担负着城防警卫的重任。毛泽东数次接见过平山团的干部战士。

毛泽东在西柏坡的时间只有 10 个月，正是这 10 个月，他以巨人的伟力指挥了与蒋介石国民党军队的最后大决战。他运筹帷幄，决胜千里，一举摧毁了国民党反动派的战争机器，使中国革命的胜利迅速到来。

（节选自叶子龙著《叶子龙回忆录》，中央文献出版社 2000 年版）

中共中央“五一口号”首刊亲历记

陈春森*

1948年四五月间，人民解放战争进入取得决定性胜利的阶段，全中国的解放已为期不远。当时，聂荣臻任司令员的晋察冀军区司令部设在河北省阜平县城南庄，晋察冀中央局机关报晋察冀日报社驻在距城南庄2里地的新房子村。邓拓时任晋察冀日报社社长兼总编，我担任报社编委会编委、编辑部副部长。

1948年4月13日，毛泽东、周恩来、任弼时等中共中央领导人及党中央机关来到了河北省阜平县城南庄。那时，晋察冀中央局、晋察冀军区司令部和晋察冀日报社的同志们都兴高采烈地参加了迎接党中央到来的欢迎活动。党中央、毛主席离开陕北后，中共

* 陈春森：时任《晋察冀日报》记者、编辑；后曾任铁道部政治部副主任。

中央机关报《解放日报》停刊。到了城南庄后，中央的声音是通过《晋察冀日报》等媒体向全国和全世界传出的。一天早晨，晋察冀中央局打来电话，让邓拓去参加一个紧急会议。会上，毛主席与邓拓见了面，与他紧紧握手，并亲切地进行了交谈。

1948 年的"五一"国际劳动节快要到了。当时，解放军大军南下，国民党军队一溃千里，全国政治、军事形势一片大好，人民解放军准备打过长江去，活捉蒋介石，解放全中国。那时，毛主席、党中央审时度势，提出要在 1948 年"五一"国际劳动节那天以中共中央名义发布"五一口号"。口号的主要内容是号召全党、全军和全国各阶层人士迅速行动起来，彻底打倒国民党反动派，建立人民当家作主的新中国。

1948 年 4 月 30 日，中共中央在城南庄召开书记处扩大会议，会议通过了《中共中央纪念"五一"劳动节口号》。快到中午的时候，晋察冀日报社接到上级任务，中央要求"五一口号"一定要保证在 5 月 1 日当天的报纸上见报。那天我是值班编辑，由于这个任务特别重要，邓拓社长也来到编辑室和我一起值班。从下午等到傍晚，稿件一直未到，我们心里不免有些着急。晚上 10 点刚过，毛主席审定的稿子终于送到了。我们翻开稿子，看到其中第五条"各民主党派、各人民团体、各社会贤达迅速召开政治协商会议，讨论并实现召集人民代表大会，成立民主联合政府"这段话是毛泽东亲笔写在原稿上的。事不宜迟，邓拓和我马上进行编排，迅速送印厂排出小样，我们再对小样反复校对，确保内容准确无误。"五一口号"被安排在报纸的头版头条发布，文前标的是"新华社陕北 30 日电"。其实，当时新华社已经随中央到达晋察冀解放区，这样做完全是因为战争期间，对党中央毛主席驻地（在阜平城南庄）保密的需要。凌晨，刊登着中共中央“五一口号”的《晋察冀日报》在印刷厂开机印刷。那天晚上，从社长、总编到编辑、排版和印刷工人，大家都没有合眼，整整忙碌了一夜，报纸印刷完毕已是东方大亮。我们按照党中央的要求，在5月1日那天迅速将刊登有“五一口号”的《晋察冀日报》发放出去。包括晋察冀解放区各县、延安、重庆等地，以及全国各个解放区，都在当天或近几天内见到了中央发布的“五一口号”。与此同时，晋察冀电台用延安的呼号向全国进行了广播，各地报纸也陆续刊登了这个重大新闻，中共中央的“五一口号”迅速在全中国和全世界广泛传播开来，引起巨大反响。由于党中央、毛主席和晋察冀日报社都在城南庄，因此，晋察冀日报有条件成为首刊“五一口号”的报纸。

1949年3月，毛泽东主席等中央领导同志和中央机关从河北西柏坡进入北平，党中央在指挥人民解放军打垮国民党反动派的同时，开始了筹备政治协商会议和筹备成立中央人民政府的工作。9月21日，中国人民政治协商会议第一届全体会议在北平召开，人民政协诞生了。

（选自《文史资料选辑》第170辑，中国文史出版社2017年版。原标题为《亲历中共中央“五一口号”首刊〈晋察冀日报〉》）

中共“五一口号”的发布和南开大学地下党

刘　焱*

1948 年中共中央发布“五一口号”，并号召各民主党派、各人民团体、各界爱国民主人士，团结起来，迅速筹备召开新的政治协商会议，成立民主联合政府。

1949 年 9 月下旬，由中国共产党领导的，由各民主党派、各地区、各民族、解放军、海外华侨等各界代表组成的中国人民政治协商会议在北平召开，会议通过了起临时宪法作用的《共同纲领》，选举了中央人民政府，建立了中华人民共和国，开辟了中国历史的新时代。

解放战争时期，我是南开大学学生。那时，抗日战争胜利不久，全国人民经过多年战乱痛苦，普遍要求和平、民主、团结，而蒋介

* 刘　焱：时任中共天津地下党学委委员兼南开大学总支书记；后曾任南开大学周恩来研究中心主任，天津市政协委员。

石却坚持内战、独裁、分裂。他在美帝国主义支持下，发动全面内战。在国统区加强镇压，实行白色恐怖，激起了全国人民特别是爱国青年学生的强烈反对。南开师生和全国许多省市的师生一起，先后发动了席卷全国的“抗议美军暴行”“反饥饿反内战”“反迫害，争人权”等学生运动。在激烈斗争中，南开大学的中共地下组织不断发展壮大。那时，中共中央对蒋管区反蒋、反美的学生运动非常重视，已把它定性为配合解放军的军事斗争的“第二条战线”。中共有3个领导系统在南开大学先后建立了地下组织。1947年先后建立了分属中共中央华北局和中央南方局系统各自领导的两个中共南开大学地下支部，我被任命为中共（南系）南大支部书记。1948年，中共中央冀热辽分局系统也在南开大学发展了少量地下党员和外围组织成员。1948年11月，按照党中央指示，为配合解放平津，加强统一领导，天津市中共各级各系统的地下组织合并，南开大学3个系统的地下组织合并后成立中共南开大学总支部。我被任命为合并后的中共天津市学委委员兼南开大学总支书记。这样，我就有机会亲自听取上级党组织传达的中央“五一口号”，并负责在南开大学地下党的贯彻执行。现在时光已流逝70载，但我亲历的南大地下党为贯彻“五一口号”而进行的一些有关工作的情景，至今难忘。

一　1949年前后亲历有关人民政协的一些工作

（一）1948年秋，参与秘密安排护送知名民主人士楚图南、王冶秋等人去解放区

在上级传达中央发布的“五一口号”后大约两三个月，上级

党组织又向我下达任务：准备近期送几位民主人士去解放区。那时，去南方解放区较困难，中共中央南方局系统从 1947 年冬起，就在南开大学建立了一个地下交通站，负责人是南开大学（南系）支部委员胡国定。胡是刚从上海交通大学毕业的青年教师，南方局还从上海派来交通大学的胡荫（胡晓槐）、从解放区派来经验丰富的老交通员孙大中，协助胡国定工作。几天后上级领导通知我，此次去解放区的民主人士是楚图南和王冶秋，他们现在已抵天津，还告诉他们现在天津的住址和联系办法。我将上级下达的任务和要求向胡国定作了传达，并与胡国定商定，为慎重起见，派交通员孙大中护送他们去解放区。经过几天准备，我找南系另一支部委员、专门负责做国统区假身份证的孙虎文（林彪），帮助楚、王做了两个身份证，交通站帮助楚、王化装成商人，然后在孙大中带领下赴冀中解放区。大约一周后，孙大中返回说，楚、王已安全到达。其后不久，交通站还送闻一多夫人、儿子和李何林夫妇去解放区。后来我得知，楚图南和王冶秋 2 人，曾参加 1949 年 9 月召开的中国人民政治协商会议。新中国成立后，楚图南曾任全国人大常委会副委员长。王冶秋曾任国家文物局局长。

（二）1949 年 9 月上旬，在天津市首届各界人民代表会议上，我被选为该会常设机构——天津市各界协商委员会委员

在此前的 1949 年 1 月 15 日天津解放后的那年春天，我被南开大学全校同学投票选为学生代表，先后参加了天津市学生代表大会和华北学联执委会，先后被选为天津市学生联合会主席和华北学联副主席。此次我率学生代表团参加会议。会上，选出 19 人为天津市各界协商委员会委员。我也被选为委员之一。

不久，中国人民政治协商会议在北京胜利召开，成立了中华人民共和国中央人民政府。10 月 1 日，在北京天安门举行了新中国开国大典，我作为天津市各界代表赴京观礼团成员之一，赴京观礼，见证了新中国诞生的盛况。

1955 年 3 月，中国人民政治协商会议天津市第一届委员会召开，这是在天津市各界人民代表会议的基础上建立的。当时我是中共天津市青委委员、共青团天津市委常委，被天津市各界代表会议推举为天津市第一届政协委员参加了会议。

二　进行了反迫害、反逮捕、争人权的持续抗争

1948 年中共中央发布“五一口号”后，各民主党派、团体和各界民主人士热烈响应。这时，人民解放军也在全国各战场逐步转入战略反攻。蒋家王朝在军事上、政治上都节节败退，为加强法西斯统治，垂死挣扎，于是变本加厉地实行白色恐怖，镇压进步学运。

1948 年 7 月上旬，南开大学地下党从多条渠道获悉，敌人近期可能采取重大镇压行动。胡国定从学校有关部门获知，暑假前夕，南京政府教育部已电令南开：“鉴于局势严重，将校内共产党及共产党嫌疑或接近共产党、营私自便别有企图分子，不论员生，均视作危害学校分子，在此暑假分别处理，务求肃清。”在此前后，南开学生自治会也收到从北平华北学联传来敌人近期可能进行大逮捕的消息。为此，我及时与上级党组织联系，并约定次日到天津市睦南道（原名镇南道）党的一个秘密据点与领导面谈。这次会上，我

见到南开地下党的3位领导人：南方局平津工委书记黎智、工委委员兼天津工委书记李之楠、天津工委委员魏克。他们3位都是抗日初期入党的老党员，有丰富的地下斗争经验。黎、魏2人曾在延安学习工作过，后随周恩来到重庆南方局青运组工作。李之楠抗战后期曾任中共云南省青委，当时在天津的公开职业是中国银行专员、华北植物油公司副经理。他们3位一起听完我汇报后进行了讨论，也谈到从平津地区有关方面反映，敌人近期有可能进行逮捕的迹象。最后，黎智同志作了长篇发言，他分析了全国政治、军事、敌我斗争的发展态势，特别提到南开大学反映的已收到南京政府下达的电令，已完全证明了此事。接着他提出了地下党应采取的一系列具体措施。南开大学地下党，按照上级党的指示，采取紧急措施，在全党进行以下工作：

首先，立即在全体地下党员、地下“民青”中普遍进行一次革命气节和党的纪律教育，做好一旦被捕，为了共产主义的崇高信仰，要把敌人的法庭刑场当作战场的思想准备，与敌人进行坚决斗争，甚至为了崇高革命理想英勇牺牲的准备。

其次，为保存革命力量，并为解放区输送干部，有组织、有计划分期、分批地将一些容易暴露的党员、“民青”和进步群众，输送去解放区。

再次，减少党和民青的组织活动，各进步群众社团也相应地减少活动，并尽量不搞大规模的活动，而以小型分散活动为主，以转移敌人注意目标。

最后，规定地下党支部书记指定一位接班人，万一本人被捕，支部仍能坚持工作。

8月上旬，传来敌人近期要进行全国性大逮捕的消息，情势更加紧急。8月17日，国民党反动政府向全国发出所谓“清除间谍，安定后方”的密令。19日下午，与南开大学地下党有联系的天津《大公报》记者傅冬菊（傅作义将军女儿、地下党员）电话通知南开大学地下党：“敌人今夜要进行大逮捕。”党立即通过组织和进步社团，通知可能暴露的地下党员、“民青”和进步群众疏散隐蔽。8月20日凌晨3点多，大批武装军警宪特包围南开，按所持黑名单到各宿舍捕去南开学生7人。名单上的大部分人没有捕到，8月21日，天津反动当局又登报通缉尚未捕到的学生117人，其中有南开的23人。

8月21日下午，南开大学学生会立即召开全校学生大会，一致通过成立南开大学被捕同学营救委员会，开展反迫害争人权的斗争。此后，南开大学地下党把已被反动当局列入通缉名单，或有可能被捕的进步同学，及时、安全地撤离到解放区。其后天津反动当局成立特别刑事法庭，迫害被捕学生，南开同学提出强烈抗议，天津各界人士也纷纷要求释放被捕学生。12月中旬，人民解放军完成对天津的包围，地下党对天津当局发出警告信，要求立即释放政治犯和被捕学生。敌特刑庭只得以“起诉证据不足”为由，陆续释放全体被捕学生，包括被捕的南开学生。南京反动政府企图用大逮捕镇压进步学运的目的终未得逞。

三　贯彻“五一口号”精神，加强利用亲友，争取国统区上层人士工作

（一）周福成介绍傅冬菊入党，并协助傅冬菊参与争取傅作义和平起义

南开大学地下党员周福成（周毅之）与天津《大公报》记者傅冬菊原是西南联大同学，两人关系较好，后周福成介绍傅冬菊入党。1948 年 11 月，党中央决定要解放平津，上级决定要傅冬菊回北平家中，专门做其父的工作，了解其父思想动向，但傅家戒备森严，如何将其了解的情况上报给党，这是一个难题。当时周福成与傅冬菊恋爱情况已经公开（1949 年后结婚），周可以随时出入傅家，党就派当时还公开兼任傅作义军队系统所办报纸——《平民日报》特派记者的周福成到北平承担这一任务。他设法不断将傅冬菊所了解的其父动向，及时上报北平地下党领导崔月犁，崔通过地下电台及时报告党中央。为争取傅作义起义，和平解放北平，作出了贡献。

（二）曾常宁参与争取天津市前警察局长转向人民

南开大学地下党员曾常宁，其父曾延毅原为国民党高级将领，与傅作义是保定军校同学、拜把兄弟。傅当军长时他是副军长，傅任天津警备司令时他是天津市警察局局长。解放战争时期闲居天津。1948 年年初，中央华北局城工部部长刘仁就布置曾常宁做其父的工作，在初见成效，曾延毅表示“愿见解放区来的人”后，1948 年冬，上级党就先后派王甦、沙小泉继续做他的工作，终于提高了他对共产党的认识，表示愿与党合作。在天津解放前后，他做了一些

有益于人民的工作。如12月底，国民党天津警备司令部以南开大学学生散发共产党传单嫌疑，要派武装军警进校搜查抓人。南开大学地下党，紧急动员全校师生员工，一面开展反对军警进校的斗争，一面把印刷机拆开、化整为零，连同数千份尚未发出的传单，分散转移到曾延毅家中，在他帮助下隐蔽起来，同学们开玩笑说：“敌警察局局长的家，成为我们的保险库了！”

1949年1月初，天津即将解放时，民间忽传天津黑社会青洪帮要趁两军混战时，发动对商店市民的抢劫，弄得人心惶惶。中共天津工委书记通过南开地下党，找曾延毅面谈，要求他设法警告黑社会头目，不许抢劫，否则天津解放后将严惩。并要他在青黄不接之时，设法帮助维持社会秩序。经过中共天津工委书记做工作，终于促使他答应“尽力按共产党的要求办”。后来的事实证明，他的确这样做了，天津解放后治安没大问题。

曾延毅还参与争取傅作义和平起义的一些工作。由于他为人民做了一些好事，后天津党组织推荐他为天津市第一届人民政协委员。

（三）蓝铁白参与争取天津市政府秘书处长保管好机关文件档案

南开大学地下党员蓝铁白（李钧），1948年7月去解放区学习。大逮捕时，被列入黑名单，因他不在学校而未被逮捕。年底，解放军进逼天津，因革命需要，华北局城工部派他冒险返回天津，通过他父亲李世雄做国民党天津市政府秘书处处长王余杞的工作，要他保管好机关文件档案，天津解放后交给人民。李世雄与王余杞是关系较好的早年同学，这时解放军已包围天津，大势所趋，王立即答应照办，解放后将市政府的档案完整交给人民政府。

1948年年底，解放军逼近并包围了天津，南开大学地下党为迎接解放，保护学校，在上级党领导下，与敌人进行了空前尖锐激烈的斗争。动员全校师生员工，胜利进行了反对武装军警进驻学校和进校搜查的斗争。

1949年1月14日上午10时，解放军向天津发起总攻，当夜突入天津，仅经过29个小时激战，15日下午3时许，即解放天津全境，歼敌13万余人，活捉国民党天津警备司令陈长捷、市长杜建时等人，在总攻天津的炮火纷飞中，南开大学师生经历了严峻的考验：15日黎明前，驻守南开大学东院附近海光寺兵营的国民党军队竟向全校师生集中住宿的东院大楼开炮，3楼被轰开一个大沿，幸亏解放军进展神速，很快攻占海光寺兵营，敌人杀害南开师生的阴谋才未得逞。不久天刚破晓，解放军已冲到东院附近，在炮火纷飞中，南开东院大楼挂出“热烈欢迎解放军”的大标语，几位师生自发地为解放军带路。“五一口号”的发布和南开大学地下党的斗争，距今已70年，但它仍留在我的记忆中，终生难忘。

（节选自天津市政协文史资料委员会编《天津文史资料选辑》第130辑，天津人民出版社2018年版）

新的转折点

章乃器*

时序更新，人类历史亦翻到更光荣灿烂的新页。

今年国际局势，可能较去年为明朗而稳定。战争将证明其为不可能，东西两大堡垒的冷战，似亦虽长此持续，而势将有一个时期的和缓。但基本矛盾依然存在，除非美国能重返罗斯福路线，停止其扩张主义。

中国联合政府成立，全国重要地区，完全统一。南京政权可能尚在台湾作最后之挣扎。国内在多年战争毁坏之后，一时可能遭遇若干经济困难。唯全国人民，已存着一种新的希望，不难协力加以克服。英美对于此拥有四亿七千万人口之市场，决难忘怀，对于庞

* 章乃器：时任民建常务理事；系新政协筹备会代表，人民政协第一届全体会议代表；后曾任粮食部部长，民建中央副主委，全国政协常委。

大之投资，亦难想置，可能对新政权妥协，而以和平通商为其初步。

亚洲各地民族革命，将因中国革命之胜利，而更加蓬勃。整个亚洲大局，将于今年到了一个新的转折点。

这是很重要的一年，也是我们应该特别努力的一年。

“一年之计在于春”，愿从今天就开始努力！

（选自《华商报》1949 年 1 月 1 日元旦增刊第 2 版）

民主统一的新中国

李伯球 *

1948 年中国人民革命的战争，是以军事为主，波潮式发展的攻势，领导着全国广大群众的爱国民主运动，汇成汹涌澎湃的革命高潮，使南京反动统治的基本力量消失了 80%（包括被歼、被俘、投降、□□和正在被围歼中的部队）。在这年底，解放军已直薄长江北岸，渡江而南指顾间事。而且华南人民武装早已风起云涌来迎接大军南下了。

1949 年，军事上不过是追击和扫荡残敌，及消灭若干残垒而已。人民的战斗任务主要在于民主基础上统一全国，并从政治上思想上来肃清帝国主义的阴谋活动，加强和扩大反帝的团结。彻底完

---

* 李伯球：时任农工党中央常委；系人民政协第一届全体会议代表；后曾任广东省政协副主席，全国政协常委。

成民族解放。

1949年，这个中国人民的新纪元，首先将召开各民主党派人民团体的新政协，进一步统一革命的领导，召集临时人民代表大会，成立联合政府，从此全国人民从百年的苦难中，从重重压迫和束缚中解放出来，自由活跃于新大地，新的生活新的希望新的事业都将鼓舞着各阶层各职业的人民向前奋斗，无论其为工人、农民、工商业家、知识分子、自由职业者，都可用其劳力资本知能参加新的政治经济文化建设，增进个人的生活和推进社会的进步。民主的群众组织，群众运动由地下转到公开，将如雨后春笋地普遍发展，人民的政治觉醒必定空前高涨，这都是历史空前的新气象。但是，在这个革命胜利的初期，广大区域上，民主势力上有不平衡的情况，落后的残余尚未根绝，人民阵线中尚存在着一些弱点。同时，反动分子在他们主力的消失，中心堡垒崩溃以后，都将混进人民队伍里来与美帝阴谋相配合，乘间找隙来破坏人民的团结，麻痹人民的情绪，阻碍革命的进展。我们最要警惕的是：以旧民主主义的观点来看党派的问题，离开群众基础谈平等，标榜自由掩护个人的特权；以狭隘的民族主义的观点来看国际问题，离开整个世界和平阵线，谈平衡美苏外交，都是有害的论点，不论他们用什么词调来迷惑群众，均应该加以揭破和澄清，以消除一切反动阴谋活动的根据。

我们要明确地认识：联合政府是各革命阶层的联合专政，唯有巩固各革命阶层的联合专政，才能保卫人民的革命胜利，保证反帝反封建任务的彻底完成。工农与民族工商业家、知识分子、自由职业者，应加紧组织、加紧团结，为建立和巩固联合政府而奋斗。中国共产党过去已领导了中国革命向胜利前进，无疑的，今后当继续掌握正确的领导，固宜照顾各阶层各党派的关系，在群众基础上，指引革命的统一的发展。各民主党派亦应在新民主主义的共同纲领下，动员和团结群众，巩固统一的领导，严整和扩大革命的阵线。

我们农工民主党早在扩大会议的政治决议中指出：新民主主义的人民政权，是“战斗与建设并进”。要实现耕者有其田，改造农村生产，建设国家资本，发展工商业经济，展开广大平民的劳动教育，展开文化思想上的自由批判运动，更要与世界人民扩大反帝反战的团结，以最后战胜敌人。

这是我们迎接民主统一新中国的任务，也就是我们对中国人民新纪元的献词选择。

（选自《华商报》1949 年 1 月 1 日元旦增刊第 2 版）

新政协之前提及任务

陈演生 *

中共的“五一”号召，尤其第五项“各民主党派、各人民团体、各社会贤达迅速召开政治协商会议，讨论并实现召集人民代表大会，成立民主联合政府”发表以来，实给予全国人民以一种新的刺激、新的兴奋和新的启示。这使代表全国人民利益而奋斗的民主党派和民主人士，更了解当前中国的形势：蒋政府在政治上的腐化和军事上的失败，日益深重，反之，解放区在政治上的改革和军事上的扩展，日见成功；同时，为着配合这新发展的形势，各民主党派和民主人士，应即感觉有重新召开政治协商会议，以推动当前的军事和政治的形势，使更进一步发展，而彻底消灭反动政权统治的必要。

* 陈演生：时任致公党中央常委兼秘书长；后曾任全国政协委员，致公党中央主席团成员兼秘书长。

唯是参加新政协的民主党派和民主人士，应先明了新政协之基本任务何在，然后才有集中意志而共同努力的目标。自然，在“五一”号召第五项中，早已规定“讨论并实现召集人民代表大会，成立民主联合政府”为新政协共同行动的目标，可是我认为，只是规定了从新政协到民主联合政府成立的过程，而非说明了新政协的基本任务。那么，什么才是新政协的基本任务呢？在这里我试提出有4个主义：

一、反分赃主义；

二、反帝国主义；

三、反封建主义；

四、反官僚买办资本主义。

这4个主义，我认为是这次参加新政协的各民主党派和民主人士应共同认识、共同努力的最重要最基本的任务。

一　反分赃主义

从来带有协商性的政治会议，对于权力的分配，大都是采取分赃主义的，这是普通政治协商会议的通病。英法从来所有的混合内阁的产生，都是在各政党间采用分赃的方法而成立的，即最近成立的法国奎伊内阁，仍旧是一样，年前中国旧政治协商会议成而复败，就是国民党顽固派认为分赃不平的结果；民青两党愿意参加伪装民主的国民党包办的伪国大，不过是分赃主义促其成就。但分赃主义不能实现良好的政治，不能成立强固的政府，这是中外历史所昭示我们的。当前中国民主革命人士所准备召开的新政协，并不是一般权力分配协商的会议，而是分配革命工作，以期完成革命任务的会议，所以绝对要剔除分赃主义。在会议中有职务的分配，也只有根据各个人工作的能力，采用民主表决的方法来决定，绝不能以党派关系而抢夺、而分赃，一切大小公职的最后决定者在于将来合法产生的各级民意机关。这样，一个民主自由富强康乐的中国才能够有希望实现。所以新政协第一任务要反对分赃主义。

二　反帝国主义

100 年来中国的国势日衰，人民生活日苦，无论政治、经济任何方面，都表现每况愈下的趋势，这可说无一不是国际帝国主义所造成。自鸦片战争以来，帝国主义者所加于中国人民肩上的不平等条约，重重叠叠，多至不可胜计，使整个中国成了国际帝国主义者的次殖民地；由此内政受其干涉，经济受其束缚，社会文化亦受其诱胁而日趋紊乱低落，于是帝国主义的势力支配了中国的一切。辛亥革命而后，凡组织政府者，无不仰帝国主义者的鼻息而后可以苟存；这尤以当前的南京蒋政府为甚。蒋政府自 1927 年背叛国民革命以来，江浙买办财阀独握政权，其投靠帝国主义更为积极而专一。20 年来蒋政府的政治史，不过是英、日、美 3 个帝国主义者轮流统治中国的历史。蒋政府种种鱼肉人民的施政，不过是执行帝国主义者对中国民众血腥的统治罢了，帝国主义者在中国所造成的罪恶，真是笔不胜书，确是近代中华民族最大的仇敌。所以反对帝国主义，尤其在当前伪装亲善的美帝国主义，实为新政协第二主要任务。

三　反封建主义

逊清以来，中国虽经过了不少次的革命运动，但封建势力到现在还保持其支配中国政治社会的有力地位，可是封建势力，乃是妨害中国进入自由、民主和统一的最大障碍物。过去康梁戊戌政变的失败，辛亥革命之为北洋军阀所出卖，孙中山的再次革命之成功，以至蒋介石之背叛国民革命，无一而非有封建势力从中作祟。而且封建势力常为帝国主义者统治其殖民地或半殖民地之“虎伥”。帝国主义者必通过其殖民地半殖民地的封建势力，而后易于统治其殖民地及奴役其人民。目前蒋政府的贪污腐败，即因其外依美帝国主义势力，内依北洋官僚和各省军阀的封建势力而统治的结果。这是半封建半殖民地国家的典型。在这种国家里面，封建主义必极流行，封建主义对于中国民主政治之实现，其阻碍力量之大，实不减于帝国主义。中国所谓“人情主义”和“地方主义”，均属于封建主义之范围，其在政治上的弊害，是尽人皆知的了。所以新政协志在澄清政治，其第三基本任务，应为反封建主义。

四　反官僚买办资本主义

半封建半殖民地的中国，其社会经济的特征，乃为地主封建势力和帝国主义势力联合的支配；前者的代表为官僚，而后者的代表为买办，由两者的连结，乃形成的中国特有官僚买办资本主义。在这种特殊形态的资本主义之下，受到剥削的，不单只是一般工资劳动者，而且一般贫农大众及中小农阶级，甚至民族工商业者，莫不受到高度的剥削和压迫。这种资本主义，对于人民大众经济利益的榨取不只是在市场的独占和生产事业的垄断，而且在经济行为上，官僚买办资本家可能扶持其在政治上的特殊权力，而强行其无限制的掠夺，所以官僚买办资本主义的剥削，必然是超经济的，这是和普通资本主义根本不同之点。新政协对于人民大众，在政治方面，固要为其谋自由和解放，而在经济方面，也必须为其谋生活之改善与提高，所以反对官僚买办资本主义，应为新政协的第四基本任务。

上述 4 个基本任务，若期望其能完满达成，还需要参加新政协的团体代表和个人代表，能彻底消除其自私自利的成见，发挥其为人民大众利益服务的精神而后可。

（本文发表于 1948 年 9 月 20 日，选自中国致公党中央文史委员会编《中国致公党文件选编》上册，中国致公出版社 1995 年版）

为成立民主联合政府而奋斗

方　方*

今年（1948年）“五一”劳动节，中共中央所发布的口号，有了一个响亮而振奋人心的号召，要求各民主党派、各人民团体、各社会贤达迅速召开政治协商会议，讨论并实现召集人民代表大会，成立民主联合政府。

这个号召，不仅是合于当前时局发展的需要，而且也具备了主客观上成熟的条件。这个号召，在全部23条口号中也是互相密切联系而不可分割的。

中国人民的解放斗争，不只是在军事战争上已经“扭转美国帝国主义及其走狗蒋介石匪帮的反革命车轮，使之走向覆灭的道路，

* 方　方：时任中共中央香港分局书记；后曾任中共中央统战部副部长，中国侨联副主席。

推进了自己的革命车轮，使之走向胜利的道路”，而且，在广大的群众斗争来说，目前“是中国劳动人民和一切被压迫人民的觉悟空前成熟的日子”。东北、华北、西北、华东、华中全部的解放战争正在胜利地开展，打到南京、重庆、两广、台湾已成为继续奋斗的目标；解放区工人代表大会的召开以及与蒋管区工人代表的团结准备成立全国总工会；解放区农民的实行土改彻底翻身，与蒋管区农民的反“三征”的游击战争准备土改，正在有力地配合；解放区人民的积极参军参战发展革命战争，与蒋管区的青年和知识分子的反饥饿、反迫害、反美帝国主义干涉中国内政，表现以不同的方式一样的向统治阶级进攻。这些，都说明了中国革命在全国范围的直接革命形势的条件日益成熟，“打到南京去，活捉伪总统蒋介石”的口号，就是坚决地、毫不犹豫地把革命战争进行到底的实际行动。“召开人民代表大会，成立民主联合政府”，就是为着集中一切革命力量，领导全国人民，“为着打倒蒋介石，建立新中国而共同奋斗”。一切对革命发展的形势认识不足，不敢胜利，三心二意，徘徊不前，想走弯路的思想，在这样明确的口号底下，应该勇敢地纠正了。

人民的民主联合政府，是一个各革命阶级统一战线的政府，这个政府是由“全国劳动人民、全国知识分子、自由资产阶级、各民主党派、社会贤达和其他爱国分子”组成的，集中这一庞大的革命力量来“反对帝国主义、反对封建主义、反对官僚资本主义”，为着建立新中国而共同奋斗，目标也是很清楚的。想把这个目标杀头（不要反帝）、腰斩（不要反封）、刖脚（不要反官僚资本），或降低其分量打折扣，都是违背现阶段革命发展的需求，都只是延长中国人民的痛苦而已。

当然，我们并不否认，有的人只要反帝反官僚资本而不反封，有的人只要反封反官僚资本而不反帝，像这样的人我们也要联合他们、团结他们，使他们在共同主张共同要求下的某一点上来共同奋斗。但这并不是说我们可以放弃我们的全部主张，或降低我们的主张去迁就他们，相反的我们是要和他们在共同要求的某一点的合作上去使他们从切身体验中来理解我们的全部主张的正确，来逐渐接受我们的意见，提高到与我们看齐，和我们更好地更彻底地更长期地合作。这一个思想，我们亦必须严肃地把它弄清楚，才能使这个民主的统一战线的联合政府，更加一致更加有力地来领导斗争。

迅速召开政治协商会议，讨论并实现人民代表会议，成立民主联合政府，目前是全国人民的一个斗争方向，这个方向的实现，决定于人民解放军的战争与蒋管区的群众斗争的发展，决定于解放区的政策如何适合于蒋管区的人民的迫切要求，能够号召蒋管区的人民一致起来斗争，使蒋管区的人民认识产生出一个民主联合政府是当前斗争的迫切需要。

姑撇开人民解放军的战争与蒋管区的群众斗争不说，从蒋管区人民所特别关心的解放区的经济政策来说，“五一”节的口号是“坚定不移地贯彻发展生产、繁荣经济、公私兼顾、劳资两利的工运政策和工业政策”，是“为增加工业品的产量、提高工业品的质量、减低工业品的成本而奋斗”，是“发扬新的劳动态度，爱护工具，节省原料，遵守劳动纪律，反对一切怠惰、浪费和破坏行为，学习技术，提高生产效率”，是“与资本家建立劳资两利的合理关系，为共同发展国民经济而努力”，这与蒋管区的人民（包括自由资产阶级）当前的迫切要求完全是一致的。

在蒋管区，官僚资本与封建主义的独裁统治，不是正在拍卖全国的资源去满足美国帝国主义者的剥削要求吗？不是正在横征暴敛去发动屠杀人民的绝望的战争吗？不是正在统制排挤去压迫民族工商业令其倒闭破产吗？通货膨胀，物价高涨，富者破产，贫者饿死，还有什么工业生产、商业繁荣、农村复兴的希望呢？解放区的经济政策，却是站在一切革命阶级的利益上去提高生产效率，发展生产力，平抑物价，改善民生，繁荣经济，这不正是蒋管区一切人民所迫切要求而不能获得的东西吗？至解放区的土地政策，则更为全国农民所拥护。因此，解放区的一切政策，完全是符合于蒋管区一切人民当前的迫切要求的，因此，蒋管区的一切人民，对于这样能够为群众生活改善而斗争的民主联合政府，是一定会奋起来拥护它的，因此对于打倒蒋介石建立民主联合政府的方向，已经成为全中国人民所共同奋斗的方向了。

蒋管区的一切民主党派、人民团体、社会贤达，以及海外华侨的群众团体，为着执行人民的要求，为着适应人民斗争的需要，今天不仅应进行响应中共的这一匡时救国救民的号召，今天还应该更具体深入地把中共这一个号召作更广泛的宣传，特别联系到中共的一切政策的宣传解释，发动群众热烈起来讨论中共的一切政策，根据本身利益、民族利益与广大人民利益的一致性提出具体的意见，准备采用最民主的方式选出能够代表人民利益的代表，一面从团结自卫的斗争中去打破蒋特的进攻，求得自己的生存与发展，从开展广泛的农村的游击战争与城市的反饥饿反迫害，反伪政府出卖民族利益，反美国帝国主义直接干涉中国人民解放运动的各种斗争中，以与解放军的胜利进攻的战争配合起来，为彻底反对帝国主义、反对封建主义、反对官僚资本主义，打倒蒋介石，建立民主联合政府的新中国而奋斗。

（选自《华商报》1948 年 5 月 13 日，后收入《群众》第 2 卷第 18 期）

新政协的道路

连　贯*

新政协的道路，不是任何别的什么道路，它只能是而且必须是新民主主义的道路。这就是工人、农民、独立劳动者、知识分子、自由资产阶级和其他爱国分子反对帝国主义、封建主义、官僚资本主义的人民民主的统一战线的道路。这不是任何什么人主观上的愿意与否的道路，而是中国历史发展客观上必然要走的道路。1946 年 1 月召开的旧政协与现在准备召开的新政协，只是名词上一样，而其构成的基础与本质，以至内容形式，则绝无相同之处，决不能把它混为一谈。如果有人把它牵扯到什么国际协调、美苏谅解，甚至对美蒋为救命而发出的各式各样的什么“和谈”联系起来，了解成

* 连　贯：时任中共香港工委副书记；系人民政协第一届全体会议代表；后曾任中共中央对外联络部副部长，全国人大常委会副秘书长，全国政协委员。

“新政协”就是“旧政协”的“复活”，这种了解，固然在自己是个绝大错误，对全国人民，则更是个绝大罪过。这一前提，必须首先把它弄清楚，否则不仅与全国人民的意志不相符合，就是抱有某种想法的人的主观愿望，也一定落空的。

新政协的道路，不是任何别的什么道路，它只能是而且必然是使中国走向真正和平民主的道路。如果说“旧政协”是因为中国人民由于酷爱和平民主的缘故，在经过八年艰苦抗战之后，迫切需要和平安定与初步民主，因而不惜任何让步，想以协商的办法，来与国民党反动独裁统治者，求取一时的和平，起码的民主的话，那么，就是这种天真的、苦心孤诣的想法，亦早已被国民党反动独裁统治的好战嗜杀，从撕毁停战协定、政协决议，全面内战的事实所完全粉碎了。中国人民经过这一惨痛经验教训，已经完全知道，国民党反动独裁统治的政权存在一天，绝不可能轻易侥幸获得和平与民主。今天中国和平民主的障碍，不是别的，正是代表中国大地主、大资产阶级、封建官僚集团的国民党反动独裁统治。只有把它彻底消灭，才能获得真正的和平民主。两年多来由于中国人民和中国共产党的坚决斗争，艰苦奋斗的结果，已经把国民党反动独裁政权打得摇摇欲坠了，而且完全有信心把它彻底打垮，导致全国的胜利。“新政协”的任务，就是在这个基础之上，如何更加巩固与扩大人民的力量，更迅速地、更彻底地消灭中国大地主大资产阶级封建官僚集团的国民党及其基础，从而获致全国的永久和平与真正的民主。绝不能设想为协商什么而不要张介石李介石，或者是李介石比张介石好些，幻想和封建势力取妥协来求得中国和平民主的实现。

新政协的道路不是任何别的什么道路，它只能是而且必然是使中国走向民主独立自由的道路。如果说“旧政协”的时期，由于美帝国主义者在太平洋战争爆发以后，和我们曾经并肩作过战，为着打垮共同敌人，曾经多少帮助过当时搬到重庆的国民党政府，利用这些“资本”、利用这些“民主国家”的幌子，假惺惺地什么调解国共的纠纷，促进中国的和平，因此，产生了中国一些人中间对美帝的若干幻想的话，那么，两年来从美帝一连串的侵略事实，不仅不断援蒋内战而直接地把中国变成它的殖民地，最近更加露骨地扶植我们的民族仇敌——日本帝国主义，使其卷土重来。这就使得中国民族危机日益加深，民族工商业无法生存，因此，中国人民对美帝的幻想也就更迅速地打破了。中国人民已经完全知道，国民党反动独裁统治勾结美帝出卖民族国家和人民利益的目的，就在于维持它的反动独裁统治的存在，美帝助蒋抗日的政治，就在于灭亡中国奴役中国人民，独霸世界。中国民族的独立自由，不仅不是依靠任何帝国主义所能获致，而且必须依靠人民自己的力量去打倒帝国主义，才能取得；同时，从八年抗日战争与两年来反美蒋的斗争的经验，亦已可信，依靠人民自己的力量可以完全取得胜利的。因此，“新政协”的任务，就在于如何正视美帝的侵略阴谋，研究彻底粉碎美帝侵略的方针和方法，使得中国民族得以完全解放独立与自由。绝不能设想为协商什么要不要反美，或者是幻想美帝对蒋的压力来求取中国的民主，和依靠美帝来求取中国民族的独立自由。

新政协的道路，不是任何别的什么道路，它只能是而且必须是将革命战争进行到底的道路。因为要不是把革命战争进行到底，便绝不能完成彻底反帝、反封、反官僚资本主义，因而从这里所得到的独立、民主、自由、和平，也就必然是假独立、假民主、假自由、假和平。这种半途而废的革命是危害无穷的，这种假民主、假自由、假和平，只徒然便利了帝国主义、封建主义、官僚资本主义的反动势力，暂时退却隐蔽，得到喘息机会，重新积聚力量，等待时机，以便卷土重来。这样，显然对于中国人民和各民主党派是绝对不会有利的。

今天中国人民的普遍愿望和广泛利益，无疑必将拒绝任何形式的假独立、假民主、假自由、假和平，而完全寄托在新政协道路的实现。因此我们大家应该整齐步伐，坚定意志，一致朝向实现新政协的道路而奋斗。我们相信新政协的正确道路，是必须胜利也一定可以胜利的。

因此，中国人民和民主党派对中美反动派正在阴谋新花样，松懈我们斗争情绪的这一做法，是应该提高警惕的。不管中美反动派玩弄什么新花样，以李宗仁去代替蒋介石也罢，以任何蒋的反对派去装保护色也罢，或者另外来一套什么更令人眼花缭乱的魔术戏法也罢，我们都决不能受其迷惑，不能上当。

为了争取新政协的迅速实现，召开人民代表大会，成立人民民主的联合政府，我们必须加紧展开各方面的工作，促进这一有伟大历史意义的政治运动。

（一）我们希望一切劳动人民、知识分子、自由资产阶级、民主党派、社会贤达以及所有爱国分子在新政协的战斗旗帜底下，立即动员团结起来，让这条人民民主统一战线更加巩固和扩大。

（二）我们希望各个不同地区各种不同职业部门的人，立即从自己不同的环境不同的岗位出发进行扩大新政协的宣传、组织、讨论、研究乃至搜集各种有关的材料，征询意见的准备工作。

（三）我们希望海外华侨民主领袖、各种团体，更进一步号召广大侨胞起来，配合祖国准备召开新政协的工作，积极展开广泛的运动。

（选自《群众》周刊 1948 年第 2 卷第 21 期。原标题为《论新政协的道路》）

我在香港新政协运动前后的经历

茅　盾*

1947 年 7 月，人民解放军在全国范围内转入战略进攻，国民党军被迫实行全面防御。10 月 10 日，人民解放军总部发表了《中国人民解放军宣言》，宣告："本军作战目的，……是为了中国人民和中华民族的解放。而在今天，则是实现全国人民的迫切要求，打倒内战祸首蒋介石，组织民主联合政府，借以达到解放人民和民族的总目标。"同一天，中共中央颁布了《中国土地法大纲》。

10 月 26 日，发生了"浙大血案"。浙江大学学生自治会主席于子三等 3 位同学突然被捕，随即被杀害于狱中。以此为导火线，学生们又一次掀起了全国规模的反迫害运动，罢课、集会、示威游

* 茅　盾：时任《文汇报 · 文艺周刊》主编；系新政协筹备会代表，人民政协第一届全体会议代表；后曾任第四、五届全国政协副主席，文化部部长，中国作协主席。

行、发表抗议书，一致声讨反动派的暴行。许多教授加入了运动的行列，发表了同情学生的宣言。

10月下旬，国民党政府以“民盟参加匪方叛乱组织”的罪名，悍然宣布民主同盟为“非法团体”，下令解散。10月27日，民盟总部被迫发表“辞职”和“解散总部”的声明以及“停止盟员活动”的命令。民盟中以沈钧儒为代表的左派，决定出走香港，继续斗争。我们这些无党派民主人士也得到了中共方面的通知：陆续转移到解放区去。第一步先到香港，作为过渡。

为了避开国民党特务的耳目，我们决定分散行动，分批地秘密地离开上海。郭沫若于11月中旬首先离开。当时我们很为沈钧儒担忧，因为他的相貌实在不容易化装。有人劝他把胡须剃掉，他不赞成，说去香港又不犯法，剃掉了胡须，万一被认出来，反而成了打算“潜逃”的证据。他胸有成竹地说，我自有办法。11月下旬，他果然顺利地离开了上海。原来他预先得知黄慕兰和她的丈夫陈志皋将于某日晚举行庆贺结婚20周年的宴会。陈是上海鼎鼎大名的律师，交游甚广，那天宴会既邀请了沈钧儒等民主人士，也邀请了不少国民党的要员。于是沈钧儒在黄慕兰的配合下，买了宴会那天晚上11点起航的船票，当宴会进行到酒酣耳热，大家都在兴奋地跳舞，大约晚上9点钟光景，他悄悄离开了陈府，直接登上了去香港的轮船。

我是由叶以群安排好，于12月上旬和以群同时离开上海的。德沚没有同行。她留在上海替我放烟幕，说我回乌镇去了。在我抵达香港约两个星期之后，她和于立群结伴，带了于的孩子们，同船来到了香港。

1948年的香港十分热闹，从蒋管区各大城市以及海外会集到这里来的各界民主人士和文化人总在千数以上，随便参加什么集会，都能见到许多熟悉的面孔。大家都兴高采烈，没有一点“流亡客”的愁容和凄切。两个朋友碰到一起，不出十句话就会谈到战局，谈到各战场上各路解放军的辉煌胜利，就会议论毛泽东在1947年12月25日所作的重要报告《目前形势和我们的任务》，议论文章中提出的种种重大的激动人心的问题。大家都认为1948年将是中国历史的伟大转折中具有决定意义的一年。我在1948年元旦的迎新献词《祝福所有站在人民这一边的！》中写道：

反帝反封建的革命事业，有在本年内完成的希望了，但空前艰苦的斗争一定是有的。

地主官僚买办的反革命集团及其后台老板美帝国主义一定要出其全力来作最后的挣扎，疯狂的军事行动和阴险的政治阴谋将会紧密地配合起来。他们不但用飞机坦克大炮来进攻革命势力，也将用政治上的苦肉计来企图松懈民主的进攻。因此，警惕必须提高，团结必须加强。

反帝反封建的革命事业，这次必须一气完成，我们要有决心。革命事业如果为了我们的缺乏决心而不能在我们这一代彻底完成，而使后一代仍须付出巨大的代价，那么，我们将是历史的罪人，我们是对不起我们的儿孙的！

新年见面，例应祝福；我祝福所有站在人民这一边的人士：更坚决，更团结，把反帝反封建的革命事业进行到底，让我们的儿孙辈不再流血而只是流汗来从事新中华民国的伟大建设！

1948年的香港，在我们这些政治流亡客的眼里，又是个小小的自由天地。在报刊上，只要不反对港英当局，不干涉香港事务，你什么都能讲，包括骂蒋介石和美帝国主义。经历了第二次世界大战的大英帝国，元气大损，自顾不暇，对中国的内战采取了中立的不介入的态度。因此，我们可以在《华商报》《文汇报》上登新华社的电讯，可以大张旗鼓地报道解放军在各个战场上的胜利，可以把“国军”直呼为蒋家军队或国民党军队。这样便利的条件，对于我们这些握了半辈子笔杆却始终不能想写什么就写什么的人来说，真像升入了“天堂”。

香港房子紧张如前。我们在公寓中住了一个半月，才靠周钢鸣的帮忙，好不容易在九龙弥敦道租到了一位华侨的房子；房东住楼下，我们租了二楼，后来翦伯赞搬来住了三楼。

到达香港不久，香港文协分会举行了新年团聚大会，欢迎我们这些陆续来港的文化人。到会300余人。这是全国的文化人在香港的又一次大聚会。前一次聚会是在1941年，也是由于政治形势的恶化，大批文化人来到了香港，不过这一次的规模比1941年那次大得多。在欢迎会上，郭沫若、柳亚子、翦伯赞、叶以群、楼适夷、林林都讲了话。我也讲了话。我建议香港文艺界应该加强文艺批评工作，纠正前一时期主要存在于上海的文艺批评的偏向。这种偏向表现在对正面的敌人不去批评，好像有危险，而对自己阵营却很有一些不负责任的批评。这些批评调子唱得非常高，非常“左”，使青年以为这是最革命的，但实际上它是要引导青年到错误的方向。这种偏向，在上海本来应该提出来检讨和批评的，但没有做，希望香港的文艺界能承担起这个责任来。现在全国文艺界的朋友都会集到这里来了，这是十分有利的条件。后来在纪念五四文艺节时，我又提出文艺工作者目前的任务之一是自我改造。我说："'自我改造'的意义就是向人民学习。由于我们过去的生活和教养的关系，我们都还有浓厚的小资产阶级的意识。我们不知不觉间常常会离开人民的立场，而表现出个人主义和英雄主义。我们也常常会把小资产阶级的思想情绪装在人民大众身上。这些毛病的救治之道，就是向人民学习。"

加强文艺批评这件工作，后来由邵荃麟做起来了。他和冯乃超创办了一个综合性的文艺刊物《大众文艺丛刊》，以大量的篇幅讨论文艺理论问题，除了讨论方言文学等文艺大众化的问题外，着力展开了对错误文艺思想的批评，如对《论主观》的再批判、对当时文艺界少数"民主个人主义者"宣扬的"自由主义文学"观的批判等。

我虽然自己提出了建议，却没有顾上写文章，仅在刚到香港时，就当时讨论得十分热烈的方言文学发表了一些意见，后来即被纷至沓来的工作缠住了手脚——我担任了文协香港分会的常务理事，又要写长篇小说《锻炼》，又要编副刊，又要参加政治活动——加之 1948 年又面临胜利在望的大好形势，使我无暇顾及文艺理论问题的探讨。

那时候，蒋介石已经败征毕露，他急切希望解放军停止前进，以便能缓一口气再作挣扎。于是 1948 年春节前后又有人在散布什么"和谈""和平"的言论。与此同时，美国则加紧它的扶植中国"第三种"政治势力的活动。美国已经明白，国民党这个腐朽政权已不能和共产党抗衡，必须输入"新鲜血液"，必要时还得动大手术，甚至"换马"。他们心目中的"新鲜血液"，就是一部分由他们直接培养出来的、深受西方思想熏陶的、和他们有较深渊源的知识分子，即所谓的“民主个人主义者”。1月间，上海的《大公报》接连发表了《自由主义者的信念》等社论，宣传“中间路线”。2月间，司徒雷登亲自出面发表了《告中国人民书》，并对记者发表谈话，要求中国的民主个人主义者组织新党，支持政府，改善工作效率，谋致中国的和平。其实，幻想中国走“中间路线”的人，原来倒是有的，在抗战末期和抗战胜利后，以民盟为代表的各民主党派就是。然而，在民盟被迫解散之后，这个幻想就彻底破灭了。各民主党派中的大多数人开始认识到，只有与共产党紧密合作，拥护共产党的建立新民主主义的中国的纲领和政策，彻底推翻蒋介石的反动独裁政权，才是正确的道路。1月间在香港，李济深、何香凝、蔡廷锴、柳亚子、朱学范等，代表国民党民主促进会、三民主义同志联合会及其他反蒋力量，联合组成了国民党革命委员会。4月，沈钧儒、邓初民等召开了重整中国民主同盟的三中全会，发布紧急声明，否认民盟总部发表的解散总部、停止盟员活动的命令。两个会议都通过了打倒蒋介石集团，实行土地改革，建立民主联合政府的宣言。这意味着，在民主党派中，“中间路线”已经破产。因此，在这种时候，美国又来呼唤什么“第三种势力”，无非是想鼓动和蒙骗一些英美派的知识分子，掮起“中间路线”的破旗，出来呐喊一番，以便帮助岌岌可危的蒋介石政权赢得一点喘息的时间。果然，3月初就有了反应，一个叫作“中国社会经济研究会”的、标榜为自由主义文化团体的组织，在北平诞生了，榜上有名者共59人。据该会发起人之一钱昌照的谈话，这个组织是一个研究性质的团体，没有任何政治企图，他们只想替中国寻找一条“新路”。可是看看他们提出的包括政治、外交、经济、社会及其他各方面问题的32条主张，再看看参加这个团体的大多数成员的来历——国民党中央委员、政府机构的大小官僚、官僚资本的代表，以及国立大学的院长、教授和御用学者，就能明白这个“没有任何政治企图”的团体的政治面目了。他们提出来“研究”的32条主张，中心是反对中国人民的武装革命，反对中国的土地革命，反对苏联和民主阵营的“宣传攻势”，这就是他们寻找的“新路”。他们还创办一个刊物来宣传他们的主张，刊物就叫《新路》，报载：“萧乾被派去作《新路》的主编。”

为了反对这股“新的第三方面”搅起的“中间路线”逆流，1948年上半年，我们开展了对“中国社会经济研究会”的批判。流亡到香港的文化界人士郭沫若、马叙伦、邓初民、侯外庐、翦伯赞、曾昭抡等都发表谈话或写文章，指出要“提防政治扒手”，要“戳穿美蒋新的政治阴谋”。我也在一篇短文《我看》中指出：“我看该会的目的不外乎：（1）为军事溃败到最后阶段而演出的政治阴谋（苦肉计与狸猫换太子等等）预先做思想上的准备；（2）亦为此政治阴谋预先招兵买马。”在这个研究会的名单上，有若干位过去不曾与国民党合作过的学者和教授，这次都被拉去当了“招牌”，我们对此表示惋惜，告诫他们不要上当，希望他们自重，能及早跳出这个陷阱。我在纪念“五四”的一篇文章中写道：五四运动的历史指出了一个真理：中国知识分子离开了人民的立场就有堕落的危险。如果离开了人民，即使你只想“明哲保身”，反动集团还是要拉你去“殉葬”的！我在另一篇讲话中提出要“扩大文艺界的统一战线”。我说：“现在除了极少数自甘沉沦的御用文人而外，极大多数的文艺作家，我相信他们是有正义感，并愿意为人民利益服务的，他们中间有些人不够积极，或徘徊动摇，这是事实，又有若干人或为反动的宣传所蒙蔽，见理未明，认事不清，这也是事实，但我们如果不做努力去争取他们，我们就犯了错误，就等于对自己的任务怠工。不过，争取不就是拉拢，我们要用友意的正确的批评，帮助他们搞通思想，这才是争取。同时，巩固统一战线的方法，也不是大家客客气气，有话不说，就可以巩固得了的，也要执行原则性的批评，然后能使统一战线真能巩固。”

“中国社会经济研究会”在遭到共产党和各民主党派、无党派民主人士的一致驳斥和揭露之后，内部即分崩离析，不久便在中国的政治舞台上消失了，虽然它的《新路》杂志还在继续出版。

5月1日，中共中央发出号召，建议各民主党派、各人民团体、各社会贤达筹备召开新的政治协商会议，讨论召集人民代表大会，为成立民主联合政府做准备。号召发出后，各民主党派和人民团体立即通电全国，热烈响应。自此，便以香港为中心，开展了一个新政协运动，各民主党派和人民团体纷纷集会讨论新政协的问题，并发表宣言和声明，表示愿与共产党亲密合作，为推翻蒋介石独裁统治，建立新民主主义的人民共和国而奋斗。

我在1948年上半年的一件工作，是续写《生活之一页》，即后来改名为《脱险杂记》的报告文学。1946年初，我曾把香港战时的经历写成《生活之一页》，发表在《新民报晚刊》上，后由沈兹九将其转载于新加坡出版的《风下》周刊。1948年我再次到香港，沈兹九就来信约稿，并建议我把香港脱险的经历继续写下去。我答应了。但直到6月，我才有时间把我们如何在东江游击队的保护下逃出沦陷区到达惠阳的一段经历比较详细地写了出来，仍旧题名《生活之一页》，给沈兹九寄了去。不久我就离开了香港。我不知道她后来是怎样使用这份稿子的，是仍旧在《风下》连载，还是交给了别的刊物？新中国成立后我才知道，新加坡的南洋出版社曾于 1949 年 6 月出版了单行本。

我的文学活动，主要集中在下半年。那时，我的生活已经安定下来；我又估计解放战争还将经过最后的决战才能取得彻底的胜利，在香港我将有一段较长时间的停留。因此，我把注意力转向了文学。有这样几件事：（1）创作长篇小说《锻炼》；（2）主编《文汇报》的副刊《文艺周刊》；（3）担任《小说月刊》的编委，并为刊物写了《春天》等 3 个短篇和论文——《论鲁迅的小说》。

当东北人民解放军在锦州揭开了辽沈战役的序幕时，我们在香港的民主人士也得到了通知：分批地秘密地进入东北解放区，参加新政治协商会议的筹备工作，为成立中华人民共和国临时中央政府做准备。9 月底，沈钧儒等第一批乘船北上。11 月初，沈阳解放；下旬，郭沫若等第二批离开香港。我和德沚是第三批，与李济深同行，乘的是直航大连的苏联船。这一批人数最多，有 20 余人，章乃器、邓初民、朱蕴山、卢绪章、洪深、彭泽民、梅龚彬、施复亮、吴茂荪、孙起孟等都在这条船上。我们于 1948 年除夕秘密上船。在北行的船上迎来了新的一年。元旦那天，李济深在我的手册上写了这样的一段话：“同舟共济，一心一意，为了一件大事，一件为着参与共同建立一个独立、民主、和平、统一、康乐的新中国的大事。……前进，前进。努力，努力。”李任公这段话道出了我们共同的心意。

也在元旦那一天，《华商报》登载了我在香港写的最后一篇文章《迎接新年，迎接新中国！》。我写道：

新中国诞生了，这是五千年来中华民族的第一件喜事，这也是亚洲民族有史以来第一件喜事！

……

新民主主义的新中国将是一个独立、自主、和平的大国，将是一个平等、自由、繁荣、康乐的大家庭。在世界上，中国人将不再受人轻侮排挤。人人有发展的机会，人人有将其能力服务于祖国的机会。……

中国人民渴望这样一个新中国，差不多有百年之久了，中国人民为了新中国的诞生，曾经牺牲了无数宝贵的生命；……人民所付出的代价是这样大，人民必不许反动集团勾结帝国主义再玩“偷天换日”“移花接木”的阴谋！

1949 年元月 7 日，轮船驶进了大连港。大家蜂拥到甲板上贪婪地眺望这片神圣的自由的土地。啊，我们来到了！我们终于胜利地来到了！

在码头上欢迎的人群中，我看见了张闻天颀长的身影，他正挥舞着双手在向我们致意！

（节选自茅盾著《我走过的道路》，人民文学出版社 1997 年版。标题为编者所拟）

香港成为临时文化中心

周而复*

《北方文丛》和《小说》月刊

1946年，夏衍、冯乃超先后离开上海以后，在上海的进步的文化文艺工作者，少数去了解放区，多数陆陆续续到了香港，只有文艺界旗手郭沫若和茅盾等还留在上海。国民党反动当局占领张家口以后，内战的烽火烧得更旺了，恩来同志率领少数工作人员由南京梅园的中共办事处撤到延安去了，留在上海马思南路中共办事处的董必武同志和其他人员也准备撤退。国民党反动派在全国人民包围之中，狗急跳墙，公然宣布“民主同盟非法”，这是一个信号，国

* 周而复：时任中共中央华南分局文化工作委员会副书记；后曾任文化部副部长，全国政协委员。

民党反动派准备下毒手了。著名的民主人士和无党派代表人物和文化文艺界著名人士无法待下去了，疏散撤退工作加紧进行。党组织为了郭沫若和茅盾安全离开上海，指派于伶负责护送他们去香港。不巧，于伶得了阿米巴肝脓疡病，发高烧，不能起床，无法完成这个任务。党组织改派叶以群护送。他们秘密离开上海，安全到达香港。郭老住在九龙山林道一幢西式房屋楼上，茅公也住在九龙。

香港当时形成以郭沫若、茅盾为首的临时文化中心，重庆的、上海的和广东的文化界著名人士几乎都来了，“群贤毕至，少长咸集”，极一时之盛。进步的报纸刊物不断复刊、创刊、出版；报刊除《华商报》复刊外，有方方直接领导的《正报》，章汉夫领导的《群众》，乔冠华、龚澎负责的《今日中国》半月刊（英文版），以茅盾等为编委的《小说》月刊，司马文森主编的《文艺生活》，秦似负责编辑的《野草》（在桂林创办，在香港复刊），周而复主编的《北方文丛》等；还有《大公报》《文汇报》等；同时有新民主出版社、新中国出版社和有利印务公司等，印刷、出版、发行进步的革命的书籍。可以说，这是全国文艺界著名人士第二次在香港大集会（第一次是抗日战争时期太平洋战争爆发以前），其阵容、声势和影响远远超过第一次。

中共中央南方分局文化工作委员会书记先是夏衍担任，副书记冯乃超，委员有胡绳、章泯、邵荃麟、周而复等，夏衍应胡愈之之邀，去新加坡协助胡愈之同志编辑报纸并进行统一战线工作。当时爱国民主人士陈嘉庚，积极开展反对国民党蒋介石妄图消灭共产党及其武装力量的内战。夏衍去后，由冯乃超继任书记，这以后组织上又决定我任副书记。

当时文委主要工作是向香港和南洋一带宣传党中央和解放区的方针政策；团结一切可能团结的人士，共同反蒋，争取早日实现宏伟的解放目标；宣传和在可能范围内实践毛泽东同志《在延安文艺座谈会上的讲话》和方针路线；开展文艺界的统战工作；联系和管理在香港或经过香港去国民党地区和解放区的党员和党外的文艺工作者等。

我参加文委工作，分工管少数文化艺术团体外，还联系党内作家和党外文学艺术工作者，协助解决他们所要解决的问题，如组织关系、工作、生活等。

把毛泽东同志《在延安文艺座谈会上的讲话》前后所发表或出版的文艺作品，介绍给国民党地区以及香港和南洋一带广大读者是一项重要工作。通过这些解放区作家所描绘的解放区现实生活，或者以正确的观点表现历史的真实的作品，如《逼上梁山》等，国内国外广大读者了解到中国共产党领导下的解放区（即19个民主抗日根据地和抗日战争胜利后的延安和其他解放区）。

当时有位爱国进步人士陈先生出资创办了新中国出版社，出版《画报》和介绍广东和香港党的负责人士的书籍。杨奇同志和我联系，邀请我负责编辑事宜，出版以解放区作品为主的文学丛刊和其他书籍。我未同意，因那样要占去我许多时间，只接受编辑文学丛书的任务和少量有关宣传马列主义和毛泽东文艺思想的书籍。两方约定，由我征集稿件，主编文学丛书，书稿内容陈先生不加过问，由我全权处理。

这个丛书叫什么名字合适呢？既要表现丛书内容的进步性，又要适应港澳和南洋的环境和读者的需要，当时党中央军事委员会以及解放军主力部队在西北、华北和东北，只有第三野战军在华东，因此我取名《北方文丛》，三北——西北、华北和东北，实际上是代表解放区的称谓。平常谈论时，有人问北方的形势怎么样，意即解放区的形势怎么样。读者很容易理解“北方”的含义的。

新中国出版社出的大多数都是马列主义毛泽东思想的书籍，以及广东和南方局负责同志的著作和刊物，如《正报》就登署名方方的文章。人们以为是党办的出版社，很“红”。因此，发行无形之中受到一定限制，对港澳、南洋一带读者购书可能带来一些不必要的麻烦。我建议《北方文丛》不用新中国出版社的名义出版，用“海洋书屋”名义出版。他们当即同意，并且在坚道 135 号地下作为地址，实际上只是一个空名义，印刷、出版、发行等事务都由新中国出版社完全负责，而我这个主编，是“孤家寡人”，并无其他编辑和助手。最初印刷由诚泰印务局承担。印务局地址在香港德忌笠街 23 号。

《北方文丛》，不言而喻，即是《解放区文丛》。《北方文丛》内收小说、诗歌、戏剧、散文、文艺评论等，每辑 10 本。最初，我离开上海以前，经冯雪峰同志介绍交给作家书屋出版发行第一辑。

记忆随着岁月的消逝逐渐模糊，有的甚至淡忘了。回忆《北方文丛》第一辑，大致内容如下：

萧　军	《八月的乡村》（长篇）
马　加	《滹沱河流域》（长篇）
刘白羽	《黎明的闪烁》（中篇）
邵子南	《李勇大摆地雷阵》（短篇）

丁　玲　　　　《边区人物风光》（报告）
荒　煤　　　　《新的一代》（报告）
何其芳　　　　《回忆延安》（散文）
艾　青　　　　《吴满有》（长诗）
周而复　　　　《子弟兵》（话剧）
周　扬　　　　《表现新的群众的时代》（论文）

1946年夏，我到香港，继续编辑《北方文丛》，改由海洋书屋出版发行，第一辑内容如下：

马　烽、西　戎　《吕梁英雄传》（长篇小说）
马　加　　　　《滹沱河流域》（长篇小说）
丁　玲　　　　《我在霞村的时候》（短篇）
柳　青　　　　《地雷》（短篇）
刘白羽　　　　《血缘》（短篇）
邵子南　　　　《李勇大摆地雷阵》（短篇）
何其芳　　　　《吴玉章的革命故事》（传记）
荒　煤等　　　《粮食》（话剧）
周而复　　　　《子弟兵》（话剧）
周　扬　　　　《表现新的群众的时代》（论文）

丁玲、柳青、荒煤、刘白羽与何其芳已经答应寄稿但稿件迟迟没有收到，有的因为稿子在撰写中尚待完篇，有的因为解放战争炮火纷飞交通有时阻隔，无法寄送，有的因为其他工作暂时搁下了笔，也有的改写其他内容，如丁玲要写《边区人物风光》（报告），何其芳改写《回忆延安》，刘白羽要写《黎明的闪烁》（中篇），柳青另编《牺牲者》，都因各种不同的原因，无法把稿件托人送到香港。没有收到原稿暂不编入，我就已经收到的稿件着手编出第二辑：

柯　蓝	《洋铁桶的故事》（长篇）
赵树理	《李有才板话》（中篇）
东　平	《茅山下》（中篇）
周而复	《高原短曲》（短篇）
韩起祥	《刘巧团圆》（说书）
吴伯箫	《潞安风物》（报告文学）
孙　犁	《荷花淀》（散文）
李　季	《王贵与李香香》（长诗）
任桂林	《三打祝家庄》（平剧）
艾　青	《释新民主主义的文学》

为了让读者了解作品和作家，我还给某些作品写了后记，对东平同志的革命斗争历史扼要介绍。1930 年他在文坛初露头角，在《文学月报》发表《通讯员》开始，接着奉献了《长夏城之城》《忧郁的梅冷城》《第七连》《一个连长的遭遇》《向敌人腹背进军》《茅山下》等光芒四射的佳构名篇，是抗战文学史上辉煌的一页。文稿到我手里，东平同志逝世已经 5 年了。为怀念东平同志的英勇光辉的一生，编了他的中篇《茅山下》。

《王贵与李香香》，全篇洋溢着人民斗争生活的感情。作者用陕北民歌“信天游”的形式写出，说它是旧的形式也可以，说它是新的形式也可以，因为它是在“信天游”这一形式的基础上发展来的，已不同于原来的面貌。这是中国土壤里生长出来的奇花，是人民诗篇的第一座里程碑，时间将增加它的光辉。

这一辑里韩起祥的《刘巧团圆》，我写了一篇文章专门介绍说书的文艺形式。

陕北说书这种文艺形式，内容大半是叙述一个故事，而且是有头有尾，来龙去脉，清清楚楚。因为有韵文，就便于记忆，易于流传；因为有散文，叙述明白，交代清楚，弥补了韵文不易包括的复杂内容，这是口头文学的一种，说得确切一点，是讲唱文学的一种……

追溯其源，则是来自印度。印度文学中有一种韵文与散文交织而成的旧形式，就是散文叙述之后，加以韵文的偈颂，总结这一段散文叙述的中心内容；或在散文叙述之前，来几句韵文的偈颂，把后面散文要叙述的内容作一提示。这是因为中外一切的古代文艺都靠口头相传，韵、散合组的体裁自然最适合不过了。

随着佛教经典传入中国，这种韵、散合组的文艺形式也输入中国了。起先是佛教经典的宣传工具，从晋朝和尚们所唱的“唱导文”，到唐初的“落花”，演进到晚唐五代，“变文”兴起了。“变文”依然是以宣扬佛教教义为其主要内容，这种形式既然传播开去，文人学士，耳濡目染，模仿制造，内容有了改变，也就讲唱起民间故事来了。

旧说书固然是宣传封建思想，但说书只是一种文艺形式，也可以宣传进步思想，其理至明。《刘巧团圆》便是一例，作者韩起祥当年 33 岁，出生于横山，1940 年才迁移到陕甘宁边区，住在延安县河庄区三乡张家窖子村。他 3 岁双目失明，到 13 岁拜师学习说书，从此开始说书的生涯，维持一家三口的生活。他能说 70 多本旧书，会弹 50 多种民歌小调。过去，他所说的书，当然充满了封建迷信的内容。他受了延安新文化运动的影响，又得到延安县政府的具体帮助，思想起了变化，开始说新书。他和陕甘宁边区文化协会说书组取得联系，又得到文艺界的帮助，提高了政治水平和文艺创作水平，显出了民间艺人的杰出才能。他根据袁铮著的秦腔剧本《刘巧儿告状》改编为《刘巧团圆》。

《刘巧团圆》是马锡五审判方式的典型范例，是对封建社会买卖婚姻的一支有力的响箭，是生动的民主生活的画面，是一首人民斗争胜利的抒情诗。它在人民文艺的历史上，将占有辉煌的一页。

《北方文丛》第三辑内容如下：

赵树理	《李家庄的变迁》（长篇小说）
柯　蓝	《红旗呼啦啦飘》（中篇小说）
周而复	《翻身的年月》（短篇小说）
康　濯	《我的两家房东》（短篇小说）
柳　青	《牺牲者》（短篇小说集）
陈祖武	《四十八天》（报告文学）
孔　厥	《人民英雄刘志丹》（唱本）
贺敬之、丁　毅	《白毛女》（歌剧剧本）
集体创作	《逼上梁山》（平剧剧本）

姚仲明　　　　《同志，你走错了路》（话剧剧本）
陈波儿　　　　……

因为战争正在进行，交通阻隔，柳青和孔厥的稿件始终没有收到。《白毛女》出版后，受到香港和国内许多地区与东南亚广大读者的欢迎，我又帮助中原剧社、建国剧社、新音乐社把《白毛女》搬上舞台。1948年5月29日，在香港公开演出，演了一个多月，轰动了香港和邻近地区，成为广大群众和文艺界的热门话题，赞赏不已，澳门和从南洋一带到香港的人纷纷前往观看，在香港历史上是前所未有的轰动。

流行于陕北一带的秧歌舞是在农村环境下所产生的民间艺术形式，它的特点是单纯、朴素。舞蹈重于故事内容，原始的秧歌甚至没有什么故事内容，更缺乏戏剧要素，只是在封建制度社会的压迫和剥削下，农忙之余，一种感情的发泄，一种感情的歌颂，即使有少许内容，也无非是男女调情一类，这就是陕北农民所谓“骚情秧歌”。

由于新社会现实生活的发展，民间艺人和文艺工作者在秧歌的改革上，逐渐加进了一些新的内容，开始具有简单故事和简单情节，从《刘二起家》《兄妹开荒》和《牛永贵受伤》等秧歌剧就清清楚楚看出发展的轨迹，已经初步具备了歌剧的雏形，到了《周子山》和《白毛女》的出现，便到了一个更高的阶段，蔚然成为大型歌剧的雏形了。由于丰富广阔的现实生活的要求，也就是内容的要求，《白毛女》突破了秧歌原有的和初步改革的形式，进一步大胆吸收京剧和话剧的表现方法；在歌曲的运用上，也不像初期的秧歌的“岗调”“勾调”“西京”和“祭符”等，大量运用河北、山西、陕西诸省的民间歌曲。这些民间歌曲也非原来的面貌，大多数是作曲者根据戏剧内容要求，在吸收民歌精华的基础上，加以改编。

一部中国的戏剧史，实际上是一部歌剧史。始于唐玄宗的梨园，唐的歌舞剧，宋金的杂剧，元的北曲，明的南曲，和现在还在民间流行的京戏与各个地区的地方戏曲，无一非歌剧、话剧，这是现代戏剧的产物，是五四运动以后介绍进来的。

《白毛女》这出戏，不仅反映出农民的遭难和解放，更重要的是指示出解放的道路——中国人民由自己的斗争经验所认识的真理：在无产阶级和它的政治代表中国共产党的领导下，“这就保证了反动派的旧中国不能不灭亡，人民的新中国不能不胜利”。也就是说，黄世仁式的旧中国一定灭亡，喜儿式的新中国一定胜利。《白毛女》并非没有缺点和不足之处。

曾经有少数人以为：解放区的文艺作品，在解放区，特别是在解放区农村受到欢迎，到城市来，特别是到著名的现代化像香港这样的城市，未必受到欢迎。《白毛女》演出的盛况和观众的热情赞赏回答了这个问题，也有一种说法：解放区文艺作品在政治和思想上是好的，但在文学艺术成就上未必好。《白毛女》的出版和上演，《北方文丛》的出版回答了这个问题。

这并不是说《白毛女》已经是完成了中国民族形式的歌剧，也并不是说这是唯一创造中国民族形式歌剧的路子，这至少是摸索创造中国民族形式新歌剧的路子之一，需要大家各自努力探索。《白毛女》不过开其先河。《白毛女》是一幅新旧中国交替的缩影，是新中国将要诞生的预告。

我写这篇《谈〈白毛女〉的剧本及演出》，目的在于向香港和东南亚地区介绍解放区的文学艺术成就，探讨中国歌剧的发展。

除海洋书屋印《北方文丛》3辑以外，南洋书店也印了一部分，未经我手，也未征求我的意见，我也没有看到过南洋书店版的《北方文丛》，不像新中国出版社化名印行，是否盗版向远方的南洋发行，也不好随便断定。

蒋家王朝，日薄西山，摇摇欲坠。聚集在香港的文化界和民主党派代表人物纷纷离港北上，前往解放区了。《北方文丛》没有继续编辑。上海1949年解放后，生活、读书、新知上海联合发行所，曾经将已出版的3辑的《北方文丛》选了10本在上海出版发行。这10本文集如下：

周而复	《翻身的年月》（中篇）
康　濯	《我的两家房东》（短篇）
邵子南	《李勇大摆地雷阵》（短篇）
柯　蓝	《洋铁桶的故事》（长篇）
东　平	《茅山下》（中篇）
韩起祥	《刘巧团圆》（短篇）
周而复	《高原短曲》（小说）
孙　犁	《荷花淀》（散文）
李　季	《王贵与李香香》（长诗）
任桂林等	《三打祝家庄》（平剧）

这辑《北方文丛》编辑前没有和我商量，所选的书目种类、次

序和内容说明事先也不了解，出版后才知道，并且写明“周而复主编”，叫我有口难言，幸好不久，周扬同志为首主编的“中国人民文艺丛书”出版，《北方文丛》完成历史使命，不再印行了。

在香港编辑《北方文丛》同时，我还计划出一套《万人丛书》，不是一辑一辑出版，而是一本一本出版，内以文艺书籍为主，举凡评论、散文、杂文、诗歌、小说、戏剧等，兼及文化方面的也出一些，约稿对象以当代人为主，64 开本，便于携带，可以装在口袋里在旅途翻阅。第一本是夏衍的《蜗楼随笔》，第二本是我请冯乃超同志编选的诗集《毛泽东颂》，内收和毛泽东有关的诗篇 12 首。他在编后记里指出：

> 从这些诗篇里面我们可以看出知识分子和人民心目中的这位革命舵手的形象，并且认识中国英勇无产阶级的代表，我们伟大的民族的优秀传统的杰出代表。知识分子拿“一颗巨星”来比他，说他“盖过一切革命历史的时代”，或者比他做太阳，“把旧中国和新中国分开”，说他“眼瞳里映着人民的苦难”，说他把“历史的重载驮在自己的身上”，说他是天才的战略家，说他是辩证法的权威。……他本身就是人民群众的意志的具体表现，他便为人民群众所熟悉，为人民群众所信任，因此也就为人民所歌颂。

乃超同志精辟透彻地分析毛泽东和人民的血肉关系，以及为什么这样深情地受到人民的爱戴和歌咏。

1947 年秋天出版的这一套虽说并不能完全反映解放区的文艺成

果的《北方文丛》，但在港澳和南洋一带销路不错，在广大读者面前展现了解放区的新天地前所未有的情景，反映强烈。从这些作品中，他们不仅了解毛泽东同志《在延安文艺座谈会上的讲话》以后的文艺发展和所达到的成就，而且通过文艺作品简略知道解放区有关方面欣欣向荣的民主、自由、幸福的新生活。

在海洋书屋，我还编辑发行其他文艺书籍，记得著名的有瞿秋白的《论中国文学革命》，列为《文艺理论丛书》，编者冯乃超在后记中说："这里特别收集他总结中国文学革命和讨论大众化文艺的七篇文章……以普及于青年读者，对于发展文艺的大众化是有此必要的。"

新中国出版社陈先生希望多编一些书出版，我便想到《万人丛书》这个名称，编一本出一本，比《北方文丛》灵活多样，不拘一格。陈先生完全赞成，就着手编辑。夏衍是杂文能手，而且是快手，他为《群众》和《华商报》副刊《茶亭》等写了不少杂文散文，我请他编一本。承他慨然允诺，已编，并命名《蜗楼随笔》。随着解放战争胜利发展，他奉命离开香港到解放区去了，当时这本书没能出版。后来，1982 年《蜗楼随笔》由人民日报出版社印行了。

列为《万人丛书》之一的有《毛泽东颂》，这是乃超根据手头有的解放区诗篇，选出艾青等诗人写的有关毛泽东的诗篇。我也编选一些关于陕甘宁边区文化教育方面的文章，其中收有毛泽东同志 1944 年 10 月 20 日在陕甘宁边区文教大会上讲话《文化工作中的统一战线》等等。

香港既然成为临时的文艺中心，港澳和南洋一带广大读者希望看到这些著名作家的作品，而作家也需要有发表作品的地方。当时在香港出版的刊物，除上面提到的以外，有司马文森主编的《文艺生活》月刊，有秦似编辑的《野草》，有胡希明编辑的周刊，以及中间和进步报纸的文艺版和副刊等，但容量有限，万字以上的作品更难发表，尤其是中篇小说更难发表。想起 30 年代中期，我参加编委的以欧阳山为主编的《小说家》，这是左联领导下的刊物，出了两期被封了。当时编委有欧阳山、沙汀、艾芜、奚如、陈白尘等，都不在香港，他们分散在各个地区的不同岗位上。《小说家》不好在香港复刊，只有另起炉灶，出一本以刊登小说为主的文学刊物，我首先和叶以群与楼适夷谈了我的设想。他们都住在九龙，叶以群负责“文艺通讯社”，把解放区的、国统区的进步和优秀的各种形式的文艺作品寄往南洋一带报刊发表。他手里有一些解放区作家比较短小的作品。我收到解放区带出来的短小作品转给他处理。他赞成我的建议。楼适夷更积极，他住九龙，闲得发慌，很想干点儿什么。楼适夷是小说家，现在一些青年读者大概不知道了，他出过短篇小说集《挣扎》（上海现代书局）、《病与梦》（上海光华书局）、《第三时期》（上海湖风书店），还翻译过高尔基的《在人间》。他在 1929 年去日本学习，大约两年后回到上海，参加“左联”“文总”的党团工作，编辑左联机关《前哨》《文学导报》以及外围的《文艺新闻》。抗日战争全面爆发后，他参加《抗战文艺》初期编辑工作，并曾协助茅盾同志编辑《文艺阵地》月刊，茅盾去新疆，他就代理主编。

我和以群拜访茅盾，请茅盾主编《小说》月刊。茅盾非常支持我们，认为在香港办一个文学月刊非常必要，但他计划写些文章，没有时间主编。我建议他任主编，适夷任副主编，具体编务由适夷负责。他不赞成挂空名。再三谦辞，推举适夷主编。适夷也谦辞再三，希望茅公挂主编名义，他实际负责协助。茅公要适夷直接出面主编，他可以参加编委。适夷感到有茅盾参加的编委，由他出面主编，不妥。当时，我想了一个折中方案，干脆不设主编，由适夷负责实际编辑工作。适夷于是成了不是主编的主编。参加编委的有茅盾、巴人、葛琴、孟超、蒋牧良、周而复、以群、适夷。出版者是小说月刊社（香港九龙加连威老道 16 号二楼，是社址，似乎也是适夷的住处），总经销是前进书局（香港九龙弥敦道 399 号），承印的是香港嘉华印刷有限公司（香港德辅道西 308 号）。

适夷不仅是小说家、诗人、翻译家、老编辑，而且文艺界熟人多，从筹备具体事务到约稿几乎都是他奔走，编委有个不可推辞的任务，要为新生的《小说》月刊写稿。在创刊号的《发刊词》中表明我们的立场和态度："我们都是深信文艺应当为人民服务，而中国人民今天正在创造自己的历史，我们不敢妄自菲薄，决心在这伟大的战斗中尽我们应尽的力量。我们相信这是我们的本分，也是我们的工作，同时又是我们的学习。这，既然是我们的本愿，当然也就是本刊的态度和立场。"

1948 年 7 月，《小说》月刊这个婴儿在香港诞生了。郭沫若同志专门为《小说》写了长篇回忆录，第一期刊载的是《涂家埠》，以后又继续发表《流沙》和《神泉》等。创刊号发表了 7 个短篇小说，其中有茅盾的《惊蛰》、沙汀的《选灾》、巴人的《一个头家》、蒋牧良的《老秀才》、解放区青年作家西戎的《喜事》等，还有周而复的《白求恩大夫》长篇小说连载等。

这个刊物的出版，受到港澳和南洋一带读者热烈欢迎，同时也设法在上海等地区发行一些。

《白求恩大夫》和《燕宿崖》

在香港工作将近3年，我写了两部长篇小说：《白求恩大夫》和《燕宿崖》。前者，我在延安写了报告文学《诺尔曼·白求恩片断》，当时应《解放日报》约稿连载，只写了22000字光景，许多生活素材没有写进去，到了香港反复构思，另起炉灶，以传记小说的形式来写，特别着重对白求恩等人物性格上的刻画，加强第二次反法西斯世界大战背景，显示伟大国际主义者的高尚精神。1946年12月27日完稿，将近20万字。

龚澎同志在《小说》月刊上读到这部连载小说，十分欣赏，她请陈为熙先生译成英文，准备在美国或加拿大出版。当时全国尚未解放，英文译稿一时没有找到书店出版，译稿落到加拿大作家泰德·阿兰和塞德奈·戈登手里。他们两人准备写白求恩传记，就把英译稿绝大部分用在他们撰写的传记里了。他们在书的前言中说：

> ……中国作家周而复的《白求恩大夫》给了我们莫大的帮助，周而复的第一手叙述，对于白求恩本人的日记是重要的对证材料，尤其是关于那些还没用任何文字在其他任何地方叙述过的事件。周而复的著作以及其他未出版的材料，都是陈为熙给我们翻译的。

阿兰和戈登这样直接用中国作家未出版的英文译稿原文，事先不征求作者同意，这对作家版权的侵犯是罕见的。但他们老老实实地承认这一事实。中国《白求恩大夫》电影改编者张某在外文刊物发表所改编的《白求恩大夫》电影剧本，一不提所根据的原著，二不注明是改编，只署改编者的大名，摇身一变，成为原著作者，而真正的原著作者会被认为是“抄袭者”了。外文刊物编辑何某，在《中国文学》英文版发表了它，有人指其这样署名——将别人作品占为己有，是错误的，应该更正。以后在法文版发表时，应该注明根据周而复原著等改编。这位编辑竟然说：“英文版既然这样发表了，不能更正，法文版也只能照英文版那样发表，不能注明根据周而复原著等改编，那样会暴露我们的错误，既然错了，只有错到底。”

我并不是为个人争什么名利，作品发表以后，属于社会，可以由任何人改编为其他文学艺术形式的作品，应该要署原著者和作品的名字。就改编而言，将别人作品占为己有，编辑依仗权势，大力支持，这在文坛上却是罕见的！这样做，是正确的吗？这样的现象可以容忍吗？

《燕宿崖》是百花山下一个村落，属冀热辽挺进军管辖范围，封建地主势力相当强大，与外界隔绝，俨然成了一个独立王国，到了抗战时候，还以为大清皇帝仍然住在北京紫禁城里作威作福，根本不知道成立了中华民国这回事，避居在桃花源似的，“不知有汉，无论魏晋”，由地主统治，独霸一方。抗日战争打破了桃花源似的与世隔绝的大山，日本军阀的枪炮震醒了沉睡的山野，人们睁开睡眼一看，才发现世道已经变了，只有抵抗日军的侵略和屠杀，才能生存，觉悟逐步提高，终于和八路军一道，赶走了敌人。这是我到冀热辽挺进军生活一段时候，最初从挺进军司令员萧克那儿了解到的，又多方搜集素材，体验生活，综合自己的经验写出，只有 17.5 万字，是一个不长的长篇小说。写作进行比较顺利，写完《白求恩大夫》，1947 年初就着手准备，这年 12 月 27 日完稿，用了不到一年的时间，《小说》月刊曾连载这部长篇小说。

在香港，我还写了一部中篇小说《西流水的孩子们》，在敌后晋察冀民主抗日根据地生活了 3 年左右时间，我接触许许多多儿童，他们站岗、放哨、送信、查路条，手持红缨枪，或身背木制的大刀片，威风凛凛，意气昂扬，严肃认真谨慎小心注意过往行人，不为利诱，不怕恐吓，坏人、汉奸和敌人的特务很难蒙混过去。我深深敬佩祖国的花朵在敌后成长，曾经写了两三千字一篇的《晋察冀童话》在重庆《新华日报》发表，受到欢迎，热心的朋友鼓励我把这些动人的事迹和小英雄爱国精神写出来。1948 年春，开始着手准备，因为解放战争不断传来捷报，特别是 1948 年的“五一”号召以后，召开新政治协商会议建立联合政府、成立中华人民共和国提到议事日程上了。根据中央和南方局的指示，我要安排党员负责干部和著名的民主人士去解放区，这样的组织工作是大量的，而且要求秘密分批进行，必须保证绝对安全。写作的时间少了。

本来，到香港以后，我基本上保持上午写作，下午和晚上参加各种活动。胜利的形势和重要的工作打破了有规律的生活安排，没早没晚，要完成组织上分派的任务。写作这个中篇不得不时断时续了，到 1948 年冬季，才写完了。（上海解放以后，柯灵同志主编上海《文汇报》副刊，曾将这个中篇连载，然后由少年儿童出版社出版。）上海、广东和香港的一些党员和民主人士，曾经找到文委，要求去解放区，或者到国民党统治区湖北等地，做地下工作。我分别安排他们前往，告诉他们到达指定地点后，怎样秘密接头联系等。

李济深、何香凝等秘密离开香港

全国各民主党派主要负责人和民主人士也大半先后到香港，如国民党革命委员会的李济深、何香凝、李任仁、陈劭先；中国民主同盟的沈钧儒、沙千里；民主建国会的章乃器、孙起孟、盛丕华；中国民主促进会的马叙伦、王绍鏊；中国农工民主党的彭泽民、章伯钧、丘哲；中国致公党的陈其尤；台湾民主自治同盟的谢雪红、李纯青等。这些民主党派大半是早就成立的，少数是成立不久的，或者新成立的。香港不只是成了文艺界临时中心，同时也成为民主党派和著名的民主人士中心，民主活动中心之一了。

国民党反动派倒行逆施，违背人民追求和平、民主、自由的愿望，悍然发动内战。前方不断传来胜利消息，1947 年 10 月 10 日，发布了《中国人民解放军宣言》，重申作战目的“是为了中国人民和中华民族的解放”。《宣言》在彻底揭露蒋介石反动集团一贯反人民的反革命历史和残害人民的滔天罪行之后，发出了“打倒蒋介石，解放全中国”的伟大号召。解放战争进入第三年，全国的军事、政治形势对我十分有利，我军同国民党军队进行战略决战的条件已经成熟。在东北战场上，我东北野战军正规部队已发展到 70 万人，地方武装 33 万人，总计 103 万人。国民党卫立煌集团 55 万人，龟缩在长春、沈阳、锦州 3 个孤立地区。在华东战场上，国民党徐州“剿匪”总司令部总司令刘峙所部 60 余万兵力，加上增援部队共有80万人马。中共中央军委指示华东、中原两个野战军集中22个纵队及中原、华东、华北一部分地方武装共60多万人马，并肩作战，力求歼灭刘峙集团主力于长江以北。

东北和华东两大战略决战的胜利在望。1948年中国共产党中央在“五一”劳动节口号提出“各民主党派、各人民团体、各社会贤达迅速召开政治协商会议，讨论并实现召集人民代表大会，成立民主联合政府”的建议。这为消灭卖国独裁的反动统治敲了丧钟，在东方地平线上升起建立独立、民主、自由、幸福新中国的曙光。汇集在香港的各民主党派负责人和民主人士、文化文艺界著名人士以及香港爱国进步群众无不欢欣鼓舞，奔走相告，响应和拥护中共“五一”号召。

1948年5月，中国民主促进会发表响应中共“五一”号召的宣言。

5月7日，台湾民主自治同盟号召台湾同胞响应中共“五一”号召。

5月23日，民主建国会总会常务理事、监事联席会议决议：“赞成中共‘五一’号召，筹开新政协，成立联合政府；推章乃器、孙起孟为驻港代表，同中共驻港负责人及其他民主党派驻港负责人保持联系。”

6月9日，中国致公党发表响应中共“五一”号召的宣言。

6月14日，中国民主同盟发表响应中共“五一”号召致全国各民主党派各人民团体各报馆暨全国同胞书。

6月16日，中国农工民主党发表对时局宣言，第三点指出：“中共领导的人民解放军已逐渐形成绝对的优势，由区域的胜利，发展到全国的胜利。……中共中央‘五一’号召主张：各民主党派、各人民团体及社会贤达，迅速召开政治协商会议，就是加速胜利有力的号召，亦即是建立各革命阶级的联盟，巩固和扩大爱国民主统一阵线必要步骤，实现新中国的正确途径。”

6月25日，中国国民党革命委员会发表响应中共“五一”号召的声明。

香港许多人民团体也发表响应“五一”号召的宣言。“五一”号召发表后第二天，恰巧是五四运动29周年，这天上午，“文协”港粤分会举行第三届年会，讨论举办文艺周活动等事宜，改选理监事，当然，同时含有纪念“五四”的意义。下午，召开庆祝第四届文艺节纪念大会。这两个会，乃超和我都出席了，乃超还谈了《文艺工作者的改造——纪念文艺节》，引用毛泽东同志在《讲话》里的方针政策，启迪文艺工作者进行自我改造，进一步确立无产阶级世界观，提出：“今天文艺的任务是扩大了，历史要求反映人民生活又指导人民生活的文艺。”

这时候，除已经到达香港的文艺界著名人士外，原在上海和其他地区的作家、诗人、画家、文化界著名人士郭沫若、茅盾也先后到达香港。此外我记得还有王任叔、柯灵、楼适夷、阳翰笙、洪深、张天翼、蒋牧良、葛琴、钟敬文、黄药眠、刘思慕、廖沫沙、聂绀弩、周钢鸣、秦似、秦牧、司马文森、陈残云、洪遒、华嘉、杜埃、黄谷柳、孟超、楼栖、吕荧、胡希明、吕剑、陆浮、黄宁婴、缪灵珠、黄新波、李凌、李门等。还有沈志远、千家驹、沈超白、陈其瑗等。

我们看到中共中央“五一”号召，最早响应和拥护的是文艺界，结合纪念五四写了一份告国内文化界同仁书，响应中共中央关于建立联合政府的号召，呼吁文化界同仁团结起来，为建设新中国而奋斗。乃超和我一同先去征求郭老和茅公的意见。他们认为很好，同意尽快发表出去，希望多找一些作家签名。我们接受郭老和茅公的意见，便分头找人看《纪念五四致国内文化界同仁书》。我主要找上海来的作家，广东等地作家则由司马文森他们去找。汇集到香港的文艺界著名人士 63 人签名，在 1948 年 5 月 4 日发表了。

1948 年 10 月 19 日，鲁迅逝世 12 周年，我们在面海的六国饭店大厅会场，举行纪念会，会场内外坐满了人，整个大厅坐满了，就坐在会场外边，座位没有了，有的人干脆站着听郭沫若同志发表热情洋溢和慷慨激昂的讲话。因为他结合解放战争胜利发展的形势讲的，句句激动人心，不断被暴风骤雨般的热烈掌声所打断。这对于文化界和香港各界人士认识形势的发展发生了强烈的鼓舞作用。

西北野战军遵照中央军委关于向南进攻转入外线作战的指示，于 1948 年 2 月 23 日发起宜川战役，以一部兵力围攻宜川，诱使洛川、宜君敌军来援，准备围歼援敌。援敌果然到达宜川南瓦子街地区，我军立即包围，将援敌全部歼灭。攻克宜川后，又歼守敌一个旅，于 4 月 22 日我军恢复被胡宗南部侵占 1 年又 33 天的革命圣地延安。根据党中央和毛泽东同志的战略方针，解放战争不在于一城一地的得失，主要在于歼灭敌人有生力量，一个月歼灭敌 9 个旅左右，那时即使某些城市还被敌人占领，敌人也无力守卫了。所以 1 年又 33 天，我军主动放弃延安，敌人让暂时的胜利冲昏了头脑，以为中共中央和军委所在地延安占领了，中共和解放军就完蛋了。无情的事实与他们主观的愿望相反，中共和解放军的力量日益壮大。

主动放弃的延安，时机一旦成熟，便轻而易举解放了延安，鼓舞了国内和港澳等海外地区的各界人士。

革命圣地延安在胡宗南占领和败退的时候，破坏得很厉害，老百姓回到面目全非、残破不全的延安，生活上遇到了困难。消息传到港澳地区，文艺界人士主动要求捐献，支援重新获得解放的延安地区人民群众。

1948 年 9 月 8 日到 13 日，在河北省平山县西柏坡村召开政治局会议。会议分析了全国极为有利的战争形势，检查了过去时期的工作，提出了建设500万人民解放军，在大约5年左右的时间内（从 1946 年 7 月算起），从根本上打倒国民党反动统治的总任务。

1948 年 9 月 12 日到 11 月 2 日胜利地进行辽沈战役，歼敌 47 万人，解放了东北全境。

1948 年 11 月 6 日到次年 1 月 10 日，历时 65 天，共歼敌军 55.5 万人，胜利结束淮海战役。

平津战役自 1948 年 11 月 29 日开始，经过谈判，傅作义率部 25 万余人接受改编，次年 1 月 31 日，北平宣告和平解放。

1948 年 8 月，开始邀请各民主党派，包括文艺界在内的各界民主人士到解放区共同筹备召开新政治协商会议，准备成立新中国是艰难而又伟大的任务，也是全国人民长期渴望实现的心愿。

周恩来同志是党中央五大书记之一（五大书记为毛泽东、朱德、刘少奇、周恩来和任弼时），代表中央领导城市工作部。城工部以后改为中共中央统一战线工作部，部长李维汉，副部长有徐冰同志等。周恩来以中共中央名义致电中共中央香港分局（党组织机构随着形势的变化，随着名称和任务有所变化），指示必须做好邀请与欢迎港沪及南洋民主人士及文化界朋友来解放区，并为他们筹划安全的道路。他指示香港分局委员潘汉年同志以及和文化界有广泛联系的夏衍同志等负责执行和各民主党派与包括文艺界在内的各界民主人士协商分别离港沪前往解放区的名单电告中央。

1948 年 6 月 30 日，方方同志收到中共中央电报指示，在香港铜锣湾天后庙道楼房内，邀请李济深（民革）、沈钧儒（民盟）、马叙伦（民进）、王绍鏊（民建）和郭沫若、茅盾、谭平山等商谈，方方主持座谈会，讨论关于筹备新政治协商会议的问题，征询与倾听意见。大家发言踊跃，一致赞成和衷心愿意在中国共产党领导之下，为召开新政治协商会议积极贡献各自的力量。方方将座谈会情况电告中共中央。

1948 年 8 月 1 日，毛泽东同志亲自电复在香港的各民主党派、各人民团体和各界著名的民主人士："诸先生赞同敝党五月一日关于召开新的政治协商会议讨论并实现召集人民代表大会建立民主联合政府一项主张，并热心促其实现，极为钦佩……关于召集此项会议的时机、地点、何人召集、参加会议者的范围以及会议应讨论的问题等项，希望诸先生及全国各界民主人士共同研讨，并以卓见见示，曷胜感荷。"

中共中央香港分局和香港工委，派分局委员和各部门负责人登门拜访各民主党派和各界民主人士，虚心征求对于召开新政治协商会议的具体意见，及时向中共中央电告。

分局成立专门小组，潘汉年、夏衍、许涤新、饶彰风等参加，并且成立秘密班子，有专职的和兼职的，各人分工负责，互不通气，事先预定联系登船日期和地点，以免泄密。我参加这个班子，主要联系文化界民主人士，并参加联系个别民主党派负责人。

当时香港和北方解放区的交通往来十分困难，陆路没有直接交通，经过国民党地区难于保证安全，而且花费时日；空路，香港和解放区没有飞机往来，也不可能租用国民党政府的飞机，更不可能租用外国飞机，外国飞机无法和解放区通航。海路，解放区没有远航船只。怎样安全地把各民主党派负责人和各界民主人士安全送到解放区，交通是个重大问题。

周恩来同志早已考虑到这一点，他指定大连中华贸易总公司总经理钱之光，租用外国商船来往香港和解放区，表面是运载货物，实际上用船只接送各民主党派和各界民主人士；要钱之光用“解放区救济总署特派员”名义到香港公开活动，秘密和香港分局书记方方联系。

钱之光事先到朝鲜平壤，和当地苏联办事处租用“波尔塔瓦”号货轮办了手续，到罗津港上船，装载皮毛、猪鬃和大豆等特产远航香港。钱之光和他们设在香港的联和公司联系，由联和公司卸货出售土特产和购买电讯器材与西药等。随后，他到九龙弥敦道 180 号 4 楼方方住处，向方方等汇报商议分批护送各民主党派负责人和各界民主人士前往解放区参加新政治协商会议事宜，租用外商货轮和船上安排照料，由他负责；香港分局负责和民主人士联系商量怎样安排分批前往解放区。

1949 年 4 月 21 日，毛泽东主席、朱德总司令发表《向全国进军的命令》，“百万雄师过大江”，4 月 23 日宣告南京解放，敲响了国民党反动统治灭亡的丧钟。

解放战争伟大胜利的消息，通过电波不断传到香港，万众欢腾，振奋人心，新中国的曙光将要从东方冉冉升起。中共中央的“五一”号召，在一步又一步地变为现实，“召开政治协商会议，成立民主联合政府”，提到议事日程上来了。

4月26日中午，以新华社香港分社名义，在香港哥罗士打大酒店举行了盛大的庆祝酒会。方方作为主人主持。第二天下午，在金陵酒家，香港文化、新闻、文艺等各界人士600多人，举行规模盛大的庆祝胜利的聚餐，欢聚一堂。我们频频举杯，共祝胜利，还表演了庆祝胜利的文艺节目。

打败美式装备的国民党反动当局800万大军，消灭蒋家王朝，固然十分艰巨，建立新中国也不是轻而易举的事，需要团结各民主党派、各界代表人物和全国人民，以及海内外的爱国人士，召开新政治协商会议，成立中华人民共和国，共襄盛举。

沈钧儒、谭平山、蔡廷锴、章伯钧等，由章汉夫陪同，前往大连，中共中央代表李富春专程到大连欢迎。

马叙伦、沙千里、陈其尤、许广平、曹孟君、宦乡等，由连贯陪同，乘挪威货轮航往大连，由中共中央东北局负责同志迎接。

郭沫若、茅盾夫妇、丘哲等，由胡绳陪同，乘苏联货轮“阿尔丹”号，前往大连。郭沫若在《华商报》副刊《茶亭》撰写《抗战回忆录》，1948年8月25日连载3个多月，当年11月21日就写完了，为了迷惑敌人，有意改为11月25日写完。实际上郭沫若11月24日就秘密登船离开香港了。

李济深等组成国民党革命委员会（简称民革），本拟推选宋庆龄为民革主席；她当时住在上海淮海中路，婉辞主席职务，但赞成成立民革，于是选举李济深为民革主席。李济深是香港当局和美国政府特别注意的人物。在解放战争中，不断传来中共方面的捷报和国民党蒋介石指挥的部队节节败退。美国政府见扶植蒋介石统治中国的梦想走向破灭，转而设法扶植中国“第三势力”，接替蒋介石统治中国，选择的对象是桂系李宗仁、白崇禧。他们妄图和中共“划江而治”，继续统治长江以南地区，因为长江以北基本为中共领导的人民解放军占领或将要占领，号称小诸葛的白崇禧坐镇中原武汉，他致函李济深，讵驾前往武汉，“主持大计”。李济深并未立即坚决拒绝，隐息多年，也希望“东山再起”，在香港静观战局与形势变化，蒋家王朝摇摇欲坠，也没有应允就道。国民党进步力量的代表人物何香凝劝李济深勿去武汉；吴茂荪、梅龚彬协助向李济深进言，共同劝他应该到解放区去，和中共中央一道筹备召开新政治协商会议，建立新中国。李济深接受何香凝等意见，同意到解放区去参与筹备新政协。

港英政府知道李济深是重要人物，对他严密监视。当时李济深住在半山区干德道，港英政府在他寓所对面租了一层楼房，派了数名密探住进去，伪称“保护”，实系监视。李济深的一举一动无不在密探窥视和窃听之中。

李济深怎样安全离开香港，必须妥善周密安排，避免受到密探和港英政府干扰。饶彰风亲自拜访李济深，面告离港行动计划，李济深表示赞同。我们事先派人在湾仔六国饭店开房间，另外有人把李济深的行李等物先送到他的朋友家，然后由朋友作为自己的行李带到在六国饭店所开的房间里。

1948 年 12 月 26 日暮色苍茫时分，李济深在住宅宴请亲友，像往昔宴请亲友一样，身上只穿小夹袄，把外衣挂在墙角的衣服架上，坐在宴席的主位上，频频举杯，向亲友敬酒，谈笑风生，举座欢腾。宴会中间，李济深缓缓离席，走进洗手间转了一下，悄悄走出家门，走了没有几步路，有辆高级轿车等候，他坐上轿车，向坚尼地道《华商报》董事长邓文钊住宅驶去。他进门受到方方、潘汉年、饶彰风欢迎，民革成员朱蕴山和王绍鏊、梅龚彬、吴茂荪等也在座，方方主持的宴会开始，大家举杯祝贺解放战争大好形势，全国胜利在望，开怀畅饮，一再举杯。护送人员离席，回到六国饭店准备，观察动静，岸上和海上与往常一样平静，被夜色笼罩着；李济深他们的行李已经从六国饭店送到小汽船上，便打电话告诉饶彰风，一切准备就绪。

我负责联系农工民主党主席彭泽民，他也是著名的中医，曾经给我看过病，比较熟悉。事先我和他商量好行动计划，按照规定约好时间，到了他住在西环的家，我乘车到了六国饭店附近下车，漫步走向海岸。

李济深和朱蕴山、梅龚彬、吴茂荪等一行乘车来到六国饭店附近海岸，护送人员陪他们和彭泽民上了汽船，向停泊在维多利亚港内海面上的远洋货轮开去。李济深和朱蕴山住在船长卧房，其他的人由李嘉人陪同前往，分别住在船员房里。

李济深离开香港 5 天之后，即 1949 年 1 月 1 日，黄琪翔奉白崇禧委托从广州来到香港，邀请李济深返回广州，共商大计，不料人去楼空，黄琪翔无法完成重大使命。

1949 年 1 月 4 日，香港《大公报》发表“美联社香港三日讯：据可靠消息告诉本报社记者，李济深已离港赴华北中共区……”

负责监视李济深的密探受到港英政府责问，他们最初不相信美联社消息，因为他们严密监视李济深的行动，自从那天晚上宴会以后，没有看到李济深外出，他的外衣一直还挂在木制的衣架上哩。直接负责监视的华人帮办黄翠微受到港英政府辅政司严厉斥责，最后遭到撤职处分。

中共中央派李富春、张闻天专程到大连迎接李济深、彭泽民一行，休息了几天，乘上火车专列前往哈尔滨参观访问。

陈叔通、马寅初、黄炎培夫妇、盛丕华夫妇、俞寰澄、姚维钧等，于1949年3月14日乘“华中号”货轮，挂葡萄牙国旗，3月20日到达天津（天津已于1949年1月15日解放），中共中央派董必武、李维汉、齐燕铭前来迎接，稍事休息，便去北平。

香港分局采取不同方式，租用客货两用轮，悬挂外国旗，护送香港和从上海和东南亚地区来港的民主人士分别乘船北上。文艺界人士如洪深教授，我和他们个别联系，事先商定时间和地点，大多数在夜晚，我分别送他们到指定海岸，由小轮船送到客货轮，如希腊的“大西洋”号，英国的“岳州号”“宝通号”“振兴号”和“东方号”等。

各民主党派和各人民团体代表李济深、沈钧儒、马叙伦、彭泽民、张澜、郭沫若、茅盾、章伯钧、谭平山、蔡廷锴、沙千里、陈其尤、许广平等55人发表对时局声明，表示坚决拥护中共中央毛泽东主席提出的八项和平条件，反对国民党反动派假“和平”的阴谋，愿意在中共领导之下团结一致，将革命进行到底。

1949年3月上旬，冯乃超率领200多名文化界人士乘“宝通号”轮船离开香港，经过天津，到解放不久的北平去了。

郭沫若、茅盾这两位旗手秘密离开香港以后，留在香港的著名文艺界人士还不少，特别是广东籍的和比较长期在广东工作的著名文艺界人士没有走，如司马文森、陈残云、杜埃、周钢鸣、华嘉、林林、黄宁婴、秦似、楼栖、黄谷柳、胡希明、洪遒、吕剑、黄新波、李门等，文委考虑广东、广西不久将要解放，两广文艺界需要著名文化人士工作，香港也需要著名文化人士工作，暂时把他们留在香港，等待时机，根据需要，再分批去广东和广西，同时也要留一些人坚持香港文化统一战线等工作。他们听到我谈了组织上的意见，无不欢欣鼓舞，准备迎接解放。

1949 年 5 月 4 日，是五四运动 30 周年，文化界在香港临近海边的六国饭店举行盛大纪念会。这是文化界的团结大会，是为新中国诞生而献身的誓师大会，也是文化界人士将不断分别奔向各自岗位的告别大会，数百人济济一堂，笑语欢声，倾吐胸怀，其乐融融，仿佛有说不尽道不完的千言万语要在纪念会上谈个够。

30 年前的五四运动，表明中国反帝反封建的资产阶级民主革命已经发展到一个新的阶段。五四运动成为文化革新运动，是反帝反封建的资产阶级民主革命的表现形式，由中国工人阶级、学生群众和新兴民族资产阶级组成了革命阵营，站在这个阵营前列的是数十万学生。

中国资产阶级民主革命经过鸦片战争、太平天国战争、甲午中日战争、戊戌维新、义和团运动、辛亥革命、五四运动、北伐战争、土地革命战争等发展阶段，到了抗日战争发展到一个新阶段。国民党反动势力挑起内战烽火，中国共产党人和解放军被迫拿起武器自卫，解放战争又发展到一个新阶段，要完成资产阶级民主革命的任务，必须基本推翻国外帝国主义势力和国内封建势力，进而建立独立、民主、自由、幸福的新中国。中国人民及其革命领导力量，经过百年多以来的各个阶段的奋斗，取得一个又一个伟大的胜利，终于到新中国即将诞生的前夜，谁不斗志昂扬？谁不欢欣鼓舞？谁不准备贡献自己微薄的力量？谁不想在新中国这座大厦上添砖添瓦？

在香港的各民主党派领导人，无党派民主人士以及包括文艺界在内的各界知名人士希望早日奔赴解放区完全可以理解，这是众望所归，人心所向。从上海、重庆、南京、武汉等地到香港的文艺界人士走得差不多了，组织上调我回北平工作，还给我一个任务，率领100多文化界人士赴解放区。这是一个艰巨的任务，也是一个光荣的任务。

1949年5月5日，我们租用英商太古轮船公司的“岳州”号，挂的是挪威国旗的货轮，参加这次航行的有李达、王亚南、姜椿芳、陈迩冬、傅天仇、舒绣文、张文元、于立群和她的5个子女、钟敬文夫妇、黄药眠夫妇、鲍方夫妇等共100多人。事先我和有关人员联系，要他们及时做好离港的准备，分组在指定路线和时间，在夜色茫茫中乘小汽艇分别登上挪威货轮。我查点人数，到齐了，便通知船长，在香港和九龙的人们还在酣甜的梦中，停泊在波涛滚滚海面上的货轮缓缓离开香港，向公海的北面驶去。

（选自周而复著《周而复往事回首录之一——空余旧迹郁苍苍》，中国工人出版社2004年版。原标题为《临时文化中心》，有修改）

新政协活动在香港

罗培元*

一　政治协商见习生

1948年5月初，连贯约我至筲箕湾天后庙道第4号4楼会见他。他告诉我，由于党中央发布了“五一”劳动节口号，提出打到南京去，迅速召开新政协的主张。留在香港的各民主党派都发表声明表示响应，香港分局已根据中央指示，加强对全国各地留在香港的民主人士的统战工作，特别是要听取党外人士对召开新政协的意见，决定成立统战工作委员会，委员是连贯、谭天度、罗理实（雁子）、林琅和罗培元，负责人是连贯。中央要求方方和潘汉年抓这方面的

* 罗培元：时任中共香港工委统战委员会委员；后曾任广州市副市长，全国政协委员。

工作，分局决定我作为驻会专职委员，协助连贯工作。

连贯把一些上层人士如李济深、蔡廷锴、何香凝、郭沫若、沈钧儒、谭平山、马叙伦、陈其尤、李章达、丘哲、彭泽民、朱蕴山、陈劭先等的名单，以及他们的住地和电话都告诉我。分局要开双周座谈会，或有什么事要向他们转达或征求他们对某一问题的意见时，连贯往往把事情交我负责，有时也不一定要我全部通知。潘汉年说已发现有人窃听他家的电话，所以我绝少用电话与高层民主人士联系，特别是重要会议或分局意见的转达，都是采取登门拜访的办法。参加双周座谈会的章乃器、章伯钧、沈雁冰（茅盾）、王绍鏊、胡愈之、沙千里、梅龚彬、邓初民、李伯球、吴茂荪、许宝驹、陈其瑗、朱蕴山、韩兆鹗、严信民等则无须我负责通知。

所谓双周座谈会只是沿袭周恩来在重庆举行的双周座谈会的方式，是约定俗成的叫法，开会时间原则上是每两周一次，也可提前或推后。参加的人按需要而略有增减。“五一口号”发布后，留港高层民主人士的会议则多在分局统战委员会内举行，主持会议的是方方或潘汉年。会议的参加者多则 20 多人，少则十六七人。有一次会议，为使发言普遍，分 4 组讨论，把所有房子都坐满了。有两次会议正值解放军攻克济南，全歼敌军 11 万人和辽沈战役歼敌 47 万人的胜利消息传来，大家异常兴奋。因为这两次大胜利，大家把注意力离开原定讨论新政协的内容，大谈解放军空前的大胜利和 大好军事形势，并决定由各党派联名向中共中央毛主席和朱德总司令发贺电。电文的起草人分别是茅盾和郭沫若。在议论打胜仗的场合，蔡廷锴特别活跃，发言盈庭，还夹有在淞沪抗战中广东士兵冲锋时的“三字经”（丢那妈），并不时离座而立，用手势加强语气，大有舞之蹈之的神情。

二 一份历史性的记录

分局在统委会开的高层民主人士座谈会，大约有七八次，都是征求和听取召开新政协的意见。由于在香港的各党派和无党派、各界民主人士都于“五一口号”发出后先后表态，赞同中共提出的召开没有国民党反动派参加的新政协，实现召开人民代表大会，成立民主政府的主张，这实际上已形成一条新民主与旧民主、新政协与旧政协的明确的分界线。因此，座谈会的参加者和以后参加新政协的代表，都以此划线。当时，曾于1946年参加蒋介石一手包办的伪国大的民社党头子伍宪子趁机想改头换面，用革新的民主社会党名义发表响应中共“五一口号”的声明，企图钻进新政协的准备活动中来，又想保持他在旧政协和解放战争时追随蒋介石的立场。连贯约伍宪子面谈，代表在港各党派意见，严词拒绝了伍宪子的要求。反之，旅居美国的致公党领袖司徒美堂先生，在一次分局统委请他吃饭时，态度十分明朗（他的台山话和台山口音英语，我们都听不懂，我们的广东话和普通话他也听不懂，只好靠他的近亲司徒丙鹤做翻译），说蒋介石当政中国必亡，中国共产党当政中国必兴，全世界华侨都希望中国强盛起来，不要再在国外受洋人的气。他主动表示要发表声明，拥护中国共产党，赞同召开新政协，并当即口授，由司徒丙鹤记录整理成文。司徒美堂老看后签字同意，第二天就见了报。座谈会上，大家一致认为一定要司徒美堂老参加政协会。可见，中共与各党派和无党派的领袖人物都是一本至公，政治界线分明，为新中国的诞生团结一致的。

在分局统委会开的双周座谈会中，6 月 30 日的座谈会集中谈了关于召开新政协的问题，留下一份是我整理的十分完整的记录，现在把当日大家发言的记录分项摘录于下：

（一）关于召开新政协的时间问题。沈钧儒认为召开时间可以迅速，不必等得太久，因为开新政协号召力度大，利于鼓舞人民解放军军事上迅速发展，同时可以加速敌人的崩溃和他们内部的动摇与分裂。谭平山赞成沈老的意见，说新政协的召开愈早愈好，本年“双十节”能召开最好。马叙伦认为“双十节”召开太快，可考虑到明年（1949 年）元旦，还有半年。王绍鏊赞成马老意见。李章达认为需要看局面发展而定，国内局面发展快，当然要快；国际局面发展得愈凶险（意指第三次大战，和美帝可能出兵支持蒋介石）也要快。郭沫若初时发言，认为讨论时间问题还早，后来又说，无论对内对外来说，新政协的召开已是时候。茅盾认为新政协开会的时间，需要同其他许多问题联系起来考虑，由住在香港的我们来决定，恐怕有许多困难。李济深请假，他托连贯转达他对开会时间的意见是：为使新政协的号召力加大，等拿下平津后才开最好。李章达认为任公这观点不对，这样政协的召开就不是以政治为前提，而是以军事为前提了。谭平山认为，拿不拿下平津是客观事实问题，不是主观愿望问题。

（二）关于新政协召开的地点问题。这也有各种不同的意见。马叙伦认为在解放区召开不成问题。王绍鏊认为地点应在关内。茅盾认为在关内或在关外召开都不成问题，只要在解放区便成了。谭平山认为只要与中共靠近，在关内关外都无所谓。李章达认为开会地点不可用单纯的地理观点来看，只要是象征新民主的地方就行，例如在哈尔滨，劳动大会已在那里召开了，科学院也已成立，很有意义，延安则是人民军队组训的地方，人民军队则是人民所独创，这两个地方都可象征新民主主义。王绍鏊说，他之所以主张在关内，不是为了别的，乃是因为有人会借此造谣说，在东北开有国际背景，说有人想做傀儡，如果在关内召开，可象征人民的胜利已进了一步。连贯代达李济深的意见是，不要在东北开会，要拿下平津后，在平津开最好。李章达说，李任公的观点不妥。他反问道，如果打不下平津，新政协是否不开了呢?

（三）关于参加新政协会议的范围、方面或个人问题。如前所述，对这问题，新政协不能让反动派参加的大原则虽已确定，但牵涉到一些具体问题，讨论热烈，分歧也大。马叙伦说，这可分为党派、人民团体和社会贤达 3 方面来说：党派问题，像革新的民主社会党，已发了响应中共“五一口号”，但要看其历史，不能专看其宣言；人民团体有多种，蒋管区里面也很多，有许多是不足论的，如御用的，过了时的像光复会和许多同乡会不能算数，蒋管区的文协，虽有全国性，也有些人才，但它是反动的，也不能算数，有些是全国性的团体，须得人民的同意和承认，而这一要有工作，二要有群众，像光复会，虽有历史，但其工作和群众基础则甚成问题；至于社会贤达，必须具有人望、声望，地位则属次要，参加民主运动必须有工作表现。郭沫若认为参加政协的代表，要看承认哪些党派、团体，承认以后，代表由他们自己选；社会贤达没有自己的团体，不能自己产生，可参考旧政协由中共、民盟和民革三方面推荐的办法，也可由各党派各社团推荐并共商决定。郭沫若还认为社会贤达应选那些专家，如对经济问题、宪法问题、自然科学、社会科学、文学艺术各种专门学问有研究的专家，选这些人参加，必然可以对建国具体方针作出具体的贡献。马叙伦对郭老这些见解持不同意见，认为专家问题可以采用旧政协时请顾问的方法解决，应看其是否自抗战以来对民主运动有贡献，是否有全国的代表性，像全国学联那样就应该有代表；要不要沿用社会贤达名义，或改称什么专家，都不是重要的问题，重要的是有德望和声望，有贡献和号召力，又具有专家之长，便不论他是否个人；上海尚未解放，但如能出代表，其重要性一定很大；华侨、西北地区、上海及少数民族，均应有代表参加。胡愈之认为旧政协没有华侨代表，当时有人提名让陈嘉庚参加，也只放在社会贤达范围内来讨论；有陈嘉庚作为华侨代表参加新政协，意义必甚大，他在抗战中和抗战后均有贡献。

谭平山认为新政协代表的产生，不能强调法律问题，像陈嘉庚参加是很好的，他也可以得到绝大多数侨胞的支持；马寅初也是很好的代表人物，沈衡老是律师公会领袖之一，当然应该参加政协，但如要强调依法律程序，这3位代表的产生就都有问题了；人民代表也有这个问题，如哈尔滨的劳动代表会，有蒋管区的工人代表参加，当然很好，而且合法，现在蒋管区中有很多合法的工人团体，也有些人才，但如何产生代表呢？所以不应该过于强调合法性，只要看代表的作用和本质。茅盾认为参加的代表，党派方面，要看他们是否赞同新民主主义和土改这许多问题而定，马老所提的光复会20余年来已无法活动，当然谈不上，长江以北的人民团体的代表不成问题，在蒋管区却不容易推选，而他们却可以利用这点来反对我们，因为他们是御用工会或公会，他们如果用合法外衣推选代表要求参加，我们也可以不承认他；在蒋管区有些秘密公会、地下组织，如果是有群众的，可以让他们参加。茅盾还以为在香港可以组织一个小型的什么委员会，像个雏形的政协来研究，定出草案，看看哪个党派、哪个团体、哪个人可以参加。李章达提出可否出些地方代表，王绍鏊认为代表及人民团体问题，有两个原则：一是两年来对民主运动有贡献的，应出代表，像光复会，显然没有资格了；至于社会贤达，也有3个原则：一是有声望，即背后有群众；二是对民主运动有贡献；三是经各党派承认。对李章达提出的地区性代表问题，王绍鏊认为不必很重视地区性问题，因为政协是全国性的政治性问题。马叙伦认为政协要包罗全国的代表，代表全国，现在就要研究如何争取其他的人。郭沫若认为代表问题要注意保密，争取要有原则。

连贯反映李济深认为新政协的范围要扩大到蒋介石下面的拥护新政协的各种力量。谭平山认为任公宽大主义甚有问题，但他又说，任公所讲的那些人能争取的也要争取，但只能是个别的争取，不能整个的争取；白崇禧和李任公决不能相容。李宗仁是傀儡，白拿他来对付任公，任公是太好人了。李章达也认为把许多蒋介石的反对派都看作是革命的力量是太宽大了。马叙伦同意对蒋区的人要个别争取，不要集团式的争取，更不可把政协代表作为酬佣的工具。

（四）新政协开会要解决哪些问题？郭沫若认为要成立临时人民政府，待人民代表大会召开后，成立正式政府；政协不要定出临时施政纲领，中共在解放区已有一套办法，问题不大。李章达说，各党派都有自己的纲领，这些纲领都有共同点，所以容易作出各方都接受的纲领。沈钧儒认为政协应规定共同纲领，宪草则可另组机构来研究起草；人民代表大会问题，主要是各省市县选出代表问题，在蒋管区还拥有半壁河山的情况下，谈不上全面选举。对这问题，在几次座谈会中都没有展开讨论。对新政协的性质问题，大家比较接近的意见是新政协应该是新民主主义性质，反对帝国主义、官僚资本主义和封建主义是应有之义，国民党反动派以及其他一切反动派都无权参加新政协，这也是大家一致赞成的。

（五）关于新政协由何方召集的问题。主要有两种意见：一是由中共召开；二是由各党派委托中共召开。

方方和潘汉年参加了这次会议，他们讲北上交通问题和请各人充分反映各方面有关新政协问题的意见外，没有就大家所讨论的问题发表任何意见，因为中央只是委托他们听取党外人士的意见，若他们就上述问题有任何发言，别人可能误认为中共已成竹在胸，要大家讨论不过是形式。实际上党中央在新政协召开的问题上是十分尊重党外人士的意见的。分局把香港人士的意见如实向中央反映，不加进党内同志的意见。

三　千里迢迢，电波传政声

9月底由香港到达哈尔滨的沈钧儒、谭平山、章伯钧、蔡廷锴、王绍鏊等人与先到达东北的高崇民、朱学范、李德全等人于10月下旬参加高岗、李富春主持的就中共中央统战部同在河北平山县李家庄的民主人士商讨后提出的《关于召开新的政治协商会议诸问题》的文件草案进行了两次商谈。在商谈之前，中共中央为此事预先致电告诉高岗和李富春，请他们向在哈尔滨的各党派代表讲明：这是中共中央委托东北局与民主党派代表商谈的书面材料，正式征求他们的意见，请他们过细加以斟酌；草案所提名单，也只是中共的希望，完全可以增减和改动。中共中央 10 月 30 日将在哈尔滨讨论修改过的上述文件电告华南分局，并请分局即抄送民革的李济深、何香凝，民盟的周新民，民进的马叙伦，致公党的陈其尤，救国会的李章达、沈志远，第三党（后改名为农工民主党）的彭泽民，民建会的章乃器、孙起孟及无党派民主人士郭沫若等 11 人，由潘汉年、连贯分别征询他们的意见。11 月 20 日，分局由方方、潘汉年和连贯联名致电中央，报告在港与各民主党派、无党派民主人士座谈《关于召开新的政治协商会议诸问题》的情况及提出的意见。现将这些南北千里迢迢，通过电波，上报中央的意见转录于下：

（一）有人提出，民社党革新派可参加新政协筹备会，与会者均不赞同。

（二）有人提出，国民党反动集团内，特别是国民党地方派系人员中，如有赞成反帝、反封建、反官僚资本主义并见诸行动者，似应准其参加新政协。

（三）有人提出，中华全国文艺协会可否作为一个单位参加？与会者认为文协大多数理事均在国统区，且多是蒋系人物，无从推派代表，文协中好的理事，仍从文化界民主人士提名较妥。

（四）有人提出，华侨民主人士各阶层都有代表参加筹备会则更好。

（五）有人提出，东北政治建设协会，可否作为一个单位参加？与会者认为可以向哈尔滨方面征求意见。

（六）有人提出，梁漱溟的“乡村建设派”似应列为一个单位，与会者认为梁先生个人参加是不成问题的，但其组织不应列为邀请单位。

（七）有人提出，华南各省游击区人民武装有数万人，有斗争历史（如琼崖、东江等），似应列为一个单位。

（八）有人提出，国旗、国歌应先研讨准备。

（九）关于共同纲领草案，各党派正在研讨中，对以“新民主主义”为今后建国最高原则问题，民革方面有两种意见：一种赞同，一种坚持用“革命的三民主义”；民盟方面，有的主张用“人民民主主义”，有的主张用“民主主义”，不必加上“新”字，但大多数人的意见，均赞成用“新民主主义”。

以上所记的在港民主人士对新政协的筹备所表达的意见，都是有根有据的。从此也可看出：中共中央、中共香港分局的负责人与当年留港民主人士商讨召开新政协的准备工作，是十分严肃认真的。中共事先绝没有成案，更无强加于人。在商议过程中，认真而广泛地听取党外人士的意见。正面的反面的意见，都受到重视并被及时反映给中央。这种充分发扬民主的做法，是对党对人民负责，对建立和建设好未来新中国高度负责的表现。

至于党中央在筹备新政协过程中，也是从善如流，十分尊重党外人士的意见的。就我所知，有两件事足以说明这点。第一件是关于召开政协的时间和地点问题。中央曾于内部设想过在 1948 年秋间，在哈尔滨召开新政协会议。“五一口号”中关于迅速召开新政协的提出，表达了这个设想，而那时，辽沈战役尚未进行。后来随着形势迅速发展，同时考虑了各方面民主人士的意见，政协代表会议在1949年9月底才在北京召开。第二件是“五一口号”曾提出新政协会议的任务是：“讨论并实现召集人民代表大会，成立民主联合政府。”后来经参与筹备各方研究后，确定为“中国人民政治协商会议代表全国人民的意志，宣告中华人民共和国的成立，组织人民自己的中央政府”，并决定“在普选的全国人民代表大会召开以前，由中国人民政治协商会议的全体会议执行全国人民代表大会的职权，制定中华人民共和国中央人民政府组织法，选举中华人民共和国中央政府委员会，并付之以行使国家权力的职权”。这是在经过了各方面民主协商之后，党中央改变了原先的设想，采取了更完整、更完善、更符合中国国情的意见。这就是党在国家大政方针方面，同民主党派采取真诚的民主协商，得到举国一致拥护的结果。

回顾我参加中共香港分局与留港各方面民主人士商讨召开新政协的一些具体工作过程，可以看到，人民政协的成功靠的是什么呢？我可以完全不靠一般大道理，只举出当年遇到的无数事实来说明这问题，它就是：必须有中共的正确领导，充分的民主协商，依靠人民解放军的节节胜利，有赖于国统区第二战场的开辟，还依靠统一战线中正确的政策策略。

四 何物中间——第三条路线

中国人民新政协的准备工作，并不是在真空室内进行的。人们都知道，日本投降后，美国为了阻止中国人民解放事业的胜利，加强了它从政治上分裂中国人民团结的阴谋活动。其主要手法，就是在中国扶植所谓第三势力，走国共两党之间的另一条路线，即所谓中间路线。美帝在我国人民阵营内培植和支持中间势力，组织与资助所谓中间党派的反对派，制造分裂。在1947年10月间的重要关头，中共中央宣告必须将革命进行到底，指出："在我军反攻胜利发展中，全国各阶级、各党派必须考虑自己的立场，计算将来的出路，蒋介石及其美国主子也必须预筹退路。"在当代中国政治历史上，没有比这4句话所表达的更重要而复杂含义的更有力度的政治语言了，这当儿，处在中国民主同盟被国民党宣布为非法团体后，沈钧儒等人在香港重建领导机构，国民党的几个政治派别联合组成国民党革命委员会，它们都宣布同中共合作，反对蒋介石的反动政策和美帝的侵华政策。当然，在美蒋的支持策划下，一些地方实力派和资产阶级右翼又策动所谓"和平统一"，要搞"南北朝""三分天下""鼎足而立"的鼓噪还盛行一时，还有一定的市场和掮客。

美帝搞所谓中间路线的阴谋是花样百出的。1948年夏天，美帝豢养的以中国通面目出现的美国某政治家，写了一篇论述中国中间路线发展状况的文章，把我们人民民主统一战线中曾经出名发了通电和声明赞成中共"五一口号"的一些人，列入作者认为是中国民主自由运动的领袖人物中，并判定这个运动大有左右中国政局发展的能量。特别值得注意的是，作者为了达到不可告人的目的，将稿子先送被他文中所赞颂的"领袖"人物看过同意后才发表。所幸这个阴谋给方方知道了，他马上责成连贯叫我去找到朱蕴山将文稿弄到手，作为美帝分裂我人民民主阵营的阴谋的活生生的教材，让一些人士提神醒脑，以免上当受骗。可见美帝在分裂我人民民主阵营，甚至以此诱骗一些人不北上参加筹备新政协的民主运动。民主人士关于政协问题的座谈中，没有人正式提出中间路线或第三条道路的问题，但个别人提出的意见，弦外有音，也可听得出不是一般性的问题，例如上文提到的 11 月 20 日香港分局向中央的报告中提到参加新政协的范围时，虽然无人提青年党及民社党问题，却有人一再提到可否让民社党革新派参加的问题。在会外场合，有人提出国民党某些现任军政大员可否参加，甚至有人私下提出可否为他们预留席位的问题。至于建国最高原则，一直有人不同意用“新民主主义”一词，主张只用“民主主义”一词的也大有人在，可见帮助美蒋，借尸还魂，确是无所不用其极的。

美帝为了挽救蒋介石的失败，“拉出去，打进来”也是惯用的手法。1948 年 12 月 2 日，方方在《群众》杂志上发表《争取最后的彻底胜利》一文中指出：美帝正在加紧援蒋，陈纳德正在叫嚣直接参战的同时，还举出美国军事评论家鲍尔温的话说：“假使目前这无能的政府（按：指蒋政府）能由一个或几个政府取而代之，在政治上、军事上稍加革新，当然是很好的……我们可能支持个别省主席以及傅作义等的‘能干’的将领，各自割据一方……甚至在必要时，美国也可能支持某些人参与以中共为主的政府。”

美帝是金元帝国，在两次世界大战中都大发横财，他们除了向蒋介石提供大量军火、美元援助外，还动员“阔佬”上阵。美国老板们也错误地断定，拿出点美元对中国某些知识分子小施恩惠，也是于推行美帝侵略政策有利的。美国名牌的《先驱论坛报》著文说，中国的知识分子没事做，没饭吃，提议财主们应给中国的“平民教育家崔某”一亿八千万的奖金，使中国知识分子都有份“优美的职业”；又由司徒雷登出主意，由洛克菲勒财团出钱，在中国搞了个“社会经济研究会”，用明拉暗骗的手法，让许多不明真相的人参加，企图把我国大批知识界（包括一些文艺界）人士拉进去跟美国财主搞“经济研究”去，后来西洋镜给拆穿，许多爱国的、洁身自好的学人都声明退出了。芝加哥财主雷诺，以考察中国最高峰为名，拉了我国一批科学家参与，大捧其场，后来被发现，高峰考察不过是骗招，只是为了老板雷诺的原子笔作广告。科学家醒悟过来后，却被老板们蔑称为这些“家伙们”。李宗仁“代总统”逃到广州，司徒雷登这大使也派人跟着来了，又通过国民党 CC 分子操纵，导演了一个实际是“新第三方面”的所谓“教授会”，等等。这些组织的公开面目都叫无党无派，却全方位地展开活动，竭力把触角伸到人民阵营内部来，准备着有朝一日以反对派的面目出现。

理所当然，纸包不住火。美帝当年这些阴谋活动一一被揭穿，对在我们阵营搞“拉出去，打进来”，以及阻止当年香港和其他地区的民主人士和爱国分子北上的企图都破产了。中国有骨气的知识分子、民主人士都是爱国的，也是有政治经验的，中国人民民主统一阵线是分裂不了的。1949 年 1 月 22 日到达解放区的 55 人由李济深领衔（其中有许多是大名鼎鼎的爱国民主运动的知识界前驱）发表对时局的意见，深刻地讲道：美帝国主义继续发动其阴谋活动，“采取着双管齐下的破坏中国革命之毒计：一面企图在革命阵营内酝酿反对派组织，希望阻止或缓和革命的步骤；一面则唆使南京反动集团发动和平攻势，以争取时间，让反革命势力在大江以南或边远省份作最后挣扎。这是值得我们警惕的”。这 55 人表示，确信“全国真正为民主革命而努力的人士，必能一致努力，务使人民民主阵线以内，绝无反对派立足之余地，决不容许有中间路线之存在”。这是多么义正词严，又富于远见卓识的说话！

五　拼将生死任扶倾

到 1948 年下半年，当香港地区讨论新政协召开的工作进入和全国性的筹备新政协的行动汇合起来的阶段，中共中央向全国各地的党组织提出邀请和护送大批民主人士到东北、河北，最后到北平筹备召开新政协的任务，这项任务由周恩来同志总其成，其中安全护送居留在上海和香港的民主人士北上的任务特别繁重。

8 月 1 日，周恩来致电在大连的钱之光等同志，要钱以解放区救济总署特派员名义前往香港与分局负责人安排护送民主人士北上，周恩来亲自筹划交通工具和护送人员等。为安排李济深北上，周恩来曾致电大连负责同志与苏联驻大连的有关部门交谈，要求安排最好最安全的旅馆等。同年 8 月 9 日，中共中央致电方方并香港分局指出，“为邀请与欢迎港、澳及南洋民主人士及文化界朋友来解放区”，要“为他们筹划安全的道路”，并指定潘汉年、夏衍和连贯负责计划，并协商一个名单电告中央。分局负责人阅了电报说“兴奋与担心交并”。所谓兴奋，自然指的是组织在香港的民主党派、民主人士进行座谈，就召开新政协征询意见的任务已基本完成，新政协的召开和新中国的诞生在望；所谓担心，当然是指要护送这么多民主人士北上，旅途上安全可虑，因为那时陆上、空中都没有通路，只能由香港乘船北上，而这要冒港英政府留难、破坏和台湾美蒋势力在海、空干扰拦截的风险。

我也参加送客人上船的工作。潘汉年和连贯交给我的任务是：先到北上的人家里，不假手他人，乘“的士”把较笨重的行李运到码头，雇小船送到泊在维多利亚港的一艘挂苏联国旗的波尔塔瓦

（Boltava）号货船，人员一次过登轮，这事千万要保密。1948 年 9 月，第一批北上的人不多，他们是沈钧儒、谭平山、章伯钧、王绍鏊、蔡廷锴和蔡廷锴的秘书林一元。除蔡廷锴、林一元先到谭天度家集中外，其他 4 位先到天后庙道集合。提早吃了晚饭，大家化了装，笑谑了一回，潘汉年和连贯与他们告别，由我带路，各人各间开几步行走，装作彼此不相识的样子。到了铜锣湾，汇齐了蔡廷锴、林一元 2 位，连我一起合雇一艘小艇向着波尔塔瓦号货船划去。我把他们送上了货轮，苏联的船员同志满脸笑容，一一握手，连呼“打瓦里士”和“顶好”。我身子顿时轻了一半似的。到了船上，小客厅中已有章汉夫和李嘉人等着，大家知道有章汉夫、李嘉人两人同船，十分高兴，好似他们都是安全的靠山似的。其实，台湾海峡才是险境，在那里经常监视着海面的美蒋飞机、舰艇，才是安全的真正威胁力量。当我辞别他们时，蔡廷锴特意送我出舱外，附着我的耳朵说：“你回去一定要实践诺言，马上打电话给您宗妹（指蔡夫人罗西欧女士）。”我如约履行诺言。以后差不多年年去北京，与蔡将军夫妇见面，他们必谈起这回事。同年 11 月末，我又做与前次同样的工作，送郭沫若、丘哲、陈其尤和翦伯赞等人上船。这一次由连贯陪他们一起北上，一路平安无事。当分局要我把这好消息分头上门告知他们的家人时，陈其尤夫人患病躺在沙发上，听到好消息，马上坐起，连说好消息使她的病都好了。我探郭沫若夫人于立群时，她有事外出，我留了一张条子将郭老安抵东北的事告诉她。后来有一次，当我们在广州看着郭老挥毫时，于立群一本正经地对我说：“我藏有你的‘墨宝’呢。”我急忙用广东话回答说：“讲笑揾第二样。”她认真说出缘由，告诉我那张留条一直夹在当时她正读着的书里，至今犹存云云。我前几年到北京，到郭老故居，问郭老的女儿平英知不知道这回事，能否找出来让我一看。平英摇头，说他们家像个不大不小的图书馆，要找也难。其实，当时，我给于立群的留条，只是说郭老已安抵东北，可这几个字对于立群来说，有似值万金的家书，于他人于我自己何宝之有？

我完成了协助上述两批民主人士北上任务之后，由于下文还要提到的一个特殊的原因，我的“送船”差使意外地中断了。后来听到第三批护送李济深这位给港英特殊人员日夕监视着的特殊人物上船的曲折而又艰险的故事，简直可以编成一个有惊无险的小剧本来演出。对比之下，我的“送船记”平凡得多了。

香港分局到 1948 年 12 月底止，护送了 4 批高层民主人士北上之后，上海和内地以及南洋一带的民主人士陆续到港北上。这当然也是香港分局很重要的一个任务。总计自 1948 年 8 月至次年 8 月，共分 20 批，护送的民主人士 350 人，其中有第一次人民政协代表 119 人，加上中共及其他人员北上的共 1000 多人。所搭轮船有苏联货轮波尔塔瓦和阿尔丹号，苏朝合办的商船 AAB 号，分别挂挪威和葡萄牙旗的“华中号”，希腊的大西洋号、太古轮，太古公司的“岳州号”，英国商船“宝通号”“东方号”“振兴号”等 10 多艘。安全北上的全国性重要人士有李济深、何香凝、沈钧儒、郭沫若、蔡廷锴、蒋光鼐、谭平山、陈叔通、黄炎培、柳亚子、陈嘉庚、司徒美堂、章伯钧、章乃器、马叙伦、茅盾、陈其尤、李章达、朱蕴山、邓初民、马寅初、钱昌照、龙云、黄绍竑、刘王立明、许宝驹、黄琪翔、丘哲、李达、包达三、叶圣陶、陈其瑗、王绍鏊、李任仁、千家驹、曾昭抡、郑振铎、曹禺、马思聪、王亚南、郭大力、史东山、洪深等。每批北上的船，分局都派有相当的党员负责陪送，一路平安无事。唯有 3 月 4 日晚上，上海重要人物陈叔通、马寅初等 27 位乘搭的挂葡萄牙国旗的“华中号”在海上曾先后和两艘国民党的军舰相遇，受到盘问，还将“华中号”夹在中间，出语威胁，幸得船长佯称是开赴南韩仁川港的，并将船驶近仁川后掉头驶到山东烟台，才脱离险境。

在第二批北上时，丘哲在船上吟诗见志，他有《十一月二十三日自香江乘轮赴东北口占留别亲友》诗一首，如下：愿抱澄清酬故友／拼将生死任扶倾／关山极目风云急／剑匣长鸣起执鞭。大概在船上风急浪高，丘老到东北后血压高起来，同室相处的郭沫若诗以慰之。诗云：“君患血压高／我患血压低／高低之相悬／百度足有奇／君不见凫胫短／鹤胫长／短者不必展／长者不必断／一身之事任其自然／人民解放不可缓。”20 世纪 60 年代初郭沫若谈起佚诗之事，我说我在丘老的《断金零拾》集《引夫剩稿》中见到他有一首慰丘诗是有他亲笔为证的，郭老说他全忘了，我念给他听，郭老说确像是他的“打油”诗。当我取出《断》集给他看时，他对自己的字却自赞不止，现在写不到那水平了。最后郭老说，凭他和丘老的感情，“这本子我要定了”。他看看我说，你问丘夫人再要一本吧。我当时不置可否，但“文革”后却不见了该书，很有可能因为是线装本，给造反派当作封资修的书抄去了，也可能“割爱”给了郭老。20 多年后，丘夫人梁淑钊送一本给我，方补了损失。当我每次看到它，就对丘老肃然起敬，“拼将生死任扶倾”的句子，便脱口而出。当然，为了中国人民解放事业而舍生奋斗的工人、农民、知识分子，各阶级、阶层的爱国人士何止百万千万，但作为高级知识分子、高层民主人士的丘哲，在登上北上的轮船时，便和一切革命者呼吸相通，并用诗的语言表达出来，是十分难能可贵的。

六　港英政府给上的最后一课

1948 年 11 月，饶彰风自新加坡回来，任香港分局秘书长并接替北上的连贯任统战委员会的负责人。他第一次到统战委员会只见到林琅和我，他说，等“小开”[①] 有空，就要开个会。我问他，好些高层民主人士已北上或者正准备北上，我们今后的工作怎样，他说：“一切照旧。”饶彰风在南方党组织内，以能团结人著称，人们背后称他好好先生。他是文人，说起来他还是中山大学校友，用笔名“蒲特”写过很多新诗。许涤新对我说，饶彰风很会做统战工作，党内党外熟人很多。可饶彰风对我说过应开的会，迟迟没开成。以后我再也没机会同他在香港分局统战委员会一起工作了。

1948 年 12 月 11 日，南方还是天朗气清，不热也不冷，恰是惠风和畅，但对统战委员会以至分局往后的日子来说，至少可以说它距离什么“黄道吉日”太远了。是日一早，我和妻子吕冰像平常那样吃了一顿煎鱼送潮州粥的早餐，一同出门，便分道扬镳。吕冰往西走，我往南到九龙，拜访了有事商谈的人。转回香港岛，草草到一间小吃店吃了一碟炒沙河粉，又按先期之约找了抗战时在桂林“报屁股”写短小杂文的陈闲同志。陈闲是笔名，真名字叫冯培兰，广西博白县人。他觉得在香港党组织内受不到应有的重视，满

---

① 沪语小老板意，潘汉年的代号。——编者注

腹牢骚。他对我说了许多他在桂林做了很多很大贡献的话，我只得听下去，可是我越表现出“听”得下他讲话的神情，他越尽摆“想当年”参加革命斗争如何不怕死、文化贡献如何大等。我整个下午的时间平白给他占了两三个钟头。最后我说请你让我说个也许是你懂得的故事给你听好不好，他说：“好，你听我的，我也听你的。”他收敛了激动的情绪。我慢慢讲了《伊索寓言》中水牛与蚊蚋的故事。讲完之后，我说这故事很启发人，我一直记着。他听了之后，木无表情，我便与他握手告别。

与陈闲分手后，时间将近下午5时，我急忙搭巴士赶到铜锣湾一个车站下车。正待转车回天后庙道，忽然背后伸来一手，拍一下我的肩膀。我回头一看，原来是许涤新同志。他拉我离开乘客的队列，悄声告诉我说：“你住的统委会的地址已被英警搜查，他们已将谭天度抓了去，还有警察等在那里，可能是等待你回去找麻烦。”许叫我千万不要回去，到朋友处住下，再同“小开”联系。许涤新住在跑马地，他在等着转车，不迟不早我们凑巧碰上了，如果我和陈闲再谈久一点或早一点回来，就没有可能碰上许涤新，回到家里就可能与谭天度有同样的遭遇，被拘留到警察局去，因为警察一直等到夜里很晚才撤去。

我和许涤新告别后，生怕吕冰放学回家给惹出麻烦，我马上打电话用暗语告诉她情由，请她不要回家，跟秦牧夫人吴紫风一起到吴在学士台的住宅去等我。这事办妥，我致电潘汉年家，他约我到《华商报》面谈一切。他约了饶彰风一起来。我告诉他们我房中仅有一份方方叫我记下的高层民主人士开会的大事记，其他只是普通信件，没有别的秘密文件。连贯和林琅夫妇给搜去了什么我不晓得。“小开”说，这事恐怕同香港政治部为了弄清民主人士北上的事有关。大家商定，为减少可能的牵连，我未了的事项，由罗理实负责，我今后的工作由分局考虑后再定，我夫妇俩暂时在朋友家住下来。

当晚我们聚会在学士台秦牧家。我把被抄家和警察正张着罗网要抓我的事讲了。他们二话没说，要让床铺给我们。这种感情的真诚流露，使我感激不尽。我们坚持睡地板，而且说要不然，我们就另找地方住，他们才答应下来。本来，在香港也有好些亲戚朋友，所认识的党内党外的朋友也不少，要找地方藏身，不是没有去处，但我们认为秦牧夫妇也是我们“堪托死生”的人。吕冰和紫风白天要教学，秦牧白天除有社会活动外，埋头写作。我则除了要办一些统委未了之事，并把一些事移交给罗理实外，看报读书打发日子。晚上大家在一起的时候，秦牧除了写文章外，总是弄点什么零食回来。我们以兴奋的心情读秦牧每晚定必带回的《华商报》，谈论解放战争中三大战役胜利的新闻和蒋介石“引退”的活剧。由于我们大家立场相同，观点一致，总为伟大胜利的喜悦彼此感染着。心境上唯一不同的是，我是被追捕之人，秦牧夫妇之家便变为逋逃之薮。有时不免露出不安的神色，这种心情，秦牧夫妇都是作家，是看得出来的，但他们从没有半点不安的表情，相反，处处显出风雨同舟的情谊，尽量谈些笑话宽解我们。这一直成为我一生中美好回忆的一个篇章。

关于港府搜查连贯和我的住所并捉去来访的谭天度的事，后来才知道一个梗概。港警拿去了我们与民主人士来往的一些文件、信件。据分局估计，港府主要目的为突击查明我们如何送走民主人士，找到材料可以借口打击我们，特别是对我们的下层组织。分局为此派乔木（乔冠华，新华社香港分社社长）致一份备忘录给港府与我方联络人员，向其提出抗议。港大校长及会督何明华都打官腔说：事出意外，很抱歉，是下层搞的，希望以后可以不发生类似的事件。后来又去交涉释放谭天度的事。当月 13 日谭天度被释放出来。据罗理实对我说，谭天度告诉他，当他被释放的时候，警方备致歉意，说原来你就是久闻大名的谭天度先生，委屈了，委屈了。你早告诉我真名，就没有这场小小的误会了。警方负责人还请问谭天度对他们的狱政管理有何意见，请多加指教云云。连贯对我讲过一些下层组织的党员，无触犯任何刑律，仅仅因为是中共党员就被捕投入监狱的，为了逼供，是什么事也做得出来的。

我自己家被搜查，到朋友处躲了一个多月，后来回到广东的解放区，才舒了一口气。

1948 年底，潘汉年通知我，分局决定让我进入中国人民解放军粤赣湘边纵队司令部报到。我只好脱下西装换上唐装后离开香港这“自由”之地。我这个见习生在香港的最后一课总算上完了，再会吧，香港！

（节选自《共鸣》1997 年第 7、8 期，后收入《向真理走近一步——罗培元文集》）

香港二年半

许涤新*

一 20世纪40年代的香港

1946年11月初，我同卓芬到达香港。这时已是深秋落叶的季节，但香港的气候温暖如春，绿树繁花，另是一番景色。长期以来，在雾都重庆和洋场上海的白色恐怖下生活和工作，精神压力相当大。港英特务对我们的活动也并不放松注意，不放松跟踪，当然不如国民党统治区的严重。我一到香港，同志们就把我接到培侨中学住了几天，然后租妥跑马地景光街28号的房子。这房子靠近山林道，环境较幽静，是住居不到30平方米的小单元，有一间小客厅和

---

* 许涤新：时任中共香港工委统战委员会书记；后曾任中共中央统战部副部长，全国人大常委会委员，全国政协委员。

一间卧室，方方同志还为我们找了一位从“东纵”留下来的小姑娘阿珍，为我们看家打杂。组织的无微不至的安排，使我深为感激。

香港是鸦片战争后被英国占领的一个自由港。十里洋场，集中了资本主义最突出的特点。证券投机、黄金投机和地产买卖成为香港最活跃的行业。至于舞场、妓院、狗马声色、抢劫杀人更是无所不有。这就使它成为东南亚冒险家的乐园，当然它也有资本主义的工业经济，但工业的发展，那时并不发达。当时香港的人口不到100万，筲箕湾和湾仔一带只有稀疏的几座新洋房，20世纪40年代后期的香港经济恐怕还比不上上海。

全国抗日战争初期，救国活动就在香港蓬勃展开。在地下党领导下一些青年爱国组织，如海员工会、华人文员协会、男青年会和女青年会等，先后组织起来了。特别是在1941年春，皖南事变以后，重庆有一大批进步文化人（党员和非党干部）为避免国民党的迫害，在南方局的安排下，分批撤退到香港，推动了抗日救亡运动，戳穿了国民党政府积极反共、消极抗战以至破坏抗战的行径（邹韬奋的《抗战以来》就是一部暴露国民党法西斯统治，宣传新四军和八路军的战绩，以及解放区的新民主主义政治经济的代表作）。为了扩大党在海外的影响，办了《华商报》和一些刊物，使这个充满铜臭的香港有了较为清新的空气，使香港居民在精神生活上有了转机。可惜好景不长，日本军国主义发动了太平洋战争。香港沦陷，左翼文化人不得不离开这个被日寇占领的孤岛。组织这样大规模的撤退是艰辛的工作，它应归功于党的香港工委，归功于工委领导人廖承志、张文彬（1942年被国民党杀害）、曾生和“东纵”许多有关同志。这些文化战士在党的抢救之下，离开了香港。

有的辗转回到桂林、昆明、重庆；有的辗转到达新加坡、马来亚一带，从事文化活动，有的还拿起武器，打起游击来。日本投降，香港在“东纵”大力支援之下，恢复了秩序，南方局又派了大批干部到香港来工作，香港的文化界、新闻界、工商界又活跃起来。《华商报》在香港恢复出版了。港英对内地来的人们，采取“外宽内紧”的方针。人们可以公开举行座谈会，可以在茶楼酒馆中大谈国事。党的《群众》周刊和新华社香港分社在港正式登记；地方党的机关报——《正报》早在“东纵”北撤时就公开发行了。党的香港分局在九龙秘密设立机关。解放区所需要的物资通过外国轮船悄悄地从香港运到大连、山东石岛和丹东，当时的香港给予我们的工作提供了不少方便的条件，但港英是使用两手做法的。国民党在香港的活动也相当猖狂，它公开设立党部，公开进行各种破坏进步的活动。香港政府一面让国民党党部公开活动，一面又让我党的党刊《群众》和新华社香港分社正式登记，这并不是港英的“难得糊涂”，而是它在考虑国内的战局变化。1948 年刘邓大军强渡黄河，进入大别山之后，人民解放军的胜利已成为必然的趋势。这种必然的趋势使政治经验丰富的港英不能不逐步放宽对港英进步力量的限制。但它对于我党领导的组织，是不会完全取消压迫的。

我到香港之后，方方同志就通知我参加党的香港工作委员会（下面简称“港工委”），港工委是由香港分局（方方任书记、尹林平任副书记）领导的。港工委的书记是章汉夫，委员是夏衍、连贯、许涤新和乔冠华等人。这个机构专门负责香港及华南地区统战、宣传、文化、外事、经济、群运等项工作。为了便于开展工作，在港工委下面设立有统战工作委员会、财政经济委员会、文化工作委员会、外事组等机构，以便开展活动。我对外用的化名是许瀚生。

我负责财经委，任务是恩来同志在我离沪时已经指定的，除了管理港工委系统的财务（经费主要由中央拨给）和工商统战工作之外，还参加党刊《群众》的编辑，搜集国民党区的经济资料。我担任港工委财经委书记，由梁隆泰担任副书记。财经委设有党总支，书记何竺，后来何调到香港分局，由王斗光、古念良接他的工作。财经委的干部可分为两部分：专搞统战和宣传的有蔡北华、赵元浩、古念良、孙孺、刘志诚、陈文川、麦克明（麦扬）、方卓芬、刘爱莲、张维静；专搞商业筹措经费的，除梁隆泰之外，有王斗光、李健行、何启明等人，在私人企业中任职而负责对党外联系的有周康仁、何平以及温康兰等地下党员。

二　香港《群众》周刊与《华商报》

党在香港的宣传阵地是强有力的，除了复刊的《华商报》之外，还有新出版的《群众》周刊。外事组龚澎同志的《中国文摘》也是公开合法的刊物。香港是一个投机性很重的资本主义市场。从报刊上看市场变化，想从这里"炒"一"炒"，捞一把，在市民中并不是少数。《华商报》在香港之所以发生影响，除报道国内军事政治信息之外，还由于它能迅速反映市场变化的经济版。报道经济信息的还有由财经委领导的《经济导报》。

《群众》周刊是章汉夫同志领导的。早在1946年秋间，汉夫奉周恩来同志之命带领《新华日报》的林默涵夫妇、范剑涯夫妇和卢杰等同志到香港筹办《群众》周刊。恩来同志对香港《群众》的编辑方针是揭发国民党的法西斯统治，揭发它的破坏“停战协定”、破坏“政协”决议，进攻各个在抗战中的敌后建立起来的解放区；揭发国民党为了打内战，不惜向美帝出卖民族利益，使中国的殖民地化危机越来越严重；揭发国民党官僚资本的掠夺，苛捐杂税，恶性通货膨胀等等。《群众》周刊在港英统治下能以中国共产党机关刊物名义登记合法出版，这是历史上的创举。在《群众》周刊上发表文章的有方方、潘汉年（笔名肖恺）、汉夫（有时用笔名卓芸）、胡绳（笔名沈友谷）、夏衍（笔名汪老吉和任晦之）、华岗（笔名石父）、廖沫沙（笔名怀湘）、乔冠华（笔名乔木）、尹林平、连贯和许涤新、林默涵等。这个阵容看来是相当整齐的，在当时的香港刊物，可以说是无一家能比拟的。《群众》不仅在香港发行，不仅销行到东南亚一带，而且秘密地通过海关一条渠道，运到上海和南京，悄悄地在上海和南京的地下关系间流传。南京的“中国经济事业协进会”南京分会的同志经常把《群众》的重要文章以油印的形式，作为会员学习材料，并传送给进步群众。当时在中央大学任教的梁希教授（新中国成立后任中央人民政府林业部部长）是把《群众》作为重要读物的。1949 年 5 月，我同汉年、夏衍从香港到北平，在北京饭店遇到梁老，他对我说：“你们在香港出版的《群众》的光芒竟从香港射到南京了。我是你们的读者，几乎是没有漏过一期。”他还说：“你对国民党的币制改革、经济洗劫的文章实在说得痛快。”

在香港的《群众》上写文章的汉年、夏衍、华岗、汉夫、胡绳、沫沙、默涵、乔冠华等都是文坛上的老手，他们的文章的影响是意料中的事情。值得注意的是方方的政论。据我所知，老方没有上过中学，1925 年就参加革命了。国民党在 1927 年 4 月反共大屠杀的时候，老方拿起武器，在潮汕打游击，由于敌众我寡，他同一部分同志退入闽南山区同敌人周旋。中央红军长征，他留在闽南继续搞武装斗争，连小城市也不能站足，只得在荒山搭草寮居住。长枪短枪是他同敌人战斗的武器，至于拿起笔杆写文章，我原以为他是没有条件的。汉夫要他在《群众》发表文章，我在内心替他着急，怕他写不出来，但他是香港分局的书记，却非写不可。事实上我的着急是不必要的，他不但经常在《群众》上发表相当有力的社论，而且以文艺的写法，写了一本《三年游击战》的回忆录，郭沫若同志还为这本回忆录写了序文。《三年游击战》是写得相当生动的。

我是香港《群众》撰稿人之一。从 1947 年 1 卷 14 期开始，到 1949 年 3 月份总 114 期止（手头缺少 1—13 期），共发表了 36 篇论文。如果把前面 1—13 期的文章加在一起，估计不少于 50 篇。我在《群众》发表的这些文章，主要内容是揭露国民党在国统区对人民的经济劫夺、恶性通货膨胀、出卖民族利益和经济崩溃，还有一部分文章是宣传解放区的新民主主义财经政策和土地改革。由于客观事态的发展，由于斗争的需要，我用较大的力量去戳穿国民党的所谓“总动员”和所谓“币制改革”，并指出国民党政府的财政破产和经济的不断崩溃。关于币制改革——用金圆券去代替法币这方面的文章是受到不少人注意的。从当时国民党政府的军事溃败，法币变成废纸，物价时时刻刻在飞涨，以及财政走投无路的情况来说，蒋介石的疯狂发行金圆券这一面西洋镜子，是一戳就穿的。

《华商报》在日本投降后复刊，它是统一战线组织的日报，但实际上具有党报的作用。董事长邓文钊、总经理饶彰风。邓的职务后由萨空了接替，总编辑由廖沫沙接替。我参加《华商报》编委会，并写过几篇社论和专论。《华商报》的经费是由党供给的。财经委每月要负担它约 1.5 万元（有时达 2 万元）港币，都是由我支付的。后来因财经委经济困难，无法负担，改为对外募捐。《华商报》在香港、南洋已树立了威信，打开了局面，一发起集资募捐，进步侨商、海外知识分子和劳动人民踊跃赠款，共募得 12 万元，解决了困难。

三　《经济导报》的创办及其活动

为了要在香港工商界中开展宣传工作，必须有一个经济刊物，记得这件事是赵元浩和陈文川两同志向我提议的，在得到港工委同意之后便由赵等以经济记者的身份出面组织。现在在香港出版已达 40 年的《经济导报》就是这样产生出来的。但是经费从哪里来？筹款的办法是采取认股，每股 100 元，通过香港几家日报的经济记者的社会关系去认股，得到 20 多位进步的工商业者的支持，以及不少同情人士的捐赠（有出 100 元到 300 元港币的），集腋成裘，竟然筹到港币 1 万元。进步人士原圣保罗中学教师李启辉先生认股最多，大家推他担任《经济导报》的导印人，向港英政府登记注册。注册要缴纳 3000 元的保证金，剩下来的资金只有 7000 元。在那时的香港，7000 元是干不了什么大事的，这就需要在困难中奋斗。我们的同志在乍畏街租一层破旧的楼房作为办公室。在《经济导报》成立那天，我到乍畏街那层破楼上，同赵元浩等同志开了半天会。我作了一次比较长的发言，在谈了政治形势之后，指出《经济导报》的编辑方针是：要坚持爱国进步立场，要反映香港经济的现实，使它成为香港以至东南亚一带工商企业家不可缺少的参考资料。1947年元旦《经济导报》创刊了。它的编辑和记者，有的是由外报的经济记者兼任的。从1947年到1949年上半年，先后担任总编辑的有赵元浩、陈文川、蔡北华、古念良、孙孺等。经济的困难，使他们想方设法节约开支。开办时规定一条公约："凡在其工作岗位上已有工资收入的，一律不发给薪贴（稿费除外）。"还规定每人每月要写一篇不拿稿费的文章，不仅编辑部的同志这样办了，连党外的学者也写文章捐作稿费。专职工作人员的工资，每月港币50元，仅够维持一个人最低的生活费，实际上过的也是供给制生活。但是，微薄的生活待遇并不影响他们的朝气蓬勃，特别是每个兼职的记者。他们白天不仅要跑经济信息，不仅要参加《经济导报》的工作，而且晚上回到自己任职的报社还要编报。这种干劲，绝没有一点"一切向钱看"的气味。这时社会上曾传说《经济导报》是共产党办的。有些兼职的记者，有的曾受到报社老板的威胁，如《工商日报》的杨文炎、雷起予、林铃先后被该报开除。是什么力量使他们不怕丢失饭碗，不怕压力呢？主要是对共产党的信任，对真理的追求，对新中国的憧憬。

我要求《经济导报》不可孤立办报，必须广泛交朋友。首先要同香港的工商界人士交朋友，经常征求他们的意见，又经常反映他们所关心的问题。因此，《经济导报》必须着重分析评述香港和东南亚的金融、股票、贸易和工商业的动态，这些都是工商界在业务上所需要的。其次是要同经济学家交朋友。《经济导报》的同志，根据我们的意见采访，并聘请一些专家学者撰稿，如章乃器、千家驹、杨培新、狄超白等人，都曾为它提供稿件和意见；远在伦敦留学的陶大镛也寄过几次文章来。第三是在经济记者中交朋友。因此，《经济导报》组织了一个经济记者联谊会。由赵元浩、陈文川、林铃主持，香港各大报如《华商报》《华侨报》《工商日报》等报的经济记者都成为联谊会的会员，每周茶叙一次，交流国内外经济情况，对于主要的问题，开展讨论，把意见在各报发表。这个联谊会不仅在宣传上起了作用，而且在取得经济情报，在扩大党的统一战线方面也起了不小的作用。高卓雄在 1948 年“中华总商会”选举中之所以能打败国民党所支持的徐季良（属青洪帮），可以说是得益于经济记者联谊会的支持。

四　工商统战工作与工商俱乐部

周恩来同志当我快要离开上海时，再三指示我要在香港开展对工商界的统战工作。

开展对香港工商界的统战工作，对象是指在香港经营工商业的人士。但是，这是不能同对上海工商界的代表性人物的统战关系脱节的。国民党打起了全国性的内战之后不到两年，军事节节溃败，财政一天天破产。这种情况使江浙帮的资本家逐步把资金从上海转到香港。申新九厂和天利、天厨等厂就是例子。这么一来，就增强了江浙帮资本家在香港华商资本中的比重。同时，由于国民党的军事的不断溃败，这个反动统治对爱国人士的迫害，就与日俱增。党为了保护这些进步爱国人士，就设法把他们从上海转移到香港来，又从香港转到东北、华北解放区去。这样，香港在1947年下半年起，就成为许多爱国民主人士的集中地点。不但有政界和学界的著名人士，如李济深、何香凝、沈钧儒、郭沫若、许广平、黄炎培、陈叔通、马寅初、马叙伦等先后到了香港，而且有进步的工商界代表人物，如盛丕华、包达三、蒉延芳和章乃器等先后到了香港。这就使我们在香港，对工商界的统战工作日益扩展了。

盛丕华、包达三和蒉延芳3人曾参加1946年6月上海人民反内战大会的主席团，并被推举为到南京请愿代表团（团长是马叙伦）的代表，而在下关遭到国民党特务毒打的。他们这几个生意人敢于在大众面前站出来，并到南京请愿，是不容易的；现在他们敢于接受党的邀请到解放区，更是不容易的。港工委的分工，对盛丕华等人的接待是由我负责的。因为在上海时我已经同他们熟悉，因而在香港期间，我同他们就谈得更深。我向他们宣传新民主主义经济政策，他们对于“公私兼顾、劳资两利”都感兴趣，丕老表现得尤其坚决。

在这里有必要谈一谈章乃器。抗日战争期间，他在重庆开设上川公司。“上川”的业务并不大，但在工商界特别是在江浙帮中，他的影响是相当大的。在抗战后期，他在国共两党之间，是比较接近我们的。日本投降后，他把上川公司搬到上海，看到国民党的军事、经济和政治形势，一天比一天走下坡路。他是一个很有经验，很能动脑筋的企业家，于是在1946年冬又把上川公司搬到香港了。到了香港，他的政治态度更加明朗，更加接近我们。江浙帮的一些老板对于国内局势经常向他请教。我就抓住这一点经常到他的办公室去交换意见。在我的记忆中至少有两件事他是帮助我们的：第一是他经常为上海来港的资本家同我们接关系。举一个例，吴蕴初和俞寰澄就是通过章而找到我的。其次是章曾经替解放军募捐药品。经过他的宣传，五洲大药房香港分行捐了 3 万元港币的药品，章把这个药房的鲍经理介绍给我，在晤面时，这位鲍经理就把捐赠的药品的提货单交给我。我向老方汇报，老方说："十万大山的游击队正缺乏药品。"于是，这批药品就送到十万大山去了。因为响应党的召开人民政协会议的号召，章乃器在 1949 年夏间结束了上川公司，进入解放区。

在香港的华资企业，在数量上当然以广州帮居优势。永安公司的郭家，南洋兄弟烟草公司的简家，是广州帮的大企业，他们在上海也有投资，在全国，他们是有代表性的。广州帮中属于新起的资本，汤秉达是中小资本的代表人物。福建的厦门帮并没有大资本，但是他们与菲律宾和新加坡等地的华侨联系密切，黄长水是厦门帮的代表人物。四川帮则以三代人经营猪鬃出口的古耕虞为代表人物。至于江浙帮，企业的数量并不多，但他们善于经营。江浙帮在香港的代表人物是王宽诚。他不但在香港有产业，而且投资于海外。他之所以几次当上中华总商会的会长，不是偶然的。

为了开展对于香港华资工商业的统战工作，在财经委下面设立一个统战小组，召集人是周康仁，成员有温康兰、何平、刘朝谱、王雨亭、王斗光、陈文川、林大祺和蔡北华等同志。周康仁和何平是简家（南洋兄弟烟草公司）投资创设的永发印刷厂的高级职员，他们利用其职业身份进入香港中华厂商联合会和华商纸商会。在这些组织中同一些中小资本家交朋友。温康兰和刘朝谱是客家人，他们在嘉属（客家）商会中进行活动。王斗光是潮州人，利用同乡关系，在潮汕商会中同汤秉达等人接触。陈文川以记者身份不但同广州帮织布业的陈君冷等接触，而且同江浙帮的王宽诚等接触。通过这些同志的活动，我们在香港工商界中的统战工作就逐渐开展了。在这里，要总结开展香港工商界统战工作的一点经验：第一，出面同对方接触的人，最好要做到有乡情关系。如对广州帮的工商业者要由广州籍或讲广州话的干部去出面，香港社会是特别重乡情的。第二，要从市场业务谈起，交了朋友，逐渐引导对方认识政治形势。第三，要重视各帮社团中的秘书工作。社团的秘书或干事，是从事实际工作的，把他们争取过来，工作就能够顺利展开。客家帮的林番元，潮州帮的丘亦山，就是例子。

我们在香港的工商统战工作中较为突出的成绩是工商俱乐部的建立。经过一年多的酝酿之后，我们推动爱国侨商黄长水出面，组织一个工商俱乐部。我自己同黄长水在 1947 年初，由王雨亭的介绍而认识。我曾把这件事向王雨亭商量，王大力推举长水。长水是上海暨南大学毕业生，长期在菲律宾经营工商业，为人爽直，是一位爱国主义者。这样我就约周康仁、王雨亭、何平一道同黄见面，提出成立俱乐部并推举他出面的建议，黄慨然答应。于是，我们的工商统战小组——周康仁、何平等同志就在各帮中酝酿，开了几次座谈会，让黄出面主持。大家意见趋于一致。但是，要使俱乐部成为合法团体，必须向港英政府注册。注册需要请律师办理；其次，俱乐部要有地址，而地址必须支付租金。上述两项都需要筹集资金。记得黄长水首先捐出 1000 元港币。在他的推动之下，不到半个月，就筹得港币 2 万多元。有了钱，注册就办成了，并且租了干诺

道西 × 号的 2 楼作为会址。为了防备意外，俱乐部除了购置桌椅茶具，订购几份《香港日报》之外，不购置进步书籍。拿工资的工作人员只有 1 名。会务由黄长水负责，周康仁和何平协助。我在俱乐部里没有什么名义，以免惹人注意。每星期四晚间聚餐一次，漫谈国事，这是在 1948 年春间开始的。每次聚餐时都请著名经济学家和有代表性的企业家讲话，马寅初、胡愈之、章乃器之外，千家驹、章汉夫、侯德榜、许涤新等人先后在俱乐部的星期四聚餐会上发表讲话。从上海到香港的盛丕华、包达三、蒉延芳也被我拉到俱乐部谈谈工商问题。每次专题讲话之后，在座的人有的提问题，有的发表看法。那期间，解放军在各条战线上节节胜利，香港的工商业资本家、银行家和知识分子为了了解国内的战局和政局，都踊跃参加；后来发展到在港英政府任职的工程师和香港大学的教授也来参加了。每次聚餐，几乎座无虚席。只能容纳 150 人左右的席位，有时竟超过 200 人。是年秋天，解放军捷报频传，聚餐会成为欢呼胜利的祝捷会。因为《华商报》《经济导报》和经济记者联谊会经常有记者来参加，每次专题讲话和座谈的活跃情况，次日便在香港各报刊出。党在新民主主义时期的经济政策和国民党的军事溃败、经济洗劫在香港的传播，这个俱乐部的聚餐会是发挥了一定的作用的。工商俱乐部的影响日益扩大，引起了港英的注意。大约在 1949 年 3 月间，港英曾派一批特务在一个凌晨突然对俱乐部袭击。我们的那位工作人员坦然自若，港英特务搜了半天，除了茶杯、桌椅和几份香港报纸之外，并无所得，只得悻悻而去。但它的政治部又传讯黄长水去问话。黄的表现很好，他理直气壮，指出工商俱乐部是注册的合法社团，俱乐部的聚餐会是香港一部分企业家和学者交换对国内政局的意见的场所，并没有一点同港英政府有关系。港英政治部只得作罢。黄长水在上海解放之后，离港赴京，被任为政务院侨务委员会副主任。黄离港后，工商俱乐部也宣告结束。现在回顾一下，工商俱乐部的这种活动，是统战工作的一种特殊形式。它是规模较大的公开的上层和中层工商界的集会形式。这种形式如果在解放军节节胜利以前，那是不可能出现的。正是由于解放军节节胜利，而国民党军不断在溃败，港英政府不得不为下一步打算，才容忍这个俱乐部在一年多的岁月中，每周聚餐座谈，宣传人民解放军和新民主主义经济政策。

在工商俱乐部之外，统战小组还经常召集小型座谈会（或叫学习会）。小型座谈会是采用一种不大张扬的形式，人数只有几个。有人怕被港英注意，不愿在像俱乐部那么多人的场合说话，小型座谈会使他解除顾虑。小型座谈会同聚餐集会的形式相结合，使我们的工商统战工作既展开又深入。我们同一些进步的老板建立了联系，而且结交了一些工程技术人员。现在我还能记得起的有：黄武汉夫妇，建筑工程师戴列章夫妇等人。最值得怀念的是黄武汉夫妇。黄是留英、留美的高才生，从国外到香港后，一直在香港“大东电报局”任高级工程师。大东的电报及无线电新技术遇到无法解决的问题时，黄武汉经常作出贡献，把问题解决。他的妻子凌君达（又名群宝）是上海交通大学物理系毕业生，在香港大学任讲师，并在我们建立的培侨中学教物理学。他们夫妇都是爱国主义者。他们不仅积极地参加学习小组，并且介绍香港电灯公司工程师黄溢声参加。我同黄武汉曾经有几次谈话。他对国事的认识，进步很快，认为只有中国共产党取得胜利，半殖民地、半封建的中国才有翻身的希望。我劝他们夫妇要有思想准备，回国工作。他们说："只要全国解放，我们自当回去。"广州解放后，黄在家秘密制造海关检查人员使用的一架新式雷达，自愿地不要任何报酬，把雷达送给广州海关。在香港时，严希纯同志和黄的联系密切。新中国成立后，严在科学院工作，邀请黄夫妇回国。黄接到通知，便毅然放弃香港电报局优厚生活待遇，来到北京。先在北京科学院工作。1956 年入党，1963 年调上海，在嘉定激光研究所任副所长。

五　经济资料室和《大公报》的工商副刊

为了搜集国统区的经济资料，为了搞好宣传工作，"财经委"办了一个小资料室。这个资料室设在跑马地奕荫街 33 号 2 楼，对外名称是建华经济通讯社。资料室订有不少广州和上海的报纸。参加资料室工作的有古念良、刘志诚、蔡北华、方卓芬、张维静、刘爱莲和许素吟。剪下来的报纸经过分类整理，能成为有价值的素材。此外，还通过地下党员和党外进步朋友，搜集上海、广州的经济资料，都由资料室的同志抄写整理。我为《群众》写的文章，多半利用这个资料室的资料。解放区有负责干部来港时，我就把整理好的资料托他们转送中央。这个资料室对党的宣传工作方面是起了作用的。蔡馥生同志从新加坡回来时，曾负责领导这个资料室的工作。1949 年初，他被调到启源行去负责业务，准备接管广州的银行工作，蔡离开后由老古负责。

1948 年冬天，国民党的军事溃败和政治上的倒行逆施，进一步促成了众叛亲离。就连一向对国民党"大捧小批评"的《大公报》，在政治态度上也摇摆起来了。该报主笔王芸生先生不得不到香港来找中共的关系。他通过该报编辑李纯青同志来找我，约我到跑马地一家餐馆见面，表示对共产党友好。王芸生在中国的报界，是一个颇为突出的人物。我向香港工委汇报。工委讨论结果认为有必要争取他。于是，我同王芸生和《大公报》几位负责的编辑经常会谈，王表示今后《大公报》要为中国共产党服务，首先是每周给我们提供半个版面出副刊。谈到最后，王要求进入解放区。他能否去解放区，是一个不寻常的问题，我只好请组织考虑，"港工委"讨论后向中央请示，得到中央同意。我通知王本人，他喜出望外，感谢党对他的信任。不久，我们就把他送进解放区了。

《大公报》较诸《华商报》在社会影响上大得多。利用《大公报》的版面出副刊来宣传党的经济政策，在效果上是会更大的。于是我就接受王芸生的建议，在《大公报》上开辟一个《经济生活》副刊，每周出版一期（每逢星期四出版），一共出了 33 期，有 7 个多月的时间，这个副刊的编辑和供稿，主要是资料室的同志。名义上我以"方潮声"的笔名任主编，实际上是蔡馥生（又名蔡丹华）同志在负责；到了 20 期以后，老蔡参加了业务工作，忙不过来，便由刘志诚（笔名刘本侃）接任主编。在《经济生活》撰稿的有蔡馥生、古念良、刘志诚、唐怀、周有光、清友等人。刊物的内容主要是为迎接新中国的诞生，宣传党的经济政策，如介绍山东、东北解放区的城市政策，介绍接管官僚资本的原则和步骤，还介绍一些财经领导人和专家学者如陈云、李富春、南汉宸以及经济学家马寅初等人的事迹。编得相当生动活泼，创刊号上是这样写着：

"经历遥远的途径，度过漫漫的长夜，曙光终于出现在眼前。

人们瞻望前程，在欢欣鼓舞，同时因追怀过去所经历的险阻艰辛，又引起无限的感慨！今天我们也以同样的心情，怀念百年来中国人民的经济生活。”……文章最后一段写着：“要在今天这个被破坏得百孔千疮的广大国土上建立起一个新的富强的中国，是一件非常艰巨的工作。这工作的完成，不仅需要正确的坚强的政治领导，而且需要全中国人民长期地艰苦地共同奋斗。比方说国营经济应如何加以扩大，使它能成为过渡到社会主义的桥梁；私人经济应如何加以适当地培植保护，使它能配合国营经济和合作经济负起发展生产，负起繁荣国民经济的任务。此外，金融财政制度应如何建立，资本应如何积集利用，劳动力应如何重新组织使用，技术人员应如何培养提拔，这些问题千头万绪，均需要全国同胞竭智尽虑，细心探讨，共谋解决的。”

我为《经济生活》撰稿很少，因为从 1948 年下半年到 1949 年春，是我在香港工作最忙碌的时期。这时章汉夫同志因陪送李任公等知名的民主人士北上，《群众》周刊的总编不得不由我接替负责。看稿子、写社论本来是汉夫的工作，到此时，只好由我挑起来。而这时期，也是工商统战工作开展的时期，座谈会特别多。不仅如此，“港工委”下面的统战委员会（简称统委）的负责人是连贯同志，他在 1949 年初也陪送民主人士北上。港工委又决定我兼任统委的负责人。好在统委的副手是饶彰风和张铁生两同志，他们对统战政策和工作态度都很熟练，但是每周总要开会研究工作和出面接待民主人士。这样，我的工作就没法不更加紧张。我为《经济生活》写的文章很少，只有《论新中国的工商业家》（第 1 期）、《新中国经济学人今后努力的方向》（第 4 期）等几篇。1949 年 6 月间，我们都先后回到国内接受新的任务。这个副刊不久也就结束了。

六 培养财经干部

培养干部是我们在香港时期的一项重要工作，当时在港设立的合法学校有达德学院和建中工商专科学校。

达德是党领导的统一战线的学校。由知名民主人士出面设立的，董事长是李济深，董事有蔡廷锴、彭泽民和张文等人，院长是陈其瑗。达德学院是培养社会科学人才的学院，它于1946年9月开学。主要教课的教授有邓初民、杜国庠、杨东莼、千家驹、萨空了、张铁生、狄超白、黄药眠等人，他们都是著名学者。我也被邀请去讲几次课。我讲的是蒋管区的经济崩溃和解放区的新民主主义经济，特别是土地改革诸问题。赵元浩、蔡北华、古念良也先后被邀去讲过课。达德规模不大，学生有250人左右，只办了两年多，到1949年4月就被港英政府取消注册。达德历史虽短，学生人数也不多，但他们大部分都在解放初成为华南地区的干部。

建中工商专科学校是在香港分局的指示下，由财经委筹办的，任务是培养华南地区的财经干部，为接管国民党政府在华南的银行、贸易公司、侨汇等机构准备一些人才。由蔡北华负责筹办这个学校，古念良和赵元浩等人参加这一工作。“建中”的校长聘请进步人士李启辉担任，负责学校具体工作的是钟杰明。学校设有高初级两班，课程主要有工商管理、会计、统计、银行、财政和政治经济学。主要教授是《经济导报》的编辑，如赵元浩、古念良、孙孺等，此外还聘请叶和衷教会计学，李惟存教财政学，林达飞教合作工业。建中工商专科学校是在很紧迫的条件下设立的，筹备时期花了半年，在1949年2月底开学。4月间达德学院被封闭后，它的经济系学生，不少人转到建中来。建中的学生也只有200人左右。这一所学校的经费是捐助的，教师讲课是义务劳动，没有报酬。因为蒋介石王朝的崩溃急转直下，为了迎接全国解放，财经委的工作于这年6月结束，建中工商专科学校也已完成了自己的任务。它只存在4个月，学校结束以后，学生进入粤东解放区，第一批40人，由蔡馥生带领，到河婆（即现在揭西县城）去筹备设立南方银行。

达德学院和建中工商专科学校历史虽短，但是它们的学生在接管两广的城市中发挥了作用，广州、南宁以及两广各专区的财经干部，这两所学校的学生占了一定的比重。还有一些成为政权机关的干部，有一些人成为大专学校的教师。1985年春，我同卓芬到南宁的时候，就有10多位达德学院的学生前来见面。他们几乎都是中层以上干部，有的头发半白，成为中老年人了，有的已离休了。

不仅香港分局在培养干部，而且上海市委（地下党）也在香港设立干部训练班，直接负责上海干部训练班的是钱瑛同志。她是党的好女儿，大革命失败后，她经历过艰难险阻，但她矢志不渝。抗日战争后期，任南方局组织部副部长。新中国成立后，任过中央人民政府的司法部部长，和党中央的监察委员会主任。当时任上海市委书记的刘晓同志，在那几年经常到香港视察工作。有一次他约我和龚饮冰（长期做情报工作，新中国成立后在轻工业部和中央统战部当过副部长）及广大华行的同志见面，交换对于上海经济的看法，并要我去上海干部训练班讲课，我答应了。到了训练班时，接待我的是钱瑛。上海每次训练班只有一二个月，我大约去讲过两三次。解放初，我在上海工作时有几个局级干部和区委书记叫我做“老师”。我对他们说：“不要开玩笑，我同你们从来没有见过面，哪里有什么师生关系？”他们说：“你在香港干部训练班上讲课，我们听课，难道这不是老师吗？”

七 商业活动

香港工委的经费，是由中央拨给的，但中央拨给的数量不能完全满足开支，因为上海和南洋经常有人到香港参加工作，这就没法不增加支出。为了弥补开支，财经委不得不搞点商业活动。

要在香港搞大生意，必须有雄厚的资金，还必须有灵通的商业关系，而我们几个人在这方面都是缺门。抗战后期重庆有几个华侨同志组织了安达公司，到河内开业，日本投降后，这个公司从河内搬到香港；我们到香港时，安达公司已经在业务经营上站住了脚。他们的资金是招股的，各有各的所有权，而且我到香港后就把“安达公司”几个党员的关系交给方方。这样，财经委就不能利用安达公司的资金和关系。广大华行在港的分行代理美国 Squib 公司的药品，生意相当大，但为了保密，只有我一人知道它的背景（这是刘晓同志告诉我的，并嘱咐我必须保密）。这样，财经委更不能和这个负有重大任务的企业打交道。怎么办呢？只好从小生意做起。梁隆泰同志到香港后着手筹办一个公司，刚好港工委所办的联侨公司因其负责人调动工作，业务结束，我就接办这个摊子。这个停办的联侨公司地址在干诺道西，有宽敞的店面，有像样的办公楼。我们把招牌改为新侨公司，经营粮食。在名义上我当董事长，梁隆泰当经理，实际工作完全是老梁干的。对我个人来说，这个公司对我的好处是可以利用董事长名义，对我寓所的二房东以及对不熟的人进行社交时可以作为掩护。名片上我用的是“许瀚生”这个化名。新侨公司开办后，陆续增添人员，全部职工约30人，除店内10多人外，下面设两个站，即元朗站和水上站，专门收购大米。元朗在香港新界，与深圳隔海相望，便于收购农民的大米，便于把大米从火车运到九龙。而水上站则从九龙把大米运到香港码头。运费相当贵，新侨公司所赚的钱，除发付三十几个职工的工资之外（实际上每个工作人员的所谓工资仅够伙食和零用，和供给制差不多），所余无多。对于港工委的财务，贡献不大，但是每月负担这30多名职工（后来这些职工基本上都成为干部）的工资，从这一点来看，意义是不小的。新侨公司还起了联络和领导同我们有关的一些小公司的作用。

为了增加收入，财经委又成立一个专门推销苏联鹿茸精的新联公司。新联公司的经理是王斗光，副经理是叶和衷，工作人员有四五人。新联的门面和陈设比新侨好得多，但鹿茸精在香港销路不大，新联的营业额也不大，只能支付这个公司几个人的工资。

东纵在北撤以前曾经办了一个启源行，专门为部队在香港购买物资，由尹林平领导；实际业务是李健行在经营。健行对香港情况很熟，但东纵北撤后没有什么生意可做。我们到香港之后，林平提出启源行在政治上归我领导。我领导了启源行之后，经常同该行的李健行、何启明两同志商量，如何突破这一不死不活的局面，如何为公家增加一笔大量的收入。梁隆泰也经常向我谈这一问题。在这种精神状态之下，财经委有关的同志，都在设法找赚钱的捷径。曾经参加东纵的老陈（十九路军的将领张炎的同乡，老共产党员），想在这方面做点贡献，却找到一个姓吴的骗子，说能从澳门大量运大米到香港。老陈找李健行谈，李又向我汇报。我相信李的汇报，于是找老陈见面，老陈极力说这个姓吴的人很有办法。我就指定健行负责这一生意。梁隆泰和我一样兴奋，就急急忙忙找香港的有关单位，找熟朋友筹款，集合了一笔相当大的资金，由健行交给老陈。这个骗子从老陈处得到这笔资金之后，便逃之夭夭了。这是1948年春的事情。消息传来，真是晴天霹雳！那时我的痛苦真是没法形容。怎能对得起组织呢？怎能偿还各方借来的款项呢？健行含着眼泪急于做检讨。我说："你们有过错，我的过错比你们大得多，如果我当时对老李的汇报谨慎从事，冷静考虑，那就不会铸成大错。"因此，我在港工委汇报时承担了这一失误的责任，并接受处分。老方在会议上指出这次失误的严重性之后，勉励我要学习鲁迅的韧性战斗精神，总结教训，继续工作。启源行根据老方的意见，改营建筑房屋的业务。到1949年盈利相当可观。但仍没法补偿受骗的损失。

抗日战争时期，在重庆任十八集团军办事处处长的钱之光同志，是长期为党筹集经费而努力的。我在香港期间，他经常来往于解放区和香港之间。中央拨给港工委的经费，有相当大一部分是经过他的手交给我的。启源行和新侨公司后来也经营香港与解放区之间的贸易，得到老钱的帮助不少。

1946年11月初，我一到香港就找到在大学时期的同学陈其彬。他在大学时已是党员，也是中国社会科学联盟的盟员。我被捕后，他失掉了党的关系，去南洋谋生。抗战初期，他在河内办报。日本投降后，他到香港任侨通行（福建华侨集资的商行）的经理，他对国际贸易颇熟悉，他和我取得联系后，为财经委的商业活动出了不少力，做了不少工作。我把仰光的徐克（原名许金荣）介绍给他，他们两人虽然没有见面，但由于我的介绍而发生了联系。通过这种联系，做了一些贸易。新侨公司也在这些贸易中投资，获得一些收入。新中国成立后，许金荣被任为泉州华侨大学的副校长，侨大的教学行政的担子实际落在他的身上，他对泉州侨大，可说是鞠躬尽瘁，不幸于1985年因车祸而辞世了。

财经委的同志们在香港二年半的商业活动是积极地在惨淡经营的。在这里我要感谢梁隆泰同志，他协助我管好财务，并带头把新侨公司的业务走上稳健的道路。

八　几部经济著作

在香港的二年半中除了为《群众》写了50多篇论文之外，我还挤时间写了3部书和1本小册子。这就是《官僚资本论》《新民主主义经济论》和《广义政治经济学》第一、二卷。作为一个学者，写书是发掘真理的结果；作为一个党员，写书就是要为革命服务。发掘真理和为革命服务是统一的。现在看来，我在香港时期写的几本书，是不怎么成熟的，因为那时我的理论水平，还达不到写这些书的程度，那时我对于所研究的对象，没有掌握充分的材料，就匆匆执笔。陈伯达的《中国四大家族》出版之后，我反复研究，发觉他的书中有相当一部分材料，是我写给中央的经济情报，并且感觉到他的那本书还有一些问题被忽略。于是，我就在香港搜集了他所没有的材料，在 1947 年上半年写出了《官僚资本论》。这部书在香港出版后才觉得材料并不那么充实，论断也不那么深刻。国民党官僚资本的底细，那时怎能有较全面的了解呢?《新民主主义经济论》是为了回答工商界对中国共产党的政策的怀疑，是为了替《广义政治经济学》第三卷作准备而写出来的。作为理论上宣传党的政策似乎还可以，作为理论著作就成问题了，因为新民主主义只是一个过渡时期。那时我才 40 岁出头，血气方刚，胆子相当大。在写完《官僚资本论》之后，就着手写《广义政治经济学》了。

龚定庵说他自己“著书都为稻粱谋”，我写这几部书，都是有所为而发的，不是“都为稻粱谋”。但是追究一下，却又不同经济无关，可以说“也为稻粱谋”，因为我的家庭负担相当重。

自从 1937 年 11 月，我在武汉参加《新华日报》的工作之日起，经过 8 年重庆，一直到 1946 年在上海马思南路周公馆，大约有 10 年之久，过的都是供给制的生活，吃饭由组织管，住房由组织解决，什么柴米油盐，什么房租水电的费用，我都不管。我第二个儿子小飞，在重庆出生后，因为怕受我们肺病的传染，寄养在朋友家里，两岁后才抱回托儿所。国民党驱逐中共代表团的时候，托儿所当然同办事处和党报一道撤退到延安，又从延安渡河到晋西北。他的生活，我也无法管。到了香港之后，就在形式上过着独立门户的生活，其实这也是一种特殊形式的供给制。它的特点是用货币来支付，按照那时的规定，港工委属下的干部，每人每月伙食费 40 港币，零用费 10 元港币，房租由公家付。从 1946 年 11 月到 1948 年 1 月的一年多时间，我和卓芬两人过的是小家庭生活，1948 年 1 月，母亲、七弟、八妹和润侄，带着我的病孩子“小火车”（许嘉陵）

从上海到香港来了（上海物价飞涨，我每月寄去的稿费，杯水车薪，无济于事。四弟无力负担母亲和弟妹等 5 人的生活，只好让他们到香港来）。多年来，我从不过问家事，现在不能不过问了。突然增加几口人，怎能生活下去呢？梁隆泰看见这个情况，把七弟和润侄安排在新侨公司当职工。母亲的伙食费由公家供给。我只负担八妹一人的生活。几个月后，她参加了财经委的交通和资料室的剪报工作，得到供给制的待遇。不久她便在资料室加入青年团。

本来我同卓芬两人的生活是比较容易对付的。1947 年底生了小女许宝儿，又来了母亲弟妹和生病的大儿子，小家庭就变成了一个大家庭。我每月得到的一点稿费，大部分交给母亲寄家乡接济大哥和二哥。最难办的是害了脊椎结核的"小火车"。他的病情比在重庆和上海时更加严重，腰的下部几年前出现的脓包，疮口始终不能愈合。在香港拖了半年，越来越严重。严希纯同志帮了忙，到一家私人诊所照了 X 光片。腰椎旁边一道白色的脓管和烂了三四节的脊椎骨（后发展到七节）赫然在目，医生提议要住院动手术，若再拖下去，那就不堪设想。但是，要把弯下去的脊骨切除另接骨节是不可能的，因为孩子太瘦弱，怕顶不住。看来非住院治疗不可，但是住院费呢？香港的医疗费是相当高的，我的稿费没法把这笔开支负担起来。在重庆时，恩来同志见到"小火车"的病状，就通知管财务的同志，对这个孩子要设法抢救，上了石膏，用钱由公家负担。到香港后，我自己在负责管理财务，公家经济是这样的困难，怎能增加公家的负担呢？蔡北华知道此事，他发动几位有工资收入的经济记者（赵元浩、孙孺、陈文川、麦扬）支援，老蔡自己和古念良、刘志诚是过供给制的，也以仅有的一点稿费相助，一共得到400元港币，这真是庄子所说的“涸辙之鲋”“相濡以沫”。按当时的港币币值，400元是不算少的。1949年春，就把孩子送入跑马地“养和医院”动手术，住院的问题算是解决了，但护理的事只好由卓芬负责。当时“小火车”住的总病房共有8个床位，相当拥挤。有几个夜晚她去陪医，只好挨在孩子的床边坐到天明。“小火车”去医院住了2个多月，经过动手术，切除脓管，注射了大量的治结核的特效药，疮口渐渐愈合了，结核菌被消灭了，起来走动不那么费劲了，但由于手术之后，营养没有跟上去，食量又少，始终骨瘦如柴；至于畸形状态，更是没法改变。“小火车”的残废，像一把利剑似的插在卓芬的心上，至今她还是不能抹掉这心灵上的创伤！“小火车”住养和医院，我只去看过二三次。那时我不但一身兼三职（财经委、《群众》周刊和统战工作），而且忙于送往迎来。因为民主人士和著名学者，从上海、从广州不断地到香港来，到了香港，我们必须为他们安排住处，座谈会开个不停，招待会也开个没完，还要安全地把他们送到解放区。我在兼了统委的负责人之后，以前连贯同志干的事，我至少要负责一部分，怎能使我有心去注意家庭和注意孩子的病状呢？因此，孩子的治疗和生活全由卓芬一人担起来。这个患了严重骨痨而残废的孩子，生命力却是那么强。新中国成立后他不肯休养，上了小学、中学和科技大学。这是以后的事，在这里只好打住。

（选自许涤新著《风狂霜峭录》，生活·读书·新知三联书店1989年版）

龙云对民主运动的态度及其与民盟的关系

冯素陶*

全国抗日战争开始后，龙云从反共反人民逐渐转而接近共产党，在一定程度和一定范围内同情民主运动，大致由于下述因素的影响：

一是地主资产阶级统治势力的内部矛盾，即国民党中央势力与地方势力之间的矛盾日益尖锐化；二是中国共产党领导的抗日民主运动在全国范围内蓬勃发展，势不可挡。而最主要的则是党的抗日统一战线政策的威力。

全国抗日战争初期，国民党中央的势力还不能大量进入云南，龙云在云南的统治还能大体保持既成的割据局面，加以当时云南还

---

* 冯素陶：时任民盟中央委员；后曾任山西省人大常委会副主任，民盟山西省主委，全国政协常委。

远处战场后方，此时龙云对抗日民主运动的态度还是若明若暗，不甚明朗。反对蒋介石法西斯独裁，符合地方割据势力的利益，他不认真干涉，可能还有某些默契。群众起来了，他害怕不利于自己的统治，在某些情况下还施加一定的压制。例如抗战开始时，昆明学生运动一时活跃起来，不久学生会曾一度被禁止。

当时龙云左右的文人中如龚自知、杨文清等人，政治态度是比较开明的，对爱国人士比较尊重或愿意接近。以龚自知为董事长的云南日报社在整个抗日战争时期起了积极作用。这个报纸的编辑部掌握在张克诚、张子斋、欧根等地下党员、进步分子手中。该报以陈玉科为首的国民党顽固派虽然反对，亦由于进步力量的坚持斗争和广大读者的支持而无可奈何。人们设想，这与龙云的亲信人物龚自知是该报董事长不无关系。

全国抗日战争开始后，我和楚图南、刘惠之、徐茂先等几位朋友商量，想在昆明办一个以宣传抗日民主为宗旨的刊物。两个问题不好解决，一是经费有困难；二是向国民党登记出版刊物有困难。徐茂先愿意找龚自知帮忙。龚当时是教育厅长，徐是教育厅主任秘书，和龚关系不错。经过徐的活动，教育厅借给华山南路的铺房一所，作为办刊物的编辑出版处，并补助经费一部分，登记的问题也解决了。经过几个月的筹备，这个刊物在1938年初出版了，名曰《战时知识》（半月刊），徐茂先是发行人，冯素陶是主编，地下党支持党员刘惠之、唐登岷先后参加编辑部工作。龚对《战时知识》的帮助，看来是有各种动机的，一面对我们表示联络尊重，一面也不过把它看作寂寥文坛的点缀品。当时昆明除地下党人李剑秋主编的《南方》外，似还没有其他新刊物。龚曾表示希望我们这刊物政治色彩不太浓，对云南教育多所帮助。我们对他这种希望敬谢不敏，我们不同意那种把教育和现实斗争隔离开的办法。我们对教育事业并不含糊，在刊物上先后发表一些批评国民党教育制度的文章，提出改革教育制度的主张，要求实行抗日民主教育。我们选了一幅八路军抗日进军的名画复制锌版做《战时知识》的封面画。尽管这样，教育厅对《战时知识》还是有着如前所说的帮助，我们对龚自知在这些地方也还是不愿否定其一定的开明态度。

《战时知识》坚持抗日民主的宣传，前后两年间也经过一些干扰和波折，在国民党第一次反共高潮中卒竟被迫停刊了。被迫停刊的原因是它发表一些批判国民党反动派的“五五宪法草案”的材料。这些材料一部分是地下党给我的，大部分是“昆明文化界宪政联合会”（亦称联合座谈会）整理出来由《战时知识》发表的。当时在地下党领导下，我们联合昆明 14 个文化团体，响应党中央的号召，通过揭露批判国民党“五五宪草”的反动实质，掀起一个新民主主义的宪政运动。国民党省党部及三青团用各种手段进行镇压，在其党报上攻击冯素陶及《战时知识》假借名义发表“反动文章”云云。反动派指名道姓向我们反扑，因为我是《战时知识》主编，又是宪政联合会理事会的召集人，《战时知识》被迫停刊了，宪政联合会被压垮了，我在云南大学的教学职务也丢了。我被迫离开昆明城，避居乡间约一年。

龙云是国民党云南省党部的主任委员，实权则掌握在 CC 派的陇体要等手中，尽管龙本人及其左右如龚自知等人对蒋帮的独裁统治不满，对民主运动在不危及他们统治的范围内有一定程度的同情，然而在国民党反共高潮中，他们也怕牵连自己，在这种情况下宁愿表示疏远。

后来局势发生了新变化，日寇占领越南后，蒋介石以防日寇进攻云南为借口，他的嫡系军队、特务机关、报纸等源源进入云南。龙云统治多年的这块独立王国，这就变了样了。所谓中央势力与地方势力的矛盾就越来越尖锐了。人们对抗日民主的要求也进一步提高了。抗战中期以后，昆明民主运动就是在这种新形势下有了新的发展。昆明被人称为民主堡垒。

在这种新形势下，龙云对民主运动的态度逐渐明朗，并且秘密加入了民主同盟。龙云加入民盟大约在日寇占领越南以后，蒋介石召龙云去重庆的时期。当时民盟总部设在重庆，龙云参加民盟在中央委员会中也未公开，只是几个常委知道，由中央主席张澜和他直接联系，一直到 1947 年底才和民盟脱离关系。

为了从各个侧面来综合了解龙云集团与民主运动的关系和态度，除了前面已曾说到的龚自知等人的态度外，我还要折回头来说一说缪云台等人与民盟的关系。

民主同盟在其前身民主政团同盟时期，已有周新民、李文宜、罗隆基、潘大逵等在昆明进行初步活动；进一步开展活动则在 1942 年以后。1942 年，党中央派华岗到云南做联络工作，龙云及昆明知识界的一些人和他有了联系。在党的抗日统一战线政策和局势变化的影响下，龙云对民主运动的态度有进一步的变化，对民主政团同盟积极支持。1944 年民主政团同盟改组为民主同盟后，成员人数增多，罗隆基、潘光旦和缪云台是留学美国的朋友，他们与缪在昆明的联系较多，缪和我也有过一些联系。1945 年，我和李公朴、周新民、李文宜、曾昭抡、辛志超、潘大逵、潘光旦等七八人到重庆出席民主同盟第一次全国代表大会。（当时称临时全国代表大会，新中国成立后才追认那次会议为第一次全国代表大会）据说当时民盟由昆明去重庆开会诸代表的交通工具、旅费等事都是缪老托人出面妥为筹办的。

金龙章、朱健飞也在民盟挂过名，未公开。

作为龙云的政治代表，1946年旧政协时期，缪云台以社会贤达身份由中共、民盟共同提名，参加旧政协。

龙云部下军官秘密参加民盟的还有刘达夫。这人在大革命时期曾在广州参加过党的外围团体新滇社，一向对革命有同情。抗战时期他曾任过云南宪兵司令部副官长之类的职务。当时学生游行示威等活动，他们派宪兵出来，名为维持秩序，也有保护作用，防止了反动派的破坏捣乱。后来任龙云绥靖公署少将作战处长，对地下党需要帮助的事情他也乐于帮助。1946年秋，国民党在云南镇压了民主同盟后，地下党准备搞武装斗争，需要军事地图，要我找刘达夫搞一些，他很快拿来大批军事地图交给我，我随即通知地下党来我家拿走了。

滇军将领中抗战后期在政治上对龙云起积极影响的，我想起张冲这位传奇式的人物，他先前指挥部队在抗战前线打得很好，思想也进步，由于蒋介石对“杂牌军队”的压制和排挤，后来他解甲回滇，我们有较多的机会倾谈过，知道他不但和龙云有较深的旧关系，后来在政治上对龙的影响也不小。当龙云被蒋介石搞垮软禁在南京时，张冲曾到南京和龙作伴一时期，不久他就到延安，并参加了共产党。1947年解放大军进入东北后，张冲受任东北解放区松江省副省长，后来他曾和我谈到党派他去东北的主要任务是策动滇军在东北起义。被蒋介石强迫开到东北的滇军两个军，驻长春的六十军军长曾泽生，驻锦州的九十三军军长卢浚泉（卢汉胞叔）以及驻海城的潘朔端等大都是张冲的老部下。潘朔端、曾泽生在蒋军监视下卒竟起义了，驻锦州的卢浚泉却不动，辽沈战役中成了俘虏。在此以前，蒋介石一面提升卢为兵团司令，而以卢的参谋长盛家兴继任九十三军军长，一面以重兵同驻锦州监视卢浚泉所部。而继龙云任云南省政府主席的卢汉，应付蒋介石亦颇吃力，卢浚泉又顾虑影响远在云南老家的卢汉，张冲虽然一再促他起义，他还是要硬着头皮当炮灰。这是盛家兴在新中国成立后和我谈到的情况。

1945 年，蒋介石和龙云之间的最后一场较量，龙云失败了，蒋介石以极其狡诈的手段把他送到重庆软禁起来。可以说，这是龙云的一次大挫折，也是龙云一生的大光荣。

日本投降后，在峨眉山观虎斗的蒋介石立即下来摘桃子，夺取胜利果实，准备大举进攻解放区，他最不放心的是西南，特别是云南的暗中反蒋的地方势力和日益高涨的民主运动。为了解除后顾之忧，他先把龙云的主力部队绝大部分调到越南去受降。龙云及其手下兵权最大的将领卢汉也幻想乘此扩张自己的实力。据缪云台后来对我谈及这段经过时，他说龙云当时还想再扩编一个军，让龙绳武带了同卢汉一齐去越南受降，想以此为借口，要求蒋介石答应他扩编云南境内的保安部队。他们还未识破调云南军队去越南受降，是蒋介石的调虎离山之计。在此以前，党中央的代表华岗曾提醒龙云注意蒋家驻滇军队的动向，已经有一些部队逐渐向昆明方向移动，要他提防。龙云说，谅老蒋不敢动我一根毛。如果他敢动手，老子要收拾他，叫他龟儿子一个也跑不脱。这是后来华岗对我们说到的事情。

1945年10月间，我在重庆开民盟的全国代表会，开会期间，得知龙云果然吃了蒋介石的“苦迭达”，被云南警备总司令杜聿明一个突然袭击搞垮了。10月3日凌晨，杜聿明的军队一面把昆明城外龙云的部队缴了械，一面包围五华山（云南省政府及绥靖公署所在地），龙云死守五华山，等待在越南的卢汉回师救驾。蒋介石则一面派人到越南以拉拢手段稳住卢汉，一面派宋子文到昆明逼骗龙云说：“蒋委员长请你升任军事参议院院长。”龙云知大势已去，不得不离开云南。据说，当宋子文陪龙云上飞机时，杜聿明还组织了不少人到机场送行。龙云登机前指着送行的杜聿明训斥了一顿。

1946年7月间，民盟中央委员李公朴、闻一多在昆明被国民党杀害后，我和其他几位同志被卢汉政府秉承蒋介石之命驱逐云南，以后大部分时间住在上海，曾去南京看望被软禁在高楼门住宅的龙老先生，向他深致慰问。龙云被迫离开他经营20多年的云南，是国民党政权中央势力与地方势力的矛盾及反动独裁势力与民主革命势力的矛盾互相错综的产物。我们对龙氏当时的处境是深有同情的。此次与龙会晤时，张冲已从云南到南京住在他家，他颇了解他下台后云南的情形。提到他离云南后昆明相继发生的一二·一惨案及李公朴、闻一多被杀等事件，他慨叹说，一些文人，这样不畏强暴，舍生取义，很是难得！他表示钦佩之意，托我向李闻两烈士家属致慰问。

龙云除参加过民盟外，和青年党的地方组织也有关系。抗战时期，青年党在云南的负责人是唐筱蓂和王梅五。1947年以前，青年党的一些负责人也参加了民盟，唐王2人挂名，未参与民盟的实际活动。唐筱蓂是唐继尧的长子，当唐继尧在云南掌权时，就有国家主义派的政客黄天石等到云南活动，唐继尧曾想用他们为助手，组织一个政党，1927 年唐继尧被他的部下龙云推倒下台后，黄天石等离开云南，但也留下一些影响，这就是抗战时期云南青年党的渊源。唐筱蓂在他父亲下台后，多年来未在官场中出头露面，龙云对被他赶下台的旧长官的“公子”还是优礼有加。王梅五等热衷政治的人也想借重“唐大公子”的声望，支持唐筱蓂做云南青年党的领导人，而王梅五本人和龙云是比较靠近的，在龙云支持下，青年党在云南也发展了组织，虽然人数并不多。1942—1944 年之间，党中央派华岗同志到昆明做联络工作，他和龙云有联系，和昆明的知识界也有联系，后来华岗发起成立一个对外不公开的“西南学术研究会”，参加的人有闻一多、吴晗、楚图南、费孝通、周新民、李文宜、冯素陶、潘光旦、曾昭抡、辛志超、闻家驷等 10 余人。这个不公开的组织名为“学术研究会”，实际是昆明知识界的一个统战工作的核心组织，其成员除华岗本人外，后来全都参加了民盟。这个学术研究会每两周一次在唐筱蓂的住宅唐家花园集会，唐筱蓂本人不参加会，但我们每次去开会，唐家的人都招待得很周到。

1947 年在南京举行第三次国共和谈，民盟以第三方面的身份派出了沈钧儒、章伯钧、罗隆基、黄炎培、梁漱溟、张君劢（民社党负责人）、左舜生（青年党负责人）等几个中央常委为代表参加谈判。这次谈判，民社党和青年党被蒋介石收买，背叛了民盟与共产党合作的主张，投降了国民党。民盟断然将民社党及青年党的人开除出盟。1948 年民盟总部流亡到香港，我在香港总部工作，其时唐筱蓂、王梅五也在香港，他们请我在浅水湾唐家别墅吃饭，向我提出希望民盟接收青年党在云南的全部成员（大约数十人）加入民盟，我按照1947年民盟中央有关决定的精神拒绝了他们的要求。

1948年，解放大军南下长江前，龙云乘陈纳德的美国飞机从南京逃到广州转香港，脱离蒋家王朝的软禁生活。

1948年下半年，龙云的亲信人物李培天、杨聚之等在香港出面活动。我在昆明时，李培天对民主运动表示同情，和我们有过一些交往，杨聚之我和他不直接认识。他们到香港后，有一天李培天请我吃饭，还有其他两人在座，谈了他们提出的“解放”云南的计划，希望我与他们合作，并交给我一份计划的文本，这个计划的内容，主要是组织6路军队“解放”云南，成立共产党、国民党革命派、民主同盟三方面的联合政府。他们计划中所要组织的6路军队中，包括朱家璧等领导的共产党游击队（后称边区纵队）以及墨江土豪张孟西的走私武装各为6路中之一路，这6路军队统一由万保邦（龙云旧部军长）、杨聚之指挥。我看了这个计划，听了他们的谈论之后，认为是一个很不高明的打算，据他们说，这计划已得到中共的同意，希望民盟参加，欢迎我尽早回云南和他们一起干。我对他们说，民盟不搞军事活动，我自己对军事更是外行，在香港有任务也走不开，婉言拒绝了他们。我把他们给我的计划书附上我的书面意见向设在香港的中共华南局作了汇报。后来华南局负责人方方同志告诉我，党同意我的看法，他们来找过，没有同意参加。

民主党派要不要组织军队这个问题，实质上是走中间路线或反对中间路线的问题。这是1948年1月在香港举行的民盟三中全会上争论最激烈的问题，这次会议主要是批判了中间路线，重建了民盟的中央领导机构（1947 年秋国民党宣布民盟为非法团体，禁止活动，流亡香港的同人在沈钧儒同志领导和中共华南局的支持下在香港举行了三中全会，重建中央领导机构，简称香港总部）。在这次会上，有人提出一个民盟设立军事领导机构、组织军队的提案。他们幻想用军事投机的办法，在国共斗争中钻空子，打出一个“第三势力”的“自己的局面”来。这个提案经过斗争之后把它打消了，通过了我们提出的：革命军队必须组织统一、领导集中，民盟不组织军队，有军事工作条件的盟员，可以个人身份参加中共领导的军事组织，并作了决议。

民盟里面的中间路线派虽然在三中全会的斗争中失败了，但他们并不服输，此后还在暗中活动。同时，在香港活动的李培天等还一再找我纠缠，我只好在民盟总部联席会议上提出这个问题，说明我的意见，要求会议讨论，并有组织对李培天的要求予以答复。为了把事情处理得顺当一些，事先我约了李文宜、李相符、千家驹、沈志远几位在民盟总部秘书长周新民家商谈，我的意见得到他们的支持，这样，算是把那个拉民盟搞军事活动的道路堵塞了。

后来华南局书记潘汉年告诉我，龙云手下那些人回云南后，还造空气说冯某人要回去和他们一起搞了，要我注意。我随即写信给昆明的朋友杨杰、张天放两先生（他们是民革在昆明的负责人），说我没有回云南的意思，请他们替我辟谣。

1949 年春我从香港回北平，才知道“龙家将”们在云南硬是大闹了一通，主要队伍 3 支，一支在大理附近一带地方公然打着“共革盟”的旗号闹了好几个县。后来我从云南省政协赠我的《云南文史资料》上看到谢崇文先生写的一篇文章叙述他指挥云南保安部队平定“共革盟”的经过。据谢文所说这些打着“共革盟”旗号在滇西数县闹事的人，大都是土豪恶霸散兵游勇之类，地方受骚扰，官吏被驱逐，被卢汉的保安队击溃后俘获大小头目很多人，经过审查，其中并无一个共产党。（至于民盟是否有人参加，我估计是没有，新中国成立前民盟在滇西一带基本未发展组织。有几个省盟员在那里教书，日本投降后都走了。）另一支在滇南一带由万保邦、杨聚之领导的队伍（李培天未回云南参与其事），很快被击溃了。龙绳曾（龙云第三子）一支队伍在滇东昭通一带与中共武装对抗也被击溃了。后面这两支队伍打的什么旗号不清楚，似乎是什么自卫军而不是“共革盟”。其中有无民盟盟员不明真相参加了，我不了解，估计也没有。

龙云 1947 年以后即与民盟脱离关系，在香港参加了民革。

1949 年 12 月，卢汉宣布起义，解放大军进云南，云南人民获得了解放。这以后龙云才接受周总理的再次召邀，离开香港到北京，政治地位和生活享受都很好。他在北京的住宅设备，看来比他昆明威远街的住宅好得多。1957 年以前我在北京工作时，有时也和楚图南同志去看望他，谈谈天。

新中国成立后，原龙云集团的重要人物，除缪云台已先期出国，侨居美国未予安排外，卢汉在龙云被迫离云南后，曾受蒋介石任命为云南省政府主席。其后以起义有功，被中央人民政府任命为云南军政委员会主席。地方政权改组后，又在中央安排了重要职务。杨文清、龚自知先后被任命为云南军政委员会副主席及副省长。龙的长子龙纯武被任命为云南省政府委员（未就职）。龙氏本人则担任了国防委员会副主席及其他重要职务，他们的政治地位和生活待遇都很优越。

龙氏逝世后，在首都为他举行了隆重追悼会，中共中央统战部徐冰部长在悼词中说，龙云先生在新中国成立前曾与我党合作，反对蒋介石的反动独裁，支持民主运动，对人民做了一些好事，我们是不会忘记的。党和人民对龙氏是仁至义尽的。

1986 年第三稿

（节选自云南省政协文史资料研究委员会编《云南文史资料选辑》第 31 辑，云南人民出版社 1988 年版）

关于中国国民党民主促进会的回忆

林一元[*]

一　中国国民党民主促进会筹组过程

早在抗日战争后期，全国人民对蒋介石的专制独裁统治深恶痛绝，尤其对他执行的“消极抗日，积极反共”的反动政策更感愤懑。国民党内有识之士，纷纷秘密酝酿筹组各种党派、团体，以期促使蒋介石放弃他的反动政策，实现全国人民要求认真抗日，实现民主的良好愿望。当时任国民党军委会桂林办公厅主任的李济深曾同何香凝、蔡廷锴、陈此生等国民党爱国人士商议筹组一个以实行孙中山先生三大政策联俄、联共、扶助农工，国共合作抗日，真正

* 林一元：时任民促中央理事会理事；系新政协筹备会第五小组秘书，人民政协第一届全体会议代表；后曾任政务院参事，全国政协委员，民革中央常委。

实现民主的组织，后来因为桂林的迅速沦陷，李济深、何香凝等均被迫疏散而搁浅。不久李济深回到广西苍梧原籍后，曾借视察各地的机会，亲自到广东罗定县与蔡廷锴磋商成立组织问题，取得了一致意见。李济深从罗定返回苍梧后，即着胡希明、余勉群两人草拟组织章程，适值那时何香凝亦从广西八步寄来一份章程草案，于是便将两份草案合并，并派余勉群将合并的章程草案带往罗定县由蔡廷锴研究和签名。

1946 年蒋介石撕毁“双十协定”，发动内战的狰狞面目愈来愈暴露，因而加强进步力量的团结，反对蒋介石独裁统治的要求就更加迫切。李济深于途经广州赴重庆时曾留下字条给蔡廷锴，大意是：兴华公司招股事宜（指成立组织）由蔡廷锴、李章达负责，并指定蔡廷锴为第一召集人，李章达副之。蔡廷锴得李济深指示后，便于孙中山先生逝世纪念日（3 月 12 日）在广州市光孝路祝寿巷44 号李章达住宅召开首次中国国民党民主促进会筹备会，到会的有蔡廷锴、李章达、梅龚彬、李镇靖、张励、张文、谭启秀、云应霖、余勉群等人。会议决定组织名称为中国国民党民主促进会（简称民促），并同时宣告成立；会议还决定由李章达征求蒋光鼐（曾任第七战区副司令长官）参加，蒋光鼐不特表示赞同并捐助会费颇巨，还答允当尽力协助民促成员的地下活动。

民促第二次会议（时间忘记）地点和人数与第一次同，决定了如下事项：（1）出席今天会议的同志均为中央理事会理事；（2）增加李民欣、陈此生、司马文森、秦元邦、谭冬菁、叶少泉、林一元等为中央理事会理事；（3）公推蔡廷锴为主席（李章达因要负责民主同盟以及救国会等工作较忙，不再担任民促工作）。接着蔡廷锴与李章达、李民欣商议，决定在广州出版一份报纸（日报）作为民盟、民促的机关报，并租定广州惠福东路66号作为报社地址，不料正在安装印刷机器的时候忽被蒋帮特务侦悉致被国民党军委会广州行营勒令封闭，还要蔡廷锴、李章达限期出境，至此，报纸便胎死腹中。蔡廷锴等亦不得不将民促中央理事会同时迁往香港。为加强民促工作起见，除以谭明昭为民促中央理事会秘书长负责处理日常事务外，还在广州秘密设立民促广东分部理事会，初定蒋光鼐为主任理事，后以蒋不便出名兼任，改以谭启秀为主任理事，理事余勉群兼秘书组主任，理事秦元邦兼任宣传组主任，理事林一元兼组织组主任，理事叶少泉兼财务组主任，理事有陈任之、陈治平、梁甲荣、黄华润等，他们积极在省内各地吸收成员，开展各项革命活动。

二　中国国民党民主促进会成立后与合并“民革”经过

1946年初，民促中央理事会秘密迁往香港。积极展开工作后，10月间，蒋介石通过当时的国民党军委会广州行营主任张发奎电邀蔡廷锴赴京会见，妄图分化蔡廷锴和李济深的关系，因此一些同志担心蔡到南京会给蒋软化，更多同志则认为蒋介石流氓成性，怕蔡自投罗网，被蒋扣留，所以都不主张蔡廷锴南京之行。但是蔡廷锴却有他自己独特的见解，认为蒋不但软化不了他，也不会把他扣留，而且他还可以借此机会经过上海与中共代表和各方面进步人士密切联系，到南京时又可以亲身观察当时形势，为民促发展工作奠定一定基础。因此，蔡廷锴毅然决定由香港到广州与张发奎会晤，答允亲赴南京见蒋。张即为蔡准备好飞沪机票。同蔡乘机飞上海的除夫人罗西欧外，还邀林一元以私人秘书随行。蔡廷锴等一行到上海后，先在大东酒店住两天，第三天迁住上海法租界黄琪翔家里。蔡逗留上海期间，曾秘密与中共有关人士联系，并汇报了民促方面的工作。由于蔡廷锴曾领导淞沪抗战，赢得上海人民的衷心拥戴，因此在留沪期间酬酢往来不断，蔡便借此机会与各方进步人士有所接洽，对情况获得更进一步的了解。蔡在上海逗留了约半个月，才去南京，到南京两天后，蒋介石便接见他，并邀蔡夫妇在他的官邸晚餐。据蔡见蒋后回来对我说，蒋除谈了一些客套寒暄话外，主要是问蔡组织什么团体的问题，蔡推说这是李任潮（李济深）的事情，自己还不大清楚。蒋听后便说，可多与吴铁城谈谈。见蒋后第二天，吴铁城便来中央大旅舍访蔡，在晤谈中，吴曾问到蔡要多少国大代表名额问题，蔡笑答以还没有考虑到这方面，因此谈话便没有继续下去，恰巧这时梁寒操、范汉杰等人都先后来访，吴便不得不告辞，接着陈诚、马超俊、白崇禧等人也先后到访或请吃饭。蔡廷锴在南京住了一个星期左右，便又借口要去西湖游览，离开南京后直接坐火车到杭州，在西湖饱览湖光山色，并专诚参谒岳王坟，凭吊秋瑾墓，缅怀先烈，对当时蒋介石的黑暗统治，不胜愤慨，爱国之心弥坚，报国之志益决。在杭州逗留几天后便返回上海，乘机飞广州转赴香港，蔡氏安然归来，在港同志一致对蔡老的高瞻远瞩，不胜钦佩。

1947 年蒋帮特务暗杀李公朴、闻一多后，不少民主人士纷纷到达香港。三民主义同志联合会（简称民联）领导人谭平山抵港后与李济深、何香凝、蔡廷锴、李章达等在李济深公馆先后座谈，交换对时局意见，一致认为必须加强爱国反蒋活动，建立一个统一的组织，于是决定成立中国国民党革命委员会（简称民革），并增加冯玉祥等6人为发起人，并定同年11月12日孙中山先生诞辰纪念日成立筹备委员会，以原民促、民联两组织成员为民革基本成员，12月25日召开临时代表大会。

1948年元旦，大会选出中国国民党革命委员会中央委员和候补中央委员，正式成立中国国民党革命委员会。民革成立后，民联、民促仍保留组织名称，所做工作与民革的工作完全相同。

1948年4月，民革中央决定成立民革广东省分会，并指定谭启秀为广东省分会主任委员，秦元邦、林一元、余勉群、叶少泉、黄华润（以上民促），方少逸、江茾、黄鼎臣（以上民联）等为委员，以余勉群兼秘书组主任，秦元邦兼宣传组主任，林一元兼组织组主任，叶少泉兼财务组主任，至此民促广东省分部工作完全归到民革广东省分会去了；另外还决定成立民促广州市分部，以黄华润为主任理事，理事有陈文钦、李蓬勃、刘俊、陈炯文、吕雄才、何景燊等人。由于广东方面的国民党反动派压迫剥削人民群众的残暴行为日益加剧，民革、民促展开反对内战、反三征（征粮、征兵、征夫）、反迫害（反对国民党特务逮捕、迫害学生）的正义斗争，使国民党反动派恼羞成怒，遂于1948年8月13日深夜，国民党反动派秘密逮捕了余勉群、秦元邦、叶少泉等同志，加以严刑拷打，林一元在同乡友好吕雄才同志家住宿，当特务来搜捕时，由于吕雄才的机智掩护，得以幸免，隔数日便出走香港。在白色恐怖的严重威胁下，广东民革、民促的组织活动不得不更加隐蔽。

三　中国国民党民主促进会胜利完成历史任务

1948年5月1日中共中央发出号召，迅速召开新的政治协商会议，讨论并实现召集人民代表大会，成立民主联合政府。各民主党派、人民团体、无党派民主人士、各少数民族和国外华侨都一致热烈拥护党中央的号召。同年9月，中共中央雇苏联轮船到香港，接各民主党派主要领导人及无党派民主人士前往东北解放区，协商召开新政协会议事宜。原定全部应邀人员同乘该轮北上，适值当时发生冯玉祥在黑海遇难事件，为慎重起见，中共中央决定改为分批北行，首批有沈钧儒、谭平山、蔡廷锴（蔡请以林一元做秘书随行，获中共中央批准）、章伯钧等人，9月12日晚，全部化装成商人下船，13日早启航，29日抵达北朝鲜的罗津港登陆，李富春同志等到码头接船，当日改乘火车到图们，翌日继乘火车经牡丹江等地抵达哈尔滨，住中共东北局招待所——马迭尔旅馆，周秋野同志任接待主任。11月25日，中共中央派代表高岗、李富春、高崇民（以民盟身份出现）3同志与已到达哈尔滨的民主人士讨论有关成立新政协筹备会和新政协的性质、任务问题，达成了共同协议。

沈阳解放后，由香港启程的郭沫若、沈雁冰、马叙伦、邓初民、彭泽民等亦陆续由水路抵安东登陆直达沈阳，首批到哈尔滨的人士与由欧洲回来的朱学范、王昆仑、李德全等亦乘车到沈阳集合，不久，李济深、朱蕴山、李民欣等亦由香港直航旅大登陆，转赴沈阳。

1949年1月14日，中共中央毛泽东主席发表《关于时局的声明》，提出以8项条件为和平谈判的基础。1月22日到达东北解放区的各民主党派、民主人士李济深等55人发表了《对时局的意见》的声明，坚决支持和热烈拥护毛泽东主席《关于时局的声明》。

北平和平解放后，在沈阳的民主党派、民主人士先后乘车入关，到达北平；接着各民主党派中央亦陆续移到北平。1949年3月民促中央理事会迁到北平，6月15日新政治协商会议筹备会在北平开幕，民促派蔡廷锴、蒋光鼐（蒋未到前由秦元邦代）、陈此生、李民欣等4人为代表，参加新政治协商会议筹备工作。经过3个多月的筹备，中国人民政治协商会议第一届全体会议于9月21日正式开幕，参加单位共45个，正式代表510人，候补代表77人，特邀代表75人，共662人。民革、民促、民联都分别作为参加单位之一，民促方面代表有蔡廷锴（首席代表）、蒋光鼐、陈此生、李民欣、秦元邦、林一元、谭冬菁、司马文森、李子诵（候补代表）等9人。大会通过了3大文件：（1）中国人民政治协商会议组织法；（2）中国人民政治协商会议共同纲领；（3）中华人民共和国中央人民政府组织法。4个决议：（1）中华人民共和国的国都定于北平，自即日起，北平改为北京；（2）中华人民共和国的纪元采用公元，今年为1949年；（3）中华人民共和国的国歌未正式制定前，以《义勇军进行曲》为国歌；（4）中华人民共和国的国旗为五星红旗，象征中国革命人民大团结。全体代表以无记名投票方式选举出毛泽东为首的中央人民政府委员会和选出政协全国委员会。大会历时10天，于9月30日胜利闭幕。10月1日首都北京群众30多万人在天安门广场召开盛况空前的大会，毛泽东主席在天安门城楼向全国、全世界庄严宣告：中华人民共和国成立，中国人民从此站起来了。群众欢呼声响彻云霄。数日后民革举行中央常委会，民促蔡廷锴代主席在会上宣布，民促已完成了它的历史任务，此后合并民革，不再保留民促组织名义；不久，民联亦宣布合并民革，同样不再保留民联组织名义。民革成立时，以民促、民联的成员为基础，两会成员都填表参加民革，成为民革成员，不再存在民促或民联成员名义。

（节选自广东省政协文史资料研究委员会编《广东文史资料》第 40 辑，广东人民出版社 1983 年版）

回忆三民主义同志联合会

甘祠森*

1947年下半年，上海、北平等地，发生了“中间路线”的思潮，由于有几个知名的民主人士发表文章，也主张走中间路线，在进步分子中发生了一点小小的影响。民联中央有一个《民联第四次政治会议政治报告》的文件，从上海带了几份到重庆来，这个文件不知道是怎样搞出来的，洋洋万余言，文辞很华丽，非常强调中间力量的作用，有些观点很有中间路线的色彩。个别有理论兴趣的会员看到了，建议讨论一下。我们组织了一个小型讨论会。好几位会员都说：“我们现在被压在地底下，连气也喘不过来，中间力量有什么‘力量’？不是被国民党吃掉，就只有跟共产党搞革命。”无情的现

* 甘祠森：时任三民主义同志联合会中央干事会干事；后曾任民革中央副主席兼秘书长，全国政协常委。

实批判了中间路线的幻想。但这样谈谈，大家认为是有收获的。

1949年元旦蒋介石求和声明发表后，重庆进步分子中也发生了一点思想混乱，主要是看不清“求和”的实质，产生了和平的幻想。学习了收听到的《将革命进行到底》《评战犯求和》等文献，一些人的认识才改变过来。如果错误认识占上风，行动上也会发生错误，因为当时已经有人提出“我们是否要公开有所表示？”那时徐崇林刚好去上海回来，带来“小民革”中央的意见：“现在快天亮了。在天亮之前，不要把脑袋伸出去，伸出去是要挨打的。”学习的重要如此。

当时各方面进步力量，通过各种渠道，希望民联协助的任务很多，如调查某个问题，了解某方面情况和营救难友等等。重庆民联依靠成员和联系群众的社会关系，在这方面做了不少工作。特别是营救难友，从“六一”事件开始，民联做了大量的工作。杨杰在营救难友方面，出力很大。那时重庆的国民党军政头目萧毅肃、刘寿朋，乃至徐远举等，表面上对杨杰都很尊敬，张群、张笃伦等对杨也表示好感。杨对于营救难友，不管人物大小，都热心相助。不嫌麻烦，勤于奔走，敢于讲话，这种态度很令人感动。经他营救释放的人不少。大凡营救难友，许多方面都在尽力，某人得到释放，不好归功于一人罢了。此外，民联会员主持的建川中学、嘉励中学、西南学院，一直掩护了一些进步分子和地下党员。我们随时还捐助一点钱，送给需要转移的进步朋友作路费。总之，这一方面的工作任务是很多的。

在省、市参议会中，都有民联会员和同民联有联系的人任参议员，我们曾经运用这些力量进行合法的斗争。不过这种斗争效果不大好，有时还有副作用。例如，推动中间面貌的人在参议会中呼吁和平，反动派可以把这个口号接过去，诬蔑“中共不要和平”，进行反共宣传。又如，揭露国民党官吏贪污舞弊罪行，国民党党团分子也可以利用这些事搞派系斗争。在国民党机构中，反动势力占优势，正直的中间力量不能构成像样的阵容，利用这些机构进行合法斗争，效果一般都不算好。

总的说来，在 1946 至 1949 年的将近 4 年时间中，重庆民联做了一些工作，而最使人难忘的还是全体会员精诚团结、同舟共济、不怕困难、坚持斗争的革命精神。

1948 年，李济深、龙云从香港带信给杨杰，要杨杰担任西南四省（川、康、滇、黔）民革的总负责人。杨杰接受了这项任务，而且认真想法开展工作。最早他本来想把重庆民联与民革合并，因为民革没有干部。但是他很知道民联成员的情况，对我说：“民联的人都是书生，不会搞枪杆子。”我说：“考虑一下吧。”民联临工组的同志分别交换了意见，多数人认为不合并的好。杨杰找我和黎又霖去商定了几条办法：民革与民联不合并，两个组织应是兄弟组织，要互通声气；民革以联络军界人物为主；民联主要还是搞民主运动，杨杰继续担任指导员；黎又霖调到民革，帮助杨建立民革组织，以后黎少搞民联工作，以免分散精力。杨对于这几条办法是满意的。

那时，国民党内的一些军政人员，包括曾经是比较反动的和顽固的人，因为事实的教训，因为形势的发展，也因为党的统一战线政策的影响，开始徘徊和动摇，想寻找进步关系。有些人从上海和香港找到一点关系回到四川来找杨杰试探的人不少。杨杰是很谨慎的，对于这些自己找上来的人，不轻易表示态度，总要对方讲的情况比较真实，并做一些调查之后，才作进一步联系，黎又霖就是帮他办这类的事。他们进行的活动也随时跟我谈谈。

有一个商人叫李绍涵，在棉花街开了一家字号。他并没有多少资本，主要是为忠县、丰都帮的商人代庄，业务很清闲，只雇了一个账房先生，一个厨子。李绍涵很喜欢结交军政界人士和名流，杨杰、陈铭枢、章伯钧、邓初民、郭春涛等人都和他相熟，有时去他那里喝茶、休息。特别是杨杰和邓初民喜欢到李的字号去，他们到市中心，总要去他那里休息、会客。遇到吃饭时，李就叫账房先生去附近饭馆买两个菜来，请杨、邓两老吃便饭。李在政治上是可靠的，也懂得这些人在政治上是什么态度，他总是设法掩护这些民主人士。他对来来往往的客人（最多的还是商人）说，这些老先生生活很清苦，有点小款托他存放生息，或者是买两包棉纱、棉花以保币值。他这些说法是使人相信的，从来没有发生过问题，听说直到重庆解放，李本人也没有遇到什么麻烦。杨杰还喜欢到望龙门和丰银行（贵州帮商人接办这个银行之后）去，其情况和李绍涵寓所一样。那些找杨杰的人，一般都叫他们去这两处见面。我和李绍涵也相熟，我知道杨家的仆人、司机都靠不住，故也常在李寓见杨，而不去杨家。杨要找我们，也是托李绍涵带口信。

那几年，杨杰在重庆、昆明两地往来居住，而在重庆的时间要多些。杨在重庆，有一些自称学生的国民党军政头目常常请他吃饭、打牌；还有些杨虎、范绍增在重庆的兄弟伙陪他消遣，表面的生活态度是灰色的，他以为这样可以迷惑国民党反动派。的确许多年来也没有发生什么问题。

从1948年下半年开始，有一些从沪、港接上民革关系的人直接间接地和杨发生了联系，如川西的李宗煌，川东的王白与、周绍轩、杨其昌、张镇宇等人；特别是当时刚从上海回到重庆的周均时、周从化等人，关系比较密切。杨在云南本来有点基础。早在1947年，安问石去贵州，杨嘱他要注意联络军政人员中的开明分子，在贵州也建立一点关系。据我所知，直到1949年杨最后一次离开重庆，他对于怎样搞民革都还没有打定主意，当然不会对这些人有什么具体的布置。

也是在1948年下半年，陈离从泸县到重庆来，找到我长谈过一次。我在1940和1941两年去过成都两次，和陈离见过几面，我知道他是四川军人中头脑最清楚的一个人。陈离对我说："现在形势很好，有一些军政人员要找进步关系，反对蒋介石。不过和这些人接触要小心，成渝两地的特务多如牛毛，一不小心就会坠入陷阱。现在还是交交朋友，等到关键时刻可以起作用。听说耿光先生和民革有关系，你要对他谈谈，要他注意。"陈离不知道重庆有民联的活动，只知道有民革。陈还对我谈了一些川康军政界情况，包括熊、但和刘、潘、邓的情况。后来我把陈离的话告诉了杨杰，杨点头称是。

1948年冬，有一天我和黎又霖同去和杨杰见面。杨杰说，他想找几个人，开一次时局讨论会，讨论战争的发展对于西南4省的影响。他说人数要少一点，要找相熟一点、有点看法的人。当时我们共同商定找鲜英、黄墨涵、鲁自诚3人，再加上我们3个人，共6个人，由黎去联系鲜、黄、鲁3人，并找开会的地方。黎又霖积极热情，不辞辛劳，具有非常优秀的品质。当时他已50多岁，许多奔走联系的事，他都自愿地去做。那时重庆的交通，除了乘人力车外，就只好走路。他不仅有事时才去奔走，平日也常去进步人士、民联会员家中串门，交换意见。上述的讨论会，经黎又霖的奔走，不几天就举行了。

当天到会的，除了预定的 6 个人之外，杨杰自己带了一个周均时来。周和鲜、黄相熟，和其余 3 人都是第一次见面，杨杰为大家做了一点介绍，周是同济大学校长，大家本来都知道他的大名。

1948 年 10 月下旬国内战争的形势，人民解放军在各个战场占有优势，获得了多次战役的胜利，蒋介石被动挨打，已是一个土崩瓦解的局面。在东北战场，已解放了长春和锦州，沈阳指日可下，辽沈战役眼看就要结束了。华东战场，围绕徐州四方，两方调兵遣将，大军云集，看来将形成一次大会战。国民党报纸不断宣传国民党军队在华东战场的“胜利”，还放出谣言，说使用了杀伤力极大的什么新武器，借以掩盖它在东北的失败。明眼人可以看出，在华东战场国民党军队也是一个被动挨打的局面。

那天的时局讨论会，就是从战争形势谈起。杨杰对蒋介石政府的腐败无能作了深刻的分析，特别看不起蒋介石个人的指挥才能，说蒋介石走到哪里，哪个地方就很快要丢掉。记得当时大家七嘴八舌，谈出了这样一个几乎是一致的看法：蒋介石不仅守不住黄河以北的地方，可能只需大半年的时间，长江以北的地方也守不住了。战火烧到长江北岸，会是一个什么形势呢？有的说，战火烧到南京、上海等心脏地带，侵犯到帝国主义的根本利益，美国有可能出兵干涉，那就会出现复杂局势。有的认为解放军取得长江以北广大地区后，需要消化巩固，国民党也会要求谈和，形成一个划江而治的南北朝局面是可能的。多数人认为解放军要乘胜前进，从武汉、从南京向华南和江浙、福建纵深地区挺进，占领沿海地带，截断蒋介石的国外援助。不过南方地区，要受天时和地利限制，大兵团活动不如北方之便利，可能要一两年时间解放军才能占领南方的广大地区。大家都预测解放军一时不会从西北向西南进军，攻取四川，因为这样要分散兵力，而无助于大局；但大家都预测如果战火烧到长江流域，蒋介石仍然要把西南作为大后方，提供兵源和粮源，因此蒋介石会强化对西南的统治。有人提出，如果西南能够组织起来，拒绝蒋介石于西南之外，那会是一个很好的形势。西南 4 省，四川是关键，如果蒋介石不能掌握四川，就无法在其他 3 省立足。此时有人提出了一个“保川拒蒋，迎接解放”的新概念，杨杰说：“保川拒蒋，这个口号很好，也是我们搞民主运动的方针。”大家就杨杰的话又交谈了一阵，都感到有所收获，像杨杰所说的，似乎找到了一个工作的目标。

过了几天，杨杰又找黎又霖和我商谈。杨杰说：“我想把重庆民主党派的少数头头组织起来，搞一个‘转转会’（轮流请吃饭），讨论时局，交换意见，协调行动。人数不宜多，要彼此相知的，你们看行不行？”我们都说可以的。当时我们就共同拟名单，杨也参加了许多意见。拟出的这张名单是：杨杰、鲜英、潘大逵、黄墨涵、鄢公复、徐崇林、黄鹏豪、周均时、黎又霖、甘祠森等 10 个人。后来还有李紫翔、周从化各参加过一两次，鲜英把他的儿子鲜恒带来，大家很欢迎，因此鲜恒每次都参加，还帮助搞联系工作。这个“转转会”很快就搞起来了，每两三周或一月开一次，共开了五六次，直到 1949 年 4—5 月杨杰离开重庆时才停止。“转转会”

基本上是在鲜英和黄墨涵两人的寓所举行（也可能在周均时家里搞过一次，记不清了），鲜、黄二老热情招待，每次都备办了很丰盛的饭食。杨杰的谈论是有吸引力的，在这五六次聚会中，除了偶尔有个别人请假，一般都是到了的。杨对于这张名单和大家积极参加聚会是满意的。他说，重庆民主党派的头头都集中到这张饭桌上来了，办起事来就方便了。

杨和黎都常常向我谈民革开展活动的情况，我知道杨的中心思想是想联络一些“实力派”，至于这些“实力派”联络起来之后如何搞，杨还没有打定主意。黎又霖和其他民革成员的一部分活动不是杨的主意。战略家的杨杰，决不会以搞一点小小部队、举行武装起义为可行之策。杨现在又要搞这个“转转会”。我把许多现象联系起来（包括杨欣赏“保川拒蒋”的新概念），似乎渐渐懂得了杨的意图。杨的头脑中可能在构思一幅蓝图，这幅蓝图的大致轮廓是：把西南4省反蒋的“实力派”，主要是龙云、刘文辉、潘文华、邓锡侯联合起来，将来再把李济深所联络的桂系联合在一起，全部西南就可以构成一个强大的能和蒋介石分庭抗礼的力量。杨要搞“转转会”，是想要民主党派从政治上配合，使这个西南大联合实现。

我把自己的想法对民联临工组和彭友今、鲁自诚等人都谈过，他们说：“你的想法有道理。”大家认为，不管杨的想法是什么，是否符合实际，但把民主党派联合起来，朝“保川拒蒋，迎接解放”的方向做些工作是不会错的。现在战争大形势已定，蒋介石失败的命运不可避免，将来四川解放时少一点损失总是好事。四川能够解放，康滇黔3省就不在话下了。

“转转会”虽然延续了几个月，开了五六次会（杨杰不在时就不开），但除了相互交换一些所知情况，谈谈形势之外，无所作为。大家分析形势，增强了“人民必胜、蒋介石必败”的信心，在提高思想认识方面起了一些作用。由于1949年元旦蒋介石宣布求和，后来又在1月21日通电下野，使国共谈判重新在北平进行；接着，1月31日北平和平解放，四川军政界中的一些人，包括亲蒋和反蒋的势力，在酝酿所谓“民众自卫”。“亲蒋”和“反蒋”两种势力的意图各不相同，“转转会”的人认为可以向反蒋爱国分子做工作，约定各自根据自己党派和个人的条件去进行工作。这一项运动，在五六月间才大大地热闹起来，“亲蒋”和“反蒋”势力斗争很激烈，实质上是一场“保川拒蒋”的斗争。有的民主党派在幕后参与了这一活动。素来老成持重的夏仲实，也在民联的支持下，做了许多工作。

1949年2月，因为蒋介石下野，李宗仁上台，中共也表示可以谈判，南京、上海有一些人在搞和平运动，又是发通电，又是派代表团，在报纸上鼓吹得很热闹。重庆民主党派也有个别人提出，是否民主党派可以公开有所表示？大家沉闷得太久了。我们看到，京沪的和平运动，除了有几个“社会贤达”外，多数是国民党的游离分子，民主党派并没有动。同时我们得到的消息是重庆敌人正在磨刀霍霍，多数人认为各民主党派在这时仍不宜公开活动。“转转会”上大家也都是赞成要“看一看”，不宜轻举妄动的。这一段时间，民主党派隐蔽得很好，发生的问题极少。

1949年初夏，国民党在重庆的大特务徐远举奉张群之命去看杨杰，劝杨杰不要和李济深的民革发生关系。这实际是一个警告。徐远举见杨之后，杨就决定离开重庆回昆明，只有黎又霖在杨临行前得到消息，赶去和杨面谈了一次。黎又霖回来向我说：“耿光先生已经走了，祝重庆的朋友们保重。”

回顾这个过程，我当时认为杨杰虽然为民革联络了一些人，但对于怎样搞民革，还没有拿定主意。我这个想法可能是接近事实的。

杨杰离开重庆3个多月后，即在1949年8月下旬，就发生了黎又霖被捕事件。9月间，又得到杨杰在香港被国民党特务杀害的消息。我和李绍涵见面，我们两人都流了眼泪。这两件事，都使重庆的进步朋友感到震动。特别是黎又霖，他和进步朋友，包括党内党外的，相识相知的太多了。但大家都信任黎又霖同志的革命品德，没有惊惶，仍然镇静地保持常态。幸而只过了两个多月，重庆就解放了，但黎又霖在黎明前牺牲了。

黎又霖被捕的情况和原因，在重庆解放前，大家都没有弄清楚，在解放以后才弄清楚：杨杰曾托戢翼翘（民社党的头子之一，保定军校毕业的老军人）从昆明带一封信给黎又霖。戢带到重庆后，把这封信交给民社党的宣传处副处长陈芝楚，要他送给黎又霖。陈芝楚是一个军统特务。陈先把这封信拍了照送给军统，然后才把信交给黎又霖。陈又伪装进步和黎接近。因此军统完全掌握了黎又霖的情况，由军统特务头子徐远举请示张群批准逮捕。首先被捕是黎又霖、周均时、王白与3人，稍后又逮捕了周从化、周绍轩、王国源、杨其昌等人。重庆解放前夕，国民党特务杀害了黎又霖、周均时、王白与、周从化4人于“中美合作所”。

在中国人民的解放事业中，重庆民联、民革的杨杰、黎又霖、周均时、王白与、周从化等5位同志献出了自己的生命。缅怀他们的事迹，我对5位烈士表示崇高的敬意和沉痛的悼念！

最后，我想记述两件杨杰推动民联搞的两次活动。这两次活动，可以反映杨杰为民主革命运动争取朋友的淳朴的感情；这两次活动，对于在白色统治区域怎样搞民主运动也很有教益。

1948年，川军将领郭勋祺从前线回来，杨杰要民联宴请他一次。杨嘱咐我们要多约几个进步朋友。杨的意思是要郭勋祺给大家谈谈前线情况，使大家了解国民党军队的腐败，增强大家“蒋介石必败，革命必胜”的信心。同时也对郭勋祺表示欢迎，鼓励他进一步站到人民方面来。我们要民联会员黄楚青在他当副经理的中国工矿银行设两桌酒席宴请郭勋祺。对于郭勋祺的政治倾向我们知道一点，至少不是坏人。我们觉得杨的意见是很好的。那天去的人较多，坐了满满的两桌，除了民联成员外，还约了一些兄弟党派的同志，如鲜英、徐崇林等。开始时很好，郭讲了江淮地区前线情况，描述蒋介石排斥异己，虐待部属，贪污腐化，残害人民的情况，淋漓尽致。他的结论是“国民党毫无希望”。经他一讲，又有几杯酒下肚，热情高涨起来。有不少人都去向郭敬酒，高声谈论，骂国民党，骂蒋介石，把长期积压的愤懑倾泻出来，毫无顾忌，好像我们所在的地方是一个特殊区域。其实那只是一个普通的民营银行，虽然是星期天，来往的人很少；但就在室外走道上，也还是有些人来去行走。后来我们提醒了大家一下，才有所收敛，散席后让大家很快就分散了，没有继续座谈。这次聚会，甚至使郭勋祺也感到不安，他告辞时向杨杰说：“杨老师，我们这顿饭，特务不会知道吧？”杨笑着答道：“放心。”

也是在1948年，杨杰要介绍刘汉来找我，说是刘想联络教育界人士，搞一个座谈会。杨说：“民联在教育界的会员多，搞这个座谈会，可以扩大我们的影响，争取一些中间分子过来。”我同刘汉不熟，但知道他是捍卫中学的校长，而捍卫中学是刘峙办的，单是这个关系，就使我感到不妥。杨杰说："你和他谈谈吧，看他所谈的情况如何，再作决定。你不了解刘汉吧？这个人有转变。他近来找过我几次，想靠拢进步关系，这是好事嘛。"于是我就答应见刘汉。

刘汉来找我时，还带了一个易世珍来。易和我有一面之谊，我对他说："我们是老朋友了。"易世珍曾在李济深当主任委员的战地党政委员会当过秘书，当时在正阳学院（朝阳学院改的）教书。刘汉和我谈话，调子很高，骂了一通杨芳龄和杨重熙（二杨都是教会学校的校长），还骂三青团在中学校里胡作非为。我弄清他的意思是要联络一些"进步"分子，谈教育界的弊病，还要提出教育主张等。易世珍的话温和得多，他说我们不过是要联络教育界的朋友谈谈，现在教育上的许多问题都没有人讲话，如果谈出共同意见，准备公开讲讲话。我对他们 2 人说："我对中学的情况很隔膜，也不懂这方面的问题。刚才易先生说邀约几个朋友谈谈，讲点同行话，这个意思是不错的。你们可以试试吧，开始少约几个人。"

他们两人赞成先搞一个"小座谈会"，坚持邀我参加，并要我也邀约几个人去参加。我只好同意了。

过不久这个座谈会就举行了。开会的地方在杜岷英寓所。杜岷英是律师，他的政治情况我一点也不知道，刘、易 2 人也没对我说。我约了两个民联成员一起去。杜岷英的寓所在储奇门附近的城墙边，房子很宽大，正屋前面还有一个小花园。我们走进杜家的客厅，已经坐了许多人，还有人继续来，开会时有 30 多人。好在除了刘、易 2 人外，其他的人我都不认识。同去的朋友悄悄告诉我，某某来了，某某也来了，这些人都是中学校长中的党团分子，我捏了一把冷汗，后悔不该来参加这个会。开会以后，刘汉作为主持人首先讲话，他的调子仍然很高，首先还是把二杨骂了一通，说他2人是“洋奴”。然后说办教育也要争民主，口气是针对教育局，最后讲到学校经费问题，诉了一阵苦。继起讲话的人同刘汉的模式差不多，骂人，多半是骂一个教育官，或者某一个自己不喜欢的人，然后谈经费，谈教育民主等等。我勉强开完了会才离开。事后我们3个民联成员在一起谈了一下，他们说：“这恐怕就是刘汉所说的民主运动吧。”又说：“幸好那些人不认识你，否则就糟了。”

后来我把这个情况告诉了杨杰。杨说：“要耐心。你可以教他们一些工作方法嘛！刘汉不是坏人，我们要争取他。”这个座谈会后来还开过两三次，我们都没去参加。易世珍来找我，我对他说交朋友不能搞这种方式，少几个人，要谈得来的。那么多人，彼此思想不相同，怎么能谈政治？易比刘细心一些，他读过一点进步书籍，对我的话他能理解。他问我怎么办？我说：“请你同刘汉谈谈，这个座谈会不要开下去了，以后我们可以多往来，多谈谈嘛。”听说刘汉在重庆解放初期闹过许多笑话，捍卫中学的人要找他算账。他后来跑到北平来，李济深要我把他和易世珍2人由民革保送去革大学习。革大毕业后，分配刘汉到湖北省去当了参事，易世珍担任刘文辉的秘书。刘、易2人后来的表现都还好。

这两件事我同几位同志谈过。我们谈出的共同认识是：国民党正处在土崩瓦解的过程中，有一些旧营垒的人分化出来，要靠拢进步力量，要有所表现，这是很好的。但是，这些人正处在由旧变新的转变过程中，又缺少对革命的基本认识，他们分不清好人和坏人，也不了解革命工作的要求，因此对他们的工作要特别谨慎、细致、耐心，否则要出大问题。就是已经参加到进步阵营里来的人，这些弱点和缺点也还存在，而他们的革命热情又很高，宴请郭勋祺所出现的现象，就是这种状态的反映。我们要总结经验，才能把工作做好。

（节选自四川省重庆市政协文史资料研究委员会编《重庆文史资料选辑》第 11 辑，内部资料，1982 年）

三次难忘的会见

罗涵先[*]

沈钧儒先生是民盟中央的重要领导人，他曾继张澜先生之后，接任民盟中央的第三任主席，在这以前，他是中国人民救国会的领导人。沈先生在中国命运的重要转折关头——20世纪30年代初叶，与章乃器、史良、沙千里等发起成立了上海各界救国联合会，其后发展为全国各界救国联合会。针对蒋介石“攘外必先安内”的反动方针，他针锋相对地提出了团结抗日的主张。1936年先生等因爱国有罪而被捕，这就是历史上著名的“七人之狱”。沈钧儒先生等在狱中坚持斗争，英勇不屈，使敌人奈何他们不得。同年12月，发生了历史上著名的西安事变，和平解决后，蒋介石迫于形势，不得不

* 罗涵先：时任民盟中央宣传委员会委员；后曾任全国政协副秘书长，民盟中央副主席。

释放了爱国七君子。从此，救国运动如火如荼，遍及全国，其后，救国会成为中国民主同盟的前身——中国民主政团同盟的核心组织之一。1941 年，中国民主政团同盟改组为中国民主同盟，先生和黄炎培、张澜先生等同为民盟最重要的领导人，正是在这个情况下，我认识了沈钧儒先生，并开始了以民盟为岗位的政治生活。其中，最使我缅怀的是三次难忘的会见。

第一次是 1944 年，那时我参加民盟不久，在另外两个盟员（尚丁和孙文芝）的陪同下，到重庆枣子岚垭沈先生寓所去看望他。当时，沈老已经是 69 岁高龄，而我们却只是 20 多岁的青年，没想到沈先生竟愉快地接见了我们，并且畅谈了当时形势，抒发了抗日必胜的坚定信念。这次会见，对我鼓舞很大，对我日后的政治生活有很大的影响。因此难以忘怀，至今仍可回忆起当时的情景。

沈老给人的印象是热情、诚恳、坦率。他的生活极为简朴，在山城的秋冬季节，他经常总是穿一件风雨衣来代替大衣，奔走各处。他和张澜先生的政治友谊，常为盟内外人士所称道。那时我是民盟总部的专职工作人员，和当时已经是中年人并在政治上已经成熟的史良、邓初民等人成了忘年之交。他们也都是救国会的成员，因此在国民党特务编制的一份“情报”中，把我也列到救国会的名单里，这份“情报”后来被我们获得，成为一件盟史资料。

第二次难忘的会见是在 1948 年的香港，在此以前，国民党反动派于 1947 年秋悍然宣布民盟为非法团体，民盟总部被迫解散，盟的活动转入地下。1948 年 1 月，沈钧儒、章伯钧先生等在香港召开了一届三中全会，全会发表紧急声明，宣布国民党宣布民盟非法为非法，恢复了民盟总部。大会闭幕时，发表了政治报告和大会宣言，分析了形势，明确了任务，从此，民盟在中国共产党的领导下进入了“打倒蒋介石，解放全中国”的战斗序列，成为中国共产党的亲密友党，和其他民主党派一道，无愧地成为中共领导的中国人民统一战线的组成部分。我是从内地进入香港并返回，负责内地一部分工作的唯一的中央委员。据悉，国民党特务曾到处搜寻我，但始终没有找到，原因是他们万万没有想到的，我是一个只有 20 多岁的人。正是因有这个条件，所以我才奉派返回内地工作。在我离港之前，沈老曾约见我，除托带信件给留沪的史良外，还嘱咐了我不少的话。大意是说：整个形势已经转变，我们（指人民解放军）已从防御转为进攻，我们的前途光明，要国内的朋友都了解这一点。他还说，民盟的工作重点仍在内地，回去以后，你们要把内地的工作做好。那时我已和彭文应、冯亦代、尚丁等同志受命负责地下的上海市支部，我同时还受命筹建并负责联络南京市支部，其后黄大能同志被确定为南京市支部的负责人，我的同学和朋友樊光则负责市的具体工作。

我回到上海以后，就向仍在上海滞留的张澜、罗隆基、史良等同志作了汇报。张澜先生约集了留沪中委，由我向大家传达三中全会的经过，出席留沪中委座谈会的有中央委员罗隆基、史良、楚图南、叶笃义、郭则沉等人，大家对三中全会的各项决议一致表示拥护。

值得提到的是沈老在我离港以前的临行嘱咐中，还说了这样一段意味深长的话：这次三中全会紧急声明和宣言都是一致通过的。紧急声明是会前通过发表的，在会议还没有开始以前，紧急声明已经表达了在港中委的一致态度，希望你把这个情况告诉表老（张澜主席）。还说，总部人事都是临时代理，因为这是一个非常情况。

这一点，我在向留沪中委汇报时也着重说明了。后来张澜、罗隆基等同志曾在三中全会以后以个人身份致函香港总部表达了他们对全会决议的赞同和支持。张澜先生还筹集一部分款子支持香港总部。1949 年，蒋介石“引退”，李宗仁上台求和，曾要求滞留上海的民盟领导人斡旋其事。记者纷纷来访。张澜、罗隆基拒绝接见记者，并发表公开声明，表示民盟一切活动由香港决定，一切文件以香港总部为准。

这次会见是难忘的，是一次在特殊情况下的亲切会见。

第三次难忘的会见是在不久后的北京，是在欢乐的气氛中会见的。那是 1949 年 6 月，我从解放后的上海来到北平，到平后，就见到毛主席于 7 月 1 日发表的《论人民民主专政》。这是一篇十分重要的论文。我和一位姓陈的盟员去看望沈老，这位姓陈的盟员曾在上海特刑庭工作，因此有机会为被捕的上海地下共产党员做了许多营救的工作，受到地下党的称赞。沈老在这次谈话中十分强调学习的重要性，他不仅一般地强调学习，而且还鼓励那位姓陈的盟员到“革大”一类学校去学习。后来，那位盟员接受了沈老的建议，进了新法学研究院的研究班，并愉快地接受了结业后的工作分配。

沈老在政治上是一个一贯坚持革命、坚持进步的人，他的意志之坚强，从他的业余爱好中可以得到启发。他爱石，到处拣石，拣来以后，一一记载，并贴到石头上，引以为乐。他的书房自称“与石居”，他解释说：“吾生尤好石，谓是取其坚”，沈老正是这样一个爱国爱党的坚贞之士。

沈老还是一个感情丰富的人，他在为纪念一位爱国新闻记者逝世而写的诗句中，激动不已，竟含泪连写了 4 句：“我是中国人，

我是中国人，我是中国人，我是中国人。”这真是一首时代的绝句，无人不为之感动。没有丰富而至深的爱国之情，是写不出来的。他的丰富感情还表现在他写的怀夫人和怀子的诗句中。有一次，他的儿子好久没有来信，忽然一天来信了，老人兴奋不已，写下了这样的诗句：“家书一一字，嵌入老人心。珠泪满窗前，值抵千万金。”

被周恩来同志称为“民主人士左派旗帜”的沈老一生中，有许多值得我们学习和景仰的地方。但在感情上，我却不能忘怀这三次难忘的会见，仅以这份真实的感情来纪念我们所尊敬的沈老。

（节选自《群言》1998 年第 6 期）

我从事华南民主运动的回忆

郭翘然 *

在港参加民盟三中全会

民盟和农工等民主党派于 1947 年 10 月 27 日被国民党反动政府宣布为“非法团体”，迫令解散。国民党中宣部副部长陶希圣更以极为恶毒的语言咒骂民盟是“国家之叛徒，人类之蟊贼”。南方盟随即发表了一系列的强硬抗议，痛斥南京政府宣布民盟为“非法团体”的法西斯行径。

同年 11 月中旬，民盟总部领导同志沈钧儒、章伯钧、周新民等先后转移到香港，随即会同原留港的中央委员李伯球等，准备召开

* 郭翘然：时任民盟中央执委、秘书处主任；后曾任广州市副市长，全国政协委员，民盟中央常委。

民盟一届三中全会。农工党许多中央委员亦陆续到达香港，准备在港建立中央领导机构。李济深、蔡廷锴等也正在港筹备建立“中国国民党革命委员会”；致公党员负责人陈其尤，亦同样忙于建立中央机构。香港顿时成为民主运动的中心，党的人民民主统一战线得到空前的壮大和发展。就在这一段期间，民主运动阵营中有少数人由于立足点并没有真正转到人民方面来，不相信人民的力量，对中国往何处去的问题在认识上还没有得到正确的解决，并且有的对美帝国主义还怀有不同程度的幻想，对形势作了错误的估计等等，因而就提出了种种有悖于巩固和发展人民民主统一战线要求的言论。如有的断言：“国民党固然不能消灭共产党，共产党也不能推翻国民党”；有的又认定：“国内战争是长期的（这里所谓的‘长期’，不是一般所认为的十年八载，而是几十年）”；有的还说：“反蒋并不一定要反美”，等等。在当时，正是这些言论，汇成了一道“中间路线”的逆流，在路线和方针上提出了形形色色的错误主张。有的认为仍应采取“以和平求民主，以公开求合法”的斗争方针；有的认为“反蒋有两条道路，一是在军事上彻底消灭蒋的一切军事力量，一是从蒋军内部瓦解蒋的军事力量”。当时还有的人竟然提出以“联邦制”来解决中国问题，积极酝酿成立“中国民主行动委员会”来作为活动的实力（当时这个组织在还未向社会公开时，已因形势的变化而自行中止）。

1948 年是驻港各民主党派活动重要的一年，1 月 1 日中国国民党革命委员会宣告成立；1 月 3 日农工党中央领导机构——中国农工民主党中央执监委员联席会议，召开了首次会议；1 月 5 日中国民主同盟一届三中全会在港召开。我（代表韩兆鹗）出席会议。

当民盟三中全会开幕的第一天，首先作出了发表《紧急声明决议》。声明主要是坚决否认南京反动独裁政府内政部发言人于1947年10月27日宣布本盟为“非法团体”的无理而又狂妄的举动，痛斥南京反动独裁政府对本盟合法地位的取消是根本违法的。同时声明本盟全体盟员表示不能接受本盟总部于11月5日在南京反动独裁政府的劫持与威胁下，未经合法会议而发表的“辞职”“解散总部”及“停止盟员活动”等声明。最后声明我盟全体十数万盟员今后将更坚强地站起来，为彻底摧毁南京反动独裁政府，为彻底实现民主、和平、独立、统一的新中国而奋斗到底！

会议过程中，各出、列席人员对今后盟的路线、方针、政策，进行了热烈的讨论，提出了不少提案。其中比较突出的问题，就是对中间路线进行了激烈的批判。会议根据批判意见，在三中全会的宣言中提出：“过去本盟主张以和平求民主，以公开求合法。但在今天，南京国民党反动集团既已关闭和平之门。”同时指出：“美国反动派在中国执行的援蒋政策，本盟不能不加以严重的指摘。”在三中全会的政治报告中对中间路线作了更严厉的批判，明确指出：“自从本盟被南京反动独裁政府勒令解散以来，一切所谓中立中间的说法和幻想，实早已被彻底粉碎了。”

民盟在三中全会上所取得的胜利，使得民盟的旗帜更鲜明了。当1948年一二月间，南京反动当局为了摧残民主政党，逮捕学生，扩大内战，而有美国政府援华借款事件。本盟即与各民主党派于2月3日发表联合声明，严正指明，不承认南京独裁政府所签订的任何损害中国主权之卖国条约。又在4月间南京反动当局由于经济上和军事上均已陷于绝境，对于人民的剥削压迫空前加剧，平、津、京、沪、杭、粤各地的学生起来反对，而致许多学生被逮捕，学校被捣毁，本盟总部即于4月18日发表支援反饥饿反迫害斗争的声明。又在5月3日发表否认国民党反动政权召开伪“国大”选举总统的紧急声明。

响应中共“五一”号召

1948年5月1日，中国共产党发出了召开新政协的号召，本盟代表于5月6日与各民主党派领导人即通电全国响应中共筹开新政协、成立民主联合政府的号召。6月14日本盟并为展开新政协运动发表声明。正在此时，严信民自解放区抵港，带来了许多重要的信息，在农工党执监委联席会议上作了汇报，其中比较重要的就是中共欢迎各民主党派将来参加联合政府的几个问题，大意是：（1）各民主党派要承认中共的领导权；（2）要承认新民主主义为当前施政的最高原则；（3）要承认人民解放军是中国唯一的国家军队，并且必须保留到世界战争不致发生，国内战争亦再无发生的可能时为止。当时我们对这3个基本原则表示完全赞同，并受到鼓舞。

8月1日，接到中共毛主席复各民主党派与民主人士的电报，大意是：“现在革命形势日益开展，一切民主力量亟宜加强团结，共同奋斗，以期早日消灭中国反动势力，制止美帝国主义的侵略，建立独立、自由、富强和统一的中华人民民主共和国……”9月间，各民主党派负责人和无党派民主人士受中共中央的邀请，于6月至12月间分别北上，参加新政协筹备工作。从此“中间路线”的各种活动，便渐次销声匿迹了。

新政协筹备会议正式开幕

在港的各民主党派负责同志和无党派民主人士北上后，民盟南总组织委员会主委李伯球同志把组织工作交由我负责，当时由于组委会人员分散，改用组织部部长名义行使职权；广东省支部主委张文又将印把子交给了我，这一责任，我一直承担到华南解放。

当民盟总部迁到香港后，所有民盟对外文件都是以盟总名义发表的，自盟总领导同志北上，盟总亦随之北迁，自此之后，所有对外发表的声明和意见，均以地方组织的名义行之。

1949 年 6 月 15 日至 19 日新政协筹备会议第一次全体会议在北平召开，这是中共“五一”号召的胜利，是成立民主联合政府、建立新中国的开端。毛主席在会议开幕式上号召：“以最快的速度肃清国民党反动派的残余力量，统一全中国。”为此，我们留港同志，随即开展拥护毛主席号召的各种活动。

当时我写了一篇题为《建设新中国的开端》的短文，说：“新政协筹备会议的成立，是国民党反动派依附帝国主义势力实行官僚资本主义和地主阶级统治的结束，同时也是建立新民主主义的新中国的开端。中国人民在长期的封建统治、百年来的帝国主义侵略，20 多年来官僚地主阶级压迫剥削下，过着凄惨的生活。这种生活，就是全国被压迫的人民要求解放的原因，也就是组成各革命阶级反帝、反封建、反官僚资产阶级统一战线的根据。到了今天，中国人民的革命力量，已因革命统一战线的扩大和巩固而壮大起来，摧毁反动政权、把帝国主义在中国的势力赶出去。”“新政协筹备会议的成立，是新中国历史上划时代的重大事件，我们衷心地预祝它成功。”“新政协筹备会，是在中国共产党领导下由23个革命单位组成的，这不仅是民主革命统一战线的具体化，而且是这个统一战线更加巩固和更加壮大的表现。”“筹备会议的任务重大，我们应当共同为这个具有极为伟大的历史意义的重大任务的胜利完成而作出努力。在这点上，对我们来说，首先就是从各方面帮助中国人民解放军以最快的速度肃清国民党反动派的残余力量。”[①] 同时，我们还以民盟广东省支部名义，于6月25日发表题为《拥护新政协，迎接解放大军南下解放广东告同胞书》寄发省内蒋管区的机关、学校、军队和团体。[②]

迎接华南解放

当1948年冬李伯球同志快要北上参加新政协筹备会议的时候，伯球、曾伟和我，共商决定把民盟、农工在白区工作的同志，进一步联系起来，开展军事、政治策反和搜集情报的工作，并以民盟南总组织部的名义派李世浩为澳门、粤中地区的联络专员，以各个地区的民盟、农工的主要成员为对象，其中有梁世骥、钟岱和中山、新会、江门等地区的主要负责人。同时派李瑚协助李世浩的工作，派叶志良为交通。也是在此时，李洁之提出谋取出任兴梅地区专员职位，与潮汕地区专员莫希德和闽西地区专员李汉冲共图起义之举，我们大赞其议，并商之方方同志。方同意并希望取得成效。李

① 原文载《光明报》第3卷第9期。

② 原文载《光明报》第3卷第11期。

奔走于穗、港、汕之间，力求此议之实现（可惜李谋得兴梅地区专员的前夕，莫希德被撤职了）。李世浩在粤中地区工作，颇见成效。特别对情报工作的搜集，成绩更为显著。5月初，李洁之赴兴梅就任，伯球和我事前已商定派谢维汉协助李工作，主要是找陈柏麟与当地党取得联系。李到任不及10天，驻五华一带的保十三团曾天节团长有被薛岳调离甚至缴械的迹象，因而曾天节取得党的同意提前起义，李洁之在此情况下亦同时匆忙起义，驻梅县的保十二团长魏汉新，在魏鉴贤协助下亦高举义旗，驻蕉岭的保独一营蓝举初也毅然起而响应。此举，使整个华南的形势起了重大的影响。当时称为"粤东起义"。

正在此时，叶道英同志和李世安来到香港，谈到蒋家王朝快要覆灭、南京政府迁来广州，由李宗仁代总统维持残局，不过是垂死前的插曲。大家同意，要在军事、政治策反中作出贡献，尤应注意策动国民党的现职人员，保全机关公物、财产、档案，坚守岗位，迎接解放，协助接管工作。

"要斗争，就会有牺牲。"当我们正在着力策动迎接华南解放的时候，曾伟同志接到上海民盟、农工组织负责人的电邀，要他返沪工作，迎接渡江大军解放上海。曾很想去，理由是他曾在上海工作了两年时间，有群众基础，并且还组织了工人武装。如果不去，对工作不利。我和伯球都不同意他去。当时我们还将此事分别向方方和饶彰风同志汇报。方方同志深情地说，现在已经不是靠几百条枪的时候了，而是要保全干部。饶彰风同志的意见亦一如方方同志。我们即将此意向曾转达，力阻其行。不久，伯球同志北上。但上海又再来电促曾前往。这时曾去志甚坚，已无考虑余地，我只好再三叮嘱他到沪后一定要隐蔽下来，所有工作，均应由虞同志（名字忘记）联系、传达、布置。但是曾伟同志的革命热情，似一把火，他一到上海，就马上召开会议，并电邀南京负责同志到沪参加，结果就在开会时被国民党特务逮捕，于5月21日壮烈牺牲。痛哉！我在《悼曾伟同志》一文中，有这么几句："曾伟同志十余年，为民族解放、民主革命而奋斗，正当出卖民族利益的反动政权即将彻底肃清，人民民主政权快要成立的时候，却牺牲了身躯……但解放上海的枪炮声，曾同志已在蒋牢中听见了；蒋党被歼逃溃狼狈情形，曾同志也定在蒋军牢中晓得了；上海解放的欢呼，想曾同志也在牢中一齐呼喊；上海，上海解放了……"曾同志牺牲，距今已三十有三年，我今亦垂垂老矣，但忆及往事，他的音容笑貌，仍亲切地浮现在我的眼前！

广州解放

广州市于1949年10月14日夜解放，接着广西亦宣告解放。

广州解放后，我即随李章达率南总、粤支工作机构返驻广州。其余驻港同志亦陆续回来。当时，包括广州市盟的部分同志，均分别参加和协助各单位接管。继之，丘哲、张文、李伯球等领导亦自京南返。

当时由于港九支部的同志亦大部分转到广州参加工作，于是李伯球和我便提议在南总领导下，成立南总、粤支、港支在穗委员联席会议。此议一致赞成，并设执行小组，以李章达为组长，李伯球和我为副组长，负责处理日常事务。新中国成立后的南方盟务工作，便是由此开始的。

凭着党的领导，中国人民站起来了。我跟着同志们，在新的岁月里，满怀信心地迈出新的步伐。

1983年10月14日二稿

（节选自广东省政协文史资料研究委员会编《广东文史资料》第45辑，广东人民出版社1985年版）

在上海坚持斗争的爱国老人陈叔通

寿墨卿*

1945 年 8 月 10 日夜，上海宣传日寇乞降消息。八载困顿，一旦复苏，陈叔通老人，喜而不寐。他写了《日寇乞降喜而不寐枕上作》七律一首，其中有句云：

明知后事纷难说，纵带惭颜喜欲狂。

他对国民党毫无信心，在狂喜之中抱着忧虑情绪。当时有友人邀他出来做官，他坚决谢绝，复信云："弟于党治之下，誓不出而任事。"（1945 年 11 月 29 日致余绍宋函）以后时局的发展，完全

* 寿墨卿：时任民进常务理事；后曾任全国工商联办公室主任，北京市政协委员。

证明他的忧虑并不是无病呻吟。

敌人投降后不久，大批国民党接收大员到了上海。有的是从天上飞来的，有的是从地下钻出来的。这些大员，大多骄横跋扈，盛气凌人，以胜利者自居，而且纵欲贪污，争抢胜利果实，饱入私囊。“劫收大员，五子登科”，道路为之侧目。“但恐奏凯班师日，恃功骄恣争喧阗。”叔老在胜利前夕的预料，竟不幸而言中，使他感到愤慨。

自从九一八事变以来，国民党的独裁统治，早已为全国人民所厌弃。抗战胜利以后，实行民主，废止一党专政，已成为全国人民的共同呼声。但国民党继续压制民主，实行独裁统治，特务横行，迫害民主人士。这种违反全国人民愿望的做法，不能不使叔老加倍愤慨。

最使叔老愤怒的是，在经受了八年抗战，备尝颠沛流离之苦的全国人民，正需要安定团结，休养生息，渴望过和平生活的时刻，国民党反动派却把全面内战的灾难强加在全国人民的头上。不甘“忍视神州随劫尽”的叔老，终于响应中国共产党的号召，投身到反内战，争和平；反独裁，争民主的洪流中去了。

他参加了上海各界人民团体联合会的筹备工作，又参加了上海赵主教路大通别墅包达三家中的星二聚餐会。经常参加这个聚餐会的有马叙伦、周建人、王绍鏊、马寅初、许广平、盛丕华、张䌹伯、包达三、沈子槎、邱文奎等人，其中有中国共产党地下党员。这个聚餐会当时成为上海一部分民主人士交流情况，研究形势，交换意见，开展反蒋爱国民主运动的联络点。1947 年 5 月 4 日起，上海学生掀起反内战、反饥饿、反迫害的正义斗争，叔老积极加以支持，并向各方面募捐衣服、米面和钱物，交给上海学生会分配救济。同年5月底，国民党上海警备司令部以“共产党阴谋嫌疑分子”的罪名，肆意逮捕大批爱国学生。叔老立即联合张元济、唐蔚芝、李拔可、叶揆初、张国淦、胡藻青、项兰生、钱自严、陈仲恕等老人共同具名于6月3日分函吴国桢（上海市市长）、宣铁吾（上海警备司令）、张群（国民政府行政院院长）要求立即释放被捕学生。这就是当时社会上盛传的“十老上书”。书中说：学潮汹汹之原因是内战所造成。反对内战，“要为尽人所同情。政府不知自责而调兵派警，如临大敌，更有非兵非警参谋其间。忽而殴打，忽而逮捕”，“外间纷纷传说，以前失踪之人，实已置之死地”，“纲纪荡然，万口皆同”。书中最后说，政府应“先将被捕学生速行释放，由各校自行开导”。凡是学生提出的合理意见，政府“亦应虚衷采纳”云云。

迫于舆论，当局不得不将被捕学生陆续释放出狱。反饥饿、反迫害的运动，迅速扩大到国民党统治区60多个大中城市。

这年暑假，国民党当局密令上海各大学解聘进步教授达30多人。叔老知道后，就商请张元济救济，由商务印书馆以资助文化团体名义，拨出一笔经费资助被解聘教授。他还和盛丕华、包达三、张䌹伯等共同支持上海各大学教授联谊会的正义活动，并资助一部分活动经费。

当时，解放战争正在各个战场激烈进行，解放军已开始转入全面进攻。爱国民主运动在国民党统治区迅速发展，成为人民革命的第二条战线。国民党反动派不甘心于失败，加强对民主党派和民主人士的野蛮镇压。1947年7月，国民党政府颁布了所谓“戡平共匪叛乱总动员令”，接着宣布民主同盟为非法团体，取缔民主人士的政治活动。从此，特务益形猖獗，白色恐怖更加严重。这一年，秋行夏令，上海闷热异常。叔老写了题为《秋热》的七言律诗一首，诗曰：

事事年来反故常，倒行夏令太荒唐。
已无多日犹为厉，不到穷时总是狂。
谚语有征嗟猛虎，吟怀无奈诉啼螀。
相随霰雪须防冷，老去忧深苦昼长。

秋阳肆虐，为日无多，但“不到穷时总是狂”，反动派还要作最后挣扎。“苛政猛于虎”，叔老不胜忧伤。

在白色恐怖的严重时刻，当时在上海的一部分革命同志和民主人士不得不转入地下或撤离上海。与叔老有深厚交谊的民主革命斗士马叙伦老人也于1947年底离沪赴港。叔老仍留在上海。团结一部分进步人士继续进行反蒋斗争。他营救被捕学生并支援进步青年投奔解放区，其中很多是大学生，交大、同济学生就去得不少。他把当时上海方面斗争情况、斗争策略以及他对各种问题的意见和建议，经常用秘密通信方法，告诉当时在香港的马老。通过马老与中国共产党取得了密切联系。在1948年一年内，他给马老的书札达15件之多。其中短札有不到100字的，长的有达一两千字的。当时他在上海参加民主反蒋运动的情况，他对解放事业的关切与设想的周密，可以在这些书札中略见一斑。这些书札都没有抬头，信末具名有“两恕”“两浑”“名恕不具”或不具名等几种式样。书札往还，都由可靠熟友带转，根本不经邮局投递。正像他在1947年底给马叙伦的一次信里所说："近来（国民党）日暮途穷，倒行逆施愈甚。此间已成恐怖时期"。在另一次信里他又说："邮局检查甚严，……信件除妥人带不可付邮。""我处门牌已由警备司令抄走。通信万万不可。"

白色恐怖虽然严重，但他对于个人安危处之泰然。一天，蒋介石侍从室的陈布雷托人转告他说："我已两次救了你，两次把你的大名从共党嫌疑分子名单上勾了去，今后你若再要活动，我就无能为力了！"他闻讯后一笑置之，托人转告陈布雷说："你的好意，我感谢！我也劝你早日洗手，弃暗投明。"刚直不屈，不畏强暴，如见其人，如闻其声。

一方面，特务横行，白色恐怖严重；同时，国民党纸币贬值，物价飞涨，生活艰难，他靠出卖家藏文物维持日常开支。他在 1948 年 7 月 12 日给马老的信里说："近日物价可怕，……每日卅万（元）菜，连吃素亦不敷。"在同月 23 日的信里又说："物价上下半日涨，真受不了，唯亟盼解倒悬耳！"

在生活困难的同时，他却抱着革命的乐观情绪。他在 1948 年 8 月 26 日的信里写道："前日忽改革币制（指发行金圆券），此实友方（指中共）意外之机会。……不到一月，必起风波。此风波无法可以镇压。"以后事实证明，他的预见是完全正确的。

在经济崩溃，军事节节失利的时刻，国民党于 1948 年七八月间发动了一次又一次的和谈攻势，并放出第三次世界大战即将爆发的谣言。接着，上海就有人鼓吹"去草和谈"（指蒋介石下台，李宗仁上台），策划"千人通电"以促成国共谈判。还有人发表"国际情形不佳，不如乘时得罢且罢，分步解决为有利"的论调。对于以上这些论调，他一概予以驳斥。他斩钉截铁地说：“此次为革命，且为流血革命，要彻底”，不能中途妥协。“盖今日中国之前途，彻底两字，希望不可打破。”（1948 年 7 月 23 日函）当有人要求他在“千人通电”上签字时，他严词拒绝。他对来人说：“此次是革命，且希望彻底革命。革命要流血，谁流血？无疑是友方。我们要与友方配合。老实说，要得其同意。否则即是不予帮助，反而打击。”他又说：“无友方，即无今日之我们，亦无他日之我们，亦可谓明白了当。”对于蒋去李来于时局有利之说，他驳斥道，“蒋去李来的背后仍为某（美）方”，“背后老板仍须贯彻反共主张”，“所谓‘有利’，安在？”由于他表示了坚定不移的立场和各方面的共同抵制，所谓“去草和谈”和“千人通电”之议，也就无疾而终（1948 年 8 月 26 日函）。

他积极响应中国共产党关于召开新政协会议的“五一”号召，并对新政协的组织程序、议题、组成成员以及会议召开的时间和地点等提出了很好的建议，得到中共的嘉纳。他在 1948 年 7 月 23 日的信里说：“近闻新协商有提早开，且在哈尔滨开之说。弟则断为谣言。新协商为一种号召，不可轻易摊牌，摊牌即不值钱，更易惹起纠纷，总须与军事配合。军事至相当程度，地点尤须有全国性，如四川之类。不能在黄河以北，何况关外！否则适予对方以口实。”以后，解放战争进展顺利，他就建议“新政协开在北平”，他说：“军事进行愈顺利，愈可迟开。我此议自以为极有价值，不可忽视。”（1948 年 10 月 25 日函）翌年 9 月，新政协在北平召开，他的愿望得到了实现。

重视人才，罗致人才，是他的一贯主张。他曾多次函荐一些有专才实学人士，供中共选择录用，其中有的人在新中国成立后一直负担着重要职务。他在 1948 年 8 月 26 日的函中特别提到罗致经济人才的重要性，他写道："友方经济人才应多方罗致。且须知经济人才应与军事并重。无论共产与资本主义，均建筑在经济上，不过主义不同耳！"当时辽沈战役尚未开始，他已考虑到战后经济建设问题，高瞻远瞩，令人钦佩。

紧接前函以后，他又发出另一函（原函未注日期），就外交政策问题提出了意见，他写道："我们对任何国（须）有坦白之声明，即反对任何方以我为军事根据地攻击任何方。经济方面，反对以我为任何方殖民地，而极愿与真正认我为友邦之国力谋合作。我国科学落后，且亟须开发，均赖友邦之协助，无可讳言（老实反见诚恳，并不寒酸），甚至投资亦所欢迎。唯主权在我，凡协助我之友邦投资，均担保安全……至于本军所到之地，凡外人生命财产一律保护。我友邦须知：我国能独立自主，即所以奠定我国之和平，亦即所以奠定世界之和平。一国的饭，一国的大家吃；世界的饭，世界的大家吃。如此方是真和平。否则，和平是一种假面具，且是一种阴谋家代名词。"这种独立自主的外交见解以及对外开放的经济主张，在今天看来也是合乎我国国情的。

他是一位虚怀若谷的人。虽然在当时上海恐怖环境里，他做了许多工作，提供了很多有价值的建议，但他认为自己对解放事业没有尽力，不愿听恭维的话。他在一封信里（原信 16 日写，没有月份）说："我不怕咻，但怕誉，誉最难受。要之，各行其心之所安而已。"他于 1948 年 10 月 25 日的信里谈到进解放区参加新政协会议的人选问题，认为自己没有多大用处，比他好的人很多。他列举了黄任之、张表方、马寅初等人，认为都比他有代表性。他说："人苦不自知，甚至妄自尊大。此次我们唯有‘惭愧’两字。良心驱使，不过尚有一种自动认识而已。入内与否，无关重要。我且避名。倘战局略定，便欲关门。至于贡献，苟有路可通，无不随时写寄。”

经过中共的一再敦促，他终于在 1949 年 1 月潜离上海，于同月 22 日到达香港。2 月 27 日，他与柳亚子、叶圣陶、郑振铎、马寅初、曹禺、王芸生等人一起，搭“华中号”离港北上，于 3 月 18 日到达北平。3 月 25 日，中共中央毛主席等领导人从西柏坡迁回北平，他到西郊机场参加欢迎。在北上途中，他写下了豪情满怀的诗篇：

迟暮长征两鬓皤，未除元恶肯投戈！
画疆王气成狐鼠，夹岸军声乱鸭鹅。
姑息终贻他日患，纵谈遥忆故人多。
正如夜尽力迎曙，回首中原发浩歌。

敌人不会自动放下武器。姑息养奸，终贻后患，必须将革命进行到底。茫茫长夜已到尽头，诗人和全国人民一样，热烈欢呼胜利曙光的到来。烈士暮年，壮心未已，叔老立志要为人民再做一番事业。

（节选自《文史资料选辑》第 108 辑，中国文史出版社 1987 年版。原标题为《爱国民主老人陈叔通》）

新政协运动前后的《华商报》

杨　奇*

《华商报》创刊于1941年4月8日，1941年12月10日，因太平洋战争爆发而主动停刊。日本战败投降后，《华商报》于1946年1月4日复刊，至1949年10月15日终刊。前后一共办了四年五个半月。

复办的《华商报》，是在1945年10月开始筹备的。日本投降后不久，中共中央便打电报给中共广东区党委，指示区党委“立即派出干部前往香港、广州占领宣传阵地”。原华南人民抗日游击队东江纵队机关报《前进报》社长杨奇（杨子清），接受了区党委的任务，立即带领编辑记者6人赶往香港。为了争取时间及早传播党的声音，

* 杨　奇：时任《华商报》董事经理、代总编辑；后曾任广东省新闻出版局局长，香港《大公报》社长。

他们在没有自己的印刷厂的条件下，委托社会上的小型印刷厂承印，先行出版了一张四开版的《正报》。这时，东江纵队秘书长饶彰风又已率领一批干部陆续到达香港。经过3个月的紧张筹备，《华商报》于1946年1月4日出版了。社址设于香港干诺道中123号。

一　复刊后的阵容

抗日战争胜利后，蒋介石反动集团大肆迫害各地的民主人士和查封民主报刊。重庆、上海、广州等地许多进步文化工作者，被迫转移到了香港。《华商报》的复刊，就使得来自国民党统治区的以及海外的进步文化界人士紧密地团结在一起。从办报阵容上说，可谓极一时之盛。

《华商报》是一张接受中国共产党领导的统一战线的报纸。复刊初期，由饶彰风代表党组织实行全面领导。他经常夜以继日地工作，从大政方针到日常业务都躬亲处理，为报纸的出版和各项工作的发展作出了贡献。1947年春，中共中央香港分局正式成立，并设报纸工作委员会由章汉夫担任书记，从这时起，《华商报》便归报委领导。香港分局书记方方，也经常为报纸撰稿。《华商报》的最高机构是董事会，董事长由爱国民主人士、华比银行华人副经理邓文钊担任，董事有陈嘉庚、夏衍、连贯、萨空了、刘思慕、饶彰风、廖沫沙、杨奇，并由杨奇兼任秘书。华商报社董事会属下的机构，包括华商报社、有利印务公司、新民主出版社。

《华商报》的总编辑由刘思慕担任，廖沫沙、邵宗汉、杜埃先后担任过副总编辑。各版的主要编辑人员，国际和国内版先后有高天、沙溪（即俞鲤庭）、白麦浪、姚黎民、杨樾；翻译科先后有任以沛、李仲才、莫家鼎、秦似、陈眉、丘成、张兆汉等；港闻版和采访部先后有黄新波、李门、邬维梓、刘逸生、麦君素、王修平、周方旸、司徒坚、成幼殊、郁茹、陈海云、林堃；经济版先后有赵元浩、孙孺、邱陵；副刊版先后有黄文俞、吕剑、华嘉，除了每天出版综合性副刊《热风》（后改名《茶亭》）外，还由周钢鸣主编《文艺周刊》，洪道主编《电影周刊》，林林主编《图书周刊》，何明主编《妇女周刊》；读者版先后有黄明、张其光、吴荻舟等。报社总经理为民主同盟负责人之一的萨空了，经理先后有陈东、杨奇；营业部主任由洪文开担任。此外，报社还设有社论委员会，先后参加该委员会的有刘思慕、萨空了、狄超白、陈此生、章汉夫、夏衍、乔冠华、许涤新、张铁生、廖沫沙、高天、饶彰风、杨奇、张其光等。

《华商报》的工作人员，连印刷工人在内，只有60余人，最多时也不过70余人。人手不多，工作效率却很高，例如：经济版只有两个人，他们既是记者，又是编辑，工作是繁重的。

但是，《华商报》的阵容，不仅表现在报社拥有一批知名的编辑、记者，而且表现在它得到全国著名教授、作家、美术家、艺术家的热情支持。例如：郭沫若的《抗战回忆录》（后来易名《洪波曲》）、司马文森的作品、黄谷柳的长篇小说《虾球传》、章泯的剧本，都是首先交给《华商报》刊载的。

二　团结人民，打击敌人

纵观《华商报》的言论，有一个基本特色，就是：始终密切配合国内外的政治、军事形势，同国内外反动派作针锋相对的斗争。根据当时的形势和读者的需要，报纸的宣传报道重点是：国内国外，以国内为主；内地香港，以内地为主。

抗日战争胜利后，中国人民迫切要求有个和平、民主的局面迅速治愈战争的创伤；但是，国民党反动派为了维持其法西斯独裁统治，不惜燃起内战的战火，继续与人民为敌。在这种情况下，为了向广大海外同胞揭穿国民党反动派假和平真内战的面目，《华商报》复刊伊始，便在《复刊词》中明确提出："我们认为，内战不容再继续，兴风作浪、压迫异己的分子不容再与闻国事；应立即停止内战……清除反民主分子，成立联合政府，然后真诚团结，方能获致！"同时，就在复刊的这一天，第一版刊出了陈嘉庚先生的题词："蜀道如天，忧心如捣，还政于民，仍在健斗。"这个题词既切中时弊，又指明努力方向，刊出之后，传诵一时。

在以后的日子里，《华商报》一直坚定地高举和平民主的旗帜，呼吁制止内战、实现和平；同时，鉴于国民党反动派顽固不化，内战难以避免，它又动员各阶层人民作好思想准备，从各方面粉碎国民党反动派发动的反革命军事进攻。

这样的言论，不但见诸每天的《社评》中，而且像一道红线一样，贯穿于整张报纸的版面上。且看副刊《热风》的开场白："我们的副刊，也要用这个名字（指鲁迅杂文集《热风》），自也敢说、敢笑、敢哭、敢怒、敢骂、敢打，正视和针对着社会现实，有力地表示其爱恨，爱人民所爱的，恨人民所恨的。"是的，《热风》可以说是名副其实的一股"热风"：它的杂文以无情的揭露，把敌人烧得焦头烂额；它的散文又以无比的热情，歌颂解放区人民的政治经济建设成就，温暖着广大读者的心。

1946年6月，内战全面爆发以后，《华商报》揭露国民党反动派撕毁“双十协定”、妄图以武力消灭共产党的社评，几乎无日无之，有时甚至是一日两评。这些社评，短的只有数百字，长的不过1000来字，可谓短小精悍，一针见血。社评之外，还有专论和专栏文章。专论一般较长，往往就时局的某个问题，评述其背景、现状和动向，并且提出鲜明的主张。这些专论的基本作者是：郭沫若、马叙伦、翦伯赞、侯外庐、张铁生、陈此生、胡绳、许涤新、沈志远、李章达、陈其瑗等。在各个专栏文章中，则以廖沫沙署名怀湘的《一周战局》，最为读者瞩目。

随着解放全中国的时刻愈来愈迫近，《华商报》对于一些对国民党仍然抱有幻想的人士提出规劝，例如1948年1月5日在题为《海外国民党员的抉择》一文中写道：“现在，国民党统治集团的罪恶已经满盈，整个统治的基础已经崩溃……目前正好是正视现实、抉择自己路向的时候了，随波逐流地背着罪恶的包袱去替四大家族殉葬呢？还是勇敢地团结起来，为孙中山先生的三民主义、三大政策继续奋斗？我们相信侨胞不乏明达之士，一定会当机立断，勇敢地表示自己的态度的。”这些话有如暮鼓晨钟，发人深省。

团结人民，打击敌人，这就是《华商报》的言论方针。

三　射向蒋管区的“纸弹”

1947年2月，国共和平谈判破裂，中共在南京、上海、重庆等地的代表机关被迫撤退，原拟在上海出版的《新华日报》也胎死腹中了。同年 3 月 19 日，中共中央主动撤出延安。这时候，全中国除了解放区和游击区以外，广大人民群众看不到自己的报纸，听不到党的声音。在这种情况下，向海外和国民党统治区广大人民正确阐述中共的方针政策，如实报道国际国内形势的这个任务，便不得不落到《华商报》身上了。

于是《华商报》利用香港报纸言论基本上不受检查的有利条件，旗帜鲜明地为坚持和平民主、反对独裁而斗争。他们立足香港，发行却扩大到内地特别是华南广大城乡。当然，国民党反动派是严禁《华商报》入口的，而《华商报》则针锋相对地采取各种措施突破它的封锁，例如：第一，通过邮局寄递。报社指定几个工作人员，采用不同的信封，写上不同的笔迹，把每天的报纸或剪报，轮流寄给国民党党政军机关的各个官员。当时预计，这些信件即使为国民党检查的特工人员检查发现而没收，他们自己也会“闭门读禁书”的；而后来的事实证明，有些国民党高级将领的秘书就是由于这样读到《华商报》的。第二，通过党在铁路上的地下工作者携带。当香港开往广州的直通火车途经广州郊区石牌的时候，便有人把成包成包的报纸扔下，然后由指定接应的中山大学地下党员捡回，分发给广州各有关人员。第三，通过一些牟利的水客偷运进内地。当时，广州有些鸦片烟馆，往往可以用高价租阅到《华商报》。由此可见发行途径之多。

在此之前，当国共还在和谈，内战还未大打起来的时候，《华商报》曾经利用国民党左派李章达的关系，在广州永汉路（即今北京路）开设了《华商报》《正报》广州办事处，负责人邬维梓除了采访广州新闻外，还要发行《华商报》和《正报》。《华商报》复刊那天的报纸是公开发行的，转眼便被热心的读者抢购一空；但第二天，国民党当局就以“破坏政治宣传”的罪名禁止发售。从此，报纸就只好转入地下发行了。

《华商报》的日销量，一般不超过1万份，但它的读者却很广泛，每份报纸好几个人阅读。特别是秘密送进内地的报纸，辗转传阅，流布之广，绝不是发行数字所能计算的。有不少事例可以生动地说明这一点：广州解放前夕，不少国民党的党政军人员秘密到达香港，要求《华商报》介绍他与中共人员接触。他们正是因为秘密读过《华商报》而相信到香港可以找到党组织的。这里面，包括国民党资源委员会委员长翁文灏的得力助手孙越琦。就是这样通过《华商报》实现了经济起义的愿望，而把玉门油矿和广东几间糖厂完整无缺地交到了人民手中。国民党军舰灵甫号和重庆号的起义，两航（民航公司）人员起义，都是先找《华商报》才接上关系的。

所有这些，从一个方面说明了《华商报》所起过的历史作用。有人称赞它是射向敌人心脏的千万颗“纸弹”，这是并不过分的。如果说，古代的张良凭着手中的一管笛子，动之以乡情，曾经把项羽的三千江东子弟兵吹得分崩离析，那么，《华商报》所射向蒋管区的“纸弹”，却使得广大人民认清形势，并使得国民党官兵幡然悔悟，从而投靠人民，走上光明大道。

四　群众性的救报运动

《华商报》复刊初期的经费，一部分是由周恩来同志通知上海市委张执一同志筹集得来的，一部分则是来自边区征收的税款。边币要先兑成蒋币，再换成港币。这样一兑再兑，损失很大。当时，国民党反动派在香港的势力是颇为猖獗的，工商界人士慑于他们的淫威，往往不敢在《华商报》上刊登广告。由于销路不多和广告费收入少，《华商报》经济上十分困难。怎么办呢？1947年中，中共中央香港分局发出了充分依靠群众，克服一切困难，把报纸办下去的号召，并且具体地提出了救报运动的倡议。

这个倡议，很快就获得香港各阶层人民，特别是产业工人的响应，广大读者纷纷捐款救报。《华商报》每天都在报纸上刊出捐款人的名单（有些不愿刊登真名的则以化名见报）。与此同时，广大读者还提出了许多改革报纸版面的建议。

当时，由于经济困难，有些领导是不拿工资的，夏衍同志虽然每天都到报社工作几小时，但全靠稿费维持生活。大家的月薪都很低，总编辑也只有220元，一般工作人员100多元甚至仅得几十元。这些钱，只能维持起码的生活。至于居住条件，就更差了。大家都过着一种艰苦朴素的生活。记者遇到一些重要的采访活动，需要像样一点的衣服时，便借别人的穿。但是，在救报运动中，报社许多工作人员却把身边仅有的戒指、手镯等都捐了出来。

另据廖沫沙的回忆：1947年四五月饶彰风同志叫我专程飞上海南京找周恩来同志、廖承志同志，请求拨款，除直接交给我5000元现款外，还另外拨款（数目多少忘记）给报社。

经过广大人民群众的捐助，经过报社全体工作人员的努力，救报运动获得了显著成绩，一共募得港币18万元。利用这笔款子，使得报社能够经营一些副业，以弥补亏损。同时，编辑部努力刷新版面，使报纸内容做到社会化、群众化。结果，报纸的销量逐月上升，广告收入也多起来了，每月的亏蚀从二三万元降至六七千元。从1949年起，由于我军在解放区战场的节节胜利，形势日趋好转，《华商报》终于扭转了入不敷出的局面，实现了收支平衡。

五　没有见诸版面的斗争

1948年5月1日，中共中央在纪念“五一”劳动节口号中，响亮地发出了“各民主党派、各人民团体、各社会贤达迅速召开政治协商会议，讨论并实现召集人民代表大会，成立民主联合政府!”的号召。

形势的发展，迫切要求有一个机构同上述滞留香港的民主人士和知识分子保持密切的联系，以便把他们安全地转送到解放区去。可是，港英当局当时同蒋介石集团仍保持着外交关系，当然不会允许成立这样一个机构。于是，这个任务又只能落在《华商报》这个公开的机构身上。

为了完成这一任务，中共中央香港分局成立了一个专门领导小组，负责人是章汉夫、潘汉年、许涤新、夏衍、饶彰风，并由饶彰风出面，在《华商报》组织了一个班子，杜宣、陈紫秋、赵沨、罗理实、周××、杨奇、吴××、陈××等人都担负了一定的联络工作。他们在办报之余，分别约见需要到解放区去的有关人员。他们还由廖安祥开设的亚洲公司，通过社会关系，把香港太古轮船公司客货轮途经东北营口、华北天津等口岸的船票全部买下来，分别把民主人士秘密转送到解放区去。以后，他们又采取直接租船的方法，把大批文化人、知识青年，连同大批西药、橡胶等物资运到刚解放的天津去。再次，他们通过地下交通站，把大批知识分子源源送回广东游击区。广东解放前几个月，他们又根据中共中央香港分局的决定，在惠阳地区成立了东江教导营，把一批高级知识分子和革命干部，从香港送回去学习，为以后配合南下大军接管广州市进行准备工作。

就这样，从 1948 年 8 月开始，旅港的各民主党派领导人和全国知名人士，便陆续地离开香港，后安全地抵达东北、华北解放区并转赴北平，如期参加了政协第一届全体会议，而且在以后成立的中央人民政府中担任了重要的领导职务。在这当中，以护送李济深等一行人秘密离港的过程最富于戏剧性。

自从李济深等在香港成立国民党革命委员会以后，各民主党派在香港的活动便更加引起港英当局的注意。港英政治部在半山区干德道李济深住宅对门租了一层楼，派了两个特工人员住在那里，专门监视李的行动。为此，中共香港分局对如何使李济深等人秘密离港的计划作了专门的讨论，并由连贯、饶彰风分别与他们磋商，在征得他们同意之后，便开始了具体的联络和护送工作。

1948 年 12 月，当一切都已布置停当，这批民主党派头面人物离港的时间到了。为了避开特务的监视，李济深接受连贯的建议，当晚在家宴客。他故意只穿一件小夹袄，而把外衣挂在客厅的衣架上。对门的港英特工人员用望远镜一看，只见杯盘狼藉，李济深正与亲朋畅饮，因而也就不大理会。宴会进行中间，李济深离席了，外衣仍然挂在衣架上，他先到厕所转一转，然后悄悄地出了家门，在 20 米远的地方，坐上了一辆刚刚到达那里等候他的小车。当他被送到坚尼地道《华商报》董事长邓文钊家里的时候，方方、饶彰风等迎接了他，大家相见之下，格外感到高兴。

晚上9时，护送人员先行离开，回到湾仔海旁六国饭店去，他在海边雇好一只小汽船，把前几天已集中到六国饭店来的李济深等人的行李搬到船上；随即打电话到邓文钊家，用暗语说明情况正常，一切按原定计划行事。当下，由饶彰风用两辆汽车把李济深等送到停泊小汽船的岸边，再由护送人员送他们到海中心的一艘远洋货轮上，海员们热情地把他们安置在自己的卧室，请他们安心休息。3天之后，《华商报》才刊出一则消息："李济深等离港北上参加政协。"到了这时，港英当局特务部门和国民党反动派才如梦初醒。

还有一件事，也足以说明《华商报》没有见诸版面的斗争：广州解放后，进城的两个纵队战士的军帽，都镶着新的五角红星帽徽，市民们带着羡慕而惊异的神情迎接了他们。这些五星帽徽是在哪里制造的呢？原来，也是《华商报》的同志在"竭诚为读者服务"的名义下，说服了一家制罐厂的老板，接受了承制这批帽徽的工程。后来，英文《虎报》在新闻报道中泄露了这件事，但帽徽早已运到东江地区；港英当局政治部派人到制罐厂调查，但工厂说他们只知做生意，依照图纸加工而已。

六　升起了第一面五星红旗

中国人民政治协商会议第一届全体会议于1949年9月21日在北平召开。这次会议，选出了中华人民共和国中央人民政府的领导成员，确定了新中国的国旗、国歌。《华商报》在宣传报道这些重大事件中做了大量工作。

1949 年 10 月 1 日，是中华人民共和国成立的伟大日子。这一天，在华商报社的楼顶，全社工作人员举行了隆重的升旗仪式，这是香港升起的第一面新中国国旗——五星红旗。接着，第二面五星红旗也在香港中华总商会的会址升起来了。

同年 10 月 10 日，是辛亥革命 38 周年的纪念日。早些时候，国民党反动派就在香港大肆宣传，要利用这一天来庆祝已被推翻了的“中华民国”的“国庆节”。他们鼓动各行各业悬挂已被废除了的青天白日满地红旗。《华商报》意识到：一场挂新国旗还是挂废旗的斗争是不可避免的了。在金陵酒家一个庆祝新中国诞生的大会上，《华商报》负责人讲了纪念辛亥革命的意义，并且严正指出：我们纪念辛亥革命，只能挂新国旗，决不能挂废旗。到了 10 月 10 日那一天，《华商报》又大量印制五星红旗，随报附送，使得广大读者能够及时在阳台或窗口竖起了新中国的国旗，狠狠地打击了国民党反动派的猖狂气焰。反动派为此出动了一批流氓地痞，殴打《华商报》的派报童，但他们的倒行逆施，并不能扭转历史的发展进程：庄严美丽的五星红旗，继“十一”之后，又一次出现在香港的上空！

七　暂别了，亲爱的读者！

1949 年秋，中共中央华南分局第一书记叶剑英和书记方方，考虑到当时南下解放大军中的新闻工作者不多，而华南分局的机关报《南方日报》又必须加紧筹办，所以，在赣州会议上决定：把筹备《南方日报》出版所必需的纸张机器等工作任务交给华商报社，并且决定：一俟广州解放，《华商报》即行停刊，全体工作人员赶到广州，尽快出版《南方日报》。

这时候，《华商报》中原先由重庆、南京、上海等地到达香港的部分工作人员，已经北上参加新的工作，连总编辑刘思慕也离港准备出席政协了，留下来坚持出报的人手很少，工作显得特别紧张。为了保证报社全体工作人员在转移途中不致受到国民党特务的破坏，关于《华商报》停刊的决定不能广泛传达，以免流传到社会上去，但准备工作又必须充分做好。于是，报社负责人分别同全体人员谈话，动员他们到广州去参加办报。每一个人听了，都愉快地表示同意。

10 月 14 日下午，我人民解放军前锋已抵达广州市郊三元里，广州解放指日可待了。报社负责人便分别通知各人准备明天一早出发，请他们把自己简单的衣物带回报社，交给一位同志集中保管。到了 15 日零时，当大家已吃过夜宵，报社大门已经关上之后，代总编辑杨奇把一篇终刊词《暂别了，亲爱的读者！》发下排字房。这时候，最初以为只是自己和少数人到广州办报的，才知道原来大家全都回去。这一晚，他们为广州的解放所激动，情绪高昂极了，决心以高速度、高质量编印好最后一期报纸。当报纸开始印刷的时候，全体工作人员便三三两两地离开报社，到指定的几家茶楼吃过早餐，在地下交通员带领下，取道九龙半岛，经沙鱼涌去惠州，然后坐船赶往广州参加《南方日报》工作。这一天上午 9 时，当港英政治部的特工人员回到办公室，发现《华商报》的停刊启事之后，连忙到干诺道中 123 号去查问究竟。可是，报社全体工作人员这时都已安全到达东江游击区，正在向惠州城进发途中纵情歌唱了。

至此，《华商报》也就胜利地完成了她的历史使命。

本文根据杨奇同志的谈话，并参照当年《华商报》出版的内部刊物《工作与学习》中的有关文章整理而成。

（选自广东省政协文史资料研究委员会编《广东文史资料》第38辑，广东人民出版社1983年版。原标题为《忆复刊后的香港〈华商报〉》）

在香港发出我们的声音

刘思慕*

关于《华商报》在抗战期间的创办缘起，在解放战争期间的复刊，它同我党的关系，它的组织和主要工作人员，它的宗旨和内容的特点，它的读者对象，它的影响和遭遇，在近年已有张友渔、夏衍、杨奇等有关同志写过一些文章、资料，作了翔实和相当详尽的介绍，在《新闻研究资料》《广东文史资料》等刊物发表。但我作为复刊的《华商报》编辑部主要负责人之一，也有责任就我所了解的和记得起来的情况作些补充。为了避免重复，我比较着重谈论这个在香港的革命宣传工具的一些特点，尤其是国际时事宣传的特点。

抗战时期《华商报》（晚报）创刊（1941 年 4 月 8 日）时，我

* 刘思慕：时任《华商报》总编辑；系人民政协第一届全体会议代表；后曾任中国社会科学院世界历史研究所所长，全国政协委员，民盟中央常委。

已离港到印尼雅加达去，任职于华侨报纸《天声日报》，不与闻其事，这里不谈了。只谈抗战胜利后复刊的《华商报》（亦称后期《华商报》）。

《华商报》的复刊，出自我党中央的指示，它的工作的领导，掌握在香港地下党组织的手里，那是不成问题的，但具体经过有两种稍有不同的说法。根据夏衍同志的《白头记者话当年》文说，大概在1945年9月间，中共南方局决定派章汉夫、胡绳、乔冠华、龚澎、廖沫沙等擅长新闻文化工作的党员同志到港，会同广东区党委派出饶彰风、杨奇等同志（原在抗日游击队东江纵队工作）重新建立党的宣传据点，其中的《华商报》便于10月间筹备，3月后复刊。另据杨奇同志的文章《忆复刊后的〈华商报〉》则说：日本投降后不久，党中央电广东区党委派出干部去港占领革命宣传阵地，原“东纵”《前进报》社长杨奇奉命即赴港，率领编辑记者打头阵，先办起小型报《正报》。这时“东纵”秘书长饶彰风同志率领一批干部陆续到港，积极筹备《华商报》复刊，并把原来的晚报改为日报。两说的事实虽稍有出入，但并无矛盾。很明显，面对当时投靠美帝的蒋介石在主子出钱出枪的援助下，集中人力挑动屠杀共产党和人民的内战已如箭在弦上的形势，为了开辟舆论阵地，宣传党的制止内战、争取和平、民主、团结的方针、政策，揭穿美蒋在中国发动大规模内战，妄图消灭共产党，消灭一切民主力量的阴谋，揭露蒋政府坚持法西斯独裁、贪污腐化的黑暗统治，消除一部分人对美蒋还抱有的幻想，有在香港建立宣传据点向华南、港澳和海外进行广泛和深入宣传的必要。当时在国统地区的白色恐怖有增无已，受压迫的民主人士陆续转移到香港来的愈来愈多，民主同盟正在酝酿在港设立南方总支部，也需要代人民发言的喉舌。于是复刊的《华商报》便具有党直接领导的统一战线报纸的性质。

抗战胜利后，我从昆明美国新闻处调到广州美新处继续搞编译工作，这只是暂时栖身，又碰到该处的美国负责人自高自大，不把中国人放在眼里，我更有离开的念头。我在业余时间同当时从粤北回到广州的地下党员左洪涛（后曾任广东省政协副主席）、张铁生、狄超白、何家槐、陈良直以及民盟的千家驹同志（有名的经济学家）等创办一个取名《自由世界》的国际时事月刊。出版仅一两期，就给那位美新处主任知道，找我谈话，说我“不务正业”，我更待不下去。那时，张、狄、千等同志已去港参加民盟南方总支部的建立和《华商报》复刊的筹备工作，恰值《华商报》正要物色总编辑的人选，他们知我在内地和南洋当过报纸的编辑和主笔，在香港也参加过国际新闻社的编辑工作，虽还不是党员，但也在靠拢党的进步文化人之列，又是广东人，人熟地熟，是比较适当的人选，便把我推荐给党组织负责人饶彰风同志，得到党组织的同意。于是，我欣然卸下美新处的担子，于1945年底举家搬到香港去，同时加入了民盟，积极准备承担这个艰巨而光荣的新任务。我生平没有当过“老总”，不免有点诚惶诚恐，党组织把一个党外知识分子安排在这样重要的工作岗位，如此器重，我深感党对我的信任。而且，在我们一家搬到寸土寸金、住房难的香港来，找房子不易，彰风同志便把他原住的西环紫兰台的双层楼腾出来，让我们一家9口住进去；彰风同志还考虑到我家人口多，生活负担重，在报社同仁都支低工资过日子时，却给我一笔津贴，并安排我的爱人曾莼在报社工作，这样周到的照顾，又使我感到党的温暖。

关于后期《华商报》的组织和人事，夏、杨两同志都谈到了，大同小异。就我记忆所及，我只作如下的补充：（1）在党员中，饶彰风同志在复刊初期是以副经理的名义代表地下党全面领导报社和它的附属单位的。到1947年章汉夫同志从美返国，任南方局香港报委书记，除领导《群众》周刊外，《华商报》的方针、政策等大问题也由他抓。（2）报社骨干人员中，地下党员和党外进步民主人士各占一半左右。我和萨空了总经理、编辑部主任高天当时还没有加入党；反之，排字房的领班陈景文同志倒是出身“东纵”的地下党员。（3）当时报社除设有社论委员会，各委员按照其专长分任社论、评论的撰写之外，初期还设有主笔一职，由经济学家狄超白同志担任，负责社论、评论的定稿工作。但狄任职似不到一年便离开，改由廖沫沙同志负责。（4）读者版初由地下党员陈木桦同志负责，后因病逝世。因需要收译外国通讯社的电讯，所以翻译同志有好几位。

以内容和言论的特点而论，总的来说，我报按照党的方针、政策，紧扣国内国际形势，同国内外反动派（主要是蒋美）展开针锋相对的斗争，针对不同的宣传对象的思想动态，有的放矢地进行有说服力的宣传。有人把《华商报》的爱国统战的宣传工作的特点分为两个时期：第一时期是内战（解放战争）初期（1946年到1947年上半年），以揭露蒋假和平、真内战的阴谋为主，同时也针对所谓中间路线——对蒋美仍抱有幻想而恐共疑共——摆事实，讲道理，加以反驳，拆穿美帝假调停真援蒋灭共的阴谋澄清是非。对于当时蒋介石召开政治协商会议而旋即加以破坏、举行伪国大、炮制伪宪法的把戏，用雄辩的事实加以揭露。宣传的基调还是反内战、反独裁，要和平、要民主，但对反动派的斗争要做到有理、有利、有节的方针，在这时期也成为我报宣传的准绳。在和平还有一线希望时，还尽力争取。所以，1946 年初，在港民主进步人士由李济深、何香凝倡议领衔联名向国共美三方领导人发出呼吁和平的电报，《华商报》更是以显著的地位刊登出来。第二个时期（1947 年下半年到 1949 年 10 月）是内战后期，蒋介石在美帝援助下蓄意发动的内战经过一年后，我解放军由战略防御转为全面反攻，并取得胜利，解放区随之日益扩大。于是我报政治宣传的基调便转为“打倒蒋介石，解放全中国”。同时，针对部分工商界人士和海外侨胞以至少数民主人士对共产党执政的一些疑惧，以及对蒋美还未完全消除的幻想，我报便着重揭露蒋介石统治的卖国独裁，贪污腐化，四大家族的垄断，对民族工商业的摧残，对人民和爱国知识分子的迫害；同时如实报道党的爱国爱人民的方针政策，解放区的工农商和人民大众、知识分子的美好生活，把黑暗与光明加以对照，展望新民主主义经济的光辉前景，来消除顾虑，振奋人心。同时，在民主党派人士中间，采取区别对待政策；支持左派，争取中间，批评和孤立右派；对国民党官兵则进行策反，鼓励其弃暗投明。在前一时期，宣传的形式和措辞比较含蓄，甚至还称蒋军为“中央军”，蒋介石为“蒋主席”；到了后一时期则比较公开和明朗化：对蒋介石不加上什么“主席”的头衔，把国民党统治区称为“蒋区”，国民党军称为“蒋军”了。对于我军大反攻的辉煌战绩，蒋军兵败如山倒的实况，都以显著的地位大肆宣扬，起了鼓舞人心的作用。

不是自称自赞，这份两大张 8 页的报纸倒是办得相当丰富多彩的，有各种副刊、专刊，除每日出版的综合性副刊《热风》（后更名《茶亭》）之外，还有《文艺周刊》《电影周刊》《妇女周刊》《图书周刊》等等。内容形式也讲究趣味性和幽默，但通俗而不庸俗，更力戒猥亵，要求雅俗共赏，与当时以黄色新闻、小说吸引和腐蚀读者的一般商办报纸大异其趣。像当时黄谷柳在《热风》发表的连载小说《虾球传》，夏衍、三流（即胡希明，曾任广东文史馆馆长）同志在副刊发表的鲁迅风格的杂文就是比较典型的例子，并且深受读者的欢迎。复刊的《华商报》的副刊所以能够做到多种多样，固然首先由于当时不少进步作家、电影戏剧家、美术家，云集香江，阵容鼎盛，人才济济，可以乞灵沾光，发挥所长。此外，《华商报》的广告特少，经济上吃亏，而篇幅便较富余，倒可以以多出副刊、专刊取胜。

在新闻报道上，诚然像杨奇同志所说："国内国外，以国内为主；内地香港，以内地为主。"但是，比起香港其他报纸来，对国际时事的报道，给以很大的重视，这一点容后再详谈。至于新闻报道以内地为主，固是事实，但《华商报》也有港闻版，并且有五六位相当干练的记者专跑本港新闻，与香港其他报纸不同的，是重视本港的劳工新闻，有时且以显著地位在第一版刊出，并就此发表社论（例如 1947 年 10 月 25 日的社论《再为小贩西洋菜农呼吁》）；而抢劫、强奸、杀人、放火一类的社会新闻却不多见。我想，这不一定是因为 30 多年前香港的社会风气比现在淳朴得多，主要还是由于我们这份由党领导的报纸是不靠黄色、惊险的社会新闻打开销路。有一点还要指出，就是在香港这个国际贸易金融中心办报纸，并取名《华商》，对于经济新闻的报道、评论是没有忽视的。负责经济版的采访兼编辑的虽只有赵元浩和孙孺两位同志，但他们很努力，搞得相当出色，并为后来香港《经济导报》的创办、经营打下基础。

以评论来说，初期有较长的社论，后期还有较短的社评。国内问题的社论除多由副总编辑沫沙同志（后来是杜埃同志）执笔之外，还视它的选题的性质，分别约请具有专长的社论委员撰写（例如经济问题的社论请许涤新同志执笔，关于民主党派问题的社论请陈此生同志执笔）。1946 年 6 月 14 日，经过军调部第八小组的调处，东江纵队北撤达成协议，《华商报》发表的社论《迎第八小组》则是特约有关权威中共代表执笔的。在内战全面展开后，《华商报》还辟有“一周战局”一栏，全由廖沫沙同志以“怀湘”的笔名撰写，他对解放战争战局的细致的观察和深入的分析，可与抗战期间杨潮（羊枣）同志为衡阳《大刚报》撰写的《战局述评》和其他军事评论相媲美。《华商报》还有三言两语的编后话，初名《今日话题》，后名《每日展望》，因为我常常值夜班，直到凌晨，差不多都是出自我的手笔，重新翻阅一下，自愧还不能做到“一针见血”“一语破的”，但有些话还是“谈言微中”，语带尖刻的讽刺，并且刺到蒋帮的痛处。举例来说，在台湾“二二八起义”之前一个多月，蒋政权大军到台镇压，《华商报》对这事很重视，1947 年 1 月 12 日，第一版除了发表社论《为台湾同胞喊冤》之外，在“每日展望”栏内，还有这样一段 4 句话：“明明是派大兵去镇压台湾，国防部长白健生却说是纯为‘国防’，但不知防的是哪一国，以及为哪一国而防。”

随着全面内战的展开，蒋管区受压迫的民主进步人士转移到香港来，民主党派的组织也陆续在香港成立。作为统战工作联络站的

《华商报》同他们密切联系，除了由报社的党内负责人同他们交往，关心、照顾他们的生活之外，我作为报社编辑部的负责人之一和民主党派的成员，也不时登门造访，向他们征求意见。像何香凝、郭沫若、彭泽民、邓初民等老先生的门庭，便有我的足迹。《华商报》不仅为这些民主进步人士们提供发表文章的园地，遇有国内国际重要事件出现或时局发生重大变化，《华商报》还按照党的指示，倡议和组织民主人士和其他知名人士举行座谈会，并将座谈纪要尽快在第二天报纸上以显著地位刊登出来。《华商报》作为党领导的统一战线报纸的面貌由此更加突出。

到了《华商报》后期，上海《文汇报》被封，改在香港出版，天津《大公报》也在香港出版，于是香港又多了两个在不同程度上倾向进步的大型日报。为了加强三报的团结合作，互通声气，《华商报》曾发起隔一周举行三报负责人的聚餐会，轮流作东。虽然聚餐会只举行过几次，但我因此有机缘同王芸生、徐铸成等前辈老报人熟识起来。本来在 1939 年抗战初期，我在国际新闻社香港分社工作时，社的领导人胡愈之、范长江等办了一个中国青年记者学会香港分会，作为一个团结香港爱国报人的统战机构。那时除了国民党的党报《国民日报》（它的后身就是《香港时报》）之外，像《星岛》《工商》《华侨》《珠江》等日报，《时事》《新生》《星报》等晚报，都有一些编辑、记者被吸收为会员，扩大了党在香港新闻界的影响。不久，“青记”分会为了扩大新闻宣传阵地，培训新型的新闻工作者，创办了中国新闻学院（学习半年的夜校），共办了三届，到太平洋战争爆发，香港沦陷前停办。《华商报》复刊后不久（1946 年 5 月），又把中国新闻学院再办起来。初由老报人叶启芳同志任院长，但教师班子很大部分是由《华商报》的工作人员担任，其中高天同志任教务主任，我改讲“社论研究”，而以前担任的“国际新闻”课程改由沙溪（即俞励挺，《华商报》国际新闻版编辑）讲。但启芳同志负责主持学院不久，他就离港，便由我挂名任院长，只有时作些专题的时事报告。这个短期新闻培训机构办到1947年3月便结束。另有函授班则办到1948年秋间才结束。这个新闻教育工作虽是《华商报》的副业，但它在这方面的成就也是值得重视的。

（节选自广东省政协文史资料研究委员会编《广东文史资料》第47辑，广东人民出版社1986年版。原标题为《香港〈华商报〉的国际时事宣传及其他》）

港岛舆论斗争中的《文汇报》

徐铸成*

1947年5月《文汇报》被封闭以后，国民党的有力者曾对我下了“警告”：“你如果不试图离开上海，我们不会难为你。”言外之意是很明白的，你是文汇报的“罪魁祸首”，动一动，就新账老账一起算，要“不客气”了。他们知道我是个职业报人，不会投奔解放区，就怕我到香港去办报。

从此以后，每隔几天总接到一个相识的或不相识的人打来电话，敷衍几句就挂断了。几个月以后，这种“侦察性”的电话就逐渐稀少。在此期间，陈布雷曾先后派人向我示意，要我去《正言报》或《申报》主持“笔政”。我的答复都是：“我是唱惯麒派老

* 徐铸成：时任香港《文汇报》总主笔兼总经理；系人民政协第一届全体会议候补代表；后曾任上海市出版局编审，全国政协委员，民盟中央委员。

生的，要我改唱正宗谭派，唱不了。”

翌年 3 月，正当我百无聊赖，“甲胄生虮”的时候，忽然一天下午，来了个不速之客——马季良同志，他原是《文汇报》的总编辑，报纸被封后，立即逃往香港的，怎么忽然回来了呢？我愕然良久。

坐定后，他告诉我，此来是奉派护送华岗同志过沪去山东解放区的，顺便给你带来一个口信。他接着说：“李任潮（济深）等已正式成立了国民党革命委员会，决定要办一个机关报，房子、机器都已租定了，任潮先生一定要你去主持。”我说：“我从来没有办过机关报，也从未参加过国民党，怎么行呢？”他说：“小开（朋友们对潘汉年同志的习惯称呼）的意思，你去能够把好该报的舵。民革中央有陈劭先、陈此生、梅龚彬几位，你都是熟识的，和他们紧密合作，可以把报办好。”

我对此举，仍迟疑难决。第二天，约严宝礼、宦乡、陈虞孙三位同志商谈。我说：“除非去香港创刊《文汇报》，否则我不想搞。”他们都同意我的想法，认为最好先去港问问李任潮的意见。

那年 3 月底，我秘密飞港。行前又和马季良同志见面。他说，在沪经办的事还未完成，要再留几天。他告诉我夏衍同志在港的住址，并告诉我，只要访问到张建良同志，就能和潘汉年同志取得联系。

李任潮先生对我在港创刊《文汇报》的计划极表赞成，陈劭先、陈此生几位先生也愿尽力协助。我把创刊计划和编辑方针，向夏衍同志征求意见，并通过张建良同志，和潘汉年同志取得了联系。

潘汉年同志是我的宜兴小同乡。我初当新闻记者时，就知道他参加创造社，是文化界的一员斗士。七七事变后，《大公报》当局胡政之、张季鸾两先生已知国共将再度合作，政治局势将有大的转变，立即调范长江同志来沪（当时他在绥远前线任战地记者）任采访部主任。我知道他们曾通过长江同志和在“地下”的潘汉年同志见过面。那时，我才知道汉年同志多年在国统区负责一部分“地下”工作。直到这次去港，才第一次和他会晤。他40来岁，态度和蔼，善于倾听和分析对方的意见，不轻易表态。我向他陈述《文汇报》在港创刊的计划，并说明严宝礼所以不能来港的原因。报馆一切筹备工作以及今后经理部的工作，将由我兼管。他说：“李任公对你办报的能力十分赞赏；有陈劭老等的协助，相信你一定会把报办好。”他并表示，一定给我全力的支持。

那次在港，我并分别拜访了沈钧儒、郭沫若、谭平山、马叙伦诸先生，勾留一周，即飞回上海。

正当我和严宝礼等密商筹备大计，筹划资金，商量调港职工等问题大体就绪，准备再次赴港时，有一天，一家和国民党CC系有关的小报，刊出一则“花边新闻”，大意说，徐铸成最近曾秘密赴港，已引起当局的注意，闻已通知机场、码头，如再发现其行踪，将相机拘留云。这显然是变相对我发出的“警告”。

那时，吴绍澍先生有意起义，托我代为联系。我和他商量，请他代购一机票。届时，我略加化装，由他驾车送我上了飞机。

我是5月初第二次到港的，行装甫卸，即积极从事具体筹备工作。先以我个人名义作为“督印人”，向港政府办理登记出报手续。

关于报社组织，经与潘汉年、夏衍同志及李任潮先生等反复商酌，董事会不公开，由李济深、蔡廷锴、虞顺懋（沪报股东）、严宝礼、徐铸成 5 人任董事。组织社务委员会，由陈劭先、徐铸成、严宝礼、陈此生、梅龚彬、马季良为委员，徐铸成为总主笔，马季良为总编辑，柯灵为副总编辑，严宝礼为总经理，未到任前由徐兼代，杨培新为副经理。

民革原已租定的房子在香港荷李活道，只有单间 4 层，总共不过 200 平方米，十分狭隘，底层有平板轮卷机一部，每小时只能印 8000 多张。决定 2 楼前半部为编辑部，后半部为经理部，3 楼为排字房。工人大多由上海调来，以 4 楼为工人宿舍。

筹备之初，我和其他无家可归的编、经两部职员，暂住在 2 楼。创刊以后，才在云咸街及荷李活道附近，租了两处不大的宿舍。

6 月以后，上海的职工及铅字、木架等等，开始陆续运来。

那时，港英政府对我国人民态度很不友好，对进步报刊，尤抱敌视态度。《文汇报》的登记证，经多方设法，到 8 月初才发出。

夏衍同志当时领导香港文化工作，并亲自主持《华商报》，他曾告诉我，《华商报》一再受港英政府刁难、威胁，说不定哪一天会被封闭，希望《文汇报》色彩不要太浓，以中间偏左姿态出现，这样既便于多争取读者，也可以作为第二线，万一《华商报》被封，可以“顶”上去。如果面目和《华商报》一样，一旦逆潮来临，可能同归于尽。潘汉年同志也一再劝告并鼓励我要沉着应战，多注意宣传的实际效果。

我在 1939 至 1941 年间，曾在港主持《大公报》编辑工作，对香港社会的思想情况和读者的接受水平有一定的了解。对《文汇报》来说，香港虽是新的“码头”，但在沪出报时的声誉好，不少编辑、记者已调到港馆，加上一些“新血液”，阵容相当整齐。社论除我外，有陈此生、梅龚彬、吴茂生、千家驹、胡绳、狄超白等同志执笔。副刊部分，仍由柯灵同志主持。周刊则由郭老全力支持，他和侯外庐同志编辑哲学周刊。茅盾同志除主编文学周刊外，还把他刚写好的一部长篇小说交我们连载。翦伯赞同志主编历史周刊，千家驹同志主编经济周刊，宋云彬同志主编青年周刊，孙起孟同志主编教育周刊。此外，经济新闻版的内容则由章乃器同志代为设计。并介绍了采访市场新闻的记者。可以毫不自夸地说，当时《文汇报》内容之丰富、扎实，阵容之整齐，编排之灵活多彩，不仅为香港报纸所少见，在国内也可说是一时无两的。

创刊前夕，在港的民主党派首领如沈钧儒、谭平山、彭泽民、蔡廷锴等都写来了题词或祝诗，马叙伦先生还特地写了“文汇报”三字，希望我们改换报头，“一新面目”。这就使我很为难。刊出，无异自己先涂上一脸红色；不登，实在对不起这些可尊敬的民主斗士。我就商于汉年同志。他断然说：“千万不能登，对这些先生，由我负责代为解释。我想，他们会原谅的。”

由于党在各方面的支持，我们的记者如胡星原、陈朗等，又配合发行科同志，与当地工会组织及进步学生组织密切联系，组织“文汇读者之友”，广泛推广。从那年 9 月 3 日（那天是对日抗战受降纪念日）创刊，到年底每日发行量已突破 25000 份，涨势之猛，为香港新创刊报纸从来所未见。

租用的那部印报机，老牛破车，刚创刊不久，就没法应付。经与《新生晚报》的黎蒙先生商量，请他们每天代印 15000 到 20000 份。

我从来没有搞过经理工作，不知道此中甘苦，杨培新同志长于经济学识，对经营管理和香港市场也不熟悉。主管广告和总务的科长以及广告员等，都是严宝礼托他在港的朋友阮某介绍的。广告不少，广告费却被拖欠，每天收不进多少钱。原来决定开办资金由沪、港各筹10万港币。上海方面，除工人旅费、排字设备外，还扣除工人安家费等等，我只收到1万多元现款。香港方面，交的股款也零零落落，开办时也只交1万多元。我订了30吨白报纸就用去1万多元，职工100多人，每天伙食及其他开支，逼得我几乎天天像过“大年三十夜”，晚上编报，白天要张罗经费，应付“开门八件事”，主要是白报纸。每天至多只能睡上四五个小时，有时晚上写社论，忽然一阵困倦，靠在后面的保险箱上，睡了几分钟，才重新握管。

潘汉年同志经常关心“文汇”的情况。他的工作很忙，要经常联系各民主党派、民主人士，还有其他重要工作。他不可能经常和我见面，我有事和张建良同志联系或请马季良同志转达。每逢我经济上实在支持不住，濒临山穷水尽的时候，他总给我开辟新的生路。比如，在创刊之初，我已感周转失灵了，他叫马季良同志陪我去拜访李一平先生。李先生原是云南参议会的副议长，和龙云先生一起被迫下台的。那时客居香港，他对《文汇报》极表同情，由他介绍，龙先生在港的经理人，一次投股2万元，以后又陆续加股，共四五万元。《文汇报》得以维持，这是主要的“续命汤”。还有一次，接近年关，特别是续订白报纸等各项开支，我穷于应付。潘汉年同志请梅龚彬同志连夜赶往澳门，向梅文鼎先生（后为香港《文汇报》董事长）征募股款1万元，我才得以渡过难关。

1949年初，李任潮先生介绍张稚琴先生来继任总经理，说一则可以分担我的重任，二则张愿加股5万元，可以改善“文汇”的经济情况。那时，党正分批邀约在港及由沪过港的民主人士赴解放区，准备参加将要召开的新政协（后改名为中国人民政治协商会议），我决定第三批随柳亚子、陈叔通诸先生北上。经与陈劭先先生商定，经理部由张接办，编辑部则交金仲华同志主持。后来我才知道，张所加入的5万元股款，主要是上海的党组织策动某钱庄（党员叶同志任经理）出钱支援《文汇报》的。

潘汉年同志这样关心《文汇报》，但他从未向我介绍过一个人，对我的工作多方给予鼓励，并时刻关心我的困难，暗中给以及时的帮助，使我真正体会到，只要依靠党，没有解决不了的困难，没有过不了的难关。

他知人善任，能充分调动党外人士的积极性。他知道我喜欢京戏，和在港的京剧演员有来往，那年（1948年）11月，他找我谈话，说东江游击队要添置冬衣，党的经费一时汇不来，“你是否可以去联络一下马连良和张君秋，请他们唱几天义务戏？”我联络好了，他还请李任潮先生出面，先宴请了马、张诸位。他并发动工商界推销票子，结果筹到了一笔钱。

有时，我在评论上有些失误，他总耐心为我分析敌我形势和党的政策，让我以后注意。比如，在淮海战役以后，国民党曾勾结美方，提出上海国际化的主张，我不察内情，写了一篇社论，认为为了保护上海人民的生命财产，保全这个工业城市，可以考虑上海非军事化，首先应由国民党军撤出上海，拆除工事，双方保证不在上海地区作战。第二天，汉年同志看到我，微笑地说：“你这个论点，固然很有理由，但在此时提出，不怕别人利用、歪曲吗？”我听了毛骨悚然。

他了解人，深知人们的甘苦、处境，善于团结党外人士，千方百计帮助人们进步。他偶尔提出适当的批评，语气温和、适度，听了使人感到党的关心和温暖。

1982年6月

（选自上海市政协文史资料工作委员会编《上海文史资料选辑》第41辑，上海人民出版社1982年版。原标题为《香港〈文汇报〉创刊初期》）

回忆香港《光明报》

陆　诒*

1946年10月的一个早晨，我悄悄地到上海虹口公和祥码头搭上英商轮船公司的“永生”轮，开始第二次流亡去香港（第一次流亡香港时在1941年2月，我从重庆经桂林而抵香港）。

当时国民党军警特务密布在码头上，对每个旅客进行严格检查。我走进三等舱时遇到张企程和许涤新，彼此不敢招呼，直至轮船驶出吴淞口外，始恢复谈笑。

海上航行平稳，只是通过台湾海峡时有点风浪。

看到南海深蓝色的海水，不久，香港鲤鱼门已遥遥在望。登陆之后，先住新亚旅社，旋即到滨海的干诺道中《华商报》（中共南

---

* 陆　诒：时任民盟中央宣传委员会委员兼《光明报》主编；后曾任上海《新闻日报》副总编辑，全国政协委员，民盟中央委员、上海市副主委。

方局所办的报纸）访章汉夫。他说，早接到上海办事处通知，你来得及时。这里的朋友已把国际新闻社（简称国新社）香港分社重建起来，恢复对海外华侨报纸的发稿业务，你就去担任分社主任，开展工作，在人力、财力方面我们将全力支持。

国新社香港分社设在半山区的坚道 20 号楼下，兼职人员仅有汤宏振、谢孟琦和宋蕴玉等 3 人，全靠在港社友高天、胡仲持、狄超白、萨空了、黄药眠、张铁生、黎澍等人帮忙撰稿，特别是高天一面在《华商报》编报，一面还兼顾国新社港社业务，出力最多。我去了之后，在开辟稿源的同时，极力发展新加坡、棉兰、吧城、马尼拉、槟城、曼谷、西贡和纽约等地华侨报纸的订户，又与留在上海坚持工作的孟秋江加强联系，增加国内稿件，经过集体努力，使分社业务逐步走上正轨。

与此同时，我还受上海民治新专顾执中校长的委托，在香港湾的菲林明道租到一个 4 楼的楼面，办了民治新专香港分校。招收的学生都是职业青年，在晚上上课，学生人数少而且流动性大，办到 1948 年底即结束。

国内政治形势急剧变化，从 1947 年起，流亡到香港的民主人士日益增多，为了开展工作，纷纷举办文化教育事业。李济深、蔡廷锴将军和中共南方局代表方方等组成校董会，创办私立达德学院。在港、九两地办教育，找校舍是个难题，蔡廷锴将军慷慨地把他在九龙郊区青山的私人别墅捐出来作为校舍，由陈其瑗担任院长，陈此生任教务长。邓初民、沈志远、周新民、萨空了、黄药眠、梅龚彬、张铁生、千家驹、狄超白、钟敬文、宋云彬等兼任教授。我从 1947 年下半年起也在该院兼任新闻专修班主任，每周授课 6 小时。

这个学院相当大专程度，学生大部分来自印尼、菲律宾、缅甸的华侨社会，也有少数是不堪蒋政权的压迫而从内地来的流亡学生。1948 年同学们响应党的号召，分期、分批地进入广东省东江解放区参加革命工作，为革命事业作出贡献。年底因陈其瑗院长等已去东北解放区，由杨东莼继任院长。这时香港政府突然以该院师生参加政治活动为罪名，勒令封闭达德学院。

1948 年 1 月 5 日，中国民主同盟在香港召开一届三中全会，会议一致通过三中全会宣言、政治报告和紧急声明，郑重声明否认南京国民党政府宣布民盟为非法团体的无理措施，表示不能接受民盟总部去年 11 月在南京独裁政府的劫持与威胁之下的“总辞职”和“解散总部”以及“停止盟员活动”的声明。三中全会宣布恢复盟的领导机构，号召全体盟员“今后将更坚强地站起来，为彻底摧毁南京反动独裁政府，为彻底实现民主、和平、独立、统一的新中国而奋斗到底！”会议决定，在张澜主席不能来港期间，暂由沈钧儒、章伯钧以中央常务委员会名义，负责领导全盟盟务，同时决定复刊《光明报》。

在香港筹办报刊，先得向当地政府登记注册，还要缴付一笔保证金。当时利用 1941 年《光明报》的旧注册证申请复刊，除了改变督印人和主编的姓名以外，即可免缴保证金。

这里，追叙一段简史。1941 年 3 月 19 日，中国民主政团同盟在重庆特园成立以后，在国民党统治区没有合法地位，不能公开活动，决定派中央常委梁漱溟去香港办报，在海外建立言论机关，宣传盟的政治主张，争取社会舆论的同情与支持，然后公开盟的组织。梁离渝之前，曾访问中共中央在重庆的领导人周恩来，谈了中国民主政团同盟即将去港办报计划，得到了周恩来的热情支持。经过积极筹备，《光明报》于同年 9 月 18 日在香港正式出版，梁漱溟为社长，萨空了为经理，俞颂华为总编辑。10 月 10 日，《光明报》发表启事，宣告中国民主政团同盟业经在重庆成立，并公布了《中国民主政团同盟对时局主张纲领》和《中国民主政团同盟成立宣言》。这些文件曾由陈友仁、陈翰笙翻译成英文，向英美各国在港的记者介绍，并由他们向英国、美国及其他国家发布消息，引起国内外重大的政治影响。

可惜这份报纸的历史很短，同年 12 月，太平洋战争爆发，香港遭到日军飞机轰炸和来自九龙的炮击，报纸不得不于 12 月 12 日宣告停刊。

事隔 7 年，盟中央决定复刊《光明报》，但处在政治流亡的困境中，经济困难，人力和物力的条件也差，想办日报势不可能，只能从办半月刊开始，再渐图发展。几位领导人如沈钧儒、章伯钧、周新民等对办好这个机关刊物决心很大，特别是沈老愿意担任为刊物募集经费之责，他动员我们参加《光明报》工作时一再说："只要大家肯为《光明报》出力，哪怕我在香港到处讨饭，也要维持它的出版，坚持战斗！"

沈老是言行一致的爱国老人，我曾追随他拜访香港工商界知名之士如南洋兄弟烟草公司的简玉阶、当时经营房地产业的章乃器和经营钱庄业的黄长水等，向他们募捐，他们都为沈老这种实际行动所感动，热情支援。

民盟三中全会时，张澜主席和盟中央主持宣传工作的常委罗隆基还滞留上海，未能来港出席。全会以后，盟中央宣传工作委员会由常委沈志远担任代理主任，中委黄药眠任副主任。我作为宣传工作委员会成员之一，在他们两位直接领导之下参加《光明报》编委会的日常工作。他们都不便出面与当地政府办交涉，因此督印人和主编都由我兼任。

经过短促的筹备工作，《光明报》半月刊新1卷第1期于1948年3月1日出版。办事机构附设于香港告罗士打道50号三楼民盟中央总部，印刷由干诺道中123号有利印务公司承担（《华商报》亦在此印刷）。

第1期的封面很突出，是米谷画的一幅漫画，画胡适背着红十字为记的药箱，标明“自由主义”4字，他手挽着胡政之一起飞奔。胡政之手持一份《大公报》，另一手拖着无头军人的尸体。旁题一首打油诗曰：“真‘胡涂’、假‘胡涂’，为何冒死去救护？可知‘将军’头已无，请问‘胡’里与‘胡’涂！”

这期刊载的重要文章，计有社论：《坚持路线，击破阴谋！》，沈钧儒：《民盟三中全会的成就》，章伯钧：《略论民主同盟当前的任务》，郭沫若：《驳胡适“国际形势里的两个问题”》，马叙伦：《悼许季茀先生（即许寿裳）》，黄药眠：《自由主义底批判》，千家驹：《美援救不了蒋政府》等，还刊载短评三则和周钢鸣的杂文《当口杂谈》，又选载国新社提供的《求和空气笼罩南京》《民盟在奋斗中》《琼崖——被出卖的海南》和《英议会访华团团员罗伯兹访华观感》等几篇通讯。著名科学家、西南联大教授曾昭抡刚从美国归来出席民盟三中全会，他非常热心支持《光明报》工作，按期为刊物写旅美通讯，第1期上就发表他描绘联合国所在地的《成功湖》，以后又陆续发表了《芝加哥》《旧金山》《纽约》《洛杉矶》《好莱坞》《波士顿》《厄尔巴素》和《美国的城市与乡村》等，这许多连载通讯深受广大读者的欢迎。

从第2期起，封面改用大幅的新闻照片，以国内外反独裁、反迫害的群众运动为题材，如当年北平、上海等地轰轰烈烈的学生运动，冯玉祥将军和史沫特莱女士应美国民主远东政策委员会之请，先后在纽约街头作反对援蒋演说时的群众场面，使广大读者通过图片看到群众运动的声势。也从这期开始，连载前国会议员、中国民主促进会发起人之一王绍鏊撰写的《敝帚楼杂记》，他以亲身经历的见闻，揭露从袁世凯到北洋政府摧残民主的罪行，既是历史资料，又是切中时弊的杂文，颇为精彩。当时王老也在香港从事民主运动的工作，不愿露名，仅署名“楼主”。新1卷自第2期至12期，曾先后刊载郭沫若、马叙伦、邓初民、章伯钧、陈翰笙、杨伯恺、周新民、李相符、陈此生、沈志远、黄药眠、刘思慕、刘尊棋、严信民、罗子为、张曼筠、方与严、韩兆鹗、陶大镛等所写的重要文章，同时发表报道民盟活动的各地通讯和读者来信。

作为民盟中央的机关刊物，《光明报》半月刊表现了几个显著的特点。首先是鲜明地、及时地表达了盟中央三中全会后的政治态度。例如对当时所谓自由主义和中间路线问题，除新1卷第1期上发表黄药眠的《自由主义底批判》之外，又在第3期上发表题为《我们对自由主义的态度》的社论，同时刊载邓初民的《答施复亮先生论“中间路线兼论自由主义者的道路”》和李相符的《伪自由主义分子的两条道路》。又如对中共中央提出召开新政协的问题，曾先后发表章伯钧的代论：《我们赞同迅速召开新政协》《民盟致各民主党派各人民团体各报馆暨全国同胞书》，沈志远的《展开新政协运动》和邓初民的《新政协的任务及其产生的历史条件》与《新政协与领导权及统一战线问题》。此外又在新2卷第1期上登载《新政协问题笔谈》一组10篇短文，参加笔谈者有马叙伦、陈此生、张文、李伯球、周新民、沈志远、李文宜、黄药眠、冯素陶、罗子为等人。

对于国内外形势和重大事件，如对美国援蒋政策、美国驻华大使司徒雷登言论、联合国大会、东南亚局势以及南京召开伪国民大会、国内学生反迫害、反美扶日运动、南京实行币制改革和南京政府的和平攻势等等，我们都采取民盟发言人声明或以社论形式及时发表言论，并组织针对性的文章，阐明我们的政治主张，旗帜鲜明，毫不含糊。例如新 2 卷第 8 期上所载沈钧儒、章伯钧联合署名的《时局声明》中，郑重声明："在展开新政协运动中，我们提出：第一，民主的新中国，只有彻底摧毁反动独裁的统治集团以后，才能获得保障。第二，和平的新中国，非坚决彻底铲除内战的根源、扫除和平的障碍不可，若希图在内战根源与和平障碍没有铲除以前与反动统治阵营中任何派系妥协，这不但不能达到和平，适足以破坏真正的永久的和平，帮助反动派延长其残暴的统治生命。第三，统一的新中国，只有在消灭统一障碍的反动独裁集团之后，通过新政协，组织民主联合政府，才能完全实现。"

刊物第二个特点是在选载包括民盟以外的各民主党派、各人民团体代表性人物的重要政论的同时，每期刊载国内外时事通讯及其他杂文，用大量的事实反映民主解放区的兴旺景象，与日暮途穷的国民党统治区恰恰是鲜明的对比。所登的通讯以国新社所提供的最多，其中最引起读者注视的，计有《俘虏回到了南京》《求和空气笼罩南京》《被困在梅园新村的日子》《今日之延安》《今日之石家庄》《张君劢在美丢丑记》《苏岛民主运动》《民主运动在美国》《四川省易长内幕》《广东政情透视》和《胡宗南穷途末路》等多篇。

在新 2 卷 12 期上，发表上海 1 月 27 日航讯，报道："自南京发动和平攻势，李宗仁派大员向上海民主人士要求斡旋和谈后，留沪民盟领袖张澜、黄炎培、罗隆基3人即成为各方瞩目之新闻人物。张治中、邵力子、甘介侯3人来沪，除访孙夫人外，即以‘争取’张、黄、罗3人参加斡旋调解为主要目标，但与3人会谈后，即遭严正拒绝。张、黄、罗3人事先曾有协商，故对张治中与邵力子的表示，步调完全一致。民盟领袖当日发表之谈话，其要点如下：‘从前国共两党之争，我们是第三者。但现在局势已完全改变，现在是革命与反革命之争，而我们站在革命的一边，所以不能参加作调人。至少，也得先与我们已在解放区及在香港的代表洽商后方可发表意见。’因此张、邵等上海之行，完全未能达到目的，外电所传民盟领袖对和谈乐观云云，全系捏造。”这篇通讯发表于南京与上海解放前夕，澄清了国民党反动派散布的和谣，使国内外广大读者认清了黎明即将来临。

刊物第三个特点是尊重读者意见并重视读者来信。我们在工作实践中时刻牢记：“这是盟中央的机关刊物，但同时也是属于广大读者所有的刊物。”这两者并不矛盾，而且相辅相成。沈老同我谈工作中经常谈到韬奋当年办《生活》周刊时认真处理读者来信的动人事迹，他劝导我要努力学习韬奋的工作作风，办好刊物。我们不论逢到开会或出门访问，随时虚心听取读者的批评和意见。曾在新1卷第6期的《编后记》中向读者恳切呼吁，征求意见，时隔不久，果然收到大量的读者来信，提出中肯的批评和有益的建议。例如，从新2卷第1期起，封面上不登新闻照片，采取刊载内容要目的方式，以便刊物在摊位上或橱窗中引起广大读者的注意，这一改革措施也是根据读者来信建议实行的。在组织专论和通讯的选题上，我们也遵照许多读者的意见有所改进。由于读者来信数量大增，从新

2卷第1期起，特辟《读者之页》一栏，专登读者来信。许多国内外的读者来信询问订阅和邮寄办法。有一位曼谷华侨中学学生来信表示，读到刊物后，决定把它在亲友中传阅，扩大政治影响。有的读者热烈要求同我们取得经常的密切联系，有的读者把自己参加民主斗争的消息告诉我们。例如，《为昆明空前大惨案告同胞》一文就是根据昆明学生反迫害联合会的来信改写的，《愿以行动支援国内学运》就是根据旅法华侨团体支援国内学运联合会、旅法参战华工总会、巴黎中国学生会等7个人民团体的来信而发表的。大量读者来信，不仅使我们开阔视野，增进题材的广泛性，而且使我们在工作中获得巨大的教育和鼓舞力量。

《光明报》半月刊在极其困难的条件下，按时出版，从不脱期，在内容质量上还能逐步提高，这一切的确来之不易。首先应归功于盟中央强有力的领导和广大读者的全力支持，尤其不能忘记中国共产党的领导和热诚支援。回忆刊物初办时，章汉夫还在香港主编《群众》周刊，兼顾《华商报》和国新社的领导工作。他曾多次鼓励我：要迎着困难上，不要气馁，有什么困难，我们大家来克服。印刷上如遇困难，可以找《华商报》，人力上有困难，你可以先把国新社港社的人顶上去。你不要忘记除了民盟的力量之外，还有其他的民主党派和人民团体的强大的后援。得道多助，我们绝不是孤立的！事实的发展，确如他所指出的那样，一切困难都被我们克服了！

回顾过去的艰难岁月，深切悼念沈志远，他和黄药眠与我一起工作近一年，协作得很好。他是研究社会科学的著名学者，著作很多，为人忠诚、正派，对工作认真负责，一丝不苟。当时，我们3人都在达德学院兼课，陈此生教务长特意照顾我们，把课程安排在两天之中，每周总有一晚 3 人同住在宿舍。我们抓住这个机会聚精会神共商刊物的编辑工作，分工确定之后，他和黄药眠总是带头为《光明报》撰文或审稿，以身作则，表现出模范的领导作风，利居众后，责在人先。

当时民盟总部的专职干部少得可怜，但工作极其繁重，往往一个人要顶两三个人的工作，大家都乐意为刊物做点义务劳动。不论写稿、校对、拉广告、打包投邮、接待读者等等，只要是工作需要，大家都抢着干，而且高高兴兴，从不叫苦，根本想不到待遇、报酬问题。达德学院的好几位同学志愿来做义务校对，也有来当实习记者的。黄药眠曾说："刊物虽小，志愿军倒不少，我们的工作大有可为！"每想起当年那种团结战斗的干劲，仍然令人振奋！

1949 年 6 月，接奉上海市军管会文管会夏衍、范长江电召，要我赶紧移交在港工作，迅速到上海接受新的工作任务。我把国新社香港分社的工作移交给新加坡来港社友吴柳斯，又把《光明报》的工作移交民盟南方办事处的刘思慕和杨奎章负责，这个刊物一直出版到新 3 卷第 12 期时结束。同年 7 月，我回到上海，分配在《新闻日报》工作。9 月到北平采访新政协首次会议消息，在怀仁堂会场重新见到周恩来，他和蔼地对我说：过去说为期五年，如今不到四年新政协就开幕了。今后，一切要作长期打算，把困难估计得充分一点，才能取得主动。

（选自上海市政协文史资料委员会编《上海文史资料选辑》第 75 辑，上海人民出版社 1994 年版）

生活书店在香港

仲秋元 *

一　生活书店重回香港

（一）重回香港开设分店

1946 年 7 月，徐伯昕指派张明西、王仿子到香港建立一个出版发行基地。

香港经历日本帝国主义蹂躏之后，几乎成为一片文化沙漠，港澳同胞和南洋各地读者渴望得到革命的进步的书刊，向这些读者输送内地出版的书刊是这个基地的任务之一。针对国民党在内地残酷镇压进步文化出版事业的险恶形势，生活书店在香港建立一个既做发行，又

* 仲秋元：时任三联书店经理；后曾任文化部副部长。

搞出版的据点，保存有生力量，也是建立这个基地的出发点。

当年在香港称得上新书业（指出版和经销进步书刊）的书店，除进步的新民主出版社外，仅有大公书局、智源书店、学生书店等几家，大都集中在香港中环一带繁华地区。几家规模大的书店，如商务印书馆、中华书局、世界书局在香港的分店，主要经销本版书，与新书业基本上没有往来。在九龙连一家像样的书店也没有。

要打开这个局面，必须在香港有自己的门市部。生活书店总管理处决定在香港恢复设立分店。

1947 年 5 月，在总经理徐伯昕主持下，租到皇后大道中 54 号二楼的一个楼面，6 月 20 日开幕营业。

9 年前，生活书店香港分店就开设在皇后大道。6 年前，生活书店同人从香港撤离时，都深信：我们是要回来的。现在，这个愿望实现了。

门市部的布置保持生活书店门市部的特色。绕墙三面都是书架，全部开架，让读者自由选购。为了方便读者在书架的最高层取书，特地制作一个梯形的踏脚凳。图书分类陈列，从总类开始，按哲学、社会科学、史地、文艺、儿童读物、应用技术等排列。店堂中间两张书台上陈列新书、畅销书、重点书和杂志。

面对入口处的墙上，正中挂一张由装帧艺术家曹辛之绘的韬奋的油画像。

开幕这一天，在《华商报》《华侨日报》刊登开业广告。开幕后读者一天比一天踊跃，营业额节节上升。许多学校的图书馆大批采购图书，有的教师带着学生来买书。原定开幕时以 5 折、6 折优惠特价 7 天，由于读者的拥挤，决定延长特价 3 天。

在总管理处尚未迁港，出版工作尚未全面恢复之时，门市部经销的图书，一部分本版书是在香港印造的，大部分是从上海出版后运来的。代销的读书出版社、新知书店、开明书店、光明书局、文化生活社、立信会计图书社的书，也是从上海运来的。门市部出售的图书，总计有3000种，进步杂志如香港出版的《群众》周刊，上海出版的《民主》周刊和《文萃丛刊》等亦在门市出售。

当时的香港是一个文化比较落后，商业气息很重，殖民思想比较浓厚的地方。富有阶层读书空气差，跑书店的是一批青年知识分子、教师、学生和一些要求上进的小职员。他们需要的大多是知识性读物和应用技术方面的书籍。所以《青年自学丛书》《新知识初步丛刊》和语文书比较好销。文艺书中，鲁迅、茅盾、巴金、老舍的作品，外国作家中屠格涅夫、高尔基的作品受欢迎。女作家如冰心的《寄小读者》，萧红的《生死场》《呼兰河传》，郁茹的《遥远的爱》等书很受欢迎。《少年文库》和儿童读物亦比较好销。《新中国大学丛书》《世界学术名著译丛》这类学术著作，销售量较小。

门市开张时，印了一批突出生活书店4个标准字的包书纸。还印了小张的韬奋油画像（曹辛之绘），在开业头几天赠送读者。以后每月印一张书目，在门市散发，一部分寄给学校、商店、洋行、银号等企事业单位。还将会计、簿记、珠算等书籍，编印专题书目，按照电话本上的大商场、洋行和公司名录投寄，吸引来不少从来没有上过门的读者，还印过一些裱一层吸墨纸的书签，专门赠送中学生，颇受欢迎。

（二）进步的编辑、出版工作方针及其成果

1946年底，蒋介石召开伪国大，宣告国共谈判破裂。国民党政府配合军事进攻，对进步文化事业加紧镇压。生活书店决定把总管理处从上海迁到香港。1947 年 7 月，徐伯昕率领总管理处人员到达香港，编辑出版工作随之转移到香港。

总管理处暂时设在英皇道。编辑部设在香港中环利源东街 23 号的 2 楼。

编辑工作由胡绳、史枚主持，茅盾、邵荃麟也分担一部分编辑工作。编辑计划中第一个重要的项目是编辑《韬奋文录》，从《生活》周刊、《大众生活》到《全民抗战》，选录 20 余万字，编成一卷出版。这一卷在解放以后成为出版《韬奋文集》3 卷本中第 1 卷的基础。

第二件比较大的工作是出版《新中国百科小丛书》。编辑出版《新中国百科小丛书》是当时生活书店经营方针的重要体现。抗战胜利后生活书店工作有两大目标：第一是促进大众文化，第二是发扬服务精神。总经理徐伯昕在内部刊物上撰文说："我们工作的方向，在今天全中国百分之七十以上是工农劳苦大众，……也只有和工农劳苦大众血肉相连的、为工农劳苦大众服务的文化，才是最进步的文化"。同时，不能忘记"职业青年，一般知识分子，以及中小资产阶级的读者，我们也必须供给他们进步的思想的知识，推动他们跑到人民解放运动中去，使他们能为工农服务"。这段话阐明了当时生活书店的出书方针。出版《新中国百科小丛书》就是这一方针的体现。这套面向青年读者的启蒙读物，每册 2 万—3 万字，42 开本，前后出版 30 多种。有艾明之的《马克思》《列宁》，周哲的《孙中山》，秦牧的《洪秀全》，胡耐秋的《蔡特金》，刘尊棋的《美国》，巴人的《群岛之国——印尼》，胡绳的《怎样搞通思想方法》，白韬的《怎样做调查研究工作》，赵冬垠的《价值与剩余价值》，章泯的《导演与演员》，周泗的《DDT》等。

新出版的社会科学中级读物有李达著《新社会学大纲》，吕振羽著《中国政治思想史》，周谷城著《中国史学之进化》，狄超白著《中国土地问题讲话》，沈志远、史枚、许涤新著《中国土地问题与土地改革》等。译作有沈志远的《社会经济形态》等。文学作品有《马凡陀山歌（续集）》，高尔基的《旁观者》《奥莱叔华》。此外还有凌山译的《列宁画传》。

重印书有韬奋的《抗战以来》《青年自学丛书》中的《思想方法论》《新人生观讲话》《创作的准备》等，还有《韬奋先生的流亡生活》《和列宁相处的日子》《唯物恋爱观》《上海——冒险家的乐园》《给初学写作者的一封信》《高尔基创作选》《三人》等等。还重编出版《生活日记》和《生活手册》。

编辑出版工作恢复后，每年初重版新书达百余种，每种书每版印数一二千册居多数，偶有印5000册以上的，如《民主、宪法、人权》《思想方法论》《新人生观讲话》等。

在香港印书，成本较上海高，初版书几乎都要赔本。生活书店的方针是：好书赔本也要出。办法是：加强成本核算，尽量降低成本，以较低的定价出售。同时，以重版书的利润补贴出新书的亏损，以销售外版书的利润来支持日常开支。这种以读者利益为第一位，在经营上采取以丰补歉，支持好书出版的方针，充分体现了生活书店经营上的进步性。

（三）创办《大众文艺丛刊》，宣传毛泽东文艺思想

《大众文艺丛刊》是一本理论性的文艺杂志。它是一本对当时文艺运动具有指导性和介绍解放区文艺作品的杂志。是由当时中共香港工委下属文委的几位负责人冯乃超、邵荃麟、胡绳、周而复等创办的，生活书店负责出版与发行。它以宣传马列主义、毛泽东文艺思想为宗旨。创刊号用其中一篇主要的论文《文艺的新方向》作为这一期的书名。这篇论文论说的新方向就是毛泽东《在延安文艺座谈会上的讲话》中指出的文艺为工农兵、为人民服务的新方向。

《丛刊》每两月出版 1 期，从 1948 年 3 月到 1949 年 3 月，一共出版 6 期。每期都选用一篇论文的题目作书名，6 期的刊名分别为《文艺的新方向》《人民与文艺》《论文艺统一战线》《论批评》《新形势与文艺》《论主观问题》。经常为《丛刊》撰稿的有邵荃麟、潘汉年、胡绳、林默涵、乔冠华、冯乃超、周而复等。发表的论文如《对于当前文艺运动的意见》《文艺创作与主观》《文艺统一战线的几个问题》《论马恩的文艺批评》《论主观问题》《论文艺的人民性和大众化》《新形势下文艺运动上的几个问题》等，在文艺界产生深远的影响。每期还选刊一到两篇解放区的文学作品，如丁玲、赵树理、周立波的小说或散文。还翻译介绍过苏联法捷耶夫、日本藏原惟人的文艺论文。

1948 年 3 月出版的创刊号印 3500 册，不到 10 天全部销出去了。要求预订得相当踊跃，上海、广东、河北（包括北平）、浙江、江苏、福建等纷纷来函订购。其中上海一地就有 246 个订户，东南亚各地亦有不少订户，总共订出 850 多份。

（四）创办持恒函授学校，培训人才

持恒函授学校成立于 1947 年 10 月，是生活书店为纪念韬奋同志发扬他的爱国民主精神，为新时期培养人才而创办的一个教育机构。关于学校名称，孙起孟同志回忆说原打算取名“韬奋函授学校”，因为为青年服务，是韬奋的遗志，可是顾虑到韬奋这个名字太响，为了方便国民党统治区的青年参加，定名为“持恒函授学校”，寓“坚持求真，精进不懈之意”。学校由徐伯昕、孙起孟、胡绳、沈志远、胡耐秋5人组成校务委员会，徐伯昕任校委会主席，孙起孟任校长，胡耐秋、程浩飞担任教务工作。学校设专修部和中学部两部分，课程有哲学概念、社会科学概论、经济学原理、文学作品选读与写作、中国通史、现代国际关系、中国经济问题、会计学等。聘请邵荃麟、胡绳、沈志远、张铁生、曹伯韩、狄超白、宋云彬、葛琴等在港的著名学术界文化界人士为主任导师。还为在香港的学生举办讲座，请郭沫若、胡愈之、乔冠华、邓初民等人主讲。学校除给学生寄发自编的讲义，辅导学习外，还附寄中共中央的《土地法大纲》、毛泽东的《新民主主义论》《论联合政府》《在延安文艺座谈会上的讲话》和香港出版的《群众》杂志，《解放区小说选》等革命书刊，引导青年接受新的思想。

持恒函授学校招收的学员主要是港澳地区和南洋各地的进步青年，在广东、广西、上海、福建、天津等地亦有一批学员，还有少量美国、加拿大的学员，学员达2700多名。

持恒学校办了两期，为提高青年的思想和政治文化水平，为人民解放事业培养了一批青年，做了有益的工作。到1948年9月，因任课导师陆续奔赴解放区而宣告结束。

二 与读书出版社和新知书店合并组成三联书店迎接新的历史任务

（一）生活、读书、新知三店合并，组成三联书店，继续为海外读者服务

生活书店与读书出版社、新知书店，是国统区党领导的革命出版机构。多年来，在国民党反动派摧残压迫下，共患难，同战斗，早已建成亲密合作的关系。抗战胜利后，根据中共南方局的指示，首先在发行方面实行了合并。1948 年 10 月，香港中共文委根据周恩来的指示，领导三店完成了全面合并，组成了生活·读书·新知三联书店。新机构的管理委员会由徐伯昕、胡绳、邵荃麟、黄洛峰、沈静芷、邵公文、张朝同、万国钧、吴毅潮、欧建新、朱晓光、唐泽霖、薛迪畅、毕青、程浩飞 15 人组成，候补委员有许觉民、陈正为、张明西、仲秋元、倪子明、范用、刘建华 7 人。黄洛峰为管委会主席，徐伯昕为总经理。在皇后大道中的生活书店香港分店，即改为生活·读书·新知三联书店香港分店。1949 年 4 月，三联总管理处人员赴北平，三联香港分店则继续肩负向海外发行进步书刊的重任，屹立于香港，为香港及海外读者服务。

（二）到台湾去开设新创造出版社

抗战胜利，台湾光复，这块被日本帝国主义侵占了半个世纪的国土，迫切需要祖国的文化，尤其需要进步的文化。为开辟这个阵地，生活书店、读书出版社、新知书店三店领导人商定，决定派曹健飞到台北去设立三联书店。为避免国民党反动派的镇压，决定用“新创造出版社”的名义去设店，书刊由上海、香港两地供给。新

创造出版社于1947年2月开业，由于出售的都是台湾人民从未见过的进步书刊，受到广大读者热烈欢迎。不久，即引起国民党当局的注意，种种迫害随之而来，上海、香港寄去的书刊，大部被扣留，随时有被封闭的危险。不得已只能自行停业，撤回香港。

（三）护送进步文化人到解放区

三联书店合并成立不久，中共香港文委书记邵荃麟同志，即交给书店一项秘密任务，要三联通过商业关系，租一条船，护送留港大批文化人到北平参加政治协商会议。这是一项光荣任务，三联委派曹健飞办这件事，租了“宝通号”货轮，买了200张帆布床，护送留港文化人，通过台湾海峡，经南朝鲜到达天津转赴北平。搭乘此船的文化人有阳翰笙、冯乃超、史东山、臧克家、张瑞芳、丁聪、特伟、李凌、于伶、黎国荃、黎澍、徐伯昕、薛迪畅、胡耐秋、狄超白等，民主人士有周新民、刘王立明、杨玉恒、曾昭抡、李伯球、罗子为、谭惕吾、黄鼎臣、费振东、严济慈、吴羹梅、杜君慧、周鲸文等，还有被香港当局封闭的达德学院学生50余人，全船共250余人，于1949年3月21日开航，27日平安到达天津。5月初，又护送了一批有百余人，乘挂挪威旗帜的太古轮船公司“岳州号”货轮去解放区。

（节选自《新文学史料》1997年第4期）

李济深在“五一口号”发布前后

李筱桐[*] 李筱薇[**]

今年是中共中央“五一口号”发布60周年。现就我们所知道的父亲李济深在“五一口号”发表后为早日实现“联合建国”的主张及所作贡献加以回顾。

潘汉年给李济深、沈钧儒送来了毛泽东的亲笔信

1948年5月1日，中共中央“五一口号”通过新华社对外发布，新华社广播电台也进行了广播；5月1日《晋察冀日报》第一版头条予以发表。与此同时，毛泽东主席派中共代表潘汉年给在香

* 李筱桐：李济深之女，曾任上海摩文投资有限公司董事长。
** 李筱薇：李济深之女，曾任北京市人民政府台湾事务办公室副主任，北京市政协委员。

港的中国国民党革命委员会中央主席李济深及中国民主同盟中央常委沈钧儒送去了亲笔信，时间同是1948年5月1日。内容大致是：在目前形势下，召开人民代表大会，成立民主联合政府，加强中共与各民主党派及人民团体的合作，扩大革命统一战线、召开新的政治协商会议，成立民主联合政府业已必要，时机亦已成熟。并提议由民革、民盟和中共于本月内发表三党联合声明，以为号召。

李济深在香港的寓所会见了前来拜访的潘汉年，他收到了毛泽东的信，也看到了中共的“五一口号”，非常高兴，他为之奋斗终生的推翻独裁统治，使国家走上和平、民主、富强的道路，召开新政协已经成为可能，他怎么能不感慨万千呢？他当即就对潘汉年表示完全支持毛泽东的提议，并立即与沈钧儒联系。

5月3日，李济深召集在港的各民主党派负责人聚会，向他们传达了毛泽东来信的内容，共同讨论了中共的“五一口号”，大家一致表示赞同。

5月5日，代表民主党派的李济深等及无党派代表郭沫若共12人发表联合声明并致电中共中央主席毛泽东，盛赞“五一口号”，赞同召开新政协，赞同成立民主联合政府。

李济深多次拒绝成立“第三政府”

此时，摆在李济深面前有许多条路。

李济深在香港民主党派领袖中是最具政治影响力的人物，是美英等国和桂系极力争取和拉拢的重要对象，港英当局更视之为中国政府的“反对派领袖”，优礼有加的同时，加强监视。

1947年10月，宋子文刚刚担任广东省主席，就到了香港，用电话约李晤面。二人见面时，宋说他出任广东省主席，这并不是蒋介石的意思而是美国人要求的（即是说宋有美国人的后台）。他希望李通过他的关系与威望，疏通陈诚及曾任李旧部的张发奎、余汉谋、薛岳、蒋光鼐、黄琪翔等，并联系与李关系密切的桂系李宗仁、白崇禧、黄绍竑，在广东建立政府，一方面推翻蒋介石，另一方面与共产党谈判，走第三政府路线。

1948年秋，美国看到蒋介石独裁政权崩溃已无可挽回，派曾任国民党招商局局长的蔡增基来港充当说客，想说动李济深出面组织一个新政府，由美国给予大力支持，以代替蒋介石政府。然后，由李济深出面与共产党谈判实行“划江而治”，以阻止共产党在全国范围内取得胜利。但李济深态度坚决，表示“中国应该统一，划江而治是将中国分裂并会造成内战永无宁日，大好形势任人摆布，万万不能”。

1949年1月，李济深北上后没几天，桂系白崇禧派黄绍竑到港，想要求李和民革领导直飞武昌共商大事，逼蒋下野，“联共反蒋”。但李已北上，令他们大失所望。于是又托黄启汉给李济深带信：“尤望大驾及革委会诸同志早日莅临武汉或南京，指导一切。”

李济深到了北平之后，美国还派人去策动，在中国组织一个既反蒋又反共的政府来阻止中共胜利的计划。以上这些分裂中国的图谋，均遭到李济深的拒绝而破产。

毛泽东对李济深能否早日来到解放区极为关心

8月1日，毛泽东等电复李济深等在港各民主党派和民主人士，对他们赞成召开新政协，并热心促其实现极为钦佩，并提出召集此会的时机、地点、何人召集、参加会议者范围及会议应讨论问题等项，希望诸先生及全国各界民主人士共同讨论。与此同时，中共中央和毛泽东主席邀请民革、民盟等民主党派领导人和无党派民主人士前往解放区。

中共中央自发出邀请民主党派领导人和民主人士进入解放区的邀请后，毛泽东对李济深能否早日到解放区极为关心，1948 年 8 月，钱之光等人就安排李济深第一批离港去解放区。9 月 20 日周恩来致电钱之光，11 月 5 日中共中央又致电香港分局，邀请李济深北上，并指示："如李济深有北上之意望即电告，以便毛主席再去电相邀，以促其行。"

那么，为什么李济深直到 1948 年底才随第三批北上呢？

第一，党中央的关心，中国共产党对北上的民主人士极其爱护，采取小心谨慎、安全至上的做法。1948 年 9 月 7 日获知冯玉祥乘船遇难的消息后，中央致电潘汉年并香港分局："民主人士乘苏轮北上事，望慎重处理。"而且，第一批北上的轮船在经过台湾海峡时曾遇强台风袭击，被冲到澎湖列岛附近，差点触礁，所以，中央对李济深北上采取更谨慎态度。第二，国民党特务和港英当局得知第二批民主人士北上消息后，警戒更加森严，多方阻挠。12 月 11 日，港英警察突然搜查中共香港分局统战委员会机关，并拘捕了谭天度同志，这也加大了北上的难度。第三，李济深将军事策反工作作为民革重点工作，他提出策反工作需要推迟北上。加之当时有许多家事使李济深牵挂：两个孩子远在美国求学，不能归来照顾亲人；时任岭南农学院院长的大儿子因李济深反蒋而遭监禁；抗日时送去参军的两个孩子，一个在杭州空军军官学校就读，已被国民党扣押当人质，另一个在成都幼年空军学校读书的也已被监视，这些在外的亲人使他日夜挂念。而且，当时李济深夫人因生活劳累及思念一双在外的儿子重病住院，肝癌已到晚期，腹部已出现腹水，他北上就是生离死别。

李济深积极领导军事策反

早在1946年初，李济深就与冯玉祥、龙云、朱蕴山等决定开展反蒋军事策反工作，秘密成立了军事策反小组，由冯玉祥任组长。1946年6月，冯玉祥被迫出国，在他出国前，在南京与李济深等人秘密集会，决定军事策反小组工作由李济深、龙云、蔡廷锴、谭平山、余心清、杨杰、王葆真、朱蕴山、梅龚彬负责，还决定了分工，西南各省由龙云负责，北平方面由余心清负责，朱蕴山驻上海，负责各方面的联络工作，李负责国内、冯负责国外。

由于策反工作需要较多的经费，李济深家境并不富裕，但他还是将他出租房子所得每年1亿元租金，拿来作为活动经费，中共得知李济深等人的这一举动，由董必武送来700万元活动经费，以示支持。其中王葆真拿了500万元，余心清拿了100万元去进行策反。

民革成立后的1月4日，在召开第二次中央执监会全体会议上，成立了军事小组，由于军事小组工作的特殊性，即便在民革内部也是秘密的，所以现在找不到军事小组成立的相关记录。

李济深认为，策反工作是民革特殊作用之所在，“民革应努力争取这些从国民党中分化出来的军政人员让他们转而为人民服务”。

他在港的两年间，曾发出无数的亲笔信（有的写在白绸条上），给国民党军政人员。采取其他方式接触的人，为数更多。

在民主党派人士北上之时，李济深认为，军事策反是推翻蒋介石政权的一项重要工作，也是促进新政协召开，成立民主联合政府必须做的一项重要工作。所以，尽管中共中央一再催促李济深早日去解放区，他都以“瓦解蒋军工作为重”，“在国民党将领纷纷与他联系之际”，“期待有所作为”，而推迟去解放区的日期。

1948 年 6 月 5 日，民革中央发布《告前南京国民党系统党员书》，告诉他们赶快觉悟，立即脱离蒋介石反动集团，投到人民革命阵营中来。

正因为此，民革军事策反工作成绩斐然，此不赘述。

李济深还在组织反蒋武装，开展敌后游击战中起了作用。1948 年春，李任命王列生任桂东游击支队司令，指定容县黄未若与王相互呼应，扰乱敌后治安，1949 年，他们所属部队参加了整编。1948 年 2 月，李介绍黄埔毕业生赖慧鹏参加民革，赖于 12 月 13 日宣布起义和通电，协助解放军追歼国民党残余部队。

突破重重困难，李济深毅然北上，参加新中国的建立

李济深的策反工作，引起了蒋介石的恐惧，国民党特务到处侦察李的行动，伺机行凶破坏，北上接送工作难度陡然增大。周恩来为此特别电示钱之光：“今后的行动要更加谨慎。”这时解放战争战场上形势迅速发展，此种情形和新政协筹备会的急需，都使李的及早北上变得迫在眉睫。1948 年底，李济深决定结束他在香港的活

动，接受中共中央和毛主席的多次邀请，离港北上。

李济深北上是中共香港分局最费斟酌的难题，潘汉年、钱之光、方方等为此殚精竭虑，周密部署，如何做好离港时的安全和保密工作，而且要求一定要在大连港靠岸，到达后要住在大连最好的旅馆。李济深登船前具有传奇色彩的安排，已有许多报道，不再赘述。1948 年 12 月 26 日晚，李济深终于登上了“阿尔丹”号苏联货船。3 天后，《华商报》正式发布李济深北上参加新政协的消息。

为庆祝这次难忘的航行和 1949 年元旦的到来，12 月 31 日晚，北上的民主人士在船上互祝新年。茅盾特地请李济深题词，李信笔写道：“同舟共济，一心一意，为了一件大事！一件为着参与建立一个独立、民主、和平、统一、康乐的新中国的大事！同舟共济，恭喜恭喜，一心一意，来做一件大事，前进！前进！努力！努力！”兴奋之情跃然纸上。

1949 年 10 月 1 日，李济深登上了天安门城楼见证了中华人民共和国的建立。毛主席向全世界宣布中华人民共和国成立。李济深担任中华人民共和国中央人民政府副主席。

（选自《团结》2008 年第 2 期）

新中国成立前夕张澜在上海

张茂延*

先父张澜生前长期从事民主运动。抗日战争期间，参加发起组织中国民主政团同盟，被推选为主席，旋改组为中国民主同盟，继续担任主席，坚决拥护中国共产党主张，战时坚持团结抗战，战后主张民主建国，反对独裁内战。1946年下半年，蒋介石公然撕毁国共停战协定和旧政协决议，发动全面内战，大举向解放区进攻，同时片面决定召开伪国民大会，企图强化法西斯专政。这时我父愤时忧国，毅然带病离川，来到上海，召开民盟二中全会，对国民党进行了顽强的斗争，直至上海解放。在此期间，我随侍在侧，对我父当时的一些重要政治活动，记忆犹新。现追叙

* 张茂延：张澜之女，民盟盟员。

若干片段，供史家参考。

拒绝参加伪国大

1946年6月，民盟总部迁到南京，我父因病留渝未去。这年11月，蒋介石慑于国内外舆论压力，一面假惺惺地发布停战令，妄图蛊惑人心，一面授意青年党联络民盟和所谓社会贤达，组成国共以外的第三方面综合小组进行和谈，并要他们提出参加伪国大的名单，企图从政治上孤立中国共产党，分化瓦解民主党派。

这时第三方面人士在南京交通银行开会，联名写信给蒋介石，要求国大延期一个月召开，到期如果和谈不成功，第三方面愿意提名参加国大。当时周恩来还在南京，及时加以揭露，民盟代表沈钧儒、章伯钧、张申府等匆匆赶回交行，涂掉他们在信上的签名。第二天报载“涂抹太多，不便进呈”，因此蒋介石妄图孤立中共的阴谋没有得逞。独张君劢不以为然，认为民盟真是“共产党的尾巴”，于是单独召开民社党会议，步青年党后尘，向蒋介石卖身投靠。此时，内外责难甚多，大有瓦解民盟之势。在南京的忠实同志纷纷函电催我父东下，认为“表方（我父别号）不来，一切失掉了中心”。我父也很挂念事态的演变，常去函电叮嘱南京同志多加小心，11月12日上午并从重庆打长途电话，坚嘱不可交国大名单。在16日又发表谈话，指责政府召开综合小组及国大延期的目的，不过企图换取第三方面参加国大的名单。民盟决定在政协决议完全实现后才参加国大，否则民盟将失掉政治立场。12月13日，父亲病情稍好，即偕鲜英、范朴斋起程至上海主持盟务。

主持召开民盟二中全会

船抵上海，以李济深为首的民主人士和中共代表100余人登轮迎接，张晓梅代表中共办事处献花。我父发表书面谈话，强调民盟不参加国大。

上海市民主建国会、民主促进会、妇女联谊会、工商协会、民主与科学杂志社等11个民主团体旋即联合举行盛大欢迎会，会场挤得满满的。在雷鸣般的掌声中，我父站了起来，一字一句，清楚而响亮地表示他的立场和态度说："我们民主同盟还在六年以前新四军事变时，便结合同志从事于调解国共两党的争执，那时我们是怕影响抗战。在抗战胜利后，我们首先提出'民主、统一、和平、建国'八个字的口号，意思是要以民主来求得统一，以和平来完成建国，我们认为中国只有这样一条路，才是光明坦途。"还说："一党国大的召开，政协精神已被完全消灭，民盟既参加政协，当有拥护政协决议的义务，没有参加这个分裂国大的理由。谁要致国家于分裂和独裁专政，应当坚决反对；谁反对民主即是反叛人民的罪人。民盟曾受到利诱、威胁、迫害与分裂，但屹然未为所动。"父亲的言论使得那些特务情报员大失所望，沪上民主报纸报道了当时的盛况，有的并赋诗表达情意："欢声动处掌如雷，南极星辉海上来。赤手撑持民是主，青春活泼老犹孩。踏将闻李自由血，扫尽墨希未死灰。万众一心争效命，强权终仗我公摧。"

接着民盟二中全会在上海开幕，开幕前，有些人希望这次会议对国民党政府表示点妥协，另一些人希望会议开得坚强些，以利通向真正的和平民主。我父在开幕会上强调："今后我们的目标是争取同情，加强组织建设，争取真正的民主”，因而澄清了大家的思想，明确了今后的方向。会议发表了政治报告代替宣言，《解放日报》《新华日报》《大公报》都以特大篇幅全文刊登。会后召开座谈会，董必武参加了座谈，痛斥国民党污蔑民盟是“共产党尾巴”，称赞我父在中共未成立前，早就致力于民主运动。

北平发生沈崇事件，全国学生不畏强权，掀起轰轰烈烈的抗暴运动。那时中共驻在国民党统治区的代表和办事处已先后撤回延安，中共党的活动更加隐蔽。我父发表谈话，认为全国青年和一般人民的爱国运动开始抬头，今后民盟的工作应当尽全力为争取民族独立、生存而奋斗，肩负起在大后方进行公开斗争反对反动派的任务。接着民盟公开反对卖国的《中美通商条约》，反对美帝支持蒋介石打内战，争取了社会各界的同情，扩大了民盟的组织和政治影响。

民盟总部解散后号召继续战斗

由于民盟拒绝参加伪“国大”，得到广大爱国人士的拥护，同时却遭到国民党反动派的嫉恨，矛盾日益尖锐。

1947 年 7 月 4 日蒋介石发布“戡平共匪叛乱总动员令”，发表“剿匪建国”演说，一时大有乌云压城城欲摧之势。民盟为了维护民主正义事业，仍然坚持原有主张。7 月 9 日，我父代表民盟发表谈话，严斥“总动员令”，这就使国民党反动派与民盟之间的矛盾达到水火不相容的地步。国民党发言人董显光攻击民盟“通匪”，“执行中共地下路线”，并捏造许多谣言，指责民盟“参加叛乱”，为迫害民盟制造舆论，形势非常紧张，特务经常在我父的住处附近活动。四川朋友劝他回川，他怀念着民盟的前途和盟员的安危，决定在上海坚持。我在他身边一同度过了黎明前的黑暗，他那威武不屈的性格至今仍在我脑海中萦回。

当时我们住在永嘉路集益里 8 号和成银行一幢小宿舍内，同住的有银行职员和民盟同志，民盟办事处在马思南路原中共办事处，民盟留上海的中委们常在集益里开会。到了 10 月下旬，突然有警察包围马思南路民盟办事处。南京民盟总部同时受到监视，留守南京的中委罗隆基来上海汇报工作，商量对策，特务也跟着来了。特务用汽车堵住集益里宿舍前门和弄堂口，对进出的人都要加以盘问。叶笃义听说除我父和沈钧儒老人外，其余的都要逮捕。我父虽知环境险恶，生死莫卜，但处之泰然，每天下午照常要我陪他散步，特务尾随在后，亦步亦趋。

10 月 27 日上午，民盟在沪中委沈钧儒、黄炎培、章伯钧、史良、叶笃义等 10 多人聚集在我父房内开会，为了弄清情况，抗议特务监视，保障民盟的合法地位，决定派代表去南京与国民党交涉，叶笃义先去，黄炎培后去。黄走的那天，国民党内政部发言人就宣布民盟为“非法团体”，按后方共产党处置办法处理，同时派警察强占马思南路民盟办事处，逼迫办事处人员全部撤出。沈老和几位同志搬到集益里来住，大家静待着南京的消息。过了几天，黄炎培、罗隆基、叶笃义 3 人在特务“护送”下回到上海。这时，我们住房楼下客厅和门前聚集了大批特务。

11 月 5 日上午 9 时，我父亲和沈钧儒、黄炎培、章伯钧、罗隆基、叶笃义、史良、张文川、陈新桂在集益里开会，黄炎培报告在南京商谈经过，罗隆基、叶笃义相继发言。他们在南京争议之点，在于民盟坚持自己的合法地位，政府如欲取缔，必须公开宣布解散令；政府则要民盟自行宣布解散，如果民盟不自行宣布解散，就要逮捕中委，各地盟员也要登记。他们据理力争，迄无效果，无可奈何，只得承认自行宣布解散，并拟就发布公告的稿子，其内容是：

"中国民主同盟以民主、和平、团结、统一为一贯主张，不幸战祸愈演愈烈，同人处此，惟有痛心，更无为国服务之余地。最近政府宣布民盟为非法团体，禁止活动，同人已不能活动，当公推常委黄炎培代表同人们赴京与政府协商善后事宜，经政府提示善后办法如下：（1）政府宣布民盟为非法组织，希望民盟自行结束，解除负责人之责任。（2）关于房屋……（略）。当经常委黄炎培答复如下：'（1）民盟既经政府认为非法团体，唯有通告盟员停止活动，自经通告后，盟员如有言动，由个人负责。（2）关于房屋各点自当照办。（3）各地盟员一律免除登记，并享一切合法之自由。（4）各地盟员政府如认为有违法行为以及因案被捕者，均由政府依法处理。如无共产党党籍实据，不援用后方共产党处置办法，以上（2）（3）（4）各点是否可行，候示复。'至报端发表各种文件，有盛责民盟之处，多违事实，此时未拟置辩。

"国民党政府答复如下：'（1）如民盟能遵照内政部发言人公布正式宣告自行解散，停止活动，各地民盟的登记手续可以免除，并保障合法自由。（2）凡因案被捕之盟员，由司法机关调查实据，判定其为非共产党党员或非为共产党工作者，自可不援用后方共产党处置办法之规定。'合将协商经过情况公布周知，并通告盟员自即日起一律停止政治活动，本盟总部同人即日起总辞职，总部亦即日起解散，尚希公鉴。”

大家看了这个稿子，认为大局被迫至此，门外特务叫嚣不止，已无更移余地，决定照原稿一字不改，以我父名义送报馆发表。那天父亲在房内走来走去，始终一言不发，至夜通宵不眠。第二天一早，毅然以他个人名义写了一个“呼吁”：“余迫不得已，忍痛于十一月六日通告全体民主同盟盟员，停止政治活动，并宣布民盟总部解散，但我个人对国家之和平民主统一团结之信念，及为此而努力之决心，绝不变更。我希望以往之全体盟员，站在忠诚国民之立场，谨守法律范围，继续为国家之和平民主统一团结而努力，以求达到目的。”

他拿着这个“呼吁”，叫叶笃义送报馆发表，上海很多报纸不敢登载，只有《正言报》用很小字体登了出来，《大公报》也以新闻报道形式加以报道。这一“呼吁”虽很简短，但用意忠诚，措辞鲜明，他把反动派的视线集中引向自己，既掩护各中委退却，又号召广大盟员继续战斗，披肝沥胆，大义凛然。

支持民盟三中全会

上述会后，11 月 5 日下午，章伯钧秘密离沪。沈老在集益里住了一个月的时间，化装前往香港，行前曾和我父从长计议盟务。

1948 年 1 月 5 日到 19 日，民盟在香港召开三中全会，成立临时总部，宣布解散民盟的公告无效，公开声明与共产党合作，一致主张打倒蒋介石，推翻国民党反动政权，拥护土地改革。事先沈老和周新民都有信来，我父亲托川人黄应乾带信到港，表示完全同意他们的安排，还和黄炎培、叶笃义、罗隆基共同写信去香港表达意见，同时派青年中委罗涵先前往参加会议。沈老在闭幕会上宣读了这些文件，会后罗涵先回上海向我父汇报，我父很高兴。民盟在香港公开活动，增加了蒋管区对他们的压力，他们毫不畏惧。

香港临时总部的地址设在湾仔告罗斯打道和成银行香港办事处内，活动经费由和成银行汇去。民盟活动经费的来源基本上是刘文辉和龙云秘密捐赠的，此事只有我父亲知道，也只有我父亲有开支权。1948 年龙云赠的一大笔钱，存在和成银行，一直到上海解放还有剩余。事实说明当时沪、港民盟盟员是同心同德、团结一致的。

为民主事业奋斗到底

我父亲从来廉洁奉公，公私分明，1947 年至 1949 年我们住在上海的日子是很艰苦的。除了政治压迫外，经济压迫也不小。国民党垮台前四大家族搜刮民脂民膏，加以战火连年，经济大崩溃，物价一天涨几次，公教人员和工人大都在饥寒线上挣扎，我们住在集益里的生活勉强温饱。为了老人的健康，平时散步时，常在地摊上挑选价格低廉的食物，早上在菜市上买点破壳鸡蛋作为营养品。那年冬天特别冷，屋檐下结了长串的冰柱，没有火烤，小偷又偷走了父亲唯一的御寒皮衣，靠四川的哥哥做来一件棉袄过冬。78 岁的老人在大雪纷飞时独坐窗前，看书写字，研究古代哲学。他特别重视“义”，请人代书自励集语，悬挂床头，首句是“以义持己，则富贵不能淫，贫贱不能移，威武不能屈”。还写了“四勉一戒”及《墨子·贵义》等文，对古代哲学作了很多新的解释，表示了他的内心世界。国外爱好和平的记者来看他，他抱着大无畏的精神侃侃而谈自己的政见，刊登在外文报上。

1948 年李宗仁就任代总统后，派甘介侯来上海，要民盟留在上海的中委去南京，他们都不去。那时父亲已感右半身不遂，眼睛也有毛病，离集益里不远的虹桥疗养院院长丁惠康和副院长郑定竹出于正义感，欢迎他免费住院治疗。这时国民党军队节节败退，蒋介石想窜入四川负隅顽抗，怕四川省主席邓锡侯靠不住，先撤了他的职。邓锡侯很气愤，来上海见我父亲，我父亲劝他丢掉了省主席不要紧，时局很快要变，赶快回去联络川军其他部队，等待时机，准备起义，迎接解放军入川。后来刘文辉到南京，派代表杨家桢来上海见我父亲，我父亲也劝刘文辉迅速脱离蒋帮，加入革命阵营。不久，蒋介石派张群任四川行政长官，张群临行，来上海见我父亲，我父亲提醒他，“自古以来得民心者得天下”，劝他不要再跟蒋介石跑，应该为四川人民做些好事，释放被捕盟员，停止征兵征粮。张群在我父大义感召下，表示接受意见，回到四川，交涉释放了关在中美合作所渣滓洞的 21 位民盟盟员（其中有中共地下党员），又将征兵名额由 42 万人减至 6.2 万人，取消了准备新集的 6 个师，并减少征粮，停止征购实物。事后，张群通过范朴斋（留川民盟中委）转告我父亲，表明他实践了诺言。

当年民盟总部留沪人员虽然没有公开活动，但是一直没有停止地下斗争，经常聚集在一起交换意见，并与香港临时总部联系。他们对民主事业是忠诚的，中国共产党对他们也是信任的。1949 年 3 月，准备召开新政协会议，邀请我父亲和黄炎培、罗隆基、史良、叶笃义、罗涵先、杨卫玉、冷遹等参加，事为国民党所阻。

中共地下党营救脱险

1949年初，国民党军事、政治、经济全面崩溃，蒋介石想喘一口气，发出假和谈的要求。我父亲针锋相对地在医院发表谈话，指出蒋介石是想利用和谈保存旧法统，不仅中共不同意，人民也不答应。

这年4月，南京解放。有一天，几个武装特务在警备司令部第三大队副阎锦文带领下，突然包围虹桥疗养院，用枪逼迫我父亲和罗隆基跟着他们走（罗隆基自民盟总部解散后即住该院治病），父亲临危不惧，厉声责问特务，深深感动了当日在院值班的副院长郑定竹医生，他以革命的正义感挺身而出，用身家性命担保两人继续住院治疗。经过交涉，由郑医生立下担保字据，暂将两人寄押在医院中，日夜派特务轮班看守，严密监视。特务住在前面房子里，有时武装，有时便衣，男的女的，来来往往，花天酒地。我们进去看父亲，必须通过特务的房门，除了郑医生外，只有我和妹妹能够进出，暗中传送消息并传达指示。

日子一天天过去，上海包围战开始，解放上海的炮声打响了。好心的郑定竹医生想利用他的社会关系和美国朋友的关系把我父亲营救出来，尝试过两次，没有成功。国民党军队撤出上海的那天下午8时戒严，特务头子密令阎锦文于晚上10时前将我父亲与罗隆基两人带往吴淞口，以送往台湾为名，暗中将他们投入黄浦江。在这紧急关头，谁也没有想到派来逮捕我父亲和罗隆基的阎锦文却是中共地下党布置来营救他们的。阎将他们隐蔽在曾任警备司令的杨虎家中。特务在江边等阎不到，于11时下令悬赏30条黄金捕捉张、罗、阎3人，并到各处搜查，至翌日凌晨3时才纷纷逃窜。当时停放在江湾的最后一架飞机，据说就是等候这些特务的。

在人民解放军胜利的凯歌声中，父亲获得了自由。第二天陈毅司令员在百忙中亲自来看他。父亲在解放后的上海休息了一段时间，6月去北平，朱德总司令和周恩来副主席等中共中央领导人亲来车站迎接。次日，毛主席亲来父亲下榻的北京饭店看望他。新中国成立后，我父亲先后当选为中央人民政府副主席、全国人民代表大会常务委员会副委员长、中国人民政治协商会议全国委员会副主席。从此80岁老人以无比愉快的心情，开始了新的生活和工作，度过了欢乐的晚年。

1955年2月，我父亲在北京因病逝世，享年84岁。毛泽东主席、刘少奇副主席、周恩来总理与党和国家其他领导人亲临吊唁，以国旗盖棺，葬于八宝山烈士公墓。陈毅深知我父亲的一生，他在悼词中，指出我父亲生平做了4件大事：一是辛亥革命前，领导四川人民反对清政府出卖川汉铁路路权的保路运动；二是袁世凯称帝后，在西南一带倡议讨袁，对全国产生很大影响；三是抗日战争期间，团结各民主党派与共产党合作，坚持团结抗战，反对分裂投降；四是解放战争期间，冒着生命危险，领导民主同盟，坚决拒绝参加国民党片面召开的伪国大，揭露蒋介石的反动本质，直接保持了民盟在政治上的纯洁性，间接支援了全国人民解放战争的胜利。在谈到我父亲的为人时，陈毅举出他有两个特点：一是诚实无欺，从无虚伪，因此立场坚定，敢说敢为，不畏强暴，敢于与反动势力作斗争；二是有远见，善于辨明是非，因此坚持正义，始终与得人心者在一起，和共产党真诚合作。人生如此，死无遗恨。

（选自《中华文史资料文库》第8卷，中国文史出版社1996年版）

郭沫若在中共“五一口号”发布前后

郭平英[*]

1946年1月，政治协商会议（即“旧政协”）在重庆召开，郭沫若被推举为“社会贤达”的代表参加了大会。同时当选“社会贤达”的还有王云五、傅斯年、邵从恩、钱永铭、缪嘉铭、李烛尘、莫德惠、胡霖，共9人。当时民主同盟（简称“民盟”）、青年党和社会贤达这3个居于国民党、共产党之外的派别，又合称为“第三方面”。这年6月，为制止内战蔓延，第三方面的代表赴南京，力促国共两党代表和平谈判，郭沫若参加了这次南京之行。然而第三方面的努力终归无效，15天的停战期结束后，蒋介石即调集部队向解放区发起猛烈进攻。与此同时，南京政府又背弃各党各派在“旧政协”会

* 郭平英：郭沫若之女，曾任中国社会科学院历史研究所副所长，郭沫若纪念馆馆长。

议上共同签署的决议，下令10月份召开所谓“国民大会”，实际上是为蒋介石堂而皇之地当上总统，推行国民党的所谓“宪政”清障。

拒当“国大代表”，抵制南京的假民主

郭沫若通过自己的亲身经历，对蒋介石的阶级本性和他的嗜血残暴已有足够认识。自大革命失败以来，有不计其数的亲密同志、思想先驱，为争取民主自由付出生命的代价。他结识的第一位共产党人、才情飞扬的文学知音瞿秋白，血染长汀刑场；深得孙中山信任，北伐途中能征善战的邓演达，在南京汤山被秘密枪决；南昌起义时并肩负责宣传工作的恽代英，就义时同瞿秋白、邓演达一样年仅36岁；因皖南事变身陷囹圄，把《囚歌》书付自己的叶挺将军，不料获释后竟在黑茶山殉难……更让人心绪难平的是，正当郭沫若等人在南京敦促国共和平谈判的时候，大批国民党特务在下关车站野蛮殴打和平请愿的马叙伦、雷洁琼及上海民众；相隔不过20天，国民党特务又用无声手枪暗杀了民盟中央委员李公朴；几天后，闻一多在回家的路上遇刺，身中10余颗子弹。接二连三的血案没有吓倒郭沫若，反使他对南京政府高唱的所谓“还政于民”“行宪国大”，不抱任何幻想。

11月上旬，国民党政府单方面开列了国民大会代表名单，郭沫若被名列其中。看到这份名单，他立刻向《新华日报》记者表示，决不承认自己是“国大代表”，这种由国民党政府单方面指定社会贤达参加“国民大会”的代表名单，完全违背政协程序，暴露了“国民大会”假民主真独裁的本质。郭沫若一面亮明自己观点，公

开发表谈话，一面和第三方面的其他民主党派负责人保持联系，交换意见，劝说社会党中有意参加“伪国大”的知名人士识破蒋介石的政治伎俩，对社会党领袖张东荪等拒绝参会，表示钦佩。

11 月 19 日，周恩来飞返延安。动身前两天，致信郭沫若说：“民主斗争艰难曲折，居中间者，动摇到底，我们亦争取到底。”希望郭沫若对为制止国民党发动内战而积极奔走的民盟“有以鼓舞”。1947 年元旦刚过，郭沫若又接到周恩来除夕当天从延安发来的信，指出：“国内外形势正向孤立那反动独裁者的途程中进展，明年将是这一斗争艰巨而又转变的一年。”“孤立那反动独裁者，需要里应外合的斗争，你正站在里应那一面，需要民主爱国阵线的建立和扩大，你正站在阵线的前头。”“艰巨的岗位，有你负担，千千万万的人心都向往着你。”周恩来的信函给郭沫若带来激励和鞭策，也是对他所持态度和做法的肯定。

1947 年 1 月，是“旧政协”召开一周年的日子。正当各民主党派负责人纷纷撰文、演讲，纪念“旧政协”的召开，谴责国民党政府践踏政协成果的时候，郭沫若又目睹了一起新的流血事件。

2 月 9 日，上海百货业工人在劝工大楼召开“爱用国货、抵制美货”行动委员会成立大会，抗议美国推行的经济侵略和扶蒋反共政策，这一举动得到上海民族工商业界的支持。郭沫若、邓初民应百货业工会邀请，做好演讲准备，提前来到劝工大楼。大会尚未开始，突然涌进一群不三不四的人掀翻签到桌，抽出袖笼里的木棒铁棍砸断长条椅，把木凳甩向主席台，会场顿时一片狼藉。赤手空拳的职工和工会领导和歹徒扭打在一起，一些职工手挽手组成人墙，阻挡冲向主席台的打手。永安公司的一位店员梁仁达义愤填膺，怒斥这群歹徒，被从 3 楼拖拽至 1 楼，一路拖一路打，楼梯上留下斑斑血迹。当天下午，梁仁达因伤重不治牺牲。

郭沫若、邓初民在工会干部保护下，翻过矮墙，绕过凉台，总算从劝工大楼脱险出来。他们径直赶往中国学术工作者协会讲述惨案经过，先与沈钧儒去仁济医院慰问受伤群众，又转往黄浦警察分局要求立即释放遭关押的受伤职工。下午，郭沫若、沈钧儒、沙千里、胡子婴联合举行记者招待会，指出在劝工大楼发生的“二九惨案”“是把重庆较场口的做法完全搬到上海来了”“这些行动正是对‘民主’‘宪法’之类最大的最好的讽刺！”

梁仁达的牺牲使郭沫若悲痛而义愤，他一连为烈士写了 5 首挽歌，唱道：

你是民族的光荣，你为爱国而牺牲，
冬天有凄凉的风，却是春天的摇篮；
安息吧！死难的烈士，别再为祖国担忧，
现在是我们的责任，去争取民主自由。

蒋介石在军事上的失利，导致在政治上更加丧心病狂、变本加厉。国民党统治区争取民主的斗争的确荆棘丛生，要面对“凄凉的风”。1947 年 10 月，民盟总部由于在召开“旧政协”、反对“国民大会”等一系列事件中与中共意见一致，被南京政府宣布为“非法团体”，勒令解散。所有不满蒋介石独裁统治的民主党派、人民团体的负责人，无不受到威胁、恐吓。为减少不必要的牺牲，上海地下党掩护左翼民主人士陆续转移到相对安全的港九地区。郭沫若一家也于 1947 年 11 月离开上海，移居香港尖沙咀的柯士甸道（英文名 Austin Road）。

十载一来复，和 10 年前上海等沿海城市沦陷时的情形相仿，香港再次成为内地诸多党派团体领袖、文化学术精英的聚集地。

联名致电毛泽东，响应“五一口号”

1948 年春季，人民解放战争进入全国规模的战略进攻总态势。南京政府面临着军事上的节节败退和无药可救的经济残局，蒋介石已尽失民心，再无回天之术。五一国际劳动节即将来临，中共中央决定在全国人民即将迎来一个崭新天地的时候，发布“五一口号”，提出有关建设新的民主政权的构想。毛泽东主席对“五一口号”的拟写十分重视，对初稿做了至关重要的改动。

初稿原有 24 条口号。第五条原为：“工人阶级是中国革命的领导者，解放区的工人阶级是新中国的主人翁，国家积极地行动起来，更早地实现中国革命的最后胜利！”毛泽东将其彻底改写为：“各民主党派、各人民团体、各社会贤达迅速召开政治协商会议，讨论并实现召集人民代表大会，成立民主联合政府！”

初稿的最后两条原为：“中国人民的领袖毛主席万岁！”“中国劳动人民和被压迫人民的组织者，中国人民解放战争的领导者——中国共产党万岁！”毛泽东将它们合并压缩为对全国各阶层人民、各民族同胞更有号召力、凝聚力的 8 个大字：“中华民族解放万岁！”

毛泽东的这些重要修改，得到周恩来等其他中央领导同志的一致同意。特别是修改后的第五条，明确了中共之于建国方略的3个基本点：联合各民主党派、各人民团体、各社会贤达；实现召集人民代表大会；成立民主联合政府。这一构想与国民党一党独唱的伪国大形成鲜明对比。《华商报》根据新华社5月1日发出的电文，将“五一口号”全文刊登在当天的报纸上，顷刻间在香港各界人士中引发热切关注。

《华商报》5月3日的社评《一个响亮的号召》激动人心，和郭沫若的想法十分合拍：新中国在胎动中快要脱出母体，百年来革命志士流血牺牲前赴后继所要实行的宏大志愿即将实现，必须在这胜利的前夜加强各方面的工作，来争取一个独立、自由、民主统一与富强的新中国早日实现。5日，郭沫若作为社会贤达的首席代表，和在港各民主党派领袖李济深、何香凝、沈钧儒、章伯钧、马叙伦、蔡廷锴、谭平山等12人，联名致电毛泽东并转解放区全体同胞，积极响应“五一口号”的发表。紧接着，他又和马叙伦、章乃器、梅龚彬、邓初民、翦伯赞等人出席了《华商报》就“目前形势与新政协”召集的座谈会，沈钧儒、章伯钧、谭平山也提交了书面发言。郭沫若在座谈会上第一个发言。他的发言表达了4个层面的意见：

一、“五一口号”正切合人民需要。目前人民一致希望能有一个代表全中国的新民主主义政府出现，展开一个新局面。“五一口号”的第五项使人感奋尤为强烈。此前，民主人士已有成立新政协的提议，足见人同此心，心同此理。

二、新政协与旧政协的成分完全不同。前年的旧政协，国民党是第一大党；今天的新政协，必须彻底清除南京反动政权，必须承认中共的领导权，承认毛泽东先生为中国人民领袖，承认新民主主义为中国建国的最高指导原则。新政协由中共来召集顺理成章。

三、中共在地方上的各级政权已是初步的联合政府，所推行的民主的三三制，中共只占 1/3。各党派各团体各个人须有自己的立场、岗位、主张，斟酌损益，求其大同，也不妨小异。不同意见应充分表达，充分听取，经过酝酿研讨，必然可以得到一个共同的意见。

四、新政协不宜急于召开。新政协不仅是议事机关，并且是执行机关，担负“实现召集人民代表大会”的任务，可以说是“临时政府”，责任繁重。新政协需要草拟人民代表大会的组织条例、共同纲领、民主宪法，等等。一切都要未雨绸缪，不应等到新政协召开时再去着手。

郭沫若不仅与各党派各人民团体负责人共商大局，还利用自己多方面的社会影响力，使新政协运动深入人心。他发起邀集中国学术工作者协会总会分会留港理事陈君葆、陈其瑗、沈志远、胡绳、侯外庐等 19 人发表声明，响应“五一口号”，号召学术界同仁“为我们自己和全国人民的生存自由”“为迅速实现人民的政权”而携起手来。为《中国学生丛刊》撰文，鼓励青年学生以当仁不让的态度，造成公正的舆论，使革命的新政协，乃至人民代表大会，民主联合政府，及早实现。在香港南方大学充满激情地鼓励同学们：“新中国在东方喷薄欲出了。建设新中国的神圣职责，落在年轻人的肩上。同学们！希望你们爱祖国，爱学习，学知识，练本领，为伟大的祖国贡献力量。”“冬天来到了，难道春天还会远吗？让我们举起双臂，欢呼新中国的春天的来临吧！”

据当时在中共香港分局负责联系民主人士的罗培元回忆，关于新政协召开的时间和地点，中共中央最初的设想是 1948 年秋季在哈尔滨召开，经过听取各界人士的意见，会议的召开推迟到一年以后的开国大典前夕。新政协的任务也进一步修改明确为："中国人民政治协商会议代表全国人民的意志，宣告中华人民共和国成立，组织人民自己的中央政府"，"在普选的人民代表大会召开以前，由中国人民政治协商会议的全体会议执行全国人民代表大会的职权，制定中华人民共和国中央人民政府组织法，选举中华人民共和国中央政府委员会，并付之以行使国家的权力。"历史文献告诉人们，新政协时间进程的放缓，相关提法的完善，综合采纳了李济深认为新政协应在辽沈战役结束，拿下平津，中共在军事上取得更大胜利的形势下召开的意见；综合采纳了沈钧儒、郭沫若、马叙伦等各方人士在不同场合提出的建议，也表明中共对各党派各团体民主人士意见的倾听、协商，是建立在相互平等、尊重和信任的基础之上的。

"无党派民主人士"，正式定为界别名称

抗战胜利后，郭沫若多次在社会活动中被推举为"社会贤达"的代表。所谓"社会贤达"，是指不属任何党派而具有广泛社会声望的人士。这个称谓出现时间不长，1938 年在武汉召开国民参政会时，尚无这 4 个字的用法。最早的使用当在旧政协会议筹备期间，在国共双方签订的"双十协定"中，也用到这 4 个字："由国民政府召开政治协商会议，邀请各党派及社会贤达共商国事。"

当在港民主人士对中共"五一口号"展开讨论的时候，郭沫若

是作为“社会贤达”中知名度最高的一位参与其中的，亦有“首席代表”一说。可是，郭沫若在《华商报》座谈会上却坦言，他不喜欢被称为“社会贤达”。郭沫若这句话自有其针对性。1946年1月“旧政协”的9位“社会贤达”早就有分化，有人一直与南京政府关系热络，出席伪国大，给蒋介石装点民主，如东北元老、任考试院院长的莫德惠；推销公债、为内战多方筹款的钱永铭；还有一向保持无党派，却明显倒向南京政府的王云五。因此，对“社会贤达”这个名称有不快之感的并非郭沫若一人。倘若撇开上述人物所持的政治立场，单纯从词语角度来看，“社会贤达”这4个字与民主党派、人民团体的“有党有派”也并不对应，再者，任何党派、团体，同样存在是否贤达的问题，并非只针对个人。

郭沫若主张用“无党无派”的称谓替换“社会贤达”。他认为，无党无派的代表所肩负的责任是不可小视的，因为“中国人民无党无派者比有党有派者多到不知若干倍。你们如果出卖了无党无派的人民，那比有党有派者的罪孽还要深重”。“社会贤达”尤其要自己检点自己是不是真正的既贤且达，不要藏在无党无派的幌子里面干着助纣为虐的事。郭沫若还对无党派民主人士代表应如何产生提出具体意见。由于无党派民主人士没有自己的团体，他建议参考旧政协由中共、民盟和民革三方面推荐，或者由各党派、各社团推荐并共商决定；建议多推选对经济、宪法、自然科学、社会科学、文学艺术各种专门学问有研究的专家做代表，可以对建国方针作出具体贡献；为安全起见，推选过程要注意保密。

中共香港分局和香港统战工作委员会及时吸取了郭沫若的意见，在给中共中央的报告和在《华商报》上发表的文章中，凡涉及

“社会贤达”之处都改称“无党无派”或“无党派民主人士”。不久以后，周恩来对“无党派民主人士”的概念作了进一步阐述，说民主运动在国民党反动统治的严重压迫下，要形成一个组织会遇到许多挫折、困难，所以很多民主人士只能单枪匹马地和国民党反动派作斗争，比如一直领导着一支文化大军的郭沫若，在国民党统治下受着严重压迫的马寅初、李达，在北平遭到拘捕的符定一，等等。周恩来指出：“无党派民主人士，是在中国革命的具体历史条件下发展形成的。”“他们虽然都没有组织一个政党或者政治团体，但却领导着很大一批民主人士，联系着许多方面的人士在奋斗着。”自此，“无党派民主人士”的称谓被正式确定下来，在中共有关政协会议的有关文件中，“社会贤达”的提法不再使用，与“旧政协”的表述方法有了明显区别。

在新政协会议筹备期间，“无党派民主人士”成为一个专门的界别，协商产生了郭沫若、马寅初、张奚若、李达、董鲁安（蒙古族）、符定一、欧阳予倩、洪深、吴有训、丁燮林，还有建国后加入了九三学社、农工民主党的王之相、周谷城，12 位在抗日战争和解放战争中为争取民族独立、社会进步、发展科学教育事业有过贡献的，有威望的代表人物参加了 1949 年 9 月召开的新政协会议。在此后历届政协会议中，无党派民主人士的界别始终占有一定比例，发挥了重要的参政议政作用。

回顾历史，郭沫若倒也不是一个自始至终的“无党派”。早在 1924 年，郭沫若翻译完日本社会主义经济学家河上肇的《社会组织与社会革命》一书时，就给共同发起创造社的挚友成仿吾写去一封长信，说他相信“科学的社会主义所告诉我们的‘各尽所能，各取所需’的时代”“终久能够到来”；“马克思主义在我们所处的这个时代是唯一的宝筏。”从此，郭沫若把马克思主义作为自己的信仰，走出纯文学的象牙塔，深入了解中国社会，探寻一条使中国摆脱贫穷积弱，复兴中华文明的变革之路。他参加了北伐战争，主持国民革命军的政治工作。当蒋介石对工农革命举起屠刀的时候，他在《请看今日之蒋介石》中公开喊出反蒋口号，被开除国民党党籍。面对“通电严拿归案惩办”的生死考验，他义无反顾地参加了南昌起义，由周恩来、李一氓介绍加入中国共产党。1928 年初，在上海地下党掩护下躲过国民党政府的鹰眼爪牙，流亡日本。在逆境里，郭沫若自励坚贞，坚持翻译马恩著作，从事古文字研究，破解了商周社会一系列无人知晓的奥秘，为中国马克思主义史学的建立与发展打下牢固基石。1937 年卢沟桥事变爆发，国共两党再度合作，国民政府撤销了对郭沫若持续 10 年的通缉。他归心似箭，立即从日本秘密警察的监视下逃脱出来，归国抗战。回国后他的最大心愿之一便是公开亮明自己的共产党员身份，但是这个愿望没有实现。为了实现民族解放的大目标，他严守党的纪律，服从了在党外比在党内作用更大的安排。他在周恩来领导下，以党外人士的身份出现在公众视野中，历时 30 余年。30 年来，郭沫若从不隐晦一个“党外布尔什维克”的政治态度，在参加《华商报》“五一口号”座谈会时也再次表示，“举凡对于人民革命有必要的事，为中共所不能说，不便说，不好说的就由我们说出来”，“不怕别人给我一顶红帽子”。

直到郭沫若去世，中共中央组织部才对他的党籍和党龄问题作出明确回答：郭沫若于 1927 年 8 月参加南昌起义时加入中国共产党。抗战时期归国后，在周恩来同志的直接领导下，以无党派民主人士的身份，从事抗日救亡运动和民主革命运动。1958 年重新入党。

郭沫若不同历史时期的党派身份，在中国共产党统战工作的宏大场景中发挥了重要作用，也是所有那些为了社会进步、人类幸福的大目标，长期作为“党外人士”的革命知识分子的典型代表。

写就抗战洪波曲，长风破浪当此时

中共香港分局从 1948 年夏天开始着手护送在港民主人士赴东北解放区的工作。北上的路线首选海路，尽管台湾海峡犹有不测风云，但海路还是比陆路的风险小。因为中共用大连“中华贸易公司”和香港“联和进出口公司”的名义，提前开通了从大连至香港的海上货运通道，租用外国轮船把东北的大豆、皮毛、猪鬃等产品运往香港外销，再从香港带回医药器材、印刷用纸、研究敌情所需的报刊资讯及其他物资。如今，这条航路又为护送香港民主人士参加新政协，提供了可靠保障。国民党势力在香港不及内地，但仍有特务四处活动，加上港英政府可能会横生枝节，中共香港分局的工作十分慎重，预订好由苏联货轮来秘密接送这些特殊乘客。

8 月正是天气最溽热的时候，夫人于立群却在抓紧为郭沫若准备冬装，织毛衣，缝棉袍，还按照港工委的嘱咐，订制好一枚金戒指以备途中不测。郭沫若和夫人商量好，不出意外的话，一到东北就把戒指“慰劳寄前线，欲以表寸衷”。9 月 2 日郭沫若给夫人写好临别留言。留言读来动人心弦：

立群：

你是我精神上和肉体上的有力的支柱，我这十几年来可以说是完全靠着你的支持和鼓励而维持到现在的。五人的小儿女在你的爱护和教育之下，我相信一定都能够坚强地成立，但可太累赘你了。希望要保重你的身体，不要过于忧劳，将来需要你做的事情还很多。我暂时离开了你，也一定要更加保重我自己，除作革命工作的努力之外，不作任何无意义的消耗。我相信我们不久又会团圆的，而且能过着更自由更幸福的生活。望你保重，千万保重。

你的贞

一九四八年九月二日

落款“贞”，是郭沫若本名开贞的最后一个字。一字千言，融进几多挚爱亲情，几多对共同理想的忠诚。

于立群是1938年初和郭沫若结伴从广州赴武汉的，夏衍在《懒寻旧梦录》里写到这件往事：上海沦陷以前，于立群和夏衍谈过要去延安学习，得到夏衍同意，但夏衍很快就察觉到“郭老需要有她这样一位助手”，所以同意她在武汉留下来。就是从这时起，于立群从《救亡日报》南下先遣队的成员，成为郭沫若志同道合、至亲至爱的学生、助手和伴侣。从武汉到长沙、从桂林到重庆、从上海到香港，于立群一路随行，帮郭沫若整理文稿，接待友人。郭沫若耳背，开会听不清别人发言时，她为他记录；警报拉响要立即进防空洞时，她当他的耳朵；因为工作关系实在无暇回复来信时，他嘱她代笔……郭沫若的住所被国统区文化界的朋友们喻为“小解放区”，大家常在这里畅所欲言，开会、打牙祭、听延安精神的传达，每次大小活动的背后都少不了于立群的忙碌。此外，于立群还参加了不少其他社会活动，为响应中共“五一口号”，由何香凝领衔的留港妇女界的宣言，就有她的参与。难怪有人把郭沫若比作今日屈原时，郭沫若总把于立群比作现代版的婵娟。

9 月 18 日，中共中央给东北局发去做好欢迎民主人士北上工作的指示，并通知说，第二批离港之郭沫若、马叙伦等人“数日后亦将乘苏轮北上”。可是出人所料的是，提前安排好的苏联货轮“阿尔丹号”在驶入香港码头时，意外发生碰撞，不仅船上物资受损，修船还要花相当长的时间。港工委不得不另外接洽其他靠得住的外国货船，郭沫若一行的启程日期被临时推迟。

11 月 23 日，一切准备就绪，行李按约定提前送上货轮。下午，郭沫若、于立群信步如常，去民盟港九支部主任委员冯裕芳的寓中做客。冯裕芳将和郭沫若同船离港，他是老同盟会员、中华革命党的发起人之一，加入过英国共产党，还暗中支持过胞弟冯白驹领导的琼崖纵队。冯老家里养了一池金鱼，平时没少博得朋友的称赞。今天观赏着金鱼的郭沫若，却心生别样的感触：“平生作金鱼，惯供人玩味。今夕变蛟龙，破空且飞去。”

冯老年事高，血压也高，郭沫若夫妇陪着他一起去侯外庐家集合。天黑后，郭沫若告别于立群，和冯老、侯外庐乘小船出海，登上一艘挂着挪威国旗的轮船。轮船名为“华中号”，船头有一只天马的标志，大副是个阅历丰富的葡萄牙人。连贯、宦乡和不少老朋友：马叙伦、丘哲、翦伯赞、许广平周海婴母子、陈其尤、曹梦君、许宝驹、沈志远等先后到齐。次日凌晨，“华中号”起锚，驶离港湾。

“华中号”启航日期虽比原计划迟了2个月，却恰好为郭沫若赢得了写完“抗战回忆录”（后更名为《洪波曲》）的时间。回忆录的撰写，是《华商报》副刊《茶亭》的“亭长”、港工委成员夏衍出给郭沫若的题目。郭沫若趁行期推迟，就近同冯乃超核实了国民政府军委会政治部第三厅机关及演剧队、抗宣队等下属机构的情况，把抗战前期国共合作的阴晴圆缺，三厅成立、台儿庄大捷、长沙大火的波澜起伏，写得生动真实、有血有肉。郭沫若一面写，《茶亭》一面刊登，从8月25日起，每天一节，成为《茶亭》最受欢迎的看点。眼看出发日期临近，郭沫若加快速度，赶在出发两天前杀青。当12月4日《茶亭》刊出“抗战回忆录”最后一节，连载到此结束的时候，不少读者还意犹未尽，推想作者一定仍在香港。实际上，“华中号”已在连载结束的前一天抵达东北。《洪波曲》的连载巧妙地掩护了郭沫若这批民主人士的北上之行。

港工委迅速把“华中号”平安抵达的好消息送到每一位北上民主人士的家里。于立群这才心情舒畅地向孩子们坦白，10天前她说了一次“谎”，说父亲这些天不在家，是因为要在达德学院讲演。其实这些天他并不在达德学院，而是去了有红旗飘扬的地方。于立群把郭沫若行前写好的诗读给孩子们：

寄语小儿女，光荣中长大，无须念远人，须念我中华。
中华全解放，无用待一年，毛公已宣告，瞬息即团圆。

听着父亲留下的诗，想到不久全家都能去解放区和父亲团聚，孩子们好像一下子长大了。

一路唱和万里行，含泪欢歌庆成功

“华中号”是货船，客舱狭窄，船行速度慢。长途的海上航行容易使人寂寞，加重思念家人的情绪。看到几位学养深厚的民主人士对诗词唱和饶有兴趣，郭沫若提议办个壁报，“以俾诗词传阅”。大家一致赞成，起名为《波浪壁报》。

马叙伦先赋得两首铿锵有力的五言诗：“何来此汲汲？有凤在岐鸣。人民争解放，血汗岂无酬。”但铿锵中又带出些感伤：“知妇垂离泪，闻儿索父声。戎马怜人苦，风涛壮我行。”郭沫若很快出示了他的两首唱和：

栖栖今圣者，万里赴鹏程。
暂远天伦乐，期平路哭声。

取材桴有所，浮海道将行。
好勇情知过，能容瑟共鸣。

第一首和诗对马叙伦大加赞誉，把他喻为当代圣者，日夜奔劳，心向万里征途。与子女短别，为的是抚平天下的哀怨。第二首化用了《论语·公冶长》中的典故。典故原文是“子曰：道不行，乘桴浮于海。从我者，其由与？……由也好勇过我，无所取材。”意为孔子因主张受阻，要坐竹筏去海上漂游。说跟随我的只有仲由（子路）吧？……仲由比我有勇气，却无奈没有可做舟筏之材。和诗写得乐观豁达，大意是：而今吾辈不乏取材造筏之方，能远涉重洋助大道畅行；唯有大智大勇的人才有大爱，最懂琴瑟和鸣的美。观照古今，眼前的现实不是正与孔夫子欲远游海上，却因“无所取材”使子路徒有勇气，形成鲜明对比吗？而“取材桴有所，浮海道将行”两句中的“桴”与“道”，在字面下是不是有更丰富的寓意呢？在这样立意深远，引人思索又抚慰亲情的唱酬中，化解了不少船上的离别牵挂。

郭沫若和农工民主党的中常委兼秘书长丘哲同住在一间客舱。航行的第六天，11 月 29 日，“华中号”将至长江以南的宁波。这天恰是农工民主党的主要创建者邓演达在南京汤山牺牲 17 周年的忌日，丘哲遥望长江口，写下一首怀念亡友的诗：“惘惘凭栏望江口，每怀奇士辄兴悲。”郭沫若遂步丘哲原韵，道出他对邓演达的追思：“当年谈笑曾相许，共扫东南民族悲。”“献馘汤山先告墓，艰难建国暗中扶。”

29 日的船速慢得让人心焦，起初不知什么原因，后来才明白是因为海上将刮二级飓风，船长为了避险，有意滞留在宁波附近。尽管如此，待到飓风袭来时船体仍然险些失控。海上浪涛汹涌，风速达每小时 166 公里（89 海里）。船上的民主人士面对风浪，镇定自若，令人敬佩。郭沫若用组诗《舟行阻风》记录了这幕险情。所幸飓风持续时间较短，“华中号”奋力驶过长江口后，化险为夷，海面顿时大放光明。

同船的周海婴有台自己安装的收音机，能收听到新华社的广播，不时给大家带来华北战场的最新战况。这天，广播里传来人民解放军于11月30日占领徐州，杜聿明集团30万人陷入重围的捷报，同船老少欢欣鼓舞，在娱乐室里开了庆祝会，唱歌、跳舞、朗诵，各显身手，郭沫若也表演了节目。大家的心情正如他在《北上纪行》中所描写的：“才欣克辽沈，又听下徐淮。指顾中原定，绸缪新政开。”“我今真解放，仿佛又童年。”

10天的航行，“华中号”上诗意盎然，接连不断有新作张贴在《波浪壁报》上。抵达东北后，这股热情依然不减，民主人士在各地参观的路上赋诗填词，抒发着对喷薄欲出的新中国的憧憬。郭沫若不愧是多产诗人，一行之中他的唱和数量最多。沈钧儒、阎宝航、周铁衡、李一氓、李初梨、刘澜波等许多先后来到沈阳和在沈阳工作的朋友、同志都得到郭沫若赠送的诗词；中国医科大学、东北博物馆、东北图书馆等不少单位留下了郭沫若笔酣墨畅的题词、楹联。这些墨迹历久弥新，成为郭沫若和大批民主人士70年前响应中共“五一口号”，为筹备召开新政治协商会议，从香港北上东北解放区的见证。

1949年2月24日，郭沫若与李济深、沈钧儒、马叙伦、章伯钧、朱学范、李德全等一行35人，乘“天津解放号”专车离开沈阳。第二天中午，火车缓缓驶入古老的北平城。“多少人民血，换来此矜荣。思之泪欲堕，欢笑不成声。”——和着车轮和路轨间发出的钢铁的节拍，又一首五言诗从郭沫若心底涌出。

26日，郭沫若随各党派民主人士一起步入中南海怀仁堂，出席由中国人民解放军平津前线司令部，北平市军管会，中共北平市委、市政府举行的欢迎大会。

“今天真正是光荣绝顶了。……但我也知道，这光荣不是毫无代价得来的”——郭沫若在大会讲话中抑制着内心的激动，说出多日来萦绕脑海的思考：“在反动派统治之下，中国没有搞好，我们有话可以推诿。在今天人民政权之下，假使依然把中国搞不好，那我们就要成为历史的罪人了。”“为了扩大我们的光荣，为了巩固我们的光荣，我们每一个人都应该扫除一己的私心，摒除一切的门户之见，要把全部的力量、全部的精神、全部的生命，无条件地拿出来，在中共领导之下，在毛主席领导之下，完成反帝、反封建、反官僚资本主义的任务，为建设新中国而鞠躬尽瘁。”

（选自《传记文学》2018 年第 11 期。原标题为《破浪北上我今真解放——郭沫若在中共“五一口号”发布前后》）

“五一口号”发布前后的许德珩

许　进*

70年前的1948年4月30日，中共中央发布了《纪念“五一”劳动节口号》，5月2日，中共中央发出《关于邀请各民主党派代表来解放区协商召开新政协问题》的指示。笔者的祖父、九三学社社员许德珩是受中共中央邀请赴解放区协商召开新政协问题的29位民主人士之一。

“五一口号”发表之前一个月，1948年3月29日，是辛亥革命黄花岗之役纪念日。当天，国民党当局在南京召开了第二届国民大会。数千名来自北平、天津的学生和青年聚集在北京大学民主广场举行纪念黄花岗先烈大会，揭露国民党召开“国大”、操纵会

---

*　许　进：许德珩之孙，清大筑境规划建筑设计研究院副院长，全国政协委员，九三学社中央委员。

议的真相。当局如临大敌，派出数千名警察将会场重重包围，阻断交通，许多来北大参加大会的人被阻挡在包围圈以外。祖父和袁翰青、樊弘 3 位教授不理睬国民党特务的威胁，毅然出席大会。

在会上，祖父等 3 人分别发表了讲话，激烈抨击蒋介石、国民党的反动统治。祖父许德珩勉励学生们说：今天的青年要学习黄花岗烈士的精神，全心全意地为中国的苦难大众献身，不要彷徨在空中。不怕一切无耻的污蔑，勇往直前，才对得起先烈。国民党若把中国四万万五千万人看作剥削的对象，不管它有多么大的军事力量，不管它怎样地加紧压迫，它一定失败。袁翰青教授说，我希望今天每个人都向自己宣誓：我一定永远地为中国人民的解放而奋斗。今天知识青年只有一条路，就是与苦难的人民同在。樊弘教授说，刚才袁先生告诉诸位只有一条路，我认为有两条路，一条路是由少数人掌权，为保持他们的既得利益而压迫全国大多数；一条路是工、农、兵、学、商各阶层的人联合起来，向国民党独裁集团要回政权，愿意就采取和平的方式，不愿意就用武力把政权跟他们夺回来。

1948 年人民解放战争迅猛发展，在此形势下，中共中央审时度势，振臂一呼，发布《纪念“五一”劳动节口号》，提出“迅速召开政治协商会议”“召开人民代表大会，成立民主联合政府”的主张。“五一口号”得到了各民主党派的积极响应，在北平尚处于地下状态的九三学社发表《拥护新政协宣言》，愿意在中国共产党领导下建立“民主、自由、富强、康乐”的新中国。

除了中共中央 5 月 2 日邀请各民主党派代表外，中共中央和毛泽东主席还曾经三次邀请许德珩等九三学社领导人到解放区协商召开新政协问题。1948 年 4 月 27 日，毛泽东主席给晋察冀中央局城市工作部部长刘仁写信，通知他邀请在北平的张东荪、符定一、许德珩、吴晗等人来解放区参加各民主党派、各人民团体的代表会议，讨论召开人民代表大会及成立民主联合政府。5 月 31 日，毛泽东致函刘少奇、周恩来、朱德、任弼时：请考虑将张东荪、吴晗、许德珩等 4 教授尽快从平、津接出来。在征得他们同意后，选为华北行政机构的委员，并任部长或副部长。9 月 20 日，中共中央致电华北局并城工委员会，为筹备明春可能召开之新政协，提出拟在平、津邀请的代表性人物名单。九三学社社员许德珩、樊弘、袁翰青、劳君展、王之相等五教授在受邀的 24 位代表人物名单之中。

1949 年 3 月，周恩来与中共中央其他领导人来到北平。祖父许德珩、祖母劳君展与各界代表一道前往西郊机场迎接。见面后，周恩来亲切地握着祖父的手说：“楚生兄，辛苦了。一别两年多，你做的事情我们都知道。”

在中国人民政治协商会议第一届全体会议上，九三学社首席代表许德珩发言说：各个不同革命历史时期和各个不同方面的代表都抱着扬弃旧中国，建立新中国的同一心情，很自由地、民主地、融融合合地、空前未有地团聚起来，也是空前未有地团结起来，团结在中国共产党的周围。以上历史事实说明，中国共产党在新中国的领导地位是其领导人民革命胜利的必然结果，是参加政治协商会议的、代表绝大多数人民的各个单位一致拥护的结果。

（选自《团结报》2018 年 5 月 3 日）

马叙伦与“五一口号”

马　元*

“五一口号”所凝聚的中国共产党领袖和民主党派代表人物的共识终于催生了一个新中国的诞生。

抗战期间，马叙伦先生困居上海。在疾病和贫困的折磨下，两鬓堆雪，面容憔悴，心情郁闷。1945 年 8 月抗战的胜利，使他精神振奋，欣喜若狂。他由衷地关心国家的前途和命运，希望国共两党顺应民意，通过谈判实现和平、民主、统一。此时，中国共产党代表中国人民的根本利益，明确提出了民主、和平、团结的建国总方针。中国知识分子阶层中绝大多数人都倒向了中国共产党，年过花

*　马　元：马叙伦之孙，曾任北京市政协委员。

甲的马叙伦先生也是由衷赞成的。1945 年 12 月他和王绍鏊、许广平、赵朴初、雷洁琼等人创建了中国民主促进会，积极地投入到和平、民主的爱国运动中。他不断地在各种报纸杂志上发表抨击蒋介石的内战政策，参加上海市各界人士反内战的活动。

1946 年 6 月 23 日，马叙伦先生主持召开了上海人民团体联合会的理事会，组成赴南京请愿的上海人民请愿代表团，马叙伦先生被推为团长。请愿团的目的是揭露和反对蒋介石的内战阴谋，敦促国民党政府悬崖勒马，呼吁马歇尔制止美国政府助纣为虐。结果在南京下关车站马叙伦先生被国民党特务殴打成重伤。当中共代表周恩来前来慰问时，他对周恩来意味深长地说：“中国的希望寄托在你们身上！”周恩来也深情地说：“你们的血不会白流。”这期间，毛泽东主席和朱德总司令都发来慰问电。从此，马叙伦先生的心和中国共产党连在了一起。面对国民党的白色恐怖，马叙伦先生在上海继续从事民主运动。后来为了斗争的需要，1947 年 12 月，在中共的安排下，马叙伦先生与一批民主人士由上海转移到达香港。在香港，他们利用香港的特殊政治环境继续从事民主活动。

1948 年 4 月 30 日在香港，马叙伦先生从广播中听到“五一口号”的发表后感到十分振奋。他说：“除了反动派以外，都延颈企踵，希望即刻看到全文。因为这些口号给新中国的前途带来了无限的喜慰。”当读完全文后，马叙伦先生立即写了《读了中共“五一口号”以后》并在《华商报》上发表，文中说：“这次口号，是历史上重要的文献，是转捩时局的曙钟。”他指出，全国人民一直在期盼着人民自己的民主政权早日成立，期望着真正的人民革命的领导者——中国共产党给以启示，现在实现了。“五一口号”是对独裁政权下的另一个方式的讨伐令，它震撼了反动的独裁政权和他的集团的魂魄，等于一篇胜利的檄文。实际上是对世界宣布了新中国将出现的姿态。

"五一口号"受到了爱好和平民主的人们的热烈拥护。马叙伦先生代表民进和在香港的其他民主人士起草电文，于5月5日联名致电毛泽东主席和解放区同胞，表示拥护中国共产党的"五一口号"。马叙伦先生代表民进还单独发表了《响应中共"五一号召"宣言》，高度评价"五一口号"是近百年来中国革命史的结晶，是今后中国政治运动航向的指标。民进的这一宣言充分表达了它接受中国共产党领导的愿望和决心。

马叙伦先生敏锐地把握到"五一口号"中的第五项"迅速召开新政协，成立民主联合政府"最有号召力和吸引力。因为"五一口号"已指出了新中国形态建设的程序和人民建立新国家基础的成分。"五一口号"的公布，成了建立新中国政治力量的分水岭。拥护"五一口号"的党派都成了新政协的组成部分，不拥护的就跟着蒋介石去了台湾。

"五一口号"发布不久，马叙伦先生就在党组织的安排下和郭沫若、许广平、陈其尤、侯外庐、沈志远等人一起，在连贯同志的陪同下乘坐挂葡萄牙国旗的"华中号"轮船于1948年11月23日离开香港北上，穿过海峡于12月3日到达辽宁的解放区安东，受到安东省主席刘澜波的热烈欢迎。马叙伦先生激情满怀，曾赋诗一首，书赠刘澜波同志，诗云："南来将岁晚，北去夜登程。知妇垂离泪，闻儿索父声。戎马怜人苦，风涛壮我行。何来此汲汲？有凤在岐鸣。人民争解放，血汗岂无酬。耕者亡秦祖，商人断莽头。百郭传书定，千猷借箸筹。群贤非易聚，庄重达神州。”

1949年1月31日平津战役胜利，北平和平解放，马叙伦等56名民主人士联名致电毛主席和朱总司令，祝贺平津解放的伟大胜利，毛主席回电：“诸先生长期为民主事业而努力，现在到解放区，必能使建设新中国的共同事业获得迅速成功……”

1949年2月25日，周恩来派林伯渠来沈阳迎接马叙伦、郭沫若、李济深、沈钧儒等一行25人乘专车抵达北平。3月25日马叙伦等人到西苑机场热烈迎接毛主席。毛泽东主席亲自会见马叙伦、郭沫若、李济深、沈钧儒、谭平山等人，开始协商建国的工作。“五一口号”所凝聚的中国共产党领袖和民主党派代表人物的共识终于催生了一个新中国的诞生。马叙伦先生到北平后就参与了新政协的筹备工作。在新政协里，他担任了第六小组的组长，负责拟定国旗、国徽和国歌的方案。并在政协会议中建议“十月一日”为中华人民共和国的国庆日，且被采纳。在新政府里他出任了中央人民政府委员和教育部部长。

“五一口号”发布的时候，我父亲马龙翔正在高雄铝厂当工程师，和我们全家住在台湾高雄。祖父马叙伦把“五一口号”巨大的号召力，用信件转到了台湾我父亲处。在信中祖父让父亲赶快认清形势，摆脱国民党的控制回到大陆。父亲不满国民党的腐败，祖父转来的“五一口号”催生的新中国也强烈地吸引着他，他心中充满了把自己留学美国所学用于新中国建设的激情。在1949年建国前夕，大批国民党官兵败退台湾的情况下，父亲毅然以去香港探望母亲为名带领我们全家巧妙地摆脱了国民党的控制，把大部分家产都弃在了高雄，来到香港。父亲根据祖父留下的关系，在《华商报》

找到了党组织。在由潘汉年、钱之光领导的中共香港工委的安排下，和一批民主人士一起乘“东方号”轮船，冒着被国民党军舰拦截的危险，终于在1949年8月4日到达东北解放区。我父亲马龙翔在新中国的建设中成为有色金属工业的奠基人之一，并被选为辽宁省政协副主席。我以后也成了真空冶金研究的学科带头人和北京市政协委员。我们祖孙三代人都在新中国的建设事业中贡献了自己的力量。

（选自《北京观察》2013年第5期）

父亲彭泽民20世纪40年代在香港的政治活动

彭润平*

宋庆龄、何香凝、柳亚子、彭泽民团结战斗

1941年，宋庆龄、何香凝、柳亚子、彭泽民都居住在香港。1月初，爆发了震惊中外的“皖南事变”。蒋介石的国民党当局再次掀起反共高潮，突然袭击新四军军部和在皖南部队，妄图毁灭新四军。

由何香凝发起，宋庆龄、何香凝、柳亚子、彭泽民为此事专门开会。会前柳亚子亲自来到我家与我父亲商量。柳亚老说：“当前是团结一致抗日救国为重。民族大敌当前，岂能再来一个自相残

---

* 彭润平：彭泽民之女。

杀！蒋介石的为人，你是知道的，我们一定要把这次事件揭发出来，把真相公布于世。是非自有公论。这是我们的责任。我和孙夫人、廖夫人准备发表公开宣言，谴责蒋介石，希望你也能同意参加。”父亲答：“我们都是中山先生的忠实信徒，责无旁贷。有孙夫人、廖夫人和您带头，我完全赞同。目前谁敢讲，该我们出来讲话了！”

1月12日，由柳亚子起草，4人联名发表一封致蒋介石及国民党中央执行委员、监察委员的公开信。信中指出：“最近讨伐共军之声甚嚣尘上，中外视听为之一变。国人既惶惶深忧，兄弟阋墙之重见今日。友邦亦窃窃私议，中国抗日之势难保存，倘不幸而构成‘剿共’之事实，岂仅过去所历惨痛又将重演，实足使抗战已成之基础隳于一旦，而时势所趋，又非昔比。则我国家民族以及我党之前途，将更不堪设想矣！”“我总理过去提出，与共产党共同努力于国民革命伟业。这是勿容变更。总理临终时，曾致书苏联，其意旨在联合苏联。而在训示吾人，应以国共和平合作团结互助为重心。诸同志对此当能念念不忘！”“日寇不独为我党之敌人，亦为共产党之敌人，敌人之敌人即为我之良友，故我党不得以如何消灭共产党为决定政策之出发点。遵守总理遗训，力行吾党国策，撤销‘剿共’部署，解决联共方案，发展各种抗日实力，保障各种抗日党派。”

这封信由中国新闻社、延安《新中华报》刊载，给蒋介石集团以沉重的打击。

1946年，蒋介石政府玩弄反革命两手，一手在国统区大力压制民主，大搞白色恐怖，并制造了一系列血案；另一手在解放区大搞军事挑衅，武力进迫。6月更撕毁“双十协定”，推翻政协协议，挑起全面内战。7月23日，宋庆龄针对时局，在上海率先发表声明。9月16日，父亲在《华商报》撰文，称：“孙夫人对时局的主张代表全中国人。”强烈要求国民党当局接受孙夫人的主张，立即对共产党实行停战，恢复政治协商会议，组成各党派联合政府，这是中国今日人民权力的起点。他们在香港和上海一呼一应，紧密配合。

何香凝于1945年12月移居香港，柳亚子于1947年10月移居香港，他们之间过从甚密，仅1946年、1947年两年，他们率先联名联合在港民主党派民主人士致电就有14次。内容有：揭露蒋介石国民党发动内战反共专制；揭露美国帮助蒋介石打内战；声援北京大学学生抗议美军暴行，制造“沈崇事件”；追悼吊唁被蒋介石杀害的李公朴、闻一多、杜斌丞等烈士；庆祝朱总司令60寿辰等，对国内外都有深远的影响。

1948年，何香凝、柳亚子、彭泽民3人于古稀之年接受毛泽东、周恩来之邀请，从香港北上解放区，参加筹备新政治协商会议，迎接中华人民共和国诞生。

共产党的密友

20世纪40年代，中共香港地下党组织的负责人谭天度、方方、连贯、章汉夫等是我父母最要好的朋友。这些表面上称“老板”或“老板娘”的共产党人都是些富贵不淫、贫贱不移、威武不屈的人。

我曾随父母到过他们住在香港半山区的“洋别墅”，令我十分惊异，耳目一新，里面堆满书、报、印刷品，既是工作间、印刷所、仓库，又是居室。我母亲注意到连贯的夫人林琅总穿着一件旗袍，便送给她一块衣料。母亲送去，她送回，反复往还，她始终不肯收下。母亲最后恍然大悟说：“林琅是在党的人，严守共产党的纪律啊！”

一次，章汉夫在香港被美蒋特务跟踪，赶上台风登陆，狂风暴雨，他在大街小巷转绕，被一根晾衣的大竹竿跌落打破头颅，满脸是血。跑到我家，我父亲立即为他上药包扎，并安排他治伤避险。

有一天，谭天度来到我家。开门后，我母亲发现他脸带愁容，看不到平日的开朗劲儿。我母亲问道：“谭老兄怎么啦？”原来他的爱人生奶疮，疼痛不已，婴儿没有奶水吃，急需去医院诊治。母亲安慰他说：“您不用着急，我想想办法。”说完，我母亲急忙出门，跑去香港仔的玛丽医院，找到一位在医院担任厨师的熟人帮忙，问题解决了。

连贯和林琅夫妇俩忙于工作，林琅快临产了，还没有找到接生的医院。他们住在香港东区天后庙道，距我家很远。我母亲得悉，万分焦急，跑到位于半山的般含道那打素医院，找到在医院当护士的一个远亲，求她无论如何定要帮这个忙。连贯、林琅的女儿顺利降生了，出院的时候，母亲带着我去接。我第一次也是唯一的一次看到医院用草纸包裹着新生的婴儿，母亲当时又高兴又心酸的面容，深深留在我的脑海里。

香港地下共产党员待我父母都非常亲切，常常问寒问暖，更重要的是他们经常向父亲、母亲传送中国共产党中央的方针、策略和重大问题的信息。周恩来写给我父亲的亲笔信，就是通过他们传来的。1946 年 5 月，中国共产党代表团抵南京梅园新村后，周恩来曾写信给我的父亲，信中写道：

泽民先生惠鉴：

久违雅教，驰系时深。自日寇投降以后，举世和平民主之局大体已定，而前途曲折，困难尚多。目前东北在当局武力统一方针之下，已演成大战，全国内战危机严重已极，人民权利自由到处遭受极大之剥夺，扭转危局端赖全国民主力量之一致努力，庶可促使当局改变政策，和平民主乃有实现之望。时局如此，至望先生与华南民盟暨憬然、贤初诸先生大声疾呼，号召社会人士共同反对内战，力挽狂澜，无任企盼。恩来与敝党代表团已于5月23日迁抵南京寓国府路梅园新村17号。尚祈不时赐教，以匡不逮，是所至祷，专白。

祗颂

时绥

周恩来敬启

5月23日

父亲接信后，肩负中国共产党的重托，不避艰险，不顾自己时刻会遭受港英当局的迫害和国民党特务的暗算，四出奔走，联合在港民主人士，大声疾呼反对内战。

1946年6月23日，即全面内战爆发前3天，他与何香凝、蔡廷锴等港粤各界民主人士98人同时发出3份“万急”电报：

一致美国总统杜鲁门及国会参、众两院。指出美国“政府目前援助中国所采取的步骤……使中国内战日趋扩大，独裁气焰日趋高涨，和平希望日趋渺茫，这就不能不使中国人民感到失望与遗憾”。严正要求美国政府“迅速采取公正而有效的步骤，停止一切足以助长中国内战的措施，恢复中国和平”。

二致国内外报馆、通讯社、杂志、舆论界，并转各国基督教会及各宗教团体、慈善救济机关，恳切要求他们本着“人类互爱，基督博爱普救众生的精神，秉大公无私的主旨，立即联合向中国国共两党呼吁和平，永远停止内战，无论任何争执，均应以和平谈判解决，勿以干戈相见”。并希望他们向美国总统呼吁“以公正合理的态度调解中国纷争，勿再继续作单方面的军事协助以致助长战焰，须知挽救中国内战的危机即免除世界人类之灾祸”。

三致蒋介石、毛泽东及民主同盟、青年党和无党派社会贤达。指出：“时局险恶，祸起萧墙，国脉奄奄，民不堪命……全国人民渴望和平，咸盼国共两党相忍为国，其他党派与社会贤达竭力斡旋，共底谈判于成，以慰民望而固国本。”

隔两日后，即6月25日，彭泽民又与李济深、郭冠杰等致电美国国会参、众两院反对美国贷款，指出：“任何国家有助长中国内战的行动，皆足以引起中国人民的极大反感。现在在国民党独裁派控制下的政府，又迫切地要求你们予以大量的借款了，我们希望你们断然拒绝，因为在目前情况之下，无论以任何方式接济中国，都变成助长内战的资料。这样的债务，中国人民绝对不能承认，必将实现的民主联合政府，绝对不负清偿之责。”

蒋介石国民党在美帝国主义的全副武装下，完成战争的准备，立即翻脸，撕毁停战协定和政协协议，1946年6月26日晚大举围攻中原解放区，接着又大举进攻华东、晋冀鲁豫、晋绥、东北及海南岛等解放区，悍然向解放区发动全面进攻，挑起全面内战。

6月30日，父亲与何香凝等港粤各界人士百余人联名分别致电蒋介石，强烈要求他“立颁永久停战之令”；致电美国特使马歇尔，强烈谴责美国援蒋进行内战；致电毛泽东，请尽最大与最后之努力，谋求永久和平。中共中央对致电极为关注，7月7日毛泽东复电：“诸先生呼吁和平语重心长，至为感佩”，“希望全国人民一齐起来制止内战，实现和平民主”。毛泽东在电文中陈述了国共两党6月举行的南京整军谈判破裂原因和国民党政府的倒行逆施，表示：“和平为全国绝大多数人民之希望，敝党决与全国绝大多数人民共同为争取和平实现而努力。”

毛泽东的复电，给我父亲极大的鼓舞和强有力的支持。他斗志更坚，情绪更高昂。7月中旬，爱国民主人士李公朴、闻一多在昆明先后被国民党特务杀害，我父亲和何香凝、李章达等在港民主人士致电两先生家属吊唁和慰问。电文中表示：“同人等一息尚存，誓与民主逆流特务暴力，奋斗到底！”自1946年至1948年12月父亲进入东北解放区之前，正是解放战争时中国人民两种命运搏斗的历史关头，在民主与独裁、和平与内战的激烈交战中，他始终站在斗争前列，据不完全统计，仅在《华商报》就发表了他的专论、声明、发言等文章38篇。1946年8月父亲在《华商报》发表《斥蒋介石告国人书》，表明与蒋介石法西斯独裁统治誓不两立。同年11月即遭国民党派遣特务暗算，把他从还未停下来的有轨电车上推下来，摔掉两个门牙，右臂骨折。敌人自以为得计，冷笑着扬长而去。对此，父亲虽极愤怒，却没有丝毫的畏惧，并充满了乐观情绪。赋诗自勉：

老来何必伤迟春，古木春归又出芽。
世界沧桑问几许，认清猿鹤与虫沙。

解放战争时期民主党派暨民主人士在香港的一些活动

蒋介石国民党政府施尽阴谋诡计，破坏中国共产党和全国人民争取和平反对内战的努力，把空前规模的内战灾难强加在共产党和人民头上，并且推行“戡乱动员令”等一系列反动法令，加强其法西斯专制独裁统治。国民党统治区为白色恐怖所笼罩，经济陷入崩溃，由大学生发动，随即得到社会各阶层响应的“反迫害”“反美扶日”等斗争在全国范围爆发了！

1947 年 10 月 10 日，中国人民解放军总部发表宣言，提出“打倒蒋介石，解放全中国”的响亮口号。人民把解放的希望寄托在中国共产党领导的人民解放战争胜利之上。

蒋介石国民党政府的敌视、迫害，人民革命的波澜壮阔，人民解放战争的胜利发展，中国共产党的宣传教育，使曾经在一部分民主党派、民主人士和中间阶层有过影响的“中间路线”（即第三条道路）的政治主张迅速破产，他们也掉头同中国共产党合作奋斗。

10 月，国民党当局宣布民主同盟“为非法团体”，“严加取缔”其一切活动。民盟在上海总部被迫宣布解散。国民党政府还明令通缉 137 名爱国民主人士。在周恩来的安排下，许多民主人士撤至香港。

在中国共产党的鼓励、支持和帮助下，父亲在香港积极努力去做有利于民主党派、民主人士的团结协作工作。他除了担任中国农工民主党中央监察委员会主席工作外，还积极参与、协助其他民主党派的工作。

1947 年秋，他自始至终参加了国民党民主派的问题商讨，即中国国民党革命委员会的筹组和成立大会。他与李济深、何香凝、柳亚子、李章达、陈其瑗 6 人联名写《上孙夫人书》，恳请宋庆龄领导工作。父亲受委托执笔。

1946 年初，在重庆召开的政协会议上，民盟和中国共产党默契配合，互相支持，一起邀请了 34 位国内有声望的学者名流，组成政协代表团顾问团，为民盟和中共政协代表团制定提案，提供咨询。父亲受聘为华侨问题方面的顾问。1947 年 4 月，民盟南方总支部改组，父亲被选为民盟南方总支部主委，陈汝棠、张文为副主委，千家驹为秘书主任，张文兼财务委员。中国民主同盟南方总支部除领导海外民盟组织外，还领导两广、福建、港澳等地民盟地方组织工作，也曾指导台胞盟员的活动，主办机关刊物《光明报》。民盟总部被迫解散后，民盟南方总支部郑重指出：宣布解散民盟的命令是非法的！违背民意，违背政协会议决议。“国民党政府可以封闭民盟总部，决不能消灭本盟海内外广大组织，更不能消灭中国的民主运动！”号召海外全体盟员“对独裁制度之敌视人民，蹂躏民权，共同奋斗，一致反对”。后 1948 年民盟三中全会在香港召开，恢复民盟总部，这是民盟历史的重大转折点。南方总支部由总部领导，父亲不遗余力配合工作。

父亲曾在人民救国会担任过重要的工作，也曾积极协助在香港筹办达德学院的工作。

我们在香港的家，地处偏僻、狭窄，没有任何现代家具陈设，待客人也只有青菜豆腐。然而却是我父母的老同志、老朋友乐于聚会之所，藏身之处。陈其瑗、章伯钧和李健生及他们的两个女儿都先后长时间住在我们家。我们家里常备着 10 多块木床拼板和九副军用帆布床，随时接待来往的同志。何香凝、柳亚子和我父亲是志同道合的老同志，过从甚密。柳老 1947 年 12 月书赠父亲一首诗：

南天一柱属彭篯，金石盟心那抵坚？
曹贼称尊徐母愤，梁鸿举案孟光贤。
议场自昔称三怪，友谊于今恰廿年。
郿坞渐台来日近，中原同著祖生鞭。

在我的脑海里留下一幅很深刻的历史画卷，郭沫若、于立群、茅盾、翦伯赞、王却尘夫妇，一起来我家聚会，他们无所顾忌地开怀畅谈，兴高采烈地依次为我们兄弟姐妹在纪念册上题词，循循善诱，郭老写道：“对好人要能和气，对坏人要有火气。”茅老写道：“能自我批评始能前进。”于立群夫人写道：“事事都要追求真理。”为我们留下终生的教诲。

1947 年 11 月 3 日，何香凝、蔡廷锴、冯裕芳、陈其瑗、方方、李朗如、陈汝棠、萧俊英、陈树渠、张文等发起港九各界民主人士庆祝我父亲 70 岁生日。这是我父亲有生以来第一次受到如此隆重的尊崇，也是一次在港民主人士的团结盛会。这次“祝寿会”设在陈树渠先生的别墅内，李济深、马叙伦、朱蕴山、陈其瑗、郭沫若等 71 人参加。香港的中共地下党组织的负责人方方、章汉夫、许涤新、冯乃超、刘宁一、连贯、尹林平、胡乔木等到会，并且写了一篇祝词：

五岭之南有彭老，品地真纯气节高，
少具热心从革命，誓驱鞑虏真英豪。
离乡别井往南洋，仆仆风尘底事忙，
唤起侨胞齐救国，追随孙氏有主张。
满室虽倾志未懈，三民主义更高唱，
北洋军阀势嚣张，海外归来作部长。
握发吐哺勤政事，鞠躬尽瘁邦人仰，
谦和恳挚见胸襟，朴素庄严明志向。
国事伤心竟转非，孙氏三策弃如遗，
投降分裂翻全局，革命大功一篑亏。
党徒如是尚何言，风雨鸡鸣亦枉然，
惆怅狂澜非易挽，飘然远引到南天。
心怀祖国总依依，每念苍生泪眼低，
余绪小抒怜此日，不为良相为良医。
蔓延烽火到香江，日寇凶残似虎狼，
刺刺血腥魔掌下，几人事敌几人降。
我公义烈独非凡，誓将气节斗蛮番，
身陷网罗荆棘里，抗声骂贼学常山。
法西流毒最堪憎，覆辙相寻何未醒，
姜桂老来辛愈烈，斗争气概胜年青（轻）。
内战独裁人厌恶，和平民主众追求，
再接再厉无反顾，不达目的誓不休。

钟灵毓秀诞此公，人瑞由来自不同，
道貌岸然须发白，目光如炬气如虹。
人生七十古来稀，德劭年高更足奇，
历久弥坚松柏节，人人应学此良师。
声应气求岂等闲，志同道合倍相关。
一瓣虔心欣祝颂，愿公高寿似南山。

章汉夫　方　方　谭天度　刘宁一　林　平
饶蒲特　龚　澎　许涤新　冯乃超　夏　衍　　同敬贺
连　贯　李维之　乔　木　黄作梅

中国共产党从来不会忘记对革命、对人民作过贡献的人，给他们以极大的鼓励、崇高的评价。这在民主人士中引起很大的反响，团结了更广泛的港九各界人士，使革命的队伍像浩瀚长江，波涛滚滚，后浪推前浪，一浪接一浪。

1948 年 1 月 2 日，在港民主党派及文化界人士开大会于金陵大酒家，举行元旦团拜典礼，并欢迎马叙伦自上海来港。参加者 108 人，很是热烈。柳亚子、沈钧儒、王燕叟、李济深、谭平山、陈劭先、朱蕴山、王却尘、陈其尤、方方等同坐一席，柳亚子即席赋诗，反映了这个民主党派的团结盛会。父亲记录下来：

从容揖让礼文优，团拜应为团结谋。
国共同盟成鼎足，致公民进亦千秋。
马融更喜南来健，李广能为东道不？

早遗首都移海峤，金陵王气黯然收。

柳亚子的诗记载大批民主人士、各民主党派聚集在香港，与共产党合作战斗、团结反蒋的盛况，并指出蒋介石国民党政府已陷入十分孤立处境。

1948 年 4 月 30 日，中国共产党根据时局已发生根本转变和全中国人民的急切愿望，及时提出了纪念“五一口号”，得到各民主党派暨民主人士的热烈响应。

5 月 5 日在香港各民主党派暨民主人士响应中共“五一”号召，致中共中央毛泽东主席电。

1948 年 8 月，大批民主人士陆续进入解放区，准备参加新政协。在周恩来极其周密稳妥的安排下，钱之光、祝华、徐德明等南下香港，同香港华南分局方方、潘汉年等负责人一起，接送 4 批民主人士北上。父亲在第 3 批，同行有李济深、茅盾夫妇、朱蕴山、章乃器、邓初民、王绍鏊、柳亚子、马寅初、洪深、翦伯赞、施复亮、梅龚彬、孙起孟、吴茂荪、李民欣等 30 余人。12 月 26 日晚，乘苏联船“阿尔丹号”从香港维多利亚港出发，航行 12 日于 1949 年 1 月 7 日抵大连。轮船经历惊涛骇浪，但人们安之若素，老前辈每日轮流讲述革命的历史。父亲有一首诗《戊子除夕在舟行中》记载当时一些情况：

航行三日逢除夕，客思悠悠薄送年。

海面狂涛姑且渡，春风将近到吾船。

中共中央特派李富春、张闻天迎接。父亲等受到极其热烈的欢迎，游览了大连，参观了工厂，经沈阳抵哈尔滨。

1949 年 1 月 14 日，毛泽东发表《关于时局的声明》。1 月 22 日抵达解放区的民主党派暨民主人士 55 人联名发表《对时局的意见》，表示坚决拥护毛泽东的声明，庄严宣布接受中国共产党的领导，将革命进行到底。父亲也在其内。从此民主党派开始了一个新的里程。

1949 年 9 月 24 日，父亲在政协第一届全体会议上发言：农工民主党全党的同志，“从此以后，要立下宏愿，永远跟着共产党”。这是我父亲参加革命几十年总结出的一条最珍贵的经验。

联结海外华侨

1946 年 1 月，父亲受邀任民盟和中共政协代表顾问团华侨问题的顾问，即在《华商报》发表《致侨领书》。他指出：抗战胜利之后，海外华侨和各地侨领“今后更宜团结一致，为建设民主富强之新中国而奋斗，亦唯有祖国进于民主富强，华侨之安全始有保障”。

1 月 10 日，父亲对《华商报》记者发表谈话，指出：政协会议无华侨代表参加，忽视广大华侨利益。

1946 年，父亲受邀任泰国暹罗华侨各界建国救乡联合总会名誉会长。9 月，为该会题词：“当前建国救乡工作又以反对内战为第一要务，我希望暹罗建救会立刻普遍发动暹罗华侨开展热烈的大规模的反内战运动，显然中国的反动势力，就是得到国际的特别是美帝国主义势力的支持、鼓励而更加疯狂地进行内战独裁的。”

10 月，父亲在《华商报》撰文《侨胞应如何祝国庆》。指出：海外侨胞“仍须团结，继续反对独裁专政，力争民主自由……仍须一致要求保护国家独立主权，继续反对外来干涉，呼吁美国撤出在华驻军，停止军事援华……”“吾人不能不大声疾呼，立即停战，实行民主，使我同胞重获安定和平以休养生息，徐图建设，顾全国脉民生，必如是我华侨始有重返家园，为建设新中国而努力之一日，亦必如是我国家始能臻于富强，使华侨在国际地位抬高，使华侨利益有所保障。”

1947 年，父亲在香港纪念黄花岗七十二烈士，发表《感怀黄花岗》：

红花之后又黄花，革命侨声洵可嘉。
回溯五羊当日事，谁甘群丑祸中华。

1947 年 7 月，就泰国暹罗当局政府非法逮捕、拘禁和驱逐华侨，父亲同各民主党派领袖联名提出抗议。

1949 年元旦，父亲为新加坡《南侨日报》撰《元旦献词》，并发表他在进入解放区途中写的诗《感怀》：

廿年空有还乡梦，今日公车入国门。
几经羁縻终解脱，布衣今日也称尊。

1949 年 4 月 25 日，父亲抵北平不久，第一次从国内发出对外广播，谴责英帝国主义虐待我华侨。其广播内容莫斯科电台予以转播，香港《星岛晚报》《新生晚报》全文刊登。

1954 年 9 月，父亲作为华侨代表，参加第一届全国人民代表大会，被选为大会主席团成员，当选为全国人大常委会委员。父亲在大会发言说："中国人民已经站起来了，只有今天国外华侨的正当权力和利益才真正得到祖国保护。华侨深深地知道，我们宪法上记载的保护华侨的正当权力和利益的条文，是中国人民革命胜利的成果。我以华侨代表的身份，向中国共产党和毛泽东主席表示衷心的感谢，因为只有中国共产党和毛主席的英明领导，我们才能胜利地走上社会主义的光明大道。"父亲终于能在国家最高的会议和讲坛上表达广大海外华侨的心声了。

（选自《文史资料选辑》第 134 辑，中国文史出版社 1999 年版）

目前形势和我们的任务

（一九四七年十二月二十五日）

毛泽东

一

中国人民的革命战争，现在已经达到了一个转折点。这即是中国人民解放军已经打退了美国走狗蒋介石的数百万反动军队的进攻，并使自己转入了进攻。还在一九四六年七月至一九四七年六月此次战争的第一个年头内，人民解放军即已在几个战场上打退了蒋介石的进攻，迫使蒋介石转入防御地位。而从战争第二年的第一季，即一九四七年七月至九月间，人民解放军即已转入了全国规模的进攻，破坏了蒋介石将战争继续引向解放区、企图彻底破坏解放区的反革命计划。现在，战争主要地已经不是在解放区内进行，而是在国民党统治区内进行了，人民解放军的主力已经打到国民党统治区域里去了。中国人民解放军已经在中国这一块土地上扭转了美国帝国主义及其走狗蒋介石匪帮的反革命车轮，使之走向覆灭的道路，推进了自己的革命车轮，使之走向胜利的道路。这是一个历史的转折点。这是蒋介石的二十年反革命统治由发展到消灭的转折点。这是一百多年以来帝国主义在中国的统治由发展到消灭的转折点。这是一个伟大的事变。这个事变所以带着伟大性，是因为这个事变发生在一个拥有四亿七千五百万人口的国家内，这个事变一经发生，它就将必然地走向全国的胜利。这个事变所以带着伟大性，还因为这个事变发生在世界的东方，在这里，共有十万万以上人口（占人类的一半）遭受帝国主义的压迫。中国人民的解放战争由防御转到进攻，不能不引起这些被压迫民族的欢欣鼓舞。同时，对于正在斗争的欧洲和美洲各国的被压迫人民，也是一种援助。

二

从蒋介石发动反革命战争的一天起，我们就说，我们不但必须打败蒋介石，而且能够打败他。我们必须打败蒋介石，是因为蒋介石发动的战争，是一个在美帝国主义指挥之下的反对中国民族独立和中国人民解放的反革命的战争。中国人民的任务，是要在第二次世界大战结束、日本帝国主义被打倒以后，在政治上、经济上、文化上完成新民主主义的改革，实现国家的统一和独立，由农业国变成工业国。然而恰在这时，在反法西斯的第二次世界大战胜利地结束以后，美国帝国主义及其在各国的走狗代替德国和日本帝国主义及其走狗的地位，组成反动阵营，反对苏联，反对欧洲各人民民主国家，反对各资本主义国家的工人运动，反对各殖民地半殖民地的民族运动，反对中国人民的解放。在这种时候，以蒋介石为首的中国反动派，和日本帝国主义的走狗汪精卫一模一样，充当美国帝国主义的走狗，将中国出卖给美国，发动战争，反对中国人民，阻止中国人民解放事业的前进。在这种时候，如果我们表示软弱，表示退让，不敢坚决地起来用革命战争反对反革命战争，中国就将变成黑暗世界，我们民族的前途就将被断送。中国共产党领导中国人民解放军坚决地进行了爱国的正义的革命的战争，反对蒋介石的进攻。中国共产党依据马克思列宁主义的科学，清醒地估计了国际和国内的形势，知道一切内外反动派的进攻，不但是必须打败的，而且是能够打败的。当着天空中出现乌云的时候，我们就指出：这不过是暂时的现象，黑暗即将过去，曙光即在前头。当着一九四六年七月，蒋介石匪帮发动全国规模的反革命战争的时候，蒋介石匪帮认为，只须三个月至六个月，就可以打败人民解放军。他们认为他们有正规军二百万，非正规军一百余万，后方军事机关和部队一百余万，共有军事力量四百余万人；他们已经利用时间完成了进攻的准备；他们重新控制了大城市；他们拥有三万万以上的人口；他们接收了日本侵华军队一百万人的全部装备；他们取得了美国政府在军事上和财政上的巨大援助。他们又认为，中国人民解放军在八年抗日战争中已经打得很疲倦，而且在数量上和装备上远不及国民党军队；中国解放区还只有一万万多一点的人口，其中大部分地区的反动封建势力还没有被肃清，土地改革还不普遍和不彻底，就是说，人民解放军的后方还不是巩固的。从这种估计出发，蒋介石匪帮就不顾中国人民的和平愿望，最后地撕毁在一九四六年一月间签订的国共两党的停战协定和各党派政治协商会议的决议，发动了冒险的战争。那时，我们说，蒋介石军事力量的优势，只是暂时的现象，只是临时起作用的因素；美国帝国主义的援助，也只是临时起作用的因素；蒋介石战争的反人民的性质，人心的向背，则是经常起作用的因素；而在这方面，人民解放军则占着优势。人民解放军的战争所具有的爱国的正义的革命的性质，必然要获得全国人民的拥护。这就是战胜蒋介石的政治基础。十八个月战争的经验，充分地证明了我们的论断。

三

十七个月（一九四六年七月至一九四七年十一月为止，十二月的尚未计入）作战，共打死、打伤、俘虏了蒋介石正规军和非正规军一百六十九万人，其中打死和打伤的有六十四万人，俘虏的有一百零五万人。这样，就使我军打退了蒋介石的进攻，保存了解放区的基本区域，并使自己转入了进攻。我们所以能够如此，在军事方面来说，是因为执行了正确的战略方针。我们的军事原则是：（1）先打分散和孤立之敌，后打集中和强大之敌。（2）先取小城市、中等城市和广大乡村，后取大城市。（3）以歼灭敌人有生力量为主要目标，不以保守或夺取城市和地方为主要目标。保守或夺取城市和地方，是歼灭敌人有生力量的结果，往往需要反复多次才能最后地保守或夺取之。（4）每战集中绝对优势兵力（两倍、三倍、四倍、有时甚至是五倍或六倍于敌之兵力），四面包围敌人，力求全歼，不使漏网。在特殊情况下，则采用给敌以歼灭性打击的方法，即集中全力打敌正面及其一翼或两翼，求达歼灭其一部、击溃其另一部的目的，以便我军能够迅速转移兵力歼击他部敌军。力求避免打那种得不偿失的、或得失相当的消耗战。这样，在全体上，我们是劣势（就数量来说），但在每一个局部上，在每一个具体战役上，我们是绝对的优势，这就保证了战役的胜利。随着时间的推移，我们就将在全体上转变为优势，直到歼灭一切敌人。（5）不打无准备之仗，不打无把握之仗，每战都应力求有准备，力求在敌我条件对比下有胜利的把握。（6）发扬勇敢战斗、不怕牺牲、不怕疲劳和连续作战（即在短期内不休息地接连打几仗）的作风。（7）力求在运动中歼灭敌人。同时，注重阵地攻击战术，夺取敌人的据点和城市。（8）在攻城问题上，一切敌人守备薄弱的据点和城市，坚决夺取之。一切敌人有中等程度的守备、而环境又许可加以夺取的据点和城市，相机夺取之。一切敌人守备强固的据点和城市，则等候条件成熟时然后夺取之。（9）以俘获敌人的全部武器和大部人员补充自己。我军人力物力的来源，主要在前线。（10）善于利用两个战役之间的间隙，休息和整训部队。休整的时间，一般地不要过长，尽可能不使敌人获得喘息的时间。以上这些，就是人民解放军打败蒋介石的主要的方法。这些方法，是人民解放军在和国内外敌人长期作战的锻炼中产生出来，并完全适合我们目前的情况的。蒋介石匪帮和美国帝国主义的在华军事人员，熟知我们的这些军事方法。蒋介石曾多次集训他的将校，将我们的军事书籍和从战争中获得的文件发给他们研究，企图寻找对付的方法。美国军事人员曾向蒋介石建议这样那样的消灭人民解放军的战略战术；并替蒋介石训练军队，接济军事装备。但是所有这些努力，都不能挽救蒋介石匪帮的失败。这是因为我们的战略战术是建立在人民战争这个基础上的，任何反人民的军队都不能利用我们的战略战术。在人民战争的基础上，在军队和人民团结一致、指挥员和战斗员团结一致以及瓦解敌军等项原则的基础上，人民解放军建立了自己的强有力的革命的政治工作，这是我们战胜敌人的重大因素。当着我们避开优势敌人的致命打击，并转移军力求得在运动中歼灭敌人，而主动地放弃许多城市的时候，我们的敌人是兴高采烈了。他们认为这就是他们的胜利和我们的失败。他们被一时的所谓胜利冲昏了头脑。张家口被占领的当天下午，蒋介石即下令召集他的反动的国民大会，似乎他的反动统治从此可以安如泰山了。美国帝国主义分子也手舞足蹈，似乎他们将中国变为美国殖民地的狂妄计划，从此可以毫无阻碍地实现了。但是，随着时间的推移，蒋介石及其美国主子的腔调也发生了变化。现在是一切国内外敌人都被他们的悲观情绪所统治的时候。他们唉声叹气，大叫危机，一点欢乐的影子也看不见了。十八个月中，蒋介石的前线高级指挥官，大部分因为战败被撤换。这里有郑州的刘峙，徐州的薛岳，苏北的吴奇伟，鲁南的汤恩伯，豫北的王仲廉，沈阳的杜聿明、熊式辉，北平的孙连仲等人。负指挥全部作战责任的蒋介石的参谋总长陈诚，亦被取消此种指挥职权，降为东北一个战场的指挥官。而在蒋介石自己代替陈诚担任全局指挥的期间，却发生了蒋军由进攻转入防御，人民解放军由防御转入进攻这样一个局面。蒋介石反动集团及其美国主子，现在应当感觉到他们自己的错误了。他们将日本投降以后一个长时间内，中国共产党代表中国人民的愿望，力争和平反对内战的一切努力，看作是胆怯和力量薄弱的表现。他们过高地估计了自己力量，过低地估计了革命力量，冒险地发动战争，因而落在他们自己布置的陷阱里。我们敌人的战略打算是彻底地输了。

四

现在，比较十八个月以前，人民解放军的后方也巩固得多了。这是由于我党坚决地站在农民方面实行土地改革的结果。在抗日战争时期，为着同国民党建立抗日统一战线和团结当时尚能反对日本帝国主义的人们起见，我党主动地把抗日以前的没收地主土地分配给农民的政策，改变为减租减息的政策，这是完全必需的。日本投降以后，农民迫切地要求土地，我们就及时地作出决定，改变土地政策，由减租减息改为没收地主阶级的土地分配给农民。我党中央一九四六年五月四日发出的指示，就是表现这种改变。一九四七年九月，我党召集了全国土地会议，制定了中国土地法大纲，并立即在各地普遍实行。这个步骤，不但肯定了去年《五四指示》的方针，而且对于去年《五四指示》中的某些不彻底性作了明确的改正。中国土地法大纲规定，在消灭封建性和半封建性剥削的土地制度、实行耕者有其田的土地制度的原则下，按人口平均分配土地。这是最彻底地消灭封建制度的一种方法，这是完全适合于中国广大农民群众的要求的。为着坚决地彻底地进行土地改革，乡村中不但必须组织包括雇农贫农中农在内的最广泛群众性的农会及其选出的委员会，而且必须首先组织包括贫农雇农群众的贫农团及其选出的委员会，以为执行土地改革的合法机关，而贫农团则应当成为一切农村斗争的领导骨干。我们的方针是依靠贫农，巩固地联合中农，消灭地主阶级和旧式富农的封建的和半封建的剥削制度。地主富农应得的土地和财产，不能超过农民群众。但是，曾经在一九三一年至一九三四年期间实行过的所谓“地主不分田，富农分坏田”的过左的错误的政策，也不应重复。地主富农在乡村人口中所占的比例，虽然各地有多有少，但按一般情况来说，大约只占百分之八左右（以户为单位计算），而他们占有的土地，按照一般情况，则达全部土地的百分之七十至八十。因此，我们的土地改革所反对的对象，人数甚少，而乡村中能够参加和应当参加土地改革统一战线的人数（户数），则有大约百分之九十以上这样多。这里必须注意两条基本原则：第一，必须满足贫农和雇农的要求，这是土地改革的最基本的任务；第二，必须坚决地团结中农，不要损害中农的利益。只要我们掌握了这两条基本原则，我们的土地改革任务就一定能够胜利地完成。旧式富农按照平分原则所多余的土地及其一部分财产之所以应当拿出来分配，是因为中国的富农一般地带着很重的封建和半封建剥削的性质，富农大都兼出租土地和放高利贷，其雇佣劳动的条件亦是半封建的。还因为他们所占的土地数量较多，质量较好，如不平分则不能满足贫雇农的要求。但是按照土地法大纲的规定，对待富农和对待地主一般地应当有所区别。土地改革中，中农表现赞成平分，这是因为平分并不损害中农利益。在平分时，中农中一部分土地不变动，一部分增加了土地，只有一部分富裕中农有少数多余的土地，他们也愿意拿出来平分，这是因为在平分后他们的土地税的负担也减轻了。虽然如此，各地在平分土地时，仍须注意中农的意见，如果中农不同意，则应向中农让步。在没收分配封建阶级的土地财产时应当注意某些中农的需要。在划分阶级成分时，必须注意不要把本来是中农成分的人，错误地划到富农圈子里去。在农会委员会中，在政府中，必须吸收中农积极分子参加工作。在土地税和支援战争的负担上，必须采取公平合理的原则。这些，就是我党在执行巩固地联合中农这一战略任务时所必须采取的具体政策。全党必须明白，土地制度的彻底改革，是现阶段中国革命的一项基本任务。如果我们能够普遍地彻底地解决土地问题，我们就获得了足以战胜一切敌人的最基本的条件。

五

为了坚决地彻底地实行土地改革，巩固人民解放军的后方，必须整编党的队伍。抗日战争时期我党内部的整风运动，是一般地收到了成效的。这种成效，主要地是在于使我们的领导机关和广大的干部和党员，进一步地掌握了马克思列宁主义的普遍真理和中国革命的具体实践的统一这样一个基本的方向。在这点上我们党是比抗日以前的几个历史时期，大进一步了。但是，在党的地方组织方面，特别是在党的农村基层组织方面所存在的成分不纯和作风不纯的问题，则没有获得解决。一九三七年至一九四七年，十一年时间内，我们党的组织，由几万党员，发展到了二百七十万党员，这是一个极大的跃进。这使我们的党成了一个在中国历史上空前强大的党。这使我们有可能打败日本帝国主义，并打退蒋介石的进攻，领导一万万以上人口的解放区和二百万人民解放军。但是缺点也就跟着来了。这即是有许多地主分子、富农分子和流氓分子乘机混进了我们的党。他们在农村中把持许多党的、政府的和民众团体的组织，作威作福，欺压人民，歪曲党的政策，使这些组织脱离群众，使土地改革不能彻底。这种严重情况，就在我们面前提出了整编党的队伍的任务。这个任务如果不解决，我们在农村中就不能前进。党的全国土地会议彻底地讨论了这个问题，并规定了适当的步骤和方法。这些步骤和方法，现在正和平分土地的决定一道在各地坚决地实施。其中首先重要的，是在党内展开批评和自我批评，彻底地揭发各地组织内的离开党的路线的错误思想和严重现象。全党同志必须明白，解决这个党内不纯的问题，整编党的队伍，使党能够和最广大的劳动群众完全站在一个方向，并领导他们前进，是解决土地问题和支援长期战争的一个决定性的环节。

六

没收封建阶级的土地归农民所有，没收蒋介石、宋子文、孔祥熙、陈立夫为首的垄断资本归新民主主义的国家所有，保护民族工商业。这就是新民主主义革命的三大经济纲领。蒋宋孔陈四大家族，在他们当权的二十年中，已经集中了价值达一百万万至二百万万美元的巨大财产，垄断了全国的经济命脉。这个垄断资本，和国家政权结合在一起，成为国家垄断资本主义。这个垄断资本主义，同外国帝国主义、本国地主阶级和旧式富农密切地结合着，成为买办的封建的国家垄断资本主义。这就是蒋介石反动政权的经济基础。这个国家垄断资本主义，不但压迫工人农民，而且压迫城市小资产阶级，损害中等资产阶级。这个国家垄断资本主义，在抗日战争期间和日本投降以后，达到了最高峰，它替新民主主义革命准备了充分的物质条件。这个资本，在中国的通俗名称，叫做官僚资本。这个资产阶级，叫做官僚资产阶级，即是中国的大资产阶级。新民主主义的革命任务，除了取消帝国主义在中国的特权以外，在国内，就是要消灭地主阶级和官僚资产阶级（大资产阶级）的剥削和压迫，改变买办的封建的生产关系，解放被束缚的生产力。被这些阶级及其国家政权所压迫和损害的上层小资产阶级和中等资产阶级，虽然也是资产阶级，却是可以参加新民主主义革命，或者保守中立的。他们和帝国主义没有联系，或者联系较少，他们是真正的民族资产阶级。在新民主主义的国家权力到达的地方，对于这些阶级，必须坚决地毫不犹豫地给以保护。蒋介石统治区域的上层小资产阶级和中等资产阶级，其中有为数不多的一部分人，即这些阶级的右翼分子，存在着反动的政治倾向，他们替美国帝国主义和蒋介石反动集团散布幻想，他们反对人民民主革命。当着他们的反动倾向尚能影响群众时，我们应当向着接受他们影响的群众进行揭露的工作，打击他们在群众中的政治影响，使群众从他们的影响之下解放出来。但是，政治上的打击和经济上的消灭是两件事，如果混同这两件事，我们就要犯错误。新民主主义革命所要消灭的对象，只是封建主义和垄断资本主义，只是地主阶级和官僚资产阶级（大资产阶级），而不是一般地消灭资本主义，不是消灭上层小资产阶级和中等资产阶级。由于中国经济的落后性，广大的上层小资产阶级和中等资产阶级所代表的资本主义经济，即使革命在全国胜利以后，在一个长时期内，还是必须允许它们存在；并且按照国民经济的分工，还需要它们中一切有益于国民经济的部分有一个发展；它们在整个国民经济中，还是不可缺少的一部分。这里所说的上层小资产阶级，是指雇佣工人或店员的小规模的工商业者。此外，还有不雇佣工人或店员的广大的独立的小工商业者，对于这些小工商业者，不待说，是应当坚决地保护的。革命在全国胜利以后，由于新民主主义国家手里有着从官僚资产阶级接收过来的控制全国经济命脉的巨大的国家企业，又有从封建制度解放出来、虽则在一个颇长时间内在基本上仍然是分散的个体的、但是在将来可以逐步地引向合作社方向发展的农业经济，在这些条件下，这种小的和中等的资本主义成分，其存在和发展，并没有什么危险。土地改革后，在农村中必然发生的新的富农经济，也是如此。对于上层小资产阶级和中等资产阶级经济成分采取过左的错误的政策，如像我们党在一九三一年至一九三四年期间所犯过的那样（过高的劳动条件，过高的所得税率，在土地改革中侵犯工商业者，不以发展生产、繁荣经济、公私兼顾、劳资两利为目标，而以近视的片面的所谓劳动者福利为目标），是绝对不许重复的。这些错误如果重犯，必然要损害劳动群众的利益和新民主主义国家的利益。中国土地法大纲上有一条规定："保护工商业者的财产及其合法的营业，不受侵犯。"这里所说的工商业者，就是指的一切独立的小工商业者和一切小的和中等的资本主义成分。总起来说，新中国的经济构成是：（1）国营经济，这是领导的成分；（2）由个体逐步地向着集体方向发展的农业经济；（3）独立小工商业者的经济和小的、中等的私人资本经济。这些，就是新民主主义的全部国民经济。而新民主主义国民经济的指导方针，必须紧紧地追随着发展生产、繁荣经济、公私兼顾、劳资两利这个总目标。一切离开这个总目标的方针、政策、办法，都是错误的。

七

一九四七年十月，人民解放军发表宣言，其中说：“联合工农兵学商各被压迫阶级、各人民团体、各民主党派、各少数民族、各地华侨和其他爱国分子，组成民族统一战线，打倒蒋介石独裁政府，成立民主联合政府。”这就是人民解放军的、也是中国共产党的最基本的政治纲领。从表面上看来，现在时期，比较抗日时期，我们的革命的民族统一战线，似乎是缩小了。但是在实际上，只是在现在时期，只是在蒋介石出卖民族利益给美国帝国主义，发动反人民的全国规模的国内战争之后，只是在美国帝国主义和蒋介石反动统治集团的罪恶已经在中国人民面前暴露无遗之后，我们的民族统一战线才是真正地扩大了。在抗日时期，蒋介石和国民党在中国人民中还没有完全丧失威信，他们还有许多的欺骗作用。现在不同了，他们的一切欺骗都已被他们自己的行为所揭穿，他们已经没有什么群众，他们已经完全孤立了。和国民党相反，中国共产党不但在解放区得到最广大人民群众的信任；在国民党统治区，在国民党控制的大城市，也得到了广大人民群众的拥护。如果说，在一九四六年，在蒋介石统治下的上层小资产阶级和中等资产阶级的知识分子中，还有一部分人怀着所谓第三条道路的想法，那末，在现在，这种想法已经破产了。由于我党采取了彻底的土地政策，使我党获得了比较抗日时期广大得多的农民群众的衷心拥护。由于美国帝国主义的侵略、蒋介石的压迫和我党坚决保护群众利益的正确方针，我党获得了蒋介石统治区域工人阶级、农民阶级、城市小资产阶级和中等资产阶级的广大群众的同情。这些群众，因为挨饿，因为政治上受压迫，因为蒋介石的反人民的内战夺去了人民的一切活路，他们就不断地掀起了反对美国帝国主义和蒋介石反动政府的斗争，他们的基本口号是反饥饿，反迫害，反内战和反对美国干涉中国内政。而在抗日以前，在抗日时期，乃至在日本投降后的一个时期，他们的觉悟都没有达到这样的程度。因此我们说，我们的新民主主义的革命的统一战线，现在比过去任何时期都要广大，也比过去任何时期都要巩固。这件事，不但同我们的土地政策和城市政策相联系，而且同人民解放军的胜利，同蒋介石由进攻转入防御，人民解放军由防御转入进攻，中国革命已经进入新的高潮时期，这一总的政治形势，密切地联系着。现在，人们看到了蒋介石统治的灭亡已经不可避免，因而将希望寄托在中国共产党和人民解放军身上，这是很自然的道理。中国新民主主义的革命要胜利，没有一个包括全民族绝大多数人口的最广泛的统一战线，是不可能的。不但如此，这个统一战线还必须是在中国共产党的坚强的领导之下。没有中国共产党的坚强的领导，任何革命统一战线也是不能胜利的。在一九二七年北伐战争达到高潮的时期，我党领导机关的投降主义分子，自愿地放弃对于农民群众、城市小资产阶级和中等资产阶级的领导权，尤其是放弃对于武装力量的领导权，使那次革命遭到了失败。抗日战争时期，我党反对了和这种投降主义思想相类似的思想，即是对于国民党的反人民政策让步，信任国民党超过信任人民群众，不敢放手发动群众斗争，不敢在日本占领地区扩大解放区和扩大人民的军队，将抗日战争的领导权送给国民党。我党对于这样一种软弱无能的腐朽的违背马克思列宁主义原则的思想，进行了坚决的斗争，坚决地执行了“发展进步势力，争取中间势力，孤立顽固势力”的政治路线，坚决地扩大了解放区和人民解放军。这样，就不但保证了我党在日本帝国主义侵略时期能够战胜日本帝国主义，而且保证了我党在日本投降以后蒋介石举行反革命战争时期，能够顺利地不受损失地转变到用人民革命战争反对蒋介石反革命战争的轨道上，并在短时期内取得了伟大的胜利。这些历史教训，全党同志都要牢记。

八

蒋介石反动集团在一九四六年发动全国规模的反人民的国内战争的时候，他们之所以敢于冒险，不但依靠他们自己的优势的军事力量，而且主要地依靠他们认为是“异常强大”的、“举世无敌”的、手里拿着原子弹的美国帝国主义。一方面，以为它能够像流水一样地供给他们以军事上和财政上的需要；另一方面，狂妄地设想所谓“美苏必战”，所谓“第三次世界大战必然爆发”。这种对于美国帝国主义的依赖，是第二次世界大战结束以后全世界各国反动势力的共同特点。这件事，反映了第二次世界大战给予世界资本主义的打击的严重性，反映了各国反动派力量的薄弱及其心理的恐慌和丧失信心，反映了全世界革命力量的强大，使得各国反动派除了依靠美国帝国主义的援助，就感到毫无出路。但是，在实际上，在第二次世界大战以后的美国帝国主义，是否真如蒋介石和各国反动派所设想的那么强大呢？是否真能像流水一样地接济蒋介石和各国反动派呢？并不如此。美国帝国主义在第二次世界大战期间所增强起来的经济力量，遇着了不稳定的日趋缩小的国内市场和国际市场。这种市场的进一步缩小，就要引起经济危机的爆发。美国的战争景气，仅仅是一时的现象。它的强大，只是表面的和暂时的。国内国外的各种不可调和的矛盾，就像一座火山，每天都在威胁美国帝国主义，美国帝国主义就是坐在这座火山上。这种情况，迫使美国帝国主义分子建立了奴役世界的计划，像野兽一样，向欧亚两洲和其他地方乱窜，集合各国的反动势力，那些被人民唾弃的渣滓，组成帝国主义和反民主的阵营，反对以苏联为首的一切民主势力，准备战争，企图在将来，在遥远的时间内，有一天发动第三次世界大战打败民主力量。这是一个狂妄的计划。全世界民主势力必须打败这个计划，也完全能够打败它。全世界反帝国主义阵营的力量超过了帝国主义阵营的力量。优势是在我们方面，不是在敌人方面。以苏联为首的反帝国主义阵营，已经形成。没有危机的、向上发展的、受到全世界广大人民群众爱护的社会主义的苏联，它的力量，现在就已经超过了被危机严重威胁着的、向下衰落的、受到全世界广大人民群众反对的帝国主义的美国。欧洲各人民民主国家，正在巩固其内部，并互相团结起来。以法意为首的欧洲各资本主义国家内的人民的反帝国主义力量，正在发展。美国内部，存在着日趋强大的人民民主势力。拉丁美洲的人民，并不是顺从美国帝国主义的奴隶。整个亚洲，兴起了伟大的民族解放运动。反帝国主义阵营的一切力量，正在团结起来，并正在向前发展。欧洲九个国家的共产党和工人党，业已组成了情报局，发表了号召全世界人民起来反对帝国主义奴役计划的檄文。这篇檄文，振奋了全世界被压迫人民的精神，指示了他们的斗争方向，巩固了他们的胜利信心。全世界的反动派，在这篇檄文面前惊惶失措。东方各国一切反帝国主义的力量，也应当团结起来，反对帝国主义和各国内部反动派的压迫，以东方十万万以上被压迫人民获得解放为奋斗的目标。我们自己的命运完全应当由我们自己来掌握。我们应当在自己内部肃清一切软弱无能的思想。一切过高地估计敌人力量和过低地估计人民力量的观点，都是错误的。我们和全世界民主力量一道，只要大家努力，一定能够打败帝国主义的奴役计划，阻止第三次世界大战使之不能发生，推翻一切反动派的统治，争取人类永久和平的胜利。我们清醒地知道，在我们的前进道路上，还会有种种障碍，种种困难，我们应当准备对付一切内外敌人的最大限度的抵抗和挣扎。但是，只要我们能够掌握马克思列宁主义的科学，信任群众，紧紧地和群众一道，并领导他们前进，我们是完全能够超越任何障碍和战胜任何困难的，我们的力量是无敌的。现在是全世界资本主义和帝国主义走向灭亡，全世界社会主义和人民民主主义走向胜利的历史时代，曙光就在前面，我们应当努力。

（选自《毛泽东选集》第 4 卷，人民出版社 1991 年版）

中国共产党中央委员会发布纪念“五一”劳动节口号

（一九四八年四月三十日）

中国共产党中央委员会发布一九四八年“五一”劳动节口号如下：

一、今年的“五一”劳动节，是中国人民走向全国胜利的日子。向中国人民的解放者中国人民解放军全体将士致敬！庆祝各路人民解放军的伟大胜利！

二、今年的“五一”劳动节，是中国人民死敌蒋介石走向灭亡的日子，蒋介石做伪总统，就是他快要上断头台的预兆。打到南京去，活捉伪总统蒋介石！

三、今年的“五一”劳动节，是中国劳动人民和一切被压迫人民的觉悟空前成熟的日子。庆祝全解放区和全国工人阶级的团结！庆祝全解放区和全国农民的土地改革工作的胜利和开展！庆祝全国青年和全国知识分子争自由运动的前进！

四、全国劳动人民团结起来，联合全国知识分子、自由资产阶级、各民主党派、社会贤达和其他爱国分子，巩固与扩大反对帝国主义、反对封建主义、反对官僚资本主义的统一战线，为着打倒蒋介石建立新中国而共同奋斗。

五、各民主党派、各人民团体、各社会贤达迅速召开政治协商会议，讨论并实现召集人民代表大会，成立民主联合政府！

六、一切为着前线的胜利。解放区的职工，拿更多更好的枪炮弹药和其他军用品供给前线！解放区的后方工作人员，更好地组织支援前线的工作！

七、向解放区努力生产军火的职工致敬！向解放区努力恢复工矿交通的职工致敬！向解放区努力改进技术的工程师、技师致敬！向解放区一切努力后方勤务工作和后方机关工作的人员致敬！向解放区一切工业部门和后方勤务部门的劳动英雄、人民功臣、模范工作者致敬！

八、解放区的职工和经济工作者，坚定不移地贯彻发展生产、繁荣经济、公私兼顾、劳资两利的工运政策和工业政策！

九、解放区的职工，为增加工业品的产量、提高工业品的质量、减低工业品的成本而奋斗！拿更多更好的人民必需品供给市场！

十、解放区的职工，发扬新的劳动态度，爱护工具，节省原料，遵守劳动纪律，反对一切怠惰、浪费和破坏行为，学习技术，提高生产效率！

十一、解放区的职工，加强工人阶级的内部团结，加强工人与技术人员的团结，建立尊师爱徒的师徒关系！

十二、解放区私营企业中的职工，与资本家建立劳资两利的合理关系，为共同发展国民经济而努力！

十三、解放区的职工会与民主政府合作，保障职工适当的生活水平，举办职工福利事业，克服职工的生活困难。

十四、解放区和蒋管区的职工联合起来，建立全国工人的统一组织，为全国工人阶级的解放而奋斗。

十五、向蒋管区为生存和自由而英勇奋斗的职工致敬！欢迎蒋管区的职工到解放区来参加工业建设！

十六、蒋管区的职工，用行动来援助解放军，不要替蒋介石匪徒制造和运输军用品！在解放军占领城市的时候，自动维持城市秩序，保护公私企业，不许蒋介石匪徒破坏！

十七、蒋管区的职工，联合被压迫的民族工商业者，打倒官僚资本家的统治，反对美帝国主义者的侵略！

十八、全国工人阶级和全国人民团结起来，反对美帝国主义者干涉中国内政，侵犯中国主权，反对美帝国主义者扶植日本侵略势力的复活！

十九、中国工人阶级和各国工人阶级团结起来，反对美帝国主义者压迫亚洲、欧洲和美洲的民族解放运动、民主运动和职工运动！

二十、向援助中国人民解放战争和援助中国职工运动的世界各国工人阶级致敬！向拒运拒卸美帝国主义和其他帝国主义援蒋物资的各国工人阶级致敬！向并肩反抗美帝国主义侵略的各国工人阶级和各国人民致敬！

二十一、中国劳动人民和一切被压迫人民的团结万岁！

二十二、中国人民解放战争的胜利万岁！

二十三、中华民族解放万岁！

（选自中央统战部、中央档案馆编《中共中央解放战争时期统一战线文件选编》，档案出版社 1988 年版）

毛泽东关于城南庄会议的议题致刘少奇、朱德、周恩来、任弼时电

（一九四八年四月二十五日）

刘、朱、周、任：

此次中央会议拟讨论之问题：

一、邀请港、沪、平、津等地各中间党派及民众团体的代表人物来解放区商讨关于召开人民代表大会并成立临时中央政府问题。

二、关于在今年冬季召开二中全会问题，二中全会的议题：

（一）中央工作报告（政治形势的分析及党的任务）；

（二）关于在民主革命中对社会各阶级的划分及其待遇的规定；

（三）召开人民代表会议及成立中央政府问题。

三、关于酌量减轻民负及用大力发展农业生产及工业生产问题。

四、关于消灭某些无政府状态及酌量缩小地方权力的问题。

五、关于区乡（村）人民代表会议组织大纲草案。

六、陈、粟兵团的行动问题。

七、刘、邓建议事宜。

八、晋绥管辖问题。

以上各项请你们先作大概的讨论，然后再到阜平讨论。

此外，我在晋绥干部会上的讲话，请你们带来阜平再看一次，然后发表。

毛泽东

卯有

（选自中央档案馆编《中共中央在西柏坡》，海天出版社 1998 年版）

给李济深、沈钧儒的信

（一九四八年五月一日）

任潮、衡山两先生：

在目前形势下，召集人民代表大会，成立民主联合政府，加强各民主党派、各人民团体的相互合作，并拟订民主联合政府的施政纲领，业已成为必要，时机亦已成熟。国内广大民主人士业已有了此种要求，想二兄必有同感。但欲实现这一步骤，必须先邀集各民主党派、各人民团体的代表开一个会议。在这个会议上，讨论并决定上述问题。此项会议似宜定名为政治协商会议。一切反美帝反蒋党的民主党派、人民团体，均可派代表参加。不属于各民主党派、各人民团体的反美帝反蒋党的某些社会贤达，亦可被邀参加此项会议。此项会议的决定，必须求得到会各主要民主党派及各人民团体的共同一致，并尽可能求得全体一致。会议的地点，提议在哈尔滨。会议的时间，提议在今年秋季。并提议由中国国民党革命委员会、中国民主同盟中央执行委员会、中国共产党中央委员会于本月内发表三党联合声明，以为号召。此项联合声明，弟已拟了一个草案，另件奉陈。以上诸点是否适当，敬请二兄详加考虑，予以指教。三党联合声明内容文字是否适当，抑或不限于三党，加入其他民主党派及重要人民团体联署发表，究以何者适宜，统祈赐示。兹托潘汉年同志进谒二兄。二兄有所指示，请交汉年转达，不胜感幸。

谨致

民主革命敬礼！

毛泽东

五月一日

（选自《毛泽东文集》第5卷，人民出版社1996年版）

毛泽东关于请张东荪等民主人士来解放区开代表会议事给刘仁的信

（一九四八年四月二十七日）

刘仁同志：

去年张东荪符定一两先生有信给我，我本想回信给他们，又怕落入敌手，妨碍他们的安全，今年张东荪先生又想和我们联络，现在请你经过妥善办法告诉张符两先生，我很感谢他们的来信，他们及平津各位文化界民主战士的一切爱国民主活动，我们是热烈同情的。此外请经妥人告诉张符两先生，我党准备邀请他们两位及许德珩，吴晗，曾昭抡及其他民主人士来解放区开各民主党派各人民团体的代表会议讨论：

（甲）关于召开人民代表大会成立民主联合政府的问题；

（乙）关于加强各民主党派各人民团体的合作及纲领政策问题，我党中央认为各民主党派及重要人民团体（例如学生联合会）的代表会商此项问题的时机业已成熟，但须征求他们的意见，即他们是否亦认为时机业已成熟及是否愿意自己或派代表来解放区开会。会议的名称拟称为政治协商会议。会议的参加者，一切民主党派及重要人民团体均可派遣代表。会议的决议必须参加会议的每一单位自愿同意不得强制。开会地点在哈尔滨。开会时间在今年秋季。

上述各点请首先告知张东荪先生，并和他商量应告知和应邀请的是些什么人。

毛泽东

卯感

（选自中共中央文献研究室编《中华人民共和国开国文选》，中央文献出版社 1999 年版）

各民主党派暨无党派民主人士响应中共“五一”号召致毛泽东电

（一九四八年五月五日）

中国共产党毛泽东先生，并转解放区全体同胞鉴：

南京独裁者窃权卖国，史无先例。近复与美帝国主义互相勾结，欲以伪装民主，欺蒙世界。人民虽未可欺，名器不容假借。当此解放军队所至，浆食集于道途；国土重光，大计亟宜早定。同人等盱衡中外，正欲主张，乃读贵党“五一”劳动节口号第五项：“各民主党派、各人民团体、各社会贤达迅速召开政治协商会议，讨论并实现召集人民代表大会，成立民主联合政府”，适合人民时势之要求，尤符同人等之本旨，曷胜钦企。除通电国内外各界暨海外侨胞共同策进完成大业外，特此奉达，即希赐教。

李济深　何香凝（中国国民党革命委员会）
沈钧儒　章伯钧（中国民主同盟）
马叙伦　王绍鏊（中国民主促进会）
陈其尤（致公党）
彭泽民（中国农工民主党）
李章达（中国人民救国会）
蔡廷锴（中国国民党民主促进会）
谭平山（三民主义同志联合会）
郭沫若（无党派）

（选自中央统战部、中央档案馆编《中共中央解放战争时期统一战线文件选编》，档案出版社 1988 年版）

复各民主党派与民主人士电

（一九四八年八月一日）

李济深、何香凝、沈钧儒、章伯钧、马叙伦、王绍鏊、陈其尤、彭泽民、李章达、蔡廷锴、谭平山、郭沫若诸先生，并转香港各民主党派、各人民团体及无党派民主人士公鉴：

五月五日电示，因交通阻隔，今始奉悉。诸先生赞同敝党五月一日关于召开新的政治协商会议讨论并实现召集人民代表大会建立民主联合政府一项主张，并热心促其实现，极为钦佩。现在革命形势日益开展，一切民主力量亟宜加强团结，共同奋斗，以期早日消灭中国反动势力，制止美帝国主义的侵略，建立独立、自由、富强和统一的中华人民民主共和国。为此目的，实有召集各民主党派、各人民团体及无党派民主人士的代表们共同协商的必要。关于召集此项会议的时机、地点、何人召集、参加会议者的范围以及会议应讨论的问题等项，希望诸先生及全国各界民主人士共同研讨，并以卓见见示，曷胜感荷。谨电奉复，即祈谅察。

中国共产党中央委员会主席　毛泽东

八月一日

（选自《毛泽东文集》第5卷，人民出版社1996年版）

各民主党派与民主人士李济深等响应中共“五一”号召的通电

（一九四八年五月五日）

国内外各报馆各团体并转全国同胞公鉴：

南京反动政府，窃权卖国，史无先例。近年与美帝互相勾结，举凡政治、经济、军事，国命所系者，无不俯首听命。破坏政治协商会议，撕毁五大协议，遂使内战延绵，生灵涂炭。今更伪装民主，欲以欺蒙世界。甚至忘国家之大仇，同意扶植日本侵略势力，使之复活。吾国目前已等于美帝之附庸，全体同胞恐亦将为未来世界大战之牺牲品。同人等日深焦虑，力图对策，盱衡中外，正欲主张。乃读中国共产党“五一”劳动节口号第五项：“各民主党派、各人民团体及各社会贤达，迅速召开政治协商会议，讨论并实现召集人民代表大会，成立民主联合政府”，适合人民时势之要求，尤符同人等之本旨。除电达中共表示同意外，事关国家民族前途，至为重要。全国人士自宜迅速集中意志，研讨办法，以期根绝反动，实现民主。用特奉达，至希速予策进，并盼赐教。

李济深　何香凝（中国国民党革命委员会）
沈钧儒　章伯钧（中国民主同盟）
马叙伦　王绍鏊（中国民主促进会）
陈其尤（致公党）
彭泽民（中国农工民主党）
李章达（中国人民救国会）
蔡廷锴（中国国民党民主促进会）
谭平山（三民主义同志联合会）
郭沫若（无党派）

（选自政协全国委员会办公厅编《大道同行——从“五一口号”到协商建国重要史事回顾》，中国文史出版社 2019 年版）

政协文史“亲历、亲见、亲闻”文库

人民政协与新中国成立

·第二辑·

《“三亲”文库》编纂工作委员会　编

中国文史出版社

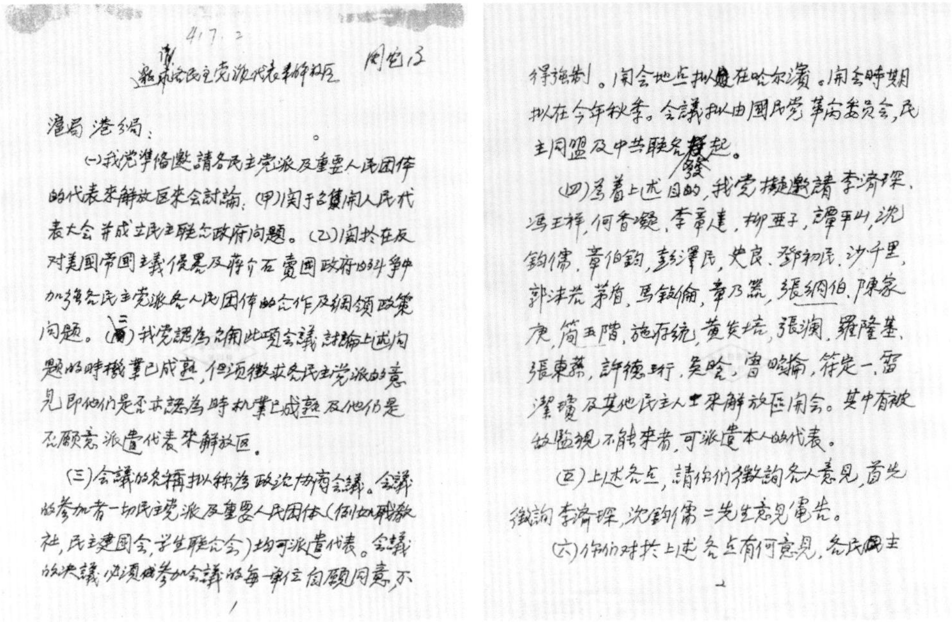

417.2

邀請各民主党派代表來解放區

滬局港分局：

（一）我党準備邀請各民主党派及重要人民团体的代表來解放區來会討論：（甲）関于召集人民代表大会并成立民主联合政府问题。（乙）関於在反对美国帝国主義侵畧及蔣介石賣国政府的斗爭中加強各民主党派各人民团体的合作及綱領政策问题。（三）我党認為召開此項会議討論上述问題的時機業已成熟，但須徵求各民主党派的意見，即他们是否亦認為時机業已成熟及他们是否願意派遣代表來解放區。

（三）会議的名稱拟称為政治協商会議。会議的参加者一切民主党派及重要人民团体（例如职教社，民主建国会，学生联合会）均可派遣代表。会議的决議必須為参加会議的每一单位自願同意，不

1

得強制。開会地点拟在哈尔濱。開会時期拟在今年秋季。会議拟由国民党革命委员会，民主同盟及中共联名發起。

（四）為着上述目的，我党拟邀請李濟深、馮玉祥、何香凝、李章達、柳亞子、譚平山、沈鈞儒、章伯鈞、彭澤民、史良、鄧初民、沙千里、郭沫若、茅盾、馬叙倫、章乃器、張絅伯、陳家庚、簡玉階、施存統、黄炎培、張瀾、羅隆基、張東蓀、許德珩、吳晗、曾昭掄、符定一、雷潔瓊及其他民主人士來解放區開会。其中有被敌監視不能來者，可派遣本人的代表。

（五）上述各点，請你们徵詢各人意見，首先徵詢李濟深、沈鈞儒二先生意見電告。

（六）你们对於上述各点有何意見，各民主

2

1948 年 5 月 1 日，中共中央向上海局、香港分局发出邀请民主人士来解放区开会的指示。图为电文手稿的首页和第二页。

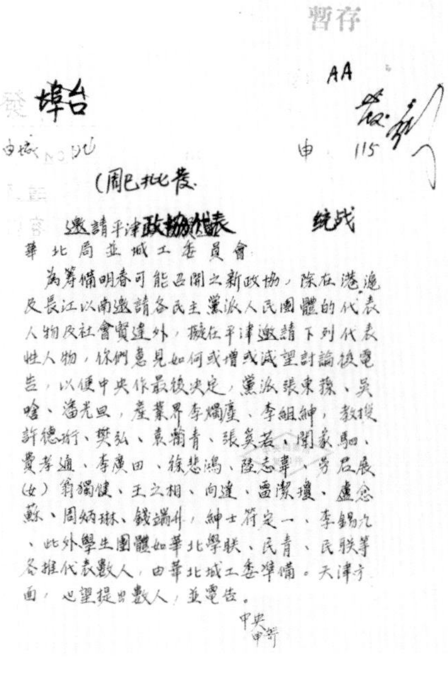

暂存

AA

發 埠台

由報 申 115

（周已批發

邀請平津政協代表 统战

華北局並城工委員會

為籌備明春可能召開之新政協，除在港滬及長江以南邀請各民主黨派人民團體的代表人物及社會賢達外，擬在平津邀請下列代表性人物，你們意見如何或增或減望討論後電告，以便中央作最後決定，黨派張東蓀、吳晗、潘光旦，產業界李燭塵、李組紳，教授許德珩、樊弘、袁翰青、張奚若、聞家駟、費孝通、李廣田、徐悲鴻、陸志韋、勞君展（女）翁獨健、王之相、向達、雷潔瓊、盧念蘇、周炳琳、錢端升，紳士符定一、李錫九、此外學生團體如華北學联、民青、民联等各推代表數人，由華北城工委準備。天津方面，也望提出數人，並電告。

中央
申哿

1948 年 9 月，周恩来批示的中共中央关于邀请平津民主人士参加新政协会议致华北局的电报。

1948 年 10 月，在哈尔滨参加协商的民主人士合影。前排左二起：谭平山、沈钧儒、李德全、蔡廷锴；后排左二：朱学范；后排左三：章伯钧。

1948年11月，马叙伦、郭沫若、许广平、曹孟君、侯外庐（前排左起）、周海婴（后排）在“华中号”轮上。

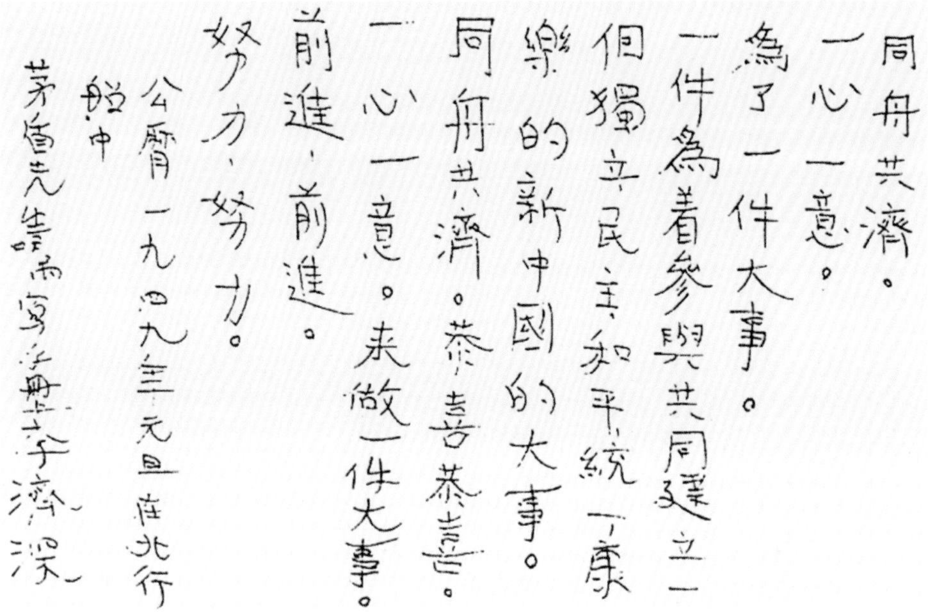

同舟共濟。
一心一意。
為了一件大事。
一件為着參與共同建立一
個獨立民主和平統一康
樂的新中國的大事。
同舟共濟。恭喜恭喜。
一心一意。來做一件大事。
前進，前進。
努力，努力。
公曆一九四九年元旦在北行
船中
茅盾先生屬寫同舟共濟李濟深

1949 年元旦，李济深在北上途中写下的“新年献词”。

1949 年，“知北游”一行在华中轮上合影。二排左起：包达三、柳亚子、陈叔通、马寅初；三排左起：傅彬然、沈体兰、宋云彬、张䌹伯、郑振铎、叶圣陶、王芸生。

抵达华北解放区的部分民主人士及家属在中共中央统战部所在地——平山县李家庄。

1948 年 9 月，冯玉祥在黑海不幸遇难后，毛泽东、朱德分别致电中国国民党革命委员会和冯夫人李德全吊唁。图为毛泽东亲笔修改的唁电稿。

第二辑　选编说明

中共中央“五一口号”发布后，随即邀请各民主党派和各界代表人物到解放区，协商召集新政治协商会议事宜。当时，许多民主人士或滞留香港，或在上海、北平等国统区。确保他们秘密、安全、及时抵达解放区，是召开新政治协商会议、组建民主联合政府的重要前提。9月20日，中共中央给港分局、沪局发电指出：“（香港）北来人士，拟先集中哈尔滨招待商谈；华北民主人士如直进解放区，则集中华北。视战事发展，明春或来华北或即在哈市召开新政协。”

在中共中央周密安排、精心组织下，从1948年9月开始，滞留香港的李济深、沈钧儒、郭沫若、马叙伦等民主人士，以及从海外归来的陈嘉庚等华侨冒着重重风险，分20余批次，乘船从海路秘密到达东北解放区；在上海、北平、天津等地的民主人士雷洁琼、周建人、楚图南、胡愈之等，大多经地下交通线秘密穿越敌人封锁线，陆续到达华北解放区。他们自愿接受中国共产党的领导，决心走人民革命的道路，与中国共产党一道共同开启了筹备和召开人民政协会议、协商建立新中国的历史伟业。

本辑史料73篇，主要收录全国政协及地方政协征集的、政协委员及其联系的各界人士撰写的文史资料，适当选取回忆录、日记等“三亲”史料，并选录若干重要文献。收录的文章主要分为两个部分：民主人士从香港及海外秘密前往东北解放区的回忆文章，以及部分组织护送者的回忆文章；在平、津等地的民主人士秘赴华北解放区及随中共中央进驻北平的回忆文章。总体上，根据作者身份、各民主党派排序及事件发生先后时间，对稿件进行综合编排。

目　录

第二辑　民主人士汇聚解放区

胡　绳　记一次不寻常的旅行 …… 001

李济深　离港北上途中散记 …… 007

朱学范　民主人士在哈尔滨 …… 014

史　良　上海解放前夕脱险经历 …… 032

叶圣陶　北上手记 …… 037

童小鹏　接送民主人士来解放区参加新政协 …… 063

连　贯　辗转护送万里情
——周恩来关怀民主人士安危纪实 …… 071

钱之光　接送民主人士进解放区参加新政协 …… 077

徐铸成　我北上解放区的经过 …… 086

柳亚子　前途真喜向光明
——北行日记 …… 099

林一元　曲折的道路　前进的道路
——蔡廷锴将军北上始末 …… 108

刘　昂　肝胆相照的光辉篇章
——记 1946—1948 年周恩来对民主人士的关怀 …… 116

周而复　和李达同志在挪威货轮上 …… 137
罗培元　丘哲先生北上参加新政协筹备的二三事 …… 144
宋云彬　北游寄札 …… 151
黄振声　从香港秘密前往解放区 …… 163
李师弼　我由香港进解放区的经过 …… 168
顾执中　我前往解放区的经过 …… 176
罗培元　送船记 …… 185
许涤新　离港前的兴奋和紧张 …… 189
袁超俊　华润公司护送民主人士北上 …… 196
廖安祥　香港往事 …… 228
杨　奇　风雨同舟
——护送民主人士离港北上参加新政协始末 …… 235
曹　达　开辟香港前往解放区海上交通线的回忆 …… 265
赵子晖　记香港民主人士赴解放区的一次旅程 …… 270
廖梦醒　宋庆龄同志北上前后 …… 274
邓广殷　“红　屋”
——回忆我父亲邓文钊在香港的往事 …… 278
方学武　护送沈钧儒老先生去香港的经过 …… 285
吴企尧　1948 年护送许广平同志离沪赴港经过 …… 288
周海婴　航向新中国 …… 292
王　健　护送亲友北上解放区 …… 318
秦福铨　1948 年：香港—哈尔滨 …… 363

张潜华	国民党立法委员香港起义记	371
贾若瑜	迎接海外归来的爱国民主人士	388
章翼军	回忆父亲章乃器北上参加新政协	398
王芝芙	父亲王芸生秘密北上投向光明始末	405
李韶东	台盟创始人谢雪红从事爱国民主运动及参加新政协的情况	412
包启亚	从社会贤达到任职人民政府——回忆我的父亲包达三	420
郑尔康	可疑的船员——回忆父亲郑振铎北上	425
余心清	最后的归宿	431
玛依努尔·哈斯木	最后的行程	436
阎锦文	营救张澜、罗隆基脱险	459
沈　醉	关于杨杰被暗杀的简要经过	471
杨德慧 李　韧	热血沃中华——记杨杰烈士	476
雷洁琼	一次难忘的幸福会见	484
胡愈之	人民自己的国家	490
胡　风	到李家庄日札	495
吴　晗	报告在解放区的种种见闻	499
田　汉	在西柏坡、李家庄	502

童小鹏　沸腾的李家庄 …… 504
李一氓　高明的预见 …… 511
梅日新 吴锦华　在香港看到解放区的通讯 …… 514
王蕴如 周　瑾　在最黑暗的日子入党 …… 518
钟　灵　解放区的天 …… 521
李瑞生　难忘的日子 …… 525
武象廷　毛泽东在西柏坡接见民主人士 …… 529
李　青　回忆周恩来于北平解放前夕与抵达李家庄民主人士座谈情况 …… 531
金柏年　解放前夕周建人赴解放区的经历 …… 541
陈鼎文　记通往晋察冀边区的一条秘密交通线 …… 546
高　深　在平西、沧州交通站工作的二三事 …… 558
季　洪　急中生智 …… 562
池　重　护送吴晗去解放区 …… 571
田大畏　田汉、安娥从西柏坡出发 …… 580
符立达 周勉德　毛主席看望符定一 …… 584
王　忠　陪同民主人士进北平 …… 587

重要文献选编

中央关于邀请参加新政协者的名单给港分局的指示 …………… 594

中央关于邀请平津民主党派及
社会贤达参加新政协给华北局的指示 …………………… 596

毛泽东、周恩来电宋庆龄北上参加政协 …………………… 597

致宋庆龄 …………………………………… 毛泽东 598

致陈嘉庚 …………………………………… 毛泽东 599

致司徒美堂 ………………………………… 毛泽东 600

给阿哈买提江的电报 ……………………… 毛泽东 601

渴望同先生共商建国大计
——致宋庆龄 ……………………………… 周恩来 603

记一次不寻常的旅行

胡　绳*

1948年10月，我从香港出发到华北解放区，目的地是当时党中央的所在地河北平山。

那时，东北已几乎全部解放，淮海战役正在开始发动，解放战争的全面胜利已成定局。滞留在香港的许多党外民主人士和文化界人士正等待北上。由于解放军还没有海军，海上交通和沿海的重要港口还被国民党军所控制，党组织正在寻找能够通过封锁从香港开到大连去的适当船只（其时大连在苏联军队管理下）。我急于成行，不能等待这样的船只，便找了一条迂回的、在当时以为是比较快的路走。这就是由香港搭船到朝鲜半岛南部的仁川港，从那里再找船到大连去。在

* 胡　绳：时任香港生活书店总编辑；系人民政协第一届全体会议候补代表；后曾任第七、八届全国政协副主席，中共中央党史研究室主任，中国社会科学院院长。

朝鲜半岛南部已经有由李承晚当总统的韩国政府，从香港到韩国不需要任何手续。我和一个同伴很顺利地在仁川上岸，但是从仁川到大连却并不像预期那样方便。因为有国民党兵船的阻挠，很少有商人的船愿意冒险偷渡去大连。我们在仁川等待了一个多月之久，才终于找到了一艘商人报关到天津而实际上是到大连去的机帆船。在我们搭这条船到达大连之前，郭沫若和其他许多人已经从香港乘上了一艘悬挂拉丁美洲某国旗帜的货轮，并且他们到达大连比我们还早两天！

从香港到大连的人，大部分都接着坐火车往北去沈阳了。我要去河北平山，就必须再坐船渡海到山东半岛。同我一起走了那条欲速反慢的长途的同伴也往北去了。于是我就和另外几位要去平山的人同行。

从大连渡海到山东的成山头（那时烟台、青岛等港口还未解放），乘小快艇需要一夜。由于前面所说的原因——海上尚被国民党军队所控制，我们也只能乘这样的小快艇渡海。大海茫茫，遇到国民党海军拦截的可能是很少的。但是，如果遇到大风浪，坐这样的小船当然是很辛苦的。那天我们渡海时就恰好遇到了比较大的风浪。在船没有开航，还停在码头上时，我们几个坐船的人还在船舱里打扑克。船一开动后，我们几个人几乎同时都倒在船舱底。直到船在山东靠岸以前，谁也没有再说一句话。一起同乘这艘快艇的，连我一共有 5 个人。其中有原在香港的党务工作者连贯、历史学家翦伯赞、政论家宦乡，这 3 位都是我相熟的朋友。还有一位是我过去不认识的，我们都管他叫老张，他是随着从香港开出的那只大船来到大连的。他中等个儿，黝黑的皮肤，陕西口音。踏上去山东的小快艇时，他穿着一套解放军的冬装，外披一件羊皮军大衣。显然，这是他在到大连后装备起来的。因此，在这 5 个乘客中，4 位是文人，只有他这一位武人。但是，这位武人的晕船程度一点儿也不比几位文人低。

天色黎明，小快艇终于停泊到山东半岛尖头儿上的一个荒滩上。船上的乘客经过一夜的折腾都已面无人色，但随着马达声的静止，生气又回到了我们的身上。我们从小快艇的肚子里一个个爬出来，呼吸着海边的新鲜空气。这以后，我们就坐上没有篷的卡车，深入山东解放区的田野里了。一路经过文登、莱阳等地，老张的兴致很明显地越来越高了。每当车子在一个村子里停下来，大家下车和围绕上来的村民谈天的时候，最积极地找村长、村支书说东说西或者找妇联主任来谈家常的，就是老张。看来他对这儿的情况还比较熟悉。我不由得想：也许他是山东解放区派到外面去办什么事的一个干部。

我们到了青州，这是党中央山东分局的所在地。我们在这里住了几天。老张和我们一起受到招待。看来他又不是从山东解放区派出去的干部。主人告诉我们说，这里不远处有一个关押国民党将领的战俘营，我们可以去参观一下。但是在约定去参观的那天，下了大雪，路不好走，就没有去成。老张没有表示不想去。后来我想，如果那天没有下雪，他去了，将会有很有趣的场面和情况。

那时青岛还没有解放，济南解放也才 3 个月，胶济铁路还没有修复。我们从青州坐卡车去济南。路不好走，在午夜后才进入济南城。但到了招待所后，我们并没有上床睡觉，而是围坐在火炉旁等待天明。这样做是根据老张的建议。他说："在北方，济南的澡堂要算最好的，它天一亮就开张。所以我们可以到那里去洗澡睡觉。"事实证明他的建议完全正确。我在澡堂里睡了个几个月来不曾有过的好觉。因为睡得太好，也就没有去多想这位解放区出去的干部怎么这样熟悉济南和北方城市澡堂子的情况。

我们在济南逗留了几天。1949 年的元旦就是在济南过的。在这座 100 多天前城边还有恶战的城市里，此时社会秩序十分安定。离开济南前一天，老张约我出门上街去走走。我对济南完全陌生，也没有请人做向导，实际上完全凭老张领路，想怎么走就怎么走，从大街进入小巷，甚至进入很深的巷子。看到我疑惑的样子，老张说："不要紧，我认识路。"在一个深巷里，有一家座上空空的小酒铺，老张说："在这里休息一下。"

坐下来后，老张不断地往巷子对面的高墙张望。这显然是一个大院子的后墙。终于老张悄悄地对我说："我前年就住在这里面。"前年？前年这座城市还在国民党统治下呢！

老张打开了话匣子，谜解开了。原来老张并不是什么老张，他的真名叫韩练成，原来是国民党政府第四十六军的军长。他在 1945 年日本投降后，奉国民党政府的命令，率军进入济南城，当了济南的卫戍司令。他说："那时我是骑马进济南的。"显然，他这样说是在和我们这一次坐卡车进济南相比较。那时，他当然必须参加对解放军的战争。1947 年莱芜战役中，第四十六军是进攻鲁南解放区的国民党军主力之一。

1947 年初，蒋介石集中 30 余万兵力进攻鲁南。敌人大军压境，我山东战场的形势很严峻。在陈毅领导下，我军很快取得鲁南战役的初战胜利。接着又进行有名的莱芜战役，一举消灭了国民党军整整两个军，指挥这两个军的司令官李仙洲也被我俘获，而韩练成的第四十六军就是被消灭的两个军中的一个。韩练成在莱芜战役后只身跑回了南京。而被俘的李仙洲，在我们作此谈话时就关在前面所提到的青州附近的战俘营中。

韩练成出身于冯玉祥的西北军，参加过北伐战争。以后历任国民党军的旅长、师长、第十六集团军副总司令兼参谋长、海南岛防卫司令官等军职，还任过蒋介石侍从室的高级参谋，可说是佩刀随侍在蒋介石左右的亲信。在莱芜战役之前，南京政府中丧师败阵的将领已经有过很多，所以人们对韩练成的这次失败起先也不以为奇。但是，南京政府的作战部在对这次战役过程的审查中，逐渐发生了怀疑，怀疑集中到韩练成身上。由于作战部提出了越来越多的证明材料，蒋介石也从不相信这种怀疑逐渐转为相信。这时韩练成得到了风声，他看到危险已迫在眉睫，就毅然离开了他的妻子和儿女，只身跑到香港，转入解放区。

原来国民党第四十六军在莱芜战役中的失败，的确是根据预定计划安排的。在莱芜战役前，韩练成通过多种渠道，给我山东解放军领导发出信号，要求山东军区政治部主任舒同秘密到他军中来会商。虽然当时情况还没有充分了解，但因时机紧迫，舒同按照陈毅的决定冒险进入了韩练成的军营。韩练成过去曾暗中和共产党有过联系。在抗日战争期间他还见过周恩来几次。他赞成共产党团结抗日的主张，也反对蒋介石在抗日战争结束后发动内战。他同舒同商定了配合我军赢得胜利的办法。后来战役打响时，他就放弃对第四十六军的指挥，使这个军陷于混乱，很快被歼灭。战役结束，他以为依靠蒋介石对他的信任，还可以回到国民党政府为结束内战发挥特殊的作用，陈毅同志也同意他的想法，所以他仍然回到了南京。韩练成和我在谈话中还提到他认识的文化界几个人的名字，其中有夏衍和其他几位进步的电影界人士。我说：“你的故事，可能会引起电影界一些人的兴趣。”韩练成木然地望着酒铺对面的高墙，他显然在思念着留在南京的夫人和子女。在大时代的激浪中，他的家庭安危如何呢？会不会成为一个悲剧呢？

新年之后，我们一行人离开济南，坐卡车到德州，换乘修复不久的火车到石家庄，然后又乘卡车到平山。到了平山，我和韩练成各有不同的接待部门，以后在平山就再也没有见面了。

到平山后几天的一个夜里，我和几位同志一起向周副主席（那时我们按习惯这样称呼周恩来同志）汇报。周在谈话完毕后，忽然向我提起了韩练成。他问我：“是不是韩练成向你说过他已经是共产党员？”我说他倒没有这样明白地说，不过他讲话的口气使我这样以为。周笑了，他说：“韩练成向我作了检讨，他说他在胡绳面前说了谎，把自己说成已经是个共产党员。”说完这话，周恩来发出了他惯有的爽朗笑声。

周恩来没有再说什么。我想，韩练成之所以要作这样的检讨，恐怕是为了想说出他希望加入中国共产党的意愿。

两年后，即 1950 年，韩练成真的加入了中国共产党。他先后在解放军里担任过一些重要职务：西北军区副参谋长，第一野战军副参谋长，兰州军区副司令员，解放军训练总监部科学与条令部副部长，军事科学院战史研究部部长等。1955 年他被授予中将军衔。

1996 年 12 月

（节选自《百年潮》1997 年第 2 期）

离港北上途中散记

李济深*

1948年冬，中共中央邀请各民主党派负责人和民主人士分批进入解放区，共商国是，做好召开新政协的准备工作。12月26日，李济深一行冲破了各种势力的重重包围，乘船秘密离开香港，经过台湾海峡，于翌年1月7日到达大连。途中，李济深写有日记。1957年，《团结报》征得他的同意，曾经刊载，以下是发表的日记原文。

---

* 李济深：时任民革中央主席；系新政协筹备会代表，人民政协第一届全体会议代表；后曾任中央人民政府副主席，第一届全国人大常委会副委员长，第一、二届全国政协副主席。

1948 年

12 月 26 日

一、……（略）

二、……（略）

三、……（略）

四、6 时到邓文钊家晚膳。10 时，分车各行。陈此生与月卿（即李济深夫人）同车回家。我则同行人到六国饭店附近上小电艇，驰开“昂船舟”附近，海面上一货船，为苏联船，到时已有章乃器、茅盾、彭老（即彭泽民）、邓老（即邓初民）、施复亮、洪深等先生在船上矣。

五、晚上为避检查，12 人当作货主，七老人，二女人，坐于靠近机器房之一房间。坐了一夜，不寝。三次出船傍，望罗便臣道的家，依稀莫辨，不无惆怅。

六、……（略）

12 月 27 日

一、晨 7 时领港人上船，又紧张了一度。船出口自西南经玛丽医院西南行，并认出廖恩德之家焉。一直俟出尽口，不见有山，始得出外舷行。

二、船出口后，船位分定，余与泽霖、蕴山同住船主房，内有二床位，加一帆布床，即行睡卧。因前一晚未睡，故睡甚浓也，晚亦然。

12 月 28 日

一、一度见厦门之山与塔。

二、一度见船边许多鲨鱼跳跃水面上，船员云，风仍大之兆也。

三、二度梦家。

12 月 29 日

一、日浪甚大，夜一度见西方有灯塔，云系在福州外。

二、仍在台湾海峡内，船行甚慢，每小时 3 浬，3 日 200 余浬云。

12 月 30 日、31 日

一、睡多，有梦。出了台湾海峡。西边一带小山，说是舟山群岛。31 日整日有小雨雾。同船人请将革命故事一谈。将粤军第一师及国民党改组后与蒋 3 月 20 日事变一切，杂说了一顿。

二、31 日晚 10 时后聚餐。将各人所有食物取出，请船主及船员一律同席。菜有鱼子、腊鸭、牛肉、沙律、饺子、水果等，甚盛也。

被垫为漏雨打湿，用水蒸气弄干。

1949 年

1 月 1 日

一、早 9 时始起来，因昨晚为新历度岁，睡较晚也。早，天晴气佳。

二、沈雁冰即茅盾先生备一手册，使各人签名，并嘱我题诗或词其上，因作新体数语如下：

同舟共济，一心一意，为了一件大事！一件为着参与共同建立一个独立、民主、和平、统一、康乐的新中国的大事！同舟共济，恭喜恭喜，一心一意，来做一件大事。前进！前进！努力！努力！

三、众议嘱我将革命的经过说一说，因将入学、从军参加革命及入第一师与北伐、陈炯明造反及建立黄埔军校与3月20日蒋谋反之经过，及与蒋妥协，以致宁汉分裂，与被蒋扣留汤山，及反蒋经过。

1月2日

一、早6时起，天气极佳，风平浪静，整日均未睡。

二、彭泽民先生讲说兴中会、同盟会的成立与南洋吉隆坡革命会成立经过与发展，及辛亥后国民党之腐化，孙先生另组中华革命党情形，到后更组中国国民党；后蒋介石叛党，宁汉分裂，汪（精卫）动摇，后被汪开除党籍情形。

三、邓初民讲述家庭贫苦及修学经过，只在高小毕业，后到日本挂名法政大学。回国在家两年，后到山西教国文两年。到汉后，参加革命，任土豪劣绅审判委员长及汉口市党部委员。后到上海，到粤任教，到桂任教，任政治部设计委员。

四、饭后饮茶，洪深先生谈其去美，任南洋烟草公司英文秘书及对外购料事的经过。后简照南死，辞该公司事，去复旦大学任教几十年。

1月3日

一、晨起，风浪极大，前夜船主已将桌上各物收置停妥，而朝来在架上之装药小瓶、日记簿等均落地上，昨夜风浪之大可知。

二、因浪大，整日未起下餐室食饭，不想食。故徐君将饼干一纸盒、水果6枚送来，各人小食饼干水果而已。

三、下午7时许，催食饭，朱先行，我亦勉起床下餐室，勉食烤面包二三片，猪排一块，大头菜几片。

四、食后玩勃里奇纸牌两小时，10时睡。

五、据船伙伴老李云，因风浪大，船每小时行2浬而已。因船老遇顶头风，船身倾侧，舵入水不深，推进无力故也。

六、晚上，渴甚，因饭后得水果一枚，想食之，香如饮甘露也。

1月4日

一、朱蕴山兄谈其祖参加太平天国革命。……

二、朱参加徐锡麟刺恩铭，在其所办之警官学校。原来徐在东京已加入同盟会，与黄约同在长江起义。刺恩铭后，即攻军械库，库中军火不能用。后受余大鸿围攻，3日无救兵至，徐不屈死之。

后得孙夫人、邓择生及陈友仁函（从欧洲来函）组中华革命党，后改行动委员会。择生被捕后，（第）三党无人主持，因之停顿。伯钧后改为农工民主党，故未参加。本人一本国民党改组精神与共合作，始终如一。

三、本日仍大风浪，船行甚缓，日走不过百浬云。

1月5日

一、早风浪仍甚大。晚间大雾，数鸣汽笛，邓初民以为有事，起而询船上俄人，但不通话。

二、晚起即到餐厅，早茶，中饭，食少许。晚饭食粥与面包。

三、无事玩勃里奇至夜11时。风浪稍停。晚上见山东角之高山。

四、李泽霖谈民国2年二次革命经过，因第一师及第五旅官兵受袁世凯派梁士诒及黄士龙运动，均不革命而反革命。又因陈炯明先将北伐军姚雨平部解散，故军中有人怨恨，炮兵发难，即因此故。

其实革命过程屈（曲）折，中国数千年封建意识深入人心，而领导革命的党人，仍在所不免有妥协，认识不够，故缺乏革命性，失败必然也。

1月6日

一、茅盾先生谈到新疆经过及杜重远先生获咎之因。云因杜与盛世才不但为同乡，且有金兰之谊。杜任新疆学院院长，因沈先生临时组织了一个话剧队，借用了新疆学院学生数人参加演出，极得好评。某次开会，杜有话剧队出尽风头之语，因之盛以为杜不忠于己。杜因腿有关节病，请假，盛又以为杜故意。后竟出言谓杜如何不忠实。杜得闻知，因上了万言书，语多愤激；不报。又上书自云前书一时冲动，请原谅，亦不报。只得辞学院职，盛许之。后杜请离新，不报。适有飞机东行，盛马弁某告（杜）云，盛督办说你要离新，明日有机东行，请即行。杜答以时间过促，实际盛或未有真意准杜行也。深知盛忌刻特甚，故十分警惕。托故母老，拟往沪一省视，久未有交通工具。后以母去世故，友人有电来告知，即在新开吊。吊后，仍请盛许假回籍料理家人；得许，乘机返重庆。后闻盛将杜扣留，且以严刑逼供为与汪精卫有关，派来新工作者。迨盛以苏被德攻击，节节东退，以为苏失败，遂反共反苏，因又刑迫杜改供为中共主使来新工作者云云。总之，盛人极忌刻残忍，与其工作者即干部，分3套：甲套得势时，即使乙套人秘密侦查其行动。乙套人为求有工作能力，多方摭拾甲套人过失报盛，因之甲套人次第入狱被杀，乙套人重用。然而有丙套人侦探乙套人如故，因之乙套人亦如甲覆辙，故在盛处任事之人，不到两年，必遭祸害。闻盛治新疆杀戮人至六万多。其亲胞弟较进步，当其反苏反共时，即将其弟枪杀，因而立即使人杀其弟妇，云其弟为弟妇所杀，故杀之云云。是其人残酷可知。盛投蒋后，曾献金六万两云。后盛下台到重庆，开党代表大会，有不少人在会场攻击盛杀戮无辜，应处以罪，而蒋竟为之掩护，云盛以比浙江大3倍之土地及黄金6万两献中央为有大功云。

1月7日

一、早8时，船泊大连，而中共已有代表多人在码头迎接。朱学范同志亦由沈阳来接船。

二、登陆后，即入大连最大苏联人所开之大酒店。进点心后即请午宴，地点在关东酒楼，席为燕席，极其丰盛也。

三、日间去大连市市场买了皮鞋一对（12500元关东券），约合港币40余元。

四、晚请在火车头俱乐部观苏联海军歌舞团跳舞、唱歌。唱舞，大致不错也。

五、10余日不洗澡，旅店房内有浴缸，洗了一次澡，甚清爽。

（选自李济深著《李济深诗文选》，文史资料出版社1985年版）

民主人士在哈尔滨

朱学范 *

首批民主人士抵达哈尔滨

1948 年 9 月 29 日，第一批由香港北上的民主党派人士沈钧儒、谭平山、章伯钧、蔡廷锴四人到达哈尔滨，住在马迭尔旅馆。当天，也通知我从总工会搬到旅馆，与他们住在一起。他们从 14 日离港，在海上漂流了 16 个日日夜夜，着实困惫不堪。我与谭、蔡 3 人都非常迫切希望叙叙离别后的情况，于是他们不顾旅途劳顿，当天晚上我们就聚在一起，进行了一次长谈，一直谈到深夜才睡。

我首先表示欢迎第一批到达哈尔滨的民主党派人士。蔡说："你

* 朱学范：时任民革中央执行委员会常委；系新政协筹备会代表，人民政协第一届全体会议代表；后曾任第五至七届全国人大常委会副委员长，邮电部部长，民革中央主席，全国政协常委。

比我们整整早到 7 个月，才是第一个到达的民革同志；其次绍鏊先生也比我们先到。”谭在一旁笑了笑，点头默许。

接着蔡告诉我这次他们是应中共中央邀请来哈，商谈召开新政协有关事项的，并问：“你是否一同参加讨论？”我连忙说：“这要取决于中共方面是否让我参加。”蔡认为既让我搬到旅馆住在一起，说明中共方面有这个意图，所以说“希望你能够参加……”

接着他俩告诉我，民主党派的同志，特别是负责同志，在香港表面上自由自在，参加活动，发表文章；暗中则是受到国民党特务监视的，不知道什么时候便会搞你一下。这次我们四人在中共的安排下，悄悄离港北上，他们没有发觉，震动很大，从而更加盯紧李济深等人了。

我说：“我在这方面是吃过苦头的，心中有数，所以对此非常小心。连写给李济深的信件也动足脑筋，以免被国民党特务抓住把柄，任公来信对此似乎毫无戒备。”蔡问我何以见得，我就把李济深来信总是说收到我的来信或者来电，不作回避的看法说了一遍。蔡说：“这是给你来信，写到解放区他能放心的缘故，其实民革香港中央总会对此是非常谨慎的，任公与大家商讨，规定了周密的通信符号。”该符号大致如下：

中央总会符号为“国昌总公司”，主席李济深化名为陈天任（董事长）；

组委会为“惠元行”，负责人陈汝棠化名为陈组东（经理）；

宣委会为“德泽行”，负责人梅龚彬化名为梅雪宣（经理）；

政委会为“天佑行”，负责人郭春涛化名为郭世治（经理）；

财委会为“福安行”，负责人李民欣化名为李运材（经理）；

秘书处为“远昌行”，负责人吕集义化名为吕耀书（经理）；

各地分会为“国昌 × 地分公司”，县市支会为“国昌 × 地办事处”。

我问：“是否起了作用？”蔡廷锴说：“当然起作用。从表面上看，很多很多的电报和信件，不用这个符号。通信符号是秘密的，大家不知道，所以不奇怪。但是派往蒋管区建立组织的，就派了大用场。”

1948 年一年，先后派往各地成立组织的就有云南、广东、武汉、湖南、湘鄂川黔边区、川康、河南、山东、浙江等 13 个地方，均成立了筹委会。此外，还有美洲分会、马来亚、暹罗、港九等地总分会筹备会，共计 17 个组织。

7 月 2 日，刚才从上海到港的许宝驹在会上汇报说：“在京沪的同志听到民革成立的消息，受到很大的鼓舞，《宣言》及《行动纲领》显示出本党的正确路线，不幸自民国 13 年后便中断了，今后大家应努力恢复……”并说京沪一带已有人出版《民革重要文献》的小册子，同时还介绍京沪民革组织及其活动情况。大家听后，认为当前除西北、东北外，基本上都有了组织或正在筹建组织中。李济深感慨地说：“昔日冯玉祥将军以军事自北而南，我们的工作亦宜自北而南，如今形势有变，民革在香港成立，工作不能不由南而北了，岂非天意吗！”

我说，成立地方组织应同中共方面密切配合，工作起来才有保障，将来也不致发生误会……蔡即将开展内地工作的经过讲给我听：

3 月 6 日的常委会上，李济深传达了潘汉年提出民革应展开内地工作的建议后，李说道："民革成立以来，各方响应，声势不小。毛主席亦认为爱国民主运动是第二条战线，我们正可以展此优势，配合人民解放军，推翻蒋政权。"……大家在讨论中一致认为此见甚对，我们应该接受此项建议，从此内地组织应运纷纷建立。凡是重要会务或者策反工作，都由各地分会负责人，以通讯符号发信或派人专程送到香港，面报详情。

谭说："就在那次会上，我作了目前政治问题的报告，内容：（1）关于自由主义问题；（2）和谈问题；（3）中间路线问题。其中讲到自由主义问题时，我结合当时中央总会的情况，指出近来外间颇有不法之徒，借本会及主席名义到处招摇撞骗，而我们的同志犯自由主义毛病，会议情况随便乱说，给他们的招摇撞骗行径提供方便……"谭又说："接着朱蕴老在会上宣读本会军事工作大纲，谈完当前局势之后，根据我提的加强保密工作的建议，宣布：（1）工作人员重新调整；（2）本会工作和人事必须通过组织程序执行；（3）一般工作与特殊工作要分开；（4）军事工作（策反）要切实以政治领导军事的原则执行；（5）严防泄密。"

谭还说："民革成立后，即决定入会需填入会登记卡，那时已有少数内地组织，并有不少同志回到内地，故规定内地同志不填。"又说："后来又改为入会介绍书、志愿书，连同印模、收取会费等事项，由我和朱蕴老、龚彬同志三人负责最后审定。"谭说："这本来是你们组委会的事，因你不在，我暂且代办……"我当即向他道谢。

蔡又说："1948 年初民促因种种原因没有并入民革，但曾在这方面作了尝试。民促华中总支部拟改组为革委会，已于 2 月呈报民促中央转知民革中央核办。经常会通过，派潘震亚、桂崇基、陈惠、梁弼群四人为上海分会筹委，潘为召集人。”“我们想，如果工作顺利，便可总结经验，以资推广。”谭说：“民联内地组织的人员很分散，改组为革委会，看来时机尚不成熟。”

谭强调说：“很多事情由不得自己，要顺天应时。1947 年春，民革酝酿和筹建时，很多著名的国民党军政人员及与国民党有历史关系的名流，纷纷结集在一起。由于当时以国民党民主派的联合为号召，民主建国会的马叙伦和致公党的陈其尤都参加过我们的工作，出席过会议。农工民主党的彭泽民还代表国民党民主派与何香凝等联名《上书孙夫人》，后来，随着形势的发展，各民主党派纷纷响应中共‘五一’号召，无形之中形成了多党派的政治局面，他们就各为自己的党派。”

谭说：“随着形势的发展，为了协调各民主党派的联合行动；我们还举行座谈会，有时还以聚餐会形式进行，所以在响应中共‘五一’号召，有关召开新政协的讨论等各方面采取了协作，造成了声势，对民革工作也有很大的促进。”

蔡说：“那时，人是辛苦的，工作是繁忙的，信心越来越大，只是经费来源比较困难，我这个财委会主委不会理财，经征得任公同意，常会通过，辞去后由李民欣接任主委，邓瑞人接任副主委，他们比我有办法，一上来就举办画社，准备展出筹募经费，并推郑坤廉、肖隽英、陈此生、周公理、吕集义、周颖等负责此事。还举办茶舞会筹到 4500 港币。用于支援学运外，其余充作总会经费。”

蔡说：“当时同人生活仍很艰苦，‘三餐一宿’外，全凭自己设法去搞零花钱。”“内地捐赠的钱又到不了香港，经费问题仍是当前一大难点。”

大概由于我是组委会主委的缘故，这天晚上主要是围绕着组织问题来寻找话题的。当然，也谈了一些其他问题，由于他们以后还不断补充，拟系统地根据他们介绍的情况逐一回顾。

“新政协诸问题”座谈会的召开

1948 年 10 月 8 日，高岗、李富春拿着中共中央《关于召开新的政治协商会议诸问题（草案）》来征求沈钧儒、章伯钧、蔡廷锴、王绍鏊、高崇民和我七人的意见。

李德全到哈后，补发给她一份《草案》，与我们一起阅读和学习。

10 月 15 日，中共中央电示中共东北局高岗、李富春：照中央 8 日所发《关于召开新的政治协商会议诸问题（草案）》材料的第二项，提出 7 个党派及团体参加新政协的名单。请向各党派在哈尔滨的代表声明，中共所提的名单只是中共的希望，他们完全可以增减和改动。关于新政协参加者的范围必须照《关于召开新的政治协商会议诸问题（草案）》第二项所提出的原则，即在南京反动政府系统下的一切反动党派及反动分子必须除外，而由反美、反国民党反动统治、反封建、反官僚资本的各民主党派、各人民团体及无党派的民主人士的代表人士组成，也要邀请少数右派而不是公开反动的分子参加。

10 月 21 日，在马迭尔旅馆会议室举行第一次“新政协诸问题”座谈会。出席会议的有高岗、李富春、沈钧儒、谭平山、章伯钧、蔡廷锴、王绍鏊、高崇民、李德全和我 10 人。高岗主持会议，他正式宣布这次座谈会由我们 10 人组成，以后如有变动，临时再议。会上，我们民主党派代表均表示同意中共中央《关于召开新的政治协商会议诸问题（草案）》的各项建议，但希望将出席新政协的各单位尽快组成。

座谈会讨论了新政协的性质和任务，大家不免联系旧政协进行对比。在座同志中，沈钧儒是唯一参加旧政协的民盟代表，大家当然先请他发言。沈扼要地介绍了旧政协召开的过程，以及在旧政协会上民盟与中共的合作情况。他说："旧政协是革命势力与反动势力面对面斗争的会议。蒋介石毫无诚意，在美蒋勾结下，放出通过政治协商以求和平的烟幕，争取时间发动内战。民盟为和平而奔走努力，结果不仅都归于徒劳，而且是上了一个大当。"又说："尽管如此，民盟为维护政协决议和反对内战、争取民主的斗争，赢得了全国人民的赞许，民盟和中共的关系益加亲密，促使民盟同志更加成熟，更加进步。"

接着大家发言，颇为热烈。其中特别是谭平山的发言较有系统。他强调说："新政协不是旧政协的还原。"他谈道："当前有些人却以为这是旧政协的还原，一心以为被国民党反动派破坏的旧政协现在重新恢复过来了，其实新旧政协有很大的不同。当时，美帝还装着盟国的姿态，马歇尔还能装作举足轻重的公证人；国民党还以中国第一大党自居，蒋介石俨然是旧政协的中心；真正能够代表民主精神的国民党民主派被排斥在旧政协之外，特别是蒋氏利用旧政协开会期间调兵遣将，与美帝政治欺骗配合，一到时机成熟，他们就破坏旧政协，显然是一种有阴谋的行径。"

谭还说："现在中共号召的新政协，是代表人民利益的，决不允许反动分子参加。美蒋已成为中国人民的敌人，当然不能参加，也不容许插手。新政协是由中国共产党和各民主党派、各人民团体以及社会贤达所组成的。新政协讨论的共同纲领，应该是新民主主义的政纲，决不是旧政协连欧美旧民主都不如的政纲。同时，这个新政协，是中共和各民主党派分担革命责任的会议，而不是分配胜利果实的会议。为着争取革命的提前胜利，是要大家多负责任的，而领导的责任，更不能不放在共产党肩上，这是历史发展上一种不容放弃的任务。”

由于谭提到领导问题，我补充道：“没有中国共产党的坚强领导，任何革命统一战线也是不能胜利的。”“新政协是中国人民民主统一战线的组织形式，参加新政协的各民主党派和民主人士必须根除‘第三条道路’的幻想，坚决拥护共产党的领导。”“唯其如此，新中国才能强盛，孙中山先生救国救民的主张和革命的三民主义才得以真正地实现。”

10 月 23 日，举行第二次座谈会。我们 8 人除同意中共所提参加新政协筹备会各单位外，经过酝酿，一致提议增加“上海人民团体联合会”；将“平津教授”“南洋华侨民主人士”二单位分别改为“全国教授”“海外华侨民主人士”；将无党派民主人士单列一单位。对于筹备会召开时间，同意半数以上的代表到齐后举行，地点在哈尔滨，筹备会组织条例，同意由中共中央起草。

11 月 3 日，中共中央就我们 8 人在讨论《关于召开新的政治协商会议诸问题（草案）》时所提出的意见和建议作出答复。关于参加新政协的筹备单位，中共同意我们提出的增加“上海人民团体联合会”；“平津教授”可改为“全国教授”，但仍应以平津教授为主要代表，因南方城市尚待解放；“南洋华侨民主人士”可改为“海外华侨民主人士”，其代表人物仍应以南洋为主，因南洋华侨响应“五一”号召者最广最多。在筹备单位中，同意加上致公党及无党派民主人士两单位。这样，参加新政协筹备会的共有 23 个单位。关于各单位人数，提议每单位至少 1 人，至多 4 人。其确定数目与人选由各单位提出，筹备会各单位协商定之。筹备会组织条例，俟上述各点取得各方同意后，由中共起草，各方审阅，俟筹备会集会时正式通过。

由于第二次座谈会讨论参加新政协的范围问题，发言非常踊跃，会场气氛热烈。大家一致主张南京反动政府系统下的一切反动分子必须排除，不得许其参加，并同意中共中央 10 月 15 日给中共东北局的电文中提到的“也要邀请少数右派而不是公开反动的分子参加”。但是一遇到具体问题，意见就分歧了。例如中华职业教育社及民社党革新派是否参加的问题，有的认为可以参加，有的认为不能参加。谭平山就认为国民党反动派的胁从分子，如能弃暗投明，接受中共的政治主张，在言行上有积极的表现，也只能免除与反动派头子同归于尽的命运，不能参加新政协。我想起同冯玉祥、何香凝的接触中，他们都主张多团结一些国民党中愿意与我们合作的人；李济深不久前的来信中更是着重提及这方面的问题。因此，我与蔡廷锴、李德全 3 人都认为是否准许这些组织的人参加，得视形势发展审慎研议；沈钧儒也作了补充发言。中共中央不但接受了我们的意见，在原协议草案中增加规定：“留待筹备会最后决定。”并在以后的商谈中又加了一条：“此外如再有增加单位的提议，可随时协商，在筹备会中作正式决定。”这就是给国民党开明人士及其他方面的进步力量开了大门，留有余地。这是新政协获得大团结成功的非常关键的一条。

11 月 15 日举行的第三次座谈会。高岗、李富春与我们就中共中央 11 月 3 日给我们的答复进行商谈。我们表示完全同意，并提出新的两点建议：（1）规定参加新政协的单位由中共及各民主党派、各人民团体、各地区代表共 38 个单位组成，每单位人数 6 名；（2）如再有增加单位的提议，可随时协商，在筹备会中作正式决定。11 月 21 日，中共中央电复，同意我们上述所提的两点意见。

其间（10 月 31 日）中共中央致电中共华南分局，将经过中共代表高岗、李富春与我们 8 人讨论修改过的《关于召开新的政治协商会议诸问题（草案）》的文件转发给他们。电文中说：请你们接到该项文件后，即抄送民革李济深、何香凝，民盟周新民，民进马叙伦，致公党陈其尤，救国会李章达、沈志远，第三党彭泽民，民建章乃器、孙起孟及无党派民主人士郭沫若等 11 人，并由潘汉年、连贯分别征询他们的意见。11 月 20 日，潘、连致电中央，报告在港各民主党派、无党派民主人士座谈《关于召开新的政治协商会议诸问题（草案）》的情况及提出的意见：

1. 有人提出，民社党革新派可参加新政协筹备会，与会者均不赞同。

2. 有人提出，国民党反动集团内，特别是国民党地方派系人员中，如有赞同三反（反帝、反封建、反官僚资本）并见诸行动者，似应准其参加新政协。

3. 有人提出，中华全国文艺协会可否作为一个单位参加。与会者认为文协大多数理事均在国统区，且多系蒋系人物，无从推派代表，仍以从文化界民主人士中提名较妥。

4．有人提出，华侨民主人士中各阶层都有代表参加筹备会则更好。

5．有人提出，东北政治建设协会可否作为一个单位参加，与会者认为可以从哈尔滨方面征询意见。

6．有人提出，梁漱溟的“乡村建设派”似应列为一个单位。与会者认为，梁先生个人参加是不成问题的，但其组织不应列入邀请单位。

7．有人提出，华南各省游击区人民武装有数万人，有斗争历史（如琼崖、东江等），似应列为一个单位。

8．有人认为，国旗、国歌应事先研讨准备。

9．关于共同纲领草案，各党派正在研讨中。对以“新民主主义”为今后建国最高指导原则问题，民革方面有两种意见：一种赞同，一种坚持“革命的三民主义”；民盟方面有的主张用“人民民主主义”，有的主张用“民主主义”，不必加上“新”字，但大多数意见均赞成“新民主主义”。

以后又经过几次座谈，并结合香港等方面讨论的情况和意见，于11月25日，中共中央由高岗、李富春代表与在哈尔滨的民主人士沈钧儒、谭平山、章伯钧、蔡廷锴、王绍鏊、高崇民、李德全和我8人，达成《关于召开新的政治协商会议诸问题的协议》。商定的主要内容有：（1）由中共及赞成中共中央“五一”号召第五项的各主要民主党派、人民团体及无党派民主人士的代表共23个单位组成新政协筹备会，每单位参加人1至4人，会址设在哈尔滨；（2）参加新政协的单位预拟由中共及各民主党派、人民团体、各区域、人民解放军各单位等共计 38 个单位组成；每单位代表人数为 6 人；拟在 1949 年召开；（3）成立专门委员会，研究各项专门问题。

11 月 26 日，中共中央统战部致电中共上海局，将我们讨论《关于召开新的政治协商会议诸问题（草案）》的各项意见转告他们，并将高岗、李富春代表中共中央与我们 8 人 11 月 25 日商谈的共同协议转发给他们，供其研究并据此转告各有关方面。至此《关于召开新的政治协商会议诸问题（草案）》的讨论胜利结束。我们为能光荣地参加新政协的筹备工作并做出成效，感到无比的兴奋。现在参加这次商谈的 10 位同志，9 位已经作古，我是唯一的在世者，对当年参加这次商谈的同志尤为怀念。

李济深一行来到解放区

1949 年 1 月 7 日晨 8 时，我与李富春及当地党政负责人、各界人士，在大连轮船码头接到了李济深等一行。李第一个下船，吴茂荪跟在后头。我连忙走上前去与李、吴及 30 多位民主人士一一握手问好。当地政府安排他们先到大连最大的、苏联人开的关东酒楼吃早点，接着就在这里举行午宴。李富春致祝酒词，对李济深等一行到解放区与中国共产党合作，召开新的政治协商会议，共建新中国，表示热烈的欢迎。

饭后到旅馆午休。等我起来，李济深、章乃器、朱蕴山、吴茂荪等人已上街逛市场去了。我想不到李会放弃午休，连忙上街寻找。晚上应当地党政机关邀请，我们在火车头俱乐部观看苏联海军歌舞团演出。那时李济深已年逾花甲，我问他累否，他说："船上睡得过多了，需要活动活动。"演出结束，我们才一同回旅馆。

翌晨，李即叫我到房里了解东北情况，有朱蕴山、梅龚彬在座。李听着我的汇报，不时含笑点头，对中国共产党对待民主人士真诚合作的态度非常满意；对新政协诸问题座谈会的协议非常称道；对召开新政协，成立联合政府非常乐观。他看着朱蕴山、梅龚彬笑了笑说："元旦，毛主席发表《将革命进行到底》的新年献词：一是革命必胜，现在连敌人也不怀疑了，我们不能半途而废；二是揭露美蒋勾结玩弄假和谈的阴谋；三是民主党派要与中共一致，要合作，不要反对党和走中间路线。"李顿了一下又说："我们民革一开始就要推翻蒋政权，在这方面不会半途而废的。美蒋勾结搞阴谋，焕章兄生前曾作坚决斗争，我们继承其志。在这方面，中共和其他民主党派是信得过的。至于我们民革为实现孙中山先生的革命的三民主义，也与中共的新民主主义是一致的。但在这方面我们有些同志尚不清楚，需要着重解决的。"李未等我开口，又抢着说："你从莫斯科的来信到港后，我组织了几次座谈，大家都表示不走'第三条道路'，要'一边倒'。""在6月25日响应中共'五一'号召的声明中，民革就公开宣布：今日之中国只有革命与反革命两条道路，其间绝无中立徘徊之余地。并号召：以实际行动加速独裁政权的灭亡而站到人民方面来，站到人民革命阵营方面来。现又半年于兹，形势之变化，'一边倒'的问题谅已不存在了。"

朱蕴山、梅龚彬都说："任公为了开展民革工作，力争多团结一些可以团结的力量，对找上门来的人，不能不作试探性的接触。对此做法却有一些同志不理解。"接着他们又谈道：早在1947年

6 月 25 日，李在香港《华商报》发表讲话严责孙科。讲话指出：“孙科先生接连发表其哀求英美干涉中国内战的谬论”，“实使人痛惜。”“先总理痛恨满清政府‘宁赠友邦，莫与家奴’，在遗嘱上首先就说：‘国民革命其目的在求中国之自由平等。’希望孙氏温习一下父训。”李济深还说：“假定孙氏的哀求如愿以偿，将会发生怎样的结果呢？第一，中国人民深恶痛绝的内战势必延长；第二，真的挑起第三次世界大战，而中国成为国际战场；第三，类似八国联军入华的局面又出现于吾人之前。”“我们试想，已在奄奄一息的中国人民还能再受这般惨重的灾难吗？”“孙氏不是一个普通平民，他的谈话应该看作国民党政府的意旨。”

朱、梅接着又谈道：1947 年 11 月，在美国授意下，宋子文当了广东省主席，迫不及待地派人到香港来活动。向李济深提出组织“和平统一大同盟”，给李以主任名义，筹开“和平统一会议”，“请蒋暂避”“出国半年”。目的是“国共停战，听候处理”，并企图联合民主人士和西南诸省的地方势力，组成“西南大联合”，以配合南京政府，阻止革命的胜利。李济深断然拒绝外，并于 12 月 1 日函告冯玉祥，要他“注意美国政府对华动向，设法阻止阴谋之发展”。1948 年 4 月 9 日夜，美国政府也派官员游说冯玉祥，遭到冯的严词拒绝。

1948 年 3 月，宋子文离职。6 月，亲自到香港用电话约李济深面谈。当时，何香凝、谭平山、蔡廷锴、梅龚彬等民革主要领导同志都主张不予理会。但李想听听宋谈些什么，乃决定见面。会晤时，宋说出他之任广东省主席确是美国方面的意思。宋希望李能与他合作，疏通张发奎、余汉谋、薛岳、龙云等，以及原十九路军旧部和李宗仁、白崇禧、黄绍竑等桂系地方势力，在广东另组政府，重举中山旗帜，推翻蒋介石，由广东政府直接与中共谈判。谈到这里，李济深插入说：“宋子文的一番话，当时对部分民革同志有吸引力。我存心试宋一试，所以说，这么重大的国事，必须由宋先生先在广东释放一切民主人士，并使中共尹林平领导的湘粤赣纵队与留下的东江纵队进入适当的防区，作为交换条件，才谈得上。当时宋子文虽说可以考虑商量，但从此托病出国疗养，一无答复，遂不了了之。”“这样一来，宋的西洋镜也就被我戳穿了。”

我问：“去年春天从哈尔滨给任公的信收到没有？”李济深说：“此信收到后，在香港民革内部引起争议：有人认为接受共产党领导很重要；有人认为党派之间是平等的，没有什么谁领导谁的问题。”我又问：“任公您的意见呢？”李说：“我既下决心并来到了解放区，这一行动就表明了拥护由中国共产党来领导新中国。”并说：“其实，反帝反封建也好，一边倒、反对第三条道路也好，核心问题是接受共产党的领导。”“革命的三民主义虽与新民主主义原则是一致的，但要付诸实行，全国也要步调一致，显然这也要接受共产党的领导。”

李还笑着说：“我于行前曾接见法新社记者，答复他们的提问时就谈道：各民主党派与中共合作，是完全可能的。所谓中共将实行一党专政之说完全是一种恶意的挑拨。无论美国如何援助，也断乎救不了蒋政权崩溃之命运。”李又说：“我坚决告诉记者，中国将成为一个独立自主的国家。”并号召“南京的文武官员，只要他们能及时起义，有行动表现，我们都欢迎”。至于“一切妥协性的和谈都是绝不可能的”。

李还说：“我在离港之前应《华商报》邀请，写了一篇 1949 年元旦献词，讲道：人民革命已经获得决定的胜利，踏进了光明的大道。一切民主阵线的朋友，爱国人士，为建立一个民族独立、民主自由、民生幸福的新中国而奋斗。”李得意地说：“这篇文章是在去年12 月 20 日左右写的，在我称颂新中国的 10 天以后，蒋介石发表《元旦文告》，发出了‘个人进退，绝不萦怀’的哀号，竟然命中。”

李又说：“在我们离港前夕，何敬之派代表陈又新来港与本人及龙志舟见面，何表示不愿再帮蒋工作。我告以如能适时联合反蒋的同志反正起义，立功赎罪，将来不独可免为战犯，还可以参加新政协。若此着做不到亦应及早罢手，不要再做帮凶。”李笑笑说：“不论有人是否理解，民革不做策反工作瓦解蒋政权，将会引起更多人的不理解。”

李济深等一行在大连住了 3 天，1 月 11 日到达沈阳之后，李即与高岗见面，进行了礼节性的交谈。接着第一件事就是向李德全表示慰问，并与她单独谈话。继而又与谭平山、蔡廷锴分别谈话，进一步询问东北方面的情况。谭、蔡也建议：“任公既来此间，宜早些表示接受中共之领导。”并送阅在河北平山李家庄的民主人士符定一、周建人、韩兆鹗、翦伯赞、刘清扬、楚图南、田汉、胡愈之、沈兹九、严信民、杨刚、宦乡、吴晗、张曼筠、周颖、何惧等19 人于 1 月 7 日联名给我们发来的电报，电文中说：“民主人士对于国民党战犯求和，必须认清三点：一、养痈贻[遗]患，芟恶务尽。时至今日，革命必须贯彻到底，断不能重蹈辛亥革命与北伐战争之覆辙。二、薰莸不同器，汉贼不两立。人民民主专政，决不能容纳反动分子……务使人民阵线内部既无反动派立足之余地，亦无中间路线之可言。三、经纬万端，实有赖于群策群力，有赖于中国共产党的继续领导与团结所有忠于人民事业之党派团体及民主人士一致行动，通力合作，方可完成人民革命之大业。”并提议：“倘荷赞许，尚祈诸公率先发起联衔向国内外发表严正声明。”

1月11日，李济深将他在沈阳活动的日程征求我的意见。主要有：

1. 致毛主席等中共中央领导人电。

2. 随时与高岗等交换有关召开新政协的意见。

3. 复电李家庄的民主人士，并保持联系。

4. 联合民主人士发表对时局的声明。

5. 举行在沈阳的民革中委座谈会。

1月12日李致电毛主席、周副主席说：“济深于1月10日抵沈，诸承款待，至所感谢。贵党领导中国革命，路线正确，措施允当，洽符全国人民大众之需要，乃获今日之成就，无任钦佩。济深当秉承中山先生遗志，勉尽绵薄，为争取中国革命之彻底胜利而努力。”李电明确提出中国革命是中共领导的，这在民革历史上可以说是一个大转变。当晚就收到毛主席、周恩来热情洋溢的联名复电，表示欢迎。

1月14日，毛主席发表《关于时局的声明》，提出了与国民党和谈的八项条件：“1. 惩办战争罪犯；2. 废除伪宪法；3. 废除伪法统；4. 依据民主原则改编一切反动军队；5. 没收官僚资本；6. 改革土地制度；7. 废除卖国条约；8. 召开没有反动分子参加的政治协商会议，成立民主联合政府，接收南京国民党反动政府及其所属各级政府的一切权力。”

1月16日，李家庄民主人士又联名来电称：1. 毛主席所提的八条实为完成中国革命最低限度的先决条件；2. 坚决反对美、英、法等帝国主义国家借口调停为名，干涉中国内政。提议：请连同前电所陈意见，由诸公发起，联衔向国内外发表声明。李与大家研究后，当日复电“业经详细讨论，一致决议告国人文件”，“不日完成，当即电致就教，呈请签署”。

1月22日，李济深、沈钧儒、马叙伦、郭沫若、谭平山和我及李家庄的符定一、周建人等55人发表了题为《我们对时局的意见》的声明。这是一个具有深远历史意义的文件。在文件中，各民主党派领导人及无党派民主人士明确拥护中国共产党的领导，拥护中共中央真正的人民民主和平的八项条件。声明的发表，对我的感触颇深，想想李济深、何香凝选择接受中国共产党领导的道路，在民革同志中间做了多少艰苦细致的工作呀。声明对于民革标志着由与共产党合作，进入了接受中国共产党领导的多党合作的新时期。

1月27日，民革发表声明，拥护毛主席对于时局的主张及八项和谈条件，并强调：“革命必须进行到底，不可姑息养奸，致重蹈辛亥以来革命失败之覆辙。”特别是加强了对于中国革命的基本认识：“便是中国革命为国际反法西斯、反帝国主义运动之一环，而中国民族民主革命又以工农大众为主力。因之革命的三民主义必定与新民主主义同其内容，而反帝、反封建、反官僚资本（主义）斗争的进行，又必须在中国的无产阶级政党——中共领导之下，才有不再中途夭折的保证。”民革同志对中国革命的这一基本认识，实质上，它就是民革在新形势下的政治路线和行动纲领。李济深等一行北上之后，我们民革前进的步伐显然加快了许多。

（节选自朱学范著《我与民革四十年》，团结出版社1990年版）

上海解放前夕脱险经历

史　良*

1949 年 4、5 月间，全上海笼罩在白色恐怖之中，当时的沪杭警备总司令汤恩伯曾发出密令，要“不择任何手段，立即逮捕史良”。我被迫躲避到一个亲戚家里。当我到达那里的时候，发现墙壁上贴满了反动派的标语，写道：“一人不报，全家杀绝，一家不报，全里（里弄）杀绝。”美蒋特务真是恶毒已极！为了不给别人增加麻烦，住了几天以后，又换住到另一亲戚家里。我住在这家的二层楼上，对面正是国民党反动派一个区长的住宅。有一天，这位区长的鸽子飞到我这边来了，他到我住房来找鸽子，

---

* 史　良：时任中国人民救国会中央常委，民盟中央常委；系新政协筹备会代表，人民政协第一届全体会议代表；后曾任第五、六届全国人大常委会副委员长，第五届全国政协副主席，司法部部长，民盟中央主席。

我的行踪差些就被发现，赶紧搬家。在路上，为了避免查身份证的麻烦，加速了汽车的速度，在红绿灯的转换中冲来冲去，辗转好几个住处，才逃出了反动派的魔掌。1949 年 5 月上海解放前夕，国民党反动派的迫害和搜捕就变得更加疯狂了。5 月 10 日那天深夜 2 时许，国民党警备司令部突然出动吉普、卡车 3 辆，以 20 余名武装和便衣特务将我在上海的寓所团团围住，然后蜂拥入宅，大肆搜捕。当时我已躲到亲戚家中，特务就抓住我家一位老工友宋阿福，酷打逼供，随后又搜遍全宅，把全家大小人口，不管是厨师还是女佣，一律进行个别审问。毫无结果，只好留下几个武装人员把守住宅，以“守株待兔”。第二天，特务又来，将宅中人员再问一遍。到第三天，则对宅中人员轮流用刑，惨号之声，闻于街邻。13 日夜，司机阿宝入室被捕，经通夜酷刑，他说出我爱人陆殿栋之弟陆殿奎的地址。陆殿奎是商人，不问政治，但亦因而被捕。但由于绝少往来，虽经严讯而毫无所得。特务对他说，我们对你大嫂已监视 3 年了，现奉命来捕，却又不见，你若不招，我亦难以交代，只好对不起了。从此陆殿奎即入牢房。司机阿宝在严讯酷打之下又说出我姑母家的地址，于是姑父母荣宝礼夫妇随即被捕，关押在福开森路 20 号。其后连锁株连六七人，终于找到我的躲避地点，警备司令部武装特工人员星夜包围南市某宅。但我已在 10 分钟前得到消息转移他方。送信人尚未离去，身上搜出报信字条，当即被带走。

5 月 15 日，我的律师事务所田秘书被捕，她被移送到特务的秘密看守所，把手反绑到背后，吊在墙上，以皮带乱抽。打了一个多钟头后，因见田秘书始终未哭，特务说：厉害厉害！不愧为史良秘书，把她送去活埋。于是，田秘书被转移到南市某地执行处拘留室。她到那里以后才发现我们的亲戚朋友一大堆都关在那里，等候执行。拘留一天后得知黄炎培先生长子黄竞武烈士已于前一日遇难，系在夜阑人静时执行，执行时先用绳索勒死，然后埋入土中。由于同时等候执行的人太多，来不及按上述办法办理，而解放军已临近上海。拘留所长接到上司命令，改为用卡车装运投入黄浦江里淹死。田秘书等 7 人被装入一个卡车中，途中卡车损坏，停车修理之际，解放军先头部队已打进城里，枪声不绝，执行人员逃命四散，田秘书等始得幸免于难。我和我的爱人自离开那家亲戚以后又转移他处，一些人家已不敢收留，同时我亦不敢信赖关系不深的人家，只能到极为可靠的同志处，而这些同志本身亦在被监视中。正在踌躇之际，24 日晚忽睹国民党军纷纷溃退，夜半 11 时许解放军装甲车 11 辆已冲入霞飞路的交通大学附近，时我正挣扎于途，天已快亮了。

上海解放以后，我和宋庆龄大姐见了面，又和陈毅同志见了面。我们于胜利时刻相见之时，热泪盈眶，我和宋大姐相抱而泣，共享这胜利的欢欣。在市长的招待会上，陈毅同志以儒将风度讲了上海战役和这一胜利的重大意义，以及全国解放战争形势，还讲了党的城市政策。我激动得难以控制自己，竟说不出话来。

1948 年 4 月 30 日，中共发布“五一口号”，号召“各民主党派、各人民团体、各社会贤达迅速召开政治协商会议，讨论并实现召集人民代表大会，成立民主联合政府”。民盟和各民主党派立即通电中共中央和毛泽东主席，表示响应。其后民盟又发表声明，积极拥护。9 月，民盟中央领导人沈钧儒、章伯钧等应中共中央的邀请，与其他民主党派负责人一道进入东北解放区，共同筹备新政协。

1949 年 1 月，北平和平解放。民盟代表与各民主党派领导人及其他民主人士联名发表对时局的意见，郑重宣布接受中国共产党领导，与中国共产党共同建立民主联合政府。同年 3 月，民盟总部由香港迁回北京，成立中国民主同盟总部临时工作委员会，领导全盟工作。1949 年底，民盟总部正式建立。在这段时期里，民盟的主要工作是和各民主党派一道积极参加新政协的筹备工作。人们充分认识到，黑暗即将过去，光明即将到来。一个新民主主义的新中国即将诞生，整个世界都将注目这一出现在东方大地上的重大历史事件。我到达北京后，就立即投入新政协筹备工作中。当酝酿新政协委员名单时，周恩来副主席征求我的意见，我只提了一条：从总名单看，妇女太少了。周副主席同意我的看法，说以后要逐步增加，新中国的妇女地位提高了，必然会人才辈出。9 月 21 日，新政协开幕，我以民盟代表的身份和张澜、沈钧儒等一道参加了会议。10 月 1 日，中华人民共和国成立，我参加了中华人民共和国开国大典，毛泽东主席在典礼上宣布中国人民从此站立起来了。后来我回忆这次重大节日，写下了以下这段话：

> 中国人民从此站立起来了。这是中国人民向全世界的庄严宣告，帝国主义者讥笑我们是“东亚病夫”的时代已经一去不复返了。我以作为一个中国人而感到无比的骄傲，无比的自豪。

两个月后，人民救国会于 1949 年 12 月 10 日在北京饭店举行茶话会，招待在京委员和各民主党派人士，宣布救国会结束，发表了结束宣言。救国会之所以宣布结束，主要理由是它已在中国共产党领导下实现了自己的政治主张，完成了自己的历史使命。那时，毛泽东主席正在莫斯科访问。后来，他在完成了和斯大林的历史性会晤以后回到北京时，曾说，救国会的结束是不应该的。中国革命事业还要继续下去，救国会作为一个民主党派，任务并没有终结。现在回忆起来，这是件憾事。

（节选自史良著《史良自述》，中国文史出版社 1987 年版）

北上手记

叶圣陶 *

2 月 24 日　　星期四

午刻，柯灵作 [做] 东，为我人饯行。假座于蒋君超之寓所，他客多电影界中人，凡两席。饮威士忌，余饮颇多，至于入醉。与家宝谈话，不记所言为何，总之衷有所感，至于流泪。3 时返寓，入睡两小时许，醒来酒意少解。晚饭后至云彬家，向其夫人辞别，并别陈夫人。

2 月 25 日　　星期五

上午托徐云瑶将行李搬过海，送到大中华旅馆。午刻，我侪一

* 叶圣陶：时为上海开明书店《中学生》主编；系新政协筹备会代表，人民政协第一届全体会议代表；后曾任第六届全国政协副主席，教育部副部长，民进中央主席。

行人渡海，至上海餐馆，应徐铸成之招宴。3 时散，入大中华。此是一旧式旅馆，房间极局促，余与墨各据一小榻。彬然与振铎父女别居一室。夜 7 时，至六国饭店，应王芸生、萧乾之招饮，一日会餐两次，胃纳过饱，幸节饮，未至于醉。返寓就睡，市声与打牌声喧甚，不得安眠。

2 月 26 日　　星期六

除晨出购物外，竟日未出。以此行略带秘密性，防为人注意。行李以晚 6 时上轮船，而我等之旅舍又须更换。8 时，迁至大同旅馆。其陈设益简陋，然较静。曹禺与其邓小姐亦来居此，于是我人一群凡 8 人。

2 月 27 日　　星期日

在旅馆中无聊，且伏处不出，亦复使人生疑，余偶议打牌。与墨及云彬、彬然打 4 圈。

饭后，余入睡一时许。醒来而王芸生、徐铸成、赵超构、刘尊棋 4 人来会。四君亦此次同行者。诸人除余与彬然外，皆穿西服。而此行大部须冒充船员身份，改穿中式短服。此时皆改装，相视而笑。云彬冒充庶务员，独不改。余之身份被派为管舱员。女客则以搭客身份登轮。

3 时许，墨与郑、邓二小姐先由李君导引登轮。我辈则以夜 9 时许往。先行者 5 人方下电船，而巡警二人即来查问。余与芸生、铸成、振铎 4 人望见，疑有疏漏，即避不前进。既而巡警徐徐行去，我 4 人始下电船。询知系侦察所携物件，恐为走私。而所以启其疑，殆由于不伦不类之短服也。

电船驶向轮船，行一刻许而达。登轮，墨已住定八号房，两人上下床，颇为安适。惟今夕墨需与曹禺对调。余管舱员，自不能与女客同舱，而曹禺之职亦为管舱，亦不能与女客邓小姐同舱也。

11 时许，末一批朋友登轮。此次所有乘客皆往同一目的地，平日皆熟友，除以上所记及余 12 人外，一一记之。年较老者 6 人：陈叔通、马寅初、包达三、张䌹伯、柳亚子夫妇。又有张志让、沈体兰二位。吴全衡携其二子。外有包达三之女儿。外有小姐 3 位，皆往出席全国妇女大会者。总计男女老幼 27 人。历次载运北上之人，以此次为最多。

余夜眠甚酣。

2 月 28 日　　星期一

上午船不见开行，据人言此轮挂葡萄牙旗，而葡领事留难，尚未签证。

李君又来，一一告以应对之说辞，搭客宜如何说，船员宜如何说，恐海关人员查问。又嘱勿登甲板，以此是货轮，甲板上貌似旅客者众，恐致启疑。然至 11 时 50 分，轮竟开行，海关人员竟未来。如何交涉，抑或纳贿之效，未可知矣。

此行大可纪念，而航行须五六日，亦云长途。全系熟人，如乘专轮，尤为不易得。

开行历一小时，传言已出香港水警巡查之区域，可以不必戒备。于是登楼而观之。餐厅颇宽敞，其上层为吸烟室与燕坐间。午餐晚餐四菜一汤，尚可口。余等皆饮洋酒少许，恐所携不多，不够消费。

略有风浪，墨午饭后不舒，略呕吐，晚饭时即未进食。诸君谋每夕开晚会，亦庄亦谐，讨论与娱乐相兼，以消此旅中光阴。然晕船者殆居半数，恐未能每夕举行，人人入座也。余略感头晕，居然可以起坐进食，自以为异。

3月1日　星期二

竟日有不甚大之风浪。余尚可，墨则未起床，仅食面包两片，饼干数片而已。

余睡醒之余，补记前数日之日记于别纸。日记本寄存于船中秘处，由李君交去，今日检点，尚未查出，颇恐其遗失。缘上船之前，所有书籍、信件、字片、印章，凡足以表露其人本来身份者，皆自行李中取出，藏于秘处。设想之周，防备之密，至可佩服。然余之日记本若竟因此遗失，未免怅惜矣。

晚饭以后，举行第一次晚会。包达老谈蒋介石琐事。曹禺唱《李陵碑》《打渔杀家》，邓小姐唱《贵妃醉酒》，张季龙唱青衣，徐铸成唱老生，余皆不知其何戏。全衡与郑小姐唱民歌。轮及余说笑话，余以谜语代之。谜面为我们一批人乘此轮赶路，谜底为《庄子》篇名一。云彬猜中为《知北游》，“知”盖知识分子之简称也。云彬索奖品，要余作诗一首，并请柳亚老和之。继之为集体游戏数节而散。

此夕风浪较平，大家适然，惟墨仍偃卧未出席。余归寝后作诗，迄于深夜得一律，将以呈同舟诸公。

南运经时又北游，最欣同气与同舟。
翻身民众开新史，立国规模俟共谋。
篑土为山宁肯后，涓泉归海复何求。
不贤识小原其分，言志奚须故自羞。

3月2日　　星期三

晨起风平浪静，晴光满窗。云已近福州洋面。又知星期六即可舍舟登陆。

墨亦起来，早餐后坐顶舱中与诸友闲谈，意至舒适。余诗传观于众，颇承谬赞。柳亚老和作不久即成，兹录之。

栖息经年快壮游，敢言李郭附同舟。
万夫联臂成新国，一士哦诗见远谋。
渊默能持君自圣，光明在望我奚求。
卅年匡齐惭无补，镜里头颅只自羞。

陈叔老亦有和作，此老七十有四，兴复不浅。诗云：

奔赴新邦未是游，涉川惭说用为舟。
纵横扫荡妖氛靖，黾勉艰难国是谋。
总冀众生能解放，岂容小己各营求。
青年有责今方始，如我终蒙落后羞。

张季龙之和作继之而成，并录之。

开浪长风此壮游，八方贤俊喜同舟。
经纶首作三年计，衣食须为万众谋。
学运文潮黉沼起，奇才异技野田求。
衔泥聚土成丘陆，回顾平生不自羞。

（第三句谓恢复经济应首作三年计划，末句后改作“群力擎天漫自羞”。）

饭后睡两小时许。晚饭后仍为晚会。陈叔老谈民国成立时掌故。柳亚老谈民初革命，一以无民众基础，二以中山先生不能统御众人，当时无强有力之政党，故致徒有民国之招牌。云彬谈民十六以后，杨皙子[①]曾赞助中共，在沪多所救护，为前所未闻。继之，几位小姐唱歌。余与云彬合唱《天淡云闲》，此在余为破天荒，自然不合腔拍。邓小姐唱《刺虎》，颇不恶。谋全体合唱，无他歌可唱，仍唱《义勇军进行曲》，此犹是抗战时间之作也。9时过方散。

3月3日　　星期四

晨登楼厅眺望，海水渐浑，颇见帆船，云将近长江口。

10时开座谈会，题为“文化及一般社会如何推进新民主主义之实现”，张季龙为主席。在座诸人各发言，多有所见，惟皆不甚具体，亦无法作共通结论。12时散。

---

① 即杨度。

叔老为余谈袁世凯称帝，英国公使朱尔典实怂恿之。其后各省反对，朱尔典又劝袁氏取消帝制。日本与英国，对我外交往往相反，其公使日置益实不赞同袁氏为帝。今各种记载往往称日本助袁氏称帝，而不及英国，非真相也。余因谓叔老，此等事宜笔记之，流传于世，以见其真。

午饭时小饮。饭罢，与亚老闲谈颇久，然后归舱昼寝。醒来已4时矣。

晚饭后仍为晚会。叔老谈胡林翼以其母联络官文之妾，收为寄女，使官文不加钳制。包达老谈上海掌故。继之诸人唱歌。家宝则谈戏剧而推及其他，以为将来纪录影片必须尽量利用，乃可收社会教育之大效。次言一切文化成果，将来自宜普及于众，然不可仅止于此，又宜使之逐渐提高。其言可谓有心，大家称善。复各说笑话而散。

在舟中已 4 日，颇习惯矣。

3 月 4 日　　星期五

上午暖和而下午转寒。

10 时，开第二次座谈会。诸君就新闻事业发挥甚多，占一小时有半。其余 40 分钟谈及戏剧电影等。

午饭后睡一小时许。起来时云彬示以和韵诗，录之。

> 蒙叟寓言知北游，纵无风雨亦同舟。
> 大军应作渡江计，国是岂容筑室谋。
> 好向人民勤学习，更将真理细追求。

此行合有新收获，顽钝如余只自羞。

墨以明日将登陆，即整理箱箧之一部分。晚餐时仍饮酒，方志勇馈余与云彬之四瓶白兰地至此而罄。其间振铎亦出两瓶。共饮者凡 7 人。

7 时起开晚会，至 10 时而止。船上人员均来参加，兼以志别，兴致极好，甚为难得。歌唱甚多，不悉记。墨亦唱《唱春调》四句，则破天荒也。叔老谈甲午之役轶事，似亦未见记载。船员倪君谈其经历一事。倪某服务于招商局某轮，前二年由加尔各答返沪，途遇飓风。见一渔船已失其控制，驶近救之，则中无一人，殆已漂没，唯见大鱼满载，其长与一人或二三人等。舟人识为珍品，则藏之冷气间，抵沪售诸鱼市场商人。商人言上海已无制罐业，无所用之，若运至澳洲则至值钱，每尾可得数十美金。舟人与商人情商，勉强成交。逮卸货未半，管理虬江码头（此为军用码头）之军官责其不法，将吊销鱼商之执照。纳贿而后无事。而海关人员又来刁难，复纳贿焉。时天气甚热，已卸之 2/3，冰块全融，鱼已腐烂。卫生局知之，谓弃于黄浦江有妨饮用水之清洁，须载出吴淞口弃之。于是鱼商含泪载腐鱼往吴淞口。众闻此故事皆动容。

又有徐君谈抗战期间新四军自苏北渡江而南之经历，甚详尽。结论谓今日解放军已非昔比，渡江自不成问题。船上经理则致歉词，谓招待不周。实则此行饮食起居皆至舒适，即茶房服务之态度亦大异寻常，众皆心感，非徒口谢而已也。今夕晚会，人各自忘，情已交融，良不可多得。

叔老录示旧作二首，皆极浑成，愤慨甚深，录之。

日本投降枕上喜赋

海隅偷活髩加霜，八载何曾苦备尝。
未见会师下江汉，已传降表出扶桑。
明知后事纷难说，纵带惭颜喜欲狂。
似此兴亡近儿戏，始知史册半夸张。

秋热

事事年来反故常，秋行夏令太张皇。
已无多日犹为厉，不到穷时总是狂。
谚语有征嗟猛虎，烦冤谁诉让吟螀。
移时霰集须防冷，老去忧深苦昼长。

3月5日　星期六

昨夜风浪甚大，今晨墨遂不敢起床。

闻舟人言，昨夜遇国民党军舰盘问，因而故为改道，作向朝鲜行驶状，遂延迟行程一小时有余。午后船抵烟台。山前屋舍并列，防风堤卫护于港口。山头有积雪。候海关人员登舟，至3时后方来。傍码头已5时矣。

码头上已有军队及市府人员迎候，盖先接电报通知。诸人分乘汽车入市区，至一大屋。晤徐市长及贾参谋长。闻一大可喜消息，国民党之军舰重庆号起义，自上海开来烟台。首难者22人自书遗嘱，共誓必死，而竟成功，此于海军影响至大。徐贾二君态度极自然，无官僚风，初入解放区，即觉印象甚佳。席间饮张裕葡萄酒。

此间第二次解放仅4个月，前此为国民党军队占据一年又半个月。于此期间，葡萄产量锐减，鱼之产量亦然。大部洋房皆为拆毁作工事，充燃料。撤退之际，掳去青年及学生达2000人。

饭罢，徐市长询要否洗浴，余与云彬等4人应之。由人导至浴室，洗大池，甚痛快。

以汽车至宿所，乃一西人别墅，距市区较远。因恐国民党飞机来袭，故特指定此处。此屋近旁之别墅则俱拆毁，颓垣断壁，战事之象显然。余二人与家宝二人比屋，各一小室，原为仆人之居。余人则分居正屋。

10时就睡，一梦甚酣。

3月6日　星期日

晨起甚寒，海涛击岸有声。

华东军区3位特来烟迎接，今晨会见。一为郭子化，系鲁南老战士，近任调配粮秣，支援前线。一为匡亚明，谓与余相识，系从前景云里邻居，今任宣传工作。一不记其姓氏。3位为我们谈解放区种种情形，以及战争所以制胜之道，皆可听。就山东而言，去年之主要工作为救灾，今年之目标则为加紧生产，支援前线。

午刻自宿所乘汽车至聚餐所，途中遇空袭，高射枪炮齐发。此况已有好几年未遇，不意于此重逢。其实飞机仅一架，大概来自青岛，意欲侦察重庆号之踪迹者。未几即飞去。于是聚餐，又畅饮葡萄酒。

饭罢，与诸友巡行街市。店家大多闭门，如元旦景象。询之则谓消费者多离去，故市况未能遽尔恢复。烟市人口最多时将近20万，今仅10万有余耳。彬然谓以前之繁荣系建筑在剥削关系上，今此关系已打破，当然萧条。此后生产发展，重进繁荣，乃真繁荣矣。其言甚确。

回宿所休息。6时，至某戏院，赴烟市党政军民之欢迎会。全院满座。我辈居池座，为被欢迎者。先由徐中天市长郭子化秘书长致辞，我人由叔老、亚老、絧老3位演说。于是开戏，演《四杰村》《群英会》两出，唱做皆不恶。演员一部为戏班中人，一部为部队中战士，有此成绩，可称难得。10时后戏毕，于是至聚餐所会宴，明日行矣，以此为送别，我人深感受之不安。返宿所已过11时，颇疲惫矣。

日记本已由轮船上人送来，为之大慰。

郭子化系华东局之秘书长，为华东党方面之高级人员。

演戏者名胜利剧团第二大队平剧部。

3月7日　星期一

晨起早餐后，看军士为我人将行李装上卡车。至海滩闲步曝日，看包郑二小姐捡石子贝壳。

12时午餐，1时开车。车辆由郭老派定，余与墨与铎兄共乘一吉普。包达老原乘一小包车，而机件损坏，来我侪之车，于是铎兄换乘他车。达老有胃出血之旧病，故乘小包车，而终于不成，颇为愁虑。公路颇不佳，车颠簸殊甚。所经村落皆屋瓦，骡车运输时时可见。4时歇桃村，其地解放已将10年，土改已完成。村人脸色多红润，可见其生活不恶。5时复开车，一路见新修大桥数座。桥皆低平，意水涨时将溢出桥面。未修复之处，车涉小水而过。经此一带，想起“沮洳”二字。

直至9时，车始停歇，其地曰三李庄，距莱阳城30里。据闻莱阳近分为4县：曰莱东、莱西、莱西南、五龙。三李庄属莱西。晤一青年姜汝，25岁，小学毕业程度，从事青年工作将10年，聆其所谈，颇头头是道。余思共党从生活中教育人，实深得教育之精意。他日当将此意发挥之。即进晚餐，皆先派人在此预备，农村风味，亦自有致。诸人分宿于农家，余与墨宿一李姓家，睡一土炕，甚宽。天气虽寒，自携铺盖较充，竟夜温暖。

3月8日　星期二

晨闻达老昨夜果吐血，共感愁虑。渠亦颓唐，自叹身子不好，欲返烟，或暂留于此。众以为皆不妥，总需设法顺利前进。

询知党军政各机关现皆散居周围20里之农村中，莱阳城反而弃置不用。盖城中多残破，又恐遭空袭。上午，各机关人员来者颇多，闻郭老一一介绍，惜不能记忆。彼辈均善于谈话，有问必答，态度亲切，言辞朴质。

风甚肆。距此一里许之村庄中开“三八”妇女大会，余与尊棋、体兰及同行之妇女数人往参加。先至一党务人员薛姓之宿所，其人颇风雅，壁悬陈师曾之对联，何子贞之屏条，皆收购者。又有印刷品书画集数箱。出城子崖出土之黑陶一具相示，上有文字，与殷契相类。铎兄谓此物与龟甲文同时也。12时半开会，在一院子中，妇女200余人，多数为公务员，皆席地而坐。男子参加者不过十之一。余被拉致辞，略述蒋管区妇女近况。同来之邓女士亦发言，较余切实多多。继之为出席华东妇女大会之代表作报告，甚长，运用新词语已颇纯熟。察听众神色有兴者不少，皆疾书作笔记。但木然枯坐者亦多。解放区开会多，闻一般人颇苦之，不知当前诸妇女中有以为苦者否。久坐受风，似难耐，乃中途退出，返三李庄。又与诸招待人员闲谈，杂记所闻。

军队中除作战外，每日必有一小时或两小时之学习，视为极重要事。

每一连中，每人每月可购书籍四十“配其”。全连集合，即可购许多册。其费用作正当报销。

团以下团长与士兵同等待遇，一切供应皆同。

夜间，在田野间举行欢迎会。阑地作舞台。我等居于台前，铺褥坐地，前设炕几，陈烟茶瓜子之类。其外围则士兵与村民，不详其数，约计之殆将 500 人，而寂静无哗。欢迎会仅郭老略说数语，无他噜苏。演剧凡四出，皆歌舞兼之，多采用旧形式。演员皆部队及政工人员，有男有女。一曰《拥护毛主席八项条件》，为花鼓戏之形式，而从集体演唱出之。二曰《交易公平》。三曰《积极生产》，皆叙解放军之优良传统，据云俱有事实根据。四曰《开荒》，则延安之旧作，亦系事实。亚老感动甚深，自动要求当众致词。余亦以为如此之戏，与实生活打成一片，有教育价值而不乏娱乐价值，实为别开途径之佳绩。而场中蓝天为幕，星月交辉，群坐其中，有如在戏场之感，此从来未有之经验也。且风势已弱，并不甚寒，尤为舒适。9 时半散，即返农家就寝。

3月9日　　星期三

晨早起，8时即开车。先在车旁全体照相，我侪与郭老等及当地人员皆在内。自烟台到三李庄200余里，三李庄到潍县则多约1/5，其准确里数，言人人殊。公路较前益坏，颠簸殊甚。午后一时歇于平度县，进午餐。2时再开行，我等所乘车抛锚修理，延搁一小时有余，到潍县已9时矣。宿于招待所，为一大院，如北京式。余与墨睡东屋。询知此间今称潍坊特别市，解放已一年有余。市长姓郭，副市长姓臧，为克家之本家。晚餐罢就寝，已12时矣。

达老铺厚褥于车中，卧而乘载，颠簸竟日，自云尚可。大家略为放心。

3月10日　　星期四

晨与墨往访叔老数人之居，在彼合影，进早餐。小米粥，大馒头，菜肴甚丰。于是应邀至电影院看电影。特为我人映一场。片系苏联产，叙空军中男女奋力击敌，殊不见佳。

散出已过午。众分两批。一批登城，观解放军攻入之遗迹。一批至图书馆。余隶后一批，由副市长臧君为导。馆在十笏园，系一私家花园，不记其何姓。有假山池亭，假山结构不恶，惟其石不类江浙所用之湖石。馆长陈君，为陈簠斋之孙。观藏书颇多，多数为丁氏所捐赠。新书则寥寥。铜器瓷器不多，然尚精。闻旧无图书馆，解放以后始创办。

2时至市政府，全府各局长列座茶叙，不免彼此致词。

3时进餐，餐毕，返宿舍整行李。休息未久，驰车赴车站。已预备卧车一节头等车一节在站，即先行上车。一行人连卫士在内不过六七十人，而用车两节，太宽舒矣。既而班车到站，两节车挂上，以 6 点 10 分开行。车中听云彬谈昆曲，铸成谈平剧，皆颇精。8 时许到青州市（益都）。下车，党政军方面多人已在站迎候，驱车入城，至招待所。其处原为教堂，屋颇宽敞，坐憩之顷，有如归之感。余不喜向人多所问询，听吴仲超君谈收藏保管文物之情形，头头是道，至为心折。诬共党者往往谓不要旧文化，安知其胜于笃旧文人多多耶。晚餐毕，各归指定之房间。系一大室，与墨各睡一榻。就寝已 12 时矣。

即以招待客人而言，秩序以有计划而井然。侍应员之服务亲切而周到，亦非以往所能想象。若在腐败环境之中，招待客人即为作弊自肥之好机会，决不能使客人心感至此也。

在潍县城内，见各家门首均有粉笔字或纸条书“街评三等”“街评二等”字样。初以为此乃对于其家人物之品评，询之臧君，乃知不然。此乃对于房屋之品评，据以定房捐者。由委员会先拟定标准，视其屋之建造年月、建造工程及使用价值而假定其等第，凡分九等。房主可以提意见，街坊亦可提意见，俟各无异议，始为评定。据云潍为大城，房主多以屋出租，故有房捐。其他城市类此者亦有之。小城及乡镇即不收房捐云。

到烟之翌日，同行之人各以美钞港币易人民币。余以港币十元易得北海券 48000 元。北海券者，今认为辅币，正币为人民银行所发行，称人民券。人民券一元等于北海券百元。其与外币总换之比率是否各地一律，尚未之知。——此为使用人民券之始，特补记之。

3 月 11 日　　星期五

晨起闻飞机声。时有一架飞过。昨夜就寝后亦闻之。据云此为青岛太原间之运输机。太原尚未下，接济全恃空运。其运回者，或为日本兵。阎锡山畜有日本兵 30000 人，为其抵拒解放军之本钱。11 时后，与彬然出门散步。房屋多坍塌毁坏，街上行人极少，此地经拉锯战多次，损坏重矣。城内多麦田，麦苗尚短。出南门，城墙颇厚实，门框高而深，过于吾苏。反身而行，见一天主堂，钟楼两座高耸，建构颇好。其中已无教士，现居军队。返舍进餐。

2 时，驱车至孟家村，距城 25 里。华东党政军各机关俱在此村及其周围。所谓华东，包括山东、江苏、浙江、福建、安徽五省。然则此间诸村庄，其重要性可知矣。先为茶叙，各机关高级人员俱到，个别谈话，答问惟求其详。4 时又为盛宴，菜多酒多，吾人虽尚饱，亦不得不勉力进之。6 时，入大会堂。此堂系木构草屋，通十大间，有舞台。座中已满，料想当是各机关中下级人员，约计之，殆将 500 人。此为华东正式之欢迎会。先由两位致欢迎词。来客相继被邀登台演说者凡八人。余致词谓来解放区后，始见具有伟大力量之人民，始见尽职奉公之军人与官吏。其所以致此，则由此次解放战争实为最大规模之教育功课，所有之人皆从其中改变气质，翻过身来，获得新的人生观也。此意尚未想得周全，他日当为文表达之。

将近 9 时，始为游艺。演平剧四出，《空城计》《三岔口》《御碑亭》《芦花荡》。演毕已 12 点半。演员为投降军官与其夫人，亦有部队中军官与士兵，彼辈亦属于胜利剧团，不详其为第几大队也。《三岔口》打工甚好。《御碑亭》中之青衣为投降军官中之高级者，唱做俱佳，铸成颇致赞赏。《芦花荡》之张飞亦佳。驱车返寓，进点心即睡，已 2 点矣。

马寅老见王有道休妻，恶其思想荒谬，不尊重女性，不欲复观，先行返寓。此老看戏而认真，亦复有趣。

3 月 12 日　　星期六

8 时起身。进早餐后，有两位女医士来问身体有无不舒适处。

前日托匡亚明，请与苏北通信，打听三官近况，嘱三官寄信到北平。昨知已特为发出电报。此间办事迅速而周到，即此可见。

11 时，参观附近之托儿所。儿童自不足两岁至四五岁，凡 85 人，皆工作人员之子女，父母俱出外任事者。一切皆由公家供给，幼儿每两人共一保姆，较大者则 4 人共一保姆。每日并点心进食 5 次，我人到时方第二次进食。食品为馒头与小米粥。观儿童脸色，多红润而肥胖。唯衣服不甚清洁。然庭中方曝晒被褥多条，卧榻之上，被褥亦整洁。卧榻为木板，以大砖支之。每榻睡二儿。儿童较大，则送入保育小学。此虽一鳞一爪，已可概见。夫妇二人从事工作，子女不复需照顾，而托儿所之照顾殊不坏，其能专心于工作可知矣。据云此处成立不久，设备不周。不久将迁往济南，当可有进。

饭后 2 时，乘车出发，至城北 40 里外某庄，观军官教导团。风扬黄土，满身俱沾。教导团者，收容投降军官之所。蒋军投降军官总数在 10000 以上，华东之团共 14 分团，我人参观者为 14 分团之一。在一堡寨之中，分组而居，多为将校级之人。邀十余人与我人对坐谈话，其中最著名者为王耀武，此外多为军长参谋长，余不能记其名。王耀武先发言，自谓始臻光明正路，知忠于一人之非。又谓在此学习，读书讨论，大有兴味。又谓此间待遇甚优，颇为感激。另一人谈此间生活情形，颇切实。以余观之，待遇被解放军官以最厚之友谊，此为最有效力之一点。所谓宽大政策之道，于此见之。复参观其宿所。一切生活方面之劳动，各自为之。此辈在蒋管区，固莫非婢仆侍奉之特殊人物也。6时半返寓。晚饭后，听刘组织部长谈王耀武失守济南及被俘之经过。又谈其他两人之被俘经过，皆富于戏剧性。余询以处理俘虏情形。承告士兵大部施以教育，编入部队。所谓教育，先与阐明为谁打仗，又发动诉苦运动，令各自诉其家世代所受痛苦。经此之后，大多觉醒，本为被动之人，今成自动之兵。在战争紧急之际，亦有不多教育，即令作战者。其老弱疾病之人，则遣令回乡。至于军官，尉级者多送入军政大学。此辈已有军事知识，重在令习政治知识，毕业之后即入部队。解放战争胜利，得力于一部分兵士军官之补充者甚多。校级将级者则送入教导团，令自为学习，调查研究，撰写报告，颇类大学研究生。毕业后大部遣回。若王耀武之辈，今时所不能放心者，唯恐将来民众控诉，指为战犯，要求审判。此间诸首长时时加以宽慰，渠稍放心。以后若无人提出，渠即可为自由之人。

10时就寝，在此数日间为甚早矣。

3月13日　　星期日

上午，两女医士又来问，余以无他疾病，请量血压，知为120，稍见其低。按标准当为90加年龄数，则当为146。据云血压稍低无所谓，其原因或是疲劳之故。

饭后搬行李，先上卡车，将卡车装上火车。

3时许，将俘获之杜聿明送来与我侪谈话。杜名已列入战犯，故加脚镣。颜色红润，服装整洁，殊不类阶下囚。诸君发问，渠皆言不知其详。亚老、絅老愤甚，发言叱骂一顿，渠笑而受之。一般印象，渠或亦知必将判罪，故态度与王耀武不同。王因希望能得安然释放也。

4时，早进晚餐，诸首长俱来陪饮，干杯屡屡。5时，驰车至火车站，按指定之号数入卧车，余两人与振铎父女同一室。7时许开车，郭老直至此时下车，握手而别，共道大军渡江在即，江南相见。

余以9时就寝，和衣而卧，不设被褥，以免麻烦。车行甚缓，缘铁路修复未久。余居然入睡甚酣。曾夜醒数次。有一次车突然而停，继闻飞机声，殆恐其空袭。4时到济南站。

3月14日　星期一

6时下车，市长姚君及各部人员在站迎候。驱车至商埠区，歇于招待所。

初晤赵俪生，渠在华北大学做研究工作，近将回开封中原大学。承告北平解放之后，对知识分子之教育颇感困难。余与铎兄闻教员俱拟令受政治训练，以为殊可不必。前此数日，叔老曾谈及，凡国民党之所为，令人头痛者，皆宜反其道而行之，否则即引人反感。而令人受训，正是国民党令人头痛者也。

济南各方面负责人员多初不相识而曾闻其名者，不能悉记。

进早餐后，承导游大明湖，望如水田，亦甚平常。因《老残游记》之吹嘘，似觉有味。继至湖旁之图书馆，有卉木山石。观所藏石刻铜像。于是至趵突泉，泉翻涌甚有趣。细察之池底随处起泡，视西湖玉泉之珍珠泉，水泡多且大。自来水公司之水源即取给于此。继至广智院，观博物馆。此是传教西人所设，积储已久，就通俗意义而言，可谓应有尽有。又至华东大学，在齐鲁大学原址。齐鲁校舍广多，花木遍植，大似成都华西坝。今大部分师生逃亡于蒋管区，留此上课者仅百余人耳。华东大学即借其处。云有学生近千人，分教育、社会科学、文学三系，又有研究部。实为一干部训练班，非正规之大学。就学者常为小组讨论，殊少教室听讲，以桌椅缺少，仅有一大教室而已。校长韦捧丹，前曾在商务编译所任事，余闻名而初见，为笃实之士，略谈片刻。

返招待所进午餐。饭后开座谈会，各人问攻下济南经过，及接收济南后之处理方法，由党政各位答复甚详。

4 时登火车，徐徐开行，经数小站而至桑梓店，已入暮矣。自此至沧州 400 余里，铁路尚未修复，须至下月初方能通车。一路见路旁积储粮秣甚多，又见南行火车载炮车及马匹，云是东北方面入关者。此皆渡江之准备也。我人火车上所携汽车悉落地，分配乘载，夜 8 时始开行。一路颠簸殊甚，手足并须用力，乃大疲劳。初尝迷路，找不到公路，走冤枉路不少。然月色甚佳，空气不太寒，夜行经验，亦复有趣。在临邑打尖，已过 12 时。复开车到德州，天方微明。

3 月 15 日　　星期二

至招待所，进油条豆浆，即就寝。醒来已 11 时。云彬等已购得德州烧鸡，分饮所携白干，余即加入。酒罢共谈日来之感想，皆希望中共作得美好，为新中国立不拔之基。

下午3时，正副市长设宴款待。地方较朴，饮食亦差，唯烧鸡两大盘极可口。梨绝佳，鲜嫩爽口。询居民人数，云不过20000耳。

餐罢，余独出洗澡。黄土为屋，行人稀少，有寥落之感。出西门，入清华池。设备不逮上海之三等浴室。然入汤一泡，亦感松爽。步月返寓，尚不到8时，而墨已着急，卫护人员已派人寻找矣。以明日须早行，早睡。

3月16日　　星期三

晨以8时开车。余所乘车不久即坏，几经修理，而迄不见效。遂将全车之人分配于他车，余坐行李车之司机台。风狂肆，卷黄土而驰，遂迷失前路，车行不能快。午后2时许在东光打尖，与诸酒友小饮，进面食。4时复行。一路见军民赶修铁路。每大车一辆载铁轨一条。其枕木电杆，云皆自关外运来。观其涵洞，似不结实。殆以军事之急需，工程只能从简，将来自当更求坚实。夜8时半到沧州。有电灯，市面似较德州繁荣多多。先至招待所。知天津已开来专车，即于火车上宿，仍与振铎父女同室。进夜餐于餐车。入睡已过12时矣。

解放军以刻苦为一大特点。而招待我人如此隆重，款以彼所从不享用之物品与设备，有心人反感其不安。

3月17日　　星期四

晨起甚早，亚老示以二绝。昨夕在车站等候较久，亚老向招待人员发脾气，既而悔之，遂作二绝。其一云：

驱车寅夜入沧州，风露中宵动旅愁。
蛇影杯弓疑过敏，如虹剑气浩难收。

其二云：

谩骂灌夫原失态，数奇李广不成名。
水心两字能箴我，克己终怜负友生。

竟日在车中闲坐漫谈。入夜，自石家庄来之人上车，晤杨之华、邓颖超。之华已20余年不见，渐渐老矣。略谈其历年经历。9时就寝。车以10时许开，行驶甚慢，晨5时许到天津。

3月18日　　星期五

北平方面有3人来迎，只记其一为连贯，车停天津一时有余，遂开行。此一段为双轨，行驶颇速。10时许到北平。候于车站者数十人，中有北平市长叶剑英。此外大半为熟友，皆所谓民主人士，不能一一记其名。唯愈之已10余年不见，且曾有海外东坡之谣传，乍见之际，欢自心发。

驱车至六国饭店，特赁此为我人之宿所。余与墨住135号房间。服用至舒适，为夙所未享。虽主人过分厚意，实觉居之不安。进午餐后，先到之诸友相继来访。诸友居于北京饭店，其规模亦如六国。客稍稀，洗浴沐头，竟体松爽。芷芬旋来，谈别后一切。知余所撰《小学国语》近为此间采用，而同业颇存妒意。3时后，随芷芬至北平分店，访王稚圃、李统汉诸君。谈次略知平市情况。6

时，在店中聚饮，畅谈甚欢。7时后返寓。早睡。但被褥太暖，进食太饱，未得美睡。

3月19日　　星期六

上午仍有客来，皆握手未坐而去。10时，至北京饭店回访诸友，即于雁冰所久坐。承告此间文教方面之大概情形。即在北京饭店午餐。

下午晤周扬，谈组织全国文艺界协会事。世界各国方拟召开世界和平大会，文艺界亦将推代表往参加。3时，由雁冰夫人导我两人巡行街市，观东安市场，购冰糖葫芦而归。

傍晚，叶剑英、罗迈、齐燕铭、连贯诸君为我侪洗尘。叶演说谓行百里者半九十，今后军事政治之胜利，其获致尚相当艰苦。即一切反动势力俱已铲除，犹如辟一平地，其一切建设亦非容易，贵乎大家之努力合作。其说甚精当。宴两小时而毕。

稚圃、统汉、芷芬3位来访，谈至9时许而去。

3月20日　　星期日

早起见飘雪，地上屋上略有积雪。9时许，与墨访平伯夫妇。多年不见，共叹老苍。其尊人方患气管炎，年已八十有二，颇为可虑。承示新作长诗，记北平围城时之事，携归读之。

饭后偕铎兄访赵万里，由赵陪同访介泉于红楼，未晤。遂访孟实、从文。从文近来精神失常，意颇怜之。杂谈一切，5时始辞出。

至北京饭店，罗迈、周扬二位招待同人，谈响应世界和平大会之事。结果主多发宣言。至9时始毕，实则其事至简单，不需费如许唇舌也。

复开文协理监事会，准备与华北文协开联席会，筹备全国文艺界协会。又是两小时，余疲甚。

3月21日　　星期一

上午未外出。饭后一时，与墨随诸君乘大汽车至西郊，先访清华。至佩弦夫人家，观佩弦书室，物在人亡，几欲陨涕。既而至会客室，晤清华教授十余人。与江清谈佩弦遗集出版事。于是至燕京，校长陆志韦教授数十人会于客室，一一握手道姓字。旋为茶叙。5时归。

夜7时，200余人会于一堂，听罗迈谈话。分为4点：一、解放军制胜之由（在于土改），二、关于和谈，三、关于新政协，四、共产党人待人处事之态度。其言至亲切，余极为满意。10时散。兀坐将近3小时，又大疲。

3月22日　　星期二

许昂若来谈，与同饮于云彬室中。共谓我人历经艰危，而今日犹得在此饮白酒吃花生米，未尝不可慰。昂若在沪，为特务人员监视，前后门各有一怀枪之人，历时半月，居然能溜走到香港，亦为幸事。

午前，董老来访，渠方自石家庄来。午后，晤曹葆华，一别10年矣。渠久居延安，自习俄文，翻译理论书籍，于其前所嗜之新体诗，不复有兴趣矣。谦和朴实，大有延安风度。

4时，与墨步行至前门。墨购果饼而归。

出席教师联合会筹备会之国文教学组。晤国文教师五六十人。讲一小时，皆余常常谈及之一套。晚饭后，文协理监事与华北文协理事开联席会议，决定筹备中华全国文学艺术工作者代表大会。推出筹备委员多人。又推出出席世界和平大会文艺方面之代表，计12人，沫若、振铎、田汉、洪深、家宝等俱在内。9时半散。

3月23日　　星期三

10时至北京饭店，出席学术工作者协会之理事会。余前未参加此会，而在上海曾被举云。其一议题亦为推举出国代表，推出邓初民、马寅初、翦伯赞、侯外庐四人。会散，至雁冰室中小坐。雁冰仍患感冒。

与墨偕云彬、振铎至东安市场附近，入一餐馆，饮酒进面食。于是余独访介泉于红楼，遇之。介泉谈解放后观感，甚感满意。一谈至6时，共饮于隆福寺街灶温饭店。且饮且谈，直至9时。今夕最为畅适。

3月24日　　星期四

上午，张云波、丁易、叶苍岑3位来访。彼辈皆在师大，丁易兼为军管会驻师大之代表，犹如吴辰伯之于清华也。

饭后2时，墨往怀仁堂，全国妇女代表大会今日开幕，渠往旁听。余与云彬、彬然至王府井凤凰厅听大鼓书。并非全系唱书，亦有杂耍，唱有三数人尚佳。到北京饭店晚餐。

出席文代筹备会，推定常务7人，余在内，加推筹备员六人，共37人。即此简单事，亦费两小时有余。

3月25日　星期五

上午愈之来谈，颇广余之闻知。初晤李广田，握手甚欢。

午后1时半，六国饭店之大厅中举行茶会，初未知何事，及坐齐，始知中共中央今日迁来北平，毛先生与其诸同志将检阅军队，此间诸客谋有所表示。众决定出郊欢迎。于是驱车出西郊，抵飞机场，沿途戒备甚严，军队已排列于场周。各界来集者无算。候至5点许，毛先生一行到达，军乐与口号齐作。少数代表与诸君握手，余不能一一记忆，唯周恩来为旧相识耳。于是诸君登车，绕场徐徐而行。所见军容军械甚盛，军械大多系国民党送来之美式装备也。

入城返寓已7时。街上售号外，报告此举。此诚意义深长之大事也。

（节选自叶圣陶著《叶圣陶日记》，商务印书馆2018年版。原标题为《北上日记》）

接送民主人士来解放区参加新政协

童小鹏 *

“五一”号召发出后，新政协的整个筹备工作就在周恩来的亲自领导之下开始了。中央城工部负责同上海、香港地下党组织保持秘密电台联系。（1948 年）7 月底到 8 月初，周恩来致电上海、香港党组织和华北局，准备安全接送沪、港、平、津的民主人士和党员到解放区。9 月 26 日，中央为了适应统战工作需要，决定将中央城市工作部改称为中央统一战线工作部，部长李维汉，副部长高文华，秘书长齐燕铭，我为副秘书长。首要任务是协助中央做好召开新政协会议的具体工作，组织接送各民主党派、无党派人士及各界知名代表到解放区。李维汉部长给统战部同志开了个会，说明

* 童小鹏：时任中共中央统战部副秘书长、周恩来秘书；后曾任中共中央统战部副部长，全国政协常委。

召开新政协会议的重大意义，动员大家以艰苦奋斗、克服困难的延安精神，完成党中央交给的光荣的政治任务。会后，大家就紧急动员起来，分别投入紧张的筹备新政协的工作：齐燕铭负责民主人士的政治联络和协商工作，章汉夫、于刚等也参加了这项工作。李维汉分别同民主人士交谈，并组织集体讨论。统战部随时把民主人士对新政协的意见向周恩来和中央反映，重要问题都及时向中央请示报告。周子健是总务处长，负责解决民主人士的吃住问题，伙食都按中央机关小灶标准供给；住房除了挤出较好的民房外，还请当地工匠利用空地或旧房基盖起了几栋土木结构的平房，砌上土炕，再配上木制家具。这种居住条件虽然很简陋，但在李家庄算是最高级的了。从上海、北平来的民主人士看到他们的居住条件比李维汉部长还好，对共产党的优待感到过意不去。另外，在石家庄建立交际处，以原陕甘宁边区政府交际处为基础，增加一些干部，由金城、申伯纯负责。民主人士到来，先给予热情招待，然后用吉普车转送李家庄；我除分管行政工作外，主要是负责同上海、香港等地地下党组织的秘密无线电台联络，保证及时、准确传达中央的指示并向中央报送收到的电报。因为收发电报多在深夜，要及时处理，电台离驻地又远，译电员就用我炕头的手摇电话机同电台收转电报码子。所以，常常是深夜不眠。

正在我们紧张工作的时候，蒋介石于10月下旬飞抵北平，想乘我华北主力部队在察哈尔、绥远地区作战之机，命令傅作义指挥两个军从保定突袭石家庄，威胁我党中央的安全。党中央及时得到北平地下党的准确情报后，周恩来亲自部署人民解放军准备反击，并于27日凌晨4时半、6时、7时三次写信给毛泽东，汇报我军部署情况。周恩来指挥解放战争已经够忙了：9月，他敦促国民党整编第九十六军军长吴化文在济南起义。10月17日，在获悉国民党第一兵团副司令兼第六十军军长曾泽生在长春率部起义后，周恩来向毛泽东等介绍国民党军东北“剿总”副司令兼第一兵团司令郑洞国的情况，说明“在目前情况下，争取其起义，则对整个黄埔系军队的影响当会很大”。毛泽东赞成这一分析，随即电告中共中央东北局并林彪、罗荣桓，指出对郑“可努力争取之”。18日，他又写信给郑洞国，敦促其起义，投向人民。19日，郑洞国在长春放下武器，促使辽沈战役迅速胜利结束。而今，得悉华北敌军企图偷袭石家庄，周恩来一面为中央军委起草命令紧急调动部队，准备集中主力将进犯的敌军各个击破，一面对中央机关布置了周密的紧急疏散措施，除少数老弱病号和儿童疏散到后方外，党中央和军委机关照常工作。敌军袭来，遭到我军迎头痛击，被歼3000多人，才知道我方早有准备，遂令后撤，蒋介石偷袭石家庄的阴谋就此破产。

1948年8月1日，毛泽东复电给集中在香港的民主人士，对他们赞同召开新政协表示钦佩，并提出“关于召集此项会议的时机、地点、何人召集、参加会议者的范围以及会议应讨论的问题等项，希望诸先生及全国各界民主人士共同研讨，并以卓见见示”。从这个时候开始，筹备新政协会议就成为我党一项重大的政治任务摆在紧迫的议事日程上了。

如何把滞留香港的民主人士安全地接到解放区来共同商议召开新政协？周恩来曾试探开辟自欧洲到苏联再转走哈尔滨的路线，但未能在短期内打通。同年初秋，周恩来曾经电告在香港的潘汉年设法与港方交涉。潘汉年通过民主同盟的萨空了，去找香港当局指定与中共中央及民主党派联系的香港大学校长施乐斯。施乐斯对民主党派主要负责人李济深、沈钧儒要从香港去伦敦转经苏联到中国东北解放区一事请示港督，港督表示对这件事做不了主，他要请示伦敦英国政府，且要较长的时间才能答复。施乐斯语意搪塞，态度敷衍。因此，周恩来决定在港民主人士不走这条路线，改走香港到大连或朝鲜罗津等航道，来完成迎接民主人士到解放区这项重要又机密的任务。12 月，施乐斯才转告伦敦的意见说，不发护照但可给一纸证明身份的文件，离开伦敦时还可以保护。可是伦敦回话时，我们已经安全地迎接了两批民主人士到达解放区了。

早在 8 月 2 日，周恩来致电在大连工作的钱之光，要他以解放区救济总署特派员名义尽快去香港，配合香港分局负责接送在港的民主人士。钱之光到港后，住在铜锣湾希云街 27 号，就和香港分局方方、潘汉年、章汉夫、连贯、夏衍等共同把民主人士北上的接送任务紧张又审慎地开展起来。

9 月 20 日，周恩来拟定了邀请从港、沪和长江以南各地前来解放区商讨召开新政协的各民主党派、无党派人士 77 人的名单，其中有李济深、蔡廷锴、张澜、沈钧儒、谭平山、章伯钧、郭沫若、黄炎培、马叙伦、何香凝、史良等著名人士。同时，他又起草发出中央致香港分局并钱之光和上海局刘晓、刘长胜的电报，征询对名单的意见，还指出，各方人士于今冬明春全部进入解放区方为适宜。“北来人士，拟先集中哈尔滨招待商谈；华北民主人士如直接进入解放区，则集中华北。视战事发展，明春或来华北或即在哈市召开新政协。”

根据周恩来的指示，对民主人士的接送要绝对保密，保证安全，做到万无一失。钱之光和方方、潘汉年等作了仔细周密研究，为了不引人注目，决定分批秘密接送，由同民主人士保持联系的香港分局、香港工委以及其他党内同志分别联络。为了保证旅途安全，商定每次都由负责同志陪同下船，并派出熟悉旅途情况的同志随船护送。在联和公司工作的杨琳、袁超俊、刘恕，在中华贸易公司工作的祝华、王华生、徐德明，都参加了护送工作。从 1948 年 9 月到 1949 年 3 月，先后接送了 4 批在港的民主人士安全抵达解放区。第一批北上的民主人士沈钧儒、谭平山、蔡廷锴、章伯钧等，由祝华、徐德明随船护送，于 9 月 29 日安抵哈尔滨，中央派李富春专程迎接。因为这一批都是知名度很高的重要人物，钱之光在接送工作准备完成后，立即向中央作了报告。周恩来复电同意了行动计划，并指示“这是第一批，出发后有什么情况要随时报告”。10 月 3 日，沈钧儒等到达哈尔滨的第四天，毛泽东、朱德、周恩来致电欢迎他们安抵东北解放区，并告知准备于 1949 年适当时机举行新政协会议。

第二批北上民主人士搭乘的是一艘挂挪威旗的轮船，10 月底才送走。他们中有郭沫若、马叙伦、许广平母子、陈其尤、沙千里、[①]翦伯赞、宦乡、曹孟君、韩练成、冯裕芳（冯 12 月 27 日在沈阳病逝）等人，由连贯陪同，王华生随船护送。这艘船在航行途中，许广平的儿子周海婴用自己装的收音机收到新华社播发的沈阳解放消息，大家听了都很高兴，在船上开了一个热烈的庆祝会，郭沫若、曹孟君表演了节目，有的唱歌跳舞，有的朗诵诗作，充满胜利的欢

① 据有关资料，沙千里系乘另外船只北上，此处属于作者误记。——编者注

乐。他们的船驶至大连、安东（今丹东）间的大东沟海面抛锚停航，改乘小船上岸，东北局负责同志去安东迎接，他们经安东转赴哈尔滨。

第三批北上的民主人士有李济深、朱蕴山、茅盾夫妇、章乃器、彭泽民、邓初民、洪深、施复亮、梅龚彬、孙起孟等 30 多人，是人数最多的一批，由李嘉人陪同，徐德明随船护送，于 12 月 26 日晚上乘“阿尔丹”号轮离港，1949 年 1 月 7 日到达大连，中共中央派李富春、张闻天专程到大连迎接。

李济深等这批民主人士离港之前，周恩来曾经电示钱之光和在大连的冯铉、刘昂说：“已经走了两批人员，很可能引起外界的注意，这次行动要更加谨慎。”钱之光等根据周恩来的电示更加精心、谨慎行事，对这批北上的民主人士穿戴也煞费苦心，有的西服革履，扮成经理模样；有的则是长袍马褂或是普通便服，化装成到东北做生意的商人，口袋里还装有货单准备应付检查。在这批上船的民主人士中，李济深是位很有影响的人士。可他秘密地离港走了，连香港当局政治部也不知道。李济深走了几天，该政治部主任亲自找到民革的副秘书长吕集义，责问说：“李先生这样一个有影响的人物离开香港，你们为何事先不告诉我们，叫我们怎样交代？”话语不无责怨。可是，李济深没几天就安抵大连了。

第四批民主人士是 1949 年 3 月 14 日从香港出发，在天津上岸，董必武、李维汉、齐燕铭等前往火车站迎接。这次北上的有黄炎培、姚维钧、盛丕华和他的儿子盛康年，还有俞寰澄等人，由刘恕护送。他们于 3 月 25 日到达解放了的北平。至此，香港分局、香港工委和钱之光等同志根据中共中央的指示精神和周恩来的亲自部署，接送在港的民主党派代表人物和著名的进步爱国人士进入解放区参加新政协筹备工作的重要使命，便按期胜利地完成了。

周恩来在部署迎接在港的民主人士北上的同时，也部署迎接上海、北平、天津的民主人士到中央统战部驻地的李家庄。主要路线是：在上海的，秘密经苏北或山东转石家庄；在北平、天津的，经华北局城工部的秘密交通站沧州南边的泊头镇转往石家庄，由设在石家庄的交际处转送到中央统战部所在地李家庄。

1948 年 8 月，当时的城工部就开始接待工作，到 11 月底，由平、津、沪、西安等地来到李家庄的民主人士有毛泽东的老师符定一和胡愈之、沈兹九、吴晗、周新民、刘清扬、严信民、韩兆鹗、何惧等。而后又来了周建人、雷洁琼、楚图南、田汉、安娥、杨刚、张曼筠、周颖以及上海工人代表朱俊欣等。中央统战部热情接待后，同他们个别交换意见，举行时事座谈会，讨论国际国内形势，座谈周恩来起草的《关于召开新的政治协商会议诸问题（草案）》和统战部起草经周恩来批准的《新的政治协商会议筹备会组织条例（草案）》。

10 月 8 日，周恩来电告东北局组织已到或将到哈尔滨的民主人士沈钧儒、谭平山、章伯钧、蔡廷锴、王绍鏊、朱学范、李德全等举行座谈，征求意见，以达到沟通思想、统一思想认识的目的。11 月 21 日、23 日，东北局高岗、李富春组织了两次座谈会，邀请民主人士座谈两个《草案》。30 日，周恩来起草中共中央致香港分局电，将两个《草案》转告尚在香港的民革李济深、何香凝，民盟周新民，农工民主党彭泽民，民建章乃器、孙起孟等人，征询他们的意见。经过多次电报往返，反复协商，于 11 月 25 日，我党代表高岗、李富春与在哈尔滨的民主人士对新政协会议的召集、参加者、时间、地点、讨论事项等问题达成了如下协议：新政协筹备会由 23 个单位的代表组成；筹备会的任务为负责邀请参加新政协的各方代表人物、起草文件和召集新政协正式会议；筹备会组织条例由中共起草，俟筹备会开会时正式通过，筹备会会址预定为哈尔滨。关于新政协参加范围及任务，决定：一、新政协的参加范围，由反对帝国主义侵略、反对国民党反动统治、反对封建主义和官僚资本主义压迫的各民主党派、各人民团体及无党派民主人士的代表人士组成。南京反动政府系统下的一切反动党派及反动分子必须排除，不许参加；二、新政协举行时间在 1949 年，具体时间及地点由筹备会决定；三、新政协应讨论和实现的问题是共同纲领的制订和中华人民共和国中央人民政府的建立。

11 月 26 日，中共中央统战部致函中共上海局，将东北民主人士讨论《关于召开新的政治协商会议诸问题（草案）》的各项意见转告他们，并将高岗、李富春代表中央与在哈尔滨的民主人士 11 月 25 日商谈的共同协议转发给他们供研究，并据此转告各有关方面。12 月 19 日，中国致公党主席陈其尤从香港到达沈阳后，随即致电毛泽东、朱德、周恩来，代表致公党全体同志向中共中央致敬，表示对召开新政协诸问题草案的理解，愿为实现新民主主义、建设新中国而努力。

（选自童小鹏著《风雨四十年》第 2 部，华文出版社 2006 年版）

辗转护送万里情

——周恩来关怀民主人士安危纪实

连　贯*

抗战胜利后，党派我到香港进行恢复工作。在此以前，饶彰风、何秋明已先行在港恢复《华商报》。1945 年 11 月，中央指示成立粤港分局，书记尹林平，梁广和我是委员。不久，叶剑英来广东，留下方方与国民党广东当局谈判，林平、曾生也参加了谈判，组织部队北撤。北撤后，方方到港，中央指示成立华南分局，方方任书记，林平任副书记，我、梁广、潘汉年任委员。

1946 年 8、9 月间，周恩来同志通知我到南京向他汇报北撤后广东党组织、干部情况，以及海外华侨的工作，并听取新形势下的工作指示。同行的有博古的弟弟杨林同志，他属另一个系统，是钱之光

---

* 连　贯：时任中共香港工委副书记；系人民政协第一届全体会议代表；后曾任中共中央对外联络部副部长，全国人大常委会副秘书长，全国政协委员。

同志派到香港搞经济活动，他是去汇报经济工作的。我们在港乘飞机往广州到上海，直到南京梅园新村。周恩来不在，我们就向董必武同志汇报工作，住了一个星期，在那里见到廖承志、钱瑛（管组织）、钱之光（管经济）等同志。在那里我们向周恩来同志汇报工作。周说："中央估计国民党要大打内战，看来不久我们代表团会被迫离开南京、上海回延安，我们在大城市已暴露的干部和民主人士、文化人士会遭受迫害，他们将转移到香港去。"他指示我们要做好接应的准备工作，要负起责任来。在周接见我时，还见到邓颖超、李维汉、章汉夫、乔冠华、龚澎、张铁生、肖贤发、郭沫若、沈钧儒、胡绳夫妇等人。约 10 天时间，我和杨林同志坐船回港，向方方、林平传达了周恩来同志的指示。不久，章汉夫、夏衍先后来港，章还带了一批人来。于是分局增加了章汉夫、夏衍同志为委员。分局的组织机构是：方方任书记，林平任副书记（兼管北撤后留下的军事干部的联系工作）由林美南协助。委员有：潘汉年、夏衍、梁广、章汉夫、连贯。潘汉年是单独行动，是情报系统的。分局下设香港工委、城市工委、各区党委负责领导广东、广西和江西、云南、福建一部分地区的工作。香港工委是第一线的较公开的工作，由章汉夫任书记，我任副书记，委员有夏衍、许涤新、饶彰风、乔冠华、龚澎、苏惠、林默涵、邵荃麟、冯乃超等同志。分工是报刊委员会由章汉夫负责，成员有饶彰风，统战委员会我负责，兼与海外侨党和兄弟党的联系，成员有李嘉人、谭天度、杨 ××（从重庆来，名字记不清），还有我的爱人林瑯、伍治之协助管东南亚的联系工作，外事委员会由乔冠华负责，成员有龚澎，经济委员会由许涤新负责，文化委员会由夏衍负责，成员有林默涵、邵荃麟、冯乃超，组织部长苏惠。

分局的城委和各区党委是第二线，完全秘密的。城委由梁广任书记。

这期间，刘晓、钱瑛同志曾到香港，了解我们工作的情况。

政协纪要（即“双十协定”）被国民党撕毁后，许多民主党派的负责人和文化界知名人士受到迫害，纷纷从各大城市撤退到香港。香港几乎云集了所有民主党派的头头。除了民盟的张澜（在重庆受监视）、黄炎培（在上海）没有来港外，其他如李济深、蒋光鼐、蔡廷锴、谭平山、朱蕴山等都在香港。这些民主人士分好几派，政治态度也不相同。如谭平山在上海时组织了三民主义同志会，蔡廷锴在香港组织了民主促进会，王昆仑、吴茂荪组织了小民革，在孙科的“中苏友协”下开展活动。中央指示我们要做好民主党派的工作，并指出李济深在历史上起过重要作用，要我们通过他和周围的人把民主人士组织起来，因此，我们在 1947 年和 1948 年的第一项主要工作就是帮助民主人士建立自己的统一的组织。那时香港的统战工作搞得十分活跃，我党出版了《正报》、《群众》杂志，宣传我党的方针、政策，及时报道解放战争的胜利进程，还与民主人士合办《华商报》（我党领导），另外，民主党派也办了他们自己的报纸，香港成了我党统战工作的重要阵地。经过我们党的工作，民主党派同意联合起来，成立国民党革命委员会。原来在组织的名称上有争论，一些民主人士不同意用国民党的名称，后来何香凝说还是国民党革命委员会。所以就这样定下来了，还决定推选李济深当主席。开始时，柳亚子不同意，认为李在“四一五”杀了不少共产党人和群众，他希望宋庆龄当主席，但考虑到留宋庆龄在国民党外作用更大，可以做更广泛的工作，因此不当主席为好，后来我们说服了柳亚子和其他方面的人。谭平山、蔡廷锴分别取消了各自的组织，小民革也不存在了，各方面都愿意联合，于1947年底成立国民党革命委员会，该委员会包括柳亚子、何香凝和海外的冯玉祥。这时，马叙伦、鲁迅夫人许广平等也在港组织民主促进会（蔡廷锴的民主促进会取消后，把名字给了他们，与后来周建人当主席的民主促进会不同），黄炎培在上海派孙起孟到港成立民主建国会，沈钧儒在港重建民盟领导机构，农工民主党、救国会参加了民盟。台湾民主同盟、中国致公党也在香港宣告成立，致公党由陈其尤当主席。我们除了帮助民主党派联合起来，建立组织之外，还在思想上帮助他们，引导他们。在此期间，曾针对他们当中一些人企图搞“第三种势力”的思想进行批判。这些人的领袖是李济深、冯玉祥。他们写了一道建议书，由冯玉祥在华盛顿送给杜鲁门总统，叫作“上书美国国务院”，意思是两边（共产党和国民党）都不好，帮助我吧，就是搞第三种势力。这种观点不仅国民党中落后的右的人有，而且当时第三党的章伯钧也在暗中支持这种观点。我们在香港发动批判这种观点。当时中央指示，《群众》杂志第一位的任务是批判“中间路线”。我们以章汉夫的名义写文章在《群众》开展批判“第三种势力”“中间路线”，其他方面也配合做工作。李济深手下的左派（梅）龚彬（留学日本，早年参加共产党，后失去关系，香港华南救国会成员、中大文学院院长）、陈此生、张克明（张是很好的进步分子）也出来批判这种观点。后来，他们就没有成立第三势力，冯玉祥也逐渐倾向进步。新中国即将成立时，他响应我党的号召，回国参加新政协，从美国乘苏联船到奥萨克，快到苏联时，轮船失火，不幸遇难，遇难的还有他的一个女儿。

冯玉祥夫人李德全后来也受到我党的影响，新中国成立后成为第一任中央卫生部部长，为革命做了许多工作。我们还帮助各民主党派联合起来办了《光明日报》，办了达德学院，推动了陈其瑗从美国回来任校长，安排许多教授、高级知识分子任教，培养了不少从内地和海外回来的青年，成为解放战争和新中国成立后建设新中国的骨干力量，郭沫若也在这里活动过。

1948 年 4 月，中共中央发布“五一口号”，号召召开没有反动分子参加的新政协会议，成立人民民主的新中国，得到各民主党派和人民群众以及海外华侨的热烈拥护和响应。中央指示我们要安全护送民主党派负责人到解放区参加新政协会议。我们在这年秋天，开展了紧张的护送工作。分 3 批护送。第一批安排李济深、沈钧儒等人，章伯钧本人也表示愿意去，但背后又策动李济深不去。因为他还想搞第三势力，李济深走了对他们搞第三势力不利。这样第一批去的有沈钧儒、蔡廷锴、谭平山等四五人；我们派李嘉人同志陪同护送。是乘苏联船到海参崴然后转东北，到达后，船又回来，我们又组织第二批去，有 10 多个民主党派的头头。这次我们对李济深做了许多工作，消除他的思想顾虑，答应他走后，他的家庭经费全部由我们承担。他身边的陈此生、梅龚彬也推动他去，这样他就去了。这次由章汉夫夫妇陪同，也是坐船到海参崴转东北。其时东北只有四平解放，沈阳还未解放。第三批民主人士北上，由我陪同护送，并带有汇报工作的任务。这批有郭沫若、马叙伦、许广平、王昆仑夫人曹孟君、胡绳、沙千里、翦伯赞、陈其尤等 30 多人①。这次我们租用挪威商船，向港英当局报告说到南朝鲜做生意，对船主也这样说。1948 年 10 月，我

① 实际是李济深为第三批北上人士，郭沫若为第二批北上人士，沙千里系乘另外船只北上，此处属于作者误记。——编者注

们乘船出发。船将到南朝鲜釜山时，船长提出到了，我们的经理李××（湛江人）即要他转到北朝鲜，船长说，那是共产党的地盘。我们说：不管，有生意就做，加了钱给他就把船开去了。到了北朝鲜，我们又要他转大连，船长说没有海图，我们说早已准备了。结果船长只好听从我们的指挥。在航行中，爱好搞收音机的周海婴收到沈阳解放的消息，大家听后非常高兴。因为沈阳解放，整个东北就解放了。大家在船上高兴得又唱又跳，天天开晚会庆祝胜利。这里有一个插曲：我们这次还带了一批干部北上，其中有个叫韩练成，是原国民党的军长，甘肃人，他早与我党有联系，是秘密的统战对象，他在济南打败仗，全军覆没，是事先与我党商量好的，他自己一人逃出来，到上海见李宗仁、白崇禧，到南京见蒋介石，准备再带兵。但李宗仁不再信任他，当然没有太大怀疑。后他到港找我，商量怎么办，我即请示中央。毛主席、周恩来同志复电同意我们带他去解放区，我们就让他扮作我们的干部与民主人士一起北上。在船上，他向民主人士讲了许多打仗的故事，讲得非常生动，把与我军打仗的事，调了个位置讲，讲国民党军怎样进攻，我军怎样对付、回击，讲得有声有色。许多民主人士听了都非常佩服我军干部，认为了不起，又能打又能讲。我们的船到达大连后，郭老等民主人士就转乘火车到沈阳。我们几个人偷渡山东，经济南、石家庄到达河北省西柏坡中央所在地，向中央汇报工作。在那里周恩来同志对我说，你不能回港了。因我离港3天后，港英当局就搜查了我的住宅。

（节选自《福建党史月刊》1990年第5期）

接送民主人士进解放区参加新政协

钱之光*

一

1948年夏，我在大连接周恩来同志电示，要我做好准备前往香港，大连的工作由刘昂同志来接替。不久，刘从西柏坡到大连。她临行前，恩来同志同她谈了话，交代了任务。于是，8月初我从大连出发，经丹东，跨过鸭绿江大桥到达朝鲜的平壤。在平壤，我同苏联的办事机构办理了租船手续，然后便去罗津乘上“波尔塔瓦”号，开始了特殊使命的远途航行。

恩来同志叫我以解放区救济总署特派员的名义，前往香港。

---

* 钱之光：时任香港华润公司董事长，后曾任轻工业部部长。

当时与我同行南下的有祝华、徐德明和翻译陈兴华等同志。从罗津到香港，要经过朝鲜海峡、东海和台湾海峡，航程漫长，随时可能遇到国民党军舰。为了应付意外情况，我们事先商量好各自的身份，确定了假姓名，并商定到了复杂地带，必要时还要装扮成船上的职工。

在往香港的航行中，我们遇到过国民党海空军的监视，也遇到过龙卷风。有时国民党飞机在我们船的上空盘旋，并不时呼啸而过；有时还遇到国民党的军舰。也许因为我们的船挂的是苏联旗帜，他们没有采取什么行动。当我们的船颠簸地驶进台湾海峡时，又遇到了强大的龙卷风。只见船的正前方忽然升起了擎天的水柱，海水激烈地旋转着往上升。面对这样的惊涛骇浪，真是既惊异，又担心。幸好这股龙卷风离我们的船只还远，同时船已改变了航向，因此避开了它的袭击。

旅途的风险总算过去了，当我们的船快到香港时，就看到海面上出现了许多轮船，船杆上飘着不同国籍的旗帜。香港当局的缉私快艇，也来回穿梭。当时，为了避免引起注意，我改扮成船上的锅炉工，即使熟人见了，也很难识别。等海关人员上船检查后，我才换装。我们终于安全地到了香港。

二

我们的船到达香港时，苏联方面就派人乘小船前来接头。他们在香港设有办事机构，与船上有通讯联络，事前知道“波尔塔瓦”号到达的时间，并通知了我们设在香港的联和公司。为了上岸便利起见，我上了他们的小汽艇。行在半途中，遇到了先期到港的袁超俊、刘恕同志也来接我们。上岸后，我们先到联和公司商量卸货的事宜和布置今后的任务，接着就与华南分局取得联系。华南分局当时由方方同志负责，潘汉年同志也是领导人之一，负责统战工作。我到方方同志家里，汉年同志也在座。见了面，大家都很高兴。我向他们介绍了解放区的情况，传达了党中央的指示。他们也已接到党中央的电报。我们一起商量了接送民主人士北上的问题。大家都认为接送民主人士进解放区，任务艰巨，责任重大，需要很好地筹划。为了尽快与中央和大连保持直接联系，我们还建立了电台，随时可向中央和周恩来同志汇报，并通知大连方面。

当时，在香港的民主人士很多，他们一直与我们党组织保持着联系。具体联系的，有华南分局、香港工委，也有我们党其他方面的同志。至于每一批安排哪些人走，什么时候开船，我们是根据民主人士的准备、货物的装运、香港的政治气候以及联系工作的情况等等来决定的。这时，在联和公司工作的同志，像杨琳、袁超俊、刘恕、祝华、王华生、徐德明等，都参加了这方面的工作。

我们负责接送了四批民主人士北上。每次都是由原来与民主人士保持联系的人去联系好，等载货回解放区的船准备好以后，就由他们负责，把民主人士护送上船。当时情况复杂，要保守秘密是一件很不容易的事。我们每次护送民主人士，特别是一些引人注目的知名人士上船，事先都做了比较周密的安排。要求负责联系的同志机智灵活，特别要注意密探的跟踪。对于上船要经过的路线，事先也做了调查了解，熟悉经过地段的情况，还事先约好，从哪条路走，要经过哪些街道；什么人去接，遇上情况如何对付；等等。由于民主人士社交活动多，认识的人也多，为了避免遇到熟人，每次都是安排在黄昏以后上船的。

经过我们同志的努力和华南分局、香港工委的密切配合，在较短的时间里，就做好了第一批民主人士北上的准备工作。党中央同意了我们的行动计划，并指出这是第一批，要绝对秘密，保证安全，出发后有什么情况，要随时报告。

准备进解放区的民主人士很多，第一批不便安排太多。我记得这次北上的民主人士有沈老（沈钧儒）、谭老（谭平山）、蔡廷锴、章伯钧等先生。由章汉夫同志陪同，我派了祝华和徐德明同志随船护送。

那是 8 月下半月的一天下午，我事先赶到船上了解情况。到黄昏时候，我在船上迎接了沈老等人。当时船停靠在离岸的浮筒处，沈老等是坐小舢板上船的。那时沈老已是 70 多岁高龄，比起在重庆、上海时有些消瘦，但步履稳健。我和谭平山先生在重庆时有过从，这时相见，彼此很高兴。我对谭老说："可能没有想到吧，在这里我们又见面了！"他紧握着我的手，连说："是呀，是呀。"我们谈了一些别后的情况。当章伯钧先生攀扶着软梯上船来的时候，他一抬头就惊奇地说："老兄，你也来了！"由于工作关系，我到香港后还没有与他见过面，突然相遇，他觉得出乎意料。

我下船回到住地后，立即向党中央和大连方面报告了这一批民主人士出发的情况。以后，我一直焦急地等着船开出后的消息，直到第八天接到大连刘昂同志的电报，说"船已顺利到达朝鲜的罗津，中央派李富春同志专程迎接，已前往哈尔滨"。这时，我才放了心。

三

在第一批民主人士安全北上后，刘昂同志等在大连又租了苏联的货轮，装载解放区出口的物资来香港，以便接回第二批民主人士，带回解放区所需的物资。

当时我们虽然主要是接送民主人士，但需要运用经济贸易工作做掩护，也要从香港进口解放区缺乏的物资。因此，我们对设在香港的联和公司进行了改组和扩大。在皇后大道毕大行另租了几间大的写字间。我和同志们商量："要重新取个名字，既要有意义，又不能太暴露。"我提出："叫华润公司。华是中华的华，代表中国；润是毛润之的润，代表我们党。就是说，这个机构是我们党办的贸易公司。"于是便挂起了华润公司的牌子，由杨琳任经理。以后，中央决定我任董事长。10月中旬，大连方面租的船到了香港。但是，在到达时，因与另一只船相碰，搁浅在海湾，要就地检修。由于已与民主人士商量好行期，我们只好另租一艘挂挪威旗的船到解放区。因此，到10月底才把第二批民主人士送走。这次走的，我记得有郭沫若、马叙伦、许广平母子、陈其尤、沙千里、宦乡、曹孟君、韩练成等人；连贯同志陪同，胡绳同志随行北上，[①] 我派王华生同志随船护送。

这趟船，是在大连与丹东之间的大东沟抛锚下人的。郭沫若等人就是在这里改乘小船上岸。东北局派了负责同志去迎接。他们是

---

① 据有关资料，胡绳、沙千里系乘另外船只北上，此处属于作者误记。——编者注

经丹东去哈尔滨的。后来听说，许广平的儿子——周海婴爱好无线电，自己装了一台收音机，在船上收到新华社播发的沈阳解放的消息，大家都很兴奋，到娱乐室开了一个热烈的庆祝会，郭沫若、曹孟君出了节目。有的唱歌，有的跳舞，还有朗诵的、讲故事的，充满了胜利的欢乐。

四

第三批进解放区的民主人士最多，加上我们党内的同志，共有30多人。国民党革命委员会主席李济深先生，就是在这一批北上的。对此，党中央极为关心，周恩来同志的电示，更加具体、周密。他事前给在大连的冯铉、刘昂同志的电报说：这一批民主人士北上，要与苏联驻大连的有关部门交涉，租用他们的轮船，而且这次一定要在大连港靠岸；到达后，要安排在大连最好的旅馆，民主党派领导人要住单间，确保安全；要举行欢迎宴会，并请大连市委协助做好接待工作。就连宴会的席位、座次，都有明确指示。还说：北方天气寒冷，要为他们准备好皮大衣、皮帽子、皮靴等。

当时大连是苏军管辖区。靠船的码头，分军用和民用。军用码头是深水泊位，可停靠万吨船只，但对外不开放，别国船只一律不准进港。我们虽然租用的是苏联船——“阿尔丹”号，但是不经过他们允许，也不得在这里卸货下人。经过冯铉同志的交涉，得到了苏方的允诺。为了顺利完成任务，在轮船开离大连之前，刘昂同志还特地宴请了船长、大副等人，对他们说：“我们这次来回除装载货物外，还有不少人要乘船回来，请多加照顾。”船长边吃边说：“请放心，船已租给你们了，由你们安排，我们尽力协助你们的工作。”两批民主人士离港北上后，已经引起外界注意。10月后，连香港当局官员也以谈业务为名，来过华润公司。根据这些情况，我们确定第三批走的人在圣诞节的第二天深夜上船。因为香港受西方的影响很大，每到圣诞节要放假，欢度节日。这是我们行动的有利时机。

这一次北上的民主人士还有茅盾夫妇、朱蕴山、章乃器、彭泽民、邓初民、王绍鏊、柳亚子、马寅初、洪深、翦伯赞、施复亮、梅龚彬、孙起孟、吴茂荪、李民欣等。[①] 李嘉人同志陪同，龚饮冰、卢绪章等同志随行，我派徐德明同志随船护送。

李济深先生是个很有影响的人士。我们与他有密切的联系，香港当局与他经常有往来，美国方面同他接触也频繁。这时，眼看国民党分崩离析，各种反动的政治势力都想争取他，以此作为政治斗争的资本。有人对李先生挑拨说：你不能去解放区，你到那里就身不由己了。另一些人正策划“划江而治”，也想利用他的声望和影响。像白崇禧就写了亲笔信，让一个国民党大员赶到香港，表面是请任公（李先生字任潮）到武汉“主持大计”，实际上是妄图拉住他，打他的旗号，由桂系与共产党“划江而治”。在这种错综复杂的情况下，李先生要顺利离开香港，确实是阻力重重的。原来我们安排他第一批北上，但由于当时的具体情况未能实现。为这件事，何香凝做了工作。1948年冬，有一天，吴茂荪先生约请李济深、何香凝、朱蕴山、梅龚彬、陈劭先、陈此生等人吃饭。饭后，何香凝对李先生说：任公，你还是早走为好，一则是形势的需要，二则为了你自身的安全。我们

① 据有关资料，王绍鏊、柳亚子、马寅初系乘另外船只北上。——编者注

为了解除李济深的后顾之忧，对他的家属做了妥善安排，还组织民革中与他亲近的人一起走。经过这些工作，李决定与朱蕴山、吴茂荪、梅龚彬、李民欣一同北上。李先生离港10多天后，白崇禧派往香港的大员才到达，听说李先生走了，感到大失所望。

这次上船，是按预定计划，在12月26日晚上。为了安全，避人耳目，要走的人事前都不知道和谁同船，各走各的路。有的从家里转到朋友家里再上船，有的在旅馆开个房间停留半天再上船，有的人还搬了家，把要带的行李，放在原来住处，由我们派人去搬上船。民主人士不随身携带行李，看不出要出门远行的迹象，到达了约定地点，由我们的同志护送上船。李济深先生动身的那天晚上，为了迷惑外界，还参加了邓文钊先生的宴请，同时参加的，有朱蕴山、吴茂荪、梅龚彬、李民欣、陈此生，何香凝老人也到场作陪。席后，他们便乘小艇上船。当时要直接上苏联的货船，也是易于惹人注目的。为了掩人耳目，他们还带了酒菜，装着泛舟游览的样子，乘着小船在水面上游弋于一些外轮之间，一个多小时后才靠拢苏联货船。上船后，李济深看到船上的熟人很多，有点惊异。我们特地把他和朱蕴山、李民欣安排在船长室，让他们不露面，以避免海关检查。这一次走的人，有的西服革履，扮成经理模样；有的则是长袍马褂或普通衣着，装成商人，当作坐船到东北做买卖的，所以口袋里还装一套货单，大家并事先准备了一套话，以便应付检查时的盘问。

开航后的第十天，船还没有到达大连。我们都十分着急。通过苏联办事机构，才知道船到青岛海面，遇到逆风，加上坏了一个引擎，每小时只能走6海里。一连几天，我们焦急不安，直到轮船过了青岛海域才放心。

船是在出发后的第12天，即1949年1月7日上午到达大连的。党中央派李富春、张闻天同志专程去迎接，他们还邀请朱学范先生一同前往。同时去接的，还有大连市委的负责同志等。在大连期间，安排他们游览了市区，参观了工厂，然后乘专列经沈阳去哈尔滨。

第四批民主人士是1949年3月从香港出发，在天津上岸的。那时天津已经解放。北上的有黄炎培夫妇、盛丕华先生和他的儿子盛康年，还有俞寰澄先生等人，是刘昶同志护送的。

从香港北上参加新政协筹备会议的大多数民主党派代表人物和著名进步爱国人士，主要是分这4批，从1948年8月到1949年3月，先后平安到达东北和华北解放区。另外，也有一些民主人士是通过其他关系，经过其他路线进解放区的。

（选自钱之光《接送民主人士进解放区参加新政协的回忆》,《人民日报》1983年8月14日）

我北上解放区的经过

徐铸成*

（1949 年）1 月的一天晚上，我正伏案凝神写社论，即将完篇的时候，忽接到一平先生的电话："你能出来一次吗？有一位你的好朋友，从远道来港，急想会见你。"声音这么喜悦，我已意识到是什么人来港了。问清了地址，答应半小时后即赶到。于是挂上电话，写完了社论，对金慎夫兄关照："我出去有一个半小时。要闻版上半部，望留给我约 2000 字的位置，我回来再截稿。"同事们纷纷问我发生什么新闻，要你自己去跑。我微笑地说："暂时保密，我回来你们就知道了。"说毕，马上下山，叫了一辆的士，立即驶向浅水湾道。

---

* 徐铸成：时任香港《文汇报》总主笔兼总经理；系人民政协第一届全体会议候补代表；后曾任上海市出版局编审，全国政协委员，民盟中央委员。

到了快临海滨，按门牌号码找到一幢相当宽阔的别墅，叫开铁门，走过一道小径，看到一幢房子，一平先生已陪着一位50多岁的老人，在阶下迎候了。

我知道必是龙志舟先生，向前寒暄。龙先生也连声说："久仰。"一平先生插话说："龙先生晚饭前才到了香港，急于想会见你，催我向你打了电话。"

我忙问这次龙先生脱离虎口、冒险来港的经过。龙先生简单叙述如下：

"我从重庆被移住南京后，继续被严密幽禁。住的房子四周，特务密布，对面还造了一幢高楼，以便窥看我院中的一切。我每次出外，总有两辆汽车尾跟着。一般朋友，也都不敢来看我。前两个月，有一个旧部来访我。他说，有个朋友在陈纳德的空运部队工作；我们乃密商如何出走计划。经过一段时期磋商，决定具体细节。今晨8时，两个美国人驾车来访。客厅窗帷敞开，一个部下扮作我的模样，和一个美国人交谈；另一人则在内室赶速为我化装成西人状。然后相偕登车，直开出寓所。门岗见是美国人车子，当然未加拦阻。车子直驶机场，已有一架飞机开动发动机。我登机后，飞机即开动，直向南驶。下午1时许抵白云机场，小车即直驶至珠江内早已停泊之专轮，傍晚即安然抵港。"龙先生还笑着说："此刻南京方面，可能还在监视这幢房子啊！"我说："美国是蒋先生的朋友。由此可见'有钱可使鬼推磨'呀！"龙先生亦粲然。

我一看手表，已过12时半。道声珍重，即告别龙、李两位先生。

回到报馆，即奋笔疾书这一传奇式新闻，连大字标题，恰恰是2000字位置。当我写出第一张时，编辑部同事连忙围看，"原来是这么特大的新闻！”大家几乎叫出声了。

果然，第二天报纸印出，全港沸腾，报纸不断重印。

这确是一条全世界震动的独家新闻，而我“得来全不费工夫”，是送上门来的。

不久，李任公在港决定的继任总经理张稚琴兄即来馆就任，我肩上的担子减轻了好多。那时，小 K① 已通知我，第三批北上的日期在迩，早做好准备（第二批于 1 月底出发，有马夷初、茅盾、侯外庐、翦伯赞等先生）。

陈劭先先生找我商量，问：“老兄走后，哪一位接任总主笔？”我说：“我推荐金仲华兄，他是办报的长才。”劭老说：“很好，很恰当。但是，他也可能快要走的。他走后，由谁接替呢？”我说：“那就考虑刘思慕兄。”“那也很好。万一刘思慕也要北上呢？”“莫乃群兄也可继任。”劭老又说：“以后再由谁继任呢？”我笑着说：“我倒像诸葛亮安排后事了。”相与大笑。

陈劭老是任公留下主持民革事务的，暂时不会离港，以后我离港，劭老就先后请这几位接替。等莫乃群也北上后，陈劭老也走了。由张稚琴兄请孙师毅来任总主笔。

2 月初，在上海的友人郑振铎、叶圣陶诸兄已纷纷来港，知北上之期近矣。

约 10 日晚，余饯宴郑、叶及陈叔通、包达三诸先生，同席有云彬、傅彬然等好友。

20 日，得小 K 通知，嘱做好准备，日内即秘密乘轮北上。

---

① 即潘汉年。——编者注

稚琴兄及报馆同事，先后饯别。27日傍晚，即携大小两皮箱，出发至海滨一小旅社——东山饭店等候。旋知当晚不开船，即开一房间住宿。时已易“唐装”（中式短裤褂），盖负责船上接待工作之吴全衡女士（胡绳兄之夫人）通知：所乘轮为挂外旗之专轮“华中号”，系货轮，不载别客。开船前，均易唐装，扮作船上执事。其次，应清查行李，重要物品均先交由专人保管，以免海关人员识破。

晚饭后无事，忽忆口袋尚有几十元港币，乃至附近德辅道金店，购一戒指纪念。

28日晨登轮。“华中号”吨位不大，2000吨上下。见同船者除上述叶、郑、陈、宋、傅诸先生外，有柳亚子、马寅初、包达三、张絅伯、张志让、邓裕志、曹禺、沈体兰、刘尊棋、王芸生、赵超构及柳、叶两夫人并曹禺夫人方瑞，另有包小姐启亚、郑小姐小箴。连同接待人员共20余人，见面均已易唐装，我及芸生、超构、尊棋等均扮为船员，叶先生等暂作记账员。叔通、寅初诸老则为年迈之商人。我等相顾哑然。

9时半，海关人员来检查，翻看颇细，忽在马寅老手提箱里，检出一照片，乃寅老抗战前与朋友之合影，当然大都西装楚楚，或袍褂俨然。海关人员指为搭有重要客人，扣船不放。经再三交涉，大概暗中塞予港币几十元，始盖印签字，算是“验讫”。

起锚时，已过午矣。

船水面有两层，上层为餐厅、起居间及甲板，下层有少数官舱，由亚子夫妇、叶先生及师母、曹禺夫妇及包、张、叔通诸老所住。其余全住房舱，我与尊棋兄同室。

因船小，过台湾海峡时颠簸殊甚，晚间且将窗子封闭，以免灯光外漏，防万一有人偷袭也。

叶、郑、云彬诸先生每餐必杯酌，预购白兰地一打，我则毫无准备，陪饮揩油而已。相与每餐尽一瓶为止。亚子先生早年诗酒风流，是时已少沾唇，每喜谓我等为“四大酒仙”，郑、包两小姐亟附和之。

亚子先生又知我及王、刘、赵诸兄为报人。翌晨即各赋一绝为赠，赠余诗有“更有一事心最喜，次公已有后来人”。盖吾师沈颖若先生字次公，乃亚老同乡总角好友，南社最早之发起人也。在60年代，亚子诗选中此诗已被刊落。近年徐文烈昆仲见访，承惠赠亚子诗集，则已补全矣。

海行有七八日。为减少旅途寂寞，由全衡女士发起，每隔一日晚餐后，即杯茶举行晚会，各显所能，举座轰然，极为热烈。近阅亚子先生遗作北行日记《前途真喜向光明》，3月2日的日记写道：

> 上午，作诗和圣陶。下午雀战。黄昏开晚会，陈叔老讲古，述民元议和秘史，英帝国主义者代表朱尔典操纵甚烈，闻所未闻也。邓女士唱民歌及昆曲。郑小姐和包小姐唱西洋歌。云彬、圣陶唱昆曲。徐铸成讲豆皮笑话，有趣之至。王芸生讲宋子文，完全洋奴态度，荒唐不成体统了。十一时睡。

这很可反映船上生活丰富、欢乐之一般气氛。叶圣陶先生近年也出版同类的日记，谈到我在轮上晚会上曾高唱京剧。我记得曾唱《洪羊洞》及《打渔杀家》两折，我自感当年嗓子高扬有韵味。

至亚老提到我曾讲豆皮笑话，使他老人家深感有趣之至。我回想再三，想不出这笑话的内容，可见老年人的记忆力日益衰退了。我当时也曾记有日记，而未详记此琐事，再难“对证古本”了。

华中轮驶至东海及黄海南部时，风浪平静，天朗气清，我常在甲板上找叔老、亚老、包达老等谈往，叔老年事最高（当时他 74 岁，我今年已年过八十有一，超过叔老当年了），而极健谈，他絮絮谈青年时坐大车（铁路未修）入京，及晋京后拜客故事。达老则详谈他早年与蒋介石先生交往详情。亚老大都谈南社创立及初期过程。有时，我也找马寅老谈天，他说起他幼年多病，后长期坚持爬山及冷水浴。并说，他家乡嵊县多匪，因此，在上海住旅舍，履历总填绍兴。这些有历史资料的宝贵琐闻，都已分记于拙著《旧闻杂忆》正、续、补 3 编中，兹不赘。

我们从上船后，只知船昼夜向北行驶，不知将在何码头登陆（在港时，闻第一批在南朝鲜登岸，辗转到沈阳），也不知何日可到埠。

3 月 5 日上午，轮忽驶进烟台。下午始靠近码头。迎接者仅军分区贾参谋长等少数人。在贸易公司欢迎，即分送来客散居离市区有两三公里之旧外国人之别墅。我与尊棋、芸生、超构合住一幢。

市面如此冷落，空气如此紧张，盖因重庆号起义后，国民党飞机到处侦察；该舰适于前一日驶进烟台港，故烟台日夜警报，飞机频频来袭，所以空气如此严峻也。

3 月 6 日，中共华东局秘书长郭子化先生及宣传部副部长匡亚明先生专程从青州赶来迎迓。正式欢宴，席设合记贸易公司，菜肴丰盛，佐以烟台美酒，宾主尽欢。郭子化先生时年近半百，大家都尊称为“郭老”，为人和蔼，闻在淮海战役中，我方动员野战军及民兵、民工近百万，后方供应、组织，郭老曾负重要责任。

下午，赴市区巡礼。烟台相当繁庶，各行业中，以孟家（即在北京开瑞蚨祥绸缎业之孟家富商）财力最大，不仅绸布业，钱庄、南货等均在经营范围。

至书铺，看到东北出版之《毛泽东选集》，红布面，一厚册，如见异品，即购买一本，暇时详读，如获至宝。后在北京六国饭店受招待时，承馈赠皮面精印一册。嗣后，则成立毛选编委会，所陆续出版之《毛泽东选集》，“文革”中出版的红宝书，则视同“圣经”矣。改动词句甚至内容，已积渐成风。

晚，参加烟台党政军民“欢迎来烟民主人士大会”，宾主代表讲话外，演评剧，有《四杰村》《群英会》等，演员年轻而极有功夫。盖烟台一带，评剧素有根蒂，旧北京剧界，一向视烟台为畏途也。

7日下午，全部移往莱阳西部农村（后改为莱西县），分居于贫雇农家中，为策防空安全也。我与傅彬然兄同住一室，榻傍窗。入晚油灯昏黄，爬虫悉索。而彬然易睡，睡则鼾声大作，至纸窗发出簌簌声。余每至深晚，蒙被后始能安睡四五个小时。

8日，晨起，见农家屋檐上挂满山芋片干，屋上则晒苞米；农民告余，彼等全年均以此为食粮，一年难得吃一次面粉。

与村干部谈话，干部取出所窖藏之莱阳梨，皮色已发黑，削而食之，则甜嫩无比。

下午参观乡妇女大会。晚，出席欢迎晚会，全是民间新创造改编之花鼓及新评剧，如《公平交易》《努力生产、支援前线》（均评剧）。

连日所见、所闻，意识到我们已由旧世界、旧时代开始走进一新天地、新社会矣。

9日，由莱阳出发，傍午开车，晚抵潍坊市，当晚驻军报告潍坊解放经过。

10日，傍晚，改乘胶济铁路专车赴青州。盖制空权仍操之国民党军，解放区活动，恒至下午5时后开始也。8时抵青州（益都），为华东局及华东军区所在地。

11日，下午3时，参加华东局招待茶会，由宣传部长舒同主持。会后演评剧，计有《失空斩》《御碑亭》《芦花荡》等，皆旧戏也。

12日，参观解放军官团，实即俘虏团也。所关者，武官少将以上，文官厅长或国民党省市主委以上。大门悬有一联，系沈阳外围所俘之廖耀湘所作："早解放，迟解放，迟早要解放，迟解放不如早解放。"下联已记不清了。

团占地甚大，我们由舒同引导前往。至则被"解放"者列队欢迎。我们则站立对面。先由舒同一一介绍双方姓名。团员为首者为前山东省主席王耀武（济南战役被俘），其次为廖耀湘、陈金城（潍坊被俘）、牟中珩（集团军司令）等。

6年前，我在桂林工作时，与王耀武曾见过两三面。那时，他驻防湘西常德一带。他在桂林建干路建有一幢相当阔气的公馆，以便不时回桂度假。他和《大公报》桂馆副经理王文彬熟识。有一次，文彬告我："王耀武想见见你，后天特在其公馆宴请。"届时，我与诚夫、李侠文、马廷栋、黎秀石等赴约。室内外陈设和那天宴会的丰盛，在那时的桂林，都属罕见。最有趣的，主人曾不断问我们："照外国规矩，此时应酌什么酒？照国际惯例，此时是否应递上手巾？"可以说，主人很谦虚，"每事问"。也可见那时他已有雄心，抗战胜利后升任方面大员了（那时，他已是蒋的王牌军之一，1945 年奉派接收山东，被任山东省主席兼绥靖区司令，直至济南围城被俘）。

这次我去"军官团"时，身着一件旧棉袍。他大概俯首未加注意。等到舒同依次介绍到我时，他抬头注视，并对我微笑点头。舒同在旁看得清楚，轻声问我："你和王耀武认识？""是的，六年前在桂林交往过。""那好，等一会儿参观他们宿舍时，你找他个别谈谈，了解他目前的思想情况。"会晤后，柳亚老对他们"训话"，劝他们"回头是岸"。

以后，我们鱼贯参观他们的宿舍。一般是一室一个大炕，团员们排列睡在炕头，被枕清洁、温厚，整齐叠好。室内有桌椅，供休息、学习。只有王耀武单独一间，有衣橱及桌椅。我和他略致寒暄后，问他生活习惯否，有无不舒畅的感觉。他颇为感动地答道："从我被俘到入团以来，他们从没有对我们责骂或侮辱，只是劝导我们好好学习。像我这样地位的共产党，要被我们捉住了，早没有命了。现在，人家如此对待我们，自己心中只有愧感。你问我生活是否吃得消？像我们这类人，过去饭来张口、衣来伸手、寸草不拈的人，现在要自己劳动，自己铺床、洗衣，自己扫地，自己去打饭，当然不习惯。但细细想想，人生的目的是什么？只为了剥削别人的劳动，自己享福吗？想到这些，就心地坦然，安心学习了。"

后来，我把和王谈话的经过，告诉舒同先生，舒同笑着说："他的思想倒开始通了。”在闲谈中，舒同先生还告诉我，王耀武在济南攻破前潜逃过青州，被解放军识破因而被俘的经过，真像一篇传奇式小说一样。详情已写成《一个真实的传奇故事》，收入拙著《旧闻杂忆续编》。

13日下午，解放军以卡车装战俘杜聿明来，头上包白布，被俘时企图以砖击头部自杀未成，伤尚未愈。带来时尚戴脚镣手铐，因他尚图反抗，故未送入解放军官团也。彼下车后，坐在凳上，柳亚老、张䌹老责问甚严，讯以为何在淮海战役中施放毒气？他说是奉命放的。问以为何杀害杜斌丞烈士？他说，斌丞是他疏房叔侄，还教过他书；被捕后他曾竭力营救云云。

看华东局布告，当时华东局书记本为黎玉，久未视事，由康生代理，亦留延安未到任。

晚饭时，舒同、彭康、袁仲贤、刘兴一、许世友等出面为我等饯行。宴毕，即登胶济铁路专车西行。翌晨6时即到济南，市长姚仲明、市委书记刘顺元来迎迓。晤老友恽逸群兄及鲁平等，同游大明湖、千佛山等名胜。晚饭后，即上火车北行。到桑梓店，铁轨未修复，改乘汽车行。陈、马、柳、包及圣陶夫妇乘小车，余均乘大客车。司机迷路，柳先生车前导而遭颠覆，幸柳老无恙。柳夫人略伤腕，有随行医生包扎，车仍缓慢北行。所过地名，盖皆《阅微草堂笔记》中所习见者。彬然好睡，我及云彬常恐其碰顶，屡叫醒之，醒则谓：“不是我要睡，是它不让我醒。”“它”者盖指困极之瞌睡虫也。今彬然墓木已拱，云彬亦早做古人。当时车中神态，尚宛然也。

15日清晨抵德州，住招待所，中午起身，出外巡礼，则市容尚整齐。有德石铁路通石家庄，日军占领时所建。我在20年代居北平时，即闻建筑沧石铁路之议，始终未实现。日军侵占时为运兵便利，建此德石铁路。可见华北虽为我旧游之地，已历经沧桑，面目非昔可比。当晚仍乘汽车，摸索彻夜，黎明始抵沧州。休息，乘火车北行。邓颖超大姐及杨之华大姐、徐冰先生由石家庄专程赶来迎迓，即同车赴津，翌日（3月18日）清晨抵北京，被招待至六国饭店二楼居住，我与尊棋兄仍同室。

第二天起，第一、二批来平代表（他们都住北京饭店）及原住北平的民主人士纷纷来访，吴晗兄时负责各高校联络工作，来访尤频。来访之老先生中，有1930年即在并熟识之李锡九先生、符定一先生，还有北大、清华等名教授好多位。

我过去在北京入学及工作达五六年，向以“老北京”自居，到京以后，急想出去观光变乱多年、饱经忧患的北平面貌。曾单独或与云彬等老友（云彬前此从未到过北京）出外巡礼，曾去过前门外及琉璃厂、香炉营等旧栖之地，见胡同中脏乱、残破之状，远甚往昔。也曾偕友游览天桥、天坛。天坛时大部由解放军驻守，仅游祈年殿等一部分。

我们到平没有几天，南京和谈代表张治中、邵力子、章士钊等即到平，亦住六国饭店，他们住在三楼，他们中有不少是我的熟人，常在楼梯口或餐厅相遇，互道寒暄。

有一天，原宛平县长（“七七”时）王冷斋在其公馆宴请，同座有章士钊行严先生及其秘书潘伯鹰先生。伯鹰为旧识，《大公报》新记复刊不久，《小公园》首次刊出连载小说，即伯鹰以“凫公”为笔名所写之《人海微澜》，当时他还在唐山交大读书。

那天，王冷斋自己烹调几色拿手的菜肴，并出其窖藏多年的精装花雕，热情款宴，并出其所珍藏的几十柄古扇，请行严先生鉴别真赝，我于此道为外行，旁观而已。

又一天饭后，我至珠市口散步，见开明戏院方演日场京剧，主演者为杜近云、近芳姊妹，名甚生疏，即购票入场，见池座有六七成上座。大轴杜近芳演《三堂会审》，扮相、嗓音、韵味均属上乘，意外满意。过几天，到北京饭店“串门”。李任公问我：“到北平后出去游玩否？”我即以看杜近芳戏所得印象相告。任公说：“你究竟是老北京，可以到处玩玩。我来平已匝月，一天到晚闷在饭店里，很无聊，你有机会带我出去玩玩好吗？”我说：“那好办，我看有好的剧目，一起去观赏一番。”蔡廷锴将军在座，忙说：“你请任公，不要忘掉我。”

翌日，我在大栅栏厚德福豫菜馆订下一席便酌，并购订了开明的包厢票，请任公、高佬蔡及劭先、龚彬与吕方子诸先生吃饭后，即转赴开明观剧。大家看得很满意。

第二天碰到负责接待我们的人，对我直埋怨说：“徐先生，你给我们开的玩笑太大了。你知道，任公这样一个人物，去馆子和戏院，要布置多少人暗中保护？目前北平城多么不平静，要出点娄子怎么交代！”的确，我前几天就听过报告，说反动派潜伏特务多么猖獗，连中南海内前不久都曾发现反动传单。想到这里，我真懊悔自己的孟浪。

一天下午，吴晗兄来看我，说：“母校好多年没回去了吧？明晨，我已约好章汉夫兄，同车去清华玩一天。”

第二天清晨，吴晗即来接，并同往章汉夫处迎接，一同风驰电挈地到清华园。阔别20多年，母校的面目依然，多了几幢科学馆、宿舍楼等建筑，幸喜敌占期及内战期未遭破坏。

先由校委员会3位负责人周培源、钱伟长、冯友兰接待至会议厅。他们分别告诉我们学校的近况，随后即引导参观了主要建筑。

11时顷，吴晗即带我们去北院教授宿舍潘光旦先生住宅，看到费孝通等老友毕集，盖一切均由吴晗预为布置者也。

光旦夫人极好客，端出亲制之江南风味小菜。光旦先生跛一足，而兴致甚豪，出其特备之绍兴酒，频频举杯劝饮，直至2时许，主客酒醺饭饱，乃向主人道谢，仍与吴、章同车回城，已日近西山矣。

到平不久，即应邀列席正在进行之全国民主妇代会，由蔡畅大姐主持，邓颖超大姐报告工作。上午未竣，下午继续报告，直至4时许始毕。初次经历了解放区会议之漫长。

（节选自徐铸成著《徐铸成回忆录》，生活·读书·新知三联书店2018年版）

前途真喜向光明

——北行日记

（1949年2月26日至3月17日）

柳亚子*

2月27日　　星期日

72度。上午，无事。下午，雁子来，伴佩上船，余独留旅邸。仲华来伴。夜，雁子偕赵沨来，赵伴至新亚酒店，晤寅老、达三、絅伯、季龙、体兰，同进晚餐。10时后，雁子又来，伴送上船，与佩同住二号舱。

2月28日　　星期一

76度。中午12时开船，风浪颇大。偕友戏为雀战，旋下象棋。夜8时即睡。佩曾呕吐，余独无恙，唯便秘为苦耳。

* 柳亚子：时任民盟中央执委；系人民政协第一届全体会议代表；后曾任中央文史研究馆副馆长，全国人大常委会委员，民革中央常委。

3月1日　　星期二

晴，74度。下午过厦门，望见灯塔。风浪转小。黄昏开晚会，有平剧清唱、民歌、粤唱、讲古、魔术及集体游戏等，兴趣颇佳。10时睡。大便已通，唯不畅耳！作诗一截："六十三龄万里程，前途真喜向光明。乘风破浪平生意，席卷南溟下北溟。"

3月2日　　星期三

晴，68度。上午，作诗和圣陶。下午雀战。黄昏开晚会，陈叔老讲古，述民元议和秘史，英帝国主义者代表朱尔典操纵甚烈，闻所未闻也。邓女士唱民歌及昆曲。郑小姐和包小姐唱西洋歌。云彬、圣陶唱昆曲。徐铸成讲豆皮笑话，有趣之至。王芸生讲宋子文故事，完全洋奴态度，荒唐不成体统了。11时睡。

3月3日　　星期四

晴，65度。上午开座谈会。黄昏晚会。

3月4日　　星期五

阴晴参半，67度。上午座谈会。黄昏晚会。彬然舵楼观日出，嘱写一诗以纪，诗云："破晓上舵楼，红轮蓦地浮。光明疑刺眼，莫便闭双眸。"

3月5日　　星期六

晴。中午12时，华中轮抵烟台。下午4时许靠码头上岸，贾参谋长来迓，在合记贸易公司夜饭，喝葡萄酒颇酣畅。晚，宿于德国内地会别墅旧址。

3 月 6 日　　星期日

晴。华东局秘书长郭子化（邳县人）、宣传部长匡亚明（丹阳人）从前线抵此，偕烟台市长徐中天诸人来访，中饭仍在公司。下午，偕叔老洗澡。赴烟台市党政军民欢迎来烟民主人士大会，被推讲话。观平剧《四杰村》及《群英会》，极佳。10 时许晚饭，返寓已 11 时许，倦极即睡。

3 月 7 日　　星期一

晴，晨起晋咖啡牛奶及蛋糕。在客厅开会，推定叔老为临时团长，云彬为秘书长，体兰、尊棋、郭琇莹女士为干事。中午在寓中进饭。下午，偕子化、亚明同乘公路车赴莱阳，宿于三里庄军属马大姐家，其夫李正滋，参军已五载矣。马略识字，能言拥护毛主席八项条件、打倒国民党反动派，文化水准之高，可以想见。

3 月 8 日　　星期二

晴，今日为三八节，欲赴妇女大会，因风烈为郭老（子化）所阻，不果去，甚怏怏也。傍晚，风稍息，赴欢迎晚会，有节目四个：（一）拥护毛主席八项条件（花鼓），（二）公平贸易（平剧），（三）努力生产，支援前线（同上），（四）南泥湾垦荒（同上），皆战士所演，声容俱茂。余被推讲话，大呼“拥护毛主席、拥护中国共产党，打倒蒋介石，打倒美帝国主义！”兴奋至于极度矣。

3 月 9 日　　星期三

晴，晨 8 时许出发，仍以汽车行，12 时后至平度打尖，饭于征收处，园有花木，惜未开放，然已春意盎然矣。2时开车，8时抵潍坊市，市长郭石来迓，宿于第一招待所，与寅老、絅老、叔老为邻室，达三以病，偕女公子同处别院。圣陶等20人，则在第二招待所。夜饭前后，与子化、亚明、郭石杂谈颇畅。

3月10日　　星期四

晴，上午，观苏联电影空中漫游记，无中文说明，不甚了了，不无遗憾。中午，赴潍坊市各首长招待茶会，并进午餐，餐毕已3时半矣。返寓略睡，即被佩唤醒，已将出发，登胶济路专车，6时开，8时抵青州（益都），各首长来迓，宿于交际处，偕佩卧第二室，第一室则子化所居也。倦极，11时饭后即睡。（青州为华东局及华东军区所在地，极重要。）

3月11日　　星期五

晴，7时起身。观云彬、尊棋与金滋成弈，金君连胜6局，甚为钦佩。下午2时出发，赴华东局招待茶会，与舒同先生倾谈极畅。5时开宴，进葡萄酒20杯，飘飘然有仙意了。夜会开始，被推与叔老、寅老、絅老、振铎、圣陶、曹禺、裕瑞讲话。观平剧三出，为（一）《空城计》；（二）《三岔口》；（三）《御碑亭》。佩妹先走，余以12时行，抵寓已1时许矣。尚有押尾《芦花荡》未观，颇为憾事。

3月12日　　星期六

晴，7时起床。8时洗澡，9时再寝，12时始再起，虽未入梦，稍解疲劳已。下午，写字九幅，分赠舒同、彭康、袁仲贤、刘贯

一、宋裕和、郑文卿、郭子化、匡亚明及康生，人系一诗，构思尚捷，康不在座，他人转请，余则均朝夕见面之首长也。乘车参观俘虏团，叔老敦促代表讲话，以“放下屠刀、迅登彼岸”8字为嘱，未知若辈能领悟否？夜集大礼堂，听贯一讲王耀武、陈金城、牟中珩3人被押经过，哄堂大笑，9时睡。

3月13日　　星期日

晴，上午7时起身，洗澡、写字。下午，假睡未酣，闻战犯杜聿明解来大礼堂，即赴会鞫之，余与絅老发言最凌厉，该犯唯唯而已。5时许，舒主任同、彭部长康、袁参谋长仲贤、刘秘书长贯一、宋司令裕和、许司令世友、郑部长文卿、郭秘书子化、匡部长亚明同来饯别，尽白兰地一杯，土酒5杯，颇有醉意。7时上车，与曹禺、方瑞夫妇同房，明晨可抵济南矣。子化来车上久谈，文卿伴送，可感也。

3月14日　　星期一

晴，5时起身，6时下车，济南市长姚仲明、政委书记刘顺元、教育局长李澄之来迓，旋至石泰岩小憩，15年旧游地也。晤少屏之女朱青，尤出意外，非常欢喜。同游大明湖、图书馆、博物馆、千佛山、华东大学，晤校长韦悫、教授吴封诸人，返至石泰岩进饭，进土酒数杯。开座谈会竟，即上火车，至桑梓店，换公路车至德州；先有迷途之厄，后且覆车，幸未受伤，佩则带彩矣。抵德已明晨6时后，暂驻市政府招待处。

3月15日　　星期二

晴，上午7时进膳，8时上床睡觉，至11时起来，酣睡三小时，足以补长途之劳瘁矣。下午3时吃中饭，特别之至！菜极丰富，鸡鱼最美，葡萄酒性极平和，饮小杯十许杯，兴高采烈，主人为市长张持平，副市长董焕然。张兼市委书记，为梅县人，曾肄业暨大，林率之学生也。谈香港撤退至海丰事，极稳，热情可感。晚验血压，158度，据云不高，心肺均佳。夜8时即高卧矣（血压以90度加年龄之数为标准约160度）。

3月16日　　星期三

阴，6时起床，8时出发，中午打尖于东光，下午8时半始抵沧州，至行政公署，晤王专员，寻天津市政府交际科长孙天胤及警察大队长李宽惠亦至，迎至车站，饭于膳车，旋至卧车睡，已1时许矣。

3月17日　　星期四

晴，6时起床，与诸友闲话。中午2时吃饭。下午7时许，之华、颖超等自石家庄来。9时始进晚餐。10时开车。

附一　同舟共济名单

陈敬第，字叔通，浙江杭市人，74岁

叶绍钧，字圣陶，江苏吴县人，56岁

马寅初，浙江嵊县人，68岁

张䌹伯，浙江鄞县人，65岁

沈体兰，江苏处江人，50岁

傅彬然，浙江萧山人，51岁

刘尊棋，湖北鄂城人，39岁

宋云彬，浙江海宁人，53 岁

徐铸成，江苏宜兴人，43 岁

赵超构，浙江瑞安人，40 岁

郑振铎，福建长乐人，52 岁

包达三，浙江镇海人，66 岁

王芸生，河北静海人，49 岁

万家宝，湖北潜江人，40 岁

邓裕志，湖北沙市人，49 岁

胡墨林，浙江杭县人，57 岁

郭琇莹，湖南长沙人，35 岁

冯光灌，江苏崇明人，37 岁

吴全衡，江苏常熟人，32 岁

项伊朗，江苏吴县人，5 岁

项锦州，江苏吴县人，1 岁

包启亚，浙江镇海人，23 岁

方　瑞，安徽桐城人，32 岁

郑小箴，福建长乐人，21 岁

张志让（季龙），江苏武进人，55 岁

郑佩宜，江苏吴江人，62 岁

柳亚子，江苏吴江人，63 岁

以上为“华中”轮自香港到烟台同舟共济之人也。　　亚记。

附二　到京同寓名单

徐期光，江苏上海人，28 岁

邱若明，湖南长沙人，41 岁

刘德福，山东人，25 岁

叶其章，广东惠阳人，23 岁

倪天朗，浙江镇海人，26 岁

黄炎培，江苏川沙人，72 岁（108）

姚维钧，江苏南汇人，41 岁（108）

黄当当，6 岁（108）

孙起孟，安徽休宁人，42 岁（104）

盛丕华，浙江慈溪人，68 岁（112）

施复亮，浙江金华人，51 岁（104）

章汉夫，江苏武进人，44 岁（103）

章乃器，浙江青田人，53 岁（123）

俞寰澄，浙江德清人，68 岁（129）

胡志珍，浙江永嘉人，43 岁（129）

吴羹梅，江苏武进人，45 岁（120）

高静宜，山东济宁人，46 岁（120）

吴乃昌，江苏武进人，22 岁（120）

吴全如，江苏武进人，21 岁（120）

吴建如，江苏武进人，8 岁（120）

胡绳，江苏吴县人，32 岁（103）

章湘谷，浙江青田人，21 岁（107）

胡子婴，浙江上虞人，43 岁（107）

盛康年，浙江慈溪人，36 岁（102）

余心清，安徽合肥人，52 岁（101）

刘子衡，山东滕县人，53 岁（109）

杜若君，山东禹城人，39 岁（109）

叶蠖生，江苏宿迁人，45 岁（103）

谢雪红，台湾台中人，48 岁（106）

马思聪，广东海丰人，38 岁（137）

欧阳予倩，湖南浏阳人，61 岁（137）

杨美真，湖北孝感人，45 岁（123）

萨空了，四川成都人，43 岁（134）

金仲华，浙江桐乡人，43 岁（134）

郑光迪，福建长汀人，15 岁（130）

杨刚，湖北沔阳人，43 岁（130）

王纪华，浙江鄞县人，39 岁（103）

吴承禧，安徽歙县人，41 岁（105）

苏延宾，江苏如皋人，40 岁（130）

陈维稷，安徽青阳人，46 岁（6）

饶漱石，江西临川人，45 岁（128）

刘少文，河南信阳人，45 岁（131）

王炳南，陕西乾县人，40 岁（114）

刘晓，湖南人，40 岁（131）

王寅生，江苏无锡人，48 岁（105）

（节选自柳无忌、柳无非编《柳亚子文集·自传·年谱·日记》，上海人民出版社 1986 年版。原标题为《北行日记》）

曲折的道路　前进的道路

——蔡廷锴将军北上始末

林一元*

名震中外的抗日爱国将领蔡廷锴虽然一生走过曲折的道路，但他总是随着中国革命的发展不断前进的。

1945 年 9 月抗日战争胜利后，国民党当局忙于“劫收”，闹得民怨沸腾，国无宁日，全国人民喊出了“放错了炮仗，迎错了老蒋”的呼声。1946 年蒋介石变本加厉，公开撕毁“双十协定”，全面发动内战的狼子野心，愈益暴露，因而加强进步力量的团结，反对蒋介石独裁统治的强烈要求，更感迫切。李济深目睹时局艰危，激于义愤，急于筹建组织，于是在同年 1 月间，由广西途经广州赴重庆时，曾秘密留下字条，大意是：兴华公司招股事宜（指成立组

* 林一元：时任民促中央理事会理事；系新政协筹备会第五小组秘书，人民政协第一届全体会议代表；后曾任政务院参事，全国政协委员，民革中央常委。

织）由蔡廷锴、李章达负责，并指定蔡廷锴为第一召集人，李章达副之。蔡廷锴得李济深指示后，便在 1946 年孙中山逝世纪念日（3 月 12 日）于广州市光孝路祝寿巷 44 号李章达住宅内首次召开“中国国民党民主促进会”筹备会议。会议决定组织名称：中国国民党民主促进会（简称“民促”），并同时宣告成立。不久，“民促”第二次会议在首次会议地点和相同的人数下召开，公推蔡廷锴为主席。在召开第三次扩大会议时，蔡廷锴与李章达、李民欣商议决定在广州出版一份日报作为“民盟”“民促”的机关报，以扩大宣传，并租定广州惠福东路 66 号作为报社地址。不料正在安装印刷机器的时候，突然被蒋帮特务侦悉，国民党军委会广州行营勒令封闭报社，还限令蔡廷锴、李章达出境，报纸胎死腹中，民促中央理事会亦同时被迫迁往香港。但在广州仍秘密设立“民促”广东分部理事会，秘密吸收成员，开展宣传、联系等革命活动。

民促中央理事会被迫迁往香港后，即积极展开工作。1946 年 10 月间，蒋介石通过当时国民党军委会广州行营主任张发奎电邀蔡廷锴前往南京会见，妄图分化蔡廷锴与李济深的关系，扼杀民主革命活动。因此少数同志担心蔡廷锴会被软化，更多人则认为蒋介石流氓成性，怕蔡自投罗网，被蒋拘留软禁，都不主张蔡氏南京之行。但是蔡廷锴却认为在当前形势下，蒋绝对不敢遽下毒手；反之蔡还认为可以借此机会途经上海时与中共地下负责同志以及各方面进步朋友切取联系；更乘亲到南京之便观察到更多真实情况，为“民促”的发展提供有利条件，因而排除众议，毅然应邀，单刀赴会，由香港到广州晤张发奎。张很快为蔡准备了飞沪机票，随蔡同行的除蔡夫人罗西欧外，还有我以秘书名义偕往。一行 3 人抵达上海后，先下榻大东酒店，第三天即迁往法租界黄琪翔公馆。蔡逗留上海期间，曾秘密与中共地下党同志联系，汇报了“民促”方面工作情况，更由于蔡系当年领导淞沪抗战的名将，赢得了上海人民的热情拥戴，此次旧地重游，各方面的酬酢很忙，蔡便利用这一时机与各方面进步人士有所接触，对目前形势获得进一步的了解，从而证实了自己南京之行为不虚。

蔡廷锴在沪停留约半个月，然后遄赴南京住中央大旅舍。到京后两天蒋介石在官邸设晚宴接见蔡夫妇。据蔡见蒋后告诉我，蒋除谈了一些客套应酬话外，主要问蔡组织什么团体的问题。蔡推说：这是李任公（李济深）的事情，自己也不大清楚。蒋也没有盘问下去，只是吩咐可多与吴铁城谈谈。蔡见蒋后第二天，吴铁城便到旅店访蔡，寒暄话过后，吴突然提出问蔡打算要多少个国大代表名额问题，蔡很风趣地答以还没有考虑到这方面。恰巧这时梁寒操、范汉杰等人先后来访，打断了谈话，吴也只得告辞先走了。随之有孙科、陈诚、马超俊、白崇禧、司徒美堂、吴奇伟等陆续来访或请吃饭，真是山阴路上，络绎不绝。在南京住了约一星期，大家都忙于应酬交际，目不暇接，但彼此都好似心照不宣，不涉及政治方面。后来蔡借口要去西湖游览，便直接坐火车到杭州，寄寓湖滨旅舍，饱览湖光山色，心旷神怡，徘徊六桥三竺，齿屐留痕；并专诚参谒岳王坟，凭吊秋瑾墓，缅怀先烈，对蒋家王朝的黑暗统治，殊深愤慨，爱国之心弥坚，报国之志益决。在西湖流连数日后即遄返上海乘机飞穗转归香港。蔡氏的安然归来，在港同志莫不额手称庆，一致钦佩蔡老的高瞻远瞩，履险如夷。

蔡到南京，曾和住在梅园新村的周恩来同志见了面，亲聆教诲，他深刻地认识并了解中国共产党，认识中国有希望，坚定了与人民站在一起的决心。他回到香港后，更加积极地投身到反对蒋介石独裁统治的政治斗争之中，他和民促的同志们一道，决心与国民党右派斗争到底。那时候，他经常和沈钧儒、郭沫若、谭平山等相聚，努力工作，憧憬着中国人民的未来。

1947 年下半年，解放战争已由战略防御转入战略进攻阶段，扭转了美帝国主义及蒋介石的反革命车轮，使之迅速地走向覆灭的道路。是年 10 月 10 日，中国人民解放军发布宣言，指出："联合工农兵学商各被压迫阶级、各人民团体、各民主党派、各少数民族、各地华侨和其他爱国分子，组成民族统一战线，打倒蒋介石独裁政府，成立民主联合政府。"同年 12 月 25 日，毛主席在中央会议上作出《目前形势和我们的任务》的报告，郑重提出："这就是人民解放军的，也是中国共产党的最基本的政治纲领。"

1948 年元旦，蔡廷锴参加发起组织中国国民党的民主分子和反蒋派系的联合组织——中国国民党革命委员会（简称"民革"）在香港正式成立，公推宋庆龄为名誉主席，李济深为主席，蔡是该党的主要领导人之一，公开宣告与共产党合作，正式与国民党反动派决裂。同年 4 月 30 日，中共中央发布纪念"五一"国际劳动节的口号（第五项），号召"各民主党派、各人民团体、各社会贤达迅速召开政治协商会议，讨论并实现召集人民代表大会，成立民主联合政府"。5 月 1 日，毛主席又致函李济深、沈钧儒，向他们提出关于召开政治协商会议的意见。5 月 5 日，中国国民党革命委员会李济深、何香凝，中国民主同盟沈钧儒、章伯钧，中国民主促进会马叙伦、王绍鏊，致公党陈其尤，中国农工民主党彭泽民，中国人民救国会李章达，中国国民党民主促进会蔡廷锴，三民主义同志联合会谭平山，无党派人士郭沫若等12人从香港致电毛主席，表示“五一”号召适合人民形势之要求，尤符同人等之本旨，同时，通电国内外报馆、各团体热烈响应中共“五一”号召。接着，在香港的各民主党派和无党派民主人士，以促进新政协召开为中心，举行各种座谈会、演讲会等群众性宣传活动。6月4日在港的各界民主人士冯裕芳、柳亚子、茅盾、章乃器、朱蕴山、胡愈之等100多人联名发表声明，指出：“新的政协召开之后，中国历史将会翻出灿烂的一页，进一步建立一个统一的真正属于人民的新国家。”在港的妇女界200多人，也发表宣言，热烈称赞“五一”号召；海外各地爱国华侨陈嘉庚等也纷纷通电表示拥护。8月1日，毛主席给李济深等12人复了信，表示：“诸先生赞同敝党五月一日关于召集新的政治协商会议，讨论并实现召集人民代表大会，建立民主联合政府一项主张，并热心促其实现，极为钦佩。现在革命形势日益开展，一切民主力量亟宜加强团结，共同奋斗，以期早日消灭中国反动势力，制止美帝国主义的侵略，建立独立、自由、富强和统一的中华人民民主共和国。”

1948年8月下旬，我在广州摆脱国民党反动派的追捕，脱险来港，即往蔡廷锴寓所，向蔡老汇报广州工作和脱险经过。一周后某日，蔡老约我到他的青山别墅晤谈。由蔡老的长子——蔡绍昌开车，到达后蔡老即吩咐绍昌原车返港寓，明天再来接，这是因为当时香港情况复杂，国民党特务又和港府密探有所勾结，一切行动必须慎重和保密的缘故。蔡老告诉我“五一”号召发表后的新形势，我们异常振奋，大有胜利在望、屈指可期的喜悦。蔡老又说了中共中央邀请各民主人士前往东北解放区商议筹备召开新政协的决定，还说可能要逗留四五年时间（这是根据毛主席估计解放战争可能要打5年的提法），问我是否愿意前往，家庭有什么顾虑没有。我当即坚决表示愿意同去，并说家人全部在罗定原籍，大致不会有什么问题。事后蔡老便请在港的华南分局领导同志转报中共中央给我以他的秘书的名义，随同他一起前赴东北解放区，参加开国第一个重要的会议筹备事宜。当晚杀鸡为黍，举杯共祝新曙光的降临。

第一批北上的有沈钧儒、谭平山、章伯钧、蔡廷锴，我是以经中共中央批准的蔡老秘书名义随行。9月12日黄昏，我们先到香港湾仔谭天度同志家里，化装成商人，然后乘小轮直驶浮泊海上的苏联“波尔瓦塔”（又译“宝德华”）号，登轮后各人手里都持有货物单据作为货商的掩护。中共方面同行的还有章汉夫、李嘉人、祝华等同志。13日晨，轮船起锚启程。27日到达北朝鲜的罗津港泊岸登陆，稍事休息，即乘火车渡过图们江，当晚在图们休息。次日早改乘火车跨过牡丹江直达哈尔滨市，被安排在东北局招待所“马迭尔旅馆”住宿。我们住宿期间，东北局的领导同志经常来访或共膳，对当前形势和党的政策多作介绍和阐述，记得还发给每人一本东北版的《毛泽东选集》。

10月21日和23日，东北局的领导同志代表中共中央与到达哈尔滨的沈钧儒、谭平山、蔡廷锴、章伯钧、朱学范（林一元列席）会谈中共中央关于召开新政协的章程草案的初步意见；30日，再将哈尔滨的补充意见转告在港的李济深以及民盟和其他党派负责人。经过反复协商，11月25日取得了一致意见。

1949年1月，由香港北上的民主人士全部到达沈阳。数日后，东北局召开全体干部大会，介绍到达东北的民主人士与群众会面，蔡老在大会发言，表示拥护中国共产党的领导，学习解放军和解放区人民的奋斗精神。14 日毛主席发表《对时局的声明》，提出以八项条件为和平谈判的基础。已到达东北解放区的各方面民主人士于 22 日发表了《对时局的意见》，坚决支持和热烈拥护毛主席关于对时局的声明，在签名的 55 人中，有“民促”成员蔡廷锴、李民欣、林一元 3 人。

1 月底，北平和平解放。这时已到达东北解放区的民主人士 37 人，在林伯渠同志陪同下，于 2 月 22 日乘专车入关，到达北平。北平军管会主任叶剑英到车站迎接，他看见蔡老，热情招呼：“高佬，你来了。”蔡老非常高兴，我们也受到很大鼓舞。

不久，毛泽东主席和中共中央其他负责同志先后到达北平。这时“民促”“民革”“民联”的中央理事会亦先后迁来北平。在这一时期，中共中央组织了报告会和专题演讲会，给了我们很深刻的印象和教育。

6 月 15 日，新政治协商会议筹备会在北平开幕。“民促”派蔡老为首席代表，与蒋光鼐、陈此生、李民欣等 4 人参加新政协筹备工作，蔡被选为常务委员，我则安排在常委会领导下的 6 个小组中的第五组任秘书，兼负责大会与“民促”“民革”“民联”3 单位的联系工作。

新政协筹备会的工作是繁重的，其中以参加新政协的单位及其代表名额和代表名单的问题较为复杂，筹备会不能不用慎重而严肃的态度来处理和酌拟，往往为了一个代表的适当与否而函电交驰，往返斟酌，费时达数周之久；代表名单产生之后，又要经过筹委会的反复协商，郑重研究。紧张的会议一个接着一个，蔡老总是那么精力充沛，干劲十足，心情愉快。

经过3个多月的筹备，中国人民政治协商会议第一届全体会议于9月21日正式开幕。全体会议进行了8天，经过大会发言，小组讨论，“民促”首席代表蔡廷锴、代表蒋光鼐都在大会发了言。9月30日，全体代表以无记名投票方式，选出毛泽东为首的中央人民政府委员会和选出政协全国委员会，会议胜利闭幕。蔡老被选为中央人民政府委员、政协全国委员会常务委员。

10月1日下午3时，毛泽东主席率全体代表登上天安门，亲自按动电钮，五星红旗冉冉升起，同时鸣礼炮21响，毛主席向全国和全世界庄严宣告：中华人民共和国正式成立。

数日后民革举行中央常委会,“民促”蔡廷锴代主席在会上宣布，“民促”已完成了它的历史任务，此后合并“民革”，不再保留“民促”组织名义；不久，“民联”亦宣布合并“民革”，同样不再保留“民联”组织名义。

（节选自《广东文史资料》第71辑，广东人民出版社1992年版）

肝胆相照的光辉篇章

——记 1946—1948 年周恩来对民主人士的关怀

刘　昂*

周恩来同志为中国人民解放和社会主义建设事业，鞠躬尽瘁，贡献了毕生的精力。在他一生多方面的革命活动中，发展人民民主统一战线所取得的卓越成就，无疑是他革命业绩中最光辉的篇章之一。在我们缅怀这位伟大的无产阶级革命家不朽功业的时候，我们不能忘记在 1946—1948 年那一段战斗岁月中，他为关怀和保护民主人士所作出的巨大努力。

*　刘　昂：时任大连中华贸易总公司总经理兼秘书长，后曾任农业机械部副部长。

一　在白色恐怖下，对民主人士的关怀照顾

抗日战争胜利后，国民党当局迫于国内外形势，不得不邀请毛泽东主席赴重庆谈判，签订了“双十协定”。1946 年 1 月，又召开了政治协商会议，达成了“停战协定”和“政协决议”，使和平建国出现了一线曙光。但是，国民党反动派不愿意放弃他们的独裁统治，这些协议不断受到破坏。1946 年 5 月国民党政府还都南京，为了在南京继续同国民党谈判，同时为继续团结国内各民主党派和爱国人士，巩固和发展人民民主统一战线，并领导国民党统治区地下党的斗争，1946 年 5 月 3 日，周恩来同志率领中共代表团由重庆到达南京，驻在梅园新村，对外称中共代表团，对内称南京局。在南京局领导下，又在上海成立中共上海工作委员会。南京局由中共代表团周恩来、董必武、叶剑英、吴玉章、陆定一、邓颖超、李维汉 7 人组成，周恩来同志任书记兼外事工作委员会书记，董老协助全面工作，外事工作由廖承志同志协助。上海工委则由华岗、刘少文、章汉夫、潘梓年、刘宁一、夏衍、许涤新、陈家康、乔冠华、龚澎等组成。书记是华岗，副书记为章汉夫、刘少文；胡绳、萧贤法为候补委员，萧兼秘书长。当时，钱之光同志在南京中共代表团任办公厅主任、南京局财经委员会副书记，兼任十八集团军驻南京办事处处长。我于 1946 年 9 月到上海接替萧贤法的工作。

这个时期，政治中心已转移到南京，但上海是中国最大的城市，很多政治要人和民主人士住在上海或往来于宁沪之间。我们在上海设办事处，更有利于开展统战工作和群众工作。当时国民党千方百计地阻挠我们在沪设立办事处。我们不得不花了 10 多根

金条，顶下了思南路107号的一幢三层楼的花园洋房，对外用“周公馆”的名义开展活动。不久，又在附近顶下了117号作为办公用房。国民党特务也随即在附近98号（原上海妇孺医院）设下了秘密监视据点。就是这所当时闻名中外的周公馆，实际上就是中共代表团驻沪办事处。周恩来同志经常往来于宁沪之间。在这里，他同各界人士、中外记者多次接触，阐述我党方针，团结一切可以团结的力量，同国民党反动派的假和谈真内战的阴谋，进行了针锋相对的斗争。

1946年的夏季，是我国政治气压极度低沉的时期。国民党反动当局在马歇尔调处的幌子下，一方面施放和平烟幕，一方面在几个主要战线，发动大规模军事进攻，致使和平谈判陷入谈谈、停停、打打的胶着状态。与此同时，他们加紧了对民主运动的镇压。在六七两个月，就接连对民主人士制造了两起骇人听闻的血腥事件。

6月23日，上海5万多人为争取和平、反对内战，召开了声势浩大的群众集会，欢送人民代表马叙伦、阎宝航、盛丕华、包达三、蒉延芳、雷洁琼、吴耀宗、张絅伯和学生代表陈震中、陈立复组成的“和平请愿团”赴南京请愿。当代表们到达南京下关车站时，立即遭到国民党特务的围攻殴打，造成了震惊中外的“下关惨案”。惨案发生后，周恩来同志得到消息，立即向国民党有关方面和马歇尔进行交涉，要他们马上采取措施，制止暴行；并于深夜2时，亲自和邓颖超同志带着衣服、食品到医院慰问。周恩来握着马叙伦的手说：“你们的血是不会白流的！”马叙伦回答说：“中国的希望只能寄托在你们身上了。”经过“下关惨案”，周恩来同志看到国民党反动派将要进一步对民主人士进行残酷迫害，当即于6

月 25 日打电报给党中央并转发四川省委负责同志，提出“倘时局恶化，要设法安顿文化界的朋友”的意见，把保护进步人士的任务，提到国统区各地党组织的面前。

7 月中旬，国民党特务又在昆明相继暗杀了著名爱国人士、民主同盟中央常委李公朴、闻一多。白色恐怖笼罩着整个国民党统治区。7 月 17 日，除由中共代表团成员联名向国民党代表及蒋介石提出严重抗议，要求惩办凶手、抚恤死者家属、取消一切特务机关、释放一切政治犯外，当天下午，周恩来同志在梅园新村举行记者招待会，发表了反对内战与政治暗杀的严正声明，提出必须保证各民主党派和一切民主人士的安全。7 月 18 日，周恩来同志到上海，又在思南路寓所，举行了有 100 多人参加的中外记者招待会，指出从沧白堂扔石子、较场口打伤人到捣毁《新华日报》，发展到暗杀李、闻，这一连串事件都是有计划的，问题的严重性不下于内战。这是打击大后方手无寸铁的民主人士、工业家、新闻记者及文学家。他说：国民党特务的黑名单上，有许多民主人士准备逮捕、绑架和暗杀，更不用说我们共产党人了。他大声疾呼：现在已经不是抗战以前的时候了，我们要申雪，要控诉，希望记者用笔和口来控诉，制止这种卑鄙无耻的暴行。周恩来同志的有力揭露，使国民党反动当局迫害民主人士的阴谋，不得不暂时有所收敛。

李、闻事件后，7 月 25 日我国著名教育家陶行知先生不幸逝世。他是为躲避国民党反动派的迫害，匿居在上海友人家中的。因为劳累过度，刺激太深，突患脑溢血逝世。周恩来、邓颖超同志闻讯赶到时陶先生已停止呼吸，但握手尚温，当时悲痛地流了泪。当晚，恩来同志就向党中央发出了《对进步朋友应多加关照》的电报，提出“今后对进步朋友的安全、健康，我们必须负责保护”。他指示潘汉年、伍云甫对进步朋友要在政治上时时关照，经济上也要给予帮助。

关于对民主人士在经济上给予帮助，这件事周恩来同志一直十分注意。我们在重庆时，就受命一直在做。到了南京、上海建立办事处以后，因为物价大幅度波动，就更加注意。当时我们自己的工作人员，最多时达到几百人，机关要开支；要给地下党提供经费；还要在经济上帮助民主人士，因此需要筹措很多钱。周恩来同志担心我们的经费来源，所以到南京不久，他就指示在“南京局”成立“财经委员会”，由董老担任书记，钱之光任副书记，负责筹款。当时筹款的主要办法，就是依靠自己做生意。这时我们掌握的公司有抗战初期就派杨琳在香港创办的“联和公司”，后经改组，更名“华润公司”；还有派萧琳在重庆、上海开设的几个公司；还有其他公司。这些公司经营范围很广。我们到宁、沪后，还经常从烟台运来海参、虾米、丝绸、名酒等产品到上海销售。由于从事这些经营，因此在经费来源方面，就比较有保证。

从以上事实，我们可以看到周恩来同志对民主人士关怀备至的革命情谊。他不仅在政治上给予民主人士以坚定的支持和声援，而且也时刻关心他们的生活和健康。这些细微之处，正表现了这位伟大革命家赤诚待人的坦荡襟怀。

二　和谈破裂前，对转移、疏散的周密部署

1946 年 8 月，由于马歇尔、司徒雷登拒绝重开军事三人小组会

议，坚持召开五人小组会议讨论政府组织而又不保证停战，致使南京谈判形成僵局。9月16日晚，周恩来同志偕同章文晋、范长江等离开南京到达上海，表示暂时退出国共谈判，除非同意重开军事三人小组会议，他将不返回南京。他对美联社记者发表谈话，指出美国对华政策，已使中国内战波及全国，“中国现在遭到有史以来最大的内战危机。”从这时起，周恩来同志在上海住了一个多月。

周恩来同志在上海这一段时期，他一方面揭露美、蒋在谈判中所玩弄的各种欺骗手段，坚持在维护政协决议和停战协定的条件下，争取继续进行和谈的可能；另一方面，也预见到国共谈判最终必将破裂，因此，积极做了转移、疏散的部署和准备。

为了做好撤退的准备，并把公开活动的重点逐步向香港转移，周恩来同志要钱之光由宁赴沪，同时电召香港分局的同志到上海来接受任务。

9月底，钱之光以中共代表团特派员的名义常住上海办事处，主要负责内部工作和财经工作。10月初，周恩来同志对钱之光说：现在局势不好，如果干部要走，民主人士要转移，经费够不够？要多筹一些款，以备撤退的时候使用。根据他的指示，钱之光以“南京局”财经委员会的名义，把在北平军调部的赖祖烈、南京的刘恕、香港的杨琳等都找到上海来开会商讨。赖祖烈说军调部自己有钱，撤退的经费不成问题，因此确定北方干部撤退由北平军调部解决；我们主要为宁沪和香港等地筹措款项，以备急需。于是决定派刘恕同志到胶东去运一批物资到上海出卖。周恩来同志表示同意，要我写信给胶东区党委书记林浩，由他亲自签了名。刘恕和沈其震向外国轮船公司租了一艘货船，从上海经青岛到达莱阳。因为一时货物来不及集中，只好由胶东设法带出一些黄金。由于我们有历年经营贸易的积累，加上由解放区取来的钱，不但保证了转移疏散的费用，到最后我们还多余了3000多两黄金，在我们撤回延安后，带到延安上缴党中央。

与此同时，香港分局接到电召后，派连贯与杨琳同船到达上海，在上海办事处住了10多天。连贯向周恩来同志汇报了东江纵队的情况。周恩来同志对连贯说：蒋介石已经撕毁了和谈的假面具，时局紧张，我们也做好了撤走的准备，我们一走，大批民主人士在上海、南京也就待不下去了。有些民主人士、文化艺术界人士，还有些干部都要转移到香港等地，香港要准备接受这项任务，做好安排。这些人中，能教书的教书，能办报的办报，能做别的事的，就帮助他们寻找新的社会职业，对避居到香港的民主党派人士和进步朋友，你们要保持与他们的联系，妥为照顾。周恩来同志并在沈钧儒、郭沫若来办事处晤谈时，特地介绍他们同连贯认识，以便以后去香港便于接待。

当时转移疏散的走法有3种途径：一是利用军调部的飞机，把一部分干部送往东北、延安和其他解放区。像齐燕铭、范长江都于10月16日乘飞机返回延安，同行的有《新华日报》办事处部分工作人员以及家属30多人。二是搭乘运送救济物资的船舶。当时解放区救济委员会（“解总”）在上海设有办事处，处长是伍云甫，运送救济物资到解放区，主要是由上海运到石臼所、烟台等解放区沿海港口。据“解总”烟台办事处的朱友学同志回忆，他几次往返上海、烟台，带进解放区的共有三四百人。从这条路线疏散的，多数是由中原军区突围的干部，也有经中共代表团营救出狱的原新四军浙西留守处的干部。第三种疏散的办法就是秘密走，这主要是指向香港、南洋等地转移。此外，凡是能够找到隐蔽处所的，也可以回家或找友，如胡楠同志，她回到了重庆自己家中（后来在重庆解放前，她被反动政府害死在渣滓洞）；有些尚未暴露的，可以自找社会关系和职业，隐蔽起来。

早在 1946 年 5 月间，刘少文、吴克坚、徐光霄等就转入地下，然后去香港。谈判代表陆定一于 6 月 7 日随周恩来同志返延安汇报工作，就未再出来。“上海工委”萧贤法也在 9 月份转入地下，年底到达香港，任新华社香港分社副社长。

10 月初，周恩来同志指示“上海工委”副书记章汉夫带范剑涯到香港筹办《群众》杂志香港版的出版工作。《群众》杂志是一份周刊，实际上是中共代表团的发言机关。9 月间，受到国民党特务的查抄，因此决定尽快到香港创办香港版。章汉夫、范剑涯原来计划乘飞机去香港，周恩来同志知道后，提出批评，说国民党特务很可能在飞机场把你们绑架，一定要秘密行动，乘坐外商轮船出去。经过研究，章汉夫化装成金融界人士，范剑涯扮成章的秘书到港办理公务，半夜里雇了一条小船，登上停泊在黄浦江上的一艘英商轮船到达香港。在香港由“香港分局”的饶彰风同志帮助筹备。1947 年 1 月，《群众》杂志香港版正式出刊。

不久，周恩来同志又派乔冠华、龚澎到香港创办《今日中国》（英文）半月刊。还创办了有利印务公司和新民主出版社。当时在香港的出版物，都由廖承志同志具体领导。

接着，周恩来同志派夏衍到新加坡去了解当时流散在南洋各地的文化界人士的情况，并向海外侨领传达第二次国共分裂后党的方针政策。以后，许涤新、方卓芬、刘宁一等也都先后离沪去香港。

因为干部去香港的人数增多，后来又成立了“香港工委”，由章汉夫任书记，连贯任副书记兼管华侨统战工作，冯乃超、夏衍管文化，许涤新管经济，龚澎管外事，乔冠华任香港新华分社社长。

周恩来同志在把新闻界、文化界一些党内同志派往香港的同时，对于已经引起国民党注意的党外进步报人，也安排他们转移。如《联合晚报》记者陆诒同志，就是由范长江同志在10月中旬返延安前，特地约到上海办事处，向他转告周恩来同志要他撤离上海的意见的。要陆诒撤离，实际上就是对新闻界靠近我们党的人的一种叮嘱，要他们提高警惕，注意自己的安全。

在向香港转移的同时，为了保证一旦中共代表团被迫撤回延安后，能继续保持“南京局”与所属地区地下党组织的联系，除已预先安排一些同志转入地下外，11月初，钱瑛同志也从南京梅园新村秘密转移到上海。

周恩来同志从9月中旬暂时退出和谈、寓居上海后，大部分时间都是做民主人士的工作。他除了在办事处会见来访的许多代表人物以外，还经常在沈钧儒、郭沫若、黄炎培、章伯钧家中会见进步朋友。有时，他也到其他党派领导人家中，同他们反复交换意见。这时局势已经日趋严重。9月底，国民党军队向张家口进犯，在10月11日国民党军队侵占张家口的当天，蒋介石又悍然下令于11月12日召开“国大”，和平谈判实际上已濒于完全破裂。这时斗争的焦点是：蒋介石企图通过军事高压手段，逼迫我方让步，更主要的是拉拢第三方面人士参加“国大”，使他的独裁统治“合法化”。而我们党则反复指出，只有维护停战协定，并在政协决议的基础上召开国民大会，组织联合政府，才能真正实现中国的和平、民主、统一，对一党包办的“国大”，必须坚决抵制。这时第三方面许多人对和平还抱有幻想。他们当中，情况比较复杂，如青年党希望和谈达成协议，以便召开国大使他们能参加政府，获得一官半职；民盟的朋友则希望双方让步，避免内战扩大，实现和平，也有的朋友为我们担心。对此，周恩来同志始终同他们耐心地商讨，说明我党的和平愿望和维护政协决议的坚定立场，揭露国民党反动派各种手段的真实意图，并指出如果反动派敢于发动全面内战，必将自取灭亡，表达了人民必胜的信念。同时，周恩来同志也劝告许多民主人士和进步朋友，要他们在时局恶化时要做他去的准备。周恩来同志这个时期所做的工作，对坚定民主阵线的阵容，起了十分重大的作用。

10月中旬，蒋介石为了欺骗舆论，故作姿态，先后派孙科、吴铁城、邵力子、雷震等到沪，邀请周恩来同志返宁谈判。当时在沪的政协代表沈钧儒、章伯钧、罗隆基、黄炎培、张君劢、郭沫若、左舜生、陈启天、钱新之等连日在上海交通银行集会，决定分访孙科、周恩来，希望全体赴宁，促进和平。这时我方虽然明知谈判不会有什么结果，但因为第三方面的斡旋奔走，所以同意重开谈判。周恩来同志在10月21日，同第三方面人士一同返宁。

周恩来同志离沪前，曾邀请郭沫若、许广平、柳亚子、马叙伦、马寅初等到上海办事处叙谈，告诉他们中共代表团要撤回延安，请他们在必要时要做转移的准备，同原来联系人保持密切联系。同时，他还邀请著名演员周信芳、白杨、丹尼，剧作家、导演于伶、黄佐临等谈话，向他们谈形势发展，指出我们必胜、国民党必败，以鼓舞他们的信心。周恩来同志还指示于伶、刘厚生，要地下党组织从思想上、艺术上帮助戏曲界的艺人。

周恩来同志重返南京，同意谈判，第三方面是欢迎的。但由于国民党坚持政治问题要按照他们的意图解决，军事上要我们承认国民党军队在停战令以后非法占领的地方的既成事实。他们毫无谈判协商的诚意，并于 11 月 15 日悍然召开“国大”，终于最后关闭了和谈的大门，这就使第三方面许多朋友放弃了和谈的幻想，最终认清了反动派的真实面目。11 月 16 日，周恩来同志在南京举行了最后一次记者招待会，指出国民党当局一手包办的“国大”违背全国民意，企图使独裁、内战、卖国“合法化”，中共愿与全国人民为真正和平民主奋斗到底。并宣布中共代表团将于日内返回延安，宁沪两个办事处仍然保留，由董必武、钱之光主持。17 日，民主同盟也公开宣布拒绝参加“国大”。对此，周恩来同志给予很高的评价，说：“民盟不参加，国大开了就很臭。第三方面大部分居然敢于反对蒋记‘国大’，跟着我们这条路走，这是八年抗战①和一年谈判的成果。”周恩来同志在 11 月 19 日与邓颖超、李维汉等 13 人返回延安。

周恩来同志在返延前夕，特地致函郭沫若夫妇，说：“沫兄回沪后，一切努力，收获极大。青年党混入混出，励老动摇，均在意中，唯性质略有不同，故对励老可暂持保留态度。民盟经此一番风波，阵容较稳，但问题仍多，尚望兄从旁有以鼓励之。民主斗争艰难曲折，居中间者，动摇到底，我们亦争取到底。……政协阵容

---

① 现在称为十四年抗战。——编者注

已散，会后要看前线，少则半载，多则一年，必可分晓。……弟等十九日归去，东望沪滨，不胜依依。”这封信既回顾了大半年谈判的经历，正确估计了第三方面的情况；也对形势发展和我党继续团结民主人士的方针，作了深刻的阐明。信中流露的对郭老的惜别之情，不仅是委托郭老继续做稳定民主阵线的工作，也是通过他向留在国统区继续为民主而斗争的进步朋友的告别和期待之意。

周恩来同志返回延安后，南京、上海的办事处改称联络处。两处同民主人士继续保持密切的往来。11 月 30 日上海联络处设宴庆祝朱德总司令六十寿辰，有 50 多位民主人士到场祝寿。12 月 18 日，民盟主席张澜先生抵沪，次日华岗、钱之光、陈家康等设宴欢迎，并庆祝沈钧儒 73 岁寿辰。

1947 年 2 月 28 日，重庆、南京、上海 3 地的国民党警备司令部先后通知我 3 个办事处，限令在 3 月 5 日前把人员撤回延安。这时，周恩来同志从延安致电董老、钱之光、王炳南、童小鹏并转告香港方方、林平、章汉夫等同志，对宁、沪、渝 3 地我党办事机构撤退前的工作和应采取的斗争策略，作了具体指示。针对蒋介石以地方当局出面用“不保护安全”的形式下令逐客，为了迫使国民党当局必须承担最后破裂之责，由周恩来同志致电蒋介石提出质问和抗议，要蒋以正式公函通知中共驻京代表董必武，并需将撤退时间延长到 3 月底。同时对如何隐蔽分散撤退，也作了指示，电报中要钱之光和我速去香港，刘昶隐蔽经商，无法隐蔽的均撤回延安。钱之光和我原已做好赴香港的准备，但因国民党特务监视严密，未能成行。王炳南同志按周恩来同志的指示，与美方说明了经过，并交涉好撤退时所需的飞机。于是，我们于 3 月 5 日离开上海到南京。3

月7日宁沪两个办事处共74人由美方派4架飞机把我们送回延安。我们离开上海后，还留下一些负责干部如刘晓、刘长胜等在上海继续坚持地下斗争。上海工委候补委员、文化组负责人胡绳和工委妇女组的吴全衡同志，则于3月19日秘密去香港。“工委”青年组代组长朱语今在2月27日离开办事处，转入地下，次年4月到了香港。这时，公开机构只有伍云甫和林仲以解放区救济委员会驻沪办事处负责人的名义，继续留在上海。

周恩来同志1946年在宁沪谈判期间，为保护团结民主人士，花费了大量心血，发展壮大了民主阵营，特别是在谈判破裂前，事先对党组织的疏散隐蔽、我党公开活动地点向香港转移以及对部分进步朋友的转移等等，都做了周密的部署和安排，并在香港逐步扩大了工作基础，这就为以后大批无法在国民党统治区坚持斗争的民主人士的安全转移，提供了保证。1947年10月，国民党宣布民主同盟为非法组织，加紧进行迫害，许多知名的民主人士相继转移到香港。这样，也为以后新政协的召开，做好了人事上的准备。

三　开辟海上通道，保持解放区与香港的联系

我们撤退到延安的第二天，钱之光去向周恩来、任弼时同志汇报（当时我们搞经济工作，由任弼时同志领导）。汇报结束前，周恩来同志对钱之光说：你们在上海时，我两次打电报要你和刘昂去香港，没有走成。现在宁沪我们公开活动的地方都已撤回，可以公开活动的地方转到了香港，我们很多干部已先后到了那里，还有些民主进步人士陆续要去，他们在那里要生活、要活动。之光，你

要尽快带些人到解放区的沿海口岸去，想办法打发人出去与他们取得联系。钱之光接受这个任务后，再三考虑，认为“解总”还有个机构在上海，还会有船运送救济物资到烟台等地，所以决定先去烟台。于是钱把刘昂、刘恕、鲁映、李泽纯、王华生、牟爱牧、蔡连芳等编成一个小队，随同中央城工部的大队行军。3 月 11 日，我们从延安出发，中间又有些变化，钱之光去开过几次会后赴烟台，我则随董必武同志到西柏坡。

钱之光等在烟台待了几个月，这期间朱友学、祝华同志先后押运救济物资随船到了烟台，从他们那里了解了外面的许多情况。1947 年 7 月份，钱与刘恕商量，派人到香港去看看。由于海上有国民党海军的封锁，于是让刘恕与鲁映夫妇乘胶东区党委的一只 70 吨的渔船，从石岛沿海岸线经澳门到达香港，找到了“联和公司”的杨琳，发回了安全到达的消息。当时国民党军队正在向烟台进犯，当地的负责同志告诉钱，要他们尽快转移。钱之光到华东局发电报给周恩来同志，报告了情况，并提出拟转赴大连。当即得到周电复同意。因此，9 月间钱等在烟台尚未失守前就转赴大连。

到了大连以后，钱之光即派王华生到朝鲜的罗津，让王华生乘苏联的货船去闯闯到香港的航路。过了一些时日，得到王华生平安到达香港的电报，钱之光即致电周恩来同志，报告去香港的航道已经打通。当时大连是苏联军队军管的地区，钱之光在大连组织的“中华贸易总公司”对外不公开，而是以中央书记处所属的一个机构在活动。

钱之光等在大连这段时期，大连香港之间贸易往来逐渐打开，运出土特产，带回解放区所需的物资、器材，满足各方面的需要。

1948年5月，周恩来同志曾连续打几个电报给钱，主要是命钱去港。有一次来了一个长电，除要他搞经济工作外，还说在香港有些工人代表要进解放区来开工代会，要他设法把他们送进来。还有几起干部事件，要他到香港后处理。此时，钱之光在大连的机构，只有十几个人，感到人手不够，就电请周加派人来。

周恩来同志于1948年5月底到达西柏坡。有一天，派人找我去谈话，要我即日出发去大连接替钱之光的工作，好让钱去港。并说，已另外电告钱之光，以后还有些事到时再电告，如果人员不足，可以就近调些干部充实。与我同行的有丁玲、张琴秋、李兰丁、吴青等同志，她们将去北满与蔡畅、区梦觉同志会合后，赴匈牙利出席国际民主妇女第二次代表大会。我们经山东益都（华东局所在地）到俚岛渡海北上，在穿过国民党海上封锁线时，突然遇到国民党的巡逻艇，经过与敌人巧妙周旋，终于化险为夷，于第二天一早到达大连。

这时，虽然解放军已在军事上连连取得胜利，但解放区对外的海上通道，仍然只有大连这个唯一的港口。我们就是依靠大连这个口岸，与香港保持了经济贸易和人员往来的联系。

四　把在香港的民主人士接回解放区，筹备召开新政协

1948年春，全国形势发生了巨大变化，我军在各个战场节节胜利，国民党统治已走向穷途末路。中共中央在“五一”节发布的口号中，号召全国劳动人民团结起来，联合全国知识分子、自由资产阶级、各民主党派、社会贤达和其他爱国分子，巩固和扩大反对帝

国主义、反对封建主义、反对官僚资本主义的统一战线，为打倒蒋介石、建立新中国而奋斗。同时号召各民主党派、各人民团体及社会贤达迅速召开新的政治协商会议，成立民主联合政府。党中央的号召，立即得到各方面热烈的响应和赞成。

由于1947年国民党反动当局宣布民盟为非法组织，加紧迫害，许多民主人士已先后脱离国民党统治区。这时在香港的民主党派负责人有李济深、何香凝、沈钧儒、章伯钧、马叙伦、王绍鏊、陈其尤、彭泽民、李章达、蔡廷锴、谭平山以及无党派民主人士郭沫若等。他们在5月5日联名致电毛泽东主席，热烈响应中共中央的号召，认为这是“适合人民时势之要求，尤符同人等之本旨”。他们还同时发表通电，号召国内外暨海外侨胞，“共同策进完成大业”。

8月初，毛泽东主席复电给在港的民主人士，对他们赞同召开新的政治协商会议并热心促其实现，表示钦佩。复电希望民主人士对召集会议的时机、地点、召集人、参加的范围和讨论的问题等提出意见，共同商讨。从这时开始，筹备召开新的政治协商会议，就成为我党一项重大的政治任务。

对于如何把在香港的民主人士安全地接到解放区，筹备召开新政协，周恩来同志曾经设想开辟经欧洲到苏联再转赴哈尔滨的路线，但未能打通。1948年初秋，曾告潘汉年设法与港方交涉。潘找了民主党派驻港代表萨空了同志商谈，要萨先与港方接洽，说民主党派有几位负责人要经欧洲进解放区。于是萨空了找了香港大学校长施乐斯（D.T.Sloss），他是香港当局指定与中共及民主党派的联系人。萨对施乐斯说，民主党派主要负责人李济深、沈钧儒要从香港去伦敦转经苏联到东北解放区去。施表示你们两个领袖要走，这是要请示的，说要报告香港总督。过了一些时，施回答说：港督表示这件事他也做不了主，要请示伦敦，需要有一个较长的时间才能答复。由于他们的答复旷日持久，而且可能是敷衍搪塞，因此，周恩来同志决定不走这条路线，而利用大连到香港的这条航道，来完成这项重要而机密的任务。以后施乐斯在当年 12 月才转来伦敦的意见，说不发护照，但可给一个证明身份的文件，离开伦敦时还可以保护。其实这时，我们早已开始了接送工作，沈老也早已到了解放区。

8 月初钱之光接到周恩来同志的电示，要他尽快去香港。当时，我刚到大连不久，钱交接后即由大连出发，经平壤会见了我驻朝鲜办事处的负责人朱理治同志，并同苏联办事机构办理了租船手续，然后在罗津乘坐租用的苏轮“波尔塔瓦”号启程赴港。根据周恩来同志的指示，钱之光用的是解放区救济总会特派员的名义，以便在香港公开活动。与钱同行的有祝华、徐德明和翻译陈兴华等同志。到达香港后，钱之光即与香港分局的方方、潘汉年同志等取得联系。这时他们也接到了中央关于接送民主人士北上参加新政协会议的指示，大家一起商讨，并做了分工。

周恩来同志决定利用大连与香港之间的海上通道，但考虑到香港的情况复杂，同时海上航行由于国民党海军的活动，特别是要经过台湾海峡，也很有风险，所以一再指示对民主人士的接送要绝对保密，保证安全。这时在港的民主人士很多。根据周恩来同志指示的精神，钱之光与方方、潘汉年等经过仔细研究，为了不引人注目，决定分批秘密接送，由同民主人士保持联系的党组织如香港分局、香港工委还有其他方面的同志分别联络，每一批安排哪些人走，什么时候开船，要根据民主人士准备的情况、货物装运、香港的政治气候以及联系工作情况等因素来决定。为保证旅途安全，商定每次都有负责的同志陪同，并派出熟悉旅途情况的同志随船护送。在“华润公司”工作的杨琳、袁超俊、刘恕和在“中华贸易总公司”工作的祝华、王华生、徐德明等，都参加了这方面的工作。

根据当时条件和联络情况，8 月下旬首批安排护送沈钧儒、谭平山、蔡廷锴、章伯钧等民主人士和其他同志十几人北上，由章汉夫陪同，祝华、徐德明护送。由于这一批有知名度很高的重要人物，为了严格保密，特别是要防止香港密探的跟踪，对于上船前要经过的路线、从哪条路走、什么人去接、遇到情况如何应付，都做了周密的考虑和安排。在准备工作完成以后，钱之光立即向中央作了报告，周恩来同志同意了行动计划，并强调指出，这是第一批，出发后有什么情况要随时报告。沈老一行离港启程后，我在大连与香港始终保持密切联系，船行 8 天，当我知道轮船已顺利到达罗津后，立即电告香港。这一批民主人士的到达，中央派李富春同志专程迎接转往哈尔滨。

在第一批民主人士安全到达后，由我在大连租了苏联货轮，装上解放区出口的物资和一些黄金到达香港。当时主要任务虽是接送民主人士，但仍需以经济工作作为掩护。10 月中旬，大连出发的这条船到香港时，因与另一艘船相撞，需要检修，一时不能使用，而香港方面已经安排了第二批民主人士北上的行期，因此只有另外租用挪威的船只运送。这次北上的民主人士有郭沫若、马叙伦、许广平母子、陈其尤、沙千里、翦伯赞、宦乡、曹孟君、韩练成、冯裕芳等知名人士，由连贯同志陪同，胡绳同志同行，王华生随船护送。这艘船行驶到大连与丹东之间的大东沟后，因大连当时是苏联军港，普通船只不让靠岸，不得不在大东沟抛锚，改乘小船登岸。这一批党内人士较多。郭老等民主人士由东北局前来迎接的负责同志陪同转赴哈尔滨，多数党内同志由我们接来大连。连贯同志在我们公司住了 10 多天，接到周恩来同志的电示，要他和韩练成（原任国民党四十六军军长）秘密进入山东解放区。

第三批北上的民主人士最多，加上我们党内的同志有 30 多人。这一批北上的有李济深、茅盾夫妇、朱蕴山、章乃器、彭泽民、邓初民、洪深、施复亮、梅龚彬、孙起孟、吴茂荪、李民欣等著名人士。李济深先生当时是很有影响的人物，我们与他有密切联系，美国方面和香港当局也同他接触频繁，国民党有些政治势力还想竭力争取他，如白崇禧就亲笔写信派一桂系大员赶到香港邀他到武汉“主持大计”，实际想拉拢他，打他的旗号同我们“划江而治”。对此，党中央十分关心，周恩来同志频繁来电，指示也更加具体周密。

因为第二批北上的船只未能在大连登岸，这一次周恩来同志特地事先打电报给在大连的冯铉同志（冯当时负责情报工作）和我，指示说：这一批民主人士北上，要与苏联驻大连的有关部门交涉，租用他们的轮船，一定要在大连港靠岸；要安排最好的旅馆，民主党派负责人要住单间，确保安全；要举行欢迎宴会（并具体指定了座位席次）；还指示说北方天气寒冷，要为他们准备好皮大衣、皮帽子、皮靴等御寒衣物。并请大连市委协助做好接待工作。我们都一一按指示作了准备。

周恩来同志在给大连电示的同时，也给香港钱之光处发了电报，指示说已经走了两批人员，很可能引起外界注意，这次行动要更加谨慎。钱之光同志等按照指示，经过仔细研究，确定把第三批民主人士离港的时间，安排在圣诞节第二天的深夜。因为人们都在欢度圣诞节，注意力分散，这是行动的有利时机。由于有过去两次秘密护送的经验，这一次更加慎重。民主人士离港时，有的是从家中转到朋友家以后再上船，有的则先在旅馆开个房间，停留一些时候再离开，他们都不随身携带衣物，因此一点看不出有要出门的迹象。

李济深先生等一行于 12 月 26 日登船离港，由李嘉人陪同，龚饮冰、卢绪章等随行，徐德明随船护送，到 1949 年 1 月 7 日上午才到达大连。中央派李富春、张闻天同志专程从哈尔滨到大连迎接。当时参加国际工运会议回到哈尔滨的朱学范先生也赶到大连来迎接。迎接的还有大连市委的欧阳钦、韩光、李一氓等同志。这一批民主人士下榻在大连最高级的大和旅馆（现大连宾馆）。当天中午，在关东酒楼以丰盛的宴席举行了欢迎会。

我们按周恩来同志的指示，事先设法买了御寒的皮货，他们一到，我们的同志就送去獭皮帽、皮靴、貉绒大衣。他们收到这些物品，十分感动，有的人要付款。我们解释说：解放区实行供给制，衣帽鞋都是送的，这是周恩来同志指示我们办的。他们连声说：恩来先生想得真周到，吃穿住行都给我们安排这样好，真是太感谢了。这批民主人士在大连逗留期间，游览了市区，参观了工厂，然后乘专列经沈阳前往哈尔滨。龚饮冰、卢绪章等同志在我们那里住了一段时间，经周恩来同志电示，他们乘火车去天津、石家庄。卢绪章以后到上海参加接管。

第四批民主人士是1949年3月14日从香港出发的。这时北平、天津已经解放。这一批北上的有黄炎培先生夫妇、盛丕华先生和他的儿子盛康年，还有姚维钧、俞澄寰先生等。他们由刘恕护送在天津登岸。3月25日到达北平。董必武、李维汉、齐燕铭等前往迎接。

新政协的筹备会议原定在哈尔滨召开，由于形势发展之快，超出人们的预料，1949年6月，就改在北平召开筹备会。9月召开了中国人民政治协商会议的正式会议，通过了《共同纲领》，选举产生了国家领导人。从此，新中国犹如初升的太阳，在东方升起。

1949年4月底，我们应召回到北平。5月初，周恩来同志约我们去汇报这一阶段的工作。他高兴地说：你们做了很多工作，接送民主人士和开展对外经济贸易，都是做得好的。其实这些工作，都是在周恩来同志亲自部署指挥下进行和完成的。

从1946年国民党反动派加紧发动内战、镇压民主运动，民主人士遭受迫害，在党组织协助下相继转移，到1948年秋我们取得全国胜利前夕，又把大批民主人士接回解放区筹备新政协，这一段历史，充分表现了我们党与各民主党派是肝胆相照、荣辱与共的。大批民主人士和我们党一起为中国的和平、民主、统一而坚持不懈地并肩战斗，这是我们党统一战线政策的伟大胜利。这里面，周恩来同志卓越的组织领导是具有重大作用的。它和周恩来同志的其他业绩一样，将在我国革命史册上永放光芒。

（节选自中共中央文献研究室编《不尽的思念》，中央文献出版社1987年版）

和李达同志在挪威货轮上

周而复*

这条挪威货轮大概有1万吨光景，上下三层，客舱只有少数几间，原来全部是船上大副、二副和工作人员住的，特地让出两间给我们，其余完全是统舱——这个统舱不是一般客轮与客货轮那样的统舱，并无床铺，只是一片空间，装货用的，现在装人了。

李达同志是中国共产党创始人之一，早年留学日本，1920年参加上海共产主义小组①，主编《共产党》月刊。1921年出席中国共产党第一次全国代表大会，当选为中共中央宣传部主任②。此后，任湖南自修大学校长，主编《新时代》杂志。1923年，因与陈独秀

* 周而复：时任中共华南分局文化工作委员会副书记；后曾任文化部副部长，全国政协委员。

① 现在统一称为共产党早期组织。

② 党的一大并未设立中央宣传部，李达在中央局分管宣传工作。

发生意见分歧而脱离党组织。但坚持宣传马列主义，出版《现代社会学》和《社会学大纲》等著作。北伐战争时期，任国民革命军总政治部编审委员会主席兼中央军事政治学校代理总教官。大革命失败后，任上海法政学院教授，暨南大学教授兼社会系主任等职。他从事马克思主义理论研究和宣传教育工作，是我国传播马克思主义的先驱者之一。我早就景仰他对马克思主义研究的贡献和在哲学研究的成就。他沉默寡言，态度和蔼，平易近人，言谈声音比较低而缓慢，好像在字斟句酌，看不出是一位革命家，著名教授。当时，他年近花甲，穿一身灰色西装，打着淡青色领带，头发灰白稀疏，已经“拔顶”了，似乎剃得光光的，可是两眼炯炯有神，从严肃的表情看，他好像经常在思索什么哲学问题和人生问题。他办事不急不忙，有条有理，非常守时。和他在香港见面，我们没有详谈，只是讲了这次去解放区的行程和准备情况。他表示非常怀念润之同志。润之是毛泽东同志的号。他是湖南零陵人，和毛泽东同志是同乡。我不知道他是什么时候、在什么地方认识毛泽东同志的，至少在中国共产党第一次全国代表大会上就认识了，是老朋友、老战友。

上船以后，我请他住在船上让出的一间客舱里，他发现客舱的床位很少，100 多人没有住处，谦让道：“我可以和大家住统舱，不要住在这房间里。”我告诉他统舱人多而又杂乱，不能好好休息，让年轻人和家属们去住，你是长者，应该有个安静的地方休息，已经安排好了，不要谦让了。他说，我一个人住在客舱里，内心实在不安，应该和大家住在一起，我再一次劝他，并且告诉他还有别人也住在客舱里，他才勉强同意，说只好服从你的安排了。

同行当中有不少家属。郭沫若同志先去了解放区，他的夫人于立群和儿女汉英、庶英、世英、民英、平英都暂时留在香港，平英当时才3岁，不过刚刚学步，有时还要人抱着。立群带着孩子睡在下面统舱。

中国国民党革命委员会中央执行委员吴茂荪，原来是中国民主革命同盟（即小民革，1941年皖南事变后，在周恩来同志关怀和支持下成立的）发起人之一，积极开展国民党民主派的活动，做了许多有益的工作，1945年当选为国民党民主派组织“三民主义同志联合会”（简称民联）中央委员。1947年10月，冯玉祥将军出任旅美中国和平民主联盟和中国国民党革命委员会驻美洲总分会的主席，吴茂荪当选为执行委员，协助冯玉祥将军开展工作。1948年7月，作为冯玉祥将军的代表由美国回到香港，参加民革中央工作，并在同年12月，随着民革中央主席李济深离开香港。

1949年1月22日，李济深、沈钧儒、马叙伦、郭沫若、谭平山、彭泽民、茅盾、蔡廷锴、周建人、沙千里、朱学范、胡愈之、洪深、陈其尤，还有吴茂荪等53人联名发表《中国民主同盟领导成员暨各方面民主人士对时局意见》：

> 我们现在已经先后进入解放区来了。回忆去年5月6日，中共中央号召全国，建议召开包括各民主党派，各人民团体，各民主人士的政治协商会议，以加速推翻南京卖国独裁统治，实现人民民主联合政府。我们一致认定，这一解决国是的主张，正符合全国人民大众的要求，因此，特通电响应……人民民主革命，在其领导之下有了今天的成就，决非轻易得来。在今天，谁如要苟安纵敌，而使革命大业功亏一篑，谁就成为中国革命

> 的罪人，民族的罪人了。但我们很愉快而且很兴奋，我们毕竟看到了中共主席毛泽东先生最近发表的对时局声明（即 1949 年 1 月 14 日“中共中央毛泽东主席关于时局的声明”），为了贯彻革命到底，为了粉碎和平攻势，严正地揭穿了蒋美集团的阴谋，而提出了真正的人民民主和平的八项条件。这正是对于蒋介石所提出的要求的无情反击，我们是彻底支持的。……

吴茂荪随李济深他们先走了，他的夫人王枫带着孩子也在统舱里。（王枫是民革成员，后来当选为中国国民党革命委员会中央候补委员，中央委员，中央常务委员。）统舱里住满了，还有许多人没地方住，唯有甲板和船舱走道空着，姜椿芳、舒绣文和我，以及无处安排的人，我们在甲板上摊开通铺，在不避风雨的甲板上休息了。

我们平安地离开香港港口，到了公海上，在下面统舱休息的人们，纷纷走到甲板上来，熙熙攘攘，谈笑风生，互倾衷肠，盼望尽快到达解放区，有的人高声歌唱，还要求四大电影明星之一——舒绣文表演。她在人丛中说，很抱歉，我只会演戏，别的什么也不会，在船上没法演独角戏，和大家一同唱歌吧。大家纵情欢唱，似乎遏住蓝色天宇的冉冉白云，又仿佛激起海上的波浪，轮船欢快地破浪前进，卷起白雪似的浪花，从船的两侧滚滚而去，到了船尾，合成一条巨大的雪白的浪花，像一条白色的巨龙，向远方奔腾而去。

轮船向北方驶去，风浪越来越大，船身摇摇摆摆，好像一个人在“打摆子”（疟疾），战栗不已。有人从统舱里跑上来，告诉我，于立群和孩子们几乎都在呕吐，不知道什么原因，快去看看。我到统舱一看：于立群在不断呕吐，有的孩子也在呕吐——晕船了。根据医生的意见，干脆让晕船的人呕吐完了，服点晕船的药，躺下来休息。刚把于立群和孩子们安置好，又传来许多人的呕吐声，真是扶得东来西又倒，忙不迭地招呼。统舱晕船的人慢慢少了，回到甲板上地铺那儿，也有人晕船，幸好是少数，因为睡地铺的人比较年轻力壮，并且甲板上摇摆的幅度小于下面统舱。

我到客舱去看李达同志，关怀他的健康，问他感觉怎么样？晕不晕船？他说，本世纪初，曾到日本留学，1912 年在东京帝国大学毕业，这期间，坐了不少次轮船，已经习惯了，一点也不晕船。我放心了。他指着桌子上两本哲学书籍对我说，不仅不晕船，还可以安心读书，研究哲学。

马克思主义在中国正式传播先行者是李大钊。几乎在李大钊传播的同时，1918 年秋到 1919 年夏，李达翻译《唯物史观解说》《马克思经济学说》和《社会问题总览》，1921 年在上海出版，广为流传，发生了重要的影响。1922 年 12 月，李达应毛泽东邀请，到长沙出任湖南自修大学校长，讲授唯物史观、剩余价值学说和科学社会主义。1926 年，他在长沙出版《现代社会学》，主要阐述唯物史观基本原理和科学社会主义理论。可以说，这本书是在中国传播马克思主义哲学的主要代表作，对传播唯物史观的贡献和影响更大，成为毛泽东在延安研究和写作马克思主义哲学的主要参考书之一。冯玉祥在泰山听了李达对他所讲的马克思主义哲学，认为受益匪浅，写下这样一句话：“若不信辩证唯物论则我民族不能复兴。”毛泽东收到李达所写的《社会学大纲》，赞赏是中国人自己写的第一本马列主义哲学教科书。李达对中国传播马克思主义哲学作出重大贡献，是我们的前辈。

他对毛泽东同志的《实践论》和《矛盾论》非常钦佩。说，毛泽东同志的《实践论》，用马克思主义的认识论观点来揭露党内的教条主义和经验主义——特别是教条主义这些主观主义的错误。1931年到1934年，教条主义披着马克思主义外衣迷惑了许多同志，使中国革命受到了极大的损失。教条主义的同志否认“马克思主义不是教条而是行动的指南”这个真理，以马克思主义书籍中只言片语吓唬别人。经验主义的同志拘泥于自身片面经验，不懂得马克思主义理论对于革命实践的重要性。为了同一的目的，即克服严重的教条主义思想，毛泽东同志又发表了《矛盾论》。这两篇哲学论文解决了中国革命的不少问题，对中国革命的指导已经产生并且继续产生重大影响，太重要了。我研究这两篇马克思主义的哲学论文，写一些认识、分析、理解，帮助广大读者对这两篇重要的光辉的论文提高认识。我的理解和认识是否正确，要请教润之同志。

我完全赞成他的意见，并扼要谈了1938年在延安读这两篇哲学论文的体会，对我认识中国革命的历程和发展有极其重要的指导意义。

他点了点头，说，我们有同感。他表示到解放区以后，希望看望润之同志。我立即对他说，一定把他的愿望报告党中央和毛泽东同志。他脸上露出了微笑。我感到他的愿望藏在心里多年了。

“岳州号”轮船安全到达解放不久的天津港口，码头上挤满了接客的人群，有的是从北平赶到天津来接的，彼此见面特别亲热，仿佛劫后重逢（在国民党统治区所受的迫害和灾难），现在团聚在解放区自由的天地里。我下船安置大家住在天津当时最大一家旅馆里，立即向中央报告 100 多人已经平安到达天津，并报告毛泽东主席，李达同志希望见他。当即得到答复，要李达不必在天津停留，直接去北平，毛泽东主席准备见他。我把这消息告诉李达同志，他平静严肃的面孔上绽开微笑的花朵，匆匆上车，到北平去了。

这年，李达同志重新加入中国共产党。

（选自周而复著《周而复往事回首录之一——空余旧迹郁苍苍》，中国工人出版社 2004 年版。原标题为《在挪威货轮上》）

丘哲先生北上参加新政协筹备的二三事

罗培元[*]

丘哲先生和许多党外上层人士一样，经过抗日战争时期的共同战斗，对国民党反动派的反动本质，更加深了认识，和中国共产党的团结合作，因而更进一步紧密起来。当日本投降、国民党还在重庆玩弄假和谈的时候，许多人便深入实际斗争来发动民主势力，丘哲便是其中的一位。1945年，他就到香港和知名人士李章达建立民盟南方总支部，李任主委，丘为副主委；不久又把在港的《人民报》迁到广州出版，借以壮大国民党统治区的民主势力。后来丘哲又在香港创办达德学院，不断培养民主力量。推动民主运动由中上层联结到中下层，这成为民主势力更加踏实地发展的一个方面。其

---

* 罗培元：时任中共香港工委统战委员会委员；后曾任广州市副市长，全国政协委员。

间，中国共产党和人民解放军也经历了美蒋变本加厉的政治压迫和疯狂的军事进攻的严重时刻。但我们处处感觉到，由于我党主张的正确和斗争的坚定性，我们的朋友不是少了而是多了，民主力量不是弱了而是更强了。到1948年以后，人民解放战争的局势不但由防御转到反攻，解放军的质量超过国民党军，数量上也将超过国民党军，许多原先被分割的解放区联成一大片。当时的民主党派和无党派民主人士的力量，也经历了由数量发展到政治素质提高的过程。国民党反动派对著名民主人士的杀害，对反内战、反独裁、反饥饿的学生运动的无情镇压，更加增强了民主人士对国民党反动派的仇恨，也提高了对美帝当年策划的以自由民主主义为标榜的第三势力的认识，因而和中共一起抵制参加国民党反动派在南京召开的伪“国民大会”，还联合或分别集会发表对时局的宣言、声明，接受中共对时局的主张，联合中共共同推翻国民党反动派独裁政府，反对美国干涉我国内政。1948年4月30日，我党发出筹备召开新的政治协商会议的口号，马上得到各党各派和无党派人士的响应。中共中央香港分局受中央指示抓紧在香港方面的准备工作。方方和潘汉年同志亲自抓了这方面的工作。丘哲这期间由上海回到香港（他1947年间曾到上海参加农工党的重要会议，活动一个时期），积极参加了筹备新政协的活动。

由于需要加强党的统战工作，密切同党外人士的联系，香港分局成立了统战委员会，由连贯同志主持。1948年4月间，我自云南回到香港汇报工作，被留了下来，任统委委员，住在机关，主要工作是同在港的高中层民主人士联系，传递信息。党中央、分局和统委有事需要和可以由我告诉党外人士的，交我去办；民主人士有什么意见需要我告诉党的，也就托我这个“罗先生”（那时只有少数人知道我的名字）转达。当时丘哲作为民盟又是农工党的头面人物，由于工作需要，经连贯介绍，我同他建立联系。记得初次同丘老会见，地点是在西摩道他的住宅里。丘哲那时鬓白发稀，60岁出头，但由于身材高大，保养又好，脸色红润，神采奕奕，加上上唇留上一撮已花白的“卓别林”胡子，使我这个年轻人很自然地对这位生面长者采取保持一定距离的态度。大概是我的拘谨态度给他老人家看出来了，他显出格外的亲和神色使我和缓下来。特别是我两句寒暄使他辨认出我的粤语带有客家话根底，就问我是否客籍人。当我说到我祖宗居留过嘉应州时，他不仅说大家是“自家人”，而且进一步靠近座谈。当我讲党组织要我向他转达的事情时，我注意到他对我讲的每一句话都严肃认真地听取，组织提出的向他征求意见的问题，他都爽快直言回答，没有转弯抹角，也没有模棱两可；处处表现出他对我党中央的领导，特别是对毛主席的尊重、爱戴。公事谈毕，我们便开怀畅谈起国事、天下事来。我是在这次会见中亲自领会到他既是一位无条件赞同我党主张、尊重我们党，又是广闻博识、见解也有相当深度的老人。

从此以后，我还有几次上他家，谈的都是党邀请上层民主人士举行“双周座谈会”的事情。所谓“双周座谈会”，是中共和各党派民主人士上层或中层人士商谈国是的一种形式。这里讲的“国是”是个大题目，具体商讨内容因时因事而定，或由中共提出取得大家同意、决定，或是根据各民主党派、民主人士的意见商讨确定；顾名思义是隔两星期开一次会，但实际上却往往按需要而提前或推后。这种双周座谈的形式，滥觞于重庆，以后便成了我党普遍运用的、为党外人士所熟悉的统一战线政治活动的一种好传统、好形式。分局开这种高层人士会议，在统委成立之前，多数是分别在党外人士的家里举行，自从建立了统战委员会之后，多数在统委会所在地举行。所以多数场合，分局决定开会之后都是我负责通知开会、安排会场和做记录。我到丘哲家，由于多数是转达组织开会的建议，同时也听取他对开会内容和时间的意见，所以往往不用多少时间，便完成任务，没有特殊情况，我随即告辞，像初次见面那样长谈就少了。

当时“双周座谈会”的主题，除了通报情况、讨论重大时事问题之外，主要是商议新政协的准备工作，如新政协纲领、开会的时机与地点、参加单位人数多少等问题。丘老在双周座谈会上的言论，我记不清楚了。我总的感觉是：他虽然是和章伯钧、彭泽民、李伯球同志分别代表农工党参加，但他们都是各自发表个人对问题的看法。我党出席会议的同志为方方、潘汉年、连贯等，对丘老的意见是很尊重的，而丘老对我党中央的意见也十分尊重。丘老的发言多是协和众议，商量式地提出来，而且往往是扼明简要，很少长篇大论。丘哲在1948年11月4日出版的《群众》杂志上发表了一篇题为《实现华南人民利益的正确政策》的文章，这是他读了《华南人民武装当前行动纲领》之后所发表的意见。他完全赞同《纲领》中关于土改、财政、肃反、保障工商业与华侨利益的各项重大政策，同时认为这个《纲领》和农工民主党扩大会议的决议目标一致，“将使各种爱国反蒋的人民武装，统一在这纲领之下发挥更大力量，加速解放华南”。丘老特别强调华南是工商业比较发展的地区和众多华侨的家乡，保护工商业者与华侨的利益十分重要，“尤其对于把握此时此地的具体情况，确实做到保护华侨与民族工商业资本家，并加强团结”。丘老当时这些主张，不仅在华南仍然在武装斗争时期要实行，就是在解放以后，也要十分注意实行的。总之，丘老对党中央和毛主席的主张，由衷地表态拥护，并以实际行动给予支持；对人民解放军的胜利充满信心，处处表现出他对新中国诞生在望的喜悦心情。

和其他先后北上解放区的高层民主人士所表现的一样，当党中央在 1948 年秋间决定先后护送在港的党外民主人士到东北转入华北解放区，进一步筹备召开新政协会议时，丘老高兴得好像个小孩子遇上过春节那样，欣喜溢于言表。他是安排在第二批离港的，为了免于声张，避免引起港英和蒋帮特务势力的注意和阻挠破坏，人和行李分开行动。我先期（一两天）到他家把行李运出，和由我负责联系的、同船的民主人士的行李一起送上船（华中轮），人则在轮船起航之前两三点钟才上船。丘老二三十年代就已足迹半天下，离别的况味岂曾少尝？漂洋过海的风险经历又何其多？但这次离别和以前的情况大不相同。丘老是特别富于情感的人，他盛年游欧之前要“拜别慈母”，这次北上，他要离开年轻的夫人梁淑钊女士和幼子组成的美满家庭，难舍难分的情状可想而知。他到了北平后的《寄内》诗有“每怀离绪倍伤神”之句，也证明了这一点。我当时告诉丘老和他的夫人，我们同北方常有电讯联络，一有情况便可得到信息，我当随时到府上相告；丘夫人有信和要带点什么“小心”给丘老也可以办到（大概是这句话起作用，不久丘夫人便拿了一双新做布鞋到我住处托我转给丘老，这岂止是千里送鹅毛，简直是针针千金意，我照办了，但那时在沈阳的丘老有无收到不得而知），有什么困难，我们也会协助解决，请他们一切放心。他们完全相信党组织有这个办法。后来丘老有诗句表达了他这种情感：“离情都带欢怡感，高卧船中黑到明。”

讲到途中的安全，最担心的不是一般的海上航行的风险问题，因为这对丘老这位如他自己所说“坐船多过食饭”的人，是不足挂齿的。可这次情况特殊，尽管我对丘夫人反复说安全没有问题，也以第一批人士已安全抵达东北作为例子宽解她的焦虑，但我们内心也不是那么有把握，要冒一定风险，这也是大家都心照不宣的。因为那时，著名的辽沈战役才结束，平津尚未解放，战云密布祖国上空，沿海更是美蒋海、空军的世界，而且船还要经过台湾海峡。这对于任何过往的革命者，都是一个考验，对我国知名度高的民主人士来说，在当时军事政治斗争十分激烈的条件下，更不用说了；如果任何人出了意外，就不只是个人的不幸，对我国的革命事业也是难以弥补的损失。丘老不是不了解到这一点的。丘老怎样对待这次考验呢？同其他北行的高层民主人士一样，我没有听到他在这个事情上讲过什么豪言壮语，但沉默并不是没有感受，一种高度爱国主义孕育的履险如夷的英雄气概，潜沉在内心的深处。他毕竟用雄浑的诗句表达出来了。他在《十一月二十三日自香港乘轮赴东北口占留别亲友》的诗中是这样写的：

愿抱澄清酬故友，拼将生死任扶倾。
关山极目风云急，剑匣长鸣起执鞭。

读了丘老这首诗，再由我来对他当时表现出来的热爱新中国的高度爱国主义的精神说些什么，都是多余的了。

丘哲先生北上后，更加忙于新政协的筹备工作，可想而知。我只从报上看到他和李济深、沈钧儒、马叙伦、郭沫若、谭平山、章伯钧、蔡廷锴等55位到达解放区的人士于1949年1月22日联名发表的《我们对于时局的意见》，揭露美帝国主义所搞的政治阴谋，即一面企图在革命阵营内酝酿反对派组织，一面嗾使南京反动集团发动和平攻势，以便争取时间，做最后的挣扎。他们在《意见》中毅然决然发表了“人民民主阵线之内，绝无反对派立足之余地，亦决不容许有所谓中间路线之存在”的声明，还表示“彻底支持”毛泽东主席代表中共中央提出的和平的八项条件，同时希望全国人民采取行动“促其全部实现”。后来丘哲作为民盟代表出席了中国人民政协首届会议，这个会议宣告中华人民共和国的成立，选出中央人民政府，制订《共同纲领》，是由旧中国到新中国转折的重要会议。

（节选自中国农工民主党中央党史资料研究委员会编《纪念丘哲》，中国文史出版社1991年版）

北游寄札

宋云彬*

1949 年 2 月 26 日

昨李实（罗雁子）来告，今日可登轮，嘱先赴大中华旅社，与圣陶、彬然等会集。晨 10 时渡海赴大中华旅社，圣陶等已先在。因避人耳目，到旅社后即未出门。下午 9 时许李实来言，今日搬行李上轮时因件数过多，颇受人注意，此间目标已显露，须迁移他处，明日方可登轮也。即由吴逖舟导往大同旅社，辟三室，余与彬然同一室，圣陶夫妇同一室，余一室较宽大，则振铎父女与万家宝（曹禺）夫妇居之。

---

* 宋云彬：时任中国人民救国会中央委员；系人民政协第一届全体会议代表；后曾任人民教育出版社副总编辑，全国政协委员，民盟中央委员。

27日

晨7时起床，出外购毛巾、牙刷、牙膏等归，因盥漱用具在行李袋中，而行李则已于昨日上轮矣。寓所无俚，雀战消遣。昨日在大中华，剑行伴余一整天，盖欲知余于何时登轮，归报乃母也，及余等匆匆他迁，彼乃怅然而返，亦不知余等迁居何处矣。今日大可返九龙寓所一转，而李实坚嘱不必外出，即通一电话亦觉未便，殊可笑也。午后赵超构、王芸生、徐铸成、刘尊棋均来大同集中。彼等皆改服短装，殊不相称。下午4时许，圣陶夫人与家宝夫人先登轮。9时许，李实来导余等登轮。余与彬然、尊棋、家宝、超构先下汽艇，则有两警士跃下，以手电筒照余面者再，余衔烟斗徐吸之，故示镇定。警士指余身旁之帆布袋问是中为何物，余谓汝可检视之，彼等遂逐一检视而去。盖警士视余等服装不称，神色张皇，疑为走私或别有所图谋者。圣陶、振铎、芸生、铸成在后，见有警士下船，则趑趄不敢前，尊棋复登岸觅之，未几相率下艇。约半小时，汽艇已傍大轮，缘梯而登。余与彬然、振铎合住一舱，未几张季龙亦来，共4人，而此舱则有铺位6，故颇宽敞也。

28日

昨宵睡颇酣畅。清晨李实复来送别，并告余等，此行共20余人，而合法之搭客规定只12人，余等皆不能作搭客，须自承为轮上职员或押管商货者，苟遇港府派员检查时，余须自承为任总务者，季龙为副会计员，彬然与振铎则皆为押货员云。午后1时许，轮始启碇。微有风浪，船颠荡，余与徐铸成、柳亚老、王芸生作雀战，两圈未毕，芸生已不支，张季龙代之，未几，余亦头昏昏思睡，则由彬然代之。一卧即不思饮食，更不能吸烟，闻烟味即作呕。犹忆1926年秋由沪乘招商局新昌轮赴广州，船行凡7天，即7天未吸纸烟；此行不知何日能达目的地，殊可虑也。

3月1日

昨宵时睡时醒，颇不宁适。起床盥漱毕，茶房送来麦片一盘，食少许，欲呕吐，复睡。然今日风浪已平。彬然云遥望有一白色兵舰，与我轮并行，且曾向我轮打旗语，颇可注意，余即起，登楼望之，海风吹面，顿觉清醒。回舱，开罐头果品食之，便觉可口。午餐食饭一碗，饭后又思吸烟，盖已不复晕船矣。7时有晚会，包达老谈蒋介石琐事，圣陶以我等此行为谜面，请打庄子篇名一，余射中为《知北游》，意谓知识分子北上也。佥谓圣陶应有奖品，余请圣陶赋诗一首代之。会散后复与徐铸成等作雀战，至11时方罢。

3月2日

早起圣陶即送来七律一首，盖应余昨晚之请者，录之：

应云彬命赋一律兼呈同舟诸公

南运经时又北游，最欣同气与同舟。
翻身民众开新史，立国规模俟共谋。
篑土为山宁肯后，涓泉归海复何求。
不贤识小原其分，言志奚须故自羞。

柳亚子、陈叔通、张季龙先后成和章各一首。午后雀战消遣。7时晚会，陈叔老谈民初掌故，涉及杨皙子（度），余作补充，并谓杨皙子晚年曾与中共有联系，闻者皆惊诧。与圣陶合唱昆曲《天淡云闲》一段。方瑞女士歌《刺虎》，博得掌声。散会后复与彬然等雀战，12时许方散局。

3月3日

昨晨船行过福州洋面，今日已近长江口。上午10时座谈会，题为《在文化及一般社会方面如何推进新民主主义之实现》，张季龙主席，余任记录。题既冗长，范围又广，发言者大抵不切实际。出席者陈叔通、王芸生、马寅初、包达三、傅彬然、张䌹伯、赵超构、柳亚子、徐铸成、曹禺、郑佩宜、郑振铎、郭绣莹、冯光灌、叶圣陶、邓裕志、胡墨林、刘尊棋、沈体兰、张志让、吴全衡及余凡22人。此次同舟者仅郑振铎之女公子郑小箴、曹禺夫人方瑞及包小姐未出席耳。夜照例有晚会，陈叔老谈胡林翼故事，谓胡曾联络官文之妾，收为寄女，使官文不加钳制。万家宝谈戏剧电影，特别注意纪录影片。

3月4日

连日风平浪静。上午10时座谈会，圣陶主席，谈今后之新闻工作兼及电影。和圣陶诗成，录之："蒙叟寓言知北游，纵无风雨亦同舟。大军应作渡江计，国是岂容筑室谋。好向人民勤学习，更将真理细追求。此行合有新收获，顽钝如余只自羞。"

船明日可达烟台，作家信一封，托轮船账房携回香港。晚会时叔老谈甲午之役，清廷先增兵朝鲜，实由袁世凯张大其辞所致。袁与日驻朝鲜公使争闵氏女，以为有兵在手则势力足以抗日使，后闵氏女果归袁，然中日之战亦由是起矣。船员倪君报告一故事，谓抗战胜利后彼在招商局某轮服务，于加尔各答返沪途中遇飓风，见一渔船已失控制，轮上人员尽力拯救之，然船中已空无一人，唯满载鲜鱼，遂将鲜鱼移入轮船，置之冷气室，运往上海，售之渔市商人。渔商谓此种鱼甚名贵，惜沪上制罐业已停顿，殊难销售，船主再三勉强之，始成交。迨卸货时，管理虬江码头（时为军用码头）之军官，指为非法，欲吊销渔商执照，纳贿若干，事始寝，而海关人员又来刁难，时已起卸2/3，天热，驳船中所置冰块渐融解，鱼遂溃烂，腥臭不可闻，渔商欲将鱼投之黄浦江，则卫生机关人员又来干涉，最后由渔商雇船载出吴淞口外弃之海中。

3月5日

昨夜风浪渐大，晚会时振铎已感震眩，先退席。今晨起床时发现衣被皆有水渍，其色深黄，盖海水泼上甲板，杂铁锈漏入舱中也。船主西人某言，昨夜遇国民党军舰盘问，告以系开往南韩者，船遂改道向南韩行，以避国民党军舰注意，迨复转向烟台开行，则已延缓一小时余矣。午后1时余，船抵烟台，泊海中，待海关人员登轮查检。3时许，海关人员登轮。未几军队及市府人员登轮迎候。船泊码头，余等坐汽车入市。徐市长报告国民党军舰重庆号起义事，听者大悦。徐市长、贾参谋长以张裕公司葡萄酒享客，余饮十余觞。烟台离第二次解放才4个月，为国民党占据者一年有半。张裕公司之葡萄园，占地甚广，今尽被国民党军队破坏，言之切齿。晚饭后，余与圣陶、铸成、芸生赴澡堂洗澡，由市府派员随往。复由市府派车送余等至宿所。宿所在郊外，为一西人别墅，甚整洁。余与彬然、季龙及沈体兰共一室。

3月6日

晨7时半起床，饮牛奶一杯，糕饼数件。华东党部郭子化秘书长及匡亚民（宣传部长）已自莱阳到达，赶赴余等宿所，一一握手道劳苦。郭氏年50余，为鲁南老战士，近任调配粮秣，支援前线。据谈，山东去年努力于救灾，今年工作着重增加生产，支持前线。午刻自宿所乘汽车至餐所，途遇空袭，下车避之，然只国民党侦察机一架，不足虑也。饭后，与圣陶、振铎等游街市，商店十有九闭，萧条甚。烟台人口多时20万，近亦10余万，何萧条如是邪？ 6时，烟台市党政军民欢迎会，徐中夫市长及郭子化秘书长先后致词，陈叔老、柳亚老及张絅伯致答词，继演京戏《四杰村》《群英会》。10时大宴，饮酒尽欢。返宿所已11时矣。今日以10元港币换得北海币48000元。北海币百元值人民币一元。今晚演剧为胜利剧团第二大队平剧部。

3月7日

自烟台赴潍县须坐汽车。12时午餐，1时开车，4时歇桃村，其地解放已近10年，土改已完成。5时复开车，9时至三李庄，距莱阳城30里，党政军各机关现皆散处于周围20里之农村中。此地亦为老解放区，军民融洽如一家人。10时许，招待者分别导余等至农家借宿，余与刘尊棋同睡一土炕，被褥已铺，解衣欲睡矣，忽招待员又来，谓顷悉此间屋主系一肺病患者，故已为另觅借宿处，请即迁往云云，足见招待之周到也。

3月8日

昨夜未能安睡，因炕未生火，又未垫稻草（此间只有麦秆，无稻草），寒冷殊不可耐；然房间颇清洁，以屋主人新婚未久，曾重加纸糊也。午后至一党务人员薛姓之宿所，其人颇风雅，藏有少数字画古董，有一黑陶碎片，振铎断为殷代遗物。今日为妇女节，此间妇女界有集会，圣陶被邀出席讲话，余与振铎等未被邀请，故未前往参观。夜间有欢迎会，在田野中开，别有风味。柳亚老自请讲话，颇慷慨而得体。表演节目有四：一、拥护毛主席的八项条件，为花鼓戏形式，而以集体演唱出之；二、交易公平；三、积极生产，皆叙解放军之优良传统；四、开荒，述刘连长开荒故事。9时半散会。

3月9日

晨6时半起床，居停主人（姓高，名富顺）送来鸡子8枚，情意甚殷，未便坚却，遂受之，与尊棋谋，封北海币2000元，封面书“贺仪”两字，并署余等两人姓名，置一肥皂缸中，借作答谢。8时许开车。自烟台至三李庄200余里，三里庄至潍县约240里。北方少石子，泥路甚不平坦，车行颠簸甚。午后1时歇平度，午餐，2时车复开行，9时至潍县，宿招待所，为一大院，振铎谓此系北平式也。余与振铎同宿一房。晚餐已 12 时，饥肠雷鸣矣。潍县今名潍坊特别市，解放已一年余。市长郭姓，副市长臧姓，臧克家之本家也。

3 月 10 日

上午市府邀看电影，为一苏联片，自始至终，余不知其所演为何本事，询之万家宝，亦摇头答不知。散场后，与振铎、圣陶及张䌹伯参观图书馆，副市长亲为引导。馆在十笏园，馆长陈姓，藏书多为丁氏所捐赠，亦有铜器、瓷器，然精品殊少。3 时进餐后，即赴火车站。当局为余等备卧车一节，头等车一节。6 点 10 分开车，与徐铸成、叶圣陶谈京剧、昆剧，兴致甚好。8 时车抵青州（益都），党政军人员在站迎候。入城，至招待所，其地为一教堂。在此须耽搁二三天，由招待者分配卧室，余与彬然、王芸生同一室。

3 月 11 日

早起即闻飞机声，盖国民党自青岛运粮食赴太原，闻每日必有数十架云。在院中见金满成及朱蕴山之公子。彼等先自香港到此，卧室与余室只隔一壁也。满成喜围棋，遂对下一局。2 时赴孟村，距城 25 里，华东党军政机关俱在于此。所谓“华东”包括鲁、皖、江、浙、闽 5 省。先茶叙，5 时大宴，有白酒，余饮五六杯，微有醉意矣。6 时入大会堂，木构平屋通 10 大间，极宽敞，中间有舞台一座。先由华东负责人员演讲，有一司令官名许世友者，发声宏大，措辞简洁，余笑语同座者，此莽张飞也。陈叔通、柳亚子、曹禺、叶圣陶等先后登台发言。9时游艺开始，演平剧《空城计》《三岔口》《御碑亭》《芦花荡》。演《三岔口》者武功极佳；演《御碑亭》之青衣为被俘国民党军之军官，演唱俱佳。返寓已深夜2时矣。

3月12日

8时有女医生来，问路途劳顿，有感不适者否。偕圣陶参观托儿所。全所儿童凡85人，年龄自2岁至5岁，皆工作人员之子女，父母出外任事。每两人有一保姆，年龄较大者则4人共一保姆。每日食5次（连点心），每餐食馒头与小米粥。午后2时，至城北40里外萧庄，参观俘虏。俘虏皆淮海战役国民党高级将领，以王耀武为袖领。余素识王之参谋长罗幸理，特与交谈10余分钟。王耀武以下三四名军官向余等作简短报告。王谓已读小册子及哲学书凡20余种，颇能领悟。罗则报告生活学习情况。彼等对解放军之宽大，皆表感谢，并愿今后能为人民服务也。晚，刘组织部长与余等谈王耀武被俘经过颇详。王耀武被俘后送入军官团，忽有所悟，自撰一联云："早进来，晚进来，早晚要进来。先出去，后出去，先后都出去。"又写一横额："你也来了！"

3月13日

上午女医生来，为余检血压，稍低，盖路途劳顿故也。整理行箧。午饭后，同人行李一一搬上卡车。3时许，杜聿明被带至招待所，与余等相见。杜为战犯，故不得与王耀武等同受训练。足加镣，状至狼狈。振铎等均向之质问，彼答辞殊狡猾，但亦承认济南撤退时曾奉蒋命放毒气。余问：君与杜斌丞同族，杜被捕后何不出全力营救？答称：当时曾发一电向蒋解释。余谓：以汝当时之地位，苟能尽力营救，杜先生必可免一死，而汝竟只发一电，显系搪塞无诚意，即此一端，可见汝之毫无心肝矣。杜闻言，俯首不答。5时赴车站，乘卧车赴济南。

3月14日

上午4时车停济南站，6时下车，姚市长及各部人员均到站相迎，驱车至商埠区，歇于招待所。晤恽逸群、赵平生、毕平非、俞仲父、叶籁士、李仲融等。略进早餐，即驱车赴大明湖游览。大明湖略似昆明之翠湖而较大，寒风砭骨，稍稍徘徊，即赴图书馆参观，复赴趵突泉，又至广智院参观博物馆。同人等有欲参观大学者，有欲参观工厂者，余与徐铸成、王芸生坐汽车返招待所，由市府人员陪往澡堂洗澡，舒服之至。午餐后有座谈会，余提出询问：在此情况下能容许私人办报纸否？恽逸群作答，谓目前私人办报，事实上甚为困难云云。4时登火车，经数小站而至桑梓店。自此至沧州400余里，路未修复，须改坐长途汽车。余等一行30余人（因至青州后有青年若干人加入），需坐大小汽车若干辆，由火车载来，至是，汽车悉落地，余与铸成、彬然、芸生、尊棋、超构及曹禺夫妇同车，路不平，颠簸甚，司机路径不熟，曾一度迷路，至临邑打尖，已12时矣。

3月15日

整夜行车，气候复寒冷，疲惫甚。柳亚老夫妇与陈叔老同坐一小汽车，中途覆车，幸无恙。晨6时抵德州，至市府，不见有人来招待，约8时许，始有人来，导至招待所，布置殊草，衣被复不洁。假寐约两小时，即与振铎、彬然、超构等赴市，购烧鸡、酱肉归。在济南车站购白酒一瓶，未及饮，至是乃邀圣陶等同酌，酒酣耳热，相与剧谈。圣陶颇虑平津当局处理大学教师有偏向，余亦以此为虑。下午3时正副市长设宴为余等洗尘。晚与曹禺同榻。市长谓德州居民不过20000。

3月16日

晨8时复坐原汽车，向沧州进发。开行未久，振铎等所坐之汽车发生故障，振铎与志让、体兰挤上余等所乘之车。振铎本欲与余等同坐一车而未果，至是乃大乐。午后2时在东光打尖，饮白干甚佳。沿途见军民赶修铁路，至为紧张，一牛车载铁轨一条，络绎不绝。夜8时抵沧州，见有电灯，皆鼓掌表欢喜。至招待所，始知天津已开来专车，略事休憩，即至火车站，在火车中进晚餐，时已11时矣。即宿车上，与尊棋、铸成、芸生同一室。

3月17日

晨8时与铸成、芸生、尊棋至车站附近食白粥、油条，至佳。10时车开，明晨5时车抵天津。今日同车人有主张抵北平后，联合发表宣言者，赵超构与马寅初谓大可不必。杨之华、邓颖超、田价人（今改名赵范）、何惧等皆于车上相晤，杨、邓均自石家庄来。

3月18日

闻北平有人来，促余等赴平，不必在天津耽搁。晤连贯，叩以有人主张联合发一宣言，君意如何，则亦谓无此需要。7时车即开行，此一段为双轨，行驶较速，10时许即抵北平东站，叶市长及李维汉、郭沫若、马夷初、沈衡山等约20人均在车站相候。坐汽车至东交民巷六国饭店下榻，余与彬然同住132号房间。午餐后，先到北平之友人纷纷来访，彼等皆住北京饭店。芷芬来，同至琉璃厂开明北平分店，晤经理王稚圃，即在开明晚饭。六国饭店陈设仿西洋式，被褥软且厚，颇感过分温暖。今日发一电致剑行，告以平安到达。

（节选自宋云彬著《宋云彬日记》，中华书局2016年版。原标题为《北游日记》）

从香港秘密前往解放区

黄振声*

1948年6月，我担任了香港学联办事处主任。那时学联办已有一定的基础，有几位同志，集中了一大批从国统区、各个城市搞学运的骨干、领导成员。这些人是因为在国统区暴露待不下去，然后撤到香港的。一方面出版刊物，中文的英文的都有；一方面做联络工作，主要宣传解放战争的大好形势，揭露国民党反动派的统治，宣传新中国快点到来。大概到9月至12月，陈云同志又找我，这次我们要迎接全国解放，要召开全国政协会议，要集中一大批各方面的民主人士，各个民主党派的，民盟、民革、九三学社、民主促进会等等，无党派都集中到东北去，准备召开全国政协会议。当时决定派我做全国学联

---

* 黄振声：时任上海学联党组书记；系新政协筹备会代表（因故未出席）；后曾任香港中国通讯社社长，香港中旅（集团）有限公司董事长。

的代表参加政协筹备。从香港走一条新的路线，香港—仁川—山东解放区转到大连。那时大连在苏军的管辖下，我们党的负责人（是）半公开的。去的时候扮成一个商人，带一个伙计，互相不交谈，由我做负责人。我们去参加政协准备，要求绝对保密，在香港谁也没告诉。拿了一件西装，在要害的地方缝上秘密纸片，比如肩膀、袖子，到一个地方拆一个，山东拆一个，大连再拆一个，与当地党的联系人取得联系。1948 年 9、10 月间，从香港到仁川有我们秘密潜伏的同志，做生意赚钱交组织，也搞运输，把东西运到大连。我们党在仁川到大连有轮船，船长是我们党的人，轮船很小，宽度是四五米，从左至右可以躺七八个人。在海上像片叶子在水上漂，很艰苦，要走两天三夜，风浪大，而且很危险。到了大连再与那里的同志分头接触。当时那两个同志都用的假名字，到现在我都不知道，新中国成立后他们到了哪里，再也没有见到。他们年龄都比我大，他们为组织搞运输赚钱。我在仁川后来发生事情待的时间比较长，有一个多月，接头的同志跟我讲，因为住在商人集体住的大厅里，是用木板隔开的一个个房间，一户户。彼此要接触来往，为了做掩护，他要先走，所以赌博不能不参加，那时赌博就不像个商人，要学会动脑筋，要学会赌，要输得少赢得多，因为输是输组织的钱，赢了交组织。但我们一定不能嫖，相当多的商人是会嫖的，我们是共产党员不能来。默默无闻，秘密工作，无名英雄。

在仁川本来要到山东，后来当地同志说不用到山东，直接有船到大连。这样快，危险少。就作了这个决定让我直接走，坐某一领导去中国的船，但出发都是秘密的，晚上偷着上船。这个船表面上是开丹东的，到了海上却走向大连。一天半夜，我们上了一个小船，开向港口外面，正在开的时候就被南朝鲜的警察船发现了，追上来把我们五六个人抓住，称我们的商人身份存疑，押回仁川问训的时候还用棍子打了其中一人，把我们吓呆了，实际上他们是要钱。当时我们几个就咬死说是商人，去做生意的。很快组织就知道了，花了大量的钱把我们给赎出去，并安排我们继续去大连。但要拖一段时间，暂时在仁川住了一个多月。然后也偷偷安排上船，这次顺利没有发生问题。上了船，这个船很小，我们大部分都晕船，晕得爬不起，没有力气吃，只能喝点水。我们睡在窗户下面，七八个人像沙丁鱼一样并排坐着，有时就呕吐在枕头边上，因为太晕了。我们在海上颠簸了两天三夜后才到大连。我们当时心情很激动，感觉到了解放区，到了自己的天下。到大连后，我们以为共产党是公开领导大连，实际上还在苏联控制下，党还是不公开的，怎么找呢？我们就来到大连市政府，还好碰到了市委秘书长，他的公开身份是秘书长，实际上是我们的负责人。他说还好是遇到他，要是遇到非党人士就麻烦了。他介绍我到大连中共地下党负责人欧阳新那里，他住在一个别墅里，不完全公开。我们先跟他派来的秘书见面，分头见另外一个同志，我把要做的事情告诉他，他说晚上就去查，很快就查出来了，后来欧阳新还请我吃了一顿饭。他说先在大连住下，说沈阳快解放了，等解放后就直接去沈阳，其他已先到的民主党派人士在哈尔滨，以后也会到沈阳去。实际我在大连住了一个多月，1948 年底才到沈阳。这里还要说一件事：在仁川偷运的一个皮箱和行李已送到船上，人是晚上再上船的，因没成功，这样行李就先到了大连。仁川的同志告诉我到了以后去何处取行李，因为这也是地下同志，皮箱行李就放在他家里，我从他家里拿到东西，里面的东西一点都没缺，可见地下党的交通是那么的严密和细致。在大连这段时间里主要是住招待所休息，也看看解放区的报纸。

那个时候是冬天，去沈阳是坐运货的卡车，天气很冷。车里也挤了不少人，各种人都有，有些是老百姓，有些是搞运输的同志，还有跑交通的。路上还到小的旅馆住，到沈阳路上一直走了两天两夜。那时东北的冬天灰尘大，满身满脸都是土。记得有个山东来的姑娘带了一大包东西，跟吃糖一样吃那东西，后来我们大家就问她吃的是什么，她说是大蒜，看起来好像是吃糖果，一路上吃生大蒜，一直吃到沈阳。我就是在这样情况下来到沈阳的。

沈阳我大概待了两个多月，1949 年 2、3 月，才离开去北平，在这段时间里，是生活最优越、最清闲的。住在铁路宾馆，各个阶层的民主党派人士都集中到那个宾馆。李济深、沈钧儒、沙千里、郭沫若、茅盾、许广平、蔡廷锴、王昆仑等，几十人之多，他们都住在里面。等待全国解放形势进一步发展，准备从那里再到北平筹备召开新政协会议，准备开国大典的。在那段时间里，没有很多事情，就是等待，所以那个时间，中央委托东北局招待大家吃好、穿好，可以说三天一小宴，五天一大宴，每天吃饭也很讲究。同时给每人做了毛料的中山服，还做了狍子皮的大衣，发了鞋，每月还发生活费。大家就互相串门，读书。

我在这里第一次见了中央的领导，到沈阳第二天，军管会主任陈云同志在军管会办公室的地方接见了我。后来东北局的书记高岗也单独与我见面，找我谈了话，问情况。还见到了东北局的负责人李富春等很多同志。那个时候，林彪、罗荣桓已进关，所以没见到。在东北，与民主人士有一些来往，李济深爱打台球，也打得不错，我从来没打过，我学打台球就是李教的，怎么打、怎么拿杆。我还找很多人聊天，如蔡廷锴、许广平（她把儿子周海婴也带来了），除了周海婴比我年轻外，其他都是 40 到 60 岁的人。到沈阳的大街小巷去串门，看热闹，看沈阳情况，认识了东北的团委书记、青年团所在地，也见了东北学联的一些负责人，李秀珍、王桂如等。在东北两个多月的时间里还开了次大会，民主人士都见报，向全世界、全国人民宣告，民主人士已经到了解放区，准备开政协大会。大会是在沈阳开的，东北局的负责人都去了，像陈云、李富春、高岗等坐在上边，有 7 个人发言，从民主党派的负责人开始，民革、民盟、九三学社等，一直到无党派的郭沫若，再加一个全国青联的我，都在大会上作了发言。然后通过电台广播、报纸头版头条向全世界公开宣告大批的民主人士到了解放区，要开政协会。

（据中国政协文史馆征集的录音稿整理）

我由香港进解放区的经过

李师弼 *

一　思想准备

1947 年夏，我和曾泽生军长（原国民党六十军，云南地方部队。1948 年秋在长春起义后，改编为人民解放军第五十军）一同到南京参加国民党军官团第二期受训，为期一个月。受训刚开始，四平街战役打响，曾泽生奉命回东北指挥作战。我受训结束，长春的陆空交通已中断，无法返回部队，只得暂回昆明待命。当时战局对国民党不利，每况愈下，我不可能再回东北，遂辗转到重庆行辕工作（朱绍良任主任）。迨到 1948 年春，反动派为了加强控制西南局

* 李师弼：原为国民党第六十军代理参谋长，后曾任石家庄黄埔军校同学会副会长兼秘书长。

势，在云南新成立一个军，番号是整编第二十六军，军长余程万。我被调到该军一九三师工作。

曾泽生率领六十军在长春起义的消息传到昆明，我再也抑制不住亟欲应变的心情。因为我在陆军大学第二十期毕业后，即分配到该军工作。我对这个部队，情况熟悉，无论私情公谊，都有深厚感情。该部队走上革命道路，对我是一个巨大的鼓舞。更重要的，是我看透了国民党反动派的腐化无能，几百万反动军队在短短两三年里一败涂地，自己决不能跟着反动派进坟墓。另外，还有一个促使我思想发生变化的因素，就是我在托词养病期间，通过秘密渠道，看了一些进步书刊，诸如《新民主主义论》《整风文献》《大众哲学》《论解放区战场》《论联合政府》等。革命的理论，指点了我的前途，让我看到了光明，我终于当机立断，决心弃暗投明。

我当即和父亲李云鹄商议了 3 个方案：第一方案是就地拖队伍起义；第二方案是找朱家璧（滇黔桂边区游击纵队司令）合作，上山打游击；第三方案是北上解放区，找父执朱德总司令，投奔共产党。经过周密考虑：第一方案因我到一九三师时间不长，没有掌握基本队伍，且师长石补天极为反动，不是合谋举大事的人，此案行不通。第二方案因朱家璧萍踪不定，联系不便，旷日费时，形势不容。最后，决定采取第三方案。当时，大陆尚未全部解放，要到解放区，只有坐飞机到香港，再取海程北上。就在这时，从淮海战场上只身逃脱的国民党兵团司令李弥（云南腾冲人），奉蒋介石密令，潜回昆明指挥西南反动军队，企图负隅顽抗，继续与人民解放军为敌。李弥为了利用我父亲在云南的声望，并以和我大哥（已故）早年在日本士官学校同学的关系，到我家看望我父亲，我也在座。他当即许我当师长，以高官厚禄为诱饵，意欲拉我下水。在此情况下，何去何从，必须断然作出处置。

二　踏上征程

我的内弟秦元勋（美国哈佛大学毕业，数学博士）当时正在香港，利用亲戚帅伯春经营的商号，以营业员身份为掩护，从事党交给的任务，专门接送民主人士进解放区。我在秦元勋的精心安排下，于1949年4月初，由昆明飞抵香港，住在九龙花墟道秦元勋家里。我从昆明起飞时，是伪装商人身份办理手续领取护照的。因为反动派扬言，谁临阵退缩即逮捕法办。又考虑到我离昆后，我父亲和全家的安全，所以，我预先托词受了风疾，颜面神经麻痹，住家养病。以后干脆说久治无效，要到香港就医。就这样，我不露形迹，得以安全起飞，离开昆明。

离昆前夕，杨杰（耿光）老伯曾到家与我父亲商量成立“拥政会”（拥护人民政府），筹划欢迎人民解放军入城等事宜。要我到香港见到龙云老伯时，向他汇报，并请示云南解放后的善后问题。杨杰老伯在我走后不久，接着也到了香港，正候船北上，不幸竟被蒋帮特务暗害。

我到香港后，得知第四批民主人士刚出发不久，我来晚了一步，没有赶上，还得待一段时间，等候下一批。在等船期间，经秦元勋引荐，我接触了地下党负责人之一的严希纯同志（贵州人）。五一劳动节那天，我应邀参加了纪念活动。为了安全，活动时间是在晚上9点多，会场布置在一家商店的最高一层楼上，上到七八层，楼梯很窄，仅能单身通过。到会的有四五十人，会场显得很拥挤，主讲人大概是叫张铁弦（据说此人后在北京图书馆工作），讲的内容是纪念“五一”国际劳动节的重大意义。大家听后，一致认为加深了认识，再一次受到国际主义的教育。在另一天下午，我约同帅伯春，由他的夫人驾车，去浅水湾看望原云南省政府主席龙云老伯。和龙云见面后，我向他汇报了杨杰老伯和我父亲嘱咐我所要说的事。龙提议要我去看看住在他隔壁的唐小蓂大哥（唐继尧的大儿子），我们便一起到了唐家。吃过晚饭后，龙一时兴起，讲述了他的“南京虎口脱险记”。

最后，龙告诉我说，他不久也要到北京，出席新政协会议。临别时，又托我替他预先捎 3 封信到北京，一封给何香凝，一封给严济慈，一封给曾昭抡。这 3 封信，我到北京后，通过组织都分别转交了。

5 月 13 日的傍晚，下着蒙蒙细雨，华灯初上，秦元勋和他的妻子冯敏，陪伴我由九龙过渡到香港，先到帅伯春的商号稍事休息，随即乘小车奔赴码头，改乘小舢板上了系泊在水鼓上的大船。上船后，我被安置在一个二等舱的房间里。同房的 4 人有高士其（儿童读物和科普作家）、罗静予（北京市电影局局长）、黎莉莉（罗静予的妻子，电影演员）和我。秦元勋告诉我说，这全是组织上作的安排，我也在优待之列。

大船在暮色苍茫中启航。船上熟识的人，都在交相倾谈，喜形于色，好像在互致祝贺，准备迎接幸福的未来。我无所相识，不免有些寂寞之感。但出乎意外，竟有一个人主动来和我攀谈，自我介绍他叫蒋南生，是云南老乡。交谈之后，才了解他是云南书法家蒋松华的长子，抗日战争前毕业于燕京大学，早年曾和薛子正（解放后任北京市副市长）同在张冲任军长的六十军从事党的地下工作。他对我的身世和家庭了如指掌，对我走上革命道路倍加钦赞。通过蒋南生的介绍，船上的党组织掌握了我的全部情况，并找我谈话，进一步了解我和革命阵营都有哪些进步关系，特别着重询问了我父亲和朱总司令的关系。就在这时，我交出了我父亲给朱总司令的亲笔长信和大幅照片。

生活在国统区，好似漫漫长夜。谁敢问天何时旦？如今眼看就到解放区，心切直怨船不快。有时登上甲板，面对茫茫大海，望空啸傲，更激起心潮逐浪高。

船上的党组织，为了消除人们旅途的寂寞，总是想方设法，尽量多组织一些文娱活动。我印象最深的一次活动，就是启航后第五天晚上现编现排的节目演出。有的唱歌，有的跳舞，还有朗诵的、讲故事的。但最精彩、最吸引人的要数作家骆宾基现编写的活报剧。据说，骆刚从国民党的监狱中出来，正好赶上这批北上的行列。他用了一个上午的时间，赶写了活报剧《蒋光头的末日》。剧中人物有袁世凯、孙中山、蒋介石和算命先生鬼谷子。剧情大意是：袁世凯妄想做皇帝，美梦破灭，吞金自尽，成为历史罪人，遗臭万年。蒋介石背叛孙中山，野心勃勃，仍想步袁后尘，建立蒋家王朝。孙中山失于知人，说将革命衣钵传给蒋介石，后悔莫及，痛斥蒋背信弃义。这3人不约而同去找鬼谷先生算命，指点迷津。记得扮演鬼谷先生的是车轩（后在长影工作），演蒋介石的人一时不好找，有人推荐说我是蒋的“学生”，对蒋的音容笑貌当有体会，由我扮演合适。我被赶着鸭子上架，只好滥竽充数。我平生从未上过台，又不会说普通话，结果笑话百出。演技虽不佳，但能博得大家一笑，也就算完成任务了。值得特别称道的是，名导演蔡楚生亲自导演了这个戏，自然就增光生色不少。船上有些知名人士，大都不用本名，只是在临下船时，互相告别，才暴露自己的真名实姓。如易礼容化名史衡，吕荧化名何信。只有蒋君超（白杨的丈夫）、杨云慧、江天（后在民革中央工作）并不隐讳，总是介绍自己的本名。

人们都在逐日计算行程，迫切盼着早日踏上解放区的土地。轮船通过了台湾海峡，进入了东海，又进入了黄海，按说，应继续往北，进入渤海。可是，船竟往东作 90 度转向，直驶南朝鲜方向而去。大家都纳闷，不知是何缘故。后来才知要到仁川卸货，卸的是玻璃和纸。南朝鲜当时是李承晚掌权，对我们这些人抱着异样眼光看待，不许我们上岸进市区观光，只可在码头上看看。美国宪兵来回巡逻，虎视眈眈。大家开玩笑说，要是在北朝鲜的任何码头，我们不仅会受到欢迎，也许还会成为金日成的座上宾呢！

三　宾至如归

船在出发后的第 12 天，即 1949 年 5 月 25 日在天津靠岸。那天正是上海解放的日子，大家特别高兴。我们被招待住在天津最讲究的旅馆——利顺德饭店，人人都是单间，卫生设备齐全，陈设精美，非常舒适。吃饭地点距住处很近，据说是原先的德国领事馆，吃住都在解放北路，步行 3 分钟即可就餐，开的是特灶。

在天津只待了两天，接着我们就到了北平，住在前门大栅栏内的远东饭店和留香饭店。到平第二天，裁缝给大家量身，每人赶做两套深灰和草黄卡其布的中山装。几乎每天下午都有活动，一般是到北京饭店听报告，晚上大都举行晚会。一连几日，活动频繁。记得中央首长刘少奇、陈云、李维汉、李富春等都作过报告。前几批先到解放区的民主人士老前辈们，李济深、沈钧儒、黄炎培、邓初民等，均已见到。每到开会之时，不分党内党外，也不分男女老少，大家欢聚一堂，笑逐颜开，革命大家庭的气氛特别融洽，党的统战精神体现得格外真切。

从此，我开始了新的生活……

四　找到归宿

到北平后的第五天晚上，有一位素昧平生的不速之客来访问我。他自我介绍叫金城，是中共中央统战部派来了解我与朱总司令关系的。我们的谈话持续到深夜 11 时。第二天早上刚吃过早饭，开来一辆小车，把我接到了中南海。在一间宽敞明亮的客厅里，我从小就敬仰的朱总司令突然出现在我面前。我那时如痴似梦，急忙跪下给他老人家叩头，热泪也随之夺眶而出。朱总哈哈大笑起来，一边把我扶起，一边说："不要这样，这是旧礼教嘛！"他首先对我弃暗投明给予欢迎和赞扬，接着和我无拘无束地谈起来。他关切地打问了我的父亲，详细询问了云南省的情况，并征求了我对解放云南省的意见和看法。当他问起我在国民党军事学校都学了些什么后，亲切地告诫我，对资产阶级的军事学要批判接受，要认真学习毛泽东军事思想。我们谈话的范围很广泛。我出于一种仰慕向往的心情，记得曾向朱总提出这样一个问题：像我这样的人，在国民党干了这么多年，还能够参加共产党吗？他老人家严肃而坚定地回答：“你才这么点年纪，还不到 30 岁，怎么就气馁了？我到德国时，已经 36 岁，在旧军队比你干的年代多。你今天过来了，就很好嘛！你要有信心，努力争取。”接着他教育我，共产党是不讲私人关系的，要我靠近组织，抓紧学习，努力改造思想，跟上形势。朱总的谆谆教诲，就像一股暖流传遍了我的全身。我细心琢磨着他的每一句话，体会到了党的政策的严肃性，也看到了自己的光明前途。

此后，朱总保送我到华北军政大学去深造。毕业后，他老人家又亲自给萧克部长写信，介绍我到军委总参军训部任军事研究员。朱总对我的成长极为关心，在我遇到困难时，他就给予指教和帮助；在我取得成绩时，又给予表扬和鼓励。解放后不久，我父亲在昆明病故。朱总亲笔来信劝慰，教育我要安心工作，并勉励我永远向着新社会走下去。这些深切的教诲，我一直牢记在心，激励我坚决跟党走，永远不变心。

（节选自《文史资料选辑》第 140 辑，中国文史出版社 2000 年版）

我前往解放区的经过

顾执中*

一 我参加了九三学社

1947年，我在民治新专教师笪移今介绍下参加了九三学社。那时候我正参加反美扶日运动。有一次笪移今跟我在操场上闲谈时，他向我提出要我参加九三学社的要求。我含含糊糊地表示可以。隔了一个星期，笪通知我说，我参加九三学社的问题已被通过了，时间是在1947年，至于何月何日，我已记不清楚。

我成为九三的成员后，九三的上海组织便经常在我家开会。我家是在校内，那时校门口和操场内还没有特务监视，交通又

* 顾执中：时任民治新闻专科学校校长；后曾任高等教育出版社编审，北京民治新闻专科学校校长，全国政协委员。

颇方便，我欢迎他们在我家中举行会议。九三在沪的成员不多，出席会议的有笪移今、卢于道、吴藻溪、孙荪荃、孟宪章、武剑西、焦敏之、洪涛、洪铭声等和我。开会时大家对问题的讨论，颇为严肃认真。

上海的九三成员在我家举行秘密会议时，我爱人参加了招待工作。那时上海南市著名的点心店乔家栅适从南市迁到学校附近，我爱人常从那里叫些鲜肉馄饨、鲜肉汤团等享客。会议往往是从下午二三点钟开始，到五六点钟散会，大家肚里正有些饿，这种点心恰合需要。解放后，在笪报向九三中央的关于解放前上海九三成员活动的情形中，也提及这一插曲。1954 年后，我调到北京，在高等教育出版社工作，社长是武剑西，他跟我爱人见面时，还一再提及当年在我家开会吃汤团的情形。

我既参加了九三，认识了不少九三成员，我就陆续请他们到民治新专兼课。除笪移今原在学校教授经济学外，我还请武剑西教政治学，焦敏之教俄文，孟宪章教时事分析，吴藻溪教历史等。九三的成员在政治上最艰苦的时期，在教课方面大力帮助了民治新专；民治新专的同学们也在反美扶日等运动上，支援了九三，民治新专跟九三几乎是血肉相连的关系。

卢于道跟我认识后，因他所参加的“科普”没有个开会的地方，经他的介绍，有一次“科普”的成员在民治新专的破旧教室中开了会。那时恐怖空气弥漫上海，一般学校机关为了求得本身的安全，不敢随便借给人家开会，而想借人家地方开会的团体，也恐所借的地方跟国民党反动派有关系，怕在那里开会，有自投罗网的危险。因此民治新专又像在救亡运动中那样，常常被进步团体选为秘密集会的据点，直到1948年冬天以后，上海处在黎明前的黑暗和恐怖中，大家才转入地下，不再来了。

1948年冬，上海的九三成员在笪移今和吴藻溪的主持下，在王造时的家里秘密举行了上海解放前的最后一次集会。出席者我记得有笪移今、吴藻溪、武剑西、王造时、孙荪荃、洪涛等和我。当场选出理事3人和监察数人，我和王造时都当选为理事，武剑西、孙荪荃等被选为监察，笪、吴二人则为九三中央驻沪代表。从这次会上，我得知王造时也已成为九三成员，并且是九三的中坚人物。

二　我又逃往香港

1948年秋冬，人民解放军在战场上取得的巨大胜利，使南京、上海方面很多国民党官吏胆战心惊，他们不得不狼狈地抛弃了上海的住宅，率领全家向南方逃跑。其中一个我熟悉的便是钱大钧。钱在这年初冬，先为五女静云办理婚事，旋即准备举家坐飞机去香港。我们在他们临走的那天得到电话通知，我跟爱人便到他家中见一面。我们明知这一别，将来见面是遥遥无期的，特别我爱人跟她的大姊、三姊等告别时，顾念骨肉之情，未免黯然神伤。这次走，他们没有托我照料些什么，因为他看见我所走的是另一条截然不同的道路，对他们来说，我是不可信托的。

我们在极度的恐怖中，惶惶不安地度过了1949年的阳历新年和农历新年。国民党特务抓人的红色警备车，日夜刺耳地呼啸着四出捉人。我担忧着会不会又像1940年8月那样遭受枪击。我在晚上临睡时，在床侧放一件皮袍，准备万一在深夜有人敲门来抓我时，我可以把皮袍披在身上，从另一出口逃走。我估计我自己，虽然不是敌人最大的目标，但敌人不会糊糊涂涂地放我过去。

约在3月中间，不好的消息终于来了。那时武剑西是地下党员，他得知上海警备司令部已拟就一个枪杀的黑名单，我也被列名在内。他就让孙荪荃通知我，要我赶紧设法逃往他处。

由于1940年我漠视人家的好心劝告，致遭敌伪枪击，现在我决定及早离开上海，逃往香港，免遭特务的毒手。当时我在经济方面有些困难，我爱人劝我卖掉一架不用的英文打字机，再带些她所用的首饰，以及我们在印度用剩下来的一些卢比作为旅费，如不够，待到香港时再行设法。我就把我置办未久的那架新的轻便的“陪陪”（Baby）打字机拿到霞飞路的一家商行中求售。结果卖得之数，不多不少，恰抵一张从上海到香港去的二等客舱的轮船票。

我在未动身去港前，曾秘密地跑到开纳路165号史良同志家中。我告知她，我已被特务列入黑名单中，决定去香港，要求她设法跟上海的中共地下负责同志联系一下，再通知香港的中共负责同志，以便我到港时有可能跟他们取得联系。史良同志完全答应了我的请求。

1949年3月24日上午9时，我雇了出租汽车，在爱人等陪送下，到了虹口码头。25日9时半，轮船起碇在呜呜的汽笛声中开走。

三　从香港到天津

我一到香港，立刻雇出租汽车到六国饭店，行装甫卸，就去找陆诒。那时陆诒在香港主持民治新专香港分校的工作。晤谈之下，知民治港校正在进行结束工作。大势所趋，民治新专在港的学校已没有继续维持下去的必要。在香港的民主人士，在我到达以前，已成批地由海道经天津往北京。将来还有不少人，包括陆和我在内，都必然要离港重返内地工作。除经济外，将来谁来主持港校也成问题，乘此时机结束港校是对的。

由于陆诒的居中联系，中共的驻港代表潘汉年约我在 4 月的一天上午 10 点左右，在香港皇后大道的一个咖啡店中见面。这是我跟他的第二次会见。他告我上海解放在即，他很客气地说那时一定要借重我在《新闻报》帮忙。他又告诉我他不久要离港到北京去，再由北京到上海。当我对他表示我也希望能到北京去时，他要我在香港再住一个时期，等候消息。潘那时十分忙，跟我谈了 20 分钟左右，便和我握手分别了。

在这期中，时代社的姜椿芳也从上海潜来香港。我和陆诒都跟他很熟，陆请他在一家广东菜馆吃夜饭，请我作陪。姜化名魏晋卿，陆诒觉得这个名字化得很妙。我那时仍沿用欧阳仁的化名。姜为人态度从容，谈话风趣。他在上海的住所跟民治新专相去不远。他有时也到校中来看我。有一次闲谈到时局时，我故意表示镇静，说民治不会有问题的，他却微笑地说，民治的情形是严重的，要我特别小心。他住港不久，就悄悄地启程北行了。

我在香港的生活感到极度苦闷沉寂。经过了多次考虑以后，我向陆诒提出，我决定从香港经海道坐船到天津去。陆起初劝我暂留，跟他一起返沪。我告以经济将发生问题，如再不走，就无法维持下去。陆才没有什么意见。我请陆代我购买船票。那时在港的民主人士凡要到天津去而要在香港购买船票的，都由与中共有关的组织以《华商报》名义统一代办，酌取百分之几的手续费。几天后，陆来看我，说船票已代我买好，不过为了省付手续费，是他直接向船公司购取的。我听了有些不高兴，因为手续费固然省了，但这越过了组织关系，我在将来到达天津或北京，难免要发生不便，甚至误会。而且我在离沪前，曾托史良同志转请在沪的中共地下工作同志代我向港方同志联系；结果，我到港已很久，还没有联系上。当时我把这一些意见告知陆，陆说不妨，他可以跟乔木同志联系，请他设法致电天津方面的负责人，为我介绍和取得联系。对这一种补救办法，我自然只能同意。我在启行以前，曾多次问陆，有没有代我向天津方面联系好，他说，乔木方面没有什么问题，不过秘密电报的拍发不是很容易，但无论如何，远在轮船到达天津前，终可以联系上的。

我于 1949 年 5 月 5 日的下午，从香港乘坐英国商轮岳州号赴天津。船离香港后，过了一天，我发现由组织方面办理购票的一批旅客是有组织的。他们由周而复同志领队，有一张详细的名单，其中我所知道的就有郭沫若的日本太太及其子女，萨空了的太太和子女等。组织方面对他们生活上的照顾是十分周到的，为了打破海上旅行的沉闷的空气，当晚举行了晚会，表演唱歌、舞蹈和短剧等许多节目。

5 月 14 日船到天津，周而复同志率领着一批名单上的乘客，提着行李上岸。我们这批少数不在名单中的乘客，当天下午以时间已晚，不能上岸，要在船中再宿一宵，等到翌晨海关和警务人员前来检查后，才能放行。

15日早上，我们这一小批旅客，各把行李从船上提下码头，排列成行，由海关人员分别加以检查。我随身带有港币830元，当即悉数拿出来，按照法令，换成旧币108000元。检查毕，大家离开码头。我在天津又住一天，然后坐火车前往北京。

四　来到北京

1949年5月16日，我从天津坐火车到达了解放未久的北京。

下车后，我在城南珠市口西大街惠中宾馆找到了可以暂时住宿的地方。行装甫卸，吃了些东西，我雇车到东长安街北京饭店，探望了沈钧儒、周新民、谭平山及其夫人孙荪荃、黄炎培、沈体兰、辛志超等同志。从此以后，我几乎天天要上北京饭店一次。在饭店中我陆续遇见了蔡廷锴、邓初民、胡子婴、邵力子、王绍鏊、沈雁冰、沈兹九、刘仲容、宦乡、许广平、郭沫若、王昆仑、章乃器、吴耀宗、李济深、王炳南等同志。此外，我也到北京市教育局看了柳湜，也在若干场合遇见了陈翰伯、金芝轩等。此外，我于5月22日到基督教卫理公会看望了江长川牧师。5月23日到东城喜雀胡同看了福开森的女儿和当时住在总布胡同的张治中将军。福开森的女儿请我到她家中吃了一顿中饭，她告我她现在协和医院工作，不久要回美国。

5月24日下午4时左右，在中共中央统一战线部工作的金城同志到惠中宾馆来看我，问我在上海的工作情况。我把上海的反美扶日运动，以及民治新专、九三学社等的活动情况谈了谈。他要我写一份书面报告，我答应下来。两天以后，他又来看我，代表中央统战部把一本金字布装厚达1000页的《毛泽东选集》送给我。我喜出望外向他道谢后，也把我写好的一份书面报告交给他。金城说，中央统战部邀我住招待所，要我即日从惠中宾馆搬到前门附近西河沿永安饭店去。于是我从这天起，就搬到永安饭店二楼232号房间居住。

5月26日我阅《人民日报》时得知人民解放军已攻入上海，京沪之间的邮电交通已恢复了。我挂念着家中和校中的安全问题，立即从北京拍电给上海。不到一天，我接连收到了我爱人发来的两个复电。第一个复电告知我家中都平安。第二个电报告知我民治新专在解放前有顾、金等三个同学被反动派逮捕，临解放时，那个姓金的同学被枪杀了，要我早日回去办理善后等事。我归心如箭，数次向组织方面提出要求，希望早一点回到上海。组织方面劝我安心住在北京，沈衡老要我在北京住的时间长一些，学习一些新的东西，为我日后工作做好准备。

5月29日我跟中央统战部副部长齐燕铭同志见了面。6月4日星期六下午，我们集体坐着大客车到北京饭店去听报告。那天周恩来同志作了关于建立财政经济委员会的报告，刘少奇同志作了关于财政经济政策问题的报告。报告（会）未举行前，齐燕铭同志把我介绍给刘少奇同志。最后由那时负责财政工作的陈云同志作了报告，他讲得很久也很详细。

我从5月29日晚上的北京饭店的舞会起，一连三次遇见了周恩来总理。我向他表示急于要回上海去，他诚恳地劝我留在北京，我固执地要求走。最后他勉强地同意我的请求，说："那么你就到上海去吧！"

6月4日沈衡老介绍我会见中央统战部部长李维汉同志。6月5日我接到了中央统战部的通知，说火车已通，我们中有一批人，包括我在内，可于三四天后动身到上海去。6月6日，在我动身离京赴上海前，李维汉同志约我晚上到北京饭店作个别谈话。他询问我在上海的工作状况，今后想做什么工作。我对此早有准备，因此毫不犹豫地答道我还是想搞民治新专，还想在新闻教育方面工作。他说，这也很好，他可以约胡乔木同志跟我谈谈。约谈了半小时，我向他告辞回去。

6月7日晚上9时左右，胡乔木同志约我在北京饭店晤谈。他向我表示民治新专是个进步的新闻学校，党和政府决定予以支持。他要我到上海后和范长江、恽逸群、夏衍同志等接洽，他会另有电报通知他们。最后，他说全国新闻工作者协会决定聘请我为常务委员，以后有事，不妨向他联系。10时左右，我才离去。

6月8日晚，中央统战部以我们明日上午就要离京赴上海，请我们吃了一顿很好的晚餐。这次第一批乘火车到上海等地去工作的，有金芝轩等40人左右。全体分为5组，公推靳为麟为总领队，宋鸿祥为副总领队。我们包了一节车坐。组织上又恐我们在车上无钱使用，每人又各发旧币1万元。一切照料真是无微不至。6月15日，我们回到了刚刚解放的上海。

（选自《文史资料选编》第24辑，北京出版社1985年版。原标题为《报海杂忆》）

送船记

罗培元[*]

浑无相别意，千里送行舟。

这里记的是一次非常特别的送行。送人的和被送的彼此没有惜别之情，但其中情感却非同寻常；我送的人，非亲非友，但比亲还亲，比友还友。

1948 年 10 月 × 日，香港。我一早起来，按“小开”[①] 和连叔（即连贯）两同志日前的交代，到几位民主党派人士家里，把他们的随身行李送到海边装船。我正雇好小船时，一位巡警施施然走来，事出突然，我只好故作镇定。巡警用警棍敲敲我的行李，随即拿出一个小本本，指点其中某页某条“规定”给我看。我还没看

* 罗培元：时任中共香港工委统战委员会委员；后曾任广州市副市长，全国政协委员。

① 小开，沪语小老板意，即潘汉年。

清楚，他就一本正经地说，或罚款或上差馆去盘查。我连说遵罚，并问罚多少钱。他迟疑并左顾右盼一番，张开 5 个手指贴在裤上示意。我以为是 5 元，便马上交款，谁晓得他说是半个大牛。我说没有带这么多钱，他就翘着右手的大拇指朝东边一指，意思是要不遵罚，就把我带到差馆去。虽然这多半是吓唬，但我却深恐因小失大，罄我上衣口袋所有（二三十元），实行倾囊买关，他也不为已甚，走开了。我请船家快快搬行李上船，朝维多利亚湾海面飞驶，上了一艘外国的货船，把行李安顿好后，便匆匆赶回住处。

接着，连叔给我布置任务，待船开出鲤鱼门后，要一一打电话告诉上船人的家属，请他们放心。其实家属们担心的焦点是台湾海峡和交战区附近的海上。连叔正说着，忽然门铃响起，客人来了，都是事先约定的，每人手里提着一个小包。大家知道这是北上去参加新政协会议的，彼此心照不宣，但心里却充满激动、喜悦和紧张的情绪。

订好的饭菜依时摆上来，不用主人请，大家自动聚拢。由于担心有人喝醉误事，不设酒。有人问："连先生，这是什么宴？"有人答："肯定不是鸿门宴。"有的说："告别宴。"有的说："没有酒，什么宴都不像。"那高个子快人快语："像当兵的打仗前，一顿大鱼大肉。"言者无心，听者有意，四座阒然。

吃完饭，大家不约而同回到客厅，把门关上，进行换"装"。连叔在厅门外，一言不发，猛抽"三炮台"香烟。我则心里翻腾着"小开"的话，"无事是小，有事则大"，合计如何才能把这些"贵客"安全地送到北去的船上。

不一会儿，客厅门开了，我们像看开场戏一样，端详每个人的打扮。原先的长者已面目全非，乔装打扮成另一种身份的人了。最引人注目的是那位高个子，他穿一套已褪成荔枝黄的考绸裤褂，头顶破毡帽，脚蹬旧布鞋，一副苦力头的打扮。他就是原淞沪抗日名将十九路军副总指挥蔡廷锴将军。高大的谭平山和矮小的沈钧儒先生都留着大胡子，大家笑谑要他们把胡子藏进衣领内。谭老一笑置之，沈老则真的要动作起来，引得大家哄堂大笑。后来，他们听了大家的意见，仍作常态处理。而章伯钧、王绍鏊诸先生，或穿长袍，或着唐装，各自打扮成富人样子。他们问道："打扮得像不像？"连叔幽默地回答："不抓到你们就像，抓住了就不像。"我急于送他们上船，只顾催促及早出发，尽快登船。我先赶到海边，雇好几条小船，撑船的都是妇女，这使我较为放心。不到半小时工夫，小船已泊近一艘大船，大家抬头一望，原来是苏联的货船，人们好像获得很大的安全感，指手画脚大声谈笑起来。我先扶两位老者从舷梯拾级而上，交给苏联朋友，蔡先生则以"咕哩（苦力）头"自命，快步而大摇大摆地上去，后面跟不上的人叫苦不迭，他则回头哈哈大笑。

苏联同志把我们领到舱内的客厅。至此，我负责的任务已经完成，心里顿觉轻松，准备返回。于是，我向大家告别。走到舷梯前，蔡廷锴先生赶上来，拉着我附着耳朵说："你回去，一定要实践诺言，马上打电话给你宗妹（指蔡夫人罗西欧女士）。"谁说将军不多情呢？后来，我如约履行诺言，并将各自的衣服鞋子送还各家。

过些时，我又以同样方式送走郭沫若、陈其尤等著名人士。

到12月11日，我的住所被搜查，得许涤新同志及时通知，才得以逃脱，但已不能再留港工作，只好到粤湘赣跟尹林平打游击去了。

（节选自罗培元著《罗培元回忆录》，花城出版社1999年版）

离港前的兴奋和紧张

许涤新 *

在香港的短短两年半中，祖国大地起了翻天覆地的变化。

1946 年秋冬之交，国民党军队占领了张家口和丹东，1947 年 3 月，蒋介石逼迫中共代表团退出南京、上海和重庆。在抗日战争中发了光辉的重庆《新华日报》和日本投降后在上海出版的《群众》杂志，都被封闭了。在战争初期，为了下一步作有力的反攻和进攻，我军作战略上的撤退，1947 年 4 月，党中央撤出延安。胡宗南和蒋介石在进入这个空城之后，竟然被胜利冲昏了头脑，大吹大擂说什么“共产党从此完了”。香港亲国民党的资本家因此大放鞭炮，大开宴会；亲国民党的报纸则在“中共完了”的题目上大做文章，

* 许涤新：时任中共香港工委统战委员会书记；后曾任中共中央统战部副部长，全国人大常委会委员，全国政协委员。

大事宣传。而接近我们的某些朋友，也被这种表象所吓住。我们的统战工作，就没法不感到困难。

但是，国民党的“胜利”竟是一瞬间的假象。人民解放军在孟良崮消灭了蒋介石一个王牌军，打死了赫赫有名的张灵甫，使蒋介石在南京痛哭失声。接着刘邓大军渡过黄河，向大别山进军，这就使香港的文化界、新闻界、民主人士和注意政治的工商界感到惊奇。难道天会变吗？天确实在变！一年前为了庆祝“胜利”而大放鞭炮、大开宴会的亲国民党的人们，到了这个时候，开始感到不妙。就在这个时候，以李济深为首的国民党爱国派在香港成立“中国国民党革命委员会”（简称“民革”），以陈其尤为首的爱国归侨也在香港成立“中国致公党”。

1948年入秋以后，从上海、从广州、从厦门到香港来找我党的人们，真是络绎不绝，应接不暇。为了工作方便，我在英皇道中环的×号二楼《正报》门市部开辟了一个会客室，接待来找关系的朋友。这个会客室只能摆6对藤椅，我每天只来半天，每个半天总不落空。进入1949年，情况更加热闹。大约是在春节之后，有一位过去从事司法工作，当过法官的张老先生，到《正报》门市部来找我，约我当天晚上一定到他家来吃晚饭。这位张老先生是一位进步人士，但那时我同他还不太熟。他的突然邀请，使我感到不好办。他再三说：“今天晚上是请你帮我们的忙，吃饭只是一个小意思。”我只好答应他的要求，按他所开的地址，找到他的家。进门之后只有他一个人来招待，没有其他陪客。客厅里有点“空空如也”之感。坐了一下子，他请我上桌，桌上只有主客两人，我正在困惑中，忽然从后厅走出一位老太太和几位少妇。张老把她们介绍给我。老太太是他的夫人，几位少妇，有的是媳妇，有的是女儿。这么一来，使我更加莫名其妙。接着张老对她们说：“你们不是要看共产党吗？今天我就请这位共产党员给你们看看，这样的共产党是不是青面獠牙？是不是十分可怕？”然后张老对我说：“我的老伴、媳妇和女儿，在上海听了很多谣言，都说共产党很可怕。说共产党进入上海之后第一件事就是要把每个家庭的夫妻拆开，男女排队，重新配对；第二件就要把富家的衣服拿出来分给穷人。因此，她们都不敢回上海去。今晚我请你当老师给她们上课。”经他这一说我才恍然大悟，原来她们是中了国民党造谣的毒。我对她们说：“共产党是人，怎么会是青面獠牙？我在香港两年半，走路坐电车同大家一样。人民解放军进了上海之后要稳定社会秩序，要稳定市场物价，恢复工业生产，工作会忙得团团转，哪有闲工夫去拆散人家夫妻，去做乱点鸳鸯谱的乔太守？我们的同志也有母亲、妻子和女儿，如果要重新配对，自己的母亲、妻子和女儿怎么办呢？不拿出来是不公平的，拿出来又怎能行呢？上海富家的衣服在我们眼里是不算什么的。我们党的政策是保护民族工商业，是保护私有财产，特别是生活资料。既然要保护私有财产，怎么会把人家的衣服分给别人呢？建设社会主义是我们党的历史任务，那是要经过长期的社会主义建设才能实现的。国民党说我们共产共妻，完全是造谣。”我在说话时，她们凝神静听，张老接着说道：“他是共产党，说的完全是实话。你们今晚同一位共产党员在一道吃饭，应该把恐惧清除吧。”这样，他的媳妇和女儿才面有笑容，高高兴兴吃了一餐晚饭。在上海解放后，张老任华东军政委员会的司法部副部长。

张家的这一餐饭，使我认识到国民党的造谣，并不是没有作用的。普及地说明党的经济政策，击破国民党的无耻谣言，是当务之急。我就在紧张而忙碌中开了几个夜车，用问答体写了一本党的工商政策的小册子，以“方潮声”的笔名在香港新民主出版社出版。我在同蜚声上海银行界的王志莘先生谈论新中国的经济政策时，曾把这本小册子送他。隔了几个星期之后，在一次聚餐会上，他对我说：“你的小册子我已读过，我对贵党的政策十分赞成。我又把这本小册子转送给宋汉章老先生了。宋老看后也认为中共如果实行这种政策，一定会成功。”

1949 年 4 月 21 日，香港各报以特大的红色标题，报道朱总司令渡江的命令和人民解放军大举渡江的消息。这一晴天霹雳的消息，把香港的人们震惊得目瞪口呆。接着，南京在 23 日解放的捷报又接踵而至，这真要使我们跳起来！我们早就相信，中国革命是一定会成功的，但是，想不到来得这么快，想不到自己能亲身迎接这一历史性的伟大胜利。为了庆祝南京解放，新华社香港分社于 4 月 26 日在英皇道的哥罗士打大酒店八楼的大厅，举行招待各界的庆祝酒会。这是历史上中国共产党第一次在香港公开招待各界的规模颇大的宴会。方方作为主人在会上作了简要有力的致辞。“港工委”委员夏衍、饶彰风、乔冠华和我都出席。新华社的同志和“港工委”属下能公开的干部都参加招待会。当时还未离开香港的民主人士、工商界和文化界代表人物以及中外记者，也都来参加我们的这个酒会。在酒会上最活跃的是龚澎和乔冠华，因为他们同许多外国记者熟悉。由于工商俱乐部的朋友如黄长水、王宽诚、汤秉达和陈秋安、陈君冷等人的出席，我也忙得不可开交。记得电影明星夏梦也来出席，她捧着酒杯，抓住夏衍大叫：“夏伯伯干杯！”3 个小时的酒会就是在兴奋、激动、腾欢的碰杯中结束的。

就在这个欢腾的日子里，港英突然来个袭击。1949 年 4 月 28 日凌晨搜查了我们的资料室，把蔡北华、刘志诚、古念良都抓去了。同天上午又搜查了启源行，把历年该行的账本都拿走了。为了要抓人，派了 1 个特务和 3 个便衣在启源行门口等候。那天蔡馥生约了几个同志在那里开会，讨论在粤东解放区——河婆建立南方银行问题，因而除老蔡本人外，赵元浩、张维静、李健行、王斗光等人都先后被捕。搜查资料室的时候，我同卓芬还未起床，刘爱莲叫保姆以买菜为名来送消息。我即要卓芬打电话到启源行嘱老蔡马上通知有关同志取消会议，可能因为警惕性不高或时间太迟，来不及通知有关同志，结果还是来一个抓一个。我急忙去九龙找老方汇报，老方立即找乔冠华来商议。老乔说："事情不难办。"他即找港英的政治部交涉，被捕的人员当天释放。但要保证金，开头是每人 1000 元，老乔同港英论争，后来减到 3 人 1000 元。在启源行抓去的，每人只要 100 元。上海解放后，港英迫于形势，把这几千元都退给老乔领导的外事组了。

港英为什么在这时候突然来这一手呢？很可能是对于"紫石英号"事件的报复。当百万雄师过大江并席卷江南各地的时候，"紫石英号"等 4 艘英国军舰向我炮击。半殖民地的枷锁正在被粉碎，英勇的人民解放军当然要用大炮去回击，"紫石英号"负了伤，停在镇江附近的江中，其他没有被打伤的 3 艘逃之夭夭。对"紫石英号"的炮击，是鸦片战争以来中国人民对大英帝国胜利的一击！当我们正在香港哥罗士打八楼招待各界的 4 月 26 日，老牌帝国主义者丘吉尔在下院提出英政府要派两艘航空母舰到中国"实行武力的报复”，当时的工党政府不敢这样做，只好在恼羞成怒中，在香港搜捕我们的人员，并封闭了达德学院。

在这里有必要谈一下我个人的问题。大军渡江之后，全国解放已成定局。有一天，我同潘汉年同志在弥敦道老方家里开了会议之后，一道乘轮渡到香港，我们坐在一个无人注意的角落里，他问我：“全国解放就在眼前，你打算到什么地方工作？是留在广东，还是到上海去？”我说：“由中央决定吧！”他说：“你已经干了这么多年的工商统战工作，上海是民族资产阶级集中的地方，我看你还是到上海工作为宜。”在几个月前，刘晓同志也曾同我谈过这件事，但我并未把这件事放在心上，经汉年这一说，我就不得不考虑起来。几天之后，我到老方家里谈工作，他把中央的电报给我看，并且沮丧地说：“大革命失败以后，广东的干部牺牲得太多，很想把你留在广东工作，现在是留你不住了。”中央电报的内容是：要汉年、夏衍和涤新急回北京，接受新的任务。

接到中央电召是在哥罗士打招待会之前，接着就是“财经委”、资料室和启源行的被抄捕，在被捕的同志释放之后，我就着手准备离港。那时候我最着急的是《广义政治经济学》的交稿。当时一缺序言，二缺第二卷中“关于殖民地经济”一章。怎么办呢？我只有在无法形容的繁忙中，于离港前一天的早晨，在跑马地景光街寓所的饭桌上，兴奋地写了那篇初版序言，指出封建制度、资本主义、帝国主义和殖民地制度“从历史的意义来说，从人类社会发展的意义来说，是已经或者正在被送进历史博物馆去的。我的这部书，也具有这么一点意思，该送去的就应把它送去吧”。写完序言后，我就把第一卷和第二卷的原稿送到三联书店。此时，生活书店、新知书店和读书生活出版社已经合并为三联书店，原由新知书店约定的书稿当然由三联书店接受。当时接受我这部书稿的是史枚同志，我对他说："第二卷缺的一章待我到上海以后补写。"这样，我就办完了个人在港的私事了。

那一天夜晚，为了上船的方便和避人注意，我同卓芬就在码头附近的一家小旅馆租了一间房子。次晨，便悄悄地上了那艘开赴天津的"东方号"。汉年一个人比我们先到，接着是老夏同他的女儿"阿咪"也赶到。不久汽笛响了，送客的人都要下船。卓芬向老潘、老夏和我一一握手道别。汉年笑着对她说："阿方，你这一送，给老许的精神负担增加不少啊！"

经过100多年，特别是经过在中国共产党领导的20多年的新民主主义革命——经过无数次的战斗，经过爬雪山过草地的二万五千里长征和白区地下党的艰难奋斗，经过抗日战争，在日本投降之后，蒋介石发动内战强迫我们不得不拿起武器来保卫自己。在党的英明领导之下，终于转弱为强，经过辽沈、淮海和平津三大战役的胜利，解放大军势如破竹，不但大举渡江，而且解放了南京。全国的解放已成定局；100年来压在人民头上三座大山的推翻，也成为定局。我们就是在兴奋无比的精神状态中，离开这个仍然受着英国统治的香港，乘风破浪航向天津，到达和平解放的北平，去接受党的新任务！

1987年8月15日完稿

（节选自许涤新著《风狂霜峭录》，生活·读书·新知三联书店1989年版）

华润公司护送民主人士北上

袁超俊*

鲜为人知的是，今天作为内地在香港的最大经贸机构，并已在国际经贸界产生了一定影响的华润公司，在它从实际开业到中华人民共和国成立之前的这段时间里，却是中共中央书记处的一个直属机构，由朱德总司令直接领导，周恩来副主席具体部署任务，担负着解放区的主要进出口业务，并胜利完成了把留在香港与路经香港的民主人士、社会贤达分批安全转送到解放区，筹备新政治协商会议召开的特殊使命。

---

* 袁超俊：时任华润公司副经理；后曾任纺织工业部机械制造局局长，中国国际旅行社总经理。

解放区与香港间第一次通商

早在1946年9月与10月间，周恩来副主席便已把党的可以公开活动的地点转向香港。李公朴、闻一多在昆明遭国民党特务暗杀，白色恐怖笼罩国民党统治区域，使部分民主人士、进步朋友陆续转移到香港；国共京、沪谈判面临破裂，许多党员干部被疏散隐蔽到香港。党内外人士在香港的活动经费与生活供应都需要协助解决。而随着解放战争的展开，亟须加强香港与解放区的经济来往，以便为解放区输送西药、无线电器材、工业原料等解放区所必需但不能生产的物资。

京、沪两办事处剩余人员被迫撤退、飞返延安的次日，周恩来副主席和任弼时同志抽出时间与钱之光等面谈，要他们尽快出发到解放区沿海口岸，设法派人到香港，与那里的党员干部和民主人士取得联系。并指示，他们今后的任务是出去发展海外经济贸易，关系转归朱德领导。钱之光等在延安解放区停留仅4天，便出发东行，历时3个月到达烟台，途中参加了董必武在太行山南端晋、冀、豫交界处的小村庄冶陶召开的财经工作会议。会议结束后，刘昂被调往西柏坡任董必武的秘书。已调中共中央城市工作部任会计科长的王华生又调了回来，他是广东梅县人，开展对香港贸易很需要他的一口粤语。

刘恕告诉我们，他与鲁映是受钱之光派遣来香港，对香港的经济情况进行调查了解。他把鲁映安顿在旅馆里，就来找我和杨琳了解打通解放区与海外经济联系，尤其是烟台、大连与香港贸易的可能性。

刘恕他们的到来使我兴奋，我们在香港很快会有重要的工作。我与刘恕去九龙见方方，请方方把刘恕、鲁映抵达香港的消息及我们作出的关于解放区与香港可以通商的初步估计一并电告中央书记处。刘恕、鲁映在杨琳家短住后，由杨琳帮忙在香港这边铜锣湾希云街找到了住所。

随着刘恕、鲁映安抵香港，1947 年 11 月左右，王华生乘苏联客货轮“阿尔丹号”，押运 1000 吨东北大豆，还有黄狼皮、中药材等东北土特产，从朝鲜罗津港出发驶抵香港。

阿尔丹轮进港系于浮筒上，王华生乘小汽划子上岸到联和公司。王华生是我的老战友，曾在重庆办事处任财务科长。我们异地相会，回忆往事，探讨未来的合作，分外愉快。这批物资是钱之光派祝华到哈尔滨找东北局李富春要的，李富春还按中央指示拨给一笔黄金。有了这批物资和黄金，于是有了王华生这趟押运。王华生还说，他们所租的阿尔丹轮，船长态度友好，开船前他又请船长吃了顿饭，所以王华生能在船长室办事，那笔黄金便放在船长室中。

这是我们第一次接到解放区运来的货物。杨琳、刘恕与我随王华生上了阿尔丹轮，进船长室，王华生从放海图的柜子里拎出一只老重老重的大箱子，打开一看，里面装的是几件经特殊缝制的背心，鼓鼓囊囊的。王华生告诉我们，缝在里面的全是金条。我们相互望着，会心地笑了。

随后，我们穿上这些背心，下船上汽划子登岸去汇丰银行。杨琳在汇丰银行地下保险库租有一个保险箱，管库人打开厚重的电动大铁门让我们进入，在一个保险箱前停下。管库人用他的钥匙打开保险箱的一道锁后退出，杨琳用他的钥匙打开保险箱的又一道锁，保险箱门这才打开。我们从身上脱下背心，把黄金取出放进保险箱中。杨琳把保险箱锁上，银行管库人进来加锁，然后大家一道出库。

以后从解放区运来的黄金，都是这样存储与取用。

上阿尔丹轮背黄金时，我对王华生谈起半年前廖梦醒转来的那笔黄金，我后来交给龚饮冰去熔铸，我离上海时他还未还给我。如能把这笔黄金也运到香港来，将使我们为解放区做生意多一笔资本。不久我写信给龚饮冰，请他把我放在他那里的“东西”托人转运香港交给我，但这信如石沉大海。上海出了什么事，第二年才知道。

王华生带来的黄金也都是烟台钤记，仍要熔铸成香港金条才好用。我们有中共华东财委方面的一个关系，叫张尔华（张敏思），在皇后大道中开有一个银号，我们同他联系好后，提出这些烟台“小黄鱼”，大大方方到他那里，请他熔铸成香港金条，然后将它们公开卖成美钞、港币，采办解放区所需物资。

王华生到来的那两天，我弄得很疲劳，不仅要与刘恕他们一道背黄金，同时还要给党中央发电报，报告王华生安抵香港，解放区与香港的贸易航道已打通。这消息是用设在我家、由我管理的电台发出的。

电台架设的经过是这样的：在刘恕、鲁映到香港后不久，萧贤法打电话到“联和”约我见面，他向我传达，“胡公”让童小鹏电告方方，为加强与解放区的电讯联系，在香港增设一部秘密电台，由袁超俊管理，萧贤法协助架设。萧贤法是电讯方面的行家，参加过长征，在重庆办事处时便任电台负责人，1946 年秋从南京办事处撤退到香港，任新华分社副社长。我与萧贤法几次碰头，他介绍小李（带着一个孩子，妻子是邵荃麟的妻妹）做报务员，并为我装了一部小发报机，在先施公司门口交给我。还差一部收报机，我按萧贤法的主意用500元港币买了一台全波段的收音机，让他拿去进行改装，加了一个线圈，便成了收报机。

为了架设电台，我把家从九龙白加士街搬到香港跑马地东边礼顿山道，租了一幢二层小楼的二室一厅房，我们一家住前间卧室，报务员小李一家住后间。

电台备齐了，还有一个译电问题，萧贤法交给我一个密码本，并教我使用。我过去并未搞过译电，学起来有点困难。王华生到后，把钱之光交他带来的密码交给我，那一晚我便是用这密码花费了不少时间才把王华生抵达等消息译成电码，让小李分别发给朱德、周恩来和大连钱之光。

我是刚学会译报，还不十分熟练，当报务员小李拍发电报时，我还要到阳台上望风，警惕港英当局的电讯搜查，每当听到远远有吉普车的声音，我就要立刻发信号给小李，叫他暂停发报。随后就会看到港英当局那种拖着很长尾巴（天线）的吉普车出现。就这样我们多次躲过了港英当局的电讯搜查。

王华生来香港后，我们的工作多了起来，出售解放区运来的货物，购进解放区需要的物资。我们主要通过做内地土特产生意的南北行出售东北货物。大豆很容易出手，分几批售出，都卖了好价钱。但黄狼皮卖得便不顺手，香港没有什么人做皮货生意，也没有什么人穿裘皮，这也许与这里气候湿热有关。几经周折，才在南北行卖出了大部分，价钱已被压得很低。我们购买的物资，除在解放区被十分看好的西药、真空管外，还有卷筒新闻纸、造纸滤网等。

办齐装足了阿尔丹轮的吨位，王华生跟船返回罗津，然后过图们江运抵东北解放区。

“华润”命名的来历和创建之初的挫折

生意做开了，客人进进出出，看货，谈价钱。联和公司只有一间七八平方米的小阁楼，立刻显得远不能适应。我们已知道中央同香港做生意的决心很大，应该开办更大的商业机构，所以王华生走后不久，一段忙过，杨琳、刘恕与我 3 人商量，着手组建一个比较大的公司。最好的办法就是在杨琳的“联和公司”的基础上，进行扩大补充。

在香港找合适的房子并不难，香港的报纸上招租广告比比皆是。我们查到皇后大道与德辅道之间的毕打街有一幢八层高的毕打行有写字间出租，便去看了，觉得位置不错。我们租了六楼门对着电梯的一大间，大约 100 平方米，很合我们的要求。请人装修，择日搬了过来。搬家没有什么困难，交易行到毕打行距离不远，香港出租房屋一般都带有家具，要搬过来的只是档案、账簿等。

在给公司取名时，我们 3 个人一起商量。杨琳主动提出，现在已不是他一个人在这里做生意，所以不宜再以他的名字为公司命名。杨琳是无锡人，在香港用的名字是“杨廉安”，联和公司“LEO &.COMPANY”中的“LEO”，是取自无锡话“廉安”的谐音。他建议用“华润”这个名字。他说，我们是为党中央、解放区做生意，“华”代表中国，“润”取自“毛润之”（毛泽东字润之），代表共产党，“华润公司”意为中国共产党的公司，我和刘恕都很赞成。“华润”这个中国商号的产生，是在1948年初。

华润公司成立之初，工作人员有杨琳、黄美娴、刘恕、小李、钟可玉和我等人。

1948年5月，王华生乘苏联客货轮“波尔塔瓦”号又运来一船东北土特产。解放区需要的货物仍包括西药与无线电器材，增加的品种有汽车零件、纺织机械。货单上还有一种梳棉机上用的名叫针布的零件，我对梳棉机外行，一个商人钻了我们的空子，把已用过淘汰的针布卖给我们，我们看它外观光闪闪的，成一长条状，摸摸很锋利，以为好针布就是这个样子，不知道正品新针布都是一盘盘卷着的。这批针布运到东北，接收单位发现是旧的，向“华润”提出抗议，但我们已找不到这个商人了，他赚了一大笔钱逃之夭夭。

王华生第二趟北返仍走朝鲜罗津港。那时，钱之光已在大连组建“中华贸易总公司”，与华润公司一样，也是直属中央书记处的机构。但该公司对外不挂牌。祝华、王华生、徐德明等都是中华贸易总公司的工作人员。北方解放区与香港的贸易，香港这边由华润公司经营，解放区那边由中华贸易总公司经营。中华贸易总公司租用苏联的阿尔丹轮与波尔塔瓦轮，这两条船当时并不在大连停靠，大连当时是苏联军队的管辖地，而沈阳、长春还未解放，从大连北上解放区的铁路运输线还未打通。中华贸易总公司是派人经安东到平壤，同那里的苏联机构办理好租船手续，然后到罗津、清津港接船装货。船返回时仍到罗津、清津港停靠卸货，这种情况一直持续到1948年11月东北全境解放。

从1947年底到1948年，王华生4趟乘苏联客货轮押运解放区土特产与黄金来香港。1948 年 11 月 1 日，他所乘的波尔塔瓦轮驶进维多利亚港时，在鲤鱼门与英国轮船“艾缪斯号”相撞。好在出事地点海水不深，波尔塔瓦轮半沉于礁石上。王华生叫了一个小汽划子上岸，到华润公司告诉我们情况。发生了这么严重的事件，每个人都紧张、忙碌起来。杨琳、刘恕、钱生浩与我随王华生去出事地点察看情况。波尔塔瓦号船头翘得老高，尾巴沉在水里。我们赶紧雇人卸货，用小船运上岸。这次损失很大，舱中已进了水。泡过水的黄豆，只能低价出售了，它们仍可以用于喂猪或做酱制品。

波尔塔瓦轮与英国艾缪斯轮打官司，在海事法庭上，双方各执一词。波尔塔瓦船长坚持说是艾缪斯轮撞了他，英国船长则说他在出港，是波尔塔瓦挡了他的航线。但一个不容争辩的事实是，波尔塔瓦半沉，损失更重，而艾缪斯轮还浮着。这场官司最后具体怎么裁决，我没有什么记忆了。香港的撞船纠纷很多。华润方面因货物受损出面交涉的是杨琳与刘恕。我后来操心的是找到合适的买主，尽可能少受损失地脱售那部分泡过海水、不太有人肯要的东北土特产，以及按解放区开来的货单进货。刘恕回忆，这场官司后来没有结果，因为他们听说要打两三年，无心再打了。波尔塔瓦轮后来被拖进九龙船坞，修好后继续装载运往解放区的物资北返。

接送民主人士北上

1948 年春，解放战争形势发生了很大变化。解放军在战场上已处于优势，毛泽东主席起草的中共中央“五一”劳动节口号，号召“全国人民团结起来……巩固并扩大反对帝国主义、反对封建主义、反对官僚资本主义的统一战线，为着打倒蒋介石，建立新中国而奋斗！”并号召“各民主党派、各人民团体、各社会贤达迅速召开新的政治协商会议，讨论并实现召集人民代表大会，成立民主联合政府。”“五一口号”得到各方面响应，在香港的李济深、何香凝、沈钧儒、章伯钧、马叙伦、王绍鏊、陈其尤、彭泽民、李章达、蔡廷锴、谭平山、郭沫若等联名致电毛泽东并转解放区人民，表示赞同。筹备召开新政治协商会议，迅速成为中共的一项重大、紧迫的政治任务。

1948年5月到8月，周恩来副主席多次电示钱之光，要他尽快以解放区救济总署特派员的名义去香港，协助香港分局、潘汉年等，接送在香港的民主人士北上解放区，参加新政治协商会议的筹备工作。

钱之光将中华贸易总公司的工作交给已从西柏坡调来的刘昂，便与祝华、徐德明等，经安东、平壤到罗津，乘波尔塔瓦轮来港。杨琳、刘恕与我上船迎接。钱之光谈及航行中晕船很厉害，停泊后却一点不良感觉也没有了，同健康人一样。他们带来较多的黄金，大家一道去船长室穿黄金背心，把黄金背下船，背上岸送汇丰银行存保险库中。钱之光比我们这些人年长十余岁，是已近半百之人，也同我们一样背黄金。

我与他谈起一年多前经伍云甫、廖梦醒转来，又由我交龚饮冰熔铸的黄金还未收回。后来刘少文、龚饮冰也来香港，我曾去九龙问他们情况。他们回答，他们是因为系统内出了叛徒而紧急撤退，当时首先考虑的是人的安全，顾不上带东西。……钱之光听完我的叙述，说党内的各个系统、经费是分开的，他批评我不应该把这笔黄金转交其他系统。

我们将黄金存入保险库后，回到华润公司。钱之光传达了周恩来副主席关于筹备召开政治协商会议，接送在港民主人士北上的指示。接着大家一起商量卸船和售货进货等经贸事宜。当晚，我把钱之光一行抵达的消息电告朱德、周恩来、大连刘昂。

次日，我带钱之光去九龙方方家里，小开（即潘汉年。那时许多人都这样称呼潘汉年，但我不知道这一称呼是30年代初潘汉年在中央特科工作时周恩来为他起的化名）也等在那里。大家热烈握手，互告解放区和香港情况，商谈民主人士北上哈尔滨的路线。当时潘汉年正按周恩来早先的指示与港英当局交涉，让民主人士持英方护照经西欧、从苏联西伯利亚绕道赴哈尔滨，但英方答复迟缓。

不久，周恩来决定采用已打通的香港与北方解放区的海上商道，秘密接送民主人士北上。潘汉年与港英当局的交涉继续进行，拖到1948年底，英方终于答复，可以给民主人士一个证明身份的文件经西欧取道苏联。这时，我们已将在港的大部分受中国共产党邀请，参加新政治协商会议筹备工作的民主人士送往解放区了。

香港环境复杂，同样有国民党特务在活动，附近海上还有国民党军舰游弋。周恩来副主席多次指示，接送民主人士要绝对保密，保证安全。香港分局潘汉年、连贯、钱之光商定，要尽可能分散外界注意力，采取分几批接送的方法。与民主人士的联络工作由一直同他们保持密切联系的香港分局方面负责（参与联络工作的还有夏衍、邵荃麟、周而复等，他们与民主人士中的文化人多有联系），并派出陪送人员直达目的地；华润公司（主要是刘昶和我）则负责海上运送。我和钱之光等“华润”的同志担任“华润”与香港分局、港澳工委的联络工作。香港分局把行动计划详细电告了周恩来，得到他的同意。

受邀请参加新政治协商会议筹备工作的在香港与经香港的民主人士，实际是在半年中分4批去解放区的，主要是在9月底至12月底走的。根据周恩来副主席的电报指示，对民主人士的接送要绝对保密，保证安全。每一批安排哪些人走，什么时候开船，都是根据民主人士准备的情况、货物的装运、香港的政治气候以及联系工作情况等来决定。为保证旅途安全，商定每次都有负责的同志陪同，并派出熟悉旅途情况的同志随船护送。

第一批北上人员的联络工作进行较快。9月下旬，波尔塔瓦轮也已卸完装完货，可以启程了。当晚，我、刘恕、祝华与徐德明到铜锣湾避风塘租好小汽艇等候。北上民主人士由潘汉年、饶彰风准时送到。沈钧儒先生见到我也在场，惊讶地问："严先生，怎么你也在这里？"我与沈钧儒是在1936年认识的，当时我在上海参加救亡运动，化名严均超，任上海各界救国会常务干事和职业界第二大队大队长，多次到沈钧儒在成都路的住宅以及沙千里在爱多亚路的写字楼里开会。那时沈钧儒给我的帮助很大。他一点儿也没想到会在香港见到我。

大家上了小汽艇，为避免外人注意，我们让小汽艇在一艘艘系于港湾中浮筒上的轮船之间来回穿梭。香港开小汽艇的工人多是广东人，不太能听明白我们讲的普通话，但我们仍有意以生意人的口吻交谈。到波尔塔瓦船下，大家从舷梯登船，钱之光已等在船上，与沈钧儒他们握手，互致问候。章汉夫也迎了过来，他是香港分局派出的陪同人员。

第一批走的民主人士除中国民主同盟的代表、中国人民救国会负责人沈钧儒外，还有刚成立不久的中国国民党革命委员会委员、三民主义同志联合会的代表谭平山，中国国民党革命委员会常务委员、中国国民党民主促进会的代表蔡廷锴，中国农工民主党中央执行委员会主席章伯钧等。护送者为祝华，徐德明。

与第一批民主人士一道北上的还有五六对从南京、上海撤退到香港的共产党员干部夫妇。以后几批民主人士北上，都是在晚间登船，也都有一批共产党员干部同去解放区。

人员上齐后开船，刘恕与我坐小汽划子跟波尔塔瓦轮到鲤鱼门，看着它安全驶出海口才返回。我安排发出电报，通知解放区第一批民主人士已登上旅途。约 8 天后接到刘昂发来的波尔塔瓦轮已安抵罗津的电报，我们非常高兴。这时，华润公司的工作人员多数已集中住于跑马地成和道的一幢楼房里，并集体办伙食，为了表示庆祝第一批民主人士接送任务的顺利完成，晚饭时加了一个红烧肉。

第二批北上民主人士是于 11 月上旬离开香港的。因波尔塔瓦轮被撞需修理，我们与中共华东财委驻港代表陈明联系，租用了华东财委运通财务公司的一艘 800 吨海轮运通轮（主要走香港—苏北沿海线）。接送第二批北上人员较第一批略多，有著名文学家郭沫若，史学家翦伯赞，中国民主促进会发起人之一的许广平（鲁迅夫人），中国民主促进会的代表马叙伦，中国致公党的代表陈其尤，中国人民救国会的领导成员沙千里，在莱芜战役中为中国人民解放事业作出重大贡献的原国民党第四十六军军长、海南岛防卫司令长官韩练成等。这批人由连贯陪同，王华生护送。

运通轮驶进黄海不久，许广平的儿子海婴收听新华社广播，得知沈阳已解放了。王华生同船长商议不再走罗津，而直接驶往大连方向。由于没有事先取得苏方允许（当时大连港是由苏军管辖），运通轮未能进大连港停靠，而是锚泊于大连东北的长山群岛的海面上，用小船将人员送上岸，东北局负责同志将他们接到安东，乘火车去哈尔滨。

周恩来副主席于 1948 年 9 月 20 日拟定的受邀请从港、沪以及长江以南其他地方前往解放区参加新政协筹备工作的民主党派和无党派著名人士有 77 人，多数在香港或需经香港北上。第一批与第二批只走了一部分。11 月 5 日，周恩来副主席为中共中央起草的致香港分局电，责成香港分局与钱之光在 12 月底以前将李济深、郭沫若、马叙伦、彭泽民、李章达、马寅初、茅盾、陈嘉庚等几十名各方面代表送往解放区。这份名单中，有的已经北上，有的还未来香港，但多数当时已在香港。

第三批民主人士接送任务显然较艰巨，时间紧、重要人物多，像国民党革命委员会主席李济深等人是香港当局和国民党特务特别注意的对象。

12 月中旬，阿尔丹轮由徐德明押运抵港。我们知道这次仍租用苏联船，与苏方交涉好返回时直接到大连港停靠，是周恩来副主席电示刘昂与大连市委方面必须做到的。接送民主人士事关重大，必须做到万无一失。为此，我同潘汉年在华比银行碰头，我们坐在银行柜台前的长椅上，研究对第三批北上人员的具体安排。小开告诉我，他们的出发日期定在圣诞节次日晚上，已计划好于 12 月 26 日晚上设宴招待李济深等著名人士，并请何香凝（廖仲恺夫人）参加，以迷惑外界。接着我们确定了登船时间、集合地点、接头暗号、登船方式等具体事项。圣诞节前，一切准备工作就绪。北上人员的行李事先被分别送上阿尔丹轮。

12 月 26 日晚上，华比银行经理邓文钊举行宴会，李济深、何香凝等出席，新华分社等传媒对此发布了消息。这时北上人员开始去码头，每人都有接送人员引带。我仍在铜锣湾避风塘租好小艇等待。暗号对上，我让北上人员上小艇，在铜锣湾避风塘与油麻地避风塘间作一番泛舟览胜后再傍阿尔丹轮。这次因上船人多，小汽艇接送一直接续到深夜。等到李济深于宴会结束后上船，人员到齐，立即开船。

第三批北上民主人士有中国国民党革命委员会主席李济深与领导成员朱蕴山、梅龚彬，中国民主同盟的领导成员邓初民，中国民主建国会领导成员章乃器、施复亮，中国农工民主党中央监察委员会主席彭泽民，著名作家茅盾、洪深等。由李嘉人陪同，徐德明护送。

这一批民主人士走后没几天，香港当局知道了，同时也引起了香港各界的反应。香港当局的政治部主任亲自找到民革的副秘书长吕集义，责问说：李济深先生的安全，我们是要负责的。他走了，你们为何事先不告诉我们？这样一个有影响的人离开香港，连我们都不知道，叫我们怎样交代？

第三批北上人员走后，仍有准备参加新政治协商会议筹备工作的民主党派领导人来香港，比如中国民主建国会的代表黄炎培等，于是有了第四批民主人士北上，时间是 1948 年 3 月。他们乘的是华润公司向香港一位梁姓女士所办船务公司租来的 7000 吨轮船，由刘恕护送，直航天津。

以后，还陆陆续续不断有零星的民主人士和共产党员干部通过

“华润”系统乘船北上。

周恩来副主席亲自部署的接送参加新政治协商会议筹备工作的民主人士去解放区的重要使命按期胜利完成后，钱之光于1949年4月乘杨琳租用的香港轮船“东方勇士号”，与林其英、唐淑平夫妇等直航天津去北平。

华润增加了新成员和新电台

1948年9月到1949年3月，按照周恩来副主席的指示，华润公司增加了接送民主人士北上的特殊任务，但它与解放区的贸易量丝毫没有减少。因为北上人士乘坐的每条船，来去都是装满货物的。

解放区定购的物资种类日益增多，新的品种有医疗器械、机床、印钞纸等。有一次货单上开列了一辆“284火车头”，我们在市场上打听了一阵，都不知道这“284”指什么，便打电报到大连去问，得到答复是“284”是指火车头轮子的数目：前头两个轮子，中间8个轮子，后头（煤车）4个轮子，但他们不知是什么型号。结果没有买成。

这期间华润公司的工作人员也有了较多的增加。1948年8月，上海的刘少文地下交通情报系统出了叛徒，供出了许多人，影响到上海局和刘少文地下交通情报系统，于是他们决定大量干部撤退到香港。刘少文本人在特务追捕时跳楼摔坏了腿，躲起来养了半个月伤，也撤到香港。刘少文地下交通情报系统中的广大华行系统、海关总署系统、孙有余交通系统在重庆时曾经归我领导或管理。

这些基层系统的同志撤退到香港后，住在一个大的花园洋房里。我去见刘少文，他便把他们当中不少人的关系转给我。海关总署系统高士融与郑逸梅夫妇、王兆勋与毛修颖夫妇的关系，就是在这时候转到华润公司来的。潘象山的关系好像也是这时候转来的。潘象山学过无线电技术，他父亲潘震亚是民主人士，抗战期间他父子撤退到了重庆。我在四川省委工作时，曾考虑过利用他父亲的身份，在他家架设秘密电台。原在重庆《新华日报》文艺副刊工作，到香港后管文化工作的周而复也介绍了交通大学共产党员学生、上海学联的于凡、小马（黄蕙）夫妇到华润公司来。高士融、王兆勋多年在重庆、上海海关工作，英文很好，所以他们到华润后，被安排到业务部与我一道工作，当时我们为解放区购进的物资，主要是西方产品，很需要英文水平高的同志。

经钱瑛大姐介绍，李应吉、徐景秋夫妇于 1949 年也来到“华润”。华润公司的工作人员还有林其英、唐淑平夫妇、李瑞文老先生，后者是叶剑英的老乡，公司派他驻广州，他回香港则在成和道集体宿舍临时搭铺。

华润公司业务人员增加的同时，电台工作人员也更换并齐备了。1947 年夏由萧贤法协助架设的秘密电台在我的礼顿山道家中已工作了一年多，报务员只小李一人，他本来体质就弱，由于收发报多在夜间 2 点到 4 点，工作紧张，以致身体越来越差。因此，钱之光来香港时，从大连社会部冯铉那里调来一个报务员，并带来一个机要员和一部新电台。报务员是山西籍男同志，叫李文山。机要员为四川姑娘郭里怡。我请萧贤法为我们再配一名也能收发报的年轻女性，好作李文山的掩护（对外称夫妻），于是他从新华分社调来了广东籍的小杨。

新电台不再设在我的住处。我们曾想把它架设到远离闹市的山区里，认为这样不易被发现。于是杨琳和我乘汽车到九龙新界那一片跑了两天，发现元朗的一座山头别墅很适合架设电台，房东也很友好，可以租下来，但后来感到那里过于偏僻和孤立，就放弃了。最后我们觉得还是架到闹市区妥帖。香港商业电台很多，越是闹市，电讯侦察反而越困难。

于是我们在湾仔利舞台那片租下一幢居民楼的顶层，报务员李文山与小杨搬进去，我帮他们在屋顶装了天线。从这时起到我与钟可玉离开香港，华润的秘密电台都是在利舞台那片工作的。由于华润公司的关系归朱总司令领导，而许多工作又由周副主席具体部署，所以我们往往给朱总司令、周副主席以及大连“中华贸易总公司”同时发电报。

新电台建成以后，译电有郭里怡，交通（送取电文）有钟可玉、鲁映，我的工作更多地转到公司的业务与党务方面，但仍负责密码与电台的管理工作。这时，我安排体弱的小李和他的妻子、孩子、家人乘华润公司的“东方轮”去大连，把小李托付给刘昂，安排他去疗养。新中国成立后我见到刘昂，问起小李的情况，得知他到大连不久便去世了。我与钟可玉非常怀念这位与我们一道工作与生活了一年多的很好的小同志。

在艰苦生活中我被迫送掉小女儿

华润公司大多数员工集体居住，目的是方便学习、管理，也为节省经费。钱之光来香港以后，我们从报纸上查到成和道有一幢临街四层楼出租。与钱之光一起去看，每层成一套，有一个约 20 平方米的厅与 4 个房间，房间尽头是一间厨房，一间厕所。二层住了一些舞女，我们顶下了第三层与第四层。第三层住了林其英与唐淑平夫妇、高士融与郑逸梅夫妇、王兆勋与毛修颖夫妇，每家一间房，剩下较大的一间房则摆放图书，是大家的学习室。第四层住我与钟可玉（带两个小孩）、刘恕与鲁映夫妇、郭里怡，靠客厅门口的一间大点的房间住钱之光。

钱之光有“解放区救济总署”特派员的头衔，但他与大家住在一起，不搞特殊。我们都喊他简先生，这是我为掩护他建议他取的假姓。简与钱普通话音近，即使我们有时叫错了，也不易听出来。但有一天，我同尹先生谈一笔真空管生意，钱之光过来站在我们旁边有兴趣地听，我只好向尹先生介绍这是简先生。尹先生听不出是哪个姓，我写给他看，对他说是简单的简，尹先生说：“哎呀，原来是‘敢’先生！”我想不到，在广东话里面，钱与简的发音有这么大的差别。从此，我们都加强了对广东话的学习。

每天大家乘电车经皇后大道到公司上班，下班后回成和道的家，过解放区那种供给制生活。房租已由公家出了，每个工作人员每月再发 200 元港币生活费，开支衣、食、行费用及零用。我的两个孩子，公家每月给他们每个人补助 50 元，公司为大家雇了一个女佣，扎着大辫子的中年妇女顺德妹阿樟。鲁映回忆，阿樟勤快，看门、扫地、做饭什么都干，她见我们都尊重钱之光，便对他格外照顾。按香港当地习惯，过年应该给阿樟红包，但我们没有这项开支，个人手头也都紧，颇有些尴尬。我们集体开伙，每个工作人员轮流管一个月伙食账，标准要控制在每人 40 元以内。

钱之光的生活费也是200元，他烟瘾很大，这项开支也在这200元之内。我也吸烟，我们吸的都是“骆驼牌”，这是香港一种极普通的烟。杨琳每月700元，黄美娴每月500元，她是美籍华人，不是共产党员。杨琳在香港时间较长，各方面关系较多，都要应酬，又住得远，他们的生活本来需要讲点排场。

因为生活在都市，对女同志衣着上的照顾是，一年可以添置两件旗袍和两双玻璃丝袜。玻璃丝袜一双约8元，凭发票报销。旗袍按一件16元算。钟可玉为了省钱，买料子自己裁缝，每件可以省8元工钱。烫发，不反对，但不报销。

当时香港的小职员月薪为500元，相比较我们的生活标准是偏低的。但我和钟可玉都觉得，住在跑马地成和道时的供给制生活要比我们初到香港住在九龙白加士街时的生活好些。我们初到香港时，一家四口人一个月生活费是500元，支出150元房租后便较紧张了。钟可玉对那几个月生活的回忆，是与一次烫发时的不愉快记忆联系在一起的：理发师傅问她是汽烫还是电烫。她不知怎样回答，再加她衣着朴素，那师傅便不再理会她，转而给别的女人做起头发来了……

在重庆办事处时，我是文娱活动的积极分子，但对跑马地成和道集体住时的文化生活却没多少记忆。我们这一层楼里的几家，只有我和钟可玉是带着小孩的（一对双胞胎）。钱之光是一个人来香港；刘恕、鲁映夫妇从烟台来时是新婚，这时还没有孩子；郭里怡还是个姑娘。也许因为钟可玉与我带着两个尚年幼的孩子，家务重些，没怎么参加大家的业余活动，也几乎没有出去看过电影。香港的影院极多，但电影多是英文，看不懂，内地来的电影又没什么可看。我只常去李瑞文老先生搭铺的地方（可能在学习室）听新华社广播，我那台不再用于收报的大收音机就放在那里。

我们到香港的头4个月里，钟可玉两次怀孕，第一次是两个月时打掉了，用的是她梅县同乡陈医生告诉我们的一个土方法，很危险。1947年8月第二次怀孕，我们不敢再打胎，只能等孩子出生。但孩子出生后怎么办？当时秘密电台刚架设好，就在我们家里，为避免引起港英当局和国民党特务的怀疑，我们不仅不能请保姆，连至亲好友也不能来家里，我们在礼顿山道的住址，连钟可玉的梅县同乡都不知道。钟可玉拖着一对正在蹒跚学步的双胞胎，还要照顾报务员小李夫妻和他们正吃奶的孩子的生活，若再添一个孩子，她一个人是怎样也顾不过来的。

于是我们考虑请人家收养，就有意在朋友中说家庭经济有困难，钟可玉打算也去找份工作来贴补家用。听到这种情况，她的梅县同乡、开钱庄的李先生与汤校长都表示愿意收养这个孩子。汤校长是印尼中华学校的校长，钟可玉是他最喜欢的好学生。汤校长夫妇说，钟可玉的孩子他们要。李先生已有两个女儿和一个儿子，汤校长是3个儿子，都已上大学，没有女儿。他们两家商量的结果是：若是男孩，归李先生；若是女孩，归汤校长。1948年4月27日，小女儿出生了，是多么可爱的一个小女孩啊！我们轮流把她抱在怀里，亲了又亲。当汤师母来医院抱她走时，我们与可爱的女儿真是难舍难分……

组建华夏船务公司

随着解放战争的节节胜利，1949 年，华润公司又有较大发展。

在准备接送第一批民主人士北上时，我曾向钱之光、杨琳建议：依靠租用苏联船并不是长久之计，最好是我们自己有条船，这样完成党中央交给的特殊任务就主动多了。他们赞同我的想法。

我们从报纸上查卖船广告，找到了几条船，主要由王兆勋、高士融去接洽，很快谈妥了一条挂英国旗的 3000 吨客货轮。过户时，我们提出船归我们后仍挂英国旗，但要由中国人当船长。不料英国卖家说："如果你们挂英国旗，船长就必须由英国人担任。"我们买船的主要目的本是为了完成接送民主人士与党员干部去解放区这项秘密任务，自然不能同意由英国人担任船长。经过一番打听，了解到挂巴拿马旗对船长的国籍没有限制。于是我们去巴拿马领事馆，花了些钱，注册了这条船，我们给它起的新名字是"东方号"（ORIENTAL）。

不过东方轮并未能赶上接送前 4 批参加新政协筹备工作的民主人士。我们虽然有了条船，但还没有备齐船员，而找船员并不像买船那样花钱就能办到，因为我们对船员有严格的政治方面的要求。我曾请方方帮忙，从港澳工委系统为我们物色合适的船上骨干人员。我提出，我们自己的船，承担的又是秘密任务，船长、大副、二副、三副、轮机长等主要船员应当都是共产党员。方方表示，一下子找齐这么多人有困难。

高士融与王兆勋都是福建人，闲谈中，他们说起福建有个集美高级水产航海学校，是侨领陈嘉庚创办的，培养了很多航海人员。王兆勋告诉我，他认识一个叫刘双恩的人，可能符合我们的条件。我去香港分局调查，了解到刘双恩 1928 年毕业于集美学校（集美高级水产航海学校的前身），参加过救亡运动，任过航行于长江的峡光轮船长，集美学校的教员，1946 年在泉州入党，现以厦门港引水员职业为掩护，任厦门地下党工委书记。1948 年 10 月，香港分局为我们从厦门调他任东方轮船长。刘双恩到任的时间是 1948 年 11 月。

通过刘双恩，我们物色到大副刘辛南、二副陈嘉禧、三副许新识、报务员刘志伟等主要船员，他们多是刘双恩的学生。香港分局协助审查，证实他们都是共产党员，有航海经验。包括刘双恩在内，东方轮共调来 15 名党员船员，都是集美航校毕业生。许新识回忆，东方轮 30 多名船员，还有一部分来自港九海员工会，多是从东江纵队撤至香港的，其中也有党员，但关系属港澳工委方面海员工会系统。

东方轮于船员配齐后，即走了一趟北方船线。刘辛南、许新识等人回忆，东方轮首航约在 1949 年 5 月、6 月间，到的是大连。除运输解放区进出口物资外，还将 40 余名党员干部送到解放区。

尽管只是一条船，但已有许多船务要办。轮船的进港出港，应系于哪个浮筒上等等，都有一套手续要同港务局方面打交道；船上的燃油、淡水供应，直至船员的生活供应等，全要有人照应。必须建立一个专门机构。于是我们决定在华润公司之下建立一个子公司“华夏船务公司”。在沿海的干诺道中马路旁租了一幢二层写字楼作船务公司办公用。王兆勋任公司经理，潘象山、于凡作业务员，会计是余秉熙（大连“中华贸易总公司”系统）的夫人丁培举，仓库保管是黄作仑。

东方轮第一次党员大会突遇台风

东方轮党员较多，加上船务公司的党员，于是建立华夏船务公司党支部，刘双恩任支部书记。东方轮首航归来，刘双恩谈及在海上多次与国民党运兵船遭遇，以及船员的思想问题，比如，福建籍船员与广东籍船员互有看法等等。我们决定给党员船员开会做思想工作。

于是我和杨琳、王兆勋乘小汽艇上船，集合党员船员召开了东方轮的第一次党员大会进行整风。我说明组建华夏船务公司，是党中央、解放区人民赋予我们的责任，要我们在香港为解放战争运输急需的物资，比如为新解放的城市提供恢复经济的工业设备、文化宣传用的新闻纸、稳定市场的钞票用纸等。中共华东财委方面有一条比东方轮小些的船也担当了这一任务。东方轮主要是为东北与华北解放区服务，那里地域广大，大城市多，任务艰巨。我们还有虽排列于第二，但却是创办船务公司最初的、更具政治意义的任务，那就是把在香港滞留或经过香港的民主人士与党员干部送往解放区，这是中央赋予我们的特殊使命，这件工作特别要讲安全与机密，这些人从香港上船是绝对不能让外人知道的。在海上，随时可能遇到国民党军舰和美国军舰的盘查甚至扣押。遇到这种情况，每个人都要讲党性，讲气节。杨琳也说了一番话。我们说完，党员船员们都表示有决心完成好这项政治任务。

会议进行中，外面刮起了大风。因为没有台风预报，没有见挂风球，我们不知有台风到来，继续开会。

接近黄昏时，我与杨琳、王兆勋准备下船，却见城市的灯光离我们很近，马路就像在船帮下，原来船已被吹移位。刘双恩去驾驶室指挥开船，却开不动，这才注意到东方轮后面跟着一条法国船和一个翻起的浮筒，法国船的锚链、缆绳死死地绞在东方轮的推进器上，浮筒被拔离。我们用英语朝法国船叫喊，又打信号，法国船只出来一个老水手，也对我们叫喊，比比画画，意思是他那边船员都上岸过礼拜了，他一个人无能为力，阻止不了事态的发展。

大风把缠在一起、时不时碰撞一下的两条船往西北方向刮，每碰撞一次，可怕的声响与震动足足持续十几秒钟。伴随着狂风又下起了瓢泼大雨。我们直担心东方轮会被撞裂口下沉。

暴风雨半夜才停，周围漆黑一片，我们无法可想，只好留了一个人警戒，其他人进舱休息。天亮后我们到船面上去看，法国船和浮筒还被我们拖着，海面上有一个岛。刘双恩他们都是大陆上调来的，对香港地理不熟，判断不出是到了什么地方。大家七嘴八舌，猜测我们已被往西吹到越南或马来西亚了。后来我们打旗语，托一条过路船为我们向华润公司报信。

次日下午，刘恕租了港务局救护船赶来，我们才知道只是被刮到离香港不远的昂船舟附近。我们两夜未归，黄美娴、毛修颖和钟可玉等家属都急坏了。救护船把我们两条船连带浮筒拖回，请九龙船坞把两条船解开，幸好都未有什么太严重的损伤。东方轮首航后，因为这场事件，不得不休船检修一段时间。

经过“整风”，船员们思想觉悟有了显著提高。从 5、6 月间首航到大陆基本解放这半年中，东方轮共走了四趟香港与北方解放区航线，第一、二趟是到大连，第三趟是到天津，人下船后，货卸完便转去东北营口装货，再返回香港。第四趟是到大连，后三趟都搭载大约40名民主人士和党员干部，其中党员干部居多。由于保密的需要，这100多名民主人士与党员干部没有留下名单。

合并香港广大华行

1949年华润公司另一件重要工作是合并香港广大华行。

其实，广大华行的资历远比华润公司老，1933年就有了，由田鸣皋发起，与卢绪章、郑栋林、杨延修、张平等进步青年共同组建，经营西药、医疗器械的邮售业务，兼作爱国热血青年阅读进步书籍、讨论抗日救亡的聚会场所。1937年10月至1939年，卢绪章等人先后加入中国共产党。上海沦陷后，他们中的一些人撤往内地，陆续在昆明、衡阳、贵阳、重庆建立广大华行的分行或附属机构。1941年，国民党停发八路军、新四军军饷后，为多方解决南方局的经济来源，周恩来决定把广大华行改作南方局的直属经贸机关，在重庆成立了广大华行总管理处，由卢绪章任总经理（田鸣皋其时已退出广大华行），周恩来并指定由我与他们单线联系。1944年，为打通国际贸易关系，南方局决定从广大华行能集中的资金中抽出2/3，交舒自清带往美国，在纽约建立广大华行分行，并签订了代理美国“施贵宝”药厂对中国的总销售的合同。

抗战胜利后，广大华行总管理处也“复员”上海，业务进入旺盛时期。1948年6月，由于出了叛徒，广大华行系统的人员撤往香港，资金也大部分转往香港。这年秋天，周恩来、任弼时代表中央决定，结束广大华行国内各地机构，只保留香港广大华行，关系交由华润公司钱之光和我领导。主要由我负责。

华润公司党总支下有华润、华夏、广大华行 3 个支部。广大华行支部的负责人是舒自清和张平。舒自清住半山区薄扶林道，张平住在一排平房里，街道名字我记不清了。张平的夫人也是党员，他们生的也是一男一女双胞胎。“广大”支部归华润领导后，我定期去舒自清或张平家了解情况谈工作。这时广大华行仍做西药生意，做美国药品“施贵宝”的代理商，并做苏联药品“山道宁”“鹿茸精”的代理商，兼营进出口业务，主要向美国出口桐油、肠衣、猪鬃等中国内地土特产，进口美国的化工产品、钢材、五金等。

1949 年 5 月，周恩来、任弼时代表中共中央指示香港广大华行合并进香港华润公司，合并工作到下半年晚些时候完成。广大华行 1933 年成立时资本仅法币 200 元，总办事处设在重庆。它被周恩来确定为南方局直属经贸机构后，业务有所发展，南方局亦有资金投入。1942 年的资金已为法币 20 万元。1944 年其可集中使用的活动资金已达 30 万美元。1949 年香港广大华行与华润公司合并时，移交过来的实有资产为 200 万美元。

“海辽号”起义

1949 年华润公司还有一件有重要政治意义的工作，这便是支持并领导了“海辽号”轮船起义驶往解放区。

海辽轮是国民党招商局 19 条 3000 吨大湖级海轮中的一条，原名海闽号。前任船长驾驶不慎，在闽江口将国民党购自英国的伏波号巡洋舰撞沉，300 名官兵仅一人生还。招商局怕国民党海军报复，将海闽号改为海辽号。

我与杨琳都参与了领导、组织海辽轮起义的工作，刘双恩与海辽轮船长方枕流则在海辽轮起义上作出了很大的贡献。东方轮首航归来因台风事件受轻损修船期间，刘双恩与我有较多的交谈机会。他与我不仅年龄相近，而且工作上联系也多。刘双恩是革命责任心很强的同志，他告诉我，他在最近一年中，多次与海辽轮船长方枕流接触。他俩早在 1937 年就认识，十分要好。1942 年刘双恩任峡光轮船长时，方枕流是他的大副。方出身贫寒，海关学校毕业，32 岁，是国民政府招商局系统作风严谨、技术过硬、多次驾船闯过险情的船长，政治上要求进步。1948 年，刘双恩调任东方轮船长去上海物色船员时曾找过他，当方枕流知道刘双恩是为解放区工作的共产党员时，立即自荐愿为人民解放事业贡献自己的一切，并提出入党要求。我听了刘双恩的介绍后，要他加强与方枕流的联系，多做方的工作，让方枕流坚守在海辽轮船长的岗位上，准备迎接解放。

1949 年 5 月 27 日，上海解放。6 月 5 日，解放军代表正式接管成立于 1873 年，已有近一个世纪历史的招商局本部，曾为“护产”作出贡献的胡时渊、黄慕宗留任招商局正、副总经理。上海人民广播电台播发了黄慕宗对招商局海员的讲话：解放军不入民宅，不拿群众一针一线，上海社会秩序良好，市场稳定。这使被国民党“联络军官”武装监督驶离上海，在厦门、基隆、福州马尾、广州黄埔间为国民党装运兵工器材和士兵的海辽轮船员思家心切。方枕流从广州飞香港，到南国酒店找到刘双恩，汇报了船员的情况，表示准备驾船去解放区。

刘双恩觉得事关重大，即刻来华润公司向我汇报，我们研究后同意由海辽轮船长方枕流、报务主任马骏、二副席凤仪组成海辽轮起义领导小组，海辽轮应进一步创造条件，待时机成熟，即把船开往解放区；方枕流担负具体策划起义的重责，今后应少公开活动。下午，刘双恩改换另外一个地点向方传达了我们的意见。

方枕流与刘双恩频繁碰头。为将来有更多的船开往解放区，方枕流动员长期泊于香港的民 312 轮船长罗秉球、轮机长沈祖挺出面，组建了香港海员联谊会，并请香港招商局驻埠船长陈天骏主持联谊会的工作。方枕流还购买了一批进步书籍散发给船员，并把台北招商局新发的密码本誊印件交给我们。

华润公司党总支认为，这样好的同志不应留在党外。我会见了方枕流，并让刘双恩与方枕流谈话，随即方枕流递交了入党申请书。我们还安排杨琳出席有方枕流参加的宴会，以表示对海辽轮工作的重视。

8 月，台北招商局电令海辽轮开往基隆。海辽轮在基隆停泊了半月之久，席凤仪宴请台北招商局船务处长，才得以脱离虎口，运兵去海南岛南端的榆林港。

到榆林港士兵下船后，台北招商局又电令海辽轮去黄埔港运兵。方枕流考虑到黄埔港将会有国民党“联络军官”驻船，今后行动不便，便以须添加燃油为由，抗拒台北招商局命令，于 9 月 3 日夜把船悄然开进香港，锚泊于油麻地。方枕流登岸，在陈天骏协助下，以应付紧急军差为名，与香港招商局谈妥更换电讯设备、检修轮机、添足燃油、淡水等事宜。他向刘双恩表示，这次从香港开出，一定要驶往解放区。刘双恩交代他，要从思想、物质、技术上做精心准备。

起义的各项准备工作紧张进行着。核心小组对全船人员做了摸底排队，对可能反对起义的船员做争取工作。又召开“赏月会”，畅谈“讲民主、讲团结、全船人一条心，一起想家，一起开好船。”为团结船员，方枕流还向香港招商局申报，提升了十几名船员的职务。并用英镑向英国商人购买了朝鲜海面地图。我们让刘双恩向方枕流传达：海辽轮应选择一条安全航线，在近日寻机开往大连，途中必须对船形进行改装，并用电讯迷惑台北招商局。

台北招商局电令海辽轮与在香港的其他招商局轮船于20日晨6时起航去汕头装兵驰援舟山。我们分析情况后认为，海辽轮驶往解放区的时机已到。随即与大连方面联系，商谈好迎接海辽轮起义的措施。9月18日下午，刘双恩与方枕流最后一次碰头，传达华润公司党组织的指示：海辽轮开赴大连，进大连港前改名为“ANTONIA”（安东尼亚）；中共中央驻大连办事机构会有人与海辽轮联系；方枕流的党籍问题，由大连市委的欧阳钦、魏震东负责解决。刘双恩把港澳工委的介绍信与我开的华润公司党总支的介绍信递给方枕流，并要求方枕流把起义领导小组成员方枕流、席凤仪、马骏、鱼瑞麟4人的家庭住址、家属名单交给他。方枕流表示，如果他牺牲了，请党教育好他的3个孩子。

9月19日正午，方枕流下令船员一律不准上岸。下午6点，香港招商局员工下班，海辽轮未拉汽笛就起航，乘夜色于8点闯过鲤鱼门。

9点，方枕流集合船员，代表起义领导小组宣布：海辽号不去汕头，而去解放区！少数几个船员反对，但大多数船员呼喊：“坚决拥护船长！坚决拥护起义！”赞同声压倒了反对声。方枕流说：“从现在起，海辽轮就是人民的财产了，我们每个船员都有责任保护它，决不允许有任何破坏行动。我们是在共产党领导下举行起义的，是正义的。……人民的力量是不可战胜的！”

海辽轮按已选好的安全航线，加速驶向菲律宾北方的巴林塘海峡。新任大副席凤仪率领船员，用三夜两天伪装了船形，涂掉船上一切易见的“海辽”字样。马骏指挥报务员两次向汕头招商局佯报“主机故障，在通安湾抛锚修理”。

25日，报务员收听到受命驰援海辽轮的海鄂轮发给台北招商局的电报：“海鄂轮已到通安湾，没有发现海辽轮。”方枕流判断敌人已经怀疑海辽轮的行踪，情况严重了！但不久，他们又收听到香港海岸电台关于台风将袭击港汕一带的警报，方枕流大喜过望，下令不再和任何电台联系，加强收听。27日夜，驶进朝鲜西南海面，全船实行灯火管制。

28日，海辽轮油漆了新船名“ANTONIA”（安东尼亚），驶向大连……

1949年10月1日，中华人民共和国在北京宣告成立，同时，停泊于大连港的海辽轮升起了五星红旗。10月24日，毛泽东主席发来电报，庆贺海辽轮方枕流船长和全体船员同志在海上起义成功，并称“这种举动，是全国人民所欢迎的，是还在国民党反动派和官僚资本控制下的一切船长和船员所应当效法的”。

海江轮首举义旗，胜利驶达解放区，极大地鼓舞了招商局其他船员。10月14日广州解放后，华润公司的杨琳与中共华东财委系统运通船务公司的刘若明一道去广州，把香港“两航”起义和招商局起义的准备工作向当时任华南局第一书记的叶剑英作了汇报。

11月9日，中央航空公司、中国航空公司在香港宣布起义，空中行宫号客机载着两航经理飞往北京。11月11日，香港招商局陈天骏召集在港招商局轮船船长决定起义。1950年1月15日，招商局13艘轮船连同香港招商局全体职工宣布起义，上午8点上班时间，海厦轮、蔡锷轮、邓铿轮、鸿章轮、教仁轮、成功轮、林森轮、登禹轮、海康轮、海汉轮、中106LST登陆艇、民302拖轮和民312拖轮同时拉响汽笛，在13艘轮船与香港招商局上空，14面五星红旗同时升起。到1950年10月，总载重量为4万吨的这13艘轮船已全部开回广州。

朱总司令赞扬华润公司
出色完成了党中央交给的任务

中华人民共和国成立后，中央来电调我去北京，11月中旬，我与钟可玉带着两个孩子乘东方轮离开香港去大连。同船的有广大华行党支部书记舒自清。月底到北京。中央特别会计科科长赖祖烈来车站接我们住进北京饭店。

12月2日，赖祖烈来告诉我们，今天有中央领导要接见我们。我们收拾一番，由赖祖烈带我们到中南海颐年堂大厅，中央办公厅主任杨尚昆出来与我们说了几句话后，进去请朱德出来接见我们。朱总司令问我们一路是否顺当。他赞扬华润公司出色地完成了党中央交给的任务，在开展对外贸易，接送民主人士参加筹备新政治协商会议方面功不可没。告别时，他给我们每人一枚中国人民政治协商会议第一届全体会议证章，一本政协会议纪念册。

我与钟可玉到北京后，改任其他工作。刘恕、鲁映夫妇于 1949 年 10 月 14 日广州解放那天，带着出生方 3 个月的女儿乘一艘苏联船离开香港去北京。刘恕任中央办公厅特别会计室副主任兼任华润公司驻京办事处主任，“华润”有人来京，都由他负责接待，或带去见杨尚昆，有要事则引去见朱德或周恩来。1952 年初，中央决定将华润公司交中华人民共和国对外贸易部领导，刘恕将华润公司的工作移交外贸部叶季壮。在此之前，杨琳也离开华润公司回北京，被任命为外贸部副部长。

从此，华润公司在中央人民政府外贸部的领导下，随着新中国的经济恢复和社会主义工业建设高潮的到来，进一步发展壮大。初期为中国各进出口公司在港澳以及东南亚地区的总代理，以后逐渐由单纯的代理业务发展到以贸易为主的多元化经营，不仅在香港建立了庞大的国货销售网，而且还与世界许多国家和地区有着密切的业务联系。60 年代到 80 年代初，单是通过华润公司同内地做生意的（香港）客户就有 5000 多家。1983 年 7 月 8 日，公司在香港注册成立华润（集团）有限公司，向多元化、国际化的大型集团企业迈进。

袁超俊　回忆　乐　铄　撰写

（选自《炎黄春秋》1998 年第 2 期）

香港往事

廖安祥*

（1946年）回到香港，我很快就找到了饶彰风和连贯。我是在永吉街"启源行"见饶彰风的，他当时是《华商报》的经理。谈话间我提起在家乡见到李大林，他听了十分注意，详细问情况。李大林原名叫剑彩，原是我乡下隔壁屋姓李的。他过去曾是共产党的粤北省委书记，因为韶关发生了郭某叛变的事件，他和廖承志及很多人因而被国民党逮捕。李大林认识一个叫李伯鸣的。这个李伯鸣以前是国民党《东方日报》社长，广州落入日军手中之后，报馆也从广州搬到韶关。李伯鸣和李大林是同宗兄弟，他们的父辈李星瑶是宗族关系，要求李伯鸣担保，将李大林放出来，让他们两夫妻回

* 廖安祥：时任香港亚洲贸易（集团）有限公司董事长；后曾任亚洲旅行社有限公司经理。

故乡居住。我在家乡时赴丙村墟，常见李大林的太太在池塘边洗衣服。由此我便查清了李大林的情况，知道是李伯鸣担保他出狱，回到家乡。我将情况告诉饶彰风后，饶彰风说：“你马上回去，将他带出香港来。”

当时刚好是东纵北撤，广东武装力量在沙鱼涌集合，准备坐船到烟台去。我立即回到汕头，专门回乡下将他带出来。到达香港刚好赶及东纵北撤，就让他们两夫妻在沙鱼涌坐船北上。

办完了这件事后，我问饶彰风：“办完了这件事，惠州生意又结束了，我做什么好？”

他笑笑说：“桐油罐还是装桐油，还是做原来的交通客运这事吧。你自己去找地方吧。”

我找回原来德辅道中131号义顺源这老地方，我过去在这地方工作，住了14年，原来就熟悉这地方的。我找到了朱公剑，他原是义顺源的股东，义顺源是朱、李两人合作的。他告诉我：“李玑臣伯年纪老了，他现在都不做这生意了，放出去的账都收不回来，现在想重新再做起来都困难了。如果你想干，不如就在我这儿吧。”

平日我和朱公剑交往很好，我就对他说：“我想做来往水客的生意。”

他说：“那么我就把四楼顶让给你好了，3000块钱怎样？”

我说：“一下子我拿不出3000块，分期付款吧，我有钱就还给你。”于是，我把四楼顶了下来。四楼有五六间房，可以住人客，但没有办公的地方，那又怎么办呢？

于是我找侯新如伯商量，当时他也没有生意做，但他有二楼一间房间，就跟我合股开办这间亚洲贸易公司。他以房间代替股金

2000元，我则拿出1000元，再向朋友借了1000元，以2000元做股金，于是就合股做生意了。

1946年开始打出“亚洲贸易公司”的招牌。一方面家乡很多客去南洋，经过香港，我们就专门接待他们；另一方面就办理运送回乡去打游击的人，送他们由东江、韩江两条路回去；从香港到汕头，就搭海船（是渣甸船来公司来往香港汕头的），另外一条是从惠州入东江。

当时香港达德学院有一个张明生教授，他在达德学院教书。达德学院校舍原是蔡廷锴将军在香港的别墅。这间学院是专门培养革命青年的。推李济深为董事长，聘陈其瑗为院长，教务主任是陈此生，总务主任是杨伯恺，注册部负责人是黄焕秋。当时很多文化人都来香港，像郭沫若、茅盾、萨空了等人都先后在达德学院讲课，很受青年学生欢迎。张明生是专门组织人回国内去打游击的。他要我把那些回去打游击的人送走。我负责送走过一批人，记得比较清楚的是前面提到过的张其耀等五六个人。

张其耀是共产党员，利用张文的关系在乡下曾当过保长，和我们一直是有联系的。因此国民党梅县当局通令要捕捉他们，这样张其耀他们才跑到香港来。

他们来后，我安排他们在我们公司的四楼住。他们没有什么事做，有时跑跑广州带些货物去卖。那时广九铁路，很多人都穿军队的黄衫，搭车又不收钱。反正军人没事可做，就来回省港卖货跑单帮。他们就混在军人当中，以带货来谋生。一直到1947年，我才给钱他们，送他们回乡下去参加武装斗争。

我有个弟弟廖保隆也安排在达德学院读书，还有一个钟加兴。

他们也要去打游击，我也把他们送走了。他们两个傻里傻气，走到惠州，不敢再去，又倒转回香港来。我再将他们用船送到汕头，从汕头回乡去参加游击斗争。

后来又经过两年，先是解放东北，后又经过淮海、平津战役，解放军长驱南下，势如破竹，很快就解放了两广。亚洲贸易公司不只是送人回去打游击，还为香港的书店运了不少书回内地去。广州解放后不久，周康仁、何平、温康兰在干诺道中 123 号开设了南新公司。于是，上级派我为运输部经理，输送回国货物工作。1949 年北京准备召开政治协商会议。一天，饶彰风来找我，要我同太古轮船公司接头。他说："有很多人要到北平去。这些客人要坐太古船，一直由香港开到天津，从天津上岸，转到北平去。"

我即刻去太古卖船票的地方，把很多船票都包了下来，分别运送北上的人员。每条船都有一千几百人。饶彰风派吴荻舟同我接头，通知我有多少人，我登记下来就发票给他们，船就泊在我们公司对面那个大阪码头，两日一期，三日一期，分几期船将所有民主人士送上北京去。

这些北上的人士有陈嘉庚、吴荻舟、刘斐、白杨、张致祥、黄绍竑等，是搭太古船北上的。不过这些船不是泊在码头，而是停在海中间。有一次军委 10 个人，和香港一些人，搭太古船，其中一艘"泽生号"9 月 7 日发生爆炸，可能是国民党的特务搞鬼。当晚爆炸时船头入水，客人都在船尾，船尾没有沉，所以没有人出事。我立即派人去把这些人接回来。

这十多人回到亚洲贸易公司，住在"万安栈"，住了几天。公司再出钱让他们改搭别的船走。因为他们是经我们公司买票上船的，结果我们公司贴船票让他们走。泽生轮被炸，只炸坏船头，自然不能起航，拉到船坞去修理。船公司不肯赔钱，他们说这是被人炸的，不是我们船自己发生问题，所以不肯赔回船票。

1949年10月，中华人民共和国成立后，印度尼西亚苏加诺总统是最早承认中国的。中国派王任叔带一个使团赴印尼，王任叔当中国驻印尼大使，梁上苑也是第一批去的，任文化专员。这使团有几十个人，来到香港，新华社招呼他们住在铜锣湾的一间旅馆。新华社就把这生意介绍给我，由亚洲贸易公司负责招呼。我到深圳带他们出来，然后送他们走。以后使馆采购物资全由亚贸办理。

陈铨芳就是那时加入亚洲贸易公司工作的，他原在印度加尔各答做水客，但没有什么生意做。他来见我，我说："来我们这儿帮手带客吧。"于是他就入了亚洲贸易公司。

那时天天都有人来往，接送十分忙碌。后来中国和外国建交，来往的使团经过香港，都是由我们接送了。

说到两航（中国民航和中央民航）起义，是吴荻舟来通知我的。那天他跑来找我，对我说："现在两航起义，有71架飞机，1000多人，连驾驶员和家属，共有3000多人，你立刻找300人来看守这些飞机吧。"

我到处找人，把所有熟悉的人都找来。经过两个晚上，招来了300个人。可能里面也有在国民党军队做过排连长的客家人，关系熟悉的也找来，所以那时看守飞机的人情况相当复杂。不过那些人已逃到香港来，谁也没有想到去破坏，因为是同乡关系，倒也很好地看守住了那些飞机。

起义之后，国内派来了军事代表，一个是任泊生，一个是陈耀寰。请陈丕士大律师，同国民党打官司。两航起义，飞机虽然交给了我们，但飞机仍留在香港。另外 3000 名家属人员，也要安排他们生活。我们要看守飞机场的飞机，又要看守飞机零件库，那仓库很大，装着很多飞机零件。

当时负责两航事件的是张铁生。张铁生一方面请陈丕士打官司，另一方面吴荻舟同我商量，要我设法将那些飞机零件运走。当时派来的军事代表找我，还给我安排了个职位是总干事，同两航人员联络，要我将 6 火车飞机零件运回广州，我完成了这件事。

我把这事办得清清楚楚，我提出仓库还有很多零件，应继续运走。但张铁生没有胆量干，不敢再将零件运出来，这样一直拖下去，官司打了成年，最后他想用一条船将零件运走，就被扣留了，于是被封掉。如果听从我的意见，早就将零件全都运走了。

两航人员这么多人，每天支付他们的生活费，开销很大。国内通知，要设法送这些人员返回内地。每日拉 10 个火车皮，把这些人全部送广州，这样才可以节省外汇。我们东利公司原来那班人又出来负责将 3000 名人员和行李每日一批，送到广州，直到 12 月底才全部送走。

直到后来，打官司打输了，因为美国的陈纳德出来为国民党撑腰，香港政府偏袒他们，于是 71 架飞机被他们拿走。

当时中国旅行社已起义了一年，本来曾打算将这次运送两航人员返国的工作交他们去办，要他们先打一个价钱出来。

他们打了个预算，经费估计要用 16 万元港币。南新公司经理周康仁看后吃了一惊，运送 3000 人竟要花这么大笔钱。于是找我，对我说："老廖，你去搞，要用最省的办法办大事。"

于是我才负担起这工作，结果只花了 6 万元左右。亚洲贸易公司总共赚了 5000 元，于是公司也有了钱，发展起来了。

这次共为国家节省了近 10 万元港币，在当时是一个很大的数字呢。周康仁后来说我是个福将。

（节选自廖安祥著《梅州大侠回忆录》，华南理工大学出版社 2008 年版。原标题为《护送民主人士前往解放区》）

风雨同舟

——护送民主人士离港北上参加新政协始末

杨　奇*

1949年9月21日至30日，中国人民政治协商会议第一届全体会议在古都北平举行。参加这一盛会的正式代表和候补代表共有662人，包括了各民主党派、人民团体、地区、解放军，以及少数民族、国外华侨、宗教界等方面的知名人士。从辛亥革命、五四运动、北伐战争、抗日战争到解放战争各个革命时期的代表性人物也应邀出席了。这不仅体现了这次会议极其广泛的代表性，而且体现了全国各个阶级、各个民族民主力量的大团结。

这次会议是中国政治舞台上一次世纪性的盛会，经过各个党派共同商定：中国人民政治协商会议第一届全体会议代行全国人民代

*　杨　奇：时任《华商报》董事经理、代总编辑；后曾任广东省新闻出版局局长，香港《大公报》社长。

表大会职权。中华人民共和国的成立，就是由这次会议完成法律程序的，因而这次会议以创立新中国、开辟新纪元而载入光辉史册。

特别值得指出的是：在正式代表中，从香港北上出席的民主人士和文化精英就占了110多人。他们从响应中共在五一劳动节提出的倡议起，到秘密离开香港，辗转抵达北平，直至同中共一起筹备和出席政协会议的整个过程，完全可以说是为了缔造共和国的一项“系统工程”，同时也是中共与民主党派风雨同舟、肝胆相照的一个典范。如果没有这110多名民主精英成功到达北平，人民政协会议就不可能在1949年9月顺利召开，中华人民共和国也就不可能在1949年10月1日诞生。

这项伟大的“系统工程”到底是怎样策划、怎样运作和怎样实现的呢？

一　周恩来精心策划并全面指挥

为了同各民主党派人士一起商讨召开新政协的各项事宜，周恩来既考虑如何把旅居香港的各党派民主人士安全地运送到解放区，同时又要设法将分散在上海、北平、天津等地的民主人士转移到河北省西柏坡附近来。

经周恩来建议，中共中央城市工作部改名为统一战线工作部（简称统战部），李维汉担任部长，高文华任副部长，齐燕铭、童小鹏分任正副秘书长。统战部所在地叫李家庄，距离西柏坡只有5华里。统战部一成立，大家就紧凑地展开筹备新政协的工作。城工部本来就有一部电台是专门与上海、香港中共的秘密电台联系的，这时使用更加频繁了。所以，统战部能够经常把民主党派对新政协的意见向中央和周恩来汇报。

怎样才能把旅居香港的民主群英尽早地、安全地接送到解放区来，始终是摆在周恩来面前令其煞费苦心的重大问题。

由于战争正在进行，香港与解放区的陆上、空中交通都已中断，周恩来最初曾经试图开辟香港—英国—苏联—哈尔滨的专门路线。为此，他密电潘汉年，布置萨空了（民盟常委、《华商报》总经理）去找香港大学副校长史乐斯（按：这是港英当局内定与中共和民主党派人士接头的人），通过他向港督葛量洪说明，李济深、沈钧儒等想经伦敦去苏联转赴东北解放区。可是，葛量洪表示要请示英国政府，并且强调不可能很快答复。这显然是敷衍搪塞之词。所以，周恩来当即决定放弃这一设想，而采取从香港坐船到大连或营口进入解放区的海上通道。

1948 年 7 月底至 8 月上旬，周恩来一再致电中共中央香港分局，要求尽力“邀请与欢迎港沪及南洋民主人士及文化界朋友来解放区”，“为他们筹划安全的道路”。他还具体要求潘汉年、夏衍、连贯负责这项工作，将打算同民主人士协商的名单电告中央。

香港分局书记方方接到这份电报时，深知这是一项极其重要的政治任务，既光荣又艰巨。他随手写上一句话——“兴奋与担心交并”，表达出他和战友们的心情。接着，香港分局和香港工委便决定成立一个接送民主人士北上的五人小组，由潘汉年掌管全局，夏衍、连贯负责与各民主党派的头面人物联络，许涤新负责筹措经费，饶彰风负责接送的具体工作。

为此，连贯、夏衍、饶彰风还从《华商报》等单位抽调人手，组成一个秘密工作的班子，有专职的，也有兼职的，先后参加这个班子的有：罗理实、罗培元、杜宣、陈紫秋、周而复、杨奇、赵沨、吴荻舟、陈夏苏等人。他们分别同准备北上的民主人士联络，租赁轮船、购买船票、搬运行李、护送上船等等。我的任务主要是坐镇华商报社，协助饶彰风接待到报社来接洽事情的民主人士，以及从国统区来香港找共产党联系军事起义或经济起义的人士。我们这个班子的人，通常都是分头活动，你做你的事，我做我的事，分别向连贯、夏衍、饶彰风汇报。

与此同时，周恩来又在 1948 年 8 月 2 日发电报通知早前已从延安派到大连市成立了中华贸易总公司并担任总经理的钱之光，要他在大连租用苏联商船来往香港，以运载货物作为掩护，分批迎接民主人士北上。电报还指定钱之光自己去香港一次，与香港分局直接联系好，协同行动。

钱之光接到电报后立即动身，跨过鸭绿江，到了朝鲜新义州，转乘火车到平壤。同行的有祝华、徐德明和译员陈兴华 3 人。在平壤，他们向苏方办妥了租船手续，再到罗津港，将香港市场短缺的大豆、猪鬃、皮毛等土特产，装上了“波尔塔瓦”号货船，便远航去香港。到达时，苏联船务公司驻港办事处派汽船前来迎接。钱之光等上岸之后，先到他们设在香港的联和贸易公司（后来在 1948 年 9 月扩建为香港华润公司至今），与袁超俊、刘恕商定，由联和公司将土特产出售，再购买西药、纸张、轮胎、电讯器材等物资，运回大连转到东北解放区去。

第二天，钱之光与香港分局接上头，在九龙弥敦道 180 号 4 楼方方的寓所，他向方方、潘汉年作了汇报，商量好今后分批运送民主人士北上的分工：凡是上船之前的联络、搬运行李、送上货船的工作，统由香港方面负责；钱之光的贸易公司则承担租赁货船，并派人在船上照顾民主人士的生活。

就这样，接送民主群英离港北上参加新政协的这项“系统工程”，各个环节都衔接好了，史无前例的海上秘密旅程马上就要付诸行动了！

二　秘密而艰险的海上行程

从 1948 年 9 月起，民主人士和文化精英离港北上的方式都是从海上运送。除了钱之光的中华贸易公司在大连租用苏联货船之外，香港工委也就地租用过外国轮船公司的东方号、宝通号、岳阳号、振兴号，以及大西洋号等轮船；还有，就是通过亚洲贸易公司与船务行谈妥，把从香港开往营口、大连、塘沽等口岸的客货轮中有限的旅客船票全部承包下来，交给饶彰风统一掌握，由五人小组决定给那些合适的急需的人乘搭。

这里，着重记述具有代表性的 7 批民主党派人士和文化艺术界人士乘船北上的情况。

（一）沈钧儒、蔡廷锴率先北上

第一批北上的民主人士主要有沈钧儒、谭平山、章伯钧、蔡廷锴和他的秘书林一元等，由中共香港工委书记章汉夫和分局秘书李嘉人陪同，钱之光派祝华、徐德明随船照顾。

这次北上的“波尔塔瓦”号轮船，本来打算多载一些人的，可是，当潘汉年、连贯在1948年9月4日到李济深家开会落实名单时，有些人说手上有些工作尚待处理，来不及第一批离港；还有个别人担心经过台湾海峡是否安全，只有沈钧儒、蔡廷锴等毫不犹豫，全无顾虑，说走就走。为了安全起见，民主人士的行李由连贯派罗培元先行搬到船上去了，自己离家时只带一个小提包。大家先到连贯家，吃过晚饭，还化了装。沈钧儒、谭平山胡须甚长，很难收藏，只能扮作老大爷；章伯钧打扮成一个大老板，身穿长袍，头戴瓜皮帽；蔡廷锴则穿着褐色薯莨绸，足蹬旧布鞋，俨然一个商业运货员。他们随着罗培元步行，10多分钟就走到铜锣湾海边，随即坐上事先雇好的小艇，朝着停泊在维多利亚港的“波尔塔瓦”号货船划去。当大家扶着摇摇晃晃的吊桥走上货船之后，紧张的心情才松弛下来。

1948年9月12日上午，这艘负有特殊使命的货船，顺利驶离香港，向北航行。9月16日在澎湖列岛遇上强台风，“波尔塔瓦”号被狂风恶浪冲近一个荒岛，眼看将要触礁了，船长下令救船。蔡廷锴奋起参加，和船员一起，分别手持铁条木棍等工具，合力顶住岩石，终于使货船得以脱险。蔡廷锴同众船员一样，全身湿透，冷得发抖。

货轮上的生活当然是枯燥的，大家除了在甲板上做做早操、打打太极拳之外，没有别的消遣。9月18日那一天，适逢中秋节，苏联船主决定杀猪加菜。蔡廷锴、林一元自告奋勇，下厨帮工。他们把苏联人准备抛入大海的猪肚猪肠捡起，洗得干干净净，红烧出两盘地道的粤菜来。大家边吃边赞，有人还请他们传授厨艺哩。

聚餐过后，章汉夫在甲板上举行了一个“神仙晚会”。他把12

位同行者称为“十二仙人”，封沈钧儒为长髯公，谭平山为白髯公，其他人分别叫奇仙、妖仙、童仙……自称怪仙；他要求每个仙人都献上一个特别节目。于是，有人唱民歌，有人唱粤曲，有人演杂技，有人学猫狗叫，沈老则打太极拳，动作十分娴熟，博得一阵阵喝彩之声。

经过16天的海上航行，“波尔塔瓦”号终于在9月27日早上抵达朝鲜的罗津港。中共代表李富春受周恩来委托，提前到了罗津港迎接。上岸休息过后，乘车向着朝中边境进发，当晚在图们市歇息。9月28日下午继续北行，29日到达哈尔滨市。中共中央东北局高岗、陈云、林枫、蔡畅、高崇民等负责人在火车站热烈欢迎。晚上，东北行政委员会设宴招待。

此后几天，沈钧儒一行在哈尔滨充分休息。蔡廷锴除了写信向香港家人报平安外，还致函李济深，建议他尽早北上，共商国是。随后不久，蔡廷锴还写信给留在香港的儿子蔡绍昌，要他把罗定县老家封存多年的一大批武器送给在当地活动的中共领导的人民军队[①]。

1948年10月3日，毛泽东、朱德、周恩来打电报给沈钧儒一行，表示欢迎他们到解放区来筹备召开新政协。随后，周恩来又将他亲笔起草的《关于召开新的政治协商会议诸问题（草案）》，经

① 1949年1月间，蔡绍昌写了一封亲笔信，由区映寰、谭朗昭带返罗定县给其叔父蔡达锴，转述其父蔡廷锴要将家中封存的那批武器送给当地的解放军。蔡达锴同意照办。这时，解放军粤中纵队主力，在冯燊、吴有恒率领下正向三罗地区大进军。2月13日，抵达罗镜镇。在蔡达锴、区映寰、潘宗英（原十九路军少校）等人协助下，由罗定县民兵将蔡廷锴家中的枪支弹药搬到祠堂集中，逐一点算交给粤中纵队。这批武器计有：重机枪2挺、轻机枪6挺、步枪100多支、驳壳枪18支、手榴弹4000多枚、子弹5万多发，还有粮食近千石，等等。这次献交武器在当地影响很大，广大青年纷纷报名参军，很快就扩编成第四支队第十四团。粤中纵队军威大震，转战西江南岸，国民党地方武装和土匪部队望风逃窜，这对于配合南下大军解放粤中粤西具有重大意义。

由高岗、李富春转送，请他们提供意见。

（二）马叙伦、郭沫若船上赋诗

第二批北上的民主人士主要有马叙伦、郭沫若、沈志远、丘哲、陈其尤、侯外庐、翦伯赞、冯裕芳、曹孟君、许宝驹、许广平和儿子周海婴，以及韩练成等。[①] 由中共香港工委的统委书记连贯陪同，宦乡随行，钱之光派王华生随船照料生活。

本来，按照计划，这批民主人士是在1948年10月中旬北上的，由于从大连租用的"阿尔丹"号货船到港时与另一艘船相碰，要入坞修理（见1948年11月5日《华商报》），因而另行租用一艘挪威的客货轮"华中"号载客，迟至1948年11月23日深夜才从香港开赴大连。

在这批精英中，郭沫若从这一年的8月25日开始，在《华商报》副刊《茶亭》上撰写《抗日战争回忆录》，每日一篇。为了掩饰自己离开香港北上，不让连载中断，郭沫若在离港的前三天赶写了七八篇文稿，预先交给报社，文末有一个《后记》，日期写的是"1948年11月21日于香港"。当最后一篇在12月5日连载完毕时，其实郭老已经离开香港10多天了。所以，当1950年10月郭沫若将《抗日战争回忆录》改名《洪波曲》交给百花文艺出版

① 钱之光在1983年9月所写的《接送民主人士进解放区参加新政协》一文中写道："到十月底，才把第二批民主人士送走，这次走的，记得有郭沫若、马叙伦、许广平母子、陈其尤、沙千里、宦乡、曹孟君、韩练成等人，连贯同志陪同，胡绳同志随行北上，我派王华生同志随船护送。"现已经核实其中两处有误：一是胡绳指出，他和沙千里并没有与马叙伦同乘一艘轮船，而是自行到韩国仁川才转赴大连的。二是郭沫若、马叙伦等这一船并不是1948年10月底北上的，而是11月23日晚间上船，24日凌晨离港的。这有郭沫若《洪波曲》中的《后记》，以及丘哲赋诗留别亲友的题目，可为佐证。

社付印时，他在《后记》后面又补写了一段话，对此作了说明。这件事，表面看来只是日期差别的问题，实际上却关系到北上民主人士的安全大事。

这批民主人士大都擅长吟诗填词，航海期间无事可做，更是乐于互相唱和。马叙伦上船之初，既思念妻儿，又向往新中国即将诞生，赋得五言古体两首出示郭沫若。诗云：

其一

南来岁将晚，北去夜登程。
知妇垂离泪，闻儿索父声。
戎马怜人苦，风涛壮我行。
何来此彸彶，有凤在岐鸣。

其二

人民争解放，血汗岂无酬。
耕者亡秦族，商人断莽头。
百郭传书定，千猷借箸筹。
群贤非易聚，庄重达神州。

郭沫若当晚就奉和两首：

其一

栖栖今圣者，万里赴鹏程。
暂远天伦乐，期平路哭声。

取材桴有所，浮海道将行。
好勇情知过，能容瑟共鸣？

其二

揽辔澄清志，才疏苦未酬。
重遭党锢祸，终负少年头。
北伐空投策，抗倭愧运筹。
新民欣有庆，指顾定中州。

丘哲患有高血压症，加上海上风高浪急，更加感到不适；但他毫无怨言，还吟诗见志，题为《十一月二十三日自香港乘轮赴东北口占留别亲友》。诗曰：

愿抱澄清酬故友，
拼将生死任扶倾。
关山极目风云急，
剑匣长鸣起执鞭。

郭沫若随即写了一首《血压行》安慰他：

君苦高血压，
我苦血压低；
高低之相悬，
百度尚有奇。

想见君心忧民切，
而我颟顸无如之。
请君多睡觉，
尤宜寡所思，
献身为三反，
努力共良时。
君不见鹤胫长凫胫短，
长者不必断，
短者不必展。
一身之事听其自然，
人民解放不可缓。

1948年12月初，“华中”号终于驶进渤海湾，大连在望。但是，由于大连处在苏联管辖之下，码头军用，不准外国货船进港卸货，因此要继续驶往接近丹东市的大东沟抛锚。中共中央东北局负责人李富春、张闻天前往迎接，送往丹东，转乘专列经沈阳转赴哈尔滨休息和参观。

马叙伦一行到达哈尔滨时，正好遇上辽沈战役胜利结束，东北全境解放。捷报传来，大家欢欣鼓舞。马叙伦亲自执笔，以中国民主促进会名义，致电中共中央主席毛泽东和中国人民解放军总司令朱德，表示祝贺。电文说：

人民解放战争，未及三年，胜利无算；虽由同胞自觉，共起并持；实赖两先生，老谋荩画，领导有方；……遂使民主之光，焕若朝阳；独裁之焰，微同爝火。全球为之刮目，美帝于焉坠心。行见敌势山崩，吾威海泻；叩秣陵于指愿，得罪人于豫期。凯歌讴遍，大业永昌；作大寰民主之矜式，为世界和平之保障。谨抒庆贺，何任忭欢。

电文充分表现了马叙伦对共产党、解放军衷心拥戴之情。

马叙伦等这趟船不能在大连停泊这件事，又一次引起周恩来的关注。他立即致电大连中华贸易总公司的冯铉、刘昂，要他们同苏联驻大连的有关部门交涉，今后租用的轮船，一定要在大连靠岸；上岸后，要安排最好的旅馆，民主党派负责人应住单间，并要确保安全。与此同时，周恩来给钱之光发了电报，中称：已经送走了两批客人，很可能引起外界注意，今后行动要更加谨慎。事实充分表明，自从考虑接送民主人士离港北上之日起，周恩来一直要求把保证安全放在首位，做到万无一失。

（三）神秘的陌生人韩练成同船

在第二批北上人士中，有一位陌生人，身穿上好料子的唐装，俨然做大生意的老板。连贯只介绍他叫“老韩”，谁也不知道他的真实姓名。这位陌生人却很健谈，从国际形势到国内战场，滔滔不绝，而且很有见地。特别是讲了不少国共打仗的秘闻，把国民党如何进攻，解放军如何回击，讲得有声有色，非常生动。大家对他很感兴趣。但是，当轮船抵达大连时，却不见他一起到哈尔滨去。事后才知道，他跟随连贯前往济南市，由秘密交通站护送，辗转到了河北省建屏县（现平山县）西柏坡，向周恩来汇报。

原来，这位“老韩”确是一位传奇人物。他叫韩练成，早年是冯玉祥的部属，参加过共青团，后来失掉了联系。1940 年，他是白崇禧手下一个旅长。夏衍为桂林《救亡日报》义演话剧筹款，韩一下子就买了 20 张戏票，表示赞助。这事引起了夏衍注意，两人结交成朋友。夏衍离开桂林去香港前，与韩有个口头上的“君子协定”：“你不打共产党，共产党也不打你。”双方还约好通信的暗号。夏衍将韩练成的情况报告八路军桂林办事处处长李克农，由李向中共中央书记周恩来作了汇报。1943 年 6 月，韩在重庆秘密见过周恩来，要求参加中国共产党。周恩来对他说（大意）：“现在国共合作抗战。你留在国民党军队可以起到更大的作用。当然，这可要你受点委屈啰！”韩练成接受了这个劝告，此后也就与周恩来建立了单线联系。

1945 年 9 月，蒋介石派韩练成的四十六军登陆海南岛，表面上是接受日军投降，实际上则发出“剿匪”密令，企图趁外间还不了解琼崖纵队的情况下，把这支“二十三年红旗不倒”的人民武装掐死在这个孤岛上。

韩练成在雷州半岛渡海前夕，接到周恩来的密信。信中说：“现在只能运用你个人的影响和你手中的权力，在无损大计的前提下，尽可能保护琼崖党组织的安全，并使游击队不受损失或少受损失。注意！从实际出发，能做多少做多少，由你酌定。……”①

韩练成到海南后，以“行政院特派海南区接收协调委员会主席”的名义，想方设法限制了军统蔡劲军和中统曾三省对琼纵不利的种种活动，还冒着很大风险，枪毙了汉奸、军统特务头子詹松年。同时，韩又通过释放一批琼纵被俘人员，写了一封亲笔信给冯

① 见韩练成《回忆在海南的一段经历》，1985 年《广东党史资料》第五辑。

白驹司令员，要求琼纵派人前来商谈整编游击队事宜。他特别叮嘱带信的那位干部："请琼纵领导人不要过分重视信上的表面措辞。"不久，冯白驹派出史丹前往商谈。韩主动提出：利用他出巡的机会，在南丰公路附近与冯司令员见一次面。还说出自己与周恩来、董必武有联系，请冯司令打电报向中央问明。然而，由于琼纵在日本投降前已丢失了电台，同党中央失去联络，因此，冯白驹不了解韩练成的底细，甚至怀疑他是两面派。

1946年1月，韩练成带了副官、医生和卫士8人，乘小火车到石碌铁矿视察，途中遭到琼纵伏击，火车翻倒，韩被压在车底，腰椎受伤，随行人员死伤过半。不久，蒋介石又先后派出邓龙光、张发奎到海南督促四十六军"清剿"琼纵，双方的商谈也就停顿了。

1946年年中，内战全面爆发，蒋介石把韩练成的四十六军从海南岛调到山东，加以美式装备。周恩来在离开南京返延安之前，找夏衍谈了话，叫他写信给韩练成，劝韩信守"君子协定"。同时发了一个"绝密"电报给陈毅、饶漱石，介绍韩的情况，叫他们相机做些工作，可用"洪为济"这个暗号与韩联系。不久，陈毅派魏文伯化装成土豪，佯称是韩练成的舅舅，并由陈子谷作为随从，到平度县兰底镇四十六军军部找到韩练成，劝他相机起义。韩把魏文伯留在军部住了4天，约好了今后联络的办法。后来，陈毅还派了杨斯德（化名李一明）、解魁（化名刘质彬）到韩练成军部工作。

1947年2月，华东野战军发起莱芜战役，韩练成放弃指挥，在城中地堡内躲藏起来，而将一个旅交给李宗仁的外甥，另一个旅则交给白崇禧的外甥指挥，任由这两个旅陷入解放军的包围中。在这次战役中，解放军一举歼灭了蒋介石的七十三军、四十六军和十二军的一个师，共 7 个整旅 6 万多人，活捉徐州绥靖公署第二绥靖区副司令李仙洲和七十三军军长韩浚等人。至于韩练成本人，则由解放军联络官杨斯德护送到华东野战军司令部，受到陈毅等的款待。陈毅一再劝韩留下，但韩说："我的身份和行动还没有暴露，我回到南京还可以组织一个师、一个军，再给你们送些美式装备来。"他回到南京后，向蒋介石报告了自己如何"作战"、如何"脱险"的经过，果然让蒋介石信以为真，还夸他是"孤胆英雄"。不久，便派他去兰州张治中的西北军政长官司令部工作。

可是，到了 1948 年，有些在莱芜战役中漏网的蒋军士兵逃回南京，其中一个还说是曾经随同韩练成到过共军阵地的士兵，他们的报告引起杜聿明、王耀武、白崇禧等人极大的怀疑，对韩练成极为不利。特别是兰州军统特务盯梢监视后，向蒋介石告密，蒋介石终于下令军统将他逮捕。就在这时，张治中请韩练成吃饭聊天，暗示他赶快离开。于是，他设法避开特务的监视，并且得到在蒋介石侍从室第二组工作的唐君铂的协助，拿到一本前往香港的护照，经过广州时不敢逗留，在 10 月 30 日到达香港。他通过无党派人士周士观的女婿于伶（戏剧家），很快就找到了夏衍。经过香港工委五人小组潘汉年、连贯等研究，认为韩练成的出走，无异于向国民党摊牌，而香港也不是安全之地，所以建议他尽快前往华北解放区。韩对此欣然同意。于是，才有了与连贯同行的"老韩"这个神秘人物的出现。

新中国诞生后，周总理曾经说：韩练成当年"是没有办理正式手续的共产党员"。1950 年 5 月，经由张宗逊、甘泗淇介绍，正式参加中国共产党。韩练成先后被任命为兰州市军管会副主任、西北军区副参谋长、兰州军区第一副司令员、军事科学院战史研究部部长、甘肃省副省长等职务；1984 年 2 月 27 日病逝于北京，时年 76 岁。在中央电视台和新闻报道中，称其为“爱国将领韩练成”。此是后话。

（四）胡绳、沙千里“怪招”之旅

这里，应该补记一段既离奇又惊险的插曲——关于胡绳、沙千里两人离港北上的经历。

按照原定计划，连贯分别通知了胡绳、沙千里，商定好在 1948 年 10 月中旬与郭沫若等人一起，乘坐苏联货船“阿尔丹”号前往大连。由于该船抵达香港时与另一轮船碰撞而要入坞修理，不知拖延到什么时候才能成行；于是，连贯出了一个“怪招”（这是胡绳在逝世这一年所写文章中的说法[①]，因为在此之前和以后，都没有用同样方法送人北上），要他们从香港乘坐公开营业的外国客货轮，先到韩国仁川，找到连贯介绍的商人，再从仁川搭走私的机动帆船到大连去。

谁知胡、沙二人 1948 年 10 月下旬到达仁川时，情况已经发生了变化。当地商人害怕国民党的兵船在海上打劫，不敢再冒险走私货物到东北各地了。因此，胡、沙两人不得不滞留在仁川，进退两难。这时，祖国正在进行波澜壮阔的淮海战役，而他们却陷在人地生疏的韩国，心中的焦急可想而知。

到了 1949 年 2 月初，绝处逢生，胡绳、沙千里终于找到一艘

① 见《五十年前到大连》，原载《百年潮》2000 年第 8 期。

走私布匹的商船，愿意运送他们到大连去。然而，当这艘走私船在海上漂流了几天，接近大连的时候，船主用望远镜发现左前方有一艘大船，估计是国民党的船只，于是急急驶往一个荒岛，躲藏了一夜，次日观察清楚，知道大船已经远离，这才继续开往大连。胡绳、沙千里上得岸来，与接待单位接上头，这才知道：他们躲避的那艘大船，其实就是运送马叙伦、郭沫若、丘哲一行的挪威货轮；而两个月前提出要他们自行到仁川这个“怪招”的连贯，也正是同马叙伦、郭沫若等一起抵达大连的。

（五）安排李济深离港大费周章

第三批北上的主要是国民党革命委员会、民主促进会、民主建国会的成员。根据有关记录，以及当年船上签名留念的复印件，可知这一批北上者主要有李济深、朱蕴山、梅龚彬、邓初民、吴茂荪、彭泽民、茅盾、章乃器、洪深、施复亮、孙起孟、李民欣、龚饮冰和夫人王一知，以及魏震东、徐明等 20 多人，中共香港分局派卢绪章随行，钱之光则派徐德明在船上照顾一切。

如果说，整个护送民主人士北上工作都碰到不少困难的话，那么，最为困难而又富有传奇性的，莫过于安排李济深秘密离港了。

李济深在 1947 年 2 月从上海到香港之后，积极开展爱国民主运动。经过与国民党内各个民主派领袖协商，于 1947 年 11 月 12 日召开代表大会，选举宋庆龄为中央委员会名誉主席，李济深为中央委员会主席，柳亚子为监察委员会主席，并于 1948 年元旦通过了成立宣言、行动纲领等文件，正式成立中国国民党革命委员会（简称“民革”），公开与蒋介石决裂。

这一期间，美国看到蒋介石大势已去，企图物色一些既反共又反蒋的“中间势力”，组织“第三政府”，与中共划江为界，南北分治，因而曾经派人游说李济深，请他出面同中共举行和谈。宋子文出任广东省主席，想把广东变为支撑国民党政权的最后基地，为此亲自到香港会晤李济深，建议他组织一个“和平民主大同盟”，以期在广州建立新的政府。白崇禧也曾派人携带亲笔信拜访李济深，“敦请任公到武汉主持大计”。但是，由于何香凝、梅龚彬等人从旁劝说，李济深并没有上当，对这些游说一一拒绝。不止如此，李济深还经常对《华商报》记者发表谈话，接受路透社、合众社记者访问，严词抨击蒋介石的独裁统治，强烈要求美国撤退驻华军队，停止一切对蒋介石的援助。所以，蒋介石对其恨之入骨，不但宣布开除李济深的国民党党籍，还想派出特务到香港暗杀他。

为了联合各党各派共同筹备召开新政协，也为了李济深自身的安全，中共方面当然希望他能早日离港北上，但是遇到不少阻力。一方面，有人挑拨离间，对李济深说：“千万不要去解放区，否则易进难出，身不由己。”另一方面，李济深作为国民党民主派一面旗帜，总有一些公事私事缠身，不是可以随时动身的。据我所知，李济深到港以后，确实曾经派人在广东、广西、湖南边远地区，组织过“人民自卫军”，打算作为地方武装配合解放军作战。李济深还利用自己同国民党军方的关系，开展策反工作，曾经先后写亲笔信给阎锡山、傅作义、白崇禧等将领，力劝他们认清形势，当机立断，脱离蒋介石集团，投向人民。他做这样的事情，当然是严格保密的，有些事只是他自己知道，而一些国民党军官也正在与他联系，李济深因而认为“期待有所作为”，所以推迟北上的日期。到了 1948 年 12 月中旬安排第三批民主人士北上前，李济深虽然表示想尽早离港，但又说家属人多，往后的生活还未安顿好。为此，方方专程上门拜访，恳谈之中，李济深透露尚差 2 万元现钞安家，方方当即表示帮助，这才使他全无后顾之忧，确定在第三批北上。

（六）巧妙地躲过港英特工的监视

然而，如何才能将李济深安全地送出香港，仍然是大伤脑筋的事。李济深寓所在中环半山区罗便臣道 92 号，港英政治部的华人帮办黄翠微在马路对面租了一层楼，派了几个特工人员住在那儿，名为“保护”，实则监视。因此，首先要让李济深能够避开特工的视线，能够离家外出。中共的五人小组经过研究，拟订了一个周密的计划，决定在圣诞节次日的夜间上船，12 月 27 日清晨驶离香港。

到了 12 月 23 日，饶彰风约我到皇后大道中华百货公司的寰翠阁饮咖啡，我到达时，看见西装笔挺、戴着金边眼镜的潘汉年也在座。饶彰风向我讲了接送方案，要我记牢时间、地点和接送程序；潘汉年还一再强调要十分谨慎，高度保密，不容出错。

为了顺利完成此项任务，我把自己打扮成一个采购货物的“小开”，为此花了 120 港元买了一件英国制造的燕子牌“干湿褛”，外出执行任务时就穿上它，出入都坐“的士”，还不时从后窗留意有无小车跟踪。

1948 年圣诞节，香港一连放假 3 天。12 月 24 日晚“平安夜”，我到跑马地凤辉台一位朋友家里，把饶彰风、吴荻舟已从李济深家提取出来、暂存在那里的两个皮箱拿走，作为自己的行李，到湾仔海旁的六国饭店租了一个房间住下。

26日，香港太平山下仍然沉浸在节日的欢乐气氛之中，李济深的寓所灯火通明，热闹非常。像平日宴客一样，宾主谈笑甚欢；李济深身穿一件小夹袄，外衣则挂在墙角的衣架上。这一切，对门那几个持望远镜的特工看得一清二楚，也就安心享用自己的晚餐了。他们没有想到：晚宴开始不久，李济深却离席到洗手间去，随即悄悄出了家门，在距离寓所20多米远的地方，我借用《华商报》董事长邓文钊的小轿车刚好依照约定的时间到来，李济深迅速上了车，直奔坚尼地道126号被称为“红屋”的邓文钊寓所。方方、潘汉年、饶彰风等早已在此等候，同船北上的“民革”要员朱蕴山、吴茂荪、梅龚彬、李民欣也已到达，何香凝老人和陈此生亦来送行。这时，晚宴才真正开始，大家纵情谈论国事。

时钟敲响9响，我这个“小老板”起身向主人告辞，先行回到六国饭店打点一切。当我看到岸边和海面平静如常，便通知服务台结账退房，由侍应生将行李搬到我雇用的小汽船上；与此同时，我打电话到邓文钊家，按照约定的暗语通知饶彰风：“货物已经照单买齐了。”于是，饶彰风借用邓文钊的两辆轿车，将李济深等五位“大老板”送到六国饭店对面停泊小汽船的岸边。这时，周而复负责接送的彭泽民等三位民主人士也按时来到。会合之后，我和周而复便带领他们，沿着岸边的石级走下小汽船，朝着停泊在维多利亚港内的“阿尔丹”号货船驶去。

我自小就有晕浪的毛病，坐汽船更容易因颠簸而呕吐。为了安全护送李济深等人登上“阿尔丹”号，我事先到药房买了英国出品的“seasick”（译名“舒适”）药丸，在离开六国饭店时先行服下。

真是“皇天保佑”，尽管当晚海面有不少“白头浪”，我却并没有呕吐出来。

李济深等上了货船，看到章乃器、茅盾、邓初民、施复亮等10多人已由别的护送人员陪同先行到来，甚为快慰。船长和海员们都热情接待，李济深、朱蕴山被安顿在船长卧室，其余各人也分别住进较好的海员房间。

当一切安排停当之后，我和周而复与这些“大老板”一一握手告别，请他们放心休息。回到岸上，周而复径返英皇道住所，我则到中环临海的大中华旅店找到饶彰风向他汇报。我们两人虽然十分疲倦，但不敢入眠；直至看到货船已通过水师检查，驶向鲤鱼门了，这才放下精神重负，蒙头大睡。

（七）茅盾签名册与李济深的日记

这一批北上者年纪较大，在船上较少文娱康乐活动，日常生活主要是互相交谈。茅盾毕竟是作家，随身带了一个记事簿，请各人签名留念。李济深则每天写日记，下面便是他在1949年元旦日所写的一段日记：

> 一、早9时始起来，因昨晚为新历度岁，睡较晚也。早，天晴气佳。
>
> 二、沈雁冰即茅盾先生备一手册，使各人签名，并嘱我题诗或词其上，因作新体数语如下：
>
> 同舟共济，一心一意，为了一件大事！一件为着参与共同建立一个独立、民主、和平、统一、康乐的新中国的大事！同

舟共济。恭喜恭喜，一心一意，来做一件大事。前进！前进！努力！努力！

公历一九四九年元旦在北行船中
茅盾先生嘱写手册上
李济深

三、众议嘱我将革命的经过说一说，因将入学、从军参加革命及入第一师与北伐、陈炯明造反及建立黄埔军校与3月20日蒋谋反之经过，及与蒋妥协，以致宁汉分裂，与被蒋扣留汤山，及反蒋经过。

这次李济深一行乘坐的“阿尔丹”号虽然经过入坞修理，但时速较慢，航行不大顺利，途经青岛海面时，遇上逆风，其中一个引擎又坏了，每小时只能走6浬。所以，航行了12天，到1949年1月7日上午才抵达大连。中共中央派了李富春、张闻天专程前往迎接，安排在大连最高级的大和饭店住宿，并于关东酒楼举行了丰盛的欢迎宴会。他们在大连休息参观了几天，才乘专列到哈尔滨去。

这里，还要记述一些重要而有趣的“此是后话”：

1. 1949年1月初，白崇禧再次托人到香港邀请李济深返广州“共商国是”。由于李济深已离港北上，白崇禧这个如意算盘又落空了。

2. 李济深离港四天后，《华商报》发表了他事先写好的《元旦献词》，他欢呼“人民革命已获得决定性的胜利”，号召一切民主阵线的朋友，“都应准备其知识能力”，“为建立一个民族独立、民主自由、民生幸福的新中国而奋斗”。元旦过后，《华商报》才发表了一则简短消息，题为《李济深等离港北上参加政协》。这则新闻字数虽少，影响却是爆炸性的。

3. 1949 年 1 月 4 日，《大公报》刊登了一则新闻。中称：“美联社香港 3 日讯，据可靠人士告诉本社记者：李济深已离港赴华北中共区。据说……经北韩赴哈尔滨。这是北上准备参加新政协的其他民主人士所采取的途径。李济深离港之所以被人发现，是因为记者去找他，想问他对蒋总统元旦文告有什么批评。”——尽管这条电讯不尽不实，但报纸披露出来之后，英美和蒋介石的特工人员才如梦初醒，十分尴尬。

4. 港英当局政治部专责打听中共和民主党派情报的黄翠微，找到“民革”副秘书长吕集义，哭丧着脸说：“李济深先生的安全，我们是要负责的。他离港北上，为何不告诉我们一声？连我们都不知道，叫我们怎样向上头交代？”原来，他正因此事受到辅政司的严厉斥责；过后不久，还为此丢掉了“乌纱帽”。

（八）马寅初旧照片带来一场虚惊

第四批北上的民主人士和文化精英是：柳亚子、陈叔通、马寅初、包达三、叶圣陶、郑振铎、宋云彬、曹禺、王芸生、刘尊棋、徐铸成、赵超构、张䌹伯、张志让、邓裕志、沈体兰、傅彬然，以及柳、叶、曹的夫人，包启亚小姐、郑小箴小姐等 27 人。中共香港工委书记夏衍派了胡绳的夫人吴全衡等陪同，负责接待工作。

这次租用的货船又是挂挪威国旗的“华中”号。1949 年 2 月 28 日早上开航之前，港英海关人员照例上船检查，他们在马寅初的皮箱中，看到一张他在抗战期间的照片，合照的几个人西装革履，衣冠楚楚，同眼前这位货轮“账房先生”的身份很不相称。海关人员怀疑马寅初会不会是被通缉的要犯，当即下令扣船，不准出港。船上的职员上岸交涉，再三解释，又私下塞了200元“请饮茶”，对方才肯签字放行。

一场虚惊过后，大家才松了口气。“华中”号自香港启航时，柳亚子按捺不住满心的喜悦，赋七绝一首：

六十三龄万里程，
前途真喜向光明。
乘风破浪平生意，
席卷南溟下北溟。

这时，山东沿海已经解放，货轮直驶烟台，航程较短，旅客中文艺人才又多，因而海上生活并不寂寞。柳亚子天天吟诗，喜与别人唱和，被大家称为诗翁。女士们则时而打麻将，时而闲话家常，消磨时光。3月2日，吴全衡还组织了一次晚会，有的唱民歌，有的奏西乐；连叶圣陶、宋云彬、徐铸成等长者也兴高采烈，唱起昆曲、京戏来。

1949年3月5日，货船在烟台靠岸。烟台市徐市长和胶东军分区贾参谋长等人奉命前来迎接。次日，中共中央华东局秘书长郭子化、宣传部副部长匡亚明从华东局所在地的青州赶来，举行正式宴会；晚上，党政军民各界又举行了“欢迎来烟民主人士大会”。

往后几天，到莱阳、潍坊、青州等地农村和工厂参观，最特别的是参观“解放军官团”——实际上是关押国民党军官的俘虏营。杜聿明在淮海战役中曾经施放毒气，致使人民解放军大量伤亡。柳亚子等老先生为此十分生气，走到杜聿明面前严词斥责。3月14日，全部北上人士到了济南参观游览。3月18日，终于抵达和平解放了的北平。北平市长叶剑英以及沈钧儒、郭沫若、李德全、许广平等数十人早在车站相迎，面对如此热情的礼遇，柳亚子心情激荡，即撰《抵北平感赋》：

旧游十五年前事，
此日重来一惘然。
尊酒碧云应告慰，
人民已见太平年。

他的诗句，反映了从香港北上的民主人士心声：为了建立新中国、为了创造中国人民的太平年，虽然旅途艰险，在所不辞！

（九）黄炎培所乘客轮受到蒋舰盘问

第五批北上的民主人士较少，主要有黄炎培和夫人姚维钧、俞寰澄、盛丕华和他的儿子盛康年等。钱之光派了刘恕随船护送。

安排黄炎培北上，也是煞费苦心的。他住在上海，1948年冬就被国民党列入黑名单，而且名列第一。他寓所的里弄出入口，就有特务长住，负责监视他的行踪。12月初，中共地下党接到情报，知道黄炎培的处境更加恶劣，向他提出了如何摆脱特务监视的建议。黄炎培经过缜密思考，接受了地下党的意见。

从12月12日起，黄炎培公馆张灯结彩，祝寿的红灯笼高高挂起；特务们以为黄府要办喜事，监视措施稍为放松。14日下午，黄炎培偕同夫人乘车外出购买东西，到了南京路永安公司下车，吩咐司机在门口等候。特务跟踪的车子，也就停在附近盯着。黄炎培夫妇进入永安公司后，便立即从横门走出，坐上事先约好的另一部轿车，开去女儿黄学潮家。他们换过外衣，稍为化装，又迅速前往外滩码头，登上一艘外国轮船，很快就有人接待，住进大副的卧室。随后，这艘外轮就启航朝香港驶去。

黄炎培夫妇北上乘坐的是挂葡萄牙国旗的客货轮，1949年3月14日驶离香港，在公海上先后与两艘国民党军舰相遇，都曾受到盘问，但船长应对得宜，有惊无险。

3月20日，货轮直接驶抵天津第二码头。中共中央派了董必武、李维汉、齐燕铭前往迎接。他们在天津休息参观了几天，3月25日抵达北平，正好赶上26日举行的各界欢迎民主党派人士的盛大集会。

（十）阳翰笙、丁聪那一船人货最多

第六批北上的人数最多，共有250多人，既有民主党派名流，又有文化艺术精英。他们是周新民、李达、周鲸文、刘王立明、李伯球、黄鼎臣、杨子恒、谭惕吾、阳翰笙、史东山、曾昭抡、费振东、汪金丁、罗文玉、严济慈、沈其震、狄超白、胡耐秋、黎澍、徐伯昕、薛迪畅、臧克家、丁聪、特伟、于伶、李凌、张瑞芳、黎国荃等。还有应邀到北平出席全国妇女代表会议的代表杜君慧、郑坤廉、张启凡、何秋明、杜群玉，以及刚被港英当

局封闭的达德学院的同学 50 多人。中共香港工委由文委副书记冯乃超（1901—1984，广东南海人）陪同，邵荃麟还派了三联书店的曹健飞、郑树惠随船接待。

这次租用的是大兴船务公司挂挪威国旗的“宝通”号货轮，载重 4000 多吨。早在 1949 年 1 月 15 日天津解放后，香港工委就接到通知，说华北解放区橡胶、西药等多种物资奇缺，希望香港工商界朋友尽量采购，运往天津销售。于是，饶彰风、邵荃麟便通过亚洲贸易公司、京华贸易公司，利用社会关系大量采购急需的物资运往天津，因而这艘较大的远洋轮船，既装货物，也载客人。由于客房不多，特地买了 200 张帆布床，放在大舱和甲板上。除了少部分人住房间外，大多数人都只好睡帆布床。

考虑到这船货多人多，为了避免例行检查时出现麻烦，饶彰风接纳别人的建议，送了 3000 元给黄翠微，托他转送有关人员饮茶。果然，海关和水师的检查虽然严格，但是没有故意刁难。3 月 21 日早上，“宝通”轮顺利启航。

货船驶出公海后，大家就活跃起来。曹健飞知道三联书店的郑新在东江纵队《前进报》学过油印，就由他刻蜡纸，办起一份《宝通报》来。这份小小的海上报纸，除了刊载收听到的重要战讯外，还发表管理机构的通告，例如“今天上午请曾昭抡博士演讲原子能科学；晚上请经济学家狄超白讲中共二中全会文件”，等等。

在冯乃超等建议下，还搞了一场文艺演出。狄超白、张瑞芳、史东山等人都表演了节目。黎国荃的小提琴独奏和达德学院同学的歌舞表演，把晚会推向高潮。漫画家丁聪带有照相机，为晚会拍摄了不少照片，可惜在“文革”期间就连胶卷都全被烧毁了，只有送给护送人员曹健飞的几张照片侥幸保存下来。3 月 5 日，“宝通”轮到了山东海面，诗人臧克家面对大海，动了乡情，即兴创作了迎接新中国的诗篇。满怀豪情地朗诵起来：

十多年来，梦想着回到家乡去，
因为我是一个农民的儿子，
我应该回到农民中去。
现在，我已经回到了自己家乡的海面上，
回到了自己家乡的泥土上了！
我要快乐，
我要欢呼，
我要歌唱！

诗人的激情深深地感染了大家。

经过 7 天的航行，“宝通”号轮船在 1949 年 3 月 27 日驶抵天津市第二码头停泊。由于这是天津解放后第一艘外国轮船进入市区，引起众多市民在码头观看。天津市长黄敬、秘书长吴砚农前来迎接，并于次日举行了盛大的欢迎宴会。3 月 28 日的《天津日报》作了报道。这批北上人士在天津休息了 3 天，才由北平各有关部门分别接往北平去。

（十一）钟敬文、黄药眠北上出席文代会

第七批北上的大多数是应邀到北平出席文代会的代表。同船的有：于立群和她的 3 个子女，钟敬文、陈秋帆夫妇和 2 个子女，黄

药眠夫妇，王亚南、陈迩冬、傅天仇、舒绣文、方青、盛此君、张文元、巴波夫妇等100多人。香港工委由文委副书记周而复带队，还派了姜椿芳、曹健飞两人随船协助。

由于这次租用的是太古船务公司的“岳阳”号客货轮，船上房间较多，比较舒适，但部分人还是要睡帆布床。1949年5月5日下午从香港启航，一路平安无事。9日傍晚抵达韩国仁川后，要停泊20小时起卸货物。由于仁川港是美军基地，为了防止国民党特务上船滋扰，周而复、姜椿芳、曹健飞3人拟订了一些应变措施，把健壮的青年人编成临时警卫小组，晚间轮流值班巡逻。但是，当晚并没有异常情况发生。次日下午，“岳阳”号继续北行。5月14日，安全抵达天津塘沽港，受到有关方面的热烈欢迎。

这批出席文代会的代表们，在旅途中也办了一份手写的《岳阳报》，由姜椿芳、姚平芳从收音机上收录新华社的重要新闻，由老报人和书法家陈迩冬精心编写。这份报纸很受大家欢迎，认为既是一支“轻骑队”，又是一件“艺术品”。

（十二）总共接送1000多人全无错失

除了上述七批民主人士和文化精英外，经中共香港工委个别接送、坐客货轮头等舱抵达北平的尚有：

李章达、陈劭先、陈此生、陈其瑗、千家驹、夏康农、林植夫、卢於道8人，是在1949年1月下旬离港北上的。他们抵达山东省烟台后，经济南市到河北省李家庄，先后会见过周恩来、朱德、毛泽东，再乘坐火车到北平。

何香凝老人和她的女儿廖梦醒，以及廖承志的两个儿子，则是由潘汉年派遣在港穗经商的地下工作者叶文津[①]专程护送，乘坐“大西洋号”客货轮，在1949年4月中旬到达天津塘沽港转往北平的。

章士钊是由乔冠华陪同，在1949年8月底离港北上的。

此外，分别乘坐客货轮北上的还有胡愈之、沈兹九、蒋光鼐、黄绍竑、钱昌照、郭大力、马思聪、萨空了、刘思慕、王雨亭等多人。

据中共广东省委党史研究室查核档案统计：从1948年9月至1949年9月，接送民主人士和文化精英北上的工作，大大小小20多次，共有1000多人，其中民主人士350多人。

回顾护送工作的整个过程，堪称一项伟大的“系统工程”，上自中共中央，下至地方，南起香港岛，北达哈尔滨，航经台湾海峡，停泊大连、塘沽，真不知费尽多少人的心血；而担负“总司令”职责的是中共中央书记周恩来。在他周到而妥善的指挥之下，完全可以说是：精心策划，周密安排，忙而不乱，全无错失。

（选自杨奇著《见证两大历史壮举》，人民出版社2011年版）

① 据《广东党史》林益、陈金葵所写《在敌人刺刀上跳舞的无畏战士——叶文津传奇》一文介绍，叶文津是个地下工作者，为中共的情报工作作出特殊贡献。例如：1949年春，中共中央军委已有国民党绘制的各省军事地图，唯独没有广东省各地区的。中共香港地下党员简竹坚（女），千方百计把“剿匪专员”何荦用的10多张全省各地军用地图弄到手，但仍难于及时运出广州。叶文津根据潘汉年的指示，自行设法，利用运输瓷器往香港销售的关系，将该批军用地图藏在其中一个木箱内，混过海关检查，一夜之间就在香港提取出来。随即坐货船前往天津，马不停蹄地在北平郊区亲手交给了中共中央的李克农部长。李克农高度评价了香港党组织和简竹坚、叶文津的工作，称赞他们“为广东的解放战争立下了大功”。

开辟香港前往解放区海上交通线的回忆

曹　达*

1947 年 9 月，正当秋高气爽、蟹肥菊黄之时，我因国民党特务追踪，环境险恶，不能再待在上海，奉命去香港暂避。抵港后，由万晨光同志安排在他亲戚陈荣生所开的荣记进出口商行内。地处海滨干诺道 89 号四楼，是商行集中地区，比较热闹。我一日三餐，吃在该行，晚上搭铺睡觉。老万原与行主谈妥，在该行设置四人写字台一张，供通讯联络之用。我无事可做，除学习外，就在这只写字台上消磨了半年时光。

后来，上海地下党很多同志到了香港，刘长胜、刘晓等负责同志先后到港主持工作。我除与张执一同志见过面，随同他到澳门外

* 曹　达：时为中共地下交通员。

海和广州观音山游览外，与刘长胜、刘晓同志没有见过面，1948年春，刘晓同志要老万通知我，说最近因局势关系，上海来港的同志较多，开支浩大，叫我设法做点生意弥补。我在香港人地生疏，平日仅与中国福利基金会及中国工业合作协会驻港办事处有些接触，对刘晓同志交给的任务，感到一无资金，二无门路，一时颇难着手，甚为焦虑。

过了几天，我听荣记行的经理说，香港商情不佳，物价看跌，银根很紧，他存有大量烧碱销不出去，汇票到期无法支付，颇伤脑筋。我知道当时上海烧碱很缺，无法进口，听了这话，灵机一动。恰好这时中福会和工合驻港办事处决定结束，准备将存港物资全部运往上海，在申请上海进口证件时，吨位尚有多余，我即商请他们将荣记行的烧碱数十桶填上，一同起运。这批烧碱运到上海后，按市价结算，除归还原本外，赚了港币2万元，完成了刘晓同志交给的任务。

此后不久，有一天，万景光同志很严肃地对我说，在香港的干部有一部分要到北方解放区去，但经过内地的水陆交通均不安全，组织上决定要我从香港乘海轮去南朝鲜仁川港，在那里建立联络点，然后设法从仁川乘小渔轮，穿越美国海军第七舰队防线，偷渡公海，进入解放区东北大连或山东石岛，开辟一条新的交通线。这就是说，要我这个休息已久的老兵，重新走上地下交通战线。我听了非常兴奋，表示坚决完成任务。

当时由香港去仁川只有货运，没有客运，行驶这条航线的英商太古洋行的货轮湖南号，每两星期开一次，非有特殊关系，不搭乘客。而上海地下党工人运动委员会派往哈尔滨参加第六届全国劳动大会的代表韩武成和欧阳祖润两同志，在港亟待启程。我和老万商量，决定乘下班湖南号轮动身，由他设法购买船票，同时考虑到我们一行人中，没有一个懂朝鲜语的，我的日语很不行，结果找到了一位懂日语的陈秋生同志，他曾经做过高丽参生意，到过汉城，在开城还有过业务上的关系。于是我和他作为商行派去南朝鲜采办高丽参的人员，韩和欧阳两位也作为贩卖人参的商人，一同出发。临行前，组织上要我利用一切关系，保证顺利完成任务。

我们上船后，先由船员将我们藏在夹舱里，以避免海关人员搜查，等到轮船出港，我们一行人才出夹舱（这叫“捉黄鱼”），然后由船员分配我和老陈与其他商人共住在一舱，韩和欧阳与船员同舱，彼此尽量避免接触。船在海上航行，历时 4 天，除吃饭睡觉外，大家经常在甲板上散步，我逐渐在船员和乘客中活动，得悉船上乘客只有 20 多人，大部分是中国人，也有几位朝鲜人，他们都是货主，随货去仁川的，此外是通过货主关系搭船的，只有我们 4 人情况特殊。

为了开展工作，我在同船商人中“交朋友”，和他们打牌、聊天，了解情况。其中有吴汉民、吴惕民两兄弟，崇明县堡镇人，原是该镇南货店店员，抗战开始后，曾和苏北新四军做过交易，因此谈起来比较坦率、投机。据他们说，抗战初期有一个夏天，崇明岛外刮大风，有只北方帆船，装载大批夏布，漂泊到崇明，货主山东人丁某，是从山东烟台往朝鲜经商的。此人在崇明上岸后与吴氏兄弟相识，结为朋友。1947 年初，丁某开始在仁川经商，与解放区贸易，邀吴氏兄弟参加。还说，这次湖南号轮所装货物，大部分是转运去山东石岛的，也有去东北大连解放区的。这样，我进一步对他们表示亲热，并要求他们对我们上岸入境、居住旅店、探亲访友等问题给予帮助，他们满口答应。后来，吴惕民还告诉我，同船有一人是旅朝国民党伪国大代表，在仁川开设中国商行代理店，一般行商很少委托该行代理，但既是同船，应该敷衍一下，我被吴拉去同他打了一场牌。4 天时间就这样消磨过去，但收获不小。船抵仁川，停泊在港口外，因未得当地海关同意不能进港。此时，吴氏兄弟向我建议，吴汉民因有事急于在口外下船，愿带韩武成、欧阳祖润两人一同偷渡上岸，我与陈秋生则由吴惕民担保，领得登陆证。我们 4 人先后登陆后，经吴惕民介绍住在仁川湧胜和代理店，他们忙于报关提货，办理转运手续。

初到仁川，满目异国风光，男女老少一律穿着白色夏布衣服，睡的是“榻榻米”，走路时大都头上顶着东西，往来频繁，这是当地的风俗习惯。旅居这里的中国同胞很多，有的开设商行，代客转运货物，有的开设菜馆，市面繁荣，生意兴盛。次日，我问吴惕民，他们的货物何日偷运去石岛，他说由于提货、报关、雇船等一系列工作事先没有准备，暂时还不能去石岛。但韩与欧阳急于启程，于是他答应我待有小渔轮去石岛时通知我，要我随时做好准备，说走就走。当天上午在仁川，大家洗了澡，将衣服交给洗衣店，本打算第二天去汉城看看，结果当天下午即得到通知，有一只货船要去胶东。韩和欧阳当即一齐下码头，上了小舢板，躲在舱内，装作游览的样子，逐渐摇到停泊在港口的木帆船边。他们上了大船即藏在货舱“捉黄鱼”，俟港口检查后，大船才扯起风帆，直驶胶东石岛，完成了交通任务。韩武成、欧阳祖润两位安抵石岛，后经解放区党组织协助，护送到大连，然后乘汽车到丹东经通化至吉林，再乘火车去哈尔滨，赶上了六届劳大的会期。

韩和欧阳离开仁川后，我即电告香港老万，请其继续组织前去解放区的同志来仁川。后来又来了两批，一批是周明等同志，安全到达石岛；另一批是胡愈之、沈兹九等同志，是去解放区参加新政治协商会议的，由我亲自护送出仁川港，搭上小渔轮秘密去大连。至此，我在仁川输送干部的工作告一段落，即离开仁川，乘小轮去石岛，进入解放区，与徐雪寒同志联系工作后，复经仁川回港。

（节选自上海市政协文史资料工作委员会编《上海文史资料选辑》第38辑，上海人民出版社1982年版。原标题为《地下交通线续记》）

记香港民主人士赴解放区的一次旅程

赵子晖*

新中国成立前，我在上海参加地下工作。1948 年 2 月，党组织决定让我到香港去学习。在香港跟我联系的是张建良同志，当时他在潘汉年同志领导下工作。我们在一家旅社里见了面，张建良同志让我去报考达德学院，并说我的主要任务就是学习，如有要事，也可通过他约见潘汉年。我因无大事，所以就没有去见潘汉年同志，只和张建良同志保持着每两周一次的联系。

1949 年 2 月，党组织决定让我去解放区。张建良同志把这一决定告诉了我。几天后，他通知我去干诺道一家小旅馆集合。我到达了指定的地点，那里已经有些同行的人在等候了。人到齐后，张建

* 赵子晖：时为中共地下党员。

良同志带领我们登上停在离旅馆不远的海堤边的一艘小艇，到了港口中心换乘一艘大轮船。一位同志领着大家走进船舱，并关照说不要到船舱外去，只有等船开到海上，才可去甲板活动。这位同志便是吴耀宗先生。建良同志曾向我交代过，我们此行对外一切均由吴先生出面，他是宗教界的代表人物，年纪也大，要尊重他，也要照顾他。我深感这次旅程的重要。

这艘轮船是外国商船，由我们党组织包租下来的，船长是外国人，船上还有一批运往我解放区的物资。由于不能直接驶向解放区，只得从朝鲜借道。轮船启航后，由南海驶向东海。过了几天，我们这些旅客交谈虽不多，但彼此有了一些了解，相处得不错，但不感到寂寞。同行的除了吴耀宗先生外，记得还有台盟的负责人谢雪红、大公报的李纯青先生，以及沈钧儒先生的长子，名字记不得了，是位工程技术人员。我名义上是个“西药商人”。还有一位姓康的先生，年龄比我略小，河南口音，不常说话，谁都不知道他是干什么的。我们住的船舱很舒适，据说原来是船员的寝室，让出来给我们住了，这也是党组织事先安排好的。船上的伙食也不错，一日三餐，荤素几大碗，唯恐吃不掉，想不到旅途生活竟如此之好。

轮船向北方行驶了一星期，气候逐渐寒冷，我们沿途增添衣服，从香港出发时只穿着一件单衬衫，到朝鲜领海时已是全副冬装了。不久，我们看到了朝鲜民主主义人民共和国的引港船。我们跟着引港船进入了朝鲜镇南浦港，因为事先没有接洽好，港务局命令我船停泊在码头边，人员不得上岸。经过两天的往返联系，我们得到许可登上朝鲜的领土，随即从镇南浦乘火车前往平壤，朝鲜政府还派了专人护送。到达平壤后，我方驻朝的一个贸易机构黎明（或利民）公司的工作人员来车站接我们，把我们安排在斯大林大街上的公司大楼里休息。黎明公司的同志对我们十分热情。本来，到了朝鲜就像到了解放区，住到黎明公司后更像回到自己家一样。负责接待我们的一位女同志经常对我们说，不要客气呀，你们在这里就像在家里一样。我们回答说，比在家里还好呢。我们住宿的房间整齐清洁，浴室全天都有热水供应，室外冰天雪地，屋内暖气开放，犹如春天。伙食嘛，一日三餐都是整桌的宴席，以致我们一再提出从简的要求。尽管那时我们还处在艰苦时期，可黎明公司却常提供汽车，让我们参观平壤的一些名胜古迹。其中印象很深的是参观箕子墓，陪同的工作人员介绍说，箕子确实就是葬在那儿的，朝鲜对这位促进中朝文化交流的古人也十分尊崇。几天后我们离开了平壤，前往我东北解放区。黎明公司的工作人员和朝鲜政府派出的护送人员，一直把我们送到边境的新义州。

我们乘坐了一辆中型客车，越过鸭绿江大桥前往安东（现在叫丹东），桥的一端有朝鲜人民军站岗，护送人员要我们留在车上，人民军战士仅看了我们一眼就让通过了。车子行驶在大桥上，看得见安东市工厂的烟囱冒出阵阵黑烟。瞬间车已到桥的另一端，我解放军战士笑容可掬地迎接我们的到来。啊，过了国境线啦，进了家门啦，大家都欢呼起来，谢雪红环顾着大伙，咯咯地笑出声来。车子一直把我们送进一个招待所住下。安东城市不大，却有很多工业，我们参观了造纸厂、橡胶厂和托儿所。造纸厂有一整套自动化设备，整根整根的大树运进工厂，被切成小块、碎粒，打成浆液，制成一张张白报纸。托儿所是新建的，培育着祖国的花朵。这个城市刚解放不久，一切都已经显得欣欣向荣，我们参观后受到很大的鼓舞。几天后，我们乘火车到了沈阳，住在一家原来叫“皇家饭店”的旅馆，据说日本关东军司令部曾驻在这幢大楼。在沈阳我们同样也受到了当地领导同志的关心，参观了许多工厂，生活方面也照顾得很周到。离开沈阳时，政府为我们安排了一列专车直往北京，途中除在山海关停过一次，沿线皆未停站。列车在山海关的停留也是特意安排的，以便让我们去长城参观。在去长城的沿途，我们看到许多手持冲锋枪的解放军战士在放哨，回来时，又看到不少战士在守卫着列车的安全，大家都深深感到我们党是多么重视和爱护党外的朋友们！

火车飞快地行驶。天津外围一带硝烟尚未全熄，仍可看出激战的痕迹，然而进了北平却感到一派平静气氛。列车靠站后，就听到交际处的负责同志大声喊着，吴先生，我来接你们了。

后来我才知道，我们这次难忘的“旅行”正是汉年同志亲自领导和组织的。当时党中央决定召开新政协会议，在香港的一些民主人士急于前往北京，同时解放区迫切需要补充西药和某些物资。潘汉年同志力排万难，开辟了这条从香港到解放区的航线，分期分批把民主人士和物资全部安全地送到了解放区，我亲身经历的只是其中的一次。

（选自上海市政协文史资料工作委员会编《上海文史资料》第43辑，上海人民出版社1983年版）

宋庆龄同志北上前后

廖梦醒*

1937年日军占领上海，庆龄同志转移到香港。白求恩过港赴延安时，承志、邓文钊与我组织了一个加拿大医疗小组，但苦于声望不足，迄无建树。乘庆龄同志来港，便发起筹组保卫中国同盟，由庆龄同志任委员长，邓文钊任财务主任，我任办公所主任兼秘书。工作人员起初只有我们几个及爱泼斯坦等人，任务是出版刊物，介绍八路军和延安解放区，为他们向海外人士募集捐款和医疗器材。我们支援过的机构有延安国际和平医院、延安洛杉矶托儿所、中央医院、鲁艺、抗大等。后来邹韬奋、金仲华、陈君葆、许乃波等都陆续参加工作，保卫中国同盟在西摩道设了一个办事处，直到太平

* 廖梦醒：时任宋庆龄的秘书；后曾任全国妇联国际联络部副部长，宋庆龄基金会理事，全国政协委员。

洋战争爆发才迁渝办公。

在港期间，有个汽车商人捐了一部大型救护车，庆龄同志把它送往延安，随车还有几名支援解放区的外国医生。这车大小像公共汽车，灯水齐备，还有手术床和 7 张病床。送车证给庆龄同志那天，我们都到场观礼，许多记者来采访，报纸纷纷刊登消息照片，引为一番盛事。保卫中国同盟常把一卡车一卡车的医疗器材和药品托外国友好人士送往延安。但这些宝贵物资常被国民党军警无理没收。有一次国民党在陕西三原没收了我们募捐的 3 卡车医疗器材，包括外科手术用的胶手套、X 光机等。多年来我一直在想，假如白求恩大夫及时收到这些胶手套，也许不至于感染破伤风而死去。

太平洋战争爆发，香港沦陷后，庆龄同志到了重庆，随后周恩来同志把我调到重庆，不久爱泼斯坦夫妇也来了，保卫中国同盟的工作转移到重庆，任务依然是给边区军民募集捐款和医疗器材。国内外不少人仰慕孙夫人，有些人就是为了得到她在捐款收据上的亲笔签名而慷慨解囊的。当时胡宗南部队封锁陕甘宁边区，边区缺医少药。有一次，国外捐来一架大型 X 光机。那时能飞到延安去的只有美国军用机。可是这部 X 光机体积很大，搬不进舱门。我请示恩来同志，他叫我去跟庆龄同志商量。庆龄同志让我去找史迪威将军的杨副官。那是一个夏威夷华侨，深得史迪威信任。我把情况说明后，他立刻报告史迪威将军。史迪威将军向来钦佩孙夫人，一口答应帮忙。他怕夜长梦多，下令马上改建一架军用飞机的舱门，把 X 光机装进去就飞往延安。

那时保卫中国同盟的办事处就设在庆龄同志家里，房子周围有国民党特务监视，家里也有国民党派来的“听差”，庆龄同志实际上并没有与人交往的自由。但是她一直与周恩来同志保持着密切的联系，由我充当他们之间的联络员，自己则总是深居简出。有一次，是1943年，《新华日报》创刊5周年，在化龙桥报馆的操场上举行庆祝活动，庆龄同志也出席了，邓大姐亲自陪她观看演出。记得节目中有秧歌剧《兄妹开荒》，荣高棠同志参加了演出。因为庆龄同志很难得有机会来到自己人中间，所以这一天她特别高兴。

1945年秋末，少石同志在重庆遇难，遗体停在市民医院。庆龄同志异常悲痛，亲自去医院看我，还在灵前献花吊唁，到了安葬的那一天，又为少石同志执绋。她安慰我，叫我节哀，并叫我不必急于去上班，好好休息一下。恩来同志便把我和女儿接到红岩，使我能暂时回到革命大家庭中。同志们的温暖和关怀，帮助我在悲痛中坚强起来，尽快回到工作岗位上去。

这时，抗战胜利已有几个月，庆龄同志要回上海了。恩来同志和我谈话，叫我做好准备，随后就去。这样，保卫中国同盟迁到上海，改名为中国福利基金会。它除了继续募捐款项与医疗器材给解放区外，还办了儿童剧团（为了收容战争中失去父母的儿童）、儿童图书馆和识字班（后来发展成为少年宫）、妇幼保健站（后来发展成为福利会儿童医院）等。鉴于国民党统治下很多进步文化人生活贫苦，1948年庆龄同志发起了一个援助贫病作家的中秋赏月会，有跳舞、猜灯谜及其他各种游戏，公开发售入场券，收入所得全部分送当时在上海的贫病作家。除现金外，送给贫病作家的还有帆布床、面粉和澳洲捐来的毛毯。这些援助虽然菲薄，但对当时挣扎在饥饿线上的贫病作家来说，无异于雪中送炭。

当时蒋介石政权已摇摇欲坠，更加疯狂镇压革命人民。对于这点庆龄同志是很警惕的。当时有一位同情我党的朋友倪裴君知道国民党要抓一批地下党员，她把黑名单透露给我，我立即把情报送到党的一个联络点。不料很快我自己也上了黑名单。一天庆龄同志告诉我说："你也上黑名单了，赶快走吧。"我于是通过地下电台请示恩来同志，恩来同志指示我迅速转移，庆龄同志便立即让一个外国朋友出面为我购买船票，把我送到香港。

北平解放后，我和母亲从香港到了北平。政协第一届全体会议快要开会了。毛主席和恩来同志写了信请庆龄同志来京，并派邓大姐和我去接。到了上海，邓大姐叫我先去看她。

庆龄同志说："北京是我最伤心之地，我怕到那里去。"我说："北京将成为新中国的首都。邓大姐代表恩来同志，特来迎接你。"

几次交谈之后，邓大姐把庆龄同志说服了。8月底我们乘车北上。

9月1日，庆龄同志车抵北京。在月台上，毛主席、朱德同志、恩来同志都来了，我母亲也来了，都来迎接她。当天晚上，毛主席宴请庆龄同志，大家畅谈甚欢。我亦恭陪末席。

（节选自廖梦醒著《我认识的宋庆龄同志》，收入上海宋庆龄研究会编《回忆宋庆龄》，东方出版中心2003年版）

“红　屋”

——回忆我父亲邓文钊在香港的往事

邓广殷 *

1946年全面内战爆发后，国民党加紧对进步人士迫害，许多爱国人士从国内各地转移到香港。这时先后到港的人有何香凝、李济深、沈钧儒、郭沫若、许广平、黄炎培、陈叔通、马寅初、马叙伦等。香港成了藏龙卧虎之地。

抗战期间，何香凝在两广颠沛流离。抗战胜利后，她先在广州住了一段时间。后来在广东的国民党当局不停地骚扰她，令她十分厌烦，便带同孙儿孙女回到香港。然而在香港她并没有自己的房子。到港后，首先便要找房子安顿下来。

我母亲的姐姐何楚骚，嫁给香港大地产商邓镜波的儿子。她

---

* 邓广殷：邓文钊之子，曾任香港邓崇光置业有限公司董事长，全国政协委员。

家也住坚尼地道，而且在坚尼地道拥有房产。我母亲便去和她商量，把坚尼地道 25 号一楼一套很大的单元租给何香凝。这套房子最特别之处是有一个极大的客厅，以后何香凝的许多活动都在这个大厅进行。

邓文钊在香港坚尼地道的“红屋”，战前曾是宋庆龄、廖承志会见客人的地方，战后又重新为华南进步人士提供方便。20 世纪 40 年代后期，乔冠华、饶彰风是“红屋”的经常座上客。当时广州的英国领事馆被烧，收回香港的传言甚嚣尘上，英国与国民党关系紧张，便对共产党较为放松。乔冠华等决定趁此有利时机开展香港的上层工作。邓文钊除了办报之外，还积极帮助饶彰风团结港澳工商界人士，参加支援国内解放战争、建立新政权的准备工作。他尽量利用同港英政府高级职员的广泛关系，使一批从国内去香港的革命干部和文化界进步人士安居下来，竭力掩护他们的工作和接济他们的生活。如胡愈之由南洋到香港，就是邓文钊作保才取得入境许可的。

在“红屋”，邓文钊介绍他的朋友们与乔冠华认识，其中包括何明华主教（会督），香港大学校长史乐诗，教授王国栋等人。史乐诗在战时做过好事。广州失守前后，他曾将广州岭南大学的师生及设备秘密移到香港大学，免得人员设备落入日本人手中。香港沦陷后，他又与陈君葆教授等人一同保护了港大的珍贵图书设备。而王国栋教授在战时参加了义勇军，成为抗日的（英军服务团）骨干分子。这些人士对 1947 年香港新华社成立领取执照起过一定作用。乔冠华与一些英、美、德籍友人的会面，亦在“红屋”或在邓文钊向刘福诚借的赤柱别墅内进行。

战后，宋庆龄将保卫中国同盟易名为中国福利基金会，迁往上海继续活动，其宗旨由支持八路军、新四军抗战，改为支持战后的进步文化活动，救济孤儿及支援解放区，包括东江纵队活动地区和游击区。香港当时虽然集中了许多爱国人士，但保盟机构已经不存在。何香凝曾从香港致函宋庆龄，建议在香港设立中国福利基金会华南分会。宋庆龄于 1947 年初回信给何香凝说："中国福利基金会如在华南设立分会，由夫人（即何香凝——邓注）等号召主持，必能扩大工作，庆龄自极赞同，敝会在港原有会员邓文钊君等希共策进行。"但是后来这一设想不知为何没有付诸实行。

尽管如此，邓文钊仍十分关心支援东江纵队。那时，爱泼斯坦已经去了美国居住。从下面两封邓文钊给爱泼斯坦的信中，可以看出邓文钊念念不忘为东纵筹款。爱泼斯坦后来到中国定居加入了中国籍，邓文钊 1946 年写给他的信（原信为英文）内写道："我们的报纸（《华商报》）两周前再次出版了，但仍被人撕毁。国民党用尽办法阻止我们，我想请美联社写一篇报道在美广播。我们的报纸不能到广州发行，只能让'小鬼'（游击队'小鬼'）去发售。停火协议虽已签订，但内战仍在进行，原东江一带战火未停。我很希望能看到最近出版的有关中国的书，请你多寄来一些全世界的好书。你可否从美国报刊中剪一些资料寄给我。我们需要钱进行救济工作，美国援华会能否做些工作，把钱寄来？'东江'很需要钱。希望你能出一点力。"

这里提到的美国援华会，是美共的外围组织，支持过保盟工作。据爱泼斯坦介绍，珍珠港事变后，美、英政府把所有援华组织统一起来，成立了一个叫"联合援华会"的机构，统一汇款到中国，因为外汇是要统一管理的。保盟也得到一份。战后，特别是解放战争开始后，美国支持国民党，抵制中共。这时外汇管制已经取消，美国援华会里一些人便主张脱离联合援华会独立工作，以便能够继续帮助解放区。但是援华会里另外一些人主张留在联合援华会并从中得到资金。这样就使美国援华会失去了方向。

邓文钊在另一封信中写道：“我想知道美国有没有寄钱到港，是否通过联合援华会寄来。东江纵队理应得到这笔钱的，他们曾救过 8 个美国人。他们现在受新一军压迫很厉害，新界广九路两旁受害最严重。新一军把有子弟参加游击队的每一家房子都烧毁，并进行掠夺。他们告诉我，新一军比日本鬼子更坏，叫新一军为‘新日军’。几星期前，我曾与一批人去访问过他们，想送给他们一些药物。看到新一军在该处的暴行，回来后，我病了两天。我希望你能立即筹募一批资金寄给我转给他们，我会把他们如何救美国人的资料寄给你们。”

邓文钊还通过爱泼斯坦动员美国著名作家斯诺以及其他友好人士支援解放区。这一个时期，邓文钊常常为华南共产党人交接钱银。常有外国人带钱到香港交给乔冠华，有时由邓文钊转，有时在“红屋”双方直接交收。

1948 年春，上海和江浙等地资本家因国内财政赤字急升纷纷把资金转到香港，一个以团结香港和外来的工商界人士为宗旨的香港工商俱乐部应运而生。工商俱乐部每星期四晚举行一次聚餐活动，一方面联络感情，一方面交谈时局。马寅初、胡愈之、千家驹等知名学者都在聚餐会发表过演讲。邓文钊和香港工商界的王宽诚、陈祖沛、黄长水、陈君冷、陈广生等人都是工商俱乐部的积极分子。

除工商界以外，其他渴望了解国内形势发展的各界人士也都踊跃参加工商俱乐部的活动。每次名人讲座，《华商报》都以显著篇幅刊登消息。工商俱乐部有效地发挥了自己的作用。

坚尼地道25号这时已成为何香凝和爱国民主人士，尤其是国民党里的反蒋派的活动场所。除了何香凝以外，这里也住着陈此生夫妇，何香凝的许多具体工作基本上由陈此生帮忙办理。为了躲避国民党特务和港英耳目，一些大型集会往往以庆贺新年或为何香凝祝寿等借口进行。当时在香港的李济深、彭泽民、蔡廷锴、柳亚子、李章达、谭平山、陈其瑗、邓初民、朱学范等都是坚尼地道25号的常客。在那里，召开过国民党民主派的代表大会，举行过国民党革命委员会的成立大会。这些集会的组织工作由陈此生负责。不过既然在家里举行，就有许多家庭的准备工作，如茶水、点心、招待等等。有时廖梦醒正好从上海回港，她便和我母亲何捷书一同料理。有时廖梦醒不在香港，我的母亲便过去帮忙。好在大家都住在同一条街上，照顾也方便。有一次集会，名义上是为何香凝祝寿，客人走后，何香凝、廖梦醒、何捷书、李湄（廖梦醒之女）、廖坚、廖恺孙（即廖晖）在寿幛下合影了一张相片。这张相片20世纪90年代在广州廖仲恺、何香凝展览馆展出时，竟误将何捷书当成了廖承志夫人经普椿。

形势发展得很快，解放军在战场上势如破竹。1948年4月30日，中共中央号召各民主党派迅速召开新的政治协商会议，成立民主联合政府。民革等8个民主党派通电中共中央表示支持。可是，这些民主党派的头面人物几乎全在香港，把他们从香港送往解放区便成了一个重要任务。中共在香港的人员租了往返香港—

东北（或华北）的外国货轮，让这些人士分批坐船北上，以便出席新政协会议。

开始这一行动没有引起国民党注意。后来他们听到风声，便设法阻挠。因为国民党战场上不利，萌生了与共产党“划江而治”的想法。一旦实现“划江而治”，这批民主党派的头面人物便是重要的政治资本。故此国民党是无论如何不愿意看到他们去解放区的。对于国民党的这个阴谋，中共早已识破，每次行动都布置得十分精密细致。

最有代表性的一次，是李济深北上的事。李济深被选为国民党革命委员会主席后，他的身份更加特殊。他离港的消息不知怎样泄露了，国民党对他盯梢更紧。经过精心策划，他的离港日期定在圣诞节。这一晚，当全城欢庆节日的时候，李济深在家“宴客”。他穿着便服与客人举杯畅饮，外衣如常地挂在客厅的衣架上，一切都没有什么异样。在对面用望远镜监视他的国民党特务放松了警惕。酒至半酣，李济深离席“方便”，其实是悄悄溜出门上了一辆等候他的汽车，直奔邓文钊的“红屋”。这一晚，与李济深一同离港的人有朱蕴山、梅龚彬、吴茂荪、李民欣等民革的头面人物，他们各自从九龙或香港的寓所到“红屋”集合，等候上船。方方、连贯、饶彰风早已在“红屋”等候。何香凝、郭沫若、沈钧儒等人也来送行。杨奇把李济深等人几天前集中到湾仔六国饭店的行李送到海边一艘小汽船后，观察岸上没有什么动静，便打电话到邓文钊家，用暗语报告情况正常，可以上船。于是一行人离开“红屋”，乘车到不远的湾仔海边，登上小汽船，开往停泊在维多利亚港的许多外轮中的一艘苏联货轮。3天之后，《华商报》才发表消息：“李济深北上参加新政协。”国民党特务愕然。这是1948年底的事。

随后半年内，在港的民主人士陆续北上。黄炎培、郭沫若、茅盾、马寅初、马叙伦等人秘密离港的办法也与李济深差不多。有些人名为到“红屋”赴邓文钊“家宴”，实则与方方、连贯、杨奇等人接头，然后去湾仔海边上船。“红屋”离湾仔海边很近，坐车10分钟就到。1949年4月，何香凝、廖梦醒一家也从香港北上。她们是乘搭一艘希腊商船到天津，然后坐火车去北平的。何香凝走后，坚尼地道25号改做《华商报》的电台机房。

新中国成立后，“红屋”在一段时间内仍继续派用场。20世纪50年代，张学良的二弟张学铭夫妇到港，打算与张学良取得联系，由《华商报》经理黎兆芳安排，在“红屋”住了一段时间。广东省商业厅厅长朱竟之奉叶剑英省主席之命，到香港接洽购买泰国大米，亦住在“红屋”，由邓文钊同蚁美厚出面与泰国华侨代表洽商，签订合同，及时从泰国进口大米7万吨应急。不过“红屋”更多是用作会见的场所。1949年解放战争形势急剧发展时，饶彰风曾借用“红屋”与广东境内流寇代表谈判收编事宜。邓文钊在浅水湾的游泳棚也招待过不少人，叶剑英也到过那里。20世纪70年代，一次叶剑英在北京接见我时，曾提及邓文钊在浅水湾招待他的事。

（节选自邓广殷著《我的父亲邓文钊》，中国文史出版社1996年版）

护送沈钧儒老先生去香港的经过

方学武*

1947年，我曾担任过沈钧儒老先生的秘书。沈老在政治上，接受中国共产党的领导是无限忠诚的，他反对国民党反动派的立场是坚决鲜明的，他联系群众是极为密切的，在生活作风上是艰苦朴素的。沈老是永远值得我们怀念和学习的。

1947年春节刚过，我当时在上海生活书店工作，受组织之命，兼做沈老的秘书工作，每天上午去愚园路他的寓所。我的任务是：帮他起草或书写一些复信，口头征求张澜、陈叔通、黄炎培、马叙伦诸先生对召开一些会议的意见以及约谈的时间等。沈老是有名的书法家，擅写楹联，我帮他磨墨裁纸，把他写好的楹联条幅等送

* 方学武：时任沈钧儒秘书；后曾任民进上海市副主委兼秘书长，民进中央委员。

到朵云轩去陈列展出。在这一期间，曾由沈老口述，讲他的健身方法，题名《七四老人健身访问记》，由香港生活书店出版。

1947 年夏天，沈老为了营救上海地下党办的《文萃》杂志社的被捕人员，我陪他到苏州，找了两位律师商讨营救事宜。火车很挤，没有座位，沈老是冒着溽暑站着来回的。

到 1947 年 10 月，民盟被国民党政府宣布为非法组织。11 月中旬，组织上要我护送沈老去香港，主持中国民主同盟第三届中央全会。我和沈老以及他的大儿子沈谦（儿科医生）商量既能秘密离开上海，又能安全抵达香港的具体办法。我经过调查研究，得知护送沈老去香港最危险的是从码头到船上，从轮船启行到出吴淞口这段时间，估计有两小时。因为在这段时间里，国民党反动派的特工可能会追踪和检查。而轮船出了吴淞口，进入公海，反动派就无能为力了。我将应办的事项和一些设想向组织上汇报并得到同意后就着手进行。首先要解决的是取得去香港的入境牛痘免疫证，其次是登记买船票的问题，这要用真实的姓名、地址和照片。我商诸我的岳父朱文熙先生，他仰慕沈老德高望重，慨然相助，同意用他的姓名、照片办理有关手续。我带了他的"国民身份证"，去海关、轮船公司办理去香港的手续和购买船票，一切顺利。我们是在 11 月 30 日离开上海的，乘坐美国轮船公司一艘由运输舰改建的万吨客轮，设备很好，有音乐厅、餐室、淋浴间等。当夜，由沈老的大儿子沈谦医生陪同上船。沈老的最显著特征是他的"美髯"，经过化装，把大衣领翻起，戴了一个大口罩，把长髯全部蒙住，到达码头迅速上船进入预定的房舱，沈老就上床面朝里侧卧。我在其后上船，到房舱探望，见他寐着休息，我就到音乐厅看书报。轮船在晚上10时许徐徐启行，出吴淞口，进入公海，安然无事。次日，沈老起身很早，去了口罩，我陪他到音乐厅喝茶。那时，有好多熟悉和不熟悉的同船乘客与沈老握手问好，有的和沈老谈论当前政局。在轮船中两天，沈老生活在群众之中，始终很欢愉、兴奋、健谈，受到群众非常热情的问候和尊敬。我们在1947年12月2日上午安抵香港，在船埠受到徐伯昕等许多同志的热烈迎接。随即在香港预定的旅馆里安歇。不久，已经筹备就绪的具有重要历史意义的中国民主同盟三中全会就在香港正式召开。

在护送沈老安抵香港的当日，我拍了份电报给上海家里，请我的妻子朱芙英同志把沈老抵港的消息向有关组织和沈老的家属报告，以使大家放心。在香港时，沈老和我拍了一张照片，至今还珍藏着。我在香港生活书店住了一个月回到上海。

（节选自《上海文史资料选辑》第3期，总第119辑，内部资料，2006年）

1948年护送许广平同志离沪赴港经过

吴企尧*

随着解放战争节节胜利，到1948年，国民党统治区白色恐怖特务活动不断加剧。民主党派被迫转入地下，民进马老、王却老于1917年底，秘密出港，柯老去香港主持《文汇报》，徐伯昕同志去港主持生活书店，他们在港继续领导民进工作。

我于1947年底起，以开展单位业务机会，往来于港沪之间，在香港与马老、王却老、柯老、徐伯昕几位领导同志取得联系。我并为马老与上海转入地下的民进同志做通讯联络员。马老给我的信，由我呈交上海陈叔通，由陈叔老处来信到港给马老。信是开口不封的，讲的都是家常话，有关政治斗争形势，都是用隐语暗示

* 吴企尧：时为民进会员，后曾任上海市佛教协会副主席。

的。领导上关心在上海的许广平同志的安全，给我来的信中是这样写的："此间生活不习惯，急需一位上海劳动大姐来照顾生活，望速找一位大姐随便人来港。"大姐即指许广平同志，便人指我。信来到上海后，领导上派一直与我单独联系的民进韩近庸同志找我，说领导上决定要我护送许广平同志去港，要我做具体安排，要保证安全。我说去香港的飞机场与轮船码头都军警密布检查严厉，所以不宜乘飞机轮船，只有走陆路先到杭州，再到南昌，再去长沙到广州去港，走这条路时间较长，人也较辛苦，但比较安全。如决定走陆路，路上好多天要有一位女同志陪伴许广平同志。我还说，领导上决定这样走法的话，我拟请我胞姐吴圣�陪许广平同志同行。我这方案，很快得到有关领导批准，仍由韩近庸同志通知我，于某日到淮海坊64号许家吃夜饭后，即启程。同时被邀的有周建人、谢仁冰、赵朴初、陈巳生、周煦良、李平心等同志，这时许广平同志即将离沪，向民进组织有关同志做告别家宴。饭后，我对许广平同志说，此行我俩的身份角色，您要像一位富商太太，或长官太太，我像一位富商家中的总管，或长官身边的副官，我完全听候您的差唤。我又说，旅途上不谈时局国事，可多谈两本经，一本是生意经，谈谈黄金美钞买进卖出、市场行情等；一本是佛经，多谈谈烧香拜佛、菩萨保佑、因果报应等。许广平同志笑着说，很好，让我先把两本经温习一下。

动身那天，我们约好在北站碰头，许广平同志偕海婴，我与胞姐、姐夫还有韩近庸同志一位亲戚梁君作为我的助手，一行六人。许广平同志穿着华丽大方的服装，涂了口红，很像一位富商太太或长官太太，登上火车，谈了到杭州烧香做佛事等等。车到杭州，由站长室出来一位佛教界知名杨欣莲老居士，把我们接到头发巷节义庵，吃素斋，当夜就住在尼姑庵里。第二天，由杨居士代为买去南昌车票，并经站长室上车，免受排队检查之烦。车抵南昌后，又有一位我事先联系好的工商界朋友来接我们到一家安全整洁的旅馆住宿，还为我们买好第二天去长沙的长途车票，并送我们上车。南昌到长沙长途汽车要开一整天，车行途中遭到两个持枪国民党兵拦车，全车旅客很紧张，后悉该两士兵站在车门口要搭乘一段相当长路程，到目的地后就下车了，没有不轨行动。我们到长沙晚饭后得知，南昌比我们先开的一辆车均遭到国民党散兵游勇的拦车洗劫，而我们坐的那辆车，大概由那两位持枪士兵搭车起了保护作用，免遭抢劫，我与许广平同志大谈这是菩萨保佑。在长沙，我到宪兵队找两个打过交道的宪兵约他俩一起吃饭，请他俩代买去广州车票，请他俩送我们上车，我送了他俩丰厚的慰劳费，他俩为我们代买车票送上车，一直送到广州。到广州后，我托熟人不惜黑市高价，买到了去香港的飞机票，顺利登机，安全抵港。许广平同志偕海婴到沈钧儒女儿沈谱家中暂住，梁君去亲戚家，我与姐姐、姐夫住大中旅馆，约好第二天同去拜望马老。到马老家后，许广平同志对马老说，我来向马老报到了。此时出现在马老面前的是一位衣着朴素大方、谈笑风生的许大姐了。马老很高兴地说，你们辛苦了，即设便宴，为我们洗尘压惊。从上海启程到达香港，共经过 8 天，护送任务胜利完成了。

许广平同志能离开当时白色恐怖十分危险的上海，安抵香港，主要是在中共上海地下组织的领导关怀下，和民进组织的领导关怀下完成的，我就是奉民进组织之命担任具体护送工作的。

我在护送许广平同志朝夕共处的8天旅途中，对许广平同志崇高的革命品德、广博的学识、革命乐观主义的胸怀，有了较深的认识。尤其对许广平同志体恤劳苦大众、关心下属、待人宽厚、自己处处谦让的高尚风格，万分敬佩，并使我深受教育，永远铭感勿忘。

（选自《上海文史资料选辑》第3期，总第116辑，内部资料，2005年）

航向新中国

周海婴*

一　在香港等待的日子

安　顿

一到香港，我们骤然轻松，无须时刻警惕什么了。地下党安排我们住在跑马地的一所居民楼里。我是熟悉跑马地的，高中一年级曾在那里的培侨中学读过书。关于这段经历，我曾在回忆录另文谈到过。我们刚进入居民楼，就受到一位女士的迎接。她比我年长四五岁，是沈钧儒的小女儿沈谱，丈夫就是著名记者范长江。她让母亲和我住进一间早已收拾干净的房间，两床一桌，很简单。我们

* 周海婴：鲁迅、许广平之子，曾任广播电影电视部政策法规司副司长，全国政协委员。

是初次见面，必然寒暄一番，由此得知沈谱也抵港不久，当谈到此地的环境交通和语言，母亲和我倒不比她陌生。

当晚，方方、潘汉年、连贯来探望（后来的日常联络人是徐伯昕）。从谈话中方知，此行并非暂居香港，而是要等待机会北上。至于需要等多久，是几个月还是半年，他们没有透露，母亲也不便询问。

回过来看，母亲和我到香港，一方面要等候北上的通知，一方面还要躲避国民党将要下的毒手。随着解放形势的迅速发展，中共中央及时向全国人民提出了新的奋斗目标：建立新中国——倡议“各民主党派、各人民团体、各社会贤达迅速召开政治协商会议，讨论并实现召集人民代表大会，成立民主联合政府”。与此同时，毛泽东还发专电给香港的潘汉年转送李济深和沈钧儒，邀集北上哈尔滨，筹建新政协。

党中央毛主席的邀请信，使香港和国内外民主人士受到极大鼓舞，纷纷从香港、欧美等地前往东北解放区。

地下党同志简单聊了一些形势之后，母亲就有了件烦恼事：出发时我们不曾带冬衣。东北地区我们从未去过，只知道冷得会冻掉耳朵，南方人本来怕冷，而我又有十几年的老气喘病，突然要去这天寒地冻的地方，能不能受得了，真是个未知数。若是自己购置寒衣，置装费肯定不少，我们初来乍到，又该到哪里筹措？但几位领导和徐伯昕都不曾对此有明白交代，我们又不便细问。母亲只能着急，从上海虽带来一点零钱，但只是几张美钞。母亲随身带有一面方形镜子，我把它四周掀开，将美钞在玻璃镜片夹层里平夹着，再用烙铁焊接复原，使之“天衣无缝”，以备不时之需。靠它置办寒衣显然是不够的。母亲还想到：战争的进展速度，谁也无法估计（可见我们当时对形势了解得多么少），要是在香港久待下去，没有正常收入，我们的生活怎么办？我的学业又如何继续？我于是提出，让我一人偷偷回上海，把家里的《鲁迅全集》尽量低价售出，这样也许能筹集一笔钱。我把这打算讲给徐伯昕听，他觉得幼稚可笑，当即就否定了——这不是去自投罗网吗？后来我们才逐渐知道，其实党组织都会周到地考虑这一切的，只因地下党纪律严，没到时候是不便透露细枝末节的。当时我们不懂这些，心里自然不免打鼓。

我们就在这种忐忑不安的心情中等待着。每天的午晚餐由沈谱提供，佣工烧煮。吃的是广东口味的家常菜，如咸鱼蒸肉饼、清炖鲩鱼、芥蓝之类。我们出去逛街也顺便买回牛肉罐头，那是父亲生前喜欢食用的，一头稍宽呈梯形的方向，开启后便于倾出。牛肉是绞碎的，间杂着红白色，有一股香气。这种牛肉，肉质香酥，父亲满口义齿，很愿意吃这类易于咀嚼的食物。此外，还买些广东腊味和卤水熟菜，尤其是烧鹅，以偿母亲对家乡的怀念。从另一个角度讲，我们自己添加些菜肴也可为沈谱节省些开支，我们察觉她手头很紧。

那时居港的文化人和民主人士不少，既然地下党领导人和徐伯昕没向我们说起谁的地址，母亲就不便贸然打听。但我们是必须要去拜访何香凝的。首先是因为何老太太向来为母亲所敬爱，相互的关系本来挺亲热，再说何老太太在香港是半公开的，国民党反动派虽然视她为眼中钉，派特务监视，但她是国民党元老，也奈何不了她。鉴于此，地下党才允许母亲前去探望。当我们走进何府，只见老人正端坐在桌前兴高采烈地玩麻将牌。在香港初次见面，也不能多说什么，仅是嘘寒问暖而已。在平时，母亲总是深居简出，凡必要的生活用品多数由我采购。

出　发

10多天后，终于等到出发的通知，目的地是东北的哈尔滨。连贯送来一些港币，供买寒衣和衣箱，也没有详细说明该买些什么，一切由我们自己安排。这购置冬衣的任务便落到我的身上。

香港有旧货街，商店鳞次栉比，门面有大有小，出售的衣服有挂有堆，任凭挑选，价格低廉。我先逛了一圈，回来向母亲汇报。我还告诉母亲，在路上突然见到一位熟人，衣着鲜亮，一身本色纺绸短衫裤，神态飘逸，像煞广东的公子哥儿，原来是连贯同志。我们边走边聊，他比较详细地告诉我还有几天离开香港和一些要做准备的事。母亲和我这才心里有些底，第二天便去打预防针、种牛痘疫苗，另外还准备照片，用于制作证件。

我想到去东北解放区，除了衣物，照相机必然有用，愿意以此为新中国而小作贡献，拍摄些具有新闻价值的照片。母亲也支持我，就把购买寒衣的预算设法压缩，紧缩的办法是买二手旧衣。第二天到旧衣店，买了绒线衫裤，是绿色的美军剩余物资。我的大衣也是买的美军旧货，拿去洗衣店染成藏青色。我的这身打扮，后来差一点让人误认为是美国俘虏，幸亏不是高鼻深目，才没有挨骂。我替母亲买的是旧翻皮大衣，因为香港的冬天温暖，除非阔太太摆谱，并不适合穿，故这件翻皮大衣在旧衣摊折低价出售。我欣欣然自以为捡了个便宜，不想后来竟令我懊悔不迭。到了东北没见有人穿这类翻皮大衣，母亲穿着也感到非常别扭，简直像个国民党的官太太。这件大衣总共只穿过两三回吧，后来干脆贡献出去，用作拍电影的道具，由接待部门派裁缝另做大衣，这是后话。

为购买相机，我真是动足了脑筋。我花费很多时间，跑了不少店询问价格，尽量选择质量合意、价钱适宜的品牌。最后我选了低价镜头的“禄莱”相机，成像的清晰度差了一些，放大后的相片比较“软”，这也是无可奈何的事。

离港的前几天，我们去向何老太太辞行，她老人家少不了设家宴饯行。也去舅舅许涤新夫妇那里辞行，他当时是中共在港的领导之一。母亲尽量少去惊动别的朋友们。香港虽然比国统区安全，但国民党也布下不少眼线，总以少张扬为宜。

我们的冬装和棉被分别装在皮箱和帆布的“马桶包”内，先期运到船上，我们只需轻装等待。过了一两天，得到11月23日下午有车来接的通知。这天傍晚，来了一辆汽车，我们遂向沈谱告别。车行不久，我发觉并非直驶码头，而是绕到了九龙一户人家门口。我们在此下车，从狭窄的楼梯上去，像是个本地工人的家。进入门内一看，竟有不少熟人已在等候，有茅盾夫妇、沈志远、侯外庐等，可谓济济一堂。大家又惊讶又高兴，谁也料想不到会在千里之外的他乡遇到那么多故知。再一想，又觉得这原是在情理之中，大家都奔赴同一个目标嘛！最令人感到意外和有趣的是，适巧在前天或昨日才见过面，甚至一起参加了饯行宴，却谁也不说自己即将离港的计划，这种新奇与神秘使大家油然增加一层亲近感，连曾经有过的隔阂也消遁无形，感觉相互间已经是“同志”，可以无话不谈，再无须顾忌和戒备什么了。

二　同赴光明区域之舟

我们在那家陌生人的屋里，一直等到暮霭沉沉，大家分头离开，各自乘坐小汽车向不同方向驶去。母亲和我的车绕着街转到一个小码头，那里已有一条小舢板等候。连贯换了土布衣裤，俨然工人打扮，招呼我们上船后，小舢板随即驶离码头，靠到一艘轮船边。我们从软梯爬上去，先在大厅休息，同行的人也陆续上来了。

这是一条千吨级的小海轮，属于香港船东，挂着葡萄牙国旗，要经过台湾海峡，目的地说是北方。近年有些回忆护送民主人士北上的文章，对这条船所悬旗帜说法不一，有讲是挪威国旗的，但我以为是葡萄牙旗帜无疑。因为当时在船上的中共领导连贯、宦乡两位就曾告诉我，为了悬挂这幅旗帜，所付旗帜代价相当于租船费用，我曾为此十分吃惊，至今印象深刻。

晚餐 8 人一桌，坐满 8 人便开饭。这船上的桌子很特别，桌沿边都镶有一条木档，我估计那是为防止有风浪时船身摆动盆碗滑落。

为保安全，这条船总共才载 30 多个人，除了我们母子俩，还有郭沫若、马叙伦、冯裕芳，致公党的陈其尤，经济学家沈志远，民主人士丘哲、朱明生，民革的许宝驹，史学家翦伯赞、侯外庐，法学家沙千里等。沙千里那时还年轻，后来到东北、北平参观，有几次曾安排我和他同住一室，因此我们很熟。

饭后发给我一张船员证，名字是沈渊，这是我先前在香港用过的，母亲也用了化名。这份证件蓝色油光纸封面，夹层贴着香港拍的照片，制作比较粗糙。妇女和老人都不发证件，所以母亲也没有。考虑到白天的紧张劳累，饭后让我们早早安睡。我被安排在狭长的单人小间，室内灯光暗淡，仅有一个小舷窗和一张床而已。我很快就入睡了，因此对船何时起锚毫无所知。

次日，天尚未大亮，我就上了甲板。举目望去，海天相接，淼淼茫茫，不知身在何处。看到海员在忙碌着清洗甲板，我占了会些广东话的便宜，前去搭讪。我询问现在船到了哪里，船员告诉我正在向东驶去，时速 10 ~ 12 海里。由于这是一条混装船，没有正规客房，仅有少量几间舱房，原是大副、水手长的卧室，临时让出来，照顾郭沫若、马叙伦、冯裕芳等几位长者。多数人睡统舱，男女分开，睡舱里又暗又狭，不适宜聊天。顶层大厅是聚首谈天之所，只要是风浪平静，大家都到两边甲板去漫步闲谈。有一张郭沫若、许广平、侯外庐的照片，背后救生圈明晰地显示出“华中”两个字。

大厅即是我们初上船的餐厅，布置了七八张方桌，集中开会和通报消息也在这里。厅两侧有黑漆皮条状软座，厅正面左右是入口，中间有一张长桌，上面放了一台短波收音机，是 NC 厂国际牌的十灯机。每天由我开机，把频率对准到延安新华广播电台。它的开始曲很容易辨别，是一首《兄妹开荒》，只要听见“雄鸡、雄鸡，高呀高声叫……”就找对了。频率的两边都挤夹着国民党强功率电台。好在我们这条船驶离了陆地，干扰的强度大大减弱。新华台的电力小，讯号不强却极清晰，句句可闻。每日的新闻发播时间，大家准会自动聚拢来听。听到由空中传来解放军节节胜利的好消息，大家都鼓舞雀跃，有的还计算着什么时候渡过长江，几年可以解放全中国。

除了延安电台，船上还能听到伦敦 BBC 的英语广播和印度德里电台。收听 BBC 的任务就落在精通英语的宦乡身上，他听后再向大家转述，这样可以多一个消息渠道，以了解世界各国对中国形势的反应、舆论的向背，也等于多一份“参考消息”。那个年代，“美国之音”是没人听的。因为在人们的心目中，这 4 个字就代表扯谎、胡说八道，以致谁讲了假话，别人就指为“美国之音”。

几天之后，船长、大副与我们这批特殊旅客熟悉了，有一回还陪同几位较年轻又好奇的旅客去轮机舱参观，这里面当然包括我。下到舱里只觉得又闷又热，机器声响到面对面听不清谈话。两台柴油“第塞尔”动力船机，动力通过长轴传到船尾的螺旋桨，轴的直径约有大海碗粗，缓缓地转动着，我试着站到轴面上去，总是立不住。我们还经过货舱，舱内是运到解放区的物资，据说都是急需的药品、五金等，但外表看不出是什么货物。大家也不便多打听，匆匆而过，并不停步，知道这是需要保密的。

晚餐之后，睡觉尚早，大家并不急于回舱，这时便有年轻又活跃的沈志远、曹孟君等组织文娱晚会。可惜没有演艺界的成员，只配当个观众，谁也出不了节目。无奈之下，只能搞些大众化的内容，不外乎唱些解放区的歌，讲些笑话。唯独许宝驹先生的京剧清唱很精彩，最受大家欢迎。他身材并不高，但嗓音洪亮，唱的是老生，《秦琼卖马》之类，韵味十足，唱了一段又一段，欲罢难休。直到他的压轴戏结束，大家才回舱休息。

母亲却没有这样的闲情逸致。打从上船，母亲就在为我的冬衣日夜忙碌着。出发前，她摸摸我买的旧军用衫裤，觉得又薄又不保暖，天气临近 11 月下旬，于是临时买了两磅绒线，广东人叫作“毛冷线”的，带到船上为我赶织毛线衫裤。郭沫若几次从我们舱门口经过，想是看到她终日埋头编织的情景，遂向我要了本小册子，过不多久，笑眯眯地送还给我。我一页页翻过去，直到最末的一页，才发现郭老在上面题了一首诗：

团团毛冷线，船头日夜编。
北行日以远，线编日以短。
化作身上衣，大雪失其寒。
乃知慈母心，胜彼春晖暖。

后面还有附言：

一九四八年十一月月杪，由香港乘华中轮北上，同行者十余人。广平大姊在舟中日夕为海婴织毛线衣，无一刻稍辍，急成之以备登陆时着用也。因成此章，书奉海婴世兄以为纪念。

郭沫若　十一月廿八日

就在4天前，我们刚上船，我就请郭老在这个本上题过词。内容是：

横眉冷对千夫指，俯首甘为孺子牛。

鲁迅先生这两句诗实即新民主主义之人生哲学，毛周诸公均服膺之，愿与海婴世兄共同悬为座右铭，不必求诸远矣。

一九四八年十一月廿四日

同赴光明区域之舟中　郭沫若

我这本纪念册购于香港，是当时流行的款式，对我来说极为宝贵，至今还保存着。

船行头天风平浪静，25 日将进入台湾海峡的时候，天空暗下来，头顶像被一顶铅色帽子罩住，但见船员们穿着防水衣在忙碌着，捆绑船甲板上的设备。船长也亲临甲板，镇定指挥，并劝告我们赶快回舱，必要时还得卧床。台风马上就要来了，行走必然困难，说不定还会呕吐的。我仗着年轻，不甚重视，仍随意观看。不久台风果然来了，风力逐渐增强，若不扶着栏杆绳索，已经难以迈步。到傍晚，风力加强到五六级，餐厅开晚餐时，仅有少数几位去用饭。但我不晕船，照常吃得有滋有味。只是船只的摇晃度超过了桌子的挡碗木沿，有些高的杯子、碗盏不时从桌沿掉落摔碎。饭后困难地回到房舱，耳听大浪阵阵拍打船体，船的木结构部分发出“轧轧”的呻吟声，我突然觉得这千吨级海轮在劈头盖脑的巨浪前像只飘摇易碎的蛋壳，随时可能粉身碎骨。

将近半夜，风浪趋近七级，为了安全，船需要顶风逆驶，以躲避浪峰和浪谷，这样一来，行进的速度基本处于停滞状态，时速仅有一二海里。可是船的动力又不能开足，避免在海浪峰谷起伏时船体上抬，螺旋桨打空，造成机器损毁。在这种关键时刻，船长的驾驶经验非常重要，相互间的配合丝毫差错不得。但这晚我们所遇的危险还不只是风浪。那是事后船长告诉我的，他说如果那晚的风力再增强一级，这船必须靠岸躲避，硬顶是绝对顶不住的。而这时我们的船正行驶在台湾岛的边缘，即是说只能靠拢到“虎口”上去。幸而半夜过后，台风转移，风浪逐渐减弱，船才得以恢复正常航行，否则结局会怎样，谁也难以预测。

次日清晨，台风已完全过去，海面上一派霞光，好多海鸥紧紧跟随着船尾追逐飞翔，一切都显得那么平静而美丽，昨夜的风险似乎仅是虚幻梦境。这时各位老人和学者又漫步在甲板上。兴许他们也知道昨夜的险情，但已事过境迁，大家谁也不再提起了！

接着，连续几天风平浪静。此时船已过了山东，气温渐渐下降，站在甲板上，只觉寒风凛冽，耳朵刺痛。年纪大的，纷纷穿上棉衣。也有几位没有穿厚冬衣，或许耐寒力强吧。我提着照相机，许多老先生见了互相招呼，让我替他们在船上留念。这些底片一直保存在我这里，如今 60 年已逝，老人们先后归了道山，这些照片该是珍贵的“孤本”了。可惜拍摄时结影疲软，色调比较浅淡。

正在大家兴致盎然拍照留念时，领导来催促大家下舱，并指着远处称有一艘军舰正在向我们驶来，由于距离很远，不易判断旗帜的标识，万一是国民党舰艇，那便会引来麻烦，不如小心为好。下舱后，又让大家做好准备（实际并没什么可准备的，大件行李都集中入舱储存，手头仅有替换衣服和途中阅读的书籍而已）等待通知，到时见机行事。不久，军舰渐渐驶近，从望远镜里看清是苏联海军，对方似乎也辨认出我们属于商船，转舵向外洋驶去，这说明我们的船已经接近解放区了。这个区域常有苏联军舰巡弋，国民党的舰艇是不敢贸然跑来的。大家都松了口气，喜笑颜开地哼唱着革命歌曲。

12 月 3 日一早，船已抛锚停泊了一夜。远远可以望见海滩和少数几幢高耸的建筑，领导告诉大家这里已是安东（现丹东）附近的大王岛，让我们等待舢板上岸，已有吉普车和大小汽车等候，并有交际处的干部及几位领导迎接。还告诉我们，由于解放战争进展神速，暂时不用去哈尔滨了，可以直接前往沈阳待命。

在大王岛等候迎接，也等候小舢板运送行李时，大家兴致勃勃地留影一张。照片左侧还可看到3件简陋包扎的行李卷，可见民主人士生活之艰苦朴素。

此后两天，我们在赶往沈阳的路上度过。由于气温很低，中途在一家中式皮帽店停车买帽子，每位男士一顶，式样任凭个人自选，价格不问。不一会儿，大家挑选结束，各人都戴上了新帽子，而店主还在忙碌着，并向郭沫若再三表示歉意。原来这店里竟找不到他能戴的帽子。最后郭老勉强挑了一顶尺码最大的，头的顶部还套不进去，顶在头上明显高出一截。大家不由感叹郭老才学过人，原来他有个硕大的脑袋。这算是路上的一个小插曲吧。

三　沈阳旅居点滴

我们一行抵达沈阳，被安排住在铁路宾馆。连贯、宦乡、翦伯赞已在安东与我们分手，转道去了大连。

铁路宾馆是俄式旧建筑，内部开间较大，才腾空不久，其设施条件之好在当地算是首屈一指了。只是室内暖气太热，有二十七八度，我们这批江南生长的人，对这种干燥的环境很不适应，一个个热得脸红耳赤流鼻血，只好经常敞开气窗，放些冷湿空气进来。幸而街上也有冻梨、冻柿子卖，吃了可以去火。宾馆的房客仅有我们这十几个人，许多客房空着，听说尚有更多民主人士即将抵沈，大伙都翘首以盼。

第一位绕道入住的是黄振声，他从韩国那边辗转到大连过来的，是上海学联代表。不几天，听到楼内熙熙攘攘，住进多位从大连那边来的贵宾。他们是李济深、蔡廷锴、章伯钧、朱学范、章乃器、彭泽民、谭平山、邓初民、孙起孟、吴茂荪、阎宝航、洪深、朱明生。又不几天，从苏联绕道而来的李德全和冯玉祥秘书赖亚力抵达，大家纷纷前去慰问李德全。他们脸上尚显露在苏联船上失火而致的烧伤疤痕。最晚到达的是王昆仑和女儿王金陵，据说是到欧洲考察绕道巴黎抵达沈阳的，详情没有介绍。后来了解，因为这些秘密“通道”当时说不准仍旧要利用，因此谁也不打听。

宾馆一层餐厅供应一日三餐，布置着许多大圆桌，尺寸大于一般的圆台面。每桌 10 人，坐满便上菜开饭。早晨，供应北方式的早餐和牛奶。南方人习惯吃的泡饭，这里是看不到的。午、晚餐的质量基本相同，经常有酸菜白肉火锅。考虑到知识分子的生活习惯，晚睡的还供应简单的夜宵，有牛奶一杯和随意取食的清蛋糕（没有甜奶油）。厨房有西餐厨师，受过“老毛子”培训，会做俄式西餐，和上海的罗宋大菜口味相近。冷菜供给红鱼子酱，是马哈鱼的，晶莹透明而带红色，现在市面上很稀有了。厨师的拿手菜是“黄油鸡卷”，把整条鸡腿带骨片开，展开后抹上黄油、味精、胡椒盐，再卷紧，外裹面包粉，以热油炸熟。口感又脆又香，入口酥松，每人能吃完这一大份便很饱了。

一日三餐之外，按供给制待遇，不论男女和年龄每人每月发给若干零花钱。那时使用的是东北币，相当于现在的三五百元。从当时的经济状况说，这个数目不算少了。有趣的是除了另发毛巾、牙膏一类生活日用品，还每人按月供应两条香烟。有的人不吸烟，比如母亲和我也得收下，但可转赠给别人，因为这是供给制的“规定”。

宾馆里有一间四周布满沙发的大会议室，沙发硕大，也许是沙俄时期留下的家具吧。就在这间会议室内，每隔几天就有活动，举行时事报告或民主人士座谈会，也有小范围的学术讲演。比如从美国归来的心理学家丁瓒先生，讲过欧美的心理学研究现状。我听了大开“心”界，但大家的反应却平平，因为讲的是“资产阶级”的心理学，无人向他提出询问，因而未引起什么讨论，丁先生一讲完，报告会就冷冷清清地结束了。

长春解放后，也是在这个会议室里，当时东北地区的政治委员高岗亲自来向民主人士介绍这场战役的经过。高岗身材魁梧高大，脸膛黝黑而遍布麻坑。他说这场战役打到最后，变成一场混战，指挥部和各级指战员之间，因通讯员都牺牲了，联络都中断了，司令部里搞不清是胜是败。但我们的战士个个士气高昂，都能“人自为战”，而国民党军队士气低落，因此虽然兵力有悬殊，我军最终还是取得了胜利。他接着还说，战场上遍布国民党军队丢弃的美式汽车、大炮和各种辎重，要打扫的话，需要许多天。这时高岗忽然转过头来对我说：有一种美式大炮，它的口径之大，伸进一个脑袋还有富余，你要不要去看看？

宾馆二楼的侧面，还有一间台球室，这是整个旅馆唯一的休闲文娱室。室内布置了 3 张球桌，一张“落袋”（斯诺克）和两张“开伦”（花式台球）球桌。喜欢打台球的常客有李济深、朱学范、沙千里、林一心、赖亚力。李济深只打“开伦”式，往往由林一心陪打。交际处处长管易文偶尔也来陪陪，可以感觉到他是忙里偷闲，也为了不冷落客人，属于统战任务之列。他通过打球可以征询些要求和意见。他谈话水平很高，总是不直接表达意图，而在聊家常和询问健康过程中慢慢传达“上面”的意思。入住铁路宾馆不久，冯裕芳身体不适，在医院积极治疗，似乎是肺炎之症。12 月 27 日冯老去世，29 日入殓，郭沫若吊唁成诗：

吊冯裕芳

等是在疆场，一死正堂堂。后有冯裕芳，前有冯玉祥。
献身无保留，不用待协商。历史开新页，领导要坚强。
视死咸如归，百万若国殇。何为学儿女，泪落沾襟裳。
死贵得其时，二冯有耿光。不忘人民者，人民永不忘。

郭沫若　1949 年 1 月 29 日

由于沈阳的治安很好，领导允许大家分批出去逛街，三两警卫人员跟随，但不摆阵势，属于微服出游性质。天寒地冻，大家游兴寥寥，只少数人上街。商店开张不多，市场清淡，只有郭沫若、侯外庐少数人去过几趟古董店而已，绝大多数仍然在旅馆里看书聊天。有一回我跟着郭老、马老、侯老去逛古玩店（文物商店这名称好像是后来才有的），进入里边，生意极其清淡，老掌柜坐在不旺的炭盆火边，一脸的寂寞和凄凉，店里也不见伙计，大概都辞退了。郭老的目标是青铜器，马老却热衷于搜集“哥窑”之类古瓷。郭老是鉴别青铜器的专家，当场考证评论真伪，使老掌柜钦佩不已，不敢拿假古董骗钱。他叹着气说，要不是为了偿还债务，断不会把压仓底的善品拿出来卖掉的。

郭老那天买到“三凤瓶”和“三龙笔洗”，欣喜之余赋诗一首：

三龙水洗三凤瓶，
龙凤齐飞入旧京。
四海山呼三万岁，
新春瑞庆属编氓。

马老心仪的瓷器向来是稀罕物，据说他家藏的珍品不少，没有看上店里的，只随意买了点小玩意儿。而对于我这个小青年来说，却喜欢旧货摊上的旧军用望远镜，品质虽不高，价格却相当低廉，它是国民党军队败退抛弃之物，老百姓从战场拾来赚些外快的。不想几位老先生看到我买了这东西，觉得用来看演出倒很合用，差不多每个人都托我买，以至于旧货市场的小贩们误认为有人在大量收购。我只得挑明要货的就是我，才使他们不再漫天要价。

到了 2 月初，交际处先组织大家到郊区体验土改之后农村翻天覆地的变化，走访农户，和老乡聊天。2 月 11 日之后，全体民主人士乘坐专列向北参观。令人惊诧的是抚顺露天煤矿、小丰满水电站没有遭受什么巨大破坏，每日可正常运转。

在吉林“东北烈士纪念馆”参观，看到抗日英雄杨靖宇的头颅标本，它浸泡在一个大玻璃樽里，讲解员说到烈士牺牲后，日军解剖，胃里一点粮食都没有，李济深、蔡廷锴将军听了非常感动，唏嘘不已。李济深主动索笔题字，以表敬意。

四 意外的烦恼事

在宾馆等待的日子虽然安稳而舒适，但时间久了，竟接二连三地发生让我们母子烦恼难堪的事，这是在离开香港时始料不及的。且让我一一道来。

餐厅里有一架带放音响的电唱机，时间使用久了，放起来声音微弱。交际处的干部不知从哪里得知我会摆弄电器，便来找我修理，希望能放出音乐，好让大家跳跳交谊舞，调剂一下单调的旅居生活。我听了以后，感到有了为人民服务的机会，兴冲冲搬回住处，用三用电表检查出这台机器的毛病是电子管老化。这很容易解决，换成新的就行。等到两只管子买来，顾不得已经入夜，我就迫不及待地试放起来。我那时真是年少不懂事，一时心情十分兴奋，又是第一次替公家办事，不自觉地便有了想表现一下自己的心态，为此我把房门敞开着，让优美的旋律在走廊里回荡，心里得意极了。

第二天一早，母亲告诉我，昨晚的喧闹影响了周围人的休息，还一直责问到“上头”去了。“上头”的某某将这事告诉民主促进会的王先生（母亲也是民进的领导人之一），让他再转告我母亲。我连忙把修好的电唱机送回餐厅，却深感委屈。我以自己简单的头脑想：这样的一桩小事，只需当时过来关照一下就可解决的，竟弄得这么郑重其事，非要等到第二天，再绕那么一个大弯子传达到我这里，岂不小题大做？不知如今环境变了，我的身份也变了，成了个“统战对象”，我该多个心眼，处处约束自己，注意“影响”才是，但我没有想到这些。

不久，我闯了更大的“祸”。事情是这样的：我那时虽已年龄

19，实际还是个好动爱玩的学生。在旅馆等待的日子很枯燥，同来的又都是大人，有的还是六七十岁的老人，我在他们面前需要毕恭毕敬，他们的活动和交谈，哪里容我插得进去？甚至因我在场，有几位民主人士还开玩笑地称我“周老”。但是，就在宾馆的底层，驻有很多警卫战士，年龄与我相仿，我在他们中间可以说笑玩乐、无拘无束。这样，我一有空就溜到他们的休息室去听战斗故事。对我来说，他们每个人都挺了不起，有过数不尽的战斗经历，立过许多大小战功。他们的枪法很好，有几个是神枪手。我自然也对武器感兴趣，就询问手枪的结构原理、怎样射击等。

几天后的下午，有一个朝鲜族和一个东北籍的战士，陪我去沈阳著名的北陵游玩，据说那是早期清代的皇陵。此行也可以说是三个人共同发起的，用的是陪我的名义。进入北陵，发现除了我们三个，周围毫无人迹，颇感荒芜，逛了一会儿就兴味索然了。这时那个朝鲜族战士说，好久没打枪了，打几枪过过瘾，拔出驳壳枪便推上膛打了两发。另一个也跟着用他自己的左轮枪开了两响，之后问我要不要试试，我不假思索，拿过朝鲜族战士的枪打了两发。刚射击完往回走，一队荷枪实弹的士兵包抄过来，立刻缴了两个战士的枪，把我们押到附近一个营部。两个战士之一悄悄对我说，只要承认打枪是你发起的，一切都会平安无事。我就按他说的在营部“交代”了来龙去脉。

到傍晚，交际处派来干部和吉普车接我们回去。由于拖延了很长时间，回到宾馆时晚餐已经开始。当我步入饭厅，立即受到众人的“注目礼”，并听到窃窃低语：“回来了，那就好了！”好似我是一个受了宽大释放的犯人。不用说，这事让母亲尴尬。人们一定在想，鲁迅的儿子怎么能这样？但他们为什么不想想，鲁迅的儿子和他父亲一样，都是普通的人啊，我又是个初涉社会、毛手毛脚的小青年。但此时此地，我又能说什么呢？

第二天，我遵照母亲的训导，低着头向领导认错请罪。但我还没把预先拟好的“认罪词”说完，那位领导就哈哈大笑起来，连声说：“你没事，你没事，那两个战士已经坦白了，是他们让你试枪的。”当然，这使我又一次尴尬，因为我听了那战士的话，说了谎。事件真相总算弄清楚了，错不在我，我是受了那战士的怂恿。只是，我不知道别人是否都听到解释，后来又是怎样想的。

有了这两次教训，母亲再三叮嘱我，切勿忘乎所以，一切言谈举止都得小心谨慎，拿后来的话说就是要夹紧尾巴做人。没想到尾巴夹紧了还是“闯祸”。母亲关照我，凡有外出参观活动，老老实实跟在队伍后面，切勿乱跑，我就问：“那我跟在哪些人后面妥当？”母亲思索了一下说：“这样吧，你跟在茅盾夫人孔德沚婶婶后面，就不会出差错了。”从此我牢牢记住这句话。几天之后，正逢市里举行欢迎民主人士抵达沈阳的大会，我也同队去了。那是一个剧场，里边坐满了人，留下前面第一排让贵宾落座，我也忝列末座。过了一会儿，台上招呼贵宾从舞台左边的小梯上去，于是以郭老为首（那时李济深还未抵沈），大家鱼贯而上。我怎么办呢？我衡量自己仅仅是个民主人士的家属，是属于不需要上去之列的，便稳稳当当地坐在椅子上，没有随同站立起来。这时已上台的被一个个地介绍，台下哗哗地鼓着掌。渐渐地，大部分人都上台去了，最后轮到茅盾夫人孔德沚登上梯子，她回头盯着我，紧张地挥着手招呼：“快走！等什么，还不走呀！”就在这一刹那间，我的意识又出了岔子。我想：不上去怕不好吧，会显得自己孤傲和不合群；再说母亲关照我要跟着孔德沚婶婶行动，那么我跟着她上台去该是符合原定行动准则的。就这样，我最后一个上了舞台。等到台上把每一位来宾介绍完毕，请他们都集中到台中央，再回头一看，台边上怎么还多出一个我，孤零零地站在那里，显得那么突出。我想此时不光是会议的主持者，连剧场里的与会者也一定惊诧不已——怎么会忽地多出一个人来？看到主持人朝我一愣，我心里也不由一激灵，知道坏了，他们根本没安排我上台，我跟错了。正在我进退为难之际，主持人想了一下，把我让到身旁，介绍说这是谁谁的儿子。没想到，他的话音刚落，下面的掌声似乎比前一个还响亮些。但我的背上一时如有万根芒刺在戳，我生平头一回体会到，这“乞讨”来的掌声是什么滋味。果然第二天闲话来了，而且是冲着母亲的，说什么许广平为了想把儿子培养成政治家，竟用这种手段把他塞到台上去亮相云云。

对于我的前程，母亲究竟是怎么想的呢？她真的要把儿子引向仕途上去吗？就在前不久，即这一年的 12 月 1 日，在我们所乘的海轮驶向解放区途中，她在我的纪念册里，写了这样一段话：

> 照旧俗，中国古礼，男子二十曰冠，算是成人的年龄了。现在，就这弱冠期中，我把你送到新的社会，新的大中国摇篮中，使你从这里长大，生息，学习，坚壮，以至于得贡献其涓滴。以毋负抚育之深意，是所至盼！海儿览
>
> 母亲　于舟中

母亲还曾不止一次地对我说过：“我把你交给党！”我想，上述的题词便是她对于我的期望，她只要我能够健康成长，为新社会“贡献涓滴”而无其他。但人们的误解——我只能用“误解”这个词，竟是那么强烈。可见我们每个人的心都是受某种文化、各种感受、种种关系等因素的制约与影响的。

五　从沈阳到北平

我们住的沈阳铁路宾馆，隔几天就有一次当地首长出面举行的“接风”宴，欢迎又一批民主人士抵达。冯玉祥将军的夫人李德全到达后，向大家详细叙述了冯将军死难的经过，众人听了很感悲痛和疑惑。她本人对这次灾祸虽有疑问，为怕影响中苏关系，只得忍着丧夫之痛，也没有明确提出详细调查的要求。大家听了也都不便表示什么。

我至今记得的是，冯夫人当时回忆说，冯将军是应邀回国来参加新政协大会的，他们夫妇带两个女儿和儿子、女婿，还有秘书赖亚力，一起从美国搭乘苏联客轮“胜利号”借道埃及去苏联。客轮先到高加索的港口城市巴统，放下 1500 名欧洲归国的苏侨（白俄），然后横渡黑海，开往奥德萨（据其长女冯弗伐说，此船是德国军用船改装的，并非正规的商用客轮）。船上的文娱生活很丰富，每天除了有音乐会和交谊舞会，还放映电影，因此电影胶片积聚有成百卷之多。抵埠前的一天，即是 8 月 22 日，放映员在回倒电影胶卷过程中，不慎拷贝起火，并很快从放映室蔓延到客房。由于风大，火势凶猛，浓烟冲腾而起，正与两个女儿在舱内谈话的冯将军立即带着夫人、女儿向出口处冲去。不料离房间最近的那扇门竟从外面锁死，怎么呼唤也无法打开，为寻找出口，小女儿冯晓达冲向走廊的另一端，竟被烈火所吞噬。他们3人被困在胶片燃烧的化学气体充溢的走廊里，直到儿子洪达和四女婿、赖亚力先生几人把他们一一抢救到了甲板上，冯将军心脏已经停止跳动。在冯夫人叙述的全过程中，没有提到曾有苏联船员前来救援，只说下到救生艇是由船员带领的。

冯玉祥另一女儿当时受了轻伤。赖亚力的脸部被烧伤，在苏联的医院住院治疗。直到过了3个多月之后，我们还看得出他脸上皮肤的颜色明显有异。这场不应发生的灾难屈指算来已经超过半个世纪，且已时势大变，应当可以解密、说个分晓了吧。我所能提供的情况是，在全国政协一起开会期间，冯弗伐曾向前国民党军统头目沈醉提出过她对父亲遇难的疑问。沈醉的答复甚可回味。他说："蒋介石对于冯玉祥在美国演讲反对援蒋内战是恨之入骨的，可惜他的手没有那么长。"我想，这也可算作解密的一部分吧。

住在宾馆里这许多知名人士，经常聚在一起讨论党中央提出的由李富春同志传达的为准备召开新政协的征询意见。平时则在各自的房间里看书读报，或相互串门聊天，或到文娱室玩扑克，如桥牌、百分、拱猪等。喜欢桥牌的往往是朱学范、沙千里、章乃器、赖亚力，他们都在40岁左右。有时李济深将军也去参加，大家都自觉对老者"放水"让一步，使他高兴。我有时不识相，仗着自己年纪最轻、记忆力强，出过的牌都记得，偶尔不客气咬住不放，让李老多"下"，做不成局。他的秘书林一心在旁观战，心中也许有点着急吧，可是在这种游戏场合，亦不便明显地表示什么。

按照上面的意思，这一批民主人士原打算到哈尔滨住上一阵，待平津解放、大军渡江后再南下。可是形势发展很快，只不过两个月时间，解放战争已势如破竹，四平之战后，又解放长春，平津已是指日可待，也许开春便可以去北平，不需要转到哈尔滨了。因此，把北上的计划改为到吉林、长春、抚顺、鞍山、小丰满、哈尔滨这些地方参观学习。对这次活动，我本来有过一些简单的记录。但“文革”开始后，这些笔记都被我付之一炬。手头有一页保留下来的日程，姑且抄录如下：

2月11日　出发参观，午抵抚顺煤矿，一天。

12日　小丰满　下午到吉林。

13日　长春。

14日　哈尔滨　住马迭尔饭店，四天。

18日　火车返回沈阳，已午后。

我至今记忆犹深的是住在哈尔滨马迭尔饭店时，父亲的朋友萧军来探望。他带来一叠自己编的《文化报》和合订本给母亲看。就在那年（1948年）秋，他为“文化报事件”受到了公开的批判，他创办的鲁迅文化出版社也被停业交公。这些事，母亲抵达东北时已略有所闻，因当时讲述者回避闪烁，语焉不详，这事究竟如何，她并不清楚（1948年5月1日，毛主席在致李济深、沈钧儒的信中，明确表示召开政治协商会议的地点在哈尔滨，在筹备新政协的过程中，哈尔滨是最重要的民主人士聚集地，具体地点就在马迭尔）。

萧军造访的目的，看得出是要向母亲一吐胸中的块垒，谈谈整个事件的原委。但我们刚到解放区，这事件又实在太复杂，一时半刻难以弄清。再说停办《文化报》是东北局文化方面领导的决定，萧军的党员朋友为此也纷纷与他“划清界限”，母亲也很难表示什么。也许萧军对她的回应不满意，也就告辞而去。其实母亲在听到这事件之后，也曾百感交集，奈何爱莫能助，什么事也做不了。况且自身在版税问题上又正被误解，各种风言风语如影随形，久久挥之不去，使她百口莫辩，哪里还管得了别人的事？

哈尔滨等地的参观学习完毕，仍坐火车转回沈阳的原住地饭店。交际处领导告诉大家，为了准备赴北平，可以订做些简易的木箱，数量多少不论，每人按需提出。我们这一批人除了零用钱买的杂七杂八之外，行李确实增加不少。公家发的有每人定做的皮大衣一件、日本士兵穿的厚绒线衣裤一套、俄国式的长绒羊毛毡一条、美国军用睡袋一只，仅仅这些物品就足够塞满一只大木箱。以致后来一只只大木箱在走廊里排列成行，蔚为壮观。

1949 年 2 月 2 日，即北平宣布和平解放的第二天，56 位民主人士共同签署的庆祝解放战争伟大胜利的贺电发表。一个多月前开始的由赖亚力授课、李德全担任助手的俄语入门学习班（将近有 10 个学生），因大家忙于准备起程，也宣布结业。

民主人士从沈阳到北平，据我看到的材料，没有提到邓颖超代表周恩来专程到沈阳接民主人士到北平的资料。而我有她在南行火车餐厅致欢迎词的底片，虽然结影不甚清晰，判断人物绝无问题。

2 月 25 日，民主人士乘的专列抵达北平。火车在永定门站暂时等待，看到被释放的国民党士兵散漫地步行，可见解放军的宽大政策。列车将要抵达前门车站时，只见铁路两旁的屋顶，每隔 10 米都有持枪战士守卫，可见安全保卫工作之严密。进站后，大家被直接送到北京饭店，也就是现在夹在新建的北京饭店中间的老楼。母亲和我被安排住在三楼。

几天后，叔叔周建人全家也到了北平，与我们住在一起。他们是从上海乘船到天津，先在西柏坡附近的李家庄停留，等待北平解放。还有许多老朋友如柳亚子、马寅初、王任叔、胡愈之、郑振铎、萨空了、沈体兰、张志让、艾寒松、徐迈进等也都在北京饭店晤面，开饭时济济一堂，十分热闹。王任叔带了他已当了解放军炮兵的长子王克宁来看望我们。我们两家在上海本来住得挺近，母亲被日军抓捕遭难时，我在他家躲藏过，因此相见倍感亲切，在一起合影留念。可惜的是，才过了半年，王克宁就病逝了。

据统计，从 1948 年 8 月到 1949 年 8 月，秘密经过香港北上的民主人士约有 350 人，其中 119 人参加了第一届全国政协会议。母亲被选为全国妇联筹委会常委，3 月 24 日代表国统区任团长，参加第一届全国妇联代表大会，任主席团成员，后被选为妇联执行委员。到 9 月又参加了政协会议，任政协委员。10 月被任命为政务院副秘书长，从此定居北京。我只在北京饭店住了几天，就到河北正定，进入当时为革命青年开办的华北大学，编入政训第 31 班，参加为期 3 个多月的学习。我全新的生活就这样开始了。

最后想说两件事：一是，出发前母亲一直担心我耐不住北方的严寒，为此一路上总是忧心忡忡。没想到船一进入东北地区，那长久折磨我的胸闷气急突然好转。原来这里的干燥气候清除了我过敏的根源，我的哮喘病终于消失。二是，据史料记载，1949 年 9 月 21 日，中国人民政治协商会议第一届全体会议在北京召开。会上，母亲代表民主人士发言："中华人民共和国的成立，应有国庆日，所以希望本会决定把 10 月 1 日定为国庆日。"毛泽东听了非常支持，当即表态："我们应作一提议，向政府建议，由政府决定。"1949 年 12 月，中央人民政府委员会第四次会议通过《关于中华人民共和国国庆日的决议》，规定每年 10 月 1 日为国庆日，并以这一天作为宣告中华人民共和国成立的日子。从 1950 年起，每年的 10 月 1 日，就成为全国各族人民隆重欢庆的节日了。由此可以看出，母亲在当时社会中拥有较高的威望和地位，她对中华人民共和国国庆节的设立起到了重要的作用，也为这段航程画下了完美的句点。

时光飞逝，转眼 60 年过去了。在祖国 60 年生日之际，重新回忆这段对我而言历历在目、对于更多人来说颇感神秘的历史，看着我那时拍下的一张张"孤证"照片，实在是件很有意义、值得玩味的事。历史告诉我们，我们必须先自由、解放，才能够探索。唯有摆脱一切知识、理论、成见等执着，才能够洞见真实。

（节选自《文史资料选辑》第 155 辑，中国文史出版社 2009 年版）

护送亲友北上解放区

王　健*

5月1日，中共中央发布纪念劳动节口号，号召“各民主党派、各人民团体、各社会贤达迅速召开政治协商会议，讨论并实现召集人民代表大会，成立民主联合政府”。5月5日，香港各民主党派和各界爱国人士100余人联名通电全国响应“五一”号召，此时解放军大反攻，节节胜利，蒋介石的“国民政府”也到了摇摇欲坠的地步。

中共“五一口号”发布，显然沈家的活动逐渐多起来。常常有些各党派负责人来沈老家开会，有时沈老也外出开会。当时沈老已年过古稀，一个人出去不仅担心他身体、精力，还怕有特务加害。每次出门有时是由女儿沈谱来陪同，有时是我同行，当时的条件沈

---

* 王　健：时任沈钧儒秘书，后曾任民盟中央副秘书长、文史委员会主任。

老和我们一起坐电车，赶公共汽车。

在沈老家开会时，潘汉年和连贯也常来参加。当时我们已经知道他们党员身份，谈论的内容是筹备召开新政协，特别是如何离开香港的问题。虽然说这是少数人的秘密会议，但是在沈老家里开，我要做些布置和招待工作，他们对我并不隐瞒的。

8月间胡愈老和沈兹九悄悄地离开了香港，9月间沈老一批人走，先离开家住在九龙一个地方。具体的几个人走，什么时候走，是怎样走的都要潘汉年、连贯等人安排。几天后，在国民党小报上只登了沈钧儒、章伯钧等秘密离港，具体情形他们也弄不清楚。

这些日子里个人有办法的也不声不响地走了。公朴出版社的筹备工作自然地搁浅了。我和李师母也去研究走的问题，特别是国男、国友闹得厉害，似乎香港一天都不想多待了。

潘汉年、连贯知道我们都想走，他们已为我们作了安排。他们找我，告诉我邹韬奋夫人和女儿都想走，和李公朴全家一起走，要我负责陪她们一路走。因为潘汉年早就从沈老、萨空了那里了解我的情况，知道我天津有家，而且是工商业者，同时还有些朋友，利用这些条件决定从天津走。他们负责联系天津的地下关系接待我们，一切听他们的安排。潘汉年要我到了石家庄见到董老（董必武）了解情况后，如有可能要我再回到香港，打通一条路，以后还有人从这条路走。萨空了要他的两个女儿随我们一起走，张潜（张冲的女儿）也要求同行，潘都同意了。可是我的负担加重了，我们商定10月底乘海轮离开香港直达天津。临走前，潘指示我说，这是给你的任务，你要负责完成。我知道这是党对我的信任，也是对我的一次考验。

1948年10月26日在香港上船那天起，到1949年3月26日随中共中央各部会机关全部进入北平，整整5个月，我每天都写了日记，总共约6.7万字。这本日记题名为《解放日记》，这里不可能也不必要把全部日记照录下来，我想只把简短的“前言”和有重要内容的那一天日记照录下来外，其他的就简单概括地写出来，看看解放区是怎样生活的，我是怎样改造走向革命的，这是我一生最值得记忆的一段历史。

《解放日记》前言

1948年是难忘的。多难的祖国面临着一场光明与黑暗、革命与倒退的生死搏斗。垂死的制度即将毁灭，新生的政权喷薄而出，中华民族几千年历史正处在新旧交替、方生未死之间。

我们的一家——两位受人尊敬的母亲，几个患难与共的兄弟姐妹，在风雨交加的漫长黑夜里，我们都在寻求光明，渴望解放，为了这个共同的目标，实现这个共同的心愿，我们结成了革命的一家，战斗的集体。我们下定决心，登上长征的航船，远渡重洋，乘风破浪，奔向光明，迎接全中国的解放。

我们已经走进自由天地，走上了新的里程，历史翻开了新的一页，新的生命开始了！

但是，谁也不能忘记过去，我们走的每一步脚印都值得珍惜，值得记忆，我们把它记录在新的日记卷首，让我们永远纪念它，珍惜它——那些艰苦历程留下的足迹。

1948年12月于河北省平山县滹沱河畔东皇逕

（中共中央社会部所在地）

10 月 26 日这天，原来计划忙一天把该办的事该找的人都办好，晚上把大家的行李都集中。27 日一早，人和行李上船就等候开船。后又得到消息，开船的时间又延至 28 日。这样对我来说倒松了一口气，时间从容多了。我过海到九龙，去看看黄络峰、宋云彬，向他们告别，又去找茅盾，拿他给韬奋图书馆题的字，交给邹师母。晚上萨空了请我们大家吃饭，10 点半我和国友去码头在一家旅馆租了一间房，主要是放大家的行李，我们两人睡在这里看守。第二天写封信给天津钟涤非，告诉他我们乘什么号船，请他务必到码头去接。大家到齐了。我们就带行李上了船进了大舱，租了几个帆布床，安排好位置，放好了各自的行李，把邹师母和小妹（邹嘉骊）安排在后舱吊铺，较为舒服一些。一切都安排好了，就等着开船了。船上的茶房说明天一早就开船，下午和晚上的时间都自由安排了。

我上岸又去了《华商报》一趟，又去看了徐伯昕，把邹师母和我们的情况告诉他们请他们放心。6 点许李师母带着孩子们上岸晚餐，我上岸回去冲了澡，和沈谱以及一直帮我们做饭、打扫卫生的广东姑娘阿葵聊了一阵，我不能不回去了。她们送我出来，阿葵难过得哭出来，我感动得也要流出眼泪了。

我回到船上，她们都休息了，我到后舱看看邹师母，见到两位熟人王逸和郑森禹（国际问题专家），心照不宣没有打招呼。我们的大舱里也发现了周颖（作家聂甘弩夫人），面对面装得互不认识。大家安稳地睡了一夜，28 日一早船开始移动了，船开到鲤鱼门，大家心里都有一种恋别的心情，“再会了香港！”

我深有感触：第一次我们是逃出香港的，而这一次是我们偷着离开香港的。

上午 8 点钟船开了，大家再一次检查行李，捆绑起来，我把我们编的几个组，每人的化名身份重述一遍，要大家温习温习。把钱、钢笔、手表分配妥当了，以免海关刁难。大家穿上最好的衣服，要打扮得像是富裕的人家。天津的天气冷起来了，飘着雪花，再冷我（也）一直站在甲板上东望西望，看有什么动静。

船开进了市里，停在太古码头，岸上的人和船上旅客热烈地打招呼。钟先生也来了，我的心安了很多。这时武装人员上了船，要甲板上的乘客都回舱里去，一时空气异常紧张。接着上来一位穿皮上衣的宪兵，武装人员向他敬礼，显然是这里的头目。一个宪兵拿着一张纸条递给他，他叫华人买办把乘客名单拿出来。这时船上工作人员走来走去，我趁机混了进去。这位头目拿出纸条对照名单时，我挤上去看了一眼，条上写的是“马 × 伦李公仆”，旁边盖了个图章。马字下面的字很模糊，看不清楚，我相信周围的人谁也看不懂。而我一看心里就有数了，写的是“马叙伦”，“仆”字应是“朴”字写错了。我心里明白，马叙伦（知名的爱国民主人士，新中国成立后任教育部长）上个月从马宝道（萨空了邻居）搬家，搬到跑马地，可能被特务们误以为离开香港了。“李公仆”我认为李公朴被暗杀全国皆知，他们不会不知，这里指的是李的家人，当然是指其夫人。其所以被怀疑，很可能是因为国男、国友突然退学，以及我们搬出特务注意的沈老家。我见了纸条，愈发紧张起来。看见宪兵和船上买办等人到大客厅开会，我被赶到大舱，在舱口探望，只有在等待命运随他们摆布了。

一小时后，宪兵等一群人来到大舱，领头的拿着登记表格开头就叫“李小兰”，正是国男的化名，接着叫“李沈瑛”（邹师母）、“李西孟”（李师母）。天啊！怎么就没有考虑到都化成姓李的了。国男生平还是第一次穿上了旗袍，盘问她的身份、来历，答得很自然流利。李师母也是按编好的说。但问她在天津的住址时，她如实地把钟先生住址说出来了。因为我没有告诉她们纸条的问题，所以态度从容不迫毫不紧张，这很有利于解除对方的怀疑。但钟先生的地址告诉了他们我总放心不下。邹师母和周大姐盘问得也比较详细。

我同伙的是张潜（后改为张大简），问了几句就过关了，我因为早在天津办了“国民身份证”，苦茶、苦荼一伙也没遇到什么麻烦。

我们把行李都运到岸上，听候海关检查。我和苦茶她们比较顺利。查李师母、邹师母都是女检查员，查得比较仔细，特别是带有文字的东西，都要给旁边监视宪兵看过。可巧从李师母的包裹里找出个大镜子，她翻出镜框夹层有张公朴先生的底片，检查员问这是谁，李师母顺口说是孩子们的老爷爷，幸而女检查员不认识李公朴，更想不到李公朴是个留胡须的人，看看也就过去了，而我们却是一场虚惊。她一面检查一面问话，她们沉着应付，也没有查出什么来。我和张潜出了检查站，把行李交给钟先生暂时看管，我再去接李、邹二位师母，这时我看见苦茶、苦荼已坐上了人力车，说了一声去“裕中饭店”就走了。我很惊奇，她们自作主张，个人行动起来了。

我把李师母一家介绍给钟先生，其实他们在昆明绥靖路已经见过面。请他带她们和行李一起到安排好的住处（钟先生的家）。我和邹师母、嘉骊只好也去裕中饭店，开了三楼 43 号房间，办了登记手续。我在柜台问了苦茶她们的房间号（61），立即去看她们。61号只有苦茶在，叫我马上离开这个房间，她说姐姐和稽查处的人交房钱去了，就要回来了。我告诉她邹师母房间号码，晚上我还来，带点钱给你们。回到邹师母房间，在过道上，发现对面来的苦茶，旁边的就是船上穿着皮衣的那个家伙。我觉得事情不妙，把情况都和邹师母说了。她告诉我，检查时有人问她，认识不认识李公朴的太太。对苦茶来说，也许因为她长得漂亮被稽查处穿皮衣的人看上了。看来敌人似乎已经盯上她们了，可能是想把苦茶作为突破口。

我即刻回到钟家，一切都安排好了。把邹师母和苦茶、苦茶的情况都和李师母、国男、国友说了，再三嘱咐她们提高警惕，不要外出。我吃了钟先生给我们准备的葱花饼，找钟先生拿了80块钱，下午5时又赶到裕中，把苦茶叫出来，她说稽查处的那个人还在房间，苦茶不好走动。她说那个人告诉她们自己的身份，叫她们不要害怕。还讲："现在我帮你们的忙，将来也许要你们帮忙了。"接着她又想起那个人说的一句话："可惜两个重要的人在仁川登陆了。"我们把这几句话联在一起研究是实话还是麻痹我们。真是琢磨不透令人费解。但无论如何我们还要做最坏的准备。邹师母嘱咐苦茶"今晚不论发生什么事你们就到我这里来"。大家议定明天一早苦茶、苦茶就搬到她父亲的朋友家里去。邹师母和嘉骊去北平韬奋的妹妹家。说完了，我分给她们一笔钱，决定明天一早我就来。

我在回钟先生家的路上，难得的清闲一时，到兰牌电车道一家书店转了转，看到《中建》还在出，这是黄炎培办的，和香港《国讯》是姐妹刊物。买了本新出的第八卷，翻了翻，似乎还保持着"中间"立场，但有几篇文章我看完全是"中间路线"言论，这就和《国讯》有所不同了。《国讯》虽然是中间刊物，但里面有争论，而且潘汉年化名也写过文章。

回到过去英租界伦敦道新华村钟先生家，这是富裕人家的住宅区。看来这几年他回天津后生活事业都不错，钟太太待人还是那么热情风趣，钟琪也长大了。晚上他们一家请我们一家吃饭，饭后我们和钟先生谈谈我们这次来北方的目的和我们编造的姓名、身份等，以防有人来调查查出破绽。钟先生为人我很了解，忠厚义气，作为朋友是十分可信的。

我说服了李师母明天去烫发，也要国男、国友穿得漂亮一些。我也穿上了西装，此时此地需要的是太太、小姐、少爷，要学会适应环境的能力。

新华村已经生了暖气，室内温暖如春，李师母和孩子们对这个地方非常满意。大家聊了一阵，劳累紧张了一天，她们早早就睡了。我躺下去却难以成眠，支着耳朵听外面有什么动静。心里想着裕中饭店会出什么问题，还要打算明天将怎样安排。

一早起来，走出门外觉得衣服单薄，天气又阴又寒，急忙赶到裕中，邹师母告诉我昨晚平安无事，姊妹俩一早就离开饭店去朋友家了。我放下一件心事，接着忙邹师母去北平的事，先把她们不带走的3件大行李运走，拿到一笔钱送她们母女上车。我想到附近的一家五金行张七爷，是家里的亲戚，我见他就编了一套假话，留下了3件行李，暂借了200元，谈得很恳切。临走时七爷告诉我："你父亲病了很久了，你要回家看看他。"这样一来，我非要很快地回趟家不可了。

回到裕中，结了账和邹师母二人坐上车到车站，送她们上了车厢，约好几天后北平见。没等车开，我就走出了车站。又放下了一件心事，肩上又轻松了许多。

回到钟先生家，吃了晚饭我就准备回家。钟先生一再嘱咐我一个人上街要当心，市面上太乱，到处是关外下来的国民党残兵败将，有时就明抢明夺。这一点我在船上时就听人说过了。

晚上到了北门西的家，三妹（佩章）一开门，看见我突如其来，感到十分惊讶。见到了母亲和二嫂，她们也又惊又喜。我急着进了父亲的房间，看见他满头白发，面色憔悴，一看就是久病的样子。见到我精神兴奋起来，我的心里一阵心酸。父亲说是牙痛，影响周围也不舒服。牙疼看了也不见好，现在还找不到病在哪里。

我回到家里又是一套谎言，说是知道北方局势吃紧所以回家看看，住些日子还要回南方去。反正他们看到了我这个人身体、穿着都不坏，没有多问什么也就放心了。

三妹偷偷告诉我，五弟（王陶）在今年夏天，因学生运动受到当局通缉，8 月份去解放区了。

晚上 10 点多我去中益办事处，同人们见到我这个不速之客惊喜万分。二哥（金铠）正在打牌，看来他心宽体胖一定顺心如意，同人们也都那么悠闲自在。很自然谈起当前的局势来。刘兴周（中益驻沈阳的工作人员）说他几天前从锦州回来，身上带有几千块金圆券，被解放军查出来，没有受到任何麻烦。刘对解放军纪律严明称赞不已。有的同人接着谈到天津周围解放了的地区情况他们都很了解，特别是蔡子祥谈到家乡胜芳解放后的情况很详细，老百姓都安居乐业了。出乎我意料之外，我一直还把这些事严守秘密，而他们却成了谈话资料了。谈得太晚，我就留宿在办事处。我得知中益的青年职工孟昭全就是地下党员，我很高兴，我们的事情更好办了。但我对父亲的病心里很担心，只有对二哥说请他多关心父亲的治疗问题。

这些天我每天是两面跑。新华村李师母的事不多，父亲家里和中益要应付。我去看老七爷（本家叔祖父，他是个孤老头子，住在中益由叔祖父八爷照顾），七爷很健康，说我们还能见面，他非常高兴。回家同婶母谈了一阵，她对金铭（四弟）在北平参加“剿匪”总部文化新闻工作非常担心。母亲为我做了一顿丰富的午餐，我一面吃一面同父亲聊天，他说他准备告老了，希望我留下把工厂整顿整顿。我只有似是而非地应付几句。但我在中益和二哥谈的时候，我以沈阳、锦州、济南为例，说明共产党保护工商业的政策，鼓励他准备恢复生产，使他相信共产党来了还是大有可为的。

11 日上午，我在中益正在给香港萨空了写信（用暗语告诉他们我们上岸情况），一位陌生的商人模样的人找我，他告诉我是谁介绍来的，我明白了他就是来和我接关系的。我们到另一间房里密谈。从他那里了解到解放区的路线和应准备的事项。他要大家的一寸照片，去办“国民身份证”。这位同志告诉我是从天津西站上火车，去唐关屯穿过封锁线去泊镇，就到解放区了。我首先要考虑的是我们先在西站附近找地方住几天，便于一大早上火车，西站周围是天津小市民区，我们来往要装得像个小市民。我想到蔡子祥，他家住在西站那一区，我找他商量，托他代我找一间房子，我把我们实情告诉了他。他听了毫无考虑地说，他家里可以腾出两间房来给我用，我不客气地就这样接受了。他要我明天就可以来住。

我赶回新华村，告诉李师母已经联系上了地下交通，同时要很快搬到离火车站近的地方，要她们立即开始做准备。我带她们去老日租界一家照相馆照了相，找饭馆吃了饭。好多饭馆和商店都关门了，细打听才知道国民党东北的败兵入关，窜到天津到处抢吃抢东西。后来在一家开着门的清真羊肉馆里吃了饭。原来这家老板思想守旧，就不愿听“关门”二字，就是散兵来抢他也不肯关门。跑堂的告诉我们，昨天一天就叫士兵白吃了好几百块钱。

我又去看了苦茶、苦荼，她们说这家朋友对她们有些怀疑了，想另找住的地方。我们商量她们可到北平邹师母处住几天，再说我也要去北平和邹师母商量走的问题。她们一听能到北平高兴极了，因为她们的儿童时代是在北平度过的。

转天下午我赶回新华村，李师母已整理好行李，马上就搬家。我去看钟先生，告诉他搬家事，扯了谎，但表示感谢，是真诚的。

现在需要找孟昭全来帮忙，请他来把我们的行李全部运到蔡子祥家，告诉他我们进一步的打算和行动，嘱咐不要向任何人说。下午我们一家乘车到蔡家，蔡先生早已在家等候了，他们腾出一间北房给我们，吃饭也不要我们自己动手，中益大师傅可以做出菜送来，这就方便多了。

国男、国友从来没有住过这种环境，感到新奇。对于李师母最大的难题，就是化装成为一个市民或农村妇女。她是高鼻梁，素有西方美人之称，烫了发就更像个贵夫人。现在再改装实在太难了，举手投足都有些“洋”味，但是此时此地需要的是“土”，越土越好，对李师母来说真难为她了。

我又赶回到家里，主要是找三妹，要她找些女工人穿的旧衣服。王陶去解放区以后，与去解放区的人联系、化装、运输工作都是三妹负责。

13 日一早，我要孟昭全去张七爷五金店，把邹师母的 3 件行李取回来，还上 200 元的账。我去苦茶那里把她们要带的几件行李取回来，我们约好时间车站上见面。

转天上午 7 点多我赶到车站，孟昭全已将 3 件行李托运了。苦茶、苦荼也来了，8 点钟上了车，她们还带了一只烧鸡。3 个人一面吃一面聊。忙乱几天，今天一起旅行，感到心里轻松多了。我们周围不少是军人，关外败下来的，一个兵自言自语地说："妈的，打了败仗，连要饭都要不出来。上车还要票，老子坐车就没买过票。"有的愁眉苦脸，唉声叹气。我们说说笑笑，大吃大喝，两个钟头就到北平了。

我们 3 人和邹师母、小妹见了面，倍加亲切。我和大家研究下一步怎么办，应该注意些什么，要大家分头准备。约好了我后天再来办身份证，走的日期、如何走法后天再说，我搭下午的车返回天津。

到了天津先去蔡家看看李师母她们，报告我一天的活动。吃了晚饭去家里找三妹，告诉她我们需要些什么衣服要她准备。在她的房间里，来往解放区的同志们留下的好的、坏的、新的、旧的衣服用品，到处可见。

回到中益去住，同人们在打牌，我写信给仍在香港等我的信息的沈谱（沈老女儿），用我们自己的语言，告诉她这里的情况和路上应注意事项。

14 日，上午听说伯母病重，我去看她。二妹（玉章）在，10 多年不见了，她已经是几个孩子的妈妈了。伯母倚在床上，消瘦多了。见了我眼泪汪汪。她有气无力地谈了一阵，她担心这次病怕顶不过去了。在院子和大哥（金镛）谈了半天，他说他们银行的职员人心惶惶，大家看得很清楚，蒋介石的统治已到了崩溃的边缘，对共产党也听到一些传闻，有些好感，但谁也没有亲身感受过，也不免有些惶恐。但结论是，时局不能不变了，变了总比不变好。

回到家里吃午餐，母亲知道我喜欢吃鲢子鱼，特别买了几斤。10 多年没有吃过了，味道比过去觉得更加鲜美，这种鲜美也是对家乡之恋和母亲之爱。

把三妹给我的一些旧衣服带到蔡家，有的还要自己准备。我带着师母全家在南市逛夜市。买些蓝布、棉布鞋和一般老百姓的衣服用品。回来李师母化了装给大家看，大家笑不可抑。孩子们说，活像个话剧的蹩脚演员。

17 日中午大哥来电话说，伯母于早 8 时去世了。幸亏我还见到了最后一面。我立即赶到大哥家（这时大伯在北平）在遗体前行了礼，安慰大哥、二妹几句就回到中益。路上遇到法商的老同学郭绍曾，寒暄几句。他告诉我法商老同学黄平最近被捕了。当时我想到 10 年前日本统治时，我和黄平在“民先”队里一起工作过，他是银行职员，地下党员，被日本人逮捕过，因没有暴露身份，释放出来。后听说去了延安就没有消息了，这次被国民党抓了去，怕是凶多吉少了。

约好了地下联络人 18 日下午在北平见面。18 日上午，苦茶、苦荼决定陪我去逛逛北平，先到了中山公园，苦荼拼命在找一个地方。当走到来今雨轩时，她记忆起这是儿童时代常来的地方，同时也引起我的回忆。1936 年来北平考大学，1937 年来北平上大学都来过中山公园，在大学时代还在来今雨轩“民先”组织讨论会讨论“新启蒙运动”。那时大家只有钱喝茶没有钱吃饭。一晃11个年头了，来今雨轩依然还是那个老样子。

出了中山公园再去王府井东安市场，她们指名要到荣华斋请我吃奶油栗子粉和奶油咖啡，然后又到一家吃了一碗奶酪，在那些紧张的日子里，难得偷得半日闲，好好地享受一番。

回到师母家，约好的地下联络人来了。谈完了几件事，决定苦茶、苦荼后天到天津。大后天随着生活书店几个同志一起走。她们走了之后，我们另有一位地下交通员和我联系，他陪我们一路走。身份证、介绍信和汇票由交通员带到天津，关于邹师母和嘉骊决定暂时不走（因怕嘉骊过于紧张而犯病），看看情况再说。

一切谈妥，我准备返回天津。听说平津路因铁轨被破坏暂不通车，今晚走不成了。我决定去前门外住旅店。联络员不要我去，他说每晚旅店盘查很严，证件不足，恐生意外。邹师母要我留住她们那里，我觉得这里也诸多不便，突然我想起四弟（金铭，后改名新吾）的“文化新闻社”，他那里倒是个安全之所。

“文化新闻社”是傅作义“剿总”下面的文化特务机关。他母亲对我说过希望他早点脱离这个地方，我趁这个机会对他做点工作，也可以解决我今晚的住宿问题。

坐了车到王府井大街，文化新闻社牌子很容易就找到了。新吾正在宿舍，见到我突如其来，感到惊讶但很高兴。他说“这个时候正需要找你谈谈，帮我拿个主意”。我顺水推舟说，就是这个时候我才来找你。这是没有料到的结果，很自然地有了共同的语言。

新吾主动地介绍他们社里的情况，说这是傅作义下面的文官秦风川领导的部门，秦留学苏联，最初表现进步。他对秦很崇拜，所以才进来的。他表示自己未变初衷，不愿意在这里干下去了，正在准备辞职。我问他下一步如何打算，他说已有家室，去解放区不可能，改行开个杂货店也可以。我告诉他形势发展很快，平津朝夕难保，早点离开这个地方是上策。将来局面变了，城市政策能自食其力，总是有路可走的。我们说得太晚了，他留我住一夜明天再走，当然我欣然同意了。临睡前他告诉我两个内部消息：一是最近可能实施华北总戒严；另一条是今年夏天他看到一张学生黑名单，准备逮捕的其中有五弟，他预先和五弟打了招呼，所以他就去了解放区。

19 日一早，新吾打电话到车站，说已经通车了。他送我到南池子就回去了。我到邹师母家，告诉她们有关宣布华北戒严令事，要她们早点上户口，临别时和邹师母、小妹蛮有信心地说，不久我们会再见的。

我回到中益，一位陌生的商人打扮的找我，他说是严先生（是指潘汉年、连贯）介绍他来的，他讲了一些暗话，一听就明白了。这是陪我们去解放区的地下交通员，我们称他是刘先生。他告诉我沿途的情况和应有的准备，并再三嘱咐我“东西少带，主要是人”。什么时候走再通知。

中益同人们说这两天市面更乱了，关外退下来的、保定退下来的，还有长官的家属，每天有几十辆大卡车开进天津。各学校、戏院都住满了，一伙伙的兵强行上招商局的海轮想到上海。宪兵也管不了，弄得全市乱哄哄。

大伯父过两天才能从北平回来，家里在筹备伯母的丧事。父亲和老七爷嘱咐过我“大娘的白事，你多帮帮忙”。我在中益趁着晚上没有事，帮他们写了100多份请帖的信封，算是尽了我的一点心意。听说伯父从北平回来以后不同意出殡。他说："南京、上海到处闹抢米风潮，部长老爷们家里都被抢了，平津还不知哪天了，咱们还铺张什么？"三叔还是执意发帖子，认为不请朋友亲戚来送殡对不起死者，对朋友亲戚也说不过去。他们起了争执，我们初步决定22日清晨就走，结果如何我就不得而知了。

20日上午联络员带着苦茶、苦荼来到蔡家住了一夜，21日一早一切都准备好就出发了，联络员要我一起送她们姐妹俩和行李走，到老日租界"中华茶园"对面一个胡同，叫开了门，出来的是倪子明，生活书店的熟人。我们相对笑了笑，心照不宣，把苦茶、苦荼交给了他们，我默默地告别了。我在想，这一带向来是娼妓聚集之地，见不得人的地方，中华茶园就是有名的色情下流的娱乐场所。他们选择这个地方，可能认为这正是容易掩蔽的好地方。

21日又阴又寒，一早看到《民国日报》头版头条新闻就是"自明日零时起华北宣布戒严"。里面有条"严格检查出入境旅客"，这完全冲着我们来的，我们定的就是明天一早走。

我回到蔡家，把这个消息告诉她们。再检查衣服、行李，不能带的尽量拿出来。她们又忙一阵，我又回母亲家里偷偷找三妹，再找些需要的东西，母亲看见了跟着走进来。她看我们鬼鬼祟祟的，向三妹说："你别瞒我，每天晚上来的还是学生，一清早就成了老妈子，不都是投八路的吗？"她转向我说："咱可别去啊。"我笑了笑，母亲又想到五弟，担心五弟在外面吃苦。谈了一阵最后又说："这日子，八路早点来就好了。"这是多么善良的母亲。

父亲醒了，我去看他。他还是那么消瘦，精神还好。母亲告诉我就是牙痛，中医西医看了说不出什么病。我来是向他告别的，我又在骗他们，明天有一件公事急于去北平，可能要多住几天。父亲听了也没说什么。而我看到父亲这个样子我无能为力，就这样走了心里实在很难受，只有希望天津早些解放。

这些天气候阴寒，我借来二哥的皮领大衣跑来跑去，身上倒很暖了，但心里压得更加沉重，赶到中益，准时见到了来者，约好明天一早西站见面。

再回到蔡家，送了一些东西答谢蔡家对我们的盛情，把几大件带不走的行李要昭全带到中益临时保管，约他明天一早到西站。

最后又检查了一次带在身上的东西，重新整理了一次。每个人都分一些钱带在身上，万一走散了自己可以应付。大家早点睡了。今晚我睡在蔡家。

转天鸡刚叫了两遍，马夫就来叫了。大家匆匆赶路，天阴沉沉正下着毛毛雨，国男她们低着头，东倒西歪还没睡醒。我打破了沉睡，大声讲起话来，鼓励她们说说唱唱。青年人清醒过来，看到天渐渐发白了，车子走过一个村又一个村，已经有人在干活了。

10 点多到了沧县城，交通员把我们带到一家四合院里，给我们介绍一位张科长，问问路上的情况，告诉我们这两天的新闻，小勤务员忙着打水冲茶搬行李，我们感到是到家了。

中午吃了一顿丰盛的午饭，张科长要我们这两天好好休息，后天还要赶路到泊头，并嘱咐我们这里接近敌占区，国民党特务多，环境复杂，尽量少出去。尤其我可能还要回香港，更加小心，不要暴露。

22 日大家洗澡、理发都换了装，穿上灰布棉军装。国男她们到街上转了转，看什么都觉得新鲜。晚上张科长请我们吃面条，准备了酒，不管会不会都痛饮一番。餐后我和张科长谈，他介绍泊头镇的情况，党的正式联络站设在那里。在这里我们和交通员告别了，他不久还要回天津，大家深深地感谢他们。

25日一早刘科长派了一位丁同志护送我们坐上大马车沿着津浦路向南走。天气晴和但寒风凛凛，一路上青年人又说又唱，不知不觉已到了泊头镇，这时已经下午2点了。

这里负责的同志接待我们，并安排好住处。我们打听苦荼、苦荼是否在这里，他答应帮我们去问问，他告诉我楚图南先生也在这里，我马上去看他。楚老知道我们一行人安全到达这里，高兴极了。他说下一步，要听候这里的安排，吴晗于一月前已去中央了（平山县西柏坡）。

我们意外地见到一些熟人，特别是云南来的杨白云（云大附中校长杨春洲的大女儿）。国男、国友兴奋得跳起来。她说她可能暂留在泊市准备接收天津。还有西南联大的同学，其中有同学们公认的“校花”沈渔村，也穿上了布鞋、旗袍，带着几分乡气，而风采犹在。有人告诉我联大的吴谟（王陶的同学）在泊头镇工作。

晚上苦荼、苦荼从几百个学生中找到，带着行李来我们这里“归队”了。

26日到28日我们共7人从泊头镇坐大车继续沿铁道线向南走，经过连镇、桑园到达了河北、山东交界的德州。镇上一位同志一直和我们同行。沿着铁路线走，路基已被破坏，发动周围老百姓抢修，限期完成。我们一行青年人一路歌声、笑声，聊天讲故事，成了流动的俱乐部。车停休息时，找老乡聊天，听到许多农村的新鲜事。特别想知道土改分田的情况，我们开始在了解、体验解放区劳动人民的生活。

28 日下午 3 时许到了徐州，这是个大地方。我们走了几条街，找到了接头的地方。一位王同志接待我们，他告诉我们每天有火车去石门（石家庄），我们当即决定今天就走。王同志即派人买火车票又吩咐厨房准备晚饭，我们坐下来休息看看几天的报纸。很快车票买来了，面条也做好了，我们饱餐了一顿。没有休息就坐上大车赶到火车站，王同志派了一名交通员专送我们去石门。

我们上了一节铁闷子车厢。这是军人的车，今天成了我们几个人的专用车了。车上不是一排的座位，而是两边各一条连着的长椅，正好把被子铺开，每人都有床位。天还未黑，车不能开，大家到月台上走走。这时上车的乘客越来越多了，每个车厢里满满的人。有的人还找不到座位，据说这是为解放战争修建的德石铁路，当时的地图上是没有的。

我们上车前，买了几只德州有名的烧鸡，还有一大堆花生、栗子和冻柿子。6 点钟天黑了，车开始移动，走起来车身摇动，哗啦啦响声很大。车厢里不开灯，灯火严格管制，一片漆黑。大家早早地躺下了。有的穿着衣服盖上被，国男和苦荼像在家里一样脱了衣服钻进了被窝。车厢没有窗子，到处透风，像冰窖一样。我最担心的是李师母，她睡不着坐起来，披着被打瞌睡。青年们都呼呼地睡着了。

车走得很慢，走走停停。夜深了到了某站，停车时间较长，站台有灯光，青年人都醒了，第一感觉就是肚子饿了，最想吃的是烧鸡，有的自己起来吃，国男、苦荼起不来要我拿给她们。吃了烧鸡还要吃冻柿子，李师母担心她们吃坏了肚子，车上又没有厕所。她们可不管这些。我穿着棉袍，披着国男在蔡家织的大毛围巾，时而坐下来打瞌睡，时而走来走去，为大家服务。这时远远的石门的灯光已经在望了。

车停了，站上的灯火照进来，大家已收拾好行李，跳下车。交通员带着我们过了天桥，未经任何检查出了车站。路灯亮亮的，行人来来往往，一片太平景象。

交通员把我们带到华北人民政府交际处，申伯纯处长和夫人郭西接待我们。办好了必要的登记手续，把我们带到后院的日本式的小洋房里，分配了房间。房里家具用品应有尽有，申处长告诉我们许多战场上胜利的消息，他蛮有信心地说，一两个月就可以拿下平津。

大家到饭厅午餐，饭厅里满满的人，许多人和李师母打招呼，有的是延安见过的，有的是云南、上海见过的，大家都那么兴奋愉快。

在交际处住了 4 天，好好休息休整了一番，楚图南先生经过此地准备到中央去，胡愈之沈兹九早去了中央，沈老郭沫若等人仍在东北。楚先生很关心我的问题，是留下来还是就回香港，他说他到中央商议后即可决定。他希望我参加将来的代表团的工作（指民盟参加新政协的代表团）。

我找申处长说了我们的问题，传达了潘汉年的指示。我问他要不要见见董老（当时董老是华北人民政府主席），他说现在的石家庄情况不同了，我的问题向上面反映后再作决定。当时听到传说，傅作义包围了石家庄，也有的说中央和傅作义谈判争取和平解决北平的问题。

交际处组织我们去民主剧场看了一场话剧《赤叶河》，像《白毛女》一样的感动人。在剧场里苦茶、苦荼遇见一位剧团的朋友罗坚，是重庆陶行知办的育才学校的老同学。罗坚认为苦荼有艺术天才，争取她参加这里的文工团演戏。苦荼思想上也有波动。为此我们坐下来认真讨论了几次，提高到人生观、艺术观问题，居然开展起批评与自我批评，虽然最后并没有解决苦荼去不去文工团的问题，但大家在许多思想认识上有所提高，这是到解放区后的收获。

交际处的林青同志（进城后在中央统战部工作）给我们介绍华北大学的学习和生活情况，希望我们这里的5位青年人先去华大学习，以后再谈工作。她们听了毫无异议，决定去华大。苦荼也不再考虑文工团的问题了。林青是王陶北大的同学，他知道王陶现在可能在团中央。

在一次午餐时，饭厅又来了一批人。李师母见到了几位熟人，有沙可夫、萧三、周巍峙。据沙可夫说光未然（张光年）在正定华北大学教课。我们想到阿蕙（光未然的爱人）一定也在那里，国男她们去华大更高兴了。

韬奋的小儿子嘉骝突然来招待所看望他母亲邹师母。招待所的同志告诉他邹师母留在北平没有来，他很失望。但见到李师母，又知道国男国友、苦茶苦荼都在这里，高兴极了。这都是儿童时代的朋友，现在都长大了，相见不相识，但谈起往事又是多么亲切。嘉骝13岁（韬奋于1944年去世）到了延安，在延安学习5年，现在已成为一个青年工作的骨干了。在这里他没有见到母亲，这几天成了我们一家的成员了。

12月12日，国男她们5人决定上午去正定华北大学。等她们走了以后，李师母即去李家庄中共中央统战部。处长也通知我，昨晚有电话来，要我去“中央工校”。他们告诉我这就是中央机关的代号，什么机关没有说，我和李师母作了准备分头出发了。

交际处派了一个姓刘的小勤务兵一路送我。他们问我骑马还是骑自行车，大约100里路。我很想学学骑马，再想这是赶任务，不是旅行，少找麻烦，还是选骑单车了。骑了40里满身大汗，停下来休息一阵，继续又骑了40里，已到了平山县城。我们决定留宿在这里。小刘同志找了一家客店。我正在门口洗脸，街上一群穿军装棉制服的青年走来，其中有人向我招手，原来是中法大学的同学陈秉钧（改名安阳）和缪祥焘，太兴奋了，坐下来聊了一阵。他们告诉我中法的朱润典（改名丁江）和他们在一起，他们认识王陶，告诉我他在中央团校的地址，我高兴极了。解放区的朋友们联系越来越多了。

吃了晚饭，到街上转了转，买些日用品，回来9点钟就睡了。

转天一早继续赶路，10点左右到了温塘村，村民大都头缠白毛巾，口音很难懂。这已经快到山西边界了。午饭后继续赶路，小刘说还有30多里，争取天黑时赶到。下午2点多到了洪子店，这是个大镇子，在山沟里。我们在山脚绕来绕去，又走了一段沙子路，到了滹沱河，沿着河没有多远，在一个小村子停下了。小刘告诉我，这是东皇涩村，中共中央社会部的所在地，我们要来的就是这里。

我们走进一家破旧的小院里，首先见到的是冯同志（二室的主任冯基平，新中国成立后任北平市公安局长）和管人事的王科长。我正在谈我们从香港一路经过情况时，罗主任（一室主任罗青长，新中国成立后曾任中共中央调查部部长）来了，我的问题看来是他管的，他见了我就说：“你的问题要和香港的潘汉年同志联系决定，如果赶回去，一定要在本月 15 日以前，否则怕来不及了。”据他的估计回去的可能性不大。平津就要发动总进攻了，并嘱咐我在我的问题没有作最后决定前，暂时还是少出去少见人，我完全明白了。

天黑了，王科长叫人把我送到分散的招待所，是老乡家里的一间客房，收拾得干干净净。靠墙的砖搭的火炉生得旺旺的。不需到饭厅吃饭，有小勤务兵送来，给我中灶待遇。我太享受了，内心反而感到不安。

住在招待所的日子里，我每天的生活基本上有了一定的规律。早早起来到滹沱河旁散步，回来小勤务兵生了炉子，送来早点，带来昨天的报纸。然后读书。不像过去在书店时有什么新书就看什么，这时订了“功课表”，主要是理论学习，精读《毛泽东选集》和《论共产党员的修养》并写笔记。下午晚上都看看报纸，在第一个星期里补写从香港出来后一个多月的日记，以后每天写当天的日记。有时在院里晒太阳找老乡聊天，了解些农村特别是土地改革运动情况，了解农村过去的生活，实际是上了忆苦思甜的一课。有时也找找部里的同志聊天，谈个人的思想或要求解答政策上理论上的一些问题。在这个时期我严格要求自己有计划地读书，联系思想作自我检查。像国男她们上华北大学一样，我上的是自办的大学，部里的同志和周围的老乡都是老师。我的劳动课就是自己打扫房间和洗洗衣服。

来社会部不久，王科长送来一本自传纲要，让我根据纲要来写自传。我花了几天的时间写了几千字，好好理一理自己过去的这段历史，也写出了自己的思想和努力方向，特别写了入党的要求。

关于我入党的问题，多年来一直存在心里。由于个人政治觉悟不高，世界观没有彻底改造，加上家庭出身工商业者资本家和社会关系复杂（主要是和同学王大光中统特务有过来往），所以入党问题迟迟得不到解决。现在到了中央社会部，这是党的最机密机关，我认为这是党对我的信任。我接受这次考验，提高觉悟，彻底改造世界观，要求党审查我的历史，争取在这里解决我的入党问题，完成我的一大心愿。

我的去留问题香港已有答复，暂时不能回去，等待一个时期看形势发展再作决定。部里王科长告诉我，部里的考虑是准备派我去参加接收天津工作，在天津可能是仍保持秘密身份，现在还要注意，不要暴露。

最近连连听到我军前线胜利的消息，北平的外围涿县、密云解放了，天津外围唐山解放了，这里训练班的100多人，已星夜赶到保定，令人闻之精神振奋。

孟秋江夫妇带着郭沫若的日本女儿郭淑瑀来到这里。秋江是在香港时的熟朋友，他们也是从香港走我们的路线来的。他是社会部的关系来的，像我一样等待分配工作。郭淑瑀满口的中国话，穿上我们发的棉袄，一点也看不出是日本人。但与这里的农村生活却是格格不入。我在晚上没有事，就到她们那里聊天，有时打打麻将，和郭淑瑀也熟了，说话也随便了。她对郭老抛弃了她们一家很不满，对中国男人不相信。我们劝她，也替郭老作了辩护，说这是时代的悲剧，看来她对我们的话大概也是格格不入的。

刘少文副部长从外面回到部里来，他找我先谈国家的时局，后又谈到我的问题。他要我不要心急，不久进城了，那时事情是做不完的。二室主任罗青长同志突然一天找我，交给我一些资料要我看看整理。我花了几天工夫整理好交了卷，我估计这就是要我参加部里工作的开始。

忙里偷闲写信给李师母和弟弟妹妹们，以及给王陶他们，真想念他们。收到国男她们回信，大部分写的都是学习心得和生活情况，自我批评写得一本正经。显然是自由主义少了，正像她们说的“华大就是一座革命的熔炉”。我看了非常高兴，对我也起了促进作用。

1949 年，新的一年开始了。除夕之夜，部长大院里举行露天晚会。我已可以走进部长大院和大家联欢了。一室、二室的同志和领导们都来了，拉着二胡伴奏，大家自由自在找到舞伴就跳起来了。我是从大城市来的，但从未进过舞场，更谈不到会跳舞，在大家面前我却成“土包子”了。小郭（郭淑瑀）虽然来自日本大城市，却和我一样，这里的男女同志都很大方，拉着我们跳，教我们跳，弄得我们十分尴尬。我跳了几场溜出来，找秋江、王科长和方志纯（方志敏烈士弟弟）同志打了几圈麻将。一直玩到深夜 12 点多。

新年元旦一早起来，走在冻了冰的滹沱河畔，遥望东方，想念师母和国男她们，想念着天津的亲人，真是“每逢佳节倍思亲”啊！祝愿她们，见面的日子为期不远了。

部长大院里挂上两个大红宫灯，点缀了新年的气氛。我和秋江去给李克农部长拜年，给同志们拜年。10 点钟举行团拜，各部门的同志齐聚在大院里，部长给大家讲了两句吉庆话“人财两旺，利达三江”，并解释就是要加紧训练干部发展生产，把人民的利益推展到长江、赣江、珠江。我们联系到昨天学习的新华社的新年献词《将革命进行到底》，提出的 1949 年的任务是过江、召开新政协、成立联合政府、推翻蒋政权。大家都意识到 1949 年将是中国历史上大转折，最辉煌的一年。

青年诗人、作家力扬、何其芳从马列学院来部里，我们一起去戈茅家聊天。何其芳告诉我光未然离开了华大，已去涿县准备接收北平。

有人从李家庄（中央统战部所在地）来，告诉我来解放区的民主人士都住在那里，其中包括李师母、胡愈之、楚图南、吴晗等人，我和秋江商议决定去李家庄看看他们。15 日上午我们搭部里的吉普车出发，中午到李家庄招待所。正赶上吃饭，在饭厅里一部分都是熟识的知名的老前辈，有李师母、胡愈之夫妇、吴晗夫妇、翦伯赞、韩兆鹗、楚图南，同船来的周颖大姐、何惧、周建人全家，天津同乡刘清扬，他们都以为我们两人去接收天津了。吃饭时和杨刚坐一桌，她是我们“文通”时代的老师。谈到当年的“文通”，还谈到钟膺、李绥、远威、陈善文等人。

午餐后，大家回到自己的房间，我和秋江分别串门。先到李师母房里，她告诉我国男、国友在华大的情况。生活苦一些，精神身体都很好。国男选为组长，小弟选为代表，她自己已被邀请参加在北平解放后“三八”节时召开的全国妇女代表大会，她是代表昆明市出席的。还告诉我五弟已去北平前线了，听了为之振奋。

我们去看楚图南同志，他说这里的民盟小组已经成立，还希望我在民盟小组里参加筹备新政协工作。这时我对民盟已失去了兴趣。

再去看胡愈之和沈兹九，章汉夫、胡绳、巴人（作家王任叔）、何惧（救国会成员）都在，我还以为这些国际问题专家、理论家、作家谈什么国家大事，其实是何惧大谈跳舞经，准备今晚文艺晚会节目。胡愈之说我们到这里都自觉年轻了，我说我看大家也都胖了。

晚餐后，宦乡把起草的民主人士响应毛主席八条和平条件的电文读给大家听，征求意见修改后，发给沈阳沈钧儒、郭沫若等。合计 55 人联名发表。这是我们在战场之外对国民党发动的和平攻势。

文艺晚会开始了，有艺术天才的钟灵同志领先唱陕北民歌，教大家扭秧歌，一群老同志兴高采烈地在学，特别是沈兹九最活跃，学得很出色。跳累了又改跳交际舞，我和秋江、周大姐、周建人的女儿回到房里打扑克（桥牌），玩到 12 点多尽兴而散。

转天（1 月 16 日）一清早就送捷报来，大喊“天津解放了！”大家听了，虽然这是早已在预料之中，但还是兴奋不已。秋江决定 24 号去天津接收《大公报》，我写了一封信，把汇文老同学，后在燕京大学新闻系毕业的周明钧介绍给秋江。他政治可靠，在中学时英文是全班第一名，是个有用之才。

早餐后去看刘清扬，她聊起来就没完没了。她从“五四”在天津和周恩来、邓颖超创办觉悟社谈起，谈了她的几十年革命事迹。一口一个小超（邓颖超）如何如何。她参加革命时间确实很长，她说张申府（她的丈夫）是周恩来的入党介绍人。接着她特别表白，他（张申府）现在已经脱了党，去年写了一篇《呼吁和平》，成了中间路线的代言人，自己和他已脱离了关系，并表示对革命未改初衷。

午餐时又看到田汉、安娥、严信民也在这里，田汉在上海一个偶然的机会见过面，我喜欢他的书法，他给我写了一张条幅。吃饭时传来一个消息说，今晚周恩来副主席要来看望大家，要大家一定睡个觉，说不定要谈个通宵。

晚饭时，大家精神抖擞倍加兴奋，为了庆祝天津解放，大家都举杯痛饮。饭后食堂刚刚收拾好，7 点多，周恩来、邓颖超来了，沈谱也一起来了，中央统战部李维汉等领导同志也都来了。我发现香港的连贯也在这里，最后毛主席的老师符定一先生，在年轻的夫人搀扶下也走进来了。

周恩来和大家一一握手，大部分人是多次见过的，也有的是老朋友了。我是第二次看见他、第一次和他握手，感到荣幸之至。

周恩来给大家作形势报告，先讲述两年来和国民党谈判的经验与教训，分析当前敌我军事力量的对比，人民解放军的伟大战绩，我们提出八项和平条件的政治意义……谈到 12 点多了，工作人员摆上了夜宵，听说有人今天带来的烟台苹果和红葡萄酒，摆了满桌，过年的宫灯也挂上了。墙上已贴上了一条大红纸写的“庆祝天津解放”大标语，整个饭厅的气氛立刻热闹起来。大家互相举杯痛饮，争着向副主席、邓大姐敬酒，又说又笑满堂生辉。今宵，是多么令人难以忘怀的历史时刻啊！

夜宵过，大家坐下听周副主席继续报告。谈到召开新政协、成立联合政府，以及新政府的经济、文化教育、外交、税收等政策问题，征求大家的意见。现在已谈到很具体的问题了，很多人都讲了话，讲话最多的是吴晗，他具体谈到进了城，大家先住在清华大学，如何接收学校，以及人事安排等问题，似乎他已经知道他将做北平的副市长了。

散会时已深夜将近 4 点了。每个人对当前整个政治形势，以及未来的新政权的各项政策都已了如指掌，对全中国的解放充满了信心。17 日上午我和秋江回到东皇逕。由于形势发展得很快，有的同志已经去了新解放和即将解放的地区，秋江同志也准备去天津接收《大公报》，机关的同志学习《将革命进行到底》社论，做好进城的思想准备。据报载蒋介石已宣告下野，李宗仁代理总统，想和我们进行和谈。我的工作问题，罗青长同志通知我，决定要我参加部里一室的工作，他就是我的顶头上司。当天我就从单人招待所搬出，同一室的两个同志睡在一个炕上。他们都是大学生，我们有共同语言。每天躺在炕上聊得很晚，了解了不少部里从不向外人公开的事情。听说部里在研究即将公布的战犯名单，第一名就是蒋介石。

我和大家一起听党课，参加学习，按时到办公室办公。每到星期日，可以和小郭、秋江的爱人去洪子镇上赶集，晚上和大家参加文娱晚会、跳舞、看电影，白天和男同志打乒乓球或篮球，有时京戏班子来在广场上搭台演出，周围的村民都来观看。我已经有了集体生活，而且也走入群众中了。日记也写得简单了，不该记的就不记了。

工作问题解决了，我急不可待的是解决组织问题，我正式向部里做党的工作的周大姐提出来，她表示欢迎并给我鼓励，要我先学习《论共产党员的修养》和《关于修改党章的报告》，我在业余时间认真地阅读并写了笔记，写了心得体会。定时找周大姐谈谈自己的思想，挖掘思想深处的一些问题。她像带研究生一样指导我，我也把她看成是导师。

我开始写入党申请书。我们室里的一位岳大姐，工作上有什么问题我都请示她。她沉默寡言，但和她谈起来又觉得她那么和蔼可亲，那么关心人体贴人。而且她特别关心我入党的事情，她的办公桌就在我的背后，时间长了，我们很谈得来，她告诉我她是在 1942 年延安整风时因爱人的问题离了婚脱了党，最近听说爱人的问题改正了，她要求恢复党籍，或重新入党，现在也正在办理中。

北平和平解放了，李师母来信说李家庄住的人们就要进北平了，听说李宗仁也在组织“和平谈判代表团”来北平，部里的工作也紧张起来。室里抓紧整了一些资料供应天津、北平，甚至上海和南京。在这个期间还经常请人来作报告，有王炳南、廖承志、冯文彬、薛暮桥、李培之、陈家康等作各方面政策报告。还听了一次部里的王鞠同志和蒋介石的特务头子康泽（在某个战役中被我军俘虏）谈话的报告，对蒋介石反动集团内幕也多一些了解。在这里还过了一个农历新年，几乎每天晚上在本村或外村都有京戏地方戏看，我的生活是紧张而丰富多彩的，精神是愉快的。

某天，和罗青长同志遛街闲谈，他告诉我沈钧儒等在东北的一些人 2 月下旬到北平，胡愈之有信来，要求组织上调我到沈老身旁工作，这也是沈老自己提出来的。他说我们正在考虑，他没有征求我的意见，我只有服从组织分配。

3 月上旬，中共中央在西柏坡召开了七届二中全会。

接国男来信，说她和张潛（改名张大简）要求入党，已经批准了，候补期一年。同时告诉我学习即将毕业，她填了表格要求毕业后参加南下工作团，但在表格里有一栏是问有无“对象”，她填的“有”。所谓有无对象，就被理解为有无“爱人”，因而学校为了照顾“对象”的关系，决定她留在北平，不南下了（国友被批准南下）。我看了信，思想上很矛盾。多年来，我一直把她看成是小妹妹，我深深地爱着她，但我在任何人面前，没有公开过我们的关系，国男却在组织面前坦白率真地确认了我们的关系，一方面我很高兴，她坦率地承认了我；另一方面，她刚刚入了党，第一件事就受到组织的“照顾”，失去了南下工作锻炼的机会。这都是为了我，使我内心又感到不安，我觉得她太过于坦率了，但又想对组织坦率难道还有什么错误，一时我处于矛盾之中，但心里还是很愉快的。

中旬，部里有些同志悄悄地去了北平，小郭跟他们走了。我们突击了一份南京的材料，搞了好几天。刚刚交了卷，部里宣布从20日起停止一切工作，各室清理文件，打包装箱，准备和中共中央各机关一道进北平。

24日出发，中央派来5辆大卡车，人和箱子装得满满的。当晚到达石家庄，住公安局招待所。25日到达保定，住公安局里。26日晚到了北平西郊。一路上数十辆大卡车，都是中央机关的。我们单位在北平西郊，住在东北义园，听说毛主席早一天到了北平，受到了各民主党派领导人和无党派代表人物的热烈迎接，庄严地举行了阅兵仪式。

进城以后，宣布一个月内不经允许不准出门上街，东北义园离颐和园不远，可以看到万寿山。每天看看万寿山就知道自己身在北平了。我和同志们一样口头说不想进城，但心里有些浮动了。我们照样忙着工作，因为要找一些地方材料，我和两位同志进了城，先到弓弦胡同李克农部长办公处，再到图书馆翻阅资料，又到市人民政府联系一些事情。城里所见图书馆还是不少人安静地看书，市政府很多旧公务员照常办公，路上人来人往也看不出多大变化，和我几个月前来北京情况差不多少。可是我有些看不惯了，旁边的同志提醒我，北平是和平解放的，和天津铁扫把扫过的不同，在北平我们的工作会更复杂，更要谨慎、细致。

在东北义园，白天忙着赶工作，学习二中全会的城市政策，每晚都有舞会。我几乎每场不缺，和同志们尽情欢乐。时而听到谁谁进城了，谁谁南下了，组织上也要大家准备着随时进城。4 月 14 日罗主任通知我：“组织上调你到北京饭店去帮沈钧儒老先生工作，你先回天津家里看看，三天回来，办了手续就去上任。”我问他我的组织问题，他说：“申请书我看了，我和薛樵作你的介绍人，已经先在支部会上批准了，现在送上去了。”听了以后，我想有他们作我入党介绍人我就更安心了。

同志们知道我要离开部里了，聚在我的周围依依不舍。我要求大家临别时给我提提意见，同志们先是讲了我不少优点，接着，同志们坦率地提出几点：保密观点不够，工作不大胆，小资产阶级好面子。我自已挖掘根源还是自由主义、个人主义作祟。临别了，同志们鼓励我要注意理论学习，希望我组织问题上面尽快批下来，据说他们不久也要进城了，相约城里再见。

下午 4 时，部里为了安全派了车送我到车站。途中车子抛锚，我等待修理时，非常凑巧，遇见昆明认识的陆凡、范瑾两位女同志。她们是从山东来参加“三八”节召开的全国妇女大会的。她告诉我会上见到李师母和另一些熟人的情况。我们谈了一阵，车修好了，我赶 6 点半的快车到天津。一路上，我穿着一身灰棉制服，人们都另眼看待。

当时我听群众里有一种说法，灰制服是管黄制服的，他们认为灰制服是中央来的。9 点多到了北门西家门口，大铁门已用砖砌成像个狗洞，一看便可以想到社会治安一度混乱是不可避免的。

进了家，母亲、嫂子、侄儿见了我初是惊讶，继而笑我是从“八路国”来，急着去看看父亲，精神还是那样，就是牙病不见好，说是必须要动手术。三妹、四妹都来了，你一句他一句述说打仗时多么可怕，一时街面上到处抢劫，但大家都认为解放军进来就平静了，对解放军虽有些害怕，可是没说他什么坏话。三叔离开了警察局工作，已失业了。四弟已改行从事小手工业生产，一切都在变，这不过是刚刚开始。第二天一早五弟三妹都来了，他们的情况大不一样，我们有共同语言，他们常来家里，对这个家族的转变，我相信会有帮助的。我去看了叔祖父，他更老了一些，身体还好。去看看中益同人们，表面上还都是依然如故，他们大多数都是老解放区的胜芳人，对解放军还有些认识，对“变”早有思想准备。我整理整理留在中益的几件大行李，准备明天运回北平，还是要昭全帮忙，我对他和蔡子祥代表全家表示深深的感谢，在患难中见友情，难能可贵啊！

上午我去新华村看看钟涤非一家，也是代表我们一家感谢他的帮助。一进他的家，情况大不同了，屋里屋外喜气洋洋，男女亲朋欢笑满堂，我见了钟先生却茫茫然不知所云，他告诉我钟太太在戒严期间，因难产送不了医院而去世了，昨天和表姐结了婚。至亲好友闹了一夜，早晨沙发上还睡着人，麻将牌桌也没有收，我们几乎找不到一块可以亲切谈话的好地方，我只连声说了一些感激的话。我不能表示哀悼，也说不出贺喜之词，只好借口“客人太多不便打扰”而告退了。这一场弄得我真是啼笑皆非。

下午 4 点我回到北平。直接去了弓弦胡同见李部长，部长要我留住一夜，明天再上任。晚饭后和几个同志去北大红楼、北大宿舍找找熟人。回来部长找我谈话，嘱咐我做沈老的秘书工作，是个政治任务，不能当作事务工作。和他们相处要心胸开阔，不要苛求对方，而要加强自己的党性和组织纪律性。部长写好了一封介绍信，这是我住进北京饭店的通行证，也是我走上工作岗位的委任状。

转天到了北京饭店，首先见到的沈兹九和李师母，她们正在开会出来。她们告诉我，救国会成立了临时工作委员会，推沈老为主席，胡愈之为秘书长，现在正在开会讨论如何配合中共南下接收问题。会后我和与会的救国会同志都见了面。我对沈老说我来上班了，他表示欢迎。沈老神采奕奕，70 多岁的人，耳聪目明，实国家之福、人民之福。

20 日上午，和李师母去中山公园托儿所看邹师母（当时邹师母在托儿所工作），下午又去新中国书店看邹嘉骊，到处见到了一些长辈、熟人，晚上去参加一场文艺晚会，到场以后才知道这是为欢迎南京和平代表团而举办的。我看到邵力子夫妇、卢郁文（法商学院老师，现在是代表团的顾问）等 10 多人坐在前排，林老（林伯渠）和林彪作陪，看他们谈笑自若。但是今天是和平谈判签字的最后期限，现在和谈代表先生们坐在这里看戏，不知南京的态度如何。我们的百万雄师已集聚在江北，不知这些先生们此刻作何感想。不要说这些代表先生们，就连我，心里想得很多，也没有专心看好这场精彩的节目。回到饭店又去和部里的王靱同志谈话，王靱同志是我离开部里以后，被指定为我的工作和组织问题的单线联系人。

4 月 21 日，上午《人民日报》号外，南京反动政府拒绝签字，毛主席和朱总司令发布大军南下命令。沈老告诉我，他前几天就看到南京无和平诚意，曾向毛主席建议："摆队送客，下令进攻。"沈老的建议传到《人民日报》，记者特来访问，希望为"下令进攻"事说几句话，明日见报。我根据沈老的意思帮他整理个稿子，送给胡愈之看看交了报馆。22 日一早沈老就告诉我，昨夜长江（范长江是《人民日报》社长）有电话来说，30 万解放军已渡江了。过了一天《人民日报》大字标题"南京解放了！"街上到处是庆祝的游行队伍和震天的锣鼓声，推倒了蒋家王朝，北平以及全国都沸腾起来了。

这些日子，救国会临工会召开了几次会，座谈形势、开展工作、参加筹备政协等问题，还讨论了参加"五四"青年节召开的中华全国第一次青年代表大会，救国会代表名单问题，决定千家驹、孟秋江、高天、王健、薛迪畅 5 人代表救国会参加。

我来北京饭店后即和国男通了电话，她被分配到外国语学校学习俄文，苦茶、苦荼也在一起。22 日下午她来饭店，我们感情是与日俱增，她已公开确认了我们的关系，她又刚刚到了成人的年龄，我觉得我可以结婚了。我看她满脸红润，结实的身体，一副讨人喜欢的面孔，心里有说不出来的高兴。国男看见我穿上西装，住在高级饭店，感到惊讶不可理解，问我工作每天干什么。这一问我很难解答，说心里话，我也很不适应这个环境，天天人来人往，不少是知名的上层人士，有不少是从解放区或香港来的，也有的是沈老旧关系老朋友为孩子谋工作的，沈老应接不暇，所以才需要有人帮他。从国男来了以后，苦茶、苦荼、张潜她们也常来饭店聊天、洗澡、看看朋友，有时逛逛王府井。和 5 个月前对比，自由得多了。

5 月 4 日，我作为救国会的青年代表，参加了中华青年第一次代表大会，会议在北大四院礼堂举行，从 4 日到 11 日，为时 8 天，与会代表 550 人，代表了各民族、各阶级、各党派，来自全国各个角落，以至遥远的南洋各地。其中有战斗英雄、劳动模范、科学家、艺术家、工程师、青年工作者以及宗教团体的代表，充分体现了这是一次中国青年大团结的会议。

全中国和全世界的进步青年都关心这次大会，贺电像雪片飞来，祝贺中国青年在争取世界持久和平与人民民主的斗争中，和各国民主青年并肩作战，做出了卓越的成绩。

大会由冯文彬致开幕词，朱总司令给大家讲话之后，接着有董必武、吴玉章，以及总工会、全国妇联、民主党派、作家协会等代表讲话，表示衷心祝贺。会上我们听了廖承志、蒋南翔、严继慈、吴晗的 4 个报告，提出中国青年今后的任务，号召中国青年要积极参加国际青年的活动与斗争，鼓励中国青年要努力学习科学，学习文化，参加建设新中国的艰巨工作。周恩来副主席给大家作了一个题为“全国青年团结起来，在毛泽东的旗帜下前进”的讲演，对全体代表们寄以希望并给予极大的鼓舞。此外会上还有 40 位代表发言，讲了英雄事迹、斗争经验、学习总结、今后方向等等。会议进行过程中，举办各种座谈会，到电台广播，到各学校讲演，大会从始至终是和群众密切联系在一起的。

会议的最后一天经过选举，成立了中国青年运动的统一组织与领导机构——中国民主青年联合总会。

12 日下午，毛主席接见全体代表，我们集合到香山，分左右两排，等候迎接毛主席的到来。4 时许，军乐齐奏，毛主席姗姗走来，青年们一哄而上包围了毛主席，口号声沸腾起来，我抢着和毛主席握手。我高高举起照相机照了几张相，把这个幸福的时刻拍下来了。接见后我们走进礼堂，刘少奇同志给我们作了天津之行解决劳资问题的报告，主要阐明了我们的“公私兼顾、劳资两利、发展生产”新民主主义的政策，这对安定、团结当时的私营企业、民族资本家发展生产力起了十分重要的作用。

我在北京饭店和程子平同志住一个房间，程是负责接待民主人士工作的，一天忙到晚。我参加青代会期间他搬走了，搬进来的是孙起孟同志，在昆明时我们看他是老师，在香港是《国讯》的主编，他是民主建国会（私营工商界的党派）创始人之一。好读书，有理论水平，他也是参加青年代表会的代表。我们同住了一个时期，他对我的学习帮助很大，特别是在学习党对私营工商界的政策上，解决了我很多过去的糊涂的思想，我一直把他当成老师看待。

5 月以来，捷报频传，武汉三镇解放了！上海解放了！青岛解放了！江苏解放了！一批批人南下，一些知名人士到达北平，6 月 15 日新政协筹备会开幕，筹备工作紧锣密鼓地开始了。

沈老 74 岁的老人，整天忙着开会，接待朋友、客人、来访者，经常参加中央的各种会议商谈国事，特别是毛主席的召见，总是在深夜两三点钟回来。每天有些当天的事向他汇报，安排明天的活动，他也很乐于把一天的事和我谈谈，所以我常常会得到“第一手材料”“内幕新闻”，住在北京饭店也听到一些不见报的花花絮絮。

政协筹备会开过以后，各方面积极酝酿提名，协商参加全国政协大会的代表名单。我从各民主党派方面包括民盟在内不断听到为了提名做代表，争得面红耳赤，暴露内部的不团结。不少人来求助于沈老。有一天沈老笑着对我说，平时看上去文质彬彬，现在真是“性命攸关”。北京饭店住入的大部分是各党派的头面人物，这种事情时有所闻，一个时期内，这个问题成了人们谈论的中心。我是旁观者，所以名记者彭子岗、高汾、陆慧年等人，常常跑到我的房子里聊天，探询情况，了解动态。跑新闻是她们的天职，而饭店里的内幕新闻“花花絮絮”她们更喜欢听，而我和她们谈论这些新闻，还是注意保密，掌握分寸的。若干年前的民盟盟员董时进，因不同意民盟有些主张而退出民盟。6月间，董某特派代表来找沈老，希望能参加政协做代表，当时还听说他想组织“农民党”，成为新政协组成单位之一。当然沈老和民盟同志是不能接受的。另外有两个自称为民治党的成员，不知通过什么关系找到沈老，要求沈老为他们提名做政协代表，被沈老当面拒绝了。这个期间，几次救国会的例会讨论救国会结束问题，虽然少数人有些不同意，但沈老、胡愈之等多数人认为“救国”的历史任务已经完成，应该停止活动，结束组织了。当时基本上确定了救国会参加新政协后即宣布结束。

在饭店里，我经常接触一些党派的同志，谈得来的就一起聊天，交换情况，无拘无束地发表议论。夏康农同志是老三党（邓演达创办的第三党，1947年改名为农工民主党，主席章伯钧）的成员，昆明时代中法大学理学院教授，我在文学院，没有上过他的课，但同住在一个饭店里也就熟了。我很喜欢找他聊天，幽默、健谈、有见解，始终保持学者风度。他针对当前各党派为参加政协提名事闹得乌烟瘴气，给我讲了一些法国大革命的故事，以史为鉴，以古喻今，最后的结论是：小资产阶级革命、掌握政权不会成功的。我完全同意他的论断。

接待民主人士除了北京饭店外，还有六国饭店、远东饭店和翠明庄。几个月来，来的人越来越多，就连南京和平谈判代表团在谈判破裂后，被我们劝留了下来，也成为我们的客人。邵力子先生及夫人就住在北京饭店里，北京饭店成为中心。其他饭店的客人、家属经常到北京饭店来，每到午餐，大饭厅总是满满的，10 人一桌随便入座，常常遇见一些“大人物”“知名人士”同桌共餐，谈笑风生，其乐融融。正赶端午节那天，我同桌有郭沫若及夫人于立群，当然立即成为全桌的中心，大家就听郭老讲话，讲屈原《离骚》，满口是诗，有人说我们桌上端午节成了诗人节，也有人开玩笑地说如果屈原活到今天，他就不会投汨罗江了。

民主人士的文娱活动也是丰富多彩的，北京饭店每逢假日，照例是举行周末跳舞晚会，我借这个机会总是约国男、苦荼、苦荼来玩。跳舞并不是她们唯一目的，更主要的是看看亲人，会会朋友，洗洗澡，留宿一夜，星期日畅快地玩玩。另外一部分，就是我约了社会部一室的同志们来跳舞，他们在 4 月底也全部进了城，我们一直保持着联系。特别是在假日舞会上，她们最愿意来玩。我们有时跳舞，有时聊天，这是最开心的时刻。除了北京饭店的舞会外，中南海也经常（虽不定期，几乎每星期都有一两次）举办各种文娱活动，有京剧、评剧晚会，也有舞会。参加者有各党派民主人士、中共中央各部领导人和解放军将领们。京剧、评剧有新戏也有旧戏，都是一流的角色，我看过梅兰芳的《贵妃醉酒》，郭兰英、新凤霞的《刘巧儿》《小二黑结婚》。舞会上也常常出现毛主席、朱总司令和刘少奇、周恩来等领导人，这是怀仁堂、勤政殿最高级的晚会了。我陪沈老去参加，在舞会上沈老接受一些文工团女演员的邀请，几乎每场不虚。

沈老的四子沈谅留学德国，和西德学汉语的女生艾尔德结婚。沈谅回国后曾在台湾大学教书，后沈老托地下党的帮助，把沈谅和艾尔德接来北京，住远东饭店。沈谅参加民主人士东北参观团赴东北参观，艾尔德初来中国人地生疏，又对共产党没有好感，在沈谅去东北期间，沈老要我多帮助她。这时郭沫若的日本女儿郭淑瑀（我们在社会部经常在一起）也住在远东饭店。她们经常来北京饭店看父亲，她们二人也成了朋友。有一天艾尔德来北京饭店，沈老不在，她要我带她去郭老房间看郭淑瑀。郭老外出开会，我们坐下聊天，她们都会讲汉语。谈话间，艾尔德对中国很不了解，对中国革命更有反感，对沈谅和女同志接触也产生误会，谈话中感到伤心，流了眼泪，也引起了郭淑瑀对自己的家庭颇为伤感。她们共同的语言是“中国的男人是靠不住的”。正在这个时候，饭店的服务员进来收拾房间，见此情景，也就避开，但也听到了一言半语，结果把我弄得非常尴尬。茶房们都知道她们是日本人、德国人，现在又来了一个中国男人，又都是青年人，究竟发生了什么事情？饭店里像这类“新闻”，很快会传遍的，其实是什么事也没有发生，可是我又能向谁解释清楚。好在沈老、郭老以及我的朋友都会相信我的。

我被调到北京饭店以后，定期写报告给罗、薛两位领导，汇报我的思想、学习、工作情况，每次都检查了自己思想上存在的问题和改进的决心。有时临时发生一些问题，就近在饭店里找王鞠同志请示解决。7 月上旬，王鞠同志通知我，要我去东北义园找杜主任研究举行入党宣誓仪式事。第二天，我 7 点半借邵力子夫人的自行车（当时虽然和邵老夫妇比较熟，他们也住北京饭店，我还求邵老写了一幅字，但邵老夫人怎么会有自行车，那时我怎么会骑她的女车？想来想去想不出一点线索来，但日记是这样记的）到东北义园，中途遇大雨，全身湿淋淋的。管文件的同志给我看了中组部的批示文件，又填了一份志愿书。初步决定8月间和岳虹、周明两同志一起举行宣誓仪式，具体时间再行通知。下午我又冒着大雨赶回来，晚上饭店里照例举行周末舞会，我通知了社会部的同志们，平常不喜欢跳舞的岳虹大姐也和我们跳了几场，大家跳得特别开心，她们说这是先为你们举行个跳舞庆祝会。

6月16日民盟机关报《光明日报》创刊。沈钧儒题报头，毛主席题词“团结起来，光明在望”以表祝贺。社长章伯钧，总编辑胡愈之，秘书长萨空了（1953年1月，该报改为各民主党派联合主办。1957年反右运动后，归属中共中央宣传部、统战部领导，报头也改为毛泽东题写）。

7月份，北平有两次群众大会。7月1日是庆祝中国共产党诞生28周年，《人民日报》发表了毛主席写的《论人民民主专政》，上午和沈老阅读这篇重要文章。一面阅读一面议论，沈老对这篇文章从文字到内容感受到收获很大，赞叹不已。下午为沈老准备今晚庆祝大会上代表各民主党派致辞稿。像在这种场合的发言稿照例是由胡愈之执笔的，在这些大手笔面前，我承认只是个学生，我老实对朋友们讲，沈老的一秘是胡愈之、萨空了，我不过是二秘而已，但在这个职位上也无法推辞，这就是对我最好的锻炼。

吃过晚饭，饭店备有大车，和大家一起赶到先农坛体育场，场上看台都坐满。刚刚到场，倾盆大雨，看台上无避雨之处，全场秩序井然，反而雨越大，秧歌的锣鼓声越响，人们倍加兴奋。8时许，雨过天晴，8时半大会开始，薄一波致开幕词，朱总司令、董必武、彭真相继讲话，会议进行中毛主席、周恩来、任弼时赶来参加，全场顿时掌声雷动。沈老代表民主党派，郭沫若代表无党派人士讲话后，文艺晚会节目开始，节目进行中两次电灯熄灭。据报纸说国民党特务破坏，并得知会议所以在晚间举行是为防范敌机进行骚扰。这些使大家认识到带枪的敌人已被消灭，地下暗藏的敌人还在斗争。我想到我们东皇遝社会部的同志，第一任北平市公安局局长冯基平同志进了城，保卫的任务就更加沉重了。

大会结束已深夜1时，夜宵后和沈老、胡愈之研究明日沈老出席文学艺术界代表大会的讲话稿。到2时半始入睡。

另一次大会是7月7日，纪念“七七”抗战12周年。晚6时我们到天安门集合，群众聚集广场者，据说有20余万人。忽闻警报声，主席台宣布全场疏散。我们又回饭店。8时警报解除，8时半大会开始。毛主席及中央领导同志走上天安门城门楼，频频向群众招手，全场一片欢呼声、口号声，许多人讲了话，10时许在军乐声中散会。

8月初，我回天津住了两天。我心想一则是看看父亲的病，再则是想把刘少奇“天津之行”的讲话精神和父亲说说，鼓励他们放手发展生产。见到父亲后，他的身体没有多大变化，理了发刮了胡须就精神一些，他告诉我中益已购置厂房、安装了电力机器，不日即可开工，我听了父亲这种积极乐观的态度非常高兴，这说明刘少奇的讲话不但在天津已经传播，而且在父亲这样比较保守的工商业者身上已具体行动了，这就是党的工商业政策取得的胜利。我特别去看了新的厂房，虽然规模不大，但能迈出这一步是令人可喜的。

我约昭全特别去旧英租界海大道小白楼走了走，旧地重游不胜感慨。去志同里 11 号世明家，见其母亲，告知世璋去东北，世明在南京，都已结婚生子了。去胜世里打听陶志新的消息，已无人知晓。我一路上注意男女小学生，希望能找到当年我在海大的学生，但是看来看去一无所获。我猛然想起，时间已过去十一二年，即使当年的学生在面前走过也难以辨认了。昭全听了大笑不止。

晚上约大哥、二哥、宝慈（法商同学，兴隆洋行的朋友）、郭克恭（汇文同学）等人来中益晚餐，他们对共产党进城后有些作为和政策表示不满，引起了我们之间的一些争论。争论是争论，我们的友谊还是一直存在。

去看叔祖父一家，几乎都在生病。四弟闭门研究制造墨水，准备向市场销售，全家暮气沉沉。值得喜悦的是七弟金襤（三叔之子）参加政治学习后即准备去西北工作，在新的社会里迈出第一步。回到北平，王鞠同志通知我 8 月 23 日在东北义园举行入党宣誓仪式，我于下午 3 时到东北义园，周明、岳虹同志也到了。晚餐后 6 时半开会，唱《国际歌》，我们每个人谈了入党动机和对党的认识，然后宣布支部的意见，接着杜主任和罗青长主任都讲了话，最后举行宣誓仪式。我和岳虹同志是举着手含着热泪宣誓的。特别是岳虹同志，走过一段漫长而曲折的道路，又回到革命的队伍里面来，她更加感动。这一天对我也是极不平凡的日子。

我的入党介绍人为罗青长、薛樵，预备期两年，批准日期为 7 月 9 日。入党后暂不对外公开党籍，和党单线联系。

国男在今年3月被批准入党。我宣誓回来后，第一个告诉了她。其实也只能告诉她一个人，因为她将是我终身的革命伴侣。我们将一起互助互爱，终生为实现共产主义而奋斗。

8月下旬，为沈老今后定居北平，我们看了几幢住宅，有的是四合院，有的是小洋房，最后由沈老选定了东城东总布胡同24号的一幢洋房。经办人介绍这是国民党励志社的房产，最早是为接待法国霞飞将军修建的。一幢三层洋房，宽宽的院子，关起大门闹中取静，沈老在院中任意布置，也可自由活动。组织上给沈老一个好环境，度过他的幸福晚年。

9月8日，沈老离开北京饭店迁到新居。胡愈之、沈兹九夫妇，萨空了、方菁夫妇也暂时搬进来同住。我们的生活立即改变一个新的局面。

随着沈老搬进来的警卫班、司机、厨师、会计、服务员也都齐备了。厨师何德海，他是伪满时代给溥仪做西餐的御厨。我们搬进24号大门以后，我这个“二秘”自己又委任为“总务科长”了。当然这种局面只能是暂时的，我们也正在给沈老物色一位生活秘书。

筹备已久的中国人民政治协商会议第一次全体会议于9月21日在中南海怀仁堂正式开幕。各党派、各区域、各团体以及军队代表和特邀代表共560多人参加了会议，会期10天。领导讲话，代表发言，小组讨论，最后，全体通过了《政协会议组织法》《共同纲领》《中华人民共和国中央人民政府组织法》3个重要文件。会议还决议通过了五星红旗为国旗，《义勇军进行曲》为代国歌，国都为北京，即日起北平改为北京。大会选出了政协第一届全国委员会，还选出了中华人民共和国中央人民政府主席、副主席及委员。大会最后一天（30 日）下午 6 时，在天安门对面，举行人民英雄纪念碑奠基典礼。周恩来代表主席团致辞之后，全体代表脱帽静默致哀。毛主席宣读纪念碑文。最后，毛主席和各单位首席代表铲土奠基，对烈士表示真挚崇高的敬礼。

（节选自王健著《八十年生平纪事》，群言出版社 2016 年版）

1948 年：香港—哈尔滨

秦福铨 *

电影《大决战》第三集里有一段对话，毛主席问及李济深的情况，周副主席回答说：他们从香港出发，途中遇到了大风暴，现在情况不明，如果靠上了南朝鲜就麻烦了……

这段话，使我深深地沉浸在回忆之中。当年我正是与李济深先生一起同船北上的，乘这艘船的还有沈钧儒、章伯钧、蔡廷锴、谭平山几位民主人士，另外还有我的堂弟秦钢（博古的大儿子），一共是 5 个老人加 2 个小青年。现在 5 位前辈都已去世，秦钢也于 1957 年在北戴河病故，7 人之中只剩我一人了，我已过花甲，这段历史我有责任，也很有必要把真实情况写出来，公之于世。

---

* 秦福铨：时为学生，后曾任新疆生产建设兵团第八师柴油机厂副厂长。

1948 年解放战争迅猛发展，蒋家王朝即将覆灭，时局瞬息万变。7 月中央作出决定要筹备召开新的政治协商会议，于是大批民主党派领导人、工商业家、文化界人士，都相继从西南、西北、华中、上海等地转到香港，再由我党租船把他们送往解放区。由于人数多（350 多人），时间紧（1949 年 3 月前完成），一部分人要经青岛、大沽，到河北平山集合；一部分人要经大连到哈尔滨。后者主要是民主党派领导人和社会影响大的知名人士。

这是一个比较大的行动，需要保密但又很难保密。开始一段时间，国民党特务和港英当局都没有察觉，后来一些著名人士的社会活动逐个消失，引起了他们的警觉，逐渐嗅到了一些气味，于是他们加强了对进步人士的监视，对行将北上的更是多方阻挠，从中破坏。港英当局也加强了对出港船只的检查。在这种背景下，1948 年 8 月中旬，香港一张小报又透露了李济深先生即将北上的消息，使得情况更为复杂，青岛、大连一时间国民党特务多如牛毛，在何处靠岸则成了安全的关键。

从香港北上解放区，要绕过蒋管区，唯一的办法是乘船，我们自己没有船，而且要经过台湾海峡，非租外籍船不可，这样才比较安全。事情就联系到我父亲了。我父亲叫秦邦礼，新中国成立前长期在上海、香港等地做党的地下工作。抗战胜利后，他回到香港，在潘汉年同志领导下工作，主要负责解放区的进出口贸易，为此他创办了华润公司，租船往返东北与香港，从东北运出大豆、人参、药材、土产等，在香港、澳门市场上出售，然后购进解放区急需的西药、纸张、五金、通信器材运回东北。现在就要利用这条运输线，让民主人士以押运货物作掩护，乘船北上。但是货船的客床有限，而且押运的人也不能太多，一般都是 2 人，最多也是只能塞 4 人，否则会引起港方猜疑，招来麻烦。因此解决矛盾的办法，只能是增加船次，也就是增加租船数量。

记得是暑假结束前的一个星期天清早，父亲叫我跟他一起去办事。在车上父亲对我说："码头有船等我，我上锚地去，你留在码头注意观察四周，过 40 分钟左右我就回来。如果码头周围有形迹可疑的人和巡警，你就脱下上衣搭到肩上；如果没有异常情况，就招呼汽车开过来。"我明白了事情的重要性。父亲下船走后，我就警惕地扫视四周，半个小时后船回来了，和父亲一起下来 4 个人，每人都提着两只沉甸甸的旅行袋，放到车后箱里钻进汽车就走了。我乘公共汽车回家，过了一阵他们才进院子，原来是在市区里兜圈子，怕的是有人跟踪。那时我家住在九龙塘秀竹园道，离启德机场不远，是座花园洋房，环境很清静，平日里门前马路上即使白天也很少行人，家家进出都是卧车，偶然有个陌生人转悠很容易发现，是个比较隐蔽的地方。他们从车上急忙把袋子提到楼上，随后都走了。父亲叫我帮他把旅行袋一袋袋都提进他卧室里的浴室中，原来浴室里的壁柜后背有个夹层，能站下一个人。之后父亲就化整为零，分几次悄悄运走了。我还帮他提过一次，放进香港上海汇丰银行的租用保险柜里。我估摸着这些沉甸甸的东西，可能是解放区运来的黄金，在香港加工后出售，是中央为保障这次任务的顺利完成拨来的经费。

9 月初的一天，我吃过晚饭正准备回校上课，父亲把我叫到他那里，对我说："阿土（秦钢的小名，当时在广州跟祖母生活）高中毕业了，考中山大学没有考上，现在革命形势发展很快，解放区正是用人的时候，我想让你和他一起去北方，继续上大学或者参加工作都可以，两人一块去我也放心，从明天起你就准备行李，阿土明天就到。”听后，我既向往解放区，可又放不下我的大学课程，但是一向以父命为从的我，什么也不敢说。就这样，我人生的一个重大转折就在三言两语中定下来了。

第二天土弟到了，晚上就来人把我们两人的行李运走了。第三天早上父亲叫起我们赶紧收拾好随身带的东西，吃过早饭就送我们上船。我想打个电话，父亲也不允许。早饭后急匆匆上了车，到了码头父亲送我们上了汽船就分手了。汽船驶向货轮停泊的锚地，我老远就看到了轮船烟筒上的镰刀锤子的标记，这是一艘苏联货轮，有3000至4000吨的排水量，船上已满载货物，即将启航。

公司的人带我们上了货轮，介绍给水手长后就回去了。水手长是一个30岁开外的人，说话时总带着笑，很让人喜欢。他把我和土弟领到一间约6平方米的小舱房里，有一张二层床铺，一张小桌子，一个小柜子。水手长比画着告诉我们，上面铺空着，下铺是他睡的，天气热，他另找凉快的地方睡，让我们俩就在这里休息。我们都听明白了他的意思，高兴地笑了。船即将起锚时，忽然听到父亲叫我们，也不知道他什么时候上的船。我们急匆匆地随他来到前舱中部左侧一个小房间里，我一眼就认出了爱玩石头的沈钧儒伯伯，还有李济深、章伯钧、谭平山、蔡廷锴共5位老前辈。

父亲把我和土弟介绍给他们，大家互相握手问候。父亲又拿出一个大药包路上备用，然后和他们一一告别。走向船舷时，他掏出一封信交给我，叮嘱我一定要收藏好，到了那边亲手交给陈云和李富春伯伯，还说我和土弟的情况也写在信里了。我送他到舷梯边，目送他下去登上汽艇走了。汽笛长鸣，这艘苏联货轮笔直地朝着茫茫大海驶去。

轮船进入航线后，开始两天风平浪静，万里晴空。但是士弟还是有点晕船，整天躺着。我喜欢到甲板上看波涛汹涌的大海和碧蓝的天空，还喜欢到前舱那个小客房里听前辈们侃大山——他们逮着什么侃什么，高谈阔论，不时还争论几句，连骂老蒋都骂得佳句连珠，妙趣横生，使我长了不少知识。

这小客房原来是给押运货物的人住的，长、宽都只有3米，进门左右两边各有一张双层铺，中间是一张方桌，舱门正对着左面铺的床尾，右面铺的床尾处有一个柜子，旁边还固定着一格上面有软垫的凳子。现在除沈钧儒先生住在大副房间外，其余4位先生就都住在这儿了，所以这小房间也就自然地成了大家聚会的地方了。货轮上也没有别的地方可去，饭后大家就围着小桌坐在铺边上，我总爱坐在门边的那条凳上，听前辈们神侃。

沈钧儒先生早饭后总爱用一把小梳子梳理他的胡须，他说冬天时还要用一个须袋把它套起来呢，他说话坦诚、诙谐，和蔼可亲，很让人喜欢。李济深先生总是正襟危坐，有一双诚挚而又冷漠傲世的目光，谈吐富于机智和哲理，有时流露出一些对往事的惆怅感。章伯钧先生神态庄严，城府很深，侃起来总是有根有据，旁征博引，格言迭出。蔡廷锴先生性格直爽，说话直率，想起他当年指挥十九路军抗击日寇，名贯中华，正是一位独领风骚的骁将，现在言谈举止，仍是一副军人气概，侃得激动时站起身来，在这斗室里来回走动，慷慨激昂，爱憎分明。谭平山先生说话平和，善解人意，悟彻人事，幽默感很强，当在座的侃出不同看法时，他总是插上几句改变话题，侃起俗人俗事来，还时不时地自我幽默一番，使大家哈哈大笑，调剂得小客房里总是充满了欢乐。航行第三天，货轮刚出台湾海峡不久，就遇上了大风暴，旋风中心正向西北方面运动。为了避开风暴，船长决定航向折向东南，顶着风暴绕到飓风的尾部，再顺着风势北上，这样航线就与基隆港平行了。我被那排山倒海般的风浪吓住了，海水像一堵墙似的站了起来朝船首猛扣下来，我真担心这艘老式货船能不能经受住。由于船晃摇得人站不住，坐不稳，我赶忙爬上二层铺，两手紧紧抓住床沿和墙上一只挂衣帽的挂钩，以防把我从二层铺上翻下来，胃也晃荡得难受起来。这时，我想到内衣口袋里父亲交给的信，想到小客房里的老先生们，又看看下铺的土弟像没事似的，睡得那么安稳，心里倒也踏实下来了。经过一夜大风大浪的颠簸，早晨醒来船已经从暴风雨中解脱出来，正在晨曦中精神抖擞地北上哩。

前舱右侧有个小餐厅，厅的一面放着一张餐桌，另一面是通厨房的门，门的两侧各有一个食品柜。餐桌不大，转着一圈坐满也只能坐下 10 个人。这艘船全部海员大概不超过 14 个人，除去值班的，就餐时这小桌也坐不满。我还感到船上好像有条纪律，不准船员打听押运货物的是什么人，也不准接触押运人员。而这几位名人好像也有默契，不上甲板，不到处走动。除了去餐厅、上厕所外，整天只在小客房里谈天说地。吃饭是船员们先吃，过一阵子才是我们 7 个人单独开饭。船上的伙食比较单调，每天几乎一样，早上一杯用炼乳冲成的牛奶或一杯咖啡，两片面包，一个煎鸡蛋或两片酸黄瓜。中午是一盆放了西红柿酱的清汤，里面有几颗青豆，面包和香肠或牛肉片，加上一点黄油，饭后有一杯放了糖的茶。晚餐是红菜汤或苏勃汤，其实都一样，前者加了西红柿酱，后者以莲花白菜叶为主加土豆，汤里有一块牛肉，主食仍然是烤面包。土弟晕船，有时不想吃饭还不爱喝汤，所以常常是我替他带几片面包或两个熟鸡蛋回舱里给他。航行到朝鲜海峡时，空气又突然紧张起来，从日本方向飞来一架美国侦察机，围着货轮上空盘旋。船长令水手们拉起一面足有 80 平方米大的上面绣着镰刀锤子的红旗，铺在前甲板货舱上面，四角用绳索拉紧，海风鼓起旗子，在阳光下分外鲜明。飞机伴着我们又转了两圈，才向南飞去。我估计这是在照相，回去后存档。

经过几度惊险，又迎来了新的一天，船终于驶过了三八线，进入了东朝鲜湾。船员们都在忙着搞清洁卫生，船舱、甲板、扶梯、栏杆统统都擦洗了一遍。船长高兴地来到小客房问候大家，告诉我们下午就要到目的地了，请大家挨个去浴室洗个澡，中午还要加个菜。我也赶紧拿出一个小本子，请几位前辈给我写几句话。5 位前辈高兴地挥笔为我写赠言，一个个写得都很认真，赞扬我勇敢投身革命，勉励我努力建设新中国。只可惜 1949 年我在锦州三航校任机械长时，这个小本子被一位姓陆的同志借去看，后来空军第五师组建，我调任十五团机务主任，走得急忘了要回。人事沧桑，现在这小本子也不知道流落何处了。

上船后洗澡，这是唯一的一次，因为船上淡水少。浴室很小，上面一个喷头，下面一个澡盆，但这个澡盆很有点日本风味，像一口敞口水缸，洗完淋浴蹲下去即可沐浴。中午这餐饭也是在船上吃的最后一餐饭了，加了牛奶的汤，有沙丁鱼，还加了一匙青豆和几片油炸土豆片，一份牛排和夹了果酱的面包，最后上了甜点。

下午4点钟，船到达了北朝鲜清津，原来这就是我们的目的地。李富春同志代表党中央和东北行政委员会专程来到清津，在码头迎接5位民主人士。随即我们就上了专列火车，直发哈尔滨。在火车上我把父亲的信双手交给了李富春伯伯，我的任务完成了。第二天傍晚抵达哈尔滨，住进东北行政委员会招待所，即原马迭尔饭店。

从香港出发那天算起，在海上经历了7天6夜，恰好是150小时，这确实是终生难忘的150小时呀!

（选自《红岩春秋》1994年第1期）

国民党立法委员香港起义记

张潜华 *

1949 年 8 月 13 日，留港国民党立法委员和中央委员黄绍竑等 44 人联名发表了一个政治性的声明，标题为《我们对于现阶段中国革命的认识与主张》。声明号召忠于三民主义、忠于中国人民的国民党员，立即与反动的国民党党权政权决绝，重新团结起来，凝成一个新的革命动力，坚决向人民靠拢，与中国共产党彻底合作，为革命的三民主义之继续发展而奋斗，为建设新民主主义的新中国而共同努力。

8 月 27 日，又有邓召荫等 11 人发表了《我们响应黄绍竑等“八一三”声明》的书面谈话。他们认为这个声明，是一个正义的

* 张潜华：时为国民党立法委员。

呼声，并决意参加这一立即与反动党权政权决绝的政治运动。后来，还有王普涵等 13 人也表示拥护黄绍竑等的政治主张。其中有人本已全家到了台湾，只因响应这一号召才又转回香港，以便于采取共同行动。这样，就在国民党军政人员中形成了一个广泛的脱离蒋政权运动。国民党反动派为了对付这一运动，除了挑拨离间与造谣中伤之外，并以“开除党籍”和“下令通缉”相威胁。

当时，人们把这一运动称为“香港起义”。谨记其始末，供治史者之参考。

一　形势逼人

反动统治阶级是不会自动退出历史舞台的，但在革命风暴急骤地震撼与冲击下，其内部会发生分化而有一部分人游离出来归附于人民。“香港起义”正是在这种情况下发生的，是“形势逼人”的结果。

经历了辽沈、淮海、平津三大战役之后，国民党军队陷于瘫痪和溃散之境，反动政权摇摇欲坠。于是蒋介石被迫于 1949 年 1 月 1 日发表了一个《元旦文告》，企图用和平攻势来缓和人民解放军的进攻，以挽救其垂死的反动统治的命运。

在立法院中，有一部分立法委员系出身于小资产阶级、资产阶级的知识分子，长期以来，他们不满意于代表官僚资产阶级利益的蒋介石集团所执行的内战政策，曾利用机会开展了一个“人民和平运动”。他们一面揭露反动派的战争叫嚣，一面予国民党和谈代表团以支持，所以张治中于北上前夕在立法院所作的“和平演说”，遂博得了热情的、空前的鼓掌与欢呼。

4 月 1 日，当国民党和谈代表团起飞赴平的那一天，立法院主和派但懋辛、刘不同、陈建晨、萧觉天、金绍先、黄统、张平江、王丹岑、陈久敬、张潜华等数十人发表了一个声明，标题是《我们对于和谈的认识与态度》。声明指出："经过了三年沉着无比的内战，其所显示于我们目前最鲜明的印象，厥为面临着一个自清末以来又一次空前的政治大变动，而且在变动的范畴、规模、原因以及形成上看，其动荡之烈与幅度之广，确乎超越了 1911 年的辛亥之役和 1927 年的北伐战争。从历史进程上看，我们应有自惭自疚的反省：这次政治变动不仅是广泛的社会变迁中之方面表现，乃是来自最根本的人民革命。"接着又指出："历史是一面无情的镜子，由于国民党领导阶层远离了革命的本旨，所以便遭遇到它难以洗刷的创痛。"声明还表示："我们既然受到这种惨痛的教训，就应当有勇气承认失败，重新领悟中山先生革命精神的感召，和中共诚实地谋取和平。这不但是解决政治上空前大变动的对策，也是四亿五千万同胞所衷心向往的盛事。"当时他们为了造成有利于和谈的政治气氛，把这个声明用彩纸印行数万份，分别在明故宫机场和全市散发，构成一个相当热烈的送行场面。

国共双方代表在北平进行了半个月的谈判磋商，由中共代表团提出一个《国内和平协定（最后修正案）》，并要求国民党政府在 4 月 20 日以前表示态度。这个最后修正案由于被李宗仁所拒绝，人民解放军以雷霆万钧之势，迅速地渡过了长江。

局势的发展，使南京政府立即处于末日的恐慌纷乱之中。4 月 22 日，发出了紧急通知：所有立法委员一律于当日撤退上海。他们在南京明故宫机场集中运输机近 10 架，自京至沪，往返运送，不及搭乘飞机者，备有专车一列从下关撤退。到上海后，又分批送到广州。后又在广州继续举行院会。

这时，反映并代表小资产阶级、资产阶级思想意识和政治利益的立法院主和派的一些人，有的隐蔽起来，留在原地，准备迎接解放；有的相约在香港聚集，共同北上，投向人民。

二　开始转变

5 月中旬，立法院主和派的张潜华、黄统、谌小岑、金绍先、陈汝舟、李宗理等人先后到了香港，即决定与中共在港负责人建立联系。因为张潜华与周鲸文是东北同乡，抗战时期在重庆又经常来往，知道周在九龙的住处，遂往访周夫人（当时周鲸文已北上），请她设法。周夫人当托《时代批判》编辑董秋水代为接洽。5 月 16 日，经董秋水介绍，张潜华在香港会晤了中共负责人邵荃麟，并作了长谈。张在谈话中表达了这样一些观点和意见：

“立法院有一批坚持和平、反对内战的人，在蒋介石发表虚假的求和声明以后，即开展了一个人民和平运动。他们利用立法院的讲坛，为和平事业进行了一系列的公开的合法的斗争。

“1 月 10 日，在立法院谈话会中，主和派曾和 CC 派张道藩等就新华社记者对蒋介石元旦文告的批判作了针锋相对的论战。

“1 月 14 日，毛主席在《关于时局的声明》中提出了八项和谈条件。立法院主和派立即公开表示：赞同以这八项条件作为和平谈判的基础。同时还强调没收官僚资本、改革土地制度、废除卖国条约等项，都是真正的中山先生信徒为之终生奋斗而没有实现的革命目标，更应该无条件地表示欢迎和接受。至于废止宪法、法统和改编军队，都可进行合理磋商，以期求得符合于人民利益的全面解决。有个别立委曾公开表示：立法委员既是旧法统的产物，愿意放弃这个身份以换取和平。

“后来又有个别立委为京沪局部和平而奔走，并得到延安广播电台的支持。

“4 月 1 日，立法院主和派又发表了一个《我们对于和谈的认识与态度》的声明，勉励国民党和谈代表团和中央诚实地谋取和平。

“当然，我们也用不着隐蔽另一种事实，即：作为整个反动统治阶级来说，我们这些主和派仍然是它的一个构成部分，因而对于人民所遭受的痛苦和灾难，也必须负着连带的政治责任，至少是道义责任。

“正因为如此，我们才不遗余力地为和平而斗争。这种斗争，完全出于良心上的驱策，出于政治上的责任感，纯粹是一种自发运动。可惜当时没有机会和中共取得联系，否则也许能够发挥更大的作用。

“现在，由于形势的急骤发展，迫使我们不能不和蒋介石及其反动集团彻底决绝，公开站到人民方面来。但是我们应该做些什么呢？采取什么样的行动才能对于人民事业作出贡献？我们很希望得到中共方面的指示，这就是我要求和您会晤的主要目的。”

邵荃麟当时表示：国民党立法院中有一部分人为和平而努力，这里的报纸也有些片段报道，这是好的。至于当前应该做些什么，让我们考虑一下再作答复。

过了两天，邵和张又第二次会晤，答复了张前日提出的问题。邵说：立法院既是国民党的所谓民意机关，那么你们就站在人民立场表示一下政治态度吧！如能联络一些人发表一个声明：一面抨击蒋介石及其反动集团祸国殃民制造内战的罪行；一面申述自己脱离反动政权归附人民的决心与愿望，对于革命事业还是有意义的。

邵还表示，在这一任务完成之后欢迎大家到北平去。

后来，张潜华又介绍谌小岑、金绍先等人和邵荃麟见面，并根据中共在港负责人的意见进行活动。这样，他们就真的从行动上“开始转变”了。

恰巧，黄绍竑也到了香港。谌小岑、金绍先、张潜华等人认为黄绍竑不仅是立法委员，而且又是国民党和谈代表，以黄的政治条件和活动能力，如能出面参加领导，当更便于推动工作。于是谌等联袂赴九龙访黄，说明与中共联系的经过以及大家转变的决心，希黄参加并主持这一政治运动。黄说，他已经从中共方面听说了这件事，并同意共同推进这一运动。当时，黄还认为联系的范围扩大些，不必只限于立法委员，举凡国民党中央委员和高级将领，均可在争取之列。谌等同意了黄的意见，并决定分头进行联系，在最短期内举行集会。

三　第一次集会

经过一段联系工作之后，6 月 8 日，在九龙窝打老道黄绍竑寓所举行了第一次集会，到会者 20 多人。连程沧波、成舍我、傅汝霖等人都闻讯而参加了，这反映了当时国民党人的彷徨无主和苦闷情绪。

当时，刘斐已从北平到了香港，因而也应邀参加了这次集会。

会上，黄绍竑报告了北平和谈的情形以及李宗仁拒绝接受中共所提出的《国内和平协定（最后修正案）》的经过。刘斐阐述了中共统一战线政策的意义以及对待民主人士的态度，还答复了到会的人所提出的问题。例如，程沧波所关心的是他在上海的一幢洋房被代管的问题；成舍我所注意的是他在北平的《世界日报》是否继续出版的问题；傅汝霖所考虑的是他所主持的中国实业银行的官股如何处理的问题；还有其他各式各样的问题。他的答复总括为一句话：任何人的问题的解决，都将以这一个人对新中国的态度如何为转移，中共从不拒绝真诚地向它靠拢的人。

最后，会上分别就继续促进国内和平问题和脱离蒋政权问题进行了热烈的讨论。

关于第一个问题发言者有贺耀祖、胡庶华、张潜华等人。他们认为广州、贵阳、桂林、重庆、云南以及西北地区均待解放，这些地区国民党反动派的手中还保有一部分残余军事力量，设能按着中共所提原则和平解放，不但地方可以减少破坏，人民可以减少因战争所带来的痛苦，而且还有利于革命事业的迅速发展。因此提议联名致书李宗仁，批评他只考虑统治阶级少数领导阶层的既得利益，而无视全国人民的要求与愿望，悍然拒绝和平的严重错误，责以根据中共和平方案，实现全面和平。因当时有人意存观望，还不肯明确表示态度，故最后在致李宗仁书上签字的，仅有贺耀祖、罗翼群、胡庶华、刘建绪、张潜华、高宗禹、谌小岑、黄统、陈汝舟、金绍先、李宗理（黄绍竑、刘斐均系国民党和谈代表，并直接有信致李，故未签名）11 人。

关于第二个问题发言者有高宗禹、金绍先、谌小岑、陈汝舟等人，他们认为今天国民党的失败，完全是蒋介石集团反动政策的失败，因而主张脱离蒋政权，根据中山先生的遗教，真诚与中国共产党合作，为革命的三民主义之继续发展而奋斗。他们还指出，当初参加国民党原是为了接受并实行中山先生的三民主义；但自蒋介石叛变革命以后，便无从表现自己的革命思想与主张，反而不断地遭受排挤与打击，因此提议立即开展一个广泛的脱离蒋政权运动。当时，多数人同意这一建议，遂决定每星期三集会一次，定名为“周三座谈会”，由黄绍竑负责召集。

以后贺耀祖等 11 人的和平呼吁，并没有为李宗仁所接受，反而开除了他们的“党籍”。

四　在崎岖的道路上前进

“周三座谈会”所领导的脱离蒋政权运动，是在崎岖的道路上前进的。

首先，他们根据中共在港负责人的意见，决定争取童冠贤。于是先后由朱惠清、张潜华去澳门进行联系，并详告一切经过情况。童说：中共政策很难捉摸，如果能让富有政治经验并且和我们是朋友的武和轩到香港来[①]，大家彻底地谈一谈，把北平真相弄清之后，才可作出最后决定。这完全是童冠贤的遁词，也包含了他对中国共产党的诬蔑。

童冠贤在五四运动以后参加过天津进步青年组织“新中学会”。因为披过民主的外衣，在北方还有一些影响。当选立委后，曾参加

① 1948 年张潜华特请武和轩陪同到沪邀请童冠贤回京赞助吴铁城竞选国民党立法院长。吴被提为行政院副院长兼外交部长后，武和轩提出改选童冠贤为立法院长的主张，并促张坚持，童遂当选。所以童提出请武和轩到香港的要求。

吴铁城所领导的“民主自由社”[①]。以后童又和李宗仁退到广州组织了一个所谓第三方面的“民主自由党”，李宗仁一次拨给他港币40万元作为组党经费，他竟利用香港《周末报》对贺耀祖等11人造谣中伤，冷嘲热讽，以阻止、对抗脱离蒋政权的运动。

其次，在香港政治圈中竟有人谣传：黄绍竑在搞第三方面，又说“周三座谈会”是“孙文主义同盟”（以下简称“孙盟”）的外围，黄绍竑假“孙盟”以自重。同时，贺耀祖秘密拉拢刘建绪参加“孙盟”，在组织中发展组织。这样，黄绍竑就一度产生了消极情绪。因而座谈会就从此停顿下来，没有继续召开。

这时，为了打破这种僵持的局面，就有人率直地向贺耀祖、胡庶华两人提出意见：“你们在座谈会中发展‘孙盟’组织，自然容易引起人们的误会。如果认为‘孙盟’可以发生独立的政治作用，何不公开你们的旗帜？我们希望你们暂时放下‘孙盟’的招牌，停止在组织中发展组织，共同推动这一脱离蒋政权运动。”贺胡两人当即接受了这个建议。后来“孙盟”书记高宗禹还表示：“‘孙盟’早已停止活动。贺耀祖征求刘建绪加入‘孙盟’，事先并没有同任何人商量，所以才发生了这次误会。”这样，黄绍竑才又积极负起责任。

此后，“周三座谈会”又参加了一批富有政治影响和有较强活动能力的人，如：拥有云南实力并与蒋介石有矛盾的龙云；黄埔军校出身，曾任青年军师长，并掌握反动派军事内幕的覃异之；再造派中坚，曾辞去立法委员在上海执行律师业务而名噪一时的周一志；历任国民参政员和立法委员，与民族资产阶级有广泛联系的李

---

① 立法院当时有三个大的组织，即，以CC系为中心的“革新俱乐部”，以复兴社为背景的“新政俱乐部”和以吴铁城及其他民主派所领导的“民主自由社”。

荐廷；立法委员，长期主编国民党的机关刊物《三民主义半月刊》的杨玉清；广西大学文学院院长，曾担任外交官职务的骆介子；等等。由于这些人的参加，为座谈会增加了活力。这时，为了更进一步推进工作，不能不有一个内部分工，于是决定设总召集人 5 人，书记 1 人，分设 3 个组，每组设召集人 3 人。当时公推：

总召集人：黄绍竑、贺耀祖、龙云、罗翼群、刘斐。

书记：张潜华。

第一组召集人：覃异之、周一志、高宗禹，主持政治、军事方面之联络与策反事项。

第二组召集人：谌小岑、杨玉清、骆介子，主持理论研究、宣传设计事项。

第三组召集人：李荐廷、李宗理、黄统，主持组织、文书、财务事项。

由于有了分工，工作更加积极，运动更加开展，参加的人数就日益多起来了。

五　认识与主张

脱离蒋政权运动，固然是革命迅速发展中的产物，是“形势逼人”的结果；但也反映了中小资产阶级和官僚资产阶级的矛盾更加尖锐，反映了国民党民主派和死硬派在中国革命问题上的认识与态度的鲜明分野。

为了发表一个政治性的声明，“周三座谈会”的人们就中国革命问题进行了热烈的讨论。根据大家的意见和看法，由高宗禹负责起草了一个文件，这就是《我们对于现阶段中国革命的认识与主张》声明的由来。

在这个声明里，首先引述了中山先生的革命事业和革命主张，然后指出："不幸，中山先生的遗产竟给蒋介石及其反动集团所劫持。由于他们谬误的领导，致使中国国民党晚近的措施，与第一次代表大会宣言及其政策愈趋愈远。他们投靠于帝国主义的怀抱，而高唱民族独立；他们走向法西斯的暴力独裁，而高唱民主自由；他们集中全力于发展官僚资本，而高唱民生改善。这是何等的讽刺，何等的荒谬！"

接着，声明对中国革命问题提出："毛泽东先生针对这一客观形势，倡导新民主主义，一面要消灭帝国主义、封建势力与官僚资本；一面要团结工人阶级、农民阶级、小资产阶级和民族资产阶级，在工人阶级领导之下，结成国内的统一战线，并且由此发展到工人阶级领导的以工农联盟为基础的人民民主专政的国家，使中国走向独立民主自由进步的路上去。这正符合于中国革命的客观要求，所以获得了人民大众的普遍支持。无疑的，中国共产党已经取得中国革命的领导地位，新民主主义已经变成人民大众所接受的建国指针。"

声明最后向国民党内的民主分子发出号召："忠于主义忠于人民的国民党同志们，我们应当彻底觉悟，我们应该立刻与反动的党权政权决绝，重新团结起来，凝成一个新的革命动力，坚决地明显地向人民靠拢，遵照中山先生的遗教，与中国共产党彻底合作，为革命的三民主义之发展而继续奋斗，为建设新民主主义的新中国而共同努力。我们相信，只有这样，才能对于现阶段的革命有所贡献，才可以创造国民的新生。"

在这个声明上签名的有：黄绍竑、贺耀祖、龙云、罗翼群、刘斐、刘建绪、李任仁、胡庶华、舒宗鎏、李觉、周一志、李默庵、潘裕昆、覃异之、张潜华、谌小岑、李荐廷、朱惠清、黄统、金绍先、高宗禹、陈汝舟、李宗理、杨玉清、唐鸿烈、杨德昭、麦朝枢、林式增、黄翔、骆介子、毛健吾、祝平、骆美轮、李炯、朱敬、瞿绥如、罗大凡、郭汉鸣、徐天深、刘绍武、王慧民、郭威白、黄权、彭觉之44人。

六　招待记者、发表声明

8月13日，他们推出黄绍竑、贺耀祖、罗翼群、刘斐、周一志、张潜华等6人在九龙窝打老道黄绍竑寓所举行了一个记者招待会，发表了《我们对于现阶段中国革命的认识与主张》的书面声明。他们选定“八一三”上海抗战纪念日来发表声明，是有意识的。

当时出席港澳记者20多人。席间由黄绍竑说明：在这个声明上签字的都是国民党员，他们的意见除了见于这个书面声明外，还有几点补充：

（一）这个声明，是他们这群国民党员的共鸣。他们发表这个声明，并非有任何政治组织，外传他们要组织什么“第三方面”，这种说法是不正确的。

（二）在这个声明上签字的朋友，有10多个已被广州的国民党反动集团开除了“党籍”。这个声明发表后，所有签名的人，可能被国民党反动集团一律开除“党籍”；但他们是中山先生的信徒，将不因被反动集团开除而丧失其中山先生信徒的立场。

（三）共同在这声明上签字的朋友，对于国民党反动集团过去的反动行为和今后的反动措施，都坚决地采取反对的态度，绝不原谅及妥协。相反的，国民党反动集团过去及今后的反动行为和措施，应由这反动集团自己负责，他们和大多数被这反动集团压迫和排挤的国民党员不能负责。

（四）他们对于中山先生的真正信徒、站在人民立场上和共产党合作的李任潮先生，表示钦佩。同时，对国民党革命委员会、民主促进会、三民主义同志联合会等革命组织，表示诚挚的友谊和合作。

（五）在这个声明上签名的朋友，都是由他们自己亲署的。他们欢迎其他有同感的国民党员参加响应。

8 月 15 日，香港《大公报》发表了以《国民党加强新生力量》为题的社论，对“44 位国民党党员这种跟蒋介石及其反动集团决绝，向人民靠拢的坚决而明显的行动，表示最高的敬意”。

8 月 15 日香港《工商晚报》以《一个招待会》为题，对黄等的记者招待会油腔滑调地讽刺说：“这个记者招待会……似乎名之曰‘六俊杰’招待会为恰当。主人一字儿比肩坐在一方，像应战似的向记者壁垒分明。主人中之主人黄绍竑……没有把记者放在眼内，眼睛在溜溜转地似乎在追寻他的政治灵感……”8 月 23 日，广州《中央日报》也发表了标题为《无聊、无耻、无人格》的社论，对起义者极尽嬉笑怒骂的能事。

七　运动的发展与反动派的恐慌

黄绍竑等人的声明发表后，在国民党内部立即掀起了强烈的反应。许多过去在军政学各方面负实际责任的人都纷纷脱离蒋政权，拥护黄绍竑等的政治主张。

8 月 27 日，又有邓召荫等 11 人联名发表了一篇《我们响应黄绍竑等“八一三”声明》的书面谈话。首先表示：

“我们读了黄绍竑先生等 44 人‘八一三’声明，认为这是一个正义的呼声，是一个正确的革命的号召。”接着又指出：“我们信仰三民主义，做孙中山先生的信徒……不是……构于所谓‘气节’的封建的伦理观念，永远做一个人或少数人的奴隶和剥削的工具，一同走上反革命反人民的自杀途径。而且‘反蒋’并不是‘背党’，‘反蒋’更不是‘叛国’，真正背党叛国者，从历史的追究和真理正义的裁判，应该是蒋介石及其反动集团。”最后表示：“我们对这‘八一三’声明，完全赞同，并决意参加这一划时代的革命运动。”

在这个书面谈话上签名者为：邓召荫、陈剑脩、李犁洲、黄祖培、陈明仙、李翰园、朱紫朝、姚忠华、赖希如、王连庆、李达九 11 人。

由于这一脱离蒋政权运动的继续发展，遂引起了国民党反动派的极端恐慌。于是反动派的中央监察委员会立即举行会议，并作出决定：“除已经开除党籍及另案办理者外，所有刘斐、李任仁、覃异之、李荐廷、朱惠清、唐鸿烈、林式增、黄翔、骆介子、毛健吾、祝平、骆美轮、朱敬、瞿绥如、刘绍武、王慧民、郭威白、黄权、彭觉之、杨德昭、麦朝枢、李炯、郭汉鸣等 28 人，均永远开除党籍。”

9 月 14 日，反动派行政院举行会议，又通过所谓“通缉黄绍竑等附逆人员案”。决议：（一）黄绍竑等 43 人及邓召荫等 11 人，应予通缉归案究办。（二）龙云应予专案通缉究办，并没收财产。（三）……

实际上“开除党籍”与“下令通缉”，均不能阻止脱离蒋政权运动之发展。因为被国民党反动集团“开除党籍”，正是这些人决心靠拢人民的表现。“下令通缉”不过是一句空话，因为反动派的统治机器早已破碎支离，怎能恫吓住人呢！？

八　两条道路的斗争

国民党反动派为了阻止黄绍竑等发表的声明所引起的思想混乱和政治分裂，除了用“开除党籍”和“下令通缉”作为手段外，又继续派出死硬派立法委员张道藩、谷正鼎、邵华等到港进行分化活动，并阻挠新的分子参加。但是，共同发表声明的人，针对这种情况，又成立了 4 个行动小组：军事小组，由覃异之、李默庵、潘裕昆负责；政治小组，由谌小岑、周一志、张潜华负责；工商小组，由李荐廷、朱惠清、杨德昭负责；文化小组，由胡庶华、陈剑脩、骆介子负责。进一步地积极从事联系和策反工作，就这样地展开了两条道路的斗争。

斗争的结果，反动派又失败了。继邓召荫等人之后，又有王普涵、席尚谦、阴纫斋、王含章、王丹岑、张君燮、伍崇厚、贾伯涛、罗浩志、杨洪绩、刘茂华、熊世铨、魏希文 13 人公开参加了他们的运动。其中王普涵本已全家移居台湾，只因响应脱离蒋政权的号召，才又转返香港，以便共同行动。

当时香港《文汇报》曾在短评中指出：“黄绍竑等 44 人发表

了一篇联名声明之后，广州的反动派的确手忙脚乱得很，开会说要严办通缉，又没收郭汉鸣的房子以资报复。查实反动派如此这般地凶了一番之后，却又背地里用软手段来进攻，据说广州派来了死硬立委企图拆散44人的关系，这工作已经失败了。退一步希望消极一点，使以后再没有新的分子参加，这是和历史来做拔河的游戏，试试看吧，拉得过去吗？”

的确，反动派在“和历史做拔河游戏”中是永远拉不过去的，不但44人的关系没有被拆散，而且又有邓召荫等11人和王普涵等13人先后参加这一运动。

9月上旬，黄绍竑等人又联名公开发表了一篇《告国民党陆海空军全体将士书》。书中指出：国民党军队连年进行内战，完全是为四大家族的利益而战，是为蒋介石及其反动集团的利益而战。所以“反共战争是反人民、反国家和惨无人道的战争”。继即就蒋介石如何背叛革命，如何投靠美帝，如何出卖主权以及如何摧残工农大众的政治生活和经济利益等罪行进行了尖锐的暴露与批判。最后号召国民党全体将士“效法程颂云、陈明仁两将军的义举，或弃暗投明，率队来归；或举兵起义，实现局部和平”。告将士书发表后，反动派军事发言人立即故作镇定地说：这个文件“为中共张目的作用是有的，但对国军士气决不会发生任何影响”。

这个《告国民党陆海空军全体将士书》是由覃异之负责起草的，并印成小册子，分别函寄国民党高级将领及军事人员。同时，覃还就国民党军队情况，高级将领思想动态、联系线索等进行了调查分析，交付中共负责人作为参考。

9月中旬，他们还举行一次港澳文化界谈话会，由胡庶华、陈剑翛、骆介子负责主持。会上说明他们脱离蒋政权的意义和目的，号召文化界认清时代，明辨是非，立即走上人民的道路。

同时，鉴于当时在国民党军政人员中许多人思想糊涂、荒谬、反动，不但对于共产党的政策不理解，对于脱离蒋政权的人也百般辱骂，恶毒攻击，这就决定办一个刊物，和反动派展开思想论战。这个刊物定名为《新建设杂志》，推举周一志为督印人，谌小岑为主编，并在香港正式登记。

九　宣告结束

9 月上旬，黄绍竑、刘斐应邀参加北京新政协离港北上。10 月中旬，李荐廷、杨玉清、朱惠清开始北上。不久，谌小岑、高宗禹、金绍先也离开香港。于是，在 10 月下旬的座谈会上，决定停止活动，宣告结束。

后来，贺耀祖、胡庶华以及其他一些中坚分子都陆续北上。12 月 11 日，覃异之、张潜华、王丹岑也搭船离港，投向新中国。

从此，这个"香港起义"运动也就完成了自己的历史使命。

1963 年

（选自《文史资料选辑》第 70 辑，文史资料出版社 1980 年版）

迎接海外归来的爱国民主人士

贾若瑜*

一　赶赴烟台迎接“华中号”

1949 年 3 月初，大地回春，乍暖还寒时刻，我在莱阳胶东军区司令部先后接到了党中央、中共中央山东分局和山东军区的电报指示，要我立即亲赴烟台迎接从蒋管区冒着炮火攻击的艰险来解放区参政议政的民主人士。同时提到由中共中央山东分局派遣郭子化同志到烟台迎接并陪同这些人士去济南再转北平。电报中还提到毛泽东同志指示：对柳亚子夫妇要特别给予照顾。接通知后我（时任胶东军区司令员）立刻和政委赖可可、副参谋长裴宗澄、政治部主任

* 贾若瑜：时任胶东军区司令员，后曾任中国人民革命军事博物馆馆长。

王少庸等商量有关接待事宜，随后我就赶赴烟台。我到烟台以后，马上在烟台市委召集当地党、政、军、民有关领导一起商讨迎接贵宾的具体事务。参加会议的有烟台市委书记兼警备区政委刘乃殿、市长徐中夫、警五旅旅长兼警备司令刘林、政委张家洛等同志。烟台当时只有交际处适合接待贵宾下榻，至于接送来客的交通工具只能根据当时的条件从军区和市委、市府抽调小轿车和小吉普车了。为了行车的安全，不仅要进行车辆的检修，同时还要对驾驶员进行培训和安全教育。此外，军区机关也需要做接待来宾的必要准备。一旦他们提出要参观军区所在地莱阳城怎么办？因为莱阳城已在1947年胶东保卫战中被摧毁了，除了断垣残壁已找不到可以提供来宾居住的地方了，只有莱阳城外原莱阳乡村师范学校还保持完整，可以安排住宿，条件虽不怎么样，总算有个落脚的地方。我估计贵宾们或许对我胶东区的土改和自卫还击战争的情况有兴趣，我们也应该满足他们的要求，使他们对我解放区情况有所了解。由于当时青岛、长山列岛等地还没有解放，我们还在紧张地备战之中，新解放地区有很多事情要办，所有的事情都要妥善安排与处理，一点也不能耽误。我想客人会在实地见闻与考察中了解我胶东区的情况的。

根据上级电报所提“华中号”客轮启航的时间，我们估计该船近日就会抵达烟台港。我们在准备迎宾的同时与威海刘公岛的观察所用电话频频联系，要求一有消息立即通知我们。不久即得知“华中号”客轮于 3 月 5 日下午 2 时左右到达烟台港。

记得这天的天气非常好，晴空万里，碧海蓝天，一望无垠，好像天公也和我们一样怀着喜悦的心情欢迎从香港归来的贵客一样。不多时，烟台码头的上空传来阵阵的汽笛声，“华中号”客轮终于进港了，船上船下一片欢腾，远望船舷上站满人群，他们频频向我们挥手，我们知道是贵宾们安全到达了，也激动地高挥着手臂，相互呼应。游子们终于冲破了国民党军的拦截和飞机的搜索轰炸，安全到达了解放区，此时此刻怎能抑制住内心的兴奋和激动呀！这一友好、热烈的动人场景给我留下难忘的印象。

贵宾们沿着扶梯鱼贯而下，我们立即迎上去同他们一一握手、频频问好，连连祝贺他们平安到达解放区。我就向贵宾们说：“你们沿途辛苦，担惊受怕，远航归来，是不是先到招待所休息休息，以解除路途的劳顿困乏？”岂知贵宾们却兴奋地说：“到家了，疲劳也就消失了，不妨先领我们去看看解放军的英姿，和他们随便交谈交谈，先睹为快嘛！”我说：“这是我们迫切的希望，你们到家后的心情我很理解，毕竟你们远道乘船而来，旅途艰辛，先休息一下为宜，明天再参观驻军也不迟呀！你们想参观驻军的任何单位，我们都热烈欢迎。”接着他们又问：“从码头到住地的途中有没有驻军呢？”我说：“在战争时期，我军驻地经常变动，现在还在打仗，我们还没有修建营房，仍旧借住在群众的家中，从这儿到交际处沿途都有驻军。”他们听了，高兴地说：“司令员！那么我们就在开往宾馆的途中遇见有驻军的地方就停下来参观，可以吗？”我回答说：“只要是朋友们认为方便，当然可以咯。”他们看我很爽快地允诺了，自然很高兴。接着有人问道：“我们在国统区和香港的时候，就对解放军以劣势兵力和武器装备，先后打败了装备精良、训练有素的日本侵略军和有着美国支持、美式装备与训练的国民党军感到很新奇。你们军中一定有许多可歌可泣的英雄业绩令人钦佩，使人感动。所以我们到了解放区想先睹为快呀！”

二　陪贵宾突击走访连队

烟台这个海滨城市不大，上车不久路过二马路时，见到一座民宅门前有两个持枪站岗的哨兵，这就是军队驻扎的地方，于是我们就把车停下来，等大家下车后，我在前面引路。这里住的是警五旅一个步兵连，连部率两个排住在该四合院里，另一个排住在斜对门的民宅里。当哨兵见到我们在这里下车时，立即向连部报告，连长和指导员听哨兵报告后立即赶到门前向我报告，看到司令员领着客人参观连队感到很惊讶，他们就陪同我们进屋。

这座四合院不算大，当时这里住的只有房东夫妇，他们头发已显斑白，有 50 多岁了，他俩住在北房（正房），连部住南房，东、西厢各住一个排。战士们居住的地方虽然比较拥挤，但比以往的条件还是好多了。我们进门的时候，有两个炊事员正在天井中的水井打水，两厢的战士们正在学习，好像在讨论问题，发言挺踊跃热烈，一见到我们都停下争议，起立向我们敬礼，并带着好奇的眼光瞧着我们，也许是因为司令员陪着这些穿着长袍、西装、旗袍等各种服装的男女老中少客人到连队感到奇怪。过去我下连队视察都是由各部队首长陪同，今天却是司令员亲自带队，这一定是不简单的客人。这时候第一排排长向我报告：“首长同志，第一排战士正在讨论政治课，请指示。”连长一看地方太小容纳不下那么多人，就向我建议：“首长，这里太小坐不下，房东的堂屋（指正房中厅）较大，那里还有些椅子凳子，两个排都坐得下，门外还可以坐一个排；或者在天井就可以把三个排全部集中，客人要提问题也方便，他们还可以看到我连全体人员和武器装备，请首长决定。”我说：“那就在天井集合座谈好了，给客人搬些椅子凳子就可以了。”在搬椅子、凳子，集合队伍的过程，房东夫妇出来了，看到我们这些客人时，房东笑颜大开地说：“怪不得一早就听见喜鹊喳喳地叫，原来有贵客光临舍下呀！欢迎！欢迎！”军民相聚、融洽可亲的情景，给来宾很好的印象，当然也使他们感到新奇了。

全连集中坐好后，来宾们亦就座了。武器不离身，这是当时的规定和习惯，因此就可以从现场看到我步兵连的装备情况：有美式轻机枪6挺、掷弹筒6具（自制的）、美式火箭发射筒2具、美式冲锋枪、美式和日式的步枪，以及我们自己兵工厂生产的枪械等。来宾见到这些武器装备大大吃惊。有人问：“你们这些主要枪械怎么大都是美式、日式的呀！”连长连忙说：“日本侵略者和蒋介石都不愧是运输队长，他们先后将日械和美械送给我们了。这些都是我们的战利品。我们胶东部队参加了许多战役，如莱芜战役、孟良崮战役，粉碎敌人重点进攻山东的战役，以及济南战役、淮海战役等等，不断打大胜仗，不断有缴获，因此我们军队的日式、美式装备就多起来了，也就普遍了。”我说：“蒋介石这个运输队长给我们送来不少美械装备，从这个角度说，对他还要给予嘉奖呢。”大家随着话音哈哈大笑了。

这时有位贵宾提个问题，他说：“在蒋管区听人说：解放军打仗是用‘人海战术’，把民兵放在第一线，先向敌人冲击，用以消耗敌人的子弹，又用一种‘迷魂药’给战士吃，战士吃了这种药后就失去理智，两眼发直，耳朵也听不见枪炮声，迷迷糊糊地只往前冲，这样就把敌人给打败了。我们也不相信这种说法，你们到底怎么打仗的嘛？”战士们听后都哈哈大笑，全场顿时热闹起来了，有的窃窃私语，这时有位战士站起来说：“打仗是一场你死我活的斗争，作战必须凭勇敢和智慧（即革命英雄主义加战术和技术）。由于我军指战员非常明确自己作战的目的，就是杀敌保家，安邦定国，自觉地拿起武器和敌人拼搏，达到保存自己，消灭敌人的目的。怎么能吃什么迷魂药糊里糊涂地上阵。那不是稀里糊涂地去送死，还能打胜仗吗？”话音一落，又有战士站起来说：“我们军队打仗时，是主力军、地方军和民兵三种武装力量相结合进行运动战、阵地战和游击战的人民战争。从来没有把民兵摆在第一线去消耗敌人子弹的事情，我们连里许多同志都是由基干民兵升级参军的，我们这些人在参军前都配合主力军参加过许多次战争，从来没有被放到第一线当炮灰。今天才听到这个新闻。”

由于来宾提的问题与战士们关系密切，战士们有话可说，全场显得很活跃。这时有位来宾又问：“解放军没有军衔，打起仗来，你们是怎么指挥的呢？”这时连里的炊事班长突然哈哈大笑。他已有 50 来岁，留着山羊胡子，他的笑声引起了来宾们的注意。“噢！原来解放军里还有‘老头兵’呀！”他们的惊讶和兴趣又引出战士的新话头。有位战士主动介绍说：“他是‘老抗日’了，他是我们指导员的父亲，我们连的炊事班长。”来宾接着问：“儿子是指导员，父亲是炊事班长，工作中怎么处理呢？”老炊事班长不慌不忙地把“旱烟杆”敲了敲就往身上一揣，笑着说：“抗日战争时，我已近 40 岁了，老伴已去世，儿子 13 岁正在上小学，我报名参军，我一走家里就没人管他，于是我就把他带出来一块儿参军了。因为我在烟台当过厨师会做菜，参军后就分配我到连里当炊事员，儿子就给送到胶东公学上学，后来又到北海独立团当文书。他年轻进步快，从文书到了指导员。我年纪大了，没有文化，有厨艺，做炊事员工作很合适，我很安心炊事班长的工作，把连队伙食搞好，让同志们吃得好，身强体壮，杀敌立功，打倒蒋介石，建设新中国，这是我的责任。我们都是做革命工作呀！”又问：“你是炊事班长，儿子是指导员，你们在工作上是怎么处理的？”老炊事班长笑着说：“那好办嘛，我们军队不管官兵都是为人民服务的，军队有‘三大纪律，八项注意’，这里面规定下级服从上级，一切行动听指挥。在公事上我自觉地听从他的指挥，服从他的领导；如果他工作中有缺点，我会坦率地提出批评。在连队里我们既是上下级关系又是革命同志的关系。他很尊重我的。”

有客人很关切地询问连干部：“你们连里的生活怎么样？比如伙食标准、物资供应和每月薪金等等。”连长回答说：“我们每人每天的伙食费是4角钱的北海币（当时山东北海银行发行的纸币，在解放区可通行）。可以买1斤半粮食（苞米面或面粉）、蔬菜1斤、花生油5钱、食盐5钱、猪肉5钱。每逢节日，如元旦、春节、“五一”节、“八一”建军节，上面发给每人1斤猪肉作为会餐用。另外，我们各个连都有生产基地，约有3亩菜地，在这里可以种菜，养猪、鸡、鸭进行补给。由于我们住地靠近大海，上级渔船捕捞了鱼虾等也分发给我们一些。所以，我们所有连队每日三餐都是两菜一汤（菜是一荤一素），每星期还可以吃一次饺子和包子。你们看战士们是红光满面，身强体壮的呀。”连长介绍得很具体实在，客人们听了不由点点头。

有位客人转而问我：“你们部队的薪饷怎么规定的呢？”我说：

“我军当前所实行的是供给制。”“供给制有什么标准吗？”我说：“我们的供给制如服装是按季节发，官兵服装一个样，你看我这个军区司令员穿的服装和连队指战员们穿的不是一样的吗？薪金是采取‘按劳分配’的供给规定，战士和连干部每人每月3元，营职4元，团职5元，师职8元，我和政委在本区是最高的，为10元。”又问：“连队每人每月3元钱够花吗？”战士接着答道：“够花，我们许多同志还花不了，像我每月还能节省一两元。因为我不抽烟，学习用品和卫生用品都是公家发的，不要自己买。”又有战士说：“抽烟嘛不用担心，我们抽的是‘喇叭烟’，这烟叶是自个儿家种的，不用去商店买。我们炊事班长抽的是旱烟锅就更简单了。”客人随即问道：“喇叭烟是什么烟？”“那就是用纸将烟叶卷成上小下大，像喇叭形状的自制卷烟。”客人们看见战士用报纸卷的喇叭烟，都笑了。

这次座谈会非常随便，有问有答，看到什么就提什么，想起什么就提什么，没有固定的主题，真叫东拉西扯，却又十分放松自如。客人又问：“你们怎么参军的，有什么形式吗？”战士们都笑了，有位战士谈了他们不同的参军经历。

由于时间关系，无法让大家继续畅谈，我们就领着客人参观连队的内务。战士们都是睡地铺，房间不大，住的人不少，但内务整齐、清洁，器具排列有序，显得部队要求严格，训练有素。客人们看后带着满意的神情离开了连队。这是他们下船伊始所见所听的真实情况，我没有征询来客的意见，但从他们的神情动态可以领略到对这次的突击参观是满意的。

三　参观莱阳战役遗址

到烟台交际处后，我们为他们安顿好住房，晚上军区同烟台市党、政、军机关一起举办欢迎晚宴，为远道归来的贵宾接风洗尘，并商量以后的行程。他们之间有的人希望早点去北平，以便会见阔别多年的朋友；有的想稍作停留，以便实地作些考察。这时中共中央山东分局派来迎客的郭子化同志风尘仆仆地赶到了烟台。于是我们就一起商量行程问题。贵宾去北平还有任务，不可能在此多停留。由于他们去济南要路经莱阳，莱阳位于胶东半岛的中心地区，又是当时胶东领导机关的所在地，故引起贵宾们的重视与兴趣，他们提出路经莱阳就地参观的要求，我们同意来宾的意见。

解放战争时期，在莱阳地区曾经进行了一场恶战，即莱阳战役。莱阳城就毁于这场战争，现在这里留下的是断垣残壁，由于目前全国战争尚未结束，我们还腾不出手来恢复这座城市。因此，莱阳城的居住条件非常差，如果客人们想参观战争遗址，只好让大家受些委屈，希望朋友们能够谅解。来宾听后感到我们的真诚，理解我们目前的处境，表示“客随主便”。莱阳城的居住条件虽不好，还不至于让大家露营，在莱阳城外有座乡村师范学校，其校舍保存得比较完好，暂住一夜还是可行的。我们就这样确定下来了。

第二天早晨，我和郭子化同志一起陪同客人前往莱阳，暂住原莱阳乡村师范学校的教室。大教室用门板架床（因胶东居民当时都睡炕），天气还冷，门板又硬，我们就铺上几条新军被，盖厚些；没有电灯就用蜡烛照明……这对我们久经沙场者来说够好了，但对贵宾而言的确委屈他们了。到莱阳后，我就陪同客人参观莱阳战役的遗迹。

莱阳战役是胶东保卫战的组成部分，也是胶东保卫战的最后一次战役。我山东兵团在保卫胶东，粉碎蒋军重点进攻战役中共歼敌63000余人。有力地配合了我外线进攻兵团——刘、邓，陈、粟，陈、谢兵团的外线出击，形成解放战争时期外线进攻和内线反攻相配合的战争奇观。我们向贵宾们介绍了该战役的情况。

大家可从战后的废墟感受当年激战的情景，人民革命战争的胜利得来的确不容易。我们亲历作战的人在这里似乎还能感受到轰隆隆的炮火声和厮杀的怒吼声。我们的子弟兵们就是为了保家卫国而勇敢参战，甚至献出自己宝贵的生命！

贵宾现场参观后颇有感触。他们对我们能在莱阳接待所做的努力是理解的，情真意切弥补了居住的简陋。在这短暂的接触过程中，通过实地考察，了解了我军和解放区的真实情况，起到相互沟通，彼此理解，增强友谊的作用。

次日上午，我胶东区的党、政、军、民领导机关的负责同志从莱阳城西的赵疃村赶到贵宾住处送行。然后民主人士由郭子化同志陪同前往济南再转赴北平。

（选自《世纪》2009年第5期）

回忆父亲章乃器北上参加新政协

章翼军 *

父亲给我的印象是一位令人肃然起敬的严父。国民党政府撕毁了政协各项决议，大规模的内战一触即发。父亲作为民主建国会的主要领导人之一，为和平与民主日夜奔波操劳。他的公开职务是上川企业公司总经理，每天准时到公司上班。父亲常常很晚才回来，或伏案疾书，或挑灯夜读。他在家用膳的次数不很多，因此我们父子见面的时间也少。有时他提醒我要洁身自爱，避免在上海这个“大染缸”中吃败仗。作为一个热血青年，我时刻注视着国家的命运和国内外形势的变化。在我家信箱中，经常会收到投进来的进步报刊，它给我提供了最好的精神食粮。

---

* 章翼军：章乃器之子，曾任包头师范学院副院长。

这时父亲的行动是不自由的，受限制的。我们住的地区属静安寺区，该区公安分局的局长常常光临我家，特务时时盯梢，电话也被窃听。为安全起见，父亲常常到别处借用电话。1947 年春，父亲为开展公司业务赴台湾考察制糖业。公安局的那位特工主动提出“陪同”父亲前往，名为“保护”，实为“监视”。在台北，父亲见到了当年在安徽的同事、省府秘书长朱佛定先生。朱当时任台湾省财政厅长，省主席魏道明是他的留法同学。朱在安徽任省府秘书长时，一直支持父亲的工作。而今老友重逢，话题自然转到了对当前时局的看法上。他们都认为，国民党政权已面临日暮途穷之境地，要看清形势，择善而从。

6 月 23 日，我的祖父叔明公在浙江遂昌病逝，享年 72 岁。噩耗传来，父亲深感悲痛和内疚，他已有 30 个年头没有回家乡看望老人家了。如今公务缠身，难以脱身。民建会总会常务理监事联席会决定章乃器、孙起孟等 7 人负责筹备港九分会，父亲是召集人。于是他只好商请时任陆军大学装甲系主任的大伯父章培和任职上海港口司令部的四叔父章子萍代表他和姑母回浙江料理祖父的后事，并给庶祖母发了一份声东击西、迷惑敌人的电报，以便脱身潜赴香港。后因解放战争节节胜利，形势急转直下，父亲被迫离沪赴港。

父亲赴港后，住在英皇道三室一厅的普通住宅里，同马叙伦、金仲华、萨空了、邵荃麟等都是近邻。在街头一根电线杆附近，经常有一位“不速之客”在那里监视着进步人士的行踪。他的公开职业是港九地产公司总经理，李葆和是合伙人。父亲还受聘在达德学院开设经济课。从 20 世纪 30 年代初开始，父亲就先后在上海几所大学（沪江大学、光华大学、国立上海商学院、立信会计专科学校等）任兼职教授，理论联系实际地、深入浅出地把枯燥乏味的经济、金融理论讲活了，使学生听得津津有味，容易接受。金融实务和学者教授的完美结合，在他身上得到了极好的体现。

1948 年 11 月，我和湘谷、婉华姐妹 3 人收到了父母从香港打来的电报，通知我们从速离沪赴港。当时国民党政府的败局已定，进步人士、青年学生遭受到愈来愈疯狂的迫害。为安全起见，我们悄然离开了学校，在胡子婴妈妈家中暂住，等候船票。这是我第一次见到这位知名的女能人和妹妹湘谷。我们 3 人在船上碰到了几位同学，结识了一位赴港任职的新华书店职员，顺利地到达了被英国人统治了半个世纪的我们自己的土地，真是悲喜交集。继母亲自到码头迎我们上岸。稍后，大伯父、黄玠然伯伯和表姐夫叶寿康也先后来到香港。大伯父一向同情革命，掩护过不少共产党人。为了不荒废学业，兄妹 3 人都进了由民主人士创办的达德学院。这是一所新型学校，院长是陈其瑗，董事长是李济深，学者、名流云集，民主空气甚浓。学生来自国统区受迫害、向往光明的青年以及印尼、马来西亚等地的进步青年。在新天地里，我们生活得非常愉快。父亲也精神焕发，他主动给我们兄妹每月 10 元港币的零用钱。但好景不长，学校不久就被港英当局查封了。

父亲此次在香港，比之 1937 年底那一次时间稍长一些，但也只有一年多一点。1948 年 12 月 25 日，他放弃了大有可为的房地产业，在党的精心安排下，与李济深、茅盾等乘苏联货船“阿尔丹”号北上。他们都打扮成买卖人，由党的公开机构华润公司出面，在出席了潘汉年主持的圣诞晚会之后，分头悄悄地上了船。简单的行李头一天就搬上了船。他们分别被安置在底舱，互不来往。过了台湾海峡，到达青岛海面，恰遇逆风，加之轮船坏了一个引擎，货船行驶缓慢，直到 1949 年元月 7 日，才抵达大连港。他们一行受到张闻天、李富春等中央领导人的热情欢迎，御寒衣帽也早已准备妥当。他们在这条船上度过了一个难忘的、不平凡的元旦。许涤新在他的回忆录《风狂霜峭录》中有这样一段话："……到了香港，他（指章乃器）的政治态度更加明朗，更加接近我们。江浙帮的一些老板对于国内局势经常向他请教。我就抓住这一点，经常到他的办公室去交换意见。在我的记忆中，至少有两件事他是帮助我们的。第一是他经常为上海来港的资本家同我们接关系，举一个例，吴蕴初和俞寰澄就是通过章而找到我的。其次是章曾经替解放军募捐药品。经过他的宣传，"五洲大药房"（或中法大药房）香港分行捐献了 3 万元港币的药品，章把这个药房的经理鲍介绍给我……"

父亲北上后，继母和大伯也先后到了解放区。我们兄妹在焦急地等待着。到了 3 月中旬的一天晚上，来了一位戴眼镜的人，通知我们做好北上准备，行装从简，一切可疑的东西都不能带走。就这样，3 月 19 日，我们终于盼来了这一天，坐的是巴拿马船"宝通号"，同行的有周新民、马思聪、阳翰笙、于伶、臧克家、陆志庠、张瑞芳、丁聪、朱智贤等文化界人士。至月底，安全抵达塘沽、天津，住在利顺德大饭店。当晚，黄敬市长设宴招待我们一行，并观看歌剧《王秀鸾》。这时天津刚刚解放，共产党的市长穿着朴素大方，和蔼可亲，令我们印象至深。第二天，我们就到了北平。

父亲一行从大连转沈阳、哈尔滨等解放区进行参观访问，沿途所见所闻，耳目为之一新。在《人民的东北》一文中，集中表达了他内心思想感情的巨大变化。他认为，新鲜的事物实在太丰富，而有些抽象的情况，如人民的愉快情绪和社会的蓬勃气象，绝非通讯体裁所能描写。他热情地写道："对于这些，我近来常感到散文无用，而必须用诗歌来表达，因此，一向不喜欢诗歌的我，现在都想学习写诗歌，以抒发胸中蓬勃的诗意。"他歌颂："历史上最灿烂光辉的伟大时代就在今朝。我们是如何的幸运，能够躬逢这个伟大的时代！献身为国，全心全意为人民服务，这真是知识分子和工商业家千载难逢的一个时机。"这是父亲出自内心的肺腑之言，绝非应景文章。他在旧社会艰苦奋斗了30余年，历经磨难，终于在年过半百之后，找到了政治归宿。他崇敬毛泽东和周恩来，衷心拥护中国共产党。这从他此后的一系列言行中足资证明。他是善于独立思考的人，一贯反对个人迷信和盲目崇拜，但事实是最雄辩的。他不能不口服心服。

2月25日，父亲到北平后，和施复亮、孙起孟一道，作为民主建国会的代表，积极参加新政协的筹备工作。同时，被任命为中国人民银行顾问。当时民主人士大都住在北京饭店（六国饭店），照理我们也可以住到那里去，但父亲觉得不妥。为了减轻国家的负担，他建议我们还是住到他的老朋友吴羹梅家为好。我们第一次尝到了北方的小米和白面，觉得很好吃。我们也常去饭店会友，结识了马叙伦、朱学范、郑振铎、包达三伯伯的子女。在那里，我发现共产党的干部进了大城市后仍然保持着艰苦朴素的好作风，吃的是大烩菜、小米饭、窝窝头，然而对民主人士则是格外优待，大米、白面、炒菜。这件事又一次引发了我的敬佩心情。"得民心者得天下"，真是一点不假。

不久，中国人民银行总行的3位顾问都搬到大羊宜宾胡同19

号的一幢小楼里，我们家就和沈志远、千家驹二位伯伯成了邻居。当他们3人穿上政府发给的浅蓝色干部服时，个个面露笑容，喜形于色。

革命形势的迅猛发展，使得我们也坐不住了。满腔热血，投向何处呢？当时华北大学、南下工作团都在公开招收知识青年。革命需要我们，解放战争和经济建设急需大批的新生力量。是继续读完大学，还是现在就参加工作？上燕京大学，还是进华大、革大？湘谷妹选择了前者，后来她毕业于协和医科大学，当了一名内科医生。我和婉华进了华大。父亲同意了我们的选择。继母杨美真不久也进了华大研究生班。她是民主建国会的发起人之一，民建中央监察委员、秘书处副处长。她当过大学教授和上海基督教女青年会的总干事。

这时，大伯父也在北京。他们从东北参观回来，周恩来、朱德在中南海接见了他，并十分恳切地对他说："章培先生从1927年大革命起到现在22年间，党有困难就得到他的支持，真是我们的患难之交。"并嘱托他协助刘伯承元帅筹建中国人民解放军南京军事学院，任战术组长兼装甲教授研究会第一副主任。他是保定军校的毕业生，与白崇禧是同学。他同情革命，为人民做过许多好事。

在中国人民政治协商会议第一届全国委员会第一次会议上，父亲当选为常务委员，在政协一届一次全国委员会第一次常委会上，被任命为财经组组长。他在会上发表了热情洋溢的讲话。作为民族资产阶级的代表人物之一，他公开提出了"准备在将来条件成熟的一天消灭自己的阶级"。这在历史上还是第一次。后来他又归纳为"阶级消灭，个人愉快"8个大字和"生正逢时，壮有所为，老有所养，死得其所”四句话。这充分说明了他有自知之明，把握了社会发展规律，决心跟着共产党走社会主义大道。

中华人民共和国成立后，他被任命为政务院政务委员、编制委员会主任；他还是财经委员会委员，在陈云副总理直接领导下工作。

（节选自《文史资料选辑》第140辑，中国文史出版社2000年版。原标题为《回忆父亲章乃器》）

父亲王芸生秘密北上投向光明始末

王芝芙*

“双十协定”墨迹未干，蒋介石便发动了大规模的内战，父亲所梦想的统一破灭了。他作为《大公报》言论的主持人，思想极度混乱。他反对打内战，认为打不是个办法，但在政治上又想不出办法来，竟然发表了一篇名为《做一个现实的梦》的社评，大谈假使停战令生效了如何如何光明。这是一篇梦中呓语，把希望寄托在虚设的“假使”之中，反映出他内心的苦闷。

从这以后，我开始关心政治，在学校里积极参加学生运动，父亲从未阻止过。可是 1948 年 7 月的一天，我记得当时天气很闷热，母亲把我叫到亭子间和我谈话，要我别再出头露面参加游行等

* 王芝芙：王芸生之女，曾任中央人民广播电台文艺部编导。

活动，说外面谣言很多，都说父亲是共产党，如果我被抓去，不管是在什么情况下，都会十分麻烦。头一天《中央日报》发表了题为《王芸生之第三查》的社评，情况有些不妙，言行要谨慎小心。

听到这些情况，我感到形势发展极快，觉出国民党垂死挣扎的劲头，迫不及待地向父亲询问国共双方目前的状况。这天父亲的兴致很高，给我打了个有趣的比方：两个人打架，一个是肥胖昏睡的瞎眼老头，拳头虽大，却拳拳打空；另一个是精干灵活的小伙子，力气是小些，可拳拳击中对方的要害。你说谁能打胜？这个问题是明摆着的，最后胜利一定属于小伙子。国民党就是那个瞎老头，虽有数百万军队，可全摆在明处，纷纷被击溃；而共产党原在地下，不知啥时就冒出头来打你几拳。他们和老百姓混在一起，连特务也无法分清谁是共产党，结果力量一天天壮大，形成浩浩荡荡的大军。

从政治上看，国民党已经十分腐败，人心早已丧尽；而共产党犹如初升的太阳，毛主席曾为《大公报》题写的“为人民服务”五个大字已在解放区闪闪发光。共产党已成为人民的代表者，胜利非她莫属。

根据父亲分析问题的态度，我仿佛觉得眼前明亮起来，便兴奋地握住父亲的手，紧张地问他：“你真是共产党员吗？”父亲风趣地反问：“你听谁说我是共产党啊？”我狡黠地笑着回答说：“我看《中央日报》的社评，它说你是‘新华社广播的应声虫’，说你‘效忠共产国际’，‘以大公报贡献于反美扶日运动’，有这些罪状，还不是共产党吗？”

父亲听罢这话，感慨万端：“这是国民党硬要把我推到共产党那边去。看来恐怕是在给我指明出路啊！可惜我不是共产党。但是我已经感到在国民党统治区待不住了，我必须走。”但走向哪里呢？父亲当时还说不清楚，也许他已经清楚了，只是还没法对我明说吧！

抗战胜利后在上海的 3 年，是父亲一生中重要的转折时期。

记得是 1947 年初，父亲参加中国赴日记者团视察日本状况，回来时给我们带了一件难忘的礼物——一块烧化的玻璃块。它像是燃烧过的焦炭，又像是溶解后的蓝色矿物，是战争带来灾难的铁证。父亲标上“广岛劫灰”4 个字，用玻璃罩装起来，放在客厅里。

在这段日子里，只要有人来访，父亲都会谈起在日本半月间的感受，沉痛地讲述原子弹给广岛造成的灾难和后患。他以记者探索的目光发现了美国扶植日本军国主义复活的苗头。根据《波茨坦宣言》的规定，本不允许日本保留武装力量，以防它再次侵犯别国。但是美国出于反苏反共的立场，要利用日本作为前哨，便千方百计在暗中保存日本的武装力量。深受日本军国主义祸害的中国人有权监视日本的动态。

5 月间，父亲乘回津探亲之机，在平津各大学公开演讲，提出反对美国扶植日本军国主义复活的问题。在他的鼓动下，各界人士纷纷响应。不久上海学生和各界人士掀起了“反美扶日”的高潮。《大公报》连续发表社论和专文，同时召开座谈会，反复宣传“反美扶日”的爱国观点。这恐怕也是后来南京《中央日报》“三查王芸生”的根据之一。也在这个时期，父亲眼见魏德迈以钦差大臣的姿态“驾临”中国，很反感，思想中出现了一股越来越重的反美情绪，以至在言论上激怒了蒋介石。此时，父亲是在茫茫黑夜中艰辛地前进，努力寻求能把中国引向光明的火光……

1948 年 10 月的一天，母亲忽然通知我们兄妹晚上都必须回家，我知道准是有重要事情商量。果真不出我之所料，父亲向我们宣布：两天以后将同母亲一起带着小妹妹到台湾作一次休假游览。正值政治空气十分紧张之际，我不相信父亲会有这般闲情逸致，心想也许是出去避风。父亲发现了我的疑虑，急忙解释说："这些日子非常疲劳，身体感到不舒适，需要出去散散心。"当时我意识到里面定有文章，既然父亲不肯说，就是不便告诉我们。父亲含糊其词地说少则两日，多则 3 个月一定回来。要我们安心读书，把我们托付给副总编辑孔昭恺先生。

11 月 5 日，父亲和母亲乘飞机离开了上海。同时孔先生一家搬到我家里来住。几天之后，就传来了父亲已到香港的消息，接着署名"旧闻记者"在《大公报》香港版上连续发表文章。上海谣言四起，众说纷纭。

转年初春，母亲从香港来信，暗示香港只剩下她和小妹二人。那么，父亲上哪儿去了呢？

我已猜出十之八九。就像在茫茫的黑夜中盼望东方出红日一样，我等待着地覆天翻的变化，怀着希望、焦虑、兴奋的心情，期待解放军早日打进上海来。

5 月份，由于虹口形势紧张，我们姐弟几人跟着孔先生一家搬至静安寺一套公寓里。外摆渡桥打了两天两夜，炮声一直震耳欲聋，可是到了 26 日半夜，炮声突然静止了。这一夜静得叫人难以忍耐，但我知道黎明逼近了，非常兴奋。天刚蒙蒙亮，我便起床胆怯地向门外张望。我被眼前出现的情景惊呆了：马路两沿的人行道上，密密麻麻躺的全是荷枪实弹的军人。这就是中国人民解放军哪！这一天，上海市的居民都处于新奇、振奋的状态中，谁都想对纪律严明的解放军表表自己的心意，可他们连口水都不肯喝！从没见过这么好的军队，热爱之情油然而生。

第二天孔先生给我们带来了更好的消息。父亲跟随解放军进了城，正在报馆安排复刊的事，会抽空来看我们的。这天我们兄妹相约都不出门，待在家里等父亲。多少次听见门铃响，以为他来了，结果都大失所望。忽然门口出现了一个身穿解放军军装，头戴军帽的人。开始我们全愣住了，不过从那副十分熟悉的眼镜上立即认了出来，这就是分别仅仅半年的父亲。他已经完全变了样：脸黑了，人也瘦了，由文弱的书生变得颇有些军人风度了。

这半年的哑谜猜得我好苦。父亲没等我们开口就抢先表示歉意，一再声明不是不信任我们几个孩子，确因事关重大，万一走漏风声，便会造成大错。父亲自从听到毛主席的口头邀请，就盘算如何脱身。这是他一生中的一件大事。他先飞台湾，3 天后即转香港。从香港化装成广东茶房的模样偷偷搭上轮船到达青岛，再辗转到北京。同行者有陈叔通、马寅初、柳亚子、叶圣陶、曹禺等 20 余人。在北京，父亲参加新政协筹备会，见到了毛主席、周恩来同志，还有邓大姐。他们与他促膝谈心，给了他许多温暖和鼓励，使他明白了自己对人民还有用处，还可以为人民做些事。他感到无比幸福，决心在后半生好好为人民服务。接着父亲语重心长地说："孩子们，虽然你们年龄还小，但毕竟是在国统区的大城市里长大的，也沾染了不少资产阶级的习气。当然，你们有资格责怪我没能给你们做出好榜样来。现在我要用四句话来勉励自己，希望你们也能与我共勉。'抛弃旧习惯，丢掉旧成见，一切重新学，一切从头干'。"说完，父亲拿出一张 4 月 10 日的天津《进步日报》给我们看，那上面登着他写的文章《我到解放区来》。我拿过报纸大声朗诵起来，读着读着不觉泪眼模糊，喑哑无声了。分别只有半年，父亲已判若两人，他对自己的认识已截然不同，他写道："……尽管个人始终固守着一份做人的矜持，也止于旧知识分子'穷则独善其身，达则兼济天下'的想法，不是深入民间。纵有热情与正义感，都是一种施与式的悲悯，不是与人民大众的疾苦血肉相连的。纵有强烈的爱国心，使我始终站在反帝国主义的阵线上，但未能把握到阶级的立场。笼统的国家观念，是常会被反动的统治阶级利用的。这样尽管个人在主观上不作恶，在客观上常常会远离了人民，给反动的统治阶级利用了。"读到这里，我抬头望着父亲，他的面孔十分严肃，态度很诚恳地问我们："怎么样，也许还想不通吧？可是你们要知道，我能认识到这些也是很不容易的，是经过一番思想斗争的。这是我回到坚实的土地上爬上的第一个坡。"

父亲思想中的变化，我一时还未能完全理解。但我知道，他认识到自己的立场错了。这对他是个关键问题，因而我更加迫不及待地往下念："我从事 20 多年的新闻工作，时时鞭策自己要做一个好记者；所谓好，是没有标准的。个人的立场既如此不明确，我所服务的报，其中既有官僚资本，主持人又甚接近反动的统治阶级，其基本的属性是反动的，实际给反动的统治阶级起了掩护作用。我与我的同事们尽管要把它做成独立的报，而实际上是离开了人民大众的利益的，相反的却为反动阶级服务了。况且所谓'独立'，实际就是离开了人民。一个新闻记者，在人民与反人民中间没有中立，在帝国主义与反侵略之间也没有中立。所谓'独立'，也同样不通。我这次到解放区来，不是来'中立'的，也不是来'独立'的，乃是向革命的无产阶级领导的中国新民主主义的人民阵营来投降。”

我不自觉地提高声调重复了“投降”二字，我简直有些吃惊，瞪起眼睛严肃地问父亲：“不是毛主席请你去北平参加新政协的吗？你又不是‘国民党’，‘投降’二字从何谈起啊？”父亲轻轻地笑了一声，平静地问：“你觉得这两个字太刺激了吗？我可绝不是为哗众取宠。为这两个字我冥思苦想了很多天，把自己前半生所走过的曲折道路作了一番认真的思考，怀着痛苦的心情与过去决裂，才产生了真正回到人民队伍中来的真情实感。我那颗多年来一直悬浮着的心才落实下来，真可以说是水滴石穿，终于找到了马列主义真理，见到了久已渴望的太阳。”父亲说着，如释重负。他渴望投入革命洪流之中，他的心是那样的真挚而炽热。

（节选自《文史资料选辑》第97辑，文史资料出版社1985年版。原标题为《老报人王芸生》）

台盟创始人谢雪红从事爱国民主运动及参加新政协的情况

李韶东 *

1947年11月12日台盟在香港成立，与中国共产党风雨同舟，荣辱与共，肝胆相照，互相监督，已经走过了55年的历程。在纪念这个具有历史意义的日子里，我们以崇敬的心情深切怀念台盟的创始人谢雪红。谢雪红不仅是一位极为热爱祖国的爱国者，而且是敢于反抗和冲破旧社会的种种束缚，参加革命，参加共产主义运动的共产党人，是台胞妇女中少有的杰出代表。

我认识谢雪红是我父亲李乔松介绍的。1944年秋冬，我父亲对我说："给你介绍一位阿姨谢雪红，她是反对日本殖民主义统治被关过的共产党人，对你的思想进步有好处。"于是父亲带领我到台

---

* 李韶东：时为中共地下党员，后曾任宝钢工程指挥部外事处副处长。

中火车站附近较热闹的一条叫绿川町的街的一小间卖小百货的“三美堂”商店，见了谢雪红和杨克煌。谢雪红亲切热情地接待我们父子俩，说：“李先生的公子啊，好青年。”我父亲说：“今后请多多指教。”给我留下了很深的印象。

谢雪红比我父亲小5岁，1901年生，台湾彰化人，原名谢氏阿女，又名谢百英，有7个兄弟姐妹，因家贫卖身葬父，当过“下女”（童养媳），婚后不堪压迫，而脱离家庭。1921年参加台湾文化协会的活动，1924年到上海，1925年参加“五卅运动”，同年12月到莫斯科东方劳动大学学习。1928年回上海参与创建台湾共产党（即日本共产党台湾民族支部），并被选为中央候补委员，回台工作。1931年被捕，遭受酷刑，被判13年徒刑，入狱9年余，因病重保外就医，一直受到日特（特别高等警察）的监视，为生活与杨克煌开“三美堂”商店至日本投降才获得了人身自由。

日本投降后，我与这位阿姨有了接触，了解了其从事爱国活动和革命活动，了解其为人。

一　台湾人民协会的领导人

1945年“八一五”日本宣布无条件投降，根据《开罗宣言》和《波茨坦公告》，台湾回到祖国的怀抱，台湾光复了。被日本殖民主义桎梏统治半个世纪的台湾人民不会再被奴役，当二等公民了，可以出头天了。举岛上下，欢欣鼓舞，感恩戴德，搭牌楼，点灯结彩，烧香告慰祖先，沉浸在热烈欢迎、盼望祖国亲人早日派人来台接收的日子里，曾经参加过反日活动的共产党人、农运、工运反日斗士谢雪红、杨克煌、李乔松、谢富、林兑等人立即发起组织台湾人民协会的筹备工作，并于1945年10月5日在台中戏院召开成立大会，选举谢雪红、杨克煌、李乔松、谢富、林兑等人（我记得还有林西陆、王天强、侯北海，其余不认识）为中央委员，推选林兑为委员长，谢雪红为妇女部长、杨克煌为教育部长、李乔松为宣传部长、谢富为组织部长。会址设在谢雪红、杨克煌所住的台中公园旁边的大华酒家，会后立即开展工作。宣传台湾人民在日本殖民统治下没有政治地位，没有政治权利，成为一片散沙，现在光复了，台湾人民应该很快地组织起来，团结起来，关心政治，参与政治，才能有政治地位和政治权利，才能当家作主，才能出头天。欢迎大家参加人民协会的组织和活动；主张应该有言论、出版、集会、游行、罢工、结社、迁徙、宗教信仰的自由；要关心劳苦大众的疾苦等等。我也参加人民协会的活动。我还曾跟我父亲出去宣传，帮助杨克煌为主编、不定期出版的“台湾人民报”做油印工作。人民协会揭露和抨击国民党接收人员的腐败行为，1946年1月被台湾行政长官公署长官陈仪以违反所谓的“人民团体组织临时办法”而解散。

二　利用《和平日报》为台湾人民说话

谢雪红虽然了解《和平日报》是原国民党军队“扫荡报”改了名的背景，但是她利用《和平日报》在台中筹建求助的机会，安排杨克煌和原农运的林西陆等人到《和平日报》工作，杨克煌为日文编译科长，林西陆为副经理，掌握了解《和平日报》内部的情况，并团结不满国民党的该报社派来的外省籍记者王思翔、周梦江设法刊登接收人员的腐败行为，如爱国台湾青年在山区发现日军藏匿军火向接收当局报告，因接收当局认为油水不大，置之不理；地方议员投诉遭受警察欺负等等，为台湾人民说话。

三　影响和鼓励青年参加革命

谢雪红常对与其接触的青年，讲她参加革命的经历，宣传共产党是为广大劳动大众谋解放的，是要建立一个没有压迫、没有剥削的社会，是为实现共产主义奋斗的党，并用日文学唱国际歌。受其影响有一位叫赖鸾娇的女青年与被遣送的日本人一起去找日共干革命。谢雪红说祖国大陆亦有共产党和共产党领导的解放区，那里还有革命大学可学习，我一直想到解放区参加革命和学习，并得到我父亲的赞同和支持。1946 年秋谢雪红介绍我到台北找林良材，说明来意后，林良材介绍我到上海找台湾旅沪同乡会李伟光会长，找了他就可以找到解放区的路了。我在报纸上看到台湾旅沪同乡会李伟光会长回台湾探亲，住台北励志社旅馆的报道，即到励志社旅馆找了李伟光会长。李伟光会长亲切地对我说："你先去上海，待我回去再说。"于是我们 6 人由辜金良带领来到上海，住虹口区武进路台湾旅沪同乡会，受到了李伟光会长和谢雪堂的关照。我们 6 人是在台北认识的王万得夫妇、吴思汉、大李（名字忘了），还有我从台中带来的台中师范毕业的吴清水。

由于蒋介石国民党反动派发动了反人民的内战，重点进攻延安、山东、苏北解放区，去苏北解放区的地下交通线被切断。11 月，李伟光会长说："去苏北解放区的路断了，不能去了，台湾亦有共产党，回台工作一样干革命”，于是我们6人又由辜先生带领返台。我返台后将此情况告诉了我父亲和谢雪红阿姨。回台湾时我带回了好多进步书刊，我同父亲一起组织青年学生学习，介绍解放区的情况、共产党的政策，继续开展活动。

送往解放区干革命的还有何集淮（现名何健人）。

四　领导台中地区“二二八”起义的武装斗争

台北专卖局缉私人员的暴行和请愿群众遭长官公署国民党军队开枪杀伤的消息传到台中后，愤怒的群众在街头巷尾议论，群龙无首，谢雪红、杨克煌、李乔松、谢富商量后，决定3月2日在台中戏院召开市民大会，支援台北市民的斗争。此消息公布后愤怒的市民群众如潮水般地涌到台中戏院，戏院内外水泄不通。谢雪红报告了台北发生的经过，号召台中市民声援台北市民的斗争。杨克煌、李乔松、谢富抨击国民党暴行，号召声援台北市民的斗争，还有市民主动上台骂国民党，会未开完，台下愤怒的群众高呼“用不着再说了。走！走！走！”边骂可恶至极的猪官，自动分两路去包围市政府和县政府，市长黄克立闻讯而逃，县长刘存忠被活捉关进台中监狱。包围警察局，捣毁党部，包围市区兵营，缴了他们的枪。谢雪红站在斗争的第一线指挥，并在市中心的工商会议所成立指挥部，接待指挥各地来联系的战斗组织和群众，我看她说话喉咙哑了，说不出声音来。台北成立“二二八事件处理委员会”后，台中亦相继成立“处委会”，谢雪红参加处委会，因处委会人员复杂，谢雪红被这些人说是共产党、女人、不懂军事，要让当过日本军官懂军事的吴振武（台中师范体育教官）来指挥，谢雪红被迫交了权。但她仍然控制着钟逸人、周明指挥的“二七部队”的指挥权。3月8日陈仪向蒋介石求援的援军登陆后谣言四起，人心惶惶，战斗组织纷纷解散，唯有谢雪红指挥的“二七部队”撤离市区到山区埔里，在那里与国民党军队一战。由于寡不敌众，“二七部队”化整为零，各自逃脱。5月间，谢雪红为了逃脱国民党的捕杀，和杨克煌、周明一起接受党的指示（联络人谢富），从台湾南部的左营乘国民党的巡逻艇到厦门转到上海，受到地下党员李伟光的掩护。

我到埔里后，杨克煌叫我火速赶回台中找谢富，需军用资金，我乘长途车赶回台中途中，在土城处遇到国民党军队已开进埔里，我到台中找到谢富后，埔里已经打响，队伍已散。

五　在香港时期

谢雪红到上海不久，经李伟光介绍，接受党的指示赴香港工作。谢雪红到港后根据台湾人民的政治诉求发表了《告台湾同胞书》，号召台湾同胞继续高举“二二八”旗帜，为推翻蒋介石的独裁统治，实现民主自治而斗争，并根据3月8日的延安电台和3月20日《解放日报》社论《中国共产党支持台湾人民民主自治运动》的精神，经中共上海局的同意，与杨克煌、苏新等筹备台盟组织，于1947年11月12日正式成立。

谢雪红与台湾地下党虽然没有组织上的关系，但她了解我们在光复小学的活动据点，因此，她时而从香港寄些进步刊物到光复小学来，我们获之如宝，了解了解放区和解放战场情况。为了表达台湾人民不畏强暴、不怕镇压屠杀的英雄气概，表达台湾人民反对蒋介石集团独裁的决心，鼓舞台湾人民的斗志，1947 年 10 月，我们在台中市举行的省运动会散发的引起大震动的解放战争形势图和中国人民解放军宣言的八大基本政策的资料，就是谢雪红从香港寄来的刊物中翻印的。

谢雪红在港活动为台盟作出的重要贡献就是以台盟名义电告中共中央，积极响应 1948 年中共中央《纪念“五一”劳动节口号》中提出的“各民主党派、各人民团体、各社会贤达迅速召开政治协商会议，讨论并实现召集人民代表大会，成立民主联合政府”的号召，坚决拥护中共中央的英明决策，并于 1949 年 9 月参加中国人民政治协商会议，建立中华人民共和国，使台盟成为全国八个民主党派之一”。

1948 年 10 月，我因身份暴露，上级领导指示我撤离台湾，经由香港来到解放区。我到香港时，谢雪红叫杨克煌到码头来接我，领到筲箕湾的秘密住处，在那里见到了谢雪红和苏新。后来林良材、柯秀英也来了。谢雪红是我们在香港的负责人，到解放区等一切由她联系安排。1949 年 2 月乘船赴山东解放区前集中时，我认识了颜光、邱伯卿以及黄文辉。我们 4 人加上上海地下党 2 人，乘英籍“南美轮”到烟台转华东局城工部编入南下干部部队，南下到上海。

六 上海解放初期

上海解放后不久，谢雪红、杨克煌从北京到上海。为动员台胞积极参加解放台湾，推动台盟组织建设，台盟华东总支部于1949年7月31日成立，选举李伟光为主任委员，谢雪堂、李乔松、何非光（党外）、林政汉（党外）为委员。当时在上海市委党校（第一期）学习的台湾地下党同志都参加成立大会，选举上述候选人。

中共上海市委成立第二工作队，谢雪红任副书记兼统战科科长，党外是台盟主席，杨克煌任台委会委员兼统战科副科长，党外是台盟秘书长。

从我认识谢雪红并与她接触了解她的爱国活动和革命活动，应该肯定谢雪红是一位热爱祖国的爱国者，是一位共产主义运动的革命者，是一位台胞妇女中的杰出人物。

（节选自《台盟》2003年第1期）

从社会贤达到任职人民政府

——回忆我的父亲包达三

包启亚 *

抗战胜利后，国民党政府在美国的支持下，不顾人民渴望和平安定的愿望，悍然发动了反共反人民的内战。重庆到处笼罩着白色恐怖。父亲的好友马寅初、马叙伦、胡子婴等由重庆抵沪，住在我家。他们时常评议国是，忧国忧民。在这些爱国民主人士的影响下，父亲加入了民主建国会。他心中的爱国热情，被民建会民主、建国的宗旨燃烧得更旺，使他再次走入政治斗争的行列。

当时我们家住在上海赵主教路（即现在的五原路）大通别墅，这是非常值得纪念的地方。这里不但接待过周恩来、李维汉、董必武等中共领导人，更是马寅初、郭沫若、陈叔通、马叙伦等民主爱

---

* 包启亚：包达三之女。

国人士经常聚会的地方。那时，我家的厨子厨艺很好，有些名气，父亲常在家举行“聚餐会”，召集上海工商界爱国人士聚会，宣传共产党对工商界的政策和政治主张，商讨、研究如何推进和平民主运动。这里逐渐成为团结上海工商界的一个联络点。

当时我印象最深的，也是在中国历史上引起强烈震撼的一件事，便是“下关惨案”。那是1946年6月国民党发动全面内战前夕，上海50多个人民团体推举马叙伦、盛丕华、蒉延芳和父亲等11人组成和平代表团，去南京向国民党政府呼吁和平。临行前，虽然受到国民党特务的恐吓和警告，但父亲他们态度坚决，表示为了和平不惜赴汤蹈火。6月23日，代表团在上海10万群众欢送下出发，傍晚到达南京下关火车站，不料在此惨遭数百名预伏国民党特务的围攻殴打长达5小时之久。马叙伦头部、胸部多处受伤，雷洁琼被打得口吐鲜血，父亲也负了重伤。直到次日凌晨，在民主人士及中共多方努力下，受伤代表才被送进医院。之后，父亲不顾伤痛，仍与黄炎培、盛丕华等出席了国民党参政会举行的招待会和在大陆饭店举行的记者招待会。在招待会上揭露了下关暴行的真相，呼吁停止内战。又走访了孙科、邵力子、张厉生、雷震、陈立夫、冯玉祥等国民政府高官，表达了人民要和平、反内战的意愿。

经历这次斗争，父亲进一步认清了国民党蒋介石假和平的真面目，更坚定了与国民党反动派斗争到底的决心。这一事件也进一步激起全国人民的义愤，更大规模地反对国民党暴行、反对内战的民主运动在全国展开。

为了支持民主运动，父亲变卖了40多亩地产，取出200两黄金充作活动经费。父亲不但自己行动起来，更是通过各种名目的聚餐会，发动民族工商业家一起出钱出力，救济被迫害、被通缉的进步教授、学生、工人，掩护、资助他们到解放区去参加斗争；赞助宋庆龄先生发起的文艺界福利基金；反对国民党一手炮制的“国大”和“宪法”；反对国民党的“经济紧急措施方案”……父亲还利用我哥哥当飞行员的便利条件，多次让他为中共地下党运送机密文件和宣传品。

1948 年蒋介石在上海搞“金圆券运动”，加紧迫害参加学生运动、工人运动、民主运动的进步人士。8 月 26 日，我因参加学校地下党组织的进步活动被捕。在干爹马寅初的交涉下，最终被保释。鉴于局势越来越恶化，为了保护民主力量，在共产党的安排下，父亲化名石龙公，与其他民主人士被陆续转移到香港，我也随行。

到香港后，父亲就病了。中共代表潘汉年来医院探望，带来了党的关怀。在香港，我们主要与潘汉年联系，也与在港的工商界人士联系。为支援解放区，父亲还让我带钱给章乃器，由章转交解放区。就这样，我们在等待中迎来了新的一年——1949 年。

1949 年 3 月，应中国共产党邀请，父亲与一批民主人士要赴解放区去。记忆中同船回来的有马寅初、黄炎培、盛丕华[①]、陈叔通、柳亚子等。开始是经济南，再到哈尔滨。途中获悉北平和平解放，我们又改道天津，转赴北平。一路上，水路、陆路，辗转颠簸，很是辛苦。父亲身体不好，气管炎发作，开始吐血，但心情很激动，希望早日到达解放后的北平，见到久违的亲人。党对他也非常关心，让我一路陪同北上。到了北平，周恩来马上来看望大家，

① 据有关资料，黄炎培、盛丕华系乘另外船只北上，此处属作者误记。——编者

并告知与国民党和谈不成，可能还要打，建议大家撤退到东北解放区去。父亲因病没有去，留在北京治病。不久上海也解放了。

1949 年春夏，在北京的日子里父亲很是忙碌，参加了中国人民政治协商会议筹备工作。9 月，在人民政协第一届全体会议上担任正式代表和第一届全国委员会委员，参与了《共同纲领》的制订，并光荣地出席了开国大典。

在北京时，党中央曾考虑让他出任食品部部长，但被父亲婉言谢绝了。他说：我还是做老百姓好了。当不当官无所谓，都一样要为人民服务的！他把名利看得很淡，只想做些对社会有益的事。

记得在北京与上海第一次恢复通车时，我们与邓颖超妈妈一起乘车南下。到达上海，陈毅市长来看望大家。陈市长笑着对父亲说：你们是先头部队，以后上海工商界的工作就由你们来做。要多宣传党的政策啊！

父亲后来就真的靠自己在工商界中的影响帮助党做了许多工作。他以身作则，说服我们把在上海信义地产公司的市郊营业地 98 亩全部献出来，并将应缴的农业税全部缴清；拜访上海工商界的知名人士，现身说法，宣传党的工商政策，在工商界中起到了稳定、示范作用。他虽不是什么官，可在我眼里却比当官还忙。一会儿参加工商界的会议，一会儿到政协开会，一会儿又在民建参加活动，总不在家。

党和政府对他一直非常关心，给他安排了许多社会职务：先后曾担任中央政府财政经济委员会委员、华东军政委员会委员、华东军政委员会监察委员、上海市各界人民代表会议代表等。

1951 年，党中央决定让父亲担任浙江省人民政府副主席，干爹马寅初也劝他别再推辞了。父亲感到这是党中央充分考虑后作出的决定，既然需要，就欣然接受了使命。1955 年他当选浙江省第一届人民代表大会代表，并担任浙江省副省长。

父亲到浙江工作，我留在上海，我的女儿随同到了杭州。我每次到杭州探亲，父亲都会关心地问起上海工商界的情况。他还经常向来家做客的工商界人士宣传党的政策，要他们爱国守法、接受社会主义改造，积极参加国家建设。在各项运动中，他总是带头响应党的号召。早在 1952 年，他就将自己的所有财产，包括在上海、杭州等地的房地产全部捐献给国家，支援社会主义建设。

（节选自中国民主建国会浙江省委员会、浙江省政协文史资料委员会编《浙江文史资料》第 75 辑，浙江人民出版社 2005 年版。原标题为《爱国奋斗的工商业家》）

可疑的船员

——回忆父亲郑振铎北上

郑尔康*

1949年2月底的一天，夜间9时许，一艘挂着葡萄牙国旗的货轮，停泊在香港太古码头，正准备升火待发。这时，在一艘正要驶向这艘货轮的电船上，上来了八九个身穿中式短打的船员装扮的中年人。电船刚要起锚，从码头上跳下两个巡捕，喝令停船检查。他们逐一检查了每人的衣物和身份证件。其中，他们特别注意一个戴深度近视镜的“船员”，仔细地检查了他的随身衣物，并核对了船员身份证。证件上姓名栏内写着“陈敬夫”3个字，身份是会计。巡捕再三盘问后，找不出什么破绽，只得放行了。电船在行驶中，驾驶员跟他们说，原来是巡捕发现他们的服装有些不伦不类，尤其

* 郑尔康：郑振铎之子，曾任人民文学出版社编审，民进中央委员。

是那个戴深度近视镜的“船员”引起他们格外的注意，怀疑是走私犯，故而来检查的。

这个叫“陈敬夫”的“船员”，原来就是我父亲。

1949 年初，解放大军解放了天津、北平后，正乘胜南下，蒋家王朝岌岌可危，做着垂死前的挣扎。他们对国统区的人民，采取了愈来愈严厉的高压政策，爱国民主人士随时有被他们杀害的危险。中共地下党，为了这些进步人士的安全，采取了分期分批向解放区转移的措施。一天，党派了陈白尘同志来我家，动员父亲去解放区。父亲毫不犹豫地接受了党的关怀。记得父亲说过，当时陈白尘同志还问他：你不是欠了不少债吗？我们替你还吧。父亲觉得当时正是解放战争时期，每一分钱都是很宝贵的，他怎么忍心接受党的这笔钱呢？于是便很婉转地对陈白尘同志说：谢谢党对我的关心，但是，钱我不能要，我自己可以设法解决的。后来，父亲只得卖掉了一些心爱的藏书，还清了债务，同时也解决了去解放区的路费。

当时，由于长江以北已陆续解放，南北交通中断，去解放区，必须先去香港，然后再由香港乘船北上。

经过一番准备，行期已定。父亲和母亲商量，祖母年迈，我尚年幼，决定由母亲带祖母和我留在上海等待解放；他带姐姐小箴先走一步。

临行前，他与好友们一一作别。在致刘哲民先生的信中，他告以即将“乘舟破浪南行矣”，并意味深长地说：“大约相见期不会太远。”他还单独约了唐弢先生到家中密谈。当时屋里并无别人，但父亲还是郑重其事地把唐弢先生拉到一边，带着充满感情的声音说：“明天我就要出发了！”至于去哪里？父亲却没说，但是唐弢先生早已心领神会了。在与他的学生孙家晋的谈话中，父亲吟咏了杜甫的咏马诗“竹批双耳峻，风入四蹄轻。所向无空阔，真堪托死生”，以寄托自己激动的心情和坚定的信念。并说：“最近重读了何其芳的《画梦录》，丁令威化鹤归来，城郭已非，将来我倒想重写这个故事，化鹤归来，城郭焕然一新……”，暗示了他即将远走和革命即将胜利。

2 月 15 日一早，父亲带着姐姐搭乘盛京轮扬帆远航了。他站在甲板上，望着远方，觉得既兴奋又感慨万端……20 多年前，他在北京送好友瞿秋白北去苏维埃俄国，寻求革命真理。他那时是多么羡慕秋白即将到达的那个“红光里”的“新世界”啊！现在，好友秋白已经做了古人，而他们青年时代所向往的，一个在中华大地上出现的“红光里”的“新世界”正在伸出热情的双臂，欢迎着他的到达……想到这里，一股暖流流遍全身，“现在我是最幸福的人！”他感到。

父亲走后，母亲带着我也离开了家。在亲戚朋友们家里，东躲躲西藏藏，好长时间不敢回家。怕的是，反动派找不到父亲，找我们母子的麻烦。当时，我虽然并不理解“解放”的含义，但我时时都在盼着“解放”。因为，我是多么地想念我亲爱的父亲和姐姐啊！只有“解放”了，我们一家才能重新团聚呀！我想。

话说盛京轮乘风破浪向南航行。历时 4 天，于 19 日泊在香港太古码头。先行抵港的叶圣陶等先生在码头迎接父亲。老友重逢自是格外愉悦。当晚下榻于九龙饭店。这时，曹禺、柯灵、阳翰笙、宋云彬等许多老友都已先期到达。在沪时，由于平时大家都忙，即使是好友，来往得也不多；现在大家为了一个共同的目的，云聚在一起，都有说不出的高兴。于是，今天你接风，明天他洗尘。酒席宴间，父亲更是满面红光，孩子似地逞强着，拉这个，逼那个，一一的干杯。他怎么能不痛快呢！大半生来，他所朝思梦想并为之而奋斗的“新社会”已离他愈来愈近，只有几天的，只是几天的路程了！不是吗？！

行期愈来愈近，风声也似乎愈来愈紧，因为他们的这次行动完全是秘密的。在港逗留的8天内，最初几天一直住在九龙饭店，可是到了临启程的前两天，竟连续换了两家旅馆。居住的条件一家不如一家，但是为了避过特务的跟踪，也只得如此，况且离轮船码头愈搬愈近，这样，上船就方便了。

27日，是上船的日子。同行者，除父亲和叶圣陶、曹禺、宋云彬等算中年人外，尚有陈叔通、马寅初、柳亚子等数位老人及几位女士，总共一行27人。由于包的是一艘货船，乘客不可能太多，所以除了老人、女士充做搭客外，其余的都伪装成“船员”。

登船的时间也是分批进行的。下午是“搭客”登船；晚间，才是“船员”们登船。行前，“船员”们都换了船员穿的中式短打；只有宋云彬例外，因为他被分派做“庶务”，可以穿长衫。“船员”们穿上船员服，大家都彼此相视对笑。因为平时他们不是穿长衫，便是穿西服，现在这样的打扮真有些觉得怪模怪样的。尤其是父亲，戴着深度近视镜，船上哪有这样的船员呢！于是，大家又奚笑了他一番。而这位戴深度近视镜的“船员”，确是在晚9点登船时，给大家带来了一场虚惊。这便是本文一开始的那幕“惊险”镜头。

船原定在28日上午起锚的，但是，整整一个上午快过去了，却不见丝毫动静，大家都有些不安。这时，地下党的一位李某上船来告诉大家不要着急。因为，这是一艘苏联货船，但却挂的是葡萄牙国旗，必须要有葡萄牙领事馆的签证，始能出港；葡国的领事因认为这不是葡国的船，故不肯签证。李某说，现在正在进行交涉，请大家静候。并嘱咐，凡扮做“搭客”的，尽量不要待在甲板上，因为货船上乘客打扮的人多了，容易引起疑心。他还教给“船员”们，如果有人盘问，如何一一答对。种种安排可谓十分周到。父亲后来讲到这段经历时，眉飞色舞，称之为“永远值得纪念的航行”。他对地下党周密妥善的安排简直佩服得五体投地。

上午 11 点 50 分，船终于启动了。大概是金钱起了作用吧？父亲心中暗想。驶行一小时后，船上的人说，现在已经出了香港水警的警戒区，大家可以放心了。于是大家欢呼着都登上最高一层平台，望望渐渐向后退去的香港码头，和那高高飘扬的米字旗，愈来愈小……愈来愈小……“再见了香港！我们总有一天会再来的。到那时，在你的上空飘扬的将是我们的——中国的——国旗！”父亲心中默念着，双手紧握着拳头。

船行五六日，一路风平浪静。只有一天夜里，遇到了国民党军舰的盘问，答复是去南朝鲜，故只得假作向朝鲜方向行驶，待那艘军舰远去后，再掉转船头向北，延误了一个多小时的行程。但大家都在睡梦中，不然，又是少不了虚惊一场。早晨听船上人讲起昨夜的遭遇，大家都长长嘘了一口气。

船上的生活十分有趣。白天，父亲总是和叶圣陶、宋云彬等聚在一处饮酒聊天，他们已好久没有这样可以终日在一起的机会了。晚上，则每晚都举行娱乐晚会。姐姐小箴能歌善舞，成了晚会的活跃分子；父亲的童话常使满座人感到返老还童；还有曹禺的京剧清唱；叶圣陶的笑话；包达三老先生谈的蒋介石琐事……都深深感染着每一位晚会参加者。大家忘却了旅途的无聊，都觉得自己年轻了好多，因为他们很快，不，马上就要“解放”了！这些长期在国民党统治区，精神上受到沉重压抑，肉体上受到痛苦折磨的人们哪！柳亚子先生兴奋得为同船27人，每人都赠诗一首。赠给父亲的诗是：“旧学新知各有闻，郑郎玉貌气干云。晒园遗著疑真伪，异见还应考订勤。”赠姐姐小箴的诗云：“谢絮陈椒重小箴，郑家娇女嗣清音。最难慈父还兼母，体贴长途宛转心。”

3月5日下午5时，轮船抵达烟台海面。一轮红日夕照，烟台港在一片红光中，许多人在红光中向他们招手。轮船渐渐靠岸，他们渐渐地“走向红光里去了！”啊，“新社会”，一个比他当年编《新社会》时所梦想的还要美好得多的“新社会”到了！父亲两眼模糊了。他，一个“有泪不轻弹”的铮铮硬汉，此时此刻也终于流下了两行热泪……

（节选自郑尔康著《石榴又红了——回忆我的父亲郑振铎》，中国人民大学出版社1998年版）

最后的归宿

余心清*

一　一个光荣的民主战士

抗日战争结束后，冯（玉祥）看到蒋介石片面撕毁“双十协定”与“中共和国民党双方停战协定”，在美国的支持下，发动反共反人民的内战，使冯完全认清了蒋介石的真面目，对蒋的幻想开始破灭了。同时，冯又发现他已被特务监视，他家里的保姆被特务收买，他的英文教员王某也是个中统特务，深感到在国内没有活动自由，再也待不下去了。冯和朋友们商量，认为出国非得蒋的许可是不行的，只有去美国蒋才有同意的可能，乃根据蒋曾要他负责黄

* 余心清：时在国民党狱中，曾长期追随冯玉祥；系人民政协第一届全体会议代表；后曾任全国人大常委会副秘书长，全国政协委员，民革中央常委。

河水利的前约，提出赴美考察水利工程。蒋之所以允许冯去美国，是因为那时候蒋正阴谋打内战，而冯留在国内，这也反对，那也反对，蒋实感到不好对付，于是给冯以考察水利专使名义，免得他在国内“捣乱”。冯这才能于1946年9月出国。很显然，冯是被迫出国的，这一迫，正好使冯走上了光明的革命大道。

冯在美国公开进行反蒋的活动，开始于1947年5月发表告全国同胞书，呼吁和平民主，斥责蒋介石捕杀进步教授和学生、剥夺人民自由的法西斯罪行。1947年10月，冯到纽约联合中共、民盟、国民党左派同志组织“旅美中国和平民主联盟”，建立中国国民党革命委员会美国总分会，确定“反对美国援助蒋介石”为中心任务，开展了广泛而积极的活动。如举行记者招待会，会见美国国会议员和官员，到各大学团体讲演，特别是街头讲演，以及发表文章等，深刻揭露蒋介石政府的贪污腐化和独裁种种罪恶，并强烈指责美国援蒋打内战，就是直接间接杀害中国人民。

1948年1月，冯正式宣布与蒋介石集团完全断绝关系，跟国民党划清了界线，并声明他是国民党革命委员会驻美国的代表，终于倒向人民一边，站在革命一方，态度更坚定，工作更积极了。冯以七十高龄的老人，各处奔走，日夜操劳是十分辛苦的，可是他却兴奋地说“拼掉老命也是值得的”，表现了他对革命的热情和勇气。冯身躯魁伟，声音洪亮，谈笑风生，演说富有吸引力和鼓动性，很合美国人的口味，因此每次讲演都受到热烈欢迎，博得了听众的同情，产生了政治上的影响。美国30个大学、400多位教授宣言反对援助蒋介石，美以美会大会决议电请杜鲁门停止对蒋介石的美援，连美国前内政部长伊斯克也说：“冯将军曾经多次出席大会演讲，而这些大会参与者多半是我们美国人在会上猛烈抨击我国对华的错误政策。”

冯曾断然拒绝了美国政府的利诱和威胁。一个美国官员来访冯说：“小袁世凯（按指蒋介石）贪污无能，中国民众是痛恨他的。我们美国政府是反对共产党的，只要你们不要共产党，我们美国政府愿意帮你们的大忙，用钱用军火有得是。”冯答：“孙中山先生亲手订的‘三大政策’是我们的宗旨，中山先生亲笔写的民生主义就是共产主义，这是我们全国同胞的宝典，更改了这个，便是叛徒。”那位美国官员再表示：“给你们六个月的时间考虑，只要你们不要共产党，我们就不要蒋介石，并愿意帮助你们民主人士。”冯严厉驳斥道：“我们的哲学是：‘天听自我民听，天视自我民视。’这是说，全国人民、工农大众，喜欢什么，我们就说什么，做什么。可没听说过，天视自美国人视，天听自美国人听，美国人喜欢我们说什么，我们就说什么，美国人喜欢我们做什么，我们就做什么，那确确实实的，不单是三民主义的叛徒，并且是中国的卖国贼。你看我冯玉祥是这样的人吗？”这个美国佬才自讨没趣，只好走了。从此以后，冯在美国的处境更艰难了，常常接到特务的恐吓信，受到顽固派周以德之流的无理攻击。冯不为逆境所阻，坚持对蒋斗争，终被蒋开除出国民党。后来冯为参加新政治协商会议，乃离美回国，在返国途中，轮船起火，不幸于 1948 年 9 月 1 日在海上遇难。

冯遇难后，毛泽东主席、朱德总司令致电表示哀悼并向冯夫人致电慰问。1949 年 9 月 1 日，在冯先生逝世一周年时于北京隆重举行了追悼会，周恩来出席并讲话。1953 年 10 月在泰山举行了冯玉祥先生骨灰安放仪式，毛泽东主席、朱德委员长、周恩来总理亲笔题赠了挽联。冯先生终于成为一个光荣的民主战士，作为一个爱国军人载入史册。

二 沉痛的悼念

一个阴云郁结，闷热得喘不过气的初秋的下午，我正在南京羊皮巷国民党的看守所里，用湿手巾擦着满身的汗水，忽然有个难友用指头轻叩门上的小窗户，喊了我一声说：“刚才偷运进来的报纸消息，冯先生在去苏联途中的黑海上遇难了。”在懵懂中我的脑子仿佛挨了一棍，浑身木然，半晌说不出话来。等到意识清醒再想详细询问时，那个难友已被牢头撵走了。

我和冯先生最后一次见面是在南京，那时，我带着女儿华心由四川北上，路过南京，他正整装待发要去美国。关于当时国内情势，我们一连谈了好多次，为了等待李济深先生去庐山见蒋回来，他让我多住两天再走，因为李回来可能带来有关蒋介石决心打内战的最后消息。李回来了，我们又谈了3次，局势更紧张了，我们希望这是黎明前的黑暗。我们3个人心情都很沉重，冯将出国，李回广西，我向虎穴中迈步。记得在一个夜晚，我和冯紧握着手，说声：“先生珍重，后会有期”，没料到他却先我而去了。

我随冯多年，尤其是在患难的岁月里，我常不离他左右。我们在一起不完全是长官与部属关系，同时也是朋友。多年来，我对他无话不谈，可以说是知无不言，言无不尽。我对他充满敬仰之情，披肝沥胆，无时无刻不满怀着一片愚忠。我们不止一次在某些问题上争执过，甚至拍案吵闹过，但是反蒋的共同目标，始终把我们紧紧地拧在一起。

一听到他海上遇难的消息，我很长一段时期里，心里非常悲恸，不时老泪盈眶，难以平静。我曾在牢中撰了一副挽联，遥为吊祭：“海上惊噩耗，狱中哭先生。”

1949 年南京解放前夕，经地下党同志的营救，我脱离虎口，化装取道香港回到解放了的北京，重又得见冯夫人。冯夫人在海难中骤然失去了冯先生和爱女晓达，精神上受到重大刺激，到莫斯科后几天内头发全白了。若不是儿子洪达冒死相救，就连她也不会再见到的了。冯夫人一生伴陪冯先生，历尽艰辛危险，锻炼出一副坚强的性格。此次见面，她抑制住内心的伤痛，向我谈起当冯先生在美国得知我遭蒋介石逮捕的消息后，义愤填膺，痛骂蒋介石，远在异国为营救我奔走呼吁的情形。在他们离美返国前几天，冯先生亲笔写下了他的政治遗嘱，冯夫人拿出来交给我看。我读着读着，五内俱焚，双泪横流。先生在他生命最后时刻立下的遗嘱里，还念念不忘提到我被捕的事，并指出蒋家王朝覆灭在即的必然下场。更令人叹服的是，冯先生一生廉洁，热心公益，自己并未积攒下财富。他在遗嘱中告诉子女，他没有财产留给他们，他相信孩子们会用劳动的双手去创立新生活。

今日，我和冯先生虽然一生一死，我对他将永远怀着深厚的感情，尤其是他经历了漫长的曲折道路，而最后成为一个光荣的民主战士，又不禁为他破涕为笑。

冯玉祥先生未及亲见祖国民主革命的胜利，社会主义革命和社会主义建设的辉煌成就，实为遗憾。然而今天新中国在中国共产党的英明领导下，所获得的伟大成就，又正是冯玉祥先生生前所梦寐以求的。如此，冯先生虽死，亦可以无憾矣！

（节选自《文史资料选辑》107 辑，中国文史出版社 1987 年版。原标题为《我所认识的冯玉祥》）

最后的行程

玛依努尔·哈斯木*

阿合买提江给毛泽东主席发去复电表示了自己的立场。但是如何抵达北平成了一个问题。这期间，从伊宁经过迪化、兰州至北平的通道全被国民党军队控制，穿过敌占区到达北平是不可能的。为此，阿合买提江根据“力群电台”收到的中央指示，决定乘车通过霍尔果斯口岸到苏联境内，然后转乘飞机横跨苏联的西伯利亚到达赤塔，再转乘火车，通过满洲里口岸入境，到达中国东北的黑龙江省，并继续乘火车抵达北平。

新疆省代表团的成员当中还必须要有一名汉族代表，最合适的人选被确定为在迪化的“战斗社”这一组织中一直坚持与国民党进

* 玛依努尔·哈斯木：阿合买提江夫人，曾任全国妇联副主席。

行斗争的罗志同志。

关于代表团出发的时间，邓力群同志通过电台报告给在莫斯科的王稼祥同志。

发莫斯科

王：

刚才此间政协代表通知我，他们二十日下午由此坐汽车至阿拉木图，二十三日由阿拉木图坐飞机转飞赤塔。他们很关心在苏境内的供给和经济问题，请你和友方商定妥善准备后，电告我。飞行的具体路线今晚他们通知我后即电告。

力群

十八日

代表团成员已经确定。然而代表团成员之一的达列力汗同志在阿勒泰，罗志同志在迪化，必须让他们到伊宁集合再出发。但此时达列力汗与罗志两位同志未能按时赶到伊宁，为此代表团出发的时间只好比原先确定的时间推迟了两天。

此后，在阿勒泰的达列力汗同志于 20 日顺利抵达了伊宁。因为阿勒泰与伊宁之间没有任何障碍。然而罗志同志从迪化抵达伊宁却成了一个严峻的问题。

迪化处在国民党的严密控制之中，和伊宁的陆路根本无法通过，哈密—阿塔飞机航线虽然还能经过伊宁，但迪化的飞机场查得很严。万一走漏风声，那后果不堪设想。

1949 年 8 月 20 日早晨，罗志同志在苏联驻迪化领事馆的安排下，由迪化的地下组织紧密配合，带着他维吾尔族妻子阿瓦罕（汉名杜秀芝）秘密到了迪化飞机场。为了防止被国民党发现，罗志夫妇提前登上飞机，躲进飞机的卫生间里。他们在狭小、闷热的飞机厕所里整整藏了两个多小时。这是一个正常航班，其他一般乘客都上完，飞机开始起飞。等飞机上了天空飞行好长一段时间后罗志夫妇才从厕所里出来。这时他们已经筋疲力尽，被挤得满头大汗，非常难受。这样，罗志同志经过艰难的历程总算安全地到达了伊宁。

罗志，汉族，1915 年生于广东省高明县，早年在东北读高中，1931 年九一八事变后投入东北抗日斗争，后转入苏联境内，再由苏联转到新疆。1933 年后进入新疆学院的前身——新疆政法学院法律系学习，一年后到苏联乌兹别克斯坦塔什干留学。后被盛世才政府怀疑，调回新疆，1939 年被捕入狱。吴忠信主政后，新疆释放政治犯，他于 1944 年和阿合买提江、包尔汉等同一个时期获释，并坚持领导“共产主义者同盟”的斗争。联合政府成立时，曾任新疆中苏友好协会会长。

阿合买提江要去北平了，但是随行的警卫员由谁来承担？这个角色的争夺出现在司机阿不来提和警卫员吾斯满江之间。

阿不来提司机说：“我陪阿合买提江大哥在迪化共同经历了困苦危险的岁月，一起去了南京，我有经验，我能保证安全！”吾斯满江则说：“你去迪化的时候说我还小，堂哥也不批准我参军，我怎么求都不行，也不让我一起到迪化。这次无论如何，我要一起去。我现在是民族军战士，是阿合买提江同志的警卫员！”

他俩争个没完。于是，谁去北平只好由阿合买提江来决定了。

阿合买提江经过多方面考虑，最后同意吾斯满江做警卫员随他同行，旨在又一次让吾斯满江得到开阔眼界和锻炼的机会。阿合买提江还有一个考虑，就是等北平的会议结束以后如果有机会，就让吾斯满江留在北平读书或在苏联塔什干留学。

阿合买提江响应毛主席的邀请赴北平参加大会，这一消息仅仅限于很小的范围里。代表名单已经确定，但在名单中没有赛福鼎·艾则孜。为此，他一再要求阿合买提江，哪怕作为一般的工作人员允许他能够一起去北平。

那一天赛福鼎同志到我们家里，掉着眼泪再三要求阿合买提江一定要把他带上。但是阿合买提江耐心地做他的工作，请他留下来是因为还有更多的工作需要有人留在家里去完成。阿合买提江和赛福鼎同志谈得很晚，最后赛福鼎同志不愿意回去，住在我们家了。

1949 年 8 月 22 日，毛泽东主席给彭德怀同志发出进军宁夏、新疆的命令：

德怀同志并告贺习：

十九日电悉。

（一）同意你的部署。

（二）十九兵团何时向宁夏进军，待占领兰州后看情况决定。如果王震四个军确有把握占领青海，则十九兵团可在兰州休息十天或半月后即向宁夏，否则可略为推迟。

（三）入新疆部队至少休整一个月，必要时酌量增加休整时间，好作充分准备。

（四）入川部队待与贺面商后作最后决定，大体上以十八兵团入川是适宜的。

毛泽东

未养[1]

1949年8月22日早晨，阿合买提江按自己的老习惯很早就起了床，一如既往晨练。警卫员吾斯满江和他一起从院子里的水井旁边打水边交谈。阿合买提江让吾斯满江把冰凉的井水浇在自己身上洗澡。他俩又打了几桶水，浇灌他亲手栽下的丁香树，再拿几瓢清水浇花盆里的万寿菊。

每天早晨都习惯于和阿合买提江玩耍的军犬阿塔曼，虽然有很长时间一直在生病，但它还是强打精神从窝里慢慢挪动身体，无声无息地望着阿合买提江。阿塔曼全身黑里透黄，尖尖的嘴，硕大的身躯，是阿合买提江从小把它养大的，练就了这只军犬有高度的警惕性，随时准备，只要一声令下它就扑向目标，战胜一切对手。每当夜深人静，它总是忠诚地守护在主人的身旁，一有风吹草动，就会勇猛出击。在那艰苦的年代里，每当阿合买提江骑着军马在野外指挥队伍时，它总是紧跟在后面，严密监视四周，执行自己神圣的"侦察"任务。所以，军犬阿塔曼和我们全家人建立了深厚的感情。阿合买提江给它起名"阿塔曼"的意思是"冲击手"，把它训练成为在任何时候、在任何情况下都敢于冲向敌人的勇士。而今天这只军犬已经很虚弱了，阿合买提江也显得很难过。

阿合买提江又走到他的白额军马身边。几年前，阿合买提江骑

① 即8月22日。

上这匹军马在特克斯的一次夜间急行军中突然遇到悬崖，这匹骏马毫不犹豫向前猛冲，飞跃过深沟，脱离了一场危险，保护了阿合买提江。但军马的右眼睛却被树枝刺破了。

今天这匹骏马，好像也在迎接主人的到来。阿合买提江似乎懂得这匹跟随自己多年、历经千辛万苦的骏马。他抚摸着军马的头，给它添加苜蓿，拍拍它的身子。军马抬起头，伸着脖子，停止嘴里嚼着的苜蓿，张望阿合买提江，似乎对主人表示谢意。

我叫醒孩子们，让他们和父亲一起吃早餐。几天来，我整理好阿合买提江赠送给毛泽东主席的礼物，有长袷袢、布腰带、维族花帽等。另外，因为他要经过苏联的亚尔肯特，就为不曾相见的婆婆谢尔瓦娜准备了衣服、土特产等礼物。

根据维吾尔族人的习惯，家里有人要出远门，就要做拉面为之送行，表示路长长，祝一路顺风。我急急忙忙收拾完，转身去厨房做拉面为阿合买提江送行。

阿合买提江把吾斯满江叫到自己身边一起吃饭，大家都围着廊檐下的餐桌就座。我和孩子都向先生祝福，祝愿他平安去，平安回来。然而不知为什么，这一天，我始终心情不好，觉得不舒服。我想可能是因为太累所致，便有意调整了一下自己的情绪。先生似乎看了出来，安慰我说他很快就会回来，让我多保重。

大家都吃完了饭，阿不来提司机发动了车。警卫班战士忙着将行李物品装车，而这时吾斯满江却不见了。原来他跑回自己屋里，把装满了髀石的小袋子和他自己喜爱的弹弓拿过来送给我弟弟艾合坦木。无论怎么说，他还是那么幼稚！他发现我在看着他，把双脚一并，马靴发出“噌”的一声，挺起胸膛向我行军礼，并低声对我说："我要留在北平或塔什干读书了。"

谁能知道，这竟然成了我表弟吾斯满江对我说的最后一句话……

阿合买提江身穿灰色的西装，佩戴领带，头戴伊宁绣着绿色花纹的红底曼彻斯特尔花帽，脚穿伊宁鞋匠手制皮鞋，健步走去。他皮鞋发出的声音犹如一曲美妙的音乐，把我带进梦幻之中。

我抱着儿子，先生抱着女儿从家里出来。我们刚要走出大门，俄罗斯族摄影师斯塔尔科夫把我俩分别抱着两个孩子的情景拍了下来。这幅照片竟然成了我们全家照的最后一张照片，至今一直在珍藏。

汽车启动了，马厩里的白额头马停止吃草，抬起了头，望着大门；卧在墙根下的阿塔曼勉强起身。也许它们也在向主人表示道别……

我女儿不愿意离开她爸爸，一直哭闹着不愿意下来，好不容易让我哄着抱了回来。而我怀里的儿子又不愿意让别人去抱他。这样我一手抱着女儿，一手抱着儿子，望着扬尘远去的汽车，久久地站立在马路中间。因为我双手抱着两个孩子，也就没有来得及向先生挥手告别……

1949 年 8 月 22 日下午，阿合买提江从家中出来告别了我们，踏上了去北平的路程。

同行的代表团由 8 人组成，其中正式代表 5 人、工作人员 3 人。正式代表 5 人是：

阿合买提江·哈斯木	维吾尔族	35 岁
伊斯哈克伯克·穆努诺夫	柯尔克孜族	42 岁

阿不都克里木·阿巴索夫　维吾尔族　28岁
达列力汗·苏古尔巴尤夫　哈萨克族　40岁
罗志　汉族　38岁

同行的工作人员3人是：

阿不都热西提·伊敏诺夫（汉名：阿寿文）
维吾尔族　35岁　翻译
艾尼·克里莫夫　维吾尔族　34岁　负责后勤保障军官
吾斯满江·那斯里　维吾尔族　19岁　警卫员

1949年8月22日下午，阿合买提江一行在伊宁郊区的巴彦岱军官学校集中。家属及孩子一律不许参加告别宴会。邓力群、赖希姆江、艾斯海提、赛福鼎、赛甫拉也夫、祖农、阿布都热依木·艾沙等为代表团举行了欢送宴会。为了保密起见，等到天黑再从霍尔果斯口岸进入苏联，并决定对公众称阿合买提江等同志去阿勒泰视察。

欢送宴会在热烈气氛中进行。宴会结束后，他们乘车出发往霍尔果斯边境驶去，天黑时到达了霍尔果斯口岸。

阿合买提江和他的战友们乘夜幕越过边界进入了苏联境内。所有这一切都在秘密中进行。阿合买提江的司机阿不来提送走了阿合买提江后凌晨才回来，告诉我阿合买提江带着他的战友，顺利地通过了口岸。

第二天三区机关《前进报》刊登了阿合买提江先生等领导人赴

阿勒泰视察工作的消息，这完全是为了保密。

按照中共中央的安排，阿合买提江一行经过霍尔果斯边境进入苏联后，要乘车抵达阿拉木图，再转乘飞机经过苏联的西伯利亚，由中国的黑龙江满洲里口岸入境直达北平。

阿合买提江离开后，我和孩子们留在家里。当时电话、电报之类非常稀缺，要取得他们的音讯非常困难。有时我们几个家属聚在一起，默默地为他们的成功祝福。

对于我来说，早已习惯于阿合买提江经常外出，甚至他很突然什么也不说，一走就是几天。因此，他的这次出行，我觉得很正常，不存在像去南京那样的危险。他告诉我，这次他要去见领导中国人民翻身解放、推翻蒋介石王朝的中国共产党领袖，去参加伟大的中华人民共和国的成立大典。我的心情非常激动，也和往常一样非常平静。

在家里，警卫战士们仍像往常一样值勤放哨；“新盟”的同志们也常来问寒问暖。但是，已经好几天了，我听不到任何有关我先生阿合买提江的音讯。有时心里很烦，着急。但我总是把这次的行程比作往常，自己安慰自己。有时趁孩子们睡觉的时候，去马号看看救阿合买提江脱险、却让自己眼睛受了伤的白额马。我轻轻抚摸它眼睛上的伤痕。白额马看到我来了总是撒娇，喷喷鼻子，摇摇头，抬头朝大门张望，似乎在寻找它的主人。我久久地望着骏马思绪万千。军犬阿塔曼几天来因病提不起精神，它好像病得很重，不出声，躺在地上一动不动。给水，它不喝；给肉，它不吃。我来到它身边，摸摸它的头，但它没有一点精神，更没有从前对主人的撒欢跳跃。我心疼地解开它脖子上的铁链，慢慢领着它到檐廊下。我久久看着它，望着阿塔曼这只勇猛的狼犬今天似乎奄奄一息。我心里非常难过。果然，令人惊奇的一件事发生了。真的叫人不可思议的是，就在阿合买提江遇难的那一天即8月27日，这只随阿合买提江历经多少暴风骤雨的军犬，躺在廊檐下一动不动地死去了。但这时候我根本不知道我的先生已经遇难。

1949年9月8日，也就是阿合买提江离开家17天之后，我忽然从外面听到消息说赛福鼎也去了北平。他没有告诉我他要去北平。

“哟，这是怎么回事啊，阿合买提江他们还没有回来，赛福鼎怎么也没给我们打个招呼就走了呀？”我心中充满了谜团。我向其他同志打听，没有一个人告诉我赛福鼎去了北平，反而说他到塔城视察工作去了。

原来阿合买提江一行已经遇难，“力群电台”通过莫斯科方面的消息，得知阿合买提江一行乘坐的飞机已经失事，全体人员壮烈牺牲。但是，出于特殊考虑，这一噩讯没有对外透露，更没有告诉家人，只告诉了赛福鼎一人。

情况就是这样，参加北平新政协会议的阿合买提江等代表全部牺牲了。但是新政协会议具有国际影响，必须要有新疆代表参加。于是赛福鼎、阿里木江、涂治组成的3人代表团，带工作人员赵德林（锡伯族，翻译）、阿布拉尤夫（秘书）共5人秘密前往北平。

以下是“力群电台”发出的电报：

发北平

中央：

友方确息，新疆出席政协代表二十四日由阿拉木图起飞，二十五日（由）努威什比尔茨克继续飞行，二十六日、二十七日之间，因气候恶劣，于伊尔库茨克贝加尔湖地区南部全部遇难牺牲。为了完成此未完事业，此间拟续派三个代表前往出席。当时我向他们表示，个人完全同意，同时我估计中央也必非常欢迎，请他们既做准备。这三个代表一为赛福鼎，另一位是三区政府塔城副专员阿里木江，还有一位是在迪化的涂治。另带随员翻译两人。友方问飞机是否可以由此直飞北平。此消息伊犁当局决定在此间暂保秘密。待新代表回伊时带回遗体，再公开发表，上述问题均望中央速来指示。

力群

三日下午四时

“力群电台”提到的“友方”为苏联政府。

接到莫斯科和北平的回电以后，上述5人即第二批人员赴北平。虽然莫斯科方面表示愿意帮助他们从伊宁直飞北平，但最后还是绕道苏联境内，由中国东北的满洲里口岸入境，到达北平。

下面是“力群电台”发给北平的电报：

发北平

中央：

因政协开幕延期，友方决定代表仍经苏境转东北赴平，七日由此起飞，估计十日或十一日可到满洲里。代表因走得匆忙秘密，没多带换洗衣服，到平后请为解决。

力群

六日

赛福鼎等代表没有选择乘汽车由霍尔果斯口岸出境到苏联境内再转乘飞机，而由苏联政府派专机，直接降落在伊宁机场接第二批代表。

原来，阿合买提江一行乘坐的飞机于 1949 年 8 月 27 日在苏联西伯利亚贝加尔湖上空遇难后，听说斯大林同志对苏联空军提出了严厉的批评。为了确保安全，1949 年 9 月 7 日苏联政府派出苏联外交部长莫洛托夫的专机，由苏联外交部一个名叫里措夫的人陪同直接飞抵伊宁。本来当天就接上赛福鼎等代表飞回苏联境内，继续飞向中国的东北口岸。但当赛福鼎等同志已经上了飞机，突然接到通知说因天气原因今天不能飞行。赛福鼎等代表又回家中休息。两位工作人员赵德林和阿不拉尤夫却不许下飞机，留在飞机内过了一夜。第二天清晨赛福鼎、阿里木江、涂治 3 人再次赶到伊宁机场，登上苏联的飞机，秘密离开了伊宁。

他们飞抵阿拉木图后才吃早饭。休息片刻之后继续飞往西伯利亚。飞机到了赤塔降落，代表要换乘火车，苏方很快把他们带到郊区比较隐蔽的地方吃饭，等时间，并告诉代表说中华人民共和国成立还没有对外公布，苏联和国民党政府有友好协议，这里还有国民党政府的人。因为苏联政府和蒋介石政府签署的《和平友好协议》还没有宣布废止，他们的人还没有离开。为了防止碰到这些人，所以就把他们带到这个偏僻的地方。

休息过后，代表们从赤塔转乘火车抵达满洲里，过境到达了北平。

所有这些情况当时我无从得知，但隐隐约约知道赛福鼎已经去北平了，心里就开始感到不安，但尽量抑制自己不要往别处想。几次询问，没有一个人能够给我满意的答复。我该怎么办呢？

我不知不觉地拿起了阿合买提江常听的收音机。我想，从迪化那边听不到任何消息，还是听听苏联塔斯社的消息吧。于是根据自己所学的有限的俄语，尽自己最大的努力去听俄语广播，还要听听塔什干的维语广播，希望得到有关北平的会议情况。但是广播里也仍然没有消息。这到底是怎么回事？这些问题一直侵扰和困惑着我，使我无法得到安宁。最后我不得不直截了当地去问赛都拉·赛甫拉也夫："赛福鼎怎么不见了，他到哪儿去了？"

他回答我说："赛福鼎到塔城去了。"但我发现他却不敢直眼看我，而且也不像从前那样坦诚直率，好像在回避我什么。

过了几天，赛福鼎该从塔城回来了。但是从塔城回来的好多人都说没有看见赛福鼎在塔城，这就更奇怪了。

就这样过去了一个月，还是毫无音讯。我周围的议论也开始多了起来。人们中间出现一些波动。为什么从前有关阿合买提江活动的报道几乎每期都能见报，而现在却杳无音信，见不到任何消息？他们临行时，报纸上明明报道说是阿合买提江去阿勒泰视察，现在从阿勒泰回来的人也都说没有见到他们。来我家的人也总是问这问那，我也无法回答。但我仍然遵守阿合买提江制定的纪律，对外保守秘密，不能流露出内心世界，免得阿合买提江回来批评我。我只说是阿合买提江去阿勒泰视察了，还没有回来，也没有听到什么消息。但我心里觉得有一个可怕的黑云正向我袭来。我不愿意再往下想。有时我干脆说自己病了，躲到房间里，回避别人。

新疆的形势在发生着巨大的变化，国民党当局惶惶不可终日。

在西部堵截国民党退路的三区民族军的压力下，新疆国民党当局向三区民族军发出信号，表示很快将派代表和三区民族军和谈，并请求三区政府不要采取军事行动。

那么他们将会派谁来呢？

最后，国民党新疆当局为了表明议和的愿望，专门派包尔汉先生的长子、省政府秘书处人事主任、国军上校军官努斯热提·沙赫德，以及在联合政府时期曾担任教育厅副厅长的陈方伯、保安司令部王润科长3人到玛纳斯河西岸与民族军和谈。

努斯热提·沙赫德曾在联合政府时期和我们有着共同愿望，应该说受包尔汉先生的指示和我们一直在保持秘密联络，况且他姐夫乌依古尔一家已经在伊犁，虽然在几个月之前国民党当局为了拉拢，授予他上校军衔，但他仍然和我方保持着秘密联系。

1949年9月9日，上述3人代表新疆省政府抵达玛纳斯河西岸，同民族军前线副司令马尔果夫·伊斯哈科夫（艾斯海提·伊斯哈科夫的弟弟）、民族军副参谋长买买提明·伊敏诺夫和团长努苏普汗·坤拜等进行了和谈。

国民党省政府代表团表明张治中先生已经在北平，不再代表国民党政府，新疆的国民党部队正在酝酿最后的选择，请求民族军暂时不要采取军事行动。

但是民族军前线部队并不知道阿合买提江，还有民族军司令伊斯哈克伯克已经不在了，他们回答说没有阿合买提江的命令军队不做任何答复。

此时，国民党在新疆的势力四分五裂，纷纷外逃。泛突厥主义、泛伊斯兰主义势力艾沙、伊敏等也带家眷翻过红其拉甫达坂取道克什米尔，逃亡土耳其。国民党顽固派将领马呈祥、罗恕人、叶成等到后来也经此口岸逃往台湾。

阿合买提江离开家过了将近一个月。

1949 年 9 月 15 日，根据中央的安排，“力群电台”完成了在伊宁的使命以后，从伊宁转到乌鲁木齐。邓力群同志下榻于包尔汉先生在乌鲁木齐南梁的府邸，继续向中央传递新疆的情况。

1949 年 9 月 21 日至 30 日，在北平召开了政协第一届全体会议，赛福鼎等新疆代表出席了会议。

我从塔斯社的广播里听到了 10 月 1 日中华人民共和国成立的消息。在出席中华人民共和国成立庆典仪式的代表名单里有赛福鼎，他站在北京的天安门城楼上，和中央领导一起检阅群众。塔斯社也转播了赛福鼎在北平的讲话。

为什么这么神秘啊？怎么没有阿合买提江的名字，真是怪事！

我真的病了，阿合买提江走了一个多月了，没有消息，赛福鼎也没有回来，我六神无主，惶惑彷徨，看着年幼的两个孩子，心情十分沉重！

后来得知，就如何公布阿合买提江等遇难的噩讯，邓力群同志向中央发了以下的请示电报：

发北平

中央：

今接伊犁当局来电称，伊犁各界收听广播，已知赛福鼎参加人民政协主席团并听到了他的演讲，为释群众怀疑并免坏人利用，他们拟采取如下措施：

一、用新盟中央名义正式公布阿合买提江五人因飞机失事全部牺牲，遗体在政协会后由赛福鼎经迪化带回伊犁安葬。

二、公布毛主席的吊唁。

三、各地召开群众大会进行追悼。

四、由新盟中央抚恤各遇难者家庭。

他们要请示中央是否可以这样做，请回电。

力群

二十七日

形势极为紧迫。阿合买提江等同志的牺牲，对新疆人民是巨大的损失。这个问题恰恰发生在新疆即将解放的时刻。如果处理不当，将会引起三区人民的波动。

据说中国人民解放军原定1950年进军新疆。但是苏联方面的情报有消息说西北的“五马”在美国政府的援助下，有撤至新疆、建立所谓“伊斯兰共和国”的企图。

根据苏联政府的建议，中共中央决定加快进军新疆的步伐。毛泽东主席于1949年9月10日向彭德怀副总司令下达了中国人民解放军西北野战军在11月中旬从玉门开始迅速进军新疆的命令。包尔汉先生分别代表军队和政府宣布了脱离国民党政府的声明。

10月初，毛泽东主席指示王震同志：“你们到新疆的主要任务是为各族人民多办好事，你们要以替历史上压迫少数民族的反动统治者还债的精神去那里工作。”①

1949年10月20日，中国人民解放军第一野战军装甲兵先遣部队，马不停蹄，日夜兼程，抵达迪化。各族人民群众欢欣鼓舞，敲

① 引自《新疆和平解放》，新疆人民出版社1990年版，第490页。

锣打鼓，唱歌跳舞到离乌鲁木齐市区数公里远的乌拉泊迎接亲人的到来。

然而得不到阿合买提江的消息，我心急如焚……

没有不透风的墙。阿合买提江遇难的消息已经开始传到了人们的耳朵里，这已经引起了我周围的亲朋好友们的注意。

几天后，传来了消息，通知全体“我们的代表马上就要回来了，全体人员做好都到机场迎接的准备”。但是这个通知却没有人向我传达。我实在不愿意再忍受下去了，也不愿意丢弃希望，即使我在欺骗自己，我还是抱着最后一线希望，做了去机场的准备。

10 月 31 日，天空还算晴朗。听说代表们乘坐的飞机下午就要到了。我想，无论如何孩子们的爸爸也许会回来。我给孩子们穿上干净的衣裳，再怎么样他们也会来通知我，接我去机场吧！我还是等着有人接我。等了很久，到机场迎接的人全都走完了，却没有人来接我。我心里很纳闷，拿起电话接“新盟”总部。艾斯海提·伊斯哈科夫接了我的电话，却对我说：“你可以先不去机场。”我说：“那请你们带我女儿去吧，让她看看父亲。”但他又说，“人太多，回到了家再见面吧”，仍然没有同意我去机场。

我焦急地等待着机场的消息。不久传来飞机已经降落，只有赛福鼎，还有跟他一起走的随行人员以及邓力群同志等四五个人下了飞机。本来大家还真的以为要迎接阿合买提江先生、伊斯哈克伯克将军等的到来。民族军军乐队和仪仗队还特别做好了迎接的准备，他们以高昂的精神在机场列队迎候。但从飞机上，只有赛福鼎等人下来了，不见阿合买提江等，他的精神也非常低沉，于是取消了所有的欢迎仪式。

赛福鼎下了飞机走进小车，迅速离开了机场。迎接的其他人员也不知所措，感到很迷茫。我这时候在家里等消息，不久听到说阿合买提江没有下飞机。

飞机降落已经过去了一个小时，但是没有任何人到我们家里来。我父亲、奶奶还有很多亲戚、朋友都在我们院子里等候。我感到非常不安，再也无法抑制自己，失去了最后的耐心。

我不知道自己是怎么从家里走出去的，直接朝赛福鼎的家里走去。我们家与赛福鼎家的距离也只有500米左右，而今天显得如此之遥远，我走也走不完。当我赶到赛福鼎家时，才知他并没有回到家里，而是直接去了“新盟”机关。没有多久赛福鼎也回来了，但他一见到我，却显得非常紧张，有些不自在。

“阿合买提江先生留在迪化了，明天回来。他有给你的信，我给你取，现在我还要去俱乐部，那里有个会。”他说着就进里屋去了。

我不知是等待还是退出，在房间正中愣愣地站着。这时赛都拉·赛甫拉也夫来到了我身边轻轻地说：“你先回去吧，赛福鼎说他找到信后，自己亲自给你送去，现在我们要去开大会，你还是先回家等吧。”我顿时隐隐约约地感觉到好像有一种不祥之兆在等着我。可是，我依然不愿意相信这是真的，等我缓过神看周围，我感觉好像周围的人们似乎都在有意回避我，这时我感觉到大祸可能要降临了。

我步履艰难，也不知道是怎样走出了赛福鼎的家。此时我感觉到，这两家之间只有500米的距离，今天好像是要走万里长征；秋天的太阳晒得我身上像被蜇一样难受；我的双脚好像不是自己的腿脚；我几乎扶着路边的墙，踉踉跄跄好不容易回到了家。而这里所有的亲朋好友都在等着我。

“你们都回去吧，我现在头疼得厉害。”我说着便进入房间，摇响了给艾斯海提的电话。

“听说维、哈、克俱乐部要开会，我想去听一听。”

“算了，你就不来了。这个大会你不参加也可以。”显然艾斯海提拒绝了我的要求。

忽然，阿合买提江的秘书阿不都热西提·伊敏诺夫的妻子热孜万进来了。

“天哪，大姐，我怎么听到震惊的噩耗呀，莫非是天塌地陷了？”她哭着进来找我打听消息。

“哎呀，你这是在说什么呀？”我仍然强作镇静，“我已见了赛福鼎，他说阿合买提江他们明天就回来，你尽说些什么话呀！”尽管我心情也很紧张，但我还是不愿意去想更多。

为了得到确切的消息，我摇响了伊斯哈克伯克将军家里的电话，他妻子阿依夏却安慰起了我：“我泡好茶正等着将军他回来呢，可是还没有消息。你不要胡思乱想啊！”

我实在忍受不住了：“哎呀，好了，别再说了，赶紧到我这里来。我想去参加会议，他们却不同意。人们有的骑着马，有的赶着马车到我们门口来看，不知为什么他们转转就往回走了。这到底怎么回事啊？我怎么听到一些很不吉利的话呀！”

“我怎么没听到啊，我现在就去。”阿依夏匆匆忙忙很快来到我家。

我和阿依夏相互不知要说什么好，旁边的阿寿文的妻子热孜万不停地掉眼泪，我们 3 个人的先生都没有回来。这件事像谜一样搅得我们忐忑不安。

阿依夏和热孜万没坐多久就匆匆忙忙地回去了。

四周显得十分沉静，天色已晚。不知是到了什么时候，突然我们的院门大开，汽车的喇叭声、人群的喧闹声传进我的耳朵，人们挤满了我家大院。我从窗户看到有些同志腰戴白布，但我还是蒙在鼓里，脑子一片空白。

这时，阿不来提司机号啕大哭，进来也没有跟我说什么，就搬客厅正中的桌子。我慌张地冲出来失声地叫喊道："你们这是在干什么？你们为什么要诵经？发生什么事了？快说呀！到底怎么了？"

艾尼号啕大哭第一个冲进屋里，边哭边叫："我的好兄弟呀，你在哪儿呀？你是我们的顶梁柱呀，天要塌了呀！"

我顿时纳闷，紧接着赛福鼎进来，他话音哽咽，泪水满面："玛依努尔夫人，我们失去了先生，失去了我的老师……"他无法再讲下去……

我毛骨悚然，眼前漆黑一片，倒了下去……

等我苏醒过来时，我姑妈、吾斯满江的母亲帕坦姆也从麻扎亲戚家被接了回来，失声痛哭，死死抱住我。她也失去了儿子。

就这样，我不愿意相信的噩讯终于成了现实！

这一天是阿合买提江和我告辞整整第 71 天。

在这以前谁也没有给我透露任何消息，尽管我心里产生过怀疑，但我仍然没有相信。然而谁知，不愿意听到的事情终于传进了我的耳朵。

这次飞机失事，我失去了两位亲人。我的先生阿合买提江和我的表弟吾斯满江。

然而，这时我虽然已经得知我丈夫阿合买提江已经遇难，但我并没有见到他的遗体。

我被重重密云缠绕，怎么也找不到合理的答案。不过我还是努力克制自己，想了解问题的究竟，开始努力奔走，试图解开我脑海里问题的症结。

“这么大的事件，为什么没有立即通知我？”当我再次提问时，得到答复说：“当时担心伊宁会出现骚乱，为了稳妥起见，决定等赛福鼎同志从北平回来以后通知你。”

那么飞机失事的原因何在？为了找到更确切的答复，我想到了当时苏联在伊宁的友谊医院院长阿克木·加帕诺维奇，他可能知道更多的情况。

“请告诉我飞机失事的原因是什么？苏联政府那么强大，为什么就没能挽救，也没有找到飞机的残骸？”我有些激动。

阿克木·加帕诺维奇回答说：“贝加尔湖你没见过，湖面上空总是浓雾笼罩，见不到地面，四周群山环绕。因为飞机小，可能是没有能承受住恶劣的天气。而且听说阿合买提江先生不愿意延误抵达北平的时间，据说他不顾天气情况，命令飞机起飞，结果出事了。”

也就是说，阿合买提江的遗体留在了苏联的贝加尔湖一带。我始终安不下心来。最后，我哭着问赛福鼎：“我要去看出事的地点。难道我先生的遗骨就留在异国他乡？将来我如何向我的孩子们解释？”

赛福鼎也掉着泪回答说：“那是国外，你的这一要求我们会向上级反映。”

后来，我陆陆续续听到有关阿合买提江等人不幸遇难的经过：

1949 年 8 月 22 日晚，阿合买提江一行通过霍尔果斯边境乘坐汽车于 23 日到达了阿拉木图。24 日早晨他们改乘飞机从阿拉木图起飞，在哈萨克斯坦的谢米帕拉丁斯克降落停留一夜；25 日又乘机抵达新西伯利亚，26 日抵达伊尔库茨克市。但是，按照计划，他们应该在 27 日抵达西伯利亚的赤塔市并立即转乘火车，28 日经过中苏边境到满洲里，通过东北铁路抵达北平。

据说，1949 年 8 月 28 日是满洲里入境的时间，不能更改。另外中共中央首长的会见以及其他事项均已安排好。但是 27 日这一天伊尔库茨克天气不好，贝加尔湖上空布满了乌云，飞行有困难。为不影响行程计划，代表团团长阿合买提江·哈斯木要求苏联方面准时起飞。这样飞机几乎强行起飞了。

当飞机从伊尔库茨克起飞，约飞行 1 小时 40 分钟时，突然失去了与地面的联系。原来飞机飞到贝加尔湖上空时，陷入浓浓的乌云之中。据说为减轻飞机重量，阿合买提江他们把飞机里的东西往下扔。机组人员通过电台向地面报告了情况。然而飞机始终不能保持平衡，最终撞到山上坠毁了。阿合买提江一行 8 人，加上苏联方面陪同及飞机驾驶员、乘务员，共 18 人全部遇难。

这次事件前后的情况以及发生的原因，我所了解的也就是这么多，别的我无从考证。

在以后的日子里，当我深深陷入痛苦的思念时，我好像又听到了人们告别阿合买提江先生遗体时唱起的悲歌：

啊！我们敬爱的领导人，

我们陷入了无限的悲痛。
与国民党反动派英勇斗争，
你们是多么博大雄深。

阿合买提江先生，伊斯哈克伯克将军，
从心底喷发着我们对你们的思念。
浓雾笼罩的山犹如尖刀刺进我们的心，
历史给我们留下了永远抹不去的伤痕。

当解放的曙光刚刚来临，
悲痛却撕碎了我们的心。
阿巴索夫、达列力汗多么英明，
我们深切地思念你们！

（节选自玛依努尔·哈斯木著《回忆阿合买提江》，中国文史出版社2011年版）

营救张澜、罗隆基脱险

阎锦文 *

抗日战争胜利以后，在 1945 年双十节国共双方代表在重庆签署《政府与中共代表会谈纪要》（即“双十协定”）的同时，蒋介石却私下发布《剿匪手本》，指使其嫡系部队与八路军、新四军频繁地制造摩擦，甚至贼喊捉贼地诬陷中共阴谋发动内战。一时，形势极为紧张，战争乌云又重新笼罩在中国人民的头上。在内战迫在眉睫的情况下，一个偶然的机会，我在上海环龙路国民党政府监察委员杨虎的官邸认识了周恩来副主席及夫人邓颖超。

那是在 1946 年 5 月中的一天，在一个天气晴朗的上午，我身着国民党军服去谒见我追随多年的上峰杨啸天先生。杨先生当时正在

* 阎锦文：时任上海警备司令部第三大队特务副队长；后曾任北京市宣武区政协委员，上海市公安局专员。

客厅内接待两位神采奕奕的客人，经杨先生的介绍，这两位原来就是大名鼎鼎的中共领导人周恩来副主席及夫人邓颖超。我毕恭毕敬地深深地鞠了一躬，表示我对他们的敬意，并表示能有机会见到周副主席感到十分荣幸。周副主席平易近人，热情地招呼我坐在他的身旁，询问我在什么部门从事什么职业。还没等我张口，杨先生就抢先作了回答："此人是我的老部下，姓阎名锦文，现在上海警备司令部稽查处任职，如需效力，尽管吩咐。"周副主席语重心长地分析了当时国内的形势，希望大家能为实现和平民主多作贡献，并表示欢迎国民党军队中的各级人员参加人民民主革命，共产党的政策是既往不咎，人民不会忘记曾经为革命事业作过贡献的人等等。从此，我牢牢记住周恩来先生对我的教育与鼓励。由于周副主席的谆谆教导与循循善诱，我逐步对形势有了比较清醒的认识。国民党的独裁统治肯定是不得人心的，如果国民党政权一旦崩溃，我将何以自处？为个人着想，我必须争取为共产党做一些好事，以便为自己留一条后路，这就是我当时的思想状态。

中共驻上海办事处当时设在马思南路的一幢花园楼房内，距离杨虎在环龙路的寓所很近。为什么周副主席在上海期间与杨虎曾有往来？这里面的关系十分微妙。据我所知，杨虎当时对蒋介石十分不满。这种"不满"并非有什么政治觉悟，而是基于对蒋的私人成见。本来，杨虎与蒋介石同是孙中山先生的亲信。杨虎曾在辛亥革命中，在黄浦江上夺取肇和兵舰并向上海制造局开炮，为上海的光复立过功，因此受到孙中山先生的垂青。孙中山逝世后，蒋介石背叛革命，发动"四一二"政变，大量屠杀革命人民。杨当时是上海淞沪警备司令，是这次血腥屠杀的主要凶手。当时的上海市市长是陈群。上海人民对这两人恨之入骨，呼之为“狼虎成群”。后来不知何故，蒋介石在利用杨虎之后，竟将杨虎弃之不顾，让杨虎在上海当个有名无实的监察委员，因此，杨对蒋怀恨在心。

在重庆谈判期间，军统特务头子戴笠指使他们的鹰犬对毛主席、周副主席的住宅进行严密监视，甚至企图暗杀他们。杨虎曾当面警告戴笠不许暗下毒手，否则唯戴笠是问。这一切都说明尽管杨虎是资产阶级政客，屠杀过革命人民，但是，杨虎后来确曾为人民做了一点好事。

抗战胜利以后，我在上海警备司令部稽查处警备大队任大队附，负责沪西地区的社会治安工作。我的警备大队部设在华山路2092号陈家祭堂内，管辖卢家湾、徐家汇、常熟路、南市、长宁等警察分局，而杨虎所在的环龙路以及张澜、罗隆基就诊的虹桥疗养院正是在我的辖区内。当时上海警备副司令周力行是杨虎的女婿，稽查处长何龙庆又是周力行的亲信，都是自己人，因此我行动起来比较得心应手。

1949年5月初，南京已经解放，中国人民解放军正以排山倒海之势向上海逼近。国民党的党政要员及所有达官贵人均纷纷向台湾或华南逃窜，留在上海的军警宪特奉蒋介石的旨意，在上海全市范围内大肆搜捕共产党人及共产党的外围组织和一切民主人士，抓人的警车时时呼啸而过，上海呈现一片白色恐怖，人民群众处在水深火热之中。

就是在这样紧张的时刻，有一天杨虎在环龙路寓所的楼上召见了我，要我做两件事：（1）调查上海警备司令部稽查处逮捕了多少共产党员？被捕人的姓名、职业？关押在何处？将详细情况写成书面报告，以便设法营救；（2）最近从中共方面获悉，民主同盟主席张澜、罗隆基等人可能要被捕。如果这样事情发生，由你负责营救。上海战役即将开始，张澜、罗隆基及一切政治犯的生命危在旦夕，时间紧迫，刻不容缓。杨说此话时，当时在场的有杨虎的夫人田淑君和杨虎的旧属王寄一、孙履平二人。

王寄一原是国民党的国大代表，孙履平为市立法委员，两人对当时的社会现实都有强烈的不满情绪，因而在营救张澜、罗隆基等问题上与杨一拍即合。王寄一此时已与中共地下党负责人吴克坚取得了联系；孙履平协助杨虎与中共的外围组织和民主人士章伯钧、邓初民、郭春涛等联系；我则负责营救张澜、罗隆基。

上海解放前夕警察局长毛森是保密局特务头子毛人凤的本家，也是戴笠生前的亲信。此人此时奉令督促上海各界知名人士逃往台湾，对在押的革命人士采取秘密处决的办法。惨遭杀害的不计其数，甚至在警察局的楼上刑讯时即杀人。毛森是一名穷凶极恶的特务和杀人魔王，上海人民一提起毛森，就感到毛骨悚然。

1949 年 5 月 9 日，国民党上海警备司令部突然召集各警备大队附、大队长开紧急会议，会议内容事先不通知，由稽查处长何龙庆主持。何龙庆在简单地分析了上海当时的危险形势后说，奉上峰指示要逮捕民主同盟主席张澜和民盟副主席罗隆基。经过调查了解，此二人住在霞飞路虹桥疗养院治病，必须迅速采取防范措施，勿使其脱逃。

上海警备第三大队长聂琮是军统死党，平日与我面和心不和。在这次会后，聂琮未与我磋商，即私自带领王南山、徐良琪、赵振奇等十余名特务分子径往虹桥疗养院，将张澜、罗隆基所住的病区围住。聂琮也深知我与杨虎及淞沪警备副司令周力行关系密切，同时我又是警备大队附，采取重大行动，不通知我似乎有些不妥。于是，聂琮在虹桥疗养院用电话通知我到现场商量，我明知事态发展十分严重，如果让聂琮将张、罗二人押往警备司令部看守所，到那时再想营救，真比登天还难。在这千钧一发的情况下，必须沉着冷静，既不能与聂琮顶撞，更不能暴露我有营救张、罗的动机。怎么办？我装作若无其事的样子，立即驱车前往虹桥疗养院，与聂琮说一些吃喝玩乐的漫无边际的闲话，以取得聂琮的欢心，从而稳住聂琮的情绪，转移聂琮的视线。聂琮简单地向我布置了任务，要把张澜、罗隆基押往警备司令部看守所。我告诉他这点小事何须聂大队长亲自动手，由我负责处理，保证他俩插翅难飞。聂琮此时正在与两位浓妆艳抹的少妇闲话，我立即转身来到病房，只见张澜、罗隆基二人睡在病床上，满面愁容，一副病态，惴惴不安地注视着我这位身着国民党军服的不速之客。我又迅速地离开病房，用电话向副司令周力行请示，说明张澜、罗隆基二人病情十分严重，行动不便，可否找一个有社会地位的保人，保证他们不逃跑，就地派人监守，随传随到，保证万无一失……周力行了解我与其岳父杨虎的关系，对我的建议当然表示同意。当时我内心十分高兴，有周力行做靠山，还怕聂琮不答应吗？我放下电话筒来到聂琮面前，向他传达周力行副司令的指示，聂琮虽然有不悦的表情，但对副司令的指示又不敢公然违抗，因此，聂琮对我说：“你看着办吧！”转身乘车回警备大队部去了。

送走聂琮，我指定两名队员守在张、罗病房门外，并警告他俩，非我的命令，任何人不得接触张、罗。嗣后我又来到虹桥疗养院护士长办公室请来郑定竹副院长，向郑询问张、罗的病情。据郑大夫说，罗隆基先生于 1947 年因患肺结核、糖尿病而住院治疗，一直由郑负责诊治。张澜老先生因患齿槽脓漏与尿道感染，于 1949 年三四月间才住进医院的。接着，我试探性地问郑大夫可否为张、罗二人具保，如能具保，我本人会向郑先生提供必要的方便，如派人看守、加强警戒等等。郑大夫见我说得有理，立刻表示愿与我合作，出具保证书，保证张澜、罗隆基随传随到，决不逃走，并且愿以身家性命担保签名盖章，将保证书交我收存。

郑大夫何以敢冒这样的风险？事后才知道这是有思想基础的。郑大夫因长期为罗隆基看病，因而与罗隆基建立了比较深厚的友谊，同时也因此认识了一些民盟同志，对民盟为中国的民主运动而斗争的光荣历史十分钦佩；特别对民盟主席张澜老先生刚正不阿的品格和一生为民主革命奋斗的事迹，深表敬仰。郑大夫对国民党暗杀民主人士李公朴、闻一多的法西斯行为极为不满，今天面对张澜、罗隆基可能遭遇迫害的局面，岂能袖手旁观？基于义愤，郑大夫终于挺身而出，甘愿以身家性命为张、罗担保。郑大夫如此坚持正义，慷慨助人，当时我内心深受感动，但表面上不动声色，因为我不能向任何人暴露我的秘密身份。

拿到保证书，告别了郑大夫，我驱车回警备第三大队，向大队长聂琮说明办理经过并出示保证书，聂琮又加派几名特务分子每日前往虹桥疗养院轮流看守。

大概在 5 月 11 日晚（具体时间因年代久远，记不清楚），我来到环龙路杨虎家中，将以上经过向杨作了详细口头报告。杨亲切地告诉我说："营救张澜、罗隆基是周先生的指示。周先生来电要求我们营救张、罗二人脱险。”我立即表示豁出性命也要完成任务。

从此以后，几乎每日晚间均向杨报告张澜、罗隆基在医院的情况。杨还提醒我必须防止特务在医院内对张、罗下毒手；同时尽可能对民盟其他领导人和一般盟员的安全亦须设法保护。在上海解放前的那几天，我经常到虹桥疗养院楼上病房，表面上是巡视队员们对张、罗二位监视的情形，说话声色俱厉，咄咄逼人，医护人员对我都有几分惧怕。但到病房内对张、罗二人则婉言劝慰，不时地向张、罗二位透露营救之意。因为执行监视任务的队员都在病房外，我与张、罗谈话的内容，他们是听不到的。我曾利用这个机会告诉罗隆基，警备司令部准备逮捕所有盟员，以便罗隆基趁郑大夫查病房时把这个消息透露出去，使其他盟员早日逃跑。事实证明，我这样做的结果是生效的。在这以后不久，有一次，我在警备大队部内听聂琮说盟员都逃跑了，我心中暗喜，民盟其他成员的脱险，通过郑定竹先生的策划，总算完成了任务。

民盟其他成员脱险的第二天，杨虎通知我必须立即向张、罗“摊牌”，说明真相，然后采取行动迅速转移。我又来到虹桥疗养院 206 病房，向他们二位说明我是奉杨虎的命令，来此负责营救他们的。张、罗二位虽与杨虎相识，但对我的话是真是假，还是半信半疑。忽然，罗隆基先生问我，杨虎的夫人田淑君现在何处？我即告知田夫人现住环龙路，并将电话号码告诉罗，以便罗直接与田夫人通话。这样，罗隆基才深信不疑。

大约在 5 月 14 日晨，聂琮在大队部内向上尉队员刘光琪布置任务，说是奉上峰指示要在虹桥疗养院内干掉张澜、罗隆基，方法是用锋利的匕首在病房内行刺。刘接受指示后，即草拟一份具体行动计划，并将匕首交聂检查，言定次日晚9时行动。可是，随着形势的急转直下，学生罢课、工人罢工的事件，在上海已层出不穷，特务深恐社会上因张、罗被刺与李公朴、闻一多事件联系起来，酿成更大的反抗浪潮，故取消在医院行刺的办法，改为将张、罗绑架，用船运到吴淞口外，身系石块，将其投入江内，毁尸灭迹，以掩人耳目。特务头子王新衡对此事作了缜密的安排，并决定将任务交我率领精干队员4名执行。

我得悉这一计划后，心情十分沉重并且感到异常紧张。此时，杨虎为了躲避国民党当局逼他飞往台湾的纠缠，已经转移到别处隐蔽起来。我费了很大气力才找到杨虎。当时在场的有王寄一等人。我将保密局行动计划向他们作了详细报告，经过大家分析，一致认为如果我按照他们的指示进行，在将张、罗沉入大海的同时，我也将被推入大海，这是特务惯用的杀人灭口的伎俩。怎么办？情况紧急，不容迟疑。大家一致决定，在王新衡下命令转移张、罗的同时，即是营救张、罗的大好机会。必须有轿车一辆，亲信助手二人，转移的目的地有3处：一、环龙路杨虎家中；二、西爱咸斯路田淑君家中；三、贝当路小咖啡陈家（陈经理与杨虎是儿女亲家）。以上3处都是花园楼房，电话、前后门都可应用。为了保证张、罗安全转移，杨虎提供了很多方便，还把咖啡烟厂陈经理的汽车借给我用，由我亲自驾驶。同时指定潘云龙、庄儒伶二人作为我的亲信助手，协助我执行任务。

潘云龙、庄儒伶二人都是杨虎介绍到上海警备司令部工作的。当时，潘、庄二人被安排在警备第三大队任尉级队员，干总务工作，专管军饷、粮食等事。这两人枪法很准，能打活动目标，大家称他们是百发百中的神枪手。他们两人身体都很壮，气力过人，百八十斤一手即可提走如飞。因为我们都是杨虎的旧部，平时往来比较亲近，又因我们都属非保密局系统，往往被视作外人，甚至受到排挤。这种分歧更加使我们在精神上团结一致。他们二人待遇较低，我不时地在经济上给予帮助，因此，在感情上逐渐打下基础。由他们二人做我的助手，行动起来，可以说是得心应手，运用自如了。

当时上海解放战争已在外围打响，市内各区都作了战争准备，国民党军警宪特各机关也都作了撤退前的抵抗部署。潘云龙、庄儒伶二人在无人的地方谨慎地问我如何打算，是跟着走还是留下来，我见他二人态度诚恳，但拿不定主意，便亲切地对他俩说："请放心，我们都是杨司令的人，来去都应该听杨司令的指挥。在这兵荒马乱的年头，咱们弟兄应该有福同享，有难同当。杨司令要走，决不会丢下我们；杨司令不走，我们也别乱动，跟着杨司令是没错的。"二人见我说得有理，心中十分高兴，我又进一步向他们宣传当时的形势，要求他俩尊重杨司令的指示，接受我的指挥，二人一一表示同意。可是，表面上我们3人还要装出一副准备随军撤退的样子，否则一旦引起保密局方面的怀疑，事情就不好办了。

事隔两天，杨虎对我说："时局很紧，老蒋逼着我非走不可，我一方面要做出随他撤往台湾的姿态，另一方面到必要时，我还要躲起来。你如见不到我，可与田淑君电话联系。张澜、罗隆基如何脱险，仍由你负责设法营救，这是立功的机会。"

从此以后，我再也找不到杨虎了。孙履平、王寄一等人也找不到了，原来他们躲起来比杨虎还早七八天。正当我感到孤独、焦急的时候，忽然接到随军撤退的命令。这是稽查处长何龙庆亲自到第三大队向全队宣布的，要我做好充分准备，何时撤退，临时通知。如果接到撤退的通知，不能按时到达指定的集合地点，则按抗命论处。是时，看守在虹桥疗养院的警备第三大队队员的心情，自然也随着时局的紧张而紧张，纷纷要求换岗。于是，我就把看守张澜、罗隆基的队员调回，换上庄儒伶、潘云龙二人轮流看守，被撤换下来的队员很高兴，认为他们可以在撤退前乘机掠夺人民的财产了。

1949年5月24日上午，我正式接到警备司令部要我移解张澜、罗隆基的命令，指定的集合地点是上海警备总司令部。我当即驱车到虹桥疗养院，对张澜、罗隆基正式声明我奉杨啸天的命令负责营救他们，这几天一切行动须听我的指挥。张、罗二人始则缄默，后经我再三婉解，他们反问我此事有何根据？我说你可用电话询问杨啸天或夫人田淑君。张澜仍不以为然。可是，罗隆基竟在小本子上查出杨家的电话号码，当即拨通电话，因杨已转移，田淑君接到电话，一听是罗隆基打来的，于是就告诉罗隆基在此关键时刻，必须遵照阎锦文的安排，阎是自己人，听阎的话万无一失，等等。张、罗得悉真相后，心中欢喜，如释重负，再三向我表示谢意。我又转身来到病房外，通知庄儒伶、潘云龙二人此时此刻必须听我的命令行动，如果有别人来转移张、罗，可格杀勿论。同时，我又回到病房内，告诉张、罗二人，不管外面有什么动静，千万不要出病房。一切布置妥当之后，我即驱车到上海近郊观察解放战争形势，只见各交通要道均已设置路障，军车来往频繁，明碉暗堡，随处可见，西北方向不时地传来隐隐的炮声，气氛极为紧张，眼看解放上海的战役迫在眉睫。张澜、罗隆基二位的生命及我全家的安全系于呼吸之间。此时此刻，我很想与中共地下党及杨啸天先生取得联系，向他们请示具体的行动时间，可是无论如何联系不上。我心急如焚，只得又与田淑君电话联络，万万没想到田此时十分焦急，也正在到处找我。她在电话中告诉我，接到吴克坚先生的指示，要求你今晚12时以前完成营救张、罗的任务，转移地点是环龙路杨家。并且也要求我全家必须同时迁出，否则必有被杀害的危险。从整个营救行动计划上看，中共上海地下党及民主同盟中央的几位负责同志对此是有周密安排的。

5月24日晚10时许，我亲自驾驶大型轿车开往虹桥疗养院。是时，上海全市已经戒严，各路口均有哨兵把守。因为我身着军官服装，并有当夜口令，所以能在戒严的时间通行无阻。当我将汽车驶入虹桥疗养院院内时，医生护士见汽车漆有警备总部字样标记，又由身着军装的军官驾驶，深夜到此，知道情况不妙，胆小的吓得躲起来，胆大的在一旁观看。我快步来到病房，手提左轮手枪，故意大声吆喝："张澜、罗隆基快些上车，我们是奉命移解，不得延误。"张、罗二人此时心中有数，迅速离开病房，由庄儒伶、潘云龙二人搀扶登上汽车。张、罗二人坐在后排中间，潘、庄二人分坐左右保护。我迅速将车驶出疗养院，转弯拐角，避开大路，在黑夜中向环龙路急驰。一路上有好几处岗哨向我喝问口令，我很熟练地答以当夜的口令。及至环龙路杨虎住宅门口时，碰上国民党军队的夜间巡逻值勤车。值勤军官不仅盘查我的身份，而且检查了我的车内有无武器，车上坐着的是何许人。我即告知张是我的父亲，罗是我的哥哥，为了随军撤退，我需要将家属妥善安置。夜间值勤军官对我的回答深信不疑，让我把汽车开入杨家院内。事后得知，早有解放军的便衣队在杨家院内迎候。田淑君将张澜、罗隆基迎至客厅，互相寒暄祝贺。此时，大家才恍然大悟，原来杨虎的花园楼房已成为中共地下工作的总部了。

为了让虹桥疗养院副院长郑定竹先生免遭牵连，我在离开疗养院时，将郑先生代表医院出具的保证张、罗不逃跑的保证书交还了医院，以免事后军统特务找他的麻烦。

张澜、罗隆基得救后的第二天，苏州河以南的半个上海都解放了。我的家属也转移到安全地带。正如策划这次行动的领导人所指示的那样，我的家属如不及时转移，就有受到杀害的危险。就在我救出张、罗的第二天，王新衡派人到我家搜查，并扬言要抓我的家属，给我看家的朱书宏先生也受到这些特务的虐待。

我由一名国民党军官走向革命，这是中国共产党执行统一战线政策的结果，也是伟大的无产阶级革命家周恩来教育的结果。

营救张澜、罗隆基一事触怒了蒋介石。在上海解放前夕，蒋介石亲自下令悬赏百两黄金通缉我，并派遣保密局少将行动科长朱山猿执行追捕我的任务，甚至妄图杀害我全家老小，以泄其愤。这个万恶的特务，在上海解放初期，即被上海公安局捕获归案，依法受到了应得的惩处。

章长炳　整理

（节选自《文史资料选辑》第107辑，中国文史出版社1987年版）

关于杨杰被暗杀的简要经过

沈　醉*

这是1949年8月初，我当时任国民党国防部驻云南特派专员兼保密局云南站站长。保密局局长毛人凤先后两次发给我亲译密电，命令我立即暗杀在昆明的杨杰先生、陈复光教授以及云南省政府民政厅厅长安恩溥、保安司令部参谋长谢崇文、保安旅旅长龙泽汇五人。目的是蒋介石要排除异己，竭尽全力保住云南这一反共基地，以便与国外帝国主义勾结，“收复”已解放的地区。

我当时住在昆明三节桥靖国新村，杨杰先生则住在我家斜对面。他几乎每天都要从我家大门前的一个大草坪走过，去云南“沱茶大王”严燮成家吃饭、打牌，有时他常常在外面应酬到

---

* 沈　醉：时任国民政府国防部保密局云南站站长，后曾任全国政协委员、文史专员。

深夜才回来。我除在严燮成家常和他见面外，在其他的许多应酬场合中也常见着他，彼此很熟悉。杨先生每次从我家门前草坪走过时，见到我的小孩，总要逗他们玩玩，孩子们都喜欢他，叫他“杨伯伯”。

那时我要派特务暗杀杨先生确实是轻而易举之事，但我没有执行。一是因为毛人凤命令我暗杀5个人，我如果光杀杨杰，其他的人就会提高警惕，以后不易下手；二是当时我全家老小都在昆明，发生了暗杀事件，卢汉定会猜到是我，我即使能逃脱，但家人会受牵累；三是看到国民党大势已去，杀几个人也不一定能保住云南。所以我虽作了种种布置，却一直没有下定决心。

不久，毛人凤又发给我一份亲译密电，内容大致是说，奉蒋介石面谕：杨杰正在大肆活动，替民革拉拢国民党军队的高级将领，务必先将此人除去，以免后患；限我3天内务必执行，否则按团体（即军统组织）纪律严惩。

我接到此电令后，考虑再三。我估计：光是杀掉杨杰，卢汉也许不会马上对我怎样；因为卢汉与杨杰虽有交情，但他不是民革成员，对杨杰搞民革活动并不支持；只要不同时暗杀与他有密切关系的人，他不会为杨杰而与我闹翻的。为了防止万一，我还是准备在暗杀杨杰后，把家眷先送往重庆，我自己携带家中的电台一同迁往北校场二十六军军部。我若不杀杨杰，毛人凤在蒋介石面前无法交代，非处分我不可，所以我便下决心要把杨杰干掉。

当天下午，我召集几个专搞暗杀的特务到我家楼上一间小会客室秘密商议，并指示他们于当天晚上将杨杰杀掉。第一个方案是：在杨杰晚上回家经过我家对面大草坪时，在那里动手，用无声手枪可以靠近他，朝头部射击。因为草坪中间路灯照不到，先等在那里，可以清楚地看到杨杰从亮处走过来。他身体相当胖，走得很慢，特务们都认识他，不会弄错。只要击中了就无法抢救，因为弹头内填进了毒药。第二个方案是：他若当天晚上不出去，便到他家中去狙击；他家的情况我们很清楚，只有一个副官、一个司机和一个厨师，还有一个 10 多岁的女孩。不论是敲门或越墙进入，都可以从容进行对杨杰狙击，附近的邻居都是高墙独院，谁也不会来管。

布置完毕，几个特务刚向我行礼下了楼，小会客室通往阳台的门突然一下被推开；我抬头一看，只见我母亲怒气冲冲地走了进来，把手中的一本书用力往书桌上一甩。我原以为楼上没有人，没想到母亲正坐在外面阳台上看书，我们的话她都听到了。见母亲满面怒容，我连忙跪在她面前，想向她解释，她咬牙切齿地用手指狠狠在我头上戳了一下，气得上气不接下气地责骂着："我多年来一直教育你，一个人可以不做官，但要做人！你今天为了自己升官发财，还要杀人，你还像个人吗？我问你：你把杨先生杀了，明天你的儿女们问你，'谁把杨伯伯杀了？'你将怎么回答？如果他们知道是你杀的，他们对你这个随便杀害好人的爸爸会怎么看？我这个做母亲的又怎么见人？这些后果你都不想，只想自己做官，不想做人！我不要你这个儿子，我马上到台湾你哥哥姐姐那里去！"

听了母亲的这番话，我只好答应她：宁可受处分，也不杀杨杰，请她老人家息怒。于是我只好把那几个做准备的特务叫回来，说情况有变化，宣布刚才的布置暂不执行，等以后再说。我母亲怕我另搞一套，天天注意杨杰是不是还在。于是暗杀杨杰的事就这样拖下来了。

不久毛人凤命我将全家送往香港，准备以后更好地采取行动。9月6日，卢汉先生去重庆见蒋介石，我准备只要卢汉在重庆被扣，我便与二十六军一同发动，进占昆明，把杨杰和卢汉的亲信全部逮捕，把几个保安团全部缴械。当我于9月8日接到重庆毛人凤给我的急电，说卢汉已同意在昆明来一次大逮捕，我便召集在昆明的十来个特务头目开会，将我们可以掌握的近千名特务和武装部队人员组织起来做好大逮捕的一切准备工作。监视杨杰先生的几个特务也做好准备，只要一声令下，就可把杨先生逮捕起来。

9月9日卢汉的专机刚一到昆明，毛人凤便命令西南长官公署第二处处长徐远举带领大批特务跟着飞到昆明。徐远举下机后，便到我家告诉我：毛人凤当面指示他到昆明办的第一件事就是逮捕杨杰。不料徐远举派去逮捕杨杰的特务却扑了个空，只抓到了杨先生身边的一位工作人员，接着又抓到了去杨家的一位教授。徐远举把教授带到我家楼上会客室中，让他听我家楼下被改成刑讯室的房间传来那位同志受刑时的惨叫。很快就从他们两人口中得知：杨先生已于当天上午飞往香港，也正是徐远举下飞机时，杨先生乘坐的飞机正好起飞。机票是由朱健飞用化名代买的，并由朱健飞用汽车到杨家去接的，杨先生躲在汽车后座下面，所以没被监视的特务发觉。

蒋介石得知杨杰逃走的消息，大为震怒，又派毛人凤带着周养浩等赶往昆明。毛人凤到我家对我大发脾气，责怪我没早日暗杀杨杰。事后，我们从在杨先生家里抄到的日记、信件中找出了杨杰在港的关系后，毛人凤便急电台湾保密局行动处长叶翔之率特务韩世昌等4人赶到香港。

一天早上，我从当天报纸上看到杨杰先生在香港被暗杀的消息，便拿着报纸匆匆去找毛人凤。当我把报纸给他看时，他也从文件中抽出一份台湾发来的加急电给我看。那封电报是叶翔之打给他的，说刺杀杨已完成任务，全部特务已安全返回。事后，我才知道，叶翔之等人事先伪造了一封李宗理（一说是贺耀祖）的介绍信，让特务拿到香港轩尼诗道260号四楼杨先生的友人家中，见到杨先生，把信交给他。在他正低头看信之际，特务便用手枪向他头部连开两枪，将他击毙。事后，特务就逃之夭夭了。因叶翔之等人刺杀杨杰“有功”，保密局还发给了他们一笔奖金。

这就是杨杰先生被暗杀的全部经过。

沈醉　口述　沈美娟　记录

（选自《中华文史资料文库·政治军事编》，中国文史出版社1996年版）

热血沃中华

——记杨杰烈士

杨德慧[*]　李　韧[**]

1949年9月21日，中国人民政治协商会议第一届全体会议经过紧锣密鼓的筹备之后，在北京正式召开。在庄严而隆重的会议上，中国共产党代表团提出了一个临时动议，由主席团以大会名义向中国国民党革命委员会和杨杰家属致唁，并特许杨杰为列名缺席代表。杨杰是谁？他是怎么去世的？为何能得此殊荣？

一　拥护中共政治主张　反对蒋介石独裁统治

中国国民党革命委员会创始人之一杨杰将军是20世纪中国著名

* 杨德慧：杨杰之女，曾任云南大学历史系教授。
** 李　韧：云南大学民族学与社会学学院副研究员。

的军事理论家和战略家，杰出的爱国民主人士。杨杰，字耿光，又名漱石，1889 年生于云南省大理县。1913 年毕业于日本陆军士官学校，他深受孙中山先生革命思想的影响，加入同盟会，回国后在武昌参加辛亥革命。大革命时期，杨杰将军竭诚拥护孙中山“联俄、联共、扶助农工”三大政策，同共产党人并肩北伐。此后历任师长、军长、第一集团军总参谋长、长江要塞总司令、陆军大学校长等职。

杨杰以其杰出的军事才能，一度深受蒋介石器重，曾在 1928 年蒋介石的二次北伐、蒋冯战争、中原大战中为蒋介石出谋划策，扭转危局，成为蒋最亲近的幕僚，号称“智囊”。由于性情耿直，疾恶如仇，不肯曲意逢迎，同时对蒋介石的反共独裁政策不满，两人关系逐渐疏远。1931 年，当蒋介石大举进攻中国共产党领导的革命根据地时，他愤然离开部队，到上海闭门读书，重温孙中山先生的遗著。后因其主张积极抗日，抨击南京政府的不抵抗政策，被派出国“考察”。杨杰将军在欧洲各国的见闻中，悟出了孙中山先生“以俄为师”的真谛，开始萌生了社会主义制度比资本主义制度优越的信念。

七七事变后，杨杰将军拥护中共中央为国共合作发表的宣言，拥护抗日民族统一战线的方针策略。他以军事学家的身份出任驻苏大使，积极为抗战争取国际支援，爱国、民主、进步的政治立场愈发坚定。

1940 年，杨杰由苏联回国后，对蒋介石的专制独裁、亲美反苏、消极抗日、积极反共方针极为不满，常常公开加以指责，宣传团结抗日的主张。周恩来通过宋庆龄与杨杰建立联系，遇有重大事情都要接见他；董必武同志与杨杰建立了单线联系，经常把一些重要的消息告诉他，让他写成文章在报纸上发表。有许多文件、书信等等，是董必武同志亲自交给他，再由他转递出去。皖南事变发生后，杨杰认为这是“破坏国防的健康，抵消国家的作战力量”，是“足以致命的危机”，因此更被蒋介石所忌恨。

1943年，昆明中共地下党负责统战工作的刘浩同志，根据党的指示，做了龙云的工作后，把云南的工作情况，以及打算和龙云建立正式的统战关系，写了一份详细报告，向党请示。党中央经过研究后，回信让董必武转给刘浩同志，传达中共中央的答复。信内说明中共中央同意刘浩的意见，可以和龙云建立正式的统战关系，派华岗为代表去与龙云谈判。这封信，董必武同志亲手交给杨杰，要他带到昆明交给楚图南。当时，杨杰任英美考察团团长，路经昆明。楚图南按党的指示，来机场迎接杨杰，然后按照信封上的地址让邮递员送到《云南日报》收发室，由收发室中共地下党的同志交到刘浩手里。结果，党和龙云建立了正式统战关系，在龙云处安了一个电台，与重庆办事处进行联系。管电台的是中共地下工作人员，这个电台一直坚持到龙云下台。杨杰还经常向时任云南省政府主席的卢汉宣传形势和共产党的政策，直接导致了卢汉思想转变，对云南的和平解放产生了积极促进作用。

蒋介石发动内战后，陈诚公开发表3个月击溃共军主力、5年完全肃清残余的谈话，杨杰则公开表示“要三个月打垮共军主力，五年内肃清是办不到的，我认为十年打不垮，百年肃不清”。向甚嚣尘上的反共气焰泼了一盆冷水，也鼓舞了广大中国人民对国家前途和民族命运的信心。

二　积极投身民主进步活动

在中国共产党统一战线政策的感召下，特别是在周恩来、董必武等同志领导下的南方局直接关怀下，杨杰积极投入民主革命运动。1945 年 10 月，他与谭平山、陈铭枢、王昆仑、郭春涛等民主人士组成三民主义同志联合会，杨杰是 7 个常务干事之一。“民联”成立后，经常组织进步人士座谈国际国内时事，宣传中共的政策，用客观的态度分析形势，使这些人在政治上有明显的进步。为此，董必武同志曾鼓励说：“你们这个座谈会搞得很好。抗战的胜利，民主的实现要靠大家去做才有希望。你们交了许多同情革命的朋友，也是对我们党的支持。”

为了拉拢杨杰，蒋介石准备任命他为云南省主席。杨杰断然予以拒绝。在重庆时，他常往返于重庆和昆明，与各界民主人士密切合作，在国民党军政界上层人物中进行组织宣传工作，帮助他们认清形势，明辨是非，走爱国的道路。他动员侄女婿朱健飞参加民盟，并为民盟办的《民主周刊》筹款，为重庆举行的民盟临时代表大会提供了免费使用的专车等等。他帮助民主进步人士的斗争，并掩护和营救他们。有一次，民盟云南支部招待昆明各界社会人士时，他听了李公朴、闻一多的发言之后，立即表态：“你们的话，就好像一篇声情并茂的文章，食之如饴，嚼之有味，如果中国政界人物都能像这样通情达理，我们国家早就不会糟到今天这步田地了。”

杨杰还积极支持进步报刊克服困难，使之正常出版。1946 年中共地下党员陈赓雅在昆明办了一份进步报纸《民主报》。由于它宣传进步，因此引起了特务们的注意，经常来找麻烦。陈赓雅就去找杨杰商量，杨杰认为，把《民主报》改为《民生报》，就可以减少只注意表面形式的特务的注意。于是就正式申请把《民主报》改为《民生报》。这份报纸得到了中共南方局的关怀，杨杰出任社长，原社长陈赓雅改任副社长，张天放任经理兼编辑。

此外，杨杰还找张天放联系，商量民革的组织发展工作。杨杰对张天放说："蒋介石是独夫，非垮不可，反对他的人很多，我们现在要朝这个方向做工作，多联系些人，非把这家伙打倒不行。"他们组织了一个"双周聚餐会"，定期进行形势讲话，使参会的进步人士能够认清形势，坚定反蒋反内战的立场。"双周聚餐会"就是后来云南民革组织建立的基础。他们还发动昆明万人签名，召开反对蒋介石发动内战大会，闻一多、李公朴、冯素陶、楚图南等都积极参加签名，并由张天放拟了一个稿子，闻一多修改后，以通电形式公开发表，重庆《新华日报》全文刊载。

三　指挥西南四省策反工作

1946 年，"民联"中央机关迁到上海后，杨杰先后聘请了熊克武、但懋辛、刘文辉等人，通过他们争取国民党中上层人士。他们曾先后召开歌乐山会议、青城山会议，在川北、川东、川黔边、川西等地，都组织了地下武装。为配合人民解放军进军大西南做准备，同时相机进行军事策反工作。

1947 年，杨杰闻知李济深、何香凝等人在香港筹建国民党民主派组织，便写信建议"民联"与中国国民党民主促进会（"民促"）等组织联合起来。1948 年 1 月 1 日，中国国民党革命委员会成立，"民联”成为民革的一个组成部分，杨杰当选为民革中央执行委员，负责西南四省（川、康、滇、黔）的组织、活动工作，同时仍继续领导“民联”的工作。随着革命形势的发展，国民党内部迅速分化。不少人到四川来找杨杰，希望寻找进步关系。

1948年冬，杨杰与甘祠森、黎又霖等人召开时局讨论会，讨论战争发展对西南四省的影响，以促使人们认清形势，加快反蒋独裁的步伐。大家会上一致认为，应该“保川拒蒋，迎接解放”。杨杰派人到四省去联络反蒋爱国民主人士、国民党爱国将领以及少数民族的反蒋土司，策动他们进行武装起义。此外，还积极领导和策动云南人民自卫军配合解放军解放大西南。

1949年6月，杨杰的学生、国民党陆军大学代理教育长杭鸿志，来找杨杰，希望他去对教官及全校教职工发表谈话，目的是动员陆大教职员，为起义做思想准备。杨杰非常高兴地接受了这一邀请。杨杰深知，陆大教职员工中，绝大多数未和共产党打过仗，思想包袱不大，但由于国民党的宣传，也有一些人存在思想顾虑，特别是他们的家属，所以对陆大的教职员工做一些思想工作，使他们认识到国民党的败局已定，应该正确选择自己的前途，很有必要。他首先在陆大教官联谊座谈会上全面具体地分析了当时的形势。之后，杨杰又在陆大全体教、职、学员中作了一次形势报告，说明蒋介石必败，共产党必胜的道理。同时介绍了苏联对帝俄时代的旧军官十分重用和优待的情况，并指出共产党取得政权后，一定要创办正式军事学校，会像苏联那样对待我们的。因为我们均具有一定的军事技术知识和教育经验，对军事教学还是有用的，我们对共产党又没有深仇大恨，共产党一定会使用我们的，没有忧虑个人前途的必要。这样，许多人的思想顾虑消除了。终于，在中共地下党组织的帮助教育下，在人民解放军“二野”司令部派去的地下工作人员陈济生等的具体安排策动下，1949 年 12 月 1 日，国民党陆军大学全体人员在重庆宣布起义。

7 月下旬，杨杰为加快起义进程，秘密给刘文辉部一团长写了一封亲笔信。不料这封密信落到保密局西南特区一组长李瑞峰手中。蒋介石很快得知此事，深感不安，指示毛人凤速将杨扣押起来，听候发落。就在特务们正要动手之时，杨杰因事离开了云南。

杨杰的活动越来越受到国民党当局的监视。中国共产党对杨杰的安危非常重视和关心，几次电邀杨杰北上参加新政权。但杨杰考虑到他在西南策反工作已有一定的基础，顾虑因他突然离开会产生不良后果，故请中共中央容他暂缓一步离滇，再次向党表明个人安危没什么要紧，继续在昆明活动。

1949 年 9 月初，昆明的形势日趋紧张，国民党特务大举搜捕共产党员和进步人士，黑名单上第一个对象就是杨杰将军。为了避开反对派的魔手，杨杰秘密离开昆明，赴香港避难。毛人凤亲自将杨杰家中抄出的日记及来往信件等一一翻阅，终于掌握了杨杰下榻处，随即布置了谋杀计划。19 日晚 10 时左右，国民党特务偷偷来到杨杰住处，谎称有信要面呈。杨杰毫无戒心地取过信，坐在藤椅上拆阅，特务突然拔出手枪对准杨杰胸部就是一枪，紧接着又对其头部补了一枪。就这样，一位富有国际声誉的著名军事理论家、战略家、杰出的爱国主义者，为中国人民的解放事业，最终献出了自己的宝贵生命。

杨杰被害后，中国共产党以及广大进步爱国人士对于国民党反动派躲在阴暗角落里所干的卑鄙勾当，表示强烈的义愤。国内外许多报纸纷纷发表文章，强烈谴责国民党当局的卑鄙行为，深切悼念杨杰。在杨杰将军的追悼会上，新华社的挽联是：

蒋死党水尽山穷，敌对人民屠俊彦；
新中国千锤百炼，清除汉贼慰将军。

民革中央亦电唁杨杰家属，唁电说："惊悉耿光同志应召出席人民政协会议，途中在香港惨遭匪特杀害，不胜痛悼！耿光同志致力民主革命，贡献甚多，当此新中国正在诞生，反动统治宣告灭亡之日，耿光同志虽死，亦可无憾。尚望勉抑哀思，继承遗志。特电奉唁。"

1950年，在党和政府的关怀下，民革云南省委派张德尊与杨杰将军家属赴香港，将杨杰遗体火化运回昆明，葬于西山烈士墓地。民革中央主席李济深亲自题写了"杨杰烈士之墓"碑铭。1980年夏，民革中央副主席吴茂荪到云南视察民革工作，接见了杨杰家属杨兆龙、杨德慧，勉励他们要继承先烈遗志。经过与中共云南省委统战部协商，对杨杰烈士的坟墓加以维修。1982年6月5日，中华人民共和国民政部追认杨杰同志为革命烈士。1985年，杨杰将军遇害36周年，张爱萍同志为杨杰将军题词"热血沃中华"。1989年，云南省政协召开了杨杰将军诞生100周年暨遇害40周年大会，民革中央副主席贾亦斌等人出席会议。

（选自《团结》2007年第1期）

一次难忘的幸福会见

雷洁琼*

那是在1948年冬天，继辽沈、淮海战役之后，平津战役已经打响，中国人民解放战争即将取得最后的胜利。我当时在北平燕京大学教书，渴望北平早日解放。11月中旬的一天，英勇的人民解放军像天兵一样降临北平西北部，出现在公路两旁的据点里。清华大学、燕京大学、颐和园、香山都解放了，广大群众欢欣鼓舞地庆祝胜利。清华和燕京两校师生纷纷走出校园去迎接和慰问解放军战士。当时，中共中央派张光年、张宗麟等同志来学校宣传党的政策，并做解放北平城的准备。燕京和清华师生还邀请解放军四野先遣部队负责人刘道生同志作形势报告，两校师生员工心情振奋，礼堂里挤得水泄不通。国

---

* 雷洁琼：时任燕京大学教授；曾代汤桂芬参加新政协筹备会，系人民政协第一届全体会议代表；后曾任第七、八届全国人大常委会副委员长，第六届全国政协副主席，民进中央主席。

民党反动派仍然想作垂死挣扎，派飞机来轰炸，在燕京大学操场上投下几个炸弹，这更引起两校师生的愤怒和痛恨。

解放军进海淀后，立即宣传党的政策，在燕京大学校门对面的墙上，就刷了“保护外侨利益”的大标语。在燕京的外籍教师也同我们一起走出校园，看到戴着皮帽的解放军战士纪律严明、态度和蔼，非常高兴。记得那年燕京大学圣诞节比往年更加热闹，中外师生互相串门祝贺，学校充满胜利的欢乐气氛。

就在欢庆解放的气氛中，民进的马叙伦同志从哈尔滨给我们来信，请我爱人严景耀代表民进去华北解放区出席中共中央召开有关民主党派的会议，后来接到刘道生同志的通知，被邀去访问华北解放区。这本是我多年的愿望，现在这个愿望终于得到实现，我内心的喜悦和激动是很难用文字来表达的。1949 年 1 月中旬，我们从北平西郊八大处出发，同行的还有费孝通、张东荪和我的爱人严景耀。我们都是清华、燕京的教授，费孝通、张东荪是民主同盟的成员，严景耀和我代表民主促进会的。我们一行 4 人由 8 名解放军战士陪同，乘大卡车前往，沿途看到农民运粮支援前线，像一条长龙，甚为壮观。车上的解放军战士，向我们讲了许多解放区人民的生活情况和军民一起打美蒋的故事，一路说说笑笑，忘却了旅途的疲劳。

第二天傍晚，我们到达石家庄，华北人民政府就设在这里，当地的领导同志接见了我们，并安排我们参观石家庄市容。吴晗夫妇迎接我们，我们还遇见了不少燕京、清华两校的同学和从平津来的朋友。在石家庄，我第一次看到解放区的新气象，感到广大干部和人民群众精神抖擞，生机勃勃，反映出一种将革命进行到底的决心和信心。

当我们得到去西柏坡的通知时，我的心情更加激动。我们乘着吉普车经过不少村庄、田野和山坡，在暮色苍茫中到达平山县。这是中共中央所在地。毛泽东同志从 1948 年 5 月到 1949 年 3 月，在西柏坡指挥了解放中国的最后决战，主持了党的七届二中全会，制定了建立新中国的宏图大略，胜利地领导全中国人民从新民主主义革命走向社会主义革命。毛泽东同志在这里写下了《将革命进行到底》《在中国共产党第七届中央委员会第二次全体会议上的报告》等光辉著作。

我们下车后，警卫人员招待我们进入饭厅。饭厅里朴素整洁。一会儿，毛泽东、刘少奇、周恩来、朱德、任弼时、邓颖超等同志都来到饭厅。周恩来同志将我们逐一介绍给毛泽东同志。毛泽东同志当时才 50 多岁，容光焕发，神采奕奕，他和我们亲切握手问好。我能够在西柏坡见到周恩来和邓颖超同志也非常高兴。两年多以前，我在南京下关惨案中受伤住进医院时，周邓两位同志曾到医院慰问。周恩来同志当时对我们说："你们的血是不会白流的！"当时他那洪亮的声音给了我很大的鼓舞和鞭策。今天来到解放区，我受到毛泽东同志和好些中共领导同志的接见，说明周恩来同志的预言应验了。

吃饭时，毛泽东、刘少奇、周恩来、朱德、任弼时、邓颖超同志和我们分别坐在两张普通的方桌旁，共同进餐。毛泽东同志平易近人，谈笑风生，气氛十分轻松愉快，把我们初次见到中共领导人的那种拘谨的心情也逐渐驱散了。

饭后，我们随着毛泽东同志走进他的办公室。这原是一间普通农民的住房，家具简单朴素，办公桌和桌椅都是木制的。桌上有笔筒、毛笔和方形铜墨盒，墙壁上挂着一张中国地图，屋里有电灯，也有备用的煤油灯。我们围绕着书桌坐下，亲切地交谈着。周恩来、刘少奇、朱德和任弼时同志也参加了我们的谈话。

记得毛泽东同志那天晚上谈话的范围很广，大致谈了 4 个方面的内容。一是谈当时的国内形势和对民主党派的要求。毛泽东同志指出，人民解放战争已经在全国范围内取得决定性的胜利，但是敌人是不会自行消灭的，正在玩弄反革命的两手：一手是继续组织残余的军事力量在长江以南负隅顽抗；另一手是策动中间力量在革命阵营内部组成反对派，极力使革命就此止步。当时民主党派和知识界中，确有些人主张“和谈”“划江而治”，造成“南北朝”的局面，针对这些走“中间路线”的错误主张，毛泽东同志精辟地分析了当时的形势，指出摆在中国人民和民主党派、人民团体面前的问题是将革命进行到底，还是使革命半途而废？他说，把革命进行到底，那就是要坚决彻底干净全部地消灭一切反动势力，毫不动摇地坚持推倒三座大山，建立中国共产党领导的以工农联盟为基础的人民民主专政的共和国。如果使革命半途而废，那就是违背人民的意志，使国民党反动派赢得养好创伤的机会，在一个早上猛扑过来，将革命扼杀，使中国又回到黑暗世界。他以蛇和农夫的寓言作比喻，告诉我们决不能怜悯恶人，要求民主党派必须选择自己应走哪条道路。毛泽东同志透彻地说明将革命进行到底的道理，指出革命胜利后就要召开新政协，成立中华人民共和国，希望民主党派站在人民大众的立场同中国共产党采取一致步调，真诚合作，不要半途拆伙，更不要建立“反对派”和“走中间路线”。毛泽东同志这番话讲得生动形象，给了我很深刻的教育，增强了我对革命必将迅速在全国获得最后胜利的信心，也更坚定我继续参加爱国民主运动的决心。

二是毛泽东同志非常关心知识分子，详细询问了北平西北郊区解放后，知识分子的思想、工作和生活情况，他特别关心老一辈的知识分子，询问是否还有前清的翰林、进士，要我们推荐人才，还问起留在上海的张澜、罗隆基等爱国民主人士的情况。毛泽东同志非常仔细地听取我们的汇报，他自己谈话不多，有时在关键的地方插几句话，发表一些重要的意见。我们告诉他在国民党腐败政治的统治下，通货膨胀，物价飞涨，清华、燕京两校的教师生活困苦，仍然坚守岗位，等待解放。有的人在蒋介石派飞机接他们去南京时拒绝离开，在北平解放前夕，清华、燕京两校学生组织了护校运动。毛泽东同志对这些情况听得很认真，并且十分高兴地说，中国的知识分子绝大多数是爱国的，是要革命的。

三是毛泽东同志同我们谈到新中国成立后的经济建设和科学、教育、文化事业的发展问题，讲了新社会的美好前景。给我们留下印象较深的是，毛泽东同志强调发展交通铁路运输事业对经济建设的重要性，认为我国幅员广大，内地和边疆地区更是落后，一定要建设一个四通八达的铁路网。他还谈到学术思想的各种派别问题，主张通过自由讨论来统一思想，促进艺术的发展、科学的进步和文化的繁荣。当时还处于战争时期，毛泽东同志就深谋远虑想到革命胜利后的经济和文化建设问题，想到改善人民的生活问题，使我感到他学识渊博，高瞻远瞩，确实令人钦佩不已。

四是毛泽东同志告诉我们，要把美国政府当权者同广大美国人民区别开来。指出美帝国主义出钱出枪，帮助国民党打内战，帝国主义的本性不会改变，要警惕美帝挑拨知识分子同党的关系，我们要丢掉幻想。但是美国的广大人民是友好的，同中国人民有传统的友谊。毛泽东同志这番话对于我们这些长期受过欧美资产阶级教育的知识分子来说，意义特别深长。

这一席长谈，从晚饭后直到深夜才告辞，我们第一次听到毛泽东同志的亲切教导，都非常兴奋，感到这是受到一次毕生难忘的马克思主义思想教育。

离开西柏坡，我们又直奔李家庄，那里是中共中央统战部的所在地，我们见到陆定一、林伯渠、李维汉等负责同志，同从香港、上海和各地来的爱国民主人士周建人、胡愈之、沈兹九、田汉、翦伯赞等同志欢聚一堂，学习讨论毛泽东同志为新华社写的1949年新年献词《将革命进行到底》，明确了民主党派的任务。同时讨论了战犯名单。我还参加了筹备第一次妇代大会的会议。我们又同当地农民一起欢度春节，扭秧歌，演节目，解放区的群众是快乐的，使我们感到年轻了。和平解放北平的喜讯传来，更是喜上加喜，人人兴高采烈。我们决定1月30日赶回北平，参加2月2日[①]人民解放军的入城典礼。那一天，前门大街两旁人山人海，挥舞红旗，高呼口号。我和胡愈之、沈兹九、田汉、安娥等几位民主人士一起，站在正阳门城楼上，看到英勇的人民解放军威武雄壮、步伐整齐地进入正阳门，我的热泪夺眶而出，想到胜利真是来之不易啊！

（节选自雷洁琼著《一次难忘的幸福会见》，收入《毛泽东同志九十诞辰纪念文选》，人民出版社1984年版）

① 此处应为“3日”。——编者注

人民自己的国家

胡愈之*

我到了解放区了。不，我到了我们人民自己的国家里了。

可敬爱的海外朋友们！我从遥远的北方，报告你们这一消息，我的心头是充满着愉快和惊奇的。记得4年前在苏门答腊高原上避难时，我在百无聊赖中，曾经写过一本小说，虚构一个华侨少年梦游新中国的故事。现在我不是在梦中的新中国，而是到了真真实实的新中国了。使我惊奇的是这个真实的新中国，要比我所假想的新中国，更伟大、更美丽、更可爱得多。这才是我们人民自己的国家，是我们人民创造的，是我们人民自己所有的。

---

* 胡愈之：时任民盟中央常委，中国人民救国会中央委员；系新政协筹备会代表，人民政协第一届全体会议代表；后曾任第六届全国人大常委会副委员长，第五届全国政协副主席，新闻出版总署署长，民盟中央副主席、代理主席。

到目前为止已经解放的地区，还不过是我们的伟大的祖国的一部分，大约是1/3部分。其中的人口大约有一亿七千万，比美国的人口还要多。假如把南洋的马来亚、印度尼西亚、缅甸、暹罗、越南、菲律宾合并成一个国家，那才和今天的解放区相仿佛。特别是经过这次秋季攻势的伟大胜利，向来分散的，互相隔离的华北、西北、东北、华东、中原五大解放区已经完全连接成一个整体，其中包含有全部农村，又有沈阳、哈尔滨、长春、安东、吉林、佳木斯、锦州、济南、潍坊、开封、郑州、洛阳、石门、包头这许多大城市，烟台、营口、威海卫这一些海口，以及500多个中小城市。这还不够成为一个真正的大国家吗?

这个新国家每天都在扩大着，发展着。在这几天，解放军伟大胜利的消息，震惊了全世界。看来剩下不到2/3的祖国土地和人民，不久就要得到完全解放了。虽然本年7月间新华社社论估计全国胜利，还要三四年的时间。但我不同意这一看法。因为正和蒋介石政府的财政支出一样，实际总是比预算超过了好几倍。济南本来估计最少要两个月才能攻下，后来只用8天就打下来了。解放军在第三年作战中，只打算每个月消灭敌军十二三万，但从秋季攻势开始（9月12日）以后不到两个月中，各线蒋军被歼灭的，连同起义反正与投降的在内，就有60多万，相等于秋季攻势开始时蒋军总兵力的1/6，比原来的估计超过了两倍。

人民解放军经过了仅仅两年多的战斗，已经具备了无比强大的攻坚力量，以至于可以随心所欲夺取任何一座有坚固设防的大城市，使美国新闻记者不得不惊叹“中国共产党具有超人的力量”。其实，共产党只是平常的人，并不是超人，真正值得惊奇的，是中国人民力量的强大。共产党有超人力量，是因为共产党是人民的党；解放军所以能够打败美国所支援的蒋介石军队，是因为解放军是人民的军队。但这是美国新闻记者所不能了解亦不愿了解的。

中国人民不但能够打败蒋介石军队，而且也能够打败比蒋介石更强大的敌人。

事实上，中国人民除了打败蒋介石以外，已经打败其他许多的敌人了。

让我举出这里所看到和听到的一些事实来说明吧。

贪官污吏豪绅恶霸，几千年来就盘踞中国的城市和农村，吮吸着人民的汗血，刮削着人民的脂膏。这种封建恶势力，一向是最可怕的人民敌人，但在这里，即使还没有完全消灭，至少是已经销声匿迹了。解放区的农村自从分别实施减租减息和土地改革以后，新的民主秩序，到处建立起来。老百姓做了主人，正派人士被推举出来做事，坏东西再不能出头露面。这里没有官吏，只有帮助老百姓做事的行政干部和共产党员。他们的生活享受，和老百姓一样，甚至还不如，但他们却担负了重大的责任和艰苦的工作。在解放区的城市里也是同样情形。有一位县政府的工作人员告诉我，最近县政府里有人主张把司法科裁撤，为的是许久以来没有公事可办。在许多老解放区里，人民不但不担心饥寒盗贼，不害怕抓丁征粮，连诉讼案件几乎都没有了。这说明什么？说明人民已经打败了封建恶势力，建立起民主新社会。

第一次进入解放区，印象最深的一件事，是这里绝不感到物资缺乏，却很少看到外国货物。人民依靠自己的劳动生产，解决了衣食住行以及一切日用品的供给问题。纺纱织布成为农村中普遍的副业。我见到行政机关和军队里，干部人员都有一架手摇纺纱机，在公余的时间，从事劳动生产。在陆续解放的大小城市中，工厂和矿厂很快地复业，而且提高了生产效率。轻重工业的基础已建立起来。军需业发展得尤其迅速。我参观了一家制药厂，才知道解放区已经不大需要从外面输入药品。只除了盘尼西林等几种以外，一切药品，甚至解剖医疗用品，都可以自己制造了。在今天，美国变成国民党的“衣食父母”。但在解放区内，不但没有美国兵，而且也没有美国货品。有的只不过是美国制造的枪炮和吉普车，这是蒋介石军队亲自送来，而又专用以打击美蒋集团的。帝国主义对半殖民地的中国，一向是进行商品侵略的。现在解放区的人民确实已经打败了这种帝国主义的侵略，建立了自给自足的独立自主的民族经济。

在解放区的农村里，看不到面色憔悴的老百姓，在城市里也看不到踯躅街头的乞丐和难民。自然，像我们在上海、香港所见到的少数富人所享受的豪华生活，在这里是想象不到的。可是在解放区里，却人人都有土地和工作，不再受到饥饿和失业的威胁。不但普遍地做到了免于饥饿，而且老百姓都在努力增产辟荒，努力做到丰衣足食、发家致富，这是国民党地区内人民大众所不能梦想的。这又说明人民也打败了另一个顽强的敌人——贫穷与饥饿。人民的生存权利是得到保障了。

因此，我到解放区以后所得到的最强烈的印象，不是别的，而是中国人民力量的强大。中国人民不但打败了蒋介石军队，而且也打败了封建恶势力，打败了帝国主义的经济侵略，打败了贫穷与饥饿这个最凶恶的敌人。人民不但能够打败他们的敌人，而且他们能够建造一个独立、自由、富强的新中国，这就是我们的国家，是中国人民自己的国家。这是我所亲眼见到的。

和这个人民的国家相对照的则是另一个“国家”，那就是眼见得快要垮台的、贪污腐化入骨的、殖民地化的、四大家族的“国家”。

朋友们，假如在海外还有一些人不相信中国人民的力量，不承认中国人民自己的国家，那么，且不用焦急，在不久的将来，他们就会相信的。至于那些少数不灵的家伙，那就让他们死捧着四大家族这个烂腿吧，不久他们就掉到泥潭里去了。人民很快就要得到最后胜利。人民的新中国将显出万丈光芒，永远矗立在亚洲大陆之上。

（选自《人民日报》1948 年 11 月 14 日）

到李家庄日札

胡　风[*]

1949年3月8日，9时过到山海关。我到山海关上看了一看。和孟超一道在小馆子喝了酒，吃了面。谢雪红谈了一点她的经历和二二八暴动。看到《进步日报》《人民日报》《天津日报》。打电报给天津张友渔。4时过车开。

9日，拂晓时，车过滦河大铁桥。和随车的卫士们打了几牌五百分。潘自湛谈了一点他的游击战生活。过芦台站后，望见了盐田。望见了冒青的麦苗。4时过到天津东站。市府交际处长连亦农来接，决定由天津去中央，与孟超下车。到市府镇南招待所。夜，鲁藜、芦甸来，谈了约4小时，11时半别去。

---

* 胡　风：文学艺术工作者代表；系人民政协第一届全体会议代表；后曾任全国政协常委，中国作家协会顾问。

10日，荒煤来。谈到北平筹备文协大会的消息，谈到创作。在文艺处午饭。孟波谈东平牺牲的情形。到文教部访黄松龄，闲谈了约1小时。下午5时过，到《进步日报》，见到杨刚、宦乡、徐盈、张琴南、高集等。晚饭有文艺处同人共席。饭后，看平剧《三打祝家庄》后部。

11日，洗澡、洗衣服。孟超的客人黄中敬、沙漠夫妇来。正午，黄松龄请到馆子吃饭。同席有荒煤、周巍峙。与荒煤等看《白毛女》。看了侯唯动的《红头巾》。黄敬市长请吃饭。同席有黄克诚（军管会司令）、吴砚农（市府秘书长）及冀南出席全国的妇代们。与黄敬等参加天津市欢迎全国学联代表的营火大会。吴砚农办好明天上路的手续。

12日，交际处将我们介绍给华北第二兵团（现改为十九兵团）指挥所，和他们一道到石家庄。指挥所首长为杨得志（司令），耿飚（参谋长），潘自力（政治部主任），董永清（后勤部主任），葛宴春（副司令，蒋军热河保安代理司令，改编现职仅半月）。9时半，大小吉普10部从天津出发。下午6时左右到沧州。住在津南分区司令部，政委刘青山招待。

13日，9时过出发。下午5时过到深县，住在县政府，县长戴志光招待。听戴县长谈深县一般情形。请耿参谋长从政略、战略的要求上叙述了新保安战役的经过。

14日，8时过出发。路上，看到了民兵队和担架队，看到了东北进来的炮兵师。进石门时看到了民众欢迎队伍的行列。车到实业公司休息后，再到交际处。住在12号。关保华来。他前天从北平来，住在10号。李幻山科长引去洗澡。夜看影片《音乐史》。

15日，洗衣服。在街上走了一转，到新华书店、新中国书局、民众教育馆。

移住到10号，和关保华同住。夜，交际处李科长引去看平剧。交际处长高铁英来谈了一会儿。

16日，金涛来，她们由里面出来去北平。看了《高干大》200面。夜，李科长引去看了落子（蹦蹦戏、评剧）。

17日，看完《高干大》。看《吕梁英雄传》百余面。1时前5分，坐大吉普车动身，经过获鹿、平山两县，6时左右到李家庄统战部，地属新设的建屏县。统战部凌则之接入，他在育才曾经见过我。在会客室休息一会儿，何成湘、郑森禹来，他们也在统战部工作。晚饭后，被引到东院右边正房，独住一间。许侠来。何成湘介绍林青见面。在车上，遇见王力夫，曾在“全民抗战社”工作过的。

18日，王任叔来，闲谈了约两小时。谈到关于香港对我的论争。鲁明来闲谈了一会儿。晚饭后，与王任叔、鲁明等散步，一直到河边。在王任叔房里坐了一会儿。副部长高文华来见。看《党史》中的关于唯物论的一章半篇。同院的林植夫（新四军对敌科长）老是谈他的历史。

19日，到隔壁院子磨坊里，和主人夫妇闲谈了约一小时。成湘来说，决定23日去北平。下午，到王任叔处闲谈了约2小时。夜，何成湘夫妇抱小孩来，同到他们房里闲谈了约2小时。王洁（沙鸥）和徐云（北大文艺社同人）来，闲谈了约2小时。

20日，沙鸥引3个从上海来的来坐了一会儿。王任叔来看了我从沈阳带来的书，借了几本去看。看完关于唯物论的一章及其前一章。夜，统战部请客。看了《文艺月报》上所译的伯林斯基的断想。

21日，孟超搬到宣传部去了。略略整理了一下到解放区以后的关于文艺思想上的所见。6时过，会餐，周来，谈到12时过。

22日，给毛、周各一信。给M信，由南下的郑森禹带去。在村子里走了一转。王任叔来闲谈东南亚的情形。夜，为送明天去北平的人们聚餐，几乎喝醉了。收拾行李。

23日，因车子未到，去北平延至明天动身。看完柳青的《地雷》。傍晚，到河滩散步，被大家包围着要讲故事。

24日，晨8时，乘统战部大汽车出发。此为党中央迁平之一部分，原定昨天与中央同行，因汽车误期，改在今天。行前，台湾杨克煌为摄影两张。同行者高文华、何成湘、童小鹏、凌则之、林青、鲁明等50多人。在东南坡（宣传部）停车时，见到胡绳、方与岩。车子发生故障，7时过始到石家庄，住在交际处。晚饭时，见到迁平过此的王炳南。

25日，晨7时起程，过正定、乐平、保定。黑夜找到固城镇投宿，住在一个老乡家里。几乎翻车。

26日，7时起程，穿过涿县，走卢沟桥通过，过长辛店，4时左右进广安门，再进宣武门，到中南海办事处，见到罗迈、齐燕铭、连贯、申伯纯（交际处长）、章汉夫等。乘车到北京饭店，住在334号。进门时遇见周建人太太。在走道上遇见艾青。他引来周扬、沙可夫。茅盾、叶圣陶来见。走道上遇见郭沫若。到胡愈之房里，坐了一会儿。侯外庐找来。洗澡。到周建人房里坐了一会儿。

（节选自《胡风日记》，《新文学史料》1998年第4期）

报告在解放区的种种见闻

吴　晗*

朋友，你们也许奇怪，时常相见的人忽然不见了，但我却到新的地方，看到了新朋友新精神，总之一切都是新的。

首先告诉你们此地的自由。

以前在蒋管区要背着人看本新书，讨论一个问题，找不到安全地点，信件常常收不到，出门旅行更成问题，现在在这里完全无须恐惧了，无论谁都可以高声讨论任何问题，书任你要看哪一种，无人过问，我现在要到解放区各地访问，充实自己，提高自己。这里的人们是早已忘记了自由这个问题，只有我这个从不自由的地方来的人才去想它。

---

* 吴　晗：时任民盟北平市支部主委，清华大学教授；系新政协筹备会代表，人民政协第一届全体会议代表；后曾任北京市副市长，民盟中央副主席，全国政协常委。

以前多时吃不到肉，现在这里经常看见在大城小村的人们吃着热腾腾的肉块，我自己也常吃着，比起上海抢购肉类情形，对比起来太强烈了。此外物价稳定，我来此 50 多天，物价都少变动。粮食、棉花等主要物资都掌握在人民政府手里，市场上货物贵了，政府就以低价售出，物价跌了，政府就以高价购入。有钱有货，人人安居乐业。如果有谁想在这里囤积居奇，哪管叫他亏本。

此地老百姓生活过得好，土改后，大家都有耕地。我来此处至今未发现穿破衣与无衣穿的人民，也没有看到叫花子，这里是积极地改造二流子，从事生产。在蒋管区，在城市或村庄里，到处是碉堡，这里是看不见的。

这里的报纸是更加大大地不同了，初看你也许不习惯，不久，你就觉得很好，再久些你就觉得这完全是人民的报纸，里面的内容是土改经验、工商政策错误执行方针政策的批评、人民对共产党政策的询问、与政府对这些问题的答复等。

你们一定要关心这里的思想问题，告诉大家，这里是没有思想问题存在。思想是自由的。这里有天主教堂、耶稣教堂，没有人制止，但也无人强迫你参加。在每个教堂门前，写着“思想自由”标语。

私产是受政府保护的。华北人民政府保护私有财产 10 条例中规定得很明白。举一例：有一个县长车子撞坏某农夫的一只牲口的一条腿，县长立即按市价赔了 3500 万边币。

说一说“反帝反封建”这两件事吧，蒋介石政府只知出卖海陆、空权，内河权以及其他一切国家的主权，但在这里呢？除了必需的药品等，没有一个外国兵、一件外国货。外侨在这里只要遵守民主法令，同受平等待遇；当然，这里也有很多美国的吉普卡车和美式军械，但那些不是买来的，而是国民党送来的。由于土改，地主阶级已经消灭；地主本人也分得耕地，几十年来的社会制度的毒瘤已消除，人民做了主人，恢复尊严，一心一意为新中国建设而努力。我以说不出的愉快的心情告诉诸位这一点点，想我们不久也快要见面了，那时我一定告诉你们更多的东西。

（选自吴晗著《吴晗教授一封信——报告在解放区的种种见闻》，香港《华商报》1949年1月24日）

在西柏坡、李家庄

田　汉*

周恩来同志要我先回上海，准备参加政协。政协如开不成准备到解放区。我因在“五四”前一天飞回上海。

在上海我住在于伶家里。也是跟郭老、翦伯赞等搞民主运动。一度应一个影片公司邀约写一个高山族的剧本，同他们到台湾看外景。从台北到台南、高雄，鹅銮鼻回来登阿里山，访日月潭，回台北后又由宜兰、台东再到高雄。把台湾绕了两圈，访问了 5 个高山族，搜罗了一些历史记载，把历代对台湾用兵的登陆点，做了一些考察。回上海后和盛家伦坐一艘英国船到天津，入北平，得地下党的帮助，化装再回天津，过界河，经泊镇、沧州、衡水、石家庄到

* 田　汉：时为文学艺术工作者代表；系新政协筹备会代表，人民政协第一届全体会议代表；后曾任中国文联副主席，中国戏剧家协会主席，全国政协委员。

平山，在西柏坡终于见到了周恩来同志和毛主席。我在主席家里晚餐，主席对我作了许多教导。我写了两首绝句：

西柏坡头月正寒，运筹茅屋土窗间。
不教一敌逃天网，百万雄师夜入关。

露布挥成酒未干，捷书连夜到平山。
非无倒海翻江量，尚有吾民一饱难。

我对于主席精神之伟大，工作之辛苦有极深刻印象。主席对于我呈交的台湾情况也说是有益的。他要我和林老一道出关迎接已集中在沈阳的民主人士。后来我和林老带了好几列专车到了沈阳，在大华饭店遇了一些老朋友。

我们在西柏坡的时候，恩来同志曾几次跟我谈话。他批评我不严肃，没有鲁迅的“痛打落水狗”的精神等等，曾使我惭悔交并，夜不成寐。我表示愿接受批评，要求正式恢复组织关系。我从布拉格回来（注：1949 年春初，田汉随以郭沫若为团长的代表团参加在捷克布拉格举行的世界和平拥护大会），还住在北京饭店，当时统战部李部长（维汉）很高兴地告诉我，说：“跟你们道贺。你们夫妇的组织关系都恢复了。老田的党龄还不间断。”这真叫我们欢喜激动得无以复加。

（选自田汉著《田汉自述》，大象出版社 2002 年版）

沸腾的李家庄

童小鹏 *

中共中央统战部所在地李家庄，是距离党中央所在地西柏坡只 5 华里的一个小村，村里几十户人家。可是，一批批民主人士到来，这个村变得沸沸腾腾、热热闹闹。

1948 年 12 月 25 日，在李家庄的民主人士举行时事座谈会，与会者有胡愈之、沈兹九、刘清扬、韩兆鹗、周建人、吴晗、杨刚、严信民、楚图南等，由胡愈之主持会议。李维汉、章汉夫等也参加了会议。会议就国际国内政治形势进行了广泛的讨论。过了 6 天，正是 1949 年元旦，《人民日报》发表了毛泽东为新华社写的新年献词《将革命进行到底》，揭露了美蒋勾结玩弄假和谈的阴谋，表

---

* 童小鹏：时任中共中央统战部副秘书长、周恩来秘书；后曾任中共中央统战部副部长，全国政协常委。

明了中国共产党和中国人民将革命进行到底的决心，一定要坚决、彻底、干净、全部地消灭一切反动势力。因为蒋介石发表新年文告要弄两面手法，一面表示愿意商讨停止战争、恢复和平的具体办法，另一面又提出要保持旧宪法、法统、团体及军队等先决条件。毛泽东在新年献词中都给予严厉的揭露驳斥。1月4日，毛泽东特为新华社撰写了一篇《评战犯求和》的重要评论，一下子就戳穿了蒋介石想利用和平谈判来保存反革命实力的阴谋。14日，又发表了毛泽东《关于时局的声明》，痛切地再批驳蒋介石的新年文告，并提出进行和平谈判的八项条件：惩办战争罪犯；废除伪宪法；废除伪法统；依据民主原则改编一切反动军队；没收官僚资本；改革土地制度；废除卖国条约；召开没有反动分子参加的政治协商会议，成立民主联合政府，接收南京国民党反动政府及其所属各级政府的一切权力。《声明》一发表，立即成为民主人士的热门话题。在李家庄、哈尔滨的民主人士都热烈进行讨论，在香港以及上海、重庆各地的民主人士也秘密地进行谈论，一致驳斥蒋介石假和平、真内战的险恶阴谋，同时一致表示拥护毛泽东提出的和谈八项条件。在李家庄的符定一、周建人、胡愈之、沈兹九等19名民主人士，早在1月7日就联名致电在哈尔滨的李济深、沈钧儒、蔡廷锴、谭平山、章伯钧、郭沫若等人，提出对战犯求和必须“芟恶务尽”，将革命贯彻到底；实行人民民主专政，绝不能容纳反动分子于人民阵线内部。16日，在李家庄、哈尔滨的民主人士互相致电联络后，决定起草发表告国人文件，严正表示他们将革命进行到底的决心和态度。

1月16日下午，周恩来在百忙中从西柏坡乘吉普车来到李家庄。虽然天寒地冻，可是小小的李家庄一下子就热闹起来。村民听到汽车进庄的声音，都拥到进庄的路边看热闹。统战部工作人员和民主人士也纷纷走出门来欢迎。周恩来身穿一套和大家一样的灰棉布军衣，头戴大耳朵军帽。他一进庄就下车向群众招手，同民主人士一一握手问好。齐燕铭秘书长招呼周恩来和民主人士进入一间墙泥未干的会议室就座。我和统战部干部围在四周，坐的坐，站的站，一下子就挤满了一屋子。李维汉当即宣布："请周恩来同志作报告！"周恩来在热烈的掌声中谦逊地说："本来就应该来看望各位先生并当面请教，因为战争紧急抽不出身来，好在统战部随时将各位先生对召开新政协的意见报告了毛主席和党中央。今天本想先听听各位的意见，李维汉却对我说许多先生要求我先讲，然后大家再座谈发表意见。那么，我现在就向大家报告一些情况……"

周恩来报告了解放战争的发展情况后说，战争的发展实在是突飞猛进。战争大局已定，今年就有可能打垮蒋介石，但是现在切不可手软。他接着对毛泽东《关于时局的声明》中的 11 条作了详尽的阐述，又说："一定要把革命进行到底。鲁迅先生说得好，要痛打落水狗，对落下水的狗还要痛打。天津已于昨天解放，正在争取早日解放北平。如北平解放得早一些，政协筹备会的工作更要加速进行，希望大家共同努力。"周恩来的报告受到大家的热烈欢迎。

会后，统战部全体工作人员和民主人士会餐。菜不多，也不是什么山珍海味，主要的一道菜是长征老战士、老伙夫班长胡金山做的红烧肉。为此，总务科长乔风咏亲自动手宰了自己饲养的一头大肥猪，加上大家自己动手种的大白菜，还有饺子、大米饭和白干酒。大家都吃喝得很是开怀满意。没有酒杯，就用粗瓷大碗代替，频频举碗同祝解放战争的胜利。席间，民主人士中的符定一先生年龄最大，已是快 70 岁的老人了，而且是毛主席在湖南第一师范学校读书时的老师，所以，大家都向他敬酒，祝他长寿百岁。

饭后，大家扭大秧歌。锣鼓一响，周恩来和大家一起扭起秧歌来。民主人士没有扭过秧歌，也高兴地跟着大家一起学扭起来。村里的群众围在门口看热闹。当晚，上海来的民主人士何惧和统战部的于刚特别兴奋，真是“酒逢知己千杯少”，两个酒仙互不相让，每人喝了两大碗白干，喝得酩酊大醉。于刚怕回家受妻子程绯英批评，便倒在我的炕上迷迷糊糊地睡了一宵。

1 月 20 日，中共华北局和华北人民政府在李家庄举行盛大的欢迎会，欢迎来自各地的民主人士和上海工人代表。当华北局第二书记薄一波、华北人民政府主席董必武等乘几辆吉普车来到李家庄时，群众都不约而同地热烈鼓掌表示欢迎。欢迎会开得很热烈、很亲切，使民主人士深深感到解放区的温暖，纷纷发言表示拥护毛主席 1 月 14 日的《声明》，拥护共产党打倒蒋介石，将革命进行到底。

1 月 22 日，中共中央对有关部门发出《关于对待民主人士的指示》，要求我党各部门的负责同志向民主人士报告战争、军事政策、政权、土改、外交、经济、文化、教育、妇运等方面的情况，要不加回避地正面解答有关党的政策的一切问题，主动向民主人士进行宣传教育，并耐心倾听他们的意见。周恩来还指示统战部给民主人士组织报告会。于是，统战部邀请了一些负责同志在李家庄给民主人士做专题报告，如胡乔木报告文化政策，邓颖超报告解放区的妇女工作，安子文报告干部政策，李维汉报告解放战争和国民党统治区的民主斗争等，都受到民主人士的欢迎，不但增加他们对党的有关政策的理解，而且提高了他们商讨召开新政协的热情。

1月下旬，因为傅作义将军与平津前线司令部代表已经秘密签订和平协议，北平和平解放在即，形势发展迅速。毛泽东和党中央分别致电在海外的爱国侨领陈嘉庚、司徒美堂。电文说："中国人民解放斗争日益接近全国胜利，需召开新的政治协商会议，建立民主联合政府，团结全国人民及海外侨胞力量，完成中国人民独立解放事业"，敬请早日回国，莅临解放区参加会议。

在这之前的1月19日，毛泽东、周恩来特地联名致电在上海的孙中山夫人宋庆龄。电文说："中国革命胜利的形势已使反动派濒临死亡的末日，沪上环境如何，至所系念。新的政治协商会议将在华北召开，中国人民革命历尽艰辛，中山先生遗志迄今始告实现，至祈先生命驾北来，参加此一人民历史伟大的事业，并对于如何建设新中国予以指导。至于如何由沪北上，已告梦醒与汉年、仲华切商，总期以安全为第一。谨电致意，伫盼回音。"5月27日，上海解放。6月19日，毛泽东致函宋庆龄，信中说"兹者全国革命胜利在即，建设大计，亟待商筹，特派邓颖超同志趋前致候，专诚欢迎先生北上。敬希命驾莅平，以便就近请教，至祈勿却为盼。"6月21日，周恩来也写信致宋庆龄，欢迎她北上共商建国大计。

邓颖超奉命抵达上海，拜访了宋庆龄，于7月21日复电周恩来、李维汉，告知孙夫人表示因身体不佳不能参加任何团体的业务，也不愿意参加任何团体，只愿以个人旁听的资格列席新政协会议。邓颖超向中央提议由特别邀请单位推选宋氏为代表。8月28日，宋庆龄在全国民主妇女联合会副主席邓颖超、廖仲恺先生之女廖梦醒、上海市军管会交际处处长管易文的陪同下，从上海乘专车抵达北平。毛泽东、朱德、周恩来、林伯渠、董必武和李济深、何香凝、沈钧儒、郭沫若等 59 人前往北平火车站欢迎。

侨领陈嘉庚早在6月4日已偕庄明理、王雨亭由香港抵达北平，准备出席新政协会议。林伯渠、董必武、叶剑英、李维汉、李济深、蔡廷锴、陈其尤等和在北平的侨生 200 多人到车站欢迎。

因为胜利形势发展飞快，召开新政协会议的筹备工作必须加紧进行。在周恩来的领导下，在李家庄的统战部全体工作人员夜以继日不知疲倦地工作着。那段日子里，来往电报特别多，重要的由我随收随送给住在西柏坡的周恩来。有一次，我送电报去，正遇上毛泽东和周恩来在作战地图前面聚精会神地研究战局，我赶快拿起照相机拍下了这个具有历史意义的珍贵镜头（现在放大成几米大的照片陈列在西柏坡革命纪念馆的进门处）。不久，平津战役便宣告结束，北平获得和平解放。胜利的消息传来，毛泽东和周恩来在党中央领导中国革命斗争的最后一个农村指挥部西柏坡运筹帷幄、决胜千里的伟大形象，又光闪闪地浮现在我的脑子里。

1949 年 1 月 31 日，北平和平解放，平津战役胜利结束。

北平的和平解放，为政协会议的召开提供了很好条件，同时又促使新政协筹备工作的加紧进行。周恩来考虑到政协会议会址从哈尔滨改在北平召开，为了及早在北平准备接待民主人士的住处和政协筹备会会场，便指示统战部派齐燕铭、周子健、申伯纯等立即从李家庄前往北平，在华北局与北平军事管制委员会（主任叶剑英）协助下接管中南海，成立中南海办事处，负责中南海的房屋管理和环境卫生，同时接管北京饭店、六国饭店、德国饭店等几家大饭店，准备接待来自各地的民主人士和参加政协筹备工作的人员。他还要统战部尽快准备好车辆，护送住在李家庄的民主人士进北平。

周恩来又指示中央办公厅杨尚昆主任，要警卫处先派干部和少数部队进驻中南海，负责安全保卫工作。2月1日夜里，周恩来在西柏坡约见了即将出发北平的齐燕铭、周子健，向他俩当面交代了具体任务和注意事项。随后，齐、周就率领部分工作人员离开李家庄，打头站前往古都北平。而后，调回中央工作不久的杨超等同志也从西柏坡进入北平，住在北京饭店20多天，根据周恩来的指示，在李维汉的直接领导下开展调查研究工作，同中央统战部的一个工作班子一起，组织新政协会议材料，了解各民主党派的情况，提供各民主党派、无党派人士的材料，为新政协会议的召开做了事前准备。

这期间，统战部更是忙碌、紧张，除继续同上海、香港党组织联系，继续组织接送民主人士到北平外，还起草了《对新政协单位与人选的拟议》这份重要文件送中央审批，又继续采用座谈会、个别交谈的方式，同李家庄的民主人士交换或听取对政协筹备工作的意见。当时，部分民主人士曾就战争罪犯问题举行座谈会，讨论了战犯定义和战犯名单两个问题。在李家庄的民主人士吴晗、雷洁琼等15人整装也同齐燕铭一起前往北平。这是先行赴平的第一批民主人士。

（节选自童小鹏著《风雨四十年》，中央文献出版社1997年版）

高明的预见

李一氓*

“今后我军占地日广，国民党军兵源粮源日益缩小，估计再打一个整年，即至明年春季的时候，敌我两军在数量上可能达到大体上平衡的程度。我们的方针是稳扎稳打，不求速效，只求平均每个月消灭国民党正规军8个旅左右，每年消灭敌军约100个旅左右。事实上，从去年秋季以后，超过了这个数目；今后可能有更大的超过，五年左右（1946年7月算起）消灭国民党全军的可能性是存在的。”①

“这样，就使我们原来预计的战争进程，大为缩短。原来预计，从1946年7月起，大约需要5年左右时间，便可能从根本上打

---

* 李一氓：时任中共旅大区党委副书记，后曾任中共中央纪委副书记，驻缅甸大使。

① 毛泽东：《关于情况的通报》（1948年3月20日），《毛泽东选集》第4卷，第1300页。

倒国民党反动政府。现在看来，只需从现时起，再有一年左右的时间，就可能将国民党反动政府从根本上打倒了。至于全国一切地方消灭反动势力，完成人民解放，则尚需较多的时间。”①

这两篇文章写作的时间，先后相距约 8 个月。我军的胜利时间，依前一篇的估计，从 1946 年 7 月算起，需要 5 年时间，则要到 1951 年 7 月去了。但后一篇以中国军事形势发生重大变化为根据，估计为从现在起，再有一年的时间，则为 1949 年的 11 月。后来军事形势急剧发展的结果，完全证明毛泽东同志这一预见。

1948 年夏天胡愈之同志从香港到大连，那时我在大连主持工作，接待了他。一天，他同我谈起，说毛泽东同志估计的胜利时间从现在起还要两年，在他看来，胜利时间不要两年。我问他是怎么估计的。他说除军事形势外，还有一个人心向背问题，国民党不仅军事崩溃了，经济也崩溃了，因而人心亦崩溃了。说我们没有看见在国民党区域不论哪一个阶层，都希望解放军胜利，希望蒋介石垮台。现在统治阶级已经到了不能照旧统治下去的局面，革命正在走向质变，只需对国民党军队再增加一点压力，它必然很快地全被消灭无疑。因此，估计为还要两年时间，可能长了一点。国民党区域的人民大众已经等不及了。被他这一说，我大为欣喜，完全相信他的看法有道理。而这个有道理的看法必须早日要党中央知道。他原来是要去党中央（河北平山）的，我们安排等有便人同路时，再送他去。经他这一说，我报告了旅大区党委，认为这是一个重要的见解，建议应该立刻送他去平山。就是在这个夏天，我们专为他组织

① 毛泽东：《中国军事形势的重大变化》（1948 年 11 月 14 日），《毛泽东选集》第 4 卷，第 1364 页。

了一次交通和护送，使他安然到达平山。临走时，我还着重提醒他到平山后，一定要把这个看法告诉毛泽东同志及党中央。

11 月，我们收到新华社的社论，特别提到“从现时起，再有一年左右的时间，就可能将国民党反动政府从根本上打倒了”。这一估计的正式宣布，振奋全国、全军的人心，使全部事变按照这个进程取得胜利。显然毛泽东同志吸收了胡愈之的意见，又根据自己掌握的双方军事的态势，作了更为准确的分析，把胜利时间缩短了一年。

（节选自李一氓著《存在集》，三联书店 1998 年版）

在香港看到解放区的通讯

梅日新[*]　吴锦华[**]

严老在香港居留期间，除了参加民主党派有关的活动和会议之外，曾专门为中共华南分局主办的《华商报》写下了传诵一时、脍炙人口的几篇关于解放区通讯。总题目是《解放区剪影》。时隔42年，现在重读这些通讯还有现实的教育意义。当时《华商报》的编辑对严老的文章有这样的介绍："关于解放区各方面的情况，虽有新华社不时报道，但一个原来在蒋管区的文化工作者，跑到解放区去，花了相当长时间在各解放区做数千里的跋涉，与多方面密切的接触，以比较的眼光就其亲见亲闻写出他的观感来，对于解放区以外读者相信是特别亲切的。严先生就是这样的一位文化工作者。他

* 梅日新：时任《人民报》经理；后曾任广州市政协副主席，农工党中央咨监委员会副主席。

** 吴锦华：梅日新的妻子，农工党党员。

将在本报陆续发表的《解放区剪影》，就是他今年春间（指 1948 年）到华北和西北两解放区旅行的产物，谨为读者介绍。”《解放区剪影》的第一篇通讯是《人民的市长》，文章说：“这位市长姓柯，安徽人，是最早的留俄生，据说他和列宁谈过话，是所有市长中最平民化的一个。有的人问他为什么不坐小汽车，他说：‘过去敌伪时期的汉奸市长坐小汽车，后来国民党时期的市长坐小汽车，现在如果我也坐小汽车，在老百姓看来看去，都是一样。市长如果是为市民谋利益，就应该明了市民一切情况，时时接近市民，坐在汽车上，还能谈到这些吗？’”严老介绍这个故事，说明在解放区，一个领导干部能密切联系群众，了解和解决群众的疾苦，能以身作则，与群众同甘共苦，吃苦在前，享乐在后，得到群众的衷心拥护和爱戴。

第二篇通讯写的是《自动人故事到动人的戏剧》，是介绍“白毛女”的。在严老的文章中，介绍了扮演“白毛女”喜儿的郭兰英同志的身世，说：“郭年幼，因家贫卖给人家去学戏，从此天真孩子，失去自由，在主人淫威下，开始愁眉苦脸的生活，每当严冬天气，在黎明之前，她就得俯伏在坚冰上，对着无情的坚冰，一声声地吊自己的嗓音。据说这种喊法，嗓子既可练好，又不惊扰别人的美梦。这样一年一年又一年的喊下去，一直喊了 10 多年之久，一直喊到她能够登台的时候，郭今天有副响亮的嗓子，大概就是来自幼年的苦修行吧。”又说：“在石家庄，郭兰英演‘白毛女’连续演过 40 多场，场场都是人山人海，水泄不通。”

“白毛女”这个故事，在当时香港的不少人中还是陌生的，一经严老介绍，立刻引起读者强烈的反响，广为流传。

第三篇是《访晋冀鲁豫主席杨秀峰》。杨秀峰同志和他的夫人孙文淑（边区政府秘书长）都是严老的老朋友。他们 10 多年没有见面，在解放区重逢，格外高兴。严老介绍杨主席的情况说：“‘七七’前杨秀峰在平津大学教书，瘦弱、耳聋、深近视，谁也不曾想到，他会带着年轻的太太和一二十个学生去打游击，在荒凉的太行山头，在古战场冀南平原上，演出那许许多多温暖热情可歌可泣的故事。在这些故事感召之下，人民一天天走向胜利，地方也就伸展到几省的边区，最后，晋冀鲁豫边区政府成立，他当选为主席。”当时接待严老的是孙文淑同志，严老对孙同志说：“多年不见，发胖了。”她说：“是小米吃胖的。”严老说：“在这里够辛苦吧！”她说：“现在有饭吃，哪里辛苦？抗战初期，太行山上一连 3 年旱灾，最后一年我们每顿只能喝些清汤，里面多少有几粒小米、几片菜叶，有时连这几乎都求之不得。尽管我们四肢软弱无力，可是仍然要打游击，否则就会失掉自己的根据地，失掉人民的同情心。有时日本鬼子来追，秀峰的耳、眼睛、身体都不好，大家要他先逃，可是，他偏偏要等到最后，说大家不先走，他不放心。我当然不能离开他，常常和他一起冒着很大的危险。现在每个人都能吃饱穿暖，打仗用的是机枪大炮，比之以往，真不能同日而语。”

这篇通讯是记述杨、孙夫妇如何从一个知识分子当上党的高级领导干部的感人事迹，也说明当时解放区为什么能一天天壮大，革命事业不断发展。因为他们干的事业是一切为了人民，他们心目中装的也是人民。这就是得人心者得天下的道理。

总括来说，严老这 3 篇通讯——《解放区剪影》，除了重点介绍上述 3 个人物外，还介绍了解放区的社会治安、人民生活和文化教育等方面情况。他文笔流畅、生动，使香港广大读者耳目为之一新。特别对进步青年，帮助他们了解解放区的情况、解放区的政策，以及解放区是怎样发展起来的，对加深对共产党的认识，起了积极作用。但却引起了港英当局的恐惧，宣布严信民是不受欢迎的人，限期要他离开香港。因而《解放区剪影》也无法继续刊登了。这就公开撕去了港英当局平时标榜的所谓“言论自由”的虚伪面纱。后来，严老得到中共华南分局的关怀和具体帮助，秘密地乘苏联货轮辗转再进入华北解放区，投入新的战斗。

（选自吴锦华、梅日新著《凯苏居文集》，内部资料，1999年）

在最黑暗的日子入党

王蕴如* 周 瑾**

周建人一家原住霞飞坊3号，与夏丏尊先生住在一起以后就搬到了福熙路四明村38号居住。1948年10月15日（阴历九月十三日）清晨，周建人偕夫人王蕴如及女儿周瑾、周蕖4人，收拾了一点简单的行李，悄悄地离开了四明村38号，雇了一辆车到码头，乘船离开了上海（在这之前，大女儿周晔和她的丈夫张攸民已离开上海，去了苏北解放区）。他们在船上经过5个昼夜的颠簸，终于到达了天津。中途未停靠任何码头（如崇明、青岛、烟台等），一路上也比较顺利，没有遇到特别麻烦的事。

当时，与周建人一家同行的，还有艾寒松及其妻子曹金秀，还

---

* 王蕴如：周建人夫人，曾在高等教育部工作。
** 周 瑾：周建人之女，曾任人民解放军卫生部药学研究所党委书记。

带了一个年仅三四岁的小女儿。

为了避免引起国民党的注意，便于长途跋涉，周建人行装十分简单。因为此行是秘密的，即使原来同住在四明村的亲戚也不知道，家中的一切东西也都来不及处理，锁上大门就走了。

周建人和艾寒松一行到天津后，并没有人前来接应。于是，先按照艾寒松所带的地址，在天津找寻可以带他们进入解放区的人。到了那户人家，不料那位同志已经离开天津，无法接头联系。于是，又按照艾寒松所带的另一个地址，去寻找一位纺织厂的老板。他们找到了这位老板并在他家里暂住了一夜。这些都是艾寒松单独安排，对两位联系人的情况，周建人并不清楚。

次日，艾寒松与王蕴如在天津找到了做店员的一位亲戚，由他帮助找到一家旅馆，并在那里暂时住了下来。接着，由艾寒松写信给上海党组织，告诉路上的情况。

周、艾两家在天津大约住了两三周以后，上海党组织派来了一位姓李的同志，决定送两家进入解放区。这位李同志是原来在天津准备送两家进入解放区的那个交通员的弟弟，是个国民党的小军官，在南京工作。上海党组织是特地派他到天津护送周、艾两家进解放区的。

11 月 9 日，由李同志找到了一只渔船，在天津金刚桥下船后，进入解放区。

一天后，他们到达招头镇，住在一位渔民的家中。在由天津到招头镇的途中，有四五个关口，不时遇到国民党便衣等人的询问，均由李同志一一对付过关。因为船上坐的全是老人和妇女，他们也没有多加盘查，就顺利地放行了。

由招头镇坐火车到左各庄，这里已是共产党管辖的地区，当地解放军的负责人是魏笑天同志。他们两家在左各庄住了一两夜，然后由魏同志雇了一辆胶皮轮的大车，把大家送到泊镇，再由泊镇送到石家庄。

周、艾两家在石家庄，受到交际处长申伯纯同志的热情接待。他们在交际处住了几天，然后由中共中央派车前来迎接，直接去李家庄（李同志在石家庄留下后，未去李家庄）。一路上，他们并没有在平山县县城（当时是华北人民政府所在地）停留。当时，党中央在西柏坡办公，统战部设在李家庄。周建人一家就暂时住在李家庄。

从石家庄出发，和周建人、艾寒松两家一起到李家庄的，还有符定一老先生和他的夫人、女儿、女婿4人。符老先生是毛主席的先生。

那时，周建人已是中共党员。他后来告诉家属，他的党员组织关系，是由艾寒松口头带到解放区的。

这就是周建人一家离开上海去解放区经过的大略。

1949年元旦，周建人在解放区度过了第一个新年。这天夜里，中共中央主席毛泽东在西柏坡设宴，招待来自解放区的各民主党派爱国人士。周建人偕夫人应邀出席。会上，当介绍他“这位就是鲁迅的弟弟周建人先生”时，毛泽东高兴地和他热烈握手，对他突破重重封锁前来解放区工作表示热烈欢迎。这次宴会时间不长，但毛泽东那宽广的胸怀，尊老重贤的态度，以及质朴的穿着，给周建人留下深刻的印象。

谢德铣　整理

（选自谢德铣著《周建人评传》，重庆出版社1991年版）

解放区的天

钟　灵*

1948 年 11 月，辽沈战役胜利结束，东北全境已经解放，除了华北还有少数敌人的据点外，解放区已经连成一片。这时，党中央电召林老去河北，我跟随林老由延安出发，途经石家庄到了河北平山县的西柏坡，这里是党中央的临时驻地，对外名叫“劳动大学”，校长是李得胜（即毛主席），副校长是胡必成（即周恩来副主席）。

到了西柏坡后，林老就由中央办公厅负责照顾，而我则被派到中共中央统战部去做接待民主人士的工作。统战部设在西柏坡附近的李家庄，部长是李维汉，秘书长是齐燕铭，副秘书长是童小鹏。

正像一首当时非常流行的歌曲里唱的那样，解放区的天是明朗

* 钟　灵：时任林伯渠秘书；系新政协筹备会总务处办公室主任兼会场布置科科长；后曾任北京电影制片厂艺术委员会秘书长，中国美术家协会会员。

的天，解放区的人民好喜欢。

当时，无论是百姓还是我们这些干部，大家全都意气风发，到处都是一片欢乐的气氛，因为解放全中国已胜利在望，新中国就要诞生了，所以大家都在忘我地工作着、战斗着，似乎浑身有着使不完的劲。

就在这时，有一大批名流、学者、教授和民主党派的负责人被接到了李家庄，他们是我们党的嘉宾、朋友，是我的服务对象。

在当时的条件下，领导上指示我们要尽可能满足这些人的一切生活需要，但是，尽管我们尽了最大的努力，可一切还是非常简陋。

令人欣慰的是，这些民主人士却并不觉得艰苦，他们的精神状态非常好，到了解放区后，他们都感到好像进入了一个新的世界，甚至有人说自己变得年轻了（其实他们当时并不老，最年长的也不过 50 多岁）。

他们当中有鲁迅先生的弟弟周建人先生和夫人及他们的两位女公子；有田汉和夫人安娥；有著名的教授吴晗、翦伯赞、张东荪；有严景耀和雷洁琼夫妇；有鲁迅的夫人许广平和儿子周海婴，等等。他们都被安排住在老百姓家里，每天在另一间大房子里参加集体活动。周恩来副主席经常和他们在一起开会。记得有几次讨论战争罪犯的名单草案，一直讨论到深夜。

当时，我被派去负责这些客人的饮食起居和文化娱乐活动，给我的感觉是，为这些贵宾服务太容易了，我从没听到过他们对生活待遇提出任何意见，更没有一个人因为生活问题而发脾气。他们在讲文明礼貌方面给我们这些“土包子”作出了榜样。

实际上，在生活待遇上他们只比我们略强一些，不过多吃些细粮，多几顿有肉的菜，唯一特殊的是每天早饭时有奶粉喝，这是我们在战斗中缴获的美国奶粉，正好为招待民主人士用上了。

这些贵宾们最感兴趣的，除讨论国家大事外，就是我组织的文体活动了。我利用业余时间教他们唱歌、扭秧歌。我记得当时教过两首歌：《解放区的天》和《团结就是力量》，而最受大家欢迎的则是晚饭后练习扭秧歌。

每天晚饭后，这些贵宾中有些人在村旁小路上散步，而大部分人则都集中到李家庄的打麦场上了，每到这时，勤务员们便拿出锣鼓敲打起来，锣鼓声一响，村民们特别是小孩子们就都围拢来看，场面非常热闹。

因我在延安时就担任过秧歌队队长，而且是秧歌队的“伞头”（即打着彩伞牵头带队的人），所以我对扭秧歌非常在行，于是，我就使出浑身解数教这些人扭秧歌，从基本步伐到变招变式，再到队形的变化，每天都有新课程，大家都学得津津有味，欢歌笑语不断。

当时学得最快、扭得也最美的，要数田汉夫人安娥和雷洁琼教授（她现在是全国人大常委会副委员长），男宾们扭得不太像样，但大家兴致都很高。

每天晚上，打麦场上便呈现出一片军民团结的欢腾景象，大家每次都要跳到暮色降临才散去。离去时，大家都还恋恋不舍。

1995 年秋天，在一个美术展览会上我与雷洁琼副委员长不期而遇，见面后大家都很高兴，她的身体非常健康。我们谈话时，忆起在李家庄学扭秧歌的往事，她不无感慨地说：“那时候真痛快，大家好像都变成了小青年，达到了忘我的境界，现在是想扭也扭不动了！”

我们谈起当年在李家庄学过扭秧歌的田汉、安娥、许广平、吴晗等同志都已经永远离开了我们时，都感喟不已。

这些同志的音容笑貌和我们共同在解放区度过的美好时光，将永远留存在我的心中。

（选自钟灵著《奋斗与机缘》，辽宁少年儿童出版社 1997 年版）

难忘的日子

李瑞生 *

1948 年 9 月，中央城工部改建为中央统战部，下设一、二、三室。一、二室分别主管国内政权、统战和国民党统治区工作。三室分管华侨工作和东方兄弟党联络工作。这便是党中央对外联络工作的新起点。

初创时，分配在三室工作的有 14 人。有老一辈的许立、王任叔同志；有中间一代的张上明、庄涛、黄乃、陈华、田夫、谢生同志；有年青一代的陈思明、孙江尧、莫沙、宋文、马究生（徐清莲）和我。陈华任三室秘书。许、王二老是刚从海外回来的。中间几位是从延安辗转过来的。年轻的同志除个别外，都是不久前从北

* 李瑞生：时为中共中央统战部三室工作人员。

平、上海撤回解放区的。这是一个老中青结合、富有朝气的战斗集体。直到 1949 年 3 月下旬，中央统战部和党中央机关一起由李家庄迁到北京中南海，三室基本上是这支队伍。

在李家庄的 3 个月，因为地处农村，资料有限，调研工作主要从 3 个方面进行：一是整理一些旧有资料，编出目录；二是将刚从海外回来的许立、王任叔、胡愈之、沈兹九（胡、沈是统战部客人）等同志讲述东南亚国家的共产党和侨党领导的抗日斗争和民族解放斗争的情况记录整理成文；三是点滴摘抄经胶东解放区转运进来的香港《华商报》《大公报》上的有关资料，沙里淘金。记得我翻到一则 100 来字的印度海德拉巴农民起义的消息，高兴极了，赶忙抄录下来。1949 年的第 1 季度，给王稼祥同志提供东南亚情况报告和 8 个国家的资料约 40 万字。

这段时间，政治气氛浓厚，思想活跃，人心欢畅。之所以有这样的局面，首先是思想工作扎实，人人动手。领导率先做，支部深入做，党员互相做。情况弄得清，问题抓得准，道理说得透，工作做得细，做到了人的心坎上。记得在李家庄，我们从北平回去的一位党员同志说：在国民党统治区，到处是“蒋委员长万岁”的标语，回到解放区，处处可见“毛主席万岁”的标语，有点弄不清。罗迈[①]部长听到这个反映后，在一次机关工作人员大会上的讲话中专门就这个问题讲了一段。他说，蒋介石是中国人民的刽子手，是四大家族反动统治的头子，是跟人民完全对立的。毛主席是中国人民的救星，是工人阶级的杰出代表，是党的久经考验的领袖，他和

① 即李维汉。

人民、阶级和政党是完全一致的。寥寥数语，道理深透。

其次，部领导及时把中央对形势的分析和决策传达给工作人员，认真组织学习，武装头脑，明确方向，跟上中央部署，激励工作干劲。入城以前，传达了中央修改过的张闻天同志 1948 年 9 月写的《关于东北经济构成和经济建设基本方针的提纲》，深入学习了毛主席为新华社写的 1949 年新年献词《将革命进行到底》、毛主席在党的七届二中全会的报告，制定入城后的纪律和实施办法。罗迈同志亲自作文件讲解报告。

他的讲解总是深入浅出，生动活泼，深入人心。二中全会关于党的工作重心的转移、全国胜利后的阶级关系、经济成分、政权性质、对外关系和基本政策的阐述和规定，至今记忆犹新。尤其是关于资产阶级“糖衣炮弹”将成为无产阶级主要危险的警告，迄今仍为全党的规箴，其锋芒锐而不钝。

那些日子，物质条件简陋，而精神生活却是丰富而充实的。

在李家庄，我们 5 个年轻人同睡一铺炕，共点一盏煤油灯。清早起来，跑步到离村不远的漳河边，在河滩上的杨树下，迎着朝阳，做健身操，呼吸点新鲜空气，头脑清晰，精力倍增。

周末的晚上，在村边的打谷场上燃起一堆篝火，由五六个人组成的小乐队，围着篝火，敲起锣鼓，吹起笛子，拉着胡琴，部里的男女老少由童小鹏同志领头排成长龙，扭起秧歌舞，或跳起交谊舞。村里的乡亲围在场边助兴。虽说是十冬腊月，但打谷场上却都是热气腾腾。这样的晚会往往要到深夜才散。

在李家庄，最隆重的是庆祝 1949 年元旦的晚会。那是一个迎接全国胜利的盛会。在打谷场上搭起舞台，装上电灯，格外明亮。朱老总和一些中央领导同志来了，民主党派的一些人士也来了。村里的乡亲们都出来了。几百平方米的会场上，挤得满当当的。党群一起欢庆各个战场的伟大胜利，迎接新中国的诞生。演出的节目都是机关同志自己排练的活报剧和歌舞。我们刚从国民党统治区回去20来个年轻同志演出的“团结就是力量”，受到中央领导同志的好评。演出后跳交谊舞。在韵律轻快的乐声中，领导和群众、党内和党外同志翩翩起舞，直到午夜才尽兴而散。

在李家庄，最难忘的是第一次见到毛主席。1948年秋末的一天，陈华同志告诉我们，毛主席来李家庄看望他的老师了，你们还不赶快去看看。我们一群年轻同志急忙奔赴符定一老先生住的四合院。刚到大门口，恰好毛主席和符老先生及夫人一起从院里往外走。毛主席身着黄绿色军装，戴着军帽，神采奕奕，同他们边走边说，小鹏同志在前面迎着他们拍照。我们和村里乡亲簇拥在他们后面，直到村边毛主席乘坐的汽车旁。毛主席和符老夫妇亲切握手告别后，登上军用中型吉普车。我们和乡亲一起向他热烈鼓掌表示敬意。毛主席举手向大家行了一个军礼，汽车启动向西柏坡驶去。伫立在那里的人们仍流连忘返。

（选自李瑞生著《难忘的日子》，收入中共中央对外联络部、中共对外关系史料编辑小组编《中联部四十年》，人民画报社1992年版）

毛泽东在西柏坡接见民主人士

武象廷*

中央决定邀请港、沪、平、津等地各中间党派及群众团体代表，到解放区来商讨召开人民政治协商大会，成立临时中央政府等事宜。当时，接到了中共中央的通知后，许许多多的社会贤达克服了重重困难，积极响应中国共产党的建国主张，纷纷来到平山县的李家庄。他们来到解放区以后，都有一个强烈的愿望，这就是能够拜访毛泽东主席。这样，主席只好放弃了休息时间，在自己住地的门口，常常以他那感染人的微笑迎接来自各地的客人们，同客人们热情地握手，亲切地交谈。

有一次，毛主席接待了一位前来拜访的香港客人，由于时间过

* 武象廷：时为毛泽东的警卫员。

去了几十年，再加上那时会见的客人很多，我记不起这位港客的名字了。但主席同他谈话时的内容，我还记得清清楚楚。这位香港客人一来到毛主席的住地后，就为主席那种平易近人、温和慈祥的风度所深深感动着，他喝着主席为他沏的清茶，无拘无束地听着主席对他的热情的谈话。

毛主席对这位风尘仆仆前来拜访的客人关切地说：“你这次从香港来到这里，途中经过了不少的艰难困苦，使我深感敬佩，感谢你的爱国热情。中国革命的事业是大家的事业，大家的事业就要大家办，你对人民革命事业有贡献，以后我们还要在一起合作共事，建设国家。”

这位香港客人受到毛主席的会见，很是激动地说：“毛先生，我是来这里找光明来了，我在香港得到的消息是，国民党的军队老打败仗，共产党的军队老打胜仗，这是毛主席英明的指挥，这毫无疑义使我对毛主席是非常敬佩的。可是，国民党政府有美国的援助，军队又多，武器装备又好，经济实力要比共产党优胜得多。为什么蒋介石有这么多优越条件却败得这么快？我从香港经胶州湾，到山东半岛，才明白了这个真理。我在山东解放区看到许多老百姓推着小木头独轮车，扭着屁股，吱扭吱扭地往前方送粮食和作战物资，而没有看见有一个当兵的押着。老百姓真心实意地支援前线，使我深受感动。我看到这场面时就流出了眼泪，这真是不可思议的呀！”

毛主席微笑着对他说，“这是人民战争的威力，人心所向嘛！”这就是人民对革命战争的有力支援。

（节选自武象廷著《跟随毛泽东纪事》，山西人民出版社 1991 年版）

回忆周恩来于北平解放前夕与抵达李家庄民主人士座谈情况

李　青*

1948年底，到达李家庄的民主人士已有毛泽东的老师符定一，以及胡愈之、沈兹九、刘清扬、韩兆鹗、周建人、吴晗、杨刚、宦乡、严信民、楚图南、雷洁琼、田汉、安娥、张曼筠、周颖、何惧（上海工商界人士吴羹梅的私人代表）等10多人。

1949年元旦，早已末路穷途的蒋介石为挽救其垂死命运，玩弄两面手法，发表新年文告，要求在保持其伪宪法、伪法统等条件下"停战和平"。中共中央和毛泽东洞察其奸，在新年献词《将革命进行到底》一文中，坚定宣告："中国人民决不怜惜蛇一样的恶人"，一定要"彻底消除反动势力，彻底发展革命势力，一直到达

---

*　李　青：时为中共中央统战部工作人员，后曾任中共中央统战部研究室副主任。

在全中国范围内建立人民民主共和国，实现统一的民主的和平”。1月4日，毛泽东又发表《评战犯求和》，深刻揭露蒋介石的停战和平阴谋。1月14日，中共中央毛泽东主席发表《关于时局的声明》，提出惩办战争罪犯；废除伪宪法；废除伪法统；依据民主原则改编一切反动军队；没收官僚资本；改革土地制度；废除卖国条约；召开没有反动分子参加的政治协商会议，成立民主联合政府等八项条件，表示可在上述八条基础上与国民党反动集团进行和平谈判。

如何认识和把握中国时局的走向，顿时成为民主人士普遍谈论和关注的一个重要问题。正是在这一重要时刻，1949年1月16日晚，周恩来在百忙中专程到李家庄看望民主人士，并举行座谈。当年我已分配到中央统战部工作，有幸参加这次座谈，并作了详细记录。

一　毛主席的八条区别了真和平与假和平

这次座谈是在一间简陋的平房内举行的。周恩来身穿灰棉军大衣，双目炯炯，神采奕奕，满面春风，与民主人士一一握手致意。落座后，胡愈之要求周恩来“就最近时局为大家报告一下，首先谈谈毛主席公布的八条”。

周恩来应邀作了长篇发言，说：毛主席的八条，区别了真和平与假和平。蒋介石要维护伪宪法、伪法统，维护军队，这是一个阴谋。对伪宪法，我们一开始就不承认。两年前召开的伪国大，在座诸位当时都未参加。废除伪宪法是大家要求。所谓伪法统，就是封建正统，这正是反封建的革命对象，我们要建立人民的正统。蒋介石要维持军队，这是他的命根子，而我们则主张用人民解放军的制度来改编，建立一个人民的秋毫无犯的民主军队。不追究战犯，人民哪能心服？现在蒋管区各界人士都在积极地提供战犯名单。毛主席的八条，就是要尽快搞垮南京的统治，使人民和平早日到来。周恩来接着从战争形势发展、军事力量对比，进一步分析提早打倒国民党反动统治的可能性。他说：去年（1948 年）9 月中央政治局开会总结前两年的战绩。第一年消灭国民党军队 97 个旅，第二年消灭 94 个旅，两年合计歼敌 250 多万人。8、9 月时敌人还有 285 个师，人数还有 360 万，比起大举进攻时的 430 万人，只少掉了 70 多万。当时估计每年消灭敌军 150 多万人，3 年可以完成。所以说再打 3 年，可以根本上打垮国民党。但是九月会议刚结束，马上就推翻了我们的论断。济南战役时，华东局估计还有两个月才能解放济南，但只有 8 天便解决了战斗，这远远超过我们的预算，曾山同志赶回去都来不及了。部队战斗力的提高，实在是突飞猛进。其原因是多方面的：首先要新式整军。部队经过了诉苦教育，眼泪都变成了力量，不但提高了自己的阶级觉悟，就是俘虏的阶级觉悟也提高了。如从黄百韬军中俘虏的战士，帽子都来不及换就赶上前线杀敌。有的因戴着中央军的帽子，在作战中挂了花，临死前还说：“同志，换我一顶解放军的帽子吧！”苏联名医阿洛夫说：“这种方式的整军，不要说西欧，就是苏联也没有过。诉苦运动和有领导的民主是最成功的。”军队哭起来打仗，是前所未有的。还有“三评”，评思想、评战斗、评干部。许多战士经过三评教育入了党，许多战士临死前还提出入党要求。战士、党员、干部三者密切结合起来便无敌了。还有“诸葛亮会”。因为上级的命令有时不够周密，“诸葛亮会”可以补充其不足。淮海战役进展神速，是和成万的俘虏经过阶级诉苦、三查三评、“诸葛亮会”的教育分不开的。更基本的问题是土地改革。土改是巨大的浪潮，冲刷了全部污泥浊水，贫下中农翻了身，这是人民力量的源泉。土改中也免不了冲掉一些肥土，有些人受了损失，已经纠正，作了赔偿、照顾。现在80%左右的农民满意，这是翻天覆地的力量。所以，队伍的新式民主再加上土改，是所向无敌的。去年9月济南之役到今天4个月的形势发展，确实惊人，超过了敌我的估计。

二　今年有把握打垮国民党

周恩来进一步分析战争形势的发展。他说：第三年上半年总结，共歼敌148个师，其中整师的有111个，变成了一年计划半年超过。第三年原规定歼敌150万人。没想到半年即歼敌170多万人，再加上1月份的战绩，杜聿明的18个师，天津的7个师，塘沽的5个师，北平的22个师，共52个师，只在1月内即可全部解决，人数可达50万人，加上半年的170多万，就是7个月共搞掉他200个220万人。这样，国民党剩下的军队不足200万人，150个师左右，不可能再有攻势，再加上北平的解放，情况就发生了根本的变化。国民党现也组织不了什么进攻了。周恩来满怀胜利信心指出：现在，北平的胜利在望。阎锡山在山西的日子也不久了。太原我们没有用力打，只摆一个兵团在那里，只要稍稍加些兵力，便没问题了。华北方面除一小部分据点外，全部地区由我控制。北平解放后，华北就没啥了。黄河北岸除西安外，就只有青岛了。其他地区：第一，汤恩伯据守范围以南京为中心，包括苏杭地区共50个师，都是新兵及败退下来的残兵，战斗力很弱。第二，白崇禧统辖的以汉口为中心，共30个师。

白的嫡系部队 8 个师，其他都是新编的杂牌军。第三，就是胡宗南的以西安为中心的这一部。这三部分就是蒋介石所依靠的主力，其他在新疆、广东、四川、台湾、昆明也有一些，也就是二三十个师，不成其为力量。胡宗南号称 28 个师，但战斗力很差。白崇禧不准备大打，可能向广西跑。剩下的只有汤恩伯这一部要拼也很困难了。若抽调胡宗南兵力支援南京，又恐我入川。若要他往回撤，没有那么多飞机，只好开步走了。往哪里走呢？若步行走汉中入川又路远时间来不及赶不上，中间夹着白崇禧，这次就被白扣留了胡的 3 万支枪。白崇禧表示不服从蒋介石，"有礼地抗上"，企图撤到广西，以衡阳为前线，并争占海口，与美国建立联系，但其部下又不能完全跟着走。程潜最近扣留白洋，也企图"割据"。现在我们就准备进攻南京！总之，国民党第二年一开始就转入防御，第三年战役的进攻都搞不起来。现在它是全面防御，败局已定，这是中外一致的认识。美国也知道，再支持蒋介石也没用了。中外许多报纸都开始骂蒋介石了。45 亿的美援在 3 年多的时间内能够做个什么？再加上 10 亿又能怎么样？借款、求援等，都丝毫不能挽救蒋介石政权的死亡。蒋介石所剩下的 150 个师又能如何？况且这些兵力不能全部集中在南京。因此，若从军事力量对比上看，可以说现在已经根本上打垮蒋介石了，挖了根了！进攻天津，只用 27 个半小时就解决了战斗。所以，今年有把握打垮国民党，即使渡江晚些也不要紧。

三　筹备召开新政协，共商建国大计

在谈了军事形势和政治局势的发展之后，周恩来着重谈筹备召开新政协，并与在座的民主人士商讨新中国政治、经济、文化教育等多方面的问题。

（一）新政协的地点和安全问题

周恩来说，现在香港和蒋管区的民主人士还要继续来解放区。北平若解放得早些，政协筹备会的工作更要加紧进行。将来打算逐步发表这方面的消息，但为避免敌机骚扰，开会的地点要保密。对外公开说还在哈尔滨召开，使敌人相信。最近敌人在北平策划暗杀，对象不但是中共，且可能包括民主人士，企图从各方面来破坏。特务分子不是一下能肃清的，须有周密的布置。以前我们反对敌人压迫时，在群众面前要起带头作用，如闻一多先生当着群众演讲，影响很大，人民受到了教育，但代价是很大的。今后情形变了，我们是人民代表，人民成为统治者了，地主阶级及官僚资产阶级是被统治者，他们不会甘心，还会钻出来破坏人民民主专政，或暗杀人民代表，因此，要加强保卫，提高警觉，不要给他们以机会。否则，在新政权下受损失便不好。历来革命胜利后，失败者只能用这种卑鄙手段加害革命，如袁世凯暗杀宋教仁便是一例。到北平后大家都住在招待所，成立警戒区，加强防范。座谈中有人提出进入北平后清查户口，用连环担保的办法怎样？周恩来回答说，这办法很危险，真正的特务没查到，人民反而受到波动，引起对我们的不满。关键还是加强防范保卫，确保人身安全。

（二）人民政府的组织问题

周恩来希望民主人士在没去北平前多谈些政府组织这方面的

问题。他恳切地说：军事方面我们摸得比较熟，政治斗争方面，30多年来还懂得些，但财经方面便不太懂。农业生产、公粮等还好一些，但对城市就很生疏。如税收问题，有的城市到现在还没有收税，战争负担还依然靠农民，这就不合理。如济南，在国民党时期每个月可收65亿北海币，而我们则3个月没收，不收税，商人反而认为是共产党把他们养肥了再宰。哈尔滨解放后，也好几个月没征税，实行配给，结果农民负担加重了。天津解放后再不征收便成问题了。以后到城市，取消一些苛捐杂税，正经的税先收再说，慢慢再改革。许多财经问题都不熟悉，若搞对了，力量就很大。这方面希望大家多贡献些意见。尤其内政方面，如户籍、水利、卫生、劳动、司法、教育、文化、艺术等，都生疏得很。整个政权之内，国防还好，财经不大懂，内政更弱，希望多讨论。政权的组织原则是民主集中制，当然不是旧民主，这比议会制表面上吵闹不休实际上寡头专政好得多。打破国民党的法统，我们的政权组织形式当然不会抄袭他们那一套。周恩来进一步说：参加新政协筹备会每单位6人，共38个单位，若算是40个单位，就有240人。我们希望从新政协产生出中央政府。政协是国民党王世杰提出的名词，但国民党不承认。我们把它捡起来用，赋予新的内涵。这是名称的偶然得之。政协是中国人民的统一战线组织，可以作为组织形式长期保存下来，将来有些大问题可在政协会谈谈。在没有召开全国人民代表大会之前，政协可存在，有了人代会，政协可成为参谋部。将来是人民共和国。至于总统制、内阁制的问题，大家可以谈谈。总统制给蒋介石搞臭了，用“主席”也好，这是名称问题，无关宏旨。政府委员会设多少部门？内政、财政、国防等部门的职权如何？等等，都希望诸位多想想。

（三）对待战犯和官僚资本问题

周恩来发言告一段落后，会议转入讨论。何惧说：我有个生意人的想法，万一蒋下台，换别人来谈判，若提出不要惩办战犯、不要没收其财产，在这种情况下怎么办？周恩来反问：若不没收官僚资本你愿意不？何答：我当然不愿意。周恩来说：战犯将功折罪，还勉强可以。不没收官僚资本就通不过。八条中废除伪法统，决不是修改法统。在废宪、土改、联合政府、废除卖国条约等八条中，只有战犯的惩办轻重、人数多少有伸缩余地，如果本人将功折罪处罚就轻些，这取决于他们自己。田汉说：在国际法上，美国可以收容这些战犯，并可为之保留资产，我们是否将他们作为政治犯处理？政治犯与今天的战犯有何不同？胡愈之说：战犯问题，可在对外新闻公告中表示："若不愿作中国之友邦，可以自由容纳，要做中国友邦，就不许容纳。"德国垮台后，就有此通告。周恩来说：昨天到新华社谈到这问题。现在我们的家产大了，美、英、法将来必有求于我们。100多年的殖民地，到今天算是有了扬眉吐气的日子啦！何惧提问：清查官僚资本的办法标准如何？周恩来答：可以成立委员会。何说：以工厂为例，有人说某工厂是官僚资本，但有人说不是。为了维持生产，是否有监督、有规定较好些？可以规定原来的股东不准过户，慢慢调查，这些原股东在社会局都有登记。周恩来说：股东的名字会造假不？有许多原就不用自己的名字。对何惧说，请你到天津专门搞清查工作怎样？何答：可以。周接着说：清查官僚资本要有内行人及地方关系的协助。东北官僚资本就不多，都是国家企业，占90%。天津、上海就较复杂。关于这方面的材料要多多搜集，而执行可以慢些。

（四）关于外交及文化思想政策问题

周恩来说：新中国的外交政策，原则上要区别人民阵线及帝国主义阵线，然后再区别帝国主义之间的矛盾。但具体实施时问题必会很多。解放平津后，外籍记者成为不速之客，如何对待？原则上不承认外国新闻记者资格；若遵守法律及军管制度，可作为侨民受到保护；愿留者留下，要去者送行，但不管去留，须先到公安局外侨科登记；如外国报纸改变了态度，则根据其言论的影响及具体情况，考虑某些记者及某些通讯社的合法地位。凡同情人民解放军及新民主主义者，不但新民主主义国家即使帝国主义国内的进步报纸也一律欢迎进来。有这几条政策便全面些。估计外国通讯社报纸可能会走一些，但还会有一大部分留下。对外国的矿山，有必要时可临时与之签订合同买些煤及必要的物资。海关问题，只有照旧有的税先收再说。周恩来说：由怯弱外交转变成独立自主的外交，也需要有理有利有节。会上商定成立一个外交政策研究委员会，吸收这方面的专家进行研究。关于文化及思想教育方面，胡愈之、吴晗提出：解放天津后，知识分子较多，这些人大多对政策不了解，思想改造是个问题。周恩来表示：对文化思想教育问题，这方面我没怎么摸，到平津后还要仔细研究。总之，大学要维持原状。北大、燕大要找人出来维持。思想问题不要过于强调，只要不反动，愿意革命，有点自由主义也没关系。思想改造是长期的。凡对革命有帮助的不要使他不安。有教授要讲唯心论，只要有学生听、有市场出售就可以。杂志上有不同见解可以展开讨论。至于怎样搞更适当，还要研究。会上吴晗提出学校经费问题，以清华为例说，抗战前清华每年经费需 80 万美元（何惧当场折算说，约合 2440 石米）。周恩来表示，到北平后请吴先生在这方面做个调查，各个大学的经费，希望精确一些。楚图南说：大学一般少到5人、多到30人就开一个班，有的一系只有两个学生，这样虽有其好处，但浪费很大。周恩来表示，教授有利于人民事业者予以保留，员工要减少。在座谈期间，周恩来多次表示，到平津后，财经、文化、外资问题紧跟着来，大家要多想办法研究解决。

这次座谈会，由晚8时左右开始，持续了四五个小时。由于当地条件限制，没有准备夜宵。周恩来和与会人员始终精神饱满，坦诚相见，商讨各种问题，达成了共识，气氛十分热烈。深夜时，大家饮几口酒，使精神倍增，谈兴更浓。座谈结束时，已是凌晨1时许，周恩来与民主人士亲切告别，在星空闪烁下乘吉普车返回中共中央所在地——西柏坡。

这次座谈会后半月，1949年1月31日北平宣告和平解放，平津战役胜利结束。2月10日，中央统战部秘书长齐燕铭陪同住在李家庄的民主人士吴晗、雷洁琼等15人第一批进入古都北平，我和中央统战部一部分干部也于次日（2月11日）到达北平。从此，在中共中央和周恩来的领导下，中央统战部更加紧张地投入新政协的筹备工作，同民主人士进行广泛接触和交往，开始了繁忙的日日夜夜。在中国共产党同各民主党派、人民团体及各界民主人士的通力合作、共同奋斗下，新中国这座宏伟大厦，已经岿然在望！

（选自李青著《纵论战争形势　共商建国大计——回忆周恩来于北平解放前夕与抵达李家庄民主人士座谈情况》，《中国统一战线》1999年第7期）

解放前夕周建人赴解放区的经历

金柏年 *

我们家与周建人的亲戚关系渊源于周夫人王蕴如，她和我母亲王絮才是姑妈与内侄女的关系。1938 年至 1948 年的 10 年间，我们两家同住在上海福煦路（现延安中路）四明村的一套公寓房内。寓所共 3 层，南面正房，北面亭子间，中间是盘旋式的楼梯。我家住一二层及二三层的亭子间，他家住三层正屋。

排辈分，论称呼，我该称周建人为姑丈，夫人应叫姑婆。但不知为何，我家老老少少都把周建人叫“外公”，夫人叫“小爷爷”，有时也称“外婆”（为了叙述方便，下文称周建人为“建老”，夫人称“外婆”）。

* 金柏年：周建人之侄外孙，曾任杭州拱墅区教育局干部，杭州市政协委员。

鲁迅的夫人许广平与建老是叔嫂关系，住在霞飞路霞飞坊（现淮海中路），她几乎每星期都要来一次。我们（包括金、周两家）称她为“妈妈”，把周海婴称“小爷叔”。这种奇特的称呼一直延续到后来。

许广平每次来总要带些自制的广式点心，我们几个小孩每次也都能分食到足以解馋的广式点心。因此很喜欢她来，有时甚至盼望她来。

由于年龄差距，周海婴不会与我们一起玩，我五叔与他同庚，他俩经常结伴玩。

1938 年至 1948 年，经历了抗日战争胜利前后两个历史时期。我母亲、外婆和我的二祖母 3 人经历过“轧户口米”（日伪时期买配给粮），去外滩用金圆券换“银洋钱”，去四川北路地摊上购买日军战败后仓库里的军用生活品和美国军舰带来的剩余物资，以罐头食品为多，价钱便宜。买回来后，两家老小都可“开洋荤”。

建老喜欢在广播里收听滑稽独角戏，尤其钟爱姚慕双、周柏春演播的。记得那时傍晚，他一边喝酒，一边欣赏演播的滑稽独角戏，听到引人入胜时，便会发出爽朗的哈哈大笑。每到此时，我们在一楼客厅里的人会自动集队上楼，共享这欢乐时刻。

建老有时候还会操着浓重的绍兴土话，夹杂着北方语言的腔调（被称为“标准”的“绍兴官话”），给我们讲农村里的一些事情。

给我留下最深刻印象的是“外公做寿”。1948 年一天傍晚，建老要“做寿”宴请宾客。按上海大户人家的习惯，除了在大饭店里摆酒宴外，也会请这些大饭店的厨师外出服务。那天我家后门弄堂里摆开了场面，两只炉子烧的是木炭，不时爆出闪烁的火星，旁边桌上摆着菜肴的半成品，经爆、炒、炸、蒸，一盘盘大菜递进客厅宴席桌上。客厅里摆着两桌酒席，但人却坐得满满的，远不止 20

人。宾客都是些平时从来未见的“朋友”，除了我们几个孩子外，没有亲戚，连许广平都没有到场。宾客脸上的神情只能用“肃穆”来描述。寿宴的那种热闹场面也不见。寿宴开始时，我们几个孩子向寿星敬酒，总算有了热烈的气氛，但过不了几分钟，“酒精”已经把我们送回了房间的床上，进入梦乡。他们这才开始了“正宴”。这场“寿宴”充满着谜团，直到新中国成立后才揭开了谜底。

寿宴后，外婆与母亲又在张罗着他们去绍兴旅游的安排。这次旅游与我家有直接的密切的关联，也充满着悬念和谜团。

许广平有一篇文章《第一次到了鲁迅的故乡——绍兴行》[①]。文章的第一部分“从上海到绍兴”记载了这一段经历：

> 当春的气息沉浸到人间的时候，多年郁积迟滞的心情也想设法洗去，人们因而要找一个可以游散同时也不是太无聊赖的旅行，越是心头沉滞则疏散的心情越迫切，因此我们也动了游兴，选择了到绍兴去。同伴去的一共有 7 个人，四个男女青年和我对绍兴算是生疏，桢妹是那里读过书的，建先生久别故乡有三十年了，幸而还有一位金君是当地非常老到的领导者，所以我们这一次的旅游很顺当。再值得感谢的就是一位亲戚在那里经商，给我们居住照料的便利，虽然做客，却没有尝到旅舍的叫嚣和许多不方便，简直可以说非常合于理想的旅游，甚至比在家里还快乐呢，从我们虽然白天走许多路，爬山，没有多大休息，但一到夜里获得充分睡眠，第二天又精神百倍地走路，就足以证明了。

① 见《许广平文集》第一卷，第 361 页。

这里有必要把几个人物做一下介绍：

“同伴的四个男女青年”是周海婴，还有建老的3个女儿：周晔、周瑾和周蕖；“桢妹”是周夫人王蕴如。

“还有一位金君”是我五叔金曹永，与海婴同庚。

“还有一位经商的亲戚”是我的父亲，金宝泰。1972年在台湾病故。他在上海开“久兴茶叶公司”，绍兴有一个集收购、加工、包装、外销港澳的分公司。在我母亲的安排下，父亲回到杭州来办事，再腾出几个高级职员的住所，让他们住宿，还特地请公司里的厨师、工友为他们料理一日三餐，照顾生活起居。

母亲这样的安排，目的是尽量避免他们与社会的接触，保障安全。

他们回到上海后，立即着手准备往北“旅游”。此时，母亲除了送上旅途所需的茶食糕点外，特地送上了6卷带子，这是民间用来束裤腰的带子，有蓝白花纹相间的，也有棉绸质地皂白色的，全是母亲在家乡时亲手织的，有几卷还是陪嫁物。送带子又是一个谜。

几乎在这年的同时，父亲为母亲和孩子在杭州买了套“小洋房”，上海的房子由叔父和表哥住着，其余的都迁到杭州来了。

新中国成立后第一次会面是1951年4月，也就是建老为了筹建民进杭州市小组而来。他们住在西湖边的大华饭店，一见面的亲热劲难以用文字表达。这次会面解开了上文所提到的许多“谜”。

“做寿”实际上是一次重要的秘密会议。中共中央决定召开新的政治协商会议，派代表来动员和部署民主人士去解放区，这位代表就是冯雪峰。“寿宴”的地点是外婆与母亲安排的，对外称是我家办寿宴。一个商人家举行寿宴，不会特别显眼。去绍兴旅游，生活上的安排也是外婆和母亲策划和实施的。不在旅社住宿，不去饭店吃饭都是为了“安全”。

去绍兴的根本目的是为了“探明情况”，一句成语叫“南辕北辙”，他们是“北辕南辙”，整个旅程没有引起麻烦，紧接着就按“寿宴”的安排分批北上解放区。建老与许广平是不同批次、不同线路北上的。

往北起初坐火车，过了长江只好换交通工具，走农村大道了。进入山东境内，每天的出发地、目的地都说不上来，只好随车前进，一家人心里总是悬着，因为与他们同去的是国民党军队的校级军官，直到河北保定才知道其地下工作者的身份。

当时还有一个实际困难，乘坐的交通工具是橡胶轮胎的北方大板车，两旁是矮矮的木头车帮，行李放到车板上，人坐在行李上。遇到路况差的时候，车子颠簸，坐在上面的人抓不住车帮还会掉下车去。在这样艰难的行进中，外婆突然想起我母亲送给她的 6 卷带子，连忙停车用带子把行李与车身像五花大绑似的捆得严严实实，使每个人在行进过程中有处“抓手”。

到此时，外婆问我母亲：“你怎么会想到送我 6 卷带子？”

我母亲是个家庭妇女，没有什么政治敏感性，更谈不上有什么政治预见性。母亲“幼承庭训”，她的父亲常告诫她：“出门出户，宁可带根绳，不可带个人。多带个人，可能会形成累赘，带根绳，要紧要慢可派上用场。”至于 6 卷，完全是取意“六六大顺”，是个吉利数字。结果，不曾想到，这 6 卷不起眼的带子在关键时刻却发挥了意想不到的作用。

（节选自《民主》2014 年第 4 期）

记通往晋察冀边区的一条秘密交通线

陈鼎文*

一 我到北平前后

1944年冬，我自成都燕京大学毕业后，继续担任成都民主青年协会（党的秘密外围组织，简称“民协”）及燕京大学民协的工作，并参加成都市中国民主同盟的一些具体工作。我还与民协的组织者杨伯凯、刘明章（中共地下党员）、罗启维参加筹备《民众时报》的出版（该报是当时一些民主势力所支持出版的）。同时李相符（四川大学教授，民盟成员）、杨伯凯介绍我参加唯民社（刘文

* 陈鼎文：时为民盟北平组织工作人员，后曾任北京市文物局副局长，北京市政协委员。

辉所支持的文化团体）的活动。这些活动使我结识了四川的许多位社会知名人士，特别是知识界的著名人士，如马哲民、邵石痴、刘文辉等。这时我的社会职业是基督教青年会《天风》周刊编辑，这份刊物是吴耀宗主编的，也是他介绍我去的。

1945 年日本投降后，四川的学生运动形势发生了新的变化，蒋介石蓄谋打内战，夺取抗战胜利果实。学校里的三青团气焰嚣张，撕毁墙报，大打出手，有目标地攻击进步同学。1946 年 9 月国民党搞了“反苏大游行”之后，他们更为猖狂，公开要求学校开除学生，致使一些进步同学在学校里待不下去了。

1945 年暑假前夕，成都“民协”曾组织输送一部分同学到鄂豫皖边区去参加工作和学习。不久，因军事形势变化，这条路走不通了。李相符、杨伯凯、刘明章和我都为此事着急，急于要为进步同学另辟出路，打开学运的局面。

这时，抗战中迁到成都的一些大、中学校准备返回原地，大部是迁回华北。于是我们想到，如果能以华北的某个城市（例如北平）为集中地，开辟一条经过白区到达华北解放区的路线，是比较稳妥可行的，而华北各解放区又是互相通着的。

我们这群人中大都是四川人，只有我是华北地区人，我的父母又住在北平；我一直主张学运的出路即在于发动同学到解放区去。所以经过商议，由我先去北平探探路。

赴平之前，老汤同志（地下党员）介绍我去重庆见了张友渔同志，向友渔同志汇报了学运情况和自己的情况。张友渔叫我到北平后先去找汪骏（又名汪行远，新中国成立后任贵州省委秘书长，当时为北平民盟的负责人之一），必要时可以去找徐冰（新中国成立后任中央统战部副部长），徐冰当时在军调部工作。我即返回成都办理工作上的移交，罗启维等同志为我凑了路费，刘明章同志专派一名青年和我同行，我们二人于 1946 年 4 月末由成都动身，搭汽车到西安，然后乘火车辗转到了北平。

从 1946 年 8 月起，即开始有人陆续从成都来北平找我了。记得有绵阳六中、川大、光华大、四川医专以及成都其他几所中学的同学，半年之内前后来了近 10 批，60 多人，其中川大同学较多。来人都携带刘明章或杨伯凯的介绍信。他们找到我，我就去找徐冰同志。他虽然很忙，但对此事很负责，每次都临时专项打电报同解放区联系，然后把同学们安全护送到张家口或石家庄等地。可以说，这阶段来北平的同学都没有滞留或耽搁，都如愿以偿地安全及时地进入了解放区。

二　秘密交通线初步形成

我到北平时，汪骏同志已有固定的公开职业，经济收入也很好，便于他从事地下工作。我到北平后两个月，1946 年 8 月间，他安排我进入他的单位任职。不久我就熟悉了环境，并结识了一些新朋友，逐渐巩固了自己的职业地位。汪骏同志活动力很强，他整天忙碌，精力充沛，而且颇有人缘。当时他担任了许多工作，曾与他人联合创办北平有名的进步书店“中外出版社”，出版了好几种杂志。他还是北平民盟组织的骨干，与张光年同志（即光未然，新中国成立后任全国文联书记处书记等职）协力团结民盟诸同志，促进民盟工作的开展，与反动势力作斗争。我初到来时，并未参加民盟的活动，通过汪的介绍，也逐渐同北平民盟的许多同志认识熟知了。

1947年初汪骏离开北平与张光年同去解放区。不久，他独自秘密回到北平，为解放区采购药品等物。此后隔不了几天，他就在北平和解放区之间往返一趟。这么来回地跑，使他走熟了这条从天津经闸口到泊镇的河汊密布的土路。这期间，如果恰有等候去解放区的学生，他也顺便送他们过去，都未出过事。

1947年初，有一次汪骏从解放区回到北平后来找我，交给我一项任务：在北平为北方大学扩大招生。事后才知道，这是北方大学校长范文澜同志指名要我做的。据汪骏后来讲，他回解放区后初分配到北方大学，任校长室秘书。不久有一天，范文澜校长对他说，要他回北平一趟，找北平民主同盟的陈鼎文，动员北平青年学生、教师和其他知识分子到北方大学学习或工作。范老介绍汪去找晋察鲁豫边区负责人杨秀峰、戎子和汇报情况，说明任务。经过研究，都认为天津到泊头镇路途比较好走，而且从这里进入解放区比较近，于是通过冀中行署把任务转到泊头市政府。汪去找了泊头市政府负责人路一同志商谈了如何接待平津同学，以及将他们妥善转送到北方大学等一系列问题。这样便确定了开辟北平—天津—闸口—泊头这条秘密交通线。

在我和汪骏具体研究怎样完成这项任务时，曾考虑到天津泊镇这段路的安全问题，需要可靠的、必要的护送和及时了解沿途军事情况的发生和变化。汪就去找了行署汇报，被介绍到冀南行署设在天津的一个商业机构（是我党工作据点），同他们商量，要求支援。他们派孙木根同志（中共地下党员，公开身份是天津商人）在天津协助我们工作。孙为人精于机警，但他事情太忙，贸易活动频繁，不能专做此事，于是他又介绍了其族侄孙大中。大中在天津居住，以蹬三轮车为业，对天津至泊镇一带路的情况极熟。他虽不是党员，但为人忠厚可靠，由他做此事恰与他登记的职业相符，也容易隐蔽。经与汪骏商量，同意了孙木根的推荐。秘密交通线至此算是初步建立起来了。这大约是 1947 年 4 月间的事。

以后汪骏还带来天津的两个可靠的关系，一位是南开大学数学教员胡国定同志，另一位是天津社会福利院院长刘绛雯同志。这也给在天津进行工作带来很大方便。

三　为北方大学招生

1947 年以后，随着解放战争形势的迅速发展，从这条交通线去往解放区的青年学生越来越多。1946 年时只有来自四川的人，1947 年以后，川、陕、云、贵、武汉、广州、广西、上海、安徽等全国各地都有人来。由北平各校（包括在平的东北大、中学校）走的人更多。原来我们只给愿意去解放区的提供帮助，现在是为北方大学招生，这是很有号召力的，也更有意义，所以由此而去的青年学生也更多了。

当时我们几人的分工是这样的：汪骏往返于北平和解放区之间；孙木根、孙大中主要在天津送人；我主要在北平做动员组织工作，有时（每周 1 ～ 2 次）去天津与孙木根等同志联络，一般当天就返回北平。

由于我在成都曾做过两年学运工作，认识许多进步同学，我们相互之间很了解，也很信任。此时这些同学多已随本校返回北平各地，他们都愿为北方大学的招生工作做一番努力。在地下党组织的指导和帮助下，我们依靠北平、上海两地的学联和民盟组织，依靠各学校内的民协、民青（民主青年同盟）、民联（民主青年联盟），以及社会上其他进步青年团体和进步朋友，动员了很多学生、知识分子奔赴解放区，其中绝大多数都进入了北方大学学习或工作，使他们实现了参加革命的夙愿。

当时做过这种动员工作，并同我有直接联系的人很多，时隔多年，他们的名字已记不全，现只把还记得的名字写在下面：①

北京大学的肖松、赵中立、佘世光、孙庆标；清华大学的吴征镒、张澜庆；燕京大学的曲慎斋、洪定瑞、马健行（马、洪并联系上海学联）、梁畏三、于明（梁、于联系华北学联）、何长亭②、蔡公期、丁磐石；华北文法学院的蒋世同、张洪谟、亢心栽；汇文中学的周世贤。另外，朝阳大学、中法大学、中国大学、师范大学、上海交通大学、天津南开大学，也均有人做联系和组织动员工作。

奔赴解放区，当时在进步学生中是人心所向，已成为一种潮流，而到北方大学去学习更具有相当的吸引力。进步同学走时往往相互串联，相约而行。所以一经发动，便有更多的人也要求走，影响面就更大了。

---

① 北大、清华、燕京 3 校与我联系的人，是由该校地下党组织或民青组织专门指定的，人员先后变化过几次；其他各校的，也是经过关系介绍，我才与之联系的。——作者注

② 何长亭是燕大的几位联系人中介绍同学走得较多的一位。他联系人广泛，工作方式灵活，同我联系也比较频繁。有一次燕大被包围，他出不来，我很着急。偶然找到一辆国民党军用吉普，借口去拉电影机开进学校，在严景耀、雷洁琼先生家找到何。遂假称放映员一同乘车冲出包围，脱离危险。不久他去了解放区，改名何亮。新中国成立后曾在中宣部工作，20 世纪 50 年代调到广东省文教办公室，因结核病不幸去世。谨此记之，以志纪念。——作者注

与交通线有联系的除各校学生外，还有教授和其他知识界人士，也做动员和介绍人的工作。吴晗、张云川、辛志超、沈一帆、杨须知、叶丁易、容肇祖、肖静、郭达、朱葆光、严景耀、雷洁琼、胡国定、刘绛雯、杨大辛（后 3 人在天津）等，都曾动员自己的学生或朋友前往解放区。为支持共产党，支持解放区的教育事业，他们甘愿冒着个人安危作出自己的贡献。

这里应特别说明一下这条地下交通线与民盟的关系。当初我从成都到北平，与李相符、杨伯凯等同志相约，以后将以民盟的关系进行相互联系。我到北平时，汪骏同志已参加北平民盟的工作，他介绍我与许多民盟的同志相识。以后范文澜同志派他来平为北方大学招生，又是专门指名要他“找民主同盟的陈鼎文”。所以这条交通线与民盟的关系是十分密切的。在昆明时，民盟曾设青年部，此时该部已经撤销了，不再管青年工作。但是民盟中的一些同志仍然很支持介绍青年去解放区的工作。他们不但介绍自己的学生到解放区去，还在上层知识分子中做动员工作。李何林夫妇、葛翔夫妇都是从台湾直接到北平清华大学找了吴晗，而后到解放区去的。著名戏剧家马彦祥去解放区则是通过民盟的沈一帆介绍而成行的。我党的地下工作都临时遇到危险，也有的通过这条交通线撤离北平。王冶秋同志（新中国成立后任国家文物局局长）在孙连仲司令部做地下工作，因电台被敌人破获，情况十分危险，他机警地离开自己的办公室连家也没回，就直奔清华大学找到吴晗，我们把他安全送回解放区。后来，吴晗夫妇、叶丁易夫妇、楚图南和闻一多的家属，也都由此交通线进入解放区。

1948 年，民盟总部辛志超偕徐亦安来到北平，住在一秘密地点。辛找到我说，他这次来平，除受民盟总部的委托来此整顿北平民盟的盟务外，还有一项秘密任务：为响应中共中央召开新政协的号召，上海等地有一大批民主党派人士将赴解放区，怎么走法，安全问题十分重要。他说：你这条交通线是预备走的路线之一，这次来就是要看看安全究竟如何。我同他商量，可找个什么名义请徐亦安同志到解放区走一趟（徐并不知道辛的这项秘密使命），实地看看路，再作进一步研究。辛志超遂以到泊镇与有关领导商讨是否可在解放区建立民盟组织为由，请徐亦安到泊镇走一趟。我给徐办了手续，送他上了路。过了些天，他回来了，谈了他在那里晤谈的情况。并说路上好走，若坐大车，亦不辛苦。后来上海方面来了消息，说已租到苏联货轮，民主党派人士可乘船由上海经香港到大连，进入东北解放区，再转来华北。这样大批人士都可以通过海路走了。仍有极少数人或没赶上船期，或为某种方便，仍向北平走，也都安全地过去了。

1948年下半年，北平民盟的市支部委员走得太多，我进入支部担任委员。为迎接解放，北平市各党派成立联合迎接解放小组，我记得有许宝骙、周范文、孙承佩、张伯驹、亢心栽、李世濂和我等。小组经常轮流在许宝骙或张伯驹家中碰头开会，研究工作。城工部领导指示：要多与张东荪联系，多做护厂护校和和平解放北平的工作。这时根据党的指示，北平各校停止走人，留下来迎接解放，所以交通线虽未停顿，但送过去的人数显然少了。只有个别人因种种原因从外地来迟了，仍要求走的才冒险成行。直到天津解放前夕，尚有人从这条交通线走过去。

四　交通线沿途的情况

这条交通线的第一段路是北平到天津。1947 年，北平到天津尚通火车，每天有三四趟车来回，所以这段一般是乘火车。到了天津，再往前走，走法有几种，可以按当时情况而走：（1）南去的火车能通到唐官屯或沧州时，可从天津再乘几站火车到沧州或唐官屯车站下车，一船出站不远处即过卡子，进入解放区辖地。（2）雇大车从天津市郊直达泊镇。在天津西开，有一家我们熟悉的大车店可以帮助雇车，比较可靠。（3）步行。从津郊到闸口步行得走一天，累是累点，但比较机动、安全。

无论何种走法，都需化装成普通老百姓，去掉学生气，并持有符合化装形象的身份证明，说明必须走这条路到达某地的理由。我和木根、大中帮助走的同志化装，并刻了许多枚木章，用来制造身份证明。曾有一位地下党员给了我几十张空白身份证，真是帮了大忙。另外，到解放区后还得有接头凭证，开始用我开的介绍信，上写有事先约好的暗语，不久就发现这个方法极不安全。于是路一同志出了个主意，用当时 5 元一张的法币，记下其号码，作为接头凭证。这招妙极了，这张“法币”即使被搜去或遗失也没关系，不致误事。到达接待站，只要能说出所持“纸币”的号码，就被认可。因为每张纸币的号码都是不同的。过一段时间（一个月或几个月）解放区无人来的话，就由孙木根（或孙大中）把这期过去的人数及人员基本情况捎到泊镇接待站。

一批同走的人多时，须按3 ~ 5人编成组，走前彼此认识一下，路上各组相互拉开点距离，装作互不相识，万一有人出事，既可及时知道，又不受牵连。

外地来的人有的先在北平集中，有的先在天津集中。行前先须对路途情况做些了解，并做好暂时走不了的准备，因为沿途如遇有军事行动，就得停行，在天津小住几天。刘绛雯同志同当时天津民政局长是留德同学，由此能获悉上层的一些动态，包括军事情况。他的社会福利院也可以暂住一些等待上路的同学。我每周都得去天津一两次，处理交通线的有关事情。我住在我老姑家，她一个人住一个小楼的二层，很清静。汪骏、孙木根有时也住在这里，吴晗夫妇、王冶秋等去解放区临行前也是住在这里。这里恰与刘绛雯同在一条胡同里，可以互相照应，极为方便。

南开大学环境比较复杂，我不便常去。胡国定同志是搞学运的，比较可靠，经汪骏同意我把接头凭证交给他一部分，并告诉他路上怎么走，由他独立安排送人的事，我还给他介绍了孙大中，必要时可请孙带路护送。我们商量好，遇到特殊情况再联系。

自 1947 年交通线建立起算，经我手送人共用接头凭证 150 余张（开头用的介绍信未算在内），平均约每张凭证介绍 4 人，即每 4 人编一组。记得有五六次是 10 人一起成行的，也有一两人就成行的。

据我了解，在走的这些人中，大学生占多数，家庭生活比较安定的占多数，还有少数中学生、有成就的知识分子以及党的干部。这些青年学生知识分子大都对共产党有初步了解，并具有较强的爱国热情。1948 年春，北方大学有两个班的同学都是由这条交通线过去的，为此曾受到范文澜校长的表扬。

由于安排得比较细致周密，近两年的时间内，交通线未发生什么事故，只有两次“被扣”事件：一次是3位清华大学的同学路经静海县城时，没有按照事先叮嘱的绕过县城走，而是进了城并在城内留宿，当晚就被驻军扣留了。清华大学学生会得知后，在校内召开大会，贴出布告，派出代表，到静海县驻军交涉才把这3位同学要了回来。不久他们再次化装安全抵达解放区。另一次是林洪（燕京大学同学）等二人过卡子时被驻军盘问扣留，经后面赶到的同学再三解释，并给了军人好处，才放了行。据汪骏后经泊头接待站核对人数，只有一人未到达解放区，这是菅宽（燕京大学学生）的弟弟，原是新四军的，因病回家，愿去解放区。不知何故，没能走到。直到新中国成立后，也未查到其下落。根据北方大学和华北局城工部考察，在我们送过去的人当中，未发现异己分子。交通线还曾为北方大学购买图书、药品等其他用品。

五　交通线领导关系的前后变迁

1946年当这条地下交通线尚未完全形成时，送人走是经由军调部徐冰同志安排的，这时的领导应是徐冰同志。1947年交通线明确担负为北方大学招生的任务后，上级应为北方大学范文澜校长。1948年晋察冀和晋冀鲁豫两边区合并为华北解放区，这条交通线明确由华北局城工部领导，刘仁同志亲自抓。他时常派人来看我，传达指示，有时还布置此临时任务，如动员某人急速离开北平，或向某人传达某事，或调查某个人的情况，等等。他派来接头的第一位同志是李霄路（新中国成立后曾任焦化厂厂长及全国政协副秘书长），以后还来过两三位，其中一位就是给我那批空白身份证的同志。刘仁同志还送来过两批接头凭证（即5元一张的法币）。组织上把曾平同志（新中国成立后曾任北京市文联秘书长）在北平的地址告诉了我，要我遇到紧急情况时去找他。先后在泊镇接待站工作过的有路一、荣高棠、李晨等。接待站的名称也更换过几次，如叫建设公司、平教会等。

北平解放不久，刘仁同志亲自到我住处来看望慰问我，使我极为感动。他说，送过去这么多人没出事故，这是不容易的。过了些日子，汪骏同志随北方大学进城筹建“中国人民大学”，我们见了面倍加兴奋。汪代表范文澜校长致慰问和表扬之意。孙木根同志于1955年初来北京，我们见了面。新中国成立后他在衡水县担任劳改所所长，现已离休在家安度晚年。孙大中同志始终没离开天津。我把他在交通线上的工作业绩报告给北京市委统战部并由他们转告天津市委统战部，组织上对大中的工作和生活都给予安排照顾。孙大中同志于1965年患糖尿病去世。

在抗日战争和解放战争时期，青年知识分子奔赴解放区，已成了那一代人投身革命的志向和实际行动，他们认定“只有中国共产党才能救中国”。我们的地下交通线，为这些革命青年实现他们的崇高理想提供了条件，也为解放区输送了不少人才。在同这些奔赴解放区的青年们的接触中，他们那高度的革命热情，深深地教育和感动着我。

（选自《文史资料选编》第39辑，北京出版社1990年版）

在平西、沧州交通站工作的二三事

高　深*

1947年5、6月间，为了加强平西交通站的工作，刘仁派陆禹去平西站负责，和他同去工作的还有我以及边木权、李二月、刘庆平、赵占起、李扬等人。平西站对外公开名称是“晋察冀军区昌宛县第一教导大队”，住在妙峰山腰的涧沟村。

我们的主要任务是接送来往城内的工作人员。当时平西站建立起四条通往北平的交通线：（1）妙峰山经北安河、温泉至北平；（2）妙峰山经军庄、三家店至北平；（3）妙峰山经瓦窑、羊坊至北平；（4）妙峰山经坨里、长辛店至北平。交通站设有电台，每天定时与城工部联系，保持领导机关对城内工作的及时指导。

---

* 高　深：时为中共地下交通员。

组织上给了交通站一项重要任务——收集北平的主要报纸和杂志，供中央领导人及时掌握敌人的动向、敌区群众的反映及市场情况，要求报刊的收集一快二全。陆禹到平西后，加强了这方面的工作。根据已建成的四条通往北平的交通线，对沿途村镇、敌人据点等具体分析，首先考虑我们掌握的工作关系和基本群众，交给任务，按期订阅若干份报刊，定期收取。其次再找沿途小学校、民办教师，请其代订书报，因为他们有公开订阅的条件，易于完成任务。再有利用当地士绅商人，如军庄、三家村一线，就利用刘村、北峰山等地的地主，令其代订，他们的子弟在城内伪军工作，任务能顺利完成。有时请区武工队配合直接找伪乡公所，令其代订报刊。他们经常来往北平城采购，因此完成任务很方便。特别值得一提的是，有一位住在贝家花园的教堂神父，德国人。抗战胜利后刘仁住在莲花寺时和他有过接触，他对我党我军很友好。李东来去找他，请他帮忙订阅英文报纸，他慨然允诺，顺利地完成了代订任务。

为了完成这项特殊任务，交通站集中了10多位机警、勇敢、熟悉平西情况的交通员。他们是马致祥、潘长河、李东来、刘池、杨文连、阎文明、康占元、王文、王惠民、杜宏禄、宁桂桐、石广义、郑桂生等。他们积极想办法，利用一切可以利用的关系，不分昼夜，奔走在平郊大地，完成了组织上交给的报纸杂志收订任务。

当时收订的报纸有《华北日报》、《世界日报》、《平明日报》、《新民报》、天津《大公报》、《益世报》等；杂志有《民主星期刊》《观察》《世界知识》等；还有《基督教科学箴言报》等两三份英文报纸。由于收订的报刊种类多，有时几路交通员同时送来，交通站屋里的桌上、炕上全是报纸。我管收发工作，时间紧，要准确无误交送出去真有点抓瞎，陆禹帮助我用横竖坐标列表。对毛主席、刘少奇、中共中央书记处以及华北局等处，必须保证按日期完整，其他送交单位还有中央社会部、中央政策研究室、城工部机关研究室等，一律用军邮寄发，随到随发，争取了时间，避免了差错。

1948年4、5月间，组织上调我到沧州交通站，任务是除一般接待工作外，更注意接待一些民主党派上层人物，即所谓“特客”。要做好接待，保证安全，护送到后方机关。5月党中央提出准备召开新政协、成立联合政府的口号，得到社会各界拥护，因此有更多的人士来到解放区。

这时沧州交通站有范合、温利民、任宪法、许怪妮等人，站址设在铁路东边的机务段内，有一座小红楼，几排平房，紧邻着机车库，明显好找。对外公开叫平教会。据说北平出来的客人讲，很多大学院校里，在进步同学中都知道沧州有个平教会，找到平教会就算到解放区了。果然在接待客人中就发现有一些并不是由地下党组织介绍而是自己摸索找来的，有些同学见到我们激动得落下泪，说总算找到家了，有的同学就激动地高声大唱革命歌曲，说再也不怕了。有时最多一天要接待三四十人，分别情况安排食宿。一般上午来的，吃过午饭稍事休息，就介绍到泊镇机关；下午到的则留宿第二天再走。记得为欢迎他们，机关还举办过多次联欢会，会上有口琴演奏、小合唱，我和石澎、曾平还来过几段京剧清唱，当然最精彩的还要算荣高棠的京韵大鼓《大西厢》了。台上台下欢声笑语，一片革命大家庭的欢乐景象，令人念念不忘。

经我接待过的一些“特客”有张申府、刘清扬、田汉、安娥、吴晗、楚图南、焦菊隐等人。他们都是经过千辛万苦绕过国民党特务的追踪而来到解放区的。吴晗说，他是绕道香港转道天津，找到地下党同志来到解放区。这些同志一到交通站，大都是长长地出了一口气，接着就叙述途中艰难经过，笑骂国民党的腐败无能。我们都热情接待，让他们吃得好一些，一般都住下好好睡一觉，第二天由站上同志护送到机关。对年长体弱的就用马车送行。记得田汉走时，把两包毛笔忘在了抽屉里，我们发现后，马上派人骑车送去。这期间还接待过演剧二队的同志们。他们走得很神秘，演出刚一结束，就化整为零，分散隐蔽，各显其能，一个个跑到解放区。他们谈起话来眉飞色舞，真像在演一场精彩的话剧。

1948 年 10 月左右，由于我解放大军包围平津，战事日紧。年底，梁化通知我和范合由沧州骑车去保定追机关，准备进城；温利民去天津。至此沧州站撤销，平教会工作也就结束了。

（选自中共北京市委党史研究室编《中共中央华北局城工部》，中共党史出版社 1995 年版）

急中生智

季　洪*

1948年4月30日，中共中央发布“五一”国际劳动节口号，提出“打到南京去”的号召，并号召“各民主党派，各人民团体，各社会贤达迅速召开政治协商会议，讨论并实现召集人民代表大会，成立民主联合政府”。中国共产党的号召，当即得到民革、民盟和其他民主党派、各人民团体、无党派民主人士的热烈响应。

5月9日，晋冀鲁豫和晋察冀两大解放区及其领导机构合并，两个中央局组成华北局，原晋察冀中央局城工部改为华北局城工部。

到了1948年5、6月间，联系和接送各民主党派与社会贤达人士去解放区的工作特别忙。北平地下政治交通员已由我一个人，

* 季　洪：时为中共地下政治交通员。

增加到有连方、杨波、师老头、温光等六七个人。为了更方便地下活动，我此时已搬到林葆骆诊所作为掩护基地。林葆骆早年留学日本，回国后在北平行医多年，是北平医学界有名的内科专家。那时他虽不是共产党员（后来加入了中国共产党），但很早就和我党徐冰有联系。为了掩护工作，他叫我当诊所医助（实际我对医学一窍不通）。这里主要领导我工作的是崔月犁，其他学委负责人杨伯箴等同志也常来布置任务。

1948 年 6、7 月的一天，崔月犁到林葆骆诊所来找我。他对我说："中央交办一项紧急任务。四川重庆方面有一位科学家，名字叫钟林，是湖南人，他们夫妇和小孩、保姆 4 人来北平，你到车站去接，然后组织人把他们送往解放区。"我问用什么方式接头，他说："你用一个小纸牌写上接人两个字，他回答姓钟就可和他们接上头了。后天下午 3 点钟他们就到北平。"第三天下午我到前门车站，时间不太长，从天津开来的火车就到了。我注视着出站的人群，见到一位年约 40、身着西装的人，和一位 30 多岁身着旗袍的妇女，同一个怀抱婴儿的保姆走出车站。我判断可能是钟林同志，走过去举起纸牌。他们看见我就问我说："是接人的吗？"我反问说："先生贵姓？"钟林立即回答道："我姓钟。"我和他握了握手说："钟先生您好！我是来接您的。"接着我问钟林打算在什么地方住，他说："这就不麻烦你了，我北平有朋友，准备住他家。"火车站上人多眼杂，不便多说。简单地寒暄几句，我低声对他说："明天先休息一下，后天上午我们在中山公园见面详谈。"互道再见后各自走开。

钟林早年留学于美国，在美国从事火箭发射器的研究，回国后在国民党军工系统中工作。他是湖南省湘乡人，一口乡土话很难听懂。他的夫人是学化学的技术人员，虽然也是湖南人，但普通话说得还可以。她的保姆是湖南湘乡的乡下妇女，50多岁，没有文化。后来我和钟先生交谈时，都靠他的夫人翻译。

按照约定的时间我与钟林在中山公园见了面。那个年代里，由于连年内战，民不聊生，没有多少平民百姓去逛公园，所以游人很少。我们在水榭找了一个比较僻静处，以喝茶掩人交谈起来。我对钟林说："你们去解放区的路线是：从北平出发先到天津西站，然后换乘去天津闸口的火车，过了闸口就没有火车了，只能坐马车到沧县，那里有人接你们，我们派人送你们到沧县。你们现在需要做好两件事：第一件事是准备好化装用品和衣物，第二件事是编造一套应付敌人盘查的言辞。"钟林问："你看我们扮作什么样人为好？"我说："按你们的年岁和情况，可以谎称是商人，在东北做生意，由于战乱待不下去，全家逃难去济南。并且每人备好照片，我负责给你们制作身份证明。你们本人什么都不要带，把所有东西全部交给我，我设法运到解放区再交给你们。"钟林说："别的东西问题都不大，只是有一箱子图纸技术资料和书籍，那是制造火箭筒的全部资料，也是我多年收集的东西，无论如何要设法运出去，便于我到解放区开展工作。"我对他说："这样吧！明天我到您住处把东西先运走。"钟林说："我住的那位朋友家你不好去，因为他们对共产党不了解，也不知道我要去解放区的意图，你看怎么办好？"我想了想说："明天早上10点钟请把东西送到东四牌楼交给我就可以了。"我们约定过两天，上午在太庙（劳动人民文化宫）见面。

那一段日子我很忙，除了担负北平地下党的政治交通任务外，还担负着由中央直接交下来的接送民主党派和民主人士赴解放区的任务。同时杨伯箴还把制造假身份证等任务交给我管，所以不可能由我直接送人去解放区。我决定让师老头（名字已记不清）和李宁送钟林走。师老头已50多岁，他是由老区来的一位同志，文化水平不高，但人很老实。李宁是一个青年学生，不与钟林见面，主要是护送任务。

在东四牌楼接过钟林的一箱子图纸资料，运到林葆骆的诊所后，我按照预定的计划，先找到师老头交代任务，又到进德中学找李宁叫他做好准备。按照约定好的时间，我领着师老头到太庙与钟林夫妇见面。我对钟林和师老头说："你们彼此不要说话，只做同路人素不相识的样子。师老头前边带路，你们在他后面紧紧跟随就可以了。"这时李宁在离我们谈话不远处，暗中辨认了钟林夫妇，一切都准备就绪。次日钟林一家人在师老头的引导下，起程去天津，我亲自到车站送行。

钟林冒着莫大的危险，把制造火焰喷射器的图纸和技术资料，长途跋涉，经过万水千山从南方运到北平，是对解放全国事业的一大贡献。火焰喷射器，在那个年代里是一种最先进的武器，连日本都没有，必须很快运到解放区，用以武装中国人民解放军，那将大大提高我军的战斗力。钟林的技术资料不能长时间存放在诊所中，万一出了问题，将使革命事业蒙受重大损失，我也会遗恨终生。钟林走后，我反复思考如何采取措施，既安全又迅速地把东西运出去。如若走一般秘密交通线，从陆路运走，要经过敌占区各个国民党的哨卡，还要过游击区，才能到解放区，况且几十斤重的一个大木箱子，又非一个人能搬得动。必须动用各种运输工具和较多的人护送才能办得到。最后决定走水路用船把东西运走，可以从北平运到天津，入子牙河到解放区。这样只要设法把东西从北平先运到天津就好办了。当然由北平到天津，必须经过两个关口，一个是北平火车站，一个是天津火车站。这两个车站都有国民党的军警宪特把守，盘查来往行人很严格。经过周密的思考与筹划，我决定请曹振仑帮忙。曹振仑是我的一个可靠的地下关系，他在北平国民党“剿总”军需部门工作，请他派国民党兵押送到天津。曹振仑办公地点在东直门内，我骑上自行车去找他，见面客套了几句后，我对他说：“我有些东西急着送往天津，经过北平和天津两个火车站，我一个人照顾不过来，又怕车站上有人捣乱，你能不能派两个人送送我？到天津就回来。”曹振仑一听二话没说，一口应承下来说：“这有何难！你打算什么时间出发呢？”我说：“明天早晨就走。”他说：“这样吧！我先安排人，下午下班前你给我来个电话，约好时间地点，通知我就可以了。”

次日清晨我西服革履，打扮得很阔气，雇了两辆三轮车来到火车站。看见两个国民党当兵的正在东张西望，我走下三轮车，正好曹振仑走过来向我打招呼，他便对两个当兵的说：“这是齐先生（那时我的化名叫齐英），你们抬着箱子把齐先生送到天津，然后就回来。”向曹振仑道谢后我们就进站上了火车。因为有国民党兵的押送，没有人敢拦阻和盘查，一路平安地到达天津，出了车站我拿些钱给了两个当兵的打发他们回北平了。我独自把东西运到天津海河修造厂张工程师处。张工程师也是我们地下党的一位可靠的关系，我对他说明是重要东西要运出去，他帮助我把东西放好。因为张工程师没有眷属，又是一个人独居一室，我就在他的宿舍住下。次日下午按照约定好时间，去天津腔子河畔与韩伯平接上关系。那时韩伯平也做政治交通工作，他主要走水路秘密交通线。由天津坐船去解放区，运东西比较安全可靠。我们约定第二天把箱子交给他，一切办妥后我就回了北平。

回到北平已是钟林走后第四天了。为了能很快得知钟林是否顺利到达解放区，我便去进德中学找李宁，因为李宁的任务主要是监护。我一再叮嘱他，到了闸口立即返回。我们在见面后，他惴惴不安地说："出事啦！钟林夫妇是过去了，保姆和小孩没有过去。"我问他说："那你知道保姆和小孩到哪里去啦？"他回答说："我远远看见抱着小孩的老太婆和国民党军人讲话，没有敢靠近。闸口那个地方国民党军警宪特盘问得很紧，我不敢久留就回来了，不知道保姆和小孩后来到哪里去了。"我一听头就大了，二话没说，回到林葆骆诊所，赶忙收拾了衣物就奔赴天津。到了天津仍住在张工程师处。

他看我焦躁不安的神态，问我出了什么事，我把情况一说，张工程师问我说："这件事发生有几天了？"我说："已经有五六天了。"我和张工程师仔细分析，认为可能有两种情况：一是保姆带着小孩，找不到主人，可能还滞留在闸口附近，等候主人回来找他们；另一种情况就是被国民党的哨卡所扣留。然而不论哪一种情况发生，危险性都是很大的。我对张工程师说：如果是第一种情况，那还好办些，无非我亲自去闸口走一趟，将人找回来。当然闸口并不是一个小地方，往来的人又多，需要花费时间才可能找到。如果要是第二种情况，那就复杂多了，被国民党扣押起来，人被押解到什么地方就难说了。况且闸口的国民党的哨卡又不知道归属国民党哪里管辖，就很难下手去营救。张工程师说：“闸口地区的国民党军警宪特，属于天津国民党警备司令部管辖，是否可以从天津想想办法呀！”我问张工程师：“天津国民党警备区有没有熟人？”他说，1947年底，国民党天津警备司令部曾经找过他们修过船，是一个国民党军官来厂和他联系的。虽然工作上来往过几次，没有深交，但托他打听打听，也未尝不可。我思考良久说：“也只有死马当活马医了。咱们可以找他试试看，就说受朋友之托，他的亲戚去济南，路过闸口不慎将小孩子丢了，间接托我们给帮忙找一找。如果这条路走不通，我再去闸口。”张工程师点头同意。第二天早晨，我和张工程师一块来到国民党天津警备司令部。

天津国民党警备司令部是一所大院，第一进是外院，空荡荡的什么也没有；第二进是一栋楼房；第三进又是一个空旷的大院，再往里是栋比较好的楼房，可能就是办公楼。门前有两个国民党的大兵持枪站岗，一动不动，傻呆呆的。当我们刚走到离门口尚有四五十米远时，真是无巧不成书，一眼我就看见保姆领着小孩子，在第一进院子里玩耍，离站岗的哨兵不足几米远。我灵机一动，对张工程师说：“你快看，那不是小孩子和保姆吗！你先赶快回去。”没等把话说完，我以迅雷不及掩耳的速度冲过去。当我走进门时，国民党哨兵还没有过来拦阻我，我就向保姆喊了一声：“我来接你们。”这时保姆也看见了我，向我迎上来，我赶忙抱起小孩子就往外走。估计当时国民党的哨兵误认为我是国民党警备司令部的什么人，当真是来接人的，未敢盘问我们就过去了。出了大门，我马上叫了一辆三轮车把他们送到海河修造厂。进厂时间不大，张工程师也赶回来了！张工程师和我一商量，请他设法找地方把人安排住下，我回北平找人送她们。张工程师说："你放心走吧！"由北平前门车站出来，我就赶到进德中学去找李宁。我对他说："人已找到了，你赶快收拾一下东西，随我到天津，把小孩和保姆送往解放区去。"第二天上午我和李宁一同奔赴天津。为了避免发生横向关系，我叫李宁在天津西站等我，由我单独去张工程师处接人。就这样，由李宁把她们安全地送到了解放区。

事后分析起来，为什么天津警备司令部将保姆和小孩子弄到司令部大院，而不严加看管呢？估计有两个原因：（1）保姆是乡下老太婆，不知道钟林的底细，钟林也不一定会告诉她自己的去向。即便国民党天津警备司令部审问她，她也说不清楚。（2）保姆讲的都是些家乡土语，没有人能听得懂。两者凑合在一起，很可能是稀里糊涂的一笔账。所以就没有人看管她们，任其自由活动，才被我发现。

新中国成立之后，钟林担任中华人民共和国重工业部副部长。他通过北京市委找到我，热情地用车接我去他家做客。谈起这件事，钟林对我说："那时保姆和孩子丢了非常着急。后来知道是你冒险把人找回来，并派人送到解放区去，我们真不知该怎样感谢你。"我对他说："这是我们的工作，要从总结工作经验角度来讲，是由于我考虑问题不周，设想得太简单而出了问题。"问起当年保姆和小孩子被国民党弄到天津去为何没有出问题，钟林说："因为我在国民党军工系统工作，接触许多军人，保姆和我们失散后，她没有办法就找闸口的国民党军队去了。国民党军队也听不懂她的话，人家问她，她什么也说不清楚，就把她交给了国民党天津警备司令部。到了天津国民党警备司令部，看她是一个老太婆领着一个牙牙学语的小孩子，说不清道不明，就没人管她了。另外我们所做任何事情，从来都不给她讲，她也不知道我们干什么，所以才没有出问题。”

（节选自中共北京市委党史研究室编《中共中央华北局城工部》，中共党史出版社 1995 年版。原标题为《我当了四年政治交通员》）

护送吴晗去解放区

池　重*

1948年夏季的一天，崔月犁来到我家，派我护送吴晗夫妇去解放区。当时北平、天津地下党的领导机关“华北局城市工作部”（简称城工部）设在泊头，领导人是刘仁。城工部学委在北平的领导人是崔月犁，在北平解放前的一段时间里，我曾在崔月犁领导下工作。

吴晗刚在上海参加了民主党派秘密召开的一次会议，应我党邀请，要到石家庄去参加我党召开的一次重要会议。为此他已偕夫人来到天津，隐蔽在旧英租界的一个朋友家里，正等着我党派人护送他们进入解放区。他们准备先到泊头面见刘仁，然后转道石家庄。城工部在沧州设有招待站，对外名称叫“平教会”。崔月犁交代我

* 池　重：时为中共中央华北局城工部学委工作人员。

的任务是把吴晗夫妇送到沧州“平教会”。他曾一再叮嘱我一定要确保吴夫妇的安全，同时还要照顾好他们的饮食起居，还特别提到吴夫人脊椎骨动过手术，身上带有钢骨架，腰部不能转动，必须配合吴晗对她照顾周到。

我按照崔月犁的指示，第二天一早即起程去了天津，找到吴的住所。吴的朋友见我是个陌生人，坚持说他家没有住着友人，我只好当日返回北平。翌日，崔月犁带了我一同再去天津。这次他们见是崔月犁亲自来了，欣喜若狂。吴晗夫妇急忙从屋里迎了出来，双手紧握着崔月犁的手，像是见到了渴望已久的亲人。进到屋里，吴夫妇对前一天的事一再向我表示歉意。吴夫人性格爽朗，快人快语，为消除昨日的误解，向我打趣说：“看你穿着这样考究的西服，头发抹得这样亮光亮光，我们怕你不是个共产党员呀！”引得大家都笑了起来。原来在我印象中，吴晗必定是一位举止超脱、沉静斯文的博学老人，可是在说笑的瞬间，我觉得他更像一个朝气蓬勃的青年学子，顿时消除了我在思想感情上曾一度存在的顾虑与隔阂，缩短了彼此间的距离。

从天津去解放区，必须路经陈官屯，这里有国民党设立的卡口。驻扎这一带的国民党军，都是前日军豢养的“皇协军”。这些汉奸武装，一贯横行乡里，鱼肉人民，无恶不作。日本投降后，他们被国民党收编，摇身一变，竟成了堂堂的“国军”，由此变得更加穷凶极恶，有恃无恐，并成为反共的急先锋。

从天津到陈官屯有两条通路，一是坐火车，一是坐大车（马车）。火车上有特务，但当天可出卡口；坐大车要在陈官屯住一夜，风险更大。崔月犁仔细考虑后，认为还是坐火车比较妥当，当即决定次日做好准备，第三天起程，并对吴和我说，如有什么东西要带去，可由我送交通站转走。

第二天我来到吴的住处。吴晗说，有两件东西必须带去，一是他的近视镜，他说一时也离不开眼镜，没有它就不能工作；二是一张极薄的小纸片，上面密密麻麻地写满了字，字迹极细、极小，不知是用什么笔写的。他说这是他们在上海开会的决议摘要，是要向党中央转达的。我接过了这两件东西，吴夫人说，吴晗冬天怕冷，要给他带上一件皮大衣，吴晗连忙阻止。我笑着对她说："咱们的供给制到时候一切都会为你们准备妥当的，绝不会让你们受冻！"吴夫人笑着同意不带了。

我从吴处出来，反复思索，考虑到我们的交通站主要是木船通过运河转运物资，航期不定，说不准什么时候才能把东西带到。只有随身携带才是最快的途径。于是决定还是自己随身带去。在路上，我备好食品，又买了一瓶擦手油，回到住所，向女主人（他们夫妇都是共产党员）要了一个不透明的旧雪花膏瓶子，把买来的擦手油先装进一些，再把吴的眼镜片拆下，塞在擦手油瓶内，上面又敷上一层擦手油。眼镜架就留下了。另取两个火柴盒芯，改糊成一个双层底的盒芯，把那小纸片夹在两层底的中间，然后装上半盒火柴，连同半包劣质香烟带在我的衣袋里。

次日一早，我换上中式短衣裤，拿了一个小包袱，内有一套单衣，又提了一个小布口袋，内装食品、漱洗用具和一些"官金"（国民党钞票），先到车站买了车票，然后到站前约定的地点去等他们。不一会儿，就见吴夫妇也都穿了中式短衣，背着大檐粗草帽，慢慢地走了过来。我迎上去和他们打招呼，不料竟吓了他们一跳，定睛看出是我，同时又意识到原来自己的打扮也是和我一样的，才又忍不住轻声笑了起来。

火车上十分嘈杂拥挤，有许多是“跑单帮”做买卖的。车厢通道上挤满了人，到处堆放着大筐、小筐、大包、小包的货物，无处下脚。但这倒意想不到地帮了我们的忙。原来车上的军、警、特务们只顾对这些小商贩恣意敲诈、勒索，雁过拔毛，为塞满他们自己的腰包而忙坏了手脚。因此，对我们这样的空身旅客就不屑一顾了。

近中午时到了陈官屯。车站外不远就是“卡口”。人们被蒋军官兵驱赶着排成了几个长队，等待搜身盘查。前面不时传来打骂旅客的声音。我见来势不善，为防止被掠索干净，赶忙把布袋里的钱散装到衣袋等几个地方，并打开包袱特意把两张钞票摆在衣服上面，然后再重新包扎好。吴晗也照样做了。我们排在队中一步一步向前方移动。当轮到查我时，没等他搜身，我赶忙抢先把包袱打开，亮出了事先摆好的钞票。只见这位“国军”习惯而熟练地迅速把钞票塞进他的衣袋，随即打了个手势，放我过来了。我后面是吴晗的夫人，她没有携带东西，也没有带钱。我赶忙向那位“国军”说：“我们是一起的。”那“国军”见她确是分文无有，无可奈何地只好放她过来了。后面的吴晗因已做好准备，照方抓药，也是破费了两张钞票，换得个顺利过关。像这样对付敌人军警搜查的办法，在当时经常出门行路的人本都是熟知的，但吴晗夫妇对此则是大半生来的初次经历。因来前在津谈话时，我已向他们介绍了一些应付搜查的办法，他们思想上早有准备，所以做起来就能够得心应手。尽管如此，我们出了卡口，3 人面面相觑，不言而喻，对能够取得顺利过关这一初步胜利是感到一些欣慰的，但同时对在祖国的土地上面临这一灾难性的奇异经历又不禁感慨万分。显然吴晗更是如此，他以严峻的目光注视着我，不断地摇头叹息。

卡口外有许多大车争揽乘客。我找了一个年纪较大，看来也比较老成的车主，上了他的车。车主们为了多挣钱，都尽量往车上塞乘客，以致车上就像装牲畜一样挤得满满的，腿也不能伸直。我多给了车主一些钱，就让我们坐在车边上，这样腿可伸开了，上下车也方便。在鞭声、吆喝声中大车开行了。许多大车形成了一个车队，逐步进入敌我双方都未能完全控制的“两不管”地区。这里仍然是危险地带。大车开行后，我就从布袋里取出食品，同时把我们 3 人的手表和大部钞票以及擦手油瓶都装进了布袋。我对车主人说：“老大，请你关照一下，把这点钱和表放到你的箱子里吧，到了沧县酬谢多少都好说。”车老大看出我是常走这条路的人，就爽快地说：“只要你信得过我，你就放心吧。”这一带拉脚的大车，在车下面多钉有一个小木箱，是车主人为自己放衣物用的。据我以前坐大车往来的观察，发觉各类哨卡和歹徒对赶车人都是留有情面的，从未见有搜翻抢掠赶车人财物的事。这也许是黑道匪徒的帮规吧。这时我和吴晗的衣袋里都只装有少许零用钱。

刚躲开狼又遇上了虎。当车队走出十数里路，迎面被一伙“强盗”截住了去路。他们有的拿手枪，有的背大枪，有的着便服，有的身穿没有标志、衣帽不全的蒋军军装，一眼就能看出这伙强盗就是“卡口”上的“国军”。匪徒们吆喝着轰赶着车上的旅客，要大家空身下车，不准携带行李物品，强迫人们排成几队，然后分兵两路，一伙人到车上搜抢财物，另一伙对旅客挨个强行搜身，稍不如意就拳打脚踢。当我扶吴晗夫人下车时，吴晗已被驱赶到另一个队里，这时我心里很是焦急。当搜到我时，钞票全部拿走了，这倒没什么，我最关心的是半盒火柴和吴晗夫妇的安全。匪徒没有抢走半包劣质烟和半盒火柴，当匪徒要搜吴夫人时，我赶忙对匪徒说：“我们是一起的，东西都在车上呢。”匪徒恶狠狠地喊道：“去！去！”把吴夫人推到了一边。我们就这样躲过了劫难。回到车上，再看吴晗正被搜身，只见匪徒从吴晗的衣袋里掏出一件黑色的东西，赌气给摔在地上，我不知发生了什么事情，因而十分担心。但见吴晗冷静而毫无表情地慢慢蹲下身，一面注视着匪徒，一面拾起那黑色物，显然是在提防敌人的手脚。吴晗站起身后又看了看匪徒，见他已搜掠后面的人去了，才慢慢走了回来。坐上了车，我才知道，原来那黑色物是吴晗来时一双没来得及洗的袜子。一阵疯狂的抢劫过去了，车队继续向前行进。

车上的人们充满了悲伤愤慨的情绪，有些妇女因被洗劫一空，顿陷困境而痛哭流涕。坐定之后，吴晗还想着刚才的一幕，指着衣袋对夫人诙谐地说：“这袜子没洗，倒帮了一点忙。”夫人听了，忍不住要笑，但又不便笑出声来，因笑声是和当时车上的悲伤气氛不协调的。黄昏，我们到了一个较大的村庄，已记不清叫什么村了。这里几乎家家都是“旅店”，村里有很多卖食品的摊贩。进到村里，我先去找住处。这里睡的都是土炕，一间屋子要住六七个人，有的还要多些，嘈杂混乱，气味难闻。为了避免麻烦，我多方寻找，在一个僻静处找到一个较小的院落，向房主人包了一个单间，并向他询问了这里的安全状况。他说：“放心吧，保你没事。前几日‘卡口’上的人来这里想发点洋财，正赶上八路军（解放军）来这里，把他们狠打了一顿，扔下两具死尸逃回去了，刚挨完打，总得老实一阵子。”听了这些话，我心里踏实多了。

一天的奔波劳累，路上尘土飞扬，又要时刻准备应付紧张局面，谁也没有吃东西。晚上安顿下来后，房主人给泡来一壶茶。我取出带来的食品，吴夫人仍不想吃东西，在我们的劝慰下，只吃了一些我由天津稻香村买来的卤鸭肝。吴晗想到外面看看，我陪他出去转了转。街上有卖汤面的，我买了两碗，端起要喝时，不料发现碗里都有红头大麻蝇。我好恶心，要求摊主给换一碗，那摊主却不以为然地说：“这算什么，你去看看哪家卖吃食的碗里没有这东西，我愿受罚。”我还想争辩，吴晗连忙阻拦说：“算了吧，人家都能吃，我们就能吃嘛。”边说边用筷子把大麻蝇挑了出去，就若无其事地大口吞食起来。

第二天早晨我们又上路了，步步深入解放区。这时车上的人们开始有说有笑，情绪活跃起来了，完全驱散了紧张恐怖气氛。又走了一段路，来到一个村口，大车停了下来，原来这是我人民政府的税收人员在这里征收商品税。当时运到解放区的商品大部分是免税的，也有少数品类要征收一些税金。只见车上带货的人纷纷把货主动搬下来，然后依次坐在路旁，等待验收纳税，秩序井然。没有带货物的旅客仍坐在车上，进到村里等那些“单帮客”。过村口时，没有人搜身盘查，甚至连个公安人员的影儿也看不到。在税收人员工作的地方摆着几只水桶，盛满热水，是专为纳税的小商贩准备的，也有一般过往旅客掏出干粮，坐在桶旁，就着热水大口地嚼着干粮。我们税收人员照章收税，一丝不苟，但态度和蔼，和小商贩都像是老相识，交谈着、询问着，“单帮客”无拘无束，像是到了自己的家。在村里，有许多食品摊，处处可闻叫卖声，很是热闹，一派和平景象，与陈官屯那种横行霸道、无法无天，令人不寒而栗的恐怖景象形成了鲜明的对照。

吴晗面对第一次见到的解放区极为兴奋，他怀着极大兴趣观察着这一切，渴望尽快了解这一切。他先在收税处伫立良久，仔细观察收税过程，询问税收政策，十分欣赏税收人员的工作态度。而后转到村里，东走西看，问这问那，直到车老大大声吆喝要上路了，他才兴犹未尽地走了回来。显然他对见到的一切都是肯定而赞赏的。刚一上车，就对其夫人说："你也应该下去看看解放区啊！太应当看看了！"

到了沧县，车主人把装有表和钱的布袋交还给我，我付给他些酬金，他很满意。当吴晗夫人接过自己的表笑着说："我们的损失算是最低最低的吧，多亏了你。"这是对我两天来的工作给的满意的回答。来到"平教会"，这里的同志早已接到上级的通知，已经为我们准备好了丰盛的晚餐和舒适的住所。

晚上我和吴晗夫妇告别，并把眼镜片和那张小纸片交给了吴晗。吴晗夫妇见到两件东西竟已随身带来了，十分满意也很惊讶，一再向我致谢。当他们听到我要回去，另由别的同志护送他们去泊镇时，感到十分遗憾，执意要求仍由我护送前往。"平教会"的同志打电话请示了刘仁，经允许，仍由我继续护送吴晗夫妇去泊镇。

次日，我们 3 人又乘上大车，在晴朗的天空下，朝泊镇行进。这时吴晗显得精力充沛，情绪十分高涨，宛如脱笼之鸟，尽情地呼吸着冀中大平原自由清新的空气，一直不能平静下来。他看着农田、牲畜、农民的劳作……似乎都感兴趣，时而还跳下车与路人交谈。他对解放区的一切都感到新鲜美好，对一切都在深思探索……

在这几天与吴晗同行的接触中，深感吴晗坚持正义、追求真理、临危不惧、向往光明、平易近人、实事求是的高尚品德和科学态度，这使我受到极大教育，也博得我对他由衷的尊敬。

（选自池重著《护送吴晗去解放区》，《北京党史研究》1993年第3期）

田汉、安娥从西柏坡出发

田大畏*

1948年10月，我父母——田汉、安娥从上海出发到北平，11月，他们通过封锁线到达平山县西柏坡附近的李家庄——中央统战部所在地。父亲在一份《自述》里写到在西柏坡见到毛主席的情况：我在主席家里晚餐，主席对我作了许多教导。我写了两首绝句："西柏坡头月正寒，运筹茅屋土窗间。不教一敌逃天网，百万雄师夜入关。""露布挥成酒未干，捷书连夜到平山。非无倒海翻江量，尚有吾民一饱难。"毛主席在西柏坡的这次谈话，父亲做了记录，摘要如下："群众喜欢跟他们一样的，也喜欢看得出他们形象的艺术。我们若不能跟群众一起生活，当然也就无法描写出群众

---

* 田大畏：田汉、安娥之子，曾任文化部政策法规司司长，北京图书馆研究馆员。

的形象。以前艾青、萧军到延安很不高兴，因为他们是有名的诗人作家，出过诗集小说，销行过几千本，但是延安农民不晓得他，看戏的时候不请他们坐在前面，坐在前面的是军政首长，他们挤也挤不进去。于是，他们不满，在报上说‘惜无韩荆州’，我说：韩荆州是有的，不过不是我们而是农民，他们却不愿去理会他，因此无怪韩荆州要对他们冷淡。于是艾青他们才决心脱掉袜子下乡到农民中工作，才慢慢被‘韩荆州’认识了。”

“我并没有说不要看话剧，我其实非常喜欢看话剧，但好的，适合工农理解的话剧实在太少了。在部队剧团里，还是演话剧的多。这也是因为话剧条件没有平剧那样繁重。平剧（现在的京剧）我也喜欢看，总觉得太形式主义了，恐怕要没落下去。平剧现在至多有千把万观众。我对方华（阿甲的夫人）说你演的夫人不是现代实有的夫人，老爷也一样。你们剩下的就是形式主义。他们不大看得起那些乡土艺术，说那些太简单了，但我看那些乡土艺术的生命力恰是他们所没有的。乡土戏是农民的，平剧是地主的，因此乡土戏是主导的。”“周扬缺点是还有知识分子气，不能深入群众解决问题的细部。”

华北戏剧音乐工作委员会当时把旧剧的剧目分为“有利”“有害”和“无害”三大类，决定取舍。周扬要求田汉对剧目的划分发表意见。几天后，父亲在李家庄给周扬写了有关戏曲改进工作的第一封信，认为对旧剧剧目“‘禁’或‘准’暂时不必作太硬性的规定。我们要发展的要提倡的是民族的、科学的、民主的东西，要限制要批评的是反民族、反科学、反民主的东西，这不是很明确吗？”总之认为戏曲改革是必要的，但传统剧目是非常复杂的问题，对旧剧改革要采取“更慎重”的态度，对丰富厚重、源远流长的戏曲遗产不能简单对待。

1948 年 12 月某夜在西柏坡大礼堂，父亲朗诵了他的长诗《两个社会的婚姻》。

他的诗作像一篇声讨旧社会的檄文：

到解放区来，才接触了真正的，新的人物，新的品质。

诗人以解放区农村青年的幸福婚姻和蒋管区青年男女遭受封建势力摧残作对比，控诉旧中国的“吃人制度”，最后欢呼：

反动集团的冬天已经到来，全中国人民大众的春天已经不远了。

1948 年 12 月父亲来到位于正定县城的华北大学。华大校部给他们派了一辆马车，去探访我母亲安娥离别了 30 年的魂牵梦绕的故园——获鹿县的范谈村（现属石家庄市长安区）。她曾在诗歌中深情地写过：“我爱我的家乡，我爱我的村庄，我的小树，我的草房，我的黄沙土，我的红高粱，……那些忠厚的面庞，那些粗布的衣裳。”马车停在范谈村张家大院门口。家宅依旧，物是人非，旧梦难寻了。

在亲戚家小坐，便再次也是最后一次离别了幼时的家园。

1948 年除夕，上午，朱德、刘伯承、陈毅、罗荣桓和林伯渠到李家庄访问已到华北解放区的民主人士，聚餐统战部。大家推举田汉写诗献礼。当夜，就在西柏坡中共中央招待宴会上朗诵了他的热情洋溢的颂诗《革命的除夕》：

为着一个共同的目标，反帝，反封建，我们手携着手奋斗，从五四直到今天。……而你们，正是这些坚定的、聪明的舵手，正是这一伟大革命巨流的 / 组织者，指挥者。……这是我们民族 / 彻底解放前的 / 最后一战！……我们要用更坚定、更聪明的战争来迎接 / 人民解放的全国胜利，和一个转换中国历史的 / 人民民主共和国！

1949 年 1 月 31 日下午 3 点，父亲、母亲和住在李家庄的民主人士及家属 20 余人，分乘 3 辆卡车，由统战部秘书长齐燕铭和交际处长金城等同志率领，赶赴北平参加人民解放军的入城式。途中听说傅作义的部队正出城整编，怕遇到散兵游勇不便进城，就从城外经过石景山直奔燕京大学。母亲的日记中说：（2 月 3 日）到燕京（大学）已是晨五时，九时半进城看“入城式”。“入城式”自上午 9 时半至下午 5 时止。

（选自中共石家庄市委统战部编《西柏坡时期统一战线研究初探》，内部资料，2014 年）

毛主席看望符定一

符立达　周勉德 *

1948年5月1日，中共中央号召全国，建议召开新政治协商会议，以加速推翻南京卖国独裁统治，建立人民民主政权。海内外纷纷响应，国民党政府狗急跳墙，8月在平津大批逮捕青年学生与社会贤达。为保证安全，毛主席亲自安排，命华北局城工部派人随同立达于10月护送父亲由沧县秘密进入解放区。一到泊头，党中央立即派车接我们到石家庄，并指定应之送父亲到西柏坡。当夜周恩来副主席携灯等候于村口，毛主席亲迎于院门。谈话从晚11点一直持续到凌晨3点。父亲向周副主席建议：先攻天津，和平解放北平，这不仅于国于民有利，而且也有可能。周副主席听后，频频点

* 符立达、周勉德：符立达、周勉德（原名符应之），符定一之子。

头，说："和毛主席商量一下。"翌日上午，从西柏坡移住当时中央城工部所在地的李家庄。有关生活安排全由周副主席亲自过问，并一再检查是否妥善周到。1948 年底人民解放战争取得巨大胜利，敌人玩弄和平攻势，毛主席在 1949 年新年献词中发出"将革命进行到底"的号召。父亲和先后到达解放区的李济深、沈钧儒、马叙伦、郭沫若等 55 人在同月 22 日发表"对时局的意见"，坚决支持中共中央毛主席在对时局声明中提出的八项和平条件，表示革命必须进行到底，革命与反革命之间绝无妥协与调和的可能。和共产党一起，揭发了南京反动集团发动的和平攻势，挫败了敌人妄图从政治上苟延残喘的阴谋。

1949 年初为了指挥解放战争，毛主席连续紧张工作了几天几夜，从没有很好地睡过觉。但当毛主席接到北平和平解放协议已经签订的电报后，高兴地说："这真是了不起的胜利，是一件特大的喜事！"然后立即对警卫说："先不睡，咱们看符定一先生去！"毛主席见了父亲，亲切地握着手，说："好久没有见到你老人家了。今天一方面来看你，一方面向你报告一个好消息，傅作义已经赞成我们的条件，北平和平解放了。"父亲说："这可是大家的希望，这都是毛主席胸怀广阔和共产党的英明使然，否则，北平怎能和平解放？"毛主席笑着说："这是民主起了决定作用，广集群言，也包括你老人家的意见。"父亲说："还是毛主席和共产党伟大，做出了奇迹。"当父亲知道毛主席两天两夜没有休息，在最高兴的时刻，不顾疲劳，把最好的消息第一个告诉他时，使劲地握着毛主席的手，激动得流出了眼泪，说："毛主席为中国人民解放事业作出了多么伟大的贡献呀！"毛主席说："符先生夸奖了。"临分手时，毛主席又对父亲说："这里的条件差，连一个软座椅也没有，我回去让他们给你送一把来。你年纪大了，坐这些硬木家具会腰痛的。"第二天毛主席果然派人送来了一个沙发。1949 年 3 月下旬中共中央和人民解放军总部迁至北平。行前一天，毛主席亲自到父亲处辞行。毛主席说："北平虽然和平解放了，但还不太安全。我们先进北平，等安定了你再进城。今天特向你辞行。"父亲把毛主席送到门外。毛主席竟风趣地突然打了一个立正，恭敬地行了一个举手礼，大声说："符先生保重，北平见！"毛主席走后，父亲深情地说："得民心者得天下，毛主席如此敬老崇文，必得人心。中国共产党和毛主席的伟大就表现在这些平凡的事件中。"

（选自符立达、周勉德《符定一：毛主席的恩师》，《人民日报》1994 年 5 月 8 日）

陪同民主人士进北平

王　忠[*]

一　东北局成立招待处

1948年秋，人民解放战争的形势迅猛发展，中国人民已经看到了胜利的曙光。为此，党中央业已着手筹划建国大计。9月间，周恩来初步拟定了一批准备参加新政协的爱国民主人士名单，并要求上海、香港等地的地下党组织在秋冬时节将他们安全护送到位于东北和华北等地的解放区内。东北解放区的哈尔滨市是接待这些民主人士的主要集结地之一。周恩来曾电示东北局，要求给这些陆续到达的民主人士“安排最好的住所，要召开欢迎宴会，要给他们买皮

* 王　忠：时为东北行政委员会办公厅招待处工作人员；后在国家机关事务管理局工作。

大衣、皮帽子、皮靴等生活用品”，可谓细致入微，关怀备至。

东北局为了接待好这些重要的客人，专门成立了一个半公开半地下的招待处，我就是在这时候奉命从东北行政委员会办公厅调到招待处工作的。招待处的处长叫周秋野，他受东北局领导的重托，用 19 根半金条从一个白俄商人手中购买了一座名叫马迭尔的旅馆作为接待驻地，并相继配备了一部分小轿车、厨师和服务员等。9 月 29 日，我们接待的第一批民主人士只有 4 位：沈钧儒、谭平山、章伯钧和蔡廷锴。他们是从香港秘密进入哈尔滨的，在哈期间身份并不公开，比如我们称呼沈钧儒时，就叫他朱老先生。

二　特殊身份的客人

10 月下旬的一天，我们接待了一位特殊身份的客人，她一住下，当天的《东北日报》上就醒目报道——《李德全抵哈》。李德全是爱国民主人士、抗日将领冯玉祥将军的夫人，也是位社会活动家。她是应中共之邀陪冯玉祥及全家从美国专程回国参加新政协会议的，不幸的是所乘轮船在黑海途中起火，冯玉祥及一爱女遇难。李德全一到哈尔滨，李富春、蔡畅等首长即代表中共中央为冯玉祥将军的不幸去世向李德全表示深切慰问，同时邀请她代冯玉祥参加新政协会议（新中国成立后，李德全被任命为中央人民政府首任卫生部部长）。

大概是深怀丧夫别女的伤痛，李德全一家住下后很少外出。闲暇之余，她常到值班室与我聊天，反复叙说冯将军遇难的情况。她说他们是 7 月 31 日离开纽约的，8 月中旬到达埃及的亚历山大港。中共为迎接冯玉祥曾拨专款给苏联政府，由苏联提供了一艘“二战”时缴获的德国轮船“胜利”号搭载冯家远渡重洋。不想，9 月 1 日船行至黑海突然舱内起火，冯将军及其爱女冯晓达未能获救，被浓烟窒息而死。后来查明，事故是因为船上放映用的电影胶片起火造成的，美国和苏联都认为这是一次有预谋的政治谋杀，双方相互指责，但最后也没有结果。

听了李先生（当时就这样称呼她）讲述的事发经过，我对冯玉祥将军的不幸遭遇感到惋惜，对李先生同情之余又觉得她很坚强，虽遭此大难，仍旧携其他子女义无反顾地回到祖国，为国效力的决心毫不动摇，是一位令人敬佩的女中豪杰。

1948 年 11 月 2 日，辽沈战役结束，东北全境解放。李德全先生同我们一样沉浸在胜利的喜悦中。当她得知中央准备在北平或天津召开新政协会议时异常兴奋，因为解放这两座城市的时间不会太久了。她曾给我讲起北平城的故事，说北平的城墙有多高，耸立在城墙周边的各个城楼多么雄伟；皇帝住过的紫禁城多么气势恢宏；颐和园的万寿山、昆明湖风景多么秀美亮丽；我们的国家要是能够定都北平有多么好；她还提到中国最后一个皇帝溥仪就是让冯玉祥赶出故宫的……她的话让我萌生了对北平的神圣向往之意。

三　民主人士云集沈阳

1948 年底，招待处奉命护送先期到达哈尔滨的民主人士去沈阳，住进了一所日本占领时经营的大饭店——大和旅馆，当时该旅馆已更名为沈阳铁路宾馆。当地的党政军首长隔几天就出面举行一次接风宴，欢迎一批又一批爱国民主人士的到来。当我们离开沈阳时已经聚集了六七十位客人。为此，招待处的工作越来越紧张、繁忙。随着形势的好转，我们的工作已经公开，宾馆内外每天都呈现出一派宾客云集、高朋满座、人来人往的热烈气氛，这种氛围充分体现了中国共产党的巨大凝聚力，体现了党的“爱国光荣、爱国一家、爱国不分先后”的政治主张，更加体现了全国人民一心向往和平、向往共产党、向往成立新国家的深切期盼和愿望。

四　陪同客人们赴北平

1949 年春节，我们是伴随着解放战争节节胜利的喜讯和节日的鞭炮声在沈阳度过的。1 月 31 日，北平传来了和平解放的捷报，在大家奔走相告庆贺平津战役取得伟大胜利的气氛中，我又想起了李德全先生对北平城的美好描述，心想：“要是有机会去北平看看该有多好啊！”我心中油然产生了生平第一个美好的愿望。可又一想，身边这么多大领导都没去过北平，哪能轮上自己，这也只是个梦想罢了。2 月 24 日，党中央派林伯渠为首的中央代表团到沈阳迎接民主人士进北平。当晚，周秋野处长宣布了陪同首批客人赴北平的 11 位工作人员名单，里面竟然点到了我的名字，这令我感到意外，同时又觉得惊喜和荣幸。2 月 25 日，在程之平科长的带领下，我们陪同李济深、沈钧儒、马叙伦、郭沫若等 35 位客人登上了由沈阳开往北平的专列。列车一路畅行，只在天津站停过一次车，上水加煤检修后于次日上午抵达北平。列车快到北平时，我一直扒着车窗看外面的风景，心情异常激动，当我第一眼看见东便门城楼时暗自念叨着：“到北平了，我的愿望终于实现了。”进京那年我还不满 17 岁。

五　北京饭店成立招待所

由于当时党中央尚未抵达北平，列车驶入前门车站时，到车站迎接客人的是第四野战军司令员林彪，北京市首任市长叶剑英、市委书记彭真等一批党政军首长。客人们被安排在北京饭店下榻，我们这些从东北来的工作人员集中在一间会议室等候安排工作。不大会儿，有 4 位领导走进会议室，他们是：中央统战部秘书长齐燕铭、统战部交际处长申伯纯、金城和管易文。齐燕铭宣布北京饭店成立招待所，所长由我们科长程之平担任；招待所隶属中央统战部管辖，饭店的管理与服务保持原有系统。我被分配在招待所办公室，主要工作是负责住在北京饭店内客人们的往来信件和物品收发；其次是负责安排在饭店内召开的各种会议并分管签到工作。我就是在会议签到时，第一次见到周总理的，当时大家都称他为周副主席。还有一项工作就是陪同客人出去参观。我陪同陈嘉庚先生去过一次八达岭，当时的路不好走，去一趟长城很不容易，早起晚归用了整整一天时间。由于新中国快要成立了，工作十分紧张，又不能私自外出，李德全先生讲的紫禁城、万寿山、天坛等文化古迹根本没时间光顾。

北京饭店是当时北平城内最好的饭店，也是一处十分重要的政治活动场所，每天迎来送往的重要首长和客人很多，统战部在饭店专门设了一个联络组，部长李维汉亲自兼任组长。饭店内有固定的会客室和房间，毛泽东、周恩来、刘少奇、朱德和宋庆龄等首长经常到北京饭店会见客人。

六　胜利的晚宴

时间很快就到了历史性的那一天。当我听说10月1日下午将在天安门广场举行盛大建国典礼（后称开国大典）时，激动之余突发奇想，我试着找饭店领导告假，请求那天去天安门。那时年轻，好奇心强，结果可想而知，只能听领导的话在办公室值班。10月1日那天中午，我趁午休之机跑到饭店门口看热闹，当时大街上已经拥满了参加开国大典的人群，人们举着横幅、彩旗，敲着手中的锣鼓，兴高采烈地向天安门走去。我目不暇接地看着眼前的热闹景象，心早就伴随着人潮飞向了天安门。受阅部队整齐地开到北京饭店前面列队等候检阅。看到这支雄壮威武的胜利之师，我心里为全中国即将解放而备感自豪。当时只顾看光景，不知过了多久，突然耳边响起震耳欲聋的炮声，我惊慌失措地拔腿奔向饭店的办公室，当同伴告诉我是举行开国大典放的礼炮时，我才定下心来。在后来的几个小时里，我听着窗外的欢呼喧闹声，再也不曾离开值班室。

当晚，北京饭店隆重举办了大型庆贺晚宴，长条桌上摆满了丰盛的美酒佳肴，毛泽东、周恩来、刘少奇、朱德、宋庆龄等党和国家领导人也来参加，周恩来发表热情洋溢的祝酒词后，他们就去包间里与其他重要客人商谈国家大事了。这是我生平第一次参加这么盛大的宴会。席间，大家在《没有共产党就没有新中国》《解放区的天是晴朗的天》等音乐的伴奏中频频举杯，相互庆贺新中国的诞生。到场的人们太兴奋了，以至于一时间没有了上下级的感觉，也忘记了客人和工作人员的身份。大家相互拥抱、碰杯、说笑，整个厅堂里洋溢着热烈、欢快和胜利的气氛。我们东北来的几个小青年聚集在一起，在一片欢歌笑语中大家都感到自己终于完成了一件神圣的使命，如释重负地谈起了对未来的美好向往。不一会儿，程之平科长来到我们中间，亲自给我们每个人斟了满满一大杯葡萄酒，他对我们这些跟随他从哈尔滨到北京来的年轻人表示感谢，并示意我们今晚可以喝醉，因为第二天我们的工作将告一段落。有个同伴问他：是否过几天就可以回家了？我也借机向他提出能否放几天假，让我们好好逛逛北京城，来了大半年了一次也没出去逛过。程科长笑着说："小鬼，都想家了，没出息！今天虽然成立了新国家，但我们的工作应该讲才刚刚开始。这间大厅里的人们，明天将要各奔东西，有的客人将会到新成立的政府机构去任职，你们中的一些人有的将去南方新解放区工作，有的要到学校里去深造，更多人将会有新的更重要、更光荣的工作去做。你们还年轻，一定会看到北京城的大变化，到时候让你们逛上几天也逛不过来。"那天晚上我生平第一次喝醉了，躺在床上，伴着天安门广场晚会中隆隆的礼花声，美美地睡着了。几天后，我被分配到新成立的中央人民政府政务院办公厅工作。

从哈尔滨到北平是我人生历程的一个转折点，而新中国的诞生则是实现中华民族伟大复兴的一个历史性的里程碑。从此，中国人民在中国共产党的领导下，开始了日益繁荣富强的新生活。

龚喜跃　整理

（选自《百年潮》2019 年第 4 期）

中央关于邀请参加新政协者的名单给港分局的指示

（一九四八年九月二十日）

港分局并之光，沪局刘、刘[①]：

之光申铣电悉。你们原定第二只苏轮可载郭沫若、马叙伦、王绍鏊三人及胡绳等同志北来，现此轮只来王老一人，理由未详，其他诸人不知是否等待第三次船来，如是，望电告，以便计算今年内究有几条苏轮南下，共可装回几多民主人士，因我们设想新政协大约在明春召开，故各方人士须于今冬明春全部运入解放区，方为合适。我们拟定邀请之人士，除华北由此间直接函请外，名单大致如下：国民党革命委员会如李济深能来最好，否则除蔡廷锴外，何香凝、柳亚子、朱蕴山仍望能来；民主同盟除沈钧儒外，尚有史良、邓初民、周鲸文、罗隆基、张澜、梁漱溟、曾昭抡、胡愈之、马哲

① 姓名全称是：钱之光、刘晓、刘长胜。

民；救国会张志让、沙千里、李章达、曹孟君；第三党除章伯钧外，尚有彭泽民、韩卓儒、丘哲；民革除谭平山外，有王昆仑、侯外庐、许宝驹；民主建国会章乃器、施存统；职教社黄炎培、孙起孟；民主促进会马叙伦、王绍鏊；致公党陈其尤、司徒美堂；南洋华侨陈嘉庚、冯裕芳、王任叔；社会贤达郭沫若、马寅初、陈叔通、徐朗西、李达、周士观；文化界沈雁冰、老舍、曹禺、巴金、田汉、洪深、郑振铎、叶圣陶、翦伯赞、胡风、卢于道；经济界张絅伯、包达三、简玉阶、蒉延芳、盛丕华、黄默涵；教育界陈鹤琴、沈体兰、潘震亚；妇女［界］李德全、许广平、刘王立明、俞庆棠、沈兹九；新闻界刘尊棋、徐铸成、宦乡、赵超构、储安平、王芸生；学生联合会；妇女联谊会；各地教授；基督教男女青年会（吴耀宗、黄次咸）等。以上名单，望你们加以考虑，沪、港如有增减，望速电告，最后四顶，望沪、港提出具体人选，学生代表可多推数人，要有非党学生；除以上各团体外，你们如认为尚有其他人民团体可以邀请，亦望电告。在这批名单中，定有些人不可能进来，但我们仍应致达邀请之意。为秘密慎重起见，我们可先请可靠人士，待大多数都已动身后，再邀请其他不甚可靠人士。北来人士，拟先集中哈尔滨招待商谈；华北民主人士如直进解放区，则集中华北。视战事发展，明春或来华北，或即在哈市召开新政协。关于此类事，外间有何反应，望随时电告。

中央

（选自中央统战部、中央档案馆编《中共中央解放战争时期统一战线文件选编》，档案出版社 1988 年版）

中央关于邀请平津民主党派及社会贤达参加新政协给华北局的指示

（一九四八年九月二十日）

华北局并城工委员会：

为筹备明春可能召开之新政协，除在港、沪及长江以南邀请各民主党派、人民团体的代表人物及社会贤达外，拟在平、津邀请下列代表性人物，你们意见如何，或增或减，望讨论后电告，以便中央作最后决定。党派张东荪、吴晗、潘光旦；产业界李烛尘、李祖绅；教授许德珩、樊弘、袁翰青、张奚若、闻家驷、费孝通、李广田、徐悲鸿、陆志伟、劳君展（女）、翁独健、王之相、向达、雷洁琼、卢念苏、周炳琳、钱端升；绅士符定一、李锡九。此外学生团体如华北学联、民青、民联等各推代表数人，由华北城工委准备。天津方面，也望提出数人。并电告。

中央

申哿[①]

（选自中央统战部、中央档案馆编《中共中央解放战争时期统一战线文件选编》，档案出版社 1988 年版）

① 据原稿补出。

毛泽东、周恩来电宋庆龄北上参加政协

（一九四九年一月十九日）

庆龄先生：

中国革命胜利的形势已使反动派濒临死亡的末日，沪上环境如何，至所系念。新的政治协商会议将在华北召开，中国人民革命历尽艰辛，中山先生遗志迄今始告实现，至祈先生命驾北来，参加此一人民历史伟大的事业，并对于如何建设新中国予以指导。至于如何由沪北上，已告梦醒与汉年、仲华切商，总期以安全为第一。谨电致意，伫盼回音。

毛泽东
周恩来
子皓

（选自中央统战部、中央档案馆编《中共中央解放战争时期统一战线文件选编》，档案出版社 1988 年版）

致宋庆龄

（一九四九年六月十九日）

庆龄先生：

重庆违教，忽近四年。仰望之诚，与日俱积。兹者全国革命胜利在即，建设大计，亟待商筹，特派邓颖超同志趋前致候，专诚欢迎先生北上。敬希命驾莅平，以便就近请教，至祈勿却为盼！专此。敬颂大安！

毛泽东

一九四九年六月十九日

（选自中共中央文献研究室编《毛泽东书信选集》，中央文献出版社 2003 年版）

致陈嘉庚

（一九四九年一月二十日）

嘉庚先生：

中国人民解放斗争日益接近全国胜利，需召开新的政治协商会议，建立民主联合政府，团结全国人民及海外侨胞力量，完成中国人民独立解放事业。为此亟待各民主党派及各界领袖共同商讨。先生南侨硕望，人望所归，谨请命驾北来，参加会议。肃电欢迎，并祈赐复。

毛泽东

一九四九年一月二十日

（选自中共中央文献研究室编《毛泽东书信选集》，中央文献出版社2003年版）

致司徒美堂

（一九四九年一月二十日）

司徒美堂先生：

去年十月二十三日惠书，因交通阻梗，今始获悉。热情卓见，感佩殊深。中国人民解放斗争日益接近全国胜利，召开新的政治协商会议，建立民主联合政府，团结全国人民及海外侨胞的力量，完全实现中国人民的独立解放事业，实为当务之急。为此，亟待各民主党派各界民主人士共同商讨。至盼先生摒挡公务早日回国，莅临解放区参加会议。如旅途尚需时日，亦祈将筹备意见先行电示，以利进行。谨电欢迎，并盼赐复。

毛泽东

一九四九年一月二十日

（选自中共中央文献研究室编《毛泽东书信选集》，中央文献出版社 2003 年版）

给阿哈买提江[①]的电报

（一九四九年八月十八日）

新疆伊犁特别区人民政府阿哈买提江先生：

我国反对帝国主义、封建主义、官僚资本主义以及蒋介石为首的国民党反动统治的人民解放战争即将取得全中国的胜利。包括全中国各民主党派、各人民团体、人民解放军各野战军、各解放区、国内各少数民族及海外华侨在内的新的全国人民政治协商会议，经过慎重筹备之后，即将在九月内召开全体会议。此届全体会议除制定全国人民政治协商会议组织法、选举自己的全国委员会外，并须制定中华人民共和国中央人民政府组织法，选举中央人民政府委员会。你们多年来的奋斗，是我全中国人民民主革命运动的一部分，

---

① 收在《毛泽东文集》第5卷中的此文献，用此译名。

随着西北人民解放战争的胜利发展，新疆的全部解放已为期不远，你们的奋斗即将获得最后的成功。我们衷心地欢迎你们派出自己的代表五人前来参加全国人民政治协商会议的全体会议。如蒙同意，请赶于九月上旬到达北平。谨此电达，并希赐复。

新政治协商会议筹备会主任　毛泽东

八月十八日　北平

（选自中共中央文献研究室编《毛泽东文集》第5卷，中央文献出版社1996年版）

渴望同先生共商建国大计

——致宋庆龄

（一九四九年六月十一日）

庆龄先生：

沪滨告别，瞬近三年，每当蒋贼肆虐之际，辄以先生安全为念。今幸解放迅速，先生从此永脱险境，诚人民之大喜，私心亦为之大慰。现全国胜利在即，新中国建设有待于先生指教者正多，敢借颖超专诚迎迓之便，谨陈渴望先生北上之情。敬希早日命驾，实为至幸。

专上。敬颂

大安！

周恩来

一九四九．六．廿一

（选自中共中央文献研究室编《周恩来书信选集》，中央文献出版社 1988 年版）

政协文史"亲历、亲见、亲闻"文库

人民政协与新中国成立

·第三辑·

《"三亲"文库》编纂工作委员会　编

中国文史出版社

人民日報

中國共產黨中央委員會
毛澤東主席發表關於時局的聲明

戰犯杜聿明將受嚴懲

最後消息

1949 年 1 月 14 日，毛泽东以中共中央主席的名义发表《关于时局的声明》，提出和平谈判的八项条件。

人民日報

中共中央通知南京反動政府
以毛主席八項條件爲基礎
定四月一日在平舉行和談
同時派周恩來等同志爲代表

鄧穎超同志
報告中國婦運方針

中國婦女運動
當前的方針與任務

《人民日报》刊发《中共中央通知南京反动政府 以毛主席八项条件为基础定四月一日在平举行和谈》。

1949年4月1日，南京国民党政府和平谈判代表团到达北平。二排左起：刘斐、张治中、黄绍竑、邵力子。

南京国民党政府和谈代表团入住的六国饭店旧影。

1949 年 4 月 13 日晚，中共代表团和南京国民党政府代表团在中南海勤政殿举行第一次正式会议。图为中共代表团首席代表周恩来在会上发言。

中共代表团和国民党政府代表团进行和平谈判时的情形。

和谈期间，毛泽东在香山分别约见南京各代表谈话。图为这一时期毛泽东的办公地——香山双清别墅。

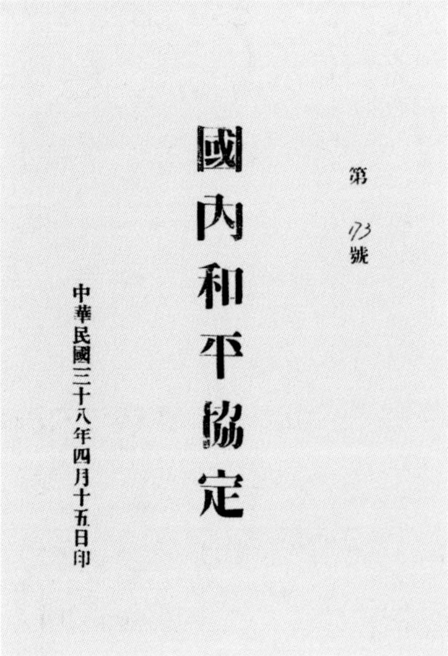
第 73 號

國內和平協定

中華民國三十八年四月十五日印

1949 年 4 月 20 日，南京国民党政府拒绝在国共双方谈判代表达成的《国内和平协定》上签字。4 月 20 日夜至 21 日，人民解放军发起渡江战役，23 日解放南京，结束了国民党的反动统治。图为中共代表团和南京国民党政府代表团拟定的《国内和平协定（最后修正案）》。

第三辑　选编说明

经过辽沈、淮海、平津三大战役，国民党在长江以北的军事力量已全线崩溃。1949年元旦，蒋介石发表《新年文告》，企图利用和平谈判保存反革命力量。

针对国民党的和谈阴谋，毛泽东在为新华社撰写的1949年新年献词中发出了“将革命进行到底”的伟大号召。1月14日，毛泽东发表《关于时局的声明》，强调蒋介石的“和平”建议是虚伪的。声明指出，为了迅速结束战争，实现真正的和平，减少人民的痛苦，中国共产党愿意在惩办战争罪犯、废除伪宪法和伪法统、改编一切反动军队等八项条件的基础上，同南京国民党政府及国民党地方政府和军事集团进行和平谈判。

1月21日，蒋介石被迫宣告引退，李宗仁出任代总统，并表示愿以中共所提条件为基础进行和平谈判。

4月1日—20日，中共代表团同国民党政府代表团在北平进行和平谈判。中共代表团首席代表周恩来，代表林伯渠、林彪、叶剑英、李维汉、聂荣臻；国民党政府代表团首席代表张治中，代表邵力子、章士钊、黄绍竑、李蒸、刘斐。4月15日，中共代表团提出《国内和平协定（最后修正案）》。20日，国民党政府拒绝在《国内和平协定》上签字，谈判宣告破裂。4月21日，毛泽东主席和朱德总司令发布向全国进军的命令。4月20日夜至21日，人民解放军发起渡江战役。23日，解放军占领国民党统治中心南京，宣告国民党政权的覆灭。

和平谈判教育了人民，赢得了民心。新政协召开的条件更加成熟。经中共方面真诚邀请，国民党政府代表团的多数成员参加了筹建新中国的人民政协会议。

本辑史料34篇，主要收录全国政协及地方政协征集的、政协委员及其联系的各界人士撰写的文史资料，并选录若干重要文献，反映和平谈判的时局背景、交涉过程。收录的文章主要分为三个部分：分别选取和谈代表及知情者的回忆文章；介绍时局背景、湖北和平运动的回忆文章；谈判代表后人及工作人员的回忆文章。在每个部分，根据作者身份、党派排序及事件发生先后时间，对稿件进行综合编排。

目　录

第三辑　和平谈判

叶剑英	关于和平谈判问题	001
杨尚昆	粉碎反动派的“和平”阴谋	013
李维汉	真假和谈的斗争 ——记北平和谈	016
胡乔木	假和平与真和平	036
童小鹏	国共和谈破裂	040
李宗仁	忆 1949 年国共和谈	046
张治中	北平和谈	079
程思远	蒋介石发表求和声明的经过	149
宋希濂	和谈前夕蒋介石的幕后操纵和李宗仁的备战部署	163
黄绍竑	李宗仁遣使赴北平和谈	172
刘　斐	1949 年北平和谈的片段	194
屈　武	参加国共北平和谈	209

刘仲容　回忆北平和谈一二事 …… 217
江　庸　和谈回忆 …… 231
黄启汉　1949 年“和谈”的回忆 …… 236
余湛邦　毛泽东与张治中在香山的单独谈话 …… 270
张丰胄　1949 年国共和谈的有关史料 …… 278
张立钧　随张治中将军五年国共和谈 …… 296
李任仁　国民党崩溃前夕的和谈内幕 …… 309

李书城　湖北和平运动促进会前后
——兼及赴解放区见闻 …… 318
谈　瀛　蒋桂求和的阴谋和湖北和平运动 …… 330
吴忠亚　张笃伦与湖北和平运动 …… 344
胡楚藩　我所亲历的湖北和平运动 …… 352
贺有年　湖北和平运动的片断回忆 …… 358
周　杰　“十人座谈会”与和平运动 …… 363

张素我　父亲的 1949 年：再为和平奔走 …… 370
沈世猷　冒险送张治中先生家属去北平的回忆 …… 379
章含之　忆父亲章士钊致力于和谈 …… 386
卢存学　国共北平和平谈判中的卢郁文 …… 391
焦湘宗　我随颜惠庆参加国共和谈的见闻 …… 397

重要文献选编

将革命进行到底 …………………………………………………… 毛泽东 400

中共中央毛泽东主席关于时局的声明 …………………………………… 409

毛泽东关于进入正式谈判阶段应注意的问题
给周恩来的信 ……………………………………………………………… 414

关于和平谈判问题的报告 ………………………………………… 周恩来 425

关于和平谈判问题

叶剑英*

当你们大会胜利闭幕的时候，我代表北平市委、北平市军管会、北平市政府，祝贺你们大会的成功。

会议主席团的同志要我在今天的闭幕会上讲一讲大家所关心的国共和谈问题，这个问题还没有完结，中央也没有公布，所以不能牵连到许多具体问题，请同志们原谅。怎样讲法呢？就提出和谈中的几个问题说一下，帮助同志们了解今天的时局，作为学习的参考。

在开幕的那一天，任弼时同志代表党中央作政治报告的时候曾经说过：今后解决大半个中国的问题，可以用战争方式或者和

* 叶剑英：时任和平谈判中共代表团代表，北平市军管会主任兼市长；后曾任第十、十一届中共中央副主席，第十至十二届中共中央政治局常委，第八至十二届中共中央政治局委员，第五届全国人大常委会委员长，第四届全国政协副主席。

平方式解决。假使今天用战争方式解决的话，我们是能够解决的。那么，今天为什么毛主席、党中央要把北平的和平解决作为一个方式，而且把这个方式当作我们目前解决中国问题的一个重要手段呢？为什么有这个必要呢？

首先，我们要了解什么叫作和平方式。所谓和平方式就是不流血的方式。虽然是不流血的方式，可是要经过斗争；虽然要经过斗争，可是不流血，就是用不流血的斗争方式，来达到中国人民革命的目的，就是用不流血的斗争方式把蒋介石的政权、军权、宪兵、警察、法庭、监牢以及各种经济命脉夺过来，掌握在人民手里。

这种和平解决的方式在今天为什么是必要的，而且是可能的呢？

在这里我们首先必须认清，所谓和平解决是解决什么问题。我想是解决这样 3 个问题：第一，要把是非、责任搞清楚；第二，要把军队交出来；第三，要把政权交给人民。这 3 个问题搞清楚了，那么再用和平方式解决其他问题也就容易了。

弼时同志在他的政治报告中已经讲到了，就是不管用哪一种方式解决，武力解决也好，和平解决也好，我们都要努力使南京政府交出它的权力，把权力交出以后，才便于召开新的政治协商会议，成立民主联合政府，建立起新民主主义的国家。我们努力争取和平解决，就是要逼着它承认错误，承认失败，交出军队，交出政权。这也有两种情况：一种是全部交出，一种是部分交出。假设南京政府接受毛主席 1 月 14 日提出的八项和平原则，承认错误，交出军队，交出政权，有什么意义呢？这就意味着我们用不流血的方式把整个国家权力转到了人民的手上！

但是，同志们不要误会，这并没有否定我们在学习中所经常讲的古今中外历史上没有一个反动统治者是不经过斗争、不经过流血就把政权交到人民手上的这个真理。今天之所以有和平解决的可能，是两年零九个半月以来，各地的军队、全国人民、全国民主力量牺牲奋斗，努力血战，歼灭敌人主力的结果。反动统治者这一坨坨，全盘交到人民手里，这说明什么呢？这说明人民有力量。就同下棋一样，经过两年多的血战，人民解放军把敌人的车、马、炮已经差不多吃光了，只剩下个把炮和一些小卒子了，而我们自己却有双车双马甚至双炮，而且我们的车已经开到了河边，就要过河了。如果你坚持，就把你吃个净光，如果不坚持，还可以保留几个卒子。这是很明显的情况。

蒋介石反动统治的国家要死亡，人民民主的国家要产生，已经是确定的了。这是世界民主人士的结论。帝国主义以及国民党也这样讲，人民也这样讲，我们也这样讲。共同的分析是：国民党反动统治战也亡，不战也亡。可是在这共同的分析之下很难得到共同的结论。“战也亡，不战也亡，与其不战而亡，不如战到底痛快”，这是主战派的结论。“战也亡，不战也亡，与其战到底输得干干净净，不如保存一些兵卒，下次再来”，这是主和派的结论。他们把联合政府当成一个股份公司，与其输得干干净净，不如现在留一点，加入到公司里边去，这样至少发言权可以大一些。“战也亡，不战也亡，为了使国家保留一些元气，我们就争取和平解决，一方面使他们以功赎罪，另一方面可以保留大半个中国的人力物力，使中国从此以后进到和平建设的阶段”，这是人民应作的结论。

我们要努力争取和平解决。要他们全部承认错误，承认失败，认罪，认责任；要他们毫无保留地全部交出军队，交出政权。告诉他们：只有这样才能改正错误，减轻责任，保留住自己的脑袋，甚至可以得到为人民效力的机会。这样对人民有什么好处呢？一、这样就可以免除长江以南一片战火燃烧的破坏。二、这样我们就可以很快地恢复和发展生产，建设我们的国家。三、这样人民就可以迅速地把全部国家政权掌握起来，很快地协同许多新民主主义国家和社会主义国家在世界舞台上向美帝国主义作斗争。世界人民民主力量增大了，反动派想发动第三次世界大战寻找出路就更加困难了。四、中国人民全盘取得了国家政权，这个几千年睡着的狮子翻身一吼，那么对于在中国国土旁边的很多还没有解放的弱小国家的人民，如安南、暹罗、缅甸、印度、菲律宾、爪哇等国人民，会有很大的鼓舞。和平解决可以迅速地解放全中国，减少目前的牺牲，加速今后的建设，同时还可以在国际舞台上发挥我们中国的作用。这是符合于中国人民和世界人民的要求的，也是符合于最大多数人民的最大利益的。因此，努力争取和平解决，在今天就成了我们党和人民一致的方针。

此外，再从反革命方面来看一下。蒋介石进行内战是得到了美国的积极帮助的。蒋介石曾说：要在 3 个月、4 个月或 6 个月之内消灭共产党。现在证明他是失败了。失败以后怎样办呢？美国提出了这样几个方案：一、是不是可以出兵直接干涉？考虑的结果觉得太冒险。美国并不是不想出兵干涉，但是因为一出兵就可能引起第三次世界大战的问题，就会受到美国人民民主力量的反对，就要把刚刚从战时工业转为的和平工业再转为战时工业，因而也会遭到一部分资本家的反对，所以它不敢出兵。第三次世界大战可能不可能爆发呢？党中央曾多次讲：是不可能的。美国现在是独强的。什么叫独强呢？因为德、意、日、英、美、法 6 个列强经过第二次世界大战以后，德意日被打垮了，英法也大大地削弱了，只有美国在战时发了财，生产力提高了，但它是孤独的，所以它是独强。如果它冒险走上战争的舞台，它是没有配角的。如果美国冒险走上战争舞台，英国配不上，法国也配不上，德意日更配不上。所以直接出兵干涉中国是冒险的。二、加强援助。这次我们东北大军进军北平举行入城式，他们也看到了，多少大炮、坦克都是美国的。蒋介石是个漏斗，我们是个箩筐，美国把许多大炮、坦克、飞机运来给蒋介石，可是这许多大炮、坦克、飞机都经过这个漏斗流到箩筐里来了，武装了我们。所以加强援助解决不了问题。那么怎么办呢？为了挽救反动派的垂死命运，只好指使反动派要求和平，以至什么条件也可以答应，就是有一条，请你们不要过长江。他晓得共产党是主张联合政府的，是主张宽大的，所以他就企图在和平以后调度一批他自己能够使用的人物钻到新民主主义国家机关里边来为他服务，在那里边壮大所谓“反对派”，想钻到牛魔王肚子里边去发生作用，想来想去没有办法，只有这个办法，因此主张和平。

蒋介石现在是打输了，打输了怎么办呢？要求“和平”。要求的是什么和平？就是你搞你的，我搞我的，你搞长江以北，我搞长江以南。他们承认失败，承认错误，“我们二十多年以来搞错了，军队打了败仗，政权也搞得不好，现在我们就讲和，你们讲联合政府，我们就讲联合政府，可是时间要慢一点”。同志们！难道时间是他们的朋友吗？不是的，他们有另外的打算。现在蒋介石的局势就像下棋一样，已经摆明了，他的车、马、炮都被吃掉了，再打下去不但没有好的结果，而且会更坏，于是就讲和。虽然他们感觉八项条件是苦得很，可是不接受又不行，于是就答应吧！在“和平”的口号之下，蒋介石主战派的许多文武官员就斟酌找自己的出路，企图首先聚起一批人在蒋介石手上，然后再逐步增加力量。李宗仁、白崇禧、何应钦就是这样的散兵游勇，但是现在还不敢这样提出，因为假使这样提出我们也不答应，所以他们要我们慢一点过江。这就是说，“我们承认失败，承认错误，也愿意交出军队，交出政权，但是你们要慢一点，我们还要聚集聚集力量，我们现在还有几个省，还有一些军队，这些是我的人，将来成立联合政府，还有一点实际股本，也不完全是名誉票”。这是在“和平”的口号之下蒋介石所代表的广州、上海、台湾、溪口那些人的打算。南京还有一个打算，现在的代表团就是南京派来的。经过十几天的接触、辩论，最后开会时他们承认了：“国民党二十多年以来是失败了，对于总理遗教，三大政策，有很大的错误”，“国民革命军为人民解放军打败了，这是事实”。这就是说，他们承认失败了，但后来又发表了一篇谬论：“我们是兄弟，哥哥当家当不好，要交给老弟，老弟当家要比哥哥当得更好一些。”这一篇谬论被我们首席代表批驳了一顿，我们说，“这是革命与反革命，不是兄弟之争”，这样看来，在一个“和平”的口号之下，有各种不同的主张，和各种不同的打算，可是有一个共同之点，不管美帝国主义也好，广州也好，南京政府也好，现在的代表团也好，都是搞假和平，要求不过江，或慢一点过江。他们对长江很感兴趣，问题的关键就在这里。和平能不能成功，就在这个过江的问题上。我们不过江行不行呢？不行。过江慢一点行不行呢？也不行。慢了不仅人民不满意，资本家也不满意。现在江南的人民，要求解放之急，犹如要求解除倒悬，所以慢了他们不满意。有些资本家也要求得很急：“你们去慢了，特务头子，徒子徒孙，破坏得更多，捕人杀人更多，我们过不了啦！你们一过去，那些乌龟王八蛋就跑了，我们就好了。”而且还有一个季节问题。毛主席说，生产必须注意季节，过江也要注意季节，不然 5 月桃汛一来，江水泛滥，水又急，浪又高，那就不好了。所以从季节上来看，迟了也不行。我们一百几十万军队一过江去，我们的车、马、炮、卒就要布满整个江南。到那时，美帝国主义也失望了，蒋介石也失望了，南京也就不行了。谈来谈去，就是在这个渡江问题上。试验他们是真和平还是假和平，也在这个问题上。现在我们就公开地告诉了他们，4 月 20 日就开始过江，不管你有问题没有问题，我们 4 月 20 日就开始过去了。

他们对于八项条件说什么呢？他们说：我们的宪法大家都不赞成，我们 700 多立法委员有 500 赞成修改，我们不坚持，联合政府成立以后当然可以改变；没收官僚资本是大快人心的，我们总理就是讲节制资本；土地改革也很好，和我们的“耕者有其田”是一样的；废除卖国条约也很好，联合政府成立以后，可以按照外交政策重新修改。这些都没有问题。问题在哪里呢？就是一个战犯问题。他们再三要求不要在历史上写他们的名字。我们就啃住这一条，非写战犯名字不可。这个道理我们指出来了，这是很正义的。蒋介石在 1927 年就开始了大屠杀，屠杀人民，屠杀共产党，以后就是连年战祸，10 年惨杀。接着又出现了日本帝国主义的侵略，九一八事变、卢沟桥事变，八年抗战[①]。假使不是他叛变的话，当着革命发展的时候，当着革命军到达长江一带，工人、农民要求改善生活，要求

① 现在称为十四年抗战，下同。——编者注

得到土地和民主的时候，政府如果站在人民方面，答复工人和农民的要求，军队和人民一道，经过这20年，如像中国的越王勾践，“十年生聚，十年教训”，两个十年计划也完成了。如像苏联的五年计划，那么四个五年计划也完成了。那我们就可以到处修铁路，修公路，至少小米可以变成大米，窝头可以变成馒头。但是事情不是这样，而是十年内战和八年抗战，使中国遭到了这样大的破坏。因此老百姓没有不恨他、不要求清算他的。如果不清算，马虎下去，后代子孙就会骂我们。

我们是革命的政党，并不是像小孩子玩泥巴似的，玩一会儿打一阵，一会儿又玩。我们是革命的政党，我们要对人民负责，人民要清算他们，我们一定要执行，不然就没有“忠奸”之分，将来写历史也不好写。所以谁“是”谁“非”一定要指明白。现在我们就指明他们是杀人者，错了几十年，杀人几十年。他们现在要求饶恕，不要在历史上写他们是战争罪犯，我们说：我们是人民的政党，不能饶恕你们，要肯定这一条。这一条争了很久，八条的第一条就很难通过，那怎么办？穿军服的同志知道，骡子过桥，头一个不过，后边的都不过；头一个过去了，就都过去了。所以毛主席就宽了一下，说战犯问题可以不写名字，甚至连蒋介石的名字也可以不写，将来交人民法庭来办。

关于军队问题和政权问题。军队改编的第一步就是集中兵力，不要分散。有些主张要复员，要遣散。最后讨论的结果是不要分散，要集中起来。因为要把这个军队改编为人民解放军，一定要经过教育，使他们的阶级觉悟提高，这样才能成为人民的军队。

政权问题。在联合政府未成立以前，南京政权照常行使职权，不过必须要接受中国人民革命军事委员会的领导。他们说扣上这个帽子受不了，在外交上也不好说；我们说这个帽子受得了也得受，受不了也得受，一定要在中国人民革命军事委员会的领导之下，这就是要使他们听毛主席的命令。

把政权交出，承认错误，承认失败。交出军队，交出政权，其他的我们都可以商量，如八项条件之外的过江问题。我们接收了这个军队和政权以后，在国际国内马上就可以用。那么这个盘子是不是完整的呢？也可能有个缺口，这就是我刚才讲的，他们有的人也可能会说："打也要被打败，和也是失败，与其失败，不如战到底。"于是就会反对交出政权，反对交出军队，死战到底。为了解决这个问题，巩固和平事业，我们的军队必须过江，扶助真和平的力量，消灭假和平和反和平的力量。所以，今天问题的中心是一切决定于时间、地点、条件，在一定的条件下，人民解放军就要打过长江去。

现在和平解决的可能性是一天天地增加，就是说，时局越向前发展，和平力量就越强大，反革命力量就越孤立、越缩小，这点应当看清楚。因此，时间并不是反动派的朋友，而是我们的朋友，是人民的朋友。

过去我们说反动派想争取时间，拖延时间，企图整顿力量，卷土重来。这话是不是讲对了呢？完全讲对了，完全合乎反动派的心理。但是，反动派的企图是一回事，事实又是一回事。反动派想争取时间，壮大自己的力量，巩固自己的力量，可是反动派现在是百孔千疮，眼看就不行了，经济一天天地不能维持，民心一天天地涣散，信心一天天地动摇，士气一天天地低落。在人民方面，则相反，是一天天地壮大。所以我们有根据地说，时间越向前发展，对和平事业越有利。因此和平解决整个中国问题的可能性是一天天地增加。毛主席告诉我们说：我们估计和平谈判有效果，有可能成功，但是我们也要准备在和平谈判成功以后应付各种麻烦。有的同志怕麻烦，革命本来就是麻烦的，如果我们怕麻烦的话，那就不必革命了。中国革命进到了和平时期，但并不是废除斗争，而是用和平的方法进行不流血的斗争，而且也是阶级斗争。有许多问题在会议桌上，在经济上、政治上、文化上就表现了这种斗争。政治上是民主和反民主的斗争，经济上是限制和反限制的斗争，军事上是改编和反改编的斗争，有许许多多的斗争场面。在这种场面中的斗争是十分复杂的。斗争是从团结出发，斗争他们，批评他们，是为了达到团结改造的目的，也是为了达到使用的目的。改造成功了才能够使用。改造就麻烦得很，就要有许多思想意识、风俗习惯等韧性的斗争，不是干脆的斗争，不是武装的斗争。困难得很。我们不应怕麻烦，要经得起这种磨炼。

要“与人同工”，善于和党外人士共同工作。北平市政府有一个很大的困难，这就是我们的干部不善于同党外人士搞在一起。过去开会叫同志，现在就不同了，要叫先生，不习惯。本来我们是有党外同志的，就叫党外布尔什维克、非党布尔什维克。我们同志们还不大清楚，认为布尔什维克只有党内有。我们说不只是党内有，因为现在社会发展得复杂了，除了党内有同志，党外还有同志，这是苏联的发明。现在的问题就是怎么样改造这些人，使他们能够成为和我们合作、一路携手并进的同志。有的同志作报告的时候先说各位同志，又说各位先生，又说各位来宾。这就不大好称呼。所以有的同志就这样称呼：为新民主主义事业奋斗的全体同志们！我们同志还没有和党外人士在一块讲话的勇气、习惯和气魄，总感觉到和党外人士在一块不好讲话，和自己的同志在一块讲错了没有关系，自己的同志可以批评，本来这个同志在平常讲话讲得很好，可是跟人家在一块讲话就不大会讲了，自己用“紧箍咒”箍住了。所以人家就说共产党人不大会讲话，讲起来不大沉着。我们共产党员在全国来说是占少数，中国有四万万七千五百万人口，除了三百万党员以外，还有四万万七千二百万，所以说我们还是处在旧社会的包围中，我们必须突破这个旧社会的包围，我们绝不能让旧的气氛、旧的环境同化我们，而是要改造旧的气氛、旧的环境，实现我们的领导。从前三国时代的管宁和华歆在一块读书，坐在一个席上，外面娶新娘子打锣打鼓，华歆书也读不下去了，就跑到窗前向外看，管宁就气愤地说：你这个家伙不好好地读书，向外看什么？于是就把席子割开，你搞你的，我搞我的，割席而去。我们要和反革命割席分坐，可是对同我们一起工作的同人，能不能这样做呢？不能这样做，不能说我是党员你是非党员，不能同我们在一块。我们要善于“与人同工”，这是非常重要的。今后和平解决的可能性是一天天增加，有好多旧职员、旧军队需要改造，需要使用。这是很麻烦的事。因此我们特别强调这一点：即是说今后和平解决整个中国问题的可能性增加了，所以我们要准备麻烦。麻烦中的一条就是善于与党外人士合作。毛主席在七届二中全会上也再三讲到这一点。

现在的时局非常有利，和平解决中国问题的可能性一天一天地增长。和平接管大量的大城市，需要很多的干部，同志们不论南方的也好，北方的也好，地不分南北，人不分男女老少，好好地准备自己，哪天点将点到你，你就参加接管。我们这 350 个代表要动员全体团员的力量去接管（当然不是浩浩荡荡都去），要听党、团组织的分配，把和平接管思想搞清楚，当点到你了，你就能胜任愉快地把整个一套盆子罐子都接管过来，使它们变成人民的东西。接管过来一定要比反动派管理得好。

青年从来就是后一代，假使我们分两代的话，你们就是后一代，我们就是前一代。七大时毛主席在会上讲到愚公移山的故事，愚公移山就是子子孙孙一代一代地干下去。这说明什么呢？说明帝国主义和封建主义的势力这样大，我们这一代挖不掉，儿子挖，儿子挖不掉，孙子挖，要子子孙孙地挖下去。

我们要像我们的革命先驱者一样，懂得革命的艺术。革命是艰苦的，是要精雕细刻的。精雕细刻到一定的时刻，就出来一个东西。这个东西就是新民主主义；再去精雕细刻，又出来一个东西，这个东西就是社会主义、共产主义。

我们还要好好地讲卫生，讲体育，讲学习。青年要锻炼身体。朱总司令已 60 岁了，头上还没有一点白头发，他就是讲卫生、讲体育，这样才能有强健的身体，成为社会的主人。我的话完了，祝同志们健康！

（选自中共中央文献编辑委员会编《叶剑英选集》，人民出版社 1996 年版）

粉碎反动派的“和平”阴谋

杨尚昆*

1949 年新年伊始，中国的报纸上出现两个新年文告：中共中央毛主席写的新华社新年献词《将革命进行到底》，是一篇迎接中国革命全面胜利的檄文；国民党蒋介石的新年文告是一篇企图利用和平谈判来保存实力的伪善声明。

1 月 14 日，毛泽东主席发表对时局的八条声明。他解释道：声明中的八条是针对蒋五条的，蒋有宪法、法统、军队三条，我方亦有此三条；他提国家独立，我提废除卖国条约；他要保持自由生活方式及维持最低生活一条，我提没收官僚资本，改革土地制度

* 杨尚昆：时任中共中央副秘书长兼中央军委秘书长，中共中央办公厅主任；后曾任中华人民共和国主席，第十二、十三届中央政治局委员，第五届全国人大常委会副委员长，全国政协常委。

两条；我方第一条惩办战犯及第八条政协、政策、接收，是严正战争责任和不承认南京政府继续存在。双方的条件都是对方不能接受的，因此仗必须打到底。毛主席的解释，使我进一步理解这种针锋相对的高超的斗争艺术，不仅有力地揭发了蒋介石的阴谋，而且给了人民极有力的武器，去反对蒋介石的假和平。

这个重要文告发布后，我密切地注意并收集国内外的各种反应，以便报告书记处。当时在笔记本上记下来的材料，举例如下：

——中央社报道：美国“国务院训令大使馆人员，对中国和谈应置身事外；英国已抱同样的态度”。中央社内部通报称：美驻华使馆彷徨无主，“和平尚未得中共回答，如派员赴延（指中共中央所在地，但此时中共中央已在河北的西柏坡）反于不利，又回国复文迄未收到，故政府次一步行动亦难于此时有任何决定”。（1 月 16 日）

——据合众社：对毛之八条，可分为两派，一派是认为等于投降，一派则以为总比没有答复好，和平之门总算开了。可能会建议停战与召开政协。（17 日）

——美联社传：香港一切反政府派别都反应良好，可能不久即有联合声明。（17 日）

——莫斯科在我声明发表后 4 日，转播毛对时局之声明。（18 日）

国内的反应是：

——1 月 14 日，中央社摘电八项条件，京沪各报均登于第一版，南京日夜开会，尚无正式评论。

——蒋要求英美法调解，据传毫无回音。

——18 日报载：南京似有提出“就地停战”作为谈判先决条件，并传将派张治中率代表团来谈和平。

——已到解放区之民主人士李济深、沈钧儒、马叙伦、郭沫若等55人联合声明，拥护毛声明中的八项条件，推翻南京独裁专制政府。

1月21日，中央社报道：行政院19日决议“慎重表示愿与中共双方立即先行无条件停战，并各指定代表进行和平商谈”。同天，蒋介石宣布“引退”，下午飞返家乡浙江奉化，“总统”职权由李宗仁代理。《柏林民主报》尖锐地指出：蒋“下野”是“欺骗”，“骗不了中共领袖”；有的通讯社说：蒋准备必要时再回来，如他以前所玩弄过的一样。

我在当天的日记中记下自己的感想：“这是中国革命进程中一个极大的变化。由1924年国民党改组之第一次大会算起，已有25年，国民党之取得统治，全靠第一次大会，而蒋之得势，也余荫于此次大会。第一次大会正是25年以前今天举行的，蒋贼逐退也是今日。整个25年，真是历史之偶合也！”“蒋之出走，不管其花样如何，总之是统治的崩溃象征，这是明白的了。反革命的算盘，今天是不如意的！”

4月1日，南京政府派出以张治中为首席代表的和平代表团来北平谈判。第二天，蒋介石命蒋经国向国民党中央党部转达两条：一、和谈必须先订停战协定；二、中共何日渡江，则和谈何日停止。

经过20天的和平谈判，国民党方面拒绝在《国内和平协定（最后修正案）》上签字，谈判破裂。4月21日，毛主席、朱总司令向中国人民解放军发布“奋勇前进，解放全中国”的命令，24小时后，大军30万人首批飞渡长江。23日南京解放，国民党反动统治宣告灭亡。这就是毛主席说的：“凡是反动的东西，你不打他就不倒。”

（选自杨尚昆著《杨尚昆回忆录》，中央文献出版社2001年版）

真假和谈的斗争

——记北平和谈

李维汉 *

1949 年 4 月，中央指派我参加以周恩来为首的我党代表团，同以张治中为首的南京政府代表团在北平进行了 20 天的和平谈判。围绕着北平和谈所进行的近 4 个月的和谈斗争，是在人民解放战争即将取得最后胜利时我党与国民党反动派的一场重要的政治斗争，即真和谈与假和谈的斗争。现将此次和谈的前后经过回顾于后。

一　美蒋策划假和谈阴谋　我党的基本方针

1946 年下半年，国民党反动派在美帝国主义的支持下，公然撕

---

* 李维汉：时任和平谈判中共代表团代表，中共中央统战部部长；系新政协筹备会代表，人民政协第一届全体会议代表；后曾任第一、二届全国人大常委会副委员长，第二、三、五届全国政协副主席，第一届全国政协秘书长。

毁《停战协定》《政协决议》，发动了全面的内战。战争的头一年，我军粉碎了敌人的全面进攻和重点进攻。1947 年夏，我军即由战略防御转入战略反攻。从 1948 年秋至 1949 年初，辽沈、淮海、平津三大战役相继进行。三大战役的胜利，使国民党精锐部队丧失殆尽，人民解放军即将渡江。至此，人民解放战争的胜利已成定局。

伴随着国民党军事上的惨败，其经济、政治也陷入全面危机。

在经济方面，国民党统治区通货恶性膨胀，物价连续飞涨，民族工商业纷纷倒闭，农村经济日益破产，人民苦难深重，民不聊生。

在政治方面，虽然国民党反动派加紧镇压，但在我党领导下的广大群众爱国民主运动继续高涨，一浪高一浪。以反饥饿、反内战、反迫害、反对美帝侵略中国为主要内容的学生运动和工人运动，以反对横征暴敛为主要内容的农民抗粮抗捐抗税斗争，都在蓬勃发展。中间阶级对蒋介石独裁统治也更加不满。国民党统治区人民爱国民主运动的高涨，形成了人民大革命的第二条战线，震撼和动摇着反动统治的根基。统治集团内部矛盾也日益加剧，愈演愈烈。

凡此种种表明，国民党反动统治已是日薄西山，气息奄奄。为了挽救行将崩溃的命运，美蒋反动派又一次玩弄起假和谈的阴谋。他们企图利用和谈，欺骗全国人民，阻止人民解放军向江南进军，争取军事上的喘息时间，以便重整旗鼓，伺机反攻。

美帝国主义除了同国民党反动派积极策划假和谈的阴谋外，又积极拉拢某些既同中国反动派和美帝国主义有联系，又同我党有联系的中间派右翼，准备在其无法阻止的人民革命胜利后的联合政府中，形成反对派，从而使革命就此止步，或带上温和的色彩。

在国民党内部，以桂系为首的一些国民党地方势力，则企图利用对蒋介石的不利形势，取蒋而代之。1948 年 12 月 24 日和 30 日，白崇禧两次致电蒋介石，要求举行和谈，实质是逼蒋下野。与此同时，程潜、张轸及河南、湖北、湖南的参政会都致电蒋介石，表达了同样的主张。以后，白崇禧还一度策划湘鄂赣豫黔“五省联盟”，促蒋下野，以李宗仁出面，代表国民党南京政府与我“和谈”。

就是在这样的形势下，蒋介石于 1949 年 1 月 1 日发出文告，称：“只要和议无害于国家的独立完整，而有助于人民的休养生息，只要神圣的宪法不由我而违反，民主宪政不因此而破坏，中华民国国体能够确保，中华民国的法统不致中断，军队有确实保障……则我个人无复他求……个人的进退出处，绝不萦怀。”

国民党统治区各阶层人民对美蒋反动派的假和谈阴谋有着不同的反应。广大民众饱受剥削压迫，迫切希望将革命进行到底，翻身做主人。民族资产阶级、上层小资产阶级及其知识分子中许多人对蒋介石的反动独裁统治虽已有较清醒的认识，但仍有一部分人对美帝和李宗仁有幻想，支持李宗仁的和谈活动。如一个包含一部分较有名望的工商界和工程技术界人士的中国工程师学会曾写信给国共双方，要求“迅速达成全面和平之使命”。民主党派中也有少数人持中间道路思想，有的幻想通过和谈，保留国民党的一部分力量，以巩固自己的中间派地位；有的幻想吸收国民党的残余力量，以壮大自己；有人并写信给毛泽东，希望多给李宗仁、白崇禧保留一些东西。

我党对这一和谈阴谋以及各阶级、阶层的政治动向是密切注意的。在即将取得全国胜利的关键时刻，要不要将革命进行到底，成为一个尖锐的问题，摆在中国人民面前。1949 年元旦，发表了毛泽东为新华社写的新年献词《将革命进行到底》。文章分析了形势，指出虽然伟大的人民解放战争就要取得最后的胜利，但是“敌人是不会自行消灭的。无论是中国的反动派，或是美国帝国主义在中国的侵略势力，都不会自行退出历史舞台。正是因为他们看到了中国人民解放战争在全国范围内的胜利，已经不能用单纯的军事斗争的方法加以阻止，他们就一天比一天地重视政治斗争的方法。中国反动派和美国侵略者现在一方面正在利用现存的国民党政府来进行‘和平’阴谋，另一方面则正在设计使用某些既同中国反动派和美国侵略者有联系，又同革命阵营有联系的人们，向他们进行挑拨和策动，叫他们好生工作，力求混入革命阵营，构成革命阵营中的所谓反对派，以便保存反动势力，破坏革命势力”。文章尖锐地指出：“现在摆在中国人民、各民主党派、各人民团体面前的问题，是将革命进行到底呢，还是使革命半途而废呢？……中国各民主党派、各人民团体是否能够真诚地合作，而不致半途拆伙，就是要看他们在这个问题上是否采取一致的意见，是否能够为着推翻中国人民的共同敌人而采取一致的步骤。这里是要一致，要合作，而不是建立什么‘反对派’，也不是走什么‘中间路线’。”文章还以《农夫与蛇》的故事，寓意深刻而生动地告诫人们，决不要怜惜蛇一样的恶人。新年献词的发表，对于揭露美蒋的阴谋，争取教育各阶层人士，起了重大的作用。此时，已有一部分民主人士为了筹备召开新政协，应我党邀请陆续来到解放区的哈尔滨市和河北省平山县李家庄（中央统战部所在地）两地。新年献词发表后，他们进行了多次热烈的讨论。我参加了李家庄的讨论并作了报告。1月7日，在李家庄的符定一、周建人、韩兆鹗、翦伯赞、刘清扬、楚图南、田汉、胡愈之等人，联名致电在哈尔滨的李济深、沈钧儒、章伯钧、马叙伦、王绍鏊、陈其尤、彭泽民、沙千里等人，认为民主人士在当前必须认清三点：一、“养痈贻（遗）患，芟恶务尽，时至今日，革命必须贯彻到底，断不能重蹈辛亥革命与北伐战争之覆辙。”二、“薰莸不同器，汉贼不两立。人民民主专政，决不容纳反动分子……务使人民阵线内部既无反动派立足之余地，亦无中间路线可言。”三、“经纬万端，实有赖于群策群力，有赖于中国共产党的继续领导与团结所有忠于人民革命事业之党派团体及民主人士一致行动，通力合作，方可完成人民革命之大业。”并提议：“倘荷赞许，尚祈诸公率先发起，联衔向国（内）外发表严正声明。”

1 月 5 日，新华社发表《评战犯求和》，深刻地揭露了蒋介石 1 月 1 日文告的虚伪性和反动性。

1 月 14 日，毛泽东发表具有重要意义的《关于时局的声明》，严正指出：蒋介石要确保其宪法、法统、国体和军队“是继续战争的条件，不是和平的条件”。同时声明：虽然中国人民解放军完全能够消灭国民党反动分子的残余力量，但为了迅速结束战争，实行真正的和平，减少人民的痛苦，我们愿意在八项条件的基础上进行和平谈判。八条是：（一）惩办战争罪犯；（二）废除伪宪法；（三）废除伪法统；（四）依据民主原则改编一切反动军队；（五）没收官僚资本；（六）改革土地制度；（七）废除卖国条约；（八）召开没有反动分子参加的政治协商会议，成立民主联合政府，接收南京国民党反动政府及其所属各级政府的一切权力。《声明》说：“上述各项条件反映了全国人民的公意，只有在上述各项条件之下所建立的和平，才是真正的民主的和平。如果南京国民党反动政府中的人们，愿意实现真正的民主的和平，而不是虚伪的反动的和平，那么，他们就应当放弃其反动的条件，承认中国共产党提出的八个条件……否则，就证明他们的所谓和平，不过是一个骗局。”《声明》的发表，使我们无论是谈是打，都掌握了斗争的主动权。

《声明》一出，立即得到广泛的拥护。1 月 15 日，在李家庄的部分民主人士召开讨论会。大家说：和平有两种，一种是维护反动势力和战犯利益的“南北朝”式的假和平；一种是毛泽东提出的维护人民利益的真和平。因此，只有将八条作为和谈的先决条件，才能实现人民所要求的真正的、民主的、彻底的、永久的和平。与会者一致同意与在哈尔滨的民主人士联系，共同起草一个支持毛泽东八项条件的声明。翌日，周建人、胡愈之、楚图南、符定一、田汉、吴晗等联名致电哈尔滨方面，略谓：一、“毛主席所提的八条实为完成中国革命之最低限度的先决条件”；二、“中国人民正注视着所谓国际干涉阴谋之酝酿，并坚决反对美、英、法等帝国主义国家借调停为名而干涉中国内政”；再次提议“以上两点倘蒙赞许，请连同前电所陈意见，由诸公发起，联衔向国内外发表声明”。同日，在哈尔滨的李济深、沈钧儒等就符定一、周建人等 1 月 7 日电复电云：“顷奉来电，对完成人民民主革命提出宝贵意见三点，高瞻远瞩，谋国情深，业经详细讨论，一致决议发表告国人文件，严正表示吾人对革命进行到底之态度。”1 月 22 日，抵解放区的各民主党派、各人民团体的代表人物及无党派民主人士李济深、沈钧儒、谭平山、郭沫若等 55 人联合发表声明，拥护毛泽东提出的八项条件。声明说：“八项条件，正是对于蒋介石所提的无耻要求的无情反击，我们是彻底支持的。毫无疑问，全国人民的公意是在这儿反映出来了。我们希望全国人民，全民主统一战线上的战友，务须一致团结，采取必要的行动，坚决执行人民的公意，而使这八项和平条件迅速地全部实现。”中国国民党革命委员会、中国民主同盟、中国民主促进会、民主救国会、中国农工民主党、中国国民党民主促进会、三民主义同志联合会、九三学社、中国致公党、台湾民主自治同盟、上海人民团体联合会等民主党派和团体，中国香港、海外各界民主人士以及清华大学、燕京大学的教授们，也纷纷发表声明，热烈响应。

蒋介石在其内外矛盾和我党八项条件的强大压力下，不得不于1月21日宣布“引退”，由李宗仁代总统。实际上他退居幕后操纵，冀以玩弄其假和谈、真备战的手法。

二　李宗仁的“谋和”活动　我党的斗争策略

李宗仁代总统后，便积极进行“谋和”活动。首先是争取第三方面。他摆出开明姿态，一方面下令“释放政治犯”，“恢复各党派的合法地位”，“启封停刊报纸”；另一方面电邀李济深、章伯钧、张东荪去南京，又派邵力子、甘介侯去上海访晤宋庆龄、章士钊、颜惠庆、罗隆基、张澜等。（李宗仁在他后来写的回忆录中说：“这些人对我还友好，似乎不怀恶感。我若得到他们的支持，定能造成第三种力量，以制造反共之舆论。这样共产党就不得不放弃毫无意义的把内战打到底的目的。”）对李宗仁的“谋和”活动，我党采取针锋相对的策略，1月25日即以发言人名义发表谈话，指出：“对国民党的伪善，人们应保持清醒的头脑”；同日，中央发电指示上海、香港党组织，要求“迅即将李（济深）、沈（钧儒）、马（叙伦）、郭（沫若）等的声明及我党上述谈话，连同我党1月14日声明向国民党各大城市广为散发，使广大群众不受美帝及国民党的欺骗。尤其要注意争取中间分子。”1月28日，中央又致电上海党组织，要他们同尚在上海的张澜、黄炎培、罗隆基等交换意见。电文谓：“如果南京反动政府及李（宗仁）、孙（科）、邵（力子）、张（群）等接受毛主席的八项条件，并即逮捕各主要战犯（如蒋介石、陈立夫一大批等），以便实现真和平真民主，那就是好的；如果只提出要南京反动政府释放政治犯，取消特务，恢复民主同盟活动及容许被封的报纸、杂志复刊，等等，那就是很危险的。因为对前项要求张（澜）、黄（炎培）、罗（隆基）等人不一定肯提出，而对后项要求既易为张、黄、罗等赞同，又易为南京在形式上接受，结果转使民主人士陷入被动，且有承认反动统治之嫌。”要求着重说服他们坚持李济深等55人声明的立场。

已来解放区的民主人士在这方面做了许多工作。周建人、翦伯赞、田汉、胡愈之、韩兆鹗、严信民、吴晗、楚图南等联名致电张澜、黄炎培、史良、陈铭枢、罗隆基等人。章乃器、施复亮、孙起孟等也致电香港的民主人士，请他们坚持正确的立场。

与此同时，中央还向上海等地党组织发出指示，要求他们配合这一斗争，在国民党统治区各大城市发动工人、学生等群众运动，在条件成熟的地方，工会、学生会等团体可公开活动，被启封的报纸可自动复刊，并注意使中间阶层人士的民主运动和群众运动相配合，以揭露李宗仁和平谈判的欺骗性。实际上，李宗仁虽然想采取一些旨在争取中间力量的做法，但在国民党顽固派的阻挠抵制下，所谓“释放政治犯”“恢复各党派的合法地位”“启封停刊报纸”

等命令，多未兑现。这样，就在广大人民面前暴露了国民党并无和平诚意，反使李宗仁处于政治上更加被动的地位。在上海、香港的民主党派人士，亦未受其蒙骗，李宗仁争取第三方面的企图基本失败。

李宗仁这时仍未放弃假和谈的基本立场，但迫于形势，于1月27日致电毛泽东，表示愿意以八项条件作为和谈的基础。

在此前后，为了试探我方的反应，李宗仁还安排了一些人士直接与我接洽。

1月12日，白崇禧派黄绍竑飞抵香港，想托李济深帮忙，促成桂系方面单独与我和谈。但此时李济深已来解放区了，黄即通过我在港负责干部，致电李济深，表示为促蒋下野，“尤宜与中共方面取得谅解与合作，方为有利”。李宗仁代总统后，1月底派黄启汉、刘仲华为代表抵平，叶剑英接待了他们。黄、刘转达李宗仁的话说：李宗仁愿意以和平方式解决问题，具体办法是：一、实现局部和平；二、切实在八项条件之上内应外合，推动全面和平。叶剑英答应将其谈话内容转陈中央。2月1日，中央致电彭真、叶剑英、林彪、罗荣桓、聂荣臻等人，指出：黄启汉、刘仲华的谈话“是有政治内容的，且有文章可做”，“如刘仲华尚在北平，望令其迅速返宁，面告李宗仁，如其果有反蒋、反美，接受毛主席八条要求的真意，即应迅速与蒋分裂。……如李、白托黄、刘转告之言，纯系骗局，则中共便无此余暇与之敷衍。”

2月12日，刘伯承、陈毅在河南信阳接见了白崇禧派来的私人代表李书城。李此行的目的，主要是受托了解我方对白崇禧及国民党湖北省主席张笃伦、河南省主席张轸的态度。刘伯承、陈毅向他说明我党必须将革命进行到底的根本立场，并以傅作义为例，反复说明了如果白崇禧能以实际行动作出贡献，我们将欢迎和优待，对张轸、张笃伦也是这样。

李宗仁还直接、间接地安排了一些人士组成“南京人民和平代表团”“上海人民和平代表团”前来洽谈，我方都采取了积极接待的态度。“南京人民和平代表团”邱致中、吴裕后等于2月6日抵平。叶剑英接待了他们，并说明了和平必须是在八条基础之上的真正的和平。经过交谈，他们表示认识到共产党是要和平的，战争贩子在南方。2月14日，由颜惠庆、章士钊、江庸组成的“上海人民和平代表团”抵平，邵力子以私人资格随团前来。对于这个代表团，我党采取积极热情、诚恳坦白的方针，由叶剑英负责接谈。还邀请傅作义、邓宝珊等同他们接触。翌日，叶剑英与颜、邵、章、江会晤，并于当晚设宴招待代表团一行，傅作义、邓宝珊也应邀赴宴。初晤结果表明，颜、邵、章、江对我们是友好的，向我们表示敬佩之意，也提出了今后工作的某些建议。但他们此次的目的，是想国共两党以对等身份实行南北议和。叶剑英坦率地指出：实现民主、和平、统一的新中国的伟大目标基本上有两种方式，即天津方式和北平方式。从我们的愿望讲希望北平方式，但这取决于国民党是否以民族利益为重，以人民利益为重，希望李宗仁认清形势，按照八条，同蒋介石真正决裂。2月17日，我方召开欢迎“上海人民和平代表团”大会，北平市副市长徐冰讲了话。会后，叶剑英又分别与代表团成员晤谈。翌日，董必武、林彪、罗荣桓、聂荣臻、叶剑英宴请颜惠庆一行，进行了深入的谈话。2月20日，还邀请他们参加招待民主人士的400人的大宴会。22日，他们飞抵石家庄，傅作义、邓宝珊同行。我去石家庄迎接他们，陪同他们抵达西柏坡。

毛泽东、周恩来接见了代表团成员，商谈了有关和谈及通邮、通航事宜。这样就为正式和谈铺平了道路。他们也比较充分地了解了解放区的情况和我党的主张。这对他们回去后向李宗仁做工作以及后来参加新政协，是有重要作用的。叶剑英曾按照中央的指示挽留邵力子，邵力子答道：此次恐怕仍须回去，不过，下次可以再来。2月17日，他们带了毛泽东给李宗仁的一封信离平返南京。

三　北平谈判

3月26日，中共中央通知南京政府，以毛泽东八项条件为基础，于4月1日在北平举行和谈。4月1日，南京政府派出由张治中（首席代表）、邵力子、刘斐、章士钊、黄绍竑、李蒸组成的和谈代表团抵平。我方首席为周恩来，代表是林伯渠、叶剑英、林彪、李维汉，后来又加派聂荣臻为代表。

李宗仁虽然公开表示愿意以八项条件作为谈判的基础，但这是假的，实际上是想保存国民党的政府与军队，占有江南数省，以期东山再起。李宗仁在台上进行和谈活动，蒋介石在台下则加紧实施在3至6个月内完成大规模扩军的计划。其备战计划包括：重建400个师；征募250万新兵；重新召集退役军官；编制新的装甲兵团；扩充空军。这是我们和广大人民完全不能同意的。因此，谈判的焦点是：南京政府是真接受八条还是假接受八条。

谈判前夕，张治中曾去溪口[①]见蒋介石。对此，我党是有警惕

---

① 1949年1月蒋介石辞去总统后，一度住在他的老家浙江省奉化县溪口。

的。张治中抵平后，周恩来即当面质问他，指出这显然是蒋介石仍在幕后操纵，并质询南京“四一惨案”[①] 事件真相。张治中作了一些解释。4 月 6 日，新华社发表社论尖锐地指出：虽然李宗仁政府“表示希望参与和平解决国内问题，但是他们和继续主战的蒋介石及其死党一样，反对人民解放军继续前进，反对接受中共的八项条件”，“他们要把反动势力‘平等’地‘光荣’地保存下来，以为卷土重来的资本”。社论指出这是一种极荒谬、极反动的态度，是与立功赎罪的态度完全不相容的。社论严肃地表明了我方的态度，打破了南京代表团的幻想。

为了充分交换意见，4 月 2 日至 12 日，双方代表先进行了个别商谈。南京代表们一方面与我方代表就一些问题交换意见，一方面还与李济深、黄炎培、谭平山、傅作义、邓宝珊等多方面交谈。

4 月 8 日上午，毛泽东、周恩来在香山接见张治中，就谈判中有关事宜，长谈了 4 个小时。毛泽东谈到，为了减少南京代表团的困难，可以不在和平条款中提出战犯的名字，对南京代表团的处境和困难，也表示谅解。并说，和谈方案先由中共方面草拟，拿出方案后，正式谈判就容易了。将来签字，如李宗仁、何应钦、于右任、居正、童冠贤等都来参加则更好。毛泽东还邀请张治中吃午饭，张得知毛、周昨宵一夜未眠，便辞谢而归。

4 月 13 日，举行第一次正式会议，我方提出了在八项条件原则基础上制定的《国内和平协定》草案。周恩来对草案的各条作了说明，双方进行了充分的讨论。我们的态度是：如南京政府真正接受

① 1949 年 4 月 1 日，南京反动政府指使军警特务向前往机场为南京谈判代表团送行并要求实现真正和平的 6000 余名爱国学生行凶，造成流血事件。

八项条件，那一切都好商量，而是否接受八条，又主要集中在两个根本问题上，周恩来说："中心问题是接收和改编。"

关于我军渡江接收国民党军队问题。南京方面企图划江而治（何应钦曾在12日电示南京代表团说："签约后驻军，第一期最好各驻原防地"，"渡江问题要严加拒绝"），我方则指明，人民解放军必须渡江接收国民党政权。周恩来说，今天的革命，再不能像辛亥革命和北伐战争那样，由于中途妥协而使反动派最后又得到胜利。因此，要坚持将革命进行到底。南京代表团虽然不能反对渡江，但总希望慢一点。我方指出：慢一点渡江，无异给广州、溪口以掩护，使之获得喘息之机。同时我方也向他们表示，在谈判期间可暂不渡江。

关于改编国民党军队问题。南京代表团希望双方军队分期分批各就驻在区域内自行改编，这实质上是要保留其军队。我方则坚决主张依据民主原则，改编国民党的反动军队。至于改编方法，考虑到国民党军队的出路，提出先依照原编制集中整理，然后再改编为人民解放军。后来，南京代表团同意改编，但希望将改编划分为两个时期，在联合政府成立前，国民党所统辖的部队由他们自己处理；联合政府成立后，再由整编委员会处理。我方不同意这样办。

以上两条是关系到人民革命能否进行到底的根本问题，是不能让步的。但是为了尽量争取以和平方法解决问题，我党在其他问题上作了许多让步。在讨论协定草案时，南京代表团对草案提出了40余条意见，我方接受了20余条。例如战犯问题，南京方面是很关心的。毛泽东在4月8日致李宗仁电中就谈到："贵方既然同意以八项条件为谈判基础，则根据此八项原则以求具体实现，自不难获得正确之解决。战犯问题，亦是如此，总以是否有利于中国人民解放事业之推进，是否有利于用和平方法解决问题为标准。”讨论协定草案时，南京代表团对战犯问题争得很厉害，主张不要将战犯问题写入协定。我方照顾他们的意见，将战犯分为两类，对其中怙恶不悛者，应予从严惩办；而“一切战犯，不问何人，如能认清是非，翻然[①]悔悟，出于真心实意，确有事实表现，因而有利于中国人民解放事业之推进，有利于用和平方法解决国内问题者，准予取消战犯罪名，给以宽大待遇”。除战犯外，对于国民党军队官兵及国民党政府工作人员，决议修正案也表示了予以宽大处理的精神，其他各项问题也在认真听取南京代表团的意见后，作了适当的解决。

谈判中，我方代表团还主动向他们保证，若李宗仁政府接受和平协定，我党将负责同各民主党派协商，接受他们以及南京政府方面若干人参加新的政治协商会议，也参加联合政府。

4 月 14 日，我受周恩来之托向在平的部分民主人士报告第一次谈判的经过以及南京代表团对《国内和平协定》草案的意见，并广泛征求民主人士的意见。沈钧儒、马叙伦、黄炎培、谭平山、彭泽民、蔡廷锴等人先后发了言。他们的意见很集中，认为我方已作出了不小的让步，《国内和平协定》草案之宽大已出乎意料之外，在渡江接收国民党反动政权、改编其军队及战犯这些根本问题上，不应该再让步。最后，我将接受了南京政府代表团 20 余条意见后修改过的《国内和平协定》（八条二十四款）修正案稿向大家宣读，大家均表同意，并认为不需要逐条讨论了。

---

① 现通常写作“幡然”。因后面涉及文献原文，本书对该词均不作改动，以呈现文献原貌。——编者注

4月15日，召开第二次正式会议。会上宣布了协定的修正案。周恩来说，这是定稿了。我们总是尽量求取原则上的同意和实施技术上的合理，以便南京代表团说服南京政府，使协定很快签字，从而推动和平事业的进行。最后他郑重宣布：谈判以4月20日为限期，南京政府是否愿意签字，须在20日以前表态。南京代表团派黄绍竑、屈武于4月16日携《国内和平协定（最后修正案）》飞南京请示，希望南京政府能接受这一协定。

4月20日晚，我方得到李宗仁、何应钦的复电，不同意在《国内和平协定》修正案上签字，并反对渡江。21日，毛泽东、朱德发布渡江命令，谓："拒绝这个协定，就是表示国民党反动派决心将他们发动的反革命战争打到底。拒绝这个协定，就是表示国民党反动派在今年1月1日所提议的和平谈判，不过是企图阻止人民解放军向前推进，以便反动派获得喘息时间，然后卷土重来扑灭革命势力。拒绝这个协定，就是表示南京李宗仁政府所谓承认中共八个和平条件以为谈判基础是完全虚伪的。"命令一下，中国人民解放军便全面渡江。

谈判破裂后，我陪同周恩来在北京饭店召集各党派、团体和民主人士代表会议，周恩来作了《关于南京政府拒绝和谈及时局的发展》的报告。与会的冯友兰等一批教授会后向我们表示："中共所提和平方案，条件非常宽大，南方人民将更清楚地看到谁是谁非。"并希望人民解放军早日解放全中国，相信我党今后能与各民主党派真诚合作。

四　争取南京代表团的工作

南京代表团大多数人同我党是熟悉的。他们当中有的人同情我党（如章士钊），有的人长时间同我党进行和平谈判，并不赞成蒋介石的内战政策（如张治中、邵力子），有的人属于地方派系，在国民党政府中并不得势（如刘斐、黄绍竑），他们一般是有和平愿望的。我党既把他们作为谈判的对手，同时又把他们作为争取、教育的对象，并通过他们争取李宗仁真正同蒋介石决裂，按照八条达成协议。因此他们来平后，我方除热情接待外，还对他们做了大量的思想工作。正式谈判前，我方代表多次与他们个别谈话，交换意见。特别是毛泽东，从 4 月 8 日起，分别邀请张治中、邵力子和章士钊、黄绍竑和刘斐、李蒸和卢郁文（南京代表团秘书长）谈话，使他们思想有了转变。见了毛泽东后，张治中很兴奋，吃饭时，他谈到了共产党的朴素、诚恳、吃苦耐劳、自我批评和虚心学习种种美德，感慨万端地说："国民党的失败是应该的，共产党的成功并非偶然。"在这一期间里，他们亲眼看到了解放区的新气象、人民当家作主的情形及我党干部的优良传统，很为感动。4 月 7 日晚，我们为南京代表们安排了晚会，演出了秧歌剧。演出完后，张治中对我方人员说："真好！站在代表的立场，我不能鼓掌，但站在领会一种新艺术的观点，我始终是在笑着。我衷心地喜悦，这是我们民族的活力，一种青春的质素在里面。"南京代表中有人还与三轮车夫、饭店茶馆店员、大学生中学生谈话，深切地感到共产党的领导是大有前途的。他们承认国民党的错误和失败，承认今后的国家工作应由共产党来领导，同意了《国内和平协定》修正案，并表示愿意说服李宗仁接受这一协定。在谈判桌上，张治中坦然地表示：“国共两党的斗争，到今天可以说告一结束”，“我们应该把眼光放大些，把胸襟开阔些，重新合作”。

民主党派和无党派人士也积极配合做南京代表的工作。和谈开始前，毛泽东接见李济深、沈钧儒等多人，并将我方的具体方案、文件先与民主人士商量。会议开始后，也将情况向他们通报。李济深、谭平山、王昆仑、陈此生、陈劭先、朱学范、许宝驹等也多次与南京代表谈话。如4月2日，张治中等6人去见李济深，李向他们说：“孙总理的三民主义与三大政策始终未能实现，而中国共产党的反帝、反封建、反官僚资本主义都做到了。他们与孙总理的主张是一致的。我们做错了，我们要承认。”张治中等就“中共是否允许其他党派存在”等问题提出询问，李一一作了解释。这些谈话，对南京代表团接受《国内和平协定》修正案，起了积极的促进作用。李济深还派私人代表朱蕴山、李民欣同刘仲容一起去南京，做李宗仁、白崇禧的工作。

人民解放军渡江后，南京方面曾派飞机来接代表团返宁。我们考虑他们回去后的安全问题，挽留他们。周恩来曾于20日夜打电话给张治中、邵力子，说他代表中共中央、代表毛主席和他本人，请南京和谈代表团同人全部留下；对已协议的《国内和平协定》，日后还会起作用；代表团各位，今后还会有贡献，请他们考虑。周恩来还语重心长地对张治中说：“西安事变，我们对不起一个姓张的朋友，今天再不能对不起你了。”于是，在平的南京谈判代表张治中、邵力子、章士钊、李蒸及其随从人员开会讨论后，一致同意留下。张治中在6月26日发表对时局的声明说：“以我所见所闻的，觉得处处显露出一种新的转变、新的趋向，象征着我们国家民族的前途已显出新的希望。……我以国民党党员一分子的立场，只有感到无限的惭疚；但是站在国民一分子的立场说，又觉得极大的欣慰。我们中国人，毕竟还有能力把国家危机挽转过来，还可希望把国家搞好……我多年来内心所累积的苦闷，为之一扫而空。”黄绍竑因携《国内和平协定》修正案赴宁，解放军渡江后，他即辗转到了香港。为了尽最后的努力争取李宗仁、白崇禧，刘斐于6月抵达香港，并曾秘密去过广州。8月13日，黄、刘联合在港国民党军政人员龙云等44人共同发表《我们对于现阶段中国革命的认识与主张》，坚决拥护中共的领导，同国民党政府公开决裂。9月，张治中致电新疆的陶峙岳等，对促成新疆和平解放起到一定的作用。后来，南京代表团的全体代表，都应政协筹备会的邀请，参加了中国人民政治协商会议。会后都参加了政府工作，对新中国的建设事业，作出了积极的贡献。南京代表团转向人民，意义是很大的，这在谈判史上确属少见，它充分反映了国民党政府已丧尽人心，而共产党领导的人民革命则是众望所归，也反映了党的统一战线的极大成功。

五　和谈斗争的成果

自1月1日至4月21日解放军渡江，和谈斗争历时近4个月。虽然南京政府最后拒绝在协定上签字，但这场斗争却有着重大的政治影响。

首先，和谈斗争揭穿了美帝国主义和国民党反动派假和谈的阴谋，宣传了我党将革命进行到底的基本立场及为此而制定的实现真正和平的八条主张，深刻地教育了人民，包括一部分曾经幻想走中间道路的同盟者，从政治上提高和加强了统一战线。

其次，毛泽东提出的八项条件及《国内和平协定》修正案对于分化瓦解敌人，争取局部和平解放，配合全国解放战争的胜利进行，起了重要作用。在反动统治行将崩溃之时，其内部四分五裂，人心涣散，士气沮丧，充满了失败的情绪，许多人急于找出路。“八条”及《国内和平协定》修正案向他们指明了出路。这样，一方面是人民解放军强大的军事威力，另一方面是“八条”及《国内和平协定》强大的政治威力，这就加速了反动营垒的崩溃。当“八条”发表时，党中央即指示将“八条”在国民党统治区内广泛宣传。谈判破裂后，毛泽东、朱德又在渡江命令中指示：“向任何国民党地方政府及地方军事集团宣布《国内和平协定》的最后修正案，对于凡愿停止战争用和平方式解决问题者，你们即可照此最后修正案的大意和他们签订地方性协定。”在解放战争的最后阶段，国民党军政人员接受和平条件和率部起义者极多，最著名的有傅作义率部 20 万在北平接受改编；程潜、陈明仁接受《国内和平协定》，率部在湖南起义；陶峙岳、包尔汉率新疆 10 万军政人员归向人民，等等。这些与“八条”和《国内和平协定》的政治作用是分不开的。记得当年有个说法：“八条”抵得上百万军队。这样说是有道理的。

最后谈谈李宗仁。他由于当时的立场所限，未能在和平协定上签字，走错了一步棋，后来不得不远去异国，这确实是个遗憾。值得欣慰的是，出于爱国热忱，并在党的统一战线政策的感召下，1965 年 7 月，他毅然排除险阻，远渡重洋，回到祖国的怀抱。周恩来、叶剑英及党和国家其他领导人，各民主党派负责人、无党派人士、国民党起义人士以及当年南京政府和谈代表等多人去机场迎接。毛泽东在中南海接见了李宗仁，与他亲切握手，笑谈契阔。他参观、访问了祖国各地，所到之处，受到盛情接待。在回国声明中，他说："1949 年我未能接受和平协议，至今犹感愧疚。"李宗仁先生最后选择了叶落归根、回归祖国的光明道路，是令人敬佩的。爱国一家，爱国不分先后，只要对国家和民族的事业作了贡献，人民都是欢迎的，人民优待他们，也不会忘记他们。

（选自李维汉著《回忆与研究》下册，中共党史出版社 2013 年版）

假和平与真和平

胡乔木*

中国共产党所提出的八项和平条件，已经如此无可争辩地成为全国的唯一国是，以致南京国民党反动政府从22日起也不得不假装奉为谈判的标准。南京反动政府的工作现在集中在两个方面：第一，尽力保存蒋介石反动集团的势力，使之安然渡过目前席卷全国的革命风暴，以便在适当时机卷土重来。他们希望取得3个月喘息时间，整编及新编几十个师，以利再战，此项密令已由战犯顾祝同发出。第二，歪曲八项条件的内容，使之由真和平的条件变为假和平的条件，并在这种假和平的基础上团结各种不坚定的

* 胡乔木：时任中共中央宣传部副部长、毛泽东秘书；系新政协筹备会代表，人民政协第一届全体会议代表；后曾任第十二届中共中央政治局委员，第十一届中共中央书记处书记，全国政协常委。

和伪装的“民主”分子，来形成一个对付真和平运动的壁垒。南京反动政府关于保存蒋介石反动集团势力的计划，首先表现于第一号战争罪犯蒋介石的“离职”行动。蒋介石“离职”的真相甚至美国资产阶级也并不加以隐瞒。早在去年12月31日，哥伦比亚广播公司就预告说：“残酷的事实显示：共产党的胜利已接近完成，蒋介石对国家的唯一价值是使他个人的地位在引退中仍保持对国家的效劳。”现在蒋介石正是这样地保持着他“对国家的效劳”。美联社南京本月22日电称：“李宗仁本人以及政府其他人物都不认为李已是蒋介石的确定继承者，而认为他不过是蒋离职期间的代理者而已。”该电讯暗示：蒋介石可能在嗣后宣布李宗仁所采取的一切步骤为“无效”。该电讯指出李宗仁并没有采取任何行动制止政府机关和资财的继续南迁，而且不能指挥蒋介石的军队。路透社上海20日电称：15万至20万蒋介石亲自指挥的军队正在开往浙江、江西、广东与福建，这是4日来政治戏剧的一部分。由此可见，国民党的一切实际力量都在继续准备作战。完全可以相信：蒋介石对于这些南迁的武装力量和文装力量仍然保持着完整的指挥权。事实上美国政府已使蒋介石与李宗仁实行了这样的分工：蒋介石离开了不安全的南京，继续以“总统”的身份实际上指挥作战的力量在江南及浙江、福建、江西、湖南、广东、台湾各地布防，而今留在南京的李宗仁利用他的“总统府”作为舞台，演出种种“和平”的戏剧以掩护作战力量的部署。因为用“和平”来建设“长江防线”现在是比军事的防线似乎较为有用些了。为此目的，李宗仁和南京其他伪装主和的人们现在在口头上声明承认中国共产党所提出而为一切民主党派的领导人物及全国人民所一致支持的八项条件。但是他们的声明是真的吗？人们考察这个问题的时候，不能不注意到李宗仁指定的和谈代表邵力子、张治中正在散布对于八项条件的荒谬歪曲。例如法新社南京 23 日电称：邵张竟试图把“依据民主的原则改编一切反动军队”曲解为依据从未生效并早已作废的 1946 年 2 月马歇尔方案来改编国民党军和人民解放军。最可注意的是邵张关于第一项条件即惩办战争罪犯的表示。他们说：“蒋介石既已去职，政府正等待共方表明对于载在他们的战犯名单上的其他 42 名战犯的意图。”这里划出了真假和平的分界线。假和平的阴谋家们以为“蒋介石因故不能视事”而离开南京就算是惩办战争罪犯。人们要问：这是惩办战争罪犯吗？这不过是窝藏或放纵战争罪犯罢了。紧接在蒋介石之后，南京其他首要战争罪犯陈立夫、谷正纲等均已相继逃逸，宋子文则已逃往香港。路透社南京 23 日电称：“名列战犯名单的国民党领袖们今日正在南京屏当行装，以备随蒋介石做可能的逃亡。对中共不寄任何希望的大多数战犯业已离此他去。”现在南京李宗仁政府及其合作者有一个方法证明他们有无和平的诚意，这就是把蒋介石、宋子文、陈立夫、谷正纲、陈诚、何应钦、顾祝同、刘峙、汤恩伯、张群、王世杰、朱家骅、刘健群、吴国桢、潘公展、蒋经国、张君劢、左舜生、戴传贤、郑介民、叶秀峰等一大批首要战犯立即加以扣留，并将国外的战犯缉拿归案。此间观察家认为南京伪代总统李宗仁和伪行政院长孙科本人都是重要的战争罪犯，张治中和邵力子都是过去与共产党签订过种种协定后来撕毁这些协定时他们一声不响并参加伪国民大会拥护蒋介石做伪总统的可爱的人物，李宗仁政府的先生们如果想要依靠玩弄花样来取信于人民，那是徒然的。只有他们实实在在地执行了八项条件第一条的第一步，即将战争罪犯们加以扣留交给人民政府审判，他们才有因将功折罪而获得人民宽恕的可能。

（选自胡乔木著《胡乔木文集》第 1 卷，人民出版社 2012 年版）

国共和谈破裂

童小鹏 *

1949 年 1 月 21 日，蒋介石宣布下野，李宗仁代总统职。李宗仁企图通过和平谈判达到“划江而治”、在江南保留他的统治势力的目的，于 22 日发表文告，表示对“中共方面所提八项条件，政府愿即开始商谈”。接着，又连续派人来试探。对于南京政府的假和平圈套，毛泽东、朱德在致民主人士的电函中，有过生动的揭露：“现在残敌尚存，诡谋时作。求喘息谓为求和平，待外援名曰待谈判。口诵八条，手庇战犯，眼望美国，脚向广州。”3 月 24 日，南京国民党政府决定派张治中、邵力子、黄绍竑、章士钊、李蒸为代表与中共进行谈判。26 日，中共中央通知南京国民党政府：中共中

* 童小鹏：时任中共中央统战部副秘书长；后曾任中共中央统战部副部长，全国政协常委。

央决定同国民党政府的和谈于 4 月 1 日在北平举行；中共方面代表为周恩来、林伯渠、林彪、叶剑英、李维汉，周恩来为首席代表；谈判以 1 月 14 日毛泽东对时局的声明及八项条件为基础。29 日，国民党政府又加派刘斐为代表，卢郁文、屈武为顾问，并以张治中为首席代表。4 月 1 日，中央加派聂荣臻为代表，又批准周恩来的建议，决定以齐燕铭为中共和谈代表团秘书长，负责南京代表团的接待和谈判期间的秘书工作。南京国民党政府和谈代表团于 4 月 1 日乘专机到达北平。周恩来事前已知道张治中在飞北平之前两次去溪口请示蒋介石，为表示对此事的不满，周恩来没有亲自到机场迎接，只由林伯渠、李维汉出面。张治中走下机舱同林伯渠、李维汉握手后，便问："怎么不见周恩来先生？"他心中好不打怵。

当晚 6 时，周恩来才偕中共代表林伯渠、林彪、叶剑英、李维汉、聂荣臻到六国饭店看望并宴请张治中一行。宴会后，周恩来等同张治中做个别长谈，这次谈话涉及各个方面，主要的是对张治中表示中共对和谈的诚意，并说由于国民党违背了孙中山先生的革命三民主义与三大政策，所以兵连祸结，国共两党的斗争 20 多年，对此历史责任是无可推卸的。他还对战争罪犯问题和战争责任问题阐述了我党的原则立场。张治中要为蒋介石争些面子，说战犯名单和首恶元凶的具体字样很难接受。他还拿在南京同何应钦研究的《和谈腹案》九条，向周恩来要求改变国共双方隔江对峙的局面，"化干戈为玉帛"，其实含义是宣布停战，划江而治。周恩来重申我党将革命进行到底的决心，表现出坚定的原则性。两人在谈话中，周恩来询问张治中为什么在抵平之前特意两次去奉化溪口请示蒋介石。随后，周恩来与张治中等共同商定从 2 日起到 12 日止，双方代表做个别交谈，充分交换意见，然后再正式进行谈判。谈判的地点是中南海勤政殿。

在那 10 天中，周恩来多次同张治中交谈。4 月 8 日，周恩来陪张治中到香山双清别墅谒访毛泽东。毛泽东和张治中在重庆谈判时期已是朋友。那天，毛泽东请张治中吃饭，又谈话近 3 个小时。9 日，毛泽东接见邵力子、章士钊。10 日，接见黄绍竑、刘斐。11 日，接见李蒸、卢郁文。毛泽东同张治中谈话时，提到战争责任问题。他对张说："重庆谈判以及随之而来的政协决议、停战协定、整军方案等，都是你亲自参与缔造的，谁撕毁这些协议，谁首先发动战争，你比别人清楚，这不是我们要提的要求问题，而是客观历史自行鉴定的问题，完全否定它们，全国人民是不会同意的。"毛泽东也说到和谈，希望国民党内不赞成独裁的开明进步分子和一切真正主张和平的人能和我们合作。

13 日，周恩来根据毛泽东 1 月 14 日提出的八项条件草就了《国内和平协定草案》，并于当天早晨交给南京国民党政府和谈代表团，通知当晚进行正式谈判。当晚，在谈判过程中，周恩来与南京和谈代表团进行有理有节的交锋，在原则问题上坚持不让步，而在细节问题上，中共代表团接受了南京代表团提出的几十条修改意见。在 15 日第二次正式谈判中，南京代表团表示应该接受《国内和平协定》，并决定在 16 日派代表黄绍竑、顾问屈武带文件回南京，劝告李宗仁（代总统）、何应钦（行政院院长）接受。周恩来在会上宣布，谈判"以 4 月 20 日为限期"，就是说南京国民党政府是否愿意在和平协定上签字，必须在 4 月 20 日前表明态度。谈判中，经齐燕铭同意，我进会场利用拍电影的灯光照了几张照片。

16日这天，黄绍竑和屈武要乘飞机离平回宁请示和平协定签字问题时，周恩来工作很忙，但他觉得应当到西苑机场同他们做行前面谈。在途中，他几次催促司机钟步云把汽车开快一点，说一定要在飞机起飞前赶到。当黄绍竑等人正在登机时，周恩来及时赶到并在舷梯旁与他们谈了话。在回中南海路上，他表扬了司机钟步云。

20日晚，南京国民党政府是否愿意签字的消息尚未传出。周恩来和中共和谈代表去六国饭店同国民党代表约谈。谈话结束后，张治中走出会客室送周恩来。他俩边走边谈，当走到楼梯口时，周恩来问张治中："文白先生[①]，依你看，我们渡江要多长时间？"张治中沉思片刻，说："宁、沪、杭地区国军有40多万军队，防线也有几个月的准备，工事坚固，又有海、空军配合，你们没有五天至七天的时间怕渡不过去。"周恩来一听，微笑着和他握手道别，又回中南海继续办公。

当晚深夜，李宗仁、何应钦致电在北平的张治中及各位代表，拒绝接受《国内和平协定》。因为李宗仁接到《协定》后，向在奉化溪口的蒋介石请示，蒋指示李宗仁万万不能签字。南京政府和在广州的国民党中常会、中央政治会议紧急商讨，决定不接受《协定》。于是，李宗仁、何应钦在20日夜表明了拒绝签字的态度，并反对解放军即行渡江；国民党中常会也同时发表声明，拒绝接受《协定》。这样，就使国共和平谈判彻底破裂了。

4月21日凌晨，中央军委主席毛泽东、解放军总司令朱德在香山发布了向全国进军的命令，命令人民解放军立即渡江，坚决、彻

① 张治中，字文白。

底、干净、全部地歼灭敌人，解放全中国。凌晨3点多钟，周恩来接到电话报告说，我们3个军已在安徽裕溪口至枞阳镇一线渡江成功了。早晨7时许，周恩来叫卫士长成元功挂电话给住在六国饭店的张治中。通话时，周恩来说："文白先生，告诉你一个好消息，我们的部队已于今晨在你的老家安徽芜湖、铜陵、贵池一线渡江成功了。另外，浦口我军报告，电讯局要通了南京电讯局的电话。他们说：'他们（指国民党）都跑光了，我们等着你们来接收。'"张治中对我党用兵之神速，既佩服又赞叹。

也是21日，李宗仁、何应钦电示南京政府和谈代表团从北平返回南京。我党为了使南京国民党政府和谈代表免遭蒋介石的迫害，周恩来根据毛泽东的指示，于23日特地到六国饭店同张治中谈话，诚意挽留他们留在北平，切不可返回南京。早在4月13日，毛泽东给周恩来一封信，信中说："应争取南京代表团六人都同意签字。如果李宗仁、何应钦、白崇禧不愿签字，只要他们自己愿意签字，亦可签字。签字后他们不能回去，叫他们全体留平。如他们因南京不同意签字而不敢签，并有些人要回去，则必须争取张治中、邵力子、章士钊三位代表及四个顾问留在北平。此点请十分注意。"根据毛泽东的指示，周恩来在六国饭店对张治中进行了真诚恳切的挽留工作。

周恩来在黄埔军校时就与张治中先生过从甚密，结成朋友。毛泽东从延安到重庆与蒋介石谈判的安全来去，还有我党一批干部在新疆狱中获释，张治中都帮过忙。而今，张治中这位老朋友处于去留安危的抉择时刻，周恩来非常诚挚、恳切地对他说："现在的形势，你们无论回到南京、上海或广州，国民党的特务是会不利于你们的。西安事变时，我们已经对不起一个姓张（张学良）的朋友，今天再不能对不起你这个姓张的朋友了。”周恩来的话，使张治中十分感动。最后，以张治中为首席代表的南京国民党政府和谈代表团全体成员毅然决定留在北平。周恩来随即秘密电示坚持在上海做地下工作的吴克坚以巧妙的方法将张治中夫人和女儿，利用南京派来北平接代表团回去的飞机，安全送到北平。当张治中随周恩来到机场突然看到夫人、女儿下飞机时，对周恩来的周密安排和至诚待友感到无限敬佩和铭感。

（节选自童小鹏著《在周恩来身边四十年》下册，华文出版社2006年版。原标题为《为国内和平奔走》）

忆 1949 年国共和谈

李宗仁*

当我于副总统任内，在南京闲住期间，内战却急转直下，终于不可收拾。1948 年，当黄维兵团被围时，徐州已完全孤立，蒋先生乃决定放弃徐州，下令各军突围南撤。但此次蒋先生亲自指挥撤兵又重演锦州的故剧。大军数十万并不按战术原则做有条理的撤退。因此一声“撤退”，便人马杂沓，夺路而逃。风雪满天，道路泥泞，各地大军挤成一团，进退两难。全军于 12 月 2 日放弃徐州之后，勉强行抵徐州以南永城一带，又被共军重重围困。共军并发动民夫数十万，于一夜之间掘壕沟数道，使国军机械部队毫无移动的余地。国军便在风雪之中露宿兼旬，终于饿寒交迫中全军覆没，邱清泉死

* 李宗仁：时任国民政府代总统。1949 年 12 月，李宗仁经香港去美国，1965 年回国。

于乱军之中，杜聿明则被共军生擒。国军精锐至此几全部消灭，“剿共”战事遂不可收拾了。

一　从副总统到代总统

1948 年 12 月中旬，徐蚌会战已接近尾声，中共全盘胜利势成定局，京沪震动。至此，蒋先生固然感到大势已去，国内外许多民意机关，甚或统兵作战的高级将领，也都认为内战前途无望，希望政府在犹有可为之时，与中共恢复和平谈判。首作此项呼吁的为河南、湖北和湖南的省参议会。他们都有通电呈蒋总统，希望能作此项考虑。蒋先生为此也曾两度找我到官邸商谈。他说明想即时引退，希望我能顶起这局面来同共产党讲和。我闻言大惊，说：“这局面你都干不了，我如何顶得起！”蒋先生一再作出恳切的姿态劝我接受，我却竭力推辞。嗣后蒋先生又迭派吴忠信、张群、张治中等来我处，数度相劝，我均表示无论如何不愿承当。我推辞的原因，第一便是我确实也干不了；第二，我与蒋先生相处 20 余年，深知其诡计多端，说话不算话，在此危急之时，他可能要我做替死鬼。

但是蒋先生既有此动机，消息很快就传遍海内外，对军心民心影响极大。12 月下旬徐蚌会战结束，华中“剿匪”总司令白崇禧曾有密电给蒋先生和我，希望能与中共恢复谈判，这便是外界所传的“亥敬电”。其实他的电报只是向蒋先生作极温和的建议，采纳与否，自需蒋先生自己决定。京、沪、港有政治背景的新闻界不明底蕴，故意以猜测之词，写出许多耸人听闻的新闻，而白崇禧尤为谣言的重心。因在徐蚌会战后，国军在东南地区的精锐丧失殆尽，而白崇禧坐镇武汉，还掌握了三四十万能战之兵，为华中擎天一柱。

白氏且因为所谓“扣留军火”的事件，增加了外界对他的怀疑。这故事的实在情形，其实远不若外间所传之甚。先是，1948 年秋冬之交，白崇禧正在整编陈明仁的第一兵团。陈明仁系湖南人，黄埔军校出身，原为蒋先生最信任的部将。年前四平街一役，在东北打了一个空前的大胜仗。此次奉命在两湖成立新编部队，颇为白崇禧所倚重。无奈陈氏所部都是杂凑来的，武器奇缺，屡请中央拨给，均无下文。是时重庆兵工厂适有一批械弹东下，停泊汉口江岸码头。白崇禧得讯，乃挂一长途电话给参谋总长顾祝同，希望能以这批军火补给陈明仁。在电话里，顾祝同已经同意了，不过顾还有相当保留的地方，说等到向总统报告之后，才正式拨付。白崇禧便打电话请示蒋先生，蒋说可向顾总长商酌办理。白氏因急于取用，未待正式命令便径自将这批军火分给陈明仁。

当时还有一件事也是外界误传。说徐州危急时，白崇禧拒绝派兵援救。其实在宿县以南全军覆没的黄维兵团（共有 10 个师），便是白崇禧从华中调去的。

总之，白崇禧不幸是因为他以往曾和蒋先生合不来，值此事急，外界不明真相，把一切责任都加到白氏头上去。CC 系分子更仰承谕旨，推波助澜，推卸失败责任，嫁祸于人，于是什么“拒命”“逼宫”一类的谰言都硬栽到白崇禧身上去，真是居心可诛。

当外界谣言极盛之时，傅斯年曾来看我，说：“外传白崇禧企图威胁蒋总统与共言和，究竟是怎么回事？”我就把白氏给我的电报原文给他看。白氏把他给蒋先生的电报另拍一份副本给我，两电内容相同。傅氏看过电报后说：“白先生的话也很近情入理，真是谣言不可轻信！”

当京沪一带和谣方盛之时，中共新华社突于 12 月 25 日发表一批“战犯”名单。第一批共 43 人，蒋先生居首，我名列第二，白崇禧第三。此外中央文武大员如孔祥熙、宋子文、孙科、陈立夫、陈诚等也皆“名列前茅”。

局势发展至此，蒋先生深觉战既无望，和亦不能，这才使他下了引退的决心，好让我上台与中共谈判和平。

为试探共产党甚或美国方面对他下野的反应，1949 年元旦，蒋先生发出一纸皇皇文告。该文告首先叙述政府一向是具有求和的苦心，说：“三年以来，政治商谈之目的，固在于和平；即动员戡乱之目的，亦在于和平。但是今日时局为和为战，人民为祸为福，其关键不在于政府，亦非我同胞同政府的片面的希望所能达成。须知这个问题的决定完全在共产党。国家能否转危为安，人民能否转祸为福，乃在于共产党一转念之间。”

接着，蒋先生便说：“只要中共有和平诚意，能作确切表示，政府必开诚相见，愿与其商讨停止战争恢复和平的具体方法。”至于政府对和平的基础，蒋先生提出了五条空洞的原则，曰：“只要和议无害于国家的独立完整，而有助于人民的休养生息；只要神圣的‘宪法’不由我而违反，民主宪政不由此而破坏；中华民国国体能够确保；中华民国的法统不致中断；军队有确实的保障，人民能够维持其自由的生活方式与最低生活水准。”如果中共能答应上述 5 点，蒋先生说他自己“更无复他求”。

他最后暗示有意退休，说：“中正毕生革命，早置生死于度外，只望和平能早日实现，则个人进退出处，绝不萦怀，而一唯国民公意是从。”

1月4日蒋先生“御驾”亲来傅厚岗我的住宅拜访，这是一次破例的行动。蒋先生有事找我，总是“召见”，此次移樽就教，可能是故意把“引退”的事做得更表面化，对中共和友邦作一试探。

此次我们见面，蒋先生对引退的事说得非常具体，他首先问我说：“你看现在这局面怎么办？”

我说：“我以前就向总统建议过，武汉和徐州应划为一个单位，统一指挥。今日挫败的原因虽多，而最大的毛病是出在指挥不统一之上。”

蒋说：“过去的事不必再提了。徐蚌失败后，共军立刻就要到江北，你看怎么办？”

我说：“我们现在样样都站在下风，但是也只有和共产党周旋到底，走一步算一步！”

蒋摇摇头说：“这样下去不是事！我看我退休，由你顶起这局面，和共产党讲和！”

我说：“你尚且不能讲和，那我更不行了！”

蒋说：“你担起这局面，马上就不同了。”

蒋先生说这话时，显然想到1927年他下野那回事。那次他一下野，武汉方面气就松了。但是现在的局面可不相同。共产党的对象并不是蒋先生一人，他是要整个拿过去的，不管谁出来都是一样。我心里这样想，嘴里当然未便明言，只是拒不接受蒋先生的委托。

蒋说：“我看你还是出来，你这姿态一出，共军的进攻可能缓和一下。”

我仍然说：“总统，这局面你如支持不了，我就更支持不了。无论如何，我是不能承当此事的。”

“我支持你，”蒋先生说，“你出来之后，共产党至少不会逼得我们这么紧！”

我还是坚决不答应，蒋先生便回去了。

次日，蒋先生派张群和吴忠信二人来找我，还是逼我出来继任总统，好让他“退休”。我便很露骨地表示，当今局势非 1927 年可比，蒋先生下野未必能解决问题。张、吴二人未得结果而去。不久，蒋先生又找我去谈话。我还是坚持。

蒋先生说：“我以前劝你不要竞选副总统，你一定要竞选。现在我不干了，按宪法程序，便是你继任。你既是副总统，你不干也得干！”

蒋先生既搬出宪法来压我，我便很难自圆其说。按宪法程序，他如果真不干了，我的确“不干也得干”。我说：“按宪法，我是无法推辞，但是现在的局面，你尚且干不了，我如何能顶得起？”

“共产党绝不同我讲和，”蒋先生说，“你出来，最低限度可以变一变。”

我说：“我出来，共产党一定要我无条件投降！”

蒋说：“你谈谈看，我做你后盾！我做你后盾！”

以后又聚会了几次，蒋先生一直说要我继任总统，并强调他 5 年之内不干预政治。

1 月 5 日美大使司徒雷登的私人顾问傅泾波来看我，说：“美驻华军事代表团团长巴大维将军闻悉蒋总统有放弃大陆经营台湾的计划，巴大维为此事曾与司徒大使商议。司徒大使愿知道李将军的意思。”傅氏的话使我大为吃惊，因美大使馆的情报远比我灵通。傅氏言之凿凿，使我十分诧异。

1 月 8 日蒋先生又派张群约黄绍竑自南京飞往武汉和长沙，与白崇禧、程潜商讨关于他引退的事。蒋先生显然是恐惧手握重兵的白崇禧和程潜会同中共接洽“局部和平”。张、黄之行的最大目的是为稳定两湖。

白崇禧得悉蒋先生决定引退，由我出来与中共谋和，遂包一专机，请黄绍竑飞港邀请李济深入京，作国共之间的调人。李任潮[①]反蒋历史深长，而与我辈私交殊笃，亦为中共所敬畏。他如能来京助我，则第三方面人士将不会受中共利用。不过这全是白崇禧个人的看法，并未与我商议。外传黄绍竑飞汉去港是衔我之命，全非事实。再者，当时新闻界讹传，说我也急于要蒋先生下野，尤为荒谬的揣测之辞，因为当时我根本不想做蒋先生的继承人，还在竭力设法摆脱之中呢。

当这项消息已传国内外之时，中共终于在 1 月 14 日对蒋先生的文告提出八条答复。这八条是：

一、惩办战争罪犯；

二、废除伪宪法；

三、废除伪法统；

四、依据民主原则改编一切反动军队；

五、没收官僚资本；

六、改革土地制度；

七、废除卖国条约；

---

① 即李济深。

八、召开没有反动分子参加的政治协商会议，成立民主联合政府，接收南京国民党反动政府及其所属各级政府的一切权力。

中共这种答复原是意料中事，任何人也不会感到惊奇。不过蒋先生还在观望，他在表示引退之前，曾派蒋夫人作私人代表赴美乞援，显然还在希望美国的态度会悬崖勒马，重订援华政策，作挽留他的措施。所以他在“引退”消息传出之后，仍一再观望，迟迟不作决定。但是他表面却故意显示出有人“逼宫”而他故意不去的姿态，其实他是别有所待。孰知西方国家，尤其是美国，对此事的反应极为冷淡。蒋夫人在美的活动也处处碰壁，使他绝望。再者，此时各地民意机关、立法委员和国大代表等都急于谋和，甚至有人公开表示希望他早日引退，庶几和谈能早日实现。

更有一重要因素，促使蒋先生下最后决心的便是共军的长驱直入。至 1949 年 1 月中旬，共军已攻到江北。北岸我方只剩下乌衣、浦口和安庆 3 个据点，中共大军百余万饮马长江，南京已微闻炮声。局势发展至此，正如张治中所说，“即死硬如 CC 分子，亦深信蒋先生下野乃必然之趋势”。蒋先生觉得不能再等了，他要让我出面来缓和这一紧张的局面。

1 月 21 日上午 10 时许，蒋先生召集在京党政军高级人员百余人，在其官邸举行紧急会议。与会人员黯然无声，空气极为沉重。

蒋先生首先发言，将目前的局面作详细的分析。最后结论说：“军事、政治、财政、外交皆濒于绝境，人民所受痛苦亦已达顶点。我有意息兵言和，无奈中共一意孤行到底。在目前情况下，我个人非引退不可，让德邻兄[①]依法执行总统职权，与中共进行和谈。我于五年之内绝不干预政治，但愿从旁协助。希望各同志以后同心合力支持德邻兄，挽救党国危机。”

蒋先生声音低沉，似有无限悲伤，与他平时训话时的激昂慷慨，截然不同。他说话时，众人中已有人黯然流泪。等他说毕，谷正纲、陈庆云、何浩若、洪兰友、张道藩等竟失声痛哭，全场空气万分哀痛。CC少壮分子、社会部部长谷正纲忽忍泪起立大声疾呼说：“总裁不应退休，应继续领导，和共产党作战到底！”

蒋先生以低沉的语调说：“事实已不可能，我已作此决定了。”随即自衣袋里掏出一纸拟好的文件，告诉我说：“我今天就离开南京，你立刻就职视事。这里是一项我替你拟好的文告，你就来签个字吧。”在那样哀伤的气氛之中，四周一片呜咽之声，不容许我来研究，甚或细读这一拟好的文告。那气氛更使我不得不慷慨赴义似的，不假思索地在这文件上签了名字。蒋先生便收回去了。最后，大家又商讨一些今后和谈的原则问题，蒋先生便起立宣布散会了。

我问：“总统今天什么时候动身？我们到机场送行。”

蒋先生说：“我下午还有事要处理，起飞时间未定，你们不必送行！”

说着，他就走向门外。这时于右任忽然老态龙钟地追上去，口里喊着：“总统！总统！”蒋先生稍停问何事。于右任说：“为和谈方便起见，可否呈请总统在离京之前，下个手令把张学良、杨虎城放出来？”蒋先生只把手向后一撒说：“你找德邻办去！”说毕，便

---

① 李宗仁，字德邻。

加快脚步走了。拖着一大把胡须的70岁老人于右任，在众人注视之下，慢慢地走回，大家这才黯然地离开会场。

我们都知道蒋先生下午要在明故宫机场起飞离京，大家午餐之后，便陆陆续续地赶到机场。谁知蒋先生离开会场后，便径赴机场，乘美龄号专机飞到杭州去了。大家都空跑一趟而回。

蒋先生去后，我立刻感到国家兴亡的千钧重担已压在我的肩头。我继任总统的最大任务是与共产党讲和。但是我们的主力已被摧毁，在这失败已成定局的情况下，共产党愿意和我们停战讲和吗？试问在北伐期间，吴佩孚、孙传芳、张作霖屡败之余，要求我们停战讲和，组织联合政府，或划疆而治，我们肯不肯呢？再说，我们如与共产党易地而处，我们愿不愿意停战讲和呢？

和的可能性既已极其渺小，而根据民族传统，降又不可，则只有凭长江天险，拒敌渡江。然后希望友邦美国改变政策，助我安定金融，稳定民心军心。必先具有可战的力量，才有与共产党言和之望，但是长江天险是否可守，军队是否可靠，皆成问题。何况败兵之将不足以言勇，而中共锐气方盛，一江之隔，又安能阻其南攻？再退一步说，纵使长江可守，美国政府又是否会改变政策，大量援助呢？没有美援，则纵把长江守住亦属徒然。后顾前瞻，在下深感这一残局无法收拾。然既已肩此重任，也只有拿死马当活马医，走一步算一步了。

当天下午张群打电话给我，说总裁有一个文告，要我过目后发表，希望能与我一晤。为客气起见，我特地乘车往张群住宅晤谈。张即将蒋先生所留交的文告给我看，其全文如下：

中正自元旦发表文告倡导和平以来，全国同声响应，一致拥护。乃时逾兼旬，战事仍然未止，和平之目的不能达到。人民之涂炭，曷其有极？为冀感格共党，解救人民倒悬于万一，爰特依据中华民国宪法第四十九条“总统因故不能视事时，由副总统代行其职权”之规定，于本月 21 日起，由李副总统代行总统职权。务望全国军民暨各级政府，共矢精诚，同心一德，翊赞李代总统，一致协力，促成永久和平。中正毕生从事国民革命，服膺三民主义，自十五年（1926 年）自广州北伐，以至完成统一，无时不以保卫民族、实现民主、匡济民生为职志，同时即认定必须确保和平，而后一切政治、经济之改进，始有巩固之基础。故先后 20 余年，只有对日之战坚持到底，此外对内虽有时不得已而用兵，均不惜个人牺牲一切，忍让为国，往事斑斑，世所共见。假定共党果能由此觉悟，罢战言和，拯救人民于水火，保持国家之元气，使领土主权克臻完整，历史文化与社会秩序不受摧残，人民生活与自由权利确有保障，在此原则之下，以致和平之功，此固中正馨香祝祷以求者也。

我坐下细看全文，觉其中颇有不妥之处。第一，我发现这文告中并无“引退”“辞职”等字样，如是则 1 月 21 日以后的蒋先生究系何种身份？所以我坚持在“于本月 21 日起”一句之前，加“决身先引退”5 字。第二，蒋先生在离职前一再要我“继任”，绝未提到“代行”二字。根据宪法第 49 条上半段，“总统缺位时，由副总统继任”。所谓“缺位”，当系指死亡和自动引退而言。而蒋先生所引则为该条下半段：“总统因故不能视事时，由副总统代行其职权。”所谓“因故不能视事”，当系指被暴力劫持而言。今蒋总统不是“因故不能视事”，他是“辞职不再视事”，则副总统便不是“代行”，而是如蒋先生亲口所说的“继任”。所以我主张将“于本月 21 日起，由李副总统代行总统职权”一句，改写为“于本月 21 日起由李副总统继任执行总统职权”。

在这危急存亡之秋，我绝不是还斤斤于名位，只是我深知蒋先生的个性，他在文告中预留伏笔，好把我作为他的挡箭牌，而他在幕后事事操纵，必要时又东山再起。我顶起这局面，如名不正，言不顺，则无法执行总统职权，不论为和为战，皆无法贯彻主张。与其顶一块空招牌，倒不如蒋先生自己干的好。为此，我们又把吴忠信、张治中和王宠惠找来。王是我国法界老前辈，时任司法院院长。他对宪法程序的解释，应该是具有权威性的。王宠惠看过文告后也说：“蒋总统此一下野文告应该有‘身先引退’等字样，否则与宪法程序不合。”后来 CC 分子为使“代总统”的“代”字合法化，曾故意在外捏造王宠惠的谈话，说代总统是因为总统辞职，尚未经国民大会批准；副总统的继任，也未得国民大会追认，所以只好“代”云云。其实，宪法上根本未规定总统辞职要国民大会批准，副总统继任要国民大会追认。王宠惠也根本未说过这话。所以根据王院长对宪法程序的解释，我认为总统退职文告，如不经修正，不可发表。

张群见我意志坚决，乃和我商量打电话给蒋先生请示。是时蒋先生住在杭州笕桥航空学校内。电话接通之后，张群便把我的意思报告蒋先生。蒋先生竟在电话内满口承诺，说遵照李副总统的意思修改文告，直至李副总统满意为止。当晚我们就这样决定了，将文告依我的意思加以修正，然后交中央社发表。孰知次日早晨，各报所登蒋先生的文告和我自己的文告竟然还是修改前的旧稿。这时我从报上才看到蒋先生替我代拟文告的内容。全文如后：

总统蒋公轸念国家之艰危，顾恤人民之痛苦，促成和平之早日实现，决然引退。宗仁依据中华民国宪法第 49 条之规定，代行总统职权，自揣庸愚，膺兹重任，曷胜惶恐。唯是宗仁追随总统革命 20 余年，深知其处事持躬悉以国家人民为重，而对于个人之进退出处，严谨光明，心志既决，不可移易。宗仁仰承督责，不容辞谢，唯有黾勉将事，效忠国家，冀使中枢之政务不坠，而总统救国救民之志业有成。所望我全体军民抒诚合作，文武官吏各安职守，精诚团结，一德同心，本和平建国之方针，为民主自由而努力，国家民族实利赖之。

细读此两项文告，以及蒋先生已允修改而中央社仍照原稿发表之各项安排，我觉得蒋先生之为人，至此危急存亡之关头仍不忘权诈，一意要把我作木偶任他玩弄。最令人气愤的是 1 月 21 日晚间，吴忠信竟以国民政府秘书长的名义，照上两项文告的原意，通令全国各级军政和民意机关知照。此项通令盖有总统的大印，而我这位总统竟一无所知。

我看到该通令后，便立即把吴忠信叫来，气愤地说："礼卿兄①，这份通令发出去，我为什么事先毫无所闻？"

① 吴忠信，字礼卿。

吴忠信说："这是蒋先生的意思，要我发出后再通知你。"我说："蒋先生已经下野了，他还要指挥你发通令不让我知道？"

吴说："你是知道蒋先生的，蒋先生要我这样办，我又怎能不办？"

我说："礼卿兄，你这样做未免太不够朋友了！"

事情发展至此，我才了解，一切都已由蒋先生安排好了。前晚的电话挂掉之后，他可能又另外打电话给张群和吴忠信，自食前言，重新安排，做到木已成舟再说。他知道我为人忠厚，不愿为此事闹伤大体。他对我显然是"欺以其方"，谅我必会为大局而让步的。

但是我当时认为他欺人太甚，遂声称，名不正，便不就职。吴忠信不得已，竟威胁我说："德公[①]，我们是老朋友，我愿以老朋友的资格劝劝你。你是知道蒋先生的为人的，你应知道你自己现在的处境。南京现在特务横行，你身边的卫士都是蒋先生的人，你还在争些什么呢？争得不好，你知道在这种局面下，任何事皆可发生，你自己的安全，可能都没有保障。"吴的话也是实情，不过我并未被他吓倒。我仍然坚持不就职的老态度。下午，我又把吴忠信、张治中、邱昌渭找来。我把这事的原委向张、邱二人重述一遍。他二人也认为蒋先生这样做太过分了。张治中本以为蒋先生下野，和局有望，至此也强调说："可惜'美中不足'，能否请礼卿兄设法稍为更正一下？"邱昌渭亦竭力附和。不意吴忠信竟大发雷霆，把张、邱二人臭骂一顿，说国事至此，你们还幸灾乐祸，说什么"美中不足"。张文白也不甘示弱，闹得不可开交，我反而做起和事佬来，才把他们调处开了。

---

① 李宗仁，字德邻，时人称他为"德公"。

这件事很快就传了出去。许多国大代表和立法委员都为我不平，他们纷纷到我住宅来请愿，要我“速正大位”，不要做“代理”总统。入夜，白崇禧也打长途电话来询问经过。我把详情告诉了他之后，白崇禧就说出刘邦告诉韩信的老话来：“要做就做真皇帝，切不要做假皇帝！”

当时民营各报尤为我不平，群情激昂，议论纷纷。张群、吴忠信等不得已，又打电话给蒋先生，蒋先生又满口承诺“修改”“更正”。但正在大家愈闹愈激烈之时，我本人反而泄气了。我想国家都没有了，还闹什么“代”不“代”呢？闹得太凶了，人民是不能谅解我们的。我如能聊补时艰，拯人民出水火于万一，私愿已足。吴忠信又乘机来苦劝。于是，我反而劝为我抱不平的国代、立委等顾全大局。大家见我如此，也只有叹息而退。

蒋先生退休之日是星期五，这一个周末，我虽尚未就职，而军国大事已纷纷压到我身上。我从一位闲散的副总统于一夕之间变成“日理万机”的国家元首。

1 月 24 日，星期一，国府举行总理纪念周。由居正担任监誓，我便在纪念周上举行一个简单的仪式，就任代总统。

二　收拾不了的烂摊子

我当总统之初，有 3 种任务紧迫眉睫。其一，为着结束内战，我不得不诚心同共产党人举行谈判，以求和解。其二，我不得不阻止共产党人渡过长江，以求得体面的和平。同时，我还必须巩固内部的团结，实行民主改革，以便重得民众之支持。其三，我必得寻求美援，以制止通货膨胀，物价狂涨，因通货膨胀实在比共产党之威胁尤大。

自蒋氏离南京不久，我就致电孙中山夫人、李济深、民盟领袖张澜、章伯钧、张东荪，还有其他一些人等，他们都代表一些小派，其中多数人过去都曾反共。但是抗战胜利后，他们都变成反对国民党而赞成共产党，究其原因，固然是共产党“统一战线”政策之妙用，另一方面也实是蒋先生一派所迫成的。但是这些人对我还友好，似乎不怀恶感。我若得他们的支持，定能造成第三种力量，以制造反共之舆论。这样共产党就不得不放弃毫无意义的把内战打到底的目的。

然而事实证明，所有这些都只是我的如意算盘。因为共产党的胜利已成定局，民主人士就不愿意回到国民党冷冷清清的屋里来了。而正当此时，共产党“统战”人士尤其活跃，就如李济深，因受亲共同事之包围，业已离香港往北平出席人民政治协商会议去了。

为着试探共产党对我的和平呼吁的反应，我组织了一批在上海公众组织和教育界中的知名人士，由他们组成一个“人民代表团”并坐飞机往北平，华中“剿匪”总部参议刘仲华和立法委员被邀同往。此事经我同意，后来报界传这两人是我私人代表，并非事实。

1949 年 1 月 27 日，我正式致电毛泽东，倡议和解。

其间，我派甘介侯博士作为我的私人代表前往上海与颜惠庆、章士钊、雷震、江庸等社会名流磋商，希望他们作为中间人士前往北平，帮助在政府和共产党人之间搭桥。其后，1 月 31 日，我又和邵力子同往上海亲访他们。

我还邀请陈光甫加入这个前往北平的代表团，但遭拒绝。陈氏是有名的银行家，我多年老友，1928 年蒋先生有意让他担任行政院的部长，但陈氏谢绝了。当我劝他接受时，陈氏笑道：“将来，老兄当了一国之元首时，无论你叫我干什么，我一定接受。”而今在上海，我重提往时的请求和他的诺言时，陈氏却说：“大势已去，只好取消前言了。”

我回南京后不久，那个人民代表团在北平和共产党首领磋商后回到了南京，刘仲华向我报告说，共产党权威人士表示只要我断绝同美国人的联系并协同消灭蒋介石派残余势力，他们就愿意和我合作。显然，这是共产党要使蒋先生和我不和。至于我和美国人的联系，我尚未接到过任何美国援助，美国政府就是提供了经济帮助给予中国政府，那也是和原先西方帝国主义国家提供的贷款全然不同的。我们绝不会以主权和美国金钱来做交易。基于这个理由，我起草了 5 点回答给共产党。叫刘把它带往上海，以便第二个人民代表团把它交给共产党首领。下面就是我提出的 5 个要点：

（一）政府同意通过政治方法解决一切国家问题。

（二）各方指派一正式代表团，立即恢复和谈。

（三）和谈时期停止一切军事行动。

（四）今后国家重建工作按下列原则进行，即组成民主政府，平均分配财富，军队国有化，全体人民自由生活。

（五）今后与外国的事务，按照民族平等、互相有利的原则进行。

第二个人民代表团于 2 月 14 日飞往北平。在此期间，长江下游的战斗实际上已经停止，因为共产党人正在休整军队。我们也有几十艘炮舰在长江上巡逻，看来足够阻止共军渡江。这样宁沪地区的紧张也就趋于缓和。乐观的气氛看来重新在这两个市的街上出现。所有的人都期待着北平的好消息。但是就在这个时期，行政院在孙科率领下，突然从南京迁往广州。非常明显，此举旨在抵制我的和平努力。

在我取得总统职位之初，我曾试图改变蒋先生之专制做法，建立真正的宪法政府，使其行政权力归于行政院院长（内阁总理），而不给予总统。然而不幸，行政院院长孙科博士正是我以前在副总统竞选运动中的敌手，他在 1948 年 12 月中接任了翁文灏博士的行政院院长。

在蒋氏幕后指挥之下，孙科派和 CC 系就联合一致，共同来陷害我。其第一步就是把政府从南京迁往广州。

值此关键时刻，国民政府不能从南京迁走。类似任何轻率举动都定然会予共产党人以足够的借口来拒绝进行和平谈判。其次，政府方面的任何举动都会影响民众的心理和士气。我虽反对，然则蒋先生自南京引退后不久，孙科就把行政院及其所属各部迁往广州。立法院的 CC 系分子步其后尘。南京城空了一半。幸好，立法院大部分委员却情愿和我留在南京。

因之立法院分裂，两派公开彼此弹劾，乱七八糟。我深感为难，以致不知所措。我在南京处理了大批政府事务之后，正等着共产党的答复。2 月 22 日，我飞往华南，表面上是去华南视察，孙科和陈立夫两人都到飞机场见我。当晚我和孙科作了长谈。我镇静但坚定地要求他把行政院迁回南京。

起初，他说：“在敌炮火轰鸣之下，我们怎能处理政务呢？”我说：“哲生兄啊，在八年抗战中，有哪一天不是在敌炮火轰鸣下过去的？”因为我竭诚力劝，孙氏最后乃同意回返南京。我经桂林、汉口于2月25日飞回南京。孙氏跟着于2月28日回抵南京。政府的所有人员都回到南京来了。这样总统和行政院之间的争执乃告结束。只有国民党的中央党部在CC系控制下，仍留在广州。

在和我不和期间，孙院长显然错了。他的不计后果的举动在立法院引起了普遍不满（他原是立法院院长）。立法委员们动议对他投不信任票，他狼狈之极，向我提出辞职书，但我私下又交还给他，叫他不要泄气，而应和我协调一致，共同克服政府之危机。3月7日，孙氏复来见我，要求我解脱其职责。既然大多数立法委员都觉得在当时孙氏不是能肩负责任者，最后我只好接受他的辞呈。

选择他的继承人是个新难题，经过相当的考虑以后，我决定把他的职位让何应钦继任，何刚辞掉中国驻联合国军事代表团团长的职务从纽约回来。白崇禧和吴忠信到上海把我的亲笔信交给何，但是何断然拒绝了。3月9日我亲自拜访他，他仍然拒绝接受。

我接着派吴忠信到溪口请求蒋给何说几句话。蒋先生给何打电话，相当冷淡地说：“既然德邻想让你担任那个职务，接受下来吧。”何应钦到溪口从“退休老人”那里取得更详细的指示以后，最后接受了我的任命。

我和何应钦要克服无数困难才能组成新政府。我们不容易找到适当的人才来填补政府各部的空额，特别是财政部。前部长徐堪已辞职，不愿意再回来。我们打算把这个职位给陈光甫或者张公权，他们都是上海有名的银行家，但是他们两人都婉言谢绝了。我们让他们推荐一个，他们看中了中央银行的总裁刘攻芸，他是蒋先生完全信任的人。我没有见过他，也从来没有听说过他。但是何很了解他，接着何便接受了这个人。

我一回到南京，又面临了一项辞职，这次是总统侍从室秘书长吴忠信。我本来想让翁文灏博士填补这个空缺，但我犹豫不决，因为翁以前是行政院院长。根据中国官场传统，总统府秘书长的地位对于前行政院院长来说是太低下了。但是我决定无论如何要试一下，结果出我意料，翁立即接受了这项任务。他说："我能为国为民做什么事情，我一定毫不犹豫地去做，国家濒临灭亡，我怎么可以把这个职位看作是对我个人的侮辱呢？"

刘和翁两人都得到我最大的尊敬，因为在那个时期没有人想卷入政界，完全是爱国心使他们为了国家的利益而不顾个人的利益。但是，翁一接受任命，蒋立即派了一个代表去秘密见他，翁遭到了一顿辱骂。那个代表让他记得他是靠委员长发家的，并责问他怎么会无耻到原先的主子一退休就向"桂系"投降的地步。翁给说得心烦意乱，后来他一从法国回来就投向共产党，可能就是因为他对蒋心地狭窄的反感。

后来刘攻芸也受到了蒋先生同样的辱骂。1950 年初，刘在香港的时候，向台北"外交部"申请要一个护照。"外交部"很谨慎，不敢在没有得到蒋介石允许的情况下给他发这样一个重要的护照。他们把收到刘的申请的事向蒋先生报告的时候，蒋先生非常生气。我从可靠人士那里得知消息，蒋用手捶了一下桌子说："刘攻芸是已经投降桂系的反动派。"这样，刘的申请被拒绝了。

1949 年 3 月 12 日，我把新政府的名单交给立法院批准，投票结果是 209 票对 30 票，这样就正式成立了新政府。政府成员名单，现记起的如下：

行政院院长	何应钦
副院长	贾景德
政务委员	张群、莫德惠、张治中、朱家骅
秘书长	黄少谷
内政部部长	李汉魂
外交部部长	傅秉常（叶公超代理）
财政部部长	刘攻芸
国防部部长	何应钦（兼）
参谋总长	顾祝同
经济部部长	孙越崎
交通部部长	端木杰
教育部部长	杭立武
司法行政部部长	张知本
蒙藏委员会委员长	白云梯
侨务委员会委员长	戴愧生
主计处主计长	庞松舟

新政府面临两项紧急任务：第一，要指定一个正式代表团和共产党谈判。第二，必须取得内部团结，以便迅速进行政治改革。释放政治犯，制止通货膨胀，准备长江的防守工作。这一段主要谈谈与共产党的问题。

1949 年 2 月 14 日，由颜惠庆率领的第二批人民代表团到北平以后，共产党派林彪、董必武和叶剑英和他们谈判。共产党电台正式宣布说，他们愿意和政府和谈。2 月 25 日，我一从广州回到南京就召集了所有在南京的领导人开会。会上我们采纳了以下 3 点，作为将来谈判的基本指导原则：

（一）和谈必须建立在平等的基础上，我们绝对不能让共产党以胜利者自居，强迫我们接受不体面的条件。

（二）鉴于铁幕后面的附属国形势混乱，我们不能同意建立以共产党为统治党的联合政府。我们应该建议立即停火，在两党控制区之间划一条临时分界线。

（三）我们不能全部接受所谓八条，而只同意在两政府共存的条件下讨论八条。

我完全清楚，即使这个建议被接受，共产党也不会和我们谈成功的。我觉得如果我们能阻止他们过长江，他们就别无他法，只得接受我们的建议，我们是不是能守住长江还是另外一个问题。

我组成新政府以后授权行政院院长组织一个正式代表团，根据以上 3 条原则和共产党谈判。何应钦通过电话和蒋先生商洽以后，指定张治中、黄绍竑、邵力子、章士钊和李蒸组成政府代表团，以张治中为团长。当行政院何院长把名单交给我批准的时候，我加上了刘斐将军的名字。接着张治中将军到溪口去取得蒋的批准，然后，我们就给共产党打电报，把名单通知他们。3 月 26 日，北平共产党当局指定了一个包括周恩来、林祖涵、林彪、叶剑英、李维汉和聂荣臻的正式代表团，他们建议把 4 月 1 日作为在北平开始和谈的日子。

我们代表团启程的前夕，我把居正、阎锡山、白崇禧、张治中和别的一些领导人叫来开了个会，会上我建议组织一个指导委员会来监督即将到来的与共产党的谈判。接着，除我以外还有 10 人被选进了这个委员会，他们是何应钦、于右任、居正、张群、吴铁城、孙科、吴忠信、朱家骅、徐永昌和董显光。实际上孙科已经离开南京，我们在他缺席的情况下选他做委员。4 月 6 日，何应钦乘飞机到广州把这个委员会的名单交给国民党常务委员会正式批准，希望政府和执政党能进行更全面的合作。

当政府忙于作和平安排的时候，我加紧了我们的外交活动。我当总统以后，我就立即召见苏联大使罗申，我想看看我们是不是可能和苏联人做一些安排来停止中国的内战。我听说蒋先生已经早在 1944 年或者 1945 年就为同一目的和苏联人接触过。1945 年底，委员长的大儿子蒋经国已经到过莫斯科，斯大林告诉他，在苏联帮助中国政府以前，中国和苏联之间必须签订一项中立协定，在中国必须组织一个有中国共产党参加的联合政府，蒋先生拒绝了苏联的这项建议。

1946 年，蒋先生告诉在南京的苏联大使，他准备考虑斯大林的建议，并表示希望访问苏联。斯大林随即派了一架专机到新疆省会乌鲁木齐，以便蒋去莫斯科访问，他指示在南京的苏联大使馆和蒋做好去莫斯科的安排。罗申告诉我他就是负责这个计划的。飞机到了以后，罗申想约见蒋先生，但蒋先生却拒绝接见他，罗申有些绝望了，便设法和蒋经国联系，在以前的许多安排中，他已经和蒋经国有过接触了，但蒋经国这次为了避免见他而到上海去了。罗申跟着到了上海，但却无法在那大城市里找到蒋经国。这样，这一切都没有能够成为现实，苏联在乌鲁木齐的飞机只好飞回去了。机上没有接到贵宾。

［附注］上面的这个关于斯大林派飞机到乌鲁木齐的故事，是根据模糊的记忆写成的。这个故事是罗申亲自告诉我的，没有文件证据。因此，要查对中国和苏联的档案材料，才能进一步证实。

对于蒋的背信，斯大林非常生气，他命令苏联在中国的所有外交官和领事都采取与中国政府不合作的政策。东北给共产党占领以后，蒋先生又重新向苏联大使要求访问苏联，他埋怨儿子以前的安排没有成功。罗申打电报把这个消息告诉莫斯科的时候，他从斯大林元帅那里得到一个简单的答复，斯大林元帅说既然蒋介石是个不诚实的人，罗申可以不理睬蒋的请求。因此，当我召见罗申的时候，他说："现在已经太晚了，我亲爱的总统先生，中国永远也不会断绝同美国的联系，苏联能为它做些什么呢？"由于他的话这样挖苦，我没有就这个问题继续谈下去，我们的谈话就这样结束了。我已经知道苏联在过去 3 年中真正想得到的是中国保证在一旦苏联卷入战争的时候保持中立，我指示甘介侯博士再度和苏联大使商谈这件事。但是苏联的价钱大大提高了，斯大林不再满足于一个中立协定，他坚持要中国和苏联建立真正合作的关系。苏联人建议，中国为了表示诚意，应尽量驱逐在中国的美国人。

甘博士向我请求进一步的指示的时候，我说不可能接受苏联的条件。我叫甘氏通知苏联人，我们和所有友好邻国诚恳相待，中国不想歧视任何国家。苏联大使粗率地回答说，他们的政府和我们政府之间进一步的谈判要以接受他的建议为条件。

由于无法和苏联人和解，我们这段时期的外交活动集中在美国人身上。我们经常和美国大使司徒雷登博士接触，司徒雷登博士是我的好朋友，我们一直相处很好。我在北平工作时，经常和他共餐，他也请我去燕京大学以答谢我的盛意。我还认识了傅泾波先生，而此后，在我留在北平的时候，他成了我的行辕中的常客。

就是在早期，我就与司徒雷登讨论过了美援问题，但是这位未来的驻华大使总是批评中国政府的腐败。蒋氏引退后，我和他在南京又有接触，我正式请求他敦促美国政府借给中国10亿美元，或者至少5亿，以帮助制止通货膨胀。我强调地请他注意蒋引退后中国政局已完全改变的事实，并向他保证今后将有效地使用美援。如果美国现在拒绝帮助中国来阻止世界共产主义的扩张，今后他要在远东做同样的事就要多花百亿美元，而且不会有什么效果，还使美国青年不得不流血。我提醒美国大使说，如美国不愿在现在采取行动，而愿在今后采取行动，他们只能希望得到帝国主义的头衔。但大使很顽固，拒绝了我们的请求，说由于蒋先生仍在幕后控制着政府，中国的局面没有改变，美国对远东外交政策已定，现在绝不能改变。

三　不堪回首的江南战役

我在南京出任代总统的3个月期间，本抱“死马当活马医”的态度，欲为不可收拾的残局尽最后的努力，期望息兵，达成和平局面，解人民于倒悬。古人说：“尽人事而听天命。”但是因环境特殊，蒋先生处处在背后牵制，使我对这匹“死马”实未能尽应有的努力。

使我不能有丝毫作为的第一项基本原因，便是蒋先生在决定引退之时，即已准备放弃大陆，退保台湾，以贯彻其改造党政军成为三位一体的心愿，维持一个清一色的小朝廷。他更深信大陆放弃之后，国际情势必益恶化，第三次大战亦必随之爆发，即可因人成事，回大陆重温接收政权的美梦。为布置这一退路，蒋先生于 1948 年 12 月 29 日突然命令孙科的行政院任命陈诚为台湾省省主席。

陈诚于 1948 年春初自东北铩羽归来之后，在京沪一带的东北籍人士群起鼓噪，恨不得杀陈诚而后快。蒋先生不得已，准陈诚辞职赴台，托辞养病，实另有所布置。此次新职突然公布时，前主席魏道明事前竟毫无所知。陈诚得令后，立即自草山迁入台北。1949 年 1 月便在台北就职视事。行动的敏捷，为国民党执政以来所鲜见。由此可知蒋先生事前布置的周密。

陈诚上任后，蒋先生便密令将国库所存全部银圆、黄金、美钞运台。

蒋先生在下野的同日，又手令提取中国银行所存的美金 1000 万，汇交当时在美国的空军购料委员会主任毛邦初。

因此在我就任代总统之日，手头一文不名。为维持军饷、安定民心，曾命行政院饬财政部将运台的国库银圆、金钞运回一部分备用。但是在台负保管责任的陈诚奉蒋暗示，竟作充耳不闻的无言抗命。政府救穷乏术，唯有大量印发原已一文不值的“金圆券”。大票成群出笼，致币价贬值，一日千里。金融市场完全崩溃，百业停顿，军心民气完全丧失，遂形成无法收拾的局面。

为抢救这危局，我曾数度就商于美大使司徒雷登，希望美国能贷中国一批白银，先行安定金融，再及其他。司徒总是说：“总统先生，你有其名无其实，政府实权完全未更动，不管美国运来多少金银，还不是和以前一样，完全浪费。”我不得已，电令驻美大使顾维钧就近向美国政府交涉。无奈顾大使仍以蒋先生的意旨为依归，对我虚与委蛇，来往电报完全漫无边际，不得要领。

金银之外，蒋先生又秘密将海军、空军实力逐渐南移，以台湾为中心。值此江防紧急之时，海军、空军为守江所必需，重心一旦南移，江防军斗志便大半丧失，纵有可为也不可为了。

蒋先生在下野前夕既已预备放弃大陆，他要我出来，显然是借刀杀人，好让他争取时间，抢运物资赴台。此种司马昭之心，连美军顾问团也看出了。

蒋先生确已作放弃大陆的决定。他要我出来，不过暂作他的挡箭牌，好让他从容布置。布置好了，他就要促使我早日垮台，再由他自己来和共产党唱对台戏。我如果真在南京励精图治，作防堵共军渡江的有效措施，即有违于蒋先生的腹案。他必然要用尽方法，破坏我的计划，使我不能以半壁河山与中共分庭抗礼。

蒋先生既有这项决定，则我不论为和为战是如何地努力，皆是徒然。因为军国大权仍完全操在他手，我在京形同俘虏，只有听任他的摆布。

为便于控制全国各地一切军政措施，蒋先生返溪口之后，便在其故里建立电台 7 座，随意指挥，参谋总长顾祝同对一兵一卒的调动完全听命于蒋先生。

蒋先生最不可恕的干预，便是他破坏了政府的江防计划。蒋先生原非将才，东北及徐、蚌二役可说是他亲自指挥垮了的。当时我和白崇禧力争，徐蚌之战应本“守江必先守淮”的传统原则作战，而蒋不听，硬要在徐州四战之地与共军作战，卒至一败涂地。此次守江，虽已属下策，但是我们究有强大的空军和数十艘军舰为共军所无，若善加利用，共军亦未必可以飞渡长江。无奈蒋先生无意守江，却要守上海一所死城。执行他这错误战略的，便是他最宠信而实际上最脓包的汤恩伯。

一二月之间，当共军已逐渐迫近长江北岸时，国防部召开江防紧急会议，事前并由该部作战厅厅长蔡文治中将拟就守江计划，开会时提出讨论。此次会议由参谋总长顾祝同主持，出席者有各级将领蔡文治、汤恩伯等人。我与何应钦也应邀列席。

首由蔡文治提出江防计划。大意是说，我江防军主力应自南京向上下游延伸。因为这一段长江江面较狭，北岸支流甚多，共军所征集预备渡江的民船多藏于这些河湾之内。至于江阴以下之长江江面极阔，江北又无支河，共军不易偷渡，可以不必用重兵防守。此一方案，何应钦、顾祝同和我都认为十分妥洽。

但是汤恩伯却不以为然，声言这方案大违总裁意旨。他因而另提一套方案，大体是把我江防军主力集中于江阴以下，以上海为据点，集中防守。至于南京上下游，只留少数部队以为应付，简言之，便是守上海而不守长江。

蔡文治认为这是自杀政策，在战略及战术上均属下策。无奈汤恩伯是掌有实权的江防总司令，他的防地上自湖口，下至上海，大军 40 余万人都在他一人节制之下。汤坚持他的守据点的计划，并说："这是总裁的方案，我必须执行！"

蔡文治说："就战略、战术来看，我想不论中外军事家都不会认为放弃长江而守上海是正确的。现在代总统、何院长、顾参谋总长都同意我们作战厅的方案，为什么你独持异议？"

汤说："我不管别人，总裁吩咐怎么做便怎么做！"

蔡说："总裁已经下野了，你还拿大帽子来压人，违抗参谋总长的作战计划，如果敌人过江，你能守得住上海吗？”

汤恩伯至此已血脉偾张，完全失去常态，顿然把桌子一拍，大声嘶吼道：“你蔡文治是什么东西？什么守江不守江，我枪毙你再说，我枪毙你再说……”说着，把文件一推便冲出会场，扬长而去。

蔡文治也气呼呼地把文件收起来，连说：“这还能干下去？这还能干下去？我辞职了！”

我望着何应钦、顾祝同二人说：“这局面如何收拾？”

何、顾二人也苦笑着说：“老总不答应，那又有什么办法，只有让他垮啊！”他们所谓“老总”就是指蒋先生。

我当时便想汤恩伯只知道蒋先生，把我们李、何、顾三人不放在眼内，简直不成体统。要阻止敌人渡江，首先要把汤恩伯撤职，但是汤氏手握重兵，何应钦、顾祝同又不敢哼一声，我当然也无法撤换他，只好眼睁睁看他胡来。

在这种情势下，我觉得蒋先生如继续在幕后牵制下去，就必然要同归于尽。我要挽回颓势，则必须请蒋先生放手。因于4月10日作一亲笔信请阎锡山、居正两人带往溪口与蒋先生面商。我在信内指出，如果蒋先生不采取适当步骤以挽救这种混乱局面，我本人唯有立刻引退，以免贻误国家大事。阎、居返京后，所谈不得要领，仅由张群传话说，蒋先生拟往杭州，约我赴杭面谈。

但是此时正值紧要关头，我何能分身，遂作罢论。

以后长江防务，自然由汤恩伯按蒋先生之意，作最不堪想象的愚蠢的部署。汤氏把他的30万精锐（第四、四十五、五十一、五十二、七十五等军）悉数调往上海一隅，征集民财，在四郊筑碉防守。南京、镇江、芜湖一线，则以战斗力极为薄弱的部队聊作应付。

这种部署无异于“开门揖盗”，共产党自然就更不愿与吾人谈和了。

三四月间，我得到情报说江阴要塞司令戴戎光已秘密与共军接洽，预备于共军渡江时叛变响应。我特为此事与参谋总长顾祝同计议。顾认为流言不可轻信。因戴为黄埔学生，为蒋先生所倚重，故畀以江阴要塞司令的要职，而且顾祝同自言与戴为亲戚，信其无他。

我说：“墨三兄，这年头父子尚且不能相顾，亲戚能靠得住吗？为谨慎从事，我看还是把他暂时调开。”

顾说：“这事我不能做主，需要请示总裁才行！”

我知道请示蒋先生是多余的，遂未多言。

孰知 4 月 21 日共军渡江时，戴戎光果然叛变，利用要塞巨炮反击我江防舰队，舰队或沉或逃，共军木船乃蔽江而过。杂花生树、群莺乱飞的大好江南，顿时便赤焰熏天，无法挽回了。

戴戎光可能不纯然为着 500 根金条而叛变的。他叛变的最大原因，第一固然是觉得大势已去，应该向共党“立功投效”；第二可能是由于蒋先生授意“保存实力”，让共军渡江。共军既渡，戴无处可退，就索性投降了。

上游共军则自芜湖以西大通、青阳一带强渡。因为此地守军都是刘汝明所部，战斗力十分薄弱，一见共军登陆，或降或逃，中共大军如入无人之境。南自江阴，北至芜湖，以钳形攻势向南京进迫。

4 月 21 日，我召集何应钦、白崇禧、顾祝同等高级将领会商今后战略。与会诸人莫不慨叹。因众人皆清楚，蒋先生如不暗中掣肘，局势不会一糟至此。由多方事实参证，我知道蒋先生是故意促成我早日垮台，愈快愈好。他唯恐我能守住长江，与中共周旋。时日延长，美国政府可能改变对华态度而大量助我。如此，则我李某人坐拥半壁河山，中共固无法南侵，而蒋先生的独裁政权亦将永成历史名词了。

蒋先生生性便是极端狭隘的人，他断不能坐视我取他而代之。他之所以要把汤恩伯撤往上海，目的是要争取时间，抢运物资，然后把汤部精华撤往台湾，另建一个小朝廷。

我们留在南京的将领，一致认为南京无法再守。但是白崇禧对防守武汉及西南半壁河山尚坚具信心。他主张放弃京、沪两地，把汤恩伯的主力移至浙赣线和南浔线，与华中部队约 40 万人成为掎角，以固守湘、赣，防止共军攻入西南。

我极同意白崇禧的计划，何应钦、顾祝同也认为这是今后唯一的出路。但是蒋先生如果不同意这计划，则一切皆是空谈。大家乃决意于 4 月 22 日赴杭州一行，看蒋先生的意思如何。

行前，白崇禧便向我建议说："今后局势，如蒋先生不愿放手，则断无挽回余地。你应乘此机会向蒋先生明白提出，蒋、李二人只能择一负责领导政府，以期统一事权，而免拖泥带水！蒋先生既已引退下野，应将人事权、指挥权和财政权全部交出。"我说："这正是我的意思。"

4 月 22 日晨，我们分乘专机 3 架飞往杭州，蒋先生已在笕桥航校等候。我们抵达之后，大家面色沉重，心情非常悲愤。我首先向蒋先生说："你当初要我出来，为的是和谈。现在和谈已经决裂，南京马上就要失守，你看怎么办？"

蒋先生说："你继续领导下去，我支持你到底，不必灰心！"嗣后，蒋先生总是尽量安慰我，要我务必继续领导下去，他当尽其所能支持我，后来他又撇开众人，领我到另外一间房里继续商谈。我说："你如果要我继续领导下去，我是可以万死不辞的。但是现在这种政出多门、一国三公的情形，谁也不能做事，我如何能领导？”

蒋先生说：“不论你要怎样做，我总归支持你！”

蒋先生说话的态度，真是诚挚万分。我如对他提出任何要求，他都会一口答应。此时南京已危在旦夕，国之将亡，我们当国者的心境实有说不出的辛酸。在这种情况下，蒋先生既然一再说明，全盘由我负责，我如逐条列举要他答应交出，反嫌小气。我本人一向是个不为已甚的人，所以也只能轻描淡写地提出。这是我不能破除情面的弱点。

不过，当时我纵然破除情面，和他摊牌，他逐条答应了，还是无用，我和蒋先生相处数十年，深知其久染洋场恶习的个性。他说话照例是不算数的，嘴里说得再好听，做起来他还是不会放手的。

我们在杭州的聚谈就这样结束了。当时外界不明真相，都把这一次非正式的谈话叫作“杭州会议”。其实我们根本没有开什么会议，大家坐在笕桥航校会客室的沙发上谈了一两个钟头便结束了，没有作任何具体的决定，因为蒋先生口口声声说，嗣后我们任何作战计划，他都完全支持。

谈话结束之后，白崇禧随即飞返汉口，何应钦坚决约我同去上海。我说我应该回南京去看看。我怕的是南京撤退时，我如不在场坐镇，或许要发生抢劫现象，那我们就更对不起人民了。

4月22日傍晚，我从杭州返抵南京时，四郊机枪之声不绝，首都已一片凄凉。平日最繁华的通衢大道，如中山路、太平路等地商民全部关门歇业，街上行人绝迹，只有少数部队在做撤退的准备。城防部队和市民听说代总统仍在城内，人心尚称安定，军队纪律亦佳，绝无败兵掳掠的事发生。

当晚京沪卫戍总司令汤恩伯奉召来谒。我问他战局现状如何，汤说敌军已迫近城郊，本晚或可无事，但务必请代总统至迟于明日清晨离京，以策安全。

在此同时，我派往北平的和谈代表章士钊、邵力子等人竟联衔来电劝我于共军入城时不必离京，如嫌南京不安全，不妨径飞北平，中共当遇以上宾之礼，竭诚欢迎。我知道我的和谈代表在城破国亡之时，决心向共党靠拢了。责他们临危变节亦属徒然，遂将电文掷去，未加理会。

入夜，南京四郊炮声隆隆，机枪声尤密，我知道共军正在加紧进攻城外据点，我军亦在掩护撤退。遂解衣而卧，一夜辗转反侧，未能入寐。4 月 23 日清晨，汤恩伯又来电话，催促起飞。盥洗既毕，略进早餐，乃招呼总统府侍卫长李宇清备车往明故宫飞机场。总统府随员 30 余人亦乘吉普车随行，他们大都通宵未睡，面色惺忪而紧张。

车抵机场时，汤恩伯和首都卫戍司令张耀明已在机前迎候，专机马达亦已发动。我与汤、张略谈，便进入座机。飞机旋即升空，在南京上空盘旋两周。斯时东方已白，长江如练，南京城郊，炮火方浓。驾驶员特入机舱请示飞航目标。我说，先飞桂林。飞机随即转翼向西南飞去。从此，南京就不堪回首了。

唐德刚　整理

（节选自李宗仁口述，唐德刚撰写《李宗仁回忆录》下册，中国文史出版社 2009 年版。原标题为《国共和谈的背景》）

北平和谈

张治中[*]

李宗仁一上台，和谈空气显得更浓厚。先是孙阁[①]在19日提出“先行无条件停战”的要求，为中共所驳斥。李这时发表宣言说：“中共所提八项条件，政府愿即开始商谈。”但是中共的答复是：等北平解放以后才能决定。我看这情形，和谈一时不得开始，就向李请求先回西北一行，他同意了，但说快去快来。照理说，和是我一贯的主张，到这时候我为什么又萌退志？真是说不出什么理由，不过看到大局情形，深感无以为力；特别是孙阁早已在风雨飘摇之中，李一上台，就想改组内阁，以刷新内政来收拢人心，促成

* 张治中：时任国民党政府和平谈判代表团首席代表，国民党西北行辕主任；系人民政协第一届全体会议代表；后曾任第三届全国人大常委会副委员长，民革中央副主席，全国政协常委。

① 孙　阁：即孙科内阁。——编者注

和谈。他多次表示要我来担任行政院长，这是我所不愿接受的。于是我的全局无望不如退保西北的意念更坚决了，回到兰州后便决心不再离开西北，而且打电报连和谈代表也辞去了。

自己很想在兰州安定下来多做些准备工作，但是李宗仁的电话电报不断地来催。在李的方面，当时他确实不会答应我置身事外。好些朋友们也以大义相劝：不管和谈成与不成，你既然一贯地主和，现在双方都愿意谈和，你是不能规避负责任的。我自己也想：此时和的可能性虽然很小，但是如果置身事外，也不是对人民、对国家应有的态度；同时由于自己 20 多年来对和平的痴心梦想，使我对当前的和谈仍然有着万一的希望。经过郑重的考虑后，还是接受了李的邀请，在 2 月 22 日飞回南京去。那一天，南京气候异常恶劣，能见度只有 200 米，云层既低，又有蒙蒙细雨。当时何应钦、白崇禧、李汉魂等都到机场迎接我，白还说：“我听到半空飞机声音盘旋了半小时之久，尚在替你祷告平安哩！”

一　溪口盘桓

我回到南京后，虽然北平已于元月 31 日和平解放，中共方面还没有表示开始谈和的确实讯息，只好住下来再说。就在这时候，我常常听到李的左右很愤慨地在发牢骚，说蒋表面上是下了野，事实上还在溪口指挥一切，和各方面的联络，特别是对各地高级将领；而李发表的 7 项措施，特别是释放政治犯（指明张学良、杨虎城）根本做不到，因而说：“我们管不了，就交还给蒋吧！总统不过是代理，一走就可以了事的。”我看这情形不对，便动了劝蒋出国的念头，以便李放手去做，促进和平，这样对蒋个人亦属有利，这事我曾和李宗仁、张群、吴忠信等几个人商量过，他们都表同意，并且作了一个准备。刚好吴忠信也想去看蒋，我们两人就一道坐了飞机去。

3 月 3 日到了宁波，蒋还派了蒋经国到机场接我们，转乘小车到溪口。蒋和我们寒暄后，劈头第一句就说："你们的来意是要劝我出国的，昨天报纸已经登出来了！"（原来中外报纸都登出，说是据某方可靠消息，国民党中劝蒋下野的几个重要人物，现在正在劝蒋出洋云云。事后查询，却是李宗仁对甘介侯说过，由甘传出去的；但不知道他们基于何种见解而有意外泄或者于无意中泄露，则不得而知。）跟着很气愤地说："他们逼我下野是可以的，要逼我'亡命'就不行！下野后我就是个普通国民，哪里都可以自由居住，何况是在我的家乡！"他这几句话把我们的嘴巴封起来了，我们两人只有把这问题搁在一边，先说别的话。不过既然来了，且先住下慢慢再谈吧。

当时蒋住在溪口雪窦寺妙高台，我和吴忠信也住在那里。一住就是 5 天，以后回到溪口又住了 3 天，早晚起居都在一起。白天蒋和我们逛山水，其余时间就谈话。上午谈，下午也谈，吃饭谈，逛山也谈，晚上围炉也谈，这 8 天中，真是无所不谈，一切的问题差不多都谈过了。当时我还做了一个记录，要点如下：

（一）关于和谈限度及代表人选问题，我们曾请蒋表示意见，蒋反问我们有什么意见。我说："南京方面意见：中共所提八项的第一项，我们是不能接受的。关于军队改编一项，认为应先决定全国军队数额，然后研究双方军队所保持的比例，各自编成。并且在三年内分期逐步把全国军队缩减到适应国防上需要的最低限度数额，并且确实完成军队国家化的目标。我们希望能够确保长江以南若干省份的完整，由国民党领导，如东北、华北各地由中共领导一样。必要时让步到湖北、江西、安徽、江苏四省和汉口、南京、上海三市联合管理。至于联合政府问题，过去有三三制的主张，最近也有建议六六制的，不外使双方在未来政府中保持同等的发言地位。至于双方管辖及共同管理的地区，将来也要分期实现政治民主化，使国家真正趋于统一。至于其他各项，都可加以考虑。”蒋对这些意见表示首肯，不过认为湖北、江西、安徽、江苏、汉口、南京、上海 7 省市共管一事不必由我们提出，中共恐怕还不是这样看法。

至于和谈代表人选，报上有增请张群、吴忠信两位参加的传闻，吴当时坚决表示不愿干，蒋说：“不干也好。”我也表示不愿参加，蒋先说：“这是值得考虑的。”后来又说：“不参加也好，恐怕摆脱不了。”又彭昭贤、钟天心已经请辞代表名义，蒋说：“于北方籍的立监委员中遴选最好。”

（二）关于党的问题，我们力言一年来全国党务几乎已经完全陷于停顿，党的神经中枢亦呈瘫痪状态，如果长此拖延，恐怕会无形解体，应该切实整顿，团结并发挥革命组织的力量，达成新生的任务，对这方面有详细的分析。蒋对此频频点首，并说以后当邀集有关同志，对如何健全本党，作具体详尽的研究。蒋又多次表示他必竭力支持李宗仁，李现在负的责任就是他的责任，李的成败就是他的成败，不过希望李、白也要具有同样的认识，才能做到内部的团结。就是希望李、白先从心理上转变，对他的态度有所改正。最后一再表示他不会再度出山，终他的一生也不愿再度执政。又说去年他当总统实在是一切失败的根源。

（三）关于外交政策问题，我们拿平时一贯的主张，作详尽的申述，认为必须做到平时美苏并重，战时善意中立，设法打开中苏僵局，国内才能团结安定。蒋对这点表示也可以，但一再说对中日问题不宜忽视，认为中日两国能够亲善合作，不但对两国有利，对远东以至世界和平都有利。我们将来可望因此不再受白种人的欺负压迫，不过目前还做不到——或者终他的一生也还做不到。

（四）关于特殊建议问题，我们建议他对革命的领导方针应该重新郑重考虑，从今以后，应该放弃和中共军事斗争的企图，移作政治竞赛的努力，在保有的若干省份中，彻底实行三民主义，争取人民对党的同情，恢复人民对政府的信任。至于今后国家的体制，当然是实行多党政治，所以我们可能一时执政，一时在野……蒋对这两点频频点头，但表示：我们虽然想保有若干完整的地区，彻底实行三民主义，可是共产党是不愿意我们这样的，同时我们也不容易做到，我们现在应该先做最恶劣的打算，即使毫无完整的地区，亦要做复兴国家的努力。

（五）关于蒋的出国问题，第一天看到蒋，便被他发了一顿脾气，我们不容易再开口，以后只得转弯抹角地从老远的地方转到这问题上来，给他委婉分析，认为他留在国内，无论对大局对个人，都只有害处而毫无益处。谈了好几次，有时一接触到本题，他就故意谈到别的问题去；有时很愤慨地说：“我是一定不会出国的！我是一定不会亡命的！我可以不做总统，但做个老百姓总可以自由！”有时我举出事实说明他还在那里指挥军事，譬如宋希濂要逼走孙德操，自己移驻到宜昌去，便说是奉了他的电报，以后孙到重庆便很愤慨地告诉萧毅肃，由萧传了出来。蒋连说：“没有这回事，我没有发这个电报！”后来，他的态度比较和缓，只说：“如果要希望我出国，要好好的来！他们太不了解我的个性，竟想利用中外报纸对我施加压力，这是不可以的，我可以自动住到国内任何地方，即使到国外也可以，但是绝对不能出之于逼迫。”到这种地步，我们不好再勉强说下去，也就留到以后再说了。

（六）关于内阁改组问题，李上台后，孙阁就有总辞的消息，立法院对孙极不满意，李也不愿意孙继续下去。3 日到溪口后，我们曾和蒋谈到这一问题，蒋表示对孙不勉强予以支持，如大势所趋，孙被迫辞职，只有听他辞去。到 7 日，孙阁已向李提出辞呈，李打电话到溪口和我们商量，提出几个继任人选，特别着重在何应钦，但是蒋表示不赞成说：“为什么一定要提和我有关系的人来做院长？”“院长应该让别人来做，何任副院长兼国防部长好了。”并且指出：（1）在准备和谈期间，敬之[①] 任行政院长颇有不便，甚至发生不良影响；（2）现在是备战求和，仍然以整饬军事为重，不应分心；（3）何在目前继孙组阁也不相宜。我又以电话和何商议。何对组阁很犹豫，关于任副院长兼国防部长问题，何说：“院长我都不愿意做，我还做副院长？”我又回过头来劝蒋：“你要不同意由何敬之来组阁，内阁组不成，李又要来抱怨你，把责任推给你了。而且你希望何任副院长兼国防部长，何是一定不会干的。”蒋仍未同意，问题便僵住了。李又一天几次电话来催促，一直到 10 日我们准备离溪口回南京前，蒋才同意了，而且写了一封亲笔信给何，要我们带去。

① 何应钦，字敬之。

由于这8天来的盘桓，我们用尽种种委婉的言辞来和蒋谈，培养大家的感情，后来蒋的态度就和缓多了。临别还送我们下山到溪口，并一直送到宁波机场上飞机，欢然握别。

二　何应钦组阁

我们回到南京后的第一件事，便是和顾祝同、白崇禧带了蒋的信到杭州劝何应钦。何在极为踌躇之后终于答应了，不过他一再郑重对我说："你一定要答应负起和谈的责任我才干！"到了这种地步，我也只有同意了。于是何的新命在3月12日正式发表。

何阁成立后第一件事是和谈，其次是财政（特别是物价），再就是外交。为了打开中苏僵局，我主张邵力子先生出任外长，但是邵不愿意。不得已而思其次。我曾建议以当时的驻苏大使傅秉常出任。内阁名单发表后，外间便纷纷传说："这是张某人提出的，今后要改走苏联路线了。"各种反对的论调纷至沓来。其实，我和傅只有一面之缘，并非素交，我的建议只是着眼在外交政策为事择人而已。后来因党内顽固派的反对，傅也不敢就了。

到同月26日，中共正式发表派周恩来、林伯渠、林彪、叶剑英、李维汉为和谈代表（4月1日加派聂荣臻做代表），周恩来为首席代表，以元月14日《中共中央毛泽东主席关于时局的声明》所列八项和平条件为基础，自4月1日起在北平开始谈判，并由广播电台通知南京政府依据上述时间地点，派遣代表团，携带为八项条件所需的必要材料，以利举行谈判。这个消息一发表，沉闷的空气为之一振，而南京政府的和平商谈代表团名单［首席代表：张治中，代

表：邵力子、黄绍竑、章士钊、刘斐（后发表）、李蒸，秘书长：卢郁文，顾问：屈武、李俊龙、金山、刘仲华］也在这时通过发表。

三　和谈腹案

在中共通知和谈地点与时间前，对于如何进行商谈，有过四次集会研究，都由何应钦主持。出席的除代表邵力子、章士钊、李蒸外（黄绍竑在赴平前才赶到，刘斐在代表团启程赴平前才发表），翁文灏、彭昭贤、贺耀祖都参加，黄少谷也以行政院秘书长资格参加。

经过这几次研究后，决定：

（一）为会商和谈问题的便利，建议请国民党中央常务委员会和中央政治委员会改在南京开会（这时国民党中央已迁往广州）；

（二）为指导和谈进行事宜，请李代总统、何院长，并由中央常务委员会、中央政治委员会联席会议公推委员 3 人，共同组织指导委员会；

（三）和谈不另订方案，只就中共所提八项做基础，加以研究、酌定原则性限度，由和谈代表负责进行。

最后把 4 次会议研究的“原则性限度”写成一个腹案，作为到北平商谈的依据。全文如下：

预拟与中共商谈之腹案

一、双方既确认以和平商谈解决国是为全国人民之要求，则双方所应商谈者，端在国家元气之如何保存，人民痛苦之如何解除，国家政策之如何拟订，及政治制度之如何建立，以谋长治久安，是以关于战争责任问题，不应再提。

二、同意重订新宪法，此新宪法之起草，我方应有相当比例之人数参加。

三、关于法统问题，与前项有连带关系，可合并商讨。

四、双方军队应分期分年各就驻在区域自行整编，并应树立健全的军事制度，俾达成军队国家化之目的，至分期整编时双方应保留之军队数字，另作商讨。

五、“没收官僚资本”一节，原则同意，但须另行商订（定）施行条例办理。

六、“改革土地制度”一节，原则同意，但须另行商订（定）施行条例办理。

七、关于“废除卖国条约”一事，将来由政府根据国家独立自主之精神、平等互惠之原则，就过去对外签订条约加以审查，如有损害国家领土主权者，应予修改或废止。

八、同意召开政治协商会议，并由该会产生联合政府，唯在该会议与联合政府中，我方与共方应以同等名额参加，其属于第三方面人士之名额，亦于双方区域中各占其半。

九、代表团抵平后，即向中共提出双方应于正式商谈开始之前，就地停战，并参酌国防部所拟停战意见（附后）进行商谈。

以上九项，仅系商谈之预定腹案，并不书面提出。又其内容亦仅为我方可能让步之原则性的限度，商谈时仍应逐条力争，不得已时方渐次让步，如共方要求超过以上各项限度，应由代表团随时电报中央请示核夺。

国防部对于国共停战协定最低限度之要求：

一、青岛及长江流域连接鄂西、陕西、绥远地区双方第一线部队，应即停止一切战斗行动，各守原防，停止前进，并不得向空隙发展。

二、共军立即解除对新乡、安阳、太原、大同、榆林之包围封锁，准许国军采购粮食及生活必需品。

三、国军海空军立即停止海上与空中之攻击行动，但空军之侦察及空中输送补给，海军之江海巡逻及对各海港之输送补给，不受限制。又国军为防卫长江及海上之袭击，如发现共军集结渡江材料及运兵船队时，得采取自卫行动。

四、双方立即停止一切敌意宣传。

五、双方对于间谍之防范及维持后方秩序之一切行动，不受限制。

六、为免除误会与冲突，除另有协议者外，双方第一线交通通信之恢复，应俟另行协议，在停战期间暂不开放。

七、关于双方俘虏之交换，另行协议。

四　顽固派的压力

和平虽然是绝大多数人民的渴望，但是近视盲目、自私自利的顽固分子，依然多次从中阻梗，给我们很大的压力。我举几个例子：

“……唯愿诸公始终勿忘政治民主、经济平等、社会安全、生活自由、军队国有五大原则，而作合情、合理、合法之解决；否则苟安于一时，必抱憾于无穷也。……”——潘公展等给李宗仁、何应钦、于右任、居正的寅艳电。

“……和谈为国家之大事，决非国共两方可得而专。其在政府，尤须不忘自身之立场，乃为国民大会去岁依据宪法所产生者。苟先漠视宪法而又置国民大会于不顾，试问诸公将凭借何种地位，有何种权力以与共党谈判？本日本会开会，佥认为此次和谈，政府应在合情、合理、合法范围以内，力求平等的和平。而其必须坚持者，应为政治民主、经济平等、社会安全、生活自由四大原则。至于一切军队之必须国有，基本人权之必须维护，尤为天经地义，毫无假借迁就之余地。同人等更以为宪法与政制之任何修改，绝对为国民大会之职权，不容任何人可以越俎代庖。特主张即请政府根据去年国民大会之决议，克日召集国民大会临时会议，以为最后之决定。……”——国大代表上海联谊会给李宗仁、何应钦并转各和谈代表的寅艳电。

“……（一）宪法之尊严必须维护，如须修改，应于合法程序行之；（二）中华民国国体不容改易；（三）有关人民之基本权利与自由生活方式，均应予以确实保障；（四）自和谈开始之日起，政府与中共应即无条件停止一切战斗行动；（五）政府代表之和谈结果，必须依法定程序核准；（六）和谈进行情形，应随时公开报导，准许新闻界自由采访。……”——留穗立法委员联谊会给李宗仁、何应钦转各和谈代表的寅世电。

“……（一）和谈内容，攸关全民利害存亡，况国家主权属于人民，故和谈进行，国共双方而外，宜有民意代表参加，容许双方记者自由采访，随时公开，以示坦白无私；（二）宪法为国家根本大法，纵可依法修改，而不容任意放弃；（三）自由为国民基本人权，尤为任何政府所当尊重……”——全国和平促进会给李宗仁、何应钦并转各和谈代表的寅陷电。

“……（一）和平代表抵平后，应先提出双方立刻无条件停战；（二）和谈一切报导公开；（三）和谈进行详情，应随时报告党的中央，谈判结果，并应对党完成法定程序；（四）和谈内容，应坚持下列原则：（甲）国体不容变更；（乙）人民之自由生活方式必须保障；（丙）宪法之修改必须依法定程序；（丁）土地改革应首先实行，但反对以暴力实施；（戊）战争责任问题应毋庸议。……”——国民党中央执监常委及中央政治委员谈话会决定，由中央秘书处发给居正、于右任、李宗仁、何应钦的寅三十议穗午电。

“……（一）在总的原则上，必须将和谈与投降界限划分清楚，双方应以平等合理为谈判基础；（二）现有华北国军扼守之各据点，如青岛、太原、归绥、包头、大同、新乡、安阳等地，必须保持，不能以和平为借口而轻易放弃，或有任何不合理的措施……；（三）双方为表示和平诚意，于和谈开始应即停止战斗行为，并对上列各据点先行解围。……”——立法委员王秉钧等六十一人没有日期和称谓的来信。

从这些电文中，显然已看出了顽固派的组织行动，也充分说明了国民党内部极大多数人不知己、不知彼的昏庸糊涂情形。在那种情形下，给我们的压力是显得十分沉重的。

五 再到溪口

决定了4月1日动身到北平去之后，我就在3月29日到溪口去看蒋。这件事，外间传说有“奉李宗仁、何应钦之命”之说，这是与事实不符的。这事是我自动提出，我的用意是：（1）蒋虽退到溪口，但到底力量还在他手上，如果得不到他同意，即使商谈得到协议，也没用。这是一种现实的做法。（2）那时候，京沪的顽固分子气焰嚣张，常有对我不利的谣言，溪口之行，我认为对他们有一种镇压的作用。（3）蒋当时还是国民党的总裁，在党的体系上，代表们除了章士钊外，都是党员，应有向他请示的必要。（4）在礼貌上说，也有去看蒋的理由。其实，当时李宗仁对这件事倒是并不怎样同意的。

我在29日飞到溪口，30日回南京，同行的还有屈武。吴忠信是早在溪口的。到溪口以后，我就感觉到空气和上次颇有不同。到那里的人不少，有些露了面，有些没露面。当我把和谈研究的大概情形报告了蒋，并把上述“腹案”给他看，他只说：“我没有什么意见。”“你这次负担的是一件最艰苦的任务，一切要当心！”此外就广泛地谈，没有具体的意见。但是我和郑彦棻谈话时，从他的态度和说话里，就可以体察出他们到溪口来的目的。后来在回程飞机上屈武告诉我，蒋左右有人对他狠狠地说：“张先生这样热心和谈，将来是没有好结果的！”“张先生太天真了！现在还讲和平，共产党愿意和平吗？我看他会死无葬身之地！”这话是对我说的，不过不敢当面和我说，要是屈武早对我说，我一定会向他提出质问。

这次和蒋谈了几回话。29日一到溪口就单独谈，以后有吴礼卿在座也谈，30日离溪口前又作最后一次的谈话。记得29日下午蒋、吴和我，从蒋住的蒋母墓庐由山径边谈边走，一直走到溪口，他表示愿意和平，愿意终老是乡。我听了很高兴地说："总裁这话对和谈是很有帮助的，也可以消除党内的分裂。不知愿意在报端发表否？"蒋答："你斟酌吧。"

回到南京后，我马上把在溪口时蒋的表示写成新闻稿发表，次日更应立法院的邀请，作了一次慷慨激昂的演说，当时博得全场不断的掌声。事后朋友们还对我说："这是行宪以来，在立法院会议中所未曾有过的热烈情形。"到4月1日飞北平的那一天，立法院特别休会半天，全体立法委员到明故宫机场送行，可以看出他们——至少是大多数人心理的趋向了。

六　飞到北平

我们是4月1日上午起飞的，中央航空公司还特别为我们准备了"空中行宫"号。同行的除了邵力子、章士钊、黄绍竑、刘斐、李蒸和我外，还有顾问屈武、李俊龙、金山，秘书长卢郁文及秘书、译电员等20余人。到了北平，被招待住在六国饭店。

当日晚6时，中共代表周恩来、林伯渠、林彪、叶剑英、李维汉、聂荣臻等公宴代表团同人。饭后，周、林两位邀我和邵代表谈话。周首先提出质问："为什么离开南京前要到溪口去见蒋？"认为这完全是为了加强蒋的地位，淆乱视听，且证明蒋仍有力量控制代表团，大表不满，并说："这种由蒋导演的假和平，我们是不能接受的！”我当时不免动了一点感情，解释了必到溪口去的种种理由。以后他又提出过两次，我又加以解释。一直到商谈末期，这段赴溪口的理由才为中共方面所了解，但是对商谈——至少对初期商谈的情绪是有些影响的。

这晚谈话，我先提出外交政策问题，主张“平时美苏并重，战时善意中立”，又说：“如果亲苏而反美，则美必武装日本和用经济封锁来对付中国。”这种论调，当然不为中共所同意而加以反驳。这次算是泛谈，无结果而散。

从4月2日到12日，完全由双方代表个别交换意见，或是广泛地谈，或是具体地谈。最后由毛泽东先生分别约见各代表谈话。在这一段时间，有几点值得一提的事：

第一件是何应钦4月9日拍来的卯佳电，据说他6日到广州，列席中常会三次会议，决议要我们坚持下列几点：

（一）为表示谋和诚意，昭信国人，在和谈进行开始时，双方应即下令停战，部队各守原防。共军在和谈进行期间，如实行渡江，即表示其无谋和诚意，政府应即召回代表，并宣告和谈破裂之责任属于共方。

（二）为保守国家独立自主之精神，以践履联合国宪章所赋予之责任，对于向以促进国际合作、维护世界和平为目的之外交政策，应予维持。

（三）为切实维护人民之自由生活方式，应停止所有施行暴力之政策，对人民之自由权利及其生命财产，应依法予以保障。

（四）双方军队应在平等条件之下，各就防区自行整编，其整编方案，必须有双方互相尊重同时实行之保证。

（五）政府之组织形式及其构成分子，以确能保证上列（二）（三）（四）项原则之实施为条件。

讨论时各委员均发言激烈，反对联合政府甚力，对和谈特种委员会之设立及人选，亦几经磋商，始获协议。

从这个“决议”里，可以看出这班顽固分子还在那里打的什么如意算盘，做的什么梦想？实在可恨亦复可叹！

第二件是李宗仁为了表示谋和的诚意，有卯阳电给毛泽东先生，毛也复他一电。

李宗仁的电报全文如下：

张长官文白兄转润之先生有道：

自宗仁主政以来，排除万难，决心谋和，悱恻之忱，谅贵党、各位民主人士所共亮察。今届和谈伊始，政府代表既已遵邀莅平，协谈问题亦已采纳贵方所提八条为基础。宗仁懔于战祸之惨酷，苍生之憔悴，更鉴于人类历史演成之错误，因以虑及和谈困难之焦点，愿秉己饥己溺之怀，更作进一步之表示：凡所谓历史错误足以妨碍和平如所谓战犯也者，纵有汤镬之刑，宗仁一身欣然受之而不辞。至立国大计，决遵孙总理之不朽遗嘱，与贵党携手，并与各民主人士共负努力建设新中国之使命。况复世界风云，日益诡谲，国共合作，尤为迫切。如彼此同守此义，其他问题便可迎刃而解。宗仁何求，今日所冀，唯化干戈为玉帛，登斯民于衽席。耿耿此心，有如白水。特电布悃，诸希亮察。

弟李宗仁

卯阳印

毛泽东复电全文如下：

南京李德邻先生勋鉴：

卯阳电悉。中国共产党对时局主张，具见本年一月十四日声明，贵方既然同意以八项条件为谈判基础，则根据此八项原则以求具体实现，自不难获得正确之解决。战犯问题，亦是如此。总以是否有利于中国人民解放事业之推进，是否有利于用和平方法解决国内问题为标准。在此标准下，我们准备采取宽大的政策，本日与张文白先生晤谈时，即曾以此意告之。为着中国人民的解放和中华民族的独立，为着早日结束战争，恢复和平，以利在全国范围内开始生产建设的伟大工作，使国家和人民稳步地进入富强康乐之境，贵我双方亟宜早日成立和平协定，中国共产党甚愿与国内一切爱国分子携手合作，为此项伟大目的而奋斗。

毛泽东

一九四九年四月八日

这是对和谈进行具有推动作用的。实在说，李的主和，虽然目的在倒蒋，要是不问动机如何，他到底是想和的；可惜溺于一派一系的私利和个人的权位，无定见，无担当，到了重要关头，不能作出勇敢果断的行动。

第三件是我在溪口时虽然劝蒋出国未成，到平以后，更痛感他的留居国内，实为和平的最大障碍，所以又再去信，痛陈利害，摘录如下：

……默察大局前途，审慎判断，深觉吾人自身之政治经济腐败至于此极；尤其军队本身之内腐外溃，军心不固，士气不振，纪律不严，可谓已濒于总崩溃之前夕。同时在平十日以来所闻所见，共方蓬勃气象之盛，新兴力量之厚，莫不异口同声，无可否认。假如共方别无顾虑之因素，则殊无与我谈和之必要，而具有充分力量以彻底消灭我方。凡欲重振旗鼓为作最后之挣扎者，皆为缺乏自知不合现实之一种幻想！此非怯懦自卑之言，实由我方党政军内腐外溃之情形，积渐所致，由来已久，大势所趋，大错铸成。尤其既失之民心，今已不可复得。纵以钧座英明，亦万难将此腐朽集团重新提振有所作为也。倘吾人知彼知己，即以吾党北伐时期北洋军阀腐溃失败之经过事实而益可证明。职是之故，惟有钧座痛下决心，放下一切，毅然决然放下一切。能如是，则腐朽集团经受剧变之深刻刺激，唤起淘汰作用，产生新机，将来尚有重新提起之一日。而不然者，将使失败之中遭受更大更惨之失败，而无复再振再起之可言。此实从任何方面冷静观察，皆为必然之情势与现实，摆在吾人面前，显而易见，决非张大其词、危言耸听之意也！

前与吴礼卿先生到溪口时，曾就两个月来大局演变情形加以研究判断结果，认为无论和战，大局恐难免相当时期之混乱，而钧座虽引退故乡，仍难避免造成混乱之责任，此最大吃亏处，亦即最大失策处，唯有断然暂时出国，摆脱一切牵挂为最有利。当时亦曾面陈钧座，未蒙示可，谨再将其利害列述如下：

甲、出国之利

（一）不作反对者之攻击对象——反对者以“天下之恶皆归焉”之存心，任何问题如不能解决时，即认为钧座所操纵、所阻挠，横施攻击，无法剖白。

（二）对人民表示赞成和平，转移人民观感，以恢复人民之怀念与信仰。一年来国人怨声载道，对于钧座之信仰，可谓低落至无以复加，甚至认为钧座如不远离国门，不但为和平之障碍，亦为战争之障碍，且为美援之障碍，此种众怒难犯之严重压力，何必负担？故钧座为恢复信仰计，自以及时摆脱为宜。

（三）避免和谈失败之责任，与在和谈中提出有伤尊严之要求，并免将来遭遇进退两难之窘境——证以共党迩来之态度，可知如钧座仍留国内，则共方及反对者必将发动更大规模之攻击，极端难堪，殆无疑问。

（四）避免再负战争之责任。盖如和谈成功，则归功领袖下野出国所促成；即如再战，亦不负任何责任，而可引起军民之回忆，并可转变友邦之观点——今日之情势，如和谈成功，自是幸事；倘不幸而和谈失败，亦惟有将党政军大权，尤其军事上之全权，交与李、何两同志①负责，乃为最明智之做法。盖若继续战争，而钧座或在幕后或径出面指挥，则桂系必掉头而去，引起内部之分裂，危险孰甚，真毫无是处也。

（五）对党政军干部之麻木情绪、腐化生活及依赖心理，予以刺激，唤起觉悟，并恢复其对领袖之信仰——现时吾人所

---

① 指李宗仁、何应钦。

感失望者，厥为党政军人员之麻木情绪、腐化生活及依赖心理为主要因素，而尤使吾人最感失望者，乃为党政军一般干部对于领袖貌似恭顺，实则背后均多怨言，牢骚满腹，皆谓今日之失败，乃由钧座领导错误所招致，尤其黄埔系高级将领，多认钧座之指挥方法太过陈旧，认钧座以数十年前之陈旧方法指挥新的军事，太不合原则，必然失败。在此种生活与心理状况之下，焉有恢复信心挽回颓势之余地？故为钧座将来革命大业计，目前惟有放下一切，飘然远引，静观大家之如何作为、如何应付，使之重受刺激，从而引起觉悟，恢复对钧座之信仰。

（六）在个人方面，增强将来革命事业种种有利因素，如广益见闻，结交国际朋友等——钧座曩者虽曾留学日本、游历苏联，然而时代转变甚速，阅时既久，自有孤陋寡闻之感。尤其欧美方面由于科学与工业进步，一日千里，时代之转变益剧，新的事物与新的潮流有不可想象者，倘能在欧美作一番游历考察，广交游而益见闻，则对将来之事业将有极大之裨益，盖可断言。

乙、出国之害

（一）在国外安全问题不无顾虑，但可设法防范维护。

（二）军事力量顿失维系中心，但只须付托有人，似无可虑；且现在军队腐烂已极，不足珍惜，何况今后领袖事业，只有恢复信仰，争取政治上领导之胜利，而不在能否保有若干军事力量为转移。

（三）党的领导，一时远离，不免更形涣散，但如能组成干部会议，亦可维持现状，何况本党早已解体，尚须彻底改造，始可复兴，然此非待大局明朗时莫办。

根据以上各项分析而言，钧座倘能毅然出国，将有百利而无一害，盖甚显然，甚愿钧座再作一切实周详之考虑而及时采取行动，且愈早愈好愈有利。

抑更有陈者，此次到平以来，所受刺激之大，非可言喻，真是万感交集。倘使三年以前，甚至去年六月在西安时钧座采纳职之建议，则决不至有今日如是之惨败，职亦可免今日在北平写此一篇忍辱受气一言难尽之痛史也。职素以吾人应拥护领袖成功不应拥护领袖失败为言为志，倘今此建议仍不蒙钧座采纳，而仍听信拥护领袖失败者之言，留居国内，再起再战，则非至本党彻底消灭钧座亦彻底失败不止。今请再将往者一切失败经过作一检讨，昔日一切建议献策者孰是孰非，无不晓然，目前之情势，岂非铁的事实证明乎？

信是由屈武同志带回南京托吴忠信转交的，不知蒋看后反应如何，事实已经说明他是不会接受的。

七　一次会议

经过 12 天的个别谈话，大多为双方交换对各项问题的意见，未作任何结论。到 13 日早，中共首席代表周恩来交来《国内和平协定草案》一份，并通知当晚 9 时开始正式会议。

我马上召集各代表、顾问和秘书长加以研究。坦白地说，当时我一口气把它看完之后，我的第一个感觉是全篇充满了降书和罪状的语气，第二个感觉是："完了！和是不可能的！"实在说，这个草案在国民党顽固分子看来，不啻是"招降书""判决状"，和他们那种"划江而治""平等的和平"的主观幻想固然相差十万八千里，即就我想象中的条款来说，也实在觉得"苛刻"些。固然，和谈是以毛先生元月 14 日所提的八项做基础，而且我事前也明知这次和谈成功的可能性太小，但是由于自己主观上对和平的痴心梦想所驱使，仍然期望"奇迹"一旦会出现。现在是完了，在我当时尚且认为"苛刻"些的条款，在国民党反动派又岂有接受的可能？不过，我仍然耐心地和大家逐条研究下去，并且考虑在今晚会议上应该采取的态度。

心情是沉重的，时间却如箭般飞逝，晚上9点我们就到了会场。

这是一栋宽敞、华贵而又幽静的封建遗物——中南海勤政殿。大厅中间横放着一张长条桌，两端分坐双方代表。条桌两端的后侧还各有三张小条桌，是双方列席和记录人员的座位。布置简朴，但空气则显得异常严肃。

会议并没有固定程序，在双方首席代表同意会议开始后，首先由中共首席代表周恩来提出《国内和平协定（草案）》，并作了一个概括的说明，原词大意如后：（是记录，未经周先生核定）

这次南京国民政府代表团到北平来，我们经过十二天的非正式的谈判，各方交换了意见。从今天起，已经进到正式谈判的阶段。在正式谈判开始以前，我们已经于昨天晚上把《国内和平协定草案》送给张先生。草案的主要意思，在过去十二天非正式的商谈中，大致都已经谈过，并且充分地交换了意见。

在交换意见过程中，开始有很大的距离，经过十二天的商谈后，曾经把许多有距离的意见，得到了以张治中先生为首的六位代表的同意，有了同一的理解，因此我们觉得很高兴。并且南京代表团已经声明，中国共产党毛主席在今年一月十四日所发表的声明中的八项主张，已经经过李德邻先生在南京发表声明，同意以这八项主张为基本条件来谈判，也就是以八项条件为谈判的基础；同时南京代表团有这个声明，在八项基础条件下，并没有一个具体的答案提出，愿意由我们方面——中共代表团提出实现八项基础条件的具体方案。因此中共代表团就起草这一个草案，送达南京代表团。这个草案，是根据中共毛主席在一月十四日所提的八项条件为基础而草拟的。

这个草案已于昨晚送达，今天两方代表团各有一份，毋须详细解释，但是必须说明中共对这个草案所持的原则。

首先，在这个协定草案中，我们认为必须先叙述历史的责任。因为不如此，就无以使全中国人民、全世界爱好和平的人士知道我们根据什么而提出这一个协定。

现在必须说明的，是从民国三十五年南京国民政府在美国帝国主义的鼓励和帮助下，违背了人民的意旨，破坏当时的停战协定和政治协商会议的决定，在反对中共的名义下，向中国人民、中国人民解放军发动全国规模的反动战争。这种战争，到今天来说，已经有两年零九个半月了。在这么长的时间中，全国人民因此遭受了空前的灾难；不但财力物力生命受了很大的损害，国家的主权也受到损失。因为这样，所以全国人民对于南京国民政府背叛了孙中山先生革命的三民主义与三大政策，也就是背叛了孙中山先生最终的遗嘱，引起了全国人民极大的不满。这种情形，不只这三年来如此，从国民党执政以来就是如此。尤其以这次为全国人民所反对的空前规模的反革命战争，也是南京国民政府发动的。唯其如此，人民对于国民政府所采的各种错误政策、反动政策表示更大的不满。从这点来说，这种错误，是应该由国民政府负责任的。它已经因此完全丧失了人民的信任。在这个二年零九个半月的战争中，国民政府所统率的军队，已经被中国共产党所领导的，也是中国人民革命军事委员会所统率的军队所击败，这一点，现在已经肯定而无疑。因为有上述情况，所以南京国民政府在今年——中华民国三十八年一月一日向中国共产党提出停止内战恢复和谈的要求。在那一个文件里所提的条件，我们认为不能接受，不过在一月十四日毛主席所发表的声明中，我们已经同意谈判和平的提议，所以才有八项具体的原则性主张的提出，这就是大家所共知的：惩办战争罪犯，废除伪宪法，废除伪法统，依据民主原则改编一切反动军队，实行土地改革，没收官僚资本，废除卖国条约，和召集没有反动分子参加的新的政治协商会议、成立民主联合政府、接收南京国民党反动政府及其所属各级政府的一切权力。这八项主张发表以后，得到了国民政府李代总统德邻先生发表的声明同意以它作谈判和平的基础，以后我们接待了南京方面的人民代表团，也接待了上海方面的人民代表团，后者今天在座的章行严[①]先生、邵力子先生都曾参加。那是私人名义的代

① 即章士钊。

表团。两次的接待，经过他们诸位的努力，因此才有今天双方的代表团在这里开始正式谈判。

根据上述情况，我们不能不提出来，事实是很清楚的，战争的全部责任，应该由南京国民政府担负。因为这是一个历史性的协定，是保证今后国内和平的一个文件，所以必须在条款的前文里明确这个责任。

其次，在这个协定草案里，依据毛主席所提八项主张，分别列出好些款项,现在打算把这些款项的具体内容要点说一说。

第一条是惩办战争罪犯。分两款，一款是规定在这次战争中主要的战犯必须惩办。在惩办原则之下，也就是在南京国民政府的李德邻先生所承认的原则之下，经过南京代表团再三说明的，而且得到中共毛泽东主席同意的宽大办法原则下，所拟订出来的两项具体办法，分别情况，予以办理。这一点，在我们方面，也就是中共代表团方面，认为异常宽大的。因为这种规定，对全国人民来说，只是一种很宽大的提议，广大的人民到今天还不知道是否同意。就各民主党派来说，我们所得到的反映，他们都觉得很宽大，甚至觉得不满，因为这里面的宽大不限于任何人。当然，办法尽管宽大，但是执行一定要严格；在原则上不能动摇这个规定。就是一切战犯，不问任何人，必须他能“认清是非，翻然悔悟，出于真心实意，确有事实表现，因而有利于中国人民解放事业之推进，有利于用和平方法解决国内问题者”，才能取消战犯罪名，给以宽大待遇。因为不如此，就不能得到全国遭受战争灾害和不满于国民政府一切措施的人们的谅解。另一项的规定是：不问任何人，如果不遵守这个规定，而且有下述的情况，就是怙恶不悛，阻碍人民解放事业的推进，不利于用和平方法解决国内问题或者策动叛乱的，应该严予惩处。协定签订以后，如果有率队叛乱的，应该由中国人民革命军事委员会负责讨平。

第二款是关于日本战犯的。对于日本战犯的处理，国际上已经有了协定，也有了其他关于日本投降问题的各项协定，中国应该遵守，但是南京国民政府破坏条约，在李德邻先生发表同意以中共八项主张为谈判基础以后，在南京国民政府主权之内，放走了冈村宁次——日本侵华战争的最大的战犯。这个战犯曾在华北实行“三光”政策，残杀众多的生命，以后提升为侵华日军总司令。就国民政府管辖的地区来说，像湘桂战争，也是他指挥发动的。这样大的战犯竟放走了，甚至把已经确定为日本战犯的二百六十多名送还日本。对于这种措施，全国人民异常震怒。所以我们一定要求在签订协定以后，由政府要回来重办。

在第一条的两款里，我们认为都是异常重大的问题，事前也曾尽量采纳南京代表团诸位先生的意见，是必须要做到的。

第二条是废除伪宪法，第三条是废除伪法统。这两条，我们认为在李德邻先生已经同意了的毛泽东主席所提八项主张的原则下，已经没有任何争执，也毋须乎再加解释了。因为这不是我们中共今日如此主张，就在伪国民大会违背政治协商会议的决议召开时，各民主党派都已经一致反对，乃至于国民党的一部分爱国人士也是一样反对，所以由此而产生的伪宪法，全国人民当然不会承认；因此而产生的选举的结果，全国人民也已经表示不承认。这种不承认，在各种的人民运动中已经表示过。因此，伪宪法、伪法统之必须废除，这是已经毋庸置疑的事情，也就应该于条文中明确规定。

第四条是依据民主原则改编一切反动军队。这一点，为了维持全国永久的和平，我们必须负责解决，而且要谨慎将事的。所谓负责解决，是要使今后不会再蹈过去历史的覆辙。远的不说，光就中华民国现代历史说，这三十八年来，已经发生了多少次压迫人民的反动战争，使全国人民遭受到极大的灾害，这是大家都看到的。我们今天都希望获得永久的和平，就必须消灭这一个祸根。反动军队就是进行压迫人民的工具，也就是祸根的所在。如何消灭它？有两种方式：一种是以武力消灭武力，这就是过去和现在所进行的革命战争。为了制止国民政府所发动的反动战争，我们以革命武力来抵抗，后来由抵抗进入反攻，由反攻而得到今天的胜利。这种方式继续下去，无疑地一定达到全国反动军队的彻底消灭。另一种方式，就是以和平的方法改编一切反动军队，使它不再能使国家蒙受变乱的灾害。这种方式，是以民主的方法来改编，使它变成人民的军队，也就是国家的军队；在军队里实行广大的民主，在民主的基础上集中指挥；使军队为人民所有，不再为私人所有，不再为封建力量所有，不再为帝国主义侵略的工具。这种军队，是全国人民所需要的，因为它再没有派系性，没有封建性，没有买办性，相反地，它可以保护人民，可以作为国防的力量，使国内不再发生内战。这就是我们所坚持的，也就是已经得到南京李德邻先生同意的一条原则。

至于实施的步骤，我们这里提出了若干的意见。因为南京政府到现在还保持着相当的军队，包括海、陆、空军，乃至军事机关、学校、工厂、后勤机构等。我们希望以和平的方式改编，而不用军事来解决；同时必须给他们以出路，使他们不会感到像过去国民政府所谓的裁兵，按照派系观点去裁并，或者以复员退役的口号，使他们流离失所。我们认为这不是使国家长治久安的负责任的态度，这是错误的。我们要采取负责任的态度，谨慎将事，就改编计划提出来两个阶段：

第一阶段，就如这个协定里面所写的，按照各地区的情况，分区而且分期，依照原编制、原番号、原人数，定出集中地点，开到那里去整理。要这样做的目的，是使他们不发生动乱和不安，而且感觉到有前途，能够各得其所。用这种负责任的精神来解决这个问题，是应该的，也是必要的。

以同样的精神来从事分区改编，这是第二个阶段。因为各地区远近不同，人民解放军接收的迟早也不同，一定要有先后集中，所以改编也就有了先后之分。这些军队改编成为人民解放军正规军时，其中士兵有老弱残废，确实需要退伍，或者愿意退伍的，都分别予以安置和回家的便利。对于军官也是一样，我们不是用这部分，不用那部分，像过去南京国民政府所采取的那种办法；我们要采取相反的办法，正因为如此，所以我们必须负责任，否则就不能达到这个任务。要改编这样大的军队，是一件艰巨的工作，而且需要相当时间的工作。我们认为这件工作必须有一个机构来负责进行，所以主张设置一个整编委员会。在这个整编委员会里，我们愿意和国民政府方面合作，所以在组织上双方都有人参加。在这个委员会里，中国人民革命军事委员会派的委员占多数，为主任，国民政府派的代表为副主任。以这个机构从事上述的整编工作，因为不如此就无法统率，就无法使这个集中整理分区改编的计划彻底实施。整编这相当数目的军队，一定需要相当的时间、人力、工具，不使它发生动乱，安心服务，使他们觉得有前途。这些军队整编好了，就是国家的力量，人民的力量。他们都是来自民间的，我们的责任使我们必须改造它，否则可能到处发生骚乱，为反动集团所挑拨、所破坏、所利用，在国民政府今日所管辖的地区中成为极大的祸患。这个整编委员会，就是为了执行这个改编计划的工作，是不可少的。因为不如此就无从改革。但是这个组织又向什么机构负责呢？联合政府未成立，还是军事管制时期，它应该向中国人民革命军事委员会负责。这个革命军事委员会在抗战期间就已经有了的。在抗战期间，国民党政府违背了双方合作的协定，在愿为抗战而努力的新四军被国民政府片面宣布为非法的部队而遭解散之后，我们一切在前线抗战的军队没有人管，中国人民革命军事委员会，也就是中国共产党领导下的军事委员会，即在此时产生。同时以新四军负责的将领一时乏人接替，也有成立这个委员会的必要。自从这个委员会成立以后，新四军就在它的指挥下壮大起来，而成为敌后的一支精干的军队。在现在来看，事情非常清楚，我们因为有了这个委员会担负起对军队的指挥领导，才能在这二年又九个半月的战争中击败从事反革命的国民政府，才有今天革命战争的胜利！这个机构和它的成就，这是全国解放区所共同承认的，也是全国人民所共同承认的。在民主联合政府未成立前，没有任何机构能够负起这个责任,所以它就自然成为指挥整编军队的机构了。在和平协定签订后，在整编计划进行中，破坏的应该受到处分，叛乱的应该予以讨平，这是当然的。这个责任谁负？当然只有由这个委员会担负。

第五条是没收官僚资本。这一条的精神也是得到南京代表团的同意写出的。现在是更具体地指出，凡是在官僚资本中，是在南京国民政府统治时期倚仗政治特权及豪门势力而获得或侵占的才没收。至于在南京国民政府统治以前，及虽为统治时期而为不大的企业，进行生产已久，对国计民生没有害处的，并不没收。这是我们顾虑到社会生产之处。不过如果系众所公认的官僚资本企业财产合乎这条各款规定的,就是移到国外去，也得没收。

第六条是改革土地制度。这一点，我们不仅在原则上规定了在解放军到达的地区，先行减租减息，再行分地；就是在解放军还没有到的地区，也一样要实行土地改革。要南京国民政府所属的地方政府负责保护农民群众的组织和活动，等到解放军到了，也要分期进行。就是先来减租减息，再来分配土地。在这条的两款中，规定得很切实，我们所以规定要南京国民政府所属的地方政府对解放军未到的地区保护农民的组织和活动，是有事实根据的。这种事实，也不必列举，直到最近，当南京代表团离开南京的时候，在南京政府统治之下，还有打伤打死学生的事情；最近两天还有逮捕南京国民政府立法委员的事件，这是事实昭彰，应该严禁发生的。

第七条是废除卖国条约。这一条也有原则的规定，使得将来联合政府根据这个原则审查国民政府统治时期的一切条约，尤其要审查对国家和人民不利，有出卖国家权利性质的条约，分别废除、修正或者重订。

第八条是最后的一条，召开没有反动分子参加的政治协商会议，成立民主联合政府，接收南京国民政府及其所属各级政府的一切权力。这一条是一个程序问题，必须明确规定。因为在和平协定签订之后，新的政治协商会议召开和联合政府成立之前，还有一段相当的时期。即使不长，也有几个月。在这个时期，我们不能使全国陷入无主的状态，更不能使全国陷入纷乱的状态，所以我们规定在和平协定签字之后，民主联合政府成立之前，南京政府还要暂时维持下去，尤其它的首脑部分——府、院、部、会等机构，应该保留到联合政府成立以后，实行交代，宣告自己的结束。但是在过渡期间，可能发生两类事情：一类是和平的接收，另一类是叛乱的讨伐。所谓和平的接收，就是国民政府所属的军队要集中一个地区整理，从原驻地开出来时，人民解放军开进去，这些地方就发生接收的问题，发生军事管制的问题，发生建立民主政府的问题。就是说，我们不能使过渡期间一切陷于停顿；停顿下来就等于让反动势力乘机捣乱，乘机分化。为中国和平事业计，这是我们不容许的，也是全国人民所不容许的。同时，如果还有人，还有反动集团破坏协定，公然反对和叛乱，就必须予以讨伐，而且要迅速镇压，使祸难不致扩大，使人民的损失越少越好。我们是对人民负责的，我们必须有行动，才能予以制止。假使叛乱发生或者正在酝酿，我们就要把它消灭。

因为有这种情形，就必须要南京国民政府的行动和人民利益一致，就是服从人民的利益，也就是对人民革命军事委员会负责。这样对接收地区和镇压叛乱，才能得到顺利的解决，才能使得新政协召开以后的联合政府有秩序，不会有多少损失。国民政府和它所属政府的一切权力必须接收,这是另一个重要的程序。同时在接收中，乃至于在将来全国范围内，我们应该对国民政府所属的广大的公教人员负责，有如要向国民政府所属的军队官兵负责一样。绝不能使他们有国事和平解决而他们反流离失所的感觉,甚至使他们觉得毫无出路,这不是我们的负责的态度。所以我们必须规定，要使这些工作人员中的爱国分子、有用人材（才），都给他们民主的领导和适当的工作岗位；除了为人民反对、声名狼藉的反动分子，应该依据他的罪状予以处分以外，我们对绝大多数的公教人员要负起责任，解决他们的问题。我们和平解决的目的，是使这个政权为人民所有；这个为人民所有的政权，就要把国家的一切担负起来，进行伟大的生产建设，所以现在南京国民政府管辖下的生产机构，都要加以保存，不使破坏。这一点，也是非常重要的。

如果上述这些和平条款都能实现，我们相信国内的和平就有了永久的保证，南京政府代表团及南京政府中的爱国分子，努力于这个全国人民的共同希求的和平事业，当然可以得到人民的谅解，也可以得到人民的赞许。在这种情形之下，中共代表团愿意在这里提出保证，当新的政治协商会议召开时，以及在筹备开幕时，接受南京爱国分子的参加，同时也参加联合政府。这一点，并不如外间所传的是谈判中成为条件的一件事，而是一个应该的、合理的、公平的、人民的结论。我们认为这一个结论是合乎人民的意志的。根据我们的解释，我们觉得这样的一个协定草案，一定可以得到南京代表团的同意。同时在这十二天非正式的和谈中，在个人的接触中，我们觉得南京代表团的意见和我们是有距离的；但是我们都具有和平的愿望，由于这个愿望，把它具体化的时候，只能做到我们现在所提出的结论。只有这一种结论，才能使全国人民相信今后和平有了保障，也就是南京代表团在过去十二天中所接谈的、所希望的和平真正得到实现。因为我们相信，在这个和平协定签订前，双方都可以合作，双方都可以负责使它实施，所以当我们提出来的时候，抱着极大的希望，对于南京国民政府代表团，对于以张文白先生为首的代表团，寄予极大的希望——希望接受这一个《国内和平协定（草案）》，我们相信当这个协定变成正式签订的文件时，对全国人民、对各民主党派、对一切民主力量，他们听到了，一定欢欣鼓舞。在正式谈判的第一天，希望我们的希望由于南京代表团的接受而变成现实。

我的话完了，现在想听取张文白先生贵方的意见。

然后，由我把不可能接受的各点逐一提出，并在发言中还强调对于国民党的错误，有诚意承认；对于国民党的失败，也有勇气接受。末后指出愿就中共所提草案再加研究，提出修正案，原词如后：

刚才周恩来先生这番话说得很详细。国民政府派遣我们这个代表团到北平来同中国共产党进行和平商谈，承蒙以周恩来先生为首的中共代表团，与我们作很多次数的交换意见，特别也承蒙中国共产党主席毛先生与我们各代表个别交换意见，我们各代表同人感觉很兴奋。同时代表团这一向受到贵方十二分周到的接待，我们不但感谢，内心还甚觉不安，首先要代表我们全体同人在这里向中共代表团表示感谢和敬意。

说到昨日周恩来先生当面交给我们的《国内和平协定（草案）》，因为时间太匆促，我们代表团只作了一个大体的研究。现在我愿意把我们对于这个草案所研究出的几点意见提出来说明一下。

关于《国内和平协定（草案）》前文一段，我们很了解过去这一个战争的责任问题，更明白前文中所指出的两点意义。第一，说到我们国民党过去背叛了我们总理中山先生的遗教和政策，我是一个国民党员，在我们代表团中，除章行严先生外，其他四位也都是国民党员，以国民党员的立场，我们很坦白地承认这是我们党的一个错误。国民党执政二十多年，都没有能切实遵循我们总理——伟大的革命领袖孙中山先生的遗教和他所决定的政策去做，实在是一个不幸的错误，因此才形成了今日失败的局势。第二，说到在这次国内战争中，南京政府军队已被人民解放军所战败，这也是事实，不必我多说。在此我愿意向中共代表团申明：对于自己的错误，我们今日诚意承认；对于我们的失败，也有勇气来承认。所以协定草案前文中指出的我们因错误致遭遇失败，我们决不作任何掩饰。同时还可以说，中共把我们总理孙中山先生特别提出来，这是一个很大的礼貌，对于我们国民党，也可说是一个很好的友谊表现，我们乐意接受。

不过，在前文里有若干过于刺激的字句，我们希望在精神和内容能酌加删节。至于如何删节，此刻我不必一一提出。

第一条关于战争责任问题，本来在多少次交换意见中，我已一再希望不要作成一个条文。我和毛先生见面时，毛先生已表示很大让步态度，但我还是坚持这一项最好不要列成条文；如果要列成条文，也应该只说：凡今后拥护和平的，可以给予宽大待遇，有谁背叛和平，才应追究。现在这个协定草案第一条所列第一款一、二两项，大致上和我们的意见相符，今天我们代表团同人不想再为这问题而僵持，同时我们也很了解周恩来先生和其他五位先生尤其是毛先生对我们的让步。对第二款我们没有什么意见，可以等到民主联合政府成立后处理。

第二条关于宪法问题和第三条关于法统问题，有连带关系，我们也没有多大不同的意见，不过认为在文字表现上，似宜删改。举一个例，譬如第三款：“双方确认南京国民政府于中华民国三十五年十一月召开的‘国民代表大会’所通过的《中华民国宪法》，是违背人民意志的，应予废除”，我们认为“应予废除”是目的，“违背人民意志”是理由，依条款惯例说，理由无须列入。又如第四款中“……中国国家及人民所当遵循的根本法律……”“根本法律”四字应改为根本大法，并且规定这一根本大法由新的政治协商会议及民主联合政府制定，这样才能使人民知道，将来我们的政府还是要有新宪法。

第四条关于军队改编问题，刚才听到周恩来先生的详细解释，我们对这条也研究了很久。研究结果，认为本着协定草案的规定，军队改编分成两个阶段，即是两个时期，究竟这两个时期怎样分法？是以年月来分，还是以事实来分？例如以一年或半年为第一期，或以联合政府未成立前为第一期，联合政府成立后为第二期？我们想阶段的划分，总不外这两种分法。不管怎样分，第一期的整编是一个驻地问题，就是我们军队指定或商定一个驻地后自行整理。对这一原则性，我们的意见与之没有多大出入。第二期为实行改编时期。改编的时间当然有许久，集中整理之时当然也要有若干时日，无论整理与改编阶段，都应有若干原则或注意事项要订出来，不过我们觉得这些原则或注意事项也不必在和平协定中列出许多条文，可以用另外方式提出。

最重要的是整编委员会问题。第一阶段的改编计划是集中整理，不是改编，负责机构用整编委员会名义好，还是用另一个名义如监察委员会或监督、视察、督导委员会这类名义好？第二阶段着手分区改编，自可以用整编委员会或军事委员会名义。联合政府成立后有军事机构，当然会讨论到军队改编问题。

另外还有一点，刚才周恩来先生说，整编委员会要在人民革命军事委员会领导下成立，我们觉得有值得考虑的地方。在第一时期，民主联合政府没有成立以前，军队的集中整理，当然还是由南京我们的政府负责任，与中共合作，设立一个什么名义的委员会来监督实施，这我们都可以接受，但是到第二时期，应该由联合政府来办理分区改编军队工作，联合政府下自然有军事机构来掌管这一事项，而且是全国军队一律的整编改编。人民革命军事委员会本来是中共的军事机构，不过协定草案上没有标明，只说是属于人民的，一般人的看法当然还是认为是中共的机构（事实上是如此），这点实应考虑。

同时协定草案第十款,文字上表现得太严重,刺激性也太大,如"……对改编计划抗不执行者,中国人民革命军事委员会有权命令南京国民政府协助人民解放军强制执行……"这样一来,无异南京国民政府成为人民革命军事委员会底下一个机构。虽然说旧法统要废除,但现在国民政府接受了八条,在联合政府未成立前,还是要行使职权;如果国民政府变成了人民革命军事委员会所辖的一个机构,对国家的体制以及对一般人民的观感都很不好。这一点我今天率直说出来,希望恩来先生和各位先生慎重考虑。

第五条没收官僚资本,第六条改革土地制度,第七条废除卖国条约,这些条款我们认为在若干处文字上或太重,意思上或有些抵触,建议作文字上的修改删节,原则上我们没有不同意的。没收官僚资本,改革土地制度,原是我们国民党执政二十多年来早就应该做的事。本党第一次全国代表大会(中共党员曾经参加)所制定的政纲政策如果实施,我们也不致有今天这样地步,现在中共提出这样条款,我们只有惭愧,决无反对之意。

最后,第八条关于召开政协会议、成立民主联合政府,这一条很重要,我们也很了解中共方面所表示的很好意思。不过,有些字眼同样太重,有些文字同样嫌重复些。举例说,协定草案第二十款"南京国民政府及其各级地方政府与其一切机构举行移交时,人民解放军、各地人民政府及中国民主联合政府必须注意吸收其工作人员中一切爱国分子及有用人材(才),给以民主教育,并任用于适当的工作岗位。除不愿改悔的反动分子及声名狼藉的贪污分子以外，其他一切人员，均应给以适当的安置，不使流离失所”，既然必须是爱国分子及有用人材（才）才给他适当工作，底下又提到反动分子、贪污分子，似乎重复。因为爱国分子自不是反动分子，所以“适当工作岗位”以下一段可以不要，只保留最后一句“不使流离失所”就成了。又如第二十二款所规定的一切在第二十一款中都有，这种重复条款可以删去。

成问题的是第十九款：“双方同意，在《国内和平协定》签字之后，民主联合政府成立之前，南京国民政府及其府、院、部、委、会等项机构，应暂予保留，向中国人民革命军事委员会负责，并接受其领导，除处理日常工作外，应协助人民解放军办理各地的接收和移交事项。待民主联合政府成立之后，南京国民政府即向民主联合政府移交，并宣告自己的结束。”我那天同毛先生谈到这一问题时，毛先生表示说：“今后联合政府不知哪天成立，也许要两个月或三四个月后都说不定。在这时期中，你们南京政府应照常行使职权。”还特别加重语调说：“不要散掉了，要他们注意，不要大家都跑了，南京就散了。”意思非常明显，在联合政府没有成立以前，南京国民政府应该继续行使职权。因为江南还管辖有这样多省份，许许多多政务要经常处理，例如外交、经济、财政等事项。若是南京国民政府要向人民革命军事委员会负责并接受其领导，岂不是人民革命军事委员会变成了南京的太上政府？这点我要重申刚才所提同样的理由，认为不相宜，请中共代表团诸位先生再加考虑。我的意思是：“……等项机构应暂予保留……”句可改客气一点，改成“……应照常行使职权”，下面紧接“待民主联合政府成立后……移交并宣告结束”。删去“……向人民革命军事委员会负责……”一段，与原来主旨并没有多大出入。

末了的第二十三、二十四两款，表现了中共方面的友谊和好意，我们当然了解，只是文字上觉得重了一点。我们以后参加政治协商会议和民主联合政府，都要由中国共产党代表团负责保举推荐，在诸位先生是好意，但是文字上是否要这样表达？我们研究之后，虽没有具体修正的意见，却总希望能用其他比较更友好些的字句。

以上是我们对于《国内和平协定（草案）》条款的一个简要意见的说明。其次，我还说一点浅薄的感想。

刚才周恩来先生说，我们争取和平，一定要永久的和平。稍有国家观念、人民思想的人们，没有不同意这句话的。国民党政权领导的失败，我们希望能作大家的前车之鉴。今后任何一党来执政，应该不再走国民党的道路，一定要从根本上来铲除内战的因素，使我们国家真能从此获致永久的和平。在平常谈话时，我常表示这样的意见，认为中国实在太落后，尤其我们要由农业国家走向工业化国家道路上去，非努力建设、迎头赶上去，就不够资格在二十世纪五十年代立足于世界之上，成为一个独立自由的国家。对于这一层，没有比中共方面看得更确实更深刻的。从毛先生的文章和中共许多先生的言论中，我们可以得到这样一个认识。所以目前这一阶段，是国家走向进步大道的重要关键，是中华民国一个划时代的转变。在这划时代的转变中，我们要建立怎样一个国家？就是和平协定草案最后的一段话，也即是毛先生所讲的话：“为着中国人民的解放和中华民族的独立，为着早日结束战争，恢复和平，以利在全国范围内开始生产建设的伟大工作，使国家和人民稳步地进入富强康乐之境。”这几句话，可以说是今后历史上最宝贵的话，是全国同胞所一致拥护的话。我认为我们尤其要着重“稳步地”三个字上面。这次我们从事和平商谈，同人没有别的意思，只希望国家经此划时代的转变后，能够避免再牺牲再破坏，能够很稳当地实在地达到富强康乐的目的。我曾经和许多朋友研究，一次战争中总有几万几十万人的牺牲，一个大的战役或重要据点的争夺战，至少几千几万人的伤亡。又如上海发生战争遭受破坏，不知要多少年才能再建设起来。所以战争是妨碍国家走向富强康乐之境的死敌，是建设的对头。我今天固然代表我们政府和中共商谈和平，同时个人一向也是中国共产党的朋友，至少不是中国共产党的反对者。这次中共在战争中的胜利，可说已到了一个圆满的地步，如果现在这个明智的和平政策能贯彻下去，那么，中共就不仅是军事的胜利者，而且是政治上的大大的成功者。我今天在中共代表团诸位先生面前，不想说什么恭维的话，但我愿唤起各位先生的注意，今后国家的责任，是落到了你们的肩膀上。国民党的政权当然是完了，今后的国民党或者再经过一番改造后，作中共一个友党。目前则我们以至诚至敬之心，希望中共能从此领导国家，达到独立、自由和民主的目标，并建设国家，臻于富强康乐之境。就是我们代表团同人向中共代表团同人所想表示的一点小小意见和希望。

至于和平协定草案，我们预备在明天提出一个对案——也不是对案，总之，就这原草案哪些地方要删，哪些地方要改，把我们的意见另外写出来。至于用什么方式来商量，我们没有成见。等到双方代表团能得到一致的意见，我们当派人回南京请示，这是今天特别附带声明的。

最后双方同意再作会外协商，然后定期举行第二次会议，于是在 11 时 55 分宣告散会。

次日，我们继续研究修正案完毕。

这个修正案和原草案最大的不同之点是：词句力求和缓，避免刺眼的词句，同时对军队改编、联合政府两项也有若干的修正。目的完全在希望南京方面或者能够接受，使和平不至于破坏。因为当时代表团同人有这样的一些共同认识：对国民党方面，认为失败是肯定的，我们既然注定失败，何必还一定拖累国家和人民。对中共方面，认为是必然胜利的，但如果在达成成功的途径上，能够减少国家元气的凋丧、人民生命财产的损失，不是更好吗？其实，即使这个修正案为中共方面接受了，南京特别是溪口和广州方面也是不会接受的，他们还没有那种远见和定见，我们的想法也未免太天真了！

第二天——14 日晚上，我把这个修正案交给周恩来，并和他谈了很久。15 日晨，各代表复与中共代表分别交谈，希望能够找到一线解决的希望，但是进展殊少。到晚上 7 时，中共送来了最后决定的《国内和平协定》，并定是晚 9 点仍在勤政殿举行第二次会议。

八　二次会议

中共方面宣布是最后定稿的《国内和平协定》。

第二次会议地点仍旧，先由周恩来先生把这个定稿修正之点，亦即接受我们所提修正之点加以说明，然后对渡江问题等项郑重提出。最后再三说明，这是不可变动的定稿，在本月20日以前，如果南京政府同意就签字，否则就马上过江，其大意如下：（记录稿，未经周先生核定）

经过十三日第一次正式会议后，十四日一天我和文白先生就《国内和平协定草案》全部内容要点再度具体交换了意见。昨天晚上文白先生在会谈后，也将南京国民政府代表团对这草案所提出的书面意见交给本席。我们根据这两天的交谈，参考各种材料，改定了中共代表团方面的和平协定最后稿件，就是今日下午七点钟送达南京代表团各位先生的本日所印出的《国内和平协定》文件。

在这两天接谈中，中共代表团尽可能吸收南京政府代表团许多意见，就是说凡是与推进和平事业有利，与中国人民解放有利的意见，我们尽量采纳。换句话说，就是在某些大问题上，凡我们觉得应该求得妥协的，总尽量妥协，所以今日提出的这最后定稿，较上次的草案已有若干修正，须得向南京代表团全体朋友说明一下。

在定稿中，最重要一个问题，是中国人民革命军事委员会的权力问题。文白先生和其他代表都希望能有变动。经过我们的考虑，觉得为使和平事业能实现，我们愿意让步，在联合政府成立前，双方成立的机构，还是用一种合作的办法，南京国民政府暂时行使职权，一直到自己宣告结束之时，也就是联合政府成立以后，同时与人民革命军事委员会合作协商，以解决过渡时期一切问题。在军事方面，成立整编委员会，依照定案上所规定情形办理，上面不再冠以人民革命军事委员会统率和指挥字样。这是我们一个重大让步，是为使得南京代表团向今日南京政府负责人李德邻先生、何敬之先生说服时有很多便利，俾和平能早日实现。军事整编委员会双方合作、政权方面则互相协商解决。这样的重大让步，我想南京代表团方面也会体谅得到。另外，我们必须指出两点，是曾经讨论为我们所不能接受的，在这地方我要向南京代表团各位代表和顾问说明，就是关于军队改编程序和人民解放军开往江南接收一部分地方政权之事。

第一，军队改编问题。在上次会议中已详细解释，南京代表团重复提出希望规定两个阶段的划分时期，以联合政府成立前后为界限。意思就是说，在联合政府成立前，国民政府所统率一切武装力量，由国民政府自己处理，联合政府成立后，再由整编委员会处理。我们认为国民党一切武装力量应即改编，上次已说明，用意在使中国国内从此得到永久和平。要达到此目的，必须全国军队编成名副其实的人民的部队，不可再敷衍，有如过去部队的编遣，徒然贻害地方，使人民受到极大痛苦和损失。对于这点，南京代表团的意思和我们在精神上是相同的；假如还让原有机构负责整理，甚至提出复员口号——复员名词当然很好听，实际却难免流于敷衍，不可能使社会安定无事。因为在复员口号下，做起来会产生两种现象：一种是不负责任的裁兵，结果士兵或回到农村为害乡里，或漂泊城市流落街头，形成严重的社会问题；另一种是借此把武力暂时埋伏起来，藏起枪支武器，将来再来进行破坏革命勾当。对于这种人，我们虽然有办法，在人民觉悟以后，土地改革实施，他们就无藏身之地，但这样一定要经过很大波动，所以我们觉得冒昧提出复员颇不适宜，应该在和平协定签字后成立整编委员会，双方合作来解决这一问题，不必分联合政府成立前一段时期和后一段时期，而是一道来。搞的办法我们非常慎重，上次我已讲了，今日不妨再解释。譬如说集中整理和分区分期办法，其目的在使大家各得其所，安心听候改编，保证集中在好地方的先集中，不能集中在好地方的按情形缓办，时间给以很宽的限制，如长江以南人民解放军易于到达的地点，集中的时间比较早，苏、浙、皖、湘、鄂、赣与陕西、陇东等地属之。其他远的地方如西南、西北（兰州到迪化）乃至台湾等地，那就不可能在三五个月集中，不妨由原来的南京国民政府暂时维持，等联合政府成立后再来加以规定。实际上维持的时间，比南京代表团所提方案还要长，甚至长到一年。因为集中整理后，必然要筹划给养、驻地等，还要予以各种保证，不然就会发生乱子，整编委员会要负责，也就是人民革命军事委员会要负责，同样南京国民政府也要负责，故此我们这样规定，完全是负责和谨慎从事的态度。

转到第二阶段，分区改编，也不是一下全国都改编，弄得到处没有安定，而是有秩序地集中整理，筹划好了，还要进行教育，使大家觉得改编有利，不是打击谁，淘汰谁。负责这种工作的整编委员会将来双方都要参加，都要负责，完全是站在一家人地位来办理。我曾以此跟文白先生特别剀切说明，认为这种责任不能逃避，要为人民办好。那样的改编，士兵也才心安理得，明白这不是排挤倾轧，打击派系，因而无所恐惧，只觉得这是走向正道。他们愿意学习为人民服务技能的便加学习（也应该学习），愿意回家的给他回家，但也决不勉强他回家。像这样的改编计划，是我们方案中很重要的一点，我想双方都会了解。打这样久内战，国民党凭的什么？武力。武力现在已失败，就应好好交出来，由人民革命军事委员会和人民解放军把他们好好地教育，不使其流离失所，而是各得其所。这件事做得好，才能保证中国永无内战。所以对于协定第四条，我们曾考虑至再。在我们方面也有同人这样想：裁军可使人民减少负担，我同文白先生亦曾这样说过，但是后来一想，冒昧地裁军将形成社会的动乱，增加人民的苦痛，将来各方面都会责备我们。所以我们定出这样办法，务求做到合理适当。现在我们坚持这部分，而且确信这种意见一定可得到全国人民的赞同。我们也曾在各民主党派会议上征询他们的意见，他们都一致赞成，希望南京代表团能同意我们这个办法，说服南京当政的几位先生。今日南京当政的几位原都是军人，李德邻先生、何敬之先生、白健生先生和顾墨三先生[①]等，当年都带过兵，只要他们能为人民着想，这个问题就可迎刃而解，其他问题更是如此。

由此而联想到第二个问题，就是人民解放军接收地方政权问题。在这个问题上也必须加以说明的。协定中我们规定人民解放军在已到达和接收的地区，实行军事管制，接收当地政权。为什么要如此？这是革命过程中必须经过的阶段。在座双方都

① 白崇禧，字健生；顾祝同，字墨三。

有经过辛亥革命的前辈，其他各位则都经过了北伐大革命，这两种历史就给我们以证明。辛亥革命时，先成立都督府、军政府（各地都是如此），然后才有临时政府，从辛亥革命到第二年成立临时政府，经过相当长的时间。上次北伐大革命更是证明如此。从广东北伐到南京，都是以总司令部下的政务委员会行使政权，革命军到哪里就行使到哪里，革命军就是政权的先锋队。根据这两个例子，我们这次的解放战争，人民革命也是用这样方式。所以在联合政府还没有成立以前这一段相当的时日，人民解放军必然要接收一些地区，才能保障地方秩序的建立，才能使该地的国民党所统辖的部队能交出来集中整理，才能使和平有确实保障。这是当然的道理，也非此不可。

以上两点我们决不能让步，若让步就失掉了毛泽东主席所提八项条款的基本精神。对于这种重大关键，我们不会使双方代表团有任何不了解，否则我们就不是真正坦白的谈判。人民解放军要接收一部分地方政权和改编国民政府所统率的军队，这两者不可分。至于划分时期我们不会急躁，急躁反会发生错误，招致乱子，所以我们对军队改编要分期而且分区，初期设想只能在江、浙、皖、湘、鄂、赣、陕、陇东这些地区先接收，其他地区则后一步。联合政府大概可在接收中或接收后成立，或还早一点，只要不出别的乱子。这是我们必须坚持的不能让步的最主要的两点。

其次，关于重要事项方面，文白先生领导的南京代表团提出的对协定草案的修正意见，凡是我们能接受的都接受了，譬如前文有些带刺激性的字眼像“反动分子”等形容词，我们通通去掉了，“背叛”改成“违背”，以便能为南京政府所接受。文白先生还曾提到，是不是把过去错误部分不写，我们认为这与贯彻后面八条相关，所以不能不保留，而在第二、第三条规定宪法和法统性质有相互关联的两处，我们同意去掉。又如八条题目文白先生认为无须再提，我们也同意。第一条内容很重要，曾经为此在谈判初期争执很久，初稿已把战犯名单去掉，“元凶巨恶”不提起，这次文白先生再要求把“首要次要”字样也去掉，我们考虑“元凶巨恶”既可不提，这点当然再让步，接受文白先生的意见，这样南京方面也好接受些。第二、第三条刚才已说过，已把对宪法和法统性质的解释勾去，文字上“根本法律”四字去掉一个“律”字。第四条把人民革命军事委员会统率和指挥整编委员会这点也去掉了。国民政府一切武力改编为人民解放军，也不由人民革命军事委员会统率指挥。实际上改编为人民解放军是联合政府成立后的事，应有一个时间，但我们也可以不写。第四条的最后一段，我们把“人民革命军事委员会”去掉，改成“国民政府协助人民解放军强制执行以保证改编计划的彻底实施”。第五、第六、第七条南京代表团所提，只是文字上的修正意见，没有什么重要性，而且原来规定也比较切实，因此没有接纳修改，只是把题目去掉。第八条主要的修改在同意文白先生提出的国民政府暂时行使职权的意见，但必须与人民革命军事委员会协商处理。第二十款中文字上反面意思不提了，合成一句，去掉了“反动分子”“贪污分子”等字眼。第二十一款属于技术性质，文字多的地方也去掉一些。第二十二款，关于接收国民政府所管辖地方一切权力，改为由当地军事管制委员会与地方政府负责。这是依照北平的接收情形来定的。最后，在双方代表团一段声明中，也依照了文白先生的意思，加上独立与自由等字。总括《国内和平协定》全文的修改,我们总是尽量求取原则上的同意,与实施技术上的合理,以便利和平事业的推行，也便利南京代表团好说服南京政府，使协定能很快签字。

这个《国内和平协定》，当然是中共代表团最后的定案，现在提交南京国民政府代表团，我们期待南京代表团同意这个协定，接受这个协定，签字在协定上，使全国人民所热望所关切的伟大和平事业，能在我们双方代表团合作如同一家人的精神上搞好。我们负了历史的使命，全国人民看着我们，全世界爱好和平的人士看着我们，我相信南京代表团诸位先生也和我们具有同样的认识。南京政府负责人不是主战的人,是主和的人,尤其章行严先生不是南京的人，以事外之身，也热心来参加和平大业；我们面对着中国人民，面对着历史，应有很好的交代，更不能让某些反动的私人集团来破坏。对于反动好战分子我们有什么办法来感动他们？他们的破坏是必然的，他们的阻挠也是必然的。帝国主义者也一定要来破坏我们的和平，我们脑子里不想他们；如果要想，想的是对付他们，打击他们的阴谋。相信在南京政府辖区下，也有千千万万愿意和平热心和平的人士，和平能早实现，他们都有生路，不再担负战争的责任，不会流离失所。诸位来到北平已经半月，在这半月中间，江南一带物价又有了多次的飞涨，较之去年“八一九”，指数高达一两万倍。在这种情形下，我们可说延误浪费了半月时间，使人民多吃了半月苦痛，现在实应努力把这神圣伟大的和平事业加速达成。昨天文白先生已说过，要把我们提出的最后稿子带回南京，说服南京当局，但愿能如此，不然我们解放军就会向前推进，因为他们正在等待着向江南推进的命令。因此，我必须在这个协定的本文以外，关于人民解放军渡江接收的问题，还要提出几点。刚才已经和文白先生说过，我想归纳成五点来说。

第一点，人民解放军没有宣布过停战。南京国民政府曾经要求停战议和，我们没有同意；我们只同意这个协定签订之后永无内战，也就是在和平协定签字之日，就对全国人民宣告永远不再有内战。我们双方代表团应该有这个勇气，以全权代表的资格，宣布不容许再有内战。至于我们中共代表团，是有这个信心、有这个勇气、有这个力量的，只要这个协定签字，我们愿意忠实执行，并且保证：任何人要破坏这个协定，我们一定制止他。我们认为和平谈判的本身，就可以产生一个不再有内战的中国。所以我们只说在协定签字之后，永远不再有内战，而不是说在协定签字之前，就可以宣布停战。但是有一个临时的情况，就是因为南京代表团到了北平，而代表团诸位也是在南京政府中主和的人士，热心和平的人士，这是我们素来知道的，为了使谈判更顺利，所以我们愿意在谈判进行期间，命令人民解放军暂时不渡江。这一个约束，我们不仅是在南京代表团到北平以后才这样说，就是以前对李德邻先生、白健生先生的私人代表，也同样地告诉过他们。李任潮先生派到南京去的两位代表朱蕴山、李民欣，我们也托他们这样转达过。但是我们不能无限期地受到约束，所以我们今天正式地告诉文白先生，请南京代表团回去南京的先生转告李德邻先生和何敬之先生，我们只能约束到本月二十日为止，到那时还不能获得协议签字，那我们就只有渡江，不能再拖延到二十日以后了。再重复说一遍，我们并没有承认停战，但是为了达成和平协定，使中国成为永无内战的国家，我们在协定签字后，应该向全国宣布：我们不能容许再有内战，而在和谈进行中，我们愿意受这个约束，就是暂时不渡江。不过约束是有限期的，最初我们设想到本月十五日可以完成协商，但是经努力后现在不可能了，所以才推到二十日为止，这是特别要提出来的第一点。

第二点，为了保证协定签字以后有效实施，我们必须渡江接收。如何叫有效实施，就是在协定签字之后，要使存心破坏者不敢破坏；如果到时还有敢于称兵作乱的，要很快地把他们讨平。为了达到这个要求，我们于协定签字之后，必须渡江接收江南地区，来保证这一个和平协定的实施。这一点，已经口头地、书面地和文白先生说过，就是要在长江下游的扬中、江阴两县，和上游的繁县、南陵、铜陵、青阳、石埭、贵池、东流、至德八县，由解放军和平地渡江，接管这十个县的地区。这样一来，就可以使得长江以南在国民政府管辖下的要想率部叛乱破坏协定的部队，不能不有所顾虑。如果还是有敢于称兵作乱的，我们就以力量协同南京国民政府所管辖愿意和平的部队，一起讨平它。这不仅是为了保证和平的实现，也就是南京国民政府在它的统辖区域内得到帮助，以利和平协定的执行。至于如何在这十个县份渡江，南京政府军队如何调开，在协定签订的前后，当然都要商量好。既然是和平解决，办法当然可以商量，我们愿意在这两三天之内就开始研究。

第三点，至于其他的地区，像刚才所提到的苏、浙、皖、湘、鄂、赣、陕、陇东等地如何接收，那就要等到整编委员会成立以后。整编委员会何时成立，根据协定应该立即成立。所谓立即，最少也有几天。协定签字是在二十日以前，这个会的成立就可以接在签字之后的几天内。

第四点，在南京国民政府管辖下的部队，如果有不同意和破坏这个协定称兵作乱的，那么为了要协同讨平它，人民解放军就不能受约束在这十个县份之内，我们愿意与南京国民政府管辖下接受和平协定的部队一同动作。

第五点，南京国民政府对于中共代表团所提这一个和平协定定案的回答，我们愿意等到二十日。当然，我们很愿意以双方的努力，促成和平协定的签字，所以在和平商谈开始我们就表示过，希望李德邻先生、何敬之先生、于右任先生（本来说今天来，但没有来）、居觉生先生[①]、童冠贤先生五位[②]，到北平来参加签字，使得中国早日变成和平的国度。我们非常热烈地期待这一个日子的来到。就在这几天之内，给南京方面以千载一时的机会。李任潮先生已经在各党派会议上表示：假使李德邻先生来的话，他愿意保证陪德邻先生回去。意思是有些地方不是德邻先生所能管得到的，但是汉口由白崇禧管辖。万一的时候，也可以到汉口去。这可以看出他们对和平期待的殷切，我们所以定出限期到二十日为止，就是因为适应全国人民热切的期待。

① 居　正，字觉生。

② 当时何应钦是行政院长，于右任是监察院长，居正是司法院长，童冠贤是立法院长。

以上这些话，是在这个协定以外需要加以说明的，我们希望回南京去的代表转达给南京政府。有许多朋友们都知道，中国共产党有的时候是很硬的，不过我们也是根据原则性才这样做的；我们要是从四面八方地讲敷衍，就不会有今天的局面。因为我们要替人民做事，就要对反对人民的分子加以打击，使人民的力量生长起来。我相信在南京代表团的诸位先生，在交换意见的十五天中，对我们一定有了相当的了解。拿我个人来说，除了李蒸先生是初次见面之外，其他的都是极熟的朋友，我们大家的生平都很清楚。我们认为确实只有在这个原则下,才能解决问题，所以我们就不能不有所坚持，以强硬的态度来解决。但是只要原则上解决。其他还是要大家来协商。只要协定签订了，以后一切的事情，还是可以像我们今天一样，在一个屋子里商量办理。这一点我们也希望回南京去的先生给我们转达。上面所提的五位老先生我们都认得。童冠贤先生除了我们这几位代表没会过外，和我还是很熟的朋友。至于其他的四位先生，就更不用说了。我们今天要和平，就只有以这样老老实实、坦白真诚的态度，才能保证其成功；我们今天提出来的问题，说一句俗话，是硬绷绷的，也许南京代表团朋友们觉得我们太认真，但是中共朋友都是这样的。刚才文白先生说我们干脆，我们原则上就是这样。最后我们期待着和平的早日实现。我的话完了，文白先生以为怎样?

到这地步，对这个协定我自然无话可说，只是简单地发表了我的意见和感想，并声明明天即派人到南京请示再行答复，全文如下：

刚才听到恩来先生的话语，同时在今天下午大概是七点钟的光景，和恩来先生见面，他交给我这一个《国内和平协定》的文件，恩来先生向我表示：这是最后的一个文件（刚才恩来先生也说了，这是中国共产党最后提出来的一个定案）。我当时对恩来先生说："所谓最后的文件，是不是解释为最后的通牒？是不是只许我们说一个对或者不对？"恩来先生对这点表示是最后的态度。因此我说："也好，干脆！"我说这句话，当然也不是随便地、偶然地说出来。因为这次到北平来，到今天已经半个月了。在这半个月当中，双方代表团分别经过无数次的会谈，对于最重大的几个问题，已经交换了很详尽的意见。可以说，应该说的话，应该说的理由，通通都说了，说尽了。到十三日恩来先生提出来这个第一次的文件——《国内和平协定（草案）》。当然，在中共方面，是根据双方十多天来的会商所提出来的一个草案。我们代表团接到这个草案后，经过郑重研究的结果，对草案内容的许多原则上、文字上方面，已经提出来很多修改的意见。这些修改的意见，一方面和恩来先生谈了，同时也用了书面提出来。直至今天下午七点钟，恩来先生又当面交给我这个《国内和平协定》，草案两字已经删去了；并且说明这是最后的文件。我们也清楚，这是双方经过半个月来无数次交换意见后，中共所提出来的最后的定案。我们接到这个文件后，临时作了一个初步的研究，因为会议的时间到了，很仓促，所以还没得结论，还是在慎重研究中。

刚才听到恩来先生对这个文件的解释，对于我们所提的修正意见，有许多是接受了。诚如恩来先生刚才所说的，譬如在前文里头，文字上有修改的地方。第一条“首要及次要”字样也删去了。在第四、第八两条内，关于“中国人民革命军事委员会”的地位和关系，也接受了我们的意见改变了。其他关于文字方面，也有很多接受了我们的意见。据恩来先生说，修改的一共有二十多处。这一点，我们代表团同人是完全了解的。当然，刚才恩来先生说，有些地方是不能变动的。譬如说，军队改编的原则问题、军队接收地方政权的问题，都是不能变动的。

同时，恩来先生的解释除了有关这个文件的内容之外，还提到渡江的问题。刚才他和我会面的时候也说，中共方面预定在四月二十日渡江。我就问他：“你过去说在和平协定签字后三两天就渡江的话我是没有同意的，现在和平协定还没签字，你怎么说就预定四月二十日渡江呢？”恩来先生曾续加解释说：“你们代表团派人把这个最后文件带到南京去请示，如果来电报说可以签字，当然渡江的日期和办法是可以商量的。”意思就是说：如果我们带回南京请示不能签字后，中共就预定四月二十日渡江，是不是这样意思？（周恩来先生答：是的。）这一点，刚才恩来先生解释时遗漏了，所以我把它补说出来。当然，恩来先生让步的地方，我们很了解，就是不能让步的地方，他所持的理由，我们也是了解的。不过在我们代表团的立场来说，这个《国内和平协定》既然是最后的文件，我们对它如果认为是完全对的，就答应签字；认为不能签字，就不签字；不是说还有商量，还有字斟句酌的余地。只是同意签字，不同意就拉倒。如果“最后文件”是照这样解释的话，那么我们代表团同人在现在就没有再发表意见的理由了，也没有发表意见的必要了。

当然，我们的政府正等待着我们代表团的报告，这次会议之后，我们还是继续研究，准备把我们的意见报告政府，请示它作最后的决定，然后再来答复中共代表团。

对于这一个问题，我不能再有话说下去，不过我想略为提出一点个人的意见或感想。我要再说明：这是我个人的意见和感想，而不是代表团的意思和感想。

国共两党的斗争，到今天可以说是告一个结束了。谁胜谁败，谁得谁失，谁是谁非，当然有事实作证明，将来也自有历史作评判。不过要打个比方来说，我想国共两党之争，好比是兄弟之争。我们同是中国人，同是一个民族，俗语说“便宜不出外”，今天谁吃了亏，谁讨了便宜，那是不必太认真的。国共两党等于兄弟一样，大哥管家管不好，让给弟弟管，没有关系，“便宜不出外”。做大哥的人，不但对于弟弟的能干，有这个能耐来担当重责大任，表示敬重，表示高兴，而且要格外地帮助他，使他做得好，做得比哥哥好。表示我当不好，你来当；希望你当得好，一定当得好。这不仅是站在兄弟的立场应该如此，就光是基于人类之爱、同胞之爱、民族之爱，也应该如此。

今天的中国，是不是一个独立的国家？我们的总理说：“余致力国民革命，凡四十年，其目的在求中国之自由平等。”但是总理去世二十四年了，我们还没有把中国弄成自由、平等、独立的国家；我们的同胞，在国外受到人家的鄙视轻视，我们实在不知从哪里说起的惭愧与羞辱！我们今天有这个情绪。我们在同一民族里，在兄弟手足里，出来很好的兄弟，能够有这一个能耐，有这一个魄力，来把家当好，使全国人民得到解放，使国家得到独立自由，使邻家看得起我们，这是一家子的光荣，也是做哥哥的光荣。过去做哥哥的虽有错误，自己感到惭愧，但是自己的弟弟能够担当起来，把家当好，自己也实在觉得光荣。

这是一个通俗的比方，但是我觉得其中有真理存焉。我们今后对于国家民族的前途有这样的看法，我们每个人都具有这一种基本的精神和观点，我觉得是一种最重要的心理建设。如果大家都有这种存心的话，相信没有什么问题解决不了。现在对于这个《国内和平协定》，如果还想字斟句酌地去辩论，等于白费，是不必要的。我们应该把眼光放大些，胸襟开阔些，重新合作，这才是国家民族之福！在国民党方面，今后应该有这个眼光，有这个胸襟，有这个态度，这是我个人在自我反省之余的一点感想，愿意提出来请大家指教。

说到这里，我想到中国的一句古话，就是“兄友弟恭”，也许恩来先生会觉得这话有封建的意味。在中国旧伦理里，所谓“父慈子孝，兄友弟恭”，做哥哥的友爱弟弟，做弟弟的才能恭敬哥哥。我们今天的情形，正好如此。我们极愿意把眼光放远些，把胸襟放宽些，来迎接这一个新的时代，来接受这一个新时代的转变——历史的转变，同时共同来担当这一个伟大的新的历史的责任。我们所谓眼光放远些是什么？比方拿主义来讲，今天共产党所主张实行的不是共产主义，而是新民主主义，将来才实行社会主义、共产主义；如果眼光放远大一点，今后五十年、五百年、五千年的世界，究竟是奉行哪一种主义，抑或是另外一种与现在世界各种主义都有或多或少不同的主义，谁都料不到。在我们的三民主义来说，它的最后阶段是世界大同。

大同之治，与共产主义的最终目标有没有很大的距离和差别，据我个人所知，是没有什么不同的。就拿三民主义中的民生主义来说，也是和中国共产党现在所谓的新民主主义，乃至共产主义所讨论的民生经济方面，没有多大的差异；最少目标是一致的。我们所惭愧的，只是没有好好地把它兑现而已。这一点，我们过去常常说到，最近偶尔拜读到毛泽东先生的一些言论，他对于这个问题，发挥得很多；尤其对“新”“旧”三民主义与新民主主义方面，也说得很多。总之，从人类的思想潮流来说，今后世界的前途，我们对继往开来的历史的责任，实在都远大得很；我们应该适应时代、创造时代，使中华民国永远自由独立于世界之上！

对于这一点，相信大家都看到，而且比我都看得更清楚、更远大些，这是没有疑义的。我们今天是自我反省，如同一家子的兄弟手足一样，用不着有所隐讳。我觉得，我们国民党在这二十多年来，尤其是在最近这几年，以国内第一大党的地位，对待共产党实在太狭隘了一点——我们的胸襟和态度，实在有表现得太狭隘之处。老实地说，是有很多对不起人家的地方，所以今天应该转变过来。我们国民党虽然失败了，但是今后还有它的新生和改造的机会；我们还是愿意重新团结合作，来共同担负复兴中华民族的历史的责任。当然，这是要看我们的内部与将来的努力，我今天实在还不敢讲这种话，还没有脸面讲这种话！这次到北平来见到毛泽东先生，我曾经不经意地说：“今后是你们执政了，你们怎样做？”他马上说：“不是的，我们大家来做的，大家合作做的！”恩来先生和在座的各位中共代表也曾说过，今后不是一党专政的政权，而是民主联合的政权，各党各派都可以参加。像这些地方，我们可以看出来，在毛先生的领导下，中国共产党是看到国民党过去的错误的，尤其对于友党胸襟狭隘方面，所以才有今天放开胸襟、汇纳众流的表示。对于这点，我们不能不表示很大的敬意。

最后，我们没有别的，只有祝望两党过去的一切芥蒂、一切误会、一切恩怨，永远结束；过去的让它过去，今后我们应有一个新的意愿。在我们方面，当然首先做一个自我反省，同时希望中共方面也保持着这种远大的眼光、开阔的胸襟、明朗的态度，来领导未来的、历史性的、新的政权。中国共产党基于其过去的努力奋斗，到今天已经接近——最少可以说接近——到它当政的理想，也有了成功的把握，用不着我们来恭维。

对于其他方面，没有任何意见。以上只是我个人的意见与感想，假使有不对的地方，希望恩来先生和诸位代表先生们加以原谅。

关于我的感想，周有一个驳正，是这样说的：

刚才文白先生说的几句话，我不能不辩白一下。就是对于“兄弟”的比喻。假使文白先生说双方的关系等于兄弟一样，是指两个代表团的立场，那么我们都是为和平而努力的，我们很愿意接受。过去大家虽有不对，今后大家仍可以一道合作。但是如果拿过去国民党二十多年来，尤其最近二年又九个半月的蒋介石的朝廷来说，这就不是兄弟之争，而是革命与反革命之争！

孙中山先生当年革命的时候，对清那拉氏进行的斗争，就不是兄弟之争；对袁世凯的讨伐，就不是兄弟之争；对曹、吴的声讨，就不是兄弟之争，而都是革命与反革命之争。如果说是兄弟之争，孙中山先生是不会同意的。对于这一点，中国共产党不能不表示它的严肃性。说是兄弟之争，如果把蒋介石朝廷和一切死硬派也包括进去，就失掉了它的严肃性。孙中山先生过去领导的多少次革命的失败，这也是教训之一，等到国共合作后，才补救过来了，但是以后蒋介石叛变了。我们今天愿意与一切可能合作的人合作，愿意与一切可能团结的人团结在一起；中国现在占全人口百分之九十以上的人是劳动人民，这是最广大的基础，其他如地主阶级的开明分子也可以合作，中、小资产阶级也可以合作；至于知识分子，当然更可以合作。这是最广大的合作，可以达到与全国人口百分之九十以上的人们合作。我们可以概括到这个程度，但是对于蒋介石朝廷，小到四大家族，就不可以包在一起。这一点，我们是必须加以说明的。

还有一点，就是这个文件本身的问题。因为如果我们没有最后的定稿，就使南京代表团无以说服南京当局；没有这个最后的定稿，就不能使它考虑同意与不同意的问题。我们认为，一个问题一定要有一个结束。我们提的最后方案，南京代表团乃至南京当局，都有他的自由，就是同意或者不同意。我们提这个方案，是从远大的眼光、从人民的利益出发的，今天南京不同意，明日也会觉得同意。我们认为，这个方案在南京代表团、在南京当局、在南京方面爱好和平的人士，一定可以接受的；但是我们也料到，南京的好战分子是一定不会接受的——其实，任何的东西他们都不会接受的。我们这几天的争执，都是重要的问题。至于技术上、文字上的修正，这是极小的问题、微渺的问题，这是我们应该声明的地方。文白先生还有什么意见？如果没有意见，我们就散会。

会议在10点20分就结束，回到住处后经过代表团郑重的研究，认为这个定稿已经接受了我们所提修正意见40余处的过半数，特别是关于战争罪犯一项删去“首要次要”字样；原来把南京政府和所属部队置于人民革命军事委员会指挥统辖之下一句也改换了，所以代表团一致的意见，认为尽管条件过高些，如果能了然于“败战求和”“天下为公”的道理，不囿于一派一系的私利，以国家元气、人民生命财产为重，那么，就只有毅然接受；以诚心承认错误，以勇气接受失败，则对国家、对人民、对国民党保全者实多，总比顽固到底、失败到底的好。大家表示只有接受这个《国内和平协定》为是。并决定在16日派黄绍竑代表和屈武顾问带了文件回南京去，劝告李、何接受。

九　南京拒绝签订《国内和平协定》

在这一段时间，商谈是完全停止了，不过接触却仍继续，中共代表分日轮流宴请代表团同人。黄代表17日来电也只说：“各项问题刻正研究中，俟商妥即行电告。”到19日，我们等得不耐烦了，便去电南京催询，到20日深夜接到李、何卯号复电，全文如下：

限一小时到,政府和平商谈代表团张首席代表治中并转邵、章、李、刘诸代表均鉴:黄代表绍竑、屈顾问武返京备述和谈进行经过,并携回中共代表团所提出之《国内和平协定》全文得悉。今日国家残败如此之甚,人民痛苦如此之深,在八年惨烈抗战获得光荣胜利之后,国际地位反一落千丈,此皆由于战乱之所致。但求能彻底消弭战祸,实现真正和平,使人民获得休养机会,国家进入建设途程,吾人自应不惜一切牺牲,以促其成,庶几毋背革命之初志;上可以对中华民族之列宗列祖,下可以交代后世子孙。政府方面,自蒋总统之元旦文告倡导和平,以迄宗仁、应钦等主政后之一切措施,无一非遵循全国人民渴望和平之意旨,以国家人民最高利益为前提,委曲求全,忍辱负重,开诚布公,苦心谋和。蒋总统之毅然引去,与宗仁前致毛泽东先生卯阳电,即在欲牺牲一己,以成大局,耿耿此心,宜为全国同胞所共鉴。乃综观中共所提之协定全文,其基本精神所在,不啻为征服者对被征服者之处置。以解除兄弟阋墙之争端者,竟甚于敌国受降之形式;且复限期答复,形同最后通牒,则又视和谈之开端,为战争之前夕;政府方面纵令甘心屈辱予以签署,窃恐畏于此种狭隘与威压作用,刺激士气民心,同深悲愤;不特各项条款,非政府之能力所能保证执行,而由此引起之恶劣影响与后果,亦决非政府能力所能挽救。良以此种协定果一旦订立,所给予人民者将非真正之和平,而为更残酷更大规模之长期战争;迫切渴望和平之人民,亦必决不愿政府接受此一名为“和平”实为“战争”之协定,招致全国人民重罹浩劫,岂徒显背谋和之初衷,抑必造成仇雠相报永远砍杀之悲惨局面。原文前言，全属对政府及中国国民党诋毁谴责之词，等于对罪犯之判决，何能称为和平协定？即以条文内改编军队一项而论，双方军队既罢战言和，自应同时改编，以实现军队国家化之原则；而该项协定政府所属的一切武装力量，包括一切陆军、海军、空军、宪兵部队、交通警察部队、地方部队、一切军事机关、学校、工厂及后方勤务机构，均应编为人民解放军，政府一切军事设备及一切军用物资，亦应移交人民解放军接收，所谓“民主原则”，竟成共军独占之制度。关于整编程序，规定为集中整理与分区改编两个阶段，所谓集中整理，即是由共方所控制之整编会，命令国军将防区与仓库物资先行移交人民解放军接收，再开赴共军认为适当之地点集中，以便分区改编，成为“人民解放军”。如此改编工作完成之日，即国军全被消灭之时。在政治方面，联合政府成立之前，政府虽被允许暂时行使职权，实际上是奉共军总部之命办事。其主要任务为协助共军“办理各地的接收和移交事项”，中共不但要接收政府的军队和政权而已，且要通过军事管制委员会之统驭形式，以“接收地方的一切权力及国家产业财富”。关于决定国家人民命运之政治协商会议问题，照协定条文二十三款：“在南京国民政府代表团签字于《国内和平协定》并由南京国民政府付诸实施后，中国共产党代表团愿意负责向新的政治协商会议的筹备委员会提议，南京国民政府得派遣爱国分子若干人为代表，出席新的政治协商会议，在取得新的政治协商会议筹备委员会批准后，指派国民政府的代表，即可出席新的政治协商会议”，质言之，政府参加政协，须俟中共考察政府执行和平协定之成绩，认为满意始允负责提议，以待批准。又照协定，政府即获“批准”参加政协，而能否参加联合政府，仍须待共党之提议；而且政府参加政协及联合政府之人数及人选，均预先听命决定。上述云云，不过略举数项，以为例证，则该项协定全文，均充满以中共武力控制全国之意味：一则曰：“人民解放军”开进，再则曰：“人民解放军”接收。所谓和平协定，实际为欲政府承认中共以武力征服全中国。政府军队，固等于全部缴械投降；即全国各城市乡村，亦将因中共军之普遍开进，原有之社会组织与人民生活方式，亦将依中共之意旨而彻底改变。如此，势必激起军民之愤怒。若中共部队向各地开进，中共人员向各地渗透，其必然遭遇军民抗拒，殆为不可避免之事实，结果战火与屠杀即将遍及全国之每一城市与乡村，人民之痛苦愈益加深，国家之损失愈益增重，势所必然，无待深论。事果演变不幸至此，则谋和适以制造乱源，弭战反而扩展战祸，岂忠于谋国爱护人民者所宜出此，以忍出此？总之，吾人如真能体认全国人民渴望和平，共同具有谋和之诚意，则必须消除一切敌对与报复之心理，根据事实，适应环境，共策合理有效之方法，以达到彻底消弭战争获致真正永久和平之目的。因之，政府除对此次中共所提出之《国内和平协定》表示上述原则性之意见外，仍希望中共方面，确认人民利益高于一切之原则，对此项协定之基本精神与内容，重新予以考虑。至于自今年元旦以来，政府军队每遇共军进攻，均尽可能极力退让。事实俱在，有目共睹，然中共方面不但未能停止进攻，且自四月一日政府和谈代表抵达北平以后，衔接地区之攻势，较前愈趋猛烈，殊堪遗憾。兹为培育祥和空气，极盼能即日成立临时停战协定，借以表示双方谋取真正和平之决心与诚意，俾和谈得以顺利进行。特电布达，希即将上述各项意见转达中共方面并复为盼。

李宗仁、何应钦卯号印

南京方面除了拒绝接受这个和平协定外，并且要求先成立临时停战协定。代表团即刻把复电抄送中共，请他们再加考虑，这是21日上午9时的事。不久，街上到处喧嚷着“号外！号外”之声，毛主席、朱总司令已经命令人民解放军进军江南了。

到了这地步，代表团已经没有继续停留北平的必要。同日接到李、何卯马电：

张文白兄并转行严、力子、云亭、为章[①]诸兄暨代表团全体同志：

共方本日广播毛朱对共军之命令全文已悉，此间迎代表团之专机应于何日飞平，请洽妥电告。兄等此行劳苦，事虽未谐，俯仰无愧，谨先奉慰，诸容面罄。

李宗仁、何应钦卯马印

我们就一面电复南京，一面转知中共方面：南京飞机23日来平，我们定24日回南京，请他们查照。而周恩来先生当天来看我，他说渡江已经完成，随着形势的转移，仍有恢复和谈的可能；并说

① 李　蒸，字云亭；刘　斐，字为章。

代表团不管回到上海或者广州，国民党的特务分子是会有不利于我们的。还说："西安事变时我们已经对不起一个姓张的朋友，今天再不能对不起你了！"词意恳挚、温和而又坚决。而中共的其他各代表也对我们代表有同样的表示，并说："过去在南京重庆谈和破裂后，我方代表并不撤退，以保留和谈线索，现在挽留你们，也是同样意思。"这时候，我的心情陷于极度的苦恼与矛盾中：不回去吧，我是南京政府的首席代表，和谈破裂，理应回去复命；回去吧，中共的挽留是诚意的和善意的，而且脑子里也确实幻想着一旦解放大军渡过长江，协定还是有签订的可能。在无可奈何之中也只有暂时留下来了。

23日早，从长途电话中知道南京国民党军警都已撤退。24日民革李民欣先生从南京带来何应钦23日函，要我们径飞上海：

文白吾兄并转邵、章、李、刘诸兄均（钧）鉴：

此次和平谈判，经兄等尽最大之努力，仍未能克底于成，此属国运使然，凡我爱国之士，莫不同声悲叹。兹特派专机来平，敬祈与全团同人即日径飞上海为盼。专此敬颂勋安。

弟何应钦敬启

四月二十三日

当时我们曾复何一函，由全体代表签署：

敬之院长先生：

李民欣先生带来二十三日手示奉悉。和谈破裂以后，同人等正待命南返中，二十二日晚间接奉德公电话，谓于翌日派机来平，当即转告各同人准备南行，并即函告共方查照。旋由周恩来、林祖涵、李立三诸位分别访问同人等，坚相挽留，并表示随着将来新的形势发展，尚可续为和平努力等语，曾于二十二、二十三两日两电并于二十三日晨以电话向南京请示数次，皆未得通。昨闻中央公司今日有机来平，复与共方洽商，申明必须南返理由，冀其同意，然周仍诚意挽留，未肯同意，似此只有暂留静待而已。尚祈亮察。再同人等此行未克达成任务，万荷李代总统与先生函电相慰，殊深惭汗！并请为转陈德公为祷。专此奉复，敬颂勋绥。

张治中、邵力子、章士钊、李蒸、刘斐

四月二十四日

这信是25日交飞机带回去的。

十　对时局的声明

在4月到6月这一段时间，是我最苦闷的一个时期。脑海中有许多问题没法解答，矛盾彷徨，展开了激烈的自我思想斗争。这时期周恩来先生常来相看，多所劝导，又蒙毛泽东先生亲临慰问，思想乃初步搞通，内心亦渐次宽解。刚好在这时候，国民党中央社在6月15日发出一个电讯，标题是《张治中在平被扣详情》。20、22两日又继续发出两个电讯，说我又在北平策动和平，受了中共的“唆使”，离开北平，行踪不明。对我开始攻击了。这给我的“启发”不少。我在中央社这3个电讯发表之后，不能不有所表示，于是在6月26日发表了一篇《对时局的声明》，原文如下：

新华社北平二十六日电，广州中央社十五日电传广州《西南日报》香港航讯，曾报道《张治中在北平被共产党扣留之详情》，接着广州中央社二十日、二十二日两次电讯，又对张治中将军等进行攻击和诽谤，现居北平之张治中将军特为此事发表声明如下：

这几篇电讯，一派胡言诳语，没有驳斥的必要。不过我来平以后，颇承各地同志和友好关怀，我倒想就这个机会说几句话。

实在说起来，我现在北平所过着的是闲适自在的生活；而且引起一种欣喜安慰的情绪，与日俱增。为什么缘由呢？我居留北平已八十多天了，以我所见所闻的，觉得处处显露出一种新的转变、新的趋向，象征着我们国家民族的前途已显露出新的希望。就是中共以二十多年来的奋斗经验，深得服务人民建设国家的要领，并且具有严格的批评制度，学习精神，和切实、刻苦、稳健的作风。这些优点反映到政府设施的，是有效率的、没有贪污的政府；反映到党员行动的，是俭朴、肯干、实事求是的军政干部。尤其中共所倡导的新民主主义，在现阶段看来，实与我革命的三民主义之基本要求相符合。综合说一句，这都不是过去我们国民党所表现于政治设施和党员行动所能做到的。我以国民党党员一分子的立场只有感到无限的惭疚，但是站在国民一分子的立场说，又觉得极大的欣慰。我们中国人毕竟还有能力把国家危机挽转过来，还可希望把国家搞好，断不是一个没出息的民族，已可得到证明。我多年来内心所累积的苦闷，为之一扫而空，真是精神上获得了解放，怎能不令人欣慰不已呢！

我再要为关心我的同志们特别指出：这次和谈破裂，在我们国民党内有些人认为条件太苛，类似投降。其实凭情而论，这八条原则早为南京政府李代总统所承认的和谈基础，二十四款就是实行这八条原则的具体办法。在谈判期间，我们代表团已经和中共代表恳切磋商，并提出书面修正意见四十余处，被中共接受过半数。如战犯只作原则规定，名单完全不提，就是中共最大让步之一例。并且口头约定，如果南京政府同意签字，还可作文字上的修改。倘我们认识战败求和的必然情势，又能了然于政权更迭的历史常例，则革命大义，天下为公，我们自己既然无能，就应该让给有能的；自己既然无成，就应该让给有成的。因为国内战争，本属同胞，谁得谁失，非同异国。试想清廷末季，要是没有我们孙先生号召革命，推翻专制，中国不早就遭受了帝国主义的瓜分共管了吗？我们国民党执政二十多年，竟弄到这样地步，也不是偶然的事。当然，我是党的干部，也要负一分责任。所以今日我们就应该以诚意承认错误，以勇气承认失败，坦然放弃政权，表示一种革命事业成功固不必在我的态度，则人民观感将为我们这种坦白率真的态度而另眼相看，重新评价。甚望我们国民党中央和各地负责同志能够善用理智，正视现实，以反省自咎的胸襟，作悬崖勒马的打算，悲天悯人，忍辱负重，为军民减少牺牲，为国家多保元气。现在虽未为最晚，实已到了最后机会，万不宜轻忽地听其错过。

如果还是昧于人心与大势所趋，继续作毫无希望的战争，其结果徒然损伤了大众，贻害了自己，这是无从索解的！

本人虽然身在北平，而心念战区。回想个人的主张，一向力主贯彻革命，实行民主政治。“九一八”变起以后，力主全国团结，坚决抗战，对国内问题，力主以政治方式解决，促成和平。这些，都是大家共见共闻的。目前大局已演变到此，我觉得各地同志们应该惩前毖后，当机立断，毅然决然表示与中共推诚合作，为孙先生的革命三民主义，亦即为中共新民主主义的实现而共同努力。至于我们国民党，早就应彻底改造，促进新生，才能适应时代，创造时代，达成我们革命党人应负的历史使命。在目前，我们如果把眼光放远些，心胸放大些，一切为国家民族利益着想，一切为子孙万代幸福着想，我们不但没有悲观的必要，而且还有乐观的理由。国家要求新生，也正在新生；人民要求新生，也正在新生，为什么我们国民党和个人独甘落后，不能新生呢！

同一天的《人民日报》还发表一篇新华社社评——《评张治中声明》，认为“这个声明是值得欢迎的。其中对于国民党内爱国分子的劝告，是向他们指出唯一的光明出路”。

这时期承蒙毛主席多次和我谈话，希望我参加中国人民政协和担任中央人民政府的职务。我说：“过去这一阶段的政权是我们负责的，今已失败，成为过去了，我这个人也应成为过去了。”他笑着说：“过去的阶段从你发表了声明，等于过了年三十，今后还应从年初一做起！”

从此，我又开始了新的历程。

（节选自张治中著《张治中回忆录》，文史资料出版社 1985 年版。原标题为《从全盘胜利到彻底崩溃》）

蒋介石发表求和声明的经过

程思远 *

我是国民党阵营里分裂出来的一个，曾参加蒋介石在南京所召集的“最后的晚餐”，亲自听到蒋介石“求和声明”的讲话。蒋介石所以发布这一声明，有外因也有内因。这些外因与内因，我稍有了解，准备一幕一幕地写将出来，用以揭开蒋介石南京反动统治集团崩溃的历程。我现先从蒋介石发表求和声明写起。

一　在解放战争期间，南京政府的美国主子为什么要中途换马

1947 年 7 月中，我应北平行辕主任李宗仁的电邀，从上海乘

* 程思远：时为国民党政府和平谈判代表团随行人员，国民政府立法院立法委员；后曾任第九届全国人大常委会副委员长，第七届全国政协副主席，中国和平统一促进会会长。

“空中霸王”号飞机来到北平，李氏派行辕参议刘仲华把我接到北京饭店安顿。当晚，我在中南海内李宗仁的办公大楼同他共进晚餐，饭后长谈两小时。至此，我才了解到，李宗仁所以邀我北上，是因为他准备在明春国民大会召开时竞选副总统，要我对此进行必要的准备。

一星期后，我回到南京，带有李宗仁给蒋介石、吴忠信的两封亲笔信，李在两函中都表明他要竞选副总统，要求蒋介石予以批准，而希望吴倪卿[①]在蒋前善为疏通，并随时打听消息告知。这两封信很快就送到收信人那里去了。李宗仁另外还有一封给司徒雷登的英文信，外用火漆密封，李氏要我面交美使馆顾问傅泾波转送。事后证明，李宗仁的竞选，实出自司徒雷登的鼓励。而后者有此一举，又是华府当局对南京政府作出了中途换马的打算。

当解放战争进入第二个年头，即1947年，蒋军处处失利，人民解放军已打进国统区里。蒋介石的美国主子在亲蒋众议员周以德的压力下，特派魏德迈于7月21日来华对南京政府进行调查。一个月后，魏德迈离华前夕，即8月24日，在黄埔路官邸蒋介石所设的欢送茶会上，向国民党高级军政人员宣读了一篇访华声明，全文措辞对蒋介石及其南京政府充满着极端蔑视和侮辱之意。魏德迈指责蒋介石政府“麻木不仁”“贪污无能”；又谓“中国的复兴有待于富有感召力的领袖”。这无异明白表示，蒋介石不中用了，需要把他一脚踢开。

魏德迈返美以后，马歇尔主持的美国国务院把前者的访华报告

---

① 此处应为“吴礼卿”，即吴忠信。——编者注

向司徒雷登征询意见。1947年9月8日，司徒雷登向国务院答复说：一切迹象表明，“象征国民党统治的蒋介石，其资望已日趋式微，甚至被目为过去的人物……李宗仁的资望日高，说他对国民政府没有好感的谣传，不足置信”[①]。这段文字十分清楚，司徒雷登这时已经向华府当局举荐李宗仁以取代蒋介石了。这也足以说明，李宗仁在10月间决定竞选副总统完全是出自杜鲁门政府有计划的安排。

但桂系首要人物如白崇禧、黄绍竑等，却并不知道李宗仁竞选的政治背景，认为成功的希望很少。他们曾要我函劝李宗仁放弃此一意图，另行竞选监察院院长。但李对白、黄的建议毫不理睬，仍照旧进行竞选活动。因此，12月中旬，李宗仁又要我偕同安徽银行行长张岳灵由宁转沪飞平，对竞选事作进一步的部署。张岳灵原来替李品仙管钱，负责竞选费用的筹措当能胜任愉快。12月23日，我由北平回到上海，次日傍晚，蒋经国夫人蒋方良同韦永成夫妇特在国际饭店14层楼设宴请我吃饭。照我看来，蒋经国对我此行深表关注，但并没有作任何表示。

二　李宗仁竞选副总统加剧了国民党内部的矛盾

蒋介石对李宗仁竞选副总统一事，直到1948年3月上旬还没有什么表示。因此李宗仁以为蒋已同意了，特于3月11日在北平中南海对新闻记者首次发表竞选副总统的谈话。竞选事务委员会也在南京正式成立，由邱昌渭主持其事。

---

① 美国国务院：《中美关系白皮书》。

可是以后事态的发展，完全出乎李宗仁意料之外。3 月 16 日，蒋介石召见孙科，次日后者即公开表态，也要竞选副总统。十分清楚，孙科背后有蒋介石撑腰。

李宗仁于 3 月 22 日由北平飞抵上海，在那里发表竞选言论。他反复地陈述这样的意见：如果当选副总统，当尽力所能及，在政治上进行民主政策。几日后，他到了南京。那时国民党人竞选副总统的，除李宗仁、孙科外，还有于右任、程潜这两人。蒋介石发现这种情况，特决定总统、副总统的候选人，应由国民党中央提名，并派定陈立夫负责领导国民大会内的党团干部会议，所有国民党籍的国民代表都要受党团干部会议的约束，违反者予以党纪制裁。

4 月 4 日，国民党第六届中央执行委员会临时全体会议在南京丁家桥中央党部礼堂举行，全会议程是专门讨论总统、副总统候选人问题。蒋介石主持会议，他首先讲话，主张首届总统应提出一位党外人士担任，并提出下列 3 项人选标准：（1）在学术上有成就者；（2）在国际上有声誉者；（3）曾对国家有贡献者。蒋介石并表示，他无意于竞选总统，宁愿当行政院长。蒋介石说完了话，就离开会场。当时议论纷纷，人们以为蒋要推胡适来当总统，甚至有人说蒋已派王世杰征求胡适同意了。

4 月 19 日，国民大会举行第十三次大会，进行选举总统，蒋介石以 2430 票当选。居正作为陪选人，也得到 269 票。废票 35 张，有的在蒋的姓名上面打 ×，更有写孙中山的。

4 月 23 日，国民大会选举副总统开始了。整个过程波涛汹涌，险象频生。

4 月 29 日上午 9 时，国民大会进行副总统第四次选举，直到午后方计票完毕，结果李宗仁得 1438 票，孙科得 1295 票。李以微弱的票数战胜了孙科，当选国民党政府第一届副总统。李宗仁竞选胜利了，但国民党内部的分裂也更加激化了。

有人说，李宗仁之所以能当选，乃得自金钱的助力。但蒋介石为四大家族之首，他既全力支持孙科，在物质基础上当然远远超过李宗仁。对此有一个主要因素易为人们所忽略，那就是当时对现状不满和反对 CC 这两股主流，恰巧为李宗仁用上而已。

三　蒋介石对桂系采取的报复措施及其后果

李宗仁当选副总统以后，蒋介石内心异常愤慨，就表现为免去白崇禧的国防部长，遗缺以何应钦继任。白对此心情如何不得而知，但其夫人马佩璋有一天却对我板着面孔说："思远！你同邱毅吾（邱昌渭）做了一桩好事，把德公选为副总统，而把我们健生拉下台了。"愤慨之情，溢于言表！

在 5 月 31 日蒋发表何应钦为国防部长以前，已对白崇禧说要任命他为华中"剿总"总司令。这表明李宗仁要来南京，白崇禧必须他去，这是蒋对李、白采取隔离安置的一种安排。回顾 1927 年 8 月上旬，冯玉祥电南京军政首要，主张召开宁汉双方国民党中委会议，解决宁汉合作问题。8 月 8 日李宗仁、何应钦、白崇禧联名电复冯玉祥，表示宁汉双方"只有整个之善后，并无两派之争执"。蒋介石虽也联署，但名列第四。8 月 12 日，蒋即通电下野，盖此时蒋介石误会李、何、白暗中合作迫他下台。抗战以后，蒋对李、白总是采取"分而治之"的手法，不使他们在一个地方工作，以免造成一种威胁态势。例如，抗战期间，白入宁任副总参谋长，李宗仁即去徐州任第五战区司令长官；及抗战结束，白任国防部长，李宗仁就到北平任行辕主任。现在李来白去，自非例常的人事调动，实具有重大的政治意义。

两年以前，白崇禧任南京政府首任国防部长，但陈诚是参谋总长，白、陈不和，蒋所深知，所以白不仅有职无权，且不能参加黄埔路官邸的作战会报。因此，白对陈诚，向我发过多次牢骚；对参加作战会报的那些人，白处以异常蔑视的态度。1947 年，台湾人民发动了“二二八”武装起义，反抗蒋介石政权的残酷统治。事变以后，蒋介石需要派一个有威望的国民党军政大员前往台湾，办理善后工作。他考虑结果，以为白崇禧最为适宜。3 月 17 日，白崇禧飞抵台湾，宣布处理台变 4 项基本原则，危机卒告解除。白返南京后，蒋拟以白任张群内阁的副院长仍兼国防部长以酬其功，但白力辞。这是蒋白关系比较融洽的一个时期。是年 11 月 10 日，蒋介石召见白崇禧，以人民解放军刘伯承、邓小平统率的中原野战军七个纵队于夏秋间强渡黄河，向大别山进军，直接威胁南京，他要白崇禧在九江设立国防部长指挥所，以对抗大别山区的刘邓大军。11 月中，国防部长九江指挥所正式成立。这是白自任国防部长以来蒋首次给他以部队的指挥权。他所以反对李宗仁竞选副总统，就是害怕李氏此举会危及他的固有地位。

现在蒋介石要把白崇禧外放，白乘机提出一个建议，认为守江必守淮，这是一个战略原则，主张华中只能成立一个战区，以期兵力能够集中使用。因此他的华中“剿总”总部将设在蚌埠，而以重兵运动于江淮河汉之间，以巩固南京这个政治中枢的防卫。但是蒋介石说，徐州将成立另一个“剿总”，以刘峙为总司令；华中“剿总”将设武汉，仅指挥江北上游部队。白崇禧以为中原划分两个战区，缓急不能相顾，根本违背了他的“守江必守淮”的战略方针，如此分兵使用，前途不堪设想。但蒋不允所请，径将任命发表。6月6日，白崇禧邀李宗仁和我在他的大悲巷雍园一号寓所午餐，说他将赴上海住一个时期，非俟蒋答应他的要求，绝不接受此项任命。

不多几天，蒋介石派吴忠信到上海去劝白崇禧回南京接受新命，白不为所动。后来又叫黄绍竑去劝他，黄一到上海即打电话给住在虹口的白崇禧。白在电话中说：“你如果代表那个人来劝我，那我们便没有什么好谈。”黄说：“当然是那个人叫我来，但我自己还有别的看法。”等到两人一见面，黄绍竑就开门见山地说：“人家都说你是小诸葛，现在我看你这个诸葛亮，实在太不亮了。这些年来你在南京，不过是笼中之鸟，既然蒋介石要放你出去，你何不借此机会远走高飞？你到武汉之后，把广西部队掌握在自己手里，一到时机成熟，就可以制造形势，迫蒋介石下台，让德邻出来代理总统，开创一个新的政治局面，岂不是一举而数利吗？”白一听此说于己有利，随即回南京，同李宗仁面谈一切。6月28日，白崇禧在汉口就华中“剿总”职务，他的“守江必守淮”的主张也就搁置不谈了。

何应钦继白崇禧任国防部长以后，司徒雷登曾向蒋介石建议，在作战部署上要保证使何应钦同美国军事顾问团团长巴大维密切合作。可是蒋口头答应却并不实行，因此司徒雷登于6月14日报告美国务院，说蒋介石曾保证同意他的建议：“令何应钦将军与巴大维将军密切合作，共同指挥作战，其后蒋委员长食言，仍由其本人用命令径由无能之参谋总长（程注：指顾祝同），而亲自指挥作战。”8月22日，司徒雷登又报告说：“巴大维将军曾就当时军事行动所引起之若干特殊问题，向委员长有所建议，但此项建议每不为其所重视。巴大维将军执行其使命所遭遇之最严重困难，全因中国统帅部不能达成其任务所致。”这表明美蒋关系在继续恶化，司徒雷登正企图把战败责任完全推在蒋介石身上。

1948年9月间，在解放济南的同时，毛主席抓住当时经济、政治、军事形势均对中国人民革命有利的大好时机，毅然发动了对国民党蒋介石的战略决战，先后组织和指挥了辽沈、淮海、平津三大战役。10月19日锦州解放，辽沈战役的胜利已成定局。10月23日，即长春解放的关键时刻，司徒雷登针对当时国民政府所面临的恶劣情势，向马歇尔主持的国务院提出了5点建议，其中第二项，即“是否可建议委员长退休，让位与李宗仁”。尽管马歇尔对此议提出的答复是：“美国政府不应置身于建议委员长退休或其他华人为中国政府领袖的地位。”但司徒雷登仍悄悄地在进行和谈运动，以期借此逼蒋下台。

11月2日，沈阳解放，至此历时50天[①]的辽沈战役，以歼灭东北境内国民党军队47万余人的伟大胜利结束。辽沈战役的胜利，使人民解放军总数迅速增至300万人，国民党军迅速减到290万人，因此人民解放军在数量上已经超过国民党军。这是中国革命的成功和中国和平的实现已经迫近的标志。11月6日，人民解放军在毛主席的领导和指挥下，又发动了淮海战役。淮海战役爆发后，蒋军又

① 此处应为52天。——编者注

节节惨败，出现了土崩瓦解之势。

11月间，蒋介石在军事、经济、外交各条战线上均遭到致命的挫折，军事失利，已如上述。在经济上，蒋介石于8月19日以《临时条款》授予的特权发行一种叫作“金圆券”的新币，抢光了国民党统治区人民的金银外汇。他通过此一敲骨吸髓的掠夺手法，从人民手中抢走了3.7亿多美元的金条、银圆和外币，而四大家族却已先期把他们握有的外汇存放到外国去了。到了11月11日，金圆券的发行额已超过了原定的极限，终于走上了旧法币的命运，使全国人民生活日益陷入水深火热之中。与此同时，11月初美国大选的结果，适与蒋介石预期的相反。当孔宋豪门纷将其家小和财产运去美国之际，CC头子陈立夫突被蒋派往美国，以参加“世界道德重整运动会”为名，进行不可告人的政治活动。蒋介石决定派宋美龄赴美亲向杜鲁门呼吁。11月24日，宋美龄同美国务卿通长途电话，表示她要访美。马歇尔要她以私人资格前来，并允派一美国海军专机供她乘坐。11月28日，宋美龄飞美，12月3日访晤马歇尔，10日又访晤杜鲁门。宋先后向马、杜提出一整套关于要求美国援助蒋介石的计划，其中包括：“（一）美国发表支持蒋介石政府反共目标的正式宣言；（二）派一高级军官来中国主持反共战争之战略与供应的计划；（三）核准一个军援与经援蒋介石政府的三年计划，每年约需美金10亿元。”这些要求同时被拒绝了。美国当局认为：“现在局势恶化之程度，除实际调用美国军队外，任何大量之军事援助，均于事无补。”这无异给蒋介石泼了一盆冷水。

12月初，我正在武汉，白崇禧对我说，不久以前，梅贻琦、晏阳初、卢作孚联袂从宁沪经汉口入川。根据他们反映，宁沪和谈空气高涨，盼武汉方面有所行动。白打算把西南各省民意机关首脑邀来汉口，共同发起一项呼吁和平的运动，目的在迫蒋下台。蒋介石派张群、张治中、吴忠信来傅厚岗看李宗仁，就蒋介石下野问题进行初步洽商，经过两次会谈，成立了下面非正式的协议：

（一）蒋总统为便于政策的转变，主动下野。

（二）李副总统依法代行总统职权，宣布和平主张。

（三）和谈由行政院主持。

（四）和谈的准备：

甲、组织举国一致的内阁，其人选另行研究；

乙、运用外交，特别加强对美、英、苏的关系，以期有利于和平的实现；

丙、主动争取不满政府与主张和平的政治团体及民主人士，共同为致力和平而努力。

这项协议，由吴忠信带回给蒋介石，同时由我用长途电话告知白崇禧。白用粤语对我说："蒋下野必须辞职，由李德公正式就任总统，不能用代理名义。如果名不正，那就什么事都办不了。"他并说，对此必须坚持到底，不能有所让步。

12 月 20 日，孙科宣布他的新内阁组织完成，政学系的吴铁城任行政院副院长，CC 头子陈立夫和朱家骅都当了政务委员，表明它是"举党一致"的内阁。

此时美大使司徒雷登已表明他的坚决立场，认为蒋介石下野为必要之举。

12 月 24 日，蒋介石正式发表吴忠信为总统府秘书长，这是蒋介石准备下台的重要人事安排。据吴对李宗仁说，蒋介石下野的日期预定为 1949 年元旦，同日由李接任。可是就在这一天，白崇禧忽从汉口发出“亥敬”电（亥：代 12 月；敬：代 24 日），给南京张群、张治中转蒋介石，另送一份给我亲交新任行政院长孙科。

白崇禧发出和平呼吁，事前没有同李宗仁商量。李宗仁从我手里看到该电原文，就说：“糟了，蒋介石可能误会我们逼他早日下台，从而恼羞成怒，故意把事情拖下去。”

事情正如李宗仁所料的那样，从 24 日起，李宗仁再不能从吴忠信那里打听到关于蒋介石下野的消息了。白崇禧这一举动，不仅对李宗仁无所补益，反而引起了蒋介石的一些误会。

蒋介石一贯个性倔强，不受人们威吓，所以白电来后，他就不再谈引退问题了。

四　黄埔路官邸的最后晚餐

白崇禧以“亥敬”电发出后，蒋介石迄无任何反应；同时他又听到平津战役爆发，塘沽战争激烈，蒋于 28 日电召阎锡山、胡宗南、卢汉到南京有所指示，29 日又发表陈诚为台湾省政府主席。凡此种种，均非谋求和平的部署。所以 12 月 30 日，白崇禧又对蒋发出“亥全”电，重申前电主张，电云：“当今局势，战既不易，和亦困难。顾念时间迫促，稍纵即逝，鄙意似应迅将谋和诚意，转告友邦，公之国人，使外力支援和平，民众拥护和平。对方如果接受，借此摆脱困境，创造新机，诚一举而两利也。总之，无论和战，必须速谋决定，时不我与，恳请趁早英断。”

蒋介石在收到上电的同时，河南省政府主席张轸也发来“亥卅”电，表达同样主张。因此蒋介石更怀疑白崇禧正在湘鄂豫 3 省开展一次迫蒋下台的运动，时局发展到了这一地步，他不能一声不吭了。

12 月 31 日下午，我接到总统府总务局交际科的书面通知，要我于下午 7 时到黄埔路官邸便餐一叙。我到时发现蒋介石府邸里火树银花，照耀夺目，天花板下，彩带缤纷，四周墙壁也还贴着圣诞节的七彩剪纸，从表面来看，充分显示着节日的气氛，但是在座的人们表情阴郁，好似大祸临头，忧心忡忡。

这晚到会的有副总统李宗仁，行政院长孙科，立法院长童冠贤，监察院长于右任，总统府秘书长吴忠信以及国民党中央常务委员张群、张治中、邵力子、陈立夫、谷正纲、张道藩、谷正鼎、赖琏、肖铮、刘健群、黄少谷、倪文亚、柳克述、蒋经国、何浩若、贺衷寒、王世杰、王宠惠、范予遂、肖同兹、王启江、张其昀、郑彦棻、吴铁城、朱家骅、张厉生等，共 40 多人。

移时蒋介石出来，招呼人们就座吃饭。饭后，蒋介石以低沉的语调说："现在局面严重，党内有人主张和谈。我对于这样一个重大问题，不能不有所表示。现拟好一篇文告，准备在元旦发表。现在请岳军[①]先生朗诵一遍，征求大家意见。"蒋讲话时板起面孔，似乎十分恼火。

这是蒋介石下野谋和的文告，出自总统府政务局长陈方的手笔。自蒋介石的文胆陈布雷看到蒋朝绝望，于 11 月 13 日在南京自杀以后，蒋要发表什么文章，只能依靠这个由杨永泰一手提拔的

① 张　群，字岳军。

“江西才子”了。张群把全文念完以后，全场一片静寂，鸦雀无声。

李宗仁坐在蒋介石右首。蒋问李对这篇文告有什么意见。李宗仁答道：“我与总统并无不同的意见。”跟着CC骨干分子谷正纲、谷正鼎、张道藩等先后发言。他们都极力反对发表这个文告，因为它表示蒋有下野谋和的意向，这将对于士气人心发生重大的影响。肖同兹、范予遂等则表示相反的见解。当CC分子争论蒋介石不应公开表示下野时，蒋介石火冒三丈，他破口大骂道：“我并不要离开，只是你们党员要我退职；我之愿下野，不是因为共党，而是因为本党中的某一派系。”随即对张群说，有关他下野的一句话必须列入，言毕即愤然离开宴会厅。当时人们都十分清楚，蒋介石所说逼他下野的“某一派系”，即是以李宗仁、白崇禧为头目的桂系。

次日，即1949年元旦，蒋介石的求和文告发表了。其中引人注目的一句话是：“个人进退出处，绝不萦怀，而取决于国民之公意。”

新年中，南京、上海一带谣言很多，说蒋介石元旦求和文告的发表，实际上是白崇禧前后两份电报所逼成，甚至说李宗仁正在实行他竞选副总统时就已定下的“逼宫”计划。

五　蒋介石求和声明所引起的反应

蒋介石的求和声明发表以后，各方反应冷淡。大家所重视的和等待的，乃是中共方面的反应。1月5日，新华社发出了以《评战犯求和》为题的一篇评论，把蒋介石的这个求和声明的外衣一层层地剥开，使它在光天化日之下原形毕露。之后，毛主席在《四分五裂的反动派为什么还要空喊“全面和平”》一文里一针见血地指出：

“去年十二月二十五日，白崇禧及其指导下的湖北省参议会向蒋介石提出了‘和平解决’的问题，迫使蒋介石不得不在今年一月一日发布在五个条件下进行和谈的声明。蒋介石希望从白崇禧手里夺回和平攻势的发言权，并在新的商标下继续其旧的统治。”历史事实证明了毛主席的英明论断。

（节选自《文史资料选辑》第 66 辑，中华书局 1979 年版）

和谈前夕蒋介石的幕后操纵和李宗仁的备战部署

宋希濂*

一

1949年3月22日，我和白崇禧同机由汉口飞到南京。大约是在24日上午8时，参谋总长顾祝同约我到他的公馆去，我刚跨进他的会客室，关麟征也跟着到来了。顾祝同对我们两人说："你们到溪口去见见总裁，我已打电话给空军周总司令（周至柔），要他派飞机送你们去。"（究竟当时是蒋介石有电话给顾祝同叫我们去，还是顾祝同自己的意思要我们去见，我一直没有弄明白。）

我和关麟征于是日正午搭乘一架空军运输机到了杭州笕桥空

* 宋希濂：时任国民党湘鄂边区绥靖司令部司令官；后曾任全国政协常委、文史专员。

军军官学校，这个学校这时已经大部分搬空了，满地都是遗落的器材、书报等。我们费了不少的功夫才找到了学校的教育长胡伟克。这个一向性情活泼、谈笑风生的空军上校，这次见面，一点兴奋的情绪都没有。他劈头就说：“你们两位老大哥今天到这里来，既没有东西给你们看，也没有东西给你们吃，真是抱歉万分！学校奉命迁移台湾，已经大部搬完了。我们在 1937 年秋天曾被迫由这里转移到西南去，当时人人虽怀着悲愤的心情离开，但都满怀信心地认为一定会回来的。这一次搬家则完全不同了，大家充满了悲观失望的情绪，谁也不相信会有打回来的一天的。”他叫炊事兵弄了一些蛋炒饭给我们吃。约在下午 3 时，我们换乘一架小型的运输机，不到一小时，就飞抵奉化机场。俞济时来迎接我们，同乘一辆小汽车行驶约半小时就到了溪口，把我们安顿在武岭小学楼上的一间房子里。5 时许蒋经国来邀我们出去散步，我们沿着小溪缓步而行，谈话很少。由于心情的沉重，也无心观赏风景。当晚在蒋经国家里吃饭，拉拉杂杂地谈了一些问题，多半是 3 年来失败的原因，而对前途怎样办，得不出任何的结论。

第二天早晨 7 时，俞济时来说蒋约我们上山去吃早点并谈话。于是我们同乘一辆小汽车沿公路上驶一公里多后下来，在松林中循着一条小石板路走上山去，走了 1000 多步便到了蒋介石的住宅，是修建在丛树中的一栋小平屋。我们在会客室坐下不到 5 分钟，蒋介石进来了，和我们点首寒暄后，便带我们到屋后去走走。出门后不到 200 步，便是蒋介石母亲的坟墓，我和关麟征在墓前行了三鞠躬礼，蒋介石回礼并说“谢谢你们”。我们在后山一带散步眺望了一番，随即回来吃早饭。饭后，我们分别向蒋汇报了属于自己工作范围内及南京方面的一些重要情况。关麟征并谈到李宗仁征求他担任参谋总长职务的问题，向蒋请示。随后蒋介石向我们两人讲了一大段话，兹记述其要点如下：

（一）我们自黄埔建军以来20多年的过程中，遭受过许多的挫折，但从未失败到像今天这样的严重。抗战胜利，我们的军事力量，较以往任何一个时期都要强大得多，为什么在短短三年的时间里，会弄到今天这个地步呢？军事上失败的最主要原因，就是我们军队的战斗意志太薄弱了！一个师甚至一个军，一被共军包围，只有几个小时或顶多一天工夫，就被共军完全消灭了。共军行动飘忽，我军常不容易找到它的主力和它进行决战。一个部队被围，如果指挥官勇敢沉着，选择要点，固守待援，本是我军捕捉和歼灭共军的最好时机。但每当增援部队快要到达的时候，被围部队就已被共军吃光了，结果总是扑了一个空，反而把其他的部队也拖得筋疲力竭，给共军以更多可乘之隙。就这样，使得共产党的力量一天一天地壮大起来，而我们则日益削弱。抗战期间，日军一个小部队，据守一个据点，我军以数倍乃至十倍的兵力，围攻多日不能克，就是因为日本军队有武士道的精神，他们的官兵视死如归。我们过去统一两广和北伐时期，能以少击众，以一当十，是因官兵具有“不贪财”“不怕死”的革命精神。在抗战期间，许多部队大体尚能保持这种传统的精神而英勇奋斗。但抗战胜利后，很多部队完全丧失了这种精神，尤以许多中上级军官利用抗战胜利后到各大城市接收的机会，大发横财，做生意，买房产，贪女色，骄奢淫逸，腐败堕落，弄得上下离心，军无斗志。这是我们军事上失败的根本所在。你们现在带学生（那时关麟征是中央陆军军官学校校长），带部下，首先最要紧的就是要恢复国民革命军的传统精神，才能担负起救亡图存的重大责任。

（二）共产党人和追随他们的一些党派及社会上的一些人士，对于我个人及国民政府，攻击诬蔑，无所不用其极。他们说政府是如何地横征暴敛，说我是如何地有钱，说老百姓对我是如何地痛恨，等等，而我们党内也竟然有些人随声附和。共产党的目的就是要消灭本党，本党同志不知一致团结起来对付它，反而这样离心离德，实在令人痛心之至！你们是我的学生，也是和我共过多年患难的同志，你们万不可轻信旁人对我的毁谤诬蔑。不仅这样，听了这些话，就应该坚决地进行反驳。

上述两段话，是蒋介石这次和我们谈话的主要内容。他以相当激动的态度和语调，反复地阐述这些意思，足足地讲了半个钟头，我也记不得那许多了。

蒋介石已成为全国人民的公敌，而他还认为失败只是因为部队官兵不肯为他拼命，想起来真是荒谬。

蒋介石接着谈到外交问题，埋怨美国给他的援助还不够，政策摇摆不定，以致无论军事、政治、经济都大受影响。

最后，蒋介石说："去年（1948 年）我在党中央委员会扩大会议上提出不担任总统的职务，我是考虑到这样做有很大的伸缩性，我可以以党的总裁的地位来担负领导的责任，而可避开正面负责的地位，对党国来说，对个人来说，都有好处。可以说，这样做是完全正确的。但党内同志尤以一些老同志坚持反对，一定要我担任总统，结果因副总统的竞选问题，弄得党内意见分歧，离心离德，对外对内，都受到很大影响。现在我摆脱了国家行政元首的地位，今后可以总裁身份就重大政策问题表达意见，反而要好得多。”

蒋介石讲完他原来准备要对我们说的一大篇话以后，稍为停息了一下，喝了几口白开水，接着对关麟征说：“我离南京前，曾和敬之（何应钦）、墨三（顾祝同）谈过，叫你担任陆军总司令，何以尚未发表？李宗仁要你当参谋总长，这是他们企图分化我们的一种阴谋，你不宜担任。你以任陆军总司令为适宜。”蒋介石随即对我说：“如果和谈不成，共军必然渡江，今后西南地区极关重要。现在湖南境内的几个军，于必要时，应叫他们退到湘西去。如共军向宜昌、沙市进攻，你所指挥的部队，可转移到鄂西一带山地，你的司令部以设在恩施为宜，因为那里有飞机场。陈明仁兵团将来可退到芷江、沅陵一带。这些部队，应归你统一指挥，以巩固川东门户。此事你回到南京，可和顾总长、林次长研究一下，并把我的意思告诉陈明仁和在湖南的几位军长。”

蒋介石说完后站起来打开会客室的门，叫站在门口的一个警卫去找俞济时来。没有几分钟俞济时就进来了，蒋介石嘱咐他编几本专用密本交我，带去交给在湖南的几位军长。我和关麟征随即向蒋告辞，偕俞济时一道下山，约等了半个钟头，俞济时把三本密码本交我带给第十四军军长张际鹏、第七十一军军长熊新民、第一〇〇军军长蒋当翊，并要我对他们说今后可常和总裁直接联系。

上述这些情形，都是蒋介石形式上下野，幕后操纵一切的实际例证。

我们乘一架专机于正午在奉化机场起飞，下午1点多钟到了上海。商得飞行员的同意，决定在上海停留一夜，住在金门酒店。晚间上海市政府秘书长陈良来看我们。他原在军政部任军需署署长，和我们是多年的好朋友。他善饮酒，会讲笑话，任何一次聚会，有他在场，是不会寂寞的。但这次一见面就唉声叹气地说："完了完了，我们已被共产党打垮，人心已经完全丧失，国民党的气数快要告终了！"

26日上午11时，我们回到了南京，一同去见顾祝同，向他汇报到溪口见蒋经过。谈到关于关麟征任陆军总司令问题时，顾祝同说："这件事，因行政院于2月初即迁往广州，还没有来得及提请通过。不料行政院搬到广州后，孙院长未和国防部商量，就由行政院通过决议，发表了张发奎任陆军总司令，既已造成了这个局面，目前不便马上变更，只有暂缓一个时候再说。"因此，关麟征之任陆军总司令，延到1949年8月才实现。在当时，陆军总司令一职，并无实权，尚且如此钩心斗角，可见反动派内部的复杂和矛盾重重了。

二

1949年3月31日晚7时，李宗仁在总统府设宴欢送以张治中为首的和谈代表团，我也被邀参加了。宴会后，李宗仁在办公室召开了一个为时仅两小时的重要军事会议。参加者有何应钦、白崇禧、顾祝同、张治中、林蔚、萧毅肃（林、萧两人当时都是国防部参谋次长）、汤恩伯（当时是京沪杭警备总司令）、王叔铭（空军副总司令）、刘士毅（总统府军务局长）、关麟征、宋希濂等共12人。会议讨论了下列3个重要问题：

第一，加强长江防务部署。由萧毅肃报告长江沿岸兵力部署概况后，会议责成京沪杭警备总司令部及华中军政长官公署命令各部队严密防范共军南渡，并就海军沿江巡逻、空军分区侦察以及交通补给等问题，作了必要的决定。

第二，将驻新疆部队东调。国防部提出，认为战线过长，兵力不敷分配，新疆驻兵将近10万，在目前情势下，似无必要，建议将驻新部队的大部分东调。李宗仁、何应钦都表示同意，询张治中意见（张那时是西北军政长官）。张巧妙地答复说："将驻新部队东调，我不反对，但路程遥远，无论步行或车运，均不简单。最好由国防部电召新疆警备总司令陶峙岳来京研商后，再作决定。"李宗仁接受张的意见，嘱国防部照办（其后陶峙岳依据张治中的意旨，一再拒到京、穗开会，形式上接受国防部要驻新部队东调的命令，以要求大量开拔费为借口而拖延时间。随着形势的变化，尤以甘肃全省的解放，新疆部队遂于9月间起义投向人民）。

第三，10个美械师的分配。1948年蒋介石计划在长江以南地区重新编组150万至200万军队，在各地设立了许多新兵编练司令部。当三大战役的序幕刚揭开时，蒋介石急得如同热锅上的蚂蚁一样，多方面拼命作垂死的挣扎。他于是年10月密派郑介民（国防部次长兼保密局局长）赴华盛顿接洽美援。郑介民在美活动了一个多月，得到魏德迈等人的帮助，获得了10个师的美械装备（这是郑介民于12月从美国回来后当面告诉我的）。这些装备，于二三月间陆续运到了上海、台湾等地。这次会议上，白崇禧提出要求分配给他4个师的装备，说他在广西有几个新兵训练处，在武汉有两个新兵训练处，兵员已大部征足，急待配备武器，进行训练。顾祝同则谓现时全国设立的新兵训练处甚多，大家都要求领发武器，此事必须由国防部按照实际情况，统筹配发。白崇禧借此大发牢骚，说："过去许多好武器，能打仗的部队不发，不能打仗的部队倒发了，结果都送给了共产党。现在局面弄到这个地步，你还想操纵把持吗？"（白这番话是对顾祝同说的，实际是指蒋介石、何应钦等。）顾祝同也不甘示弱，立刻进行反驳。一个坚持要 4 个师的装备，一个坚持不肯，相互间顶起嘴来，声音越说越大，意气愈来愈盛，弄得脸红脖子粗，大有互相辱骂甚至动武之势。何应钦看见情形不对，连忙劝他们两人不要争吵，说此事待他仔细研究一下，再请示李代总统决定。一场激烈的争吵，算是平息了。以后听说分给了桂系两个师的美械装备。

最后，李宗仁说了几句勉励的话，就散会了。从这个为时仅两小时的会议里，可以看出李宗仁高唱和平的假面具以及反动派内部狗咬狗的丑态。

三

我于和谈代表团飞北平后的第二天离开南京。这次在南京共住了 11 天，也是待在蒋家王朝的都城的最后一次。在这 11 天中，凡所接触过的人，除张治中对和谈还抱有几分希望和信心之外，其余都是一片悲惨的绝望哀鸣。例如 20 年来为蒋介石所最亲信的参谋次长林蔚，向来是一个说话十分慎重的人，有一天我在他的办公室和他谈到前途的展望时，他摇头叹息地说："国民党几百万军队，都是 20 多年积蓄起来的精华，现在几乎被共产党完全歼灭了，局势败坏到这个地步，还有什么办法可以挽救？共产党提出的和谈条件，实际上就是叫我们投降，有什么和谈可言？我自当幕僚以来，很少携带手枪，现在我把手枪随时佩带在身，准备万一被共军抓住，我就自己了结自己。”又如空军总司令周至柔，大革命北伐时期，我就和他在一个团共事，又是常在一起下棋的棋友，这次一见面就说：“老弟，抗日战争胜利后我们那样好的一个局面，想不到只有三年工夫，就会失败到这个地步，真是像做梦一样。”他站在空军总部的台阶上指着小营附近的一片新房子说：“这些都是空军几年来修盖起来的，有的尚未完工，现在得让共产党来住了！”言下不胜唏嘘感慨。

南京鼓楼至挹江门以北地区称为新住宅区，数以千计的小洋楼是各式各样的，真是争奇斗妍，美轮美奂，除一部分属于外国使馆的外，绝大部分都是国民党政府的达官要人们的住宅，而这时，已是十室九空了。新街口、花牌楼、夫子庙一带，向来是南京最繁华喧闹的地区，在这一带的许多大旅馆上等餐馆酒楼茶楼，过去真是“车如流水马如龙”，盛极一时，现在则是顾客稀少，门庭冷落，一到傍晚，许多商店即已歇业，街上行人，屈指可数。我看了这一派凄凉的情景，自然而然地念起元代诗人萨都刺“六代豪华，春去也，更无消息”的那首词来。我想，现在该是7代了！有位唐人先生写了一部《金陵春梦》的小说，我们不谈这部小说的内容，用“金陵春梦”4字来形容蒋家王朝的产生、发展到没落，真是再恰当没有的了。

（选自《文史资料选辑》第32辑，中华书局1962年版）

李宗仁遣使赴北平和谈

黄绍竑 *

新桂系于1929年被蒋介石打败以后，局处广西一隅，然蒋桂之间的明争暗斗，时起时伏，交替上演，在李宗仁竞选副总统的前后，矛盾激化，争斗达于高潮。1948年年底，白崇禧利用淮海战役胜负未决的时机，迫使蒋介石又一次下野，李宗仁以副总统代理总统职位，桂系又一度名义上掌握了南京国民党政府的中央政权。我在李宗仁竞选副总统过程中是策划人之一，后来又是李宗仁所派和平谈判代表之一，现将这一时期的亲身经历追记于下。

---

* 黄绍竑：时任国民党政府和平谈判代表团代表，国民政府监察院副院长；系人民政协第一届全体会议代表；后曾任政务院政务委员，全国人大常委会委员，全国政协委员，民革中央常委。

一 蒋介石被迫下野 李宗仁代理总统

1948 年 12 月 25 日，上海忽传武汉方面白崇禧发电致蒋，谓部队不能再战，力劝蒋介石以党国和人民性命为重，与中国共产党再行和平谈判（原电我未看到，据说语气尚和缓）。这无异胁迫蒋介石下野，由桂系李宗仁出面收拾。据说蒋接电报后匆匆地开了一次紧急国民党的中央常务委员会会议，表示他要回溪口休息，也即是要下野的意思，当日就飞回溪口去了。蒋所以采取这个步骤，不外乎是没有弄清白崇禧的底细，怕白单独同共产党联合起来向他进攻，以致影响淮海战役。其时淮海战役正在胶着，胜负未分。如蒋胜了再收拾白崇禧和桂系，易如反掌。他在溪口和在南京一样，都可直接指挥部队。当时指挥全军的参谋总长是他的亲信顾祝同，他所倚靠的空军总司令则是他的同乡亲信周至柔，国防部则是他最亲信的继承人陈诚，他回溪口也就十分放心了。

我在上海得知白崇禧逼宫的消息，如同晴天霹雳，害怕极了。因为谁都知道我同白崇禧的历史关系，白去汉口就职是我劝驾的，他这次的举动难道我不知道，不是共同预谋的吗？说老实话，自从我劝白崇禧任华中“剿总”之后，没有同他通过信和电报电话。现在我说来恐怕都没有人相信，何况当日的蒋方人员呢？在那几日内，我真是像被赶急了的鸵鸟，一时躲到医院，一时又躲到朋友家里，不敢在自己的家里住，怕的是蒋方特务不分皂白把我抓起来马上杀了。但是随后一想，躲是躲不住的。上海公安局长是我在浙江时候的保安处长宣铁吾，他手下的特务头目也是保安处的原班人马。我这彪形外貌和我在上海的行径都是他们所熟透了的。这样一想，我又安心回到自己家里，听天由命等候他们摆布吧。

李宗仁频频打电话来，要我去南京，说有要事商量。李宗仁自当选副总统后，就回北平办理行营的结束，只是阴历八月中旬约我同去游西湖，并同在海宁观潮，从未谈过什么政治问题。我对南京，尤其武汉的情形，都是茫茫然的。当时我想，在上海固然不安全，去南京更是危险，但又无法逃出蒋方特务的魔爪。他们如要杀桂系的头目，就大家同死在一起也好。于是我就毅然去南京，看看情况再说。这大约是 1948 年 12 月 28 日、29 日的时候。

我到南京住在李宗仁家里。我问武汉情形，他也不甚清楚，只是说："蒋回溪口去了，表示要下野，指定我暂代总统。他临走又指定张群和吴忠信同我商谈他下野后的善后问题，所以要你来一同商量。"我心里想，要下野就走好了，还有什么善后问题要商量，难道后任不会办吗？这其中大有文章，不可不注意。

张群、吴忠信来了，他们代表蒋方。李宗仁和我代表桂系，成为谈判的对手。吴忠信首先提出文告的字眼问题。他主张用"暂代"两字。他说："蒋总统因身体的关系暂时离职，随时可以复职的，只能算是暂代，连代理的字眼都是不相宜的。"而李宗仁则至少要得到"代理"两字。因为"暂代"与"代理"两个字就往返磋商了好几天，并未解决。其他问题尚未提出。据我所料，最重要的是淮海战役必须进行到底，不能中途更换他的亲信军政大员。

这时，徐州以南的津浦铁路，已被人民解放军切断，被包围的蒋军无法获得支援。蒋出动全部空军空投接济。他还亲自飞到前线上空同那些指挥官讲话，要他们努力突围。那时，从早到晚每隔 10

多分钟就有一架蒋机起落，南京上空飞机往来不绝。而李宗仁公馆每日都忙于蒋下野后的谈判。我心里想，万一蒋军胜利，谈判也就停止，李宗仁和我及桂系的一些头目都要成为阶下囚了。我时常想离开那个危险地方，但又有什么方法呢?

在武汉的白崇禧见“逼宫”尚未完全成功，双方正在拖着不能解决，也着急了。大约是1949年1月2日他打电报来，邀请张群和我到他那里谈谈。他邀我们去有两个目的：一是希望张群对蒋为他解释“有电”不过是暂时为挽救危局着想，并无心同中国共产党勾结；二是因为同我久不见面，当面谈谈有什么好的对策。这正符合我要设法离开南京的目的。我同张群坐“自由”号飞机前往汉口（因那时宁汉陆空已停航）。白崇禧对张群自有一番敷衍应酬的话。张群在汉口住了一夜，次日乘原机回南京。白留我暂住汉口。

二　桂系在武汉的一次秘密会议

白崇禧送走张群之后，立刻在他卧室内召开桂系的秘密会议。除黄旭初尚留桂林之外，在武汉的桂系文武大头目都参加。白崇禧首先发言。他说：“这回同老蒋闹翻了。淮海战役一结束，他（指蒋）迟早一定来收拾我们。南京的中国国民党党部是他的御用工具。我们一向是搞军事的，对于党务（指中国国民党）没有什么经验，以前我们屡次失败，都是没有政治上的支持，全靠枪杆来干。这回就大大不同了，不但要对付国民党内部，还要同中国共产党打交道。你们看怎样行呢？”接着他又说：“我的意见，李任公（济深）一向反蒋，他团结有一些民主力量，与共产党也有交情，不如请他到武汉来主持政治，我们就专管军事，这样就不怕了。你们看好吗？”

我与参加会议的众人都赞成，于是推人起草用白的名义写信给李任公，易稿两次，都不满意。我说最好派与李任公有关系的人去香港，当面说明这里的情形，比写信好得多。但李任公在上海临走时同我说过，到香港一有机会就要到解放区去。如果李不在香港，同什么人接头呢？难道就空手回来吗？白想了一想说：“这个重要使命只好请你负担。”我答应了，并问：“如果李任公已离开香港，我可否同中共驻港负责人接头呢？”他也答应了。我还说，现在火车飞机都不通，恐怕时间上来不及，怎么办呢？他说，他与飞虎队队长陈纳德很有交情，陈纳德现在办民航，即刻打电报给他，请他派专机来。会议结束已是下午 3 点多钟。我就同他到东湖疗养院看看抗战初期住的老地方，在湖内打了一回猎就回来了。

次日（大约是 1 月 4 日），陈纳德的飞机直到下午 3 时才到汉口。我上机一看，所谓专机，原来堆满着货物，好不容易把货物挪开腾出一个座位来。据说白雇用这架专机，花了 150 万金圆券。陈纳德真是一个吃人的飞虎啊！白崇禧派他的机要秘书海岱禄带着密电本同我一起去香港。他还亲笔写了一封信给广东省主席兼绥靖主任宋子文，说是派我到香港洽购军用品的。他怕万一到广州碰到宋子文就有话可说了。这是小诸葛的小花招。但是我想，我到了广州总以不停留不见宋子文为妙，这封信只是备而不用的。

飞机下午 3 点多才由汉口起飞，5 点到桂林，黄旭初已在机场等候。我拉他到僻静处密谈了十几分钟，把南京、汉口和我要到香港去的情况告诉了他。他说李任公以前在广西搞什么党的组织，我们因为中央（指南京国民党中央）的关系，禁止他们活动。他们还有人在桂林等地，可否请他们先把招牌在广西挂出来？我说不忙，等我到香港当面商定后再说。

飞机到柳州卸货，到达广州已是8点多钟了，通知我，明早为我转机去香港，因为陈纳德的飞机不能直飞去。我要在广州停一夜，真是为难。机场上只有广西驻粤办事处代表阚宗骅，秘密来接我。我问夜船（广州到香港船只分早夜两班）还没有开吧？他说，桂山（桂山、桂海两轮是桂系办的航行香港、广州的船只）可能还没有开。于是我们就驱车到桂山船的大餐间上去。船上买办是桂军旧部下，他拉阚宗骅到旁边说了一阵话。阚回来说：这回船上客杂，有许多土匪，预定在三枝香（广香航线最险处）里应外合行劫，广州公安局已派了许多暗探下船，如果真有其事，就一网打尽。我说，这怕什么。那个买办说，季公犯不着冒这危险，还是在广州住一夜，搭明日早班飞机去好。

我们上岸在堤上徘徊，到酒店和办事处住都不妥当，恐怕特务暗算。我想张发奎就住在沙面，他虽然是下了台的绥靖主任，特务是不敢奈何他的，而且我还要同他谈谈南京、汉口的情况，看看他的态度。西堤离沙面不远，步行一会儿就到。我去叫门，他已睡了，问知是我，才由床上爬起来。他见我很惊讶，说南京和武汉的事只听到一些传说，真实情况不知道。我把大概的情况告诉了他，已是半夜了。他说，邓剑泉（绥靖副主任邓龙光的号，属前方四军系统的）昨日才由高州回来，他是在那里负“剿匪”责任的，最好明早请他来谈谈。

次早邓龙光到来一同早餐。我说明来意和南京、武汉情形之后，邓龙光说："我到高雷'剿匪'几个月，它不同于我们以前的打仗，这里据报发现'匪'踪，等到调兵过去又不见了。我想目前不是用军事能解决的。德公、健公主和固然是好，但是具体的办法怎样呢？"我说正要去香港找寻办法。他们都说好。到9点多钟，张发奎给买了飞机票，并派他的随从参谋陪我到机场，我上了英国飞机，一个多钟头就到香港。

三　我在香港的活动

我一到香港家里（白的机要秘书海岱禄也住在我家里），立刻打电话给黄琪翔，邀他到我家面谈。这是在上海分手时预先约好的。他立刻来了，我把南京和武汉的情形概要告诉了他。他说："很可惜，你来迟了几天，李任公已于前几天动身到北方去了。我不知道民革留下什么人在香港负责。但是，你要同中共负责人接头，我还有办法。"他立刻打电话给杨建平先生，约定下午4时在杨家见面会谈。我同黄琪翔下午到香港山顶上坚尼地台10号杨宅，殊不知杨先生竟是熟人，他在陈铭枢交通部长任内当过全国邮政储金储汇局局长。不久中共驻港负责人到来，我又把南京和武汉的情形重述一遍。中共驻港负责人说，他也知道一些情况，白崇禧可能反蒋，但这样的大事他不能做主，必须打电报给延安党中央请示，复电要三四天才能回来，请等候几日吧。

在那些日子里，民革在港人士邀我到香港山上李济深住宅作一次报告。我又把南京、武汉情形重述一次，并说我已同驻港中共负责人接了头，正等待中央回电。

过了3日，杨先生又约我到他家，我料想是延安的回电到了。果然中共驻港负责人也来了。他说，党中央已有回电，要白崇禧派刘仲容（刘当时是白的参议）为代表，由信阳到郑州沿途去找刘伯承接头。我立即回家叫海岱禄打电报报告白崇禧。但未见回电，不知派刘仲容去了没有。

我虽向汉口去了一些电报，但回电却很少，我心里很着急。到了1949年1月10日淮海战役结束，蒋军全被歼灭。同月14日毛主席发表关于时局的声明，提出了和平谈判的八项条件：（一）惩办战争罪犯；（二）废除伪宪法；（三）废除伪法统；（四）依据民主原则改编一切反动军队；（五）没收官僚资本；（六）改革土地制度；（七）废除卖国条约；（八）召开没有反动分子参加的政治协商会议，成立民主联合政府，接收南京国民党反动政府及其所属各级政府的一切权力。

毛主席的这一声明，给蒋党和李宗仁等当头一棒。同月21日，蒋介石宣布下野；21日，李宗仁宣布代理总统。

当淮海战役结束时，蒋军尚保有武汉下游长江以南地区，残存陆军一百零几万，空军、海军仍是完整的。于是所谓“隔江对峙”在蒋介石和李宗仁、白崇禧的脑中仍占主要地位。蒋介石虽宣布下野，但仍在溪口布置他的所谓“长江防御战”。

四　李宗仁代理总统后进行的“和谈”

李宗仁给我来电，并未答复已否派刘仲容北上，却强调淮海战役结束后，蒋要他代理总统，催我回去商量内部问题。于是我乘飞机先到汉口。我见到白崇禧，即问刘仲容去了没有，情形如何，白说因交通关系，刘仲容尚留上海。他又说德公屡电要我们去，因为等你才候至今日。当天我们就一同乘运输舰去南京。

到了南京，又是一种景象，人们仍在醉生梦死之中，把同中国共产党和谈忘在九霄云外。蒋虽宣布下野，但军政大权仍握在他的手里，暗中正在紧张地作长江以南的战备防御。有一日上午，我找白崇禧面谈，问刘仲容为什么还没有北上，他说因为交通关系耽误了，交通问题一解决，马上就可以去。其实，他用意却不在此。我问前方的情形怎么样，他说津浦线上你知道，我们除了在长江北岸尚有一些警戒部队之外，都撤到南岸布防。我们有海空军的掩护，长江天堑，共军是过不来的。武汉方面仍然对峙着，但中共的四野部队绕出襄阳直趋武汉上游，似有在武昌上游渡江的模样，我军正加紧防备。

白崇禧还说，共军行动并不因老蒋下野而缓和。我说，当然啰！叫你派代表接头，指定的代表尚未派出，双方仍然是敌对的，决不能因为老蒋一走，和平就可以实现的呀！我问他到底是怎样的主意。他说："如果迫我太甚，仍然还是打。你知道我们以前是草鞋出身的，最后还可以上山打游击，同他们（指中共）拼一下。"我听了他这番话，心头有气，于是说："打正规战已经输了，还打什么游击战？要知道人家是打游击战的老祖宗。"接着又说："全国人都希望和平，而蒋又屡战屡败，他才不得不暂时宣布下野，缓和一下人心，准备再战。这种用意难道你不知道吗？你一个月前主张和平，迫老蒋退回溪口，示意要下野。如果淮海战役是他胜利了，难道他真的下野不进而收拾我们吗？你怎能在一个月之间出尔反尔呢？”我真气极了，他也生气，从来没有过这样的大争论。我说：“现在要打，只是老蒋有资格。他暂时下野，你可亲自到溪口负荆请罪，请他出来，因他是一贯主战的。我们以主和起家，只有和平才有出路，再主张战争，就是死路一条。”白崇禧说：“算了吧，谈旁的事好了。”

正在相持不下的时候，刘仲容进来了。我们就问刘仲容上海的情况。他说：“在上海已同对方主持人接过头，但北上的飞机轮船都没有，所以我才回来请示。好在老蒋已经下野，李德公代理总统，要和就全盘的和，也不争个人去的先后呀！”

后来我想，白崇禧态度的所以突变，也许是由于他认为蒋已下野，目的已达到。李宗仁代理总统，江南半壁已是桂系的天下。再则是毛主席于 1 月 14 日提出的和平谈判八项条件，白崇禧等人不能接受。

李宗仁既已登上代理总统的宝座，就忘乎所以了。起初是“暂代”二字，后来改用“代理”二字，李宗仁得到“代理”也就够过瘾的了。那时社会上一片和平之声，如上海名流颜惠庆等 4 人以社会人士奔走和平，到北平走了一遭。我去首都饭店走访他们一次，只是说些面子上的话，并未谈到什么实质问题。随后又有两个立法委员，自告奋勇北上，自称和平人士，中共也不拒绝。他们到了北平见了什么人、做了什么事也没有下文。在这之前，行政院长翁文灏已下台，蒋以孙科出来组阁。

蒋介石要孙科来组阁，也有他的道理：第一，孙科自 1932 年中、日淞沪停战，国民党宁粤和议，一度得任行政院长。不意为孔、宋（其实是蒋介石）用财政扼杀，怀恨在心，以后长期退居立法院院长，内心是不满的。这时孔、宋已臭透了，蒋又别无其他适当的人，就利用孙科来作替罪的羊，实权仍操在蒋介石的手里；第二，1947年副总统竞选，蒋介石想利用孙科顶住李宗仁当副总统，而把立法院长由陈立夫来掌握。这样就一举三得。不料这个计划被新桂系击败，孙科仍退居立法院。为了安慰孙科，使他出任行政院长，立法院就自然而然归陈立夫掌握（陈当时是副院长）。这样蒋仍控制行政、立法两院，不过是多了一个不顺眼的副总统李宗仁而已。这是蒋未下野前的布置。蒋下野，李宗仁代理总统，当时行政院长仍为孙科。

李宗仁既提出所谓“和平谈判”来，就不能不由当时的行政院院长孙科来主持。于是孙科就派出他的亲信钟天心为首的代表团，也包括李宗仁的亲信亲美分子甘介侯。甘介侯在报纸上发表谈话，大嚷要敲中国共产党和平之门。

五　和平谈判代表团飞北平

3月下旬，中共方面发表周恩来、林伯渠、林彪、叶剑英、李维汉等为代表，以周恩来为首席代表，齐燕铭为秘书长（后又加派聂荣臻为代表），通知南京国民党政府，在毛主席所提八项和平条件的基础上，定4月1日起在北平谈判，要南京代表如期北上。

我前因南京和平空气冷淡，想置身事外，飞往香港暂住，后李宗仁屡发电报促我回南京充当代表北上，我于3月29日才回到南京同他们见面。在这期间，有些什么情况，我并不清楚。李宗仁对我说：“一切都商议好了，不用你费心，只是随同他们北上就是了。”我当时心想，要我当个糊涂代表，只好随同前往，成功与否，横直当个和谈代表没有什么亏可吃的。其实我早看透蒋介石想利用李宗仁出面进行和谈来喘一口气，他哪里会同意中共提出的八项条件呢！至于李宗仁，虽对八项条件发表了声明，又何尝是真正同意呢？不过想利用和谈讨价还价，骗取主张和平的虚名。至于白崇禧，早就把“汉曹不两立”的口气向我说过了。总之，和谈代表的主张，和南京政府的主张并不是一致的。

代表团专机于4月1日上午9时由南京起飞，除政府首脑李宗仁、何应钦和一些官员到机场欢送外，立法委员大多数也到机场欢送。和平空气表面上似乎是很浓厚的，其实绝大多数是希望得到划江而治的和平，保存现有的地位。

专机于上午11时到青岛上空，俯瞰青岛湾内泊有很多海军舰艇。舰艇上有“中华民国”的青天白日旗，有美国星条旗，几乎南京政府的大半海军和美国入侵中国的全部军舰都泊在那里。而美国的海军数量、质量都比南京海军大得多、好得多。因为美国和南京都认为那时青岛是控制渤海湾的重要港口，用全力设法保持。

专机在青岛机场着陆加油，有青岛市长秦德纯和南京方面的陆海军长官在场欢迎。秦德纯并在机场为代表们设午餐，并于席间作了情况报告。他说，山东境内就剩下这个孤岛，数十里之外就是人民解放军，他们要攻占是很容易的。因为“国军”人数虽然不少，但都是残兵败将，士无斗志。人民解放军所以不进攻，也许是因为还有些美国海军驻在这里。

午餐后，再行北飞，一个多钟点后就见到北平城。我很好奇多事，便说：“在地面上游玩北平城不知多少次了，但总没有从上空看得全面。我建议飞机在北平城上空绕一两个圈子仔细看看。”有些代表赞同，就要飞机师进行。殊不知飞机在空中打圈子，有些老年人很不适应，头晕目眩，要求赶快着陆。我心里深悔不该出这个主意。如果引起地面上人民解放军防空部队误会，我这责任就更大了。

专机在西苑机场着陆，中共方面派人来接。他们穿的服装都是一样，事后才知道其中有徐冰副部长和一些高级人员，但我一个也不认识。随后有个姓汪（王）的科长，出来引导乘坐汽车，一直来到旧日的六国饭店。入门时，看见一条“欢迎真和平代表”的标语，心里自然体会到如果是假和平代表，当然不受欢迎。次日，中共代表团设宴款待我们。

和谈开始时，先是个别交谈作为预备，然后正式谈判。我曾与林伯渠、叶剑英代表分别谈过一次话。其他代表与中共哪一位代表谈过几次话，我就不知道了。因为我素有心脏间歇病，到北平后又复发了。有一天，我外出回来，适值六国饭店电梯停了，步行上到三楼（我住五楼），就上不去了，在楼梯上坐了好一会儿才上去。汪科长于当晚就把我送入北京医院。

使我终身不能忘记的是毛主席召见南京各个代表。同我一起被召见的有刘斐，地点是在香山旧慈幼院。那里除毛主席外，还有朱总司令，并在那里同吃一顿午饭。

大凡南京代表，不论与中共代表分别交谈，或谒见毛主席，总不免要将南京方面的情况和对和平的意见阐述一番，希望和平谈判获得成功。记得中共某代表问起李宗仁在南京有多少自己的队伍，我回答说只有一个卫士队时，中共代表立即指出：“这是很危险的呀！万一蒋介石或其部下反对和平，岂不马上可以把李宗仁捆起来吗？”为此，我曾打电报给李宗仁，要他增强自己的实力。其实中共代表这个担心，就是暗中指出李宗仁的和平谈判是没有诚意的，即使李本人有诚意，最后也是不能做主的。

在双方代表个别交谈的期间，我曾拜访过民革的李济深、民建的黄炎培、民进的马叙伦，还有傅作义。这日，中共代表团秘书长齐燕铭设宴颐和园招待南京代表团全体游春。我因同以上那些先生早有预约不能赴宴。晚饭是在傅作义家里吃的。同座只有邓宝珊一人，彼此都是旧相知，无话不谈。我觉得北平和平解放，中国共产党是伟大宽大的，而傅先生的贡献也是很大的。

4 月 10 日晚召开双方代表全体正式会议，我虽病在医院，也不得不出席。双方代表全体会议是在中南海勤政殿举行的。中共代表以周恩来为首由勤政殿东向进入会场。南京代表以张治中为首由勤政殿西向进入会场。会场情况是十分严肃的。首先由中共代表周恩来把拟好的和平条款向南京代表宣读一遍，然后把条款发给南京代表，希望我们回去加以讨论，再作答复。这个全体正式会议在不长的时间就结束了。南京代表回到六国饭店，就由首席代表张治中召开会议，除代表参加外，所有的顾问和秘书都列席，把中共代表交给的和平条款加以研究。全体一致认为和平条款的具体内容与 1 月 14 日中共毛主席所发表的和谈八项条件的内容是一致的。而李代总统又已发表声明承认那八项条件，则和平条款自然是可以接受的，但仍须派人请示南京。于是即席推举我同屈武顾问携带中共的和平条款，次日专机飞南京请示。那时已是午夜 1 点多钟了。

他们推举我带条款回南京，自然认为我是桂系中人，对李、白说得动。但这回的事适得其反，李、白的态度早就变了；即使未变，又何能做主，岂不是仍要溪口（指蒋）作最后决定。我心里明白，但又不好推辞。

中共首席代表周恩来知道我被推举回南京请示，乃于当晚 2 时左右在六国饭店召见我，勉励我努力完成这个任务。我说，照我看至多是50对50的希望，或者还要少一些，我总努力去进行就是了。我回到北京医院已是夜里 3 点多钟了。我心脏间歇得更厉害，我请求派一个医生同到南京，以免在飞机上发生问题。次早 8 时，我同北京医院派去的赵大夫坐汽车到西苑飞机场。不料周恩来首席代表和其他代表都到机场送行，可见中共方面对达成和平谈判的诚意，因而益发增加我的责任感。周首席代表并释放在山东莱芜战役被俘的桂军师长海竞强，同我乘机回南京。海竞强是白崇禧的亲戚和骨干，这是中共对被俘人员的宽大和对新桂系好感的表示，也希望海竞强回去做些有益于和平的工作。但我在机上一直没有同他（指海）谈话，到南京以后就没有再见他的面，不知他到南京与白崇禧见面之后说些什么。

六　南京破坏和平谈判的经过

飞机由北平起飞沿着津浦路直飞南京，不再到青岛加油了。4 月 11 日下午 2 点多钟到了南京。到机场欢迎的也和北上起飞时一样，都希望我携回合于他们口味的和平条款。我同顾问屈武一同回到傅厚岗李宗仁的公馆，派来的赵大夫住到首都饭店。当日下午 4 点多钟就在李公馆开了一个小型报告会，有李宗仁、何应钦、白崇禧、黄旭初等人参加。我把在北平会谈的情形作了概略报告，并把和平条款的文件交给他们。他们听了我的报告和看了文件，大家都默然久之。何应钦说，这个重大文件要拿回行政院开会研究讨论才好答复，好在距离答复期限还有几天（原限 16 号为最后答复日期）。我看当场情形不妙，不但何应钦、白崇禧的神色不好，就是李宗仁也默默无言。当晚我挂了一个北平的电话给南京首席代表张治中，报告抵达南京的情形，只是说和平条款还要由行政院开会研究讨论才能答复。

我在李宗仁公馆住了两日，他们对我都闭口不谈此事。我觉得等得无聊而心脏病又复发，就搬到中央医院去养病。不料中央医院住满了伤兵，闹得乱糟糟的，于是又搬到鼓楼美国人医院。医生和护士知道我是和谈代表，刚由北平回来，大家东问西问，尤其是问共产党对北平的美国人怎样，和平的前途怎样，弄得我很难答复。4 月 15 日，总统府参军长刘士毅通知我，说明日（16 日）行政院开秘密会议，要我去作报告，地点在军校国防部会议厅。我想，为什么隔这许多天才开会呢？当然他们避开我不知谈了多少次。何应钦必定带了和平条款飞溪口请示蒋作最后决定，飞回南京才召集开会的。

何去溪口请示蒋，作最后决定，是可以理解的。那时蒋仍是国民党总裁，素来以党治国为号召的南京政府，能不受他约束吗？而且他仍掌握军政大权呢！在将要派出和谈代表前，张治中不也去过溪口请示了吗？可以说蒋当初所以不出面反对李宗仁和谈，是想利用和谈时间，作好军事布置。现在和谈的结果要请示他，和平也肯定没有希望了。

那次行政院的秘密会议是何应钦主持的。会议的形式是很奇怪的。作为代理总统的李宗仁也列席了会议。吴铁城是以中央党部秘书长，由广州（国民党中央党部已迁广州）飞来参加，可能已去溪口请示过蒋介石，也就是代表总裁的意见。阎锡山也被邀参加，因他是反共最力的，不久前才由太原飞逃出来住在南京。何应钦要他来参加，是想要他来作破坏和谈的楔子。参谋总长顾祝同也被邀参加。行政院除秘书长黄少谷之外，还有其他的几个部长。白崇禧没有参加，想是他早就决定要破裂，已飞回汉口去指挥部署了。这种会议形式，好似蒋未下野之前的最高党政军联席会议，但李代总统坐在一边旁听。其他各院院长也未到会，实在有些不伦不类。

何应钦讲了几句开场白之后，就要我作关于北平和平谈判的经过报告。我讲了大约一小时，最后我说："代表团的全体代表认为，中共这个和平条款与 1 月 14 日提出的和平谈判八项条件，没有什么出入，李代总统以前也曾发表声明，承认中共提出的和平谈判八项条件，所以全体代表认为中共提出的和平条款是可以接受的。"

我报告之后，何应钦就请到会的人发表意见。吴铁城首先以代表国民党中央党部发言。他说，中央常务委员会是党的最高决策机关，中常会并未承认 1 月 14 日中共提出的八项和平谈判条件。他的话表面似为李宗仁开脱责任，而实际上又是责备李宗仁。他说，李代总统的声明，也只是说可以商谈，并不是完全承认。他指责代表团应随时请示中央，何能遽然认为可以完全承认。他尤其指出废除宪法和法统那两项最要不得。他说，宪法是国家的根本大法，法统是实行宪法的表征，如果都废除了，中国将成为什么样的国家呢！他说的话很长，无非是对 1 月 14 日中共提出的和平谈判八项条件作根本的否定。黄少谷当然是代表行政院发言的。他把我带回的中共提出的和平条款，逐条分析驳斥，认为万不能接受。参谋总长顾祝同把前方情报、人民解放军的调动情形说了一番。照他的判断，人民解放军正在部署渡江攻击，中共和谈决无诚意。

何应钦最后问阎锡山有什么意见，阎锡山低声地说了几句。他说这个条款实质上是难以完全接受的，即使接受了，以后也很难解决问题。他短短几句话，好似楔子一样深深地打入反共人们的心坎中。

李宗仁坐在那里很为难，一句话也不说。他如反对和平条款，等于自食其言，因为他以前发表过声明，承认中共提出的八项和平谈判条件为基础，然而他内心却觉得那个和平条款于他既得的利益（指代理总统）是有矛盾的。当然，他还有更大的顾虑，如果表示赞成代表的意见，就要与党方（中国国民党）军方发生冲突，很可能被拘禁或被轰下台，所以他坐在那里没有一句话支持代表的意见。

最后何应钦宣布，这个和平条款是不能接受的，由行政院作答复，也就是破坏和谈的答复。

散会已是 12 点钟，就在那里吃了一顿午饭。我同李宗仁回他的公馆，我挂了一个电话给首席代表张治中。他们那里正等待我的回信呢！电话一打就通了，因为我由北平回来时，同中共约定，自 4 月 10 日到 16 日双方电话都是开放的。张先生接到我的电话，问情形怎么样，我说详细情形不便在电话里谈，只说行政院今晚（16 日）或明日就有书面声明答复，到时你就知道了。我还说，我今日下午就飞香港。他听了，停了一会儿就说：“呵，呵，呵。”当然他知道和谈是决裂了。

我打完电话对李宗仁说，我在这里没有什么事了，你放我快些回香港。他问参军长刘士毅有什么便机。刘说有两趟便机，一是飞上海的客机，一是直飞广州的专机。我想，到上海要停一夜，那里特务太多，不知要出什么事，不如直飞广州，飞得快的话，当晚就可搭船到香港。于是我就叫车直奔明故宫飞机场，连北平同来的赵大夫也来不及妥为安顿就走了，真对不起。刘士毅给我送来 150 万元金圆券，说是代总统送的旅费。我笑笑，心想不知还值几块钱呢。

七　我由南京飞香港转赴北平

这架“自由号”专机是蒋介石不用的旧机，专供南京次要人物用。这回是接吴铁城等人由广州来南京开会，也是专送吴铁城等人回广州去的。我在机场碰见了屈武（他没有参加行政院秘密会议，不知到机场来送什么人去广州）。他见了我很诧异，问我事情怎么样（指和谈条款），我不便说什么，只说要回香港；并对他说，希望他也快些回西北去，在南京久住是没有什么益处的。他明白我的意思，连声说好。

上了飞机，见吴铁城等坐在机舱前面的好位置上，我与他点点头，自己溜到机舱后面的位置上坐下，一声不响。飞机下午 2 点多钟才起飞，起飞后我忽然大起恐慌，怕飞机要先到溪口，吴铁城向蒋报告后，再飞广州。这样，我岂不是自送上门找罪来受？因为蒋自从我助李宗仁竞选副总统之后，一直就不喜欢我；加以又怀疑白崇禧的逼宫也是我策划的，此次充当和谈代表又一直主张承认中共所提和平条款，见面还能有什么好话呢？我越想越害怕，但又有什么办法呢，只好听天由命去了。飞机一直南飞，两个小时不转方向，不停下来，我那恐惧心情才放下来。

到了午后8点多钟，飞机才在广州白云机场降落，自有广州当局许多人来接吴铁城。我是没人理睬的。广州市长欧阳驹见了我，问我在什么地方住，我说还没有一定住所。他说，就到他家里住。我到欧阳家里就倒在床上，要他请医生来看病，连他设的夜宴也不参加。广西驻粤代表来见我，我把150万元金圆券托他换港币。他说金圆券今日下午已没有行市，当然市面上知道和平谈判已经破裂了。

晚上10点多钟，忽然国民党中央来电话通知，要我到中常会作报告。我答实在有病不能到会。不久副秘书长郑彦棻坐汽车来接，我仍以有病推辞。他说在粤各位中委（包括执监委）都希望季宽①先生到会作报告，就是有病少讲几句也好。我见推辞不脱，只好硬着头皮去。在路上我想好了脱身的方法。迁粤中央党部在某路的四层楼上，没有电梯，我走上三楼，实在上不去了，坐在楼梯上休息一会儿。以前孙中山先生的侍卫长马湘扶我继续走到四楼会议厅，孙科等都候在那里。我首先发言，说我实在有病不能作报告，好在吴秘书长（铁城）今日上午在南京始终参加了会议，一切情形他都知道，就请他作报告。我说完了这几句话就离席向他们告辞，安然回到欧阳家里，好似脱了一场大难。我托欧阳驹代买飞机票，次早即飞香港。

我回到香港不几日，南京就解放了，不久上海也解放了。我只在报上知道李宗仁一时飞桂林，一时飞重庆，一时又飞广州。广州是国民党最初发源之地，也成为最后埋葬它的地方。如果李、白及早觉悟，尚可签字得到局部和平解决。我同李、白自小同学，相处数十年，知交最深，尤其最后的和平谈判的真正用意也知得最深，

① 黄绍竑，字季宽。

所以当初我就不愿充当代表。俗话说，“不见棺材不流泪”，他们是见了棺材也不流泪的啊！我去作最后劝告有什么用呢？相反，即使他们没有害我的恶意，但蒋介石的特务仍布满各地，难道他们不会暗下毒手么？所以我一直住在香港，不到内地来。

刘斐代表不久回到了香港，后来去广州见李宗仁和白崇禧作最后的劝告，但是没有效果，只得仍回香港。我们就纠合在香港的国民党中央委员、立法委员和其他人士，联合发表通电与蒋介石断绝关系。在开会的时候，也有些蒋方死硬分子来参加，如上海新闻报社社长程中行就是一个。我们是来者不拒，越多越好，不怕他们知道，也不怕他们捣乱，因为香港是英帝国主义的统治范围。会后，蒋方死硬分子有些在中途就退出了，有些列名通电后又不敢回内地，如刘建绪、李默庵等就去巴西作富翁了，有些去台湾的仍为蒋方效力。

上海解放后，中共驻港负责人调去上海，继任的负责人请我同刘斐到《华商日报》总经理的家里（似乎是姓邓）吃晚饭。他说周副主席（恩来）有电邀我同刘斐到北平参加中国人民政治协商会议，征求我们两人的同意。历年向往中国共产党的心愿竟然实现了，我们两人欣然同意。

过不多日，中共驻港负责人通知我，说有船北上，要我在某地等候。我匆忙回家收拾行李，夫人问我到什么地方去，我说要坐船去北平。她说，你奔走了大半年，还不够累的。刚刚回来不久，在家好好休息不好吗！她又说，和谈既已破裂，还有什么可奔走的呀！我说，这回去北平是应邀参加共产党召集的中国人民政治协商会议。她听了默然不作声。

我到集合地点见了其他人，有的不认识，也有认识的（刘斐和黄祖培）。我们到一个小酒家吃午饭，受到嘱咐行动要秘密，预防台湾方面破坏阻挠。午饭后，坐一只小汽艇，驶到香港禁海（禁海是香港政府指定运载危险物品船只停泊的海面，周围挂了红旗），然后上一艘载重 1000 多吨的挂葡萄牙国旗的轮船。

我们上船，看见甲板上摆满了装石油的油罐。我心想万一失火，岂不是全船的生命都要完蛋，心里十分恐慌。这与中途受蒋方拦截搜查同样的危险。我问那姓林的船长，他说装的是重油，就是一颗手榴弹炸去，也不会有危险。他的话自然是安慰我们的，我只好既来之则安之。那艘船又驶往澳门办手续，在月色光芒下，就向汉城北驶了。那艘船在海关注册是开往汉城的，这是一种掩护计划，到山东半岛外就向西入青岛停泊。我们在青岛登陆，乘胶济路到济南转北平。

我与蒋介石、新桂系的关系，从此结束而走向新生。在船上我填了一首词《木兰花》，最后一联是："海天明月最关情，深夜照人明里去。"这一面是写当晚海上的景色，一面是写我内心感谢中国共产党、毛主席和周副主席的关怀。

1965 年 3 月

（节选自《文史资料选辑》第 60 辑，中华书局 1979 年版。原标题为《李宗仁代理总统的前前后后》）

1949 年北平和谈的片段

刘　斐*

《文史资料选辑》第 13 辑载有张文白先生所写关于 1949 年北平和谈的回忆一文。因为这幕和平骗局是蒋介石、李宗仁二人互相穿插，而由李出面串演的，所以就我当时所知道的李宗仁方面的情况，写成这篇文章，作为补充，仅供参考。

一

我从 1945 年秋开始辞职，直到 1948 年秋才得到辞准，离开国

* 刘　斐：时任国民党政府和平谈判代表团代表，国民政府国防部参谋次长；系人民政协第一届全体会议代表；后曾任第五届全国政协副主席，民革中央副主席，全国人大常委会委员。

防部参谋次长的职务，正准备回湖南去的时候（家眷已经送走），李宗仁突然到我家来看我。他说：“你这次辞职获准了，很好；但你不要忙于走开，现在情况可能有变化。据吴礼卿（吴忠信）来说：‘现在蒋已很难对付下去了，我想劝蒋暂时退后一步，让你来代理总统，应付眼前的局面，你赞成吗？’我对他说：‘在这严重的危急关头，我不孚众望，只有蒋总统才能作中流砥柱。’吴说：‘我看现在只有你来，才能对时局起缓冲作用。你如果同意，我准备同蒋先生谈这个问题。这件事只有你知、我知，绝不要向外人谈。’”

接着，李问我：“你看吴礼卿的话是什么意思？是蒋的示意呢，还是吴礼卿的主张呢？”

我当时说：“蒋没有办法搞下去了，这是事实。但他是不是真有认识，真心准备下台让你来搞呢？还是像吴礼卿所说的，他搞不下去了，让你来临时应付一下呢？或因为你几年来同他在政治上不合拍，他不放心你，怕你乘他危急的时候捣乱，故意叫吴礼卿来试探你的态度呢？你对这个问题应该小心，这三方面都应该考虑到，但以后两个方面的可能性最大。”

李说：“是的，我当着吴礼卿的面还是很恭维蒋的。”

过了两天，李宗仁又来找我，说：“上次吴礼卿的话是真的，他又来找我了。他说蒋已接受了他的意见，真愿意下野，要我代理总统，全权去应付这个局面，并要他（吴）来同我商量，我已经答应愿意考虑。”李随即问我：“你看这应该怎么搞法？要搞嘛，这也是一个机会。”

我当时说：“蒋发动的内战是失败了，军事形势不利，人心厌战，经济、财政已山穷水尽，金圆券破了产，民怨沸腾，岌岌不可终日。如果他真的把政权交出来，你当然责无旁贷，副总统在宪法上是应该代理大总统行事的；如果他是假的，只要你来应付一下，就不是好玩的事情。现在仗是不能打了，只有和，你要和，蒋能不扯后腿吗？他是不会真的放弃政权的。除非他真的下台出国，而你又能符合全国人民的愿望，真正彻底的和；否则，你是不好搞的。”

李说：“这个问题应该好好研究，你暂时莫走行不行？”

我说：“我的家眷已回湖南去了，没人照料。我从抗战胜利那天起辞了八次职才辞准，急想要脱离这个环境，暂时回湖南去休息一下，以后看情况再说。”

在这次同李谈话之后，我就离开南京到上海住了两三个星期，以后又到杭州住了一个星期。那时陈仪任浙江省主席，白天陈派交通厅长杜伟陪我游览，晚上陈和我一同吃饭。饭后谈天，陈表示对蒋不满。他说蒋要他征兵、筑工事，他一概不理，他认为再不应该打了。他的话很爽直，但因为他同蒋的关系太深，所以我不敢多说真心话。

我离开杭州后，由浙赣路回到了长沙。在这段时间里，有几件重大事情，这就是：白崇禧逼蒋下野；蒋先声明求和，继又声明下野；毛主席发表了和平谈判的八项基础；李宗仁代理总统并声明接受和平谈判的八项基础进行和谈。

我在长沙每天都同湖南省主席程潜见面，程对蒋历来是不满的。他原任武汉绥靖主任，因为蒋要把白崇禧调离国防部，好让何应钦当国防部长，就把武汉绥署改为华中“剿匪”总司令部，调白崇禧为总司令，以免白在中央掣蒋的肘，于是不能不把程潜调开。恰在这时湖南省主席一职竞逐的人很多，程也愿意做湖南省主席。蒋就利用程的老资格来抵制那些竞逐湖南主席职位的人（如贺耀祖、陈明仁、黄杰、宋希濂、李默庵等），以程为湖南省主席兼长沙绥靖公署主任。蒋对程潜也是不信任的，就把他的心腹李默庵作为绥署副主任、刘嘉树作为绥署参谋长，以及特务杨继荣等安置在程的下面，以便从实际上控制湖南，但他们都只有空头军衔并无实力。至于程潜，表面上是省主席兼绥署主任，实际上是光杆。在以前蒋的势力还强大时，程固莫可如何，现时局面变了，程明知再跟着蒋走是没有前途的，但反蒋又没有本钱，言论行动还多少要被蒋系人员所控制；加之过去程同桂系有嫌隙，又不敢同李、白靠拢，所以程处境困难，感到很苦闷。他对我表示，现在只有不干，设法离开算了。我当时鼓他的勇气说：现在和平空气很浓厚，全国人民都反对内战，主张和平，李宗仁既主张和，蒋已下野，你这时也应该同李、白一道来主和，争取息灭内战才好。只要同李、白的关系搞好了，湖南内部就有办法稳定。对于李、白的关系，我答应可以替他疏通，以便彼此合作。程表示同意。

我到长沙后，程还召集了湖南的耆宿士绅曹典球、仇鳌等，开过一次会，征求他们对应付时局和省政方针等有关的意见。大家议论纷纭，总的趋势是主张和平，希望不要再打了。因此，反对内战的空气一时颇为浓厚。

这时，蒋系在湖南的分子，天天在李默庵家里开会，搞些什么，我不知道。同时他们又天天到程潜处开会，口头上说拥护颂公

（程潜），湖南人要团结起来，并且想尽方法扩编队伍。他们还常常来摸我的态度。我说我是辞了职的人，百事我都不管。

二

白崇禧在武汉，听说我到了长沙，就接二连三地打电话来要我去武汉。我在长沙休息了几天才到武汉去。白同我谈及他目前的情况。谈到李宗仁时，他说："李德公不知天高地厚，一心只想做官，要他莫搞他（非）要搞，告诉他说老蒋是耍你的，干不得。他说：'我有办法，他耍我，我也耍他嘛！你们只帮我的忙好了。'"白接着说："眼面前这个情况，只有找李任公出来领导才好。我们要季宽（黄绍竑）去请他，又没有找到，他到北方去了。李任公来了个密信……"说着，他把一块白绸子上面写的密信给我看，大意是劝白崇禧要革命，反蒋；说共产党是革命的，叫他们不要怕共产党。我记得其中有"革命者不怕革命"的一句话，至今印象还很清楚。白接着又说："我已通过刘仲容去同中共接头，还不知结果如何。现在我们已同老蒋闹翻了，要是李任公来，就可以实行联共反蒋，各方面的关系才好通气。"（本来就李济深、李宗仁、白崇禧他们3个人之间的三角关系来说，白向来是尊崇李济深的，对李宗仁则常怀着鄙视的态度。李宗仁则由于个人的地位关系，怕失掉他在桂系中的领袖地位，常忌克李济深。这是两李之间的微妙关系。）我从白崇禧的情况看，他这时是感到非常苦闷的。国民党的一点赌本，被蒋介石一起输光了。他为了自保，不能不同蒋介石分家，并已经同蒋介石闹翻了脸。而蒋介石又拖住李宗仁来作替死鬼，白不愿意李宗仁干，怕他上蒋介石的当，想找李济深来联共反蒋，又没有找上；通过刘仲容去直接同中共接头，他感到没有把握，还有顾虑。他处在这进退两难的情况下，举棋不定，只好让李宗仁去搞搞和平，等待时局的演变。白还觉得桂军主力孤悬在湖北太不利。他素来是一个重视实力的人，为了观望风色，首先想巩固自己的实力地位，希望通过湖南同广西老巢联成一气，才可以进战退守，立于不败之地，故对湖南很重视。他主动地问我，湖南的情况怎样，程颂公能不能一道来搞和平反蒋运动，并要我到湖南去当主席。

我说："我在抗战末期对蒋介石、陈诚这班人的搞法，早已深恶痛绝，所以抗战一胜利，我就连续辞职，你是知道的。我身体差，需要休息。湖南的事，还是利用程潜为好。"

白问："程颂公[①]有什么表示吗？你在长沙曾同他谈过没有？"

我说："程是不满意蒋的，但他处境困难，现在不能公开有所表示。他曾有消极情绪，我鼓过他的勇气，要他同你们一道来搞和平反蒋运动，他同意了。我认为利用程来解决湖南问题有许多好处。他资格老，他在湖南处于家长的地位，比别人好搞得多。但他本身是个光杆，要给他一点本钱才行。"

白说："那……我调一个师到湖南去归他指挥如何？"

我说："调个师去固然好，能调一个湖南部队去更好。我看把陈明仁调到湖南去如何？他同程潜有关系，又是湖南人，这次是你保他再起用的（陈在四平街作战时被陈诚打击，受了撤职处分，后来向蒋要求做湖南主席又没有达到目的，有牢骚。白出任华中'剿

---

① 程潜，字颂云。

总’司令去武汉时，我建议白利用陈明仁的关系，好便于指挥武汉地区的黄埔学生部队，所以白保陈为武汉警备司令，陈是很满意的），他对蒋、陈不满，现在可以要他去支持程潜搞和平反蒋运动，并由他去对付李默庵等蒋系分子也较为方便些。”

白表示同意，说：“就这么办，你再去同程颂公、陈明仁商量一下，看他们意见如何。”

我把这个意见告诉陈明仁，陈表示愿意。接着，我到长沙，把这些具体做法告诉程潜，程也感到满意。随后，我又到武汉，把程潜的态度告诉白，白也很高兴，并立即命令陈明仁部调往湖南。在做法上是先把陈部调到湖南境内的岳阳，以便支持程潜来搞反蒋主和运动。

经过我在武汉、长沙之间的几次往返，沟通了白崇禧和程潜之间的关系，他们在政治上的合作关系搞好了。尤其是程潜有了一点骨干部队作为支柱，他就敢于公开搞些反蒋主和的措施了，如扣留中央银行想从湖南运走的准备基金、下令停止征兵等，即其例证。

三

李宗仁代理总统后，就有电话到长沙来要我去南京，言辞是恳切的。他说：“你来嘛！暂时搞一个吕超那样的名义（意味着搞总统府的参军长），也好一起商量嘛！”我没有答应他。

北平和平解放后，国共双方商定以北平为和谈地点。那时，孙科任行政院长，提出了一个代表蒋、孙、李 3 部分的和谈代表名单，其中有一部分代表被中共拒绝，李宗仁提出的甘介侯也被拒绝了。于是李又提出我为代表并已征得中共的同意，才又打电话来长沙要我去南京准备北上和谈。李因事先没得我的同意，怕我不肯接受，同时还要白崇禧打电话来劝驾。白要我先到汉口会一面再飞南京。我对白说，我担心李宗仁担负不起搞真和平的责任，对代表一职不想答应。白崇禧说："现在木已成舟，中共既同意你作代表，你不去也不妥，并且现在只有和的路可走，还是去的好。"白并说："你快来汉口，我们商量一下吧！"于是我只好把家眷送往香港，自己则准备离开长沙赴武汉。

临走时，程颂公顾虑我到北平去后，湖南的事不好同白崇禧通气。我告诉他："我去北平后，这里同白的联系，可由唐天闲（唐星）去办，我会关照白崇禧的。有什么困难，你尽管要天闲去说就是。现在局势还没有十分明朗化，白这时要你同他反蒋、主和，如果和不成，又可能转过来要你同他一道主战，甚至会裹胁你同他去广西。那时，你千万去不得，必要时可以把部队向湘西方面躲开一下，再相机起义。"程表示同意。于是我就动身赴武汉。

这时，一方面和平空气高涨，另一方面也存在一股逆流。蒋介石还在把他的残部集中南京、上海一带，积极备战。政治上的顽固分子、立法委员中的一部分人，议论纷纷，反对以八项和平谈判基础来和谈，用以破坏和平运动。我到汉口，白崇禧当面劝我到南京去担任和谈代表时，我说："要和，就要真心实意的和，不能搞假和。要真和，蒋是会破坏的，必须彻底反蒋才能真和。若是这样，我是愿意去的。如果只是搞一套假和平的花招，最好不要我去。"

白说："事在人为嘛！现在只有一条路，总的方针是反蒋、主和，你放心去做吧！"

我于3月初由汉口飞南京。李宗仁那时住在钱大钧的房子里。我去那里看他时，他首先说明他同蒋的关系和他自己的搞法，并说他主和有3方面的有利条件，即：全国人民要和，立法院多数委员主张和；司徒雷登表示美国方面会支持他来和，美国人的态度对局势会有很重大的影响；蒋也表示不妨碍他搞和谈。他又补充一句说："尤其美国人不支持蒋，而支持我来讲和这一点，苏联和共产党都是不能不重视的！"言下颇为眉飞色舞。

我知道甘介侯、邱昌渭这班人，早在抗战胜利后，李任北平行辕主任时，就通过司徒雷登、傅泾波替李宗仁拉美国人的关系，并联系一班名流学者作为他个人政治活动的资本。后来在副总统选举时，司徒雷登也支持李宗仁跟蒋属意要当选的孙科竞选。这时，李又想利用美国人的支持来搞和谈。我就说："你靠美国人支持你来同共产党打交道，共产党是反对帝国主义的，它还会买美国人的账吗？共产党拒绝甘介侯当和谈代表，不正是对你勾结美帝的当头一棒吗？你这种搞法，只能增加你和共产党讲和的困难。"

李说："嗯！那我也可以找苏联大使罗申呀！我是认识罗申的，你也和他很熟识。关于和谈的事，我们同他商量商量，看他有什么意见，行吗？"

我说："你同罗申往时在政治上没有什么联系，现在来临时抱佛脚是不行的。即使你去请他，他也未必来（时罗申已照国民党政府的通告把苏联大使馆迁往广州）；即使他来了，他也不能命令中国共产党非同你和不可呀！这些都不过是你的幻想而已。至于蒋介石说他不妨碍你，是靠不住的。他不过是利用你来作缓兵之计。你要和，他的军队能听你的话吗？他的全班人马一个没有动，到处都是他的死党，这个局面你能应付得了吗？”

李说：“只要和谈能够成功，共产党不和我作对，我用全国人要和的力量去压着他们，他们是不能破坏的！”

我说：“主要是仗打不得了，全国人民要和，这是实在的。你想和到什么样子呢？”

李说：“现在正在研究，我想做到划江而治，共产党总满意了吧！？只要东南半壁得以保全，我们就有办法了。”

我说：“若还不行怎么办呢？”

李说：“那以后再说嘛！”并问我：“你的看法呢？”

我说：“划江而治是你的如意算盘。我估计在目前情况下是很难做到的。你是以主和上台的，离开和平就没有你的政治生命。因此，在有利的条件下要和，在不利的条件下也只有和。必须有坚决以和平始、以和平终的决心，并在行动上一反蒋介石之所为，才做得通，所以首先要你有决心。”

李说：“我有决心！”

我说：“将来即使条件谈得好，要签字履行，蒋也是会破坏的；若谈判的条件不好，他更会破坏。你处在蒋的势力笼罩下，他一个电话就可以使你成为阶下之囚，你不怕吗？”

李说：“和谈如果成功，我一定签字，我尽可能在这里（南京）签字；万一在这里受逼不能签，我就跑到桂林去签，他们就奈我不何了。你放心去谈判吧！我自有办法。只要把蒋搞倒了，共产党已取得这么多的地方，我想它一时也不能消化。如能确保东南半壁，至少是可以在平分秋色的基础上来组织民主联合政府的。”

我得到李宗仁纵然在和谈条件不利的情况下，也愿签字的诺言后，便答应代他到北平走一趟。我并建议李宗仁及时请程潜、张发奎、余汉谋等到南京来，共同商讨和平的问题，借以增强湖北、湖南、广东、广西四省军政界的团结，李照办了。程、张、余等到南京会谈后，都一致表示支持李宗仁的和平主张，在一定程度上扩大了和平反蒋力量。

为了形成一个拥护和谈的阵势，当时还改组了行政院。因孙科同李宗仁是不协调的，孙一方面反对接受八项原则为基础的谈判，同时在财政上孙又一筹莫展，事实上也非下台不可。但桂系又拿不出一个适于做行政院长的人来，只好利用与蒋有关系的人来搞，于是考虑请同桂系有一定联系的何应钦来组阁。但蒋不同意何搞（表面上说和谈内阁不应以军人来搞，骨子里是掣李宗仁的肘），何心里是想搞的，却看蒋介石的颜色行事，故作姿态表示坚决不干。后来经过许多周折，蒋同意了，我也到上海去促何的驾，何才答应组阁。就这样，勉勉强强凑成了一个和谈的阵势，并在何应钦主持下，召开了由和谈代表参加的四次会议，商定了和谈腹案九条（原文见张文白先生回忆录），作为和谈依据。

和谈代表团在新内阁的任命下，于 1949 年 4 月 1 日出发，当天飞抵北平，开始了为时约半个月的商谈。在商谈过程中，我根据李宗仁的企图，并不注重条款细则上的争论，主要只考虑能否达到李所要求的划江而治，确保东南半壁等梦想。所以，在我同毛主席见面时，就提出这样的意见：现在全国人民要求和平，蒋介石已经下台了，只要和谈能够成功，蒋是不能再起来的；人民苦于兵祸已久，若是利用李宗仁来和平解决长江以南的问题，就可以免于用兵，借以保全国家元气。

事实证明，这是李宗仁的缓兵之计，后来把国内和平协定送南京签字时，遭到了国民党中央政治会议的拒绝。

当双方代表在八项和谈原则基础上结束了谈判，确定了一个八条二十四款的国内和平协定，正准备由黄绍竑代表送南京签字时，章行老（章士钊）问我："你看，这个和平协定李宗仁会签字吗？"我说："他可能不签。"章说："他原来不是说在不利的条件下也要签字的吗？现在这个条件好，为什么不签呢？"我说："李宗仁是充满了个人名位思想的，绝没有真正为国、为民，排除万难来负责解决问题的诚意和魄力的。"章说："这么好的条件，还不签字，那是太没有心肝了！"

结果，真不出我所料而没有签字，章行老说："你对李宗仁真是看透了。"后来在我去香港接家眷时，章行老和邵力老（邵力子）还对李很气愤，写了一封长信托我带去，责备他背信弃义不履行签字的诺言。

四

和谈一幕，既然由于顽固分子的破坏和李宗仁主和态度的不坚决，终于拒绝签字而破裂了。和平代表团的成员就都留在北平（国民党政府对这批人明令通缉）。那时，我因眷属还在香港，须我去设法接来，就决定去香港一转。5 月间我从北平经天津乘船赴港，带了章行老和邵力老责备李宗仁的长信想设法转交李，争取他，替人民做一件有利的事。

我到香港以后，李宗仁即由广州派邱昌渭来港要我去广州，我看李的想法和我不一致，我就没有去。李还几次打电话到我家来催我去，我以需要休息为词推辞了。这时，程潜也先后派程星龄、刘岳厚带着他的信乘飞机来港要我去湖南。程在信中大略说到白已胁迫他一同备战，他应付不了，希望我回湖南去接他的主席职务，他好脱身，情词非常恳切。我当时复他的信，叫他不要辞职，事情仍照我们以前所谈的相机办理：一面和白崇禧虚与委蛇；同时移避湘西，以便相机起义。

当时白崇禧率桂军主力部队到了衡阳，也来电要我去湖南，我也推却了，并复他的电说：如果他能到广州来，我愿同他和李3个人在一起谈谈。白就定期约我到广州见面。6月初（具体日期记不清），他从衡阳飞广州，我也从香港飞广州。我们3个人在一起谈了一整天，又谈到深夜。我首先向他们介绍了在北平的所见所闻，告诉他们：现在是胜败的大势已定，无可改移的了。然后问李宗仁为什么到桂林去的，去了为什么又不按以前的诺言签字。

李说："你们谈下来的条款，简直等于投降，这叫我怎么能签字呢？签了字怎么能执行呢？一切都被蒋控制死了，我发号施令没人理，要兵没有兵，要钱没有钱，什么事都办不通。处此既不能和又不能战的情况下，叫我怎么办呢？我只好生气不干了，才以飞广州的名义折回桂林去的。"

我说："那你既到了桂林，何苦又自投罗网到广州来呢？"

李若有所思地震动了一下，还没有开口，白崇禧就说："老蒋派居正、吴礼卿等几位元老到桂林，请他去广州执行代总统职务，并带来老蒋一封亲笔信。蒋在信中责他以大义，还假惺惺地说他两人应如何'党存与存，你存我存'，这样他又软了心肠了。"说到这里，李宗仁拿出老蒋那封信给我看。信的大意是：首先责备李说："现在党国处在危急存亡的最后关头，你身为代理总统，对党国、对人民负有不可旁贷的责任，岂能儿戏视之一走了事！"接着说："我是国民党的总裁，就我的处境和地位说，义应党存与存、你存我存。只有党存在，你存在，我才能存在。也只有你有前途，我自己才有前途，此外别无任何出路，决没有不全力支持你的道理。"末了说，只要李到广州来负责，一切军、政、财权都可归李掌握，他一定要做到使李要钱有钱、要人有人、要军队有军队，决不致有任何掣肘之处云云。

我看完信后对李说："你像那个童话故事里的那只猴子了。有只猴子蹲在树上，有个捉猴子的人想把它捉着，但没有办法捉到手。后来他想了个主意，从怀中取出一只苹果来，向猴子再三诱惑，示意要把苹果给它，那猴子看见了苹果，果然垂涎三尺，在树上徘徊瞻顾，跳来跳去，终于经不起诱惑，下树来取那只苹果，刚想把苹果抓上，却被捉猴子的人一把抓住，套上了锁链了。蒋在信中说一定要给你以军、政、财权，就等于是那只苹果嘛。现在薛岳控制了广州，就是蒋手上的锁链，你有什么办法呢？"

李说："我只好负责牺牲到底了。"

我说："你这样替蒋介石负责，就是替罪魁祸首的蒋介石垫棺材底，于党、于国、于人民、于你自己都是不应该的。"

一直谈到深夜，白崇禧说："我们还是九九归一，一起到广西打游击去吧！"

我说："不行的，打游击谁还能强过共产党？为今之计，只有李德公下野，因为他已失去代表讲和的资格，由你（指白）率领湘、桂两省军政人员和部队局部起义，还可救全多年来追随你们的部下。这样，你们政治上有出路，部下也有个安顿。否则，你们失败了往国外一跑，这些人往哪儿跑呢？”

白说：“失败就失败，算了！投降起义我不来！”

谈到这里，我只好说：“好吧！士各有志，你既宁愿失败，我也不能勉强。不过我最后要向老朋友进一忠告，你们如果失败了，千万不能再到台湾去呀！”

这时，李宗仁在桌上一捶，说：“哪个王八蛋还到台湾！”白崇禧默不作声。我们的谈话也就在这样沉默中结束了。

第二天早上我就飞回了香港。

（选自《文史资料选辑》第32辑，中华书局1962年版）

参加国共北平和谈

屈　武*

1948 年冬，解放战争的形势急转直下，延续 3 年之久的空前规模的内战，胜败之局已定。蒋介石于 1949 年元旦通电求和。他经过一番周密的军事布置之后，于 1 月 21 日晋谒了中山陵，当日下午乘飞机黯然离开南京避居奉化，以下野之名，行其暗中操纵之实。蒋走后，副总统李宗仁上台代理总统。当时全国人民强烈要求实现和平统一，就是南京政府内部的立法、监察两院，也是一片和谈的喧嚣。于是李宗仁不得不在 1 月 22 日发表声明，表示愿意在中共所提出的八项和平条件的基础上进行和平谈判。这时我仍任新疆联合政府委员兼迪化市（乌鲁木齐）市长。张治中任西北（陕、甘、宁、

* 屈　武：时任国民党政府和平谈判代表团顾问；后曾任第六、七届全国政协副主席，全国人大常委会副秘书长，政务院副秘书长，民革中央主席。

青、新5省）行辕主任。

关于国共两党的和谈问题，酝酿折冲，煞费周章。李宗仁属意于张治中出来担负这一艰巨任务，而张当时虽然身在南京，却不愿负这项责任，因此，他在1月底就飞返兰州了。后来李宗仁对张函电交促，敦请他返回南京共商和谈大计。张在2月20日邀我由迪化飞兰州，然后一同飞返南京。为了摸清蒋介石对和平谈判的底细，3月3日张同吴忠信和我分途到奉化。在奉化张和蒋介石作了多次长谈，主要内容是关于中共八项和谈前提条件的研究，和劝蒋暂时出国问题。对前一个问题，蒋在许多方面意见是不很明朗的；对后一个问题，他非常反感。张当然不好坚持要他出国的意见。经过反复研究，我们在那里共住了8天就一同返回南京了。在南京经过多日的酝酿磋商，直到3月24日以张治中为首席代表的国民党和谈代表团才正式组成。和谈代表有邵力子、章士钊、黄绍竑、李蒸和刘斐。张治中推荐卢郁文担任秘书长，推荐我担任代表团的顾问。代表团决定4月1日飞往北平。3月28日张治中对我说："我们在北上以前，还有一件重要事情要做，就是我们商定的和谈腹案和国防部的意见，必须向蒋委员长汇报。这样的大事情，必须委员长点头才行。请你和我一道再到奉化去一趟。这件事情我已经同李德公说好了，他同意我们到奉化去。"于是在3月29日，我同张二次飞往溪口。在飞机里张治中对我说："你同蒋经国的关系很好，你们是什么话都可以谈的。到奉化以后，我同蒋委员长谈，你就同蒋经国去谈，他对他的老子还是有影响有作用的。我们在奉化只能留住一天，明天必须飞回南京，因此，我们都要抓紧时间。"

张治中在奉化仅仅一天的时间，就和蒋介石作了几次的晤谈，有时是他俩单独谈，有时是有吴忠信在座。在一次谈话中，蒋表示对政治有厌倦情绪，希望实现和平，他愿意终老故乡。张治中认为蒋这句话是具有诚意谋求和平的，他回到南京立即作为新闻发表，并应邀在立法院对全体委员作了一次公开讲话。当他谈到蒋介石“甘愿引退”时，曾博得全场热烈的鼓掌欢呼。可见当时南京政府的内部，对蒋完全丧失了信任。

国民党和谈代表团，由秘书长卢郁文率领的秘书处工作人员于 3 月 31 日先行飞平。代表团全体成员和顾问、秘书共 19 人于 4 月 1 日下午由南京经青岛飞抵北平。张治中以为中共方面的代表团长周恩来一定会到机场去接他，不料到机场欢迎的是中共和谈代表团秘书长齐燕铭、市政府秘书长薛子正和四野参谋长刘亚楼等人。张治中垂头丧气，情绪低沉。代表团进城后被安排在六国饭店，进了饭店之门，就看见挂着一幅大标语写着：“欢迎真和平，反对假和平。”这对张来说，又是当头一棒。张悄悄地对我说：“看起来中共对我们的诚意是有所怀疑的。”进了房间，张长时间地闷闷不乐，显然，思想上有所负担。

过了一会儿，周恩来、李维汉等同志来到饭店拜访。恩来同志以很和蔼热情的态度，握着张治中的手表示欢迎之意。接着他以很严峻的态度对张治中说：“文白先生，很对不起，没有到机场去迎接你。我请问你既然来北平是为了和平解决两党问题的，为什么你在事前还要亲到奉化向战犯头子去请示呢？”这一问使张非常尴尬。此时张才知道北来之前的奉化之行的秘密，中共早已知道了。他连忙说：“恩来先生，这正是我的苦衷啊！我为了使和平工作不致中途夭折，就必须事先扫除实现和平的一切障碍。”张的话也是反映真实情况的。周恩来同志接着说：“那好！将来看事实吧。”这以后，大家就轻松愉快地漫谈一阵，这是双方第一次的接触情况。

国共双方代表团经过半个月的反复磋商，于4月15日，对拟定的八条二十四款的《国内和平协定》达成了协议。这是双方谈判的最后一次会议，中共代表团在会上正式宣布，谈判以4月20日为限期，即南京方面是否愿意在协定上签字，必须在4月20日以前表明态度。

就在双方代表团达成和平协议这天，张治中接到李宗仁的电报说：“十六日派于右任为特使前往北平，协助国民党代表团和中共进行谈判。”张治中立即召集团中成员，讨论这个电报。他首先表示意见，认为于先生此时没有必要北来，留在南京可以促使南京政府批准这个《国内和平协定》，南京方面批准后，再请他北来主持签字。大家同意张的意见，于是立即电复李宗仁：“请于暂缓来平。”会上并推定黄绍竑和我携带《国内和平协定》最后修正草案飞南京复命并请示。

16日的早晨4点钟，周恩来同志找我谈话。我汇报了国民党代表团对于先生北来问题的决定。恩来同志说：“我都完全知道了。白天张文白已向我谈过。我曾对他说，于先生现在能来北平，很好嘛。我们欢迎他来。张文白说明了他不同意于先生此时北来的意见，我也不便过事干涉。”接着恩来同志又说：“南京政府批准这个《国内和平协定》的可能性很小。将来决裂了，如果于先生在北平，那就请他留在这里，不再返回南京。现在他既然不能来平，你到南京后马上告诉于先生，如果南京拒绝批准这个《国内和平协定》，我们解放军决定本月 20 日渡江占领南京，希望于先生在南京不要动，到时候我们会派飞机接他来北平，将来同张澜、李济深和沈钧儒等人一道组织新政协，我们一同合作。”

后来周恩来同志又问到关于新疆部队将领的情况，特别是陶峙岳的政治态度。我们作了一些分析。恩来同志说：“国内实现和平的希望很小，如果决裂了，你要赶紧回到新疆去，策动那方面的部队起义，尽量使人民不受和少受损失。”这次我们谈了一个多小时。

16 日上午 10 时，我同黄绍竑带着《国内和平协定》最后修正案乘专机飞回南京。何应钦、白崇禧、张群、夏威、李品仙等军政要人都到机场迎接。到南京后我和黄由机场乘车直往傅厚岗李宗仁公馆。下午在李公馆召开了一个小型会议。参加会议的除我和黄绍竑外，有李宗仁、白崇禧、何应钦、黄旭初共 6 人。先由黄绍竑简要地报告和谈经过，即将《国内和平协定》最后修正案交给李、白等人传阅。大家看了文件，面面相觑，无人发言，情绪极为低沉。后来还是白崇禧打破了沉寂，说：“这样苛刻的条件能接受吗？”何应钦接着说：“问题重大，行政院要进行研究。”李宗仁和黄旭初一言未发，大家垂头丧气地散了。出门以后黄绍竑对我说：“看来情况不妙啊！”我说：“我到于右任家去住，有什么消息，请用电话告诉我。”说着我们二人就分开了。

我见着于先生，便把在北平和谈经过和李宗仁公馆会议情况告诉了他，最后我说：“看起来这个《国内和平协定》不会被批准，战争还要继续打下去。”于先生说：“文白先生害了我。他不应该阻止我到北平，不然我现在在北平，战争再打起来我就留那里不回来了。”我说：“这正是周恩来先生的意思。不过文白先生也是好意。”于是我将周恩来同志希望于先生不要离开南京的意思转述一番，并补充一句说：“这是一个较好的补救办法。”于先生深有感慨地说：“这恐怕办不到了，我的周围布满了特务，他们严密地监视着我，能让我留下来吗？”过了两天，黄绍竑来电话告诉我，说行政院开了秘密会议，李宗仁参加了这个会，会议把《国内和平协定》否决了，白崇禧已回汉口布防，南京方面已准备打仗。黄又告诉我，说他已向北平方面通了电话。接完电话，我把这个消息告诉于先生，并劝他按照周恩来同志的意思不要离开南京。于先生说：“你先把孩子们（我的儿子和儿媳）送上飞机去上海，你留在我身边，看形势再决定去留动向。”我当天就按照于先生的意思把孩子们送到机场，恰巧遇见黄绍竑。他对我说：“大局已不可挽回，我现在搭机飞往香港，你怎么办？”我说：“我不去香港，另有去处。”寥寥数语，我们就匆匆分别了。

4 月 21 日晨，忽然来了一位不速之客晋见于先生，他穿着国民党高级军官的服装，并带着一个武装卫士，态度很严肃地对于先生说：“报告院长：战事情况非常紧急，共军已经突破江防，请院长即刻离开南京，到广州或者先到上海，由院长决定，飞机已经准备好了。”于先生说：“现在我身体不好，等一等再说好了。”那个人以威胁的态度说：“必须马上离开南京。”气势凌人，大有绑架之势。没有等于先生穿好衣服，就强迫于先生上车驰往机场。于先生要求先到上海。这样我们就飞抵上海，住在于先生家里。我问于先生：“能不能留在上海不动，上海总是要解放的，然后再找机会到北平去。”他说：“我们在南京的情况你不是都已看见了吗？上海撤退我同样会遭遇被强迫架走的命运。”接着于先生反来劝我说：“你也最好先留在上海，然后我们一同到广州，寻找机会由广州到香港去，再转赴北平，这样，还是有希望的。”我说：“我不能去广州，我要回到新疆去。”我没有向他说明我回新疆去的意图。恰好这个时候国民党甘肃军区司令郭寄峤奉命回甘肃布防，向于先生辞行，我就乘机告别于先生，搭乘郭的专机飞抵兰州，然后搭乘便机回到新疆迪化。于先生经香港去北平的愿望终未实现。据说国民党残余最后由四川撤退时，于先生曾要求去香港治病，表面上同意了，但结果被哄骗用飞机运到台湾去了。

我之所以急于回新疆，就是为了执行周恩来同志在北平交代我的任务。尽管这一任务是十分艰巨的，但是我为了对党、对周恩来同志、对人民负责，我必须全力以赴地促其实现。

新疆起义，这是当时大势所趋、势所必至的事情，但是这毕竟不是一蹴而就的，所以从开始酝酿到最后实现，经过了半年极其尖锐复杂的斗争过程。在紧要关头，我几乎断送了性命，幸亏陶峙岳的大力援救，始得免遭反动将军们的毒手。新疆起义终于在新中国诞生的前夕9月下旬实现了。新疆宣布起义之后，陶峙岳将军要我担任“欢迎解放军入新代表团”团长。于是我就率领这一代表团驰赴甘肃酒泉第一野战军司令部，受到了一野彭德怀司令员的热情接待。在我们代表团所乘的插着欢迎旗帜的吉普车前导下，人民解放军不费一弹，没流一滴血，浩浩荡荡地进驻了祖国的大西北。到达新疆省会迪化的时候，全城欢腾，热烈欢迎人民军队的到来。广袤的大西北边区，从此宣告和平解放，回到祖国怀抱。我庆幸地能够投入一点力量而“不辱使命”，心情是多么高兴！

1980年6月

（节选自《文史资料选辑》第73辑，文史资料出版社1981年版。原标题为《在历史转折的年代里》）

回忆北平和谈一二事

刘仲容*

一　白崇禧“逼蒋下台”前后

1946年初夏，白崇禧踌躇满志，就任国防部长。参谋总长一职由陈诚担任。白虽然名义上是一部之长，实权陈诚在握。

这年5月，以周恩来同志为首的中共代表团也到达南京。我曾几次去梅园新村晋谒周恩来同志。周恩来同志语重心长地要我很好地“侍候”白崇禧，使白感到满意，可不能因为生活上的小事同白搞坏关系，特别是不可在钱的问题上闹出事情来。那时，虽然国共和谈尚未最后决裂，但是，蒋介石已经明目张胆地向解放区发动进

* 刘仲容：时任国民党政府桂林行营参议；后曾任北京外语学校校长，民革中央副主席，全国政协常委。

攻，南京的环境十分复杂。周恩来同志为我的安全着想，叮嘱我以少去梅园新村为宜，有事他就派王炳南同志来找我联系。

1947 年 3 月，中共代表团全部撤离，返赴延安。国民党反动派在美帝国主义支持下，对解放区大举进攻，全面内战爆发了。

随着解放大军在各个战场的不断胜利，白崇禧与蒋介石、陈诚之间的明争暗斗也不断升级。到了 1948 年 3 月，蒋介石在南京召开第二次国民代表大会的时候，蒋桂之间的紧张关系已达表面化。

在国大开会期间，还演出了副总统竞选的闹剧。李宗仁是这场闹剧中的主角之一，尽管蒋介石对他施加压力，李宗仁终于获得胜利，当选为副总统。这更引起了蒋桂之间新的冲突。

1948 年夏天，白崇禧同陈诚闹翻以后，国防部改组，由何应钦担任部长，发表白崇禧为华中“剿总”司令。白不就职，挂冠而去，带着家眷住在上海。白崇禧挂一专车，带着全家去杭州游览。白自杭州回来后，黄绍竑、何应钦等先后奉蒋介石之命，到上海劝驾。他们经过密谈，白崇禧才答应去武汉就任华中“剿总”司令职务。

大约在 1948 年 7、8 月间，有一天，我在上海接到白崇禧从武汉打来电报，要我去见他。我到达汉口时，他已去河南信阳。他同我通了电话，说是美国武官（名字我已记不起）要到武汉找他，来时要我立即陪同去信阳晤谈。过了一两天，这位美国武官从南京到了武汉，我陪他去信阳见到白崇禧。他们谈话时我不在场。白崇禧回到武汉后，同我谈了时局问题。他谈到，美国政府十分关心中国的局势，他们看到蒋介石集团政治腐败，军事上屡打败仗，对蒋介石表示失望。他们认为国民党军队有被共产党全部消灭的可能，如果让共产党统治中国，这对自由世界而言，将是一场灾难。现在美国愿意同李宗仁合作，并希望白崇禧能发挥军事才能，扭转目前的局势。白崇禧谈话时，流露出一副得意神色，他要我去广西同黄旭初等广西头头们谈一谈局势，要他们对几万民团加紧训练，再补充20个团，要保证兵源。白又交代我再去广州，找他的小舅子（当时在广州正和银行当经理）为他筹款。我问他："武器怎么办？"白说："这个，有办法。"他究竟有什么办法，并没有向我透露。

我从武汉到了桂林，向黄旭初等转达了白崇禧的口信，然后同黄旭初联袂前往广州。在广州，我收到白崇禧的电报，要我去香港买几支上等猎枪和打猎用的探照灯，还有其他日常用品。"这点小事，竟派我专门跑香港一趟？"我感到奇怪。我联想到这次广西之行的任务，白的大发牢骚，以及白这个人一贯喜欢搞"狡兔三窟"的手段，我觉得这个电报大有文章，是不是要我去香港向中共方面人士摸摸底？

因此，我到香港给白崇禧办完采购以后，就通过侯外庐、许宝驹等"小民革"的同志，找到当时中共在香港的负责人潘汉年。我向潘谈了白崇禧的动向，以及白与蒋介石的矛盾和白与美国的勾结等情况。我并提出我的看法：在当前解放大军压境的情况下，白崇禧似有利用中共力量，对蒋介石施加压力的意图。我请潘把这些情况转陈周恩来同志；如果有什么指示，可以通过上海的"小民革"通知我。

在香港住了两三天，我回到汉口向白崇禧复命。他问我："你在香港见到什么人没有？"我说："民主人士都在香港，这次见到了几位熟朋友。"他又问："共产党方面的朋友呢？"我说："也见过。"白说："现在，他们是放手大打了，都是我们自己不争气，没有打赢他们。”我说：“他们认为形势很好，打垮蒋介石绝无问题。”当时淮海战役已经开始，蒋介石部队迅速崩溃，反动集团内部人心惶惶。有一天，白崇禧对我谈到局势问题，他认为蒋介石的老本快输光了，这场战争已无希望，目前宁沪一带受到严重威胁，他对留在上海的子女很不放心，要我去上海，包一架飞机把他们送到武汉。同时，他问我在上海能不能找到中共方面的人，如果能够找到，可以向他们表明和平解决的愿望。我说：“我可以去试探一下。”

我是12月间把白的子女送回武汉的。那时，人民解放军在徐州外围已歼灭蒋介石几十万军队，前线官兵都成了惊弓之鸟，军心涣散，国民政府眼见就要“忽喇喇似大厦倾，昏惨惨似灯将尽”。白崇禧问我在上海找到中共人士没有，我说：“找过了。”他又问：“他们还愿意和吗？”我告诉他：“目前还不知道，但是，据我所知，共产党是讲统一战线的，只要你有决心，我想，共产党总不会把门关得紧紧的。”白崇禧表示，他要同德邻（李宗仁）商量商量。

大约在12月17日，白崇禧到南京同李宗仁会晤。他认为仗已经打不下去，早和早有利；要打开和谈局面，只有促请蒋介石暂避，因为共产党是不会以蒋介石为谈判对手的。李宗仁也有这个看法。白崇禧回到武汉，利用当时的社会舆论，向蒋介石提出“和平解决”的主张。12月25日，在白崇禧导演下，湖北参议会通过致蒋介石电，警告蒋介石“立谋改弦更张之道”，“循政治解决之常轨，寻取途径，恢复和谈”，终于演出了白崇禧逼蒋下台的一幕。

但是蒋介石并不甘心失败，他于1949年1月1日发表文告，也装出一副主张和谈的姿态，要从桂系手中夺回这张“和平”的牌子。同时他派张群到汉口，告诫白崇禧，说“和”与“战”都必须步调一致。1月14日毛主席发表声明，提出八项条件作为和谈基础，使蒋介石感到接受也难，不接受也难，才不得不于1月21日宣告“引退”。

二 李、白的垮台

蒋介石“引退”以后，由李宗仁代理总统职务。白崇禧急忙飞到南京同李宗仁会谈。桂系内部认为，摆在面前的紧急任务是：（1）同中共举行谈判，结束内战；（2）为了获得体面的和平，必须阻止中共军队渡过长江；（3）寻求美援，制止通货膨胀。

李宗仁一上台，就发表文告，表示愿意接受毛主席在1月14日提出的八条为基础，进行和谈。

为了试探中共对李宗仁态度的反应，李宗仁和白崇禧分头进行活动。白崇禧一方面派黄绍竑前往香港，想劝说李济深回来充当国共之间的调停人（事后知道，黄到香港时，李济深已经前往东北解放区）；一方面派我前往北方，同中共当局接洽和谈问题。

1949年2月，我先去上海找中共地下组织接头。路过南京时，我见了李宗仁，向他谈了我这次前往上海的使命。事先，他已接到白的电报，李完全同意白的打算。李还对我谈到，他这个代理总统，担子重大，当务之急是同共产党和谈，现在只有这一条路可走。他告诉我，他派去的上海人民和平代表团，已经从北平回来。他说：“颜惠庆还带回毛主席的口信，欢迎你去，说你是‘桂系的亲信，又是中共的朋友’。我们认为派你去北方是合适的。”

我离开南京，赶到上海，通过“小民革”，找到上海中共地下组织的吴克坚。我们两人在国际饭店我的房间里见了面，我请他将李、白派我北上的事转告中共中央。过了一两天，吴克坚通知我，他已收到中共中央电台的答复，中央欢迎我去，并规划了北上的路线，还给我进入解放区时的接头暗号。最后，他要我回到汉口后，住在德明饭店，旅客牌上写什么名字，到时候会有人同我作进一步的联系。

我回到武汉以后，在德明饭店开了一间房间。过一两天，中共武汉地下组织果然派人来找我，他叫吴化之，催我早日动身，说中央急需知道有关李、白的动向。

1949 年 3 月初，我身负秘密使命，从汉口动身，北上接洽和谈。临行前夕，白崇禧和我谈了话，大意是：李宗仁代总统后，国共双方都表示愿意和平解决争端，和平气氛有了，下一步要看中共方面的实际行动，希望早日举行和平谈判；今后可以有一个“划江而治”的政治局面，希望中共军队不要渡过长江。他强调国民党的主力虽然已被歼灭，但是还有强大的空军和数十艘军舰，如果中共硬要渡江，他们是会吃亏的。共产党既然表示愿意和谈，如果他们过了江，打乱了摊子，那就不好谈了。白崇禧说：“见到毛先生时，你务必向他们陈明利害，把我这层意思同他们讲清楚。”他又交给我一封致毛主席和周副主席的亲笔信，我把信缝在棉袄里。我同他告别时，他郑重其事地说：“你跟我们十几年，你是我们办外交的能手，相信你这次一定不辱使命，会为我们打算的。”

第二天，我到了信阳，由当时的河南省主席兼信阳绥署主任张轸派一名亲信送我越过前线的中空地段，到达遂平。这时，有几位解放军战士对我进行检查，当我说了接头暗号后，就顺利地进入了解放区。尔后，我由遂平经过漯河到达郑州。本来按照行程，我是要去石家庄的。据郑州接待站的负责同志说，党中央、毛主席已经由石家庄迁到北平，他接到北平电报，转告我赶快前往北平。于是，我又折往济南，然后换车北上。那时候南北铁路还没有全部修复，火车停停开开，直到3月下旬才到达北平。

到达北平时，周副主席派齐燕铭同志到前门车站接我。在他陪同下，当天我见到了周副主席。周副主席叫我先休息，安排我住在中南海的丰泽园里。晚上，周副主席派了一辆吉普车，把我送到香山的双清别墅，我荣幸地见到了毛主席。毛主席在日理万机当中，听取我有关李宗仁、白崇禧情况的汇报。这次毛主席的接见，从晚上8时许一直进行到清晨3点钟。

当毛主席问到我关于南京方面的动向时，我谈了自己的看法。我说，南京政府有3种人：一种是认识到国民党失败的命运已经注定，只好求和罢战，这是主和派；一种是主张“备战谋和”，他们认为美国一定会出面干涉，只要赢得时间，准备再打，这是顽固派；还有一种人，既不敢得罪蒋介石，又不信共产党有和平诚意，动摇徘徊，非常苦闷，这可说是苦闷派吧。

毛主席笑着问我，李宗仁和白崇禧算哪一派？我说：从历史上看，蒋桂多次兵戎相见，纠葛甚深。现在两家又翻了脸，彼此怀恨。李、白知道蒋介石对他们是不会善罢甘休的。他们既要防范蒋介石对他们下手，又怕共产党把桂系部队吃掉，在这种情况下，李、白被迫主张和谈，以求谋取“划江而治”的对峙局面。因此，白崇禧极力希望解放军不要渡过长江。

当我谈到这里时，毛主席严正指出：“白先生要我们不要过江，这是办不到的。”当时，据白崇禧估计解放军能够抽出参加渡江作战的有60万人。毛主席纠正了白的估计数字，说：“不是60万，而是100万；另外还有100万民兵，我们的民兵可不像国民党的民兵，是有战斗力的。等我们过了江，江南的广大人民是拥护我们的，到那时候，共产党的力量就更强大了，这是白先生没有估计到的吧。”在这里，毛主席批评了白崇禧的资产阶级军事观点，一个反动的军事家从来是不懂得人民的伟大力量的。

当时，桂系夏威部队的一部分军队在安庆陷于解放军重重包围之中；同时桂系的另一部队，有一个团在武汉附近的下花园被解放军陈赓部队缴了械。白崇禧命我向中共方面请求缓颊，以示中共对和平的诚意，对此，毛主席表示，可以放松对安庆的包围，下花园缴到的武器，也可以发还桂系部队，要我通知白崇禧派出参谋人员，双方在前线进行联系。

1949年4月1日，以张治中为首的南京政府和谈代表团到了北平。因为我这次来北平是秘密的，所以我同代表团并无接触。

4月2日晚上，毛主席又叫我去谈话，要我回南京一趟，对李宗仁、白崇禧再做做工作，再促一促，争取他们在此历史重要时刻能为人民做点有益的事。毛主席笑着问我：“你敢去吗？我可以对你打保票，保证你平安回来。”接着毛主席作了重要指示，要我转告李、白，大意是：（1）关于李宗仁的政治地位，可以暂时不动，还是当他的代总统，照样在南京发号施令。（2）关于桂系部队，只要不出击，中共也不动它，等到将来再具体商谈。至于蒋介石的嫡系部队，也是这样，如果他们不出击，不阻碍中共渡江，由李先生做主，可以暂时保留他们的番号，听候协商处理。（3）关于国家统一问题，国共双方正式商谈时，如果李宗仁出席，毛主席也亲自出席；如果李宗仁不愿来，由何应钦或白崇禧当代表也可以，中共方面则派周恩来、叶剑英、董必武参加，来个对等。谈判地点在北平，不能在南京。双方协商取得一致意见以后，成立中央人民政府，到那时，南京政府的牌子就不要挂了。（4）现在双方已经开始和平谈判，美国和蒋介石反动派是不甘心的，他们一定会插手破坏，希望李先生和白先生要拿定主意，不要上了美帝国主义和蒋介石的大当。

毛主席还谈到：白崇禧是很喜欢带军队的，他的广西部队只有10来万人，数字不大，将来和谈成功，一旦成立中央人民政府，建立国防军时，我们可以请他继续带兵，请他指挥30万军队，人尽其才，这对国家也有好处嘛。白先生要我们的军队不过江，这办不到。我们过江以后，如果他感到孤立，可以退到长沙再看情况，又不行，他还可以退到广西嘛。我们来一个君子协定，只要他不出击，我们3年不进广西，好不好？

毛主席问我："你看，我们是不是煞费苦心哪？这样做，不是我们没有力量打赢他们，是让国家和人民少受损失。"

当时，周恩来也在座，毛主席转向周说："他们去南京的事，你给他们安排一下吧。"

第二天，周副主席带我到北京饭店同几位民主党派人士见了面。他们是半年前由香港到东北解放区，最近从沈阳到达北平的。其中大多都是我的熟人，我们久别重逢，说不尽的高兴。周副主席同我们谈了革命形势，指出很快就要在全国胜利了，人民解放军即将向长江以南推进，现在，我们正在开始同李宗仁派来的代表团在毛主席提出的八项条件的基础上进行谈判，不论他们签订这个协定也好，不签订也好，我们是一定要渡江的。周副主席宣布，这次去南京的共有4位，其余3位是：朱蕴山（代表各民主党派）、李民欣（代表李济深），还有刘子毅，他是去找南京国防部参谋总长顾祝同的。周副主席对我们4人说："你们去，总的原则是：他们同意我们过江，什么都好谈；要抵抗，那是不行的。要对他们讲清楚，不要以为我们过了江就无依无靠，广大人民站在我们这一边，群众是会拥护我们的。"周副主席还对我交代两项任务：一项是朱老和李民欣的生活由我照料，另一项是把邵老（邵力子）的夫人傅学文从南京接到北平来。

4月5日午后，南京方面派出中国航空公司的飞机飞抵北平。当天下午2时半，我同朱蕴山、李民欣、刘子毅共4人，搭乘这架专机，于当天暮色苍茫中降落南京明故宫机场。我们都住到大悲巷白崇禧公馆里。

当晚，我去傅厚岗单独见了李宗仁，对他谈了我在北平接洽和谈的情况，转达了毛主席和周副主席对他的期望。我还把从北平带来的4月5日出版的《人民日报》送给他。这天《人民日报》上刊载了《南京政府向何处去？》这篇重要社论。我指给他看，说："这篇文章很重要，表达了共产党的方针政策，指明了方向。李宗仁看了未作表示。他叫他的秘书打电话给何应钦，请何来一趟。又对我说，要我将北平的接洽情况也向何应钦谈谈。我说："这好吗？"李说："他是行政院长，应该让他也听听嘛。"

不多久，何应钦大摇大摆地进来了。他一见到我就说："我知道你去北平了。这次你带回些什么消息呀？在那边你见到文白、邵老了吧？"我说："没有见面。我是德公（李宗仁）派我去了解情况的。我刚到，正向德公汇报。"何问："据你看，共产党有诚意吗？你见到毛先生没有？"我说："见到了。毛先生说，国共两家打了这些年的仗，该歇歇手了，和总比打好。毛先生说，这并不是共产党没有力量，而是为了早日结束内战，使国家和人民少受损失，这才愿意通过谈判，政治解决。毛先生还谈到，解放军一定要过江，谁也阻挡不住。毛先生欢迎德公和你到北平去直接商谈，协商解决一切问题。”何说：“我们的代表团不正在那边同他们谈着吗？”我因不知何应钦葫芦里究竟装的什么药，感到话很难说，便含糊其词地说：“双方的最高当局直接会谈，可能更直截了当些吧。”我对何应钦周旋一番，便草草结束谈话。

第二天，白崇禧从武汉到达南京。我告诉白，当初受他交付的使命，向中共提出关于政治可以过江、军事不要过江的建议，中共方面态度坚决，认为政治既要过江，军事也要过江，而且很快就要过江。白崇禧说：“他们一定要过江，那仗就非打下去不可了，这还谈什么？他们还有什么别的意见？”我就把毛主席的话讲给他听。我特别提到，通过商谈，将来成立人民政府，毛主席将对他作出安排，请他指挥国防军。但是白崇禧却听不进去，他说：“对我个人出处，现在不是我考虑的时候，目前要紧的是，共产党如果有和平的诚意，就立即停止军事行动，不要过江。能让步的我们尽量让步，不能让步的绝对不能让步。过江问题为一切问题的前提，中共如在目前‘战斗过江’，和谈的决裂，那就不可避免。”接着，白崇禧问：“德公和敬之（何应钦）有什么看法？”我说：“他们两位都没有表示，说是要同你商量商量。”白暴躁地说：“还有什么好商量的？你马上就同北平通话，把我的意思转告他们，就这么办！”

在这次谈话中，我还告诉白崇禧，这次同来的朱蕴山和李民欣，是代表民主党派来奔走和平的。我劝说白崇禧，目前国民党位处下风，共产党是胜利者，在此情况下，进行和谈本来是谈何容易。现在好容易有了谈判的开端，和平还有一线希望，千万要把握这宝贵的机会，机不可失。但是，白崇禧仍一味迷信他那最后的一点本钱，幻想美国插手发动第三次大战，我也不好再谈下去了。

这次，我和朱老等从北平到达南京是保密的，但是，一下飞机还是被敏感的新闻记者所发现。那天，在明故宫飞机场上，上海有一家报社的记者问我："您是不是刘仲华先生？"我不敢暴露身份，就将错就错点了一点头。这位记者又缠住朱老等 3 人探听姓名，他们都装着没有听见，不作答复。第二天，报上就以头条地位登出"刘仲华由平飞抵首都，同来三人坚不露姓名"的新闻，绘形绘色，把我们称作"神秘客"，说是其中有一位留有"仁丹胡子"，又说我们之来与和谈有关。这一来，接连好几天，南京、上海几家报纸的记者，到处打听"神秘客"是谁，寻找"仁丹胡子"的行踪。他们找不到我们，就凭他们丰富的想象力代替事实，编造出一些稀奇古怪的"神秘新闻"，我们读了都忍笑不禁。但是，由于报纸上的喧嚷，更加引起蒋介石特务对我们 4 人的注意。我们深居简出，极少出外活动。幸而我们住在白崇禧家里，"白公馆"的警卫都是广西宪兵，由于他们遵照白崇禧的嘱咐，对我们小心保护，这才使我们的安全没有发生问题。

在此期间，我同李宗仁、白崇禧先后交谈了几次，他们仍旧顽固地坚持在中共不渡长江的条件下，才能达成和平协议。同时，我从接近白崇禧的参谋人员那里知道，蒋介石曾经从台湾用飞机运到一批黄金，送给白崇禧，企图破坏和谈。至于李宗仁，他对和谈抱着"死马当活马医"的态度。他的"智囊"甘介侯这时正同美国驻华大使司徒雷登来往密切，后闻甘还去华盛顿进行活动。

我们 4 人到南京以后，与北平保持着电讯联系。4 月 10 日晚，王炳南从北平挂来电话，告诉我南京和谈代表团的黄绍竑日内将从平回宁，叫我们乘搭接黄的专机飞回北平。我把再去北平的事告诉李宗仁，他表示同意，要我为和谈再作努力。

1949 年 4 月 12 日下午 2 时，南京派了一架专机去北平接黄绍竑和屈武。朱蕴山和我就乘这架专机飞回北平，同机的还有邵老的夫人傅学文以及朱老的儿子。那天，于右任、程思远、黄启汉等都到南京明故宫机场送行。当天下午 6 点 45 分，我们回到了北平，机场上有王炳南、连贯等人迎接我们。

我一下飞机就乘车去香山双清别墅向毛主席汇报南京之行的情况。毛主席笑容满面地对我说：“我给你打过保票，现在你不是平安归来了吗！”毛主席问我李宗仁和白崇禧的态度有转变没有，我向毛主席陈述，白崇禧还是顽固地坚持反对解放军渡江，没有什么希望了。

“李宗仁呢？”

我说：“李宗仁还有争取的可能性。”

毛主席就告诉我：中央已经决定，解放军 4 月 20 日就要渡江。毛主席希望李宗仁在解放军渡江以后，不要离开南京。如果李宗仁认为南京不安全，可以飞到北平来，共产党会对他以贵宾款待，那时和谈仍可以继续进行。

事实表明，我对李宗仁的估计是落空了。4 月 16 日，当黄绍竑、屈武带着和平协定送到南京签字时，在最后时刻，李宗仁还是拒绝了。4 月 23 日清晨，李宗仁仓皇逃离南京，飞往广州。当晚，“钟山风雨起苍黄，百万雄师过大江”，南京这座龙盘虎踞的历史古城，被国民党盘踞22年之久的巢穴，获得了解放。至于白崇禧，在5月17日被迫放弃武汉，撤退到长沙。他在长沙时曾经打电报给我，要我回长沙。我向周恩来请示，他对我说："你还回去干什么？很快就要全国胜利，我们还有许多工作需要你来做哩！"1949年6月，周恩来要我办北京外语学校（即外语学院的前身）。从此，29年来我在伟大领袖毛主席和中国共产党的领导下，在敬爱的周总理的亲切关怀和教育下，一直在外语学院工作。

1980年1月

（节选自《文史资料选辑》第73辑，文史资料出版社1981年版。原标题为《回忆我在桂系工作时的几件事》）

和谈回忆

江　庸*

一　缘　起

自从 1949 年 1 月蒋介石“引退”，李宗仁以副总统登台，就有了求和的消息，还听说要我同颜惠庆、章士钊到北京走一趟，去探听共产党的意见，是否可以再讲和平。

31 日上午得到通知，说李宗仁已来上海，邀请我们 3 人于上午 11 时在中国银行四楼谈话。我面见李宗仁还是头一次，有邵力子、孙科、甘介侯、张君劢诸人在座。李表示要我们 3 人同赴北京一叩和平之门。我说，我素来反对内战，从前老蒋的“讨伐命令”我就

* 江　庸：时任上海人民和平代表团代表；系人民政协第一届全体会议代表；后曾任政务院政治法律委员会委员，全国政协委员。

讲不要送到国民参政会来，送来是通不过的（那时我当主席团主席）。今天绝大多数中国人都反对内战，副总统有诚意讲和平，我极力赞成，愿意到北京去。但是我们 3 人既非国民党党员，又不在国民党政府任职，名义上以代表民意为恰当，李亦以为然，遂决定于 2 月 13 日晨 9 时乘飞机与颜、章、邵 3 人北上。潘伯鹰是我和章的秘书，颜的秘书是龚安庆，同行尚有金山等人。此行附带的任务是邮政管理局视察戴孝忠托我与北京接洽通邮事宜，又因京沪邮递不通，上海居民接济在京亲属为难，亲友中托带款者不少，如梅兰芳、陈长桐等均有嘱托，因附记之。

二 北 上

我们从上海飞到青岛，飞机加油时发现右翼损坏，若不是为加油停下，再飞半小时一定会发生危险，可见当时蒋管区航空公司管理腐败。在青岛与北京联系，才知北上诸人除我与颜、章、邵之外，其余随行 10 余人为谁，北京都不知道，接回电说，先要开一名单去，俟同意后方可起飞，因此耽搁一天。

次日 14 日午后 2 时起飞，4 时半到达北京机场，副市长徐冰来迓。徐旧识也，寓六国饭店。15 日午前，叶剑英市长过访，谈话一小时，招待午餐，董必武、聂荣臻、林彪、傅作义诸人在座，董、傅二公系熟人，聂、林两位则初晤也。谈及我们奔走愿望，林彪表示极怀疑李宗仁无诚意，且亦无此能力。据我所见，李宗仁确有诚意，但由他出面和谈是有些不量力耳，不过只要和平尚有一线希望，也应尽力。

16日，访问叶剑英、董必武诸君。17日，叶剑英市长约单独谈话。这次谈话是受毛主席指派询问我们意见后作报告的，4人分别谈话，我与颜、邵、章3位事前彼此并未商量，事后也未问过他们。我对叶市长说，和平是合乎全国心理的，要打内战的不是共产党而是蒋介石，今天既然蒋介石下台，李宗仁有希望和平的意愿，尽管他分量不够，共产党也不宜拒绝。这些话叶市长也为代达。18日午后，董必武、罗荣桓、聂荣臻、薄一波等设宴于北京饭店。19日，叶市长来告我们，希望重谈和平的事，毛主席已允许了，我们3人大为快慰，深幸不虚此行。20日，董、叶、聂、薄等宴请文化界人士，晤张奚若、许德珩、蓝志先诸君。

三　谒见毛主席

我们到京呼吁和平之愿既达，就想谒见毛主席，表示敬意，亦蒙俯允。我们4人遂于22日偕同傅作义、邓宝珊等5人飞往石家庄。那时石家庄市长是柯庆施，抵石方知毛主席不在市内，而是住在离市近百里的一个小村子里。毛主席已派杨尚昆同志来接，因沿途都是土马路，小轿车不好开，要坐小吉普车才能去。我们午饭后出发，晚7时才到招待所，周恩来总理已在那里等我们了。周总理陪同晚饭后，毛主席出见，谈了一小时许。第二天早饭后，又由周总理陪同谈了一个多小时，就告别了。1945年我虽在重庆见过毛主席，但并未谈话，这次才亲睹丰采，畅聆伟论。

毛主席一见面就说："你们为寻求和平途径，远道前来，共产党是爱和平的，可以商量，只是地点、时间、人选尚须考虑。"所以我们也就不必重复表示来意了。

这两次谈话，毛主席并未说到当时的政治军事方面，只是随意漫谈，毫无拘束，但从谈话中就很可窥见毛主席的胸襟抱负和学问品格。我见毛主席之后，就联想起一件故事：东汉马援自隗嚣处来谒汉光武，一见便佩服投地，回去对隗说：前到朝廷，每接宴语，自夕达旦，才明勇略，非人所能敌也。且开诚相见，无所隐伏，阔达多大节，略与高祖同，经学文辩政事，前世无比。我那时两见毛主席确有此同一感想。单讲恢廓大度一端，光武不计杀兄之仇而宥朱鲔，求访萧王推赤诚于天下。毛主席不杀俘获的蒋介石手下反共将领甚至特务头子，对起义的傅作义、程潜诸位无不重用，愿为新中国服务的国民党旧人今居要职者多不胜指，更扩大统一战线，设政协会广揽各党、各派、无党派人士参与政治，规模恢廓更非光武之可比。我不是以马伏波自况，不过我见毛主席后的当时，心理的确是有些相同。而且马援劝隗嚣归附光武，隗嚣当时虽听了他的话遣子入质，但后又翻悔，复与汉军交锋，终于自取灭亡，南京政府之反复无常不顾信誓，亦与隗嚣如出一辙。

四　南京见闻

24 日下午 3 时由石家庄起飞，4 时一刻到北京。留两日，27 日午前 11 时飞南京，叶市长亲至机场送别。

下午 2 时一刻抵南京，国民党党政要员来机场欢迎，住首都饭店。李宗仁过访，晚宴于“总统府”，国民党党政要人皆在座。28 日晨，白崇禧、黄绍竑来访，张治中、朱家骅、吴铁城、张岳军继至。3 月 2 日晨飞返上海。

留南京两三日中，所接见党政要人对重谈和平并不感觉高兴，也未听到承认失败的话。只吴铁城在公宴时昌言：“我们国民党人把人心都早已失掉，最后王云五的金圆券更使全国切齿痛心，还是赶快收场的好。”大家听了还是面不改色。我料到将来谈判必无成就之可能，不愿再次赴北京，遂向李宗仁坚决表示应另行选派足以代表党政两面之重要人士前往，自己不敢担任。李宗仁只说：“再商量吧！”所以第二次和谈我就未参加，后来失败了。我虽是空白奔走一次，但也总算是叩了和平之门，并且又晋见了毛主席，自己个人还是觉得光荣的。

（选自上海市政协文史资料工作委员会编《上海文史资料选辑》第 31 辑，上海人民出版社 1980 年版）

1949年“和谈”的回忆

黄启汉*

一 李济深给白崇禧的一封密信

1948年，是解放战争取得了决定性胜利的一年。那时，我还在国民党桂系从蒋介石争取得来的16个立法委员名额中，充当立法委员。但我大部分时间在香港搞对外贸易，想在经济上为桂系的失败找一条后路。由于蒋、陈、孔、宋四大家族控制外汇很严，法币又暴跌不止，我原来的一些设想终成泡影。这期间，经陈劭先、吴茂荪两同志的安排，我多次见到民革中央主席李济深先生。过去我和李先生是相识的，所以谈起国内形势来，可以畅所欲言。末了一

* 黄启汉：时任国民政府立法院立法委员；后曾任广西壮族自治区政协副主席，全国政协常委，民革中央常委。

次是 1948 年 12 月 22 日，李对我说，他曾写过信托人带给李宗仁和白崇禧，劝他们认清形势，同蒋介石决裂，向人民靠拢，但均未得复音，也不知道他们收到信否。李问我可不可以带他的一封信到武汉去见白崇禧，争取他起义。我听了很高兴，立即答应愿意去试一试。李先生当即拿出一小块白绫条子，上面写好了他给白崇禧的亲笔信，嘱咐我妥为收藏带去。这时，白是国民党华中军政长官，在武汉一带指挥着第一兵团陈明仁、第三兵团张淦、第十兵团徐启明、第十一兵团鲁道源及第十四兵团宋希濂等部队共 40 多万人。李济深写给白崇禧的亲笔信原文如下：

健生吾兄勋鉴：

革命进展至此，似不应再有所徘徊观望之余地，放下屠刀，立地成佛，至所望于故人耳。革命原是一家，革命者不怕革命者，望站在国民党革命委员会立场，依反帝、反封建、反官僚资本主义、反独裁、反戡乱主张，赞成开新政治协商会议，组织联合政府，立即行动，号召全国化干戈为玉帛，其功不在先哲蔡松坡之下也。详情托黄启汉兄面陈。专此即颂筹祺。

弟李济深上

二月二十二日

此外，李济深先生还和我讲了许多道理，要我转告白崇禧。我和李告别后，一面收拾行装和办理一些业务结束手续，一面去函给白崇禧，告知我有要事将去武汉见他。

1949 年 1 月中旬，我得白崇禧复信表示欢迎我去。与此同时，黄绍竑忽然到了香港，他向我和黎蒙（桂系在香港办的《珠江日报》社长）打听李济深先生的行踪，而这时李已从香港坐船去华北了。黄表现很失望，但他并没有告诉我，他来香港找李济深的目的是什么。我也不告诉他关于李写信要我带给白崇禧的事情。

我于1月15日到广州，19日到汉口。这时候，中国人民解放军已在淮海战役、平津战役中取得了震动中外的决定性的胜利，国民党政权摇摇欲坠。白崇禧见到我带来李济深先生的信，喜出望外。他吩咐我，对任何人都不要透露这封信的事情，我唯唯诺诺。实际上，在车过衡阳的时候，我碰见李任仁从桂林来，转车去武汉，他说是应白崇禧的电召去商量要事的。我估计一定是白叫他去商讨时局问题，同时我相信李任仁是赞成李济深之主张的，所以我悄悄地把李济深写给白崇禧的密信让他看了。

我对白崇禧说，根据任公（即李济深）和我在香港谈话时的分析，蒋介石败局已定，中华民族已到了一个新的历史转折关头。我们何去何从，对于这个问题不能不认真、严肃、慎重地考虑。白频频点首表示对此无异议。我继续告诉白，任公说他自己并不懂得什么是共产主义、社会主义，但他相信共产党、毛主席是真正为国家民族、为人民谋利益的，一切稍微具有一点正义感、民族感的人，都应该赞同和拥护他们；何况蒋介石统治中国20多年，已经把祖国弄得一团糟，凡是有志之士，无不痛心疾首，如今蒋介石即将彻底垮台，谁还再跟他走，那是再愚蠢不过了。任公还讲到，也许有人以为过去曾经反对过共产党，现在怎么能够合得来？任公说，过去是过去了，历史是向前发展的，我们也要向前看，莫要向后看。任公说到他自己，不是也反对过共产党吗？但此一时彼一时也。过去不认识，今天认识了，只要现在我们所作所为，有利于人民，有利于建立一个独立自主的富强的新中国，就会化敌为友。

白对我说，任公讲的都很对，自从东北战事失利，继之徐州告急以后，他早已看出这个仗再打不下去了，故已电蒋施加压力，要求停止作战，“和平解决国共问题”。同时，湖北、河南等省参议会也发出了电报要求和谈。他说：“我要季宽（即黄绍竑）去香港，就是想请任公来武汉，主持大计。”原来白崇禧于1月中叫黄绍竑带着港币7万元（这笔钱是由广西省政府驻粤办事处主任阚家骅交给黄的）去香港活动，想挟持李济深到武汉来举起国民党革命委员会的旗帜，“联共”反蒋。由于黄绍竑到香港扑了个空，白的这个计划没能实现。现在他看了李济深叫我带来的密信和口信，又泛起了一线希望，所以他很高兴。他再三嘱咐我要保密，叫我暂时少露面。这时，报纸上已发表了毛主席1月14日所作的《关于时局的声明》，提出八项条件，作为和平谈判的基础。20日晚上，白崇禧召集一些人在汉口三元里他的办公室密谈。我知道参加这次密谈的有李品仙（华中“剿总”副总司令）、夏威（第八绥靖区司令官）、李任仁（立法委员）、刘斐（刚辞职不久的国民党军委参谋次长）、徐祖贻（“剿总”参谋长）、韦永成（立法委员）和程思远等七八个人。我因为到了汉口的第二天，就感冒发烧，没有参加这次密谈。但他们散会后，虽已深夜了，白崇禧还到我的卧室来，问我的感冒好一点吗，我说，好了，没有什么了。白就对我说：“自从我们发给蒋电，主张和平解决国共问题后，蒋很恼火，这一回势必和他闹翻了，而现在我们和共产党还没有取得联系；李任公又北上去了，怎么办呢？当前最迫切的问题，就是必须尽快和共产党取得联系，我想请你和一位老先生（即李书城先生）到信阳转赴前方，去和中共接头。第一步先搭上一条线，以后好联络。”我问他，我去到那里，讲些什么呢？他说：“你只讲我们主张停止内战，恢复和平谈判解决问题，先彼此联系就是了。到那里以后，看情况，如交通许可，还可以到北方去找周（恩来）和叶（剑英），也顺便找李任公。”我答应接受这个任务。

次日（21日）上午，果然李书城先生来了，白亲自介绍我认识，并问李先生此去有什么困难吗，李答没有什么问题（我才知道事前白已先和李讲好了才和我讲的）。白说，他已经吩咐徐参谋长为我们准备车辆和其他事项，明天准备好了就动身。

当天下午，白收到了蒋介石“引退”、以李宗仁为代总统的通电；晚上，白又收到蒋从溪口专门打给他的一封电报，说什么“数十年袍泽，同生死，共患难，临去不胜依依”（大意如此）的话。白看了嗤之以鼻，要我随便拟个复电给他，敷衍一番。接着白在他的办公室继续邀约参加昨夜密谈的那几个人来密商，我也在座。白说：“老蒋干不下去了，要德公作挡箭牌，看样子他还要在幕后控制的，但事已至此，只好全力支持德公，早日实现停战和谈。”李任仁提出要对毛主席提出的八项条件表明态度，并主张华中5省先停止征兵征粮，以示要求和谈的诚意。白恶狠狠地盯了李一眼说：“还未开始谈，怎么能够停止征兵征粮呢？万一谈不成，又怎么办呢？”李不敢再说。我是赞成李任仁的意见的，但看到白这种蛮横的态度，知道再讲也没有用，别人也不作声。过一会儿，李品仙说，还是看看八项条件吧。于是话题就转到集中研究毛主席提出的和谈八项条件。但事实上，并没有逐条认真考虑，却纠缠在第一条，即对惩办战犯这一条，有所争论。白崇禧和李品仙认为这条不能接受。白说：“惩办战犯等于把我们一网打尽，这怎么受得了？”李任仁说：“惩办战犯问题，无非是明确战争责任的问题。讲到个人，只要促成和谈，实现和平、民主、统一，就可以从战犯变为功臣。”白听了还是不同意，他针对李任仁的话说：“这是我们自己这样讲的，哪个能保证？”刘斐说：“重老（即李任仁）说的还是对的。如果只同意七条，不同意第一条，显然会给人看出是因为你自己的名字也在战犯之列的关系，这就太不漂亮了。”我补充一句说：“如果不是完全同意八项条件为谈判基础，根本就不可能进行和谈。”夏威、韦永成也说，看来不同意也得要同意了。最后，白崇禧勉强同意接受包括第一条在内的八项条件为和谈基础。他当即要我写了一篇简短的谈话稿，派人连夜送给武汉各报纸在第二天发表。散会时，他把我留下来，并对我说：“既然蒋已引退，德公当了代总统，那就不必去信阳前方找关系了，可以从南京飞北平，也许能更直接和更快地找到共产党联系。”他决定明天派一架飞机送我到南京去见李宗仁，并亲自另打电话告诉李。我表示听从他安排。

二　武汉—南京—北平

第二天，我一早就到白崇禧的办公室去，希望他对我此行的任务，讲得具体一点；同时，我并想再摸他的底，究竟他对和谈有多大诚意，有什么具体打算。但他对我说的还是昨天深夜同我说的那几句，先去和共产党取得联系，表示希望就地停战，及早开始和谈。不过今天他流露出他的一种想法，希望解放军不要过江，将来就以长江为界，暂时南北分治。他又强调还是要找到李济深，希望李能到武汉来共商大计，他随手拿起毛笔来给李写复信，要我带去当面交给李。原文如下：

任公赐鉴：

启汉同志带来手示，语重心长，至深感奋。禧对于革委会反帝、反封建、反独裁、反官僚资本等革命主张，素表赞同，建立真正民主和平之中国，尤早具决心，只以过去处境困难，未能完成志愿。去岁华中军民曾数以坚强语气电蒋建议和平停战，并请其早日引退，以谢国人，旋更联络各方施以压力，以扫除和平之障碍。兹蒋已去位，德公继承艰危，决以最诚恳态度与中共进行和平谈判，以坚确决心，扫除独裁祸根，将来国是全由国人公意抉择。务恳我公鼎力协助，共奠和平，千万生灵、民族生机，在此一举。尤望大驾及革委会诸同志，早日莅临武汉或南京，指导一切。余托启汉同志面报，此颂崇安。

白崇禧手敬启

一月二十二日

另外，他又在信笺上端，加注“中共八项条文，禧已有表示可以商谈”等字。

22 日下午，我从汉口坐飞机到南京。行前，白崇禧要我对李宗仁说，要注意防备蒋介石幕后捣蛋，最好请他到国外走走；又说，孙科（国民党行政院长）和我们也不合作的，这个问题必须注意。

当天下午，我到南京见李宗仁。晚上，他约我和刘仲华（山西人，据说参加过共产党，抗战时期，一直跟李宗仁当参议）在他房间谈话。他表现心头沉重，情绪不安，对我和刘仲华略略讲了一些关于蒋介石决定“引退”，要他做“代总统”的经过。接着他说：“当前最迫切的事情就是要和共产党取得联系，要求解放军停止进攻。”他说，他已经由空军派定了一架飞机，明天就把我和刘仲华送去北平。当时平津战役基本结束，守卫北平的国民党军，在傅作义率领下接受和平改编，北平和平解放的局面已定，只是解放军尚未进城而已。李宗仁就是要我和刘仲华趁着北平和平解放，去求见中共中央的领导同志，表示“求和诚意”，要求共产党在军事上停止进攻，及早开始和谈。他说，他愿意接受毛主席提出的八项条件作为谈判基础。当时，我信以为真，感到很兴奋。我并把李济深写信给白崇禧以及白在汉口和我讲的话转告李。他说，他也要写一封信交我带去给李济深，希望李济深从旁协助。他还吩咐他的秘书黄雪村起草一封写给傅作义的信，肯定傅接受和平改编是做得对的，也希望傅支持他搞好“和谈”。他亲笔写给李济深的信原文如下：

任潮吾兄勋鉴：

去岁迭奉惠书，弟因处境困难，未获裁复，实深抱歉。然对吾兄反独裁、反封建之主张则极表同情。兹者蒋已引退，弟勉支危局，愿以最大努力促和平之实现，中共方面亦已表示愿商谈。除由政府派定人员与中共进行和谈外，兹派黄启汉同志趋前承教，甚盼和平能早日实现，弟亦得早卸仔肩也。未尽之怀，统由启汉同志面陈。专此敬候勋安。

弟李宗仁敬启

一月二十二日

在言谈中，我看出李宗仁心情焦急。他最怕解放军继续前进，动摇他在南京的地位，那就连“和谈”都不能“谈”了。他再三嘱咐，要求中共体谅他的处境，暂时停止军事进攻。

三 叶剑英同志的一席话

1949年1月23日下午，我和刘仲华坐一架军用运输机到达北平。当时守卫北平的国民党军已在傅作义将军率领下，接受中国人民解放军的和平改编，但解放军还未进城。我们坐去的飞机在城内东单附近广场降落，傅作义派车来接，并安排我在北京饭店暂住。当天他请我们吃晚饭，我把李宗仁的信交给他，并说明此行任务。傅对李宗仁来信肯定他接受和平改编做得对，当即表现很高兴，答应帮我们和解放军联系。

25日，原北平市长何思源，请我和刘仲华吃饭，同席的有北大教授钱端升等人。席间他们向我介绍了北平接受和平解放的情形。我们都为这座历史古城不被战争所损坏感到高兴。

27日，徐冰同志进城来接我和刘仲华到颐和园，当晚，即承叶剑英同志接见。抗战时期，我在武汉、重庆各地多次见过叶剑英同志，这次被接见更使我感到亲切，喜出望外。我首先向叶剑英同志表明我的态度，说我虽然是李宗仁派来的，但我还是要站在人民这一边的，绝对不做不利于人民的事。接着我把白崇禧在汉口、李宗仁在南京对我讲过的话以及我所知道的有关武汉、南京的情况向他作了反映，并把李宗仁和白崇禧写给李济深的两封信，统统交给了他。叶剑英同志很耐心地听了我的汇报。将近 11 点钟的时候，他说：“夜深了，先休息吧，明天再谈。”

第二天，叶剑英同志设午宴招待我和刘仲华，席间有徐冰、莫文骅等同志。饭后，叶剑英同志对我和刘仲华作了重要指示。他首先表示欢迎我们两人的到来，并希望以后继续联系。接着，他严肃地指出，自从日本投降以来，伟大领袖毛主席和中国共产党即尽一切努力，防止内战，要求巩固国内团结，保证国内和平，实现民主，改善民生，以便在和平民主团结的基础上，实现全国的统一，建设独立自由与富强的新中国。为此，1945 年 10 月，毛主席在周恩来同志陪同下，亲自到重庆和蒋介石谈判，签订了国共两党《会谈纪要》即《双十协定》；1946 年 1 月，又在有国共两党和其他民主党派参加的政治协商会议上，通过了一系列有利于和平民主的决议，并签订了国共两党的《停战协定》，发布了停战令。但是这些协议和停战令，墨迹未干，就一件件被蒋介石撕毁了。蒋介石以为有美帝作靠山，美援无穷无尽；以为他有数百万美式装备的军队，就可以横行全国；他还以为中国人民解放军只有小米加步枪，“不堪一击”，他狂妄地认为可以在 3 个月至 6 个月的时间内，消灭全部解放军。于是蒋介石就以 1946 年 6 月 26 日大举围攻中原解放区为起点，发动了对解放区的全面进攻。中国共产党为了保卫抗战胜利果实，保卫民族的生存和人民的民主权利，不得不坚决地给蒋军狠狠的反击。现在人民解放军经过两年多来的英勇战斗，特别是经过辽沈、淮海、平津三大战役，已经把蒋军部队的主力歼灭，剩下不多了，这就迫使他又装出要“和谈”的样子，并退居幕后，让李宗仁出来在台前周旋。人民的眼睛是雪亮的，特别是中国共产党在毛主席领导下，和蒋介石以及帝国主义进行了长期的斗争，积累了丰富的斗争经验，对于蒋介石玩弄的一切花招，都看得一清二楚，绝不会上他的当。今天我们已有足够的力量可以完全、彻底粉碎蒋介石国民党的残余势力，全国的解放指日可待，这也是历史发展的必然结果。但为了迅速结束战争，减少人民的痛苦，毛主席已发表声明在八项条件的基础之上，愿意和国民党南京政府及其他任何国民党地方政府和军事集团进行和平谈判。我们要的是真正的和平，维护民族利益、人民利益的和平。我们共产党人，除了民族利益、人民利益之外，别无其他。正因为如此，我们深得人民的拥护，不可战胜。古云：“识时务者为俊杰。”在这伟大的历史转折关头，谁能认清形势，顺应潮流，向人民靠拢，前途就是光明的。叶剑英同志还对我和刘仲华说：“我们首先欢迎你们两位到我们这边来。”

叶剑英同志的一席话，给我很大启发和鼓舞。我激动地感谢他对我的关怀，并向他表示决心，不论如何，我一定投靠人民。当天下午，我告别回到城内。29 日上午，在傅作义的安排下，我一个人搭国民党空军最后一架撤离北平的飞机回南京（刘仲华暂时留在北平）。我搭乘的飞机途经青岛，不知何故被羁留在青岛好几个钟头。我被带到在机场旁边的一个机关办公室里闷坐，没有什么人来理睬，一直到下午 2 时许，才被送上另一架专机飞回南京。

四　“上海和平代表团”赴平始末

到南京后，我立即去见李宗仁，向他汇报在北平见到叶剑英同志以及谈话的详细内容。李很高兴，说：“总算很快就搭上了关系。”但他问及关于他要求解放军停止进攻的问题，我说：“这个问题叶参谋长（即叶剑英同志）只答应向中共中央反映。”李听了似乎有点失望的样子。我说：“两军对垒，尚未达成任何协议就单方面要对方停止军事进攻，这本来是不合情理的，叶参谋长不当面驳斥我们，已经是很客气的了。”我请李认真考虑叶剑英同志的话，并向李指出，如全面和谈不成，我们自己（指桂系）要有个打算。他说，现在先力争全面和谈，且不考虑别的。

在我从北平回到南京的几天里，连续发生了几件事情。第一件事，就是甘介侯出谋献策，并负责筹备组织一个“上海和平代表团”，准备日内去北平呼吁“和平”。我问李宗仁这个代表团去的目的、作用是什么，它又不能代表政府和对方具体谈判。李说，他们去就是“敲和平之门”嘛。当时，甘介侯和邵力子先生在座。甘介侯得意洋洋地向李宗仁表功，说：“上海和平代表团”已经筹备就绪，代表人选是颜惠庆、章士钊、邵力子、江庸和他自己，准备2月初就去。我再次提出“代表团”去的目的何在，如果说是去“敲和平之门”，事实上，“和平之门”是开着的，根本不需要敲。甘介侯抢着说，我们来一个“宣传攻势”，制造舆论，对促进和谈是大有好处的。我说，这有点近于虚张声势，不是诚心诚意为和平的应有态度。邵力子似乎同意我的看法，他简单地说：“不去也可以。”最后，李宗仁说：“还是让代表团去吧，至少没有什么妨碍。”

于是甘介侯忙着准备一切，在南京和上海之间，飞来飞去。

第二件事是李宗仁于2月1日电台湾省主席陈诚，要他释放囚禁在台北的张学良。2月，陈诚复电，一句话也不提及释放张学良事，却请李派程思远去台北面商。4日，程到台北见陈诚。陈竟当程面责备李宗仁未经国民党中常委和行政院讨论，即宣布接受毛主席提出的八项条件为和谈基础是非法的。关于释放张学良问题，他说张学良现关押于新竹，归保密局负责，他不能过问。10日，程思远从台北回南京，把陈诚的话转达给李宗仁，李听了，很恼火，但也无可奈何。

第三件事情是国民党行政院长孙科，未经李宗仁同意就于2月7日把行政院迁往广州，他本人也跟着去广州，李宗仁认定孙科此举，必得蒋介石幕后支持，至为愤慨。李宗仁感到他处境孤立，想求助于社会贤达，这也是他赞成甘介侯搞和平代表团去北平的原因之一。甘介侯原想借此捞取政治资本，想不到就在“代表团”准备启程的前几天，新华社从北平广播出一则电讯，声明人民的北平，绝不允许帝国主义的走狗甘介侯插足（大意如此），这无异给甘介侯当头一棒。李宗仁无奈，只好要我替代甘介侯，陪同颜、章、邵、江4位老先生去北平。我对李说，如果只是以“上海和平代表团”作个幌子，此去实在没有多大意思，我请他考虑另派别人，不必要我去。他还是要我去。他说他准备要我带些口信给叶剑英同志，而且要我去了之后就留在北平担任联络工作。于是我接受了他交代的任务到上海去准备行程。

我们定于2月13日从上海起飞去北平。起飞前两天，李宗仁来到上海，除分访颜惠庆、章士钊、邵力子、江庸诸人外，并和我在霞飞路（即现在的淮海中路）1105 号黄绍竑家谈话。他要我带给毛主席一封信，并要我口头向叶剑英同志或其他领导同志转达以下 6 点意见：（1）希望能实现全面和平，倘有局部人反对，再合力以政治军事力量对付之；（2）和谈以毛主席提出的八项原则为基础，但战犯问题之处理，最好留待新政府成立之后；（3）绝不期望以外援进行内战，只要答应进行和谈，可作公开声明；（4）希望能及早派定代表，开始商讨和平方案；（5）对蒋介石本人，如认为他留在国内于和谈有碍，可提出使之出国；（6）对国际关系，希望中国成为美苏友好关系的桥梁，不希望依附一国反对另一国，美苏两国的友谊，均须争取。

李宗仁要我把这几条意见用笔记下来，再三嘱咐务必转达勿误。李还要他的机要科编了一本专用电报密码给我，并把设在他“官邸”的电台呼号抄来，要我向中共方面提出，允许我在北平设立一个电台作为和他通讯之用。

2 月 13 日上午 10 时许，我随同“上海和平代表团”从龙华机场起飞。飞机上除颜惠庆、章士钊、江庸、邵力子 4 位老人和我以外，还有负责联系南北通航的金山以及 4 位老人的秘书潘伯鹰、张丰胄等人；刘仲华的爱人及 3 个儿女和我的爱人李素平也同行。当天飞机到青岛，住了一夜。14 日到北平，在六国饭店住下。当晚，我即承叶剑英同志单独接见。我把李宗仁写给毛主席的信请他转交，并把李对我讲的话以及他这次组织“上海和平代表团”来的内幕，向他作了汇报。至于李给毛主席的信的内容，主要是表白他要求早日和谈，实现和平的愿望，并介绍 4 位老人前来请教等语。

第二天，叶剑英同志到六国饭店来会见“上海和平代表团”

的4位老人，对他们此来表示欢迎，并和他们进行了友好的谈话。下午，叶剑英同志（当时是北平军事管制委员会主任委员兼北平市长）设宴招待4位老人以及和我们同机来的人员。出席宴会的还有董必武同志和罗荣桓、聂荣臻、薄一波等领导同志；傅作义、邓宝珊也被邀参加。此后，叶剑英同志分别和颜惠庆、章士钊、邵力子、江庸4位老人个别谈话。20日，中共北平市委在北京饭店举行盛大宴会，出席大会的有党政军负责同志、工农兵代表、知识分子和爱国民主人士共400余人。我和“上海和平代表团”全体人员也被邀参加。在会上，叶剑英同志作了重要讲话，大意是说，和平、民主、统一建设新中国，这是全国人民的共同愿望。实现这一伟大目标，基本上有两种方式：一种是天津方式，就是以人民的武装力量，粉碎负隅顽抗的反动军队，扫除和平民主统一的障碍，在这方面，中国人民解放军完全具有足够的力量，可以胜任愉快；另一种是北平方式，就是通过谈判，和平解决问题。叶剑英同志指出，从我们的愿望来说，希望用北平方式，可以减少人民的损失，但这取决于国民党是否以民族利益为重，以人民利益为重，改弦易辙，“放下屠刀，立地成佛”，傅作义将军能做到的事，别人也应该能做得到。散会前，叶剑英同志告诉我，毛主席准备在石家庄接见4位老人，他希望我和刘仲华两个人当中，有一个人陪他们一块去。我当即推让刘仲华去。次日，4位老人搭我们从上海坐来的中国航空公司的专机到了石家庄，晋见毛主席和周总理。他们回来后，都表现十分愉快。章士钊对我说，他一生见过许多大人物，他觉得毛主席是令他最佩服的一个伟大领袖。他又说，此行所得的一个总的印象是和平的障碍在南方，不在北方。

五 李宗仁派我驻平联络

27日"上海和平代表团"乘原专机回南京。我遵照李宗仁的意旨，留在北平继续担任联络工作，仍和我的爱人一起住在六国饭店。刘仲华随代表团回去，向李宗仁汇报。我写了一封信请他带回去给李宗仁，信里主要是谈我个人对和谈的看法。我在信中指出，和谈成败之关键有三：第一，和谈出发点必须纯粹是为了人民，不容夹杂半点私心，坚定这一出发点，和谈便易进行；第二，和谈的动机与目的必须是光明正大，是为了要建立一个独立自由民主之新中国；第三，和谈的手段，必须是"备和言和"，而不是"备战言和"。

我为什么写这封信给李宗仁呢？因为年初我第一次去北平回到南京的时候，知道蒋介石、孙科、陈诚等国民党头目，都反对李宗仁接受毛主席提出的八项条件作为和谈基础，特别是对第一条惩办战犯意见更多。实际上李宗仁、白崇禧虽口头上表示赞同八项条件，也是"口是心非"的。但蒋介石连这一点"口是心非"的表示，亦不容许。其次，当时李宗仁一面求和，顾祝同（国民党总参谋长）、汤恩伯（京沪杭警备总司令）等战犯一面积极布置长江防线，作出"备战求和"的姿势。关于备战方面，因我不是军事人员，不知道内情。但有一次在傅厚岗李宗仁"官邸"办公室里，我听到刘士毅（国民党总统府参军长）对李汇报刚从顾祝同那里开会回来的情况。刘说，以长江天险，加上有海陆空军联防，中共军队没有海空军，他们要想渡江是不容易的，特别是长江水涨之后，困难更大。李听了点首默认。所以，我第二次到北平后，为了坚定李的和平决心，就写了这封长信给刘仲华带去，这是我当时对李宗仁存在幻想的具体表现。

“上海和平代表团”南回时，我还叫刘仲华向李宗仁扯了一个谎，说我已经得到傅作义的支持，在北平建立了一个电台，以后通讯即由这个电台收发电报。实际上，傅作义是答应我把电报交给他拍发到绥远去，再由绥远转去南京，但我没有接受他这个主意。我认为我的一切言行，都要通过党组织，于是我把南京傅厚岗李宗仁“官邸”的秘密电台呼号以及我带来的电报密码本，全部交给了王拓同志（当时是北平军管会交际处长，奉派在六国饭店和我联系）转交到李克农同志处，由李指定一个电台和工作人员为我收发和翻译李宗仁和我来往的电报。

六　和谈前夕我在北平办的几件事

1949 年 2 月 27 日，我欢送了“上海和平代表团”回南京之后，就在北平六国饭店住下来。承徐冰同志给我送来收录不少马列主义和毛主席著作的“干部必读”。我每天无事，就看书学习，有时也到王府井大街、天安门广场、故宫、颐和园等地方游览。看到市面安定，各行各业照常营业，物价平稳，不时传来锣鼓声、歌声，一片欢乐的气氛，同死气沉沉的南京对比起来，真是两个世界。

这时，李宗仁三天两头，不是打长途电话来就是打电报来，询问有无开始和谈的消息，表现十分焦虑。我请示叶剑英同志后，在电话中告诉李宗仁，和谈是一定要谈的，但需要准备，请他安心等待，也要作好必要的准备。

某日（大约是2月底，具体日子记不起了），傅作义请我吃晚饭。饭后，他出示由他的秘书起草的一封电稿，洋洋数千言，说明他在北平接受和平解放的情况，要我提点意见。我就说，我的一个总的感觉是电文太长了，似可压缩一些，只要态度明朗，其他可有可无的话，就少说或者不说，请他考虑。他坚决要我把电稿带回进一步研究，提出具体修改意见。我就把电稿带回来，第二天送给徐冰同志看。后来我不知徐冰同志怎样对傅作义提了意见，不久正式发表出来的傅作义通电就很简短。但我记得，有一次叶剑英同志亲自对我说：“你可以转告傅作义将军，他率领国民党军队接受和平改编，为人民做了好事。至于他本人愿不愿意留在这里，完全有他的自由。我们从来都是对留者欢迎，对去者欢送，并保证给予种种便利。”我把叶剑英同志的话转告傅作义，他表现得很感动，说：“我当然留下来，还去跟他们（指国民党）干什么？叶参谋长这样说很好。我就是怕他们（指国民党）说我被扣留了。”这件事，对我来说，也是很大的教育，因为我当时对党的政策也是不大了解的。之后，我还把这事，在电话中告诉了李宗仁。

大约是3月初，李济深先生和其他民主党派负责人、爱国民主人士等数十人，从东北来到了北平。我到北京饭店拜望了李济深，向他陈述带信到武汉见白崇禧的经过以及最近李宗仁谋求和谈的情况。李济深先生用坚定的语气对我说：“你告诉德邻（即李宗仁）和健生（即白崇禧），要他们一切听毛主席的，就什么事情都好办了。”这句话很简单，却“一针见血”，非常重要。后来我把这话在长途电话中转告李宗仁，他没有什么表示，只是说请任公（即李济深）多多从旁帮助。实际上，他还是在那里徘徊不定，下不了同帝国主义、蒋介石决裂的决心，也就不可能听毛主席的话。

3月中，我听说中共中央已从石家庄迁到北平，毛主席、周恩来和其他中央首长也都来了，全城的革命气氛更为热烈。19日晚上，周恩来派齐燕铭同志到六国饭店来和我见面，对我在北平的生活关怀备至。齐对我透露，不日即将宣布定期举行正式和谈，并暗示我可以先对李宗仁打个招呼。次晨，我通过长途电话把这消息告诉李宗仁，又鉴于2月间孙科自作主张派彭昭贤、钟天心二人为和谈代表，不受欢迎，我建议李宗仁这次在宣布和谈代表人选前，应先征得中共的同意，以免临时发生分歧，不好处理。李同意，并即时告诉我，和谈代表人选已内定为张治中、邵力子、章士钊、黄绍竑、李蒸5人，张是首席代表等语。当天，我把代表名单抄送齐燕铭同志转报党中央，没有异议；后来，国民党南京政府才在何应钦主持的行政院政务会议上正式通过。

26日，中共中央正式宣布派周恩来、叶剑英、林伯渠、李维汉和林彪为和谈代表，周恩来为首席代表，定于4月1日在北平与南京方面的代表团举行谈判。

当天傍晚，李宗仁打电话给我，说拟增加刘斐为和谈代表，要我征询中共中央的意见。我当即用电话向叶剑英同志请示，过一会儿就得到答复，说没有意见。过几天，中共也宣布增派聂荣臻为代表。

七　国民党和谈代表团到达北平

4月1日下午2时许，以张治中为首的南京国民党政府和谈代表团到达北平，同来的除6个代表外，还有代表团秘书长卢郁文

（先一天到达）、顾问屈武、刘仲华、李俊龙、金山和其他工作人员共20余人。北平市副市长徐冰、中共和谈代表团秘书长齐燕铭和东北野战军参谋长刘亚楼等同志到机场欢迎。我也到机场迎接并为前来的代表一一介绍。张治中等到达六国饭店后，刚进房间坐下来，中共中央副主席、和谈代表团首席代表周恩来同志马上到来，接着其他几位中共代表也都来了。双方代表随即进行初步个别接触，非正式交换意见。中共代表团并设盛宴招待南京国民党代表团全体人员。

宴会后，我分别到由南京来的各代表房间拜望他们。我问张治中对和谈带有什么草案或腹案来吗，他对我说：“没有，什么都没有。”我知道他多次去过溪口见蒋介石，不可能不谈到这个问题，只是他不愿和我讲罢了。他倒是问起我，中共方面的态度怎么样，有所闻否？我说：“这方面，毛主席提出的八项条件已经讲得很清楚了。”他说：“那只是个原则，具体谈起来还有所商酌吧。”我说：“当然有，但总不会离开那八项的范围。”接着，张治中突然转了话题，说：“德公（即李宗仁）说你在这里设立了一个电台，所有同南京来往的电报，都是经过这电台收发的，是吗？”这个问题把我难住了，我事前又没有思想准备，只好硬着头皮说：“是的。我们有一个电台，代表团要和南京通电报，就交给这电台发好了。”他进一步问：“电台设在什么地方？”我含糊地说：“就在东单附近，离此不远。”

过后，我即将我和张治中谈话的情况向徐冰同志反映。次日凌晨2时许，有两位同志到我房间来把我从梦中叫醒。他们说，周副主席知道张治中对我追问电台的事，特派他们两人来和我商量，怎样处理这个问题。对于周恩来这样无微不至的关怀和如此细致地考虑问题，使我非常感动。

4月2日，双方代表继续进行个别交谈。周恩来和张治中谈，叶剑英和黄绍竑谈，林伯渠和章士钊谈，李维汉和邵力子谈，聂荣臻和李蒸谈，林彪和刘斐谈。

晚上，周恩来在六国饭店接见我，在座的有徐冰、王炳南、齐燕铭等同志。周恩来先问我对南京代表团来和谈，有什么看法。我说，他们既同意在毛主席提出的八项条件基础上来谈的，照理，谈起来不应该有很大的困难，困难还是在将来实行的时候，可能会遇到很大阻力。周恩来很气愤地说："现在就是他们并没有接受八项原则为基础。根据这两天来和他们六个代表个别交换意见的情况看，除邵力子外，其余几个人都异口同声地说'惩治战犯'这一条不能接受。这是什么话呢？李宗仁不是公开宣布承认毛主席提出的八项原则为谈判基础的吗？怎么，代表团来了，又变了卦呢？"周恩来继续说："还有，南京代表团到北平来之前，张治中还到溪口去向蒋介石请示，这就产生另一个问题，你们代表团究竟是代表南京还是代表溪口呢？这两个问题不解决，和谈怎么进行呢？"周恩来同意我回南京把这两个问题向李宗仁问个明白，并决定明天就乘代表团坐来的专机回去。原定于4月5日开始正式和谈的，也决定推迟了。

八　北平—南京—武汉

3日上午，周恩来又在六国饭店单独接见我，周恩来严正地指出：蒋介石不顾全国人民要求和平、民主、统一的愿望，不顾中国共产党为防止内战的真诚努力，悍然发动全面内战，给人民带来了重大损失和痛苦。现在经过辽沈、平津、淮海三大战役的较量，蒋军主力部队已被歼灭殆尽，可以说，内战基本结束，剩下的不过是打扫战场而已。但为了尽快地收拾残局，早日开始和平建设，改善人民生活，在毛主席提出的八项原则基础上进行和谈，我们还是欢迎的。但南京来的代表团，却想对这八项原则讨价还价，这是我们不能容许的。本来，我们对蒋介石及其死党，就不存在任何幻想，倒是希望那些错跟蒋介石走的人，应该认清形势，猛醒回头了。接着，周恩来要我告诉李宗仁、白崇禧，中国人民解放军完全有足够的力量在全国范围扫除和平的一切障碍。李、白不应该再对帝国主义存幻想，不应该再对蒋介石留恋或恐惧，应该团结一切可能团结的力量，坚决向人民靠拢，也只有这样，才是他们唯一的光明的出路。周恩来进一步要我转告李、白几点具体意见：（1）在和谈期间，人民解放军暂不渡过长江；但和谈后，谈成，解放军要渡江，谈不成，也要渡江。（2）白崇禧在武汉指挥的国民党军队，应先撤退到花园（在汉口北）以南一线。（3）希望白在安徽让出安庆。（4）希望李宗仁在任何情况之下，都不要离开南京，能够争取更多的国民党军政人员同留在南京更好。考虑到李的安全，他可以调桂系部队一个师进驻南京保护，万一受蒋军攻击，只要守住一天，解放军就可以到来支援了。周恩来语重心长，为李、白指明了方向。他的话，我一一记在心头。周恩来又跟叶剑英同志一样地对我说，首先欢迎我站到人民这一边来，使我感激涕零，永世难忘。我当即向他表示决心，不管李、白走什么道路，我自己一定跟共产党、跟毛主席走。

当天下午 2 时，我从北平乘飞机直飞南京。行前又承李济深先生和邵力子先生先后到六国饭店来看我。李济深要我告诉李宗仁，务必当机立断，同帝国主义和蒋介石决裂，向人民靠拢。只要他见诸行动，将来组织联合政府，毛主席和其他民主党派负责人，都愿支持他担任联合政府副主席。至于白健生，无非想带兵，联合政府成立了，还怕没有兵带吗？到时，我们也支持他。邵力子对我说，他一向对和谈的看法，认定蒋介石为首的死硬派是没有希望的，只有希望桂系在武汉、南京、广西，局部接受和平解放，这对整个局面就可起推动作用。邵要我把他的这点意思转告李宗仁和白崇禧。

3 日下午 6 时，我回到南京，住在傅厚岗 69 号李宗仁“官邸”，立即向李宗仁汇报南京和谈代表团到达北平后的情况。我详细地把周恩来的话告诉他，也把李济深、邵力子两先生的话告诉他。李聚精会神地听着，不时流露一丝微笑，对我问这问那。最后，他对我解释，张治中在代表团出发前还去溪口见蒋介石，那是张本人要去的，他并不同意，但碍于张的情面，又不好阻止其不去。至于对八项原则为谈判基础的问题，他自己认为完全可以接受，但确实有许多人反对“惩治战犯”这一条，主要还是蒋介石本人。所以他主张要蒋介石到国外去走走，不要留在溪口碍事。但蒋坚决不肯出国，自然有他自己的打算。李答应对战犯问题当进一步表明态度，绝不使之影响和谈的进行。他要我吃过晚饭后去见何应钦，将一般的情况对何讲讲。同时他决定要我日内到汉口去向白崇禧详细汇报，并听取白的意见。接着，他叫人找他的秘书黄雪村来，当面交代他起草一个电稿打给毛主席，再次表示“诚恳求和”的意思。那就是后来发表的卯阳电，原文如下：

张长官文白兄转润之先生有道：

自宗仁主政以来，排除万难，决心谋和，悱恻之忱，谅贵党、各位民主人士所共亮察。今届和谈伊始，政府代表既已遵邀莅平，协谈问题亦已采纳贵方所提八条为基础。宗仁懔于战祸之惨酷，苍生之憔悴，更鉴于人类历史演成之错误，因以虑及和谈困难之焦点，愿秉己饥己溺之怀，更作进一步之表示：凡所谓历史错误足以妨碍和平如所谓战犯也者，纵有汤镬之刑，宗仁一身欣然受之而不辞。至立国大计，决遵孙总理之不朽遗嘱，与贵党携手，并与各民主人士共负努力建设新中国之使命。况复世界风云，日益诡谲，国共合作，尤为迫切。如彼此同守此义，其他问题便可迎刃而解。宗仁何求，今日所冀，唯化干戈为玉帛，登斯民于衽席。耿耿此心，有如白水。特电布悃，诸希亮察。

弟李宗仁

卯阳印

这个电报，事前我未参加意见，事后知道完全是出于黄雪村个人之笔。此人据说当过胡汉民的秘书，善于舞文弄墨，抗战前，经黄季陆（四川大学校长）介绍给李宗仁当秘书，长期替李宗仁写了不少官样文章，却暗中勾结国民党 CC，是潜伏在李宗仁身旁的一个中统特务。所以 1949 年冬，李宗仁逃去美国后，一向在李身边工作的如李扬、何福荣等人都滞留在香港，而黄雪村却大摇大摆到台湾当官去了。这是后话。

3 日晚上，我按照李宗仁的意思去见何应钦，告诉他代表团到北平后的一般情况。他问我，北平方面对他出任行政院长有些什么议论，我说：“我未听到有什么不好的评论，依我观察，大多数人认为你总比孙科更能与德公合作，促进和谈，北平方面也有同样看法。”他听了，很高兴，表示一定全力支持李宗仁搞好和谈。实际上，在关键时刻碰到的重大问题上，他还是听从蒋，不听从李的。何应钦和我谈话未完，南京卫戍总司令张耀明来了。他来向何汇报最近南京发生的镇压学生游行事件。原来4月1日，南京各专科以上学校学生和职工1万余人，举行有组织、有秩序的游行，要求南京国民党政府切实按照毛主席提出的八项原则搞真和平，不搞假和平。这本来是正当的行动，据说在游行中并未发生事故。岂料游行结束后，南京戏剧专门学校的同学乘校车返回学校时，中途竟被国民党军官总队和其他特务分子拦截毒打，造成学生死伤多人，还抓去几个剧专师生。这显然是南京当局有意镇压学生运动，证明他们和谈是假，备战是真。何应钦装腔作势，吩咐张耀明对这事件要做好善后处理，要释放被捕学生；对死者伤者，分别给予抚恤和医治。

我从何应钦那里告辞出来，一路上想，正当和谈代表去北平开始谈判的时候，南京居然发生这种流血事件，实出意料之外。此事，李宗仁对我一句不提，讳莫如深，报纸上也不透露，要不是我在何应钦这里碰上张耀明，还不知道有过这样一回事哩。

5日上午，我从南京乘飞机去汉口见白崇禧。我把我在南京向李宗仁汇报的情况，重复向白叙述一遍，特别强调周恩来说的几点，请他认真考虑。他对于将桂系军队防线退到汉口北面的花园以南，表示完全同意；但对于要他让出安庆这个问题，表示疑难。他引我到挂在壁上的地图前指给我看，说安庆是渡江的一个要道口，让出安庆就是为共产党军队渡江开方便之门。我说，长江那样长，共产党军队要渡江的话，哪里不可以渡？要你让出安庆，依我个人看法，这无非是看看你采取什么态度罢了。后来，他说：“这样吧，现在安庆驻防的是我们广西部队四十六军一七四师，我要参谋处打电报调刘汝明部队来接防，以避免广西军队和共产党军队直接冲突。”接着他说：“最好共产党军队不要渡江，以长江为界，他们在江北，我们在江南，划区而治，事情就好办了。”我说：“这是办不到的。周副主席已说过，和谈期间，共产党军队不渡江；和谈后，谈成也要渡江，谈不成也要渡江。”我继续说：“划区而治，南北分裂，破坏统一，为帝国主义和蒋介石卷土重来创造机会。这一点，谁都看得很清楚，共产党绝不答应。”

正当白崇禧和我谈话的时候，阎锡山从南京打长途电话来给他，谎称山西形势还好，太原坚守，可万无一失。阎也问白武汉情况，白答目前平静无大战。白问阎，太原兵工厂是否继续生产？阎说继续生产炮弹，但经费奇缺，目前迫切需要银圆100万元，希望白设法接济，他可以炮弹供应武汉。白答应他，待向李代总统商量后再说。他俩通完电话之后，我即对白说，据我在北平得知，阎锡山在山西的处境十分不妙，太原、大同、榆林都在被包围中；他这次到南京，可能是逃出来的，千万不要受骗上当。白默然沉思不作答。过一会儿，他问：“李任公（即李济深）怎么样？他能不能到武汉来？”我说：“我们的态度还不明朗，他不大可能来。他希望我们要有自己的打算，要下决心独立行动，和人民靠拢。”我向白建议，不管现在北平进行的和谈，商定什么样的和平协议，一经宣布，武汉方面应首先表示拥护。白说：“这个问题不是那样简单。”

从白的这些谈话中，我看出他态度暧昧，居心叵测。

6日，新湖北日报社长廖行健来见我，问我对和谈的看法。我对廖说："和谈的前途是乐观的，但和平不是苟且偷安，必须为国家民族作更长远的打算；和平也不是划区而治，必须对政治、经济、文化、军事作全面的改造。所以谈起来就不是一朝一夕可以解决的。"后来，廖行健把我这段话在该报1949年4月8日版发表，并送给上海《大公报》同一天发表。

九　白崇禧与李宗仁在南京的密谈

我在汉口的几天里，看到白崇禧的态度相当顽固，他每天还在那里忙于听取军事情况汇报，亲自部署武汉防御工事。当时守备武汉外围的是桂系部队第三兵团张淦，所属第七军军长李本一、第四十八军军长张文鸿，每军三个师，是桂系部队硕果仅存的"精华"。桂系的另一部队第十兵团徐启明，所辖第四十六军军长谭何易、五十六军军长马拔萃，多系新兵，驻江西南昌、九江一带。

7日上午，白崇禧去巡视汉口城防工事，他问我有没有兴趣同他一起去走走。我答应去，想借此机会看看他的城防工事到底如何。我虽然不懂军事，也不妨看个概貌。但后来他又变卦，叫我不要去。他说："看你有点感冒的样子，还是不要去吧。"午饭后，我利用午休前时间，故意问白崇禧："城防工事怎么样？能抵挡得住吗？"他皱起眉头，半晌才说："靠不住，靠不住。"我又问他关于安庆的问题。他说，已电调刘汝明部去安庆和桂军换防，但还未见刘部行动。我乘机进一步对他说："最好把我们的部队（指桂系的部队）全部集中到武汉来，只要我们按兵不动，就可以避免和共产党军队冲突。必要时，全部撤退回到广西去，静观时局发展，再作打算。”他沉思一会儿说：“现在还未到此地步，再过一些时候，长江水涨，共产党军队要想渡过长江，也不那么容易的。”

8日，忽接刘仲容从南京打来电话，白叫我接听。刘在电话中说，他前天从北平回到南京。我想他一定是毛主席、周恩来要他回来的。同来的还有朱蕴山同志和另外一位先生（姓名我想不起了）。他们已在南京见到了李宗仁，但主要的还是想到汉口来见白崇禧。我当即问白意见怎样，他说：“叫他们莫要到汉口来了，明天我们去南京见面。”

9日上午，白崇禧和我以及几个随从人员乘飞机到南京，在机场上受到夏威、李品仙（不知他们什么时候先来南京）、邱昌渭、韦永成、程思远等人的欢迎。我先跟他们一起到大悲巷“白公馆”坐了一会儿，随即到傅厚岗“李公馆”住下。李宗仁问我在武汉和白崇禧谈得怎么样，我说没有什么结果。关键在这一次白和夏威、李品仙都来了，大家应好好地谈一谈。我提醒李，一定要考虑我们自己（指桂系）的去向，再不能犹豫不定了。我请他特别注意，要马上解决调一师桂军来南京保卫的问题，因为我当时寄希望于李多于对白。我想到周恩来的指示，希望李宗仁在任何情况下不要离开南京，那么，调一师桂系部队来保卫李的安全，是十分必要的。

当天下午，夏威和李品仙来见李宗仁，李叫我把在北平联系和谈情况，对他们两人详细地讲一讲。过后，夏威在我面前没有什么表示，李品仙却恶狠狠地说：“共产党的话听不得。”我说：“事到如今，不听共产党的话，那就只好再听老蒋的话啦，还有什么别的路子吗？”李品仙没有再说什么。沉默了一会儿，我告辞了。

晚上，李宗仁、白崇禧、夏威、李品仙 4 人在小会客室里关起门来密谈至深夜。他们不叫我参加，可能是对我有点不信任了。中途还有什么其他人参加，我不知道。第二天早上，我问李宗仁昨夜商量得怎么样，他表现情绪很不好，冷冷地答我：“没有怎么样。”我再问关于调一师桂军来南京的问题决定了吗，他气急败坏地说：“调来干吗？调来守住南京，还不是瓮中之鳖！”过一会儿，他又愤愤不平地说：“就说要调来吧，我也不能做主。”从他的语气可以看出他们之间（即李、白之间）意见很不一致。过后，我听说那天晚上，主要是白崇禧讲得多，而且有许多话是抱怨李宗仁当空头代总统，不管用。他们讨论了怎样进一步逼蒋介石交权的问题，因为蒋介石名为引退，实际上是在溪口指挥一切，李、白都甚恼火，但又拿不出一点具体的、有效的办法来对付他。

10 日，我在白崇禧家见到朱蕴山和刘仲容同志，知道他们此来主要是要做白的工作。后来，他们多次和白谈话。有一次刘仲容还和白借名游玄武湖，在游艇上从容谈了半天，但都没有什么结果。白崇禧始终坚持要以长江为界，组织联合政府，实行南北分治。他也不考虑桂系单独行动的问题了，口口声声要“全面和谈”“全面和平”。12 日，刘仲容和朱蕴山等乘飞机回北平。之后，李宗仁、白崇禧、何应钦等，一度酝酿公推于右任和加派邱昌渭、韦永成还有其他几个人（姓名我记不起了）作为非正式代表再去北平活动，李宗仁并且叫我作陪他们去的准备。他们（李、白、何等人）以为可以在和谈中漫天讨价，虚与周旋，拖延时间，待长江水涨，就有渡过危机的希望。他们万想不到党中央、毛主席早就识破了他们的阴谋，在张治中为首的南京国民党政府代表团到北平半个月内，就根据毛主席、共产党提出的八项条件进行谈判，达成“国内和平协定”八条二十四款，于4月16日由黄绍竑和屈武带回南京，限期4月20日以前签字接受。

十　黄绍竑带回“和平协定”之后

4月16日，黄绍竑和屈武由北平飞回南京，何应钦、白崇禧、张群、夏威、李品仙及一大帮国民党高级军政人员都到机场欢迎，程思远和我也去了。我们把黄绍竑接到李宗仁“官邸”。接着白崇禧、夏威等人也来了。李宗仁和一帮桂系头目，带着焦急的心情望着黄绍竑，等待他拿出《国内和平协定》来，先睹为快。黄绍竑先作一番说明。他说在北平谈判中，南京去的代表已尽了最大努力，经过激烈的争论，三番五次的修改，才力争得到如今比较好的条件。他举例说，毛主席提出的八项条件中的第一条惩办战争罪犯问题，是最棘手的问题，经过多次讨论，决定一切战犯如能认清是非，确有事实表现，有利于和平解决国内问题的，都准予取消战犯罪名，得到宽大待遇。这既坚持了原则，又灵活运用，区别对待，比较合情合理。他又举关于改编军队问题为例，商定由双方派出人员组成全国性的整编委员会，分两个阶段进行整理改编军队，而且没有时间限制；关于组织民主联合政府问题，中国共产党负责保证南京政府得派代表参加新的政治协商会议，并保证在民主联合政府中，包括南京政府方面的若干人士。在民主联合政府成立之前，南京政府各院、部、会，仍暂行使职权。黄说，能取得这样的协议，已经是很不容易了。

黄绍竑提醒大家，我们（指国民党）现在所处的地位，既不是1925年时的地位，也不同于1937年时的地位了，大势如此，谁能改变？白崇禧一面听黄的讲话，一面翻阅黄带来的《国内和平协定》。他看完之后，怒气冲冲地对黄绍竑说：“亏难你，像这样的条件也带得回来！”他站起来向外走了。李宗仁则默不作声。

随后，李宗仁、何应钦一连两天在总统府召开会议正式讨论《国内和平协定》的问题，并由张群带着“协定”去溪口向蒋介石请示。与此同时，李宗仁又连续两晚邀约白崇禧、李品仙、夏威、邱昌渭、程思远等桂系头目开秘密会议。他没有叫我参加这些会议，可能是已对我不大信任了。我也不在乎此。我断定李宗仁不会签字接受，也不可能自己做主。果然，到20日那天，南京正式宣布拒绝了。

晚上，傅厚岗69号一片寂静，没有什么人上门来了。李宗仁告诉我，他准备于明天上午在总统府举行中外记者招待会。我问他此时举行记者招待会干什么，他说，他要发表讲话，号召全国军民同共产党作战到底。我说：“德公你发表这样的讲话好不好呀？我觉得还是不讲的好。”他说：“我不怕得罪共产党。”我说：“这不是怕得罪或不得罪共产党的问题，而是德公你好像在舞台上刚扮演一个白脸，现在马上又来唱花脸，这怎么说得过去呢？保持着一个‘和平的总统’不好吗？”我的确是从维护他的感情出发而力劝他的。他默不作声。我又说：“要发表这种讲话，为什么不由何敬公（指何应钦）或白健公（指白崇禧）去讲，而非要德公你讲不可呢？”当时，李妻郭德洁在旁，她插了一句：“是呀！让他们去讲好啦，何必样样都拉到你身上来呢？”李宗仁还是不吭声，他似有所动了。

21 日凌晨，李宗仁派人唤醒我去见他，他要我陪郭德洁先到桂林去。但我已打定主意投靠人民，不再跟他走了。我推说我的家眷在上海，需要先到上海去一趟（我准备到上海后，相机飞去香港或潜留在上海等待解放）。李就说：“好吧。我明天坐老蒋派来的专机去杭州见他，你可以跟我去杭州，再从杭州坐火车去上海。甘介侯也一起同你去上海。”我说：“好。”郭德洁遂改由黄雪村陪她于当天上午飞桂林。这时，南京已隐约听到大炮声，解放军向全国进军了。午后，韦永成匆匆忙忙地来找我。他说：“德公不敢在和平协定上签字，我同你找健公（白崇禧）去，我们应该接受局部和平，能保住武汉和广西也好。”我说：“健公态度很坏，去讲也没有用。”韦说：“去作最后一试嘛。”于是我们两人坐车到大悲巷“白公馆”去，但白崇禧已外出，我们坐等了许久，还不见他回来。韦永成因他的妻子蒋华秀在家等着，急于要收拾行装，我们白跑一趟，只好各自回去了。

22 日上午，我跟李宗仁、白崇禧坐蒋介石派来的专机去杭州，程思远、甘介侯同行。同机去杭州的还有何应钦、张群等人。何应钦一见到李宗仁就说：“江阴要塞昨天晚上已经完了。”李宗仁愕然问道：“怎么？不是说至少可以守住 3 个月吗？”何答：“天晓得！要塞的炮一声不响。”李宗仁心里明白，不再作声。飞机上，几个“将军”面面相觑，默默无言。中午，到达杭州。李宗仁、白崇禧、何应钦、张群被吴忠信、吴国桢和王世杰等人接去航空学校见蒋介石，我和程思远、甘介侯 3 人则被蒋经国、俞济时邀去西湖边的“楼外楼”共进午餐。席间大家心头沉重，面对丰盛味美的鲜鱼，亦觉索然无味。饭后，我和甘介侯被送到一间宾馆去休息，等候搭乘火车去上海。我就这样同李宗仁、白崇禧不告而别了。

当天下午3时，我和甘介侯搭上去上海的火车，一路上，我们相对无言，各有所思。我猜不透甘介侯去上海干什么，问他也不讲。到上海后，我们同到法租界霞飞路（即淮海中路）1108号黄绍竑家暂住。入夜，上海依然是酒绿灯红，纸醉金迷；另一面，广大的工人和学生，在积极准备。9时左右，李宗仁从南京打长途电话来给甘介侯，甘正在洗澡，乃由我接听。李在电话中说，他已飞回南京，明天飞广州（后来他中途改飞桂林）。李要我转告甘介侯，他在杭州已得蒋介石同意，批给甘介侯美金4万元，作为他去华盛顿请求美援的旅费，叫甘在上海直接去找中央银行刘攻芸要就行了。这时候，我才明白原来甘介侯鬼鬼祟祟地到上海来就是为了要去“白宫哭师”。可是到了这时候，任何力量也挽救不了蒋桂的覆灭，甘介侯骗取了4万美元，只作为他的流亡和埋葬费而已！

4月23日南京解放。5月初，我在上海让广西驻京办事处秘书叶为任冒名顶替我的名字向立法院上海办事处领取去广州的飞机票，以避蒋特务耳目。某日，我偶然遇到在中央银行业务局工作的白怀民，他告诉我财政部要中央银行拨给“华中长官”白崇禧大洋400万元，因为银行没有这样多的现洋，其中一部分就以1.5万两黄金折价，派专机运去汉口给白。这是蒋桂分赃争夺国家人民财富的又一罪证（这个问题，1967年10月我到北京最后一次见到李宗仁先生的时候，他亲口对我证实确有其事。他并说，虽然他不知道确切数目，但当1949年12月他去香港准备去美国的时候，白曾托他代问陈济棠的哥哥陈维舟，有无办法帮他把黄金运进香港。陈答少量可以，大量不行）。

5 月 27 日上海解放，我和邵力子先生联络留在上海、南京各地的国民党立法委员武和轩、范予遂等 50 余人通电声明和国民党脱离关系，拥护中国共产党，拥护毛主席，从此走向新生。

（节选自《文史资料选辑》第 67 辑，中华书局 1980 年版）

毛泽东与张治中在香山的单独谈话

余湛邦*

1949 年 4 月 1 日，张治中以南京政府和平商谈代表团首席代表的名义率领代表团由南京飞抵北平。时中共中央主席毛泽东住香山双清别墅，8 日单独接见张治中，毛、张谈话连吃饭，近 3 小时，周恩来副主席在座，内容十分重要。后来我为张代笔撰写回忆录时，他把谈话经过详细地告诉了我，我当时有记录，概要如下：

毛一见张，就马上起立紧握张的双手，满脸笑容地说："谢谢你在重庆谈判时的殷勤接待，照顾得无微不至；不过我很抱歉，当时你用上等好酒席招待我，而你后来三到延安，我没办法，只好用小米招待你，很抱歉咧！"毛的态度有如老朋友久别重逢，使张感

---

* 余湛邦：时任张治中的秘书；后曾任国务院参事。

到十分亲切友好。“不敢当。当时从谈判到事务，一切都是和恩来先生商量好的，是他想得周到，我不过略尽地主之谊而已。”张谦逊地说。

“到这里后生活怎样？住旅馆方便吧？有什么需要和意见，请随时告诉接待同志。”毛诚恳地问。

“没有什么，很好，很好。”张说。

“这几天大家谈得怎样？”毛不多寒暄，直接进入本题。

“我已经和恩来先生谈了不少，涉及各个方面。同来的代表也和中共代表个别谈了很多。当然，分歧还是有的，需要慢慢来谈，好好协商。”张答。

“是的，国共两党从第一、二次合作到现在，经过无数次的商谈，有些问题当时得到解决，有些得不到解决就暂时搁下，有的当时解决了但事后又有反复，是需要耐心地慢慢协商的。不过，主要的是双方要有诚意。现在中共方面已经表示诚意，因此事情就有了50%的把握，只要你们也有诚意，事情就比较好办了。”毛说。

“李代总统早就公开表示过以您在1月14日所提八条为谈判基础，我们当然以此为依据来谈，但事情总是复杂的。”张治中到北平前，曾两次到奉化溪口，就毛所提八条请蒋介石表示意见，进行了摸底。在南京时又由何应钦主持研究出《和谈腹案》九条，胸中早有成竹，现在是想先听取毛的意见。

“当前核心问题是和谈，和为贵，但我们不是为和平而和平，我们有其远大的目标，就是为着中国人民的解放和中华民族的独立，为着早日结束战争，恢复和平，以利在全国范围内开始生产建设的伟大工作，使国家和人民稳步地进入富强康乐之境。

我们所提的八条也是环绕着这个远大目标而设想的。”毛对和谈作了一个概括。

“要和，也不能回避历史问题。国共两党的斗争已 20 多年，谁是谁非也一时难以算清。为了实现和平，我们得现实些，战争罪犯问题和战争责任问题，看来是和平的两大障碍，我已和恩来先生、中共其他代表谈过，是不是可以暂时搁下，静待历史公断？历史终必会做出结论的，人民也终必会做出结论的。”张直接提出他最关心的问题。

“重庆谈判以及随之而来的政协决议、停战协定、整军方案等都是你亲身参与缔结的，谁撕毁这些协议，谁首先发动战争，你比别人都清楚，这不是我们要提的要求问题，而是客观历史自行鉴定的问题，完全否定它们，全国人民是不会同意的。”毛坦率坚定地表示。

“国内的情形您是清楚的，国民党内部的情形您也不比我们知道得少，战犯名单和首恶元凶这些具体字样，希望所有的人都加以接受是很难很难的。主观要求是一回事，客观现实是另一回事，现实障碍不去，是根本无法获致协议的。”张委婉地加以解释，事实上是为蒋介石争些面子。

“原则上可以灵活些，我们是对具体的人作具体的分析和处理的。不问是谁，只要他能认清是非，幡然觉悟，出于真心实意，确有事实表现，因而有利于中国人民解放事业的推进，有利于用和平方法解决国内问题的，都可以给予宽大的待遇。至于文字规定，等到双方谈判得到协议，是可以量情斟酌的。”毛的话含有暗示性和伸缩性。

“希望形式上不提名单，对人则作具体处理，那么协议就比较容易达成。”张似乎不大放心，再补充了这两句，然后又说：

“恩来先生对我提到，由于国民党违背了孙中山先生的革命三民主义与三大政策，也就是背叛了孙中山先生的遗教，所以兵连祸结。对此，我们感到满怀惭愧，国民党的失败，确实症结在此。多年来人民处在水深火热之中，渴望和平能够实现，现在是双方隔江对峙，人民希望流血惨剧到此为止，希望国共双方约束自己的部队，化干戈为玉帛。”张希望宣布停战，划江而治的话，险些脱口而出。

“革命是必须进行到底的，不然人民不会同意。国民党 20 多年的反动统治，人心失尽，必须引咎自责，以谢国人。至于何时渡江，如何渡江，双方代表团是可以协商研究的。”毛明白了张的用意，委婉地关上大门。

“从目前情形看，国民党的失败已成定局，国共两党的斗争亦将结束了。谁胜谁负，谁得谁失，谁是谁非，当然有事实作证明，将来亦有历史作评判。孙中山先生去世 24 年了，我们还没有把中国变成自由、平等、独立的国家，我们的同胞，在国外受人的轻视鄙视，我们实在感到惭愧和耻辱！作为一个革命党人，我们有诚意承认错误，有勇气承认失败，今后是你们执政了，你们怎样做？”张坦诚地说出了心里的话。

“不，不是的！是我们大家来做的，是靠大家合作来做的。我们知道，国民党内部也不是清一色的，其中有不少开明进步分子是不赞成独裁的，我们希望他们能和我们合作，一切真正主张和平的人，我们都欢迎和他们合作，而且希望他们多出主意，多提意见。”

毛也坦然地说。

“今后怎么办，我倒有一个意见，不知您可愿意听？”张说。

“那很好，那是我们求之不得的。”毛说。

“抗日战争胜利后，在国民党政权中占统治地位的是亲美派反动集团。他们的一面倒亲美、死硬反苏的错误政策是一个致命的孤注，给国家民族带来严重的灾难，不仅危及国家民族的命运，而且影响到远东的和平，因此我坚决反对一面倒亲美，主张美苏并重，就是亲美也亲苏，不反苏也不反美，平时美苏并重，战时善意中立。我是一生坚持孙中山先生三大政策的，但在亲苏联共的总方针下，不妨在外交策略上美苏并重，保持同等距离。我曾经向蒋委员长反复建议过，可惜他犹豫不决，不能实行，不知您以为如何？”张试探地说。

“二次世界大战后，国际上分成以苏美为首的两大集团，互相对立，剧烈斗争。以苏联为首的是社会主义集团，以美国为首的是资本主义集团，前者是革命的、民主的、要解放全人类的，后者是垄断的、侵略的、压迫剥削穷人的，我们只能倒向以苏联为首的集团，而不能倒向以美国为首的集团。”毛扼要地说明。

“我的设想是从全世界局面出发的，现在中国在远东处在举足轻重的地位，成为美苏争夺的对象。如果我们能够采取善意的中立，那么对苏有利，对美也有利，对中国更有利。相反，如果中国不能采取善意的中立，联合美国以对付苏联，以军事观点说，美国必须调动大量的海陆空军横渡太平洋来协助中国，中国便成为美国一大负担；如果中国联合苏联来对美作战，苏联也必须从遥远的西伯利亚出动大量陆空军来协助中国，而且形成两面作战，在战略上说，是顶不合宜的事。所以我说，中国如能保持善意的中立，对美有利，对苏也有利。还不止此，中国善意中立之后，如政治上运用得宜，还可以通过国共合作以促进美苏协调，通过美苏协调以加深国共合作。这一长远的战略政略如运用成功，还可以保证远东的和平，进而有利于世界的和平的。”张具体地、详细地阐述自己的观点。

“必须从根本上看到，两大集团的冲突，是根本的冲突，两大集团的斗争，是你死我活的斗争；一边是社会主义，另一边是帝国主义，当今之世，非杨即墨，不是倒向苏联一边，便是倒向美国一边，绝无例外，骑墙是不行的，第三条道路是没有的，我们反对倒向帝国主义一边的国民党反动派，也反对第三条道路的幻想。我准备写一篇专文，与你以及和你具有类似观点的人进行辩论，我们准备为此辩论一百年！”毛最后幽默地说。

“如您刚才所说，结束战争恢复和平之后，就要开始生产建设的伟大工作，使国家和人民稳步地进入富强康乐之境，就是说要进行全国性的建设，以中国之大，人口之众，建设不可能只靠自己，还得向外寻求援助。我认为，光靠苏联援助不够，还得向英美等国去争取援助才行，光靠任何一国都是不行的！”张换一个题目继续发表意见。

“在目前，这是一种幼稚的想法，英美统治者现在还是帝国主义，他们会给我们以援助吗？从鸦片战争以来一百多年的历史告诉我们，帝国主义只会侵略、压迫、剥削我们中国，谁曾见过哪个帝国主义者援助过我们？孙中山先生一生中向资本主义国家吁请过多次援助，结果落空，反而遭受打击；所以他临终总结经验，谆谆嘱咐大家要把目光转向‘以平等待我之民族’，而不要再上帝国主义者的当。我们在国际上是属于以苏联为首的一边的，真正的援助只能向苏联一边去争取，而绝不能把目光投向帝国主义的一边。”毛温和而坚决地向张解释。

“但是，我们还是要做生意。现在世界交通日益发达，各国人民贸易往来，有无相向，是正常的事，我们要和所有的国家做生意，尤其和发达的苏、美、英等国做生意，而不能像清朝时代那样闭关自守，一律排斥外来的东西。”张从问题的另一角度提意见。

“是的，我们要做生意，完全正确，生意总是要做的。大家须知，妨碍我们和外国做生意以至建立邦交的，不是别人，正是帝国主义及其走狗、洋行买办等人。我们要团结国内外一切可以团结的人击破国内外的一切反动派，我们就有生意可做了。”毛进一步说。

“我们既然主张和平，既然要和各国建立邦交和做生意，那么我们就得注意态度，不一定对别人采取敌对或刺激的做法，例如我们最近对沈阳和上海的美国领事的态度，是不是会引起刺激？”张具体地提出问题。

“首先，我们要区分反动派与革命派的界限，对于国内外反动派不发生刺激与否的问题，你刺激它是这样，不刺激它也是这样。在武松看来，景阳冈上的老虎，刺激它是那样，不刺激它也是那样，反正它要吃人。我们或者把老虎打死，或者被老虎吃掉，二者必居其一。”毛没想到张治中对敌友界限一时还不易区分清楚，所以严正地说明。

谈话至此，张治中告辞，毛泽东握手道别。

以后不久，毛泽东发表了著名的《论人民民主专政》等文章，对“一边倒”“要做生意”“要国际援助”等问题，作了深刻的、系统的阐述，进一步回答了以张治中为代表的一部分人的疑问和主张。

当国民党反动派顽固拒绝中共提出的条件，使北平和谈彻底破裂后，张治中接受毛泽东、周恩来的劝告，留居北平。不久，毛对张说："我们将举行新的全国政治协商会议，并成立中央人民政府，请你参加。"张说："过去一个阶段的政权是我们负责的，今已失败成为过去了，我这个人也应成为过去了。"毛笑笑对张说："过去的阶段等于过了年三十，今后还应从大年初一做起！"

重新做起，在毛泽东的关心帮助下，张治中在新中国担负了许多重要职务，为人民做了不少好事。

（节选自余湛邦著，余永燕修订《我所亲历的三次国共谈判》，中国社会科学出版社 2004 年版）

1949年国共和谈的有关史料

张丰胄*

我曾于1949年2月和4月，先后参加了颜惠庆、章士钊、江庸、邵力子4人组成的“上海人民和平代表团”，及张治中、邵力子、章士钊、黄绍竑、李蒸、刘斐6人组成的“南京政府和平商谈代表团”。现将参与这两次和谈所知的和还能回忆的写出来，作为文史资料，或尚可供参考。如有遗漏和错误，请同志们指正。

一 上海人民和平代表团的成立与飞平经过

抗日战争胜利后，1945年10月，国民党和共产党进行和谈，

* 张丰胄：时任国民党政府和平谈判代表团秘书；后曾任国务院参事，民革中央委员。

于 1946 年 1 月签订停战协定，又在政治协商会议上作出了决议。但是 1946 年 7 月蒋介石在美帮助下，违背人民意志，撕毁停战协定和政治协商会议的决议，发动全国规模的反革命的国内战争。在这两年半的战争中，国民党的主要军事力量及精锐师团多被歼灭，已至众叛亲离、不能维持的境地。蒋介石还想保持残余力量，取得喘息时间，以便卷土重来，于 1949 年 1 月 1 日提出愿与共产党进行和平谈判的建议。当时的行政院长孙科也做出了想与中共和谈的姿态，电邀邵力子由上海到南京商谈。1 月 4 日，邵力子、张治中在南京介寿堂招待文化新闻界谈和平政策的进行。监察院也通过宣言，呼吁国共立即停战谋和。

1 月 14 日，中国共产党广播电台正式发表了毛主席关于时局的声明，揭露了国民党所提的建议是虚伪的和平，而明确地提出，中共愿意和南京国民党政府及其他任何国民党地方政府和军事集团，在八大条件的基础上进行和平谈判。

毛主席这个声明发表后，全国振奋，南京和谈气氛高涨，反动政府也做出了伪装和平的姿态。1 月 19 日国民党行政院会议及总统住所会议通过了两项决议：第一是国共双方无条件先停战；第二是各指派代表协商。

1 月 20 日，总统府的秘书长吴忠信往访邵力子，谈蒋介石已决定引退。早在 1948 年末，在武汉的国民党华中“剿匪”总司令白崇禧，利用当时对蒋介石极不利的形势，有电向蒋提出和平主张，迫蒋下野。当时蒋以淮海大战正在进行，不敢与白破裂，就在中央党部召开的一个紧急会议上，表示了要下野，到 1 月 21 日蒋介石正式宣告下野。

李宗仁于22日代理总统职，并发文告，即以停战谋和为号召，还说："自今以后，政府工作目标在集中于争取和平之实现，个人服务方针，亦夙以人民意志为依归。"李宗仁还下令要做几件事：（1）释放张学良、杨虎城；（2）释放全国政治犯；（3）废止特刑庭；（4）恢复各党派合法地位；（5）取消戒严令；（6）停止特务活动；（7）启封停刊报纸。结果所有这些纸上空头命令，一件也执行不了。

这时，立法院的部分主和派，主张让蒋介石下台，支持李宗仁上台，并也表示同意国共停战和谈。

孙科也唱了一套要实现和平的调子，并在22日的行政院会议上决议：政府为促成和平之实现，特派邵力子、张治中、黄绍竑、彭昭贤（后因中共反对而未参加）、钟天心5人为代表，以邵力子为首席代表；候中共方面代表于双方同意之适当地点决定后，进行和平商谈。

邵力子曾对专访他的记者表示："国共双方过去有多年的裂痕，这次战争又如此之残酷，而最近双方的表示，距离也是很远，所以我感到这次的使命十分困难。但是和平，实在是很需要的。为保持国家之元气和减少人民的痛苦，大家都迫切要求和平，国共双方也都有这样的看法，所以我又相信我们的使命能够达到，而能促进和平的成功。我们代表同人，愿意尽力使和谈能圆满进行，同时使实际的战争能够停止。我们诚恳希望中共早点答复，并提出商谈的地点，使双方的谈判早日进行。政府派我为代表，我当然义不容辞，不过要我做首席代表，则无论我的才力和精力，都是担任不起的，所以已向孙院长恳辞。"

李宗仁表示愿意接受中共所提出的八条以为基础进行和谈。延安和南京间，为了先要解决逮捕战犯和准备和谈的日期、地点等问题，用无线电广播，反复交换了意见。

31 日，李宗仁偕邵力子来到上海，上午召开了内阁会议，下午召开了各党派联席会议，决定推派颜惠庆、章士钊、陈光甫、冷御秋、江庸 5 人去北平。经李宗仁敦促，这 5 人同意接受。颜惠庆表示："我年虽 73 岁，并患心跳病，平生还没坐过飞机，如今为了争取和平，就顾不得了。"孙科也同意将行政院由广州迁回南京，以利和谈的进行。又悉，当时蒋介石曾由奉化有信托张群带送李宗仁，鼓励"备战求和"。

由李宗仁主持、甘介侯奔走联系组织的"上海人民和平代表团"人选，一再变更。陈光甫、冷御秋因事不克前去，先介绍了复旦大学法学院院长张志让，后又增沪江大学校长凌宪扬、大夏大学校长欧元怀、水利化学公司经理侯德榜等，说任务为"敲门"。甘介侯还说已获得北平区军管会主席叶剑英规定的欢迎前去的 3 条注意：（1）双方谈话要守秘密，非经许可，不得向报界发表；（2）不准新闻记者随行；（3）以人民代表资格来平，不得代表政府。

至 2 月 8 日，李宗仁又偕甘介侯飞上海，再度联系，最后决定代表团的人选为颜惠庆、章士钊、江庸 3 人。邵力子则以私人资格前往。

这个和谈代表团，从开始酝酿到组成，正如毛主席所指出，"南京反动政府方面在这个谈判中的推动力量是桂系军阀、国民党主和派和上海资产阶级"。仅就"上海人民和平代表团"组成的过程来看，就得到了证实。

"上海人民和平代表团"的人选，最后决定为颜惠庆（73 岁）、章士钊（69岁）、江庸（72岁）等3人，而邵力子（68岁）是以私人资格前往与中共当局交换意见者。此外随同前往的有：李宗仁的飞平联络工作者黄启汉，四老的秘书龚安庆、傅澍苍、潘伯鹰、张丰胄，随行者金山，中航公司也派电信课长顾乐村与技师雷仲仁等共19人同行。

2月13日在上海各界热烈欢送声中，“上海人民和平代表团”于上午11时半，乘中央航空公司XT537号专机，由上海龙华机场起飞北上。各代表在机场曾向记者谈此行任务。颜惠庆说：“此行倘能使共方决定和谈确实日期，则已可大功告成。”章士钊说：“此去除呼吁和平外，愿将中共所提出建议，随时告诉南京。”江庸说：“已受邮局委托，与共方解决华北与华南通邮问题。”至以私人资格前往的邵力子，则笑而避免正面答复，仅谓：“此次乃去跑龙套，尚未到以政府代表说话的时机。”当天下午2时一刻抵青岛，原定加油续飞，奈以等候需换已破裂的左前轮，乃留住青岛迎宾馆。14日乘原机离青岛于4时半抵北平。承北平市长兼军管会主委叶剑英的代表王拓、北平市徐冰副市长和刘仲华诸位至机场欢迎，并承招待全体住东交民巷六国饭店。

到北平的第二天（2月15日）上午，北平市叶剑英市长来访，并邀请所有代表及秘书至三楼介绍见面，继即与颜、江、章、邵4位作初次谈话。近午承送来书报不少，并分赠《毛泽东选集》各一厚册，均感兴奋。午后四代表交换意见，如何提出希望中共即推派正式代表并定期和谈。当晚应北平市叶剑英和徐冰正副市长的欢宴。参加者除和平代表团外，有董必武、林彪、聂荣臻诸位首长，傅作义、邓宝珊也参加，北平各界领导同志到者很多。当时感到欢叙颇畅，和平气氛甚好。

关于通航问题，已得到叶剑英参谋长批准，由金山去天津协商国共间招商局通航问题，上海航业代表魏文翰、周启新、姜克尼、俞惠方等4人也由沪乘“大上海”轮到天津。

在17日中共欢迎晚会上，先听到徐冰副市长诚意言和的讲话，继由林彪司令员讲话，主要内容有3点：（1）诚意言和；（2）军力解决决无问题；（3）可以北平和平解放为例。叶剑英参谋长更分别和四老个别长谈，表达了和意至诚，只要南京政府方面确具诚意。18日再应董必武、罗荣桓、林彪、聂荣臻、薄一波5位的宴会并作深谈，大家感到快慰。当晚就交由黄启汉、刘仲华电南京李宗仁报告进行顺利情况。

不过同时也感觉到当时第三方面民主人士的论调比中共为高，所以要晤第三方面民主人士一谈，或当有更好的收获。当时得南京消息，京沪各地对我代表团到平后的任务，寄以极大希望，就是立法院，也将决定在南京复会。

20日午后，在北京饭店由林彪、董必武、罗荣桓、薄一波、聂荣臻、叶剑英等6位举行了一个招待民主人士的大宴会。宾客包括各党派、学术、文化、专门技术及民主人士400多人。颜惠庆、江庸、章士钊、邵力子四老被邀请参加。林彪首先致辞说：“北平未经炮火而得解放，对人民是很好的。全国人民殷望和平，共产党对和平一片真诚，但对方依靠美帝，想作挣扎的企图是显明的。希望邵公等南返，向人民转达中共之意，一齐为永久的真和平努力。”邵力子被请发言，他说：“我是4位北来老人中的小兄弟，和平未能早见是憾事，但和平是‘野火烧不尽，春风吹又生’，希望和平障碍得以扫除。我此来不能代表任何方面，唯江南人民切盼和平，并且宁选北平式的和平，不选天津式的和平。一周来在平观光，觉得很好。这种力量，工作长久下去，一定成绩可观。”这是庆祝平津解放，争取全国解放的庆功宴。

21日晚10时，军管会交际处王拓处长来告，已决定明晨请四老飞石家庄应毛主席的邀谈（当时由北平去石家庄，铁路还未修复，公路也难行，汽车要走两三天，怕四老受不了，幸商得飞机驾驶员同意由其驾机飞往）。

22日上午10时专机离北平径飞石家庄，除颜惠庆、江庸、章士钊、邵力子四老外，还有傅作义、邓宝珊两位同行。在停留石家庄期间，承毛主席接见，并与周恩来将军一同会谈两次。会谈在和谐的气氛中进行，并对通邮、通航问题，广泛地交换了意见。关于中共和谈代表人选及和谈地点，允予考虑，3月15日左右可望决定。四老于24日下午飞返北平，临行并带有毛主席给李宗仁的信一封。

代表团自13日由上海飞北平，至22日四老飞石家庄一段时间中，主要的是不断和叶剑英将军商谈，试图商定国共正式和谈的时间和地点，并提请恢复国共区的各种交通，为停战开辟一条途径。经过四老去石家庄见了毛主席回来，遂得到了具体的结果。

26日，颜、江、章、邵四老在六国饭店设宴公请北平党政军各界首长林彪、董必武、叶剑英、罗荣桓、聂荣臻、薄一波、徐冰、戎子和、陶铸、谭政和傅作义、邓宝珊诸位，借表临别时的答谢，并摄影留念。

27日分别告辞。邵力子还去北京饭店分晤由沈阳来平的李济深、李德全、沈钧儒、章伯钧诸位作临别访谈。10时离六国饭店去西苑机场，承中共领导同志叶剑英将军等热烈欢送，专机于 11 时一刻起飞离北平，至下午 2 时 20 分即安抵南京明故宫机场。欢迎者有当时国民政府代总统李宗仁的代表李宇清及于右任、童冠贤、居正、吴铁城、白崇禧、何应钦、翁文灏、吴忠信、张治中、徐永昌、桂永清、张镇、张耀明、邱昌渭、范予遂和各界代表，新闻记者尤多。四位老人在记者包围询问中说：“此行颇为愉快，归途一帆风顺，大家均极康健，我们已准备有书面谈话告诉你们。”当时由我宣读了“上海人民和平代表团”四老发表的书面谈话，全文如下：

同人等此次以私人资格访问北平，历时两周，迭与中共领袖叶剑英、林彪、聂荣臻、董必武、罗荣桓、薄一波诸先生共同或个别洽谈。中间并应邀赴石家庄一行，承中共主席毛泽东先生及周恩来将军延见，就和平谈判问题广泛交换意见。同人等深觉和谈前途虽困难尚多，而希望甚大，此行任务已告终了，因此南旋，拟向李代总统报告后，再行返沪。在北平及石家庄时，对于便利南北人民之通航、通邮诸项问题，均经于原则上商得同意，并承中共诸领袖恳挚款待，尤应附志感谢之意。颜惠庆、江庸、章士钊、邵力子。三十八年（1949 年）二月二十七日。

代表团全体同人回到南京后，均被招待于首都饭店。李宗仁 5 时来访谈，当面交给带回的毛主席信件。7 时宴于李宗仁住所，于右任、张治中、何应钦、白崇禧等作陪。李宗仁和邵力子先后讲话，对和谈前途困难虽多，希望甚大，感到安慰，并表示愿为和谈的实现而努力。

28日，行政院长孙科由广州飞返南京，监察院长于右任和立法院长童冠贤联合欢宴“上海人民和平代表团”，表示欢迎并贺和平使者完成了使命。颜、邵两老致辞答谢。

当时情况，表示得很认真和热烈。

“上海人民和平代表团”留京3天，完成了汇报任务后，颜、江、章三老和秘书、随员等，均于3月2日离南京返上海。颜惠庆在上海机场说：“全国人民都希望和平，政府和共产党双方也都希望和平，现在和平之门已开，虽然困难尚多，而希望甚大，和平代表团此行任务已了，今后和谈进行，当由政府与共产党双方开会商讨。”

邵老在离北平回南京时，原拟同颜、江、章三老一同去上海，向上海各界汇报，但在下飞机时，即听新闻记者谈起陈仪已被免去浙江省主席职务，陈到上海后即遭汤恩伯扣留。邵老和陈仪对于和平，言行比较一致，蒋介石叫汤恩伯这样对陈，如邵到上海，也很难说有否同样遭遇，所以决定还不如留南京，对和谈进行有所贡献。

“上海人民和平代表团”从北平南返后，对当时国民党政府不免打击了反动的主战派，鼓舞了主和派，尤对广大人民的希望停战谋和，起了一定的影响。

二　南京政府和平商谈代表团的组成及和谈破裂的经过

孙科内阁于3月8日垮台，以“停战谋和”主张作号召的何应钦内阁于3月23日宣告成立。3月24日，何应钦内阁第一次政务会议，首先议决组织“南京政府和平商谈代表团”，5个代表是：

邵力子、张治中、黄绍竑、章士钊、李蒸。

从广播中获悉，中共和谈代表团已推定周恩来、林彪、叶剑英、林伯渠、李维汉、聂荣臻为代表，周恩来为首席代表，齐燕铭为秘书长，并定 4 月 1 日在北平开始和谈。

“南京政府和平商谈代表团”28 日又增加刘斐为代表，邵力子坚辞首席代表，改推了张治中，并发表卢郁文为秘书长。我被指派为秘书，兼负总务和联系之责。

张治中将军临行前，曾飞奉化见蒋介石一次。

28 日上午，何应钦曾单独找我去行政院，对前次“上海人民和平代表团”到北平的情况，提出几个问题：

何问：“北平一般情况如何？”（提到秩序、市容、军容、工商业、货币、居民等）

我答：“秩序已安定，市容很整齐，解放军和蔼，纪律好，装备精；工厂继续开工，商店也已开门营业，货币行使人民币（美钞和银圆也还可兑换），居民也安居乐业，清查户口较彻底。”

何问：“你们在北平行动是否自由？有人监视否？”

我答：“我们住北平六国饭店，承中共十分优待照顾，可自由访亲友，行动方便，从未有人监视。”

何问：“傅作义和邓宝珊究竟怎样？”

我答：“他们自接受和平解放北平后，很受中共优待重视，很自由愉快，我们不时晤叙。”

何问：“你们在北平看到叶剑英、林彪、聂荣臻等态度怎样？”

我答：“感到客气、诚恳，大家愿意和谈。”

何问：“到石家庄见毛主席和周恩来，你所看到的情况，对和平气氛如何？对和谈可能性如何？”

我答：“我没有去石家庄，四老回来说，毛主席和周恩来有了诚恳明确的答复。总的情况，和平气氛是好的，和谈有可能。”

何问：“在北平的其他党派人士态度怎样？”

我答：“我们接触了不少人，他们也都同意和谈，但调子高些。”

何最后要我做好工作，希望早日归来。看他和我当时谈话的态度，是颇有疑虑，对我所说，也有怀疑的。

对如何进行和谈，曾由何应钦召开了4次会议加以研究讨论，并还预拟了与中共商谈的腹案。

和平虽为全国绝大多数人民的愿望，但是顽固派还是一再从中阻挠，给我们很大的压力。有的人说：“和谈为国家之大事，绝非国共两方可得而专。”有的人说：“其在政府尤须不忘自身之立场，及为国民大会去年依据宪法而产生者。试问将凭借何种地位，有何种权力以与共党谈判？”还有的说：“这次和谈，政府必须坚持政治民主、经济平等、社会安全、生活自由、军队国有五大原则，应在合情、合理、合法范围以内，力求平等的和平。”所有这些反动论调，充分说明当时情况的复杂，给了我们十分沉重的压力。

“代表团”临行前，李宗仁曾亲自表示予以绝对信任，付托全权，只要代表团认为可行，他就能签字。但事实证明，这全是谎话。

29日，李宗仁的代表刘仲华和卢郁文秘书长来邵老家，与我商谈赴平的准备工作：（1）即将代表团全部名单电北平中共；（2）31日由卢秘书长带领秘书处同人先走一批，我也先行，代表们迟走一两天；（3）拟定同人必须注意事项。秘书处同人在张首席代表家开了会。30日决定两批行期，向中国和中央两个航空公司分包了飞机，又向中央银行领到银圆 1 万元。后又接到黄启汉自北平无线电话告知与中共接洽圆满经过。

3 月 31 日上午 10 时，“南京政府和平商谈代表团”秘书处人员，由秘书长卢郁文率领计 9 人，乘中央航空公司专机先行由南京飞平。另有通邮代表团团长梅贻璠等 5 人，通航代表雷仲仁等 2 人，并将存留南京和上海的华北邮包 95 袋带去，无非想表示一下和谈将开始，先做一点通邮的贡献，是有好影响的。当天下午 1 时半到达北平，住六国饭店，承军管区秘书长薛子正、交际处长王拓欢迎及中共和谈代表团秘书长齐燕铭盛宴招待。

在进六国饭店时，就看到“欢迎真和平，反对假和平”的标语。当时在思想上有些波动，为什么对我们此来有这样的猜疑，现在看来，中共早有英明的预见。

4 月 1 日，“南京政府和平商谈代表团”首席代表张治中，代表邵力子、章士钊、黄绍竑、李蒸、刘斐及顾问、秘书、随员等一行 19 人，乘中国航空公司“天王号”专机离南京，于下午 3 时到达北平。市府秘书长薛子正、警备司令程子华、中共和谈代表团秘书长齐燕铭、东北野战军参谋长刘亚楼等均到机场欢迎。代表们住六国饭店，晚应中共中央副主席、和谈代表团首席代表周恩来盛宴招待。

“南京政府和平商谈代表团”全体名单：首席代表张治中，代表邵力子、章士钊、黄绍竑、李蒸、刘斐，秘书长卢郁文，顾问屈武、刘仲华、李俊龙、金山，秘书余湛邦、张丰胄、潘伯鹰、严北溟、萧金平、陈树华、谢超、张月超、周光宇，副官张立钧、洪世瑞，随员杨公庶、雷锡璋等，共计 29 人。

代表团在离南京飞北平前发表谈话："我们此次奉政府之命到北平和中共进行和平商谈，深感责任重大，实有'如临深渊，如履薄冰'的心情。我们也知道在和谈进程中，当不免遭遇若干困难，但是我们相信双方商谈，似无不可克服的难题。我们当谨慎地秉承政府意旨，以最大的诚意和中共方面进行商谈。希望能够获得协议，使真正的永久的和平得以早日实现，以慰全国同胞殷切的期望。甚望爱好和平的各界人士们，随时给我们指导、督促和支持。"

在代表团飞平以后，南京又成立了由李宗仁、何应钦、于右任、童冠贤、孙科、张群、朱家骅、白崇禧等组成的指导委员会，接受和谈代表团的咨询并赋有批准代表团可能拟出的任何方案的权力。从名单上看，要这批人来负起指导和决定的权力，对和谈前途，实难乐观。表面上是指导和谈，骨子里还不是只有起阻碍的作用。

我们和谈代表团到达北平后，跟李济深、沈钧儒、黄炎培、谭平山、傅作义、邓宝珊诸位及中共林彪、林伯渠、聂荣臻、叶剑英、李维汉诸位首长，个别联系访谈，十分频繁。由于战犯问题（要求从宽）、渡江问题（希望不过江或缓谈渡江），需要多方交换意见，原拟5日正式开始和谈，因此决定延缓几天。

和谈进行中，还商谈了通航问题。我们曾向中国和中央两个航空公司联系，在和谈期间每周有一二次班机来往北平、南京、上海间。当时的想法，也是以通航显示代表团的作用。

7日晚11时，李宗仁还伪装谋和之诚意，特电毛泽东主席重申谋和之决心。

毛主席8日复电。

国共双方的广播电台和报纸都传播了李宗仁和毛主席来往电文对和谈的意见，当时对和谈是起了促进作用的。

毛主席从 4 月 8 日起，每天分别邀见张治中（一天），邵力子、章士钊（一天），黄绍竑、刘斐（一天），李蒸、卢郁文（一天）等会谈。会谈内容，我未据代表们宣示，但他们一致表示，敬佩毛主席的英明、伟大，并为毛主席的谦虚、诚恳感到鼓舞。

中共中央周恩来副主席，又欢宴于颐和园。后悉中共先拟招待代表团食宿于此，以交通及设备不甚方便，乃改在六国饭店，足见盛情周到。

13 日，中共将双方在和谈中同意的要点印就书面送来。代表们于上下午两次集会研讨，提出拟加修正意见，当晚，双方代表于中南海勤政殿，开会研究。双方交换意见，连续两天。15 日又举行第二次正式会议，讨论“国内和平协定”细则草案，当晚通过。

这次和谈，在未开会前，双方代表分别谈话，反复商榷，细致周到。正式开会时，南京代表对协定草案，所提修改意见以书面写出，总计 40 余处，被采纳者半数以上。其最显著的如八条二十四款的第一条惩办战争罪犯，就经协议分成两款。第一款第一项，中共采纳南京代表们的意见，将条文改成“一切战犯，不问何人，如能认清是非，翻然悔悟，出于真心实意，确有事实表现，因而有利于中国人民解放事业之推进，有利于用和平方法解决国内问题者，准予取消战犯罪名，给以宽大待遇”。作了这样的修改和补充后，平情而论，中共坚持其应该坚持的，忍让其所可忍让的，既严正掌握原则，又抱虚怀忍让态度，使人佩服。

15 日，中共代表团于双方会议上宣布，谈判以 4 月 20 日为限期，南京代表团是否愿意于协定上签字，须于4月20日以前表示态度，4月20日为签字日期。

代表团于当晚推定黄绍竑代表偕屈武顾问携带“国内和平协定”最后修正案专机飞南京请示。黄、屈于16日上午10时专机飞往南京。

至18日，南京广播，说：（1）对和谈八条二十四款，可予忍让，但对渡江问题尚在考虑；（2）黄绍竑因血压高，不及于20日前返北平，云云。

19日晚，南京广播说：“对和平协定草案八条二十四款，似未便同意，尤以渡江要求，实非即可同意。”还作欺骗宣传，说：“既诚意和谈，非中共表示停止和谈前，决当继续努力。”真是欺人自欺！

20日晚，得南京李宗仁、何应钦复电，主要意思是不同意签字，嘱对和平协定草案，再作商讨并反对即行渡江。

后来知道在广州的中国国民党中央常务委员会曾举行临时会议，并约中央政治委员会委员参加，由孙科主席，听取吴铁城关于和谈经过及中共提出“国内和平协定”与政府复文的报告后，通过了中国国民党对中国共产党“国内和平协定”决不能接受之声明，并即电达李宗仁和何应钦。同时国民党宣传部部长程天放告记者说：“和平的希望黯淡，如果共产党渡江，国民党不会投降，而是抵抗。是成功，还是失败，要靠我们的努力。”他还说：“反对渡江是国民党决策者一个月前就在这里决定了的。这种立场到4月18日才公开宣布，因为在这以前发表可能会危害和谈。”吴铁城还曾对记者说：“广州集团与南京集团的意见，现在实际上是一样的。”

代表团接到李宗仁、何应钦复电后，当晚就开会研究，并曾电李宗仁建议：如在南京蒋军包围压力下签字困难，可放胆飞北平来签字，代表团可担保安全。根据后来黄绍竑在香港发表给李宗仁的一封公开信上所说，他 4 月 16 日晚上，就是由北平飞南京带去“和平协定”那天，向李宗仁报告和谈经过后，并提出代表团同人的意见，请政府作接受与否的参考，满以为一定会详细讨论，但出乎意料之外，17、18 日两天，竟毫无动静，原来是为等候溪口来人，而 19、20 日两天的会议，就完全以溪口的意旨来决定这个历史性的重大问题。李宗仁 16 日晚还嘱咐不必再提对于协定可以考虑接受的意见。所以很明显，这次和谈，南京仅是象征的主持者；实际上，一切都由溪口来决定，蒋介石还是在幕后操纵。

21 日，中国人民革命军事委员会主席毛泽东、中国人民解放军总司令朱德正式下总攻击令，全面渡江（下午报纸发号外）。

这天，上午、下午，“南京和谈代表团”均有会议，商讨如何处理。当晚 12 时南京来电询问代表团归期，拟派飞机来接。同时周恩来来电话，告知人民解放军今晚已胜利渡过长江的消息。22 日晨，李宗仁来长途电话给张治中，告以中共军队确已渡江，询问代表在北平情况，张答中共有留意并表达代表团意见，请李暂不离南京，更不可去广东。想不到当晚就知李宗仁、白崇禧均曾往杭州去见蒋介石。当晚 10 时南京又来电话，说明天派飞机来接代表团。23 日南京又有电话，说李宗仁、何应钦及政府均已分乘飞机、汽车离京，宪兵警察全撤，城内秩序大乱，具体揭露了反动派垮台的狼狈相。

当晚我们代表团集会，商讨决定回南京，还是留北平的问题。经大家反复讨论，认为这样回去，倘作牺牲，毫无意义；要认清形势，辨明是非，应中共的挽留，待新局势来临，再为和平努力。最后取得了一致意见，通过了全团留平不返的决定。因此 24 日由上海飞平来接代表团的中航专机，由上海中共地下工作同志设法，反在上海秘密送来了张首席代表的夫人等全家一行 9 人。待第二天飞返上海时，只载送了通邮代表李雄等二人和邮件等，我代表团全体同人则无一人回去。24 日，获悉李宗仁确已飞逃桂林，何应钦飞逃上海。我代表团又曾去电建议李宗仁，劝他既到桂林，就留在桂林，千万再勿去广州。哪知李宗仁最后还是到了广州。

华北邮政总局与上海邮政总局通邮协议，于 27 日晚 6 时在北平东交民巷邮汇局举行签字。华北邮政总局由局长苏幼农、副局长成安玉代表签字，上海邮政总局由梅贻璠、翁英灏、沈鑫、李雄代表签字。华北人民政府交通部长张文昂致辞，祝贺这次通邮协议的成功，希望本着为人民服务的精神，克服困难，实现通邮协议。但是广州行政院却通过决议："对中共区邮电汇兑一律停止。"既悍然撕毁协议，更毫不为广大人民的利益着想，充分暴露了反动政府的本质。

4 月 27 日，行政院在广州宣布撤销"南京政府和平商谈代表团"，同时以代表团未乘来接的专机南返，就制造了代表团全体人员被扣于北平的谣言。

"南京政府和平商谈代表团"自 4 月 1 日由南京到达北平，经过半个月的谈判，拟定了《国内和平协定》八条二十四款。李宗仁拒绝签字，具体暴露了反动到底的本质，也就说明了反动阶级垂死还要挣扎，决不会自动退出政治舞台。不过这个《国内和平协定》，后来在局部地区，如湖南、新疆等省的和平解放，都是仿照办理，也还算起了一定的作用。

南京政府和平商谈代表团于 5 月 10 日宣告结束。

（节选自《文史资料选辑》第 32 辑，中华书局 1962 年版）

随张治中将军五年国共和谈

张立钧*

抗日战争胜利后至1949年4月20日解放军打响渡江战役，在差不多5年的时间内，国共两党和平谈判一直是举世瞩目的大事。当时，张治中将军是国民党方面负责和谈的主要代表，我有幸作为他的随从参谋亲历了这5年间断断续续的和谈，现将我所记当时未见诸报端的一些琐事追述如下，追忆先人，侧记历史，希望能给后人留下一点有益的东西。

一　让出桂园作为毛主席的住所

在毛主席应邀到重庆之前，国共双方实际上早有接触。1944年

*　张立钧：时为国民党政府和平谈判代表团随行人员。

5月，国民党方面派张老、王世杰为代表与中共方面派出的代表林伯渠、林彪等，相约到西安谈判，这是毛主席到重庆谈判的前奏。

毛主席于1945年8月28日抵达重庆时，亲赴延安迎接毛主席赴渝的张老又让出自己的住房——桂园作为毛主席工作和休息的地方，还委派了专人服务。当时，周恩来住处在曾家岩50号，第十八集团军驻重庆办事处在红岩村，这两处的用房都比较狭小，而且红岩村在郊区，离市区较远，交通也不便。张老自己则带着秘书、参谋、副官和厨师搬往复兴关（旧称浮图关）的梅园暂住，张夫人迁往山洞乡下。张老最小的两个孩子（张一纯、张素久）都在求精小学上学，因学校就在桂园附近，所以没有搬动，只是临时住进平房，同工勤人员暂住。我则在桂园和梅园之间两头跑。

在服务人员方面，除由十八集团军办事处调来一名厨师外，其余都是桂园原有人员。张老还把随他工作多年的宗族晚辈、时任政治部上校的张家惠临时调来负责接待事务。毛主席从机场来到桂园，先在客厅休息。当时四川的习惯，待客饮茶用的是黄铜托底的盖碗茶，服务员何守源向毛主席敬茶时，由于紧张，不慎将茶杯碰倒，把地毯弄湿了。挤在客厅里的中外记者，有的举起相机想要拍下这一镜头，张家惠立即上前用布擦净，及时妥善处理好，使个别别有用心的记者未能得逞。这件事给毛主席印象颇深。新中国成立后，有一次毛主席在张老面前还夸奖张家惠“挺机敏能干”。

毛主席在桂园期间，和周副主席住在楼上，王炳南则住在楼下客厅后面一小间里，外人进楼、上楼，都需经王炳南安排和陪同。蒋介石和毛主席会谈多次，曾亲临桂园拜访毛主席并在楼前合影。这期间，各界知名人士来访频繁，有时要临时加客饭，桂园的工勤人员就去附近餐馆购买，附近餐馆、商店都知道桂园是张部长的官邸，都不敢怠慢。桂园的警卫，一直由军委会政治部的一个手枪排负责，毛主席来后，周副主席考虑到重庆情况复杂，建议由宪兵来担任警卫。当时宪兵司令张镇是黄埔一期毕业生，同周恩来有师生之谊，便欣然从命，立即选派一个班轮流值勤，并派一位宪兵营长经常来查看情况。手枪排战士则一律改着便装，在院内和楼门口警卫。

毛主席住在桂园，平易近人，对为他服务的工勤人员，总是那么和蔼可亲。有一次，毛主席在院里散步，见到张家保姆拉着5岁的孩子小三子，还俯下身拉着他的小手逗乐。那天，桂园叫来一名理发员给毛主席理发，理完发，毛主席掏出香烟请他抽，并握着他的手再三道谢。记得毛主席来到桂园后，我第一次见到他时，他先向我伸出温厚的大手，当时我有些紧张和激动，脱口而出："毛主席，辛苦！"毛主席笑笑说："为人民服务嘛！"那时我还不理解这句话，后来才渐渐明白它的深远意义。

桂园也是国共双方代表的谈判地，双方代表在这里谈判，除了白天谈，更多的是在晚间谈，还经常谈到午夜。到了深夜，就需要吃一些夜宵充饥。我们虽然偶尔有所准备，但更多的是措手不及，只得临时上街追赶卖夜宵的小担，买些汤圆或是江米煮藕之类的甜食给代表们吃……

这一期间，国民党的特务在桂园盯梢，有的化装成小贩，有的打扮成人力车夫，鬼鬼祟祟，东张西望。有的竟钻进桂园的传达室，打听有哪些人来见过毛主席。担任传达室工作的唐绍廷不胜其烦，问我咋办。我对他说："你抽屉里不是存着大批求见张老的国民党官员的名片吗？他们再来问，你就随便掏出几张让他们看，这不就交差了吗？”这办法还真奏效，以后他们再也不来打扰了。

10月10日，国共双方代表聚集在桂园客厅，在《双十协定》上签字。客厅中间的小桌上，铺着白台布，摆上笔墨等等。客厅不大，却来了很多中外记者，挤得满满的。那天，我的任务是站在客厅门口，对想进去的记者进行劝阻。签字完毕，毛主席同双方代表一一握手道贺。

10月11日，是毛主席返回延安的日子。这天中午，毛主席乘蒋介石的“美龄”号专机离开重庆，张老亲自送他回延安，我和随从副官洪世瑞随往。陈诚代表蒋介石到白市驿机场送行。我们当天就到了延安，中共方面安排张老下榻于枣园附近的交际处。晚上，由中共中央举行盛大的欢迎晚会。第二天，张老等飞返重庆时，毛主席亲临机场送行，还送给我们当时延安的土特产皮筒、精毛线、粗呢、红枣等，桂园的服务人员也各有一份。

二　“三人小组”闪电式巡视

1946年1月，国共双方代表在重庆签订了停战协定，发布了停战令，并组成了由美国代表参加的“三人小组”和“北平军事调处执行部”，进行所谓“调处”。2月由美国特使、五星上将马歇尔和国民党代表张治中、共产党代表周恩来组成的3人小组，对一些有纠纷问题的地方择要进行了一次为期7天（除来回旅程，实际为5天）的闪电式短期巡视，这就是当时轰动中外的重要新闻——马、张、周3人小组视察。

3人小组的专机由重庆起飞到北平，然后飞往张家口、集宁、济南、徐州、新乡、太原、归绥、延安、汉口回重庆。7天6夜，飞行八个省（当时绥远、察哈尔为省建制）、10个城市，行程遥远，每天昼行夜宿，只能在机场条件较好的城市如北平、太原、徐州、延安、汉口等地过夜。而在较小城市只能停留几小时，或改乘较小飞机前往，听取汇报后，仍回大城市住宿。因此每天日程安排非常紧凑，活动十分繁忙，大部分时间在飞机上度过。当时我虽是30岁的青年，也感到疲惫不堪。

年近半百的周恩来同志在乘机途中精神一直很好，对长途飞行若无其事，除偶尔闭目养神外，大部分时间和其随行的英文翻译章文晋谈工作，给我留下极其深刻的印象。

1946年2月28日上午，专机由重庆直飞北平，途中约4小时。除马歇尔的专机，还备有两架美国C47型军运机，运载大批随行采访的中外记者。马歇尔的巨型专机当时号称“空中霸王”号，由C54型飞机改装而成，机头上漆有马歇尔军阶的五星标志，四引擎，虽然不能和今天的客机相比，但在当时可是最庞大完美的飞机了。机舱铺满了地毯，窗帘帷幕都是浅蓝灰色，使人踏入机舱就有宁静之感。机舱前段有一些软卧铺，比现在火车上的软卧铺还要宽敞些，中间座舱的座椅都是活动的，可以随便调动角度，以至于仰卧。机中备有冷热饮料，置于专用设备中，一按电钮就有一次性的塑料杯跃出，方便卫生。每次登机之前，马歇尔都亲自拿着名单，站在舷梯口，一个一个地点名，丝毫不苟，等点名完毕后，他自己最后登机。由重庆起飞时，乘马歇尔专机的，除马、张、周外，还有周恩来的英文翻译章文晋和随员何谦同志，张老的英文翻译皮宗阚和我，其余都是马歇尔的随员、助手等，这么大的专机，实际仅坐了10余人。马歇尔身着美军军装，外罩浅棕色大衣，头戴大檐帽，虽已60多岁，但是身材魁梧，精神健旺。周恩来同志为了应付场面，特于行前在重庆专做高级军服的“大同”号服装商店，赶制了一套新的绿呢军服，佩戴上将领章，外罩黄呢大衣。张老内着军服，外面披着他习惯穿的黄呢披风。

专机每到一地，都是先听取当地执行小组的汇报，然后讨论问题。28日午后1时许，我们飞抵北平西苑机场。这里戒备极其森严，除国民党的警卫部队外，美国海军陆战队也在机场警戒。李宗仁、熊式辉、孙连仲等百余人在机场迎候。当时军调部设在王府井帅府园协和医院旧址，下机后听取汇报就是在医院旁边一个阶梯式大讲堂里。

当晚北平军调部三方在北京饭店举行酒会，三方面的主要人员叶剑英、黄华、郑介民、郭汝瑰、罗伯逊、吉伦等大都参加了，另有一次是在距东安市场不远的萃华楼举行的宴会。

3月1日，由北平改乘小飞机飞往张家口、集宁视察，当晚回北平住宿。在张家口机场欢迎3人小组的解放军仪仗队，一律穿着从日军手里缴获的黄色长筒靴，军容威武雄壮，受到马、张、周3人的称赞。在张家口，聂荣臻、贺龙两同志也参加了汇报会。那时我由于连日飞行，疲劳不堪，溜进旁边一间房屋的床上，倒头便睡。睡意蒙眬之中来了一位留着黑胡须的军官，何谦同志推醒我，介绍说：“你睡在贺老总床上了，这就是贺老总。”我久闻贺老总大名，此番一听，赶紧跳起来行了一个举手礼。贺老总笑了笑，说：“睡吧！睡！睡！”这一亲切记忆，使我终生难忘。

到集宁机场时，大雪未融，狂风劲吹，听取汇报只得在飞机的座舱里举行。塞外风力极强，机场上的飞机也可能被吹走，只好临时在飞机腿架上套起粗绳，使之固定，免生意外。

3月2日清晨，由北平飞往济南，停留数小时后再飞徐州。在济南机场乘车入城的途中，我和先期赶到济南的陈毅同志以及王耀武同乘第二部车，这两位战场上的对手，在车中相遇后，却谈笑风生，还闲扯着各自的喝酒经，各有一番高论。

3月3日，经新乡飞太原，阎锡山在他那古老幽深的大院里举行宴会。大院一进接一进，房屋繁多，后院之旁还有侧院和广场。当听说侧院还住了不少日本战俘（技术兵种）时，我出于好奇，又因自己曾留学日本，懂得日语，就溜进侧院去看热闹，还和他们交谈，不知不觉忘了起飞时间，等我赶到机场时，专机已经准时飞走。幸好还有一架为记者准备的飞机在等着我。这次不遵守时间而误机，给我留下深刻的教训，以后再不敢擅自行动了。

3月4日，离太原往归绥又转延安。3人小组来去，毛主席都到延安机场迎送。当晚延安还举行了盛大的宴会和欢迎晚会，张老就在这次有毛主席参加、朱总司令致辞的欢迎晚会上致答辞时说："将来你们写历史的时候，不要忘记张治中三到延安这一笔。"引起全场热烈掌声。

3月5日，3人小组飞汉口，马歇尔被安排住在杨森花园，那里风景秀丽，建筑精致。按照当时的协议，在湖北的李先念部移防他处，但国民党须支付一定数目的移防费。国民党当局刁难拖延，不肯付款。张老知道后很生气，单独训斥了当地国民党当局，他们只好照数拨付。

3月6日，由汉口飞重庆，当时重庆倾盆大雨，但3人小组的专机安然降落，而且通过电话联络，将马歇尔的专用汽车冒雨开到飞机舷梯口前。美军飞机全天候的性能和对话设备都使我非常钦佩。

3人小组在重庆出发之前，马歇尔曾分送张老和周恩来同志每人一个皮制公文包，上面分别烫着“赠给张将军”和“赠给周将军”的字样。英文拼音中“张”和“周”字容易混淆，因而在紧张繁忙的旅途中，有时我和何谦同志竟拿错了对方的皮包，等到发现时，两个人相视一笑，赶紧换回。张老办事心细，他了解到马歇尔的随员（美籍华人）有的是少校级的，有的是上尉级的，他认为我挂中校领章和他们在一起不妥，临时将我降级，改成少校随从参谋。在旅途中，何谦同志和我出入相随，生活上互相关怀，从无隔阂。

三　1949年国共和谈前后

1949年4月1日，以张治中将军为首的南京政府和平谈判代表团，由南京飞抵北平，双方举行谈判。代表团主要成员有张治中、邵力子、章士钊、黄绍竑、刘斐、李蒸，顾问屈武等，他们现在都已作古，只有几位秘书和我这随从参谋尚健在。现将这次和谈前后我了解的一些情况整理如下。

1947年前后，民主人士黄炎培、章伯钧、罗隆基先生等和一些进步文化人士寄居上海。张老当时虽身任西北行政长官，但经常往返于西北与南京之间。在南京期间，他曾数次去沪，与以上诸先生共商国是。当时，南京、上海间的铁路交通相当拥挤，秩序混乱。张老每次赴沪，都乘软卧车厢，但过站停车时常有国民党军队伤兵和军官扒车。因此除随车宪兵专人警卫外，我也注意警卫，每行必端坐在卧铺门前，以便观察和应对临时发生的事端。通常情况下，张老在上海期间和以上人士碰头，都是事先相约，或在饭店餐馆，或登门造访。罗隆基当时住在医院里，张老索性去医院看望他。

1948 年底，张老时任西北行政长官驻节兰州，突接蒋介石的绝密电："行动保密回京。"对张老来说，行动如何保密是件很头痛的事情。经过深思熟虑之后，他只得令我购买两张中航飞机票。登机时，张老佯称是来送客的，因此夹在一般乘客队伍中。循序登机后，我当即持机票面告机长：长官因有要事回京，请代保密。飞机立即关闭舱门并起飞。当时，飞机下还有不少人在说："长官没有下来，长官没有下来。"班机抵达南京后，张老回住宅稍事休息就立即乘车赴黄埔路蒋的官邸。我在门口等候，未料 10 分钟后，张老便面色沉闷地匆匆乘车返回。次日南京的新闻传媒即登《张治中轻装简从秘密回京》的消息。事后才知道蒋介石一意孤行，在国民党各战场节节失利后，又异想天开要张老组阁，企图挽回败局。张老闻言后立即坦然相告：组阁可以，但必须有两个条件：（1）停止戡乱；（2）公开和谈。蒋不允，两人仅会面 10 分钟便不欢而散。所谓"行动保密"，仅保密了半天而已。

和谈代表团去北平前曾召开几次会议，有关大政方针除李宗仁、何应钦召集部分人士商讨外，张老还亲自研究了一些具体问题，并做了统筹安排。如章士钊先生推荐的金山同志，只能作为章老的秘书随行。除团长外，各代表只能有一位秘书随行。除专用译电人员和密码本外，可利用李代总统潜留北平的刘仲华参议的电台以及备用的银圆和赶刻关防印章。行前，为随从人员补发委任状，原是军人身份的一律换着便装等等，各项规定颇为细微。不料和谈破裂后，我们留住北平。1949 年 7 月前后，公布地下党员身份时，金山和刘仲华两人都是中共地下党员。至此，大家都说：“共产党的工作真是天衣无缝。”随机飞往北平的还有商谈通邮和通商的有关人士，谈判时虽在两军对峙的战争环境中，但通邮、通商并未中断。

1949 年 4 月 1 日上午，和谈代表团离开南京飞往北平。这天，国民党立法院正值例会期间，为欢送代表团启程，决定休会半天。大家聚集在明故宫机场送行，气氛热烈。不少记者围着张老询问“和谈前途”。张老说：“此行如临深渊，如履薄冰。”当日下午飞机平安抵达北平西苑机场时，欢迎人员寥寥无几，连一名主要负责人员也未曾见到。齐燕铭同志代表迎接，军管会交际处处长王拓同志负责接待事务。下机后，机场人员前来要求检查所携行李，经代表团秘书长卢郁文交涉后才勉强统一免检。这一气氛使代表团成员感到好像掉进了冰窖里。离开机场后，代表团一行被送到东交民巷的六国饭店，一进去，迎面映入眼帘的大标语是“反对国民党假和谈，真备战”①，这又给了代表团成员当头一棒。当晚在西长安街大戏院举行欢迎晚会，演出内容一律以上述标语为主题。虽然是招待热烈，大家坐在前排并有糕点果品，然而对看节目的每位代表来说，却是如坐针毡。

经过 10 多天会谈，代表团接受《国内和平协定》，并派黄绍竑代表和屈武顾问将其带往南京，但国民党顽固派拒绝签字。4 月 20 日深夜，人民解放军强渡长江，摧毁了国民党以长江为天堑的

① 标语亦有“欢迎真和平，反对假和平”一说，遵循原文，未改。——编者注

美梦。在此之前，南京秩序已十分混乱，达官显贵、富商巨贾纷纷逃离。张夫人因张老和谈未归，因而决定缓行，直到解放军渡江前夕，才搭乘蒋纬国的便机飞沪，蛰居在长子张一真家中。

解放军渡江后，当时在北平的和谈代表团人员思想比较混乱，部分人惦念家中子女安全决定回去，中共方面便妥当安排专人陪送他们先至天津，然后乘轮船赴香港经广州再转内地。张老当时思想也很矛盾，对于去留，一时难以决定。他认为自己是代表团团长，是南京政府派出的，又是国民党员，谈判不成，应该回去复命。周恩来知道张老的苦衷后，就同他谈心：国民党必败无疑，如果国民党彻底失败，你这长期主和的必将成为众矢之的，成为他们失败的替罪羊。周恩来语重心长地说："双十二事件时，我已对不起那一位姓张的朋友（指张学良），今天我再不能对不起你这位姓张的朋友了。留下来吧，对还未解放的地区，如大西北等地争取和平解决还是有用的，嫂夫人及子女由我安排来平。"

当时上海虽未解放，但中共地下党组织已控制了一些部门，并严密注意张夫人的行踪和安全，由当时交际处处长王拓同志随时向我告知张夫人在上海的情况。在征得张夫人同意后，上海地下党组织便和当时中航地下党严密安排，决定让张夫人搭乘接代表团的专机来平。当时上海已十分混乱，达官、富商纷纷逃亡台湾、香港，也有逃往广州、兰州的。张夫人偕同亲属一行八九人如约到达机场，佯称飞往兰州。在中航地下人员的安排下，混乱中登上去北平的专机，直到飞过青岛，国民党当局才发觉。当时上海警备司令汤恩伯盛怒之下，将中航负责人及主管经理邓士章（张治中好友，后在香港率中航起义人员来北平）拘押，邓和何应钦等人相识，不久就交罚款保释外出。新中国成立后，包括邓士章先生在内的几位中航起义人员成为全国政协委员。张夫人平安飞抵北平见到周恩来后说："谢谢你，救了我们一家人。"而张老则激动地对周恩来说："你真会留客啊！"

和谈破裂后，国民党代表团多数成员留居北平，中共当局根据具体情况，分别安排住所。有些代表团随员和秘书则去了华北革命大学参加学习。张老被安排在东城东总布胡同一座前有花园、后有花房的大庭院的西式平房里。据说这原是被称为"火车头大王"的德国巨商所建造，暖卫俱全。当时西南、西北的解放战争仍在进行，已解放的地区百废待兴，全国性的政权尚未建立，正是捉襟见肘、财源紧张的时候，所有工作人员都享受包干制供给待遇。生活分大中小灶，小灶标准300多斤小米，中灶200斤，大灶100余斤，粮食、菜金、零用津贴等一应在内，夏冬两季各发布衣一套。汽车用油有定额。有一时期还规定两人合用一车，张老与黄炎培老合用一车。用车前，必须事先联系协调，十分不便。张老当时无官一身轻，闲暇时，常去听大鼓书，或去公园散步，偶尔也请三两好友在饭馆便酌，因此有时就乘人力车外出。当时刚解放不久，张老这种想去哪儿就去哪儿的做法，从保卫角度看，是很不适宜的。主管保卫的同志为此曾要我转报张老尽量少外出。迫不得已，我将此情况转告周总理的秘书何谦同志，从那以后张老用车就破格照顾，不受任何限制了。

1949年8月，在八一三抗战12周年前夕，张老决定在他住地举办一个简朴的酒会，邀请中共主要人士参加，朱老总、周总理、林伯渠老、董必武老、叶剑英等都光临了。张老以沉痛的致辞，略述八一三事件以及牺牲不少英雄将士的情况，最后以杯酒洒地，祭奠为国死难的忠魂。酒会由北京饭店餐厅代办，所需费用是张老向傅作义先生借的500万（旧币，比率为10000 ：1）。在当时，张老站出来为在对日抗战中牺牲的国民党军队将士举行纪念活动是难能可贵的。

苏 峰 整理

（节选自《百年潮》，2010年第4期）

国民党崩溃前夕的和谈内幕

李任仁 *

1948年12月间，白崇禧从武汉来电请我去商谈。白和我都是广西临桂县会仙乡人，清末我刚从广西优级师范毕业，在会仙乡创办小学，他是第一批学生，以后他投考陆军小学，转学初级师范和辛亥革命时参加学生军，都得到我一些帮助，因此多年来他对我是相当尊敬，也是比较亲近的。但是自从皖南事变后，两人在思想上有了很大的距离，尽管表面上还客客气气，实际上他对我反对独裁主张民主的言论和接近民主进步人士是很不满意的。因而几年来在形迹上就很疏远了。这次突然接到他请去武汉商谈的电报，我就估量到时局一定有某些重大的转变，所以毫不迟疑地应邀而去。

---

* 李任仁：时任广西省临时参议会第三届议长；后曾任广西壮族自治区人民政府副主席，全国政协委员。

我到了武汉，见过白崇禧和白左右的人，以及一些从南京来的高级官员如张群等。在这些接触中，对于当前的局势，我得到一个大体的轮廓。原来在淮海战役紧急时，蒋介石要白崇禧把张淦兵团调去救援，白则乘蒋之危，想逼蒋下野，以李宗仁替代，因而不但不把张淦兵团调去，并且截留枪械、船只和金银，召集河南、湖南等省的参议会议长来武汉，发出反蒋的通电，做出准备和中共谈和的姿态。张群之来武汉就是想摸清白崇禧的态度。但是当着张群面前，白对于和谈则不置可否，而和我个别会见时，以及对左右亲近的人，则露骨地说："这一仗，老蒋的老本丢得差不多，再搞不下去了，我们要老蒋下野，德公（李宗仁）上台，和共产党谈和，以长江为界，长江以北让共产党去搞，长江以南由我们来搞。"有一次和我对谈时更说："蒋介石如果仍旧在位，各处都不服，和也难，战也难，所以非蒋让位不可。蒋让位之后就会六军用命，可望南北分治。"可见白崇禧之主张和谈，原不是为国家人民着想，而是梦想搞一个南北朝的局面，让新桂系统治长江以南。他以为只要把长江以南各省联络好，把蒋介石倒掉，这个梦想是可以实现的。于是他派人去联络四川、贵州、湖南、广东等省。李汉魂适从美国回国，到了武汉，白就请他去广东联络。我对白这个想法，不相信它有实现的可能，因此我对白就没有进言，在武汉住不多久，过了1949年的元旦，就独自回桂林了。

我回到桂林不久，又接到白的来电，要我和广西省参议会议长蒋继伊同去武汉。我想局势发生了变化，也许有新的情况出现，就于1949年1月18日偕蒋继伊乘火车离桂。到衡阳转乘粤汉路火车，在车上遇到黄启汉同志，他从香港来，带了李济深同志给李宗仁、白崇禧的一封密信，他专程到武汉将信面交白崇禧。在车上黄启汉同志给我看过这信，大意是劝李、白将广西的军队集中武汉一带，宣布起义。

这时来武汉的人很多，我到武汉后晤见了张治中、黄绍竑、刘斐、李书城、张难先、耿伯钊诸位。大家都痛恨蒋介石，此时蒋已下野，李宗仁上台，正式宣布愿意以毛主席所提出的八项条件为基础，重开和平谈判。大家都愿意尽力促成这次和谈，于是黄绍竑在香港、武汉、南京间飞来飞去；李书城仆仆于长沙、武汉，无非是联络各方，使有利于和谈。但是白崇禧的态度没有显著的改变，和我第一次来武汉时差不多。这里有几个显著的例子。有一天晚上，我与刘斐、黄启汉在白崇禧处谈话，我发现白还命令各处加紧征兵、征粮，就对白说："我们要取信于人，必须停止征兵、征粮和释放政治犯。"白听了面色顿变，沉着脸。我继续说下去："假如不停止征兵、征粮怎能使人相信我们有和平的诚意，不被人以为是缓兵之计呢？"白接着盛气地说："停止征兵、征粮怎行？万一和不成，岂不误事！"又一次，白和我们谈到毛主席所提出的八项条件，他说："这岂不是一网打尽吗？"我说："接受了就不是一网打尽了，因为留用者留用，遣散者遣散，组织编遣委员会，委员各占一半，这些对你们是有利的。"他才没有话说。白又问我说："万一我们的军队在武汉站不住，先退到衡阳，再退入广东或云南，你看好不好？"我说："不好。最好是先撤退，和中共联络好，请他们来接收，不要等到站不住脚才走。先退到湖南，从株洲斜出江西，沿浙赣路至浙江，截击蒋介石的部队，和中共呼应，形成夹击的形势，这是上策；把部队全部退广西，现在越南还为法军所占领，我们派人和胡志明联络，把部队运入越南，帮他们打退法军，并声明不过问越南政治，不占领越南的土地，胡志明一定感谢我们，这是中策；除此之外都是下策。”白对我的意见不置可否，仅说：“研究研究。”李品仙、张淦请我吃饭，我也分别把这个意见告诉他们，他们也不表示态度。北平和平解放的消息传到武汉，白崇禧很不相信，他对我说，这消息靠不住，傅作义一定打到底，决不会和的。他还打电报给傅作义，请他必要时把部队撤到武汉。以后白的态度一天比一天恶劣，竟屡次对左右说：“美国顾问已经来到了，不久就有大批美援运到，只要固守待援，局面很快就会彻底改观。”他又派刘仲容去河南信阳和解放军联系，请解放军不要进攻，作缓兵之计。我很不以他这种举动为然，私下对刘仲容说：“你此行必无效果，且后果很不好。”后来刘仲容就借故去上海，转往北平去了。只有一件事，白做得还差强人意，就是：李宗仁在南京宣言要释放政治犯，有一天我和刘斐、刘仲容谈天说：“武汉和广西关有几百政治犯，要释放政治犯，武汉和广西就要带头先放。”他们反映给白崇禧，白就命令参谋处释放。参谋处原来签呈每人发给旅费500元，白改批为发给3000元。白要蒋继伊和湖南、湖北、河南等省参议会议长密切联系，对我则没有派什么任务。住到2月中旬，我要回家过春节，又转回桂林了。

1949年4月21日，解放军百万雄师渡江。解放南京之前，有两个月的时间给李宗仁进行和谈，李宗仁也有电邀我去南京面商。我以为和谈有两个最大的障碍：一是新桂系的划江而治的企图。据我所知，不但白崇禧有这个思想，李宗仁也有这个思想。中共的态度在1949年新华社的新年献词已经明白宣示——将革命进行到底。

新桂系划江而治的企图能否实现，明眼人一看就知。退一步说，划江而治的企图纵能实现，能否导致真正的和平，会不会重启战祸也是疑问。另一个障碍是蒋介石在幕后抓着兵权、财权不放，李宗仁调兵不应，用款不灵，连释放张学良、杨虎城的皇皇大令也成一纸空文，莫说政治经济有什么改革的措施了。蒋介石的军队、宪兵、特务满布南京，李宗仁是孤家寡人一个，自己的安全也无保障，我们这些人到了南京，安全也可能发生问题。南京不比武汉，在武汉，白崇禧却控制得紧密的。在这个时候，孙科一派的“光荣和平论”、CC 一派的“全面和平论”陆续出现，武汉的“备战求和论”也渐渐抬头。我觉得我这时去南京，起不了什么作用，为新桂系尽忠，实现它划江而治的企图吗？回天乏术。为人民做点好事，促成真正的和平吗？没有把握。因此以老病为词，多次婉谢李宗仁的邀请，还是留在桂林。

我留在桂林期间还是和各方面保持接触，并且邀集一部分同志准备在全国性的和谈不成功时，进行局部和谈。在这期间，我知道中共是很希望这次和谈能够成功的，条件也是很宽大的，除公布的条款外，我就听说在和谈中准备成立一个国民党军队的编遣委员会，以中共代表为正主任，国民党代表为副主任，对国民党官兵愿留者留，愿去者发给旅费回家，从而减少以后改编的麻烦。新桂系本来已经同意成立，后来由于划江而治的要求不获中共同意，加以美国顾问到来说美援不久就大批到达，就拖延不成立。我又知道蒋介石虽退居幕后，但比在位时还抓得紧，李宗仁令不出门，如李宗仁派覃异之为南京卫戍司令，覃为黄埔生，是蒋介石的嫡系，只不过是广西人，和新桂系沾上一些关系，蒋介石就不同意，使覃异之不敢去接任。

解放大军渡江了，南京随即解放，李宗仁仓皇逃遁。蒋介石原令飞机把李宗仁送到广州，李在飞机启航后，下令机师改飞桂林。李宗仁飞抵桂林之后，我们对他抱有很大的幻想，因为解放军以雷霆万钧之势一举而摧毁了他们自恃的长江天险长驱渡江了，他们划江而治的幻想破灭了，以为他们应该由此而头脑冷静一点，现实一点。李宗仁不往广州而回桂林，也许是他不愿和蒋介石同归于尽。桂林是蒋介石军警、特务势力所不能及的，李宗仁真的要改弦易辙，决心和平，签署和平协定或同意局部和平的话，桂林是一个最适宜的地点。李宗仁初回桂时表现还好，他向我们保证：绝对不下广州，绝对不糜烂广西。我们想用集体力量推动他签字于和平协定，就和陈雄商量，打算召集新桂系的高级干部来商谈，给他上个意见书，使他知道自己的干部也倾向和平，内部已不可恃，而决心签字于和平协定。黄旭初同意这个意见。就在4月下旬的一天，在广西省政府大楼会议厅开会，到者有广西省政府的厅长、委员，一部分立法委员、监察委员，以及高级军官李品仙、莫树杰、姚槐等。会上我先作简短的发言，力言和平的重要。我说后，李品仙抢着发言极力主战，叫嚣“宁为玉碎，不作瓦全”。我立即起来驳他，大意说，和平是大势所趋，人心所向，国民党打了这多年内战，民怨沸腾，人心尽失，蒋介石几百万军队尚且一败涂地，现今强弱之势悬殊，倘不争取和平，一味蛮干下去，则恐瓦全而不可得。李品仙听了不服，起来争辩，我又逐一驳他，这次会成了我和李品仙针锋相对的辩论会，别人发言很少。最后决定写一个希望和平的意见书给李宗仁，推当时的广西省政府秘书长黄中廑起草，由我和陈雄、张任民几个人修改润色，自由签名，谁愿意和平的就签名，不愿意和平的就不签名，毫不勉强。会后我和张任民几个人到黄中廑家中吃饭，黄中廑执笔起稿，稿成后大家斟酌修改，改定誊正给大家签名。签名者有广西省政府的厅长、委员几十人，立法委员雷殷等以及张任民、吕竞存都签了名。只有李品仙、莫树杰、姚槐等少数高级军官没有签名。这个意见书交给黄旭初转呈李宗仁。

这个意见书送去一两天后，有一天，下着很大的雨，李宗仁独自一人乘汽车到我家来。他下了车径自走到我的住室，虽然没有几步路，但衣衫给雨打得很湿。他见了我也不寒暄，就开门见山地说："我还想重开和谈，想请你替我到北平走一转。"又说："仗是不能打了，非和不可；再打，连广西都要糜烂。你和中共的人和文化界的人熟识不少，所以要你走一次。"我说："只要决心和平，我就去。"说不几句，他就走了。这一天大约是4月25日或26日，确实的日期现在记不清楚了。

李宗仁到我家来的两三天后，白崇禧回到桂林。4月底或5月初的一天晚上，由他和黄旭初出面邀请大家到文明路李宗仁公馆开会。到会的人除了李宗仁、白崇禧、黄旭初、李品仙外，有广西省政府的厅长、委员，桂林绥署的高级负责人和部分立法委员、监察委员，不下数十人。开会时，李品仙又抢着发言，对中共极尽诬蔑诋毁之能事，说中共不要中国历史文化，不要老人，拆散家庭，绝对不能和共产党谈和。我听了忍不住起来驳他，我说延安有中国历史的研究会，也演京戏，写旧体诗，怎能说不要中国历史文化？中共的领导人不少是老人，如董必武、徐特立、林伯渠都是六七十岁的老人，中共还请他当边区政府的副主席，怎能说不要老人？延安就有夫妇、子女、家庭，怎能说拆散家庭？李品仙听了又喋喋不休地起来争论。这一夜，发言的人虽然不少，但主要还是我和李品仙针锋相对地辩驳。李宗仁和黄旭初则一言不发。最后由白崇禧起来说话："和战取决于德公。"就这样无结果地散会了。这次会开了之后，主战论者就抬头，听说白崇禧还召集高级军官开过一次会，吩咐他们说："以后谁再言和谈者，给我抓起来。"一些投机动摇的人就纷纷改变态度，从高谈和平变为叫嚣战争的人也不少。

5 月 2 日，居正和阎锡山从广州飞抵桂林，敦促李宗仁前往广州，他们怎样商谈我不清楚。5 月 6 日李宗仁请居正、阎锡山吃饭，邀我作陪。席间只有李宗仁、郭德洁、居正、阎锡山和我 5 人。吃饭时大家都不谈什么，尤其是不谈涉及时局的话，空气沉闷得很。饭后我就辞出。第二天，李宗仁乘飞机前往广州。

李宗仁飞往广州之后，桂林的空气大变，主战者的气焰不可一世。在这个情况下，我只好家居闭门不出。5、6 两个月间，白崇禧回过桂林几次，也曾到我家里看我一两次，但都是说些闲话，涉及时局的话他和我都避而不谈。后来我为避免麻烦，索性称病留医，搬到桂林浸信医院居住。

7 月间我接到李章达从香港派人秘密带给我的信，说民革要我到北平去参加新政协。恰巧李宗仁从广州给黄旭初打来长途电话，叫黄旭初转达他的意思，请我到广州去。黄旭初来征询我的意见，我表示同意。黄旭初就叫人为我买好飞机票把我送到广州。我到广州住在广西省政府驻粤办事处，稍事休息后就去看李宗仁，他除了询问我的身体健康情况和广西最近发生的水灾情况外，没有谈什么。第二天他请我吃午饭，吃饭时也没有谈及有关时局的话。饭后我回到广西省政府驻粤办事处，得一位同志之助，买到一张即刻飞往香港的飞机票，我就迅速地乘汽车往广州机场，赶上这班飞机，飞抵香港。不久就在中共同志的帮助下乘轮前往东北转抵北京，参加人民政协，投入人民的怀抱。

（节选自广西壮族自治区政协文史资料研究委员会编《广西文史资料选辑》第 4 辑，内部资料，1963 年）

湖北和平运动促进会前后

——兼及赴解放区见闻

李书城*

一　湖北和平运动的起因和发展

1948 年冬，华中“剿匪”总司令白崇禧派桂系军官李品仙（他是我在辛亥革命前任广西陆军小学堂监督时的学生）到珞珈山下我的住所来访问。他代表白崇禧向我叙述蒋介石军队在关外和关内各地连续溃败的情况，说这场战争是毫无胜利希望的。但蒋介石毫不觉悟，还要继续打下去。现在全国人民都希望和平，武汉人民也是一样，如果本地士绅肯起来呼吁和平，各省人民将纷纷起来响应，可以凭全国人民的意志，强迫蒋介石停战言和。如他违反民意，则

---

* 李书城：时任湖北省人民和平促进会常务干事；系人民政协第一届全体会议代表；后曾任农业部部长，全国人大常委会委员，全国政协常委。

可联合各省军民迫令他辞职，由继任总统出来主持和议，并说白崇禧很希望我能出来在湖北发起一个和平运动。

我将这次会谈情形，告知一向反蒋主张和平的省参议员周杰。我们揣测白崇禧的用意，是要借和平运动来强迫蒋介石辞职，好让桂系军阀李宗仁继任总统。我们当然不愿为他的阴谋效劳。但想到蒋、白若真正发生冲突，反动军队自相敌对，可使解放军顺利解放南方各省，统一全国，从战略战术上看，这个机会不可放过，我们应当竭力促成这种局面。于是商定以省参议会作基础，邀约各界人士，并请年高德劭素有清望的张难先先生出来，共同发起组成一个和平运动会。凡武汉著名人士都被邀请，或有的自动来参加。当时省参议会议长何成濬不在武汉，由副议长艾毓英代理议长。艾是国民党陈果夫派的著名人物，因看到战争形势于蒋不利，想迎合白崇禧的意旨，并表示站在人民一边，为自己政治前途找一条出路，便以议长的有利地位倡导这个和平运动。他很热心地把省议会作为和平运动会的会址，并令省议会的全部工作人士都兼任和平运动会的日常工作。同时，湖北省主席张笃伦虽然是一向依靠蒋派起家的人，也鉴于蒋的势力衰败，蒋倒后桂系势力必起来执政，在这时投靠白崇禧也是一个好机会，于是自告奋勇参加和平运动会，并时常与和平人士同去会见白崇禧，表示对白愿效驰驱。于是全省民意机关的代表和全省行政机关的首长及武汉各界著名人士所组织的这个和平运动促进会，一开始就声势浩大，使蒋介石惶恐不安。特派亲信张群来武汉同各界人士见面，希望替蒋解释。但各界人士都义正词严，痛詈蒋介石祸国殃民，要他回去向蒋直言告知早日辞职，减轻罪戾。张群看势不妙，只得失望而归。

湖北省的和平运动已发动起来了，但各省尚未响应。白崇禧知道我与湖南省主席程潜是日本士官学校同学，又是同盟会战友，请我到长沙劝程潜在湖南发起和平运动，联合倒蒋。我到长沙后，告知湖北和平运动的情形，并转述白崇禧的意见。程说，倒蒋我同意，但须与共军方面联系好，才不致两面受敌。程并派湖南军官曾任福建省主席的刘建绪，与我同到武汉和白崇禧商谈一切。

程潜的建议，使白崇禧感到须与共军方面联系好，才是万全之策，问我与共军方面有无知友。我说，中共领导人中的吴玉章、董必武、林伯渠三先生，有的是同乡，有的是同盟会旧友，都是可以坦怀畅谈的朋友。我可用湖北和平促进会代表的名义，到北方去走一趟。但共军方面若问及你对和平的意见如何，条件如何，我不能代答。最好你写一封信给我，说明你对共方提出的条件，哪些可以承认，哪些你不同意，让我带去给他们看，以便作商谈的基础。白就给我一封信，信内说明他希望停战言和，但对共方声明所提八个和平条件中的头一条要惩办战犯，他不完全同意，希望共方酌量修改，其余七条他都同意云云。于是我约李伯刚（李原先是中共党员）并带一服务员同赴河南。白崇禧并通知河南省主席张轸，负责照料我们从信阳前往解放区沿途的交通安全。我们于 1949 年 1 月 23 日从汉口乘平汉快车到达信阳。

二　赴河南商谈和平及在解放区的见闻

我们抵信阳后，当晚拜访河南省主席张轸，询悉驻马店与解放区之间铁路虽然不通，但公路上商旅一直未断。次日，承其派轻便机车送我们到驻马店，借宿于前进指挥所。在这里我们听说邻近驻马店的县城已是解放区，成立了该县人民民主政府，县境只剩下一小部分属于这边，县政府也还存在。近来前方虽说没有军事行动，但是两个县政府的小冲突则时常不免。驻马店与遂平相距45里，在两方的前哨以外有20余里是所谓真空地带。不久以前，这一带时有武装匪徒出没，杀人越货，因而商旅裹足。最近他们改变了方式，只猎取盘纸、银圆等贵重财物，不杀害人命。我们询问过去和解放军接触的情形怎样，有一位久历征战的高级军官对我们说，和八路军作战，比和日本人作战还难。八路军有夜眼、铁脚和神仙肚，很不容易对付。我问什么叫神仙肚，他说，在行军作战的时候，一天只吃一顿饭，或者一顿饭也吃不到口而不怕饥饿，仍是勇猛前进作战。

承指挥所的协助，我们于次晨搭乘一辆开往漯河的汽车。汽车开出驻马店，沿途看见一帮一帮载运烟叶、棉花的骡车迎面而来。许多村庄，有些临路的门窗都用土砖堵塞，还未完全拆除。有些房屋已破败不堪、空无所有。居民都于道旁隙地设市。早日能过真正的和平日子，逐渐修理抗战期中所留下的创伤，似乎正是他们的热望。

到了漯河市，住在马路街高升客栈。和店主谈话，才知道解放区禁止金银出口，限制金银流通，金圆券也不许通用。我们手头没有中州票，上街去添购一些零星用品和上饭馆吃饭，都是用银圆折付。我到商店购物时，问他们生意比以前如何，他们说比解放以前好得多，但因交通没有恢复，还不能和抗战以前一样。谈到解放军到漯河市的情形，他们说最初对于解放军的遵守纪律及保护工商业的政策，还有一点将信将疑，现在已完全相信，不再怀疑了。解放军在马路街举办一个照片图片展览会，参观的人很多，有人在意见簿上写着说，最近几次大战役的照片来得太慢了。

第二天清晨，我们去访问漯河市政府。到了那里，看见门口挂着一块白底红字的小牌，上面写着“学习时间概不会客”8个大字，门卫叫我们9点钟再去。我们按时再去，才会着市府张秘书，随后见着了梁市长。他们看我们进解放区，事先没有设法取得联络，不免感觉有点突然，但态度还是非常诚恳。梁市长一面去找政治员商量和我们接谈的问题，一面借用福音堂的房间招待我们。午后，我们搬到福音堂去住，张秘书来说，这几天政治员们正在别处开检讨会议，恐怕要等两天才能约期见面。张秘书很健谈，从他的口中我们了解到很多解放区的情形。据说漯河市府成立只两个多月，组织不大，全体工作人员不过10人，他们出外参加各种实际工作的时候多，在府内伏案的时候少。他们还编有一种油印报纸，叫《漯河简讯》。他们每天学习时间所研究的包括革命理论、政治形势、政纲政策、工作经验等，是理论与实际一致的。张说他们随时注意听取人民的意见。他们现在正筹备中原人民代表会议，由这个会议产生中原人民民主政府。

解放区提倡妇女参加生产，是重要工作之一。妇女从参加生产提高其经济地位之后，也就增进了家人对她的重视，使家庭更加和睦。解放区不但提高妇女在经济上的地位，且提高她们在政治上的地位。最近华北正在筹备召开全国妇女代表大会，负责筹备的是蔡畅、李德全、邓颖超等，这个会议的决议在政治上是有重大影响的。

我们住的地方后面院子里有许多人家，全是教会的教友，每天上午，他们都在教堂里做早祷，唱赞美诗。礼拜日，市内教友也都来参加礼拜。我曾在院里散步遇着一位李牧师，据他说，他们的教友一直都很自由、很安静。

我们向市府借来两个星期的报纸，内面有郑州出版的《中原日报》、洛阳出版的《豫西日报》、开封出版的《开封日报》，还有雪枫县出版的《雪枫报》。这些报纸登载的大都是政治、经济、军事消息和国际新闻。消息来源多采自新华社广播选译关于分析国际形势的重要文献，依时间先后逐次转载，对于研究国际问题是很有意义的一种帮助。华北公营贸易公司有几个分公司在临清抢购棉花，贷款棉商参加抢购，以致刺激棉价及一般物价上涨，他们很重视这种失败的教训，把这项消息及其评论作为头条新闻登载。淮北战役结束，《中原日报》评论的标题是《人民战争　人民支援　人民胜利》。各报地方版所载多是工、农、青年、妇女团体组织发展的情形，斗争恶霸、人民支援战争的消息，及检讨改进税收司法等各项工作经验等的报道。过去那些桃色新闻简直没有。文艺版的地位不大，但都是一些反映现实比较精粹的作品。广告也很少，所登的只是中原大学、军政大学和各种训练班招生广告，以及新华书店的书目，间或有几则私人启事。他们把报纸完全作为教育的工具，所以编辑技术虽力求活泼而态度非常严肃。

我们搬进福音堂，前两天是市府招待，以后军区司令部刘秘书长来和我们接洽，改派魏秘书招待。他们官兵是同吃一样的伙食，自己都没有小厨房。招待客人，是在菜馆叫菜。他们实在过于客气，接连好几天叫的全是荤菜，经我们再三商请改两样素菜以后，才答应改了几次。

我们从汉口动身那天，武汉报载北平已签订和平协定。我们问刘秘书长知不知道详细的情形，他说，我们还没有接到正式通报，北平现在已经没有战事，但协定内容要等通报到了才能证实。他说新华社对人民是负责的，发表消息向极稳重，要等事件发展有了具体结果才予发表，决不像某些通讯社每每很轻率地发表一些不完整的甚或故意歪曲的消息。

旧历年关前两天，魏秘书带来一张文化古都北平解放的油印传单，后面提到北平的解放是长江以南各城市解放的榜样。他说这次传单一拿上街，就被上街的农民抢空了，他们要带回去贴在村庄上。

除夕的鞭炮，一直到元旦清晨没有间歇。据福音堂的李牧师说，这是十几年来所未有的景象。市府的警卫士兵，忙着练歌曲练高跷，敲锣鼓，教会的妇孺也都换上了新衣，举行新年的聚会，状至愉快。跟着魏秘书来招待我们的一位士兵，在我们隔壁房间里一块黑板上，用粉笔重复写着“宗教自由”几个字。

在春节几天当中，所有菜馆都关门休息，魏秘书去商量一家菜馆特为我们开饭，还多叫了几样菜。漯河市新华书店正在这几天开幕，他又去为我们买了许多书籍作为新年的礼物。其中有标准本的《目前形势和我们的任务》《新民主主义论》《论联合政府》《湖南农民运动考察报告》《农村调查》《工商政策文献》《减租减息纲领》《四大家族》《窃国大盗袁世凯》《辩证法唯物论入门》《李家庄的变迁》《高乾大》《白毛女》《夏陶然的道路》《苏联医生阿洛夫》《毛泽东印象记》《中国近代史》上卷第一分册等数十种。

阳历 2 月 7 日清晨，刘秘书长来说，他这几天因忙于开评功会议没有来招待我们，昨晚接到上级电报，约我们即日动身到归德[①]去同北方派来的领导人谈话。

归德市政府招待我们的是一位张先生。他和我们谈话的时候，说他负责解送过许多俘虏的高级将官，康泽就是他送到河北去的。他说康泽最初晤见陈毅司令员时，神气很不安，他问预备对他怎么办。陈毅司令员说，这是两个制度的斗争，消灭一个人并不等于消灭一个制度。康才安定下来。他还谈了许多被俘将官的学习生活，现在都正学习新民主主义的理论及联合政府的政纲政策等等问题。他说，我们连每个士兵不但对于自己的政治主张都有相当了解，就是对于国民党的政治情形也都随时注意研究，为什么有些被俘的将官对于目前政治形势和双方的政治主张都是很模糊的呢？

归德市政府招待我们在附近一所民房内住宿。次日中午，陈毅将军和刘伯承将军同到我们的住所来，约我们同到市府共进午餐。到市府后，陈毅将军首先发言，欢迎我们为人民和平愿望远道北上，他询明白崇禧在武汉情形及湖北和平促进委员会的工作经过后，说解放军一定要解放全中国，不能让大小军阀割据中国领土，与解放军对抗。国民党的军政人员必须放弃地盘思想，退出所占据的地方。国民党的军队必须交由解放军改编，原有官兵愿留者由解放军重新编制，不能原封不动。要使国家军队受同样的训练、同样的待遇，不能同以前一样，在一国之内，有正规军和杂牌军同时并存，互相猜忌，互相敌对，这对国家统一局面很不利。并说，桂系在南京的做法，恐还想窃据南京旧摊子，依靠美帝国主义的援助与

① 即商丘。——原编者注

解放军对抗，但是我们一定要解放全中国。你们回到武汉后，要联合当地爱国人士，力图在战斗期间设法保卫地方人民的生命财产，防止敌人破坏。告诉各机关职员要各自尽力保护档案和物资，不准毁坏和搬迁。将来解放军入城以后，对出力者有奖，对破坏者处罚，对一般职员准以原职继续留用。对以前做过坏事的反动分子，若在战争期间幡然悔悟，在解放武汉时有具体事实的贡献，也可不咎既往，将功折罪。请你们回去后好好准备，我们不久可在全国解放后见面。谈了两个小时，伯刚兄因病先回寓所。我在临别时很感动地说，陈将军的话很诚恳也很坦率，处处为人民着想，使我们认识了以后努力的方向。我们回去后，一定把在解放区所见所闻的一些真实情形和两位将军的指示，告知武汉父老兄弟，争取武汉早日解放，并尽量减少损失。

市府派另一位张先生陪我们到郑州，住在东里饭店。郑州市面还是很繁荣。只是豫丰纱厂自抗战时迁到重庆之后，一直没有迁复。车站附近的大建筑，在抗战时有些被敌机炸毁了，现在都只建筑了一些临时房屋。据说郑州解放没有经过什么战事，地方也没有受到什么破坏。

我们经过郑州的时候，市府正在办理营业税。他们参照原来的税额和税单，重新规定合理的税额和税单，3 个月一次。

我们在车上遇见两位女教员，一个穿的是青布外套，一个穿的是海勃龙大衣。她们有时谈天谈到教学问题，有时靠窗口唱唱歌曲。张君说，他到过天津、济南，那里有很多穿皮大衣的。未解放的地方，有人说解放军不许穿好衣服，完全是无常识的造谣。他说中国人民一般的生活水准太低了，革命的目的，是就要将其逐步提高。只要不是超过我们社会生产力的奢侈浪费，是不应该有限制的。

中原的人民在解放以后，真是在尽兴地狂欢，使我们欣羡不已。

我们遇见放回的俘虏，沿途络绎不绝，搭我们车的有好几个。他们之中有从东北来的，有从天津来的，有从徐州来的。据他们估计，这次前后陆续回家的总数约有20万人左右。解放军发给他们每人一张解放证，沿途县政府发给他们定量的饭票，他们在解放区内旅途上的生活是不大成问题的。

火车上有一个职员很热情招待我们，请我们同他聚餐，备有丰盛肴馔。他私自告诉我们说，共产党比国民党好，共产党是真心爱护人民的。他们宁愿自己吃苦，不肯骚扰老百姓。解放区的人民欢迎他们，未解放的人民盼望他们早点来。你们各位刚从解放区来，当然看得很清楚，可以证实我的话。

我们平安回到汉口，已是3月初了。

回到武汉，我们把这段记载，作为向武汉各界报告的资料。其中有些虽然是很细小很琐碎很平常的事情，但由此可以窥见解放区的新面貌已与旧社会大不相同。官民之间、军民之间、人与人之间的关系，已另有一种新的风貌。拿这些所见所闻的事实，对反动分子所造的解放区一些无稽的谣言，自可不攻自破。尚未获得解放的人民知道了这些事实，不仅对解放军消除了各种疑惧，而且希望解放军能愈早来愈好。这对于安定人心来说，是有帮助的。

三　和平运动会变为救济组织的概况

我们回到武汉后，知道蒋介石已下野，李宗仁继任代总统，白崇禧赴南京未回，武汉军队正在忙于备战，人心惶恐。省主席张笃伦已离职，新任主席是湖北军人朱鼎卿，他是由桂系擢用的。武汉人民都想了解解放区的真实情形和中共的一般政策，纷纷向我探询，我就在省议会接见各界代表和新闻记者，报告我北行经过及所见所闻的一切事实，劝大家不要惊恐，不要搬迁。这时武汉大学、华中大学和中华大学的师生，都分别邀我到各该校作北行的报告。因为我宣扬了解放军合情合理爱护人民的正确政策，有些反动分子要同我为难，武汉大学的学生曾暗中轮流派人在我住宅周围保护我的安全，真使我十分感动。

白崇禧从南京回到武汉后，在郊外做防御工事，逼迫商民筹防御经费，再不谈和平二字了。我与他会晤时，拟向他报告在河南接洽情形，他说改日再约谈，不愿听我讲。他此时既不再谈和平，只竭力布置作战了。和平促进委员会的同人们，也就不再呼吁和平，而将和平会改为武汉市临时救济委员会。遵照陈毅、刘伯承两将军的指示，设法在战争时期内维持地方秩序，并准备欢迎解放军入城的一切事宜。暗中筹措款项、粮食，并联络一些可以临时维持治安的军警以在紧急时期分别负责各地区的秩序。

1948 年冬季某一晚上，我与和平促进会代表正在汉口白的司令部谈话时，他忽然去接电话，回来后，说顷接北平傅作义将军的电话，北平已被包围，因为南口被共军占领，他想突围回到绥远，已不可能云云。狡猾顽固的白崇禧，大概既害怕被解放军包围，又不愿走傅作义将军后来所走的光明道路，所以迅速撤退。他在撤退的清晨，曾分别派人约张难先先生、孔庚先生和我到他的武昌行营去谈话。我与张先生都未去，只孔庚一人会见了他。他说：他即日撤退湖南，请地方父老出来维持秩序。孔传达了这个消息后，我即与张先生同赴汉口，召集救济会作一切布置。并推商界几位领袖去见武汉卫戍司令鲁道源，请其在撤退时，对市内水、电、交通各项建筑不加破坏，赠给他几万元的撤迁费。当晚彻夜警戒，市内尚安谧。到次晨5月16日天明，解放军才正式开进汉口市区，武汉遂得和平解放。这时武汉人民皆踊跃欢迎解放军，中国共产党万岁、毛主席万岁的欢呼声到处洋溢不绝。从此武汉人民同全国各地解放区一样永远摆脱了黑暗统治，进入了一个新的美好的时代。

（节选自湖北省政协文史资料研究委员会编《湖北文史资料》第3辑，湖北人民出版社1981年版）

蒋桂求和的阴谋和湖北和平运动

谈　瀛[*]

一

经过八年艰苦的抗日战争之后，蒋介石集团悍然发动全国规模的反共内战，是违背中华民族利益，违背全国人民意志的。从发动内战的那一天起，就遭到全国人民的强烈反对。尽管国民党统治区的大众处于无权地位，敢怒而不能言，但社会上各界人士、各派民主力量和国民党内的爱国因素，在这个大是大非问题上，都是具有正义感的，曾经陆续地、曲折地通过各种渠道，运用各种方式，在不同程度上反映出人民大众反对内战、反对独裁、反对卖国，渴望

---

*　谈　瀛：时任国民党湖北省政府机关报《新湖北日报》副社长兼总编辑；后曾任湖北省文史研究馆馆员。

和平、渴望统一、渴望建设的共同意志。就湖北地区说，如张难先先生 1946 年冬在国民参政会上附署维护政协决议，力主和平的提案，周杰先生等在原湖北省参议会中，提出反对恢复征兵和田赋征实的提案，并于 1948 年秘密串联举行以争取和平解放为主旨的座谈会等。

蒋介石集团卖国的反革命内战政策，注定了他们必然破产的命运。蒋军在战场上节节失败，特别是 1948 年内军事形势的变化，加速反动统治的总崩溃。

第二次世界大战后，企图主宰中国、供给金钱和装备来支持蒋介石发动这场内战的美帝国主义，看到形势发展对它不利，试图用两条“妙计”来解救它的对华政策的危机：一条是支持李宗仁竞选“副总统”，发展桂系力量，必要时以李宗仁取而代之。1948 年夏，司徒雷登即向蒋有所指点，同时向北平教育界吹风，希望制造恢复国共和谈的空气，对蒋施加影响，对中共进行试探。在此前后，办过外交的桂系策士甘介侯奔走于桂林、香港之间，与美帝互通款曲。美帝暗中兜售“锦囊妙计”，蒋桂之间同床异梦，到伪国大选中，蒋系（支持孙科）、桂系（由李宗仁出马）对“副总统”的角逐时，就以公开的镜头演出了。解放军在淮海战役中取得的巨大胜利，是一个显著的转折点。蒋桂之间的钩心斗角更加剧烈，更加露骨。

蒋介石在四面楚歌之中“希望从白崇禧手里夺回和平攻势的发明权，并在新的商标下，继续其旧的统治”，不得不回头俯就美帝前所密授的“锦囊妙计”行事，于 1949 年 1 月 1 日发表所谓“元旦文告”——求和的声明。

事情的变化并不以反动当局的意志为转移，1948 年 12 月 27 日，国民党中央宣传部在它发给伪中央通讯社和党政机关报纸的《宣传要点》中针对武汉方面传播出来的，迅即加剧撼动国民党摇摇欲坠的统治的和平呼声，还在概乎其言地申说：“我如不能战，即亦不能和，我如能战，则言和徒使士气人心解体，故无论我能战与否，言和皆有百害而无一利。”可是，仅仅经过 3 个昼夜，蒋介石便用求和的声明作为他的元旦文告了。

当然蒋介石、白崇禧以至美国政府所设想之“和平”，是为了保存其各自的既得利益，用缓兵之计的虚伪的和平。全国人民所需要的和平，是符合人民利益的真正的民主的和平；各派民主力量，都想争取这样的和平，国民党政府系统中的爱国人士也赞成这样的和平。虽则两者性质不同，针锋相对，可是，白崇禧向蒋介石提出“和平解决”的主张，特别是蒋介石求和声明的发表，却给人民带来了公开说话的机会，为争取真正的民主的和平造成了更加有利的条件。湖北人民和平运动，就是在这样的情况下发展的。

二

夜深了，实际时间已进入 1949 年，我在武昌家里与设在汉口的《新湖北日报》编辑部的同事通了电话，获悉蒋介石发表求和声明，已由中央通讯社以所谓“总统”元旦文告作为头条新闻发表。我虽然没有能够看到全文，但已感觉到蒋介石的葫芦里要卖的药，不外是争取喘息时间，保存残余实力罢了。

新华社《将革命进行到底》的新年献词和 1 月 5 日《评战犯求和》的评论，在蒋帮、桂系的控制、封锁、干扰下，我们无法及时收听，传播出来都是稍后的事。元旦上午，我仔细研究了蒋的求和声明的全文，它的内容并没有超出我的估计。我等待着各方面的反应，但上海、北平等大城市，对于蒋介石新年献词的反应，都是冷冷清清的；甚至蒋介石集团的宣传工具，也很少议论。由于蕴蓄已久的思想感情，我终于在1月4日夜间，一挥而就地写成了《人民心目中的和平》一文，交给《新湖北日报》于6日以社论发表。现摘录其中几段，以见一斑：

> 人民渴望和平，不从现在起。过去战争打得起劲的时候，和平成了忌讳，人民心里想和平，口里却不敢说，现在政府不讳言和平，民间的和平声浪也油然而起了。人人都呼吁和平，憧憬和平。但回顾两年以来，在如火如荼的战争中，骨狱血渊，不知有多少冤魂怨鬼？饱经战祸的孑遗，现在再聆和平福音，一方面是跫然而喜，一方面也不免感慨到做阿斗的可怜了。
>
> 打到这个样子，政府负责当局也应该深刻反省翻然悔悟，知道兵凶战危，而老百姓实在可怜，无论如何再不能打了。在人民的眼光中，相信政府当局这次开口言和应当必于诚意，不仅救民，抑且自救。今天政府当局以恳款诚挚的心情，以悬崖勒马的智慧，来求和平，和平能否必得，还是一个问号。如果为了保全个人的名位和权力，以和平为缓兵之计、恋栈之谋，明知和平之不易实现，而借此号召，外以争取美援，内以稍释众怒并为他日继续战争的伏笔，使今日呐喊和平的人民，再作战争的奴役，那就不是为和平而和平，更不是为人民而和平了，这种和平是不能实现的。要想和平成为事实，必须一切站在人

民的立场设想，完全出于救民的至诚、自救的智慧，再不用权术，再不掺私念，庶几精诚所至，能够敲开和平之门。否则，就不堪设想了。老百姓的心是天真的，老百姓的眼睛是雪亮的，假使和平运动，仅是为了保全少数特权人物，现在要老百姓喊和平，老百姓是乐得喊的。但万一不幸和平又绝望了，那时再要老百姓喊战争，恐怕就是“其曲弥高，其和弥寡”了。人民心里有人民需要的和平。这是和谈声中政府中人所应该俯察的，一般人士所必须了解的。

不待说明，那时的情况不容许我在报纸上秉笔直书，畅所欲言。在这篇评论中，只得采用比较含蓄的和隐晦曲折的笔法，来表达我的观点。它的主要意义，首先，把蒋桂求和的阴谋同人民所需要的和平区别开来；其次，利用了桂系企图逼蒋下台取而代之的间隙，对蒋的求和阴谋提出了严正警告，同时也正是给发动和平攻势的当时窃据武汉的桂系第二号人物白崇禧打了顶门一针。后来我才看到中共中央毛泽东主席1月14日发表的《关于时局的声明》，其中提出了八项和平条件，并号召全国人民，各民主党派、各人民团体，大家起来，争取真正的民主的和平，反对虚伪的反动的和平。这时我对于实现真正的民主的和平需要怎样的具体条件，才有比较明确的认识。

1月7日，即《人民心目中的和平》一文发表后的第二天，周杰先生与我在渡江轮船上相遇，他用炯炯有光的眼神和平时很少露过的笑容对我说：“你的文章把大家心窝里的话讲出来了。”上岸以后，我陪他共乘三轮车到交通路自由论坛社谈了大约一个小时，交换了蒋介石发出求和声明的时局看法。我说："最好是顺水推舟，借风过河，利用这个时机，发起举行有各界人士参加的和谈会，敞开讨论和平问题，从而掀起一个反映人民意志的和平运动。"周先生频频点头，欣然表示同意，并且认为越快越好。在我提出由哪些人、用什么方式发起的问题以后，周先生考虑了一会儿说："最好是由艾毓英用省参议会的名义发出举行座谈会的通知……"他要我找艾谈谈。

8 日上午，我去武昌阅马场原省参议会会见了艾毓英。我向艾提出了我的想法，他没有等我多加说明，就连声说："好！好！好！我也正在这样想，可算是不谋而合啊！你来得正是时候，有些具体问题还需要商量一下。"经过交换意见，把开会的时间、地点、邀请的对象、讨论的中心都逐步地初步确定下来了。我们的设想是通过这次座谈会能够达成两项决议：（1）以湖北省各界名义分向中央和南京政府发出促请早日实现和平的文电；（2）组织湖北人民和平促进会，作为开展和平运动的主持机构。艾毓英要我留在那里，先把文电稿草拟出来，我说还是由他亲自执笔为好。正在互相推让的时候，张式训来了（张是"省参议员"），这时与艾过从较密。以后不久，我才知道，张早已与江汉军区城工部地下工作人员有联系，艾向张扼要地介绍了我们刚才交谈的内容，张也连声叫好，热烈赞成。我边听边插话，边酝酿电文的腹稿。最后由我口述，由艾执笔，推敲润色了一下，完成了这项准备工作。艾即景生情地说："三个臭皮匠，顶个诸葛亮。"我说："可以演一出《借东风》了。"张在旁报以会心的微笑。

第二天，艾毓英就用省参议会的名义，向在武汉的湖北省各界知名人士发出了举行商讨促进和平的座谈会的邀请通知。

三

时间：1949 年 1 月 12 日

地点：武昌阅马场，湖北省参议会

湖北省各界人士商讨促进和平的座谈会顺利召开。

通知开会的时间是上午 8 时半，大家准时到会，打破了以往集会不遵守时间，姗姗来迟的习惯。应邀出席这次座谈会的有在武汉的辛亥首义老人，有湖北各界知名人士，有武昌工商界的代表，有在武汉的省参议员。汉口各报社、通讯社也有记者赶来采访新闻，到会的人数约在 400 人以上，会堂楼上楼下座无虚席。参加座谈会的李书城、熊秉坤、李西屏诸先生，都是辛亥首义的重要人物。这就为座谈会增加了革命的爱国的传统意义和正义气氛。

座谈会按照预定的程序顺利进行。艾毓英首先致辞，简要地介绍了 12 月 25 日省参议会决议致电蒋介石提出恢复和谈的经过，说明了邀请举行这次座谈会的目的。他说："三年内战之后，重新提出和平解决问题的是湖北省参议会，为了促其早日实现，需要全省各界人士群策群力……接着，他提出以湖北各界名义，分别致电国共双方呼吁和平，成立湖北人民和平促进会两个议题。艾讲完后，有几位相继发言，表示赞同，李西屏先生慷慨激昂地说："现在不是讨论应该不应该和平解决的问题，而是全力争取迅即实现和平解决的时候了。"两项提议和电文都顺利通过，座谈会上还通过了一项临时提议，委托贺有年和我起草《湖北人民和平促进会宣言》。座谈会开到正午 12 时结束。

1 月 16 日上午，湖北人民和平促进会举行成立大会，开会地点仍在省参议会，死硬派如孔庚、许讷夫等少数人没有再来捣乱。但历来坚持反共立场的朱怀冰、彭进之等却出人意外地到了场。大会开始，首先推定熊秉坤、李书城、艾毓英、李西屏、张春霆、韦卓民、周杰、陈时、刘秉麟、耿伯钊、沈肇年、贺有年、胡忠民、喻育之、许莹涟、胡楚藩、杨若霞（女）等17人为主席团，李书城为总主席，主持了会议。接着，通过了湖北人民和平促进会简章，由大会选举了39名干事，组成干事会，干事名单如下：

熊秉坤	李春萱	李西屏	李书城	李继膺
耿伯钊	陈　时	沈肇年	艾毓英	周　杰
贺有年	严士佳	胡忠民	许莹涟	张春霆
张难先	喻育之	李廉芳	刘秉麟	韦卓民
谈　瀛	曹美成	彭风昭	张国和	胡楚藩
杨若霞（女）	汪世鎏	王延年	黄　英	王雪鹤
蔡受之	段锡三	刘宝鼎	成开勋	胡竞成
王彭年	朱怀冰	彭进之	何成濬	

《湖北人民和平促进会宣言》全文如下：

湖北人民和平促进会是被熊熊的战火逼成的，今天正式成立了。

我们站在人民的立场上，向战争的双方诉苦、哀求、呼吁、祈祷，要你们给予人民大众所期望的和平。

“煮豆燃豆萁，豆在釜中泣，本是同根生，相煎何太急！”萁豆相煎的战争，过去不应该演出，现在不应该相持，将来更不应该继续。再继续下去，垂死待救的全体人民不堪忍受了，一线仅存的国家命脉也断丧无余了。人人都诅咒战争，人人都渴望和平，战争该休止了！和平该实现了！我们要求战争的双方，都以民命和国脉为重，体恤人民的痛苦，珍惜国家的前途，再不要自相残杀，再不要毁灭自己，接受人民的要求，停止战争的行动，立刻拿和平答复人民，把和平付给人民。

我们初步的最低限度的要求是：

一、双方立即就地停战。

二、双方立即停止征兵、征粮，停止城市设防。

三、双方立即释放政治犯和俘虏。

四、双方立即保障言论自由容许书报流通。

因为只有这样，才能逐步解除人民切身的痛苦，才能表现双方对于和平的诚意，才能使人民获得自由发表意见和交换意见，以促进和平的机会，也才能铲除和平的障碍，走上和平的途径。

我们是一群始终渴望和平的人民的结合，唯一以促进和平为宗旨，除了向战争双方哭诉以外，还要号召全省人民以至全国人民为了自救，为了救国，一致团结起来，共同努力促进和平的实现。

宣言是我起草的，事先曾向李书城先生、周杰先生和艾毓英征求意见，并与贺有年先生交换过意见。周先生说：“照《人民心目中的和平》那篇文章的立意来写就行了。”李先生指出：此时此地，只能就和平谈和平，专就促进实现和平来立言，不得为左右袒。贺先生和我还考虑到大会上成分复杂，看法并不会完全一致，怎样写才不致引起争执，得到顺利通过。在具体执笔时，我确实感到不易措辞。由于我的认识水平和写作水平的限制，有些提法就反映出了原则上的错误，把解放战争的人民性、革命性、正义性统统抹杀了，这正是所谓“失其守者其辞屈”。然而，尽管表面上采取不为左右袒的态度，但在骨子里左袒之心还是“情见乎词”的，隐隐约约之间，还是把发动这场内战的责任归咎到国民党反动派的身上。

1 月 17 日，汉口的各报都报道了湖北人民和平促进会举行成立大会的情况，登载了《湖北人民和平促进会宣言》的全文，《新湖北日报》把宣言登在原社论栏的地位。

1 月 18 日，湖北人民和平促进会举行干事会第一次会议，临时推定李书城先生任会议主席，按照会章，选举是用无记名投票方式，选出的常务干事是：

李书城	张难先	艾毓英	耿伯钊	陈　时
周　杰	贺有年	胡忠民	沈肇年	谈　瀛
喻育之	朱怀冰	许莹涟		

会议决定：（一）以湖北人民和平促进会名义分电中共和国民党政府，促请迅即实现和平电文，重申了宣言提出的 4 点最低限度的要求。（二）推李书城、艾毓英、耿伯钊 3 位常务干事，代表湖北人民和平促进会，当面促请白崇禧率先在华中地区、湖北地区、武汉立即实行停止征兵、征粮，停止城市设防，释放政治犯。

第二天，李书城、艾毓英、耿伯钊3位常务干事去见了白崇禧。白对具体要求避而不答，只是说：听说河南、湖南、广西等省参议会派有代表来湖北方面联系，你们大家可以互相商讨一下，看怎样才有利于恢复和谈，维护大局。白崇禧这时的用意，还是想扩大制造和平的声浪，利用它来对蒋介石施加压力，迫使蒋介石早日下台。

中国共产党毛泽东主席1月14日的《关于时局的声明》有力地击破了蒋介石的假和平阴谋，由于淮海战场的彻底失败，平津局势的急转直下，桂系的分裂，全国舆论的谴责，求和阴谋的被打破，蒋介石终于在1月21日宣布下野，退居幕后，李宗仁乘势取得代总统的名位，并于1月22日发出以中共的八项条件为谈判的基础的声明。

四

湖北省参议会1948年12月25日主张恢复和谈的文电发表以后，其他一些省的参议会相继响应。首先是河南省参议员刘积学轰出了一炮，直接指责蒋介石，措辞比较激烈，继之广西省参议会在桂系的策划和指使下，致电湖北省参议会表示支持。稍后，江西、湖南的省参议会也来表示赞同。湖北人民和平促进会成立并发表宣言以后，各地和平声浪随之兴起。河南、广西、湖南、江西4省的省参议会都派出代表相继来到武汉，与湖北省参议会进行联络，湖北省参议会副议长艾毓英和驻会参议员等曾以东道主身份，举行欢迎宴会。在白崇禧的示意下，他们曾有组织“五省和平促进会联合会”的酝酿，但在蒋介石声明引退、李宗仁取得代总统地位以后，白崇禧对这种联合组织，已经不感兴趣。实际上，武汉方面的和平运动，随着湖北人民和平促进会的成立，已经突破了省参议会的范围和白崇禧的导演了。所以在各省参议会来汉代表回去以后，湖北省参议会也未再与他们联系。所谓五省和运联合组织，也就没有下文了。

湖北人民和平促进会的成立，在一定程度上反映了武汉各界人民的愿望。李书城先生等在湖北地区素有声望，而且与工商界人士历来有些联系。他们挺身而出，奔走呼吁和平，大大地助长了人们对和平解决问题的希望，给动摇的工商界带来了安定剂。

2 月间，湖北人民和平促进会常务干事举行了会议。李书城先生表示愿意亲身前往河南解放区会晤刘伯承、陈毅两位司令员，促成和谈。

五

李书城先生从解放区回到武汉后，白崇禧知道他的打算落空了，立即撕下他的假和平的面孔，装出一副准备在武汉破釜沉舟一战的架势，一面密令桂系主力部队张淦兵团沿平汉铁路向武汉外围收缩，以便随时从武汉摆脱被解放军围歼的危险。李书城先生几次往见白崇禧，白托词不接见，写信给白，白也不作答复。湖北人民和平促进会的部分干事，和大部分常务干事举行了一次会议，并假座武昌曹祥泰商店楼上举行餐叙，听取了李先生关于去解放区及返汉后进一步情况的汇报。大家对于中共对时局的主张、和谈的条件、军事的形势，以及蒋、桂的和平阴谋，得到了进一步的了解，从此，和平运动转入为迎接解放而斗争。

李书城先生先在湖北通志馆，并应武汉大学、湖北省农学院的邀请到该校、院讲演，答复了一些新闻记者的提问，还利用他同各界人士广泛接触的机会，介绍了他在解放区的见闻，宣传了中共的政策、方针以及对时局的主张。武汉各界人民——尤其工商界人士对此十分关切，极表欢迎。李先生通过他的公开演讲和个别交谈，用亲见亲闻的事实，说明了共产党的政策，说明了新解放区军民鱼水、工商业照常营业、人心安定、秩序井然的情况。我记得李先生曾讲到，他在解放区亲见各地老百姓正在玩龙灯、狮子，欢度春节，庆祝解放。解放区过春节欢欣鼓舞，比这边热闹得多！人们听到先生的谈话以后，扫除了种种怀疑和顾虑。

2 月下旬，白崇禧调动其主力部队张淦兵团向南收缩，扬言扼守武汉，实则阴谋随时遁走。白崇禧假和平阴谋更加暴露无遗。

3 月间，国民党南京政府派出了以张治中为首的和平谈判代表团。3 月 26 日，中共中央决定指派以周恩来为首席代表的代表团，并宣布于 4 月 1 日在北平与国民党政府代表团开始举行谈判。湖北人民和平促进会、湖北省参议会曾会衔致电双方代表团，表示迫切期望和平谈判成功，早日结束内战。双方代表团经过半个月的谈判，议定了国内和平协定，但它遭到了南京政府的拒绝，从全局看，从白崇禧在武汉的动态看，全面性地或在武汉局部地和平解决问题的一线希望，都已经不复存在了。此时李书城、张难先、周杰先生等，前往会见白崇禧，当面提出维持武汉和平秩序问题。白崇禧板起面孔回答说：“你们的意见不外是要我不在武汉打仗吧，可是，如果我退到长沙，长沙也要我维持秩序，不在长沙打仗，我又得退到广西，广西人又要我维持广西的秩序，不在广西打仗，请问诸位我再退到哪里去呢？”最后，他还补充了几句说：“守土有责，我是义不容辞；军机大事，谁也不能干预。”接着，他就站起身来，表示送客，不让大家再说下去了。正由于越来越看透了白崇禧毫无悔祸之心，大家就更加提高了对白崇禧逃走前大举破坏的警惕性，采取各种方式，运用各种力量对白崇禧进行劝告，提出警告。关于所提出的制止破坏的要求，主要由于在中共地下党组织和地下工作人员的领导和策划下，广大人民群众发动起来了，经过艰苦坚强的斗争，终于取得了胜利。关于所提出的留下省市警力维持治安的要求，则由中共地下工作人员，深入开展统战工作，进行策反活动当时的汉口市长晏勋甫、汉口市警察局长李经世、武昌市长蒋铭、湖北省会警察局长胡慎仪等，接受党的政策，采取弃暗投明的行动。

李书城先生从解放区回来以后，由于李先生几次公开讲演，发表谈话，宣传中共的政策，引起国民党反动派的嫉视。同时艾毓英也由于积极参加促进和平的活动，为反动派所注目。有些特务分子先是散布谣言，后来甚至发出恐吓信件，说是如不敛迹，即将置之于死地，要把他们捆进麻布袋，扔进大江之中。虽然那伙人实际上还有所顾忌，不敢遽下毒手，但却引起大家注意，特别是中共地下党组织和地下工作人员，对李、艾等的安全十分关心，直接地或间接地提示要提高警惕，防备万一。在中共地下党的领导下，湖北、武汉各界人士共同努力，措置得当，顺利地迎来了解放。武汉终于回到了人民的手中。

（节选自湖北省政协文史资料研究委员会编《湖北文史资料》第3辑，湖北人民出版社1981年版）

张笃伦与湖北和平运动

吴忠亚 *

我和张笃伦（字伯常）共事，是 1948 年 4 月至 1949 年 2 月他担任湖北省政府主席、邀我任省政府设计委员会委员的那段时间。所谓“设计委员会”，名义上是省政府的高级决策机构，实际上只有一块空招牌。当时列名其间的，除我以外，还有辜达岸、李伯刚等人，我们这些人都只挂名而已，从不到会上班，连薪金也是由省府会计处按月派人分送到家。委员会从来没有正式开过会，有时大家偶尔凑到了一起，也只是闲谈一阵而散，所以这段短时间的共事，也就没有什么实际工作可言。不过，我承张笃伦客礼相待，另眼相看。他或邀我参加他主持的某些会议，或不时有所咨询，或邀

* 吴忠亚：时任国民党湖北省政府设计委员会委员。

至其私宅促膝谈心，因而与他却有较多的接触，对他有较多的了解。

张笃伦性格爽朗，谈锋甚健。有时直到深夜，还高谈不倦。所谈内容，除闲话乡谊、世谊外，有时也纵论上下古今，旁及某些政海见闻和他的某些政见。其间使我感受最深、经久难忘的，是他对于桑梓地方与故乡人民的真诚热爱，和他对于当时湖北和平运动的热情支持。他曾多次谈到，湖北是他的父母之邦，武汉更是培育他成长的地方，但自国共第一次合作破裂、大革命遭到失败以后，他就离开湖北，奔走四方，一直没有为桑梓效力的机会，殊觉有负故乡土地对他的哺育和故乡父老对他的期望。言下不胜唏嘘。在谈到这次回省主政时，他虽顿觉兴奋，但不免连声感叹说："这次奉命中央，回省主政，应该值得高兴，使我能有报效桑梓的机会，但是不幸战场形势接连失利，大局已经败坏到了难于挽救的地步，我们湖北也面临战火延烧而来的险境，这样不只一切地方建设事业无从谈起，为使在抗战期间饱受日军蹂躏之苦的故乡人民，免于再受内战之苦，甚至只求能为他们减少一些战争损失，也深感心有余而力不足。看来我这次回来，终不免会要引咎更深而去！"言下不禁戚然。谈到他的治省大政方针时，他不胜感慨地说："值此战乱时期，谈大政方针，都是高调。我作为湖北省政府主席，保卫全省地方的和平秩序和全省人民生命财产安全，免遭战争浩劫，是我无可推卸的神圣职责。我力求实现的最大心愿，就是要为此尽到最大努力，以求无愧我心。即使要为此承受再大的苦难和牺牲，我也无所顾惜！"他的这些谈话，深情表达了他热爱故乡和热爱和平的真诚愿望，实际上是他不便于公开发表的政治宣言。

张笃伦是国民党内有着长期历史的高级军政人员，也是蒋介石极为信任的重要人物。他被任为湖北省政府主席，是负着蒋介石的重大使命而来的。蒋介石在此危亡之秋，要他以湖北人的身份，回来动员全省的人力物力，为保卫蒋家王朝拼命一战，希望他在湖北创造出挽回败局和起死回生的奇迹。可是张走马上任后，并没有一味按照蒋介石旨意积极动员备战，而是不忘保卫地方，支持湖北武汉人民的和平运动。抗战胜利结束后，他对蒋介石打反共内战，却是很不赞成的。他认为，国共两党分歧是个政治问题，应当谋求政治解决，不应诉诸武力。特别是经过八年抗战，民心民力，都已不堪再战，更应亟谋和平建国、休养生息之策，进行反对蒋介石的战斗。因而，他倾向和平的态度及支持湖北和平运动的行动不是偶然的。

张笃伦还与我详细地谈了他这次回省主政的经过。他积极支持湖北和平运动的思想基础十分明了。除此之外，对张这一行动影响最大的几个重要因素，我也必须提到。

首先是当时武汉的特殊政治环境和特殊政治气候。淮海战役结束后，人民解放军的猛烈攻势正在向着长江沿线逼近。但是，处在长江防线桥头堡地位的武汉三镇的国民党军队里，却有一股微妙的和平空气在飘荡着，而且这股和平空气，还是从 1948 年 6 月成立的华中“剿匪总司令部”里散发出来的。华中“剿总”，是蒋在华中战场的最高司令部，司令长官就是鼎鼎有名的人称“小诸葛”的国民党桂系头目之一白崇禧。此人一向是蒋介石对付共产党的得力干将。上海四一二大惨案时，他是最直接的参与者；抗战期间，蒋介石“围剿”新四军的皖南事变的命令，也是由他签署的。

为什么白崇禧领导的华中“剿总”里会散发出与他以往作为相悖的和平气息呢？原来蒋、白两人，既是国民党军阀集团和反共序列中的老搭档，也是国民党派系斗争战场上的老对手。他们利益一致时，可以亲如兄弟，利害相突时，则会反目成仇。因而，蒋介石对桂系军队总是存有戒心。尤其对白崇禧，更觉放心不下，总是要把他紧紧控制在自己的身边，不让他分统大军，独当一面。由于蒋介石手中的几百万美式装备的“王牌”“嫡系”几被解放军消灭殆尽，剩下的杂牌军队中稍有战斗力的就是桂系军队。因此，蒋不得不把这支桂系军队，当成为他的救命稻草，让白崇禧统领这支桂系军队，扼守武汉，来为他抵挡一阵。蒋、白二人各怀居心，蒋介石的“金陵春梦”，是要白崇禧“伸手救人”；而这位“小诸葛”的“锦囊妙计”，却是“落井下石”。白从华中“剿总”放出的“和平”空气和摆出的那副主和姿态，就是要配合内外形势，逼着蒋介石把他的总统宝座，让给代总统李宗仁；把蒋、宋、孔、陈的天下，变成为李、白的天下。这就是武汉出现那种特殊政治环境和政治气候的问题实质，并不是白崇禧真有什么和平诚意，更不是他真有什么“放下屠刀，立地成佛”的念头。这种趁火打劫、落井下石的做法，自然掩不住人们的耳目。特别是谋求真正和平的武汉社会知名人士，多富有政治经验，他们对白的葫芦里卖的什么药，都洞若观火，他们希望将计就计，趁势把湖北的和平运动推向前进。这就是武汉在那个战火纷飞、战犯当道的岁月里，人民和平运动还能活跃于一时的一个重要原因。张笃伦之所以能在白崇禧的眼皮底下，积极支持湖北和平运动，也就是由于他能紧紧抓住并巧妙运用了白崇禧的叵测之心。

其次则是当时湖北和平运动中的两位主要领袖人物李书城（晓园）和耿伯钊，凑巧都是张笃伦最为敬重的老朋友，耿还是张的至亲（耿之胞弟耿丹即仲钊是张的妹夫）。李、耿两位都是湖北辛亥革命的前辈，在湖北武汉社会上享有很高的声望。就连大权在握、声威显赫的白崇禧，对他们也得要敬重三分。张一向视他们为长者，十分尊重。回到武汉后，即去拜望并向他们问计求教，商量挽救湖北危局的办法。李、耿二人向张表达了武汉人民的和平心声，提出了对张主政湖北的期望和建议。因而他们3人一拍即合，在湖北和平运动中，起到了相互配合和内外呼应的作用。李、耿两先生是在野之身，从事社会活动，正需要张的官方地位为之声援；张处在省政府主席的位置上，对有些问题，不便公开表示态度，也需李、耿二人为之沟通声气。所以，3人相互信赖，互相配合，非常默契。

当时张笃伦、李书城、耿伯钊3人的往来，表面上是私人朋友的相互拜访，实际上却是在共商谋求和平的大计。我有时也得机会列身其间，有时他们还要我帮忙做一些传达联络的工作。他们谈论的中心话题，就是利用白崇禧的假和平来实现武汉的真和平。

后来，李书城能以湖北和平运动代表的身份，前往河南解放区与中共领导人共商和平，就是这种为了和平甘担风险精神产物，也是张笃伦抓紧机会，将计就计的结果。

当时武汉正处在白崇禧军事管制的铁幕之中，湖北和平运动只能由一些热心和平的社会知名人士密谋酝酿，暗中进行。处在湖北省政府主席地位的张笃伦，也只能暗中支持，不便公开表态。派遣和平代表同共产党直接联系，更是一个想都不敢想的梦想。后来梦想变成事实的关键，是张及时运用了其时武汉政治气氛的微妙。

1949年1月23日，李书城以湖北和平运动代表的身份，由武汉经信阳、漯河、许昌等地北上，于2月上旬安全到达郑州。在那里，李先生受到了热烈欢迎，向解放军的前线高级指挥人员和中共中央华中局的领导表达了武汉人民的和平意愿。中共中央领导人之一董必武还特地从北京赶来郑州，亲切接待了他的这位作为“人民和平使者”的老朋友……

由于白崇禧根本就没有求和诚意，他请李书城出来，是想利用李做个幌子，故意浓化和平气氛，以早日实现“倒蒋拥李”的目的。李的这次解放区之行，也就自然不可能得到什么具体结果。但是他的这趟辛苦，并未白受，他为武汉人民带回了大量信息。人心安定下来后，许多打算向外逃亡的居民不逃了，打算向外搬迁的工商业主不搬了。向往解放区和向往和平解放的人，日益增多。

白崇禧对李书城到处宣传解放区十分恼火，但又无可奈何。他怪自己一时糊涂，把这个爱惹是非的老头请出来去了解放区。他急切地想找个出气的地方来发泄自己的不满，想到这个主意是张笃伦帮他出的，于是就把一肚子的气，都撒在了张的身上。

张也十分激动，对白崇禧那种蛮横无理的态度，表示了极大的愤慨，对我说：“你不要为此担心发愁！万一到了必要的时候，我会去把耿先生和李先生以及其他一些出头露面的和平人士都接到我这里，由我亲自保护他们。我就是拼掉这个主席不干，也决不会让白崇禧伤害他们！”

随着各方面形势的发展和变化，张笃伦推动湖北和平运动的决心，与日俱增。有一天，张在省府大厅举行了一次盛大宴会。被邀请出席宴会的，有省政府全体委员、全体设计委员和各厅、处、局长，武汉教育界、工商界、银行界、新闻界等方面的头面人物，以及其他一些从事和平运动的社会知名人士等，共100多人。宴会开始后，张以主人身份，起立致辞，他简单地向客人们表示了敬意和谢意。

我有幸参加了这次宴会。

然而事情的发展，并不像人们所预想的那样顺利，正当张笃伦刚要抬起脚步，由幕后走到台前，准备大干一场的时候，却遭到了白崇禧的当头一棒。原来，当时白崇禧“倒蒋拥李”的野心，已经得到了初步的实现，他已用不着玩弄“和平”手段来要挟蒋介石了。他计划以湖北武汉为头道防线，湖南衡阳为中间防线，广西为最后防线，步步为营，来巩固已得来的“拥李”战果。为了实现这个计划，白崇禧决定把张笃伦紧紧抓在手心里。一天，白命令张到华中“剿总”参加最高党政军联席会议。会上，白大声宣布说：“共产党和谈的口开得太大，简直就是要把我们全都一口吞下去。我已下定决心，要和他们打到底。这是关系我们党国生死存亡的最后一战。我们在座的所有党政军高级人员，必须同心协力，加强战备，死死守住武汉这个至关重要的桥头堡阵地，就是只剩下一人一枪，也决不后退。我们宁可把武汉三镇化为灰烬，也决不能把它完整地交给共产党。谁要敢于玩忽职守，不切实执行命令，就要军法从事，决不姑息！”白讲到这些话时，一直盯着张。会议开完以后，还把张单独请进办公室，当面下了几道严厉的手令。主要内容为：一是要张把一些战斗力较强的地方保安团队，迅速集中起来，统一编成湖北人民自卫军，在“剿总”统一指挥下，接受防守武汉的任务；二是要张取缔湖北人民的和平运动，对所有还在宣传和平的人从严惩办；三是要张紧急疏散武汉三镇的人力物力，特别指示要把湖北省银行和其他银行库存的黄金、白银和各种贵重物资一律送往桂林保存，一切可以拆迁的工厂和其他重要设备，如交通、电讯设备等等，都要迅速拆迁并运往桂林，实在难于拆迁的，要做好破坏的计划和准备。面对白的这副架势，张非常愤怒，但白重兵在握，张只好忍气吞声而回。次日，白崇禧派了一团桂系军队驻扎到省政府附近，说是为了加强这一带的警卫力量，实际上则是他对张不放心。

其时我正病在家中，好多天不能起床，对外面的形势不得而知，等到病情好转时，听说张已经挂冠而去了。

白崇禧虽然逼走了张笃伦，却无力扑灭湖北人民的和平运动。这时的武汉人民像一股汹涌的长江巨浪，向前冲击得更加猛烈。由学生组织的护校队、工人组织的护厂队以及街道居民组织的自卫队，使得白崇禧的备战计划，到处都障碍重重，寸步难行。1949 年 5 月武汉解放前夕，白崇禧只得带着他的残兵败将，艰难地逃到衡阳，最终落得了被围歼的下场。而武汉三镇得到了和平解放。张笃伦未能实现的局部和平的愿望，在中国共产党的领导下，经过武汉人民和社会各界人士的共同努力，终于圆满实现了。

（节选自湖北省政协文史和学习委员会编《湖北文史》第 87 辑，湖北人民出版社 2009 年版）

我所亲历的湖北和平运动

胡楚藩*

一 湖北“和平运动”的起因

独裁卖国的蒋介石，妄图继续维持其黑暗统治，在美帝国主义支持下，悍然撕毁停战协定，发动全国规模的反革命战争，使中国人民在八年抗战之后，喘息未定，又重新陷入水深火热之中。这是完全违背民意的。除了一小撮反动派外，凡是稍有良心的中国人，莫不渴望和平，怵心战祸。这是解放前湖北“和平运动”的主要起因。其次，国民党蒋桂之间的矛盾是有其历史性的，时而弩张剑拔，兵戎相见，时而弃隙言好，和平共处。为了争夺骑在中国人

* 胡楚藩：时任湖北省参议员；后曾任湖北省人民政府参事室参事。

民头上的最高统治权，他们是无时无刻不在明争暗斗之中。湖北的“和平运动”发生在1948年冬，当时桂系第二号头目白崇禧是以“华中剿总”的头衔（以后改称“华中军政长官”）驻在汉口。他的管辖区域是7省2市（即豫、皖、赣、鄂、湘、桂、粤7个省，汉、穗2个市），掌握了这个地区的军政大权，在蒋管区有举足轻重之势。当时蒋介石所统辖的美式装备部队，在各地相继土崩瓦解，人民解放军的刘邓大军早已南下，决定全局的淮海战役已到紧张阶段，而白崇禧按兵不动，蒋桂之间的矛盾更加尖锐化。湖北省参议会一部分人和关心时局的湖北耆宿（如李书城、张难先、耿伯钊等），就幻想利用蒋桂之间的矛盾，在武汉搞出一个局部和平的局面，于是湖北“和平运动”的序幕就在这种情势下拉开了。

二　对白崇禧的一次和平试探

1948年冬到1949年春，张难先、李书城、耿伯钊3人常到湖北省参议会来（张住珞珈山，来的次数少些）同副议长艾毓英等交谈。大家都关心时局的发展，担心战争蔓延到湖北武汉来，幻想武汉能出现一个和平的局面。大家认为有这个可能。因为白崇禧拥有桂系军队30万人，白盼蒋垮、桂系登台，这就是可以利用的矛盾。其次，李书城在抗战期间就与靠近共产党的民盟接近，如白有和平解决的意向，可由这条线索转达解放区。李书城、张难先各有其社会地位，加上省主席张笃伦平时同我们谈话中，也对此颇感兴趣，似可向白试探和推动一下。耿提出艾毓英和我去见白，艾便和我先去见张笃伦。我们问张：“白先生对时局有何看法，阁下有所闻否？”张只说，白与蒋是有矛盾的。弦外之音，局部和平是不无希望的。我们便请张去见白试探一下。于是张去了，他对白说：湖北省参议会和其他几位先生，很关心时局，想前来拜访。白当即表示欢迎，并说：“时间约好了，你那边派专轮送他们过江，我派汽车到江汉关码头来接。”次日傍晚，我们便在参议会集合。除了张难先、李书城、耿伯钊、张笃伦、艾毓英和我以外，还邀了殷锡三、李延禧、黄兆廷几人，一同乘汽车到汉阳门上专轮渡江。到汉口江汉关码头登岸后，乘白的汽车到他“剿总”所在地。我们一进大厅，白即出见，表示欢迎，并说了些客套话。先是耿伯钊泛谈时局，大意说：我们关心大局，更关心湖北武汉。我们设想，能否避免战祸延展到湖北来，不知白先生对目前形势有何见教？耿的话音未落，白随从副官前来报告，说总统打电话来了。白说：“蒋先生来电话，看他讲些什么。”要我们候一会儿。半小时后，白回到大厅。耿问：“蒋先生有什么好消息，可否见告一二？”白说：“淮海紧张得很，战略部署有问题，要我调张淦兵团（三兵团，桂系精锐部队）前去支援徐州会战。”我们问白答应没有，白说：“我没有同意，我说张淦兵团不能抽出去。武汉是重镇，万一武汉发生问题，谁负责任？蒋先生说，如果徐州失利，将整个瓦解！抽调后，万一武汉发生问题，不要你负责。我对蒋先生说，将在外，君命有所不受。他很失望。”白正盼望蒋的嫡系部队全部搞垮，桂系好取而代之，所以电话毫无结果。我们一致赞扬白的态度，认为他的回答很对。从白对蒋的这个态度看，彼此之间的矛盾已十分尖锐。于是张难先、李书城、耿伯钊相继发言，说从军事形势看，打恐怕打不下去，我们湖北可不可以和平解决，如可以，那就对湖北甚至中南各省造福不浅，白先生是不是考虑一下？白笑了一笑说，打仗总是不好的，老百姓不愿打仗，我们也不愿打仗，当然是和平为好。他避免具体谈下去。我们体察白的这个表示，进一步谈下去恐怕没有什么益处，就把话题转到其他方面，漫谈了一阵告辞了。可是我们有个共同的看法，从白对蒋的态度看，局部和平的可能性是存在的，我们也就寄予希望。

同白晤谈以后，大家有意请李书城去解放区走一趟，把白和蒋的矛盾以及白对局部和平的态度，转告解放军。李接受了我们的建议，由省参议会送给300元路费，只身沿着京汉线进入了解放区。据说是民盟转请地下党给予了方便。过了一些时，李从解放区回来了，带回了和平解放的条件。但这时时局更加紧张了，解放军势如破竹，蒋介石面临总崩溃的最后时刻，全国解放在望。李从北方回来后，为个人安全计，很少出面。我们估计他独自见过白崇禧，转达解放区的和平解决条件。但白并不需要和平，他只想挤垮蒋介石，自己保存实力。这从以后他自湖北撤退到广西可以证明。

三　“湖北省人民和平促进会”的组成

1948年冬（准确的月日记不清），旧湖北省参议会召开第六次大会的时候，首先由我发动，领衔提出一个“促进和平案”，参加附署的参议员有50人左右，占省参议会总席次的绝对多数。于是，这一提案就在热烈的掌声中顺利地通过了。我起草的这一提案，现在还仿佛记得其中有这么几句话：“盈城盈野，丧命何止万千；小东大东，催科已尽杼柚……”对于蒋介石发动反革命战争，荼毒生灵，横征暴敛，在提案中也约略地有所揭露。提案并主张，由湖北省参议会发起，召开一次有武汉各界人士参加的扩大会议，组设“湖北省人民和平促进会”，共同促进和平。提案通过后，省参议会就根据通过的决议，召开了这样一个大会。会议地点在湖北省参议会内（时间记不准确），到会的人数约在400人以上，楼上楼下座无虚席。参加这次会议的，除全部能出席的省参议员外，武汉各职业团体的许多成员和社会人士（如湖北的耆宿李书城、耿伯钊等）也来了。

在大家热烈发言讨论中，组成了“湖北省人民和平促进会”，并通过了呼吁和平的电文，警告蒋介石“如战祸继续蔓延，不立谋改弦更张之道，则国将不国，民将不民”，要蒋介石“循政治解决之常轨，寻取途径，恢复和谈”。我现在恍惚记得在讨论发言中还出现了一个插曲，就是孔庚对大家的发言，持有对立的意见（大意是为蒋政权辩护），以致激起到会人士公愤，一致呵斥孔庚发言的荒谬，弄得孔庚只好尴尬不堪地退出会场。

四　白崇禧策动成立“华中七省二市人民和平促进会联合会”

自从湖北省参议会发动组成“湖北省人民和平促进会”以后，白崇禧所管辖的区域7省2市，都先后成立了“人民和平促进会”，并各推派代表3至5人来到武汉，在湖北省参议会内集会。湖北省参议会（议长何成濬早已于半年前去上海，由副议长艾毓英同驻会委员主持会务）以东道主的身份，宴请了与会的各省市代表表示欢迎。大家在省参议会内开了一天的会，推举湖北省参议会驻会委员我为大会秘书长，确定了“华中七省二市人民和平促进会联合会”的名称，通过了呼吁和平的电文。会议结束后，再也没有联系开会了。这次“七省二市人民和平促进会联合会”（当时报纸上简称“和联”）的组成，参加的省市都是白崇禧“华中剿总”所管辖的区域，很显然是在白崇禧的策动下组成的。白的意图，是想借此扩大和平攻势，逼迫蒋介石下台，抬高桂系地位，这是断然无疑的。

（选自湖北省政协文史资料研究委员会编《湖北文史资料》第1辑，湖北人民出版社1980年版）

湖北和平运动的片断回忆

贺有年*

一　“和平运动”的由来

在国民党的新军阀中，蒋介石和桂系一直存在矛盾。这种矛盾在湖北曾经突出表现过两次：一为1929年的蒋桂之战；一即1949年的湖北“和平运动”。“和平运动”除了反映当时湖北人民的和平愿望之外，更重要的是桂系想利用“和平”挤垮蒋介石以取而代之。当时桂系第二号头子白崇禧以“华中剿总”之尊，握有湖北、湖南、安徽、江西、河南、广西、广东、汉口、广州7省2市（汉口为其总部所在地），而蒋家王朝已濒于崩溃边缘。白崇禧企图打

* 贺有年：时任湖北省人民和平促进会常务干事，后曾任湖北省人民政府参事室副主任，湖北省政协常委。

出和平解决的幌子，捧李宗仁上台，湖北的民主人士也就利用白的这个幌子，谋求湖北能够免于战祸，促进和平。这就是湖北“和平运动”的由来。所以当蒋介石退居幕后，李宗仁以副总统代总统之后，白玩弄和平手法一变，而又以固有的狰狞面目出现了。

二　呼吁和平电文的出笼

1948 年 12 月 25 日，白崇禧向蒋介石提出和平解决的建议，同时示意辖区省市参议会呼吁和平。湖北省参议会就在蒋介石发表 1949 年元旦文告以后，发出呼吁和平的通电，一致南京蒋介石，一致延安毛主席。致蒋电略云：“南京蒋介石先生：曩者抗日之战，举国踔厉，人无分于朝野，地无殊于南北，群以必胜决心，争取最后之胜利，财殚力痡，犹复再接再厉，盖为伸张民族之正义，保障人类之和平。不意复员未久，阋墙祸作，恶战苦斗，此伏彼起，肝脑涂地，积之可以为山，膏血原野，汇之可以成渠，即幸在所谓后方，而服役服工，征实征借，商贾辍其贸迁，百工废其劳作，国家元气斫丧殆尽，国际地位低落不堪。如战祸继续蔓延，不立谋改弦更张之道，国将不国，民亦不民，民族前途，可胜危惧！万恳遵和平救国之遗训，循政治解决之常轨，易干戈为玉帛，化灾戾为祥和。使国脉得以延续，民命得以保全，本会代表民意，责在尽言”云云。致毛主席电略谓：“延安毛润之先生：国家之进步，端赖建设，建设之基础，在于和平。吾国自复员以来，战祸连年，未遑小休；如战争长此迁延，则民力日竭，国命日危，将何以肆应世界之危局，培养国家之元气。先生轸念国家，志切解放，际兹民生憔悴，国步阽危，万恳循政争之常轨，察民心之趋向，本悲悯之初衷，定和平之大计，停止战争，恢复和谈”云云。

电文是在1948年底一次座谈会上由大家推由贺有年为主，谈瀛为助起草的。经过修改再送白崇禧过目。白为了加重语气，还在原稿上亲手改写了“国将不国，民亦不民”两句。此电于1949年1月3日见报。接着华中其他省份也先后发出了响应湖北的通电。

三　和平座谈会的风波

1949年1月某日，湖北省参议会举行了一次和平座谈会，出席的除省参议员之外，还有不少其他民主人士和所谓绅耆名宿，其中有国民党立法委员孔庚，也有我这个国民党监察委员（又是“和平促进会”的成员）。我记得那天上台或就座起立发言的，大都以谋求和平为主题。孔庚也上台发表意见，他以教训人的口吻说，呼吁和平的电文称毛润之先生是对的，把蒋总统称作蒋介石先生就不对了。蒋总统是依宪法由人民选举的，应受到大家的尊敬，等等。他正谈得起劲，冷不防李西屏先生由主席台边站出来说：“孔先生，什么总统选举是人民选的！我是没有选的！你的立法委员又是哪个选的？今天大家都在争取和平，你却在那里维护什么法统！”说毕，台下报以热烈掌声。孔庚愣在那里下不了台，只好向主席艾毓英请示：“我是说下去呢，还是以后用书面？”艾的答复也妙：“由你自己斟酌好了。”孔心慌意乱，踉跄下台。他不经侧面阶梯，竟从正面向下举步，如非有人一把拉住，定要跌个头破血流。

事后我写了一篇评论《斥孔庚》，发表在《自由论坛》四卷二期上，署名云波。文章在概述了和平座谈会的情况后，说到孔好教训人是一贯的，前不久在白崇禧的一次招待会上，同艾毓英口角，就说“艾少不更事，我要教训教训你”。艾也回敬：“你老糊涂了，不要倚老卖老。”再看孔庚的历史，1927年就在这个阅马场，他喊过打倒蒋介石的口号，今天却如此拥护蒋总统，未免前后太不一致。今天全国高喊和平，武汉喊得最早也最热烈，反映了怖死求生的心理。这个心理是堆积如山的白骨和汇流成海的鲜血铸成的，不过不是孔庚的骨和血罢了。但他却从这些骨和血当中得了不少利益，如拿拥护“五五宪草”，换来立法委员的资格。他又怎能不拥护“戡乱的国策”呢？寡人之妻，孤人之子，与孔庚何干！所以老百姓渴望和平，孔庚漠不为动，只知拱北辰，护法统，老百姓可以死尽，立委却不可以轻弃。老运亨通，全寄在法统之上。

这一下刺痛了孔庚，他不免大发雷霆，在报上进行反驳，可是色厉内荏，支吾其词。我为弄清是非，又发表了《答孔庚》一文。后来武汉解放，也就不了了之。

四　对“和平运动”的一点看法

和平是全国人民的共同愿望，湖北自不例外；但当时湖北在桂系军阀高压之下，是不敢有所动作的。党的地下工作人员充分估计了形势，掌握主动，因势利导，给予我们以指导和保护。

当时湖北省参议会议长何成濬请假避居上海，参议会事务由副议长艾毓英全权代理。艾利用参议会这个讲坛，为“和平运动”提供了方便，他本人也积极活动。我记得有一次谈瀛陪同党的城工部负责同志余杰来找我，郑重其事对我讲：“国民党特务对艾极为仇视，可能出问题，不被暗杀，即会绑架。我们拟叫艾暂时避开，必要时希望你出来顶一下。”可见艾为“和平运动”尽了点力，已引起国民党的仇视。余为保护城市的负责人，所言自属不虚。

至于张难先、李书城，更是有名的和平老人，李曾为和平问题赴解放区接洽，白崇禧在李去时也假惺惺地给予交通便利；李回来后也作过解放区之行的报告，但白却不再理会这一回事。因为李宗仁已上台，利用“和平”也就到此为止。1948 年底，白崇禧示意要张难先出来倡导“和平”，张却假装听不懂而支吾过去。但张在保护城市秩序中积极参与了这个工作。周杰为参议员，又是蘅青中学校长，与党地下工作同志早有联系，在“和平运动”中起了一定的作用。

那时，我们的处境相当危险，我曾在汉口某银行搞了一个临时藏身之所，幸而解放军来得快，我既未站出来顶，国民党特务也来不及下毒手了。

我是湖北“和平运动”中一分子，也做了一点应做的事。

（选自湖北省政协文史资料研究委员会编《湖北文史资料》第 1 辑，湖北人民出版社 1980 年版）

“十人座谈会”与和平运动

周　杰*

1948年冬，湖北人民倡议和平运动之前，在武昌曾有个“十人座谈会”的组织，其成员有聂国青、江炳灵、胡忠民、贺有年、夏维海、周杰、杜季书、王葆青以及许莹涟、段继李等10人。这些人在和平促进会的活动中和武汉解放前夕的“真空”时间维护社会秩序中，起了一定的作用甚至起了核心作用。座谈会设在武昌大成路蘅青中学（现改为武汉市第十中学）。那时我任该校校长，每星期六下午集会一次，座谈时局和交流情况，就一些重要问题进行探索直到解放未曾间断。参加座谈的10人，开始动机也是不一致的。有的是民盟的成员，他们之中，有省参议员，想利用这组织与省参议

* 周　杰：时任湖北省参议员；后曾任湖北省政协副主席，民盟湖北省副主委。

会的活动，互相策应，并与党的地下同志发生联系，想组织一部分人作为迎接解放的力量；有的是真心倾向共产党，适应大局的发展而个别自愿参加的；有的是对时局的变化而感到彷徨，听取讯息的（在当时来讲，是一种动摇力量，因而被吸收，也有一定的作用）；也有的同志与党的地下同志联系较密较广，为了避免惹人注目，不参加座谈会，而在会外与会内的核心分子取得联系，如刘劲同志。总之，这个十人座谈会，开始是各有各的态度和认识。后来，经过长期的交谈和革命形势急速发展的影响，其目的和行动，逐渐趋于一致，即为迎接解放而努力。其中有的是和平运动的策动者和组织者，有的是到处奔走活动的积极分子，有的是主持或参加电文起草的工作者。

为了进一步扩大和平运动力量，发展和平运动，“十人会”曾多次议论过，应由在座的成员（也是省参议会的议员）在省参议会上提出，互相策应，内外推动为妥。

湖北的和平运动是怎样进行的？为迎接武汉解放做了哪些工作？就我所知，概述如后：

一　利用蒋、白矛盾进行和平运动

蒋介石迫于淮海大战的惨败，感到日暮途穷，也假意言和。但在地方反动势力控制下，人民想借蒋的和平外衣，展开真正的和平运动，迎接解放，还是大有问题。

湖北的和平运动，是由那时的省参议会少数人所发动的，但这少数人中又有分歧，有的是想以真正和平迎接解放；有的是想争取条件，维持反动秩序。省参议会第一次讨论这个问题时，意见分歧，不能统一。特别是有个伪立法委员刘树仁，在发言中，大肆夸张蒋介石还拥有很多的精锐部队，强大的海军和飞机，足以应付人民解放军。这一番话，差不多把到会的人都吓倒了，弄得无结果而散。

当这个消息传到白崇禧的耳朵里（白是伪“华中剿匪总司令”驻汉口），白却另有企图，对搞和平运动表示赞成，这一下省参议会的空气大为转变，原来倡议和平的几个人就抓住这个机会积极进行。但人们心里是亮的，白崇禧并不是真正想和平，而是想借人民倡议和平运动，逼蒋介石下台，由李宗仁以副总统进位总统。既然“白老总”同意倡议和平运动，这时省参议员几乎争先恐后，都要在倡议和平提案上署名，好像署名的先后就是将来论功行赏的标准。在这样情况之下，倡议和平提案，就顺利通过了。议案是通过了，嗣后就不能不仰承“白老总”的意旨办事了，但这又发生了问题，由谁以参议会的代表资格去与“白老总”接头呢？这是个出风头、捞油水、千载难逢的好机会，谁也不肯放弃，而势又不能都去当代表，后几经磋商和调解，决定由每区（鄂东、鄂南、鄂西、鄂北、鄂中）各推选二人，而各区又是哪二人当代表？又几经磋商和调解，决定每区轮批以二人当代表，所有的参议员，一批一批地轮流当下去。一场混乱，才算告终。

在几次与白接谈中，没有谈到什么具体问题。记得有一次会见，白说：“蒋总统的意见，任何人都不敢反对的，我白某是不怕的，敢于当面对他提出反对的意见。”又有一次深夜，正在谈话中，一个卫士请白上楼接电话，约半小时，白跑到楼下来对我们讲：“蒋总统有电话来，要我把宋希濂的部队调到前线去（这时宋部驻扎宜昌）。我说宜昌也很重要，如果宜昌发生了危险，由谁负责？蒋说由他负责。我说宜昌是我的防地，守土有责，不能调，我就这样拒绝了。”言下表现非常得意。证实他敢于对蒋提反对的意见，也说明他能够保全他的实力。

省参议会发动的“湖北人民和平促进会”，是在利用蒋、白矛盾的情况下成立的。并向各界发出了呼吁和平宣言，向延安和南京，向北平和平会议分别发出了电文。如：（1）湖北省人民和平促进会致北平和平会议周恩来、张治中两首席代表电；（2）湖北省参议会第一届六次大会致总司令白崇禧电；（3）张难先、李书城致白崇禧的信；（4）武汉市民临时救济委员会的通知。我认为这几个文件有一定的历史意义，故录保存。现将之二的内容录述于下：“八年抗战，继以三年内战，人民死者血渊骸狱，生者皮骨仅存，大局实已演至不能再演之阶段。比者蒋总统、孙院长先后发表文告及谈话，均恻然作和平之号召，诚鉴于人民痛苦之程度，为历史所未有，伤心惨目，不得出此仁声。麾下驻节华中，统筹全局，于民隐知之尤。湖北农村壮丁锐减，善藏已空。武汉市民皆奄奄垂毙，敬恳迅赐明令，停止武汉三镇防御工事之构筑，并饬湖北省政府停止征兵、征粮。示政府之开诚，作祥和之先导，风声所树，海内归心，不仅鄂人感戴已也。”

在倡导和平运动中，省参议会以周杰、刘劲为首的几十个议员提出了“停止征兵、征粮，停修防御工事，以实现和平号召”的提案，并且得到一致的通过。这一呼吁和平和反对征兵、征粮的文电，对当时来讲，起了一定的影响。但是蒋介石还没有表示下台。

这时正好河南、江西、湖南和广西几省的代表在湖北（可能是白预先设计好的），白崇禧示意湖北省参议会邀请这几省代表参加，成立了“五省和平促进联合会”。不久，蒋介石被迫通电下野，李宗仁代理伪总统。这时白崇禧策动“和平”运动的目的已经达到，因此，对和平运动就渐渐表示冷淡，不感兴趣了。

当淮海大战，人民解放军歼灭了蒋介石的百万大军，接着解放了南京、上海等地，武汉已接近了解放前夜。这时，白根本不谈和平运动这件事。但倡议和平运动的几个人，仍然不断地同地下党的同志取得联系，还想借和平运动的基础，来迎接解放。记得最后一次，我们几个人去与白接头，很婉切地要求他维持武汉的和平秩序。当时，白气冲冲地站起来说，你们的意思我知道，是要我退出武汉，不在武汉打仗。可是，如果退到长沙，长沙又要我维持秩序；我又退到广西，广西又要我维持秩序，我将退到哪里？我守土有责，怎能这样干呢？我们虽然看到白的态度变了，这也是意中事，并不奇怪，但我们仍不放弃几个月来搞和平运动同白打交道的关系。同时又利用各方面的关系，向白提出制止破坏和维持秩序的要求，并商定由张难先、李书城两位先生给白写信，表达武汉市民的愿望。这对武汉真空时期的维持治安工作，创造了有利条件。

二　迎接解放　维持社会治安

和平运动虽是短暂的，但对当时来说，打击反动派，教育人民，推动时局的发展，也起了一定的作用。在临近解放前夕我们初步分析了一下时局，当我解放军未进城之前，反动军警的撤走，在武汉必然有一个真空期间。特别是反动军警撤走时，要注意防止劫掠和破坏。因此早就酝酿临时维持秩序的组织。对社会上负有重望的人士，如张难先、李书城和工商界的著名人物，暗中进行长期联系，并对组织的分工和布置，都有成熟计划。一天早晨，孔庚跑来向我传达白崇禧的话说：白即刻离开武汉，叫我们设法维持武汉治安。这意外飞来的佳音，使我们不胜狂喜之至。白何以走得这么快？他看到人民解放军已经渡了江，即将解放南昌，沿浙赣路直捣长沙，他怕截断后路，无处逃命，非马上撤退不可。逃命要紧，土也不守，责也没有了。

白崇禧一走，武汉市民临时救济委员会的通告就在各个通衢大道上贴出来，使民众看了安心，使坏人知道有所备而不敢逞。临时救济委员会分武昌、汉阳、汉口 3 个执行区，各执行区，在主任、副主任之下设秘书、总务、治安、联系、交通和宣传各个办事组。人民解放军是 5 月 16 日下午到达汉口的，16 日晨，白部掩护撤退的少数军队，炸毁武昌轮渡码头，不准江面行驶船只，并扣留了 3 只渡江轮船，停泊在平湖门码头，扬言要银圆 3000 块，不然的话，就要炸毁。经武昌执行区再三婉求，出了 300 元，幸免于炸毁。15 日傍晚，由一位同志到黄鹤楼竖起一面红旗，作为欢迎人民解放军过武昌来的信号。

15 日晚到 16 日武汉交通断绝，武昌成了真空地带，幸事先有布置，人心很安定。15、16 日两天晚上，武昌执行区，特别注意到武昌区的秩序，除预先掌握有 300 支枪的力量用以随时梭巡警戒外，并传知每街每巷和每户，必须通夜开着电灯，或点着煤气灯，派人守夜，互相联络，以防不测。草湖门外，曾一度发生骚动，即时镇定下去了。特别是16日晚，隔江汉口的爆竹声，连夜不断地震天震地地响，人民解放军到达了汉口，武昌市民感到兴奋，因而这夜安然度过。17日晨，汉口人民解放军分了一部分过武昌来，武昌市民渴望的心情，自然与汉口市民一样，挨街挨户，燃放鞭炮，表示热烈欢迎。武昌、汉口、汉阳完全得到了解放，人心大定。武汉市民临时救济委员会的任务，已胜利完成，没有存留的必要，即时撤销了。虽然根据解放军的意见，成立了一个过渡的军民联络办事处，协办了一次军粮工作，以后也在很短的时间内就撤销了。

（节选自湖北省政协文史资料研究委员会编《湖北文史资料》第3辑，湖北人民出版社1981年版）

父亲的 1949 年：再为和平奔走

张素我 *

一　为和平奔走

往年我们一大家子都会一起过元旦或春节。可 1949 年，局势剧变，父亲奔波不停，我们没有全家一起过春节。

1948 年夏，国民党部队在各战场大吃败仗，经济情况近于崩溃，各地学潮已如波涛汹涌，同时国内外又传出了和谈的谣言。此时，又听到南京苏美两大使有会谈的意思，父亲又动了奔走和平的念头。

8 月 14 日，父亲在西安收到蒋发自牯岭的电报，要父亲去南

---

*　张素我：张治中之女，曾任对外经济贸易大学教授，全国政协常委，民革中央常委。

京，专机都派来了。父亲又接邵力子先生电报，知道他也在邀请之列，认为蒋真的要考虑他们的建议了。父亲本想 17 日动身，16 日却收到蒋的电报，要父亲暂缓启程。两三日内变化如此之快！后来才得知，蒋到牯岭后，头脑冷静下来，起了和的念头。后来上牯岭的人多了，有人力言金圆币发行能改变财政经济问题。蒋信以为真，认为还可以打下去，于是不让父亲去南京。可见，蒋当时摇摆不定。此后，形势恶化。整个东北、华北绝大部分解放了，天津、北平吃紧。11 月 2 日，蒋又秘密发电邀父亲去南京。4 日，父亲到达南京。同日到的还有傅作义将军。这天下午国防部召开军事会议，在座的有何应钦、林蔚文、刘斐等，顾祝同去了徐州。一片悲观失望情绪充满了会场。那晚傅作义的表情，父亲记得很清楚，露出一副焦虑不安的神情。蒋问傅的意见，他连说：“很困难，很困难！”再无他话。父亲则一声不响。蒋看这情形，就散了会。临散时，蒋对父亲说：“你明天上午来谈。”

3 年后，父亲和傅作义在北京聊起这件事，傅说：“我从那天就转变了念头，只想和而不想战，特别是你给我的启示很大。”父亲说：“那天我一言不发，怎么给你启示？”傅说：“进门的时候，你不是一定要让我走，并说‘你们主战的请先走，我们主和的在后头’吗？”当时父亲一心想着和，他们谈的什么也是心不在焉，自己说的什么话也忘记了，没想到傅却记得很清楚。

第二天，11 月 5 日上午 11 时，父亲和蒋谈了两个小时，从军事、外交、经济、民心、士气加以分析，认为现在应该马上放弃“戡乱”，恢复和谈。蒋此时还没有和的意思，因为他认为要和，他就非下野不可，而现在还不是时候。他又问父亲愿否担任行政院长，父亲表示不停止“戡乱”，就绝无法担任。但如为和平，愿当一个参军供奔走。

此时淮海战役正在酝酿，蒋将全部希望寄于此役，将全部精锐集中在徐淮一带。可淮海战役开始没多久，黄百韬兵团便在徐州以东被歼灭，黄本人阵亡。再加上金圆币贬值，翁文灏内阁支持不下去，孙科被蒋提名继任。

蒋介石和孙科都坚决邀请父亲参加新内阁。几经交谈，父亲拒绝实职，挂了个政务委员的虚衔，要求回西北去。后孙阁曾要求美、英、法、苏调停中国内战，但被拒绝。

此后时局变化很快，淮海战役国民党精锐部队几乎全军覆灭。白崇禧在汉口发出主和的电报。电报是给张群、父亲两人转蒋的。大意是停战以言和，同时宣称非蒋下野不可。白崇禧意在倒蒋是很明显的，父亲和张群约了吴忠信 3 人研究，认为蒋确非下台不可。便拿了白电和蒋谈，一连谈了 10 天，每天有谈一次或两三次的，最后蒋同意下野，由副总统李宗仁继任。于是就有了 1949 年蒋的《元旦文告》。

在一番人事和军事部署后，蒋于 1 月 21 日在南京发表引退声明，表示愿意下野，由李宗仁任代总统。蒋介石虽然“引退”，实际上退居溪口，依然控制着局面。

李宗仁上台后就想改组内阁，多次表示要父亲担任行政院长，父亲再次拒绝。父亲深感对大局已无能为力，认为全局无望，不如退保西北，1 月底便回到兰州。父亲认为，除新疆有相当把握外，宁夏、青海两马是棘手的，甘肃也得下功夫。在 2 月 7 日甘肃省党部纪念周上，父亲发表了大胆的《三年来和运的回顾与展望》讲演，暗示将来西北非和不可，为此后西北的和平转变做了思想准备，对社会人心具有强烈的安定作用。没想到7个多月后，父亲的和平转变便得以实现，这是后话。

父亲这一段在兰州只住了10多天，在李宗仁的不断催促下，2月22日，父亲飞回南京。那一天，天气异常恶劣，细雨蒙蒙。当时何应钦、白崇禧、李汉魂等到机场迎接父亲，白还说："我听到半空飞机声音盘旋了半小时之久，尚在替你祷告平安哩！"

为让李宗仁放手促进和平，父亲动了劝蒋出国的念头。和李宗仁、张群、吴忠信商量，他们也表示同意。3月3日，父亲和吴忠信飞到宁波。蒋经国在机场接了父亲等人乘车到溪口。没想到蒋介石劈头第一句就是："你们的来意是要劝我出国的，昨天报纸已登出来了。""他们逼我下野是可以的，要逼我'亡命'就不行！下野后我就是个普通国民，哪里都可以自由居住，何况是在我的家乡！"没办法，父亲只好不提出国之事。当时蒋和父亲等都住在雪窦寺妙高台，一住就是5天，后又回到溪口住了3天，早晚起居都在一起。上午谈，下午也谈，吃饭也谈，逛山也谈，晚上围炉也谈，这8天真是无所不谈。父亲他们用尽种种委婉的言辞和蒋谈，培养大家的感情，后来蒋的态度就和缓多了。临别还送下山到溪口，并一直送到宁波机场上飞机，欢然握别。

二　和谈失败　留在北平

3月12日，何应钦组阁。何阁成立第一件事就是和谈。26日，国共双方正式公布和谈代表名单。在动身到北平之前，3月29日父亲再到溪口看蒋。这天下午，蒋、父亲和吴忠信边谈边走，蒋表示愿意和平，愿意终老是乡。30 日，父亲回南京，将蒋的表示写成新闻稿发表。31 日，父亲应立法院的邀请，做了一次慷慨激昂的演说，博得全场不断的掌声。4 月 1 日，父亲等代表团成员飞北平的那天，立法院特别休会半天，全体立法委员到明故宫机场送行，由此可见当时大多数人心里的趋向。

此后的情况大家都很清楚，父亲和邵力子等人从南京飞到北平，住在六国饭店。先是 10 天个别交换意见或广泛地谈，最后由毛泽东分别约见各代表谈话。和谈刚开始时，有一段插曲。因为父亲临来北平前，去了溪口看望蒋介石。外间曾传说是“奉李宗仁、何应钦之命”，其实是父亲自己提出的。父亲到北平，周恩来伯伯首先提出质问，认为这次不应该去溪口看蒋，认为这是加强蒋的地位，证明蒋仍有力量控制代表团，“这种由蒋导演的假和平，我们是不能接受的”。此后周伯伯又提过两次，父亲加以解释，说明用意：（1）蒋虽退到溪口，但到底力量还在他手上。如果得不到他的同意，即使商谈得到协议，也没用。（2）那时京沪的顽固分子气焰嚣张，常有对父亲不利的谣言。溪口之行，对他们有一种镇压的作用。（3）蒋当时还是国民党的总裁，在党的体系上，代表们除了章士钊外，都是党员，应有向他请示的必要。（4）在礼貌上说，也有去看蒋的理由。其实，当时李宗仁对这事倒是并不怎样同意。

一直到商谈末期，父亲赴溪口的理由才为中共方面所了解。父亲认为，这对商谈，至少对初期商谈的情绪是有些影响的。

经过双方多次磋商，终于形成《国内和平协定》八条二十四款。16 日，派黄绍竑、屈武带了文件回南京，劝告李宗仁、何应钦接受。父亲认为这个定稿已经接受南京政府代表团所提修正意见40余处的过半数，在当时的背景下，实属难能可贵。但事与愿违，20日深夜，父亲得知南京方面拒绝接受，并要求成立临时停战协定。代表团即刻将复电抄送中共，请他们再加考虑，这是21日上午9时之事。不久，北平街上到处是“号外！号外！”的声音，毛主席、朱总司令已经命令解放军进军江南了。

此时，李宗仁、何应钦电催国民党代表团速返南京，23日派飞机到北平，24日回南京。父亲本打算24日回南京复命。周伯伯当天就来看父亲，说渡江已经完成，随着形势的转变，和谈仍有恢复的可能，并说代表团回去后，无论是广州还是上海，国民党的特务是不利于他们的，甚至诚恳地说：“西安事变时，我们已经对不起一位姓张的朋友（指张学良），今天不能再对不起你了。”

周伯伯言辞恳切，父亲深为感动。因为想着一旦解放军渡过长江，协定还是有签订的可能，父亲决定留在北平。整个代表团都留了下来。周恩来伯伯和父亲很早就相识，1924年国共第一次合作时，两人在黄埔时已很熟识，我父亲当时还向周伯伯提出要入党的请求，周伯伯认为父亲留在党外作用会更大，父亲才作罢。

三　母亲一行有惊无险来到北平

与此同时，在周伯伯的指示和安排下，通过中共在南京和上海地下组织的联系，他们已经派人将我母亲、婶母及弟弟妹妹们都接到北平。4月23日，从上海起飞的接和谈代表的专机飞到了北平上空，请求降落。周伯伯指示机场指挥台回话：“飞机跑道正在修理，无法停机，过两天后再来。”飞机在北平上空盘旋几圈后返回了。这实际上是周伯伯的缓兵之计。就在同一天，4 月 23 日，中共的地下党组织已经行动起来。南京方面由沈世猷负责。沈当时是国民党国防部参谋。当他知道国民党政府将派飞机从上海飞北平接和谈代表时，就立即着手让我的家人乘上这架飞机。当时我母亲、五妹素久和堂弟张一伟在南京。这一天，弟妹们正在南京师大附中教室里上课，被人叫出来说要和母亲一起到上海去。当沈世猷将母亲和弟妹们带到南京火车站时，车站早已人山人海，上不了车，沈就把她们一个个从车窗里塞了进去。

我的婶婶郑淑华（叔叔张文心之妻、堂弟张一伟的母亲）、大弟张一真钱妩夫妇、三妹素初、小弟张一纯当时都在上海。母亲带着弟妹到上海后，马上到大弟家会合，怕特务监视，当晚连灯都没开。第二天天还没亮，每人带了一点换洗衣服，弟媳钱妩开车将全家九人及工作人员送到了飞机场。

上海方面负责的是地下党员邓士章和他的夫人（也是地下党员）。邓士章当时的公开身份是上海飞机场基地指挥官。起初，她们几个人聚在一起很显眼。邓夫人说：“你们几个人在一起目标太大，先分散到各个角落，等飞机快起飞时，你们再一起上飞机。”并告诫她们：“遇到熟人要少说话。别人问你们到哪，就说到兰州或者说接兰州来的客人（父亲在兰州任职多年）。”在飞机场，母亲还真遇到了一个熟人，就是当时的交通部长俞飞鹏。俞问母亲：“张夫人，你们上哪去？”

“我们接兰州来的客人。”

“今天没有兰州来的飞机了。”

“飞机场说有的，怎么就没有了呢？”

“我是交通部长，难道还不知道？兰州来的飞机早走了。”俞飞鹏可能是有事，说完就急着走了。

邓士章为此捏了一把冷汗。怕被特务发现，邓安排其他几个地下党员把机场的特务都支去吃夜宵，将他们灌得烂醉。第二天清晨待他们酒醒时，飞机已经飞走了。特务头子、上海警察局局长、京沪杭警备司令部二处（情报处）处长毛森得知后，只好急忙向汤恩伯报告：“接代表团的飞机走了，张治中一家也跟着去了。”毛森又说：“汤司令，赶快派飞机去追吧！”汤恩伯大骂：“饭桶，这么多人，连一架飞机都看不住。都飞走了，还追什么？”

实际上当时派战斗机去拦截是可以办到的，因为在北方的青岛等地还有国民党的飞机场。汤恩伯之所以不愿意这么做，可能因为他与我们家一贯关系良好。他早年与我叔叔张文心同在日本陆军士官学校学习，两人交往颇深，关系一直很好。父亲对汤又有所提携。汤对父亲十分尊重，尊称母亲为师母。他当时没有派飞机追截，可为我们家办了一件好事。

在飞机上负责的也是一位地下党员，他担心国民党的飞机追来，一个劲地催促驾驶员快飞。母亲她们不知道是怎么回事，还以为要把她们带到台湾去，非常紧张。飞机经过一个多小时的飞行降落在青岛城外机场加油，民盟领导人沈钧儒、华北人民政府主席董必武在这里上机，一同前往北平。

据说毛森受汤恩伯一阵痛骂之后，很不服气，他还是派飞机追了。由于青岛有两个飞机场，一个是国民党控制的城内机场，一个是共产党控制的城外机场，接代表团的飞机降落在城外机场，前去追击的飞机降落在城内机场，刚好错开，好险！

这些都是先不让父亲知道的，后来母亲她们快到北平时，周伯伯才告诉父亲。父亲在机场看到母亲她们后，激动地对周伯伯说：“你真会留客啊！”而母亲下飞机时看到父亲和周伯伯，连语言也哽咽了。

母亲她们一开始在饭店暂住，毛主席、周伯伯还设宴为我们一家接风洗尘。周伯伯端着酒杯风趣地为我们一家包括小孩一一敬酒，说：“来，为你们合家团圆干杯！”

父母亲和弟妹们此后就住在北京了，刚来的时候住在西城的某一个地方，具体地址已记不太清楚，住了没多久。后来搬到总布胡同的一个宅院，这里原来是孙连仲的一个大花园，房子太大，他们又搬到了城里头，住在我以前买的房子里，在东单新开路。这个房子是 1947 年左右，有人要卖房子，联系我母亲，我母亲就让我买下来的。我 1950 年回北京后就住在这里，两层的房子，很小的院子，没有花园，父亲带着我们一家子在这里住了一段，后来公家就在这房子隔壁为父亲盖了一个楼房。50 多年过去了，我们家旁边的农业部宿舍已经被拆了，所幸的是我的房子还在，我的孩子现在住在那里。

（节选自苏峰、王静编著《难忘一九四九》，中国文史出版社 2009 年版）

冒险送张治中先生家属去北平的回忆

沈世猷*

1949年，在钟山风雨、天翻地覆的伟大历史转折时刻，党中央盱衡全局，襟胸广阔，把曾经三到延安的国民党和谈首席代表张治中先生及代表团成员挽留在北平解放区。同时以肝胆相照之情、团结合作之诚，指示渡江总前委及地下上海局把张先生及其胞弟张文心先生的家属，从南京、上海秘密地、神速地护送北平解放区合家团圆。

我在整个渡江战役过程中，置身国民党江防最高指挥机关——京沪杭警备总司令部作战要害部门，用一份份紧急重要的军事情报，迎接了百万雄师过大江和南京的解放。我也是在宁沪白色恐怖

---

* 沈世猷：时为中共地下党员，负责护送张治中家属到北平。

的地下，争分夺秒地把张治中、张文心两先生家属险送北平的直接参加者之一。现在来回忆这段传奇般的故事，激起了我的不尽情思。

1949 年 4 月 20 日夜，我西路渡江大军已在安庆、芜湖之间荻港一带渡江成功了。这天，南京地下党负责和我单线联系的卢伯明同志没有到我家来。21 日凌晨，我东路大军又在江阴一带打过长江来了。上午 10 时，国民党方面，汤恩伯决定成立上海指挥所，准备江防撤退，并派我为先遣人员赶赴上海。我们一家人对我军渡江之神速和国民党千里江防溃于一旦，真是喜出望外。这天我们又急盼卢伯明的到来，以便向组织上汇报这两天渡江胜利的特大喜讯和汤恩伯要江防撤退的紧急情报，也急于请示我家的去留问题。这天下午，卢又没有来。等到吃晚饭后，仍未见来。

形势紧迫，时不我待。我们一家人便开起紧急家庭会议，对面临事关大局的两件大事，作出紧急的决定：一、我们一家人留下早日迎接南京解放，是全家地下苦战的唯一心愿。但是我的任务是插在汤恩伯总部心脏，这也是我得来不易的战斗岗位，地下战士的任何行动都必须服从党的需要。因而决定我一定要在次晨乘车赶去汤总部上海指挥所，迎接新的地下战斗；我爱人丁明俊和内侄良典留南京等候卢伯明，站好最后一班岗。二、我必须果断地、主动地把已在解放区的张治中、张文心两先生在南京的家属迅速护送到上海。

早在 1948 年 12 月，国民党淮海战场败局已定，南京各界大撤退时，三野吴明义同志和上海地下党王月英同志就指示我及时劝送张治中夫人洪希厚女士和张文心夫人郑淑华女士及其子女去上海居住，并秘密与之确保联系，且保证安全。3 月中旬，三野吴明义同志把我的关系转给南京地下党告别地下之家时，再三叮嘱接上级指示：张治中先生出任国民党和谈首席代表已内定，是当前时局的风云关键人物，又一直是我党的真诚朋友。其弟张文心先生已在解放区，要我配合上海地下党同志，必须完成保护其宁沪家属的任务。4月1日张治中去北平和谈后，洪希厚、郑淑华两女士似觉时局一时缓和，都又由沪返回南京家里，我们也见过几次面。

当前解放大军两翼合围攻取南京，可能发生战火；国民党右派和特务也会乘机阴谋暗算。我必须马上通知她们立即返回上海。于是连夜赶到沈举人巷的郑淑华家，告之渡江战役急转直下的情况，请她马上告其大嫂家转达我的意见，并请她们做好准备，次晨我来接她们一同去上海。

我转回家，和明俊姑侄谈了许多今后可能出现的情况和应有的思想准备，看到熟睡的未满周岁的娟儿，抛妻别雏，也不胜依依。这夜我和妻子彻夜未眠。

22日，天刚蒙蒙亮，我要离开地下之家了。明俊抱着娟儿送我到侧门，风云变幻，何日再得相逢？她转身关门时，已是热泪盈眶，我迈步走了。谁知还未出吉兆营口，便见郑淑华拉着幼女踉踉跄跄赶来找我了。我急忙悄声请她往回走，到街口又低声问其大嫂。郑说：午夜后，有大哥的好友赶到大嫂家，告以南京危急。有一架飞往上海的最后班机，只剩下一个座位，仓皇用车把大嫂接走了。

我和郑母女喊了一部车，直到江边火车站。只见站里站外一片混乱，候车室里更是人山人海，拥挤不堪。进站口前人们挤成一团，拼命争先。原来在车站上，已听到江北方向的枪炮声。这班车，也是开往上海的最后一班列车了。

我看到郑淑华母女实在无法挤进车站上车，只得到首都卫戍司令部驻在火车站的军警稽查所，告以我原是卫戍部人事处的人，又出示京沪杭警备司令部紧急出差赴沪的证明，请其力助，以免误公。他们立即派了两名军警，去为我们吆喝开道领路，挤进了站。站台上不仅挤满了人，上车口更是人挤人、人压人，抢着上车。我和那两个军警赶快把郑母女从一车窗口送进车厢，我又从上车口挤上车。

车过江阴时，看到从长江方向退逃来的国民党江防部队，正穿越铁路，向南撤逃。沿途停站和上车的人，也是十分混乱。车到上海，已是黄昏时分。

我把郑淑华母女送到愚园路住处，留在那里的几个孩子，一拥上前，哭了起来。我考虑一下，便诚恳而郑重地对郑说，我马上要去汤总部上海指挥所报到。请她安顿一下，必须立即到相住不远的其大嫂家会面。现在时局急变，张治中先生昆仲又都在解放区，请她们全家人保持警惕，提防有人暗算。又宽慰她说："在上海一定会有人保证你们全家人的安全。"郑听了突然心领神会地对我说："真是无独有偶，去年底首都大撤退，你把我们护送到上海。从第二天起，就有一位与文白大哥互有信任的朋友常到我大嫂家。那位朋友也不止一次地宽慰我家，和你方才说的一样。"我一面听着，一面若有所思，连连点头。听她说罢，我接着强调一句："请你们相信那位朋友的肺腑之言。"告辞时，我还请郑给我找了一套合身的西装带着以备不时之需。

4 月 23 日，南京解放了。这天上午，我忙于到淞沪警备司令部各处了解江防部队撤退的情报和淞沪警备区军事部署的情况。午饭前，我又抽身到澳门路地下联络点陈淑平同志处，去年 12 月我曾在这里和王月英同志联系过。我请陈按照既定联络方法，设法通知王月英迅速和我恢复联系。这天下午，我见作战处的人事参谋正因无法安顿家眷唉声叹气，即表示帮助他出去找房子。在谈话中他轻声告诉我，二处人传出我们的老教育长（指张治中，他曾长期任中央军校教育长）在北平被共产党留下不能回来了。并低声说，据说他夫人家属在上海，保安部门已在监视，是不会放过的。我听了心中一惊，知道张治中先生昆仲的家属已处在危急之中。

当晚我赶到愚园路，亟欲直奔洪希厚女士家。又考虑那里目标太大，如有特务发觉会暴露自己的掩护身份，也影响张家的安全。于是我仍到郑淑华家告知这个紧急消息，并请她立即去转告其大嫂，提高警惕，准备应变。郑听了惊道："昨晚大哥那位至交朋友的夫人到大嫂家来，也告诉我们已有特务在大嫂家附近活动了，那位朋友准备尽快把我们全家人转移到安全地方。"郑又说："昨晚我也向那位夫人说到有位南京的朋友一直在与我们保持着联系，这次也是他紧急护送我们返回上海的。那位夫人笑笑说，早听说南京有人在保护你们。"我虽一直不知张治中先生的那位至交朋友是谁，听到这里，心中已明白是在党统一部署下同壕战斗的地下战友了。我马上用坚决的口气，请郑再连夜到她大嫂家，嘱她再见到那位朋友和其夫人，就说有一位南京来的朋友请他夫妇"立即行动"。

4 月 24 日，国民党京沪杭警备总司令部副总司令兼淞沪警备司令陈大庆，召集作战情报部门官员通报前线情况。要求迅速加强在上海迎战"共军"的战备和加紧侦防共产党的地下活动及社会民主人士的动态，也要求到上海的汤总部各部门先遣人员做好总部来沪的准备。事态已很紧急，这项情报很重要。晚上，我又急于抽身到澳门路陈淑平同志处，催问找寻王月英的情况。但我时刻惦念张治中先生昆仲家属，夜难入眠。

4月25日凌晨，我实在放心不下，便走出汤恩伯总部上海指挥所。先到一个茶厂，有一位安庆高级中学同学姚在藩在那里当厂长。我换穿一身西服，又借戴一顶巴拿马帽，叫了一部车到愚园路一个路口下来，再走一段路先到郑淑华家，郑和子女们都不见了。我问她家很熟悉的管家韩金奎，韩十分担心地告诉我，郑一家人一大早就被一位年轻夫人用车接走，与其大嫂一家会合，一刻没停就开往虹桥机场去了。我听了更加心急，随即又叫一部出租车，飞速赶到机场附近停下。找到一家酒吧座位坐下，要了一杯咖啡和一些点心，像在等接客人一样。不时到门口站着向机场瞭望，有时也走到机场大门前踱来踱去。一度心急也踱到候机室门外，向里面窥视。蓦地一眼发现洪希厚和郑淑华两位带着五个年幼子女和一个小保姆分散坐在候机室的四个角落，我的心才放下了一半。不敢多看，不敢进去，也不敢多停，便赶快返回酒吧等着飞机起飞。

机场里飞机的马达声隆隆响起，我的心也随之跳动起来。急到酒吧门口，只见一架“空中皇后”腾空而起，银翼闪闪，略加盘旋，北飞而去。张治中、张文心两先生家属终可脱离险境了，我不禁喜极泪下。是的，在晶莹的泪花中，饱含着地下无名战士为党完成任务的喜悦，也饱含着在地下斗争中我对与党真诚团结、肝胆相照的朋友激情。

那位在机场英勇机智、精心策划，圆满完成党交给他抢送张治中、张文心两先生家属，乘机飞北平合家团圆的是谁呢？原来是当时以上海机场基地指挥官为掩护身份的上海地下党员邓士章夫妇。在地下隐蔽战线，我当时是只闻有其人而不知其名。上海解放后，郑淑华女士给我叙述在机场抢乘飞机的情况时，也只知其名而未见其人。直到纪念建国40周年，看了《开国大典》历史影片后，经查询才知道邓士章同志早与世长辞了。仰首碧空云天，不禁浩叹，这位地下英雄，将成为我心中永远难忘的人。

（选自安徽省政协文史资料委员会编《安徽文史资料选辑》第37辑，安徽人民出版社1992年版）

忆父亲章士钊致力于和谈

章含之 *

1948年开始，局势日趋紧张。对于当时仅只十二三岁的我来说，只是朦胧地感到世界正在动荡变化，我并不知道内战是怎么回事。一直到父亲1949年4月作为国民党南京政府正式和谈代表之一赴北平与中国共产党谈判时，我才意识到这场战争波及到了我们家。父亲动身之前，母亲非常紧张，生怕父亲此去凶多吉少，有去无回。记得父亲安慰她说不要怕，会有人照料我们一家的。他开导母亲说和谈是国家大事，他希望出把力，把战争停下来。

父亲去了北平后音讯全无。接着我们听说和谈失败了。随后，解放军渡过长江，解放南京。自从和谈失败后，我们家开始受到国

* 章含之：章士钊之女，曾任外交部亚洲司副司长，国务院发展研究中心国际部主任。

民党人员和特务的骚扰。有时深更半夜来敲门，说是查户口，大概是怕我们全家逃走；有时又派要员“拜访”母亲，劝说她立即去台湾。记得有一次来人吓唬我母亲说，父亲已经被共产党关起来了，如果上海“陷落”，共产党是一定要杀我们全家的。他们要母亲立即带我去台湾。还说共产党斗争有钱人，不许妇女穿皮大衣。在北平，凡妇女穿皮大衣者，都被罚在街上像动物一般爬行，等等。那时母亲被吓得够呛，但她却异常坚定地拒绝了带我去台湾的机票。她说等不到父亲的消息，她哪里都不去。

这年冬天，我们来到了北京，母亲才告诉我，她坚决不去台湾，也是因为当时共产党地下组织冒着危险传过话，叫她不要轻信谣言，父亲一切很好，不久会来安排我们一家与他团聚。我还陆续听父亲谈到这次和谈的情况。他说，4 月和谈时，国共双方代表在北平达成了国内和平协议，但文本送到南京后，国民党政府拒绝签字，致使和谈破裂。父亲到此，对国民党已完全失望，决定不回南京，先去香港。这年 5 月，父亲同另一位和谈代表邵力子先生联名写信给当时的国民党代总统李宗仁，信中说，中共让步不能算少，而国民党中两派不愿和平，八项诺言说过又不算了。父亲与邵力子先生以亲身经历说明中共对和谈是有诚意的。这封信由另一位和谈代表刘斐带到广州亲手交给李宗仁。刘斐原是李宗仁、白崇禧桂系的老部下。和谈失败，他也同父亲等人一起前往香港。此番去广州，刘斐将军不仅带去父亲和邵先生的信，而且代表和谈代表们语重心长地劝说李、白二人看清大局，争取和平解放广西。无奈李宗仁受制于桂系顽固派白崇禧，未能接受刘斐等人的劝告。继父亲试图说服桂系领袖李、白之后，6 月，他又写信给当时的湖南省主席程潜，劝他起义，和平解放家乡湖南。此时，毛泽东同志也密电程潜，欢迎他起义。程颂公深明大义，后来与陈明仁将军率部起义，脱离国民党阵营。解放后，父亲与程潜先生均为湖南省元老，又同心辅助中国共产党建设新中国，他们经常同时受毛主席邀请去主席那里做客，成为毛主席在民主人士中的好友。

1949 年 5 月 27 日上海解放时，父亲远在香港，母亲和我在决战的前夜，听着远处激烈的枪炮声，彻夜未眠。可能因为父亲留在共产党那边了，所以我对这场解放上海的激战有一种亢奋的心情，说不清为什么我希望共产党早点进来。激战之后的清晨，我家看门的工人从街上回来说上海解放了，马路人行道上睡满了解放军战士，有些学生在散传单叫大家热烈欢迎解放军。

就在这天下午，几个解放军来敲门要见母亲。他们非常客气，说奉上级命令来保护我们全家，怕国民党在上海的残余势力暗害我们。其中为首的那位军人对母亲说：章士钊先生一切都很好，他是毛泽东主席的朋友，中国共产党的朋友。我们奉命保护章先生在上海的家属。他要我母亲不要害怕，他们将派 4 名武装解放军战士轮流 24 小时在我家门口值班。我母亲听后松了一口气，再三道谢，还按旧习惯，唤用人上点心。那几位解放军急忙站起来告辞，说有纪律，不能惊动老百姓，更不能吃点心。

当天，这 4 名解放军战士就来值班了。我们怀着好奇的心情常常躲在二楼阳台上观察他们。上海解放前夕，家家户户都最怕国民党的伤兵或散兵，他们敲门闯进来，骂骂咧咧，要吃要喝，谁也不敢不招待。如今，看着这些解放军战士，真是新奇极了。他们连我们送去的开水都不喝，自己带水壶。开始两天，母亲叫用人给他们送饭菜，他们和气地解释解放军的三大纪律八项注意，说不能动老百姓的一针一线。母亲让我去看看他们吃什么饭，是不是按时有人来送饭。我观察了两天，发现他们吃的竟是身上背的粮带中的炒米！那是上海初解放的日子，解放军进驻上海后还过着野战部队的生活，晚上轮班睡在弄堂里。我们全家都十分感动，母亲絮絮叨叨地骂国民党造谣，说得那么可怕，幸亏没有听信他们。同时，她的胆子也大了，又开始走访朋友，接待客人。

就在这段时间里发生了一件很可笑的事。不过，我们后来到了北京后当我告诉父亲时，他可很不高兴，批评了母亲一顿。

那是解放军战士来我家值勤站岗半个多月之后，正逢母亲过生日。因为上海解放后人心很快稳定了，昔日的繁华又逐渐恢复。母亲那些留在上海的朋友们又如从前一样来来往往，看戏、打麻将。这天母亲生日，从上午开始就有礼物送来。按照旧时的传统习惯，生日的礼物不是现在写上“生日快乐”的大奶油蛋糕，而是一盘盘红漆托盘装的堆得高高的寿面、寿糕以及寿桃式的馒头。上面都系有红纸条。当这一盘盘点缀得很奇特的面条、糕饼不断地从私家三轮车、汽车上搬下来往我们家送时，门口值班的那几位刚从硝烟弥漫的战场上撤下来的解放军战士真不知我们家这一天在搞什么名堂。那时没有先进的探测器，他们只能逐盘用眼睛搜查，用手掐着面条看里面有没有夹带凶器。到了午后，母亲的那些客人开始来了，大多是穿戴得珠光宝气的太太、小姐们。一进门就叽里呱啦讲着上海话，嚷嚷着给母亲拜寿。后来当我看电影《霓虹灯下的哨兵》时，我总禁不住想起我家那次做寿的滑稽场面。刚从战场上下来的那些值勤战士对这络绎不绝的浓妆艳抹的太太、小姐一定怀着赵大大刚进城时那种厌恶情绪，而这些太太、小姐对于我家门口站着持枪解放军也着实地吓了一大跳，有的人胆战心惊地问母亲：“哪能侬大门口有当兵格看门？阿拉今朝白相要紧哦？”母亲以得意的口气告诉大家这是共产党派来保护父亲家眷的。后来母亲让家里用人送寿面给战士吃，她还自己跑到门口说这是她的寿面，一定要吃，不作兴不吃。那几位战士再三拒绝，大肉面留在那里，凉了，涨干了，却始终未碰一筷子。战士们仍吃水壶里的凉水加背袋中的炒米！这是我少年时代，这些在我家门口站岗的解放军战士给我上的对共产党认识的启蒙第一课。

（节选自章含之著，洪晃图说《跨过厚厚的大红门》新版，作家出版社 2011 年版。原标题为《致力于和谈，劝程潜起义》）

国共北平和平谈判中的卢郁文

卢存学*

解放战争后期，解放军取得战略决战胜利，国民党反动统治面临崩溃。国民党政府为了保存残余力量，取得喘息时间，又玩弄起新的和平阴谋。中国共产党为了及早结束战争，减少人民痛苦，表示愿意在八项条件的基础上，与其进行和平谈判。谈判于1949年4月1日至20日在北平举行。中共代表是周恩来、林伯渠、林彪、叶剑英、李维汉和聂荣臻，齐燕铭为秘书长。国民党代表是张治中、邵力子、黄绍竑、章士钊、李蒸和刘斐。国民党代表团秘书长是卢郁文。

* 卢存学：卢郁文之子，曾任民革广西北海市主委。

一

卢郁文1900年12月出生于河北省卢龙县卢柏各庄，先后就读于永平府中学堂、北平师范大学、英国伦敦政治经济学院，任教于北平师大、北京大学、民国学院。

抗战时期弃教从政，曾任国民政府经济部参事、河南粮政局长、新疆财政厅长。抗战胜利后，担任全国资源委员会业务委员、参事、立法委员。

和谈前夕，国民党反动分子散布谣言，说什么和谈成功后，共产党会将国大代表判处无期徒刑，立法委员则会被枪毙，甚至扬言要不惜一切手段惩戒这些主和分子，致使邵力子先生不敢回家居住，只得寄居他家。为此，卢郁文先生仍一如既往，始终立场坚定，坚持主和。在立法院南迁广州、西迁重庆，还是留守南京的问题上，他表现得尤为突出，他一直坚持后者。同时为防范特务的监视、暗害，他一方面和印度大使馆取得联系，做好临时避难准备，一方面虚与国民党驻宁沪的最高军方交往应酬，使特务不敢下手。

作为秘书长的卢郁文深感此次和谈责任重大，实如履薄冰之觉。他深知和谈中将不可避免会遭遇到许多困难，但笃信只要国共双方为国家与民族计，和谈定能达成协议，使真正的、永久性的和平得以早日实现。

和谈期间，当中共和谈代表得知卢郁文先生的次子卢存学已加入中国人民解放军的行列，成为南下工作团队员，尚在北平受训时，及时通过党组织安排了父子相见。

父子第一次会面，恰逢南京和谈代表团全体代表、顾问在场。

张治中先生在审视一番存学的军装和南下工作团的臂章后，便风趣地说：“来，进步的儿子和反动的爸爸先打一架！”引起满座哄然大笑；张治中得知存学在燕京大学读的是新闻专业时，又半开玩笑半认真地说：“好啊，你去接收吧，报纸、电台都给你们。”虽是戏言，但可以听出作为国民党的首席代表——张治中已料到此时国民党大势已去，同时也表明了南京和谈代表团渴盼和谈成功的殷殷之情。

和谈中，卢郁文先生通过与中共代表团成员的接触，深为共产党对和平的赤诚和博大的胸怀所感动。他曾私下向家人表示：无论和谈成功与否，自己决心留在南京，并说：“国家不是哪个私人的，国民党治理不好，就应让共产党来治理。”

二

4 月 11 日，卢郁文与李蒸应邀去香山与毛泽东主席会面。

清晨，二人同车赶赴香山。车出西直门后，路上迎面开过来的汽车一辆接一辆。“这么早，汽车从香山往城里去干什么？”卢郁文心里直嘀咕，但没说什么。

这是一个晴朗的天日，风清气爽，山道旁的树木、野草已隐隐泛出生机，微露绿意。在这样一个明媚的时节，衔着历史的重任，去会见久已神驰敬重的毛泽东主席，本是一件令人激动振奋的事情；但作为国民党和谈代表团的成员，去面见中共领袖，心里却有几分忐忑不安。

到了双清别墅，二人刚下车，随着“欢迎二位大驾光临”那浓重的湖南口音，毛泽东那高大的身材健步走下台阶，迎了过来。

“主席迎接，岂敢！岂敢！”李蒸先生谦恭地回答。

“你们二位都是大学教授，我是个小学教师，应当！应当！”毛泽东言语的谦虚、幽默，顿使二人的拘谨烟消云散。

卢郁文接着问道：“毛先生，昨晚睡得好吗？”

“我还没有睡呢。”说罢，毛主席哈哈笑了起来。直到此时，卢先生心中的疑惑才有了答案。原来毛泽东整夜未眠，说不定看见的车可能都是中共要人前来找毛谈工作的。

毛泽东把二人让进屋落座后，转脸对卢郁文说道，卢先生是冀东人吧，眼下冀东个别地方的土改有些过火，将来复查时要纠正。

对此，卢郁文没有作声。因为此时，卢先生的家中已无至亲，其母早已死于日军讨伐队枪下，其父自1946年起就跟自己定居南京，家中的地产早已交给了当时已解放的村农会处理，留下的几间房也早已让给了族人居住。

主客寒暄过后，毛泽东招待二人吃饭，不算是早点，但午饭还不到时候，几人边吃边谈，很快谈话自然而然转入正题。毛泽东就国内和平和经济建设问题，请教二人的高见。卢先生对毛泽东说道：“蒋先生打不下去了，让李宗仁先生出面来搞和谈，不单是工商界、教育界人士、江南人民，即便是国民党内部，许多人都希望早日结束内战，休养生息，和平是大势所趋。”

毛泽东习惯地打着手势说道，人民的要求我们最了解，中国的老百姓不希望打仗，我们也不愿打仗，是没有办法才打的。我们共产党人是主张和平的，否则也不会请你们来。发动内战的是蒋介石为首的国民党反动派嘛，只要李宗仁先生诚心和谈，我们是欢迎的，希望大家共同努力，促成和平这一天早日来临。在双方谈及今后建设问题时，毛泽东率直地讲到，中国的经济是落后的，但中国人民是勤劳勇敢的。以前和日本、和蒋介石打了这么多年仗，将来要搞国家建设，过去的经验就用不上了，单靠共产党人，恐怕……我们必须广纳贤才，发挥社会各界贤达的力量。二位是学教育、学经济的，将来国家的建设就要靠发展教育和经济。卢郁文二人听了这席话，感到肃然起敬，这话既显示了一位领袖的高瞻远瞩，又表达了中国共产党人决心与各界人士团结一致，共同建设新中国的强烈愿望。

三

经过 15 天的反复协商，国共双方共同拟定了《国内和平协定（最后修正案）》，共八条二十四款，准备在 4 月 20 日签字。但南京政府秉承蒋介石旨意，拒绝签字，致使和谈破裂。

是留北平，还是返回南京？这一艰难选择摆在了卢郁文先生面前。与国民党其他官员一样，对于决定自己后半生归宿的举动是慎之又慎的，虽有走向光明之意，但真到要做的时候，又忧心忡忡，特别是南京那些谣诼的阴影还不时闪现在他脑海里，为此他苦闷、彷徨……

最后，他下定决心，找到了周恩来，坦率地谈了自己的疑虑，他说道："国民党对国家、对人民犯了罪，我是国民党员，如果要治罪的话，我甘愿服罪。"

周恩来听了哈哈大笑，忙说："卢先生想到哪去了！国家的事情，将来还要靠我们一同商量嘛！……"周恩来以他坦诚的话语和他那特有的手势，化释了一个久困于对立藩篱的老国民党党员心中的疑云。

在北平居留期间，他一方面积极协助张治中、傅作义二位将军就新疆、绥远国民党驻军和平起义事宜进行策划联络工作；一方面千方百计与国民党政府的百余名立法委员联系，于1949年先后发表声明，宣布起义，毅然脱离国民党政府，走向光明，在国内外引起强烈反响。

卢郁文先生的工作，赢得了中共领导的肯定，不仅特邀其为中国人民政治协商会议第一届委员，而且安排有关部门协助他从南京接家眷来京。周恩来同志特别嘱咐做好接待工作，刘伯承、柯庆施等军管会负责人皆来车站迎送，表达了中共对一个进步的国民党员的尊重和爱国主义旗帜下广泛团结的胸怀。卢郁文先生以崭新心境迎来新中国的诞生！

张富祥　王英春　整理

（节选自秦皇岛市政协文史资料委员会编《秦皇岛文史资料选辑》第8辑，内部资料，1998年）

我随颜惠庆参加国共和谈的见闻

焦湘宗 *

1949年1月14日，中央广播电台广播中共中央毛泽东主席关于时局的声明，提出中共愿意与南京国民党政府在八项条件基础上进行和谈。声明发表后，全国振奋，一个星期后，1月21日蒋介石宣告引退，由李宗仁代理总统之职。22日李宗仁发表文告，表示赞同国共停战和谈，随后就派人到上海敦请颜惠庆、江庸、邵力子、章士钊等人，以颜惠庆为主，组成“上海人民和平代表团”，前往北平进行和谈。这是国共两党1949年在谈判桌上的初次接触，为4月间以张治中为首的代表团与中共正式谈判创造了条件。

4位老人均年已古稀，特别是颜惠庆，患有高血压、心脏病，

* 焦湘宗：时为颜惠庆的随行医生；后曾任上海宝隆医院医生。

且从来没有坐过飞机，这次前往北平，陆路交通已经阻塞，只能坐飞机，而对飞行他是很有顾虑的。我从1934年起就是他的常年医药顾问，因此，他一再和我洽商，请我做他的随行医生。他说："有你这个医生在一起，我就很放心了。"他还说："如果你不答应，不陪我去，我亦不去了。"这样，我就答应了。所有随行人员都要事先取得中共的同意，他遂打电报到北平，说他一定要有随行医生，征求中共领导方面的同意。回电同意后，我就陪同他们出发。

代表团于2月14日动身，先飞青岛，过了一夜，再飞北平。到达之后，被安排住在六国饭店。当时中共方面由叶剑英同志任代表，每天由他与代表团谈判。

2月23日，毛主席请4位老人到西柏坡去，前去的还有傅作义，我亦随行。飞机抵达石家庄市，市长柯庆施招待吃午饭。下午1时半我和颜惠庆同坐一辆六轮大卡车出发，同车前往的为李维汉和杨尚昆。我问为何要我们两个人坐一辆大卡车。回答说因为颜老有心脏病，乘大车是为了照顾他。当时颜坐在前面，我在后面扶着他，李、杨二位分坐两旁。另外几位每人独坐一辆吉普车。天黑才抵达目的地。

周恩来同志在招待所迎接我们，下车时他和我们握手说："辛苦了。"我未加考虑问了一句："此地说是石家庄郊区，为什么那么远！这到底是什么地方？"周恩来同志迟疑了一下说："西柏坡。"

晚上9点，毛主席来了。之后，我到几位老人睡觉的地方照顾他们。北人喜睡炕，南人喜睡床，去的代表都是南方人，所以招待所临时增加了床铺，火炉用煤炭烧起来。25日周恩来同志陪我们吃了早饭，一起照相作为纪念。周恩来同志把我拉在一旁，慎重地嘱咐我对他们住的地方千万要保密，并要求我承诺，我当即表示予以保证。

我们一行 25 日飞回北平，26 日又一起照相留念，合影者有罗荣桓、董必武、邓宝珊、章士钊、邵力子、江庸、颜惠庆、叶剑英、林彪、傅作义、聂荣臻、薄一波、徐冰和我。返回南京前，叶剑英送了我们每人一部蓝色封面的《毛泽东选集》。

27 日我们回到南京，于右任到机场迎接，下机后先到总统府，由翁文灏招待我们。在南京住了好几天，于 3 月初由南京飞回上海。北飞时有 4 位老人，回程时邵力子、章士钊留北平未归，只有颜惠庆、江庸和我 3 人。我们去北平后，汤恩伯在南方加紧检查，毛森天天派他的鹰犬在码头等地检查行李。我身上带了一部毛选，还有一封北平中国银行董事长冀朝鼎给上海中国银行全体职工劝他们弃暗投明的信。信是开口的，我藏在身上，不料下飞机时看见许多检查人员虎视眈眈，环伺机场，预备动手检查。幸当时上海市市长吴国桢来机场欢迎我们，对检查人员挥手令去，才幸免检查。

我这次随行，只是给 4 位老人检查身体，量量血压，搭搭脉搏。颜惠庆经常吃药，江庸、章士钊都有失眠症，我带了许多药及时供应。还替上海朋友带了两封信当面交给了周恩来和邓颖超同志，我也信守了保密的诺言。

范资深　整理

（选自上海市政协文史资料工作委员会编《上海文史资料选辑》第 58 辑，上海人民出版社 1988 年版）

将革命进行到底 ①

（一九四八年十二月三十日）

毛泽东

中国人民将要在伟大的解放战争中获得最后胜利，这一点，现在甚至我们的敌人也不怀疑了。

战争走过了曲折的道路。国民党反动政府在发动反革命战争的时候，他们军队的数量约等于人民解放军的三倍半，他们军队的装备和人力物力的资源，更是远远地超过了人民解放军，他们拥有人民解放军所缺乏的现代工业和现代交通工具，他们获得美国帝国主义在军事上、经济上的大量援助，并且他们是经过了长期的准备的。就是因为这样，战争的第一年（一九四六年七月至一九四七年六月）表现为国民党的进攻和人民解放军的防御。国民

① 这是毛泽东为新华社写的一九四九年新年献词。

党在一九四六年，在东北占领了沈阳、四平、长春、吉林、安东等城市和辽宁、辽北、安东等省的大部，在黄河以南占领了淮阴、菏泽等城市和鄂豫皖、苏皖、豫皖苏、鲁西南等解放区的大部，在长城以北占领了承德、集宁、张家口等城市和热河、绥远、察哈尔的大部，声势汹汹，不可一世。人民解放军采取了以歼灭国民党有生力量为主而不是以保守地方为主的正确的战略方针，每个月平均歼灭国民党正规军的数目约为八个旅（等于现在的师），终于迫使国民党放弃其全面进攻计划，而于一九四七年上半年将进攻的重点限制在南线的两翼，即山东和陕北。战争在第二年（一九四七年七月至一九四八年六月）发生了一个根本的变化。已经消灭了大量国民党正规军的人民解放军，在南线和北线都由防御转入了进攻，国民党方面则不得不由进攻转入防御。人民解放军不但在东北、山东和陕北都恢复了绝大部分的失地，而且把战线伸到了长江和渭水以北的国民党统治区。同时，在攻克石家庄、运城、四平、洛阳、宜川、宝鸡、潍县、临汾、开封等城市的作战中学会了攻坚战术。人民解放军组成了自己的炮兵和工兵。不要忘记，人民解放军是没有飞机和坦克的，但是自从人民解放军形成了超过国民党军的炮兵和工兵以后，国民党的防御体系，连同他的飞机和坦克就显得渺小了。人民解放军已经不但能打运动战，而且能打阵地战。战争第三年的头半年（一九四八年七月至十二月）发生了另一个根本的变化。人民解放军在数量上由长期的劣势转入了优势。人民解放军不但已经能够攻克国民党坚固设防的城市，而且能够一次包围和歼灭成十万人甚至几十万人的国民党的强大精锐兵团。人民解放军歼灭国民党兵力的速度大为增加了。试看歼敌营以上正规军的统计（包括起义的敌军在内）：第一年，九十七个旅，内有四十六个整旅；第二年，九十四个旅，内有五十个整旅；第三年的头半年，根据不完全的统计，一百四十七个师，内有一百一十一个整师。半年歼敌整师的数目比过去两年歼敌整师的总数多了十五个。敌人的战略上的战线已经全部瓦解。东北的敌人已经完全消灭，华北的敌人即将完全消灭，华东和中原的敌人只剩下少数。国民党的主力在长江以北被消灭的结果，大大地便利了人民解放军今后渡江南进解放全中国的作战。同军事战线上的胜利同时，中国人民在政治战线上和经济战线上也取得了伟大的胜利。因为这样，中国人民解放战争在全国范围内的胜利，现在在全世界的舆论界，包括一切帝国主义的报纸，都完全没有争论了。

敌人是不会自行消灭的。无论是中国的反动派，或是美国帝国主义在中国的侵略势力，都不会自行退出历史舞台。正是因为他们看到了中国人民解放战争在全国范围内的胜利，已经不能用单纯的军事斗争的方法加以阻止，他们就一天比一天地重视政治斗争的方法。中国反动派和美国侵略者现在一方面正在利用现存的国民党政府来进行“和平”阴谋，另一方面则正在设计使用某些既同中国反动派和美国侵略者有联系，又同革命阵营有联系的人们，向他们进行挑拨和策动，叫他们好生工作，力求混入革命阵营，构成革命阵营中的所谓反对派，以便保存反动势力，破坏革命势力。根据确实的情报，美国政府已经决定了这样一项阴谋计划，并且已经开始在中国进行这项工作。美国政府的政策，已经由单纯地支持国民党的反革命战争转变为两种方式的斗争：第一种，组织国民党残余军事力量和所谓地方势力在长江以南和边远省份继续抵抗人民解放军；

第二种，在革命阵营内部组织反对派，极力使革命就此止步；如果再要前进，则应带上温和的色彩，务必不要太多地侵犯帝国主义及其走狗的利益。英国和法国的帝国主义者，则是美国这一政策的拥护者。这种情形，现在许多人还没有看清楚，但是大约不要很久，人们就可以看得清楚了。

现在摆在中国人民、各民主党派、各人民团体面前的问题，是将革命进行到底呢，还是使革命半途而废呢？如果要使革命进行到底，那就是用革命的方法，坚决彻底干净全部地消灭一切反动势力，不动摇地坚持打倒帝国主义，打倒封建主义，打倒官僚资本主义，在全国范围内推翻国民党的反动统治，在全国范围内建立无产阶级领导的以工农联盟为主体的人民民主专政的共和国。这样，就可以使中华民族来一个大翻身，由半殖民地变为真正的独立国，使中国人民来一个大解放，将自己头上的封建的压迫和官僚资本（即中国的垄断资本）的压迫一起掀掉，并由此造成统一的民主的和平局面，造成由农业国变为工业国的先决条件，造成由人剥削人的社会向着社会主义社会发展的可能性。如果要使革命半途而废，那就是违背人民的意志，接受外国侵略者和中国反动派的意志，使国民党赢得养好创伤的机会，然后在一个早上猛扑过来，将革命扼死，使全国回到黑暗世界。现在的问题就是一个这样明白地这样尖锐地摆着的问题。两条路究竟选择哪一条呢？中国每一个民主党派，每一个人民团体，都必须考虑这个问题，都必须选择自己要走的路，都必须表明自己的态度。中国各民主党派、各人民团体是否能够真诚地合作，而不致半途拆伙，就是要看它们在这个问题上是否采取一致的意见，是否能够为着推翻中国人民的共同敌人而采取一致的步骤。这里是要一致，要合作，而不是建立什么“反对派”，也不是走什么“中间路线”。

以蒋介石等人为首的中国反动派，自一九二七年四月十二日反革命政变至现在的二十多年的漫长岁月中，难道还没有证明他们是一伙满身鲜血的杀人不眨眼的刽子手吗？难道还没有证明他们是一伙职业的帝国主义走狗和卖国贼吗？请大家想一想，从一九三六年十二月西安事变以来，从一九四五年十月重庆谈判和一九四六年一月政治协商会议以来，中国人民对于这伙盗匪曾经做得何等仁至义尽，希望同他们建立国内的和平。但是一切善良的愿望改变了他们的阶级本性的一分一厘一毫一丝没有呢？这些盗匪的历史，没有哪一个是可以和美国帝国主义分得开的。他们依靠美国帝国主义把四亿七千五百万同胞投入了空前残酷的大内战，他们用美国帝国主义所供给的轰炸机、战斗机、大炮、坦克、火箭筒、自动步枪、汽油弹、毒气弹等等杀人武器屠杀了成百万的男女老少，而美国帝国主义则依靠他们掠夺中国的领土权、领海权、领空权、内河航行权、商业特权、内政外交特权，直至打死人、压死人、强奸妇女而不受任何处罚的特权。难道被迫进行了如此长期血战的中国人民，还应该对于这些穷凶极恶的敌人表示亲爱温柔，而不加以彻底的消灭和驱逐吗？只有彻底地消灭了中国反动派，驱逐了美国帝国主义的侵略势力出中国，中国才能有独立，才能有民主，才能有和平，这个真理难道还不明白吗？

值得注意的是，现在中国人民的敌人忽然竭力装作无害而且可怜的样子了（请读者记着，这种可怜相，今后还要装的）。最近做了国民党行政院长的孙科，在去年六月间，不是曾经宣布“在军事方面，只要打到底，终归可以解决”的吗？这次一上台却大谈其“光荣的和平”，说什么“政府曾努力追求和平，由于和平不能实现，不得已而用兵，用兵的最后目的仍在求得和平的恢复”。合众社上海十二月二十一日的电讯，马上就预料孙科的声明“在美国官方人士及国民党自由主义人士中，将遇到最广泛的赞扬”。美国官方人士现在不但热心于中国的“和平”，而且一再表示，从一九四五年十二月莫斯科苏美英三国外长会议以来，美国就遵守着“不干涉中国内政的政策”。应该怎样来对付这些君子国的先生们呢？这里用得着古代希腊的一段寓言：“一个农夫在冬天看见一条蛇冻僵着。他很可怜它，便拿来放在自己的胸口上。那蛇受了暖气就苏醒了，等到回复了它的天性，便把它的恩人咬了一口，使他受了致命的伤。农夫临死的时候说：我怜惜恶人，应该受这个恶报！”外国和中国的毒蛇们希望中国人民还像这个农夫一样地死去，希望中国共产党，中国的一切革命民主派，都像这个农夫一样地怀有对于毒蛇的好心肠。但是中国人民、中国共产党和中国真正的革命民主派，却听见了并且记住了这个劳动者的遗嘱。况且盘踞在大部分中国土地上的大蛇和小蛇，黑蛇和白蛇，露出毒牙的蛇和化成美女的蛇，虽然它们已经感觉到冬天的威胁，但是还没有冻僵呢！

中国人民决不怜惜蛇一样的恶人，而且老老实实地认为：凡是要着花腔，说什么要怜惜一下这类恶人呀，不然就不合国情、也不够伟大呀等等的人们，决不是中国人民的忠实朋友。像蛇一样的恶人为什么要怜惜呢？究竟是哪一个工人、哪一个农民、哪一个兵士主张怜惜这类恶人呢？确是有这么一种“国民党的自由主义人士”

或非国民党的“自由主义人士”，他们劝告中国人民应该接受美国和国民党的“和平”，就是说，应该把帝国主义、封建主义和官僚资本主义的残余当作神物供养起来，以免这几种宝贝在世界上绝了种。但是他们决不是工人、农民、兵士，也不是工人、农民、兵士的朋友。

我们认为中国人民革命阵营必须扩大，必须容纳一切愿意参加目前的革命事业的人们。中国人民的革命事业需要有主力军，也需要有同盟军，没有同盟军的军队是打不胜敌人的。正处在革命高潮中的中国人民需要有自己的朋友，应当记住自己的朋友，而不要忘记他们。忠实于人民革命事业的朋友，努力保护人民利益而反对保护敌人利益的朋友，在中国无疑是不少，无疑是一个也不应被忘记和被冷淡的。我们又认为中国人民革命阵营必须巩固，必须不容许坏人侵入，必须不容许错误的主张获得胜利。处在革命高潮中的中国人民除了记住自己的朋友以外，还应当牢牢地记住自己的敌人和敌人的朋友。如上所说，既然敌人正在阴谋地用“和平”的方法和混入革命阵营的方法以求保存和加强自己的阵地，而人民的根本利益则要求彻底消灭一切反动势力并驱逐美国帝国主义的侵略势力出中国，那末，凡是劝说人民怜惜敌人、保存反动势力的人们，就不是人民的朋友，而是敌人的朋友了。

中国革命的怒潮正在迫使各社会阶层决定自己的态度。中国阶级力量的对比正在发生着新的变化。大群大群的人民正在脱离国民党的影响和控制而站到革命阵营一方面来，中国反动派完全陷入孤立无援的绝境。人民解放战争愈接近于最后胜利，一切革命的人民和一切人民的朋友将愈加巩固地团结一致，在中国共产党的领导之下，坚决地主张彻底消灭反动势力，彻底发展革命势力，一直达到在全中国范围内建立人民民主共和国，实现统一的民主的和平。与此相反，美国帝国主义者、中国反动派和他们的朋友，虽然不能够巩固地团结一致，虽然会发生无穷的互相争吵，互相恶骂，互相埋怨，互相抛弃，但是在有一点上却会互相合作，这就是用各种方法力图破坏革命势力而保存反动势力。他们将要用各种方法：公开的和秘密的，直接的和迂回的。但是可以断定，他们的政治阴谋将要和他们的军事进攻遭遇到同样的失败。已经有了充分经验的中国人民及其总参谋部中国共产党，一定会像粉碎敌人的军事进攻一样，粉碎敌人的政治阴谋，把伟大的人民解放战争进行到底。

一九四九年中国人民解放军将向长江以南进军，将要获得比一九四八年更加伟大的胜利。

一九四九年我们在经济战线上将要获得比一九四八年更加伟大的成就。我们的农业生产和工业生产将要比过去提高一步，铁路公路交通将要全部恢复。人民解放军主力兵团的作战将要摆脱现在还存在的某些游击性，进入更高程度的正规化。

一九四九年将要召集没有反动分子参加的以完成人民革命任务为目标的政治协商会议，宣告中华人民共和国的成立，并组成共和国的中央政府。这个政府将是一个在中国共产党领导之下的、有各民主党派各人民团体的适当的代表人物参加的民主联合政府。

这些就是中国人民、中国共产党、中国一切民主党派和人民团体在一九四九年所应努力求其实现的主要的具体的任务。我们将不怕任何困难团结一致地去实现这些任务。

几千年以来的封建压迫，一百年以来的帝国主义压迫，将在我们的奋斗中彻底地推翻掉。一九四九年是极其重要的一年，我们应当加紧努力。

（选自《毛泽东选集》第 4 卷，人民出版社 1991 年版）

中共中央毛泽东主席关于时局的声明

（一九四九年一月十四日）

自一九四六年七月，南京国民党反动政府在美国帝国主义者的帮助之下，违背人民意志，撕毁停战协定和政治协商会议的决议，发动全国规模的反革命的国内战争以来，已经两年半了。在这两年半的战争中，南京国民党反动政府违背民意，召集了伪国民大会，颁布了伪宪法，选举了伪总统，颁布了所谓“动员戡乱”的伪令，出卖了大批的国家权利给美国政府，从美国政府获得了数十亿美元的外债，勾引了美国政府的海军和空军占据中国的领土、领海、领空，和美国政府订立了大批的卖国条约，接受美国军事顾问团参加中国的内战，从美国政府获得了大批的飞机、坦克、重炮、轻炮、机关枪、步枪、炮弹、子弹和其他军用物资，以为屠杀中国人民的武器。南京国民党反动政府在上述各项反动的卖国的内政外交基本政策的基础上，指挥它的数百万军队，向着中国人民解放区和中国人民解放军举行了残酷的进攻。所有华东、中原、华北、西北、东北各人民解放区，无一不受到国民党军队的蹂躏。解放区的中心城市延安、张家口、淮阴、菏泽、大名、临沂、烟台、承德、四平、长春、吉林、安东等地，均曾被匪军占领。匪军所至，杀戮人民，奸淫妇女，焚毁村庄，掠夺财物，无所不用其极。在南京国民党反动政府的统治区域，则压迫工农兵学商各界广大人民群众出粮、出税、出力，敲骨吸髓，以供其所谓“戡乱剿匪”之用。南京国民党反动政府取消人民的一切自由权利；压迫一切民主党派和人民团体使其丧失合法的地位；压迫青年学生们的反内战、反饥饿、反迫害、反美国干涉中国内政和扶植日本侵略势力等项正义的运动；滥发伪法币和伪金圆券，破坏人民的经济生活，使广大人民陷于破产的地位；用各种搜括的方法，使国家最大的财富集中于蒋宋孔陈四大家族①为首的官僚资本系统。总之，南京国民党反动政府，在其反动的卖国的内政外交基本政策的基础之上所举行的国内战争，业已陷全国人民于水深火热之中，南京国民党反动政府决不能逃脱自己应负的全部责任。同国民党相反，中国共产党自从日本投降以后，即尽一切努力向国民党政府要求防止和停止国内战争，实行国内和平。中国共产党根据此种方针，坚持奋斗，在全国人民的赞助之下，首先获得了一九四五年十月国共两党会谈纪要的签订。在一九四六年一月，又签订了国共两党的停战协定，并和各民主党派协作，在政治协商会议上迫使国民党接受了共同的决议。自

① 即蒋介石、宋子文、孔祥熙和陈果夫、陈立夫兄弟四大官僚买办家族。

此以后，中国共产党即和各民主党派各人民团体一道，为维护这些协定和决议而奋斗。但是可惜，所有这些维护国内和平和人民民主权利的行为，均不被国民党反动政府所尊重。相反地，被认为是软弱的表现，不值一顾。国民党反动政府认为人民可欺，认为停战协定和政治协商会议的决议可以随意撕毁，认为人民解放军不值一击，认为他们的数百万军队可以横行全国，认为美国政府对于他们的援助是无穷无尽的。以此种种，国民党反动政府就敢于违背全国人民的意志，发动了反革命战争。在此种情况下，中国共产党不得不坚决地起来反对国民党政府的反动政策，为着保卫国家的独立和人民的民主权利而奋斗。自一九四六年七月起，中国共产党领导英勇的人民解放军抵抗了国民党反动政府的四百三十万军队的进攻，然后又使自己转入了反攻，从而收复了解放区的一切失地，并且解放了石家庄、洛阳、济南、郑州、开封、沈阳、徐州、唐山诸大城市。中国人民解放军克服了无比的困难，壮大了自己，以美国政府送给国民党政府的大批武器装备了自己。在两年半的过程中，歼灭了国民党反动政府的主要军事力量和一切精锐师团。现在，人民解放军无论在数量上士气上和装备上均优于国民党反动政府的残余军事力量。至此，中国人民才开始吐了一口气。现在，情况已非常明显，只要人民解放军向着残余的国民党军再作若干次重大的攻击，全部国民党反动统治机构即将土崩瓦解，归于消灭。现在，国民党反动政府发动内战的政策，业已自食其果，众叛亲离，已至不能维持的境地。在此种形势下，为着保持国民党政府的残余力量，取得喘息时间，然后卷土重来扑灭革命力量的目的，中国第一名战争罪犯国民党匪帮首领南京政府伪总统蒋介石，于今年一月一日，提出了愿意和中国共产党进行和平谈判的建议。中国共产党认为这个建议是虚伪的。这是因为蒋介石在他的建议中提出了保存伪宪法、伪法统和反动军队等项为全国人民所不能同意的条件，以为和平谈判的基础。这是继续战争的条件，不是和平的条件。旬日以来，全国人民业已显示了自己的意志。人民渴望早日获得和平，但是不赞成战争罪犯们的所谓和平，不赞成他们的反动条件。在此种民意基础之上，中国共产党声明：虽然中国人民解放军具有充足的力量和充足的理由，确有把握，在不要很久的时间之内，全部地消灭国民党反动政府的残余军事力量；但是，为了迅速结束战争，实现真正的和平，减少人民的痛苦，中国共产党愿意和南京国民党反动政府及其他任何国民党地方政府和军事集团，在下列条件的基础之上进行和平谈判。这些条件是：（一）惩办战争罪犯；（二）废除伪宪法；（三）废除伪法统；（四）依据民主原则改编一切反动军队；（五）没收官僚资本；（六）改革土地制度；（七）废除卖国条约；（八）召开没有反动分子参加的政治协商会议，成立民主联合政府，接收南京国民党反动政府及其所属各级政府的一切权力。中国共产党认为，上述各项条件反映了全国人民的公意，只有在上述各项条件之下所建立的和平，才是真正的民主的和平。如果南京国民党反动政府中的人们，愿意实现真正的民主的和平，而不是虚伪的反动的和平，那末，他们就应当放弃其反动的条件，承认中国共产党提出的八个条件，以为双方从事和平谈判的基础。否则，就证明他们的所谓和平，不过是一个骗局。我们希望全国人民、各民主党派、各人民团体，大家起来争取真正的民主的和平，反对虚伪的反动的和平。南京国民党政府系统中的爱国人士，亦应当赞助这样的和平建议。中国人民解放军全体指挥员战斗员同志注意：在南京国民党反动政府接受并实现真正的民主的和平以前，你们丝毫也不应当松懈你们的战斗努力。对于任何敢于反抗的反动派，必须坚决、彻底、干净、全部地歼灭之。

（选自《毛泽东选集》第 4 卷，人民出版社 1991 年版）

毛泽东关于进入正式谈判阶段应注意的问题给周恩来的信

（一九四九年四月十三日）

恩来同志：

（一）今日下午双方代表团应举行一次正式会议。在此会议上，宣布从今（十三）日起，结束非正式谈判阶段，进入正式谈判阶段，其时间为十三日至十七日，共五天。在此会议上，大略解释协定草案的要点，并征求他们的意见。如他们提出任何异议，不论是内容上的或文字上的，均不要允许修改，只把他们的意见记录下来，以便考虑。

（二）另向张治中表示，四月十七日必须决定问题。十八日以后，不论谈判成败，人民解放军必须渡江。他们派回南京的人，十四日上午去，十五日下午必须回来。南京四要员（李、于、居、童[①]，不要张群）如愿来平，十五日至迟十六日必须到达，十七日

① 指李宗仁、于右任、居正、童冠贤。

必须举行签字式。

（三）吴铁城到南京，蒋[①]党对谈判的控制加紧，他们派回南京传达要点的代表，对于向死硬派保守机密一点，必须充分注意。

（四）应争取南京代表团六人都同意签字。如果李、何、白[②]不愿签字，只要他们自己愿签，亦可签字。签字后他们不能回去，叫他们全体留平。如他们因南京不同意签字而不敢签，并有些人要回去，则必须争取张、邵、章[③]三代表及四个顾问留在北平。此点请十分注意。

（五）今天晚上应举行各党派代表人物（十人）的会议一次，但请他们保守秘密，不得下达。

毛泽东

四月十三日早

附：国内和平协定（最后修正案）[④]

（一九四九年四月十五日）

中华民国三十五年，南京国民政府在美国政府帮助之下，违背

① 指蒋介石。

② 指何应钦、白崇禧。

③ 指张治中、邵力子、章士钊。

④ 这个最后修正案于一九四九年四月十五日由中共代表团提交南京政府代表团，四月二十日被南京政府所拒绝。

人民意志，破坏停战协定及政治协商会议的决议，在反对中国共产党的名义之下，向中国人民及中国人民解放军发动全国规模的国内战争。此项战争，至今已达两年又九个半月之久。全国人民，因此蒙受了极大的灾难。国家财力物力遭受了极大的损失，国家主权亦遭受了新的损害。全国人民，对于南京国民政府违背孙中山先生的革命三民主义的立场，违背孙中山先生的联俄、联共及扶助农工等项正确的政策，以及违背孙中山先生的革命的临终遗嘱，历来表示不满。全国人民对于南京国民政府发动此次空前规模的国内战争以及由此而采取的政治、军事、财政、经济、文化、外交等项错误的政策及措施，尤其表示反对。南京国民政府在全国人民中业已完全丧失信任。而在此次国内战争中，南京国民政府的军队，业已为中国共产党所领导、为中国人民革命军事委员会所指挥的人民解放军所战败。基于上述情况，南京国民政府曾于中华民国三十八年一月一日向中国共产党提议举行停止国内战争恢复和平状态的谈判。中国共产党曾于同年一月十四日发表声明，同意南京国民政府上项提议，并提议以惩办战争罪犯，废除伪宪法，废除伪法统，依据民主原则改编一切反动军队，没收官僚资本，实行土地改革，废除卖国条约，召集没有反动分子参加的新的政治协商会议成立民主联合政府接收南京国民党反动政府及其所属各级政府的一切权力等八项条件为双方举行和平谈判的基础，此八项基础条件已为南京国民政府所同意。因此，中国共产党方面和南京国民政府方面派遣自己的代表团，授以举行谈判和签订协定的全权。双方代表于北平集会，首先确认南京国民政府应对于此次国内战争及其各项错误政策担负全部责任，并同意成立本协定。

第一条

第一款　为着分清是非，判明责任，中国共产党代表团与南京国民政府代表团双方（以下简称双方）确认，对于发动及执行此次国内战争应负责任的南京国民政府方面的战争罪犯，原则上必须予以惩办，但得依照下列情形分别处理：

第一项　一切战犯，不问何人，如能认清是非，翻然悔悟，出于真心实意，确有事实表现，因而有利于中国人民解放事业之推进，有利于用和平方法解决国内问题者，准予取消战犯罪名，给以宽大待遇。

第二项　一切战犯，不问何人，凡属怙恶不悛，阻碍人民解放事业之推进，不利于用和平方法解决国内问题，或竟策动叛乱者，应予从严惩办。其率队叛乱者，应由中国人民革命军事委员会负责予以讨平。

第二款　双方确认，南京国民政府于中华民国三十八年一月二十六日将日本侵华战争罪犯冈村宁次大将宣告无罪释放，复于同年一月三十一日允许其他日本战犯二百六十名送还日本等项处置，是错误的。此项日本战犯，一俟中国民主联合政府即代表全中国人民的新的中央政府成立，即应从新处理。

第二条

第三款　双方确认，南京国民政府于中华民国三十五年十一月召开的“国民代表大会”所通过的《中华民国宪法》，应予废除。

第四款　《中华民国宪法》废除后，中国国家及人民所当遵循的根本法，应依新的政治协商会议及民主联合政府的决议处理之。

第三条

第五款　双方确认，南京国民政府的一切法统，应予废除。

第六款　在人民解放军到达和接收的地区及在民主联合政府成立以后，应即建立人民的民主的法统，并废止一切反动法令。

第四条

第七款　双方确认，南京国民政府所属的一切武装力量（一切陆军、海军、空军、宪兵部队、交通警察部队、地方部队，一切军事机关、学校、工厂及后方勤务机构等），均应依照民主原则实行改编为人民解放军。在国内和平协定签字之后，应立即成立一个全国性的整编委员会，负责此项改编工作。整编委员会委员为七人至九人，由人民革命军事委员会派出四人至五人，南京国民政府派出三人至四人，以人民革命军事委员会派出之委员一人为主任，南京国民政府派出之委员一人为副主任。在人民解放军到达和接收的地区，得依需要，设立区域性的整编委员会分会。此项分会双方人数的比例及主任、副主任的分担，同于全国性的整编委员会。海军及空军的改编，应各设一个整编委员会。人民解放军向南京国民政府现时所辖地区开进和接收的一切事宜，由中国人民革命军事委员会以命令规定之。人民解放军开进时，南京国民政府所属武装部队不得抵抗。

第八款　双方同意每一区域的改编计划，分为两个阶段进行：

第一项　第一阶段，为集中整理阶段。

第一点：凡南京国民政府所属的一切武装部队（陆军、海军、空军、宪兵、交通警察总队及地方部队等）均应集中整理。整理原则，应由整编委员会根据各区实况，在人民解放军到达和接收的地区，按照其原番号，原编制，原人数，命令其分区、分期，开赴指定地点，集中整理。

第二点：南京国民政府所属一切武装部队，在其驻在的大小城市，交通要道，河流海港及乡村，当人民解放军尚未到达和接收前，应负责维持当地秩序，防止任何破坏事件发生。

第三点：在上述地区，当人民解放军到达和接收时，南京国民政府所属武装部队，应根据整编委员会及其分会的命令，实行和平移交，开赴指定地点。在开赴指定地点的行进中及到达后，南京国民政府所属武装部队应严格遵守纪律，不得破坏地方秩序。

第四点：在南京国民政府所属武装部队遵照整编委员会及其分会的命令离开原驻地时，原在当地驻守的地方警察或保安部队不得撤走，并应负责维持地方治安，接受人民解放军的指挥和命令。

第五点：南京国民政府所属一切武装部队，在开动与集中期间，其粮秣被服及其他军需供给，统由整编委员会及其分会和地方政府负责解决。

第六点：南京国民政府所属一切军事机关（从国防部直到联合后方勤务总司令部所属的机关、学校、工厂仓库等），一切军事设备

（军港、要塞、空军基地等）及一切军用物资，应由整编委员会及其分会根据各区实况，命令其分区分期移交给人民解放军及其各地军事管制委员会接收。

第二项　第二阶段，为分区改编阶段。

第一点：南京国民政府所属陆军部队（步兵部队，骑兵部队，特种兵部队，宪兵部队，交通警察部队及地方部队），在分区分期开赴指定地点集中整理后，整编委员会应根据各区实况，制出分区改编计划，定期实施。改编原则，应依照人民解放军的民主制度和正规编制，将经过集中整理的上述全部陆军部队编成人民解放军的正规部队。其士兵中老弱残废，经查验属实，确须退伍，并自愿退伍者，其官佐中自愿退役或转业者，均由整编委员会及其分会负责处理，给以回家的便利和生活的安置，务使各得其所，不至生活无着，发生不良行为。

第二点：南京国民政府所属海军空军，在分区分期开赴指定地点集中整理后，即按原番号，原编制，原人数，由海军空军整编委员会依照人民解放军的民主制度，加以改编。

第三点：南京国民政府所属一切武装部队，在改编为人民解放军后，应严格遵守人民解放军的三大纪律、八项注意，忠实执行人民解放军的军事政治制度，不得违犯。

第四点：在改编后，退伍官兵应尊重当地人民政府，遵守人民政府法令。地方人民政府及当地人民，亦应对退伍官兵给以照顾，不得歧视。

第九款　南京国民政府所属一切武装力量，于国内和平协定签字之后，不得再行征募兵员。对其所有武器、弹药及一切装备，一切军事机关设备及一切军用物资，均须负责保护，不得有任何破坏、藏匿、转移或出卖的行为。

第十款　在国内和平协定签字之后，南京国民政府所属任何武装力量，如有对改编计划抗不执行者，南京国民政府应协助人民解放军强制执行，以保证改编计划的彻底实施。

第五条

第十一款　双方同意，凡属南京国民政府统治时期倚仗政治特权及豪门势力而获得或侵占的官僚资本企业（包括银行、工厂、矿山、船舶、公司、商店等）及财产，应没收为国家所有。

第十二款　在人民解放军尚未到达和接收的地区，南京国民政府应负责监督第十一款所述官僚资本的企业和财产不许逃匿，或破坏，或转移户头，暗中出卖。其已经迁移者，应命其就地冻结，不许继续迁移，或逃往国外，或加以破坏。官僚资本的企业及财产在国外者，应宣布为国家所有。

第十三款　在人民解放军已经到达和接收的地区，第十一款所指的官僚资本企业和财产，即应由当地的军事管制委员会或民主联合政府委任的机构实行没收。其中，如有私人股份，应加清理，经证实确为私人股份并非由官僚资本暗中转移者，应予承认，并许其有留股或退股之自由。

第十四款　凡官僚资本属于南京国民政府统治时期以前及属于南京国民政府统治时期而为不大的企业且与国计民生无害者，不予没收。但其中若干人物，由于犯罪行为，例如罪大恶极的反动分子而为人民告发并审查属实者，仍应没收其企业及财产。

第十五款　在人民解放军尚未到达和接收的城市，南京国民政府所属的省、市、县政府应负责保护当地的人民民主力量及其活动，不得压抑或破坏。

第六条

第十六款　双方确认，全中国农村中的封建的土地所有权制度，应有步骤地实行改革。在人民解放军到达后，一般地先行减租减息，后行分配土地。

第十七款　在人民解放军尚未到达和接收的地区，南京国民政府所属的地方政府应负责保护农民群众的组织及其活动，不得压抑或破坏。

第七条

第十八款　双方同意，在南京国民政府统治时期所订立的一切外交条约、协定及其他公开的或秘密的外交文件及档案，均应由南京国民政府交给民主联合政府，并由民主联合政府予以审查。其中，凡对于中国人民及国家不利，尤其是有出卖国家权利的性质者，应分别情形，予以废除，或修改，或重订。

第八条

第十九款　双方同意，在国内和平协定签字之后，民主联合政府成立之前，南京国民政府及其院、部、会等项机构，应暂行使职权，但必须与中国人民革命军事委员会协商处理，并协助人民解放军办理各地的接收和移交事项。待民主联合政府成立之后，南京国民政府即向民主联合政府移交，并宣告自己的结束。

第二十款　南京国民政府及其各级地方政府与其所属一切机构举行移交时，人民解放军、各地人民政府及中国民主联合政府必须注意吸收其工作人员中一切爱国分子及有用人才，给以民主教育，并任用于适当的工作岗位，不使流离失所。

第二十一款　南京国民政府及其所属各省、市、县地方政府，在人民解放军尚未到达和接收以前，应负责维持当地治安，保管及保护一切政府机关、国家企业（包括银行、工厂、矿山、铁路、邮电、飞机、船舶、公司、仓库及一切交通设备等）及各种属于国家的动产不动产，不许有任何破坏、损失、迁移、藏匿或出卖。其已经迁移或藏匿的图书档案，古物珍宝，金银外钞及一切产业资财，均应立即冻结，听候接收。其已经送往外国或原在外国者，应由南京国民政府负责收回或保管，准备交代。

第二十二款　在人民解放军已经到达和接收的地区，即应经由当地的军事管制委员会及地方人民政府或联合政府委任的机构，接收地方的一切权力及国家产业财富。

第二十三款　在南京国民政府代表团签字于国内和平协定并由南京国民政府付诸实施后，中国共产党代表团愿意负责向新的政治协商会议的筹备委员会提议南京国民政府得派遣爱国分子若干人为代表，出席新的政治协商会议；在取得新的政治协商会议筹备委员会批准后，南京国民政府的代表即可出席新的政治协商会议。

第二十四款　在南京国民政府业已派遣代表出席新的政治协商会议以后，中国共产党方面愿意负责向新的政治协商会议提议：在民主联合政府中应包括南京国民政府方面的若干爱国分子，以利合作。

双方代表团声明：为着中国人民的解放和中华民族的独立自由，为着早日结束战争，恢复和平，以利在全国范围内开始生产建设的伟大工作，使国家和人民稳步地进入富强康乐之境，我们特负责签订本协定，希望全国人民团结一致，为完满地实现本协定而奋斗。本协定于签字后立即生效。

中国共产党全权代表

南京国民政府全权代表

中华民国三十八年四月　日于北平

（选自中央档案馆编《中共中央文件选集》第 18 册，中共中央党校出版社 1992 年版）

关于和平谈判问题的报告[①]

（一九四九年四月十七日）

周恩来

各位朋友：

今天特别请诸位来此聚会。我们虽然来了二十多天，但因为忙，未及分头拜访和请教，很感不安。昨天我们请了住在北京、六国二饭店的朋友来谈，今天又请了各大学的教授及外面的朋友，向大家请教。

要谈的问题很多，今天只能把最近的和平谈判问题向诸位报告一下。这样的报告，我已经做过很多次。但这一次，我相信是与以前不同了。过去与蒋介石谈判，正如陈嘉庚先生在一九四六年打给我的电报中所说，是“无异与虎谋皮”。但是又不能不谈，因为人

① 这是周恩来对来北平参加即将召开的新政治协商会议的部分爱国民主人士、北平一些大学教授做的报告。

民切望和平，而当时像陈嘉庚、张奚若二先生这样的人还不多，广大人民还不了解蒋介石的和平骗局。今天情况变了。今天可以说，如果诸位赞成这次谈判所拟定的国内和平协定的话，不论和也好，打也好，我们有信心、有力量使它一定实现。我们要尽可能用和平方法来实现，但如果不能用和平方法，用战斗也一样要把它实现。这个变化是由于中国人民力量的壮大，由于国民党统治区民主运动的发展和人民解放军奋战的结果。关于民主运动，诸位知道的比我还多，我今天只把军事的胜利说一下。

蒋介石敢于撕毁政协决议发动战争，是靠着武装力量和美国援助。他当时在武装力量上的确占着优势。他有正规军四百三十万人，二百四十八个旅。这些都是在抗战中未受损失的，因为他实行的是消极抗战。一九四六年七月大打开始，他以为几个月就可以消灭人民解放军。但在两年零九个月中，却完全变了。头两年，战争平稳发展，我们每年消灭敌军一百五十万人，第三年起就起了突变，七个月（截至今年一月）就消灭敌军二百多万人。造成这个突变的是济南战役、辽沈战役、淮海战役及平津战役。现在蒋介石的兵力，连后方机关如学校、后勤等在内，只有二百二十万人，正规军则只有一百多万人，其中不少是受过歼灭而又补充起来的，战斗力更弱。所以，蒋介石自己也知道，这个战争是失败了，他的反革命企图是失败了。

与此同时，我们的人民解放军壮大了。两年零九个月以前，人民解放军是一百二十万人，现在则发展到四百万人以上，并且大部分都美械化了。美帝国主义给了我们许多装备（当然，这是用不着打收条的），蒋介石做了很好的运输大队长。我们的战士有很大部分是俘虏过来的，称为解放战士，有的部队，解放战士竟占百分之八十，少的也占百分之五十至六十，平均约占百分之六十五至七十。对于俘虏，我们实行即俘、即查、即补、即训、即打的办法，就是说士兵一俘虏过来就补充到部队，经过诉苦教育，就参加作战。在打黄百韬时，情形竟发展到上午的俘虏下午就参加作战。当时的解放战士现在有许多已经做了排长、连长。这种情形是世界战史上所少有的，若没有高度的政治训练是不可能的。今天我们部队民主化程度之高，连我们指挥的人都没有想到。虽然毛泽东同志在井冈山时期就提出了在部队中建立民主集中制的制度，但今天的发展的确出乎我们的意料之外。在三评运动中，革命士兵委员会可以批评干部，可以推荐下级指挥员，推荐得对的就批准，而且多数是批准的。为什么可以这样做呢？因为士兵们很了解，指挥员必须是能勇敢作战的，并且必须有智慧，单单勇敢是不够的，然后才是态度。所以士兵们的推荐多数是对的。这是评干部。其次是评党员。公开党员，让群众来批评党员，使党真正受群众监督。第三是评战功。谁有功，群众知道得最清楚，群众来评，自然可以评得最确当，也只有这样，才能真正做到赏罚分明。民主扩大了，纪律加强了，指挥员们说现在的部队可好带了，士兵们说指挥员的态度变好了。我们的军队不但在政治方面是民主的，而且在军事方面也有民主。我们有时甚至还准许士兵讨论作战命令。每个战斗小组都开“诸葛亮会”，取“三个臭皮匠赛过一个诸葛亮”之意。上级命令不可能很具体，下到连队后，战斗小组就开“诸葛亮会”讨论如何具体执行，这样充分发挥了士兵的积极性和创造性。这在短兵相接的今天，更是特别需要。淮海战役中，敌人的工事星罗棋布，但一夜之后，情形变了，我们的工事包围了他们的工事。士兵们设法钻过敌人的工事，破坏它，而建立起自己的工事。打仗还要靠炸药，但这些物质的死的东西要靠活人来使用。没有士兵的勇敢和智慧，炸药也就没有用处。我们的士兵又勇敢又有智慧，没有炸不了的堡垒。即便是水泥工事做得好，一斤炸药不行，就用五斤、十斤、一百斤、二百斤，终归可以炸毁的。矿山石头都可以炸开，何况工事？敌人称这为“土飞机”。这种“土飞机”需要靠下面，单靠上面是不行的。王耀武曾问我们，为什么蒋介石飞到哪里，他们哪里就打败仗，毛主席天天坐在陕北，却处处打胜仗？这是因为人民觉悟了，因为我们这个部队是中国共产党领导的，是人民大众的，是我们大家的。人民解放军今天的水平，比我们想象的还要高。所以，敌人也不能不承认失败了。

这样一来，南京反动政府在一月一日不得不提出和平建议。尽管建议是虚伪的，条件是不能接受的，但和平建议我们却要拿过来。人民要真和平，我们也要真和平，毛泽东同志一月十四日声明中提出的八项条件，就是真和平的条件。蒋介石不接受，天津一解放，他只好下台，让李宗仁代替他，这就表示南京统治集团内部已开始分裂出一个主和派。李宗仁接受八项条件作为谈判基础，派私人代表团来平，最后我们接待了南京国民党政府代表团。我们为什么这样做呢？因为今天胜利局面已定，用战斗方式可以解决是毫无问题了，只是时间早迟而已。我们现在要考虑的是如何用和平方式来达到胜利，以便使国家少受破坏，多保存一些人力物力，使将来的和平建设多一份物质力量。中国太落后，现代性工业在国民经济中只占百分之十左右，需要用极大的努力才能使国家现代化。中国人民在战争中已经付出了很大的代价，战场上敌我的伤亡和人民群众的损失都很大。例如淮海战场上几百个村落全都毁了，现在我们正在进行救济。这样的损伤自然是以就此终止为最好。但是，和平需要双方同意。李宗仁既然表示愿意接受，和平总算有了可能，我们就要抓紧，并将这一可能性加以发展。我们不但看到了人民力量的壮大，也看到了敌人的分化。我们要争取主和派力量的发展，争取他们和我们合作。美国帮助蒋介石打了三年内战，现在也承认失败了，所以他要制造某种和平局面，派代理人钻进人民国家内部来活动。这也助长了南京政府和平谈判的意愿。国民党反动集团的大肆搜刮，刮得上海资产阶级也受不住了，他们要求和平。除此以外，国民党统治区广大的公教人员也是一个和平因素，金圆券实在弄得他们活不下去了。由于以上的各种因素，才有这次和平谈判。在谈了十多天后，我们已经将一个最后的和平方案交给南京代表团，由他们送交南京国民党政府。

国内和平协定八条二十四款，中心问题是接收和改编。南京代表团和我们固然是有距离，但他们有一个概念是好的，即国民党的失败是一定的，人民解放军的胜利是一定的，他们承认错误，承认失败，因而愿意交出政权，交出军队。不过，南京代表团虽有此认识，南京政府却还没有这个认识，至于广州、溪口就更不用说了。

关于接收。今天的革命，决不能再如辛亥革命和北伐战争那样，由于中途妥协而使反动派最后又得到胜利。历史经验证明，革命如不能进行到底，则一定失败。今天我们决不能再蹈此覆辙。南京代表团说，国共两党历史上的争论是兄弟之争，我们给了他们严正的批评。这不能叫做兄弟之争。难道孙中山与袁世凯之争是兄弟之争吗？不，这是革命与反革命之争。我们近二十年来与国民党之争也是如此。不过，南京代表团和我们之间在为和平民主的共同基础上的争论，还可以算是兄弟之争。在这种场合，我们必须坚持严肃的原则性，决不能混淆是非。我们之所以坚持要用人民解放军去接收，因为这是关系革命到底不到底的问题。辛亥革命后，督军等等还是一概仍旧，只是换了一面旗。大革命时，北伐军到长江下游后，连国民党都说，是“军事北伐，政治南伐”。这样，革命就变了质。张治中说起“前车之鉴”，那么，这就是“前车之鉴”。如果今天也是只换一面旗，让各色反动派依然压迫人民，照样滥发金圆券，则人民的痛苦如故，人民就要骂我们。这不是对人民负责的做法。不推翻旧的，就不能建立起革命的新秩序；人民解放军不去，政权的性质就不能变更，反动军队就不能改编，生产就搞不起来。但接收也不简单，需要时间和人才，我们要有组织地接收。接收将是先城市而后乡村。人才方面，单是共产党绝对不够，必须各方人士大家来做。等到渡了江，北京、六国二饭店恐怕不免就要“人去楼空”。我们兢兢业业，怕搞不好，但我们不能放弃责任。将来在联合政府中也是如此。正因为我们人力不够，有些地方一时还接收不了。苏、浙、皖、鄂、陕、陇东将最先接收，其他地方只好缓一下。南京代表团总希望我们慢一点渡江。当我把和平协定草案交给他们时，他们问我有没有渡江的条款，我说没有，他们顿觉惊喜交集。但我说，虽没有“渡江”，却有“接收”。其实，渡江根本不能算是一个条件，许多接收的地方都在江南，何况长江在历史上也从来没有阻止过中国的统一。南京和溪口还没有完全割断，即所谓“藕断丝连”。他们说要等我们去割，我们则要他们先从政治上割断，军事上可以由我们来割。南京代表团不能反对我们过江，因为既然承认我们去接收，当然就必须承认我们渡江。但他们总希望慢一点。至于广州、溪口则希望划江而治。我们指明，慢一点渡江，无异给广州、溪口以掩护，使他们获得喘息机会。这一点，南京代表团无法反驳。

关于改编，即改编军队。不如此就不能根绝内战因素。但又不能急躁，条件要宽大。我们的改编条件，甚至比南京代表团所提出的还要宽大。例如，他们曾主张裁兵复员，我们则主张一律集中整训。毛泽东同志对这一点尤其强调。初看起来，这好像是违背民意，所以对这一点就不能不多加解释。国民党军队二百多万人，一听到裁兵，就会发生动摇，各作打算，于是不免要造成骚乱，到处危害人民。我们要采取对人民负责的态度。所以我们提出在第一阶段中，按照原人数、原编制、原番号集中整训，并且一律与解放军同等待遇（每人每日四斤半小米）。毛泽东同志还说："你报多少就算多少。"多支付几个月的空额饷不算什么。我们不会像从前国民党对待八路军那样，对他们有所歧视。这样，应该说已经做到仁至义尽，中国人民没有什么对不起他们之处了。如果还要闹，就严正制止。经过集中整训，士兵有了觉悟，军官得到学习，就可以改编为人民解放军。但我们不能急躁，集中后要分别对待，等待觉悟。觉悟有快有慢，相信他们大部分都会转变过来的。当然，也会有捣乱的。

有了政权的接收和军队的改编，才能实现真正的和平。这就是国内和平协定中的四、八两条。

关于第一条，惩办战争罪犯，南京代表团争得厉害。我们尊重他们的意见未将战犯名单列上去，“元凶”、“首恶”等字眼也都勾去，而且说，“一切战犯，不问何人，如能认清是非，翻然悔悟，出于真心实意，确有事实表现，因而有利于中国人民解放事业之推进，有利于用和平方法解决国内问题者，准予取消战犯罪名，给以宽大待遇”。有人问，对蒋介石怎么办？如果他能做到这一条，那么也照这样办。

关于二、三两条，废除伪宪法、伪法统，没有多大争论。但这自然是不大容易的。

关于五、六两条，没收官僚资本，改革土地制度。我们对没收官僚资本作了解释，即没收南京国民党统治时期取得的官僚资本，凡是不大的企业且与国计民生无害者，就不没收了。若有私人股份，经查明并非官僚资本转移的，一律承认。不如此，就会牵涉太广，影响生产的进行。

关于第七条，废除卖国条约。对于这个问题，我们是很谨慎的。对外条约有的要废除，有的则要加以修改，有的还可以保持。

我们对外交问题有一个基本的立场，即中华民族独立的立场，独立自主、自力更生的立场。自鸦片战争以来，中国一向受着外国侵略者的压迫。多少先烈为了民族的解放流血牺牲，但这种压迫一直未能除去。今天，中国人民站起来了，扬眉吐气了！这是中国共产党领导中国人民奋斗的结果。日本帝国主义在中国失败了，美国帝国主义也正在失败。美帝国主义固然还是强大的，但他是外强中干的。我们与美帝也交过手，文仗武仗都打过。文仗和马歇尔打了一年，最后他还是失败而去。帝国主义就是纸老虎，你硬一点，他就软些，你软一点，他就骑到你的头上。在原则性的问题上我们是不让的，决不让。对于美帝国主义，我们一定要采取严肃的态度，使他了解中国是不可欺侮的。任何国家都不能干涉中国的内政。我们就是为此而奋斗了一百多年！我们要自力更生，然后才能争取外援。外援如有利于中国，当然要，但不能依赖。即使对于苏联及各人民民主国家，我们也不能有依赖之心。如果只依赖外援，那还能办什么事？蒋介石失败的主要原因之一，就是一切依赖外援，这是“前车之鉴”。我们愿意和一切以平等待我之国家合作。我们不排外，不挑衅，但必须站稳立场，否则就只能倒在外国人的怀里。中国共产党就是带着打倒军阀、打倒帝国主义的伟大气概开始的。虽然当时只有五十多个人，其中李大钊同志英勇壮烈，血洒北平。但任何新生事物在开始时都不过是一枝幼苗，一切新生事物之可贵，就因为在这新生的幼苗中，有无限的活力在成长，成长为巨人，成长为力量。这是自然的规律。一切腐朽的东西，尽管是一大堆，但必然一天一天死亡，没有什么了不起。我们站稳了立场，又要很谨慎，有理有利有节地去处理问题。这和五四时代的反封建有相同之处，那时反对封建很坚决，提出打倒孔夫子、对封建家庭斗争的口号。但今天看来，孔夫子的话若是好的，我们也可引用。我们的父母来了，也还得照顾照顾。对封建要划清界限，站稳立场，同时采取分析态度，对帝国主义也要如此。

在军事上，美国军队驻在中国无论如何总是缺理的。我们叫他们退出去，这是全中国人民的呼声。他们国家的事我们管不了，但在中国的领土上，美军若不退出，我们就有权消灭他们。美国若是大规模出兵，我们也不怕。中国是吓不倒的。中国是古老的民族，也是勇敢的民族。中华民族有两大优点：勇敢，勤劳。这样的民族多么可爱，我们爱我们的民族（当然其他民族也有他们可爱之处，我们决不忽视这一点），这是我们自信心的泉源。美军若真敢侵略到中国来，占领我们的大城市，我们就用乡村包围城市，叫他们什么军需品（包括大便纸和冰淇淋）都必须从美国运来，还要背上大城市这样的包袱，负责供养。美国人生活程度高，他们是不愿打仗的。俄国十月革命后，美国也闹过出兵干涉，结果还不是“自动撤退”？就因为吃不了苦。我们打败了日本侵略军，难道还怕美国兵？

在政治上，我们的立场仍然是民族独立，平等相待。美国国会在吵嚷承认不承认中国。其实，这有什么了不起！即使你承认我，我承认不承认你还尚待考虑。不过我们不挑衅。我们虽未与他们建立外交关系，但对侨民还是保护的。美国驻天津总领事以总领事的资格递来一封信，我们就退回去，说没有外交关系，恕不来往。后来他用铁路职员的名义写信来，我们就让他登记。其实，美国也不是不要和中国往来，司徒雷登一直到处找我们拉关系。傅泾波在香港老是给我和邓颖超及其他的人写信。美国人是两面做法，想用各种办法来试探，要看看中共动向如何。中共的动向是容易明白的，只要听一次报告或看几个文告就知道了。至于将来和平实现后的情形，我们会实事求是地处理，反正各国大使馆在那里，我们既不断绝，也不急于建立外交关系。如果急于要求承认，就会陷于被动。帝国主义若要同我们建立外交关系，就要按平等原则进行谈判。我们在政治上不排外，在军事上不挑衅，有理有利有节，我们又何惧之有呢？

在经济上，有买卖就做，国际贸易要开展，这是于双方都有利的。帝国主义的特权，我们不承认，但此中问题很复杂，不能遽然解决。

在文化上，帝国主义有许多侵略机构，如学校、医院及教堂等，这些都应该由中国人来办，但不能急躁，要谨慎地一步步地来。这些文化机构有坏的一面，但还有好的一面，例如协和医院，我们的人生了病还去那里就医。对于这些机构，我们可以从内部来改造，使它们变成民族的。

关于第八条，再补充一点。在联合政府成立之前，我们允许南京政府还存在一个时期。起先我们想用革命军事委员会来指挥它，南京代表团觉得不好，我们取消了这个主张，而使二者平列。若南京政府签订了和平协定，并且履行了，则我们保证负责向政协筹备会提出让他们参加新政协。当然，通得过与否，那是另一问题。

这八条二十四款，南京代表团表示可以接受。我们限定南京国民党政府在二十日以前答复，如不接受，则二十日我们一定打过江去。再不过江，连南京代表团都说，江南人民实在受不住了。所以不能再延了，再延就太对不起那里的人民了。当然，打过江后，如果他们又愿意签字也可以。总之，门是开着的。南京代表团以为我们老是要和平，一定有弱点。第一，他们见我们快要当家了，以为我们很怕破坏，老鼠蹲在花瓶上，投鼠要忌器。第二，面对滔滔长江，他们以为我们一定很怕牺牲。所以，他们老是讲价钱。其实，他们只知其一，不知其二。和平也不免有破坏，战争也不见得就把一切都打碎，总有打不碎的，或者我们去得快些，他们来不及破坏。我们不过是争取愈少破坏愈好罢了。所以，这是吓不了人的。我们明白告诉他们：战，他们就要完蛋，和，他们还可以有出路，当然不是什么南北朝，而是改造。

各位朋友，中国新民主主义政治是四个阶级合作的。即使是地主，在劳动几年之后，也可以变为农民。过去因为环境不同，我们不在一起，今天既然到了统一的环境，就可以大家一起来干。非共产党人也照样能工作，甚至做得更好。共产党人不是天生的。我的先代是“绍兴师爷”，什么“少有大志”，那是鬼话。

国内和平协定八条二十四款一定要实现，不论用战斗或是用和平的方法。用和平方法比战斗还要忙，要大家帮助。希望在小组讨论或座谈会中提出意见。我们长期在农村，对城市已经很生疏了，希望大家多多指教。

（选自《周恩来选集》上卷，人民出版社 1980 年版）

政协文史“亲历、亲见、亲闻”文库

人民政协与新中国成立

·第四辑·

《“三亲”文库》编纂工作委员会　编

中国文史出版社

1949 年 3 月 5 日至 13 日，中共七届二中全会在西柏坡召开。全会讨论确定了党的工作重心由乡村转移到城市的问题。

1948 年 11 月 2 日，哈尔滨人民庆祝东北全境解放。

1949 年 1 月 15 日，天津解放，人民解放军举行盛大的入城仪式。

1949 年 1 月 31 日，北平和平解放，人民举行庆祝活动。

1949 年 4 月 23 日，南京解放，人民解放军占领南京总统府。

1949 年 6 月 20 日，上海复旦大学由军管会接管，全校师生以欢愉的心情，迎接复旦的新生。

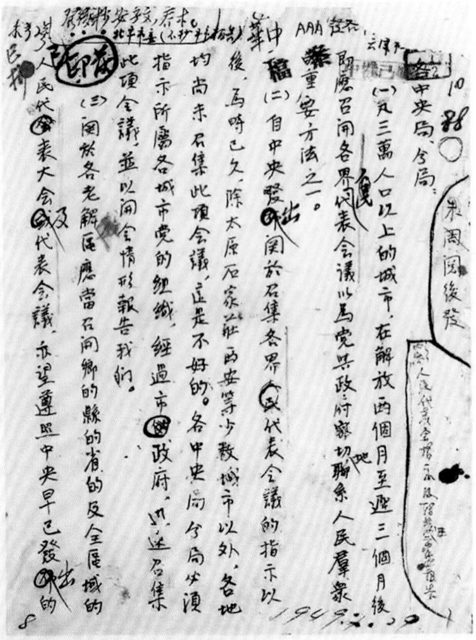
中央局、分局：

（一）凡三萬人口以上的城市，在解放兩個月至遲三個月後即應召開各界代表會議，以為黨與政府密切地聯系人民群衆重要方法之一。

（二）自中央發出關於召集各界代表會議的指示以後，為時已久，除太原石家莊西安等少數城市以外，各地均尚未召集此項会議，這是不好的。各中央局分局必須指示所屬各城市黨的組織，經過市政府，迅速召集此項会議，並以開会情形報告我們。

（三）關於各老解區應當召開鄉的縣的省的及全區域的人民代表大会或代表会議，亦望遵照中央早已發出的

1949.7.29

1949 年 7 月，中共中央发出关于迅速召开各界代表会议和人民代表会议的指示。图为该文件手稿。

1949 年 8 月 10 日，周恩来出席北平市各界代表会议，并作《将革命进行到底与建设新中国》的政治报告。

第四辑　选编说明

农村包围城市、武装夺取政权，最后夺取全国胜利，是以毛泽东同志为主要代表的中国共产党人在领导中国革命实践中逐步探索开辟出来的一条适合中国国情的正确革命道路。因此，重大城市的解放和接管，便成为中国革命取得胜利的重要标志和新中国建立的重要基础。

随着人民解放战争的深入推进，解放的大中城市越来越多。

如何成功接收和管理好这些城市，为新中国成立和建设提供坚实基础，是长期生活、战斗在农村，以农村工作为重心的中国共产党面临的重要课题。

中共中央对城市接管和政权建设工作高度重视，充分发挥统一战线的重要法宝作用，通过在新解放城市召开各界代表会议——随后改称各界人民代表会议——并从中选举产生协商委员会（地方政协的前身），团结各民主党派、人民团体和社会各阶层人士，密切联系群众，开展民主建政，推行经济建设，协商解决城市接管和重建过程中所面临的一系列重大问题。各界民主人士和代表人物，发挥专长、优势和影响力，积极参加城市解放、接管和政权建设，为巩固新生政权、恢复发展国民经济发挥了重要作用。

本辑史料53篇，主要收录各级政协征集、政协委员及其联系的各界人士撰写的“三亲”史料，适当选取中共和人民解放军相关人员接管城市和建设政权的回忆文章，并选录若干重要文献，着重反映当地各界民主人士和代表人物在城市接管和重建的过程中想什么、做什么，从统一战线和人民民主的视角体现新中国成立、新政权巩固的必然性。

本辑选择的城市主要包括现行行政区划的直辖市、省会城市和自治区首府，重点突出北京、天津、南京、上海等在接管和重建中具有重要意义的城市，其他每个城市筛选1～2篇具有代表性的文章。总体上，根据城市解放先后时间编排稿件；同一城市的稿件排序综合考虑作者和内容的代表性。

目　录

第四辑　城市接管与政权建设

刘　达　　解放哈尔滨　管好哈尔滨 …… 001
臧伯平　　石家庄解放初期城市管理和政权建设 …… 021
狄井芗　　忆“济南特别市” …… 027
诸葛士廉　　忆济南市“各代会” …… 031
宋致和等　　郑州解放初期的恢复与建设 …… 041
刘国荣　　河南省各界人民代表会议纪实 …… 056
卢广绩　　我与沈阳商会 …… 065
宋祝勤　　接管天津市政府 …… 071
罗　云　　忆天津市各界人民首次代表会议 …… 077
王文波　　追忆接管天津商业的工作 …… 082
夏继诚　　从参加民盟到合肥解放 …… 103
张友渔　　接管北京 …… 108
何思源　　我参加和平解放北平的活动 …… 123
费孝通　　我参加了北平市各界代表会议 …… 139
罗常培　　对于北平市各界代表会议的感想 …… 143

陈修良　南京地下党为迎接解放进行的艰苦斗争 …………… 146
朱明镜　接管南京市文教系统和总统府的回忆 ……………… 162
孙越崎　国民党资源委员会留在大陆的经过 ………………… 174
韩纯德　接收太原和初期城市工作 …………………………… 191
余森文　完整接管杭州伪市政府 ……………………………… 207
曹湘渠　接管和改组杭州市商会前后 ………………………… 212
刘　实　从潜伏到接管的武汉岁月 …………………………… 219
华煜卿
贺尔梅　武汉民建在解放前后的活动 ………………………… 228
金斌统
张士心　我在协商会的二三事 ………………………………… 239
田景福　西安解放前后我的部分活动 ………………………… 244
喻　松　城工部领导民主党派迎接
南昌解放斗争的点滴回忆 ……………………………………… 251
周而复　陈毅同志揭开新上海历史第一页 …………………… 256
赵祖康　在统战政策的鼓舞下前进 …………………………… 283
许涤新　上海解放初期经济战线上的斗争 …………………… 297
刘晴波　长沙市各界迎接解放联合会始末 …………………… 312
王传琛　忆迎接八一七福州解放两三事 ……………………… 327
吕　梁　忆兰州解放之初的基层建政工作 …………………… 330
扎喜旺徐　喜饶嘉措在解放初的西宁 ………………………… 340
董其武　绥远和平起义后实现解放区化的历程 ……………… 346

纳长麒　解放初期银川市民主政权建设回顾 …… 367
包尔汉　新疆和平解放的回忆 …… 378
黄　毅　解放大军入粤　广州军事接管 …… 387
陈　棠　解放初期见闻 …… 397
杜恩训　陈　军　回忆解放初期贵阳市政府工作 …… 401
任白戈　接管重庆 …… 415
刘明辉　治乱是接管山城的首要任务 …… 420
莫文骅　南宁解放初期的工作回顾 …… 427
罗吉恩　忆解放初期昆明情侦、公安工作片段 …… 438
冷寅东　我是如何度过最后一任成都市长的 …… 450
崔懋峰　黎苗同胞喜迎渡海大军 …… 458
阿沛·阿旺晋美　回到温暖的祖国大家庭 …… 465
金中·坚赞平措　西藏和平解放前后亲历略记 …… 473

重要文献选编

中共中央关于在新解放城市中成立各界代表会办法的规定 …… 480
中共中央关于迅速召开各界代表会议和人民代表会议的指示 …… 484

省各界人民代表会议组织通则 …………………………………… 489
市各界人民代表会议组织通则 …………………………………… 493
县各界人民代表会议组织通则 …………………………………… 497
中国人民政治协商会议全国委员会
关于各省、市各界人民代表会议
协商委员会工作的意见 ………………………………………… 500

解放哈尔滨　管好哈尔滨

刘　达*

一　解放哈尔滨

1946年3月以后，国民党在北满组织的伪军土匪大部被肃清。我军除三五九旅外，黄克诚同志率华中我军一个师，也进入北满，以迅雷不及掩耳之势扫荡了三肇地区的土匪武装，解放了三肇地区一批县城。同时由于我们执行了反奸反霸，分“开拓团”和“满拓团”的土地给群众的正确政策，群众已初步发动起来，部队迅速扩大。由于我军执行了毛主席的正确战略战术，北满地区城乡形势均有明显好转。大约在1946年3月末或4月初，我们

* 刘　达：时任哈尔滨市市长；后曾任清华大学党委书记兼校长，全国人大常委会委员。

得知苏军已决定于5月内全部撤出东北。为了在苏军撤走时，我军能立即占领哈尔滨市，北满领导机关又从通河迁回宾县。1946年4月初，我受分局派遣，从宾县经呼兰越过正在融冰的松花江进入哈尔滨市，找到留在市内的王友、毛诚等同志，说明了我的任务：一是探听苏联红军撤走的确切日期，二是探听他们对我们进驻哈市有什么意见，三是切实了解一下国民党在哈尔滨市到底有多少地下武装力量。

我在哈尔滨停留了四五天后，直接返回宾县。这时我们的武装力量和机关工作人员已全部集中在宾县县城，根据我了解的情况，北满分局决定进占哈尔滨市。

（一）各界人士要求我军进驻

1946年4月25日前后，听说苏军统帅马林诺夫斯基的总部已撤到哈市，我军就缓缓向哈尔滨市三棵树区移动。就在这个时候，哈尔滨市工商学各界头面人物30余人，其中能记得的有孙世琨、徐信之等来到宾县，求见陈云同志，请求我军早日进入哈尔滨市，维持社会秩序，并避免在市内发生武装冲突，使人民遭受生命财产损失。凡这类事，陈云同志规定一个原则，要我代表他见面。因为我经常去哈尔滨市，在上层人物中，我和一些人都互相认识。我和他们见面后，看了他们带来的请愿书，按照陈云同志的指示，首先表示热烈欢迎，并接受他们的请求，让民主联军早日进驻哈尔滨市。

在接见交谈中，只遇到一个问题，就是避免发生武装冲突问题，这是他们前来请愿的主要目的。我按陈云同志指示，说明我们民主联军绝不愿同室操戈，我们希望哈尔滨能和平解放。这个问题关键不在我方，要看国民党地下军是否抵抗，如果他们不加抵抗，我们就保证不进攻他们，以保障全市人民生命财产安全。这些代表对哈尔滨市的情况比我们了解得清楚。他们一口答应，担保对方不会抵抗。后来又谈了一些情况，他们才说明，除了那200多名伪军改编的保安队外，所说的国民党地下军多少多少，只不过是写在纸上的数字。而且那200多名保安队员，现在已脱掉军衣，陆续向江北逃跑，根本没有抵抗的可能性，请我们放心。我把这些情况向陈云同志汇报，陈云同志认为所说情况基本可信，可以达成口头协议。

（二）解放哈尔滨

大约4月20日，驻防在三棵树的苏军已全部撤到哈尔滨市中心区，我军即进入该区。4月27日前，我们还在考虑如何对待国民党派到哈尔滨市准备去“接收”牡丹江、合江、北安、黑龙江等省的100余名接收大员（他们住在哈尔滨市一所中学校内），但到了27日，他们把市政府的重要东西席卷一空，全部随苏军撤往海参崴①，然后乘轮船回到上海转南京老巢去了。他们没有带在本地收容的汉奸、土匪（个别人除外），叫他们分散逃往北平。北平解放后，这些人被押解回哈尔滨市，受到了他们应得的惩处。1946年4月28日，苏军后卫部队离开哈尔滨市。我军先头部队几乎是同时进入哈尔滨市，解放了哈尔滨市。由于事先做了比较充分的准备，无论是机关还是部队，都可以说是径直进入原定的驻地，应当控制的重要地点立即加以控制，未发生任何紊乱事情。

① 今俄罗斯符拉迪沃斯托克。——编者注

二　要管理好哈尔滨市

（一）出任市长

本来在宾县时，北满分局已决定派我担任哈尔滨市市长。进入哈市一周后，我才到市政府就职，因为此期间，有一些问题需要在党内统一认识，还要听听群众的反映，对伪满及国民党接收后遗留下来的1200多名市政府工作人员如何安置，各局局长应聘请哪些社会知名人士出任等都需要研究。

5月3日，我经松江省政府正式委任（当时我叫刘成栋）为哈尔滨市市长，并即日到任工作。在何治安先生陪同下，我听取了原国民党市政府一位秘书处长的汇报。他主要介绍了原市政府有几个局和局长的情况，随后引导我到各局与工作人员见面。我讲了几句话，希望大家努力工作，奉公守法，不贪污，不营私舞弊；我们对大家一视同仁，有功则赏，有过则罚等，主要是安定人心。

4月28日我们进驻哈尔滨市时，上级分配给市里的干部，我记得不到40人。其中有近30位同志被分到各区去，组成工作队做群众工作了。所以，我到市政府上班的第一天，只带一名警卫员魏子明同志。

过了五六天，我记得是毛诚同志提出，不能叫刘成栋一个人带个警卫员去当市长，这才决定派郭霁云同志到市政府给我当秘书，我才有了一个助手。

不久，张观同志到市政府主要抓支援战争的工作。这是我们当时的首要任务。我们除收集各种战争物资之外，还得筹集军费，安置伤病员，并准备安排即将由长春撤来的东北局领导机关，等等。

后来，东北局派到哈市工作的主要干部有市政府秘书长刘披云、公安局局长陈龙、教育局局长蒋南翔，还有饶斌、朱其文、陈一凡等同志，他们都是市委主要成员。

1946 年 5 月下旬，东北局撤到哈市后，北满分局即撤销，合并到东北局。哈尔滨市政府的重要工作，直接由东北局决定。一些重要工作，我必须向陈云同志请示汇报。陈云同志去东满分局任书记后，就向李富春同志请示汇报。后来，王稼祥同志病愈由苏联回国，到哈尔滨任东北局城市工作部部长，我又经常向王稼祥同志汇报。当时，东北局对哈尔滨在解放战争中的作用是相当重视的。

1946 年 10 月，由于支援前线的战勤任务紧迫，建立了新的区政府，委派了新区长。街道政权的建立比较复杂，随着发动群众的深入，经历了多次的调整和改造，才逐渐完善起来。

（二）面临困境

哈尔滨在历史上是一个商业、外贸城市，农产品加工业比较发达。大商店可以直接从国外进口货物，并向全东北中小城市批发。大约有七八家大的火磨（制粉）厂和十三四家较大的制油厂。其他工业除了中长铁路的附属工厂外，只有一些为农产品加工服务的中小工厂。但是这些工厂经过日伪 14 年的统治，已日趋衰败，国外商品来源已完全断绝，本市能够制造的小商品也因日本经济掠夺而无法继续生产。整个哈尔滨的经济处于日渐衰退的情势之中。工厂、商店停业，工人、店员失业的很多。当时，哈尔滨的粮食、燃料、动力都很紧张，物价上涨很快。尤其是国民党军队占领小丰满水电站后，切断了哈尔滨的电源，当时哈尔滨市虽然有一个发电厂能发一点电，但只供铁路和主要工厂、机关照明，市民已无电照明。全市的日供水量只有 5000 吨，市内公共交通车辆基本断绝。

我军撤出四平后，东北局领导机关又撤出长春。国民党军队在美国支援下，直下长春，大有一举吞下全东北之势。这时，我们也做了撤出哈尔滨的准备。

当时我们的工作非常紧张。一方面，要把军事物资、老弱病残和一些非战斗人员撤走；另一方面，要准备对可能被敌人利用加强其作战能力的设施进行破坏。后面这个任务交给王友同志负责。经研究，需要破坏的首要目标是松花江大桥，交由卫戍司令部参谋长王亢同志负责执行，先在桥墩上凿洞放好炸药，准备由最后撤出的部队引爆。

还有一些既可军用又可民用的设施，是否也加以破坏，就有争论了。我记得当时争论最激烈的是铁路大转盘（机车掉头设备），有的同志主张破坏，王友同志坚决反对破坏，结果市委决定保留。1946 年端阳节前两三天，陈云同志通知我随他一起撤走。我认为我应随卫戍部队最后撤离哈尔滨。陈云同志告诉我，这是前线指挥员的意见，你必须照办。我不得已，发出了市政府端阳节放假三天的布告。我三天未到市政府去上班，等待随陈云同志撤退。

在准备撤退的时候，哈尔滨的知名人士李国钧特意问我，他是否跟我们走。他说：我跟你们走，打仗的时候就成了累赘；我若不走，国民党来了，把我抓起来、关起来都不要紧，如果国民党逼我讲共产党的坏话可怎么办？你们在的时候，我说共产党好；你们一走，我又说共产党不好，我的人格在哈尔滨就丢尽了。

我把李国钧的思想向陈云同志作了汇报，陈云同志让我转告李国钧：我们不怕麻烦。如果李国钧跟我们走，一定照顾好；如果国民党来了对他没有什么危害，也可以留下，在今后的民主革命中是会再见面的。

后来我军在长春以北伏击歼敌两个精锐团，国民党气势稍减，退回长春，只派少数部队在陶赖昭与我军前哨隔江对峙（陶赖昭铁路江桥已被破坏，形成以江划界的局面）。这时，我军在辽南、安东、临江一带尚有相当一部分主力部队和广大游击队、游击区，与北满相呼应，造成敌人腹背受敌，不能集中力量对付北方的有利形势，对巩固和发展北满根据地起了重大作用。因此，我们没有离开哈尔滨。

我们在哈尔滨站住了脚跟，但天灾人祸却不断发生。1948 年 8 月，南满传播的霍乱传入哈尔滨市郊区，9 月又发现了鼠疫病人进入哈尔滨。我们就是在外有国民党军事进攻的威胁，内有经济衰退和潜伏的反革命分子伺机暴乱，以及严重威胁根据地建设的疫病及群众对共产党政策不了解不信任的环境中开展工作的。

（三）恢复生产　安定民生

管理哈尔滨这样的大城市，在我们党的历史上还是第一次。我们刚进城，对管理城市缺乏经验，因此在一部分干部中，对有些问题持不同看法，产生一些争论，意见一时不能完全一致的现象是很自然的。但有一点是明确的，哈尔滨一定要恢复生产、安定民生、支援解放战争。

进入哈市后，我们最大的困难是缺钱。我们筹了两次款，有四五千万元钱，真不算少！但首先要送给前方的部队用。后来我们的银行发行了东北流通券，开始老百姓不认，不卖给东西，不使用。于是我就找陈云同志，请陈云和张永励讲讲，把没收的敌伪财产和军队的粮食、食盐给市政府一批，我开个“民生公司”卖这些东西，专收东北流通券，提高东北流通券的信用。陈云同志同意了。我们就在道里区开了个“民生公司”，请市政府一位旧职员当经理，赵光朴是副经理。我们很快又在道里、道外设了几个分公司。我们手中有大量农产品和其他生活物资，又从通河把大批木材沿松花江运来哈尔滨出售。这样一来，东北流通券慢慢地就有了信用，开始和伪满的“绵羊票”、苏联的红军票——“大红袍”同时流通。但是我们的票子还较软。后来粮食、煤炭经我们手，源源不断运到哈尔滨以后，东北流通券就逐渐稳定了。

1946年9月12日，东北银行迁到哈尔滨。叶季壮、王首道同志是东北财经委员会的负责人，对哈尔滨的财经工作支持很大。我们刚进哈尔滨，群众不了解我们。有的人散布说，我们是兔子尾巴——长不了。许多人都不相信我们能治理好城市，能站住脚。有钱的人囤积金子，做黄金的投机生意，使金银首饰的价格波动很大，扰乱了市场。叶季壮同志让市政府调查一下，估计哈尔滨能销多少金子。我找了一些熟人了解，他们说不会有多大销量，最多不超过二三万两黄金，卖出二万两就能把票子吸干了。当时东北银行存有四万多两黄金，下决心抛出二万两。那时人们有个心理：黄金越涨价越买。价格逐天涨，买的人越多，我们就敞开卖。黄金由东北银行每日挂牌定价，公开出售，卖到一万七八千两就落了价，而且落得很快。原来抢购黄金的人又争先恐后地抛卖黄金，不到一个月我们卖出的金子又都买回来了，还挣了钱。这么搞了两次，做黄金投机生意的人就不在黄金上打主意了。至今，我还感激叶季壮同志。

1946年8月初，国民党政府突然下令停止使用面额为百元以上的苏联红军票（苏联红军票，是苏联出兵东北，根据苏联政府和国民党政府的协定，由苏方发行，国民党政府担保的），企图把红军票赶向解放区，扰乱我们的经济。松江省政府和哈尔滨市政府不得不立即停止在解放区使用百元票面以上的苏联红军票。

对伪满票，东北行政委员会在1947年1月8日决定：于1947年1月15日起停止使用。在此之前，解放区早已很少见到伪满票了，因而对人民生活和市场都没有大的影响。

在东北行政委员会工矿处处长刘向三的支持下，我曾到鸡西买进了几万吨煤，通过铁路运到哈尔滨，供应发电厂和居民过冬用，解决了燃料问题。

在日伪统治时期，哈尔滨发电厂有两台日制5000千瓦火力发电机。我军进入哈市时，两台各有一端损坏，均不能运转。在国民党占领吉林、切断小丰满电源后，为克服电力奇缺的困难，支援解放战争和安定人民生活，发电厂工人刘英源大胆提出一个建议：把两台电机未坏的一端接起来，成为一台完整的发电机。这两台电机原来称为五号和六号机，按刘英源同志的话说，叫“小五小六结婚”。经过研究，在理论上是可行的，但要冒风险。我听到这些情况的汇报后，考虑现有两台电机都不能发电，不妨冒险一试。在刘英源和广大工人的努力下，1947年3月25日哈尔滨发电厂终于修复了发电机。在发电那天，群众欢天喜地地说：“国民党掐断了电源，共产党又给了我们光明。”这不仅帮助人民群众初步解决了照明困难，也为恢复生产提供了电源。

哈市的自来水，主要从松花江取水，经水厂消毒后供市民饮用。日伪统治时，水厂用的消毒药品是由大连运来的。我们进城后，哈尔滨和南满铁路交通已中断。为此，我们采纳了自来水厂的日侨、苏侨工程师的建议，用静电沉淀消毒，自来水很清，解决了哈尔滨的一个大问题。

通过开展劳模运动、生产立功运动，到1948年哈尔滨解放两周年时，哈尔滨公营企业的发电量、日供水量都增加了两倍多，电车日出车数近30台，每天都有七八万人次乘坐电车。

解放战争时期影响市民生活最大的问题是粮食。开始市内去外县筹粮，甚至要武装押运。物价上涨，粮价带头。除了市政府组织的“民生公司”低价卖粮食，“东兴公司”也为了解决哈市军民用粮，从北满各地向哈尔滨调运粮食，加工为成品粮和豆油，按公定价格出售。1946年冬粮价突涨时，“东兴公司”曾在三天内抛售出340多万斤粮食，把涨势平下来。为使粮价不失控，加强粮食市场的管理，市政府还采取了一系列措施：把粮贩分别集中到指定的八个市场，以便集中管理；组织了市民粮食消费合作社；对私人存粮搞过登记；对工人实行保证实物供给的工资制。有时哈尔滨的粮价还低于外地。在整个解放战争中，东北局对哈尔滨市的粮食供应是必保的。

组织生产自救。政府支持被服、毛皮、建筑、渔业等行业的手工业劳动者组织起生产合作社；发展3万多纺纱户，经常有两三万妇女为前线做军鞋。这样做不仅支援了解放战争，还能以工代赈，增加市民的家庭收入，也为一些失业者创造了就业的机会。松江省政府、哈市政府还组织动员因农村一度匪患猖獗逃进城市的农民和贫困的市民近3万人到外县从事农业生产。政府为了使这批人到农村能安心生产，给他们购买了必要的生产工具、种子，还为他们备好了必需的生活用品。

由于在历史上哈市曾发生过大的鼠疫，当 1946 年哈市发现疫情时，东北局、民主联军总卫生部以及哈尔滨市委、市政府都极为重视。我以市长的名义特聘医学博士阎德润担任市政府卫生顾问，组织了市防疫部，还有卫生局局长张柏岩，都起了很大的作用。我们从 1946 年 9 月 20 日到 12 月 10 日，约为 44.45 万人注射了疫苗，自制疫苗 42.35 万 CC。经过我们的工作，使一场严重危害根据地建设的疫病，得到了很好的控制。同时，经过这一年的防疫工作，也取得了一定的工作经验，为以后的防疫工作和群众性的大清扫讲卫生活动打下了基础，工作也比较主动了。

进城之初，各部队在哈机关、办事处都各自搜集或加工、订货制作军用品。后来哈尔滨市的军工、军需生产，均由市政府统一组织和安排。市政府协助军工、军需部门建立了直属的军工、军需工厂，把市政府已接收的敌伪的机械集中起来，在南极街组成了哈尔滨铁工厂，动员和组织了一大批人参加军工、军需生产。那时的老工人技术水平很高，给军队做了上千门六〇炮和上万发炮弹。那时最困难的是没有电线，以后又建立了电线厂，做了一些编织机，织电线的绝缘包皮。在这段工作中，市政府协助民主联军在哈尔滨主持军工生产的何长工同志，主持军需生产的张永励同志，胜利地完成了军工、军需生产任务。

市政府还组织私营加工机械厂，生产军工产品，组织被服业、洋服业、毛皮业为部队生产军装。市总工会、市妇联和各区政府都积极地参加了这项工作。当时组织起不少人纺纱、织布、絮绗、做军鞋等，形成了群众性的军需生产局面。仅1948年就完成了60万套棉军服和军大衣的生产任务，为满足部队不断扩大的军用品需要作出了贡献。

另外，哈尔滨市人民在组织战勤民工、汽车司机、战地医疗队、出动胶轮大车运输、输血救护伤员等支前方面也都作出了自己的贡献。

（四）建立革命新秩序

哈尔滨刚解放时，社会秩序很乱，匪患猖獗；封建会道门、大烟馆、妓院、赌场还没来得及肃清；国民党留下的一批特务、地下建军等经常搞反动宣传，搞破坏活动，市内发生过几次绑票和杀人事件，人们在夜间没有安全感，总得防备出事。

卫戍司令部和公安保卫部门做了大量工作，成绩很大，侦破了很多案子。哈尔滨公安武装肃清了“北海”“方有”“于兴随”等大大小小的匪团近百伙。

在调查敌伪财产情况时，我们发现了敌情。张永励（吉黑军区后勤部部长）派佟琦（吉黑军区后勤部调查科科长）打入国民党新编二十七军，抓到了该军中将军长姜鹏飞，同时得知国民党特务李明信正要暴乱。由于我军早有准备，8月28日将这股反革命分子一网打尽了。

我们还取缔了妓院、赌场，维护了社会治安。妓院、赌场不仅是藏污纳垢之所，而且还是各类反动分子的窝藏之地。1946年冬的一天夜里，我们突然包围了妓院，用强制的办法把妓女送往矿山林区。由于当时工作不细，思想工作未跟上，后来跑回来一些。北平解放后，也用过此法，由于工作细，效果好得多。

哈尔滨解放初期就创办了劳改农场，组织服刑的反革命罪犯、刑事犯参加生产劳动。我记得是在王怀安同志任市法院院长的时候，市里有上千名犯人。把这批犯人迁到香坊，规定每个犯人每天开三分地，超额完成任务的给予物质奖励，很快就建起了拥有300多公顷土地、主要种稻田的香坊农场。这样既改造了犯人，又创造了财富，很多犯人在这里经过改造后被释放了。在这段工作中，初步摸到了改造犯人的门路。后来哈市秩序逐渐稳定，犯人少了。天津解放后，还从天津转来近千名犯人到香坊农场接受劳动改造。

哈尔滨解放后，要不要把一切旧的秩序全取消，这在当时一部分干部中是有争论的。在市委一次会上，有的同志认为旧社会的一切秩序都应该取消，因为那都是为了统治人民群众的。当时我苦苦思索，想不出反对这种意见的理论根据，后来我提出：对秩序要有分析，不能说都是对群众不利的。比如，汽车到喇嘛台时，必须从那里转过来才能通行的交通秩序，还有邮电通信，等等。虽然是旧的秩序，但对人民是有利的，不能取消。在任何城市都不能采取简单的方法一切都打碎。而维持社会的正常秩序是政府的职责，不然城市就乱套了。要不要维持社会秩序？如果现在有人提出这个问题，那简直是个大笑话，但在当时却是一个争论过的问题。

（五）1948年8月东北局城工会议

1947年5月，王稼祥同志从苏联回到了哈尔滨，在东北局任城市工作部部长。这时，东北在我军手中的较大城市已有近10个：哈尔滨、佳木斯、大连、牡丹江、安东、北安、绥化、黑河、齐齐哈尔等。在如何对待城市私人工商业和在城市依靠什么人等主要政策性问题上，都需要统一研究和解决。为此，王稼祥同志提出并经东北局同意，决定在哈尔滨召开一次全东北城市工作会议，以便统一思想、统一政策。

我记得大约从 1948 年 6 月就把这些城市的负责同志请到了哈尔滨。当时李大章同志已调到东北局任城工部副部长，由大章同志领导这些同志先开了预备会议。大家详细地汇报了各城市的情况，并研究了存在的问题。参加会议的同志都是做实际工作的，绝大部分同志对城市主要政策的意见基本上是一致的。在讨论研究的基础上，大章同志写了一个小册子，叫《城市工作纲要》，准备提交会议讨论。1948 年 8 月中旬，会议各种准备已基本就绪，第二天就要开会了。王稼祥同志突然因病不能主持这次会议，东北局又决定由另一位负责同志主持会议。会议是在马迭尔饭店开的。主持会议的同志没有再用我们 20 多位同志用了一个多月时间讨论研究后起草的材料，只用了一个很简单的提纲，讲了一些马克思主义的大道理，没有紧密联系当时东北各城市的实际，提出解决问题的办法，对城市的私人工商业政策等问题也未予以足够的重视。

直到全国解放前夕，由陈云同志主持，在哈市吉林街 40 号召开会议总结我党管理大城市经验时，一些正确主张才重新被肯定下来。

（六）保护民族工商业

在进入哈尔滨之前，我们在市内工作的同志就进行了一些调查，知道在工商界中真正和日本人勾结，并借日本人势力发了财的人有：马子元（即马延禧，还有一个日本名——延禧三郎）在三棵树设有酒精厂，为日军提供战争用的燃料；徐老五（即徐鹏志）借日本的势力强买双合盛从德国进口的一套油脂化学生产的现代化设备。其余几家大的工商业者，例如双合盛、同记商场等，我们认为均属民族资本家。

民主政府成立之初，即宣布了马延禧、徐老五为汉奸，没收其一切财产。对天兴福、双合盛等面粉厂和几家大的榨油厂，以及同记商场、大罗新等都采取了保护政策。在各种集会上，或其他宣传中，我们都反复强调保护工商业的政策，逐步打消了工商业者怕被没收财产的恐惧心理。

进城不久，为了支持哈尔滨的制粉业、制油业恢复生产，市政府发放了贷款，提供了原料。到 1946 年底，哈市 8 家油坊自市政府贷款、豁免税收后，相继复工，日产豆油达 19 吨。

包销、加工、订货的做法，是从哈尔滨开始的。比如油坊没原料，我们给原料，油、饼归我们出售。哈尔滨当时有 13 家较大的油坊，我都去过。产品的包销是从老巴夺开始的。全国解放前夕，陈云同志找一些人总结过这方面的经验，对其他大城市很有参考价值。

我们进城后的第一个春节，市委委托我到老巴夺、同记商场了解一下年终分红情况。分红制是我们进城后提出的，其根本目的是调动生产积极性，发展生产。分红制的原则是劳资两利。当时在私营企业中实行分红制，促进了生产的发展，但有的同志片面强调工人利益，有的不根据企业经营的实际情况分红。

老巴夺烟厂工人分红是采取分产品的方法，把产品 5% 分给工人，其收入超过当时公营企业工人的工资一倍以上。但有的同志认为这比例还小，闹着要增加到 8%，让工会去和资本家交涉，说 5% 是政府主持办的，是“恩赐”。市政府当时的财政收入主要来自包销老巴夺的卷烟，而且老巴夺所存原料已不多，当时北满又不产烤烟，搞垮老巴夺实际就等于搞垮市财政的一部分来源。对这个问题我是坚决反对的，因而未能改为8%。

当时，哈市商业萧条达到了顶点，战争使交通中断，货物没有来源。

商业无货源，利从何来？但有的同志把物价上涨部分当作利润，说还可以分很多红。我记得同记商场一顶礼帽多年以前进货成本只有一两元钱，当时涨到二十多元。如果把涨价部分当作红利来分，实际上是分资本。从当时具体情况估算，这样分一次之后，商店就只能关门了。

在土改中，关于如何对待城市中的资本家兼地主，如何保护民族工商业，又出现了新的情况。

一天，松江省委一位同志把我找去，开头就问我："你估计哈尔滨能挖出多少财宝？"我说："很难估计。据我了解，资本家和地主有区别，资本家希望他的资金周转越快越好，以便从中谋取利润，不像地主那样把钱埋在地下。"这位领导同志用安排工作的口吻说，"你要给我准备400人的住处"，并说他们已在农村选了一批积极分子，最近就来哈尔滨挖财宝。我感到问题严重，马上就把这一情况如实地向李富春同志作了汇报。富春同志沉思了两三分钟说："不行！不能这么办，农民不能进城挖财宝。我明天就召开东北局会议讨论（当时高岗不在哈尔滨市）。"东北局开会时，出席的有李富春、李立三、凯丰、张秀山等同志，还有王友、蒋南翔和我，可能还有杨维列席了会议。经过充分地交换意见，决定：农民不能进城挖财宝。从而保证了哈市在新的情况下，党对城市工商业政策的贯彻执行。

当时人们有一句形象化的比喻：对资本主义是吃蛋，还是吃鸡？这在原则上是没有争论的。彭真同志多次在工人集会上讲过对资本主义只能吃蛋，不能吃鸡的道理。但有的同志提出：蛋不够吃，也可吃一条鸡大腿嘛！这不是大笑话吗？去了一条大腿，鸡还能活吗？这些话现在看起来好像是笑话，但在当时却是如何对待民族工商业的大问题。

1948 年 1 月，报上公开发表了毛主席的《目前形势和我们的任务》一文，其中有关城市政策的论述，对我们是极大的鼓舞。市政府连着发布了两个保护工商业的条例，明确提出："在本市的工商业者兼地主或地主兼工商业者的工商财产，一律予以保护不得侵犯。"此后，哈尔滨市的工商业户数大增。

（七）执行党的统战政策

为了贯彻执行党的统一战线政策，团结更多的人同我们一道工作，经陈云同志批准，市政府成立之初任命了一批民主人士为市政府的局长：原哈尔滨银行经理何治安出任财政局局长，著名外科医生张柏岩出任卫生局局长，哈工大教授邓恩诚出任建设局局长。当时还请了三位苏联侨民参加我们的技术工作，有发电厂的主持人、自来水厂的工程师和消防队队长。在我们十分缺乏干部又不懂技术的情况下，这些人都起了一定的作用。对在日伪统治时期具有民族气节并在社会上有影响的马忠骏，也加以团结。记得进哈尔滨不久，我就驱车到香坊马家花园去拜访过马忠骏老先生，征求他对我们军队、政府的意见。为了保护马老，1946 年 5 月 10 日，我签发了第二号证明书："兹有香坊区市民马忠骏所经营之果木园，20 余年来之经营颇费苦心，不惟有关哈市风景，更为提倡建设农园作物等，由本政府与原业主商讨决定，军民不得擅自损毁或占用，以重公益事业，特发给证明书以资证明。”在土地改革运动开始后，根据实际情况和党的政策，市委决定把马忠骏的成分定为实业家。

对于伪满及国民党接收后遗留下来的1200多名市政府旧职员（多数都是知识分子），我们党给予了妥善的安排。除了一部分旧职员不辞而别跑到蒋管区以外，对那些雇佣思想严重，不适应新的民主政权战时工作需要的，市政府于1946年9月创设了行政讲习所，抽市政府的一部分旧职员到那里学习。每期两个月，集体学习，薪水照发，毕业后由市政府分配工作。对较好的旧职员，特别是技术人员和业务骨干给予留用。逐步使市政府机关工作适应了战时的需要。

我们还吸收了那些具备入党条件的人入党。当时在哈市知识界有影响的教育局副局长罗明哲同志申请加入共产党，虽然他在抗日战争时期曾参加过地下国民党，但他向组织都作了交代，“光复”后公开声明脱离了国民党，并积极参加我们党领导下的革命工作。蒋南翔同志对罗做了很多工作并介绍他加入党组织。经过认真讨论，说服了有不同意见的同志，于1947年4月，接受他为光荣的中国共产党候补党员。

我们很注意纠正违反党的知识分子政策的事件。一天，我在地段街的三联书店的橱窗里，看见陈列有佳木斯斗争知识分子的大幅照片，立刻向东北局城工部部长王稼祥同志汇报了。后来很快就把照片撤掉了。

大约在1946年冬天，哈市著名的内科大夫贾连元找到我，说贾树屏（小儿科专家）被顾乡区公安分局抓起来了。我打电话问顾乡公安分局是怎么回事。分局的同志告诉我，贾树屏在伪满时是军医少将，在伪满征兵时负责检查过新兵身体。我说，贾树屏是技术官，和伪满的军事政治官不一样，并以市长的名义请他们把贾树屏释放。后来，贾树屏、贾连元，还有著名眼科大夫石增荣等，和我们党的关系一直很好。

但也有个别同志在群众运动中，不分析这批知识分子长期在敌伪统治下产生的特点，不耐心进行团结教育。有一次未经我同意就调来几十名工人，在市政府后厅对建设局的一些工程师开斗争会。我当时无法制止，如果加以制止，“反对工人运动”的大帽子就会落到我的头上；如果不过问，又没有尽到维护党的知识分子政策的责任，有些左右为难。想来想去，我还是亲自参加了这个斗争会。我在开会前讲了几句，大意是：原则上支持对真正的坏人进行斗争，但是必须有真实证据，同时不准动手动脚。我这么一讲，工人就没有什么发言积极性了。后来，经主持斗争会的人一再鼓动，有一位工人站起来，要被斗的一位高级工程技术人员站起来，交出工作证。我又讲了几句话，大意是：有话可以讲，但在问题弄清以前，不能收工作证；即使要收工作证，那是市政府的事。这位工人同志还好，未再坚持，又回到座位上去了。

由于少数同志有“左”的思想，他们宣传工程技术人员无用，以致我们个别领导同志曾经问过我：盖房子是否非有工程师不行？我回答说：修修补补没有工程师也许可以，盖房子没有工程师无论如何不行，特别是盖大房子。

随着形势的发展，知识分子的作用越来越重要了。到1948年，李富春、王首道、陈郁、邵式平等同志及科学工作者80余人，发起组织“东北自然科学研究会”，我还被推选为筹备委员会的常务委员。

1948年9月，东北行政委员会拟办一所农学院，我就离开市政府，去筹建农学院了。

三　结束语

辽沈战役决战前，哈尔滨市在东北局、东北行政委员会以及哈尔滨市委、市政府领导下，在诸多同志（如王友、张平化、朱其文、饶斌等）的努力下，已建起了市、区、街政权，成为稳固的解放区，以国营企业为主体，创办发展了生产和消费合作社，扶助了有利于国计民生的私营工商业的发展，形成了多层次的经济结构。

回首往事，我非常怀念在困难时期给过我很多帮助和扶持的东北局几位领导同志和其他同志，特别是陈云、李富春、王稼祥、叶季壮等同志，他们那种深入实际、实事求是、掌握原则、关心干部的态度和作风，给我留下极深的印象。他们在建立我党领导的第一个大城市根据地，并在领导全市人民支援东北解放战争中起了重大作用。

（选自哈尔滨市政协文史资料研究委员会编《哈尔滨文史资料》第8辑，内部资料，1986年。原标题为《我在哈尔滨工作的前前后后》）

石家庄解放初期城市管理和政权建设

臧伯平 *

我是石家庄一解放就进城的，先任市建设局局长、市政府秘书长，后任副市长、市长，现就当时感触最深，也是当时入城最重要的几个问题谈谈我的体会。

一　如何实现石家庄的繁荣和发展

石家庄是全国解放的第一个较大的城市。当时我们进市时，中央就有指示，要在石家庄搞出建设城市、管理城市的经验。中央对此非常重视，除了给予各项指示外，在干部配备上，也是

---

* 臧伯平：时任石家庄市副市长；后曾任南开大学党委书记兼校长，教育部副部长，全国政协委员。

高规格的，派了中央部级领导来主持石家庄的工作。像市长柯庆施，曾任过中央统战部副部长。而且中央还派了很多人来进行调查研究和指导工作，如李维汉、胡乔木、齐燕铭、潘梓年等。入城后，大家都兢兢业业工作，廉洁自律，还是在农村根据地的那股劲。记得，给我配了车，但我一次也没坐过。当时生活也苦，发点工资，也仅够维持生活。

入城后的工作，首要的是清除反动统治的残余势力，建立人民政权。先从最基层做起，摧毁国民党保甲制，建立了街道政府。我们和国民党不一样，他们只是收税，搜刮民财，别的什么也不管了，而我们要发展生产，繁荣经济。一个一个的街道，政府怎么领导？于是又设立了区，组建了区政府。市政府直接和区政府打交道，有些事如需要和街道政府商量研究，就找他们来商讨汇报。柯庆施同志开办公会议的形式挺特殊，但很有成效，像开“朝会”。每天早晨起来，饭前，各局长们到他那儿开会，汇报工作，研究问题，布置任务，一开一两个小时，然后分头去办，每天如此。后来，敌机来轰炸，我们就分片来开，分头指挥，有时躲到郊区村里一片坟地里开会办公，带点儿饭在外头吃。敌人想把我们赶出石家庄，那是妄想。

柯老这人很豁达，喜欢喝酒，经常碗里有酒，你看他像是喝水，其实那是酒。对干部、对工作要求很严格，有时训人挺厉害。我曾建议过他，少喝酒，对下级说话客气点儿。这些意见，他也肯听。有一天，我和他抬起了杠。那时我抓建设局，他听秘书反映，嫌街道不干净，找我说这个事。我说：“是有这个问题，但建设局连干部带清扫工人总共才8个人，连机关的事都管不过来，很难保证街道干净。”他说：“好好，你说需要多少人？”我说：“得建30个人的卫生队。”他说：“好好，那就增加30个人。”那时，一些重大问题也都要开会集体研究。

进城后的方针政策也相当重要。要让石家庄繁荣、发展，创造出管理城市、建设城市的经验，如何对待原工商业，关系到经济能不能稳定发展的大问题。当时，我们的政策很明确，除了特务、汉奸和与敌人勾结的不法分子是打击对象外，一般资本家和中小工商业者不是打击对象，而是保护和改造对象。除了没收官僚资本、银行，控制货币发行外，对一般工商业者和资本家的财产也给予保护，扶持指导他们正当生产和正当营业。如果不违法，不轻易没收和查抄。

还有一条，就是保护人才，对科技、管理人才，尽量安排使用。那时，我们各级干部都是委派的，从农村走进城市，缺乏城市管理和经济建设经验，我们就保留旧市政机构内的科技、管理人员，用其所长，补我之短。像黄岚，是城建方面的专家，我们继续任用他，让他在市政建设中发挥专长。还有些工商业经营者，我们还向他们学习经营方法。我们会搞土改，会搞农村工作，但抓工商业，需要物色、使用能担任这方面工作的人才，就要保留他们，使用他们，让他们为新石家庄的经济建设做工作。

再就是使农村经济和城市经济结合发展。过去，农产品和工业品差价悬殊，城市剥削农民，农产品进市价低，农民进城购货价高。为了使石家庄城市经济不孤立发展，我们考虑把城市经济和农村经济结合起来发展，在郊区设立了4个区的经贸市场，统一领导，开展集市贸易，打破了郊区和市区隔绝状态，沟通了城乡贸易，对恢复和繁荣石家庄经济起了很大作用。

这样，我们入城后，石家庄并没有引起大的震荡和混乱，很快就使工商业和市民生活走上了正常。

二 如何在石家庄建立人民政权

这是一个很重大的题目。中央和华北政府要求石家庄创造出经验来。我们的创造，就是开人民代表会，从基层选举人民代表，然后选举产生人民政府，积累了建设人民民主政权的经验。

在中央和华北政府领导下，经过一年多努力，群众有了觉悟，各种团体都建立起来了，社会稳定了，各方面的条件成熟了，于是，在1949年春天，我们开始着手筹备召开人民代表大会。代表是经过各区街人民群众直接选举产生的。当然，这项工作是有领导有计划进行的。代表名额按各行各业、各区比例做了分配，充分考虑了代表的广泛性。对于民主人士，我们特别注意做好工作，经过组织物色培养，交群众酝酿选举。像工商界代表申希礼、杨鸣远等都是我们物色培养而推选为代表的，并通过选举，进入了市政府。把这些人吸收到政府参政，充分体现了人民政府的民主性，使各个阶层的人稳定下来。

代表会开得很成功，很热烈。特别值得一提的是，从代表中选举市长、副市长和政府委员时，还开展了竞选活动，很多候选人上台发表施政演说，既有为自己竞选的，也有替别人竞选的。我也在会上讲了自己当选后如何工作的问题，由于时间久远，详细内容记不清了。当时还保留了人代会上的照片，现在也找不到了。大会充分体现了民主性，取得了很好的经验。华北政府搬到北京后，我还赴京正式向华北政府做了专题经验汇报。董必武老前辈听取了这个汇报，记得叶剑英等领导也参加了。

三 做好接待工作

石家庄紧靠西柏坡，又是我们解放的第一个较大城市，于是，石家庄便成了前线的后方基地。接待过往的中央领导、各野战军首长和国际友人，是重要的工作。那时，各野战军首长到中央开会、汇报，都先到石家庄，再到西柏坡，然后再取道石家庄分赴各地。不论谁来，我们都认真接待，妥善安排。他们赴前线时，我们都会给他们买些生活用品，以供在前线的军政人员应用，使他们感到我们手里也有了城市，有了后方保障。朱总司令曾在石家庄住过，他老人家很是平易近人，市里开干部会，请他，必到，有时还发表讲话，来指导石家庄的工作。我还接待过彭德怀副总司令员。彭老总生活朴素，衣襟撕了一大块，都露出了棉花，照样穿。有一次陪他吃饭，菜还没上全，他怕误了火车，饭没吃完，就起身乘汽车走了。

毛主席也在石家庄住过，这事对外保密，外人谁也不知道。毛主席下榻在一个公园内，当时打算关闭公园，对外不开放了，又觉得不行，如果让人察觉是毛主席住在里边，可不得了。于是公园照常开放，里边设岗，门外无岗，罗瑞卿、吕正操、杨尚昆、叶子龙等陪同。毛主席接见过毛铎和我与封云甫同志，我们向毛主席汇报了石家庄的情况，主席做了许多指示。主席走后，中央办公厅提出毛主席住的地方要保密，要保存和保护好，并可做些必要的装修。

这事，交给了市财政局局长郭辛光负责，与工会的崔运同志共同办理。为此事，“三反”中，把他们揪了出来，说他们浪费，有些钱花得去向不明。因为杨尚昆、叶子龙等同志讲得很清楚，要保密，所以内幕不能外讲，我就说：“这些事我负责，财政局局长不负责，说郭辛光有罪不对。”这样，我成了包庇他们的罪人了。大年三十晚上，省政府在保定开会，我参加了会议。会上布置打老虎（指贪污1000万元以上旧币，折合现人民币1000元的人），让石家庄打300只老虎。我难以接受，说：“石家庄有几个老虎打几个老虎，不要限数，有一个打一个，绝不放过一只老虎，也绝不冤枉一个好人。”因我这样表态，就不让我走了，留在保定，住在省招待所，有个人跟着，说是保卫，实际上是监视。把我说成是“平山帮”的头子，因为郭辛光是平山人。我在保定招待所住了8个月，以后，我就留在了省政府，任建设厅厅长，从此离开了石家庄。

栗　永　周红妮　整理

（选自石家庄市政协文史资料委员会编《石家庄文史资料》第15辑，内部资料，1994年）

忆“济南特别市”

狄井芗*

济南市的历史上有一个称为“济南特别市”的阶段，时间不长，大体上是自 1948 年 9 月至 1949 年 4 月，即解放济南后的“接管阶段”。为什么称为“济南特别市”？我记得有以下几个原因：（1）济南是关内解放的第一个大城市，也是关内我军接管的第一个省会，因此，为了区别于其他一般的城市，就由中共华东局直接领导，称“特别市”；（2）济南市干部的配备是区党委、行政公署一级的架子，不同于其他城市是地委专署的架子，例如，市委书记是区党委书记级干部；（3）为将来南下解放江南大城市做准备，在济南市集聚和培养了大批干部；（4）党的大城市政策在这里作为试

* 狄井芗：时任济南特别市政府调查研究室主任、秘书处副主任；后曾任济南市副市长，山东省政协副秘书长。

点，积累和探索接管、治理城市的经验。

济南特别市的范围，市内设6个区：一、二区是城区，就是现在的历下区；三、四区是天桥以南以北的地区，就是现在的天桥区；五、六区是商埠区，即现在的市中区、槐荫区。另外还有6个郊区。

济南特别市的建制和组织由以下机构和人员组成：市的中心领导是济南特别市军事管制委员会，由谭震林、曾山分任正副主任，军管时期过后即撤销。中共济南市委书记，由中共大连市委书记刘顺元调任；副书记兼组织部部长张北华，是原中共济南市城外市委的书记；组织部副部长蒋方宇，是原城外市委的副书记；宣传部部长夏征农，是由华东局调来的；秘书长为刘丹；统战工作由副市长徐冰兼管；纪律检查委员会书记是由蒋方宇兼任；秘书处主任是房众夫。这是当时市委的班子。

济南特别市市政府的组织机构是：山东省政府副主席郭子化兼任市长，徐冰任副市长（不久即调北京任副市长），后来姚仲明调济南市任副市长；秘书长黄远（系由华东军区调来）；民政局局长由刘丹兼任，副局长胡亦农；财政局局长顾良，副局长戚铭；工商局局长管大同；建设局局长牟宜之；文教局局长李澄之；卫生局局长白备五兼卫生厅厅长；公安局局长李士英；法院院长吴山民；税务稽征处（以后才改税务局）处长范行克；秘书处主任陈秉忱；研究室主任狄井芗；另有敌产清理委员会，主任由市长兼任，副主任丁梦荪。这些人大半都是在解放区干过专员、副专员的。不久又增设了两个处：一是交际处，处长陶稷农；二是外事处，处长张元民。另外，各人民团体的负责人是：工会主任孙学之，青联主席杜前，妇联主任石磊光（由当时乐陵县县长调任）。这一套班子都是在青州准备进城时，由华东局批准组成的。进城后当即公布到职工作。

进城的准备工作，最重要的是政策上的准备。在青州准备进城时，曾以有关政策为主要内容进行了学习训练。进城后即公布了《约法七章》和《进城守则》等，所以在接管城市后干部都有法可循，没有发生什么重大的问题。后来解放上海市和江南各大城市，公布实行的也都是这些章法和守则。在这一方面，济南特别市确实起了带头示范和积累经验的作用。

济南特别市这一时期做的几件大事是：（1）埋葬尸体，清理战场。因为济南战役时，城内城外战斗激烈，街道、水井和护城河里有许多尸体，因而埋葬尸体就成了清理战场的一项重要工作。（2）稳定局势，恢复秩序。对于少数遗留下来的蒋军散兵游勇以及当地的地痞流氓，又乘机对居民进行敲诈勒索、诈骗欺人等行为，进行了及时处置。一方面加强岗哨，派军队巡视检查；另一方面严加打击，使秩序很快就恢复了正常。（3）举办“战伤医院”。由于蒋军遗留的伤兵和居民中受伤的人很多，而大小公私医院和诊所都还没有开门和营业，因而就由进步人士齐鲁大学教授许衍梁和原大华医院华子修等人出面，动员组织在济南的医务卫生人员，组成了一二十处战伤医院，收容并治疗这些无人过问的伤兵。（4）召集旧商会的负责人开座谈会，动员开工开业，宣传工商业政策。这个会由黄远秘书长主持，徐冰同志讲话，进一步阐明了工商业政策。原商会的头面人物苗海南、张东木、尚兰亭和原商会秘书主任刘竹斋等出席了会议。（5）全部接管了原敌伪企业，并派出了一批军管会代表负责接管并督促尽快开工。（6）派出军管会干部接管各大专院校和中等学校，并派了学生干部，成立了学生会，动员学校开学。（7）在动员宣传的基础上，进行了私营工商业资本登记，对全市工商业的资金设备情况有了较全面的了解。（8）大力支援前线。时值淮海战役正激烈进行，市委、市政府领导全市各阶层各界人民积极支援了淮海大战。除了动员青年积极参军以外，第一，动员铁路员工奋力修复铁路，以便于运兵、运粮、运军用器材。第二，发动私营工商业者积极支前献金，大概共捐献了 80 亿元的北海币。其中献金最多的有两家，一是苗海南的成通纱厂 8 亿元，二是张东木的东元盛染厂 4 亿元。所有这些支援前线的工作，对于取得淮海战役的胜利，起了重要的作用。（9）着手进行街道民主改革。为了彻底打碎原有的旧保甲组织系统，市政府派出了街道工作组，以商埠五里沟为试点，进行街道民主改革，并在此基础上，逐步成立了街道居民委员会和街道办事处。

1949 年 4 月，大军南下，从济南抽去了大批干部，准备去接管江南各大城市。济南特别市已经胜利完成了历史使命，遂取消了“特别市”的名称，改为济南市，并调整了市和区的各级组织。从此，开始了“三年恢复”的另一历史阶段。

（选自济南市政协文史资料研究委员会编《济南文史资料选辑》第 7 辑，内部资料，1986 年）

忆济南市“各代会”

诸葛士廉*

今年是中国人民政治协商会议成立50周年。政协济南市委员会的前身是市各界人民代表会议（以下简称“各代会”）协商委员会（以下简称“协商会”），始建于1950年1月，是各代会闭会期间的常设机构。其“主要任务是，在中共济南市委领导下，筹备、召集市各界人民代表会议，督促市政府贯彻执行各代会决议，协助政府建立新的社会秩序，推行经济建设，负责统一战线工作”。至1955年市政协建立，胜利完成历史使命。

* 诸葛士廉：时任济南市政府办公室会审股长、秘书；后曾任济南市政府秘书长，市政协副主席。

一 从协商委员会到市政协的过渡

自1948年9月济南解放，军管委和市委、市政府领导全市，在完成接管任务、摧毁反动统治机构的基础上，主要进行了民主建政，医治战争创伤，支援前线，以及着手恢复经济的工作。经过一年多的努力，使济南这个由于日本侵略军和国民党反动派的长期战乱、黑暗统治所造成的城市破败、民不聊生的混乱局面开始扭转。为动员全市各阶层人民共同致力于建立新的社会秩序和恢复发展国民经济，市委、市政府遵照中国人民政治协商会议通过的《共同纲领》的规定和中央人民政府颁布的《各界人民代表会议组织通则》，在1950年1月召开的市第一届四次各代会上，选举产生了市各代会首届协商委员会。此后，在1950年9月第二届、1951年10月第三届各代会上，相继选出第二、三届协商委员会，直到1955年4月，政协济南市第一届委员会建立，全面结束了协商委员会的工作。

各届协商委员会的简况如下：

（一）首届协商会

1950年1月26日至29日，市各代会第四次会议在通过各项施政决议后，选出由51名委员组成的首届协商委员会，选举市委书记谷牧为协商会主席，沈鹰（市总工会）、王祝晨（教育界）、张东木（工商界）、吴鸣岗（无党派民主人士）为副主席，委员的组成情况是政府代表7人，党派团体6人（中共2人，民革、民盟、民建各1人，共青团1人），部队1人，工人4人，农民3人，学生1人，妇女3人，工商、经济界7人（含公营和合作社代表3人），科技、文艺、新闻出版、医务界各1人，教育界3人，少数民族和烈军属荣军各1人，宗教界2人，特邀代表8人。委员会下设秘书处和政治法律、财政经济、市政建设、文教卫生、社会福利、宗教事务6个专门委员会。第二、三届协商会的情况与首届大体相同。

首届协商会第一次会议于当年2月9日召开，谷牧主席主持会议，并就协商会如何开展工作的问题讲了话。会议通过了姚仲明市长作的《关于市政府近期几项主要工作》的报告，并决定成立市人民代表大会筹备委员会。至1950年8月，本届协商会共召开7次委员会议，议题内容主要是检查对中央、省部署任务和各代会决议的贯彻及其他重要工作的进展情况，讨论通过提交下次各代会审议的有关工作实施意见和决议（草案）等，其中第五次会议通过了提交市二届各代会首次会议审定的《济南市各界代表会议暂行组织条例（草案）》《济南市人民政府暂行组织条例（草案）》《济南市人民政府市长、副市长、政府委员会选举办法（草案）》《济南市各界人民代表会议协商委员会主席、副主席、委员选举办法（草案）》等。1950年8月21日，针对美帝国主义侵略朝鲜和对我国的空袭，市协商会发表声明，代表全市70万人民拥护我国政府致美国政府的严正声明，强烈谴责美帝飞机入侵我国领空、杀伤我国同胞的罪行。

（二）第二届协商会

本届协商会由1950年9月3日至9日召开的市二届各代会首次会议选举产生，谷牧继续当选协商会主席，王祝晨、尚兰亭、李和臣当选为副主席。本次各代会代行人民代表大会职权，选举产生了济南市人民政府委员会，谷牧当选为市长，史甄、张东木当选为副市长。

二届协商会首次会议于同年9月18日召开，会议对二届一次各代会决定的下半年各项工作任务的具体实施作了研究部署，市政府委员会委员列席了会议。至 1951 年 10 月，本届协商会共举行全体委员会议 14 次，其中 7 次是同政府委员会议联席召开，或吸收政府委员列席，讨论事项依然是市的中心工作及各代会决议的贯彻，其中第十次会议传达贯彻了全国政协秘书长及省协商委员会议精神。自上届开始，协商会主席会议或主席办公会议基本形成每周举行一次的制度，本届委员会共召开主席会议、主席办公会议 35 次。

（三）第三届协商会

本届协商会于 1951 年 10 月 25 日至 30 日召开的市各代会首次会议选举产生，谷牧继续当选为主席，王祝晨、尚兰亭当选为副主席。协商会首次会议于同年 11 月 8 日召开，会议对贯彻各代会三届一次会议决议作出部署，通过了《济南市各代会协商委员会组织条例》。12 月 17 日协商会与市政府委员会举行联席扩大会议，讨论了开展“三反”和增产节约运动的部署。在次年 2 月 19 日举行的协商会和政府委员会联席扩大会议上，听取了谷牧作的《关于深入开展“五反”运动的报告》，并做出相应的决议。在 1953 年 6 月本届协商会第十一次会议上，通过了全市贯彻婚姻法运动的总结报告和关于基层选举试点工作的报告。在 1954 年 7 月 31 日召开的协商会第十五次会议上，传达了济南市第一届人民代表大会首次会议精神，并明确在市人民代表大会建立后，协商委员会继续存在，发挥它的统战作用。此后，至 1955 年 4 月连续召开 3 次委员会议，为建立市政协进行准备，在第十八次委员会议也是最后一次会议上，通过了协商委员会向中国人民政治协商会议济南市第一届一次会议的工作报告。4 月 26 日，市政协首届全体委员会议胜利召开，标志着市各代会协商委员会圆满完成了它的历史任务。本届协商会共举行18次全体委员会议和111次主席会议。

二 历届协商会的主要工作

协商会在中共济南市委领导下，秉承各代会的使命，对每次各代会的召开和提交代表会议审议的议题内容都一一进行讨论准备，各代会做出决议后，又协助政府和其他有关方面进行了贯彻实施和督促检查。几项主要工作列举如下：

（一）巩固人民政权，维护和安定社会秩序。济南解放初期，敌人不甘心失败，隐藏的敌特和反动势力活动猖獗，国民党散兵游勇和一些刑事犯罪分子也不断扰乱社会秩序，人民群众的生产生活受到严重威胁。据此，协商会多次举行会议或同政府联席开会，讨论并提请各代会作出关于迅速肃清土匪特务、安定社会秩序的决议和关于坚决镇压反革命的决议。1951年4月10日协商会举行扩大会议，讨论通过了谷牧作的《关于贯彻各代会决议，镇压反革命情况的报告》，接着召开有16万人参加收听大会实况转播的各代会扩大会议，控诉反革命分子的罪行，并由专政机关宣判惩处一批反革命罪犯，给敌人以重大打击。在镇压与宽大相结合政策的感召下，一些暗藏的反革命分子纷纷投案自首。协商会协助政府按照各代会决议，开展取缔反动道会门、打击各种刑事犯罪等斗争，认真查处了那些为非作歹、抢劫杀人、横行霸道、欺压百姓的犯罪分子，改造收容和遣返地痞流氓、散兵游勇、无业游民，加强社会治安工作，从而有效地巩固了新生的人民政权和革命秩序，为恢复发展经济创造了安定的社会环境，得到了人民群众的拥护。

（二）争取国民经济尽快恢复和发展。经济建设是城市工作的中心。为了尽快恢复发展济南的经济，1949 年 9 月 30 日，各代会首届二次会议通过了关于大力贯彻发展生产，繁荣经济，城乡互助、内外交流方针的议案和在恢复发展经济中订立集体合同、处理劳资争议的方案。1950 年 9 月，协商会与市政府提交各代会通过了《关于调整工商业与公私关系》《调整税收》等项工作的议案。之后，市政府一方面发动公营企业积极恢复发展生产，并分别成立市实业公司和几个专业贸易公司，与工矿部济南工业局共同负责对工业生产、市场经营和各种经济成分的领导；另一方面又对私营工商业多方协调，给予加工订货、产品收购包销，帮助筹集资金，发放贷款等。同时，在所有公私营企业中有计划、有步骤地推行民主改革和生产改革，倡导技术革新，解放和发展生产力，广大工人发扬主人翁精神，积极投入生产，参加劳动竞赛，提合理化建议，深入开展生产立功运动和增产节约运动，生产纪录不断刷新。在此期间，市政府还推动全市工商企业组织联运联销，开展城乡物资交流等。所有这些都较好地推动了经济的恢复和发展。

（三）加强市场物资供应和管理，平抑物价，保障人民群众的基本生活。市场物价一直是解放初期人民群众关心的一个重要问题，也是国营经济和投机私商进行斗争和限制反限制的一个焦点。由于当时市场物资短缺，一些投机商人乘机哄抬物价，牟取非法暴利，严重影响到人民生活，也扰乱了国家建设。1950 年 3 月，在刚成立的市协商会第二次会议上，就对搞好市场供应、平抑物价以及进行生产救灾、安排人民生活等问题提出了建议。市政府及时采取了措施：一是加强市场管理，整顿工商交易所，划清正当经营与非法投机牟利的界限，最大限度地团结一切正当经营的工商业者；二是组织清查全市所有仓库储存的生产生活物资，实行严格管制，防止囤积居奇，打击投机倒把行为；三是努力组织市场所需物品的生产供应，并依靠老解放区的支援调进大批粮油、棉纱、煤炭等人民生活必需品投放市场，很快抑制了物价，稳住了市场。与此同时，普遍进行劳动就业登记和介绍失业者就业。对那些有劳动能力而又生活困难的劳动群众，组织参加以工代赈的市政建设工程和黄河岁修劳动，对实在无劳力、缺吃少穿者及时予以救济，较好地安排和稳定了社会人民生活。

（四）围绕中心工作和政治运动，移风易俗，推进民主和社会改革。土地改革、抗美援朝、镇压反革命三大运动都是建国初党和政府领导的反帝反封建民主革命补课性质的政治运动。市协商会根据当时运动发展的情况分别做出开展有关运动的决议（草案）或建议，提交各代会通过或市政府实施。同时发动社会各界响应各代会及市政府的号召，积极投入各项运动，发挥应有的作用。1950 年新中国第一部《婚姻法》颁布和发行人民胜利折实公债，协商会及时向各代会和市政府分别提出实施意见。在贯彻《婚姻法》中切实实行男女平等、一夫一妻制，反对重婚纳妾，提倡尊重妇女的新的社会道德。通过宣传踊跃购买胜利公债，发扬支援国家建设的爱国主义精神。在推行工厂企业民主改革中，全心全意依靠工人阶级，认真贯彻《工会法》，发动职工群众普遍建立基层工会组织，取缔封建把头，建立民主管理制度，吸收工人技术人员参加企业管理。通过“三反”“五反”，提倡勤俭节约、守法经营，反对贪污浪费、行贿受贿、官僚主义和损害国家、人民利益。在街道民主建设、民主改革中，发动居民群众民主选举街、闾负责人；认真清除旧城市遗留的社会垃圾、各种丑恶现象，发动群众控诉旧社会反动统治压迫人民的罪行，实行新社会人民当家作主。同时，厉行禁毒，取缔娼妓，查禁赌博，打击拐卖妇女儿童，反对封建迷信等，一扫旧城市遗留的污泥浊水、社会风气萎靡不振现象，树立起拥护共产党，热爱新中国，人民团结友爱、相互关心帮助的新的社会风尚。尤其是党政领导机关带头发扬艰苦奋斗、为人民服务、尊重人民民主的公仆作用，好似清风扑面，城市风貌为之一新。

三　协商委员会的历史地位和作用

协商委员会隶属于市各代会。各界人民代表会议作为一种政治制度，初期是联系群众和传达党的政策的协议机关，是政府与人民之间的桥梁；后期在逐步创造条件的基础上，代行人民代表大会的部分职权，发挥了地方国家权力机关的作用，并逐步过渡到实行普选的人民代表大会。在此当中，作为各代会选举产生，并为其服务的协商委员会是发挥了不可替代的重要作用的。

（一）进行民主协商、参政议政，成为各代会和市政府得力的参谋和助手。协商会作为各代会的常设机构，一方面对各代会负责，并报告工作，承办召开各代会的各项筹备事宜，同各民主党派、人民团体进行民主协商，组织委员、代表就全市重要工作进行调查研究，提出对各代会和市政府的建议和议案，参政议政，充分发扬民主，认真审议政府工作报告，集思广益，群策群力，保障委员、代表行使民主权利，开好代表会议，办理好代表、委员提案，并逐步增强代表的民主意识和参政议政能力，为建立人民代表大会制度奠定基础；另一方面又协助政府贯彻党和国家的法令政策、各代会决议，动员组织全市人民参与建立民主社会秩序，巩固人民政权，恢复发展生产，进行经济建设等工作，把党的政策和政府法令变为全市人民的共同愿望和实际行动。

（二）发挥桥梁、纽带作用，密切各代会、人民政府同代表和人民群众的联系，并帮助代表和人民群众逐步提高思想政治觉悟，加深对新社会的理解，调动起共同建设新济南的积极性。解放初期，一些群众对党和政府的方针政策不够理解，认识不到新社会人民当家作主的本质，有的对政府能否为人民办事抱有怀疑，或视人民政府如同“旧衙门”，心存恐惧不敢接近。协商会把宣传解释党和政府的方针政策，反映各阶层人民的意见和要求作为自己的任务，成为各代会和市政府联系、发动群众的桥梁和纽带。市政府各项重要施政工作都向各代会报告，同协商会协商，坦率陈述工作中的成绩和问题，广泛听取来自不同阶级阶层人民的意见和建议，使广大群众看到了政府对人民事业高度负责和实事求是的工作态度，加深了各阶层群众对党和政府的理解与支持，提高了建设新济南的积极热情和胜利信心，主动靠近政府，协助政府推进工作，增进了政府与人民的联系，巩固了人民民主政权的群众基础。

（三）广泛开展民主统一战线工作，在依靠工人阶级和劳动群众，团结知识分子和各界民主人士，加强全市各族人民大团结等方面作出了重大贡献。协商会通过认真开展与各方面的民主协商和广泛的联络友谊，广交朋友，妥善处理和协调统一战线内部各方面利益的关系，使自己成为广泛的统一战线组织，把全市各民主党派、人民团体、各阶层人民团结在中国共产党的领导下，为开展各项工作打下了一个有利的政治基础。协商会在协助党同各方面人士搞好团结与合作共事关系上同样发挥了很好的作用。谷牧同志首先从自身做起，与民主党派、社会各界开诚相见，在协商会和市政府领导成员中充分尊重民主人士的职权，认真听取意见，主动搞好同他们的合作共事关系。协商会秘书长（市委统战部部长）丁梦孙不断召开有关单位党组织负责人会议，强调搞好我们党同民主党派、各界人士团结合作共事关系在国家政治生活中的重要意义，要求各单位党委对党外人士必须一视同仁，充分尊重他们，工作中给予信任和帮助，使他们心情舒畅，发挥所长，做出成绩。协商会还不断推动、组织各界人士学习政治理论、时事政策、辅以报告会、联组讨论会、实地参观等，帮助各界人士开阔视野，不断提高思想认识水平，树立起逐步过渡到社会主义的良好信念。各界人士纷纷表示，一定要跟着共产党走，为政府和人民的事业贡献自己的力量。

（选自《春秋》1999 年第 5 期）

郑州解放初期的恢复与建设

宋致和* 吕 英 王健民 王均智 张北辰 李清林
李德新 郭颖生 崔 克 李 平 曲 青 朱翔武
萧 枫 马 力 潘祥德 庄 啸

郑州解放之后，我们曾在这块土地上工作生活几十年，同全市人民同呼吸共命运，参加和组织了郑州市的经济恢复、社会主义革命和社会主义建设事业，走过艰难而曲折的道路。享受过成功的欢乐，经历了失误的痛苦，成功和失误与郑州同在。回顾往事，感慨万千，瞻望未来，心潮澎湃。

一

革命的目的就是夺取政权、巩固政权、解放生产力、发展生

* 宋致和：时任郑州市市长；后曾任物资管理部副部长，新疆维吾尔自治区副主席，全国政协委员。

产、促进社会进步、满足人民群众日益增长的物质文化生活需要。

郑州解放，首先打碎了国民党的反动统治工具——把国民党郑州专员公署、县政府及镇公所、保甲等全部接收改造过来，建立起人民民主专政的新的国家机器——各级人民政府。市政府成立之后，把城区划分为3个区，建立了3个区政府，区以下设立了若干街政府。后又同郑县协商划出若干村庄建成郊区，并设立郊区政府。从此，人民当了家，新政权成了人民管理国家的工具。国民党的反动统治，如同疾风扫落叶一样，一去不复返了。

新政权建立伊始，人民政府面临的任务是十分艰巨的，也是极其光荣的。一是要广泛深入地宣传我党的各项政策，宣传全国大反攻的大好形势，揭穿敌人的谣言欺骗，安定民心；二是要广泛进行社会调查，了解各阶层基本状况及其要求，使工作做到“对症下药”；三是要对反动党团骨干分子进行登记，打击残留敌人的破坏活动，稳定社会秩序，使人民安居乐业；四是要大力恢复生产，开展生产自救，保证城市供应，解决人民的生活问题；五是要恢复文教卫生事业，使学校开学，学生按时上课，影剧院开业，照常演出，医院接纳病人，看病住院，使人民有个安定的生活环境。

为了把这些当务之急的工作做好，我们采取了三项主要措施：一是以军管会、人民政府名义发布安民告示（布告通告等）到处张贴，进行广泛宣传；二是派工作组，深入群众中去进行面对面的宣传解释，访问调查，或召开座谈会，或个别访问，或通过积极分子“滚雪球”办法扩大宣传；三是市政府召集市各界代表会议，吸收各方面代表人物参加，有计划地大规模地宣传我党的政策，宣传大好形势，发布施政方针，征求意见，取得各界人士的配合和支持，请他们出谋献策，同心协力，把郑州市管理好、建设好。

经过一段时间艰苦细致的工作，民心大定，敌人的谣言不攻自破，党的政策深入人心，各界人民都竭诚拥护，党和人民政府在人民心目中树立起空前的威信。这是人民政权巩固和发展最有力的基础。

中共七届二中全会和毛主席在这次会议上的报告指出：我们党的工作重心已由农村转入城市，并规定了党在政治、经济、外交方面的基本政策，以及由农业国转变为工业国，由新民主主义社会转变为社会主义社会的总的任务和途径。在城市要以发展生产为中心，统筹安排各项工作，要全心全意依靠工人阶级，保护工商业，团结改造知识分子，大力发展国营经济等重要的方针政策。毛主席的报告和七届二中全会的精神，在很长的历史时期中具有伟大意义。它是我们一切工作的指路明灯，使我们的指导思想更加明确。我们深入学习，广泛宣传，在各方面坚决贯彻执行，进一步推动了各项工作的大踏步前进。

各界代表会议，是我们党和政府充分走群众路线，依靠人民群众，联系群众，发动人民参政议政的最好形式之一。从 1949 年 6 月至 1954 年 6 月，先后召开过 4 届 18 次会议，平均每季一次会议。代表人数由第一届的 80 人，增至第四届的 300 人。代表包括工人、农民、教育、科技、工商、文艺、卫生、宗教、社会各界及各党派、人民团体。代表都是各界推举出来的代表人物，有广泛的代表性，代表了各方面的意见。每次会议，都有一两个中心议题，如生产自救、恢复经济、生产计划、镇压反革命、土改运动、民主改革、抗美援朝、“三反五反”、财政收支、城市建设、社会改革等。

各界代表都能代表广大群众的意见，积极参加讨论，提出意见和建议，畅所欲言，各抒己见，统一认识，作出决议。又通过代表在各界群众中进行传达贯彻。这种从群众中来到群众中去的办法，使政府工作扎根于群众之中，把政策交给群众，又便于群众监督政府执行。各界代表会的常设机构——协商委员会，由市委书记或副书记担任主席，党外的代表人物为副主席，处理日常工作，使群众参政议政有了固定的组织，发挥了非常重要的作用。1954 年 6 月第一届“人代会”之后，各界代表协商会改组为“政协会”，继续发挥着越来越广泛的作用。这是中国人民独创的一项民主形式。

1954 年我国第一部《宪法》公布之后，全市实行了普选，市、区人民政府，都经过民主选举产生。我们的人民民主生活进入了一个新的历史阶段。

依靠群众，走群众路线，是我们进行一切工作的出发点。凡事要同群众商量，尊重群众的首创精神，是搞好工作的法宝之一。依靠群众的方式方法多种多样。个别访问是经常使用的主要方法，小型座谈会、讨论会，有计划有组织的劳模会、代表会等都是行之有效的重要形式。我们还特别注意从产业工人中提拔干部的工作。解放后曾建立郑州职工学校，吸收大批工人进行培训，一部分分配到本市各单位工作，一部分调配到南方工作。这部分干部后来都在工作中起到了重要作用，大部成为工作中的骨干。既增加了干部队伍新鲜血液，又密切了政府与工人群众的联系，充分体现工人阶级是领导阶级的地位。先后从工人提拔到市直机关副局长以上的干部有苏广福（二七老工人）、邓金峰、张道良、季冠清、汪登沄、杨鸿声、刘文汉、李子伟、邓金岩、朱应照等，他们都是在各自的工作岗位上经过较长时间的锻炼和考核，工作成绩出色，在干部和群众中得到公认的。实践证明这是一条正确的干部路线。

在我们进行的革命和建设事业中，始终坚持了与党外人士合作共事的原则。从 1950 年起，党外人士史隆甫、王云亭先后担任副市长。他们担任领导工作之后，都作出了自己的贡献，得到人民赞誉。特别是史隆甫，在城市勘测规划、园林绿化、农田水利、黄河防汛等方面，不辞劳苦，勤勤恳恳，作出了重要贡献，这是不能忘怀的。市各委局和各区政府，也先后吸收了一批工程技术人员、教师、医生、工商界代表人物担任领导工作。如傅子诚、吴彰耿、程壬、章撑亚、田乐三、王树廉、王而信、张耀华、于汇、李克昌、张子儒、朱书泉、徐元实、高德钧等。大多数学校和医院都请党外同志参加了领导班子。如苏斗南、郭贵德、张建奎、王洪延、王隐郸、商怀明、张静岚、常叔平、赵文玉、马福善、李质若、李慰民、高葆谦、胡世锐、李穆清、殷玉符、崔志祥、金振锋等人，他们都同我们合作得很好，在各自的岗位上作出了应有的贡献。

在市各界代表会议和市政协常委会担任过副主席的党外人士有傅子诚、禹品三、张亮之、娄象峰、吴彰耿、王云亭、段宗三、成希文、张建奎、姬文彬、王树廉等，他们都恪尽职守，积极负责，反映情况，提出意见，肝胆相照，荣辱与共，使我们的革命建设事业办得更加完善。这是党的统一战线政策的成功和发扬光大。

对人民实行民主，对敌人实行专政，这是人民民主政权的两大功能，缺一不可。我们的革命取得胜利之后，敌人总是不甘心他们的失败，帝国主义亡我之心不死，千方百计地进行破坏活动。残余的敌人破坏生产、造谣惑众、扰乱社会秩序、欺压人民等情况时有发生。他们的罪恶目的就是妄图颠覆人民政权。为了巩固人民政权，我们大张旗鼓地进行了镇压反革命运动，在农村进行了土地改革，在城市进行了民主改革，有效地打击了敌人残留下的反动骨干和封建余孽，杀、关、管了一批。首先镇压了反革命分子尚滋干、陈耀龙等，对全市震动很大，压了敌人的气焰，长了人民的志气，社会秩序很快大定，人民扬眉吐气，为国家的长治久安奠定了牢固的基础。

通过这些政治运动的教育，提高了广大人民群众和干部的思想政治觉悟，推动了社会进步。我们还有计划地进行了戒毒、戒赌等社会改革工作，取缔了妓女院，动员她们从良，参加劳动，生产自救，扫除了旧社会遗留下来的污泥浊水，树立了良好的社会风尚。几十年来社会秩序良好，风气高尚，人民安居乐业，喜气洋洋，同这些政治运动和正确政策的实行是分不开的。

经过45年的社会主义革命和建设，郑州市的面貌，发生了巨大的变化，但是敌对势力仍然存在，帝国主义亡我之心不死，还在千方百计地进行“和平演变”，我们一定要保持清醒的头脑，绝不可掉以轻心，要时刻提高警惕，严密注意国内外敌对势力的破坏活动，加强人民民主专政，以巩固人民用血汗得来的红色江山。

二

郑州是我国的腹地，物产丰富，交通四通八达，地理位置十分重要。但是由于长期处在半封建半殖民地的社会条件下，直到

1948年10月郑州解放时，它只是一个生产凋敝、商业萧条、物价飞涨、人民生活贫困的破烂摊子。在解放初15万左右的人口中，就有近万人处于失业状态，还有很多人处于半失业状态。面对这样一个现实，帝国主义曾预言，共产党只会打天下，不会治天下。我们针锋相对，发愤图强，坚持独立自主，自力更生，认真学习，努力进取，一定要把郑州管理好、建设好，不辜负全市人民对我们的厚望，用事实回应帝国主义的无耻攻击，长人民的志气。正如毛主席所说："我们不但善于破坏一个旧世界，还将善于建设一个新世界。"

我们进城后的第一项任务，就是恢复生产，活跃经济，稳定物价，保证供应，生产自救，安置就业，使人民有饭吃、有衣穿，过上安乐的生活。为此，我们颁发布告、通告，召开各界人士座谈会，大力宣传我党的保护工商业政策，号召并组织工厂开工生产、商店开门营业，生产经营中有困难，我们通过工商、税务、银行及国营企业，运用提供贷款、供给原料、收购代销产品等办法，给以必要的扶持，使其大胆经营，活跃市场，满足人民群众的需要。当时处于全国大进军的高潮中，解放区保证工商业的政策，通过多种渠道传到他们耳目中，加上我们进城之后，党政工作人员和解放军官兵严格遵守纪律，模范地执行我党的政策，国民党的一切谣言迅速破灭。工商界有识之士，带头开门营业。鸿兴源经理傅子诚首先开门营业，起了很好的作用。

我们在工商界进行工作的同时，派出工作组深入工人、店员中进行宣传发动，号召他们积极参加生产经营，同工商业者一道，搞好生产经营，既可支持企业的生产经营，又解决职工的生活问题，还对支援前线、夺取全国胜利作出贡献。

在保护合法经营的同时，对少数囤积居奇、哄抬物价、扰乱市场、牟取暴利的不法分子，给予坚决的打击。轻者教育悔过，重者取缔。并逐步淘汰了与国计民生密切的粮食、棉花等行栈，由国营企业取而代之。取缔了银号、钱庄、银楼，由国家银行控制经营。

在恢复经济，扶持、管理私营工商业的同时，我们积极发展壮大国营企业。进城之后，国营中州贸易公司所属之粮食、花纱布、盐业、煤建、石油、百货、五金电料、土产等专业公司及烟酒专卖公司先后建立起来，并且调入大量物资，供应市场，成为稳定市场的强大支柱。通过经济活动和行政管理等措施，迅速稳定了物价，安定了民心，逐步占领了市场，为社会稳定奠定了物质基础。

解放初期，城市贫民大部分处于失业半失业状态，我们大力开展了生产自救，解决市民失业问题。在清真寺街组织他们打圪帛、做军鞋的试验成功之后，便在全市推广，迅速掀起做军鞋的热潮，解决了城市贫民的生活问题，并支援了前线。

解放前，除大同路是一条水泥路面外，其余全是土路。“晴天三尺土，下雨两脚泥。”为了改变这一状况，在财力、物力极端困难的情况下，以工代赈，在全市发动群众砸石子、挖土方、修马路，首先把最脏最臭的顺河街、迎河街改建成水泥路面的解放路，填平了郑州的“龙须沟”。后来又逐步修建了长春路（二七路）、德化街、西大街等。同时，大搞园林绿化，安装路灯，增添了自来水、公共汽车，初步改变了城市面貌。

我们的政权刚刚巩固，资产阶级中的不法分子便采取“拉出去”“打进来”的办法腐蚀我们的干部。在我们少数干部中，已有铺张浪费、官僚主义甚至贪污的现象。他们采取“偷税漏税、偷工减料、行贿受贿、盗窃国家资财、盗窃经济情报”等手段，破坏国家经济，妄图从政治上、经济上搞垮我们，恢复他们失去的天堂。为了巩固人民政权，我们在党中央的统一布置下，进行了“三反五反”运动，打退了资产阶级的猖狂进攻，挽救了少数失足者，教育了广大干部和群众，为进行社会主义革命和建设，打下了良好的思想组织基础。

在国民经济恢复的基础上，从1953年起，国家进入社会主义大建设时期，我市在中央和省的统一布置下，经过几个五年计划的建设，在铁路、电力、建筑、纺织、机械、轻工、煤炭、冶金、化工、建材等行业，建起了大批大中型企业，还有供水、排水、供电、通信、公共交通等为生产生活服务的城市基础设施，陆续建成投产。商业服务行业，随着生产发展和人口增加，也及时发展起来。全市的经济基础发生了根本性的变化，国营经济的比重占了绝对优势，成为国民经济中名副其实的领导力量。这使一个消费性城市建成为综合性的工业生产城市，变落后的中小城市为先进的大城市，成为全省的经济中心，也是全国的重要工业基地之一。1954年省会从开封迁来以后，又成为全省的政治中心，郑州的战略地位更加重要。郑州铁路编组站规模之大为全国第一，亚洲之冠。郑州铝厂生产的氧化铝产量居全国之首。郑州卷烟厂的生产能力为全国大烟厂之一。6个大型纺织厂，加上2个大纺织机械厂，还有配件厂等，组成全国的重要纺织工业基地。水工机械厂的大型闸门是修建大水利工程不可缺少的产品。电缆、砂轮、工程机械、纺织机械、农业机械在全国占有重要地位，而且产品远销国内外。在“大中小”并举的方针指导下，根据工农业生产发展和人民生活增长的需要，对支援农业现代化的农业机械、电器、化肥、农药等，对人民吃穿用的各种产品，对为大中型企业配套服务的许多产品，我们采用地方国营、大厂办小厂、二轻集体办、街道工业、社队企业等形式，并从上海等大城市和本地请退休技工为骨干，先后办起了几批中小型和集体企业。它们是郑州经济生活中的一支不可缺少的力量。

在工业企业和经济活动中，我们全心全意地依靠工人阶级，认真实行“两参一改、三结合”的方针，遵照党中央、国务院的指示，大力开展“工业学大庆”运动，加强政治思想工作，加强科学管理，严格要求，无私奉献，生产蒸蒸日上，管理工作逐步提高，出现了一大批大庆式企业。它们都是当时城乡企业中的先进典型和方向。

在进行大规模经济建设的同时，50年代中期，我们遵照党在过渡时期的总路线，对农业、手工业和资本主义工商业进行了社会主义改造，以适应国民经济发展的需要。这“三大改造”，都是经过试点，取得经验，逐步推广起来的。先后实现了农业和手工业的合作化；资本主义工商业按行业实行公私合营，完成了社会主义革命，进一步解放了生产力，创造了和平改造资产阶级的成功经验。资产阶级敲锣打鼓，申请公私合营，在人类历史上是创举，是奇迹，是毛泽东思想的伟大胜利，是中国共产党人对世界共产主义运动的伟大贡献，为马列主义宝库增添了新的宝贵财富。

城市离不开农村，工业离不开农业，农业是国民经济的基础。为了保证城市发展的需要，1953年经请示省政府报请国务院批准，撤销了原郑县建制，把郑县的大部分和荥阳县的须水、古荥两个区划归郑州领导，扩大了郊区，并设立专门机构，加强对郊区的领导。郊区人民响应党中央、国务院“农业学大寨”的号召，解放思想，实事求是，根据当地的自然条件，自己的人力、物力，加上城市的支援，不计报酬，义务劳动，战天斗地，改造山河。农田水利基本建设，植树造林，科学种植，发展副食品基地，都取得突出的成就。在丘陵地区建设了刘湾、郭家咀、常庄、尖岗等水库和很多提水、蓄水工程，解决灌溉用水和梯田化。在花园口、东风渠开挖了引黄闸门，利用黄河水淤背黄河大堤，灌溉农田。更增建了花园口东西提灌站、邙山提灌站、石桥和马渡灌区等大型工程。并在统一规划下，平整深翻土地，打井修渠，开路植树，形成了机井、闸、坝星罗棋布，水渠、路、林纵横交错。在北、东、西三郊实现了园田化，旱涝保丰收。邙山和花园口水利工程还大量向城市送水，成为城市供水的基本水源。在支持郊区解决用电和抽水、耕作、运输设备供应以及化肥、农药生产的同时，也促进和提高了郊区农业现代化和社区企业的发展。根据城市人民生活的需要，在郊区先后建起蔬菜、瓜果、养鱼、养猪、养鸡等副食品生产基地。在黄河沿岸和低洼易涝地区，大面积改种水稻，开挖养鱼塘，不但粮食大面积增产，而且解决了城市人民吃大米、吃鱼的问题。

城市规划和建设必须高瞻远瞩，既有长远规划，又有短期安排，才能立于主动地位。郑州的城市规划，经过修订，执行的是1954年经省、市委讨论后，由国家计委城市建设局组织铁道部、水利部、一机部、建工部等共同商讨决定，又由市人民政府整理补充，正式报请国家建委批准的方案。有了这个规划，使我们的建设事业得以顺利进行。经过几十年的实施，逐步形成了目前的格局，为今后发展打下了基础。郑州市的城市面积，到“四五”期末已经达到70平方公里。交通道路的主次干道、中小街道和人行步道，配置比较合理，走向方正，先后铺浇了沥青或水泥路面，具备了大城市发展的框架。同时供水、排水、供电、照明、通信、公共交通等公用事业，也陆续发展起来，基本上满足了城市人民生活和生产发展的需要。

我们初进郑州，就感到这个城市风沙太大，黄沙经常遮天蔽日，而街道、河道、宅院又很少林木，显示不出生机盎然的气势。城市东北、东南有大面积沙丘，每有风吹，就流沙滚动，侵吞良田。我们下定决心，发动城市、农村广大群众和机关干部、学生，大抓植树造林，大搞园林绿化，常抓不懈，经过几十年群策群力，基本上用义务劳动的办法，终于实现了“绿荫遮道路，抬头一线天”，博得“绿满郑州”的美誉。

在经济建设蓬勃发展的同时，各级各类学校、科学文化、医疗卫生、体育、住房等事业都相应地发展起来。在爱国卫生运动中，被评为全国卫生模范城市之一。特别是郑州大学、河南农学院、河南医学院、中医学院、郑州师专、郑州工学院、郑州粮食学院等大专院校的创建以及中央和省里一些科研、教育、文化、医疗机构的创建或迁郑，不但为国家培养了大批人才，也成为郑州科学研究、技术进步、生活服务的主力军，因而又使郑州成为全省的文化中心。

三

中国共产党是国家的领导核心，是我们进行一切工作的根本保证。中共郑州市委在领导全市人民进行各项事业中发挥了决定性的作用。我们党和政府从来十分重视对广大群众和各级干部的思想政治工作。进城之日，除了认真开展时事政策教育之外，长期坚持马列主义、毛泽东思想教育，开设干部学校、举办学习班培训干部。对在职工作的干部建立学习组织，规定学习制度，进行普遍的经常的教育，提高干部的文化水平和思想政治认识。更要求各级领导干部带头学习，提高认识，并联系实际，解决工作中的实际问题。在学习中展开讨论，进行批评与自我批评，互相帮助，共同提高，大家不断地改造世界观、人生观、道德观，树立全心全意为人民服务的思想。学习张思德、白求恩、雷锋精神，树立大公无私光荣、自私自利可耻、助人为乐、严以律己的学风和工作作风，推进和树立良好的社会风尚。这是我们取信于民，使各项工作取得胜利的根本保证。

随着形势任务的发展变化，结合当时的工作，普遍进行爱国主义、社会主义、集体主义教育，树立独立自主、自力更生、发愤图强、团结奋斗的精神。努力学习国外的先进科学技术，但不崇洋、不媚外。学习先进，但不盲目崇拜。勇于克服困难，努力争取胜利，永远立于不败之地。抗美援朝、美蒋妄图反攻大陆、苏联撕毁援助协定、自然灾害等，曾经给我们造成很大的困难和压力，伟大的中国人民没有被这种困难和压力吓倒，而且在党的坚强领导下，发愤图强，团结奋斗，采取一切办法，战胜了困难，渡过了难关，取得了新的胜利。生产大发展，“卫星”上了天。这种自强不息的民族自尊心、自信心，是我们不断战胜困难、取得胜利的又一保证。

在国家的经济建设和人民的日常生活中，我们坚持进行艰苦奋斗、勤俭建国的教育。中国人民是勤劳勇敢的人民，这种美德闻名于世，流传千古。我们在生产建设事业中，坚持了艰苦奋斗的光荣传统和勤俭建国的伟大方针。勤俭办工厂、勤俭办商业、勤俭办学校、勤俭办医院、勤俭持家、勤俭办一切事业，成了人们共同遵循的生活准则和社会风尚。所以，我们做到少花钱、多办事，把有限的钱用在刀刃上，艰苦朴素成风，铺张浪费可耻。这种民族美德必须坚持，发扬光大。

由于我们始终不渝地坚持上述教育，而且要求各级领导机关和领导干部都做人民公仆，不能当官做老爷，吃苦在先，享受在后，在各方面都能起到模范带头作用，严以律己，廉洁奉公，全心全意为人民服务。领导干部还要严格要求自己的子女和家属，不搞特殊，不能“一人当官，鸡犬升天”。

50年代初，市里有两位党政领导同志，他们的工作是很好的，但是偶然犯了错误。一位副市长因公开汽车不慎撞死了一个人，他就自觉地主动地背着行李住进法院，听候处理。另一位市委副书记，因为看到剧场内人数过多，又分坐票和站票，演戏时十分拥挤，秩序大乱，他怕出事，为了维持好秩序，他允许公安人员对几个闹事的观众进行了审问。为此，曾经受到上级党委的严厉处分，他也是自觉地主动地去守法的。我们暂不评说这样处理是否妥当，但是这种事例，确实对干部和群众都有深刻的教育意义。通过这些教育和工作，在广大人民群众中和社会上造成了勤奋好学、热爱祖国、热爱社会主义、热爱党、热爱人民、热爱劳动、爱护公共财物、互助友爱、勤俭朴素的道德风尚，社会秩序良好，人民生活安定，“路不拾遗，夜不闭户”成为现实。

从1948年10月22日解放到现在，在党中央和省市委的正确领导下，经过全市人民的艰苦努力，郑州市各方面的工作，都取得了长足的发展，为建设社会主义的新郑州奠定了一个良好的基础。从党的十一届三中全会以来，总结了几十年的正反两方面的经验教训，我国的社会主义进入了一个新的历史阶段。邓小平提出了建设有中国特色的社会主义理论。毫无疑问，我国已经建立了社会主义制度，进入了社会主义。但是，在经济文化十分落后的条件下，生产水平远远落后于发达的资本主义国家，因此，建设社会主义必须有一个很长的阶段，这就是社会主义的初级阶段。根据社会主义初级阶段的实际情况，制定了以经济建设为中心，坚持改革开放，坚持四项基本原则的党的基本路线。十几年来，同全国全省其他地方一样，郑州市委和市政府，在党中央和河南省委的领导下，坚决贯彻执行了这条路线，各方面的工作，已经发生了很大变化。因此，我们坚信，只要在党的十四大的精神指引下，更加自觉地认真地贯彻执行党的一个中心、两个基本点（是一个中心，而不是两个中心，是两个基本点，而不是一个基本点；一个中心离不开两个基本点，两个基本点要围绕一个中心，为一个中心服务）的基本路线，一百年不动摇就一定能够振兴郑州，实现建设中国特色社会主义的宏伟蓝图！

1993 年

（选自中共河南省委党史研究室编《城市的接管与改造·河南卷》，河南人民出版社 2000 年版。原题为《历史的回顾》）

河南省各界人民代表会议纪实

刘国荣*

1950年4月，在古城开封，河南省600多位工人、农民、革命干部和各界人士的代表齐聚一堂，听取中共河南省委（以下简称省委）、河南省人民政府（以下简称省政府）的工作报告和建议，就全省土地改革、恢复和发展生产等重大问题通过决议，选举成立新的省人民政府和省各界人民代表会议协商委员会。这就是本文所述的河南省各界人民代表会议。会议的召开，充分体现了新中国成立后全省人民的大团结，也是全省统一战线发展史上一个新的里程碑。这一重大政治事件，应载入河南史册。

笔者当时作为省委统战部的干部，参加了大会的部分准备工

* 刘国荣：时为中共河南省委统战部干部；后曾任河南省政协办公厅副主任。

作，会议期间在大会秘书处服务。现就所见所知并参阅有关资料记述如下，希亲历者指正。

一　会议的筹备和代表的产生

中国人民政治协商会议 1949 年 9 月召开，根据中央人民政府颁布的《省各界人民代表会议组织通则》，省政府于 1950 年 1 月发出《关于召开省各界人民代表会议的决定》，并成立了筹备委员会，会议原定 1950 年 3 月召开，因 3 月份召开中南军政委员会，故延至 4 月上旬举行。

河南全省解放后，最紧迫的任务就是剿匪，消灭地主阶级武装和国民党残余势力，使人民政权站稳脚跟。到 1949 年底，全省已歼灭土匪 13 万余人。城市生产得到初步恢复，工人阶级近半数已组织起来，农村进行反霸减租，部分地区开始土改试点，市、县（区）、乡普遍召开了各界代表会或农民代表会，广泛团结了群众。省首届各界人民代表会议，就是要回顾全省解放以来的工作，确定 1950 年的各项任务，选举产生新的省人民政府。

会议准备工作在省委、省政府领导下进行。会务方面如代表名额分配、文件准备，由省委秘书处、省政府秘书处（当时均未设办公厅）、省民政厅负责。党外人士代表的产生和特聘代表的提名以及民主协商问题，由省委统战部负责。其他生活服务、警卫等工作，分别由有关部门负责。

这次会议共有代表 662 人，在分配上是采取区域和界别相结合的办法，具有广泛的代表性，囊括了当时全省各个民主阶级、民主党派、人民团体以及各方面的代表人物。代表共分7个方面：（1）民主党派代表40人；（2）区域代表355人；（3）政府代表25人；（4）军队代表35人；（5）人民团体代表139人；（6）机关代表28人；（7）特聘代表40人。

民主党派代表中，包括中共河南省委、中国新民主主义青年团河南省工委的代表，中国国民党革命委员会河南省分部筹委会的代表，还有无党派民主人士的代表。当时其他民主党派在河南还未正式建立组织。

区域代表中有开封、郑州2个省辖市和陕州、陈留、洛阳、潢川、淮阳、商丘、郑州、许昌、信阳、南阳10个专区各市、县的代表。黄河以北地区当时属于平原省。

政府代表和机关代表中，有省政府，开封、郑州二市，陕州等10个专区，以及省直各部、委、厅、局的领导干部。

人民团体代表，包括建国后已成立的省级人民团体及其筹委会，有省工会筹委会、省农民协会、省民主妇联、省民主青联筹委会、省学联、省文联筹委会、省中苏友协和新政治学研究会河南分会。除以上团体外，还有工商界、宗教界、合作社、自然科学工作者、教育工作者、新闻工作者、自由职业者、荣军和烈属的代表。少数民族当时只有回民代表8人（不包括其他界别和地区代表中的回民代表），其他少数民族由于未进行人口普查，知道较少，未能参加会议。

特聘代表，主要是国民党起义将领、开明士绅、在省外工作的豫籍知名人士以及其他有代表性的人物。起义将领如张轸先生，解放前曾任河南省政府主席，在湖北起义后部队被改编，时任人民解放军五十一军军长。豫籍知名人士如哲学家冯友兰，生物学家秉志，文学家、翻译家曹靖华，农学家刘潇然，原河南大学校长张仲鲁，曾任第三国际秘书的武剑西，五四时期诗人徐玉诺，作家李蕤（赵悔深），豫剧表演艺术家陈素真等，真可以说是人才济济。

二　会议的经过

会议分两个阶段进行，即预备会议和正式会议。预备会议从3月31日到4月7日，历时8天。首先由会议秘书长刘鸿文作筹备工作报告，接着成立了代表资格审查委员会、提案审查委员会和文电起草委员会。在预备会议上，省政府主席吴芝圃作了《河南工作情况报告》，省委书记张玺作了《土地改革政策报告》，省政府副主席牛佩琮作了《财经问题报告》。这3个报告不是准备在正式会议上报告的稿子，而是联系代表们关心的问题，对正式报告作必要的说明。同时，把正式报告草稿发给代表们分组讨论。预备会议还协商通过了《河南省人民政府主席、副主席及委员选举办法》《成立省协商委员会的建议》，通过了大会议程、日程及主席团名单，为正式会议的召开做了必要的准备。

正式会议于1950年4月9日开幕，吴芝圃作了《河南省人民政府一年来施政工作报告》，河南军区司令员陈再道作了《河南军区军事工作报告》，张玺代表省委作了《河南情况与工作任务的建议》的报告，牛佩琮作了《河南省财政收入概况报告》《河南省一九五〇年经济计划工作方案报告》。除军事工作报告外，其他报告稿在预备会议期间已经各代表团讨论，并吸收代表们的意见作了修改，所以，正式会议未再分组讨论。4 月 11 日到 12 日进行了两天大会发言。接着就几个主要报告通过了相应的决议，还通过了《关于成立省协商委员会的决议》及其他几个决议。

会议于 4 月 14 日以无记名投票方式，选举吴芝圃为省政府主席，牛佩琮、嵇文甫为副主席，王毅斋等 49 人为委员，组成新的省人民政府。同时选举张玺为省首届各界人民代表会议协商委员会主席，刘杰（省委副书记）、刘积学（民革河南分部筹委会主委）、王毅斋（民盟成员，教授）、任芝铭（无党派民主人士，后参加民革）为副主席，于大申等 72 人为委员，其中非共产党人士 36 人。会议于 4 月 15 日闭幕。

三　关于会前和会中的统战工作

省委统战部于 1950 年 1 月成立后，即在省委的领导下，投入省各界人民代表会议的准备工作，分工负责党外人士代表的提名和统战工作。

随着解放战争的伟大胜利和国民党反动统治的土崩瓦解，河南省的民主党派和无党派人士对中国共产党是衷心拥护的，共产党员和革命干部廉洁奉公、全心全意为人民服务的事迹有口皆碑。但是，全省毕竟是刚刚解放，人民政权建立伊始，某些地方的反动势力还未彻底摧垮；经济上接收了国民党时期的烂摊子，百业待举，困难重重。党外人士对共产党的政策，以及能否战胜困难，存有怀疑和误解是完全可以理解的。当时全省已有部分县开始了土改试点，广大农民起来摧垮封建势力的统治，对于这场轰轰烈烈的革命运动，党外人士尤其是同农村封建地主有联系的人士，颇受震动。有少数人认为“地主土地应该没收，但不必采取斗争方式”，“打倒恶霸不必打倒地主”；或者说“新政权上边好下边不好”，“共产党的政策好，下边干部胡来”等。城市资本家则集中反映工商业政策方面的问题，要求“多发贷款少收税”，担心国营经济的发展会挤垮私营工商业。还有少数民主人士怕打世界大战。当时，全国新解放区迅速扩大，经济上存在严重困难，物价仍在上涨，不少人也议论纷纷。为了更好地统一思想，省委统战部根据省委指示，邀请省民革、无党派民主人士和特聘代表60余人提前报到。从3月20日到30日，先后进行个别谈话，协商酝酿，并召开了生产救灾、土地改革和财经问题3个座谈会，介绍河南面临的政治经济形势，宣传共产党的有关政策，帮助大家认清当前存在的困难是暂时的，也是前进中的困难，同国民党由于反动腐朽统治造成的危机，是两种不同性质的问题。在正式会议上，许多工人、农民代表的发言，对党外人士的触动很大。特别是农民代表以自己的亲身经历控诉地主恶霸的残酷压迫和剥削，以及广大农民如何按照党的政策开展土地改革运动。这些过去为人们看不起的“乡下佬”，如今登上大雅之堂，侃侃而谈，入情入理，感人至深。党外人士反映这是上了“生动的一课”。70多岁的任芝铭先生感慨地说：“朝闻道，夕死可矣！”一时在会上传为佳话。还有一位开明士绅听到工农代表发言后说：“我心理上受到改造，几乎变成了一个革命新青年。”一位作家说：“共产党真是天才的发掘者与培养者。”

在会议过程中，各种重大问题，包括会议开法、决议的拟定、人选的安排，省委、省政府领导都同党外人士进行了充分协商，虚心听取党外人士意见，凡正确者均予采纳。会议充满了民主气氛。党外人士反映，省委、省政府领导“虚心民主，从善如流”。在人事安排上，当选的两位副省长中，一位是无党派人士；省协商委员会4位副主席中，3位是民主党派或无党派人士，充分体现了中国共产党的统一战线政策。

四　关于提案的处理

本次会议的提案处理办法，采取综合整理归并办法，而不是逐案答复法。会议共收到提案1167件，其中，以市、县各界人民代表会议名义提出的273件，各代表团提出73件，代表个人提出188件，各人民团体提出159件，军政机关提出104件，各地区提出183件，代表以外的个人提出187件。提案审查委员会对这些提案进行了整理，凡性质相同的予以合并，共归并为382案。然后按以下几种办法处理：一是对重大议题专门作出决议，有2件；二是交省政府办理，有48件；三是交政府各厅局参考研究处理，有196件；四是转下级政府处理，有36件；五是交有关部门处理，有26件；六是目前不能实现，予以保留或向上级报告，有74件。实行这种分类归并办法，也是有其特色的。

五　会议的生活服务

我省召开这样规模较大，又是各个民主党派、各界人士参加的会议，是新中国成立后的第一次，会议组织和生活服务都缺乏经验。当时开封只有少数私营旅社，床位很少，没有像样的宾馆饭店。为此，省委、省政府有关部门全力以赴，积极工作，保证了会议的顺利进行。

会场设在河南大学礼堂，代表在学生宿舍住宿。只有木板床，没有被褥，代表们自带行李。对少数民主党派和无党派人士，安排在相国寺后街河南大旅社。由于南方仍有战争，社会秩序还不很安定，为防空袭，在河南大学会场和宿舍周围，挖了600多个防空掩体，从部队调集150多名官兵担任警戒。

大会秘书处下设招待、警卫、秘书、总务4个科。招待科由省政府交际处负责，警卫科由省公安厅负责，秘书科由省政府秘书处、省民政厅、省文教厅负责，总务科由省委秘书处和省政府秘书处负责。会前分头准备，会期临近时分批集中。当时各项设备十分简陋，但由于组织工作做得好，还是很好地完成了任务。如那时汽车很少，有的厅局只有一部吉普车或旧式小轿车，为保证会议用车和住在河南大旅社的民主党派、无党派人士和特聘代表用车，省委秘书处发出调集各机关汽车的通知，接到通知的厅局都如期把汽车交大会使用，不少厅局长骑自行车参加会议。当时没有服务人员，临时从省公安学校抽调学生为代表服务，打扫卫生，端饭端菜。

六　附记

（一）大会的正式名称为“河南省首届各界人民代表会议”，也有称“河南省第一届各界人民代表会议”。到1951年召开了河南省第一届各界人民代表会议第二次会议，未开第二届会议。根据中央部署，1953 年即开始进行基层普选，逐级召开人民代表大会，选举出席上一级人民代表大会的代表。河南省于 1954 年 8 月在开封召开了第一届人民代表大会第一次会议。省各界人民代表会议即完成了它的历史使命。

（二）中国人民政治协商会议河南省第一届委员会是在 1955 年 2 月正式成立，作为全省统一战线组织，发挥政治协商作用。现在有的同志认为，省首届各界人民代表会议是人大的前身，也有的认为是政协的前身，我认为二者都有道理。从民主建政的角度，可以说是人大的前身。但从其性质说，仍然是统一战线组织，代行人大职权。更确切地说，省各界人民代表会议包括它选举产生的河南省各界人民代表会议协商委员会，是省政协的前身。

（选自河南省政协文史资料研究委员会编《河南文史资料》第 24 辑，内部资料，1987 年）

我与沈阳商会

卢广绩*

1929年，我被选为沈阳市商会副会长，会长是金恩祺。1931年九一八事变发生后，我到关内投身抗日救亡，金恩祺去了天津。

1945年抗战胜利了，国民党政府明令，敌人占领前各地区的人民团体负责人，如商会、教育会等，都需复原。这主要指八年抗战①中日本占领华北区后，如上海、南京各地的团体，而东北被占领的时间最长，计14年，不知是否也在复原之列。

听到这个消息，金恩祺给辽宁省省长徐士达（徐箴）写信，询问辽宁地区的人民团体是否可以复原。徐箴回复可以，并要金和我赶快回沈，恢复沈阳商会。金回沈后，立即给我拍了电报。当时国

* 卢广绩：时任沈阳市商会会长；后曾任沈阳市副市长，辽宁省政协副主席，民建辽宁省主委。

① 现称为十四年抗战，下同。——编者注

民党对与张学良有交往的人存有疑虑，安排时也不予重任。加之我思乡心切，于是返回了沈阳，于 1946 年复任沈阳商会副会长。1948 年还代表沈阳商会出席了国大。

复任不久，商会要改选，当时权力主要由国民党 CC 派操纵，他们准备把正在患病的金恩祺推下去，换以国民党党员石砥中。市政府秘书长徐熙农在西北抗战时便与我相识，他们仍希望我能留任做副手，我不愿与国民党员石砥中合作，便以九一八至今时间已久，情况多变而不熟悉做托词，婉言谢绝。徐熙农一再劝说："金恩祺任会长你干得挺好，怎么换了石砥中你就不能干了？你还是胜任的，不该拒绝。"

哈尔滨解放得比沈阳早，那边的一些共产党方面的老朋友闻讯后，捎信劝我应留任。高崇民还特意捎书进言，不能放弃商会中的地位，解放后还是会起很大作用的，最好不要离开。

尽管他们从不同角度规劝我，但从我经历的切身感受来讲，确实不愿再与石砥中这样身份的人共事，因此坚不留任。

当时东北大区行政委员会有三个常委，其中高希斌、王家桢都是我的老朋友。王家桢很有正义感，他与市长董文琦不但是吉林同乡，而且是亲戚。他对董说："法团放有地位、有声望的首领与你配合，你做市长的也光彩。现在参议会的议长张宝祺是党混子，商会又放这样的人，你这市长也不值钱、不像样子了。如用卢乃庚（我的号）这样有资历的还像个样子。"王化一也对董强调："应由卢来继任。"会长金恩祺还向王家桢表态说："我不能干了，但我希望老伙计卢来出面担任。"虽然大家向董谈了许多中肯的意见，但市里最后还是决定由石砥中做会长。石砥中为了拉选票，四处请客送礼。商会的一些同仁很是愤愤不平，也要为我张罗打点。我说：“沈阳现在吃饭都困难，要这样做，我更不干了。”

选举那天，东北行政委员会派处长卞宗孟做代表参加。他原是辽宁省教育厅厅长，也是 CC 派的。我们虽然党派不同，但小学时是同学，平素处得也不错。选举前他代表东北行政委员会和王家桢讲话说：“今天选举会长，选举什么样的人？我的意见，一是资深望重，在工商界不负众望；另外得有民族气节，不与日本人同流合污。这样的人做会长才合格。”主持选举的社会局局长一听，心想：“这不是暗示要选卢某人吗？这也与原来决定的不一样呀！”虽然他很恼火，但也没听上司的，因此也不便多言。到会的人一看也就明白了，当然都投我的票，所以没费什么事，我就当选了商会会长。时年已 55 岁。

这时，锦州已经解放了，沈阳也兵临城下，一片混乱局面，沈阳解放只是早晚问题。大家商量后，赵毅要我出面说服王理寰师长扣押卫立煌、周福成，发动起义。王理寰是实力派，不仅是张学良部下，而且我们还是师范时的同学。我同他谈到打算后，王理寰不太同意，太平洋战争缅甸作战时失利，蒋要处周极刑，卫从中周旋才幸免。他认为卫立煌救过周的命，自己与周福成又共事多年，采取扣押方式欠妥，最好是动员他们起义，他答应亲自去说服卫立煌。

兵临城下，卫立煌已预感到无力支撑，无计可施。听明王理寰劝说起义的意思后，他对王说：“你不用问我了，你处在这个地位怎么办？”王说：“现在就应该派人去联系。”最后决定派我去辽北与解放军联系，胡圣一随同前往。我们换好了衣服，吉普车也给准备好了，午后两三点钟左右，王理寰打来电话说：“不用去了，卫立煌已经乘飞机跑了。”情况发生了意外的变化，只好另作安排。当时沈阳西面、北面是东北军，南面、东面是中央军二〇七师，我们通过地下党与之联系商定，西、北两方面采取对峙，谁也别打，就这样西、北方无战事，解放军集中精力打南、东方面的中央军。

卫立煌跑后，周福成就成了主要的负责人。他是辽阳人，大家平素过往很多，纷纷劝他认清形势，别再固守。他却表示要抵抗到底，实在不行就焦土沈阳。我和他争辩，他说蒋介石对他如何如何好，应忠于蒋介石。我说：“张学良对你怎样，不也不错吗？”他虽然不再与我争论，但对焦土沈阳还是执迷不悟。他派了个处长跟我要10万条麻袋。我对这个处长说：“现在上哪去弄这么些麻袋？咱们都是东北人，怎么能忍心把沈阳变成焦土。”他问：“那怎么办？”我说：“你应付应付他就得了。”这件事就这样拖黄了。

我们先后又劝了周福成几次，他还是不醒悟。当时任东北行政委员会总参议的苏炳文，不但资格老，还是周的上司，周福成曾对他说：“董文琦去了，市长你去干得了。”事后苏炳文对我说：“你说这个人混不混，眼下沈阳解放只是早晚的问题，他还这么死心塌地。”直到11月1日，连参谋长赵镇藩都反对他了，他才感到大势已去，连安身之处都没有。适时，我住在宁恩承大西门里的世合公银行。大家建议让他搬到我的住处去，不管怎样，彼此还是朋友嘛，我答应了。上午周福成搬了过去。晚上来了两卡车解放军，毫不费事就把周的警卫缴了械，将他监护上了。

其时陶铸已进了沈阳。阎宝航曾告诉他，进沈阳后一定要找我联系，我会提供情况和方便的。但当晚我落宿在胡圣一家中，所以他没有找到我，把世合公银行吴伯桃找去了解了一下情况。11月2

日，沈阳正式解放。

当时局面挺混乱，王化一劝我暂不要出面。我还没坐稳，3 日，洪顺盛经理单问之找到我说：“接任的朱其文市长要与你相晤。”我去后，朱对我开玩笑说：“卢先生这么难请哟，共产党、国民党都是朋友嘛，现在请你帮忙，大军过境需要粮食，我们虽然把住了几个粮栈，存粮食地点在哪没搞清楚。给我们开个单子，同时转告他们，通车后，马上归还借用的粮食。如不要粮，可以作价，按市价付钱。你可以代表我们和他们谈妥。”

当时沈阳刚解放，工商界不了解共产党的政策，心里有顾虑。我出面后，他们得到了安慰，我又向他们解释了一番，说明原委，大家很是宽心。当日 12 点前，我便把单子如实给朱市长送去了。

办完这件事，新政府为便于我开展工作和处理公务，特意拨给我一辆小车。随后我拜访了一些有关人员，最先见到的是大区交通部长陈先舟，其后是张学思，我向他们介绍了沈阳市情况。不久，高崇民、阎宝航也来了，大家过去就相识，今时更予鼓励和支持，要我放下包袱，努力工作，我很受感动，心情也开朗了。

记得有一次大军过境，需要 10 卡车慰问品，结果一下就筹集了 22 车。还有一次，朱其文市长嘱托我为过境部队提供 70 万条毛巾，要完成这个数目，在当时确实不是容易的事，我和同志们奔走筹措，也很快凑齐了。

新政府对我很信任，当时东北局书记高岗，第二书记李富春，行政委员会主席林枫，副主席高崇民，每次见到我都十分热情，刘澜波、车向忱、阎宝航还多次到商会看望我。李富春还特意招待了我一次，席间，他对我讲：“卢先生，我们知道您和周恩来同志是同学，又是老朋友，我们拿你一点不外道，当作自己人，希望你能负起责任来。有什么事告诉沈阳市朱其文、焦若愚两位市长，共同商量。”

共产党说到做到，税务的事情和捐献的事情，工商局长和税务局局长都和我商量，尊重我的意见。那时税务是采取评税方法，有一次评高了，我提出后，马上就减了。我们处得很好，心里也很兴奋，代表商会在城里龙海楼宴请了沈阳各机关负责人。大家相善而待，对工商界震动很大，不再相信国民党散布的谣言。党的保护民族工商业、发展生产、繁荣经济、公私兼顾、劳资两利的政策深入人心，市里秩序很快恢复了，工作也便于开展了。当时摊贩成分很复杂，可以说是藏龙卧虎，或者说藏污纳垢，很不好管理，甚至有人抗税。新政府很伤脑筋，为此专门找我来商量解决办法。适时摊贩也归工商联合会领导，我出面与摊贩同业工会头头讲道理，宣传应尊重新政府法令，抗税问题很快解决了。其后的发行公债，评税，支援大军南下，抗美援朝捐献飞机、大炮等项工作，工商业都很积极，作出一定贡献，颇得党和政府好评，《沈阳日报》还专门发了我的照片，做了报道。

赵　杰　整理

（选自辽宁省政协文史资料委员会编《辽宁文史资料》总第 24 辑《辽宁解放纪实》，辽宁人民出版社 1988 年版）

接管天津市政府

宋祝勤*

1948年冬，我随黄敬同志到山西省榆次县，准备接管太原市。后来，根据战争形势的发展，中央决定集中兵力解放平津。黄敬被任命为天津市委副书记、军管会副主任、市长。我们昼夜兼程赶到霸县胜芳镇，就地组织接管天津市的各级党政机构。杨振亚和我负责组织市人民政府秘书处。那时，中央和华北局派来了一部分不久前由蒋管区冲破重重封锁投奔解放区的青年知识分子，他们大都是在华北大学或其他单位经过一段学习或工作的。市人民政府的办事机构就由少数老干部和这一部分青年知识分子组成。这些青年的革命热情很高，上进心很强，朝气蓬勃，成为我们工作中的骨干力

---

* 宋祝勤：时任天津市政府秘书处秘书主任；后曾任天津市政府副秘书长、办公厅主任。

量。那时，一切服从战争，一切都是战时组织，机构和人员都很精干。秘书处干部不过二三十人，但人心一致，上下一致，战斗力很强，工作效率很高。

我们在胜芳镇过的新年，住了一个多月，积极进行接管前的准备工作。市委书记、军管会主任黄克诚在这里召开了高级干部会议，我参加了。他讲了战争形势，入城的各项政策，等等。他和大家初次见面，还风趣地说：我这个人脾气不好，爱批评人，但我是个好人……引得大家一阵大笑。我们抓紧了解天津市国民党反动派政权的组织机构情况、主要负责人姓名、机关地址，等等。在这方面，一位天津地下党员和一位曾在国民党市政府工作过的同志提供了不少情况。一切接管准备工作都做好了。

1949 年元月 14 日，我解放大军向天津守敌发起总攻。经过激烈战斗，迅速攻占了敌军的各重要据点，全部、彻底、干净地歼灭了敌人。元月 15 日，我军宣布解放天津。天津从此成为人民的城市。

15 日，我们即由胜芳出发，先是坐大卡车到杨柳青，然后组织了一个先遣队，由我率领，原在国民党市政府工作过的汪洋同志做向导，个个精神抖擞，疾步行军。不远的地方也有一支长蛇队伍，衣衫褴褛，蓬头垢面，与我们相反方向而行，那是被我军押解的战俘。我们经过西营门时，天已黄昏，但见西营门附近各处被我军摧毁的工事前，横七竖八地躺着敌军尸体。我们在一个慈善机构的房子里稍事休息后，继续前进。在市区，凡可疑埋雷处，我军都画了白圈，示意人们不要进入圈内。路过中原公司大楼（现百货大楼老楼）时，只见对过的正中书店（现和平路胜利花园）因被炮火击中还在燃烧。沿路商店、住宅都闭门熄灯，偶有一两个小屋内闪着亮光。气氛十分肃然。我们在晚间十一二点的光景进入国民党市政府。这所建筑是一座城堡式的两层楼房，全楼漆黑，空无一人，只有楼下进门处“收发处”漏出微弱的灯光。我们进楼时，突然一个戴着黑大檐帽似是警察样子的人出来，使我们很惊异。他说是我地下同志叫他在此等我们来接收。于是，他领我们楼上楼下看了一遍。国民党市长杜建时的办公桌上还规矩地放着一张信笺和一支铅笔，看来他是不久前离开这里的。

16 日黎明，我们做的第一件事，就是张贴出天津市人民政府的第一号布告，公布华北人民政府委任的天津市市长黄敬、副市长张友渔。布告还宣布：“际兹军事管制时期，肃清蒋傅残匪，建立革命社会秩序为首要之任务；仰各界人民严格遵守军事管制委员会命令，各安生业，不得自相惊扰。”布告贴出后，机关前面的中正路（现解放路）上，许多来来往往的人们都止步围观。他们不少人身着长袍，估计多是旧职员，急于了解我们的政策。

过了段时间，就有国民党市政府的职员露面，试探着同我们接近，也有陆续回来的，但国民党的市长杜建时和秘书长梁子青则去向不明。我们在市政府楼下的大厅里，召集回来的人开会，向他们宣布我军关于新解放城市军事管制时期的各项政策：“……凡是在国民党反动统治的政治机关、财经机关、文教机关及所经营的企业、所设立的公立学校等供职的人员，必须负责保护看管各该机关的房屋、资财、机器、账簿、卷宗、档案及其他一切公共财物，听候军管会派员接收。凡能为人民服务者，接收后按原职原薪予以录用；保护看管有功者给以奖励；消极怠工，放弃职守，致使公共财物遭受损失者，予以处罚；乘机破坏偷盗舞弊者定予严惩；主管人员携带公款公物及档案潜逃者，或拒不交代者，必定通缉法办……”由于我们政策的感召，一般职员的情绪很快稳定下来，有的主动同我们接近，提供情况。在总攻开始前，敌人看大势已去，就将市政府警卫队的枪支、弹药集中藏在地下室的一间房子里，用大锁锁着。公务人员主动打开门锁，领我们去查点。有步枪、冲锋枪、各式手枪三四十支。

我们的第二批进城人员到了之后，就分头有秩序地办理接管事宜。我们接管的机关，除市政府本部秘书处外，还有人事处、总务处、交际科、统计处，还有市参议会、天津县政府等。接管工作十分紧张，每天晚上开会汇报情况，布置次日工作。全部接管工作进行了十几天。由于我地下工作人员的努力保护（敌人也没有来得及破坏），所有档案、资料、财物，基本完整。但我们发现了国民党一个要人的手谕，命令所属在“事变”时，把档案库房保管的档案全部转移到美国花旗银行，把大楼机要室的档案全部焚毁。他们还秘密发展了应变组织，职员们每人发给“应变费”两三块银洋。可见他们早已做了“应变”的准备，并企图笼络下属，消灭罪证。

黄敬市长指示原在国民党市政府的我地下工作人员寻找国民党市长的下落，终于在桂林路的一所房子里找到了杜建时。我市人民政府秘书长吴砚农向他讲明了政策，以及如何对待他的问题。在吴砚农等人的监督下，杜建时到各处、科、室，对原来的情况做了交代。国民党市政府秘书长梁子青也携带着市政府的印鉴，到市人民政府来交代。他垂着头，手捧着印鉴，向吴砚农说：“我一直用心保护着它，现在献缴给贵政府。”吴砚农鄙视地说：“这是废物，对我们没有任何用处。”如今掌握命运的是天津市人民政府，国民党市政府那个“宝贝疙瘩”，只能扔进历史的垃圾堆！

这座市政府大楼，是英帝国主义于1889年建造的，是用来纪念屠杀中国人民的刽子手戈登的，原叫“戈登纪念堂”。大楼门前的花园，是英帝国主义于1887年为庆祝英国维多利亚女王寿辰而建的，称“维多利亚公园”（市民称“英国花园”），主要供外国人及一些洋奴买办游乐憩息，一般中国人特别是穷苦人，是很难进去的。就在我们入城后的一天，我在市政府楼上，亲眼看见一个外国女人，牵着一只洋狗，昂首挺胸走进花园。走到园内的中心亭附近，遇着一个中国小孩在那里玩耍，这个女人竟纵狗去咬中国小孩，那个小孩哭叫不已。我看得十分真切，即命警卫员把那个外国女人带进市政府来，我工作人员把她狠狠地训斥了一番，并对中国小孩做了安抚。然后把她交给我公安机关处理。当警察带着她走出时她神情仓皇，穿着高跟鞋在大厅里险些摔倒，引得围观者大笑。据说到了公安分局后，那个女人所在机构的上司，到公安分局承认错误，赔礼道歉，并答应担负小孩的一切医疗费用。许多旧政府的人员说：过去对外国人只是毕恭毕敬，谁敢惹呀！现在是真正解放了！

当时我们干部的生活都十分艰苦，一律是供给制。主要食物是小米、蔬菜，衣服是补过了的。我穿的棉衣是在解放石家庄后拆补过，已滚得满身污垢，袜子是土布做的……入城时，军管会颁布了《接管人员工作守则》，规定：党政军民人员“均须遵守三大纪律八项注意”，“保护各阶层人民的生命财产，不得擅入民宅，不拿群众一针一线，严禁破坏群众利益的行为”，等等。入城后，我们全体同志夜间都在国民党市训团（现二十中学校址）礼堂的地板上、讲台上睡觉。战时生活过惯了，虽然很艰苦，但同志们情绪高昂，工作负责任。

市长、副市长的就职布告是在胜芳镇事先印好的。为找一个能印刷的地方，有的同志走遍了杨柳青、独流等村，终于在苏桥找到一个搞石印的老人。他听说要解放天津，新市长上任，兴奋地接受了任务，不分昼夜地赶印了出来。当时流传着一个笑话：一位同志受命去办一件事。他刚进城来，不知道地点。怎么办？坐人力车吧，那是“人骑人”，本是不行的。他为完成任务无奈只得坐人力车，但他不坐在座上，而是蹲在下边的踏板上。人力车工人很奇怪，以为共产党干部只可坐一半车。现在我们的工作环境和生活条件都变了，但是当年那种艰苦作风、战斗作风还应坚持下去。

（选自全国政协文史和学习委员会编《回忆城市接管（上）》，中国文史出版社 2017 年版）

忆天津市各界人民首次代表会议

罗　云*

1949 年 1 月 15 日，中国人民解放军解放了天津，各界群众欢欣鼓舞，民主制度随之建立，一个新民主主义的雏形社会很快展现在人们的眼前，方方面面的人们当家做主人的感觉与日俱增。天津市军管会及人民政府根据当年的形势需要，决定召开各界代表会议，目的是更好地恢复生产，推进天津建设，解决一些群众关心的重大问题。

当年天津实施的一些重大措施，在天津解放的头七个月中，都事先分别召集有关方面的代表人物，充分征询意见，探讨决策。这些座谈会，都带有各界代表会议的性质，对人民政府与各界人民相互之间的联系起了重大作用，也解决了不少实际问题。但由于条件

* 罗　云：时受组织委派组建天津市妇联；后曾任天津市妇联主任，全国妇联执委。

的关系，真正意义上的各界代表会议，直到 9 月 5 日才得以召开。

天津市首次各界代表会议的中心议题是天津解放后 7 个多月来的政府工作报告、劳资关系处理方案及其他大家关心的问题。会议地点在湖北路 85 号当年的民政局礼堂、现在的二十中学。

黄敬市长函告全市人民决定召开天津市各界代表会议的信息及其组织法大纲公布以后，各界人士都十分赞同，十分重视。

代表名额 360 人，分配如下：

（一）党派代表：

1. 中国共产党天津市委员会代表 5 名。

2. 新民主主义青年团天津市筹备委员会代表 5 名。

（二）团体代表：

1. 天津市职工会代表 100 名。

2. 天津市民主青年联合会筹备委员会代表 16 名。

3. 天津市学生联合会代表 20 名。

4. 天津市民主妇女联合会筹备委员会代表 20 名。

5. 天津市工程师学会代表 10 名。

6. 天津市市立、私立中小学教职员联合会筹备委员会代表 18 名。

7. 天津市大学教职员联合会代表 5 名。

（三）军队代表 15 名。

（四）天津市军事管制委员会代表 1 名。

（五）天津市人民政府代表 23 名。

（六）驻津各机关工作人员代表 10 名。

（七）其他各界代表：

1. 工业界代表 39 名（公营代表 18 名、私营代表 21 名）。

2. 商业界代表 22 名（公营代表 7 名、私营代表 15 名）。

3. 农民代表 10 名。

4. 文艺界代表 7 名。

5. 新闻界代表 6 名。

6. 医务工作者代表 8 名。

7. 大学教授代表 7 名。

8. 工程师代表 6 名。

9. 军属代表 2 名。

（八）回民代表 5 名。

可见代表范围之广泛，既包括了天津的各行各业，又包括了各行各业中的方方面面。当时，由于各民主党派尚未在天津建立地方组织，因此，在党派代表中缺少他们的名额，但对于民主党派中的个别在津人士，党和政府特地通过选派或聘请的方式，邀请他们参加各界代表会。如 1948 年建立的中国国民党革命委员会的杨亦周先生，不仅应邀参加了代表会，而且当选为天津市企业投资研究委员会的委员。各界代表会的 360 人名额，按今天的眼光看，是少了一些，但在当时召开这样一个大会，现在回想起来还觉得十分隆重。

我是天津市妇联代表团团长，大会期间，当选为大会主席团主席和常务主席。各界首届代表会，开得紧张、热烈而又富有成效。每天到会的人数，连同列席者或来宾，都在四百二三十人左右。

在代表会议揭幕以前，当选的代表都按代表团所属系统积极征集提案，仅向大会提出并表决通过的提案即达 304 件。对这些提案，党和政府都责成有关部门贯彻执行，有些还特地成立了专门委员会负责落实。

我们妇女代表团共有妇女 20 人，包括女工、女医务工作者、女教师、女学生、保育工作者、女干部及劳动妇女。我记得，当年的 9 月 2 日那天开了两次座谈会，征集提案。一次是在下午，地点在妇女生产文化社内，劳动妇女代表召开劳动妇女座谈会；一次是在晚上 7 点半，在我们妇联集会，由妇女保育工作者代表邀请各公私保育院、托儿所、慈幼院等有关方面举行座谈。我出席了这两次会议，鼓励大家抱着知无不言、言无不尽的态度，发表自己对今后有关天津市建设或保育工作及其他方面的意见，提供大会参考。解放伊始的妇女代表出席这样的座谈会更觉得新鲜，有一位妇女代表激动地半天说不出话来。她眼泪汪汪地说："在旧社会我们最被人瞧不起。困难嘛，拉着孩子去讨饭，就怕遇见熟人。今天坐在这儿讨论国家大事，真是天地之别啊！"代表们都是带着自己选民的意见和要求来的，在我讲话后，她们唯恐落后，都抢着提出各种问题；在讨论向大会提交的提案时，又都十分热心地发表各自的意见。在妇女代表团的提案中，我记得最多的是有关保育工作的问题，无论是女工代表，还是医务界代表，都十分关注这个问题。大家的一个共同感觉是，托儿所、保育院、工厂哺乳室的数量不足，地方狭小，有的质量太差，影响女职工的工作，也影响第二代的健康成长。她们要求政府资助妇联举办保育员培训班；要求国营企业领导人指定专人领导工厂的托儿所、保育院，并改善托儿所、保育院的环境和工作条件；她们要求各大医院给孩子们检查身体，对保育员也要定期做体格检查。以上算是第一类吧。第二类提案，是对当时失业或无业的妇女组织生产救济，支持妇联办理这项工作，并拨给必要的经费；要求政府为贫民妇女儿童设立贫民学校，给劳动人民子女以学习机会。我清楚地记得有一位妇女代表提出了这样一件提案：“要求政府多设几处女公共厕所，方便于妇女出门办事。”她说她在征求意见时，许多人向她提到这个问题。她的话音未落，所有在场的女同志都异口同声地响应她的意见。可见这是一个带有普遍性的问题。

所有提案，在大会闭幕以后，都不同程度地落实了。人民政府资助妇联办了好几期保育员训练班；给工厂托儿所充实了力量；政府还拨给妇联若干万斤小米（小米，是天津解放初期，对一部分同志实行供给制时用以计算待遇的物资）；资助妇联办理失业救济，使被救济的妇女达到上万人；组织了地毯、纺毛线、做皮便鞋、妇女卫生用品、服装加工以及拆洗组、军用被服组等生产单位，解决了几万人的生活困苦。

这次各界代表会讨论较多的议题是劳资关系问题。由于旧制度所造成的劳资之间的长期对立、纠纷和成见，解放以后，双方采取隐蔽的方式，呈现着一种难以回避的矛盾。人民政府本着“发展生产、繁荣经济、劳资两利、公私兼顾”的方针，事先经过多方面的调查和反复讨论，拟定了《劳资关系暂行处理办法（草案）》，提交大会讨论。工人和资方代表对此都十分重视，争论得十分激烈。经过该提案审查委员会根据双方意见做了修正以后，大会以逐条表决的方式通过了这个《草案》，从而缓和了劳资关系中必然产生的矛盾。

舒　倜　整理

（选自天津市政协文史资料委员会编《天津文史资料选辑》总第 73 辑，天津人民出版社 1997 年版）

追忆接管天津商业的工作

王文波*

1948 年 12 月 13 日，中共中央任命黄克诚为天津市委书记兼军管会主任，黄敬为天津市市长，负责领导天津的接管工作。为使天津解放后的接管工作顺利进行，从华北各解放区抽调了大批干部陆续在河北任丘和胜芳两地集中。1949 年 1 月 1 日开始在胜芳组织学习训练。学习前，黄克诚、黄敬曾先后在任丘、胜芳两地召开准备进城的干部大会。会上，宣布了天津军事管制委员会和人民政府（包括各局）的组织机构以及负责人名单，其中负责接管商业的是贸易接管处，我被任命为处长，副处长是梁耀，下设秘书室（主任刘汉光）、人事室（主任杨用之）、接管室（主任张佳）、业务室

* 王文波：时任天津市工商局局长；后曾任商务部副部长，全国供销合作总社副主任。

（主任王迪）、审计室（主任张业建），具体接管业务部门分5个部，即粮油部、花纱布部、百货部、煤炭部、盐业部。所有接管干部在胜芳集中培训，当时学习的内容主要是：（1）黄敬的动员报告；（2）接收济南的经验；（3）中共华北局关于接收太原的决定；（4）入城干部纪律守则；（5）城市一般常识教育。天津是个工商业城市，特别是商业，是天津的最重要部门，而且也是极为复杂的。在天津的商业领域中，有外国商业资本（如洋行等），有官僚资本、民族商业资本，也有着众多的中小个体商业。针对天津商业的复杂性和特殊性，我们这批准备接管商业的干部，在学习中，认真地分析了天津的具体情况及我们的任务，并根据党中央总的方针和黄敬同志关于接管工作的精神，制订出以下几方面措施：第一，对于蒋、宋、孔、陈四大家族和战犯所管辖的财产要全部没收。第二，对国民党及敌伪汉奸管理的商店一律没收。第三，对国民党军政机关在天津存放的物资一律接管。第四，对官僚、战犯和汉奸大公司的股金、股票，对国民党战犯以外的高级人员出资经营的商业，以及他们留存在天津的财产，包括私人小汽车等物，一律实行代管。第五，外商正当企业财产不予接管。第六，对于工商业者的私人财产不侵犯、不没收，而对于四大家族及战犯与私人合营的企业，如“中美联合公司天津分公司”“泰东股份有限公司”实行代管。第七，中原公司中属于汉奸徐良和战犯李宗仁的老婆以及国民党军长林伟俦等人20%的股份由政府接管，但对整个中原公司不予接管。第八，对企业进行接管时注意不打乱该企业原来的组织机构，原企业的负责人、工程师等高级人员，只要不是坏分子，可以继续留用，接管时要查清账目，清点物资，造册入档，进行审查。为了使接管工作顺利进行，我们还进行了充分的物资准备，当时由冀中区贸易公司提供6000万斤粮食，用船运送到杨柳青、杨村、王庆坨等地，准备随时运往天津。

1月13日，全体准备接管商业的同志集中起来，收拾行装，我向大家重申了进城的纪律，强调要求做到“两袖清风”、廉洁奉公，要求每个干部要提高思想认识，做好充分的思想准备。

1月14日，我军的炮声响起，攻城开始，此时，主要接管干部都已到达杨柳青附近。15日，全体接收干部进入市区。当天，天津军事管制委员会发出第一号布告：宣布天津市区以及东至塘沽、大沽，南至静海，西到杨柳青，北至杨村范围内为天津军管范围，军管会为这一地区的最高权力机关，统一全区军事、政治、经济、文化等管制事宜。16日开始接收。

整个接管工作分为两个阶段。第一阶段，从接管工作开始到1月底，为办理交接，这是一个紧张忙乱时期；第二阶段从2月1日到3月，是清理审查时期，其特点是精细周密、认真踏实。

原来计划贸易接管处接收对象共16个单位，实际接管了39个单位，代管9个单位。这些单位都是蒋、宋、孔、陈四大家族官僚企业、政府机关官办企业，以及国民党盘踞华北平津地区高级军政官员如孙连仲、阎锡山、傅作义等人公开或隐蔽的企业。记得当时贸易接管处接收了长芦盐务局、社会局粮食调配处、西北实业公司驻津办事处、热河省贸易公司、扬子建设公司，接收了天津海关、商品检验局、国民党中央信托局天津分局等。中原公司是个股份有限公司，其中有一部分官僚资本，许多私人资本家股东大部分逃亡在外，我们派李汝修、王瑞轩为正副军代表，接管了该公司。

在交接过程中，一般敌伪组织人员认为国民党大势已去，官僚资本必然没收，对我们接收均有准备，除早先已做了分散外，账簿档案资财大体上都完整未动。接收工作的步骤一般都是在宣布命令后，首先掌握重要仓库物资，特别是武器弹药、交通工具及重要资财等，分别查封保管，对于档案文件家具什物，则造具表册实行点验移交，会计上账簿单据凭证则经过互相参照核对，最后结码盖章，空白账页加画红线编写账目、页数，防止弊端，现金库则校对票据，账上结码即时查封。在进行中强调各人的职责，尽量按原订计划进行。由于我们的干部干接收工作还是第一次，开始不知从何处下手，感到过于忙乱，后来逐渐熟悉，并且创造了监视交代的方式，即将我们干部分配到原有各部门深入监督。这一方式虽然曾发生过原有人员点交之后甩手就走，形成一切由我负责的偏差，但是这一方式能使干部深入下层，接近旧人员便于熟悉工作了解情况，“监交”方式基本上是成功的。

第二阶段的清审工作，其工作重点是清点物资，审查账目，追究问题，发现新的接收对象和隐蔽物资，并对敌伪人员进行审查了解，分别进行处理。审查账目工作，由于我们派去接收的干部技术水平低，工作上感到困难，后来使用旧人员，由我们干部监督领导，效率大大提高。同时，我们还采用账外突击方法，在旧人员中进行个别谈话，寻找线索，发现不少问题，也搞出一部分物资。清点物资则是一项麻烦而又琐碎细致的工作，但经广大干部努力，用了一个多月时间，这项工作基本上完成了。

贸易处下设几个接管组，如粮油组，从 1 月 19 日开始接管民食调配处，这是国民党 1947 年成立，由国民党中央“行政院”

和“天津市政府”双重领导，为解决沪、平、津等大城市市民粮食供应而建立的官方贸易机构。这个处共有职员 251 人，工人 80 人。首先组织他们学习，然后适当安排其工作。接管该处库存面粉 58624 袋，其中 243 家配售店存面粉 11077 袋，接管工作于 2 月 6 日告一段落。百货组主要接管对象是：（1）四大家族官僚战犯经营的商业公司、银号、商店；（2）抗战胜利后国民党政府接收管理的汉奸经营的商店；（3）外省市国民党政府在津存放的物资商品。开始接管的是一些正式在国民党社会局登记的少数单位，大部分是接管过程中发现的单位，正式接管单位共 24 个。接管单位较多，而且又是普通商店式的小摊子，大半都有两套账，即公开的与黑账，有的甚至有 3 套账，内容复杂，弊端很多，即在旧人员中选择十几个表现较好的青年组织两个小组，由我们领导着，进行审查。审查重点是：（1）账目是否真账或另有后账；（2）黄金美钞之代用语（如购黄金称铜料）；（3）倒货或逃避物资的专用户头；（4）有无劣货顶交好货事情；（5）发现其他有关系之官僚资本商号；（6）天津解放前短期内进销货是否真实；（7）由往来函电衡量营业范围与实际情况是否相符；（8）解放前拨存外地物资，其地址及负责代理人。经过清理审查发现不少问题，也搞出一部分物资，如山西合联社缴出煤油 40 桶，黄金 8 两；山西贸易公司找出北平存放黄金 75 两等。接收的财产主要有房产 5 处，汽车、卡车 46 辆，汽车零配件、五金、铁管、面粉等，由于这些单位在解放前已经将大部分物资转移，实际接收的物资不多。

花纱布组没有接管对象。

总的说来接管工作比较顺利。其原因是：第一，正确执行政策。除没收四大家族的官僚资本外，其他私人资本概不侵犯，这样使得与官僚资本合营的一般股东打消顾虑，还能主动介绍情况，这样既扩大了政治影响，又使接管工作顺利进行。第二，分别对待接管单位中的国民党人员。对于中上层人员采取孤立政策，对其中尚未发现抗拒接管的，也不给予打击，只是令其老老实实听候接管。对于下层工友和一般职员，分别采取依靠和团结的政策。在接管中，由于工友的积极揭发，发现了不少新的接管线索。第三，尽量摸清情况，事先有地下党组织送给的情报，接管过程中又找熟悉情况的正派商人提供情况，这对顺利接管起较大作用。第四，创造了“监交”的工作方式。在坚持完整交接的方针下，“监交”的工作方式可以避免形成等待或乱抓乱忙，还可以深入下层了解情况，发现问题，也使我们干部了解与熟悉原来管理的一套，从而更能发现新的问题。

当时，军管会贸易处接管对象不多，接收的物资更少，可供市场出售的很少，但仍根据黄克诚同志的指示，拿出一部分物资，主要有盐 200 万斤，布 32 万尺，纱 900 余件，粮 47 万余斤，煤油 847 大桶、1808 小桶，白糖 20 余万斤，其他颜料、纸张、文具、碱面杂货等，按照贸易总公司意见，大部分拨给各区公司，换取棉花、粮食等，以平抑农村和城市的物价，另外有一部分拨到唐山，交换开滦煤矿的存煤，以供给天津工业用煤。留在天津市作市场调剂和稳定物价之用的，只有少数纱布。这些物资对稳定天津市场起了一些作用，如 1 月下旬到 2 月上旬，天津纱布等工业品物价曾下降 20% 左右，就是因为市场上纱布一时增多的缘故。同时这些物资调拨给贸易公司，成为国营商业最早的一部分“资本”。但是由于用于贸易周转的物资太少，因此军管会领导要求贸易处的任务未能完成，如纱布等工业品调剂农村太少，不能有力地支持各区公司收购棉粮等所需资金，影响了天津市工业原料和市民粮食的供应。同时，因手中没有实力，眼看纱布价格波动，但无力平稳，不仅影响了天津市人民生活，也带动了华北和东北的物价上涨。

从接管中看存在的问题：第一，情况不清，经验不足，从接管开始到结束，始终不清楚究竟有多少物资可以用于市场，尽管曾接管了上千万斤以上白面，究竟用什么手段、什么时候投放市场为合适不清楚，这样就失去物资应有的作用。第二，重视接管，忽视经管，尽管接管工作任务规定，接管后应立即投入经营，变死物为活物，为社会主义商业打下基础。但实际上由于有的同志对贸易工作的作用和任务认识不足，不愿意拨出物资，甚至提出“军用的物资不给，军民合用的物资可给，大宗的物资不给”的原则，只是想“守财”而不想“理财”，这样有许多本来可以用于贸易的物资，竟放在仓库中不用，这不能不说是一个遗憾。

天津市工商局于 1 月 18 日成立，负责全市一切商业活动的行政管理，我任局长，地址在今河北区进步道。

由于商业工作任务繁重，市人民政府决定贸易接管处在各部的接管基础上，建立各专业公司。华北盐业公司于新中国成立前成立，解放后迁入市内，经理李秋野，副经理李直。3 月 24 日，成立天津花纱布公司，经理刘乞春，副经理黎明之、高庆云；天津市煤建公司经理李南生，副经理范菊秋；天津信托公司经理杜新波（兼），副经理杜郁、董慕韩；天津市山货栈（改名土产公司）经理裴泽生。为了统一领导各专业公司，3 月 24 日成立了天津市贸易公司，经理王文波（兼），副经理梁耀，后为何法章。贸易公司和所属专业公司成为天津最早的国营贸易机构。3月28日成立天津市粮食公司，经理何法章，副经理王一鸣。各接管部仍旧保留，一套机构两个牌子。9月22日成立天津市百货公司，经理李汝修，副经理王瑞轩。天津市零售公司成立稍晚（1949年12月），经理王耀庭，副经理郝旁球。各专业公司成立后，立即组织城乡物资交流，各自开展专业对口业务活动，主要是经营批发业务。另外位于罗斯福路（今和平路）的中原公司是以政府向中原公司租赁的形式接管的，定期5年。成立的华北百货公司，是国营商业中最大零售商场，加上各专业公司委托或单独成立的代销店组成了国营商业零售网。国营商业成立之初，与当时私营商业相比，力量薄弱，但它是新生事物，在保障供给、平抑物价、发展生产方面作出了重大贡献。

合作社商业与国营商业同时建立。天津市军事管制委员会贸易接管处合作小组进城后，其任务是接收国民党合作社隶属机构，积极组建职工、手工业和市民消费合作社。2月中旬，合作小组接收了国民党中央社会部物品供销处天津分处、河北省社会部物品供销处天津分处、山西省棉联社、山西省西北事业局物品供销处天津分处、天津市社会部物品供销处共5个单位，接收物资12.4880万元，为建立合作社商业提供了一定的物质基础。2月中旬，市合作总社正式成立，刘云生任主任，社址在一区新华北路，并于3月2日建立第一个市民消费合作社，到3月20日已在全市建立职工与市民消费合作社35个，社员6800余人，其中33个社共有股金191万元。到6月30日发展到312个，社员50.5万人。到1949年12月，发展到458个，社员105万人，占全市170万人口的60%。合作社以棉布、粮食等配售给社员，售价低于市场价格，网点星罗棋布，对于积极占领城市零售阵地，稳定人民生活起一定作用，成为社会主义经济的一个重要组成部分。

百货公司、合作总社以及稍晚成立的天津零售公司、中原公司（1950 年 5 月建立，公私合营企业），是天津解放初期社会主义商业中 4 个较大的零售企业，加上若干国营商业所属门市部和与国营商业有联系的代销店（点），组成国营商业网，掌握了粮、棉、纱、布、煤等主要物资，是天津商业领域中的一支新生力量。开始时力量薄弱，资金不足，网点太少，市场上的商业活动，特别是零售商业还主要通过为数众多的分散的私营中小型商店和个体商贩进行，这使不法私商进行投机倒把，在市场上兴风作浪有机可乘。

天津是我国解放最早的第一个大工商业城市，能不能把它管理好和建设好，是对中国共产党的一大考验。其中迅速恢复千疮百孔的国民经济、恢复生产、稳定市场物价是头等大事。天津市首任市长黄敬于解放天津前夕在河北省任丘县讲话时就指出："我们进入天津 7 天内要叫工厂烟囱冒烟，要把市场物价稳定下来。这两件大事做好了，天津工人、市民（包括各界人士）就会拥护我们，这是接收后管好天津的关键。"当时天津市生产恢复较快，而稳定市场物价则费了一番周折。在 1949 年中就曾经出现了 3 次物价大波动，虽然各有其原因和特点，但根本原因是：（1）我们党对如何管好大城市还很生疏。（2）由于帝国主义的侵略和国民党反动派的长期统治，国民经济遭到严重破坏，物价飞涨。解放后，党和人民政府虽然尽量调集物资来满足人民需要，但在短期内不可能从根本上解决物资缺乏问题，因此物价上涨是不可避免的。（3）解放战争正以空前规模进行，同时对旧军政人员采取一律包下来的政策，财政负担相当沉重，为了弥补赤字，不得不发行钞票，这就造成新的通货膨胀，加上天津作为解放南方的后方基地，更成为通货汇集之处，币轻物贵，造成物价上涨。（4）一些反动势力和剥削阶级公开和暗地里同共产党较量，进行破坏活动。他们感到在军事上和政治上大势已去，因而在经济上继续同共产党进行斗争。在这种情况下，有一些商人，抽逃资金和股份，如天津仁立实业公司就把4万美元转入国外。有的兴风作浪，非法经营，哄抬物价，追求暴利，当时在工商界出现了工不如商、商不如囤现象。早在解放前夕，天津已经聚集大批外地流资，正当的工商业者也将资金换成黄金、白银、外币或其他物资转入地下，以避免因货币贬值而遭到损失。当时投机者存纱布50万到100万尺。金融界各行庄在解放后自行申报贮存的物资就有：黄金1652.5两，白银219两，银圆1164元，外币1571元，面粉5483袋，大米757包，棉布6944尺，棉纱365包，糖221包，碱面341包，染料397桶，另外还有五金、百货、药品等。本来钱庄属于金融机构，这些也都是人民生活必需品，此时都成了投机者的资本。金融界如此，其他行业亦然。他们利用解放初期不可避免的通货膨胀，利用手中物资、资金，抢购囤积，牟取暴利，再加市民恐慌心理和重货轻币心理，争购商品，加大了物价上涨的幅度。（5）解放初期国营经济力量薄弱，零售市场基本上被私商占据，政府不太了解商情和商人内幕，使我们常常吃亏，成为市场的尾巴，造成我们相当一段时间内工作被动，天津工商业领导机构和国营商业面临相当沉重的压力。这是一场特殊性质的两个阶级争夺市场的斗争。为此，我们在党领导下，从接管开始就在全市范围内进行打击投机倒把、稳定物价、安定人民生活的斗争。

粮食是人民生活最基本的必需品，保证人民粮食供应也是解放后商业工作的重点。早在天津还未解放时，党和政府就在老解放区调配组织大批粮食，天津一解放，大批粮食源源运津，记得当时正是“三九”寒冬，大清河、子牙河、白洋淀冰冻一尺多厚，船不能通行。冀中区行署主任罗玉川，专门召开了有关县区会议，动员数十万民工砸开冰河。由冀中区裕东总店经理曹乃康担任运粮、棉总指挥，有关县、区长带领民兵押运粮、棉入津。经过日日夜夜艰苦奋战，粮食、棉花等物资源源不断运进天津，暂时解决了天津粮食的供应问题。但是天津需要的粮食数量很大，供求关系还一时得不到平衡，加上季节性差价、地区差价、批零差价等，造成粮食价格的不断波动，而当时国营粮食商业刚刚建立，粮食的批发、零售业务中私人商业占较大优势，这就给投机商人以可乘之机。

棉纱、棉布是仅次于粮食的工业半成品和人民生活必需品，因此也成为投机倒把的对象。以纱布来说，不仅经营纱布的700余家纱布商对纱布进行投机倒把，就是不经营纱布的各个行业也对纱布进行投机倒把。天津市是华北地区最大的纱布供应地，一旦纱布供求失去平衡，就成为投机商囤积的对象，不仅掀起本市纱布价格的波动，甚至还能影响粮食价格波动以至引起整个市场的物价波动。解放初期，天津的物价3次波动，就是由粮食和纱布价格的波动引起的。

记得那是在1949年4月后，由于冀中春荒，灾情日趋严重，农村粮价上涨，当时天津粮价偏低，造成粮食外流，销量空前增大。尽管工商局采取加强粮食市场管理，限制粮食交易，严禁买空卖空等措施，市场粮食成交额仍不断增大，如市粮食公司在 3 月份市场销售 943 万斤，4 月份猛增到 4418 万斤，比 3 月份增加了 3 倍多。贸易公司即从东北组织大批粮食，长途急调入关，同时大量抛售粮食，不到 20 天，在市场上即抛售粮食 5000 余万斤（直接供给工厂、机关、学校的不在内），最高时一天抛售粮食 360 余万斤。进入 6 月以后，冀中等地下了透雨，夏粮收成有望，粮食上涨之风趋于平息。与此同时，纱布市场也经历了剧烈波动，进入 4 月后，纱布进入适销季节，东北、西北各地客商大批来津采购，又由于其他原因，黄金收购价格每两从 19000 元上升到 28000 元，与黑市黄金价格接近，倒卖黄金无利可图，遂刺激游资迅速集中到纱布，使纱布价格猛涨，4 月份开始，20 支八仙纱由 3 月份的每件 107550 元上涨到 5 月份的每件 255015 元，上涨 137.1%；白五福布由 3 月份的每匹 4671.73 元，猛涨到 5 月份的 10187.06 元，上涨了 118.05%。6 月份 20 支八仙纱布又较 5 月份上涨 12.9%，五福布也较 5 月份上涨 19.6%。各货平均水平上涨 119.8%。几十家以投机为目的的纱布批发商聚集在旧法租界六号路（今哈尔滨道）。他们在锦荣大楼有专门电话，互通消息，兴风作浪。政府针对投机商活动做出相应对策。一方面在花纱布公司资料室内设置仪器收听南北行情特别是上海行情，掌握迅速、可靠的信息；另一方面则采取行动：花纱布公司在工商界的支持下，组织力量突击检查六号路投机商的中枢地带，查封其对外联系的电话，使操纵黑市的据点受到沉重打击；同时紧缩银根，在花纱布公司挂牌上，以猛提骤落的方式，大量抛售物资，不到 20 天时间，抛售棉布达 25.3 万余尺、纱 2000 余件，最高一天抛售棉布 3 万尺，沉重打击了投机商。这样，纱布市场波动到5月10日基本平息。

这次稳定物价的胜利，扭转了国民党时代以黄金带动物价上升的历史规律，也摆脱了上海敌占区物价牵动的影响，为天津市工商各界所赞佩，提高了政府和国营商业在人民群众中的威信，使他们感到共产党办事是有办法的，也说明人民政府是对人民负责的，充分证明了共产党不但能武装夺取政权，而且也能管理和建设好城市。5月中旬以后，物价趋于平稳，粮、棉等商品价格普遍跌落，其他各货卖多买少，一直到6月份，整个物价一直呈下跌趋势。但从6月下旬以后，又出现新的物价波动。先是纱布带头上涨，接着粮食挺高，一直持续到8月上旬，出现了物价第二次波动。这次波动首先是受上海及江南新解放区的物价影响。随着解放战争的节节胜利，上海和江南地区相继解放，逐步形成全国市场。上海物价比天津高出很多，如6月26日，上海黄金价格高出天津38.9%，五福布高30.65%，20支纱高31.94%。7月初京沪通车，南方游资汹涌北流来津争购。其次是天灾因素，大水泛滥，运粮道受阻，居民争相购存，粮商囤积拒售，批发零售价格大为悬殊，面粉高出70.50%，小米高出36%。再次，各地公营采购机关也竞相抢购。这些因素加在一起，使天津物价又迅速上涨，7月24日与6月30日比较，大米上涨117%，小米和面粉上涨两倍，玉米面上涨110%，棉纱上涨141%，五福布上涨10.5%，棉花上涨98%，食油上涨140%，整个物价水平上涨201.6%。

人民政府针对物价上涨继续采取行政管理与经济干预措施。一方面检查各违法采购单位的经营范围及采购证明，初步端正采购业务范围，同时深入检查粮商货栈，打击囤积，动员出售存货并取得很大效果。如8月中旬，10天内私商出售的粮食占市场成交量的80%以上。另一方面，缩小批发与零售差价，同时利用国营贸易机构的物资实力大力平抑，以每日售粮三四万斤、纱布千余件的数量大力抛售，并加强消费合作社和代售的直接配售，以占领临时市场等方法扩大供应。到8月中旬，市场恢复平稳，这一措施不仅支持了上海，也使新解放区和华北各城市几番欲动的物价均未引起波动，因此，这次平抑物价的胜利有其全国意义。当然，由于对市场物价管理缺乏经验、国营经济力量薄弱和通货膨胀等原因，物价波动，不能做到真正稳定，因此，从10月上旬到11月下旬，出现第三次物价波动。其来势比前两次更为猛烈。这时，国营经济力量已有所加强，人民政府终于再一次控制物价，投机商人遭到严重损失，为1950年全国财政经济统一创造了条件。

通过经济上的较量，国营经济阵地大大巩固和发展，也积累了一些经验。为了进一步掌握市场，打击投机倒把，稳定物价，恢复生产，支持解放战争，市行政管理和国营贸易机关采取了一系列有效措施。

第一，加强粮食市场管理，审查登记粮商，保护正当粮商的合法经营，取缔囤积投机非法交易，把粮食的采购和销售权牢牢地掌握在政府手中。为了打击投机倒把，稳定市场物价，必须掌握雄厚的物资。为此，国营贸易机构从华北、东北、内蒙古、华东等地先后调运粮食2亿多斤，并有计划有组织地利用合法私商，从各地调运粮食2亿多斤。在供应上，通过有计划地配售，保证了工人、职员、学生、独立劳动者及广大市民的需要。粮食、纱布历来是左右天津市场物价的重要商品，也是人民群众生活必需品，国营商业机构控制了它，基本上就可以稳定市场物价。

为了更好地掌握市场，稳定物价，与投机倒把分子做斗争，在“公私兼顾”的原则下，政府积极组织正当商人为国家服务，支持和恢复粮食的销售和面粉的生产业务。

第二，加强纱布管理，控制纱布市场。统一纱布成交，建立纱布交易所。天津解放后，有些投机囤积分子，不断以纱布为龙头，在市场上兴风作浪，进行投机倒把活动，政府为了取缔投机囤积行为，稳定纱布价格，以保证正当纱布厂商的利益和便于开展城乡交易，于5月间建立了纱布交易所。

在市工商局的直接领导下，交易所集中买卖双方在一起交易，管理市场秩序及调剂市场供需，全市纱布市场价格，甚至华北地区纱布市场价格都要跟着交易所价格走，因此，交易所在稳定纱布价格上起了很大作用。

第三，建立直接供应市民生活需要的零售组织，用低于市场的价格出售，减少中间剥削，以稳定物价，打击投机倒把。

解放以后，政府除了有计划、有选择地组织一些零售代销点外，还积极发展消费合作社，按低价进行组织配售。这对于安定市民生活，摆脱物价波动和相对稳定物价，减少中间剥削，打击投机倒把活动起了重大作用。

第四，对外地来津采购实行统一管理，有计划、有组织地安排生产和采购。天津是中国北方贸易中心，市场供需量相当庞大，解放后各地来津进行工农业产品交易和采购者繁多，尤其以老解放区军政民各机关、团体为数更多，形成无组织、无计划、多头采购和交易状态。他们有的既不了解行情，又缺乏大城市交易的经验，加上由于采购人员不注意货物价格的高低和质量优劣的单纯任务观点等，给商人以投机之隙，而哄抬物价，使政府财政损失巨大。为了解决这种乱采购、乱交易的现象，堵塞投机商人的投机渠道，加强市场管理，天津市政府于2月6日成立天津市信托公司，该公司的任务是代各地统一进行采购，消灭乱购、抢购竞争的做法。并有计划地代为推销各公营、私营工厂出产的产品，以及有关各区运来的产品。总之，通过有计划地组织产、销、采购和代购代销、运用公私雄厚的资金和有计划地掌握物资吞吐，从而打击了市场上的投机商人，稳定了市场价格。

通过采取上述措施，天津解放初期的物价上涨幅度不大，根据17种人民生活主要商品批发价格统计，1949年12月份比同年2月份价格上涨45倍，与1948年全年上涨740倍相比，已经大幅度下降了，在战争继续进行的环境下，这是一个很大的成绩。

解放初期天津商业的恢复与改造分为两个阶段。第一阶段：1月15日天津解放到3月底，为复业阶段。在这阶段中我们广泛宣传工商政策，解除资本家疑虑，调解劳资纠纷，并发行人民币为商号复业创造条件。16日军管会宣布停止使用金圆券，以金圆券用合理的比价兑换人民币，这样市场上有了新的统一货币，为商店营业创造了条件。到22日，天津解放一周以后，工商业已经陆续开工复业，各公司商号已达70余个行业，天祥、劝业场等大型商场也复业。19日到23日，工商局分别召集粮食、茶、煤炭、五金、百货、纱布、干鲜果等行业座谈，听取私商代表意见并阐明人民政府对私人商业资本的政策，进一步打消商人顾虑。到28日，复业者已达6471户。到2月份，全市共有24944户复工复业。到3月份，各行业复业的数字如下：磨坊业 236 户，复业 171 户，占总数的 72%；丝绸呢纱布业 928 户，复业 455 户，占 49% 弱；布业 210 户，复业 168 户，占总数的 80%；百货商业 731 户，复业 589 户，占总数的 80%；货栈有 124 户，复业 114 户，占 92% 强；五金业 200 户，复业 194 户，占总数的 97%；煤业 1342 户，开业 1323 户，占总数的 98% 强。

第二阶段：4 月到 9 月，为私营商业初步发展时期。在这一阶段，人民政府开展镇压反革命分子的破坏活动，以稳定社会秩序，打击投机倒把。由于解放区的不断扩大，原有的城乡、区域间的物资交流关系有所恢复，这些都沉重地打击了投机倒把分子，对于正当商业的经营十分有利，加上党的有关政策进一步落实，在本阶段出现了私人商业初步发展的局面。

1949 年 4 月，刘少奇同志来到天津，做了多次重要的讲话，这对迅速纠正城市工作中存在的一些偏差，以便尽快走上正轨，使工商业进一步恢复和发展起到了重要作用。

天津的接收工作告一段落，面临的任务就是如何改造、管理与发展这一城市。根据党的七届二中全会确定的城市工作总方针，对民族资产阶级的重点应该是团结，必须切实地执行“公私兼顾，劳资两利”的政策。对资产阶级虽然也有斗争，但如果不把重点放在团结上，不把资产阶级作为团结对象、争取对象而作为斗争对象，那就会搞乱自己的阵线，不利于革命事业。可是，当时天津的一些干部在思想上还认识不到这一点，把农村工作方法使用到城市工作中来，有一些过左的情绪和做法，使得劳资关系比较紧张。

同时，由于天津解放不久，工商业资本家还没有全面了解党的政策，加上反动谣言的传播，有的终日惶惶不安，不愿意积极经营，有的甚至抽走资金，逃到香港、台湾，至于扩大生产经营更不敢想，他们顾虑重重，以致工厂的开工率很低，私营工商业倒闭成风。在这种情况下，一个紧急的任务是尽快安定人心，使资产阶级了解政策，解除顾虑，认识前途，恢复生产和经营。

因此，刘少奇同志在天津期间，召开了各种座谈会，进行了一系列的政策宣传和思想教育工作。他明确指出，在目前中国的条件下，私人资本主义的若干发展，对国民经济是有利的，对中国是有利的，对工人也是有利的；今天中国不是资本家太多、太发展了，而是太少、太不发展，中国资本主义正是发挥它的历史作用、积极作用，建立功劳的时候，应赶紧努力；还提出工人阶级一定要解放，但也要有步骤地实现彻底解放，今天的解放还只是政治上的解放，还不能不受剥削，剥削是不好的，但在现在说来，也有一点好处，过早的社会主义政策是要不得的。他还指出，我们主张对私人资本要有限制，采取限制政策就是为了避免资本主义前途，公私兼顾就是一种限制政策，没有限制，哪能兼顾；劳资两利也是一种限制政策，只利资方那才是没有限制；工业品太贵，农产品太贱，应该互相照顾合作，这种城乡关系的调整也是限制；还有税收上的限制等。总之，资本主义的发展要有利于国计民生，这是最根本的限制。

可见，刘少奇同志在天津的讲话，是符合党的七届二中全会精神的，是对党中央决定的政策的具体阐明和解释。通过这一讲话，迅速地纠正了当时存在的过左情绪，使城市工作走上了正轨，使工商业得到了恢复和发展。刘少奇同志的天津讲话，进一步解除了工商业资本家对党和政府发展工商业的怀疑、观望态度。不少资本家表示在共产党领导下要大干一场。

人民政府积极调解劳资纠纷，同时不断召开私商代表座谈会讲明政策，如 2 月召开私营粮食业批发商座谈会，4 月召开纱布商座谈会，5 月召开面粉业座谈会并配合个别交谈，对私营商业解除顾虑，发展经营，都起了作用。

解放初期，人民政府对摊贩也进行了整顿，并取得了一定成绩；但由于当时对小商贩特点没有完全掌握，因此在处理小商贩问题上，也走过一些弯路，那些历史的经验是值得借鉴的。

随着私营工商业的恢复，解放初期投机倒把经营的被取缔，正当的市场交易也逐渐活跃起来。1 月 21 日即天津刚解放一个星期，在静海、唐官屯一带就有政府组织的各行业小商小贩 2800 多人参加的贩运队伍，这是天津解放后最早见于报纸记载的运粮消息，也可以说是天津解放后最初的城乡物资交流。但是当时天津刚刚解放，工商业还未恢复，天津还没有或者很少有物资可供交流，因此这种调粮入津的做法，实际上是农村单方面对天津的出口，或者说是革命老区对天津市的一种支援、贡献，是人民政府为了稳定天津市场的一种权宜之计。

2 月以后，市场逐步活跃，由于人民政府陆续颁布了一系列政策，从而保证城乡物资交流的顺利开展。

从 1949 年 1 月到 9 月的天津城乡物资交流情况，大体上以 5 月 25 日上海解放为分界线。上海解放前天津城乡物资交流以北方地区为主，是属于城市与农村间的交流，即工业品与农副产品交换的范畴。而上海解放后，进一步出现了津、沪之间的产品交换，实际上是北方地区与南方地区之间的产品交换。这是在工业品之间、工业品与农副业产品之间以及南北土特产品之间的交换，使天津的城乡物资交流推向一个新阶段。

进入 9 月以后，天津乃至华北地区的农业丰收已成定局，城乡交流的规模更加扩大，为了迎接秋后旺季市场的到来，人民政府除做其他准备工作外，也开始积极筹备天津市工业展览会，这是华北地区，乃至全国范围内第一个物资交流性质的展览会（正式展出在 10 月），显示了天津市城乡物资交流的美好图景。

此时，天津城乡物资交流取得了很大成绩。黄敬市长在 9 月 5 日各界人民代表会议报告中提到从 3 月到 6 月底的不完全统计，铁路运输货物 60 余万吨，内河运输近 20 万吨。通过城乡物资交流，对于平稳物价，发展工农业生产，安定人民生活都有好处。

回顾 40 多年前，我们接管天津的情况，认真总结出几条经验，对我们今天的工作是十分有益的。

1. 我们从事商业、经济工作，物价是一个十分敏感的问题，物价稳定是我们希望和力争的，但是在战争或其他特殊情况下，物价不可能绝对稳定。物价上涨是不可避免的。对于执政者来讲，一定要使物价平稳上升，不可大起大落，使人民没有思想准备，承受不起。

2. 对于执政者来讲，要稳定物价、稳定市场，必须组织好进货渠道，使市场有充足的货源，保障人民的供给，而物价、市场的稳定，也是社会稳定的关键之一。

3. 商业经济工作一定要坚持党委领导，各部门协调一致地配合，才能搞好商业市场的管理，天津金融市场的整顿就是个很好的例子。

4. 必须认真总结“左”倾思想给我们接管工作带来的危害。当时进城后，我们对工商业资本家的工厂所生产的产品，加工费给得太低了，造成资本家对我们有意见，影响了接管工作，以及后来的统战工作。后来少奇同志批评了我们。

今天我们面临着比 40 多年前更为复杂、更为艰巨的任务。作为已经有 40 多年经验的执政党——中国共产党来说，应该认真总结历史的经验，全党团结，全民团结，把我们的工作做得更好。

（选自全国政协文史和学习委员会编《回忆城市接管（上）》，中国文史出版社 2017 年版）

从参加民盟到合肥解放

夏继诚 *

抗战时期，我在远征军所属一个部队医院担任军医。一次，随部队到云南大理整训时，巧遇我在合肥念书时的老师范毓南（范是合肥范巷口人，中共党员），自此经常往来，在政治上受到不少教益。1944 年秋，我经范毓南老师介绍，辞去军医职务，转到昆明参加革命工作。同年 12 月昆明《民主》周刊创刊，周新民同志安排我到周刊工作。《民主》周刊社实际上是民盟云南省支部的机关。当时，民盟在昆明的活动，除少数上层人士外，组织并不公开。1944 年 9 月以后，改称“中国民主同盟”，开始吸收无党派人士以个人身份参加，并注意吸收青年，特别是大学生。我于 1945 年 7 月经周

* 夏继诚：时为民盟盟员；后曾任安徽省人民政府参事，合肥市政协委员。

新民、李克兢两人介绍，加入民盟组织。

抗战胜利后，我在盟组织安排下，前往重庆。在重庆时我曾向组织上要求去延安或南方新四军工作。周新民同志为此找我谈话：“你懂点医，到解放区去工作个人作用是有限的，国民党还都南京后，中共和民盟也正在南京、上海建立机构争取合法斗争，你先回到华东听候组织安排。”1946 年秋，我即回到合肥。在我离开重庆时，已将我在合肥城内居住地址写给周新民、李公朴、辛志超三同志了。李公朴遇害后，我与盟组织直接联系的只有周新民、辛志超两人。

回到合肥后，通过昔日师生、同学关系，我在鸿仙、与吾两所小学谋得校医、教员职位，并当了短时期的军医以掩护身份。不久，我收到周新民同志一封亲笔信，大意是：知你在合肥经营小本生意，如遇困难，可同卓君商量解决。署名政之。这是一封介绍组织关系的信，可卓君是谁？不得而知。就在第二天，李湘若和吴伯敏两人来我家找我，因我在学校，未能见面。根据他们留下的地址，我找到了吴伯敏（吴是在抗战初期省动员委员会认识周的，这时又秘密加入了民盟）。吴告诉我卓君即李湘若，在省文献委员会工作。当天下午我即到小东门找到了李湘若。他约我一道到包河附近作了长谈，他刚从南京、上海回来，是周新民告诉他地址来找我并接上组织关系的。

李湘若同志于 1946 年春在上海参加民盟后，盟中央派他来安徽建立和发展民盟组织。周新民同志在信中要我遇到困难“可同卓君商量”，就是指示我要在李的领导和帮助下进行活动。事实上安徽盟员的发展都是同李湘若同志的努力分不开的。从 1946 年至 1949 年元月合肥解放时，合肥一共发展盟员 10 多人。此外，安庆、芜湖的盟组织活动同李也分不开。

民盟组织初期，只能采取个别接触、单线联系的活动方式。特别是1947年2月中共代表团由京、沪、渝等地撤回延安后，不久国民党又宣布民盟为“非法”团体。处在这种形势下，民盟组织只能转入地下斗争。我们为了做好工作，首先在政治上必须得到中共的帮助、了解和支持，否则我们就会孤立无援，是站不住脚的。我曾和李湘若同志去庐江、三河、肥西等地活动，其目的就是要找到党的关系，争取党的领导，这样我们工作就有了依靠力量。另外我们还要尽可能争取地方上有影响的实力派人物参加民盟组织。我们先后吸收了龚衡军、龚兆庆等合肥地区有影响的人士参加了民盟，为以后的合肥和平解放奠定了良好的基础。

1948年以后民盟组织的活动，主要是为配合人民解放军南下，做了两件事：一是利用盟员龚衡军任合肥西乡官亭联防区主任之职，组织地方武装起义，成立合肥支队；二是龚兆庆通过地方绅士龚嘘云活动当上合肥最后一任县长。当时，县政府的主要干部如主任秘书殷乘兴、民政科长董光升均是盟员。盟员们实际上已掌握了县政府政权，为合肥和平解放、安定民心，保护国家财产，创造了有利条件。关于地方武装，合肥是大县，自卫总队共有11个连队兵力，龚兆庆接任县长后将7个连队调到了官亭一带，归龚衡军指挥，后来编入了合肥支队起义了。在城内还有4个连队，维持治安，分守7道城门。合肥解放后，这4个连队交给了解放军。

合肥地区的盟员活动得到不少热心同志的帮助。这些同志有的是盟员，有的是进步人士，在这里值得提起的是周介如、周景绍。两人年龄相仿，但是叔侄关系。周家是合肥大户，为了人民的利益担当了不少风险。周介如的家，是盟员活动的重要据点，中共和民盟的一些同志经常在他家食宿。民盟活动经费上的困难，有时也要依靠周介如同志来解决。还有位也叫龚兆庆（原名龚蔚卿）的医生与担任县长的龚兆庆同名，他虽没有参加民盟组织，但积极参与合肥的地下工作，做了很多好事（解放后曾为市政协常委、市妇幼保健院主任医师）。其他还有像窦白萍、李春舫（均为驻肥新闻记者）都已经去世了。他们为合肥的和平解放也做了许多好事，我们活着的人，不应该忘记他们。

当时民盟的宣传工作，从两方面着手，一方面是转抄新华通讯社电讯稿，供参加和支持盟组织活动的同志传阅，提高他们对形势的认识，争取更多的人站到革命方面来。另一方面是印发传单。我们的动机是宣传党的方针政策，以安定人心。传单没有一张是我们编写的，都是从皖南、巢南、淮南、皖西等根据地或游击区搞来的。当时全国尚未解放，党在全国范围内还未制定出统一政策，这些传单是从各个根据地结合具体情况编写的。那时由于我们思想认识水平不高，对党的方针政策学习理解得很不够，只要是中共印发的传单，就翻印传出，有的是抗战初期的内容，如“只收农业税百分之几，暂不进行土改”等也贴了出去。解放后，军管会的负责同志曾向我们了解此事，并批评说：“不进行土改，我们共产党还革什么命呢？”在宣传方面我们做了一些工作，起了一点作用，也犯过错误。

合肥和平解放时，解放军三野先遣纵队，是从梁园方向来的，先打电话到县政府取得联系，然后龚兆庆县长派人到东门外迎接。先遣纵队一位团政委齐平同志率领解放军 40 多人，于下午 4 点钟左右进城，在鞭炮声中直接进入县政府内。在县长办公室迎接这位团政委时我也在场，迄今还记忆犹新。当晚，解放军大部队陆续进城，城内治安仍由县大队维持，晚间巡逻任务由解放军担任，社会秩序安定。解放军进城那天，是 1949 年 1 月 21 日，阴历腊月二十三日，老百姓都在准备欢度解放后的第一个春节。

合肥解放了，我们的任务是协助龚兆庆做好物资清查工作。根据有关同志回忆，存在合肥仓库内的公粮有 600 万斤，4 个连队武器弹药，公用家具 1 万多件，还有县政府的大印、文卷等。

合肥一解放，我们就收到周新民同志通过文汇报记者转来的一封信，写给李湘若、李春舫、夏继诚（另外三人名字记不起）等六位同志，告诉我们民盟总部以沈钧儒、章伯钧两位负责人名义经中共中央统战部打电报给合肥军管会，证实合肥有民盟组织在活动。周的来信及电稿我看后李春舫同志带走了（李原为《文汇报》驻肥记者）。解放前，合肥虽然有盟员在活动，但一直未建立正式组织。解放后，于 1949 年 7 月正式建立民盟合肥市分部，负责合肥地区盟务及盟员登记工作。1951 年 1 月民盟皖北支部建立，同时撤销民盟合肥市分部，合肥地区盟务由皖北支部兼管。1952 年皖南、皖北合并，建立民盟安徽省委员会，仍兼管合肥地区盟务，直到 1962 年民盟合肥市委员会才正式建立。

我们盟员们在合肥解放前夕，为迎接合肥解放做了一点工作，是微不足道的，一切应归功于党的领导。

（选自合肥市政协文史资料委员会编《合肥文史资料》第 9 辑，内部资料，1993 年）

接管北京

张友渔[*]

天津解放时，因为我于20世纪20年代曾在彼做过地下工作，熟悉当地情况，故被任命为天津市副市长。还没有到职，北平解放了，我随华北局进驻北平。当时叶剑英同志是北平市军管会主任兼北平市市长，徐冰同志是副市长。徐冰同志到职后不久就病了，又改任我为北平市副市长。所以，虽然这个时期在天津街头已经出现由市长黄敬、副市长张友渔署名的布告，实际上我并没有到职。调我到北平市工作，是因为我对北平比天津更熟悉，我同北平各阶层的联系比天津更多。调我担任这个职务，是周恩来同志代表中央同

* 张友渔：时任北平市副市长；后曾任中国社会科学院副院长，全国人大法律委员会副主任，全国政协委员。

薄一波同志、叶剑英同志一道，在后圆恩寺华北局的会议室里对我谈的。关于这次谈话，我至今还历历在目，记忆犹新。

那是1949年，大约4月末5月初的一个上午。当时华北局在地安门外后圆恩寺胡同的一所院内，国民党反动统治时期，这里曾是蒋介石的别墅。10月1日中央人民政府成立前，中央的几位领导同志都住在西山。为调我到北平市工作，恩来同志特从西山来到华北局。当我被叫到会议室时，恩来同志和叶剑英同志、薄一波同志已经在那里。恩来同志首先简要地讲了北平市工作的重要性，说因为我曾在北平长期从事地下工作，对北平的情况很熟悉，所以要我到北平市工作，希望我把工作做好。在这以前，薄一波同志已经就这个问题跟我打过招呼。我这个人一向对党分配工作绝对接受，没有讲过条件，党叫干什么就干什么。在恩来同志讲话后，我表示服从组织分配，但不一定能做好，努力去做就是了。

记得叶剑英同志插话说："你是室内的强者，室外工作还要下番功夫！"叶剑英同志的话不多，但给我的印象很深。剑英同志是我的老领导，抗战时期在重庆时，我们就在一起工作。他对我很了解。他知道我在文字水平、知识面、组织领导、政治思想工作等方面的一些特点，也知道在我的历史经历中，虽长期做过学生运动工作，广泛接触过青年群众，但接触工农群众不多，缺乏这方面的经验。在这两个方面，我和徐冰同志正好相反，他的长处正是我的不足，我的优点也是他的缺点。叶剑英同志对我的长处给予了很高的评价，同时也指出了我的不足之处。所以我一直记住他的这句话。他对我很信任，使我受到很大鼓励。本来，市人民政府的党组书记应当由市长担任，他提出要我担任。恩来同志同意，就这样决定了。实际上，这个建议还不仅说明他对我的信任，也反映了他丰富的实践经验。后来的工作证明，由于我担任负责常务的副市长，大量工作需要及时由党组研究决定，剑英同志的建议对于市府工作的进行是有好处的。

关于我的工作问题还有段小插曲，在这里顺便说一下。在北平解放前夕，考虑到作为华北局的机关报的《人民日报》要进入北平，想找一个对北平比较熟悉而又熟悉新闻业务的同志担任《人民日报》社社长。胡乔木同志曾向当时的党中央组织部部长安子文同志提到我。当安子文同志找薄一波同志商量时，薄一波同志讲，由于当时华北局工作的需要，没有同意，改调了张磐石同志。

我接受任务后，交代了华北局秘书长的工作，到北平市报到。先后见了北平市委书记彭真同志，市长叶剑英同志。他们分别向我介绍了北平市的情况，谈了工作要求，我于1949年5月9日走上了新的岗位。

北平（1928年北伐胜利前称北京）可以说是我的第二故乡。自从我于1923年离开太原到北京上大学，直到1937年抗战开始①，15年间，除了几次躲避国民党反动派的迫害、追捕，短时间离开过北平外，我的整个青年和壮年时代都是在北平度过的。从学生到教授，从报社记者到总编辑、总主笔，从入党、主办地下党的合法报纸，担任地下市委的领导工作、军委系统的特科工作，到负责华北联络局北平小组的领导工作，我一直在这里从事革命运动，进行革命斗争。领导过学生运动、文化运动，做过新闻宣传工作，进行

① 中国人民抗日战争以1931年九一八事变为起点，1937年七七事变为全民族抗战的开始。——编者注

过上层文化界和其他上层人士的统战工作，开展反封建统治、反法西斯统治的民主运动，推进抗日救国运动，我从实际生活实际斗争中，学得了比较多的解决政治、经济等方面实际问题的知识。经过了八年抗战、四年解放战争12个春秋的风风雨雨，现在我重新回到北平，以新的身份担负起改造半封建半殖民地的古都、建设社会主义新首都的重要任务，争取让几百万父老兄弟姐妹从此过上安定幸福的新生活，我深感责任重大。

进城后不久，1949年3月5日至13日，我们党在河北省阜平县西柏坡村举行了第七届第二次中央委员会全体会议。这次会议决定召开新政治协商会议，成立联合政府；确定党的工作中心必须由农村移到城市；规定了党在全国胜利后，在政治、经济、外交等方面应当采取的基本政策；以及使中国由农业国转变为工业国，由新民主主义转变为社会主义社会的任务和主要途径。会议特别强调学会管理城市和建设城市。只有城市的生产工作恢复和发展起来，人民政权才能巩固。

这是一次非常及时非常重要的会议。这次会议规定的新时期总路线总政策和各项具体方针政策，为我到北平市工作指出了明确方向。

不过，虽说我是5月9日到任的，实际上，早在这之前，当我还在华北局工作时，就已经接触过北平市的工作了。当时中央人民政府还没有成立，北平、天津等市都由华北局和华北人民政府直接领导。我当时给《人民日报》写了篇社论：《变消费城市为生产城市》，就是针对北平等城市的情况而写的。这篇社论的主要内容是说：现在的大城市从反革命的堡垒变为革命的堡垒，就要改变我们工作中先乡村后城市的做法，使城市起领导农村的作用，中心环节是迅速恢复发展城市的生产，并加强政治、文化、教育建设。

平津解放前夕，华北局曾根据中央有关方针政策的精神，发布过《关于进入平津的政策与作风》的文件，主要内容包括：一、实行军事管制制度；二、成立各界人民代表会议；三、关于战犯、反动分子、特务、俘虏官员和蒋傅（当时傅作义将军还没有接受和平改编）党政军警财经及其他团体一般工作人员的处理；四、关于蒋政府公有财产、四大家族财产、首要战犯财产及一般军阀官僚军政财经机关人员财产的处理；五、私人工商业的保护及私人银钱庄号的处理；六、关于蒋政府货币的处理；七、关于公私立学校及学生公费的处理；八、关于报刊、通讯社、广播电台的处理；九、关于外国侨民、外国领事、教会、外国工商业、外国银行的处理；十、对待工人的立场、态度与政策；十一、救济城市贫民及难民问题；十二、进入平津后的宣传政策；十三、进入平津的干部应注意的几点。这个文件，是我以华北局秘书长的身份，遵照华北局领导同志的指示起草的。

在我起草的这份文件中还讲到，军管制度是在特定历史条件下的产物。北平市军管会是北平市的国家权力机关。市政府是军管会领导下的行政机关。军管的目的与任务是：

甲、完全肃清一切残余的敌人、散兵游勇和任何进行武装抵抗的分子；

乙、接受一切公共机关产业和物资并加以管制；

丙、恢复并维持正常秩序，消灭一切混乱现象；

丁、收缴一切隐藏在民间的反动分子的武装及其他违禁品；

戊、解散国民党、三青团、民社党、青年党及南京政府系统下的一切反动党团和团体，并收缴其各种反动证件，登记其成员，对登记后的少数反动分子实行管制（每日或每星期，须向指定的机关报告其行动）；

己、逮捕那些应该逮捕的战犯及罪大恶极的反动分子，没收那些应该没收的官僚资本；

庚、建立系统的革命政权机关，建立革命的警察、法庭、监狱，建立物资的管制机关，建立临时的人民代表机关；

辛、在各种工人职员中，在青年学生中，进行切实的宣传组织工作，在可靠的基础上（注意不要被暗藏的特务分子及其他流氓投机分子所操纵），建立工会、学生会及青年团等，作为城市政权可靠的群众基础；

壬、整理共产党在城市中的秘密组织并建立党的组织。

这些任务是根据当时的情况制定的。如果不在一定的时期内实行军事管制，就不可能肃清残余反动势力，巩固革命成果，安定社会秩序，有效地进行各项建设。当然，军管会所采取的措施，是适应当时需要的带有紧急性、临时性或试验性的措施。随着形势的发展、情况的变化，这些措施应当适应具体情况，有的继续采用，有的加以修改、补充或废止。例如宣布戒严，在逐步转入正常状态后，就不宜轻易采用，以免影响其他各项工作的进行；动辄断绝交通，会给人民带来工作和生活的不便。

关于成立各界人民代表会议的主要设想，是为了联系群众，了解情况，广泛与各界交换意见，传达党和政府的方针政策。当时工会等人民组织还在积极筹备中，不可能仓促成立。如无充分酝酿准备，混进了特务和坏人，反而脱离了真正的广大群众。是不是可以暂时采用召开座谈会或成立临时参议会的办法呢？这也考虑过。但前者不能解决经常性的问题，后者在成分上偏于社会上的上层分子，对群众联系不会很密切，所以也不能有效地达到我们的要求。至于召开人民代表大会，条件更不成熟。因此，便采取了召开各界人民代表会议的办法。这个办法，既可以避免上述缺点，也可以作为建立人民代表大会的基础。事实证明，这些考虑和采取的召开各界人民代表会议的做法是正确的。

文件中关于战犯、反动分子、特务、俘获官员和蒋傅的党政军警财经及其他团体一般工作人员的处理规定是：（1）战犯、罪大恶极分子应逮捕惩处，一般工作人员不加逮捕。（2）对一切俘获的反动官僚、特务分子，只留下有搜集情报作用的少数人，其余原则上一律向蒋区内放走，可以动摇蒋区人心。但对作恶甚多，为广大人民所痛恨，送走会失去人心的，则扣留惩办。（3）旧警察必须放下武器，必须改造。但也考虑到像平津这样大城市的需要，规定了暂用其徒手服务的政策。（4）对蒋政府财产和四大家族、特务分子以及上述其他各种人的财产处理，也都做了明确规定。

进城后，平津等各大城市基本上都是按照上述这些规定处理的。

从以上这些方面也可以看出，事实上，早在我到北平市上任以前，我已经同北平市的工作有接触了。这是我到北平市工作的一个有利条件。

我到任不久，市长叶剑英同志率军南征，市长改由平津卫戍司令聂荣臻同志兼任。在华北局的时候，聂荣臻同志任第三书记兼华北军区司令员，我任华北局秘书长，在工作中经常接触，他对我也是信任的。因此，北平市政府的具体工作，基本上都由我负责处理，再向他们汇报。只有关于重大政策性问题和有关全局性的问题，他们才过问并给我指示。这就加重了我的责任感。

1951 年 2 月 28 日，在市各界人民代表会议第三届一次会议上，因聂荣臻同志调任人民解放军总参谋长，改选彭真同志为市长，我连任副市长，并选举代表民主党派的吴晗同志（当时还没有入党）为副市长。彭真同志是市委书记，并在中央担任重要职务，对市政府工作也只能抓有关方针、政策和全局性的重大问题，具体工作仍是由我负全责，我还兼任市政法委员会主任、市劳动局局长，直接负责处理有关工人的工作。当时这方面的问题较多，责任较重。吴晗同志分工管文教卫生工作。后来，中间几经选举，又增加过几位副市长，分管财经、工交、市政建设等工作，我一直任专管常务的副市长，负责有关计划、预算、编制、人事及其他全面性、综合性的组织领导工作，直到 1958 年 12 月调离为止。

在党内，我于 1949 年刚到北平市时，市委书记是彭真同志，副书记是李葆华同志，我是市委常委之一。后来我担任过市委副书记。设置书记处制度后，彭真同志任第一书记，刘仁同志任第二书记，我担任管政法工作和统战工作的书记。此外，如前所述，我还担任市政府的党组书记，一直到取消政府党组制为止。

从北平解放到中央人民政府成立这段时间，北平市政府曾设在中南海。我当时就住在后来周总理住的西花厅。中央政府成立后，与党中央领导机构同设在中南海。北平市政府迁至府右街南口、西长安街路北北洋政府交通部的旧址办公。我就住在机关里。后来，搬到宣武门内头发胡同甲一号住。这所房子原是内蒙古土匪头子、大汉奸，后来又成了国民党军长王英的公馆。我们进城后，没收了它。开始叶剑英同志曾和我一道住在这里。他搬走后，吴晗同志搬进来。后来吴晗同志搬走，薛子正同志和我住在这里，直到“文化大革命”，我被关进“牛棚”为止。

我和韩幽桐同志，虽说早在1933年地下工作时期就结了婚，但由于工作需要，常常天南海北，各在一方，相聚的时间很少。全国解放了，韩幽桐才由东北调回关内，先在天津担任教育局局长，1950年调到北京，在教育部工作。1952年华北人民法院成立，她担任副院长，由于工作忙碌，长期住在东城王大人胡同法院机关院内。我自己住在西城。1954年，大区撤销后，韩幽桐调到最高人民法院任民庭副庭长。没多久，又因她是回族人，于1958年调去宁夏回族自治区担任高级法院院长，直到1962年才又调回北京任法学研究所副所长。不久，“文化大革命”开始，她长期被隔离。

有的同志同我谈起，解放后，地位变了，我有些什么感受？说实在的，我没有感到我的生活有多大的不同。进城前工作忙，进了城，更忙。进城前是供给制；进了城，头几年还是供给制，还是吃小灶，人家做什么，我吃什么。吃食堂是这样，以后自己家里有了做饭的，也还是这样。我一向不讲究吃穿。有时给我剩饭吃，我也不计较。除了看书和工作，我没有别的特别爱好。前些年，对下棋还有兴趣，也会打麻将，但没有成为嗜好。后来因为忙，费时间，就不动它了。我也不讲求养生之道，一切顺其自然，不矫揉造作，除了早晨散散步外，不做打拳、练气功等其他活动，可以说唯一的运动是走路，能走就走，以步代车。我今年八十六七了，视力、听力、记忆力和思考力都还正常，没有什么大病，每天仍然可以工作学习十几个小时。

北平，是全国第一个以和平方式解放的大城市，这在我们党的革命史上还是第一次。我们面临很多以前没有遇到过的新问题。因而对北平接管工作处理得好坏，必然会对全国尚待解放的城市和已解放的城市，发生积极或消极的影响。对于当时北平的工作来说，既要大刀阔斧、雷厉风行地迅速肃清反动势力，建立起革命的新秩序；又要力求慎重稳妥，不犯错误，尤其是方针政策方面的错误。一切都是新的，一切都要从头学起，又不能等学好了再干，要边学边干，边干边学。

为了叙述的方便，我先把北京市的行政区划介绍一下。

从解放前夜到 1958 年 12 月我调离北京市为止，北京的市界有过五次比较大的变动。

1948 年底，中国人民解放军即将进入北平（1949 年 10 月 1 日改称北京）时，为保障人民生命财产、维持社会安宁、确立革命秩序，中国人民解放军总部电令划定东至通州、西至门头沟、南至黄村、西南至长辛店、北至沙河，实行军事管制；同时成立了北平市军事管制委员会，为军事管制期间的权力机关，统一全市的军事、民政管理。

1949 年 1 月，北平市人民政府宣布成立。1 月 31 日，中国人民解放军进入北平，北平接管工作正式展开，军事管制委员会、市政府入城办公。为便于安定社会秩序和镇压反革命分子的活动，根据旧北平原来的行政区划，临时划定全市为 32 个区。城区，仍沿用旧行政区划为 12 个区，即第一区至第十二区。郊区，旧有的 8 个区（即第十三区至第二十区）保留不动，为适应军事管制，将新划入北平市军事管制的地区，亦沿用旧行政区划，共 12 个区，称为第二十一区至第三十二区。

1949 年 6 月，经华北人民政府批准，将离北平市较远，当时在建设方面关系不大的农村，恢复了原来的区划，即将黄村等 46 个村、丰台南端的高家堡等 4 个村划归河北省，长辛店南部的岗洼等 12 个村划归察哈尔省。另将昌平县的西北旺、东北旺、后厂、傅家窑、后营等 5 个村划归北平市。通州市一度由北平代管，1949 年 3 月 10 日，按照华北人民政府指示划归河北省。门头沟东南方向的里、外 13 个村，曾一度划归长辛店（第二十六区）管辖，因该地区距门头沟很近，群众又多依靠门头沟煤窑工作为生，同年 12 月 19 日，北京市人民政府决定将该地区划归第二十区（门头沟区）管辖。

1950 年 5 月，为了加强城区的行政管理，报经中央人民政府政务院批准，将城内原有 12 个区合并为 9 个区（内城五、外城四），并将邻近城区的西直门、阜成门、永定门、广安门、关厢分别划归毗邻的城区管辖。同年 8 月，郊区也由 20 个区改为 16 个区。1952 年 7 月 18 日，市人民委员会为加强区级机构，便于集中领导，又将城区的 9 个区划为 7 个区，即将原来的第五区（故宫前后）、第九区（永定门内一带）分别划入邻近区内。郊区 7 个区划为 6 个区，将原第十四区（东北部一带）分别划入海淀区、东郊区。新区的名称，也从此改用地名命名，如原一区为东单区，原二区为西单区，原三区为东四区，原四区为西四区，原六区为前门区，原七区为崇文区，原八区为宣武区。郊区的原十区为东郊区，原十一区为南苑区，原十二区为丰台区，原十三区为海淀区，原十五区为石景山区，原十六区为门头沟区。

1952 年 7 月 18 日，因经济建设需要，经中央人民政府和华北行政委员会批准，将河北省宛平县全县，以及房山、良乡两县的部分区村，划归北京市管辖。1956 年 3 月，根据首都建设的需要，商得河北省人民委员会的同意，并经国务院批准，将昌平县划归北京市管辖，命名为昌平区。后来，为适应社会主义经济建设的需要，1958 年 3 月与 10 月，先是把河北省的通县、顺义、大兴、良乡、房山 5 个县和通州市，后又把河北省的平谷、密云、怀柔、延庆 4 个县划给了北京市。从那时起，北京市就开始具有了今天这样的规模。刚解放时的北平，只有 200 多万人口，4541 平方公里面积，现在人口已达 700 多万，17800 多平方公里的面积。在全国城市中，是仅次于上海的大城市了。

解放前，北平市旧市府，原有 9 个局、5 个处、2 个室和城郊 20 个区公所，此外还有参议会等 37 个大小机关共 7798 人。另有 11 所市立中学，15 所市中心小学，共有待救济的教职员工与学生 1 万多人；25 个卫生机构，860 人；11 个企业单位，1000 多人。

对于这些机关、学校、单位和人员，我们基本上采取了维持现状和全部包下来的政策。就旧市府来说，在机构方面，除将社会局并到民政局、会计处并到财政局外，其他一般没有动。除极少数参加了中统、军统特务组织，并继续隐瞒其特务身份进行破坏活动者外，其余全部作了妥善安置。仍留市府工作的有 5000 多人，一般都做原来的工作。其余部分，有的送去学习，有的根据自愿原则，发给路费，送回原籍，从事生产或其他工作。

事后看来，当时采取这种政策是完全正确的。当时我们还缺乏管理大城市的经验，旧市府还有一定的工作制度、工作系统、工作方法，例如交通管理、卫生设施等，都可暂时沿用。关键在于谁为领导，为谁服务。这样做，可以使一些须臾不可中断的活动得以延续，便利人民群众的正常生活。当然，所谓沿用不是完全照搬，在沿用过程中，发现不合适的就改。

为什么全部人员都要包下来呢？因为我们的政府是人民政府，是对人民负责的。我们要使凡有工作能力的人，都有工作做，要保证人人都有饭吃。旧市府的人员，除那些敌视新政权，甚至进行破坏活动的少数人外，我们都应给他们饭吃，给他们工作做，使得人尽其才，才尽其用，为新社会服务。有些实在工作能力差，不宜继续留在市府工作的，我们成立了一所市政府干部学校，送他们去学习，经过教育、培养，然后再分配工作。

那时市府的工作人员从旧市府的7000多人中留用了5000多人，加上后来上级从老区和白区地下党调来的880多人，也还不及6600人。是不是留用得少了？不少。应该说过去的冗员太多，人浮于事。从人民的利益着想，精兵简政才是我们的原则。兵贵精，不贵多。接管初，秘书厅有60多人，精减后，仅有两个科，20多人。人少事多，有工作大家积极去做，没有互相推诿、不负责任的现象。白天完不成，晚上加班加点，一天工作12个小时以上，是常见现象。工作效率反而大大提高了。对于留用人员来说，不是留多留少的问题，是同样要贯彻精兵简政原则的问题。在我任职的10年间，又曾精简过两次，这在以后还要谈到。

总之，当时基本上采取维持现状，把旧人员包下来的政策是对的。它是我到北京市政府前就已经决定并实行着的政策，我到职后，仍然坚决贯彻执行了这个政策。

但是，这给我带来了一个很重要而艰巨的工作，那就是如何团结、教育、改造、使用留用人员，如何使老区和地下党来的干部与留用人员和衷共济、互相合作，以及如何提高居于少数的党员干部，特别是领导干部管理城市的知识、能力和工作效率。当时市政府的干部基本上就是上述的三部分人，再加上一些民主党派和无党派的民主人士。他们各有优点，也各有不足。由于彼此的经历不同，在一部分人中间便产生了一些隔阂，有的隔阂还相当严重。这主要表现在一些党员干部特别是老区来的中下级党员干部，思想上存在着相当严重的关门主义偏向。他们对非党干部，特别是对所谓留用人员，抱着轻视态度，有的甚至是有意无意地采取了敌视的态度。有的党员对留用人员同局长一道吃饭看不惯；有的党员怀疑所有的留用人员都有问题，靠不住；还有的把留用人员看成俘虏，有的还公开地说："我看着留用人员就不顺眼。"有的单位听报告，党员干部有卡车坐，非党干部没有；发学习文件，也只发给党员干部，不发给非党员干部。因此，许多非党员干部，或者表示不满，或者表示消极，不愿或不能积极工作。特别是留用人员觉着矮人一头，抱着疑虑、恐惧乃至怨恨的心情混日子，不好好工作，更没有志趣力求改变自己的旧思想、旧作风。

另外，从老区来的干部，因为长时间从事公开工作，有行政工作经验，作风比较大胆泼辣，雷厉风行，但对城市生活缺少经验；长期从事地下工作的同志，则刚做公开工作，还不很习惯，但熟悉城市生活。在这两部分同志中，或多或少存在着以己之长，轻他人之短的现象。

为了团结、教育、改造、恰当使用留用人员，为了使这几个方面的干部团结合作，为了发挥非党干部的力量，为了提高党员干部的知识、能力、工作效率以充分发挥市政府领导机关的领导作用，在我到任的头一年，曾花出很多时间，集中精力，认真做这些方面的工作。我曾多次召开科以上干部会议，做报告，分析各类干部的长处与短处，指出存在的一些问题，表扬一些好的典型，批评一些不应存在的现象。还分别组织党员干部、非党干部以及留用人员进市政府干部学校学习。我曾多次到校系统地作阐述马列主义和党的方针政策以及有关城市工作的报告。对党员干部特别做了“人民民主专政”和“统一战线”的报告。同时发挥各级党组织的作用，组织大家学习斯大林、毛泽东有关团结党外人士一起工作的文件。对于一些比较知名的人士，我还经常亲自找他们个别谈话。那时党的威信很高，我们讲话，群众比较信任，愿意听。加上当时干部队伍中的骨干力量——老区来的和长期从事地下工作的一些久经考验的老同志，作风艰苦朴素，对自己要求比较严格，能以身作则贯彻执行党的方针政策，留用人员也在思想意识、政治水平、生活作风等方面，有所改变，有所提高，所以整个机关的干部，比较快地出现了互相学习、互相信任、互相帮助的新风气，这对市政府发挥领导机关的作用，起了良好作用。

（节选自北京市政协文史资料研究委员会编《文史资料选编》第30辑《十年京兆（一）》，北京出版社1986年版）

我参加和平解放北平的活动

何思源 *

1946年我来任北平市长。当时，任北平警备司令的陈继承，是个杀人不眨眼的刽子手。他设立“乙级会报”（李宗仁的行辕为甲级会报），把国民党党部、团部，各机关的军统、中统特务，各区的清共队，各地的还乡团组织在一起，市政府警察也归他指挥。他们在北平多次查抄清华，包围北大，搜索朝阳，夜里逮捕，白天行凶。最后陈竟越过北平行辕（李宗仁），越过华北总部（傅作义），调动二〇八师装甲队，在崇文门用机枪扫射学生，不少东北学生流血牺牲。

我到北平不久，就知道我这个市长干不长。不是我干不长，而

---

* 何思源：时任国民党北平特别市市长；后曾任全国政协委员，民革中央委员。

是蒋家天下待不长。东北军事一天天失败，人民愤恨一天天加深，蒋家官员只顾自己，有的赶紧把款存入外国银行，有的赶快送眷属到香港或美国，这是瓦解崩溃的前兆。我过去已经走了错路，现在不能再带子女走死路。他们是小孩子，各有自己的新生命。在全国反蒋高潮的影响下，我暗中随着大家进行我的反蒋活动。

当时，这里12所大学的校长、教授中，很多是我的老师或同学，彼此相知已久，对我的工作也有帮助。

我到北平不久，发生较早的一次学生游行请愿是由于“沈崇事件”所引起，全市学生游行示威反美。北平十几家报纸记者争着要我发表意见。那时，陈继承怕得不得了，生怕得罪美国人，因为当时军调三人小组中的美军有一部分驻平。我说：“游行示威是青年学生干的事。我青年时代在北平街上游行过几次，现在老了，不能干了。不要怕青年人，他们表示过意见后，自会回家的。”这是我临时应付的圆滑答复。

那时，夜间都施行戒严，军警、军统、中统特务都由陈继承指挥，况且市内还有李宗仁的行辕和孙连仲的长官部，所以市长无多大责任。但是，有一天早晨，北平12所大学当局的代表忽然都来到我家（代表中我还记得有北大的训导长贺麟，清华的储某，唐山交大北平分院的茅以升，美专校长徐悲鸿等）。他们气愤地说：“这样下去还如何办学？同学们也无法上课了。”又说：“他们太大胆了，你得帮助我们。大批特务于昨天夜里冲进师范大学，搜查宿舍，打骂学生，并带走了8个人。今晨全市各大学惊慌，我们12所大学派代表去找警备司令陈继承，他根本不见我们。现在各校学生都集结在行辕（在新华门）等候，要求释放被捕同学。我们明知同你的关系不大（此话是我的老同学徐悲鸿说的），但你是市长，也得替我们问问。”他们说的话，是给我留有余地的。

我一想，机会来了，于是站起来说：“我问！我问！我有力量，我要问到底！现在我和大家一起去找陈继承。再到行辕去找李宗仁。”我们一群人乘汽车闯进外交部街警备司令部，强使陈继承见了我们。但他推说不知道。我说：“夜间戒严时期，竟有人冲进师范大学，搜查几个钟头，打骂叫喊，逮捕学生，而负责北平警备的人竟说不知道，谁能相信？”我们又一起到中南海李宗仁处，车过时，我看见学生拥挤在新华门外的长安街上，高喊：“团结就是力量！”

李宗仁不在，他的参谋长王鸿韶打电话把陈继承叫来。我说：“北平有行辕，有战区长官部，有警备司令部，还有我这个无权无用的市长，竟出了这样的事！但是学生不散却是一个市政问题。”大家无言，我就出去告诉请愿的学生：“你们都回去吧，今晚一定把那 8 个人送回。如不送回，明天请大家看我的辞职书。”

果然有效！晚上，8 个人都送回学校了。

几日后，12 所大学的代表又来市政府见我，说：“学生是送回了。不过，仇结得更深了。现在各校自己警戒护校，特务们白天在街上打学生，夜里进校捕人，这样下去，叫我们如何办学？”我一时气上心头，心里想：北平——世界上有名的古都——现在成什么样？我还干什么市长？蒋介石怎么用这样一群人来维持他即将垮台的政权！

我对各校代表说：“请诸位回校，向全体同学讲，今后如果再有人打学生，请同学们打电话给我，我立即到场，站在中间。如果打不着我，也就打不着同学们。假如我不到，那就算是我主使打的。我的电话是三·六一九〇号。无论我在何处，打此电话一定会找到我。请同学们把电话号码在各校公布，我也准备在报上刊登。”

当日下午，果然有北大学生来电话说，军统、中统特务在西单集结要来打北大四院（在宣武门内旧国会）。我立刻赶去，看见很多学生把守着学校大门，外边有条长凳，也坐满学生。他们见我急急忙忙前来，都站起来笑着说：“市长坐下，休息休息吧！刚才军统、中统特务在西单集合去开会了，没有来打。这几天你也累了。”

这次是特务真的要打北大四院呢，还是学生们故意打电话试试我呢？

不清楚。但那几个月闹得风声鹤唳，学生人人自危。

1948 年，大约是 6 月下旬，我从收音机中听到“北平市长何思源撤职”。蒋介石想给我当头一棒，而他却不知这正是我欢迎的。

在我被撤职前，东北战事吃紧，大批学生逃到北平。起初，我把他们安置在中南海怀仁堂；以后，来的多了，就把他们移到西四几所学校里。每人发给上、下内衣 1 套，每天面粉 10 两。他们不够吃，就结队来请愿。我欢迎他们，就抬了一张桌子，到市政府大门口等候。他们整队来到，代表说不够吃，要求加粮，还有其他问题。我上了桌子讲话：“同学们！先解决吃饭问题，每人每天增加到 1 斤（16 两）面粉，蒸馒头吃，够不够？”下边大喊：“够！够！”我接着说：“同学们来到，我招待不够，甚歉。但是有谁给我一块钱，有谁给我一袋面粉来招待同学们？甚至有谁给我一纸命令叫我招待诸位？我是在穷北平，东挪西借，设法不让大家受饿的！但要弄清楚，各校的人源源而来，到底来多少？在北平能住多久？都是谁领导？好有计划安排。”几个学生商量了一阵，只交一个名单，要求替他们找这些人。我到学生队伍里走了一趟，回来说：“同学们！我虽然招待不周，但无论如何困难，也不能看着大家生病，无处治疗。同学们中间有些人面带病容，北平有八个市立医院，必要时可以去治疗，一律不收费。”于是，东北学生整队而去，我也高兴回家。

我被撤职后于7月1日将市长职务交卸，移居锡拉胡同12号。7月5日下午，在家听见枪声甚急，有人告诉我说新市政府及市参议会认为东北学生内部有问题，恐怕有共产党人混入，决定把他们送入集中营清查。东北学生听到这一消息后，极为愤怒，于是结队出来质问，并表示反对。但从早到晚，无人接见，新市政府及参议会也无人出头露面。学生们游行到了崇文门内西侧、东交民巷东口处，警备司令陈继承越过傅作义，擅自调集了二〇八师装甲车队到崇文门内，开动机枪自东向西射击，打倒了56人（死8人，伤48人），造成了震惊全国的大惨案。这事发生后，全国几十个城市的几十万学生游行抗议。

对于傅作义我是慢慢接近，不放过做他工作的机会。我被撤职的那天，傅是第一个向我表明，此事与他无关，并表示惋惜。“七五”事件发生后，蒋派王克铭来见傅，傅随后即找我谈。一见面，我就直爽地说：“傅先生，你看蒋家王朝的腐烂！光天化日之下，在你这刚就职的总司令眼前，陈继承竟敢越权调兵，开动机枪屠杀无辜青年学生！学生没有闹事，只是求见一位负责人，说明不愿入集中营而已。负责人未见到，意见未说出来，倒碰上了子弹。蒋家王朝在政治上、经济上、军事上都是同样腐败。”傅对我说：

“你早离职了几天，不然你可以给我帮忙。”我说：“我帮不上忙。”傅即说：“至少不会发生这件事。”我说：“傅先生是奋发有为、励精图治的，你只能领导自己团体和部下。但你是枝叶，所依附的根干却朽腐了，所以，无论你怎样努力，也站不住。局势变化太大，不如乘此机会脱离腐根。我一到北平，就知道蒋家王朝已经走上了绝路。以前，我在山东教育界，在山东乡间打游击时，还不甚明了这一点。我是一个人，无团体，少部下。我说这一番话，无任何人指使，我也一无所求，只是我走了错路，却不能也无权带着子女再走下去。他们必须有条生路。我在银行无存款，在远处无亲友，我不能走绝路，我们全家就解放在北平吧！”

傅听了不响，我又接着说下去：“傅先生，你有一大批忠心的朋友，有一大批忠心的部下。正因为他们知道你领导得好，领导得正确，才忠于你。你应该多察看局势和人心，早点觉悟，若一旦有人先看清楚，而不跟着走绝路，那你就后悔无及了！我来北平 18 个月，就拿处理学生问题和人民生活问题为例，我是一步一步地走向蒋介石特务的枪口的。今年三四月间，他们在景山东街曾向我开过第一枪，未中。第二枪还不知何时开呢！”

傅说：“我们都有遇到危险的可能。”我说：“今天是你请我来谈‘七五’杀人的事。我说的这些话责任由我负。你不必回答，但心中不可不想！”我们两人有过几次这样的交谈，还有几次谈到时局、全国的人心和思想。

为“七五”惨案在北平开了几天会，东北士绅还同各地反蒋人士大吵大闹，傅作义既打脸，又花钱，又赔罪。陈继承刽子手反没事，早就调走了，又派来李宗仁在怀仁堂和稀泥，强留我开会。我看东北及各地人士多向我表示好感，生怕蒋家特务向我开第二枪，就赶紧找机会溜到青岛去躲避。

后来蒋介石亲自去东北指挥作战，却丢掉了三个美械化的兵团（即范汉杰、郑洞国、廖耀湘兵团）。我天天留心辽沈大战的进程，看何时结束。有一天，我看到美国合众社10月31日电讯："他（指蒋介石）以最阴郁和最悲观的腔调说话。"我看到这个消息，赶紧回北平见傅作义，想劝他快点行动。我于11月6日回到北平，7日即到城外见傅。那时他见军事紧张，在城西一个村庄里修建了一个军事堡垒。我一到那里，他即从里间房出来，一边走着一边说："军事真糟。"还一边双手交替打自己的脸。我说："以后还要更糟。"此时，辽沈战役以蒋的彻底失败而结束，淮海战役已经开始。我看傅已被四面包围，就着急地说："傅先生为什么还不早接头，迟了不利。"傅当时有许多想法：中央军还不少，美国兵可能干涉，李宗仁可能有希望（我看他们二人有默契）。他说："如果改与中共合作，虽然有几十万人，恐怕还不行，不能用'剿总'名义与中共合作。"他的意思是想在北平先组织一个华北什么"委员会"，请顾孟余为主任，他任常委或副主任，专管军事。我听他如此说，心中大吃一惊，我没有想到傅还有一些旧军阀兼新军阀的思想。傅没等我再说话就要我去南京找顾孟余，并看看李宗仁还有什么办法。但我听说傅已派人去请邓宝珊，还有天津一个姓刘的，来帮助他对付中共，大概他在各方已有活动。我也想去和李宗仁谈谈，就答应去南京。

我在南京几乎天天晚上和李宗仁谈情况。李每晚回来，有时乐观，有时悲观。蒋介石有时说他自己可以"退职""休息""告假"，

“能战”也“能和”，有时甚至说“可以让给你（李宗仁）”，但又说“现在还不能，现在如同军队有病，治好了再给你”。他想法哄骗李宗仁。事实上，蒋、李冲突很大（竞选副总统时，蒋介石要孙科当副总统）。我和李的副参谋长徐 ×× 长谈。他告诉我，第七军驻防芜湖以东，从芜湖到南京，不过两个小时的路程。第七军的人怕蒋杀害李，所以他时常来往京芜之间，有时在京住几天。徐又对我说：“你也得小心，怕有危险。当李先生被选为副总统时，你在北平怀仁堂为李先生举行酒会，放鞭炮，蒋介石对你恨极啦。”他还告诉我，白崇禧利用对蒋极为不利的局势，提出“和平解决”的主张，逼蒋下台，又利用湖北参议会、河南张轸，打电报迫蒋“引退”。此外，李宗仁的内部人士天天讨论，等待蒋介石“辞职”“引退”，李宗仁以“代总统”或“副总统”在考虑如何取消“戡乱”“剿匪”，取消戒严令，停止特务活动，释放民主人士，等等。他认为改换一些名词，即可和平。我听到这情况，感到他们没有触及和平的根本问题。这时北平正被包围，快要打仗，看来南京蒋、李都没有办法。

我离开南京前，对李宗仁说：“我是一个知识不够、经验不足的人，临别想向先生进一套狂妄的话，报答先生对我的知遇。先生费很大工夫，花很多钱，才当选副总统，以后如能下全力把蒋推下台，能全权执政，你就用戏剧性手法摆脱一切阻碍，做一个民族英雄。千万不可继蒋介石惨败之后，再打下去。”（李宗仁或许没有魄力，或许摆脱不开包围他的环境，我的话真被看作“狂妄”。）我认为李只听这些政客党棍胡说八道，不能解决问题，正准备回北平，忽然听说张家口、新保安已解放，北平已被紧紧包围。城外机场不能用，北大胡适、傅斯年，清华梅贻琦，北平图书馆袁同礼，师范大学袁敦礼，连天津北洋大学张含英都乘最后班机逃出北平。次日，李宗仁与朱家骅盛宴招待他们，也请上了我。在宴会上，孙科忽然来访梅贻琦。梅回来说，孙拟组阁（即当行政院长），特请梅当教育部部长（此次未组成，后来在广州组成）。北平的情况，已经使我非常难过，听他说这话，一时忍不住头上冒火。我说："梅先生，在北平我听说学生欢迎你留校。你的大名高千丈，如今你抛下学校学生就跑，大名一落五百，再来当南京教育部部长，又要落五百。"梅贻琦没有什么表示。胡适听我说这话满面通红，赶紧说："明日我和你一块回北平吧！"那时北平城外的飞机场已不能用，傅军加速在城内赶造机场两个，一个自东单邮局向南到城根，另一个在天坛南墙以外，东西走向。过了几天，胡适没有走，我乘在天坛着陆的飞机回到北平。

我从南京回到北平的时候，解放军已在辽沈战役后迅速进关，将傅作义的军队分割包围。有的地区包而不打，有的地区隔而不围，早已截断了傅军南逃西跑的通路。我回北平路过天津时，从空中看还没有激战。在北平西边，解放军指挥部已设在海淀，前沿战线从动物园北小河沟向西，围绕紫竹院，逼近蓝靛厂；城南解放军靠近永定门护城河（其他不知其详）。我知道傅请来的邓宝珊来到后，已同周北峰接触。这时北平被围业已月余，我听说两边谈判时松时紧。我回北平后，天津紧急，该市参议会两次谈判都被蒋军破坏，毫无结果。那几天天津市市长杜建时恐惧特甚，几次来电话，并且托人特别问我还有没有办法。其实，天津、北平的条件一样，并且说明同时解决。不知为何，傅对谈判又松起来。据说，蒋介石命令天津守军坚持抵抗到底。傅作义又令天津方面守军坚决服从蒋令。一时大家都讲，这时蒋正布置海运南逃。同时也讲蒋向美、英、法、苏四国要求干涉中国内战，但遭拒绝，蒋介石绝望。天津国民党军无心作战，打了二十几个钟头即被消灭。

被围的北平人民，生活特别困难。解放军虽然已占领石景山、门头沟、清河镇等地，但为了照顾城内人民生活，围而不攻，一个月来自来水还在畅流，石景山电厂仍然供电，门头沟大量运煤。我觉得城内人民和围城的人民解放军是一个心。（1 月 19 日我们出城见人民解放军时，我看到沿路人民向解放军供应蔬菜时，也有这种感想。）到这时，北平不能谈什么“合作”，找顾孟余来也不中用，我也忘了去找他。事实上只能是向人民投降，不只是放下武器，而且是要在思想上投降。

大概是在 1 月 16 日晚，我去见傅作义，说明各方面的情形，告诉他自从天津解放，我觉得北平人有些心安，天津之战测出了军心。天津西有北平大军，东有塘沽，有河有海，并不甚孤立，解放如此之快，大出人们意料之外。这说明国民党兵不愿打了，北平处于绝对孤立，北平解放已是大势所趋，人心所向。我曾与傅作义说过，若下令强迫军队再作毫无出路的抵抗，那是很危险的。我认为现在到了赶快行动的时候了，大家是等着欢迎人民解放军进城的。

谈话时，北平参议会议长许惠东也在座。最后傅作义向我们说：“我们决定明天（1 月 17 日）召集华北七省市参议会讨论北平问题，定于 17 日中午聚餐、商议，何先生以人民的名义（我早就是北平参议会曾通过的北平荣誉市民），明晨由惠东及另外两人陪同，先访问各军长，如石觉、李文、二十一军黄翔、装甲兵团、宪兵团等，总部副总司令郭宗汾、安春山军长、李参谋长，另派人通知。许惠东通知北京市、河北省、天津市、察哈尔省、绥远省、山西省、热河省议长和北平市长，先详细说明，明早或中午商妥办法后，定于1月18日出城到解放军前线总部正式表态。”

解放军方面1月16日交给傅作义一封信，内容大概如下：“北平被围业已月余，人民痛苦日益增重，本军一再推迟攻击时间，希望和平解决，至今未获结果。贵将军身为战争罪犯，如果尚欲获得人民谅解，减轻由战犯身份所应得之罪责，即应在此最后时机，遵照本军指示，以求自赎。……本军并愿再一次给予贵将军及贵属以考虑及准备之充分时间。此项时间规定由1949年1月17日上午1时起，至1月21日下午12时止。……如果贵将军及贵属竟悍然不顾本军的提议，城破之日，贵将军及贵属诸反动首领必将从严惩办，决不姑宽……”此信当时我并不知道，到1949年2月1日才在《人民日报》上看到。

北平被围后，许多人知道我在为和平解放奔走，常有人向我打听消息。那时小报增加了好几家，每家小报每天可卖3万份。我当天早晨到军队机关去，许多友人替我担心，怕军统特务开枪打我。我说，既然为北平人民请命，就不怕死。我在哪个机关被打，他们须对全体人民负责；如果我被打死在街上，让大家看见也好。那天上午，我们要见的人都见到了，都细说了。他们都说：“什么也不知道，无意见。”大概他们都知道，心中有底，但什么都不敢说。傅作义历来办事仔细，部下各办自己负责的事，不能过问其他。邓宝珊和周北峰等同人民解放军交涉，已经一个多月了，大家都知道，但谁也不敢多嘴。

那天的会议场所设在新华门对面的参议会，蒋系各军官同傅作义总部各将官全到会，七省市参议会议长、北平市长刘瑶章也到会，共约50人，还有许多记者等。17日，中午宴会布置得很好，由几个参议长、参议员讲话，要求和平解放，推何思源、吕复、康同璧等11人为代表，拟通电南京与中共两方。军人都在座，一言不发，但不反对，就此通过。这件事好像与傅作义无大关系。许多参议员也帮着拟议电文。这时候，我看在场的军统、中统特务也不少。这里电文未曾写好，有些人拿着往外跑。大家都注意通电要求什么。当时我讲了几句话，谈我在南京看见白崇禧所统治的湖北参议会及河南张轸的通电，警告蒋介石要和谈，“如战祸继续蔓延，不改弦更张，则国将不国，民将不民”。又要蒋介石“循政治解决之常轨，寻取途径，恢复和谈”。这是政客故技，目的在打击蒋介石抬高李宗仁。我们简单直说，有二三条意见就行。我提议：

1. 要求把北平改称北京——北京人最讨厌北平这个名称，改北京是最反映民心的。

2. 要求在北京设中央政府，说句俗话，北京人以前最喜欢自称“天子脚下之臣”，越靠近中央越好。

3. 要求中央政府统一全权。北京人希望按毛主席提出的八条执行。至于其他如干部留用、军队整编等事，那是中央政府、国家主席操心的事。

我讲完那几条，大家都同意。军人们于宴罢推出代表后都告辞走了。我对议长许惠东说：“你看着要求的原文写好两份拍出，一份通电南京蒋介石政府，一份发给中共毛主席，并通知解放军前线司令部定于次日（1月18日）我们出城正式向人民解放军接洽。”

当日下午，我由参议会回家，刚进门遇见中共方面常接头的张同志和另一位同志（我记不清他的姓名）。他对我说：中共北平工作负责同志派他两人来提醒我，多加警惕。因为明早出城，防备今夜危险。我感谢他们，但未充分注意，只想打开后门，多个出路而已。两位走后，我告诉我妻和子女，北平明日和平解放，大家庆幸。谁知 18 日凌晨 3 时，蒋特的定时炸弹在我家住的中式小房顶部爆炸。两声巨响，我家六口一死五伤。次女（女一中学生）死亡。受伤五人中最重者我爱人何宜文，送到协和医院，在头上取出弹片四块，神经受伤，始终未痊愈。中共方面派来张同志两人提醒我注意的话，至今铭感在心。那时南京中央无耻造谣，说“这是中共攻城，打击和平使者”。有的朋友受骗，还来信、电慰问。

我负伤后被送到北京医院地下室，因为蒋特除搞定时炸弹外，还会对我进行暗杀。医生检查后，发现我虽然流血不少，但伤势不重，没有为炸弹碎片炸伤，大部分是砖木砸伤。因为里间屋炸弹先响，我和两个儿子赶紧起来去救她们，刚走了几步，安放在外间屋顶床头上的那颗炸弹才响。如果外间炸弹先响，里屋那颗后响的话，至少要死四人，伤两人。定时炸弹迟早不一，救了我的命。家中死伤的人，我也无暇去看。

代表们来我家慰问时，我和代表们商议说：“我们在北平集合了各界人士，于 1 月 17 日首先响应毛主席 1 月 14 日发出的八条，第一个以实例告诉全国全世界北平的和平解放。我们应赶紧邀请人民解放军即速进城。”1 月 19 日早晨，我先让代表们乘车到西直门有轨电车厂等我，告诉他们我不一定何时到，其实由张同志扮为护士扶着早到了西直门，在那里已有许多各界人士和来往行人，知道今晨我要从此经过，等着看看我。他们一见汽车内有人包着绷带，即围上来说话，打招呼。我们又前行到动物园，沿围墙向北走通往颐和园的大路。但因两边工事和小河拦路，走不过去，又折回向西，取飞机场大道，即沿着紫竹院向西南，到了两军的前沿。穿过“无人地带”时，其他代表不敢向前走了，因为路北侧枪声甚密。他们留在战壕里等候，我一人同张同志前去。快要到达解放军阵地时，忽见一人从地道里跳出来，紧紧地握着我的手说：“你是何思源先生？我是解放军连长，在此等了你两天了！”我谢谢他，并问为什么枪声这么紧呢。他说：“你看，东北边敌人还在运动部队。”

从西直门车厂开始，一路上我不断下车和沿路军民谈话。我见了许多北平人向我表示赞成，还伸出大拇指说：“做得好。”在两段战壕内外，又接触到更多的蒋军士兵表示希望和平解放。我包扎着伤口，最容易被他们认出。最使我感动的是，不少人都来围着看我、鼓励我。虽然我家中刚刚死了人，我还负着伤，北平人的这种心意，蒋军士兵的这种表示，对我都是莫大的安慰。我们10余人带有一辆小型汽车，本来可以坐车过去，但我怕误会，所以我和张同志在头里走。果然，当我遇到解放军连长时，我就看见在后边不远，就排着四门战防炮。我们通过战线后，看到在城外遇见的北平人同城内的一样，原来就是一家人，军民之间，早已不分城内城外了。

我们受到解放军热情招待，讲了我们的要求，进行了畅谈。解放军方面和我们每次谈话都有10余人。大概以四十一军莫文骅为主。谈话时也可能有更高级些的，但不认识（没有介绍过）。谈话中，莫文骅说："对于你们的要求，傅作义如何说？你们来时，傅说些什么？两边协议细节，傅作义为何至今不签字？"（莫文骅说此话时是1月19日下午3时许。）我说："我出城前，同傅作义谈，我们见了解放军，应当如何说明你的态度。傅毫不迟疑地说，你就说傅作义服从人民！"莫说："傅作义应该于1月17日到21日签字。现今是19日下午了，为何还不签字？又有什么变化？"我笑一笑说："我认为，事到如今，傅不会有变。可能是因为我负伤，晚了一天。或者傅的签字已在路上，他不会骗我们。"我说这话，显出很着急的样子。莫反而安慰我，他说："你放心，北平城内，我们是有工作的。如果实行攻城时，本军用精确战术，使最重的打击落在敢于顽抗者身上。"

我们在解放军处住了一夜，又谈了多次。

夜里，我和中共张同志同床而眠，到半夜张被唤到军部谈了许久，听说一切都好。第二日（1月20日）早饭后，我们才开始回城。每次双方谈话时，中共方面皆有很多人参加。听说罗荣桓同志也参加过，我不敢确认，但中共进城后，罗荣桓同志来医院看过我一次，因我已改住别的医院，未能得见。（因那几天传说蒋介石换了500名新特务各带最新式枪弹，又要下手。后来中共有一负责人对我说，这500人由一个姓李的率领，现李已自首，请你放心。）回城第二天，我在东单一个广告牌上见贴出傅作义的无印无名告示，说明某日停战，军队开出城外，听候整编；市内各级行政机关、企业单位、银行仓库、邮政机关、报社学校、文化机关等，一律暂维现状，不得损坏，听候处理；旧人员训练后续用，蒋军不愿在北京的可以乘飞机走等细节。我记得告示是在1月21日晚贴出的。

几天以后，1949 年 1 月 31 日清晨，我在北平正阳门大街看到中国人民解放军以雄伟的姿态，整齐的步伐，开进了北平城。北平和平解放了！这是我一生中最难忘的日子。

（选自《文史资料选辑》第 60 辑，中华书局 1979 年内部发行版）

我参加了北平市各界代表会议

费孝通*

北平市各界代表会议一共开了6天会，对我来说是上了6天课，这6天课程里学到的抵过了6年，甚至30多年。30多年来我所追求的、梦想的，在这6天里得到了。

这是什么呢？是民主。我很早就听见过“民主”这两个字，五四运动的时候，我还是一个小学生。但是究竟怎样才算是一个民主的社会呢？我不明白。从小学到中学，从中学到大学，一路遇着各期的学生运动，我跟着跑，为什么呢？为民主。民主究竟是怎样的呢？不明白。没有经验，怎能明白？长大了，碰着抗战。从国外

---

* 费孝通：时任清华大学副教务长、教授；系人民政协第一届全体会议代表；后曾任第七、八届全国人大常委会副委员长，第六届全国政协副主席，民盟中央主席。

回来，抗战已经进入第二年，反动的势力已经在后方高涨起来。我和许多朋友一样，看不惯这局面。怎么办呢？要求民主。民主究竟是怎样的呢？除了书本知识之外，还是不太明白。

后来，我到美国去做文化联络工作，我开始研究这问题。从反动政权底下到罗斯福时代的战时美国，的确感觉到气象不同。在这时我接触了资产阶级的民主，这种民主比我们当时的封建独裁是好得多。我在美国住了一年，回国以后写了一本书叫《初访美国》。我当时以为我明白了民主，但是再看看又不太对劲了。民主和资本主义之间有不能调和的矛盾。于是我想我所追求的民主，大概并不完全如此。

过了一年多，我又有机会到英国去，那时工党初上台，自称是社会主义的国家，所以我当时希望在工党的英国可以给我看到民主的究竟了。战后的英国给我的印象的确很深，刚从官僚资本统治下的区域出来，看到有条不紊的配给制度，印象怎能不深？住了 3 个月回来又写了一本书《重访英伦》。我那时说，美国的民主成分很浅，英国则差不多了。但是往下看，又不对劲了。殖民地统治一天比一天加强，军备在扩张，外交上当了美国的伙计，不像一个民主国家应当做的样子。

——我们知道民主这个名词已经 30 多年，我追求民主也已经有多年，但是所得到的还是似是而非的东西。最近这 6 天，我上了一堂民主课，所得到的多过于过去的 6 年，甚至 30 多年。

让我更坦白地说，这是出于我意外的。解放以来，我对于共产党钦佩的地方是苦干、负责、谦虚，有办法，不怕麻烦。我爱她，因为许许多多我熟悉的、我爱好的青年朋友，在共产党领导之下，个个都拼命地工作，中国有希望了。共产党为人民服务已在我眼睛面前完全证实了，但是共产党要实现民主，我得老实说，在参加代表会议之前，我是不敢太相信的。

我不相信共产党会实行民主，有两个原因：第一是我过去所了解的民主是形式的，不是本质的。好像必须投票，必须大吹大擂地选举，必须像英国的巴力门[①] 一般有着“陛下的反对派”之类的节目才算是民主。解放之后，并没有这套形式。第二是我过去所了解的民主是抽象的，形式逻辑的，不是辩证的。民主了，这个社会就不包括专政，两者不能同时存在。因此，我看见解放后的政权有专政的成分也就不能相信会民主了。这些思想上的包袱，感谢这次代表会议，它给我解除了。

我踏进会场，就看见很多人，穿制服的，穿工装的，穿短衫的，穿旗袍的，穿西服的，穿长袍的，还有一位戴瓜皮帽的——这许多一望而知不同的人物，而他们会在一个会场里一起讨论问题，在我说是生平第一次见。这是什么意思呢？我望着会场前挂着大大的“代表”两字，不免点起头来。代表性呀！北平住着的就是这许多形形色色的人物。如果全是一个样子的人在这里开会，哪还能说是代表会议？这许多人并不是由市民普选来的，形式上不够我以往所了解的民主，但是试问英美哪一个议会能从普选中达到这样高度的代表性呢？选举是一个手段，如果这手段能提高代表性，那是要得的，如果不能，那就要不得。会场墙壁上挂着的口号里有“实事求是”4 个字，我也领会了。这是我的第一课。

我坐下来听报告。叶市长和谭局长讲到了北平特务活动的情况。我的神经突然紧张起来，记起了几年来在反动统治下参加各种大会的情况。坐在我旁边的是钱端升先生，昆明“一二·一”

---

① 巴力门：英国议会 Parliament 的音译。——编者注

运动开始发动的那天晚上，我们也坐在一起。轮到我上台演讲时，联大校舍四周围枪声突起，子弹在头顶掠过。这种景象和现在一比，真是地狱和天堂之别。这个差别在哪里呢？今天我可以安心地在会场里听讲和发言，有的是融融一堂的温情，没有枪声来威胁了。为什么呢？很明白的，反动派的武装被解除了，反动派的活动被镇压了。这是专政，一点也不错。有这些专政，才有我们在会场里的民主。没有这些专政，我们的会场又会变成西南联大的草坪了。我于是又点头了，领会了民主和专政是怎样的合起来的。这是我的第二课。

我上了6天课。很惭愧，我对于会议本身的贡献实在谈不上，但是却满载而归，多少年来没有搞通的，在这段经验中我得到了启示。我怎能不衷心地感激这会议？

回到家里，把几天的报纸补看了一整天，碰着美国国务院发表了白皮书。在这白皮书里口口声声说中国已经进入独裁政治。如果我没有去参加北平市各界代表会议，可能还会信他的一套胡言。真巧，太平洋的那端闭了眼睛瞎说的时候，太平洋的这一端却在事实上答复了中国是不是已走上了民主的道路。我可以做见证，在我们开步走的起点已经超过了美国现有的民主程度，何况，他们每天都在向后退呢？

北平市各界代表会议只是中国民主的起点。它教育了我。我愿许多像我一样背有思想包袱的朋友，都能有机会参加这类会议，更进一步在事实中去认识新中国的本质。

（选自北京市政协编《凝心聚力70年》，北京出版社2019年版）

对于北平市各界代表会议的感想

罗常培 *

我是北平专科以上学校和研究院所教职员联合会筹备委员会所选举的代表。我所代表的团体是想把北平各院校 5000 多个教育文化工作者团结起来，在中国共产党领导之下对于新中国的建设分担我们岗位上的任务。除去这项代表资格以外，我还是一个地道的、不折不扣的北平市民。我虽然不能代表北平市 200 万市民，至少我可以表示北平市民两百万分之一的呼声。

我们这些教育文化工作者，在北平解放以前，有一些对于政治了解不清楚的，受了国民党反动宣传的影响，以为知识分子是共产党革命的对象，于是对于共产党表示怀疑、恐怖。赶到北平解放以

* 罗常培：时任北京大学文科研究所所长、教授；系人民政协第一届全体会议代表；后曾任中国科学院语言研究所所长，全国政协委员。

后，这一些受国民党欺骗的怀疑恐惧者，由于事实的证明，才知道中国共产党把一切靠薪给活动的脑力劳动者都算作工人阶级，不单不把我们当作革命的对象，而且把我们当作革命的动力。反过来看，国民党怎样对待我们呢？八年的抗日战争，我们不顾自己的生死，妻子的饥饿，为中国，为民族，参加了抗日统一战线。到了日本投降以后，国民党反动派为了少数人的私利，还是继续摧残我们，压迫我们。直到南京政府就要垮台，蒋介石准备逃跑的时候，他还昧着良心，痛骂知识分子，要我们向毛泽东求安定求温饱。不错，由于他的所作所为，不用他说，我们早就决心跟着毛泽东走了。北平围城时，他想分化我们，三番五次用飞机来接我们一部分人逃跑，向我们招魂。结果呢，除去极少数已经没有灵魂的人被他招了去了以外，凡是稍有中国人民气魄的人，没有一个中了他的诡计。现在呢，毛泽东的确给了我们“安定”，同时也给了我们“温饱”。但是我们这些教育文化工作者应该“志不在温饱”，我们不应该只注意我们自己的温饱，我们尤其要求全中国乃至全世界劳苦大众的温饱！我们不要满足眼前北平市的安定，我们尤其要求全中国乃至全世界的安定。到了那一天，我们才可以教训蒋介石说，我们求安定、求温饱的最后目标，以及我们在革命阵线上的力量，绝不是鼠目寸光的蒋介石所能估计到的。我们这次参加北平市各界代表会议的各界代表聚首一堂，听到人民领袖毛泽东、朱总司令、周副主席、董主席的指示，各民主党派和民主人士领袖的言论，叶市长、张副市长、谭局长的报告，最后又听到彭真先生对于北平市财政经济具体情况的分析和大会的总结，这一切，尤其坚定了我们的志向。不过我们这些脑力劳动者，还得努力向体力劳动者看齐。这次会场上好的议论固然很多，但最使我感动的还是几位工农代表。我们感觉他们的力量充实，感情真诚，意志坚定，的确是我们所不及的。当门头沟煤矿工人代表晓波讲话的时候，我几乎感动得要哭；事后我和他握过手，又请他在我的记事本上签了字。我的这种表示是希望我们脑力劳动者和体力劳动者诚恳地结合起来，拿着实事求是的精神为建设新民主主义的新中国共同努力！

我对于我们团体所反映的感想，已经说完了。底下我再表示一点北平市民两百万分之一的感想。我是 1899 年 8 月 9 日生在北平的，本会开幕的第一天，正好是我 50 岁的生日。我可以诚恳地说，这是我有生以来所过的第一个快活的生日，也从这个生日起，得到了我的新生。因为在以往的 50 年中我从来没有看见过这样伟大的各界人民大团结。这是中国共产党统一战线政策的成就，是全中国解放、新民主主义新中国建设的成功，也是全世界人民解放、社会主义建设的基本胜利！我愿意从 1949 年 8 月 9 日起再多活几十年，在中国共产党和毛泽东主席领导之下，努力尽我北平市民两百万分之一的力量，尽我中国人民四万万七千五百万分之一的力量！

最后，我希望这次会议闭幕后，各代表们把自己所听到的毛主席、朱总司令、周副主席的指示，董主席、叶市长、张副市长以及各局长们的号召和报告，仔细反映给所代表的各团体，并且把大会各决议案和代表们的意见仔细研究，各就相关部门辅助政府，逐渐一样一样地实行起来。这样才不负我们参加这次会议的使命！才可以使新北平市的建设更迈进一步！

（选自北京市政协编《凝心聚力 70 年》，北京出版社 2019 年版）

南京地下党为迎接解放进行的艰苦斗争

陈修良 *

南京地下党的形势

1947年下半年，我军由战略防御转入战略进攻，国民党军队节节败退，经济上日趋崩溃。为了镇压革命力量，国民党政府先后颁布了《维持社会秩序临时办法》《戡乱时期紧急治罪法》《特种刑事法庭组织条例》等一系列反动法令，妄图维持其摇摇欲坠的统治。面对这种形势，中共南京市委充分估计到敌人垂死挣扎将给我们工作造成的极端困难，一面强调“稳扎稳打”，继续动员群众与

---

* 陈修良：时任中共南京市地下党委书记；后曾任中共浙江省委宣传部副部长、代理部长，上海市政协常委。

反动派做斗争，揭露他们的腐败；一面撤退一部分暴露的党员与非党进步人士到解放区去，同时加强重点工厂、学校、机关的组织力量，加紧训练干部。

1948 年 1 月，工人工作委员会（简称“工委”）的一个负责同志彭原，因叛徒李长荣告密被捕。李原是京沪铁路工人、下关站支部委员。1946 年参加“同心会”，后向敌人自首，并在上海接受了军统特务的训练。次年 7 月被派回南京。他伪装革命，与下关车站支部委员张家元联系，企图重新混入党内，进行破坏工作。由于我们警惕性不高，彭原在同他联络时被捕，同天被捕的还有张家元、孔罗礼，后来又陆续逮捕了 4 个党员，致使下关支部的活动完全停顿，书记马继善等 5 位同志不幸牺牲。

彭原被捕一事，对我们领导机关威胁极大，因为他同市委负责人都很熟悉，万一出错，我们就无法在南京继续工作了，但彭原同志坚贞不屈，虽遭酷刑，拒不供出党的关系，因而组织没有被敌人破坏。这一事件，教训十分深刻，主要是领导思想麻痹，对敌人的阴谋估计不足，使得下关党支部工作长久不能恢复，这是当时南京地下党一次最大的损失。

两浦铁路工人中党的组织力量较强，1948 年 6 月市委决定在这里发动一场大罢工。从 5 月开始，工人们就一再向厂方提出发还欠薪，要求发米贴，但路局根本不理，黄色工会则站在厂主一边，我们因此决定领导工人进行斗争。事前党在两浦地区已经发展了一些党员，分布在浦镇机厂各主要车间，浦口的车务、机务、检车段、港务所等处我们也做了布置。

6 月中旬因米贴问题仍然得不到解决，群情激昂，向黄色工会提出要求，结果工会与厂方互相推诿。7 月 2 日，两浦地区一场暴风骤雨终于爆发了。浦镇机厂工人率先罢工，浦口工人迅速响应，声势浩大，工人们高呼："两浦铁路工人团结起来！"当浦镇罢工工人游行队伍到达浦口车站时，连自来水厂、电厂工人也闻讯而起，参加了罢工，弄得两浦机器停开，机车不动，车站无人售票，水电也没有供应，一列列军车都不能开出。两浦工人的罢工严重影响了津浦、陇海等路列车的正常行驶，急得国民党政府毫无办法。铁路当局向法院控告工人罢工是"捣乱""破坏秩序"，由于"本月初正值中央大军与匪军激战于黄泛区之间，运输部队军用物资万分紧张，实为有意妨害戡乱"。他们虽然逮捕了一些工人领袖，但广大工人群众并不妥协，一致要求改善生活，争取生存权利。最后，反动当局无可奈何，只好答应了工人的部分要求，释放了被捕工人。这次罢工宣告胜利。

两浦铁路工人的工潮也影响到其他产业部门。要求发放米贴的消息一经传出，各工厂纷纷掀起工潮，资源委员会下属的几个企业，永利铔厂、兵工系统都行动起来，这些斗争基本上均取得了胜利。共产党在工人中的威望日益增强，党员数量也不断增加，同时又开辟了一些空白单位的工作。

"五二〇"运动后，国民党以中央大学为重点在各校施行了大逮捕。市委为此进行紧急讨论，坚决领导群众举行反迫害斗争，鉴于国民党当局不许学生组织自治会，破坏民主选举，1948 年 4 月 1 日，我们成立了"中央大学学生争取自治院系联合会"（后改组为"学生院系自治联合会"），使敌人难以达到控制目的。

由于群众拥护，反动派无法摧毁，中大学生争取自治反迫害的斗争，也取得了胜利。后来我们还举行“清贷运动”对抗国民党政府取消放贷金制度，学生发起组织“自费学生请求贷金联合会”，向院方交涉，争取社会的同情。4月间自费学生因交不出伙食费，食堂停发伙食，100多位一年级学生发表了“绝食宣言”。这些斗争大都取得了胜利。

5月间市委研究继续开展反卖国、反独裁、反内战斗争，决定发动全市性的“五二〇”运动周年纪念，举办讲演、营火晚会、歌咏大会、史料展出等活动，学生、市民踊跃参加者达数万人。

5月21日，纪念晚会演出《典型犹在》（把蒋介石比作袁世凯）的戏剧，被特务捣毁会场，数名学生被捕，关在国民党青年部机关里。学生们怒不可遏，将“青年部”牌子换成了“特务部”。这次斗争政治影响很大，《中央日报》专门发表社论，扬言要对学生“操刀一割”。

果然不久，敌人终于向青年学生举起了屠刀，国民党派特务、警察进入宿舍，大肆逮捕进步学生。市委对此早有准备，分批撤退了一些党员和群众到解放区或其他地区去避难，同时发动群众抗议、反对传讯学生，营救被捕学生。

7月6日，朱成学、李飞等3名党员被捕，他们是出走去解放区，在水西门与交通接头时被捕的，后来被判了重刑。8月19日、11月25日和次年1月，国民党又连续进行了三次大逮捕，其中以8月的一次规模最大，登报指名到法院传讯者达228人，被关押入狱者115人。在反大逮捕斗争中，我们虽然遭到一些打击，但也有了很大的收获。从此以后，国民党在学生群众中的一切欺骗都失效了。南京学生在解放前夕所进行的壮烈斗争确实是可歌可泣的。

根据中央指示，因为形势变化，需要我们总结在蒋管区工作的经验，所以上海局于香港举办了几期干部训练班。参加学习的主要是上海、南京、台湾三个方面的部分负责干部。这种训练班既像小整风，也像学习班，以总结工作经验为主。

上海局书记刘晓告诉我，上海局已在香港办了干部训练班，南京、台湾、武汉等地的干部也要去学习。

南京可去10个人，单独成立一个训练班，名单由市委自己决定，时间约两个月。讨论结果派了下列同志前去，“工委”方面：陈慎言、高骏、叶再生、曾群；“学委”方面：王明远、欧阳仪（女）、颜次青、翁礼巽、胡立峰、李照定；商场：陆少华；小教：潘家珍（女）；公务员：王嘉模。

上海局决定由我去香港领导南京总结经验。6月间，我同刘晓一起搭轮去香港住在上海局的机关里，其余同志住在训练班，经常由学习班负责人王明远或陈慎言汇报学习讨论中的问题。记得当时我还到台湾训练班去讲了题为“公开工作与秘密工作”的课。经过认真学习，上下反复讨论，我们按照上海局的意见，写出了《南京建党总结》，这个文件总结了前一阶段的成绩与缺点，对后来工作影响很大，起到了统一思想的作用。

8月中旬，我们忽然接到上海来电，得知南京发生朱、华、李三人被捕的事件，刘晓让我和王明远两人先行回宁，处理有关事宜。我们将这个总结抄了一份，其主要内容包括：党的工作的成绩、缺点及其原因；领导作风问题；今后建党方向；发展党组织的需要以及怎样发展党员；发展与巩固相互关系；健全支部组织；改进支部工作和干部问题等。

我和王明远回到南京，处理了中大学生被捕问题，虽然敌人捕去了我们一些同志，但党的组织还完整地保持着。我把原住的地方让给王明远，住进了林征、江谨同志家里。这个地方在湖南路 223 号楼上。

1948 年 9 月，刘晓又来信要我去上海讨论工作。上海局估计南京会比上海早解放，所以要做好紧急准备，南京党的中心任务是加强情报与策反，迎接解放军渡江。为了防止敌人破坏，党的秘密工作要重新布置。南京党须先提出自己的新任务，改变工作计划。讨论结果由我执笔写了一份《上海局给南京市委的指示信》，时间是 9 月 27 日。信中介绍了全国解放战争的形势，要求南京方面继续巩固与扩大党的组织，积极进行策反、怠工等破坏工作，注意研究敌人政治经济的动态，开辟文化宣传部门及建立外县、近郊农村党的组织，输送干部至解放区和加强群众工作等。

市委讨论了这封信，做出如下措施。

（一）成立策反部门，调史永负责。策反工作由上海局委托我单线联系。通知全体同志，凡是在军事机关有起义可能的线索，均集中于策反部门，策反部门对上海局负责。

（二）建立文化工作委员会，由王明远兼管，学生工作委员会书记由盛天任担任。文委下面还有一些报馆关系和新闻记者。利用国民党军队的演剧七队组织地下文工团掌握电台、电信局等机关，解放军尚未入城，我们就广播了南京解放的消息。

（三）加强警察工作委员会，任务是准备解放时维持地方治安，保卫安全。

（四）建立公务员工作委员会，下面分几条线，有国民党政府、国民党中央党部、市政府的各个部门，军事机关有国防部、美军顾问团、六二兵工厂、兵工署等机关。中华人民共和国成立时这方面共有党员 100 多人。公务员工作主要是搞情报，保护档案、资料。另外，公务员工作在南京还有特殊作用，如应付户口、造身份证，侦察敌人动态等。

为了减少解放军流血，顺利占领南京，我们首先考虑加强策反工作，准备里应外合，使敌人的海、陆、空军失去抵抗力，内部发生动摇，弃暗投明。在敌人溃退前，要防止破坏，保卫好人民财产，反对国民党迁移人力、物资去台湾；并应考虑为中华人民共和国成立后的接管做好准备，以便我们能够顺利地接管城市，恢复生产。因此，须多采用攻心战术，使国民党的公务人员不跟着逃跑，有用之才留下来，为新中国服务。

里应外合，多次成功起义

1949 年 1 月，“工委”委员叶再生因叛徒告密不幸被捕，为了避免牵连，我只好又一次搬家，搬到鲍浙潮同志为我准备好的一个秘密机关，在中华路 85 弄内。鲍浙潮的公开职业是华德电料行经理，该行主要股东系上海益丰搪瓷厂老板、鲍的表兄闻鸣皋。上海局通过鲍的关系，在这个店里投资。后来，因为我在南京没有职业，上海局遂将华德电料行的股票归入我名下，鲍浙潮的组织关系也由上海转到了南京，由我同他个别联系。鲍的老伴邱嵋林同志也尽力掩护我们工作，我在这个地方一直住到南京解放才离开。鲍除做掩护外，还承担管理电台的联络员工作。上海局当时有一个秘密电台设在南京，派了庄佩琳、丁宁来做译电员，住在玄武湖附近，由鲍负责联络。

1948 年 12 月 16 日，南京发生俞渤驾驶 B24 轰炸机起义的事件，对蒋管区震动很大。俞渤原是国民党空军第八大队的飞行员，有一定的正义感，厌恶内战，积极寻找我们党的关系。原来由上海局派林诚医师同他联系，林是南京空军医院的军医，后来上海局把林诚的关系交给了史永。俞渤要求在起义前批准他入党，我们批准了这个请求。

16 日晚，蒋介石正在空军俱乐部召开庆祝会，嘉奖飞行人员，俞渤登机起飞了，本想把炸弹扔在俱乐部上面，可惜没有命中。一阵爆炸声震动了南京全城，国民党紧张得全城戒严，侦骑四出，并派飞机进行追击，但一无所获，这架飞机一直飞到石家庄解放区机场去了。

驾机起义前，我们曾通过潘汉年在上海的一个电台（刘人寿同志负责）打电报给中央，询问飞机降落地点及信号。中央回电：“可在石家庄或沈阳机场降落，信号是一块白布。”俞渤的飞机内共有 5 个人，因汽油不足，飞不到沈阳，于是就在石家庄降落了。飞机到达时，石家庄城防司令员曾涌泉亲自出迎，当地军民欢声雷动。这是第一架从南京起义的飞机，接着上海、西安、杭州、香港等地均有飞机起义，投往解放区。

南京警卫师是蒋介石的御林军，师长王晏清。我们一个做新闻工作的党员李益之（陆平）通过关系，得识开明人士邓昊明。邓思想比较进步，他的外甥王晏清是黄埔军校毕业生，被蒋介石重用，委以九十七师师长。该师有三个团，第一团是保护蒋介石的，第二团保护陈诚，第三团保护顾祝同。邓力劝王不要再为独夫民贼蒋介石效忠。开始他尚有一些犹豫，说：“我可以背叛国民党，但不能背叛蒋介石，他是我的老师，他是好人，下面用的有坏人，他是受骗被包围的。如我领队起义，别人会骂我忘恩负义。”邓昊明反复晓以大义说：“顺乎潮流的起义是大节，忠于个人是小节。”最后终于说服王晏清，决心站到人民一边来。王要求会见我们市委负责同志，我们派史永同他见了面，王看到我们对他十分信任，热忱很高，遂下定了起义的决心。

1949年元宵夜，李益之在王晏清家中，大家装作打麻将，讨论起义细节。会上决定：（1）把部队驻扎在靠近解放区的江宁县板桥镇，通知解放军告之渡江日期，警卫师让出一段路给解放大军通过；（2）九十七师先占领下关，阻击浦口国民党二十八师撤回江南；（3）派一个团到城东占领重要党政机关，如后勤司令部、总统府、兵工署、飞机场等，在解放军入城之前控制南京，活捉战犯，使解放军可以顺利占领。这个计划经过详细研究，我们以为很有把握。

王晏清在起义前，要求同我第三野战军通一次电报，并把九十七师的电台呼号告诉了我们。李益之也把三野的密码告诉了他，但没有讲清呼号。王晏清回到板桥师部，晚间忽然打了一个电话给邓昊明，询问三野的呼号。此时李益之正在邓家，听到此事大吃一惊。次日邓即向史永做了汇报。果然不出我们所料，邓昊明很快就被敌人监视了。我们立即通知邓、李，火速逃往香港，他们先到了上海，后在沙文汉等安排下方才脱身而去。

敌人发现王晏清有叛变的嫌疑，即由南京卫戍总司令张耀明邀请王去他家吃饭，王不知他的用意，欣然前往，结果被张扣留软禁，要王交代问题，王拒绝不肯招认。后来卫戍司令部副司令覃异之私自放走王晏清，王弃家出走，回到板桥师部，马上带了两个团北渡长江前往解放区。另一个团尚在城里，王打电话要他们一同过江，由于团长不在，无人指挥，未能成功。事情发生后，正在溪口的蒋介石大为震怒，他一面派兵追击，一面用飞机轰炸，并撒下许多传单要部队回去，扬言谁拿王晏清头来赏洋 5 万。当时王带过江约 4000 人，后因被追击，多数逃散，只有一个直属特务连 100 多人平安到达解放军驻地。

“学委”委员沙轶因的姐夫杨兆龙当时任国民党政府检察署检察长，思想比较倾向革命。我们通过沙的关系，派白沙同志去和他谈话，杨兆龙深感国民党政府腐败，司法界黑暗，决心弃暗投明，为共产党做一些工作。我们要他同代理总统李宗仁商谈释放政治犯。李宗仁表示要求与我党商谈和平问题，这在当时我们是不能决定的。我们主要担心危险时刻，国民党可能会杀害政治犯。后来李宗仁有事去广州，我们又让杨兆龙跟踪前往，通过反复工作，李迫于全国形势，终于下令宣布释放政治犯。我们南京被捕的几个党员和进步群众也得以释放。

杨兆龙在南京解放前夕，还将最高法院检察署的档案材料保存了下来，中华人民共和国成立后完整地交给了军事接管委员会，这件事非常重要。这样一个有功人员，不幸在 1957 年反右斗争时被错划为“右派”，1971 年又被“四人帮”诬为“反革命分子”被捕入狱，折磨致死，直到 1980 年他的冤案才平反昭雪。

1949 年 4 月以前，南京市委已经布置通力合作，准备迎接解放。

4月1日下午，我们忽然听到建康路一带有许多学生被特务追捕，枪声四起，急促的脚步声逼近我们住处的小巷口。开始我们以为是来捕人的，但却不见有人进巷来，猛抬头看到一批便衣特务在殴打一群学生。我们知道出事了。我不顾一切去找王明远（他负责学生工作），查问学生游行示威是谁布置的，他说连他也不知道。后来查明这件事是大学党组织擅自发动群众搞起来的，未经市委同意。学生们要国民党飞往北平的代表答应共产党提出的八项条件，立即停战，因此遭到国民党反动当局的屠杀。

那天下午正当学生游行结束、队伍纷纷回校时，国民党南京卫戍总司令张耀明奉蒋介石之命，派遣军警、特务殴打剧专、政治大学的学生，中央大学党组织率领学生队伍到总统府示威，亦遭暴徒毒打，结果学生被打伤100多人，打死3人，成为有名的“四一”惨案。

次日，南京大专学校学生组成“四一”血案后援会、控诉团等，发表了《告全国人民书》《关于四一血案驳中央社的声明》，接着又发出《致北平和谈代表会议电》《再致北平和谈代表会议电》。周恩来同志得此消息后，提出要国民党政府对“四一”惨案做出处理。

4月4日毛泽东同志代表党中央就“四一”惨案发表了《南京政府向何处去？》的文章。新华社发表了《南京惨案与和平谈判》的社论，宣称：“南京及一切其他惨案中牺牲的爱国人民报仇的时候已经不久了，南京及全国人民解放的时间已经不远了。”

中华人民共和国成立以后，华东局副书记陈毅在一次会议上，批评我们不应在即将解放的南京发动“四一”游行，我连忙承认了约束不严的错误。这是黎明前的一次大搏斗，虽然群众受到惨杀，但政治影响极大，烈士们的鲜血没有白流，蒋家王朝的末日就要来临了。

迎接解放，胜利会师

我们估计战火迫近南京时，敌人可能采取如下行动。

（一）负隅顽抗，死守南京，力图造成南北划江而治的局面。

（二）且战且退，逃向西南。那时敌人会纵火烧杀，破坏全城，如工厂、学校、机关、仓库、码头、轮渡及各种设施，劫走档案、文物等。

（三）插白旗投降。

这三种行动以第二种可能最大，因为敌人兵力不足，派系林立，不可能固守南京；插白旗投降也不大可能，因为蒋介石嫡系汤恩伯手中尚有军队，他们是最顽固的一派，决不肯轻易投降。因此我们必须做好保护人民财产的充分准备，按照上海局的指示，南京党提出以下几个方面。

（一）瓦解敌人宪警力量（可惜警卫师起义时没能占领南京），准备内应。

（二）组织群众护厂、护校，保护机关、仓库，维持地方治安，特别要重视人民的自卫力量和利用敌人的警宪力量。

（三）调查敌机关人员、物资、地产、特务组织，准备接管。

（四）稳定人心，宣传我党的方针政策，使大部分公务人员留下，为人民服务。

国民党虽然前线已溃不成军，但在南京城内还是敌强我弱，所以我们仍然需要“积蓄力量”“待机而动”，利用合法组织，进行工作。当时敌人在各机关组织了所谓“应变会”，准备逃跑。这个组织各种人物都可参加，里面有许多是同情我们而准备留下来的。

我们及时调整了党的组织，以适应日后的接管工作，抽调一批党员去加强工人、学生、店员、公务员等工作；加紧组织工人自卫队，布置夺取敌人武器；发动一部分群众和党员参加“应变会”，保护工厂、学校、机关，并通过“应变会”进行调查研究，清点物资，登记造册。中大“应变会”甚至从警察大队弄到 200 多支枪和一部分弹药，武装了纠察队，用以保护学校安全。

据不完全统计，南京城内工人、苦力、店员组织起来的自卫队有数千人，警察内部可以控制的约 2000 人，保护了全市土地财产登记册，并制作了 300 余本图册。按照接管系统分为几类，如国民政府、市政府、军事机关、学校、报馆、公用事业、电台、邮政等，按我们党的组织也做了调整。有 800 多党员准备去配合解放军进行接管。中华人民共和国成立以后，我们很快配合进城部队参加了军管会的工作，地下党员熟悉情况，解放军称他们是“引路人”。

此外，我们还通过邮局，发出许多给国民党各机关负责人的信，宣传党的政策，要求他们立功赎罪，保护人民财产，规劝他们不必弃家逃往台湾。

经过努力，在保护人民财产方面，大家作出了应有的贡献，敌人没有能够达到破坏的目的，除下关车站和国民政府司法行政部被敌人临走时火烧了一部分外，其余机关均完整地保护下来。南京的电灯、自来水、电信、轮船、火车、汽车交通等在中华人民共和国成立时均未停过。我们能够做到这些，经过了艰苦的斗争。例如，敌人本来要把永利铔厂迁往广州，并威胁说，如不迁走，就要放火烧毁。我们立即联合职员、工人一同护厂，反对迁移。我们的口号是“职工团结，劳资合作，保厂护家，共渡难关”。同该厂厂长协商的结果，决定不迁，并组织了保厂护家指挥部。为了防止敌人破坏，加固了门窗，增加纠察队站岗，围墙加电网；厂方还出了一笔钱，买了三个月的粮食和咸菜，准备长期对抗。这个厂终于完好地交到了人民的手中。

利用敌人武装，保护治安。4 月初，市委根据中央“入城指示”，在内部广为传达，这个指示精神大致是：人民解放军已做好一切渡江准备，要地下党也做好迎接解放军进城的准备工作。“工委”“警委”按照市委布置迅速做出决定，控制了各警察局的人、枪、弹药，组织船只迎接解放军部队过江入城，保护重点设施，如电台、电厂、自来水厂、桥梁、仓库等，并利用由我们掌握的力量，维持地方交通与治安。

4 月 21 日党中央发出“打过长江去，解放全中国”“向全国进军”的命令，是日晨，解放军在各口岸发起渡江作战攻势，突破了敌人的江防。22 日南京城内已经能听见隆隆的炮声。23 日晚，强大的人民解放军势如破竹，攻入南京。

我军渡江入城前，敌人纷纷向南溃逃，城里成了真空地带，一切镇压人民的统治力量完全解体。这时有不少坏人想趁火打劫，市委立即决定号召各部门各级组织，全力以赴保护好人民的财产。解放军渡江时，由于上海局策反工作成功，林遵第二舰队在笆斗山起义，狮子山炮台也起义了（台长是一个党员）。此时，国民党长江防线全被踏破，但敌人并不甘心失败，溃退时还打算破坏老江口轮渡栈桥，由于工人群众勇敢斗争，敌人的阴谋未能得逞，南北交通保持畅通，我军渡江顺利。

24 日拂晓，在我地下党员率领下，以水上警察局二号巡艇为首的第一批巡艇到浦口去迎接人民解放军。这是敌人“封江”以来从江南抵达江北的第一批船只，但单靠巡艇还不能承担这么重的运输任务，因此我们又组织民船和停泊在下关沿江一带公私营轮船公司的大小机动船只一起出动，很快帮助解放军渡过了所谓天险。特别是老江口的栈桥，火车轮渡发挥了很大作用，一次便能运载一个团以上的人马、大炮、战车等。当时敌人的飞机还在轮番轰炸扫射，但已经无法阻挡我千军万马。

从 24 日清晨到中午，经轮渡往返不停运输，胜利地把停留在江北浦口一带的人民解放军三十五军全体人马渡过了长江，浩浩荡荡进入南京城。

三十五军政委是何克希同志，我和他很熟悉。他带领队伍先行进城，驻入励志社，作为军部办公地点。他在打听我的下落，我也在打听他的行踪，后来得知他们已经到了励志社，我立即于 24 日清晨坐上一辆接收来的吉普车直驰而去，要求同何克希见面。当时我还穿着老百姓的衣服，门岗禁止车辆进去，我说明了身份与求见何克希的来意，门岗立即通报。何克希见到我高兴得跳了起来，连声说：“我们会师了，我们会师了！”

会客室里忽然走出一个老相识陈同生同志（当时是三野联络部部长），手捧一包东西交给了我，他笑嘻嘻地握住我的手，指着东西说：“这是你们最需要的东西。”我问：“是什么？”他说：“华东局叫我带来给你的一包电台密码。”这时我才恍然大悟，这就是南京快解放的几天前，我通过上海局打电报向华东局要的密码和呼号，就说：“现在已经解放了，我也不再需要打电报了。”可是他一定要我收下，说：“这是我的任务。”后来我将这包东西原封不动地交给了刘伯承同志。

又过了几天，华东局负责人都到了南京，他们中间有饶漱石、陈毅、曾山、刘晓等，不久宣布成立新的南京市委，刘伯承任书记，宋任穷任副书记，我任组织部部长，张际春任宣传部部长，陈同生任统战部部长。南京从此从国民党反动统治下解放出来，我也完成了党交给我的地下工作任务。

（选自江苏省政协文史资料委员会编《江苏文史资料集粹（革命斗争卷）》，内部资料，1995 年。有删节）

接管南京市文教系统和总统府的回忆

朱明镜*

1949年4月23日南京解放。4月30日午后6时许，我怀着无比兴奋的心情来到长江路的“国民大会堂”（现在的南京人民大会堂），见到了许多穿草绿色军装的解放军干部。穿便装的有我的金陵大学同学张一之、燕京大学同学卫永清，还有不久前同在国民党嘉定县政府的复旦大学的曹汶，那时他化名曹昌旭。地下党出来的同志们相见时，都会心地一笑，然后热烈握手，畅谈往事。

约7时，中共中央中原局、华东局，中国人民解放军第二野战军、第三野战军同南京地下党的会师大会开始。二野、三野的首长邓小平、刘伯承、陈毅、谭震林、粟裕、宋任穷、张际春，还有饶

---

* 朱明镜：时任南京市军管会文物保管委员会秘书；后曾为中共江苏省委统战部干部。

漱石、南京地下党的陈修良等人走上主席台。这时，全体起立，热烈鼓掌，庆祝国民党首都南京的解放。在奏解放军军歌之后，刘、邓、陈等首长分别讲话，宣布中共中央的指示：成立南京市军事管制委员会，刘伯承、宋任穷任正副主任；成立南京市人民政府，刘伯承任市长，柯庆施、张霖之任副市长。最后，饶漱石作关于接管南京的报告，宣布统一由南京市军事管制委员会领导接管工作，军管会下设军事、政治、财经、文教四个委员会，分工负责接管在南京的国民党中央与地方的军事、政治、立法、司法、行政、财政、经济、文化、教育、卫生、机关、学校、企事业单位和人民团体。报告详细讲解了接管工作的方针、政策、方法、步骤、组织、纪律和严格的请示报告制度，讲了 3 个多小时。直至凌晨 1 时才结束。

一　参加文教委员会的工作

5 月 1 日上午，我按通知要求到成贤街原国民党政府教育部即南京市军管会文教委员会报到。秘书主任陆凤翔接待了我，并安排我在秘书室任秘书。同室同志有秘书科长陈少瑞，秘书李谋亨、陈白敏、方培真。文教委员会主任徐平羽，副主任王明远、任崇高。文委下面有：（1）大专部，负责接管大学与专科学校。部长赵卓，副部长王昭铨、张渊泉；（2）中、小、社教部，接管中、小学及社教机构、文化馆、图书馆、博物院等。部长朱泽甫，副部长郑康、曹昭云、尚渊如；（3）文化、新闻出版部，接管报社、电台、出版社、电影院、剧场等。部长、副部长有汪冰石、赖少其、孔罗孙、史永等。以上人事安排以随军南下干部为主导，地下党的干部配合。南下干部掌握方针政策，地下党的干部比较熟悉情况。

接管工作极其顺利，不到两个月时间就已经完成。工作效率很高，而且极其廉洁，与四年前国民党政府从日伪政府手中接管南京形成了鲜明的对照。国民党政府的接管工作号称“五子（金子、车子、票子、房子、女子）登科”，集贪污腐化之大成。这次接管的方法方式也很高明。如文教委员会要接管的单位有几百个，大单位也有几十个，而接管工作的干部总共只有200多人，中级以上不过几十人，摊子多而大，人员少，困难可想而知。

在此情况下，军管会采取的方法是：（1）强化组织领导，派遣工作组去要接管的单位。工作组由军代表和联络员组成。一个工作组去一个单位或连续去几个单位。大单位先派，小单位后派，完成一批再派出一批。（2）相信群众，依靠群众，贯彻党的群众路线。工作组到一个单位，首先召开有该单位领导或负责人（许多单位的领导已随国民党政府撤退或逃走，由群众推出临时负责人）参加的群众大会。军代表首先宣传党领导的人民革命的胜利，宣布党的政策，对所有原单位的人员一律给出路，愿留的发给生活费，愿去的按所去地方远近发给路费和证明。（3）责成原负责人带领全体人员查清原单位的人、财、物、房地产，分别造册，限期呈报工作组。一般情况是军代表收到上报的各种表册后，财物仍责成原主管或分工负责人保管，等待以后进一步处理。（4）一般教育文化单位，一面接管，一面仍继续开展正常的教学和业务工作。只有一些重点单位与少数单位的领导人，才逐步进行了撤换调整。（5）各单位工作人员在接管后都组织了学习。一些不适宜在原单位留用的人员被送往军政大学学习；一些青年积极分子参加了西南服务团，随二野大军去了西南。

严密的组织纪律，走群众路线，雷厉风行的作风，是接管工作多、快、好、省取得成功的决定因素。此外，还有一个重要因素就是准备工作充分。我在文教委员会秘书室看到一套关于从国民党中央到地方的机关、学校、文化、企事业单位的铅印调查资料，近 20 本之多。所有将要接管的单位的名称、地点、负责人以及该单位的上、下级关系，内部组织机构人员、编制、财务、经费、物资、房地产等都有记载。这套资料是南京地下党自 1948 年下半年起就开始秘密调查编写，之后送往解放区，由解放军南下接管干部队伍的金陵支队铅印的。这一套资料为解放军快速、完整地接管南京提供了保证。

接管人员的纪律非常严格。仅以我的秘书工作之一，代表主任接见来访的客人而言，徐主任规定了一条纪律："只问不答。"来客的单位、身份、来访的目的等必须清楚，来客的要求必须向领导汇报后，遵照领导的指示方可答复。一次，徐主任指示我代表他接见两位来客，一看是母校金陵大学的两位老师。我请教他们的来意，他们说，是来请军管会派员接管他们的学校。我向主任作了汇报。徐指示回答："不接管。"他们又请求对今后如何办学给一些指示，我再汇报。徐指示我回答："无指示。"也就是说办与不办及怎样办由他们自定。后来我才了解到，金陵大学是美国教会所办，与国民党政府的中央大学有区别，而且这时美国大使司徒雷登还住在南京，他想同共产党联系，可是我们军管会没有理他。

我在文教委员会秘书室，分工联系中、小学及社教这一块。9 月 8 日南京《新华日报》发表了一篇文章《新民主主义教育在成长

——南京解放四月观感之六》，是由我草拟、教育局齐健秋局长核发的。现摘录几段如下：

共接收中、小学及社教机关219个单位，计中等学校6所，小学173所，社教机关30所，中学生9657人，小学生59161人。

教育局于6月中旬即订立中、小学初步整顿改革计划，颁布初步改革办法，明确规定取消童子军、军训、公民等课程和训导处。并宣布以逐渐改造学生思想，提高政治认识，培养革命观点、群众观点与劳动观点等稳步前进，改造南京市教育的方针。这样就初步稳定了教员与学生的情绪。以后又逐渐在各校建立了生活指导处，领导学生实行自动自觉的民主管理，自订学习与生活公约。师生之间从此才建立了团结友爱的新关系。

对于旧有校长及教职员，一般均予留用；对于曾有反动行为者也都给予改造自新的机会；只有对极少数解放后仍然积极进行反革命活动的执迷不悟分子，才予以撤职处分。

私立学校方面参加登记的私立中学59个，私立小学90余所。……在发展教育原则下，对历年办学有成绩的学校，鼓励他们继续办理，对少数不良学校才令其停办。

教育局改造南京市社会教育的原则是，充实各社教机关的内容，增加图书设备，并改正办理的方针，以工人和店员为主要对象，进行教育。调整民教馆和补习学校的地址，使它们真正走到工人、店员和贫苦市民中去，真诚为劳苦人民服务。

二　接管总统府

南京解放后，总统府先是由军管会政法委员会房地局接收。1949年10月初，南京市人民政府调朱泽甫、李谋亨和我接管，并于此成立南京市文物保管委员会。朱泽甫任秘书长，我和李谋亨任秘书。主任由军管会文教委员会主任徐平羽兼，副主任由南京图书馆馆长贺昌群、南京博物院副院长曾昭燏兼，委员有南京中央大学文学院院长胡小石，中央大学建筑系一级教授、中国古建筑专家刘敦祯，文物专家、教授朱偰，中共南京市委宣传部部长石西民，曾任北平艺术学院院长的杨仲子，故宫博物院南京分院院长等。同时调文物保管委员会工作的还有青年团员、南下干部刘俊亭、李蔚然。我们在接管总统府同时，还接管梅园新村中共办事处原址。1950年1月和1951年初，朱泽甫、李谋亨先后调动工作，文物保管委员会秘书就我一人。

总统府的人员大部分已经政法委员会处理完毕，移交给我们的职员和工人共约50人，加上文物保管委员会成立后陆续从国民党政府中央机关、学校接收的，与军管会、市政府介绍来的，合计约60人。这些人中约有一半人的历史很不简单，经过1950年到1951年的学习和镇压反革命运动，才初步弄清了这些人的政治面貌。

如有一个叫张忠的人，是蒋介石的侍卫官，蒋的汽车开到总统府大堂，总是由他拉开车门，扶蒋下车。蒋上车同样是由他开车门，扶蒋上车。一个叫李拯民的人，是蒋介石侍从室官员，军统“特检处”检查员，专职负责收转全国各地写给蒋介石本人的私信。据他说，他保存了一批妇女写给蒋介石的信，有的自称是蒋的旧识，有的是新交，有的叙旧情，有的谈新爱。这些信是真是假弄不清，既不能呈交蒋介石，也不能回复，更不好销毁，只好专存，候蒋来查。但蒋从未查过。一个叫粟杰夫的人，持南京市军管会介绍信而来，自称是第三野战军副司令员粟裕的侄子。实际上 1930 年他就是湖南省会同县的清乡“剿共”委员，辽沈战役时，他是国民党“东北剿匪总司令部”的军级政工主任。一个叫程万孚的人，持南京市人民政府介绍信而来，自称与柯庆施市长关系密切，后来交代曾任国民党军战区司令长官卫立煌的少将秘书长，皖南田赋粮食管理处处长，国民党南京市设计委员。其他人物有总统府的国民党区党部委员，区分部书记，科长；有监察院秘书，蒙藏委员会专门委员、县长；有北平市警察局长，上海市警察分局局长；有汪精卫汉奸政府的淮海省民政厅厅长，伪淮海省政治保卫部少将专门委员；有江苏省警察厅特高科长，铨叙部科长；有军统“忠义社”“复兴社”特务，民社党中央秘书；等等。这样的一批人，在解放后的南京是一个特殊的群体，他们的能量很大，他们抱成一团，利用复杂的社会关系，利用共产党运动多与前后运动不一致，曾制造了好几次严重事端。

1949 年的总统府，已经年久失修。我们接管后，发现蒋介石办公的“子超楼”，屋面多处漏雨；西花园道路、房屋破烂；太平天国天王洪秀全最喜爱的石舫，只披了几张铁皮。我们立即邀请南京市城建局派来邹声植工程师全面查勘，计算工程量，编制预算，报请市政府拨款修理。

接管后的总统府，保留了蒋介石办公原状，供国内领导人和苏联以及一些亚非国家来宾参观。先后来参观的有董必武、陈毅、粟裕、唐亮等领导人，印度尼西亚总理沙斯特罗阿米佐约以及多国的青年代表团等。苏联等国家的青年代表团参观时，我们还展出了共产党领导下的学生运动的图片，“四一”学生运动遭国民党镇压死难烈士的血衣等。

1949年至1950年，我们接管了总统府及其属下的行政、立法、司法、考试、监察五院与政法、财经、文教各部、高等法院、特种刑事法庭、特务机关保密局的图书共70万册，档案2.7万余宗，书画、金石、陶瓷、玉器、珠宝、象牙雕刻、古玩等近3000种。图书，我们请金陵大学图书馆馆长、教授李小缘指导，请中央大学几十名学生利用暑假期间进行整理，并分类建卡、造册，移交给南京图书馆，对外开放。档案清查整理后呈交政务院副总理董必武从北京带来的接收工作组。书画、金石等入库保存。

总统府图书中具有特别研究与参考价值的，是一套完整的“国民政府公报”和“总统府公报”。从1927年国民政府成立到1949年总统府垮台，每天发布的法律、法制、法规、法例、政策、政令、指令、指示，蒋介石的讲话、训话、演说，国民党政府、军队的人事任免，国际上的交往，大使、公使、代办、领事的派出、召回等一切重要事项，都刊登在公报上，是研究国民党及其政府、军队的重要历史资料。

总统府档案，除与公报同等重要、具有相同的研究价值外，让我至感惊奇、如获至宝的是内中有共产党的重要文物。怎么会在国民党总统府的档案中存有共产党的文物呢？原来总统府档案中有一类是通令全国专门查禁共产党的书刊、文件、宣言、传单的。每份查禁通令中都有两份共产党文物的原件，作为附件存档。这些共产党的文物，除了存留于国民党档案中外，其他地方很难找到。

南京，这个国民党政府22年的首都，虽然解放了，但不良影响仍然存在，而且在国民党、蒋介石撤退、下野前还有计划地留下大批特务。这些人时时在窥测方向，兴风作浪。我们接管总统府后不久的一天下午，突然从四面八方来了几千人围着总统府大门前的两座石狮子转来转去。有的叹息，有的惊奇，有的议论，说石狮子流泪了、走动了，意思是石狮子想念国民党蒋介石了。这事显然是国民党特务的挑动，也包含一部分群众的愚昧和国民党的旧影响。这事引起中共南京市委和市政府领导的重视，事后加强了政治、时事和爱护新中国的教育，加强了文化馆、影剧院等宣传阵地。

从南京群众围观石狮子一事，我们感到，党应当利用总统府作为革命传统教育和爱国宣传的场所，用总统府的图书、档案、图片、文物来讲话，来教育群众。

利用总统府革命与反革命两方面的实物资料，加上从北京搜集来的革命图片资料，并联合南京市的大专院校、博物院、图书馆、科研院所与市人民政府等有关部门，从1950年2月到1952年5月，我们举办了10次较大规模的展览会。

1. 春节展览（1950年2月）。

2. 南京解放前后史料展览（1950年4月），庆祝南京解放一周年。

3. 新中国的诞生展览（1950年10月），庆祝中华人民共和国成立一周年。

4. 美帝侵华罪行史实展览（1950年11月），配合中国人民志愿军出国，宣传抗美援朝、保家卫国。

5. 伟大的祖国展览（1951年2月春节），以5000年的文明历史、960万平方公里的锦绣河山、百余年革命斗争传统三大主题，以大量的文化、文物、科学发明创造、资源、制品、工艺、美术、图片、图画，宣传祖国伟大。开展当天上午，政务院副总理黄炎培、华东军政委员会主席陈毅、南京市副市长金善宝、中央大学文学院院长胡小石、南京博物院副院长曾昭燏、南京图书馆馆长贺昌群、中共南京市委宣传部部长石西民等同来参观，并在西花园举行诗茶会。

6. 镇压反革命展览（1951年4月），配合南京市的镇反运动，展出中统、军统、国防部保密局等特务机关的罪恶历史和破坏新中国、新南京的实物、图片资料。

7. 太平天国革命史展览（1951年5月），纪念太平天国起义100周年，同时在太平天国天王府遗址（总统府）大门前建立了由郭沫若题字的“太平天国起义百周年纪念碑”。

8. 三十年中国革命史展览（1951年7月1日），庆祝中国共产党成立30周年，以比较丰富的文物、图书、图片、照片资料，展现中国共产党的成立，以及成立后领导中国人民取得第一、第二次国内革命战争以及抗日、解放战争胜利，建立中华人民共和国和建设新中国的历史过程。

9. 新南京建设展览（1951年10月），庆祝中华人民共和国成立两周年。展出南京两年建设的成果，鼓舞南京市民。

10. 土地改革展览（1952年3月），配合全国的土地改革运动，宣传党的土地改革政策。

以上这些展览会，政治性都比较强。特别是三十年革命史展览，我们原来的计划是模仿北京筹办的党史展览。我们曾去北京搜集展品，把北京发动全国的油画专家为党史展览创作的100幅油画全部拍了照。我们将100幅油画照片放大，穿插在南京的展品中。市委宣传部部长石西民认为这对南京市人民有教育意义，指示我改用“三十年中国革命史展览”的名称开展。

10次展览会展出时间，多的一月有余，少则半月，参观的观众达百万以上。每次展览会都有不少观众留言，总的评价是看过展览会提高了对共产党和党的政策、党领导的革命运动的认识，纠正了对国民党，对帝国主义、封建主义、官僚资本主义的错误看法。每次展览会都有《新华日报》记者采访和报道。展览会的前7次，即从春节展览到太平天国革命展览，我都写了总结，报告中央文化部、文物局，发表在1952年出版的《文物参考资料》华东专号上。

1951年9月中旬的一天上午，南京市委、市政府的三位领导人柯庆施、江渭清、石西民同来文物保管委员会。我陪他们视察了整个总统府大院、“子超楼”、“西花园”与“东花园”后，柯庆施严肃地对我发出指示：“蒋介石现在在台湾还很反动，你必须立即将所有蒋介石的遗物、遗迹全部、彻底、干净地扫除，不许保留，不许开放参观。蒋介石的办公室你们可以去办公。”我立即遵照办理，将蒋介石的办公室、休息室、会客室、国务委员会议室、外宾接待室等有关陈设，统统清除。还有一个专为蒋介石设置的红门，此门设在外宾接待室与政务局大楼之间，将总统府分为前后二部分。前部是参军处及其下属的军务、总务、典礼三局，后面是文官处及其下属的政务、文书、印铸三局，有点像宫廷的内宫、外宫。此门只有蒋介石来了才开，只有他能进出。别的人只能从两旁通过。我觉得此门的封建意识太重了，让人把它锯去了。至今人们经过此地，还可以看到它的痕迹。

（选自全国政协文史和学习委员会编《回忆城市接管（下）》，中国文史出版社 2017 年版）

国民党资源委员会留在大陆的经过

孙越崎*

国民党政府资源委员会（以下简称“资委会”），在抗日战争以前隶属国民党军事委员会，抗战时期隶属国民党政府经济部，抗战胜利以后隶属国民党政府行政院。它经办全国煤、钢铁、石油、有色金属、电工、机械、化工、电力、水泥、制糖、造纸等所谓“国营企业”，是一个管理国营重工业企业的政府部门，是国民党官僚资本的一个经济机构。解放时，资委会所属各厂矿的职员约 3 万人，其中外国留学和本国大学毕业的各项技术管理人员约占 60%，此外，还有各种技工和工人六七十万人。

抗战时期，资委会的主任委员由经济部长翁文灏兼任，钱昌

* 孙越崎：时任国民政府资源委员会委员长；后曾任中央财政经济委员会计划局副局长，河北省政协副主席，民革中央副主席、名誉主席，全国政协常委。

照是副主任委员，我是委员兼甘肃油矿局总经理。抗战胜利后，翁文灏、钱昌照和我都先后担任过资委会的委员长，我是最后一任委员长，吴兆洪是最后一任副委员长。在那个时期，国民党反动统治日益衰亡，共产党领导的人民解放事业迅猛发展，各种矛盾激化，斗争十分尖锐，摆在我们面前最严峻的一个大问题，是资委会向何处去？我个人向何处去？是继续站在国民党反动派一边，还是弃暗投明，投向共产党一边？我当时已认识到，国民党必败，共产党必胜，我既不愿亡命海外去当“白华”，又不愿跟着国民政府混下去。为了保全资委会所属厂矿企业及其人员，为了在今后能够为人民的国家效力，我下定决心，弃暗投明，并鼓励和组织资委会全体职员保全厂矿财产，留下不走，迎接解放，办理移交。这个想法正符合广大员工的心愿，因而资委会的全体职员，包括翁文灏、钱昌照、吴兆洪和我在内，都冒着危险留在大陆，来到了人民当中。

……

1948年10月，国民党社会部在南京召开全国工业总会成立会，资委会各地重要工矿企业的负责人当选为该会的代表来南京参加会议的有三四十人。我看到这是一个机会，起了一个念头：趁此召集他们开个会，把我心里积压已久的想法，同大家说一说，同时也看看他们的思想倾向。于是在社会部工业总会结束后，我在资委会本部礼堂里召开了一个会，参加者除了资委会外地来京的各单位负责人外，还有会本部各业务部门负责人，共四五十人。开会时，由资委会主任秘书李彭龄在门外巡逻。我首先讲话，我不上讲台，站在下边讲，造成轻松的气氛，便于大家畅所欲言。我讲话大意是：目前大局形势，大家都已看得明白，不必多说，以前东北战事吃紧时，我帮助大家逃进关来，现在华北平津形势又吃紧了，怎么办？可能大家心里都有这个问题，我看逃到哪里去都是一样。战争虽然会死人，但只要主管人镇静，战争波及厂矿时，大家不要乱窜乱跑，死亡是可以避免的。鞍钢是个很好的例子，鞍山市被围时，鞍钢员工都躲在屋内，没有出外乱窜，结果没有一人伤亡，因此今后不要再蹈东北撤退的覆辙了，从华北平津起，大家不要再逃了，应坚守岗位，维护财产，办理移交，我想将来共产党仍会用你们的。我从美国回国时路过苏联，亲眼看到他们举国若狂地全力办重工业。解放后，我国可能也会效法苏联，大家都有机会发挥作用。如有擅离岗位的，资委会就不再负责为他们安排工作了。回去以后，希望秘密地把这意思转告附近厂矿负责人。

我说完后，有四五个人发言。第一个是资委会金属矿管理处处长杨公兆，他大力支持我的意见。其他发言的人，都是外地单位来的，都汇报了他们当地的情况，其中重庆办事处处长曹丽顺提出：厂矿负责人有厂矿财产可以维护，对共产党有贡献，解放后，共产党可以继续用他们，有工作可以做。我们办事处没有财产可护，没有贡献可言，共产党还能用我们吗？怎么办呢？我当场答复：你们办事处的任务，本是代表各厂矿向当地军政机关取得联系、办交涉的，你可把重庆地区各厂矿的名称、地址、产品、产量、员工人数、负责人姓名等预先制成一表，共产党一进城，你就把表送给有关方面，并说明如果需要，愿意陪同前往，一一接收。这样，不也是办事处的贡献吗？曹丽顺对这答复表示满意。会议开了半天，在会本部吃了午饭后，大家散去。

参加这次会议的有：吴兆洪、杨公兆、许本纯、恽震、陈中熙、洪中、季树农、戴世英、谢子贞、王翼臣、顾敬曾、陈大受、黄文治、曹丽顺、汤铭琪、李彭龄、张承祜、郭克悌、曹立瀛、常荫集、张冲霄、杜殿英、郁国城、张峻、谢家荣、黄育贤、徐名材、顾敬心、陶勋、汤子珍、夏安世、夏宪讲等，其他记不起来了，记起来的可能也有个别的错误。

这个会议虽然是临时乘机召开的，但也不是一时的偶然冲动，而是经过长期的内心酝酿，抓住了机会。目的是想把我的内心活动转化为大家投向共产党的共同行动。实际上外地来参加会议的人，处于当时“天下大乱”的形势下，都在考虑怎么办，都想到南京来向领导摸摸底。在我讲话后，会场立即呈现了活跃的情况，思想上有共鸣。会上发言的人，没有一个提出反对意见，会场气氛很好，给了我极大的鼓舞，增强了我的勇气和信心。这次会议是我的思想活动开始见之于行动，并迈上弃暗投明道路的第一步。同时经过这次思想交流，也为资委会留在大陆奠定了基础。

一　1949 年初南京五厂拒迁台湾

1948 年 11 月翁文灏垮台，孙科继任国民党行政院长，我连任资委会委员长。孙科上台不过几天，大约 12 月底，蒋介石电话要我去见他，到后他问：“你们南京有几个工厂？”我说：“生产的有五个：电照厂、有线电厂、高压电瓷厂、无线电厂和马鞍山机器厂。”他说：“把这五厂迁到台湾去。”晴天霹雳，出我意外。我想，这样一来，我不能留在大陆了。立刻就推辞说：“现在外边谣言很盛，说江阴要封锁，轮船不好雇，运输有困难。”他没有驳我，只说：“现在京沪铁路畅通无阻，可把机器设备由铁路运至上海，转轮船运去台湾。”我又推辞说：“五厂现在经济已很困难，拆、运、建需要很长时间，经费无着。”他说：“这不要紧，你做预算来，我交财政部照拨。”接着他又说：“为了快和省钱起见，你们一面拆，一面派人去台湾勘察厂址，把设备直接运至新厂地址，免得将来倒运，费钱误时。”我离开时，他还说：“预算早日送来，越快越好。”

回到资委会后，我心情颓丧，感到十分为难，南京在蒋介石的眼皮下，工厂不迁是不行的。在无可奈何的情况下，我召集五厂的总经理、厂长沈良骅、黄修青、任国常、王端骧、张心田等开会商量。我把蒋介石拆迁的命令和我不愿拆迁的意图以及蒋介石说话的情况都告诉了他们。会商结果，只好照办，各自回去做预算。同时派无线电厂总经理马师亮、马鞍山机器厂厂长张心田去台湾勘测厂址。预算送上去后，很快就批回：由财政部国库署以“紧急命令”如数照拨。机器设备拆迁工作也随即进行，陆续运至长江下关码头，决定仍用轮船直运台湾。为了协调各厂之间共同的具体问题，组织了一个五厂迁台委员会，以沈良骅年长，担任主任委员。

资委会中央电工器材厂公司总经理恽震在1948年10月南京会议后，积极支持弃暗投明、留在大陆的方针。后来我被迫决定迁五厂去台湾时，他在上海，我请他租了只新华轮，载重8000余吨。当时，因为码头上有其他机关的轮船正在装货，我们的船暂停江心等待。正在这个关键时刻，1949年1月21日，蒋介石因武汉白崇禧的“逼宫”，突然宣布“下野”，离开南京前往奉化。我得知这个消息，高兴万分，以为蒋介石一定就去外国避难了，立即提笔写了一张条子，交秘书处发一个命令，通知各厂把码头上的设备全部搬回原厂，重新安装，不迁了。停在江心的轮船由沈良骅签证，带了马鞍山机器厂的设备，放回上海去了。我电话通知上海办事处，把船上马鞍山机器厂的设备卸给资委会上海机器厂总经理夏安世接收，不再运回马鞍山，并电马师亮、张心田等停勘台湾厂址，即回南京。当时我想，天下有这样凑巧的事情！真有说不出来的快慰。不久码头上的设备，陆续搬回原厂，只有无线电厂，改在城内复工，不回原址。我曾亲到各厂，催促快装，早日恢复生产。

过了大约三个星期，上海京沪杭警备总司令汤恩伯给我来电，大意是：奉层峰电令，催我速把南京五厂迁往台湾，盼电复。“层峰”二字，指的是蒋介石，因为蒋介石已下台，不能再称总统，故以“层峰”代之。我接电后，即召集各厂负责人开会。这时我已完全了解，蒋介石不准备去外国，躲在奉化操纵政局和指挥军队。参加会议的各厂负责人，都很难表示态度，最后我决定：“工厂不迁，电报不复。”这个决定是在无可奈何的情况下，想用拖一拖的办法，冒着极大的危险做出的。

我做了这个决定后，电照厂厂长沈良骅起立发言，大意是：现在看来情况非常严重，不知道将会发生什么风险，但工厂不迁台湾，是我们员工大家一致的愿望，你是做了大家心里想做的事，如果将来追究什么责任，不能由你一人承担，我们愿意共同负责，分担危险。办法是由我们各厂给你上个报告，说明轮船开跑，机器暴露码头，风打雨蚀，容易损坏，请求搬回原厂。你批准我们的报告，另发指令，这就有理由减少你的一些责任。沈良骅说完后，其他几个负责人黄修青、王端骧、任国常也都表示同意，坚决要求照办，最后就这样办了。

为了保护工厂、投向共产党，在情况十分危险的时候，沈良骅、黄修青、任国常、王端骧等竟敢挺身而出，要求分担责任，这种共患难同生死的崇高精神，当时使我心情激动，热泪盈眶，留下了永不忘记的印象。

大约又过了两星期，汤恩伯又来一电报催促，由南京卫戍司令部一位副司令送来。这时资委会已去上海办公，南京新设一个办事处，由原电业处处长陈中熙负责。这位副司令来时，我不在会内，电报由陈中熙代收。我接汤恩伯第二个电报后，心里确实着了慌：蒋介石没有忘记这件事，怎么办？当时，我常去代理总统李宗仁家，就把汤恩伯的电报拿去见李宗仁。我说："你正在想派和谈代表去北平，却在首都南京拆工厂迁台湾，表明没有诚意，对和谈不利。这虽然是蒋介石的主意，但外人不明真相，你和我都有责任嘛。"李宗仁说："对，我支持你，不要拆了！"

后来南京卫戍司令部的万建藩副司令又邀沈良骅去孝陵卫戍司令部谈话。副厂长吴祖恺不放心，主动要求陪同前去，坐在外边汽车上等候，如沈良骅出了问题，他可赶回资委会报告，设法营救。沈良骅进去见万时，万要他速把工厂拆迁台湾，并说需要火车车皮，他负责如数调拨。沈良骅当场只好答应，回来告我。我说李宗仁支持我们不迁，现在南京形势很紧，稍拖一拖再说。幸而南京很快解放，解除了这一危险。

涉及五厂拒迁的还有：

1. 1948 年 11 月，翁文灏下台之后，12 月他把家眷送往台湾，一人独居南京。我常去他家，把我决心弃暗投明，不去台湾和不去外国的心情透露了，并把过去与钱昌照、邵力子的商谈和后来召开南京会议的情况也告诉了他，同时我劝他，将来最好也不走。他指着桌上摆的战犯名单说："你们可以不走，我是没有办法不走的。"

1949 年 2 月间，蒋介石电邀翁文灏去奉化，他带了大儿子翁心源（上海资委会中国石油公司工程室主任）同去。我请翁见到蒋有机会时说一下，南京五厂实无迁台必要。几天后他回到上海，我在南京，电话问他怎么样。他说："严重！见面谈吧。"我立即去上海，他告诉我以下一段话："关于五厂迁台事，我还没说，而是蒋主动提起来的，蒋说：'我要孙越崎拆迁五厂去台湾，他没有迁，我看他受了资委会地下共产党的包围，糊涂了。这人对我们很有用，你回去劝劝他，叫他不要上当。'在蒋的话还没讲完时，勤务员来请吃饭，我们就站起来向隔壁的饭厅里走去，边走边说，快到饭桌时，蒋的话刚说完，饭桌旁有何应钦、张道藩、谷正纲三人站着等待我们。蒋说完后，我接下去，并对着何等三人说：'我想现在南京各机关没有地下共产党人的，恐怕没有嘛，噢，你们看，是吗！'他们三人没听见蒋说的是什么话，听了我的话，莫名其妙地应付一下，异口同声地说：'是呀！'就这样，大家坐下吃饭，谈别的话了。蒋介石既然主动提这件事，因此我认为问题严重。"翁文灏这段话，我很注意听，记得很清楚。听完以后，我也觉得很严重，但仔细一想，蒋介石只说我糊涂了、上当了，也只不过认为我是他元旦文告中所说的失去信心一类国民党人之一。蒋最注意的是军队问题，像我们秀才造不了反的人，他不那么重视。因此我反而不那么害怕了。

蒋介石发给我们的五厂迁台费，原预算包括拆卸、迁台和在台重建三项经费，后来只拆不运、不建，余款很多。拆迁的预算原为台币 132 亿元，台币与金圆券不同，比较稳定。我们先提出 54 亿，后来决定不迁了，尚存台币 78 亿巨款，为了免被扣发，急需及时调回大陆，便由吴兆洪、季树农与台糖公司商量进行对划，即由台糖公司在沪售糖的金圆券拨与五厂，当日向台湾银行提出台币交与台糖公司。不出半月，全部发完。各厂得了这一大笔补助费，很宽裕地维持到解放还有余。蒋介石“偷鸡不着蚀把米”，解放后，大约在 1950 年 5 月间，我在《参考消息》上看到台湾发了开除我国民党党籍和通缉我的一道命令，以泄其愤。

这里附带说一句，解放后，李宗仁由美回国，我从唐山来北京看他，谈话时他主动地问我：“南京几个工厂后来究竟怎么样？”我很惊愕地说：“你当时事情这么忙，而又时隔多年，怎么还记得这件事？五个工厂都没迁走。”他说：“很好。我在南京解放前，打电话给上海汤恩伯说：‘我要走了，这是内战，你可不要把南京毁掉。’汤恩伯说：‘你放心走吧，我不破坏。’这样，我才起飞走的。你不愿拆南京工厂和我不愿意毁南京，事情虽不同，意思是一样的，所以我还记得。”当时刘仲容、程思远也在李宅，我和他们先谈了一阵，然后再见李宗仁的。

2. 还有一件事。1948 年夏，蒋介石写了封亲笔信介绍一个青年周天翔来看我。信内说：“周天翔的父亲是我的老朋友，为革命而牺牲，周天翔自幼由我抚养成长，留学英国，学电子管工程，最近回国，请在资委会给他安排个工作。”我派他在沈良骅的电照厂里为技术员。过了不久，蒋介石的侍从室第一处长俞济时送来请柬，请我去他家吃晚饭。届时我去了，一进门看见宾客满堂。

俞济时偕周天翔出来接我说：他是我的小婿，今天结婚。我说：事前不知道，失礼了。我原来知道俞是蒋的亲戚，这样，周也是蒋的亲戚了。

我接到汤恩伯第二次电催五厂迁台后，虽已得李宗仁的支持，但心里仍在纳闷：蒋介石军政事情这样忙，何以总记得五厂迁台事？有一天，沈良骅来对我说："电照厂里的人事科长想起周天翔是蒋介石介绍来的，虽然现在周天翔在城内电工楼里办公，不在厂里工作，不知工厂里的详情，但不能不知道工厂还没有迁的情况，是不是周天翔在蒋的后边讲话呢？"我恍然大悟，即请沈良骅找周天翔来看我。我对他说："你一定急于去台湾吧？"周说："我内人家已去台湾，她确是急想去台湾。"我说："电照厂迁台，因各种事务关系，不能马上就去，我先派你为台湾糖业公司工程师，即同你夫人去台湾报到，将来电照厂迁去后，你再回该厂工作。另外，我们在台湾还有电力、造船、水泥、石油、化肥、制碱、机械制造等很多工厂，你到台湾后，可去各处参观，你认为哪里对你最合适，来信来电，我即改派你愿意去的工厂。"他称谢，并说："那么，我不再来辞行了。"态度极好，我很高兴。沈良骅亲自送他们到上海，并为他们饯行。

二　拥护李宗仁主和，不随孙科的行政院迁广州

孙科 1948 年 12 月做行政院长，1949 年 1 月份主张和谈，2 月份变为主战，他是蒋介石的代言人，死硬派的代表。他代蒋介石对李宗仁捣乱，破坏李宗仁的主和。1949 年 2 月，他把所谓国民党政

府即行政院迁往广州，同李宗仁的总统府唱对台戏。我反对孙科的主战，资委会虽然是行政院的一个组成单位，但没有与其他部会一样地跟着孙科的行政院迁广州，我本人也在南京和李宗仁在一起，不去广州。资委会不迁广州，有李宗仁的支持，我不怕孙科和我为难。孙科的行政院迁广州后，曾在国民党《中央日报》上登通告，中央直属机关不迁广州报到的一律停发经费。但资委会不去广州，因自己有外汇，不怕行政院停发经费。后来，由于多数的立法委员赞成李宗仁的主和政策，立法院在南京复会，行政院不能不迁回南京。李宗仁胜利了。孙科辞职，何应钦继任行政院长，行政院又迁回南京。何应钦任院长后，紧缩机构，把原工商部、水利部、农林部和资委会合并为经济部，派我为经济部部长兼资委会主任委员，吴兆洪为资委会副主任委员。

和谈代表邵力子的秘书张丰胄是我的老朋友。当时张丰胄要我帮忙解决小汽车和办公地点的问题。我说你们应去找行政院。张说，行政院乱哄哄，你对和谈很热心，所以请你帮忙。我就从资委会拨一辆小汽车给邵力子专用，同时请他们在我家里办公。因为这时我的爱人和小儿子去上海，女儿在金陵大学读书住校，家里无人，有一保姆和她的爱人看家，可给他们烧水打杂，既清静又方便。我和一位秘书沈嘉元住在家里，早出晚归，不妨碍他们办公。他们人少事多，卢郁文又要求我派一位资委会秘书张月超帮他们的忙，后来代表团北上时，卢郁文和张丰胄把张月超也带到北平来了。

三　行政院迁广州，资委会安定职工

孙科的行政院迁广州，各部会也都搬走了，走得十分仓促。各部会的很多职工都走不了，生活立刻成了问题。有的部大家打开钱柜乱抢，一哄而散，整个南京政府闹得乌烟瘴气，满城大乱。这个浪潮立即波及资委会，员工乱乱哄哄，在楼下草坪上三三两两，议论纷纷，有的铁栅大门关上了，大有上楼来包围我的形势。这时，各业务部门负责人都奔到我的办公室来。我说："快摇铃，召集全体员工到礼堂开会，我要上台讲话。"记得吴兆洪、戴世英几位怕我为难，闹僵了不好收场，不赞成开会，说："上台容易，下台难呀！"我说："是的，但是我不上台去讲话，员工就要上楼来了，下台难，下楼更难。"我叫总务处处长张冲霄亲自摇铃，一边大喊："请大家去礼堂开会。"

我讲话的大意是：我知道，现在南京各部会乱得很，你们大概认为我也要跑了，所以想来包围我。我早就应该和大家开会，把资委会的情况向大家说一下，因为局势很乱，事情很忙，一时疏忽，没有开会，是我的不对，现在趁这个机会，向你们说明一下，资委会决定不迁广州，我决定留南京。你们如果相信我这两句话，请你们放心大胆地照常工作，我对你们的生活一定负责到底。如果不相信，现在就把钱柜抬来，当场打开，有多少钱大家一分，从此散伙，也可以。相信我的话还是不相信，散伙还是照常工作，请你们现在就决定。当时会上大家都表示赞成照常工作。我说："那很好，我一定对大家负责到底，请大家放心。"我又说："我想趁此机会向大家宣布一件事，我们现在在长沙、桂林两地增设办事处，因南京有战争危险，为了员工安全起见，拟把会本部一部分人员疏散去该两地，由办事处照顾，作为资委会的驻外人员，仍属会本部建制。”大家对此也无异言，随即散会，一场风波就这样过去了。

四　成立南京办事处，组织员工励进会

南京是国民党政府的中枢，政府一走，人员大量减少，市场立呈萧条，同时“首都”电厂由于煤运困难，发电不足，大片大片的分区停电，一入夜间，市区一片黑暗，情景确是凄凉。这时长江北岸已为解放军所有，大家认为有条长江，解放南京必有战争，炮弹无情，不知落到谁的头上。行政院各部会都去广州，独资委会不去，引人注目，有些高级人员想去上海，理由是上海“五方”杂处，人口众多，汤恩伯夸上海“固若金汤”，可以久守，我们有停留上海的借口，加以中央银行和中国银行总行都在上海未动，资委会依靠的财源是自有的外汇，需与银行经常联系，也不能不去上海。因此种种，我同意由吴兆洪率领一批高级职员去上海办公。我本人和秘书沈嘉元仍留在南京。电业处处长陈中熙、副处长谢佩和及全处人员都自愿留京。我大为赞赏，即以电业处为基础，成立资委会南京办事处，以陈中熙兼处长，办理南京方面的业务。

资委会部分人员去上海时，原来各业务部门的很多中下级职员和勤杂工人及他们的眷属仍在南京。当时，我忙于外边的联系工作，没有把他们的生活问题安排好，他们起了恐慌。幸而我本人仍在南京，加以上次临时开过全体会议，他们对我存有信任，因此这

次没有闹事，派几个代表来看我，汇报他们生活无人照顾的心情。我立即又召集他们开会，说明留京人员的职位工资一切照旧，不裁一人，并要求他们重新组织起来，成立一个资委会南京员工励进会，推选原财务处职员卢英立为该会主任。在南京办事处的领导下，专管他们自己和眷属的生活问题。这样组织起来，成为一个整体，不至星散，将来可以整体地移交共产党，这是我对员工的责任，也是我的一个政治任务。这个组织从成立起，大约两个月，南京解放，这些人全体由共产党接收了。

五　南京解放，我到上海安排后去广州

1949 年 4 月 20 日和谈破裂，22 日午前，何应钦和黄少谷先后电话找我去行政院说：共产党军队已进攻南京，要我即去机场离开南京去广州。下午我飞到上海，次日南京解放。

我到上海后，原先的想法是和谈不成，决定辞职。这话早已说过，也曾向李宗仁表示过。现在和谈破裂，南京解放，我拟辞职，隐居上海，以待解放。当时，我已在上海买了一所小楼房，做好隐居的准备。后来与吴兆洪、杨公兆、季树农等商量，他们极不赞成。理由：一是我辞职，未必获准，一定会来电催我去广州，我在上海是隐居不下来的。二是倘若辞职获准，另派一人接替，谁敢保证他不会下命令，拆工厂、运器材、遣人员去台湾呢？这不是自己破坏了原来要求大家留下不走的意愿吗？因此，他们要求我：不辞职，去广州，以掩护大家的安全，直到上海解放。我认为这意见很有道理。从此，我打消了辞职的想法。

1949年2月，吴兆洪曾告我，季树农与他的侄子共产党人季崇威有联系。我告季树农多与季崇威联系，把我们的意图和情况都告诉他，必要时我想和他见面。

我们原来把资委会直接掌握的物资集中在上海，包括石油、糖、铝及以前鞍钢运来的钢材，还有剩余的钨、锑、锡矿产品等都存在上海仓库。另有救济总署和美援进口物资，仅煤业方面就有发电机、卷扬机、空气压缩机、抽风机、成套机械厂设备和五金材料等，约值美金2000万元，早由长江运至武汉、长沙、株洲等地保存。这些都准备解放时移交共产党。但后来遇到汤恩伯下令，彻查“资委会疏运物资不力”事件，留沪人员大为恐慌。我和吴兆洪请季树农去告知季崇威，要求与党的地下组织负责人见面，请示今后的措施。地下党派王寅生秘密在虹口季崇威家里与季树农见面，季树农把汤恩伯的命令给他看了。王寅生说：共产党不做强人为难的事，今后以保全人员为主，物资为次，能留则留，不能留可以运走一些。我和吴兆洪认为共产党通情达理，非常满意。我在上海停留了四五天，就去广州了。上海方面交由吴兆洪负责办理。走时，我把买好的一所房子又卖掉了。

南京解放前夕，我到上海时，因吴京（浙江杭州人，焦作工学院采矿系毕业，美国留学，资委会煤业总局副局长。在南京疏散时派他为资委会浙江省长兴煤矿经理）对杭州情况熟悉，临时派他带一部分员工去长兴，通知和组织石油公司杭州分公司、新安江水力发电筹备处和其他几个单位负责人办理移交。他本人也在杭州直至解放。

六 给南方各厂矿分发美金维持费

我于 4 月 26 日，同爱人与小儿子从上海飞到广州，女儿孙叔涵仍留南京金陵大学读书。

当时资委会各地厂矿企业产品滞销，煤矿则多因军队强装火车运走而不付煤费，经济困难。我离上海时，带了 150 多万美金的支票去广州。在沪时分电各厂矿，派人去广州向我领款。我到广州停留三四天去香港，大约 5 月 5 日又回到广州。这时各地厂矿来领款的三四十人，已全到达广州，有的参加过南京会议，有的没有。我把带来的美金分发给他们，按照厂矿人数多少和经济情况，一家 10 万、5 万、3 万不等。并请他们吃了一顿饭。饭后我讲了话，内容是发给他们这笔美金的意义。因为他们经济困难，恐怕维持不到解放，那时可能引起员工的不安，会发生想不到的问题，有了这笔美金，可以兑成黄金或现大洋，不会贬值，必要时作为发工资的补助费，以便等到解放，完整移交。发款后把全部有关单据寄上海资委会财务处入账。

七 逃离广州去香港

我在广州前后共约半月，5 月十八九日，行政院例行会议，我因事没有去，由次长童季龄代表出席。会后童向我汇报：今天开会，台湾省政府主席陈诚列席会议，因为我没有去，他说了些怀疑我的话。接着卢作孚也来告诉我："我今天为民生轮船公司购买了加拿大的轮船，请行政院帮助解决外汇事，列席会议去作说明。陈诚对你很怀疑，要大家注意你，我还为你说了几句好话。”并说“陈诚说话是有分量的，你要注意”。卢走后，我立刻请李彭龄买去香港的飞机票，临走时写了两封很简单的亲笔信，请求辞职。一封给何应钦，交李彭龄次日送行政院收发室；另一封给李宗仁，由资委会广东南岭煤矿经理田策卫于次日送给李本人。当天下午，由李、田两人送我到飞机场，约半小时就到香港，从此不再回广州。后接何应钦复信，说他不久也拟辞职，大家一起走吧。我当然不回去。过了一个多月，何应钦果然辞职，我也正式脱离反动政府了。田策卫去香港告诉我，李宗仁看了信以后说：“人各有志，我知道他。”

5月初，我第一次从广州到香港时，经钱昌照介绍，与当时在香港的乔冠华取得联系。他希望我留在广州，越久越好，对中共有好处。我接受了他的意旨，返广州分发各厂矿的美金工作完毕后，仍留在广州。以后因为发现陈诚怀疑我，才又仓皇逃出广州。我飞到香港后，把经过情况告知乔冠华，并对我不能完成任务表示歉意。他安慰了我一番。

（选自《文史资料选辑》第69辑，中华书局1980年内部发行版）

接收太原和初期城市工作

韩纯德*

1949 年 4 月 24 日，太原从阎锡山的统治下回到了人民手中。记得就在解放的当晚 12 点，我在北京接到华北局的通知，立即赶到刘澜涛同志处。他在谈话中，要我和戎子和一道马上赶往太原。那时候，解放战争处于节节胜利的形势下，任务带有很大的紧迫性。我们于 26 日赶到。当时，太原市处于军管时期，徐向前任军管会主任，罗瑞卿、赖若愚任副主任。当时主持日常工作的是赖若愚。

我到军管会的第三天，赖若愚找我谈话，要我担任敌方人员处理委员会主任，负责完成近两万名敌方人员的处理任务。我感到，抗日战争时一直在晋察冀地区，打了 8 年游击；解放战争期间又在

* 韩纯德：时任中共太原市委书记兼市长；后曾任纺织工业部副部长，电机制造工业部副部长。

热河，对二战区的情况不大了解，担心工作做不好。赖若愚说：“不要紧，有人给你做高参。”后来，赵宗复、胡熙庵、张隽轩等许多同志都是敌方人员处理委员会的“高参”。我们办公地点在山西公学。

进城后我们接管的太原城，是经阎锡山近40年封建法西斯统治而留下的破烂摊子。尽管经过逮捕战犯、特务，清除战争遗迹，安定社会秩序等一些工作，但这种治理仅仅是个开始。官僚机构、散兵游勇、潜伏特务等敌对势力还存在，他们极端仇恨人民夺去他们的天下；社会上明妓暗娼、吸毒者、流氓地痞还很多；加上阎锡山多年来的反动宣传，特务统治和白色恐怖，各类人员对我们都存有不同的思想疑虑，社会政治情况极为复杂。我们刚进太原几天内所接触的几件事，至今还有很深的印象。当我们到西北实业公司所属的太原炼钢厂等大型企业参观时，看到广大群众由于长期受苦难折磨，个个面黄肌瘦，仍在饥饿线上挣扎。5月1日劳动节，军管会召开了隆重的纪念大会，各界代表人士安排在主席台上，坐在我旁边的是著名晋剧演员丁果仙，她虽然是一位很有名气的演员，据说她出场演戏票价至少要一元银洋，但她同样身体消瘦，面色苍白，身穿一件污旧的褐色旗袍。她吸毒也很厉害。我们都是山西人，十一年战争没有看过山西梆子。一天晚上，我与戎子和到新华戏院看冀美莲的戏。回来的路上，吉普车行至军管会拐弯处，被暗藏的敌人打了一枪，车窗玻璃被打了一个小洞。就在我们刚刚住在军管会时，附近小北门火药库就发生了爆炸，延续了几个小时。这些都真实地反映了当时太原城社会的混乱情况，也充分说明太原虽然解放了，但是新生的人民政权还面临着严峻的考验和艰巨的任务。

军管结束后，于9月1日成立中共山西省委和省人民政府，同时重新组成太原市委和市政府。市委在省委的领导下，认真贯彻了党的七届二中全会的一系列方针、政策，在较短的时间里，使混乱的局面迅速扭转，社会秩序趋于安定，生产很快得到恢复，对社会上吸毒、娼妓等污泥浊水也都进行了比较彻底的扫荡治理。在与阶级敌人及各种黑暗、落后势力的斗争中人民政权迅速站住了脚。现在回想起来，真是出现了奇迹。社会秩序恢复得较快，我看有这么几个原因：

1. 解放军是新型的人民军队，给群众一种鲜明的感觉，特别是他们军纪严明，秋毫不犯，不愧是人民的子弟兵，与老百姓是一种鱼和水的亲密关系，也为我党的形象增添了光彩。

2. 广大干部进城后，保持了艰苦朴素、从政清廉的作风，勤勤恳恳地为人民服务。这同国民党政府的贪官污吏形成了鲜明的对比，使群众对共产党有了进一步的了解，党在群众中树立了威信。

3. 特别是党中央一系列正确的方针政策，具有极大的威力，使我们能够分清阶级阵线，最大限度地团结各阶层人民。阎锡山多年散布的“共产党先甜后辣”的反动宣传不攻自破，人民群众自愿团结在党的旗帜下。党的号召能够变成群众的自觉行动。这是太原市解放初期各项工作能够顺利开展的根本原因。

回顾当时市委贯彻党的七届二中全会精神，在城市改造工作中主要采取了如下措施：

一　打击暗藏敌人　分化瓦解反革命分子

刚解放后，暗藏的敌人以打黑枪、爆炸、放火等各种破坏活动向新生的革命政权挑战。我们对此给予坚决的狠狠的打击。入城前，城工工作在了解敌情方面取得了很大成绩，掌握敌特人数为5132人，蒋阎党会人数两万左右。进城后，肃反、逮捕反革命分子的工作进行得比较顺利。除一部分人已逃跑，登记的敌特人员达2400多人。我们根据党的政策，对他们进行分化瓦解，采取了不同的处理方式，先后镇压了7人，判徒刑的60多人；有的经教育后释放，有的被送去学习改造，对确已悔改、转变立场者予以留用。他们当中有个别高级人员由于我们的政治工作做得比较好，能积极地帮助政府提供线索，侦破案件。值得一提的是阎锡山的秘书长吴绍之，对绥靖公署的交接工作做得好，协助我们侦破了一些较重大的案件，后来被省委统战部推荐为太原市政协常委。

二　给大量的敌一般军政人员吃“定心丸”

对两万名蒋阎党会人员的妥善处理，是安定太原社会秩序的一个重要方面。当时，我们党对这些人基本上是采取包下来的政策，对多数人实行“三原”（原单位、原职、原薪）。从工作方法上来说，是用快刀斩乱麻的办法处理的。凡属该逮捕法办的逮捕法办，除此之外就归处理委员会来处理。在具体步骤上，采取“先勤杂，后职员；先简单，后复杂；高级人员最后处理”。这样，工作进展很快。从5月初开始办公，到6月中旬大体结束。一些重要人员移交市政府民政局处理。这一次，共处理13172名。其中，原机关留用者4682名，介绍到山西公学学习的2545名，学习或候用的505名，迁散本市的752名，迁散回原籍参加生产和自谋职业的3568名，审查后送公安和法院的8名，还有受训后准备录用和作其他处理的1112名。当时还办了一个高级班，主要是阎锡山的处长以上干部、年纪较大又有点名气的。在高级班中选择几位思想比较进步，在过去民主革命时期即同我党有过联系的人，像刘志弘、李维新等，作为班上的骨干来使用。当时，对接管过来的这样一些比较高级的人物采取从长计议、更为审慎地分别处理的方法，实践证明，效果也是比较好的。

我们处理了这样一大批蒋阎的工作人员，把其中近70%的人包下来。处理过程中又始终重视做思想政治工作，因而对稳定他们的思想，安定整个社会秩序起了十分重要的作用。赵宗复、胡熙庵、张隽轩等都在处理过程中作出了很大贡献，的确起到了高参的作用。40年过去了，这些老同志有的已在“文革”中被迫害致死，有的也以重病缠身相继去世，我始终对他们怀有深深的敬意。

三　坚持依靠工人阶级　恢复和发展生产

进城后我们的工作千头万绪，既要打击敌人的破坏，搜捕、处理敌特，收容游勇散兵，又要接管工厂，恢复生产，稳定市场，发展经济等，但从领导角度来讲，我们突出的任务就是要全心全意地依靠工人阶级，努力发展生产。市委始终认真坚持了这条方针，也取得了较好的效果。

在抗日战争、解放战争时期，许多老同志是在游击区里，在农村滚打了十几年，懂得打游击，闹土改；可是，一进城就不同了，过去熟悉的那一套用不上了。摆在我们面前的新课题、新任务，是要我们管工业、管城市，而且要求我们把这篇文章做好。这个转变，是由农村到城市，由战争到和平建设的转变。实现这样一个战略转变，在新的形势和任务面前，应该怎样开展工作呢？回顾起来，当时的指导思想是比较明确的，那就是坚决贯彻党的七届二中全会的路线和方针。二中全会指出："我们必须全心全意地依靠工人阶级，团结其他劳动群众，争取知识分子，争取尽可能多的能够同我们合作的民族资产阶级分子及其代表人物站在我们方面，或者使他们保持中立，以便向帝国主义者、国民党、官僚资产阶级作坚决的斗争，一步一步地去战胜这些敌人。同时即开始着手我们的事业，一步一步地学会管理城市，恢复和发展城市中的生产事业。"对于二中全会的这条方针，当时市委理解和领会主要有两条：一是全心全意地依靠工人阶级，二是努力恢复和发展生产。动力是工人阶级，目的是搞好生产。因此，市委当时经常念的就是这一部经。

怎样全心全意依靠工人阶级呢？怎样才能依靠得好，把他们的生产积极性充分调动起来呢？我们头脑里经常装着这个问题。那时，市委的同志很团结，思想认识上也比较统一，大家把精力全部集中在如何具体执行二中全会方针上，集中在寻找和创造管理城市的办法和经验上。刚入城时，我们首先大讲工人阶级的主人翁地位，讲共产党就是工人阶级的先锋队，向工人发放救济，过五一劳动节把工人代表请到主席台上就座，会后用汽车送他们回去。召开工人群众的座谈会，主要负责同志都出席讲话，还在太原市当时最大的正大饭店设宴招待。工人们感动地说："做梦也没有想到我们工人会有今天！"有的说："在太原十几年了，第一次来正大饭店。"市里这样做，各级也这样做，使广大工人深切感到，共产党来了，显然与阎锡山大不相同，确实把我们当作主人翁对待，从而初步调动起工人群众搞好生产的积极性。

此后，市委考虑到，对工人仅有热情，尊重他们的社会地位是很不够的，如何进一步提高工人阶级的主人翁觉悟，把他们的积极性建立在阶级自觉的基础上，从根本上发动和组织起工人群众？采取什么具体办法才能达到这个目的呢？我们一时还没有摸到。

记得，市委有一次听工作汇报，孟健夫讲到，电厂的一个工人提出个问题，他说："共产党确实看得起我们工人，而且看得很重，说我们是主人翁。但是，像张 ×× 这种人也是主人翁吗？"张 ×× 是我们留用的电厂资方厂长。这个工人提出的问题说明，工人们对自己的主人翁地位仍然有所怀疑。当时，市委感到这个工人的意见开了我们的窍，如果我们不对张 ×× 这类过去有罪恶行为的人进行必要的揭发和处理，那么，工人对自己的主人翁地位产生怀疑是很自然的。当然，对于张 ×× 这类人，我们开始采取包下来的政策，实行留用，对稳定社会秩序和工厂秩序是起了积极作用的，是正确的。但是，这些人过去欺压盘剥工人，奸污妇女，有很多劣迹，工人们并没有忘记。现在，他们居然也是"主人翁"，甚至还继续站在工人头上，工人们是想不通的。因此，市委经过研究，提出了进行民主改革补课的任务。之所以叫作"补课"，是因为我们进城后，已经进行了许多工作，如建立工厂管理委员会、职工代表会，废除了工人下班时被搜身的制度和把头制度，登记审查了反动党团骨干等，这些主要是用行政手段进行的民主改革。这次补课，我们决定要自上而下地充分发动群众，对官僚资产阶级和封建残余势力进行一次清理，在工人中进行一次阶级教育。这个决定，就是从电厂那位工人讲的实话、心里话中受到启示而形成的。讲真话是不容易的。作为领导者，一定要善于区别套话和实话，对群众的实话必须予以特别的重视。听了实话，我们的思想政治工作才有切实的针对性，才能把工作做到工人的心里头。

民主改革，在厂矿首先是从劳保登记开始的。劳保登记中，用民主审议的方法，哪些人能享受劳保的条件，哪些人不能享受或者暂时不能享受。后一种人是少数，差不多都是过去有程度不同的罪恶的，他们就被澄出来了。对这些有罪恶的分子，即发动工人进行揭发、控诉和斗争，有些作了适当的处理，个别罪恶严重的被逮捕法办。对这些人搞得准不准？总的看都是比较准的。我们在老工人中进行了调查，我们的老同学在太原的也很多，他们都敢向我讲真话。当问到那些被揭发控诉的人时，大家都说："这个人在旧社会时就是人人喊打的坏人，斗争是完全应该的。"

在这次民主改革中，我们特别注意了充分发动老技术工人。他们对工厂的情况最了解，对旧社会的反动统治和剥削压迫体验最深刻，对工厂和生产也最有感情。所以，市委明确提出，把对老技术工人发动得是否充分，作为发动群众是否充分的标志。过去，阎锡山在老工人、老技术人员中也玩弄了一些花招，发展了什么"同志会""产业基干"等，实际上是一种"抹黑"的手段。对此，我们明确宣布，说清楚就算，一律不算历史问题。在运动中，也吸收了工程技术人员参加，实行保护技术的政策，使他们在运动中克服自身存在的超阶级观点、技术脱离政治的倾向，受到一次生动的阶级教育，从而增强了党同工程技术人员的团结。对于历史遗留下来的工人内部的关系问题，诸如师徒关系、宗派主义、地方主义等，采取了批评与自我批评的办法，消除隔阂，提高觉悟，增强团结。大家认识到：兄弟之间的事，说清楚、认个错就算了，以后要从阶级利益、革命利益上看，不要再分什么宗派和山头了。

这次民主改革，是一次轰轰烈烈的运动，但打击面很小。工人内部的问题通过批评与自我批评解决了；有些这样那样历史污点的人，说清楚以后放掉了包袱，深感“民主改革挽救了我们”；受到打击的都是在群众中以及在留用的旧人员中印象很坏的有罪恶的分子；同时，还提拔了一批老工人、技术人员中有能力的积极分子到工厂各级领导岗位上工作。这样，就使工矿企业中的阶级关系发生了根本的变化，工人阶级主人翁觉悟得到了进一步的提高。过去存在的上下班不遵守时间，交接班不认真，不关心产品质量，经营管理上责任心不强等问题，得到了基本解决。工作和生产很快出现了一个新的局面。

太原市民主改革以后，《人民日报》社社长范长江曾到太原看过一些工人。当他看到太钢的广大工人不仅上班时劲头很大，业余时间还自动捡钢铁交给工厂的情景时，很受感动。当他了解到这是经过民主改革出现的新气象时，便打电话给市委，要求写一篇文章。于是，市委写了一篇题为《公营厂矿补行民主改革把旧企业改造为人民企业》，发表在1951年12月6日《人民日报》第二版。

市委从国营厂矿的民主改革中，找到了发动群众、调动工人积极性的办法，尝到了甜头，取得了经验。接着就把它推广开来，在私营工业、手工业、建筑业以及戏剧界，都开展了以反对封建主义为主要内容的民主改革运动。郊区农村的土地改革，是1949年11月布置，1950年3月结束的。当时也叫和平土改。改革的具体办法，曾由市各界人民代表会一届七次会议通过。

总的看来，在解放初期的城市工作中，针对国民党反动派对共产党的反动宣传的影响，针对官僚资产阶级和封建势力的存在，以及历史遗留下来的问题尚未解决的情况，要充分启发工人阶级的主人翁觉悟，把城市的生产事业搞好，进行民主改革这样一场政治教育是完全必要的。工人的积极性高了，群众的积极性起来了，一切事情就好办了；反之，事情都不好办。这应该说是一条真理。

四　认真开展质量检查　改善企业生产管理

经过民主改革运动，我们对于如何从政治上改造旧工厂的问题，摸到了一些规律。在工人群众积极性高涨起来的情况下，第二步应该抓什么？在生产管理上应该抓一个什么症结性的、关键性的问题，从而把整个生产提高一步？市委的思想一度集中在这一点上。1952 年初，我们曾集中用了一段时间，对产品质量进行过一次检查。通过这次检查，我们对产品质量问题引起了重视。反浪费运动中揭发的事实说明，废品多、次品多，以及与此相联系的原材料浪费多，是最大的浪费；强调质量是提高产品、降低成本的先决条件。同时，产品质量低劣，还会产生连锁反应，后患无穷。质量是价值的体现，废品、次品不仅不产生价值，而且生产越多，浪费越大，因此可以说，没有质量也就没有数量。基于上述认识，市委经过研究，决定在全市工业企业中开展一次全面质量大检查，以便在企业的领导以至工人中，把质量第一的观念真正树立起来，并抓住质量管理这个环节把整个企业管理带动起来。

全市进行质量大检查的主要方法：（1）领导带头，层层揭发问题，领导带头检讨。所以这样做，一方面是因为下面表现出的质量问题许多是领导思想不对头造成的，必须突出地端正领导思想；另一方面是因为领导带头检讨，承担责任，就相对地消除了群众不敢揭发问题、怕受处分的顾虑。（2）抓住典型，推动一般。选择那些具有说服力的典型，例如，有些负有一定领导责任、轻视质量的思想比较严重或者技术高但在质量问题上捣鬼办法也多，而且思想已经搞通了的人。太原钢铁厂通过全厂典型示范大会，很快就掀起高潮，仅炼钢、轧钢、运输、动力四个部，数日之内即揭发出质量问题 1100 多个。（3）举办质量展览，进行生动具体的质量教育。看了展览的工人都深深感到产品不合格造成浪费的严重性和提高产品质量的重要性。许多工人看到自己生产的废品给国家带来的损失，痛苦地掉了眼泪。（4）征求用户意见，了解由于本厂产品质量不好给用户带来的影响和损失，并听取提高和改进产品的意见。这样在广泛揭发问题、深入进行思想教育的基础上，各厂矿企业都针对存在的质量问题，采取了有效的解决问题的措施。从全市范围来说，市委主要抓了两条：一条是大力推广先进经验，推行先进的技术操作规程，发动群众性的技术革新和合理化建议活动，举办全市性的技术表演大会、现场表演观摩会等等，从而把提高质量同提高技术水平衔接起来、统一起来。第二条就是强调建立健全质量检查制度，严格质量管理。

总之，通过质量大检查，使我们看到了工厂管理方面存在的很多问题。集中地、系统地解决这些问题，特别是把从思想上树立质量第一的观念放在第一位，以改变领导干部中的单纯任务观点，改变职工群众中存在的非主人翁态度，不仅具有经济意义，而且具有很大的政治意义。

对太原市进行的这项工作，中财委曾派人来做过了解，并要我们写文章作介绍。记得是于纯华、封铁夫同志和我一起写的，发表在1952年12月2日《人民日报》上。市委向华北局写的报告，党中央也批转全国，批示说："这个检查报告中央认为很好，凡正在钻研改进工厂产品质量、提高产量、减低成本的各厂矿，均可仿照太原市委的办法进行一次质量检查运动。"

总之，在进城以后，市委一直在齐心协力地摸索如何具体执行依靠工人阶级搞好生产这条方针的问题，一切工作是围绕着工业生产进行的。市委常委每人都具体联系一个工厂，每周至少要下工厂一天。组织、宣传等部门也主要围绕工业生产来开展工作。在厂矿企业，除了民主改革和质量大检查作为群众运动大张旗鼓地搞了外，也进行了不少其他工作。例如，多次开展劳动生产竞赛，安全卫生检查，对工人的政治思想教育，对工程技术人员的思想教育，等等。对工程技术人员，首先是大胆使用，同时，根据他们存在的实际思想问题，进行细致的、针对性的工作，不断地帮助他们卸掉包袱、轻装上阵。这些人在解放前差不多都有这样那样的历史问题，或者成分不好，或者参加过什么党团，或有过些不好的行为。背在他们身上的这些包袱，要我们一个一个地帮他们卸掉。由于历史的原因，他们和工人之间也存在某些隔阂，我们就发动工人，特别是老技术工人主动和工程技术人员搞好关系，加强团结合作。市委还要求各级领导克服轻视工程技术人员的思想，并在全市给工程技术人员上思想改造的大课，进行形势和政策教育，"猴子变人"——

社会发展史的启蒙教育。在这方面，太钢炼焦部的工作做得比较突出，华北局和党中央都通报过他们的经验。在爱国主义生产竞赛中，我们还特别强调做好安全卫生工作。那时提出的口号是“安全第一，生产第一”，贯穿了生产必须安全、安全为了生产的思想。1952 年 9 月，市委就这个工作写了专题报告，华北局转报中央后，党中央也批转了。批示指出：“太原市委关于厂矿安全卫生工作情况报告，以及对厂矿安全卫生所提的处理意见是很重要的，特予转发，其他地区均可参照执行。”对于工会工作，中央给予特别的强调和重视。市工会主席是市委副书记郭钦安兼任，下面也是党委副书记兼工会主席。工会的地位提得很高，像生产竞赛这些工作都是由工会组织和领导的。

市委在经济工作中，坚持贯彻思想工作，不是说一切为了钱，一切拿钱和物质来刺激。那时的政治鼓动确实很生效、很起作用。党中央有个什么新的指示、新的政策，我们要组织个什么活动，宣传部召集一个大型报告会，然后，各厂矿、各系统和各区的报告员、宣传员一起出动，很快深入人心。宣传员、报告员当时已经形成了制度。有些东西并不是拿钱就能买来的，政治思想工作还是解决问题的。关于这方面的工作，市委曾写过不少书面的材料。1953 年 11 月，中央宣传部通报了太原市在产品质量检查中的思想教育工作的经验。1952 年 10 月，华北局和省委批转了太原市委关于在推广先进经验中党的政治鼓励工作经验的报告。

以上想重点说明市委对太原市解放初期工作的主要指导思想。工厂的工作还有许多方面，如安全工作、增产节约运动、定额管理等工作，就不一一赘述了。

五　利用、限制、改造私营工商业

太原市的经济主体是国营工业，而国营工业主要是国防工业。阎锡山建立了一套自成体系的国防工业。与此同时，私营工商业也有相当的数量。解放初期，由于许多私营工商业者对我党的政策不了解而顾虑重重，因此许多大户分为小户，而小户又变成了摊贩，有的又变为跑单帮的。我们积极宣传了党的保护私营工商业的政策，认真做好他们的工作。我们认为当时的私营工商业仍然应该得到一定的发展，而发展私营工商业的关键又在于正确地贯彻劳资两利的政策，既要紧紧依靠工人阶级，考虑和保证他们的生活条件，又要照顾到生产的发展，对私营工商业的资本，要保障其正当的收入和利润，以促进整个社会经济的恢复和发展。

六　听取各界人士意见　开好各代会

进城后，面临改造旧太原，建设新太原的艰巨任务，我们立即利用各界代表会议的形式，联系群众，集思广益。入城不久，即在5月22日，召开了一届一次各界人民代表会议，出席代表213人，他们代表着各方面的意见和要求。通过代表会议，发扬民主，全市工作中的一些重大问题，比如市政建设、复工复业、稳定物价和社会治安等，都是经过各界代表的讨论通过的。这在当时确实是运用民主的一种好形式。

七　做好城市规划　画出太原新蓝图

旧的城市如何改造，如何建设一个新兴的、现代化的新太原，当时赖若愚、裴丽生等同志都很重视这个课题，进城后即责成市委、市政府进行规划。由于旧市区很狭窄，因此新的规划不局限于旧城市的格局。当时设想除规划出大的框架外，在汾河上游建设一个水库，把汾河河道固定起来，把汾河两岸美化起来，搞一些新的建设。当时水利部部长傅作义对汾河上游建设水库很支持，对这一工程比较快地拍板定了案。那时搞这些建设有很多有利条件，不仅中央支持，我们自己也有一批有学识和专长的专家，这支技术力量，在太原建设中作出很大贡献。其中主要骨干有张桂山、韩良友、赵承纲、刘锡光等，韩、赵、刘都是北洋大学土木系的高才生。迎泽大桥是韩良友设计的，太原解放后第一家电影院——五一电影院是刘锡光设计的。由于对知识分子的正确使用，并信任他们，因此他们积极性很高。当然，我们当时不仅自己有一批技术骨干，同时还把规划设计向国内专家如梁思成教授等请教。可以说，太原市初期做的规划，是集体智慧的产物。

以上所述，仅是在改造和建设城市中的几个方面的工作，还有许多工作，如党的建设、政权建设、各个群众组织的工作，都取得显著成绩。入城不久，在5月初，市委就召开了地下党员大会，悼念死难烈士，提出新的任务。太原的党是有一定基础和优良传统的。我们在各项工作中，都强调了发挥党组织的动员、鼓舞和组织群众的作用，发扬党员的先锋模范作用。我们遵照毛主席的指示，反复教育党员把已经取得的胜利，看作是万里长征的第一步，要求所有共产党员保持谦虚谨慎、不骄不躁、艰苦奋斗的作风，时刻警惕“糖衣炮弹”的攻击。广大党员和干部朝气蓬勃，兢兢业业，廉洁奉公，在不长的时间里，城市各条战线就呈现一派欣欣向荣的景象。40年过去了，如今，太原这座美丽的城市，在省、市委和政府的领导下，面貌已非昔日可比。特别是党的十一届三中全会以来，在改革、开放、搞活的方针指引下，正在团结全市人民，稳步地向着现代化的目标迈进，相信一定会计日程功的。

（选自山西省政协文史资料研究委员会编《山西文史资料》第63辑，内部资料，1989年）

完整接管杭州伪市政府

余森文[*]

1948年下半年，平津即将解放，淮海战役正激烈，南京伪国民政府已在准备逃亡，全国解放指日可望。10月我们到了杭州，旧地重来，心想这座著名的风景城市，不久就可以回到人民手里了，这已是人心所向，大势所趋。但是，怎样使这美丽的杭州在反动派的溃败中保存得完美无缺，使人民的损失降到最低限度，还是大有工作可做的，当时我就是这样想的。

一　物色工作对象

当时的伪杭州市市长周象贤是一个反动老顽固，是宋子文一派的亲信。市府秘书长徐雄飞，是清华毕业生，在抗战时期我担任丽水伪专区行政督察专员时，他担任丽水专区所属的松阳县县长，年

* 余森文：时任杭州市工务局副局长；后曾任杭州市副市长，市政协副主席，浙江省政协常委。

轻有血气，办事干练。他与当地土劣不妥协，曾受地方恶势力的围攻与诬告，我当时很大地支持了他，因之相互之间有较深的了解。我在杭州同徐接触较多，在最初的几次接触中，我向中共上海局汇报了并根据上海局张执一同志的指示，对徐雄飞大致谈了以下几个问题：1. 不要搞镇压，要设法暗中保护进步人士；2. 要照常工作，掩蔽好自己，才能打击敌人，避免引起旁人的怀疑；3. 要尽一切保住自己岗位，为人民保全好档案、图籍和物资等；4. 注意联系好各局处及主要部门人事关系，系住人心。在以后的继续接触中，徐介绍当时的市府民政科长黄丽生做助手，有的工作不便亲自进行的，可以由黄去进行。黄原是徐在松阳县县长任内的县民政科长，徐保证信得过他，我以前对他也是熟悉的。同时我通过徐安排了一位地下党同志史林峰在市府民训科工作，一位谢汉同志曾在市税捐处工作，双方加深了联系。不久，周象贤垮台，继任伪市长任显群是当时伪浙江主席陈仪的人，徐、黄两人则留任原职。情况比以前更加有利了，不但杭州，连全浙江都可望和平接管。据徐说：任显群曾经表示愿与杭州同解放。这些情况，我当时曾向中共上海局张执一同志反映过。

二　突然的变化

1949 年 1 月 1 日，伪浙江省主席陈仪下台离杭后，突然被捕。新任伪省主席周岩，是一个极反动的军官。杭伪市长任显群亦相继离去，新任伪市长俞济民是俞济时的胞弟，也是蒋介石的外甥。情况发生了不利的变化。幸而徐、黄两人仍留原职。此时我在杭已难立足，以担任同济大学讲座名义不时去上海暂避。淮海战役已近尾声，渡江战役一触即发，李宗仁接受和谈。我离杭前对徐雄飞布置：杭州面临解放，一切工作要按原定计划更机密地加速进行。以后我从间接取得的联系中，知道他们的工作进行得还顺利。

三 临近解放

1949 年 4 月 27 日，我从上海秘密回到杭州，已知伪省、市政府都已迁往钱江南岸，计划往定海撤退，同时内定俞济民兼任浙东行署主任。他命令所属主管人员全部随行继续工作，市属档案、图籍及物资等能带走的全部带走，不能带走的予以烧毁。据徐雄飞等汇报：市财政局局长吴益逊、教育局局长钟伯庸、园林处长周永年、工务局科长吴寅、警察局督察长马端文及分局长朱肇焯、池桂生等都不愿随去；发电厂、自来水厂、公共交通公司、电话局、广播电台都有过密切联系，可保安全；市府档案室、电话总机室都布置了妥当人员进行保护；俞济民要亲自带走的地籍图、册等，则通过原地籍保管员李宗先事前用一份抗日前用过的废图册调换下来；并从省中统特务头子俞家镛与俞济民机密交往的文件中抄下了 500 余人的留杭特务名册一份，此件以后由我亲手转交市军管会。4 月 30 日晚，俞济民在市府召开了紧急会议，下达了撤退命令，次日先运走库存银圆 1 万余元，那两只装有被换过的地籍箱子也被运走了。到 5 月 2 日俞动身前，要徐雄飞同行，徐在危急中脱身隐匿，与我在电话中取得秘密联系，留黄丽生在外作随机应付。待俞匆促离杭后，杭市府的一切档案、机要，户、地图籍以及电话总机等重要物资，就全部保全下来了。

四 大桥被炸

4月30日，我从一名黄绍竑的旧部广西籍军官（姓名回忆不起来）处，得知周岩命省工兵营准备要炸钱江大桥，我晓以大义，要他做广西士兵的工作，从中阻止这一破坏行动，要他们立功。但当时对我的回复是周岩、俞济民等将亲自指挥并强迫炸毁大桥，但可做到不炸中要害，便于修复。5月2日，周岩等就过江去了，大桥于3日上午被炸，结果只是桥面破坏，不久就被我军修复。另外据悉，铁路方面的地下党同志，当时亦有护桥计划，详情不了解。解放后，我还在建设局安排了两三名广西士兵的工作。

五 大军进城

5月3日天气晴朗，下午2时许解放大军由西湖区进入市内，二十一军军部首先驻市府，徐雄飞等迎接了军长滕海清一行，并在布置城防中协助了工作。我接到徐的通知后，亦当即见到了滕军长，当滕了解到电厂、自来水厂、公共交通、电话、电台等均完好无损时，立即派部队进行了保护，还接见了警察局督察长马端文及分局长池桂生等，要他们严守岗位，维持好市区治安工作，因为解放军部队大部分驻扎在四郊，并不进城。另外通知公共交通公司经理朱克华调度了部分车辆支援部队向德清方向的紧急运输任务。当时还有一部分浙北伪师管区残部退到下城区一带，当由军部派部接受其投诚。至晚军部移往民生路国民党省党部内，并立即经由电台发布了告全市人民书。至此，整个杭州市的解放未发一枪，未流一滴血，未损一草一木，当夜市内街灯通明，行人稀少，平静如常。次日街市商店大部分照常开门，往来行人热闹，这是党和人民解放军的声威和政策已深入人心的结果。为了便于工作，我要求林枫同志要军管会发给徐雄飞、黄丽生两人临时出入证，可以随时联系工作。两天后二十一军向前推进，城防由七兵团派部担任，军管会工作人员亦陆续到达。

六　新政权的建立

杭州市军管会主任谭震林同志于5月6日晚抵杭，7日即派汽车接我去见面，我将几天来杭州解放前后的情况作了扼要的汇报。谭即公布我的职务协助接管工作。据记忆，谭主任对徐雄飞等的工作深表嘉许。军管会开始各部门接管工作后，黄丽生被派为军管会房管处秘书，徐雄飞被派接收工商报社，以后又派为市福利会秘书长。两年后徐经中央财经领导同志介绍去北京，在中央人民银行经济研究室工作。杭州解放，完整接收，为人民政权的迅速建立提供了条件，为杭州人民减少了损失与牺牲，也为浙江全省的解放做出样板。

（选自浙江省政协文史资料研究委员会编《浙江文史资料选辑》第20辑，浙江人民出版社1981年版）

接管和改组杭州市商会前后

曹湘渠*

一

1949年5月3日，走过漫漫长夜的古城杭州，终于迎来了黎明，迎来了朝阳。当日，久已渴望解放的杭州市民，彼此奔走相告，倾城出动，走上街头，夹道欢迎纪律严明的人民子弟兵队伍进驻市区。

为了对中国人民解放军表达敬意和慰问，浙大校长、德高望重的马寅初先生率先振臂一呼，立刻得到全市响应，乃于6月在杭州成立了“浙江省暨杭州市各界人民慰劳中国人民解放军委员会”。这个人民群众自愿组织而规模宏大的劳军活动，既包括工、青、

* 曹湘渠：时任《浙江日报》副刊主编、《当代日报》总主笔；后曾任浙江省政协副秘书长，民建杭州分会副主委，杭州市工商联秘书长。

妇、教、文各界代表，又有各民主党派和工商界负责人参加。第一次集会上，公举马寅初先生任劳军总会主任，并按界别成立分会，同时开展了广泛宣传解放战争的胜利形势和中国共产党对解放区的各项政策法令。由于人民群众的热情很高，不久就掀起了捐款、捐物、拥军、劳军和支援前线的热潮。

劳军总会设在中山中路杭州市商会会址内。当时，我受命接管《当代晚报》（后改为“日报”），并受省文协党组书记刘加林的委派，以“文协”代表名义参加劳军活动。就在这个会上，我初次认识了景仰已久的马寅初，同时见到了不少著名的学者教授苏步青、严仁赓、程孝刚、刘开渠、王历耕、陈礼节等先生，并结识了民主党派负责人姜震中、蔡一鸣和民主人士唐巽泽诸位先生，而工商界的头面人物金润泉、张忍甫、程心锦、姚顺甫、胡海秋等先生更是每天见面，还有几位旧政界的知名人士吕公望、马文车等先生，也经常来参加活动，真是群贤毕至，济济一堂。

劳军总会毕竟是临时而松散的组织，在解放初的日子里，委员会成员中难免鱼龙混杂。当时我在一批名单中，发现了不少原是国民党党政军的官员也混迹其间，政治情况相当复杂。会后，我向市军管会陈述了自己的所见，引起了领导的重视，特别是对总会秘书长一职由原国民党县长胡某（当时他已转入市商会做主任秘书）担任，认为十分不妥，但又不宜急于换马。不久，市军管会秘书长吴宪约我谈话，要我协助马老工作，掌握全面情况。因此，在一次会议上，浙江日报社陈冰提议由我担任总会的副秘书长。在长达三四个月劳军活动期间，我因经常与民主党派和工商界人士合作共事，以至此后受命接管市商会和长期从事统战工作。

二

在6月、7月、8月三个月中，杭州市其他方面的接管工作已迅速推进并基本完成了，唯独对如何接管以私营工商业者为主体的群众团体，市军管会领导的态度慎之又慎，迟迟未作出具体部署；直到劳军将告结束时，至9—10月间，市委领导才约我去谈话。吴宪同志当时已任副市长，他开门见山地对我说，市委已决定派我接管市商会并筹建工商联，并说，这是谭震林亲自抓的事。他要我同胡成放、郭静唐一起商量人事的安排，尽快报市委审核。当时，我对这个新的任务，实在感到既意外又紧张，心里七上八落，一时不知如何是好。吴宪同志恳切又耐心地做我的思想工作。他要我认真学习党的统一战线方针政策，特别要学习党对民族资产阶级的科学论断，以及对其采取又团结又斗争、对资本主义工商业采取利用限制改造的方针政策。他反复强调，在解放初的江南城市，对工商界的统战工作，不仅是经济上的需要，而且是政治上的需要。尤其像杭州这样的城市，解放前是江、浙财阀及蒋、陈反动统治的基地之一，当前又是解放全中国的斗争仍在进行，帝国主义封锁我沿海，封建势力和匪特把持着农村，造成城乡阻隔，市场萧条，加上一般私营工商业者对我党政策不理解，有不少人采取抽逃资金、消极经营的态度，大大影响了广大工人的生活，增加了政府财政的困难……吴宪同志频频晓以大义，努力解开我的困惑，使我无法推诿党的委派。吴宪还说，这项工作对你我都是陌生的，只有在学中干、干中学，遇到困难时，咱们一起多商量吧。

月初，市委、市政府分别召开了工商界头面人物座谈会，广泛征询对筹建工商联及其领导人选的意见。省交际处处长胡成放、市工商局局长郭静唐也与工商界频频接触，听取意见。于是，接管市商会和筹建工商联的工作，已紧锣密鼓地摆在我们面前了。

接着，吴宪同志告诉我，谭震林已亲自物色了原官僚资本杭江纱厂经理汤元炳出任市工商联主委， 并介绍说，汤在大革命时期曾参加我党，后因被捕断了联系。保释出狱后去日本留学，今有党内经济界同志向谭推荐他。谭震林同志还亲自到杭江纱厂视察过，颇赏识汤对企业生产管理有丰富经验，因此立即调他到省工矿厅厂矿联营处当经理，认为是个难得的人才。现在决定由他出任工商联筹委会主委。 再配上几个有声望的副主委，先把上层工作做好，团结一批工商界的骨干，再有步骤地进行接管和改组同业公会，就可顺理成章了。

当时，工商界的情况又是怎样的呢?

解放不久，工商界的思想十分复杂。他们看到解放战争迅猛而伟大的胜利，将长期压迫着中国民族工商业发展的敌人——帝国主义和国民党反动派打败，感到无限高兴。同时，由于长期受了种种歪曲恶毒的宣传，他们对中国共产党有着重重疑虑和害怕，有的对生产经营采取消极的态度，有的甚至存在“吃光用光”的思想，其中一些惯于从事投机的冒险家，则趁机大肆以商品和金融进行猖狂的投机活动，他们操纵市场，造成物价波动，使广大市民生活受到严重的威胁。人民政府对于投机者采取了坚决的打击和取缔，而对于正当的工商业则给予种种帮助和扶持，使广大工商界受到了实际的教育。因此，尽快建立工商联组织，通过这个主渠道，对工商界进行既团结又斗争的教育，已成为非常迫切的需要了。

这里，顺便提一下，当年居于全市乃至全省工商界首领地位的铁腕人物金润泉老先生的态度。这位人称老行长（他从大清银行起到中国银行一直沿任行长），是杭州工商界著名的三朝元老，号称“金半城”，老商会会长。就在我们接管工作开始的前夕，他突然发出请帖，邀请在劳军总会里工作的民主人士姜震中、蔡一鸣、唐巽泽等人，再加上市工商局局长郭静唐和我，到他家里参加宴会。他为什么举行这个“家宴”呢？原来他要向大家表明：他是一个徒有虚名的“金半城”，实际上是没有多少财产的。由此可见，当时真正有财力的资本家，是非常害怕“共产”的。这件事，使我认识到团结教育改造广大工商界，是一件非常艰巨的任务。

三

经过与有关部门的紧密配合并进行多方面的调查研究、协商讨论，再经过首次市各界人民代表会议的建议，由市人民政府批准后，才确定了71人为市工商联筹备会的委员。1949年10月29日举行第一次筹委会全体会议。会议由市工商局局长郭静唐担任临时主席，当即推选汤元炳、唐巽泽、姚顺甫、胡海秋、金润泉、程心锦、童泉如、金仲椿、朱新予、求良如、曹湘渠等17人为常务委员，并推选汤元炳为主委，唐巽泽、胡海秋、姚顺甫、金仲椿、金润泉、童泉如6人为副主委，常委会上推定我任秘书长。

11月1日，在旧市商会原址正式成立“杭州市工商业联合会筹备会”，并开始办公，着手接管旧市商会全部档案、财物、人员。

并同时成立了接管、整理、文教、财务等委员会组织，为全面接管同业公会作了组织准备。机关内部机构亦相应调整，宣布了原有工作人员一律留用，坚守岗位。

杭州市工商界的原有组织，除市商会外，共有126个行业同业公会（另有几十个小学由同业公会主办，经费亦由公会负责），其中工业11个公会，商业115个公会，分布在全市城区。由于杭州历史上是对外开放的商埠，商品经济比较发达，其中某些行业还畸形发展，而工业基础却相当薄弱。有些同业公会中拉帮结派，封建势力很强，政治情况亦非常复杂。公会里有工作人员七八百人，队伍不小，整理任务亦很繁重。

当时全市私营工商户（含摊贩）17800多户，其中工厂1459户，占0.8%。私营工商业从业人员7万余人，其中产业工人约28000人，占39.8%。私人资本总额近4000万元（人民币），其中工业全部固定资产近3000万元，占70%左右，可见工业户数虽少，但从业人员和资金相当集中。

当时，私营经济在本市国民经济中占据主要地位，私营工业产值占全市工业总产值约91%，私营商业的零售额占全市商业零售总额约94%。显而易见，加强对私营工商业的教育和管理工作，对迅速恢复生产，安定人民生活，有何等重要的意义。市军管会谭震林主任曾多次分别召开工人代表和工商界人士座谈会，反复阐明党中央关于发展生产、繁荣经济、公私兼顾、劳资两利的方针政策。在我着手进行筹建市工商联时，谭政委对我还作了重要的指示，至今记忆犹新。

接管和改组工作，采取了“稳步前进”的方针，预计以一年时间为筹备时期，从大到小，选择与国计民生关系较大的行业先改组整顿，使它成为适应新民主主义经济发展的需要，服务于正当工商业合法利益的新型的同业公会。

1950 年 11 月 1 日，市工商联正式成立。在成立大会上，吴宪副市长讲话中说："这一年来工商联的工作是有成绩的。具体表现在团结、教育、组织了广大工商业者协助政府推行政策法令，积极参加劳军、公债运动，完成税收任务，团结工商界克服困难；并在加工、订货、调整公私关系、组织土特产运销、改造生产等方面，做了很多有益的事……"

成立大会上选举汤元炳为市工商联主任委员，唐巽泽、姚顺甫、胡海秋、金仲椿、金润泉、童泉如等为副主委。我继续担任秘书长。

以上 45 年前的往事回忆，只能提供后人参考。而当年与我朝夕相处多年的友人，大多已作古，我亦垂老矣。今天，我们的祖国，我们的古老杭州，早已发生了日新月异的巨变，并正沿着有中国特色的社会主义大道前进，抚今追昔，怎不令人无限感奋呢！

（选自杭州市政协文史资料委员会编《杭州文史资料》第 20 辑，内部资料，1998 年）

从潜伏到接管的武汉岁月

刘　实*

1948年夏天，上海局新派了两个人到武汉作为地下工作领导成员的补充力量，一个叫江浩然，一个叫张文澄。上海局就是南方局搬到上海后改名的，就是周恩来总理的办事处，它管南方的工作，叫“上海局”，区别于在重庆的南方局，也区别于在香港建的南方局。

这两人来了武汉，原来的湖北省工作委员会就进行了改组，变为武汉市工作委员会，撤掉省工作委员会的原因是武汉解放在即，党组织决定武汉地下党集中力量来做武汉市的工作。本来我是要从香港被安排到其他地方工作的，但因为叛徒事件的阴影逐渐淡去，

* 刘　实：时任中共武汉市地下党委委员；后曾任教育部副部长，全国总工会书记处书记，全国政协委员。

我又十分熟悉武汉工作，在香港待了几个月后我又被派回了武汉。

还有一个原因，原来成立湖北省工作委员会的时候，有一个任务，是做湖北长江两岸的工作，就是迎接大军渡江。这个任务到1948年底我们已经不用做了，因为我们的军队已经逼近了长江，只不过是没有渡江，解放区的城工部这几年一直同时在城市开始工作，他们把两岸的工作做得相当不错了。当然联系沙市、宜昌、黄石市委的工作仍由我们做，但重心全部要放在武汉。

新成立的武汉市地下市委成员由我们五个人组成。曾惇任地下市委书记，曾惇、江浩然、张文澄为市委常委，我和陈克东任市委委员。

一　保护城市运动

新地下市委的工作重心很明确，就是迎接解放。

比起之前的地下工作，现在我们的任务其实更具体：为军队进城和接管城市做好全面铺垫。这就涉及武汉整个城市系统的方方面面：各机关、部门、工厂、学校。地下市委只是个领导机构，经过几年发展，整个武汉的党员也才不过500多人，依靠现有组织成员，人手显然不够了。

急急忙忙发展党员不现实，尤其在那个胜利的形势下，肯定要防止少数投机分子钻进党内。我们的办法就是快速成立和扩充非党的进步组织，在最短时间内，武汉成立了14个外围组织，涉及武汉的各个行业，就是为解放后对口接管各个机关单位做准备的。

这些组织按照行业系统建立，名称前面冠以“新民主主义”称呼，比如新民主主义建设协会、新民主主义学生联盟、新民主主义教师协会等，只有工人组织没有标上新民主主义，就叫工人协会。它们是非党组织，是党领导的。这既解决了发展党员的慎重和标准问题，又解决了解放前在武汉全面开展“反撤退，反搬迁，反破坏”运动的人手问题。这 14 个外围组织很快发展到了 2000 多人，不光进步群众，一批武汉的高级知识分子和行业人才也加入进来。国民党军队溃败，解放军还没进城的这段时间，我们称为“真空期”。沈阳、南京解放时，这个时间城市都是发生了骚乱，但武汉极为平静地度过了，这要归功于地下组织的提前部署。

刚开始，我们也是想依据外围组织的系统划分，按工人、学生、教师、职员、职业青年把各行业的人组织起来，但后来考虑到，武汉的行政区划复杂，行政机构也多，有所谓“三府两局一会”——国民党湖北省政府、汉口市政府、武昌市政府和汉口、武昌两市的警察局以及湖北省参议会。汉口、武昌、汉阳三镇可能不会同一时间解放，如果武昌解放晚于汉口，这样按条设计的人力调动就会带来不便。1949 年 4 月，曾惇在一次市委会上提出的《为保护城市度过青黄不接进入接管而斗争的报告提纲》中，着重强调了这个问题，他说：“由于解放大军在武汉上下游渡江，粤汉铁路截断前，或三面包围逼紧时，敌人在撤退中有执行有计划预定破坏的时间。汉口敌人撤退后，因退路已断而卷土重来的可能性很小，武昌则尚有这种可能。故汉口青黄不接的时期，必定紧接汉口解放，武昌则尚需密切注视当时形势的发展，提防敌人折回。”

根据这个分析，市委决定将原先按系统组织的部署改为按地区组织，就地指挥。把各行业系统在武昌的力量统一建立领导体制，由江浩然负责；在汉口、汉阳建立的领导体制，由曾惇、陈克东和我负责。

曾惇、陈克东还是以策反工作为主，充分做好李书城、张难先等几个湖北省知名士绅的工作。白崇禧撤退前确实曾经有炸毁张公堤、水淹汉口的计划，这个计划的放弃跟李书城和张难先的游说有关。我们还找到具体负责几起破坏任务的国民党武汉守备司令官鲁道源，鲁跟我们谈判，索要 3 万银圆作为中止行动的报酬，后来讨价还价后，变成了 6000 银圆。曾惇通过和成银行的赵忍安，由赵出面，组织武汉银行同业公会的银行家们凑齐了这笔钱。

这时候什么地方都要用钱。解放前不到一个月，由张难先、李书城两人出面，民盟湖北省支部成立了“武汉临时救济委员会”，分设汉口、汉阳、武昌三个执行处，配合我们地下市委的工作，但棘手的也是这些工作所需的大笔经费无法公开进行筹措。正好，武昌市长蒋铭到商会借税款，他对盟员、武昌县银行行长、市商会常务理事周家泉说：“政府决定成立三个自卫大队，因为没有钱，现在只成立了两个，还有一个大队成立不起来，300 多支步枪放在库里发霉。”这一情况反映给地下市委后，我们决定，由周家泉利用合法身份，出面组织成立商民自卫大队，要求国民党政府调拨库存枪支弹药把队伍武装起来，表面接受国民政府的领导，实际上隶属中共地下市委指挥，把他们的资源为我们所用。事实上，国民党从武汉全面溃败前，每个机关、单位都成立了所谓的应变委员会，而到解放前夜，这些应变委员会大部分已经是在为新政权服务了。

我 5 月上旬坐镇的武汉电讯局当时就已经成了地下市委汉口指挥部，原来的局长，也是电讯局应变委员会主任把他的办公室腾出来给我们，我守在电讯局主要是便于整体协调和调度。当时有几件很急迫的事，国民党要把火车机车从汉口开过江运到武昌徐家棚，便于军队再往南撤退。光有两条腿跑不了，没机车，铁路就等于瘫痪了。我指挥江岸机车车辆厂的工人把机车开到汉口的各个地方藏起来，为了防止国民党得不到之后空袭毁掉机车，一大批机车被开到丹水池，因为那里靠近美孚公司的几个大石油罐口，国民党不敢炸。

还有一些重要设施，比如车站的水塔，也担心被国民党炸掉，水塔一炸掉车站就瘫了。我从各个工厂调人把武昌火车站的水塔保护起来，每时每刻都有人在周围看着，特务来了就跟他周旋。其实也就是动之以情，晓之以理，磨嘴皮子，例如，你们把这弄掉了，我们怎么吃饭，我们靠这个来养活一家人啊，有时也适当威胁一下。有个奉命破坏江岸机车车辆厂的国民党工兵连副连长硬是被我们说动了，最后找到一个旧火车头，把水箱炸了一个大洞，照了几张照片回去交差。

“真空时期”全靠群力群防，工人调动的效率特别高，这也反映出我们地下党前些年搞工人运动的成效。武昌三十兵工厂那么一个重要的军事基点，国民党最初是下决心要把这兵工厂搬走的。结果全厂工人采取怠工的办法，拖延搬迁，本来很快就可以把机器卸下来，装箱就可以运走，工人们磨磨蹭蹭，说这里拧不动，那里拧不动，最后只有极少部分军工厂设备被运离武汉。

二　接管武汉

军队进城那天我们真是高兴啊，一直是在地下工作，终于见天日了。南下的大队声势浩大，约有 800 人，由毛泽东的侄子毛远耀带队，经天津分为两队，有一队本来要负责上海的接管工作，但在去上海的途中，得知武汉成功解放，就到武汉来了。1949 年 5 月 22 日，中国革命军事委员会发布公告，中国人民解放军武汉市军事管制委员会（简称武汉军管会）正式入城办公，但实际对外宣布成立时间为 6 月 2 日。武汉军管会有委员 13 人，分有物资、交通、军政、文化 4 个接管组，主任委员为谭政，副主任委员为陶铸，下面还设有秘书处、行政处和人事科。

军管会的同志大多是初次到武汉，对武汉不甚了解。最初，陶铸听说位于汉口的璇宫饭店很大，便打算把军管会的办公地点设在璇宫，但他们后来发现，璇宫里的光线并不太好，几经周折，才找到当时非常繁盛的德明饭店作为办公场所，就是现在的江汉饭店，这里空间宽敞，里面还有一间大厅。委员们周末偶尔在这里跳跳舞、聚聚餐，这大概是他们当时唯一的娱乐活动。

解放第三天，在江边的维多利亚电影院（后来的青年剧场、市委大礼堂，现改建为红太阳娱乐城），中共武汉地下党成员召开了一个会师大会，所有党员和外围组织成员都填写了登记表，党员填的是甲种登记表，外围组织成员填的是乙种登记表，分别交给市委组织部和市青委组织部保存。大会主要是宣布了新市委，并对地下市委在武汉长达 4 年的工作进行了肯定，衔接地下党市委和新市委。

其实武汉市委班子成员很早就已确定下来。因为河南解放得早些，中南局前身是在郑州的中原局，武汉领导班子名单早在中原局就定了，可见中央的重视。武汉当时在全国解放里的位置的确举足轻重，是解放南方的前进基地，由中央直辖，四野总指挥部也在这里，所以中央对武汉的干部配备相当强大。首任市委书记张平化原来是哈尔滨市委书记，把他调过来，无疑是看重他在哈尔滨接管期间的经验。首任市长吴德峰更是老资格的革命干部，早在大革命时期就担任过武汉警察局局长，对武汉情况相当熟悉。相比之下，地下市委书记曾惇刚三十出头，解放后最初的职务才是江汉区委副书记。

地下市委虽然不存在了，但有些职能和工作还延续了一小段时间。当时武汉军管会同工厂、学校、机关，中间的联系很多是通过原来的地下党员。当然他们也直接下命令，让他们办移交，但是有很多地方，不但要下命令，还要里边有人来接应。这个接应就是原来分布在这些机关里的地下党员的任务。我们一解放就都穿上军衣，我当时已经被任命为武汉市总工会筹备委员会的负责人，不过很多时候我就跟随着军管会成员，像谭政、陶铸，他们那里商量什么事，我就参加，因为随时需要地下党做配合。

接下来就是正式建党建政。一个是党的建立，一个是政权的建立，大概这两个是主要的，同时要建设一些群众组织，如工青妇，这些与军管会同时进行，是筹备性的。比如中南有宋一平、吴克石，他们去搞，武汉就是闻一多先生的侄子黎智在做。军管会走后，这些就都慢慢做了起来。

武汉接管对于全国新政权建设的一个贡献是，对城市基层政权建立的探索。国民政府也曾试图在街坊一级建政，由于资源、时局和理念诸方面原因，以失败告终，我们则成功地把自己在城市中的政权组织延伸至街道。武汉市委对这块工作非常重视，刚一解放，就派人到里弄去做工作，做居民的发动工作，跟公安局都配合好，成立居民委员会，后来设立街道政府。很多具体工作，如供应工作、卫生工作都是通过基层组织来进行的，对武汉市民的教育，政治、文化上的教育，也是通过基层组织来进行的。

三　恢复建设的武汉难题

20世纪50年代，武汉市的经济改组从解放时起到经济恢复时止，经历了国营经济和私营经济的两次大调整，私营工商业这一块恢复得很迅速，1951年，武汉私营工商户和资方总额都较上年增加了10%以上。这一年被武汉人称为“难忘的1951”。

武汉遇到的困难看起来倒是农村问题。城乡交流还没有完全恢复，或者说断了，这对城市是要命的事情。武汉和东北城市的解放环境不一样，在东北是先把农村控制了，充分把农村资源利用起来了，所以解放城市时，给国民党造成了很大的被动，国民党的城市成了孤岛，一旦解放，物资能从农村充分地供给到城市。

武汉不同，它的周边是广阔的非解放区农村，武汉辐射的农村范围又非常大，包括湖北的农村，河南的大部分农村，江西、安徽的大部分农村。粮食、原料，还有很多东西，如烟厂的烟叶、糖厂的甘蔗、制革的皮毛、织布的棉花等都是在农村的，运不到武汉来，所以刚解放，在物资上武汉很困难，军队、老百姓都要吃啊！

当时粮食缺口尤其大。因为要支援部队往南进攻，湖南还有剿匪，还有城市潜伏下的反革命组织，国民党的党组织、团组织，这一套的清理，都需要后勤物资。南方人吃的大米供应严重不足，都是从北方运送来小米。所以说，城市是我们领导了，农村我们还未能真正把他们领导起来，得回过头来去做农村工作，发动“土改”，只有“土改”完成才能保证城乡衔接。“土改”前农民是散的，一家一户的，中间还隔着地主、富农，“土改”后农民可以被组织起来，更好地发动起来。

城乡交流是个综合体，不光指交通，不简单是买和卖的问题，这里面还涉及具体的，你把什么给农民？你把人家的农产品拿来，你给他什么呢？你的人民币发行不了，他不相信，人民币还不能流通。一定要把银圆打掉，把人民币的威信树立起来。1949 年 7 月 1 日，林彪到武汉的时候就讲，我们当然要做武汉的工作，但是更重要的是把农村的工作做好，他讲了农村工作对城市的重要性。

这之后武汉市委动员了大批干部下乡，我们工会和青年团组织也有大量年轻干部到农村，去做“土改”工作。大概到了 1952 年，就把土地改革基本上进行下来。这虽然是共产党的老本行，但是也很不容易，工作是一点一滴做起来的，干部要渗透到农民中去，发现农民中的觉悟分子，形成骨干力量，再去调动其他人。

那时候就靠干部深入群众中去，很苦的事都是干部走在前头。当时分配还是供给制，吃饭分特灶、大中小灶。抽烟的人，有的可以给一两条烟。我一开始是县级干部待遇，吃中灶，然后就高一些了。我几乎武汉大大小小的工厂都去了，就是背上点行李、被子，住在工人宿舍，工厂都是上下铺，你看哪里有空位子，就把行李放哪里，晚上回去睡觉。有的工人家属宿舍，没有分配的，晚上去借个床。在农村也一样，到群众家里去拜访，了解情况，交朋友，干部都是靠这种硬碰硬的群众基础开展工作的。

（节选自《三联生活周刊》2009 年第 13 期）

武汉民建在解放前后的活动

华煜卿 [*]　贺尔梅 [**]　金斌统 [***]

厥老在上海授命筹建武汉市民建

1948 年底至 1949 年初，施之铨同志在上海向中国民主建国会（以下简称民建）总会负责人胡厥文同志介绍他在武汉期间了解的情况。并建议，在武汉工商业界人士中吸收一些进步人士，筹建民建组织，以便进行迎接解放的工作。

厥老接受了这一建议，并委施之铨同志进行工作。施之铨同志因自己拟去香港，因此即函邀随他一起工作的金斌统同志去上海

---

* 华煜卿：时任汉口申福新公司负责人，汉口工业会常务理事兼主任秘书，民建会员；后曾任湖北省副省长，省政协副主席，民建中央常委、湖北省主委，全国政协委员。

** 贺尔梅：时任汉口工业会理事，民建会员；后曾任武汉市政府财经委员会委员。

*** 金斌统：时任建国工业社副社长，民建会员；后曾任民建湖北省副主委兼秘书长，全国政协委员。

会商。经施之铨同志介绍，在上海长治路中国工业月刊社会见了厥老，向厥老推荐金斌统同志回武汉做联系工作。厥老向金斌统同志介绍了民建会的性质、宗旨等后，即和施之铨同志为介绍人，一同介绍金斌统同志参加民建。办了入会手续，并面委金斌统同志回武汉联系。

施之铨同志向厥老建议，邀请武汉的华煜卿、厉无咎、兰昌农、贺尔梅等同志加入民建，共同筹备组织武汉民建，开展工作。这几位同志厥老都知道，有的在重庆时参加过民建活动，因此表示同意。即由施之铨同志出面写信给以上同志交金斌统带汉联系。

厥老对金斌统同志就筹建武汉民建工作要求作了如下指示：

1. 协助宣传共产党的政策，安定工商界的思想，劝说他们不要拆迁机器，不要逃跑，维持好生产；

2. 利用各种形式进行工作；

3. 参加民建同志的入会手续办妥后，留武汉保管，不必寄上海，只去信报一下即行；

4. 厥老对金斌统同志讲了在新民主主义中私营工商业的作用，并交付了“在新民主主义中国营发展重工业，私营可以发展轻工业”的意见给金斌统同志带汉。

对以上文件，厥老嘱咐携带时要注意谨慎，又嘱咐写信联系仍通过施之铨同志。金和施商量了携带文件回汉的方法，即乘江汉轮返汉。

民建武汉市地下组织的建立

1949 年 2 月中下旬，金斌统同志回武汉后，首先会见了华煜卿同志，面交了施之铨同志的书信。第二天又邀请了兰昌农、贺尔梅同志一起在华煜卿同志处，传阅了施之铨的书信，传达了厥老对工作的指示和带回的文件等。华煜卿、兰昌农、贺尔梅三位同志都表示同意，并办理了入会填表手续。当时研讨了如何开展工作。决定：

1. 推定华煜卿同志为负责人。

2. 吸收会员必须慎重，经 4 人同意才能吸收，以防坏人。

3. 利用工业会和扬子联谊社的地址，于每星期六以聚餐形式，联系工业界人士。对工商界中的中上层人士，以各人私人关系，分别进行联系。通过这些方式，对工商界中对共产党解放军有怀疑和国民党的造谣攻击，进行一些解释工作，安定他们思想。并劝说他们不要逃跑，不要迁机器，保持工厂商店的生产营业。

4. 注意“华中剿总”（后改“华中长官公署”）白崇禧等活动情况，对其一切反对解放和害民的措施，进行抵制。

5. 根据情况，适当时候秘密印发一些宣传品，宣传迎接解放。

以上情况，仍由金斌统同志复函施之铨同志转向厥老报告。施之铨同志来函说，已向厥老报告，厥老表示同意。不久施之铨同志来信说他即将去香港，并告香港通讯处为某中学某同志（似为孙起孟同志）转。施之铨同志去港后来信说即将北上，不必再去信，由此即与厥老处断了联系。

在党领导下的地下斗争

民建地下组织建立后，由华煜卿同志直接接受了地下党的领导。民建的主要工作均在地下党的领导下展开。

1. 星期六聚餐会

工商界的上层人士，原有一个星期六聚餐会组织。这时虽有一些人士逃离武汉，但以聚餐形式活动仍然存在。我们即决定利用这种联系继续举行。一般在聚餐后即交谈时事。我们有意识地宣传解放区解放军的情况、政策，以减除顾虑，安定思想，有利于解放事业；另外，交谈国民党政府及“华中剿总”的动向，对国民党的假和谈阴谋及其反动措施，表示愤慨。在聚餐中，我们邀约工商界人士共同留在武汉，不拆迁机器，维持好生产。同时也设想如果国民党政府要强令拆迁机器甚至破坏机器时的对策，支持职工同志的护厂，应付国民党人员的勒索，等等。参加聚餐会的人士，以后均吸收为会员。

2. 破坏国民党的反动措施

“华中剿总”白崇禧企图在武汉负隅顽抗，同时赖以搜刮钱财，在武汉四周大量修筑碉堡，搞什么“城防捐”等。我们对这些摊派捐款是串联大家软拖暗抗，进行抵制。“华中剿总”发行的珠宝房屋奖券，要在工商界人士中摊派。我们也通过工业会，进行抵制。为此，惹怒了他们，抓走了我们工业会干部严吉支，抢走了印章，企图强逼我们认购摊派。我们一方面由华煜卿同志通过关系，设法营救被捕的严吉支同志，同时对其摊派的奖券，仍予抵制，堆在工业会，直至解放时成为一堆废纸。

对“华中剿总”的反动活动，华煜卿等同志通过一切方式，经常了解他们的阴谋动向，又利用合法场所，联合一些进步人士抵制他们的反动措施。

3. 协助地下党，做好维护水电、燃料、电信等工作

武汉三镇的水电供应，除了申新纱厂有少量发电外，均为官僚资本宋子文所主办的既济水电公司所属。地下党委托民建华煜卿同志，配合工人做好既济公司的上层领导总经理兼总工程师孙保基的工作，动员他不随国民党逃跑，不拆迁和破坏机器，并进一步要求他备好燃料，保证水电正常供应。孙保基是电力工程的专家，曾留学英国。华煜卿与他是小同乡，关系极好。知道孙很有事业心，虽在官僚资本企业内工作，但对国民党的腐败统治很不满。因此利用聚餐会表明自己不准备走，劝孙也不走，一同留在武汉。得孙同意后，又要求孙能保证水电供应。孙接受了华的意见。但他要去广州、香港一次，交代一些他经手的事情，然后回来。我们希望他去后速回。孙遂于5月初去港，到10日左右，已临近解放，华煜卿同志又通过孙的夫人去电，催孙回。5月14日（解放前两天）孙果然如约赶回武汉。15日夜、16日凌晨武汉真空直至解放，一直保持了水电的正常供应。这是党领导工人阶级斗争的胜利。孙保基作为一个知识分子、工程技术人员的思想转变，也起了一定的作用。此外，既济公司的工务处处长工程师钱仲超是负责生产的，也曾参加了我会的聚餐会，留在武汉。解放后他们两位都在军代表领导下，继续工作。

国民党资源委员会煤矿总局汉口供应处对武汉市的燃料供应，关系很大。供应处处长盛希康是华煜卿同志在重庆时的熟人，又是江苏同乡，过去素知盛为人正派，因此即和盛联系，要求他留在武

汉，并尽可能储存燃料，迎接解放。盛希康同志接受了，也这样做了。解放后，接收中是最完整、最完好的单位之一。以后盛希康同志一直在中南和湖北省煤建石油公司任副经理等职。他参加了本会组织，为武汉市委会的老同志之一。

武汉市电信局在地下党直接领导下，组织工人进行斗争，粉碎了国民党破坏电信局的阴谋。配合这一工作，华煜卿同志曾对电信局局长尤基绍做了很多工作。对尤基绍宣传了党的城市政策，动员尤不随国民党逃跑而留在武汉，尽力保持电信的畅通。尤接受了这些意见。他对“华中剿总”的命令，是虚与委蛇、借故拖延。在强迫拆迁机器时，工人同志在装箱中，以废旧机器零件等装入。以后工人又组织纠察队直接保护电信器材的安全通信。这些工作尤基绍也起了一定的作用。从他自己的岗位上，尽到了迎接武汉解放的职责。

4. 印发“迎接大时代的到来”

1949 年 4 月上旬，中国人民解放军已开始准备渡江，南京国民政府拒绝和谈，武汉的白崇禧正拟逃窜和企图破坏武汉之际，我们为了做好工商界安定思想，迎接解放，印发了一个宣传文件，题为“迎接大时代的到来”。这一文件由兰昌农同志起草，经共同讨论最后又由华煜卿同志修改后即在华的寓所内秘密刻写钢板和油印，分别寄发给一些工商界人士。其内容为阐明当前有利解放的必然趋势，“希望工商界人士不要听信国民党的谣言，不要逃跑，不要迁厂、迁店，反对国民党的苛捐杂税，维护好工厂、商店的正常生产和经营。人民解放军解放武汉的日子已临近了，新的大时代即将到来，我们工商界要为迎接武汉的解放而欢呼”。

在此前后，我们又以党的城市政策等有关宣传资料，以及我们收听邯郸电台的广播等内容，分别在群众中进行传播。民建总会发表反对北大西洋公约的声明，我们获悉后极为鼓舞，并通过聚餐会及其他形式进行传播。

5. 参与临时治安委员会的活动

从 1949 年 4 月中旬开始，武汉三镇的形势日趋紧张。国民党“华中剿总”等军政机关，表面上装着要坚守武汉，而内部是极为惶恐，并力图作垂死挣扎，进行破坏、掠夺、搜捕等。

当时在地下党的领导下，由武汉的各界上层知名人士张难先、李书城等出面组织了一个临时治安委员会，准备在真空期间，担负起维护武汉治安的任务。当时我会的华煜卿同志参加了。解放后，兰昌农、贺尔梅同志也都参加了活动。其办公地点先在金城银行，后设在总商会内（即市工商联会址）。临时治安委员会在物资方面和经济方面的需要，全部是由工商界人士担任了。而我会几位同志均是直接负责筹措并进行联系办理的。

5 月上旬，国民党败迹已露，十分疯狂，并开始进行搜捕。当时查抄了商会负责人贺衡夫的家，查抄并拘捕了一批人，如后来参加我会的王际清、周新民等。查抄系勒索财物，仅周新民一人被拘捕后，就被勒索了 500 银圆才放回。当时形势十分紧张，我会几位同志有随时被捕的可能，因此也做了可能被捕和如何营救的策划等准备工作。

6. 在国民党从武汉逃跑前夕同反动军人鲁道源的斗争

1949 年 5 月上旬，“华中长官公署”的白崇禧早已将自己主力兵团撤离了武汉，而将武汉的防守交与了五十八军的鲁道源。形势使鲁道源装作要固守武汉、负隅顽抗的姿态，而实际是作逃跑准备。但对武汉这样一个国内重要的大城市，又不愿轻易离开，总想搜刮一些钱财后再逃跑。在5月10日左右，更是迫不及待，伸手要这要那，并且扬言要进行破坏。地下党对此一面积极组织工人进行护厂、护店斗争，一面动员工商界人士与之周旋。为了避免鲁的破坏与工商界人士会商，在临近解放前一日筹集了现洋交给他们作为交换条件，要求保持市面和人民生命财产安全，共计给鲁现洋6000元。这些款项，由华煜卿同志带同商界人士王静斋在15日傍晚用小轿车送至江汉路永利银行（现市纺织局）鲁的临时司令部。其他几处，又与中共地下市委商妥，由华直接送往。国民党反动军警得款后，除炸坏了沿江的一些趸船外（企图延阻我解放军渡江追击），所有工商企业均未遭到破坏，保持了武汉的社会秩序，完整地迎接了武汉解放。

在鲁道源等反动军队撤退逃窜，解放军尚未进城，15日午夜起武汉已出现真空。这时国民党炸趸船声还在时断时续，华煜卿、贺尔梅同志等随同地下党的同志一起，乘着欢迎解放军的卡车到武汉外围滠口前线，迎接解放军进入武汉。16日下午2时，人民解放军在地下党、工人同志和各民主进步人士等欢迎人员的卡车徐徐前导下，正式整队进入市区。从此，武汉结束了国民党的统治，迎来了“大时代的到来”。

解放后的活动

5月16日武汉解放后，我们民建的4位同志，也公开了身份，并将参加聚餐会及平日有联系的一些同志组织在一起，这些同志均表示愿意参加民建组织。当时填写入会志愿书的有萧儒君、游毅、唐性初、林铁庵、陈福掺、茅伯笙、胡季岚、施真、涂炳炎、马涤凡等同志，并参与了我们的工作。

解放后第二、三天，我们4位同志即发电报向北京民建中央报告并请示工作（电报系请施之铨同志转的）。旋得施之铨同志复电，说已将我们的情况向民建中央及中央统战部作了报告，并将4个人的政治情况，书面报告了中央统战部。

中南统战部张执一部长来武汉市后，即在德明饭店（现为江汉饭店，当时为武汉市军管会办公处）接见了我们4位同志，由赵忍安同志向张部长一一作了介绍（忍安同志一直在武汉搞地下工作，和我们4位同志都相熟）。张部长赞扬我们协助解放所做的工作，指示我们“继续做好工商界朋友们的工作，要大家安定下来，工厂积极开工生产”，并说“有什么困难问题，可以向我们反映，我们将予协助。现在大军南下，希望你们帮助我们做好支前工作。对民建的组织，等待民建中央指示进行”，等等。

不久，中南统战部转告我们，民建老同志孙运仁在中南教育部工作。我们4个同志即去璇宫饭店会见了孙运仁同志，和他谈了前一时期的工作情况。从此即和运仁同志取得了联系。

以后上海解放，6月10日武汉工商界组织赴上海访问团。在上海的一次招待会上，我会萧儒君同志见到了厥老，向厥老简略地汇报了一些武汉的活动情况。由儒老回来转告，厥老言谈极为亲热，听汇报武汉工作时，非常高兴并连连赞许，对武汉工作仍希望我们请示武汉党的领导。这表现了厥老对武汉工作，是始终关怀的。

此外，我们又进行了以下一些活动：

1. 建立学习会

我们民建同志和联系的工商界人士，在中南统战部直接领导下，将聚餐会正式改为学习会，学习党的方针、政策、时事，开始接触马列主义、毛泽东思想等理论。参加聚餐会的人士都非常重视，学习也非常认真，都感到学习提高了思想认识。中南统战部的王奋、韩奋同志亲来参加指导。当时参加一起学习的，还有党员余金堂、颜白秋同志。这一形式直到武汉分筹会成立后才告结束。

2. 协助党和政府做好工商界的各项工作

武汉解放后，解放大军南下，我们民建同志均积极地参与了支前工作，协助推动筹措粮食组织军粮加工和物资供应等。

在解放前夕，有些工矿企业因故停止生产的，我们积极动员和协助恢复生产。

协助人民政府完成税收、推销折实公债，然后在工商界中协助推动工作。

组织会员积极参与庆祝党的“七一”和“十一”国庆节等各项政治活动。

3. 参加各界人民代表会议

9 月 5 日，武汉召开了各界人民代表会议第一次会议。我会会员参加的有华煜卿、贺尔梅、萧儒君、茅伯笙、胡季岚等同志。华煜卿同志并以民建会的身份，参加了主席团。

武汉市分筹会的产生

1950 年 1 月，华煜卿同志去香港后返汉时路经北京，总会王新元同志曾邀约华煜卿同志详谈了武汉民建的工作情况。当时新元同志确认了武汉的工作。此外，煜卿同志又曾向中央统战部作了汇报。

4 月 10 日，总会来函，经组织委员会第五次会议决定余金堂、贺尔梅等 12 名同志为武汉分会筹备员，并指定华煜卿、孙运仁为召集人。在此之前，总会早已决定华煜卿、孙运仁为筹委。

5 月下旬，我市筹委会正式召开筹委会成立大会。

在分筹会成立后，总会组委会第八次会议加推赵忍安、赵厚甫两同志为筹委，并加推赵忍安为召集人。后又函增彭一湖为筹备委员。1951 年 3 月 29 日，总会 23 次组委会，又加推陈经畲为筹备委员。

至此，我分筹会的筹备委员为 18 人，召集人为华煜卿、孙运仁、赵忍安 3 人。

（选自武汉市政协文史资料研究委员会编《武汉文史资料》总第 28 辑，内部资料，1987 年）

我在协商会的二三事

张士心*

1949年7月，西安市各界代表会议协商会在群众堂召开第一次会议时，我以工商界代表的身份参加了会议，此后连续受聘。现在我已97岁，年迈力衰，无力奉公，遂停止再聘，回忆往事，屈指已40余年矣。在此漫长的岁月中，我目睹耳闻，并经手操作的新事物甚多，此就回忆所及，摘要略述数事。

一　政策明朗　民归若市

在解放之前，西安市民苦于苛捐杂税、乱摊派、拉壮丁、抢劫、

---

* 张士心：时任西安中南火柴厂经理；后曾任西安市政府委员，市工商局副局长，市政协委员。

绑架等困扰之中，不堪其扰。同时，又了解到解放军纪律严明，执行“三大纪律，八项注意”，更使人倾心向往。另外，对工商业者来说，公私兼顾、劳资两利、城乡互助、内外交流的新民主主义政策，更感到一解倒悬，盼其来苏。我想有了这样浑厚、笃实、淳朴、雄壮的基础，在推行政令、移风易俗等方面，必将取得良好的效益，使人心归向。

记得解放前夕的两件事。一件是某日晚，伪交通厅长白荫元先生将本市几家大厂的负责人叫到他家中，说蒋有命令，限期迁厂，你们千万不要表示困难，要满口承担，免遭实祸。这是在他家里讲私话，表示了他的一点关心，给大家打个招呼。也说明了胡宗南要准备弃城逃跑，要我们做好应变准备。另一件是我们中南火柴厂地处中山门外，距城墙一箭之地，我当时身为经理，筹思保护工厂，免遭攻城和守城战火。正苦无良策，幸老友马彦翀先生欣然来告，说胡宗南已决定弃城南逃，一路从渭南走，一路从宝鸡走，一路从西安南山跑，并已开始撤逃，大可宽心云云，这样我才放下了一条心，保护好工厂，迎接解放军。

二　解放军进城

西安解放前二三日，流氓地痞结伙抢劫，我们火柴厂组织职工保护工厂，没有发生破坏事件。记得5月20日晨，我们在厂水塔上看到华峰面粉厂被炸起火，接着又看到大华纱厂也被炸起火，但火势不大。不一会儿就有两辆卡车载着十来个暴徒，开到厂门前，问我厂的动力在哪里，我们答以无动力设备，让他们看了一下就走了。这伙人刚走到厂门前，其时我正在办公室里，听职工同志报告经过情况，电话铃就响了，接着人们连声高喊：“解放军进城了！”在护厂职工欢呼声中，这些暴徒惊慌万状地逃跑了。

后来知道，5 月 20 日上午，解放军先遣部队到达西门时，不发一枪，不血一刃，就解放了西安，国民党匪帮早已闻风逃跑了。

三　筹集军粮

解放后不几天，工商局召集各同业公会人员开会，推选以薛道五先生为会长，其他 4 人为助手的临时商会，我当时亦在 4 人之中。一日，市政府派一位高级官员来商量，略谓十八兵团即将来到，急需筹借军粉 6 万袋，以济急需，并以 30 根金条作抵押，以昭郑重。

薛老当即问询我们 4 人意见，一致赞成筹办，并辞谢抵押。薛老估计各厂各号均有存粉，当时以实物保存财富，家家都有积存。再者欢迎解放军到来，抵御马匪东犯，谁能见义不为呢？解放军纪律严明，秋毫无犯，说借就是借。

我们几个人商量了一下筹借步骤，我们火柴厂当时存有面粉 2000 余袋，我即向薛老说明，愿借 2000 袋给解放军，以表心意。后来召开大会，宣布筹借军粉事后，大家纷纷筹办，二三日内即筹办完毕，由薛老回报给市长。随后生产恢复后，所借军粉，如数归还。

四　贺龙将军风采

1949 年 7 月，西安解放一个多月，西安市各界代表会协商会在群众堂召开第一次会议，我以工商界代表出席了会议。在大会即将开始的时候，贺龙将军走上了主席台，尚未坐定，会场里就爆发出了雷鸣般的掌声，接着代表们就高呼“我们要看看贺龙将军！”

贺龙将军立即快走几步来到群众面前，他满面春风，笑容可掬，身穿军服，脚蹬草鞋，手里捏着烟斗，高声地说：“看吧！请好好地看吧！”群众再次报以热烈的掌声。代表们感慨地说：纵横疆场、英勇善战的大将军竟如此风雅祥和，不愧是人民军队的大将军。

五　购买爱国公债

解放后一段时间的经济工作仍以私营工商企业为主，对私改造便是紧迫的任务。商会这个组织是政府部门与工商业之间联系的桥梁。我于 1950—1952 年曾担任市工商局副局长兼市工商联副主委，这对我搞好工作有很大的方便。

政府发行爱国公债后，工商界承担了大部分，推销办法是自由选购，不得强求，任务要求必须完成。市工商联承担了这一任务后，常委会推荐我主办此项工作。当时西安的工商界人士觉悟日高，对新社会逐渐有了认识，购买爱国公债比较热情，各级工商联委员和政府干部都能尽心尽力，对认购户摸底较清，劝购方式亦颇灵活。这样经过各种形式的动员，按照政府规定的期限和款额，如期超额完成了认购任务。

六　对私改造中的突出现象

对私营工商业的改造是奔向社会主义公有制的前奏。工商联承市工商局的指示，在主要行业中召开了专业会议，主要是暴露和革除行业中不良的恶习和作风，维护和建立优良的传统和制度。

过去有种说法：“裁缝不偷布，娃娃不穿裤。”对行栈业说法：“车船店脚牙，无罪也该杀。”大会上还列举了一些有代表性的店家坑蒙骗人的伎俩，可谓登峰造极，暴露无遗。另外，在国药业会议上，他们还揭露了一些店家存货中霉烂、虫蛀，伪冒、变质者甚多，涉嫌图财害命的问题，再不能延续下去了。会议上决定互相检查、互相监督，竟拣出了五大卡车残废药材，真是触目惊心。这些药材拉到郊外，付之焚毁。这些都是政策的威力，私改的成就。私改工作中，在破旧的同时，还实行了明码标价、童叟无欺等适应时代的规章制度。

七　全行业公私合营

经过“三反”“五反”等运动的教育，利用、限制、改造工作的陶冶，商业资本家的觉悟有了很大程度的提高，逐步认识到剥削可耻，自食其力可贵，加之政府的赎买政策实施以后，原工商业者得到了适当安排，经济上有了保障，工作上有职有权，精神比较愉快，因而敲锣打鼓、欢欣鼓舞地完成了全行业的公私合营，走上了社会主义的道路。

（选自西安市政协文史资料委员会编《西安文史资料》第 20 辑《风雨同舟四十年》，陕西人民教育出版社 1995 年版）

西安解放前后我的部分活动

田景福[*]

我于1948年5月从宝鸡来到西安。当时正是宝鸡第一次解放前夕，我被国民党特务日夜尾随监视，如果不离开宝鸡，就有第三次被捕的危险。我因共产党嫌疑被捕出狱不久，西安基督教青年会总干事张博文要到美国读书，推荐我代理西安总干事职务。当时西安气氛异常紧张，特务横行，通货膨胀，民不聊生，群众怨声载道，渴望解放。包括宗教徒在内，除上层人士对解放抱有观望态度外，多数人看到宝鸡解放后解放军秋毫无犯的严明纪律，用事实粉碎了国民党的造谣诬蔑。一传十、十传百，人们从怕解放逐渐转变为盼望解放了。

* 田景福：时在西安基督教青年会工作；后曾任陕西省基督教三自爱国运动委员会主席，省基督教协会会长，省政协常委。

我到西安青年会首先认识了袁伯涛（画家），他是一名地下党员，曾在苏州蹲过多年监狱，和我的遭遇基本相同，因此意气相投，可以交心，我们畅谈怎样准备迎接西安解放，怎样动员宗教界清除顾虑，欢迎解放军。他并告诉我要加倍警惕！某某与特务有联系，说话小心等。

1949 年西安解放前夕，有权有势的人纷纷离开西安南逃四川，基督教青年会的代董事长、农民银行经理徐功甫飞到重庆，少数青年会干事也提出了迁蜀的要求，徐功甫问我怎么办？我说还是以不动为宜，都是中国人，不是躲日本。少数职工写信给青年会全国协会驻重庆办事处主任俞沛文，俞回信说按田景福总干事意见办事，于是青年会一个人也没有离开西安。解放后俞沛文调任外交部礼宾司司长。

西安解放前几天，是我最危险的时候。因为国民党为了垂死挣扎和疯狂报复，把一些嫌疑人士都处决了。我是两次被捕的红色嫌疑分子，这次会不会轮到我的头上，全家都捏着一把汗，我和爱人已经作好准备，如果万一半夜敲门之事发生，就将我送入地下室，我住的是前美国人住宅，有地下室，但很少有人下去过。1949 年 5 月 19 日下午，我的门房邵越风悄悄告诉我说明天解放西安，并说街上有人抢面粉，他将我的大门上了锁，并顶上了一大块石条。

国民党军队妄图抗击人民解放军，曾征发民工在城外挖了很深的护城河，劳民伤财，耗资巨大，可是到了解放军临近西安的那两天，未发一枪一弹，悄悄将军队撤到南山。军队不见了，警察也不见了，但街道秩序并未太乱，马路上摆满了拍卖东西的摊贩。一双中皮鞋，价五角。国民党的票子没人要了，代之出现的是铜板、钢洋。偶尔听到有抢面粉的，那时人们最关心的是吃的问题，怕长期两方僵持，群众遭受缺粮之苦。我家也将院门内堵上大石条，以防抢粮者闯入。

1949 年 5 月 20 日，东大街钟楼附近出现了解放军文工团在唱解放歌曲，群众围观拍手，表示欢迎，接着解放军主力部队开到城内，西安正式解放了。

5 月 23 日，西安军事管制委员会正式成立。我把早已准备好致军管会的致敬信，送交新城军管会贺龙主任。参加联合致敬的基督教 9 团体是基督教联合会、基督教青年会、基督教女青年会、中华基督教会、中华圣公会、协同会、信义会、循礼会、青年路基督教会。

1949 年 5 月 24 日，我持青年会介绍信亲赴市公安局，检举国民党特务 16 人，公安局一处处长秦波接待了我，并留我在公安局食堂进午餐，还介绍我认识了吴伯畅副局长、刘英处长等老公安同志。

胡宗南为了垂死挣扎，通过蒋介石从宁夏调来马继援的部队，在扶、眉一带与解放军展开激战，部分人心惶恐，怕陕西战争持续下去。为了安定人心，青年会发起庆祝解放篮球比赛。这是西安解放后仅 6 天第一家第一次举行的体育活动，对安定人心起了一定的作用。

1949 年秋，西安市第一届各界人民代表会议在西安群众堂举行（原名中正堂，解放后改名），我被邀为特邀代表（当时宗教界只我一人）。会议选举贾拓夫为市长，方仲如、张锋伯、陈式玉为副市长，何寓础为秘书长。

1950 年“五一”国际劳动节，在东大街举行。主席台设在钟楼上。我被邀为大会主席团成员，另外主席团的成员有彭德怀、张治中、习仲勋、赵占魁、成柏仁、李象九、侯宗濂。基督教界参加庆祝游行者达 1000 人。彭总乘敞篷汽车检阅了解放军。当时我与陈式玉副市长正在北京出席内务部召开的处理接受美国津贴的基督教社会福利团体会议。我在会上控诉了帝国主义利用救济福利事业的小恩小惠，收买人心，梦想达到侵略的目的。会后参加了北京“五一”国际劳动节，第一次见到毛、刘、周、朱等中央领导人。

1950 年 4 月，吴耀宗、刘良模等组成访问团到西安访问，传达解放后在北京召开的全国政协会议。我和市委统战部部长崔一民同志到车站欢迎，习仲勋、张治中、汪锋、常黎夫、赵伯平、方仲如等领导同志分别接见了他们并宴会招待。吴耀宗、刘良模都住在我家，吴先生提到发表一个“三自革新”宣言的设想，征求我的意见。我欣然表示赞同，并主动表示愿做发起人。当时解放不久，西北宗教界人士顾虑重重，故我当时为西北五省唯一的一位发起人。该宣言即《中国基督教在新中国建设中努力之途径》，以后简称“三自革新宣言”，它是中国基督教的一个里程碑，对整个世界基督教产生了巨大影响。

1951 年 7 月 1 日是党成立 30 周年纪念日，我联合宗教界给西北局写了一封致敬信，受到西北局统战部的重视。7 月 1 日中午党的老干部在正大豫菜馆聚餐，邀我这个宗教界人士也去参加。聚餐中，汪锋同志将我介绍给习仲勋同志，受到许多勉励。

镇压反革命运动开始后，我被邀为西安市文艺界清理反革命案件委员会委员，每周在市公安局开会数次，讨论反革命分子的量刑工作。会议主要由公安局副局长吴伯畅主持，西北公安部李启明部长也经常参加会议。会议分3个小组，我和韩夏存（团市委书记）、吴伯畅为一个小组，组会上对每个人的罪恶分析得十分详细，充分发扬了民主。以后连续举行镇反大会，我都被邀为主席团成员兼监刑员。

禁烟禁毒运动开始后，我被邀为委员，主任委员陈式玉，办公室主任阎明。我被派到二区与派出所的同志一道宣传禁烟禁毒的重要意义和“坦白从宽、抗拒从严”的政策。在政策感召下，自动交出毒品者并检举别人的不乏其人。

在解放后的第一个国庆节，筹委会设在东大街青年会，筹委会主要负责人为柯华同志。柯当时是市委宣传部部长，和我是燕京大学同学。他原是一名华侨，以后到延安参加了革命。他为了日夜工作，就住在青年会。我看到在他身上表现出的延安作风，学习了不少东西。柯华以后调外交部担任驻外大使。

解放初期许多老干部的延安作风都是值得学习的。例如，我们到内务部出席处理接受美国津贴的基督教社会福利团体会议，当时北京宾馆很少，大家都住在内务部院内平房。那时部分平房有床板，部分平房为土炕。西北军政委员会宗教处长余铮、陕西省委秘书刘钢民、市委宣传部王陆军，他们挤在一个炕上，而将床板让给党外人士陈式玉、田景福等。就是这点小事，在我的记忆中留下了极其深刻的印象。

1952年西北青年代表大会在西安举行，我代表青年会以团体会员身份出席了这一盛会。在开幕式正进行时彭总来了，他与我们主席团成员一一握手，接着向西北青代会讲了话。我拿着纪念册请他题字，他飞快地写了孔子的一句格言“学而时习之”。这个纪念册

“文革”中被作为罪证没收了。我对彭总说“解放前在太原海子边教育会小礼堂听过你的报告”，他略一思索便说，“那次主要是总理讲话”，态度非常谦虚。

1950 年我参加了西北文学艺术界代表大会。会议在群众堂举行。我被邀为主席团成员，会议选举了柯仲平为主任，马建翎、张季纯等为副主任。习仲勋同志讲了话。

抗美援朝开始后，西安基督教人士的态度是多数拥护，少数人观望和担心，拥护的人认为小米加步枪既然能够打败美蒋精良武器装备的 800 万军队，解放全中国，这次抗美援朝必能获得胜利；观望和担心的人感到刚刚解放，又出国与头号帝国主义作战，是否能取得胜利？崇美、恐美思想仍然存在。针对当时情况，我在西北《群众日报》连续发表了两篇论文：一篇是《将三自革新运动与抗美援朝结合起来》，另一篇是《有关革新签名的三件事》。第一篇文章在当时《群众日报》编辑主任袁珞同志的帮助下加印 1000 份单张寄给西北五省基督教会，上海基督教全国机关报《天风》也作了转载，对当时动员基督教人士参加三自革新运动和抗美援朝起了推动作用。西北参加三自革新签名的人数达 18000 余人（全国约 40 万人）。

西安基督教联合会还发起为抗美援朝捐献飞机大炮义卖，救济水灾募捐，并举办篮球义赛。美国奥斯汀发表诬蔑新中国的言论后，引起西安基督教界的无比义愤，13 个基督教团体联合在《群众日报》发表《反对美国奥斯丁无耻谰言》。联合会还联合 13 个基督会教及团体举行盛大的游行，反对美国使用细菌战，受到各界赞扬。

市政协学委会成立后，我参加了首届西安市政协学习委员会。

学委会由亢心栽任主任，下设许多分学委，我被选为救福宗教分学委会主任。该学委会由救济福利界和五大宗教组成，学员达 60 余人，参加学习的有康继尧、俞嗣如、朗照、乔清心、聂梦九、关符清、姬怀让等。土改开始后，基督教界有 6 人先后参加土改工作队，他们是孙瑞英、王道生、严芝圃等。

“三反”“五反”开始后，我被派到四区工作，负责人是张仲平、党自省。分配我做工商界中上层人士的思想工作，启发交代有关“五反”问题，我与工商界有了些接触，学习了不少东西，交了几位朋友。

（选自西安市政协文史资料委员会、西安市档案馆编《西安文史资料》第 15 辑《西安解放》，陕西人民出版社 1989 年版）

城工部领导民主党派迎接南昌解放斗争的点滴回忆

喻　松*

1949 年前后，中共南昌城工部为了团结一切可以团结的力量，把斗争矛头始终指向国民党反动派，曾通过各种社会关系和途径，与南昌等地一些国民党军政人员、民族资本家、教授、高级职员等上层人士及各民主党派人士建立了广泛的联系，并组织领导他们与国民党反动派进行斗争，为南昌的解放事业作出了积极的贡献。现就我所知道的南昌城工部领导各民主党派“联合办事处”开展迎接南昌解放活动的有关史实，回忆如下：

早在 1948 年春夏之间，民革、民盟和农工三个党派，便先后在南昌建立了组织，除各自开展组织活动和宣传工作（印发中共中央

* 喻　松：时任农工党江西省工委委员；后曾任农工党江西省委秘书处副处长，农工党中央党史研究委员会委员。

重要文件和重大胜利战讯）外，对策反、组建武装及和平运动，多半是互通信息、相互配合的。当时，常见面并从事这些重要工作的有：民革的武惕予、廖超然、蒋今清，民盟的漆裕元、向法宜、曾伯雄、包煊敏，农工的何序东、游春顺、万希文和笔者。大家无拘无束，碰在一块就议论，少则三四人，多则六七人。我们对上述重大问题作过多种设想，如策动伪省主席胡家凤和保安副司令曾戛初同湖南联合行动或单独起义；推动省参议会议长王枕心联系两湖参议会或用个人名义通电表态等。而且，就党派旧有关系渠道分别做了一些工作，并颇有进展。三个党派都感到采取集中安排，分头进行的方法是可取的，更有利于发动各界人士。

根据这种情况，1948 年底，在中共闽浙赣区委南昌城工部的倡议下，由中共南昌城工部地下党员万家耀出面，地下党和省民革、民盟、农工党等民主党派代表商定，在南昌设立“联合办事处”，以便沟通情况，联系工作。并为配合和支援人民解放军的军事行动，宣传《中国人民解放军布告》精神，组织各方面力量维护社会治安做工作。

中共南昌城工部建议设立“联合办事处”，极大鼓舞了各民主党派工作人员的斗志和信心，加快了迎接南昌解放各方面的工作。

大约是 1949 年 3 月上旬，农工民主党成员廖少仪同志来我家告知：“中共南昌城工部建议我们三个民主党派设立‘联合办事处’来统一安排和处理迎接南昌解放的工作。”我说：“那好极了！”少仪同志说：“我们得找一处较为安全的房子来办理和协商工作，请你考虑一下。”我说：“这倒有困难，除了我家里以外，不易找到合适的处所。我是单家独户住一栋楼房，只是东面邻近街道，西面和南面全是大片空地，北面的两户邻居，是替我盖房子的工人，很老实的，决不会管闲事。你看，如能行，我就布置一下。”他说：“你同意，当然这里方便。不过，安全问题要劳你多加注意了。”接着，少仪同志又说：“我们主要是用你家开会讨论工作，进出的人不多，会期也不固定。开会的前一天，我会通知聚会时间和与会人员。”“办事处”的地点就这样确定下来。商定后，我腾出二楼南边的大房间作为会议室。这间房有只很大的壁橱，旁边有扇小门通谌家巷。万一出现意外，可循此小门出走。两天后，少仪同志偕城工部的两位同志来我家，介绍认识：一位是万家耀，另一位稍高的是周仁。刚坐定，万家耀同志很客气地说：“往后要打扰你了，今天先来熟悉道路。”我说：“不用客气，没有什么麻烦，一切都安排好了，出现问题也另有出路。”随即带他们上楼察看开会房间。回到客厅，万同志说：“我们当前的主要任务，概括说来就是四个加强：加强宣传；加强策反；加强护厂、护校；加强维护社会治安。”临别时，确定翌日下午 2 时聚会。

我记得，第一次与会的，除城工部的两位干部外，还有民革的袁啸虹、民盟的曾伯雄、农工的廖少仪（也许记得不确切）。我因需在三楼屋顶望风，没有与会。会后得知，第一次会的主要内容：一是交流情报；二是加强宣传，使南昌人民对中国共产党和中国人民解放军有进一步的认识。同时，民盟、农工的同志认为，民革参加“联合办事处”工作的人不太合适，要求改派他人参加。第二次开会时，民革改派了熊克励，民盟也换了包煊敏。以后，民革的聂轰、民盟的唐敬斋、农工的游春頫都参加过“联合办事处”的会议。这会议大致在我家开了 6 次。每次聚会，我照例负责瞭望，我爱人负责看守大门，约定用叫“吃饭”作为出现意外的暗号。

中共南昌城工部领导的“联合办事处”，从组建到南昌解放，虽只有短短三个月的时间，却做了很多的工作。如向南昌城工部提供了国民党反动部队驻扎在市区各地队伍的番号、人数、装备以及弹药库等情报；筹集武器、资金，给地下党组织提供经济上的支援（准确数字不详）；护厂、护校；策反工作等，为解放南昌作出了积极贡献。仅就亲自参与和亲眼所见的事项来说，成绩已是不少。

聂轰原是民革江西筹委会负责人之一，他加入地下党组织后，利用与江西上层人物比较熟悉的有利条件，在筹集枪支和经费，安排中共南昌城工部负责人李健先后几次同江西民革筹委会负责人之一武惕予等会面，商讨有关武装反对国民党政府问题，并为建立和整编赣闽边区人民游击总队，做了许多工作，有力地支援了地下党组织的活动。

伪军委航空委员会运储在南昌三家店机场的一整套制造飞机的新设备，大小达500多箱，在城工部领导下，“联合办事处”通过多渠道进行策反。我们通过宣传，进行政策攻心，在保证其管理人员和警卫士兵生命财物的安全，并按他们自己的意愿给予安置或遣送的允诺下，很快便获得了突破性进展。相应地，他们也保证做到完整保护好机场及其设施，保护好现有机场的全部新设备和器材，保护好所有公文档案和图表等等，听候接收。还交来了一份制造飞机设备的明细清单和留守人员名册，作为接收的依据。这项工作为南昌解放不久创建三二〇厂打下了一定基础。

南昌市的警察局，乃“军统”严加控制的单位。经“联合办事处”反复研究，决定首先突破握有较精良武器的一二两个警察队，由民革指定专人策反一队队长李遇美，由农工指定笔者策反二队队长谢云。这两个关口突破后，工作随即向上下左右迅速展开，很快把伪局长陈松坚架空起来。紧接着，又由廖少仪同志对陈松坚做了工作。尽管在 5 月 20 日，陈松坚还是胁迫二三十名武警逃跑，但是二队队长谢云，已派相当数量的武警尾随其后，进行监视。到达望城岗时，陈见情况不妙，慌忙弃车潜逃。这两支警察队，在夏威的队伍撤退时，曾在市区承担了三天三夜的巡逻任务，为维护治安出了力。

策动江西公路处保留 40 辆新车迎接南昌解放大军，更是在内外配合，上下协调，群策群力，通力合作下才实现的。

至于策反江西伪省主席胡家凤和保安副司令曾戛初与湖南联合行动的工作，也有一定进展，只是由于形势变化，撤换了省主席，使工作未能继续下去。

南昌解放前夜，“联合办事处”还讨论拟写了《各民主党派联合宣言》和以省民革名义起草的《南昌解放敬告江西各界》传单，并在南昌一解放就广为张贴宣传。

上述一切收获，都是在中共南昌城工部正确领导和精心安排下，通过“联合办事处”共同协商而取得的。

（选自南昌市政协文史资料研究委员会编《南昌文史资料》第 7 辑，内部资料，1990 年）

陈毅同志揭开新上海历史第一页

周而复*

1949年5月，正是江南黄梅雨季节。

人民解放军第三野战军的精锐部队冒着绵绵细雨，踩着泥泞的道路，向上海前进。

国民党反动武装集结23万之众，以近代建筑和工业设备，作了三重防御部署：外围阵地、主阵地和核心阵地。5000座钢骨水泥碉堡和3000座美式水泥活动碉堡布置在通向上海的交通要道。汤恩伯这个国民党京沪杭警备总司令指挥各路大军阻击解放军前进的部队。他妄想死守六个月到一年，挽救危如累卵的局势，然后反守为攻，在黄浦江边保住蒋家王朝的残余江山。蒋介石带着少数亲信和

---

* 周而复：时任中共上海市委统战部副部长；后曾任文化部副部长，全国政协委员。

他精心培训出来的黄埔军官学校的学生，住在离吴淞口不远的复兴岛上，梦想依靠汤恩伯对他的耿耿忠心，做最后的挣扎，出现守住上海的奇迹。

第三野战军绕过汤恩伯“固若金汤”的防线，从太湖西岸向东强行军，炸掉碉堡，歼灭守军，沿途扫除障碍，不过花了10天的时间，奋勇跃进，陆续到达上海郊区指定地点。5月23日深夜，完成了钳击吴淞要塞、封锁吴淞口、切断敌军退路的计划。汤恩伯23万大军便成了第三野战军的囊中之物了。

吴淞口被封锁以前，蒋介石没料到第三野战军没有直接从正面进攻上海市区，却迂回包围了市区，他的梦想给第三野战军撕得粉碎，乘上飞机逃走了。

上海是中国的经济中心，中国近代工业大部分建设在这里；当时也是文化中心，可以说中国的精华主要集中在这里。上海仿佛是一家瓷器店，可是店里却有23万只老鼠，既要捕获或消灭这23万只老鼠，又要拿下完整的瓷器店，这就给第三野战军出了一道难题，也是对他们的一次严峻的考验。战争的炮火具有摧毁一切的力量，可是解放上海的战争却不许可破坏任何大小瓷器。这是一场史无前例的特殊战争。

5月24日黎明以前，第三野战军下了对上海总攻击令，各路大军按照上级事先的部署和指示，牢记“瓷器店里捉老鼠”的教导，迅雷般地勇猛进攻。第三野战军指挥部前进到上海西郊周家桥，司令员亲自指挥总攻上海市区的特殊战斗。随着战争的进展，第三野战军指挥部也进入市区，火线上不断传来敌军负隅顽抗，守在邮电局大厦的敌军不肯投降，守在高大公寓的敌军不肯投降，守在高大建筑物的敌军不肯投降……人民解放军的大炮有的是，只要不断炮击，不难摧毁任何高大建筑，敌人不投降，那就炮轰枪击，把他们消灭，这本来是轻而易举的事。但是既要保存公共设施和高大建筑，又要捕获或消灭老鼠。司令员命令部队不准炮击，派兄弟部队迂回到敌军的后方，包抄敌军。这么一来，敌军不投降，只有死路一条。许许多多的高大建筑物里的敌军挂起白旗，接着众多的官兵双手举起，托着枪支走了出来，向人民解放军投降。

聂凤智军长指挥他的部队攻入苏州河南岸的市区，迅速向苏州河北岸发展。军指挥部移动到市内威海卫路。聂凤智军长和全军指战员已经两天两夜没有睡觉了，他们精神抖擞地在战斗，可是疲劳不断侵袭，睡神连续干扰，他们不惊动市民，坚决不住民房。指战员们心中铭记第三野战军司令员谆谆教导的三大公约和十项守则，特别是陈毅同志再三嘱咐："入城的纪律是入城政策的前奏，是见面礼。入城纪律搞不好，入城政策就出问题。要自觉自愿地模范遵守纪律，实在疲乏不能支持了，便在马路的行人道上露营，在冰凉的水门汀地上睡一下。"

军长、政治委员和电话员却不能休息，架起电话线，和不断前进的部队取得联系，指挥作战。从电话里传来胜利的消息，在杨树浦地区最后肃清了汤恩伯的残余武装力量，上海全部解放了！这时正好是 5 月 27 日的清晨。

25 日我随第三野战军司令部与华东局一起进入沪西，驻扎在圣约翰大学，乘坐一辆吉普车，带着警卫人员到南京路和外滩一带看了看。这时，苏州河那边，北四川路一带战斗还在进行。

上海市区人民一觉醒来，沉浸在胜利的狂欢里，打开大门一看，马路两边睡了无数的人民解放军。他们都欢迎解放军到屋里店里好好休息，却被解放军婉谢了。某团三营的指战员为了不用居民的水，宁愿跑到几里外的黄浦江边去洗脸洗碗。人民解放军真正做到了“持军整齐，秋毫无犯”（《后汉书·岑彭传》）。

第三野战军终于在瓷器店里消灭了老鼠又保存了瓷器，而且只用了三天三夜的时间。指挥这一场特殊战争的是第三野战军司令员陈毅同志。

陈毅同志是解放后人民解放军上海市军事管制委员会的主任，第一任上海市市长，同时还是中共中央华东局书记兼任统战部部长。华东局任命我为统战部秘书长。在陈毅同志领导下，我参与党的统一战线工作。

一　肃清黄白绿幽灵

上海解放后第三天，中共中央给中国人民解放军第三野战军陈毅等负责同志发来了贺电，指出：“中国和亚洲最大的城市，中国最重要的工商业中心上海，已于27日解放。我人民解放军在此次作战中俘敌10余万众，纪律良好。上海各界人民积极与我军合作，使蒋匪破坏计划大部失败，全市秩序迅速恢复。中国共产党中央委员会特向上海前线人民解放军、上海的中国共产党地方组织和上海市全市的人民致热烈的祝贺，向中国人民解放军和全国的人民致热烈的祝贺。上海解放以后，上海的共产党员、工人和革命知识分子的首要任务，就是团结一致，与进步的产业界和一切爱国民主人士通力合作，克服困难，恢复生产，恢复城乡联系和内外贸易，并与反动势力的残余作继续斗争而取得胜利。我们相信，有长久革命传统和高度政治觉悟的上海人民，在全国人民的援助之下，一定能完成这个光荣的任务。”

这是党中央的动员令，是党中央对上海的重要指示，是党中央对人民若大旱之望云霓时的及时雨。陈毅同志穿着一身黄布军装——那上面布满了战火硝烟，走上了新的工作岗位。

陈毅同志首先派部队接管了国民党在上海的陆、海、空军的军事基地和重要的军需物资，肃清了反动势力的残余。5月28日下午2时，他带着我们接管了国民党上海市政府。陈毅同志揭开新上海历史第一页。他要原工作人员各安职守，服从命令，办理移交，协助接管，并听候政府量才录用。国民党代理市长赵祖康把上海市政府的印信等送给陈毅市长。同一天，上海市军管会派出代表，对官僚资本经营的金融机构、公共事业单位、工商企业和文教机关等正式宣布接管。

接管工作相当顺利，但上海曾经是帝国主义和封建势力的老巢，绝不会风平浪静，并且国民党勾结帝国主义进行多年的反动宣传，在上海人民心里产生了重大影响。

上海解放的第一天，军管会主任陈毅颁发了布告：自即日起，以人民币为计算单位，为照顾人民困难，在6月5日以前，暂准金圆券在市面流通。在暂准流通期间，人民有权自动拒用金圆券。军管会规定：人民币一元，折金圆券十万元，为本市第一次比价。

国民党发行的法币由于通货膨胀，变成了一堆废纸，用整捆的法币带出去也买不到什么日常用品。法币信用无法维持，国民党玩了新花样，发行金圆券，号称用金光闪闪的黄金作为发行准备基金，强迫人民使用。最初倒也欺骗了极少一部分人，但无情的事实揭破了弥天的谎言，并无黄金储备，只是一张永不兑现的空头支票。金圆券的信用和法币一样，它的命运也和法币相同，不断贬值。

假如你进饭店吃饭，第一碗饭是一种价格，等你吃第二碗饭的时候，又是一种价格，因为涨价了。解放以前，上海人民口袋里装的金圆券，一不小心，动作稍为迟缓，钞票很快变成了废纸。有时人们口袋里装了许多金圆券可以买一包香烟，晚了一会儿，这些钱连一盒火柴也买不到了。上海人民怀着无限的愤怒，用火柴点着金圆券玩，甚至用金圆券裱糊墙壁。用钞票裱糊墙壁，不是过于豪华而又空前的最大的浪费吗？实际上是上海人民废物利用，在进行节约。

这是历史的讽刺，又是无情的现实。上海人民遭受金圆券的掠夺和迫害是何等厉害啊！无怪乎处在水深火热之中的上海人民日日夜夜盼望上海的解放啊！他们看到军管会布告以一元人民币折金圆券十万元，奔走相告这个天大的喜讯：金圆券通货膨胀泛滥成灾的时代要结束了，币值稳定物价稳定的安定而又幸福的生活就要开始了。

一个摊商说得好：国民党蒋介石发行金圆券，坑害老百姓；共产党来救老百姓，用人民币折换不值钱的金圆券。

蒋介石、宋子文、孔祥熙和陈立夫陈果夫四大家族为首的金融资本进行投机倒把，操纵市场，搜刮民脂民膏，害得人民无法生活下去。蒋介石在军事上失败了，他的残余势力必然转入地下，潜伏起来，进行阴谋活动，继续破坏人民的利益。

上海军管会成立的第一天，就揭开了金融战争的序幕，不过十天的工夫，就取得了辉煌的战果，把金圆券全部收光，排除在上海市场之外了。敌人的残余势力是不甘心失败的。金圆券通货膨胀所造成的恶劣的心理影响，以及历年物价波动遗留下来的对保存钞票不如保存实物的经验，也不是一个早晨可以扫除干净的。

金圆券不能扰乱和破坏市场了，黄白绿兴风作浪了。

黄是黄金。

白是银圆，上海人叫作“大头”。

绿是美钞，美国钞票是绿色的。

黄白绿的幽灵在上海市场上十分活跃。

当时上海每一条主要马路，特别是西藏路、南京路和外滩一带，到处可以看到许多人站在人行道上或者十字路口，穿着长衫，手里拿着一大把银圆，发出哗啷啷的金属声音，有的用两块大头互相敲击，叮当作响，吸引熙来攘往的人群的注意力。他们嘴里不断报着当天黄白绿一进一出的行市。行人有的站了下来，讨价还价，双方议定了价格，用一定数量的人民币换了若干黄白绿而去。买卖最多的是大头。

南京路四大私营百货公司用银圆标价，其他商店闻风而起，相继仿效。这么一来，人们更要收买黄白绿，特别是银圆和美钞，才能买进所需要的商品。这在解放前的上海并不是什么奇怪的现象。上海，这个帝国主义分子冒险家的乐园，各国货币都可以通用，尤其是美钞、英镑，更是挺硬。以四大家族为首的国民党反动集团一方面滥发纸币，另一方面把搜刮来的钱财以外币折算存在帝国主义的银行里。“上有好者，下必有甚焉。”他们的残余势力在金融战线上找到这个突破口，拼命向上海人民进攻。

人民币的信用受到严重的威胁。

如果残余反动势力打开了突破口，扩张开去，人民币站不住脚，影响所及，其他方面也可能发生问题。这是对上海市人民政府的挑战，也是对人民解放军的考验。军事上解放了上海，在金融战线能不能同样取得胜利呢？陈毅司令员用行动响亮地回答：能！

6月3日，以陈毅同志为司令员的华东军区司令部公布了外汇管理暂行办法：为了推进国外贸易，便利侨汇，平衡国际收支，防止投机，繁荣经济，由中国人民银行华东区行指定中国银行为执行外汇任务及经营外汇业务的机构。这个外汇管理暂行办法第六条规定，凡属本办法第二条定义内包括之外汇，皆须存入中国银行，作为外汇存款，换取外汇存单，或直接售予中国银行，换取人民币。外汇存单持有人得将其外汇存单在交易所自由成交。

同时，为了稳定金融，安定人民生活，保护人民财产，允许人民储存金银，还允许人民以金银向人民银行按牌价兑换人民币，但不得用来计价行使、流通和私相买卖。

人民手里存有大量外币怎么办呢？军管会规定：凡是持有外币的商人和人民，在外汇交易所成立后半个月内，向中国银行按牌价兑换人民币，或者存入中国银行，取了存单，向指定的外汇交易所自由交易；并且重申严禁外币在市场上流通。如果蓄意违犯，扰乱金融，一定严厉惩办。

外币禁止在市面流通，这在十里洋场上是破天荒的，表明帝国主义的金融势力被驱逐出了上海。黄金和外币的突破口堵住了，可是没有完全堵住，还有一个不小的漏洞：银圆。

银圆不是外币，在上海滩上更加猖獗了！投机商掌握了大量银圆，任意提高价格，进行投机，一转手之间，一块银圆竟然可以获利人民币一百五六十元。贩卖银圆的贩子，上海叫作银牛。一时间，银牛横行，大头嚣张，银圆和人民币的比价一涨，物价随之波动，上海 600 万人民生活仍然受到了影响。

以人民币兑换金圆券不过是为了统一币制，扫清金融阵地；停止使用外币，使阵地进一步巩固；倘不进而取缔银圆，已占领的金融阵地就不能巩固，物价无法平稳，市场必然混乱，工业不可能顺利恢复生产，商业难以起正常流通的作用，人民仍然不能脱离投机奸商的危害。不彻底解决银圆问题，在金融战场上就不可能取得胜利。

像在军事战场上对敌人阵前喊话促其早日投降一样，市人民政府通过报纸和广播电台也向少数奸商和投机分子进行阵前喊话，敦促他们早日觉悟，迅速停止犯罪行为。正如一切顽固敌人一样，那些奸商和投机分子中的顽固分子是要钱不要命的，任你怎么宣传党的政策和再三劝说，他们是听不进的。

上海工人、农民、青年、妇女和各界人士起来了，声讨奸商和投机分子的罪恶，纷纷要求军事管制委员会和人民政府对奸商和投机分子采取有效的措施。

军事管制委员会和市人民政府接受了人民的迫切要求，派出以上海警备司令部司令员宋时轮同志为首的军警力量，在 6 月 10 日上午 10 时分五路大军向奸商和投机分子操纵银圆市场的大本营——证券大楼进军。

证券大楼在汉口路上，是一座八层高大的洋楼。这儿过去是国民党金融寡头吮吸人民血汗的吸盘，现在是危害人民生活的渊薮。宋时轮司令员带着警卫旅副旅长和市公安局局长前往投机倒把的总部，分了五组，一到证券大楼，各组长就带着组员到了各层楼上，首先宣布：停止买卖，不准随便外出，不准通电话，说明这次行动的目的是逮捕破坏金融扰乱市场贩卖银圆的投机奸商。各组工作人员分别从一楼到八楼，进行登记审查。登记时，每个人的财物都经过本人当面自动清点，签字包封，在上面写上自己的姓名和财物数字。然后排成队形，挨个儿进行审查。楼上楼下，有条不紊。

那些情节轻微的，像厨师、茶房、小贩、店员、学徒、正当商人、一般访亲问友的人，都立即启封他们的财物，当面点清，发还本人，高高兴兴地走了。至于证据确凿、破坏金融的银圆贩子，他们有意高价收购银圆和美钞，哄抬市价，一枚银圆从 660 元上涨到 1800 元人民币；黄金每两从 39100 元猛涨到 11 万元之多。因此，物价扶摇直上，人心动荡。对这些人继续审查讯问，其中罪恶累累的 238 个奸徒，解送法院依法处理。他们当中还有一人收藏了美式手枪一支，子弹 10 粒。

在 238 名奸徒中，有一个叫张兴镛的，他的办公室在四楼 265 号。这个办公室门外挂着堂皇的金字招牌“寿昌金号”，装出一副正当商号的模样。警卫旅的工作人员走进去一看，原来是干投机买卖操纵市场的总指挥所，屋子里单是电话机就有 25 部，那密密麻麻的电话线像蜘蛛网一样，从门外沿着天花板伸到屋内。屋内还藏着许许多多的暗号和密码，同四面八方联系。墙壁上挂着一份证明书，是国民党财政部部长俞鸿钧发给他的，旁边挂着一张红纸表格，好像军用地图用来指挥作战，那上面写着四个项目，八个大字：黄金，美钞，袁头，孙头。所谓袁头和孙头是上面有袁世凯或孙中山头像的银圆。每个项目下面，都用白粉水笔注明买进卖出的价格。这不是金融战线上一座奸商的前线指挥所吗？

宋时轮同志率领工作组突然袭击证券大楼，一举获得胜利，但只限于浮在表面的人和事，证券大楼里还收藏了什么，不知道；证券大楼以外整个上海滩上还到处听到银圆的金属声。解放军顺着金属声的方向走去，金属声迅速消失了，手持银圆的贩子也看不见了。指挥所好办，散兵游勇难于对付。宋时轮同志对我说，他住在证券大楼七天七夜没有睡一次好觉，他在思考怎样完成军管会交代的任务，肃清扰乱市场的银圆奸商。他连饭也吃不下了，只是喝咖啡度日，驱散不断袭来的睡神。一个不眠之夜，大上海已经夜深人静了，忽然听到一个小孩的哭声，吸引了他的注意。他派人把这个孩子和奶奶带到楼上他的住处，亲切地问小孩为什么哭泣。小孩说他奶奶只有十块大头，给抓住了，今后没法生活了，希望解放军叔叔还他十块大头。宋时轮同志从小孩身上找到了打开奸商大门的钥匙，看到了胜利的曙光，要人给小孩十块银圆，然后问他：

“你们知不知道银圆贩子？”

“知道。”

“你们能不能带我们去抓银圆贩子？”

他奶奶说：“可以。”

宋时轮对他们说明上海市人民政府的政策：

“凡是十元以下的，我们抓到即放。”

“真的吗？”他奶奶跪下去，向宋时轮叩头。

宋时轮慌忙把奶奶扶起，对她说：

“我们不兴叩头，你起来。银圆奸商扰乱市场，危害人民生活，军管会下命令取缔银圆贩子。我们只抓奸商，一般人有十块银圆的，即使抓到了，也是马上就放，这是真的。”

“那我可以带你们去抓。”奶奶振作精神，高声说道。

“要多少时间准备？”

“一个小时。”

“给你们两个小时准备。”

“好，不过你们穿这身衣服不行。”她不知道坐在她面前的就是警卫上海的司令员，指着他那身黄色的军服说。

“我们可以换便衣，”宋时轮感到她很有智谋，笑着说，“可以抓到十个吗？”

“十个不成问题，一百个也不成问题。十块大头以下的都没事，你说话算数吗？”

“当然算数。”

解放军换上便衣，和他们一同去抓银圆贩子，那十元以下的人又带更多的穿着便衣的解放军去抓。不到一个星期，整个上海的大大小小的银圆贩子都抓到了。十元以下的抓到放了，他们也不干这个勾当了。从此，上海再也听不到银圆的金属声了，人民币和外币的比价一天天提高了！

二　市场的余波

黄白绿的幽灵虽然肃清了，但那些投机奸商以及反动势力残余像白骨精一样，可以从少女变成老妇和老汉，又在危害人民了。他们在上海滩浪迹数十年，颇有些破坏才能。金融战场上失败了，他们撤退转移到一般商品，特别是生活必需品的阵地。

上海解放初期，有些人说：共产党和人民解放军打仗和管理农村有一套，用上海话来说，无啥话好讲！可是管理城市不行，特别是像上海这样中国最大的城市，别的且不去说，单是“二白一黑”，共产党和人民政府就不一定解决得了。所谓“二白”就是大米和棉花，“一黑”是煤炭，像空气、阳光和水一样，一天也不能短缺。

那些在国民党反动统治时代囤积居奇素有经验的奸商们，认为囤积“二白一黑”，特别是大米是绝对有暴利可图的，十拿九稳。谁能够一天不吃饭呢？“二白一黑”于是成为奸商和投机分子进攻的目标了。

早在上海解放前夕，陈毅同志与华东局和华东军区负责同志就注意到这一战略要地，要解决上海粮食、煤炭和棉花问题。从苏北、皖南和苏南地区调进的米粮源源不断地运到上海，而上海库存的大米足够 600 万市民 3 个月的用量。煤炭更多，除了淮南煤矿由铁路运来几批以外，在秦皇岛港口还有 100 万吨存煤待运。中南地区准备了大量棉花随时可以供应。上海需要四处供应，八方支援。市人民政府还向工人、学生等生活困难的人平价售米。哪家工厂急需燃煤开工，京沪杭区煤炭调配处就及时供应。

奸徒和投机分子财迷心窍，不相信上海市市长能够解决“二白一黑”这个棘手的难题。凭着他们在国民党时代的旧经验，看准了粮食是一个突破口。少数投机奸商向粮食进兵“偷袭”了。他们千方百计大量收购粮食。人民政府大量抛售大米，他们扒进，市场上能买到多少大米，他们就买下多少，如同疯狂的赌徒一样，把他们所能调动的头寸都押在这个赌注上，以为肯定利市百倍，等待暴利像黄浦江的水一样向自己家里流来。奸商们扒进粮食一直到 1949 年农历年三十晚上，等待明年年初五财神爷上门。

年初五到了，粮食市场上“红盘”开出，粮价没有上涨，反而下降，并且完全出乎粮食奸商的意料之外，连续下降。他们看到粮食没有回涨的希望，不得不把囤积的粮食脱手，大亏其本，栽了一个大筋斗。市场上流传这样的话：在军事战场上，打不过陈毅司令员；在金融战场上，斗不过军管会陈毅主任；在二白一黑的战场上，也不是陈毅市长的对手。

但是金融和市场的余波未息。

国民党反动派滥发纸币，在人民当中造成对钞票不信任的心理尚待扫除。旧社会使上海人养成了习惯，钞票到手，马上就买些生活必需品存起，避免承受钞票贬值的风险。这样就造成了人为的紧张。怎样使人民存有人民币而能高枕无忧呢？这个问题迫切需要解决。

上海市人民政府成立了贸易总公司，负责供应市民粮食、煤炭、食油、纱布和面粉等，配售各项人民生活必需品，彻底粉碎奸商和投机分子的进攻，稳定了物价。同时，委托中国人民银行举办了折实储蓄存款，以折实单位储存，也以折实单位付息。怎么计算呢？以中等白粳米 1 升（南北市场趸卖平均价），12 磅龙头细布 1 尺，本厂生油 1 两，普通煤球 1 斤，这四种标准价格合并为 1 个单位，用人民币以当天牌价计算，折成多少折实单位存起，取款的时候，就以当天报纸公布的牌价折算人民币付款，这样就不必担心钞票贬值了。中国银行 5 天以内，就收到 1 亿多存款，折合 326000 多个折实单位。

人民币的信用大大巩固了，行庄存款额激增，平均比解放前增加了五六倍，而行庄的利率开始普遍下降，物价基本稳定了。

笼罩在上海天空的“二白一黑”棘手的难题烟消云散了。陈毅市长率领大军在金融战场和商业战场上捷报频传，为上海恢复生产，发展生产，繁荣经济，打下了坚实而雄厚的基础。

三　上海人民站起来了

十里洋场开埠以来，是帝国主义的天下。1932 年初冬，我第一次走进上海市区南京路，仿佛置身异国，英租界法租界等地区，几乎等于国中之国。从十六铺向南京路外滩一带走去，停泊在浊浪滔滔的黄浦江上的是帝国主义国家的军舰，舰上飘扬的国旗是英国的、美国的、日本的、德国的和法国的……海关的总税务司是英国人，统治上海和中国金融的是外滩英国汇丰银行，分管上海租界的是英国工部局、巡捕房和法国工部局、巡捕房等，站在马路当中指挥交通的不是印度阿三，便是安南巡捕，马路上大腹便便趾高气扬地走着的是洋人，华人在上海租界里好像低人一等，流氓势力虽然可以在租界上横行称霸，也不过是奴才，一遇到洋人就低三下四，俯首帖耳，摇尾乞怜。

上海解放带来了伟大的变化。过去的耻辱随着帝国主义的军舰和长枪大炮以及他们的奴才——国民党反动派的罪恶势力一起像黄浦江滚滚浪涛东流而去了。

6 月 1 日，上海军事管制委员会陈毅主任决定：黄浦江、长江口及吴淞口、三岔港航运，自 6 月 1 日起开放，商用及民用船只准许自由往来，但外国军舰不准进出！

从此，由南京路一带到十六铺，看不到任何帝国主义国家的军舰了，中国人成了上海的主人，再也不受外国人的歧视和侮辱了！

但帝国主义毕竟是帝国主义，它们的本性是不容易改变的。上海解放第十四天，英商英文《字林西报》刊登了一条歪曲事实的新闻，报道国民党反动政府在吴淞口敷设了水雷。这条虚假新闻影响了正常通航，妨碍了物资运输，从而破坏了市场供应，造成恶劣的后果，遭到上海人民的强烈反对。《字林西报》在600万上海人民面前不得不登报道歉：

窃查本报于六月十日刊载扬子江口布设水雷不正确之报道，以及对于航运及贸易之不良影响，敝人对此深为关切。兹谨函贵会郑重道歉，并愿保证嗣后决不使有同样错误发生，专此函达，即冀鉴察。此呈外侨事务处转呈上海军管会钧鉴。

总编辑葛立芬谨呈（签字）

一九四九年六月二十三日

陈毅主任收到了葛立芬的呈文，发布了外新字第一号命令：

查英商《字林西报》，于六月十日开始刊载国民党反动政府在吴淞口敷设水雷之新闻，此后继续传播，危言耸听，纯出捏造。全市人民对该报此种悖谬举动，极为痛愤，纷纷吁请本会严加制裁。本会认为群众此种要求，完全正当。该报错误甚大。惟念该报负责人葛立芬日昨已向本会书面承认错误，保证今后不再重犯，特从宽处分，予该报严重警告一次，并着该报将其悔过之呈文及本会命令，同时在该报第一版显著地位刊出。

此令。

一九四九年六月二十四日

帝国主义唯恐中国不乱，他们的报纸造谣生事已成家常便饭，司空见惯，毫不稀奇。但是，上海“换了人间”，现在因为造谣不得不登报道歉，这在上海的历史上是空前的。

帝国主义分子及其庇护下的子民不仅造谣生事，而且称王称霸，行凶动武，逍遥法外，这在旧上海来说，习以为常，不足为奇。人民的新上海却完全不同了。

我想起了王振国的故事。

王振国是英商电车公司的计时员，6月18日因病请假，到这天满期了，可是病还没有好。这家公司规定生病必须英国人签单子，才能请假。他不得不到苏州路公司请医生签单子续假。英人查票员麦达生非但不给假，而且气势汹汹地说：“生病也要做工，不做工就不给钱。”这真是帝国主义的逻辑，生了病怎么能工作呢？王振国顶了他一句：“现在不应该再用以前的态度对待我们！”麦达生态度蛮横，根本不讲道理，他练就一手外国拳法，猛击王振国的头部，当场把王振国打昏在地，还不罢休，拉住王振国两条腿，倒拖出了写字间。王振国血肉模糊，令人惨不忍睹。

惨案发生，电车公司中国职工抗议，麦达生竟然置之不理。职工报告附近公安分局，分局派了警察来，麦达生居然大声斥责：“我是英国人，公安局无权逮捕！”

旧上海租界帝国主义有所谓“治外法权”，外国人在租界上犯法，中国司法当局无权过问，要由有关国家自己处理。麦达生在英商电车公司工作了20年，他懂得这个“治外法权”，所以他可以毫无顾忌地为所欲为，违法犯罪，满不在乎，即便交给本国处理，也可以从宽发落，甚至并不处理。但他忘记了一条：上海已经回到中国人民手里，帝国主义势力已经一去不复返了。人民警察当然不理他那一套蛮不讲理的架势，把他带到了公安分局。

英商电车公司300多名中国职工自动集会，提出惩办凶手与向受伤记时员道歉赔偿的正当要求：一、公司予麦达生以革职处分；二、王振国出医院后尚需休养，休养期间工资照发，负担一切营养等费，并派负责者加以慰问；三、总经理柏禄克向全体职工登报道歉。

陈毅市长支持职工的正义要求，指示公安分局代表政府处理。麦达生和柏禄克不得不接受工人的上述要求，一一照办，柏禄克还保证“今后决不再发生同样事件”。

不管你是哪个国家的侨民，行凶即要依法处理，违反人民政府的法令和规章也绝对不容许。帝国主义和他的帮凶们本性难改，那些国家的侨民妄想保持往日高人一等的架势，不甘心老老实实遵守。他们要以身试法，在上海人民和人民政府面前摆一摆往昔威风。

我记得美国侨民威廉姆·欧立夫就是这样的一位代表人物。

7月6日，为纪念“七七”和庆祝上海解放而举行大游行的隆重而又庄严的时刻，整个上海军民都沉浸在欢乐的海洋里。这位欧立夫在东长治路溧阳路口违反交通规则，影响游行，交通警察把他带到公安分局询问。他不但拒绝说出自己的姓名和职业，也不承认错误，还踢伤了值班员警，捣毁办公室的物品，摆出毫不在乎的架势，自恃有美国后台，认为上海还是帝国主义的半殖民地。可是他打错了如意算盘。公安分局的民警根据人民政府的法令和交通规则，对他教育开导。在事实和法令面前，他无法不承认自己的错误，表示愿意悔改，照价赔偿损失。提篮桥公安分局念其初犯，决心悔过，于是从轻处理。他向公安局员警递上了道歉书，向被他打伤的警员和人民政府保证不再重复这种错误行为，今后将在中国做一个守法的外侨。

这位欧立夫曾经担任美国驻上海领事馆副领事。过去别说外国领事和外交人员，甚至一位普通外侨，行凶犯罪，欺侮和殴打中国人民，国民党政府连屁也不敢放，有时还协助镇压被害者，甚至向行凶犯罪的人表示歉意，害怕引起国际纠纷。日本法西斯军阀就曾经制造一个侨民被辱或者失踪，作为侵略中国的借口，侵占中国大片土地。同样一个电车工人舒贵卿，解放前被麦达生殴打后，受害者反而受到革职处分；而王振国也可以说是第二个舒贵卿，这回受到革职处分的是麦达生，赔礼道歉，保证永不再犯。同样事件，处理却有天壤之别。在中国共产党和陈毅市长领导之下，上海人民站起来了，昂首阔步在上海滩上，改造旧上海，建设新上海，任何帝国主义及其帮凶们休想动上海人民一根毫毛，否则要自食其果！

四 团结的力量

改造旧上海，建设新上海，是一个艰巨的重大任务。进入上海以后，陈毅同志经常谈起毛泽东同志在党的七届二中全会上的报告和全会决议的伟大意义。毛泽东同志对人民民主统一战线的精辟阐述以及提出的革命胜利后的方针任务，“迅速地恢复和发展生产，对付国外的帝国主义，使中国稳步地由农业国转变为工业国，把中国建设成一个伟大的社会主义国家”，像是一盏光芒四射的灯塔，指引着上海这条革命航船的航向。

24 年前即 1925 年 5 月 30 日，上海工人阶级展开了一场轰轰烈烈的反帝爱国运动。起因是日商内外棉第七厂工人反对日本资本家关厂停发工资，要求工资照发。带领大家冲进厂里斗争的纱厂工人、共产党员顾正红被日本资本家枪杀，激起上海各界人民的义愤；加上英美帝国主义者提出所谓“四提案”（即增订印刷附律，增加码头捐，交易所注册和取缔童工法案），连民族资产阶级也参加到斗争的行列里来了。5 月 30 日上午，上海工人和学生 2000 多人抗议帝国主义杀害中国工人、逮捕学生，反对“四提案”，英国巡捕突然向示威群众开枪射击，顿时南京路上血流遍地，11 位工人和学生被打死了，还有几十人受伤。虽然经过 24 年的风风雨雨，五卅惨案时工人和学生的鲜血染红了南京路，染红了上海人民斗争史册，记录了英、日帝国主义杀害中国人民的罪行。

上海解放第四天，5 月 31 日，上海工人阶级就在南京路上的大光明电影院里集会纪念“五卅”斗争。陈毅同志出现在大会的主席台上，他代表中共上海市委和市人民政府向顾正红和刘华同志的家属致以亲切的慰问，指出上海解放是有史以来的伟大历史变革，已经成为国家政权主人的工人阶级要有远大的眼光和伟大的气魄，来领导新社会的经济建设和政治建设，而不只是看到眼前的狭小利益。过去 24 年，我们翻越了一座革命大山，赢得今天伟大的胜利，但在前面的另一座更伟大的建设大山需要我们工人阶级团结一切民主阶层，以最高的革命热忱和艰难的工作爬上这座大山，建设一个新上海新中国。只要我们以过去的英勇智慧、警惕与谦虚的精神，在全市各民主阶层的协力奋斗之下，我们一定会战胜一切困难，获得成功和胜利的。

第二天晚上，留在上海的各民主党派负责人宴请上海军管会和人民政府领导同志，民盟张澜、罗隆基，民革郭春涛，民建胡厥文、杨卫玉，民联陈铭枢、吴艺五，救国会史良、闵刚侯，农工连瑞琦等都来了。陈铭枢代表各民主党派讲出上海和中国人民心里想说的话：上海是中国文化经济中心，这次端赖中国共产党伟大的力量，获得解放，全市600万人民和各民主党派同志对中国共产党、人民解放军和人民政府表示衷心的谢忱。中国前途，今后主要是经济建设。我们各民主党派誓当在中国共产党和毛主席领导下，合力同心，建设新中国。

在欢迎和感谢的掌声中，陈毅同志站了起来，他谦虚而又诚恳地说，目前中国情况已根本改变，不自由不民主的情形已经终结，新的时代已经开始，而全国人民及各民主党派人士的期望更增加了人民解放军的信心。今后工作是伟大的建设，当与大家共同努力，团结99%的人来合作，打文化经济建设的大仗。对于我们的缺点，希望大家坦白指出，我们一定郑重考虑。我们对各民主党派也一定坦白提出意见。大家以坦白诚恳的态度，来建设新中国。我们讨厌国民党虚伪作假的那一套。蒋介石在军事和政治上失败后，必不甘心，必有人混入我们的阵营中，甚至在共产党内部来找我们的漏洞，使民主力量打击民主力量，他们在旁边称快。各位对我们军队夸奖太多，人民爱护军队，使我们感动。我们特别感谢农民，他们像鲁迅先生说的那样，“吃的是草，挤出来的是奶”。中国农民对于革命战争的贡献是非常伟大的，踊跃参军，支援前线，实在值得我们感谢。我们大家要广泛提出意见，不要唯唯诺诺，经过讨论，共同遵守决定，来建设新中国！

当时中国经济中现代性的工业只占10%，其余是农业和手工业，而10%的现代性工业经济当中，70%左右是私营经济。上海私营经济在全国来说，占绝大部分。革命胜利后的首要任务是恢复生产和发展生产。陈毅同志要我们拟出上海私营工商业代表人物的名单，准备和他们见面。他指示我们名单中要有工商界进步人士，上海解放以前，他们开展民主运动，对革命有过贡献。当然，要有各行各业的头面人物，工商企业主要在他们手里。他们是实力派，但也不要忽略中小企业，甚至没有什么企业的代表人物。这是共产党和人民政府第一次和上海私营工商业者见面，不要漏掉应该出席的重要人物。根据陈毅同志指示，我们拟出名单，和工商界进步人士商量妥了，经陈毅同志同意，便以上海市人民政府的名义发出了请帖。

会前，陈毅同志要我们了解工商界人士存在的主要思想问题。他仔细听了我们的汇报，还用笔记下了主要问题，以考虑讲话的内容。

矗立在外滩的中国银行大厦仿佛高入云霄，下面不远便是波涛汹涌的黄浦江，对岸是浦东一片绿茵茵的农田。6月2日下午2时一刻，一辆又一辆高级小轿车来到中国银行大厦大门前，私营工商业代表人物一个个到了四楼。他们当中有盛丕华、胡厥文、荣毅仁、刘靖基、蒉延芳、侯德榜、陈巳生、吴觉农、王志莘、颜耀秋和蔡承新等。他们收到请帖以后，多数怀着好奇和猜疑的心态，因为国民党过去的反动宣传在他们心里留下了很深的影响。有人主观地以为共产党大概是三头六臂的神秘人物，不然怎么能够打败有美国支持的国民党的军事力量？这回邀请私营工商业者座谈，大概要宣布共产了。国民党不是说共产党来了要共产共妻吗？他们前来出席，想摸中共政策的“底”。工商界代表人物绝大多数从未见过共产党员和解放军高级指挥员，都以惊奇和钦佩的眼光注视陈毅市长和其他负责同志。那天陈毅同志穿着一身黄布军装，黄布洗得有点发白了，脱了军帽，露出剃光了的头，圆圆的脸庞浮着轻松的微笑，像是一名普通的战士，浑身却闪耀着爽直的光芒，胸怀坦率，肝胆照人，如同透明的水晶体，仿佛可以看清他内心的一切。

陈毅同志代表人民政府和解放军对上海产业界在国民党反动统治下，多年来为建设民族工业而奋斗，表示亲切的慰问。国民党反动统治和帝国主义侵略中国的历史已经结束，新的伟大的建设任务随之开始。陈毅同志接着阐明党对民族资产阶级的政策，表示人民政府愿与产业界共同协商，有什么意见都可提出，以完成恢复和发展生产的任务。

上海产业界有史以来从未受到过像陈毅市长这样亲切的慰问和无微不至的关怀，从陈毅市长那里了解到党和政府对私营工商业的方针政策，并且委以重任，要恢复和发展生产。陈毅同志一席话扫除了工商界的疑惧和顾虑。他们当中有些人几乎不相信自己的耳朵，共产党并不共私营工商业的产，而且要恢复和发展生产。他们无不感激涕零，心潮澎湃。谈起往事，都有一肚子苦水，他们把国民党官僚资本以及帝国主义加在民族工商业者身上的痛苦和压榨尽情倾吐；对人民解放军和人民政府的政策和纪律，表示热烈的赞扬和坚决拥护；愿意恢复和发展生产，支援解放军解放全中国，为建设工业化的新中国提供了许多宝贵的意见。

为了响应陈毅市长的号召，会后产业界人士召集座谈会，各行各业提出了恢复和发展生产的措施和意见。

同时，陈毅同志动员上海青年和妇女。他向青年提出三大任务：肃清残余敌人，建立革命秩序，保护人民民主自由，恢复生产劳动；青年要爱组织，拥护自己的工会，执行发展生产、繁荣经济、公私兼顾、劳资两利的政策，努力成为模范工作者、劳动英雄；知识青年要成立自己的团体，团结一切民主青年，恢复上课，团结师生，学习和掌握革命人生观，学习和掌握工农业生产知识，以及各种科学知识与技术，为建设新中国而献出青春。

在成立上海民主妇联筹备会上，陈毅同志披肝沥胆地谈出对各界妇女的希望和要求：妇女问题是整个革命事业的一部分，反动派在军事上失败，但在政治、经济、文化各方面仍然会使用各种方式来破坏革命秩序。要善于辨别敌人。对于敌人新的斗争方法，如果政治觉悟差，斗争经验少，就容易上敌人的当，在不知不觉中帮了反动派与帝国主义的忙。我们要着重加强政治教育，把眼睛睁开来，耳朵尖起来，头脑清醒起来，辨别敌人的面目。对于市政，有许多人以为在解放后第二天，一切全都变好，这是不可能的事情。反动派遗留下来许多问题，不是一下子就可以变好的，需要逐步改造。新建设开始的时候，有许多困难，大家应该忍耐，积极提高市民认识目前过渡时期的困难，相信人民政府会把上海建设好。妇女问题与新中国建设是分不开的，新中国问题解决了，妇女问题就解决了。

工人、青年和妇女行动起来了，各民主党派行动起来了，私营工商界也行动起来了。许许多多工厂的烟囱冒烟了，机器转动了。上海八大面粉厂拥有 431 部磨子，现在出面粉了；上海钢铁厂的炼钢炉开始出钢水了；上海 55 家私营纱厂，拥有 1425700 纱锭，都转动了……整个上海的生产恢复了。

生产一恢复，原料问题突出了。人民政府大力支援，各种原料从全国各地源源不断地运来上海。生产日益发展，现代化工业需要科学技术，团结科学技术界人士，为祖国贡献智慧和才华。陈毅同志接管市政府后，就要我们重视科学技术部门的统一战线工作。他亲自出面去做，我曾陪他一同去拜访了张元济、任鸿隽、秉志。他们和顾颉刚、竺可桢、茅以升、罗宗洛、周仁、王家揖、冯德培、赵九章等一些学术界和科技界的著名人士，在枫林桥原国民党中央研究院集会，陈毅同志又和他们交谈，坦率地指出过去有些科学工作者有一种偏向，认为科学只属于少数人，养成科学工作者孤高自傲、脱离人民的偏向，今后必须加以克服。另外一种偏向，就是把科学与政治分开，认为科学与政治无关，这是错误的。科学工作者必须有进步的人生观、进步的宇宙观和正确的政治头脑，才能有更大的成就。上海的解放，中国的解放，就是科学的解放，就是科学工作者的解放。中共对于为人民服务的科学工作者，不但不加以干涉，而且加以保护，加以扶持。这和国民党反动派摧残科学，屠杀有学术的人是完全相反的。中共愿意和科学工作者团结在一起，共患难，同欢乐，为建设新中国而奋斗。

82 岁高龄的张元济老先生，曾经是清朝光绪年间的进士，当过刑部主事、总署章京，因为参加维新运动，戊戌政变时被革职了。他“五朝弊政皆亲历”（董必武诗句），对共产党和毛泽东同志十分敬仰。他代表大家讲话，控诉国民党反动派的累累罪恶，希望上海人民和科技界、学术界实事求是地努力，协助人民政府建设新上海。

后来张元济老先生生病，陈毅同志知道后，带我到他花园坊住处看望。他躺在病床上兴奋得想马上坐起来，可是已经不能动弹了，他感动得热泪盈眶，一句话也说不出来。陈毅同志坐在他病榻旁边，安慰地抚摩着他的手，亲切地低声询问他的病情。他说话比较吃力，由家属代为叙述。陈毅同志安慰他，现在是共产党和毛主席领导新中国了，和过去旧社会完全不同了，有条件要卫生部门想一切办法给他治病。他热情地紧紧握着陈毅同志的手，舍不得和陈毅同志分别。在陈毅同志的亲自关怀下，张元济老先生所患的瘫痪不治之症逐渐有了起色，上肢恢复了活动，讲话也比较清晰，甚至还可以给人家写条幅，心中仍然念念不忘协助人民政府建设新上海。

陈毅同志亲自领导党的统一战线工作，经过一个多月的努力，各民主党派、各界人士同中共中央华东局和上海市委团结在一起，结成坚强的统一战线，6 月 30 日显示了这个统一战线的伟大阵容。

七一前夕，6 月 30 日下午 6 时，中共中央华东局统战部在逸园饭店大礼堂隆重举行中国共产党诞生 28 周年纪念大会，上海工人、农民、青年、妇女和人民解放军指战员结队前来参加，各民主党派和无党派民主人士陆续到会，文化界、科技界和工商界著名人士出席，少数民族、华侨、慈善、救济和宗教团体都有代表与会，连身体不适的宋庆龄先生也由邓颖超同志陪同前来出席盛会。

陈毅同志用洪亮的四川口音，发表坦率热情的讲话，吸引了会场上每一位出席者：

> ……胜利的获得是不容易的。我们应该努力把胜利巩固起来。如果我们革命胜利是经过无数次失败和无数次曲折，则同样，我们要巩固胜利也将经过艰苦的奋斗和克服各种困难。今天我们在军事上打垮了国民党反动派，在政治上也打败帝国主义和国民党反动派，胜利是没有问题了。今天的问题是如何开始建设。说到建设新中国，则首先要认识目前面临的各种困难。
>
> 过去二十八年中，我们遭遇到的困难最多，但敝党与中国人民能团结奋斗，便战胜了困难，争取胜利。今后敝党在建设

新中国的过程中,当然仍旧和中国各界人士团结一致,共同奋斗。首先依靠我们的朋友对敝党给予不客气的指教,敝党将一本过去向人民虚心学习的精神,向朋友们虚心请教,来发扬优点,纠正错误。我们就以这样的精神来进行建设,回答各位朋友的帮助和指教。……

宋庆龄先生和各民主党派以及各界人士用暴风雨般的热烈掌声欢迎陈毅同志的讲话。宋庆龄先生用诗一般的语言发表了热情洋溢的祝词:

……欢迎我们的领袖——这诞生在上海、生长在江西丛山里、在二万五千里长征艰难困苦的路程上百炼成钢、在农村的泥土里成熟的领袖。向中国共产党致敬……

宋庆龄先生的讲话可以说代表了各民主党派和各界人士的心声。

在党中央和毛泽东同志的指引下,陈毅同志率领上海市600万人民,团结一切可以团结的力量,向建设新上海的征途昂首阔步勇猛前进!

1984年2月6日于北京

（选自上海市政协文史资料工作委员会编《上海文史资料选辑》总第46辑《上海解放三十五周年》,内部资料,上海人民出版社1984年版）

在统战政策的鼓舞下前进

赵祖康 *

我是学土木工程的，解放前，怀着“交通救国”“工程建国”等理想而工作，但最终成了幻想。上海解放时，我在伟大的中国共产党指引下，从国民党政府里分化出来，投向人民怀抱，得到了新生。30 多年来，在中国共产党统战政策的光辉下，我获得政治上的重视、学习上的帮助、工作上的支持和生活上无微不至的关怀。共产党的恩情是我没世不忘的，要表达我的感激之忱也是表达不尽的。

关于上海解放前夕，即 1949 年 2 月起，经过我亲戚曹石俊、钱挹珊夫妇的介绍，先后得到上海地下党同志“李小姐”（王月英）、

* 赵祖康：时任国民党上海市代理市长；后曾任上海市副市长，市政协副主席，民革中央副主席。

“钱先生”（田绥祥）等的帮助，劝勉我留下来为上海的解放做一些工作的情况，过去我曾经写过一篇史料，刊登在上海市政协《文史资料选辑》上海解放30周年专辑上册。这些情况，不准备详述，只对其中有些与事实略有出入的，加以更正。这里主要就陈毅市长在上海主持工作期间对我的教育和帮助，提供一些资料，借以表达我对党的爱戴和对陈毅同志的怀念，陈述老一辈无产阶级革命家是如何处处为人民利益着想，目光远大、胸怀宽广地贯彻执行党的统一战线政策，使我们党外人士，在党的政策感召下不断前进的。

一　鼓励我安心工作，在党领导下搞好合作共事

我之获见陈毅同志，始自上海全市解放后的翌日——1949年5月28日。这天上午，上海市军事管制委员会派总务处熊中节处长来旧市府和我联系，布置有关接收事宜。下午3时，中国人民解放军第三野战军司令员兼市长陈毅同志偕同副市长曾山、韦悫、潘汉年及周林等同志，来到原市府大楼进行接管。在这前一日，解放军先遣部队政治部民运部副部长晨钟同志偕同钱明和宋启荣两同志来大楼看我，晨钟同志还进驻大楼担任警卫监督工作，要我同他查看了档案室。当陈毅等同志来市府时，我的心情不免紧张，可是陈毅同志却微笑地同我握手，谦和地招呼我坐在他办公桌的对面，问起我24日夜间陈大庆和陈良逃跑的情况。当我如实汇报时，他一直和蔼地倾听着，态度平易自若，使我的紧张情绪逐渐平定下来。

接着晨钟同志要我的秘书陆槐清通知原市府全体职工，包括勤杂工警人员300余人，一起到小礼堂参加欢迎会。陆槐清是原工务

局秘书，于5月26日下午，和工务局副局长徐以枋、专员侯砚圃一同来市府大楼看我，商谈如何准备移交事，我即嘱徐以枋回工务局暂代工务局长职务，我暂留在市府大楼，并调侯、陆两人到大楼担任联络秘书工作，协助我和周林同志以及军管会派来的其他同志联系原市府各局、处负责人，按照军管会指示办事。欢迎会由周林同志主持，陈毅同志在会上讲话。他一开始，对我们没有去台湾表示欢迎，接着他以沉重的语调揭露了蒋介石背叛革命，统治了22年，搞得民不聊生的罪恶。他说："上海解放是一个伟大的历史变革。几十年来，在国民党反动统治下的上海，现在已成为人民的城市，望大家各安职守，努力学习，要相信我们的党是不会埋没人才的。"他勉励大家"各安职守，服从命令，办理移交，协助接管，听候人民政府量才录用"。整个讲话，有鼓励，有期望，有要求，体现了党对旧人员包括旧知识分子的政策精神，使大家受到很大的教育，得到极大的鼓舞。

会后，陈毅同志又个别邀我谈话，鼓励我利用自己的专长为人民服务。他希望我担任人民政府工务局局长的职务，可是我当时对能否在人民政府同党相处共事，把工作做好有些顾虑，所以向他表示说："办好移交后，想去大学教书。"陈毅同志看出我的心思，微笑地对我摇摇头，诚恳而又热情地对我说："赵先生，不要有其他想法，你留下来很好，国家需要人才，你可以发挥自己的专长，为上海的市政建设贡献自己的力量。"

陈毅同志还特别强调说："赵先生，我们是一定能够很好合作的！"这句话，在一定程度上消除了我的疑虑，但是我还怕自己水平不够，担负不起这个任务，因此当我在5月30日把旧市府的印信移交给人民政府秘书长周林同志后，再次同陈毅同志谈心时，就直率地要求陈毅同志先让我学习两个月的《新民主主义论》等毛主席著作，如果可行，再担任工务局局长职务。陈毅同志对我要求学习表示嘉许，但还是劝慰我，先把这个职务担当起来。他说："可以边工作，边学习，在工作中学习嘛！"在他反复诚挚的开导下，我也就不再推辞了。

自从我参加市人民政府的工作后，向陈毅同志请教的机会更多了。陈毅同志对我的鼓励和关怀，可以说无微不至，有几件事，使我感动尤深。一件事是在我就任市人民政府工务局局长一段时间后，一位党员同志告诉我的。原来我在督率旧市府和各局、处办理移交时，陈毅同志特别关照军管会接管同志，让各局、处分别同指定的接管人员直接办理交接手续，不要让我具体处理这件事。为什么陈毅同志不让我处理这些具体事务呢？这主要是因为我代理市长职务只有四天，除工务局外，其他各局、处的事都不是我经管的，陈毅同志唯恐我在交接中由于情况不甚了解，引起烦恼，所以干脆不要我管。通过这件事，使我体会到陈毅同志考虑问题多么周到，对我们这些旧知识分子多么体贴，使我永远不能忘怀。

另一件事是这样的：1949 年 8 月 3 日，上海市举行各界代表会议。在这次会议之前，市府周林秘书长关照我说："赵先生，这次会议就不请你参加了。下次代表会议，一定请你参加。"因为当时工务局正在筹备之中，所以我没有参加这次会议。但我会后在报纸上看到，陈毅同志在代表会议的演说词中谈到解放上海的经过时，对我带领旧市府人员向人民投诚予以很大的鼓励。他说："伪上海市政府的首要已先期逃走，由代市长赵祖康先生率领市府人员高悬白旗，向人民解放军举行光荣的投诚，此种方式是很好的。其贡献在于使文件档案、公用器材，从上海旧租界工部局时代起，经过日寇，直至国民党时代，完整地转交于人民之手。此种方法，证明毛主席、朱总司令的约法八章的伟大号召力量，证明人民政府是允许和容纳旧政府人员效忠人民政府，给以改造和参加工作的机会。这种方式可能地与必然地会发展到西南、西北各省，包括台湾在内。”看了陈毅同志这段话，我的心情久久不能平静。对上海的解放，我不过是做了一点自己应该做的工作，而且是在党的指引下做的，应该归功于党，而陈毅同志却在大会上对我表扬，使我感到既鼓舞又惭愧。

二　勉励我团结科技人员，更好地发挥作用

陈毅同志对我们这些技术人员是非常重视的。在谈话中，他经常勉励我要团结好科技界力量，共同为祖国建设作出贡献。在他的鼓励下，我于 1949 年 6 月写了一份《建设新上海初步设施意见书》送给他，他看了后，同我作了一次较长的谈话。这次谈话涉及面很广，从上海的建设谈到整个国家的建设；谈了有关的政策问题，如何利用外资和外国专业人才的问题，以及上海技术人员如何发挥作用，等等。陈毅同志知识渊博，分析问题深刻，讲话风趣，听他谈话，真有“听君一席话，胜读十年书”之感。

就在这次谈话后不久，在解放前由进步青年技术人员组成的上海市技术协会召开大会。会议由宋名适会长主持，陈毅同志应邀到会讲话。我因解放前参加过该会的一些活动，也应邀出席会议。

陈毅同志在讲话中强调指出："无产阶级革命的目的是要改造和建设国家，而这主要靠包括技术人员在内的人民的力量。希望科技人员在党的领导下为建设社会主义祖国努力服务。"他还说："党是重视科学技术和科技人员的作用的。"讲话又对当时社会上存在的一种无条件地引进外资和外国器材、原料等现象，提出了一些中肯的批评。我当时对这些问题的认识也模糊不清，听了陈毅同志的分析，茅塞顿开，获得了教益。

全国科技工作者代表大会筹备会于1949年7月13日在北京召开。我有机会参加这次会议，内心十分高兴。会前，陈毅同志专门邀我谈了一次话，语重心长地鼓励我一定要在社会主义道路上和科技界的人士团结好，共同为祖国的建设事业贡献自己的力量。在7月3日下午市人民政府举行的欢送出席人员的大会上，陈毅同志又亲临讲话，对即将出席大会的科技人员倍加勉励，鼓励他们共同努力，把会议开好，回来很好地发挥作用。言谈中，对科技人员寄予无限的希望。

由于我要离开上海一段时间，对工务局的人事安排有些不放心，因此又向陈毅同志要求，在我离沪期间，对工务局人事暂勿更动，重要工程人员尚未决定的，也暂勿委派。陈毅同志稍加思索后，表示同意。回想起来，当时我的这种想法和做法是不必要的，但陈毅同志还是同意了。

回沪以后，在商量工务局人事安排时，我又向陈毅同志提出请任命解放前原工务局副局长徐以枋为人民政府工务局副局长，陈毅同志表示可以考虑。随后，他就请周林副秘书长和工务局党员干部侯仁民同志等同我具体研究，确定了工务局主要人员名单，经批准后，工务局于9月3日正式成立，举行了成立大会。关于副局长一职，除徐以枋外，不久，还加派了一位党员汪季琦同志担任。汪季琦同志是善于和党外人士合作共事，善于做深入细致的思想政治工作的。后来，工务局一位党员同志在一次和我倾心交谈中告诉我：在汪季琦同志就任工务局副局长之前，陈毅同志曾特地嘱咐他要和我团结好，说道："你团结好赵祖康，就能带动更多的工程技术人员！"由此可见，陈毅同志从无产阶级利益出发，对科技人员十分重视，总希望我们科技人员团结一致，为社会主义建设贡献力量。

三　支持我搞好市政建设工作，为劳动人民服务

陈毅同志非常关心上海的市政建设和上海人民的生活。解放不久，他就向我了解上海马路工程中急需解决的问题，并立即指定周林副秘书长根据我的建议，负责协助工务局进行填高南京东路浙江路口一段路面，修筑外滩中山东一路，以及翻修淮海路重庆路附近马路的工程。这些地方，因低陷积水或工业垃圾堆积，市民叫苦连天，在解放前，根本得不到治理。由于陈毅同志的关心、周林同志的协助，这些地方的治理工程进行得很顺利，不久即告竣工。这些都是工务局职责范围以内的事，而陈毅同志却要周林同志来具体协助，这充分体现了党不仅在方针、政策上加强领导，而且在具体业务上也予以大力支持。特别在解放初期，百废待兴，任务繁忙而又缺乏工作经验的条件下，党的具体帮助和支持，显得格外亲切、必要。陈毅同志的亲自关怀，说明党对我们党外人士的无限关怀和体贴入微。

上海的海塘分浦东海塘和吴淞海塘两部分，全长近30公里，保

护农田近20万亩。解放前，两塘均遭到严重破坏，百孔千疮，危险特甚。解放后，人民政府指示工务局进行治理。1949年7月，上海遭到10级台风袭击，暴雨如注，又值潮汛猛涨，两塘多处冲塌，农田淹没。市人民政府随即拨发巨款，动员军民全力抢修。陈毅同志下令工务局会同有关部门，成立海塘抢修队，堵塞决口，同时培修海堤。浦东高桥炮台浜一处因决口险情严重，工程艰巨，虽经两次奋力抢修，但未获成功。当时少数工程人员失去信心，当地一些有迷信思想的农民开始向“龙王”求救。陈毅同志得悉后，于8月29日清晨，带领我和汪季琦同志以及有关部门负责人，亲赴决口尚未合龙的炮台浜视察。当天下午，在现场召开了群众大会，他以爽朗乐观的讲话鼓励大家说：“我们共产党人是不信神、不信佛的。我们靠自己的力量推倒旧社会，建设新中国。有的人在困难面前相信起海龙王了。但是我们相信的是团结起来的人民的力量，这才是无难不可克服、无坚不可摧毁的。”他鼓励一位负责郊区工作的干部和我两人在会上发言表达决心，共同奋斗。我与到会的许多职工、解放军战士和当地农民一起，分组进行讨论，积极响应陈毅同志的号召，并对决口合龙工程进一步作了研究和部署，再次组织人力，采用适当的施工方法，进行抢修，终于使炮台浜的堵口合龙工程胜利成功。我在这次战斗中，亲身体会到陈毅同志团结群众、依靠群众、全心全意为人民服务的高尚品德和坚强的意志，同时也进一步体会到党的力量的源泉来自群众，扎根于人民之中。

1949年12月，我出席了市一届二次各界人民代表会议，在会上发了言，歌颂党和人民政府的工作作风及工作成就，得到了陈毅同志的鼓励。在1951年4月市二届二次人民代表会议上，陈毅同志作了《1951 年上海市的工作任务》的报告，明确提出市政建设要为生产服务，为劳动人民首先为工人阶级服务的方针。具体要求：有重点地修理和建设工人住宅，修建工厂区域的道路桥梁，改善下水道、饮水供给及环境卫生，改进工厂和工人居住区的条件，陈毅同志对此非常重视，并找我研究这些工作如何进行。在此之前，他指示我到普陀区最大的棚户区药水弄去做现场调查研究。药水弄全区有 3400 户，2 万人左右，大都是小型工厂工人、小贩、三轮车和塌车工人。这里的卫生条件极差，全区没有下水道，3000 多户的生活废水无处排泄，都汇集在几十条臭水沟内，经常漂浮着污物，每到夏季，蚊蝇丛生，疾病流传，居民死亡数字惊人。全区道路都是窄小的泥路，有的小巷，须侧身而行才能勉强通过，下雨后到处泥泞，居民称为“阎王路”。特别是饮水困难，全区只有 4 个给水站，居民要排着很长的队取水。过去我长期住在高楼大厦，不了解劳动人民的生活情况，下去看了以后，使我触目惊心，才深刻地知道市区劳动人民的生活疾苦，从而更加体会到陈毅同志提出的市政建设为生产服务、为劳动人民服务方针的正确。在这个方针的指导下，我们会同市府有关部门，积极从事改善这个棚户区居民的生活条件，使全区的卫生面貌有了很大改善，全市其他不少棚户区的生活、卫生条件，也陆续得到改善。在 1950、1951 两年内，为了改善劳动人民居住环境，修建道路 1.6 万多平方米，埋置沟管 2.2 万多米，还选定中山路以北的曹杨路北地区，建立了可容 1000 多户的工人新村（曹杨新村）。陈毅同志还嘱咐曾山副市长亲自督促我和当时市政建设委员会几位负责同志一同去勘察加建新工房的地址。我们选定了几个处在工厂区上风而又保留了一定隔离地带的地区，开始再建2万户工房。通过这些措施，棚户区的劳动人民无不热烈拥护党既关心劳动生产又关心人民生活的方针，感念党的恩德。作为一个旧知识分子出身的我，通过实际工作，又受到了一次党的方针、政策的深刻教育。

四　带领我投入反轰炸斗争，经受锻炼

解放初期，上海遭到帝国主义的封锁和敌机的狂轰滥炸，使人民生命财产遭到重大损失。特别是1950年2月6日的轰炸，使上海电力公司发电设备几乎有2/3遭到破坏，死伤许多人，严重地影响职工的安全和生产建设的恢复和发展。为了保卫人民生命财产，及早恢复国民经济，进行生产建设，陈毅同志带领我们积极投入反轰炸斗争。在2月6日当天，陈毅同志就要郭化若、田云樵等同志，设立了军民联合办公处，并通知我参加，共同商议如何推动和监督机场等处防空、反轰炸和建筑等工程的具体措施。我作为工务局局长，具体主管修建机场工程的部分工作。当时上海的4个飞机场（江湾机场、大场机场、虹桥机场、龙华机场）同时进行抢修，不仅要修复场地，而且有的跑道需要加长，并扩大停机坪，使大型飞机能够升降。在抢修过程中，陈毅同志经常找我汇报情况，研究问题，加快工程速度，并先后多次亲临江湾、龙华等机场视察，进行现场指导。记得2月21日，他要我和林征同志等随同到江湾机场视察。在回来的路上，敌机突然袭击，弹中闸北水电厂，一时烟焰腾空。我们都下车蹲在路边泥坑里隐蔽，可是陈毅同志却傲然挺立，观察敌机动静，神色泰然。待敌机溜走，他就立即驱车前往水电厂

视察。他的这种置个人安危于度外、一心扑在革命事业上的英雄气概，使我再一次受到教育。

在陈毅同志的关注和督促下，4 个机场的抢修扩建工程进行顺利，一年多时间陆续竣工。我们的空防力量加强，敌机不敢再来骚扰。

陈毅同志带领我们投入反轰炸斗争，对我来讲，是经受一次很大的锻炼。在二六轰炸的当晚，陈毅同志叫人通知我，我立即应召去接受抢修任务。在抢修过程中，曾经发生过这样一个小插曲：有次开会研究工作，我在会上表态说："关于抢修扩建机场，工务局一定尽力帮忙。"当时郭化若同志在场，他立刻一针见血又很婉转地指出："这不是帮忙，而是任务，我们大家共同来搞嘛！"这虽是件小事，我当时那样讲也是冲口而出，认为有的机场是军用的，不一定由工务局来承担，但这样说，正反映了我没有意识到大敌当前，军民一家人，应当共同作战的思想，说明我当时投入战斗的自觉性还不够，需要提高认识、加强改造。同时，我很敬佩郭化若同志爽直诚恳帮助别人的高贵品德。30 年来，郭化若同志每到上海，总要找我谈心，使我获得更多的教益。

五　关心我的政治生活，鼓励我参加民革

陈毅同志对我政治上的进步十分关心，这表现在他经常鼓励我们旧人员、旧知识分子好好学习。记得 1949 年 9 月 3 日下午，在逸园召开的市人民政府全体工作人员大会上，陈毅同志对 2 万多人作了长达 3 小时的报告。在报告中，他对市府旧人员坚持岗位、

帮助顺利接管表示感谢，同时指出旧人员的一些缺点，如缺乏政治常识，为生活而工作，旧习惯太深，经不起困难磨折，旧知识分子骄傲自大，以及工作态度随便、不负责等等，勉励旧人员要好好学习，搞好团结，不怕艰苦，努力工作，养成为人民服务的态度。他语词中肯，表现了对旧人员的爱护，我和大家都很受教育。在历次政治运动中，他也积极鼓励我参加，在火热的斗争中，经受锻炼和考验。例如在土改运动中，在他的支持下，我被推选为本市郊区土地改革委员会委员，参加了讨论贯彻。后来我以地主家庭出身的"开明人士"身份，被邀参加家乡松江县的专员来上海举行的一次发动土改运动的集会，我表示积极拥护土改。经过实践和学习，使我进一步认识到中国封建制度的腐朽、罪恶，体会到农民翻身的喜悦和幸福。在轰轰烈烈的抗美援朝斗争中，经过陈毅同志的教育和推动，我积极地参加了大游行的行列，和广大群众一起，投入了斗争。在镇反运动中，我也积极投入，参加了镇反斗争大会。每一次运动都使我的思想认识有所提高，政治立场受到了锻炼。我的每一点细小的进步，都是同陈毅同志的教导和帮助分不开的。

陈毅同志还积极支持我参加一些重要会议，聆听有关领导同志的重要报告，接受教育。例如 1951 年 10 月全国政协召开一届三次会议，由陈毅同志推荐，我被特邀参加，聆听了毛主席的重要讲话、周总理的重要报告，以及陈云、彭真、陈叔通等同志的有关报告。这些报告，对国际国内形势，对党的统一战线政策，以及对知识分子团结、教育、改造的方针等，都作了详尽的阐述，对我来讲，是有很大的教育和启发的。

1950 年 7 月，我申请参加了民革。当时南京、上海一带"小民革”负责人之一陈建晨同志曾动员我参加民革，卢于道同志亦曾动员我参加九三，我拿不定主意，就通过潘汉年同志向党汇报，得到陈毅同志和中共上海市委其他同志的支持，决定参加了民革。与此同时，工务局也在党的大力帮助下，开始建立起民革组织，使我们受到鼓舞。

30 多年来的实践证明，当时党鼓励我参加民革是完全正确的。我于 1952 年开始参加民革上海市的领导工作，在党的领导和全体成员的支持下，我运用与原国民党的历史关系和技术岗位的工作关系，得以团结和联系较多的社会人士，其中一部分已经成为民革上海市委会各级组织的骨干力量。有不少人是工程技术和财政经济专业人员以及起义投诚人员，他们在为四化建设和祖国统一的工作中，发挥了一定的作用。

陈毅同志调任国务院副总理兼外交部部长后，我同上海人民一样，一方面为毛主席、周总理在外交活动中得到很好的助手而高兴，另一方面又为上海人民不得不让我们的好市长离开上海而感到怅惘。但是陈毅同志继续关心上海的工作，每逢有国外之行途经上海，总要给上海各界人士作报告，给大家畅谈国内外形势和我们的任务，阐明党在国内、国际的方针、政策。他时常说：我们的外交工作做得比较好，归根到底，是由于国内形势好。希望大家同心协力，为建设社会主义发挥作用。同时，他在谈话中总是表现出对党中央、毛主席和周总理非常尊敬。

每逢听到陈毅同志的报告，我都受到很大的教育和鼓舞。1964 年有一次在聆听了陈毅同志随同周总理出国回来途经上海时所作的报告后，深有所感，随即赋诗两首，现在抄录如下：

聆陈毅副总理政治报告

（一）

坛坫折冲胜利回，笑谈四座响如雷。
豪情犹足驱熊虎，革命北辰拱四隈。

（二）

庄言谐语扣心弦，神采英姿忆往年。
最是沁人肺腑处，海涵合作到今天。

今天在缅怀陈毅同志对我的教诲时，联想到长期以来党中央领导的统一战线不断巩固与扩大，也联想到自1977年恢复民主党派活动以来，中共上海市委、市人民政府领导同志对我的关注、安排和照顾，深感党的统一战线的强大生命力，给了我永远前进的力量。我坚决在中国共产党的领导下，在党的统一战线的光辉照耀及其方针政策的指引下，以有生之年，为实现四化和祖国统一，竭尽自己的力量，不辜负30多年来党对我的教育培养和陈毅同志对我的教诲、帮助。

1982年5月

（选自上海市政协文史资料委员会编《上海文史资料选辑》第68辑，内部资料，1991年）

上海解放初期经济战线上的斗争

许涤新 *

上海全部解放是在 1949 年 5 月 27 日的早晨，我跟着华东局和三野负责同志进入上海的时间是 26 日的半夜。天一亮，我和沙千里同志便到南京路去散步，一路红旗飘扬，欢声沸腾，几十年的梦想成为现实！

在丹阳的时候，党给我的任务是参加上海市军事管制委员会财政经济接管委员会的工作。一进上海，我就在以曾山同志为首的接管委员会中，分工处理与民族资产阶级有关的问题。

---

* 许涤新：时任上海市军管会工商处处长；后曾任中共中央统战部副部长，全国人大常委会委员，全国政协委员。

一

解放前夕，国民党反动派不仅制造许许多多无奇不有的谣言，而且对共产党人和爱国人士进行大屠杀，对上海经济进行大破坏。他们炸毁生产设备，焚毁生产资料，强迫工商企业遣散人员，并挟持工商界有代表性的人物飞往香港。广大工人群众在地下党上海市委的领导下，开展了反搬迁、反疏散、反破坏的护厂斗争，机智而英勇地战胜了反动政权的种种破坏活动。这样，绝大多数的工厂设备、器材才得以保存下来；绝大部分的工程技术人员和企业管理人员才得以留在上海。在接管过程中，虽然发生过反革命破坏事件，但总的说来，接管工作是进行得比较顺利的。

我们要接管的对象是国民党的国家垄断资本企业。没收以国民党四大家族为首的官僚资本归人民政权的国家所有，是我国新民主主义革命的三大经济纲领之一，也是社会主义革命在我国的开始。周恩来同志在他的《伟大的十年》一文中说道："由于没收官僚资本，把官僚资本所有制的经济变为社会主义全民所有制的经济，这样，就在经济方面来说，已经超出民主革命的范围。"上海是旧中国的第一个工业大城市，国民党的官僚资本在上海有着相当大的比重，因而，没收官僚资本对于改变上海经济的性质，具有极其重要的作用。

在旧中国，棉纺工业是近代生产中最大的行业。据调查，1949年1月，全国（包括上海、青岛、天津和东北）共有纱锭510余万枚，其中上海有240余万枚，占全国总锭数的47%；论产量，上海占全国的比重较诸它在设备中的比重，还要来得大，1946年约占

71.4%，1947 年约占 75.9%。经过接管，旧纺建公司所属的 19 个纱厂都变为国营了。变为国营的纱厂共有 89.8160 万枚纱锭，占上海纱锭总数的 37.6%。这个比重虽然尚未在上海的纱锭锭数中超过半数，但是，由于设备较好，并且较为集中，在生产中就显得具有当时私营纺织企业所不及的优势。

我们对官僚资本企业是在不打乱原来的企业机构、技术组织和生产系统的情况下，把它完整地接管下来，先行监督生产的。这是陈云同志对东北哈尔滨、长春和沈阳几个城市接管官僚资本企业所总结的经验。上海就是根据这一经验去进行接管的。这样做的好处是基本上没有发生生产停顿、产品受到损害的现象。在这里，企业的生产资料所有制发生了根本性的变化，同时在生产过程中人与人间的相互关系和分配关系也开始了变化。不过，这两方面的关系，还存在着不少旧的残余，需要加以改革。因此，在接管以后不久，我们便在这些被接管的企业中进行民主改革和生产改革。

民主改革和生产改革，在性质上，就是在企业所有制变革之后对生产关系的继续革命，任务就是变革调整生产过程中人与人的相互关系和分配关系。在接管初期，民主改革是和肃清企业内反革命分子的工作结合进行的，主要内容是：（一）清除封建把头和其他封建势力。他们残酷地对工人群众进行压迫和“中间掠夺”。帝国主义企业和官僚资本企业大量使用这些家伙，把他们作为维持反动统治和榨取工人的工具。如果在接管之后，不把封建把头打下去，而让他们依然为非作歹，骑在工人头上，那么，工人群众在生产过程中的相互关系，在根本上就无法谈到改善，谈到变革。（二）粉碎原来企业残留下来的压迫和奴役工人的制度，如包工制、工头制、打骂私刑、搜身制、强迫工人签订卖身契的“关书”制、不合理的罚则、限制工人人身自由、歧视和侮辱女工，等等。如果不这样做，那就谈不到树立工人阶级的主人翁地位。（三）改革企业的领导和行政机构，推翻原来企业的资本主义、专制主义的管理，并在党委的领导下，逐步建立社会主义的企业管理，如建立有工人代表和技术人员代表、职员代表参加的工厂管理委员会。（四）调整职员（特别是高级职员）和工人之间的相互关系。根据党对知识分子的政策，一般通过批评与自我批评，加强对职员的政治思想教育，使其改变对工人的态度，积极为社会主义制度服务。（五）改革原企业极端混乱的工资制度。在上海，官僚资本企业的工资差别，有的达一百多级。同四大家族有关系的人，哪怕一点本事也没有，根据上级条子，一进工厂每月就能够领得很高的工资。在民主改革中，先革除其极不合理的部分，逐步为实行按劳分配的八级工资准备条件。在进行民主改革的同时，各个接管企业进行初步的生产改革，开始实行计划生产，逐步建立合理的生产定额，开展先进生产者运动，并在清产核资的条件下，建立经济核算制度。民主改革和生产改革是以接管工作作为前提的，而它们都是接管工作的继续和发展，都是官僚资本企业生产关系的变革。

除了整个企业属于官僚资本而被没收的以外，还有些企业官僚资本同民族资本的股份同时并存。对于这种企业，我们只没收官僚资本的部分，而承认民族资本的部分。陈毅同志对于这个问题十分重视。在刚进入上海的三四个月，接管委员会的同志经常向华东局和上海市委汇报。陈总经常向我们了解，在接收的企业中，有没有没收民族资本的股份，有没有发生违背中央政策而“胡子眉毛一把抓”的事情。陈总经常指示我们，在接管工作中，必须贯彻党的政策，必须贯彻党所提出的新民主主义革命的三大经济纲领。对于官僚资本企业必须彻底没收，决不能让其漏网；对于民族工商业必须认真加以保护，决不能在存有官僚资本的股份的企业中，不分皂白，也把民族资本的股份作为官僚资本去对待。当时在接管委员会中，我是分管这方面工作的。陈总斩钉截铁的指示，直到今天还盘旋在我的脑海里。

二

上海一解放，我们就遇到一个严重的物价波动的问题。这是国民党政府长期恶性通货膨胀的恶果，因而长期受到恶性通货膨胀打击的人民，失去了对于钞票的信任；加上投机家的兴风作浪，情况就更加严重了。解放后大约十天，上海的银圆价格就被哄抬近两倍。这就使我们在进入上海之后不能不开展一场打击投机的斗争。

1949年5月28日，上海市军管会发出布告，宣布使用人民币，限期禁用金圆券，规定以人民币一元折合金圆券十万元的比价进行收兑。人民币取代金圆券的工作是顺利地进行着的，但是，人民币要占领市场还是一个问题。人们怕物价飞涨，一拿到人民币，马上就去买东西。人民银行早上把人民币发行出去，晚上它们又回到银行来。马路上到处公然买卖银圆。银圆贩子两手敲着“孙中山”和“袁世凯”两种硬币，沿街叫卖，情况是相当严重的。

上海市委、华东局向中央请示后，决定采取政治和经济两手方式进行斗争。上海军管会于6月10日查封当时金融投机的总指挥部证券大楼，逮捕重要投机分子200多人，并加强对私营银行和钱庄的管理监督，严格取缔“地下钱庄”。为了解决上海市民的货币工资保存价值的问题，公布设立“折实单位”。一个“折实单位”包含一定数量的中白粳米、生油、煤球和龙头细布四种生活必需品的价格。每天按市价折算，在报纸上公布这种“折实单位”的牌价，并在银行开设这种折实单位的储蓄存款。为了让上海市民认识情况，我们还举行了大规模的“反对银圆投机、保证人民生活”的游行和宣传。这些做法，基本上刹住了金钞的投机活动。但是，有些人在背后说怪话，认为这是党和政府靠权力、靠枪杆压下去的，就经济而论，“这不算真本事”。

由于国民党反动派在军事上崩溃得太快，解放区扩大得很迅速，使得财政支出和人民币的发行数量均骤然增加。在这种情况下，物价的上涨便成为意料中的事情。1949 年 7 月至 9 月间，上海的市场物价是比较稳定的，从 10 月份起，这种稳定的市面便被冲破了。11 月份的涨风更加严重，物价的上涨率超过了存放款的利率，上海的投机家大量借钱囤货。当时投机资本突击的主要对象是棉纱和棉布。从 10 月上旬到 11 月下旬，棉纱上涨 3.8 倍，棉布上涨 3.5 倍。经请示中央，决定集中力量于 11 月 25 日同时在全国各大城市，从上海到天津、北京、武汉、沈阳和西安，抛售纱布。上海的国营花纱布公司，一边抛售，一边降低牌价。开市的时候，上海的投机家争相购入，但是花纱布公司的棉纱和棉布源源抛售，而它们的牌价又在步步下降，这就使他们慌了手脚。投机家见大势不好，也就把手里的纱布抛出，市价下跌得更快。那一天，上海纱布价格大约下降了一半。这一次打击投机，影响很大，连一些经营工业的资本家也在叫痛，因为他们借钱囤货，结果是一方面价格下跌，另一方面要支付高利率的利息。用上海话来说，那就是“两面挨耳光”。这次斗争使上海资本家开始认识到中国共产党在经济战线上打击投机倒把很有办法，而不是单纯依靠政权，不是单纯依靠行政管理。当然，我们对于市场管理是抓得相当紧的。

打击投机倒把，为稳定市场物价，提供了一个重要的条件。

三

在谈到稳定市场物价之前，有必要回顾一下国民党反动统治的恶性通货膨胀政策及其对于人民的残酷洗劫。

国民党政府实行通货膨胀，是从 1935 年的“法币政策”开始的。从 1935 年 11 月至 1937 年 6 月，共发行法币 14 亿元。到 1945 年日本帝国主义投降的时候，国民党政府连以前共发行法币 5569 亿元；从日本投降到 1948 年 8 月，国民党政权连以前的发行额，共发行法币 6636944 亿元。在这种情况下，国民党统治区的物价必然像脱缰的野马一样，疯狂地在狂奔着。物价的急速狂奔又反过来推动法币的膨胀，法币成为大家公认的废币了。

国民党政权在 1948 年 8 月改发“金圆券”，每元合法币 300 万元。到 1949 年 4 月，“金圆券”增发至 516124 亿元，也成为大家公认的废纸。从抗战开始到 1949 年 5 月的 12 年间，国民党政府的纸币增发至 1400 多亿倍；而同期的物价则上涨 85000 多亿倍。有人对法币的这种急速贬值，作了一个形象化的刻画：法币一百元，在 1937 年可买黄牛两头；1939 年可买猪一口；1943 年可买鸡一只；1945 年可买鸡蛋两个；1947 年可买煤球一只；1948 年可买大米 0.002416 两；1949 年 5 月只能买一粒大米的 2.45‰。国民党政权的恶性货币贬值，迫使国统区的人民抢购物品。上海的工人和职员在 1948 年下半年起，就急速地用所得的工资，抢购粮食、煤球等生活日用品。在解放前的几个月，整个上海市场陷入史无前例的混乱之中。

国民党政权的恶性通货膨胀，给国统区人民带来了空前的灾难。国民党政权被打倒了，但是，它的恶性通货膨胀的灾难，并没有同这个反动政权一道结束。同其他地区和城市一样，我们一进上海，就遇到国民党政权的长期恶性通货膨胀的遗毒，就遇到物价飞涨和严重的投机活动。上海是旧中国的第一个大城市，因而国民党政权的长期恶性通货膨胀的遗毒和投机活动就在这个大城市显得特别突出，特别尖锐。

党和国家全面地采取了各种有力的措施，在短短几个月内，就制止了通货膨胀，实现了物价的稳定。1950 年 3 月 3 日中央人民政府颁布的《关于统一国家财政经济的决定》就是我国制止通货膨胀、实现物价稳定的重大方针和综合措施。这就是：统一全国财政收支；统一全国物资调度，使全国所有主要物资如粮食、纱布、工业器材从分散状态集中起来；统一全国的现金管理，把分散在各个企业、机关、部队的现金，由人民银行集中统一管理。在解放初期，各地区的经济部门和部队，在不同程度上都以上海作为采购物资的对象，因而大量现金便源源流入上海，这样，在实现统一全国的现金管理上，上海这个城市起了相当重要的作用。事实证明，做好上海的现金管理，是做好全国现金管理的一个重要环节。

在实行统一全国财政收支、统一全国物资调度和统一全国现金管理的同时，还实行核实编制、清理仓库、整理税收、控制投资、节约开支等措施。这些措施都是极其重要的，都是必不可少的。以清理仓库为例，上海当时刚被接管的工厂和银行的仓库，就查出巨量的在抗战以前就堆存在那里的龙头细布。清理仓库，有力地削弱了市场上抢购物资的压力，同时也就减少了国家的货币支出。

要制止通货膨胀，必须设法减少社会上的流通货币量。在解放初期，党和国家除了整顿税收之外，还发行“人民胜利公债”五亿元。这五亿元公债很快就完成。上海的人民，特别是上海的工商界，对于认购“人民胜利公债”，态度是积极的。

整顿税收和发行公债，对于削弱流通中的货币量，对于削弱工商业资本家手里的游资，见效相当快，而国家的节约开支和人民银行的控制投放，威力更大。上海市委、市政府就是根据党中央和国务院的方针，把税收、公债和银行投放的控制三方面结合起来，并取得了可喜的成绩。

党和国家关于统一财政经济工作的决定的贯彻，迅速地使国家的财政收支接近平衡。1950 年 3 月以后，不但不再需要增发通货以弥补财政赤字，而且那年的财政收支还略有盈余。从 1949 年 5 月下旬上海解放到次年 3 月的十个月间，在党和国家的领导下，中国人民就制止了通货膨胀并稳定了物价，这是无可争论的光辉成绩。在这里，上海市委和上海人民是作出了贡献的。

四

财政经济实现了统一管理和统一领导以后，上海的物价同全国各地的物价一样，都稳定下来了。这么一来，十多年来社会上的虚假购买力，就骤然消失了。由于虚假的社会购买力的消失，城市工业品就骤然没有销路，由于缴纳工商税和认购公债，许多资本家手头的现金越来越“奇紧”。这种商品销不出去和手头银根奇紧的现象，在上海特别突出。有些工厂连工资也发不出来，有些工厂的资本家停工减产，甚至解雇职工。这么一来，阶级关系就紧张起来了。

中央财委根据党中央和国务院的指示，1950 年 4 月间在北京召开了上海、天津、北京和广州等七大城市的工商局局长会议，决定对工商业实行调整。调整的内容，就是在承认私营工商业存在的条件下，逐步地消灭经济中的盲目性和无政府状态，并妥善地改善公私关系和劳资关系。

我国解放初期，还存在着私人资本主义，那就必然存在着经济的盲目性和生产的无政府状态。但是，我国的社会主义国营经济在没收了国民党的国家垄断资本之后，已经建立起来，并且日益发展。私营工商业的盲目性和生产的无政府状态，同社会主义经济的有计划发展是矛盾的。但是在那时候，马上否定私人资本是不正确的。毛泽东同志当时就明白地指出：“有些人认为可以提早消灭资本主义实行社会主义，这种思想是错误的，是不适合我们国家的情况的。”对于资本主义经济带来的盲目性和无政府状态，既不能让其发展，又不能马上加以否定，只能采取逐步限制的方针。

在调整公私关系方面，当时采取的主要措施有：扩大对私营工业的加工订货和产品收购，调整公私商业的经营范围和调整价格，对私营工商业发放贷款，调整税负，并在市场管理上采取一些办法去推动城乡物资交流，等等。在这些措施中，加工订货具有特别重要的意义，它是国家资本主义的低级形式。第一，加工订货能够把私营工业的生产，间接地纳入国家计划的轨道，从而能够逐步地消灭经济中的盲目性和无政府状态。第二，加工订货的形式能够利用私人资本的生产能力，恢复和发展我国的国民经济。第三，通过加工订货的形式，国营商业就能掌握私营工业企业的产品，就能增强其调节市场、稳定物价的力量。第四，加工订货这种形式能够为国家在下一步对资本主义工商业实行社会主义改造，为掌握商业的批发环节和改造零售商准备好物质条件。

全国工商局局长会议之后，国家对私营工业的加工订货明显有了增加。1950 年全国私营工业的产值中，加工订货和包销收购部分已占 27.3%。以占私营工业产值近三分之一的棉纺业来看，1950 年下半年为国家加工部分已占其生产能力的 70% 以上。1951 年，政府颁布《关于统购棉纱的决定》，此后，私营棉纺厂的生产就完全纳入了国家计划的轨道了。

在调整劳资关系方面，是以如下三项基本原则作为内容的：第一，在私营企业中必须确认工人的民主权利；第二，必须从有利于发展生产出发，处理劳资双方的关系；第三，劳资问题由劳资双方协商解决，如协商不成，由政府仲裁。1950 年 4 月底，政府公布《关于在私营企业中设立劳资协商会议的指示》，上海同各地一样，普遍地在较大的私营企业中设立劳资协商会议，有些企业还订立了劳动集体合同，或设立产业或行业的协商会议。上海市政府的劳动局和在上海总工会领导下的各行业工会，在这方面是作出了贡献的。这种劳资协商会议对于发展生产，对于改进经营，都起了很大的作用。

五

国内市场特别是上海市场，在1950年下半年就出现了活跃的局面。轻工业日用品的销路大大地增加，1951年更加活跃。原因是什么呢？（一）1950年10月，我国开始了抗美援朝，需要大量军需用品，从食品罐头、药品到布匹，都骤然增加了需要。（二）1950年秋季，在约有三亿一千万人口的地区，开始土地改革，使广大农民群众从地主阶级的封建剥削和压迫之下解放出来。这就使农村购买力明显地增加起来，这就使工业日用品在农村的销路扩大起来了。（三）刚刚建立起来的全民所有制国营企业，开始进行扩建、新建，并且在增加职工人数。这就不仅增加了对于生产资料的需要，而且也增加了对于消费资料的需要。

面对着这个日益扩展的国内市场，出产轻工日用品的资本家，特别是上海的一些轻工业资本家，就从要求政府加工订货，变为逃避以至抗拒政府的加工订货，因为在市场日益活跃的条件下，自产自销的利润远远大于加工订货所得的利润。限制和反限制的斗争，日益尖锐起来。1951年，资本家抗拒加工订货几乎成为普遍的现象，这一年的第三季度，华东工业部对上海30家工厂布置加工任务，只有9家接受；上海的内衣业甚至全业串联，拒绝国营百货公司的加工任务。有的资本家拿了国家订货的标款，干脆不交商品，如在治理淮河的工程中，上海的不法资本家竟诈骗了治淮委员会的巨额标款，而不交出承包的石块。最令人发指的是一些不法资本家在承制抗美援朝军用物品中，偷工减料，以次充好，毒害中国人民志愿军。上海一些奸商用发了霉的臭牛肉、死牛肉卖给国营上海益民食品公司去制罐头。这批奸商先后代购牛肉89.3万多斤，盗窃国家款项几达30万元。某些资本家盗窃国家资财的做法，除了以骗取的方式之外，还有盗卖、隐匿应由国家没收的敌伪产业和四大家族的财产。与此同时，还有盗窃国家经济情报的活动。盗窃国家经济情报以及一些大的偷工减料、偷税漏税的活动，如果没有内外勾结，那是不可能的；而要内外勾结，行贿收买是必不可少的手段。这就是解放初期一些资本家的五毒罪行——偷工减料、偷税漏税、盗窃国家财产、盗窃国家经济情报和行贿。这种情况，不仅出现在上海，而且出现在天津、武汉和北京等城市，但在这里，上海的情况最为严重。这种情况使党中央不得不在1952年1月发动“五反”运动。

上海的“五反”运动在市委的领导下，采取两种形式：第一是把全市上层、中层少数具有代表性的资本家，集中在市政协进行学习交代，而工厂的工人群众则在背后进行检举揭发，这就是当时所称的“三零三户”（因为那时参加市政协学习交代的人数是300多人）。这个方式是由陈毅同志提出，得到市委通过并由中央批准的。陈毅同志不仅提出这个方案，而且亲自领导这个方式的斗争。他指定潘汉年同志和我作为他的助手。我的任务是出面做些具体工作。这一方面的工作，由于陈总的正确领导，参加学习交代的300多个资本家，触动很深，而又个个过了关。第二种形式是资本家在工厂的群众中进行交代，那是由各区区委负责，而由市委领导的。

“五反”运动是在“三反”（反贪污、反浪费、反官僚主义）的进程中发动的。“三反”运动越深入，资本家的五毒就越加暴露出来。当时阶级斗争的实际情况，要求我们把“五反”运动同“三反”运动结合起来。“三反”和“五反”运动斗争的胜利，加强了人民民主专政的国家政权，巩固了社会主义国营经济的领导地位，并在企业内部建立了工人店员监督生产经营的制度，从而深刻地改变了国内阶级力量的对比，为下一步对资本主义工商业的社会主义改造提供了有利条件。

六

上海之开辟为商埠，是鸦片战争失败后《南京条约》的产物。上海开埠之后，就成为国际帝国主义，特别是英国、法国、日本和美国侵略者侵略中国的桥头堡垒。明目张胆地破坏中国国家主权的租界，就是在上海开始的。在帝国主义的把持和支持之下，上海成为冒险家、投机家的乐园，成为贩毒、绑票等无法无天的巢穴。统治权掌握在帝国主义者手里的旧上海，是一百多年来中国人民的耻辱（第二次世界大战结束以后的几年，这种实质并没有变化）。为了消除这种耻辱，无数先烈、无数爱国志士抛头颅，洒热血，前仆后继，奋勇前进，到 1949 年解放战争胜利的时候，上海才回到人民的手里。

上海解放，我们不但要热烈地祝贺上海人民，特别是工人群众和知识分子，在社会主义改造和社会主义建设中，为祖国作出了使人敬佩的贡献；而且要缅怀毛主席和周总理对于解放上海、改造上海和发展上海的英明领导；缅怀在上海的解放战争中亲临前线，在上海解放后高瞻远瞩，气壮河山，正确地贯彻党的各项政策的陈毅同志；缅怀在白色恐怖的地下工作时期出生入死，在上海解放后夜以继日地工作，为党、为国家做出卓越贡献的刘长胜和潘汉年同志。他们虽然已经离开人世，但是他们的业绩，将永垂青史，受到人民的永久崇敬。

在党外，代表着爱国工商业家的盛丕华、刘鸿生和吴蕴初等先生，在上海解放后，同我们的合作是充满诚意的。他们在接管工作中，在调整工商业中，在支援抗美援朝和接受社会主义改造中，积极采取了支持的态度，因而也是值得我们怀念的。

解放以来，我们虽然遇到了不少困难，但是，中国人民在中国共产党和毛泽东思想的指引下，不懈地迈步前进。作为参加接管工作、工商行政工作和统一战线工作的一个干部的我，无时无刻不在注视上海的发展。我相信，拥有丰富的生产技术和经营管理人才的上海，在市委的领导下，一定会在开创社会主义建设新局面的战斗中，为党为祖国作出新的贡献。

（选自上海市政协文史资料工作委员会编《上海文史资料选辑》第 46 辑，内部资料，上海人民出版社 1984 年版）

长沙市各界迎接解放联合会始末

刘晴波 *

长沙市各界迎接解放联合会（以下简称“迎解联”），是在长沙市面临解放前夕的重要时刻成立的。“迎解联”在宣传党的政策、组织群众、迎接解放、劳军支前、安定社会秩序等方面，都起了积极的作用。现在，30年过去了，然而“迎解联”那一段热情澎湃、紧张战斗的情景，至今犹历历在目，难以忘怀。现特就记忆所及，并根据当时有关资料，作一概括记述。

……

* 刘晴波：时任中共长沙地下特别支部书记；后曾任长沙市委秘书长，湖南省社会科学院副院长。

一　迎接人民解放军和中共代表团进入长沙

人民解放军先已抵达长沙县春华山，长沙市50万市民翘首期待着人民子弟兵入城。8月4日深夜，“迎解联”在与解放军联络商定入城时间之后，发出了迎接解放军入城的紧急通告，送交各报馆发表。在这个通告中，郑重地向广大群众宣告：解放军将于5日下午9时入城。各单位采取分区会合方式，派出代表队伍赴东屯渡迎接，其余队伍沿途分区欢迎，由各区指挥站安排地点。对夹道欢迎的主要路线，也作了具体安排。

在“迎解联”作了部署安排之后，各方面的群众都在积极准备热烈欢迎解放军入城，高昂的情绪，战斗的热情，难以笔墨形容。

8月5日晨，“迎解联”派员赴解放军前线司令部联络，报告了长沙迎解情况，深得解放军一三八师负责同志的赞许。他们向“迎解联”说明解放军当晚进入市区，担任警卫任务，维持长沙市治安；嘱我们提高警惕，防止匪特分子的破坏。并说：“警卫部队入城后，明后日将继续有大量军队进入长沙。根据这些情况，对今天欢迎解放军的部署，似乎应该加以研究，以迎接更伟大热烈场面。”这些意见是正确的。因此，“迎解联”党组请示了省、市工委之后，“迎解联”发言人于8月5日下午5时发表了谈话。在叙述了解放军前线司令部代表所提意见之后，对于欢迎解放军入城的主要路线和规模部署等，做了一些必要的变动。其中主要的有以下四点：（一）根据解放军分队行军路线，各单位欢迎队伍听各区指挥站调动（这就是说不一定按原通告路线，可以采取临时变动措施）；（二）沿途欢迎队伍有计划有组织地列在两旁人行道，夹道欢迎，以便警备部队迅速进入警卫岗位；（三）欢迎的代表队减少人数，以主席团及歌唱队组成之，原参加代表队各单位，由主席团重新调整；（四）紧张、热烈、短促，以便掌握时间。这一些变动措施，在事隔30年之后看来，好像是属于礼仪方面的举动，其实在当时确是解放军进入一个和平解放城市的必要安排，目的在于能迅速警卫这一个刚刚宣布和平解放的城市，以防止敌人的破坏捣乱，避免发生意外事故。在这激动人心之际，全市人民既镇静有方地防止了敌人的捣乱破坏，又从内心深处尽情地热烈空前地欢迎解放军。这是长沙历史上当之无愧的骄傲和光荣的一页。

临近长沙和平解放时，市场物价一般稳定；广播电台从8月5日起，上午9时至10时，下午9时至11时，定时广播解放军和“迎解联”消息；国民党省政府关押的政治犯，也按谈判要求释放了。8月5日，长沙人民得知解放军即将入城的消息后，从早晨到中午，从下午到黄昏，都在极其热切地期待着。就在这天晚上5时左右，包括230个单位的5万多人的队伍，会聚在协操坪（今东风广场），整队之后，以“迎解联”主席团为先导，浩浩荡荡地向东屯渡前进，迎接解放军。“迎解联”党组的同志，用省电讯局的背包式报话机联络，互通沿途情况，群众情绪十分热烈而秩序井然。其他的群众队伍，不到晚上7点钟，争先恐后地向分区路线两边集合，等候着解放军。时钟快到晚上8点，长沙街头沿着人行道两旁，欢迎的群众已达10万以上。当时的一位记者写道：“歌声激荡在高空，半圆月亮也为这人间空前的惊天动地的场面而大放光彩。8时许，一三八师宣传科刘大为同志前来新军路联络。文工团先行，18只军号先导，花木园艺业公会别出心裁，以松枝和石榴叶编织成一条绿色的彩龙，盘旋在半空中，灯光映照，宛如和平解放的万丈金光。”狂欢之夜，迎接人民解放军的伟大场面出现了。

由湖南大学、克强学院、邮汇局、妇联、新闻界等单位的20多辆大卡车，组成车队，挂着毛主席、朱总司令巨幅画像，由街头到巷尾，从城东到城西，轮番在市区进行宣传。

在东屯渡，“迎解联”主席团代表会见了一三八师解沛然司令员、任昌辉副司令员和政治部主任王波等，向解放军敬献鲜花后，随即相偕向长沙市区进发。队伍的前头是秧歌队，其次是“迎解联”主席团，解放军的行列之后，是群众队伍，一条长长的革命队伍。解放军的队伍于晚上11时半到达二里牌，随后从小吴门入城，沿着中山路、蔡锷路、黄兴路，直到南大十字路出城。人群在涌进，沿途的鞭炮声、歌唱声、纵情的欢笑和响亮的口号，响彻云霄，震荡全城。有很多群众直到深夜2时才慢慢散去，省一中的学生们回校时已是午夜3点了。一个营的解放军露宿在一中外面的坪里，一中学生马上让出宿舍，还由60多人立即组成服务队，为解放军指战员照料一切。多么深厚的鱼水之情呵！这是一个永远值得纪念的狂欢的日子。

在解放军入城之后，中共代表团决定于8月6日进入长沙，以便与程、陈将军的代表举行会谈，商讨和平解放的有关问题。“迎解联”事先发布了消息，说明中共代表团是日晚8时到达本市，并且决定了有关欢迎事宜。“迎解联”主席团、顾问委员会及各团体代表，于6日晚6时在藩正街“迎解联”办公处（因办公处原址安排为中共代表团驻地，迁此新址）集合，随同入城的中共长沙市委书记曹瑛等，分乘20多辆汽车，于8时抵达东屯渡。此时，由湖南和平代表团成员陪同中共代表团从浏阳河彼岸渡来，“迎解联”主席团代表梁绮向中共代表团敬献写有“人民救星”的锦旗，湖南大学所献锦旗上写着“人民胜利万岁”。在这热烈庄严的时刻，欢呼声、鼓掌声震动了东屯渡的田野。在欢迎人群的一再邀请下，中共代表团的首席代表金明发表了讲话。他说：

> 对今天来欢迎我们的程颂云、陈子良二位将军的代表及长沙各界人民，表示感谢。湖南和平的实现，是由于中国共产党和毛主席的正确领导，中国人民解放军以强大无敌的胜利进军，以及湖南全省军民的共同努力与程颂云、陈子良两位将军毅然率部英勇起义的结果。我在此特向有光荣革命传统的湖南人民致敬，对程颂云、陈子良两将军及所部全体官兵表示敬意，对湖南的中国共产党党员艰苦坚持工作，协助和平表示敬意。今后人民解放军将继续前进，解放两广，解放西南，解放全中国。希望湖南三千万人民，全力支援战争；希望程、陈两位将军率所部官兵，在人民解放军的统一指挥下，努力作战，歼灭蒋、白残余匪帮，加速全国胜利的到来。我军愿与湖南三千万人民共同努力，为建设进步繁荣的新湖南而奋斗。

随后，中共代表团与欢迎的人们前往中山东路原省参议会会址。时已晚9时半。中共代表团正在稍事休息的时候，小吴门铁路边至中山东路一带，欢迎群众和20余辆的车队，各单位代表，纷纷向代表团献花献旗，热烈欢呼不止，金明再度走出来，与群众见面，并发表演说。他的演说除与在东屯渡所讲大意相同外，还针对国民党反动派飞机连日轰炸本市一事，愤怒地指出："这两天蒋匪的飞机，残忍地轰炸我们的市民，我们决心要为死伤的同胞报复这个血仇！"群众以雷鸣般的掌声，对金明的讲话表示衷心感激。

人民解放军进入长沙以后，这座古城回到了人民手中，在悠久的历史上开始了崭新的一页。为了歌唱新长沙的诞生，解放军某部宣传队曾热情地创作和演唱了《庆祝长沙解放》这首歌。歌词是：

庆祝长沙解放，
我们高声齐歌唱，
歌唱伟大的中国共产党。
在革命的大时代里，
新的长沙诞生，
新中国的太阳照耀在长沙人民的脸上。
长沙，长沙永远属于人民，
新生的长沙将放出万丈光芒！
庆祝长沙解放。
我们高声歌唱，
我们高声歌唱。

二　学习、宣传政策和劳军热潮

1949年8月9日，长沙和平解放已经5天，新的问题不断出现。市工委研究了当前的情况，并向入城的中共长沙市委请示以后，于是日发出了《新形势下的工作任务的指示》。在分析了面临的新环境特点之后，指出："我们当前的任务，就是维持治安，肃清匪特，深入地教育组织群众，动员一切力量，为劳军、协管（协助接管）、支前而斗争。"为此，首先要"广泛地进行党内和群众的思想动员，使大家认识和平解放的意义与性质，以及如何巩固这一和平解放胜利的重要性，发动群众在宣传上和实际工作中，展开争取团结教育改造起义部队的运动，要具体地布置宣传、帮助学习等方面的工作"。根据市工委指示，"迎解联"党组作了具体工作安排，主席团进行了讨论。10日，"迎解联"作出《对目前新形势的认识与新的工作计划》，其中说道：对于起义官兵，"我们今天站在人民立场，为了人民解放事业的顺利完成，我们除表示应有的敬意之外，必须巩固团结，防止敌特离间挑拨，取得彻底胜利，巩固和平解放并扩大其影响"。对于新的情况和任务，要"在思想上政治上提高群众，巩固高涨的情绪，使由单纯的迎解提高到热烈而坚韧的支前运动，彻底消灭反动派，使人民革命早日彻底完成"，"解放大军将从湘境向西南、广州等地继续进军，伟大而艰巨的劳军、支前任务，我们必须担负起来"。

在"迎解联"这一段工作中，概括说来，有以下三个主要方面：

（一）发动群众学习和宣传政策

宣传对起义部队的政策。在"迎解联"的宣传工作上，针对群众中的某些混乱思想，着重说明对起义部队应有的态度，指出：我们不应该再以旧的态度对待他们，而应该欢迎他们的起义，协助维持秩序。在慰劳方面，解放军和起义部队（当时称中国国民党人民解放军第一兵团）同时进行。

宣传人民币的巩固信用，粉碎匪特谣言，纠正一部分市民的疑虑心理。国民党政府的纸币信用扫地，人民多用银圆交易，或以实物支付工薪，此项宣传在稳定市场方面，很为必要。尤其在长沙市军管会 1949 年 8 月 20 日颁发布告宣布人民币为唯一合法货币后，成为更加迫切的任务。

宣传税收政策。国民党政府苛捐杂税多如牛毛，激起了人民群众强烈反抗，有些人误认为解放了，就应不再收税。因此，宣传解放区的合理负担政策，从本质与具体措施上和国民党政府的搜括相区别，是当时急需解决的一个现实问题。

宣传接管政策。刚一解放，有些群众不明确哪些属于接管范围，思想上存在着某些混乱，在如何接管的办法上也不清楚；致有敌特乘机敲诈勒索，浑水摸鱼，扰乱人心等。因此，“迎解联”将接管政策列入宣传要点，这是必要的，宣传效果也是较好的。

在学习和宣传政策方面，由学联、妇联、小学教师互助会等团体组织了 60 个宣传队，队员 2500 人；宣传站 12 个；服务站设有 5 大站，下设很多分站。当时统计，受到这样较为集中宣传的群众约 15 万人次。同时，长沙市的大、中学生积极出动，向市民说明三大纪律、八项注意，解释有关政策。各校的宣传队，有按地区划分的，有以宣传对象分队的，漫画、歌舞、活报等等，每日出现在街头巷尾。市小学教师互助会各区分会，都在组织学习，通过座谈会、家庭访问、民众识字班、军民联欢会、新文化俱乐部等等，进行广泛的宣传。小学教师互助会主席张文远和党组织负责人陆方、陈静山、戴巍、汪立康等，在组织推动这些学习宣传方面，日夜奔忙。湖南大学驻城工作队，深入锑品厂、湖南电气公司、欧亚烟厂、中国铁工厂、工矿局、粤汉路第九分段等处进行宣传。水陆洲湖南音专的同学们，建立了流动宣传队，还成立了文学宣传组、盲人宣传组。总之，当时学习、宣传政策，出现了热烈的万马奔腾的情景和生动活泼而又深入人心的场面。新华社湖南分社于8月14日正式成立，开始发稿；次日，中共湖南省委机关报《新湖南报》创刊；这是党和政府的宣传机构，“迎解联”密切配合进行宣传工作。“迎解联”宣传部每日编印快报一种，及时报道介绍宣传工作进行情况，并且提出应注意之点。为了充实宣传力量，“迎解联”宣传部还增设了宣传辅导委员会，聘请教授、社会名流和有学识经验的人士，协同进行宣传活动。谭丕模、肖杰五、朱剑农、曹廷藩、王学膺等都是宣讲人，帮助工商界和各方人士学习，举行了多次座谈会、讲演会。

（二）广大人民的劳军热潮

从解放军入城以后，“迎解联”的重要任务之一，就是号召和组织市民劳军。8月7日敌机又来轰炸，“迎解联”发出通告，号召市民劳军，向部队写慰问信，并组织救护队。次日晚，医药与教会团体临时联合救助委员会，在四方塘基督教青年会召开会议，由李启磐主持，曹国枢、张以藩、邓一韪、伍善同、袁道、胡信德、李常树、沈印心等到会，商讨救护伤病人员问题。在8月9日市工委关于《新形势下的工作任务的指示》中，又明确指出要“开展慰劳解放军和起义部队运动”，并且提到了一些具体方式。“迎解联”慰劳救护部于8月10日开会讨论后，发起大规模劳军运动。“迎解联”慰劳部、宣传部及“学迎联”决定，在岳麓区、北区、东区设立服务站，工作范围着重在医疗、救护、慰劳、军民联欢等方面。“学迎联”工作团城东区分团，8 月 12 日在协操坪举行了东区军民联欢晚会，解放军和起义部队 1000 多人参加，一中、文艺、衡湘、燕山与平大等五中学同学和文艺区小学教师联谊会都参加了这次活动。

从个人到集体，都表现了极大的劳军热情。省邮政局一位已有四个孩子的杨大嫂，从解放那天起，在忙碌中抽空做了 5 双布鞋，于 8 月 19 日送到“迎解联”转给解放军。白沙街多福里五号的庄秀芬，赶做了 10 双鞋子作为慰劳品，以表心意。一个叫汪怡的 8 岁小学生，8 月 14 日送给解放军 1 个盒子，盒内装了云南白药 1 瓶、牙刷 1 支、牙膏 1 瓶、“四合一”香皂 1 块、派克墨水 1 瓶、铅笔 1 支、前门香烟 1 包、火柴 1 盒、慰问信 1 封，用红纸包得整整齐齐，上面写着：“我们小朋友慰问解放军，我们同学们还想组织一个歌咏队，去唱歌给解放军听。”这些动人的事例是很多的。劳军运动展开以后，工人和学生走在前列，各单位纷纷把慰劳品送到“迎解联”转献给解放军和起义部队。8 月 14 日下午 5 时，湖南电气公司、锑品厂、植物油厂及金属矿业管理处的全体职工，捐献 7 大桶麻油（3000 多斤）、50 大箱肥皂，7 头肥猪和大批慰问信件，由 500 多名职工乘车前往慰问解放军。一师的师生员工，挑着冬瓜、白米，从河西送来。长郡中学送来人民币 6 万元，猪 1 头、盐 1 担。中等以上学校工友联合会送来毛巾 20 打。妙高峰中学的师生员工捐款购得肥猪 1 头，肥皂 2 箱，毛巾 10 打、食盐 100 斤、冬瓜 200 斤，交“迎解联”转送解放军。8 月 6 日至 19 日之间，“迎解联”收到各单位劳军银圆 4635 元。到 24 日止，收到人民币 1000 多万元、黄金 3 两 9 钱 3 分 7 厘、食米 55 担、谷 40 担、食盐 1751 斤、茶油 2075

斤、蔬菜 5359 斤、肥猪 19 头、猪油 330 斤、香烟 2852 条、肥皂 33 箱、毛巾 621 打、疟疾丸 67816 粒、慰劳信 10064 封及其他各种物品。

与此同时，“迎解联”和各团体出动慰劳人员 2000 人，进行较大规模的慰劳 25 次（解放军 10 次、起义部队 15 次），受到慰问的官兵 3 万人；并设立 15 个服务站，协助军队采购物品，运送茶水和招待缝补等工作。其中 8 月 17 日，“迎解联”主席团、顾问团组织演剧六队、小学教师互助会、妇联及宣传队伍，前去河西慰问起义部队，十几辆卡车过河后，又会合了湖南音专、湖南大学的同学，向第一兵团司令部进发。由主席团主席曹国枢向官兵说明慰问意义，希望起义部队永远与人民靠拢。并由代表向全体官兵献花献旗和分致慰问信；陈明仁将军致谢词时称，愿促进未解放地区的和平解放。这是慰劳起义部队的一次盛会。8 月 21 日，“迎解联”又统一组织慰问团去株洲慰问，由演剧六队、湖南音专、周南女中、市妇联、湘雅医学院等单位 54 人组成。慰问团于上午 9 时到达株洲后，即赴病院慰问伤病员，下午又冒雨分赴病房探望，将慰问信交给每一个伤病员，并带去了各报馆捐赠的 1000 多份近三日的报纸及“迎解联”收到的收音机 1 架。

在医疗救护方面，“迎解联”组织各单位设立 1 个医疗总队，下有分队、防疫队各 10 个；1 个救护总队，下有 65 个分队。对军队免费治疗的，占当时各医院每日诊疗总数的三分之二；并去解放军营地治疗 995 人次。本市医药及教会团体联合救助会于 8 月 17 日决定，继续开展医救工作，由各医院自动捐献药袋，交“迎解联”各服务站应用；各服务站聘请邻近开业医生担任各站顾问；建立解放军病员医院，设有 200 个床位。联合救助会捐献食米 20 担和机米 3000 市斤，慰劳本市解放军。

（三）积极恢复生产和交通，支援前线

市工委在解放军进城以后，提出“恢复生产，恢复交通，支援前线”的口号。本市工厂大都没有停过工，电厂没有断过一天电，工人群众用增加生产的实际行动来庆祝解放和支援前线。湖南公路局的技工，在 10 天左右修好了被白崇禧部破坏拆散弃之不用的汽车 42 辆（解放前夕，该局只有 20 余部可用车辆），至 2 月 24 日止，共修理汽车 108 辆，组织了公路汽车抢修队 340 人，水陆邮电大部畅通。在铁路方面，组织了 100 人搜集一切可以利用的器材，工人还组织了运输队、板车队 400 人，担架 60 人，随时待命行动。

“迎解联”于 8 月 12 日将财粮交通部改为财粮委员会，办公地址设在中山公园青年馆“迎解联”内。这个委员会是统一筹措、分配物资的机构，曾于数日内筹借军粮 17.5 万斤，有力地支援了解放军。

三　长沙市军管会、市人民政府成立和庆祝解放大会

根据中央军委电令，8 月 19 日，长沙市军事管制委员会正式成立，萧劲光为主任，王首道、陈明仁为副主任；委员有黄克诚、萧劲光、王首道、陈明仁、唐星、周里、袁任远、李明灏、王劲修、解沛然、曹瑛、阎子祥、宋乃德、陈赓。同日，《新湖南报》发表了《长沙军管会的基本任务》的社论。接着，军管会派出军事代表分赴有关单位，开始准备接管工作。

8月22日，长沙市人民政府成立，阎子祥任市长，在藩正街原省参议会新址办公。8月25日，召开中共湖南党组织胜利会师大会，中国共产党湖南省委员会与长沙市委员会正式宣布成立，曾经在国民党反动派疯狂迫害下坚持多年秘密斗争的中共湖南省工委及长沙市工委，统一合并于湖南省委与长沙市委，党在湖南的组织与南下党委胜利会师了。

为了庆祝长沙和平解放的伟大胜利，长沙市人民政府和"迎解联"在报上联署刊出《为发起筹备长沙市各界人民庆祝和平解放支援前线大会启事》，定于8月27日下午2时假和平大戏院（今青少年宫礼堂）召开筹备会议。是日到会各人民团体单位148个，代表170余人。会议选出市人民政府、全国总工会驻湘办事处、警备司令部、交联、妇联、银联、新闻从业人员互助会、学联、小学教师互助会等11个单位代表组成筹备委员会。筹备会下设秘书处、总务部、宣传部、联络部及大会指挥部，由筹委会聘请各参加团体担任。在这次会议上，特别号召各群众团体及全体市民开展拒用银圆运动。筹备工作随即积极展开。庆祝大会于8月30日下午5时30分在协操坪开始集合。5万多人怀着胜利的喜悦心情，簇拥着迎风招展的旗帜，聚集在这个广场。7时20分，大会隆重揭幕，几十尊大炮和高射炮齐鸣，响声震天，火花在空中闪耀，引起会场一阵热烈的掌声、欢呼声。这是长沙市历史上空前雄壮威武的场面。程潜因公未到，派代表宣读了讲词；萧劲光、王首道、陈明仁、曹瑛等先后讲话，号召增加生产，支援前线，解放全湖南和全中国，把迎接热情变为有组织的力量，建设新湖南和新长沙。浩浩荡荡的队伍，在市内火炬提灯游行，千万盏明灯和一条条火龙，照耀着长长的行列，在街道两旁万头攒动的人群中欢跃舞蹈着前进。游行队伍以解放军炮兵开路，八匹骡子拉着的大炮，极为引人注目。队伍中的熊熊火炬，争奇斗艳的花灯、旗帜、彩牌、狮龙、花船、花车等等，夹在人群的巨流中，真是难以形容的欢庆奇景。夜9时20分，游行的先导队伍到达黄兴北路口，再经蔡锷路至小吴门，一直到11点20分队伍过完。这次盛大的集会游行，真是长沙历史上又一个狂欢之夜。

四　胜利完成历史任务——“迎解联”宣告工作结束

“迎解联”从1949年8月3日成立以后，在党的领导下，经过月余的紧张战斗，完成了历史所赋予的任务，过渡期间的工作已告一段落，遂于9月8日宣告结束，各项收支账目，都由会计师作了审核；文件、资料和账目等档案，全部移交给长沙市人民政府保存。9月14日，长沙市警备司令部政治部在《新湖南报》刊出鸣谢启事，列有所收慰劳品的清单，其中多注明“迎解联慰劳部转来”的字样。中国国民党人民解放军第一兵团[①]，也刊有鸣谢启事，列出了“迎解联”送来的慰劳品清单。在“迎解联”临近结束之际，还要追记一下实际上与“迎解联”结合在一起的一项任务，就是欢迎二野过境。为了解放西南各省，中国人民解放军第二野战军一部分部队经由长沙进军。中共长沙市委和市人民政府组织各单位的群众，从8月底9月初起，着手筹备欢迎和解决物资供应等有关问题。

① 1949年11月，中国国民党人民解放军第一兵团改编为中国人民解放军第二十一兵团。——编者注

9月8日长沙市各界组成欢迎二野过湘委员会，负责进行筹备欢迎和支援大军前进的各项事宜，推举阎子祥市长为主任，周东光、刘晴波为副主任，并与“迎解联”合署办公，实际上是两块牌子，一个机构，具体工作由“迎解联”负责进行，也可以说是“迎解联”最后的一次战斗。该会9月14日发出通告，号召各界人民继续发扬“迎解劳军”热情，积极进行欢迎二野的各项准备工作。9月24日，二野某部抵长，市民夹道欢迎，在经过之处，设立了很多茶水站、鼓动棚，在中山公园举行了欢迎大会，周里同志代表湖南人民致辞，表示热烈欢迎；各单位并向二野部队捐献了很多慰劳品。此次欢迎二野过境工作，一直持续到10月底始行结束。

（选自湖南省政协文史资料研究委员会编《湖南文史资料选辑》第14辑，湖南人民出版社1982年版）

忆迎接八一七福州解放两三事

王传琛*

三山解放40年了，福州人民牢记八一七这一光辉灿烂的日子。我们农工党福州市党员和全市人民一样，十分珍惜这40年的历史进程。在纪念福州解放40周年和欢庆建国40周年之际，回顾农工党组织当时两三事，以鞭策个人与农工党成员为榕城的改革开放作出更多的贡献。

一、共产党员与农工党员在迎接解放的日子里，风雨同舟、肝胆相照。1949年初，中国人民解放军已饮马长江，福州解放在即。在南京国民党政府中的反动势力，为了阻挠福建人民的起义，派军统大特务毛森来闽镇压革命力量，一时腥风黑雨满榕城。农工党地

* 王传琛：时为农工党福州市党员；后曾任全国政协常委，农工党中央常委、福建省副主委。

下干事会从有关方面了解到特务准备搜捕的“黑名单”中，有农工党员的名字，因此，决定让这些同志离开福州，到香港向当时在港的农工党中央汇报工作。有些同志筹到旅费成行了，但个别人如谢殷盘同志无法成行。这样的事要极度保密，有一天谢找我商量，认为当时任渔会会长的蔡训忠先生是中共地下党员，他也知道谢有农工关系，是可靠的。我们一起到了中亭路一条小巷的蔡家，请他为谢帮助提供旅费，训忠同志不仅热情允诺，而且对谢的安全备至关心。今天回忆起来，真乃风雨同舟、故人情深。

解放前夕，福州农工党员虽不多，但分布在一些学校、银行、机关工作。当时农工党除了通过内线关系，策动军警人员秘密起义迎接解放外，并要求党员做好国民党有关部门内部情况的调查工作。调查的资料，由李得光等与中共闽中地下组织吴梦熊、张志坚等秘密联系，得到中共地下组织的指导。农工民主党从1931年开始，在福建就建立了组织，与中共地下同志早有联系，在迎接福州解放的紧要时刻，一些活动都是在中共的领导下开展的。这充分证明了历史上中国共产党与民主党派是患难与共的。因而今天坚持完善共产党领导的多党合作，是我国历史发展的必然。

二、努力保护文书、档案，有利于解放后的接管工作。在八一七前夕，为了多方面做好工作，我们联系了当时省参议员廖继周先生，他是国民党福建省党部的高级人员，虽不是农工党党员，但是农工党负责人汪盈科同志（解放后曾任市建设局局长）的同乡好友。经过我们联络工作后，他留在福州迎接解放，不仅认真保护了国民党省党部的档案，而且还保存了省党部保卫室的枪支和省党部的大印，解放后向军管会的接管单位移交。这既说明迎接解放是人心所向，也说明民主党派发挥自己的优势，多做团结工作，对发展革命力量，减少阻力是有利的。福州解放时，不仅国民党省党部的大印未被携去，连国民党福建省旧省政府的大印，也由省政府秘书陈光度先生上交给接收单位。

三、群策群力保护人民财产，特别是保护银行与金融机构的人民财产。当时福州市有地下组织的几个民主党派都做了许多努力。农工党由宋之英同志分工做了这项工作，他是一个金融单位的襄理。当时农工党在农民银行、省银行、邮政储金汇业局都有一些党员，经决定秘密成立了“护行小组”，商定分头对当时的四行（中央、中国、交通、农民）、二局（邮汇、信托）分行的一些负责人宣传共产党和人民解放军的政策，对各行资产秘密进行调查，并要求有联系的一些行员暗中保护库存。如当时在省银行有一些农工党员担任该行辅币基金监理委员会委员，就通过他们提出每月查库与经常抽查等建议，执行后，有效地制止了偷运行为的发生，直到解放。事后据了解，国民党省政府主席在八一七前夕逃跑时，也无法提走辅币基金。这与各民主党派人士群策群力，为迎接解放所做的工作是分不开的。

1949年8月，我们作为福州人民的一分子，迎来了新时代的曙光。40年后的今天，又在中国共产党领导下取得建设新福州的伟大成果，尽管经历了曲折和困难，但我们深信，只要高举社会主义与爱国主义的旗帜，我们一定会迎来改革开放的新胜利。

（选自福州市政协文史资料工作委员会编《福州文史资料选辑》第9辑，内部资料，1989年）

忆兰州解放之初的基层建政工作

吕　梁*

1949年8月26日兰州解放后，我被分配到兰州市委。市委副书记李景亭、组织部部长罗扬实征求我的意见：愿在城市工作，还是愿在农村工作。我当即表态说，愿到农村工作，因为我多年在农村和农民建立了深厚的感情。市委决定派我任兰州市九区区委书记。

当时九区所在地八里窑，已有区长张文英、副区长王受天（地下党员）和赵自鸣、魏群等同志，区政府的架子（当时叫区公署）已初步搭了起来。

根据中共兰州市委的决定，解放初期的三个月以摧毁敌伪保甲制度、建立人民的新政权为主，开展其他各项亟待进行的工作。

---

* 吕　梁：时任中共兰州市九区区委书记；后曾任兰州市副市长，市政协副主席。

组织新政权，摧毁旧政权

首先，组建区级领导机构。中共九区工委由吕梁（书记）、张文英（区长）、郑成平（公安局局长）、赵自鸣（组织科长）、魏群（宣传科长）五人组成。区政府由秘书、财务、民政、文教、建设、后勤等科室组成，每科只有一二人，共十二三个人。随后还组织了农会、民兵、治保等群众组织，为发动群众、开展工作打下了组织基础。

从 10 月下旬开始，在市委统一部署下，我们进行调查研究，制定计划，组织试点，摸索经验，掌握政策，发动群众。开展了广泛的宣传攻势，对大多数旧职人员，及时争取改造给自新之路；对于怙恶不悛的反动派忠实爪手和帮凶，以严厉镇压；对于游勇散兵收容训练，加以改造后，作适当安置；对于保长人员，指明他们骑在人民头上作威作福是有罪的，是有民愤的，应立功赎罪，重新做人；对于甲长，教育他们给人民办好事，清扫战场，帮助群众尽快恢复生产。

经过摸底掌握和这些人员的实际表现，对罪恶不大，没什么民愤而群众能通过的，让他们继续为民主政权服务。甲长一般都是轮流担任的，不少是逼迫的。我们采取团结教育政策，不少被选为居民组长。到 12 月底，经过两个半月摧毁保甲制度和反特务、反恶霸、反贪污、反不公的“四反”斗争，大大提高了群众的觉悟和主人翁地位，认清了共产党和国民党，新政权和旧政权的区别。

在摧毁保甲制度的同时，即着手建立新的人民政权。九区原管辖皋兰山、沈家岭、石咀子三乡和五里铺、八里窑两街。对于街乡的干部，一般配备正副乡（街）长和文书三人。主要骨干配备并不十分困难，因为九区是兰州解放前市委的所在地，地下党员有十多个人，加上王受天同志举荐的积极分子，基本上可以解决，但要考察和群众正式选举。对于那些在群众中有威信，拥护党和人民政府的政策，办事公道，经过反复酝酿，民主选举当选后的人员，最后中共九区工委批准：一街五里铺徐有财、何玉任街长（徐非党员积极分子，何系党员）；二街八里窑张学义任街长（党员）；三街石咀子陈占奎、魏国荣（魏党员）任街长；沈家岭正副乡长朱占奎、杨占奎（都是党员）；皋兰乡正副乡长张保财、马子俊（非党员）。各街、乡的文书由街、乡长提名，经区委审查后任用。这个地区文教事业十分落后，从雷滩到石咀子只有一所小学，识字的人很少。因此，如一街在选文书时就发生了一件使人生气的事情。街长徐有才、何玉两位均不识字，找了一位仅小学毕业的詹某女生做文书，因其父是国民党兰州市法院首席法官，当时向我们提出了三个苛刻并带有挑衅性的条件：一不能参加你们召开的会议；二不能参加你们的党；三是你们每天派人上下班护送三次。为了开展工作，还是答应了这些条件。这个女生在我们的教育之下，后来进步很快。

新的基层政权建立后，还有个巩固发展的过程。初期选拔的干部大多数是好的，工作积极，思想进步，作风正派，能联系群众，但政策水平低，工作经验少，工作方法简单粗暴，容易出乱子。民政科长谢保全很聪明，识字不多，一天下午，在三营子的对八村开群众大会，这是一个回民聚居区，参加会的 40 人中大多是回民。为了锻炼这个新干部，让他先讲话，谁知他左一个马回回不好，右一个马回回不好，等等。这个违反民族政策的讲话，当即引起了回民同胞的强烈不满。我虽然最后作了纠正和道歉，但他们的气仍未消。第二天，我请王受天和有威望的牟宝珊老师以及市民委的郑德林等同志，上山做了耐心的解释工作，才平息了这场风波。这件事情说明，对新干部的政策教育，迫在眉睫，稍有疏忽，不仅对开展工作带来严重后果，而且会毁坏刚提起来的年轻干部。经过四个月的工作，巩固了新政权，使它成为贯彻党和国家政策、法令的基层政权组织。

清扫战场，安定民心，动员逃离农民回乡

解放兰州是我军在西北最后一仗，也是蒋、马军队负隅顽抗最后一块阵地。地处九区的东、西两山，被视为居高临下拒守兰州的天然屏障。沈家岭是马步芳在兰州防御体系中一个主要阵地，所谓“兰州的锁钥”。马步芳在皋兰山的头营子、二营子、三营子修了环形工事群。在三营子修的钢筋水泥明碉暗堡，被称为西北“一号防御工事”。在明碉暗堡的周围削壁三丈，三道战壕，三道铁丝网，在碉堡仅 200 米的地段，就埋下了 700 多颗地雷，还在地雷上拴上三颗三号飞机炸弹，构成了密集错综火力网。这些被敌人视为“固若金汤”的工事，在强大的人民解放军面前，相继攻克，胜利的红旗插上三营子和沈家岭的高峰。

战斗结束之后，新建立的区委、区政府即深入两山，发动群众，积极提供线索，收缴马家军在溃逃时丢弃的军用物资和武器，仅在皋兰山三营子村就收缴了轻机枪两挺，长短枪 20 支和多发子弹。

对我军英勇牺牲的指战员的遗体，我们组织群众将牺牲的同志按姓名、籍贯、职务和所在部队做了登记、造册、编号，为烈士公墓搬迁做好准备。对被击毙的马家军尸体和死马，因天气还炎热，组织群众连夜掩埋，以防疫病发生。

更大的特别紧急的工作是扫雷。敌人在东西两山设满了地雷，战斗结束后人、畜被踩或定时爆炸，群众不敢出门、不敢放牛羊，一不小心，踩着地雷就没命了。据粗略统计，很短时间被炸死的将近 20 个人。八里窑街上住的邓文德老汉，只有一个独生子，因家境贫困，10 月间一个夜晚让儿子到皋兰山割硼灰草、烧硼灰卖钱，不幸踩上了地雷，轰的一声剧烈爆炸，老汉惊叹道：我娃完了。几个人将老汉扶到山根，将儿子抱在怀里，觉得轻轻的，一看血淋淋的，下身不见了，顿时邓老汉昏了过去，闹得人心惶惶。如果不及时清除地雷，群众就无法安全生产和生活。于是我们全力动员清雷，特别是组织了富有扫雷经验的二营子戴学礼为首的扫雷小组，以三营子碉堡群为重点，经过一个多月的艰险战斗，终于将敌人埋设的 700 多颗地雷基本扫完。为了推动两山的扫雷全面铺开，区上决定将戴树为排雷英雄，加以奖励，我写了一篇报道，刊登在《甘肃日报》上予以表扬。

随后召开座谈会，动员离乡的群众返回家园。在马家军未结集在两山战场之前，年轻的男女和孩子，带上能带走的贵重东西外逃，家中留下老人守门。我们经过宣传党的政策，通过亲友捎话带信，或家人亲自前往，说明政府号召后，打消了顾虑，才纷纷相继返回。

肃清匪特，维护社会治安

1949年4月西安解放后，我军西进直逼西北第二大城市兰州。马家军不仅在大修加固东西两山的防御工事，而且设立了东岗镇、西果园、盐场堡、八里窑四处的检查站，军警宪特联合行动。九区是兰州的南大门，他们从沈家坡、八里窑设立两道检查站，白天监视检查，晚上在夜深人静时，突击挨户清查，企图搜捕我党人员和进步人士。敌人还成立了自卫队，队长是职业特务哈俊良，带领着几十个人，全副武装，杀气腾腾地白天晚上巡捕。这个人一贯敲诈勒索，欺压乡里，并参与杀害我地下中共甘肃工委负责人罗云鹏。解放后，私藏枪支、弹药，伙同匪徒马万龙、马金昌等人，结伙抢劫多次，群众恨之入骨。因罪行累累，我公安第九区将哈匪等三人全部抓获。缴获短枪四支、步枪三支、掷弹筒一个、子弹400余发。镇反时予以处决，为人民除了害。敌人还以水磨沟小学为掩护，设立了国民党支部，监视群众的活动。这样一个小沟和光秃秃的两山，敌人设置了各种反动组织，军警宪人员如麻，目的是配合马家军的反动顽抗。另一股土匪长期盘踞在阿干镇的线口子，解放前就到处抢劫，解放后趁着混乱之机，更加猖狂。9月中旬一个晚上，头营子民兵连长李奎元急促跑到区上汇报说，头营子的一个村子发生了抢劫案，区上其他领导都下乡去了，就我在家。我们身着军装，腰间别上短枪，披着皎洁的月光，行色匆匆地赶赴头营子，将谢保全率领的工作组全体人员和民兵集合一起包围了这个村子，放了几枪，这股土匪就已逃跑。我们到了被抢劫的农民李兴科家里，夫妇均被土匪吊在房木梁上，然后将被子、衣物蘸上青油烧烤，逼着把埋下的银圆抢了去。当我们赶到时，李夫妇身体已烧焦，奄奄一息。这些惯犯抢劫事件引起了很大的震动。区委讨论，采取了两种办法：一是打入土匪内部，进行分化瓦解。经过我们对一个土匪晓以大义、明以利害之后，他愿意立功赎罪，供出了匪徒抢劫兰州的行动计划，我们就将计就计。二是我们利用原警察所设在八里窑临街的岗楼，让这个人坐在楼上面，居高临下，监视匪徒们的通过。匪徒也很狡猾，他们从早到晚距离拉得很长。我们的办法是从石咀子到沈家坡两头堵截，前后盯梢，过一个抓一个，过两个抓两个，不到一天，就一网打尽，最后将匪首倪某处决，群众拍手称快，兰州社情安定，群众情绪更加稳定。

组织生产自救，为春耕生产做积极准备

访贫问苦、组织生产自救有其紧迫的意义。九区所辖的一沟两山是兰州市最贫困地区之一，加上一场大战，群众生活十分贫苦。水磨沟群众的生活来自两个来路。从沈家坡到石咀子以上，利用沟里的小溪流水安装了四十八盘水磨，供兰州市居民食用面粉的一半。另一方面从阿干煤矿拉煤往城里运，这是市区工业、生活用煤主要通道。家景好的有骡马，一般的就是一头毛驴，买不起驴的只好用独轮木车或用担挑以此维持生活。皋兰山、沈家岭两山，农民的生活更加困难，海拔 2000 米的山上，靠天吃饭，吃水很困难，用流行的话说：要一个馒头吃可以，要一口水喝不行。沈家岭一个地主，他的佣户大年初一从几十里以外的黄河挑一担水作为拜年礼，是最珍贵礼物，可见水对这里的人确是生命之源。

9月下旬我和民政科谢保全到三营子，在牟村长的陪同下到最困难的宋国兴家里，炕上连一页席都没有，开始看见女的在厨房做饭，过了一会儿女的坐到另一个炕上，我诧异地问究竟，牟村长告诉我，刚才女的坐土炕是脱裤子给男的穿，男的穿上裤子才出来招呼我们。家里四个孩子赤身露体，有个十多岁的女孩子也光着屁股。看后使人心里很难受，当即决定给钱补助。根据全区初步调查，凡属不能过冬和过年的贫困居民和农民都发了救济款。使群众度过严寒的冬天，过好解放后的第一个新年。

积极组织群众备耕。在沟里我们组织群众修水渠，凡能浇上水的地都平田整地。在东西两山主要是平整战壕，恢复自然原貌，好让群众种田。春播种子是个大问题，除我们组织调剂外所缺的就申请市上予以全部解决。

在短短四个月中，我们就站住了脚，顺利开展了上述工作。原因何在？回忆起来主要有两条。

（一）学习党的政策，宣传党的政策，贯彻党的政策，这是胜利的保证。

学习政策对我们老区来的干部，对于新吸收的干部，对于地下党员都是十分迫切和必要的。党的政策是千百万各族人民利益的所在，是当时形势的需要。因此，处理每项工作，都必须在市委、市政府统一领导下，严肃认真、一丝不苟地执行。这也是一条铁的纪律。因为当时客观环境非常复杂、险恶，稍有忽视，就会造成极大的危害，给工作造成难以克服的困境。

（二）保持发扬密切联系群众、全心全意为人民服务和艰苦奋斗精神，这是赢得群众信赖和支持的基础。

我们接收国民党区公署时，只是11间房子，破桌一张，两把烂椅，一个土灶，一把水壶，所内空无一人。就在这所院子里，既是区委的所在地，又是政府的所在地，既是办公的地方，又是睡觉的地方，还要安排会议室，又要设厨房，真乃一统天下。解放初期，实行供给制，没有工资，只管吃管住，我们仍然穿着旧军装，吃的八五粉，菜金很少，只要有馒头和拌凉菜，就感到心满意足，精力充沛，情绪乐观。新干部对我们艰苦而又乐观的精神，很受感动。我们到东西两山下乡都和群众同吃同住同劳动。当时皋兰山、沈家岭、狗娃山，本来很贫苦，经过一场大战，已一贫如洗。老百姓早餐午饭是洋芋，晚饭是合面饭（麦子和豆类磨的面粉），偶然碰到在地雷壳里煨的土面包，味道脆而香，就算极好的美餐了。我吃饭没有菜金，只给群众开一斤半粮的条子，顶公粮。睡觉和群众一起滚土炕。当时正值秋收季节，和群众一起收小糜子、挖洋芋。对这种和农民打成一片的率先行为，群众发自内心地说：自从开天辟地还未见到这种当官的。

阳历9月下旬，时值秋高气爽、瓜果飘香的中秋节。这一天的早晨，在我们政府大门外的场上，来了三位农民，一个牵着一只羊，两个挑着蔬菜、西瓜和大肉，送我们过节。管理后勤的唐作勤同志再三劝解，让他们拿回去，结果无效，反而往院子里进，阻挡后，三个人索性将羊和两担菜撂下，扭头就走。唐将我喊了出来，把那三个人追了回来，我给他们讲了解放军的三大纪律、八项注意、秋毫不犯和当前群众生活困难境况的道理，三人怏怏而去。这件事传开后，群众无不翘指称赞。一句话，我们这种优良作风，以实际行动，自然和国民党的官员欺压人民划清了界限。干部必须廉洁奉公，一点小便宜也不能占。新干部谢保全因给姐姐写信，用了公家信纸、信封，受到了批评，认为这是公私不分，占公家的小便宜。另一件是乡街干部到区上开会时，谢往往给有些同志垫粮票，而谢到下面乡干部家里吃饭多半是撒饭、洋芋、浆水菜，都未给粮票，在不到一年的时间里，共计吃了 48 次饭。这件事情被区委知道后，进行了三个星期的批判，三番五次地检讨，下不了台，最后勉强过关，组织决定让他带上粮票，挨家送到吃过饭的干部家中，赔情道歉。

由于我们事事都为群众着想，为群众办实事，身体力行地传播延安精神和党的优良作风，新干部和广大群众很快消除了疑虑，亲近相信我们，支持依靠我们。工作不到一年，我被调走的消息传出后，有些基层群众挽留，区上以谢保全为首的几位干部到市委，流着泪请求将我再留一年，负责同志说服道："他是党的干部，应该服从组织调动，我们共产党的干部都一样。"这件事情深刻说明解放区来的干部只要按党的政策办事，真心实意地为人民谋利益，人民就会拥护我们，我们就会战胜一切困难。

（选自中共兰州市委党史办公室编《兰州解放五十年》，内部资料，1999 年）

喜饶嘉措在解放初的西宁

扎喜旺徐 *

喜饶嘉措大师是一位伟大的爱国主义者，也是我们藏族中的一位大学问家。他渊博的知识，高贵的品德，永远值得我们学习。解放初期，在青海我与喜饶嘉措大师共事的一段时间，给我留下难忘的印象。

1935 年中国工农红军长征路过藏区时，我在甘孜参加红军，不久跟随红军继续长征，到陕北。党中央对我们这些少数民族干部非常关心，为了给中国革命保存骨干力量，整个抗战时期都在延安学习。解放战争时期，胡宗南进攻延安，组织上又派我们到东北。全国解放前夕，来到党中央所在地西柏坡，后来派往西安。西北局决

---

* 扎喜旺徐：时任国民党青海省副主席；后曾任中共青海省委书记，省人大常委会主任，省政协主席，全国人大常委会委员，全国政协常委。

定调我到青海工作。这样，青海解放刚9天，我就到了西宁。

当时人民政府还没有成立，军管会在主持工作，廖汉生同志是主任，我在军管会工作。国民党马步芳撤离西宁时，曾打算把喜饶嘉措大师和十世班禅带到台湾去，但阴谋未能得逞。喜饶嘉措大师和十世班禅都拒绝去台湾。但他们对共产党也不了解，西宁解放前夕，喜饶嘉措大师到兴海县赛宗寺去了。党对争取喜饶嘉措大师的工作十分重视，派专人到兴海请他到西宁，参加人民政权的建设。当时刚刚解放，各方面条件都很差，军管会安排他住西宁宾馆，那时是西宁最好的房子，过去是马步芳的跳舞厅。不久，我们接到周总理亲自署名的电报，具体内容记不清了，大意是说，一要保证喜饶嘉措大师的安全，二在生活上要给予优厚待遇。周总理在电报里还说，委派人送大师到北京开会。我们都照办了。

不久，召开青海省人民代表会议，选举产生了第一届人民政府。这是各族人民翻身获得解放以后，选举出来的人民自己的政府。喜饶嘉措大师当选为省人民政府副主席，我任政府副秘书长。我们接触的机会就更多了，有段时间，我们几乎天天见面。我经常到他那里去汇报工作，省委、省政府有什么新精神，也通过我向他转达，他有空也叫我去，听取工作汇报，了解情况。在我的印象中，喜饶嘉措大师的知识非常渊博，在我们藏族里，没有人能赶得上他。他非常关心国家大事，关心人民政权的建设工作。省政府开会时，他经常发表意见，提出意见和建议。他有学问，讲话又有内容，大家都喜欢听。省委、省政府的领导同志，如廖汉生、张仲良、周仁山等人对他都非常尊重，经常去拜会他，征求他的意见。我作为政府副秘书长，一个藏族的老红军战士，也陪同省委、省政府的领导同志一起去。喜饶嘉措大师待人诚恳，谦虚和蔼。那时他是国内外知名的大学者，民族宗教界的领袖人物，深受藏族群众的拥护和爱戴，年纪也比较大，已是60多岁的老人，真可谓德高望重。当时省委、省政府的领导同志都比较年轻，军管会主任、省政府副主席廖汉生当年才39岁，他还兼任一军政委，很能干。从年龄上讲，比喜饶嘉措大师小20多岁，可以说差一个辈分。但喜饶嘉措大师对他们十分尊重，从这些年富力强、朝气蓬勃、精明能干的干部们身上，看到共产党的英明伟大，看到新中国光辉灿烂的前景。

解放前喜饶嘉措大师曾在南京工作，他亲眼看到国民党反动政权腐败黑暗，残害百姓，欺压各族人民；解放后，人民政府的各级干部，廉政勤政，全心全意为各族人民服务，实行民族平等，民族团结，尊重信教群众的宗教感情，保护宗教信仰自由，所有这一切，使老人深受感动。他曾多次怀着激动的心情对我谈起这些事，对党和人民政府表示由衷的爱戴和信赖。

解放初期，喜饶嘉措大师利用他特殊的地位和威望，在政权建设、稳定社会秩序、建立爱国统一战线方面，发挥了别人无法替代的重要作用。我从实际工作中体会到，喜饶嘉措大师的作用表现在两个方面：第一，向广大藏族同胞，首先是民族宗教界上层人士宣传党的民族政策和宗教政策，消除历史上遗留下来的民族隔阂，克服国民党马步芳造谣诬蔑、挑拨离间所造成的消极影响，加强了民族团结。第二，向党和人民政府反映广大群众包括宗教界人士的意见和要求，使一些问题得到及时解决，密切了各级党委、人民政府与广大群众的联系。

我自己认为，解放初期，由于我们正确地贯彻执行了党的方针政策，省委、省政府与喜饶嘉措大师和其他一些民族宗教界的上层人士相处得很好，合作得很好，是我们党与党外爱国民主人士肝胆相照、坦诚相待、团结合作的楷模。几十年的时间过去了，一些事我到今天记得很清楚。那是1950年3月3日，恰逢塔尔寺灯节，这是解放后第一个灯节，当时很多宗教界人士都十分关心人民政府的宗教政策，看政府对传统的宗教活动会采取什么态度。这时，省政府决定派喜饶嘉措副主席代表省政府出席传统的灯节。喜饶嘉措大师观看灯节，并向各族同胞发表讲话，系统地讲解了党的宗教信仰自由政策，勉励各族同胞消除顾虑，加强团结，协助人民政府消灭暗藏的土匪特务，稳定社会秩序，恢复和发展农牧业生产，逐步改善各族人民的生活。喜饶嘉措大师的讲话，有理论，有政策，有事实，密切联系实际，都是大家关心的问题，有很强的针对性和说服力，深受群众欢迎。那天我陪大师一起去参观灯节，也在会上讲了话。亲眼看到喜饶嘉措大师深受各族同胞的拥护和爱戴，那种场面，十分感人。在当时的情况下，别的人不可能发挥那样的作用和影响。

喜饶嘉措大师热爱祖国，反对帝国主义侵略祖国神圣领土、分裂祖国统一的阴谋。1950年夏天，美帝国主义侵略朝鲜，把战火烧到我国边境，党中央、毛主席发出“抗美援朝，保家卫国”的伟大号召，10月25日，彭德怀将军率领中国人民志愿军入朝作战。相隔不久，喜饶嘉措大师会同青海省民族宗教界一些上层人士，于11月20日联名上书毛主席、朱总司令，要求参加抗美援朝的伟大斗争。他们在信中说：

“美帝国主义扩大侵略战争，疯狂侵略我们的友邦朝鲜及我国领土台湾，处心积虑破坏世界和平，干涉亚洲人民的内政，屠杀爱好和平的人民，此种阴谋侵略行为，我们再不能忍受了。我们绝不能任帝国主义对自己的邻邦肆行侵略而置之不理。为求世界和平、人类幸福，为求亚洲人民的安全，我们愿参加志愿军，为抗美援朝贡献出自己的力量，为争取世界的永久和平而奋斗到底！”

喜饶嘉措身为一个出家人，决心参加志愿军，投身于反对侵略的正义战争，在各族各界人士中产生了热烈反响。他还深入农村牧区和各个寺院，组织“反对侵略战争，保卫世界和平”的签名活动。这些活动的开展，对广大群众进行爱国主义教育，增强祖国大家庭的凝聚力，产生了深远影响。

1952年，我率果洛工作团到果洛开展群众工作。1954年，在青海省第二届人民代表大会第一次会议上，我俩都当选为副省长。不久，我离开果洛到省上工作，我们接触的机会又多了。

在与喜饶嘉措大师的交往中，给我印象最深的是，他勤奋好学，嗜书如命，终日手不释卷，只要有空就看书学习。我每到他家时，总看到他在读书，有时还讲给我听。我家境贫寒，小时候没有上过学，后来当了红军，离开故乡，到全国解放，十多年见不到藏族同胞，藏话生疏了，更没有机会学习藏文。开始时，同喜饶嘉措大师交谈还有一定困难，后来接触多了，我的藏语恢复得也很快。他对藏族传统文化深刻的了解，他渊博的知识，给我很大的启发和教育。他那种学而不厌，诲人不倦的精神，值得学习和敬佩。

喜饶嘉措大师作为一个出家人，生活简朴。相处多年，我看到他穿的衣服总是那么几件，换来换去。饮食以素食为主，如果说有什么偏爱，就喜欢喝他循化老家的豌豆稀饭。大师待人热情诚恳，不分上下尊卑，一律平等。他从不主动请客吃饭，有客人来，碰到吃饭时间，就留客人一起吃，有什么吃什么，不管哪位领导、哪位贵客到家，他从不加菜。别人请客，一般他都婉言谢绝。除了工作，就抓紧时间看书，从不浪费一点时间。后来到了北京，也一直保持这种习惯。

喜饶嘉措大师已经离开我们多年，我一直对他怀着深深的敬意。他是一位伟大的爱国主义者，是国内外著名的一位大学问家，是共产党的挚友和诤友。他热爱伟大的社会主义祖国，也热爱自己的家乡，热爱自己的民族，热爱自己民族优秀的传统文化。他为祖国的独立和富强，为人民的幸福和康乐奋斗了一生。他高尚的风范，永远值得我们怀念和学习。

1994 年 8 月于北京

（节选自青海省政协文史资料委员会编《青海文史资料选辑》第 23 辑《喜饶嘉措大师》，内部资料，1994 年。原标题为《丹心相映　永志难忘》）

绥远和平起义后实现解放区化的历程

董其武*

1949年9月19日，我和孙兰峰将军等国民党绥远地区39位军政领导人员发出了和平起义的通电，从此，绥远全境获得和平解放，我们也走上了光明大道，参加了革命阵营。

绥远和平起义后，我参加了实现地方解放区化、军队解放军化的斗争，现将这方面的情况忆述如下：

一 最初的三个月

9月19日，我送走了偕同邓宝珊先生和孙兰峰匆忙赶回北平

* 董其武：时任国民党西北军政长官公署副长官，绥远省主席；后曾任第七、八届全国政协副主席，全国人大常委会委员。

去参加中国人民政治协商会议第一届会议的傅作义先生。回到归绥后，即开始处理各项军政事务。首先着手肃清潜伏的特务分子，防止他们捣乱和破坏，保护起义的胜利成果。

9月20日下午，我正在省府机关处理公务时，接到了毛主席、朱德总司令的复电。复电原文是：

董其武将军及在贵将军领导下的绥远军队全体官兵、政府工作人员和各界同胞们：

看了你们九月十九日的声明，你们的立场是正确的。自从傅作义将军领导北平和平解放后，人民表示欢迎，反动派表示反对。反动派还企图破坏绥远军民和平解放的努力，但是终归失败，你们已经率部起义，脱离反动派，站在人民方面了。希望你们团结一致，力求进步，改革旧制度，实行新政策，为建设人民的新绥远而奋斗。

毛泽东　朱　德

一九四九年九月二十日

与此同时，我也接到了华北军区聂荣臻司令员、薄一波政委的复电。复电原文是：

董其武将军暨绥远起义全体将士、各级行政人员：

接读九月十九日通电，宣布脱离依靠美帝国主义的蒋介石、李宗仁、阎锡山等反动派残余集团，参加人民革命阵营，使绥远获得和平解放，我们于欣慰之余，特致热烈的祝贺，从此华北全境之内国民党反动派所妄图作为最后挣扎的据点宣告扫除，这对全华北今后建设的事业和华北军民支援全国解放战争最后胜利的事业，均极为有利，国民党反动派残余集团完全消灭之期在迩，开创中国五千年历史新时期的崭新的人民共和国业已诞生，尚望团结部属，与华北及全国解放区军民亲密合作，安定地方秩序，肃清反动派一切残余势力，并以为人民服务的精神教育部队，改造思想，改变作风，力求进步，把绥远建设成真正的人民解放区，把军队改编成真正的人民解放军，为建设新绥远、新华北及彻底解放全中国而奋斗。

聂荣臻　薄一波

九月二十日

我接读毛主席、朱总司令、聂司令员、薄政委复电后，心中极不平静，激动万分。他们对绥远九一九起义的赞扬和高度评价，使我更觉得率部起义走人民的道路，是无比正确的。他们的复电给我和全体官兵、各级政府工作人员指明了今后奋斗的目标，这就是：改革旧制度，实行新政策，地方解放区化，军队解放军化，为建设人民的新绥远而奋斗。为此，我当即把他们的复电都转发给各部队和各级政府，希望大家认真讨论学习，坚决贯彻执行。

为了坚决贯彻执行毛主席、朱总司令、聂司令员、薄政委复电精神，我首先进行维护革命纪律和革命秩序工作。我处理了反革命分子李维业事件。李维业原为察北行政专员兼保安旅长。张家口解放后，他带领察北各县地方团队窜到绥远陶林、武川一带，编了一个旅，抢劫人民财物，胡作非为。在绥远和平协议执行中，他竟进行捣乱破坏，带领部队越过划定的界线杀害中共地方干部，抢走解放军放青军马 200 多匹。为此，我将他扣捕镇压。这样做意在打击反革命的残余力量，使潜伏的反革命分子无藏身之地，巩固起义的胜利成果，保证起义后的改革工作顺利进行。

其次，我要求全体官兵和行政人员，努力学习，力求进步，改造思想，改变作风，全心全意为人民服务，为建设人民的新绥远，为彻底解放全中国而奋斗。我于 9 月 26 日写了致绥远人民一封信，详细说明了我们军民起义的意义和我们今后光明的前途。我说：这次绥远起义，是为继承抗日的光荣历史而起义，是为反对反动的“戡乱”战争而起义，为贯彻北平和平的精神而起义。这也是我们绥远人民由矛盾痛苦中所创造出来的新生。希望广大人民在新生之后，毫不迟疑、毫不徘徊地自我教育，力求进步，消灭反动派，实现孙中山先生的革命理想，在共产党领导下实现革命的三民主义，接受毛主席的指示，为完成时代的任务，成为新中国的主人，为建设人民的新绥远而奋斗！

10 月 6 日，我又给各部队指挥员写了一封信。我十分感谢和欣慰各级指挥员顾全大体，艰苦奋斗，费心费力，共渡难关。在酝酿起义间，部队的纪律废弛，不仅丧失了过去的光荣传统，而且给人民增加了许多痛苦，各方面的反映也非常多。为此，我在信中希望部队先做到不扰民、不拉夫、不要车，没有上级的命令不向人民借粮，不用人民的柴草，要帮助人民秋收劳动并不许取任何报酬。

以上这些工作，有力地稳定了当时社会和政治形势，起到了巩固起义胜利成果的作用。

9月21日，第一届中国人民政治协商会议开幕。我是会议的特邀代表。因为绥远刚刚起义，有许多善后工作要做，我请假留绥。在会议最后一日选举时，我被选为政协第一届委员。傅作义、邓宝珊两位先生也同时当选。

10月1日是中华人民共和国成立的光荣日子。绥远为庆祝新中国的成立和绥远起义，全省军民在归绥、陕坝、包头等地分别举行了庆祝大会。我和在省的军政人员参加了归绥市的庆祝大会。这天，归绥市阳光普照，万众欢腾。所有参加大会的人无不兴高采烈，欢欣鼓舞，处处表现出从黑暗走向光明的欢乐幸福情景。在这个庄严隆重的大会上，首先宣读了毛主席、朱总司令、聂司令员、薄政委给我们的复电，全场热烈鼓掌。之后，又宣读了绥远人民庆祝中华人民共和国中央人民政府成立暨绥远军民起义大会宣言。大会向毛主席、朱总司令、聂司令员、薄政委、董必武、傅作义和董其武以及中国人民政治协商会议发了致敬电：祝贺中华人民共和国中央人民政府成立和绥远和平解放，感谢中央领导人的英明领导和宽大关怀。我在会上讲话时着重指出：中国人民从此站起来了，从此抬起头来了，从此可以享受真正的自由、真正的民主、真正的平等了。这是我国五千年历史上的一件大事，在中国历史上是空前的，值得我们兴奋、欢呼！这种幸福和光荣是毛主席、共产党给予我们的，我们要感谢毛主席！感谢共产党！永远跟着毛主席、共产党走。讲话时时被军民的掌声和口号声打断，我被这样庄严隆重，人人心情欢畅的大会所感动。真正感到我们走向了新生，人民当了国家的主人。

二　欢迎党政军领导来绥

起义之后，原来国民党省政府的牌子换成了人民政府的牌子。军队也改称人民解放军，戴上了解放军的帽徽。但是，一切旧的组织机构与制度还没有改变，解放军也没有进驻绥远。下一步怎么办？我心中急切盼望中共党政军的领导同志快些来归绥，以便早日实现党中央、毛主席对我们的希望和要求：部队解放军化，地方解放区化。

10月初，我给傅先生打电报，请示下一步怎么办。傅先生向毛主席作了汇报，并提出今后绥远的团结改造方针应遵循四个原则、三个步骤。这四个原则是：坚持团结、肃清特务、整顿纪律、军队改编成人民解放军。三个步骤是：彻底实现解放区与解放军化，同国民党反动政权完全脱离关系；恢复交通，包括通商、通邮和人民的来往；解放军派干部去进行政治思想工作。毛主席十分赞同。

10月24日晚，毛主席、周总理、聂荣臻、薄一波在中南海接见了在北京参加华北局会议的绥远省委书记兼军区政委高克林，省军区司令员姚喆、省军区政治部主任裴周玉同志和中央人民政府委员、水利部部长傅作义先生。毛主席就绥远今后和平合作问题和他们作了长时间谈话，作了许多重要指示。之后，傅先生即打电报向我传达了毛主席和他们谈话的内容。毛主席说：绥远问题谈了大半年，现在实现了第一步。第二步是和平合作问题。绥远不搞军事管制。成立军政委员会，直属中央人民政府领导。军政委员会要统一军事、政治、经济、教育，正规军、地方军也包括在内。省政府与省军区归军政委员会领导，两条线一个头。傅先生要我认真领会毛主席的指示，搞好合作共事。为此，我经常派康保安去丰镇向中共绥远省委汇报工作，取得联系，并向他们转达希望党政军领导同志早日到归绥。

12月2日，在中央人民政府委员会第四次会议上，任命了绥远省军政委员会、省人民政府的组成人员。任命傅作义为绥远军政委员会主席，高克林、乌兰夫、董其武、孙兰峰为副主席；刘万春、张钦、荣祥、袁庆荣、安春山、王克俊、阎又文、于存灏、张濯清、姚喆、杨植霖、苏谦益、裴周玉、潘纪文、奎璧、杨叶澎等16人为委员。任命董其武为绥远省人民政府主席，杨植霖、奎璧、孙兰峰为副主席，周北峰、李居义、李世杰、秦丰川、胡凤山、张立范、常佩三、张淑良、杨令德、辛崇叶、康保安、张国林、苏谦益、张如岗、张庆忠、王建功、阮慕韩、李维中、靳崇智、刘秀梅、武达平、杨叶澎等22人为委员。12月13日，中央人民政府人民革命军事委员会也任命了绥远省军区的负责人。任命傅作义为司令员，薄一波兼政治委员，乌兰夫、董其武、姚喆、孙兰峰为副司令员，高克林、杨叶澎、王克俊为副政治委员，裴周玉为政治部主任，雷宜之、阎又文为副主任。

中共绥远省委、绥远省军区的领导同志到归绥之前，我在省人民政府机关的会议室里召集省政府、原归绥指挥所的有关负责干部开会，布置迎接事宜。我说：绥东的党政军领导同志，在中国人民的革命事业中，多年来艰苦奋斗，创造了人民革命的光荣历史，值得我们敬佩。同时，这些同志在绥远和平解放事业上，遵照毛主席指示，贯彻了统一战线政策，积极地支持了我们的绥远起义。对这种支持，我们永远不忘。他们的到来，将加强建设人民的新绥远的领导力量，是我们所期待的！我要求组织欢迎队伍到火车站欢迎。场面要热情、隆重。把好房子腾出来让他们住。营房坏的要修补好，没有家具就买或借，给他们创造良好的工作环境和生活条件，以表示我们的敬佩和诚心诚意欢迎他们来的诚恳喜悦心情。

12 月中旬的归绥市，天寒地冻，冷风刺骨，很少有人上街。12 月 17 日上午，绥远省委、省军区的领导同志，从丰镇出发来归绥市。这天清晨，广大市民、部队纷纷走上街头，拿着扫帚、铁锹进行大扫除，以干干净净的市容来迎接亲人；机关的工作人员也纷纷走上街头，张贴彩色标语、挂旗子；欢迎的队伍一早就从归绥市的新旧两城涌上车站。我和卫士走在街头，看到人民群众的那种兴奋之情非常感动。我派军政委员会委员王克俊、省人民政府委员张国林等一行，专程从归绥市前往陶卜汽车站迎接，陪同省委书记高克林、副书记苏谦益、委员王文达、军区副司令员姚喆、省人民政府副主席杨植霖、奎璧及党政军团体、群众团体干部千余人，前来归绥。我和孙兰峰率军政委员会、省人民政府委员会在归绥市的各委员以及各机关、部队、工厂、学校 60 多个单位近万人，在车站列队夹道欢迎。车站上，到处是五星红旗和彩旗。彩色标语也特别醒目，欢迎的队伍从站台一直排列到站前广场。

下午 1 点 47 分，列车抵达车站。这时，热烈的掌声、口号欢呼声和军乐声响成一片，久久回响！我和孙兰峰等走上前，与绥东来的各领导同志一一握手，互相慰问，情景极为亲切。随即我陪同他们检阅了欢迎队伍。检阅完毕，我们稍事休息后，在车站广场举行了群众欢迎大会。我首先致辞，随后高、姚、杨、奎也先后讲话，他们十分感谢各界的欢迎，表示愿和大家一起努力完成建设新绥远的任务。在我们讲话中，掌声雷动，十分感人。大会结束后，我陪同来绥的各领导同志到联谊社午餐。

绥东来的党政军负责同志，为广交朋友，联络感情，疏通关系，建立友谊，于19日下午2时，在联谊社设茶话会，与驻归绥市军政委员会和省人民政府各领导，蒙、回各族及各界知名人士联欢。我、孙兰峰等70余人应邀到会。高克林同志在热烈掌声中首先致辞，说明了茶话会的意义，是互相认识，以便在今后工作中亲密团结。号召大家警惕蒋、阎匪帮特务钻空子进行破坏。姚喆、杨植霖、苏谦益等相继发言。我在茶话会上着重讲了起义3个月里所做的几件工作。孙兰峰在发言中生动叙述了他到北京参加人民政协会议时见到毛主席的情景。

孙兰峰说：九一九起义后，我赶到北京参加人民政协会议。毛主席对我说："特别邀请你参加政协会议。"毛主席的话使我感动得从头热到脚心，掉下了热泪。在当晚的欢迎宴会上，各首长对我的亲切关怀，使我不知该说什么好。毛主席又走到我的桌边说："今天特别欢迎你，我们两个干一杯。"毛主席的两句话使我觉悟了。今后永不忘记，一辈子也忘不了。

茶话会上充满团结亲密和愉快的气氛，使我激动不已。在茶话会临结束前，我这个50岁的人，再也控制不住自己的感情，兴奋地站起来，领导大家高呼"我们要做毛主席的忠实干部！""我们要执行中央人民政府伟大政策！""绥远各民族团结万岁！""毛主席万岁！""中国共产党万岁！"等口号。历时3小时的茶话会，愉快和热烈温暖的气氛，使我忘掉了窗外还是冬天，忘掉了夕阳已经西下。

从9月19日起义到1949年12月中旬，在中共党政军领导同志未从绥东来归绥的3个月内，政府、军队的事集我一身，忙得不可开交。省府距我家只有几十米远，但很少回家，即使回家也是半夜进门，天不亮出门，难得和妻子、女儿们团聚、就餐。在此期间，我遵照毛主席建设新绥远的指示，带领大家主要做了如下几件工作：（1）为了改造思想，使人人都认识共产党，学习毛泽东思想，普遍开展了学习运动。在机关、学校内成立了学习小组，军队建立了督导制，又组织了社会宣传教育，利用报纸、广播、讲演、墙报、座谈等形式，掀起学习高潮。（2）在九一九起义不久，我曾得到反动派的一个电报，说要派出特务杀害傅作义，并对我也下毒手。所以我十分警惕特务和反革命分子的破坏捣乱。我命令逮捕了73个特务，查获电台17部，在全省内划分了治安区，负责清查匪特。（3）为了解除绥远人民的痛苦，开展了生产活动，倡导秋耕运动，禁止宰杀牲畜，并计划省府机关和部队开展生产劳动。我觉得开展了以上工作后收获虽不大，但总算有些进步，毕竟是实行地方解放区化，部队解放军化的良好开端。

三　地方解放区化

中共党政军领导同志抵归绥后，我们即坐在一起合作共事了。首先，宣告绥远军政委员会成立。12月27日下午1时，绥远军政委员会举行成立大会，傅作义先生特于21日从北京来绥，参加成立大会。高克林、乌兰夫、我、孙兰峰和全体委员，省人民政府、省军区领导及各族各界代表等127人参加了大会。甘肃省人民政府主席邓宝珊也列席了会议。大会宣告揭幕后，傅作义主席首先致辞。他说："军政委员会的任务，在于使绥远地方成为和全国一样的解放区，绥远军队成为和全国一样的人民解放军，遵照毛主席的指示，团结一致，力求进步，改革旧制度，实行新政策，有计划有步骤地建设人民的新绥远。"之后，高克林、乌兰夫、我、孙兰峰等10余人相继发言。我在讲话中说："军政委员会的成立，就是领导绥远人民革命建设的司令部成立。……我过去在反动的阵营里做了许多违反人民利益的事，按道理应该受到人民的处罚，但是毛主席宽恕了我，绥远人民宽恕了我，给了我一个自我改造为人民服务的机会，我真是感激万分。我现在是人民革命阵营中的一个新兵，我一定追随各位同志，站在无产阶级立场，加倍努力，全心全意地为人民服务，在人民面前补过，我迫切地希望诸位同志随时给我批评与指导。"邓宝珊主席也以来宾身份向绥远人民表示衷心的祝贺。会后，军政委员会的主席、副主席、委员即就职视事。

绥远军政委员会成立后的第四天——12月31日下午，我和省人民政府的副主席、委员也就职了。这天下午3时，在省府礼堂召开成立大会。我宣布了中央人民政府任命的省人民政府领导人名单。并致辞说："省人民政府的成立，是绥远划时代的一件大事，是绥远人民的一个大胜利，是绥远各民族人民大团结的具体表现。这就证明旧的绥远已经结束，新的绥远已经诞生。我要求全体同志竭尽所能，矢忠尽职，以优异的成绩向中央人民政府和绥远全体人民汇报！"杨植霖、奎璧、孙兰峰、周北峰等人也发了言。至此，绥远省人民政府管辖的区域内，有3个专区，2个盟，18个旗，22个县，3个市；土地30余万平方公里；人口236万余人。从此，全省人民在这块广阔的地域上，发展了轰轰烈烈的地方解放区化运动。

省人民政府成立不久，制定了1950年施政方针。其方针是：（1）剿匪肃特，安定社会秩序。（2）建立和加强人民民主统一阵线。（3）适应当前农民的迫切需要，恢复并发展生产，实行二五减租，为土地改革作准备。（4）发动并组织工人、农民、青年、妇女等人民团体，并使之成为各项改革和建设有力的可靠支柱。（5）经济建设遵照共同纲领中“公私兼顾、劳资两利、城乡互助、内外交流”的政策，以达“发展生产，繁荣经济”的目的。（6）整理财政，整理税收，增加收入，精简节约，以达到发展生产，保证供给的目的。（7）实行新民主主义的科学文化教育，扶助少数民族文化教育和开展蒙旗教育工作。（8）坚决执行人民政协共同纲领所规定的民族政策，反对大民族主义和狭隘的民族主义，防止一切民族间的歧视、压迫和分裂各民族团结的行为，巩固蒙、汉、满、回各族的团结，实行民族区域自治。这个施政计划，上报军政委员会并得到批准。总之，绥远解放区化的工作，主要是以团结改造，安定社会秩序和发展恢复生产为重点，并以生产为中心，推动全面工作的发展。具体工作分述如下：

（一）团结改造，民主建政

团结改造是毛主席及中央对待绥远起义干部的方针。省人民政府坚持贯彻了这一方针。在省政府合并之初，由于过去思想体系不同，绥西的一部分干部怀有疑虑。我除号召他们相信毛主席、党中央的政策外，还亲自与人事部门的同志酝酿调配。在人员分配上，就科长一级而言，绥东占43.5%，绥西占56.5%。在省、县各级3200余名起义干部，都量才使用，分配了适当工作或参加学习，为照顾实际困难和绥远的经济状况，一律实行低薪制待遇。

机关合并成立之后，不仅要求形式的统一，还要做到制度的统一，思想认识、工作作风各方面的一致。我们为解决这些问题，开展了学习运动，即正式成立了绥远军政干部学习团，与原有的绥远省行政干部学校，进行干部教育。在2月1日军政干部学习团第一期开学典礼上，傅作义先生、高克林和我都讲了话。我说："这次学习是我们绥远军政干部力求进步。争取更好地为人民服务的宝贵机会，是一件幸运的大事。希望大家在学习中提高政治觉悟，抱定昨死今生的决心，作脱胎换骨的改造。自我改造是长期的，是要经过一定痛苦的，不能以为自己看了几本书，记些新名词，能谈几句革命理论，就认为彻底改变了。必须作彻头彻尾地洗刷、彻里彻外地改造。一切从头学起，从头做起，接受马列主义、毛泽东思想。待学习结束时，力求做到面孔虽然还是原来的面孔，精神却不是原来的精神，思想已不是原来的思想，作风已不是原来的作风。这才能表示在学习中改造了自己，有了进步！"

我记得参加这期学习的，计有现职干部1270余人，无职干部1460余人。原定现职干部学习一个半月，无职干部学习三个月。从2月1日开始学习两个月后，因工作急需干部，即分配了1500余人到各级政府、军队中任职，其余1200余名干部继续留团学习。就各级政府行政干部来说，在职干部调训了两次。第一次省级干部140余人，市、县级干部500人。第二次省级干部100人，市、县级干部250人，共计990余人。

3月24日，在行政干部学习团第一届学员毕业典礼上，我和高克林讲了话。我在讲话中肯定了他们经过50天的学习所取得的进步，希望他们把学到的知识运用到实际工作中去，巩固自己的学习成果。并着重批评了两种错误思想：一种是“要求整体进步，反对个人突出”。我说：这种思想阻碍了自己的进步，也阻碍了别人的进步，我们欢迎进步快的，因为这样起了带头作用，鼓励了大家的进步；另一方面进步慢的人，只要是真正想进步，我们还是一样欢迎。至于说到整体，那应该是指整个中华人民共和国，包括广大的人民群众。除此之外，再没有任何小集团、小组织，再没有基于个人利害相结合的所谓“整体”。如果有人存心利用旧关系，走小路，想取巧，思侥幸，便是犯了极大的错误。另一种错误思想是：“自己进步了，回到工作岗位上，上级还是原样，也是白搭，行不通，地位也保不住。”我批评说：“进步就是真理，只要进步，真理会保障你，领导上也会支持你，如果你的上级他真不进步，那他自己背弃了人民群众，人民群众会纠正他或不要他。”我的讲话得到毕业学员的热烈拥护。

除此之外，对在职干部的学习，亦特别重视。军政委员会统一制定计划，统一领导，成立了学习委员会总会，各部队、机关成立了分会、支会，一边工作，一边坚持每天学习两小时。

更值得一提的是：1950 年六七月份，毛主席向全党发出了整风的伟大号召。绥远省委根据起义干部的实际情况，决定党员和非党干部都参加整风运动。我在省市干部整风学习动员会上作了《彻底改造我们的思想作风》的长篇报告，总结了半年来军政干部的学习情况，检查了省政府工作中存在的问题，分析了原因，受到同志们的一致称赞。

总之，在一系列的学习运动中，所有的同志都有了不同程度的进步。尤其是起义干部，开始认识了社会发展的规律，否定了过去错误的思想意识，初步树立了为人民服务的人生观，初步掌握了批评与自我批评的武器。我觉得这些进步，是与党的耐心团结教育分不开的。团结促进了进步，进步加强了团结，团结进步给我们带来了建设人民新绥远的巨大动力！

省人民政府成立之后，对省的行政区域划分进行了调整。将归绥、包头两市列为省辖市。原有陕坝市因经济、文化、交通等条件不足，列为陕坝专署直辖镇。乌兰察布盟除百灵庙办事处撤销外，仍辖四子王旗、达尔罕旗、茂明安旗、东公旗、西公旗、中公旗等 6 个旗。伊克昭盟，原辖扎萨克旗、达拉特旗、杭锦旗、鄂托克旗、郡王旗、准格尔旗、乌审旗等 7 个旗，除撤销达拉特旗民众组训处、桃力民办事处、杭锦旗代营处外，并划东胜县归该盟领导。绥东四旗办事处撤销，以正红旗为中心旗，其余正黄、镶黄、镶蓝三旗按甲种区编制，归中心旗领导。土默特旗，为了照顾该旗历史与现存的特殊情况，在行政区分，暂维现状，沿用蒙汉分治，旗县并存的办法，成立了土默特人民政府。其余 22 个县，除东胜划归伊克昭盟公署领导外，划 4 个专署区。集宁专署辖集宁、丰镇、兴和、陶林、龙胜（后改为卓资）、武东 6 县。和林专署辖和林、清水河、托克托、凉城 4 县。莎县专署辖武川、包头、固阳、归绥、萨拉齐 5 县。陕坝专署辖五原、狼山、晏江、米仓、临河、安北 6 县及陕坝镇。

这些区域划分之后，各专署、市、县、区及盟、旗人民政府均先后成立。我记得绥包两市首先废除保甲制度，在其他区也停止了保甲摊派，全省人民对此热烈拥护。为此，省政府又给各级政府下达明确指令，要求他们在1950年冬和1951年春，结合群众运动，彻底废除保甲制度。

在民主建政上，也有很大的开展。在我1950年底率部离绥时，绥东各县大部开过4次人民代表会议。绥西新区各市、县也开过2次人民代表会议。区村人民代表或农民代表会议，老区普遍举行，新区也都开过农民代表会议。通过这些会议，团结了各阶层人民，宣传了政策，发扬了民主，初步提高了群众的政治觉悟，因而在恢复生产和安定社会秩序方面起到了很大的作用。

（二）剿匪肃特，安定社会秩序

由于人民长期遭受封建地主阶级的残酷压迫和剥削，日寇数年的烧杀抢掠，致使少数人铤而走险，成为土匪。在蒋介石反动集团的统治下，特务活动异常猖狂，九一九起义前，一些特务分子大肆破坏，挑拨离间。起义之后，有的特务匪徒潜伏隐藏起来，暗中破坏；有的流窜农村，成为政治土匪。不剿匪，不肃特，社会秩序就难安定，人民群众就不能顺利地进行新绥远的建设，实行解放区化也将是一句空话。省人民政府遵照军政委员会“以军政结合，发动群众，剿抚兼施的方针，贯彻‘首恶必办，胁从不问，立功受奖’的宽大与镇压相结合的原则”，与省军区在全省范围内，大张旗鼓、声势浩大地开展了围剿土匪、肃清特务分子的工作，并相继成立了各级剿匪的统一机构。

我在绥远工作多年，对情况了解，给公安战士剿匪肃特工作规定了重点区域：即在交通线上和匪特经常活动的伊盟、后套以及两行政区的接连地区；对成股土匪，依靠群众坚决进行军事围剿。与此同时，省军区派出步兵二十二师，蒙旗骑兵四、五两师于7月下旬开赴绥西地区，执行剿匪任务。

剿匪肃特，人民群众拍手称快，主动替部队站岗放哨，侦察匪情。有的群众从几十里的山里跑出来送情报或带路，使隐藏在深山沟的土匪得以肃清。在军事进剿和政治瓦解下，一些土匪自动放下武器，投降缴械。当时，绥西地区只一个多月，就把嚣张一时的“绥察游击军”“华北反共救国军”等成股土匪歼灭。芦万辉、李良等匪首被俘，缴获各种枪支2000余支，骡马1000余匹，物资几十大车，解救了被劫去的许多妇女。从此，绥西的群众生活得到安宁，社会秩序大大好转，为该地区解放区化创造了良好的条件。从1月份开始至9月份，在全省境内已歼灭匪163股，毙伤俘匪1700余人，先后破获中统、军统、反共自卫军等36案，逮捕匪特208人，缴获电台29部。

（三）恢复发展农业生产

1950年初，毛主席号召在全国范围开展大生产运动。中央给绥远的任务是：粮食生产16亿斤，成活林木100万株，繁殖大牲畜6万头。绥远省各级人民政府，把几千年来认为是人民自己的事的生产工作，由政府全力推进，作为压倒一切的中心任务来抓。动员机关、学校和广大的人民，投入生产热潮中去，为医治战争创伤，改善人民生活贡献力量。

根据中央给绥远省的生产任务，省人民政府有关厅、局详细制定了生产规划。我记得主要精神是：以恢复为主，在恢复的基础上求发展。所有农业、水利、林业、畜牧以及副业，在条件不好的地方保持上年水平，条件好的地方要求提高。

省人民政府在大生产运动中主要做了以下几件大事：

一是召开了省农业生产水利会议。各县、旗负责生产的领导干部和省府各部门的负责干部参加了会议。省人民政府在会上详细布置了生产任务，要求农业方面：耕种面积达265000顷，每亩产粮平均最少67斤，共产粮17.6267亿斤，比中央给的任务超过1.6267亿斤。农田水利方面：增加灌溉面积1万顷。林业方面：除中央要求完成成活林100万株的任务外，增植100万株树木保证每人至少栽一棵树。畜牧方面：增产马6720匹，牛36700头，驴6400头，绵羊18万头，山羊62500头；农村副业方面：增产猪9万头，鸡412000只，达到全省每五人养一头猪，一人养两只鸡。

二是稳定各阶层的生产情绪。由于历年战祸的影响，人民生活普遍穷困，无力生产。尤其是全省大部分地区是新解放区，一般人民对于我们的政策不大了解。加以匪特捏造谣言，煽动人心，因而一些地、富们消极怠耕，毁坏农具，杀卖耕牛，影响生产至为严重。对此，我们首先在全省内广泛宣传“奖励生产”“劳动致富，勤俭发家”的政策。宣传坚决保护中农的利益，合理负担的政策。使他们明白共产党的政策，是教他们用劳动创造好生活，而不是教他们受苦受穷的。同时，我们给贫苦农民发放口粮、籽种，帮助他们解决生产中的牛犋等困难。

三是组织春耕工作团，分赴各县、旗检查督导。我任省春耕工作检查团总团长，杨植霖等7人任副总团长。各县、市、旗也组织了春耕工作检查分团，共计厅长级以下干部180多人参加。在出发前，我组织他们开了4天会，并提出了具体任务：了解各县、市、旗春耕工作情况，宣传春耕生产政策；发动组织县、区、村春耕生产委员会；调查春耕生产的优劣典型；选择适当对象，帮助制定生产劳动互助计划等。要求他们深入农村中去，和群众打成一片，摸心病去心病。之后，他们分赴各地工作了 50 天，为恢复和增加生产起了很大的推动作用。

四是政府帮助兴修水利。在绥远省境内，黄河横穿绥西，大小河流渠道遍布各地。但连年未能大力整理、充分利用。我们决定了大型水利工程由政府出资兴修，修理了四首制石闸工程、霸王河灌溉工程；中型水利工程由政府协助群众兴修，修补了黄河防洪堤，修建了凉城脑包渠拦河坝和东三大股通梢工程，整修了麦达召灌溉工程等。

除以上工作外，省人民政府还开展铲除烟苗（鸦片）、耕种粮食的运动，全省铲除烟苗 20 万亩，在夏锄中部分地区发生雹、冻、虫各种灾害后，乃由各地方粮内，无利息贷给群众籽种，补禾苗 43 万亩。总之，这一系列的生产工作措施，使全省的耕种面积顺利落实，中央给我省下达的生产任务超额完成，也为尔后进一步发展生产，改善人民生活打下了基础。

（四）财经统一和工商调整方面

绥远省是一个边境省份，工矿企业、商业、财政都是基础差，底子薄。自省人民政府成立以后，我们即进行新旧政府财政合并移交工作。之后，按中央政府统一财政工作决定，开展了调整工作。2 月份，我主持召开了省财政会议，集合各市、县、旗财政工作人员、粮政工作人员、税收工作人员，共同讨论研究财政收支问题。我在会上说：立即根除过去反动政府所实行的四级财政体制，实行中央人民政府规定的中央，市、县两级财政体制。市、县以下的事业经费、行政村经费划归地方财政；区以上，省以上事业经费划归中央财政。在财政收支上，实行统筹统支，贯彻预决算制度。没有中央和省人民政府的决定，任何机关和个人不准加重人民负担。支出要做到没有预决算不开支、不报销等。会后，各级财政人员积极工作，努力完成任务，并取得了一定的成绩。据当时的财政厅厅长靳崇智同志报告，1 至 6 月份全省收入已达全年总预算的 79.9%；支出减少，未超过预算。经济建设的支出，却相对增大，光投资于农、林、水、交通等有关人民生产福利事业的数字，已达全年经建支出概算的 54.7%。

我觉得在这里应该讲一下当时的财政厅厅长靳崇智同志。他是一名老党员，是绥远省人民政府的第一任财政厅厅长。他为人朴实正直，工作勤勤恳恳。原省政府办公厅主任李忠孚任他的副厅长，他们互相配合，很合得来，并经常向我请示汇报工作。靳同志是管理财政专家，对于解放初绥远人民财政工作作出了贡献。我 1950 年底离绥不久，他也调中央财政部工作，以后又到全国政协任副秘书长。这几十年来，我们不管在不在一起工作，都经常不断地来往，互相鼓励。1982 年底，我入党时，他还特意写了一首诗送我，以示祝贺！

在工商业调整上，经过我们近一年的努力，已经将绥远省旧有工商业混乱不正常的经营情况、城乡交易阻塞的状况基本改变。可以说，至 1950 年底，全省新民主主义的工商业体系已初具新的规模。

总之，从以上这些工作中，我觉得省人民政府在贯彻执行毛主席的“团结一致，力求进步，改革旧制度，实行新政策，建设人民的新绥远”这一伟大政策的措施是十分有力的。虽然出现了一些失误，但向解放区化进程的步子迈得是大的，取得的成绩是显著的，是可喜可贺的！

（节选自内蒙古自治区政协文史资料研究委员会编《内蒙古文史资料》第18辑，内部资料，1985年。原标题为《绥远和平起义后实现解放区化、解放军化的历程》）

解放初期银川市民主政权建设回顾

纳长麒*

1949年9月23日，中国人民解放军在胜利的凯歌声中进驻银川。翌日，全市各族各界人民兴高采烈、载歌载舞欢迎人民解放军，庆祝宁夏从马鸿逵政权统治中解放出来。1949年9月29日，中国人民政治协商会议第一届全体会议通过了《中国人民政治协商会议共同纲领》。《纲领》明确指出，中华人民共和国为新民主主义即人民民主主义的国家，实行工人阶级领导的、以工农联盟为基础的、团结各民主阶级和国内各民族的人民民主专政。银川市人民政府根据这个政治纲领有计划、有步骤地开始了民主政权的建设工作。银川市当即的首要任务是广泛深入地向广大群众宣传共产党和

* 纳长麒：时任银川市副市长；后曾任银川市市长，宁夏回族自治区人大财政经济委员会副主任委员。

解放军对新解放区的各项重大政策，稳定社会秩序，保障人民生命财产安全，完成民主革命，恢复国民经济，为有计划地、大规模地进行经济建设和实现由新民主主义革命向社会主义革命过渡创造条件，奠定基础。

一　建立人民民主政权

（一）军事管制委员会的工作。1949 年 9 月 26 日，成立了以十九兵团司令员杨得志兼主任，马鸿宾、朱敏、曹又参为副主任的银川市军事管制委员会，并发出了第一、第二号布告，分别公布了军事管制委员会组成人员及接管政策等九条政策声明和对散兵游勇非法武装登记处理办法。军事管制委员会下设联络、公安、文教、政务、财经、军事 6 个处，依照“各按系统，自上而下”的方针进行接管工作。1949 年 10 月初，着手配备干部，准备建立银川市地方各级人民政权。

在军事管制委员会的领导下，各族各界人民很快完成了接管任务。到 1949 年 12 月，已完整地接管了宁夏省政府和银川市政府的全部机关、仓库、文教、卫生等单位，对旧职人员分别进行了登记、审查、留用或遣散。对有诚心为人民服务的一般公务员则给以教育与出路，除留用了少部分必需人员继续工作外，将 480 名旧职人员一律送军管会所办行政人员临时训练班受训，组织他们学习有关文件和党的方针政策，帮助他们转变立场，弃旧图新。经过一个多月的学习，要求参加工作的有 184 人，参军和继续学习的有 42 人，其余按照本人意愿遣返原籍。对当时工厂、企业、银行、学校等部门绝大部分旧职员都予以留用。针对当时维护社会治安的需要，军管会及时公布了户口管理暂行办法，变更了户口表册，清查户口，以监视少数敌特分子；成立了公安人员训练班，培训公安人员；在群众中建立治安组织，发现发展进步分子，查禁招摇撞骗、冒充便衣警察的不良分子和敌伪流散人员。在不长的时间内共处理有关治安案件665起，牵涉1449人。再次，收缴武器，清点物资，收容散兵游勇。在广大群众的帮助下，登记、收容、处理了7000多名马鸿逵政府的官兵和散兵游勇，收缴散藏的步枪5440支，短枪503支，各种火炮269门及其他军用武器，各种汽车359辆。接管了公营工厂、学校、医院等单位，经过派军事代表初步整顿后，这些单位逐渐复工、复课、复业。与此同时，分派了大批干部奔赴各县、区进行接管工作和筹建人民政权，稳定社会秩序。军管会所进行的各项工作都受到了广大人民群众的衷心拥护。当时流传的民谣——红日升，红日升，宁夏来了解放军，拯救了人民出火坑，出火坑，喜盈盈，从此安居乐，太平乐，太平乐——表达了宁夏人民解放后的喜悦心情。在短短的时间内军管会从思想上、组织上、物质上为各级人民政权的建立做了大量的、充分的准备工作，创造了有利条件。

（二）银川市各级人民政府的建立。在接管工作的同时，彻底废除旧政权，逐步建立人民当家作主的新政权是当务之急。解放前，国民党原设银川市政府、公安总局、公安分局和基层保甲组织。公安局为权力机关，国民党银川市政府只是个空架子，市以下设专区和保甲，直属公安局领导。军管会接管工作后，抽调原中共宁夏工委孙璞、牛祥、张广珍等一批干部负责筹建新人民政权。1949年9月28日成立了银川市人民政府，孙璞任市长。下设四个科室，秘书科杜学义任政务秘书，袁生芳任事务秘书；民政科科长贾怀周；财政科科长刘儒信；文教科科长陆文治。经过一段时间的筹备，银川市人民政府又于10—11月间分别成立了银川市税务局，田伟杰任局长；银川市公安局，张广珍任局长；银川市人民法院，高满禄任院长。

1950年，银川市人民政府根据宁夏省人民政府关于各级组织人员编制的规定，增设以下机构：卫生科，吴德馥任科长；工商科，先是张铎代科长，后张干卿任科长；劳动科，史俊成任科长；检察署，张广珍任检察长（兼），后杨生楂从吴忠调来任检察长；监察委员会，纳长麒任主任（兼）。1954年9月，《中华人民共和国宪法》公布后，人民法院和人民检察院不再为人民政府的工作机构，而独立行使其审判权和法律监督权。

与此同时，银川市人民政府于1949年10月建立了基层行政政权——四个区公署，作为市政府的派出机构。四个区公署以鼓楼为中心，将整个城区划分为四块：鼓楼东南地段为一区；鼓楼东北地段为二区；鼓楼西南地段为三区；鼓楼西北地段为四区。四个区下设21个乡（后改为街），21个乡（街）又分为213个居民小组。各区按工作需要设助理员4—5人，乡（街）设乡（街）长、文书3人，每个居民小组设政府代表2人。1951年6月，宁夏省人民政府决定收永宁县四区、六区，贺兰县四区的一部分划归银川市管辖，成立了第五区、第六区，两个区共管辖12个乡，包括53个行政村。五区辖6个乡，即新城、双渠口、盈北、砖渠、五里台、盈南乡。六区辖6个乡，即普济、民乐、新水桥、旧满城、北塔、登南乡。1954年4月，银川市人民政府决定将市内四个区合并为两个区，即一区二区，将五区改为三区，六区改为四区，原隶属关系不变。随后，人民政府一方面废除保甲制度，将保改为乡，甲改为村（居民小组），对保甲人员摸底、审查，集中办训练班，对他们进行党的路线、政策的教育；另一方面派干部充实到各区、乡（街）居民小组，发动群众培养积极分子，保卫并巩固新政权。

1949 年 12 月，军管会根据中央人民政府《关于县各界人民代表会议组织通则》有关规定，在代表会议召开之前，由杨得志、朱敏、孙殿才、陈英、王志强、康博缨、陈希庚、师容之、梁大均、况开田、陈思恭、兰馨斋、李坤润、孙璞、杨润、桑柯、李子奇 17 人组成筹备委员会，杨得志为主任，孙璞为副主任，负责筹备事宜。筹备会于 10 月 31 日召开首次会议，就代表人选的决定、代表会议的时间及大会日程等有关事项作出决议。市各界代表会议审查小组由孙殿才、陈英、陈思恭、兰馨斋、吴友文、李坤润、师容之 7 人组成，孙殿才任组长，陈英任副组长。审查小组负责代表资格及提案审查。银川市首届各界人民代表会议于 12 月 1 日在省政府礼堂正式开幕，各界代表 108 人（其中：工人 22 人，农民 8 人，教育界 15 人，文化界 3 人，商界 6 人，城市贫民 8 人，军队 8 人，机关 10 人，青年 2 人，妇女 5 人，回民 8 人，满拉 1 人，宗教界 1 人，技术人员 3 人，民主人士 8 人）参加了会议。与会代表听取了杨得志主任关于《过去两个月来接管工作及今后工作任务》的报告，选举了常务委员会主席及委员会，通过了给各地的通电。会议期间共收到各界提案 120 件，提案审查小组向大会报告了提案审查情况，大会讨论通过了各项提案。1950 年 3 月，银川市召开第二届各族各界人民代表大会，选举孙璞为银川市市长，纳长麒（回族）为银川市副市长，田伟杰、吴德馥、李宗时、杜学义、马俊杰、高满禄、张广珍、张绎、强振东、陈振刚、陆文治、贾怀周、刘儒信、韩魁斋 14 人为委员，会议还选出协商委员会正副主席与全体委员，组成银川市人民政府委员会。

银川解放时，我适值因眼疾在家。1949 年 10 月中旬，永宁县委通知要我赶快到省委民族部（后改统战部）和十九兵团回民工作委员会接头联系。当时民族部负责人为王志强、兵团回工委主任为马子才，他们说对我是有了解的，嘱托给我的事情是：协助宣传党的民族宗教政策，解除一些回民群众的疑虑。12 月初，军管会要召开银川市各族各界人民代表会议，要对遴选的回民代表多做了解与推荐工作（决定出席代表是由军管会直接通知的），多反映回民群众及其他各界人士的意见。当时我作为党外人士，对于党对我的信任和委托，除了十分感动和激奋外，只有尽心竭力地去做，并刻苦努力学习政策，以不负党的期望。同年 12 月 1 日，我以回族代表资格出席了首届银川市各族各界人民代表会议。

嗣后，相继召开乡人民代表会议以及各级农代会、妇代会等，进一步推动了民主建政工作的开展，掀起了经济建设与文化建设的热潮。由于认真贯彻执行了工人阶级领导的，以工农联盟为基础的，团结各民族、各阶层爱国人士的政权建设方针，银川市各族各界人民空前团结，各级民主政权工作很快走上了正轨。

二　民主政权建立后亟须着手进行的工作

（一）摧毁压迫剥削人民的旧制度。在马鸿逵政府统治宁夏时期，为了抓丁派款，增加兵源，经常清查户口，组织保甲，通过各种手段控制人口，仅 1934 年到 1937 年以军阀式的强制手段征兵 34740 人。在经济方面，横征暴敛，向城市商人征收“财房费”，向农民征收“清乡费”“烟亩款”“田赋”等，致使城乡百姓十室九空，满目疮痍，民不聊生。到宁夏解放时，银川市就有贫民近万人，其中赤贫如洗者约千人。人民政权建立后，首先废除了压迫剥削人民的旧制度，特别是废除强行征兵制度、国民兵军训制度和保甲组织，银川市各族人民无不欢欣鼓舞，拍手称快，庆黑暗过去，光明到来。

（二）开展救济工作。解放初期，贫民、乞丐纷纷流落街头，他们蓬头垢面，破衣烂衫，不愿安居乐业，成为当时社会的一个严重问题。对此，人民政府发放救济粮 5 万多公斤，救济款 1.1475 亿元，对贫民、乞丐开始了收容、安置、改造工作。到 1951 年 9 月，政府收容贫民、乞丐 1115 人，其中，孤、老、病、残者由政府统一负责，设置机构予以安置。有劳动能力者，由政府提供就业机会，或送回原籍从事劳动。同时，政府还组织贫民开展生产自救，在物质上给予帮助，使他们积极从事生产劳动，走上新的生活道路。

另外，在旧社会城市中遗留下不少小偷、吸食烟毒者、烟贩、妓女、诈骗者等，经各区、街道调查了解，摸底审查后，对 290 人予以集中收容，设置改造所，由武警看管，组织他们学习，改造思想，进行生产劳动，如制毛毯、制鞋、编织等，使其改恶从善，自食其力，重新做人。对这部分人实施改造，不仅有利于社会的安定，而且使人民认识到党和政府荡涤旧社会污泥浊水的改造政策和措施是正确的，党和政府是真正为人民办好事的。

（三）充分发挥各界人民代表会议（大会）的重要作用。从解放到1954年银川市共召开过5次各界人民代表大会。每次大会召开前都充分做好准备工作，首先是召集政府委员及常务（协商）委员共同研究讨论确定会议中心议题，对政府的工作报告提出修改意见。通过大会的召开能达到集思广益，团结一致，促进生产和做好各项中心工作的目的。在民族杂居地区，重视各方面代表的比例问题，按照少数民族人口的一定比例选出人民代表，农民代表一般均在50%以上，妇女代表由开始不到10%逐步增加到15%以上。在代表的产生方法上，重视群众性与民主性，由群众和各机关、团体、部队、工厂、学校直接选举的代表逐渐达到90%以上，邀请的代表逐渐减少。这些代表充分运用民主制度，广泛集中群众的反映和意见，在会上畅所欲言，使代表成为党和政府密切联系群众的桥梁和纽带。同时经过各种运动的考验，对某些不纯分子予以淘汰，使代表性不断增强。对那些能广泛联系群众，积极性高的代表则大力培养吸收为干部，输送到各级政府中去。通过充分发挥各界人民代表大会的重要作用，使人民群众真正认识到自己当家作主的地位和作用，从而提高了政治觉悟和参加民主政治活动的积极性，进一步巩固和发展了人民民主政权。同时，也使政府干部深切地认识到一切工作必须紧紧依靠群众，学会群众路线的工作方法才能胜利完成工作任务。

（四）抓紧进行干部队伍建设。解放初，百废待举，所需干部又十分缺乏，这是一个很突出的问题。经过一年多的努力，各级政权机构和有关部门的干部陆续有了很大增加，大体适应了工作需要。当时银川市干部的主要来源是：原陕甘宁边区分区（包括宁夏盐池县）老革命根据地随军前来参加接管工作的干部和人民解放军十九兵团留地方工作的干部；经西北人民革命大学和华北人民革命大学等学校短期培训后的学员；从宁夏当地中等学校学生中动员参加工作和从社会上吸收的青年；审查接收原国民党省、市政府中愿为人民服务的留用人员。他们配备分布在银川市、区、乡（街）三级政府中。其中，市级党政群团体等机关有干部 255 名，区级 139 名，乡（街）级 94 名。他们中老干部 61 名，新干部 285 名，旧职员 141 名，民主人士 1 名。人民政府针对老干部文化水平低、新干部实际工作经验少和旧职员中存在的旧观念、旧作风等问题重点抓了干部队伍的建设工作。仅 1950 年银川市人民政府派往西安、北京等地学习的干部有 79 名，全市开办干部短训班 5 次，学员 244 人。还在广大干部中普遍制定了对有关党和政府重大政策、法律等文件的学习计划，保持每天学习两小时，定期对各级干部进行文化、业务知识考核。通过以上方式，使新老旧干部逐渐树立起了为人民服务的新观念，政策理论水平有了较大的提高。到 1950 年底，全市在群众中培养积极分子 69 名，并将他们吸收为干部，分别派往各级政府和部门，他们和广大干部、群众一道为改造银川、建设银川作出了很大努力和贡献。

（五）注重搞好统战工作。银川市是回汉杂居地区，回民占 20%，而且这里曾经是国民党马鸿逵统治的中枢地区，又系和平解放。解放军进城之后极为重视民族工作，明确宣布各民族一律平等，尊重少数民族的风俗习惯、宗教信仰和信教自由的政策，保护清真寺、拱北及回民一切文化古迹，不让在回民的店铺、家里或村庄吃猪肉等。民族政策的深入宣传与严格执行，消除了回民的顾虑，同时有力地揭露了敌特的谣言。回民群众由衷地拥护党和政府的政策和各项活动。搞好统战工作，是民主建政的重要策略。人民政府本着区别对待，团结、教育、改造的精神，对国民党省市政府有影响的军政要员和起义人员、社会上层人士，在登记审查的基础上，予以留用或妥善安排。根据各民族一律平等的原则，银川市在各界人民代表大会代表名额分配上，在配备少数民族干部参加领导班子组成上都十分注意。在市人民政府成员的任命中，党外人士 8 名，占委员总数的 40%；在市政协委员中党外人士占 80% 以上；在市、区两级人民政权中，回民干部 23 名。由于认真执行了党的统一战线政策，原来对党和政府在思想上有疑虑、态度冷漠的党外人士，主动接近、靠拢党和政府，积极响应党和政府的号召，参加各种活动，并对其所联系的群众现身说法，宣传党的民族政策，收到很好的效果。人民政府还十分注意加强民族团结，尊重回民的风俗习惯，经常召开回民座谈会、阿訇座谈会，及时了解他们对党的政策执行的意见和群众反映。如解放军某民运队在三区一杨姓回民家中吃猪肉，房东先后向部队和人民政府反映，政府据此即向该部队上级建议解决这一问题，该部队上级除令其迁移外，并让其主动向该回民赔礼道歉。事后，房东不仅很满意，而且感慨地说："只有共产党和人民政府才注意认真解决这些小问题。"我还追忆起这样一件生活小事，那是在 1952 年 3 月间，我们去省政府参加省民族事务委员会会议，孙殿才副主席兼任省民委主任，我是省民委委员，由于还未到开会时间，我顺便先到他的办公室去，他递给了我一支烟，我吸着，他语重心长地说，回民干部，在公共场合不要抽烟，注意群众影响（回民按风俗不抽烟），于是我随即把烟戒了，迄今已有 40 多年。（我原来不抽烟，只是 1950 年初参加政府工作，事很忙，会议多，每月发给两条烟，也就随大家学吸烟了。）

约在1951年10月间，一天公安二分局局长温秀均电话向我请示说，在五亩宅（系国民党八十一军军长、起义首领、时任宁夏省军区司令员马惇靖住宅）住的马汉卿（系起义的国民党八十一军师长）的家属密报检举家中藏有大量鸦片烟，欲带干警前往搜查，我表示同意（时我兼任市禁烟禁毒委员会主任）。随后经挖掘只发现几副烟具与几十块银圆，交市政府财政科收存。此事过了两天，省委书记李景林通知市委书记马俊杰、市长孙璞和我三人到省委，对搜查当时省军区司令员马惇靖家一事提出了批评，认为即令发现有大烟也应向省委请示报告，由省委解决，你们不应不考虑党的统战政策影响，径自处理，这是不对的。我当时表示，此事应由我负全责，承认错误，写出检讨。李景林对我也未再提出严厉批评，只是说，今后类似事情要注意慎重对待，检讨可不必写了，你们三人到五亩宅去向马惇靖承认错误，赔礼道歉，以免发生其他政治误会。我们按李景林同志的指示做了，并将搜查原物送还。通过这个事件，我的思想上受到深刻教育，体验到对一个比较重要工作、问题的处理，都将关系着执行党的政策的正确与否，同时深切体会到党对统战政策的严肃态度。每当我忆述起这段往事，总觉内疚。通过这些切身事例，可以看到当时领导同志重视民族统战政策执行的认真态度。人民政府的以上做法，极大地调动了社会各阶层人士参加民主建设工作的积极性。

（选自宁夏回族自治区政协文史资料委员会编《宁夏文史资料》第21辑，宁夏人民出版社1998年版）

新疆和平解放的回忆

包尔汉 *

1949年初，国民党反动派已到了山穷水尽的地步，中国人民解放战争的胜利和新疆各族人民争取解放斗争事业的发展，迫使国民党反动政府改组了新疆省政府。1月10日我担任了新疆省政府主席兼保安司令。

当时，新疆各族人民对国民党反动统治极为不满，对国民党贪官污吏恨之入骨。强大的人民解放军在各解放战场上的节节胜利也鼓舞了新疆各族人民。新疆人民群众虽然在报纸上看不到什么消息。但是传说纷纷，都盼望早一天得到解放，积极开展斗争活动，迎接人民解放军到来。

---

* 包尔汉：时任国民政府委员，新疆省主席；后曾任第二、三、五、六届全国政协副主席，新疆省主席，新疆维吾尔自治区政协主席。

在迪化（乌鲁木齐）的一些青年和知识分子中，组织了秘密组织，出版刊物，进行宣传活动。其中有：

1. 以买合苏德·铁衣波夫（现任新疆政协副主席、全国政协常委）为首的组织，主要在群众中宣传解放事业，支持解放斗争。

2. 以吾守尔木沙·努斯热提为首的民族青年和知识分子中的组织，主要在青年中宣传中国共产党和毛主席领导的中国人民解放事业。

3. 以新疆学院（即现在的新疆大学）副院长涂治为首的拥护解放事业的秘密组织，出版秘密刊物《战斗》杂志，进行宣传活动。当时我兼任新疆学院院长，他们每天晚上收听解放区电台的广播并记录下来，第二天早上夹在报纸中交给我。我任省政府主席之后曾给过他们活动经费。

4. 以杨鹤龄为首的在知识分子中的秘密组织。主要是在汉族、回族群众中进行宣传活动。

5. 还有一个组织，以谁为首忘记了。他们出版《先锋》杂志，与苏联领事馆有联系。我曾通过苏副领事给过他们一笔经费。

在蒙古、哈萨克等游牧民族中进行宣传活动的还有以买得、阿德等为首的组织。

以上这些组织，都是为了新疆的解放而进行工作的，我都直接或间接地同他们有过联系。

新疆的经济状况这时也很糟糕，法币贬值，一盒火柴要 100 万元法币。在一次省政府会议上我提议新疆自己发行纸币，得到通过。这虽然不能从根本上解决问题，但是脱离了法币的危机，使新疆人民生活暂时得到安定，有一定好处，为解放新疆做了准备。

那时，我们不仅与国民党反动派进行斗争，而且还要和英、美亲信艾沙、伊敏等民族主义分子进行激烈的斗争。伊敏、艾沙等出版所谓《依里克》（“自由”）的报纸，曾在土耳其留学的库尔班库代也出版所谓《雅勒肯》（“火焰”）的报纸，他们的口号是“我们是民族主义者，信仰宗教者，我们的祖乡是‘土耳其斯坦’”等。他们的目的都是依靠英美势力，在新疆建立“独立的”“东土耳其斯坦共和国”。

1947 年，任新疆省政府主席的麦斯武德，乘我去南京的时候，“委派”伊敏担任新疆学院维吾尔历史教授，伊敏在讲维吾尔族历史的时候，就大肆散布“东土耳其斯坦（指新疆）一万年来就是维吾尔人的故乡，所以在东土耳其斯坦只有维吾尔人才有主人权利，其他各民族都是客居的民族，他们没有主人权利”等谬论。

当 1948 年，我从南京回到乌鲁木齐以后，涂治同志同我谈了这一情况，经过我们商量，我就在新疆学院全体会议上讲话驳斥伊敏。我讲道：新疆两千多年来是中国不可分割的领土。新疆不是一个民族的新疆，是各民族共同的新疆；中国也不是一个民族的中国，而是各民族共同的中国。如果说，新疆只有维吾尔族一个民族的话，在新疆范围内，就犯了大民族主义的罪，在全国范围内就犯了地方民族主义即狭隘民族主义的罪。我讲了两个多小时，受到了大多数学员的支持，只有司拉木、诺格满等少数学员支持伊敏。当时这些少数学员问伊敏：“有人说新疆不是一个民族的新疆，而是各民族的新疆，我们应当怎样来回答？”伊敏就说：“我们应当说他是民族的叛徒。”所以说，当时我们同民族主义分子们的斗争也是很激烈的。

大概在 7 月份的一天，省政府的翻译室主任马云文（回族，维语文很好。现在新疆大学工作），到办公室来对我说：“包主席，现在外面谣言很多，说国军（国民党军队）准备撤退，撤退前要先杀几百人，然后就抢劫，抢劫后就放火烧，人们都很害怕。你有什么看法？”他以此来试探我的态度。

我笑了一下，就拿了一张白纸，给他画了个图。我说：“东边，解放军正向西一天天前进，离新疆不远了。西边，有三区的 3 万多军队正在待命。这样，新疆的国民党军队如果要杀、抢、烧，那就是打错了算盘，就如同陷在一个铁钳中间，一个也逃不了。”

他走后，我就通过刘孟纯秘书长（长官公署秘书长兼省政府秘书长）在长官公署的西大楼召集以新疆警备司令陶峙岳将军为首的国民党将领开会。我在会上先讲了几千年来新疆就是中国领土的一部分，任何人都不能侵略和分裂它。还讲到近年来由于新疆停止了和苏联通商贸易，对新疆损失很大，很多土产都被糟蹋掉了，损失了大约有 1000 骆驼的银子。并讲到有人说我是亲苏派，今天可以公开地告诉大家，我确实是一个亲苏派。但是，我亲近苏联，不是为了个人的目的，而是以国家利益为出发点的。我还向他们暗示了不要胡闹，应支持新疆的解放。

就这件事，国民党特务组织写了秘密报告送给国民党中央，中途被我人民解放军截获。解放后，中央公安部把这一材料转送新疆公安厅，公安厅又把它转给了我。在这份材料中关于我的内容有两点：一点是说我召集会议，公开声明站在共产党的立场上；一点是造谣说我在南山召集苏联领事等开秘密会议。后来我把这个材料交给了王震。

此后，我们更加强了秘密工作，也更提高了革命警惕，积极开展地下活动，迎接解放。

这个时候，民族主义分子艾沙、伊敏等人勾结国民党骑兵第五军军长马呈祥等人，在迪化近郊的头屯河坝（即现在的八一钢厂原址）训练了100多人，准备阻挠解放，负隅顽抗。

也在这个时候，美国乘机插手进来，由美国驻乌鲁木齐领事派克斯顿和副领事马克南出面，召集会议，发放枪支、弹药，策动乌斯满（阿尔泰专员）、贾尼木汗（财政厅厅长）等人发动武装叛乱。9月初，马克南忽然“失踪”，我即向各地发出电报，如发现他后立即扣留。结果吉木萨尔县县长报告说在山里发现了马克南的汽车。原来，马克南与乌斯满等人早已联系好，马克南扔下汽车，骑马进山，与乌斯满等一起策划叛乱去了。

呼图壁县副县长乌拉孜拜千户长和乌鲁木齐南山的色得克扎领也都与乌斯满土匪勾结一起，先后叛乱。

新疆和平解放后，曾以王震和我的名义，派扎克勒和那孜尔2人到乌斯满处劝其投降，但是，扎克勒和那孜尔不但不劝乌斯满，反而鼓动乌斯满尽快发动叛乱。不过，这些家伙阻止解放新疆的阴谋始终没有得逞，后来乌斯满等人都被俘获镇压。

形势一天天地紧张起来。有一天，康巴尔汗（舞蹈家，现任新疆政协委员）到我这里来秘密报告，说她丈夫阿布特拉衣木（民族主义分子）和一些人秘密策划，准备暗杀我，提请我多加注意。此后，我也加强了安全工作，准备了20挺机枪和其他枪支，还调了300名骑兵日夜进行巡逻守卫。暗杀我的企图过去曾经发生过，一个叫陈天保的特务有一天窜到我的办公室企图刺杀我，正好我回家不在，被卫兵擒获，从他身上搜出了匕首。

党中央和毛主席也十分关心新疆的解放问题。中国共产党从1933年起就派遣了许多优秀的共产党员到新疆工作，宣传党的主张和革命思想，在群众中特别是知识分子中留下了很深的影响，为新疆的解放事业作了重大贡献。陈潭秋、毛泽民、林基路等还献出了宝贵的生命。1949年党中央派邓力群首先到伊犁，做了许多重要工作，由三区革命政府派出代表团前往北京出席中国人民政治协商会议第一届全体会议。9月上旬，邓力群从伊犁秘密来到乌鲁木齐，我和刘孟纯、屈武（迪化市市长）、刘泽荣（外交特派员）4个人去飞机场迎接。他住在我的家里以后，代表党中央、毛主席向我们表示了慰问。第二天，我向他汇报了关于和平解放新疆的准备工作。接着，陶峙岳将军也到我家和他会面。他又代表党中央、毛主席表示慰问并给予鼓励。其他进行秘密工作的负责同志也陆续来到我家，和他会面。在一个短短的时间里，他做了很多的工作。他的到来，不仅使我们受到鼓舞，而且对我们的工作也给予很大的帮助和支持，我自己也是一切问题都和他商量，并经常同他商量新疆解放的问题。

就在邓力群来了以后，我通过他给毛主席发了一份电报，汇报新疆解放的准备工作。电报是经过伊犁转发的。毛主席很快就来了回电，指出为了配合人民解放军进入新疆，希望充分做好新疆各族人民、各界人士和各方面的团结工作。可惜这份电报的原件，在“文化大革命”中被抄去不知下落了。

还是在7月份，我就和刘孟纯、屈武、刘泽荣一起商量并同意了和平解放新疆。

这以后，我就请他们去做陶峙岳将军的工作，希望得到他的支持。经过他们与陶将军多次谈话，陶将军的态度有了变化。

这样，我便亲自去找陶将军谈话。在见面寒暄之后，我便直接谈到了新疆和平解放的问题。他表示说："我对中共并不害怕，担心的是三区的问题。"实际上他的意思是怕苏联。我对他说："只要您支持和平解放，我以我的八十高龄的母亲来担保，对您不会有什么不好的地方，我说的话是有十分把握的。"于是，陶将军也就基本上同意了和平解放新疆。

就在八九月间的一个月时间里，国民党将领们天天在叶城[①]（军长）家里开会，参加会议的还有马呈祥、罗恕仁[②]（旅长）等十几个人，策划如何破坏解放新疆。那时，我兼任保安司令，原来的副司令是党必刚（曾留苏，加入过共产党，后投降了国民党），他不愿意与我合作，就辞了职。经我与一些同志商量，并通过刘孟纯秘书长与陶峙岳将军研究，就委派张丰义为保安副司令。张丰义是完全拥护新疆和平解放的。我曾和他谈过两次话。他说，在国民党军队中秘密团结了5个团长，能带领2000人的队伍。如果国民党将领叛变，他是有力量平叛的。于是，我通过他找一人参加叶城等人的会，了解情况，及时向我汇报。因此，我对他们的会议内容十分清楚。我把这些情况也随时转告给邓力群。

9月19日，叶城等人在开会时讨论了要杀以我为首的400人，然后把陶峙岳将军逮捕并带领着一起逃走。

但是，叶城是个很怕老婆的人。在叶城等开会讨论的时候，叶

① 应为七十八师师长叶成。

② 应为罗恕人。

的老婆插进来说，你们都是军人，你们的事我管不了，不过我是叶城的老婆，我不让叶城参加你们搞的事。在这种情况下，叶城表现出左右为难的样子，最后表示不能参加他们的行动。其他在场的反动将领们对叶城的这一举动表示不满，但是因为军权和武器都掌握在叶城的手里，也无可奈何，最后都表示既然意见不能一致，就一起和平撤退好了。

9月20日，叶城等人派代表到省政府办公室找我，表示他们决定和平撤退，但他们有批货物，准备出手，希望省政府给黄金。我答应了他们的要求，并组织了估价小组。他们便送来了各种布匹、茶叶和汽车，总共折合了800余两黄金。于是我开了证明，新疆银行把黄金支付给他们。

9月21日，这些人就和民族主义分子伊敏、艾沙等一起离开迪化向南疆逃去。后来听说，他们到了阿克苏，有个姓李的师长（或旅长）对他们不战而逃表示不满，开枪打伤了叶城，还抢了他们的东西。这些人经过喀什、莎车等地到了印度，又转到了台湾。

9月24日下午，陶峙岳将军便通过刘孟纯秘书长来对我说："陶司令计划比你早一天发电报，宣布起义，不知你同意不同意？"我表示没有意见。于是，9月25日陶峙岳将军就通电起义，宣布脱离国民党反动政府，归向人民。9月26日，我也发了起义的电报。

9月28日，毛主席、朱总司令回了电报，指出："我们认为你们的立场是正确的"，"此种态度符合全国人民的愿望，我们极为欣慰。希望你们团结军政人员维持民族团结和地方秩序，并和现在正准备出关的人民解放军合作，废除旧制度，实行新制度，为建立新新疆而奋斗！"

从此，新疆就和平解放了！新疆各族人民和全国人民一样，向着社会主义革命和社会主义建设迈开了新的步伐。

10月12日，中国人民解放军进军新疆，20日进驻新疆省会迪化，11月7日，王震、徐立清等到达了迪化，受到热烈欢迎。

任一飞　记录整理

（选自全国政协文史资料研究委员会编《文史资料选辑》第69辑，中华书局1980年版）

解放大军入粤 广州军事接管

黄 毅*

1949年9月间，中共中央华南分局在江西省赣州市举行扩大会议，向广东进军的第四、第十五兵团和广东游击纵队的指挥员也到达赣州，会上作出了向广东进军的军事部署，安排了接管广东省和广州市的工作。全国各地调来的干部，会聚在赣州，组成了“两广干部大队”，配备了接管广东省和广州市的各部门领导班子和干部队伍。我们从中国人民解放军第四野战军南下工作团调来的200多名干部，组成“华南工作团”，8月下旬离开武汉市，9月初到达赣州市。200多名干部按照接管广东省和广州市的工作需要，分别编入省、市两个干部大队。我分配到广州市干部大队，大队驻在赣州

* 黄 毅：时为广州市军管会干部；后曾为中共广州市委干部。

市郊水西村的一间小学校。华南分局委托朱光同志向会聚在赣州待命入粤的干部作形势报告，分析了当时的形势，介绍了广东、广州的情况，讲明了军事接管的政策和工作要求，还发给了一些材料。我们进行了学习，做好参加军事接管广州的工作准备。

在赣州市，我们迎接了中国历史上划时代的喜庆日子。10月1日，北京天安门城楼上，举行中华人民共和国开国大典。广播中传来了毛泽东主席庄严地向全世界宣告："中国人民从此站起来了！"这是多么令人鼓舞和欢欣的时刻。这一年的中秋节，恰好与人民共和国的国庆日相连接。驻在赣州的党、政、军领导人叶剑英、张云逸、方方、朱光等与广大干部同在一座大花园中举行了一次盛大的游园晚会。当晚，天高云淡，月明如镜，秋风送爽，景色宜人。近千人欢聚在一起，尽情地欢乐，度过了戎马倥偬中的中秋佳节，分享了革命大家庭中的温暖和欢馨。

人民解放军向广东胜利推进，参加军事接管的干部紧随着分批入粤。有一部分是乘汽车，大部分是徒步行军。我们这支接管广州市的干部大队200多人，从赣州出发时是徒步行军，途中经过龙南、定南、虔南地区，迈上了大庾岭。我在这次行军中却遇到了麻烦，患上了疟疾，一路上"打摆子"，隔天发作一次，一阵发冷，一阵发热，冷到牙齿发抖，热时烧到39℃。我过去曾患过疟疾，只要服用"金鸡纳霜"就能止住。在当时行军路上，药品奇缺，没有这种药，只得咬着牙关，经受病痛的折磨，随着队伍前进。大队领导见我行走艰难，劝说我留在当地治病。我急得几乎流出眼泪，千里行军，半途而止，实在是无法接受。我恳求随队继续南下，大队领导接受了我的请求。为了不影响队伍的行进，雇请了当地农民用一辆手推车推着我走。山路上向上走，推行很不容易，我坚持要求步行。同伴们替我背上背包，我拄着一支竹棍，发冷时披上一床毯子，一步一步地往前走。大队长刘旭光，山东人，是抗日战争中入伍的老干部，年近 50 岁。他嘱咐警卫员把马让给我和另一位病号轮流骑坐，自己却跟着队伍步行。战争年代里，领导与群众之间的诚挚感情，令人感动，更不会被人忘记。

解放军逼近广州城，参加接管的干部要赶紧跟上，及时赶到。大队领导决定，在途中截住几辆空驶的商用汽车，用银圆支付昂贵的费用，大家换乘汽车驶向广州。这种商车，用竹席棚子封顶，四周用木板围住，车厢内密不通风。白天打开后门透光通气，晚上没有灯照明，漆黑一团。40 多人挤在一个车厢内，像沙丁鱼罐头一样，动弹不得。江西往广东的公路是沙土路，坑坑洼洼，汽车一路颠簸，行车不快。有些路段，一边是悬崖，另一边是陡坡，遇到对面来车，要停车，单边放行。我们从汽车上看到从公路上翻倒在深沟里的吉普车和大卡车。汽车越过南岭，顺坡势向下行，车速稍为加快，驶到广东翁源县城。大军南下中，翁源县城成为重要的物资补给站。我们在县城宿营，休息了一晚，第二天天亮开车离开县城，经从化县驶到广州市郊沙河镇。在这里接到通知，到广州市政府大楼报到。汽车驶向市中心的中央公园，大队派人到市政府大楼报到联系后，继续驶到长堤爱群大厦。广州市是 10 月 14 日解放，我们是 10 月 21 日到达，已经是迟到了一个星期。

参加接管广州市政府的干部，集中住在爱群大厦这座灰色的 10 多层高楼里。数百名干部来自四面八方，同住在一起，互相不认识，人进人出，站岗的警卫战士只能凭人们戴着的“广州军管会”

臂章放行。大厦11楼是间大餐厅，整天供应膳食，凭军管会发给的餐券用餐，随到随吃。当时那种乱哄哄的情况，活像后来看到苏联电影《列宁在十月》中的那种情景。我们第一次乘上电梯到11楼餐厅用膳时，走向南边的窗口，眺望珠江，岸边停靠着无数的小艇，江中行驶着不少的各种船只。我们回想起6月初从河北省正定县城出发，经过四个月，行军千里，跨过黄河、长江，到达珠江边，来到了目的地，情不自禁欢呼："饮马珠江！"

南下工作团到广州参加接管市政府的干部200多人，被分派到各单位，主要是到公安、税务和财经部门。我们被派到广州军管会工商小组的有5个人，我和王道东派到接管"广州市物资配售处"军管小组工作。配售处在沙面复兴路1号，办公楼后边有一个大院，有一批来自东北各地的老干部同住在一起。他们担负着组建国营商业公司的工作任务。"广州市物资配售处"是国民党政府南逃到广州时新成立的，隶属"广州市政府"管辖，担负组织粮食和主要民生日用品的配售工作。国民党政府伪装"公正"，欺骗舆论，聘请"社会名流"担任该处领导职务，处长麦蕴瑜是位知名的土木工程专家，同时兼任"建设局长"；副处长张仲新是国民党政府驻苏联海参崴的总领事，精通英语和俄语。广州解放时，他们没有随同国民党政府一道逃跑，留在该处，等候人民政府接管。军事接管工作结束后，按照"量才录用"的政策，麦被派到广东省水利厅任总工程师，张被派到中山大学任俄语教授。军管会各单位接管工作告一段落后，干部分派到广州市人民政府各部门工作。我和王道东一道离开沙面复兴路1号，背着背包，走向教育路74号，向刚成立的市人民政府工商局报到。

广州市军管会的军事接管工作，是在极为复杂的情况下进行的，经过了艰巨的斗争。中国人民解放军广州市军事管制委员会是在1949年10月21日正式成立的，与随后成立的广州市人民政府合署办公。军管会主任叶剑英，兼任广东省人民政府主席和广州市人民政府市长，解放军十五兵团政治委员兼任军管会副主任。广州市军管会从国民党政府手里接管了一个千疮百孔的烂摊子。当时，贪污腐败成风，特务土匪“大天二”活动猖獗，流氓恶棍横行，散兵游勇到处有，烟赌娼寮遍布各处，社会治安非常混乱，金融投机十分盛行，市场物价极不稳定。国民党政府在溃逃前，周密布置破坏活动计划，还凭着当时的“空中优势”派飞机轰炸和骚扰。广州鸣放空袭警报时，地面暗藏的敌特就向空中发射信号弹，指示轰炸目标；暗地打黑枪袭击解放军和军管会单个活动的工作人员，还散布谣言，蛊惑人心。1950年3月3日，敌机轰炸黄沙码头，炸毁附近一批民房，死伤平民数百人。军管会面对这种局面，针锋相对地采取一系列严厉措施。

维护社会治安，保障顺利接管，是当时的首要任务。人民解放军进广州后的第三天，即1949年10月16日，成立广州警备司令部，四十二军担负广州警备任务。当时广州社会上出现有100多个面目不清的组织，打着各种旗号，假借名义，招摇撞骗，到处敲诈。有些还冒称共产党、解放军，强行接管企业、团体；有的更趁机组织非法武装，到处捣乱。这种鱼龙混杂、真伪难辨的局面，在市民群众中造成混乱和极坏的影响。广州警备司令部奉华南分局之命，先从这方面开刀、整顿。10月18日发出书面通知，“邀请”各个组织的主要领导人到警备司令部开会，“商讨工作”；19日晚上，对到会的各个组织主要领导人全部实行扣留，责令其交出已经接管的单位，然后分别情况进行审查、清理。随后即发布取缔各种非法组织的公告。10月25日，发布公告，宣布原国民党和其他反动组织为非法，予以解散，禁止活动。10月28日，查封国民党军统、中统特务机关。在摧毁国民党政权机构的同时，广州市人民政府于10月28日正式成立，迅速建立各级人民政权机构。在短期内，全市各条街道建立起办事处和公安派出所，组织起7000多个居民小组，还组建7000人的人民纠察队，形成了比较系统的社会治安组织。市公安机关会同解放军部队和人民纠察队，开展了一系列巩固治安、建立新的社会秩序的工作。11月初，统一部署和行动，一举扫荡了各种赌场、妓院100多处；随后进行了多次查禁活动，破获烟赌案有750多宗，扫荡赌档1000多处。全市当时有妓女近2万人，先后进行收容，组织劳动就业。同时收容、遣送流民、乞丐近2000人，遣送原籍的有1000多人；收容、遣送回原籍的国民党遗弃官兵及家属达4万多人。清匪反特是一项重要的斗争任务。先后扣押反革命分子960多人，收缴各种枪支3900多支。对社会上出现的抢劫、盗窃及各种刑事犯罪活动进行了严厉的打击。经过艰苦的斗争，广州市社会治安趋于稳定，建立起新的社会秩序，保障了接管工作顺利进行和人民群众生活安定。

广州市接管之后，恢复经济，稳定金融，保障供给，是一项复杂的任务。广州市毗邻香港、澳门，金融市场深受港澳的影响。国民党政府在崩溃时滥发金圆券，货币贬值，港币占领了市场。在市场交易中不论批发、零售都以港币计价成交。广州军管会成立后即宣布：人民币为全国统一流通的货币，市场交易和商品流通中均应以人民币为本位计算；外币、港币可以向人民银行按牌价兑换。当时，全国处在解放战争期间，投入市场流通的人民币货币量很大，外地游资涌向广州市场，物价波动，金融投机商趁机兴风作浪。广州十三行路是金融投机商的大本营，这里的私营钱庄林立，秘密交易活动盛行，有些金融投机商还私设电台，与香港和内地各地联络。散布在大街小巷的金融炒卖分子，从事炒买炒卖外币活动，无论购进卖出都要刮一笔，老百姓称他们为“剃刀门楣”。金融投机活动，促成市场物价直线上升。市内商店出售商品时，都以港币标价，有的虽同时标有人民币价格，却随时变动，甚至拒收人民币。有些投机商人竟称人民币为“什币”。广州市军管会针对这一状况，决定采取紧急措施，打击金融投机活动。广州市人民政府出面，组织各方面力量，统一布置和行动，查封、取缔地下钱庄，扫荡“剃刀门楣”。12 月 5 日下午 2 时，公安机关会同解放军部队和人民纠察队统一行动，仅用 4 个小时，以迅雷不及掩耳之势，查获地下钱庄 170 家，扫除“剃刀门楣”470 档，收留金融炒卖分子 1016 人。猖獗活动在金融市场上的“害人虫”，被一扫而光，市民群众拍手称快。

在打击金融投机活动的同时，采取了紧缩银根，稳定金融和市场物价的工作措施。机关、团体和公营企事业单位厉行节约，减少费用开支。同时向全市工商界开展了支援前线的借款工作。

11 月间，市人民政府召集全市工商界 141 个行业同业公会的代表 1000 多人，在市政府礼堂开会，动员支前借款工作。这次向工商界借款人民币 150 亿元（旧币）。借款数额分配到各行业同业公会，自行商议分配到各工商企业户，随纳税时缴交，我们派到各同业公会组织进行借款工作，实现按照借款数额依期入库。市人民政府组织大批工人、学生走上街头，运用各种形式，宣传政府稳定金融的措施，要求各工商业户使用人民币，拒用港币，提高人民币在市场的信任感。广州市军管会于1950年2月发出通告，命令禁止港币在市场上流通、使用，从而终结了港币统治广州市场的局面。

恢复、发展生产，繁荣经济是接管城市后的中心任务。全市各部门都围绕着这一中心任务开展工作。市工商局更担负着重要的工作任务。广州市原是一个商业较发达的中心城市，工业基础却比较薄弱。从国民党政府手中接管的工业企业为数甚少，大多数是属于自来水、电力、邮电、交通等公用事业企业。当时比较大型的官僚资本工业企业，如士敏土（水泥）厂、纺织厂、兵工厂，由省人民政府接管。市工商局接管的只有东亚烟厂、大生铜厂、兴业机器厂等几间中小工厂。私营工业多属中、小型工厂，基础薄弱，且处于停工、半停工状态。为数众多的手工业，由于资金短缺，市场不畅，产、供、销失调，处于勉强维持状态。我们都深入各工业企业中去调查了解情况，帮助它们解决生产、经营中的困难问题。贯彻“发展生产、繁荣经济”“公私兼顾、劳资两利”的方针、政策，依靠各部门的支持、协作，大力扶助生产。银行对急需资金的予以贷款。税务局调整税负，合理负担。劳动局组织劳资协商，改善劳资关系，搞好工厂的生产、经营。对于当时由于停工、半停工而出现的失业工人，办理登记，给予社会救济，组织工赈和生产自救，辅导就业。全市通过各方面的努力工作，采取各种措施，工业生产逐步恢复，走向发展，城市经济出现生机。

在组织恢复、发展生产的同时，搞好物资交流，促进市场商品流通，保障主要商品供应，安定人民生活。市工商局在接管官僚资本企业之后，组建国营商业和外贸企业。1949 年底，首先组织了粮食、百货、信托贸易和零售等四个公司，随后又建立了工业器材、花纱布等商业公司，开展采购、供应物资的工作，掌握关系国计民生的重要商品，调节市场供求。成立“广州市合作货栈”，沟通城乡、地区间的物资交流；市内普遍建立消费合作社，供应市民日常消费用品。粮食是关系全局的重要物资，人民政府派出工作队下乡，组织征购粮食的工作，掌握粮源。抓紧抢修铁路、公路，疏通航道，恢复交通，促进物资流通，保障商品供应，安定人民生活，组织供应急需的军用品支援前线作战。广州市在军事接管之后，随着政治、经济情况的变化，工业生产得到恢复。逐步走向发展，市场日渐活跃，物价渐渐稳定，经济趋向繁荣。工商业主在经营中有利可得，增强了信心，一些人把原已外调到香港的资金调回来，投入企业的生产、经营。

军事接管时期，党、政、军干部队伍的生活艰苦，作风朴实，纪律严明，廉洁奉公，深受人民群众的拥护。进入广州时，干部按照解放军的制度，一律实行供给制。地（师）级干部吃“小灶”，县（团）级干部吃“中灶”，一般干部吃“大灶”，各有不同的伙食标准和生活待遇。我们每月领得的生活津贴费只够用来寄信和买点零碎用品。在南下途中，因行军需要，一律“轻装”，到广州时，只有两套粗布军制服。进入冬天，渐渐寒冷，临近 1950 年春节时，才领到补给的生活用品。除了一双胶鞋和两对棉线袜子外，仅发给一件蓝色棉衣和一床 3 斤重的蓝布套棉被。在严冬季节，遇到寒潮来临，冻得发抖。各单位都有接收的物资，其中有不少是吃、穿、用品，都按照“一切缴获归公”的纪律，造册登记，听候处理，不准私自动用。我们接管“广州市物资配售处”的物品中，也有一批棉被和生活用品，登记后存放在仓库里。我们宁愿在床上挨冻，也自觉地不动用这些物品。当时规定发给的伙食费标准很低，且物价猛涨，不够开支，食堂到月底就没有钱买菜，大家只能吃白粥加上一点盐。干部的生活虽然很苦，但怀着争取革命战争胜利这一目标，甘愿吃苦，严于律己。共产党和人民政府在人民群众中的威信增强，得到支持和信任，造成良好的政治气氛。我那时 20 岁，刚离开学校不久，缺乏社会经验，更不懂管理工业生产的知识，但确实有一股子“天不怕、地不怕”的热情和勇气，敢于到实际工作中去锻炼。我在市工商局工业科工作时，经常要到各工业同业公会和工厂企业中去工作，自己不懂广州话，语言不通，有时交谈工作还得借助于笔谈才能沟通，遇到过不少困难。我参加同业公会的集会时，往往要作为人民政府的代表应邀作即席讲话，宣传政策和工作措施，鼓励工商业者恢复生产。我从工作实践中渐渐地增长了知识，增加了工作经验，且逐步结识了一些工商界的朋友。这正如鲁迅先生讲的：路是人走出来的。我终于在困难中走向成熟。

（选自广州市政协学习和文史资料委员会编《广州文史》第 57 辑《曙光耀羊城》，广东人民出版社 2000 年版）

解放初期见闻

陈　棠*

乌灯黑火待天明

我出生于广州一个回族家庭，从小信仰伊斯兰教。辍学后，就在一家回民饭店打工。1948 年左右，很多北方人南来广州，听他们说，北方很多城市先后被共军占领了，又听到些谣传，说共军所到之处都“杀回灭教”，故当时一些回民对共军既怀疑，又惧怕。

1949 年秋，广州形势很紧张，大街上天天看到国民党军队拉夫、抓壮丁，弄得人心惶惶，很多店铺关门停业，员工纷纷疏散回乡躲避，我世居市内无乡可归。10 月 14 日形势更加紧急，听说共军打到北

* 陈　棠：时为广州一回民饭店员工；后曾任广州市政协副主席，市商委主任，广州伊斯兰教协会会长。

郊了，我便不顾一切，午饭没吃就擅自弃职，跑回光塔路与家人团聚。

到家不久，忽听一声巨响，过后，听说是海珠桥被炸了，大家都很震惊。傍晚，又听说共军已进城了，不知是福是祸？心中十分害怕。当天晚上又停电，我们全家都不敢外出，整夜在乌灯黑火中，心惊胆跳地等待着天明。

疑团消散现晴天

次日清早，天空晴朗，街上行人渐多，我也壮着胆跟街坊沿海珠路往南走，想看看海珠桥被炸成什么样。沿途店铺都关门闭户，但人来人往都很自由，只是没有车辆行驶，也没见抢掠过的痕迹，局势平静，我也越走越放心。

及至长堤，远望海珠桥被炸成两截，桥梁倒栽江心，南北交通断绝，听说是国民党撤退时炸断的。堤上废弃着被毁的吉普车，江边停靠着一排排的船艇，江面水静河飞。一夜之间昔日车水马龙的长堤，顿时变成废墟。

走近桥脚，才见一个解放军。他抱着长枪，背靠交通岗位，面向珠江庄严地守卫着，既威严又平和，不像谣传那样可怕，反而觉得他忠守职责，对老百姓秋毫无犯，顿时消除了我对解放军的戒备和惧怕心理。

解放初期，广州虽一度实行军事管制，但军政府不但没有杀回民，也没有消灭宗教，反而尊重回民的风俗习惯，保障公民的信教自由。从而解开了我的疑团，逐渐与他们接近。还听说回民中也有当解放军的，如南下的部队中，就有不少是回族人。

1949 年 12 月，我的几个族兄也报名参军，成为光荣的人民子弟兵，故我后来也不断参加各种形式的拥军爱民活动。

军民共结鱼水情

解放后不久，我在一家私营胶厂工作时，常与街区驻军和转业军人接触，他们中既有参加过长征的老干部，也有在东江等地打过游击的“小鬼队”。他们除执行军管任务，做好治安保卫工作外，还经常深入工厂街道，广泛联系群众，关心群众生活。

记得当时的长寿区区长张健同志，身为一名红军老干部，却经常出入于街市和公共场所，了解民情。她艰苦朴素，平易近人，没有半点架子。又记得有一年夏天，我与朋友到海角红楼游泳，无意遇到张区长和一女秘书，没带武器，毫无拘束地与平民百姓一起，同伏珠江浪，共结鱼水情。

又如我厂附近的驻军，经常参加街道的义务劳动，大搞爱国卫生运动，曾将我厂前面的一块蚊蝇滋生地，开辟成篮球场。我们很感动。1951 年“八一”建军节，工友们敲锣打鼓到驻军营房慰问，并献旗献花，驻军也为我们表演文艺节目，举行军民联欢。

当时我给《南方日报》写了篇题为《解放军帮助工人辟球场》的通讯稿，很快就在 8 月 3 日刊出。后来我又用“伟大的中国人民解放军万岁”十二个字，创作了一幅组字画，以表达我们对人民子弟兵的崇高敬意，该画也于当年11月出版的《广州工人文艺》创刊号发表。

抗美援朝总动员

1951 年 10 月，美帝国主义发动侵朝战争，破坏世界和平，引起全国人民的愤怒，广州市回民和全市人民一样，掀起了轰轰烈烈的抗美援朝运动。当年12月，“中国人民保卫世界和平，反对美帝国主义侵略广州市回族支会”（简称抗美援朝支会）正式成立，我也被推选为委员之一，为抗美援朝尽过绵力。

抗美援朝支会成立后，联络各阶层的回族人士，加强爱国主义教育，动员回民有钱出钱、有力出力，为抗美援朝运动做了不少的工作。例如1951年，在动员参军工作中，我市就有16名回族青年报考军干校；1952年，在发动捐献热潮中，我市回民在各自工作单位所捐数目，达人民币（旧币）1.2亿元，我本人也捐献了一个月的工薪。

每逢节日，支会的拥军优属工作，也结合自己的实际，组织慰问本族的军属。支会的两位正副主任穆占兴和马景廉，还亲自上北京，参加中国人民赴朝慰问团，代表广东人民到中朝边界，慰问我们最可爱的人——中国人民志愿军。

当时，我和其他没有参军的青年一样，在后方努力增加生产，厉行节约，在各自的岗位上，以实际行动来支援前线。例如我厂全体职工齐心合力，团结资方，服从大局，决定把传统名牌产品回力球鞋暂停生产，集中力量为军工厂加工军用胶鞋，支援前线的急需。

回忆当年，军爱民，民拥军，军民团结心连心，抗美援朝总动员；反侵略，保和平，就是为了建设社会主义的明天。

（选自广州市政协学习和文史资料委员会编《广州文史》第57辑《曙光耀羊城》，广东人民出版社2000年版）

回忆解放初期贵阳市政府工作

杜恩训 * 陈 军 **

今年 11 月 15 日，是贵阳解放 35 周年。从贵阳解放至 1952 年，我们曾在贵阳市人民政府工作，对当年市政府工作的主要情况，作一回顾，献给贵阳市的人民，是义不容辞的。由于离开贵阳已 30 多年，现在回忆这段往事，难免有所遗漏和不足之处，请当年共事的其他同志予以补充。

一 随军西进接管贵阳

1949 年 7 月，中国人民解放军第二野战军前委，根据党中央的

* 杜恩训：时任贵阳市副市长；后曾任建筑材料工业部副部长，国家建筑材料工业局局长。
** 陈 军：时任贵阳市政府秘书室主任；后曾任云南省化工局副局长，云南工学院党委书记。

部署发出向大西南进军的指示，原随二野五兵团渡江接管赣东北地区的冀鲁豫、豫皖苏的南下干部，加上部分五兵团转业的干部，组成“中国人民解放军第二野战军五兵团西进支队”随军西进。10月下旬，中共中央西南局确定建立中国共产党贵州省委员会，并在湖南邵阳召开了中共贵州省委和五兵团联席会议，讨论和部署进军贵州和接管贵州的工作。会上，确定了西进支队各大队接管的地区及省、地、市军管会和党政负责人，确定秦天真同志任中共贵阳市委书记、市长，杜恩训同志任副市长。接管贵阳的队伍，曾在湖南芷江开了一个会。秦天真同志向大家介绍了贵阳的情况，并说：“我是贵州人，我代表贵州人民欢迎大家到贵阳去工作。现在贵阳人民生活在水深火热之中，迫切盼望我们早日解放贵阳。”听了天真同志的动员，大家情绪高涨，加快了行军的速度。11月16日，我们在重安江得到贵阳已经解放的捷报，秦天真、汪乃贵、夏页文和杜恩训等同志先乘一辆军车于17日凌晨赶到贵阳，随即派车去接运接管队伍。

入城以后，在省委、省军区和贵阳市军事管制委员会统一领导下，由市军管会市政接管部组织接管贵阳市的旧机构。当时执行的接管方针是：各按系统，原封不动，点滴归公，逐渐改造，接管统一。市政接管部召集接管队伍在达德中学开会，部署市级各部门和各区的接管工作。全市由24名军事代表分别率领联络员，组成16个接管组。

民政组：军事代表翟畯家。接管旧市政府的民政科、户政科、人事科、社会科、二五减租协会、旧卫生局及所辖妇产、传染病医院和8个卫生所、救济院及所属安老、育幼、妇教、习艺4个所。

财政组：军事代表李文斋。接管旧市政府的财政科、主计室、出纳室、税捐稽征处及所辖 9 个稽征所、职员合作社。

教育组：军事代表夏页文（兼）。接管旧市政府的教育科、市立中学、高商、29 所市立小学和 32 所私立小学。

建设组：军事代表张秉钧。接管旧市政府的工务局、水利林牧公司、渔场、市属公园、体育场。

公安组：军事代表赵锦禄。接管旧警察局和 9 个分局、各派出所、分驻所和旧市参议会。

法院组：军事代表林超。接管旧地方法院、看守所。

秘书组：军事代表武彬。接管旧市政府的秘书室及所辖的庶务、监印、缮写、收发、保管、电话六个室。

派到各区接管的军事代表是：一区翟云飞、二区葛庆兰、三区李冀楚、四区刘超、五区孙丹一、六区王友智（不久改为李子刚）、七区崔国桢、八区刘雨成、九区秦延海。他们分别负责接管旧市政府所辖的一至九区区公所及各区的民政、财政、户籍、警卫各股。

11 月 23 日，贵阳市人民政府宣告成立，并召开市属机关旧人员大会，宣布了接管命令、军事代表职责、对旧人员的政策及交接中的具体要求，责成旧政府各单位负责人办理移交。25 日，军事代表进入各单位接管。国民党的贵阳市市长张致祥畏罪逃跑，由旧市政府的主任秘书徐泽庶办理移交。到 12 月底，全市的接管工作基本结束。计包下来的原市属各机关人员 2253 人，接收档案 31783 宗，各类物资折合银圆约 50 万元。但是，一些重要档案已在解放前夕被烧毁，贵重物资和金银也被运走或分散。

接管工作一经完成，市人民政府根据工作需要，先后建立了自己的工作机构。最先建立的工作机构有：民政局（局长翟晙家）、财政局（局长李文斋兼、副局长杨德逊）、建设局（局长张秉钧）、教育局（局长夏页文兼）、公安局（局长赵锦禄）、税务局（局长李文斋）、工商局（局长张开生、副局长翟志平）、卫生局（局长戴必正，不久由秦克夫继任，副局长徐其杰）、秘书室（主任陈军）、房管处（处长叶纪全）、法院（院长林超）、民委（主任李儒云）。1950 年下半年后，又增设了调查研究室、财政经济委员会、人民监察委员会、人民检察署、失业工人救济处等机构。

二　维护社会治安　建立革命秩序

在进行接管的同时，我们发动和依靠群众，开展了维护社会治安，建立革命秩序的工作。

当时遇到的一个突出问题，就是社会上充斥着大量的散兵游勇和游民乞丐（据统计有 17000 人以上）。这些人无职无业，流浪街头，滋事生非，有的甚至哄抢小商小贩的菜蔬及大米，对社会秩序造成严重危害。市人民政府认为，这是一个由旧社会多年痼疾形成的问题。要从根本上解决，必须在大力发展生产的基础上，对旧城市进行大量的改造工作，但为了建立新的革命秩序，又不能不腾出手来先作必要的整顿。为此，在驻军的配合下，市人民政府组织了多次大规模的收容。到 1950 年 8 月，共收容散兵游勇、无业游民、乞丐、小偷、妓女 16528 名。对其中的 15000 余名散兵游勇，经过教育审查，分别采取转送还乡、参军、送训、安排工作等方式，作了妥善安排。对乞丐、小偷、妓女、流浪儿童等，则由民政局的救济院和劳动大队收容起来，对他们进行教育，并给予治病、戒烟，使其恢复健康。随后又办起了编织、缝纫、印刷、砖瓦、肥料等厂和农场、煤窑等生产企业，组织他们从事生产劳动，绝大部分人从此获得新生，掌握了一定生产技能，后来成了市政工程和环境卫生工人。一些曾沦为妓女的人，也组织了新的家庭，过上幸福生活。

维护社会秩序的第二项工作，是狠抓禁烟禁毒。根据上级部署，我们于 1950 年 9 月 8 日成立了禁烟禁毒委员会，天真同志在万人大会上宣布了党的禁毒政策，动员全市人民检举烟毒犯，并当场烧毁鸦片 32000 余两及大量烟具。在“暑假学园”学习的数千名大、中学校学生，纷纷走上街头，开展禁烟禁毒的宣传活动。同年 11 月 12 日，对罪大恶极的制毒、贩毒犯王银荣、何炳森（著名膏精大王）进行公审，判处死刑，使贩运及制造毒品者受到极大震慑，并继续打击运输、贩卖及制造毒品的烟毒犯。对一般吸毒者，则由民政、公安、卫生部门共同配合，建立“戒烟乐园”，帮助他们戒掉烟瘾，恢复健康。禁烟禁毒运动一直延续到 1952 年底才胜利结束。危害人民达百年之久的烟毒得以彻底禁绝，广大人民群众对党和人民政府的这一英明之举深为敬佩。“旧社会把人变成鬼，新社会把鬼变成人”，这是我们禁烟禁毒工作的真实写照。许多深受其惠的人，至今仍念念不忘党的恩德。

建立革命秩序的另一场斗争，是广泛发动群众，肃清暗藏的匪特。我们进入贵阳后，市委曾对当时的敌情作了全面调查。全市总人口为 24 万余人，其中属于敌对阵营的职业特务及特务武装 1100 余人；国民党反动派溃逃前释放的惯匪、小偷 800 余人；散匪 1000 余人。此外，还有一批反动党团骨干。1949 年 11 月下旬，国民党反动派潜伏下来的匪特，慑于我人民解放军的强大威力，为首分子狼奔豕突，四处躲藏。敌人的指挥系统被打乱，暂时还不能组织起系统的破坏力量，贵阳的社会秩序基本上是平静的。12月起，敌人趁我军主力部队相继入川、入滇之机，开始蠢动。市委、市人民政府对敌情一直在严密注视着，并采取相应措施予以打击。仅1949年12月，就捕获匪特448名，内有匪特组织的暴动案犯30人。12月17日，市军管会临时法庭判处惯匪、杀人犯刘彬死刑。

敌人是不会甘心灭亡的，潜伏的匪特有计划、有组织地猖狂反扑，到1950年3月发展到了最高峰。他们先是在贵阳附近各县纠集大批土匪进攻惠水、清镇、平坝、息烽和青岩、花溪、鸡场等地，企图切断贵阳的对外联系。3月19日，土匪竟公然袭击我公安六分局的蔡家关分驻所，继而与贵阳城内暗藏的特务勾结，预谋于3月25日炸开监狱进行暴动。在省委、省政府、省军区的统一指挥下，3月24日凌晨，全市有计划有组织地进行了一次大搜捕，逮捕了重要匪特分子249人。在这次大搜捕和以后的乘胜追击中，相继破获了“西南游击总队司令部”“中国反共救国军司令部”“中国国民党贵阳市策动委员会”“中国人民救国军”“中国国民党新编第一集团军总司令部”等反革命组织，及时地粉碎了敌人的暴乱阴谋，有力地打击了反动势力的猖狂反扑。

经过“三二四”这场保卫新政权的斗争和以后的清匪反霸工作，贵阳的社会秩序进一步好转，为集中全力从事恢复和发展生产创造了条件。

三　克服重重困难　恢复发展生产

国民党统治下的贵阳，是一个畸形发展的贫穷、落后的消费城市。入城以后，摆在我们面前的首要任务，就是遵循毛主席的教导："从我们接管城市的第一天起，我们的眼睛就要向着这个城市的生产事业的恢复和发展。"为此，我们在维护社会治安、建立革命秩序的同时，把主要精力放在努力恢复和发展生产上。

早在进军途中，五兵团政策研究室就印发了《贵阳概况》等资料，加上天真同志的介绍，使我们对贵阳的情况有了一个轮廓的了解。但是，到了贵阳以后，经过实地观察和深入调查研究，贵阳市破烂不堪、百业凋敝、人民贫困的状况，却是我们料想不到的。贵阳的经济是十分脆弱的，在抗日战争爆发后，作为后方重镇的西南交通枢纽曾出现过暂时的、虚假的繁荣。从贵阳的社会经济结构看，全市规模较大、设备较好的工厂只有 20 多个，加上小厂、手工业作坊也才有 160 余个，工业资金只占商业资金的 5% 左右。从事商业的户数多达 5000 余户，绝大多数是小本经营的小商、小贩，资金在万元以上的屈指可数。国民党反动派的货币急剧贬值的祸害，加之各种各样的苛捐杂税和敲诈勒索，大多数工商户已处于破产边缘。

贵阳先于邻近的重庆、柳州、昆明等城市获得解放，传统的商品流通渠道暂时中断。继后，潜伏匪特操纵的土匪蜂起，不仅贵阳与外省的联系被切断，连城郊附近的场镇也被土匪占据，对外购销活动无法进行。工厂购不进原料，产品运不出去，商业、服务业以及交通运输业都受到严重影响。加上有些工商业户受国民党反动宣传的影响，有的抽逃资金，有的乘机停产。仅解放后的头两个月，宣布倒闭的工商业户就达300余户之多，大批工人、店员失业。到1950年三四月份，全省匪患达到高峰，贵阳市的问题更加严重，失业人数达12000余人。据当时的抽样调查，城区有十分之一，郊区有三分之一的人家已无法维持生活，他们迫切希望人民政府给予帮助。

在这些严重问题面前，市委、市政府的负责同志充满了克服困难的信心。当时，市委一班人有着坚强的事业心，有一股勇往直前的革命精神，有着把人民的新贵阳建设好的强烈愿望。我们认为，在困难面前，要看到有利条件：有党中央的正确政策，省委的具体领导，有贵阳广大人民群众的支持，我们掌握了政权，一定能克服暂时的困难，迎来新的胜利。我们有能力解放贵阳，也完全有能力建设一个新的贵阳。

毛泽东同志在七届二中全会上的报告中指出："只有将城市的生产恢复起来和发展起来了，将消费的城市变成生产的城市了，人民政权才能巩固起来。"根据这一精神，在1950年2月召开的贵阳市首届人民代表会议上，省委书记、市军管会主任苏振华同志要求全市人民共同努力，"把一个落后的、消费的、城乡对立的旧贵阳，改造成为生产的、城乡互助的、人民的新贵阳"。市人民政府坚决执行中央和省委的指示，通过各界人民代表会议和各种渠道，对全市人民进行宣传教育，帮助大家提高认识，统一思想，克服暂时困难，努力恢复和发展生产。同时，积极采取措施，做了大量工作。

发展贸易，解决城乡内外的物资交流问题，是我们工作的重点。要解决这个问题，又要先打通被阻塞的公路干线，修复被国民党反动派破坏的桥梁，恢复传统的商品流通渠道。从 1950 年元月起，在市军管会统一安排下，组织公私车辆，成立运输队，由武装部队护运，将贵阳的土特产运销省外，再运回食盐、布匹及工业上急需的原材料。每次十几辆、几十辆汽车一齐出动，人民解放军架着机枪开路，往往经过激战，击溃土匪的拦截，才顺利通过。1950 年 3 月，建立了物资交流推动委员会，进一步有计划地组织内外交流。4 月份举办运输保险，组织了 8 次货运，仅香烟一项，即向重庆、柳州两地运出 1000 余大箱。在近郊，我们组织了 320 多个运销采购小组，2000 多人下乡贩卖食盐及工业品，收购桐油、烟叶、猪鬃等土产。这些小组开始只能到公路沿线二三十里的集镇活动，后来随着剿匪的胜利，运销采购活动达到 300 里以外。经过多方努力，城乡内外、省内外的物资逐渐畅通，敌人妄图封锁我们的阴谋彻底破产。

为了解决全市大批失业工人的生活问题，市人民政府采取了以工代赈的办法，组织失业工人对城市基本设施如下水道、道路、桥梁进行修整。1950 年 5 月到 1951 年 5 月，我们成立工程总队，组织近 2000 名失业工人从事上述工作，计修整了下水道 19670 米，道路 6865 米，市区桥梁 6 座。同时，还组织失业工人在市郊植树 10 万余株。现在看来，这些修修补补的市政工程，尽管与后来的市政建设成就相比微乎其微，但是，当时的做法无疑是正确的。我们没有单纯地从救济出发，而是以极为有限的资金（有些还是向各界募捐来的），开展一些市政维修工程，即使失业工人有工可做，维持了生活，又迈开了市政建设的第一步。这种做法，西南地区及邻近的城市认为是条好经验，赞扬我们在城市建设上先走了一步，曾派人来贵阳实地考察。当年的这批工人，后来都成了市政工程的骨干；当年栽下的树，现已郁郁葱葱，成片成林。

组织失业工人从事轻、手工业生产，进行生产自救，是市人民政府的又一项措施。经过努力，组织起被服厂、鞋厂、织布厂等中小型厂社，维持了1500余人的生活。当时，这一工作发动得比较充分，各方面都在动脑筋，想办法，千方百计，因陋就简，举办生产事业，渡过难关。市妇联的工作成绩特别突出，仅她们成立的被服厂和鞋厂，就容纳了814人，占全市组织生产自救人数的一半以上。与此同时，政府还帮助2500余名失业工人就业或转到其他行业工作。到1950年5月，通过各种方式安排的失业工人，总数达7100余人，占失业工人总数的70%以上。1950年6月，政府对失业工人中特别困难的658户，给予了救济。同年冬季，又进行了冬令救济，9100余户贫苦市民及失业工人，得到人民政府的照顾。

恢复和发展生产的另一个重要方面，是全力维持原有公私企业的生产。自1950年2月至1951年5月，人民政府在财经十分困难的情况下，仍向私营工商业发放贷款371亿元（旧币，下同），进出口押汇117亿元。同时还组织加工订货，大量收购各私营厂的产品，仅1950年8月至1951年8月，加工订货金额即达160亿元。经党和政府的教育帮助，工商业者在实践和学习中，逐步认识政府的政策，提高了经营积极性。以大化小，化整为零，坐商转摊贩的工商业户大为减少；小户成为大店，摊贩成为坐商的逐渐增加。应当特别指出的是，贵阳的工人阶级在恢复和发展生产的整个过程中，以国家主人翁的姿态和大公无私的精神，带头响应党和政府的号召，艰苦奋斗，渡过难关，发挥了很大的作用。为了维持生产，国营工厂的工人，曾3次降低工资。私营贵阳联合烟厂在1950年三四月份，工人每月只拿60斤米的维持费，最困难时，每天只能以吃稀饭度日。但是，他们仍然积极生产，克服各种困难，使每月产量由90大箱增至600大箱。贵阳工人阶级识大体、顾大局、听党的话、为人民政府分忧的可贵精神，使我们至今难以忘怀。

四　充分发扬民主　建设人民政权

贵阳解放，建立了人民政权，人民从此当了国家的主人。在贵阳解放80天后的1950年2月6日，贵阳市首届各界人民代表会议（以下简称各代会）召开了。各方面的代表广泛反映了人民群众的意见和要求，密切了人民政府与群众的联系。经过认真的讨论，会议作出了安定社会秩序和恢复发展生产等项决议，作为全市工作的中心任务。在全省剿匪已取得初步胜利，贵阳社会秩序大为好转，生产得到初步恢复和发展的情况下，经市军管会、市政府与第一届各代会产生的协商委员会协商决定，1950年8月召开了第二届各界人民代表会议。会议的中心议题是调整工商业，动员全市人民坚决贯彻“公私兼顾、劳资两利、城乡互助、内外交流”的经济政策，厉行生产自救，克服困难，为争取财政、经济的好转而奋斗。这次会议，标志着全市政治经济形势已有好转，经济的恢复和发展日益居于重要的地位。1951年5月，召开了第三届各界人民代表会议，会议决定以深入开展抗美援朝运动为中心，搞好土地改革，镇压反革命及开展物资交流工作，这次会议代行人民代表大会职权，选举秦天真为市长，杜恩训、陈职民为副市长。丁益智、包佐基、司季武、李忻、李文斋、李儒云、吴道安、汪乃贵、林超、茅显祺、夏页文、秦克夫、陈军、贺培真、黄英民、葛天回、翟晙家、赵锦禄、张荣熙、张开生、张秉钧、张鸿志、刘方岳、刘子重、谢鑫鹤、戴子儒、肖岗、缪象初为委员。从一、二、三届各界人民代表会议的召开来看，全市各方面的工作是有成效的，步子也是比较快的。

1950年5月，我们将原有的9个区调整为7个区，建立了区人民政府，并先后召开了区各界人民代表会议。同年12月，进行民主改革，取消国民党的基层政权组织旧保甲，建立了临时居民委员会和居民小组，并在郊区建立了5个乡人民政府。到第三届各界人民代表会议代行人民代表大会的职权，在全市范围内已彻底摧毁了旧的政权体系，建立了人民民主专政的完整的政权体系。

贵阳的政权建设，具有坚实的群众基础。解放以后，市委十分重视建立人民团体的工作，从1949年12月至1950年3月，市的总工会筹委会、青年团工委、民主妇女联合会筹委会、学生联合会筹委会、民主青联筹委会、教育工作者联合筹委会等相继建立。通过这些组织的活动，迅速地把各方面的群众组织起来，在此基础上产生的各界人民代表会议的代表，具有广泛的代表性。各族各界人民群众对自己选举产生的代表高度信赖，每届各代会的召开都成了全市人民关心的大事，人们积极参加提出提案，向大会献旗献礼。特别是第三届各代会开幕时，全市3万多群众冒雨欢送代表参加大会。这次会议收到提案3396件，参加提案的多达10万余人，占全市总人口数的1/3。人民参政、议政的盛况由此可见。

在政权建设中，我们充分发扬了民主。第一、第二届各代会根据当时形势，是由军管会和市政府联合召开的，第三届各代会则由市政府召开，而且工厂、学校、机关、部队的代表，尽可能经由群众推选。第一届各代会时，推选产生的代表约占 44.89%，而第三届各代会的 279 位代表中，有 208 位是各界人民认真地用各种方式选举产生的，占代表总数的 74.55%。这就为以后过渡到普选产生人民代表大会代表奠定了基础。会议上，政府的工作报告和重要提案，都交给代表们充分讨论，虚心倾听代表们的意见，我们对工作中存在的缺点，也都坦率地进行自我批评。这种民主作风，与会代表很受感动。贵州大学教授丁道衡代表在参加首届各代会时深有感触地说："这个人民的会议与国民党反动派的会议绝不一样，反动派的会议大家都不敢说出自己的话，做自己的事，但是这次各界人民的会议是知无不言，言无不尽，无怀疑、无顾虑地把人民的意见交给了政府，人民和政府紧紧地靠拢在一起了。"

吸收党外人士参加政权建设是一个十分重要的问题。一、二、三届各界人民代表会议产生的协商委员会和第三届各代会选举的副市长、政府委员中，都有半数左右的非党同志，其中有不少是知名人士。如刘方岳、刘薰宇、丁道衡、张彭年、肖文灿、蹇先艾、陈职民等。他们有的是与我党长期合作的老朋友，有的是反对国民党反动统治的进步人士和知名学者，有的是开明士绅，他们在群众中具有一定的声望和影响。党外朋友不仅在推销折实公债、劝募寒衣、抗美援朝捐献、社教运动、丈量市内房屋基地、评定房捐地价等级等活动中直接协助政府开展工作，而且在镇压反革命运动、清理积案、开展增产节约运动、城乡联络等工作的委员会中，党外人士也担任一定职务。当时，政府的负责同志与党外朋友真正做到了患难与共、以诚相见地共商全市的大计，为着共同的目标，建立了一种良好的合作共事关系。贵阳是个好地方，贵阳的人民勤劳纯朴，山川秀丽，气候宜人，使人十分留恋。我们离开贵阳已经 30 多年了。谨借撰写这篇文章的机会，向曾经和我们一起并肩战斗过的同志们和贵阳人民，致以亲切问候，衷心祝愿贵阳人民在四化建设中，取得新的成就。

（选自中共贵阳市委党史研究委员会、贵阳市政协文史资料研究委员会编《回顾贵阳解放》，内部资料，1984 年。原标题为《艰苦奋斗创新业——回忆解放初期的政府工作》）

接管重庆

任白戈*

1949年秋，我从西北前线到达北平，参加中国人民政治协商会议第一届全体会议。会议期间，刘伯承、邓小平两位首长找我谈话。要我回四川工作。会后，我随第二野战军第三兵团经武汉、长沙抵达湖南常德；11月初，又沿川黔公路向四川进发，11月30日随军进驻重庆。

12月初，重庆市军事管制委员会成立，我兼任军管会文教接管委员会主任。我对文教接管工作只做了一些应做的事，没有什么值得记载的。但对整个接管山城的工作，却印象颇深。

确定二野三兵团接管重庆的任务，是1949年7月间在南京拟定

---

* 任白戈：时任重庆市军管会文管会主任，西南军政委员会文教部副部长；后曾任中共四川省委常委，省政协主席，全国政协常委。

的。当时，整个的敌我态势是：

人民解放军渡江作战，解放了江南广大地区，使中国革命在全国范围内取得了基本胜利。但是，分崩离析的国民党反动派，并不就此甘心。他们在美帝国主义的支持下，积极组织残余武装退往华南、西南、西北、台湾等地，妄图以川、康、云、贵为后方，以重庆为指挥中心，组织所谓的“大西南防线”，等待国际事变，卷土重来；一旦这个阴谋破产，即退往云、贵；再无法立足时，则逃亡国外。

为了彻底消灭国民党军队，解放全中国，中央军委下达了进军华南、西南的命令。刘伯承、邓小平率领的第二野战军主力和贺龙率领的第十八兵团等部，担负了解放大西南的重任。

当时，猬集在西南的国民党部队为了保住西南，妄图以四川为防守重点，以秦岭山脉为主要防线，阻击我由陕入川的部队。对川东和湘桂一线，他们自恃川、贵边境地势险要，交通不便，大兵团作战困难，湘桂地区又有白崇禧的重兵防守，判断人民解放军绝不选择其为入川口。蒋介石这种错误的判断和部署，决定了国民党军队西南战役的失败命运。

1949 年 7 月，二野前委和刘、邓首长根据中央军委和毛泽东的指示，全面分析了敌情，在南京拟定了进军大西南的作战要旨：避开敌人的正面防守，出其不意地实施大迂回、大包围、断敌后路，各个歼灭西南之敌。

同年 8 月，刘、邓首长下达了《川黔作战基本命令》，确定配合第四野战军在解放广州，迂回广西逃敌的同时，以杨勇、苏振华兵团和陈锡联、谢富治兵团的第十军直出贵州及川南，断敌退路；以陈、谢兵团的第十一、十二两军，直出川东南，聚歼重庆及川东之敌。而后协同贺龙、李井泉率领下由陕入川的十八兵团及第一野战军的第七军等部攻占全川。

解放西南战役的整个进程，基本上是沿着这一预定的作战要旨发展的。

重庆是西南重镇，是长江上游的政治、经济中心，其战略地位敌我双方都十分重视。抗日战争时期，重庆是国民党的陪都，我中共中央南方局和八路军办事处亦设于此。广州解放以后，国民党的蒋阎“败都”又西迁于此。同时，重庆又是全国最后解放的一个大城市，随着国民党反动派的节节败退，全国各地的反动代表人物大多会集于此。1949 年 8 月间，蒋介石曾先后两次飞渝亲自策划，妄图“依靠嫡系部队固守外围，利用川军和地方武装维持反动统治，运用特务系统加紧镇压革命人民，在固守不成时实行破坏、屠杀、潜伏、游击”，还于 11 月中旬从台湾空运“爆破专家”及“东南技术总队”来渝，阴谋在国民党部队逃离时对重庆进行摧毁性的大破坏。由于我人民解放军的进军神速及川东地下党的密切配合，工人护厂，学生护校，敌人除在我军进占前两天对“中美合作所”关押的共产党人和进步人士进行大屠杀外，其余都来不及按原计划进行。重庆这个西南的大工业城市，遂于 1949 年的 11 月 30 日完整地回到了人民的手中。

重庆的解放，不论在军事上、政治上都标志着蒋介石妄图割据西南、建都重庆的迷梦的彻底破灭，也在一定程度上促进了西南地区国民党军政要员何去何从的尽快抉择。

12 月 3 日，即重庆解放的第三天，中国人民解放军重庆军事管制委员会正式成立，下设七个接管机构，分别负责对国民党留下来的一切厂矿、企业事业、学校、机关，包括庞大的国家机构和战争机构及所属单位的物资、财产、档案资料及全部人员进行接管，为进行社会改革、医治战争创伤、恢复和发展生产、建立一个人民的新重庆扫除障碍。

在中共中央西南局的直接领导下，整个山城的接管工作历时仅50多天。这在当时的形势和条件下，其速度之快、效率之高，的确堪称奇迹。凡是当年亲自参加接管山城的同志，每当他们谈起这段历史的时候，无不感到神往和自豪。

接管山城之所以取得如此重大的胜利，我认为以下几条是很重要的。

首先是党中央决策的英明正确。这是最根本的一条。早在党的七届二中全会上，党就规定了新解放区和城市接管的战略方针和一系列具体政策。根据七届二中全会的精神，中央军委在中国人民解放军向全国进军的命令和“约法八章”中，以及中国人民政治协商会议第一届全体会议通过的《共同纲领》中，都贯彻了党关于团结一切可以团结的力量，共同为社会改造、建立新秩序、建设新城市而斗争的思想。重庆接管就是在党中央一系列方针政策指引下进行的。

其次是二野前委有战略眼光，事前对接管山城的准备工作抓得紧、部署得当。早在1949年7月，重庆市军管会的主要领导人就已在南京确定。在占领沪、杭之后，即着手筹组西南服务团等接管队伍。部队驻常德时，利用休整又狠抓了干部的思想发动工作，向他们介绍重庆的社情、敌情，介绍其他大城市的接管经验，传达中央关于加强统战工作的指示和团结、改造、使用、安置旧人员的政策，还进一步研究落实了接管山城的计划部署和具体办法。因此，保证了接管工作的顺利进行。

三是二野解放大军进军神速，以迅雷不及掩耳之势攻占了重庆，同时川东地下党为迎接解放、配合接管，认真贯彻中共中央南方局关于地下工作方针，发动群众、保护工厂、加强统战，从而有力地制止了敌特对山城实行大破坏的罪恶计划，保护了山城的完整性。

四是在抗日战争时期，周恩来、董必武、林伯渠、邓颖超等中共中央南方局的同志在重庆曾同蒋介石反革命集团进行针锋相对的斗争，深入细致地开展统战工作，联系和争取了不少爱国民主人士和民族工商业者站到同情和拥护我党主张的立场上来。这些政治的、历史的影响，为我党在解放前夕策动蒋军起义，为我党在接管中顺利发动山城群众，打下了重要的基础。

五是干部队伍思想作风好。当时，无论是军队干部、西南服务团的干部或地下党的骨干，绝大多数同志有为人民服务的思想和高涨的革命热情。他们组织纪律性强，执行党的政策和上级指示坚决，作风踏实。在接管工作中，他们坚持走群众路线，同群众打成一片，充分发挥留用人员的作用，谦虚谨慎，重视政治理论学习和世界观的改造。这支可爱的干部队伍是当时接管山城的主要支柱，并在接管中得到了锻炼和提高，现在，他们中的许多人已经成为当前四化建设中的领导骨干。

重庆的顺利接管，为彻底清除旧社会的污泥浊水、确立良好的治安秩序、医治战争创伤、进行社会改造、恢复和发展生产、建立一个人民的新重庆，打下了牢固的基础。这段历史值得我们永远铭记。

（选自中共重庆市政协文史资料委员会编《重庆文史资料》第32辑《回忆重庆解放专辑》，西南师范大学出版社2019年版）

治乱是接管山城的首要任务

刘明辉 *

作为当年亲身参加了解放重庆、接管山城这一场战斗中的一员，每当回首往事的时候，我的心里总是久久不能平静。虽然解放重庆时，新中国已宣告成立，没有经历过像战上海那样连续几昼夜的攻坚战。然而要推翻国民党政权在重庆的黑暗统治，把山城接管过来，建立起一个人民的、生产的新重庆，确实同样也经历了一场异常激烈的战斗，一场围绕接管而展开的极其尖锐、极为复杂的战斗。

在胜利完成了渡江战役之后，1949 年秋季，按照毛主席亲自制定的对西南残敌实行大迂回、大包围的重大战略部署，我第二野战

* 刘明辉：时任重庆市军管会公安部长；后曾任中共云南省委书记，省政协主席。

军奉命向大西南挺进，开始了夺取全国最后胜利的西南战役。伟大的历史使命鼓舞着我全体指战员。“宜将剩勇追穷寇，不可沽名学霸王”，毛主席将革命进行到底的战斗号召，时刻激励着每一个战士的斗志，大家都为能亲自参加这次战役感到无比的光荣和自豪。

我就是在进军大西南的征途中，受命筹组解放后的重庆市公安局的任务的。

当时的心情十分激动。既高兴国民党反动派行将彻底崩溃，我们将很快就要接管西南重镇重庆了，将实行由城市领导乡村的历史性转折；又担心自己由于长期从事军队工作，对地方工作很不熟悉，尤其是要去接管重庆这样一个敌情、社情极其复杂的大城市，更是感到责任重大，难以胜任。据当时重庆地下党同志介绍：重庆虽然人口只有 120 来万，但社情、敌情之复杂确为全国之冠。抗战期间，蒋介石把重庆作为陪都，前后长达八年之久；又出于反共、反人民的需要，在美帝国主义的支持下，建立了所谓的“中美技术合作所”，培植了一大批特务；解放战争期间，蒋介石又把重庆作为反共的一个主要基地，一个残杀共产党人和革命志士的集中营；南京解放后，蒋介石便把重庆作为他负隅顽抗的最后据点，妄图以川、康、云、贵为后方，割据西南，建都重庆。所有这些，充分说明了重庆战略地位的重要和敌情、社情的复杂。这从客观上讲，一方面使自己那种担心进入重庆后完不成任务的心情加重了，但另一方面，确实也帮助我进一步认识到了解放重庆的重大意义和接管山城的艰巨性、复杂性。

当时，摆在我人民解放军肩上有两重任务：一是迅速解放重庆，彻底捣碎蒋介石这个复辟巢穴；二是接管好这个大城市，建设一个人民的、生产的新重庆。

为了这个目标，我们加快了接管重庆的组织准备工作。

1949 年的 10 月，当部队到达常德时，我们从十二军抽调了近 400 名干部，从兵团部、十军、十一军也各抽调了一部分。这时从南京市公安局抽调的 300 来名干部和公安支队的 700 多名大中学生也陆续到达了常德，一共 1500 多人，这些同志是我们进入重庆后接管公安的主要干部力量。

在抓紧进行组织准备工作的同时，还积极进行了思想准备工作。在常德，我们就组织这些干部认真学习党的七届二中全会决议和人民解放军的“约法八章”，请兵团首长给他们讲解当时敌我军事势态、介绍重庆的敌情、社情等。使他们从思想到行动逐步适应由战斗队变为工作队这一重大转变，为即将开展的接管工作作了充分的思想准备。

我是 1949 年 12 月 1 日随军进入重庆的。先头部队入城后除留下一部分担任城防外，其余继续向西推进追歼残敌。当时军管会尚未成立，公安支队还在途中，整个城市处于无政府状态，到处一片混乱。我乘车巡视了车站、码头、交通要道、白市驿机场，又驱车去磁器口、渣滓洞（中美合作所）凭吊了惨遭美蒋特务杀害的死难烈士。眼前的重庆，真是千疮百孔，破烂不堪。只见这里冒烟，那里无人管，工厂停工，散兵游勇到处都是。这个混乱的局面，向我们提出一个紧急的问号：怎么办?

12 月 3 日，人民政权的第一个标志——重庆市军事管制委员会成立了。当时我是委员之一，兼军管会公安部部长。7 日，警备司令部成立，我又兼任了警备司令部副司令。战争所留下的痕迹——

生产停顿、商业歇业、交通阻塞、人心不安，这一切混乱现象亟待我们去从头整顿。

当时，我们所面临的治安任务的确复杂、艰巨。

一方面，重庆是全国最后解放的一个大城市，各地的反动势力随着南京、上海、武汉、广州等大城市的相继解放，最后都逃集到这里来了。寄生在旧社会这个机体上的一切腐败现象，这里应有尽有。据当初调查，各种特务人员在6000人以上，旧警员3000多人，散兵游勇9000多人，杨森的“保民军”20000多人，土匪、流氓、扒手10000多人，妓女10000多人。临解放前蒋匪还从台湾调来一支“技术大队”专门进行爆破活动，还有计划地从监狱中释放了一批惯匪、盗窃案犯流散市区。另一方面，刚解放时公安支队还未到达，加上警备力量有限，他们除了担任工矿、桥梁、仓库、码头、电台、发电厂、自来水厂等要害部门的看守外，抽不出更多的力量来维持社会治安。因此，各种破坏活动不断发生，社会治安极其混乱。敌特主要采取暗杀，纵火焚烧我工厂、仓库，炸毁交通设施，组织暴乱武装，冒充我人民解放军进行接管，抢劫市民财物，盗卖军用物资，扰乱金融市场，窝藏战犯财物，制造各种谣言，挑拨离间各阶层人民的团结等手段，进行公开或隐蔽的破坏活动。一度使国家财富和人民的生命财产遭受到严重的损失，极大地影响了革命秩序的确立。

对敌人的破坏和捣乱，针锋相对地给予严厉的打击，使社会治安由大乱达到大治，这是当时我们公安部门所面临的一项首要任务。在这一思想的指导下，军管会公安部在中共中央西南局和中共重庆市委的直接领导下，在警备部队配合和重庆市各阶层人民的支持下，先后采取了一系列的治乱措施：

（一）遵照中国人民解放军重庆市军事管制委员会的命令，对国民党反动派的军事、政治、经济、文化等机构按系统实行军事接管。

（二）迅速派出人民解放军城防部队担任机关、工厂、银行、仓库、交通要道、公共场所和公共工程的守卫任务，立即派出军事代表进驻上述单位进行军事接管。

（三）颁布国民党反动党团骨干自首登记办法。

（四）勒令解散一切游杂武装，停止非法接收，依法逮捕冒充人民解放军进行接收的犯罪分子。

（五）颁布蒋军官兵登记办法，收容散兵游勇。

（六）命令解散中统、军统等一切特务组织，并着令各该组织的一切成员立即停止活动，向人民政府悔过自新，立功赎罪。

（七）收缴非法武器与电台，抗拒不交者依法惩处。

（八）颁布交通管理暂行办法，加强交通管制，对所有车辆实行登记，发给通行执照，没收非法车辆。

（九）整编处理“保民军”，留下一部分在我警备部队的指挥下，担负维持社会秩序的部分任务。

（十）统一流通币制，宣布人民币为唯一合法货币，公布金银管理暂行办法，明令禁止银圆为流通媒介，取缔银圆黑市。

（十一）整顿市容，禁止乱摆摊点，惩处强讨硬要乞丐和沿街聚赌者。

（十二）针对敌特分子由溃退时的混乱逐渐转向稳定后开始破坏活动等情况，在警备力量增强了的情况下发布戒严令，实施戒严。

（十三）结合党和政府的各项措施，广泛开展党的方针、政策的宣传，及时揭露敌人的各种阴谋和造谣破坏活动。

配合以上治乱措施，我们还于1月18日对潜伏本市的国民党特务、残匪及扰乱金融的坏分子等实行搜捕，逮捕1300余人。陈锡联同志当即代表军管会通过电台向全市人民作了广播讲话，宣传党的“坦白从宽、抗拒从严”的政策，把打击面尽量缩小到最顽固的分子身上，进一步促进了敌人内部的分化瓦解。

为了有效控制城市户口，1月20日还由市公安局颁布了“户籍登记管理暂行办法”，还配合军管会各有关部门的政策法令的贯彻，严厉打击了金融投机犯、盗窃军用物资犯、强占房地产等犯的犯罪活动。并对混迹在码头工人中的封建把头进行了打击，对一切不安定的因素进行了严密的控制。

由于采取了以上措施，敌特活动的嚣张气焰基本上被打下去了，敌人活动的社会基础也大大缩小了，社会治安迅速好转，人民民主专政的威力得到了发挥，有力地保障了各项接管任务的胜利完成。

在接管期间，我们对已经登记的旧警人员采取了争取、改造的方针，并根据他们的特长和愿意为人民服务的愿望，分别安排他们担任刑事、交通、消防、户籍警等工作，在维护当时的社会治安方面起到了积极的作用。实践证明，这样做是正确的。

与此同时，我们还特别注意了公安队伍的自身建设。当时主要抓了这样几项工作：一是迅速建立了20个公安分局，100多个派出所；二是在磁器口筹办了公安学校，第一期招收学生1000多人；三是加强了对公安人员的政策、纪律教育，及时表彰模范执行政策、纪律的好人好事，树立正气，抵制资产阶级糖衣炮弹的袭击；四是认真总结交流工作经验，不断提高业务工作能力。

整个接管时期，我们在对敌斗争上基本上是做到了打得稳、打得准、打得狠的，起到了确立革命秩序、保障人民生命财产和维护社会正常生产的目的。

1 月 23 日，重庆市召开了第一届各界人民代表会议，标志着全市的整个接管工作胜利结束，重庆市进入了民主建政的新阶段。

（选自中共重庆市政协文史资料委员会编《重庆文史资料》第 32 辑《回忆重庆解放专辑》，西南师范大学出版社 2019 年版）

南宁解放初期的工作回顾

莫文骅*

南宁是我的故乡，我在那里度过了童年，也从那里迈开我革命生涯的第一步。20年间又打了个来回，以后，在广西工作一年半。提笔细想，抚今追昔，寻觅自己留下的脚印，不胜感慨。

1949年9月，正值我军在中南战场胜利进军之际，中共广西省委经中央批准在武汉成立。省委领导班子由张云逸、陈漫远、莫文骅、何伟、李楚离等人组成。自渡江战役后，我由四野十四兵团政治委员转任十三兵团政治委员，参加了衡宝战役，而后又率三十八、三十九、四十九3个军协同兄弟部队打回广西。1949年底广西解放后，我的主要工作在省委，任省委副书记、省政协副主

* 莫文骅：时任南宁市军管会主任、市委书记；后曾任中共广西省委副书记，省政协副主席，人民解放军装甲兵政委，全国人大常委会委员。

席、广西军区副政委、军区党委书记等职，还兼任南宁市军管会主任、市委书记和市长职务。解放后南宁定为广西省会，成为全省政治、经济、文化中心。从此，在省委的领导下，南宁市委、市政府遵循中共七届二中全会决议和《共同纲领》的精神，依靠城市工人阶级，团结社会各阶层人民，在国民党留下的烂摊子上进行了一系列艰苦的开创工作，给古老的邕城带来了新生。那时，我们在改造南宁、建设南宁上做了几项主要的工作。

一 迅速接管城市，建立人民政权

1949 年 12 月 4 日，我兵团三十九军一一六师解放南宁，随即与南宁地下党的同志组成南宁市临时治安委员会。此时兵团司令部还在桂林，我接到南宁解放的消息后心情十分兴奋，归心似箭，日夜兼程赶回邕城。我们到南宁北门时正值黄昏，一簇簇金黄带血色的晚霞还留在天际，我稍停片刻，深情地凝视阔别 20 年的故乡，心里很不平静，无限的激情从心头涌起，眼前又浮起那历历的往事：大革命的风暴，唤醒了我们这些热血男女，矢志跟着共产党闹革命，“四一二”反革命政变中，和我一同被捕的罗如川等许多同志在敌人枪口下壮烈牺牲，血溅北门城外。1929 年俞作柏、李明瑞倒蒋失败，我来不及与父母辞别就跟随张云逸同志上右江参加百色起义。20 年来戎马倥偬，南征北战，家音断绝……此时此地我不由得思绪万千，英烈们如在天有灵，看到今天我们大军进城，夺取政权，会感到欣慰的。翘首仰望那曾悬挂过韦拔群烈士头颅的破残城楼，环顾那野草丛生，坍塌残缺的城垣，深感我们进城后的责任重大。

进城后，我们于 12 月 22 日成立了南宁市军事管制委员会，对国民党的军政、物资、交通、文教、航空等机构实行全面接管。在彻底摧毁了国民党的政治、军事统治的基础上，清除国民党留下的反动遗迹。对经济、文化采取保留和发展符合人民利益的方面，取缔黑暗、落后的东西，迅速建立起人民民主制度的新秩序。市军管会作为解放初期南宁市统一的军政权力机关，行使了政权的职能，为市人民政权的建立打下了基础。1950 年 1 月，南宁市人民政府正式成立，随后又逐步健全所属各级工作机构，把南宁市的各项工作纳入正常轨道。在这方面上，市委副书记孙以瑾、副市长刘锡三等同志做了大量的工作。市人民政府的建立，标志着南宁历史上第一个人民政权的诞生，在南宁的历史上翻开了新的一页。

二　召开各界人民代表会议，发展统一战线，扩大人民政权的基础

解放后，我们虽然夺取了政权成为执政者，但由于国民党长期的反共宣传，人民并不了解我们。因此要把全市各阶层人民发动起来实行人民当家作主，立新革旧建设新南宁乃是我们进城后的首要任务。1950 年 1 月，我们遵照中央人民政府的指示，在作了必要准备的基础上召开了南宁市首届各界人民代表会议。在会议上，我以市长的身份作了《南宁市施政方针及今后三个月的任务》的报告，阐明党的方针政策和当时的形势，讲明我们面临的困难和问题，提出市政府建设新南宁的施政方针。市军管会副主任吴法宪也在会上作了《关于南宁市军管会一月的接管工作》的报告。这次会议开得

很好，代表面也广。通过会议，扩大了宣传发动面，了解到社会各阶层人士对政府工作和军管工作的看法，沟通了政府与人民的联系。这样的会议，仅1950年就召开了三次。那时的各界人民代表会议还处在议政性质，但作为党联系人民的纽带，扩大民主政权的基础，起了重要的作用。

建国初期，百废待举，各条战线亟须大批的干部。那段时期，我们除了依靠南下工作队和地下党的干部，大力培养选拔本地工农干部外，还对国民党的旧职人员，实行“包下来”的政策，继续留用。并根据党中央精神起用了一大批民主人士。在省里我们起用了李任仁为广西省人民政府副主席，陈此生、莫乃群、张一气、杨东莼等人为省协商会副主席，周君实（大革命时期烈士周国杰的父亲，无党派人士）为常委，在南宁市任用了雷荣珂为副市长，张景宁为市协商会副主任委员。此外还有方管、陈培元、雷鲲池等民主人士任市人民政府委员等。这样既能发挥他们的特长为新政权服务，又能通过他们广泛团结社会各阶层人士，发展党的统一战线，扩大民主政权的基础。实践证明，起用这些人是正确的。近40年来，不管我党遇到什么挫折，他们中的绝大多数人都能和党风雨同舟，和衷共济，为地方建设作出了贡献。

三　肃清匪特，涤荡旧社会的污泥浊水，铲除国民党反动派的社会基础

南宁是国民党桂系集团的老巢，是全国较迟解放的城市，国民党军政官员、散兵游勇、土匪特务多如牛毛，黑社会势力也十分

猖獗。解放后要巩固人民的政权，实现长治久安，必须彻底铲除国民党反动派的社会基础，清除旧社会留下的污泥浊水。因此，解放广西的战役结束后，我们立即着手进行肃清匪特和收缴民枪的工作。在南宁市内，由于驻军和省、市直机关多，土匪不敢公开活动，但国民党溃退时，曾有计划布置大批敌特潜伏下来，以图在我们进城后制造混乱，伺机东山再起。这些人在解放初期，造谣惑众，串通奸商哄抬物价，煽动群众拒用人民币，勾结土匪骚扰水陆交通，破坏我新政权建设和经济建设。1950 年初广西部分地区土匪暴乱时，南宁市内的匪特活动最为猖狂。当时谣言四起，什么“第三次世界大战已在朝鲜打响”“国军已在东南沿海登陆”“解放军要撤回东北”等，弄得市民人心惶惶，几天之内物价暴涨，人民币流通受阻。为了打击匪特的气焰，市军管会、警备司令部和公安局在群众的协助下，集中力量连续破获几起匪特案，惩办了一批为首分子。为了巩固和强化社会治安，我们还实行了户籍管理制度，强令反动党团骨干、匪特和帮会分子自新登记，集训旧职军政官员，清查潜漏敌特等一系列措施，为彻底肃清匪特，长治久安起到了重要的作用。与此同时，为了配合剿匪，我们还进行了收缴民枪的工作。广西由于长期以来社会很不安宁，匪盗众多，许多人家都有自卫的私枪，而这些私枪大都受地主大户和民团的控制，属封建式的地主武装。因此，民枪的大量存在，成了社会治安的隐患。在收缴民枪上，省委、军队和地方各级政府花了很大的气力。南宁市由于有驻军的支持，市委、市政府的宣传发动工作做得很好，收缴民枪比较顺利。我们挑拣出最好的民枪来武装公安部队和工人纠察队、市郊民兵组织。这样既充实了自己又消除了治安隐患，一箭双雕。

在这一时期，我们也着力革除旧社会遗留的丑恶现象，先后查封烟馆，关闭了赌场，取缔了妓院，把打击走私鸦片，严惩鸨公鸨婆同教育烟鬼、赌徒，集训改造娼妓结合起来，综合治理社会堕落现象。以改造娼妓为例，解放前南宁的卖淫是公开的，仅“公娼”就有近200人，多在市区的邕江北岸一带和花艇上。这些娼妓大都是穷苦人家的女儿，为生活所逼卖身受辱，受尽了嫖客的蹂躏和鸨公鸨婆的欺诈，卖淫嫖妓成为社会一大恶疾。解放后，我们查封了妓院，取缔了花艇，建立教养所把妓女集中起来，让她们一面治病，一面改造思想，学习正当的谋生技能，帮助她们成为自食其力的劳动者。这些在今天看来算不上什么，但在当年百废待举，经济极度困难的条件下，光管她们吃饭就很不容易了。尽管如此，我们还是坚持把浊流荡清。就这样，在这一时期里，我们在整顿社会治安，巩固政权上多管齐下，把解放初南宁的社会混乱状况逐步扭转过来。

四　恢复经济、发展生产，推动文化教育事业的发展

南宁解放时，国民党留下的只是个工商破落、农业凋敝、物价暴涨、社会秩序混乱的烂摊子，经济完全处于崩溃的境地。1949年底，我好不容易回到阔别20年的家，只见到家境破落、四壁萧然，吃饭时因没有桌椅，只好把饭菜放在地上，碗筷不够只能轮着用。思念了20年的家，竟是这番破落的光景，令人心酸难言。家乡人民的困苦，如同重石压在心头，每刻不敢忘怀。自接

管后，我们动员一切力量，竭力恢复经济，发展生产。在恢复工商业上，我们采取了“克服困难、全力维持”的方针，积极贯彻“公私兼顾、劳资两利、城乡互助、内外交流”的政策，利用银行信贷、税收调节等方法，鼓励私人投资，扩大经营，以扶持工商业的恢复发展。匪患严重时，我们还派出军队为行商押运护航，维护交通线的畅通。经过我们的努力，使许多解放时已歇业的商店重新开门营业，萎缩了的工业再现生机，到1950年底和1951年初，南宁市工商业的户数和规模超过了1949年，财政收支趋向平衡，金融物价走向稳定，市场也逐步繁荣，财政经济状况有了初步好转，党和人民政府的威信大为提高。1951年年中，本地的工商界人士得知我将调离南宁市的消息后，给我送来锦旗、条幅，并争着请我吃饭，这对我个人是很大的鼓励，但更重要的是说明了党的政策赢得了人民的衷心拥护。那时天天赴宴不但时间不允许，肠胃也受不了，一些请不到我的商人，还说要把酒菜送到家里来，几经劝说，才挡住了一次次宴请。

在发展农业上，我们兴修水利，兴办农场，鼓励农民开垦荒地。1950年和1951年，市政府多次用以工代赈、发放救济粮款、转贷耕牛和减租退押等办法帮助农民解决困难，减轻负担以扶持农业生产。回南宁后，一些有见识的绅士曾与我谈过开修水利事宜。我是在乡村长大的，从小痛感农民靠天吃饭的苦处，旱年盼雨两眼欲穿，一旦灾荒，多少农户家破人亡。在1950年1月召开的南宁市首届各界人民代表会议期间，我们召集了良凤江灌区代表共商兴修水利大计，亲自带领工程技术人员实地勘察，筹划方案，努力争取省里和中央的支持。该工程从1950年9月开工，次年9月通水（竣工时我已调离广西），将良凤江水分别引到市郊亭子乡和淡村乡，灌溉面积达1.2万亩。当时由于地方财政经济困难，我从军区拨出几千大洋支持水利建设，后来又从省财政投入几千大洋，用以工代赈或只付伙食费的办法组织受益的两乡劳力参加水利修建，并投入俘匪犯工劳力近28万个工日，占了总用工的一半以上。良凤江水利的建成，成为广西历史上第一座现代型的引水灌溉工程，改变了灌区人民靠天吃饭的局面，直到今天仍然发挥着很好的作用。今年1月，当我回去重游良凤江灌区时，看到清澈的江水，沿着水渠引入万亩良田，感到大自然赐给人们的恩惠，数千年来让它白白流去，只有在解放后，在共产党人的手中，才把它造福于人民。每当我想起这些，想起当年能为家乡人民办几件实事，深感宽慰。

在恢复发展经济的同时，我们也致力恢复发展文化教育事业。接管城市后，我们对旧的文化教育机构采取“维持现状、逐步改造”的方针，尽管当时还处在经济恢复的困难时期，我们也努力安排对教育的投资。新建学校，降低学费，增收工农子弟入学，扩大社会教育面。我在广西军区工作之余，到临江马路散步，看到上学的孩子们来往亭子渡口，常想起我童年求学的光景。那时我家住在亭子街，每天清晨父亲在桌面放着三堆铜板，每堆五枚，我和弟弟妹妹三人吃完稀饭各拿一堆到江北来上学，来往渡江用两枚，剩下三枚便是午餐钱。午饭后，没有地方休息，随便在旧公园的长凳上睡觉或嬉逗闹玩，等待下午上课。风里来雨里去，寒暑不误，饱尝了求学的苦头。时间过了数十年，但家乡的教育条件依然如旧。我们回来后，在亭子乡亲雷济云等人的建议下，我从军队中拨出两万块大洋在亭子渡口处建了一所小学，使附近的子弟上学免受渡江之苦。1978 年和今年元月，我两次回南宁都到亭子小学看望，看到自己亲手建立起来的学校，培养出一批批建设人才，我心里似吃蜜一样甜。今年，在自治区政府和市政府的关怀下，又拨款约 40 万元扩建亭子小学，我相信，只要亭子小学加强领导，提高教学质量，一定能办成一所优秀的学校，一定能为社会主义建设事业培养出更多的人才。

在那段时期，我们还力所能及地搞了一些市政建设，拆城墙、筑马路、修礼堂、建人民公园等。想当初，我们把炮台和白龙塘一带规划为公园时，有些人以远离市区为由，不主张在那里建。我曾在市政会议上讲过，我们共产党人要有发展的眼光，不要只见到今天巴掌大的南宁，几年、十几年后的发展，会改变我们现在的眼光。1951 年清明节，我们在公园内召开植树大会。会上我说，植树要包种包活，要像妇女哺育孩子那样，用我们辛勤的汗水浇灌它。今天，看到亲手种下的树木枝繁叶茂，郁郁葱葱，人们在此养身憩息，父母们携儿带女尽情游玩，双双对对情侣含羞漫步，我们这些当年的建设者感到无比的欣喜。

五　加强干部队伍建设，实行“五湖四海”政策

解放后，南宁的干部队伍主要由军队干部、南下工作队干部和南宁地下党的同志组成。市政府还吸收一些民主人士和工商界人士当市人民政府委员。这支队伍在接管南宁、改造和建设南宁中发挥了重要的作用。这一时期，由于干部来自四面八方，思想觉悟、文

化素质和政策水平差异很大，各种思想都在我们的内部反映出来，在一些人中甚至发展到南宁地方工作应“以谁为主”的争议上来。1950年初，我在一次有地下党员、部队党员、外来党员参加的大会上，严肃批评了这些争议。我说：以谁为主？以共产党为主。你们是共产党人的话就不应提出谁主谁次。南下的同志在解放区工作过，有实践经验，但民情不熟，语言不通；地下党的同志了解本地情况，文化水平较高，但工作经验缺乏，执政经验少，新同志多，只有互相学习，互相取长补短，通力合作才能把南宁的工作搞好。这段时期我们坚持贯彻“五湖四海”、任人唯贤的政策，多做思想教育工作，沟通南北干部的感情，一方面要求南下干部尽快熟悉本地情况，树立在南宁扎根的思想，同时又适当地照顾本地的同志，扶植培养地方干部的成长。

在那段时期，尽管我们的工作千头万绪，人少事多，但我们并没有忽视干部队伍的建设。由于受条件限制，我们对干部的培训提高工作只能用边工作、边学习的办法进行，利用开办干部业余文化夜校、轮训班、短训班、速成班等形式，帮助干部提高文化知识和业务水平，把这支队伍造就成为南宁社会主义革命和建设的中坚力量。

往事如烟，转眼39年。忆当年，我们接过国民党遗下的烂摊子，百废待兴。我们共产党人以坚定不移的信念，依靠工人阶级团结各阶层的人民，努力克服困难，终于顺利地度过艰辛的岁月，打开了新的局面，为南宁后来的大发展打下了基础。那段时期，我虽然兼任南宁市的几个主要职务，但主要的精力是放在省委和军队上，南宁市的工作主要由孙以瑾、刘锡三等同志去做，他们在解放初期为开创南宁市的新局面立下了汗马功劳。当年“半截烟囱，一根火柴”“穿城三里七，环城七里三”的南宁已不复存在，代之而来的是一座初具规模的新兴工业城市，她像一颗绿色的明珠，镶嵌在祖国的南疆。在改革开放的大潮中，我由衷地祝愿家乡人民迈开更大的步伐，取得更大的成就。

1988 年 5 月于北京
刘家幸　整理

（选自中共南宁市委党史研究室编《南宁解放》，内部资料，1989 年）

忆解放初期昆明情侦、公安工作片段

罗吉恩*

一　欢庆胜利

1950年春节期间，中国人民解放军第四兵团司令部与中国人民解放军滇桂黔边区纵队司令部在宜良会师时，我任边纵司令部侦察科长兼宜良情报站站长，奉命负责陈赓司令员的外围保卫工作。四兵团边纵给庄田司令员、林李明政委、黄景文参谋长等配备了小车，给我们边纵司令部几个参谋人员一部美式中吉普，跟随兵团和纵队首长之后，于2月22日由宜良向昆明进军。部队到达呈贡进行

* 罗吉恩：时任人民解放军滇桂黔边纵队司令部侦察科长，后曾任昆明军区司令部情报部组长，云南省社会科学院行政科科长。

了入城式，然后又继续前进。到昆明时受到以卢汉将军为首的省、市、各界和人民群众的热烈欢迎。男女老少，手摇红旗，站满街道两旁和楼房窗台，人们高呼：“中国共产党万岁！毛主席万岁！”爆竹声、欢呼声，淹没了整个春城。

昆明入城式后，我们边纵司令部驻皇后饭店听候整编，生活由市银行公会负责接待。整编前，陈赓司令员在护国饭店宴请庄田司令员等。我奉命随庄前往参加。席间，兵团首长和纵队首长频频举杯，互祝胜利，互祝健康，胜利的豪情给我留下了难忘的印象。不日，张冲又在大观楼宴请首长，我也随同前往，有幸亲近这位在云南久负盛名的将军。随后不几天，庄司令员在冠生园设宴招待在昆明的边纵团以上干部，由我经办并司仪。欢庆胜利的热烈气氛，至今难忘。

二　接受新任务

1950 年 4 月，边纵司令部与四兵团司令部合编，成立中国人民解放军第四兵团兼云南军区司令部。陈赓任司令员，郭天明、庄田任副司令员，宋任穷任政治委员，我编在司令部情报处一科（派遣科）任谍报派遣参谋，王启明副参谋长兼任处长和党支部书记。

合编后不久的一天下午，王副参谋长兼处长和黄副处长通知我开会。会上处长讲：进军西藏的工作现在就要开始准备，西南军区首长决定派出工作组，到大理、丽江慰问十四军和四十二师，同时调查了解进军西藏的路线及沿途军情、民情、宗教、民俗。工作组由西南军区及四兵团派人组成。西南军区派出作战科长任组长，我们黄副处长任副组长，兵团政治部派了一位科长参加，兵团情报处派罗吉恩参加。这个工作组共由四位干部、四名战士组成。军事工作由黄副处长和我负责。因为沿途不时还有零星股匪。兵团司令部还派了一个警卫班随行，调两部大卡车一部中吉普供我们使用。

到大理后，受到十四军首长的热情接待。工作组长向军首长汇报说：我们两级军区工作组下来，主要是代表军区和兵团首长来看望军首长及部队，当然也了解一些情况，到丽江后还要做一些西藏情况的调查，如进藏路线等。请军、师首长给我们指示和支持。

十四军首长对我们十分关心和支持，派了一位科长，十名战士并配备十匹大骡子给我们；等于每位干部都配备了骡子。因为由大理到丽江，不通公路，只能骑骡子了。沿途的吃、住、行动全由十四军安排。到丽江后，四十二师廖应周师长除热情设宴外，还安排专门时间，详细介绍了部队情况及他所了解的西藏边区情况。

在丽江我们还受到了纳西族人民的热情欢迎。我们一上街，就被成群结队的纳西族姑娘包围。她们把我们围在中间唱歌跳舞，欢天喜地地庆祝解放，歌颂毛主席、共产党、解放军，其情感人，我们也自然地与她们同乐共舞。

丽江县城，流水顺街绕，户户门前清泉流，自然风光得天独厚，城镇设计独具匠心。而四方街独特的风味名特小吃丽江粑粑，做工独特，先炕后烤，集香、甜、脆、酥于一体，吃后叫人终生难忘。难怪由重庆来的组长和同行的北方同志赞不绝口。根据分工，在丽江，黄副处长，和我负责进军西藏的路线调查，要求了解由丽江到西藏，特别是丽江至察隅段的路线、里程、山川、沿途村落、藏军、寺庙、宗教、民情等。我们分别找了当地居民，特别是到过西藏，了解西藏，由西藏来丽江的商人、宗教人士、民族中的上层人士，及当地党、政、军各方面的同志进行广泛的座谈和专门访问，同时宣传我党我军的有关政策，特别是民族、宗教政策。根据收集到的资料、地图等，由我绘制了《进军西藏路线图》。此图后由情报处专业制图干部，按制图规范绘制上报兵团和西南军区，成为由云南进军西藏的路线指导。

三　破获内奸

进军西藏路线调查任务完成回昆后不几天，副参谋长兼情报处长王启明又找我谈话。他说："云南解放后，部分地区土匪活动，军区由贵阳到昆明的车队，进入云南境内时连续被抢，昆明潜伏特务继续活动，治安、肃特工作必须加强。省公安厅、市公安局已向陈司令员要求派人支持，成立昆明市公安局侦察大队。司令员已决定由你带几个人到昆明市公安局组建侦察大队。编制、供给仍属军区，工作由市公安局具体领导。"问我有什么意见和要求？我当即表示坚决服从司令员命令和处长决定，并提出带我的警卫员和我在边纵时带的侦察员兼交通宋文聪、交通李澍前往，并请处里再由二科派几名侦察员参加。这些要求都得到了满足。

第二天我就到景星街昆明市公安局报到，受到了局长丁荣昌（三十七师政委）、侦察科长董丹修（山东南下干部）的热情欢迎。他们在介绍了昆明市公安局和昆明治安情况后，当即宣布成立昆明市公安局侦察大队，由我任支部书记兼大队长，成员除我从军区带来的外，随后又来了原昆明地下党市委社会部的两名干部。整个工作由我全权负责，受侦察科领导。丁荣昌局长并讲：“我们由贵阳到昆明的车队，最近几次一进入云南境内就被土匪抢劫，时间地点都是有计划的，据前几天护卫运输物资车队的部队在平公路击伤并抓获的一名小头目供认，军区运输物资车队的情报是一名叫戴 ×× 的人提供的。戴 ×× 在昆明近日楼附近盐业协会。”丁局长介绍完情况后又说：“据军区介绍你是侦察能手，云南、昆明情况都熟，希望在一周内破案。”

我接受任务后，回单位将组建大队的一些事务性工作交宋文聪、李澍办理后，便投入侦破案件的工作。想到在党的领导下，解放战争时期历次在侦察工作和战斗中取得的胜利，我对此案的侦破充满信心。

对于敌情我也做了冷静的分析，整个案情只有一个姓名，其难点是：（1）地址不详，近日楼附近有正义路、顺城街、南屏街、宝善街、三市街等多条街道，上千户机关、居民；（2）没有相片；（3）没有社会关系，没有门牌号数；（4）我所带的侦察员，没有城市生活工作经历，街道不熟，带着他们，太显眼，弄不好会打草惊蛇。

经过慎重考虑后，决定先由我一个人，单骑出动。接受任务后的当天晚上，我就换上我结婚时的藏青色西服，带上我在宜良缴获的美造左轮，骑上单车，先对近日楼附近的每一条街道作一般观察。我对宝善街口左侧正对近日公园占地面积不大，但比较高的一幢钢筋水泥建筑大楼，特别感兴趣。次日一早上班时间，我以由东北回云南的原九十三军人员的身份到此楼侦察，在三楼左边，果然出现了“昆明市盐业协会”的牌子。我压下欣喜的心情决定单刀直入，以从曲靖上昆明谋业为由找戴 ××。在协会门口，我敲敲门，问道："请问戴先生在吗？"开门的一位年约四十着黑色西服的先生答道："戴先生还没来，有什么事，可否同我讲讲？"我讲是个人的一点私事。先生又讲："请进来坐，等一会儿吧。"我大方地跨进办公室。这是一个可容 4 人的写字间，已有两人在上班，坐了一会儿，楼梯有脚步声，开门给我的那位先生讲："来了！"我沉着地注意了一下，那位先生又自言道："哦，不是。"心情又平静下来，又过了十多分钟，那位先生讲道："今天可能不会来了，你明天再来，明天我们要开理事会，商量改选理事，他一定要来。若有急事，可以到他家去找。"我讲："我是从东北回来的，昨天才由曲靖上来，只知道戴先生在这里上班，不知道住的地方，有件事想请他帮忙，我明天还要赶回曲靖去。"他讲："他住翠湖北路 ×× 号，你到他家去找好了。"这位先生可能是两种心情，一是善良，觉得我远道而来，做点顺水人情；二是觉得我久坐他们办公室，拦脚绊手的，不如早打发。不管他是什么动机，却帮了我的大忙。我立即踏车前往。到了翠湖北路，戴家前面，有一家洗衣房，一位中年妇女正在洗衣服，我礼貌地问道："请问您，戴 ×× 先生的家就在这里吗？"她讲："你看就是后面那家了，他太太就是楼上走廊上晒衣服的那位。"我表示谢意后，上楼礼貌问道："戴太太，请问戴先生在家吗？"她讲："上班去了，你有什么事？"我讲："我是从盐业协会来的，他没有去上班，明天改选理事，我们得事先通通气才好办。"她讲："他到五华山军政处上班去了，你要是等不得，就到五华山军政委员会军政处找他好了。"我连忙致谢退出。真是踏破铁鞋无觅处，得来全不费工夫。

我赶回市公安局，办了给省军政委员会的介绍信，要了一辆吉普车，快速赶到军政委员会，找到马继孔秘书长，同时将介绍信和逮捕证送请马秘书长过目批示。他在介绍信上批上：“交军政处刘处长执行。”我到一楼找到了刘处长，这位老红军看后，十分惊奇，“啊”地喊了一声说：“他妈的，藏到我这里来了。”我说：“这不奇怪，你把他叫出来。”刘处长喊道：“戴 ××，你出来一下。”戴穿着一身解放军军装，出来后，我对他宣布：“你被捕了。”随即将他铐上，让他看了逮捕证，将他带上了吉普车。

一名潜伏行动特务，限期一周破案，我实际只花了两天时间，就抓捕了这名特务，送交看守所。局长、科长对这样的破案速度连称“快得神奇”。

潜伏在省军政委员会中的这个敌特，是军政处分管军运工作的参谋，抓获了这名内奸，既割断了敌人在昆明的情报线索，又抓到了舌头，对于肃清滇东土匪作用是很大的。

四　诱捕五三兵工厂叛乱分子

昆明和平解放初期，形形色色的旧人员和知情者纷纷向新的人民政权靠拢。对于社会知情人或前来投案和举报者，局里一般都交我受理、接谈。原法国驻昆明领事馆的雇员黄先生，是靠拢我人民政权的一个社会关系，他向我提供了一个非常重要的情况：他的朋友，海口五三兵工厂的警卫大队长陈 ×，对军代表进驻后的情况非常不满，认为国民党的败溃只是暂时的，根据目前一些专县土匪活动的情况判断，组织暴动是会成功的。陈 × 目前正积极招兵买马，认为只要有了人，特别是有了骨干，枪支弹药不成问题。他就是受陈的委托，招兵买马的。我把这一情况及时报告了丁荣昌局长和董丹修科长，他们又立即向公安厅刘子毅厅长汇报。刘厅长听了汇报后，及时找丁局长、董科长和我商量对策，当即指示我：放长线，直接接触，深入了解，摸清陈 × 的全部组织和行动计划，听候命令，一网打尽。

我在与黄先生分手前，就向他谈过，可以对陈某讲："已见到一位朋友，文山人，二十多岁，中央陆军军官学校毕业，姓罗，曾在国军中任过排、连长、副营长，多次和共军及其游击队作过战，很有才华，可谓国军中之精英，对现时非常不满。云南情况很熟，也在积极寻找机会，准备大干一场。"黄先生可设法推荐，为我与陈相见，作具体安排。

事隔两天，黄就来向我说，他已向陈作了介绍，陈听后非常高兴，希望今天就能见面，地点安排在他的家中。我立刻决定随黄前往，并带上侦查员宋文聪、陆正兴随行，目的是让他们也知道黄先生的家，为以后联络和以防万一之用。宋、陆两人，在到达桃源街黄家门口前，即在门外等候，暂不与陈见面和相识。

黄的家住后院，是一幢一楼一底的旧式瓦房，上楼就是黄的家。走进卧室，黄即向前作了介绍：这位就是陈大队长，这位是罗营长。陈由烟铺上起来，握住我的手说："欢迎欢迎！非常高兴地见到你。"我说："久仰久仰！"坐下后，黄先生忙上烟、上茶。陈说："听了老黄的介绍我非常高兴，希望尽快能见到你，商谈复兴大业。今天见到，老弟不愧为党国青年军官，复兴大业寄托在你我兄弟身上。不知老弟对目前局势有何看法？"我说："共军进驻云南后，事情并非如其所愿。表面上看平静，暗中则危机四伏。滇东由曲靖到贵州，到处有所谓土匪在活动；滇中、滇南、玉溪、思茅、普洱、文山、中越、中缅边境，武装活动此起彼伏；头人武装的暴动，保安团的叛变，到处叫共产党不得安宁，跑到境外的国军部队，也不会在那里占山为王，自会重整旗鼓，打回老家。你我兄弟，不必悲观，好戏还在后头。”陈听后连连点头说：“对，对，英雄所见略同。”又说：“共产党接收五三兵工厂后，我已大权旁落，他们自不会相信，更不会重用，搞不好有朝一日，灾难来临，性命难保，倒不如趁早动手，给他来个措手不及。目前我手中只有这个大队，人数200多。如果外面有人，有骨干，特别像老弟这样军校出身，有胆有识之士，我们内外配合，揭竿而起，先把工厂干掉，给共产党一个下马威，拉走部队，拉走武器，壮大队伍，或走或留，看机行事，搞不好向西南边撤走，靠拢境外部队，重整旗鼓，收复江山。”陈越谈越起劲，我连声表示：“是，是，是。”不时点头称赞：“乱世显英雄，老兄不愧为国军中有胆有识之士，今天能够相见，太高兴了，正所谓此生有幸。我在昆明、外县有不少朋友，有东北回来的，也有在云南打散的青年军官、流落士兵。军官中有的还是同学，苦于无人登高一呼，进行号召。今天老兄能拉出部队，打出旗帜，一定有人拥护。小弟一定负责联络各方有识之士，前来拥护配合。你我精诚团结，大事一定可成。吾兄可以拟订方案，我们待机而起。”

谈话后，陈约我和黄先生一起到街上小吃。席间，他又问我是否参加过青帮，我说没有。他说：“青帮势力遍布全国各行业，很讲义气。昆明西山及其他一些寺庙也有青帮主持，参加后对我们帮助很大，过几天，我带你四处走走，多结识一些人，会有好处。”我说：“一切听老兄安排。今后联络，你这边仍请黄先生多辛苦。”黄说：“我和陈先生是老朋友了，这方面请放心。”我说：“我这边由一位姓宋的少尉副官负责。他是我身边的亲信。我有什么事，若不能亲自来，就由他来与黄先生联系，必要时直接找陈兄。联系地点就在黄先生这里如何？”陈说：“当然，当然。”我说：“我的地点黄先生知道。景星街、圆通街、我和陈旅长夫人家都可以。”陈说：“过几天一定来拜访。”我说：“过几天我一定来请陈兄和黄先生便宴。街上、居家都行。”酒足饭饱之后，我们便握手告别了。

回到公安局后，我连夜将情况汇报给董丹修科长和丁荣昌局长。他俩指示对这一案件一定要抓死不放，一定要搞到陈的全盘计划。

第二天下午4时许，省公安厅刘子毅厅长，紧急召见。参加的有丁荣昌、董丹修和我。刘厅长传达了陈赓司令员的指示：五三兵工厂陈案，应立即逮捕，确保五三兵工厂的安全。同时决定：今后对行动特务，立即逮捕，坚决打击；对潜伏特务，抓住不放，放长线钓大鱼，作为公安部门肃特的行动准则。

根据以上指示，公安厅、局仍决定此案由我完全负责，立即破案，务必抓到陈犯。我对此案早已胸有成竹。回队后及时作了布置：（1）由宋文聪、陆正兴两人带我的便条，邀请陈、黄两人吃饭并有要事相商，把陈、黄两人一定带到景星街来。另派三人作行动小组，配合宋文聪行动，统由宋文聪指挥。若陈不在，黄在，务必问明陈的动向、地址；若两人都不在，则就地等候，行动必须隐蔽。三人行动小组不到万不得已，不能露面，以免过早暴露行动，不利下步一网打尽陈在兵工厂的余党。若陈拒捕，需三人配合行动，由宋文聪发出信号，五人紧密配合，实行武力逮捕。（2）若陈不在，必须立即汇报，由我亲自带人侦捕。要求以第一方案，文明逮捕为好。（3）五三兵工厂陈的同伙，待陈被捕，进一步弄清情况后，商请五三兵工厂军代表配合侦办。以上行动方案得到局的认可后，我立刻按计划命令出发。事情全如我所判断，陈暴动心切，一直居住于黄家忙于招兵买马。我的命令发出后约一个小时，陈、黄两人均由宋文聪、陆正兴带到了我的办公室。我一见面就严肃地宣布："陈 × 你被捕了，还有什么说的？"陈一下脸色发白，说："都对你讲过了。"我当即命令："分别关起来。"宋文聪等按我的意图先将陈送押看守所，将黄带到预审室候我。我到预审室向黄表示了歉意并讲明提前逮捕的原因，同时感谢黄对我们的帮助，并给他安排了今后的任务。我感到高兴的是五三兵工厂保住了。当时我们的思想是非常纯洁的：除奸、反特、保卫年轻的共和国，保卫城市、乡村，维护城乡治安，是义不容辞的任务。侦破这样重大的案件，没有花国家一分钱，也没有得到什么奖励，对黄先生也是一样。现在回想起来，真感到对不起黄先生，但愿黄先生一生平安。

陈案破后，我大队又和市局其他两个大队一起，继续开展其他案件的侦缉工作。过了一段时间，我们大队由景星街搬到庆丰街 206 号。搬家后，局里派来了一位副大队长，名为范子明。范原为国民党情报部门的少将，对我党有过贡献。局里明确表示：他的工作只限于与国民党的起义特工人员、投诚人员，如现在的四大金刚等的联系与安排。范先生是一位长者，好书法，工作上我很尊重他，我们相处得很好。在市公安局工作时，我还担任过陈赓司令员到长春路云南大戏院看关肃霜演出的保卫工作。当时在昆明我可以穿军装，着便服，进出省市党、政、军、民单位；也曾于晚8时后乘昆明市公安局巡逻车，巡视昆明市各主要街道。以当时的职务而言，可以说是很神气的，也是同辈望尘莫及的。但我并未以此高傲自大，目中无人，而是更加谦虚谨慎，一心为革命，一心为人民。只要有任务，赴汤蹈火，在所不辞。我一不会利用我的职务谋私利，二不会利用我当时与党、政、军首长们的关系来升官发财。我大哥因病缺医少药死于游击战争中；妹妹随军离乡，妻子参加革命后一直在滇南游击区，昆明解放后才到昆明，尚未分配工作；母亲一人在家乡麻栗坡苦找苦吃。按当时的情况，只要我开口申请，一切都可以解决。我却一心扑在工作上，把私事抛之脑后，从未向组织提过要求。为了规范自己的行为，我还写过这样的誓言："得志时不扬威耀武，失意时不卑躬屈膝。"

（选自昆明市政协文史资料委员会编《昆明文史资料选辑》第27辑，内部资料，1996年）

我是如何度过最后一任成都市长的

冷寅东*

1949年6月，在国民党反动统治加速崩溃的形势下，成都陷入了极度混乱的境地，伪四川省主席王陵基束手无策，群情激愤，民怨沸腾。当时成都的广大市民随着经济地位和社会地位的不同，各有各的想法。工人、小生产者、小自由职业者、广大中小学教师和学生，还有生活极度困难的贫民阶层，一心渴望解放军早日到来，时刻都在准备迎接解放，这在整个市民中要占绝大多数。至于地方“绅士”（包括已无实职的军政人员，中小地主……）、大学教授一类的高级知识分子、中产阶级的资本家和一般中小工商业者，他

* 冷寅东：时任国民党成都市市长；后曾任四川省政府委员兼江津专区副专员，全国政协委员。

们有的和共产党地下组织有统战联系，有的参加了共产党领导下的民主党派组织，从各方面在为迎接解放进行工作，也有不少的人观望徘徊，对共产党的政策不了解、有顾虑，但不能再忍受国民党法西斯党棍特务的统治，想从他们残酷压迫剥削的淫威下摆脱出来，则是一致的。谈到解放，更是不论哪一阶级，哪一阶层，都盼望像北平一样，能得到和平解放。最怕的是国民党一到最后，在成都来一次辛亥年十月十八日（旧历）的惨祸，或甚至像特务头子酆悌那样放火焚毁了长沙城。因此，在前任市长垮台的时候，对社会有潜势力的“绅士”徐孝刚、文藻青、钟体乾、周道刚以及杨畅时、卿俊伪省议员等多人，就向伪省主席王陵基极力推荐我担任成都市市长。他们认为我同爱国民主人士与反动统治者都有一定的人事关系，对工商界及一般市民亦有相当信誉，特别是谨慎持重，富有乡土观念，不会一意孤行，更不会为蒋介石“效忠”，置地方人民生命财产于不顾。在王陵基方面，虽然认为我不是一个得心应手的人，但又认为我是一个庸庸碌碌的人，对他不会有妨碍，同时他这时和地方各方面关系正弄得很坏，也想对他们作一番敷衍，好把气氛缓和一下。我就因此得到伪省府批准，在 7 月 1 日就了伪成都市市长职。

在我未就职时，也想到这个责任实在重大，自己力薄能微，担当不起群众对我的期望；再则对党的方针政策一点都不明了，心里更多顾虑，所以在思想上徘徊不定。正好此时我的老下属刘迪之，因其弟弟是共产党员，他就把从他弟弟所得到的党的一些主张和政策转告了我，并劝我在此关键时刻，应向前看，把这个市长任务肩负起来，党一定会从各方面给我以启示和支持。这样，我才决心勉任艰巨，想尽力做些于革命、于解放、于人民、于地方有益的事，以补自己过去从军从政，为虎作伥的罪过于万一。

我接任市长后，具体接触到千疮百孔的烂摊子，深感实际困难比预料的多得多。整个腐朽了的反动统治，有如沤坏了的衣服，补不胜补。经济崩溃，一蹶不振，还置人民的死活于不顾，强化法西斯统治，大肆逮捕共产党员和爱国人士，妄图扑灭反蒋、反内战的革命运动，白色恐怖笼罩整个成都。反动派这样的倒行逆施，使我应付万分棘手。这时市府一位同事，介绍我结识了当时在成都工作的两位中共地下党同志。在同他们多次接触中，承他们的启发和帮助，使我认清了当时的大好革命形势：敌人的疯狂，正是他们垂死挣扎、本质虚弱的表现，绝对阻挡不住全国的解放，也挽救不了他们覆灭的命运。这样，我才更减轻了思想上的顾虑，增强了与反动统治决裂的决心。中共地下党同志更告诉我：敌人像输红了眼的赌棍，什么坏事都干得出来，我们斗争必须根据现实情况，讲求策略，注意方式。我遵照他们的提议，由市府秘密提出了足够的身份证、一定数量的证章和空白委任状，交给他们去使用。又在市府机关内留了两间空屋子，准备在特殊情况时供他们暂时使用。我这时感到腰杆硬了，胆子也壮了。一次，吕汉群介绍到市府当秘书的一个人，当我得知他暴露了共产党员的身份，特务准备逮捕他时，我即通知他转移，并暗中帮助他隐蔽，使他安全脱险（解放后在成都工作）。又一个在市府担任闲职的姓彭的老人，子女多是共产党员，宪兵队找我了解情况，打算逮捕他。我对宪兵队长说：“他是清朝秀才，是个书呆子，一天到晚只知道抽鸦片烟，从不过问政治，子女的事他决不会知道，如果抓去一无所得，反而助长了共产党的声势，影响也不好。”宪兵才放弃了从他身上挖共产党线索的计划。经过这些事实，中共地下党的同志更从多方面给我以帮助。

随着局势变化，难题愈是接踵而至。我邀请了常来联系的几位中共地下党同志共同研讨对策，决定：充分动员全体市民，全面开展群众自卫工作，既要严防败兵坏人抢劫骚扰；也要使反动派看到人民反对在成都作战的坚决意志。于是，在市府特设一个“自卫总队部”，统一指挥各区的“治安委员会”，自卫总队长由市长兼任。为了分工负责，全面推进工作，我总管全面，副总队长乔曾希负责组织训练，并指派专人到各区督导。按区乡保甲把自卫队编成大、中、分、小队，各区成立“治安委员会”，协助区长推动自卫工作。我轮流到各区，根据中共地下党同志的提示，讲明我们所进行的群众自卫的真正意义，并根据群众的自动提议，各街因地制宜修造栅子、木栏、拒马，堆积沙包，以防盗、防火。

在群众热烈踊跃参加下，一个由7000多青壮居民、店员、各行业工人组成的自卫队，很快就健全了组织。几乎所有市民为了维护自己生命财产，为了迎接解放，都动员起来了。

为了使我们所进行的群众自卫工作有合法根据，以便抵制反动派的压力和刁难，我们把这些措施提请伪市参议会召开紧急会议审议通过，并形成了决议，然后报请伪省府备案。

群众自卫关系到每一个人的切身利益，因此一般市民对搞好这一工作的热情比我们还积极。“富者出钱，壮者出力”，富户借枪借弹，各种器材很快齐备，队员们风吹雨打，连夜加班。不到半月，各街自卫设施基本完成。街上修起了木栅，队员枪支不够也补足了梭镖刀矛，并规定按时开关栅门，街与街密切联系，以鸣锣为号，守望相助，防盗防火。

这时有两支部队找我联系，愿在紧要时起义，帮助防卫城市。一是蒋帮的后勤补给部队（联勤）司令曾庆集，有两团兵力，一是川军二十八军驻外东火电厂的一个营。我们在双凤桥董秉奇医生家会了面（川军营长未来，商定的分工责任，是我派人通知他的），研究决定，必要时曾部协同自卫队守卫成都市各城门和电台、电信局、自来水公司；川军营确保现驻的火电厂。这两支部队的参加，增强了自卫实力，也增强了我们的信心。

重庆解放后，逃来的蒋军散兵、伤兵塞满了成都，人心越加惶恐，省级政权机关多已瘫痪，什么警察、警备人员更是丧魂失魄。这时中共地下党同志向我打气，要挺起腰杆，鼓起勇气，用市府的合法地位，乘广大群众渴望解放这股东风，正好顶住一切逆潮恶浪，把工作推向前进。于是市府发出通令：全市工商业不准停门停市；学校一律照常行课；娱乐场所不准无故停演。我又随时到外巡视，群众见到成都市负责人没有跑，心也就更稳定了。

国民党经济总崩溃，通货恶性膨胀，货币一泻直下，严重贬值。在6月份阎锡山上台后才改行的银圆券，此时一元也只当三角用了。人口骤增，物资愈缺，物价一日数涨，很多商人破产，店铺倒闭关门。中共党的地下工作同志指示我，这是暴露蒋家王朝罪恶的大好机会，要代表群众利益，大胆进行斗争。我于是一再向王陵基提出要他要求伪中央多拨发金银硬币敞开收兑，保证币值，安定民生。他不以为然，甚至不耐烦地说：“现在中央忙于应变，谁还有心来管这些，不要自找麻烦。”弄得我束手无策。多次以辞职方式对他施加压力，仍然无效。11月28日，阎锡山带着伪中央机构逃来成都时，我认为这是一个有利时机。29日他找我去询问情况，我就特别提出“外来部队、伤兵买东西不承认纸币贬值，不愿贴现，商家卖了货物，无法买进，只有破产。因此，常常为贴现发生争执，不少商店被捣毁。长此下去，部队、伤兵买不到生活必需的商品，商贩、居民无以维持生计，必然酿成暴乱，影响中枢应变大计”。我又提出必须拨给足够金银确保币值，才能缓解紧张。阎当即答应与财政部商量后答复。当天下午，伪财政部通知，“中央已商定将拨来金银，由省府负责分配收兑纸币”。几天后，大概伪中央已有文下达。王陵基找我和伪财政厅厅长任望南、商会会长钟云鹤、市参议会议长孙铸颜等人，开会研究兑换比率和方法。当时他没有告诉大家拨来多少金银，对收兑方法也未提什么意见，只提出银圆券若干元兑黄金一两。会后由伪市府、商会、市参议会、工会、伪省府各派若干人，分为若干小组，在市内分点敞开收兑银圆券。收兑的券，当时截角，第二天在中山公园（现文化宫）当众焚毁。从12月11日起到15日截止，共兑出了黄金数百两。省上交来黄金1000两，余下的解放后全部上交给军管会了。当时我们也知道，阎拨的黄金是11500两，还有铸造银圆、镍币的材料约值40万银圆。而王不宣布真相，完全是别有用心的。他只拨出黄金1000两，把其余的10500两全部中饱了私囊。

木栅修起以后，王陵基一次从重庆开会回来，晚上回家遇到自卫队守卫队员盘查，非常恼怒。第二天一早找到我，劈头就问：“修栅子是不是省府批准的？”我告诉他是市参议会的决议，当时已具文请省府核示，“难道你没有过目？”他不便为自己官僚主义辩护，又节外生枝地挑剔说：“春熙路把栅子漆成红色，是想欢迎共产党？！”我解释漆红色是商家图喜庆，若认为不合适，叫刮去就是了。同时提醒他：“现在局势动荡，动辄说是共产党，逼出乱子来不好收拾！”王才无话可说，但还是硬下命令：要把栅门加宽，不得妨碍交通；栅子不得无故关闭；未修的停修。我只向下传达了加宽栅门，仍督促加快修栅工程。栅子刚一完工，反响更大。伪成都中央日报 12 月 4 日就登出“长街三折腰，处处是木栅”的报道。说什么“敏感的人想到该不会把城隔成若干‘部落’，老死不相往来”。12 月 8 日国民党军总参谋长顾祝同来到成都，见到街上修了栅子，马上找我去问道：“冷同学（我们同属保定生），修栅子是中央批准的，还是省主席同意的？”我陈述了治安现状，说明是市参议会根据人民要求所作的决议，责成我执行的。顾声色俱厉地质问：“是不是想把中央的人分割包围起来，一有动乱提去向共产党请功？”我再三说明，是为成都几十万人民的安全，绝无其他意图。顾不听分辩，限我三天撤除一切自卫措施。顾的过分做法，使我非常气愤，当即顶了回去：“我无能为力，要撤请派部队去撤。”愤然离去。回到市府，有人提醒，闹僵了于事不利，应以人民安危为重。我去找到徐孝刚老先生，请他们出面斡旋。于是在牛范九公馆设宴约请顾和国民党军副总参谋长萧毅肃协商妥善办法。顾托故未来。我们与萧交换了意见，达成协议：把东南北三条大街栅门加宽，使能并行两部卡车，便于部队运动和中央机构人员疏散。萧当时与顾通了电话，得到同意。这才使成都市各项自卫设施得以保全下来。

胡匪宗南 12 月 23 日逃离成都，伪防卫司令盛文也在 24 日深夜率部逃窜，但留在市区的伪军官、大小特务、游干分子以及他们招引进来的散兵游勇、袍哥土匪还是不少。尽管他们已在群众密切监视之中，解放大军又已驻在四郊，他们都不过是釜底游魂，瓮中之鳖，但我们总须防备万一。我赶紧找来中共地下党同志会商紧急应付措施，决定马上组织各起义力量配合自卫总队负起保卫责任，并组织一个群众性的成都市临时治安委员会，以便更好地准备迎接解放军入城。27 日，成都光荣解放，我以伪市长身份参加了欢迎解放军入城式，心情十分激动，自思我以一个旧军人，得到党的不弃，在 6 个月的市长任期中，予以极大的支持和教育，能亲眼看到成都和平解放，同市民一齐欢迎解放，这是没齿难忘的恩德。谨在这里欢呼：毛主席万岁！中国共产党万岁！

1978 年 8 月

（选自政协四川省政协文史资料研究委员会编《四川文史资料选辑》第 18 辑，内部资料，1979 年）

黎苗同胞喜迎渡海大军

崔懋峰 *

1949 年 4 月下旬，第四野战军奉命南下作战。12 月下旬，广东大陆全部解放，广西战役胜利结束，十五兵团第四十军、四十三军在雷州半岛集结，准备解放海南岛。喜讯传开，琼崖人民沸腾起来，黎苗同胞到处奔走相告："大军快要来了！"当时琼崖纵队一总九团（我任团政委）活动在儋县大星乡与白沙县阜龙乡交界一带的少数民族聚居山区，出攻入守，保卫根据地，准备接应主力部队渡海登陆作战。

* 崔懋峰：时任人民解放军琼崖纵队第一总队九团政委；后曾任海南黎族苗族自治州武装部副部长、副政委，广州军区一三一师副政委。

一　大军快来亟准备

为了迎接大军，白沙黎苗族同胞万众一心，全力以赴。一是搞好情报，这是反“清剿”和迎接大军渡海登陆作战的重要任务。当时，国民党军大批压境，“剿内抵外”，调动频繁。根据分工，党政组织抓好敌方的内部情报工作，我九团负责西线海岸侦察并监视那大至新州的外线公路，那大至海头、石碌的内线公路则由黎族民兵日夜进行监视，做到按时将情报送到联络站。情报几乎天天不断，由我兼管收集再交由儋县委派专人送一总队部和琼纵政治部陈青山副主任亲收。二是竞赛参军。为加强琼纵接应大军的力量，白沙各区乡的黎村苗寨处处掀起参军热潮，青年参军空前踊跃。阜龙乡乡长从区里开会回来，在乡保干部会上传达县、区为迎接大军开展竞赛参军的指示时指出：“原来有人为了照顾生产，不舍得子弟参军，现为迎接大军解放海南，还有什么舍不得呢？”芭蕉村邓保长表示：“过去多大困难都坚持过来，现在将要解放，没有什么熬不过去的！”各保提出竞赛和挑战，回到村里又分别召开动员大会，进行宣传发动工作。在芭蕉村保长弟弟和保家老村妇女代表之子带头参军的推动下，全乡有13名青年报名入伍上前线，出现了父送子、兄送弟、妻送夫参军的动人情景，参军人数名列全县第一。三是筹备粮食。白沙县虽然天旱歉收，但是黎、苗族同胞交迎接大军粮却非常踊跃。据不完全统计，全县筹备粮食达23.5万多斤。各区乡黎胞除留出春耕种子外剩下的粮食都慷慨交出，苗胞也把多年节约的山兰禾（米）拿出来。黎、苗族同胞说：“白米就送解放大军吃吧！咱们吃番薯杂粮便够了。”阜龙乡的黎胞把节存下的粮食全都献出，取得了全区筹粮的冠军。他们真诚地说：“我们只有全力支持解放大军打败国民党反动派，才能早日获得翻身解放，过上幸福日子。”

二 大军登陆忙迎接

1950年3月6日下午1时40分，在解放大军第四十军一八八师参谋长荀在松率领和琼纵司令部侦察科长郭壮强的协助下，三五二团先锋营乘着13只帆船渡海作战，冲破了敌人所谓的“立体伯陵防线”，首渡儋县白马井靠岸成功，以3发红色信号弹和琼纵政治部副主任陈青山、一总队长陈求光率领的八、九团接应部队取得联系后，奋起对敌陆、空作战，迫使敌机高飞，控制海岸登陆场，掩护登陆，在热烈的欢呼声中两军胜利会师，突击了海岸守敌两个连，攻克了两个敌据点，援敌抵挡不住，纷纷望风溃逃。在激烈的枪声中，儋县雅星乡支前组织的黎汉族民兵队、青年民工队火速赶到前方迎接渡海大军，抬伤员，挑弹药，收缴敌武器，一片繁忙。我军胜利归来，在靠山地丰猛村住宿，黎胞热烈欢迎并准备好开水和饭菜。当晚派出九团三营六连在儋县大星、大成一带活动以迷惑牵制敌人，主力部队为了隐蔽行军，则在半夜出发，经过白沙县俄朗黎村小息，午膳后向阜龙乡根据地开进。当大军从儋县登陆的消息传到阜龙乡一带山区，黎苗同胞情绪振奋、喜气洋洋！乡村支前组织的民兵队和青年民工队立即鸣角集合奔赴前方，在途中接到大军，接运了伤员、弹药。在村里的群众赶紧砍木竹搭起“欢迎大军”的彩门，并腾出房子，打扫清洁、安排住宿，准备饭菜，做好一切准备等待着渡海大军的到来。

8 日下午 3 时，渡海先锋营和琼纵一总八、九团冒着春雨、跋山涉水来到了阜龙乡根据地的保家老村、保家新村和芭蕉村等村庄。县、乡党政干部及穿着新裙子的姑娘等黎苗族同胞，在村前敲锣打鼓，热烈欢迎大军：“欢迎南下大军解放琼崖！”“庆祝解放大军首渡登陆成功。”渡海先锋营和一总部队分头带队进村后，黎苗族同胞三五成群端着开水、椰子水和甘蔗给指战员们解渴，像对久别的亲人一样亲切体贴，战士们也拿出饼干（干粮）请黎苗族同胞尝味。相互之间语言虽不通，但无不以胜利的喜悦表达着无声的情意。

敌人对渡海先锋营登陆成功是不会甘心的，有一个师的敌力从儋县那大和新州分头追来。我军接到情报后，立即抓紧军事部署。约 5 时许，外边传来的枪炮声越来越近，我军派出一总九团一营三连挺出去，利用山路的有利地形阻击敌人，掩护主力和黎苗同胞撤离村庄。敌人进村扑了空，恼羞成怒地烧毁了保家和芭蕉等几个村庄的房子，在当夜退出时，又被我九团三营九连和民兵队转回截击，丢下四具尸体仓皇逃遁。次日晨我军返回村庄，看见民房被烧毁的惨景，立即动员起来迎着连绵的春雨，帮助群众重建家园。黎苗族同胞为着赶盖好草房让大军住宿，则边干边做技术指导。先锋营为完成分配盖好草房任务，开展连排班互相竞赛，第一天分头上山砍木竹和割茅草备料，第二天突击搭起房架，到第三天就以竹片夹草完成盖房任务。张教导员组织各连指导员检查评比，各连都提前完成了盖房任务。一连盖得快，三连盖得好，二连盖得又快又好。我一总部队盖草房较有经验，也很快完成了盖房任务。盖房中黎苗族同胞看见战士们在风雨中一面做工一面唱歌，有几个战士割破了手仍干得很欢，感激地说：“解放军真正为人民呀！国民党烧屋，解放军盖屋，这是一个鲜明对照啊！”第三日傍晚，黎苗族老大伯、老大娘先后从山上携带小孩回村来，望着我军为他们盖好了被烧的房子，非常感动。

三　大军到来多慰劳

我军在阜龙乡根据地休整的日子里，阜龙、番加、狮球、白沙、牙叉等乡的黎苗族同胞一直处于狂欢之中。他们不分昼夜敲锣打鼓，牵着狗，扛着猪，赶着牛羊，提着鸡鸭、河鱼、山鹿和黄猄肉干以至蟒蛇，还有糯米糕、米酒、花生、烟草、甘蔗、芭蕉等等，简直是有什么就送什么，一次再次地前来慰劳登陆大军。而先锋营部队总是热情接待和表示感谢，并让翻译用海南话请群众把耕牛牵回去，可是他们将牛牵回去又杀了把肉提回来，使战士们感动得流下热泪！先锋营和琼纵兄弟也互相推送慰劳品，充分体现了阶级兄弟的深厚友情。

12日，白沙县人民政府在阜龙乡的保家村与芭蕉村交界的山坡上召开庆祝大会（也即军民联欢大会）。会场主席台正中高挂毛主席和朱总司令画像，两边贴着“庆祝解放大军首渡白马井登陆成功！”“欢迎大军继续登陆作战加速解放琼崖”等标语。当日下午，阜龙、番加、师球、白沙、牙叉等乡黎苗族同胞，挑着米酒、牛肉、鸡鸭、河鱼、山禽野兽和芭蕉、菠萝等慰劳品，还有抬着“欢迎大军”“庆祝胜利”横额的男女民兵队，以及阜龙乡男女老少按时进入会场。渡海大军入场时，全场热烈鼓掌并高呼口号。庆祝会在下午2点开始，白沙县委书记兼县长王茂松主持会议，并代表县党政和黎苗汉族人民向渡海先锋营敬献一面“人民救星”锦旗，登时会场欢声雷动，经久不息。接着琼纵政治部副主任陈青山传达了中共中央华南分局、十五兵团领导机关和中共琼崖区委、琼崖纵队发来的贺电，对我们接应先锋营胜利登陆给予高度评价，希望我们发扬英勇善战的光荣传统，继续接应大军登陆完成解放海南的光荣任务。会上白沙县长王茂松致祝词：赞扬了解放大军从东北打到海南的丰功伟绩，表达了白沙县人民欢迎大军、支援大军的决心。阜龙乡乡长也在会上痛诉了国民党统治下白沙县黎苗族同胞遭受残酷压迫和奴役，饥寒交迫、家破人亡的悲惨情景。一一八师参谋长苟在松在热烈的掌声中站起来致答词：扼要叙述了解放战争已取得全国胜利的大好形势，对白沙县党政和各族同胞的欢迎、慰劳与支援表示感谢，并表示坚决完成接应我军继续渡海作战解放海南，使黎苗族同胞解除痛苦、安居乐业。最后全场起立唱《义勇军进行曲》，庆祝会在“坚决完成接应大军渡海登陆任务！”“消灭敌人残余，解放全琼！”“中国共产党万岁！”“中华人民共和国万岁！”的口号声中结束。

四　大军作战力支前

3月19日我一总部队和渡海先锋营奉命挺进琼西北，准备接应后继部队登陆。先锋营经过一个多星期的休整解除了疲劳，斗志昂扬，求战心切。一总部队看到有野战军共同行动增添了力量。两支部队立即动员准备，检查武器，赶装袋米，送还借物，打扫清洁，整装待发。乡村支前的民兵队伍背着枪准备参军参战、当向导、保护运输队，青年运输队准备担粮、扛弹药跟随大军行动。黎苗族同胞怀着依依不舍的心情前来欢送。我军在夜幕的掩护下直向儋临交界的木排根据地挺进！为了支援前线，黎苗同胞的支前民兵队、青年运输队、担架队、救护队，在白沙党和政府领导下，指到哪里就奔向哪里。各乡筹备的粮食正在分批送到阜龙乡根据地集中，不断地运上西北前线。其余的力量保卫后方，搞好生产。

军民协力，所向无敌。在解放怒潮的猛烈冲击下，国民党守军全线溃退，5 月 1 日全岛终获解放，黎苗同胞喜庆解放翻身！

（选自海南省政协文史资料委员会编《海南文史资料》第 8 辑，海南出版公司 1993 年版）

回到温暖的祖国大家庭

阿沛·阿旺晋美[*]

1951年5月23日，中央人民政府和原西藏地方政府签订了关于和平解放西藏办法的协议，从此西藏回到了温暖的祖国大家庭。西藏的和平解放完成了祖国大陆统一的大业，为西藏民族开创了新的历史。今天，西藏已经从封建农奴制社会进入社会主义，这是一个天翻地覆的变化。西藏的伟大历史变革，是从签订“协议”开始的。我当时作为西藏地方政府的首席代表，参加了这个协议的谈判和签字，感到无比荣幸。

《关于和平解放西藏办法的协议》（即“十七条协议”）确认

---

* 阿沛·阿旺晋美：时任西藏地方政府噶伦、昌都总管，赴北京谈判的首席全权代表；后曾任第三至七届全国人大常委会副委员长，第三、八至十一届全国政协副主席，西藏自治区人大常委会主任，西藏自治区政府主席。

了西藏是中国领土不可分割的一部分这一历史事实。协议第一条就明确写着：“西藏人民团结起来，驱逐帝国主义侵略势力出西藏，西藏人民回到中华人民共和国祖国大家庭中来。”从此，西藏人民永远摆脱了帝国主义的侵略和羁绊，在祖国大家庭内，充分享受到民族平等和民族区域自治的权利。

西藏地处世界屋脊，是我们伟大祖国的西南边疆，战略地位十分重要。西藏民族是我国具有悠久历史的民族之一，藏族人民勤劳勇敢刚毅豪迈，有着反对帝国主义侵略和国内反动统治的革命传统，他们为缔造伟大的祖国和创造光辉灿烂的文化作出了卓越的贡献。西藏统一于中国，是历史上逐步发展而来的。早在1300多年前吐蕃与唐朝就建立了密切的联系。有名的吐蕃赞普松赞干布与唐朝文成公主联姻，不仅是一段佳话，而且体现了吐蕃与唐朝政治上的接近，并接受汉族先进生产技术，促进了汉藏经济文化的交流。稍后建立的唐蕃会盟碑至今仍树立于拉萨大昭寺前。公元9世纪中期，从康区开始，发生了遍及藏族地区的大规模奴隶平民大起义，结束了藏王聂赤赞布的世袭统治，西藏变成了四分五裂的部落割据。这就是西藏历史上的“分裂时期”。这种状况持续了近400年，对西藏的经济、文化发展，起了严重的破坏作用。当时，还有各种疾病流行，天灾不断，使藏族人口大幅度下降，西藏社会处于停滞状态。直到700多年前，元朝派兵统一了西藏，西藏正式被纳入祖国版图。此后，无论是萨迦王朝、帕莫主巴王朝、仁蚌巴、藏巴弟巴，还是从五世达赖到十三世达赖，统治大权全部由元朝、明朝、清朝的皇帝册封，清朝时西藏的主要官员也要由皇帝任命。700多年来，西藏一直是中国领土不可分割的一部分，这是世界各国所公认的。

但是，随着帝国主义入侵中国，他们也逐渐入侵到我国西藏地方，西藏人民和全国人民一样，曾对于帝国主义的侵略进行了英勇顽强的抵抗。如1904年西藏军民在江孜英勇抵抗英帝国主义的武装入侵，给帝国主义侵略势力以沉重打击。留下了可歌可泣的英雄事迹。但是长期以来，由于清朝政府、国民党政府和西藏地方政府昏聩无能，动摇妥协，使得帝国主义的侵略魔爪逐步伸入西藏。帝国主义千方百计挑拨汉藏民族关系，利用西藏少数反动分子，妄图分裂我们国家，使西藏变成他们的殖民地。由于全国人民包括西藏人民和爱国人士的坚决反对和抵制，帝国主义的狂妄野心始终未能完全得逞。中国共产党和毛主席坚持各民族共求解放，共同建设伟大祖国的方针，在中国人民解放战争基本胜利和中华人民共和国成立的大好形势下，1950年中央人民政府就通知西藏地方政府派代表到北京进行和平解放西藏的谈判。开始由于西藏上层人士中有些人顾虑重重，而某些人又制造种种阻力，西藏地方政府未能及时作出决定。直到1951年昌都解放后，在西藏爱国人士的积极努力下，西藏地方政府才终于同意派我作为首席代表，凯墨·索安旺堆、土丹旦达、土登列门、桑颇·登增顿珠等4人为代表，到北京进行谈判。在北京，除去中央人民政府首席代表李维汉，代表张经武、张国华和孙志远等同志和我们在平等协商的基础上认真地、亲切地谈判以外，周总理还亲自接待我们，多次同我们讲党的民族政策和其他各项政策，提高了我们的认识。我们代表西藏人民向毛主席、周总理献了哈达，表达了西藏人民拥护民族团结、维护祖国统一的决心。经过反复磋商，根据党解决国内民族问题的一贯方针和西藏的特殊情况，正确地解决了各项复杂的问题，最后李维汉等同志代表中央人民政府，我们代表西藏地方政府，签订了《关于和平解放西藏办法的协议》。在签字仪式上，朱德副主席讲了话，签字后毛主席还特意接见了我们，并设宴庆祝这一重大事件。毛主席和周总理多次对我说："我们共产党是帮助你们发展西藏的文化经济事业，不是为了当官，不是为了办坏事。如果有汉族干部欺侮你们，你来找我们。"表达了对西藏民族和人民亲切的关怀。党中央、中央人民政府的唯一出发点就是帮助西藏民族得到发展。因此，对于要列入协议条文的每一个事情，总是充分考虑和照顾到西藏的特点和实际情况，反复征求并仔细听取我们的意见。我们在坚持西藏地方政府发给我们代表团的授权书中明文规定的西藏是中国领土这个要点的基础上，对与西藏地方政府有分歧的几个原则问题，我们自行作出了决定。这样就使得"十七条协议"既符合祖国统一和西藏人民的需要，也反映了原西藏地方政府的要求。

西藏的和平解放，为西藏民族开辟了一条新的道路，这就是：在中国共产党和中央人民政府领导下，实行民族区域自治，进行必要的社会改革，沿着社会主义道路，慎重稳进，积极发展西藏的政治经济、文化和科学技术等各项建设事业，逐步提高西藏人民的物质和文化生活水平，逐步消除历史上遗留下来的各民族间事实上的不平等。这是一条光明大道。

中央人民政府的代表、工作人员和中国人民解放军进藏以后，忠实地执行了"十七条协议"。他们进驻和保卫了祖国边疆；大力开展了统战工作，团结了各阶层爱国人士，促进了西藏民族内部的团结；修筑了康藏、青藏公路和西藏内部一些重要公路，大大改变了西藏交通不便的状况，加强了西藏人民同内地各族人民经济文化的交流；建立了学校，培养了干部；实行免费医疗，发放无息农牧贷款，无偿发放农具，赠送种子，在可能的条件下还进行了一些工农业建设。在此基础上，1956 年成立了带政权性质的西藏自治区筹备委员会，为西藏实行民族区域自治迈出了重要一步。所有这些都得到藏族人民的称颂。特别是中国人民解放军，一开始就发挥了既是战斗队，又是工作队、生产队的优良传统，为藏族人民办了大量好事。人们亲切地称颂解放军是“新汉人”“菩萨兵”。解放军同西藏人民结下了深厚情谊，形成了鱼水般的亲密关系。

但是，贯彻执行“十七条协议”也存在着尖锐复杂的斗争。这种斗争，集中表现在维护祖国统一和进行政治经济改革这样两个根本的问题上。原西藏地方政府和农奴主阶级中一些分裂主义分子和不明大义的人，极力阻挠“十七条协议”的贯彻执行，一方面或明或暗地继续进行分裂活动，一方面千方百计地阻碍西藏进行必要的社会改革，妄图永远保持政教合一、封建领主专政的农奴制度。长期以来，正是这种反动的农奴制度严重地阻碍着西藏民族的发展繁荣，使百万农奴生活在水深火热之中。“十七条协议”确定了西藏改革的方针，这就是，第一要改革，第二要以和平协商的方式进行改革。广大群众在逐步提高阶级觉悟的基础上也逐步提出改革的要求。根据当时的历史条件和具体情况，中央曾经决定说服群众，1962 年以前不进行改革。但是农奴主阶级中一些人看到农奴群众日益觉醒，改革或迟或早终会发生，他们妄图阻挡历史车轮的前进，竟然孤注一掷，铤而走险，于1959年掀起了反革命叛乱。这场叛乱，激起了广大农奴的极大愤慨，他们怀着对农奴主阶级的深仇大恨，积极支援并密切配合人民解放军迅速地平息了叛乱，随即进行了民主改革。在改革中，除对叛乱的农奴主实行没收政策以外，对未参加叛乱的农奴主和其他上层人士，仍然坚持和平改革的方针，实行赎买政策。民主改革的胜利，使百万农奴获得了人身自由和土地、牲畜，永远摆脱了被剥削、被奴役的地位。他们欢欣鼓舞，扬眉吐气，爱国热情高涨，在保卫祖国边疆、建设新西藏的斗争中发挥了前所未有的积极性。民主改革后，西藏的生产和建设事业有了迅速的发展。农牧业连年丰收，交通运输、工商业、文化教育都有较大发展，广大农牧区建立了党团组织，培养了大批有能力，工作积极，与广大群众有密切联系，并虚心向老同志学习的藏族和其他少数民族干部，团结了爱国上层人士，加强了革命的爱国的统一战线。1965年正式成立了西藏自治区。这期间，西藏工作的许多问题是在毛主席、周总理亲自过问下处理的。那时，在我们的具体工作中虽然也出现过一些缺点，但总的说，工作是稳妥的，形势是越来越好的。

“文化大革命”十年动乱，我们的国家遭受了空前的浩劫，西藏也未能幸免。由于林彪、“四人帮”对于党的民族政策、干部政策、宗教政策、统战政策以及经济政策的严重破坏，在西藏也造成了灾难性的后果，使西藏人民和全国其他地方的人民一样遭受了苦难。粉碎“四人帮”以后，中央对西藏工作十分重视，对西藏人民十分关怀。1980年初，中共中央书记处召开了西藏工作座谈会。会后中央发了《西藏工作座谈会纪要》，确定了新的历史时期西藏工作的方针、政策和任务。5 月，胡耀邦同志和万里、杨静仁同志受中央委托亲自到西藏考察。胡耀邦同志等和西藏的同志共商提高人民生活和充分行使民族区域自治的大计，作了重要指示。

根据中央的指示，西藏要在中央统一领导下，充分行使民族区域自治的自治权，以藏族干部和藏族人民为主，加强各族干部和各族人民的团结，调动一切积极因素，发展国民经济，提高各族人民的物质生活水平和文化科学水平。要放宽政策，特别是放宽经济政策，坚决实行休养生息的政策，减轻群众的负担。要在党政机关工作和文化教育中以藏语文为主，同时使用汉语文，发扬西藏民族优秀的文化传统。总之，要把西藏建设成为一个团结、富裕、文明的新西藏。党中央对西藏工作的重要战略决策，使西藏工作进入一个新的阶段。

中央对西藏工作的指示下达一年多来，西藏各项工作出现了新的局面，并且已经取得了一些成绩。民族关系有了改善，民族区域自治正在逐步完善和发展，民族干部的培养和选拔工作大为加强。现在全自治区地、市、县级干部中，藏族和其他少数民族已经占 2/3，6 个地、市的党政一把手已经都是藏族干部担任，并有一批藏族干部在自治区各级党政机关担任主要领导职务。1980 年农牧业全面丰收。随着经济政策的放宽，农牧民手里粮多了，油多了，肉多了，钱也多了，市场活跃，群众生活有了改善。现在西藏的藏族人口已经比 30 年前增加了 60%。西藏地方治穷致富，发展繁荣，有了一个良好的开端。

让我们西藏各族人民和全国人民一起，更加紧密地团结在党中央周围，满怀信心地为建设一个团结、富裕、文明的新西藏，为建设现代化的社会主义强大祖国而奋斗。

（节选自西藏自治区政协文史资料研究委员会编《西藏文史资料选辑》第 1 辑《纪念西藏和平解放三十周年专辑》，内部资料，1981 年）

西藏和平解放前后亲历略记

金中·坚赞平措*

1991年5月23日是中央人民政府与西藏地方政府正式签订《关于和平解放西藏办法的协议》（即“十七条协议”）四十周年纪念日。在我向这一庄严的日子表示热烈祝贺的同时，对协议签订前后的斗争情况作一简单的回忆。

“十七条协议”的签订，是藏族人民政治生活中具有重大历史意义的一件喜事。人所共知，西藏不仅是中华人民共和国领土不可分割的一部分，而且是在政治、军事等方面具有极大战略意义的伟大祖国的西南大门。藏族是拥护中国共产党的领导、热爱祖国、主人翁精神极强的民族。回忆西藏和平解放以来的历史意义，在于

* 金中·坚赞平措：时任西藏地方政府昌都总管粮畜官员，赴北京谈判代表的随行人员；后曾任西藏自治区政协副主席，全国政协常委。

激励我们这一代人在党的正确方针指引下，同全国各族人民团结一致，战胜各种困难，继续前进；让下一代懂得日臻完善的现实社会生活中的五彩缤纷的各项建设成就是靠谁的领导、靠什么路线、经过如何长期和曲折的斗争得来的。要使其知道现在的幸福生活来之不易，不忘过去的痛苦根源，牢记党的领导和革命前辈的功绩，总结历史经验，珍惜现在的幸福生活。

西藏和平解放前夕，藏历土牛年（1949年），全国大陆已基本解放。喜饶嘉措活佛根据党中央的指示，向西藏人民发表了呼吁西藏地方政府派代表到北京进行和平解放西藏谈判的广播讲话。包括爱国人士在内的广大西藏人民听了这一广播后，无不欢欣雀跃。但是，当时少数反动上层统治阶级仍妄图勾结敌对势力，扬言即使所有男人战死疆场，只剩下女人也要斗下去。为了反共和阻止人民解放军进藏，他们征集官办学校孜康的学生、布达拉宫僧官学校的学生和在地方政府供职的部分年轻僧俗官员等练习机枪的使用技术；调集富裕户子弟兵营和僧兵开进拉日廓；集中昌都地区的肖巴夺宗、边巴宗、洛隆宗、贡觉宗、察雅宗等地民兵，并委任僧俗官员多人为代本。另外，在类乌齐宗、邓柯宗、金沙江一带的德格、岗托和芒康宗等地部署藏兵，撒开了与解放军进行决斗的阵势。部分地方已发生武装冲突。但是，中央为了做到宽大为怀，仁至义尽，对西藏地方政府仍进行耐心的说服教育工作。一方面，为打击反动上层的嚣张气焰，保卫祖国西南边防，向昌都地区进军；另一方面，为了和平解放西藏，中央对西藏地方政府进行耐心的等待。

1950年10月24日，解放军的先遣部队抵达昌都。由于当时自己不了解共产党的政策，加上受帝国主义分子的各种谣言的影响，对共产党有种种疑虑，对人民解放军也不大相信。昌都解放以后，组织上耐心地对我进行党的政策、革命前途的教育后，才开始站在革命立场上。昌都解放后的数日内，解放军的首长王其梅和昌都总管阿沛·阿旺晋美指名让我和噶准桑林设法恢复昌都至拉萨的联络。我带着阿沛敦促达赖喇嘛和噶厦政府派代表去京和谈的亲笔信，直奔拉萨。10 月 30 日抵拉萨后，立即去噶厦呈送信函，并详细汇报了昌都的情况。11 月 11 日早晨，达赖喇嘛离开布达拉宫逃往亚东。离拉萨时，委派罗桑扎西、鲁康娃为代理摄政。当天，两代理摄政委任土登绕央、夏苏·晋美多吉为代理噶伦。我和桑林当即被召进噶厦地方政府，宣布："阿沛的信，达赖喇嘛与噶伦们已讨论过，决定派代表去与中央谈判。去京谈判代表阿沛·阿旺晋美取道昌都去京；藏军司令扎萨凯墨和堪穹土登丹达借道印度去京；堪穹土登列门和四品官桑颇·丹增顿珠经昌都去京。"同时，令我和桑林速返昌都述职，我们返回昌都后，我被派作去京和谈代表的工作人员之一。1951 年 5 月 23 日，以中央人民政府全权代表李维汉和西藏地方政府全权代表阿沛·阿旺晋美为首的双方代表正式在《关于和平解放西藏办法的协议》上签了字。从此，伟大领袖毛主席的光辉思想照亮了西藏高原，西藏各族人民摆脱了帝国主义的侵略羁绊，回到了社会主义祖国大家庭的怀抱，从黑暗走向了光明。5 月 24 日晚，毛主席为庆祝和平解放西藏协议正式签字，设宴招待了代表团成员及其工作人员。他在宴会上发表的讲话，至今我还记忆犹新。他说："全国各族人民要团结，藏族人民内部要团结。几百年来，中国各民族之间互不团结，特别是汉族同藏族、汉族同其他少数民族之间互不团结，西藏民族内部也不团结。这些都是反动的清朝政府和蒋介石反动统治压迫造成的恶果，在中国共产党的领导下，打败了帝国主义和国内反动势力的统治，实现了今天的大团结，而不是由一部分人去压迫另一部分人。今后要在紧密团结的基础上，发展我们全体民族的政治、经济和文化……”

如今，参加协议签订的西藏代表和工作人员中，一些人士已去世，一些人叛国外逃病死他乡，现在国内健在的只有阿沛·阿旺晋美副委员长和我。

后来，西藏的少数分裂主义分子不仅背叛了毛泽东主席的教导，而且企图破坏已经签订的“十七条协议”。在协议能否执行、和平解放西藏能否实现的关键时刻，中央人民政府驻藏代表张经武在解放军先遣支队到拉萨的前一个月，借道印度进藏，途经亚东时会见了达赖喇嘛。当时，在达赖喇嘛出走印度，还是返回拉萨的问题上，地方政府的重要官员中间发生意见分歧，于是在亚东东嘎寺举行了一个短会，仍未取得一致意见。此时，张经武同志转交了毛主席给达赖喇嘛的亲笔信，转达了毛主席对达赖喇嘛派代表去京签订协议的爱国态度的赞扬，同时宣传了协议的内容和党的民族宗教政策。强调了只有站在爱国立场上才有出路。在党的政策威力的感召下，他们大部分站到了反帝爱国的立场上，达赖喇嘛也返回到拉萨，为协议的贯彻执行迈出了第一步。但是，妄图撕毁协议的少数上层反动分子，仍然顽固不化，其中的一个头目看到驻拉萨的人民解放军供给上有困难，公开恶意攻击，说什么“挨饿比吃败仗更难受吧？”此时，中共西藏工委采取开荒生产，自给自足的措施，站稳了脚跟。上层反动集团心怀叵测，在帝国主义的唆使下，1953 年 3 月 31 日，召开伪人民会议。4 月 7 日晚，以伪人民会议的名义，纠集数千人包围了中央人民政府代表张经武驻地桑都仓，疯狂叫喊“解放军从西藏撤出去！”“不许改变西藏制度！”等分裂祖国的反动口号，在拉萨制造了第一起骚乱。当时，我担任西藏工委与地方政府之间的信函传递工作，自然耳闻目睹较多。当斗争十分激烈时，中央人民政府代表张经武、西藏军区司令员张国华和政委谭冠三等同志，邀请地方政府噶伦和上层僧俗官员座谈，根据有理、有利、有节的原则，不仅对其进行说服教育和斗争，而且严厉指出地方政府必须立即制止伪人民会议的活动。尽管中央对西藏事务采取慎重稳进的方针，实行六年不改的政策，明确规定今后是否改革，要与爱国上层人士商量，要根据上下的意愿进行。但是，正如毛主席所说“凡是反动的东西，你不打它不倒”一样，西藏少数反动上层不甘心自己的失败，终于在1959年3月发动了武装叛乱。他们的反动面目在人民面前暴露无遗，广大藏族人民清楚地看到了搞叛乱的只是少数出卖西藏、背叛祖国、背信弃义、杀人放火、灭绝人性的反动分子。当时，根据国务院的命令，驻藏人民解放军和西藏人民并肩作战，很快平息了武装叛乱，推翻了封建农奴制度，广大农奴彻底翻身解放，民主改革运动轰轰烈烈进行。广大爱国上层人士积极拥护改革，从和平解放到武装叛乱之间，反动与进步势力之间的斗争时起时伏，时而缓和时而激烈，对我们教育很深。

40年来，党中央对西藏的工作作了一系列具体指示，使西藏各方面获得长足进步。现在，除林芝专区墨脱县外，形成了以拉萨为中心的通往各地县的公路交通网。在各地市县修建了医院和藏医院。在拉藏、昌都新建了大型水泥厂。拉萨皮革厂和林芝毛纺厂生产的产品，畅销区内外。43项工程，雄伟壮丽，光彩夺目。各地市县建了电视转播台，使当地人民能及时收看到中央和我区的新闻和节目。在农业生产方面，国家投入了大量资金，建立了一整套农机、农药供应渠道，大力推广科技种田，粮食、蔬菜、饲草等大幅度增产，人民生活不断提高。特别是党的十一届三中全会以后，进一步落实党的民族宗教政策，使在“文革”中受到破坏的寺庙、文物、宗教活动场所等得到恢复，对个人受到的损失也作了适当赔偿；对1959年以来的冤假错案都进行了平反昭雪。最近，通过党建工作的深入开展，进一步反对了资产阶级自由化思潮，使党的优良传统得到进一步恢复。政治、经济、法制等制度日趋完善。实行对外开放、对内搞活以来，很多外国人纷纷来我区考察、旅游，不仅使我区的旅游业取得可观的经济效益，而且使更多的外国人了解了西藏的变化和建设成就。

我们任何时候都不能忽视思想政治工作，因为思想政治工作是我们党的优良传统之一，是我们的政治优势，是使社会主义事业朝着正确轨道前进的重要保证。邓小平同志指出，前几年我们最大的失误，就是思想工作方面的失误。西藏一些实际完全证明这一论点是正确的。总结过去的经验教训，结合西藏实际，进一步加强思想政治工作，已是当务之急的大事。做好思想政治工作的指导思想，是党的十三届四中、五中和六中全会精神及区委扩大会议精神。我们要认真学习领会、全面正确地贯彻执行党的民族、宗教、统战、知识分子等政策，一切要从西藏实际出发，进一步深刻认识西藏地理、民族、宗教、文化、风俗习惯等特性，力争在西藏的社会主义现代化建设中用唯物主义的观点对待历史，尊重历史，做到两个文明一起抓。

在纪念西藏和平解放四十周年的时候，诚恳地希望国外藏胞更多地了解西藏社会主义建设事业的成就和发生的翻天覆地的变化，早日回到自己的家乡，同我们一起共同建设社会主义新西藏。希望流亡异乡的藏胞，认真考虑，作出正确选择，早日回到家乡与亲人团聚，为西藏的建设事业作出贡献。

1990年10月

刘文尧　译

（节选自西藏自治区政协文史资料委员会编《西藏文史资料选辑·纪念西藏和平解放四十周年专辑》，内部资料，1991年）

中共中央关于在新解放城市中成立各界代表会办法的规定

（一九四八年十一月三十日）

各中央局，各中央分局，各前委：

据石家庄、洛阳、济南等城市解放后的经验，我在这些城市工作中的中心弱点，是与广大群众联系不够。虽然我已掌握了政权，但还没找到与广大群众联系的最适当的组织形式和工作方法。我派往这些城市的工作干部愈多，就使城市工作机关堆积的干部愈多，也就愈加阻塞我在城市的领导机关与广大群众的联系和接触，各领导机关每日所接触的所传达的，都是在外面派来的这些干部中打圈子，他们所反映的情况，又常常主观得很，与人民生活中的实际和群众中的真正舆论相距甚远。有些城市，如石家庄，领导机关一去，也想先将群众组织起来，成为人民政权的支柱和党的耳目，但执行的时候，却毫无准备而冒失地召开工厂的职工大会、城市的贫民大会，马上成立各厂工会和街道的贫民组织，结果被国民党特务钻了进来，控制了群众组织的领导权，反而使我们与群众隔离。另一种组织形式，就是在城市刚解放后，我们为建立革命秩序，维持人民治安，需要召开各界或各业座谈会，报告我们政策并征询大家意见，但这是临时性质，不能解决经常与群众联系的问题。有的城市，已成立临时参议会，但这一组织形式，容易给人以国民党统治时代召开过的参议会的不良印象，而在成分上，因是聘请作参议，很容易偏重旧社会的上层分子；在职权上，因是咨议机关，对群众的联系也就不会密切。因此，为纠正上述这些联系群众的弱点，特规定成立各界代表会的办法如下：

一、在城市解放后实行军管制的初期，应以各界代表会为党和政权领导机关联系群众的最好组织形式。当城市初解放后，即使党在该城市原来有党的组织和群众工作，但究因是地下党的关系，不可能有广大群众的联系，故不仅正式的人民代表会议一时不易召开，即成立人民团体，例如工会、学生会、青年团、妇女联合会等，也须根据我们原来工作的有无好坏，分别先后进行，不能一下组织好。而各界代表会，则可根据我们在该城市原有的或可能动员的力量，由军事管制委员会及临时市政府出面首先邀请若干人为各界代表，组成各界代表会，成为军管会和临时市人民政府在军管初期传达政策、联系群众的协议机关。

二、各界代表会的人数不拘，但每个代表应具有团体的代表性，如各工厂、各学校、各机关、各卫戍部队，大者各出一二人，小者共出一二人；各革命团体如秘密的工会、学生会和妇女青年组织，各民主党派如在未解放前受反动压迫的各党派，均可出代表一二人；旧有的商会或其他有代表性的团体如非反动者，亦可容许其出一二人。这些代表，均为聘请，并须在我军入城前后，经过调查研究，方能确定人选，其中应以劳动人民及革命知识分子占多数，但必须尽可能地多请原与群众有密切联系的代表，切忌尽请一些从外边派去工作的干部。如查明某人系属反动分子，即使有某一为我承认之合法团体推荐，亦可拒绝，如已聘请，亦得撤销。在某些团体或商店、作坊和贫民的街道组织尚未组成或尚未健全的时候，可以暂缓聘请其中的人为代表。在各人民团体，首先是工会、学生会的组织已经健全起来的时候，他们的代表可以经过各工厂、各学校、各机关的群众大会推选，然后加以聘请，以增强其代表性。

三、各界代表会的职权，是由军管会和临时市人民政府赋予的。军管会和市人民政府的各项政策及一切市政设施，均可向各界代表会报告，并经过其讨论和建议，再由军管会和市政府作出最后决定，付诸实施。各界代表会并可向军管会及市人民政府提出各项市政建议。在实施过程中，各界代表须负责向其所代表的机关、团体、学校、工厂、部队、街道组织，召开群众大会，报告和解释这些政策和设施的内容，并向各界代表会反映群众的意见。在必要时，军管会和市人民政府亦得派代表直接向上述各单位的群众大会做报告。在各界代表会开会时，得军管会和市人民政府的允许，可邀请有代表出席的团体单位派人旁听，以观察其代表是否尽职。

四、各界代表会的开会日期，在城市初解放时，每星期应有一二次，每次应不少于三小时。在开会时，军管会和市政府必须有负责人出席报告和参加讨论及解答问题，军管会和市政府的委员和高级职员均有权参加各界代表会会议。

五、各界代表会可选出主席、副主席，并组织秘书处以执行日常事务。各界代表会为市人民代表会议召开以前的临时政府的协议机关，故无对政府约束之权，但我们如能运用得好，则我党的一切决议和主张，均可经过他们的协助，取得广大人民的拥护，并保持军管会和市临时人民政府与群众的密切联系，使我们能够听到群众的呼声，探知群众的要求，并取得群众的协助来解决各项困难问题，例如解决煤粮缺乏问题及煤粮配给办法等，均可经各界代表会讨论来获得解决。因此，我在各单位的党的组织和工作人员应力争取得群众信用，使党能经过军管会和市人民政府聘请我们同志为代表，并从而培养将来当选为人民代表会议代表的条件，使党在群众中能树立起坚强的领导作用。

六、各城市解放后，人民代表会议何时召开，须视军管期间我党各项政策的实施效果及人民群众的组织情况而定，但最主要的还看我们运用各界代表会这一组织形式的成效如何。考验我们能否管理好城市的决定力量是党的政策掌握了群众，也就是说群众拥护了党的政策。要使这一决定力量形成，党所领导的人民代表会议是我们的组织武器，而各界代表会则可看作是人民代表会议的雏形。自然配合这一组织形式联系群众、传达党的政策、反映群众意见的，尚有党所领导的工会、青年团、学生会等人民团体与党的报纸和广播及其在群众中的通讯员等等，但最直接而又最广泛的，还是这一人民代表会议及其前身——各界代表会的政权和半政权的组织形式。望各地根据这一规定，善为运用，并创造出新的经验，随时电告中央。

中央

戌陷

（选自中共中央文献研究室、中央档案馆编《建党以来重要文献选编》第25册，中央文献出版社2011年版）

中共中央关于迅速召开各界代表会议和人民代表会议的指示

（一九四九年七月三十一日）

各中央局、分局：

（一）凡三万人口以上的城市，在解放两个月至迟三个月后，即应召开各界代表会议，以为党与政府密切地联系人民群众的重要方法之一。

（二）自中央发出关于召集各界代表会议的指示以后，为时已久，除太原、石家庄、西安等少数城市以外，各地均尚未召集此项会议，这是不好的。各中央局、分局必须指示所属各城市党的组织，经过市政府，迅速召集此项会议，并以开会情形报告我们。

（三）关于各老解放区，应当召开乡的、县的、省的及全区域的人民代表大会及代表会议，亦望遵照中央早已发出的决议从速办理，不要推延。党内干部中有一种不愿召开此类会议听受批评及建议的倾向，必须克服。

（四）关于各解放区召开党的各级代表大会及代表会议一事，必须与召开各界代表会议及人民代表大会一事配合举行，不可再推迟。

（五）兹将北平市委七月二十九日关于召集各界人民代表会议及党的代表会议给中央的报告转发给你们作参考。

中央

午世

附：中共北平市委关于召集各界人民代表会议及党的代表会议给中央的报告

（一九四九年七月二十九日）

甲、过去我们还只是召开了一些带有代表会议性质的座谈会，解决一些重大问题，如土地、房屋问题等。尚未召开过正式的各界代表会议，这是一个很大的缺点。现在我们决定于剑英同志南下前，由军管会、市政府联合召开一次全市各界代表会议。

（一）在此次会议中，除扼要报告半年来的工作外，并拟报告与讨论下列几个问题：

第一，关于继续肃清潜伏的残余反革命分子，及对首要敌特分子的处理问题。

第二，关于进一步恢复与发展生产问题，包括今后公营企业的生产计划及对私人企业的指导方针和继续开展城乡贸易及劳资关系调整等问题。

第三，关于本市中小学教育的改革和管理中的若干问题。

第四，若干税收问题。

会期预定三天。

（二）关于代表产生方法。因为现在北平的工会已有九万会员；学生会有五万会员；中、小学校教职员联合会已正式成立；大学教联已成立筹备会；妇女、农民都已有了若干组织。因此，我们决定除各党派代表和聘请的一部分代表外，各群众团体代表拟令其自行选派。产业界与商业界的代表拟由各行业代表推选。这样与群众的联系及代表性会更好些。以现在的工作基础和情况来估计会上不至有大困难。至于代表名额之具体分配及产生方法等，俟组织草案决定后另行报告。

乙、拟于各界代表会议前，召开一次党的代表会议，讨论当前的工作计划与党务工作，并报告讨论各界代表会议上要解决的问题，搜集意见加以修改和补充。会期预定两天。

关于党的代表会议代表产生的办法：

（一）根据党章规定提出各级党委代表名额如下：

1. 各区区委各推选代表五名，二十一个区共选代表一百零五名。

2. 市委直属机关分党委与总支，共选代表二十五名，计：

直属党委推选代表三名。

市委机关总支三名。

铁路分党委推选代表二名。

长辛店铁路大厂分党委推选代表二名。

人民银行总支推选代表一名。

贸易局总支推选代表一名。

公安局分党委推选代表三名。

公安总队党委三名。

公安局总支推选代表二名。

公安局二处总支推选代表二名。

市委干训班总支推选代表三名。

3. 各学校总支共选代表十七名，计：

学生党训班党委推选代表三名。

北京大学总支推选代表三名。

清华大学总支推选代表三名。

师范大学总支推选代表二名。

燕京大学总支推选代表一名。

辅仁大学总支推选代表一名。

育才中学总支推选代表二名。

青年学习团总支推选代表二名。

4. 各工厂总支共选代表十三名，计：

电信局总支推选代表三名。

被服厂总支推选代表三名。

人民印刷厂总支推选代表三名。

机器总厂总支推选代表二名。

电车公司总支二名。

（二）根据北平市情况，领导系集中于市级。各项工作主要干部大部集中市级各机关，且多未参加各级党委。为了更便利于解决工作中的问题，市委所属各部委会、市政府系统各局外负责的党员干部共六十五人，拟由市委指定为代表参加会议。计：

1. 市委直属各部委共三十三名。

2. 市府二十三名。

3. 公安局九名。

（三）青年团市工委会推选代表五名（各工厂、各学校团的负责人，可由各单位包括）。

是否妥当，请批示。

北平市委

七月二十九日

（选自中共中央文献研究室、中央档案馆编《建党以来重要文献选编》第25册，中央文献出版社2011年版）

省各界人民代表会议组织通则

（一九四九年十二月二日中央人民政府委员会第四次会议通过）

第一条　省各界人民代表会议由省人民政府呈请中央人民政府批准召集之。

第二条　省各界人民代表会议的参加单位及代表名额由省人民政府和省各界人民代表会议协商委员会共同商定之。尚未成立协商委员会之省，则由省人民政府决定之。

第三条　省各界人民代表会议代表资格：凡反对帝国主义、封建主义、官僚资本主义，赞成共同纲领，年满十八岁之人民，除患精神病及褫夺公权者外，不分民族、阶级、性别、信仰，均得当选为代表。

第四条　省各界人民代表会议代表之产生：区域代表以县市为单位，由县市各界人民代表会议或市协商委员会推选之；在尚未召开各界人民代表会议之县市，则由县市人民政府召集各该县市的民主党派、人民团体及有关的各界人士举行联席会议推选之。

在少数民族聚居的地区，实行民族的区域选举。

省人民政府的代表，由省主席、副主席、秘书长、各厅厅长、法院院长等充任之。各民主党派、各人民团体、省级专区级各机关及驻在该省的部队的代表，由各党派、团体、机关及部队自行推选之；其他方面的代表，经省人民政府与省各界人民代表会议协商委员会共同商定，由省人民政府邀请之。尚未成立协商委员会之省，则由省人民政府直接邀请之。

第五条 省各界人民代表会议代表的任期定为二年，连选得连任。各党派、团体、机关、部队及少数民族经与省各界人民代表会议协商委员会商定，得更换其代表；被邀请的代表经省人民政府和协商委员会商定，亦得更换之。尚未成立协商委员会之省，则由省人民政府商定更换之。

第六条 凡能召开省各界人民代表会议的地方，即应代行省人民代表大会的如下的职权：

一、听取与审查省人民政府的工作报告。

二、决定省的施政方针和政策。

三、审查与通过省人民政府的预决算。

四、建议与决议有关省政兴革事宜。

五、选举省人民政府主席、副主席、委员，组成省人民政府委员会。

第七条 省各界人民代表会议的决议，有与上级人民政府及中央人民政府的政策法令抵触时，上级人民政府及中央人民政府得废除、修改或停止其执行。

第八条 省各界人民代表会议设主席团，由大会选举主席若干人组成之。主席团互推常务主席若干人，负责主持主席团会议及常务工作。

省各界人民代表会议设秘书长一人，副秘书长若干人，由主席团提交大会通过之。在正副秘书长之下，设秘书处，处理会议日常事务。

省各界人民代表会议得设提案审查委员会及其他委员会。

第九条 省各界人民代表会议休会期间，设省各界人民代表会议协商委员会；由省各界人民代表会议选举主席一人，副主席若干人及委员若干人组成之；其职权：

一、协助省人民政府实行省各界人民代表会议的决议。

二、协商并提出对省人民政府的建议。

三、协助省人民政府动员人民支援前线，建立革命秩序，镇压反革命并参加建设工作。

四、负责进行下届省各界人民代表会议的准备工作。

五、负责进行本省民主统一战线工作。

第十条 协商委员会由主席负责召集并主持会议。

协商委员会推定秘书长一人，副秘书长若干人，协助主席副主席进行工作。

协商委员会根据需要，得设各种委员会，吸收协商委员会委员及省各界人民代表会议的代表参加工作。各委员会由协商委员会分别推定主任一人负责主持。

第十一条 省各界人民代表会议每一年召开一次，其召集日期由协商委员会决定之。但经省人民政府或省各界人民代表会议三分之一代表之提议，或协商委员会认为需要时，得提前或延期召集之。

省协商委员会每三月召集一次，必要时亦得提前或延期召集之。

第十二条 本通则适用于大行政区之各界人民代表会议。

（选自中华人民共和国政体通鉴编辑委员会编《中华人民共和国政体通鉴》，红旗出版社 2003 年版）

市各界人民代表会议组织通则

（一九四九年十二月二日中央人民政府委员会第四次会议通过）

第一条　市各界人民代表会议由市军事管制委员会（以下简称军管会）及市人民政府召开之。未设立军管会的市由市人民政府召开之。

第二条　市各界人民代表会议的代表名额：二十万人口以上的市，二百人至五百人左右；三万人口以上的市，一百人至二百人左右。

第三条　市各界人民代表会议代表资格：凡反对帝国主义、封建主义、官僚资本主义，赞成共同纲领，年满十八岁之人民，除患精神病及褫夺公权者外，不分民族、阶级、性别、信仰，均得当选为代表。

第四条　市各界人民代表会议代表的产生：市各界人民代表会议的参加单位及代表名额之分配，由军管会、市人民政府和上届市各界人民代表会议协商委员会（以下简称协商委员会）共同商定之。

尚未成立协商委员会之市，则由军管会和市人民政府决定之。

军管会、市人民政府的代表由军管会主任、副主任、市人民政府市长、副市长等充任之。各民主党派、各人民团体、驻在该市的各机关及部队的代表由各党派、各团体、机关及部队自行选派之。其他方面的代表经军管会、市人民政府和协商委员会商定，由军管会、市人民政府邀请之；或由军管会、市人民政府商定邀请之。

第五条 各界人民代表会议代表的任期：市各界人民代表会议未代行市人民代表大会职权以前，可每次推选，但连选得连任；从代行市人民代表大会职权时起，每届人民代表会议的任期为一年，连选得连任。各民主党派、人民团体、机关及部队经与协商委员会商定，均得更换其代表：被邀请的代表，经协商委员会商定，亦得更换之。未成立协商委员会之市，由市人民政府商定更换之。

第六条 市各界人民代表会议的职权：在军事管制初期，各界人民代表会议是军管会和市人民政府传达政策、联系群众的协议机关，其职权：

一、听取军管会及市人民政府关于施政方针、政策、计划及工作情况之报告，并进行讨论，提出批评和建议。

二、向军管会及市人民政府反映人民的意见和要求，建议有关市政兴革事宜。

三、向人民传达并解释市各界人民代表会议的决议案，并协助市人民政府动员人民推行之。

第七条 市各界人民代表会议经直属上级人民政府批准，可代行人民代表大会的如下的职权：

一、听取与审查市人民政府的工作报告，决定市的施政方针和政策。

二、审查与通过市人民政府的预决算。

三、建议与决议有关市政兴革事宜。

四、向人民传达并解释市各界人民代表会议的决议案，并协助市人民政府动员人民推行之。

五、选举市人民政府市长、副市长、委员，组成市人民政府委员会。

第八条 市各界人民政府代表会议的决议，有与上级人民政府的政策法令抵触时，上级人民政府得废除、修改或停止其执行。

第九条 市各界人民代表会议设主席团，由大会选举主席若干人组成之，负责主持会议的进行；设秘书长一人，副秘书长若干人，由主席团提请大会通过之，协助主席处理会议日常事务。

市各界人民代表会议得设提案审查委员会及其他委员会。

第十条 市各界人民代表会议休会期间，设市各界人民代表会议协商委员会，由市各界人民代表会议选举主席一人，副主席若干人及委员若干人组成之；其职权：

一、协助市人民政府实行市各界人民代表会议的决议。

二、协商并提出对市人民政府的建议。

三、协助市人民政府动员人民支援前线，建立革命秩序，镇压反革命并参加建设工作。

四、负责进行下届各界人民代表会议的准备工作。

五、负责进行本市民主统一战线工作。

第十一条 协商委员会由主席负责召集并主持会议。协商委员会推定秘书长一人，副秘书长若干人，协助主席、副主席进行工作。

协商委员会根据需要得设各种委员会，吸收协商委员会委员及市各界人民代表会议的代表参加工作，各委员会由协商委员会分别推定主任一人负责主持之。

第十二条 市各界人民代表会议每三个月召开一次，但经市人民政府或各界人民代表会议三分之一代表之提议，或协商委员会认为需要时，得提前或延期召集之。

协商委员会每月召集一次，必要时亦得提前或延期召集之。

（选自中华人民共和国政体通鉴编辑委员会编《中华人民共和国政体通鉴》，红旗出版社 2003 年版）

县各界人民代表会议组织通则

（一九四九年十二月二日中央人民政府委员会第四次会议通过）

第一条 县各界人民代表会议由县人民政府召开之。

第二条 县各界人民代表会议的代表名额：五十万人口以上的县，三百人至五百人左右；二十万至五十万人口的县，二百人至三百人左右；二十万人口以下的县，一百人至二百人左右。

第三条 县各界人民代表会议代表资格：凡反对帝国主义、封建主义、官僚资本主义，赞成共同纲领，年满十八岁之人民，除患精神病及褫夺公权者外，不分民族、阶级、性别、信仰，均得当选为代表。

第四条 县各界人民代表会议的产生：县各界人民代表会议的参加单位及代表名额之分配，由县人民政府决定之。

农民的代表，由乡（行政村）农民代表大会或农民大会产生之，亦可由区或县农民代表会议产生之。

县人民政府的代表，由县长、副县长等充任之。各民主党派（已有组织者）、各人民团体、驻在该县的各机关及部队的代表，由各党派、团体、机关及部队自行选派之。其他方面的代表，由县人民政府决定邀请之。

第五条 县各界人民代表会议代表的任期：县各界人民代表会议未代行县人民代表大会职权以前，可每次推选，但连选得连任；从代行县人民代表大会职权时起，每届人民代表会议的任期为一年，连选得连任。各民主党派、人民团体、机关及部队经与县人民政府商定后，均得更换其代表；被邀请之代表亦得由县人民政府决定更换之。

第六条 县各界人民代表会议的职权：

一、听取县人民政府的工作报告，并进行讨论，提出批评和建议。

二、向县人民政府反映人民的意见和要求，讨论并建议有关县政兴革事宜。

三、向人民传达并解释县各界人民代表会议决议案，并协助人民政府动员人民推行之。

第七条 县各界人民代表会议经省人民政府批准，可代行县人民代表大会的如下的职权：

一、听取与审查县人民政府的工作报告。

二、审查与通过县人民政府的预决算。

三、建议与决议有关县政的兴革事宜。

四、向人民传达并解释县各界人民代表会议决议案，并协助县人民政府动员人民推行之。

五、选举县人民政府县长、副县长、委员，组成县人民政府委员会。

第八条 县各界人民代表会议的决议，有与上级人民政府的法令抵触时，上级人民政府得废除、修改或停止其执行。

第九条 县各界人民代表会议设主席团，由大会选举主席若干人组成之，负责主持会议的进行；设秘书长一人，副秘书长若干人，由主席团提请大会通过之，协助主席团处理会议日常事务。

县各界人民代表会议得设提案审查委员会及其他委员会。

第十条 县各界人民代表会议休会期间，设常务委员会，由县各界人民代表会议选举主席一个、副主席若干人及委员若干组成之；其职权：

一、协商并提出对县人民政府的建议。

二、联系代表，协助政府动员人民推行各种工作。

三、负责进行下届各界人民代表会议的准备工作。

第十一条 县各界人民代表会议每三个月召开一次，但经县人民政府或县各界人民代表会议三分之一代表之提议，得提前或延期召集之。

（选自中华人民共和国政体通鉴编辑委员会编《中华人民共和国政体通鉴》，红旗出版社 2003 年版）

中国人民政治协商会议全国委员会关于各省、市各界人民代表会议协商委员会工作的意见

（一九五一年七月十九日中国人民政治协商会议第一届全国委员会常务委员会第二十五次会议通过）

一、迄今已与人民政治协商会议全国委员会发生联系的省、市协商委员会中，有些已开始代行着全国委员会地方委员会的职权，有些已初步地建立起自己的机构，并或多或少地进行了下列各方面的工作：

1. 协同政府筹备人民代表会议；

2. 在人民代表会议闭幕之后，组织各代表以各种方式向各界人民传达代表会议的决议，经常与各代表联系，接受他们的意见，并经过他们搜集人民的意见，及时反映给人民政府；

3. 审议政府交议的文件和法案；

4. 协助政府动员人民参加各种运动，如抗美援朝、土地改革、镇压反革命等等；

5. 发起并推动各民主党派、人民团体、民主人士进行时事教育和政策学习。

以上的活动都获得相当的成绩和初步的经验。

二、但也应该指出，由于协商委员会是一个新的创造，还没有多少经验，有些地方对它还不够熟悉，甚至不够重视，因而往往不免流于形式，不能够很好地发挥其应有的作用。各地协商委员会普遍存在的缺点，是缺乏经常的和全面的工作。有的除了举行人民代表会议和协商委员会的会议以外，几乎再没有什么工作；有的除举行人民代表会议和协商委员会会议外虽还有一些活动，但缺乏计划性与主动性，因而也就缺乏经常性，往往事到临头，大忙一阵，突击过去，活动又呈停顿。或则虽有些经常活动而范围不够宽广，内容不够丰富，往往对于配合政府推行政策法令这一方面的活动较多，而主动地联系人民，反映人民的意见和需要则不足；对于协助政府的工作较多，而对于协助各民主党派、人民团体和民主人士团结进步的统一战线工作则很少。

还应该指出，有些地方，对协商委员会和某些有关方面的关系上，特别在和政府的关系上存在着若干不正确的或不恰当的看法和做法。如有的地方政府把它看成是政府的隶属机关，对它颁发指示或命令。有的地方把协商委员会看成代议机关，凡是政府要做的工作都要提交协商委员会通过或追认。又如有的地方协商委员会的工作和会议与政府的工作和会议搅在一起，或则代办了政府的工作，或则放松了本身的职责。此外，有些地方协商委员会在与当地中共统一战线工作部和各民主党派、人民团体的关系上，也还有些模糊不清。

三、产生上述这些问题的主要原因是对于协商委员会的性质和作用认识不足、重视不够或有所偏重。协商委员会是各民主党派、人民团体和民主人士的政治协商机关，又是经过各民主党派、人民团体和民主人士去团结各民主阶级的统一战线组织。因此协商委员会的任务是一方面要协助政府联系和动员人民，审议和推行政策法令；又一方面要加强各民主党派、人民团体和民主人士的团结进步工作，经过他们去团结和教育各民主阶级的人民。这两方面的任务是不可分离的。缺了一个方面，任务就不完全；缺了这一方面，另一方面的工作也就做不好。在同人民政府的关系上，应该明确：协商委员会不是政权机关，也不是政府的隶属机关，而是协商、建议机关，它对政府的关系是协商、建议和协助政府联系人民推动工作的关系。在同各民主党派和人民团体的关系上，协商委员会不是它们的领导机关，而是它们的协商和团结合作的机关，协商各民主党派和人民团体的一切带共同性的或互相有关的事情，取得协议，共同推行，而不干涉它们的内部事务。协商委员会与中共统一战线工作部之间，也是协商和团结合作的关系，中共统一战线工作部自当尽量协助协商委员会的工作和活动。

四、兹依据上面关于协商委员会的性质的了解和各地实际经验，按照省各界人民代表会议组织通则第九条和市各界人民代表会议组织通则第十条的规定，将协商委员会的工作具体列举如下：

1. 经过人民代表会议代表及各民主党派、人民团体、民主人士，协助人民政府实行各界人民代表会议的决议，并了解其执行情况；

2. 经过人民代表会议代表及各民主党派、人民团体、民主人士，协助人民政府联系人民，征求并反映人民意见；

3. 审议政府交议的文件和议案；

4. 有系统地搜集政治法律、财政经济、文教卫生、市政建设、宗教事务及其他方面的材料，进行研究，提出意见，供政府采择；

5. 分别地或联合地召集各界人士的座谈会，协助人民政府解释政策法令并征求对于政策法令的意见；

6. 接受人民的建议、询问、要求、申诉与批评，并负责加以适当的处理，务使有着落有交代；

7. 协助与推动各民主党派、人民团体、民主人士参加各种人民革命运动及建设工作，目前尤要有计划地组织工作团、参观团、视察团等，参加抗美援朝、土地改革及镇压反革命的三大运动；

8. 组织时事座谈会和学习会，协助人民代表会议代表、各民主党派、人民团体、民主人士进行时事的、政策的和理论的学习；

9. 协助各民主党派、人民团体、民主人士解决相互有关的问题，加强其团结与合作；

10. 对各民主党派的发展及训练干部等工作予以可能的协助；

11. 协同人民政府筹备下届各界人民代表会议。

代行全国委员会地方委员会职权的省、市协商委员会，并须执行“中国人民政治协商会议全国委员会关于地方委员会的决定”第四条各款所规定的任务。

省、市协商委员会为要很好地完成上述的工作和任务，必须适当地健全自己的组织。现在有些协商委员会的机构太不健全，太不充实，也是缺乏经常工作的原因之一。因此各地协商委员会应建立与充实秘书处（室）等机构，配备专职干部，并根据当地工作情况的需要，成立各种委员会（如：政治法律、财政经济、市政建设、文教卫生、宗教事务等），吸收协商委员会委员及各界人民代表会议的代表参加工作。

（选自全国政协研究室编《中国人民政协全书》上册，中国文史出版社1999年版）

政协文史“亲历、亲见、亲闻”文库

人民政协与新中国成立

·第五辑·

《“三亲”文库》编纂工作委员会　编

中国文史出版社

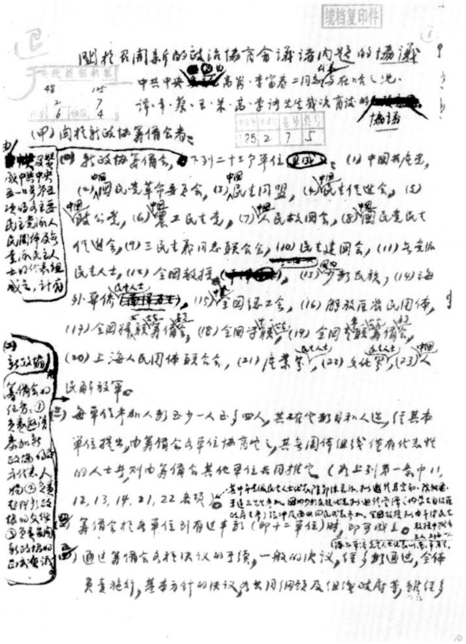

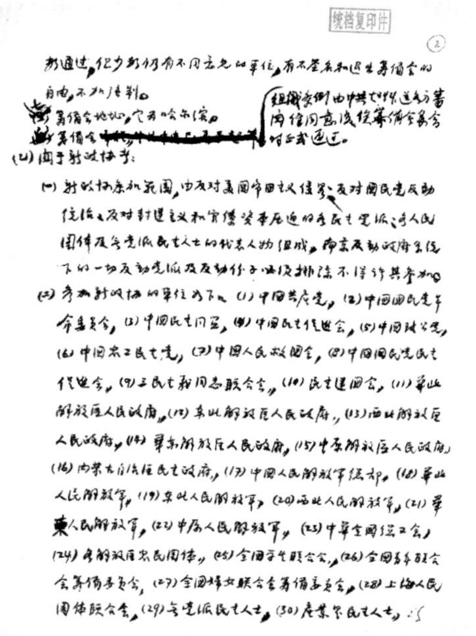

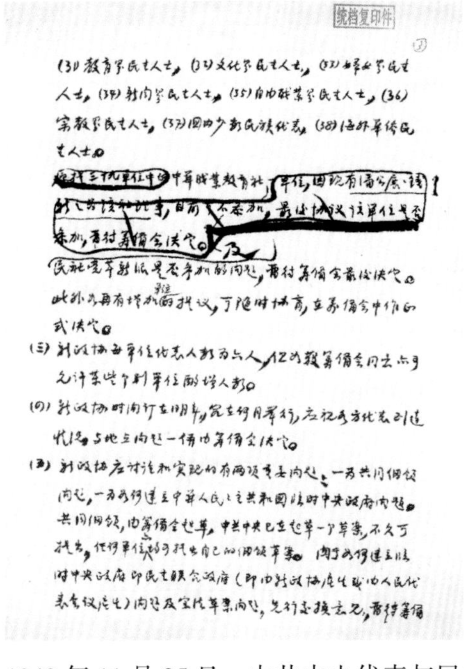

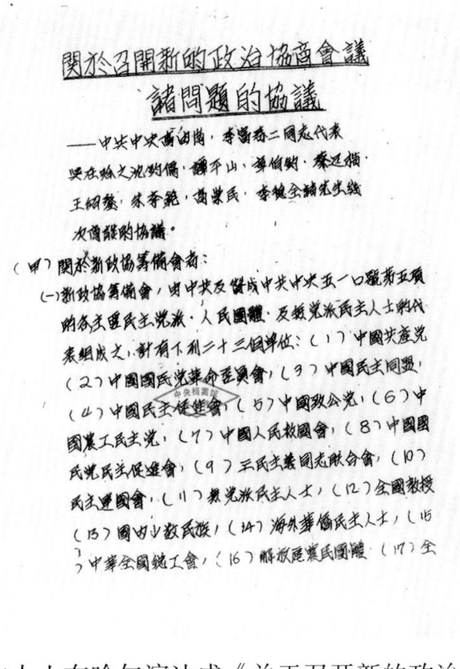

關於召開新的政治協商會議

諸問題的協議

——中共中央高崗、李富春二同志代表

與在哈之沈鈞儒、譚平山、章伯鈞、蔡廷鍇、

王紹鏊、朱學範、高崇民、李德全諸先生幾

次商談的協議。

（甲）關於新政協籌備會者：

（一）新政協籌備會，由中共及贊成中共中央五一口號第五項的各民主黨派、人民團體、及無黨派民主人士的代表組成之，計有下列二十三個單位：（1）中國共產黨（2）中國國民黨革命委員會，（3）中國民主同盟，（4）中國民主促進會，（5）中國致公黨，（6）中國農工民主黨，（7）中國人民救國會，（8）中國國民黨民主促進會，（9）三民主義同志聯合會，（10）民主建國會，（11）無黨派民主人士，（12）全國教授（13）國內少數民族，（14）海外華僑民主人士，（15）中華全國總工會，（16）解放區農民團體（17）全

1948 年 11 月 25 日，中共中央代表与民主人士在哈尔滨达成《关于召开新的政治协商会议诸问题的协议》。前三张图为定稿前的修改件。

1949 年 3 月 25 日，毛泽东等率中共中央机关和人民解放军总部进入北平，当日下午在西苑机场举行阅兵式。图为毛泽东和民主人士在一起。左起：沈钧儒、朱德、董必武、李济深、陈其瑗、郭沫若、黄炎培、毛泽东、林伯渠、马叙伦。

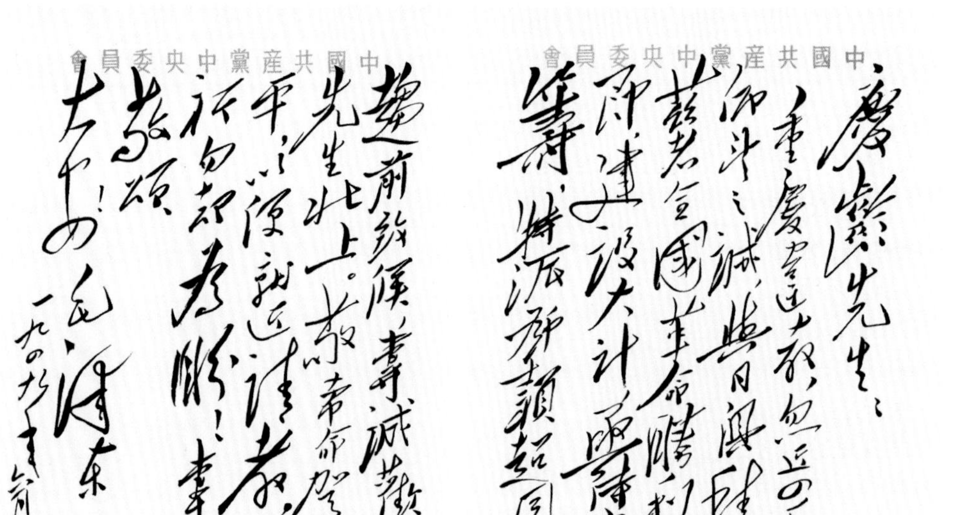

中國共產黨中央委員會

庆龄先生：

重庆违教，忽已四年。仰止之诚，与日俱积。兹者全国革命胜利在即，建设大计，亟待商筹，特派邓颖超同志

中國共產黨中央委員會

趋前致候，专诚欢迎先生北上。敬希命驾莅平，以便就近请教，至祈勿却为盼！专此。敬颂

大安！

毛泽东

一九四九年六月十九日

1949年6月，毛泽东派邓颖超专程赴沪邀请宋庆龄北上共商国是。图为毛泽东的亲笔信。

1949年6月15日，新政治协商会议筹备会第一次全体会议在北平中南海勤政殿开幕，毛泽东在开幕典礼上讲话。

新政治协商会议筹备会常务委员合影。左起：谭平山、周恩来、章伯钧、黄炎培、林伯渠、朱德、马寅初、蔡畅、毛泽东、张奚若、陈叔通、沈钧儒、马叙伦、郭沫若、李济深、李立三、蔡廷锴、陈嘉庚、乌兰夫、沈雁冰。（张澜当选为筹备会常务委员，因尚未抵平，未参加合影。）

1949 年 9 月 17 日，出席新政治协商会议筹备会第二次全体会议的代表在中南海合影。

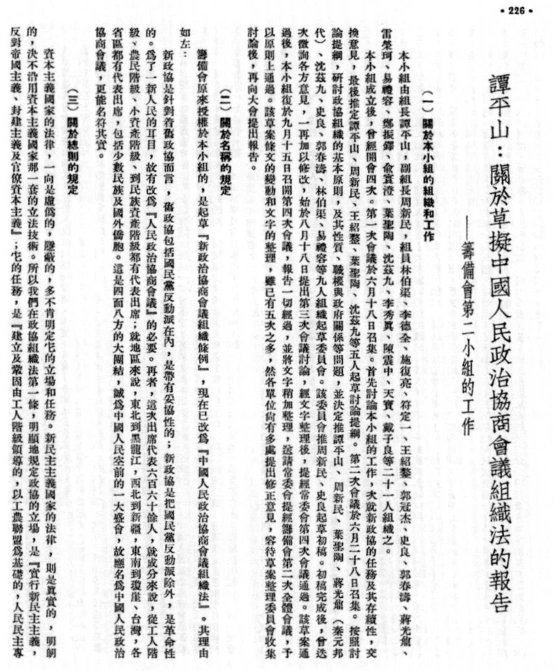

• 226 •

譚平山：關於草擬中國人民政治協商會議組織法的報告

——籌備會第二小組的工作

（一）關於本小組的組織和工作

本小組由組長譚平山，副組長周新民，組員林伯渠、李德全、施復亮、符定一、王紹鏊、郭冠杰、史良、郭春濤、蔣光鼐、雷榮珂、易禮容、鄭振鐸、俞寰澄、葉聖陶、沈玆九、李秀眞、陳震中、天寶、戴子良等二十一人組織之。

本小組成立後，曾經開會四次。第一次會議於六月十八日召集。首先討論本小組的工作，次就新政協的任務及其存續性，交換意見，最後推定譚平山、周新民、王紹鏊、葉聖陶、沈玆九等五人起草討論提綱。第二次會議於六月二十八日召集。按照討論提綱，研討政協組織的基本原則，及其性質、職權與政府關係等問題，並決定推譚平山、周新民、葉聖陶、蔣光鼐（秦元邦代）、沈玆九、史良、郭春濤、林伯渠、易禮容等九人組織起草委員會。該委員會推周新民、史良起草初稿。初稿完成後，曾迭次徵詢各方意見，一再加以修改，始於八月十八日提出第三次會議討論，經文字整理後，提經常委會第四次會議通過。該草案通過後，本小組復於九月十五日召開第四次會議，報告一切經過，並將文字稍加整理，迨請常委會提經籌備會第二次全體會議，予以原則上通過。該草案條文的變動和文字的整理，雖已有五次之多，然各單位尚有多處提出修正意見，容待草案整理委員會收集討論後，再向大會提出報告。

（二）關於名稱的規定

籌備會原來授權於本小組的，是起草『新政治協商會議組織條例』，現在已改爲『中國人民政治協商會議組織法』。其理由如左：

新政協是針對着舊政協而言，舊政協包括國民黨反動派在內，是帶有妥協性的；新政協是把國民黨反動派除外，是革命性的。爲了一新人民的耳目，故有改爲『人民政治協商會議』的必要。再者，這次出席代表六百六十餘人，就成分來說，從工人階級、農民階級、小資產階級、到民族資產階級都有代表出席；就地區來說，東北到黑龍江，西北到新疆，東南到瓊崖、台灣，各省區都有代表出席，包括少數民族及國外僑胞。這是四面八方的大團結，誠爲中國人民空前的一大盛會，故應名爲中國人民政治協商會議，更能名符其實。

（三）關於總則的規定

資本主義國家的法律，一向是虛僞的，隱蔽的，多不肯明定牠的立場和任務。新民主主義國家的法律，則是眞實的，明朗的，決不沿用資本主義國家那一套的立法技術。所以我們在政協組織法第一條，明顯地規定政協的立場，是『實行新民主主義，反對帝國主義、封建主義及官僚資本主義』；牠的任務，是『建立及鞏固由工人階級領導的，以工農聯盟爲基礎的，人民民主專

谭平山代表筹备会第二小组作《关于草拟中国人民政治协商会议组织法的报告》，说明了“新政治协商会议”改名为“中国人民政治协商会议”的理由。

第五辑　选编说明

随着解放战争取得重大胜利，召集新政治协商会议、成立民主联合政府的条件已逐渐成熟。中共中央委托东北局，与到达解放区的民主人士进行协商，在新政协筹备会和新政协的性质、任务等诸多问题上取得共识。中共中央采纳了民主人士提出的“新政协即等于临时人民代表会议，即可产生临时中央政府”的建议。1949 年 1 月 22 日，到达解放区的各民主党派、各人民团体的代表人物及无党派民主人士 55 人，联名发表《我们对于时局的意见》，公开宣布自愿接受中国共产党领导，拥护建立新中国。1 月 31 日，北平和平解放。中共中央决定将新政治协商会议召开地点改为北平。

6 月 15 日，新政协筹备会第一次全体会议在中南海勤政殿开幕，由 23 个单位、134 位代表参加的新政协筹备会正式成立。筹备会常务委员会决定设六个小组，分别负责拟定参加新政治协商会议的单位及其代表，起草新政治协商会议组织条例，起草共同纲领，拟定中华人民共和国政府方案，起草大会宣言，拟定国旗、国歌、国徽方案，为人民政协全体会议的召开做全面的准备。9 月上旬，各项筹备工作陆续完成。9 月 17 日，新政协筹备会举行第二次全体会议，决定将新政治协商会议定名为“中国人民政治协商会议”。与此同时，全国文学艺术、自然科学、教育、新闻等工作者相继成立全国性人民团体，与之前恢复或成立的中华全国总工会、全国妇联、全国青联、全国学联等一道，成为新政协参加单位。

本辑史料47篇，主要收录全国政协及地方政协征集的、政协委员及其联系的各界人士撰写的文史资料，适当选取回忆录、日记等“三亲”史料，并选录若干重要文献，反映筹备新政协、成立人民团体、参加新政协筹备会议等内容。作者主要为人民政协第一届全体会议代表、新政协筹备会代表、人民团体代表，以及部分工作人员和民主人士后人等知情者。总体上，根据作者在人民政协第一届全体会议参加单位顺序、作者身份及事件发生先后时间综合编排稿件。

目　录

第五辑　新政协筹备

杨尚昆	在最后一个农村指挥所	001
胡乔木	《共同纲领》的制定	008
朱学范	忆参加政协第一届全体会议	027
史　良	回忆新政协	037
楚图南	我参加新政协筹备工作及首届政协的经过	043
黄炎培	延安归来到北上解放区	054
孙起孟	关于中国民主建国会的筹备和参加人民政协的二三事	061
雷洁琼	我参加一届政协的回忆	069
叶圣陶	篑土为山记	075
许德珩	欢呼新中国诞生	092
陈嘉庚	东北解放区观感	099
夏　衍	进入解放区　迎接新中国	128
林一元	我北上解放区参加新政协的经过	138
严信民 王一帆	中国农工民主党参加新政协的情况	145

宋云彬　新政协筹备杂忆 …… 153
黄鼎臣　致公党参加新政协前后 …… 163
罗　琼　男女并驾　创建新中国 …… 174
谢邦定　代表全国学联参加新政协筹备会 …… 182
沈其益　参加全国政治协商会议 …… 191
巨　赞　佛教代表参加人民政协前后 …… 196
张元济　1949 年赴会记 …… 208
师　哲　刘少奇就新政协及中央政府与斯大林的会谈 …… 216
金　城　“民主人士的左派旗帜”
——怀念沈钧儒老同志 …… 232
沙　里　黎明之前
——从旧政协到新政协 …… 237
贺敬之　新中国成立前文艺界的大会师 …… 243
马少波　翻开文艺事业新篇章 …… 246
李立功　团结全国青年向新中国前进 …… 250
周之同　1949 年西苑机场阅兵式亲历记 …… 257
于　刚　新政协筹备期间对一些政治派别和
团体要求参加新政协的处理经过 …… 262
王仲方　新政协筹备会工作的难忘经历 …… 278
李家友　新旧政协会议期间二三事 …… 290
彭光涵　国旗、国徽、国歌、纪年、国都都是怎样诞生的
——新政协筹备会第六小组工作的回忆 …… 297

张昌龄　我参加国徽设计的点滴回忆 …… 309
张敦礼　我参加的人民政协筹备会秘书处工作 …… 319
尹　进　全国政协筹备工作中几点亲历见闻 …… 325
李银桥
韩桂馨　从双清别墅到菊香书屋 …… 336
高富有　新政协筹备期间毛泽东与柳亚子交往的见闻 …… 350
黄方毅　双清别墅第一客 …… 360
庄秀琼　爱国华侨政协缘 …… 372

重要文献选编

在中国共产党第七届中央委员会
第二次全体会议上的报告 …… 毛泽东 377
论人民民主专政 …… 毛泽东 392
人民政协共同纲领草案的特点 …… 周恩来 406
《中华人民共和国中央人民政府组织法》的
草拟经过及其基本内容 …… 董必武 412
关于草拟《中国人民政治协商会议组织法》的报告 …… 谭平山 418
新政协代表名单协商经过情形 …… 李维汉 424
关于中国人民政治协商会议筹备工作的报告 …… 林伯渠 428
中国人民政治协商会议筹备会拟制
国旗国徽国歌方案组报告 …… 436

在最后一个农村指挥所

杨尚昆*

1948年春天，胡宗南部侵占延安一周年时，西北野战军发表公报，一年来共歼敌9.9万多人。胡宗南部不得不向洛川方向溃退。这时，南渡黄河转入外线作战的人民解放军，正向中原地区大踏步推进；北面，石家庄解放后，晋察冀和晋冀鲁豫两大解放区已经联成一片，华北人民政府宣告成立。偏居陕北13年的中共中央和毛主席3月23日东渡黄河，前往河北建屏县的西柏坡村（今属平山县），同中央工委的刘少奇、朱德等同志会合，指挥全国的战略大决战。

同中央工委会合的事，党中央在1947年12月于陕北米脂县杨家沟召开的工作会议上就有所考虑。根据以往的经验，中央领导机

* 杨尚昆：时任中共中央副秘书长兼中央军委秘书长，中共中央办公厅主任；后曾任中华人民共和国主席，第十二、十三届中央政治局委员，第五届全国人大常委会副委员长，全国政协常委。

构转移时，情报、通讯工作一刻也不能中断。所以，1948 年 1 月初我们就派军委三局局长王诤到河北平山同中央工委接头，预先布置通讯的接转工作。同月中旬，又派军委供给部的范离到晋绥和晋察冀军区接洽，解决运输力量和沿途食宿问题，商定由晋绥军区负责护送、晋察冀军区负责接应。转移的路线，从保证安全考虑，分南北两路：北路，是从三交镇经兴县、岢岚、五寨、神池、代县、繁峙、五台到聂营，这一线可以走大车；南路，由三交经岚县、静乐、轩岗到崞县。这时，崞县一带常有阎锡山的部队出没，所以到聂营的路，就从豆村南下进入平山。沿途经过的村庄小，粮草供应困难，只能由精干人员以小分队行军方式进行。聂营是个转运站，再往前就由晋察冀军区接运。1 月下旬，二局、三局以 400 多人的先遣组携带必需的通讯器材从三交先行，接着第二批人员 520 多人又携带部分物资出发。

3 月 12 日，叶剑英同志和李涛、李克农离开三交镇。这样，军事和情报系统的电台都已沟通，我仍留在三交镇做结束的工作。

3 月 24 日，毛主席、恩来、弼时同志等冒着春雪到达三交镇双塔村，由我接待他们。当天晚上，我陪同毛主席等到三交看望后委的同志们。回到毛主席的住处后，当即决定：毛主席、恩来、弼时同志等一行带一架电台和部分警卫人员共 100 多人，在第二天经兴县蔡家崖晋绥军区所在地小住数日后，走北线前往西柏坡；指定我率领前委的其他人员和后委的最后一批人员徒步向西柏坡开进。

毛主席经过三交镇时，给我印象最深的有两件事：一件是批评晋西北的土地改革搞得很“左”。这件事虽然是康生和陈伯达在那里指挥的，但主席说：“你们后委就住在这里，这些事情都知道，可是你们根本不反映，你们读的马列主义到哪里去了？！”另一件事是他对战争发展的形势作了估计。他说：同蒋介石的这场战争，可能要打 60 个月，60 个月者，5 年也。这 60 个月又可分为两个 30 个月：前 30 个月是我们“爬坡”“到顶”，也就是打到我们占优势；后 30 个月，叫作“传檄而定”，那时候，我们是“下坡”，有的时候不用打仗，喊一声，敌人就投降了！真是料事如神。后来战争的发展完全证实了毛主席的科学预言。

3 月 25 日下午，我们召开动员大会，周恩来和任弼时同志向大家讲了话。恩来同志说：毛主席和党中央这次离开陕北去河北，同中央工委的同志们会合，是向胜利进军。这次行军，大部分同志只能步行，要翻山越岭，还要经过太原附近的游击区，大家要克服困难，遵守行军纪律，要有敌情观念，为顺利到达目的地、夺取全国胜利作贡献。弼时同志说：大家都是经过战争锻炼的，10 多天路程不算什么。我们是跟毛主席走向胜利，沿途要齐心协力，互相帮助。

3 月底，我们分批出发。行前商定：由作战部二局的谢逸志率一个组打前站，一局的张一民带一个组殿后，沿途检查行军纪律。人员按单位编组：一般干部和战士自背行李步行；中级干部和体弱的同志骑马或毛驴，也有的乘坐驮轿；儿童坐在柳条筐里，一头毛驴驮两个，一头骡子驮四个。沿途每隔五六十华里，由军区设一个兵站，负责安排转移人员的食宿和骡马的草料。

当时，我是五口之家，大孩子绍京在四川老家，小二绍明才七岁，小妞（杨李）还不满两个月。婴儿离不开娘，我便把分配给我的马让伯钊和绍明骑，襁褓中的小妞请了一位年轻的保姆背着走，我步行照顾着他们。一路上，捷报不停地传来：华东野战军解放了威海；中原地区我军再克洛阳，收复偃师、许昌；4 月 22 日，消息传来，我军收复延安。就在一片胜利的喜悦中，我们到达了西柏坡。

西柏坡原是一个七八十户人家的小山村，背倚太行山区，面临河北平原，三面环山，南面临滹沱河，环境幽静，林木葱郁。少奇同志率领的中央工作委员会要开全国土地会议时，找到了这个地方，开会后就没有走，这里成了中央工作委员会办公的地方。

从现在的平山县城到西柏坡，约有 40 里路，中间要经过一个大镇叫夹峪。同西柏坡相隔 5 里，途中要拐两个弯，仿佛是西柏坡的大门。中央领导机构迁来后，书记处的同志和部分军委机关驻在西柏坡，那是在山沟里面，比较隐蔽；中直机关的警卫、后勤供应等机关以及中央青委等驻在大门口的夹峪；其他机关分散驻在滹沱河两岸的村子里。凡是要会见中央领导和送文件的，都要经过夹峪。我的家在夹峪，白天步行到西柏坡去办公，晚上回夹峪。因为经常开会到深夜，所以又在西柏坡的叶剑英同志院子里号了一间房。

毛主席、周恩来、任弼时一行，4 月 13 日到达晋察冀军区司令部所在地阜平的城南庄。10 天后，恩来和弼时同志先到西柏坡。毛主席仍留在城南庄住了一段时间，比他们晚一个多月才到西柏坡。这是为什么呢？因为毛主席到城南庄后致电斯大林，准备在 5 月初动身越京张铁路到哈尔滨，再前往莫斯科去会见斯大林，商讨政治、军事、经济等问题，斯大林复电同意。所以赖祖烈忙着给毛主席置备行装。中央还准备派一个旅护送毛主席，把罗瑞卿调出来，带这个旅。5 月上旬，斯大林考虑到从河北到哈尔滨，沿途还有傅作义的部队，安全难有保障，希望毛主席推迟访苏时间。毛主席才在 5 月 27 日来到西柏坡。

书记处的同志会合后，中央工委和后委已经完成它们的历史任务，各部门的机构和人事作了调整。5 月 15 日，由周恩来起草、毛主席签发了一份致各中央局、分局和前委的电报：任命“杨尚昆为中共中央副秘书长，仍兼中央军委秘书长”。同时还担任中央办公厅主任、中直党委书记和中直机关的警卫司令。我虽然在抗战胜利后不久就接替李富春同志承办中央办公厅的许多工作，但没有正式的任命。到西柏坡后，才正式宣布这些职务。那时候，组织上分配什么就干什么，谁也不计较这些手续。

在延安时，中共中央秘书长是任弼时同志兼的。七大以后，他的高血压和糖尿病日益严重。到西柏坡后，中央秘书长实际上是恩来同志，凡是书记处决定了的党政军大事，都集中由他组织实施。他面对的工作尽管千头万绪，却始终有条不紊，忙而不乱。最初，他每周召开一次党政军各部门头头的联席会议，地点在军委院子后面的一个庙里，由他传达书记处的指示，各部门有什么问题都在会上提出来，有的他当场回答，有的记录下来再研究，这叫“大办公”。从晚饭后开始，常常开到深夜。

7 月下旬，他在“大办公”会上提出：今后行政方面的电报由尚昆批发，叶子龙经办；文件处理交政策研究室，以照顾弼时同志的健康，减轻他的工作量。同时，为了缩小“大办公”的范围，减少“陪会”的人数，他把问题归类，除了作战问题外，日常工作由杨立三、薛暮桥和我三人参加。我们坐在长桌子的一边，恩来同志坐在对面。要处理的电报摆在桌上，属于财经方面的事，由薛暮桥先提出处理意见，经过研究后，恩来同志明确地讲个一二三。属于物资供应方面的问题，杨立三先发表意见。那时，中央机关除口粮由晋察冀供应，其他物资各个大区都要作贡献，华东最富足，调拨给中央的布匹和现金多一些。凡是定下来的事，当场起草电报交给恩来同志，他修改后发出。会议每晚都要开到12点以后，常常到凌晨两三点。重要的电报，等毛主席起床立刻送给他看后，再发出。这样，工作效率很高，办事比后来在中南海时还要快。

后来事情更多了，并且慢慢集中到打仗方面，我们三个人固定参加的会也不开了，就由恩来同志定，他需要谁就找谁。

我的工作，平时主要是听汇报，看电报，批阅有关的文件，以及办理中央领导交办的一切公务。作为恩来同志的助手，他对我的工作指导得非常具体。他曾交代我处理问题的几项原则：（1）凡是各地有理由的请示，即批准；（2）有所怀疑而难以决定的事，再论之，与邻近地区有关的事，先征询意见；（3）有关政策性的请示，未成熟者多征询意见考虑，如已成熟而有把握者，即回答之。连进入解放区的民主人士的排名次序他都一一交代。这种思考周密、处置细致的工作作风，令人折服。

从1948年9月中央政治局会议以后，党中央最大的工作是两件：一是打仗，一是统战，中心是打倒蒋介石，建立新中国。

9月7日，中央军委发布《关于辽沈战役的作战方针》后，决定新中国命运的三大战役相继发动，中央领导同志没日没夜地运筹帷幄，指挥作战。军委有个不大的作战室，成天在那里的有作战部长李涛、参谋张清化、监听收抄敌人电报的戴镜元和钱江等，一共五六个人。恩来同志每天到作战室去看电报，了解战场情况，我也每天去，随时向书记处报告。李涛这个同志很厉害，他对敌人的每个军每个师，前身是什么，以后经过什么改编，现在有多少人，都记得很清楚，真是个好参谋。

统战工作，主要是把在香港和国统区的民主人士接到解放区来，准备召开新的政治协商会议。这是政治上的一件大事。中央决定将原有的城工部改为统战部，把国统区的工作和少数民族、侨务工作归在一起，由李维汉负责。1948年“五一”节，中央发布召开新政治协商会议的口号后，在香港的李济深、何香凝、沈钧儒、郭沫若等立刻通电响应。把他们接到解放区来的事，由恩来同志亲自指挥，李克农和钱之光经办，先通过地下党的关系联络，然后组织秘密交通护送，其中不乏传奇性的故事。当时通过好几个渠道进入解放区，在香港的是乘苏联邮轮或租用外轮，到大连或东北解放区，何香凝、郭沫若等走的是这条线；朱学范是和邓发一起出席世界工联大会后到哈尔滨参加第六次全国劳动大会就留下来的；华东的民主人士像陈叔通、柳亚子等是经解放了的济南过来的；张东荪、费孝通、雷洁琼等是从北平经石家庄到西柏坡的。我们安排他们住在中央统战部旁边的一个名叫李家庄的大村子里。当时，中央办公厅已有10多辆吉普车，毛主席不怎么用车，恩来同志和李克农为了接待民主人士用车比较多，从华东、华北来的同志进出西柏坡也经常乘吉普车。小小的山村里，汽车来往不绝，老乡们不知道这里是中共中央的驻地，都管我们叫“汽车队”。

（节选自杨尚昆著《杨尚昆回忆录》，中央文献出版社2001年版）

《共同纲领》的制定

胡乔木*

建立新中国准备工作的主要任务之一，是起草《中国人民政治协商会议共同纲领》。共同纲领从开始起草到经中国人民政治协商会议第一届全体会议通过，中间随着革命形势的发展变化，曾三次起稿，三次命名。至于修改的次数就很难统计清楚了。

一　第一次起稿：《中国人民民主革命纲领草稿》

中共中央和毛主席在发起召开新的政治协商会议之时，就提出了制定共同纲领的问题。1948 年“五一口号”发布之前，4 月 27 日，

* 胡乔木：时任中共中央宣传部副部长、毛泽东秘书，新政协筹备会代表，人民政协第一届全体会议代表；后曾任第十二届中共中央政治局委员，第十一届中共中央书记处书记，全国政协常委。

毛主席在给中共北平市委书记刘仁同志的信中，即让他明确告诉北平的民主人士，我党准备邀请他们来解放区开各民主党派各人民团体代表会议，讨论的事项包括：“（甲）关于召开人民代表大会成立民主联合政府问题；（乙）关于加强各民主党派各人民团体的合作及纲领政策问题。”“会议的名称拟称为政治协商会议。”这里把加强与会各党派、各团体的合作及为加强这一合作而制定为各方认同的“纲领政策”，作为新的政治协商会议的两大任务之一。4月30日，中共中央发布“五一”劳动节口号二十三条，其中经毛主席亲自改写的第五条，正式向全国各民主党派、各人民团体、各社会贤达发出“迅速召开政治协商会议，讨论并实现召集人民代表大会，成立民主联合政府”的号召，由此揭开了筹建新中国的序幕。

为了促进召开新政协主张的实现，毛主席于5月1日又致信民革主席李济深先生和民盟负责人沈钧儒先生，征求他们的意见。信中说：“在目前形势下，召集人民代表大会，成立民主联合政府，加强各民主党派、各人民团体的相互合作，并拟订民主联合政府的施政纲领，业已成为必要，时机亦已成熟。”“但欲实现这一步骤，必须先邀集各民主党派、各人民团体的代表开一个会议。在这个会议上，讨论并决定上述问题。此项会议似宜定名为政治协商会议。”毛主席提议由民革、民盟和中共“于本月内发表三党联合声明，以为号召”。他还亲自拟了一个联合声明的草案，由当时中共派驻香港的负责人潘汉年一并送达。

中共的号召，得到各民主党派、无党派民主人士和海外华侨的热烈响应，一个规模巨大、催动新中国诞生的新政协运动在全国兴起。为适应这种形势的需要，1948年9月中共中央决定将中央城市工作部改名为中央统一战线工作部，负责管理国民党统治区工作、国内少数民族工作、政权统战工作、华侨工作及东方兄弟党的联络工作。原城工部所管的解放区城市政策的研究工作，划归中央政策研究室。统战部在毛主席、恩来同志的领导和李维汉同志的主持下，为筹备新政协和拟定共同纲领，做了大量具体工作。

1948 年 8、9 月份，已有部分民主党派代表及无党派民主人士陆续到达华北解放区河北平山县李家庄（中央统战部所在地）和东北解放区哈尔滨。为了更具体地同这些民主人士商谈召开新政协的各项事宜，毛主席向恩来同志提出："似宜将名单及其他各项拟成一个文件，内容字句均须斟酌。"恩来同志和中央统战部在同到达李家庄的民主人士商讨后，拟定了《关于召开新的政治协商会议诸问题（草案）》。这个草案经毛主席审改后，于 10 月 8 日由中共中央电发东北局。中央指示高岗、李富春约集在哈的民主人士"会谈数次"，告以这是中共中央提出的"书面意见"，请各民主人士"过细加以斟酌"。之后，中共中央又通过华南分局征求了在香港的各民主党派负责人和著名无党派民主人士的意见。11 月 25 日，高岗、李富春代表中共中央与在哈的民主人士达成了《关于召开新的政治协商会议诸问题的协议》。该协议第二项第五款规定：新政协应讨论和决定两项重要问题："一为共同纲领问题，一为如何建立中华人民民主共和国临时中央政府问题。共同纲领，由筹备会起草，中共中央已在起草一个草案。"这是正式使用"共同纲领"一词较早的文献。其中所说"中共中央已在起草一个草案"，即指中共中央第一次起草的《中国人民民主革命纲领草稿》。

《中国人民民主革命纲领草稿》第一稿是在李维汉主持下，

1948年10月27日写出的，然后上报周恩来同志，恩来同志又通过中央办公厅分送刘少奇、朱德、陆定一、胡乔木、齐燕铭、李维汉等人审阅。该稿除简短的序言外，分总则、政治、军事、土地改革、经济财政、文化教育、社会政策、少数民族、华侨、外交等10部分，共46条。

这个草稿的着重点是在“人民民主革命”方面，按照维汉同志给恩来同志的信的说法，稿子是“勉强凑来”，意即比较粗糙，但它还是把即将诞生的新中国应实行的最基本的纲领、政策规定了出来。如它规定：纲领的基本原则，即新政协各成员“共同奋斗的准则”，是“新民主主义亦即革命三民主义”；“人民为国家的主人，国家的一切权力出自人民大众，属于人民大众”；“中华人民民主共和国各级政权的构成，不采取资产阶级民主的三权鼎立制，而采取人民民主的民主集中制”；国家各级权力机关和行政机关，是各级人民代表大会及其选出的各级人民政府；实行耕者有其田的土地制度；没收官僚资本归国家所有，“国有经济为全部国民经济的领导成分”；“发展生产，繁荣经济，公私兼顾，劳资两利，应定为全部国民经济建设的总方针”；有计划有步骤地发展工业，争取若干年内“使中国由农业国地位上升到工业国地位”；“发展民族的、科学的、大众的文化与教育”；各民族一律平等，建立民族自治区等。这些规定，反映了我们党长期以来形成的新民主主义的立国思想，因此大都为后来各个稿本所采纳。

同年11月，《中国人民民主革命纲领草稿》形成第二稿。第二稿的结构不同于第一稿，它分为人民解放战争的历史任务、建立人民民主共和国的基本纲领、战时具体纲领三大部分。第一部分叙述人民解放战争的历程、主要经验及其要完成的推翻三大敌人和国民党反动统治的历史任务，号召全国人民“继续支持人民解放战争直至解放全中国的彻底胜利”。第二部分规定中华人民民主共和国的新民主主义的性质以及它的国家构成、政权构成、经济构成、文化教育、外交政策。第三部分就全力支援人民解放战争、巩固人民解放区、建立临时中央政府三个方面，做出 34 条规定。

这一稿对成立中华人民民主共和国临时中央政府的程序，作了新的规定。1948 年发布“五一口号”时提出：由政协“讨论并实现召集人民代表大会，成立民主联合政府”。在哈尔滨的民主人士讨论中共中央提出的《关于召开新的政治协商会议诸问题（草案）》时，对如何成立中央政府一项，产生不同意见，有人主张新政协即等于临时人民代表会议，即可产生临时中央政府。中共中央赞同这种意见，在 11 月 3 日给东北局指示电中说：依据目前形势的发展，临时中央人民政府有很大可能不需经全国临时人民代表会议，即经由新政协会议产生。这一稿明确规定：由新政协直接选举临时中央政府。随后，1948 年 12 月 30 日，毛主席在为新华社写的新年献词《将革命进行到底》中宣布：1949 年将要召集没有反动分子参加的以完成人民革命任务为目标的政治协商会议，“宣告中华人民共和国的成立，并组成共和国的中央政府”。1949 年 1 月 8 日中共中央政治局会议通过相应决议。这样，关于政协的使命，又有了新的规定。

这一稿明显地带有宣言的性质，是宣言与纲领相结合的一个文件。同第一稿相比，它更着重于战时任务的规定。1949 年 2 月 27 日，恩来同志对该稿作文字修改，把它同《关于召开新的政治协商会议诸问题的协议》《新政治协商会议筹备会组织条例（草案）》《参加新政协筹备会各单位民主人士候选名单》《中华人民民主共和国政府组织大纲（草案）》一起编印成册，名为《新的政治协商会议有关文件》。

二　第二次起稿：《新民主主义的共同纲领》草案初稿

中共中央起草纲领草案的同时，在香港的各民主党派也展开了有关纲领问题的讨论。围绕要不要以“新民主主义”作为建国指导原则问题，出现多种意见。除大多数人赞成“新民主主义”外，有人主张用“革命的三民主义”，有人主张用“人民民主主义”，有人主张用不加“新”字的“民主主义”。个别人还拟定了与共产党讨价还价的“纲领”。为了推动各民主党派和无党派民主人士进一步统一思想，更加坚定地站到新民主主义立场上来，并解除他们之中某些人对共产党和人民革命的一些疑虑，我党中央做了大量工作。

1949 年 1 月 22 日中共中央发出《关于对待民主人士的指示》，指出：我党对待已经到达解放区的民主人士的方针，应该是以彻底坦白与诚恳的态度，向他们解释政治的及有关党的政策的一切问题，积极地教育与争取他们。对政策问题，均予以正面解答，不加回避。对政策实行的情况，亦应据实相告。党中央的指示还要求，由我党各部门的负责同志作有关战争、军事政策、政权、土改、外交、经济、文化教育、妇运等方面的报告，以及通过举行座谈会、同我党负责人谈话、进行日常接触和交谈、组织参观、提供学习材料和资料、关心生活及健康等方式，做民主人士的工作。当时不少部门的负责人都作过报告。毛主席本人同许多著名民主人士都有书信往来或直接交谈。他写的1949年新年献词《将革命进行到底》和宣布同国民党谈判八项条件的《关于时局的声明》，更对广大民主人士提高认识起了推动作用。

在毛主席的直接关怀下，到达解放区的民主人士55人于1949年1月22日发表《我们对于时局的意见》，表示完全赞同中共的革命立场。其中说："全国真正为民主革命而努力的人士，必能一致努力，务使人民民主阵线之内，决无反对派立足之余地，亦决不容许有所谓中间路线之存在。"对毛主席提出的"真正的人民民主和平的八项条件"，"彻底支持"。"在人民解放战争进行中，愿在中共领导下，献其绵薄，共策进行，以期中国人民民主革命之迅速成功，独立、自由、和平、幸福的新中国之早日实现。"

大体说来，从1948年中共发布"五一口号"到1949年春，由于各种因素的推动，各民主党派和无党派民主人士中的绝大多数人，在彻底推翻国民党反动统治和建立新民主主义中国这两个基本问题上，与共产党取得了共识。这为共同纲领的正式制定，创造了必要的前提。

1949年3月召开的党的七届二中全会和6月底毛主席发表的文章《论人民民主专政》，进一步丰富了中国共产党有关革命和建国的理论，从而也就为共同纲领的制定奠定了更坚实的理论基础和政策基础。

毛主席在七届二中全会上的报告，根据中国的经济状况阐述了我党的经济政策，指出新中国的经济主要由五种成分构成，"国营经济是社会主义性质的，合作社经济是半社会主义性质的，加上私人资本主义，加上个体经济，加上国家和私人合作的国家资本主义经济，这些就是人民共和国的几种主要的经济成分，这些就构成新民主主义的经济形态”。

二中全会后，毛主席又提出“公私兼顾、劳资两利、城乡互助、内外交流”的经济方针，以此照顾四面八方的利益，达到“发展生产，繁荣经济”的目的。

“五种经济成分”理论和“四面八方”政策，构成了共同纲领中经济政策的基本内容。

在《新民主主义论》和《论联合政府》两篇著作中，毛主席已详细讨论过新民主主义政权的基本原则。1948 年 1 月《关于目前党的政策中的几个重要问题》的党内指示明确指出：“新民主主义的政权是工人阶级领导的人民大众的反帝反封建的政权。”所谓人民大众，包括工人阶级、农民阶级、城市小资产阶级和民族资产阶级。国家的权力机关是各级人民代表大会及其选出的各级政府。6 月，中共中央宣传部的一个文件提出了“人民民主专政”的概念。此后，毛主席在 1948 年 9 月政治局扩大会议和 1949 年 3 月七届二中全会，尤其是在《论人民民主专政》文章中，对建立人民民主专政的历史必然性及这一理论的各个方面，作了充分阐述。他指出：工人阶级（经过共产党）领导的以工农联盟为基础的人民民主专政，是我们的基本经验、基本纲领。这个政权，在人民内部实行民主，对反动派实行专政，这两个方面“互相结合起来，就是人民民主专政”。它的任务，是使中国“稳步地由农业国进到工业国，由新民主主义社会进到社会主义社会和共产主义社会”。毛主席的这些思想，澄清了当时在新中国政权性质问题上仍然存在的模糊认识，构成了共同纲领中有关政权部分的主要内容。

人民民主统一战线是中国革命的主要法宝之一。到人民解放战争后期，这一统一战线达到了空前广阔的规模，并已集合在新民主主义的旗帜之下，新政协就是它的最好的组织形式。毛主席在七届二中全会上指出：为了革命的彻底胜利和新中国的建设事业，“我党同党外民主人士长期合作的政策，必须在全党思想上和工作上确定下来，我们必须把党外大多数民主人士看成和自己的干部一样，同他们诚恳地坦白地商量和解决那些必须商量和解决的问题，给他们工作做，使他们在工作岗位上有职有权，使他们在工作上做出成绩来”。在这个问题上，“必须反对右的迁就主义和‘左’的关门主义或敷衍主义两种倾向，而采取完全正确的态度”。正是出于这样的指导思想，中国共产党认为，不仅在全国人民代表大会召开以前，政协全体会议将执行全国人民代表大会的职权，而且在全国人民代表大会召开以后，政协也将作为政权以外的统一战线组织长期存在，对政权机关起着参谋、协商和推动作用。共同纲领关于政协地位的规定，就是中国共产党统一战线思想的具体体现。

1949 年 6 月 15 日，新政治协商会议筹备会在北平成立。筹备会由 23 个单位、134 人组成，以毛主席为常务委员会主任。常委会下设六个小组，分别进行各项筹备工作。每组均为自愿报名参加。负责起草共同纲领的是第三小组，由周恩来、许德珩担任组长、副组长。组员有陈劭先、章伯钧、章乃器、李达、许广平、季方（严信民代）、沈志远、许宝驹、陈此生、黄鼎臣、彭德怀（罗瑞卿代）、朱学范、张晔、李烛尘、侯外庐、邓初民、廖承志、邓颖超、谢邦定、周建人、杨静仁、费振东、罗隆基。

6月18日，第三小组成立。恩来同志在成立会上说明了起草共同纲领工作的重要及以往工作的情况。他说：起草共同纲领，任务繁重。这个纲领决定联合政府的产生，也是各党派各团体合作的基础。去年在哈尔滨的各党派代表曾委托中共方面拟定一个草案，中共方面也曾两度起草。但去年工作重心在动员一切力量参加和支援解放战争，而现在的重点却在建设新民主主义中国及肃清反动残余，这是长期性的工作，因此，中共方面的第二稿也已不适用，必须根据新的形势的需要重新起草。会议决定委托中共方面再次草拟初稿，而小组成员则按照自愿参加的原则分为政治法律、财政经济、国防外交、文化教育、其他（包括华侨、少数民族、群众团体、宗教等问题）五个分组进行讨论和拟定具体条文，供起草人参考。参加新政协筹备会的各单位、各代表及第三小组各成员亦可提出自己的书面意见。至7月上旬，各分组均拟就了具体条文。

中共方面再次草拟初稿，仍在恩来同志领导下进行。大约过了两个月时间，写出一个草案初稿。由于我们所要建立的新中国是一个新民主主义性质的国家，所以把题目定为《新民主主义的共同纲领》。8月22日，恩来同志将草案初稿送交毛主席审阅。毛主席仔细阅读了这份初稿，并对其中的一些段落作了删改，重新改写了几段文字。

这份《新民主主义的共同纲领》草案初稿，除简短的序言外，分一般纲领和具体纲领两大部分。同前述《中国人民民主革命纲领》草案相比，它删除了“人民解放战争的历史任务”一部分，在具体条文的规定上，增添了不少新的内容。一般纲领中规定：参加政治协商会议的各个单位，要以“奉行新民主主义”作为“长期合作的政治基础”，新民主主义是“统一战线的纲领”；“新民主主义的国家制度，是工人阶级领导的以工农联盟为基础的团结各民主阶级及中国境内各民族的人民民主专政的国家制度”；“新民主主义的政治制度，是民主集中制的人民代表大会的政治制度”，“在整个新民主主义制度期间，既不是一个阶级专政，也不是一党独占政府”，而应是各民主党派及人民团体在新民主主义纲领之下的联合政府。此外规定了“新民主主义的国防”“新民主主义的经济”“新民主主义的文化”“新民主主义的国际关系”。具体纲领部分，按“解放全中国”“政治法律”“财政经济”“文化教育”“国防”“外交侨务”六个方面，共列 45 条。这份草案初稿，构成了此后不久正式提出的《中国人民政治协商会议共同纲领（草案）》的基础。

讲到这里，需要解释一下政协会议名称的改变问题。最初，在 1948 年中共中央发布的“五一口号”和其他一些文件中，沿用了 1946 年使用过的“政治协商会议”的名称。但这将是在新的形势下召开的具有新的性质、新的阵容、完成新的历史使命的会议，所以便很快采用了“新政治协商会议”的提法。待 1949 年 6 月新政协筹备会成立，新政协组织法起草小组首先感到只以一个“新”字来区别于旧政协，并不够确切。第一，旧政协包括国民党在内，新政协排除了国民党反动派；第二，新政协虽然沿用“政治协商会议”这一名称，但它并不完全发源于旧政协，它是百年来民族民主革命特别是 30 年来新民主主义革命的伟大成果，是中共历来倡导的统一战线的组织形式；第三，新政协就其参加成分来说，已具有了全国人民代表会议的性质，名称与实际应该相符；第四，政治协商会议是长期存在的、固定的统一战线的组织，它的名称也应该是正式的、固定的。因此，应把“新政治协商会议”改称“中国人民政治协商会议”。8月22日完成的《新民主主义的共同纲领》草案初稿，已开始使用“中国人民政治协商会议”的名称。随后，恩来同志把这一意见提交筹备会常委会讨论，得到常委们的赞同。毛主席也曾就这一名称问题，同各民主党派主要负责人进行协商，取得了一致意见。到9月17日筹备会召开第二次全体会议时，正式将新政协定名为“中国人民政治协商会议”。

三 第三次起稿：《中国人民政治协商会议共同纲领》

进入1949年9月以后，共同纲领的起草工作进入最后阶段。纲领的名称随着政协名称的变动而改为《中国人民政治协商会议共同纲领》。其结构也做了改动，不再分一般纲领和具体纲领，而是在序言之后平列七章。这已是第三次起稿。在这个阶段，毛主席直接参加了各次过程稿的修改工作。

根据有关档案材料，从9月3日至13日，毛主席至少对四次草案稿进行了细心修改，改动总计有200余处。不仅如此，他还亲自校对和督促印刷。9月3日，他写便条：“乔木：纲领共印三十份，全部交我，希望今晚十点左右交来。题应是《共同纲领》。”当把框架基本定型并第一次正式称作《中国人民政治协商会议共同纲领》的草案稿送到他那里以后，他立即动笔逐字、逐句、逐段修改，并在竖写的题目左侧亲笔加上“（一九四九年九月五日，初稿）”的字样。9月5日晚，毛主席修改后的稿本送去付印，不久，又接到主席的便条指示：“乔木：今晚付印的纲领，请先送清样给我校对一次，然后付印。”第二天，他把校对过的清样交下，指示：“照此改正，印成小册子一千本。”他在改过9月11日稿后又批示：“乔木：即刻印一百份，于下午六时左右送交勤政殿齐燕铭同志，但不要拆版，俟起草小组修正后，再印一千份。”

总之，纲领最后阶段的修改和印制工作，都是在毛主席直接参与和细心指导下进行的。毛主席夜以继日地工作，他身边的工作人员，也随时配合。大家睡眠时间都很少。9月3日的那张便条上，毛主席特意嘱咐：“你应注意睡眠。”这虽然是很难做到的事，但仍表明了领袖对身边工作人员的关怀。

共同纲领最后阶段的修改，是同筹备会及所有出席代表的讨论结合一起进行的。从中共方面正式提出草案初稿，到政协全体会议召开，共经过了七次讨论，计：由到达北平的全体政协代表分组讨论两次，纲领起草小组讨论三次，筹备会常委会讨论两次。此外，政协各参加单位还组织各自成员进行了讨论。代表们字斟句酌，反复推敲，畅所欲言，互相商讨，真正做到了集思广益。讨论中提出的修改意见，有的被采纳或基本被采纳，有的为进一步修改提供了参考，有的当场进行了热烈讨论。至于提出的意见究竟有多少条，是很难统计清楚的。这里只举出几个例子。

关于国名及国名简称问题。本来，在发出新政协号召前后，在中央文件和领导人的著作中，即多次有“中华人民共和国”的提法（《新民主主义论》中称“中华民主共和国”），如1948年1月18日毛主席为中共中央起草的党内指示《关于目前党的政策中的几个重要问题》和2月15日完稿的《中共中央关于土地改革中各社会阶级的划分及其待遇的规定（草案）》等，都把新中国定名为“中华人民共和国”。但是，后来在8月1日，毛主席复香港各民主党派与民主人士电等，10月上旬提出、11月25日达成协议的《关于召开新的政治协商会议诸问题的协议》及随之起草的《新政治协商会议筹备会组织条例（草案）》和《中华人民民主共和国政府组织大纲（草案）》中，又改用“中华人民民主共和国”的名称，直至新政协筹备会召开。筹备会期间，黄炎培、张志让等主张用“中华人民民主国”，张奚若等主张用“中华人民共和国”，最后决定采用后一种意见。

引起热烈争论的，倒不是国名的确定问题，而是国名的简称问题。最初起草的《中华人民民主共和国政府组织大纲（草案）》中有“中华人民民主共和国简称中华民国”一条，筹备会召开后，该大纲草案改称《中华人民共和国中央人民政府组织法（草案）》，简称一说仍旧保留着。代表们对要不要保留这个简称及是否把简称写入共同纲领之中，展开了热烈的讨论和争论。一些代表主张，不仅在政府组织法中应注明“简称中华民国”，而且要把这一简称写入共同纲领，因为共同纲领要具有照顾统一战线中各个组织的意义，应该沿用习惯了的称呼。更多的代表认为，不应简称“中华民国”，因为“中华民国”并不是一个简称，而是代表旧中国统治的一切，反动派标榜“中华民国”，而人民对它已发生反感，人民的新中国是新民主主义的，不能与之混同，如果要用简称，就简称“中国”。还有的代表主张，既不应简称“中华民国”，也不必在纲领条文中注明简称“中国”，因“中国”是习惯用法，不是简称。最后，所有政协文件均没有写简称。

关于社会主义目标问题。一部分代表认为，既然我们将来的目标是实现社会主义，那就应该在纲领中把这一目标写出来，使全国人民了解未来社会的远景以及共同奋斗的最终目标。另一些代表则认为，在今天的政协中提出社会主义问题还为时过早，共同纲领是新民主主义性质的，以不写社会主义为好，而且，新民主主义本身就预示着社会主义方向。中共中央和毛主席支持后一种意见，少奇、恩来同志都在大会上对这一问题作了说明。这里基本的原因是：第一，共同纲领是属于国家政权在现阶段的施政纲领，是从客观实际出发、为现阶段需要而制定的，它不应去描绘现阶段尚不能实现的理想。新中国成立以后，中国人民面临的任务就是建设新民主主义，如在共同纲领中过早地写进社会主义目标，就很容易混淆现阶段的实际步骤与将来的理想。第二，新民主主义的共同纲领是在各民主党派、各人民团体和无党派民主人士对新民主主义取得共识的基础上制定的，要把共产党的第二步奋斗目标——社会主义写进国家的基本文件中，也必须经过一个解释、宣传和实践的过程，只有全国人民通过实践认识到这是唯一的最好的前途，才会真正承认它，并愿意为它而奋斗。所以暂时不写上社会主义目标，并不是否定它，而是更加郑重地看待它。第三，纲领的经济部分已实际保证了向社会主义前途迈进。其实，还在1947年中共中央十二月会议期间，毛主席针对有人提出应把社会主义前途写进会议文件的意见，就曾讲过这样一段话："这也是急性病，人家1917年十月革命搞了十五六年，到1932年才正式搞社会主义，今天我们还在消灭封建，社会主义还早着哩！何必提社会主义！"在讨论共同纲领草案过程中，中共中央坚持了毛主席这一看法。

关于"爱国民主分子"问题。有的代表提出：序言里"中国人民民主专政是中国工人阶级、农民阶级、小资产阶级、民族资产阶级及其他爱国民主分子的人民民主统一战线的政权”一句中的“爱国民主分子”应删去，因为这里讲的是阶级，爱国民主分子也属于四个阶级之内。少奇同志在参加小组讨论中对此作了解释：有些爱国民主分子不属于四个阶级，例如地主、官僚资产阶级中之开明分子，单独提出“爱国民主分子”，是给他们开门，让他们进来。

关于“人身自由”问题。纲领初稿规定：“中华人民共和国人民有思想、言论、出版、集会、结社、通信、居住、迁徙、宗教信仰及示威游行的自由权。”其中未提“人身自由”。许多代表对此提出意见，认为人身自由是最根本的自由，如无人身自由，其他自由都将谈不到，因此必须在各种自由权之中加入人身自由一项。这一意见在下一个印稿中即被采纳。

关于联苏问题。有的产业界的代表出于同外国做生意的考虑，认为关于外交政策的条文不必突出联合苏联的内容。这一意见未得到响应。中国国民党革命委员会、三民主义同志联合会、中国国民党民主促进会三个国民党民主派的政协代表就这个问题专门进行了讨论，他们的意见是：“本党十三年（1924 年）改组时提出联合以平等待我之民族共同奋斗，就是指的苏联，今天应明确地说出来。”“联苏的口号非公开提出不可。”纲领草案保留了“首先联合苏联、各人民民主国家和各被压迫民族”的条文。

除这几点以外，代表们提出的修改意见还有许多。如：在第二章“政权机构”开头一条应加上“中华人民共和国主权属于全国人民”[①]；政协组织成分中的“知识界”应改为“知识分子”；“反对贪污、浪费”的提法太轻，应改为“肃清（或严惩、根绝）贪污、严禁浪费”；调剂五种经济成分的关系，应加上金融政策、技术政策两个方面；等等。这些意见基本被后来的修改稿所采纳。另有一些建议，如文字改革、对日和约等，均属不是现在所能做到和不必即行准备去做的事项，故没有列入条文。

经各方反复讨论和毛主席多次修改的《中国人民政治协商会议共同纲领（草案）》，于1949年9月17日为新政协筹备会第二次全体会议所接受。9月21日，中国人民政治协商会议第一届全体会议开幕。9月22日，恩来同志就纲领草案起草的经过向大会作报告。大会组成包括共同纲领草案整理委员会在内的六个分组委员会，以最后完成各项文件的起草工作。共同纲领草案整理委员会由出席政协的45个单位和特邀代表派人组成。中共方面为周恩来。45个单位中，只有民盟派出两人：章伯钧、罗隆基，其他均为一人。28日，政协各单位及纲领草案整理委员会分别举行会议，对纲领草案作最后一次讨论。至本日，整理委员会又收到代表意见21件，经讨论，除对9月20日印稿中的不正规字体加以规整和增添一处标点外，全体一致通过保持原文送交大会主席团。29日，政协全体会议一致通过《中国人民政治协商会议共同纲领》。10月1日，刚刚当选为中华人民共和国中央人民政府主席的毛泽东发布公告，宣布中央人民政府“接受《中国人民政治协商会议共同

① 《中国人民民主革命纲领草稿》一、二稿均列有国家权力属于人民的条文，后来《新民主主义的共同纲领》草案初稿和《中国人民政治协商会议共同纲领（草案）》9月5日印稿，没有列入这样的内容，故代表们提出意见。——原书编者注

纲领》为本政府的施政方针”。

《中国人民政治协商会议共同纲领》分序言和总纲、政权机构、军事制度、经济政策、文化教育政策、民族政策、外交政策7章，总计60条，7000余字。这个纲领是全国人民意志和利益的集中表现，是革命斗争经验的总结，也是中华人民共和国在相当长的时期内的施政准则。它规定中华人民共和国是新民主主义即人民民主主义的国家；政权是工人阶级、农民阶级、小资产阶级、民族资产阶级及其他爱国民主分子的人民民主统一战线政权，而以工农联盟为基础，以工人阶级为领导；目标是反对帝国主义、封建主义和官僚资本主义，为中国的独立、民主、和平、统一和富强而奋斗。它给新中国制定了政权机构、军事制度以及经济政策、文化教育政策、民族政策、外交政策的总原则。它规定了人民享有的广泛的民主权利和应尽的义务。纲领的制定和通过表明，中国共产党的最低纲领即新民主主义纲领，已被集中代表各民主党派、各人民团体、各民主阶级、各少数民族、海外华侨及其他爱国民主分子意志的中国人民政治协商会议所一致接受，成为新中国的建设蓝图。

历史证明，共同纲领是中国共产党和中华人民共和国历史上非常成功的文件之一。由于它切合实际而又坚定明确，清楚地指出了哪些事是应该做而且必须做的，哪些事是不应该做而且不允许做的，所以对刚刚诞生的人民共和国的各项工作，都起了规范和指导作用。它凝结了以毛泽东为代表的中国共产党人、民主党派和无党派民主人士的心血，又经过反复讨论、修改，所以得到了全国各方面人士的一致拥护。

召开政协和拟定纲领的过程，突出体现了共产党领导下的党派协商精神。毛泽东、周恩来等共产党领导人大智大勇，虚怀大度，既能提出完整正确的立国方案，又能虚心听取其他党派和无党派民主人士的意见，平等协商国家大事。其他党派和无党派人士亦能本着共同负责的精神，竭智尽虑，为国献策，大胆发表意见，敢于进行争论。这种精神，为我国政治生活留下了一种宝贵的传统。

（选自胡乔木著《胡乔木回忆毛泽东》，人民出版社 2014 年版）

忆参加政协第一届全体会议

朱学范*

1949年9月21日，这个伟大的日子给我以不可磨灭的深刻印象。毛泽东主席在人民政协第一届全体会议开幕词中庄严地宣告："占人类总数四分之一的中国人从此站立起来了！""我们的民族将再也不是一个被人侮辱的民族了！"当时，我激动得几乎落下了眼泪。中华民族为了追求独立和自由，奋斗了一百多年，如今在中国共产党的领导下，中国人民终于站起来了。凡我中华儿女，谁不振奋呢？

当时各民主党派、无党派和华侨的代表性人士响应中国共产

---

* 朱学范：时任民革中央执行委员会常委，中华全国总工会副主席，新政协筹备会代表，人民政协第一届全体会议代表；后曾任第五至七届全国人大常委会副委员长，邮电部部长，民革中央主席，全国政协常委。

党关于召开新政协的号召，从全国各地及海外纷纷赶到解放区，来到北平，汇聚在中国共产党的周围，拥护中国共产党的领导，恰似“众星拱北、万水朝东”，这是党和国家的事业兴旺发达的主要原因之一。

我是较早到达东北解放区的党外人士之一，能够以中华全国总工会代表的身份参加一届政协和参与一些筹备工作的商议活动，感到莫大的光荣。迄今回忆起来，犹历历在目，给我以鼓舞和力量。

1946 年 1 月，国民党当局在全国人民要求和平民主的压力下，被迫同意在重庆召开有国民党、共产党、民主同盟等其他党派和社会贤达代表参加的政治协商会议，通过了和平建国纲领等五项决议。会议期间重庆各界人民组成政治协商会议陪都各界协进会，每天在沧白纪念堂集会，邀请政协代表报告会议进展情况，以扩大政协影响。当时我担任中国劳动协会理事长，经与在渝劳协负责同志商量决定发动会员前去参加积极支持报告集会，并于 2 月 10 日与重庆各界 23 个团体在较场口广场为政治协商会议胜利召开举行庆祝大会。国民党特务、流氓肆意破坏会场，殴打大会主席团成员郭沫若、章乃器、李公朴、施复亮等知名人士，劳协组织参加大会的 500 名工人赶紧向前保护。一群暴徒便扑向劳协队伍，逢人便打，劳协队伍中很多人被打伤，有的还被打成重伤。较场口事件发生后，周恩来、邓颖超、邓发、廖承志等领导先后到劳协大梁子工人福利社医院，慰问劳协受伤同志；解放区职工联合会筹备会也从延安拍来慰问与抗议国民党罪行的电报，给予我们极大的鼓励。

1946 年 6 月底，国民党以大举围攻中原解放区为起点，发动全面内战。因为劳协拥护旧政协，主张国共合作、和平建国，就成为国民党当局重点打击的对象之一。骇人听闻的八六事件，就是在此情势下，由国民党当局炮制出来的一幕丑剧。1946 年 8 月 6 日晨，200 多名国民党武装军警和便衣特务包围了劳协重庆工人福利社，接收了重庆所有劳协机构，逮捕了重庆工人福利社主任周颖等 38 人。我闻讯后，在上海举行中外记者招待会，揭露了八六事件的内幕。这次中外记者招待会影响很大，国民党当局摧残劳协的消息很快传遍全国、全世界。重庆《新华日报》发表《声援朱学范先生的呼吁》的社论；8 月 14 日《中国工人》周刊举行文化界招待会的当晚，郭沫若、茅盾、叶圣陶、周建人、许广平、田汉等 68 位文化界著名人士，给劳协送来了热情洋溢的信件；在重庆的邓初民、李相符、史良、崔国翰等也相继发言或在《新华日报》上发表文章对国民党提出抗议。同时，我还向世界工联和苏美英法总工会呼吁，他们也纷纷来电支持劳协的斗争，抗议国民党政府的暴行；加上被捕劳协同志在法庭上坚持斗争，使国民党当局处境极为困窘。9 月 10 日上午，蒋介石亲自邀我去庐山见面，被迫答应了我提出放人等三个条件。于是被关押了 40 天的劳协同志，于 9 月 16 日全部释放出狱。但是国民党当局并没有放松对劳协施加压力。那天，蒋介石在答应三个条件后，对我说："你回去后，要把劳协从政治上整顿整顿。"我回到上海，陆京士等就来找我，要我发表关于排斥解放区工会的声明，并于第二天送来已拟好的稿子，逼我签字，我当场拒绝。这时我才明白蒋介石所谓的要把劳协从政治上整顿整顿，原来是要我和劳协公开反共。我立即找刘宁一密商，决定利用我的世界工联副主席的身份，向国际呼吁，同蒋介石斗争。

国民党当局见我不仅一再拖延，拒绝在声明稿上签字，而且向国际呼吁，他们就双管齐下：一方面由重庆法院发出拘票，企图混淆视听，甚至阴谋策划把我拘到重庆听审；另一方面又诱迫我去南京出席国民党的“国大”。在这紧急关头，中国共产党又一次给我以及时的帮助，经刘宁一向周恩来副主席汇报，中共中央很快就支持我去香港的意见。我便于11月12日清晨飞达香港。离开上海前，我公开发表了一个《反对伪国大与拒绝排斥解放区工会出劳协》的声明，以鲜明的态度维护中国工人的统一团结。这个声明的发表，对国民党当局是狠狠一击，于是他们对我进行迫害，11月25日在香港庄士顿道英国海军俱乐部门前制造车祸，我被撞伤骨折，住进玛丽医院。周恩来副主席在沪得讯，立即派刘宁一、俞志英到香港慰问，刘少奇也从延安拍来慰问电报。《解放日报》《新华日报》以及上海和重庆的一些进步报刊纷纷向国民党当局抗议，使我非常感动。

这时，陆京士等盗用劳协名义发表声明拥护“国大”，并强迫改组劳协。我与在港劳协同志一致认为，绝不能让国民党当局继续盗用劳协名义，进行欺骗。由我代表劳协发表声明，向全世界宣布：劳协已迁至香港，被篡夺的伪劳协只是国民党当局利用的反共反人民、分裂中国工人运动的工具，根本不能代表劳协200余万会员的意志。至此，劳协从1935年2月在上海成立，经过11年的曲折道路，终于在组织上与国民党当局正式决裂了。

国民党当局企图否认我和刘宁一代表劳协活动的权力，但是世界工联总书记赛扬仍然通知我和刘宁一于1947年6月1日到布拉格参加世界工联执行局会议，表示对香港劳协的支持。然而，蒋介石并不甘心失败，接着下令通缉我，并登报开除我的国民党党籍和上海邮局职务，还要吊销我的护照，禁止我参加国际活动。我排除阻挠去日内瓦参加国际劳工局理事会，路过巴黎会见了法国总工会总书记石屋等先生和英国总工会总书记刀逊先生，他们对于国民党当局摧残劳协的无耻行径极为愤慨，对我表示深切的友好和同情。

1947 年 6 月，我旅欧回香港时，特地绕道美国，到旧金山去看冯玉祥将军。我们都认为国民党当局反共和破坏旧政协，坐失了团结起来和平建国的良好时机，许多爱国的国民党员都叹惜不已。当时国民党当局已向延安进攻，与国民党合作已经不可能了。只有团结国民党中的一切爱国力量，走孙中山先生指出的联合共产党的道路，推翻蒋政权，中国才有希望。这样就得有一个组织，才能名正言顺地起来号召。冯玉祥将军写了封信，叫我代表他持信回港去见李济深先生。回到香港，我先征得梅龚彬、陈此生两人的同意，由他们陪我一同去见李济深。经我一再说明形势，李济深也就同意成立一个革命组织的建议，并与何香凝联名写信给当时在上海的谭平山、柳亚子、郭春涛、陈铭枢等人。信中说："国民党民主派，集中力量，正名领导，对内对外，紧要万分，盼先生等迅即来港。"信是写在手掌大的一块绸布上的。柳亚子等人接信，即分头抵达香港。于 1947 年秋，为成立一个革命组织进行多次座谈，参加座谈的有李济深、何香凝、蔡廷锴、王葆真、邓初民、张文、梅龚彬、朱蕴山、陈此生和我等 10 余人，柳亚子自告奋勇担任秘书长，得到大家的赞扬，于是分头进行筹备工作。当时，很多同志都嫌弃"国民党"三个字，何香凝先生坚持保留这三个字，认为可以多团结一些国民党中的爱国力量，于是定名为"中国国民党革命委员会"，着手草拟民革组织总章等文件。

当时，我通过在宋庆龄先生主持的中国儿童福利会工作的俞志英征求宋庆龄先生的意见，请她担任民革主席；章汉夫也与宋庆龄先生谈及此事，她表示支持成立民革，但不担任主席。此后，李济深、何香凝、柳亚子、李章达、彭泽民、陈其瑗六人亲笔签名，写了《上孙夫人书》，恳请宋庆龄先生命驾南来领导即将成立的民革工作，得到了如上相同的答复。

1948 年元旦，民革成立大会上，推选宋庆龄为名誉主席，李济深为主席，并选举产生了民革中央委员会和监察委员会，我被选为常务委员兼任组织委员会主任委员。其实，我于 1947 年 11 月离开香港，参加在巴黎召开的世界工联执行局会议，民革成立大会期间我不在香港，成立大会的签名，是我在赴巴黎前夕提前签好的。民革在香港成立伊始，即公开宣告以推翻蒋政权、反对美帝国主义破坏中国和平之政策为己任。

我在巴黎参加世界工联执行局会议之后，又去英国。1948 年元旦是在伦敦度过的，听到民革在香港成立的消息非常振奋。这时刘宁一从巴黎来到伦敦，邀请并陪同我到解放区去。1 月 8 日，在离开伦敦时，我向全世界发表一个时局声明，这就是号召中华全国工人以推翻蒋政权和拥护统一战线为主要内容的伦敦宣言。随后，我与刘宁一、俞志英先后到布拉格会合，由苏联总工会帮助路过莫斯科，于 1948 年 2 月 28 日到达东北解放区哈尔滨。第二天我就致电毛主席、周副主席，表示决心在中国共产党的领导下，参加伟大的革命斗争。3 月 4 日即接到毛主席和周恩来副主席复电，表示热烈的欢迎。到达哈尔滨以后，由高岗和李富春接待我，住在总工会，先是参观访问，看到了解放区的民主政治和艰苦朴素的作风，非常感佩。

1948年4月30日，中共中央发布“五一口号”，提出迅速召开政治协商会议，成立民主联合政府。5月5日民革及其他民主党派领导人李济深、何香凝、沈钧儒等联合通电，公开响应中共“五一”号召。我在赴东北解放区途中，曾写信给李济深、沈钧儒先生，希望他们早日前来解放区，并得到李济深先生表示同意的复信。这时，获悉他们响应中共“五一”号召，更感欣慰。

8月1日至22日，我被邀参加在哈尔滨举行的全国第六次劳动大会。大会决定恢复中国工人阶级统一的全国组织中华全国总工会，我被选为副主席，不少劳协同志当选执委和候补执委。大会还通过了中国劳协政治提案。提案第一条即：建议大会响应中共中央“五一口号”第五项，并主张由中共主持召开新政治协商会议。中华全国总工会恢复后，劳协成为全国总工会领导下的一个工人团体，它已在国际工运活动中完成了其本身的历史任务，今后有关国际工运的一切活动，由恢复光荣传统的中华全国总工会参加。后来，在1949年11月初在北京召开的劳协代表大会上，我代表全体劳协代表宣告劳协完成了历史任务，结束劳协工作，今后全国工人阶级统一组织在中华全国总工会之内。

9月29日，沈钧儒、谭平山、章伯钧、蔡廷锴四人首批由香港来到哈尔滨。我从总工会搬到马迭尔旅馆与他们住在一起。10月8日，高岗、李富春将中共中央《关于召开新的政治协商会议诸问题（草案）》，征求我和沈钧儒等七人的意见。10月21日及23日，又约集我们举行座谈会，讨论该草案。这时李德全先生带着冯玉祥将军的骨灰经苏联回到祖国哈尔滨，也参加了座谈会。想起我与冯玉祥将军在美国共商国是，筹划请李济深出来组织革命团体，团结当时云集香港的国民党中的爱国力量参加到中共领导的统一战线里来，不料他在黑海途中轮船失事，不幸罹难，冯将军的爱国、报国之志未能如愿以偿，甚为痛惜。

经过几次座谈商谈，于11月25日，中共中央的代表高岗、李富春与在哈尔滨的沈钧儒、谭平山、章伯钧、蔡廷锴、王绍鏊、高崇民、李德全和我8人，达成《关于召开新的政治协商会议诸问题的协议》。现在参加这次商谈的10位同志，9位已经作古，我作为唯一的幸存者，对当年参加新政协筹备工作的同志尤为怀念。记得当时讨论最热烈的是新政协参加的范围问题，大家一致主张，南京反动政府系统下的一切反动党派及反动分子必须排除，不得允许其参加，但是一遇到具体问题意见就分歧了。例如民社党革新派是否参加的问题，有的同志认为不能参加，我想起同冯玉祥将军和何香凝先生接触中，他们都主张多团结一些国民党中愿意与我们合作的人，因此，我与李德全两人都认为是否准许这个组织的人参加，得视形势发展，审慎研议。从而在协议中规定："留待筹备会最后决定。"中共中央代表还加了一条，"此外如再有增加单位的提议，可随时协商，在筹备会中作正式决定"。这就给国民党开明人士及其他方面的进步力量开了大门，留有余地，这是新政协获得大团结成功的非常关键的一条。

这时济南、长春、沈阳先后解放，我们一批在哈尔滨的党外人士到达沈阳，住铁路宾馆。李济深先生等30多人，于1949年1月7日抵达大连，我与李富春同志两人前去迎接他们，10日到达沈阳。1月22日李济深等55人发表题为《我们对于时局的意见》

的声明，明确拥护中国共产党的领导，拥护中共中央提出的和平八项条件。

由于解放形势的发展，北平和平解放，原来新政协决定在哈尔滨筹备，现在有条件在北平筹备了。2月25日，我们在东北的全部党外人士，在林伯渠陪同下抵达北平，住在六国饭店，有的住在北京饭店。翌日，北平市各界在中南海怀仁堂举行盛大欢迎会，董必武、叶剑英、彭真等先后在会上致辞欢迎。于6月15日开始，新政治协商会议筹备会第一次全体会议在中南海勤政殿开幕以后，我们都认真地学习文件和参加各项筹备工作。当时，我们通过学习和讨论，认识到我们国家是新民主主义国家；新中国需要一个统一战线的组织形式，这就是政治协商会议；第一届政协行使全国人民代表大会的职权等。

9月21日，中国人民政治协商会议第一届全体会议在中南海怀仁堂隆重开幕，我被推为全体会议主席团成员。中共中央主席毛泽东主持会议，并致开幕词。何香凝代表民革讲了话。她说：现在蒋介石垮台了，人民政协开幕了，孙中山致力革命40年，谋求“中国的自由平等，节制资本，耕者有其田，联合世界上以平等待我之民族”，这些革命目的，在毛主席的领导下得到了实现，我们可以告慰在九泉下的孙先生了。她说：“我们信仰孙中山先生的革命三民主义的信徒，今天要来做一个模范的新民主主义工作者，就要做人民政治协商会议共同纲领的模范执行者。”她的讲话表达了民革同志的心声。

会议通过了《共同纲领》，宣告了中央人民政府的成立，民革同志中有李济深当选为中央人民政府副主席；何香凝、李锡九、蔡廷锴、陈铭枢、谭平山、柳亚子当选为中央人民政府委员会委员，不少成员参加了中央人民政府各部门的领导工作，我担任中央邮电部部长。10月1日，中华人民共和国诞生，我们都光荣地参加了开国大典，为五星红旗升起而欢欣鼓舞，振臂高呼！

（选自全国政协文史资料委员会编《文史资料存稿选编》，中国文史出版社2002年版）

回忆新政协

史 良*

1949 年，我以中国民主同盟代表的身份，参加了新政协——中国人民政治协商会议第一届全体会议。这是一次有历史意义的会议，因为，正是这次会议不仅宣布自己代行全国人民代表大会的职权，成为国家的最高权力机关，而且通过了临时宪法——《共同纲领》，选举了中央人民政府委员会，建立了中华人民共和国。从此，中国就以一个东方巨人的姿态出现在国际舞台上，一扫旧中国东亚病夫的形象。1954 年，首届全国人大选举产生后，制定了《中华人民共和国宪法》，人民政协作为统一战线的组织形式，继续在国家

---

* 史 良：时任中国人民救国会中央常委，民盟中央常委，新政协筹备会代表，人民政协第一届全体会议代表；后曾任第五、六届全国人大常委会副委员长，第五届全国政协副主席，司法部部长，民盟中央主席。

政治生活中发挥重要的作用。

提起新政协的来历，人们就不能不想起旧政协。我们之所以把各党各派各界人士讨论国是问题的这次重要会议称作新政治协商会议，就是由于在这以前，有过一次旧的政治协商会议。正像新政协是在我国的重大转变关头召开的一样，旧政协会议也是在一个重大转折关头召开的。

1945 年，抗日战争以日本无条件投降而告结束。胜利后的中国究竟如何建设，是一个迫切需要解决的问题。而国民党内的反动分子则跃跃欲试，企图发动全国规模的内战，扑灭人民革命力量。形势危急，形势逼人。在这紧要关头，中国共产党的毛泽东主席于是年 8 月由延安飞重庆参加国共会谈，达成著名的“双十协定”，从而为召开有各党各派和社会贤达参加的政治协商会议奠定了基础。

那次政治协商会议是于 1946 年在重庆召开的，除国共两党以外，民主同盟也参加了。我则以民盟代表团顾问的身份参加代表团的活动。政治协商会议就国民大会、宪法草案、政府组织、和平建国、军事问题等五个重大问题达成了协议。不幸的是，会议以后国民党内的反动派不顾全国人民的愿望，推翻了五项协议，一党召开伪国大，制定伪宪法，继而发动了反人民的内战。这场战争以人民革命的胜利而告终，新政协就是在中国人民革命取得全国范围胜利的形势下在北平召开的。

新政协由中国共产党领导，参加单位有45个，民盟是其中之一。

民主同盟这个政治组织，在中国近代史上的出现不是偶然的。20年代末期以来，在中国大地上就一直存在着国共两党所领导的两大力量的对峙，到了抗日战争时期，两党终于在民族统一战线的大前提下统一起来了。这不仅符合中国人民的利益，而且也符合国民党内开明人士的心意。但不幸的是国民党内有一股反动势力，总要企图以武装力量来消灭革命力量，因而造成斗争起伏，事端迭起。它引起一部分革命知识分子的不满与反抗、一部分社会人士的愤慨与忧虑。民盟的出现，适应了社会上的各方面政治要求，成为向往未来、争取前进的一个综合性的政治力量。民盟除了综合性这个特点以外，文化界、教育界中上层人士较多也是个重要的特点。另外，它还有三个特点：一是多源性，现在有很多同志对民盟的成立有不同的说法，并确有不同的资料依据。虽然有一个大家都公认的说法，但也不能否定它的多源性。也就是说，它像大江一样，是由许多小河发源而汇流到一起来的。二是进步性，民盟尽管成分多样，成员来自四面八方，但进步知识分子始终是主导力量。闻一多、李公朴、杜斌丞这些光辉的名字，永远和民盟的战斗历史不可分离，他们是民盟进步性的象征。现在有些人在研究盟史时强调它的中间性，我看是不符合历史真实的。三是发展性，民盟的历史是随着革命斗争形势的发展而不断发展的，它的政治主张也是随着不同形势下的不同政治斗争要求而不断变革的。忽视这一点，是不能正确理解民盟的，现在在研究民盟历史的人中，有人硬抓住某一件事、某一个人、某一个文件，在那里作出许多片面的分析，我看是不容易把握真实的。

中国民主同盟在它开展政治活动的过程中，经历了三个发展阶段：第一阶段是在政团同盟时期，这个时期的特点是，很多活动通过国民参政会，活动范围偏重在上层。第二阶段是从 1944 年到 1947 年，主要是以和平的合法的方式，开展带有群众性的政治活动，揭露国民党政府假和平真内战的伪装，抵制国民党召集伪国大，通过伪宪法的勾当。第三阶段从 1948 年起，这时民盟已被国民党政府宣布为非法团体，民盟只好到香港开会。在 1948 年 1 月举行的民盟一届三中全会上，正式宣布与中共携手合作，为推翻国民党反动政权而斗争。这是民盟发展史上的一个重要转折点。

形势的发展比人们预料的要快得多。就在民盟三中全会在港召开的时候，中国人民解放军已经从战略防御转入了战略进攻。在各个战场上，人民革命武装都在节节胜利。当年 4 月 30 日，中共中央在“五一”劳动节口号中以精练的语言概括了时局的特点，它说：“今年的‘五一’劳动节，是中国人民走向全国胜利的日子。”“是中国劳动人民和一切被压迫人民的觉悟空前成熟的日子。”并号召“各民主党派、各人民团体及社会贤达，迅速召开政治协商会议，讨论并实现召集人民代表大会，成立民主联合政府”。“五一”号召发表以后，各民主党派与民主人士纷纷致电中共中央毛泽东主席，表示热烈拥护，民盟还单独发表了告全国同胞书，指出：“结束独裁混乱的旧中国，创建民主和平的新中国，其唯一途径，我们认为仍旧只有走本盟一向主张的政治协商会议的路线，以实现真正民主的联合政府。所不同者，未来的政治协商会议，将必然是反独裁统治的各党派和人民团体等的代表为实现真正的民主和平而举行的会议，而决不是跟独裁统治体系中的任何反动集团谋妥协的会议。”

回顾当年，我认为 1948 年是中国人民革命史上起决定作用的一年。在这一年里，举行了三个最大的战役：辽沈战役、淮海战役和平津战役。国民党反动派在淮海战役以后精锐失尽，就在战役结束（1949 年 1 月 10 日）后 10 天，蒋介石就宣告“引退”了。从此国民党反动集团陷入土崩瓦解的状态。胜利在望，人心思治，在这个形势下，各党派负责人和各界爱国人士应中共邀请，都纷纷到达了解放区。

就在这时，中共中央针对国民党反动派的和平攻势提出和平谈判八项条件，民盟和各民主党派一致响应。而我这时还在待解放的上海坚持黎明前的战斗。愈是胜利在望，愈是白色恐怖严重。我们的同志时有被捕的，负责的民盟上海执行部，连会议都不得不在汽车内举行，斗争是十分艰苦的。介绍解放区，宣传革命斗争形势，争取和团结对形势还有疑虑的人士，营救被捕同志，帮助部分同志早日进入解放区，等等，好多工作要做。有一天，中共上海地下组织派人来通知我，要我迅速隐蔽，我不得不在做了一些安排以后变换了几个地方。这是另一种形式的斗争，其艰苦情景是难以想象的。1949 年 5 月 27 日，上海终于解放了。但在解放前最后的日子里，我们很多优秀的同志却被残酷的敌人杀害了。其中包括当时正在上海的黄竞武、曾伟等同志。

上海解放以后，我来到北平，参加新政治协商会议的筹备工作。我是以中国人民救国会的代表身份参加筹备会的，但当 6 月 15 日筹备会第一次全体会议开会时，我尚未到平，由李公朴夫人张曼筠同志代表我参加，直到 7 月份，平沪交通恢复以后，我才到达北平，开始了新的战斗生活。

在回想起这一段经历的时候，我不禁想起和我们长期相处患难与共的周恩来同志，他是救国会的老朋友，也是民盟的老朋友，他对各民主党派的帮助是各民主党派逐渐走向进步终于成为党的亲密助手的一个很重要的因素。我自己也是在他的教导下逐渐认识中国革命斗争的方向和规律的。在旧政协和和谈时期，我们就经常聆听他对形势的精辟分析；在新政协时期，我们又和他共事，得到他的热情帮助和亲切关怀。我到北平以后，就和周恩来同志、邓颖超大姐相见了。记得有一回，周恩来同志就新政协会议的一些问题征求我的意见，我曾对妇女名额较少提出了尖锐的意见。周恩来同志毫不着恼，反而称赞我的意见提得好，并说明党中央也很注意这个问题。他要我放心，新中国的妇女一定会在政治上和男人得到同样的政治权利，而不会受到歧视。

我先后以救国会和民盟的身份参加新政协筹备工作和人民政协第一届全体会议，正说明我和这两个政治团体的关系。不过，我要在这里顺便提一下后来救国会的自动结束的问题。那是 1950 年的事，当时毛主席不在国内，救国会的同志考虑到当初的宗旨就是为了实现新民主主义革命的胜利，现在这个目标既然已经达到，我们的历史任务也就完成了。在这个情况下，救国会就自动结束了。宣布结束的那一天，曾经邀请各民主党派负责人和各界人士，说明这个道理。没想到毛主席回到北京以后，却对这件事大不赞成。按照毛主席的想法，在民主革命时期共同斗争过的民主党派应该继续存在下去，以便为新中国的建设而尽力。好在救国会的同志都已参加了其他各民主党派，其中大部分在民盟，我们仍然可以继续为建设社会主义作出自己的贡献。

罗涵先　整理

（节选自石光树编《迎来曙光的盛会——新政治协商会议亲历记》，中国文史出版社 1987 年版）

我参加新政协筹备工作及首届政协的经过

楚图南*

一

1946年内战爆发。1947年3月，国民党政府强令中共驻南京代表团撤退，同年10月，又宣布民盟为非法团体。在这种危难的时刻，民盟内部的朋友由于各自不同的处境和考虑，意见和做法并非完全一致。我当时听从了沈衡老（沈钧儒）的意见：民盟还要搞下去，在内地搞不成，就到香港去，内地的组织转入地下。他并告诉我，他要邀集一些民盟的中央委员到香港去商议这些事，并让我作

* 楚图南：时任民盟中央委员，新政协筹备会代表，人民政协第一届全体会议代表；后曾任第六届全国人大常委会副委员长，民盟中央主席，全国政协常委。

去香港的准备。

听到沈衡老的这些意见后，我尽快离开了环境险恶的上海，到了香港。当时香港的政治形势十分复杂，除了党领导的进步力量外，国民党的各派系、有各种背景的反蒋政治力量都在香港活动。我到香港后住在当时生活书店负责人黄洛峰家里，并通过《华商报》找到中共在香港的负责人章汉夫、乔冠华，他们告诉我，沈衡老、章伯钧等还未到香港。香港情况复杂，因此商定最好早日到解放区去。

当时去解放区有两条路线可走，一是由香港去东北，另一条路是经天津过封锁线去华北解放区。因为去东北时间要晚，我决定先回上海安顿一下家小，准备由天津进解放区。回到上海，我和过去在昆明的一位学生，当时在中共中央城工部工作的辛毓庄取得了联系，他专程从天津来看我。我向他说明了汉夫、冠华的意见以及我要进解放区的愿望，他告诉我将回天津和城工部商酌为我预先做好安排，并和我商定了联系办法，让我静候他的通知。

1948 年初，民盟在香港举行三中全会，我当时在上海准备北上，未能参加，是由周新民、冯素陶代表我出席的。

直到这年的秋季，我得到辛毓庄的来信，让我从上海乘船由海路去天津。当时决定和我一起去北方的还有一位在昆明工作过的进步青年学生侯大乾。去天津，第一道难关是买船票，当时国民党特务对去北方的人盘查甚严，买船票前要经卫生检疫，要打防疫针，实际上是观察旅客中有无形迹可疑的人。这时有一名在上海的进步青年学生曾宪洛（已去世的中国人民大学教授）主动替我去接受“检疫”，打防疫针，取得了证件，并买到了去天津的船票，这样我就和侯大乾同行，携带一些简单行李，告别了家人乘船北上。

几天后船到了天津，时逢夜晚，港口码头上探照灯照得雪亮。荷枪实弹的国民党警宪林立，如临大敌，对下船乘客及携带物品逐一搜身检查。我悄声告诉侯大乾，由他照料我的衣物行李，我好设法混进接旅客的人群溜出去。就在此紧要时刻，辛毓庄已在码头上的栅外等候。他看见我，即一把抓着我的手，将我推进停在附近的一辆小汽车。开车的是一位身穿国民党军官制服名叫周匡的人，不通过检查立即将我们一直送到他的家里。辛毓庄和他商量后作了简单的安顿，并告诉我不要出去，不要和外人接触，在房间里休息，一切听候他的安排。不久侯大乾也到这里来了。这时，我才知道周匡是城工部派在傅作义部队做地下工作的。

几天以后，我们和辛毓庄再一次见面，他告诉我们已同各方面取得联系，安排好了去解放区的路线。同时派了一位姓张的同志扮作我的侄子，沿途护送我们，说是长久离家，现在要回沧州原籍。由于我的南方口音很重，交代我一路上少说话，一切由“侄子”代答。并告诉了我们沿途回答的口令和万一出现意外时的一些应急措施。这样我和“回老家”的“人力车夫”侄子两人，从陆路冒着寒风顺利地经过当时国共双方军事封锁线静海县到了对面唐官屯解放区。这时在沧州工作的萧敏已派人来唐官屯相接。我们到沧州见到了萧敏，并由萧敏联系安排经过衡水到达石家庄。此后由交际处的申伯纯接待，侯大乾则留下学习。我由中央派车来接到达了平山县的李家庄，时为 1948 年 11 月上旬。

二

平山县是当时中共中央所在地，毛主席住在李家庄附近的西柏坡。由中共中央统战部接待的一批爱国民主人士聚集在李家庄。我到达李家庄后，李维汉接待了我，并和先到的周建人、胡愈之、沈兹九等会合。

时值中国人民革命胜利的前夕，辽沈战役结束，北平即将和平解放。蒋介石经营多年的军队行将土崩瓦解。全国各民主党派和进步力量都积极响应中共中央在“五一口号”中提出的关于召开新政协、成立民主联合政府的号召。在这样一种形势下，我一到李家庄，立即感到这里充满了希望的气氛。中央统战部的负责同志召集我们就新政协的召开时间、地点、参加单位等问题交换意见，并和已到东北解放区的李济深、沈钧儒、章伯钧等沟通情况、交换看法。此外，中共的负责人还亲自来给我们讲全国军事、政治形势。当时中共中央特别关注北平的和平解放和争取傅作义将军和平起义。另外还组织我们学习党的城市政策、文化政策、对知识分子的政策和对原国民党政府中人员的政策，并讨论当时全国都关注的国共和谈问题。在此期间，身负重任的周恩来经常亲自来给我们讲话。周恩来很忙，只在傍晚有些时间，这时他从西柏坡赶来和我们见面，亲切地交谈，讲形势，讲政策，并听取大家的意见，气氛亲切融洽，待人有如师友、有如兄长。周恩来对民主党派朋友这种待人以诚、服人以理、谦逊厚重的精神，给我和很多朋友的印象极为深刻，永志不忘。

在李家庄期间，我还应邀到西柏坡，受到毛主席的接见，这是我第一次见到毛主席。毛主席还请来刘少奇、任弼时等同志，一道询问我关于云南和西南的政治情况，谈到争取这些省区地方势力站到反蒋爱国方面的可能性。毛主席办公和居住的地方简单、朴素，除了文电外，木制沙发上放着一册册《故宫周刊》。毛泽东当时还十分关心文化和文化人。他还说，北平解放，如果胡适之先生不去台湾，也要对他进行安排。

但是，就是在这样一种迎接胜利的气氛下，统一战线内部也并不是没有矛盾和斗争的。新政协的筹备过程中，很重要一条是毛泽东在 1949 年新年献词《将革命进行到底》一文中所说的“没有反动分子参加”。当时在中国人民大革命胜利的形势下，难免“泥沙俱下、鱼龙混杂”，例如有些类似青洪帮的组织，也想列名“民主党派”，有些和国民党反动势力关系很深的人，也想混迹“民主人士”行列。对这些，中共中央统战部召集我们多次交换看法。除了听取我们对蒋介石 1949 年元旦的求和声明、对中共拟定的战犯名单的意见外，还就参加新政协的单位和个人的名单征求大家的意见。例如，当时大家一致认为，像民社党革新派及乡村建设派这样的组织，不宜列为新政协的参加单位，但其中的个别爱国人士，则可以在他们明确表示和反动阵营决裂后，特别邀请他们参加新政协会议。

在民盟内部，意见也并不完全一致，甚至还有极为尖锐的矛盾。如在淮海战役取得决定性的胜利以后，国民党提出和谈，企图维持旧政权，阻止解放事业的顺利前进。中共中央及各民主党派也并不拒绝和谈，但要废除法西斯的独裁统治，全国各民族和平统一建立人民民主的新中国。在蒋管区的盟员同志中，大多数是坚决同国民党反动派斗争到底的，像史良同志等始终和宋庆龄同志一道，大义凛然，坚持到上海解放。但有些人不免有些模糊认识，其中罗隆基一人还很热心于第三条道路，对于“和谈”问题也有不同的看法。经和胡愈之等同志研究以后，才由我们联名通电，表明应遵循民盟三中全会所决定的政治路线，任何违背三中全会的做法和主张都是非法的，这样总算阻止了这一活动。但罗隆基仍写了一份将民盟作为资产阶级政党的所谓纲领，要求同共产党讨价还价，如得不到同意，即不参加政协不参加联合政府，要作为在野党同新政府进行斗争。这份所谓的“纲领”由一位同志带到李家庄来。当时在李家庄的民盟及其他方面朋友都不同意罗的意见，最后连替罗隆基带信来的同志也声明，罗的来信只代表罗自己，表示不同意罗的看法。另外我们还一致认为，要防止国民党反动派的分别利用，防止民盟内部及民主党派之间的不和与分裂。为此，在李家庄的各民主党派的朋友，都分别做了一些工作。最后蒋管区盟员同志都先后到了和平解放的北平，并与经由香港到东北来的盟员同志和李家庄来的盟员同志三路会合在一起，共同参加了新政协的筹备会议和民盟的四中全会。

在民盟四中全会上一些不同的意见，特别一些派别的不同意见又爆发出来，争论很激烈，延续几个月还得不到解决。中共中央和各民主党派都很关心这个问题。直到毛主席在赴苏联访问的前一天晚上，在中南海西花厅接见了民盟中央的各方面的负责同志，对大家讲了三国时古城会的故事，肯定了在根据地的张飞对从敌人营盘中过来的关羽有警惕是可以理解的。另外关羽斩了蔡阳用行动证明了自己不是曹操的人，张飞立即开门迎接，对关羽待之以兄弟之礼。毛主席就这样生动而巧妙地对民盟中的争论作了启发性的指示，既弄清了是非，又达到了团结。这样也就使民盟四中全会顺利地结束，并选出了以张澜为主席、沈钧儒为第一副主席、章伯钧为副主席兼秘书长的领导机构，群策群力，团结一致地开展了民盟新的时期的工作。

1949 年初北平和平解放后，在李家庄的各民主党派同志是经由石家庄到达北平的。我记得，我和周建人、胡愈之、沈兹九等几十人组成一队，由齐燕铭照应着，分乘几辆中吉普车离开了李家庄。到达石家庄后，住了一天，原来准备赶赴北平，但打前站去定县的同志打电话回来，说定县附近还有傅作义将军的不少部队，当时考虑到傅作义将军虽已表示起义，但其各部队情况动向究竟如何，还不清楚。从安全考虑，齐燕铭当即决定我们全体暂留在石家庄，他只身带一支卡宾枪连同一名司机乘一辆吉普车前往定县了解情况，而且嘱咐我们，在没有接到他亲自打来的电话之前，不要离开石家庄。说完，他即乘坐着吉普车在夜幕中北上了。后来接到他的电话说前线无事，我们大伙才顺利地通过定县到达了北平。燕铭是我从白区回到中国共产党组织怀抱时，党指派的和我联系的人。我虽然和燕铭交往不多，但是，十分尊敬这位同志。回想到在离开李家庄前几天，在中共中央统战部招待我们的宴会之后所举行的晚会上，燕铭还欣然应大家的邀请，清唱了一段昆曲《林冲夜奔》。我这才了解到燕铭的多才多艺，既有深湛的文化艺术修养，又有燕赵之士的豪情，更有一个坚强革命者的机智和勇敢，给我的印象是非常深刻的。

我们到了北平以后，参加解放军的入城式，也出席了毛泽东到达北平在西郊对解放军各军兵种部队的检阅。

三

刚刚和平解放的北平，一片新气象。我们到北平后不久，已在东北解放区的李济深、沈钧儒、章伯钧、李文宜等也到了北平。我们会合后，立即开始了紧张的工作。我和钱俊瑞、周建人、尹达等参与对北平各大学及各文物单位的接管，并广泛地和北平各方面的知识分子见面，介绍我们在解放区的经历，宣传共产党对文化教育事业、对知识分子的政策。

当时李宗仁接受了毛泽东主席提出的八项和谈条件，就在和谈开始前夕，1949 年 3 月底，毛泽东主席、朱德总司令和党中央、人民解放军总部的领导同志从河北省平山县到达北平。

4 月 1 日，国共双方正式开始和谈，这是当时全国人民所关心的。张治中、邵力子、刘斐等组成的南京政府代表团到北平时，我们和他们见过面，并出席了为欢迎他们举行的宴会。在和谈期间，中共中央统战部的负责同志经常向我们通报和谈进行情况，征询我们的意见，并就对南京、上海及南方各省市的经济、文教方面的接管工作多次举行座谈，交换意见。

由于李宗仁、何应钦拒绝在和谈达成的《国内和平协定》的最后修正案上签字，和谈破裂。张治中等同情中共的主张，认为这是符合中国人民的根本利益，因此即留北平，并被邀请参加新政协。中国人民解放军 4 月 21 日开始渡江，南京政府瓦解，蒋介石政府逃到广州。南京、上海、长江以南各省陆续解放，全国胜利大局已定。6 月初，我接到通知，让我和张澜、沈钧儒、章伯钧、张东荪、周新民、罗隆基等 7 人作为民盟代表参加新政协的筹备工作。6 月 15 日，新政协筹备会在北平正式成立，参加会议的有中共及各民主党派、人民团体共 23 个单位的 134 名代表。筹备会分成六个小组。我参加第五小组的工作，任务是起草大会宣言。当时大家推举郭沫若、胡愈之、胡乔木负责起草。工作是很紧张的，然而大家的心情都十分兴奋，正如毛主席后来在新政协首次全体会议上的开幕词中所说的："我们有一个共同的感觉，这就是我们的工作将写在人类的历史上。"当时中共的负责同志和民主党派的朋友们群策群力，开诚相见。在代表名额分配、政府组成人选等重要问题上，都发扬民主，充分协商，很尊重各方面朋友的意见；在一些具体工作问题上，也认真吸收各方面的人士参加，收到了集思广益的效果。例如在新政协筹备会上讨论国家名称时，曾有不同的方案，如"中华人民民主国""中华人民民主共和国"等，最后采纳了张奚若先生的意见，定名为"中华人民共和国"。再如国旗方案的制定，当时也有几十种不同的图样，众说纷纭，争论还很激烈。后来将几十种不同的图样都用彩色印出来，供各方面比较参考、讨论选择，特别是梁思成提出了一些很好的意见，最后大家意见一致，总算选定了现在采用的五星红旗。

经过紧张的筹备，中国人民政治协商会议第一届全体会议于 1949 年 9 月 21 日在中南海怀仁堂隆重召开。民盟的代表为张澜、沈钧儒、章伯钧、张东荪、罗隆基、史良、周新民、楚图南、丘哲、周鲸文、费孝通、李相符、李文宜、胡愈之、辛志超、刘王立明等 16 人。叶笃义和罗子为两人为候补代表。会议仍是分六个委员会进行工作，我和胡愈之仍然参加宣言起草委员会的工作。从9月21日开始，直到9月30日下午结束，日程是很紧张的。在会议召开期间，人民解放军在江南胜利的捷报不断传来，新疆也宣布起义，和平解放了。会议期间，通过了在一段时间内指导全国人民前进、共同遵守的大法《共同纲领》。会议选举产生了第一届中央人民政府，会上还通过宣言起草委员会起草的大会宣言。会议结束前选举了政协第一届全国委员会。民盟代表被选进政协第一届全国委员会的有张澜、罗隆基、周新民、楚图南、曾昭抡等5人，沈钧儒和章伯钧则作为中国人民救国会和中国农工民主党的代表当选政协全国委员会委员。张澜被选为中央人民政府副主席。沈衡老一并受任首届最高人民法院院长。章伯钧、史良和胡愈之则在首届中央人民政府中担任交通、司法部长和出版总署署长等重要部门的领导工作。罗隆基在建国后，由于受到周总理的教育和感召，民盟的领导同志也对他做了很多工作，他逐渐认识到自己的错误，后来曾担任森林工业部部长，做了一些有益的工作。

人民政协第一届全体会议通过的最后一项决议是决定建立“为国牺牲的人民英雄纪念碑”。这里值得一提的是纪念碑的地点问题。当时有几种不同意见，有的主张在西山风景地区，有的主张在郊区，有的主张在公园里。最后是周恩来提出建在天安门广场，因为这里有五四以来的革命传统，也是全国和国际上共同景仰的地方，得到全体代表的一致同意。在会议闭幕的当天傍晚，全体政协代表在毛泽东率领下，在天安门广场为人民英雄纪念碑举行奠基典礼，毛泽东亲自宣读了纪念碑的碑文，向1840年以来为民族解放、社会进步而牺牲的先烈表示了崇敬和纪念。最后大家一一执锹为纪念碑的基石培土。

1949年10月1日，我和全体参加人民政协会议的代表一起，登上天安门城楼，参加隆重的开国大典。在庄严的《义勇军进行曲》声中，第一面五星红旗在广场上高高升起，举世瞩目，万姓欢腾。这是中国历史崭新的开始。这是新中国的黎明，是东方的破晓！从此，新的任务、新的希望、新的光明，鼓舞着亿万中国人民前进，再前进！

（选自全国政协文史资料委员会编《中华文史资料文库·政治军事编》，中国文史出版社1996年版）

延安归来到北上解放区

黄炎培*

延安归来

1945年2月褚辅成和我创议电延安："鉴于国际国内一般情势，希望国共恢复商谈，促成团结。"复电愿商谈，还欢迎我们去延安。褚辅成和我同冷遹、左舜生、傅斯年、章伯钧7月1日飞延安，5日飞回重庆。在延安写了"延安五日记"。回到重庆，这人问，那人问，问这样，问那样。我决心倚仗我爱人姚维钧同志的执笔助我，写成小册《延安归来》。许多朋友说：这万万要不得，你替共产党宣传，太危险了。我只是用纯朴素的写真笔法，秉笔直记

---

* 黄炎培：时任中华职业教育社理事长，民建常务理事，新政协筹备会代表，人民政协第一届全体会议代表；后曾任第一至三届全国人大常委会副委员长，第二至四届全国政协副主席，政务院副总理兼轻工业部部长，民建中央主委，民盟中央常委。

所见所闻和所交谈，绝对不加渲染，但一看就感觉到共产党完全为人民服务。写成付印，流传很广，特别是各地老辈和海外华侨，读了《延安归来》，了解到中国共产党这样可敬可爱，而并不是可怕。

日本投降了

1945 年 8 月 10 日晚 8 时，重庆市上宣传日本投降了。一时远近欢呼，爆竹之声遍发。在我的日记上写着："自'七七'以来，八年又三十三天，自'九一八'以来，十四年不足三十八天。中间日寇残杀我国同胞，不知多多少少！万恶的军阀投两枚原子弹，牺牲无辜的日本人民，又不知多多少少！我个人呢，十四年来的心力，徒为抗敌救国耳！读杜少陵闻官军收复河南北诗，'剑外忽传收蓟北，初闻涕泪满衣裳。'……感不绝心。"

中国民主建国会的发起

在写民主建国会的发起经过以前，先要谈一下我与中国民主同盟的关系。中国民主同盟的前身是中国民主政团同盟，创始于 1941 年 3 月，职教社是组成单位之一。我与民盟的关系是深切的，曾代表民盟参加政治协商会议。1946 年 1 月 26 日上午正出席政协纲领组第八次会议，突出非常变故，菁园住宅突遭蒋介石派宪警特务多人搜查，翻箱倒箧，并出枪威胁家人，禁打电话，激起群众对蒋介石反动派的愤怒。

民主建国会的成立，后于民盟五年。1945 年 8 月 21 日即抗战胜利后十日，我与杨卫玉访胡厥文谈起组织问题，胡厥文正有同感，于是与有关方面有志参加的人士集议筹备，在四个月内，共举行筹备会议24次。在9月29日第七次筹备会上，商定名称为民主建国会；在11月29日第十九次会上，推出筹备干事15人。综计参加筹备工作的先后共达20多位同志。1945年12月26日假座重庆白象街西南实业大厦召开成立大会，出席大会的有发起人134人，通过组织原则、章程、政纲及成立宣言，选举理监事44人。

从政治方面看民主建国会的发展，主要是从中间路线逐步走向“一边倒”。1948年民建会响应中国共产党召开新政治协商会议的“五一”号召，这表明会已发展到决心参加以中国共产党为领导的人民民主统一战线，为新民主主义革命和社会主义革命的完全胜利而斗争。1949年5月26日上海解放后二日[①]，在各党派分工的问题上，周恩来总理约民建会在京同人谈话，指出民建会最好以团结教育民族工商业者为主要的政治任务。多少年来，在党的领导下，会的组织发展了，会员人数增加了，会不断地帮助会员及其所联系的工商业者加强社会主义改造，积极为社会主义服务。

参加政治协商会议前后

抗战期间，我们在重庆的一群人，与中国共产党负责同志保持着经常的联系。1945年元旦，有我参加的64人发表了《为转捩当前局势献言》，登在《国讯》及《新华日报》。嗣后，与中共方面的接触更加频繁，逐步提高了我对中国前途的认识。延安五日，益增我对中国共产党的敬仰。8月28日毛泽东主席抵渝，我很代担心。在国共和谈中，在政治协商会议中，我代表民盟作为第三方面人士之

① 上海解放日期为1949年5月27日。——编者注

一，更有较多的参加机会。斗争是尖锐的，第三方面人士的情况是复杂的。国民党政府对我记恨很深；因此，在 1946 年 1 月 26 日出现了特务搜查住宅的事件。此外，经过情况很多，这里不多写了。记得有一件关系较大的事：1946 年 10 月 28 日第三方面人士提出有关实行停战的三条件，其中关于东北驻军问题建议的一段，是公推莫德惠起草的。草成，中共负责同志看到了，说："那要死掉多少老百姓呀！"但文稿已分送有关方面，落到了国民党代表手里。我们一行四人急急忙忙地到孙科家，当时他们正在传阅这个文件，我对孙说："文稿有错字，须加改正。"孙问："错在哪里？"我把文件拿了过来，放进口袋就走，将稿面交中共负责同志，事才过去。

下关事件

1946 年 6 月 23 日上海五十三团体代表马叙伦、盛丕华等去南京呼吁和平，抵下关车站，突为自称苏北难民的蒋帮特务数百人包围，相持至深夜，特务竟痛殴代表。我们在民盟总部频频接得情况报告，夜 1 时半我特走访冯玉祥，商解围，旋悉暴徒已被驱散，代表已经进城。迨受伤的叶笃义被抬回民盟总部，才知道马叙伦、阎宝航、雷洁琼、陈震中和新闻记者等均被殴伤，有的很重。第二天天甫明，我去中央医院看望受伤代表，到兴华旅馆访问其他代表，商量如何进行工作。当天下午 4 时，部分代表到国民参政会参加政协第三方面人士召集的茶会，国民党政府也有人出席，代表等述明来意，要求严惩暴徒。当晚我和民盟几位负责人在秦淮酒楼请代表们会餐。25 日起，遍传暴徒更将向中共代表团住所和民盟总部再施暴行的谣诼，我们时刻准备着应变，后来并未实现，原来只是一种可耻的恐吓。28日胡厥文从上海来，代表民主建国会慰问受伤代表。29日下午，我们欢送上海请愿代表及随员一行16人乘飞机返沪。下关事件与此后发生的民盟中执委李公朴、闻一多7月间在昆明先后被杀害，民盟主席张澜8月间在成都被袭击受伤，以及其他如西安、北平、成都等地的惨杀、绑架、凶殴等案，同为国民党继沧白堂事件、较场口事件，捣毁民盟机关报《民主报》、中共机关报《新华日报》营业部等暴行以后的反共、反人民、反民主运动的迫害行为。

“吾心”

在与上海请愿代表秦淮酒楼的聚会上，我曾出示题为《吾心》的近作七律一首：

老叩吾心矩或违，十年回首只无衣。
立身不管人推挽，铄口宁愁众是非。
渊静被驱鱼忍逝，巢空犹恋燕知归。
谁仁谁暴终须问，那许西山托采薇。

那时国民党政府确有拉我下海、分化民盟的阴谋，经我严加拒绝，《吾心》这首诗旨在表明态度。1946年7月10日我与上海《联合晚报》记者谈话，告以无意参加政府，从事辟谣。后来，又有人来要挟我参加国大，脱离民盟，我坚决表示：（1）不能同意于不统一、不团结之下通过宪法，此是不通之路；（2）我不能与人共走不通之路；（3）欲我脱离民盟，不能自毁人格（载7月27日日记）。8月8日的《联合晚报》又刊载了我与“民治社”记者的谈话：“政府此次曾使人以改组政府事，征求本人意见。我当即答复：第一必须实施宪政，第二要国共合作，第三要多党多派共同参加，以构成一统一之政府，若只凭几个人来做，是无用的。”似这样一次又一次地表明了态度，国民党反动派才止息了拉我堕入反动泥坑的诡计。

脱离特务侦伺，进入解放区

日寇就降，全国和平民主运动正在展开。1946 年 10 月 11 日蒋军突然袭取共产党军队所驻张家口。同时颁令召集蒋方人员组织的所谓“国民大会”。我在日记上写着：“完了，国共和谈从此破裂了！”从此决心留沪。除参加民盟、民建各项活动外，就上海故居，以较多时间悄然闭户读书，卖字以供生活费。方有所计划，而后发现有逻者追踪，继则特务据守荣康别墅弄口，经常侦伺行动，不离形影。无以自遣，取朱古微辑宋词 300 首，精选手抄，得长调、中调、小令共 42 首，命名《宋词隽》。以散闷怀，以掩谍目。1949 年 2 月 14 日我与爱人姚维钧乘汽车出弄，扬言赴永安公司购物。特务尾追，我们自公司前门入，边门出，坐上王艮仲预留的汽车到吴淞口。由中共同志陪同，搭特备轮船去香港。为了遮掩特务耳目，家中还大宴宾客三天。到第三天，报载黄某离开上海了。我呢，3 月 14 日偕维钧和女儿当当从香港去天津，3 月 25 日来北平，参加欢迎全国人民伟大领袖毛泽东主席一行自石家庄来到。

儿竞武的牺牲

我的儿子竞武在上海中央银行任职。上海解放前夕，国民党反动派阴谋将中央银行全部的金银货币，秘密运往台湾。在地下党的领导下，竞武和银行职工联合发动罢工拒运，为国民党特务侦悉，竞武忽告失踪。后来传闻国民党反动派在南火车站附近残杀不少人，经人发掘，才发现竞武和另外七位革命志士的遗体埋在一堆土里，腿已被打断了。我 1949 年 6 月 25 日去上海时，才获知竞武牺牲的经过这样。

在中国共产党领导下代表民建会在《反对北大西洋公约联合声明》上签名

1949 年 3 月 25 日毛主席到北平，第二天晚上，主席招餐谈话。我自延安归来三年多了，除在重庆聚晤过以后，又得亲聆主席长时间的教益。3 月 31 日晚，李维汉交来反对《北大西洋公约》宣言稿，征询各党派意见。民主建国会在京常务理事即于第二天早晨在六国饭店举行紧急会议，一致同意这个稿子的内容，并公推我为代表在宣言上签名。4 月 3 日，由中国共产党毛主席领衔的 10 个党派负责人《反对北大西洋公约联合声明》发表了。民主建国会在中国共产党领导下，同各民主党派一道，坚决反对《北大西洋公约》，这表明民建会在国际阶级斗争方面也否定了中间路线，把毛主席“一边倒”的指示正式接受下来了。

（节选自《文史资料选辑》第 73 辑，文史资料出版社 1981 年版。原标题为《八十年来》）

关于中国民主建国会的筹备和参加人民政协的二三事

孙起孟*

一　国讯同志会

关于民建的筹建，在我所看到的有关著述中，很少提到由黄炎培发起和主持的国讯同志会，这件事与民建的创立有关，值得一提。

1931 年九一八事变爆发，救亡图存已成为全国社会各阶层的共同呼声。在这个历史背景下，黄炎培等中华职业教育社的领导人创办《救国通讯》，后来简称《国讯》，以宣传抗战建国为宗旨。当时，职教社办了两个期刊。一个是《教育与职业》，其主要内容是宣传职业教育和报道职教社的工作，基本上是学术性的。一个就是

* 孙起孟：时任民建常务理事兼秘书处主任，人民政协第一届全体会议代表；后曾任第七、八届全国人大常委会副委员长，民建中央主席，全国政协常委、副秘书长。

《国讯》，其政治色彩浓厚多了，总的面貌逐步趋向进步。正由于这个原因，《国讯》于1948年4月为国民党反动派以“替共匪宣传”的“罪状”，迫使停刊。《国讯》的发行人是黄炎培，在很长时间里，几乎每期都有他的政论文章。它有个编辑委员会，俞颂华曾主持其事。职教社的其他主要领导人江问渔、杨卫玉等也是该刊的经常撰稿者。他们有不少相同的政治看法，有时也聚首座谈，但在1940年以前，并没有以《国讯》为依托形成什么政治性的组织。直到1940年1月才正式成立了国讯同志会。

国讯同志会的出现不是偶然的。它反映着以黄炎培为代表的这部分社会力量在政治上的一个新动向。而这一新变化之所以发生，自有其客观条件。一方面是当时抗战形势的发展，另一方面是中国共产党的抗日民族统一战线政策的影响。1939年下半年，抗日战争的“战略相持阶段基本上已经到来”。处于这个阶段的日本帝国主义的政策是“专力进攻中国，企图解决中国问题”；而对于我后方的方针，“是以政治进攻为主”，“着重于分化抗日统一战线，分裂国共合作，引诱国民党政府投降”。事实上，国民党政府不仅制定了“防共、限共、溶共、反共”的政策，并且在行动上掀起了第一次反共高潮。针对这种情况，中国共产党提出：“坚持抗战、反对投降”“坚持团结、反对分裂”“坚持进步、反对倒退”三大政治口号，并在国民党统治区域广泛地展开统一战线工作，广交朋友，争取包括民族资产阶级、开明绅士、上层小资产阶级和各小党派在内的中间势力。这种客观形势和党的政策，推动黄炎培这样的中间力量的代表人物，不能不郑重考虑何以自处的问题。在1940年1月5日成立的国讯同志会，就是对上述问题的一个回答。

国讯同志会的成员很少，参加者也没有履行什么手续，会长是黄炎培，副会长是江恒源（字问渔）、冷遹（字御秋）和杨鄂联（字卫玉）。三位副会长都是职教社的负责人，江和杨更是主持经常社务的办事部主任和副主任。据参加过国讯同志会的尚丁同志提供的材料，成立时讨论过要不要制定政治纲领的问题。大家认为时机还不成熟，不如先以《国讯》杂志社的信条作为参加者结合的基本原则。信条原定四条："一、高尚纯洁的品格；二、博爱互助的精神；三、忠勇义侠的气概；四、刻苦耐劳的习惯。"讨论时，经人建议，增加一条："正确进步的思想。"后来，虽然由黄炎培组织讨论过该会的政治理论、章程和活动等问题，但并无什么具体结果，也没有进行什么实际工作。尽管如此，国讯同志会的出现仍然可以被看作当时中间势力的一种政治动向。这种政治动向，发展到 1941 年 3 月成立中国民主政团同盟时更加明显。这个政团同盟是由三党（中国农工民主党、中国青年党和国家社会党）、三派（中国人民救国会、中华职业教育社和乡村建设派）发起组织的，是中国民主同盟的前身。

国讯同志会虽然应运而生，但在参加发起中国民主政团同盟时，黄炎培并未用国讯同志会的名义来作为职教派的代表。后来又发生了新的情况，由于黄炎培等长期以来与民族工商业家有深切的关系，国讯同志会的主要成员顺应抗战胜利后形势发展的要求，与迁川工厂联合会的负责人胡厥文（他当时也是职教社的理事）等，发起建立与工商界有密切关系的民主建国会。发起组织民建，黄炎培等也没有用国讯同志会的名义。所以，至今人们把职教社和迁川工厂联合会看作成立民建的主要组织基础，这也是符合实际情况的。

二　响应“五一”号召和参与反对《北大西洋公约》的联合声明

就民建参加新政协经历的荦荦大端而言，有几件事值得回顾。首先要提到的是民建对中共中央1948年“五一”劳动节口号，即关于召开新的政治协商会议的号召的响应。中共“五一”号召发表后，民建在上海召开常务理事、监事的联席会议，决议响应中共筹开新政协的号召，并指定章乃器和孙起孟为驻港代表，与中共方面取得联系，进行工作。事实上，章乃器和我已经在港。经民建常务理事会授权的黄炎培、胡厥文和盛丕华三人，经常以“任文华”的代名同我通信和指派专人来港联系，沟通情况和意见。经中共中央决定，由潘汉年（代名为严如云）主要通过我同民建和黄炎培保持联系。黄炎培日记中经常提到的“严君”就是指潘汉年。

如果说民建响应“五一”号召，明确地接受了由无产阶级（经过共产党）领导的新民主主义，是它对国内问题立场上的一大转变，那么民建参与反对《北大西洋公约》的联合声明，则是它在对外立场上的一大转变。联合声明严正指出：“中国各民主党派谴责美国帝国主义政府及其附庸背叛《波茨坦协定》和其他保障国际和平的协定，背叛联合国组织、背叛各国人民和平愿望的侵略政策。”民建决定在这个联合声明上签名，对于1945年12月它在成立宣言中提出的“对于美苏两国，必须采取平衡政策”的立场说来，毫无疑义，是一个重要的突破。

这次参与签名，有一个颇有意义的插曲值得一说。黄炎培在1949年4月1日（联合声明发表前两天）的日记中记述了这个情节：

早餐席次，民建举行常务理事会紧急会议，到者我与盛丕华（被推主席）、张絅伯、包达三（郑太朴病故，以当选时票数相同，当就接任）、吴羹梅、孙起孟、施复亮、章乃器、王却尘。提议中共交到反对《北大西洋公约》宣言稿，征求同意签署。一致同意通过宣言。签署时须有一人签名。在沪时推定出席各党派会议，原系章乃器、施复亮、孙起孟三人，而乃器不谋于其他二人，独自代表出席，事后亦不向他二人报告，复亮因此提出纠正，乃器强予答辩。众意对此宣言署名者，主张投票表决。乃器提议二人署名。以一人或二人付表决，表决一人，乃器遂退席。

投票结果我以七票当选。

这段记述大致是如实的。没有反映出来的情况是召开会议之前已经进行了频繁的个别协商和酝酿，可惜同章乃器未能达成协议。章乃器坚持己见的理由是：民建成立时通过的组织原则已明确规定“不采取领袖制”。开会时，大家认为一个人或者两个人代表组织签署同领袖制并不是一码事，不采取领袖制也不等于不要在民主的基础上集中。结果，会议决议由黄炎培代表民建在《反对北大西洋公约联合声明》上签名。这段插曲虽然带来一时颇为紧张的会内气氛，但民主集中制原则却在民建领导层中开始得到比较明确的承认。同时，也为后来黄炎培当选为民建中央主任委员奠定了基础。对此，章乃器在这次会议之后没有提出过异议。

三 发表反对美国白皮书的声明

1949年8月5日，美国国务院发表题为《美国与中国的关系》的白皮书以及艾奇逊国务卿给杜鲁门总统的信，一方面横施其颠倒黑白，恶毒污蔑中国人民的伎俩，一方面也暴露了美帝国主义无法克服重重矛盾的极大苦闷。白皮书对于各民主党派是严峻的考验，也是绝妙的反面教材。毛泽东同志为了帮助人们认清美帝国主义的真面目，揭穿它妄图扶植所谓民主个人主义者的诡计，发表了《丢掉幻想，准备斗争》等五篇评论白皮书的著名文章。民建怎么办？它又一次经受住了考验，在对外立场上，以毛泽东思想为指导，又迈出了可喜的一步。8月24日，发表了民建发言人以《加强内部团结和警惕，答告美帝好梦做不成》为题的严正声明。

声明中有些话是值得录下的，因为这些话，对于民建说来，至今还有意义。声明说：

> 谢谢美帝的提醒，我们应该大大加强内部的团结和警惕，但有一点，我们是非要答告美帝不可的，白皮书上所提的发展“民主个人主义”的好梦是做不成的。就拿中国民族资产阶级来说吧，抱歉得很，如果把他们当做对象，那美帝也将多犯一次错误了。中国民族资产阶级不会变成美帝的工具。中国民族资产阶级和帝国主义基本利益的矛盾决定了它对一切帝国主义（包括美帝在内）的态度。从它在历史舞台上出现一开始，中国民族资产阶级就受封建的阻碍和帝国主义的摧残，后者的为

害尤其严重。中国近百年历史中黯淡的一页，也就是中国民族资产阶级受尽帝国主义打击的一页。在帝国主义者的高压下，一部分的资产阶级动摇了，变成为帝国主义进行经济侵略、进行殖民地化的直接的或间接的工具，这就是所谓买办资产阶级和官僚资产阶级；另一部分，在经济战线上进行了某些程度的斗争。这就是经过考验、比较纯正的民族资产阶级。它的历程是艰苦的，以国民党反动派统治最后几年为例吧，几乎保全了“民族”，就有丧失“资产”的危险。可也正是这样的考验，改造了、提高了中国民族资产阶级的品质。它也懂得跟着中国共产党走，进行了反帝、反封建、反官僚资本的斗争，终于获得解放，从绝望中复苏过来。今后怎么样？新民主主义的经济政策订得明明白白，有利于国计民生的私人工商业会大大发展。根据过去的经验和今后的观察，中国民族资产阶级凭哪一条也不会变成美帝发展“民主个人主义”的资本或条件。只有新民主主义，才是它唯一的光明幸福的道路。对于整个世界和新中国的方向，中国民族资产阶级是不应该也不会认错的。

对于这个声明，毛泽东同志于发表的当日即致函黄炎培给予颇高的评价。他的信这样写道：

民建发言人对白皮书的声明写得极好，这对于民族资产阶级的教育作用当是极大的。民建的这一款文件（生动的积极的有原则的有前途的有希望的），当使民建建立自己的主动性，而这种主动性是一个政党必不可少的。

8月26日，毛泽东同志又一次给黄炎培同志写信，不仅强调肯定了民主党派建立理论的必要性，而且对民主党派贯彻实行民主集中制，给予很大的鼓励。信中说：

> 民建此次声明，不但是对白皮书的，而且说清了民族资产阶级所以存在发展的道路，即建立了理论，因此建立了民建的主动性，极有利于今后的合作。民建办事采用民主方式亦是很好的，很必要的。此种方式，看似缓慢，实则迅速，大家思想弄通了，一致了，以后的事情就好办了。

民建的这种政治准备，为参加中国人民政治协商会议第一届全体会议，以及同各民主党派一起制定和接受《共同纲领》奠定了思想基础。这对于此后民建在国家的社会主义革命和社会主义建设中发挥自己的特点和优势，也是有益的，必要的。

1985年9月3日

（选自石光树编《迎来曙光的盛会——新政治协商会议亲历记》，中国文史出版社1987年版）

我参加一届政协的回忆

雷洁琼*

我们回到北平后，先住在东交民巷华安饭店，受到中央统战部的热情接待，后来住进当时最高级的北京饭店。有一天，一位同志代表“劳动大学”来访，说是邓颖超同志介绍他来找我的。他希望我能协助动员香山慈幼院迁到城里来。条件是由他们选好院址，一切搬迁费用由“劳动大学”负担。我不知道“劳动大学”是什么机关，就去请教钱俊瑞同志，才知道“劳动大学”就是中共中央的代号。我就与留任的社会局长接洽，并找香山慈幼院的负责人一起开会商量。会后这个局长逃走了，香山慈幼院的负责人在西安门大街找到一所房子，就迁到城里来。后来我才知道香山的双清别墅就是

---

* 雷洁琼：时为民进会员，燕京大学教授，代汤桂芬参加新政协筹备会，人民政协第一届全体会议代表；后曾任第七、八届全国人大常委会副委员长，第六届全国政协副主席，民进中央主席。

毛主席初到北平时居住的地方。

2月25日，在东北和天津的民主人士50余人同一天都回到北平。翌日，北平市党政军和工青妇等团体在中南海怀仁堂举行了盛大的欢迎大会，我们先到北平的都去参加了。

1949年3月上旬，中共中央在西柏坡举行了具有重大历史意义的七届二中全会，批准了关于召开没有反动分子参加的新的政治协商会议及成立民主联合政府的建议。3月25日，中共中央从西柏坡迁到北平，我们都到西苑机场去欢迎毛主席、周副主席、朱总司令和少奇同志进入北平，那天的欢迎场面也是异常热烈的。当时，周恩来、李维汉领导新政协的筹备工作，我们与他们的接触机会就较多了。5月28日，周恩来和林伯渠同志单独宴请民进领导人讨论有关筹备新政协和民主党派的前途问题。

那时候，各民主党派负责人和许多无党派人士都住在北京饭店，社会活动很多。统战部经常邀集大家开会通报时局消息，讨论政治问题。南京国民党政府派代表团来北平和谈，但国民党没有诚意，言而无信，拒绝在《国内和平协定》上签字。4月20日夜半，毛主席发布渡江命令，百万雄师横渡长江，4月23日就一举解放南京。消息传到北京饭店，我们欣喜若狂，我整夜未能入睡，实在太兴奋了。

新的政治协商会议筹备会经过协商酝酿，积极准备，便在1949年6月15日至19日在勤政殿正式召开了第一次全体会议。筹备会负责进行新政协一切的筹备工作。其中心任务是：商决并邀请参加新政协的单位和代表；决定新政协开会的时间、地点及议程；拟定新政协的组织条例；制定共同纲领草案；提出建立中央人民政府的方案。

参加新政协筹备会的有各党派、各团体、各方面共23个单位，134人。我是代替上海人民团体联合会的代表汤桂芬同志参加筹备会的。

筹备会分为六个小组，分别负责各项筹备工作。我参加第四小组的工作，起草中央人民政府组织法。由董必武任组长，黄炎培任副组长。在筹备会期间，第四小组同志先以漫谈形式，广泛交换意见，并推举张志让等7人先准备一个讨论提纲，提交小组讨论。筹备会闭会后，本小组全体同志在7月8日又召开一次会议，根据原先准备的提纲讨论，对于国家的名称、属性，政府组织的民主集中制基本原则，国家最高政权机关产生的方法，人民政府委员会的组织，最高行政机构的名称以及所属机构的建立等重大问题都逐一进行了讨论，达到基本的一致意见，并推定董必武、张奚若、阎宝航、王昆仑、张志让等5人负责起草政府组织法的初步草案。这个草案经过征询专家意见和筹备会常务委员的反复讨论，又多次修改，在9月17日新政协筹备会第二次全体会议作了原则通过，准备提交人民政协正式召开大会时讨论。我在这个小组讨论过程中学习了不少东西，增加了很多新的政治知识。

当时讨论中央人民政府组织法是非常认真的，充分发扬了民主，广泛听取了各方面的意见。例如对国家名称问题，许多人主张用“中华人民民主共和国”这个名称，黄炎培主张用“中华人民民主国”，但张奚若说不如用“中华人民共和国”好，因为人民是指工人、农民、小资产阶级、民族资产阶级，我们是人民民主专政的政权，人民这个概念已经把民主的意思表达出来，不必重复写上民主两字，最后我们采用了“中华人民共和国”这个名称。又如对于国家的属性也明确写在组织法之内，是以工人阶级领导的，以工农联盟为基础和四个阶级联盟的新民主主义的性质。

这个组织法规定中央人民政府是民主集中制原则的人民代表大会制政府。在全国人民代表大会召开前，由新政协执行其职权，选举成立中央人民政府委员会，并组织政务院、军事委员会、最高人民法院及最高人民检察署，到第一届全国人大召开并通过宪法后，这个组织法也就完成了历史的任务。

1949 年 9 月 21 日，中国人民政治协商会议第一届全体会议在北平隆重开幕了。这是一个全国人民大团结的会议。我是作为中国民主促进会的8位正式代表之一参加的，这8位是马叙伦、许广平、周建人、王绍鏊、梅达君、徐伯昕、林汉达和我。我的爱人严景耀是作为民进的候补代表参加的。大会设立六个分组委员会，我参加了宣言起草委员会。毛主席致了开幕词，向全世界宣告：“占人类总数四分之一的中国人从此站立起来了。……我们团结起来，以人民解放战争和人民大革命打倒了内外压迫者，宣布中华人民共和国的成立了。”我们无比兴奋，长时间热烈的掌声响彻会场。

政协第一届全体会议选出 63 人组成中央人民政府委员会。毛泽东当选主席，朱德、刘少奇、宋庆龄、李济深、张澜、高岗当选为副主席。会议还选出 180 人组成人民政协第一届全国委员会，并选举毛泽东为主席，周恩来、李济深、沈钧儒、郭沫若、陈叔通为副主席。9 月 30 日会议胜利闭幕，在闭幕式上通过了《中国人民政治协商会议第一届全体会议宣言》，号召全国同胞进一步组织起来，用伟大的人民群众的集体力量，拥护人民政府和人民解放军，建设独立、民主、和平、统一、富强的新中国。

10 月 1 日，中央人民政府委员会举行第一次会议，正副主席及委员宣布就职，成立中央人民政府。首都 30 万群众齐集天安门，隆重举行庆祝新中国的开国大典。我站在天安门城楼上看到从未见过的壮观场面，心情十分激动，禁不住流下了欢乐的热泪，引起了我的很多回忆。

我是从 1935 年北平爆发一二・九学生运动时，同爱国的进步学生接触中，逐渐认识共产党的。抗战开始后，我于 1938 年到江西参加战地服务工作，接触到不少中共地下党员。在庐山全国妇女座谈会上，我认识了邓颖超同志。1939 年敬爱的周恩来同志到前方视察路过吉安，我幸蒙接见，使我对中国共产党领导全国人民抗日的正确主张和抗日民族统一战线逐渐有了认识。正是在中国共产党的关怀和影响下，我走向革命，抗日战争胜利后在上海积极投入反内战、争和平，反独裁、争民主，反分裂、争统一的爱国民主运动，参与中国民主促进会的发起和创建工作。参加新政协的筹备和第一届全体会议，更使我受到一次思想教育，认识到统一战线的强大生命力和社会主义民主的伟大成就，认识到人民政协是统一战线的重要组成部分，对建设社会主义的新中国有着重大的作用。

几十年来，人民政协的范围越来越扩大，团结的人越来越多，为建立、巩固和发展中华人民共和国，为我国的社会主义改造和社会主义的建设，为加强全国各族人民的大团结，作出了重大的贡献。今天，中国人民进入了新的历史时期，在全面开创社会主义现代化建设新局面中，爱国统一战线仍然是一个重要的法宝，已成为团结海内外炎黄子孙的最广泛的政治联盟，人民政协也在越来越发挥它的重大作用。我作为爱国统一战线的一个成员，愿将有生之年，为实现爱国统一战线承担的三大任务，继续尽自己最大的努力。

1985年4月

（节选自石光树编《迎来曙光的盛会——新政治协商会议亲历记》，中国文史出版社1987年版）

篑土为山记

叶圣陶*

1949年

6月

6月11日（星期六）

午饭后，齐燕铭来访，言15日始，开新政协筹备会，余被推为筹备员之一。余于此等事实非所习，参加时亦不过默然而听，因告以能免为佳。彼又言开会之次数不多，不必推辞云云。遂允之。

6月12日（星期日）

2时半，在北京饭店参加筹备新政协之同组诸君开会。余之

* 叶圣陶：时任全国文联委员，华北人民政府教育部教科书编审委员会主任委员，新政协筹备会代表，人民政协第一届全体会议代表；后曾任第六届全国政协副主席，教育部副部长，民进中央主席。

一组曰“文化界民主人士”，凡七人，雁冰、振铎、欧阳予倩、田汉、侯外庐、曾昭抡及余也。如是之单位凡二十三，人数凡一百三十四。闻知大会于15日开幕，连开四日，然后将筹备各项交与秘书处执行。正式大会则定于8月中旬举行云。5时会毕。

6月14日（星期二）

上午写一赠文代会之字屏，系会中所送。

午睡后至文代会会所，开常务委员会，至5时而毕。议定大会以本月30日始，预计延续十天。出席代表五百人，可谓文艺界之大集会。

6月15日（星期三）

11时至雁冰所，集议结果，我们一组推出曾昭抡参加单位及名额之小组，侯外庐参加纲领之小组。即在北京饭店进午膳而归。

5点半，再至北京饭店。晚膳后，筹备代表共至中南海。会场在勤政殿，布置颇雅致。此会全名为“新政治协商会议筹备会”。诸人按指定位次入座，每单位集居于一排。一百三十四代表而外，又有来宾数十人，刚好坐满。8时许开幕，毛泽东、朱德、李济深、沈钧儒、郭沫若、陈叔通、陈嘉庚七人以次讲话，皆不甚长，作用同于序文，中间休息十分钟，至10时过散会。初料今夕之会必将甚久，而简短若此，殊觉欣悦。

6月16日（星期四）

午睡起来，即至北京饭店。与大群共至中南海，准3点半开全体大会，李济深任主席。讨论新政协筹备会条例，大体照草案通过。并推出常务委员二十一人。会以7时完毕。

6月18日（星期六）

3时，至中南海，参加第二小组之会。第二小组主起草新政协组织条例，今日先交换意见，须开会四五次，历一个月之时间，方克完稿。6时散会。

6月19日（星期日）

下午3时半，至中南海开全体大会，通过以后正式会议之参加单位凡四十有五，人数共五百有十。又加特别邀请之一单位，以容纳傅作义、张治中、邵力子等人。至6时半，决定休会若干时日，俟常务会及各小组工作完成，再行召开大会。于是至春耦斋聚餐，凡十有余席，餐后尚有娱乐晚会，演秧歌剧。余恐散场甚晏，径归。

6月21日（星期二）

晚餐后，余至文协会所，开筹备会常务会。大会期已近，筹备百端，余固无可尽力，然集会亦渐多矣。10时散。

6月23日（星期四）

晚饭后，偕墨至中南海怀仁堂，参加平剧晚会，系款待新政协筹备代表者。戏两出，一为谭富英之《空城计》，一为程砚秋之《锁麟囊》，皆平常，12时散，颇倦矣。

6月24日（星期五）

上午9时至北京饭店，与谭平山、周新民等四人讨论新政协组织条例之纲要，以便提出于小组会议，为讨论之依据。此会议论性质为统一战线或人民阵线，论作用相当于人民代表大会。政府由会议产生。会议与政府之关系不同于英美之议院，亦不同于苏联之苏维埃。究竟如何，尚待细论。11时归。

6月25日（星期六）

午后至文协会所，开扩大常务会议，此次与会者至七百余人，主席团一百余人，可谓盛会。主席团之拟定，颇费斟酌。此是解放区之习惯，盖视此为一种荣誉也。晚饭而后归。

灯下写短文一则，谈文代会之感想，刊于《文艺报》。

6月26日（星期日）

晨至北京饭店。李维汉邀集教育界四十余人座谈，将发起教育工作者代表会议之筹备会。此四十余人即为原发起人，再行邀集若干人共同发起。自此会议须产生政协代表十五人，此十五人须于7月15日前推出，故其事须赶紧才行。午饭后而归。

灯下仍作谈文代会之短文，系《光明日报》所嘱。

6月28日（星期二）

午后2时至北京饭店，开第二组全体会议。就24日商定之新政协组织条例提纲，逐一讨论。一致认定此新政协为暂代人民代表大会之机构，在人民代表大会召集之前，闭会期有常务委员会，代表资格仍旧存在，以便有需要时开第二次大会。末了推定起草者十一人，余亦在内，幸实际执笔者为周新民、史良二人，待他们草成，各自签注意见而已。

唐弢偕柯灵来访，唐与文代会上海代表七十余人同来。既而巴金、辛笛、健吾、家璧四人来，即与云彬、彬然邀之往灶温小叙。诸友对于上海解放，颇多好感。

7时，至东总布胡同，开末次之全体筹备委员会，通过各代表团团长副团长人选，大会议程，主席团人选，全体代表人选等项。皆极费斟酌，而余则无所用心，默坐而已。此次通过而后，尚须通过于全体代表大会，乃为决定。会至1时始散，连坐六个钟头，腰背酸痛，夜不得好睡。

6月29日（星期三）

午后，至北京饭店。此次文代会，将各代表按地区分为十个代表团，我会有五人（余与乔峰、胡绳、云彬、孟超）俱在南方一团。此时全团集会，共谈参加大会之种种预备事项。5时散会。

6月30日（星期四）

晨驱车至中南海，开文代会预备会。会场在怀仁堂。上海南京诸友一一晤面。8时半开会，通过种种名单与规章。主席团将近百人，余在内。饭后开主席团会，推出常务主席十七人，余不在内。

7月

7月1日（星期五）

林砺老[①] 作教育工作者代表会议缘起，嫌其芜杂无序，彬然嘱余为之改作。尽半日之力，居然完篇，不过一千五百言耳。

午刻，会中添菜设酒，祝中共二十八周年纪会。

毛泽东氏发表一文，《论人民民主专政》，甚明畅。

7月2日（星期六）

晨至怀仁堂。大会以8点40分开。郭沫若之主席致辞如朗诵诗，义实平常。雁冰报告筹备经过。继之为来宾演说，朱总司令、董老以下有十数人，其姓名其言词不悉记。午后1时散。

胡绳来谈，共商旧国立编译馆要否由我会接收，我会即扩大如编译馆模样。今日遇陆定一，即提出此意。余于此固有兴趣，我人虽无长处，然知闻稍广，友朋颇多，为编译工作尽组织安排之力，则尚能胜任也。究竟如何，且待再商。

---

① 即林砺儒，曾任厦门大学教授。——编者注

7月3日（星期日）

与胡绳、灿然[①]谈扩大我会之组织，拟名曰“编审局”，下分各处，编审各种教本而外，旁及社会教育用书及辞典字典年鉴地图等。

午后2时至北京饭店，开教代会议发起人会，讨论干事会所拟缘起、章程及预备邀请之发起人名单。缘起又有两处改动，遂文理不清。余主不用缘起，否则以教育人员而出此，令人齿冷。大家皆主张用，并有人谓此稿“四平八稳”“平正无疵”。辩论结果，仍决由起草人修改。会以6时散，饭罢而归。

灯下将上午谈话之结果记下，亦算一份计划书也。

7月4日（星期一）

晨至怀仁堂，出席文代会。雁冰作报告，谈国统区之革命文艺活动，依据发布之印刷品而讲说，如教师讲课然。12时散。

晚饭后，与彬然共同修改教代会缘起，历两点半钟而毕，就原意使之连贯，删成七百余言。迩来此种文字应用甚多，一般人似以为有之即可，不必深究。余则以为非通体完密，得体合理不可。喻此义者甚少也。

7月5日（星期二）

晚饭后至北京饭店，乘车至怀仁堂，赴7点半之会。缘纪念“七七”，新政协筹备会将发一宣言，表明我国之立场。此稿已由常委会通过，周恩来即据此而为说明，以期齐一各方面之意见。谈三小时，自国内国际和平民主阵线说起，次及八年抗战[②]三年解放战争，表明人民胜利之信心，最后及于外交方针。散归已11点半。

① 即金灿然，出版家，曾任中华书局总经理兼总编辑。——编者注

② 现在称为14年抗战。——编者注

7月6日（星期三）

午后2时，驱车至怀仁堂。周恩来向文代会代表作政治报告，一堂几满。渠自三十年历史讲起，历叙革命形势，至于今之大告成功。次叙此革命依靠农民、工人及民主人士之力量，其规模为前古所未有，文学工作者欲取材，舍此更无主源。

余听其辞未毕，与乔峰、振铎先出，至北京饭店，应董老与薄一波、聂荣臻之招宴。此宴为庆贺“七七”，到者二百余人。董老与聂将军致辞，李济深亦发言。7时席散。后知周之讲话凡历六小时。

7月8日（星期五）

9时许，乘车冒雨至怀仁堂，开主席团全体会。讨论如何组织各个协会（如文学、美术、戏剧、电影等），如何定今后议程。预计14日闭会，以今度之，非延长数日不可。饭后续会，1点半散。乘三轮车而归。密雨不停，恐将酿成水灾。

7月11日（星期一）

午刻至玉华台，友人凡十三人欢迎王剑三。剑三别十余年矣，苍白殊甚，骤见之几乎不相识。为余道年来困顿情形。2时半散。

至出版委员会，应愈之之约。到者乔峰、胡绳、黄洛峰、华应申、丁华。缘将来政府成立，关于文教方面之部有教育、文化、新闻、出版四部。出版部设编审、出版两局。今之拟议，愈之殆将主持出版部，因约我人商量此两局之组织与人数。谈久之，组织大致规定，两局人数共五百余人。复谈可招致之人选，各就所知记出，亦不过二十许人耳。晚饭后复谈，至8点半散。送愈之往光明日报社，入内参观。愈之为总编辑，民盟之机关报也。留有顷，径归。

7月14日（星期四）

傍晚，至御河桥2号，应华北党政军及以下各级机关之招邀。文代会代表全到。坐于露天，作鸡尾酒会形式。止叶剑英代表主人致辞，雁冰代表客人作答。饮葡萄酒。酒罢有歌舞数节，8时散。如此六七百人之大会餐，殊有兴趣。

7月15日（星期五）

晨至北京饭店。南方第一代表团集会，选举联合会委员之候选人。将来文艺界之总会名为“中华全国文学艺术界联合会”，有委员一百余人，须由此次代表大会选出。汇合各团之选票，得票多之一百五十人即为候选人。正式选举时即据此名单，但亦可选另外之人。

至六层楼，民盟在开被难烈士之纪念会。烈士凡六人，闻一多、李公朴、陶行知、杜斌丞、黄竞武、曾伟，其中陶行知实非被难者。听李维汉、李任潮、郭沫若、臧克家、王立明数人致辞，先出。

至美专校所，观文代会主办之艺术展览会。所收虽不齐全，而已为洋洋大观。未能细看，匆匆过目而已。

7月16日（星期六）

午睡后，与诸同人驱车至怀仁堂，参加中苏友好协会之发起人大会。此会发动于出席和平大会代表团，由该团邀人发起，得六百余人，声势浩大。听沫若、朱总司令、周恩来、吴玉章四人之演说即出，以下尚有多人之说辞。

7月17日（星期日）

晨至怀仁堂，投票选举文联全国委员。手续至郑重，每人于名单上选举八十七人。开票结果俟明日方知。及11时，讨论提案，余即先归。

7 月 18 日（星期一）

午睡起来作短文一篇，谈全国教育工作者会议之基本任务。缘23 日起将开筹备会，须出一会刊，诸筹备委员共对此题抒其所见。文仅七百字。

7 月 19 日（星期二）

晨至怀仁堂，出席文代会末次大会。郭沫若作大会总结。余未能听明白。发表选举结果，全国委员八十七人，余在其内。沫若作闭幕辞，有一语最可记，此次大会费用值小米三百万斤。于是散出，二十天之会遂告结束。余以出席甚少，所得无多。他人颇有谓大有收获者，大致知见之交流，自是此会最大意义。

酒后，与云彬至国民戏院观舞蹈会，招待文代会代表者。文代会开幕以来，每夕都有戏剧音乐舞蹈之会。余从未往观，今夕为第一次。10 时散。

7 月 20 日（星期三）

午刻，至惠尔康，应振铎、辛笛、唐弢、柯灵之邀宴。他客多解放区中作家。2 时散。

至北京饭店，开全国文协筹备会。筹备即此结束，二三日后，又须开全国代表大会矣。

7 月 21 日（星期四）

傍晚，至北京饭店。中共中央宴请文代会全体代表。设席七十桌，两厅全满。7 时散。

7 月 22 日（星期五）

午睡起来，至协和礼堂，开教代筹备会议之预备会。为事甚简，1 时许即散，可谓至短。

7月23日（星期六）

上午至协和礼堂，教代筹备会正式开幕。自9时至午后1时半，全为演讲。

3时至青年会，集筹备代表而为座谈会。东北代表董纯才谈东北教育情况，略有可听。董君即翻译伊林之著作者，现为东北教育部副部长。6时散。

7月24日（星期日）

上午至北池子高教会会所，开教代筹委会主席团会议。商议二事。一为筹委会章程，二为常务委员之名单。其事本甚简单，而大家好深究细察，遂至于12时始毕。所得结果，尚须分发全体筹委分组讨论，然后提出于大会。

7月25日（星期一）

晨偕乔峰、胡绳至华北政府，列席其委员会扩大会议，盖全政府各部分之总会议，出席列席者殆将二百人。会期三天，余亦不能每日列席也。听董主席之总报告，晁部长之文教报告。返会午饭。

3时至北京饭店，统战部招待全体教代筹备委员。由李维汉作报告，说明此次筹备会议之速开，为将产生政协代表之故，5时散。

6时，华北高教会、华北教育部、北平教育局三机关宴教代全体筹备委员于东兴楼。凡十余席。

返会少休，复至北池子开主席团会议，根据各组讨论之意见，修改筹备会章程及常委名单。继复提出教育界政协代表之初步名单，请各组先加讨论，再为修正。今日之推选大都如是，所谓“民主集中”也。较之不先协商，径自投票，而实则出于私下运动者，自进步多多矣。10时归。

前日文协开成立会，选举全国委员，余未往。昨阅报，知余当选在内。

7月26日（星期二）

晨至协和礼堂，开教代筹备会大会。通过章程及常委名单。开会之事，主席大有关系，主席爽利，进行快速，主席黏滞，即便迟缓。今日成仿吾为主席，即此二事，讨论历三点多钟。

7月27日（星期三）

晨至协和礼堂，开教代筹备会大会。通过参加政协之代表名单，余在其内。继之摄影。继之到会代表发言。五人发言而午刻已至，遂停止。下半日尚有十余人发言，继之即闭幕，余未往出席。

傍晚至华北政府，会餐。合政府扩大会议出席者与教代筹备委员全体，一堂几满。7时半归。

7月28日（星期四）

9时至公园来今雨轩，文协全国委员会开首次之会。互选出常务委员二十一人，余不在内。又将大会通过之章程加以修润。12时散。

8时，至北京饭店。全体教代筹备委员为茶会，周恩来作报告。其言涉及方面甚广。据谓除新疆青海西藏而外，半年之后，当可全获解放。台湾解放或须在一年之后。次言军事胜利，仅为初步，革命胜利，必须俟封建势力肃清，帝国主义势力全部排除之时。次言今日经济困难，一切皆出自农民，解放大城市而后，农民之负担益重。去秋统计，农民每人负担公粮小米八十斤，为其全年收入之百分之二十。今则将至百分之三十或四十。末言克服困难之三事：一、发展农村；二、精简节约；三、疏散城市人口。周君统筹全局，语重心长，深可钦佩。11时散。

7月29日（星期五）

午后拟一说辞之纲要，后日应用。后日将邀集教代筹备委员之一部分人，谈论教科书之编撰问题。余以主催人身份，须得致发端辞也。

7月30日（星期六）

上午取同人签注之意见，重行整理昨日所拟之讲辞提纲。

7月31日（星期日）

至留香饭店，晤上海来参加文代会之诸友。彼辈本以今日返沪，因大水没铁路，遂留滞数日。与巴金、梅林谈较久。旧日文协取消，梅林需有服务之所，一时亦无由决定。11时返。

午后2时，至女青年会，借其地开座谈会。到者二十余人。大致教育行政当局于教科书考虑已多，发言皆有着落。会至6点后始散。

8月

8月2日（星期二）

上午偕彬然、文叔[①] 至华北教育部，参加其所召集之座谈会。出席者仍为教代筹备会之各地代表，意在交换经验，研讨教育上存在之问题。半天工夫，仅五六人发言耳。老解放区之人有一特点，即确能实事求是，不为高谈阔论。其视教育甚重，而困难正多，皆欲力求克服。下午续谈，余不复往。

8月7日（星期日）

上午与愈之、胡绳茗于中山公园，谈成立编审局之种种准备。

① 即朱文叔，曾任中华书局编辑。——编者注

所难在请人殊难其选。愈之、胡绳皆主从宽，余不甚以为然。谈至午后1时，进点心而散。

返寓小憩，至华北大学总部，开文字改革会发起人第二次会。定名为“中国文字改革协进会”。为全国组织，又是讨论章程、名单那一套，6时散。进晚餐而归。

8月15日（星期一）

午后，与乔峰、胡绳、灿然至北京饭店，与陆部长、愈之、黄洛峰诸人谈将来出版署之规划。署中拟暂设编审、出版两局。编审局分教本、工具书、翻译、通俗书、杂志诸部分。杂志部分出月报与通俗画报两种，拟于10月1日出版。翻译部门有他处转来之俄文译者二十人，皆不甚高明，以石磐为之领导。所缺人手尚多，一时无从征集。谈至6时而散。

8月18日（星期四）

晨与愈之在公园茗叙，系余所邀约。余告愈之以余之性习，骤改不可能，不改则不适应集体，教科书之事，亦以无能领导，难期有比较满意之成绩。希望得不在将来出版署范围之内，以求心安。愈之似亦理解余之心情，但无明确表示。

8月23日（星期二）

午后至东总布胡同十号，其地即将为将来编审出版之办事处。与陆部长及愈之诸人讨论出版资料杂志。决定定名为《新华月报》，下月初着手收集资料，10日发稿，20日排齐，10月10日出版。愈之开创之力甚阔大，而看事容易，余所不能追随也。一谈至7点始散，疲劳殊甚。

9月

9月4日（星期日）

夜间高祖文来谈，知政协即将开幕，锣鼓渐渐敲起来矣。高助我编《进步青年》三期，甚可感激。第五期不日即可出版。此后移沪编辑，即可放心多矣。

9月5日（星期一）

午后2时，至华北大学，开文字改革会第四次发起人会。吴玉老致书于毛氏，告以文字改革之意见。毛氏请马夷老[①]、沫若、雁冰三人审议之。三人以书复毛氏，谓新文字当须研究，尚未至推行阶段；研究以北方语之拉丁化为主，顾及方言，徒乱统一之步骤；至于目前之急要者，为审定若干简体字，以便易识易写。今日之会，即据此一书。大致无多更改。余猜此三人之书即代表毛氏之意见，盖平正通达之道，非好高骛远之论也。吴老本将于政协会议时提出议案，今日则谓此事殊可不必矣。会至7时散，一坐五小时，甚觉其疲。

9月6日（星期二）

5时半，至华文学校，为政协会议报到事，得会议之纪念章一枚。晤仲华铸成，皆今日方到者，系为参加政协，即住华文学校中。

9月7日（星期三）

元善、复亮等一批人来访，继之又有芸生、仲华、超构、铸成一批人来访。各方之友云集北平，此一月中将为最热闹之时期。

午后3时至北京饭店，听周恩来报告。一堂济济，凡四五百人，为政协代表及其他人士。周之报告分三点：一、关于各单

① 即马叙伦。——编者注

位及人选之说明；二、关于政协组织之说明；三、关于政府组织之说明。人选取其有代表性，实现统一战线之策略。人数将有六百五六十人。政协组织将长期存在，即人民代表大会成立之后，此会仍有协商意见，调和各方之用。政府组织不同于旧民主，无所谓总统制与内阁制，而取民主集中之方式。其言甚扼要。6时半散。

9月8日（星期四）

午后3时，至北京饭店，与政协筹备会同单位之六人共同讨论共同纲领之草案。此共同纲领实为今后之约法，作用同于宪法。凡七章六十条，逐条诵读而推敲之。6时一刻完毕。

9月9日（星期五）

10时至勤政殿，参加小组，讨论共同纲领。凡已来平之政协代表俱以今日讨论此草案，共分二十小组。余之一组凡二十二人，以林伯渠为召集人。此方式余以为甚善。六百余人共聚一堂，必不能为详密之讨论，今于事先分组研究，然后综合各组之意见而为修订，可谓普及于人人，实比旧日开会方式进步多多。此新民主之民主集中大异于旧民主者也。全文至下午5点半讨论完毕。

中午在瀛台午饭，他组之人同在，约计有百余人。晤陈叔老，渠自沪重来后犹为初见，精神甚佳，饮食如壮年人，为之心喜。此次之代表，最高年者为萨镇冰（未到），九十二岁，而学生代表之最年轻者二十二岁，人喜谓此四世同堂也。

经过天安门，方在修刷城墙。门前之树木俱已拔去，许多工役方铺平地面，辟为广场，以供开群众大会。

9月10日（星期六）

午刻，偕云彬至欧美同学会，应张菊生先生招宴。余前在商务，未尝与张见面。此次张以参加政协来平，八十三岁之高龄，望之如六七十岁。同座皆与商务有关之人，宾主凡十六人。菊老言五十年前见光绪帝于勤政殿，又言戊戌政变时所谓新党人物，皆已作古，渠为鲁灵光矣。2时散。

9月13日（星期二）

午睡醒来，仲华在彬然处谈话，少谈即分别。余至来今雨轩，文联邀文艺界出席政协之代表及东北参观归来之会员开座谈会。夏衍谈上海解放后之情况。荃麟谈香港文艺界情况。黄药眠谈东北之观感。荒煤谈华中文艺活动未见开展。刘白羽谈军队文艺工作。皆有可听。6时散。

9月14日（星期三）

午后2时至北京饭店，又参加共同纲领之小组讨论。所据草案系经过讨论而加以修改者。余前已参加讨论两次，今为第三次。前日昨日教育工作者之小组讨论，余应参加而贪懒未往。否则今日为第四次矣。如此反复商论，由分而合，合而复分，实足包纳众意，期于尽善。是深可称道者也。讨论至5时半而毕，亦仍颇有修正意见。

9月15日（星期四）

午后又至北京饭店，出席政协筹备会起草政协组织条例之小组会。听谭平山报告组织条例起草经过，现已定稿。知筹备会全体会将于后日重开。经此一会，不久即可开正式会矣。4时归。

9月17日（星期六）

下午3时，至勤政殿，开政协筹备会全体会议。通过各小组所拟政协组织法、政府组织法及共同纲领，即可提交将来之正式会议。又通过大会主席团名单，凡八十余人。据报告，此次参加大会者凡六百六十一人，至今日为止，已在平者有六百三十五人矣。何日开大会，俟筹备会常委会决定。会以5时毕，可谓迅速，出乎意料。全体筹备代表于勤政殿门前合摄一影，于是至瀛台会餐。8时至怀仁堂看戏，全体政协代表俱到。戏为程砚秋之《红拂传》，袁世海、李少春之《野猪林》，以1时散。竟夜未得好睡。

9月18日（星期日）

晁哲甫来访。渠任新立之平原省省主席，今来参加政协，与余同为教育工作者会议筹备会之代表。

6时至北京饭店。华北人民政府及各党派各团体之北平分支机构凡二十单位为主人，宴请全体政协代表。六七百人挤坐两个餐厅进西餐，殆为空前盛会。余与家宝为邻座，共饮葡萄酒甚畅。8时散。

9月19日（星期一）

午后至华文学校，参加教育单位同人之座谈会，讨论政协、政府两个组织法。诸人无多意见，就条文研摩而已。5时散。

（节选自叶圣陶著《叶圣陶日记》，商务印书馆2018年版）

欢呼新中国诞生

许德珩 *

1949 年元旦蒋介石发表了向中国共产党求和的声明。他的所谓“和平”，即保存反动政权和法统，以及军队的“和平”，这并非真诚讲和，而是准备养好创伤以后发动更大规模的战争。

毛主席针对蒋介石的“和平”攻势，在 1949 年 1 月 14 日发表了著名的时局声明，进而代表中国共产党提出了达到真正和平的八项条件。

毛主席的时局声明，获得了全国人民的一致拥护。当时，其他民主党派的领导人大多已到香港，后又转到解放区，九三学社仍在北平坚持斗争。1 月 26 日，九三学社负责人许德珩以及樊弘、袁翰

---

* 许德珩：时任九三学社理事，北京大学教授，新政协筹备会代表，人民政协第一届全体会议代表；后曾任第四至六届全国人大常委会副委员长，第四、五届全国政协副主席，九三学社中央主席。

青、薛愚、劳君展、黄国璋、俞平伯、方亮、鲁宝重、楼邦彦、王心正、孟昭威等，以北平文化界民主人士的名义拥护毛主席的八项主张，发表于1月27日北平《新民报》上。

同日，我们还以九三学社的名义，在北平《新民报》上发表宣言，拥护毛主席提出的八项主张，拥护中共中央召开没有反动派参加的新政治协商会议的建议。

1949年1月31日，人民解放军进入北平，北平宣告和平解放。我这个备受压迫的老知识分子也翻身了。2月3日，人民解放军举行进驻北平入城式，我和劳君展在前门箭楼上，热烈迎接人民的子弟兵。

2月14日，颜惠庆、邵力子、章士钊、江庸、任鸿隽等以私人资格飞抵北平，与中共方面商谈国事，并于22日飞石家庄，为中共毛泽东主席及周恩来同志所接见，对和平谈判及南北通讯通邮等项问题广泛交换了意见。他们到达北平后，我们在怀仁堂欢迎他们。许多人发了言，我也讲了话，我说：诸位不要在这里讲和，要去南方讲和，因为是蒋介石不要和平。根据毛主席提出的和平谈判八项条件，应令蒋介石接受和平条件。

在此之后，李济深、沈钧儒、马叙伦、郭沫若等民主人士35人经中共代表林伯渠迎接，于2月25日自东北抵达北平。次日，我参加了中共北平方面负责人举行的各方民主人士到平的盛大欢迎会。

3月25日，我和君展以及其他民主人士在西苑机场热烈欢迎中共中央领导人毛泽东、周恩来、刘少奇、朱德等同志到达北平。事前，徐冰同志约我和君展到东交民巷六国饭店集合。集合之后，有人宣布：今天毛主席和中共中央领导同志到北平，我们去机场迎接。我与君展同乘一辆汽车去西苑机场。毛主席和中共中央领导同志到达后即举行阅兵式。我们进城到北京饭店用餐后即回到家里。到家后又接到通知，说毛主席当晚约我到颐和园乐寿堂吃饭。张奚若、张东荪、吴晗、谭平山等均被邀参加，并约颜惠庆、邵力子、章士钊、江庸、任鸿隽等商讨和谈问题。在乐寿堂我被安排与周恩来、郭沫若等同志一桌。周恩来同志说：这几年你辛苦了，一别两年多，你所做的事我们都知道。他的这番话，给了我莫大的激励和鼓舞。晚饭后，即开始座谈，一直谈到次日清晨。在夜间开这样长时间的会，对我来说还是很少有的。

26 日，中共中央决定派周恩来、林伯渠、林彪、叶剑英、李维汉为和谈代表（4 月 1 日加派聂荣臻为代表），周恩来为首席代表，以毛主席 1 月 14 日《关于时局的声明》及其所提八项和平条件为基础，自 4 月 1 日起在北平与国民党政府的代表进行和平谈判，并由广播电台通知国民党政府，依照上述时间地点，派遣其代表团携带为八项条件所需的必要材料，以利谈判。4 月 1 日，国民党政府派邵力子、张治中、黄绍竑、章士钊、李蒸、刘斐为谈判代表，以张治中为首席代表，于当日来北平进行谈判。

1949 年 3 月间，苏联正在搞和平运动，通知我们组织一个有声望人士参加的代表团，参加在巴黎召开的世界拥护和平大会。苏联方面将此事通知周恩来同志。周恩来同志指派了刘宁一、钱俊瑞、陈家康、丁瓒等同志负责代表团的筹备工作。代表团组成是这样：团长为郭沫若，副团长为马寅初。成员有郭沫若、马寅初、刘宁一、钱俊瑞、邓初民、许德珩、田汉、陈家康、翦伯赞、洪深、郑振铎、丁瓒、钱三强、程砚秋、戴爱莲、史永、徐悲鸿、古元、侯外庐、曹靖华、戈宝权、柯在铄、宦乡、裴文中、卢于道、李德全、许广平、丁玲、陆璀、龚普生、曹禺、钱杏邨、谢邦定、吴耀宗、葛志成以及护士、翻译等40余人。当时叶剑英同志是北平市军管会主任兼北平市市长。我们的出国护照就是叶剑英同志签发的。

我们于3月29日启程。行前，周恩来同志举行宴会为我们饯行。代表团中有一女青年，名叫屈原，系屈臣氏的孙女。周恩来同志在宴会上口占了一副对联，他说："南北二乔木，古今两屈原。"（乔冠华别名亦为乔木，乔冠华在广州及香港工作，胡乔木同志在北方工作）大家对周恩来同志风趣的谈话很感兴趣，尽欢而散。

我们乘火车直赴苏联，与我同车厢的有邓初民、田汉、洪深共4人。初民和我是1927年以来的老友，田汉和我都是少年中国学会会员，洪深与我当年在暨南大学同事，大家都是熟人，一路之上谈笑风生，颇不寂寞。4人当中，我和初民年纪最大，为照顾起见，他们把下铺让给我们睡，田、洪睡上铺。

车过天津时，天津市长黄敬（俞启威，一二·九时的北大学生）到站迎接，我们乘车游览市容并被招待吃饭。车过黑龙江，正值夜深3时，忽然停车，说是黑龙江省长来看我们。上车后才知道是皖南事变后在重庆急忙出走的于毅夫同志，此时他当了黑龙江省长。相见之下，欢喜欲狂。停留了10分钟，他下车后，车又开行。后来知道是钱俊瑞同志事先发电通知他的。车过贝加尔湖，我们大家不禁纪念起汉代曾出使匈奴19年坚贞不屈的爱国老人苏武。

火车一共走了11天，才到达莫斯科。苏联方面派吉洪诺夫和法捷耶夫接待，下榻于莫斯科大旅馆。

这次大会原定在巴黎举行，因为我们新政权还没有同法国建交，到了莫斯科才获悉法国拒绝中国全体团员入境，只准许张奚若、徐悲鸿等几个人去开会。于是决定大家都不去，我们改在捷克斯洛伐克首都布拉格开会。

在莫斯科停留了一周，遂去捷克斯洛伐克。会场设在布拉格大戏院，与巴黎会场装了一个直通电话，两方会场互通实况。大会于4月20日举行，巴黎方面大会主席为居里夫人的女婿约里奥·居里。4月24日，大会正在进行中，忽然，主席宣布了极为振奋人心的消息：人民解放军于23日解放了国民党22年反革命统治中心南京，国民党反动统治宣告灭亡。顿时会场沸腾起来，一片欢呼雀跃，会场中，许多外国朋友赶来把中国代表高举起来，和楼上的代表握手表示庆贺。

大会于4月28日胜利结束，我们于4月29日仍乘火车回到莫斯科。

“五一”过后，我们就乘车回国。到了哈尔滨，就接到北平的电报，说北平形势紧迫，要我们等一等再回平。同时，余心清、章乃器等人还从北平来哈尔滨暂避。后来才知道由于英国“紫石英号”军舰侵入人民解放军长江战区，和国民党军舰一道炮击人民解放军，致使人民解放军战士252名伤亡。我军立即还击。英国保守党丘吉尔诬蔑中国人民解放军反击侵犯我军的英舰是所谓“暴行”，并要英国政府“派一两艘航空母舰到中国海上去……实行武力报复”。英国首相艾德礼竟然宣称“英国军舰有合法的权利在长江行驶”。中国人民解放军总部发言人为英国军舰暴行发表声明（这一声明为毛主席所起草），表明了中国人民不怕任何威胁、坚决反对帝国主义侵略的严正立场，并且表明了即将成立的新中国的外交政策。

由于英国“紫石英号”军舰的严重挑衅，我人民解放军严阵以待，所以要我们暂缓回北平，留在东北参观访问。

到达哈尔滨后，有一旧友王右铭（后改名王思华，在李富春同志领导下搞经济工作）来看我。西安事变后，我们曾应阎锡山之聘，为山西牺盟会讲演，当时牺盟会负责人为薄一波同志。北平被日军占领后，王右铭同他的夫人李钟雅医生一起赴延安。我们此次在东北见面，听说他的夫人病逝于延安，令人不胜惋惜。

我们在东北逗留了三周，于 5 月 26 日回到北平。

我们赴捷克斯洛伐克参加世界拥护和平大会期间，4 月 20 日，国民党反动政府拒绝接受国内和平协定，毛主席和朱总司令于 1949 年 4 月 21 日下达进军命令。此后，人民解放军便开始了规模空前的大进军作战。东至黄海，西至大戈壁沙漠，战线绵延数千里。人民解放军自北而南，自东而西，以秋风扫落叶之势扫荡残敌。我们回到北平的第二天，我人民解放军解放了上海，共歼灭敌人 15.3 万余人。人民解放军获得了光辉灿烂的胜利。这个伟大的胜利，就是新中国诞生的基础，是鸦片战争以来，对 109 年遭受帝国主义和军阀侵略、压迫的总清算。中国人民从此真正站起来了。我们兴奋喜悦的心情非语言文字所能形容。

我们回到北平之后，立即参加政治协商会议的筹备工作。1949 年 7 月间，彭真同志约我和其他几位同志商议筹备召开北平市各界代表会议的事情。1949 年 8 月 9 日召开了第一届北平市各界代表会议，出席各方面代表共 332 人，其中党派代表 24 名。我被推选为主席团常务主席。会议期间，毛主席到会作了重要讲话，使会议气氛达到了高潮。会议的收获十分丰富。248 项提案，包括北平市各方面的问题，最重要的提案集中在下列四个问题上：第一是肃清反革命分子，严惩匪徒；第二是恢复和发展生产，使消费的城市变为生产的城市；第三是发展文化教育事业，并为工农大众及工人子弟增设学校或他种学习提供便利；第四为精简节约，腾出财力来努力支援前线，努力建设。此外，各界代表一致认为中苏两国间的深厚友谊，有在人民大众中普遍建立的必要，所以就在大会期间成立了中苏友好协会北平分会筹备会。

在我们开会期间，美国国务卿艾奇逊发表了白皮书。他在白皮书里口口声声说中国已经进入独裁统治。在太平洋的那一端闭着眼睛胡说的时候，太平洋的这一端的事实表明中国已经走上了民主的道路。北平各界代表会议只是中国民主道路的一个起点，它使我们进一步地从事实中去认识新中国的本质。

1949 年 10 月 1 日，中华人民共和国中央人民政府在北京成立。同日下午 3 时，首都 30 万人民在北京天安门广场集合参加中央人民政府的成立典礼。当毛主席庄严宣布“中华人民共和国中央人民政府成立了”的时候，我站在天安门城楼上，幸福和喜悦的泪花止不住地流了下来，插满了红旗的人的海洋中爆发了雷鸣般的掌声。毛主席亲自升起了庄严灿烂的五星红旗。54 门礼炮齐鸣 28 响，震天动地。狂欢的浪潮，从北京迅速扩大到全国各地。世界人民也同时欢庆新中国的诞生。中国人民大革命已达到光辉的顶点，一个强大的人民新中国崛起在世界的东方。

（节选自许德珩著《许德珩回忆录——为了民主与科学》，中国青年出版社 2001 年版）

东北解放区观感

陈嘉庚*

一　天津是华北的工业重地

1949年5月28日，乘捷盛轮由香港启行北上，同行者庄明理、张殊明。6月2日夜半到达大沽口，3日清晨7时人民政府的关卡人员和引水的下船，把船驶入大沽口，沿沽河驶进。两岸是一片大平原，田野青翠，果树满目，所以天津的水果颇多。

天津市郊，沿海河两岸是工业区，有纺织厂、面粉厂、皮革厂、榨油厂、酿酒厂、地毯厂、橡胶厂、汽车材料厂、制碱厂，这是比较大的工业。其他小工业亦不少，因之它成为华北的工业

* 陈嘉庚：时任南洋新加坡南侨总会主席，新政协筹备会代表，人民政协第一届全体会议代表；后曾任第二、三届全国政协副主席，中央人民政府委员，中国侨联主席，全国人大常委会委员。

中心。

我们的船于10点半钟靠招商局第四码头，检查人员对一般搭客都很和蔼，但在工作上很认真。他们的廉洁，连一根烟一杯茶都不肯接受别人的应酬。根据一班经商的人说，国民党时代，在中国任何海口，船一到，货物起落，就要遭着碰坏和偷窃的损失。自解放后，解放区对这方面管理的改善，实在出人意料，不但甚少偷窃，货物起落也很小心搬动，使人满意。

天津市街颇宽，马路亦颇清洁，唯市郊外较差。市内的房屋及商店之建筑，有欧美式的亦有日本式的，而前英租界和前德租界以及其他各国租界的街路及建筑亦各不同，好像一个国际建筑物的陈列场。

天津市的人口约有170万，商业市场颇广，它不但是华北一个工业重镇，同时也是中国四个重要商埠之一，因它扼津浦铁路及北宁铁路之枢纽，同时有大沽出海之要口，故黄河流域及华北西北各地之货物，大部分经此出口。

二　北京是文化故都

6月4日的上午8时，由天津车站乘政府特备之专车厢，朝着北京[①]前进，11时半到达北京总站，在车站相迎的有林伯渠、董必武、李维汉、叶剑英、李济深、沈钧儒、邵力子、蔡廷锴、齐燕铭诸先生及其他数十位新旧朋友和百多位华侨学生。彼此见面，均极

① 北京此时仍称北平。1949年9月27日，中国人民政治协商会议第一届全体会议通过决议，中华人民共和国国都定于北平，改名北京。——编者注

欢欣愉快。

北京是一个文化故都，公私立的大学、专门学院、中学小学都很多。市民待人接物态度，都很温纯。

北京市街的建筑物，除了几幢大饭店和热闹市街，有些大店铺是西式建筑物之外，绝大部分的房屋都是古香古色的旧中国式的建筑。马路除了几条干路比较宽些，其余的都很窄，尤其是横街小巷，更窄得几乎不可通汽车。

北京的人口约 200 万人，工业区在门头沟及石景山，市内仅景泰蓝较为驰名。商业市场虽广，但多属消费。这个城市数百年来是封建官僚的消费地。这次人民革命胜利，将这个城市解放出来，今后在人民政府的改造下，将会有计划地稳步地由消费城市变为生产城市。

北京是好几代的封建帝都，所以它的古迹也特别多，如皇城的故宫、太庙、西苑、中南北三海、琼岛白塔，城北的景山，城南之天坛，西城外的颐和园，还有其他许许多多的宫殿亭阁园坛寺院。这许多的历史遗迹，都是封建时代皇帝的赏玩处，现在由人民自己接收回来了，今后这些地方也将由人民自己使用它们。

6 月 22 日上午，由北京搭火车到天津，市长黄敬先生等多人在车站迎接，仍寓前德国俱乐部，越日参观毛织厂、地毯厂、树胶厂等。

三　山海关的真面目

6 月 25 日中午，离开天津乘搭北宁铁路的火车，向北开行，沿铁路都是大平原，除了一大片的高粱小米的农田外，铁路的东边还有一大片的盐田，产盐甚多。午后经唐山、开平、滦县矿煤之区。唐山除煤矿外还有洋灰厂等，规模亦不小。4时许过秦皇岛，这里有一间规模颇大的玻璃厂，为我国关内唯一之玻璃厂，惜因时间关系，来往两次经过，都没有机会去参观。

6时到山海关车站，大家都因为慕“天下第一关”之名，而觉得非去瞻仰不可，故于车到站时，即由站长雇了九辆人力车，浩浩荡荡往“天下第一关”而去，约20分钟之久即到达目的地。但这“天下第一关”，不过也只是与其他的城楼一样，并无何特殊奇观可看，远不如居庸关外的八达岭之雄伟与壮丽。因为火车在山海关只停50分钟，所以我们必须在50分钟内赶回火车站，而去的时候已经走了20分钟。在城楼上下赏玩了一下，因为时间已经太迫促了，所以也就不去搜寻它还有什么特点，而匆匆地赶回火车站。

四　沈阳是东北的政治中心

6月26日晨8时到达沈阳南站——总站，由东北行政委员会主席林枫、副主席高崇民，沈阳市长朱其文，及东北各高级首长接待。招待所是以前的铁路宾馆，建筑规模颇大，设备亦完美。

东北行政委员会为东北最高之政治领导机关，它辖东北的辽东、辽西、吉林、松江、黑龙江、热河6个省及旅大1个行政区专署，沈阳、鞍山、抚顺、本溪4个直辖市。1949年8月21日，在沈阳召开东北人民代表大会，经代表通过，取消行政委员会，建立东北人民政府。东北人民政府所在地仍在沈阳。

沈阳是东北第一大城市，人口一百五六十万。10 余年来新建筑颇雄伟，马路宽阔，房屋高大，市内马路中之小草场及马路边之树木，亦颇整齐。铁路四通八达，交通方便，名胜古迹亦不少。商业市场，最繁盛地区是城西新区之太原街，城内之热闹比不上此区。工厂多在铁路西，烟囱林立，大小工厂达数千间，较大规模的有机械厂、冶炼厂、电器材厂（共有 5 厂）、橡胶厂（共分 4 厂）、制药厂、玻璃厂、机车厂（即火车头厂），其他尚有化学厂、铁工厂、纺织厂、磁厂、汽车修配厂。各种轻工业，应有尽有。所以沈阳是东北的政治中心，也可以说是中国的重要工业城市。

中国医科大学设在沈阳，校址的前身是敌伪时代的南满医科大学。在抗战前是日本南满铁路办的，在医学上的地位是远东有名的。现在它的设备还相当完善，每一种病科都有其检验室及手术室。为了学生实习的方便，附办一所医院，规模亦不小。医院的设备也很完全，各种电器治疗都有。

该校现有的学生 2000 多人。另外在佳木斯还有 1200 多位，共有 3000 多名学生。它的学程为四年毕业，普通科高中毕业生就可以投考。学业第一年是读完基本课，第二年是读物理课，第三、四年读完临床课，同时在第二年读完后，即分科专读，如外科、内科、妇婴科、耳眼鼻喉各科和各种特殊专科。在三四年的学期中，是一方面从书本学习，一方面在医院学习，书本读到哪里，实习学到哪里，力求理论与实际一致。

它的教育方法亦与一般旧教育方法不同。旧教育方法都是凭学生个人的聪明高低，到了学级完毕之后，有的可以学成，有的则未能学成。中国医大为求全校学生到毕业学年时都能学成，在教法方面分为课室内的授课和课室外的学习。课室内是由教授将课题详细讲解，然后将全班或全系的学生分为两种小组，一种 3 人的叫钻研小组，一种 12 人的叫学习小组。3 人钻研小组是就同级的学生中选一个比较聪明的、一个中等的和一个稍微鲁钝的，3 人合在一起去研究教授所教的课题。比如那两位比较聪明的搞通了，而那位较鲁钝的还未把问题搞通，同组的这两位要帮助他，使每个问题 3 人都会了解，然后由 4 个钻研小组合为 1 个学习小组，把 4 组 12 人所钻研的结果拿出来交换学习。有时各钻研小组有各种不同的理解，他们 12 人就要把其不同的见解再作一个集体的研究，然后将研究所得做个答案给教授，教授即将全级各小组答案汇集，再上一次大课，分析各小组的长处及修改各小组的短处，使全级的同学都能一致把问题搞通，才算读完一课。因此对每一个课题的研究，没有很严格的限制时间，而着重于学生对那一个课题，是不是全部搞通。由于这样的教法，同学们也就不会互相轻视，反而要养成互相帮助的美德，因为先学会的人如果不去帮助未学会的人，那他自己这一组就要受影响，而各组中有一组尚未搞通，其他各组也要受影响，因此他们在组与组之间和人与人之间，都会自动地培养他们的互助精神，克服自私的偏向。

沈阳的监狱。一般人说着监狱，都会觉得是一种残酷和黑暗的场所，相当于十八层地狱一样，但是人民政府处置犯人着重于教育和改造，所以沈阳的监狱里设有机器厂、印刷厂、肥皂厂、纺织厂、皮革厂和农场菜园，给犯人去学习生产。狱中的小偷扒手强盗多数有劳动力而没有生产技术，所以要强迫他们每个人都学会一样职业技术。监狱里还设有识字班，不识字的犯人每日要读识两个字。在监狱里还设有犯人俱乐部，他们于工作和学习以外每晚都有自己的娱乐节目，或演奏音乐，或排演话剧、扭秧歌、开小组会、阅览书报、编写壁报。

犯人小组是以犯人中同一样工作的 8 个人或 10 个人成为一小组，小组的工作是：互相检讨，互相批评，自己反省，有了问题提出共同讨论。小组中有的觉醒力强的，晓得过去的错误，重新积极改造自己，思想进步了，工作积极了，学习认真了，在小组中起着模范作用。经同组的犯人评议，提请监狱主管员特请法院减刑，提早释放。法院调查确实之后，即可照准。而犯人中如果恶习不改，在狱里骂人打人，好吃懒做，经犯人小组自己评议，即将他禁入监房，一小时或两小时，重的半日也有，在被禁的时间内，没有参加监房外的工作，这是犯人中认为最羞耻的一件事。

在中午的时候，我们看到 20 多位犯人提着锄头从狱外进来，没有警察监视，我们好奇地询问他们，才知道他们是到外面去种田，要回来吃午饭，休息后至 2 点还要出去。在谈话中，外面来了一辆大车（运货的马车），那位车夫也是挂着一个犯人的号码牌，他每天要运狱内工厂的出品去交街上的商店，然后由街上运回工厂所需的原料。我们觉得很奇的是犯人可以到狱外工作，不须警察监视而不会逃走。原来他们已经受了教育和经过改造，他们都已明白过去自己的错误，他们应该在这个时候好好地反省，永远做个好人。因为思想搞通了，他们不以为在这种工作岗位是耻辱，他们认为这些工作正是他们自新之路，所以他们不愿逃走，有的甚至刑期满了，释放之后一时未找到职业而再回来做工，这样就不是犯人了，而是雇员了，他有一定的待遇，外面有职业时也可自由去自己所喜欢的地方做工。

犯人的监房也建筑得很不错，地方净洁，空气充足。犯人自己要洗扫得干干净净，如果房间内不清洁就要受批评。犯人吃饭，他们的饭菜和管狱员警察都是一样的，每人每天一斤半粮，8 个人合一菜一汤，都能够吃饱，再加以有体育、有娱乐、有学习，所以大家不但体格健壮，就是精神也很饱满，要是不知道的人就看不出他们是身在囹圄的犯人。

五　煤都抚顺

7 月 3 日由铁路部派一辆汽油机，专车送我们到抚顺。还未到车站以前就先看到很多的烟囱和很多的电杆电线，电车来来往往，看起来是一个电气化的城市。这里有煤矿，有炼油厂，有炼钢厂，有机器厂，有发电厂，有电车厂。

抚顺的煤矿共有 4 处，即露天矿、龙凤矿、老虎台、胜利矿。露天矿照原设备，每日可出产 1 万吨。因为战争所影响，设备上有些损坏，所以未能达到这个产额，预料 1950 年就可以完成每日出产 1 万吨的任务。龙凤矿是直竖井，煤层深，工人落井取煤均用电升降机起落，离地面数百尺深，煤井里设有轻便铁路，落井的工人身穿工作衣，头上戴着另一种专为煤矿工人特备的盔（形似军用钢盔），头上前面挂一个干电池的电火，下井的时候都须在上面先挂名，作为报到的手续，也防备万一在井里有意外的事。龙凤井按照它的设备每天也是可产 1 万多吨的，但是日本投降后，国民党接收时只知道取煤，对煤井里的准备工作完全不管，所以有许多地方崩塌、涨水，损坏很多。解放后，人民政府认为准备工作很重要，故在接管后，就一面取煤，一面做准备工作。如抽以前所积的水，架装木架，料须数个月的时间始能恢复原产量。老虎台煤矿是斜井的，井内分好几层，均设有轻便铁轨运煤。由井口用四尺阔皮带透井底，旋转不息，运煤出口，这个煤矿每日亦可出产1万余吨。至胜利矿及西露天矿因时间关系未去参观。闻此两矿每日亦各可出产数千吨。计抚顺各矿每日共可出产5万吨左右，在1949年7月间我们去参观的时候，每日已可出2.8万吨至3万吨，预料至1950年就可以完成日产5万吨的任务。

抚顺除了煤是它的特产之外，石油亦极丰富。在煤矿上面有一层一层的石头，颜色是朱黄色的，它的名称叫作“油母页岩”，当地的石油就是这种页岩石提炼的。抚顺因为有了这种石头，所以就设了两个炼油厂。

炼油厂东西两厂共有340台的炼油机，每台每天可出5吨的原油，如果全部恢复生产，每日可出1700吨的原油，然后可用原油再提炼为飞机油、汽车油、柴油（即油渣）、滑机油、白蜡等。工厂的规模也很大，一个厂横直10多里。

抚顺的市街并不十分热闹，因为这个城市的居民多数是工人，虽然有10多万的人口，他们白天要上矿场或到工厂去工作，所以在这个时间内街上是很静寂的，颇有“街可罗雀”之势。但到了下午六七点钟的时候，街上就热闹起来了，有的要去上工人夜学，有的要上识字班，有的要到劳动宫开会去，打锣打鼓扭秧歌，各有各的兴致。

街上的商店，除了一般日常用品的商店外，要算琥珀商店特别多。在火车站口一条大街，几乎给它们占满，因为每个到抚顺旅行的客人，都要带些抚顺特产的“琥珀”和“煤晶”做的玩具回去做纪念。

7月5日下午2时由抚顺出发，于下午5点钟到达本溪。本溪又名本溪湖，在太子河的上游，也是东北重要工矿城市之一，它有煤有铁，所以成立一个煤铁公司。在煤铁公司管辖下有两个钢铁厂，一个在本溪湖，一个在广园（本溪湖之南）。广园厂有两台炼铁炉，每台一天可出600吨。另外还附设有炼焦厂、炼油厂，规模大而且新式。这个厂在日据时期尚未建设完工，加以国民党接收后没有进行工程，反将可以移动的东西盗取饱私，闻须1950年始能修竣开工。本溪湖厂是很老的，炼铁炉有两台，每日可出铁400吨。这个厂在日本投降时还在生产，国民党去接收时，将厂封闭，连在炉里提炼的铁亦不等它炼成出炉，而只知抢收，将电关闭，致在炉内炼半成的铁凝结。在国民党接管那三年多的时间内，完全没有开工。至解放后，东北人民政府才去请苏联工程师来协助设计，经苏联工程师的努力协助，已于6月先修竣一个炉。当我们到厂那时，适这个炉在试炉出铁的时候，我们觉得非常兴奋，深幸来得及时。看到炼铁炉的出铁，同行中大家都是首次，所以都非常高兴。另一个炉正在修理中，闻10月间就可竣工出产。

6日中午饭后，因还有些时间，想到街上看看，坐着厂里所备的吉普车上街，无意中到了一间佛寺，信步走进里面，发现寺旁一大石崖，石崖下一个大洞，洞底很深，水也很清，石崖上写着“本溪湖”三字，我们询问寺内的人，才晓得本溪市是因此湖得名。本溪湖的风景殊佳，在石崖下湖边，空气凉爽，附近某小学的教员亦带三四十个小学生到此，一面避暑，一面读书，小朋友们这样的读书生活，实在别有兴趣。

六　哈尔滨市

7月8日晚10时半，乘坐“哈大”火车离沈阳，9日下午2时40分到达哈尔滨市，松江省政府设在此处。地处松花江南岸，人口六七十万人。市区分为道里道外二部，房屋多是西式建筑，马路颇宽平，商业繁盛，白俄不少，一班青年白俄已明白其祖国的伟大，而纷纷投向其祖国复籍。

哈尔滨的工业不如沈阳，有一些农业加工的工厂，如面粉厂、榨油厂、酿酒厂、纸烟厂，此外有一个水泥厂、锯木厂、铁路工厂（即火车头修配厂），以铁路工厂规模较大。

松花江的风景非常美丽，沿着江边建筑堤岸，堤岸上的柏油路两旁是洋灰石板的行人路，路的中央铺着坦荡的青草，好像绿色的地毡，沿着人行路和堤栏，种着很整齐的垂柳。午后三四时，成千成万老的少的男的女的，结队成群到江中游泳，有的雇游艇，在江中游览。夕阳西斜，到江畔散步的尤多。

七　东北烈士纪念馆

东北烈士纪念馆设在哈尔滨市内。馆址就是日据时期的特务机关，在国民党时代是特务警察监禁政治犯的地方。日寇和国特在这间屋杀害了成千成万的中华儿女、热血志士，所以解放后把这间屋做烈士纪念馆是有特别意义的。进入烈士馆参观的人们，没有一个不受感动。在进门首先看到的是石膏造的东北抗日游击战士的武装全身像，那种冲锋的雄姿，一看就会令人起敬。接着在正中的墙壁是一块大红地书着毛主席的题词。再后进一间大堂，中有三位英勇牺牲的抗日游击队首领遗首，一位是东北抗日联军领袖杨靖宇将军，一位是东北抗日联军第二师参谋长陈翰章将军，其他一位亦是抗日名将（名字忘记）。三位将军都是为了国家民族的生存而将他们自己的头颅抛下来，表现他们头可断志不可屈的伟大精神。我们在瞻仰三将军的遗容的时候，感到无限的悲切，万分的感动。除三将军的遗首之外，楼上分为两陈列室，一室是专陈列抗战时期牺牲的战士遗像及遗物，如殉难者的血衣和战士们的日记遗书，另一室是陈列人民解放革命斗争中牺牲的战士的遗像和其他遗物。当参观完毕，向烈士馆的负责人辞行时，烈士馆的负责同志很诚意地要我们留下题词以存纪念，由于内心的感动和诚意的难却，遂为书题曰："为保卫和平而抗战，精神不死；为打倒独裁而牺牲，千古流芳。"庄明理亦题："十年驱日寇，三载破蒋军。捐躯为救国，精神万古存。"

八　黑龙江省会齐齐哈尔

7 月 13 日清晨，由东北铁路总局特备一格专车厢，车上有卧房，有餐室，有厨房。同时政府派了厨师和服务员随行。这一格车厢就是我们游览全东北（除沈阳至哈尔滨外）历一个多月，行5000多公里的铁路所专用的。在路上的饭菜茶水都很充足。我们对这样的照料和车上服务人员的服务精神，内心是非常感激的。

上午7时离开了哈尔滨车站，下午1时半到昂昂溪，转挂车头于3时到达齐齐哈尔。于毅夫主席偕王副主席、黄市长等数十人亲到车站接待，先到招待所休息。适齐市在举行市体育运动大会的最后一天，承于主席之邀，我们亦赶去参观。健儿成千，观众数万。体育场的周围挤得满满的，节目中最精彩的是蒙古族中学生的赛马。计分为4组，每组4人，另有一女生组。首先由女生组比赛，四位雄赳赳的女孩子，身体都很健康。她们骑上马背，精神奕奕，不愧为女英雄。银枪一响，她们绳一拉，鞭一拍，四匹高大的骏马，飞似的奔腾。为了争取锦标，谁也不肯放松地加鞭紧扭。这精彩的一幕，博得全场热烈地鼓掌。接着是男生的节目，同样地表现着又精又妙，尤其是有一位骑旱马（无鞍的）最叫人叹服。由这蒙古族中学的男女同学赛马节目，可以看到蒙古族同胞擅长骑马的技术，实在值得赞赏。

齐齐哈尔为黑龙江省会，市内人口10余万人。街路宽阔，唯商店多数为旧式建筑。商业颇盛，工业仅铁路工厂规模较大。监狱与沈阳、哈尔滨的比，同样以教育方法去改造犯人，狱内亦有工厂、文化馆、俱乐部。

嫩江在齐齐哈尔之西，离城约数华里，风景远不如哈尔滨之松花江，却是东北有名水产区，沿岸居民多以半渔半农为业，我们曾于7月14日下午访问江边的一个乡村——新江村。这村里有一个村政府，有一间学校，这个村政府是由10多个自然屯（即小乡里）

组织的，自然屯的屯长由各自然屯召开屯人民会议选举，村政府的主任及委员则由村召集村人民大会选举，村政府以下分为民政、文教、财粮、生产各种工作机关。

新江村人民小学就是村人民政府的文教工作机关办的，日间给全村的儿童们上课，晚间作为夜学。各自然屯还有识字班，大的自然屯还加办夜学，乡村里不管男的女的老的少的，都有书读了。

我们访问这个乡村，看他们每个人都有新的活力，兴奋，因为他们土地改革了，大家都有自己的耕地，而且所收获的都是自己的，不像以前惨受官僚和地主剥削，所以现在不但够吃了，而且还有剩余，可以换布。在这样的农村，因为土地改革的成功，人民已经有衣穿、有饭吃、有书读了。

九　内蒙古表现民族团结的感情

7 月 15 日上午 7 时，我们一行人离开了齐齐哈尔的车站，下午 1 时到达北安县白城子，因为要到内蒙古自治政府所在地的王爷庙（乌兰浩特）须在此转车。车一到站，在月台候接的各界代表执着欢迎旗帜，列队欢呼。为此盛谊，就在车站向欢迎者简单报告此行的目的，并表谢意。话讲毕，即由县委县府秘书接待至县政府稍为休息。白城子有两条宽阔大街，横街则甚窄。车站附近房屋建筑较好，但因数次之争夺战，破坏不小。下午 4 时由白城子转挂火车头，于晚上 6 时 24 分到达乌兰浩特，乌兰夫主席偕自治政府许多官员在车站相迎，并安排我们住财政部大楼。16 日晨到成吉思汗庙游览，并参观内蒙古日报、兴安中学、防疫所。下午

3时许，承乌兰夫主席来谈内蒙古一般情形。晚7时宴会，8时半举行欢迎晚会。这个晚会表演蒙古族的古代舞乐，殊为精彩。我们这次到内蒙古，有一种深刻的印象，就是汉蒙兄弟的亲切互助的表现。一般地说，过去无论什么地方，凡是有两派民族相处的，常常要发生民族歧视，大民族欺负小民族，或多数人欺负少数人。过去汉蒙两族互相敌视的原因，主要的是封建官僚的作祟，如国民党时代派去做官的是汉人，他就带了一班人马，有的专望衙门，有的利用关系去做买卖，而这些做买卖的人都是交官结吏用欺骗手段或用权力去压迫弱小，因此造成民族间的互相仇视。解放后，新政府极力改变这种恶劣的关系，在乡村城市进行各种各样的宣传教育，召集人民大会选举各乡村政府，并规定汉人多的地方正首长由汉人担任，副首长由蒙古人担任；蒙古人多的则正的由蒙古人、副的由汉人担任。凡事不吵吵闹闹，如遇有难以解决的事情，大家也和和气气地开会讨论。从这些地方表现民族的团结亲善，这是值得我们赞美的。

十　四平市

7月17日离开乌兰浩特，当晚到达四平街的车站，有孙市长和市府其他负责同志及各界代表军乐队等在车站欢迎。车到站时适大雨淋漓，故未能在车站与各界讲话。是晚在车上睡，18日晨市府派6辆吉普车由市府秘书陪同游览全市及参观炼油厂。

四平市的火车站规模颇大，因为它是沈阳、长春、辽源、通化的交通中心。车站的建筑亦宏伟，可惜受炮火炸毁甚重。月台的玻璃瓦盖已全破碎，除已修理票房及办公室外，其余都是颓垣废瓦。

四平市的街道亦颇宽，唯商店房屋建筑不甚整齐，加以七进七出之争夺战，国民党军队飞机每天 20 架，连炸 20 天，全四平街几乎无一间完整的房屋，弹痕血迹斑斑。解放后，经人民政府之努力，市肆已逐渐恢复，唯欲完全恢复原状，恐须几年工夫。

四平市有一间炼油厂，规模很大，设备亦甚完备，它专以原油提炼飞机油汽车油及火油等。厂址横直各有数华里。当解放军进入四平市时，国民党军队曾利用这个厂所有的房屋做堡垒抵抗，所以这个厂损失特别严重。

十一　长春——曾被敌伪建为京都

7 月 18 日晚上 6 时半到达长春，车一进站，就可看到长春是一个很重要的地方。它的火车站建筑壮丽，车站周围的轨道好像蛛网那样密。它是东北的最中心城市，铁路四通八达。

当日寇占领东北的时候，长春是伪满的帝都。太平洋战争爆发后，日本曾准备于东京受到威胁时迁都长春，故在长春建筑一新皇宫，其计划的规模非常之大，有一部分的地基已经奠好，亦有一部分的宫殿已在建筑中。在它的周围，就是伪满时代各院部机关的大楼，建筑亦相当高大和坚固。

长春的街道很宽阔，有好几条路是四排树的（两边是人行道，人行道要靠马路边种树，树外是马路，有二三十尺宽，马路中又有两排树，两排树的中间是一条四五十尺宽的马路），马路的电线都埋在地下，在马路上所看到的就是绿茵茵的树叶，完全看不到电火线和电话线，实在堪称为新都市的建设。唯在旧城市街，则仍保持着半新半旧的姿态。商业繁盛颇可与沈阳、哈尔滨媲美。

根据老住长春的人说，日本建造“新京”——长春的计划规模很大，及至日本投降后，国民党反动派接收，再加以几次的战争，国民党军队被围在城市内，可以抢的抢，可以偷的偷，可以拆的拆，把郊区的房屋拆下来做燃料，几乎把所有木料都拆得干干净净。

长春虽然不是一个工业区，但也有些工业建设。日据时期的“大陆研究院”，现改为东北工业研究所，颇具规模。它主要的工作是将许多东西都取来研究。不论植物动物或矿物以及水利建筑电动力，都作很精细的研究、实验。里面一位高级的工程师（他是日本人，亦是日据时期“大陆研究院”的重要负责人之一）告诉我们，根据这个研究院的制纸研究室过去调查的记录，中国全国每年需用纸量为 60 万吨，以东北的原料来制造，每年可出产 40 万吨，唯现在每年仅出产 2 万吨。

东北电影制片厂亦有相当规模。据说在中国是设备最完全的。虽然在国民党接收时期内，被偷去一部分的器材和损坏了一部分的东西，但解放后已经很快地恢复起来，已经摄制好几部很好的影片，如《富饶的东北》《回到自己的队伍》《桥》等名片。

军医大学设在长春，教法和沈阳的中国医科大学一样，学生 1000 多人，衣食住和书本文具都是由政府供给的。学校的设备虽然不及中国医科大学那样大规模，但也相当完备。

东北大学亦设在长春，学生 3300 多人，分为 3 个学院，注重自然科学和社会科学，教授法亦是分小组学习，成绩亦以小组集体的成绩为标准。学生于放假期内，须分别到有关方面去实习，例如读农科学生就要在假期下乡去和农民共同生活，一方面要与农民到田里耕种，一方面于晚间还要负责教农民读书识字，而且须自带米粮下乡，不能吃农家的饭。学工业的学生就要到工厂去，读矿务的学生要亲自到矿区去。因为这样，才能使理论与实际一致，所读与所做配合。

当我们去参观东北大学，看到很多的青年学生，有的拿着锄头在锄草，有的挑着泥土，都很高兴地劳动。

十二　吉林山水好

7 月 22 日乘专车到吉林，周持衡主席和各厅长秘书长等在车站候接，到达时已是中午 11 时半。

吉林市街没有长春的那样宽大，大建筑物很少，商店房屋还是古香古色的平房较多，但山水都很幽雅。省府门前就是松花江。沿江边建筑堤岸，种着很整齐的树。当炎夏夕阳西斜，到此绿荫下的江边散步游览者，络绎不绝。可惜江中没有游艇供外客游玩，是美中不足。市郊外离城不远，有处北山，汽车可驶上山，在山上鸟瞰，可看吉林全景。山上有药王庙，奉伏羲神农轩辕三氏神像。农历四月二十八日为药王诞，全市参药行铺必于药王庙大集会。北山下面有荷花池，当荷花盛开的时候，更加这风景的秀丽，因此游人到得也很多。

吉林除了山水好以外，物产亦很丰富。木材、矿产、农业、生产和皮毛都很多。而最名贵的就是人参和貂皮。所谓“东北三宝”，就是人参、貂皮、乌拉草。乌拉草是冬天做鞋穿的，它是御寒的东西。到了冬天不管是富人穷人，都需要它。特别是穷人，没有办法买皮毛，全是靠乌拉草。

吉林的工业虽不能与沈阳、大连比，但它亦有不少的工厂。我们曾去参观亚麻厂、造纸厂、火柴厂，其他还有纺织厂、铁工厂等。吉林省内出产很多的亚麻，所以在此设厂。它的主要出品是帆布、水龙带及各种粗的细的麻布。所纺织出来的质料都很好，而且很美观，这种工业在东北还可继续发展，将来在关内亦可建立。

吉林出产木材很多，所以也就建立多处的造纸厂。在市郊有两家，而在附近的一个地方另有一家专造纸浆厂。我们去参观过的造纸厂，规模是比较大的。当时每日可出 20 吨（仅开 1 部机器，它共有 7 部机器）。据它的负责人说，计划在 1950 年，可将 7 部机器全部修复开工，则每日可出产 70 吨，同时可自制纸浆原料。

火柴厂的规模也不小，现每日可出产七八十箱，预计 1950 年起，每日可出品 200 箱以上。如果销路好，还可继续增加产量。

十三　电都的小丰满

小丰满在松花江上游的松花湖，环列着“大风满”“小风满”诸山峰，及至电厂建筑时，才由“小风满”易名为“小丰满”（这是据电厂的人说的）。这里风景甚雅，日本曾计划建为公园。因她在世界水电厂有数的地位而闻名，有人誉之为中国电都。她的建筑工程很可观。那条水堤坝底宽达90多英尺，高达200余英尺，长3300多英尺，发电厂的设备可装8台发电机，共能发70余万基罗瓦特。现仅装2部发电机，故仅发19万基罗瓦特。另有一部机器正在安装中。

十四　鸭绿江畔的安东市

安东是辽东省的省会，位于鸭绿江西岸。鸭绿江之东岸即北朝鲜之新义州。两国以江为界，交通来往有一大铁桥，两国人民来往须按照出入国手续办理护照，我们曾于7月31日按照出国手续，乘坐两辆汽车由鸭绿江桥驶过彼岸，入朝鲜的国境新义州。它的马路宽阔而清洁。男女多着白色服装，因为是夏天。我们游览各条街市，参观历史博物馆。馆中陈列着很多的中国古代名人书画和朝鲜的历史文化资料。是日，适逢他们在举行运动会，成千的青年男女，个个都雄赳赳，精神奕奕，在体育场大显身手。男女老幼带着欢欣的气色，结队成群向体育场进去。从被帝国主义统治的苦海里逃出来的他们，已和中国解放区人民一样，得着真正的自由幸福。他们在新民主主义的人民民主政权领导下，仅三年多的努力，已经获得有工作、有饭吃、有衣穿、有书读的幸福。这就是朝鲜人民政府的成功。我们于当天下午4点多钟再沿着原路过鸭绿江铁桥回国。

安东的市街不甚宽阔。街道两旁皆种树，林荫夹道。商店房屋有些新式建筑。沿江岸因恐江水涨，筑有水坝。市街背山面江，风景堪称幽雅。离市数十里处有大东沟，濒临黄海，为安东货物的出入港口。

安东有一个水丰发电厂，据说其规模不亚于小丰满。现为我国与朝鲜合用。

安东为东北柞蚕的产地。每年产量达100万亿个蚕茧。这里有两家柞丝厂，规模颇大。上海来此购买柞丝者甚多。柞蚕又谓野蚕，茧比家蚕大。唯色没家蚕那样白。它的养法是将蚕放在山上的柞树上，经几个月后，它就在柞树上结茧。柞蚕最怕的是鸟，故养柞蚕的人，须时时刻刻巡视以防鸟类之伤害。过去两年多，因国民党军队的摧残，把柞树砍伐做柴烧。现存柞树无多，按须两三年始能恢复过去的产量。

安东除柞丝厂外，尚有一家人造丝厂。它的设备每日可产出13吨。人造丝主要原料是白木叶，纸浆厂制造的纸浆亦是人造丝的原料。这个厂在国民党时代没有开工，故机件很多损坏。最重要的那种出丝的头，其价值很贵，给国民党的劫收官偷了一部分去，一部分为厂里的工友收起。现工友已将所收的自动献交给公家，全厂的员工正在积极赶工抢修，以期早日开工。

十五　辽阳白塔

8月1日离开安东，中午再经本溪车站。我们没有下车，就在车厢约20分钟，即转挂车头，下午4时到辽阳。

辽阳是关外名城，金辽时代曾建陪都于此。城濒太子河畔，城内建筑均为古老房屋。唯城外近火车站有几条宽阔马路，房屋亦是西式建筑，但已为战火所伤。车站附近有一个公园，里面有一很高的白塔。照它的碑志是“金正隆六年建立”并书“白塔计十三层高四十八丈五尺三”。这里中西医馆和药房很多。我们走过几条街，几乎每条街都有好几家医馆和药房。

十六　钢都鞍山

鞍山——就是久负盛名的中国钢都。鞍山钢铁厂周围10余里，分为熔铁、炼焦、炼钢各部。熔铁炉有9座，大的每日可熔铁700吨，小的400吨，每日共可熔铁5450吨。炼钢厂大小炉有22座，有的每天可炼钢150吨，有的炼100吨，每日共可炼4000吨左右。用炼出的钢制造各种东西，如火车的钢轨、造船的铁板、建筑桥梁的工字钢，以及各种钢条、钢板、圆铁、角铁、铁钉、铁管。另外还有炼焦的，并利用炼煤焦的油，提炼为原油和柏油。

鞍山市街全是新的建筑，马路都很宽阔，两边植树，林荫夹道。市内高楼大厦不少，日据时期这些大楼都是日本人才有权力居住，中国工人只有住那些破漏的房子。然而现在日本人走了，共产党来了，工人也就翻身了。“工人们一向住漏房的，现在是住楼房了。”这是一个工人所说的话。

在鞍山因为仅以参观钢铁厂为目的，故于参观钢铁厂以后，即于8月3日上午8时早餐后，乘车赴大连。因为路上在石河换车头，耽搁了两个多钟头，至晚9时半始到达大连。

十七　在大连所见

大连的火车站建筑得很壮丽，月台很清洁，灯光非常明亮，秩序也很好，没有高喊乱叫的嘈杂声音。车站的搬运工友们态度甚佳，看起来好像都是有经过教育训练的。

大连市街的马路都很宽阔、清洁。马路上除了电车汽车的声音外，没有其他嘈杂混乱的声响，在马路上行走的人也是很少的。初到这里的，谁也不会相信这个城市内有 30 多万的人口。但是再了解下去，就会使人们钦服和兴奋，那就是因为 30 多万人口中都没有赋闲的失业人物，所以就看不到闲散行人在街上溜达。如果要看出大连的人口，那是要在早上七八点钟、中午 12 点至下午 2 点、下午 5 点至晚上 7 点。这时电车的候车站，和路上来来往往的电车，常挤满了人，他们是在这些时候要去上工或散工的。

在大连市街，人力车早就没有了，三轮车也很少，几乎没有看到，主要的交通工具就是电车。电车的售票员和验票员大部分是女青年，电车的驾驶员也有 20 多位是女的。根据大连市毛市长说，电车女驾驶员的工作成绩比男驾驶员好，没有发生过意外的事件。这是值得钦佩的。就是因为女驾驶员谨慎，工作成绩表现得很好，所以正在继续训练新的女驾驶员。

大连虽然被日本占领了 41 年，市民受过长期的奴化教育，但解放 4 年已获得很好的改变了，现在乞丐、娼妓、舞娘、赌徒、扒手差不多没有了，街边也没有小贩，没有擦皮鞋的小孩子。上面那几种人，都经过教育改造，不认识字的都上夜学和识字班去了，没有工作技术的都送进工厂去学习了，大连已经做到人人有工作、有饭吃、有屋住、有衣穿、有书读了。

大连对消灭文盲的工作做得很成功。我们去参观过工人之家、文化宫、文化馆、文化站、夜学识字班，不论是中小学的教员，或街坊的工作干部、商店的员工、家庭的妇女，大家都按照自己的需要，自动地去参加学习。每一个工厂都有一个文化俱乐部，每一区都有一个文化宫，每一个坊都有一个文化馆，每一条街都有一个文化站。文化宫文化馆里面，都设有戏剧、音乐、秧歌、图书、夜学，任市民去学习研究和娱乐。大连市共分 5 个区，区以下设坊，坊以下设间，全市有 643 处的识字班。

十八　大连工业及其他建设

大连的工业也是很有可观的，比较大的如造船厂、造火车头厂、玻璃厂、化学厂。造火车头厂，为我国最大的，现在每星期可造出两个全新的火车头。造船厂的规模也颇大，有两个船渠，可修理万吨以上的船，亦可建造万吨的新船，厂内工人七八千人，除总厂长和总工程师是苏联朋友担任的，其余各厂长及技术人才都由厂内旧人员训练提升起来。当日本占领时期，中国人除了做工以外，稍显重要技术部门就不准中国人走近，所以中国人在日据时期只有一辈子当工人，永远没有升任重要职务的机会。日本投降后，由于苏联朋友的管理，给工人们以技术训练和文化教育，提高了中国工人的知识、技术，如在厂里设立技术研究和行政管理的组织，由工人中训练出人才。现在厂中很多行政干部和技术干员，就是从厂内的工人中训练出来的。他们都由工人集体评议产生，被评议选出来的人，平时必然是虚心学习、努力生产，不骄傲、不取巧，在群众中能起带头作用的，因此大家就拥护他、选举他，这也就是工厂中的民主方式。因为发扬这民主作风，就连工作也用民主的方式评议。他们热烈地展开了工作竞赛，竞争创造新纪录，在各工作场的黑板牌上，不断地表扬着工人的工作纪录，工友们为了希望自己的名时常列在记功牌上，大家都提高生产积极性。除了每日的记录，还有每星期的列榜，到了月底就把成绩最优的相片连同他一个月来学习精神的表现，经小组的公道评议的意见，都写出来贴在厂里的功臣牌上。这样使每个工作干部和工友都热烈地竞赛。由于这种竞赛，生产计划常常提前完成任务。大连的造船厂，现在正在赶造小型的如500吨和1000吨的汽船。500吨的照旧法用钉，一只船须费一两个月才能造好，现在改良用电焊，仅三四天就可造出一只。

我们在这个船厂参观，从上午10时起至下午2时半才回招待所，承该厂的总厂长及总工程师的好意，留请午餐，酒菜都很丰富，席间详谈厂中的各种工作情形，他们都很诚意地表示，希望很快把中国的工人兄弟训练好，使我们能自己掌握着很好的工作，他们就可回到他们的祖国去为自己祖国服务。席间，大家谈至最高兴的时候，又互相举杯共祝中苏两国的人民领袖毛泽东主席和斯大林大元帅的健康。

大连的玻璃工厂每日能出厚薄玻璃2万平方米，为我国最大玻璃工厂。它的生产竞赛方法，和造船厂一样，也是由工作小组用民主评议方式，在黑板上列名表扬，至月底再将成绩最优者的相片贴在功臣牌上。据该厂负责人说，他们全年的生产预算，可能在9月底完成任务。

大连大学设备很好，尤其工学院附设多个工厂，供学生实习，并有科学研究所。医学院附设医院，同时亦有医学研究所，设备都很完善。教法与中国医科大学及东北大学略同，注重小组学习。

东北资源馆设在大连，分为矿物馆、工业馆、农业馆。矿物馆陈列东北各地的煤、铁、金、银、铜、铝、石油、洋灰石。工业馆陈列东北各地的工业成品、工业原料、工厂设备模型，以及工业机器等有关工业生产的一切东西。农业馆陈列豆、麦、米、高粱、苞谷、小米、棉花、柞蚕等，并将各种农产品的移种、改良种子、种植方法、收成质量的比较，以及其他有关农业的样本，分别陈列。森林馆陈列各种木材以及用木材做原料的工业成品，如纸和人造丝等。

大连的码头也建筑得很好。码头分为三层，两层是供搭客起落船的，底层是货舱。码头上起重机设备很完备，已是机械化了。日据时期所有管理员都是日本人，现在由苏联朋友的帮助和指导，而由中国人自己去管理。他们不仅时常到干部学校来指导我们，更为我们办了专门技术学校，培养新的人才。

大连的工业展览会规模颇大，会场内分作好几个馆，各种工业成品和工业原料的样品都集合来，电车厂也在展览会场内安装铁轨，特造一小型的电车在场内行驶，一面做展览品，一面供参观的客人乘坐在场内游玩。展览会场的布置，发动了很多的青年学生、工人、妇女参加义务劳动，如布置、开路、平地、伐木、植树等工作。

十九　到旅顺去

8月7日上午9时，毛市长陪我们乘坐汽车去旅顺，10时30分就到达旅顺市。由大连到旅顺的公路都是柏油路，路面很好，这是我们到东北以来首次坐长途汽车的旅行，沿着公路的风景极其幽雅。

旅顺市在辽东半岛的尖端，四面有高山环抱着，外控黄海与渤海之间的渤海海峡，握华北东北海港的锁钥，是天然的军港。

旅顺的市街不像大连那样宽大，唯地方也很干净，社会秩序与大连相同，街边没有闲散游民，没有小贩。

旅顺市的孔市长是一位年轻的中共党员，听他讲述旅顺市近年的工作过程和未来的工作计划，甚有条理。东方历史博物馆设立在旅顺市，里面陈列的是古代佛像，以及古代中国遗留下来的文物。白玉山上有一很高的纪念碑，这是日俄战争后日本人建筑的，高约200尺，到最上层，可瞭望旅顺港口的渤海海峡诸小岛。

旅顺海港苏军的正副警备司令，知道我们到旅观光，都来陪我们参观。这样殷勤诚恳的友情，给我们留下深深的印象。

在没有到过旅大的，总以为旅大一定是一个很特殊的地区，其实到了旅大后，一点也不会感到特殊。所有的行政机关，维持地方社会治安的警察、警官，完全是中国人。

我们自3日到达大连至10日离开，在旅大地区逗留了8天，所接触看到的都很满意，很值得留恋。

二十　由沈阳回京

8 月 10 日夜晚回到沈阳。因与来接车的市府周秘书和招待所的李主任、潘科长诸先生欢谈，同行的黄薇先生的一件小皮箱忘记拿下来，及至到达招待所休息吃饭后，临睡已将近半夜了，黄先生才发觉她的小皮箱没有。随即打电话通知火车站，但那一列车已北上哈尔滨了，后来由沈阳车站通知哈尔滨车站，至第二日的午后列车到哈市时，才接到电话通知黄先生的皮箱还在车上。黄先生的皮箱没有锁，皮箱内还有现款和衣服，在这样远途和长时间中，能物归原主，而现款一分也不失，这说明解放区“路不拾遗”的事实。沈阳的三轮车，当我们初到的时候，肮脏秽陋，殊碍观瞻，曾向朱市长建议，加以管理，务使车辆整洁。这次由大连返沈阳，即见全市三轮车已一改旧观，每辆车已刷洗一新，车帆坐垫亦已盖布及洗得干净，这证明政府对于该做而做得到的事，只要有人肯提供意见，就虚心接受，努力实行。

我们原定 8 月 12 日就要回北京，但因为数日来狂风暴雨，山洪海涨，把北宁铁路的桥梁冲毁，以致北宁铁路断绝通车，路基淹没数日，无法修路，及至洪潮稍退，铁路局乃全体动员抢修，至 8 月 28 日始复通车，唯铁路两旁由黑山大虎山起，至天津全程，尚如汪洋大海，田园全被淹没，灾情惨重，损失非常大。

8 月 30 日午后 3 时再回到北京，仍旧住北京饭店。此行离开北京两个多月，而北京的一切情形更进步了。大前门的摊贩整理好了，摊贩都集中到一个地方去了，天安门前的人民大广场开始改造了。数万青年学生、工人、妇女，发动义务劳动，开展竞赛，争取一个月内把广场上的瓦砾、土堆、树木、电杆、废物、颓墙清扫干净，成为一个可供 30 万人集会的平坦的人民大广场。

（节选自陈嘉庚著《新中国观感集》，新加坡怡和轩俱乐部、新加坡陈嘉庚基金、中国厦门集美陈嘉庚研究会内部资料，2004 年。原标题为《沿途日记》）

进入解放区　迎接新中国

夏　衍*

1949 年 5 月 6 日，潘汉年、许涤新、我和沈宁一行四人，从香港搭乘一条挂巴拿马旗的货轮到了塘沽。到码头来接我们的是冯弦同志，他和汉年很熟，我和涤新则是初次见面。在海员俱乐部吃了饭，在一家招待所住了一夜，次日就乘火车赶回北平。平津解放还不过几个月，天津街头还是那副败落的样子，但是随处都可以看到庆祝“五一”劳动节的标语，也不时能听到《解放区的天》和《团结就是力量》的歌声。傍晚到了弓弦胡同 15 号李克农同志的住处。克农和我自 1941 年初在桂林分手，一转眼已经八年多了，相见甚欢，不知有多少话要说。刚坐定，克农就叫人来给我们拍照，他说：“我们

* 夏　衍：时任中共中央华南分局委员、香港工委书记，人民政协第一届全体会议代表；后曾任文化部副部长，中国文联副主席，全国政协常委。

这些人大难不死，居然在皇帝老爷所住的北平见面了，应该摄影留念。”晚上，他设宴为我们洗尘。自从离开香港，我们就听不到时局的消息，所以一到弓弦胡同，就先向克农要当天的报纸。一个“小鬼”拿来一个报夹子，又偏偏没有6日和7日的报纸，好容易才从克农口中知道了“三野”已在5月3日解放了杭州的消息。克农是酒豪，拿出一瓶据说是美国人送给他的陈年威士忌来殷勤劝酒，但我们三个人都不会喝酒，结果是他自斟自饮。谈了不久前刚从香港回到解放区的民主人士——李济深、黄炎培、郭沫若等人的情况，和与国民党谈判的花絮，他忽然想起似的指着我说，你的“老部下”金山在这次谈判中立了功，详细的情形让他向你们谈吧。久别重逢，话是讲不完的，这顿饭吃到11点钟才散，最后他说，前几天陈毅来电，解放上海的战役已经开始，你们在北平的日子不会太久，从明天起，你们就别想休息，今晚好好睡一觉吧。

我是平生第一次到解放区，什么“规矩”都不懂，如需要衣物和零花钱可以向后勤部去领，住旅馆、叫汽车可以不必付钱，一切都由“公家”供给，等等，好在潘汉年是老手，所以向组织部报到，向中央汇报香港情况之类的事，都由汉年去安排。我只请李克农给我和廖承志通了一个电话，想让沈宁寄住在他家里，以便我轻装南下，承志很高兴地同意了。

第二天，我们就住进了北京饭店三楼（现在的中楼），记得潘汉年住的是303号。

正如克农预料，这之后的日子果然忙得不可开交。为公，我们南下之前，必须接受中央领导同志的指示；为私，我们三个人都想和阔别多年的朋友们见见面，叙叙旧情，和了解一下他们的现在和将来的工作。前者一切都由汉年去联系，过了一天，汉年就初步拟定了一个日程，他说，毛主席、刘少奇、朱德同志都在香山，工作极忙，所以接见的日期要挤时间，由中央办公厅决定后临时通知。恩来同志则在城里，明后天就可能约见，所以还有一天我们可以自由活动。吃了早饭，我和汉年先到中央组织部，简单谈了一些香港的情况，然后又一起到了弓弦胡同，我急于想知道几位熟朋友的地址，以便抽空去拜访，克农就要秘书给我抄了一张郑振铎、周扬、袁牧之、金山、萨空了等人的住处和电话号码的单子。我问他钱杏邨现在哪里，他说钱被黄克诚留住在天津，但他本人很想回南方工作，假如你想见他，我打个电话要他来看你就是了。当天下午我到前能寺 16 号去找周扬，我和他 1946 年在上海分手之后，也已经三年不见了，要谈的事很多，记得那天谈的主要是当时还在大后方和香港的文艺工作者的情况，因为恩来同志已经决定，要尽快召开一次全国文艺工作者的会师会议（即后来在 7 月间召开的第一次文代大会），所以他要我开一张能出席这次会议的大后方文艺工作者的名单。话还没有谈完，汉年就派车来接我，说晚上朱德同志约我们吃饭。

回到北京饭店，朱老总已经在 303 号和汉年、克农、涤新聊天。这是我第一次见到这位被斯诺、史沫特莱描写成传奇性人物的将军，这一天他穿着一身深色粗呢中山装，热情地站起来，像见到老朋友似的和我握手，第一句话是："早知道你的名字了，不容易啊，你们这些文化人。"我仔细端详着他，平易纯朴，真不像是一位叱咤风云、指挥百万大军的大将！已经是六十开外的人了（记得 1947 年冬，我曾在《华商报》写过一篇《祝福您，朱总司令》的祝寿文章），但显得意外的壮健、年轻。他请我们吃了一顿很好的，并不比香港差的西餐。饭后喝咖啡的时候，李克农还讲了一个笑话，说国共谈判的时候，张治中将军请共方工作人员吃西餐，饭后他问一个通讯员好不好吃？回答是西餐很好，只是最后的一杯“药”（咖啡）实在太苦。朱德同志哈哈大笑，对服务员说：我们这些人不怕苦，再来一杯苦药。

金山、袁牧之相继来访。金山谈了许多国共谈判中的花絮，及1946年接管“满映”的经过。牧之则告我钱杏邨已从天津到京，并已约好次日上午来访。

11日晚，恩来同志约我们三人到设在后圆恩寺胡同的华北局见面，由汉年报告了三年来在香港的工作，主要是各民主党派在香港召开代表会议的经过，其中有一段是李济深先生离港时的惊险情景。恩来同志对接管上海工作作了很具体的指示，并告诉我们，中央决定潘汉年任上海市常务副市长，分管政法、统战工作，许涤新协助曾山同志接管财经，我则任市委常委兼文化局长，负责接管文教系统的工作。谈到近11点，恩来同志用他的车子送我们回北京饭店，路上，他忽然想起似的说：前两天邵力子和他谈起钱昌照的事，问我钱是否还在香港。我回答，我和钱谈过两次，资源委员会的物资和技术人员他已作了安排，我离港后由乔冠华和他保持联系。恩来同志说这是一件大事，明天就电告乔冠华请钱早日回来。

12日一早，钱杏邨来访。我于1937年冬离开上海，已和他阔别12年了，他先在上海办书店、编杂志、写剧本，太平洋战争后他到了苏中抗日根据地，后来又随军到了苏北、山东，解放战争时期他又从威海卫到了大连，1949年东北解放后他才拖儿带女到了天津。经过这一段艰苦的战时生活，他还是精神抖擞，健谈如昔，但是他一再说，老了，手脚不轻便了。其实，他和我同年，这一年都是49岁。当然，他在战地跋涉了八九年，备历艰辛，所以我说，你身体上受折磨，可是思想上的收获可比我大得多了。他不忘故人，居然还送给我一本广州出版的我翻译的石川达三的《未死的兵》，和一本桂林出版的《愁城记》，他说这是在大连和天津的旧书铺里找到的。接着，金山、袁牧之来，我们一起到东单的一家小馆子里吃了午饭。下午，接到通知，中央负责同志将在香山接见我们，要我们晚8点以前到香山某一别墅，记得陪同我们去的是王拓同志。

晚10时，毛主席单独接见了我们，主要是听取潘汉年关于香港工作的汇报，当时，正是英国“紫石英号”在南京肇事之后，所以他问起港英当局对我们的态度，我们回答，在国共和谈破裂之前，港英当局还怀有一种“划江而治”的幻想，所以他们千方百计地想把李任潮留在香港；后来我军胜利渡江，南京解放，他们的态度有了一些改变，我们公开举行庆祝解放南京的酒会，他们也没有干涉，还让一些“太平绅士”参加了我们的酒会。至于“紫石英号”事件，发生在我们离开香港之后，所以这之后他们的态度有没有改变，我们就不知道了。毛主席笑着说，英国人比美国人老练，看来他们是会留有余地，不会把棋走死的。我们请他指示接管上海的方针政策，他说总的方针，中央已给陈、饶发了电报，重要的一点是尽可能完好地保存这个工业城市，不要让国民党实行焦土政策，至于具体做法，可以按恩来同志给你们的指示办理。谈了大约一个半小时，最后对我说，关于文化方面的事，少奇同志最近去天津视察了一下，有些要注意的事，他会具体地和你们交代的。毛主席情绪很好，一直面带笑容，在潘汉年作汇报时，他有几次很风趣的插话，使我有点感到意外的是他也把汉年叫作“小开”。

原先决定在香山住一天，等少奇同志接见，可是第二天一早就接到通知，说恩来同志决定当天晚上在中南海开会，我们三个人都要参加，所以吃了早饭就赶回北京饭店。恩来同志约定的时间是晚上 9 点，所以我抽空就到护国寺附近的麻花胡同去找廖承志，见到了何香凝先生、经普椿和李湄。沈宁在香港时和李湄同在培侨中学念书，亲如姊妹，所以把她寄托在廖家，生活、上学等等，一切都请“肥仔”全权处理。

晚 8 时，和汉年、涤新一起到了中南海，是勤政殿还是别的什么殿，我已经记不清楚了，反正这是平生第一次到了皇帝住过的地方，茅盾、萨空了、胡愈之已经先到，接着周扬、袁牧之、钱杏邨、郑振铎相继到达，大家都是熟人，只有沙可夫是第一次见面。大多数人都是久别重逢，而且，除许涤新是经济学家之外，都长期从事文艺、新闻工作，所以对新中国成立后的文化事业，各有自己的抱负和设想，大家谈得十分高兴，忘记了时间的流逝，直到恩来同志打电话来通知，说他正在和几位民主人士谈话，可能还要一个小时才能到会，要我们暂时等待，这时看了一下表，才知道已经近 10 点了。这是一次难得的聚会，每个人都有许多话要说，都有许多事想问，所以尽管劳累了一天，谁都希望有这样一个交换意见的机会。恩来同志大约快 12 点钟才赶到会场，他先向大家道歉，说他迟到了两个小时，然后开门见山地说，今天约大家来，是想对几个急需解决的问题听听各位的意见，第一是新政治协商会议即将召开，中央决定要在政协开会之前，开一个文艺界的代表大会，目的是解放区的和大后方的文艺界会师，加强团结；第二是今后的新闻工作问题，特别是新解放区的办报方针，和如何对待民办报纸的问题；第三是上海即将解放，汉年等人很快就要南下，想听听大家对解放后上海文化工作的意见，因为上海是最大的文化中心，情况又比较复杂，今天在座的又都长期在上海工作过，所以希望大家对这项工作提点看法和意见。

对第一个问题，周扬、沙可夫先报告了对文代会的筹备经过，我也把周扬要我开的一张当时还在香港、上海和西南一带的文艺家名单交给了恩来同志。茅盾、振铎相继发言，谈的都是文学方面的事，钱杏邨作了补充，谈了戏剧和民间文艺的情况。然后恩来同志讲话，大意是说，这次文代会是会师大会、团结大会，团结的面要宽，越宽越好，要团结一切可以团结的人，不单解放区文艺工作者和大后方文艺工作者要团结，对于过去不问政治的人要团结，甚至反对过我们的人也要团结，只要他们现在不反共、不反苏，都要团结他们，不要歧视他们，更不该敌视他们，假如简又文、王平陵还不走，也要争取他们，团结的总方针是凡是愿意留下来的，爱国的、愿意为新中国工作的人，都要团结，都要争取，这是一个“闻道有先后”的问题。今天在座的都是新文艺工作者，新文艺工作者有责任团结旧文艺工作者，可以肯定地讲，旧文艺工作者（一般所说的旧艺人）在数量上比新文艺工作者多，在和群众联系这一点上，也比新文艺工作者更宽广、更密切。当然，新文艺工作者内部，也还有消除隔阂、加强团结的问题。最后，恩来同志说，这不是我个人的意见，而是党中央的决策，少奇同志不止一次和我谈过，要花大气力团结旧艺人的问题，特别是京剧和地方戏艺人的问题。（1978 年文化部退回给我的文物和我的笔记本中，居然还找到了一本当时的札记本，以上恩来同志的指示，是确切无误的。）

谈完第一个问题，已经是午夜 1 点钟了，暂时休息，吃了消夜，然后谈新闻工作的问题。恩来同志请胡愈之、萨空了坐在他的身边，以亲切的口吻说，我们过去在山沟里办报，读者对象主要是工农兵和干部，入城之后，情况就不同了，特别是像北平、上海、武汉、广州这些大城市，为此，要请你们这几位办报有经验的人给我们出主意，提意见。按解放前那样办当然不行，办成解放区那样，读者也会不习惯，达不到教育、宣传的目的。此外，还有一个民办报纸的问题，像《大公报》《申报》《新闻报》《新民报》，以及党领导的外围报纸，这是一个相当复杂、政策性很强的问题，我们初步的意见是北平、上海这样的地方，还可以保留几家民营报纸，具体办法，想听听你们的意见。国民党的党报，当然要接管改造，但是从业人员，还是要分别不同情况，妥善处理，这个问题要特别慎重，不能鲁莽从事。愈之、空了和我都谈了一些想法，大家一致同意恩来同志的指示。

谈到第三个问题，已经是凌晨 2 点钟了，恩来同志建议休息 15 分钟，到外面去散散步。前一天下了一场雨，中南海的空气，特别凉爽，恩来同志对我说，抗战前你在上海工作了 10 年，这之后一直在蒋管区，熟悉大后方情况，所以中央决定派你到上海去主管文教工作，全国解放后，你有什么打算？我想了一下说，我在大学学的是电工，还是让我回本行吧。他摇了摇头，笑着说，不行了吧，丢了 20 多年，学过的东西都忘了吧。我争辩说，落后了，可是和全外行比起来，总还可以……他说当然也可以考虑，但是我看你还是搞文化、新闻界的统战工作为好。回到会议厅，接着谈上海解放后文化——主要是文艺方面的问题，恩来同志先让潘汉年讲上海的一般情况，和我们在香港时对这一工作的设想和布置，例如党内通过刘长胜，党外通过张骏祥，让地下党和进步文化界安排的“应变”措施等等，我作了一些补充，振铎谈了必须大力保护博物馆和图书馆的问题。时间已经不早了，来不及详细讨论，我记得恩来同志作结论时只讲了以下几个问题：一是总的方针一定要严格按照七届二中全会的决议办事，一定要谦虚谨慎，要学会我们不懂的事情，对文化教育等等方面，上海是半壁江山，那里有许许多多学者专家，还有许许多多全国闻名的艺术家、名演员，所以要尊重他们，听取他们的意见。他问杏邨和我，梅兰芳、周信芳、袁雪芬……是不是都在上海，你们到了上海之后，一定要一一登门拜访，千万不要随便叫他们到机关来谈话，他们在群众中的影响，要比你们新文艺工作者大得多。二是除旧政权的“留用人员”外，各大学、科学单位、图书馆、博物馆等等的工作人员，除极个别的反共分子外，一律让他们继续工作，维持原职原薪，这样做可能有人反对，但一定要事先做好思想工作。三是对一切接管机关，必须先作调查研究，摸清情况，等大局稳定下来之后，再提改组和改造的问题，请你们把这个意思告诉留在上海的地下党同志和进步民主人士，他们在沦陷时期吃了苦，受了委屈，但解放后千万要以大局为重，不要计较个人恩怨，总的一句话是要团结，要安定。讲完了这三个问题之后，他站起来走到振铎身边，对他说，对于保护文物和古籍问题，今天来不及讨论了，请汉年同志掌握，我相信陈毅同志是会妥善处理的，等政局稳定了之后，你可以到上海去看看，出点主意。

散会之后，回到北京饭店，已经快天亮了，刚睡下不到几个小时，金山闯进门来把我叫醒，说他已经约好了几位戏剧界的朋友，同到中山公园的一家餐馆去一叙，这当然是不能推却的。可是当我穿衣洗脸的时候，钱杏邨也来了，他说你好容易到了北平，不久就要走了，总得到琉璃厂去看看，当时我对书画、碑帖之类完全不懂，也没有兴趣，就把他拉在一起，到中山公园去喝茶，闲聊了一阵。

少奇同志在什么地方接见我们，我已经记不清了，谈的时间不长，主要谈的是政法、经济方面的事情。我记得他问潘汉年，青红帮会不会像1927年那样捣乱。潘回答说，他和杜月笙的儿子杜维屏有联系。1948年在香港，汉年和我还去看访过杜月笙，我们离开香港之前，杜月笙曾向我们作了保证，一定安分守己。又说，据他了解，黄金荣那帮人也不会闹事。少奇同志要潘汉年告诉陈毅、饶漱石，先不动他们，观察一个时期再说。临别的时候，少奇同志忽然想起似的对我说，他对天津解放后禁了一批旧戏很有意见。他说，对京戏和地方戏，先不禁，禁了戏大批旧艺人就会失业，就会闹事。旧戏宣传封建迷信，但我们也不怕，它宣传了几百年，结果还是共产党得了天下，戏剧要改革是肯定的，但不要急，你们要抓大事，这些事可以放一放，等天下平定了再说。

（节选自夏衍著《懒寻旧梦录》，中华书局2016年版。原标题为《迎接新中国的诞生》）

我北上解放区参加新政协的经过

林一元 *

1948 年 8 月下旬，我在广州摆脱国民党反动派的追捕，脱险来港，即往蔡廷锴寓所，向蔡老汇报广州工作和脱险经过。一周后某日，蔡老约我到他的青山别墅晤谈（由蔡老长子——蔡绍昌开车，到达后蔡老即吩咐绍昌原车返港寓，第二天再来接。这是因为当时香港情况复杂，国民党特务又和港府密探有所勾结，一切行动必须慎重和保密的缘故）。蔡老告诉我中共“五一”号召发表后的新形势，使我异常振奋，大有胜利在望、屈指可期的喜悦。蔡老又说，中共中央邀请各民主人士前往东北解放区商议筹备召开新政协的决定，还说可能要逗留四五年时间（这是根据毛主席估计解放战争可

* 林一元：时任民促中央理事会理事，新政协筹备会第五小组秘书，人民政协第一届全体会议代表；后曾任政务院参事，全国政协委员，民革中央常委。

能要打五年的提法），问我是否愿意前往，家庭有什么顾虑没有。我当即坚决表示愿意同去，并说家人全部在罗定原籍，大致不会有什么问题。事后蔡老便请在港的华南分局领导同志转报中共中央给我以他的秘书的名义，随同他一起前赴东北解放区，参加开国第一个重要会议的筹备事宜。当晚杀鸡为黍，举杯共祝新曙光的降临。

1948 年 8 月，中共中央派钱之光同志等在东北雇苏联船“波尔塔瓦号”南下香港迎接各民主党派、民主人士前往东北解放区，商议筹备新政协问题。听说原议尽可能全部民主人士都乘该轮北上，适值冯玉祥在黑海遇难事件发生，仓促间遇难真相未明；加以轮船须经台湾海峡，该轮南下时已遭到国民党海空军的监视，为策万全起见，才决定分批北上。第一批乘该轮的有沈钧儒、谭平山、章伯钧、蔡廷锴和经中共中央批准的以蔡老秘书名义随行的我。登轮北行前，中共方面都作了周密的安排，对于上船要经过的路线、经过的地段、从哪条路走、经过哪些街道、遇上情况如何应付等，都事先作好调查研究和缜密的布置。9 月 12 日黄昏时候，先到香港湾仔谭大度同志家里（邻近海边），我们都化装成商人，然后乘小轮直驶浮泊海上的“波尔塔瓦号”，登轮后各人手里都持有货物单据作为货商的掩护。中共方面同行的还有章汉夫、李嘉人、祝华等同志。13 日晨，轮船起锚启程，当行经台湾海峡时，忽遇大风，风急浪涌，船行缓慢，迄 9 月 27 日才到达北朝鲜的罗津港泊岸登陆。中共中央派李富春等同志到码头迎接，相见甚欢。登岸后稍事休息，即乘火车渡过图们江，当晚在图们休息，次日早改乘火车跨过牡丹江直达哈尔滨市。在中共东北局所在地的南岗会见高岗、高崇民两同志，彼此热烈问好，大有离巢别燕、久别归来的滋味。旋被安排在东北局招待所马迭尔旅馆住宿。周秋野同志任该所主任，招待周到，使游子有归家之感。数日后，从欧洲经苏联回国的朱学范亦抵达哈尔滨，也被安排在招待所。我们住所期间，东北局的领导同志高岗、李富春、蔡畅、李立三等经常来访或共膳，对当前国内外形势和党的政策多有所介绍和阐释，记得还发每人一本东北版的《毛选》。党对我们的关怀和循循善诱，使我们逐步提高了认识，对新民主主义的性质和任务有较深刻的理解。

10月21日和23日东北局的领导同志高岗、李富春、高崇民等代表中共中央与到达哈尔滨的沈钧儒、谭平山、蔡廷锴、章伯钧、朱学范（林一元列席）会谈中共中央关于召开新政协的章程草案的初步意见。30日，再将哈尔滨的补充意见转告在港的李济深以及民盟和其他党派负责人。经过反复协商，11月25日取得了一致意见。

由于解放战争发展迅速，捷报频传，继锦州大捷之后，沈阳、长春亦相继解放。由香港北上的第二批民主人士郭沫若、马叙伦、彭泽民、丘哲、许广平母子（周海婴）、陈其尤、沙千里、沈志远、曹孟君、邓初民、洪深、侯外庐、孙起孟等由安东登陆，直入沈阳，于是已到达哈尔滨的民主人士便于12月19日乘火车到沈阳会合，被安排在铁路宾馆（即前大和旅馆）。1948年除夕，铁路宾馆举行了大型的联欢晚会，张闻天同志作了《打倒三大敌人》的重要报告，给我们很大的启发和教育，加强了革命必胜的信心。晚会是多姿多彩的，唱歌、跳舞、扭秧歌，应有尽有，各适其适；欢乐的人们，在欢乐的海洋中守岁，子夜后才陆续归寝。

1949年1月2日沈钧儒老先生犹似余兴未阑，对我说：“在这个难得大家住在一起而又有空闲时间的机会，你大可请一些同志写字、吟首诗或什么的，不是很有意义吗？”沈老还说，他带有一张宣纸，可分给我半张。在沈老的教导下，我便先请他老人家带个头，沈老爽快地答应了，接着我再请郭沫若、马叙伦、丘哲、彭泽民、邓初民、茅盾、洪深、沙千里、侯外庐等10位都留了墨宝。在沈衡老送给我而现在挂在家里墙壁上的那半张宣纸上，沈老写的是七言绝句：“一串秧歌扭上楼，神灯枉为日皇留。光明自有擎天炬，照耀千秋与五洲。”还附说明：“1948年除夕，纵酒狂欢，既睡，枕上得三句，不能续，翌晨写示沫若先生，请续成之。”郭老写的是在安东登陆时作的诗句：“烟筒林立望安东，畅浴温泉跨五龙。东北人民新汗血，化将地狱作天宫。”丘老写的是旧作《和马夷老（叙伦）送蔡贤初将军北行》诗：“榕城义举倏时间，革命心情未日闲。促进党人齐奋力，先来勒马看天山。”彭泽老写的是北上时的感怀诗句：“廿载空有还乡梦，此日公车入国门。异域尽教多蔓草，不能依旧系王孙。”是政治家也是文学大师的茅盾先生写的是“为人民服务者拜人民为老师”的警句。邓初老写的是集吕新吾句四句：“大事难事看担当，顺境逆境看胸度，临喜临怒看涵养，群行群止看识见。”其余马、洪、沙、侯四老尽多佳句，不一一录出了。今十老多数作古，但缅怀往昔情景，犹历历在目，我亦八十衰翁，仰观留存手泽，当知革命胜利来之不易，一息尚存，此志岂容少懈，聊以自勉并与同志们共勉之。

在沈阳期间，还得到东北局同志的关怀照顾，多次安排我们参观访问，到过吉林、长春、丰满水电站、抚顺煤矿，以及沈阳故宫、东陵、北陵等地，使我们对祖国的锦绣河山，特别是东北地区的丰富资源有了进一步的了解。

1949年1月7日，由香港启程的第三批民主人士李济深、朱蕴山、梅龚彬、李民欣、吴茂荪、柳亚子、马寅初、翦伯赞、章乃器、施复亮等取道大连，到达东北，直入沈阳。至此，从香港运送民主人士的大功告成。数日后，东北局召开全体干部大会，介绍到达东北的民主人士与群众见面，李济深、沈钧儒、郭沫若、马叙伦、茅盾、谭平山、蔡廷锴、章伯钧、曹孟君等先后在大会上发了言，一致表示拥护中国共产党的领导，学习解放军和解放区人民的奋斗精神。1 月 14 日毛主席发表《关于时局的声明》，提出以八项条件为和平谈判的基础。已到达东北解放区的各方面民主人士 55 人于 22 日发表了《我们对于时局的意见》，坚决支持和热烈拥护毛主席的《声明》。在签名的 55 人中，有民促成员蔡廷锴、李民欣、林一元 3 人。1 月底，天津解放，接着北平和平解放，这时已到达东北解放区的民主人士共 37 人，在林伯渠同志的陪同下，于 2 月 22 日乘专车入关，到达北平，受到北平军管会主任叶剑英到车站迎接的殊遇，给了我们很大的鼓舞，旋被安排在北京饭店居住。不久，毛泽东主席和中共中央其他负责同志亦先后到达北平，这时民促、民革、民联的中央理事亦先后迁来北平（民促中央理事有蒋光鼐、陈此生、秦元邦、司马文森、谭冬菁、李子诵等）。在这一时期，中共中央多次组织了报告会和专题演讲会，记得有周恩来、陈云、邓小平、邓颖超、薄一波、李维汉、胡乔木、陈毅等中央领导同志作的报告；有钱正英的治理黄河、廖鲁言的解放区土改、钱俊瑞的解放区教育、解放军某女连长的游击区女战士的战斗故事等专题讲话，都给了我们很深刻的印象和教育。

1949 年 4 月，以张治中为首的南京政府和平谈判代表团到达北平与以周恩来为首的中共谈判代表团进行谈判，由于南京政府缺乏诚意，拒绝接受八项和平条件，谈判陷于失败，张治中等全体代表亦自愿留在北平，参加新政协工作。

新政协筹备会地点在北平，其中民促推出蔡廷锴、蒋光鼐（蒋未到平前，由秦元邦代）、陈此生、李民欣为代表。我被安排在第五组任秘书，兼负责大会与民革、民促、民联三单位的联系工作。筹备会开始即住进中南海，参与日常办公，直至正式大会闭幕才迁回北京饭店。

在中南海办公期间有两件事使我终生难忘。第一件是在筹备会开幕期间的一次中间休息，我站在签到处，毛主席休息时步出大门看到我，便问我的姓名，我答我叫林一元。毛主席很快就说："啊，你是民促的。"我说，是的。心里总想：毛主席日理万机，接触过的人物，何止盈千上万，我不过一个普通的小人物，当时也只是一个一般的工作人员，但一说出姓名，他很快就指出我的政治面貌，这样强的记忆力和平时对干部、对民主党派的关怀，怎能不令人惊叹而又佩服呢！第二件是，在中南海的一次干部晚会上，大伙在跳交谊舞，我坐得离毛主席坐处不太远，他看到我便起来把我拉着和他一起坐在梳化椅上，极其和蔼而又慈祥地问我过去的经历，我简略地把从参加北伐战争起一直到从事民主运动的历程向他老人家汇报，当谈到1927年参加南昌起义进入广东潮汕失败的经过时，毛主席便指出：当时的起义部队应该首先在江西建立根据地嘛，为什么急急忙忙进军潮汕呢，这不是给了敌人以逸待劳的机会，起义部队结果失败了。谈到十九路军在福建组织人民政府很快失败的经过时，毛主席问我的意见怎样。我说：福建人民政府仓促成立，当时只有高层领导人之间的商量决定，广大官兵都不了解是怎么一回事，更不用说人民群众了；加上军官内有部分人又受了蒋介石的收买，发生了内部叛变，因而没有经过什么重大战斗，部队很快就瓦解了。毛主席说，根本的原因，恐怕是没有充分发动群众，革命没有群众作基础怎么行！毛主席接着说：当时我们党是“左”倾机会主义占统治地位，没有很好支援十九路军，也是你们很快失败的原因之一，否则，十九路军就不会那么快瓦解，革命的形势也将完全不同了。最后，我回顾了历史说：过去各方面反对蒋介石的斗争，都先后失败了，只有今天，在您老人家领导下的新民主主义革命才取得了伟大的胜利，您的教导是历史的总结啊！毛主席很诚恳地说：革命是要大家来的嘛。

新政协筹备会各项工作，经过近三个月的紧张劳动才告完成。1949 年 9 月 17 日召开筹备会第二次全体会议，通过各项工作的报告；确定正式会议于 9 月 21 日召开，定名为中国人民政治协商会议第一届全体会议。参加第一届全体会议民促代表八人，首席代表蔡廷锴，蒋光鼐、陈此生、李民欣、秦元邦、林一元、谭冬菁、司马文森为正式代表，李子诵为候补代表。全体会议进行了八天，民促首席代表蔡廷锴、代表蒋光鼐都在大会发了言。9 月 30 日，大会胜利闭幕。10 月 1 日下午 3 时，毛泽东主席率全体代表登上天安门，亲自按动电钮，五星红旗冉冉升起。毛主席向全国和全世界庄严宣告：中华人民共和国正式成立。

罗昌民　协助整理

（节选自石光树编《迎来曙光的盛会——新政治协商会议亲历记》，中国文史出版社 1987 年版。原标题为《艰辛的历程　甘果的回味——回忆中国国民党民主促进会历史上的几件事》）

中国农工民主党参加新政协的情况

严信民* 王一帆**

1945年抗日战争接近尾声时，国际国内形势反映到中国的政局，是推进国共合作，建设新的中国。因而到日本投降前后，有调处国共关系之举，产生了“双十协定”、国共停战协定和重庆政协会议的召开。但国民党根本不遵守国共停战协定和政协决议，并演变到发动全面内战，单独召开“国民大会”，国共谈判终于破裂。至此，全国人民在中国共产党的领导下，决定开展武装斗争，把革命进行到底。

1947年下半年，人民解放战争由战略防御转为战略进攻，国民

---

* 严信民：时任农工党中央执委，代季方参加新政协筹备会，人民政协第一届全体会议代表；后曾任国家民委参事室主任，农工党中央副主席，全国政协常委。

** 王一帆：时任农工党中央常委兼副秘书长，人民政协第一届全体会议候补代表；后曾任交通部公路总局副局长，全国政协常委。

党统治区的爱国民主运动蓬勃发展，国内形势产生了有利于革命的重大变化。中国共产党的一切决策，也都以此为依据。1948 年 4 月 30 日，中共中央在纪念“五一”劳动节口号中，提出召开政治协商会议，讨论成立民主联合政府。5 月 4 日，农工民主党发表声明，指斥国民党反动政府破坏政协决议，召开“行宪”国民大会和选举“总统”，呼吁“爱国人民一致奋起，彻底结束此祸国殃民之政权，以建立和平民主统一的联合政府”。5 月 5 日，农工民主党同各民主党派和无党派民主人士代表联合致电中共中央毛泽东主席，热烈响应“五一”号召。同时发出致国内外各报馆各团体并转全国同胞的通电，呼吁共同策进“五一”号召尽早实现。从 5 月 8 日起，农工民主党负责人章伯钧、彭泽民、丘哲、郭冠杰、李伯球等在香港同各方面的民主人士连续举行座谈会，认为新政协对于巩固和发展人民民主统一战线、动员广大人民的力量、促进革命胜利，具有重大的历史意义。6 月 16 日，农工民主党发表《对时局宣言》，指出中共中央的“五一”主张，“就是加速胜利有力的号召，亦即是建立各革命阶级的联盟、巩固和扩大爱国民主统一战线的必要步骤，是实现新中国的正确途径”。“本党全体同志，为促进人民民主政治协商会议之早日实现，为新中国的实现而奋斗。”

8 月 1 日，毛泽东主席复电响应“五一”号召的各民主党派和无党派民主人士，希望对召集会议的时机、地点、参加范围以及会议讨论的问题等，共同研讨。8 月初，中共中央派钱之光前往香港，同中共华南分局的负责人方方等一同安排接送在港的民主人士进入解放区，筹备新政协工作。当时，适冯玉祥从美回国参加新政协，船经黑海途中失事罹难，为慎重起见，接送在港人士共分四批，章伯钧第一批，彭泽民、丘哲第三批，先后抵达哈尔滨。严信民、韩兆鹗从内地抵达河北平山县李家庄。

1948 年秋冬，从各地陆续到达解放区的各民主党派负责人和无党派民主人士，一部分集中在东北的哈尔滨，一部分集中在河北平山县李家庄。当时，东北战场正转入总反攻，发动了辽沈战役，克锦州，占沈阳，东北全境解放。同时由于民主人士的到达，人民民主统一战线的旗帜插到东北，又实现了政治总反攻。这都是中国共产党有计划的英明安排，不是偶然的巧合。10 月初，到达解放区的民主人士就新政协如何召开的问题展开了讨论。对于召开新政协，原则上完全一致。但由于一般都没有估计到军事形势发展得那样快，在会议的时间、地点、范围以及程序等具体问题上，则有不同的意见：有的主张 1948 年冬季召开；有的主张 1949 年春季召开。有的主张在东北的沈阳或哈尔滨召开，并把联合政府放在东北；有的主张在华北的适当地方召开，借以扩大影响，并认为东北靠近苏联，为照顾国际影响，把联合政府放在关内。有的主张以九个党派（中国共产党、中国国民党革命委员会、中国民主同盟、中国民主促进会、中国农工民主党、致公党、中国人民救国会、中国国民党民主促进会、三民主义同志联合会）为基础，再加上人民团体和无党派人士代表，人数以五六十人到 100 人为度；有的主张范围大些，以 300 人为宜。有的主张新政协会议闭幕，马上成立联合政府；有的主张要先召开全国人民代表大会，然后成立联合政府。以上意见，转送中共中央讨论。以后的事实表明，辽沈战役胜利结束，军事形势急转直下，紧接着是淮海战役大捷，平津宣告和平解放，这一系列决定性的胜利，使国民党反动集团已经不能挣扎了。

所以，新政协会议如果是1948年冬季在哈尔滨召开，时机尚未成熟，有好多人还会观望，迟迟不来。

1948年9月上旬，农工民主党在香港举行中央扩大会议，总结了国内外形势，作出了《政治决议》。会议认为，本党今后对于各党各派、各团体、民族的民主统一战线，应加强主动精神，坚持团结合作。中国共产党是历史先进阶级坚强领导的组织，我们与中共不仅是今天反帝反封建反官僚资本的革命战友，而且是建设新中国的长期合作者。会议指出，南京反动集团在日益接近消灭之际，可能在美帝策划下玩弄和平阴谋，并可伪装“改革运动”策略，“自由主义者”，标榜所谓“中间路线”，以欺骗麻痹人民。如果中间人士受不起战争严格的考验，过高估计反动势力，过低估计革命势力，幻想和平早日到来，则刚好中美蒋的阴谋诡计。会议重申新政治协商运动是中国人民胜利和人民觉醒日益发展的基础上扩大团结的运动。主张在新政治协商会议中，制定统一战线的共同纲领；筹备和产生人民的新政权，接收全国的统治；向全国人民提出新民主宪章，准备交全国人民代表大会通过。

11月25日，中共代表与各民主党派人士就新政协会议的性质、任务诸问题达成共同协议。

12月30日，中共中央毛泽东主席发表《将革命进行到底》的新年献词，他说：“现在摆在中国人民、各民主党派、各人民团体面前的问题，是将革命进行到底呢，还是使革命半途而废呢？”“中国每一个民主党派，每一个人民团体，都必须考虑这个问题，都必须选择自己要走的路，都必须表明自己的态度。中国各民主党派、各人民团体是否能够真诚地合作，而不致半途拆伙，就是要看它们在这个问题上是否采取一致的意见，是否能够为着推翻中国人民的共同敌人而采取一致的步骤。这里是要一致，要合作，而不是建立什么‘反对派’，也不是走什么‘中间路线’。”1949 年元旦，蒋介石发表求和文告，提出和平谈判的五项条件。接着又是“引退”，李宗仁上台，国民党的求和姿态扮演得更加逼真。1 月 14 日，毛泽东主席针对蒋介石的声明，发表《关于时局的声明》，揭露了蒋介石求和的虚伪性和欺骗性，提出八项条件作为和谈的基础。到达解放区的农工民主党负责人章伯钧、彭泽民、丘哲、严信民、韩兆鹗，同各民主党派的负责人和无党派民主人士代表，认真讨论了毛主席的《献词》和《声明》，于 1 月 22 日联名发表《我们对于时局的意见》，热烈拥护毛主席的《声明》，并庄严宣布接受中国共产党的领导，把革命进行到底。这就为筹备召开新政协作了政治上和思想上的准备。

1 月 24 日，农工民主党负责人章伯钧、彭泽民、丘哲就南京反动政府制造和平阴谋发表书面谈话，认为“毛泽东先生提出的八项和平主张，这就是全国人民共同的要求，实现中国永久和平的唯一办法”。

2 月 25 日，农工民主党负责人章伯钧、彭泽民、丘哲等由东北到达北平。3 月 25 日，中共中央领导人毛泽东、朱德、刘少奇、周恩来等率中共中央和解放军总部由河北平山县西柏坡迁到北平。这时，毛泽东主席邀请各民主党派的主要负责人章伯钧等谈过几次，商讨新政协如何召开和成立联合政府的问题，谈了开会的地点、参加的人数、会议的任务，以及其他一些问题。例如关于政协的名称，原来是称“新政治协商会议”，商谈后认为不妥，遂改称“人民政治协商会议”，这就完全在新的基础上表达了一种新的意义。

6月15日，新政协筹备会在北平成立，为正式召开新政协会议完成各项必要的准备工作。章伯钧为筹备会常务委员会委员。筹备会设立六个组，彭泽民参加拟定会议之单位及代表名额的第一组，郭冠杰参加起草政协会议组织法的第二组，季方（未到平前由严信民代）参加起草共同纲领的第三组，韩兆鹗参加起草中央人民政府组织法的第四组，丘哲参加起草宣言的第五组。

6月17日，中共中央就江西农工民主党及其武装问题，对中共江西党组织发出指示：农工民主党在江西的地方组织颇多，成分虽然复杂，但确有一批进步分子，在赣南与我地下组织有合作关系，要慎重处理与该党有关的问题；各民主党派均同意将其地方组织或个别党员所领导的武装交人民解放军整编，对江西农工民主党地方组织或个别党员所掌握的武装，亦本此原则办理，但应先了解其具体情况，找其负责人说清处理原则，有步骤地处理之。根据中共这一指示，江西农工民主党的地方武装在该省军管会领导下，解放后交人民解放军整编。

筹备会期间讨论的几个重大问题，是政协组织法、政府组织法和共同纲领的起草问题。这些问题都经过长期考虑研究，反复讨论。其中的一些基本问题，毛泽东主席还多次邀请大家认真商谈，听取各方面的意见。如“中华人民共和国”，本来已决定简称“中华民国”，最后觉得如果沿用这个老词做简称，那么“中华人民共和国”这个全称，一定会流行不起来，所以终于把它否决了。又如原先提出“共同纲领”时，还提出过“新宪法”，后来认为“共同纲领”就可以称作“人民大宪章”，它是将来新宪法的基础，因而暂未提出新宪法。关于政协代表，原决定有几年的任期，也因考虑到代表如有任期，将被误会为政协代表似乎同从前国民党的国大代表一样。所以最后决定除了选出的全国委员会委员之外，其余的代表在会议闭幕之后，就不再是代表了。但为了解决实际问题，每一个出席人民政协的代表，都安排适当的工作。这样就全面都照顾到了。政协组织法，是一个人民民主统一战线的章程，它对于巩固和扩大人民民主统一战线，发挥着重要的作用。

8 月 14 日，彭泽民代表农工民主党针对美国国务院 8 月 5 日发表的《美国与中国的关系》白皮书发表谈话，斥责美帝国主义始终与中国人民为敌，并揭露其破坏中国人民民主革命的阴谋。

9 月 21 日，中国人民政治协商会议第一届全体会议在北平隆重开幕。农工民主党参加会议的，有正式代表彭泽民、郭冠杰、李士豪、何世琨、杨逸棠、张云川、郭则沉、王深林、严信民、杨子恒 10 人，候补代表王一帆、李健生 2 人。章伯钧、丘哲作为民盟的正式代表，季方、韩兆鹗、李伯球、黄琪翔作为地区或特邀的正式代表，参加了会议。章伯钧为会议主席团常务委员，郭冠杰为政协组织法草案整理委员会委员，王深林为政府组织法草案整理委员会委员，严信民为共同纲领草案整理委员会委员，彭泽民为宣言起草委员会委员，李士豪为国旗国徽国都纪年方案审查委员会委员。会议过程中，是先将各项文件草案和方案，分别交六个有关分组委员会研究讨论，再反映到全体会议分组讨论，然后综合各方面的意见，发给各民主党派分别研究，再反映到全体会议进一步讨论，如此反复地研究讨论，一直到最后定稿；态度非常严正审慎，同时又包纳了各方面的意见，真正做到了各抒己见、集思广益，照顾到四面八方，充分体现了民主协商的精神。所以各方面都同意三大文件，获得一致通过，形成了全国人民的大团结，实现了以中国共产党为领导核心的多党合作关系，在新政府里，没有所谓的“执政党”和“反对党”，这就是新民主主义的民主。正如毛泽东主席在《共同纲领》定稿以后说：“这本书大致不错，相信每一个方面都会赞成。”

9 月 24 日，彭泽民代表农工民主党在全体会议上发言，他首先表示了拥护中国共产党，拥护毛主席的诚意。彭泽民说，共同纲领不仅全部包括了邓演达宣布的我党的基本政治主张、政纲和政策的要点，而且使之向前发展，更加提高。我们全党的同志，今后要永远跟着共产党，努力参加实现共同纲领的工作，并且把我们一同带到社会主义的道路上去。他还保证：“接受这三大文件，并促成其彻底实现。”

9 月 30 日，中国人民政治协商会议第一届全体会议胜利闭幕。农工民主党负责人章伯钧、郭冠杰当选为第一届全国委员会委员。10 月 9 日，章伯钧还被选为常务委员会委员；章伯钧、彭泽民当选为中央人民政府委员。

1985 年

（选自全国政协文史资料委员会编《中华文史资料文库·政治军事编》，中国文史出版社 1996 年版）

新政协筹备杂忆

宋云彬*

1949年3月25日

上午得通知，下午1时半罗迈[①]召开座谈会，讨论“统战”问题，并谓为郑重起见，特发入场券，将凭券入场云。下午2时许，座谈会开始，罗迈宣布谓毛主席将于4时许到北平，请同人往西郊欢迎云云，始知所谓座谈会者，设辞也。3时半乘“巴士”赴西郊飞机场，改乘卡车，约二十人共一车。5时许，毛等已至，军乐大作，并放照明弹数次。旋举行检阅，余等立车上绕场一周。今日因前往欢迎者人数过多，故另推代表若干人，鹄立迎候，一一与毛握

* 宋云彬：时任中国人民救国会中央委员，人民政协第一届全体会议代表；后曾任人民教育出版社副总编辑，全国政协委员，民盟中央委员。

① 即李维汉。——编者注

手，圣陶亦为被推代表之一。

今日上午愈之来，与柳亚老[①]剧谈。亚老近来兴奋过度，又牢骚满腹，每谈必多感慨，恨无辞以慰荐之也。愈之谈及张申府，谓张之大病在不肯忘其过去之革命历史。彼与毛泽东氏在北大图书馆有同事之雅，周恩来加入中共，亦由彼介绍，遂以革命先进自居。初不知此等思想实为一沉重之包袱，不将此包袱丢去，未有不流于反革命者。呜呼，此亦一往之论也！人能不忘其过去之光荣历史，必知自惜羽毛。张申府于政协失败后，不惜与国民党特务周旋，甚且假民盟之名向各处捐款，以饱其私囊。彼苟不忘其过去之革命历史，岂肯出此。微闻平津解放后，毛泽东诫其党人，须忘其前功，而努力于建设。愈之殆闻人转述毛氏之言，而加以演绎者也。初不知毛氏此言系对其党人而发，若夫一般知识分子，正唯恐其忘却过去之光荣历史，而自甘堕落耳。

4月6日

下午2时新闻界人士在六国饭店开座谈会，余被邀出席；3时文艺界有招待会，余亦被邀出席。于座谈会中坐三十余分钟，听杨刚发言未毕，即向主席告辞，赴北京饭店参加文艺界招待会。柳亚老发言，述及彼与民革、民盟关系，余急书一字条劝止之，亚老立即接受，其雅量可佩也。（亚老近来颇牢落。昨日罗迈报告毕，彼即发表冗长之演词，历述彼与民革之关系及在民革之地位，结语则谓余愿归入文化界，请罗先生今后不以余为党派人物云云。因罗氏今天未邀党派人士出席，柳老作不速之客也。）招待会设宴，6时

---

① 即柳亚子，时任中国国民党革命委员会中央监察委员会主席。——编者注

半宴会即散……

4 月 16 日

晚 8 时，周恩来在北京饭店作报告。前在重庆曾家岩五十号常聆周氏报告，时作悲愤语，今则时移势迁，满怀愉快，语调亦转为轻松矣。周氏报告与南京代表谈判结果，并出示最后决定，等待南京签字之和平协定，凡 8 条、24 款。周氏结论谓不外两种结果：一、全面破裂，局部和平；二、全面和平，局部破裂。可谓得其要领。此次和平协定签字之期限为 4 月 20 日，如遭国民党反动派拒绝，则大军将于 20 日渡大江。超构闻此报告大得意，盖彼赌胜金仲华矣。

4 月 21 日

下午 2 时赴北京饭店出席文化界拥护巴黎和平大会①座谈会，到会者颇多，夏康农主席，发言多无次序。法国政府限制代表入境人数（限定每国只准五个代表入境，而此次我国代表有四十多），余主张发电抗议。吴晗报告毛主席、朱总司令已下令全线总攻击，迅速、彻底、干净消灭国民党反动派，全场鼓掌。归，为圣陶言，圣陶亦称快。《人民日报》出号外，载毛、朱命令全文，并预告明日发表为国民党反动派拒绝签字之和平协定全文。芷芬来，三人共饮，尽白干半斤。晚间接剑行自香港来电："邵通知宁、龙五月动身，尚明到否。"邵谓邵荃麟也。今晚北京饭店又有周恩来的报告，李女士来邀圣陶，圣陶以疲倦不出，叶师母愿偕柳太太一起去。余问李女士，余等是否亦被邀，因余不在房间内，恐招待处无法通知

① 指世界拥护和平大会。——编者注

也。李女士去后复来，谓招待处已决定请宋先生去，余婉辞拒之。今日传言，当局为防空袭，北京、六国、永安等饭店所住民主人士，将设法疏散云。

5月5日

今日为纪念马克思节日。下午3时，周恩来在北京饭店有所报告，由文管会以座谈会名义邀请文化界人士出席，到者二百余人。周报告甚长，主要在阐明新民主主义真义及共产党政策。报告至6时半宣告休息。

6月8日

晚7时出席救国会例会。衡老[①]报告，政协筹备会将开会，救国会得派代表七人。李章达对外代表救国会，是为当然代表，但已赴香港，不能赶回出席，须另派同志代他出席，即所谓代表之代表也。邓初民谓可请云彬代表，余不表同意。会散后，至初民房间内坐谈片刻。余告初民，今后如讨论政协代表，万勿提及余名。晤许广平，系初次见面，她说1926年在广州我们曾通过信，何记忆力之强也。

6月25日

下午3时赴勤政殿出席"成立中国社会科学工作者代表会议座谈会"。主席周恩来报告，略谓今日由新政协筹备会常委会指定的三位代表（周、沈、郭）召开一个小规模的座谈会，商讨代表会议筹备会的进行计划。其进行步骤，第一次座谈会讨论如何分工筹备经济学、

① 即沈钧儒，时任中国人民救国会主席、中国民主同盟中常委。——编者注

历史学、哲学、法学及政治学五方面的组织，如何筹备中国社会科学工作者代表会议筹备会。所谓五方面的组织，除新法学研究会已定明日开发起人大会外，其他四方面的组织，均应定期召开发起人大会。然后集合五个团体的筹备会举行联席会议，协商如何成立中国社会科学工作者代表会议筹备会，并协议参加新政协代表名单。继续起立发言者甚多。参加今日座谈会之名单共 57 人，余被列入史学方面。史学方面凡 13 人，郭沫若、范文澜、翦伯赞、邓初民、侯外庐、郑振铎、宋云彬、吕振羽、吴玉章、吴晗、傅彬然、杨绍萱、叶蠖生。据超白言，名单经周恩来详细拟定，列名前后皆费一番推敲云。

6 月 30 日

上午 8 时赴中南海怀仁堂出席文代大会筹备会，雁冰主席，报告筹备经过甚略，加以一口南方话，听者多不了了，致引起甚多质询，散会已 12 时矣。下午 2 时，赴勤政殿出席社会科学工作者代表会议筹备会发起人第二次会议。讨论筹备会简章，余提出修改意见甚多，均获通过。决议 7 月 14 日召开筹备会，一切筹备事宜，由 18 人小组会担任之。散会已 6 时半，即在勤政殿晚餐。

7 月 2 日

上午全国文代大会开幕，出席代表及来宾共约六百余人。余之席次为四百零三号。旁有沙发二，专供齐白石、高士其坐。白石老人年八十有九，貌甚清癯，腰脚似尚健，拄一红漆藤杖，宛然画中人矣。见亚老与白石老人招呼，方起立欲与语，则已振铃开会。

7月4日

晚7时在北京饭店113号开救国会例会，商讨新政协提名问题。衡老谓已将名单交齐燕铭斟酌。名单共列14人，以示救国会人才之众多云（按救国会代表名额规定10人，候补2人，共12人。今开列14人，预备有2人自别方面产生）。史良谓今天出席诸君，大都皆在名单之内。又谓如宋先生等早已安排定当矣。

7月6日

下午出席文代大会，周恩来作报告，自2点半至7点半，整整五小时，其间休息时间不及一小时也。5时半，周正作报告，毛泽东忽出现主席台上，全场欢呼鼓掌再三，约十分钟始息。

7月14日

下午3时，赴勤政殿出席“中国社会科学工作者代表会发起人会议”。此会将连开三天，星期六休会，至17日选出新政协代表即闭幕。

7月17日

（下午）3时偕彬然、蠖生、灿然赴勤政殿出席社会科学工作者代表会议筹备会。沈钧儒主席。最后通过政协代表名单，连候补凡17人。代表名单并非开会时共同提名商讨，乃经常务委员在会外与统战部协商定妥，由主席将名单宣读，众无异议，即作为通过矣。散会后，在春耦斋设宴欢饮。归来偕超白赴大华戏院听音乐，10时许返。

7 月 25 日

晚 7 时救国会例会。衡老报告，毛泽东氏曾两次至北京饭店访张表方，勖以为民盟努力。衡老又将拟向政协筹备会提出之名单朗读一过，计李章达、沙千里、沈志远、千家驹、萨空了、曹孟君、闵刚侯、方与严、宋云彬、刘思慕、孙晓村、张曼筠。末两人为候补。余名列第九。

8 月 15 日

毛泽东撰《论人民民主专政》一文，谓“自从一八四〇年鸦片战争失败那时起，先进的中国人，经过千辛万苦，向西方国家找寻真理。洪秀全、康有为、严复和孙中山，代表了在中国共产党出世以前向西方寻找真理的一派人物”。一般青年对于康有为、严复，认识均模糊，特撰《康有为和严复》一文，预备刊登《进步青年》杂志，成二千言，竟全文三分之一耳。晚 7 时半赴北京饭店出席救国会例会，聆吴大琨报告美国情况，渠甫自美国归来也。有人问衡老新政协代表已未确定，衡老谓已全部确定，25 日将开筹备会，下月 10 日正式开会云。

9 月 3 日

准时赴东四二条会所工作，见案头置有新政治协商会议筹备会来函三件：一为“中国人民政治协商会议第一届全体会议代表名单”；一为通告制发代表证须贴各代表半身相片，嘱于下午赴北京饭店摄影；一为通告本月 6 日赴北京饭店办理报到手续，并附有新政协组织法草案一份。

9 月 7 日

上午，徐铸成、浦熙修、赵超构、王芸生、金仲华及章元善等先后来，彼等皆为出席新政协于最近自上海来也。下午赴北京饭店聆周恩来报告，凡三点：一、政协代表之推选；二、中国人民政治协商会议组织法之内容；三、中华人民共和国中央人民政府组织法之内容。历三小时有半。

9 月 9 日

晨 10 时赴青联会出席小组会议，商讨《共同纲领》，至下午 4 时商讨完毕。按《共同纲领（草案）》分组讨论，全体政协代表分成 21 组，每组指定一召集人。余之一组，召集人为蒋南翔（新青团代表，共产党员），到洪深等 20 余人，前年驾飞机飞延安之刘善本亦在内……

9 月 13 日

晨 9 时赴东总布胡同沈寓出席政协小组，商讨政协组织法及人民政府组织法，至下午 2 时商讨完毕。偕同闵刚侯、孙晓村、千家驹、沙千里、萨空了、王健赴天坛。

9 月 17 日

上午接通知，今夜怀仁堂演京戏，附有入场券，载明不得遗失，亦不得转给他人，其慎重如此。下午 1 时赴北京饭店，救国会出席政协代表集议，萨空了报告联络情况，沙千里将以首席代表资格发言，推余起草发言词，情难却，允之。3时理发，4时半洗澡。自搬出六国饭店以来，没有洗过这样舒服的澡。5时半颇思饮酒，叩陈太太房门，无应者，转至振铎处，振铎出席政协筹备会未归，询之小箴，果有酒，且有牛肉干，大喜，开瓶独酌，尽半茶杯。在北京饭店晚餐，遇郑坤廉女士，邀她同赴怀仁堂看戏，则谓广东人听不懂京戏，无兴趣。餐毕，至坤廉房内小坐，未几黄鼎臣来，黄亦广东人，对京戏无兴趣者，看样子，他们殆将清谈终宵矣。7时半赴怀仁堂。8时一刻，戏开演，首为《红拂传》，程砚秋饰红拂女，全剧松懈无可观，唯最后舞剑一场甚好。次为袁世海、李少春之《野猪林》，林冲与鲁智深最初会见一场，令人感动。归来已1时有半矣。

9月18日

上午9时赴东总布胡同衡老寓所，谈至10时半。中午吃蟹，饮酒约四两。1时半赴北京饭店，取得出入证一纸。归来假寐片刻。6时偕圣陶赴北京饭店。北平各机关社团共二十余单位，公宴政协代表，到者约六百余人，诚盛会也。余与侯外庐、徐铸成先退席，至外庐家饮茶清谈，归来已11时矣。

此次新闻工作者出席政协代表10人，又候补2人，徐铸成名列候补，殊为委屈。各单位代表名次，统战部极为重视，闻事前曾再三斟酌，郑重商讨。

9月19日

整日写救国会首席代表发言词，凡二千言。7时赴东总布胡同沈寓，救国会同人史良等十余人已先至。沈体兰报告，此次各单位首席代表发言，只限于对三个文件（政协组织法、政府组织法及共同纲领）提出意见，因之余所拟之发言稿完全无用。余推刘思慕重新起草，众表赞同。救国会不久将宣告解散，推定愈之、史良等筹备一切，包括起草解散宣言及编印关于救国会之历史文件等。

9月20日

上午9时赴北京饭店，与思慕等商讨起草发言稿，即在北京饭店午餐。晤雁冰、振铎，振铎煮咖啡请客，甚佳。与李重毅、陈劭先商谈文供社事。吕方子为民革出席政协候补代表，任联络，为言各单位任联络之代表上午在中南海集议，决定转告各代表提高警觉，不鲁莽接见宾客，不轻易至游乐场所，因日来反动派特务至活动，中南海附近甚至天津、唐山等处，连日发见反动标语甚多也。

（节选自宋云彬著，海宁市档案局（馆）整理《宋云彬日记》，中华书局2016年版。题目为编者所拟）

致公党参加新政协前后

黄鼎臣*

我曾参加中国人民政治协商会议的筹备会和第一届全体会议。对于这个会议成立的经过，仍然记忆犹新。

一　走上新民主主义革命道路

致公党原来是一个旧民主主义的政党，于 1925 年 10 月在美洲旧金山正式宣告成立。1931 年，致公党在香港设立中央党部。1937 年日本帝国主义发动七七事变后，致公党海外组织积极参加了抗日救国活动。

* 黄鼎臣：时任致公党中央常委兼组训部长，新政协筹备会代表，人民政协第一届全体会议代表；后曾任致公党中央主席，全国政协常委。

抗日战争胜利后，全国人民希望中国能有振兴的机会。国民党表面上同意召开和平民主协商会议。毛泽东主席不怕危险，亲自到重庆参加那次会议。会议签订了“双十协定”。根据“双十协定”，1946 年 1 月，有国民党、共产党、民盟、青年党、民社党和社会贤达参加的政治协商会议在重庆开幕。但在 1946 年 2 月 10 日，各民主党派和民主人士在重庆较场口举行庆祝政协成功大会时，国民党特务上主席台抢扩音器、殴打郭沫若等民主人士。这就是震惊中外的较场口事件。进而国民党反动派撕毁政治协商会议决议，选举伪国大，发动内战。国民党反动派背信弃义，反共、反人民的面目彻底暴露，因而遭到人民的唾弃。这就大大地教育了人民：对国民党反动派不能抱任何幻想。

当时，在重庆的原致公党总部的一些同志，也逐步看清国民党统治集团的反动本质。在中共同志的启发帮助下，认识到只有中国共产党能够把中国引上光明的道路，只有在中国共产党领导下才有真正的民主，中国的振兴才有希望，海外华侨才会有强大的靠山。

要建立民主、富强的新中国就必须斗争。在重庆的原致公党总部同人决定恢复致公党的活动，以便在中国共产党的领导下通过这个组织发动海外侨胞特别是洪门人士支持、参加新民主主义革命斗争。

1946 年初，陈其尤约我由内地到香港，与在港的老致公党成员陈演生、严锡煊、钟杰臣等酝酿改组致公党，使之加入以中国共产党为领导的人民民主统一战线，为打倒国民党反动统治，建立民主、独立、繁荣的新中国作出贡献。致公党表明了反对国民党反动派独裁专制的政治态度，这引起国民党统治集团的记恨，同时用各种卑鄙手段对致公党进行利诱和拉拢，妄图迫使致公党改变政治主张，但遭到致公党领导人的坚决拒绝。

我们致公党同志一方面进行内部改组的筹备工作，另一方面积极参加争取和平民主的斗争。1946 年 11 月，致公党两次发表对时局的意见和声明，反对国民党反动派不顾政协会议精神和全国人民的意愿擅自召开伪国大，表示致公党愿同其他爱国民主党派一道，为实现和平建设新中国而共同努力。

1947 年 5 月，中国致公党在香港举行第三次代表大会，通过决议加入以中国共产党为领导的人民民主统一战线，并修改了党章和进行组织机构的改组。这次大会发表宣言，反对国民党当局发动内战，揭露蒋介石集团加紧勾结美帝国主义实行独裁统治的罪恶行径；主张重新召开各党派政治协商会议，产生各党派联合政府，以代替国民党、民社党、青年党组成的政府。宣言旗帜鲜明地表示致公党将“为中国政治真正民主化而奋斗到底”！这次代表大会是致公党历史发展中的一个重大转折，标志着致公党由一个旧民主主义的政党转变为富有生命力的新民主主义的政党，成为中国共产党领导的人民民主统一战线的组成部分。

二　响应“五一”号召

1948 年 4 月 30 日，中国共产党发表了具有重大历史意义的“五一”号召，号召“各民主党派、各人民团体及社会贤达，迅速召开政治协商会议，讨论并实现召集人民代表大会，成立民主联合政府”。中国共产党的号召反映了全国人民的要求和愿望，因而得到各民主党派和各方面民主人士的热烈响应。致公党发表了《响应中共“五一”号召的宣言》，指出“五一”号召的发表，预示中国革命进入了新的历史发展阶段，“历史决定了独裁会将要走进自己掘好的坟墓，人民必然获得解放和翻身，新的中国已经胎动，将在旧中国的崩溃过程中建立起来”。宣言还号召广大华侨同胞对祖国革命从精神和物质上给予支持。将来“大踏步地回到民主的祖国的怀抱，参与新中国的各种建设，使中国成为一个独立、自由、康乐的国家”。

致公党的领导人也接连发表文章，拥护召开没有反动分子参加的人民的新政协。如《迎接新政协》一文指出：“反帝、反封建是全中国人民的事业，任何人都有参与的义务。因此，各民主党派、各人民团体、各社会贤达之政治协商会议的召开，全国人民代表大会的召集和民主联合政府的建立，是必然会到来的，也必须如此，才能解决中国的政治问题。”

陈其尤同志的文章《新政治协商的意义与任务》也指出，新政治协商会议的召开，是今日中国民主革命总形势发展的结果，完全符合全国人民的意志。

中共中央“五一”号召发出后，汇集在香港的各民主党派和中共密切联系，准备迎接新政协的召开。我们致公党也和中共华南局的方方、饶彰风、许涤新、连贯等同志保持密切的接触。他们给了我们宝贵的支持和帮助。

在香港的民主党派和无党派民主人士经常举行会议，发表声明反对国民党的反动统治，支持人民解放战争。当时香港的情况是复杂的，反动势力很猖狂。致公党在港澳的成员较多，社会联系也比较广泛，因此我们把致公党成员组织起来，给著名的民主人士站岗放哨。他们开会的时候，致公党成员在会场附近巡逻，暗中加以保护，使他们免遭反动派的暗害。

三　到北方去

1948 年下半年，随着人民解放战争的胜利，召开新的政治协商会议的条件逐渐成熟。应中共中央的邀请，致公党负责人陈其尤乔装商人从香港乘轮北上，冲破重重封锁，抵达东北解放区。陈其尤同志到沈阳后即致电中共中央毛泽东、朱德、周恩来同志，代表致公党全体同志向中共中央致敬，表示要为实现新民主主义革命、建设新中国而努力。本来，中共华南局要我留在香港，准备参加广东的接管工作，但 12 月中旬中央来电，决定我也北上，使我感到难以形容的高兴。到北方去，可以见到毛泽东、周恩来、朱德等中央领导同志，这是我梦寐以求的。

当时，华北还没有全部解放，海域还完全控制在国民党反动派手里，要北上可不容易。从 1948 年 12 月底到 1949 年 1 月我已经作好北上准备，计划先去烟台，后得知港英当局要下船搜查的消息，只好改变行期。全靠中共华南局的精心安排，我和其他民主人士才于 1949 年 3 月 20 日顺利成行。记得那时载我们北上的是租来的一条外轮，名叫“宝通号”，坐了 200 多人，大都是比较著名的民主人士和各民主党派的负责人。① 其中有年纪大的，有晕船的，没

① 1949 年 3 月 21 日“宝通号”离港。——原书编者注

有医生不能开船。我在日本留学时读的是医科大学，又行过医，有医生执照，所以就让我做船上的义务医生。我愉快地担负起这个责任，组织比较年轻的男女同志，对他们加以训练，协助我工作。我们顾不上休息，也不管风急浪高，从早到晚，上下船舱跑个不停，照料病人和晕船的同志，终于顺利地完成了任务。

船到山东北部附近海域时，收到广播：中共中央召开了七届二中全会。全船立刻沸腾起来，大家恨不得马上到达党中央的身边。当时虽然风浪还大，船还颠簸，还要防备敌人袭击，但大家的情绪高昂，欢笑声、祝贺声不绝于耳。船过青岛后就看不见敌人的兵舰了，全船同志兴高采烈。为了庆祝中共七届二中全会的召开，在船上出了墙报，大家还分别买酒菜，一起庆祝。同志们有一个共同的信念：新中国的诞生指日可待了！“宝通号”于 1949 年 3 月 27 日到达天津，那时渤海湾里航道刚刚化冻不久。

四　民主协商

我到北平后，才知道各方面的民主人士和各党派负责人都陆续从东北或从河北平山县李家庄转到北平来了，中共中央也迁到北平。为了开好新政协会议，毛主席、周副主席多次召见民主人士，反复协商关于召开新政协的各项筹备工作。如参加新政协筹备会的单位、代表名额、人选等，都经过反复的民主协商后才定下来。毛泽东同志还曾就和平谈判的情况及今后的方针同各民主党派负责人交谈。我们一方面积极参加新政协的筹备工作，一方面认真学习，学习毛主席的《论人民民主专政》和稍后发表的《丢掉幻想，准备斗争》《别了，司徒雷登》《为什么要讨论白皮书》《“友谊”，还是侵略？》《唯心历史观的破产》五篇文章。通过学习，我们在思想上更加和中共中央一致了。

经过协商后确定的致公党参加新政协筹备会的代表是四人：陈其尤、黄鼎臣、官文森、雷荣珂。陈其尤同志参加筹备会第一和第四组工作，我参加第三和第五组工作。在筹备会第一次全体会议上又通过了致公党参加新政协的正式代表六人，候补代表一人。正式代表是陈其尤、陈演生、黄鼎臣、官文森、雷荣珂、严希纯。陈演生同志因留守香港总部不能北上。候补一人因在广东东江也未能北上。参加筹备会的大部分代表住在北京饭店，中共中央领导同志经常到饭店来看望我们。一些负责同志给我们作报告、介绍情况，有事总和大家一起协商。特别是周恩来同志，对我们关怀备至。抗日战争时期，我在重庆多次见过周总理。那时我常常给驻重庆的八路军办事处和曾家岩周公馆的同志看病。每次到周公馆，看见周总理总是忙得很，不是开会就是和国民党当局周旋。但他无论怎么忙，也没有忘记过民主人士，经常关心他们的生活和安全，召集一些座谈会和报告会，使我非常感动。1949 年我在北京再次见到周恩来同志时，他还是那样忙，还是那样平易近人、和蔼可亲。他经常亲自到饭店来找大家交谈，了解情况，解答问题。他每次到来，常常使我们激动不已。

在新政协的筹备会上，周恩来同志担任第三组组长，我有幸分在这一小组，深受教育。这一组负责起草《中国人民政治协商会议共同纲领》，经常在中南海勤政殿开会，周恩来同志亲自主持。对《共同纲领》我们反复讨论过很多次，修改过很多次。草拟这个文件时，也参阅了各国许多有关书籍。周恩来同志还亲自到各组倾听意见，对民主党派代表和无党派民主人士代表的意见非常尊重。他发现问题就及时解决。如当时有的同志曾认为，政协不过是一个临时性组织，等到人民代表大会召开之后，就不再需要这个组织了，党派的存在也不会很久了。这种想法代表了一部分民主人士的思想。周恩来同志针对这个思想，在会下和大家谈心，会上又专门讲了这个问题。他说：普选的全国人民代表大会的召开，固然还需要一个相当时间；就是在普选的全国人民代表大会召开以后，政协会议还将对中央政府的工作起协商、参谋和推动的作用。同时，新民主主义时期既有各阶级的存在，就会有各党派的存在。在讨论政协组织法时，周恩来同志又说：在新民主主义时期需要统一战线，即使在社会主义时期，仍然要与党外人士合作。要统一战线，就要有统一战线的组织，这个组织就是中国人民政治协商会议，它要长期存在。周恩来同志的话，使一些同志消释了疑团，也使我们大家倍感鼓舞。为了做好召开新政协的筹备工作，周恩来同志以及当时中共中央统战部部长李维汉同志真是呕心沥血，废寝忘食。李维汉同志因辛劳过度，摔断了腿，不得不住院治疗；周恩来同志每天只睡三四个小时，工作十分紧张，但他却永不疲劳，对代表们的饮食起居，也无微不至地关怀，使全体代表深受感动，体验到革命大家庭的温暖。

致公党出席政协第一届全体会议的首席代表陈其尤同志曾在 1949 年 9 月 24 日的全体会议上发言，对《中国人民政治协商会议组织法》《中华人民共和国中央人民政府组织法》及《中国人民政治协商会议共同纲领》表示拥护和满意。他说，这三个文件，特别是《共同纲领》，都曾经过本党出席同人的仔细讨论，提出若干修改意见，并参加各单位混合小组的数次讨论，因此，对于这三个文件最后修改案的内容，我们均已完全同意。他还说，中国人民政治协商会议的召集，实在是适合今天中国人民的迫切要求，也是中国人民历史上空前的创举。

五 国旗、国徽的诞生

五星红旗和庄严的国徽，是在中国人民政治协商会议第一届全体会议和第一届全国委员会第二次会议上先后通过的。新政协筹备会分了六个组。其中第六组的任务是拟定国旗、国歌、国徽的方案，在报纸上公布了征稿条例。记得当时应征的国旗图案设计中，很多是仿效苏、美国旗，不是交叉的镰刀锤子就是两色或三色的横条，这种构思和设计都不足取。筹备会把征集到的这些图案印成专册，分发给各代表审阅、挑选，代表们经过多次评选和讨论，才筛选出一些图案。由此可见，新政协所讨论的一切问题，都是充分发扬了民主，经过反复协商才决定的。

9 月 25 日晚，毛主席在中南海召开国旗、国徽、国歌、纪年、国都问题协商座谈会。毛主席拿着五星红旗说，这个图案体现我们革命人民大团结。现在要大团结，将来也要大团结，现在也好，将来也好，又团结，又革命。毛主席的话激起全场热烈的掌声，大家一致表示完全同意。这样，9 月 27 日在中国人民政治协商会议第一届全体会议上就正式通过了“中华人民共和国的国旗为五星红旗，象征中国革命人民大团结”的决议。10 月 1 日，毛主席在天安门广场升起了第一面五星红旗，并向全世界庄严宣告：中华人民共和国成立了！此情此景，我终生难忘。

国徽图案是在1950年6月23日召开的中国人民政治协商会议第一届全国委员会第二次会议上通过的，并经中央人民政府委员会第八次会议通过。1950年9月20日毛主席予以公布。

五星红旗和国徽是在毛泽东、周恩来、叶剑英等同志的亲自关怀和主持下，在全国各族人民包括海外侨胞和港澳同胞热情支持下，经过多次的审议，才制定出来的。我们致公党的代表有幸参加国旗、国徽方案的审查选定工作，感到无比光荣。

1949年9月30日，在政协全体会上，还决定建立为国牺牲的人民英雄纪念碑，当天下午6时，毛主席率领我们在天安门广场举行人民英雄纪念碑奠基典礼。周恩来同志讲了话，毛主席宣读了碑文。我们全体代表都脱帽静默致哀。毛主席还和各单位首席代表执锹铲土，表达对先烈的崇敬。我在当时真是百感交集，心潮澎湃，我想：中国革命的道路是多么坎坷不平啊，在战壕里、在敌人的监狱和刑场上，多少烈士献出了自己的青春和生命，中国人民才获得了彻底的解放，中国才有了今天。我们和子子孙孙永远都不能忘记他们！

我们致公党有许多成员是新中国成立后归国的华侨，他们回忆起新中国成立时的情景，仍然激情满怀。当他们在侨居国听到新中国诞生的喜讯时，纷纷奔走相告，连夜赶制五星红旗，勇敢地在大街上、校园里升起。多年来，天安门广场已成为全世界人民向往的地方，巍峨的人民英雄纪念碑受到各族人民的敬仰，辉煌灿烂的五星红旗和庄严的国徽已经深深印在亿万人民包括台湾同胞、港澳同胞和海外侨胞的心坎里，成为发扬爱国主义精神、加强革命大团结的巨大动力。

我们致公党曾经参加过新政协会议的几个同志都先我而逝世了。曾经领导和主持过新政协会议的中共中央领导同志许多也故去了。但新政协创立的丰功伟绩是永远不会磨灭的，它将永远载于史册，为千秋万代的子子孙孙所崇敬。

1984 年 12 月

孔繁礼　协助整理

（选自石光树编《迎来曙光的盛会——新政治协商会议亲历记》，中国文史出版社 1987 年版。原标题为《新政协的丰功伟绩将永载史册》）

男女并驾　创建新中国

罗　琼*

1948 年 9 月党中央在西柏坡召开政治局扩大会议。会议经过讨论，决定进一步团结全国广大人民群众，各民主党派，各界、各族爱国民主人士，一切可以团结的人士，召开政治协商会议，夺取全国政权，建立中华人民共和国。这个决定得到千百万军民热烈拥护，他们有信心、有决心，排除万难，去争取胜利。

兵民是胜利之本，当时百万雄师即将过长江，解放全中国，建立新中国，已成定局。这次政治局会议还决定，第六次全国劳动大会已经召开，全国总工会已经成立；明年（1949 年）上半年召开中国妇女第一次全国代表大会，成立中华全国民主妇女联合会；召开

* 罗　琼：时任全国妇联执委、常委，人民政协第一届全体会议代表；后曾任全国妇联副主席，全国人大常委会委员，全国政协常委。

全国青年代表大会，成立中华全国青年联合会，并将建立新民主主义青年团。经过这样的努力，把全国工农劳动人民，占人口绝大多数的妇女、青年、少年组织起来，动员起来，在前线，在后方，共同支援人民解放军。

回忆那时辉煌胜利的情景，心情特别激动，写出来，留给后人，是有意义的。

一　建立全国妇联，为创建新中国扩大社会基础

中共中央在《关于目前解放区农村妇女工作的决定》中，明确指出：为适应全国革命发展的需要，集中妇女的战斗力量，解放区妇女团体，应当努力去联合全国一切反对美国帝国主义、反对封建主义、反对官僚资本主义的妇女，共同为驱逐美帝国主义出中国，推翻国民党反动统治，建立统一的新民主主义的人民共和国而奋斗。为此特决定由解放区妇女团体发起，于1949年春季召开全国妇女代表大会，成立全国民主妇女联合会，使全国妇女运动能在统一的方针领导下，更大地更有力地向前发展。

大会筹委会于1949年1月16日正式成立，其中有民主妇女团体的代表，少数民族妇女代表个人，共73人。筹备工作迅即展开，我分工主管大会的宣传工作。为帮助新解放区人民了解中国共产党对妇女工作的指导思想、方针、政策、实际情况，在召开筹委会之前，我就开始和同志们一起编了10本书。这10本书是：《马恩列斯论妇女解放》《中国解放区妇女运动文献》《中国解放区农村妇女翻身素描》《中国解放区妇女生产运动》《中国解放区妇女参战

运动》《新中国的新女工》《中国解放区的儿童生活》《中国解放区的南丁格尔们》《国民党统治区民主妇女运动》《国际民主妇女运动文献》。

2月中旬编书任务完成后有一天，我和中央妇委的同志们一起，正要乘车去北平时，邓颖超大姐通知我暂时不去，要我留下，我急匆匆地走到西柏坡，邓大姐看我喘气，让我先坐下，喝了一杯水，闲聊了几句，就转向正题。她说：你知道吗？大会的主题报告（《中国妇女运动当前方针与任务的报告》）还没有定稿，已经决定重写，这个任务交给你了。我觉得太突然。起草报告的任务，早已分配给另一位同志，怎么又要我来完成呢？邓大姐望着我面有难色，鼓励我说：别为难，你能胜任的。报告主要要把任务写清。从当前形势出发，以党的总任务为中心，动员各族各阶层各界妇女群众、民主妇女和团体，团结一切可以团结的个人和团体，扩大妇女界统一战线，支援人民解放战争，解放全中国，把新民主主义革命进行到底，建立人民民主共和国。在完成这项伟大历史任务时，结合解决妇女群众迫切需要又可能解决的切身问题，保障男女平等、婚姻自由。她一再强调任务要讲得明确，讲出党和人民心中的决心、信心和力量，对措施要讲得切实可行。我听了邓大姐一番话，很受启发。大会已经决定在3月24日开幕，时间非常紧迫，不允许讨价还价了，再大的困难也要克服。我二话没说，接受了任务。我说：先写个提纲，经您修改，再写全文。

我从邓大姐房间出来，一边走一边低着头寻思。周恩来副主席从对面走来，我没看见他，还是他先招呼我：“罗琼，你在想什么？”没等我回答，又对我说：“你明白吗？你们现在忙的工作，是为建立新中国奠定社会基础。”这几句话，把我的畏难情绪彻底打消了。为着建立新中国，我就是拼着命也要把大会的报告写好。这是四万万五千万同胞的百年期盼、千千万万烈士留下的遗愿。在邓大姐的指导下，我终于在较短时间里，经过反复讨论修改，写成了送审稿。中央妇委讨论通过了送审稿，党中央主管妇委工作的任弼时同志对送审稿也基本肯定了。我如释重负，到了 3 月 6 日，我同中央妇委最后一批同志一起去北平，迎接新的任务。

3 月 24 日大会开幕，中央十分重视，毛主席等中央领导同志为大会题词，党中央特电祝贺，董必武同志亲临致贺词。出席大会的代表 467 人，列席代表 100 余人，其中有工农劳动妇女代表、支前女英雄、女劳动模范、革命知识妇女、著名民主妇女个人及团体（中国妇女联谊会、中华基督教女青年会全国协会、中华妇女节制会），这是个名副其实代表全国半数人口的妇女的大会。

在大会上，蔡畅致开幕词，邓颖超作《中国妇女运动当前方针与任务的报告》，李德全作《关于国民党统治区民主妇女运动的报告》，蔡畅作《关于世界民主妇女运动的报告》，对这些报告代表们一致拥护，掌声不断。经过讨论决定，当前中国妇女运动的总任务是遵循新民主主义革命道路，把反对帝国主义、反对封建主义、反对官僚资本主义的斗争进行到底，完全肃清国民党反动残余势力，建设统一的人民民主共和国。

4 月 3 日，经大会讨论，一致同意成立中华全国民主妇女联合会（后改称中华全国妇女联合会，简称全国妇联）。通过章程，集中妇女的战斗力，保证实现大会的总任务。大会选举了执行委员会的执委 51 名，候补执委 21 名，组成执行委员会，即全国妇联的领导机构；并留一定名额，待国统区解放后再选该区执委。大会在中国共产党领导下，顺利完成了各项议程，取得圆满成功，成为全国妇女大团结的盛会，成为动员全国妇女把新民主主义革命进行到底，建立新中国，开创妇女运动新局面的大会，为创建新中国奠定并扩大了社会基础。

大会闭幕时，朱总司令亲临大会讲话。大会闭幕后，毛泽东主席、刘少奇同志在香山接见了全体代表，祝贺大会圆满成功。

二　开辟妇女参政的先河

6 月 15 日新政治协商会议筹备会召开，筹备会由原提议的 23 个单位组成，全国妇联是其中的一个单位，委员 134 人，每个单位的委员是 4—7 人，具体名单由各单位自定。6 月 9 日全国妇联第一届第五次常委会选举蔡畅、邓颖超、张琴秋、沈兹九、李文宜、邓康（即邓裕志）6 人代表全国妇联参加筹备会，其他单位中，也有女委员，总计筹委会中有女委员 18 人，占委员总数的 13%。

筹备会设常务委员会，在常委会领导下分设六个小组，分工进行筹备工作；其中同妇女有密切关系的是第一、第三小组：第一组的任务是拟定参加新政治协商会议的单位及名额。蔡畅、曹孟君、罗叔章参加这个组。小组拟定参加新政协会议的单位 45 个，另有特邀代表 75 人。全国妇联是 45 个单位中的一个单位，正式代表 15 人，她们是蔡畅、邓颖超、帅孟奇、张琴秋、刘亚雄、张秀岩、李培之、张金保、沈兹九、刘清扬、罗琼、陆璀、陈波儿、黄静汶、杜君慧；候补代表 2 人，龚普生、翟淑珍。经过蔡畅等同志与其他各单位反复协商，绝大多数代表团有女代表，共计女代表69人，占代表总数的10%。第三小组的任务是起草新政治协商会议共同纲领。邓颖超、许广平参加这个组。新政治协商会议共同纲领即是中央人民政府的新民主主义施政纲领，简称共同纲领。这是当时全国人民的大宪章。经过长期酝酿，反复协商，广集民意，多次修改的《共同纲领》，得到全体代表一致同意，全国人民拥护。对妇女权利，在纲领第一章总纲中明确规定“中华人民共和国废除束缚妇女的封建制度。在政治的、经济的、文化教育的、社会的生活的各方面，均有与男子的平等权利。实行男女婚姻自由”（第六条）。

三　宣告中华人民共和国成立，男女都站起来了！

1949年9月21日，我有幸以全国妇联正式代表身份，参加中国人民政治协商会议第一届全体会议。从9月27日到29日大会一致通过了三大文件，即《中国人民政治协商会议组织法》《中国人民政治协商会议共同纲领》《中华人民共和国中央人民政府组织法》。全体一致通过了四个决议：（1）中华人民共和国的国都定于北平，自即日起，改名北平为北京。（2）中华人民共和国的纪年采用公元。（3）在中华人民共和国的国歌未正式制定前，以《义勇军进行曲》为国歌。（4）中华人民共和国的国旗为红地五星旗，象征中国革命人民大团结。会议9月30日发表了中国人民政治协商会议第一届全体会议宣言。决定建立人民英雄纪念碑，缅怀死者，鼓舞生者。

9月30日开始，大会进入选举领导班子议程。代表们庄严地履行自己的神圣责任，参加选举，选出中国人民政治协商会议第一届全国委员会委员 180 人。[①]

选出中华人民共和国中央人民政府主席毛泽东，副主席朱德、刘少奇、宋庆龄、李济深、张澜、高岗，委员 56 人。

每次选举结果公布时，全体代表都肃立致敬，鼓掌欢呼，表达民意。

其中，第一届全国政协委员中有 12 人是女委员，常委中有邓颖超同志；政府委员中有何香凝和蔡畅同志。中央人民政府任命的各部部长也有女性 3 人：何香凝任华侨事务委员会主任，李德全任卫生部长，史良任司法部长。

在建立新中国的同时，开创了妇女参政的先河，开辟了妇女参加各项建设的宽广大道。

1949 年 10 月 1 日，是我国历史上史无前例的伟大的划时代的日子。下午 3 时，政协第一届会议全体代表登上天安门城楼，30 万军民齐集在天安门广场，红旗飘扬，鲜花如海，共庆中华人民共和国诞生，中央人民政府成立。毛泽东主席按动电钮，第一面五星红旗缓缓升起，高高飘扬。毛泽东主席向全国人民，向全世界各国人民宣布：中华人民共和国中央人民政府成立了！ 30 万人用一个声音高呼：中国共产党万岁！毛主席万岁！中华人民共和国万岁！天安门城楼上，毛泽东主席带头高呼："人民万岁！人民万万岁！"党、国家和人民心连心，手牵着手，歌声、欢呼声响彻云霄。我满怀信心地想：我们党一定能齐心合力，男女并驾，团结一切可以团结的

① 10 月 9 日，中国人民政治协商会议第一届全国委员会举行第一次会议，选出全国政协主席毛泽东，副主席周恩来、李济深、沈钧儒、郭沫若、陈叔通。

人，共同把贫穷落后、四分五裂的旧中国，建设成团结一致、民主富强、繁荣昌盛的新中国，屹立于世界之林。

2000 年 6 月 11 日

（选自全国政协文史资料委员会编《中国人民政治协商会议第一届全体会议亲历记》，中国文史出版社 2003 年版）

代表全国学联参加新政协筹备会

谢邦定 *

一　从昆明到北平

1944年秋，我考入昆明西南联大地质系。西南联大是抗战时期由北京大学、清华大学和天津南开大学在大后方联合组建的著名学府，也是中国共产党领导学生运动的重要阵地。我在西南联大期间，参加了党领导的揭露国民党反动派发动内战、反对和平民主的一二·一运动。1946年西南联大复员北迁，我来到北平继续在北大的学业。这一时期，正是中国共产党领导全国人民进行人民解放战争，推翻国民党反动统治的重要时刻。在党的领导下，国民党统治

* 谢邦定：时任全国学联主席，新政协筹备会代表，人民政协第一届全体会议代表；后曾任中国驻突尼斯大使，全国政协委员。

区形成的以学生运动为先锋、各阶层人民参加的反蒋爱国运动逐渐汇聚成强大的爱国民主运动，构成了反蒋第二条战线，国民党反动派陷入全民包围之中。在北大期间，我加入了中国共产党，在北平地下学委领导下，参加了“抗议美军暴行”“反饥饿、反内战、反迫害”等一系列反蒋斗争。1948 年 10 月，我按照地下党指示，参加北大学生自治会竞选，并当选北大学生自治会常务理事。不久，为配合北平解放，我担任了北京大学迎接解放服务人民委员会主席团主席，与广大师生一道，为“保护学校、挽留教授、迎接解放”做了大量工作。

二　参加全国学联领导工作

1949 年 1 月 31 日，北平和平解放。2 月 21 日，北平学联第一次代表大会在北大四院礼堂举行，我当选北平市学生联合会主席。不久我接到通知，为迎接新中国的到来，党中央决定 3 月在北平召开中华全国学生第十四届代表大会，同时建立新的全国学联领导机构。中央青委领导荣高棠同志为此专门找我谈话，让我作好进入学联领导机构并担任负责人的思想准备。

自五四运动以来，中国的学生运动始终与中国共产党领导的新民主主义革命紧密相连，在反对帝国主义、封建主义、官僚资本主义的斗争中发挥了重要作用。毛主席曾对国统区的学生运动给予很高的评价，称之为“伟大的正义的学生运动”，是反对国民党反动统治的“第二条战线”。在中国革命即将取得全国胜利的时刻召开这次学代会，无疑具有承前启后的重要作用。

学代会召开前的2月28日，我们收到党中央发来的贺电，对中国学生运动在中国近代革命史上的贡献给予高度评价。贺电指出，现在中国学生和中国人民长期奋斗的第一步目标正在接近于完全实现，中国学生已经有可能自由地与劳动人民相结合，自由地为人民共和国的革命事业和建设事业服务了。希望大会号召全国学生积极参加和援助中国人民解放斗争，使这个斗争迅速地获得最后胜利，同时努力学习，以便在建设人民民主的新中国的伟大事业中完成新的历史任务。

3月1日，第十四届学联大会在中央美术学院隆重开幕。叶剑英同志代表中共中央、罗荣桓同志代表中国人民解放军亲临大会并发表了热情洋溢的讲话。中央青委书记冯文彬同志作了题为“与工农群众结合，为工农群众服务”的报告。在六天的会议中，来自解放区和国统区的204名代表，畅谈学习中央贺电体会，交流各地学运经验，明确了今后工作方针和任务。我代表大会主席团致闭幕词，决心不辜负毛主席、党中央对全国学联的殷切期望，认真按照中央贺电精神，团结全国学生，积极投身解放全中国、建设新中国的伟大事业。

在这次大会上，我当选为全国学联主席，晏福民等六位来自华北、东北、西北、华东、中原和上海区的学生代表当选为副主席，柯在铄担任秘书长。大会结束后，学联机关即迁入东长安街17号办公。

这里需要提到的是，在党中央进入北平初期，全国的青年和学生工作由中央青年工作委员会领导。当时青委负责人有参加过长征的冯文彬同志和廖承志同志，有参加过一二·九运动的蒋南翔、李昌、荣高棠同志，他们当时不过三十几岁，但都有着丰富的革命斗争经验，在青年和学生中享有很高的威信。在他们的领导下，我受益颇多。1949 年 4 月 18 日，中国新民主主义青年团正式成立，冯文彬、廖承志、蒋南翔等同志当选团中央书记、副书记。5 月 12 日，中华全国民主青年联合总会成立，廖承志同志当选全国青联主席，我被选为全国青联常委。

3 月 25 日，我接到通知，与北平各界代表一道迎接毛主席进入北平。毛主席、朱总司令在西郊机场检阅人民解放军部队，接见了各界代表人士。这是我第一次见到毛主席，心情格外激动。回到学联机关，我把见到毛主席的喜讯告诉了大家。有同志问："毛主席、朱总司令和你握手了吗？"我大声地说："握了，握了！"同志们纷纷凑上来，紧紧握着我的手不放，喜悦和兴奋之情难以言表。

全国学联成立后，尽管工作十分繁忙，但大家工作热情高涨。我们根据中央精神和青委指示，重点做了三项工作：

一是动员青年学生参军参战。三大战役后，全国解放进程明显加快，动员大批青年学生到新解放区工作已是一项迫切任务。从 3 月下旬到 8、9 月间，全国学联召开各种形式的动员会、演讲会，发动解放区内大中城市的大学生和中学生参加南下工作团随军南下。当时的北平市委书记彭真、北平军管会主任兼市长叶剑英对动员南下工作非常重视，多次出席南下工作团欢送大会，鼓励团员们"锻炼自己，向工农学习，参加解放全中国的伟大事业"。

二是接待安排来自国统区、港澳和海外的青年参加革命工作。从 1949 年初开始，大批来自国统区、港澳和海外的青年来到北平，要求参加革命队伍。他们当中有青年学生、科学家、工程技术人员和文艺界人士。为做好这批青年的工作，廖承志同志向我传达了周恩来同志指示，由全国学联负责归口接待和安排事宜。接到指示后，我立即布置学联有关部门专职负责，了解情况，安排食宿，填报志愿，分配工作或介绍学校。我自己也接谈介绍了许多人。

三是准备参加新政协筹备会。1948 年 5 月中共中央明确提出，要在适当时候召开新政治协商会议，建立联合政府。北平解放后，筹备新政协的步伐明显加快。1949 年 4 月初，我接到中央统战部和中央青委通知，全国学联将作为共同发起成立新政协筹备会的单位之一，代表当时全国 102 万学生参加新政协筹备会。接到通知后，我的心情难以平静，深感毛主席、党中央对学生工作的高度重视和期望。在全国学联主席团会议上，我传达了通知精神，要求学联各部门全力以赴，根据中央要求，作好参加会议的各项准备。

三　出席新政协筹备会

6 月 15 日，新政治协商会议筹备会第一次全体会议在中南海勤政殿举行，新政协筹备会成立。参加第一次全体会议的包括中国共产党和各民主党派、无党派民主人士、中国人民解放军、各人民团体、少数民族、海外华侨代表共 23 个单位，134 人。我作为全国学联主席，与另外 3 名学生代表出席会议。

毛主席在会上发表重要讲话，指出新政协筹备会的任务是“完成各项必要的准备工作，迅速召开新的政治协商会议，成立民主联合政府，以便领导全国人民，以最快的速度肃清国民党反动派的残余力量，统一全中国，有系统地和有步骤地在全国范围内进行政治的、经济的、文化的和国防建设工作”。听到毛主席上述讲话，我不禁热血沸腾，百感交集。历经百年奋斗的中华民族，终于赢得伟大的胜利，中国历史从此将要进入一个新时代，能够参与创建新中国，既是一种荣幸，更是深深的责任。

经过四天紧张工作，新政协筹备会第一次全体会议审议通过了《新政治协商会议筹备会组织条例》，选出了新政协筹备会常务委员会，毛主席当选筹备会常务委员会主任。会议决定在筹备会下设六个小组，分别负责拟定参加新政协会议的单位及其代表名额，起草新政治协商会议组织条例、新政治协商会议共同纲领、中华人民民主共和国政府方案，拟定国旗、国徽、国歌等工作。我被分配到第三小组，参加共同纲领的起草工作。

6 月 19 日，是新政协筹备会第一次全体会议的最后一天。下午会议休息时，我看见毛主席走出勤政殿，便走上前对毛主席说：“主席，我们非常希望同您合个影，可以吗？”毛主席愉快地答应了我的请求。我们几位学联代表立刻围拢在毛主席身边，在场的中南海女摄影师侯波同志拍下了合影。这张珍贵照片，我一直珍藏至今。

四　聆听毛主席教诲

6 月 11 日，毛主席召集各党派和群众团体负责人，在香山双清别墅召开新政协筹备会首次预备会议。我乘坐团中央机关派的小车赶往香山。由于提前到达，进入会议室发现空无一人，我便静坐等候。很快出乎意料地看见毛主席从里面房间健步走出，我立刻起身迎接。毛主席亲切地要我坐下，并询问我的情况。当他得知我是北大学生时，便问我，知道“三眼井”这个地方吗？我说知道，就在景山东街附近，与北大西斋近邻。毛主席略带回忆地说，当年在北大工作时，就住三眼井，那时物价很贵，一袋面粉要几块大洋，生活艰苦。现在北大师生生活情况怎样啊？看到毛主席这么关心北大，我非常感动，连忙向主席汇报了北大师生迎接解放、恢复教学、支援南下的情况。毛主席听了很高兴。谈了一会儿，其他代表陆续到达。

还有一次我参加毛主席就新政协组成单位和委员人选事项举行的小范围会议，当谈到全国学联候选人时，毛主席对我说，你是共产党员，算一个，另外两位委员，从全国非党学生中推选怎样？我说，好，我们一定做好这次推选工作。会后，我向冯文彬、廖承志同志汇报了毛主席指示，并在全国学联及各地区学联中做了深入细致的推选工作，最终推举天津的方光宇（女）和武汉的宋锡恒为政协委员候选人。

五　参与制定《共同纲领》

制定《共同纲领》，是建立中华人民共和国重要的基础性工作。这部纲领能否为全国各族人民、各民主党派、各人民团体一致接受和遵守，直接关系到新中国政权的巩固，关系到中国由新民主主义社会转变为社会主义社会的发展方向。在《中华人民共和国宪法》产生之前，这部纲领还将起到临时宪法的作用。考虑到这一文件的重要性，新政协筹备会一致决定，委托中国共产党负责并由周恩来主持《共同纲领》的起草工作。

在新政协筹备会期间，我是共同纲领草案起草小组（第三小组）成员，组长是周总理；在政协第一届全体会议期间，我是共同纲领草案整理委员会成员，召集人还是周总理。在长达三个多月的时间里，我目睹周总理为这部重要文件日夜操劳，呕心沥血。在新政协筹备会成立后，他根据中共七届二中全会决议和毛主席在《论人民民主专政》中阐述的重要思想，用了整整一周时间，亲自起草了纲领草案。随着政协第一届全体会议的临近，他利用各种机会反复征求各界意见，多次就草案涉及的新中国国体、政体、政党制度、国家的结构形式、军事制度、经济政策、文化教育政策、民族政策、外交政策等重大问题作出说明和解释。记得一些代表曾建议在总纲中把新中国的社会主义前途明确规定出来，周总理为此解释说，新民主主义一定要向社会主义发展，但在现阶段应该通过宣传、解释特别是实践来证明给人民看。只有全国人民在自己的实践中认识这是唯一的最好的前途，才会真正承认它。现在暂时不写出来，不是否定它，而是更加郑重地看待它。

9 月 29 日，《共同纲领》获得人民政协第一届全体会议一致通过。根据《共同纲领》，在普选的全国人民代表大会召开以前，由中国人民政治协商会议的全体会议代行全国人民代表大会职权，制定《中华人民共和国中央人民政府组织法》，选举中华人民共和国中央人民政府委员会，并付之以行使国家权力的职权。历史充分证明，这是一部立足中国国情、反映人民愿望的建国纲领，它奠定了整个新民主主义建设时期团结全国人民共同前进的政治基础，成为规范和衡量全国一切党派、团体、个人行为活动的共同准则。它的许多基本原则在制定 1954 年宪法时，都得到确认和进一步发展。

2019 年 3 月

（选自《文史资料选辑》第 173 辑，中国文史出版社 2019 年版。原标题为《在新中国成立的日子里》）

参加全国政治协商会议

沈其益*

大哥沈其震在重庆晤面后，即返回解放区，国共在内战时仍做地下工作，常来往于上海、青岛、香港等地为解放区聘请科技医药人才，筹集物资，壮大解放事业。我赴上海时常在银行家堂兄沈天萝家中与他晤面，他知我与科学界交往密切，淮海战役时，我在南京接到他的来信，约我在上海或香港与他面谈。这时淮海战争已十分紧迫，南京人心浮动，纷纷离开，京沪铁路沪宁段更为拥挤，我与吴亭、幼儿三人幸购得赴武汉船票。由表妹周光宇开车与李季伦同志送我们乘船赴武汉回长沙转赴香港与其震兄会面，这时轮船拥挤不堪，上船十分困难，一家三口幸未走散，到武汉见到舅父和表

* 沈其益：时任中国科学工作者协会常务理事，南京中央大学教授，人民政协第一届全体会议候补代表；后曾任北京农业大学副校长，全国政协委员。

姊陈颂后即转乘火车赴长沙。在家中小住20余日后与其震兄取得联系，即前往香港在其震兄开办的京华公司见面。其震兄告我东北解放区已决定创办大连大学为东北解放区培养高级科技人才，他任大连大学医学院院长，屈伯川同志任工学院院长，要我迅速赴上海、南京为大连大学聘专家教授赴东北解放区工作。因解放军首先到达东北接收日军投降后的工矿企业科研机关需要大量专家教授，由东北党政领导李富春同志决定成立大连大学培养高科技人才，以发展壮大东北工矿科技事业。因此将从宁沪聘请专家教授任务交付给其震兄，他又赴香港将此任务委托我办理。并告知我在堂兄沈天萝处有他的外币存款，可取出用于专家来港的旅费和安家之用。

我未做过地下工作，有些害怕，但这是党和解放区交付的重任，只能不畏艰苦承担起来，我将吴亭和幼儿安置在香港后，一人乘飞机赴沪试图完成党所交付的重要任务。幸好我在上海科技界友人较多，经大家帮助进行比较顺利。先到吴有训校长家中，适遇见王大珩教授，他原在耀华玻璃厂工作，愿意前往。后到上海医学院拜访了张毅和魏曦教授，他们思想进步，愿意放弃上医优越的工作生活条件，携带家属前往。好友杨国亮和顾学箕教授则愿为我物色适宜人选赴东北解放区工作。我到中央研究院邓叔群教授家中拜访，告知我来上海的任务，这时中研院正在酝酿迁台或留在大陆之事，邓教授深感国民党腐败无能，他向我推荐他的助手周重光同我先赴东北，他则利用在上海期间编写森林学讲稿，再去东北为我国培养一批森林科技人才，发展东北森林事业。我见到上海地下党员汪楚宝，他向我推荐上海交通大学物理化学教授张大煜，愿意赴东北工作。我又到上海交大等著名大学。这次到上海共动员专家教授8人，同船到达香港。安顿在港生活后，即乘京华公司轮船经台湾海峡、北朝鲜前往东北，但其震兄认为东北建设事业规模宏大，需要更多专家教授，又要我赴上海、南京，再做动员工作。因第一次已有专家教授多人离沪，形势更为严峻，我谨慎处理这件机密工作，并到南京中央大学动员了雷达专家毕德显、水利专家李士豪、医学寄生虫专家何琦教授等。因时间紧迫，我即回上海做动员工作，并见到李国鼎兄，希望他能去东北，留在大陆，他在资源委员会任造船公司经理，已去过台湾，对台造船公司规模宏大，可大有作为，未能去东北。他说我们总会殊途同归。此后他在台湾任“经济部”部长和“财政部”部长时对台湾经济腾飞发挥更大作用。并于1997年来北京中科院在周光召院长宴请时见面叙谈，并相互通信，也算是殊途同归了。两次赴宁沪共动员专家教授40余人，幸安然无恙，完成了党交给的重要任务。这些权威学者主动到解放区工作，不计名利地位，有很大的号召力，使我国科学界深知解放区重视科教事业、重视知识、重视人才。自然科学社同志、我的友人如内科教授乔树民、生理学教授吴襄先后前往大连大学任教。

我在香港时曾见到中共在港负责同志乔冠华，也接待过中国科学工作者协会负责人梁希、涂长望、潘菽，科学家严济慈、曾昭抡、曹日昌、计苏华等。在港时得到北平来电要我和夫人吴亭与最后一批专家魏曦、胡祥璧等教授和民主人士郭沫若及夫人等同船北上。到达天津时解放战争进展迅速，平津和平解放。在天津登陆时看到天津市区中有“为人民服务”五个大字，表明中国共产党宗旨最终是全心全意为人民服务。这时专家教授都愿目睹解放后北平的风貌，我们一行即赴颐和园游览并合影留念。

我们到北平后即由中央统战部齐燕铭、李维汉同志接待，我与吴亭同民主人士住在北京饭店，优礼相待。并受到周恩来总理的亲切接见，当周总理得知我动员大批专家教授赴东北解放区工作时对我说，解放区需要大批专家教授参加国家经济建设，但要学习党的方针政策，才能做好工作，并对我完成这一任务给予很高评价。又由齐燕铭同志陪同会见陈云同志，他决定让我先赴东北交代工作后留在北平参加筹备自然科学工作者会议。我和专家教授一同赴沈阳，由东北党政领导李富春同志接待，我向李富春同志介绍了这两次聘请的专家教授，经李富春同志宴请，安排好专家教授工作，除胡祥璧教授赴哈尔滨兽医研究所外，其他都赴大连大学，由沈其震和屈伯川院长妥善安排工作和生活。因这些专家教授都是国内权威学者，并主动来东北大连大学，有很大号召力，此后大连工学院成为全国著名高等学府，其震对此也极为满意。

我回北平后在中央统战部领导下与梁希、涂长望、潘菽、丁瓒同志会聚，并和东北解放区科协贺诚、刘鼎、恽子强、乐天宇等同志晤面，得知中央统战部已决定由中国科学社、中华自然科学社、中国科学工作者协会和东北解放区自然科学协会四团体发起召开全国自然科学代表大会。邀请全国科学家代表参加筹委会，为召开第一届全国自然科学代表大会筹备。并按新政协筹备会规定，全国各地区、部队、人民团体、民主党派和无党派民主人士各推选一定名额的代表，参加人民政协第一届全体会议，产生中华人民共和国中央政府。经自然科学筹委会推选代表和候补代表共 17 人。其中有李四光、梁希、曾昭抡、贺诚、侯德榜、严济慈、丁瓒、涂长望和我等人。人民政协第一届全体会议讨论并通过《共同纲领》，中华人民共和国的国旗、国徽、国歌和国家主要领导人。我参加政协第一届全体会议，学习了许多重要文件，增长了新中国和党的方针政策的知识，并于1949年10月1日在天安门城楼上参加中华人民共和国成立盛典，聆听毛主席讲话并宣布中华人民共和国成立，庄严宣告“中国人民从此站立起来了”。我目睹五星红旗在天安门前上空升起，心情万分激动，感到无上光荣。

新中国成立后经第一届自然科学大会[①]讨论，全国成立党领导的两个全国性自然科学团体即全国自然科学学会联合会（简称全国科联）和全国自然科学普及协会（简称全国科普）[②]，两会都由吴玉章同志任名誉主席。全国科联主席为李四光，副主席为吴有训、侯德榜、陈康白等，秘书长为严济慈，副秘书长为涂长望、丁瓒。全国科普主席为梁希，副主席为竺可桢、陈凤桐等，秘书长为夏康农，副秘书长为袁翰青和我，其后我又被任命为全国科联宣传部长，周培源教授为全国科联组织部长。

因科学代表大会及全国已成立了党所领导下的两个全国性自然科学团体即全国科联和全国科普，从而取代了原建议召开自然科学大会的中国科学社、中华自然科学社、中国科学工作者协会的任务。因此中华自然科学社经全体代表一致通过决议，认为中华自然科学社的历史任务业已完成，并作出决议结束社务宣言，“为全国科学界的大团结而奋斗”。

（节选自沈其益著《科教耕耘七十年——沈其益回忆录》，中国农业大学出版社1999年版。原标题为《参加全国政治协商会议和开国盛典》）

① 即“中华全国自然科学工作者代表会议”。——编者注

② 即“中华全国自然科学专门学会联合会”和“中华全国科学技术普及协会”。——编者注

佛教代表参加人民政协前后

巨　赞*

一　以前种种

也许是出生在没落的小资产阶级家庭的关系，我从小就多愁善感。当风雨晦暝的时候，常常一个人跑到离家五六里路的山里去仰天痛哭。月白风清的晚上，则又一个人兀坐在田塍上横吹短笛。有时在梧桐树下，对月独酌，直到大醉酩酊而后已。有时把省下来的一点钱尽数送给小叫花，还替他难过半天。记得是十四五岁的时候，寒假在书房里温书，看见窗外街道上来来往往的人就自己问“来来往往为什么”。刚巧一个朋友走进来，我就问他：“街上的人来来往往究竟为

* 巨　赞：人民政协第一届全体会议代表；后曾任中国佛教协会副会长，全国政协常委。

什么？”他反问我：“你在这里又为什么？”我当时吓了一大跳，肩头上好像挑起一个很沉重的担子放不下来，从此就想出家。

19 岁那一年的暑假，从家里偷跑到常州清凉寺去找应慈法师，想跟他出家。机缘不顺，未能如愿。又跑到杭州灵隐寺去出家。刚巧太虚法师在那里，见面之后，他要我作一篇出家志愿书。我用骈文写了四个志愿，1000 多字（从家里偷跑出来随身所带，除替换衣服和雨伞外，只有《老子》《庄子》和《昭明文选》三部书），当中有一个志愿是“改革佛教”。其实那时我所知道的佛教，只是在灵隐寺看过几本《安士全书》一类的知识而已，以前我从未研究过。所谓“改革佛教”，究竟不知道从何处说起（原稿已在一·二八之役被毁）。可是太虚法师看了很赏识，评语中有“斯亦有志于道之士，得其师导，可臻上达”之语。过了几天，我就跟着太虚法师到厦门闽南佛学院，既未拜师，也没有皈依，糊里糊涂研究了几个月佛学。闽南佛学院大闹风潮，先父又苦苦催归，家未出成，又回上海读了一时期书，秘密参加革命工作。

其实那时搞革命，除了一点赤热真诚的正义感之外，思想是不明确的，行动也未见得进步。我们虽然掌握了江阴县两个报馆，还有一部分纱厂工人与中小学教员，组织还是稀松的，一切秘密都被土豪劣绅所知道，联名向江苏省党部告发我们。通缉令下，牺牲了一个同志，我逃得快，未遭逮捕，可是损失也很大。其时先父去世未久，悲思未已，再加上这样的刺激，以前的人生问题又涌上心来，所以决定再到杭州去出家。本来有朋友要介绍我跟熊十力先生读书，或到山东去跟梁漱溟先生学习，我都辞谢了。偏偏太虚法师又来杭州，承他介绍，依灵隐寺却非和尚正式出家，受具足戒于宝华山，时为1931年，年二十三。

出家之后，从法相唯识的研究开始，在一年半当中，把一本十支和所有注疏，都细细看过，又做了很多笔记。自问心头，佛法对于自己究竟有没有用，当时只能回答一个否字，继又自问，佛法对于自己既然没有用，出家何来，还不如回去。但又一推想，两千多年来学佛而得到受用的人很多，他们难道尽是愚痴的人？这事关系重大，未便草草，而内心的痛苦则自此不断增加，有时连做梦也哭醒。有一次我去看马一浮先生，见面便问“如何是人”。他说从来没有人这样问过，如何是人，还要你自己解答。当时不得要领，不禁哭了起来。自此就不看经论，把自己心里面的问题细细参究。哪里知道问题一个接一个，非常之多。周少猷老先生介绍我到内学院去，见了欧阳竟无先生，解决了一些普通的问题，心头终未宁帖。在内院住了几个月，应约到四川汉藏教理院去教书，功课不多，又没有事务方面的牵缠，每天还是苦心参究。经过差不多一年的光景，渐渐觉得对于问题的解答，很多与经论不谋而合，问题也越来越尖锐深刻，即又回到内学院打开经本，从三论般若，天台、贤首、禅、净，以及大小乘经论，都看了一遍。心里蕴藏着的问题渐渐少起来了，就到大街小巷去找问题。前后总计看了7000多卷经论，解决了500多个问题（每看一本书都做笔记，每一问题的思考与解答都有记录，积稿盈箱）。中间还参访了肇安、玉岽、印光三老，才得安心做一个佛教徒，对于佛教的现状也更深怀不满，这是1937年以前的事情。

七七事变之后，专门在世间学问上用功，除研治先秦诸子、宋明理学之外，抛荒了的英、日文也开始温习，又新学德文，希望能看康德、黑格尔、马克思、恩格斯的原著。可是日寇的凶焰，一天天嚣张，我逃难的路程，也从福建而香港，而广东（在南华亲近虚云和尚，任书记数月），而湖南，舟车跋涉，贫病交侵，的确没有办法能做好学问功课。1939 年在南岳办佛学研究社，南昌告警，再也不能耐心读书了，就率领学生 20 余人，组织佛教青年服务团参加抗战，这是我重新和现实社会接触的开始。在工作当中碰了很多钉子，有一次几乎有生命的危险，但倒增长了对于佛法的信心。1940 年秋，不能再在湖南住下去了，就到广西桂林办《狮子吼》月刊，鼓吹抗战与佛教革新运动（“生产化”“学术化”两口号，就是那时提出来的），和社会的接触面更加宽广。当时有许多人以为我喜欢活动，其实我是在深入考察社会上每一个阶层的底蕴。形形色色知道得愈多，也更足以证明佛理的正确，希图彻底改革佛教教务的心愿，也愈加坚定。

1946 年回到杭州，住灵隐寺，任职浙江省佛教会及杭州市佛教会，对于佛教界的一切内幕，看得更为清楚，才知道在国民党反动政府下面要谈改革佛教教务是办不到的。那时的浙江省主席是沈鸿烈，曾经鼓励我草拟改革浙江全省佛教教务的计划，我认为空言无补，没有理他。后来浙江主席换了陈仪，杜伟居士当民政厅长，曾经两次对我说，愿意帮助我改革杭州市的佛教教务。我当时用书面向他提出几个问题，没有得到答复，也就置而不谈。事实上社会经济基础未变，旧有的一切，结合在一起，牢固不化，以民政厅长的全副力量，想要加以改造，只是主观的愿望、唯心的想法，决不会成功的。写到这里，不禁使我们想起太虚法师。他几十年奔走呼号，没有得到什么结果者，受了时代的限制之故也。一代大师赍志以殁，又不禁使我们低回惋惜，联想到杜工部吊诸葛武侯的两句诗：“出师未捷身先死，常使英雄泪满襟！”

1948年春在香港讲经，会到了李济深、沈钧儒、章伯钧、郭沫若诸先生。谈到佛教问题，大家认为是一个大问题。人民解放军不久将解放全中国，佛教的现状，必将打破，以后如何做法呢？还没有看见新的计划，实在是一个重大的缺憾。当时我也很着急，讲完经，就到台湾去考察，想看看日本化的佛教，究竟如何。在台湾一月，走遍全台，参访了很多寺庙，认为日本化是有问题的，改革中国佛教教务，应配合时代、重订合理的办法，日本化只能供参考而已。自台湾回到杭州，开始考虑草拟改革全国佛教教务的计划，赵朴初居士也为此到杭州去和我商量过一次，想秘密召集分散在沪杭甬一带的前进的佛教徒开一个会，切实商决具体办法。因为我病了一场和其他顾虑，拖延再拖延，一直到徐淮战役结束，江南传警，大家万分紧张，无暇及此，我就离杭再到香港。

那时李济深先生等都已北上，夏衍、潘汉年先生则是中共华南局的负责人。夏衍先生是熟人，潘汉年先生没有见过。有一次陈劭先先生与吕集义先生和他谈到我，据说他对于佛教问题很有兴趣，要我写一个计划给他看了再谈。我当时写了一个新中国佛教改革草案，托吕集义先生转交给潘汉年先生。过了好久，没有消息，去看夏衍先生，知道潘汉年先生把我那一个草案同大家研究过，没有提出什么意见，刚巧有人去石家庄，已经带到北方去了。其实我那个草案是急就章，又不明了解放区的实际情形，很多地方有问题，但当时又的确无人可供商量，只好算了。好在由我一个人具名，并不代表佛教界共同的意见。以上是我20年来参学的经过情形，再总括为四点说明如次：（1）我从小就爱好佛学，改革全国佛教教务是我的夙愿。（2）佛教教务的改革是必然的，但必须吸收佛教界优秀的素质，作为基本精神。像印光老人的“真诚”，弘一大师的“清逸”，虚云和尚、寂云和尚的“刻苦”，太虚法师的“念念不忘佛教”，以及欧阳竟无居士的“赤胆热烈，愿力庄严”，都是值得取法，并加以发扬的。（3）事事磨炼，正是入德之门，决不妨碍，也可以说就是真正的修行。相反地，离开了事而想求入理，则是钻牛角尖，愈钻愈窄，最后必定断送了自己的慧命。（4）改革佛教教务非但是佛教界的当务之急，并且也是一般社会认为问题甚大，而且非常需要的。

二　政协前后

1949 年 4 月 3 日，和李济深夫人吕集义先生等，同船自香港北上，事前夏衍先生和廖沫沙先生替我打了电报来。一到天津，受到招待，颇有“意外”之感，总还以为沾了同行者的光。4 月 13 日抵北平，住永安饭店，起初不知道是政府的招待所，还想自己给房饭钱。他们拒绝了我的意见，招待得无微不至，我才恍然大悟，中国共产党对于赞成革命、爱好民主的人士，不管力量如何，阶层如何，只要肯投向光明，决不遗弃一人，此之谓“统一战线”。我在钦佩及感激之余，深深地感觉着有点惭愧。所以在永安饭店住了两个星期，搬到北海公园里面去住以后，我只愿意每月向招待所领取 75 斤面粉，而不要其他零用钱。一直到 1950 年 2 月，我们办了学习班，伙食有着，就不再要招待。此外我也从没有要北平佛教界一文钱、一斤面。一切为公为私所用的钱，除 1949 年 10 月上海佛教界寄了一点钱给我以外，都是我在香港讲经所得的报酬。因为我自己觉得能力有限，为国为教，恐怕没有很好的贡献，这样倒反心安些。

至于北平佛教界对于我这样一个陌生人的突然莅临，首先觉得非常惊异。有人怀疑我是老干部，伪装着出家人来做工作的。又有人以为我是带着旧的一套，到新社会来钻门路的。有些不明“改革”两字意义的人，则心惊胆战以为我来破坏佛教的，甚而还有人以为我是从南方跑到北方来抢大庙的。但是也有很多明白的人，像周叔迦居士等，晤谈之下，非常相契。经过一个多月的考察与讨论，用北平市佛教同人的名义，为改革全国佛教，上书毛主席及各民主党派。其主要意义有四：

1. 人民民主主义的革命，彻底摧毁了封建的迷信的最后堡垒，使中华民族挣脱了一切枷锁，坚强地站起来，建设自由平等的新社会与新国家。这是五千年历史上最光辉最伟大的一页，而由于中国共产党正确的领导、英勇的斗争，以及各民主党派贤明的热烈的拥护与声援所造成的。我们佛教同人，对此新时代的降临，一致欢喜赞叹，踊跃爱戴。

2. 佛教来到我国，虽有 1800 多年的历史，和我国文化的各方面，虽也曾调和融摄，发生过密切的关系，但在封建社会的长期支持下，自不能超越现实，完全走它自己的道路的。所以不免逐渐变质，以至于背叛了释迦牟尼。尤其是最近四五十年，全国各大小寺院，由封建地主而商店化、家庭化，格外加强了迷信与没落的倾向，使佛教受尽了社会的揶揄与轻亵。我们实在觉得非常痛心，也曾经做过一点改进的工作。但佛教这一个阶层，和整个社会是分不开的，整个社会没有革命，佛教内部的革新也无法进行。所以佛教革新的运动，虽然也有 30 年的过程，而在这个时代以前，可以说是毫无成绩。现在政府替我们把束缚着佛教的封建与迷信的绳索割断了，并且也把假借佛教名义，宣传迷信，使佛教蒙受不白之冤的种种邪教，如一贯道、九宫道、普济佛教会、普明佛教会等铲除了。佛教将从此跳出来，建立它自己的生龙活虎的新生命。所以我们十二万分感谢这个时代，感谢中国共产党。

3. 佛教的本质不同于别的宗教，它“无神”又主张“实践无我”，与时代精神深相吻合。加以即待解放的西藏和台湾，都是崇奉佛教的。和我们毗连着的国家，如安南、暹罗、缅甸、锡兰、印度、朝鲜乃至日本，都是根深蒂固的佛教国家。假定在中国革命的过程中，漠视了佛教这一个单位，恐怕对于解放西藏、台湾和世界革命的进展，或者会发生困难的。反之，如果新中国的国土上，出现了佛教的新姿态，对于全国的完全解放和世界革命的进展，或者也不无便利之处。

4. 提出“生产化”“学术化”两个口号，作为改革佛教一切制度的目标。生产化可以打破旧时各寺院封建的经济组织，学术化则加强佛教徒对于佛教的认识与正信以破除迷信。封建的组织与迷信的愚昧既已毁弃，佛教革命的本质，才能完全流露。这对于争取落后民众参加革命队伍，不是没有帮助的。

这个意见书是我写的，签名者共 21 人，可见改革全国佛教教务的时机已经成熟；改革的办法，虽然还未到确定的阶段，也已得到佛教界内一部分人士的赞成。这在解放之前是不可想象的。至于各民主党派的反映，则都认为我们提出的意见和办法非常合理。组织方面当然不便批示，但和他们谈起来，也很表同情。这是我抵平一年来工作的第一个段落。

在新政协筹备开会之前，我在田汉先生那里遇到了林伯渠先生。他说人民政协里面，已经决定有宗教单位，我听到了心里非常高兴。林老又很关切地询问北平佛教界的情形。我说不甚安定。他说有什么具体事实，可以报告他，他再反映上去。不久北平市人民政府颁布了严禁毁坏寺庙古迹文物的通告。佛教界的情绪就慢慢安定下来。不过我以为消极的保护之后，应该有积极的整理，才能收到实效。曾经本着这个意见和张友渔副市长谈过一次。张副市长非常开明，对于佛教的情形也相当了解。他说积极整理对于佛教和政府都有益处，但非有一个佛教团体从中领导不可。组织团体的时候，最好以解决佛教问题为宗旨，不必涉及其他。这是非常贤明的指示。我就根据这个意见，草拟了一个中华全国佛教整理委员会和筹备会的章程，送请统一战线部核夺。统战部的同志说，组织全国性的团体，需要延揽很多的人才，目前这样做恐怕是有困难的，最好在开过新政协会议之后再谈。一则有共同纲领可以依据，再则代表本身就负有处理这个问题的责任。这个意见也是非常正确的，所以就把组织团体的问题暂时搁起来。

1949 年 6 月 19 日新政协筹备会第一次全体会议通过参加新政协的单位及代表名额，居然有宗教界民主人士七人参加，北平佛教同人知道了无不额手相庆。当时我写了一封信给李维汉先生，大意谓：佛教是世界三大宗教之一，本身有二千五六百年的历史，信徒遍亚洲各地，近且为欧美人士所爱好，就是苏联也有几个著名的佛教学者，而在我国则已经流传了 1800 多年，到现在还有广大的信徒，所以佛教是有资格参加新政协的。诚然我们佛教徒太惭愧了，自民国以来，始终没有能够完全打破封建的束缚，努力改造，发挥佛教本有的革命精神而为人民服务。但是现在非猛着硬鞭、彻底革新不可了。我们想，假定不是太不争气的话，经过改造以后的佛教徒，利用原有的信仰基础，或者也还可以在人民大众面前，勉尽绵力的。同时为着信仰、为着报佛恩，我们佛教徒是要争取参加新政协的。随后我又有一封信给李维汉先生，略谓：

近日于李任潮、田寿昌诸公处，得知政协宗教代表七人中有佛教名额，无任欣慰，愿就所知，更为先生略陈之。政协之有宗教代表，民主政治之盛事也。为宗教代表者，必须能运用新民主主义之理论，解决宗教上一切问题，而后可告无愧于人民。否则委委蛇蛇，点缀议席，固为宗教前途之障碍，抑亦人民政治协商会议之瑕疵也。就佛教言，因历史之久、信徒之众而积弊愈重，其待解决之问题亦较耶、回两教为多。佛教代表所负之责任，自亦较为艰巨，则佛教代表之选择，不得不力求严格，其理显然。又依佛教经典，出家僧尼主持佛法，而在家居士护卫佛法。故僧可为一寺之住持，而居士仅称护法。近数十年僧尼中固不乏高明之人，而一般素质，每况愈下，其信仰学识，颇有远在居士之下者，唯其主持佛法之身份，则始终不渝。故言佛教之改造，自以僧尼所住持之寺庙为主，而居士所组织之佛教团体次之，此在上毛主席书所附新中国佛教改革草案中已详言之。则政协佛教代表，应以出家僧尼为主，其理亦甚显然。

这时候陈铭枢居士已来北平，对于佛教代表的名额问题，认为照佛教的历史之久、信徒之多来说，在宗教代表 7 个名额之中，应有 3 名。他也曾为此事和李济深先生联名向李维汉先生提出意见。直到 8

月 31 日才作最后决定，佛教代表 3 名，有一位在特别邀请之中。后来吕秋逸居士因事不能来京，所以没有发表，而只有赵朴初居士和我两人出席。我自己明知责任艰巨，难以胜任，但为 2500 多年的佛教着想，又不能不勉为其难。这是我一年来工作的第二个段落。

10 月 1 日开国纪念日，在天安门上会见了乔木先生。他说佛教对于东南亚各国的关系太大了，应该组织一个协会，进行工作。我说巧得很，我们正想先组织地方性的佛教协会，着手改革佛教教务，章程草案已脱稿，待印好即可送上请教。这是因为北京市人民政府民政局方面的催促而计划的，但不能不先请示于统战部。据王伯评先生对我说，统战部方面认为佛教教务的需要改革是肯定的，但如何改革，则尚未决定。主要原因有二：（1）中央政府里面，是否设立处理宗教事务的机构，尚在考虑。（2）政协全国委员会里面的宗教事务组尚未开始办公。所以关于组织佛教团体的事情，最好再等一等。当时赵朴初居士因事忙已回上海，而宗教界与政府之间，有很多事情需要商量，我就非留在北京不可了。

自从留在北京，经常和北京佛教同人讨论进行改革佛教教务的问题。这里面又可以分为几个节目：（1）佛教问题研究会，这是在政协开会期间，帮助我收集资料，研究问题的临时组织。（2）僧众座谈会，乃是发动全市僧众集体讨论的组织，也是临时性质，没有向政府备案。我在这个座谈会上，曾经对大家说道：

我为佛教在新国家新社会中，争取一个合理的立场与正当的工作岗位而来北京。进行到现在，这两个要求，政府已在事实上圆满答复了我们。至于我和赵朴初居士两人，作为佛教代表参加人民政协，并不单纯地因为是佛教徒，而是由于过去对于民主运动多少有过一点贡献的关系。可以说因为是民主人士所以才被邀请为代表，又因为是佛教徒，所以才被邀请为佛教界民主人士的代表。那么我们以后应该怎样做法呢？我们知道佛教界素来和帝国主义风马牛不相及，和官僚资本主义的关系也很少，可是一般社会都认为我们佛教与封建传统是有密切关系的。我们不妨自我检讨一下，我们过去的生活来源，依靠着什么？无可否认地大部分依靠地租，这就证实了我们佛教界和封建主义是个好朋友。此后如果仍继续过去的作风，不谋改进，时代绝不容许我们。我们必须深刻地认识，新国家的成立，绝不是过去的换朝代，在新社会里，也绝不许可有人剥削人、人压迫人的事情。我们对于此点，必须根本觉悟。我们应该利用现在所获得的合理立场，与正当的工作岗位，及时努力，真正地发扬释迦牟尼的革命精神，真正从事生产，为社会为人民服务，我们才有前途，否则只有被淘汰。按照目前客观环境来说，佛教并不是没有前途，但是前途必须我们本身去争取；并不是没有光明，光明亦要我们自己去寻求。佛教是有许多问题的，但问题尽容许我们自己去解决；是有许多荆棘的，也尽容许我们自己去剪除。今后为祸为福，为凶为吉，就看我们如何做法了。

1950年中秋节于北京极乐庵之九莲居

（节选自《文史资料选辑》第102辑，中国文史出版社1986年版。原标题为《名僧巨赞的自述》）

1949 年赴会记

张元济 *

9 月 3 日

定计应政府之召，赴北平参加新政治协商会议。小英电询乐文照，拟往检验身体。云本日不应诊。

9 月 4 日

梅达君来，谆谆劝行。答以延医检验，须明后日方能决定行止。渠云 6 日有送客专车，渠亦偕往，深盼同车。晨电约乐文照医师在寓稍候，即挈英儿同往。乐医先诊脉，次看心肺，云心脏稍形扩大，血管稍硬，须照 X 司光方能断定。继验血压，云仅有 140

* 张元济：时任商务印书馆董事会主席，人民政协第一届全体会议代表；后曾任上海市文史研究馆馆长，全国政协委员。

度。检验费 6000 元，即付讫。

9 月 5 日

访剑丞，告以将有北平之行。

陈夙之来，馈余饼干一盒，乐口福两瓶。到沈成武诊疗室照 X 司光。先透视，云无恙。候其洗片。据云甚轻微，可以无虑。出赴商务印书馆，约职工会常务委员叙谈。略言余将北行，际此艰难，甚盼努力合作。当此合作伊始，彼此都不能相互满意，但望持之以恒，总能达到目的。若辈斤斤于总务改组，新订章程及人选均不满意。余言人选我亦大不满意，但当局诸君斟酌再四，确有为难。此次用人较多，即预备数月之后去留地步。继又约夙之、久芸、仁冰、傅卿、雄飞、英桂、家凤诸君，告以有北平之行，并略述顷与职工会所谈大意。既出，往访伯嘉，告以此行。傍晚夙之又来，同往拔可处一谈，乞为我代表商务董事职务，即将所备信面呈。又与公司一信，亦同时交与夙之。

陈沧舟馈乐口福四瓶，即往谢。

9 月 6 日

上午访徐凤石，未遇。访徐寄庼，告以将北行。归后知宝骏来，未遇，即与通电话，旋即来寓，馈余蛋糕一方，饼干一盒。徐南屏来，未见。陈沧舟又来送行，遇陈鸣一于座，先是曾至余寓，余已出门矣。午后电告丁斐章、夏地山，即刻启程，不及趋辞。徐赓起来送行，馈水果两筐。

午后四钟半挈英儿出门，至百老汇大楼集合。晤蒉延芳、盛丕华、冯少山、胡子婴，又晤梅达君、王浩川，进茶点后登车，开北站。遇吴有训、胡刚复，遂邀同车。至站口为逻者所阻，绕至站后，步行辗转，始觅得所乘之车。先入所指定四人之室，旋遇一管姓者，云陈叔通面托为预定一两人之室，俾余父子同居。候之良久，来言已觅得第27号。遂将行李移入。胡刚复系来送行。嘱毛德修送回上方花园王宅。6时三刻发轫。晚饭后不久即睡。车行震荡，不能成寐。午夜1时抵南京，曳车渡江，凡两小时始毕，即由浦口开行。

9月7日

早餐过临淮关，9时过蚌埠，约停一刻。复前进，渡淮河桥。铁桥南段无段，北段有桥墩被毁，铁路亦断坠水中。据同车茅工程师以升云，尚不难修复。经固镇、宿县，沿途车站多焚烧，想见当日战事之惨。下午4点一刻到徐州。入山东境后，夜间甚凉，与昨夕大不相同。

9月8日

晨起知已过德州。午餐时过沧州。11点半到天津，先西站，而东站，而北站。均暂停。午后抵北平。先经丰台，旋入城。抵站时，陈叔通、黄任之、俞寰澄、盛丕华、包达三、杨卫玉、韦捧丹、孙乾三、伊见思、宣信予均来迎。招待者言，指定六国饭店为余宿舍。余欲移到北京饭店，因熟人较多之故。叔通与招待员熟商，并允回去与北京饭店商议，嘱先至六国饭店稍候。余挈英儿同往，有军队一人同车。至则犹是三十九［年］前之旧状。宣统三年夏，开全国教育会议，余曾寓此数日也。坐候良久。遇李伯龙（上海源生牧场经理）[①]、袁雪芬（越剧艺人）于座。久之，招待员来言，北京饭店无闲房，责暂居于此。余允之。遂入居 130 号房。光线甚好，空气亦佳。托商务印书［馆］发沪寓电，告安抵平。

到北京饭店访陈叔通。遇简玉阶，知其英甫已作古人。叔通介余往见司徒美堂。扶杖而行，询知长余六月。

遇郑振铎、冯少山。

9 月 12 日

秘书处送来代表手册。

9 月 13 日

陶孟和邀往谈，有高震武、张伯秋（年五十一，沂水人，现在河南省政府）在座，均代表也。高原籍河北，曾从事游击战，与日人相抗。（张君亦然。）现移居平原省新乡县。谈半小时，辞出。高与陶同房，张住 134 号。

得朱皎如信。筹备会约明日参观苏联建国图片展览会，在中山公园中山堂。

高等教育委员会约 15 日参观故宫博物院及历史博物馆。

6 时半周恩来、林伯渠约在御河桥军管会（故日本使馆）晚餐，并邀树年届时同往。与吴贻芳女士偕行。及门，遇任叔永及侯德榜。晤主人林君，须发皆白，容貌俊伟。周君后至，一一握手入

① 括注的内容为原书作者自注。——编者注

座。凡六席，余居首座。同席者陈明仁将军（湖南人）、侯德榜、茅以升（其次座未通姓名）、陈巳生、蒉延芳、陈仲公（贵州人，与黄齐生相识）。树年在第六席。酒菜甚丰。过8时散。

9月14日

天头 余初次到勤政殿，讨论《共同纲领》。

午后1时三刻乘车赴中南海，到勤政殿第一会议室（并非戊戌年德宗召见之处）。英儿偕往，留坐外室。向导人引至一殿签名。到者□十余人。入所谓第一会议室者，见章伯钧、李烛尘，又晤吴奇伟。代表陆续至，见陈鹤琴、何燮侯、张志让、王芸生。刘少奇、陈叔通亦至。又遇陈毅。2时半开会，讨论修正稿。《共同纲领》文字甚欠整洁，前后亦欠贯串。发言人多斤斤于词句之末。至4时，余递一笺与章伯钧，云拟先请假，但第十七条有意见，可否准先陈说。章说明后遂嘱余陈述。余言第十七条“禁止肉刑”云云，自汉文帝废止后，似南北朝时曾经恢复，至何时又被废止，不复记忆。似唐宋以来均已无之。近唯黥刑尚未废，但非正刑。肉刑早已禁绝。际此文明进化时代，如以此列入，于我国面子甚不好看。我料此所谓肉刑者，当指鞭笞而言。其实民国以来，鞭笞亦已禁止。至于私刑，则比此更甚，亦禁无从禁。鄙见事实上早已无有，何必再缀此文。特为提出，请公同讨论。众议亦以为所指定是鞭笞，俗称体刑。章主席起言：“俟讨论后，再通知结果。”遂准予退席，遂辞出。陈毅来招呼，备车相送。余云有车。有女代表殷勤送出。余急辞之。英儿候于门外，云此当是宋庆龄。时间已止，即乘车回寓。

答拜高震武、张伯秋（沂水县人，在河南任司法厅）。云梁启超任司法部时，曾定有易笞条例以处短期徒刑者。

9月16日

早与章伯钧信，对《共同纲领》第三一六条拟请补入“航业”。

9月17日

天头 还招待处代发电报半费。

14日托招待处代发寒电与商务印书馆。屡问电费几何，主任邓君均不肯言。晨托伊见思问电局，计134字，价共28140元，照招待优待，私电半价，应付还14070元。伊君如数送来，即出收据，交来人带去。访邓子平（招待主任），当面交还。再三推却，云电局账已付出，不便收回。余恳切告以公款不可滥使，照章应缴半价，如收账过于琐屑，即收作招待处公用。余言之再三，始留下。

政治协商会议送来今日晚会入场券两纸，戏目为《野猪林》《红拂传》。余未往。又送来车票一纸，车号75，车场02，与高震武、吴贻芳相同。

9月18日

李明灏来。（前日在小组会议见过，醴陵人。）住北京饭店109号。自言阎宝航担任与代表联络，恐招呼不到，特约四人，分为四组，每组派定与20人联络。特送出80人特别招待。李君担任一组，并询问有无不便，衣被有无缺乏，随时可向政府取给。因现正行供给制，如有所需，随时告知伊处。又言开会时如觉时间过久，可以先退，发言可先具条向主席声明，主席可特为指出，不致被人攙夺。如欲先退，可具书面发言意见。又言徽章现可不用，以代表证为凭。余出所收代表证，席次与李君差四席。渠云更易照料。余又问车票是否三人同乘一车。答云然，并云指定车号及停车场，不再更改。余告以昨送来树年零用费，不能领受。又发私电，照章缴半价，已送招待处，邓君初不允收，已请留下。李云此系规定供给，不必过谦。余云公家何等艰难，余父子两人来此，食宿已极受优待，何敢再耗公款，务祈转致，即再送来或发还，余亦断不能从命。言之再四，允为转达，兴辞而去。（适树年外出，云尚须走访，面谈一切。）

天头　招待处送来零用费，恰树年出，退回未收。

9月19日

天头　与毛泽东游天坛。

午后小英往游天坛。2时半陈毅来，述毛泽东君意邀余至天坛一游，并约李明扬君同行。余已约伊见思来寓，即留一笺，托问讯处于伊君来时转交，乞其5时再来。即与陈、李二君同车出门。陈言毛主席在天坛相候，至则毛候于祈年门外，相与握手，寒暄数语。陈为余介绍数人，道姓名，余均不能记。仅刘伯承，则震其名已久。程潜、李明灏、陈明仁诸君皆在。先至东厢，见所陈皆祭器。有铜制者，色泽皆古。有以瓷仿制者，皆新品也。出，与小英相遇。余导见毛。毛与陈并一一介绍诸人。遂同登祈年殿，历阶而升，凡三层，层各九级。同览一过，历阶而下。至东厢，陈有据称宋哲元所刊石碑数十方，石质致［至］佳。而所刊文字有郑孝胥、黄秋岳文字，毫无价值，实为此中之玷。大都为古乐器，有已损者。柷失去木杆，敔则虎背无脊矣。有鼓二形，甚巨。有舞时所执之旄节。寥寥数事，恐亦不全。有一铜制偶像，导观者谓系冷谦。（似在西厢，不知从何而来。尚有一像，言者不详。）壁上悬有旧时南斋翰林所作书画，亦不称。南行出成贞门至圜丘，陟阶而上，亦层层为九级。坛形正圆。既下，至皇穹宇侧树荫下，列坐啜茗。毛语余，此次革命实为人民革命，非共产［党］所得为私。即如重庆舰来归，舰上凡 700 余人，并无一共产党人，此可为证。坐谈约半小时，相将入皇穹宇一览。凡一呼，声同响应，盖建筑为圆形，能聚声之故。巡览既毕，出外各握手道别。余并向毛致谢感意。

陈毅以车送余及李明扬回寓。

是日在天坛有六七人持摄影具，随处摄照，凡数十次。

毛与余与谈戊戌政变情节，又询余德宗召见仪式，又问余昔年在官情况，又问在官受禄几何。又言商务出书有益于民众，伊曾读《科学大全》，得新知识不少。

9 月 20 日

梅达君来，云英儿于开会可以陪同出席。余云出席非宜，但祈给一出入凭证。

阎宝航来，告余明日下午开会。3 时开会。英儿出入证准今晚送来。

（节选自张元济著《张元济日记》，商务印书馆 2018 年版。题目为编者所拟）

刘少奇就新政协及中央政府与斯大林的会谈

师　哲*

一　漫长的飞行

1949 年 4 月 21 日，毛主席、朱总司令发布渡江命令。人民解放军以摧枯拉朽之势，迅速渡过天堑长江，解放了南京等大中城市。此时，我们已基本打败了国民党。全部消灭反动派、解放全中国已指日可待。在建立新中国的前夕，5 月，中共中央决定派以刘少奇为首的中共代表团秘密访苏。

刘少奇访苏的主要任务是：（1）介绍中国革命的进程、性质、任务，它的发展和前景，中国革命的现阶段状况、特点、历史经

---

* 师　哲：时任中共中央书记处政治秘书室主任，出访随行翻译；后曾任中共山东省委书记处书记。

验，尤其是武装斗争的重要意义和实践经验等。（2）中国革命与世界革命的关系及其对世界革命的影响，尤其是对殖民地、附属国的影响，它对世界革命应负的义务和希望得到的国际声援等。（3）最迫切、最关键的问题是要取得苏联对我国革命的理解以及在各方面的支持和援助。尤其是通过他们争取国际对中国革命在政治上、道义上的同情和声援。这是中苏两党间第一次进行的高级会谈，意义重大。

为此，中央将王稼祥从东北调回。他到香山后，出国的准备工作即全面展开。邓力群、戈宝权协助他整理材料。王稼祥经验多、见识广、洞察力强、看问题深刻而有远见，所以在访苏期间发挥了很大的作用，提出了不少很好的意见和建议。

7月2日，刘少奇、王稼祥从清华园车站出发北上。同车的有戈宝权、邓力群。陪同中共代表团前往苏联的还有柯瓦廖夫和苏驻华使馆参赞费德林等。①

代表团第一站到达沈阳，同高岗会合。高岗带了徐介藩做翻译。第二站到达大连。在此乘坐当时的王牌飞机道格拉斯前往苏联。由于国内战争正在激烈进行，为防不测起见，飞机绕了一个大弯子，经朝鲜民主主义人民共和国上空飞抵伯力。由于南北朝鲜对峙，无法保证在飞行期间不会遇到空中强盗，所以航行时忽高忽低，最高时飞到8000米高度。我们的衣服都被冷空气打湿了，稼祥身体本来就不好，因此感冒生病。飞机在伯力着陆后，大家才松了口气。

① 根据中央档案馆的材料应是6月21日。——原书编者注

代表团在伯力受到边疆区党委书记的热情接待。他是格鲁吉亚人，朴实而热情。他向少奇表示：希望中国革命能胜利地进行到底，取得民族完全独立，建立一个真正的主权国家。苏联远东作为中国的近邻近亲，将会感到无比的愉快和欢乐。因为有一个好邻居相陪是很幸福的。这是全苏人民的愿望和欢乐。

第二天一早，代表团从伯力出发。为了抢时间，飞机航行在10000—13000米的高度。这时舱内的气温降到零度以下。由于缺氧，大家呼吸困难，上吐下泻，难以支持。飞机只好降低飞行高度。到达赤塔时，大家如同大病了一场，疲惫不堪。

第三天情况较好，由赤塔飞抵克拉斯诺亚尔斯克时，正是中午。天气晴朗，地面气温很高。第四天到达新西伯利亚，这是我最熟悉的一个城市。州委书记到机场迎接少奇，并在机场附近宾馆设宴招待。我遇见了几位老熟人，有州委书记的秘书、机场负责人等。第五天抵达斯维尔德洛夫斯克——欧亚交界地带。州委书记到机场迎接。我们在机场休息。

第六天中午，我们抵达莫斯科，迎接代表团的是苏共中央对外联络部的领导。负责处理有关代表团事务的工作人员中有20世纪80年代曾任驻华大使的谢尔巴柯夫。代表团被安置在莫斯科城内奥斯特洛夫斯卡娅街八号公寓里。

八号公寓是沙皇时代某大资本家为著名女歌唱家建造的豪华而舒适的住宅，十月革命后成为苏共的招待所。这里只接待中国、朝鲜党的高级领导人。苏方对代表团的接待非常奇特：我们的住处、生活、参观游览、会见、会谈，以及一般活动，均由苏共中央对外联络部负责安排，但我们使用的交通工具、同国内的通讯联络却一律由军事情报部门负责。这个情况当时令人难以理解，后来才明白，这是战争的遗痕。因为少奇率领的中共代表团是斯大林的客人，所以只有斯大林一人才有权同中共代表团谈实质性的问题，甚至稍微带有影响性的事情，别人都不能插手，也不敢过问。

现在，从北京到莫斯科乘飞机只需九个小时。人们很难想象 40 年前竟用了六七天的时间才从北京飞到莫斯科。①

二　刘少奇和斯大林会谈

代表团稍事休息后，被邀请到斯大林的夏令别墅（在孔策沃附近）。② 以斯大林为首的苏共中央政治局委员伏罗希洛夫、莫洛托夫、马林科夫、布尔加宁、贝利亚、卡冈诺维奇、米高扬等都站在门前迎接客人。宾主相互握手问候之后，斯大林设宴招待少奇和代表团其他同志。双方边吃边谈，无拘无束，十分自然。虽然是随意交谈，但也涉及某些重大的实质性的政治问题。这次宴会持续将近四个小时。③

回到寓所后，少奇召集代表团同志，一起回忆这次会见的情况和谈话的内容，分析谈话中涉及的问题哪些是重点，哪些问题斯大林已经明白，哪些问题他还不很了解，然后拟出下一次会谈的要

① 据中央档案馆的材料，刘少奇于 6 月 26 日到达莫斯科。——原书编者注

② 据中央档案馆的材料，是 6 月 28 日晚。——原书编者注

③ 根据中央档案馆的材料，这次会谈的问题，其中包括：贷款和向苏联学习的内容，请苏联帮助办一个培养建设管理人才的专门学校（即中国人民大学），以及中苏交通问题、文化交流问题、贸易问题，等等。据俄罗斯公布的会谈记录，斯大林说：（1）苏联已决定给中国 3 亿美元贷款，年息 1%；（2）苏联派专家到中国工作；（3）苏联可以帮助清除上海的水雷；（4）建议不要拖延占领新疆的时间，苏联可以派飞机帮助消灭马步芳的骑兵；（5）中国应建立自己的舰队、飞机装配、制造工厂，苏联可提供；（6）建立莫斯科和北平之间的航线；等等。——原书编者注

目，并整理出简报。

王稼祥建议少奇就中国问题写一个书面报告，这既能使会谈有所依循，又可以把问题谈得更有系统。在讨论、研究问题时还可以这份报告作为基础，把问题谈深谈透，使他们对中国的问题有个较全面、较正确的了解。这样能保证会谈内容既不会重复也不会遗漏。因在国内已有充分的准备，报告很快拟订出来，[①] 在第二次会谈后交给斯大林。后来双方又谈了三四次，每次花去四五个小时。会谈进行得有计划、有步骤，有先后次序、轻重缓急之分。这同稼祥妥善的组织安排是分不开的。

报告首先介绍了中国目前的形势，指出：中国人民革命战争，现在已基本上取得了胜利，不久就要取得完全的胜利。报告以详尽的数字说明三年来中国人民取得的伟大胜利。截至 1949 年 5 月底，中国人民解放军已经解放了 290 万平方公里的中国富庶地区，占全国总面积的 30%；解放区的人口已有 2.75 亿，占全国总人口的 57%。被解放的县城以上的城市，包括最大的城市上海、南京、北平、天津、武汉在内，有 1043 个，占全国县城以上城市的 51%。中国人民解放军从 1946 年 6 月起的三年来的战争中，消灭了国民党军队 550 万人；国民党军队，包括它的后方机关人员在内，现在只剩下 150 万人左右，其中稍有战斗力的大约只有 20 万人。而人民解放军，据最后统计，则已发展到 390 万人，其中四个野战军 240 万人。人民解放军在 1949 年夏秋两季，可望继续解放福建、湖南、江西、陕西等省，冬季可望继续解放广东、广西、云南、贵

① 报告的题目《中共代表团主任刘少奇给联共中央和斯大林的报告》，注明的时间是 7 月 4 日。——原书编者注

州、四川、西康、甘肃、宁夏、青海等省。这样就可在基本上结束对国民党的战争。剩下台湾、海南岛、新疆和西藏。西藏须用政治方式去解决，台湾、海南岛与新疆须待明年解放。我们完全同意尽可能早地去占领新疆，而最大困难是肃清道路和缺乏必要的交通工具。

我们已取得了在政治上的完全胜利，所有的中国民主党派都站在中国共产党一边。报告认为，帝国主义派遣上百万军队打入中国的大规模的武装干涉似乎没有可能。帝国主义的武装干涉只能推迟中国革命胜利的时间，而不能扑灭与阻止中国革命，这将使帝国主义陷入极大的困境。但是，帝国主义派遣一二十万军队，占领几个海港或做一种扰乱性的袭击，却是可能的。我们对此已作了一些准备。帝国主义对中国实行封锁政策是很有可能的，而且已经开始实行。这将在船舶和对外贸易方面给我们带来困难。但是，不能阻止中国革命的迅速胜利。

报告认为：在中国革命中，有成功地组织反帝民族统一战线的经验，土地改革的经验，在乡村中长期进行武装斗争，包围城市然后夺取城市，及在城市中进行秘密工作与合法斗争以配合武装斗争的经验，以及在中国这样的国家内建设马列主义政党的经验。这些经验，对其他殖民地、半殖民地国家，可能是很有借鉴作用的。

报告的第二部分是关于新的政治协商会议与中央政府。

报告首先指出：我们已决定今年8月召开新的政治协商会议，并成立联合政府。现正积极进行各项准备工作。政协筹备会由23个单位134人组成。将召开的新政协由各党派、各地区、各人民团体、各少数民族及海外华侨45个单位500余名代表组成。

新的中央政府的组织成分尚未决定。[①] 除开军事委员会之外，在内阁之下，将成立财政经济委员会、文化教育委员会及政治委员会（管理公安、内务、司法等），并设立各部。在内阁中，准备设立铁道、农业、林业、商业、金属、纺织、燃料、交通、邮电、工业等部。毛泽东为主席，周恩来为总理，刘少奇、任弼时不参加政府。

报告特别阐述了关于中国新民主主义的国家性质与政权性质：它是以无产阶级为领导，以工农联盟为基础的人民民主专政的国家。工人阶级是这个专政的领导力量，工人、农民与革命知识分子的联盟，是这个专政的基础力量，同时，团结尽可能多的能够和我们合作的资产阶级与民族资产阶级及其代表人物和政治派别参加这个专政。中国的人民民主专政，与列宁在 1905 年至 1907 年革命中所提出的“工农民主专政”有其共同点，也有区别点。以无产阶级为领导、工农联盟为基础，这是共同点。中国人民民主专政包括愿意反对帝国主义、封建主义与官僚资本主义的民族资产阶级的代表和派别在内，这是区别点。中国人民民主专政的形式，是人民代表会议制，这不是资产阶级式的议会制，而近于苏维埃制，但与无产阶级专政的苏维埃制也有区别。因为民族资产阶级的代表是参加人民代表会议的。中国人民民主专政，有它的外部矛盾与内部矛盾，有它的外部斗争和内部斗争。所谓外部矛盾与外部斗争，就是它与帝国主义、封建主义、官僚资本主义及国民党残余势力的矛盾和斗争。这在推翻国民党政权以后一个相当长的时期内仍然是存在的，

① 1948 年 9 月在中央政治局会议上，毛泽东指出：根本打倒国民党大概要五年左右（以 1946 年 6 月至 1947 年 6 月为第一年），第四年成立中央政府。——原书编者注

并且仍然是主要的矛盾和斗争。所谓内部矛盾与内部斗争，就是人民民主专政内部各阶级间各党派间的矛盾和斗争，这在今后将会逐渐加紧，但与外部矛盾比较，在一个相当长的时期内，将仍然处于次要的服从的地位。有人说："在推翻国民党政权之后，或者说在实行土地改革之后，中国无产阶级与资产阶级的矛盾，便立即成为主要矛盾，工人与资本家的斗争，便立即成为主要斗争。"这种说法，我们认为是不正确的。这将把目前尚能与我们合作的民族资产阶级赶到帝国主义那一边去。这在目前的中国实行起来，将是一种危险的冒险主义的政策。在推翻国民党政权之后，劳资间的矛盾是客观存在的，并将逐渐地加紧起来。因此，工人阶级要向资产阶级进行必要的和适当的斗争，才能保护工人阶级与人民民主专政的利益。但同时，还要和民族资产阶级实行必要的和适当的妥协与联合，以便集中力量去对付外部敌人和克服中国的落后现象。在中国从现在起到实行一般民族资产国有化，还需要经过许多步骤，需要一段相当长的时间。这一段时间到底需要多久，这要视国际和国内的各种条件来决定。估计或者需要 10 年到 15 年。

第三部分是关于新中国的外交问题。

所有帝国主义在中国的控制权，不论是在军事上的、政治上的、经济上的和文化上的控制权，均须彻底地加以摧毁。这个决定是载入中共七届二中全会的，是坚定不移的。

今后的外交活动，根据下列几项原则进行：（1）和各帝国主义国家进行斗争，以便实现中国民族的完全独立；（2）在国际事务中和苏联及各新民主（主义）国家站在一道，反对新的战争危险，保卫世界和平与民主；（3）利用各资本主义国家的矛盾；（4）在平等互惠的条件下，发展中国与外国的通商贸易，特别是发展与苏联及各新民主（主义）国家的贸易。

各国在华投资企业经第二次世界大战，都不甚重要。各国在中国的外交人员，都不承认，只当作侨民对待。各国在华侨民 12 万，集中在上海、东北两地。这样执行的结果是使人民感觉得到中国已站立起来，中国共产党是不怕帝国主义的，也使我们免去许多麻烦。

在新的中央政府成立以后，即发生和各国建立正式的外交关系的问题，参加联合国及其他国际组织与国际会议的问题。各帝国主义国家可能有一段时间不理，或提出一些足以束缚手足的条件来作为承认的代价，这当然不能答应。如果各帝国主义国家采取承认中国新政府的政策，我们就准备与之建立外交关系，那时希望苏联能在这些国家之前承认新中国。

对于国民党与外国订立的各种条约和协定，我们准备重新审查，分别处理。其原则是：凡是对于中国人民及世界和平民主有利者，我们都准备加以承认和继承。

有的党外人士曾批评我们的政策是向苏联一边倒，毛泽东同志答复他们说：我们的政策就是要向苏联一边倒，如果不和苏联一起，站在反帝国主义阵营，而企图走中间路线，那是错误的。在经过这些解释后，各民主党派就和中共联名发表了《反对北大西洋公约联合声明》。[①]

第四部分是中苏关系问题，谈到如何处置苏联和国民党签订的

① 此声明于 1949 年 4 月 4 日发表。——原书编者注

《中苏友好同盟条约》、苏联在旅顺口驻兵、蒙古独立等问题。报告认为，中苏两党关系、中苏两大民族的巩固的友谊，对于两国，对于世界，都有极为重大的意义。并说，关于新中国与苏联的通邮、通电、通航等问题，希望能迅速办理。

报告表示：我们长期处在乡村的游击战争的环境中，对外面的事情知道得很少。现在要来管理一个如此大的国家，进行经济建设与进行外交活动，我们还需要学习很多东西。在这方面，联共给我们的建议和帮助，是十分重要的，我们迫切地需要这种帮助。

为帮助培养新中国的建设管理人才，除了派专家外，还希望派一些教授到中国讲学，并由中国派一些参观团到苏联参观学习，派一些学生到苏联留学。为密切中苏两党的联系，应该相互派遣适当的政治上的代表，以便处理两党间的有关问题，并增进了解。

毛泽东准备在中苏建立外交关系时公开访问莫斯科，希望苏联考虑时机和方式。

关于苏联给予中国3亿美元贷款的事，按照斯大林同志的意见办，感谢苏联的帮助。①

另外刘少奇给联共中央写了一封信，要求解答关于政府各级机构的组成、职能、相互关系、银行、学校、群众团体、党的组织等各方面组织及工作的详细情况。希望苏联能像20世纪20年代那样办一个专门训练中国干部的学校，并希望苏联帮助我们培养海军干部。

7月11日晚10时，以少奇为首的代表团被邀请到克里姆林宫

---

① 7月30日，刘少奇与马林科夫在克里姆林宫签订贷款协定。——原书编者注

苏共中央政治局会议室。苏方出席的有斯大林、莫洛托夫、马林科夫、贝利亚、米高扬、卡冈诺维奇、布尔加宁、什维尔尼克，列席的有索科洛夫斯基及总参谋长、海军元帅等。柯瓦廖夫是陪同代表团到苏联来的，因而也出席了会议。

斯大林亲自主持了这次会议。他首先说明，这次会议是按照中共代表团的愿望召集的。同时向中共代表团说明，因为代表团的报告中涉及战争和军事部分的问题较多，所以邀请元帅们列席，也让他们了解一下情况。他说：少奇同志的报告写得十分清楚、明确，他们方面的人都看了，没有问题。

然后他说：你们与民族资产阶级合作，并吸收他们参加政府的观点是正确的。中国的民族资产阶级与东欧各国及德国的资产阶级不一样，那些国家的资产阶级在战争中与希特勒合作，自己污辱了自己，后又与希特勒一起撤退，只留下他们的企业。因而在反希特勒战争胜利后，那些国家所处理的，只是他们的企业，而不是他们本人。中国的民族资产阶级则不同，他们在对日作战时未投降日本，后来又未与日本人一起撤退。日本投降后，其中一部分虽在蒋介石的支持下，企图与美国建立关系，想取得美国援助，但《中美友好通商航海条约》的订立，对中国资产阶级不独在经济上而且在航运上也是极不利的。这是对中国资产阶级很大的打击，于是中国民族资产阶级反对美国和蒋介石。中国共产党利用中国民族资产阶级的反美情绪，与他们建立长期合作的政策是正确的。为了使中国民族资产阶级站在反对帝国主义的阵营内，这是需要的，就要制定一种对民族资产阶级也有利的政策，例如关税保护政策。

他进一步分析道：劳资间的矛盾是客观存在的。为了使工人斗争不致破坏我们与资产阶级的合作，应当要资本家与工人订立合同，在合同上使工人利益得到保障，要说服资本家变为文明的照顾工人利益的资本家，使我们与资产阶级的合作能比较长期地继续。

斯大林肯定了我国人民民主专政的政体及各项外交原则。斯大林问到买办资本是否包括在官僚资本之内，很注意不把买办资产阶级与民族资产阶级混淆起来。斯大林建议不忙没收各帝国主义国家在中国投资的企业，通过要各国企业严格实行劳动法的办法来和他们斗争。可以先和各帝国主义国家做买卖，再谈承认新中国的问题。

在谈到中苏关系时，他说：新中国政府一成立，苏联立即就承认。1945 年签订的中苏条约是不平等的，因为那时是与国民党打交道，不能不如此。新中国成立后，毛泽东即可来莫斯科。待毛泽东来莫斯科后再解决这个问题。

他解释说：苏联在旅顺的驻兵是抵制美蒋武装力量的自由力量，既保护苏联，同时也保护中国革命的利益。当时联共中央内部决定，一旦对日和约签订后，美国从日本撤兵，苏联可以考虑从旅顺撤兵。如果中国同志要求，苏军现在就可以撤兵。大连政权应与东北政权统一，现在大连港口应为中苏两国所利用。实际情况也是如此。

1949 年 5、6 月间蒋帮飞机对上海市肆无忌惮地狂轰滥炸，使发电厂、自来水厂，甚至百老汇大楼（今上海大厦）等蒙受了损失。[①] 毛主席曾电请斯大林指令苏联空军对我予以支持，对付蒋机的肆虐。于是从旅顺很快调来上海两个飞行中队。此后，敌机便销声匿迹，不再出现在上海上空了，甚至也很少再出现在其他城市的上空。这对于我国 10 月 1 日在天安门广场召开群众大会庆祝中华人民共和国成立的开国大典和数十万人的庆祝大会和游行，不是没有意义的。

他特别讲到各个执政的共产党之间的关系说：各国共产党都要向自己的人民负责，有问题互相商量，有困难互相帮助，密切联系，但不是一个党服从另一个党。

会议决定，组织一个借款条约共同起草委员会，联共方面由米高扬、柯瓦廖夫参加，中共方面由少奇、王稼祥、高岗参加。并决定由高岗代表东北政府签字，在报纸上立即发表高岗率东北商业代表团到莫斯科的消息，以利公开活动。

会议气氛十分严肃，主要是斯大林讲话，苏联其他同志很少发言。

斯大林最后说：现在还要再听听中国同志的意见或说明。

少奇把原来准备好的那些问题提了出来，希望获得解答。问题的内容大致包括如下各点：（1）会不会爆发第三次世界大战？（2）国际局势和前景是朝着什么方向发展？（3）国际共运和工运形势如何以及防止战争和争取和平建设的可能性等。

斯大林解答的要点是：

1. 在最近时期发生大战的可能性很小，因为各国人民反对战

① 解放初期，国民党的飞机经常骚扰、轰炸东南沿海。炸毁上海发电厂是在 1950 年 2 月。——原书编者注

争。只要各国人民反对战争，仗就打不起来。各国人民刚刚摆脱了战祸，从灾难中还没有恢复过来，不会赞成战争的。只要各国人民不愿意打仗，战争是打不起来的。我们可以利用这个机会恢复和发展经济建设。这个时期有多长，15 年还是 20 年，很难预测。这个时间我们要充分利用来发展国民经济，充实自己。我们确实十分强大了，战争可能就打不起来了。

但是世间也有疯子，有战争狂人。如美国的一位军官竟然轻信苏联红军在阿拉斯加登陆的谣言，跳楼自杀了。要防止疯子和战争狂人，因为他对自己和对人民都是不负责任的！

2. 我们应发动人民反对战争，维持和平。只要人民不受骗、反对战争，战争狂人是很难得逞的。只要我们能争取到 20 年的和平建设和发展时间，那时战争的可能性就更小了，如果他们不愿意被毁灭的话。到了那时，战争的挑衅者就可能随时会被消灭掉。我们应努力争取 20 年或更长的和平建设时期。

3. 国际的互助合作是重要的。同各国人民团结起来，友好合作，相互配合，相互支持，是维护和平与安全的重要条件之一。总之，只要人民不愿意打仗，战争就打不起来。

4. 要利用战争的间隙，大力发展和搞好经济建设，发展生产，建设国防。我们的力量愈强大，战争的可能性就愈小。因为弱者、穷者总是会受人欺侮的。

5. 人民力量的强大，历来都是有决定意义的。现在世界人民的力量更强了，而不是比过去弱了。要珍惜和重视人民的力量！

6. 总之，我们不怕战争，反对战争，尽一切努力制止战争。双方还讨论了其他问题。

首先就尽可能提早解放新疆交换了意见。苏联表示愿意作出必要的帮助。所以，7月底第一野战军第一兵团司令员兼政治委员王震经中央给刘少奇打电报，要求派人做新疆三区的工作。少奇派邓力群秘密从莫斯科到新疆伊犁，为和平解放新疆而效力。①

双方商定苏联在旅顺帮助中国办一所海军学校，苏联表示愿意帮助中国建立海防，还答应帮助从蒙古乌兰巴托到中国张家口修一条铁路。斯大林主动问，苏联是否可派电影团到前线帮助我们拍摄，可在技术上帮助。我们当然欣然同意。

会后，斯大林请代表团一起看电影，所放映的四部影片是他选择的。放映时，他亲自向代表团作讲解。

少奇在莫斯科期间一共同斯大林会面六次，在一次会谈中，斯大林提到宪法问题，他建议：现在可用共同纲领，但应准备宪法。

如何开展、扩大中苏之间的贸易也是会谈的一个内容。斯大林在同刘少奇谈话时提到，中苏之间在贸易中应采取的原则是以货易货、物物交换好呢，还是像资本主义国家之间那样采取现汇贸易形式好呢？采取后者的办法，对两国来说都有困难，而且也不利。采取物物交换的形式要简便得多，可以不动用外汇，只是要把物价规定得合理，掌握好。在目前，这个办法对双方都有利，是可行的。即使这样，由于中国主要只能提供农产品和原料等初级产品，也仍然会吃亏的。因为按世界价格，农产品、原料与工业品的差价是相当大的。但是苏方会考虑到中方的实际情况。

据我了解，后来的实际情况是，话是这么说了，但下边的工作

---

① 邓力群于1949年8月14日到伊犁。——原书编者注

人员在实际中仍然自行其是，而且他们比中国人懂经济、会算账。

（节选自师哲口述，李海文著《在历史巨人身边——师哲回忆录》，九州出版社 2015 年版。题目为编者所拟）

“民主人士的左派旗帜”

——怀念沈钧儒老同志

金　城*

沈钧儒老同志是我党最尊敬的朋友之一。他对中华民族、对伟大祖国有赤子之心。他一生为振兴中华奋斗，意志如钢如石。是石，洁胜玉；是钢，永不锈。他对敌仇，对己和。对敌人傲骨嶙峋，对同志对朋友真诚热爱，似春风化雨。对自己要求严格，守志求真，如松柏常青。他以周恩来同志“活到老、学到老、改造到老”的教导作为自己的座右铭；以“谦、诚、谅、谆”为准绳，并以此教育子女，所以能在救国会、民主同盟中兼容并包，领袖群伦，以长者风度，以德服人，以理服众。正因为如此，他能从一个君主立宪者，进而转变成旧民主主义者，又进而成为新民主主义者

* 金　城：时任中共中央统战部交际处第二处处长；后曾任中共中央统战部副部长，全国政协常委。

和社会主义者，经过长期革命实践，终于成为一个出众的共产主义战士——民主人士中的左派旗帜，为革命奋斗一生，为党作出重大贡献。

沈老的一生是革命的一生，是不断学习、不断前进的一生。随着革命实践锻炼的增长，他对我党的信念、感情，越来越坚定，越来越深厚。对党的实事求是的原则立场，更加明确。

我与沈老直接接触的时间仅有 14 年。虽然他的革命事迹很早就留在我的脑海里，但我对他的政治思想和高贵品德的认识是逐步加深的。他的言行和仪容，至今仿如电影一般，反复映现在我的眼前。这里仅就沈老给我教育最深、印象最深的几件事，写成文字以志纪念。

在旧民主主义革命时期，沈老在江浙一带，特别是在浙江，就很有声望。大革命时期，我在诸暨老家参加革命工作，搞农民运动，听到过一些有关沈老参加革命活动的情况，对他有良好的印象，但认识还是模糊的。

真正对沈老有所了解，是在 1935 年我党发表《八一宣言》，号召全国各党各派团结合作、共同抗日。当时我在香港做争取上层的统战工作。一次，胡愈之同志告诉我，上海的文化界爱国人士，将由沈老领衔，陶行知、邹韬奋、李公朴等具名，发表救国会宣言，发起成立上海文化界救国会，这是响应我党《八一宣言》的行动，我闻此感到很振奋，进一步了解到沈老已是我党的亲密朋友。

救国会七君子的被捕，抗日战争时期沈老和救国会为爱国民主事业的斗争，使我对沈老的敬仰更一步一步加深了。

1949 年 1 月北平和平解放，这是一个胜利的标志。标志着我们党领导中国人民运用统一战线、武装斗争两个武器，推翻压在中国人民头上的三座大山，开辟建设社会主义新中国的新纪元的伟大时刻来临了。2月，各民主党派、无党派民主人士的代表人物从四面八方汇聚北平，准备在我党的主持下，筹备新政协的召开，制订建国的共同纲领，酝酿人民政协第一届全体会议和中央人民政府的人选。2月25日，沈钧儒和郭沫若、李济深、蔡廷锴、谭平山、章伯钧、彭泽民、李章达、马叙伦、许广平、陈其尤等知名民主人士从沈阳到北平。周恩来、董必武、林伯渠、叶剑英、彭真、邓颖超、李维汉等到车站热烈欢迎。① 我那时已到中央统战部工作，负责组织车站的迎接工作。只见车站上鼓乐喧天，群情激昂，热潮滚滚。我和其他同志跟随在党中央负责同志后面，与各方民主人士一一热烈握手致候。这些民主党派、无党派领袖人物、民主人士中，我熟识的只有李济深、章伯钧两位。其他多数是第一次见面。正当新旧朋友激动万分地叙旧之时，只见曾在重庆、上海做过统战工作的青年同志，异常兴奋，簇拥而上，将最受人们敬仰的两位老战士抬了起来。我一看，一位是郭老，另一位就是沈老。沈老身材瘦小，如神话中南山老寿星一般，被同志们抬得高高的，一直送出站台。在走过我身旁时，我看到这位平易近人、和蔼可亲，长期以来被大家尊称为“青年老人”的74岁高龄的沈老，他眼中闪着泪花，激动万分。这动人的场面，使我的眼眶也湿润了。

为什么人们对沈老表现出特别的热情和爱戴呢？

我们知道，沈老是作为民盟和救国会的领袖，作为民盟的代表，参加政协筹备会的。他领导抗日救国和争取民主运动，以及对民盟的创建、中兴和发展有着特殊的功绩和特殊的贡献。1946年

---

① 1949年2月25日，林伯渠陪同37位知名民主人士从沈阳到达北平。林彪、罗荣桓、聂荣臻、董必武、薄一波等中共领导人和民主人士100余人到车站迎接。——编者注

底，国民党反动派彻底撕毁旧政协决议，片面召开伪国大，威胁利诱民盟领导人交出参加伪国大的代表名单。沈老等民盟负责人立场坚定，坚决抵制参加伪国大，否认伪国大上通过的伪宪法。终于导致国民党反动派在1947年10月宣布民盟是“非法团体”。民盟被迫宣布自行解散。1948年1月，沈老同章伯钧、李章达等在香港召集了民盟一届三中全会，沈老在会上致开幕词宣布：“三中全会的使命，是要恢复本盟总部，继续进行艰巨的政治斗争。”三中全会宣言痛斥了蒋介石政权投靠美帝国主义、独裁卖国、发动内战的反革命罪行，并发表“紧急声明”，郑重宣布：“南京反动独裁政府对于本盟合法地位的取消，是根本违法的。”这次会议决定与中国共产党密切合作，坚决为推翻国民党腐朽政权、反对美帝国主义、建立新中国而奋斗。从救国运动到民主运动，沈老始终跟着党，以坚定不渝的革命意志，在民主革命史上作出了重大贡献。因而他受到人们的爱戴和欢迎。

随着人民解放战争在全国节节胜利，我党领导下的爱国统一战线有了新的发展和变化。我们党和各族人民，面临着建立中华人民共和国，为彻底完成民主革命、开创社会主义革命与建设而奋斗的新任务。为了巩固发展人民民主统一战线，一方面，我们要巩固曾同我们长期合作、并肩战斗的那些老朋友，同时还要大量吸收愿意参加革命阵营的新朋友；另一方面，我们又要清除企图混进革命队伍的、在解放战争时期曾为美蒋效劳的假民主党派、假民主人士、假朋友。在完成这两项艰巨而复杂的任务的过程中，沈老立场坚定、旗帜鲜明，同时又谦虚谨慎，胸怀大局。1949年6月，新政协筹备会在北平召开，沈老作为民盟的代表出席了新政协筹备会，并被选为筹备会常委会副主任。在制订政协的共同纲领，酝酿政协代表、政协委员、人民政府各部委领导人名单的工作中，沈老起了很大的作用。

1949 年 6 月新政协筹备会召开之前，民盟领导人张澜、罗隆基等人在上海。民盟总部在沈老和章伯钧的主持下，在北平成立临时工作委员会，处理民盟的日常工作和筹备召开民盟四中全会。沈老作为民盟总部的代表，直接与我党中央合作，对外负责签发民盟的声明、通电等。但他不争个人的名誉地位。1949 年 5 月上海解放，沈老立即致电张澜、罗隆基等，请他们尽快北上，主持民盟工作，商定民盟今后决策。

由于沈老的努力，使民盟得以沿着民盟三中全会所决定的政治方向和政策继续前进，争取了民盟领导集团在新的形势下，调动一切积极力量，为民盟新的团结奠定了巩固的基础。

（节选自《沈钧儒纪念集》，生活·读书·三联书店 1984 年版）

黎明之前

——从旧政协到新政协

沙　里*

1949 年 10 月 1 日，在天安门广场上升起了第一面五星红旗，毛泽东主席向全世界庄严宣告：中华人民共和国成立了，从此，中国人民站起来了。这一洪亮而庄严的声音，总结了一个世纪以来中国各族人民前仆后继、英勇斗争的历史，震荡着整个世界。这段历史已经过去半个世纪了。现在重新回顾这段历史，每一个爱国的中国人都会感到自豪，特别是从新中国成立前黑夜中走过来老一代的人们，是不会忘记黎明之前的岁月的。

1948 年 4 月底，党中央发布的“五一口号”中，提出“各民主党派，各人民团体及社会贤达，迅速召开新的政治协商会议，

---

* 沙　里：时为华北大学学生，在中共中央统战部参与新政协筹备会工作；后曾任全国政协委员、副秘书长。

讨论并实现召集人民代表大会，成立民主联合政府”。这个口号提出之后，立即得到各民主党派、各人民团体、无党派民主人士、少数民族、海外华侨的热烈响应和赞成。5月4日，陈嘉庚先生代表新加坡华侨致电毛主席，表示赞同。5月7日，马来西亚吉灵州和霹雳州侨团通电响应号召。接着，马来西亚其他地区，以及泰国、法国、加拿大、古巴等国的许多华侨组织和侨领先后来电表示赞成“五一”号召。从8月开始，各民主党派和各民主阶层的人士，从全国各地或海外陆续来到解放区。一部分民主人士由香港经由我在港办事机构租用的外籍货轮搭船北上，从大连到达哈尔滨，另一部分则通过封锁线，陆续来到河北建屏县（今平山县）李家庄（当时中共中央城工部所在地）。1948年10月，中共中央分别同到达两地的民主人士协商召开新政协问题，并把协商的意见征询还在香港的民主人士李济深、何香凝、马叙伦、陈其尤、李章达、彭泽民、章乃器、郭沫若、茅盾、叶圣陶、欧阳予倩、陈嘉庚、司徒美堂、柳亚子、马寅初等人的意见。11月5日，中央电邀在港人士北上。他们大部分是在1949年1月初到达大连的。

“五一”号召发布以后的统战工作，是以新政协的宣传与筹备为主。随着1948年中国人民解放军秋季攻势以后的决定性胜利，随着解放区城市政策的影响，不仅广大群众、中间分子与左派分子更加积极起来寄希望于我党与新政治协商会议，右翼分子也唯恐新政协的请柬上没有他们的名字了。

中共中央分析了当时的形势，及时地把革命口号提高一步，于1948年12月30日发表毛泽东为新华社写的1949年新年献词《将革命进行到底》，提出“在全国范围内推翻国民党的反动统治，在全国范围内建立无产阶级领导的以工农联盟为主体的人民民主专政的共和国”等口号。接着，即 1949 年 1 月 14 日毛主席发表《关于时局的声明》，提出八项和平条件，击破了国民党的和平攻势。这八项条件是：（1）惩办战争罪犯；（2）废除伪宪法；（3）废除伪法统；（4）依据民主原则改编一切反动军队；（5）没收官僚资本；（6）改革土地制度；（7）废除卖国条约；（8）召开没有反动分子参加的政治协商会议，成立民主联合政府，接收南京国民党反动政府及其所属各级政府的一切权力。

这个声明中的八条，成为后来即 1949 年 4 月我党代表团和以张治中为首的国民党政府的代表团进行和平谈判的基础。这些口号和声明，不仅已到解放区的民主党派和无党派民主人士表示完全与我党一致，就是那些仍然留在国民党统治区的右翼人士，也没有公开表示反对。

这时中共中央已于 11 月 25 日同到达哈尔滨的民主人士和在李家庄的民主人士就成立新政协筹备会及新政协的性质、任务等问题达成协议。协议决定新政协应讨论和实现的问题、制定共同纲领和建立中华人民共和国中央政府。协议完成以后，国内形势已起了新的根本变化，东北全境解放，人民解放军又获得了淮海战役、平津战役的决定性胜利。国民党主力在长江以北被完全消灭，中国人民解放战争在全国范围内的最后胜利，谁都不能不承认只是时间问题了。预定以哈尔滨为召开新政协筹备会地址的协议已被形势的发展所否定。1 月 20 日毛主席分别致电陈嘉庚和司徒美堂，“谨请命驾北来，参加会议”，“至盼先生摒挡公务早日回国，莅临解放区参加会议”。这时，已经到达解放区的各民主党派和无党派民主人士李济深、沈钧儒、马叙伦、郭沫若等55人于1月22日发表《我们对于时局的意见》，表示彻底支持毛主席的声明和提出的八项和平条件，表示坚决拥护中国共产党的领导，团结一致，将革命进行到底。

解放区以外的民主党派和民主人士也有同样的表示。大家一致承认中共的号召是全国人民团结奋斗的共同政治基础。1月25日，中共中央统战部在河北建屏县李家庄召开民主人士时事座谈会，李维汉同志在会上讲了话。他分析了美帝国主义和国民党政府“和平攻势”的实质，解释了党的政策，在强调说明解放区各种重大的成就的同时，也指出困难和缺点，要求他们充分发表意见，提出批评。他代表中央欢迎民主党派和民主人士发表的对时局的声明。同一天，在解放区的民主人士致电尚在上海的张澜、黄炎培、陈铭枢、罗隆基、史良等，请他们号召国民党统治区人民坚持依照中共所提八条，实现真正和平，彻底消灭中国人民之敌人。当时上海和长江流域的资产阶级，也同我们拉关系，南北通航通邮已经开始，国民党陷于四分五裂。

1月底北平和平解放。

2月的北平，严冬已经过去，春天即将来临。2月3日，举行了隆重的入城式。这一天，北平的劳动人民和知识分子沉浸在欢乐的秧歌乐曲声中，高唱《解放区的天》和解放区流行的其他歌曲，迎接人民解放军进城。申伯纯同志带领我们10多个人，作为中央统战部干部也是新政协筹备处的先遣人员，从石家庄到达前门外，在入城前一天住进打磨厂的一家小客店。2月3日参加入城式，当天晚上进驻中南海。

来到北平以后，中央统战部交际处的接待任务越来越繁重了。

除了北京饭店（现在的北京饭店中楼）全部用来接待从海外、香港及国民党统治区应邀来平参加新政协的高级民主人士以外，还开辟了 10 多处当时条件还算较好的招待所，如西河沿的永安饭店、南河沿的翠明庄、李铁拐斜街的远东饭店、珠市口的惠中饭店、大栅栏内的西单饭店……随着全国胜利的日益接近，从南方各地以及台湾、香港等地来平的各界人士也日益增多。据不完全统计，从 4 月到 7 月，在三个多月的时间里，中央统战部交际处接待的各界人士即有 987 人。真可谓群贤毕至，少长咸集，客人中有 90 多岁的老人，也有随同家长来的少年儿童。以参加新政协的代表来说，年龄最高的有 93 岁的萨镇冰老人（未来北平），有 83 岁的司徒美堂、张元济老人，年纪最小的算是台湾高山族的代表，后来的台盟名誉副主席田富达，他当时只有 21 岁。为了适应形势的发展，我们在华北革命大学设立了一个政治研究院，以满足各界人士，主要是原国民党的党政军人员参加学习的要求。在华北革大政治研究院主要是学习政治，熟悉新社会，然后分配工作。也由于形势发展的需要，许多专家、学者被分派南下，参加接管和建立新政权的工作。

1949 年 3 月，毛主席在党的七届二中全会上宣布召开政治协商会议和成立民主联合政府的一切条件均已成熟。在这样坚固团结的政治基础上，在时机已完全成熟的条件之下，经过各方面协商之后，新政协筹备会于 1949 年 6 月 15 日在北平宣告成立。

筹备会第一次全体会议从 6 月 15 日开始，进行了五天，选出 21 人组成的常务委员会，推出毛主席为筹备会常务委员会主任，周恩来、李济深、沈钧儒、郭沫若、陈叔通为副主任，李维汉为秘书长。8 月下旬，李维汉同志腿跌伤，由林伯渠同志代理。筹备工作分别由六个小组进行，第一小组拟定参加单位和代表名额，第二小组起草组织条例，第三小组起草共同纲领，第四小组拟定中华人民共和国政府方案，第五小组起草宣言，第六小组拟定国旗、国歌和国徽方案。经过了三个月的反复协商，郑重研究，才把参加新政协的单位和名单确定下来。在筹备工作进行期间，除已经参加筹备会的团体和人员外，还收到许多团体和个人要求参加新政协的书面申请，经过慎重的考核、民主协商，最后确定代表总数 662 人，包括各单位代表 510 人，候补代表 77 人，特别邀请代表 75 人。

1949 年 9 月 21 日下午 7 时，中国人民政治协商会议第一届全体会议开幕了。怀仁堂灯火辉煌，灿烂夺目。会场正中悬挂着人民政协会徽，色泽鲜艳，光芒四射，会徽上红色的新中国地图高踞在白色的地球北部，上面插有四面红旗，地球周围射出淡蓝色的光芒，外围则是象征工农的蓝色的齿轮居上，黄色嘉禾居下，美观而大方。主席台的正面悬挂着中国革命的领袖孙中山和毛泽东两位伟人的画像，中国人民解放军的四面军旗矗立在政协会徽的两侧。毛主席在雷鸣般的掌声中登上了主席台，他在开幕词中说："我们的工作将写在人类的历史上，它将表明：占人类总数四分之一的中国人从此站立起来了。"

（选自《文史资料选辑》第 141 辑，中国文史出版社 2000 年版）

新中国成立前文艺界的大会师

贺敬之*

1948年底，北平外围解放，我到石景山参加接管工作；1949年初，北平城里解放，我随部队进城。那一年，25岁的我有幸成为第一次全国文代会代表，还参加了中华全国青年代表大会第一次会议。

在第一次文代会正式开始前，突然接到周扬同志的通知，要我和诗人阮章竞等到北京饭店的一个小会议室去。到了后我才知道，是周恩来同志准备接见几位解放区和国统区来的作家。

周恩来同志进来以后，跟大家打过招呼，又过来和我讲话。他亲切地问："你不是已经到青年团那边去了吗？"我说："我还在华北联大，做团的工作。"周恩来同志说："那很好啊。"我当时

* 贺敬之：时在华北联合大学文艺学院工作，为第一次全国文代会代表；后曾任中共中央宣传部副部长，文化部代部长，全国人大常委会委员，全国政协常委。

心里想，虽然我在延安鲁艺时听过周恩来同志讲话，但他并不认识我；后来搞秧歌运动，创作了《白毛女》，可能是因为这个他记住了我的名字，但没料到若干年后，他居然知道我到了青年团。那个时候我才真正体会到他有超常的记忆力，脑子里记的人真多。

7月2日，中华全国文学艺术工作者代表大会正式召开，我参加了开幕式。会议期间，我目睹毛主席到场、周恩来同志作报告、周扬同志讲话，内心非常激动。毛主席的讲话很简短，却让艺术家们，不管是国统区还是解放区来的文艺界代表，鼓掌欢呼，由衷地激动。周恩来同志的报告给我印象很深，尤其是其中有一段，他说："旧社会对于旧文艺的态度是又爱好又侮辱。他们爱好旧内容旧形式的艺术，但是他们又瞧不起旧艺人，总是侮辱他们。现在是新社会新时代了，我们应当尊重一切受群众爱好的旧艺人，尊重他们方能改造他们。"他把旧社会被很多人瞧不起的艺人看作人民艺术家，使我们感到，在新中国，艺术家的地位得到了提升。

会上另一个让我印象深刻的是，感觉到了文艺有强大的力量。

我有幸在会议期间聆听了郭沫若、茅盾同志的讲话。那时候解放区的人，对郭沫若、茅盾都非常崇敬。延安整风时期，郭沫若写的《甲申三百年祭》是我们的整风文献。我们在鲁艺时还学习过他的长诗《女神》《凤凰涅槃》，所以很崇拜他。茅盾去过延安，在鲁艺给我们讲过《中国市民文学史》，他的作品在延安也有很多人读过。所以郭沫若、茅盾在我们心中都有很高的位置。那个时候在作家之中，我很崇敬的还有艾青、赵树理、柳青等，在第一次文代会上我都见到了他们。另外，解放区许多优秀的文艺家，像鲁艺的院长周扬同志、鲁艺文学系主任何其芳同志都参加了会议。在那个时候，我感觉革命文艺队伍很强大，有那么多杰出的人才。作为他们的学生，我很自豪。这些革命文学前辈的功绩，一直鼓舞着我们。

回忆第一次文代会，那时的感觉就是翻天覆地的变化。我们推翻了三座大山，眼看着新中国就要成立，胜利在望，有了这样的成果，作为参加过革命斗争的文艺工作者，能参与这次会议，感觉很骄傲。第一次文代会也是一次会师的大会、走向新的胜利的大会，为我们民族的历史、为文艺工作翻开了新的一页。来自解放区和国统区的两支文艺大军胜利会师，不管文艺思想有着怎样的差异，但在大的政治方向、文艺方针上，取得了一致的看法。从五四以来鲁迅精神的发展到毛泽东同志在延安文艺座谈会上的讲话，大家对毛泽东文艺思想取得了共识。

几十年过去了，经过各种思潮的激荡再来看革命文艺的前辈们，我觉得他们并非没有局限性，但至少在我的心目中，他们的文艺成就是不可动摇的，他们的传统应该传下去。第一次文代会的精神，对中国革命文艺、社会主义文艺的发展意义重大。事实也表明，在此后的文艺发展中，第一次文代会的基本精神还是继承和发展下来了。几十年来，党的文艺方针不管做了多少调整，但总的依据还是没有变。

李　韵　整理

（选自《光明日报》2009 年 9 月 7 日。原标题为《第一次文代会的亲切记忆》）

翻开文艺事业新篇章

马少波*

我是从1931年主编《天外》文学周刊开始进步文学生涯的，1937年七七事变爆发后，我感到以报刊宣传救亡固然重要，但是发动抗日武装更是重中之重。故而，我在山东济宁经林乎加同志介绍，参加了中华民族解放先锋队。我们回到了胶东，发展了抗日武装。1938年，胶东抗日武装改编为八路军山东纵队第五支队。我曾任司令部秘书长兼任胶东文化协会会长。1949年1月，我在淮海前线参加了徐州祝捷大会，后回到了济南，在华东局宣传部筹备建立山东省文联。3月，华东局宣传部部长彭康同志通知我，要我准备到北平去参加第一次文代会。我参加的是华东代表团，团长是阿英，陆

* 马少波：时为第一次全国文代会华东代表团副团长、文秘组工作人员；后曾任中国京剧院副院长。

万美、张凌青和我是副团长。我们在济南上了火车后，遇到了从上海来、同样奔赴北平参加第一次文代会的南方团。南方团的成员里面有梅兰芳、周信芳、白杨等人，在火车上还有贺绿汀、袁雪芬等人。这是大家第一次见面。当时白杨让大家在一个小笔记本上题词，我写的是“希望你像白杨一样茁壮成长”。6 月 23 日，我们到了北平。这是我参加革命后第一次来北平，当时住在灯市口的北辰宫饭店。

6 月 26 日，当时担任中共中央副主席的周恩来同志在中南海西花厅召开解放区戏曲改革党员领导干部座谈会，与会的有华东区的阿英、陆万美和我，西北区的柯仲平、马健翎，中南区的有崔嵬，东北区有刘芝明，还有在平的阳翰笙、田汉、周扬等同志。我是这次会议上最年轻的一个。周恩来同志让我先发言。我于是谈了自己对中国戏曲独特的美学性质的想法，我还说了在山东进行戏曲改革的经验，以及我所了解的国统区在戏曲表演方面的情况。我说，现在很多曲种濒于灭绝，连京剧也很衰落。我建议周恩来同志在文代会报告中设专章谈对旧文艺的政策，还提出一项建议，就是成立戏曲改革领导机构和研究试验机构，在全国开展戏曲改革运动。当时周恩来同志对我的提议很赞同，在座的同志也很认可。周恩来同志当时在会上说，少波同志的意见很好，前一个建议，我可以做到，第二个建议，我也很赞同，但是我做不了主，需要请示毛主席再作决定。

6 月 29 日，周恩来同志安排汽车，接我和周扬、田汉同志去见毛主席。当时，毛主席还住在北平郊外的香山双清别墅。到达那里时是深夜，我把自己关于戏曲改革方面的建议向毛主席进行了汇报，毛主席对我的意见表示赞许，让我回去等待决定，他说还要和大家商量。

7 月 2 日，文代会开幕了。在开幕那天，毛主席在文代会开幕的讲话中说，“同志们，今天我来欢迎你们。你们开的这样的大会是很好的大会，是革命需要的大会，是全国人民所希望的大会。因为你们都是人民所需要的人，你们是人民的文学家、人民的艺术家，或者是人民的文学艺术工作的组织者。你们对于革命有好处，对于人民有好处。因为人民需要你们，我们就有理由欢迎你们，再讲一声，我们欢迎你们。”后来，周恩来同志还作了报告。在这个报告里，设了专章谈对旧文艺的改造。在文代会期间，大家分组在中南海怀仁堂讨论。当时，怀仁堂有前厅、后厅和剧场。讨论进行得深入热烈。这时，周恩来同志叮嘱我说可以在开会期间参加些具体工作，来帮助周扬同志。当时，会议上设会务组和文秘组等，周扬同志还兼任文秘组的领导工作。会务组负责的是解决大家衣食住行方面的事务性问题，我和阿英、冯乃超、张光年参加了文秘组。当时文秘组的任务很繁重，天天都要写会议简报，发简报，排列会议日程，还要提供文联成立后的主席团候选人名单。当时，尽管忙碌劳累，但是大家的热情都非常高，对工作都非常投入，每天的精神都非常振奋。会议期间，还有很丰富的戏剧、音乐等演出。当时，梅兰芳表演了《霸王别姬》，周信芳表演了《四进士》，毛主席、周恩来同志等中央领导都来观看了他们的演出。梅兰芳、周信芳他们虽然都是很著名的艺术家，但这也是第一次在中南海演出，当时感到非常激动。7 月 18 日，在文代会闭幕前夕，中国文联宣布成立，同时中华全国戏曲改进会筹备委员会成立了。欧阳予倩任主任，我任秘书长，这样我就留在北平工作了。

当时很多同志对文代会的召开感到惊讶，为什么在全国还没有完全解放，军事、政治、经济斗争还很复杂紧张的情况下，党中央决定开文代会，还这么重视戏曲艺术的继承发展呢？由此可见党中央对文化工作的重视！所以，文代会的召开，让与会代表和全国的文艺工作者非常受鼓舞。在会议进行中，我一方面是代表，在会上履行代表职责，另一方面，我还参加了一些具体工作，特别是筹建中国文联。所以我对文联感情非常深厚。当时在文代会召开期间，周恩来同志每天在百忙中都要听我们汇报会议情况。文联主席团名单我们初步拟定后，在向中央汇报前，周扬同志把自己的名字从上面勾掉了，后来，这份我们拟出来的名单送到了周恩来同志那里，他又把周扬的名字填上了。

文代会闭幕后，各个艺术家协会也陆续成立了，较早成立的有剧协、影协、美协以及当时叫文学工作者协会的作协等。来自各地的同志返回各自工作岗位后，各省市文联陆续成立了。戏曲改革委员会正式宣布成立是在10月2日。田汉任主任，杨绍萱、马彦祥任副主任，我是秘书长。当时的办公地点是北京饭店后的南夹道小红楼，也就是现在贵宾楼所在的位置。后来，周总理让我与张凌青、夏义奎协助周扬同志筹建文化部。戏曲改革委员会因为是行政机构，就改称为文化部戏曲改进局，田汉任局长。我是文化部第一届党组成员，还兼任戏曲改进局党总支书记。

现在回想起来，参加文代会，是我生命中很大的一个转折点，又是新的起点。参加了这次文代会，我才获得了以后大展宏图的机会。

邱振刚　采访整理

（选自《中国艺术报》2009年5月25日。原标题为《我参加第一次文代会的经过》）

团结全国青年向新中国前进

李立功*

1949年1月1日，《中国共产党中央委员会关于建立中国新民主主义青年团的决议》下发。它将团的性质、任务、建团方法等写得很清楚。决议指出：中国新民主主义青年团，是在中国共产党的政治领导下坚决地为新民主主义而斗争的先进青年们的群众性的组织，是党去团结与领导广大青年群众的核心，是党以马克思列宁主义教育青年的学校。它的任务，就是首先要团结和组织先进青年的积极分子，再经过这种青年积极分子的组织去团结和教育广大的青年群众，和中国人民一道，为了彻底推翻帝国主义、封建主义与官僚资本主义在中国的统治，为了建立新民主主义的中华人民民主共和国，

* 李立功：时任中共汾阳地委青委书记；后曾任中共山西省委书记，全国人大常委会委员，全国政协委员。

为了全中国和全人类的彻底解放事业而奋斗到底。并指出：新民主主义青年团应当吸收一切坚决拥护中国共产党的主张、愿为新民主主义的事业而积极奋斗，愿为劳动人民忠诚服务的男女青年为团员。它比过去的共产主义青年团更为广泛地吸收各民主阶层中的青年积极分子入团，以扩大自己的群众性，但是它仍然是中国青年群众中的先进积极分子的组织，而不是普通的一般的青年团体。还指出：新民主主义青年团要建立在青年群众的自愿的和自觉的基础之上，要在群众运动与各种工作中公开地进行建团。要在人民群众和青年群众中树立对于青年团的正确的认识。在开始建团时，要深入宣传，充分酝酿。建团中必须保持团组织在政治上的纯洁性，同时也要防止将一些先进青年拒之于团组织大门之外的狭隘性，妨碍团组织与广大群众的联系。至于建团的步骤，指出应当有重点地逐步向前推进，首先从城市、工厂、学校、部队及人口较集中、党的工作基础较好的村镇开始，取得经验，然后再求普遍发展。在上述地方尚无团组织时，党必须责成这些地方党的组织划出一部分年轻而优秀的党员作为建团工作的基础和骨干，区以上党委设青年团筹备委员会。

要建团，就需要训练和配备足够数量的青年工作干部，这是建团的先决条件。为此，我们于 1949 年 1 月，在设于文水县东城村的晋中二地委党校，办了一期建团骨干培训班，集中了一批青年党员和青年积极分子，进行建团意义、建团知识的学习和建团方法的训练，根据当时党的主要任务和中心工作，培训的主要内容是：（1）党中央关于建团的决议；（2）党关于土地改革的政策；（3）马克思列宁主义、毛泽东思想的基本知识。

当我正在积极准备南下时，区党委突然来了一个电报又不让我走了，让我第二次赴西柏坡开会。

1949年3月中旬，我再次赴西柏坡，准备参加中国新民主主义青年团第一次全国代表大会和全国民主青年联合会代表大会。那时太原还没有解放，我们地委机关仍驻在文水县西城村。去西柏坡开会的晋中区代表团团长是洛风，他是准备进城后任太原市团委书记的，代表团成员中有太谷地委青委书记刘锋、忻州地委青委书记刘英，还有一位工人代表陈赢珠和一位团干部赵慧娟。我们去的时候，各个解放区都有代表团，太岳区代表有杨乃修，太行区代表有孟宪德。各个地区的风格不一样，各代表团穿的衣服也不一样，比如太岳区代表上身穿的衣服都是好长好长的。

我们去西柏坡开会的代表，都准备和携带了五种材料：一是农村青年状况（包括青年的数字、要求、组织等）、建团状况（包括团员的数目和分布情况）、工作活动的经验教训。二是城市青年状况、城市建团工作经验。三是对大会和团的工作纲领、团章草案的提案和意见。四是各级团的干部和党委中青委干部（特别是地委级以上）的详细情况和代表履历。五是普遍建团的计划。

我第二次去西柏坡开会时，党的七届二中全会刚刚结束，中央领导机关正准备进驻北平。到西柏坡后，我们参加了华北局召开的传达党的七届二中全会精神的报告会，会议由薄一波和聂荣臻主持。接着于1949年3月23日坐着大卡车向北平进发，当天晚上住在保定，第二天继续往北平走。走到半路上，警戒部队把我们乘坐的汽车挡住了，让后边的车先走。当时我们不知道为什么，心想：是不是国民党的部队又反扑啦？情况有了新的变化？在那儿等待了半天，然后又出发了。原来是为“劳动部”让路。那时党中央对外不叫党中央，用的是个代号，叫“劳动部”。进到北平的那天晚上，各种报纸都发了特大号外，用核桃大的字印着毛主席、朱总司令进北平的消息。这时我才知道中途停了一下是为党中央机关进驻北平让路，我们是和党中央、毛主席同一天进了北平的，心里有说不出的高兴，真是一件终生难忘的事！

1949 年 4 月 11 日，中国新民主主义青年团第一次全国代表大会在北平正式召开，首先由朱德总司令致开幕词。他指出中国新民主主义青年团应该继承过去青年运动的光荣传统，在中国共产党的领导下，做团结教育广大青年的核心，做中国共产党在各项工作中的助手和后备军，完成团结和教育整个青年一代的任务。他还指出：你们要善于引导广大青年团结在青年团的周围，要领导大家好好地学习，学习马克思列宁主义和毛泽东思想，学习文化、科学、生产、军事知识；要在斗争、工作和劳动中学习，使新一代青年都真正成为能文能武、样样精通的新中国的建设人才。

4 月 12 日，任弼时同志向大会作了政治报告。任弼时是我党青年运动的早期领导人，是党中央当时的五大书记之一。他在政治报告中首先讲了当时的形势和任务，然后强调：要保证中国共产党对于中国新民主主义青年团的正确的领导；青年团要在各种不同职业、不同工作部门的青年群众中进行工作，其总的目标，在于团结和教育青年一代，在于领导青年学习建设新民主主义中国的各种理论与实际；青年团的基本任务是领导并鼓舞全体青年团员及广大青年在各种不同的实际工作中进行不断的学习，不断地进步，以便能为中国新民主主义的革命事业，培养出千千万万有高度政治觉悟，又有坚实的实际工作能力的优秀革命后备军，源源不断地补充到各种工作岗位去，推动革命事业前进。他强调指出，现在的问题是要放手一些，让做青年工作的干部大胆去进行建团工作，共产党和人民政府要对青年团的工作和青年工作多多加以指导和帮助。

冯文彬同志向大会作了《中国新民主主义青年团的任务与工作》的报告，详细说明了青年团的任务，指出团的工作的根本目的是在实际斗争和工作中，教育团员和青年，努力学习掌握知识，积极参加劳动，参加新民主主义各种建设事业，积极为实现劳动人民的利益而斗争，为新民主主义的彻底胜利而斗争；要使每个男女团员和青年具有革命的人生观和世界观，培养成为劳动人民忠诚服务的勤务员和新社会的积极建设者。报告还具体地阐述了在工厂、农村、学校、部队、机关怎样开展青年团工作，以及青年团应创造适合青年特点与兴趣的各种工作方式的问题。

会议通过的《中国新民主主义青年团工作纲领》规定：中国新民主主义青年团，是在中国共产党的领导之下坚决地为新民主主义的彻底实现而斗争的进步青年的群众性组织，基本任务在于紧密结合实际，有系统地学习马克思列宁主义、毛泽东思想，在革命的实践中，不断地教育团员和青年；同时以马克思列宁主义的精神，团结教育中国青年的整个一代，组织他们积极地参加中国共产党和人民民主政府所号召的各种运动，要在建设新民主主义国家的实践中，在各种革命斗争、工作和生产劳动中，把团员培养成为中国共产党最好的助手和后备军。为此，制定了六条工作纲领：（1）争取人民革命的彻底胜利，捍卫人民民主与持久和平。（2）积极参加新民主主义国家的各种建设工作。（3）以马克思列宁主义去教育青年。（4）学习毛泽东思想和文化科学生产知识，学习业务与技能。

（5）争取实现青年各种基本的和特殊的生活福利。（6）领导少年儿童工作。会议还通过了《新民主主义青年团章程》。

大会推选任弼时为名誉主席，选举产生了中国新民主主义青年团中央委员会，冯文彬当选为团中央书记。

这次大会，标志着中国新民主主义青年团正式成立。

大会闭幕之后，我们没有马上离开北平，接着又于5月4日至5月10日参加了中华全国青年联合会第一次代表大会。这次青年代表大会正如党中央贺电讲的，是对过去30年中国青年运动的一个良好的总结，同时是新时期中国青年运动的一个良好的开端。

会议期间，朱德总司令、董必武、吴玉章、黄炎培、叶剑英、茅盾、严济慈等都发表了热情洋溢的讲话；工人、农民、战士、学生、少数民族等青年代表，报告了各自在各条战线上英勇奋斗的事迹。给人留下特别深刻印象的是5月7日周恩来同志的讲演：《全国青年团结起来，在毛泽东的旗帜下前进》。他指出：毛泽东的旗帜不是偶然的，不是天生的，是在中国的土壤上生长出来的。毛泽东是最能坚持原则又最能灵活运用马克思列宁主义原理的领袖，中国的革命自从他参加以后，方向一天天地端正起来。毛主席在中国四个革命阶段都是正确的，都是代表中国人民正确方向的。我们应该排除急躁、骄傲、气馁、灰心、丧气，老老实实地学习毛泽东的学习作风和工作作风，实事求是，脚踏实地，稳步而勇敢地前进。只有这样，我们才能团结和带动千千万万的青年前进；我们才能真正实现全国人民的民主解放和民族独立，来建设一个新民主主义的新中国，并且为转变到社会主义的新中国作准备。他响亮地提出，我们的口号是：“全国青年团结起来，在毛泽东的旗帜下前进！”

大会选举产生了中华全国青年联合会。

在北平开会期间，我两次见到了毛主席。一次是在青年团第一次全国代表大会上，当时毛主席住在香山双清别墅。香山距西直门约 20 公里，位于北平西郊。这里风景秀丽，环境优美。那时，党中央的五大书记都住在香山。4 月 21 日，我们在香山双清别墅西进广场，受到了毛主席和其他中央领导人的接见。另一次是在中华全国青年联合会第一次代表大会上，又于 5 月 12 日在香山受到毛主席、朱总司令、周恩来、刘少奇、任弼时等中央领导人的接见。当时，代表们都非常兴奋，跳呀，喊呀，觉得无比幸福。因为我们大都长期战斗、生活在各个根据地的农村环境中，虽然经常传达、学习毛主席的讲话和党中央领导人的指示，但见到毛主席和其他中央领导人这都是第一次，而且这种接见是我们过去梦寐以求的。现在这一愿望实现了，自然欢欣雀跃，激动无比，纷纷给家里写信报喜。特别是在 5 月 12 日中央领导人接见中华全国青年联合会第一次代表大会代表时，在欢快的军乐声中，毛主席与代表们一一握手，全体代表向毛主席、朱总司令呈献了丈余长的大红锦旗，上面写着：我们向你们学习，在你们的旗帜下前进。代表们情绪极为高涨，发自内心地热烈欢呼：毛主席万岁！跟着毛主席走！在这两个会议期间，我们还参观了故宫、清华大学和美术学院，与北平青年在颐和园搞了游园联欢，大家在一起唱歌、跳舞、野餐。廖承志、冯文彬、萧华等人都参加了联欢活动，气氛相当活跃，相当热烈，使我终生难忘。

（节选自李立功著《往事回顾》，中共党史出版社 2008 年版。原标题为《两赴西柏坡》）

1949 年西苑机场阅兵式亲历记

周之同 *

1949 年 3 月 25 日，中共中央机关和中国人民解放军总部由河北平山县西柏坡迁到北平。当日下午在西苑机场举行了庄严的阅兵仪式。

当时，我任第四野战军第四十一军第一二一师第三六三团政委，非常荣幸地参加了这次阅兵式的受阅部队。这段经历使我终生难忘。

一　紧张认真的准备工作

3 月 22 日下午，我团党委正在召开整顿纪律工作的会议，接到

*　周之同：时任人民解放军四野第三六三团政委；后曾任人民解放军总政治部文化部副部长。

师部通知，团政治处主任蔡鸿江立即到师里开会。师部初步布置了接受检阅的准备工作。23 日上午，团长和政委到师部开会，接受检阅工作的全面布置：

1. 参加受阅的部队和人员：有四野的特种兵、步兵。步兵由第四十一军组织四个步兵团（其中之一是摩托化步兵团）。第一二一师以“守备英雄团”第三六一团全体为主，组织立功受奖人员的代表和干部队（各团营连各留一人在家值班），编入第三六一团方队。每个班轻机枪 1 挺、步枪 12 支，班排长佩冲锋枪，营连干部佩驳壳枪。第三六三团被授予荣誉称号的第一、第四、第七连全体和团的立功受奖代表、排以上干部上摩托化部队第一团的车辆。

大型军乐队由四野总部组织。礼炮用六〇炮发射500发照明弹。

受阅人员一律不带挎包、手榴弹，只带碗筷。炊事员送午饭吃。

2. 受阅部队列队顺序：坦克、重炮、摩托化步兵、步兵方队。步兵方队，排与排间隔两步，连与连间隔三步，营与营间隔四步，团与团间隔八步；列兵前后间隔三步。列队整理后，发“立正”口令，团报告人数后，喊“稍息”。检阅时先喊“立正”。

3. 受阅地址：西苑机场。25 日下午 3 时至 5 时先在现场预习。

从 3 月 22 日起，全体受阅的指战员精神振奋，日以继夜地进行各项准备工作。拆洗棉衣，整理装备和军容风纪，排练队形。各级领导确定参加受阅名单，注重的是政治条件，同时要做好值班人员的思想工作。

二　严格安全的保密工作

3月24日上午，我到师部开会。师部布置第二天接受检阅，要求保证绝对安全。检阅前半小时要验枪，不准带手榴弹，干部亲自负责检查。要求受阅人员精神饱满，严肃纪律。如发生空袭时，要掌握好部队，不要乱；放礼炮时，禁止看光景，不准说话；冲锋枪手要把手指放在护圈以外。要宣传接受检阅的无上光荣：检阅后中央首长将宣布进北平办公，继续指挥人民解放军解放全中国、筹建新中国的伟大意义。以上内容在出发时向连以上干部传达。

对于究竟是谁来检阅，我们只遵照上级布置积极作准备工作，没有人猜，也没有人问。24日晚11时后，师政委李丙令电话通知我，明天是毛主席、朱总司令检阅，当晚只通知团政委，要求次日早晨出发前告诉其他团的干部，到达机场后再向全体受阅人员宣布。

25日下午2时以前，我团一营教导员徐元利带一个连到阜成门外沿铁路到清华园火车站设岗警卫，哨兵一律面朝外，到3时后才结束。

三　西苑机场庄严的阅兵式

3月25日，阳光灿烂，春风徐徐，真是吉祥喜庆的日子。我们受阅人员上午到达西苑机场，就看见四野参谋长刘亚楼正在指挥。当时没有话筒，就由警卫团团长协助同各部队联系，进入指定受阅位置。我上了摩托化步兵第一台卡车，蔡鸿江主任上了第四台卡车。

受阅部队排列成凹形缺口向东的队列。南边首先是坦克部队，然后是重炮部队：两个野炮团、三个高射炮团、一个榴弹炮营。坦克和炮上插着各色各样的奖旗。

西边是200辆美制汽车的摩托化部队。北边是三个步兵团组成的步兵方阵。步兵方阵中有40多面标志着突出贡献的奖旗，原来都在前排，因影响视线，临时决定把“守备英雄团”“塔山英雄团”的奖旗留在前面，其他全部移至后排，这样显得更鲜明敞亮。受阅部队全部用缴获敌人的武器装备。机场上，彩旗、奖旗相互辉映，迎风招展。置身其中，令人感到十分自豪。

上午，受阅部队在统一指挥下演练一次。下午3时再演练一次后，静候中央领导的到来。

下午5时整，毛泽东、朱德、刘少奇、周恩来、任弼时、林伯渠进入西苑机场，林彪、罗荣桓、聂荣臻、叶剑英等人立即趋前迎接。军乐大作，上万人齐声高呼：“毛主席万岁！”“朱总司令万岁！”毛泽东、朱德、刘少奇等微笑着与前来欢迎的党政军工青妇等各界代表、民主人士一一握手。一发照明弹升空，阅兵式开始。毛泽东登上第一辆浅绿色吉普车，朱德、刘少奇、周恩来、任弼时、林伯渠等依次登车。刘亚楼参谋长跑步向前举手敬礼，报告：“受阅部队有坦克、炮兵、摩托化步兵、步兵团等兵种，请主席检阅！”毛主席还礼后，刘参谋长登车站在毛主席的左后侧。车队缓缓行进，500发六〇炮照明弹陆续升空，观众一起鼓掌，欢呼声震天。

毛泽东、朱德乘车出现在受阅部队前。我们在统一领导下，不断高呼：“毛主席万岁！”“朱总司令万岁！”“中国人民解放军万岁！”当听到“敬礼”的口令时，我们恭敬肃穆地举手敬礼，目迎目送。汽车虽然徐徐前进，但我总觉得太快。随后是刘少奇、周恩来、任弼时、林伯渠的车，林彪、罗荣桓、聂荣臻、叶剑英等人两人乘一辆车。其后，还有几十辆车构成检阅行列蜿蜒而行，上面乘坐的是工农青妇各界代表、党政军机关干部和民主人士。我还看见车上有抗战时期在一起工作过的几位战友。车过之处，受阅部队高呼："毛主席万岁！"车上的人们也举手高呼："毛主席万岁！"

毛泽东注视着从炮兵到步兵的每一个战士，不断对刘亚楼参谋长发出称赞的话语。当吉普车行进到"塔山英雄团"大旗前时，毛主席对刘亚楼参谋长说："这是锦州战役作战的部队"，举手还礼，面露微笑。而我们英雄部队的指战员正全神贯注向毛主席敬礼，没料到毛主席也举手向大家敬礼，有的同志顿时感动得热泪盈眶。

阅兵完毕，毛泽东、朱德等领导下车后，和各界人士一一握手。大家面向太阳，以毛主席为中心拍摄了一张照片，彰显着中国民主阵营的强大。

这是一次特殊的阅兵式。党和军队的领导以及工农青妇、民主人士集体参加检阅，真正是人民军队接受人民的检阅。有的战士说："死了也不亏了！"我们当时忘记了计算时间，整整一天都沉浸在紧张欢畅光荣幸福之中。据当天的《人民日报》记者报道，检阅自下午 5 时 10 分开始，至 5 时 45 分完毕。

我在那天的日记中写下："我看见毛主席、朱总司令等领导以及老领导罗荣桓身体健康，对中国革命即将取得胜利，更加坚定了信心。"

（选自《军事历史》2009 年第 2 期）

新政协筹备期间对一些政治派别和团体要求参加新政协的处理经过

于　刚*

新政协的筹备工作，开始于1948年4月30日中共中央发出“五一”号召以后。当年8月，中共中央邀请国内外响应“五一”号召的各民主党派代表人物和无党派民主人士陆续进入东北和华北解放区。11月25日，中共中央的代表同在哈尔滨的民主党派、民主人士的代表就成立新政协筹备会和新政协的性质、任务、参加范围等问题进行了商谈，取得一致认识，确定新政协参加范围，由反对美帝国主义侵略、反对国民党统治、反对封建主义和官僚资本主义压迫的各民主党派、各人民团体及无党派民主人士的代表人物组成，南京反动政府系统下的一切反动党派及反动分子必须排除，不许参加。1949

---

* 于　刚：时任新政协筹备会第一小组秘书，新政协中共党组干事会秘书；后曾任中共中央统战部副秘书长，全国政协委员。

年6月15日至19日，新政协筹备会举行第一次全体会议，制订了《新政治协商会议筹备会组织条例》，选出以毛泽东为首的筹备会常委会，确定在常委会下设立六个工作小组，进行具体工作。第一小组负责拟定参加新政协的单位及其代表名额。李维汉任组长，章伯钧任副组长，李济深、沈钧儒、黄炎培、马寅初、马叙伦、彭泽民、曹孟君、谭平山、蔡廷锴、陈其尤、聂荣臻、李立三、朱富胜、陈叔通、曾昭抡、许德珩、冯文彬、蔡畅、黄振声（黄鹤祯代）、罗叔章、天宝、陈其瑗等22人为组员。我担任这个小组的秘书。

在筹备工作进行期间，常委会一共收到30件团体的和个人的要求参加新政协的书面请求。我们处理这些请求的基本指导思想是，首先注意政治严肃性，严格分清敌我，拒绝国民党反动政府系统下的一切反动党派和反动分子；同时在此基础上强调团结的广泛性，尽可能多地容纳各个方面的团体和代表人物，务使一切为革命作出贡献的团体和代表人物都能适当安排，最大限度地团结一切可以团结的力量。具体做法是：

1. 这些要求参加新政协的政治派别和团体中，有些解放战争期间对革命虽曾做过一些有益的工作，但其组织严重不纯，成分复杂；有些并无民主运动的历史和实际表现；有些在解放战争时期还有过反动行为；还有些则是极少数反动分子或政治投机分子临时拼凑起来进行招摇撞骗的反动组织。总的说，都不符合或者不完全符合参加新政协的标准，因此，作为单位，不能邀请参加。

2. 对他们中有民主运动历史并有一定代表性的民主分子，在他们的政治派别或团体宣告结束以后，邀请他们以个人身份参加政协或在工作上做适当安排，如孙文主义革命同盟中的许闻天、邓昊明两先生，民社党革新派中的沙彦楷、汪世铭两先生等，都是以个人身份被邀请参加政协第一届全体会议的。少年劳动党的安若定、光复会的周亚卫等先生，分别安排为政务院参事等职务，1954 年被邀为第二届全国政协委员。

3. 对他们中的一般成员，只要不是反动分子，都给予学习和工作的机会，愿意参加其他民主党派的，帮助向有关党派推荐。

4. 对于当时同美帝和国民党反动政权关系密切，并仍为他们服务的团体，如中华平民教育促进会（平教会），则予以解散。但对他们举办的事业，在接管以后加以改造，使之为人民服务。其中的工作人员，酌情分配适当工作。

总之，既要坚持政治上的严肃性，又要实现团结的广泛性，扩大统一战线的团结面。下面，对其中一些主要的政治派别和团体的情况和处理经过，作一些简要回顾，以期有助于了解当时我国政治情况的一个侧面，保存一些有关的史料。因系个人回忆，难免有遗漏和不准确之处，希望有关同志给以补充和指正。

一　孙文主义革命同盟

孙文主义革命同盟简称孙盟，是从国民党中分化出来的一个政治派别。它的前身名中国农工社会党。早在 1944 年，国民党内一部分反蒋分子在座谈会的基础上形成两个小团体，即农工社和大众社。1945 年这两个小团体在国民党当局的压迫下无形解体。迨至 1947 年蒋介石彻底撕毁政协决议、发动全面内战以后，原农工社和大众社的成员在南京发起组成中国农工社会党。主要有三部分人：（1）曾参加三民主义同志联合会的一些人，如许闻天等；（2）曾参加邓演达所组织的第三党的一些成员，如邓昊明等；（3）从蒋介石集团中分化出来的一些高级军政人员，如贺耀祖、陈惕庐等。该党成立后曾派人去香港同国民党革命委员会联系，要求作为民革的一部分。当时，朱蕴山代表民革表示欢迎，同时要求他们更改党的名称。1948年春季，中国农工社会党改名为孙文主义革命同盟，但并未并入民革。孙盟的主要负责人有许闻天、邓昊明、高宗禹、韩梅岑、陈惕庐、贡沛诚、谌小岑、刘不同、贺耀祖、侯桐、杨玉清、金绍先等。

孙盟的政治主张的积极面是联共反蒋，要求实行孙中山先生的革命三民主义。在中共中央"五一"号召前，曾派人同苏北中共党组织和解放军取得联系。后来也曾派人去香港同中共在港负责人联系。它的领导层中也有个别共产党员参加。对于党的"五一"号召，孙盟曾在口头上表示响应。

孙盟在新中国成立前处于秘密状态，一部分人在国民党政权中进行分化瓦解工作，做过军事策反活动，在国民党立法院内做过一些合法斗争。新中国成立前夕在香港参加过争取国民党在港立委、监委等高级军政人员起义的活动。由于组织不严密，成分不纯，他们的一些负责人和成员曾遭到国民党反动政权的逮捕和杀害。

孙盟曾在南京、上海办有《中国日报》《虹光周报》《大学评论》等报刊。

1949年6月新政协筹备会第一次全体会议期间，曾有人提出孙盟是否作为一个单位参加政协的问题。经第一小组研究，认为孙盟里边确有一部分民主人士，有些人还遭到国民党反动派的杀害，这个团体对革命做过一些有益的工作，但其组织不纯，成分复杂，不宜作为一个参加政协的单位，必要时，可个别邀请其中的代表人物参加。6月19日，李维汉同志在新政协筹备会全体会议上作《关于参加新政治协商会议的单位及其代表名额的规定（草案）》的说明时，讲了第一小组的这个意见，获得了筹备会的同意。

1949年7月，中共中央统战部邀请许闻天来京商谈孙盟的事。许来京后写了《孙文主义革命同盟工作节略》，简要介绍了孙盟的组织经过和新中国成立前的活动情况，表示热切盼望中共的直接领导，如无继续存在的必要，也可以立即解散组织。同时提出，希望中共能给予该盟同志精神上的一点安慰。李维汉同许闻天先生谈了话，肯定孙盟过去为革命做了有益工作，同时举出该盟的重要成员如刘不同等作例，指明这个团体的成分甚为复杂。建议许闻天考虑孙盟自行结束，成员可以个别参加民革。许闻天表示同意。随后，许闻天、韩梅岑、侯桐等孙盟中央及一些地方组织的负责人在上海集会讨论，一致同意孙盟结束活动。1949年8月2日在沪宣告解散，并由新华社发了消息。

1949年9月下旬，新政协筹备会特邀许闻天、邓昊明两位先生以个人身份参加了中国人民政治协商会议。11月，许闻天、贺耀祖、谌小岑、胡庶华、金绍先五位原孙盟负责人，参加了中国国民党民主派代表会议。许闻天、贺耀祖曾被选为民革中央委员。

二　民社党革新派

民社党革新派全称“革新中国民主社会党”，系1946年11月张君劢等决定民社党参加蒋介石召开的“国大”和“改组”的国民党政府以后，由民社党中分裂出来的一部分人所组成。其组织成分比较复杂，负责人中有的与美帝关系密切，有的是国民党军统分子和中统分子，有的是既反蒋也反共，主张走第三条路线的人，也有少数反蒋民主人士如沙彦楷、汪世铭，等等。1948 年中共中央发布“五一”号召以后，该派发生分化。沙彦楷、汪世铭等曾以民社党革新派的名义，发表文告，响应“五一”号召。当年秋，该组织将孙宝刚、罗坚白等开除出去。主席伍宪子亦于此时宣布退出，副主席沙彦楷任代理主席。12 月，在人民解放战争即将取得全国胜利的形势下，该组织发表《告全党同志书》，宣称他们“代表中小资产阶级及生产劳动大众利益”，主张“肃清帝国主义在华势力，推翻以地主、买办及贪污腐化集团为基础的南京反动政府，建立一个独立、自由、民主、富强的新中国”，号召全党加强团结，为了彻底消灭革命的敌人，为了加速革命战争胜利而共同奋斗。

1949 年 6 月中旬，汪世铭自香港来京，通过李济深、章伯钧、陈叔通三位致函周恩来和李维汉，转交了《民主社会党党内斗争经过》和《告全党同志书》，要求参加新政协。在新政协筹备会全体会议期间，第一小组研究了民社党革新派要求，提出了处理意见。6 月 19 日，李维汉在筹备会全体会议上作《关于参加新政治协商会议的单位及其代表名额的规定（草案）》的说明时，讲了第一小组的意见。他说，在今年（1949 年）春季，中共中央曾与在京的各民主党派负责人对民社党革新派是否作为一个单位参加新政协问题，作过研究与协商，认为该派在成立后几年中，经过一些曲折和几次分裂。在民社党革新派内部确实存在民主分子，他们也是努力奋斗的，但就该派整体来说，确实成分复杂，不必作为一个单位参加新政协，必要参加的民主分子，可以考虑个别邀请。这个意见为新政协筹备会议所同意。

6 月 22 日，沙彦楷代表民社党革新派自上海致电毛主席和新政协筹备会，声称“贵会公布出席新政协 45 个单位，竟遗漏本党名次，深为骇异”，“祈即增列本党名次，以示公允，而重诺言，实民主前途之幸”。6 月 27 日，李维汉同志会见汪世铭，向他表示，经与各方面商讨，认为民社党革新派成分复杂，不宜作为一个参加新政协的单位，建议他们考虑自行结束。其中的民主人士代表人物，可由新政协筹备会邀请，以个人身份参加。成员中的民主分子，如民盟同意，可以个别参加民盟，他们中如有被误认为反动分子的人，可将名单开来，以便协助解决。汪世铭表示同意，并说已函请该派组织暂停活动。

这次谈话后不久，社会上发现以民社党革新派名义发表的《告全国同胞书》，对他们未被邀请参加新政协表示强烈不满，态度很坏。经向汪世铭、沙彦楷两位询问，他们表示事先不知道，愿意公开予以驳斥，自行处置。

1949 年 9 月，在民社党革新派决定自行解散后，新政协筹备会特邀沙彦楷、汪世铭两位先生以个人身份参加新政协。汪世铭在中国人民政治协商会议第一届全体会议上发言说：“我是革新民主社会党负责人之一。三年前因为张君劢及其走狗们破坏旧的政协，破坏民主统一战线，厚颜无耻地参加了伪国大，参加了伪政府，为蒋介石反动政权帮凶。”“我们党内忠于民主与和平的同志们表示万分的愤慨，不能不起来反对他，打击他，所以才有革新的民主社会党的组织。”三年来，“有许多同志受了蒋匪特务的迫害，坐了牢，受了刑，甚至牺牲了他们的性命。但是我们内部存在着许多缺点，例如组织不健全，分子复杂，又没有严格的纪律，往往发生错误的言论与行动，招致恶劣的影响”。“我们已经决定结束我们党的活动，取消我们党的组织。我们的同志有的因为历史关系，将要加入民主同盟，有的参加新民主主义的青年组织，有的参加学习与工作了。我们将在不同的岗位上，接受统一的领导——中国共产党和毛主席的领导，遵循统一的路线，向着统一的目标，努力前进。”

三　中国少年劳动党

中国少年劳动党于 1945 年在重庆成立，负责人是安若定。安早年参加孙中山领导的国民革命。1923 年在上海大学组织孤星社，任社长兼总编辑，出版过《孤星》旬刊，宣传三民主义。1927 年以后，埋头著述，曾出版《大侠魂论》，鼓吹超阶级的带有神秘色彩的大侠魂精神。1931 年九一八事变后，创铸魂学社。这是一个“主张修身立命，匡人救世及文武合一、知行合一”的文化社团，曾吸收一些爱国青年，参加过一些抗日救亡活动。1945 年以铸魂学社为基础发起组织中国少年劳动党。嗣后陆续参加的一些会社有关人士有：中国合作经济研究会、中国崇实学社、中国幼幼协进会、中国文化协会、中国乡村建设协会、中国民族素质改进会及国术研究会等，还有一些佛教方面和原属国民党方面的人员。1948 年曾表示响应“五一”号召。1949 年 5 月上海解放前夕，一度在国民党军队中进行过策反工作。该党没有明确的政治纲领，组织松懈，成员复杂。主要负责人为安若定、张德流、罗春台、马辉、牛席卿等。

1949年5月，安若定及上述诸人来京活动，要求少年劳动党作为新政协参加单位。李维汉同志两次会见安若定。鉴于少年劳动党成分复杂，组织也不健全，建议他们考虑解散组织。安若定等商议决定，自行解散。1949年9月1日发表《中国少年劳动党解散通告》和《中国少年劳动党解散声明并告全党同志书》。宣称该党由于组织不严，分子不纯，对革命的贡献不多。“现在人民解放事业已在中共正确领导下得到决定性的胜利，新的人民民主专政国家即将建立，把握现阶段的革命政治要求，本党已无存在和发展的必要，所以决定于9月1日宣告正式解散，深望本党同志今后在中国共产党领导下努力学习，改进自己的认识，和广大人民一道，反帝反封建反官僚资本主义，从事民主主义的建设事业。”

四　光复会

光复会最先于1904年成立于上海，当时会长为蔡元培，秋瑾、徐锡麟、章太炎、陶成章等都是重要领袖人物。该会以提倡反清革命为宗旨，曾进行过不少反清活动。辛亥革命后和同盟会发生矛盾，孙中山先生就任临时大总统后，曾致电广东都督陈竞存，进行调解，1912年陶成章在上海被刺杀，该会无形中解体。

1945年抗战胜利前夕，光复会的老人尹锐志、周亚卫夫妇等在重庆恢复该会，尹任会长，周任副会长。抗战胜利后，总部由重庆迁浙江杭州，尹锐志去世，周亚卫任会长。据该会宣布，领导成员还有吕公望、裘振纲、许啸天、王晓籁、鲁莽、高剑华、黄光德、沈钧业、黄元秀等，实际上其中不少人是挂名的，主要负责人为周亚卫、裘振纲。会员成分复杂，除了一些老光复会的会员及个别开明士绅外，多为失意政客及国民党的退伍军官。1947 年曾要求参加国民党立法委员选举，未得获准，同年 4 月 22 日被国民党政府通令取缔。1948 年 5 月 26 日，曾在杭州西湖召开干部会议，发表政治报告及重要声明，宣称光复会“不仅代表中间阶层如民族资产阶级和小资产阶级的利益，而且代表整个人民大众的利益”，主张建立一切民主党派及民主人士共同参加的建国联合政府，“任何政党（民主党派亦在内）不得私有军队”。1949 年 1 月曾发表声明，拥护中国共产党提出的八项和平条件，并且策动国民党浙江省主席陈仪实现局部和平，事泄未遂。裘振纲在新中国成立前夕任浙江省昌化县长，人民解放军渡江进击浙江时，裘曾运动昌化、於潜县两个自卫队起义，协助解放了这两个县。杭州解放后，裘在报上著文自我吹嘘，受到中共浙江省委批评，息影杭市。

1949 年 6 月 10 日，周亚卫、裘振纲、沈田莘、童杭时等代表光复会致电毛主席，声称“本会处于蒋党反动统治下，备受迫害，但仍尽力于民主事业。今浙江已告解放，全国解放为期不远，今后本会誓在中共领导下，为人民民主事业尽其绵薄，并愿参加新政治协商会议”。6 月下旬，周亚卫为此来京活动。周恩来同志曾予接见，各方商谈结果：由于光复会成分复杂，成员中民主分子很少，因而未获邀请参加新政协。

五　中国农民党

中国农民党 1946 年在重庆成立，主席董时进，系农学界人士，

1938 年组织中国农业协进会，为农业学术团体。1944 年民主政团同盟改组为民主同盟时，董曾参加任民盟中委，后又退出。1946 年旧政协会议时期，他联络农业协进会中一部分人，组成中国农民党。成员中有一部分是大学教授和农业技术专家，另有少数反动分子。该党于 1948 年 5 月三中全会修订的政纲主要有以下四项：（1）建立民主政治；（2）促进经济发展；（3）合理分配财富；（4）消除一切战争。同年董时进公开著文反对共产党，反对党的土改政策。1949 年 1 月，在人民大革命即将取得全国胜利的形势下，农民党发表宣言，拥护中国共产党提出的八项和平条件。

1949 年 4 月，董时进自香港派他的代表来北平，谋求农民党作为参加新政协的单位。要求：设立中国农民党中央执行委员会北平联络处；出版《中国农民》，开办“新农通讯社”，与新华社新闻机构建立正式关系；参加各民主党派有关民主运动的集会与联合声明。

5 月 17 日，董时进自香港抵北平，致函周恩来要求会见。6 月 5 日，李维汉同志约见董时进，同他谈判，指出董时进和农民党的反动言行，批评了他在 1948 年公开发表的反对共产党和反对土地改革的文章，指出他在解放区的土地改革高潮时反对土改，是力图为地主阶级保存封建剥削制度，因而使农民党成了地主党，农民党的路线成了地主路线。并向董说明：农民党参加新政协是困难的，劝董不要搞农民党，仍以从事农业建设为好，希望他把技术介绍给人民政府，为农业建设服务。董时进最后表示，愿意推荐农业技术人员贡献技术，农民党可以宣布解散。

6 月 25 日，农民党在北平发表《中国农民党为停止党务活动致力生产建设宣言》，宣称：“本党中常会议决，自即日起停止本党一切党务活动。号召全体党员一致在中共和即将成立的民主联合政府的领导下，将大家的学识技能和一切力量贡献出来，帮助新民主主义新中国的建设成功。”

1949 年 12 月 12 日，董时进自上海上书中央人民政府毛主席，为封建地主阶级辩护，要求停止进行土改，修改土地改革政策，并在上海散发反对土改的传单，因此中共华东局统战部派人找董谈话，提出批评，制止他这种违反《共同纲领》的行动。

1950 年 4 月，董时进去香港，旋去美国。

六　中国民治党

中国民治党 1946 年 8 月在上海成立，主要由国内外华侨洪门中一部分人所组成。该党从一开始，就有国民党 CC 分子与军统特务分子混入，操纵指挥。其成员的政治情况极其复杂。主要负责人是赵昱和张书诚。赵昱系美洲华侨，早年曾随孙中山参加革命，负责海外筹饷。张书诚系国民党员，抗日战争期间曾任国民党华北党政军联合办事处秘书长，出席过国民党六大。重要成员有朱金石、杨天孚、朱家兆、邓云章、黄子和等。

1947 年 2 月，赵昱、杨天孚等曾在 CC 支持下，与国民自由党、民生共进党等合组中间党联盟。

1949 年新政协召开前，民治党派人来京活动，要求承认合法地位和参加新政协。经中共中央统战部同各民主党派商量，向该党负责人任荣野、黄守中等正式说明，民治党不能列为民主党派，要求他们自行解散。此后，他们又拟与致公党合并，为陈其尤等拒绝。

七　中华平民教育促进会

中华平民教育促进会简称“平教会”，最初于1923年8月在北京成立，发起人为北洋政府总理熊希龄的夫人熊朱其慧，还有陶行知、黄炎培先生等。成立时选出熊朱其慧、陶行知、张伯苓、蒋梦麟、张训钦、蔡廷干、周作民、陈宝泉、周诒春9人为董事。熊朱其慧为董事长，晏阳初为总干事。晏为四川巴县人，自幼受基督教会培养，后入美国耶鲁大学学政治。第一次世界大战期间，受教会派遣，去欧洲搞华工工作，对华工进行识字教育；战后回国，服务于余日章主持的青年会，从事平民识字运动，曾和傅保琛编了平民千字课，也曾同陶行知合作过。晏搞平民识字运动得到熊朱其慧的经济支持，又有青年会的帮助，得以到上海、武汉、长沙等地进行宣传活动，所以平教会成立时，他担任了总干事。

平教会系私人事业团体，无一定的组织形式，也没有入会手续，经费来源主要靠国外募捐，主要活动是从事乡村农民文化教育。初成立时会址设在北京，1927年迁河北定县，创办定县实验区。该会在定县期间，曾罗致一些留美知识分子，其中如瞿菊农曾任该会定县实验区主任。晏阳初在定县期间，鼓吹中国社会的病根在四，即愚、贫、弱、私，要通过家庭、学校和社会三个方面进行四项教育，以生计教育救贫、卫生教育救弱、文化教育救愚、公民教育救私。

1937年全民族抗日战争爆发后，平教会迁湖南长沙，在衡山举办平民教育实验区，并进行了一些抗日宣传活动。1939年迁四川巴县，直到全国解放。

平教会在四川巴县期间，主要举办三项业务：

1. 乡村建设学院。1940 年创办，原名中国乡村建设育才院，1945 年 8 月扩充改名为乡村建设学院，晏阳初兼院长，院址在巴县歇马场，设乡村教育、社会、农学、农田水利四系。

2. 华西实验区。1946 年 7 月，得到国民党四川省政府同意，在该省第三行政区辖区内开始进行综合性的乡村建设实验工作。11 月，在璧山县成立华西实验区，由国民党四川省第三行政区专员孙则让兼实验区主任。实验区包括巴县、璧山、北碚、江北、铜梁、大竹等县镇，设有教育、农业、合作、水利、卫生、编辑等组和社会调查室。

3. 研究部。瞿菊农为主任，设有编辑出版组及电化教育委员会，附设民间印刷社。

全部工作人员共有 300 多人。

平教会曾经国民党政府教育部批准立案。1940 年，蒋介石拨给开办费 10 万元，征购巴县歇马场 500 亩农田，办乡建学院。他们在定县实验区、湖南衡山实验区、四川华西实验区的活动，先后得到北洋政府和国民党政权的支持，也为反动政权训练了一些干部，制造了一些县、乡的统治经验。

1943 年，蒋介石以外交使节名义，拨给外汇，让晏阳初去美国。晏在美国拉拢一些有权势的美国人，成立中美联合平民教育促进会。美国大法官道格拉斯、前副国务卿罗维特、欧洲复兴计划负责人霍普曼等，均为该会委员。平教会在国内的工作、计划、经费等都需送纽约该会审查核定。晏提出要建立“四种基本农村复兴工作（即教育、生计、卫生、公民）。第一期，三年内动员训练 3000 万青年男女。第二期的三年内动员训练 9000 万青年男女。基本上训练的费用每个人只要 6 块美金”。这样，“不但把共产党是中国受压迫的愚蠢的人民解放者的神话击破，更重要的是将为‘民主而强大的中国’奠定了基础”。1948 年，晏阳初在美提出农村复兴计划，到美国会讲演，经美国会通过法案，命名为《晏阳初法案》，拨款数亿美元给中国搞农村复兴。蒋介石国民党政府因而成立以蒋梦麟为主任的中国农村复兴委员会（简称农复会）。平教会从农复会得到美元补助和贷款的便利。

全国解放前夕，晏阳初采取了应变措施，任瞿菊农为平教会代总干事，魏永清代理乡村建设学院院长。他自己则经台湾去了美国。

1950 年春，平教会派人来京，要求承认其合法地位，给予政协代表名额。随后，瞿菊农、孙则让来京，找黄炎培、张澜等先生活动，请他们帮助取得合法地位。中共中央对平教会采取了非常慎重、严肃的态度。中央统战部反复进行了大量调查研究，同各民主党派及无党派民主人士进行了充分协商，取得一致意见：（1）平教会在历史上是与乡村建设派同一性质的团体；（2）乡建派的领导者梁漱溟曾参加民主运动，平教会的晏阳初则未参加；（3）在国民党“戡乱”时期，晏阳初与美蒋加紧合作；（4）平教会这样的团体，无民主运动历史，受美帝密切支持，为国民党统治集团所利用，应予解散。

当时周恩来曾经指出，平教会、农复会等整个名义应不存在，但所属部分机构（如乡建学院等）仍可改造。

1950 年 12 月 2 日，重庆市军管会宣布解散平教会，并派人接管其所办的事业机构。明确宣布：（1）解散平教会并接管其所办事业的方针，主要是为了粉碎美帝利用该会进行反对中国人民的阴谋，并使之改造成为真正为人民服务的事业机构；（2）一般工作人员仍照原职原薪，继续工作；（3）所有物资基金，不使隐匿破坏；（4）在平教会工作人员中开展学习，揭露该会与美帝勾结的事实。

瞿菊农、孙则让在平教会解散后，联名写了《我们对于平教会的检讨》，说：“我们结合了时事学习，对于平教会及晏阳初的思想作了一番深刻的检讨，从而更认识了美帝国主义者毒害我们人民的狡猾阴谋手段。”“平教会现在解散了。这在政治影响上是合乎时宜的贤明措施。我们希望曾在平教会的工作者，都应当结合时事，认清立场，作一番严重的深刻的批判，使每个人在政治的认识上提高一步。”“我们亦志愿积极学习，扬弃错误，服务人民。”

八　其他

此外，当时还有人民民主自由联盟、民主进步党、中国人民自由党等自香港派人来京活动，争取公开合法地位和要求参加新政协。据当时向各方调查，这些所谓党派成员十分复杂，性质多属反动。因此，新政协筹备会理所当然地拒绝了他们的要求。后来，其中有的人随着形势的演变，政治态度发生了变化，回到了祖国大陆人民的阵营中来。

（选自全国政协文史资料委员会编《中华文史资料文库·政治军事编》，中国文史出版社 1996 年版）

新政协筹备会工作的难忘经历

王仲方*

1949 年，我作为新政治协商会议筹备会秘书处副处长，亲历了中华人民共和国诞生的全过程。因此，每逢国庆佳节，我的心情都特别兴奋。

一　众星灿烂，群贤毕聚

1949 年 9 月 21 日召开的中国人民政治协商会议第一届全体会议，经过民主讨论，通过了《中国人民政治协商会议共同纲领》，通过了中华人民共和国国都、纪年、国歌、国旗四个决议案。出席

* 王仲方：时任新政协筹备会秘书处副处长；后曾任中国法学会会长，全国政协委员。

中国人民政治协商会议第一届全体会议的，包括中国共产党和各民主党派、各人民团体、各界民主人士、国内少数民族、海外华侨的代表，共聚一堂，共商国是。这次政治协商会议的成功举行与新政协筹备会认真周密的准备是分不开的。

1949 年上半年，中共中央决定在北平召开筹备会。筹备会的第一件大事，是接待从国内和海外赶来参加会议的代表。国内党政军民各团体已经各自组成代表团，有自己的住处。各民主党派、民主人士、海外华侨代表，有的已先到达东北解放区，有的从各地解放后陆续抵达，有的从香港、台湾甚至国外几经周转到北平。他们多数住在北京饭店。筹备会的同事们怀着喜悦心情隆重热情接待每一位代表。特别重要的代表，如宋庆龄、程潜是毛泽东亲自到车站迎接的，张澜、陈嘉庚等人是周恩来、聂荣臻、罗瑞卿等人到车站迎接的。

大家都想一睹这些举世闻名、早已敬仰的名人的风采。我在筹备会秘书处，有幸优先享有这些机会。中国人民政治协商会议第一届全体会议在中南海怀仁堂召开，入口处设有签到处，我作为秘书处负责人，同工作人员一起招呼代表签到，这是我经历的最激动的时刻。

毛泽东、刘少奇、周恩来、朱德、林伯渠等率领的中共代表团住在中南海。他们来得早。毛泽东第一个在签到簿上用毛笔写下自己的名字。他面带笑容，心情愉快，“毛泽东”三个字写得更加庄重和流畅。签字后他还向工作人员微笑示意才进入会场。

接着，十分吸引大家目光的是宋庆龄。她从住处乘车而来，下车后即由罗叔章、沈粹缜（邹韬奋夫人）陪同，踏上怀仁堂的台阶来到签到处。宋庆龄当年已 56 岁，但步履轻快，庄重和蔼，激动而不外露，令人敬重。也许是参加这样隆重的大会让她很激动，签字时抿着嘴唇，好像有些紧张。先来的代表和工作人员都挤在门口，争相目睹这位有“国母”之誉的孙中山夫人的风采。

受到人们关注的还有“七君子”中的沈钧儒、史良、章乃器、沙千里。沈钧儒虽然年长，胡子又长，但走路和上台阶比别人都要轻快。我想可能是他平时打太极拳练功的结果吧。

人们还关注不久前国共和谈破裂后，毅然脱离蒋介石政府的国民党和谈代表张治中、邵力子、黄绍竑等人。邵力子情绪特别好，不断含笑与朋友打招呼。

郭沫若、黄炎培、章伯钧、罗隆基、冯玉祥夫人李德全，以及不久前与中共达成和平解放北平协议的傅作义，都受到大家的特别关注。

梅兰芳也是最受瞩目的人之一，著名演员周信芳、袁雪芬、白杨、金山也受到人们的关注。

我平时爱好文学，特别注意茅盾（沈雁冰）、巴金、丁玲、冰心、曹禺等人。看到鲁迅（周树人）的弟弟周建人时，发现他的脸形特别是嘴唇上留着的胡须，同他哥哥非常像。

我也见到了梁漱溟、张申府的夫人刘清扬，我当年听过他们的讲演，多年不见，他们依然如故。

我还见到了一位奇特的代表。这位代表 60 岁左右，身穿深色西服，戴着礼帽和一副深色眼镜，由李克农亲自陪同。他直趋而入，也不签到，看得出是一位有特殊身份的代表。他是谁呢？后来才知道，他就是国民党原上海警备司令、赫赫有名的杨虎。在白色恐怖时期，他曾指挥杀害过多名共产党员。他怎么会出现在政协会议上呢？我好奇地打听后才知道，他是安徽人，与李克农同乡。李克农在上海地下党特科工作时，利用同乡关系争取过他，并与他建立过秘密联系。他给共产党提供过情报，特别是在解放上海的战役中提供了帮助。听说，当时蒋介石对上海控制很严，认为万无一失，却不知道共产党解放军的秘密电台就设在杨虎家中，他为解放上海立了大功。在上海解放初期，国民党潜伏特务十分猖獗，杨虎也对我们打击土匪特务提供了协助。对于杨虎成为政协特邀代表，当时我颇为感慨，中国共产党真是宽大为怀，不计前嫌，做到了团结一切能够团结的人。

另外，我记得还有一位特邀代表杨杰将军，他是国民党著名军事教育家、陆军大学校长，可惜在政协开会前夕在香港被特务暗杀。

二　精彩开幕，揭开历史新页

政协正式会的全体会议，是在中南海怀仁堂大厅举行。出席政协会议的新疆代表团，由当时新疆的革命武装领导人组成，在乘飞机赴北平出席会议时，飞机失事，全部遇难。重新组织代表团后，由赛福鼎率队出席会议。在会议开幕时，赛福鼎代表新疆各族人民向毛泽东献上维吾尔族的帽子和袍子。毛泽东欣然接受，并在台上当场穿上象征民族团结的美丽长袍，戴上绣花帽子，全场响起长时间热烈的掌声。

在 1949 年 6 月 15 日的新政治协商会议筹备会上，毛泽东代表中共中央阐明了中国共产党、各民主党派、各人民团体、各界民主人士、少数民族和海外华侨公认的团结奋斗的政治基础，也是全国人民团结奋斗的政治基础，就是打倒帝国主义、封建主义、官僚资本主义和国民党反动派的统治，迅速召开新的政治协商会议，宣告中华人民共和国的成立，并选举代表共和国的民主联合政府，使我们的伟大祖国走上独立、自由、和平、统一和强盛的道路。

毛泽东说："中国的事情必须由中国人民自己作主张，自己来处理，不容许任何帝国主义国家再有一丝一毫的干涉。"毛泽东最后用浓重的湖南口音满怀激情地高声说："中国人民将会看见，中国的命运一经操在人民自己的手里，中国就将如太阳升起在东方那样，以自己的辉煌的光焰普照大地，迅速地荡涤反动政府留下来的污泥浊水，治好战争的创伤，建设起一个崭新的强盛的名副其实的人民共和国。"讲到这，全场起立热烈鼓掌，同毛泽东一起高呼："中华人民共和国万岁！民主联合政府万岁！全国人民大团结万岁！"

宋庆龄在政协第一届全体会议开幕式讲话时用的是上海方言。我们尽量把扩音器的声音放到最大。看着主席台正面悬挂着和毛泽东并列的孙中山的画像，宋庆龄深情地说，孙中山毕生奋斗的理想终于看到曙光，她的心情同大家一样，是激动的、充满希望的。这中间出现了一个小小的插曲。正当宋庆龄讲话时，突然停电，把我和会场工作人员都急坏了。那时北平解放不久，各种设备，当然也包括电力设备，陈旧不堪，虽经会前各有关部门同心协力维修以保证会议用电，但还是出了岔子，幸亏停电时间不长。停电期间，全场寂静无声，电源恢复，宋庆龄接着从容讲话。她讲完后，大家报以更加热烈的掌声。我和在场工作人员深为感动。之后，经过各方的努力，停电这类事情再也没有发生。

三　民主讨论，求得一致

中国人民政治协商会议第一届全体会议的主要任务，是讨论制定并通过具有临时宪法作用的《共同纲领》，民主选举中央人民政府委员，选举产生主席、副主席，正式成立中央人民政府委员会。

讨论《共同纲领》的重点是“序言”和“总纲”。“序言”开宗明义：“中国人民政治协商会议一致同意以新民主主义即人民民主主义为中华人民共和国建国的政治基础，并制定以下的共同纲领，凡参加人民政治协商会议的各单位、各级人民政府和全国人民均应共同遵守。”“总纲”规定：“中华人民共和国人民有思想、言论、出版、集会、结社、通讯、人身、居住、迁徙、宗教信仰及示威游行的自由权。”“保护工人、农民、小资产阶级和民族资产阶级的经济利益及其私有财产。”第二章“政权机关”规定：“中华人民共和国的国家政权属于人民”；“中华人民共和国的一切国家机关，必须厉行廉洁的、朴素的、为人民服务的革命工作作风，严惩贪污，禁止浪费，反对脱离人民群众的官僚主义作风”。

关于中华人民共和国国旗，会议事先征求各界人士意见，征集到各种设计方案数十种，印发代表民主讨论。最后选定五星红旗作为中华人民共和国国旗。在讨论国旗说明时，原说明词说一颗大星带四颗小星，邵力子提出反对意见，认为中国旧社会把小老婆称作小星，用在国旗的说明词中不妥。邵力子这么一说，许多代表不禁大笑起来，认为这样说确有不妥，建议修改。国旗经民主讨论通过之后，会议秘书处已准备好一面红旗，由四位工作人员各执一角，在台上展示，全场热烈鼓掌。

在讨论国歌时，比较一致地认为应该选用全国人民熟悉的《义勇军进行曲》，理由是这支歌在革命斗争中成为动员群众奋勇抗战的号令。讨论中有代表提出，现在日本帝国主义和国民党反动派已被打倒，中华民族已经不是处在“最危险的时候”了，再唱它有些落后于时代，建议修改歌词。会议工作人员把不同意见反映给大会主席团，主席团也进行了认真讨论。最后，毛泽东说，现在革命是胜利了，已经不是过去所处的最危险的时候，但是，我们在前进路上还会遇到各种艰难险阻，保留原来歌词，教育全国人民永远保持警惕是十分有益的。大家同意这个说明，一致通过在中华人民共和国国歌未正式制定前，以《义勇军进行曲》为代国歌。

国徽也征集了许多方案并印刷成册，发给代表审查选定。会议讨论决定中华人民共和国国都定于北平，北平改名北京；纪年改为公元，大家一致同意。关于中华人民共和国的国名，开始酝酿时，有人提出定名“中华人民民主主义共和国（简称中华民国）”。经讨论后一致认为名字太长，叫作“中华人民共和国”就很好。

四　选举主席和副主席

1949 年 9 月 30 日，中国人民政治协商会议第一届全体会议最后一天，选举中央人民政府委员会和主席、副主席。谁来担任中央人民政府第一任主席，大家早已认定，只有毛泽东能享此最高荣誉。我们按照代表预选出的候选人名单印出选票，分别送到每个代表的面前，代表们认真地投下庄严的一票。会议选出几位代表作为监票人，严格监督选举的全过程。投票后，会议短暂休息，我们工作人员在大会会场旁边的小会场开票，数来数去，发现毛泽东少一票，这大出我们工作人员及监票人的意料。于是又重新计票，结果仍然是毛泽东少一票。大家认为这很可能是某投票人一时疏忽，忘记画票，可以作为废票，让毛泽东全票当选。但是我们不敢擅自这么做，立即找到周恩来，向他汇报了这个情况，请示怎么办。周恩来考虑后，也不敢决定，就向毛泽东请示如何处理。毛泽东听后说，代表们有权选毛泽东，也有权不选毛泽东，缺一票就缺一票，没有关系。毛泽东这么说，给我们工作人员解了围，但是我们仍然很不安，觉得太遗憾，把选举结果写成书面报告送给当天会议主持人。主持人当众宣布：毛泽东当选为中央人民政府主席。这时全场一致起立，热烈欢呼声达数分钟之久。毛泽东满面红光，在欢呼声中上台，向大家挥手致意。

会议选举朱德、刘少奇、宋庆龄、李济深、张澜、高岗为中央人民政府副主席。选高岗做副主席，在中共代表团有不同意见，有人认为从资历、贡献来说，党内比高岗更适合的大有人在，有人说李富春就比高岗更适合。后来，毛泽东说，选高岗为副主席的候选人是他提出的。理由是，红军经过二万五千里长征到达陕北，陕北根据地为中央提供了落脚的地方，中国革命取得今天的胜利，包括延安在内的陕北根据地起了极大的作用。选高岗为副主席，正是肯定陕甘宁边区的历史贡献，正是向陕北人民表示最大的敬意，这是不能以资历来考虑的。中共代表团接受了毛泽东的提议和解释。

选举结束后，会议秘书处工作人员按规定，清理票箱，封存全部选票。

中央人民政府委员会、主席、副主席选举完毕后，全体代表一致通过了宣言，向人民解放军发致敬电，确定建人民英雄纪念碑的办法和碑文，并随即到天安门广场，为人民英雄纪念碑举行奠基典礼。下午6时，当代表就位后，周恩来致辞。他说："我们中国人民政治协商会议第一届全体会议为号召人民纪念死者，鼓舞生者，特决定在中华人民共和国首都北京建立一个为国牺牲的人民英雄纪念碑。现在，1949年9月30日，我们全体代表在天安门外举行这个纪念碑的奠基典礼。"在周恩来致辞后，全体代表默哀。默哀完毕，由毛泽东宣读纪念碑碑文："三年以来，在人民解放战争和人民革命中牺牲的人民英雄们永垂不朽！三十年以来，在人民解放战争和人民革命中牺牲的人民英雄们永垂不朽！由此上溯到一千八百四十年，从那时起，为了反对内外敌人，争取民族独立和人民自由幸福，在历次斗争中牺牲的人民英雄们永垂不朽！"毛泽东带头挥锹向奠基石填土，随后代表们庄重地为奠基石填土。

五　开国大典

中国人民政治协商会议第一届全体会议胜利闭幕后，全体代表到北京饭店出席盛大的庆祝晚宴。晚宴结束后，周恩来来到天安门城楼。当时，工作人员在专家指导下，正在为开国大典精心布置城楼。城楼上一排大红灯笼高高悬挂，城墙上插着几十杆红旗，灯光映着迎风招展的红旗，好不气派。我们以为一定会得到周恩来的称赞，却不料受到一顿批评。周恩来先问大家，明天是哪个国家举行开国大典？搞得大家摸不着头脑，周恩来看到大家没有理会才说，我们是中华人民共和国开国大典，城楼中央为什么挂着越南国旗？大家一看，城楼正面一面大大的红布中央是一个巨大的五角金星。可不是越南国旗嘛，我们怎么没有想到呢？这时已是半夜，大家立刻动手，重新装饰，一直忙到 10 月 1 日天明。

我从天安门城楼回到中南海，把印好的开国大典的程序单送给周恩来审阅，以为这个单子是经过秘书处仔细研究拟定的，不会有什么问题。周恩来认真地逐项看过，向我指出：明天开国大典，第一次升中华人民共和国国旗，第一次奏中华人民共和国国歌，你们“鸣礼炮”的安排影响了奏国歌的声音，不妥，要改过来。这时已经天亮，我赶紧乘车到印刷厂，请工人们重新印刷。等到印好赶到天安门城楼，开国大典即将开始，我和工作人员赶快分头把程序单送到每位代表的手上。

1949 年 10 月 1 日下午，天安门广场庄严肃穆，30 万群众手执红旗和鲜花等待着。长安街东头，参加阅兵和游行的队伍已列队待发。此时，天安门城楼站满代表和特邀观礼的贵宾，毛泽东、宋庆龄、刘少奇、朱德一行，正沿着台阶一步一步走上城楼。举世瞩目、激动人心的开国大典即将开始。

站在代表们的身后，我近距离地目睹了毛泽东的庄严宣告，目睹了代表们的欢欣鼓舞。我看到朱德总司令在聂荣臻的陪同下，乘敞篷车检阅军队。又看到一队队参加阅兵式的队伍通过观礼台时，迈着正步向天安门城楼上的毛泽东和开国元勋们致敬。当我看到服装整齐、威武雄壮的队伍时十分惊喜，一边拼命鼓掌，一边在心里高喊：同志们，我们终于迎来这一天了！当浩浩荡荡的群众队伍高呼口号、载歌载舞通过天安门时，我突然看到一位戴草帽的老年农民，很像我在太行山农村里朝夕相处多年的老大爷。他走到金水桥头，向天安门城楼恭恭敬敬地弯腰鞠躬。我赶快走下城楼，来到金水桥头，想看看他，而他却已被潮水般的人流卷走了。游行队伍过后，成千上万活泼可爱的儿童，一下子拥到金水桥前，手举鲜花尽情地欢呼。我记得好像毛泽东也来到孩子们面前，向他们亲切招手。

六　难忘筹备会的愉快时光

从 1949 年 4 月 2 日到新政协筹备处，到 1949 年 10 月 1 日开国大典，我在中南海勤政殿和怀仁堂度过了一段难忘的时光。

筹备处秘书长李维汉在筹备处开始工作不久，因摔成骨折住进了医院，由副秘书长齐燕铭代理。其他担任副秘书长的还有阎宝航、余心清、沈体兰、连贯、宦乡、孙起孟、周新民、罗叔章（女）等人。秘书处处长梁蔼然负责对外联络，我负责秘书处对内的会务工作。我们朝夕相处，十分融洽和愉快。

这些著名人士，年纪都比我大（当时我 28 岁），我从他们身上学到了许多。阎宝航是东北人，为人豪爽，是张学良的挚友，长期同国民党上层有交往，常给我们讲一些有趣的故事，逗得大家放声大笑。余心清是冯玉祥将军的得力助手。冯玉祥一生充满了传奇。余心清谈起他的故事来引人入胜。余心清当时还担任解放后的北京饭店经理，每天从长安街步行到中南海，总是先在小吃店买一大包烧饼夹焦圈的早点分给我们吃。当时我们每天在勤政殿对面的瀛台吃饭，饭菜尽管丰盛，但还是喜欢吃余心清带来的烧饼、果子。梁蔼然热情和气，十分尊重比他年轻的副处长。我虽然也是知识分子出身，但在山沟里待了12年，随便惯了，从他那里学到了为人处世之道。当时，在一起工作的同事还有警卫处长李广祥、总务处长周子健。每当我回忆起这一段难得的相处、愉快的友情，仍然十分怀念。

（选自刘荣刚编《中国共产党口述史料丛书》第1卷，中共党史出版社2013年版）

新旧政协会议期间二三事

李家友*

1938 年的武汉是抗日战争中事实上的政治、军事、文化中心。我当年 17 岁，怀着青年人的爱国激情只身来到武汉，在汉口太和街 26 号新四军办事处求见我父亲的朋友陈铭枢先生。陈先生是著名的爱国将领，时任国际反侵略委员会中国分会主席。自此我就长期在他身边，从 20 世纪 40 年代初三民主义同志联合会（简称民联）筹建至建国前严酷的地下斗争，我是亲历者。

1943 年，陈铭枢、谭平山、朱蕴山、王昆仑等在重庆发起筹建民联，我从 1945 年起就参加了民联的所有具体工作。民联的第一次大会是 1945 年 10 月 28 日上午在重庆上清寺特园举行的。特园是鲜英

* 李家友：时为华北革命大学研究班学员；后曾任武汉市政协副主席，民革中央委员。

先生的住宅，当时周恩来、董必武等同志常借用特园举行联系上层民主人士座谈会。民主党派筹建之初，都是很秘密的。民联就是假借聚兴诚银行的会议室开座谈会，起初每次一二十人，后来逐渐增多，每两周一次。当时参加的人层次都很高，名气很大，如柳亚子、马寅初等，大家推举谭平山、陈铭枢、杨杰三人为负责人。但他们一般不公开露面，外面不知道，曾一度误传民联负责人是柳亚子。起初争取孙科参加，民联的名字还是他提议的，大家认为举中山先生的旗帜会更有号召力，也希望孙科的身份能起作用，但他最后却追随了蒋介石。

在重庆旧政协召开前后，我们民联和其他民主党派配合中共代表团，于会内会外和国民党反动派作了针锋相对的斗争，其中由民联组织的比较有影响的事有如下几件：

1945 年 9 月初，就是在毛主席到重庆不久，中苏文化协会为庆祝《中苏友好同盟条约》签订举行鸡尾酒会，同时欢迎毛主席和中共代表团，这个酒会是以孙科出面主持的，他当时与民联是有联系的。中苏友好协会的实际负责人王昆仑、屈武、刘仲容也都是民联成员，因此这个欢迎会实际是民联组织的。到会的除毛主席和中共代表团外，还有宋庆龄、冯玉祥、覃振、邵力子、王世杰、翁文灏、陈诚、张治中、陈立夫、沈钧儒、郭沫若、李德全、史良、沈雁冰等。民联方面有陈铭枢、谭平山、马寅初、王昆仑等约 300 人。这次活动创造了一个机会，使得毛主席和重庆各界知名人士及新闻界在公众场合见面。

旧政协期间，在会上，民主党派配合中国共产党与国民党作斗争；在会外，联合发起组织成立“反内战协会”，后来改名为“陪都各界反内战联合会”。民联代表担任理事，后来又推由民建牵头，各民主党派人士以“政治协商会议陪都各界协进会”的名义，组织八次报告会，先后在重庆江家巷合作食堂和沧白堂等地举行并通报政协情况，宣传共产党的主张，揭露蒋介石的阴谋，由于中共代表团和各界人士的共同努力，旧政协本身还是取得了积极的成果。

民联还组织了一些大型活动，例如由陈铭枢先生出面，于1945年1月28日晚上在重庆举行的纪念一·二八淞沪抗战15周年宴会。宴会先由陈先生作简短致辞，接着有孙科、冯玉祥、张治中、吴玉章、沈钧儒、郭沫若、章伯钧、邵力子、李德全、左舜生等讲话，他们热情赞扬十九路军英勇抗战的精神，还向陈铭枢、张治中等抗日将领致贺。

参加这次宴会的还有董必武、张群、张澜、陈立夫、罗隆基，以及民联的谭平山、王昆仑、郭春涛等，有各界人士和外国记者共计100多人。随后各报都作了详细报道。《新华日报》还为纪念一·二八发了两大张专页，上面有很多题词。周恩来题的是“向一·二八抗日英雄致敬”；董必武题的是“抗日先驱”；吴玉章题的是“民族英雄”；邓颖超题的是“民族之光”；沈钧儒、郭沫若、冯玉祥、谭平山、陈铭枢等都发表了诗文。这些活动都产生了很好的政治影响。

旧政协的成果虽然被蒋介石破坏了，但中国共产党领导中国人民，团结一切爱国力量，充分发挥各民主党派的积极作用，逐渐在政治上和军事上取得绝对优势。中国共产党于1948年4月30日发出了纪念“五一”劳动节口号。口号第五项提出：“各民主党派、各人民团体、各社会贤达迅速召开政治协商会议，讨论并实现召集人民代表大会，成立民主联合政府”，各民主党派积极响应，从此新政治协商会议进入了发起阶段。

在这新旧交替的历史阶段，我所接触到的老一辈民主人士都是非常兴奋的，以满腔的热情投入新政协筹备工作之中。

1949年6月，为参加新政协筹备会的会议和随后召开的新政协会议，陈铭枢先生来到北平，被安排住在北京饭店，但他觉得饭店起居刻板，不如住家方便，恰巧在北平经商的一个老部下陈有光先生邀他去住，于是陈铭枢满口应承。陈家是位于西单的一个四合院，离政协会议的会场不远，房舍也较宽敞，再加上陈家有位好手艺的厨师，陈铭枢先生觉得很满意。在此后的一段时间里，蔡廷锴夫妇和蒋光鼐先生几乎每天到陈家来午餐。朱蕴山、梅龚彬等也经常来，郭春涛、于振瀛有时也来，于是陈家成了这些老友重逢的好场所。陈、蒋、蔡三位先生的友谊可追溯到20世纪初，从粤军初建，北伐战争，淞沪抗战，福建反蒋，筹建民联、民促直到组建民革，结下了深厚的革命情谊。朱、梅、于、郭等也都是民联的负责人、老朋友，这次同时作为新政协的代表会聚北平，自然分外高兴，茶余饭后无不敞开心扉畅谈。

我不是政协代表，而是作为民革沪宁区工委会的负责干部来北平，由统战部安排住在前门的一个招待所，参加华北革命大学研究班（后改为政治研究院）。由于我长期在陈铭枢的身边工作，与蒋光鼐、蔡廷锴、朱蕴山都很熟，也每周到陈家住上二三天，和他们聚在一起，听到了很多，也学到了很多。

1933年的福建事变，成立福建人民政府，是陈、蒋、蔡三位先生共同发起组织的一次大规模反蒋斗争，但终于失败了。他们这次参加新政协，就是要参与共产党领导的人民政府，所以他们对新生的人民政府、新生的人民政权感到非常亲切和怀有浓厚的兴趣。因此政协讨论的三个文件：《中国人民政治协商会议共同纲领（草案）》《中华人民共和国中央人民政府组织法（草案）》和《中国人民政治协商会议组织法（草案）》，他们都抱着极大的热情，讨论得十分认真，甚至在会外交换意见。陈铭枢当过国民党政府行政院长，对三个文件认识更深刻，认为这才是真正意义上的民主政府的文件。通过学习和讨论，他们逐渐认识到各民主党派只有接受共产党的领导，才能实现梦寐以求的愿望。另一方面，这些人在旧中国的经历都是不平凡的，凡事都有自己独到见解，接受新生事物当然还有一个过程。

在人民政协会议召开前后，也出现过一些小插曲。大约是在9月27日或28日，人民政协会议酝酿中央人民政府组成人员名单。在最初的委员名单中，谭平山、蔡廷锴是人民政府委员，但陈铭枢不是。按说这个名单也有道理，委员名单照顾到了参加政协的方方面面。蔡廷锴是民促的代表，民联的第一名代表则是谭平山，就是说民促、民联都已有了代表。但是无论以陈铭枢先生的资历和对革命的贡献来说（蒋、蔡多年来是陈的下属），蔡廷锴是人民政府委员，而陈铭枢不是，所以在感情上有些不通。蔡廷锴认为这件事陈铭枢先生自己可以提出来，陈先生觉得不便提，蒋光鼐则说由他来提。于是，蒋光鼐在会议上正式提出应将陈铭枢列入人民政府委员的候选人，会议接纳了这个意见，他们对共产党的民主作风很敬佩。

这期间，我还亲耳听到他们讲了两件事，大约是9月23日晚上，毛主席、朱总司令宴请参加人民政协会议的原国民党起义将领。宴请的客人有程潜、张治中、傅作义等，陈铭枢、蔡廷锴、蒋光鼐等则与周恩来、陈毅、刘伯承等一道获邀作陪，总共有五六桌。张治中先生那天是“带着想法”去的。那几天政协会讨论议题中有一个国旗问题，张治中在小组会上对专题小组推荐的应征图案中被认为最合适的一种方案提出了不同意见。那个方案是大红旗的左上方有一颗黄星，下方的三分之一的地方有一道黄横线（或二道、三道黄色横线条），寓意为黄星代表共产党的领导，黄色横线条象征黄河（或长江、珠江），是中华文化发源地。张先生说黄杠在国旗中间一横很不妥，但小组会上没有重视张的意见，张先生趁宴会的机会告诉毛主席。席间，张先生对毛主席说："有件事，我想请听你的意见。"毛主席请张说，张又委婉地问毛主席同意哪一种国旗图案，毛主席表态同意一个黄星加一条黄色横线条的图案，反过来又征求张的意见。张先生就和盘托出自己的想法："我不同意这个图案，国旗的红色代表国家和革命，中间加上一横，不就变成分裂了国家、分裂了革命吗？"同时，以一横杠代表黄河也不妥当，张先生还列举了其他理由来说明自己的观点。毛主席听后就说，这倒是一个问题，有不少人主张用这个图案，我再约大家来研究吧。

9 月 25 日，毛主席在中南海召开国旗、国徽、国歌、国都协商座谈会。参加会议的大多是文化人，还特别邀请张治中先生参加，按张先生的话说："只有我一个是丘八。"

毛主席首先把问题提出来，说明这个图案有缺点。主席表态说：我知道反对这个方案的只占少数，估计四分之一或三分之一吧，这个方案可以以大多数通过。但这样还不圆满，我们一定要选一幅图案让全场一致通过才好，大家想想吧！主席就从发给大家的材料里抽出复字 32 号图案给大家看——这就是现在的五星红旗图案，问大家怎么样。张治中首先表示赞成，多数人也说好，但也有两三个人提出异议，认为四颗小星代表四个阶级，将来进入社会主义时期，民族资产阶级和小资产阶级不复存在，岂不又要改国旗？大家正在思考这个问题时，毛主席就说，把说明改一改不就行了，不说四颗小星代表四个阶级，只说象征中国人民革命和大团结。这样一说，大家十分高兴地热烈鼓掌，以后在政协全体会议上获得一致通过。

还有一件事，就是在1949年10月1日下午召开的中央人民政府委员会第一次会议上发生的。那天有许多重要的议程，主要是政务院总理、人民革命委员会主席、解放军总司令、最高人民法院院长、最高人民检察署检察长等人事任命以及施政方针、外交宣示等。会后要发一个公告，文稿已经打印好了，会议结束后就要到天安门的庆祝大会上宣布。文稿中有一句话："选举了毛泽东为中央人民政府主席，朱德、刘少奇、宋庆龄、李济深、张澜、高岗为副主席，陈毅等五十六人为委员，组成中央人民政府委员会。"张治中认为："56人一句话太简单了，正式的公告，何不把全体委员的名单都写上？"他站起来，把这个意见说了，毛主席立即表示同意："好，把56位委员的姓名都写上去，可以表示我们中央人民政府阵营强大。"大家一听都热烈鼓掌。

我当天也参加了开国大典，是作为华北革大研究班的学员集体参加的，听到毛主席宣告"中央人民政府成立了"的时候十分激动。回到小院里，听到这些小插曲，更增添了我们对毛主席、共产党由衷的爱戴。

胡昌民　徐双明　执笔

（节选自《文史资料选辑》第141辑，中国文史出版社2000年版）

国旗、国徽、国歌、纪年、国都都是怎样诞生的

——新政协筹备会第六小组工作的回忆

彭光涵 *

1949年6月15日，新政治协商会议筹备会在北平召开，6月16日，周恩来同志主持召开了筹备会常委会第一次会议。为了迅速完成召开新政治协商会议及建立民主联合政府的各项必要准备工作，会议决定在常委会领导下设立六个小组。其中第六小组任务是研究草拟国旗、国徽、国歌、纪年、国都等方案，组长是我国著名教育家、中国民主促进会负责人马叙伦先生，副组长是北平军管会主任叶剑英同志，不久又增加沈雁冰（茅盾）同志任副组长，主持日常工作，组员有张奚若、田汉、马寅初、郑振铎、郭沫若、翦伯赞、钱三强、蔡畅、李立三、张澜、陈嘉庚、欧阳予倩、廖承志等16人。委任我做第六小组

---

* 彭光涵：时任中共中央统战部二室华侨专职研究员，新政协筹备会第六小组秘书；后曾任国务院侨务办公室秘书长、副主任，全国政协委员。

秘书。这是一项紧迫、严肃、责任重大的工作，全国人民都很关心。早在1948年11月20日在香港的各民主党派、无党派民主人士在讨论《关于召开新的政治协商会议诸问题（草案）》时，就提出过关于国旗、国歌的意见。我缺少这方面的知识，压力很大，为了了解各国国旗、国徽图样和各国纪年，我到当时北平各图书馆和北京大学查找有关资料，请教第六小组的专家。在马叙伦、沈雁冰、田汉、郑振铎、梁思成等先生的热情帮助下，我逐步熟悉了这方面的一些知识。

7月4日下午3时，在中南海勤政殿第一会议室由叶剑英同志主持召开了第六小组第一次会议。为了加速小组工作和广泛听取全国人民对制定国旗、国徽、国歌的意见，会议决定：（1）以新政治协商会议筹备会名义公开向全国人民发表启事，征集对国旗、国徽、国歌的意见和方案。并推选郭沫若、沈雁冰、郑振铎三人草拟征集条例呈送筹备会常委会批准公布。（2）设立国旗、国徽图案评选委员会及国歌词、谱评选委员会，除组员分别参加外，聘请专家为两组委员。会中推选叶剑英、廖承志、李立三、郑振铎、张奚若、蔡畅、田汉、翦伯赞八人组成国旗、国徽初选委员会，叶剑英为召集人。推选郭沫若、田汉、沈雁冰、钱三强、欧阳予倩五人组成国歌词、谱初选委员会，郭沫若为召集人。

会后拟的征集启事，经周恩来同志审批后，7月10日送新政治协商筹备会常委会批准，7月14日送《人民日报》《北平解放报》《新民报》《大众日报》《光明日报》《进步日报》《天津日报》，从7月15日至26日连续刊登八天。国内各报及海外各华侨报纸也都转载了。启事条例如下：

一、国旗，应注意：（甲）中国特征（如地理、民族、历史、文化等）；（乙）政权特征（工人阶级领导的以工农联盟为基础的人民民主专政）；（丙）形式为长方形，长阔三与二之比，以庄严简洁为主；（丁）色彩以红为主，可用其他配色。

二、国徽，应注意：（甲）中国特征；（乙）政权特征；（丙）形式须庄严富丽。

三、国歌，（甲）歌辞应注意：（1）中国特征；（2）政权特征；（3）新民主主义；（4）新中国之远景；（5）限用语体，不宜过长；（乙）歌谱于歌辞选定后再行征求，但应征国歌歌辞者亦可同时附以乐谱（须用五线谱）。

四、应征国旗、国徽图案者须附详细之文字说明。

五、截止日期：八月二十日。

六、收件地点：北平本会。

征集启事发出后，立即得到全国人民的热烈响应，我们不断接到从全国各地工、农、商、学、兵各阶层人民的来件和图案，到8月3日止共收到国旗、国徽、国歌词谱616件，其中国旗图案就有459幅。

8月5日，第六小组在北京饭店六楼大厅由马叙伦主持召开第二次会议，经大家讨论决定聘请徐悲鸿、梁思成、艾青为国旗、国徽图案评选委员会专家和顾问，聘请马思聪、吕骥、贺绿汀、姚锦新为国歌词谱评选委员会专家和顾问。会后，两个初选委员会就立即进行紧张工作。

征集启事自登报之日起，到8月20日止，一个多月共收到应征稿件计：国旗1920件，图案2992幅。国徽112件，图案900幅。

国歌632件，歌词、歌谱694首。意见书（未附图案或歌词）24封。

投稿者既有高级干部、将军、著名艺术家、学者，也有普通军人、工人、农民、学生等，投稿地区以东北、北平、上海为最多，遍及全国各个省、区，包括尚待解放的地区，还有一批海外华侨和港澳同胞来稿。这充分表达了全国人民和海外侨胞对新中国的热烈拥护和关切。为此第六小组同志深受鼓舞，深感责任重大，深恐辜负全国人民的重托，不敢懈怠。

为了便于第六小组成员和专家评选审阅征集来的国旗、国徽图案，国歌歌词、歌谱和意见，我们在北京饭店413会客室设了选阅室，分类陈列全国应征来件。从8月16日至20日[①]，第六小组成员和专家绝大多数人差不多天天来审阅和评选应征稿，他们边审阅、边评选、边议论。当时马叙伦、沈雁冰、田汉、郑振铎、梁思成、郭沫若、艾青、罗叔章（代表蔡畅）等人都是全天埋头审阅群众来稿，他们都经常赞扬来稿人认真、严肃、负责的精神，并认真挑选讨论其中较好的各类作品。

到9月14日，小组共召开全体会议四次，座谈会多次，经全体组员和参加两个评选委员会的专家们审阅、讨论，初步提出意见：

第一，关于国都。大家一致意见建都北平，改称北京，这个问题没有不同意见。

第二，关于国歌。应征稿中，国歌词谱比较多，包括郭沫若、马叙伦、欧阳予倩、冯至、柯仲平等知名人士的作品（记得郭老的《新华颂》还在10月1日《人民日报》上发表过）。小组还评选了

① 8月18—20日是第六小组确定的选稿日期。——编者注

一部分歌词、歌谱印发给大家，有的还组织乐队演奏过，但大家都感到不理想，认为在短时间创作出理想的国歌词谱是困难的，倾向于国歌未制定前，以《义勇军进行曲》为国歌。最早建议用《义勇军进行曲》为国歌的是周恩来同志，他要大家讨论，应征稿中也有很多人提出这个意见。经过反复讨论，比较一致的意见是采用《义勇军进行曲》为国歌，认为这是一首鼓舞中国人民争取民族解放，代表中国人民呼声的雄伟歌曲，它有着长期的历史，起过鼓舞全国人民斗争的号角作用，又是大多数人都会唱的最好歌曲。个别同志虽也赞成用《义勇军进行曲》的曲谱，但主张修改一下歌词。记得当时大多数人不同意改歌词，这样就引起对歌词中“中华民族到了最危险的时候”这句话还适用不适用问题的争论。后来这个问题报告了筹备会常委，由大会主席团研究决定。为了供常委、主席团研究时参考，小组推选郭沫若等人修改一份歌词，郭老修改的歌词共分三段，9 月 13 日印了 200 份发给小组成员和常委。

第三，关于纪年。开始有些争议，有人主张用中华人民共和国纪元；有人主张从孙中山建立中华民国开始；还有人主张从几千年前黄帝即位时开始。经查阅，世界各国采用本国纪年的只是少数国家，绝大多数国家都采用公元纪年。经反复讨论，大家一致同意采用公元纪年，因为这是国际上通用的纪年，统一、方便，而且各解放区早就使用公元纪年了。

第四，关于国旗。这是争论最多的一个问题，应征稿中国旗图案最多。第六小组全组组员及参加两个评选委员会的专家们，经过反复审阅，多次讨论，将应征稿件大致分为四类并得出初步意见：

第一类，为镰锤交叉并加五角星者，此类最多，其中并有变体，例如镰锤有国际式（即苏联国旗上所用之形式）与中国式者，有将镰锤置于五角星之中，或将旗之左上方作白色或蓝色而置镰锤或五角星于其中者。

第二类，为嘉禾齿轮并加五角星，或不加五角星者，此类也有变体。

第三类，为以两色或三色之横条或竖条组成旗之本身，而于左上角或中央置镰锤或五角星或嘉禾齿轮者。

第四类，为旗面 2/3 为红色，1/3 为白、蓝、黄各色，而加以红色或黄色的五角星者，此类也不少，其变体则为红色旗面，加黄色长条一道或两道，而五角星的位置亦各有不同。

上述四类，第一类用国际式镰锤交叉并加五角星，无论其形式如何变换，大家总觉得有模仿苏联国旗的感觉。至于拟用中国式镰锤或其他农具以代替镰刀的图案，则因布置困难，形式上既不美观，且模仿的痕迹依然存在。

第二类拟用嘉禾齿轮的，形式上很难配合得当，故亦难以美观，且图面复杂，与“简洁”之旨不符。

第三类的形式，一半模仿美国国旗，又一半模仿苏联国旗构思设计，都不足取。

第四类是以红旗上排列五角星图，或者红旗中加五角星和在红旗中加一条或两条黄杠代表黄河和长江等，这类图案也不少，郭老、朱德总司令都设计过这类图案。

以上图案经小组和专家们反复研究，一致认为虽然应征稿很多，但以上第一、二、三类因模仿、不简洁不能采用，比较可供参考挑选的只有第四类。为了广泛征求意见又从中挑选评审出较好的几十幅图案，为了在评选时不带偏见，周恩来同志指示我们，把选出的几十幅图案按类型编成一册，每幅图案编号但不写作者姓名分别送给各委员审阅、挑选。第六小组组员和专家都认真挑选并充分发表了意见，叶剑英和廖承志等同志因工作很忙，我就带着图案到他们家里去征求意见。

陈嘉庚先生从东北参观考察回北平后，我专门向他汇报了第六小组征稿和工作情况，他说他是非常关心国旗制作的，早在 1940 年到重庆前就请了专家设计新的国旗方案，印了 100 多张带至重庆，但见到国民党官员的专制态度，遂作罢论。他还说，我国辛亥革命胜利后，孙中山在南京就职，公决用五色国旗，代表汉满蒙回藏五族，共和立国之义。到蒋介石国民党政府，却把青天白日党旗换作国旗，这是他最不满意的。他说这些意见不是现在才讲的，早在 1940 年在重庆时就对国民党官员说过。1942 年他在印尼避难写《南侨回忆录》时，在该书第 45 节《国旗之意义》中又详细讲了他的观点。最后，他详细论述了对制作国旗的观点，并把他设计的国旗图案托我交第六小组成员和专家研究。

9 月 22 日，我将经过大家复选的 38 幅国旗图案编为一册，作为最急件请新华印刷厂赶印，新华印刷厂的工程师、技术人员和工人认为是最光荣的任务，连夜赶印了这本《国旗图案参考资料》，每幅图上都编了号，有作者姓名和我们草拟的简单说明，记得后来大家一致通过的五星红旗图案（即复字 32 号），草拟的说明是大五角星代表中国共产党，周围四个小五角星代表工人阶级、农民阶级、民族资产阶级和小资产阶级。

第五，关于国徽。国徽所征集图案也不少，但投稿者都把国徽误认为国标，因此所有投稿者都绘有和国旗一样的国家标记的所谓国徽图案，经第六小组组员和专家审阅，认为绝大部分不能采用。后经大家讨论请张仃、钟灵同志重新设计了几个国徽图案，即印发的《国徽图案参考资料》。后来第六小组成员和专家又提出许多修改意见。因新政协筹备时间紧迫，最后经国旗、国徽初选委员会提出建议，筹备委员会常委会同意，国徽在这次大会上暂不决定。

第六小组将以上意见和问题向新政协筹备会常委会写了报告。9月17日新政治协商会议筹备会第二次全体会议，就第六小组工作决议：将国旗、国徽、国歌工作移交中国人民政治协商会议第一届全体会议主席团领导。9月21日，人民政协第一届全体会议通过决议，成立大会国旗、国歌、国徽、国都、纪年方案审查委员会，并委任55人为审查委员，马叙伦仍为召集人，我担任审查委员会秘书。

9月23日，人民政协全体代表分为11个小组讨论国旗、国徽、国歌等方案，当时每组到会有50—60人，11个小组共到会600多人[①]。各小组讨论非常认真和热烈，但各代表对第六小组挑选的国旗参考图案，看法不同，选择的也非常不一致。开始大家比较倾向复字32号五星红旗的图案，但又觉得四个阶级的提法不妥，对复字1号和复字4号、复字3号图案，即左上方一颗大五角星，中间加一条黄杠代表黄河或两条黄杠代表黄河、长江等的图案，赞成的人较多，但反对的人也十分激烈，因当时南方一些地方还待解放，有人说，这是否意味南北分家，不体现祖国统一，坚决反对这类图案。人民政协第一届全体会议预计30日闭幕，时间很紧，我把争论情况写了个请示报告交给周恩来同志。当天晚上，齐燕铭副秘书长和我正在办公室工

① 应到647人，实到466人。——编者注

作，周恩来同志来了。他问我，你接触了那么多国旗图案，到底哪个图案代表意见比较一致？我回答，一颗大五角星加一条黄杠的图案赞成意见较多，但反对的意见也不少，而且很坚决，即使勉强通过了，意见一定还很大。大家比较欣赏的复字32号，这个五星红旗图案，但是有人不赞成用四个五角星代表四个阶级，总的看，五星红旗的图案比较好，容易通过。周恩来同志说："好！你按这个图案再画一幅大一点的，并做一面大旗明天下午交给我。"我根据他的指示办了。

9月25日晚8时，毛主席、周恩来同志在中南海丰泽园召开协商国旗、国歌等问题会议。出席会议的有郭沫若、沈雁冰、黄炎培、陈嘉庚、张奚若、马叙伦、田汉、徐悲鸿、李立三、洪深、艾青、马寅初、梁思成、马思聪、吕骥、贺绿汀等18人，我参加做记录。在会上，毛主席讲了几个问题：

关于国歌，毛主席说，大家认为以《义勇军进行曲》作国歌最好，意见比较一致，我看就这样定下来吧！马叙伦说："我们第六小组都同意用《义勇军进行曲》作国歌，完全赞同主席意见，但有个别人要求改某些歌词。"周恩来同志接着说："要么就用旧歌词，这样才能激励感情，修改了唱起来就不会有那种感情。"毛主席说，我国人民经过艰苦斗争虽然全国快解放了，但还是受帝国主义的包围，不能忘记帝国主义对我国的压迫，我们要争取中国完全独立、解放，还要进行艰苦卓绝的斗争，所以还是保持原有歌词好。大家热烈鼓掌表示赞同。

关于国旗，毛主席说，过去我们脑子里老想在国旗上标出中国特征，因此画一条横杠代表黄河，其实许多国家国旗也不一定有什么该国特征，苏联之斧头镰刀，也不一定代表苏联特征，哪一国都可以有同样的斧头镰刀；英、美等国的国旗也没有什么该国的特征。代表国家特征可在国徽上表现出来。他拿着放大了的五星红旗图案说，大家都说这个图案好，中国的革命胜利就是在共产党领导下以工农为基础，团结了小资产阶级、民族资产阶级，共同斗争取得的，这是中国革命的历史事实。今后还要共同努力进行社会主义建设，我看这个图案反映了中国革命的实际，表现了我们革命人民大团结。现在要团结，将来也要团结，我看这个图案是较好的国旗图案。毛主席说后大家一致热烈鼓掌表示赞同。陈嘉庚站起来发言，他说，我从东北回来，我很关心国旗问题，我完全赞同毛主席讲的复字 32 号国旗图案。梁思成说，我觉得复字 32 号图案很好，多星代表人民大团结，红代表革命，表示革命人民大团结。其他人发言都赞成复字 32 号国旗图案，并热烈鼓掌通过。

关于国徽，大家发言中都对当时所设计的国徽图案不满意。最后毛主席说：国旗决定了，国徽是否可慢一点决定，原小组还继续设计，等将来交给政府去决定。

关于国都，对建都北平，改名北京，大家都一致赞成。

关于纪年问题，大多数人赞成公元纪年，但有人说我们采用公元为纪年，老百姓也可能同时采用其他纪年。毛主席说，老百姓要用其他纪年我们也没有办法，我们不能制定法律去处罚他们。过去用中华民国，老百姓用甲子年，他们还是用了。但是，我们的政府还是要有个决定：采用哪个年号。毛主席讲话后，黄炎培接着表示同意主席的意见，他说，有人说采用公元纪年是以耶稣降生之年为纪元，是基督教国家的年号，据我们调查了解，其实许多非信仰基督教的国家也采用公元为纪年，现在公元纪年已成为国际习惯通用的年号。少数国家采用本国纪元，但在行文写到本国纪年时，常常还要加注公元多少年，很麻烦。毛主席风趣地插话说：就是耶稣也不坏，耶稣和今天某些国家借推行基督教进行帝国主义侵略并不一样。经过热烈讨论，大家一致鼓掌同意采用世界公元为新中国纪年。

最后，毛主席、周恩来提议，大家合唱《义勇军进行曲》。

9月26日下午3时，大会国旗、国徽、国歌、国都、纪年方案审查委员会在北京饭店召开第一次全体会议，经大家讨论一致通过将国旗、国歌、国都、纪年决议草案提交大会主席团审核，再提交大会讨论。

9月27日，政协第一届全体会议继续举行大会，周恩来主持会议。会议讨论审查委员会提出的国旗、国都、纪年、国歌决议草案，表决前由沈雁冰报告第六小组研究讨论的情况，并将五星红旗展挂在主席台中间。大会逐项进行表决，最后全体代表以举手和热烈的掌声通过以下四个决议案：

（一）中华人民共和国的国都定于北平。自即日起，改名北平为北京。

（二）中华人民共和国的纪年采用公元。今年为1949年。

（三）在中华人民共和国的国歌未正式制定前，以《义勇军进行曲》为国歌。

（四）中华人民共和国的国旗为红地五星旗，象征中国革命人民大团结。

五星红旗图案的设计者是上海曾联松。原设计图现存放在政协档案室。原设计图大五星中有镰刀斧头，经第六小组讨论删去，我还在原稿上写上了“去镰刀斧头”五个字，图案其余部分未做修改。关于国旗象征的说明是根据毛主席讲话记录写的。国旗制法说明，原稿说这个星对那个星，很复杂，不易弄清。周恩来同志要胡乔木、梁思成和我重新写一个制法说明，要使人一看制图说明就能制作标准国旗。经我们讨论后，即由梁思成改写，胡乔木修改定稿，9 月 27 日大会通过后，即向全国发出。

在第六小组成员和一些专家当中，有徐悲鸿、梁思成、翦伯赞、陈嘉庚、张奚若等，都希望国旗制定后，全国的国旗制作要认真严肃，要规定哪一号颜色，将来由国家指定专门工厂统一生产国旗用的红布，就叫“国旗红”。陈嘉庚先生并提议国家指定某些工厂专门生产统一规格的国旗。他说手工制作不合标准，又困难，并且比工厂印制得贵，现在不可能立刻办到，希望不久的将来即可办到。国旗通过后，周恩来同志有个讲话，说关于评选国旗图案，实行公开广泛征集的做法好，所选的国旗方案艺术性比较好，大家也很满意。虽然在讨论中有些争论，但最后大家意见统一了。

总之，第六小组在新政协筹备会常委会、周恩来同志领导下，依靠全国人民的支持和党内外各界人士的共同努力，较好地完成了历史赋予它的任务，反映了全国人民的愿望，完成了建国的重要准备工作。

1985 年 1 月 15 日

（节选自石光树编《迎来曙光的盛会——新政治协商会议亲历记》，中国文史出版社 1987 年版）

我参加国徽设计的点滴回忆

张昌龄[*]

1949 年 7 月，我刚到清华，正好国旗、国歌、国徽征集启事发布。人民群众很热心，争先恐后进行设计，仅国徽设计稿就交了 900 多份。可是大家都不清楚国徽应该是什么主题，所以设计五花八门，什么样子都有，可取的却不多。结果等到国歌、国旗都定下来时，国徽还迟迟没有确定。毛主席说："国旗已经决定了，国徽是否可以慢一点决定。……等将来交给中央人民政府去决定。"

1950 年春，为了赶在 1950 年国庆节挂上新国徽，国徽设计工作全面展开。考虑到设计国徽需要专业素养，根据毛泽东的提议，全国政协一届委员会决定找清华大学营建系和中央美术学院的专家

---

* 张昌龄：时为清华大学营建学系教师，清华大学国徽设计小组成员；后曾任清华大学建筑学院教授。

进行设计工作。清华大学主要是梁思成、林徽因等，中央美术学院主要是张仃、周令钊等。两个设计组的专家们对各种构思和设想认真推敲，反复研究，分别拟制了新的国徽方案。

我们清华设计组考虑到没有设计国徽的经历和概念，梁思成先生就把办营造学社时候的同人莫宗江请来，由林徽因和莫宗江设计出两张国徽设计图案[①]。当时林徽因身体不好，患有肺病，可她还是全身心地投入国徽设计工作。她和莫宗江设计的国徽方案是以一个璧和一个瑗为主体，把中华人民共和国国名、五星、齿轮、嘉禾作为主要题材。用红色的绶带穿过下面的瑗，打成一个结，衬托起上面的璧身。上部的璧及璧上的文字，中心的金星齿轮，组织成汉镜的样式，旁边用嘉禾（麦穗）环抱。颜色采用了金色、玉青色和朱红色。这个设计借鉴了中国数千年的艺术传统，同时努力将象征新民主主义中国政权的新母题与之配合，既有继承，又有创新。这个方案大概在1950年6月交到国徽组参加评审。

中央美院张仃他们设计了六个方案。五个方案都很像政协会徽，最后一个方案是周令钊设计的，也是仿政协会徽的，不过中间设计了天安门。国徽组的张奚若看了之后，同周总理商量，说：仿政协会徽不可取，可是带天安门还有点意思。他还认为这个设计图中天安门是斜放的，看起来有点像日本的风格，建议应该放正。

周总理考虑设计国徽这样重大的事情，单靠专家个人设计力量有点薄弱，6月15日，他找梁思成谈话，让梁思成先生组织一批专

① 据有关资料，林徽因、莫宗江当时只设计了一幅国徽图案，这幅图案在初次应征中，因具有突出民族特色而得到中央领导同志的赞赏，被要求修正参加复选。张昌龄老人讲的两幅，指的是初稿和修改稿。——原文编者注

家，集体进行设计工作。梁思成便把莫宗江、汪国瑜、朱畅中、胡允敬、李宗津还有我召集在一起，开始紧张设计。6 月 15 日后仅仅几天时间，我们就设计出了六个方案。与此同时，周总理还让中央美术学院也组织一个小组，主要有张仃、周令钊等人，和我们清华的小组分头设计，优中选优。周总理还提出，天安门是我们国家政权的象征，中国新民主主义革命的开端——五四运动就主要发生在天安门广场，国徽图案中必须有天安门。梁思成先生对采用天安门作为设计元素存有不同看法，他说：“我觉得一个国徽并非是一张图画，亦不是画一个万里长城、天安门等图式便算完事，其主要的是表示民族传统精神，而天安门西洋人能画出，中国人亦能画出来的，故这些画家所绘出来的都相同，然而并非真正表现出中华民族精神，采取用天安门式不是一种最好的方法。最好的是要用传统精神或象征东西来表现的。”梁先生在图案处理与技术方面也有一些不同的想法。他针对中央美术学院张仃等人的设计方案，提出了三个方面的注意事项：第一，国徽要庄重。第二，国徽不能像商标，既不能是风景画，也不宜使用飘带。第三，国徽要体现民族传统精神。周总理专门给梁先生做了细致的说服工作，请他组织力量，继续修改。

梁思成、林徽因在家中召集清华大学营建系教师莫宗江、李宗津、汪国瑜、胡允敬、朱畅中和我开会，梁先生传达周总理的要求：国徽图案内容除增加天安门外，还要增加稻穗。此后，清华大学的国徽设计小组所有人员都夜以继日忘情地投入国徽设计之中，梁思成和林徽因也以病弱之躯投入设计工作之中。

确定国徽的设计原则时，国徽组曾经列出了几条要求，其中一条是要有特色，要体现政权，天安门就是根据这项要求增加的。在审查国徽图案的时候，梁思成介绍我们清华小组设计国徽的思路，他说："周总理提示我，要以天安门为主体，设计国徽的式样，我即邀请清华营建系的几位同人，共同讨论研究。我们认为国徽悬挂的地方是驻国外的大使馆和中央人民政府的重要地方，所以它必须庄严稳重。"

国徽组对我们的六个方案里的两个方案感觉比较满意。他们又请梁先生将这两个方案合并成一个方案。我们用两天时间合并成一个方案后，送交国徽组审查。与此同时，中央美术学院的方案也送交了国徽组审查。

在合并后的方案中，我们设计了齿轮和麦穗、稻穗，齿轮象征着工人阶级，麦穗和稻穗象征着农民阶级。表现农民阶级为什么选用麦穗和稻穗，而不是像苏联那样选择镰刀呢？我们目的是想体现中国的地大物博，既有北温带的作物麦子，又有亚热带的稻米。最开始我们设计麦穗、稻穗时，为了体现丰收，麦穗、稻穗都是沉甸甸垂下来的，结在上面的麦子和米粒也一粒一粒画得很饱满。周总理看了后，说：不好，麦穗、稻穗要画得向上挺拔一些。我们又进行了一次修改。在设计齿轮的时候，我们学建筑的不太懂机械的东西，还专门去机械系找了一位叫郑和煌（音）的教师，请他给我介绍标准机械齿轮图的原理和绘制方法，最后才画出了特别有立体感的齿轮。

在设计中，怎么体现咱们国家以工农联盟为基础的政权特点呢？我们用绶带把齿轮和麦穗、稻穗系在一起，这样既美观，又含义深远。

中间的天安门，是中央美院张仃设计组的周令钊首先用的[①]，得到了国徽组的认可。但他那个天安门是用透视的方式呈现的。我们考虑到透视图画起来比较难，做成金属浮雕更难，而且透视图也不符合中国人的审美习惯，显得不庄重。中国人喜欢对称的东西，中国古代的建筑、城市都是左右完全对称的。我们把天安门改成了左右对称的正面图，看上去就庄重多了。

在国徽设计的配色上，张仃他们的方案用了三种颜色，中心部分的天安门是红墙绿瓦，前面是白色的金水桥，上面是蓝天，外圈是红色的，显得花花绿绿。梁思成先生说，颜色设计要符合中国人的传统审美，就采用了金、红两色，天安门是金色的，麦穗、稻穗也是金灿灿的，配上五星红旗的背景和鲜红的绶带，显得既华丽又庄严。

我们还写了一份国徽设计书——《中华人民共和国国徽设计说明书》：

一、我们的了解是：

国徽不是寻常的图案花纹，它的内容的题材，除象征的几何形外，虽然也可以采用任何实物的形象，但在处理方法上，是要强调这实物的象征意义的，所以不注重写实，而注重实物的形象的简单轮廓，强调它的含义而象征化。

它的整体，无论是几件象征的实物，或几何形线纹的综合，必须组成一个容易辨认的、明确的形状。

① 根据周令钊先生回忆，最先使用天安门元素的是张仃先生。——原文编者注

这次的设计是以全国委员会国徽小组讨论所决定采用天安门为国徽主要内容之一而设计的。

因为天安门实际上是一个庞大的建筑物，而它前面还有石桥、华表等许多复杂的实物，所以处理它的技术很需要考虑，掌握象征化的原则必须：

（一）极力避免画面化，不要使它成为一幅风景画，这就要避免深度透视的应用，并避免写真的色彩。

（二）一切需图案化象征化，象征主题内容的天安门，同其他象征的实物的画法的繁简必须约略相同，相互组成一个图案。

二、这个图案的象征意义：

图案内以国旗上的金色五星和天安门为主要内容，五星象征中国共产党的领导与全国人民的大团结；天安门象征新民主主义革命的开始五四运动的发源地，与在此宣告诞生的新中国。以革命的红色作为天空，象征无数先烈的流血牺牲。底下正中为一个完整的齿轮，两旁饰以稻麦，象征以工人阶级为领导、工农联盟为基础的人民民主专政，以通过齿轮中心的大红丝结象征全国人民空前巩固团结在中国工人阶级的周围。就这样，以五种简单实物的形象，借红色丝结的联系，组成一个新中国的国徽。

在处理方法上，强调五星与天安门在比例上的关系，是因为这样可以给人强烈的新中国的印象，收到全面含义的效果。为了同一原因，用纯金色浮雕的手法，处理天安门，省略了繁琐的细节与色彩，为使天安门象征化，而更适合于国徽的体裁。

红色描金,是中国民族形式的表现手法,兼有华丽与庄严的效果。采用作为国徽的色彩是为中国劳动人民所爱好，并能代表中国艺术精神的。

设计国徽时大家都承受着很大的工作压力。梁思成先生的身体一向不太好，到了国徽设计的最后阶段，他支撑不住病倒了。最后收尾的工作就由我们一些人来做，做好之后再拿给梁先生看，再送交国徽组的领导审看。国徽组的马叙伦和其他领导审查后，认为清华的方案比较好。

国徽审查小组就清华设计组的方案和中央美院的设计方案进行讨论、比较。沈雁冰在《国徽审查小组报告》中记述了当时讨论的情况：

赞成梁思成新作图样(金朱两色、天安门、五星)者，计有：张奚若、郑振铎、廖承志、蔡畅、邵力子、陈嘉庚、李四光(李未到，然昨天已表示赞成此图之原始草样)。

邵力子于赞成该图样时，提一意见，主张把梁的原始草样之一与此次改定之样综合起来,使此改定样的天安门更像真些。赞成的理由：梁图庄严，艺术结构完整而统一(邵力子说张图美丽而梁图庄严)。

雁冰曾询在组以外见过此两图者之意见，或言张图美丽，或言梁图完整，而觉得两图都不理想。

在年长的一辈人中间，对于张图意见较多，对于梁图意见较少。

最终，清华设计的方案和中央美院设计的图案得票是7比2，清华设计的国徽图案被选中了。

但这时还不是最后方案，国徽组的领导还提了一些意见。比如说天安门背景上的五颗星要小一些等。这样又不断修改完善了两天，到6月20日就定下了最终的图案。

6月23日，由毛泽东主席亲自主持的全国政协一届二次会议通过决议，同意国徽审查委员会的报告和所拟定的国徽图案，并提请中央人民政府委员会核准公布。6月28日，中央人民政府委员会第八次会议通过了全国政协一届二次会议提出的《中华人民共和国国徽图案及对设计图案的说明》。

我们在设计的时候，考虑到国徽要在大使馆、领事馆悬挂，还有其他法院等场合也要悬挂，需要用到国徽的地方太多了，悬挂条件还各不一样，建议最好采用浮雕的形式。制作国徽浮雕定型工作也交派给了清华大学营建系。梁思成先生推荐了高庄，高庄当时是清华大学的雕塑教师。在制作浮雕的过程中，他觉得原来的图案“存在着不少值得探讨的地方，特别是图案的形式和内容，还缺乏一定的、合理的审美规律上的要求”，这些地方使他“看着不舒服”，“感觉很别扭”。为了赋予国徽更高的民族气魄和时代精神，他觉得必须要对设计图稿进行改动。这就产生了矛盾，原因是国徽图案已经毛主席审阅，是大会通过的定稿，再修改显然是不合适的。高庄再三考虑，决定直接给毛主席写信，坦率地提出自己的看法。高庄是一个耿直的人，他给毛主席写的信里开头就是这么一句话：“主席，你是一个伟大的政治家，但不是一个艺术家……”

不久，彭真和康克清专程来清华大学听取了高庄关于改动设计的说明，转达了毛主席赞同改进提高的意见，这使高庄无比兴奋。从 7 月初到 8 月中旬，高庄经过一个半月的辛勤劳动，倾注了全部心血，终于完成了国徽模型的设计塑造工作。原来自然交杂在一起的稻麦穗，在高庄的改动之后，变得层次清楚、排列整齐、紧密有序了；在对绶带的处理上，他借鉴了北魏佛像衣袖下垂的表现手法，原来缠绕松散、质地轻飘、脉络不甚清晰的绶带，经高庄改动之后，变得紧张、沉稳、凝重了。

高庄把制作完成的国徽模型送交国徽小组审查。8 月 18 日，沈雁冰在政务院会议室主持召开国徽使用、国旗悬挂、国歌奏唱办法及审查国徽图案座谈会。高庄在会上就国徽模型塑造做了说明，他说：国徽模型的塑造，被我耽误了很多时间，非常抱歉。不过，耽误时间是由于我的一种愿望，这种愿望就是想使我们的国徽更庄严、更明朗、更健康、更坚强、更程式化、更统一、更有理性、更有组织、更有纪律、更符合于应用的条件；并赋以更高的民族气魄和时代精神，以冀我们的国徽的艺术性提高到国际水平，和千万年久远的将来。因此，我在塑造的中间作了一些修改，是否有当，请予裁夺。最终，高庄塑造的国徽浮雕图案获得会议通过。

9 月 20 日，中央人民政府主席毛泽东发布《中央人民政府命令》：“中国人民政治协商会议第一届全国委员会第二次会议提出的中华人民共和国国徽图案及对该图案的说明，业经中央人民政府委员会第八次会议通过，特公布之。”并公布了国徽及图案说明：“国徽的内容为国旗、天安门、齿轮和麦稻穗，象征中国人民自五四运动以来的新民主主义革命斗争和工人阶级领导的以工农联盟为基础的人民民主专政的新中国的诞生。”中华人民共和国国徽终于诞生了。

国徽的整个设计是由集体完成的，清华的设计组有六个人，中央美院的设计组也有好几个人，但实际参与工作的还有其他很多人，包括我们的周总理在内。设计工作就像一颗种子长成大树，需要阳光、雨水、园丁的共同培育。我们从周总理那里得到了一粒种子，在大家的共同努力下，终于使它长成了一棵参天大树。作为一名中国人，这一生能参与国徽的设计，我感到无比光荣。当时参与设计国徽的每一个人，都以光荣的使命感来从事这项工作。

值得一提的是，国徽设计任务完成后，政务院向梁思成、林徽因、高庄、张仃等八位主要参加设计制作的人员颁发了一份奖励，每人给了 500 块钱[①]。这在当时是一笔不小的财富，但没有一个人领取自用，大家不约而同地将那份奖励捐给抗美援朝前线了。

2019 年 8 月

叶　璞　采访

（选自《文史资料选辑》第 173 辑，中国文史出版社 2019 年版）

① 据有关资料，当时给国旗设计者的奖励是人民币 500 万元（旧币，相当于 1953 年后的 500 元），给国徽设计人员的奖励是每人 800 斤小米。——原文编者注

我参加的人民政协筹备会秘书处工作

张敦礼*

每当在长安街上经过新华门时，我总禁不住要对大门西侧那两个小窗口看上几眼。那是我第一次离开学校参加工作报到的地方，那段时间是我一生中一段最为宝贵的经历。

1949 年 8 月中旬的一天下午，党委组织部部长李叔平找我谈话，要调我到新政协（后改称人民政协）筹备委员会去工作。那时都知道正在筹备成立人民政协，筹备成立新中国。我高兴地接受了这项光荣的任务。同志们也都是很羡慕，党委副书记杨朝俶对我说："你回来后要好好地给大家传达。"第二天，我就带了一个小铺盖卷到东交民巷市委组织部开了介绍信，转了组织关系，便径直

---

* 张敦礼：时为新政协筹备会第六小组会议记录员；后曾任中共北京市纪委常委、秘书长。

来到中南海报到。筹备会秘书处把我分配到记录组担任记录。

虽然在这里的工作只有短短不到两个月的时间，时光也已过去很久，许多事物已如烟云，实在记不清楚。但是，有些场景，有些人物，在我的记忆中却总是那么鲜活、那么生动地不断展现，感人至深，毕生不忘。

新政协筹备会下设六个小组，分别完成下列各项任务，即：（1）拟定参加新政协会议的单位及其代表的名额；（2）起草新政治协商会议组织条例；（3）起草共同纲领；（4）起草中央人民政府组织法；（5）起草宣言；（6）拟定国旗、国歌、国徽、国都、纪年等。整个筹备工作主要在周恩来同志领导下进行，有条不紊。恩来同志工作勤奋忘我，认真严谨，对待干部在工作上严格要求，在生活上关心体贴，有几件小事我印象很深。

有次开完会，临时决定与会代表合影留念，恩来同志亲自指挥安排，甚至和工作人员一起搬动椅子，让年长的民主人士就座。他对一般工作人员很关心照顾。有天中午在餐厅吃饭，他发现代表们都已吃上了饭，唯独我们几个工作人员的那一桌却还在等着，他当即叫来管理员进行责问，并说："工作人员很辛苦，应该先吃。"很快我们这一桌就上了饭菜。

在恩来同志带领下，筹备会全体工作人员都能严格要求自己，积极努力地做好自己的工作。秘书处分配我去第六小组担任记录。组长马叙伦、副组长沈雁冰、筹备会代理秘书长林伯渠也常到小组来参加讨论，指导工作。我的任务是小组讨论时担任记录，开大会时做大会的记录，会后及时整理上交。我第一次接触这样的工作没有经验，只好把在学校课堂上做笔记的本领拿出来，尽量记好记全。小组记录只需记下发言的主要意思。大会发言则要求一字不落。一般代表们大会发言时都有发言稿，临时增减一两句都好办，但是恩来同志讲话经常没有稿子，出口成章，字字珠玑。虽然有速记员配合，事后整理起来也颇费周折，连夜加班加点，第二天才能整理出来。还有些即席发言也不好记，如陈毅代表的讲话生动风趣，引经据典，滔滔不绝，有的实在是听不明白，记不下来，只好在休息时去请教一些年长的民主人士、教授学者。他们都很和蔼耐心地告诉我这句话的出处和含义。

整个筹备会的工作紧张有序，大家团结互助，情绪高涨。我首次参加工作，感觉这里像一个革命的大学校、一个温暖的大家庭，受到熏染，受到教育，对我以后在思想上、工作上的成长影响至深。

我在这次工作中深切感受到，中国共产党和毛泽东主席在全国人民中享有崇高的威望，受到真诚的拥戴。

经过紧张筹备，各方面的工作都已就绪，中国人民政治协商会议第一届全体会议于 1949 年 9 月 21 日下午 7 时在怀仁堂召开。毛泽东主席致开幕词，他生动扼要地叙述了会议召开的历史条件和历史任务后说："诸位代表先生们，我们有一个共同的感觉，就是我们的工作将写在人类的历史上，它将表明：占人类总数四分之一的中国人民从此站立起来了。"毛主席以充满说服力和乐观情绪的语言描述了新中国的美好前景，最后用他那洪亮而铿锵有力的湖南话说："让那些内外反动派在我们面前发抖吧，让他们去说我们这也不行那也不行吧，中国人民的不屈不挠的努力必将稳步地达到自己的目的。"毛主席的讲话不时被代表们长时间雷鸣般的掌声打断，热烈的气氛洋溢在整个会场，我也感到一股神圣的革命胜利豪情在心中升腾。

会场全体起立为在解放战争和人民革命中牺牲的人民英雄静默三分钟。北平城内市民热烈庆祝人民政协会议开幕，22日就有群众在西长安街一带扭秧歌，大街小巷锣鼓之声到处可闻。23日晚，我们在新华门门口看到师范大学、师大附中等学校的学生上千人举着灯笼、火把在门前唱歌、击腰鼓、扭秧歌，围观群众和学生一起高呼："中国人民政治协商会议万岁！""中国共产党万岁！""毛主席万岁！"宫灯高照，红旗招展，场面甚为动人。

参加大会各方面代表的发言中都洋溢着对共产党、对毛主席的崇敬和对新中国的向往。国民党起义将领傅作义在发言中检讨了过去追随蒋介石集团的错误，赞扬共产党和人民革命的伟大胜利。他说："中国共产党和人民解放军由小到大如此迅速地发展，就是人民意志表现的标志。"我认为这句话说到了点子上，中国共产党所以强大，就是因为立党为公、执政为民，能够团结各阶层广大爱国民主人士。中国有一句为人处世的箴言，"有容乃大，无欲则刚"，这也同样适用于一个政党的建设。

在党内军内人民群众对毛主席的敬仰和拥戴，我从在会场上看到的几件小事中也能感受到。

一次会议开始前，我站在门前签到处，看到陈毅、贺龙、刘伯承等将军大踏步走来，一路谈笑风生。到门口听说主席已经来了，马上肃静下来，放轻了脚步，压低了声调，轻声传递"主席到了"，匆匆签到进入会场。这确实是跟随毛主席几十年革命斗争中形成的出于内心的真诚的敬仰和拥戴。

大会期间，有时晚上在怀仁堂有文艺演出。有次晚会散场后，我在休息大厅看到好几十名年轻的演员排着队像在等候着什么。这时毛主席从会场出来，他们就一起鼓掌致敬，毛主席也鼓掌答谢，但演员们一边鼓掌一边向前移动，忽然一拥而上把毛主席团团围住，争着要和毛主席握手。毛主席猝不及防被紧紧挤在中间好像有些无措，我们工作人员见状，只好奋力向前连劝带拉帮助主席解围。的确，人们都以能够亲眼看到毛主席为毕生最大的荣幸。

通过经历的一些小事，我还深深感到这次会议是一次团结的、民主的、和谐友爱的会议。

有一次开会，我在台上做记录。周恩来同志主持，刚宣布开会，下面何香凝突然举手动议，说李维汉秘书长跌伤住院，我们应当派代表去探望慰问。话音刚落，坐在前排的毛主席回过头来笑着说："那你代表我们去探望吧，好吗？"会场响起了一片笑声，主席台上的周恩来同志应声说："主席提议何香凝代表我们去探望李维汉同志，大家同意不同意？"代表在一片掌声和欢笑声中通过了这项临时动议，亲切友爱的场景给我留下深刻的印象。1946 年下半年，蒋介石撕毁和平协定，发动内战，进攻解放区，占领了张家口。1947 年 11 月，蒋介石不顾全国人民的反对，迫不及待地召开伪国民大会。那时我正在南京，对会议的情况有所见闻。会场上是一片乱象，一些反动小党如青年党、社民党的代表，在台上对骂，争抢话筒，推推搡搡，连蒋介石看了都皱眉头。这场景与我亲历的人民政协会议形成了强烈鲜明的对比。

许多重大的议题也都是中国共产党和各民主党派、各界人民代表通过民主协商和充分讨论之后达成的共识。

例如，在讨论新中国国名时就有过不少争论，有的代表提过"中华人民民主共和国"的名称。在辩论中周恩来同志有理有据地说明了“人民共和”这个词中已有“民主”的含义，还是用中华人民共和国这个名称比较简洁响亮。毛泽东主席曾提议国名为中华人民共和国，也可以简称“中华民国”，他说，我反蒋不反民国。但是何香凝、张奚若等很多民主人士都反对，认为“中华民国”这个名称被国民党给糟蹋了，在人民群众中声名狼藉，不能再用。毛主席听取了大家的意见，不再坚持。

新中国的国旗也是在征求全国各地及境外2000多幅设计图案中，挑了又挑，反复讨论比较，最后确定为五星红旗，并且统一解释，红色代表革命，五星代表人民革命大团结。

特邀代表梁思成在起草《国旗制作方法说明（草案）》时，我作为小组记录也在旁协助，帮助整理誊清。

9月30日，大会选举产生了中华人民共和国中央人民政府主席、副主席及全体委员。主席为毛泽东，副主席刘少奇、朱德、宋庆龄、李济深、张澜、高岗。闭幕式上由两名工作人员在他们背后扯起了一面硕大的五星红旗。10月1日，在天安门广场举行开国盛典。毛主席庄严宣告，中华人民共和国中央人民政府成立了。

多年过去了，共和国走过了一段曲折的道路，有辉煌和欢笑，也有坎坷和迷茫。今天，我们取得了伟大的成就，但是我们不能忘记过去。历史是一笔宝贵的财富。只有正确地了解和珍惜历史，才能正确地了解和珍惜今天，才能创造更加美好的明天。

（选自北京市政协编《凝心聚力70年》，北京出版社2019年版）

全国政协筹备工作中几点亲历见闻

尹 进*

我国最广泛的爱国统一战线组织——人民政协，自 1949 年建立到 1994 年，已经 45 周年了。缅怀既往，兴奋不已。当年在人民解放战争日益接近全国胜利的大好形势下，中国共产党为了建立好中华人民共和国，先期同各界民主人士，肝胆相照，亲密合作，共同筹备人民政协的工作情况，我至今印象深刻。

中国人民政治协商会议的兴起，始自 1948 年中共中央发布“五一”劳动节口号第五项号召，即“各民主党派、各人民团体、各社会贤达，迅速召开政治协商会议，讨论并实现召集人民代表大会，成立民主联合政府”。同时，毛泽东主席还亲自致函给当

* 尹 进：时任新政协筹备会秘书处第三科科长。

时在香港的民革主席李济深和民盟常委沈钧儒，倡议会议的地点在哈尔滨。中共中央这样的号召和毛主席的倡议，立即赢得各民主党派、人民团体、少数民族和国外华侨热烈响应。各方面的领导人纷纷联名发通电、声明或宣言，并随即首途进入解放区。当时接待民主人士的地点，一是中共东北局所在地哈尔滨，一是中共中央统战部所在地河北省平山县李家庄。1949 年初，随着天津、北平相继解放，又由东北和其他各地，陆续到达北平。这样，到 6 月 15 日，新政治协商会议筹备会在中国共产党、各民主党派、各少数民族、各人民团体和海外华侨代表 23 个单位共 134 人的参加下，在北平召开了。会议进行了五天，决定成立新政协筹备会常务委员会，毛泽东主席亲任主任，周恩来、李济深和沈钧儒等任副主任，李维汉任秘书长，以便迅速完成召开新政协大会的各项准备工作。当时之所以名新政协，尚未用人民政协的名称，乃是为从根本上区别于 1946 年由国民党反动当局所操纵并破坏的旧政治协商会议。

随着新政协筹备会常务委员会的成立，其下必须成立经常办事机构，以便办理有关事务。就在这时，我以早年大学生时期曾参加“社联”“北平文总”革命工作，毕业后到冯玉祥将军研究室助冯读书，后又助其部下工作等情况，经组织安排，到新政协筹备会所设经常办事机构中工作，因而对那时的大事、上下紧张工作的情况以及有关的活动等知道一些。现在即就记忆所及，将当年在自己工作岗位上的亲历见闻缕述如下。

一 新政协筹备会常务委员会领导下的经常办事机构的设置和工作情况

由于当年任新政协筹备会常务委员会主任的毛泽东主席和副主任的周恩来、秘书长李维汉诸同志都住在中南海，因而其下的副秘书长办公室和秘书处、总务处，也就都设在中南海，各办公室和主要工作人员大部分都住宿在中南海的旧政事堂内。当时常见到到会办公的副秘书长，有齐燕铭、宦乡、孙起孟、罗叔章、阎宝航、余心清。也时常见到我早年在冯玉祥研究室的同事赖亚力等同志。另，秘书处下设三个科，处长为梁蔼然同志；我任第三科科长，抓秘书行政工作。那时所办事情印象较深的有：（1）印制并保存新政协各种用件，如大会发给代表们的公文袋，都是几经反复设计，才最后定样印制的。（2）因为秘书处第三科的工作有印制各种印件事务，我时常在电话中同外面特定印刷厂联系。厂长是一位老大姐，党的老干部，凡重要事情，她都亲自进中南海。人们都知道，毛泽东主席的《论人民民主专政》发表于1949年6月30日，也就是正在新政协筹备期间发表的。此前就是这位印刷厂的大姐，几次将所承印的《论人民民主专政》单行本的印样交我转交印刷单位，并随时提改进意见要我转达，其爱护党的革命热情使我永记胸怀。而我那时因此得以先读到毛主席这一光辉著作的印稿，也是极高兴的。（3）当年筹备会常务委员会的工作任务，有负责拟定国旗、国徽和国歌方案一项。据我记忆，那时的评选委员会除聘请有梁思成、徐悲鸿、马思聪、贺绿汀、吕骥等专家外，还在《人民日报》发布了广泛征集全国人民的设计图样的启事。结果，一个月内就收到全国各地乃至海外的国旗图案近3000件，国徽图案近千件，国歌歌词近700首[①]。反映了广大群众对新中国成立的热情向往和殷切希望。有一天，我受命把一部分群众寄来的各种国旗图案带至北京饭店，专交住在那里的筹备会常务委员和一批著名民主人士观看，并征集意见。记得那天先后到了李济深、蔡廷锴、蔡畅、郭沫若诸先生住室，当时郭沫若先生看得最仔细，谈得最多。还有一天到过早就熟识的李德全先生和李达老师的住室。（4）就在筹备会常务委员会负责拟定国旗、国徽和国歌方案期间，人民政协会徽也在办理拟定。此中情况，我虽无亲历，但有亲闻。当年老友，即后来建国初任外交部交际司司长的王倬如同志，专驻北京饭店，担任一切有关新政协筹备和准备新中国成立的交际工作。他家是北平老住户，他对北平各方面都熟悉。有一天他告诉我说，政协会徽也像国徽那样，有很多艺术家积极贡献图案，只有他直接联络的那位艺术家所绘图案被选中了，即现在一直通用的人民政协会徽。（5）由于当年我任秘书处的秘书行政科长，对那时的总务处也时有接触，处长是从部队调来的，建国后曾一度任安徽省领导；副处长是民盟的罗子为同志，其下主管事务的郭科长和主管基建维修的一位科长，都常接谈。特别记得后一位科长有一次同我接谈中，谈到中南海中道路、大门和怀仁堂等处维修之事，说毛泽东主席要求不高，总说“好了，好了”；周恩来同志则当着“总指挥”，总以事关政协第一届全体会议和开国大典，要求细致严格。

① 根据新政协筹备会第六小组关于国旗、国徽、国歌方案的报告，收到的征订稿件数量如下：国旗1920件，图案2992幅；国徽112件，图案900幅；国歌632件，歌词、歌谱694首。——原文编者注

二　筹备会常务委员会主要领导和大家工作的忙碌情况

为了迅速完成新政协成立乃至开国大典的各项筹备工作，当时将参加筹备工作的各方面代表人物组成六个小组，经常集会讨论并布置工作。那时毛泽东主席虽然不是任何一组的成员，但有时也亲临参加讨论。记得有天听一位当记录的同志说：在一次会上，民主人士们对一项事情很有争议，毛主席善于做调解综合工作，终于使大家达成协议。又有，周恩来同志可以说是那时最忙碌的人，不仅白天工作，且时常夜间加班。他有位随从卫士，时常在我们上午上班期间到我的工作位置，微笑着用右手向隔壁一指，我立刻明白，又是周恩来同志在隔壁室内小睡了，要我告诉大家工作中保持安静。单从这一点，就足见当年周恩来同志每天夜以继日工作的忙碌情景了。再有，不少人知道，当年任新政协筹备会常务委员会秘书长的李维汉同志，一度扭伤了腿脚，那是因为中南海正赶修坑道大路，他着急赶路而造成的。又，当年我在政事堂住宿，与副秘书长齐燕铭同志的秘书同屋，夜晚睡觉时从未见过他，总是早晨才发现他睡在床上。有时他见我起床了，就迷糊着说：“哎呀！你又起来了，我真够呛啊！”由此可见，齐燕铭同志的工作又是怎样忙碌。

三　筹备会代表、民主人士和大家在忙碌中学习的情况

当年的筹备会，尽管工作繁忙，但注重学习。在学习中，又特别注重听学习报告。据我亲身经历，印象最深的有这样三次：

1. 周恩来同志在中南海怀仁堂作政治报告。那次听报告，由我

们政协秘书处在大门口负责签到。从络绎不绝的签到人流中，始知到会听报告的，不只是新政协筹备会和民主人士等，文学家丁玲和当时主持天津市文教工作的黄松龄等来了，早年曾领导我在北平做“社联”“北平文总”地下工作的潘大哥，即当年《人民日报》负责人张磐石同志，也到了。现在印象最深的是，那天朱德总司令先来不久，接着毛泽东主席在周恩来同志的陪同下也来了。毛主席见我们守着签到桌站着，遂说“签个名，签个名”，当即亲持毛笔先签，接着周恩来同志续签。从亲见周恩来同志的那次签名，我才知道他直行署名的写法：因“来”字紧跟着“恩”字，便先写那一直行，然后连书其他笔画。报告会开始，我们也跟着到怀仁堂内听报告。只见周恩来同志一人在台上，毛主席同大家一样，坐在台下前排听报告。至于周的那次政治报告的内容，现在都不记得了，能回忆起一点的是，讲到了当年第三次国内革命战争时期对《大公报》政治态度的评价，即指出其对国民党反动当局的“小骂大帮忙”作用。

2. 胡乔木同志在中南海作动员学习的报告。地点在一个大厅，那天天气很热，乔木同志坐在一个桌子面前作报告，声音不大。听报告的不只是我们新政协筹备会的一些工作人员，更多的是中南海内党中央的一些工作人员。报告的大致内容是：动员学习毛主席新发表的《论人民民主专政》光辉著作，结合当前政治形势纪念“七七”抗战胜利。那时我们秘书处同志很多是第一次看到乔木同志，记得散会回办公室途中，梁蔼然处长对我说：“你看胡乔木那个瘦劲，那个小腰。”乔木同志当年是毛主席的秘书，又兼新华通讯社社长，每天工作的忙碌情况可想而知，其身体显得瘦弱，自然是为人民工作劳累所致。

3. 邓小平和陈毅两同志在北京饭店作政治报告。记得这次听学习报告，已是1949年9月下旬。经新政协筹备会9月17日第二次全体会议决定，新政协的名称已改为“中国人民政治协商会议”。那天听报告的，主要是住在北平各饭店的民主人士。邓小平同志首先登台作报告，报告的内容，主要是有关那时南方，特别是西南地区的大好形势，并欢迎民主人士到西南地区工作等。只记得那天小平同志头戴军帽，一身简朴的灰色戎装，腰横一小皮带，讲话很快，声音洪亮，听后使人振奋。接着陈毅同志作报告，讲话较慢，声音也很洪亮。记得他特别讲到上海刚解放时市场的情况，他说，那时上海市场混乱，物价上涨，为了先稳住人民必需的食品的物价并促使其下跌，一方面加强市场管理，另一方面号召驻上海的部队和市政工作人员省吃俭用，有如那时战士们所说的“每天汤菜三碗水”，硬是把食品物价压下来了，从而也稳定了其他商品的价格。陈毅同志在讲这些时，全身洋溢着当年广大革命者齐心战胜困难的昂扬精神，使人敬佩。最后，他面带笑容地说：“大家愿做‘京官’，就留在北京；愿做外埠官，欢迎到上海来。”当年邓小平和陈毅两同志这样专门向民主人士讲演，就充分显示随着我国新民主主义革命的胜利、人民政协的成立，中国共产党同各方面民主人士“长期共存，互相监督”的局面已开始建立。

四　筹备会诸领导及下属办公人员举办冯玉祥将军逝世一周年纪念大会情况

早在1948年7月底，在美国的民革中央执行委员兼政治委员会主席的冯玉祥将军，应邀参加新政协会议，开始乘苏联“胜利号”客轮回国，9月1日，船到黑海航行中失火，不幸遇难逝世。当时毛泽东主席和朱德总司令曾联名向在莫斯科的冯夫人李德全同志发去唁电：“尚希勉抑哀思，并为实现冯先生遗志而奋斗。”于是李德全同志于11月间抱着冯的骨灰盒首途回国，先到东北解放区，1949年2月下旬，与各方民主人士同到北平。这样，到七八月间，正当大家欢庆在北平团聚并积极筹备新政协会议时，联想到冯玉祥将军对中国共产党的倾心，对各民主党派、民主人士团结一致、共同建国的热切向往，遂议起举办其逝世一周年纪念大会之事。当时承担办理这项事务工作的为王倬如同志，因他抗战前后曾任冯的秘书，又现住北京饭店任交际工作，办事方便。最初有次小型集会，共议怎样办理之事。那次，我遇到了早年老师侯外庐和诗人臧克家同志等。记得当年在《人民日报》刊登“发起冯玉祥先生追悼大会启事”，共有170多人署名，由宋庆龄、周恩来、林伯渠、叶剑英、李维汉、邓颖超、李济深、郭沫若诸位领衔，后面也列了赖亚力、王倬如和我的名字等。还记得有一天，倬如要我们早年同冯有关系的几位同志到他那里，告知明天下午，周恩来同志要对有关办理“冯玉祥先生追悼大会”事讲话，要准时到会。并说“对我们几人说来，要准备听训”云云。第二天下午准时在中南海政事堂一个小会议室开会，到会的有林伯渠、郭沫若、侯外庐等七八位新政协筹备会代表和民主人士，再就是赖亚力、王倬如和我等几人。当年我们在中南海内经常路见林老，他鹤发童颜，和蔼可亲，令人尊敬。那天，周恩来同志即使在这样的小型会上也是站着讲话。他并没有直接专讲有关办理“冯玉祥先生追悼大会”的事，而是讲中国共产党人和革命者如何恰当地对待先烈逝世的后事，既有革命理论，又有实例。他列举了1946年4月王若飞同志乘飞机遇难后，夫人李培之同志提出什么，如何予以说服。并说我们共产党不主张以人名命什么路，等等。接着，林伯渠和郭沫若等也站起来发了言。当年有的报纸（不是《人民日报》）将周的这次讲话作了简要报道。而我听了周在这次小型会上的讲话，当时就感到很好，真是听了一次生动的马列主义党课，对于自己做人做事收获太大了。觉得能有机会获得这样的“听训”，这种“训”真是太难得、太可贵了。在周恩来同志讲话后，9月1日下午，冯玉祥先生逝世周年纪念大会在北平东城帅府园艺专礼堂隆重举行。毛主席、朱总司令和各民主党派、各人民团体所送的挽联、花圈布满了会场的四周。出席大会的有宋庆龄、何香凝、周恩来、李济深、郭沫若等共600多人。李济深主祭，接着周恩来、郭沫若等致悼词，最后李德全致悼念答词。大会自始至终充满着中国共产党和各民主党派、各人民团体及众多的民主人士对冯的深切怀念和敬意。

五　筹备会诸领导及下属办公人员的文体活动

前面说到，新政协筹备工作时期，从上到下大家都忙。但忙中也不是没有适当的文体活动。就在中南海内，有时周末晚上就有舞会。其形式有两种：一种是秧歌舞，主要由青年同志们组成，谁愿意参加谁参加。我参加过一次，记得在一个大厅里，伴奏的乐器就是锣鼓加铜钹，大家舞一阵，坐下来谈笑一番，既获得休息，又增进了友谊。另一种形式便是人们通常说的跳舞。由于那时中南海这种舞会，一般都是为毛主席同民主人士们安排的，即使中南海内的工作人员也得凭票进入。舞场设在西南地区一个面对水榭万字走廊的大厅内。我不会跳舞，但完全出于想看看毛主席跳舞的心理而去过两次。一次，看到毛主席身穿同大家一样的衣服，先坐在舞场东南角休息；又一次，看到朱德总司令也在座。两次都看到有民主人士张曼筠、余心清和罗子为等（张曼筠为李公朴夫人，那时她同邹韬奋夫人就住在中南海政事堂宿舍内，同我们常见面）。舞场有伴奏乐队，所奏乐曲为《东方红》之类。乐声起了，毛主席便站起来，有的女同志抢先向毛主席鞠个躬，然后伴舞，舞完了，有的还手捧笔记本请毛主席题字。看了毛主席、朱总司令的跳舞，给我的印象就是伴着乐声散步，增进身心健康，没有什么花样。这对当前正确组织安排人们的跳舞活动应有很大的启迪学习作用。在文化活动方面，印象最深的是组织过两次最精彩的京剧会演，专供政协筹备委员会人员和其他方面部分人员观看。地址在西单剧场，时间在下午，入场须凭特发票证。两次台上的主持人都是中南海艺术家钟灵同志，每次在演出前，他都先向大家介绍演员、演出剧目以及如有敌机空袭警报如何有秩序地疏散，等等。由于我一向爱好京剧，清楚地记得，第一次的开场戏是著名演员李少春和叶盛章的《三岔口》；接着是著名演员杨宝森和哈宝山的《文昭关》；压轴是著名演员梅兰芳和刘连荣、肖长华等合演的《霸王别姬》。第二次的开场戏是当年北平最著名的河北梆子演员李桂云主演的《藏舟》；压轴是著名演员周信芳、筱翠花（于连泉）、叶盛兰、袁世海等合演的《四进士》。由于中国解放了，这些著名演员深切地感到自己社会地位的提高，演来都非常认真，每场戏都极精彩。而剧场内则一直很安静，每场演完后，也没有什么谢幕和大家鼓掌的安排，最后以他们全部演完、观众很有秩序地走出剧场而告结束。现在看来，当时新政协筹备会诸领导和工作人员亲眼看到的著名艺术家们的两次演出，不仅显示着新政协筹备工作忙碌中的高雅欢乐；从中国戏剧文化史来看，其名角荟萃，珠联璧合，用以欢庆中国人民政治协商会议的召开和开国大典的即将到来，也很值得大书特书。

以上亲历见闻，虽不尽是1948年至1949年报刊所报道有关新政协筹备期间的新闻大事，但记述了当年一些有关各方面的情况。这些既显示着中国共产党同各民主党派、各人民团体等的亲密合作，也反映了当时筹备者的辛劳。他们的工作为人民政协的成立奠定了坚实的基础，对人民政协以后的工作起到了重要的作用。抚今追昔，正是：中南海水碧波扬，大乐钧天奏协商，灿烂繁星拱北斗，光辉永照耀万方。伟大的中国人民政治协商会议永放光芒！

（选自《湖北文史资料》编辑部编《湖北文史资料》1994年第1期，总第44辑。原标题为《建国前全国政协筹备工作中几点亲历见闻》）

从双清别墅到菊香书屋

李银桥* 韩桂馨**

一 双清别墅

双清别墅的主建筑是一排坐北朝南的平房，房间高大漂亮，室内光线充足。像中国所有老式建筑一样，这排房子的中间是正厅，用来作为主席的会客室，里面可以坐 20 个人左右。正厅的西面依次是办公室、卧室、卫生间，正厅的东面也是办公室、会客厅（较小一些）。过了会客厅就是小餐厅，有一个走廊将小餐厅与厨房连起来。主席的家属和孩子们，住在院子西面山坡上的平房里。院里还有些平房，就作为工作人员的办公室、会客室、储藏室和小厨房。

---

* 李银桥：时任毛泽东的卫士组长；后曾任天津市公安局副局长，人民大会堂管理局副局长。

** 韩桂馨：时为毛泽东女儿李讷的保姆；后在中共中央办公厅工作。

卫士值班室就在北门里，警卫班驻在东门外另一个院里。

双清别墅院里，有许多古老的松柏，冬天能挡风，夏日能遮阳。最妙的是院里有个泉水池，泉水清澈，大概有半个游泳池那样大。泉水边还有一个六角凉亭，正好对着大厅的门。

水池南边，靠近山脚，有一个新挖的防空洞，主席在西柏坡时，房后面百米处也有一个防空洞，那时主要是为了防空袭。可是这里防空洞的两个洞口处，刻上了两个口号，一个洞口刻着“毛主席万岁”，一个刻着“朱总司令万岁”。据说这是华北军区的工兵们在主席进城前赶着挖出来的，他们刻上标语，表达自己对领袖热爱的心情。

天气转暖了，毛主席脱掉进城时穿的棉裤，又换上了那条旧毛裤。散步仍是他的一种习惯，他有时在院子里围着泉水池走走，有时信步走出门，在山路上转一转。总司令、周副主席、少奇、弼时他们住得不远，就在离主席住处300多米的大院子里，两处有汽车路相通。

有一天，毛主席信步走到东门外警卫班的院子里。战士们见主席来了都很高兴，主席对战士们的工作、思想、身体也是处处关心。主席指着院子的空地说：“这个院子很好，阳光这么充足，又有泉水流过。你们可以挖个游泳池，也可以开出一个足球场，还可以种地呀。”

主席这么一讲，大家商量开了。商量的结果还是认为种点菜合适。因为春天正是播种季节，而且大家知道主席喜欢吃辣椒和新鲜蔬菜，种点菜不但主席有辣椒吃，大家也可以把新鲜蔬菜当水果吃。夜里值勤如果饿了，摘俩西红柿；中午渴了，吃根黄瓜，多美呀。大家一经讨论决定，动手就干。

山上的石头很多，战士们翻了片地，施上底肥，到菜农那里买来秧苗种上。小苗喝了泉水，绿油油的。过了些日子，主席又同李讷一起散步来到东院，一看到菜地，高兴地说：

“我只几天不来，你们这里就大变样了。”

大家看主席这么喜欢，也纷纷谈了起来。有的说：“这些辣椒是给主席种的，保证您永不缺辣子吃。”有的说：“我们这么多秧苗，才花了不到 10 斤小米钱。”

主席连连点头，呵呵地笑着，他说：“谢谢你们，这么干很好。俗话说，不劳动者不得食，我没有参加劳动，怎么能白吃呢？下次浇水时，我也来浇。我参加了劳动，以后吃的时候就理直气壮了，吃起来也就更香了。”

毛主席在双清别墅居住期间，主要处理两件大事：一是指挥百万雄师过大江，解放全中国；一是筹备建立中华人民共和国。这些引起天翻地覆的大事件，许多人已经写过了，我只记几件主席家中的小事。

主席对长子岸英是很喜爱的，这已众所周知，对次子岸青，主席也是同样疼爱，并寄予厚望的。我刚到主席身边工作时，就听说岸青已经从苏联回国了，暂住哈尔滨。主席把这一消息告诉了在晋绥解放区搞土改的岸英。1947 年 10 月 8 日，毛主席以欣喜的心情写道：

“告诉你，永寿回来了，到了哈尔滨。要进中学学中文，我已同意。这个孩子很久不见，很想看见他。”

短短几句话，字字饱蘸了父亲的爱。

在苏联学习期间，岸青曾用杨永寿这个名字，岸英叫永福。他们在十年制学校里，都跳过级。毕业后，毛岸青考取了东方大学继续深造。他比岸英晚回国一年。

在香山的生活安定下来后，岸青就来了。岸青也是个子高大、英俊魁梧的人，脸形像父亲，宽宽的额头，方脸盘。也可能是生活不太习惯，也可能是语言不通，岸青比较沉默、腼腆，不太喜欢讲话。但他也喜欢小妹妹李讷，因为在苏联学习时，主席曾给岸青寄去两张李讷的剪纸，感情上有些联络。

岸青也像岸英那样叫我阿姨。我知道岸青脑子受过伤，也想在生活上多照顾他一点，但是他总坚持要“自己的事情自己做”。

有一天，我看他在洗衣服，舀了一大盆水，用搓板使劲搓，劲倒用了不小，但是肥皂沫和水却把两只袖子和衣服前襟都搞湿了。我心想：这个人哪，虽说在洗衣服，照这么干法，脏衣服没洗干净，那刚换的干净衣服倒弄脏了，还不如我给揉一把算了。于是我对他说：“岸青，我正要洗衣服，不如我帮你搓两把。”谁知他说：“爸爸跟我说的，要自己的事情自己做，不要麻烦别人。”

10 多年不见的儿子，换了别人疼都疼不过来，但主席也像对岸英那样严格要求岸青。

韩桂馨　讲述

二　菊香书屋

主席在香山双清别墅住下不久，就开始进城办公了。那时，他一般要下午起床后进城，晚上 12 点左右回来，夜里还要看文件，早晨才能入睡。

为了照顾主席的身体，减少路上往返时间，再加上工作越来越忙，9 月份主席就搬进中南海丰泽园里面的菊香书屋居住了。我因为分娩，在北京医院生下大儿子后，又在香山住了两个多月。

丰泽园在南海的岸边，除勤政殿、政事堂之外，丰泽园几乎是整个南海北岸主要建筑群的南大门，棕黑漆底、金色大字的一块横匾挂在两扇大门的上方，“丰泽园”三个字浑圆清秀，也很有气势，这是乾隆皇帝的御笔。

毛主席的住所从丰泽园进去往右走，也是一个四合院。挂着“菊香书屋”四个字匾额的是一个过厅，这是主席院里西厢房的中间一间，南北两间都与过厅隔开了，北边的一间是主席的藏书室，名副其实的书屋，只是没有菊花罢了。南侧还有一间，一度江青用来会客，后改为乒乓球室。

通过菊香书屋，就进了一个四合院，南北向稍长，是一个长方形四合院。北房是正厅，一排五间，过厅上也挂着一块匾，上书“紫云轩”三个字，因此有人也称主席是“紫云轩主人”。这北房也是一明两暗的形式，中间是过厅，东侧两间是通着的，里面很突出的是主席的大床，有半床都是书，瞻仰主席故居看到的，基本维持了原样。北房西侧的两间隔开了，靠过厅的一间曾作为江青的卧室，但她很少住，很快她就搬到南屋东侧的两间去住了。里面的一间与西厢房相通，也摆满了书柜。

四合院的南房也是五间，李敏、李讷长大后住过西侧。东厢房又是五间，中间是过厅，也做餐厅，北边两间作为主席办公室，中央领导同志开会就常在这里。东厢房的南侧是会客室。

穿过院子的南房过厅，又是一个院子。这里住的主要是主席亲属，有女儿李敏、李讷，大儿子毛岸英，儿媳刘思齐，二儿子毛岸青，江青的姐姐李云露，江青的外甥王博文，后来又来了主席的侄子毛远新。真是个大家庭呢。

我的孩子三个月时，就把他送到了老家，这是我离家后第一次回去。家里帮我找了个奶妈照看儿子。安顿好后，我也来到中南海。我和银桥就住在菊香书屋的东面。主席院里的东北角有条通道，那里通卫士值班室。和卫士值班室隔着一堵墙，有一个小门可以到我们的家。我们住的也是平房，一溜五间，两间是储藏室，我们住两间，还有一间住着卫士张仙鹏，张结婚后还住了一段时间。

毛主席还未正式搬到中南海以前，进城开会或会见民主人士一般在颐年堂。颐年堂离菊香书屋很近，主席和周副主席也常来菊香书屋休息。当时因北房里住着林伯渠一家，他们就分别住东屋和南屋。自主席搬来后，林老一家就搬到别的院子去了。

为了布置会场和美化环境，花匠师傅使出了自己的本事，把颐年堂和菊香书屋布置得特别漂亮。在鲜花盛开的季节，这里简直像个百花争艳的大花园。特别是在炎热的夏季，看到这美丽的花草，使人顿觉神清气爽，仿佛暑热也被赶跑了。

主席休息时喜欢到南海边去散步，偶尔也划划船。刚进城时，我们不知道主席会游泳，只知道他喜欢到水边休息、散步。波光涟漪的湖水，确实令人赏心悦目。对于长时间用眼的主席来说，绿色的树木、碧蓝的湖水，对他消除疲劳也确实有益。学校开学以前，李敏也常跟着父亲散步。

有一天，主席从湖边散步回来，面对着院里的鲜花对阎长林说：“你叫人把这些花都搬开。”当时大家都不明白主席的意思，以为他不喜欢花，但主席的一席话却使大家心悦诚服地去执行这一任务了。主席说：

“过去，这里是公共场所，由他们随意布置，我们不干涉。可现在我住在这里，就不要摆这么多的花了，少摆几盆花，再摆一点松柏树就可以了。你们知道，到我这里来的人很多，以后还会有工人、农民的代表来。他们来了，就是为了看看我，看看我住的地方。如果我这里摆了那么多漂亮的花，那他们也会上行下效，向我看齐，养成这种风气就不好了。”

警卫员和卫士们忙活了好长时间，把花一盆一盆地搬出去，送到花房。在花匠师傅的帮助下，挑选了两盆棕树、两盆无花果，又在窗台上摆上了两盆绿草。这样院里既不显得空阔，也不像原来那么花哨，很适合这里的环境和主席的身份。主席对这样的布置很满意。他说：“这不是很好嘛，我不是不喜欢花，摆得太多了不大合适。”

以我们现在的观点来看，古代建筑虽壮丽辉煌，但住在里面未必舒服。主席刚搬到中南海时，也遇到过这种问题。

首先是感到屋里光线较暗，因为老式建筑的房檐较大，窗棂多，窗子小；院里的房子多，树木也挡光。工作人员给主席配上台灯，也就解决了这个问题。

过去菊香书屋的房间都没有暖气，冬天取暖靠老式的地炉子，地道都是通的。但因年久失修，主席搬过来时，地道都堵了，要修复也要费时费工，即使修好了，也不一定适用。行政处准备为主席安装锅炉和暖气片，解决热水和取暖的问题。但主席搬进来时是大热天，取暖问题还是次要的，当时感到最不方便的是上厕所。

因为在毛主席办公室附近都没有厕所，要去厕所，就要到后院去，要走很长的一段路。主席经常在这里召开会议，有时客人来了要去趟厕所也很不方便。为了解决这个问题，修缮队的同志到主席院里查看了一遍，决定在主席办公室后窗外，按卫生间的要求，盖个平房，等设备装修完毕后，再把主席办公室打通。这样既解决了问题，也不会干扰主席办公。由于这是件突击任务，再加上又是为主席办事，工作进展极快，没几天一个卫生间搞起来了。有一天上午，趁主席睡觉时，又打通了办公室的墙，安上个门，工作很快就完成了。主席起床后走到办公室，见到了这个变化，他非常高兴，还表扬大家想出了这个好办法，并感谢修缮队的同志们。

毛主席在陕北的时候，腿就有点疼，那是长期劳累加上受寒的原因。但那时没有条件，宿营的时候，卫士就用个木桶，烧好热水让主席泡一泡脚。在西柏坡时主席洗澡还是用大澡盆。现在有了卫生间，条件确实改善多了。后来又盖起一个小锅炉，热水龙头一开，更方便了。主席对卫士们说：

“以前，我每次擦澡，都是你们给我用脸盆端水。擦完了澡，还得请你们帮我把水一盆一盆端出去倒掉，真是麻烦你们了。现在可好了，已经是自动化了。”

丰泽园的大门和外边的门柱油漆脱落了不少，有的柱角剥蚀严重，连麻皮都露出来了。行政部门准备修一下。有一天，毛主席看到工人们正在搭架子，立刻叫来警卫排长阎长林同志，对他说：“你告诉行政部门的领导，这里现在不需要刷油漆，过几年再修理吧。我住的地方不要和公共场所一样花那么多钱，搞那么漂亮。这样就很好了。”

直到我离开主席身边时，他仍是这样，要求大家要保持艰苦奋斗的作风。银桥说，1961 年主席外出时，后勤部门派人来菊香书屋做了较彻底的维修工作，主席回来后发了脾气，搬出去住在游泳池的休息室里去了。

韩桂馨　讲述

三　新政协筹备会

1949 年 5 月 1 日，毛泽东约柳亚子先生同游颐和园。当毛泽东乘坐的汽车来到颐和园东门时，柳亚子已在那里等候。

毛泽东一下汽车，就走到柳亚子面前，两人高兴地握手。

当时，百万雄师冲破长江天堑，解放了国民党政府的首府南京，人们正为此而兴奋、欢欣鼓舞。

“共产党伟大！毛主席伟大！人民解放军伟大！”柳亚子半举着拳头，兴奋地说。

“人民伟大！包括你，也包括我。”毛泽东立即接上。

两人边交谈着，边朝颐和园里走去。

看过大戏楼，游了谐趣园，又爬坡至益寿堂。

在益寿堂喝茶休息后，毛泽东提议说：“咱们今天都很高兴，走，游园去。”

“好，游园去。”

从益寿堂下来，直接进入了长廊。

柳亚子感叹：“慈禧太后腐败无能，屈服于帝国主义的压力，签订了许多不平等的条约，给中国人民带来了极大的痛苦和灾难。她把中国人民的血汗，搜刮起来，奉献给帝国主义，建造她的乐园，真可耻。”

毛泽东说：“她用建设海军的钱，建了一个颐和园，当时来说，这也是犯罪。现在看来，就是建立了海军，也还是要送给帝国主义的。建了颐和园，帝国主义拿不走，今天人民也可以享受，总比他们挥霍了要好呀。”

柳亚子被这种辩证的妙论折服了。

看了慈禧太后买的那个小火轮、石舫之后，他们登上游船，泛舟昆明湖。

船快到湖心时，柳亚子又挑起了话题。他说：“今天胜利了，这是我们盼望已久的。共产党要胜利，这是肯定的。共产党的路线和政策正确，合乎民意，人民拥护支持，这就是胜利的基础。但是，我们没有想到胜利会这么快，人民解放军很快渡江成功，并且占领了南京，我们不知道毛主席用的是什么妙计。”

毛泽东笑了笑说：“打仗没有什么妙计，如果说有妙计的话，那就是知己知彼，根据实际情况，作出正确的决策。还有，就是先生说的，人民的支持是最大的妙计。一百万军队要渡江，又没有兵舰、轮船，如果没有人民的大力支持，是不能成功的。靠人民用土办法靠木船、木排划子，在漫长的江面上，几万只木船一齐出动，直奔对岸，加上我们有很多大炮掩护，很快就过去了三十万军队。你能说这是妙计吗？这是一般的常识。但是，像这样一个普通的常识，蒋介石是不知道的。他想的是长江天险，是美帝国主义的援助……”

游船绕过湖心岛，又穿过十七孔桥，在东岸靠岸。

毛泽东上岸后，与柳亚子一起步出大门。在门口握别后，毛泽东乘车回香山双清别墅。

自从住进双清别墅之后，毛泽东便开始进城办公了。中南海的菊香书屋作为毛泽东、周恩来临时休息的地方。

北平解放后，住进菊香书屋的第一位中共领导人是林伯渠。当时，林伯渠住在北屋。毛泽东和周恩来就在东屋和南屋里临时休息。

临时进城主要是会见民主党派和人民团体的负责人，召开一些小型座谈会，地点是在颐年堂。座谈的中心内容仍旧是广泛听取各界对召开新政协会议的意见。

毛泽东一般在下午进城，晚上 12 点多钟再返回香山住处。

为减少路途中来往的时间，9 月份，毛泽东从香山搬到中南海，住进了丰泽园里面的菊香书屋。

林伯渠从这座古老的四合院里搬出去了。

这是一个四方形的四合院，四面各有三间。北房三间，正中一间是门厅。江青就住在西头一间屋里，毛泽东住东头一间。北房高大，跨度大，很宽敞。在毛泽东住的那间房里，放一张大木板床、一套沙发、一张写字台和一些书。在中南海毛泽东故居保持了原样，只是西头那间屋，后来改作藏书室了。

东房三间，中间一间是门厅。毛泽东在这里吃饭，也是他全家的餐厅。毛泽东及来宾的衣服也挂在这里。靠北头的一间是办公室。书记处的五大书记经常在这里开会。靠南头的一间，是毛泽东的会客室。

南房三间，正中是穿堂，其余分别是毛岸青、李敏、李讷住的地方。

西房三间，正中一间是穿堂过道，也是当时从菊香书屋院里外出的主要通道。西房的南头那间，是江青的会客室，后来改为乒乓球室。北头那间，是毛泽东的书房。

菊香书屋四面房子形成一个封闭的小院。院内南北、东西两条小路交叉成十字形，把草坪对称分开，整个草坪又构成一个“田”字形状。几株百年松树，又使院里添几分幽雅。夏天，五大书记常在树下开会。

1949 年 6 月 15 日下午，新的政治协商会议筹备会在中南海勤政殿的大厅里开幕了。

勤政殿是一座古老的建筑。听说，这是过去的皇帝处理朝政和休息的地方。它的规模很大，进了大门，通过一个小院子，就到了过厅。这个过厅约有 50 米长、10 米宽，是木板地，中间铺的是地毯，两边摆了许多名贵的鲜花、古物和工艺品。大厅有两三层楼高，是中南海里的最高建筑，在北海公园、景山公园都可以看到它。大厅里摆着一排一排的条桌和软椅，四周的大、中、小型会议室及宴会厅、卫生间也很配套。所以，新政协筹备会就选在这里举行。

那天，毛泽东穿了一身新做的灰蓝布衣服，手里拿着文件袋，走出菊香书屋院北门，来到了勤政殿。

毛泽东走进大厅，会场里的全体代表起立，热烈鼓掌。毛泽东在主席台前向大家招手、鼓掌。他先在中国共产党代表团的席位上坐下，大会通过主席团人选之后，毛泽东等会议领导人走上主席台入座。接着，会议秘书长林伯渠就请毛泽东讲话。

毛泽东在热烈的掌声中走到了麦克风前。他微笑着，向大家招手致意。

毛泽东高兴地说：“我们的新的政治协商会议的筹备会，今天开幕了。这个筹备会议的任务，就是：完成各项必要的准备工作，迅速召开新的政治协商会议，成立民主联合政府，以便领导全国人民，以最快的速度肃清国民党反动派的残余力量，统一全中国，有系统地和有步骤地在全国范围内进行政治的、经济的、文化的和国防的建设工作。全国人民希望我们这样做，我们就应当这样做。”

讲到这里，会场里响起了经久不息的热烈掌声。

毛泽东在讲话中还说，全国人民拥护自己的人民解放军，取得了战争的胜利。这一次伟大的人民解放战争，是从 1946 年 7 月开始，到现在，业已三年了。这一次战争是由国民党反动派在获得外国帝国主义的援助之下发动的。国民党反动派背信弃义，撕毁了 1946 年 1 月的停战协定和政治协商会议决议，发动了这一次反人民的国内战争。可是，仅仅三年时间，即已被英勇的人民解放军所打败。不久以前，在国民党和平阴谋被揭穿以后，人民解放军即已奋勇前进，横渡长江。国民党反动派的都城南京，已被夺取。上海、杭州、南昌、武汉、西安，已被解放。现在，人民解放军的各路野战军正在向南方和西北各省，举行着自有中国历史以来未曾有过的大进军。三个年头中，人民解放军共已消灭反动派的国民党军队 559 万人。截至现时为止，残余的国民党军，包括它的正规部队、非正规部队和后方军事机关学校等在内，只有 150 万人左右了。肃清这一部分残余敌军，还需要一些时间，但已为期不远了。

全场又是一阵热烈的掌声。

毛泽东最后说，中国人民将会看见，中国的命运一经操在人民自己的手里，中国就将如太阳升起在东方那样，以自己的辉煌的光焰普照大地，迅速地荡涤反动政府留下来的污泥浊水，治好战争的创伤，建设起一个崭新的强盛的名副其实的人民共和国。

毛泽东讲完了话，全体代表起立，以热烈的掌声向毛泽东表达敬意。

为了庆祝大会的胜利召开，当晚，全体代表在宴会厅会餐。毛泽东高举酒杯，向全体代表敬酒，祝大会成功。他还特意走到几位老人跟前，向他们敬酒。

筹备会从 6 月 15 日至 19 日，一共开了五天。会议通过了《新政治协商会议筹备会组织条例》和《关于参加新政治协商会议的单位及其代表名额的规定》，选出了以毛泽东为主席的筹备会常务委员会。

连日来，毛泽东的心情特别好。

1949 年 9 月，中国人民政治协商会议举行第一届全体会议，代行全国人民代表大会的职权，制定了《中国人民政治协商会议共同纲领》，选举了以毛泽东为首的中央人民政府委员会，宣告了中华人民共和国的成立。

李银桥　讲述

（节选自李银桥、韩桂馨著《在毛泽东身边十五年》，河北人民出版社 2006 年版）

新政协筹备期间毛泽东与柳亚子交往的见闻

高富有*

在我任颐和园主任期间，曾发生这样一件事情：

住在益寿堂的柳亚子先生打了管理员一记耳光。这位管理员也是我们便衣队的成员。当时进城不久，中央政府尚未成立，机构都是战时体制，接收北平之后，我们几乎什么都管，凡是没有人管的我们都管。柳先生住在颐和园内，他那里的事情，自然也得由我们管。我们管什么？我派去一名警卫员，管他的安全；一名管理员，管他的生活。至于那里的厨师、公务员等人员，那是管理员从颐和园管理处雇请的，我就不甚了解了。

派到柳先生处的那位管理员，在部队任过连队的副政治指导

* 高富有：时任中央便衣保卫队队长；后曾任国务院参事室第一副主任。

员，他是在军政大学学习期间调来的。他这人很好，为了建设新中国，让在哪里干就在哪里干，让干什么就干什么，没有任何怨言。但对进城之后给像柳亚子这样的名人当管理员，有个学习和适应的过程。我们是 3 月初进了北平，这事就发生在 4 月间。

这一天，柳先生提出要吃炒青豆荚，要吃鲜黄瓜。管理员到青龙桥、海淀等市场没有买到。那时北平可不是今天这样，温室栽培技术还很不发达，从南方空运青菜来也没有如今这么普遍，加之他又认为，这类菜要等到 7 月才能上市，现在尚早，便以为没有，就没有买回来吃上。因而，惹得柳先生有气，误会之间就打了管理员一记耳光。这一打可不要紧，管理员便找我来了，其不愉快的情况，可以想见。

我们这些同志，虽然文化不高，能力也不是很强，但都是在党的培养教育下成长起来的。他们习惯于我党我军领导与部属、上级与下级之间这种同志间的亲密无间、同志式的平等关系。对旧社会那种以上压下、以强欺弱的人际关系深恶痛绝，尤其是被人打了耳光。常说，说话不揭短，打人不打脸。挨了耳光，犹如受到极大的侮辱。

他向我申诉了这次不愉快的遭遇："我有什么错误，你可批评、可处分，有什么意见，你可提出来，我还是愿意做好的，怎么竟然动手打我？！"

我能说什么呢？我只能安慰他，为了党的事业，要忍辱负重，更加努力地做好那里的工作等一类话。

这位同志态度还真不错，他向我说："请你相信，为了党的工作，我忍了，论打架的本领，他哪里是我的对手！"

我说，他是高级民主人士，连毛主席、周副主席对他也很尊重的。我还根据对柳亚子先生的了解，向他介绍了这位出身于国民党上层的中国共产党的忠实朋友的一些情况说：

柳先生是孙中山创办的同盟会成员和著名诗人，第一次国共合作时，他与担任国民党中央宣传部长的毛泽东相识，两人常在一起品茶交谈，纵论国事，对毛泽东很有好感。1945 年毛泽东以大智大勇飞赴重庆与蒋介石和谈时，在重庆见到柳先生。柳先生写诗称赞毛泽东此举是："弥天大勇。"毛泽东则将自己的诗作《沁园春·雪》相赠。

内战爆发后他被迫流浪香港。柳先生一生饱经忧患，历尽坎坷，度过了大半生。现已 63 岁了，才应毛主席之请归来，共商创建新中国之大事，住在我们这里。对这样爱国的民主人士和我们党的朋友，我们应当做好工作，使他们从实际生活中，晓得中国共产党是够朋友的。做好党的朋友的工作，不只是党的领导人的事情，我们每个共产党员都是有责任的。柳先生是高级民主人士，人家的难处，人家的心情，人家的生活习惯，我们也不甚了解，总之，要体谅他们，要顾全大局，正确对待，不能因这次不愉快就影响工作情绪。

这次经历，也使我们对这些工作的认识，提高到一个新的水平上，从思想上认识到具体服务工作关系到国家的大事情。

另一方面，作为工作中发生的问题，我还得向上级汇报，而这一问题恰又发生在像柳亚子这样的高级人士身上，谁能管得了他呢？另外还有些迹象表明，柳先生此举，并不单单表示对管理员个人做法的不满，而是一种情绪的反应。他曾对工作人员讲，"如果再没人管，就吊死在颐和园”，“是让他坐了冷板凳了……”给人以寻短见的印象。后来毛主席的《七律·和柳亚子先生》一诗中的“牢骚太盛防肠断”“观鱼胜过富春江”句，指的正是这种情绪。

当时，周副主席很忙。他刚与南京政府就国内和平进行了一系列的耐心谈判，又指挥我人民解放军渡过天险长江作战，以摧枯拉朽之势，横扫江南大地，席卷中国南部城乡；领导组织已解放的大城市建立经济秩序，恢复和发展生产……工作夜以继日，非常忙的人。可是，当他听说柳亚子在颐和园发生的这些事情后，便说：“我要去见他，要批评他。”

这一天，周副主席预先通知说，他要在颐和园听鹂馆饭店摆一桌饭，他和邓颖超请柳先生夫妇，还请我和颐和园另一位同志出席作陪。

在预定吃饭的时间，周副主席和邓大姐提前来了。在听鹂馆的一处休息室，他先让我把事情发生的经过再讲一遍，还询问了一些细节，显然在核实材料。周副主席在处理问题、作出结论之前，总是要了解核实事实的基本情况，才肯进行处理，绝不只靠汇报处理问题。

周副主席特意告诉我说：“我不会陪他们吃完的，这里有邓大姐在，你们陪他，饭后要送他回寓所，保证安全，不要发生什么事情。”

一切都在正常进行，宴请的主人来了，客人也依时到达，大家热烈寒暄，邀请入座。周副主席首先举杯，祝柳先生夫妇愉快健康而干杯之后，还没有举箸品尝蔬菜之际，便说起了柳先生与管理员之间发生的那件事情，周副主席严肃地说：

"柳先生，这件事情你做得过分了。我们的朱德总司令，影响大不大，职务高不高，可是他从来没有打过任何一个警卫员、管理员。没有，没有动过一个手指头！打人，在我们这里是不允许的。对战士应当和气。"

周副主席虽然讲得很严肃，但很克制，很有分寸。当说到在颐和园上吊、寻短见等情绪时，周副主席生气地说："你这是旧社会封建迷信那一套，在这里是使不得的。"柳先生认真地听着，却一句话也没有说。是抵触、是反省、是愧悔，难以猜测。

周副主席转而又以诚恳的庄重的语调，向他说明，我们进城时间不长，正在作出种种安排，"希望你多多保重，今后有的是工作让你做。"

说罢，周副主席站起来说："柳先生、郑女士，我还有急事先走一步，由邓颖超同志陪你们。"

说完，与柳氏夫妇一一握手，告辞而去。

我送周副主席走出门外，周副主席又对我说："柳先生的生活，你们要照顾好。这里不是陕北，也不是西柏坡，要到高级市场去买。到东单菜市场去买菜，到东安市场买水果。"

后来，派人去东单和东安市场，果然应有尽有，只是价钱高了一点。

我们从中也接受经验教训，加强对市场的了解与研究，也注意研究服务对象的习惯与爱好，使其后的服务工作越做越好。

在我任颐和园主任期间，迎来了北平解放后的第一个"五一"国际劳动节。

和平解放后的北平，为"五一"节安排了盛大的游园联欢活动。其实，所安排的那些活动，现今看来，都是很简单的。

这一天，对大多数人来说，只是可以游一游园，只有少数人可以划一划船，并没有像如今人们游园，有那许多丰富多彩的游艺活动。现在想来，当时所以说盛大，无非是指参加这次游园活动的人多，几乎包括了工农商学各界劳动群众，还有人民解放军官兵，昔日的皇家御苑，今日向劳动者开放，这本身就是翻天覆地，最为盛大和最为隆重的事情。

一早起来，人们就欢天喜地赶来。颐和园门前，人头攒动，熙熙攘攘，人们争相入园游览。

我们接到通知：毛主席要来参观。我们都非常高兴，作好了迎接的准备。我知道毛主席的生活习惯，一般说他不会改变自己的作息习惯：夜里工作，凌晨开始睡眠。他是不会早来的。

时将中午，我在东门口等候。说也有趣，我到达不久，毛主席便乘汽车来到门口。

毛主席一下汽车，与我们一一握手问好。汪东兴是警卫方面的负责人，也来了，我们也多日不见，今日在这里见了面，都觉得十分亲热。

寒暄之后，我请主席从大门一侧的小门进去。因为大门人来人往，不如小门清净，安全上也更有保障一些。

毛主席走到小门口突然停下来，不解地指着小门对我说："高富有，你怎么搞的，为什么让我走这里，不让我走大门？"

我知道毛主席最怕给他搞特殊了，便赶忙解释说："这是游园划分的，大门是北平群众走的，小门是中央机关和军队走的，这样好管理。"

我还没有解释完，毛主席便点头表示理解。

一进入园内，这里就是另一番天地。劈面而来的是大大小小的花坛，各色各样的盆景，组成花的海、花的世界。有的含苞待发，有的迎春怒放，姹紫嫣红，绚丽多彩，温馨飘逸，春意盎然。

毛主席站在花坛前，久久地端详着，慢慢地品评着。

毛主席指着一样花问道："高富有，这是什么花？"

幸运得很，这个花我正认识，便说了它的名字。毛主席一定以为我对花很了解，便又问另一种花叫什么名。我又说了。毛主席接着又问什么时候栽、是点种还是插枝、花期有多长等一连串有关花的问题。

这可把我问住了，尽管花木与农业有许多相似之处，但这花毕竟不是庄稼，我这庄稼人出身的人不能回答他提出的这些。有关花的学问我还是采取知道的就说知道，不知道的就说不知道。毛主席并不怪我无知，仍然饶有兴趣地沿着花坛，边走边看，不时问这问那。

看了一阵花之后，毛主席爬了山，又进到著名的长廊游览。

毛主席忽然问我："你知道柳亚子住在哪里？"

"知道。"我说，"住在景佛阁下边的院子里。"

"我们去看看。"

来到柳亚子住处，已是过午时分，柳老先生生活很有规律，他正在午睡，院子里除了值班的警卫之外，再无旁人，静悄悄的。

我让传达进去，说："告诉柳老，毛主席看他来了。"

当时烈日当头，天气燥热，院里既没有任何树荫，也没有可以休息的廊檐，毛主席就在热烘烘的院子里站着等候。

这时，报情况的值班员出来告诉说：“柳先生很快就出来见。”

然而，这个“很快”可就费时间了，左等也不见出来，右等也没有动静。我知道毛主席一向十分珍惜时间，而今却让他干等着，真叫人着急。我抬手看一看表，让值班员进去再催一下。

毛主席看到了，急切地向值班的同志摆一摆手，做出制止前去催促的表示，还对我说：“你还不懂得。人家见客了，要穿好衣服，还要戴好帽子，还要在镜子面前这么照一照。”他说着，用手比画着，头还那么动了动，做出照镜子左右端详的样子，动作好笑而有趣。“要收拾好，打扮一番。哪能像你，一蹦就蹿出来了。要等着，等着，不要急嘛。”

时间长了，随行的警卫班的青年战士就有些不大安稳，免不了这里走走，那厢看看，甚至还弄出些响声，尽管是轻微的。

毛主席似乎已注意到了，他指着西厢配房的台阶说：“坐下等着，不要乱动。”好像生怕影响柳先生睡觉。

又过了好一阵，柳亚子先生和其夫人终于出来了。他们果然穿戴整齐，举止优雅斯文，彬彬有礼。柳先生西装革履，大热天了，还扎着领带；他的夫人身着旗袍，略施脂粉，端庄大度。他们两位来到毛主席面前，并排站到一起，然后一同向毛主席行鞠躬礼。

然后，是热烈的握手和亲切的问候。毛主席和柳先生就站在院子里说起话来，后来又手拉手走进室内。

毛主席与柳先生从益寿堂出来，又沿著名的长廊走了一段路，他们边走边看边谈，那情景十分感人。

就在这时，许多游园的人，尾随而来，有人认出了毛主席。

“毛主席游园来了！”

这一消息，迅速传开了。人们拥来，人越来越多，后边的人看不见哪一位是毛主席，便硬往前挤。我们这几个随行的人，根本应付不了这局面。不要说游园看景致了，连走路也成了问题。

汪东兴说：“怎么办？”

前边是人海，后边是人山，既不能前行，也退不回去，大家都很着急，唯恐因拥挤而出了问题。

这时，恰好来到石舫跟前。这里，我们准备的几条游船，正系在岸边待命。便因势利导，让毛主席和柳先生他们上了游船。这些游船，是“有备无患”的安排，并不是为这次活动准备的，竟然派上了重要用场。

这时，毛主席游兴未尽，提出要去看仁寿殿。

我知道毛主席一向对殿堂、庙宇等反映中华灿烂文化方面的古代建筑有浓厚的兴趣，即使在战争年月，也不放过，只要情况允许。何况，毛主席所提的仁寿殿，在中国近代史上，可说是另有一番含义的。

仁寿殿的建筑，是颐和园里最富有生机的一处活动区。这组建筑，由大小数十间房屋、几个大型四合院构成，它前临昆明湖，背靠万寿山，以长廊与其他建筑相连，紧与大戏楼相通，仁寿殿前的庭院宽阔，松柏苍翠，奇石假山点缀其间，是一座独具风采的参观景点。更兼这里是晚清皇室活动的重要场所，慈禧和光绪皇帝曾在这里面见朝臣，处理国事。1898 年戊戌变法失败后，光绪皇帝曾在这里被幽禁过。对这段历史，毛主席当然是清楚的，住在这里的柳亚子先生也是熟悉的。我虽然没有听见他们两位是怎样合计的，但我相信，毛主席提出要看仁寿殿的要求，肯定也包含了柳先生的意见。

“殿还没有准备好。”我忙解释说，“下次请你来看，这一次我们去看一看庙吧，看龙王庙。”

毛主席高兴地说：“好。”

两只游船，一前一后，很快划到昆明湖南侧的龙王庙上岸。但是，龙王庙也不清静，这里也挤满了游园的群众。他们不知怎么也知道毛主席来了，站在岸边的台阶上、坡坎上，期待着，而更多的游园群众，仍然在向这里拥来。

游人太多了，我们的工作，又缺乏充分的准备，唯恐拥挤出了问题。毛主席也同意，只好放弃了看龙王庙的打算，便从附近的南小门出了颐和园，乘汽车返回香山驻地。

毛主席与柳先生及其夫人告别后，临上车时，握着我的手不无遗憾地说：“今天没有看好。”

我歉意地说：“没有经验，安排得不好……主席，下次来看，我们一定要好好安排的。”

毛主席很有激情，非常自信地对我说道：“一定来，一定来。”

高富有　口述　赵桂来　编写

（节选自赵桂来著《从宝塔山到中南海——高富有记忆中的一代伟人》，中央文献出版社 1998 年版）

双清别墅第一客

黄方毅*

1947年5月6日中华职业教育社成立30周年的日子，社里召开座谈会。“而立”之年的这次座谈会开得别致，别致在笼罩职教社的复杂与矛盾的心理气氛上。30年来堪称果实累累，回首之际不乏琳琅满目，但前边的“黄牌”警告已亮，“红牌”也隐约可见，危在旦夕，前途未卜。30年的事实证明了他们所从事事业的巨大潜在需求，然而也为30年的事实所证明了的一条，是他们左右自己生死存亡的微弱能力。对中国历史长远与最终的乐观展望和坚定信念，与对眼前困境的一筹莫展和无能为力交杂在一起。凡此种种，如同愁云，压抑心头，是他们一时解不开，也无法去解开的矛盾。

---

* 黄方毅：黄炎培之子，曾任全国政协委员。

那天，黄炎培没有高亢，没有激奋，没讲形势，没讲任务，反而以平静低抑的嗓音，讲他对人生、对命运的看法，讲得真切也实在。或许他是在做告别演说？听过他那次讲话的人都久久难以忘怀。最后他以“竹”为题作诗赠给这个难忘的日子：

不逐时芳品自尊，冰霜翻为护柴门。
生机都付千竿直，看汝干云长子孙。
——《题书竹写赠中华职业教育社三十周年》
1947 年 5 月 6 日于上海

是的，黄炎培并没有最终失望，未为“时芳”或“冰霜”所动，他还饱蕴“生机”，相信自己的“子孙”会冲上青天，怒拔干云。时年，他 70 岁整。

战场的形势变化极快。那些以为得手的人，却好景不长。国民党军队由“全面进攻”转为“重点进攻”，又由进攻转为防御。经辽沈、淮海、平津三大战役打击，元气已经大伤。战讯传来，黄炎培感到欣慰。

然而蒋介石派毛森来到上海，这可是个行动信号。毛森这个军统头子是鼎鼎有名的屠户。

这时黄炎培、姚维钧一家已经搬进了荣康别墅——静安寺附近的常熟路 116 弄 7 号房子（至今仍在），是黄的几十年老友们，从王艮仲、浦心雅，到杜月笙、钱新之一共几十个人，不忍看到 70 高龄的黄炎培整日借居，东搬西迁，居无定所，而凑钱赞助黄炎培大部分，又变卖掉姚维钧、姚荇绚娘家拿来的细软，终于买下了这座250平方米的里弄房。黄炎培在上海活动奔波几十年，终于首次在上海市区有了自己的房子。而当下正是闭门索居之时，他发出感慨：

七十无家复有家，一楼冷却市声哗。
关门忍便抛群众，老读差怜眼未花。

——《新居人绝句》

1948年10月2日

对于这座新居，黄炎培也有自己的考虑，他对姚维钧讲：“我一生无资无财，这所房子留给你和这几个孩子吧，万一我有什么意外。我的大儿女们反正都早已经长大立业了。”他召来大儿女们如是交代一番，又把家里包括原配王纠思留下的首饰细软分配给他们，算是分配家产了。明显是他预感危难将来之际，在安排后事。

一日，杜月笙派人来告：当局可能要对黄下手。同时，张治中先生派人紧急来告：要下手了，“黑名单”已列出，第一位就是黄炎培。

之前中共地下党已几次送来消息，盼黄离沪北上，但黄割舍不掉他在沪的这一大堆事业，犹豫不决。杜、张传来的消息，促使他当机立断：必须立即离开这座刚搬入的新居，离开上海——北上去。

1949年2月14日，黄炎培家大宴宾客。10多平方米的客厅里挤满客人，喧哗之际，姚荇绚一一应酬。黄炎培和姚维钧却带着大女儿当当，高声扬言要去永安商场采买些东西以助兴。他们一行三人到了永安商场，从前门进入，却从后门溜出，那里等待着他们的是地下党安排好了的王艮仲先生和他的汽车，甩掉了“尾巴”，到黄的女儿家住了一夜，次日凌晨来到吴淞口，码头上是专事等候着的地下党同志。黄等迅速上了轮船，绕道台湾，奔赴香港。

黄炎培一家三口出走之后，姚荇绚带着黄炎培、姚维钧的小女儿丁丁及儿子方方，仍然宴客，只见荣康家里灯火辉煌，宾客喧哗，一连三天如此，盯梢的倒弄不清黄本人的确切去向了。及至黄到港后在报端发表声明，宣告自己已离沪，当局才弄明白。然而之前之后，他们并不放松对荣康黄宅的监视，站在弄堂家门口的盯梢的甚至由原先便衣改成荷枪实弹的军警。姚荇绚与丁丁、方方均已成为当局欲捕黄而不得、恼羞成怒下的“人质”！姚荇绚带着方方出门买菜即有他们尾随，他们成了被“监视居住”的对象。不久黄炎培的儿子黄竞武（黄孟复之父）即遭当局捕去。竞武在上海中国银行做事，又是民盟在上海地区的要员，当局抢运银行黄金到台湾，遭竞武率工人阻拦。抓不到黄炎培本人的当局，抓他的儿子来泄愤。竞武被捕后遭受严刑，腿脚被打断，却未供出组织与同志。上海临解放前九天，竞武被活埋。

北上途中的黄炎培对他走后的事情当然不知。此次他仍是坐船，虽然他之前对坐船如此缺乏好感。36 年前他逃亡日本，在吴淞口茫茫大海上的情景他仍依稀可忆。10 多年前抗战初年，他一次次地奔港澳赴南洋也是在国难当头之时。唯有这次是不同了。他怀着喜悦的心情站在甲板上，同样的海洋，同样的天空，但时代不同了，黄炎培自己也不同了，他挺着胸膛畅呼着新鲜的空气。还有一点不同，这次黄炎培不是孑然一身，而有姚维钧在他旁边。黄炎培已活了 72 年，但仿佛是第一次觉到大海的可爱，明媚的阳光下，他与维钧并肩傍立在船栏，手拉着他们的当当，兴致勃勃地谈论着过去，谈到了未来。

黄炎培北上了。

北上的道路，对黄炎培来说是曲折的。自世纪初以来，尤其是民国建立以来，黄炎培看尽了中国的黑暗，看透了社会的腐败，他对急剧改变这一切是了无信心的。中国的事情只能慢慢来！因为几千年的腐朽制度不仅培养出一代续一代的统治者，而且也污染与腐蚀了中国的国民性。制度培育着文化，文化滋育着制度。一旦文化与制度结合尽致，那就绝对不会是那么容易来改变了的。难以靠改朝换代改变之，更难以寄希望于清官政治，所谓“政怠宦成”，所谓“人亡政息”，所谓“求荣取辱”，或这或那，无不如此，总是逃脱不出历史的劫运。而对此，要改变中国，唯有从基础做起，从基层做起，这基础就是教育，这基层就是实业。几十年来他埋首其中，历尽艰辛，做着“莫问收获，但问耕耘”的前人种树的事情。他相信他的努力终有善果。他相信事情不会白做，会在稳定的渐变中积累，中国最终会趋向进步。然而日本人的炮火打断了他的事业，随后国内战火更将此付之一炬。其间，充满着他的苦思苦索，饱含着一位爱国的求索者的莫大痛苦。

北上的道路，对黄炎培来说是必然的。对那个已腐朽透顶的政权，他始终保持着距离，不愿与之为伍。高官封许，不从；提携后代，不诺。从袁世凯起就想召黄入阁，民国十余年北洋政府两次颁布政令任命黄炎培为政府教育总长，均遭他拒命不就。不用说不肯跪下求官做官，就是站着也不肯求官做官的，索性他连国民党也不入，虽然他在1905年同盟会成立之后一个月就加入了，并且之后接替蔡元培任同盟会上海地区负责人。虽然他当时没有看清真理何在，但有一点他当时是看清楚了："这里不是真理所在。"而且"今年达姆杀学子，全国哪还有生气"，"沿海走私之船，遍地贪污之钱"。一场场，一幕幕，他已经"没有泪，只有血"了，"此时不起，更待何时"呢!

北上的道路，对黄炎培来说是真诚的。对共产党人，他经历了从陈独秀、李大钊，到毛泽东、周恩来的过程，从私人间接触交流，到与组织之间的联系。而在这一过程之中，抗日战争提供了认识的大背景。不是日寇来，抗战烽起，职业教育事业被打断，黄炎培不想也不会以大部分的精力投入社会政治活动，不想也不会丢下他所从事的教育事业。抗战打断了中国发展的进程，改变了中国社会前行的步伐。其间，1945 年抗战即将胜利的前夜，黄炎培访问延安，对共产党人及其根据地有了第一手的了解，从而获得了对中共的认同，也彻底改变了他后半生的人生轨迹，而且为其后来的一系列选择提供了依据。

北上的道路，对黄炎培来说是充满了希望和预期的。在延安黄炎培已经认识到，"没有政权和军权，当然一切说不上"。他在延安看到了共产党领导下政通人和、百姓安居乐业的景象，感到与他的理想"是相当地近了"，从而对共产党，从同情走向好感，从好感走向由衷感佩，又走向衷心拥戴，这几乎是 20 世纪中叶中国正直知识分子们的共同道路。然而黄炎培仍是有余虑的。一部历史，"其兴也浡焉"，"其亡也忽焉"，总是不能善始而善终，跳出这个所谓的周期率。这些，黄炎培 70 多年的一生中看多了。因而将他的余虑和盘托出，询问毛泽东。毛泽东答以"我们已经找到了新路，我们能走出这周期率，这条新路，就是民主”。以民主来打破这个周期率，依靠群众起来监督政府，这也正是黄炎培的想法。他对共产党的希望与信任，获得了更为坚实的基础。他以后拥戴共产党，正是真诚地希望和相信共产党能长久保持朝气，锐意进取，永远为中国人民谋福利。

不仅是黄炎培，而且中国的知识分子都如此。

离开上海的黄炎培在港小住后，坐船出发，3 月 23 日到达天津，受到新上任的黄敬市长的欢迎，设宴洗尘。3 月 25 日晨登上火车，午前赶到北平。董必武、李维汉、齐燕铭及先期到京的李济深、沈钧儒、谭平山、章伯钧去迎接他，从而结束了半年左右的辗转避难、长途跋涉的生活。

1949 年 3 月 25 日，毛泽东、刘少奇、周恩来、朱德、任弼时等中共五大书记，率中共中央离开西柏坡北上北平。3 月 25 日中午饭后，在李维汉的安排下，父亲黄炎培与郭沫若、陈叔通、马寅初同坐一辆小轿车，与李济深、沈钧儒、章伯钧等党外人士一起，从六国饭店赶赴西苑机场。下午 3 时，毛泽东、刘少奇、周恩来、朱德、任弼时五大书记率领党中央机关队伍浩浩荡荡到达机场，黄等迎上，毛与众人握手言欢，合影留念，之后在雄壮的乐声中检阅了排列在机场上的解放军坦克、炮兵、高炮、步兵等十万大军，晚上又与众人欢宴聚谈。这天黄十分激动，不仅自身又一次逃脱虎口，而且国家有望了。晚上众人欢宴，中共领袖与已会集京城的各路精英们一起，欢歌曼舞，庆祝胜利，庆祝团聚，好不热闹！

26 日午黄被通知当晚主席召餐并请姚夫人同往，周恩来陪同，江青也在座，从晚餐开始至午夜方离去。

四五个小时的会谈内容广泛又意义重大。一见面，主席就叫出姚维钧的名字，黄、姚十分惊讶，主席讲在重庆见过姚。是的，毛泽东在重庆多次晤黄，有时姚陪同在场。此次毛、黄对坐，江、姚各坐毛、黄之侧，周则坐在对面。3 月 25 日夜毛召集众人时的谈话，侧重讲对时局的看法：停战、和谈、渡江诸问题都涉及了，26 日则是先听黄谈。黄畅叙从重庆一别后他对内战、对时局的看法，讲到国共和谈破裂，中共代表团撤离南京前夕，他与周恩来在密室里的长谈，之后他已相信共产党胜券在握，因为对方已“失尽民心”。然而雄才大略的毛泽东听到黄的这席话后，不续谈当前的解放战争，更不关心即将开始的国共和谈，而是把话锋一转，转到解放后，毛关心起新中国成立后的大业。先问黄新中国成立后有何打算，黄向毛汇报创建以民营工商界人士为主的民建的过程，希望解放后中国的民营经济有较大发展，引起毛的认同与反响。毛对黄的想法极为欣赏，强调民建要以民营实业家为主，以推动民营经济为主要工作，请黄做将成立的新中国民营经济的牵头人，一方面向共产党反映民营实业家的要求，另一方面向民营实业家传递共产党的声音。毛再三强调，新中国成立后中共对待民营经济将不同于苏联，不同于斯大林“赶尽杀绝”的做法，相反要予以利用和发展。毛说，新中国中共将实行的经济政策可以概括为“四面八方”。什么叫“四面八方”？“四面”即公私、劳资、城乡、内外。其中每一面都包括两方，所以合起来就是“四面八方”，即实行“公私兼顾、劳资两利、城乡互助、内外交流”的政策。他再三强调对民营经济的政策是“公私兼顾、劳资两利”。他希望黄迅速地利用自己的影响，向外界传递这一精神。对于毛的这一重托，黄是有备的。

虽然他本人长年从事教育，然而与经济界关系极为密切。一方面他从事的职业教育为实业界提供人才，30 年代把试点直接办到荣德生（荣毅仁之父）、荣宗敬兄弟开办的无锡纺纱厂里；也是他直接扶持起不少企业。另一方面他自己对经济也不陌生，20 年代他发起集资修建了浦东川沙到上海的第一条铁路，1949 年时他同时兼任着民生公司等六家大公司的董事（独立董事）和商务印书馆的监察（监事）。毛对新中国民营经济乐观前景的描述感动了黄，黄当场接受了毛的重托。最后两人商定，黄向上海、香港、新加坡的工商界拍去三份电报。第二天，黄把几份草拟好的电报交给李维汉代发。

之后，黄还曾三次应邀赴双清别墅，至后来毛搬入中南海。然而无疑这 3 月的会见，确定了黄在新中国政治生活中的地位。6 月周恩来来家请他出任以陈云为主任的中央财经委副主任，黄推辞了，推荐老友马寅初代替。大概是请示了毛泽东，周又第二次来，说可增设一副主任（马），但仍要黄出任。

国共和谈 4 月下旬破裂后，解放军挥师南下，势如破竹，南京、上海等，一个个城市先后解放。

1949 年 10 月 1 日，中华人民共和国成立，这一天也是黄炎培 72 岁生日，于国于己，他格外激动。开国大典时，他登上了天安门城楼，这里有这么多他认识的共产党朋友——毛泽东、刘少奇、周恩来、朱德、林伯渠、彭真、聂荣臻、李维汉、陆定一等，还有不少相处共事过的民主人士——宋庆龄、李济深、张澜、张治中、沈钧儒、郭沫若、梁漱溟、陈叔通等各方人士，济济一堂。

从此，历史又掀开新的一章。

1949 年 9 月，黄炎培在中国人民政治协商会议第一届全体会议上当选为中央人民政府委员。

一天夜里，周恩来驱车来到黄炎培家，与他商谈政府组成人选的事宜。周恩来告诉黄炎培，在由他自己担任的政务院总理之下准备设四个副总理：董必武、陈云、郭沫若，还有一名就是黄炎培，同时兼任轻工业部部长。

周恩来说的这一安排是大大出乎黄炎培自己意料的。他激动了，犹豫了，矛盾了，老泪纵横，怆然涕下。凡是知道黄炎培经历与个性的，对他的这一反应是不感到奇怪的。黄炎培几十年中虽然活跃于社会舞台之上，然而他不肯做官。几十年之中，“不做官”已经成为他的人生信条之一。他这种不肯做官、不愿从政的心理，一方面起始于他对国民党的失望，对其政权的不信任；另一方面也出自他对高高在上而不肯务实的传统反感。他立志一生要务实，要做实事。他主张教育要务实因而提倡职业教育，他个人要做事而坚决“不做官”。几十年来黄炎培真是这样去想，这样去做的，从而几次回绝了封给他的教育总长等官职，长年埋首于教育事业和社会活动之中而未为官所累。然而这一次请他出山的，是他所真心钦佩与拥戴的人，是请他参与一个当时他认为欣欣向荣的政权。更何况，来到他家向他发出恳请的是他钦佩的周恩来，黄炎培思考了整整两天，又征询朋友们的意见。第三天周恩来又来之时，黄炎培终向他表示，放弃了几十年“不当官”的信条，加入政府。

在中南海怀仁堂的宴会上，或许是毛泽东知道黄炎培的心事，端着酒杯走到他的面前攀谈。毛泽东问黄炎培：“北京政府有一时期要你去当教育总长，你为什么不去？”毛泽东的这个问题可击中了黄炎培的“要害”，黄炎培感慨万分。回到家里，躺在床上难以入眠，又重新起身，披襟入座，提笔疾书，给毛泽东写下千言长信，信中道：“我是受过孙中山先生初期领导的洗礼的。1905年，同盟会成立的那年，入会誓词是‘驱逐鞑虏，恢复中华，创立民国，平均地权’。后来没有完全实践……后来一般的国民党员更是鱼龙混杂了。我认为不是真理所在，始终没有加入国民党……不看清真理，绝不盲从的……但使我认为可能是真理所在，就是1945年的延安之行。”

黄炎培的大儿女听到父亲做了“大官”的消息，感觉非常惊讶，跑来问父亲：“爹爹你一生拒不做官，恁地年过七十而做起官来了？”黄炎培讲述了周恩来向他动员的经过，讲了他自己的决定，最后对儿女们说：“以往坚拒做官是不愿入污泥，今天我做的是人民的官啊！”

从近40年前黄炎培不愿当教育总长到40年后肯做副总理，是黄炎培变了吗？原来的那个政权，鱼龙混杂，污垢遍地，黄炎培觉得它是没有指望、没有希望的。果然，黄炎培看着它怎样建立起，又怎样塌下去，兴衰有时，来去有命。它没有给中国带来富强，没有给百姓带来安康，有的仍然是饿殍遍野，乞丐满地。黄炎培对它由不信任到厌恶，由厌恶到痛恨。当初他这一历史的眼光和果敢的选择经历了时间的考验。黄炎培由于对当时的政权和对当国者的失望而埋首教育事业时，越来越深地感觉到了这一道路的艰难和危弱，如同是一根又细又长的丝，随时可因外乱内扰而撕掉，然而他怀着真诚的爱国之心和造福公众的愿望，咬着牙，挺着身，走下去。日本人来了，给了他结识共产党人的机会。在重庆，在延安，在南京，在上海，伴随着黄炎培对原来的那个政权程度不断加重的反感，他对共产党人，思想也在不断靠近，情感也在不断接近中。他越来越觉得，中国的希望或许是在这里。也越来越觉得，他那颗真诚的爱国之心，或许是能够在这里找到归宿。他相信共产党人，相信共产党能把中国领上富强之路，能给百姓带来福祉和安康。在这里，他找到了他找了整整一生 70 多年却始终未能找到的路，也找到了他想了整整一生 70 多年却始终苦思苦索未能找出的路。从没找到路，无路可走，到找到了路，有路可循，黄炎培自己的确也变了。从无路与摸索中的他，变到有路可循的他。

黄炎培欣然去做了，怀着真诚的心。那年他已经 73 岁了。

不仅他自己北上去，而且彻底把家搬离他的大本营上海。1950 年 6 月上海解放不久，黄炎培夫妇从京返沪，来接姚荇绚及留沪的一儿一女，举家来到北京定居下来。

不仅他自己北上去，而且又把他在海外的大儿女们，从美国、从英国叫回了中国，他的大儿女们放弃在外的高薪厚职，加入到建设新中国的行列。

不仅他自己北上去，而且也动员了上海不少知名人士，包括以后工商界的著名代表，留下来走同一道路。

北上——进京，在历史面前，黄炎培如是选择了。

（选自黄方毅著《黄炎培与毛泽东周期率对话——忆父文集》，人民出版社 2012 年版）

爱国华侨政协缘

庄秀琼*

回忆最初听到“政协”这两个字时，我还是在马来西亚的华侨学生。1948 年中国共产党发表“五一”号召，提出召开新政协会议，我父亲庄明理同方君壮（大哥的岳父。20 世纪 50 年代初回国后，任广州市侨务局副局长、广州侨联副主席，第一至五届全国人大代表）等人联名通电，坚决拥护中国共产党发表的“五一”号召，提出召开新政治协商会议。联想半个多世纪来，家族的爱国赤子之心和三代的政协情愫，心潮激荡。

我的父亲庄明理是马来西亚著名的社会活动家，伯父庄明恩、大哥庄钦沂、大姐庄钦华等，早年在国外即从事热爱祖国、支持中

---

* 庄秀琼：庄明理之女，曾任上海市静安区政协委员。

国共产党的抗日救国和解放战争的政治活动。我就是在他们的影响下成长起来的。

1946 年，父亲参加中国民主同盟，积极投入反对蒋介石发动内战的爱国民主运动中。内战打响后，他愤然离开重庆，在香港《华商报》发表声明，揭露蒋介石集团发动内战的罪行。后再次南渡马来西亚，任中国民主同盟槟城分部主任。为了扩大宣传爱国民主运动，他亲自创办民主同盟机关报《商业日报》，任社长，并经常在《现代日报》和《商业日报》发表文章。时陈嘉庚致电美国总统杜鲁门，激烈抨击美国提供军火支援蒋介石打内战。父亲广泛发动槟城华侨声援拥护，并在《现代日报》发表文章，谴责国民党隐瞒真相、欺骗华侨工商界的行径。英国殖民当局宣布所谓《紧急法令》，父亲又被捕。不久，当局迫于舆论压力，宣布释放，但父亲仍然受到监视。

1948 年 12 月 30 日，毛泽东同志发表新年文告《将革命进行到底》，向海内外的中国人民和世界宣告：最后推翻国民党政府的时机来到了。1 月 7 日，父亲发表《中国人民翻身的年代》一文，预言“中国之革命将获得胜利。1949 年将是中国人民的胜利年，也将是广大海外华侨扬眉吐气的一年”，“千万海外华侨正敬视着祖国的新生”。

1949 年 1 月 20 日，毛泽东代表中共中央致电邀请陈嘉庚和我父亲回国参加新政协筹备会，共商国是。是年 6 月 4 日，陈老和父亲到达北平，在车站受到董必武、林伯渠、叶剑英、李维汉、李济深、沈钧儒的热烈欢迎。6 月 7 日，周恩来亲自接陈老和父亲到香山双清别墅与毛泽东等中央领导会面。

1949 年 6 月 15 日至 19 日，新政协筹备会第一次全体会议召开。9 月 17 日下午 2 点半，新政协筹备会第二次全体会议在北平中南海勤政殿召开。会上由周恩来报告了新政协筹备的经过，全体代表一致通过了有关文件。

为了庆祝新政治协商会议筹备工作的胜利结束，迎接人民政协的召开，全体代表参加了毛主席在瀛台大殿的晚宴。与毛主席同坐第一桌的有何香凝、陈嘉庚、司徒美堂、陈叔通、许德珩、郭沫若、李立三及我父亲庄明理等人。毛主席富于幽默感，谈笑风生，并不断夹菜敬酒，还说："我们这一桌什么人都齐了，有无产阶级李立三，有无党派民主人士、文学家郭沫若，有民主教授许德珩，有工商界前清翰林陈叔老，还有妇女界人士廖夫人及华侨……这是统一战线的胜利。"

1949 年 9 月 21 日，中国人民政治协商会议第一届全体会议在北平隆重召开。父亲出席会议，并被选为政协第一届全国委员会委员。10 月 1 日，父亲有幸在中华人民共和国成立的大典上，在毛泽东主席的身边，亲耳聆听到了"中华人民共和国中央人民政府今天成立了"的庄严宣告。

从此，父亲就在北京定居下来，并一直从事全国华侨事务工作，历任中华人民共和国华侨事务委员会委员及副主任，政务院参事，华侨投资辅导委员会副主任，中国侨联第一至四届副主席，中国民主同盟第四至六届中央常委，第一至五届全国人大代表，第六、七届全国政协常委及华侨委员会副主任等职。父亲的一生是爱国的一生，是为祖国统一和繁荣昌盛而努力的一生，他为我国侨务工作奉献了毕生精力。父亲克己奉公，作风正派，求真务实，生活简朴，平易近人，他全心全意地为归侨、侨眷和海外侨胞服务，为维护他们的合法权益竭心尽力，同时还非常热心于中国少年儿童事业，曾多次受到毛主席和周总理的肯定和鼓励。最终，于1991年加入了中国共产党。

我的伯父庄明恩与父亲手足情深。为了支持父亲全心投入社会政治活动，伯父把庄氏家族的企业全部支撑起来。除了在马来西亚的公司和商店外，伯父在1940年还在香港中环德西辅道开了建元公司。当时，中共地下党借建元公司作为联络站。后来，因为工作需要增加了王雨亭股东（大姐的公公，菲律宾华侨，是菲律宾进步报刊《前驱日报》社的创始人、主笔，中共地下党员，民盟成员。曾参加筹备华南区政协成立事宜，为历届政协委员。曾任中央政府华侨事务委员会办公厅主任、中国侨联秘书长）。

伯父庄明恩在马来西亚经商30多年，信誉非常好，威望很高，因为他满怀热爱祖国、热爱和平民主的赤子之心。他常慷慨解囊，帮助兴办进步学校和报社，在马来西亚槟城，《现代日报》的创办和中国民主同盟槟城分部的建立都首先得到了伯父的资助，在华侨爱国民主运动中起了一定的作用。

新中国诞生前夕，我在伯父的授意下，和妈妈、姑母在家里缝制了多面庄严的五星红旗，在10月1日清晨悬挂在我们家的几个公司、店楼门前，表示对伟大祖国无比的热爱和庆贺。在当地，我们是第一个悬挂五星红旗的，因为父亲庄明理当时已回国参加新政协筹备会，所以对国旗的式样比较清楚。然而，此举使我们全家受到了国民党和当地反动势力的残酷迫害，但伯父坚定不移地和当地反动势力作不妥协的斗争。1950年，美帝侵略朝鲜的战争爆发。

当时，伯父是槟城《现代日报》董事会副主席，为坚持正义、反对侵略，拒绝了英殖民政府妄图在该报发表侮蔑我国和苏联的荒谬言论。因此，《现代日报》被封，伯父与该报其他负责同志被捕入狱。虽受重刑仍不屈不挠，最后带着重病被英政府驱逐出境，回国不久后在北京病故，当时是 1954 年 2 月 4 日。沈钧儒先生为伯父墓碑题了词——爱国华侨之模范。当时的北京归国华侨联合会（现北京市侨联）替伯父立了一块石碑。

（节选自上海市政协文史资料委员会、上海市静安区政协编《上海文史资料选辑·静安卷》2004 年第 3 期，总第 112 辑。原标题为《祖孙三代政协缘》）

在中国共产党第七届中央委员会第二次全体会议上的报告

（一九四九年三月五日）

毛泽东

一

辽沈、淮海、平津三战役以后，国民党军队的主力已被消灭。国民党的作战部队仅仅剩下一百多万人，分布在新疆到台湾的广大的地区内和漫长的战线上。今后解决这一百多万国民党军队的方式，不外天津、北平、绥远三种。用战斗去解决敌人，例如解决天津的敌人那样，仍然是我们首先必须注意和必须准备的。人民解放军的全体指挥员、战斗员，绝对不可以稍微松懈自己的战斗意志，任何松懈战斗意志的思想和轻敌的思想，都是错误的。按照北平方式解决问题的可能性是增加了，这就是迫使敌军用和平方法，迅速地彻底地按照人民解放军的制度改编为人民解放军。用这种方法解决问题，对于反革命遗迹的迅速扫除和反革命政治影响的迅速肃清，比较用战争方法解决问题是要差一些的。但是，这种方法是在敌军主力被消灭以后必然地要出现的，是不可避免的；同时也是于我军于人民有利的，即是可以避免伤亡和破坏。因此，各野战军领导同志都应注意和学会这样一种斗争方式。这是一种斗争方式，是一种不流血的斗争方式，并不是不用斗争可以解决问题的。绥远方式，是有意地保存一部分国民党军队，让它原封不动，或者大体上不动，就是说向这一部分军队作暂时的让步，以利于争取这部分军队在政治上站在我们方面，或者保持中立，以便我们集中力量首先解决国民党残余力量中的主要部分，在一个相当的时间之后（例如在几个月，半年，或者一年之后），再去按照人民解放军制度将这部分军队改编为人民解放军。这是又一种斗争方式。这种斗争方式对于反革命遗迹和反革命的政治影响，较之北平方式将要保留得较多些，保留的时间也将较长些。但是这种反革命遗迹和反革命政治影响，归根到底要被肃清，这是毫无疑问的。决不可以认为反革命力量顺从我们了，他们就成了革命党了，他们的反革命思想和反革命企图就不存在了。决不是这样。他们中的许多人将被改造，他们中的一部分人将被淘汰，某些坚决反革命分子将受到镇压。

二

人民解放军永远是一个战斗队。就是在全国胜利以后，在国内没有消灭阶级和世界上存在着帝国主义制度的历史时期内，我们的军队还是一个战斗队。对于这一点不能有任何的误解和动摇。人民解放军又是一个工作队，特别是在南方各地用北平方式或者绥远方式解决问题的时候是这样。随着战斗的逐步地减少，工作队的作用就增加了。有一种可能的情况，即在不要很久的时间之内，将要使人民解放军全部地转化为工作队，这种情况我们必须估计到。现在准备随军南下的五万三千个干部，对于不久将要被我们占领的极其广大的新地区来说，是很不够用的，我们必须准备把二百一十万野战军全部地化为工作队。这样，干部就够用了，广大地区的工作就可以展开了。我们必须把二百一十万野战军看成一个巨大的干部学校。

三

从一九二七年到现在，我们的工作重点是在乡村，在乡村聚集力量，用乡村包围城市，然后取得城市。采取这样一种工作方式的时期现在已经完结。从现在起，开始了由城市到乡村并由城市领导乡村的时期。党的工作重心由乡村移到了城市。在南方各地，人民解放军将是先占城市，后占乡村。城乡必须兼顾，必须使城市工作和乡村工作，使工人和农民，使工业和农业，紧密地联系起来。决不可以丢掉乡村，仅顾城市，如果这样想，那是完全错误的。但是党和军队的工作重心必须放在城市，必须用极大的努力去学会管理城市和建设城市。必须学会在城市中向帝国主义者、国民党、资产阶级作政治斗争、经济斗争和文化斗争，并向帝国主义者作外交斗争。既要学会同他们作公开的斗争，又要学会向他们作荫蔽的斗争。如果我们不去注意这些问题，不去学会同这些人作这些斗争，并在斗争中取得胜利，我们就不能维持政权，我们就会站不住脚，我们就会失败。在拿枪的敌人被消灭以后，不拿枪的敌人依然存在，他们必然地要和我们作拼死的斗争，我们决不可以轻视这些敌人。如果我们现在不是这样地提出问题和认识问题，我们就要犯极大的错误。

四

在城市斗争中，我们依靠谁呢？有些糊涂的同志认为不是依靠工人阶级，而是依靠贫民群众。有些更糊涂的同志认为是依靠资产阶级。在发展工业的方向上，有些糊涂的同志认为主要地不是帮助国营企业的发展，而是帮助私营企业的发展；或者反过来，认为只要注意国营企业就够了，私营企业是无足轻重的了。我们必须批判这些糊涂思想。我们必须全心全意地依靠工人阶级，团结其他劳动群众，争取知识分子，争取尽可能多的能够同我们合作的民族资产阶级分子及其代表人物站在我们方面，或者使他们保持中立，以便向帝国主义者、国民党、官僚资产阶级作坚决的斗争，一步一步地去战胜这些敌人。同时即开始着手我们的建设事业，一步一步地学会管理城市，恢复和发展城市中的生产事业。关于恢复和发展生产的问题，必须确定：第一是国营工业的生产，第二是私营工业的生产，第三是手工业生产。从我们接管城市的第一天起，我们的眼睛就要向着这个城市的生产事业的恢复和发展。务须避免盲目地乱抓乱碰，把中心任务忘记了，以至于占领一个城市好几个月，生产建设的工作还没有上轨道，甚至许多工业陷于停顿状态，引起工人失业，工人生活降低，不满意共产党。这种状态是完全不能容许的。

为了这一点，我们的同志必须用极大的努力去学习生产的技术和管理生产的方法，必须去学习同生产有密切联系的商业工作、银行工作和其他工作。只有将城市的生产恢复起来和发展起来了，将消费的城市变成生产的城市了，人民政权才能巩固起来。城市中其他的工作，例如党的组织工作，政权机关的工作，工会的工作，其他各种民众团体的工作，文化教育方面的工作，肃反工作，通讯社报纸广播电台的工作，都是围绕着生产建设这一个中心工作并为这个中心工作服务的。如果我们在生产工作上无知，不能很快地学会生产工作，不能使生产事业尽可能迅速地恢复和发展，获得确实的成绩，首先使工人生活有所改善，并使一般人民的生活有所改善，那我们就不能维持政权，我们就会站不住脚，我们就会要失败。

五

南方和北方的情况是不同的，党的工作任务也就必须有所区别。南方现时还是被国民党统治的区域。在这里，党和人民解放军的任务是在城市和乡村中消灭国民党的反动武装力量，建立党的组织，建立政权，发动民众，建立工会、农会和其他民众团体，建立人民武装力量，肃清国民党残余势力，恢复和发展生产事业。在乡村中，则是首先有步骤地展开清剿土匪和反对恶霸即地主阶级当权派的斗争，完成减租减息的准备工作，以便在人民解放军到达那个地区大约一年或者两年以后，就能实现减租减息的任务，造成分配土地的先决条件；同时必须注意尽可能地维持农业生产的现有水平不使降低。北方则除少数新解放区以外，是完全另外一种情况。在这里，已经推翻了国民党的统治，建立了人民的统治，并且根本上解决了土地问题。党在这里的中心任务，是动员一切力量恢复和发展生产事业，这是一切工作的重点所在。同时必须恢复和发展文化教育事业，肃清残余的反动力量，巩固整个北方，支援人民解放军。

六

我们已经进行了广泛的经济建设工作，党的经济政策已经在实际工作中实施，并且收到了显著的成效。但是，在为什么应当采取这样的经济政策而不应当采取别样的经济政策这个问题上，在理论和原则性的问题上，党内是存在着许多糊涂思想的。这个问题应当怎样来回答呢？我们认为应当这样地来回答。中国的工业和农业在国民经济中的比重，就全国范围来说，在抗日战争以前，大约是现代性的工业占百分之十左右，农业和手工业占百分之九十左右。这是帝国主义制度和封建制度压迫中国的结果，这是旧中国半殖民地和半封建社会性质在经济上的表现，这也是在中国革命的时期内和在革命胜利以后一个相当长的时期内一切问题的基本出发点。从这一点出发，产生了我党一系列的战略上、策略上和政策上的问题。对于这些问题的进一步的明确的认识和解决，是我党当前的重要任务。这就是说：

第一，中国已经有大约百分之十左右的现代性的工业经济，这是进步的，这是和古代不同的。由于这一点，中国已经有了新的阶级和新的政党——无产阶级和资产阶级，无产阶级政党和资产阶级政党。无产阶级及其政党，由于受到几重敌人的压迫，得到了锻炼，具有了领导中国人民革命的资格。谁要是忽视或轻视了这一点，谁就要犯右倾机会主义的错误。

第二，中国还有大约百分之九十左右的分散的个体的农业经济和手工业经济，这是落后的，这是和古代没有多大区别的，我们还有百分之九十左右的经济生活停留在古代。古代有封建的土地所有制，现在被我们废除了，或者即将被废除，在这点上，我们已经或者即将区别于古代，取得了或者即将取得使我们的农业和手工业逐步地向着现代化发展的可能性。但是，在今天，在今后一个相当长的时期内，我们的农业和手工业，就其基本形态说来，还是和还将是分散的和个体的，即是说，同古代近似的。谁要是忽视或轻视了这一点，谁就要犯“左”倾机会主义的错误。

第三，中国的现代性工业的产值虽然还只占国民经济总产值的百分之十左右，但是它却极为集中，最大的和最主要的资本是集中在帝国主义者及其走狗中国官僚资产阶级的手里。没收这些资本归无产阶级领导的人民共和国所有，就使人民共和国掌握了国家的经济命脉，使国营经济成为整个国民经济的领导成分。这一部分经济，是社会主义性质的经济，不是资本主义性质的经济。谁要是忽视或轻视了这一点，谁就要犯右倾机会主义的错误。

第四，中国的私人资本主义工业，占了现代性工业中的第二位，它是一个不可忽视的力量。中国的民族资产阶级及其代表人物，由于受了帝国主义、封建主义和官僚资本主义的压迫或限制，在人民民主革命斗争中常常采取参加或者保持中立的立场。由于这些，并由于中国经济现在还处在落后状态，在革命胜利以后一个相当长的时期内，还需要尽可能地利用城乡私人资本主义的积极性，以利于国民经济的向前发展。在这个时期内，一切不是于国民经济有害而是于国民经济有利的城乡资本主义成分，都应当容许其存在和发展。这不但是不可避免的，而且是经济上必要的。但是中国资本主义的存在和发展，不是如同资本主义国家那样不受限制任其泛滥的。它将从几个方面被限制——在活动范围方面，在税收政策方面，在市场价格方面，在劳动条件方面。我们要从各方面，按照各地、各业和各个时期的具体情况，对于资本主义采取恰如其分的有伸缩性的限制政策。孙中山的节制资本的口号，我们依然必须用和用得着。但是为了整个国民经济的利益，为了工人阶级和劳动人民现在和将来的利益，决不可以对私人资本主义经济限制得太大太死，必须容许它们在人民共和国的经济政策和经济计划的轨道内有存在和发展的余地。对于私人资本主义采取限制政策，是必然要受到资产阶级在各种程度和各种方式上的反抗的，特别是私人企业中的大企业主，即大资本家。限制和反限制，将是新民主主义国家内部阶级斗争的主要形式。如果认为我们现在不要限制资本主义，认为可以抛弃“节制资本”的口号，这是完全错误的，这就是右倾机会主义的观点。但是反过来，如果认为应当对私人资本限制得太大太死，或者认为简直可以很快地消灭私人资本，这也是完全错误的，这就是“左”倾机会主义或冒险主义的观点。

第五，占国民经济总产值百分之九十的分散的个体的农业经济和手工业经济，是可能和必须谨慎地、逐步地而又积极地引导它们向着现代化和集体化的方向发展的，任其自流的观点是错误的。必须组织生产的、消费的和信用的合作社，和中央、省、市、县、区的合作社的领导机关。这种合作社是以私有制为基础的在无产阶级领导的国家政权管理之下的劳动人民群众的集体经济组织。中国人民的文化落后和没有合作社传统，可能使得我们遇到困难；但是可以组织，必须组织，必须推广和发展。单有国营经济而没有合作社经济，我们就不可能领导劳动人民的个体经济逐步地走向集体化，就不可能由新民主主义社会发展到将来的社会主义社会，就不可能巩固无产阶级在国家政权中的领导权。谁要是忽视或轻视了这一点，谁也就要犯绝大的错误。国营经济是社会主义性质的，合作社经济是半社会主义性质的，加上私人资本主义，加上个体经济，加上国家和私人合作的国家资本主义经济，这些就是人民共和国的几种主要的经济成分，这些就构成新民主主义的经济形态。

第六，人民共和国的国民经济的恢复和发展，没有对外贸易的统制政策是不可能的。从中国境内肃清了帝国主义、封建主义、官僚资本主义和国民党的统治（这是帝国主义、封建主义和官僚资本主义三者的集中表现），还没有解决建立独立的完整的工业体系问题，只有待经济上获得了广大的发展，由落后的农业国变成了先进的工业国，才算最后地解决了这个问题。而欲达此目的，没有对外贸易的统制是不可能的。中国革命在全国胜利，并且解决了土地问题以后，中国还存在着两种基本的矛盾。第一种是国内的，即工人阶级和资产阶级的矛盾。第二种是国外的，即中国和帝国主义国家的矛盾。因为这样，工人阶级领导的人民共和国的国家政权，在人民民主革命胜利以后，不是可以削弱，而是必须强化。对内的节制资本和对外的统制贸易，是这个国家在经济斗争中的两个基本政策。谁要是忽视或轻视了这一点，谁就将要犯绝大的错误。

第七，中国的经济遗产是落后的，但是中国人民是勇敢而勤劳的，中国人民革命的胜利和人民共和国的建立，中国共产党的领导，加上世界各国工人阶级的援助，其中主要地是苏联的援助，中国经济建设的速度将不是很慢而可能是相当地快的，中国的兴盛是可以计日程功的。对于中国经济复兴的悲观论点，没有任何的根据。

七

旧中国是一个被帝国主义所控制的半殖民地国家。中国人民民主革命的彻底的反帝国主义的性质，使得帝国主义者极为仇视这个革命，竭尽全力地帮助国民党。这就更加激起了中国人民对于帝国主义者的深刻的愤怒，并使帝国主义者丧失了自己在中国人民中的最后一点威信。同时，整个帝国主义制度在第二次世界大战以后是大大地削弱了，以苏联为首的世界反帝国主义阵线的力量是空前地增长了。所有这些情形，使得我们可以采取和应当采取有步骤地彻底地摧毁帝国主义在中国的控制权的方针。帝国主义者的这种控制权，表现在政治、经济和文化等方面。在国民党军队被消灭、国民党政府被打倒的每一个城市和每一个地方，帝国主义者在政治上的控制权即随之被打倒，他们在经济上和文化上的控制权也被打倒。但帝国主义者直接经营的经济事业和文化事业依然存在，被国民党承认的外交人员和新闻记者依然存在。对于这些，我们必须分别先后缓急，给以正当的解决。不承认国民党时代的任何外国外交机关和外交人员的合法地位，不承认国民党时代的一切卖国条约的继续存在，取消一切帝国主义在中国开办的宣传机关，立即统制对外贸易，改革海关制度，这些都是我们进入大城市的时候所必须首先采取的步骤。在做了这些以后，中国人民就在帝国主义面前站立起来了。剩下的帝国主义的经济事业和文化事业，可以让它们暂时存在，由我们加以监督和管制，以待我们在全国胜利以后再去解决。对于普通外侨，则保护其合法的利益，不加侵犯。关于帝国主义对我国的承认问题，不但现在不应急于去解决，而且就是在全国胜利以后的一个相当时期内也不必急于去解决。我们是愿意按照平等原则同一切国家建立外交关系的，但是从来敌视中国人民的帝国主义，决不能很快地就以平等的态度对待我们，只要一天它们不改变敌视的态度，我们就一天不给帝国主义国家在中国以合法的地位。关于同外国人做生意，那是没有问题的，有生意就得做，并且现在已经开始做，几个资本主义国家的商人正在互相竞争。我们必须尽可能地首先同社会主义国家和人民民主国家做生意，同时也要同资本主义国家做生意。

八

召集政治协商会议和成立民主联合政府的一切条件，均已成熟。一切民主党派、人民团体和无党派民主人士都站在我们方面。上海和长江流域的资产阶级，正在同我们拉关系。南北通航通邮业已开始。陷于四分五裂的国民党，已经脱离了一切群众。我们正在准备和南京反动政府进行谈判。南京反动政府方面在这个谈判中的推动力量是桂系军阀，国民党主和派和上海资产阶级。他们的目的是使联合政府中有他们一份，尽可能地保存较多的军队，保存上海和南方资产阶级的利益，力求使革命带上温和的色彩。这一派人承认以我们的八条为谈判基础，但是希望讨价还价，使他们的损失不要太大。企图破坏这一谈判的是蒋介石及其死党。蒋介石还有六十个师位于江南一带，他们仍在准备作战。我们的方针是不拒绝谈判，要求对方完全承认八条，不许讨价还价。其交换条件是不打桂系和其他国民党主和派；一年左右也不去改编他们的军队；南京政府中的一部分人员允许其加入政治协商会议和联合政府；对上海和南方资产阶级的某些利益允许给以保护。这个谈判是全面性的，如能成功，对于我们向南方进军和占领南方各大城市将要减少许多阻碍，是有很大利益的。不能成功，则待进军以后各个地进行地方性的谈判。谈判的时间拟在三月下旬。我们希望四月或五月占领南京，然后在北平召集政治协商会议，成立联合政府，并定都北平。我们既然允许谈判，就要准备在谈判成功以后许多麻烦事情的到来，就要准备一副清醒的头脑去对付对方采用孙行者钻进铁扇公主肚子里兴妖作怪的政策。只要我们精神上有了充分的准备，我们就可以战胜任何兴妖作怪的孙行者。不论是全面的和平谈判，或者局部的和平谈判，我们都应当这样去准备。我们不应当怕麻烦、图清静而不去接受这些谈判，我们也不应当糊里糊涂地去接受这些谈判。我们的原则性必须是坚定的，我们也要有为了实现原则性的一切许可的和必需的灵活性。

九

无产阶级领导的以工农联盟为基础的人民民主专政，要求我们党去认真地团结全体工人阶级、全体农民阶级和广大的革命知识分子，这些是这个专政的领导力量和基础力量。没有这种团结，这个专政就不能巩固。同时也要求我们党去团结尽可能多的能够同我们合作的城市小资产阶级和民族资产阶级的代表人物，它们的知识分子和政治派别，以便在革命时期使反革命势力陷于孤立，彻底地打倒国内的反革命势力和帝国主义势力；在革命胜利以后，迅速地恢复和发展生产，对付国外的帝国主义，使中国稳步地由农业国转变为工业国，把中国建设成一个伟大的社会主义国家。因为这样，我党同党外民主人士长期合作的政策，必须在全党思想上和工作上确定下来。我们必须把党外大多数民主人士看成和自己的干部一样，同他们诚恳地坦白地商量和解决那些必须商量和解决的问题，给他们工作做，使他们在工作岗位上有职有权，使他们在工作上做出成绩来。从团结他们出发，对他们的错误和缺点进行认真的和适当的批评或斗争，达到团结他们的目的。对他们的错误或缺点采取迁就态度，是不对的。对他们采取关门态度或敷衍态度，也是不对的。每一个大城市和每一个中等城市，每一个战略性区域和每一个省，都应当培养一批能够同我们合作的有威信的党外民主人士。我们党内由土地革命战争时期的关门主义作风所养成的对待党外民主人士的不正确态度，在抗日时期并没有完全克服，在一九四七年各根据地土地改革高潮时期又曾出现过。这种态度只会使我党陷于孤立，使人民民主专政不能巩固，使敌人获得同盟者。现在中国第一次在我党领导之下的政治协商会议即将召开，民主联合政府即将成立，革命即将在全国胜利，全党对于这个问题必须有认真的检讨和正确的认识，必须反对右的迁就主义和“左”的关门主义或敷衍主义两种倾向，而采取完全正确的态度。

十

我们很快就要在全国胜利了。这个胜利将冲破帝国主义的东方战线，具有伟大的国际意义。夺取这个胜利，已经是不要很久的时间和不要花费很大的气力了；巩固这个胜利，则是需要很久的时间和要花费很大的气力的事情。资产阶级怀疑我们的建设能力。帝国主义者估计我们终久会要向他们讨乞才能活下去。因为胜利，党内的骄傲情绪，以功臣自居的情绪，停顿起来不求进步的情绪，贪图享乐不愿再过艰苦生活的情绪，可能生长。因为胜利，人民感谢我们，资产阶级也会出来捧场。敌人的武力是不能征服我们的，这点已经得到证明了。资产阶级的捧场则可能征服我们队伍中的意志薄弱者。可能有这样一些共产党人，他们是不曾被拿枪的敌人征服过的，他们在这些敌人面前不愧英雄的称号；但是经不起人们用糖衣裹着的炮弹的攻击，他们在糖弹面前要打败仗。我们必须预防这种情况。夺取全国胜利，这只是万里长征走完了第一步。如果这一步也值得骄傲，那是比较渺小的，更值得骄傲的还在后头。在过了几十年之后来看中国人民民主革命的胜利，就会使人们感觉那好像只是一出长剧的一个短小的序幕。剧是必须从序幕开始的，但序幕还不是高潮。中国的革命是伟大的，但革命以后的路程更长，工作更伟大，更艰苦。这一点现在就必须向党内讲明白，务必使同志们继续地保持谦虚、谨慎、不骄、不躁的作风，务必使同志们继续地保持艰苦奋斗的作风。我们有批评和自我批评这个马克思列宁主义的武器。我们能够去掉不良作风，保持优良作风。我们能够学会我们原来不懂的东西。我们不但善于破坏一个旧世界，我们还将善于建设一个新世界。中国人民不但可以不要向帝国主义者讨乞也能活下去，而且还将活得比帝国主义国家要好些。

（选自《毛泽东选集》第4卷，人民出版社1991年版）

论人民民主专政

（一九四九年六月三十日）

毛泽东

一九四九年的七月一日这一个日子表示，中国共产党已经走过二十八年了。像一个人一样，有他的幼年、青年、壮年和老年。中国共产党已经不是小孩子，也不是十几岁的年青小伙子，而是一个大人了。人到老年就要死亡，党也是这样。阶级消灭了，作为阶级斗争的工具的一切东西，政党和国家机器，将因其丧失作用，没有需要，逐步地衰亡下去，完结自己的历史使命，而走到更高级的人类社会。我们和资产阶级政党相反。他们怕说阶级的消灭，国家权力的消灭和党的消灭。我们则公开声明，恰是为着促使这些东西的消灭而创设条件，而努力奋斗。共产党的领导和人民专政的国家权力，就是这样的条件。不承认这一条真理，就不是共产主义者。没有读过马克思列宁主义的刚才进党的青年同志们，也许还不懂得这一条真理。他们必须懂得这一条真理，才有正确的宇宙观。他们必须懂得，消灭阶级，消灭国家权力，消灭党，全人类都要走这一条路的，问题只是时间和条件。全世界共产主义者比资产阶级高明，他们懂得事物的生存和发展的规律，他们懂得辩证法，他们看得远些。资产阶级所以不欢迎这一条真理，是因为他们不愿意被人们推翻。被推翻，例如眼前国民党反动派被我们所推翻，过去日本帝国主义被我们和各国人民所推翻，对于被推翻者来说，这是痛苦的，不堪设想的。对于工人阶级、劳动人民和共产党，则不是什么被推翻的问题，而是努力工作，创设条件，使阶级、国家权力和政党很自然地归于消灭，使人类进到大同境域。为着说清我们在下面所要说的问题，在这里顺便提一下这个人类进步的远景的问题。

我们党走过二十八年了，大家知道，不是和平地走过的，而是在困难的环境中走过的，我们要和国内外党内外的敌人作战。谢谢马克思、恩格斯、列宁和斯大林，他们给了我们以武器。这武器不是机关枪，而是马克思列宁主义。

列宁在一九二〇年在《共产主义运动中的“左派”幼稚病》一书中，描写过俄国人寻找革命理论的经过。俄国人曾经在几十个年头内，经历艰难困苦，方才找到了马克思主义。中国有许多事情和十月革命以前的俄国相同，或者近似。封建主义的压迫，这是相同的。经济和文化落后，这是近似的。两个国家都落后，中国则更落后。先进的人们，为了使国家复兴，不惜艰苦奋斗，寻找革命真理，这是相同的。

自从一八四〇年鸦片战争失败那时起，先进的中国人，经过千辛万苦，向西方国家寻找真理。洪秀全、康有为、严复和孙中山，代表了在中国共产党出世以前向西方寻找真理的一派人物。那时，求进步的中国人，只要是西方的新道理，什么书也看。向日本、英国、美国、法国、德国派遣留学生之多，达到了惊人的程度。国内废科举，兴学校，好像雨后春笋，努力学习西方。我自己在青年时期，学的也是这些东西。这些是西方资产阶级民主主义的文化，即所谓新学，包括那时的社会学说和自然科学，和中国封建主义的文化即所谓旧学是对立的。学了这些新学的人们，在很长的时期内产生了一种信心，认为这些很可以救中国，除了旧学派，新学派自己表示怀疑的很少。要救国，只有维新，要维新，只有学外国。那时的外国只有西方资本主义国家是进步的，它们成功地建设了资产阶级的现代国家。日本人向西方学习有成效，中国人也想向日本人学。在那时的中国人看来，俄国是落后的，很少人想学俄国。这就是十九世纪四十年代至二十世纪初期中国人学习外国的情形。

帝国主义的侵略打破了中国人学西方的迷梦。很奇怪，为什么先生老是侵略学生呢？中国人向西方学得很不少，但是行不通，理想总是不能实现。多次奋斗，包括辛亥革命那样全国规模的运动，都失败了。国家的情况一天一天坏，环境迫使人们活不下去。怀疑产生了，增长了，发展了。第一次世界大战震动了全世界。俄国人举行了十月革命，创立了世界上第一个社会主义国家。过去蕴藏在地下为外国人所看不见的伟大的俄国无产阶级和劳动人民的革命精力，在列宁、斯大林领导之下，像火山一样突然爆发出来了，中国人和全人类对俄国人都另眼相看了。这时，也只是在这时，中国人从思想到生活，才出现了一个崭新的时期。中国人找到了马克思列宁主义这个放之四海而皆准的普遍真理，中国的面目就起了变化了。

中国人找到马克思主义，是经过俄国人介绍的。在十月革命以前，中国人不但不知道列宁、斯大林，也不知道马克思、恩格斯。十月革命一声炮响，给我们送来了马克思列宁主义。十月革命帮助了全世界的也帮助了中国的先进分子，用无产阶级的宇宙观作为观察国家命运的工具，重新考虑自己的问题。走俄国人的路——这就是结论。一九一九年，中国发生了五四运动。一九二一年，中国共产党成立。孙中山在绝望里，遇到了十月革命和中国共产党。孙中山欢迎十月革命，欢迎俄国人对中国人的帮助，欢迎中国共产党同他合作。孙中山死了，蒋介石起来。在二十二年的长时间内，蒋介石把中国拖到了绝境。在这个时期中，以苏联为主力军的反法西斯的第二次世界大战，打倒了三个帝国主义大国，两个帝国主义大国在战争中被削弱了，世界上只剩下一个帝国主义大国即美国没有受损失。而美国的国内危机是很深重的。它要奴役全世界，它用武器帮助蒋介石杀戮了几百万中国人。中国人民在中国共产党领导之下，在驱逐日本帝国主义之后，进行了三年的人民解放战争，取得了基本的胜利。

就是这样，西方资产阶级的文明，资产阶级的民主主义，资产阶级共和国的方案，在中国人民的心目中，一齐破了产。资产阶级的民主主义让位给工人阶级领导的人民民主主义，资产阶级共和国让位给人民共和国。这样就造成了一种可能性：经过人民共和国到达社会主义和共产主义，到达阶级的消灭和世界的大同。康有为写了《大同书》，他没有也不可能找到一条到达大同的路。资产阶级的共和国，外国有过的，中国不能有，因为中国是受帝国主义压迫的国家。唯一的路是经过工人阶级领导的人民共和国。

一切别的东西都试过了，都失败了。曾经留恋过别的东西的人们，有些人倒下去了，有些人觉悟过来了，有些人正在换脑筋。事变是发展得这样快，以至使很多人感到突然，感到要重新学习。人们的这种心情是可以理解的，我们欢迎这种善良的要求重新学习的态度。

中国无产阶级的先锋队，在十月革命以后学了马克思列宁主义，建立了中国共产党。接着就进入政治斗争，经过曲折的道路，走了二十八年，方才取得了基本的胜利。积二十八年的经验，如同孙中山在其临终遗嘱里所说“积四十年之经验”一样，得到了一个相同的结论，即是：深知欲达到胜利，“必须唤起民众，及联合世界上以平等待我之民族，共同奋斗”。孙中山和我们具有各不相同的宇宙观，从不同的阶级立场出发去观察和处理问题，但在二十世纪二十年代，在怎样和帝国主义作斗争的问题上，却和我们达到了这样一个基本上一致的结论。

孙中山死去二十四年了，中国革命的理论和实践，在中国共产党领导之下，都大大地向前发展了，根本上变换了中国的面目。到现在为止，中国人民已经取得的主要的和基本的经验，就是这两件事：（一）在国内，唤起民众。这就是团结工人阶级、农民阶级、城市小资产阶级和民族资产阶级，在工人阶级领导之下，结成国内的统一战线，并由此发展到建立工人阶级领导的以工农联盟为基础的人民民主专政的国家；（二）在国外，联合世界上以平等待我的民族和各国人民，共同奋斗。这就是联合苏联，联合各人民民主国家，联合其他各国的无产阶级和广大人民，结成国际的统一战线。

“你们一边倒。”正是这样。一边倒，是孙中山的四十年经验和共产党的二十八年经验教给我们的，深知欲达到胜利和巩固胜利，必须一边倒。积四十年和二十八年的经验，中国人不是倒向帝国主义一边，就是倒向社会主义一边，绝无例外。骑墙是不行的，第三条道路是没有的。我们反对倒向帝国主义一边的蒋介石反动派，我们也反对第三条道路的幻想。

“你们太刺激了。”我们讲的是对付国内外反动派即帝国主义者及其走狗们，不是讲对付任何别的人。对于这些人，并不发生刺激与否的问题，刺激也是那样，不刺激也是那样，因为他们是反动派。划清反动派和革命派的界限，揭露反动派的阴谋诡计，引起革命派内部的警觉和注意，长自己的志气，灭敌人的威风，才能孤立反动派，战而胜之，或取而代之。在野兽面前，不可以表示丝毫的怯懦。我们要学景阳冈上的武松。在武松看来，景阳冈上的老虎，刺激它也是那样，不刺激它也是那样，总之是要吃人的。或者把老虎打死，或者被老虎吃掉，二者必居其一。

“我们要做生意。”完全正确，生意总是要做的。我们只反对妨碍我们做生意的内外反动派，此外并不反对任何人。大家须知，妨碍我们和外国做生意以至妨碍我们和外国建立外交关系的，不是别人，正是帝国主义者及其走狗蒋介石反动派。团结国内国际的一切力量击破内外反动派，我们就有生意可做了，我们就有可能在平等、互利和互相尊重领土主权的基础之上和一切国家建立外交关系了。

“不要国际援助也可以胜利。”这是错误的想法。在帝国主义存在的时代，任何国家的真正的人民革命，如果没有国际革命力量在各种不同方式上的援助，要取得自己的胜利是不可能的。胜利了，要巩固，也是不可能的。伟大的十月革命的胜利和巩固，就是这样的，列宁和斯大林早已告诉我们了。第二次世界大战打倒三个帝国主义国家并建立各人民民主国家，也是这样。人民中国的现在和将来，也是这样。请大家想一想，假如没有苏联的存在，假如没有反法西斯的第二次世界大战的胜利，假如没有打倒日本帝国主义，假如没有各人民民主国家的出现，假如没有东方各被压迫民族正在起来斗争，假如没有美国、英国、法国、德国、意大利、日本等等资本主义国家内部的人民大众和统治他们的反动派之间的斗争，假如没有这一切的综合，那末，堆在我们头上的国际反动势力必定比现在不知要大多少倍。在这种情形下，我们能够胜利吗？显然是不能的。胜利了，要巩固，也不可能。这件事，中国人民的经验是太多了。孙中山临终时讲的那句必须联合国际革命力量的话，早已反映了这一种经验。

“我们需要英美政府的援助。”在现时，这也是幼稚的想法。现时英美的统治者还是帝国主义者，他们会给人民国家以援助吗？我们同这些国家做生意以及假设这些国家在将来愿意在互利的条件之下借钱给我们，这是因为什么呢？这是因为这些国家的资本家要赚钱，银行家要赚利息，借以解救他们自己的危机，并不是什么对中国人民的援助。这些国家的共产党和进步党派，正在促使它们的政府和我们做生意以至建立外交关系，这是善意的，这就是援助，这和这些国家的资产阶级的行为，不能相提并论。孙中山的一生中，曾经无数次地向资本主义国家呼吁过援助，结果一切落空，反而遭到了无情的打击。在孙中山一生中，只得过一次国际的援助，这就是苏联的援助。请读者们看一看孙先生的遗嘱吧，他在那里谆谆嘱咐人们的，不是叫人们把眼光向着帝国主义国家的援助，而是叫人们“联合世界上以平等待我之民族”。孙先生有了经验了，他吃过亏，上过当。我们要记得他的话，不要再上当。我们在国际上是属于以苏联为首的反帝国主义战线一方面的，真正的友谊的援助只能向这一方面去找，而不能向帝国主义战线一方面去找。

“你们独裁。”可爱的先生们，你们讲对了，我们正是这样。中国人民在几十年中积累起来的一切经验，都叫我们实行人民民主专政，或曰人民民主独裁，总之是一样，就是剥夺反动派的发言权，只让人民有发言权。

人民是什么？在中国，在现阶段，是工人阶级，农民阶级，城市小资产阶级和民族资产阶级。这些阶级在工人阶级和共产党的领导之下，团结起来，组成自己的国家，选举自己的政府，向着帝国主义的走狗即地主阶级和官僚资产阶级以及代表这些阶级的国民党反动派及其帮凶们实行专政，实行独裁，压迫这些人，只许他们规规矩矩，不许他们乱说乱动。如要乱说乱动，立即取缔，予以制裁。对于人民内部，则实行民主制度，人民有言论集会结社等项的自由权。选举权，只给人民，不给反动派。这两方面，对人民内部的民主方面和对反动派的专政方面，互相结合起来，就是人民民主专政。

为什么理由要这样做？大家很清楚。不这样，革命就要失败，人民就要遭殃，国家就要灭亡。

“你们不是要消灭国家权力吗？”我们要，但是我们现在还不要，我们现在还不能要。为什么？帝国主义还存在，国内反动派还存在，国内阶级还存在。我们现在的任务是要强化人民的国家机器，这主要地是指人民的军队、人民的警察和人民的法庭，借以巩固国防和保护人民利益。以此作为条件，使中国有可能在工人阶级和共产党的领导之下稳步地由农业国进到工业国，由新民主主义社会进到社会主义社会和共产主义社会，消灭阶级和实现大同。军队、警察、法庭等项国家机器，是阶级压迫阶级的工具。对于敌对的阶级，它是压迫的工具，它是暴力，并不是什么“仁慈”的东西。“你们不仁。”正是这样。我们对于反动派和反动阶级的反动行为，决不施仁政。我们仅仅施仁政于人民内部，而不施于人民外部的反动派和反动阶级的反动行为。

人民的国家是保护人民的。有了人民的国家，人民才有可能在全国范围内和全体规模上，用民主的方法，教育自己和改造自己，使自己脱离内外反动派的影响（这个影响现在还是很大的，并将在长时期内存在着，不能很快地消灭），改造自己从旧社会得来的坏习惯和坏思想，不使自己走入反动派指引的错误路上去，并继续前进，向着社会主义社会和共产主义社会前进。

我们在这方面使用的方法，是民主的即说服的方法，而不是强迫的方法。人民犯了法，也要受处罚，也要坐班房，也有死刑，但这是若干个别的情形，和对于反动阶级当作一个阶级的专政来说，有原则的区别。

对于反动阶级和反动派的人们，在他们的政权被推翻以后，只要他们不造反，不破坏，不捣乱，也给土地，给工作，让他们活下去，让他们在劳动中改造自己，成为新人。他们如果不愿意劳动，人民的国家就要强迫他们劳动。也对他们做宣传教育工作，并且做得很用心，很充分，像我们对俘虏军官们已经做过的那样。这也可以说是“施仁政”吧，但这是我们对于原来是敌对阶级的人们所强迫地施行的，和我们对于革命人民内部的自我教育工作，不能相提并论。

这种对于反动阶级的改造工作，只有共产党领导的人民民主专政的国家才能做到。这件工作做好了，中国的主要的剥削阶级——地主阶级和官僚资产阶级即垄断资产阶级，就最后地消灭了。剩下一个民族资产阶级，在现阶段就可以向他们中间的许多人进行许多适当的教育工作。等到将来实行社会主义即实行私营企业国有化的时候，再进一步对他们进行教育和改造的工作。人民手里有强大的国家机器，不怕民族资产阶级造反。

严重的问题是教育农民。农民的经济是分散的，根据苏联的经验，需要很长的时间和细心的工作，才能做到农业社会化。没有农业社会化，就没有全部的巩固的社会主义。农业社会化的步骤，必须和以国有企业为主体的强大的工业的发展相适应。人民民主专政的国家，必须有步骤地解决国家工业化的问题。本文不打算多谈经济问题，这里不来详说。

一九二四年，孙中山亲自领导的有共产党人参加的国民党第一次全国代表大会，通过了一个著名的宣言。这个宣言上说："近世各国所谓民权制度，往往为资产阶级所专有，适成为压迫平民之工具。若国民党之民权主义，则为一般平民所共有，非少数人所得而私也。"除了谁领导谁这一个问题以外，当作一般的政治纲领来说，这里所说的民权主义，是和我们所说的人民民主主义或新民主主义相符合的。只许为一般平民所共有、不许为资产阶级所私有的国家制度，如果加上工人阶级的领导，就是人民民主专政的国家制度了。

蒋介石背叛孙中山，拿了官僚资产阶级和地主阶级的专政作为压迫中国平民的工具。这个反革命专政，实行了二十二年，到现在才为我们领导的中国平民所推翻。

骂我们实行“独裁”或“极权主义”的外国反动派，就是实行独裁或极权主义的人们。他们实行了资产阶级对无产阶级和其他人民的一个阶级的独裁制度，一个阶级的极权主义。孙中山所说压迫平民的近世各国的资产阶级，正是指的这些人。蒋介石的反革命独裁，就是从这些反动家伙学来的。

宋朝的哲学家朱熹，写了许多书，说了许多话，大家都忘记了，但有一句话还没有忘记：“即以其人之道，还治其人之身。”我们就是这样做的，即以帝国主义及其走狗蒋介石反动派之道，还治帝国主义及其走狗蒋介石反动派之身。如此而已，岂有他哉！

革命的专政和反革命的专政，性质是相反的，而前者是从后者学来的。这个学习很要紧。革命的人民如果不学会这一项对待反革命阶级的统治方法，他们就不能维持政权，他们的政权就会被内外反动派所推翻，内外反动派就会在中国复辟，革命的人民就会遭殃。

人民民主专政的基础是工人阶级、农民阶级和城市小资产阶级的联盟，而主要是工人和农民的联盟，因为这两个阶级占了中国人口的百分之八十到九十。推翻帝国主义和国民党反动派，主要是这两个阶级的力量。由新民主主义到社会主义，主要依靠这两个阶级的联盟。

人民民主专政需要工人阶级的领导。因为只有工人阶级最有远见，大公无私，最富于革命的彻底性。整个革命历史证明，没有工人阶级的领导，革命就要失败，有了工人阶级的领导，革命就胜利了。在帝国主义时代，任何国家的任何别的阶级，都不能领导任何真正的革命达到胜利。中国的小资产阶级和民族资产阶级曾经多次领导过革命，都失败了，就是明证。

民族资产阶级在现阶段上，有其很大的重要性。我们还有帝国主义站在旁边，这个敌人是很凶恶的。中国的现代工业在整个国民经济上的比重还很小。现在没有可靠的数目字，根据某些材料来估计，在抗日战争以前，现代工业产值不过只占全国国民经济总产值的百分之十左右。为了对付帝国主义的压迫，为了使落后的经济地位提高一步，中国必须利用一切于国计民生有利而不是有害的城乡资本主义因素，团结民族资产阶级，共同奋斗。我们现在的方针是节制资本主义，而不是消灭资本主义。但是民族资产阶级不能充当革命的领导者，也不应当在国家政权中占主要的地位。民族资产阶级之所以不能充当革命的领导者和所以不应当在国家政权中占主要地位，是因为民族资产阶级的社会经济地位规定了他们的软弱性，他们缺乏远见，缺乏足够的勇气，并且有不少人害怕民众。

孙中山主张“唤起民众”，或“扶助农工”。谁去“唤起”和“扶助”呢？孙中山的意思是说小资产阶级和民族资产阶级。但这在事实上是办不到的。孙中山的四十年革命是失败了，这是什么原因呢？在帝国主义时代，小资产阶级和民族资产阶级不可能领导任何真正的革命到胜利，原因就在此。

我们的二十八年，就大不相同。我们有许多宝贵的经验。一个有纪律的，有马克思列宁主义的理论武装的，采取自我批评方法的，联系人民群众的党。一个由这样的党领导的军队。一个由这样的党领导的各革命阶级各革命派别的统一战线。这三件是我们战胜敌人的主要武器。这些都是我们区别于前人的。依靠这三件，使我们取得了基本的胜利。我们走过了曲折的道路。我们曾和党内的机会主义倾向作斗争，右的和“左”的。凡在这三件事上犯了严重错误的时候，革命就受挫折。错误和挫折教训了我们，使我们比较地聪明起来了，我们的事情就办得好一些。任何政党，任何个人，错误总是难免的，我们要求犯得少一点。犯了错误则要求改正，改正得越迅速，越彻底，越好。

总结我们的经验，集中到一点，就是工人阶级（经过共产党）领导的以工农联盟为基础的人民民主专政。这个专政必须和国际革命力量团结一致。这就是我们的公式，这就是我们的主要经验，这就是我们的主要纲领。

党的二十八年是一个长时期，我们仅仅做了一件事，这就是取得了革命战争的基本胜利。这是值得庆祝的，因为这是人民的胜利，因为这是在中国这样一个大国的胜利。但是我们的事情还很多，比如走路，过去的工作只不过是像万里长征走完了第一步。残余的敌人尚待我们扫灭。严重的经济建设任务摆在我们面前。我们熟习的东西有些快要闲起来了，我们不熟习的东西正在强迫我们去做。这就是困难。帝国主义者算定我们办不好经济，他们站在一旁看，等待我们的失败。

我们必须克服困难，我们必须学会自己不懂的东西。我们必须向一切内行的人们（不管什么人）学经济工作。拜他们做老师，恭恭敬敬地学，老老实实地学。不懂就是不懂，不要装懂。不要摆官僚架子。钻进去，几个月，一年两年，三年五年，总可以学会的。苏联共产党人开头也有一些人不大会办经济，帝国主义者也曾等待过他们的失败。但是苏联共产党是胜利了，在列宁和斯大林领导之下，他们不但会革命，也会建设。他们已经建设起来了一个伟大的光辉灿烂的社会主义国家。苏联共产党就是我们的最好的先生，我们必须向他们学习。国际和国内的形势都对我们有利，我们完全可以依靠人民民主专政这个武器，团结全国除了反动派以外的一切人，稳步地走到目的地。

（选自《毛泽东选集》第 4 卷，人民出版社 1991 年版）

人民政协共同纲领草案的特点

（一九四九年九月二十二日）

周恩来

《中国人民政治协商会议共同纲领》草案，是新政治协商会议筹备会第三小组决定由中国共产党负责起草的。草案初稿写出以后，经过七次的反复讨论和修改，计由先后到达北平的政协代表五六百人分组讨论两次，第三组本身讨论了三次，筹备会常务委员会讨论了两次，广泛地吸收了各方面的意见，然后将草案提交筹备会第二次全体会议作了基本通过，现在提交政协全体会议讨论。协商过程中着重讨论到的有如下几个问题，现在加以说明。

第一是中国人民民主统一战线的问题。这种统一战线的发起远在第一次大革命时期。由于中国共产党的提议和努力，获得了孙中山先生的同意，改组了国民党，促成了国共合作，胜利地举行了北伐。后来这个统一战线被蒋介石破坏了。但是中国共产党仍然努力组织人民的反帝反封建的统一战线，尤其是毛泽东同志更使这个政策得到了进一步的发展和成功。可是国民党反动派是始终反对统一战线的，它在抗日战争时期发动三次反共高潮，而在抗日战争结束以后，又推翻双十协议和政协决议，最后终于发动了大规模的内战。这次内战教育了人民，使广大人民逐渐地走到一致拥护人民解放军进行解放战争，消灭反动派，把革命进行到底。去年中国共产党根据历来统一战线的主张，号召召开新的政治协商会议，得到了全国人民及各民主党派热烈的响应。发展到今天，这个号召已经实现了。大家的目的很明确，正如共同纲领草案和人民政协组织法所规定的那样，是实行新民主主义，反对帝国主义、封建主义和官僚资本主义，建设一个独立、民主、和平、统一和富强的新中国。为着这个任务，我们团结国内各民主阶级、各民族和国外华侨，结成这样一个伟大的人民民主统一战线。这不仅是中国共产党为之奋斗了二十八年的主张，也是各民主党派、各人民团体、各区域、军队、国内少数民族、国外华侨，以及一切爱国民主人士所拥护和赞助的。毛泽东同志在《论人民民主专政》的论文中，明确地指出中国共产党、中国人民解放军和人民民主统一战线保证了人民民主革命取得今天的胜利。所以在筹备会讨论中，大家认为在整个新民主主义时期，这样一个统一战线应当继续下去，而且需要在组织上形成起来，以推动它的发展。大家同意：中国人民政治协商会议，就是它的最好的组织形式。

在讨论中曾经出现过两种其他的想法：第一种以为等到人民代表大会召开之后，就再不需要人民政协这样的组织了；第二种以为由于各党派这样团结一致，推动新民主主义很快地发展，党派的存在就不会很久了。后来大家在讨论中认为这两种想法是不恰当的，因为他们不合于中国革命的发展和建设的需要。普选的全国人民代表大会的召开，固然还需要一个相当时间，就是在普选的全国人民代表大会召开以后，政协会议还将对中央政府的工作起协商、参谋和推动的作用。其次，新民主主义时代既有各阶级的存在，就会有各党派的存在。旧民主国家的统治者是资产阶级，其所属各派必然是互相排挤，争权夺利。新民主主义国家的各阶级在工人阶级领导之下，虽然各阶级的利益和意见仍有不同之处，但是在共同要求上、在主要政策上是能够求得一致的，筹备会通过的共同纲领草案就是一个最明显的证明。而人民民主统一战线内部的不同要求和矛盾，在反帝反封建残余的斗争前面，是可以而且应该得到调节的。

第二是新民主主义的总纲问题。在讨论中，曾有一种意见，以为我们既然承认新民主主义是一个过渡性质的阶段，一定要向更高级的社会主义和共产主义阶段发展，因此总纲中就应该明确地把这个前途规定出来。筹备会讨论中，大家认为这个前途是肯定的，毫无疑问的，但应该经过解释、宣传特别是实践来证明给全国人民看。只有全国人民在自己的实践中认识到这是唯一的最好的前途，才会真正承认它，并愿意全心全意为它而奋斗。所以现在暂时不写出来，不是否定它，而是更加郑重地看待它。而且这个纲领中经济的部分里面，已经规定要在实际上保证向这个前途走去。

总纲中关于人民对国家的权利与义务有很明显的规定。有一个定义须要说明，就是“人民”与“国民”是有分别的，“人民”是指工人阶级、农民阶级、小资产阶级、民族资产阶级，以及从反动阶级觉悟过来的某些爱国民主分子。而对官僚资产阶级在其财产被没收和地主阶级在其土地被分配以后，消极的是要严厉镇压他们中间的反动活动，积极的是更多地要强迫他们劳动，使他们改造成为新人。在改变以前，他们不属人民范围，但仍然是中国的一个国民，暂时不给他们享受人民的权利，却需要使他们遵守国民的义务。这就是人民民主专政。这是对我们中华人民共和国的团结和生产有利的。

这些反动阶级中的重要反动分子们，决不会甘心失去他们过去的特权，一定要进行阴谋破坏的。最近杨杰将军的遇害，便是一个例证。人民的军队和警察将加强工作以防止他们的阴谋破坏。我们大家则须加强团结，提高警惕，以打击反动分子的各种阴谋。

第三是新民主主义的政权制度问题。新民主主义的政权制度是民主集中制的人民代表大会的制度，它完全不同于旧民主的议会制度，而是属于以社会主义苏联为代表的代表大会制度的范畴之内的。但是也不完全同于苏联制度，苏联已经消灭了阶级，而我们则是各革命阶级的联盟。我们的这个特点，就表现在中国人民政协会议的形式上。政府各部门和现在各地的人民代表会议以及将来的人民代表大会都将同样表现这个特点。从人民选举代表、召开人民代表大会、选举人民政府直到由人民政府在人民代表大会闭会期间行使国家政权的这一整个过程，都是行使国家政权的民主集中的过程，而行使国家政权的机关就是各级人民代表大会和各级人民政府。

第四是军事制度问题。人民解放军之所以能取得今天的胜利和得到全国人民的拥护，决不是偶然的。它的特点是不仅勇敢机智善于作战，而且能正确地执行政策，并帮助人民劳动。政治工作制度是它的灵魂。这种军事制度，不仅不同于封建军阀，也不同于资产阶级的军事制度。纲领上规定将以这种新民主主义的军事制度来统一全国的军队，这里边包括一切从国民党反动统治方面起义过来的军队。这种做法显然不同于军阀制度的吞并排挤，而是不分彼此帮助他们改造为人民的军队。

第五是新民主主义的经济政策问题。基本精神是照顾四面八方，就是实行公私兼顾、劳资两利、城乡互助、内外交流的政策，以达到发展生产繁荣经济的目的。新民主主义五种经济的构成中，国营经济是领导的成分。在逐步地实现计划经济的要求下，使全社会都能各得其所，以收分工合作之效，这是一个艰巨而必须实现的任务。筹备期中关于经济的部分讨论最多，各方面好的意见都已经集中在草案的条文里面。经济建设是百端待举，但须有缓急轻重之分，草案中已根据哪些是应该做的、哪些是不应该做的；哪些是现在可以做的、哪些是现在不能做的；哪些是已经做了的、哪些是尚未做的等分析规定出具体条文。

第六是新民主主义的文化政策问题。这个问题讨论不多，简单地说来，就是民族的形式，科学的内容，大众的方向。草案中规定了必须强调的几项，其他没有规定的并非不作，因为在草案第五章中已经都概括地提到了。

第七是新民主主义的民族政策问题。其基本精神是使中华人民共和国成为各民族友爱合作的大家庭，必须反对各民族的内部的公敌和外部的帝国主义。而在各民族的大家庭中，又必须经常反对大民族主义和狭隘民族主义的倾向。各少数民族的区域自治、武装权利及其宗教信仰之被尊重，均在条文中加以明确的规定。

第八是新民主主义的外交政策问题。草案第七章中明确地规定了保障什么，拥护什么，反对什么，即保障本国独立、自由和领土主权的完整，拥护国际的持久和平和各国人民间的友好合作，反对帝国主义的侵略政策和战争政策。在总纲上已明白地接受了毛泽东同志在《论人民民主专政》中论述的同苏联及各新民主国家站在一起的方针。这就是我们在外交政策上的基本态度。

（选自《周恩来选集》上卷，人民出版社 1980 年版）

《中华人民共和国中央人民政府组织法》的草拟经过及其基本内容

（一九四九年九月二十二日在中国人民政治协商会议第一届全体会议上）

董必武

《中华人民共和国中央人民政府组织法》的草案是人民政协筹备会第四小组负责草拟的。本组组长、副组长和组员一共二十五人，参加筹备会的二十三个单位，除了文化界民主人士以外，均有代表参加，民盟、民进和民主教授三单位且均有两位代表参加。六月十八日举行第一次小组全体会，会上广泛地交换了意见，因没有准备，没有参考资料，有点漫谈的性质，于是推举张志让等七人成立提纲起草委员会，先准备一个讨论提纲，以便小组全体会上讨论时，可获得若干基本的共同意见。七月八日本小组第二次全体会议，就根据提纲起草委员会所提“政府组织法中的基本问题”进行讨论。对于国家名称，国家属性，政府组织的基本原则民主集中制，目前国家最高政权机关产生的方法，人民政府委员会的组织，最高行政机构的名称，政务院与各部会间应否设立联络指导机关，政务院下面部会数目的多寡，人民革命军事委员会、人民监察委员会、人民法院和人民检察署的组织和隶属关系等问题，逐一讨论，基本意见趋于一致，有些意见仍留待起草委员会去斟酌，并推定了董必武、张奚若、阎宝航、王昆仑、张志让等五人负责起草政府组织法的初步草案。政府组织法草案起草委员会先后开会三次，并征询了钱端升、王之相、邓初民等专家的意见，写成了政府组织法的草案初稿，乃于八月十七日召开本小组第三次全体会议，修正通过了组织法的初步草案，提交新政协筹备会的常务委员会。八月二十六日第四次常务委员会指定了黄炎培、马叙伦、张奚若、李立三和本人对初步草案再研究修改一次。九月十三日第五次常务委员会对《中华人民共和国中央人民政府组织法草案》作文字修改后，在九月十七日新政协筹备会第二次全体会议中作了原则的通过，准备提交中国人民政治协商会议大会上去讨论。

关于这个组织法草案的总纲，我有以下说明：

第一，国家名称的问题：本来过去许多人写文章或演讲都用中华人民民主共和国；黄炎培、张志让两先生曾经写过一个节略，主张用中华人民民主国。在第四小组第二次全体会议讨论中，张奚若先生以为用中华人民民主国，不如用中华人民共和国。我们现在采用了最后这个名称，因为共和国说明了我们的国体，“人民”二字在今天新民主主义的中国是指工、农、小资产阶级和民族资产阶级四个阶级及爱国民主分子，它有确定的解释，已经把人民民主专政的意思表达出来，不必再把“民主”二字重复一次了。

第二，国家的属性问题：第四小组的全体组员都觉得这一点应该明确地写在政府组织法之内。国家是统治阶级镇压被统治阶级的工具，所以必须把今天人民民主专政中阶级间的关系讲清楚。“工人阶级领导”，“以工农联盟为基础”和“四个阶级联盟”是中国新民主主义的特质，这是大家所同意的。经过毛主席《新民主主义论》及《论联合政府》这两本书的解释，经过他前年十二月二十五日在中共中央会议上的报告，今年六月十五日在新政协筹备会开幕典礼上的报告以及七月一日发表的《论人民民主专政》文章中的多次解释，并经过中国人民革命运动的实践，各民主党派在纲领和宣言中的表示，都确定了我们国家的这个特质。

第三，政府组织的原则：这个原则是民主集中制，它具体的表现是人民代表大会制的政府。民主集中原则的提出，正是针对着旧民主主义三权分立的原则。欧美资产阶级故意把他们专政的政府分为立法、行政与司法三个机体，使之互相矛盾，互相制约，以便于他们操纵政权。旧民主主义的议会制度是资产阶级中当权的一部分人容许另一部分的少数人，所谓反对派，在议会讲台上去说空话，而当权者则紧握着行政权柄，干有利于本身统治的事情。这是剥削阶级在广大人民面前玩弄手腕、分取赃私、干出来的一种骗人的民主制度。司法是最精巧的统治工具，同样是为当权的阶级服务的。我们不要资产阶级骗人的那一套，我们的制度是议行合一的，行使国家权力的机关是各级人民代表大会和它产生的各级人民政府。

第四，在普选的全国人民代表大会召开以前，由中国人民政治协商会议的全体会议执行全国人民代表大会的职权，选举中华人民共和国中央人民政府委员会，并付之以行使国家权力的职权。中央人民政府委员会选出后，人民政治协商会议选出的全国委员会即成为国家政权以外各党派、各人民团体的协议机关。

第五，本法草案所规定的中央人民政府委员会的职权，各国宪法多规定为国家元首的职权。我们觉得本法草案的规定，更能充分表现民主的精神。

第六，中央人民政府委员会辖政务院、人民革命军事委员会、最高人民法院和最高人民检察署。关于政务院的名称，原来有人主张用国务院，但国务院包括军事，不太合适；有人主张用行政委员会，但中央人民政府委员会是委员会，最高行政机关下还有指导性的委员会一级，其下还有各种委员会，这样名称容易混淆。至于部长会议或部会长会议也不合乎我们的实际，在我们的最高行政机关中，部长不一定是政务委员。所以最后我们仍采用了政务院的名称。

对本法草案的第一章，我要说明的，就是以上六点。

关于第二章中央人民政府委员会，我想作下列三点的说明：

第一，中央人民政府委员会设主席、副主席而不设主席团，也不设常务委员会。苏联采行联邦制，有十六个共和国，每一共和国在中央有一位副主席，所以自然组成了主席团。我们没有这个事实，也就不必仿行此制。至于日常事务，有中央人民政府委员会互选之秘书长领导办公厅人员经常处理。

第二，对第七条政务院总理的名称，在第四小组的会议中曾有所讨论，大多数组员认为如称院长易与法院院长、科学院院长混淆，大家尤其不赞成我们新的行政首长与国民党反动派的行政院长用同一个名称，所以草案中采用了政务院总理的名称。

第三，第七条有“批准任免”的字样。因为有的行政区和省市的人民政府，其主席、副主席如果是选举出来的，则中央人民政府只批准其任命。后面第十五条也仿此。

关于第三章政务院，我想作以下四点说明：

第一，政务委员得兼任各部部长及各委员会主任，这就是说，部长和主任委员不一定是政务委员。我们政务院下有三十个部、会、院、署、行，如果他们的首长都是政务委员，再加不任部长的政务委员，则政务委员人数太多，政务会议也就不易开好。

第二，关于联系与指导性的委员会，如政法、财经、文教等委员会是否列一级的问题，在第四小组的讨论中，曾经有三种意见：（一）算作一级，像现在组织法上所写的那样。（二）不算一级，不发号施令。（三）不规定是否算一级，由事实发展去决定。现在政务院下有三十个部门，如果每周一次政务会议，一个部门的工作，每月无法轮到讨论一次。为了弥补这个缺陷，故肯定把它列为一级，以便联系和指导与其工作有关的各部门工作。这样，各部门的工作是受双重领导，一方面受政务院的领导，另一方面又受其所隶属的指导委员会的领导。

第三，人民监察委员会是监察行政人员是否履行其职责的，与检察署不同。有人主张它应隶属中央人民政府委员会，地位高些，职权也较大；也有人主张它隶属政务院，比直接隶属于中央人民政府委员会更好些，因为与行政机关接近，熟悉实际情况，更便于执行职务，而且人民监察委员会所起作用之大小，实际上要看主持者是否负责及此机构是否被重视而定。我们同意后一主张，所以起草时就把监察委员会列在政务院下。

第四，政务院下设的专管行政部门共有三十个，这是因为我们的人民共和国应转向建设，不能不多设几个部门去管财政经济工作。我们还有许多工作部门没有列为政务院专管行政部门，如合作事业，如盐务等都属于这一类。我们在草案第二十二条规定，中央人民政府委员会对于政务院的各委、部、会、院、署、行、厅于必要时得决议增加、减少或合并之。有了这样有弹性的条文，政府便好办事了。

最后我想对组织系统表简单说几句：

中国人民政治协商会议的全体会议虽然选举中央人民政府委员会，但在中央人民政府委员会选出之后，后者即为行使全国最高政权的机关，所以组织系统表中用虚线表示其关系。中国人民政治协商会议全体会议闭会后的全国委员会对政府仅提出建议案，故亦以虚线表示之。

政务院下，政治法律、财政经济、文化教育和人民监察四个委员会，地位较高，故在图中的部位亦较高。政治法律委员会所指导的部门以黄色实线表示之；财政经济委员会所指导的部、行、署以红色实线表示之；文化教育委员会所指导的部、院、署则以绿色实线表示之。政务院对三个指导性的委员会、人民监察委员会以及各部、会、署、院、行均有直接指挥之权，以黑色实线表示之。外交部对情报总署，财政部对人民银行，贸易部对海关总署有监督指导之权，亦以黑色实线表示之。

中央人民政府组织法草案已印发了，请各代表先生审查后付之公决。

（选自政协全国委员会办公厅、中共中央文献研究室编《人民政协重要文献选编》上卷，中央文献出版社、中国文史出版社2009年版）

关于草拟《中国人民政治协商会议组织法》的报告

（一九四九年九月二十二日在中国人民政治协商会议第一届全体会议上）

谭平山

一　关于本小组的组织和工作

本小组由组长谭平山，副组长周新民，组员林伯渠、李德全、施复亮、符定一、王绍鏊、郭冠杰、史良、郭春涛、蒋光鼐、雷荣珂、易礼容、郑振铎、俞寰澄、叶圣陶、沈兹九、李秀真、陈震中、天宝、戴子良等二十一人组织之。秘书为陈昭。

本小组成立后，曾经开会四次。第一次会议于六月十八日召集。首先讨论本小组的工作，次就新政协的任务及其存续性，交换意见，最后推定谭平山、周新民、王绍鏊、叶圣陶、沈兹九等五人起草讨论提纲。第二次会议于六月二十八日召集。按照讨论提纲，研讨政协组织的基本原则，及其性质、职权与政府关系等问题，并决定推谭平山、周新民、叶圣陶、蒋光鼐（秦元邦代）、沈兹九、史良、郭春涛、林伯渠、易礼容等九人组织起草委员会。该委员会推周新民、史良起草初稿。初稿完成后，曾迭次征询各方意见，一再加以修改，始于八月十八日提出第三次会议讨论，经文字整理后，提经常委会第四次会议通过。该草案通过后，本小组复于九月十五日召开第四次会议，报告一切经过，并将文字稍加整理，送请常委会提经筹备会第二次全体会议，予以原则上通过。该草案条文的变动和文字的整理，虽已有五次之多，然各单位尚有多处提出修正意见，容待草案整理委员会收集讨论后，再向大会提出报告。

二　关于名称的规定

筹备会原来授权于本小组的，是起草《新政治协商会议组织条例》，现在已改为《中国人民政治协商会议组织法》，其理由如下：

新政协是针对着旧政协而言，旧政协包括国民党反动派在内，是带有妥协性的；新政协是把国民党反动派除外，是革命性的。为了一新人民的耳目，故有改为“人民政治协商会议”的必要。再者，这次出席代表六百六十余人，就成分来说，从工人阶级、农民阶级、小资产阶级，到民族资产阶级都有代表出席；就地区来说，东北到黑龙江，西北到新疆，东南到琼崖、台湾，各省区都有代表出席，包括少数民族及国外侨胞。这是四面八方的大团结，诚为中国人民空前的一大盛会，故应名为中国人民政治协商会议，更能名副其实。

三　关于总则的规定

资本主义国家的法律，一向是虚伪的，隐蔽的，多不肯明定它的立场和任务。新民主主义国家的法律，则是真实的，明朗的，决不沿用资本主义国家那一套的立法技术。所以我们在政协组织法第一条，明显地规定政协的立场，是“实行新民主主义，反对帝国主义、封建主义及官僚资本主义”；它的任务，是“建立及巩固由工人阶级领导的，以工农联盟为基础的，人民民主专政的，独立、民主、和平、统一及富强的中华人民共和国”。要完成这个任务，对内必须经过各民主党派、人民团体的团结，去团结全国各民主阶级、各民族，共同努力，对外必须联合世界上以平等待我之民族及国家共同奋斗，这样才能保证我们的任务能够完成。这样规定，是表示我们有坚定的立场和重大的任务，必须奋斗到底，贯彻到底，决不许稍有妥协或打着折扣。

有了政协组织法第一条的规定，必须有政府组织法第一条的规定，并必须有共同纲领序言及第一条的规定。这三种文件是有连贯性的，必须规定得很明确，才能使全国人民得到明确的认识，今后都站在共同立场的上面，为完成这个共同任务而奋斗。

四　关于参加的单位和代表的规定

今日的政协，既是人民民主统一战线的组织，它的范围当然很广。它是以团体代表为基础，并在每次全体会议时得邀请个人代表参加。这样，既有以工人阶级为领导的四个阶级联盟的组织力量，又能有若干爱国民主分子的代表人物在内，这对于人民民主统一战线的巩固和扩大是很有利的。

参加政协的单位名额及代表人选，究应由谁来商定呢？政协组织法亦有规定的必要，所以于第三条第一项明定“由前届中国人民政协全国委员会商定之”。但是这为原则的规定，第一届政协则须有例外的规定，所以同条第二项又明定“由中国人民政协筹备会协商定之”。

关于政协决议的遵守，虽采少数服从多数的民主原则，但依照第四条的规定，参加者如有不同意见，仍得保留至下届会议提出讨论；其对于重要决议根本不同意的，并有声请退出政协的自由。这是人民政协充分的民主精神。

关于对政协组织法、共同纲领或重要决议的违反，依照第五条的规定，得视其情节严重的程度，分别予以处分。但被处分者对于由全国委员会所给予的处分，如有不服的，仍得向下届全体会议提出申诉。这是人民政协的纪律性和民主精神。

五　关于全体会议的规定

全体会议每三年开会一次，虽有人认为会期定得较长，但依第六条的规定，全国委员会认为有必要时，得提前或延期召集会议，是规定得有伸缩性的。

全体会议的职权，已于第七条列举规定，其职权的大小，因全国人民代表大会已否召开而有不同。在全国人民代表大会召开以前，执行全国人民代表大会的职权，不仅有立法权（制定或修改中央人民政府组织法）和选举权（选举中央人民政府委员会），并有提出决议权；在全国人民代表大会召开以后，则仅有建议权了。

全体会议的出席人数及表决人数，第八条已有明定。主席团的名额，由每届全体会议临时决定；副秘书长的人数，由主席团决定。这些都含有伸缩性，可按照需要来决定的。

六　关于全国委员会的规定

政协闭幕后，全国委员会极为重要，其职权已于第十三条中分为七款的规定。有了第一款的规定，才可实现全体会议及全国委员会的决议。有了第二款的规定，才得随时向政府提出意见。有了第三款的规定，才可从实际上帮助政府。有了第四款的规定，才可保证各党派在政权中的合作。有了第五款的规定，才可使下届全体会议易于召集。有了第六款的规定，才可展开地方的统一战线工作。有了第七款的规定，才可使政协内部的团结加强。

全国委员会的委员，常务委员会的委员和副主席，以及副秘书长，其名额均未规定，亦均含伸缩性，较易切合实际（第十四条、第十五条、第十六条）。

七　关于地方委员会的规定

人民代表大会未召开以前，在中央须有中国人民政协全国委员会；在中心城市、重要地区和省会，亦须有中国人民政协地方委员会，所以中国人民政协组织法特设第十八条的规定。惟以各地情形不同，其组织条例应由全国委员会制定或核准，方能适应实际。

（选自政协全国委员会办公厅、中共中央文献研究室编《人民政协重要文献选编》上卷，中央文献出版社、中国文史出版社2009年版）

新政协代表名单协商经过情形

（一九四九年八月十八日在新政治协商会议筹备会各单位首席代表座谈会上的发言）

李维汉

新政协任务重大，筹备会规定了参加单位四十五个，另设一特邀单位，范围很广泛，这是由于：（一）此次会议是首届会议，是一个历史的总结的会议，故其范围包括一切参加奋斗的方面，直到最后对地方性的和平解放有贡献者均包括在内；（二）这次会议要执行全国人民代表大会职权，要制定宪法性的纲领与组织法。由于整个革命战争的发展具备了今天的条件，在去年的情况下，召集像今天这么大规模的会议是较困难的。今天革命形势的发展，要求我们开这个包括各方面、各地区，范围很广的会议，这是根据政治环境的发展和需要来决定的。

其次，按照新政协的章程不能有反动分子参加，此为一原则性的界限，必须严格尊重。我们在工作中也极力注意此问题，虽然现在的名单中，仍有个别的人，被人举出带政治性的材料，如果确切，自当送请其所属单位考虑，我们希望参加的每一代表，不至有此种问题，名单最后还须请常委会考虑与选择。

第三，在上述原则下，我们尽可能照顾到各方面，使能较适当地配备。例如区域单位当中，中共和政府领导人，只有一二人参加。其他名额，包括有工会、农民、妇女、文化、财经、私人工商业、民主人士等各方面。军队单位高级领导人很少，尽量照顾到兵团的指战员、战斗英雄及后勤卫生人员等，并注意起义的方面；又如农民团体，照顾到各地区，待解放区，照顾各省的分配。关于华侨单位，我们同陈嘉庚先生商定，已照顾到各地名额的配备。又如少数民族的代表，实际共有二十八位，按整个比例来说，还是少了一些。这是因为革命的发展，在少数民族地区，比较迟一些，我们尽了很大的努力，才在南京又找到一位藏族代表，其他如新疆伊犁特别区，也有代表参加。宗教单位原想物色一个天主教方面的，但始终找不到适合的人。无党派单位，如自然科学、社会科学、文学艺术等方面的代表，他们本身也是根据照顾各方面的原则，来推选代表的。

此时期中，筹委会有推荐人选的，经过调查可列者已列入，部分不适当的，已取得推荐人的同意而撤销。特邀单位的资格，范围与人选，均将由常委会来确定，现在的名单，是未经考虑成熟的，而且还在发展之中，例如福州解放，萨镇冰先生恐亦在邀请之列。关于民社党革新派的问题，根据第一次预备会议的意见，我曾和汪世铭谈过话，当面指出，以其过去历史来说，实在不能算为一个民主党派，直至“五一口号”时，还是动摇的，故作为一个党派来说，应当结束，假如民盟同意，可以个别加入民盟，至于其中若干民主分子可以由筹备会商量邀其一二人参加。谈过不久，忽然发现了民社党革新派的告全国同胞书，内容反动，我曾质问汪世铭，汪表示确实不知此事，并也认为措词偏激，足为解决问题的阻碍，他曾去信上海查究。我向他指出告同胞书不但是反动的内容，而且是反动的行动，如他愿意时，希望能公开驳斥，他又来信说有同感，且已反驳，但驳的地方甚少。他的来信现都存在，将来当印出来，分发各位。对于此事，汪世铭曾写信给沙彦楷，沙已有复信，说他当时卧病不知道，事后已处置并开除数人。北平市公安局举行反动党团登记时，曾要汪世铭登记，他请求免予登记，我曾告汪：告同胞书确是反动的，不过汪既称不知道，又愿公开驳斥，则可由汪向公安局声明其已解散，即不必登记。从这些事看来，作为一个党派，太不像样了。至于汪世铭个人尚较老实，所以名单上已经列了名，是否应该请他参加，请各位考虑。

其次，关于孙文主义革命同盟，许闻天已经统战部同意邀来北平，我曾和他谈过话，许说明他们的反蒋斗争和转变，而且是牺牲了不少人。孙盟中如陈惕庐今天是被反革命杀了，过去也确是有罪的叛徒；又如刘不同，直到一九四八年下半年，还在南京写文章，一方面骂蒋介石，一方面骂中共和毛主席。作为团体来说，我曾劝其结束，并个别加入民革。至于许闻天本人，还有侯雨民或邓昊明则可以考虑。

关于孙夫人，现在有三个单位中有她的名字，而据我们所知，她是愿意来参加新政协会议的，但她可能不愿意作为一个党派来参加。其次她曾表示她怕开会，所以妇联的名额，她是否愿意接受，也还待她自己决定。

另外还有一个列名问题，解放区和解放军等方面，许多人都因工作关系，不能来开会，如林彪同志等，我们都没有把名字列进来，关于此点，中共中央还曾向各中央局发过一个通知说明。至于名单的变动，仍随时有，如今天即有新闻界金仲华、陆诒的变更，以及致公党陈演生、伍觉天的变更。名单还不免有变动，要等筹备会常委会开过之后，才能作最后的决定。

各方面来函要求参加新政协会议的有二十八件，经过我们的调查，许多都是来历不明，很成问题的。例如光复会，是章太炎创立的，据调查结果，知道该会曾在蒋匪与陈立夫同意之下恢复，其中分子复杂，行动荒诞。我们认为不应考虑其参加新政协。

这些来函也请大家看看，共作决定。

（选自政协全国委员会办公厅编《开国盛典——中华人民共和国诞生重要文献资料汇编》上编，中国文史出版社 2009 年版）

关于中国人民政治协商会议筹备工作的报告

（一九四九年九月二十二日）

林伯渠

一　新政治协商会议发起经过

一九四七年十月，中国人民解放战争已由战略防御阶段进入战略进攻阶段。中国人民解放军当时曾根据中国共产党及毛泽东主席多年来的一贯主张，发表宣言，其中说：“联合工农兵学商各被压迫阶级、各人民团体、各民主党派、各少数民族、各地华侨及其他爱国分子，组成民族统一战线，打倒蒋介石独裁政府，成立民主联合政府。”同年十二月，毛主席在他对中共中央会议的报告（题名：目前形势和我们的任务）中，重申这个人民解放军的、也是中国共产党的政治纲领，并且清晰地指出了革命必须打倒帝国主义、封建主义与官僚资本主义及其必然胜利的前途，申述了无产阶级领导的广泛民族统一战线的范围与政策。毛主席的这个文告，使中国的民族统一战线获得进一步的巩固和发展，为后来各党各派响应中共五一口号奠定了基础。

自从人民解放战争转入战略进攻以后，国内形势起了迅速的变化。一方面，国民党反动派在军事上节节溃败，政治经济日益破产；他方面，人民解放军的军事胜利，解放区土地改革的成功以及国民党统治区群众运动的昂扬，标志着全国范围的革命高潮。配合着这一形势，中共中央于一九四八年五月一日口号中，号召“全国劳动人民团结起来，联合全国知识分子、自由资产阶级、各民主党派、社会贤达和其他爱国分子，巩固与扩大反对帝国主义、反对封建主义、反对官僚资本主义的统一战线，为着打倒蒋介石，建立新中国而奋斗”，同时号召“各民主党派、各人民团体及社会贤达，迅速召开政治协商会议，讨论并实现召集人民代表大会，成立民主联合政府”。中共中央这个号召提出之后，立即得到各民主党派、各人民团体、无党派民主人士、少数民族、国外华侨热烈的响应和赞成。

二　新政治协商会议筹备会成立经过

从一九四八年八月开始，代表各民主党派和各民主阶层的人士，从全国各地以及海外陆续来到解放区，以便与中共人士共同进行新政治协商会议（以下简称新政协）的筹备事宜。同年十一月二十五日，中共中央的代表人与已经到达哈尔滨的民主人士，对于成立新政协筹备会及新政协的性质、任务等问题，获得了共同的协议。

关于新政协筹备会，决定：一、由中共及赞成中共中央五一口号的各主要民主党派、人民团体及无党派民主人士等共计二十三个单位的代表组成。二、新政协筹备会的任务为：负责邀请参加新政协的各方代表人物；负责起草新政协的文件；负责召开新政协的正式会议。三、筹备会组织条例推由中共起草，经各方同意后，俟筹备会集会时正式通过。

关于新政协的性质及任务等问题的，决定：一、新政协参加范围，由反对美帝国主义侵略、反对国民党反动统治、反对封建主义和官僚资本压迫的各民主党派、各人民团体及无党派民主人士的代表人物组成，南京反动政府系统下的一切反动党派及反动分子必须排除，不许参加；二、新政协举行时间定在一九四九年，具体时间及地点由筹备会决定；三、新政协应讨论和实现的问题有二：一是共同纲领的制定，一是中华人民共和国中央政府的建立。

十一月二十五日协议完成之后，国内形势已起了新的根本变化。继一九四八年秋季攻势的大捷，特别是东北的完全解放，人民解放军又获得了淮海战役的决定性的伟大胜利。国民党主力在长江以北被完全消灭，中国人民解放战争在全国范围内的最后胜利，谁都不能不承认只是时间问题了。这一个空前胜利的形势，迫切地要求我们“将革命进行到底”，就是要“用革命的方法坚决彻底干净全部地消灭一切反动势力，不动摇地坚持打倒帝国主义、打倒封建主义、打倒官僚资本主义，在全国范围内推翻国民党反动统治，在全国范围内建立工人阶级领导的以工农联盟为主体的人民民主专政的共和国，使中华民族来一个大翻身，由半殖民地变为真正的独立国，使中国人民来一个大解放，将自己头上的封建的压迫和官僚资本的压迫一起掀掉，并由此造成统一的民主的和平局面，造成由农业国变为工业国的先决条件，造成由人剥削人的社会向着社会主义社会发展的可能性”。为了适应这一新的形势，并且为了击破美帝国主义卵翼的国民党反动派的和平攻势，中共中央毛泽东主席发表了一九四九年一月十四日的《关于时局的声明》，提出八项条件。对于这些号召，已经到达解放区的民主党派与民主人士立即发表声明，表示彻底支持，解放区以外的民主党派与民主人士也有同样的表示。大家一致承认，中共的号召为全国人民团结奋斗的共同政治基础。这样，就使得新政治协商会议的成功，有了进一步的保证。

一九四九年的头半年，英勇的人民解放军解放了北平、天津、汉口、南京、上海、太原等全国有数的中心大城市，国民党反动派在基本上可说已被打倒，剩下来的只是消灭反动残余的问题。在另一方面，统一全国之后，如何用最大力量来恢复与发展人民经济文化教育等事业及巩固国防的问题，被提上了日程。为了担负这两大任务，就必须迅速完成各项必要的准备工作，尽早召开新的政治协商会议，成立民主联合政府，以便领导全国人民，共同奋斗。

在这样坚固团结的政治基础之上，在时机业已完全成熟的条件之下，经各方协商之后，新政协筹备会于六月十五日在北平宣告正式成立。

三　三个月来筹备工作概况

新政协筹备会成立会，亦即第一次全体会议，一共进行了五天，出席的计有新政协原提议人中国共产党与赞成中共此项主张的各民主党派、各人民团体、各界民主人士、国内少数民族和国外华侨代表人物等，一共是二十三个单位，一百三十四人。会议的整个过程，充分显示出和谐团结的气氛和实事求是的精神。在第一天的开幕典礼上，毛主席、朱总司令及李济深、沈钧儒、郭沫若、陈叔通、陈嘉庚诸先生都分别发表了演讲。

这次成立会全体一致通过了《新政协筹备会组织条例》，并根据这个条例选出了毛泽东、朱德、李济深等二十一人组成常务委员会，负责办理经常工作；常委会又推出毛泽东为主任，周恩来、李济深、沈钧儒、郭沫若、陈叔通为副主任，李维汉为秘书长。在八月下旬，李维汉跌伤，由林伯渠代理。

为了迅速完成召开新政协及建立民主联合政府的各项必要准备工作，筹备会决定在常务委员会领导之下设立六个小组，分别完成下列各项任务，即：一、拟定参加新政治协商会议的单位及其代表名额；二、起草新政治协商会议组织条例；三、起草共同纲领；四、拟定中华人民民主共和国政府方案；五、起草宣言；六、拟定国旗、国徽及国歌方案。

在成立会闭幕之前，第一小组很迅速地完成任务，拟定了《关于参加新政治协商会议的单位及其代表名额的规定》的文件，决定参加新政协会议的单位及其代表名额为：党派代表十四个单位，一百四十二人；区域代表九个单位，一百零二人；军队代表六个单位，六十人；团体代表十六个单位，二百零六人；此外，另设一特别邀请单位，其代表资格、名额与人选由常委会另行协议。这个《规定》当即获得成立会全体大会的通过。由这个《规定》的内容，可以看出其代表性的广泛。这样一个虽然不是普选的、然而却是具有十分广大的代表性的人民政治协商会议，事实上具有了全国人民代表大会的性质。

筹备会成立会于六月十九日闭幕。一切筹备的工作继续由常务委员会和上述六个小组分别担负起来。筹备工作的重心是放在三方面上的：其一是拟定新政治协商会议的各种文件；其二是推动并促成全国社会科学、自然科学、教育、新闻等人民团体的筹备工作，并协助了全国文学艺术界联合会的成立；其三是根据筹备会首次全体会议所通过的《关于参加新政治协商会议的单位及其代表名额的规定》，协商各单位的代表名单。

经过将近三个月的紧张工作，上述三项工作都已于九月上旬次第完成。各项文件在定稿以前，均经常委会和起草的各小组，以及在北平的筹备代表和陆续到达北平参加中国人民政协第一届全体会议的代表们，反复研究，缜密商讨。于是常委会即于九月十七日召开新政协筹备会第二次全体会议。在这一次会议中，审议并基本通过下列各项文件：一、中国人民政治协商会议组织法草案；二、中国人民政治协商会议共同纲领草案；三、中华人民共和国中央人民政府组织法草案。至于起草中国人民政治协商会议第一届全体会议宣言草案及拟订国旗、国徽图案及国歌词谱建议案等两项工作，则因尚未完成，会议决定把这两项任务移交给人民政协第一届全体会议，并由原来负责该两项工作的两个小组，向中国人民政协第一届全体会议主席团提出报告；这一次会议又批准了筹备会常委会关于筹备工作的报告。

在筹备工作进行期间，常委会一共收到三十件团体的和个人的要求参加新政协的书面请求，都经慎重严肃的考虑，分别加以适当的处理。

四 关于“中国人民政治协商会议第一届全体会议代表名单”的决定的经过

对于参加中国人民政治协商会议的单位及其代表名额与名单的问题，筹备会是用非常慎重、非常严肃的态度来处理和拟订的。时常为了某一个代表的适当与否而函电往返，斟酌再四，费时达数周之久。代表名单产生之后，又经过筹备会反复协商，郑重研究。这样一共花了近三个月的工夫，才确定了今天这张六百六十二位代表的名单，可以说是整个筹备工作中最繁重的工作之一。

在协商并确定这个名单的时候，筹备会首先注意的就是政治上的严肃性。《新政治协商会议筹备会组织条例》开宗明义第一条就说：“新政治协商会议为全中国拥护新民主主义、反对帝国主义、反对封建主义、反对官僚资本主义及同意动员一切人民民主力量，推翻国民党反动统治，建立人民民主共和国的各民主党派、各人民团体、各解放区人民政府、人民解放军、国内少数民族、海外华侨及无党派和各界民主人士的代表人物所组成，国民党反动政府系统下的一切反动党派及反动分子不容许参加。”这是一个很明确、严肃的选择标准，必须严格遵守它，然后才能不负全国人民的期望和信托，才能真正代表全国人民的利益。这一点是筹备会在协商名单时所时刻记住的。

根据上述原则，筹备会所拟定的名单分为五类，除前项所述四类共四十五个单位，代表五百一十人，候补代表七十七人外，第五类为特别邀请代表，经筹备会常委会与各方面协商定为七十五人。这五大部分一共六百六十二人。人民政协有了这样广泛的各民主党派、各人民团体、各区域、人民解放军、国内少数民族、国外华侨及爱国民主分子的代表人物，的确可以说是代表性最完备的一张名单，的确可以说是表示了全国人民力量的大团结。

（选自政协全国委员会办公厅编《开国盛典——中华人民共和国诞生重要文献资料汇编》上编，中国文史出版社 2009 年版）

中国人民政治协商会议筹备会拟制国旗国徽国歌方案组报告

国旗国徽图案及国歌词谱的制订，在中国人民政治协商会议筹备会中，由第六小组设计。参加第六小组的是：马叙伦、叶剑英、张澜、郭沫若、陈嘉庚、马寅初、蔡畅、李立三、张奚若、廖承志、田汉、郑振铎、欧阳予倩、翦伯赞、钱三强、沈雁冰，共十六人。七月四日，第六小组开第一次会议，决定了：（1）公开征求；（2）设立国旗国徽图案评选委员会及国歌词谱评选委员会。关于公开征求，第一次小组会上就拟定了征求条例，随即登报并定八月二十日为征求截止期。关于两个评选委员会，当时小组会上决定：除由本组组员分别参加外，并聘请专家参加。后来（八月五日，第六小组第二次全体会议上）决定聘请徐悲鸿、梁思成、艾青参加国旗国徽图案评选委员会，聘请马思聪、吕骥、贺绿汀、姚锦新参加国歌词谱评选委员会。截至九月十四日，第六小组共开过全体会议四次，座谈会若干次。又为了便利本组组员及专家选阅甚多之应征来稿，自八月十六日至二十日，在北京饭店四一三号会客室特设临时选阅室，将所有应征来稿集中陈列。

自登报征求后，社会上的反应非常热烈。一个月内，收到应征稿件，统计如下：

国　旗：一九二〇件，图案二九九二幅。

国　徽：一一二件，图案九〇〇幅。

国　歌：六三二件，歌词六九四首。

意见书（不附图案或词谱者）：二四封。

上列来稿，其中有五十八件为二人以上之集体制作。一人所投之稿，往往包括图案两个以上，乃至十余个之多；例如国旗应征稿件为一九二〇，而不同之图案实数则为二九九二，多出一千余个。

再就应征来稿之地区分布而言，其范围之广，可以说遍及全国乃至海外。现在分类统计如下：

北　平：四一一。

东　北：四三五。

上　海：三九一。

天　津：一四〇。

江　苏：一四五。

浙　江：一四二。

河　北：一二〇。

南　京：一〇七。

山　东：一二八。

河　南：六一。

武　汉：六一。

青　岛：五四。

安　徽：四七。

江　西：二八。

山　西：二九。

西　安：二九。

陕　西：二二。

湖　南：八。

热　河：七。

内　蒙：六。

绥　远：三。

香　港：六三。

美　洲：二三。

马来亚：四。

澳　门：四。

北朝鲜：五。

印　尼：三。

待解放区：四。

其他及不明地址者：二八九。

至于投稿者的职业、性别、年龄及所属阶层，还没有作出精密统计。仅言其大概，则有小学生，也有仍用文言作说明并且引用了古书的老先生，有工人，也有农民，有机关职员，也有大学教授，中小学教师，作家，及其他自由职业者；而来自解放军各部队机关的投稿凡八十七件。大抵来自各老解放区的投稿，以工人及机关职员为最多，学生及农民次之；而来自新解放区的投稿，则以自由职业者为最多。总而言之，从这一次的国旗、国徽、国歌应征稿件上，充分表现了全国（还有海外华侨）各阶层、各种职业的人士，男女老幼，对于革命政权如何的热烈拥护，对于新中国的国旗、国徽、国歌之制作又如何的关心，如何踊跃地来发表他们的意见。

第六小组深感其责任之重大，不敢掉以轻心。全组组员及参加两个评选委员会的专家们，经过多次讨论，反复审阅，就国旗国徽图案，得出了初步意见，简述如下：

一、国旗国徽图案征求条例，提出应注意各点为：（甲）中国特征（如地理、民族、历史、文化）等等，（乙）政权特征（工人阶级领导的以工农联盟为基础的人民民主专政），（丙）国旗图案以庄严简洁为主，国徽则须庄严而富丽。应征稿件就上述注意各点构思设计大别可分为四类：第一为镰锤交叉并加五角星者，此类最多，其中并有变体，例如镰锤有国际式（即苏联国旗上所用之形式）与中国式者，有将镰锤置于五角星之中，或将旗之左上方作白色或蓝色而置镰锤或五角星于其中者。第二为嘉禾齿轮并加五角星，或不加五角星者，此类亦有多种变体。第三为以两色，或三色之横条或竖条组成旗之本身而于左上角或中央置镰锤或五角星或嘉禾齿轮者。第四为旗面三分之二为红色三分之一为白、蓝、黄各色，而加以红色或黄色的五角星者；此类亦不少，其变体则为红色旗面加黄色长条一道或两道，而五角星的位置亦各有不同。

二、上述四类，其第一类用国际式镰锤交叉并加五角星者，无论其形式如何变换，总有模仿苏联国旗的感觉。至于拟用中国式镰锤或其他农具以代镰刀的图案，则因布置困难形式上既不美观，而摹仿的意义依然存在。

第二类拟用嘉禾齿轮的，形式上很难配合得当，故亦难以美观，且图面复杂，与“简洁”之旨不符。

第三类的形式，一半摹仿美国国旗，又一半摹仿苏联国旗，构思设计，都不足取。

第四类的长处是简洁。这一类中，红色旗面三分之一处加黄色长条而以五角星位于左上角，这一个形式，较其他各式似乎更好些（如复字第一号）；盖红色象征革命，五角星象征共产党领导的联合政权，黄色长条则可以代表中华民族发祥地的黄河。

三、国徽图案的投稿大多数不合体制，因为应征者多把国徽想像作普通的证章或纪念章。合于国徽体制的来稿，其中又有图案意味太重，过于纤巧的。比较可供参考采择者，仅四五式。

这就是第六小组审阅评选国旗国徽图案的初步意见。人民政协筹备常委会审查了这些初步意见后，未作最后决定。九月十七日，人民政协筹备会第二次全体会议通过了决议：“国旗、国徽、国歌工作移交人民政协第一届全体会议，并由原来负责的小组向人民政协第一届全体会议主席团提出报告。”根据此项决议，除国歌一项工作，经本组慎重研讨，认为此次征集之稿，足以应选者尚少，必须再行有计划地征集一次。将选取者，制曲试演，向群众中广求反应后，再行提请决定，非最近时期内可以完成。合先连同国旗国徽图样印本报告如右（上）。

此致

中国人民政治协商会议主席团

组长　马叙伦

副组长　沈雁冰

一九四九年九月二十一日

（选自政协全国委员会办公厅编《开天辟地：中华人民共和国国旗国歌国徽诞生》，中国文史出版社 2019 年版）

政协文史“亲历、亲见、亲闻”文库

人民政协与新中国成立

·第六辑·

《“三亲”文库》编纂工作委员会　编

中国文史出版社

1949 年 9 月 21 日，中国人民政治协商会议第一届全体会议在北平中南海怀仁堂隆重开幕，毛泽东致开幕词，庄严宣告：“占人类总数四分之一的中国人从此站立起来了。”

中国人民政治协商会议第一届全体会议会场。

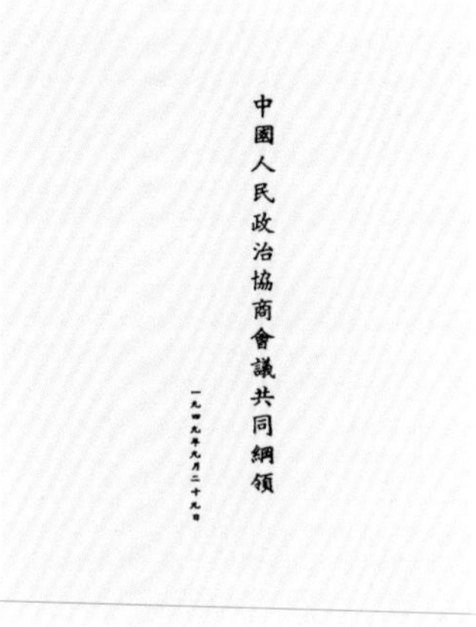
中國人民政治協商會議共同綱領

一九四九年九月二十九日

中國人民政治協商會議組織法

一九四九年九月二十七日

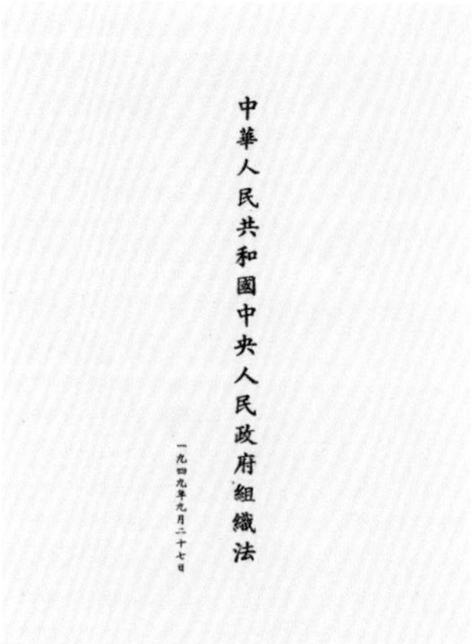
中華人民共和國中央人民政府組織法

一九四九年九月二十七日

中国人民政治协商会议第一届全体会议讨论通过《中国人民政治协商会议共同纲领》《中国人民政治协商会议组织法》《中华人民共和国中央人民政府组织法》。

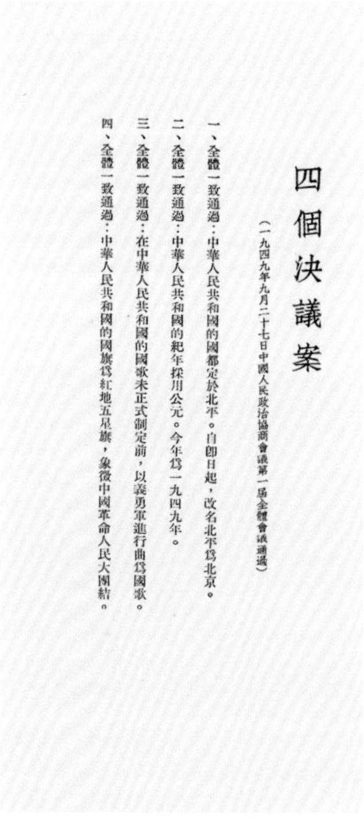
四個決議案

（一九四九年九月二十七日中國人民政治協商會議第一屆全體會議通過）

一、全體一致通過：中華人民共和國的國都定於北平。自即日起，改名北平爲北京。

二、全體一致通過：中華人民共和國的紀年採用公元。今年爲一九四九年。

三、全體一致通過：在中華人民共和國的國歌未正式制定前，以義勇軍進行曲爲國歌。

四、全體一致通過：中華人民共和國的國旗爲紅地五星旗，象徵中國革命人民大團結。

中国人民政治协商会议第一届全体会议讨论通过中华人民共和国国都、纪年、国歌、国旗四个决议案。

1949 年 9 月 30 日，当选的中央人民政府主席、副主席在闭幕式主席台上。左起：刘少奇、朱德、毛泽东、宋庆龄、李济深、张澜、高岗。

代表们举手表决。

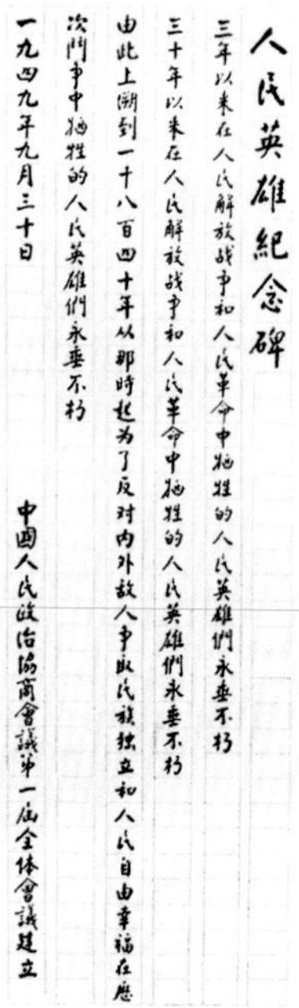

人民英雄紀念碑

三年以来在人民解放战争和人民革命中牺牲的人民英雄們永垂不朽

三十年以来在人民解放战争和人民革命中牺牲的人民英雄們永垂不朽

由此上溯到一千八百四十年从那時起为了反对内外敌人争取民族独立和人民自由幸福在历次鬥争中牺牲的人民英雄們永垂不朽

一九四九年九月三十日

中國人民政治協商會議第一屆全體會議建立

中国人民政治协商会议第一届全体会议通过竖立“为国牺牲的人民英雄纪念碑”的决定和纪念碑碑文。图为1958年落成的人民英雄纪念碑及由毛泽东起草、周恩来手书的碑文手稿。

各界群众在中南海新华门前庆祝中国人民政治协商会议第一届全体会议胜利闭幕。

第六辑　选编说明

经过紧张的协商和筹备，1949年9月21日至30日，中国人民政治协商会议第一届全体会议在北平（今北京）中南海怀仁堂召开。出席大会的有党派代表、区域代表、人民解放军代表、团体代表共45个单位及特别邀请人士，共有正式代表、候补代表及特邀代表662名。会议具有代表全国人民的性质，代行全国人民代表大会职权，为新中国诞生作了全面准备。这次会议标志着100多年来中国人民争取民族独立和人民解放运动取得了历史性的伟大胜利，标志着爱国统一战线和全国人民大团结在组织上完全形成，标志着中国共产党领导的多党合作和政治协商制度正式确立，也标志着人民政协制度的正式确立。毛泽东在开幕词中宣告："我们的工作将写在人类的历史上，它将表明：占人类总数四分之一的中国人从此站立起来了。"

大会共举行8次全体会议。与会代表怀着参与开国盛事的使命感，对大会的各项议案进行了充分讨论和民主协商。会议通过了具有临时宪法性质的《中国人民政治协商会议共同纲领》和《中国人民政治协商会议组织法》《中华人民共和国中央人民政府组织法》；作出关于国都、纪年、国歌、国旗的决议；选举产生中央人民政府委员会，毛泽东为中央人民政府主席，朱德、刘少奇、宋庆龄、李济深、张澜、高岗为副主席，陈毅等56人为委员；选举毛泽东、周恩来、李济深、沈钧儒、陈叔通等180位委员组成政协第一届全国委员会；通过了人民政协第一届全体会议宣言。会议闭幕当天，在天安门广场举行了人民英雄纪念碑奠基典礼，缅怀和纪念在长期斗争中为民族独立和人民解放而英勇献身的革命先烈。

本辑史料64篇，主要收录全国政协及地方政协征集、政协委员及其联系的各界人士撰写的文史资料，辅以回忆录、日记等“三亲”史料，并选录若干重要文献。收录的文章主要分为三个部分：出席人民政协第一届全体会议的代表的回忆文章；参与会议组织、服务、新闻报道的工作人员的回忆文章；参会代表亲属、随行人员等知情者的回忆文章。总体上，根据作者在人民政协第一届全体会议参加单位顺序和作者身份综合编排稿件。

目　录

第六辑　人民政协第一届全体会议

赛福鼎·艾则孜　人民民主放光彩 …… 001

费孝通　获益终生的一段经历 …… 015

胡厥文　民建在解放前后 …… 020

孙起孟　曙光从东方升起 …… 028

叶圣陶　参会琐忆 …… 032

孙晓村　我所经历的第一届人民政协会议 …… 039

叶笃义　我参加新政协的一点回忆 …… 045

马寅初　人民政协召开的经过 …… 049

梅龚彬　迎接新中国诞生 …… 061

秦柳方　群贤毕集　为新中国政制奠基 …… 064

司马文森　会师新中国的十月 …… 076

李子诵　忆政协首届会议　话民主共和当年 …… 108

田富达　参加人民政协一届全体会议的难忘回忆 …… 113

宋一平　参加政协第一届全体会议简述 …… 121

陆　平　我与政协第一届全体会议 …… 123
张子芳　在这激动人心的日子里 …… 126
管文蔚　难忘的回忆 …… 129
夏　衍　迎接新中国的诞生 …… 132
王一鸣　一次难忘的划时代的会议 …… 138
刘　春　少数民族代表参加新政协会议记 …… 141
王再天　创建新中国的盛会 …… 151
李葆华　政协第一届全体会议前后的回忆 …… 160
资耀华　最高的荣誉 …… 162
戴镜元　我曾作为解放军代表参加政协第一届全体会议 …… 167
廖运周　难忘的盛会　深刻的教育 …… 170
杜中夫　光照千秋的建国盛会和开国大典 …… 177
刘白羽　记政协第一届全体会议 …… 189
曹　铁　参加人民政协第一届盛会的回忆 …… 210
黄静汶　回忆参加人民政协第一届全体会议 …… 215
梅　益　一届政协会议见闻 …… 221
范小凤　难忘的时刻 …… 225
谢邦定　在新中国成立的日子里 …… 229
孙宗汾　回顾参加新政治协商会议 …… 236
吴羹梅　一心向往共产党
——我参加第一届政治协商会议的回忆 …… 241
陈震中　父子两代人　同台商国是 …… 253

葛志成　新中国的曙光 …………………………………… 269
刘尊棋　新闻工作者参加新政协杂记 ……………………… 280
徐铸成　政协大会十日记 ………………………………… 283
天　宝　我参加人民政协第一届全体会议的经过 ………… 292
陈嘉庚　回国参加新政协 ………………………………… 297
司徒美堂　新中国向海外侨胞招手 ……………………… 306
邓裕志　宗教界在一届政协会议上 ……………………… 313
张元济　1949 年参会日记 ……………………………… 319
袁雪芬　参加一届政协会议前后的感受 ………………… 329

沙　里　新政协召开前后琐忆 …………………………… 336
方荣欣　回忆新政协的成立 ……………………………… 348
孙小礼　在新政协秘书处工作的难忘日子 ……………… 359
李　庄　一个新闻记者看新中国诞生 …………………… 370
季　音　缔造新中国的历史盛会
——回忆采访首届政协会议及开国大典 ………… 376
陆　诒　记首届政协会议开幕 …………………………… 384

沈北乐　陈毅同志在新中国成立前后的一些活动 ………… 387
齐翔延
齐翔安　父亲齐燕铭在新中国成立前后 ………………… 396

邓成城　　襄与盛举　共商大计 …………………………… 402
司徒丙鹤　新中国成立前后的司徒美堂 ……………………… 408
张树年　　陪同父亲张元济出席人民政协会议 ……………… 430
王　鹏　　王芸生参加人民政协第一届全体会议前后 ……… 435
王家贤　　黎族代表王国兴赴京出席首届政协会议的经过 … 447

重要文献选编

中国人从此站立起来了 ……………………………………… 毛泽东 454
中国人民大团结万岁 ……………………………………… 毛泽东 459
中国人民政治协商会议共同纲领 ……………………………… 462
中国人民政治协商会议组织法 ………………………………… 474
中华人民共和国中央人民政府组织法 ………………………… 479
关于中华人民共和国国都、纪年、
国歌、国旗的四个决议案 ……………………………………… 487
中国人民政治协商会议第一届全体会议代表名单 …………… 488

人民民主放光彩

赛福鼎·艾则孜*

中国人民政治协商会议第一届全体会议召开已经过去36年了，但那些大喜庆的日子、难忘的历史性时刻，在我的脑海里、在我的记忆深处，新如昨日。我从新疆被特邀来参加这样历史性的会议，感到无比荣幸。

参加政协第一届会议，在我的一生中是最难忘的一件大事。这次会议对我的教育、我在会上的体会，难以用语言完全表达出来。写在下面的，仅是其中的点点滴滴。

---

* 赛福鼎·艾则孜：时任新疆保卫和平民主同盟主席，人民政协第一届全体会议代表；后曾任第十、十一届中央政治局候补委员，第一至七届全国人大常委会副委员长，第八届全国政协副主席，中共新疆维吾尔自治区区委书记。

一　中华英杰齐荟萃

1949 年 9 月 15 日我和新疆的其他代表一起到达了北平。一到北平，就感到大家都在为开好这次会议而紧张工作的气氛。有这么个印象长久地留在我的记忆之中，那就是：北平不像是刚刚解放的城市，而像是一座早已建立政权的国家首都。会议的准备工作像是正在为过一次大型节日而紧张地准备一样。这是出乎我意料的。

全国刚刚解放，管理这么大的国家，需要一支强大的管理干部队伍，是否已经解决了这个问题？怎么解决？在我到北平以前常常这么想。我来到北平以后，首先看到以毛主席为首的党中央各位领导同志都是久经考验的具有长期革命斗争实践经验和理论水平的革命家。他们是中华儿女的优秀代表，集中了全民族的精华和智慧。当我和领导人见了面并经过一段时间的接触之后，就感到我过去的那种担心有些多余了。

在北平期间，不仅看到了我党培养出来的一大批有才干的政治干部，而且接触了具有高度军事指挥才能的高级指挥官，如朱德、彭德怀、陈毅、贺龙、罗荣桓等同志，都给我留下了深刻的印象。还有参加这次政协会议的代表中的许多军事干部，也通过自己的言行和高度的思想境界吸引了我。看到这些情景，尤其是看到我们的国家已经有一支强大的人民军队，我油然产生一种自豪感和安全感。

同时，我又观察了经济工作、文化教育、体育卫生和外交工作方面的干部情况。我当时认为如果缺乏这些方面的干部，想搞好我国刚刚开始的各项建设是不可能的。当我听到陈云、李先念、薄一波等领导同志的关于国家财政、外贸、价格等政策方面的论述以及怎样搞好国家经济建设的意见和看法的时候，我才真正放心了。

以上的那些问题我想了许多、想了很久。因为我了解苏联十月革命取得胜利后，苏维埃政权建立初期所遇到的问题就是缺乏一大批各级干部，尤其是领导干部，所以出现了很多问题，遇到了很多困难。而我们的国家却是另一种情况，我们具备一大批各级各类管理干部队伍，有一个强大的、能够立刻担负起国家的领导重任的领导核心。真是中华英杰荟萃一堂啊！我经过很久的思考，又有了这样一个新的认识：长期持续的革命武装运动是个锻炼人民群众的大熔炉，尤其是培养有高度觉悟的有才干的干部队伍的大学校。有了这样一个坚实的基础，第一届人民政治协商会议才比较顺利地解决了在国家政权建设中的重大问题。

二　人民民主放光彩

中国人民政治协商会议第一届全体会议是人民民主在我国历史上开天辟地第一次大发扬。这次会议召开以前和召开期间，中共中央为了充分发扬人民民主，接受、采纳各种意见和建议，召集了各种形式的座谈会。除了在党内广泛征求意见外，还认真听取了各民主党派、人民团体、各地区、人民解放军、少数民族、爱国民主人士和海外华侨代表的意见。

为了起草和修改人民政治协商会议的《共同纲领》，在会议召开以前就广泛征求过意见。我们来到北平以后，在会议期间参加了几次征求意见的讨论会。在会上，反复征求少数民族代表对有关民族政策的条款的意见。会议从 9 月 21 日开幕到 30 日闭幕的这段时间里，正式地集中讨论了《共同纲领》。除在小组会上讨论外，还个别征求了大家的意见。经过反复讨论、反复修改，从文字到内容都达到了高度精练，最后才形成中国人民政治协商会议共同的纲领和执行国家权力的方针。

组织方面，如中央人民政府的组成、政府机构工作人员的组成也都体现了最大的民主。在选举国家领导人时，除了在小组会上认真讨论外，中央的主要领导同志还广泛征求了代表和有关人士的意见，特别是周恩来同志做了大量深入细致的工作。除此之外，毛泽东同志召见了各民主党派、人民团体和少数民族的代表，同他们商谈了选举国家领导人的问题。经过这样反复座谈讨论以后，选举产生了以毛泽东为主席的中央人民政府，接着组成了以周恩来为总理的政务院以及所属各部委。

在这次会议上，还十分认真地讨论了国旗、国徽、纪年、首都和国歌的方案。在座谈讨论过程中，产生了不同的意见。党中央并没有急着要通过已有的方案，而是认真听取代表的意见，并且照顾到不同意见。特别是为了统一大家对国旗和首都方案的不同意见，周恩来专门作了说明。这样，全体代表在热烈的掌声中一致通过了国旗、纪年、首都和国歌。

就这样，中国人民政治协商会议第一届全体会议正确地运用民主的方式，发扬了最大的民主，胜利地完成了自己的使命。

三　领袖情谊暖吾心

中国人民政治协商会议第一届全体会议邀请新疆代表参加。会议期间，毛泽东等主要领导人几次接见了我们新疆代表。他们高尚的品德，使我们深为敬佩。除了在新疆伊犁见到过中共中央派去的邓力群同志外，这是我第一次见到中共中央领导同志。我们当时知道毛泽东同志，也读过他的著作。关于朱德、刘少奇、周恩来等领导同志也听说过一些。由于参加这次会议，我认识了他们，并且亲耳聆听了他们的讲话和重要指示。每一次见到他们都给我留下了更深的印象。他们的理论水平、渊博的知识，以优良的革命传统为基础的高贵品德，都使我受到深刻的教育，给我留下了终生难忘的印象。在这以前，我在新疆曾多次见到过国民党政府的汉族官员，并和他们打过交道，他们腐朽没落的作风实在令人厌恶。而中共中央的这些领导人和他们完全不同。

我一到北平就抑制不住激动的心情，想尽快见到平素景仰的中央领导。我想象他们一定是仪表堂堂、身材魁梧、神秘而难以接近的人物。但第一次见到他们时，就感觉到他们和我想象中的不一样，中央领导同志对人和蔼可亲、关怀备至的态度，谦虚、朴实的作风，给我留下了终生难忘的回忆。

我们来到北平的第二天（9 月 16 日），齐燕铭同志告诉我们说，今天下午 5 点一刻周恩来同志要接见我们。我们按约定的时间来到周恩来的住处，齐燕铭同志已经在那里等我们了。他领我们进了客厅后说："周副主席因为有个重要的事要处理，过一会儿就到。他请求你们谅解。"过了一会儿，进来一位穿着朴素的年轻人给我们倒茶。我呷了一口茶，又看见一位和倒茶的年轻人同样穿着的中年人走进来。他穿一身发白的蓝色中山服，脚上穿着一双圆口布鞋。我以为这又是一位工作人员，所以没怎么理会。他却正向着我走来，并问："您就是赛福鼎同志吧？"我随口说道："哦，对，我是。"而他说道："我是周恩来。"说着把手伸了过来。话还未听完，我就紧张起来，即刻站起来，激动地把双手伸了过去，但是我仍然不相信我的眼睛。我们彼此握了手，他又同其他代表和翻译、秘书等工作人员一一握手，之后和我们一起坐下来聊了起来。我坐着越想刚才的情景，越是感到不安，不时地看看他，又看看我自己——穿着一身西服、打着领带，心里不自在起来。

周恩来表示欢迎我们，然后又向来北平途中飞机失事遇难的烈士们表示了哀悼，最后又向我们表示歉意说没有能够及时看望我们。我听着他这些诚恳的话语，十分感动，他身为党中央副主席却这样谦逊质朴，刚才的那种不安的心情顿然消失。周恩来同我们谈话的气氛是热烈的、亲切的。他先给我们简要地介绍了政协会议的筹备情况，然后又问了新疆的情况。我简单地汇报了新疆的情况。谈话结束时，周恩来同志领我们到另外一间屋里，招待我们吃便饭。刚一进屋，周恩来将一个人介绍给我们说："这是内蒙古自治区政府主席乌兰夫。"接着又介绍了其他几位负责干部。我们边谈边吃，大家很随便。尤其是周恩来谈笑风生，使大家不再感到拘束了。最后周恩来提议为欢迎我们的到来而干杯！

9 月 17 日晚，我们来到中南海怀仁堂看京戏。在微弱的灯光下，京戏开演了。我们在前排就座。这时，有位身材高大的人出现在我面前，挡住了我的视线，他在看着我。我呢，为看不到舞台而着急（若明若暗的灯光使我看不清对方）。正在这时周恩来从后面过来，指着我面前的人对我说："毛主席看你们来了。"话音未落，我又惊又喜，立刻站起来，毛主席把手伸过来，说：“欢迎你们！”我很紧张，不知说什么好。这时，站在毛主席后面的一位前来和我们一一握手，原来这是朱德同志。然后，毛主席说：“请你们看戏，下次再见。”说完后往后面走去了。第二天早晨，周恩来给我们讲了昨天晚上毛主席来看望我们的经过。原来，毛主席也来看戏，演出开始后他在后排就座（他平常习惯就是开演后进来坐在后排），他问我们来了没有，周恩来说他们来了。毛主席说：“去看看他们。”就这样，有了昨晚会见我们的场面。周恩来同志说完这些，又补充说：“毛主席准备专门接见你们的。但他又很想见你们，所以他没有等待，知道你们来看戏，就先来看你们了。”我们听了这些，心里非常感动。

朱德、刘少奇等中央领导同志初次给我们的印象就是品质高贵、热情和蔼、谦逊质朴，对同志充满感情。朱德特地前来我们的驻地和我们长谈了两个多小时。刘少奇除了平时的会面、接触外，也专门接见了我们。周恩来更不用说，每隔一两天就来看我们，或请我们去。无论问题大小，他都请我们提出自己的看法，征求我们的意见。如果涉及新疆的问题，他更是如此，再三请我们提意见。毛主席除了每次见面时表示慰问外，曾两次邀请我们去他家做客、吃便饭。以毛主席为首的党中央领导同志谦逊、朴实却富于智慧的崇高的精神境界给我们留下了深刻的印象。和这些领导人在一起讨论问题、座谈，都会使人感到心情舒畅，自由自在，毫无拘束。在整个会议过程中，他们对代表们表示了无微不至的关怀和真诚的款待。尤其是对少数民族代表和干部特别关心，甚至对少数民族代表的风俗习惯、饮食、住行等方面也都亲自过问，给予了特别照顾。

有一件事我记得非常清楚，那是我们返回新疆的前一天晚上，毛主席邀请我们去他的住处举行告别宴会，为我们饯行。进餐的时候主席问周恩来："飞机的情况怎么样？"回答说："送新疆代表回去的飞机安排好啦。飞行员的技术也很好。"毛主席说："今天夜里组织一个由苏联专家参加的技术检验小组，重新检查一下飞机。"主席回过头来对我说："明天你们在没有接到恩来同志的电话以前不要起飞。"第二天早晨8点，周恩来打电话给我们，请我们去飞机场。当我们赶到飞机场时，他已经在那里等候我们了，对我们说："根据主席的指示，对飞机和飞行人员连夜进行了全面检查，我已向主席汇报了。飞行安全有保障。你们可以起飞了。"我们告别了周恩来飞往新疆去了。这件事使我终生难忘。领导同志对我们的亲切关怀，使我们很受感动，很受教育。这不仅是对我们这些代表个人的关怀，而且是对少数民族人民的最大关怀。

四　十日胜过三十年

通过参加人民政治协商会议第一届全体会议，我受到了一次深刻的教育。

这次会议给我上了一堂生动的马克思主义政治理论课，我从思想上、理论上学到了许多东西。这对我后来的学习和不断进步起到了决定性作用。

首先，我得到了一次从实践中学习马列主义理论的机会。尤其是关于我国的历史，我党领导的关于新民主主义革命的历史经验，关于将马克思主义同我国具体实际相结合，创造性地发展马克思主义以及毛泽东思想等方面，我第一次得到了教育。

关于中国共产党和她的革命业绩方面，当时我们这些从新疆来的少数民族干部知道的比较少。1939 年中国共产党派陈潭秋、毛泽民、林基路等同志来到新疆宣传马列主义、宣传中国共产党的政策，做了许多工作。从那时候起我们才第一次接触到中国共产党人，对于我党有了初步的印象。但是，由于军阀盛世才的阻扰，他们的活动遭受到了很大的限制。后来，盛世才逮捕并杀害了他们，背叛了中国共产党，进行了反革命大屠杀。从 1943 年在新疆成立国民党组织后，就更加严厉地限制了我们与共产党人的接触和学习活动。在新疆三区革命时期，我们有一批进步青年在阿布都克里木·阿巴索夫的倡议和帮助下，学习了由他翻译的毛泽东同志的一些文章、著作。通过学习，初步认识和了解了中国共产党以及在她领导下的革命活动。但是，我们的认识只是初步的，也是不全面的。而这次在北平通过参加人民政协第一届全体会议，不论在理论上还是在思想上对于中国共产党以及她所领导的革命活动的伟大历史意义有了（尽管是刚刚开始）更深刻的认识，思想上取得了很大进步。

我们新疆代表从新疆伊犁乘飞机绕道苏联西伯利亚进入国境线（当时新疆尚未解放，我是假道苏联来北平的），改乘火车继续南行。我们在火车上才第一次看到了毛泽东同志的重要著作《论人民民主专政》，在途中我反复阅读了这篇著作。通过对这篇著作的学习，我才懂得了中国共产党的路线、方针、政策以及新民主主义革命的经验和今后的奋斗目标。

我来到北平以后，除了学习毛主席的有关著作和中共党史以外，亲耳聆听了以毛主席为首的中央领导同志的重要讲话指示，受到了很大教育。当时，中央领导同志中同我们接触最多的就是周恩来同志。周恩来每次和我们谈话，都作了重要指示。他说，新疆的少数民族曾经受双重压迫——外族统治阶级的压迫和本民族统治者的压迫。现在虽然从国民党反动统治者的压迫下解放出来了，但是，要彻底消除大汉族主义、民族歧视，还要做许多工作。他说，在民族问题上，我们是执行马克思主义的民族政策，各民族一律平等。要反对大汉族主义，也要反对地方民族主义，首先要反对大汉族主义，这样，中国各民族才能团结，我们的事业才有保证。听周恩来谈话，好像给了我一次理论武装，使我深受教育。他那引人入胜的话语，深刻而富有哲理的分析，尖锐而亲切的教诲，使人口服心服。每次见到他，听他讲话时，我对他的敬佩之情就加深一层。

会议过程中，我们多次聆听了毛泽东同志的重要讲话。他每一次讲话都好像给我上了一次课。毛泽东除两次集体接见我们以外，还两次（第一次是刚到北平的时候，第二次是返回新疆前）在中南海的住处接见了我们。这两次接见给我留下了终生难忘的纪念。毛主席每次接见我们，都询问了新疆的具体情况并且对新疆工作作了非常重要的指示。特别询问了新疆少数民族的生产生活情况，指出在新疆最为重要的工作就是要使各民族紧密地团结。首要的是要加强少数民族人民与汉族人民之间的团结，而这一团结的关键是加强少数民族干部与汉族干部之间的团结。毛主席说：维吾尔民族是个具有悠久历史传统的古老民族，有丰富的历史文化遗产，而且对内地产生过影响。现在解放了，更应该有较大的发展。他说，新疆的自然条件有许多优势，自然资源丰富，只要我们把工作做好，人民是会高兴的，民族经济文化的发展会更快更好的。毛主席除了一系列的指示外，他那谈笑风生、和蔼可亲的面容，朴实、谦逊而又高尚的气质，尤其是他那伟大的马克思主义者的博大的胸怀和渊博的知识，都给予我深刻的教育，莫大的鼓舞和力量，使我更加景仰他。

刘少奇同志和我们除了平时会议期间的接触外，还专门接见我们，并就新疆党组织的建设、进行土改等问题进行了座谈。在谈到新疆党组织的建设时，刘少奇说：大量的汉族干部和解放军到新疆去，这是需要的，但还要吸收少数民族干部入党，要大量地培养具有共产主义思想觉悟的少数民族干部，这是在新疆建立党的组织方面的一项重要的任务。如果这一任务完成不好，要搞好新疆的工作是不可能的。在谈到土改问题时，他说，计划从 1952 年起进行土地改革运动，土改中注意新疆的特点，要放宽政策等。在一系列重要问题上，和我们取得了一致意见。这次的谈话，对我是又一次的马克思主义教育。与此同时，使我懂得了在新疆怎样开展工作，掌握了搞好新疆工作的新的钥匙。

朱德同志在这次会议期间，除了经常和我们见面，问这问那之外，有一天他特地来到我们下榻之处和我们谈了两个多小时。他将自己带来的中国地图铺在桌面上，指着新疆说：新疆的战略地位十分重要，她对建设和发展西北边疆地区，巩固国防具有特别重要的意义。接着问我关于新疆的自然条件、地下矿藏资源、水利资源以及少数民族的生产生活等情况。我一一回答了他的提问。他听完后高兴地说：“新疆有很大的发展前途。”然后又谈到了新疆的军事工作问题。当他谈到人民解放军进疆后要做的工作时指出，人民解放军是一支战斗队，同时又是工作队、生产队，要完成这一光荣的任务，并将三区的民族军改编为人民解放军（人民解放军的一个支队），人民解放军要和民族革命军的广大指战员亲密团结、共同奋斗。朱德在这次谈话中明确指出了人民解放军在新疆的光荣而艰巨的任务。这次的谈话同样给我留下了深刻的印象。

我在政治上的又一大进步是我在这次会议期间光荣地加入了中国共产党。当时我们新疆的少数民族干部都有加入共产党的迫切愿望，但是新疆还没有党的组织，我们的愿望未能实现。参加这次政协会议，对我是个很好的学习机会，我便向毛泽东主席提出了自己的入党申请，写了入党申请书。没有过多久，即 1949 年 10 月 23 日，主席就批准了我的入党申请书。我的愿望实现了。这在我个人的政治生活中是具有特别意义的一件大事，是一大转折点。

总而言之，我通过参加这次会议，从政治上、思想上得到了一次学习的好机会。在不到两个月的时间里，尤其是开会的 10 天（9 月 21 日至 30 日）中的收获胜过了我的几年乃至几十年的经历，真是“十日胜过三十载”呵！当会议结束时，我带着在北平、在会议期间所学到的政治、思想、理论、经济、军事、组织、文化等各方面的知识回到了新疆，将会议精神也带回去了，最为重要的是将以毛主席为首的中央领导同志的宝贵的指示也带回去了。除此之外，我以普通群众的身份来到北平，以正式党员的资格回到了新疆。从此，我在中国共产党的培养、教育和领导下，开始了我的新的政治生活。走上了中国共产党指明的光辉道路，坚信马克思主义、坚信共产主义。

我踏上的这次征途是一个充满政治果实的征途。当我回忆起自己漫长的人生之路时，具有历史意义和现实意义的这个阶段在我的一生中占有重要地位。每当我想起这些时，感到非常荣幸和无比自豪！

五　万众欢庆开国典

10 月 1 日，东方刚刚发白，首都人民从各个街道、各个胡同中涌出来，犹如奔涌的江河汇集潺潺的小溪东归大海一般涌向天安门广场……当我跟随领导同志登上天安门城楼的时候，天安门广场已是人山人海，人们抑制不住激动的心情热切地期待着那个庄严时刻的到来。我看到这一情景心情无比激动。广场上，身穿节日服装的工人、农民、解放军、学生、机关工作人员以及各人民团体的代表举着五彩缤纷的旗帜，压抑不住内心的喜悦不时地高呼着口号。当毛主席登上城楼时，天安门广场上响起了雷鸣般的掌声和欢呼声，“共产党万岁”“毛主席万岁”的口号声久久地回荡在天安门广场上空……这一天，激动人心的场面是难以用语言表达出来的。

这时，毛主席走上来，他一眼看见我站在城楼观礼台的右边（即西头），就走上来和我握了手，然后就拉着我的胳膊来到观礼台中央。他走上前了，我站在他后面不远的地方。此时此刻，我为自己能够作为一名中华人民共和国的光荣公民来参加这一盛典而感到自豪和骄傲！毛主席庄严地宣告了中华人民共和国的诞生！与此同时，广场中央的五星红旗冉冉上升，在国歌声和礼炮声中，广场上的全体群众和城楼上的领袖一起，以深情的目光注视着鲜艳的五星红旗在天安门广场上升起，在蓝天下飘扬！五星红旗以她那母亲般的胸怀迎接了开国大典……

以无数革命先烈的鲜血染成的五星红旗赋予人们以极大的鼓舞和力量。

广场上人群沸腾起来了！

广场上亿万群众以无比喜悦的心情欢呼人民共和国的诞生，欢呼声响彻云霄！

欢呼声响彻首都的上空，穿越云层，传遍祖国大地，传遍世界的东方、西方！

战无不胜的红旗，在蓝天中伸展开她那巨大的胸怀飘扬着……

中华人民共和国诞生的礼炮声，震撼了世界，在宇宙空间回荡着……

托和提·热比亚　译

（选自石光树编《迎来曙光的盛会——新政治协商会议亲历记》，中国文史出版社 1987 年版）

获益终生的一段经历

费孝通 *

屈指算来，这是 52 年前的事了。这件事的发生对于我们的国家和这个国家的每一个人，都产生了极大的影响。这件事就是新中国建立前夕，在北平召开的中国人民政治协商会议第一届全体会议。我作为一名代表参加了这次会议。因为 1949 年 1 月 24 日，清华、燕京两校教授张奚若、曹靖华和我等 52 人联名发表宣言，宣言中说："我们认为毛泽东先生 1 月 24 日对时局声明中的八项主张是实现真正和平的最低条件，必须坚持不移，贯彻到底。"

这次会议的召开，标志着自 1911 年中国人民为推翻帝制，寻求建立一个人民当家作主的国家的艰难历程结束了。1949 年 9 月，中

* 费孝通：时任民盟北平支部负责人，清华大学副教务长、教授，人民政协第一届全体会议代表；后曾任第七、八届全国人大常委会副委员长，第六届全国政协副主席，民盟中央主席。

国人民推翻了压在身上的三座大山，结束了长期的战乱，从此当上国家的主人，历史翻开了新的一页。这是一个伟大的社会变革过程。

在中国，由皇帝统治国家的历史，如果从秦始皇算起，到清帝国覆灭为止，经历了2000多年。而后，中国革命的先行者孙中山先生提出了争取“民权”的政治方向。经过几十年的艰苦斗争，中国人民在共产党的领导下，终于真正得到了孙中山先生所主张的“民权”。

我是1910年出生的，正是中国历史上帝制结束的前两年，因此使我在一生中能有机会目睹和参与了这近一个世纪以来中国社会的巨大变革，并且从这个大变化中感受到历史的进程。

1947年底，中国共产党领导下的人民解放军转入了战略反攻，1948年，毛泽东主席和中共中央领导同志部署和指挥了辽沈、淮海、平津三大战役，蒋介石独裁政府即将彻底垮台，新中国如一轮初升的太阳喷薄欲出。在这革命战争胜利即将到来的时刻，中共中央在1948年4月30日发布的“五一口号”中，号召全国劳动人民团结起来，为彻底打倒蒋介石，建立新中国而继续奋斗，同时号召“各民主党派、各人民团体、各社会贤达迅速召开政治协商会议，讨论并实现召集人民代表大会，成立民主联合政府”。中共中央的这个号召立即得到全国各民主党派和各界人士的热烈响应和赞成。1949年1月，我作为一名民主同盟的盟员，有幸应邀到西柏坡参加中共中央与各民主党派领导人和民主人士共商筹备新政协的座谈。毛泽东等中共中央领导人亲切同我们进行了座谈，我聆听了毛主席提出的要建立怎样的一个国家的教诲。当时，中共中央的代表与各民主党派对成立新政协筹备会以及新政协的性质、任务等问题，取得了共识。1949 年 6 月，新政协筹备会正式成立，为后来召开中国人民政治协商会议第一届全体会议奠定了坚实的基础。

1949 年 9 月，在全国人民瞩目下，中国人民政治协商会议第一届全体会议召开了，到会的 600 多位代表来自全国的各党派、人民团体、人民解放军、各地区、各民族和海外华侨。这就表示了这个大会是一个全国人民大团结的会，同时也标志着从此我们这个国家进入了一个完全新的时代——人民民主时代。会议认为，中国人民政治协商会议是中国人民民主统一战线的组织形式，是全国人民实行革命大团结的一种最重要的具体方式，这个政治体制的框架被确立之后，将长期地继续在中国存在。同时，会议还做了大量建国的准备工作：通过了中国人民政治协商会议组织法和共同纲领，以及中华人民共和国中央人民政府组织法等文件；还通过了中华人民共和国的国都、国歌、国旗、采用的纪年等 4 个决议案，完成了建立一个新中国的基本工作。这些工作对于中华民族来说，是一件创造历史、划时代的大事！

作为民主党派的一员、一个在大学里教书的知识分子，我能够亲身经历这样一个具有历史意义的过程，心里感到十分荣幸和无比的兴奋。我不是一个专门研究政府机构或政治体制的专家，所以在这个重大的过程里没有作出什么贡献。但是，这个经历却使我受到了深刻的教育，获益终生。记得从清华园去石家庄参加西柏坡座谈会的路上，看到公路两旁远远近近行进着的解放军队伍，还有那一眼望不到头的老乡们送粮的车队，队里没有拿枪的兵押着，深夜点了灯笼还在前进。它表明了中国千千万万的老百姓，在共产党的领导下，自愿地、自发地在做一件事，这是一股铁流，一股无比的力量！这个景象强烈地震撼了我的心，我被这股“人民的力量”所折服。石家庄的旅行更加坚定了我同共产党合作的信念。

还有，像我这样经历的“民主教授”，对“究竟怎样才算一个民主的社会”的问题，长期以来是抱有很多不合中国实际的想法。我对共产党人十分钦佩，他们艰苦朴素，为老百姓的利益赴汤蹈火，不怕牺牲，我的许多共产党朋友个个都拼命工作，这是大家都能看得见的。现在全国解放了，建立了新国家，共产党能实现什么样的民主？老实说，当初我是不敢太相信的。但是，当政协会一开，给了我耳目全新的感觉。在会场上我看见很多人，有穿制服的，穿工装的，穿短衫的，穿旗袍的，穿西服的，穿长袍的，甚至还有一位戴瓜皮帽的。这些一看就知道是身份不同的人物，能够聚在一起开会，讨论建国大事，对我来说真是平生第一次遇到。在会场里我安静地坐着听讲和发言，不由得想起几年前，在昆明的一二·一运动开始发动的那天晚上的群众大会：会上枪声四起、子弹横飞。那不就是国民党特务搞的吗！现在这些特务被镇压了，反动派的武装被消灭了，才有今天会场里大家自由的讨论……几天会开下来，我思想上的许多顾虑解除了，许多问题解决了。我满载而归，有如获得新生。

今天，参加中国人民政治协商会议第一届全体会议的情景还历历在目，然而时间已经过去了半个多世纪。中国人民在共产党的领导下，经历了无数的风风雨雨，已经取得了我们历史上从未有过的成绩。全体会议确定下来的统一战线政治体制也在实践中不断得到完善和发展。1993 年第八届全国人大一次会议通过的宪法修正案，将“中国共产党领导的多党合作和政治协商制度将长期存在和发展”作为法律，载入宪法；1997 年中共十五大把坚持和完善中国共产党领导的多党合作和政治协商制度，列为建设有中国特色社会主义初级阶段的基本纲领。正如刘少奇同志在政协第一届全体会议上讲的那样，统一战线“将长期地继续在中国存在”。

在进入新的21世纪的时候，党的统一战线政策在我国的政治生活中必将更加充满活力，在国家的各项建设工作中发挥更大的作用。我相信在中国共产党的领导下，中华民族一定会强盛起来，走上一条民族复兴的大道！

2001年11月

（选自全国政协文史资料委员会编《中国人民政治协商会议第一届全体会议亲历记》，中国文史出版社2003年版）

民建在解放前后

胡厥文*

一　解放后的欢欣

1949年5月27日，上海全部解放。次日，我和杨卫玉以民建代表身份，与各民主党派一起，宴请了华东野战军司令员陈毅等领导同志，欢庆上海回到人民手中。席间陈毅司令豪放风趣的谈话，给大家带来了欢畅和亲切之感。我兴奋至极，与宋日昌司令欢饮几醉。7月7日，我又参加了解放军入城典礼，庄严的军容，人民的欢呼，在我眼前展现了一幅从未见过的、令人振奋的画面。随后，

* 胡厥文：时任民建常务理事，新民机器厂总经理，新政协筹备会代表，人民政协第一届全体会议代表；后曾任第四至六届全国人大常委会副委员长，上海市副市长，市政协副主席，民建中央主席，全国政协常委。

上海工商界组织了工商界慰劳总会，展开了劳军运动。

还在上海解放之前，共产党中央已开始紧张地筹备组建新政协的工作。民主建国会成立于旧政协开幕的前夕，经过 3 年多反内战、争民主的斗争，民主建国会将作为一个主要的民主党派参加新的政治协商会议，这是一件多么值得庆贺的事情！上海解放不久，黄炎培、章乃器、施复亮、胡子婴与我等 5 人就被推为民主建国会参加新政协筹备会的代表。7 月 12 日民主建国会在上海举行参加中国人民政治协商会议代表的选举，16 日在中共中央华东局统战部主持下，又作了正式协商。推举代表为：黄炎培、章乃器、孙起孟、施复亮、胡厥文、胡子婴、陈巳生、盛康年、章元善、冷遹、杨卫玉、沈子槎，候补代表：陈维稷、莫艺昌。

解放是一个崭新的概念，解放意味着要改造旧思想，建立新姿态。在紧张的政治活动中，我一直在思考着在这新的时代里，自己应该做什么和怎么做的问题。1949 年 7 月 1 日，上海民建刊物《民讯》复刊了，我们在第一期上，以“上海解放了，旧的已经崩溃，新的已经开始，在这划时代历史的开端，我们应该做什么”为题征文。我在征文中，表达了自己反复思考的想法：“首先，我们要在思想上解放自己，目前最迫切的课题是学习革命的理论……掌握马列主义的普遍真理……第二，我们要动手来干生产建国的工作：……发展生产是时代任务的中心，而工业建设又是整个国家建设的重心，我们不仅要用社会科学来武装我们的头脑，我们更应该好好地利用自然科学基础和工程知识来为新社会效力，这个建国的工作是极其艰巨的……”

当时，在会内我负责宣传工作，为了让大家了解新思想和新社会，我积极组织举办了上海市工商界夏令学习会、新时代学习会，聘请许涤新等同志为讲师，讲解社会发展史、辩证唯物论、中国革命和中国共产党、新民主主义经济等课程，先后参加学习的有400多人。学习会对推动工商界人士学习革命理论、了解共产党和党的政策，起了积极的促进作用。

根据新的国内形势，在新中国成立前夕，民主建国会在北平召开了第三次理监事联席会议。会议通过了总会迁至北平及推进会务等决议。黄炎培、盛丕华、章乃器、孙起孟、吴羹梅、施复亮、陈已生、章元善与我等9人被摊派组成会务推进工作综合小组，我被推为召集人，着手筹组全国会务推进委员会。

接着，我到北京出席了举世瞩目的中国人民政治协商会议，参加讨论制订了具有临时宪法性质的《中国人民政治协商会议共同纲领》（后简称《共同纲领》），参加选举产生了中央人民政府，参与讨论确定了国旗、国歌等。能够参加如此一个宣告新时代开始的重要大会，使我感到莫大的荣幸和巨大的责任。这还是我有生以来第一次直接参与国家大事的讨论，真是心潮起伏，喜而不寐，沉浸在一生从未有过的幸福和愉快之中。10月1日，当毛泽东主席在开国大典上庄严宣告中华人民共和国光荣诞生的时候，我站在天安门城楼上，看着代表中国人民胜利和团结的五星红旗冉冉升起，激动得热泪盈眶，感到中华民族的百年大耻终于洗净，再也不被人侵略，不受人欺侮了，中国人民真正站立起来了！回想自己的半生坎坷，实业救国的梦想一再破灭，今天，才真正看到祖国无限光明的前途。

回忆过去，展望未来，在欢乐与兴奋中迎来了1950年。我激动地提笔，为《上海工商》刊物撰写了一篇《1950年岁首献辞》，欢庆中华民族的新生：

五千年民族进步的锁链已经打得粉碎，四万万七千五百万人从此得到了新生。看，五星国旗已在亚洲指出了进步的方向。

接着解放战争而来的，将是一个白热化的生产运动，大家要束紧腰带卷起袖子。新生的同胞们！光辉灿烂的远景已在一步步接近吾们。谁要怀疑，谁就将走出前进的行列！谁要犹豫，谁就得做前进行列中的落伍者！吾们必须要抛弃这些要不得的态度，紧跟着吾们英明领导者的准确方向前进。努力吧！

二　到东北参观学习

东北是解放较早、工业比较发达的地区，上海解放后，我们就想实地看看东北人民的生产建设，以便学习他们的经验，更好地参加国家建设。早在 1949 年 7 月，民主建国会就开始筹备上海市工商界赴东北、华北参观事宜。8 月，上海市工商联筹委会成立，确定由我担任上海市工商联东北、华北参观团团长，俞寰澄为副团长，组团赴东北参观学习。9 月末，俞寰澄副团长率全团 40 人到北京。当时我正在北京开会，闻讯后，就到车站迎接，随即以团长身份展开活动。

参观团抵京翌日，上海市委第一书记陈毅同志和刘晓同志就在北京饭店接见了全体团员。他们指出这是上海解放后第一个去外地参观学习的工商界团体，要大家抱着虚心学习的态度，多了解、多学习，把外地的好经验带回上海，以便在经营企业活动中，发挥更大的作用。

随后，我和俞寰澄又去中财委拜访了陈云同志，中财委秘书长薛暮桥告诉我们，陈云已打电报给东北李富春，请他们热情接待参观团。为了研究如何开展华北、华东间的贸易往来，我和俞寰澄还走访了华北人民政府贸易部长姚依林，就上海工商业者如何在“共同纲领”基础上，与华北开展业务活动，交换了意见。

参观团还向各有关领导机关分送了为参观团编写的《解放后的上海工商业》一书。周恩来总理看到后表示赞许说：“你们搜集资料真快，组织这个参观团是及时的，有意义的。”

参观团在天津受到了黄敬市长的热情接待，并参观了工厂，进行了座谈。以后，用一个半月的时间，跋涉 1.5 万里路程，以沈阳为中心，访问了大连、旅顺、哈尔滨、长春、抚顺、鞍山、本溪和安东等地，对东北的生产建设情况，作了一番系统的考察。东北人民政府李富春、林枫两位副主席，东北财经委员会叶季壮副主任，东北工业部王鹤寿部长、吕东副部长，东北商业部王兴让部长，以及东北人民政府有关部门和各地的领导热情地接待了我们。

这次到东北，亲眼看到东北和平建设的光辉成果，远远超过我们的想象，在我们心中展现了一幅中华人民共和国光辉灿烂的图画，给我们全体团员上了很好的一课。年老的，年轻的，进步的和略有怀疑的，在现实的教育下，大家认识都一致了，都进步了。我们到了北京、天津，已觉耳目一新，各样事都与过去有很大不同。一到东北，更觉一派新的景象，令人目不暇接。印象最深的有三个方面：

首先是社会风气的变化。大家都在和平安定的环境里努力建设国家。在城市，我们走在街上，几乎看不到什么人，因为翻身做了主人的广大人民，人人都有工作做，没有失业。乞丐已经绝迹，妓女除沈阳一地还有少数在集中管理外，别的地方连私娼都没有了。所有的无业游民和罪犯都已经过劳动改造，转向了生产工作。可以说，在人民政府的领导下，人类黑暗的制度全部消除了。大家都在提高自己的文化水准和政治认识，都知道对祖国服务的责任，自觉地努力工作。那种热情确乎超过了为自己做事的热情，这一切是非亲眼看到的人所不能想象到的。

其次是农村的变化。在农村，东北的土地改革已全部完成，每个人可分到土地 3 至 10 多亩不等。农民的劳动热情充分提高，农村购买力加强。真可以说是丰衣足食，看不见一个穿着破烂不堪的人，而且有 3/10 都穿上了新衣。

还有一点印象最深的是工业的进步。我们到大连时，正值大连市举办工业展览会。大连 1945 年解放，在战争中损失较小，又经三四年的恢复，在生产管理、技术管理等很多方面超过东北其他各地甚至关内的水平。参观时，大家怀着如饥似渴的求知欲望学习工业企业经营管理的经验。当时对劳动竞赛、经济核算、固定资产和流动资金的管理办法等感到很新鲜，我们就采取现场分工摘抄、回去综合整理的办法，使大家得到了较全面的了解。在那里我碰到一个从上海去大连工作的技术人员吴鲁平，他把大连化工系统的四册企业管理制度的铅印本赠给我。我逐本翻阅，对比大连和上海的经验，收获不小。东北的工业大多是社会主义性质的大型国营企业，私营企业比重很小，且多属小型企业。参观团成员多数是中、小型企业家，在参观中大家都能从《共同纲领》经济政策的高度，理解东北工业基地对全国的作用，并结合各自的业务，了解他们的技术和管理。我当时很关心私营企业按照《共同纲领》规定进行经济活动时，如何因时因地划清有利于国计民生与有害于国计民生的界限。我请参观团秘书唐慧敏收集这方面的材料。后来他根据收集到的材料写了万余字的题为《东北的私营工商业》一文，在《上海商报》发表。

为了学习东北建设的好经验，参观团每到一地，在当地首长的欢迎宴会上，我总要介绍上海解放后，在共产党的领导下，近半年间恢复生产、克服困难的情况；在拜访当地首长时，我和俞寰澄也不忘记与之交换如何发展生产、繁荣经济的意见，并征询各地对上海工商界的要求；离开前，每逢当地首长征求意见时，我认真集中全团的意见告诉对方。

参观过程中，我看到抚顺煤矿、鞍山钢铁公司、本溪煤矿和钢铁厂等都已恢复生产，鞍山化铁炉每日产量已超过日本人管理时的水平，东北一天的煤、铁产量就足够上海用一个多月；此外，还看到东北丰富的水力发电资源、四通八达的铁路运输条件和极其丰富的农产品，深感东北确实是发展重工业条件最完备的地区。同时，我们也注意到上海工商业与东北的配合问题。东北虽然有发展重工业的各种优越条件，但是他们所缺少的是大量专门人才和精密的仪器、工作母机，以及许多重工业产品的后续工业。如以钢铁为原料的机械工业、电器工业、造船工业；以木材为原料的木浆造纸工业、人造丝工业；以煤、盐为原料的颜料工业和其他化学工业等。这些，我们上海都有人才可以提供帮助，到这里建设新厂。同时，上海轻工业所需的原料，如钢铁、煤等，也可以取之于东北。在哈尔滨参观时，参观团宁思宏同志与哈尔滨工业局杨局长开始协商建立公私合营哈尔滨金笔厂的问题。以后，上海关勒铭金笔厂部分设备、人员迁哈，正式成立公私合营金笔厂。1950年夏，杨局长抵沪，接洽其他数厂的公私合营问题时，我做了一些穿针引线工作。

参观团返沪后，上海市工商联举行报告会进行传达，我和俞寰澄等连续向上海工商界汇报。我在会上介绍了祖国重工业基地东北，在共产党的领导下，恢复发展，欣欣向荣的情况，结合“共同纲领”畅谈了东北、华北之行的体会，号召上海工商界用最好最快的方法，发展上海的轻工业，去配合东北的重工业，加强上海的生产建设工作，促进全国和平建设工作的顺利发展。这次传达和宣传工作，紧密配合上海工商界的爱国主义教育，为工商界学习《共同纲领》提供了极有说服力的辅导材料，对推动工商界人士相信共产党和人民政府，解除顾虑，走《共同纲领》指引的道路，起了十分有益的作用。

（节选自胡厥文著《胡厥文回忆录》，中国文史出版社1994年版。标题为编者所拟）

曙光从东方升起

孙起孟 *

从 1949 年 6 月新政协筹备会成立之日起，我就是其中的一个工作人员。我亲身经历了人民共和国诞生之前那些激动人心的日子。至今，那种激情、感奋仍给我以希望和力量。

新政协的筹备工作，到 1949 年 8 月下旬实际上已经大致就绪。8 月 26 日至 27 日举行的新政协筹备会常委会第四次会议是对重要筹备事项的一次总检阅。在这次会议上，周恩来建议把新政协改称为中国人民政治协商会议。他还指出，新民主主义时期固然需要统一战线，即使在社会主义时期，仍然同样需要。要合作就要有各党派合作的组织。这组织叫中国人民政治协商会议，当然也要长期存

* 孙起孟：时任民建常务理事兼秘书处主任，人民政协第一届全体会议代表；后曾任第七、八届全国人大常委会副委员长，民建中央主席，全国政协常委、副秘书长。

在。他的话之所以可信，就在于它被历史证实了是完全正确的，是不以人们意志为转移的客观存在。

进入 1949 年的 9 月，召开人民政协的锣鼓敲打得越来越紧密了。9 月 21 日，举世瞩目的中国人民政治协商会议第一届全体会议，在中南海怀仁堂隆重开幕。开幕词是由毛泽东作的。这是一篇震撼人心的讲话！我记得，当他讲到“我们的民族将再也不是一个被人侮辱的民族了，我们已经站起来了”时，全场掌声经久不息。雷鸣般的掌声表露了中国人民对埋葬旧世界、建设新世界的无比高昂情绪。我看见邻座有几位年事较高的委员一面流着热泪，一面使劲地拍掌，我自己也是这样。开幕词里还有一段话，也特别引起全场的轰动。毛泽东激动地说：“我们面前的困难是有的，而且是很多的，但是我们确信：一切困难都将被全国人民的英勇奋斗所战胜。中国人民已经具有战胜困难的极其丰富的经验。如果我们的先人和我们自己能够度过长期的极端艰难的岁月，战胜了强大的内外反动派，为什么不能在胜利以后建设一个繁荣昌盛的国家呢？”这是多么扣人心弦而又使人折服的话啊！让我们多多咀嚼这些至理名言来汲取力量，增强信心，同任何艰难搏斗，争取建设国家的新胜利吧！

人民政协第一届全体会议，由于经过充分准备和反复协商，开得十分顺利。它的历史性的辉煌成就已为很多人所了解。我只想说一说 9 月 30 日闭幕的动人情景。那天，我和其他代表一样，是怀着无比兴奋欢悦的心情进入会场的，希望中华人民共和国诞生的喜讯尽快传播到全国和世界各地，似乎觉得会议程序进行得越快越好；然而，唯恐参与这样盛会的幸福际遇不久会消失，又希望会议程序进行得慢一些好。正被这样的矛盾心情弄得几乎迷迷糊糊的时候，听到毛泽东当选为中央人民政府的主席，我什么也顾不上，就猛地站起来，使出全身的力气鼓掌。没有谁指挥，全场的人都兴奋地站了起来，每个人的脸都是通红通红的，觉得似乎全身在燃烧，感觉无限幸福。尽管此景已经过去几十年的时光，但在我的心田里，至今还是美滋滋的。

闭幕会后，在北京饭店举行庆祝成功的宴会。有一件事到现在还给我留下深刻的印象。在宴会进行中间，毛泽东叫我去找致公党主席陈其尤，说是有事要和他谈。后来听说，是关于人事安排的问题。新政协筹备会的第一个重大任务就是人事安排，为此，各有关方面，特别是中共方面不知耗费了多少心血。就我的亲身见闻而言，周恩来、李维汉等为很好地完成这一任务，真是呕心沥血，不惜付出时间、精力同各方人士进行反复协商。这件事做得本来已相当妥善，可是听到一点陈其尤的反映，毛泽东还是在百忙中挤出时间与陈促膝谈心，解决问题。这种赤诚协商的精神和作风确实为后人树立了值得学习再学习的楷模。

在那次宴会上，我因为十分兴奋，情不自禁地喝了过量的酒，回到勤政殿办公室已经醉得有点不大清醒了。鉴于齐燕铭经常熬夜，每天睡眠很少，尽管练得一种“化整为零”（即插空闭目将息）的睡眠法，但那晚实在有点支持不下去的样子。估计开国大典的各项工作已经准备就绪，不会有什么大事了，我才建议他去睡个整觉，由我来值班。他勉强同意了。我在办公室里起先还强自支撑，后来抵抗不住醉意，竟然一头倒在桌上睡着了。不知道什么时候听到人声，惊醒起来，一看是周恩来。他让我略微苏醒后向我提出几个工作上的问题。天知道我当时是怎么回答的！肯定是他看出了我的醉相，没有批评我，也不再向我提问，就直接通过电话向在天安门上彻夜不眠的同志们指挥工作，口气十分严厉，却让人听得出他理解干部、爱护干部的情意。我坐在那里听呆了，直至他办完事离开办公室。我送他出去的时候，他没有说什么，只是皱了皱眉，这是对我的无声斥责啊。后来每当想起此事，我都向这位从来不知疲倦、把全部心血倾注在人民事业上的伟大的无产阶级革命家表示由衷的不安和内疚！从那以后，每当我在工作中萌生怠意时，我总以他的浓眉紧皱的形象来批评自己，鞭策自己，振奋自己。那天，当周恩来从我的办公室走出去的时候，曙光，已从东方升起，一个伟大的日子来临了！ 10月1日，那是我们中华民族的千千万万优秀儿女，抛头颅、洒热血、英勇牺牲，用顽强、不屈、殊死的斗争才迎来的啊！

（选自北京市社会主义学院编《多党合作纪实》，中国文史出版社1993年版）

参会琐忆

叶圣陶 *

1949 年 9 月 21 日（星期三）

9 时至华文学校，与教育单位之诸君集会。戴白韬报告关于出席会议应注意之琐事。其次讨论本单位首席代表在大会中发言之内容。各单位皆须发言，发言分 3 日，计 54 人。教育单位之首席代表则成仿吾也。

6 时 20 分，驱车至怀仁堂，参加人民政协会议之开幕式。此会场经过改造，有桌可凭，有圈椅可靠，较之前比舒适多矣。墙上粉刷简单而明快。台上悬孙中山与毛泽东画像。中间挂政协之会

---

* 叶圣陶：时任华北人民政府教育部教科书编审委员会主任委员，全国文联委员，新政协筹备会代表，人民政协第一届全体会议代表；后曾任第六届全国政协副主席，教育部副部长，民进中央主席。

徽。乐声时作，场外鸣礼炮，全体鼓掌，会遂开幕。先为毛氏致开幕词，继之，刘少奇、宋庆龄、何香凝、张澜、高岗、陈毅、黄炎培、李立三、赛福鼎、张治中、程潜、司徒美堂12人相继讲话，历2小时有余。其中赛福鼎为新疆人，所讲殆是维吾尔话，有人翻译。司徒美堂83高龄，所讲为广东话，亦有人翻译。以内容言，自以毛氏之言为充实，次之则刘少奇、宋庆龄两人亦有意义。

开会未久，外面起大雷雨，电灯曾熄灭少时。散会时为10点半，雨已止。门外积水，上车须等候，到家将12时矣。

9月22日（星期四）

下午3时，至怀仁堂参加全体会议。林伯渠报告政协发起与筹备之经过。谭平山报告起草政协组织法经过。董必武报告起草政府组织法经过。周恩来报告起草共同纲领经过。6点半散。

9月23日（星期五）

上午至北京饭店参加小组，讨论国旗、国都、纪年之问题。国旗系公开征求，应征者甚众，选出30余幅，彩印分发与全体代表，于今日分组讨论。余之一组之意见，多数赞同首数幅，即红旗上缀一黄星，又加一条黄条纹者。黄条纹象征黄河，示我国文化发源于黄河流域，为我国之特征。究竟采用何式，尚待综合各组意见，反复详究而后定。至于国都，一致赞同定于北平，改北平之名为北京。纪年则一致赞同用公元。

下午3时，仍至怀仁堂参加全体会议。今日为各单位首席代表发言，凡18人。其演辞均分发，发言者照诵一过。6时散会。

9月24日（星期六）

下午仍至怀仁堂。今日发言者多至22人，大多为相同之敷陈。回族献毛主席便帽、毛帽各一，又披肩一袭。毛当众穿戴，全场鼓掌。散会已7时。

9月25日（星期日）

上午9时至北京饭店，参加政协组织法草案整理委员会。盖取各组各个人之书面修正意见汇集而整理之，以俟提出大会，顺利通过。诸人议论甚多，至午后1时始散。

3时，仍至怀仁堂，开第五天之大会，今日发言者20人。6点半散。

驱车至东总布胡同10号，应愈之之邀谈。政府即将成立，愈之殆将为出版总署之署长。署设两局，编审局与出版局。编审局中，愈之兼局长，余与胡绳副之。局分教本、一般读物、通俗读物、时事读物、翻译等处，而以余长教本处。其他各处，大多有所拟定，而其下人手缺乏，皆将成光杆。群言努力找人，有人即提出，而结果仍以他日再商了事。10时散。

9月26日（星期一）

今日政协休会。夜间有晚会，演歌剧。余惮其劳，未往观。

9月27日（星期二）

下午3点，仍至怀仁堂开大会。发言者多至25人，完毕已6时。于是讨论政协组织法、中央人民政府组织法两草案，于小节颇有商讨，然后全体通过，鼓掌历数分钟。继之讨论国都，决定北京。纪年，决用公元。国旗，决用五星红旗。五星一大四小，均在1/4之部分内，四星集向大星，确比前次小组讨论者为好看。国歌，决以《义勇军进行曲》暂代。至于国名，两个文件内皆明书“中华人民共和国”，大家不赞同用“中华民国”为简称。以“中华民国”与“中华人民共和国”绝非同物也。此诸决议通过，复大鼓掌。此确是一大事件，值得永远纪念。

9月28日（星期三）

上午拟作一简短之讲稿，应新华广播电台之招。彼嘱谈参加大会之感想，而殊不易下笔。

饭后，至华文学校，与教育单位同人往王府井拍照，全体共拍一帧，各人独拍一帧，将刊入政协纪念册也。他单位亦在拍照，等候至两小时。

仍至华文学校，即晚餐。食毕全组开会，讨论主席团所提出之政协全国委员会之名单及中央政府委员会名单，备明日通过于大会者。全国委员多至180余人，政府委员亦50余人。教育单位对此二名单无意见。余之名与成仿吾、林砺儒同在全国委员之中。散会已8时半。今日政协休会，而复有此小会。

回家后，作广播演辞，得800字光景，入睡已12时过。余从毛氏所谓“中国人民站起来了”发挥，谓以后必将涌起爱国主义之高潮，因为一切都属于人民自己所有。此意殆未经人说过。

9月29日（星期四）

上午9时，新华电台派胡若木君来迎。墨为余抄演辞方毕，即携赴电台，录音于蜡片。录毕开放一遍，余听之殊不类自己之声音。国语当然不好，而段落语气尚清楚。据胡君谓自己听往往觉其不像，而录音之结果，音色必有若干变动也。

返会，戴白韬以电话来招，遂往华文。仍讨论两个委员会之名单。主席团于人数又有增加。讨论结果，无甚意见。继讨论起草委员会所拟大会之宣言。原稿殊无力量，余之单位于词句略有拟改，仍不见佳。且俟综合讨论后再定。

午后3时，仍至怀仁堂开大会。共同纲领照原草案通过。此为重大事件，今后之立国原则与设施要点，俱在此中也。继之讨论提案。通过数案中最重要者为通告联合国，国民党之代表已不能代表我国，联合国一切决议，在新中国代表未参加之前，我国不负任何责任。5点三刻散会。明日尚有一次大会。

10时，自收音机中听黑人歌唱家罗勃生所唱我国之《义勇军进行曲》录音。甚沉着有力，发音成调均合。据闻此君歌唱之前，请人讲解其意义，体会已久，始录此音。

9月30日（星期五）

晨作一谈话稿，应《进步日报》记者之约。

10时至华文，开小组会，仍讨论两个委员会之名单。政协全国委员增至190余人。政府委员会主席1人，副主席6人，委员56人。我之一组无意见。

下午，仍至怀仁堂开会。先选举全国委员。以候选人180人之整个名单一次举手通过。尚留空额18名，俟将来需要时再补。次选正副主席及政府委员，系无记名票选。票即候选人之名单，投票人于其不同意之人可以划去其名而另易他人，亦可划去而不补书。

投票毕，讨论宣言稿。已与昨日所见者有异，又经修改矣，大致皆 3 个文件中重要语句，文尚可诵。一致通过。继之通过建立百余年来为国牺牲之英雄之纪念碑，即以政协全体会议名义于今日奠基，地点在天安门前，广场之正中。于是全体代表驱车至其地，行简单之仪式，为时 10 余分钟。

返会场不多时，开票已结束。毛泽东当选为主席，朱德、刘少奇、宋庆龄、李济深、张澜、高岗 6 人当选为副主席，此外政府委员 56 人不悉记。一时鼓掌高呼，情至热烈。于是朱总司令致闭幕词，乐队奏国歌，散会。

政协会议至此乃圆满完毕。全体代表齐赴北京饭店会餐。回家已 10 点矣。

10 月 1 日（星期六）

清晨至会中，主持升旗礼。大殿前原有一旗杆，全体同人东向立，唱国歌，注视国旗上升。余致辞，即以前日录音之稿口讲一遍，似尚动听。全体合拍一照片，墨适以伤风头胀，未来参加。

10 时半，驱车至车站，欢迎苏联来之代表团。缘明后两日世界拥护和平大会中国分会将开成立会，苏联特派代表团 40 余人来参加，以作家法捷耶夫与西蒙诺夫为团长。据云如此之代表团尚为少有，不可不热烈欢迎。11 时，火车到站，乐声欢呼声大作。代表团下车，欢迎者围之数重，主客演说，互为翻译。余退至外围，与望道闲谈。既散，至北京饭店，在雁冰室中憩坐。

今日天安门及东西长安街断绝交通，因开庆祝大会故。候检阅之军队以昨夜进城，歇于东长安街两旁。参加各单位8时即出发，各按指定地点就位。此为余凭栏之所见。

2时半，驱车至天安门后，登门楼，凡政府委员及政协代表皆登楼。凭栏而望，群众之盛，红旗之密，颇有壮观。据人云，此广场比莫斯科之红场更大也。

3时开会，升国旗，鸣礼炮，奏国歌。于是主席副主席政府委员就职，主席发布公告国内外之文件。继之阅兵。有海军陆战队，又有飞机飞空，海陆空俱备矣。阅兵历两点半钟。继之群众队伍游行，自五桥前分左右而行。所携之纸灯皆点燃，或则持火炬，殊为大观。五彩高射花炮齐发，亦殊可观。如此场面，如此意义之盛事，诚为生平罕觏。

群众行两时许，尚有1/3未动。遂归，到家方9时。估计今日到场之人数当有15万云。

元善随余归，即共饮。大家兴奋，饮甚欢畅。云彬言可作文记之。余谓文字之用有限度，如此之光景，唯有五彩电影可以摄其全貌与精神，文字必不能也。

（节选自叶圣陶著《叶圣陶日记》，商务印书馆2018年版。标题为编者所拟）

我所经历的第一届人民政协会议

孙晓村 *

1949 年 9 月 21 日，中国人民政治协商会议第一届全体会议在北京隆重开幕。10 月 1 日开国大典上，毛主席在天安门城楼上向全世界宣告中华人民共和国成立。这两件事是具有划时代意义的重大事情。一想起当时的情景，我就感到无限的振奋与激动。

一　《共同纲领》为什么没写“社会主义”

第一届人民政协只是沿用了“政治协商会议”这一已为人们所熟知的名称。人民政协的阵容，是由全中国拥护新民主主义，反对

* 孙晓村：时任民建全国会务推进委员会常委，上海市工商联筹委会秘书长，人民政协第一届全体会议代表；后曾任第七届全国政协副主席，中央社会主义学院院长，民建中央副主席。

帝国主义、封建主义、官僚资本主义的一切民主力量所组成。参加人民政协的45个单位和特邀代表，共有600多人，代表着中国各阶层、各民族、各民主党派、各人民团体、人民解放军、各地区及爱国华侨，体现了全国人民空前的大团结。第一届中国人民政治协商会议执行全国人民代表大会的职权。会议通过了具有临时宪法性质的《中国人民政治协商会议共同纲领》，我作为中国人民救国会的代表参加了第一届政协会议。我所在的小组，组长是杨秀峰，副组长是李文宜等同志。在讨论《共同纲领》总纲时，发言很热烈，民主气氛十分浓厚。特别是《共同纲领》中没有写明“社会主义”，当时有不少同志认为“社会主义”的前途一定要写进去，认为社会主义是全国人民奋斗的方向，有的同志说：共产党领导，为什么怕写“社会主义”？较多同志的意见，认为《共同纲领》的实施，实质上就是走上社会主义道路，现在全国人民对社会主义还是很陌生的，写上社会主义与实际有距离，还是实事求是不提社会主义为好。几种观点争论热烈，相持不下。9月22日，周恩来同志在《关于草拟中国人民政治协商会议共同纲领的经过及其特点的报告》中讲了这样一段话，大家都表示赞同：“总纲讨论中，曾有一种意见，认为我们既然承认新民主主义是一个过渡性质的阶段，一定要向更高级的社会主义和共产主义阶段发展，因此总纲中就应该明确把这个前途规定出来。筹备会讨论中，大家认为这个前途是肯定的，毫无疑问的，但应该经过解释、宣传，特别是实践来证明给全国人民看，只有全国人民在自己的实践中认识到这是唯一的最好的前途，才会真正承认它，并愿意全心全意为它而奋斗。所以现在暂时不写出来，不是否定它，而是更加郑重地看待它。而且这个纲领中经济的部分里面，已经规定要在实际上保证向这个前途走去。”周恩来同志这篇讲话至今回味，音犹在耳，堪称实事求是的典范。

二 “小星”与“小五角星”

第一届中国人民政治协商会议决定了中华人民共和国定都于北京，中华人民共和国的国旗为五星红旗，中华人民共和国国歌为《义勇军进行曲》。我记得讨论中华人民共和国国旗是五星红旗时，有关部门最初的解释是：底子是红颜色的，一颗大星、四颗小星。当时已经提到全会上，邵力子先生就站起来表示不同意见，他说：“国旗定为五星红旗我同意，但对五星红旗的解释要改。在旧社会，人们习惯称呼人家的姨太太为小星，这么庄重的场合不能用这个词，改用大五角星、小五角星，就比较贴切了。”会议采纳了他的建议，对解释进行了修改。

三 工商界安心了

《共同纲领》用“公私兼顾、劳资两利”概括了解放初期对工商界政策的实质。上海解放前夕，黄炎培、胡厥文、杨卫玉、盛丕华、王艮仲、徐永祚等工商界人士每周有一个聚餐会，讨论当时形势，我也参加。由于解放军的节节胜利，国民党军队日趋土崩瓦解，上海工商企业家就很关心，共产党进城以后，对工商界实行什么政策。当时，中共地下党员王纪华、李正文与我们有联系。在济南解放时，他们两位就来相告，共产党的政策是“公私兼顾、劳资两利”。这个消息，我们在工商界聚餐会上提出来后，不少工商企业家将信将疑。上海一些大的工商企业家把一部分资产转移到香港，原来向外国订的货，船到香港就放在那里，不再运往内地。《共同纲领》中“公私兼顾、劳资两利”的条文一公布，工商企业家很高兴，一再说政策好，有人还准备把资金调回来，有人准备把放在香港的重要机器设备运回来。他们对国营经济的领导作用虽有点疑虑，但都觉得只要有利于国计民生，生产就可以发展。加之他们看到其代表人物在北京受到的礼遇，就更觉安心了。南方金融界的一位巨头，中国银行浙江分行经理金润泉先生，就对我说：“前几天我还提心吊胆，这两天，我从报上看到陈叔通在北京的活动，觉也睡得着了。”

四　多党合作　任人唯贤

第一届中国人民政治协商会议制定了《中华人民共和国中央人民政府组织法》和《中国人民政治协商会议组织法》，选举了中央人民政府委员会和中国人民政治协商会议全国委员会。

第一届政协大会闭幕之前，就中央人民政府如何组建的问题，毛泽东主席、周恩来副主席、刘少奇副主席和李维汉同志与各民主党派负责人反复协商。最后经选举，毛泽东当选为中央人民政府主席，朱德、刘少奇、宋庆龄、李济深、张澜、高岗当选为副主席。有3位民主人士进入国家最高领导机构。中央人民政府政务院总理为周恩来，副总理为董必武、陈云、郭沫若、黄炎培。中国人民政治协商会议第一届全国委员会，毛泽东当选为主席，周恩来、李济深、沈钧儒、郭沫若、陈叔通当选为副主席，李维汉当选为秘书长。在中央人民政府中担任部长或相当于部长的民主人士有：郭沫若任政务院文化教育委员会主任兼科学院院长，黄炎培兼轻工业部部长，谭平山任人民监察委员会主任，沈钧儒任最高人民法院院长，朱学范任邮电部长，章伯钧任交通部长，李书城任农业部长，梁希任林垦部长，傅作义任水利部长，史良任司法部长，何香凝任华侨事务委员会主任委员，胡愈之任出版总署署长。至于担任政法、财经、文教 3 个委员会的副主任委员，各部副部长的民主人士为数更多。我回到上海，朋友们都讲共产党的确伟大，打下了江山，但不是统统用自己的人。担任领导职务的共产党党外的人士都是在社会上经过几十年考验的中华民族的精英。沈钧儒、史良、章乃器（政务委员）是“七君子”成员，社会知名的民主战士；黄炎培、陈叔通在旧社会是不担任反动政府一官半职的耿介之士；梁希先生是森林学家，南京大学校务委员会主任，有名的教授，生活很清苦，但决不肯做蒋介石、国民党的官，担任林垦部长是学有所用、甘挑重担。当时民主人士在中央人民政府中担任部长以上职务占全体成员的 1/3 强，他们德高望重，深受人民的信任。至今想起这些往事，我深感这样的人事安排，充分体现了共产党领导的多党合作，是用人唯贤的楷模。

五 “救国会”解散

中国人民救国会是 20 世纪 30 年代中期以上海为中心组织起来的一个有广泛群众基础的全国性抗日救亡团体。1936 年 5 月 31 日在上海成立。1945 年改名为中国人民救国会。我们救国会的同志都觉得本组织内大多数人都是共产党员，解放后形势已经变了，何必再搞救国会工作。一届人民政协闭幕后，救国会领导人商量，决定结束救国会的活动。宣布解散结束的大会是在北京饭店开的，请周恩来副主席和徐冰同志参加。周恩来副主席即席发表了语重心长的讲话，大意是：救国会在抗日民族统一战线中是有功的。大量群众团结在救国会周围，很有力量，有救国会这样外围组织存在，共产党的影响才能扩大，才能深入。在民主革命中，救国会向共产党输送了很多干部，原来是救国会的人成为共产党员，这就是帮党很大的忙。救国会在过去起那么大作用，难道在新中国就无事可做？我不是这样看的。但你们已宣告结束，木已成舟，就不要再改变了。周恩来同志的一席话，给我留下了很深的印象。

（选自《春秋》2016 年第 2 期）

我参加新政协的一点回忆

叶笃义*

我荣幸地参加了人民政协第一届全体会议，回想当时的情景，不禁浮想联翩，感慨万千。记得中共“五一口号”发布以后，民盟在香港的临时总部负责人立刻会同其他在港的民主党派领导人通电全国响应号召。当时留在上海的民盟负责人得知后，写信给香港民盟总部表示拥护。其后，解放战争节节胜利发展，1949 年 4 月解放南京，逼近上海。5 月初，正当上海即将获得解放之际，国民党特务突然把留在上海的民盟主席张澜及罗隆基拘禁起来。我仅以身免，急忙由上海化装逃往香港。5 月 27 日上海解放，张、罗两人也由于中共地下工作人员的营救幸免于难。我正准备由香港返上海，

* 叶笃义：时任民盟中央委员、宣传部副部长，人民政协第一届全体会议候补代表；后曾任全国政协常委、副秘书长，民盟中央副主席兼秘书长。

已经搭上一条荷兰轮船，正要启航之际，突然传来消息，国民党军已在港沪之间的海道上布雷，轮船停开。我不得不又下船滞留香港。到8月经中共香港分局负责人乔冠华的帮助，才搭上一条英国轮船由香港到达天津塘沽口岸。

我在天津住在我大哥叶刚侯家里，他当时是一家商业银行经理。他对我说，刘少奇同志不久前到过天津，向天津的工商界人士宣讲党的政策。会上，天津工商界人士曾对少奇同志说："我们这些人没有把资金汇往香港，也没有在国内做投机倒把的商业活动，而是把钱拿出来办了工厂，养活了一大批工人，为国家创造了产品。现在解放了，叫我们到北平去开会，说我们是剥削者。能不能把我们这顶剥削帽子给摘掉？"据说少奇同志是这样回答的："这顶帽子目前还不能摘。你们没有从事投机倒把的商业活动，把钱拿来办工厂，这是好的。但是你们办厂的目的首先是为了利润。你们的利润是从工人的剩余劳动价值得来的，这就叫作剥削。由于你们办工厂，为国家制造了产品，又壮大了工人阶级队伍，因而你们的剥削可以说是有功的。你们不要顾虑这顶剥削帽子。"我以前没有读过马列主义书籍，听了这些话之后，当时感到非常新鲜，而且受到教益。

我8月底由天津到达北平，住在北京饭店。当我知道我被安排为民盟的候补代表后，我心里老大不高兴，立即向统战部反映。李维汉部长约我谈话，向我解释，说是因为我在民盟代表团中年龄最小、资历最浅的缘故。我说其他代表团正式代表中也有比我更年轻的。李部长说，各单位有自己的标准，不能横连起来比较。有一些人在这一单位可能是正式代表，而在另一单位不能不是候补代表。比如，中共代表团的徐冰和齐燕铭是候补代表，而他们两人在任何其他代表团中能不是正式代表吗？又说正式代表和候补代表只是个表决权问题，而我们开会议事的精神主要是事前的协商和反复讨论，不在于最后的表决形式。我出于个人名位思想向统战部反映抱怨，李部长给我上了解放以后第一堂政治课。

我参加了《共同纲领》草案的讨论，被分在刘澜涛同志为组长的一个小组。他号召大家畅所欲言，讨论一直很热烈。有人提出《共同纲领》为什么不写上社会主义。讨论国旗时有人解释说，大的五星代表中国共产党，而四个小星象征着工人阶级、农民阶级、小资产阶级和民族资产阶级组成的人民民主专政的阶级联盟。我当时提出，阶级关系是发展变化的，当新民主主义进入社会主义的时候，国旗岂不是又要改变吗？关于总纲为什么不提社会主义，周恩来同志在9月22日政协大会上作的《人民政协共同纲领草案的特点》的报告中作了最充分的说明。至于五星红旗的设计则在9月27日大会通过的决议上作出了权威性的解释："中华人民共和国国旗为五星红旗，象征着中国革命人民大团结。"

在大会开幕的前一天，台湾国民党当局发布了一个通缉令，通缉几十个人，我区区贱名也居然列在其内。在人民解放战争接近全国胜利之际，中共在同民主党派人士讨论之后，曾发布过负发动内战责任的国民党方40人为战犯。在已经过去了30多年之后，1981年纪念辛亥革命70周年大会上，中共胡耀邦总书记提出邀请的台湾人士中就有几人曾列名战犯。廖承志同志在1982年7月24日写给蒋经国先生的信中引用鲁迅"度尽劫波兄弟在，相逢一笑泯恩仇"

的两句诗，充分表达了捐弃前嫌、团结统一的愿望。推而广之，“兄弟”两字不仅指国共两党人士，我认为凡属炎黄子孙无不是“四海之内皆兄弟也”。我衷心期望国共两党进行第三次合作，来促进中华民族的大团结。

1985 年 4 月

（选自石光树编《迎来曙光的盛会——新政治协商会议亲历记》，中国文史出版社 1987 年版）

人民政协召开的经过

马寅初*

人民政协起初是叫作新政协的，因为抗日战争胜利结束后不久，重庆曾开过一次政治协商会议，后来这次政协的决议案都给蒋介石一手推翻，失败了，所以这次政治协商会议叫作新政协。新政协是我们统一战线的具体表现。我得解释一下什么叫作统一战线。统一战线远在孙中山先生在世的时候就有了。起初，孙中山先生以为英、美帝国主义是我们中国可靠的朋友，他在《建国大纲》中所提出的建设10万里的铁路，开筑东方大港、南方大港等，就是想利用英、美帝国主义的资本来开筑的。其后，孙中山知道这些帝国主义靠不住了，所以才提出了亲苏、联共、扶助农工这有名的三大政

* 马寅初：时任浙江大学校长，政务院财经委员会副主任，新政协筹备会代表，人民政协第一届全体会议代表；后曾任北京大学校长，全国人大常委会委员，全国政协常委。

策，促成了国共合作，这就是第一次的统一战线。可惜孙中山先生死后不久，统一战线被蒋介石一手破坏了，并且进行了违反人民愿望的内战，因而有共产党的二万五千里长征，共产党的主要根据地由江西迁移到陕西。

第二次统一战线是在抗日战争的前夕，那时候蒋介石到陕西指挥“剿共”，给张学良、杨虎城扣留起来，救他性命的是共产党。为什么共产党不念旧恶救他性命呢？因为日本帝国主义那时候要灭亡中国，救中国就只有大家联合起来，共同抗日，共产党是为了整个国家民族利益，救他性命的。结果蒋被共产党救出后便成立了抗日民族统一战线。抗日胜利了，毛主席飞到重庆去见蒋介石，召开旧政协。可是，这个政协的一切决议又被蒋介石推翻了。结果，第二次统一战线又告失败。

今天的统一战线是第三次了。去年 5 月 1 日，中共发表了一篇宣言，号召全国各民主党派、人民团体、各民族、各地区、各宗教团体、海外华侨集中力量，组织统一战线，共商国是。这宣言获得了大家的响应，国民党革命委员会、民盟，以及各民主党派、无党无派的民主人士都一致赞成，于是组成了第三次的统一战线。这些党派代表以及民主人士初到哈尔滨时，便想在哈尔滨召开新的政治协商会议，后来大家觉得所代表的单位还少，还要扩大，加以革命形势迅速发展，北方已趋安定，因此才改在北京（那时还叫作北平）举行。

这次新政协一共有 45 个单位参加，除各党派外，有妇联、青联、学联、宗教团体、海外华侨等人民团体，有东北、华北、华中、华东等各地区代表，有各地的少数民族以及台湾的代表，有解放军的代表，上海工商界也算一个单位。此外，还特邀了9个单位代表参加，合共是54个单位，662人。这些人，老的老到92岁（萨镇冰），年轻的只有21岁（学生代表）。这54个单位的代表，便组织召开了这次新政协。

自然，这些代表并不是由人民经过普选方法选举出来，而是由各团体推选出来的，但他们已经代表了全中国各阶层、各党派。比方，以前大家很轻视的“戏子”周信芳、梅兰芳等，也出席了这次会议。周先生、梅先生我们不能叫他们作“戏子”了，叫他们作“戏子”是侮辱，他们通过戏剧的形式，教育了广大人民，这责任和工作，是和大学教授的地位一样的，他们是人民艺员。所以，我们这次的统一战线，是各阶层各界人士都有代表参加了的。因此，它虽然还不能邀请所有的人参加，但可以说是代表全国性的了。

经过这次政治协商会议，产生了中央人民政府，制定了三大宪章（《中华人民共和国中央人民政府组织法》《中国人民政治协商会议组织法》《中国人民政治协商会议共同纲领》），并选举了180多人组成一个全国委员会，便闭幕了。政协代表662人，在这次会议结束后便完成了他们的任务，3年后的下届政协代表是否还由他们担当，要看那时的推选来决定。至于全国委员会呢，也并不是政协的常务委员会，它是代表着统一战线的一种组织，它每半年开会一次。要分散各地的100多个委员每半年开会一次，是困难的，因此，又在这100多个委员中推举了31个委员做常委，这些常委不是政协的常委，而是全国委员会的常委，并推选1位主席，5位副主席，经常驻京开会，处理问题。

在这里我想谈谈中共在这次政协中的表现。中共对这次会议是无事不采取协商的态度的。有问题，由各单位代表先行讨论，讨论结果集中了意见，交由首席代表发言。比方商议《共同纲领》的时候，这五十几个单位的首席代表便先把各单位的意见集中交给第三小组（草拟《共同纲领》的小组），第三小组讨论得出了一个结果，交给常务委员会讨论，再把讨论的意见交回大家讨论，但这回讨论不是按各单位而是把所有单位混合分作 20 多个小组，每一小组都有各单位的人参加，这些混合小组讨论得到的结果，又交回第三小组，第三小组整理后，再提交常务委员会，常务委员会讨论后，再交给大家所混合组成的 10 多个小组讨论，这些小组讨论后，再交第三小组讨论，转交常务委员会研究，然后再提到大会。问题到了大会，差不多已经包括了各方的意见，很顺利地通过了。

也许有人会问：要是有不同的意见又怎样解决呢？解决的办法是：在大会上，少数应该服从多数，但在小组会上，多数却不能压迫少数。小组会如遇到了反对的意见，要用说服的方法。如反对意见不接受这个说服，反对意见也开列在小组的意见内，由首席代表向第三小组报告。第三小组认为这个反对意见可以接受，便归纳在草拟的纲领中，报告常务委员会讨论研究决定。用这种方法来讨论，是叫作少数服从多数，多数尊重少数意见。

这种精神反映到政治上，就是民主集中制。什么叫作民主呢？刚才这种办法就是民主，有意见反复讨论。关于《共同纲领》的起草，早在我在杭州主持劳军工作时，就已举行了的，如是讨论了一个多月，等我到北京开会时，还是讨论，可见大家对于纲领的重视，和纲领中包括了各方面的意见，是怎样充分了。什么叫作集中呢？就是我们不采用英、美帝国主义的方法，把行政、司法、立法三权割开。美国的总统执掌行政权，议会掌立法权，法院掌司法权，各不相连，各自对立，这办法我们不采用。我们的办法不是三权分立而是三权集中。现在的中央人民政府，立法、行政两权都集中起来，司法虽同时隶属在中央人民政府之下，但人民政府是不干涉它的。因为，三权分立有很多毛病，比方法国，一年换几次内阁，政治的不稳定，使得经济也不稳定了。

关于民主，我还可以举一个例子。这次采用的国旗，是经过很久的讨论的，有一次讨论足足 13 个钟头，从上午 8 时起至晚上 9 时止，饭也没来得及吃，大家只有面包充饥。和中共同志开会，我有一个经验，就是身体要好，否则一定吃不消。他们为什么又吃得消呢？他们的负责人员一大半都有病，但他们却一致抱定献身人民，为人民服务，牺牲就拉倒，所以凡是有关于人民大众的事，他们都诚心诚意地竭尽力量去做。我们呢？老实说我们就不及他们了，就没有这种彻底精神了。不信，你拉倒拉倒给我看看。这次我是和邓颖超先生同车返沪的，她是来请医生看病的。医生一检查她的身体，不得了，心脏有毛病，肺有毛病，胃有毛病，一身都是毛病，可是她却一点不在乎，笑嘻嘻地还是拼命工作。为什么中共每个人都不理身体的好坏，拼命做工作？因为他们是诚心诚意为人民服务，把自己忘记了！这种无条件为人民服务的精神，从他们穿的衣服、食的东西中更可以得到证明，我个人实在很佩服！

本来国旗的款式不是这样的，政协不是向全国征求设计的吗？这次应征的一共有 3000 多种，由第六小组从 3000 多种中选出了 20

多种。[①] 第六组的意见，原是选定另外一种：红底，左上格上一颗五角黄星，中间划一条黄线，这条黄线代表黄河。但一经大家讨论，很多人都不赞成，认为黄线代表黄河，老百姓看不懂，而且，红底既然代表革命，中间给黄线划断，岂不是把革命也划断了？

这新国旗代表着什么意思呢？设计这图样的人解释：大星代表中共；四颗小星代表四个阶级——工人、农民、小资产阶级、民族资产阶级；四颗小星围绕着大星，表示这四个阶级由中共来领导。这解释我认为很好，但毛主席却表示不赞成。虽然少数服从多数，决定采用这面旗了，但毛主席却说："中共来领导大家是不敢当的，一颗大星四颗小星，应该解释是大家一齐来革命，不要大星代表中共，小星代表四个阶级，把中共捧得高高在上！"毛主席这种有功不居的精神，更值得我们效法。

至于国歌，也有人说用《义勇军进行曲》并不好，因为这首歌词里有一句"中华民族到了最危险的时候"，中华民族现在翻了身，并没有什么"最危险"，所以主张换。及后大家讨论，认为这句话的意思，在《国际歌》中也包含有，这无非要大家提高警惕，记着革命成功得来是非常困难的就好了。结果，才通过暂时采用。

还有一点，关于国家的名称的问题。我们的国名是"中华人民共和国"，有些人主张在"中华人民共和国"下用一括弧，内注"中华民国"。这意见讨论了很久都没有解决。于是，大家叫 60 岁以上的代表发表意见决定。60 岁以上的代表有 30 多名，只有一个人同意这个简称，其他的人都不赞成。为什么？因为中华民国是旧的

① 应征的国旗图案有 2992 幅，从中初选出 38 幅。——编者注

国号，用在新的中华人民共和国上，是不对的，旧的已经死了，今天中国是新生，旧的中华民国是帝国主义、官僚资本主义、封建主义的，是蒋介石这一班混蛋家伙的！中华人民共和国是我们老百姓的，是全体人民的，为什么要把死亡的加在新生的身上？我们不承认什么“政统”，什么“法统”，我们的革命，就是要把这些什么“统”推翻，今天我们成立的中华人民共和国，不是改朝换代，而是翻天覆地的大革命！因此，有人要是写“中华民国”是可以的，但在法理上却是不对的，订立合同用中华民国的年号，打起官司来是吃亏的。

在组织法内，对国内各民族，我们主张民族自治而不主张民族自决。民族自决，只有苏联才可以讲，苏联是由16个共和国组成的，苏俄只是一个，所以可以自决，愿意者组合，不愿意者退出。中国的环境和形势不同，中国有的是弱小民族，在遭受帝国主义百余年的侵略压迫下，假如任由他们退出，他们马上便会给帝国主义吞并过去的，尤其是西藏，英国正在想灭亡它，它一自决，不就是完了吗？因此，在今天，我们只主张民族自治，而不能民族自决，这是保护他们，而不是压迫他们的。

外交政策上，《共同纲领》第七章有具体的规定：“拥护国际的持久和平和各国人民间的友好合作，反对帝国主义的侵略政策和战争政策。”总纲中也说：“联合世界上一切爱好和平自由的国家和人民，首先是苏联，各人民民主国家和各被压迫民族，站在国际和平民主阵营方面，共同反对帝国主义的侵略，以保障世界的持久和平。”这两段纲要，是怎样制订出来的？我们首先要知道，外交是内政的继续和延长，我们的内政目的是反对帝国主义，反对官僚资本主义，反对封建主义，因此，在我们的外交政策上，也就保持了这种精神。我们中华人民共和国是要走上社会主义的道路的，我们必须要加紧建设，把中国由农业国变为工业国，然后才谈得上实行社会主义。而建设就要和平，因此我们就要保障世界的持久和平，反对帝国主义的侵略。

今天中国革命获得了胜利，为什么美帝国主义不出兵来打我们呢？苏联十月革命，帝国主义联合出兵来打它，为什么今天不联合来打中国呢？因为我们有个伟大的和平力量，这个和平力量的结合，有 72 个国家参加。帝国主义国家的人民也参加，帝国主义要打中国，他们不得不要考虑，恐怕打不起来。而要是承认这个和平力量的存在，我们便不得不要承认苏联的伟大。正因为有以苏联为首的世界和平堡垒的存在，才使帝国主义不敢轻于鼓动战争；而我们这次革命成功，才没有遭遇如同苏联那时候的困难。苏联在革命初期，很穷，又被封锁，又有白俄，又被进攻，又被包围，而我们现在都没有。是的，现在美帝国主义嗾使国民党反动派在封锁我们的港口，但我们却可以经由苏联把我们的货品运销购买。帝国主义要来打吗？他们本国的人民就起来反对他们。我们消灭了反动派，帝国主义也只好干发急，只能偷偷摸摸地支持他们，而不能出面公开帮忙。

不特这样，中国今后是要实行计划经济的，实行计划经济，哪些人来指导我们呢？英国、美国是资本主义国家，他们本身就是盲目的经济生产，当然不能帮助我们的，帮助我们的只有苏联，他们有实施计划经济的经验。我们今后需要建设，建设需要人才，这些人才也要靠苏联。因为我们需要外国帮助中国建设的人才，是不准有特权的，是顾问性质的，是不能侵害到我们国家主权的，美国、英国肯这样帮助我们吗？关于美国、英国人才来“帮助”中国，反而侵略我们的例子太多了，各位难道还需要举例说明吗？

很多人问：我们为什么要一面倒？我以为，中国要想革命成功，非一面倒不可！因为：一、美国和国民党反动派的封锁，有了苏联的帮助，便可以粉碎这种封锁；二、有了以苏联为首的世界和平力量，帝国主义不敢打我们；三、中国今后的建设和实行计划经济，只有苏联才能无条件地派人指导和帮忙。所以我们要一面倒，否则，美英帝国主义要来打我们，我们今天的力量还很有限，我们的建设就不能成功了。自然，我们今后的力量是可以大大提高的，生活和教育也可以提高，生产力也可以提高的，但提高不是一二天的事，要一步步慢慢实现的，因此，我们更要依靠苏联的平等和友谊的帮忙！

最后，我想谈谈经济政策，谈谈人民币的发行和银钱业的责任。

假定说这个会场就是一个国家，这国家只出产两吨煤或铁，这些煤铁自然也属于大家的，但只有煤和铁还不行，还要买米、布及各种日常必需品，把煤分给大家还是买不到东西的，交换不到你想要的物品的，于是就发行了人民币，代替这两吨煤或铁的价值。假定每吨煤或铁是1万块钱，那两吨就是两万块，这两万块人民币的发行，不是凭空发出，而是代表了煤或铁而发出的。在建设时代，人民币发行额就是根据全国的物资多寡来决定的（战争时期则例外），人民币是没有准备金的，人民币的准备金就是全国的物资。它不同于过去，过去发行钞票要有准备金，国家发行钞票，要有六成现金（银）存放国库。这样，一方面要把金条改铸为元宝，金条成色是九九六，元宝成色规定是九一六，这样，又要铸，又要送检，手续麻烦之至；另一方面，银条多买自国外，外国不来，又怎样可以铸？铸不出要是不发行钞票，市场既要交易，物资又要流通，靠什么来做媒介呢？同时，把这些金条银条待放在国库里，使国家负担一笔损失，也是不对的。因此，我们今天所行的是管理货币。与管理货币有关的是银钱业。货币管理得好不好，就要看银钱业怎样。假定说，刚才这两吨煤（铁）所发行的2万元人民币，内中1万元大家用来买煤（铁），制成了各种必需品，如柴刀、斧头等，消化了，另1万元积蓄起来，存入私人银行，那所存的虽然是钱，但实际也就是1吨煤或铁。现在问题来了，怎样用这一吨煤或铁呢？假如用之于消费，那便拿来烘火、制电风扇、电炉等，大家生活暂时过得舒适；假如用于生产，如制造机器等，大家生活就得到很好保障和改善。煤或铁，在商人眼中只要卖得出便算，不理会它的用途的，消费也好，生产也好；但在国家立场，就必须要使它转入生产而不能成为消费。但用之于生产时，这吨煤或铁怎样跑到炼钢厂去改制成生产工具呢？炼钢厂便必须向私人银行借这1万块我们存进去的钱来买。好，假如有个投机家看中了这一点，先出高利向银行借来了这笔钱，把铁或煤买光了，垄断起来，煤铁价格自然就高涨，或者私人银行拿这些钱自己去非法操纵居奇，也是一样，那这个投机商是赚了钱，生产便受影响，物价贵，跟着大家都受影响。这原因并不是人民币发行过多，而是人民币所代表的物资被投机家操纵和破坏，不用于生产。因此，我希望银钱业同人要把所有的人民币投资到生产事业，而不要投资到投机事业，钱不要借给那些混账商人，而要借给生产者，比方炼钢厂等，否则社会一定会穷，大家一定要苦的。私人银行、钱庄不要贪图高利息，借钱给投机家，而要借钱给生产者。生产贷款虽然利息低，但那是用之于生产，有利民生的。

银钱业要用新的观点来看人民币，处理经营方针。中国过去的繁荣是假繁荣，中国的银钱业过去多数是靠投机、高利贷、助涨物价来繁荣自己的，结果自己也受了苦，吃了亏。因此，今天人民政府才决定银钱业要增资，充实银钱业，引导银钱业投资到生产。在《共同纲领》的经济政策中，对银钱业来讲，就是严禁投机。

今天国家经济有 5 种：国营经济、合作社经济、国家资本主义经济、农民和手工业者个体经济、私人资本主义经济。国营经济是处在领导地位的，它是有计划有步骤地照顾各种经济发展的，假如发现有投机时，便要出来干涉。上海这次在证券所抓了几百人，搜出六七千条黄金，就是一例。

新民主主义是毛泽东思想的具体表现，目的是以和平手段使中国走上社会主义。因为马上实行社会主义，一定要流很多血的。有些资本家问了：不管怎样的和平，但走上社会主义的时候我们不是完了吗？不会的，中国资本家始终是中国人，中国变成社会主义，你也是中国社会主义国家的一分子，你过去既然有能力办工厂，将来的工厂也一定要请你办的。你过去管理一个工厂管理得好，证明你有本事，将来一定会叫你管 5 个 10 个工厂的。你目的不外做大事，你不是为了要赚钱，你有几百万元，死了也带不到棺材去的。你有成绩，有本领，却可以留下给大家作榜样。中国缺乏的是人才，你不愁将来不能发展。同时，在社会主义时代，大家生活好起来，你个人的生活也会跟着好起来的。人生的目的是把自己的人格表达出来，并不是仅仅为了几个钱而生活的。至于你的子孙，那时候社会好起来，你又有工作，难道还怕养不起他们，教育不了他们吗？你赚钱，你把钱留给他们享受，有什么用呢？我的经历看得多，有钱人的儿子，多数不是嫖就是赌，把家产花光。“儿孙自有儿孙福”，我们做父母的人，只要把子女教育好，培养起来就算了，难道我们要学四川那些有钱人，叫儿子食鸦片烟，使他不要出外花钱，养他一生吗？

（选自马寅初著《马寅初全集》第14卷，浙江人民出版社1999年版。原为马寅初1949年11月13日在杭州银钱业学术演讲会上所作的演讲词）

迎接新中国诞生

梅龚彬*

我和李济深等民主人士搭乘苏联货轮于 1948 年 12 月 26 日从香港启程，在船上过了元旦，1949 年 1 月 7 日抵达大连。在大连港下船后，我们踏上解放区的土地。从此，我们进入了新的天地，开始了新的生活。

1 月 10 日，我和李济深等从大连抵达沈阳。当时，平津战役正在进行，北平尚未解放。任公和我研究后，决定把民革中央机关暂设在沈阳。我已担任民革中央代理秘书长，临时中央机关的日常工作由我负责处理。22 日，李济深等 55 位民主人士在沈阳联名发表了《我们对时局的意见》，明确表示拥护中国共产党的领导，拥护

* 梅龚彬：时任民革中央执行委员会秘书长，新政协筹备会代表（因病未出席），人民政协第一届全体会议代表；后曾任全国人大常委会委员，全国政协委员，民革中央常委。

《中共中央毛泽东主席关于时局的声明》（1949 年 1 月 14 日）。我也在 55 人之列。进入解放区后，通过学习和参观，任公的认识有了很大提高，我们取得越来越多的共识。

31 日，北平和平解放，原集中在沈阳的民主人士于 2 月 25 日全部到达北平。我在中共中央统战部的安排下，为召开新政治协商会议筹备会做一些事务性的准备工作以及联系民主人士的工作。作为民革中央代理秘书长，还得着手把民革中央机关从香港迁来北平和有重点地进行民革地方组织的整建工作。

4 月，中共中央统战部长李维汉由河北省平山县来到北平。见到阔别两秩有余的老领导，我有满腹的话向他倾诉。李部长很忙，我只能长话短说了。他在听取我的汇报时，问起我的组织联系问题。我回答说："在香港时是潘汉年同志和连贯同志；在东北时是萧立同志；来到北平后，工作汇报和情况反映都是送给李克农同志的。"李维汉对我今后的组织联系作了明确指示，他说："从现在起，你的组织关系转来中央统战部，作为中央统战部派往民主党派工作的一个不公开的共产党员。"他还说，"以后，你直接向我汇报工作，到我这里看文件。"由于统战工作的需要，到了解放区，我仍以民主人士的身份出现。

5 月 4 日，我应邀参加了在北平举行的全国青年代表大会第一次会议。这次会议通过决议，正式成立中华全国民主青年联合总会。廖承志当选中华全国民主青年联合总会主席，我被选为执行委员。由于我年龄较大，已近半百，因而后来没有参与民主青联的具体工作。

夏天，陈铭枢从上海到北平，我们开始进一步酝酿民革、民联、民促和其他方面国民党民主人士的联合问题。

6月15日，周恩来副主席主持召开了新政协筹备会。我作为民革方面代表本应出席会议的，不料患了重病，住进协和医院治疗，没能参加，非常遗憾。周副主席对我的健康很关心，设法通知我的妻子龚冰若，要她前来北平照料我。我的妻子带着次子和幼子赶到北平时，我早已在医院的精心治疗下恢复了健康。

9月21日，具有伟大历史意义的中国人民政治协商会议第一届全体会议隆重开幕。我作为首届政协代表，亲聆伟大领袖毛泽东主席庄严宣告“占人类总数四分之一的中国人从此站立起来了”的洪亮声音，顿时心潮澎湃，热泪盈眶。回顾从五四运动到新中国即将诞生的30年新民主主义革命经历，我和全体与会代表一样，对伟大祖国的光辉前程充满信心。中国人民政治协商会议第一届全体会议结束后，我被任命为政协全国委员会副秘书长，协助秘书长徐冰处理政协的机关事务。

9月30日夜晚，想到翌日在天安门城楼上参加毛泽东主席主持的开国大典，想到五星红旗将在天安门广场冉冉升起，兴奋得彻夜不能成眠，望着北京饭店窗外的星空，我等着曙光降临。

（节选自梅昌明整理《梅龚彬回忆录》，团结出版社1994年版）

群贤毕集　为新中国政制奠基

秦柳方*

一

1946年初，我由重庆回到上海，从这时起到1949年5月上海解放，我在沪参加中国人民救国会的活动，是中国人民救国会的中央委员兼特种委员会委员。特种委员会是负责联络工作的。同时兼任中国民主革命同盟（简称“小民革”）上海地委、国内工作委员。当时，与孙晓村代表中国农村经济研究会参加上海人民团体联合会，任理事，也与进步的工商业者有接触。

1949年5月27日上海解放，我参加华东纺织工业部接管中国

---

* 秦柳方：时任中国人民救国会中央执行委员，上海《文汇报》社论委员兼经济版主编，人民政协第一届全体会议候补代表；后曾任国务院八办商业组组长，中国社会科学院《世界经济调研》副主编。

纺织建设公司的工作，任军代表室顾问，协助接管该公司的业务处以及上海市公私营联合购棉处。不久，在华东贸易部领导下，设立上海市花纱布公司，我任第一副总经理，协助接收全国主要棉产区运沪的棉花，对上海市公私营纺织染厂进行代纺、代织、代染，使他们恢复生产，并以掌握的纱布，在上海市场供应，同时调拨给国内的几个大城市，稳定市场物价。

二

是年 9 月中旬，接到沈钧儒同志的来电和中共上海市委统战部的通知，要我于 9 月 21 日以前到达北平，参加中国人民政治协商会议第一届全体会议。接到通知，非常兴奋，也感到责任重大。我准时乘车到了北平，住在北京饭店，与孙晓村同住一个房间。我是中国人民救国会第一候补代表。救国会的正式代表李章达因病未到，我递补为正式代表，投票时有选举权。

这次会议，也称新政治协商会议，筹备工作开始于1948年8月。

当时，革命形势发展很快。1947 年 10 月中国人民解放军的宣言中曾说："联合工农兵学商、各地区、各阶级、各人民团体、各民主党派、各少数民族、各地华侨及其他爱国分子，组织民族统一战线，打倒蒋介石独裁政府，成立民主联合政府。"1948 年 5 月，中共中央发布的庆祝"五一"节口号中，也号召："各民主党派、各人民团体、各社会贤达迅速召开政治协商会议，讨论并实现召集人民代表大会，成立民主联合政府！"这个宣言和号召，得到各民主党派、各人民团体、无党派民主人士、少数民族、海外华侨热烈的响应和赞成。

1948年8月开始，代表各民主党派和各民主阶层的人士，从全国各地及海外陆续到达解放区，与中共人士开始进行新政治协商会议的筹备事宜，成立了筹备会。在政协第一次全体会议开会前的3个月，筹备会集中力量，并经充分协商：（1）确定了参加新政治协商会议的单位、名额及名单；（2）起草新政治协商会议组织条例；（3）起草共同纲领；（4）拟订中华人民共和国政府方案；（5）起草宣言；（6）拟订国旗、国徽、国歌方案。筹备会设有常务委员会，分6个小组进行具体筹备工作。

这次全体会议到会代表，计45个单位，正式代表510人，候补代表77人，又特别邀请人士75人，合计662人。其中只有极少数代表因事或因病未能到达北平出席会议。

这次会议，自9月21日起至9月30日，共开了8次大会。会场在中南海怀仁堂。每次大会，中间休息一次，休息室内备有茶点。休息时间，大家忙于找熟人交流谈心。

这次会议的讨论和决议，主要有：

（一）9月21日举行第一次全体会议，毛主席宣布开幕并致辞，毛主席在致辞中特别指出：

> 我们的会议包括六百多位代表，代表着全中国所有的民主党派、人民团体、人民解放军、各地区、各民族和国外华侨。这就说明，我们的会议是一个全国人民大团结的会议。
>
> 这种全国人民大团结之所以能够成功，是因为我们战胜了美国帝国主义所援助的国民党反动政府。在三年多的时间内，英勇的世界上少有的中国人民解放军，战胜了美国援助的国民党反动

政府所有的数百万军队的进攻，并使自己转入反攻和进攻。现在数百万人民解放军的野战军已经打到接近台湾，广东、广西、贵州、四川和新疆的地区去了，中国人民的大多数已经获得了解放……

我们的会议之所以称为政治协商会议，是因为三年以前我们曾和蒋介石国民党一道开过一次政治协商会议。那次会议的结果是被蒋介石国民党及其帮凶们破坏了……

占人类总数四分之一的中国人从此站立起来了……

人民民主专政和团结国际友人，将使我们的建设工作获得迅速的成功。

毛主席的致辞，指明了当时的革命形势、大会的性质和任务，也说出了全体到会代表的心声和愿望。毛主席致辞完毕，获得了全体代表经久不息的掌声。

接着有刘少奇、宋庆龄、何香凝、张澜等12位代表的讲话。

（二）9月22日第二次大会，主要听取新政治协商会议筹备会的四个报告：（1）筹备经过；（2）人民政协组织法起草经过；（3）中央人民政府组织法起草经过；（4）人民政协共同纲领起草经过。

（三）9月23日至25日第三至第五天大会，听取各单位代表的发言，共计有60位代表的发言。

各单位代表的讲话和发言，概括起来，都是拥护中国共产党，歌颂毛主席，歌颂中国人民解放军，赞成筹备会提出的人民政协组织法、共同纲领、中华人民共和国中央人民政府组织法等三大法案，有的提出期望和建议，坚决表示愿意在党的领导下，团结一致，支援前线，解放全中国，为实现共同纲领，建立新民主主义、走向社会主义而共同努力。代表的讲话和发言，情真意切，听者动容。还有25位代表在第六次大会上发言。

（四）9月27日举行第六次大会，主要讨论、通过：（1）人民政治协商会议组织法，决定设全国委员会，各省市设地方委员会。（2）中央人民政府组织法。（3）国都、纪年、国旗、国歌建议案。国都决定设在北平，即日起改名北京，决定以公元为纪年。国旗、国徽、国歌曾公开征求图案和词曲，也曾聘请专家参加评审。国旗为红地五星旗，象征中国人民的团结。国歌，采用田汉作词、聂耳作曲的《义勇军进行曲》，全国人民是很熟悉的。51年来，国旗、国歌在全球飘扬、咏唱，受到全世界人民的尊敬。

（五）9月29日举行第七次大会，主要讨论通过：中央人民政府副主席和委员名额、选举人民政协全国委员会和中央人民政府委员会的规定以及人民政协共同纲领。

共同纲领以新民主主义理论为指导，联系革命形势、当前任务和未来发展而制定，筹备会提出初稿，大会认真讨论通过了，主要内容有：

1. 在序言中说，中国人民解放战争和人民革命的伟大胜利，已使帝国主义、封建主义和官僚资本主义在中国的统治时代宣告结束。中国人民由被压迫的地位变成为新社会新国家的主人，而以人民民主专政的共和国代替那封建买办法西斯专政的国民党反动统治。中国人民民主专政是中国工人阶级、农民阶级、小资产阶级、民族资产阶级及其他爱国民主分子的人民民主统一战线的政权，而以工农联盟为基础，以工人阶级为领导。由中国共产党、各民主党派、各人民团体、各地区、人民解放军、各少数民族、国外华侨及其他爱国民主分子的代表们所组成的中国人民政治协商会议，就是人民民主统一战线的组织形式。中国人民政治协商会议代表全国人民的意志，宣告中华人民共和国的成立，组织人民自己的中央政府。中国人民政治协商会议一致同意以新民主主义即人民民主主义为中华人民共和国建国的政治基础……

2. 中华人民共和国中央人民政府必须负责将人民解放战争进行到底，解放中国全部领土，完成统一中国的事业（总纲第 2 条）。

3. 中华人民共和国必须取消帝国主义国家在中国的一切特权，没收官僚资本归人民的国家所有，有步骤地将封建半封建的土地所有制改变为农民的土地所有制，保护国家的公共财产和合作社的财产，保护工人、农民、小资产阶级及民族资产阶级的经济利益及其私有财产，发展新民主主义的人民经济，稳步地变农业国为工业国（总纲第 3 条）。

4. 中华人民共和国人民依法有选举权和被选举权（总纲第 4 条）。中华人民共和国人民有思想、言论、出版、集会、结社、通讯、人身、居住、迁徙、宗教信仰及示威游行的自由权（总纲第 5 条）。中华人民共和国废除束缚妇女的封建制度。妇女在政治的、经济的、文化教育的、社会生活的各方面，均有与男子平等的权利。实行男女婚姻自由（总纲第 6 条）。

5. 中华人民共和国必须镇压一切反革命活动，严厉惩罚一切勾结帝国主义、背叛祖国、反对人民民主事业的国民党反革命战争罪犯和其他怙恶不悛的反革命首要分子（总纲第 7 条）。

6. 中华人民共和国经济建设的根本方针，是以公私兼顾、劳资两利、城乡兼顾、内外交流的政策，达到发展生产、繁荣经济的目的（总纲第26条）。

7. 中华人民共和国外交政策的原则，为保障本国独立、自由和领土主权的完整，拥护国际的持久和平和各国人民间的友好合作，反对帝国主义的侵略政策和战争政策（总纲第54条）。

共同纲领分7章，计60条，对政权机关、军事制度、经济政策、文化教育、民族政策、外交政策等均有详细的规定。共同纲领是人民政府的施政方针，发挥了巨大的威力。

会议还讨论通过了部分代表联合提出的14个提案的审查报告。

（六）9月30日举行第八次大会，选举人民政协第一届全国委员会，当选的委员180人，还留出18名空额，以便将来容纳待解放区的适当代表人物。全国委员会主席毛泽东，副主席周恩来、李济深、沈钧儒、郭沫若、陈叔通，常务委员28人。秘书长由常务委员李维汉兼任。

这次会上，还选出了中央人民政府主席、副主席及全体委员。大会代表一致选举毛泽东为中央人民政府主席，朱德、刘少奇、宋庆龄、李济深、张澜、高岗任副主席，委员有56人，好多位民主党派代表及无党派民主人士当选为委员，参政议政，体现了人民民主统一战线的政权。

还通过会议宣言。至此，大会任务基本完成，毛主席宣布闭幕，朱德副主席致闭幕词。

中国人民的解放和中华人民共和国的缔造，是近百年来革命先烈和志士仁人抛头颅、洒热血，特别是在解放战争中，无数革命烈士牺牲了生命换来的。大会在开幕那天，全体起立为在人民解放战争和人民革命中牺牲的人民英雄们致哀。大会为了纪念死者鼓舞生者，决定在天安门广场建立人民英雄纪念碑，9月30日下午6时，全体代表到达天安门广场举行奠基仪式，周恩来代表大会主席团致辞，全体代表脱帽静默致哀。毛主席宣读纪念碑的碑文，并和各单位的首席代表一一执锨铲土，表示对先烈的崇敬。不久，雄伟庄严的中国人民纪念革命英雄的纪念碑耸立在天安门广场，供全国各族人民来京时瞻仰。外国元首来访，也往往到人民英雄纪念碑前献花圈致敬。

那年10月1日是中华人民共和国成立的一天，天安门前召开群众大会，举行庆祝。全体代表登上天安门城楼，毛主席在庆祝大会上庄严宣布：中华人民共和国中央人民政府今天成立了！并宣读了中央人民政府成立的公告。他按动电钮，升起五星红旗。接着举行阅兵式，朱总司令检阅人民解放军陆海空三军受阅部队，并宣读了人民解放军10月1日命令，其中说道：我们必须继续努力，实现解放战争的最后目的，解放全中国。

中华人民共和国成立了，中国人民站起来了，天安门前万众欢腾，也震撼了世界！

我因上海有工作亟待处理，1949年10月2日就乘车回上海。到沪以后，曾将参加人民政协第一届全体会议的体会以及共同纲领的主要内容，向上海市花纱布公司同人作了报告。

三

在开会期间，沈衡老代表中国民主同盟在大会发言。他在发言中提出了4项意见：（1）中国要走新民主主义道路，决不能再走旧民主主义道路。（2）我们必须建立人民民主专政的机构。（3）各级政权机构要采取民主集中制。（4）各民主阶级、各民主党派，必须团结一致。他的建议符合共同纲领的原则，大家都同意，也得到全体出席代表的赞赏和鼓掌。

中国人民救国会推举沙千里为代表在大会发言，他在发言中对筹备会提出的3个草案表示了意见，认为：（1）第一个草案——《中国人民政治协商会议组织法（草案）》“是适合于中国人民的要求和中国当前情况的一种统一战线组织的具体方案”。（2）第二个草案——《中华人民共和国中央人民政府组织法（草案）》“是人民民主专政适当的体现”。（3）第三个草案——《中国人民政治协商会议共同纲领（草案）》“这个纲领充分反映了30年来中国人民反对内外压迫者所进行的革命斗争的要求”，“和我们人民救国会同志们一向的政治信仰和主张，完全相适合”。他的发言我们事前讨论过，也代表中国人民救国会全体代表的意见。

记得中国民主同盟成立的时候，救国会为支持民盟的工作，曾动员会员参加民盟。大约1945年秋在重庆，经两会领导协商，民盟曾发一个书面通知：“凡救国会会员，不办手续，一律成为民盟盟员。”我收到了这个通知，也成为民盟盟员，但我一直没有参与过民盟的工作。1948年在上海，那年秋天，原在上海负责民盟具体工作的辛志超同志来看我，他说要转移，打算把民盟的具体工作交给我。我当时答复说：已担任一个团体的工作，力所不及，未能接受。

新中国成立不久，救国会在京领导决定：认为达到了奋斗目标、完成了历史任务，救国会的组织应该结束。1949年12月9日向毛主席发了致敬电。同年12月18日，在京领导召开茶话会，正式宣告结束。消息传到上海，留沪中国人民救国会成员也在上海市工商业联合会召开座谈会，宣告结束。这次座谈会由胡子婴同志主持，我也参加了。后来感到，结束得太早了，这个组织如果继续保留，参政议政，加强学习，还是有许多工作可做的。

中国民主革命同盟（即“小民革”）没有作为一个单位派代表参加新政治协商会议，但有几位同志参加筹备会，有30多位同志在有关单位任代表出席大会。会议期间，筹备会曾建议成立“中国新政治学会”，“小民革”曾鼓励盟员参加这个学会。“小民革”于1949年9月19日在中南海勤政殿第二次筹备会上正式宣告结束，但新政治学会没有积极开展工作。

在开会期间，同住的孙晓村同志大约准备会后留京参加中国民主建国会等的工作，他推动和介绍我参加这个会，我同这会在工作上早有联系，正式参加了，成为民建会的会员，但我一直没有参加这个会的工作。只是在1956年夏全国公私合营高潮期间，中国民主建国会中央召开扩大会议，各地代表都来了。会议期间，李维汉同志曾到会讲话，推动到会代表就党和国家的对资改造政策，包括定息和工商业者的学习提出意见。当时我在国务院八办任宣传组组长，曾以八办工作人员和民建会会员资格几次参加大会，见到不少熟人，听到不少意见。资本家对于公私合营企业的定息，坐4（%）望5（%），后来党中央决定：公私合营企业经资产重估以后，资方可以按照资本额的年息5%每年领取定息。自1956年1月1日起，到1962年止息，后来延至1965年。

公私合营以后，资方人员的学习，成为一项重要工作。对此，全国政协曾建立学习委员会。为推动和领导这项工作，曾建立了党组，成员 3 人：李维汉、聂真（中国人民大学教授）和我。主要由李维汉同志负责。我还曾被推担任全国政协学习委员会办公室副主任，每周去办公几个半天。其他党派成员的学习，由朱洁夫同志负责，我们两人在工作上配合得很好。直到 1957 年 7 月底国务院八办结束，我调到中国科学院哲学社会科学部的经济研究所工作，就不再到全国政协学委会办公室工作了。

四

参加人民政协第一次全体会议，回忆起来，离现在已有 51 年，自己的感受是非常深刻的，许多情景如在目前，难以忘怀：

那次会议，的确是全国各民主党派、各人民团体、中国人民解放军、各地区、各民族、海外华侨和社会贤达所有到会代表的一次团结的大会。是新的政治协商会议，体现了人民民主统一战线的成果，意义重大。

会议成立和选举了人民政协全国委员会，后来几次改选，目前是第九届全国政协会议，长盛不衰。

那次参加会议的代表，都是全心全意、建言献策，真正做到了在党的领导下，肝胆相照，荣辱与共，实行多党合作，开诚协商，参政议政，民主监督，这种精神是值得永远发扬光大的。

会议制定了人民政协共同纲领，这是新中国的施政方针，激励着全国人民在党的领导下，努力实现共同纲领规定的各项任务。到了 1954 年第一次全国人民代表大会期间制定了《中华人民共和国宪法》，代替了共同纲领。《中华人民共和国宪法》是中国人民政治生活中的活动准则。

会议成立和选举了中央人民政府主席、副主席和委员，民主党派的代表，有好几位担任副主席和委员，充分体现了在中国共产党领导下多党合作的方针。

朱德总司令在1949年10月1日发布的命令中，明确说明：我们必须继续努力，实现解放战争的最后目的，解放全中国。1950年6月，大陆全部解放，现在，香港、澳门也已回归了祖国，只是台湾地方当局执迷不悟，企图分裂，搞“台独”，我们一定要扩大爱国民族统一战线，依据一个中国的原则和江泽民同志的8点主张，促进台湾回归，早日实现祖国的完全统一。

51年来，由于党的领导，各族人民的共同努力，我国的国民经济和社会发展已取得了重大成就，完成了9个五年计划，综合国力已大大增强，中国已成为多极化世界的重要一极，令世界瞩目。

现在已进入21世纪，摆在我们面前的任务是既要努力实现中国的现代化，人民安居乐业，又要促进世界和平与共同发展，一定要加强爱国统一战线，认真贯彻，锲而不舍，全力以赴。

回忆往昔，展望前途，任重道远，但在党的领导下，多党合作，参政议政，民主监督，信心倍增，前景十分光明。

2000年12月

（选自全国政协文史资料委员会编《中国人民政治协商会议第一届全体会议亲历记》，中国文史出版社2003年版）

会师新中国的十月

司马文森*

一　人民政协见闻录

（一）不开无准备之会

现在，我们要开始来谈一谈人民政协的事情了。

记得曾在毛主席一篇文章里面，看过这么一段话，他分析人民解放军为什么能够不断打胜仗的原因，是由于我们是有计划、有组织、有步骤来进行每一次战役的，也就是所谓“不打无准备之仗”。在我的印象之中，在解放区，特别是在人民首都的北京，人民政府不管做一件什么事，开一个什么样的会，从不在没有准备或未到

* 司马文森：时任中共香港工委文委委员，民促中央委员，人民政协第一届全体会议代表；后曾任香港《文汇报》社长，民革中央委员。

成熟阶段就匆促宣布或召开的。新华社的战讯为什么比人家要慢几天？为了不作“客里空”的不确实报道，他们发出的每一个字、每一句话，在未思考成熟，没有把握时绝不轻易出口或动笔。这种实事求是精神，也正是毛主席思想的一部分。因为这样，他们在宣布召开某一种会议前，就得先做周密的准备。比如这次人民政协的召开，代表们是从海内外各地集中来的，当筹备处发了一个电报给某一个代表时，他们早就替你安排好交通工具及旅途上的安全了。你自己的安全，他们比你还要重视，往往为了这个，他们宁可一条几千吨的船只载十个八个人走了那么长的旅途。人一起程，在那等你上岸的口岸早已接到通知，准备一切了。好，船一到，当地军管会的交际处代表早已恭候着了。见面时他们就问你有什么同来的人，带有多少件行李，你只要点交他们，上了他们派来的汽车，不久，你进了招待所，你的行李已在你的房间放好了，让你好好地休息一天。于是乎首长来探望了，洗尘宴也开了，接着交际处处长就来问你在这个城市还有没有私事，安排你去参观的办法。然后，他又告诉你车在什么时候开，什么时候动身。至于如何动身，在火车上他们又派了高级人员随身招呼，一站一站地送着过去。即使你到站是半夜，当地的首长和交际处负责人也会在车站上等你的。记得我们从青岛到济南，到济南站时已经是清早 3 时左右了，而中共山东分局的秘书长却在一小时前就在那儿等候我们了。虽然在青岛他们也派了人和我们一道去，但他们并不用我们直接找到招待所去，宁可自己一夜不睡等在那儿。这种虚心诚恳的精神，使我们同去的许多朋友都感动了，连一个从反动派那边过来不久的代表，也不得不五体投地地连说：“中共做事真周到！”我们从济南到了天津，挂的是专车，原本打算只在天津等几小时就直开北京的，因为耽搁的时间很短，大家决定不去打扰天津市府招待处。但是车刚一停下，天津交际处的负责人，早已等在那儿了。他们走上车，不管我们如何谦让，一定要我们到招待所去休息休息，吃顿早点再走。而当我们到了天津招待所时，北京方面的长途电话又到了，问他们是否见到我们。那位处长同志答复他们说：我们刚刚到，放下电话就回头来对我们说道："统战部问到你们的电话，这已是第五次了。"这种关切，使我们感到兴奋，也感到惭愧，其实我们有何德何能，又对革命有什么大贡献呀，也值得他们这样关心？这样殷切地垂问，同时也就更使我们觉得自己责任的重大了。

（二）北京饭店招待所琐记

天津招待所办得非常出色，而在北京的许多招待所，办得却比天津还要出色。

为了要招待这次出席人民政协会议的代表，北京中共中央统战部招待处准备下许多招待所，这些招待所是按出席代表的性质分住的。比如北京饭店住的就全是党派代表，六国饭店住的是人民解放军代表，华文学校住的是文化艺术界代表，还有一些大饭店都住着各方面的代表。我住的是北京饭店招待所。因此，要谈的也是北京饭店招待所的情形。但是在这儿住过相当时候的朋友都说：北京饭店招待所不但规模大，也是最具典型的了，因此，从北京饭店招待所的一切设施，读者们也就可以见其他招待所的一般情形了。

这个招待所因为所住的全是些党派人物，所以戒备特别森严。我们进了招待所后，要马上去大会办公室报到，拍过照后由招待所发了通行证，以后就凭了这通行证，才能够进出招待所。报过到，招待所就替你分配房间了，在筹备期间，人少的时候，每个代表可以有一个房间，现在人多了是两个人住一个房间。每个房间都有浴室和卫生设备，有些还有电话，跟着招待所工作同志就给你派了一份《代表手册》及半个月的饭票来。在《代表手册》里写明了一切办法，如你要洗热水澡，从下午 6 时起至 11 时止，可以打开水龙头放热水。如你需要出门，只要写一张通知单到交通科，那儿就会替你派小汽车。如你要吃饭，早上 8 时有人在摇铃，你凭饭票走进大饭厅；中午 12 时、晚上 6 时，都凭饭票进去。如你需要抽烟，或别的东西，可以在领物单上写明需要多少数量，交给服务员同志，他一会儿就会替你送到。如你需要理个发，你只要通知一声，服务员就把理发证送到，那设备完备的理发厅，就长期地设在楼下。你病了，到楼下医务所去看医生，免费取药。报纸每天清早每个房间有两份，一份《人民日报》，一份《光明日报》。如你要洗衣服，只要交给服务员，两天之后衣服就干净笔挺地送回了。你想娱乐一下吗？在这个招待所的大礼堂，每周有电影、秧歌舞会。总之，你进了招待所以后，你一点也不用自己关心生活上的种种，吃住甚至于零用费每月 9800 元人民券，他们也按期给你送到。

通常在解放区中，一般工作同志的伙食是分为大灶、中灶、小灶等 3 种，大灶每桌一菜一汤，中灶两菜（一荤一素）一汤，小灶四菜一汤（两荤两素），毛主席吃的也不过是四菜一汤的小灶。但是我们这些代表先生们却受了特别优待，吃的是特灶，八菜一汤（六荤两素），而且不时还要加菜，比如内蒙古代表来时，带了许多羊送给大会，我们就吃过不少餐红烧羊腩了。代表们所受的是这样好的待遇，而派到招待所来工作的中共干部，还是吃的大灶饭，住的大房间，许多人集中在一起住。他们的工作人员且不时来访问你，征求对他们的工作有什么批评，有要改善的地方没有。这使那些代表先生很过意不去。在我去以前，听说每个人每天的伙食是小米 12 斤，代表自动请求减少，未得许可，后来还是因为华北水灾严重，各地都在展开救灾运动，代表们再度请求，才减少到每天伙食费小米 9 斤。小米每斤当时是 230 元，共为人民券 2070 元，每月 62100 元，等于目前港币黑市价五六十元。在香港一个人一个月伙食五六十元并不算怎样，可是在北京那种低廉的物价有 60000 多元伙食，已经是不得了的好了。

我想拿这事实来说明什么呢？说明了中共做事的一般态度，他们每做一件事都细心注意到有步骤、有计划、有组织的实事求是作风。对党外人士的尊重及虚心、诚恳态度，也是使人五体投地的。

（三）三大人民宪章是怎样产生的？

这次人民政协的召开，是真正做到了“不开无准备之会”，高度发挥着计划性和组织性，才能有这样光辉的成就。自 1948 年中共中央发布了“各民主党派，各人民团体及社会贤达，迅速召开政治协商会议，讨论并实现召集人民代表大会，成立民主联合政府”后，各民主党派，人民团体曾热烈地拥护和响应过。跟着，不少党派首领就离开香港北上。当时筹备会虽尚未正式开始，但这些党派首领的齐集东北，就带有筹备意味了。也就在这种带着半筹备性质的活动中，由于他们在解放区中实际的体验观察，经过了对中共在东北这几年来的合理措施、政绩的实际了解，那些在当时对中共政策了解还相当模糊的某些民主党派领袖，也因之改变了，被鼓舞了，事实教育他们，使他们了解到中国的革命前途，是有无限光明的，有了最后击溃蒋介石匪帮的信心，同时看见了全解放区人民生活改善，那样热烈地拥护毛主席共产党，无条件地接受领导，更明白地看清了中国的革命和共产党的领导实为不可分离。因此，在北平和平解放后，毛主席在 7 月 1 日发表的《论人民民主专政》中提出了鲜明的口号：没有无产阶级，没有中国共产党的领导，中国革命的成功是不可能的！各民主党派一致同意了的《共同纲领》，就是本着毛主席《论人民民主专政》的基本精神加以发挥的。

参加政协筹备会工作的朋友们说：对《共同纲领》草案的讨论，是整个筹备时间中最繁重的工作之一，初步草案提出了，100 多位筹备委员就分开成为许多不同的小组，按照不同性质内容，逐条逐句逐字来讨论，三番五次地谈了又谈，改了又改。就这样，足足忙了快有 3 个月时间，才算把草案初步通过了，当他们最后通过了这个初步草案时，大家也就禁不住要感叹说：“我们算是给自己足足上了几个月政治课了。”而在全体代表齐集后，更大规模、更广泛的讨论又展开了，因为人多，讨论的也就更加仔细深入。对《共同纲领》的讨论，实际上也可以说是各党派、各人民团体代表的一种政治教育和深入的学习运动，每一个人在经过了这个讨论后，对中国的革命前途有了更进一步的了解。为什么在大会中讨论起来会这样顺利呢？是由于大家都已有了深入的了解，不论是代表哪一个阶层，哪一个集团利益的人，都已把自己的思想意志，经过民主的讨论研究之后非常一致了。

《共同纲领》是那么仔细精密地讨论过了，大的原则决定了，枝节问题自然也容易解决。因此，在讨论《政府组织法》和《人民政协组织法》时，也就省了不少力气。这三大文件虽经筹备时间的深入讨论，可是到了全体大会时还是展开详细讨论，《人民政协组织法》是在 27 日 7 时 28 分通过的，《政府组织法》是在同日 8 时 50 分通过的，《共同纲领》是在 29 日下午 3 时 55 分通过的。这两次是开会以来最长的两次会议，因此对这人民大宪章大家都觉得责任非常之重大，不愿随意马虎通过。而周恩来在对大会报告《共同纲领》起草经过及在《共同纲领》审查委员会上的多次报告，也都花了很长时间。大家不仅对大原则提供意见，就是对每一个字的措辞、标点符号也细加研究，是空前的紧张热烈，一直到主席宣布，由全体投票表决时，大家才松了口气，通过了。大家离开会场了，因为刚刚兴奋过度，这时便都有了疲乏的感觉，有人在开回招待所的车上说："我们像是刚从战场回来一样！"

（四）新国旗怎样被选出来的？

中华人民共和国的五星红旗，是在 9 月 27 日晚 9 时 35 分通过的。通过这面国旗也是一件大事，因为它代表了新中国的政权性质，也表现了我们的民族精神。在通过以前，我们曾参加了分组的审查会议，就我们那一组而言就有人民解放军首长，有男劳动英雄，有女劳动英雄，有战斗英雄，有文工代表，有各种各样专家。我们的组长报告说："国旗图案设计是公开征求来的，自报上登出征求消息以后，反应非常热烈，在一个月内收到应征的稿件，所有应征国旗稿件为 1920 件，而图案却为 2992 幅，多出 1000 多幅。应征稿件的地区也非常宽广，包括了国旗、国徽、国歌等项，为北平 411 件，东北 435 件，上海 391 件，天津 140 件，江苏 145 件，浙江 142 件，河北 120 件，南京 107 件，山东 128 件，河南 61 件，武汉 61 件，青岛 54 件，安徽 47 件，江西 28 件，山西 29 件，西安 29 件，陕西 22 件，湖南 8 件，热河 7 件，内蒙古 6 件，绥远 3 件，香港 63 件，美洲 23 件，马来亚 4 件，澳门 4 件，北朝鲜 5 件，印尼 3 件，待解放区 4 件，其他及不明地址者 289 件。投稿者有小学生，有用古文作说明的老先生，有工人、农民、机关职员、大学教授、中小学教员、作家及其他自由职业者。

筹备会的第六小组负责审查这些稿件，他们根据了以下几个原则作为审查标准：（甲）中国特征（如地理、民族、历史、文化等等）。（乙）政权特征（工人阶级领导的以工农联盟为基础的人民民主专政）。（丙）国旗图案以庄严简洁为主。第六小组根据了这 3 个标准从 2992 幅图案中初选了 38 幅，印成一本小册子，提交全体会议审阅。同时，他们又提出自己复选的意见，他们以为采用“复字第 3 号或第 4 号”为佳。复字第 3 号图案是红底，占全旗上方 1/3 界线上有一粗黄线，在右角有一黄星。复字第 4 号 2/3 为红色，1/3 为黄色，右角黄底上加一红星。对第六小组的意见各分组均热烈地讨论过，会后每个人又把自己的意见写在预先发下的表格上，交到国旗、国徽、国歌审查委员会上去重审。在讨论中，大家对复字第 32 号很中意，因此有许多人都选了它，这复字第 32 号即现在的五星红旗，设计者为曾联松先生。选这国旗的人既占了绝对的多数，经主席团常委会通过后，在 9 月 27 日开会通过前，会场上就已把制好的五星红旗图样挂出来了。因此，当主席一宣布此面国旗得了多数代表的同意，但仍旧需要在大会上通过后，全会场就欢声雷动，热烈地鼓起掌来！

就这样，定了我们的新国旗了。

（五）投毛主席一票，是我们的光荣！

全会的高潮，放在9月30日选举中华人民共和国中央人民政府主席、副主席及全体政府委员上。这一天，大家的精神格外地兴奋和紧张，这一个高潮过去，我们就要迎接另一个高潮，参加成立中央人民政府的开国大典了。当执行主席宣布了选举办法，他说，选举是采取无记名联记办法。同时在主席台前又加设了9个票箱。选举办法通过后，就由执行主席刘少奇验看票箱加锁，之后发票，发票办法按各参加者单位，由首席代表把选票签收了，再转发各代表。各代表在票上选了自己想选的候选人后，就到票箱去投票。当大家离开自己席位，用坚定庄严的足步走向票箱前去投票时，全场充满了一种庄严肃穆的景象。那天出席的人非常齐整，除候补代表无选举权，两个缺席华侨代表没有补足外，都到齐了。主席宣布实际投票的为576人。当大家投完票，就由执行主席当众开启票箱、核对票数，结果表明无一人弃权。核对完毕之后，即将选票交监票人，分20组同时开票。

当大家拿到选票，动起笔来要投他们所爱戴的候选人时，内心都有一种说不出的格外庄严的感觉，这是关系着全世界1/4人口命运的一件大事，是关系着四万万七千五百万人的命运的大事，不能随便。尤其是对投毛主席一票，我们都觉得是一件非常光荣的事。没有一个代表拿到选票后，不是第一个在选票上写毛主席的。在写周恩来先生时，大家都以为他应该被选为人民共和国的副主席，可是大家考虑到周先生做了副主席后，势必不便兼任政务院总理了，而这一职位，全体代表又一致认定是非他不可。他是我们新中国的莫洛托夫，他的才华英名照耀全世界。毛主席是我们的舵手，而周恩来先生却是毛主席最少不了的助手，不，还是让我们来选他做政府委员兼任政务院总理吧。

我们到天安门广场给人民英雄纪念碑举行了奠基礼后再回到会场上，全部票数已算出来了，当执行主席宣布“毛泽东被选为中华人民共和国主席”时，全体代表一致地起立了，掌声响着，疯狂而热烈的，达 5 分钟之久，大会规定全体起立是一种最高荣誉，在表决重大问题，或者表示我们最高的敬意时，才全体起立的。而这最庄严盛大的敬意，第一次我们用在毛主席对大会致开幕词时，第二次用到他被选为中华人民共和国的主席，大家非常自然，非常一致的，大家同样感觉到，把这个敬意给了我们的伟大领袖和导师是我们的光荣！

（六）学习大会的精神和作风

人民政协从筹备到召开的组织工作，是一件非常繁重的工程，不说在筹备期间内的各种事务、会外协商等，就是会开了，上自毛主席、周恩来、刘少奇、林伯渠每天也难得有三五个小时的休息时间，住在中南海的统战部的工作同志们也要每天工作十七八个小时。为了解决开会时的一些重大问题，即使是毛主席往往也要和一些首长们，在夜间开会到第二天早晨 3 点钟。周恩来先生从筹备会开始，每晚上最多只有四五个小时时间休息。这样紧张情形，非有人民解放军一日一夜不吃不睡作战行军精神是做不到的。大家都很谨慎小心，正如统帅部在布置一次大战役一样。

光说在大会开会期间，对一些事务性工作的处理就很不容易了。先说开会时要把600多位代表从各个分散的招待所送到大会去，就不简单了，听说在大会召开前，大会筹备处就从天津、上海和北京把大小汽车，以不妨碍当地的交通为原则，集中到北京来了。各代表都拿到固定的乘车证，老先生乘坐的是小汽车，年轻少壮一点的乘坐大汽车。下午3点钟开会，在招待所里2时一刻就摇铃了，我们听到铃声就凭自己乘车证的号码去找自己的车。从招待所出发的时间，各招待所是差不多的，要把这几百辆车同时开进中南海是颇不容易的，所以在计划停车地方，汽车进口地方，进入先后时间，又要费一番心思。大会采取的办法是汽车分3路进中南海，分配在4个停车场上，在原处上下车，这一来就不至于发生拥塞情形了。

大会会场的警戒，各招待所的警戒，因为都是相对固定的，不大成问题，可是在开赴大会场的路上警戒，公安部却要费心机了，赴会场的路不止一条，又相当长，汽车开动时又是集中的，不是个别的去，往往一辆连接一辆，因而警戒工作也要一番相当布置，往往在一个半小时以前，各条赴会路线就已分布了便衣戒备的人员了，好让这些代表平安通过。散会前半小时又照样布置了，但并不采取戒严断绝交通的措施。

到了会场，人数有600多，而每个人又要签名报到的。要是每个人逐个签到，时间就太不经济，怕要一小时以上才签得完。大会为了节省时间，方便各代表，又便利于在开会时人数的统计，发了一本代表签到卡片。在动身前，代表们就要在自己的签到卡片上，亲笔签了自己的名字，写明日期，在进入会场前，把签名卡交到秘书处的人员手上，这一来既省时间，又便于统计。进入会场也很严格，要有自己的代表证才能通过，即使毛主席、朱总司令都得有代表证才能进去。

会场内，每个人的席位是固定的，席次的安排是：党派代表、区域代表、军队代表、团体代表、候补代表，按次序排列。各单位代表以不分散为原则，席次号码编定后，由大会连图印成一本代表席次表发给大家。在席上，每 4 个代表即有一个话筒，代表们如有意见要求发言时，他应先举手，或起立通知主席，并告诉自己的席次号码，经主席同意后，才开始发言。

大会新闻处出版了一种会刊，会刊内容除概略报道上一天开会情形外，并有当天开会的程序表，各发言人当天的讲话讲词，各种对大会的贺电。这会刊，前一天晚上编好，第二天一早印就，到代表们进入会场前已分配好了，每人一份。有些代表要把自己对某个问题的意见印成小册子（如陈嘉庚先生就印过一册《东北观感录》），把自己所编的杂志，分发给各代表，也可以预先交到大会秘书处去，由服务员分发给大家。

大会很细心地安排着，在开会时间为了免于代表们的疲劳，会议中间有一二十分钟休息时间，进茶点、抽烟、散步。有几次大会开得特别长，时间拖到晚上九十点钟，中间就不断地穿插了向大会献旗、献花等节目以资调剂，当献旗、献花活动出现在会场时，乐队就奏起乐来，大家的精神也就被提了起来，而大为奋发了。

在大会举行期间，我们一共到怀仁堂去参加过 3 次晚会，一次是改良平剧李少春的《野猪林》、程砚秋的《红拂传》，一次是“华大”文工团的《中国人民胜利万岁》大歌舞，一次是梅兰芳的《宇宙锋》。在北京饭店大礼堂也看过几次电影。

日程安排经常是早上举行小组会议，准备提案或各种意见，下午开全体会议，晚上休息，宴会或晚会。每个人的时间，大会都能好好地替你设计和安排，一点也不使你浪费，而大家也信任了大会的安排，有人说：“我们从报到那天起，已把时间全交给大会了。”

对于这次大会，虽至一些事务性工作，布置之微也可以看出许多特点，如：

第一，事前准备充分，设计精密，因而每次会都能按照预定程序和时间完成。

第二，大会工作人员办事作风负责精细，处处照顾大家，微至精神、情绪，亦无不周周到到。这种服务精神使大家都很感动，也起了相当示范作用。比如有一次，开会开到 10 点钟，大家饥饿又疲乏了，上了车很想马上开回招待所去，但工作人员把车上的人数一点，少了一人，大家说：他也许搭人家的车先走了，不用等，但工作人员坚持要等，一直等到车全走完了，我们那个同车代表还未到，没办法只好开车了。回到招待所，那位先生不但早到了，而且已把饭吃完了，他原来搭了人家的车先走了，大家把这件事告诉他，他听了颇为难过，以后全车就再也没有发生类似情形，而那工作人员的服务负责周到，却一直被大家谈论着。

第三，充分发挥了集体作风，如讲话，原则上是规定由各单位的首席代表发言的。但这发言稿要由各单位先行讨论过、修正过，一致了，才交到大会秘书处印发。大家在发言时就凭这份讲话稿，如有个别代表想发言，也得先通过自己的单位同意，才通知大会秘书处。

第四，一个重大问题的决定，先在会前经过各单位首席代表的协商，又经过各单位代表协商之后，再提交大会讨论。因此，有些修正意见，都已在会前通过民主协商方式解决了，所以在大会时没有什么大争论，这就避免了把大会时间拖得太长，讨论不集中。如果不是采取这种会外协商方式，600多个代表一发起言来，每人几句话，就是开到天亮也开不完了。

所谓不开无准备之会，这才是真正不开无准备之会。这些做法及设计，我以为都是值得我们学习的。在全国政协会议之后，地方政协会议也很快就要召开了。学习这次人民政协会议的精神、作风，有步骤有计划地来完成这样一个大规模的会议，是每个工作者应该注意的！

（七）我们等待着，终于看见这一天了！

人民政协会议完满而胜利地结束了。在举行闭幕式的那一天，当我们离开会场到北京饭店大礼堂去参加大聚餐时，已是晚上9时半了。这个聚餐会是开会以来最大的一次，毛主席、6位副主席和全体政府委员也和大家在一起。吃的虽是西餐，但大家都很兴奋地喝着酒，向毛主席，向刘副主席，向周总理，向全体政府委员敬酒。我们向毛主席为他老人家的健康敬酒，他也起立为我们全体代表的健康回敬！工人代表、农民代表、士兵代表，其他各界的代表，听说毛主席来向我们敬酒了，又纷纷代表他们自己的单位来包围毛主席了，他们举着杯激动地说：“毛主席，我敬您老人家一杯！”有的是那么激动，激动到说不出话来，他只叫声“毛主席……”就说不下去了。毛主席笑着，举起杯来。我看见一个女劳动英雄代表，她去向毛主席敬酒，然而她一句话也说不出，她把酒喝了，眼泪跟着也滴下了，回到座位时，她哭着说：“我等了多少时，现在终于看见了！”有一个以前曾因喝酒闹过事，而下了大决心戒酒的朋友，在这样愉快欢娱的大节日，他对着旁边的朋友宣布：“今天我非喝醉不可了！”另一个一喝醉酒就会忘情地在地上打滚的朋友，有人说他这样的醉酒行为是一种“荒唐”的行为，他也公然说：“我今天非再‘荒唐’一次不可了。”全场充满了“干杯”和“万岁”的声音。

餐会按照程序进行下去，不久，茶送上来了，这就是说菜上完了。看看时间已经10点多快11点了，今天大会开得特别长，大家都觉得有点疲乏了，可是，我们的人民共和国首长们却还有他们新的任务，他们一离开餐厅就到另一个房间去研究共和国各主要部委负责人人事的安排、共和国开国大典的布置。而在餐厅这边，宴席撤去了，乐队奏起乐，狂欢舞会又接着开始了。代表们、工作同志们，围绕着舞池，喝汽水，物色舞伴跳着舞。回到房间去休息的人，却以兴奋心情在给自己安排着参加开国大典后的去向，有的想留下来做事的，可是会开完了，总不便再长期在招待所住下去，他们得设法找房子安家了，有的在接洽新工作。代表与代表之间，都在互相拉人帮忙，有的仍想回到海外去，但交通工具该如何解决，有没有危险，而更多的人，则在关心着我们共和国各主要部委人员人选。他们知道这件重大的事，这时就在楼底下一个会议厅里举行着。到了深夜，消息传来了，说首长们会议之后，决定了10月1日举行开国大典，从1日至3日共3天，全国各公众团体机关放假3天，盛大庆祝；人事分配方面是毛主席兼任革命军事委员会主席，周恩来做政务院总理兼外交部长，林伯渠做秘书长，沈钧儒做最高人民法院院长，罗荣桓做最高人民检察署检察长。大家欢呼着，特别对周恩来之荣任政务院总理兼外交部长，认为是非常贤明的措施！大家都在说："我们早就想到是他了。"

（八）难以忘却的印象

大会赠给出席代表每人一套天蓝色的呢制服，早几天前裁缝就来量身了。700 多套制服，要在 3 天内赶出来，在北京那样一个地方可不是一件小事。同时，大家也就意识到这套制服一定是为了大家参加开国大典时用的。

10 月 1 日早晨，各招待所的服务员就把做好的新制服，逐号房间送到了。同时大家已经得到通知，说今天下午 3 时要从招待所出发到东安门，去参加开国大典了。因此制服一送到，大家就纷纷地把它换上。为了想看看天气，我们走到招待所室外的阳台上去，街上正在下着蒙蒙细雨。在雨中，参加大会盛典的队伍、花车，已是排山倒海地来了，参加检阅的人民炮兵队、坦克部队、骑兵队、机械化步兵队也纷纷开进城来。气象之盛，老北京人说：多少年来，他们还是第一次看见。但大家却在为天气忧愁。

2 时半，招待所又摇铃了，通知大家上车到大会会场去。这时各代表们早已准备好了，一听见铃声就都齐集到停车场去。雨早停止了，太阳出来了，是一个北京秋天少有的瑞和晴朗的天气。大家望着天色，欢呼着。这不正预示着，中华人民共和国无比的辉煌前途吗？我们的专车在红旗的海里，在市民们的热烈兴奋注视中前进着。当我们登上了天安门城楼，看见那人民广场上，早已人山人海，布满了队伍和旗帜。大家这时都有说不出的兴奋和骄傲，我们辛苦等待了多少年的日子，终于到来了！不久，毛主席和所有首长也到来了，我们对着他们鼓掌、欢呼，毛主席也和蔼地对我们举着手，轻轻鼓着掌。

首长们到齐了，大会仪式跟着就开始了。这个开国大典，是以几十门大炮鸣放礼炮开始的，当礼炮发出时，大家都庄严肃穆地立着正；站着几十万人的广场上，没有一点声音，每个人只听得见自己的心在跳。也就在礼炮声中，我们看见有一条狗，夹着尾巴，没命地奔进会场来了，看见那么多人，又没命地奔出会场另一个出口，那狼狈情形叫人见了发笑，和我站在一起的诗人艾青，十分风趣地对丁玲说道："你看，那蒋介石在人民面前狼狈逃走了！"当那条狗从另一个出口逃出去后，跟着又有另一条狗被炮声吓得夹住尾巴，狼狈而来，一边飞逃，一边撒尿，站在艾青身旁的另一个诗人沙可夫，也叫起来了："这个是×××！"这话实在使大家再也忍不住要笑了。这虽是那庄严盛大大典中的一个小插曲，然而也相当的有意思。

无敌的人民部队检阅过去，是各种民众队伍。而使我最无法忘记的，是当北大、清华、华北等大学队伍，在几十面大红旗引导下，走向检阅台前时的情景。他们看到了毛主席，他们忘记了自己在这广场上，从早上9时站起，站到了晚上8时多，他们忘记了疲劳，忘记了一切，对着毛主席呼叫着："毛主席万岁！"毛主席对他们鼓着掌，也在扩音器上对他们叫着："同学们万岁！"这些青年听见声音，更兴奋、更快活了，他们站住，他们用更洪亮的声音叫："毛主席万万岁！！"当毛主席回答他们："同学们万万岁！"他们对着毛主席举起手，摇着红旗，他们对搂着，在底下跳，呼喊，眼中含着热泪，这些人是多么地热爱我们自己的领袖、自己的亲人呀！自有历史以来，还没有这样过，中国的人民这样地来热爱自己的首长、自己的亲人！然而，在这一天，我们看到了。当我在写这篇文章时，离开当时这情景已经有两个月了，然而，这印象我始终忘不了。我相信，我这一辈子也忘不了它的。

（九）参政人员名单是怎样决定下来的?

人民政协的主要任务，不仅在产生三大人民宪章，还要把中央人民政府成立起来。这个会议为什么不用各民主党派的政治协商会议，而用人民政治协商会议呢?因为协商范围扩大，性质也和旧政协不同了，这个会含有全国人民代表大会性质，可以行使全国人民代表会议的责权的。各民主党派的代表在 14 个单位中间，不过占了正式代表 142 人，候补代表 23 人，合计只有 165 人，而全体代表名单为 662 人，党派代表不过只有 1/4 不到，从此看其代表性之广泛可想而知了。

中央人民政府的组织，以至各地方人民政府的组织，也要如人民政协一样，有广泛的代表性，不仅各民主党派代表，就是人民团体，各民族代表，海外华侨也要参加。这就是说：国家的事是大家的事，大家要共同负责，中共是一个领导党多负点责任罢了，政治纲领是共同的，从你举手通过了它的那一天起，你就对它有责任了！也正因为这样，中央人民政府组织名单，也就必须通过参加大会各单位代表们，用民主协商方式来决定了。

中央人民政府各级机构的名单是怎样产生的呢？政协开完了，各单位的首席代表还是忙得要命的，他们不断地举行会议，政务院的周总理，诚恳地向各单位首席代表要他们那一个单位能够参加政权工作人员的名单，同时，又由政协大会秘书处印就一种表格，交各单位的联络秘书带回去，让已出席了大会的代表，根据自己的志愿填写，有些没有到会的人，也可以由首席代表提出，交到中央政府作为分配工作时的参考。初步的分配工作完成了，政务院就把名单印发给各单位，由各单位召开会议会商，经过民主方式修正之后，再提交中央政府，又经过了一番讨论修正，再行交下各单位再行讨论，之后，成了定稿。这样一份参加各级政府人员名单就决定了。

出席大会的代表，有不少人因为自己还有事业，不愿参加政权工作的，他们把自己志愿填明之后，中央政府也不会来勉强他们。有些民主党派在提名单时，大体上对于自己的干部都有了个安排，有一部分人参加了政权工作，也有一部分人参加内部的学习组织工作，有一部分人参加群众工作。今天的参加政权工作，和过去国民党反动派时代的情形不同，从前是去做官，官越大越有钱捞。今天是去服务人民，官越大就表明了自己的责任越发重大。因此，在研究参加政权工作名单时，有些人被认为该做部长的，但是，他却一再地坚辞下来，宁愿做个委员，为的是他对这个工作没有把握，怕担当下来做不好。这也是中国有史以来第一次发生的新现象，大官不做甘做次一级的官。还有，在国民党反动派时代，尽管官可以不做，总可以挂个名支支干薪吧，但在人民时代，却不许有挂名不做事的官，即使政务院参事那样一种可有可无的官，要是人一离开北京，而又不想回去，也要先行辞掉再走的。

（十）人民民主统一战线做些什么?

在《共同纲领》的序言里面说："中国人民解放战争和人民革命的伟大胜利，已使帝国主义、封建主义和官僚资本主义在中国的统治时代宣告结束。中国人民由被压迫的地位变成为新社会新国家的主人，而以人民民主专政的共和国代替那封建买办法西斯专政的国民党反动统治。中国人民民主专政是中国工人阶级、农民阶级、小资产阶级、民族资产阶级及其他爱国民主分子的人民民主统一战线的政权，而以工农联盟为基础，以工人阶级为领导。"

在《人民政协组织法》里面，总则部分也写着："中国人民政治协商会议为全中国人民民主统一战线的组织，旨在经过各民主党派及人民团体的团结，去团结全中国各民主阶级、各民族，共同努力，实行新民主主义……"

上面所引的两段话，都已充分说明了新中国政权的性质，是以工人阶级为领导，以工农联盟为基础的人民民主统一战线政权，也就是各民主阶级联合专政的政权。中央人民政府是由人民政协大会产生的，人民政协的全国委员会，在职权上也规定着，他们对中央人民政府的关系，以及指导地方统战工作，处理人民政协内部合作事宜等。人民政权不仅在宪章上规定为各民主阶级的联合专政，而实际上参加政权工作的人也非常广泛，这就是说实际上它已是一个联合执政的政权。《共同纲领》是大家共同努力的目标，人民政协全国委员会是一个巩固团结和经常协商处理内部合作事宜的机构。不仅全国范围的合作如此，地方也是一样。因此在全国委员会之下，又设有地方委员会：为该地方各民主党派及人民团体的协商并保证实行决议的机关。许多地方政权，也是包括了各民主阶级分子在内。

中共的刘少奇先生在大会上表示，《共同纲领》是中共的最低纲领，“我们还有一个最高纲领”，那就是实现社会主义以至共产主义。而参加大会的各民主阶级，也都有了这么一点认识，从新民主主义走向社会主义，是社会发展程序上必然的趋向，这是为了世界，为了人类更能享受到康乐幸福的日子！章乃器代表民族资产阶级表示，今天，为了国家的需要，我们发展民族资产阶级的私人工商业。明天，整个国家经济已走向消灭阶级的时候，我们也欢迎被消灭。今天，我们为了过较好日子，我们开工厂做老板，明天把工厂交给国家后，我们一样是做事，有好日子过，为什么不该欢迎呢？到了那时，又有谁肯做资本家？被称为剥削阶级呢？李济深先生也表示了，世界大同正是孙中山先生的理想，消灭了阶级，走向社会主义、共产主义的建设，不正是完成了孙中山先生的理想？这就是说，大家在思想准备上都已有了消灭自己的阶级的决心。毛主席在《论人民民主专政》一文中说过这样的话：“人到老年就要死亡，党也是这样。阶级消灭了，作为阶级斗争的工具的一切东西，政党和国家机器，将因其丧失作用，没有需要，逐步地衰亡下去，完结自己的历史使命，而走到更高级的人类社会。我们和资产阶级政党相反。他们怕说阶级的消灭，国家权力的消灭和党的消灭。我们则公开声明，恰是为着促使这些东西的消灭而创设条件，而努力奋斗。”这种英明的远见，曾博得广大的人们，特别是各民主党派人士的衷心敬佩，他们时常在说：“毛主席曾说过，他们的党是为了消灭自己的阶级、自己的党而创设条件，我们有什么理由不这样努力？”三大人民宪章的实施，也就是要在目前阶段，给我们光辉灿烂远景创设条件之一，大家通过了它，也就说明了大家已有了充分的认识和决心了。大家似乎都已看清，在 10 年至 15 年中，我们一定会在两个至三个五年计划里面，完成了实现这个新社会建设的初步条件，有不少党派由于阶级的关系变化了，要光荣地消灭掉自己了。当全国没有了资产阶级，也没有了小资产阶级，哪儿还有无产阶级呢？大家都是一样劳作和享受，过着人类康乐幸福生活，共产党已不再是一个阶级的党，而是全体人民的先锋队伍了。有一个民族资本家说：“今天有人说我是资本家，属于剥削阶级，再过十年八年后，我的厂交给国营，大家都一样了，那时说不定我也成了共产党！”这话是有相当道理的。

要怎样团结各民主阶级力量，保证实施人民政协一切决议呢？通过人民政协的全国委员会和地方委员会。要怎样统一各民主阶级的步调来创设条件，实行“使阶级、国家权力和政党很自然地归于消灭，使人类进到大同境域”呢？就是坚持人民民主统一战线方针，通过人民政协全国委员会来推行这个长期而艰苦的斗争！因此人民政协这一人民民主统一战线的组织形式，任务是非常之重大的，而保证了这一任务的能够彻底实现，是由于有了工人阶级的领导，有了毛泽东思想的领导。

（十一）各民主党派的调整运动

从理论上来说，政党的产生是由于在人类中有了阶级存在，有了阶级才有了代表那个阶级利益的党出现，如果这个政党没有了阶级力量做基础，这个政党就不能健全，甚至于不能存在。

这次参加人民政协的中国党派共为 14 个，有代表性的固然不少，没有代表性或任务重复了的也有一些，如中国国民党革命委员会、中国国民党民主促进会、三民主义同志联合会 3 个团体，原本性质就相同，只由于过去历史关系，斗争环境关系，分开成为 3 个单位罢了。再如中国民主同盟、中国农工民主党、中国人民救国会 3 个单位，原本也是一个，中国民主同盟的产生就是由这几个单位合并起来的。过去环境形势不同，为了对付共同敌人，斗争的形式，斗争的武器不妨多点，但是到了全国胜利局面已经到来，放到我们面前的任务已经不同了，因此，调整自己组织，统一步伐，也就成为非常必要的了。

在人民政协筹备期间，许多党派首领已有了这么一种酝酿，就是说要使自己的团体有充分的代表性，能在今后的建设工作中，担当起一部分具体任务。从代表性来说，工农两个阶级是在中国共产党领导之下了，小资产阶级有了中国民主同盟在领导，民族资产阶级有了民主建国会在领导，旧国民党时代留下的中上级党员亦有了国民党革命委员会在领导了，那么其他任务重复，或代表性不十分明白的党派，在未来分工上做些什么好呢？这是一个大问题。

要解决这个问题，是颇为不容易的，第一，没有人肯自动来取消自己的组织，叫自己不存在。第二，参加政协后许多党派，已取得政治上合法地位了，没有人有这权力去取消它。而更精确的分工，避免浪费，又是势在必行的。因此，在筹备人民政协时期，同时在各民主党派中也展开了合并运动，这运动的具体成就，首先就表现在 11 月 12 日在北京召开的国民党民主派的代表会议。从这个会议产生了新机构，把与国民党有历史关系的革命委员会、民主促进会、三民主义同志联合会，及参加政协大会为代表的国民党民主分子等4部分联合在一起。这样一来，这个新机构就更有代表性、更充实，也更能担负起在新中国建设的某一部分分工了。听说民盟二中全会也在准备召开了，其结果，也将会像国民党民主派代表大会一样，会团结起更多同属小资产阶级分子的集团，而成为更充实、更富有代表性、更有力的团体。自然在进行中，技术上还不是没有问题，人事的安排也很费事，但整个趋势已经摆明了，中共虽是老大哥，但也只能站在老大哥的地位，尽量给弟弟们帮忙和提供意见，要怎样做，问题还在自己身上。而自己，却不是没有决心的问题，而是要认清为了便利每个单位在建设新中国斗争中，更能起作用，更具体地去分工，大家都得对人民负责，自己做得好坏，人民眼睛是雪亮的，将来要批准审查这个团体的存在和工作，群众是要站出来说话的。这种观点现在大家是有了，而问题事实上也到了非这样做不可的地步了。

（十二）在新中国建设中大家怎样分工?

过去在争民主的斗争中，许多民主党派已经初步分了工，比如民革在进行团结国民党民主派、分化反动阵营的力量方面起了相当作用。民盟在团结知识分子、组织学生进行斗争，都有相当成绩。今后这些民主党派，在经过了自身的调整和团结之后，在建设新中国的斗争中，该具体地分担些什么工作呢？有不少人的意见说：民主同盟的工作对象还在于团结自由职业者、中上层的文化工作者，把他们组织起来，给予他们以学习和改造的机会，把他们带上社会主义建设的道路。至于青年学生的工作，有新民主主义青年团、有全国学联会分工做，用不着他们来做了。说到国民党革命委员会的工作对象，周恩来先生在一个座谈会分析过，过去国民党反动派的所谓党员是十分滑稽的，上层党员有不少投机分子、腐化分子，这些人现在也跟随反动派的灭亡被埋葬了，好的没有几个，大都是没有什么救药的了。下层的士兵党员，大都是集体入党，莫名其妙，除了按月被扣党费外，全不知道国民党和他的关系，这些士兵一被解放就变了，他们再也不会回到国民党那边去。留下来的只有中间的一点儿，这些人，大都是在国民党政府机关内做事的中下等职员，过去入党是为了保存饭碗，不入党就没有饭吃，经多年来的反动教育，把他们养成了一种错误的观点，固执落后，一时不容易改变，但这种人现在数量却还相当多，有人估计尚在一二十万人之间。要改造这些人，从思想上去提高他，使其服从新政府，为新社会服务，倒是相当重要的。谁来做这份工作呢？从历史的关系看，从组织的关系看，以至于从人事的关系看，都只有民革是适合了这工作。民革今天的做法，就是根据这一点出发的，即团结国民党民主派的上层，改造中层，主要的任务还在于通过思想教育，改造这些人，使他们适应新社会的要求，为新中国服务，逐步地走上消灭这种小市民的落后残余思想的影响，做新人！民主建国会代表性是很充分的，留在新中国的民族资产阶级都已走到它的旗下了，今天它的任务是怎样根据新民主主义经济政策中的几个大原则，来搞通这些人的思想，使他们放胆地和政府合作，发展工商业，逐步地打下新中国的工商业基础。这个工作是相当艰巨，也相当重要，所以这个团体从民主同盟中分出来了，独当一面地发展了。而各弟兄党也非常重视它，给予它以不少的帮助，使其能迅速发展和健全。这是就几个主要的党团而言，其他的我们不再细细去谈论了。

在《共同纲领》下，每个党派也有自己的一个工作纲领，这个纲领是从《共同纲领》中分出来的，比如某甲，你站的地位是什么，你的工作在总的分工下要做的是哪一些，对着哪些对象。这样分工合作，共同来达成民主建国工作，正像一个完整的人，有手，有足，有眼，有口，有耳，这些部分都在工作着，但它们之间是互有关系，互有影响的。各方面都工作得好，没有毛病，这个人自然就容易健康发育。反之，一部分出了毛病，干得不好，别的部分就受了影响。而来统一这些步骤，推进检查这些工作，是要由人民民主统一战线来负担了。人民民主专政，广义说是对封建主义、帝国主义、官僚资本主义三大敌人而言，领导这个人民民主专政的人民民主统一战线的具体任务，除了建设新中国，还带有通过思想学习改造各阶层人民，使其迅速地完成新民主主义的思想建设，走向社会主义建设的意义在内。这是我个人的理解，也许不全是这样。

二　人民领袖印象记

（一）毛主席和我们在一起

人民政协开幕的那天，我第一次看见我们崇仰多年的毛主席，又第一次听见他讲话，当天他给我们这些从未和他见过面的人最鲜明的印象是他的体魄非常高大强健。看见过斯大林先生的人，说他是很高大雄伟的。他又说见了毛主席，他给人的初步印象也是这样既高大又雄伟。

以后，不论是在举行正式会议，或者晚会上，他都和我们在一起。开会时，他每次总是在会前 10 分钟左右到，不用警卫员护卫，在进口处和所有的代表们一样，拿出自己的代表证给守卫的人验查过才进会场。进了会场，他就在他的席位上坐下，翻阅当天送到的会刊。当代表们上台去讲话，他总是很注意地一边倾听着，一边在对着刊在会刊上的讲话稿看，精神一直是那样贯注。

会议中间，照例有一二十分钟时间休息，在休息时候毛主席总是走到怀仁堂后面的院子里去，背着手散步，有时有人去和他招呼或把什么人介绍给他，他总是很谦恭地和他们谈话，一直到铃声响了，表示会议又要开始了，他才和他们客气地分手。有一个在重庆旧政协时代和毛主席见过一次面的记者说：毛主席的记忆力是非常惊人的。在那一次他们见过面之后，一直未再见面，这次人民政协开会，那个记者又来了，还是一个记者。当他和毛主席在休息时到会场后院子里碰头时候，毛主席便向他招手道："你不是在重庆 ×× 报做过记者的？"那位记者先生吃惊地说："我叫 ××。"毛主席道："我在报上读过你的文章。"那位记者先生后来对我们说："我碰见的许多要人中，没有一个像毛主席这样好记性，见过一次面就记得那样清楚的。"

听有些和毛主席在一起工作的人说：毛主席的生活非常俭朴，没有什么生活上的享受，却夜以继日地在工作，他对于年轻同志要求很严格，但态度非常亲切，凡事不厌其详地给予对方以指导。有错误了，他要严格批评你，却不使人太过难堪。和他接触过的人，很少不受他那诚恳待人、严格处世作风的影响。许多工农干部见了他，和他谈过话，过后也无不因毛主席诚恳和蔼态度而受到感动的："这是中国几千年来的第一个人民领袖！"这些话，使我想起了列宁和斯大林，当一个普通农民或工人代表，有所请求去找到他们时，他们是怎样虚心诚恳地听取他们意见，替他们解决困难，而没有一点政府首长的架子。当一些年轻同志和他们在一起工作时，他们又是怎样给他以教育和帮助。毛主席正是用了这种精神完成中国伟大的革命事业！

在前后近 10 天的相聚中，毛主席给我们的印象是虚心、诚恳、热情而又年轻，在他身上闪烁着中国最优良的传统德行，马克思的思想，列宁、斯大林最有光辉的意志和毅力。回来近两个月了，我似乎还觉到在毛主席几次讲话中，那雄亮、准确而富动力的声音在我脑中响着。在广大人民中，我相信他这种音容笑貌，带着毛泽东思想的光辉，正在化成无穷力量，推着新中国前进！

（二）谦恭诚挚的朱总司令

我到了北京的那一天晚上，正好碰上中苏友好协会筹备会在北京饭店举行欢迎苏联专家的晚会。在晚会举行前，我碰到许多熟人，夏衍同志也正从上海来了几天，他拉着我说："来！我介绍你见见朱总司令。"这样，我们就到了朱总司令面前了。

我和朱总司令握过手，同时也觉得十分吃惊，这个在中国革命斗争中传说最多的人民解放军总司令，据说已是 60 多岁的人了，竟是那样的年轻。他比我们在想象中、在照片中所见的朱总司令，年轻了 10 岁。他外表是年轻的，精神更年轻。当欢迎会的仪式举行过，各种表演完毕之后，舞会就开始了。音乐演奏着，舞池还没有人，我们却看见朱总司令第一个从自己座位上站起来，他向四周看了看后，就非常温雅有礼地走到苏联女专家们那边去，请她们跳舞。以后，他又请第二个第三个跳了下去。许多女同志都悄悄地说："朱总司令今天特别高兴，他第一个跳，也一定会跳到最后一个才散。"我没参加完那一次舞会，但朱总司令在我的印象中的确是很年轻的。

人民政协开幕式是由朱总司令做执行主席的。以后，我又听过他几次讲话。在讲话时，他总是戴上那副金丝眼镜，像一个学者一样，用平稳的声音，读着讲演词，他吐出的每一个字都非常有力，因此也不断地博得听众的掌声。他待人见客，也正如他说话时一样朴素而富热情，态度又是那样亲挚平和，因此，每遇到他在什么地方，都有许多人围着他，听他说话。传说中说他像个老伙夫，又像个可亲的"老婆婆"，我想就是从他这种待人接物的谦虚诚恳的态度上来的。

有人在闲谈中说到中共不少首长，如朱总司令、林伯渠、吴玉章、徐特立等人，年纪都在60岁上下了，不知为什么还会有那样年轻精神，令人兴奋鼓舞的朝气。在这几老中，情形的确是这样，一经接触之后，就觉得他们像团火，会燃烧人，使人受到鼓舞。反之，有不少民主人士一到了这样年纪，就老气横秋，有老态了。我想，要解释这个道理很容易，那就是思想和品质的差别，以朱总司令做例子说，他是400万人民解放军的总司令，然而却没有一点官僚架子，没有一点令人见而畏之的声势。他和一个普通工人农民在一起时是一样，和一个在社会上身份地位很高的人在一起时也一样。看来，他像是平凡，然而在平凡中显得格外的伟大和庄严，为的是他认清了自己的工作，是为了广大的人民，他是从人民中来的，他要把自己的一切献给人民。他的荣誉不是由地位官级来决定，而是在为人民服务中，人民自动献给他的。由于这种思想的教育和领导，养成了所有共产党人的工作和生活作风。也正因为有了这样一种认识，在人民与党的首领中，没有距离。比如上次我们参加香港回国观光团到广州，在华南军政首长们的欢迎晚会上，叶剑英参谋长和我们去的工人代表们在扭秧歌时，就没有一点隔膜地扭在一起了。论身份、地位、年龄，他都比我们高了许多，然而，当大家融洽在一起时，就很自然地没有这些距离了，叶剑英参谋长年轻吗？他今年也五十几岁了，然而，他和大家在一起时，却显得和我们当中只有 10 多岁的青年学生代表一样年轻。

朱总司令就是这样一个永远保持着年轻壮健的老者，他给许多人的印象，就是从平凡中看出来伟大的一个人物，这品德也正是许许多多首长所共有的！

（三）我们的政务院总理周恩来先生

在人民政协开会期间，从筹备到召开，和各方面代表人士接触最多的一个人，是周恩来先生。而在民主人士的闲谈中，谈到周恩来先生的也特别多。他们佩服周恩来先生的办事精神："他每天在忙，有时直忙到深夜从不见他有什么疲惫的表示。"有人说："周恩来先生说服力很强，遇有一些问题，人家想不通或看不开，他总会不厌其烦地苦口婆心地跟你谈。谈一次不够，谈两次，谈两次不够，谈三次，一直到使你完全明了而后已。"有人又说："周恩来先生对人的态度很诚恳，他每次同人家见面总是那样亲切、那样热情的，从没对人摆出领导者的架子。"甚至于有一位民主人士说：

“从我在重庆时期初次和他接触时起，我就知道中共一定要成功了。像这样的人才，中国哪儿去找第二位？”另有一个老先生，碰到他对什么事想不通而坚持自己错误意见时，谁都说服不了他，但是只要周恩来先生去见他，和他恳谈一番就什么都解决了。那老先生说：“不是我固执，实在是人家的道理对。”

在上面说过的，那个欢迎苏联专家的晚会上，我听见他作了一个《为什么要一面倒》的报告，听完这个报告后，我最直觉的印象是他所说的话清楚、热情而有力！他的眼睛充满了智慧的光辉，两只手像指挥棍，而我们的灵魂都成了无声的音符。以后在大会上又听过他关于《共同纲领》草拟经过的报告，和在整理委员会上的补充报告。他在作报告时，有一个特点，那就是不准备演讲稿，照着它念。然而，把他的演讲记录下来，却又是一篇最优美动人的文章了。因此，大家在打听到某次会上有周恩来先生的报告时，大家都要在事前相互转告一番。一个近两小时的演讲，听来该叫人有点吃力吧，然而，在听周恩来先生的演讲时，却一点不觉得长，只嫌他讲得太少。在周恩来先生的讲话中，超过三四小时的常有，而他却越讲越有精神，听的人也越听越有精神。

不但是讲演，即使是平时的谈话，也非常精彩。有时一个工作同志碰到了一些实际问题想不开，解决不了，去找周恩来先生谈话。他第一个就给了你解决问题的信心，跟着只用简单几句话来指点，就可以把你认为困难的问题解决了。他为人诚恳平和，但遇到对方有了错误时，也会不容情地加以批评，可是这些批评又不会使你太难堪。所以和他有了工作关系的人，都在说：“周恩来同志是使人敬和使人畏的。”敬的是他处事公平的态度、魄力；畏的是他的原则性，立场抓得非常稳，绝不马虎一点。

不但是讲话，就是主持会议，周恩来先生也非常能干，凡有主要的会议都少不了由他来执行。他有力地控制了会场的情绪，迅速地展开程序中的节目，何者该强调，何者只要粗略地带过，他都把握得很准，因此在他主持下的会议，少有不是十分完满结束的。

人民政协大会从筹备到召开，代表中共和各方面上层人士接触的，主要的还是周恩来先生，因而，他给大家的印象、影响和教育也是大的。600 多位代表中，留在北京和周恩来先生一起工作的不少，但是分散到各地的也很多，他们回去，我相信也将带了周恩来先生给予他们的深刻印象。

（节选自司马文森著《会师新中国的十月》，华文出版社 2009 年版）

忆政协首届会议　话民主共和当年

李子诵*

51年前，人民政协召开第一届全体会议。这是辛亥革命以来，首次实现民主共和的盛事。我以民促（中国国民党民主促进会的简称）候补代表，出席大会，讨论新政，感到十分光荣。

大会召开前数月，我随先进民主人士，观光民主东北。大会闭幕后，我南返广州，任《联合报》总编辑。越一年，我重返香港，任《文汇报》总编辑。在此之前，我从报近30年，现美事喜成双。亦是人生幸遇也。

1949年春夏之交，承夏衍先生安排，我与巨赞法师、吕集义、谭冬菁两兄，乘太原号货船北上天津。同船者，还有李任公（济

* 李子诵：时任香港《星期报》总编辑，人民政协第一届全体会议候补代表；后曾任香港《文汇报》总编辑、社长，全国政协常委，民革中央常委。

深）夫人、蔡贤公（廷锴）夫人、吕方子（集义）夫人。

我们到天津前一天，香港《大公报》总编辑王芸生亦到天津。王芸生是中华新闻协会（中华全国新闻工作者协会筹备会的简称）正式代表，而徐铸成（香港《文汇报》创办人、总主笔）、储安平（《新观察》杂志主编）则是候补代表。

我们到北平后，政协筹委会秘书长李维汉，招待民主人士。他说："近日蒋军飞机频来，诸位先生不必坐在北平，等候蒋机'拉屎'，请到东北三省看看。"语颇幽默。民主东北观光团组成出发，先到辽宁省会沈阳，次到大连、旅顺、鞍山。继而到永吉、长春、哈尔滨，最后回到沈阳，适为"五一"劳动节，南京宣告解放。是晚，群众上街游行庆祝，歌舞达旦，我们也通宵未眠。

当日本投降时，侵占东北的日军大肆破坏鞍山、抚顺等工厂矿场。日寇断言：中国人非20年不能修复工矿。但东北解放不过一年多，被破坏的工矿，都能依靠工人阶级，陆续修复生产。

长春是伪满洲国"京城"，建有宫殿，富丽堂皇。解放后，成为游览风景点。

东北各地都充满新气象，军民相亲，干部谦和。中共长春市委书记朱光热情接待我们。在言谈中，显出他有能力、有才华。10月，朱光随军南下，任广州市市长，政绩昭著。他填词《广州好》，传诵一时。

在我们观光团中，储安平、史东山（电影名导演）最健谈，最有见地。他们敬佩工人同志修复工矿，但也建言要重视科学，进一步搞好生产建设。

从东北回到北平，我住在翠明庄。台湾民主自治同盟主席谢雪红女士、郭沫若的日籍夫人及两位公子，都住在翠明庄。我们常同席用膳，彼此倾谈。谢女士对我说：“台湾不久就解放，届时请你到台湾看看。”我也很希望早日到台湾一游。可惜时逾50年，台湾海峡两岸还处于分裂状态，谢女士已逝世多年，我亦未能如愿成行。

大会开幕前夕，我迁住北京饭店。华侨代表陈嘉庚、司徒美堂（人称美老）和刘思慕，都住北京饭店。美老祖籍广东开平，族侄司徒丙鹤，充任随从秘书。思慕、丙鹤两兄，同是子诵同业，又是旧友，彼此时相叙谈。思慕兄学贯中西，使我多获教益。

政协会议前后，北平充满民主、团结气象。中共领袖毛泽东、周恩来、朱德、刘少奇，均对民主人士敬重有加。孙中山夫人宋庆龄自上海到北平，毛泽东、周恩来等到车站欢迎，毛泽东设筵。毛泽东尊称孙中山先生为民主革命先行者。

1949年9月21日下午7时，中国人民政治协商会议第一届全体会议开幕。会场在北平中南海怀仁堂，出席代表600余人。中国人民政治协商会议筹备会主任、中国共产党中央委员会主席毛泽东致开幕词说：“我们的会议是全国人民大团结的会议。……我们的民族将再也不是被人侮辱的民族了，我们已经站起来了。”

大会通过3个建国的人民大宪章：《中国人民政治协商会议组织法》《中国人民政治协商会议共同纲领》《中华人民共和国中央人民政府组织法》。

各单位首席代表相继发言，称赞3个人民大宪章。民促首席代表蔡廷锴发言，指出：政协3个文件完全符合全国人民的要求，我们民促成员坚决拥护。

大会还通过4个决议案：

一、中华人民共和国的国都定于北平。自即日起，改名北平为北京。

二、中华人民共和国的纪年采用公元。今年为1949年。

三、中华人民共和国的国歌未正式制定前，以《义勇军进行曲》为国歌。

四、中华人民共和国的国旗为红地五星旗，象征中国革命人民大团结。

大会选出：毛泽东为中央人民政府主席。朱德、刘少奇、宋庆龄、李济深、张澜、高岗为副主席。

至于选出中央人民政府委员，则包括中共和各党派民主人士。人民政府可说是联合政府（抗战后期，毛泽东撰文《论联合政府》，向国民党建议组织联合政府，未获接纳）。

9月30日，大会闭幕。副主席朱德致闭幕词说：在会议期间，全体代表团结一致，和衷共济。这是我国兴旺发达的气象。

下午6时，在天安门广场举行人民英雄纪念碑奠基典礼。毛泽东主席和各单位首席代表一一铲土，表示对先烈的崇敬。

10月1日下午3时，庆祝中华人民共和国成立典礼，在天安门广场举行。毛泽东主席宣读中央人民政府公告。威武的人民解放军穿过天安门广场，接受检阅。“小米加步枪”打败蒋军，早成美谈。飞机、坦克、装甲车等现代化装备，都是虏获的战利品。

当礼炮响起，突见数只狗在马路狂奔，正在观礼的刘思慕兄指着广场说：“美帝走狗蒋军吓跑了！”我在旁连声称是。

观礼既毕，美老邀请吃涮羊肉。思慕、丙鹤两兄与我，随同到东安市场的东来顺饭馆，浅饮欢谈，尽兴而归。我们同登北京饭店楼顶远眺，犹见焰火交腾，辉照夜空。

10 月中旬，我与司马文森兄（首届政协民促代表）联袂自天津乘船返香港。当时广州已解放，我们随后乘车往广州。1950 年初，中共和民主党派在广州创办《联合报》。中共华南分局统战部部长饶彰风邀我参加筹备工作。《联合报》社长李章达，总编辑李子诵，主笔杨奎章，总经理梁若尘。

1951 年 5 月，香港《文汇报》邀司马文森任总主笔，李子诵任总编辑。1952 年，香港发生港英当局迫害香港同胞的三一事件，司马文森被驱逐出境。《大公报》《文汇报》和《新晚报》被加罪控告，费彝民、李宗瀛、李子诵、罗承勋等上法庭接受审讯。幸而有新中国政府的声援，才迫使港英当局减少政治迫害。

2000 年 8 月

（选自全国政协文史资料委员会编《中国人民政治协商会议第一届全体会议亲历记》，中国文史出版社 2003 年版）

参加人民政协一届全体会议的难忘回忆

田富达*

我很荣幸地参加了中国人民政治协商会议第一次全体会议，现在已经过了整整50年。回忆过去这一段历史，我感触很多。

一　被推举为一届政协全体会议代表

70年前，我正在华北军政大学台湾队学习。1949年8月份，我们接到一个通知：要在华北军大台湾高山族同胞中选出一位代表参加新政治协商会议第一届全体会议。当时华北军大一共有16名高山族学生，我们听到通知后非常兴奋，感到这是党和人民对台湾少数

* 田富达：时为华北军政大学台湾队学生，人民政协第一届全体会议代表；后曾任台盟中央副主席，全国政协委员。

民族的关怀。16 个学生中，我的学习成绩不错，还担任着班长，经常帮助其他同学一起完成学习任务，因此选举时，他们一致推举我当代表，就这样我参加了政协第一届全体会议。

当时我的名额是怎么来的呢？直到多年以后，我从童小鹏同志那里和跟台盟的其他领导同志接触当中，才知道了实情。据说是在 1949 年 6 月的新政治协商会议筹备会常委会上，周恩来同志提出了一个问题，说要让台湾人民派代表来参加这次会议。周恩来同志问当时中共中央统战部部长李维汉同志：有什么方式使台湾人民派代表来参加政治协商会议？李维汉回答说：台湾民主自治同盟是台湾人民的革命组织，由他们派代表参加就可以。

周恩来的提议获得了新政协筹备会常委会的同意，台湾民主自治同盟作为参加新政协的单位，获得了6个名额，共5位正式代表，1 位候补代表。具体由谁来担任代表，中共中央统战部、华东局和台盟中央的负责人共同商量，还广泛征求了当时在上海和其他地方的台湾籍民主人士的意见。

当时台盟的主要负责人，一位是谢雪红主席，一位是杨克煌秘书长，他们两位长期从事民主革命，多次组织工人运动，他们两位理所当然应当担任代表。第三位代表是王天强先生，他当时在台湾从事农民运动，代表农民。第四位代表是李伟光先生，抗日战争时期他在台湾山区组织抗日活动，解放战争时期他从事民主运动，帮助台湾同胞在两岸来往、学习。当时他还担任上海市台湾同乡会会长，上海解放后担任台盟驻上海的主任委员。第五位代表名额留给了高山族同胞。高山族同胞代表如何产生经过了一番研究，因为当时处在战争环境，好多高山族同胞还在前线打仗，只有华北军大台湾队里高山族同胞相对比较集中，因此研究决定从华北军大中选举产生，最后选举了我作为代表。还有一位候补代表林铿生先生，他在北平从事工商业活动，是原来北平市台盟的主任委员。

我记得 1949 年 9 月初我接到了参加会议的通知——有人说是 8 月底发的通知，但我记得应该是 9 月初——通知是由华北军大的下属单位给我的，说中国人民政治协商会议通知我去参加会议。我那时候的汉语水平很有限，因为我从小讲的是高山族话，后来到大陆工作后，又跟闽南人学了一点闽南语，回台湾也主要讲客家话。1949 年我在华北军大学习时，正在努力学习汉语，在高山族同学里我的汉语学得算最好的，我还经常帮助其他高山族的同志学汉文，但要是直接用汉语交流，就又有点困难了。学校体察到了我的难题，就委托原来东江纵队的干部、现在驻学校的军代表罗范群同志一路照顾我，把我送到刚搬到北平的台盟总部。台盟总部为了参加这次会议，专门从香港迁到大陆来，开始在石家庄，后来到北京，地址是干面胡同 20 号。记得我和罗干群同志在北京下了火车后，他为我找了一辆三轮车，把我送到了干面胡同，这样我才顺利地到了台盟总部。

二　参加大会讨论

我记得中国人民政治协商会议第一届全体会议是在 1949 年 9 月 21 日傍晚开幕。直到今天，我还记得怀仁堂里，穿长袍的、穿西装的、穿军装的、穿中山装的……说汉语的、说英语的、说客家话的、说蒙语的、说藏语的……大家的掌声没有停下来的意思。我的手掌都拍红了，回到住处才感觉很痛。一届全体会议到1949年的9月30日结束。其间，我参加了各种会议，有小组会，有大会。一般上午开小组会，下午开大会。会议期间，我印象最深刻的是周恩来副主席。这次会议是周恩来副主席总负责，他在会议内、会议外做了大量的工作，特别是经常跟各民主党派协商、讨论、交换意见。当时我作为台盟的代表之一，参加各民主党派的活动比较多，在这些场合经常能见到周副主席，他的风采和认真、耐心的工作态度给我留下了深刻记忆。

会议期间，我还见到了毛主席、朱德、刘少奇和其他领导人。他们在人民群众中的威望相当高，当他们来到会场的时候，参加会议的解放区代表、军队代表、各人民团体的代表都不约而同起立鼓掌。大家都很清楚毛主席、党中央在人民解放中所起到的领导作用。从抗日战争时候起，各民主党派和中国共产党同舟共济，一起工作，一起斗争，这种亲密的关系在那一刻达到了高潮。会议期间，会场内外洋溢着全国人民团结一致的气氛，既有马上成立新中国的喜悦，也有要从蒋介石反动派手中解放全中国的斗志，中国共产党领导下的全国各族人民、各党派、各阶层这种团结一心、共同奋斗的气氛让我记忆犹新。

会议的主要议题之一是讨论共同纲领。讨论时，各位代表充分发表意见，然后由大家讨论。这种自由民主的会议氛围给我留下了深刻印象。代表们提了各种各样的意见，但讨论最热烈的是关于社会主义革命和共产主义。这一条在当时共同纲领的草案中没有提，代表们建议加上搞社会主义革命，实现共产主义的内容。我当时参加各民主党派的分组会议时，有不少民主党派也提出应该加上这一条。后来周恩来副主席出来做思想工作了，我记得他说：社会主义、共产主义是我们的理想，但是不是我们现在的任务，我们现在的任务是新民主主义革命。首先要把三大敌人推倒，然后要恢复经济，经济恢复了以后才能够谈到社会主义革命、社会主义建设，共产主义则是我们未来的目标。经过周恩来副主席做工作，大家思想上统一了。中国共产党这种实事求是的风格，也给我们当时的各民主党派上了生动的一课。

会议还讨论了一些其他问题。比如针对 4 种经济是否应该同时存在的问题，有个别代表提出：目前没有农村经济，只有简单的合作经济，等三大敌人推翻以后，共产党领导的革命可以采用公有制为主、合作制经济为辅的政策，但实业经济和商业经济还是要发展，应该在农村和城市保留一部分私有制，这样 4 种经济可以同时发展。还提出大的资本可以考虑在很长一段时间内不要搞公私合营，在农村中搞合作社，只搞到高级社为止，不要搞公社化。经过会议讨论、协商、投票，全会通过了共同纲领。

三　在大会上发言

9 月 27 日我在大会发言，26 日下午才接到会议秘书处的通知。接到通知时，我有点犹豫，也挺紧张，一方面因为我汉语不太好，另一方面是没有上台发言的准备。我讲了我的顾虑，但是大家还是希望我能够发言。那时候西南地区很多少数民族地区还没有解放，会议希望能安排几位少数民族代表发言，尤其希望我能发言。当天我们台盟中央秘书长、政协代表之一杨克煌同志，还有谢雪红主席也来鼓励我，希望我能够发言，坚持要我发言。他们还帮我起草发言稿。我先提出来几条，再由他们帮助我在文字上加以整理，就这样我第二天上台发言了。

我在上台发言时，大会主持宣布由台湾的高山族代表发言，话音刚落，底下大家都在鼓掌，我感到特别激动。因为这是台湾少数民族代表在国家的会议上第一次发言。台湾的高山族有几千年的历史，一直和汉族依偎在台湾。从 17 世纪以来，台湾就是我们中国最早遭受帝国主义和外国势力欺负、侵略和占领的地方之一。尤其是 20 世纪以来，台湾被日本殖民占领了 50 年。在被日本殖民统治期间，高山族生活在水深火热之中，当时的台湾，日本人是一等公民，汉族和高山族都是二等、三等公民，是被压迫、被奴役的对象，生命安全常常得不到保障，其他权利更无从谈起了。因此当我站在代表全国各族各界各党派各人民团体的中国人民政治协商会议的发言台上时，台下包括毛主席在内的各位代表不断地鼓掌，我的心情非常激动，心里面感到从来没有过的温暖。

我的发言主要讲希望解放军早日解放台湾，按照党的民族政策处理好民族关系。因为当时台湾少数民族最根本、最迫切的要求就是解除经济上的压迫和剥削，希望能够获得经济、政治的平等。我的发言得到了代表们的热烈鼓掌。后来我回到华北军大，向高山族同伴们介绍我在大会上的发言得到代表们的掌声时，他们都激动和感动得流下了眼泪。

发言的时候，我感觉很顺利，发挥出了我“最高的汉语水平”，但是据熟悉的同志评价是“结结巴巴”。

当时会场不大，发言席离主席台不远，我发完言路过主席台毛主席跟前时，不由自主地、激动地握住了毛主席的手。按照会场纪律，代表们不允许随便跟领导握手，但当时我兴奋得完全忘记了。毛主席握着我的手，说了好几句话。可惜，我当时太激动，大脑一片空白，只讲了一句“毛主席好！”就不知道下面要讲些什么了。毛主席说的好几句话，讲的什么内容，问了什么话，我紧紧地握着毛主席宽大、柔软的大手，只顾着点头，一句也没回答，一句也没记住。倒是毛主席记住我了。此后有一天，在政协会的食堂，我又一次遇到了毛主席，他主动地跟我握手跟我打招呼，而且还对我说：我记住你了，你是台湾高山族青年。当时我 20 岁，是会议代表中年纪最小的。

政协一届全体会议已经过去 70 年了。回顾这 70 年，我感触最深的是党的统一战线政策。党的统一战线政策是抗日战争、解放战争时期战胜敌人的法宝。同时，在全国解放以后，在经济建设、政权建设、文化建设、各个战线的建设上，党的统一战线政策都起了很重要的作用。1947 年 12 月，台湾民主自治同盟在香港成立。这是台湾人民二二八武装起义失败以后，参加起义的一些民主人士出走香港，在中国共产党的帮助之下，为继续坚持斗争而建立的政治组织。台湾民主自治同盟成立后，长期在中国共产党的指导下工作，才取得了成绩。不管是在战争年代，还是和平建设时期，各民主党派在中国共产党指导、领导下，同甘共苦、荣辱与共，才把我们国家建设成为这样一个初步现代化的国家。1997 年我曾经回台湾探亲，参观了一圈，感触很深，整个台湾的炼钢产业还比不上大陆的一个鞍钢。

今天，香港、澳门相继回到了祖国大家庭，我殷切希望台湾也能够早点回归，实现祖国的大统一、民族的大团结。等到那一天，我想，统一的中国将会是一个繁荣、富强、民主、开放的社会主义强国，中华民族将以更加昂扬的姿态屹立于世界民族之林。

2019年8月

扈增林　整理

（选自《文史资料选辑》第173辑，中国文史出版社2019年版）

参加政协第一届全体会议简述

宋一平 *

1949年2月，我由哈尔滨市委调回中央青委工作，担任新民主主义青年团筹委会常委，在任弼时同志领导下，参与筹备召开青年团第一次全国代表大会的工作。大会以后，便随第四野战军离开北平南下，参加由林彪等人组成的7人小组，接管武汉。随即任中共中南局青委书记，兼武汉市团委书记。在武汉工作还不到半年，就又于9月奉召返京出席政协第一届全体会议，参加开国大典。

政协第一届全体会议有600多位代表参加，代表全中国所有的民主党派、人民团体、人民解放军、各地区、各民族和国外华侨。其中中国新民主主义青年团由12名代表组成，包括10名正式代表和2名候补代表，团长是冯文彬同志。我是正式代表。

---

* 宋一平：时任中共中央中南局青委书记兼武汉市团委书记，人民政协第一届全体会议代表；后曾任国务院副秘书长，武汉市政协主席。

在政协筹备期间，周恩来同志曾在《关于人民政协的几个问题》的报告中明确指出：中国人民政协“是100多年来民族民主运动牺牲奋斗的果实，也可以说是30多年来新民主主义革命运动的集中表现”。他说人民政协是“统一战线组织”，“它的任务是建设新民主主义的新中国”。我作为青年团的代表，能够参与建设新中国几项重大议题的讨论，并且在通过决议的时候投上自己庄严神圣的一票，深感历史责任的重大。冯文彬在大会上的发言就说出了我们的心里话：“新民主主义青年团将一定能够像过去一样，经受得起任何严重的历史考验，坚定地在中国共产党领导之下，始终不渝地忠于祖国、忠于人民，为新中国的独立、民主、和平、统一和富强而奋斗到底。”

大会之后，我由于肺病加剧，就留京疗养，住在颐和园万寿山上的写秋轩。病情稳定即任团中央常委及书记处书记。

参加一届政协的时候，我才33岁，现在已经85岁了，当年大会的一些情况，我都记不大清楚了。值得庆幸的是还保存着两本大会的刊物。一本是《中国人民政治协商会议第一届全体会议纪念刊》；一本是《国旗图案参考资料》，在“第32号”上，我当时还用红铅笔重重地画了一个“√”，因为我是赞成国旗采用“五星红旗”这一图案的。这些年来，有时候我还翻阅一下纪念刊，看看上面的照片，读读大会的发言。

2001年

（选自全国政协文史资料委员会编《中国人民政治协商会议第一届全体会议亲历记》，中国文史出版社2003年版）

我与政协第一届全体会议

陆　平*

1948 年底，组织上将我从中国人民解放军华北野战军三纵调到华北局青委，担任书记。这时正好赶上第一次新民主主义青年团代表大会召开，会上我当选为中央常委。

1949 年新中国成立前夕，组织上决定让我作为中国新民主主义青年团代表团的正式代表参加人民政协第一届全体会议。这个大会是一个划时代的具有历史意义的大会，我作为代表受全国几千万青年的委托，同党和国家领导人、各进步民主党派以及关心祖国前途的仁人志士共商国是，讨论国家的未来，心情万分激动，同时也深感自己的责任重大。参加这次大会的青年团代表共 12 名（其中正

* 陆　平：时任中国新民主主义青年团中央常委兼青工部长，人民政协第一届全体会议代表；后曾任铁道部副部长，北京大学校长，全国政协常委、副秘书长。

式代表 10 人，候补代表 2 人），冯文彬同志担任代表团团长。现在代表团的大多数同志已经过世，在世的已寥寥无几了。那时我 34 岁，回想起 50 年前的大会情景仍然历历在目。大会期间，我参加了所有可能参加的会议讨论，同时还参加了政协组织法草案整理委员会工作。当时我年纪较轻，也比较幼稚，对讨论新中国政协的第一部根本大法，提不出有分量的意见，但从中却受到了一次终生难忘的教育，深深地感受到这次大会讨论的几部大法就是毛主席以马克思主义理论为指导，结合当时中国革命的实际，制定了我党新中国成立后的基本路线、方针、政策，并落实在行动上。通过这次大会，我加深了对新民主主义的认识。新民主主义理论不仅指导了中国民主主义革命的胜利，而且对当代仍处在殖民地、半殖民地的国家和人民具有普遍的指导意义。在这个问题上毛泽东同志对马克思列宁主义作出了重大发展。这次大会是一次发扬民主的大会，对一些重大问题，与会代表畅所欲言，充分发表自己的看法，什么都可以讲。大家以高度的政治责任感和负责任的态度，对会议的文件字斟句酌，民主气氛空前浓厚。当然讨论中也有一些不同的意见和看法，但经过充分讨论后都达到了一致。这是真正意义上的思想一致、团结一致。我记得在讨论《共同纲领》时，会上有些代表认为新民主主义是一种过渡的社会形态，我们国家必然要向着社会主义、共产主义发展，在《共同纲领》上应明确写上向社会主义、共产主义过渡。实际上我也有这种看法，但听了周恩来同志的讲话后，我改变了这种看法。周恩来同志在共同纲领起草小组作报告时曾说："总纲讨论中，曾有一种意见，以为我们既然承认新民主主义是一个过渡性质的阶段，一定要向更高级的社会主义和共产主义阶段发展，因此总纲中就应该明确地把这个前途规定出来。筹备会讨论中，大家认为这个前途是肯定的，毫无疑问的，但应该经过解释、宣传，特别是实践来证明给全国人民看，只有全国人民在自己的实践中认识到这是唯一的最好的前途，才会真正承认它，并愿意全心全意为它奋斗。所以现在暂时不写出来，不是否定它，而是更加郑重地看待它。而且这个纲领中经济的部分里面，已经规定要在实际上保证向这个前途走去。”他的一番解释，大家都觉得非常有道理，同时从中也看到了我党的实事求是精神。

政协大会闭幕不久，美国悍然入侵朝鲜，并将战火扩延到了鸭绿江边。1950 年 10 月 19 日，中国人民志愿军雄赳赳、气昂昂地跨过鸭绿江，投身到抗美援朝、保家卫国的战斗中。我当时任铁道部政治部主任。铁道部上上下下的头等大事，就是动员、调配一大批干部、职工、机车、车辆及各种设备、物资到朝鲜前线支援朝鲜铁路，工作量非常大，所以无暇顾及政协的工作。

1952 年 12 月，铁道部派我担任哈尔滨铁路管理局局长兼党委书记原中长路的管辖范围，主要任务是总结中长铁路经验，任期两年（从 1952 年 12 月 31 日 24 时起至 1954 年 12 月 31 日 24 时）。我在哈尔滨铁路局的两年任期内，为保证军用物资供应，昼夜奔忙在铁路运输线上，所以更顾不上政协的工作了，因此也没能参与政协的活动。

2001 年

（选自全国政协文史资料委员会编《中国人民政治协商会议第一届全体会议亲历记》，中国文史出版社 2003 年版）

在这激动人心的日子里

张子芳*

1949年6月初，陕甘宁边区妇联随西北局和边区政府迁到西安。7月接西北局组织部通知，决定我为在北平召开的中国人民政治协商会议第一届全体会议的代表。我们西北解放区代表团由15名正式代表、2名候补代表组成，团长是马明方。因为当时新疆等省还未解放，大部分代表来自延安党政军人民团体。8月下旬，我们去北平在六国饭店报到。

我们报到后，根据会议的要求，照个人照片，准备冬秋穿的衣服。在此期间，我们还参观了一些工厂和电影制片厂、邮电局等单位，参观了名胜古迹，听了几次报告。

---

* 张子芳：时任中共中央西北局妇委会副书记，人民政协第一届全体会议代表；后曾任劳动部人事司副司长，云南省水利厅厅长。

9 月 21 日正式开会，我参加了会议的全过程。会议期间，可以说我整个的思想感情是沉浸在激动和兴奋的状态中，在听毛主席开幕式上的讲话和代表在大会上的发言时我多次流下了热泪。特别是 10 月 1 日下午 3 时，在天安门广场召开的几十万人的庆祝中华人民共和国中央人民政府成立的大会。那天，毛主席在天安门的城楼上，庄严宣布中华人民共和国中央人民政府成立了的讲话后，开始了阅兵式，随后是游行队伍。经过天安门时高呼中国共产党万岁、毛主席万岁，激情的声音响彻云霄。随后广场上的群众有的拥到了金水桥上，有的拥向城楼下向城楼上的毛主席和中央其他领导同志欢呼致敬，高呼口号经久不散。毛主席在城楼上，手握帽子，向城楼下的群众挥手致意，大声高呼人民万岁。直至 9 时半左右，大会才告结束。此情此景使我万分激动，我永远不会忘记这最壮观、最幸福的一天。

会议期间，我想了不少问题。100 多年来，中国人民为反对外国侵略、反对国内反动统治阶级进行了不懈的斗争，特别是五四运动以来，中国人民为了民族解放、人民民主自由，进行了长期的英勇斗争，流血牺牲，前仆后继，就是为了解放全中国，建立代表全中国人民利益的人民民主政府，这一目标终于在中国共产党领导下实现了。在这激动人心的日子里，我进一步深刻地体会到中国共产党的伟大、光荣、正确，感到自己是一名共产党员很自豪。特别是能够参加这样伟大的建国盛会感到无限光荣。我想自己一定要在今后的工作中，更加努力地做好本职工作，为建设新中国尽自己的一份力量。

大会闭幕后两三天的一个晚上，毛主席在怀仁堂专门宴请了我们西北解放区代表团。席间他说，西北人民特别是陕甘宁边区人民，对中国革命作出了很大贡献，我们感谢他们，我们永远不能忘记他们。希望大家要努力工作，把西北建设好。同时还说，这次你们可以去看看东北的大工业。他的这些话给了大家很大的鼓舞。过了几天，我们便乘软卧专列出发去东北三省参观了 20 多天。

令人惊喜的是，会议期间我还意外地实现了多年来梦寐以求的寻找儿子的夙愿。孩子是在 1942 年中共南方工作委员会机关被国民党反动派破坏时在广东丢失的。我曾委托参加会议的广东代表帮助查找，并通过他们给华南局书记方方同志带了一封信，请他们帮助我寻找儿子的下落。两个月后，我得到了儿子还活在人世的消息。这件事令我欣慰，至今想起来，仍然感慨万千，激动不已，我深深体会到了胜利的来之不易。

1999 年

（选自全国政协文史资料委员会编《中国人民政治协商会议第一届全体会议亲历记》，中国文史出版社 2003 年版。原标题为《难忘的岁月》）

难忘的回忆

管文蔚[*]

回忆过去的岁月，尽管白云苍狗，往事如烟，记忆中的若干人与事已逐渐淡化，然而有些人和事烙在心中，却历久而弥深。

1949年9月，我参加华东解放区的代表团，出席了中国人民政治协商会议第一届全体会议。我们华东解放区是新政协的一个参加单位，组成一个代表团。代表团的成员中，有陈毅、许世友、夏衍（沈端先）、沙文汉（张登）、李坚贞等共产党人，也有季方、韦悫、计雨亭、刘民生等著名的爱国人士。陈毅任代表团团长，我负责与各方面的联系工作，特别是军队和地方各民主党派的联系。代表团组成中共党组，陈毅任书记，我任党组秘书。

---

* 管文蔚：时任苏南军区司令员、苏南行署主任，人民政协第一届全体会议代表；后曾任中共江苏省委副书记，省政协副主席，全国政协常委。

在这次会议期间，深深地感受到我们共产党人和各民主党派、无党派爱国民主人士之间的深情厚谊。这是长期共同战斗凝结成的情谊。会前，许多著名的爱国民主人士到北平时，毛泽东、周恩来、朱德、刘少奇亲自到车站迎接。宋庆龄抵京前，周恩来 3 次到她将要下榻的地方，精心安排。他了解宋庆龄有吃西餐的习惯，问工作人员："有没有准备西餐餐具？"工作人员没有考虑周到，他叫立即准备，从六国饭店取来餐具。宋庆龄的车快到京时，他又先到住地认真检查了一遍，并亲自用剪刀修剪室内的盆景，左看右看，满意了，才驱车到车站去迎接。毛泽东、周恩来常和民主人士促膝谈心，有许多动人的情形。他们的谦虚诚恳的态度，确实令人感动。

陈毅也非常尊重和注意团结各方面的爱国人士。记得早在 1940 年 10 月黄桥决战前后，我曾多次陪同他去拜望朱履仙、韩国钧、李明扬等著名爱国人士。陈毅总是再三和我说：他们都是我们的前辈，我们去看他们要虚心，应保持晚辈谒见长者的态度，要十分注意礼貌。以后，他和爱国人士相处，也总是虚怀若谷，待之以诚。在政协第一次会议期间，他常抽空向韦悫、计雨亭、刘民生虚心请教，征求他们的意见。他作为我们华东解放区代表团的中共党组书记，专门召集我们党员代表开会说："共产党员和党员干部应该永远是群众的一员。要严格要求自己，要尊老敬贤，谦虚谨慎，以礼待人，真正和各方面的爱国人士团结一致，虚心听取他们的意见，将大家都团结在党的周围，共同建设我们的祖国。"

会议结束前夕，陈毅又交代我：代表团合影时，要让爱国民主人士坐在前排中间的位置，我们共产党员站在他们后面。合影时，我请几位老先生坐到前排，陈毅带头要往后站。但计雨亭、刘民生也非常尊重我党同志，一再推让，结果陈毅同志还是被他们拉到前排，和他们坐在一起合了影。其他共产党员都站在后面。我和许世友则站在后排的左右两边。这件小小的轶事，今天想起来仍感到非常亲切。

岁月如梭，中国共产党和各民主党派、无党派爱国人士之间的关系经受了历史的考验。新中国成立后的40年，政协各方面的爱国人士发扬优良传统，继续和我党风雨同舟，肝胆相照，在社会主义建设中发挥了很好的作用。即使在“文化大革命”十年动乱中，许多爱国民主人士也和我们共产党人一起经历了折磨、忧患和考验。我衷心地希望这种良好的关系继续保持和发展下去，希望这种优良的传统加以发扬，希望我们共产党员谦虚、谦虚、再谦虚，永远做群众的一员。

（选自江苏省政协文史资料委员会编《江苏文史资料》第35辑，内部资料，1989年）

迎接新中国的诞生

夏　衍*

1949年的9月21日至30日，由中国共产党、各民主党派、各人民团体、各地区、人民解放军、各少数民族、国外华侨及其他爱国分子的代表所组成的中国人民政治协商会议第一届全体会议在北平举行。我作为华东区的代表，于9月18日随华东代表团到了北平，还是住在北京饭店（华东区代表15人，候补代表2人，即陈毅、许世友、周兴、管文蔚、梁从学、孙仲德、夏衍、沙文汉、龙跃、张林、韦悫、李坚真、张福林、季方、李伯龙、计雨亭、刘民生。其他均分别列入党、政、军、民代表团）。这正是北方天高气爽的季节，“时维九月，序属三秋”，“胜友如云，高朋满座”，

* 夏　衍：时任中共中央华南分局委员、香港工委书记，人民政协第一届全体会议代表；后曾任文化部副部长，中国文联副主席，全国政协常委。

真是一派开国气象。会议代行全国人民代表大会的职权，通过了起临时宪法作用的《共同纲领》，选举了中央人民政府委员会，毛泽东当选为中央人民政府主席，朱德、刘少奇、宋庆龄、李济深、张澜、高岗为副主席。会议通过了中国人民政治协商会议第一届全体会议宣言，庄严地宣告“中国人民已经战胜了自己的敌人，改变了中国的面貌，建立了中华人民共和国”。“中国的历史，从此开辟了一个新的时代”。

10月1日，中央人民政府委员会举行第一次会议，一致决议，接受《中国人民政治协商会议共同纲领》为政府施政方针，任命周恩来为政务院总理兼外交部长。同日首都30万军民在天安门广场集会，隆重举行开国大典。朱德总司令在开国大典上举行阅兵式，宣读了中国人民解放军总部命令，命令人民解放军迅速肃清国民党一切残余武装，解放一切尚未解放的国土。

这次会议只开了10天，要讨论和作出决定的事情很多，但由于事先已经有了认真的协商和筹备，所以会议开得非常顺利。10月1日，当我看到五星红旗在天安门冉冉升起的时候，真是感慨万千，泫然欲涕。我们这个有五千年文化的古国，经历了数不清的苦难，终于像旭日东升一样，重新站起来了。我自己，也终于盼到了这一天，可是，有什么办法能把这个喜讯告诉已经牺牲了的同志呢？我想起了郑汉先、庞大恩、何恐、童长荣、洪灵菲和柔石、冯铿……这些英勇献身的烈士。

10天的时间在匆忙中过去了，在这期间，我会见了许多老朋友，也结识了不少新朋友。到北京的第二天，我和阿英去看了郭沫若、茅盾和周扬，有许多话要讲，但他们房间里都挤满了人，只能作礼节性的拜访。只有一天晚上，我正要上床，柳亚子敲门进来了，我和这位爱国忧民的南社诗人也算是老朋友了，过去，不论在香港，在重庆，即使在时局十分艰险的时候，他一直是爽朗、乐观的，可是在这举国欢腾的日子，他却显得有点心情抑郁，寒暄了几句之后，他就问我上海解放后有没有去过苏州，他说，假如那一带局面安定，他打算回吴江去当隐士了。这句话使我大吃一惊，“一唱雄鸡天下白”，为什么会有这种想法呢？他就坦率地说出了他对某些人事安排的不满，他用责问的口吻说，李任潮怎么能当副主席，难道你们忘记了他20年代的历史？对这样的事我当然不好插嘴，我想把话岔开，问他最近有什么新作？柳无垢是不是也在北京？可他还是滔滔不绝地讲了他对某人某事的不满。后来读了他和毛主席的唱和诗，才懂得他“牢骚太甚”的原因，并不在于“出无车”和“食无鱼”，至于“莫道昆明池水浅”这句诗的谜底，则直到恩来同志和我讲了当时的情况之后，才弄清楚。浪漫主义诗人和现实主义政治家之间，还是有一道鸿沟的，亚子先生实在也太天真了。

会议期间，我还认识了好几位闻名已久的文艺界以外的新朋友，其中有梁思成、吴晗、侯德榜、朱洗……我认识梁思成是恩来同志给我介绍的，是在讨论国徽的小会上，思成先生是国徽的设计者之一；恩来同志说，你不是很佩服梁任公吗，加上他的夫人是一位有名的诗人。第一次见面没有多谈，但是他的明智卓识给了我很深的印象，我早知道他是一位著名的建筑家，但想不到他对古典文学和古代建筑有这么渊博的知识和真挚的感情。我一直有一种错误的想法，以为五四以后的知识分子和作家都有一种看不起民族传统的偏见，所以他一再谈到继承和创新之间的关系，给了我很大的启发。和这个问题有关的，是阿英不止一次陪我去逛了琉璃厂和隆福寺，他在旧书店里流连忘返，借了钱去买旧书和碑帖，我则像发现了新大陆似的爱上了“扬州八怪”和齐白石。在香港的时候我就听说过，毕加索对张大千到法国去学画感到大惑不解，因为他认为中国画才是世界上最好的美术，现在看到了郑板桥、金冬心、李复堂、高翔，我也感到在绘画这个问题上，我过去也受过民族虚无主义的影响。

我认识吴晗，是郭沫若给我介绍的。我去看郭老时，他们正在为着对朱元璋的评价问题进行着争论。吴晗比我年轻，更不用说，他是郭老的晚辈，可是在学术问题上他却坚持己见，不肯在“权威”前面让步。在史学上我是十足的外行，对朱元璋这个小和尚出身的皇帝也没有好感，只能坐在旁边洗耳恭听。郭老还是很豁达的，辩到后来，他笑着说：“你所举的论据我还得仔细研究，今天算是下了一盘‘和棋’吧。”我对吴晗的博闻强记和科学态度深感钦佩，交谈几次之后，我们就成了很好的朋友。

开国大典之后的第三天，毛主席召开了一次有各大区负责人参加的座谈会，陈毅同志要我去列席；当时，各路野战军正在向西南、西北进军，所以谈的主要是军事问题。当朱德、刘伯承、陈毅、邓小平从进军西南谈到长征的时候，毛主席讲了一段意味深长的话，他说，我说过长征是宣言书，是播种机的话，但千万不要忘了迫使红军长征这一惨痛的教训；现在我们要开始建设了，忘记了这个教训，“前面乌龟爬泥路，后面乌龟照样爬”，那就会犯更大的错误。他说，建党 28 年来，我们犯过两次大错误，一次是 1927 年的右，一次是六届四中全会以后的左，一右一左，都大丧元气，所以我们一定要好好总结经验，接受教训。他一边抽烟，一边加重了语气说，这一右一左的根子，都在于教条主义，今后可千万不要再犯了。会开到深夜才散，这时少奇同志叫我留下，交给我一个任务。为了庆祝中华人民共和国成立，苏联派来了一个以法捷耶夫为首的友好代表团，少奇同志要我和萧三陪同这个代表团到上海。他非常郑重地交代，现在帝国主义国家都反对我们，国际上只有苏联是我们的朋友，新中国成立，苏联派来了第一个友好代表团，团长法捷耶夫又是一个著名的大作家，所以我们接待这个代表团的工作，只准搞好，不准出一点差错。要记住，搞好一个党员和一个党员之间的关系，也许还容易，搞好一个党和另一个党之间的关系，特别是一个国家和另一个国家之间的关系，就很不容易了。一定要搞好我们和苏联的关系，这是当前的国策，千万不要粗心大意。苏联进军东北的时候，我们在大连的一个领导干部和苏联人的关系搞得很紧张，苏方提了意见，这个干部受了处分（当时他没有指名，后来我才知道，这个受处分的干部就是后来任华东局宣传部副部长的刘顺元同志，他在大连抵制了一下苏军的大国沙文主义和扰民行径，就受了处分；后来我知道了具体情况，对顺元同志产生了敬佩之情）。少奇同志说，你今后要做外事工作（当时恩来同志已内定我任外交部亚洲司司长），所以这是交给你的第一个外事任务。这件事我们已经和恩来、陈毅同志商量，你和萧三陪同他们，你们到上海后，要立即把我们的意见告诉饶漱石，总的一句话是这次接待工作一定要搞好，尽可能满足他们的要求，出了差错，你得负主要责任。我过去也曾做过一点外事工作，但这只是个人与个人之间的关系，所以要接待好这样一个官方代表团，对我说来实在是一件很难胜任的工作。当时我想，这是少奇同志亲自交下来的任务，上面有陈毅同志的领导和支持，还有萧三这样一位苏联通和我合作，就毫不推辞地接受了，但后来才知道，接待一个由著名文化界人士组成的代表团，要比接待一个一般的官方代表团要困难得多，因为不论是中国人或者外国人，文化人总有他们特有的习惯和要求。在华东局和上海市委及广大群众的协力，在上海的接待工作没有出太大的差错，他们在上海也只耽搁了几天，总算平安地过去了。但说实话，困难的问题的确也不少，例如他们临时提出，要在大光明电影院作一次演出，为了要一架他们满意的钢琴，就让负责后勤工作的吕复同志跑断了腿；还有，当时根本没有空调设备，而他们却指定后台温度一定要保持在 13 度到 16 度之间；等等，这些都是后话，这里不多记了。

我和萧三同志陪这个代表团于 10 月 4 日或 5 日离开北京回上海，忙了一个礼拜，向中央写了接待工作的报告，到 10 月中旬，才恢复正常工作。

这一年的 10 月 29 日（农历九月八日），是我 49 岁生日。生于忧患，成长于革命和战乱之中，忘记了岁月的流逝，已经年近半百了，真有不知老之“已”至之感。

（选自夏衍著《懒寻旧梦录》，中华书局 2016 年版）

一次难忘的划时代的会议

王一鸣 *

1949 年 5 月 16 日武汉市解放，全市人心振奋，面貌一新。八九月之际，我忽然接到市委统战部要我去北平参加人民政协第一届全体会议的通知。当时我内心无比的激动。我是作为华中解放区工商界代表之一的身份去的。与我同时接到通知开会的，还有多人。但我现在能记得起姓名的，只有杨显东、李范一、陈经畬、李书城等数人。

杨显东是一位学者，曾留学美国康奈尔大学，获博士学位。抗战初期，他在武汉与董老有过较频繁的接触，思想受董老的影响很大。李范一也是一位学者，曾留学美国哥伦比亚大学，回国后曾

* 王一鸣：时任武汉汉口工业会理事，人民政协第一届全体会议候补代表；后曾任武汉市副市长，市政协副主席，全国政协委员。

任湖北建设厅长。他思想比较进步，同情共产党，与党的一些同志有过较长期的往来。李书城、陈经畲是我省的知名人士。他们的情况，早为大家所熟知。我那时任汉口工业会理事。

我们接到通知后，约于9月初乘火车离汉赴京。到京后，分别住进北京饭店和其他饭店。我和陈经畲是住在一个房间里。

9月21日，会议在中南海怀仁堂正式开幕。当毛主席、周恩来等党政军领导同志步入会场时，会场顿时响起了雷鸣般的掌声。这是我第一次见到毛主席，我内心久久不能平静。

这次会议，有正式代表510人，候补代表77人，特邀代表75人，共计662人。会议开了10天，9月30日结束。

会议期间，听取了周恩来同志所作的关于《中国人民政治协商会议共同纲领（草案）》的起草经过及其特点的报告和董老所作的关于《中华人民共和国中央人民政府组织法（草拟）》的经过及其基本内容的报告，还听取了毛主席、刘少奇同志的重要讲话。董老还抽时间与湖北来的代表们见面、交谈。他鼓励我们工商业者要搞好城乡物资交流，为繁荣经济作出贡献。代表们对周、董的报告进行了认真的讨论，通过了《共同纲领》《中央人民政府组织法》等重要文献。

会议还选举产生了第一届全国政协委员会委员180人。李书城、李范一都当选为委员。当时全国人民代表大会尚未正式召开，所以，会议还执行了全国人民代表大会的职权，选举产生了中央人民政府主席、副主席和委员，委员有56人。政务院成立后，李书城被任命为农业部长兼财经委员会委员，杨显东被任命为农业部副部长，李范一被任命为燃料工业部副部长。

10月1日，人民政协第一届全体会议的代表分别登上天安门城楼和观礼台，庆祝新中国的正式诞生。当毛主席以洪亮的声音宣告“中华人民共和国中央人民政府已于本日成立了”的时候，天安门广场上一片欢腾。到处是红旗招展，锣鼓喧天，喜气洋洋。这一天有30万人参加了庆祝集会。

这次会议是一次划时代的会议，它是新中国成立的前奏。我能参加这次会议，是我一生中最大的光荣。现在，它虽已过去40年，但它将永远铭记在我的心中。40年来，我国的社会主义革命和建设事业有了很大的发展，特别是最近10年来，发展更快，成绩更为显著。今天我们纪念新中国成立40周年，我虽已84岁，记忆力衰退，但仍然情不自禁地回忆起这次划时代会议的一些情况。在这次会议上，中国共产党和各民主党派以及许多其他民主人士，济济一堂，团结合作，共同协商国家大事。那肝胆相照的情景，着实令人感奋。我相信在中国共产党领导下的多党合作和政治协商制度，今后将得到更好的发展。

李修鲁　整理

（选自武汉市政协文史资料委员会编《武汉文史资料》第37辑，内部资料，1989年）

少数民族代表参加新政协会议记

刘　春*

1949 年 9 月，在中国共产党领导下，中国人民政治协商会议第一届全体会议在北平召开，并代行全国人民代表大会的职权，宣告了中华人民共和国的成立。我作为内蒙古自治区的代表，荣幸地参加了这次盛会。回想起来如同昨日，历历在目。

解放战争时期，我在内蒙古工作。正当中国人民解放军渡过长江胜利进军，国民党反动集团的统治全面崩溃的时候，新政协筹备会第一届全体会议在北平召开的消息传到了内蒙古，在内蒙古工作的同志们都非常兴奋。百年来中国各民族人民梦寐以求的新中国就要诞生了。1949 年 6 月 22 日，内蒙古自治政府向新政协筹备会发

* 刘　春：时任中共内蒙古工委副书记兼组织部长，人民政协第一届全体会议代表；后曾任中共中央统战部副部长。

了贺电，表示内蒙古民族和其他各民族、各阶层人民热烈拥护新政协筹备会的一切决定，并预祝新政协会议的成功。接着，中国共产党内蒙古工作委员会收到党中央关于内蒙古作为地区单位选派代表出席新政协会议的指示。随即由内蒙古工委提名，经内蒙古自治政府讨论协商，推选出了内蒙古地区出席新政协的代表。正式代表为乌兰夫（内蒙古工委书记、内蒙古自治政府主席、人民解放军内蒙古军区司令员兼政委）、奎璧（内蒙古自治政府民政部长）、刘春（内蒙古工委副书记兼组织部长）、王再天（蒙名那木济勒色楞，内蒙古自治政府公安部长、人民解放军内蒙古军区副司令员）、王逸伦（内蒙古自治政府财经委员会主任）、特木尔巴根（内蒙古自治政府财政部长）。候补代表朋斯克（内蒙古自治政府交通部长）。7 名代表除朋斯克外都是内蒙古工委委员；除王逸伦外，又都是内蒙古自治政府委员。名单报到中央后，中央提出由西北局从伊克昭盟推选一人作为内蒙古地区的代表，奎璧则改为国内少数民族单位的蒙古族代表。伊克昭盟是内蒙古原来六盟之一，但当时还不属内蒙古自治政府管辖，中央决定它们派出代表参加内蒙古地区代表团，表明这时中央已经考虑要将伊克昭盟划归内蒙古。中央的这个决定，闪耀着党的民族政策的光辉，内蒙古人民和内蒙古代表都为此受到鼓舞。伊克昭盟推选出的代表是王悦丰（蒙名阿拉宾巴雅尔，当时任人民解放军伊盟军区司令员）。这样，内蒙古地区的 7 名代表中，蒙古族占 5 人，只有我和王逸伦是汉族。

国内少数民族单位代表共 12 人，其中正式代表 10 人，候补代表 2 人。正式代表除奎璧外，还有刘格平（回族，华东人民革命大学校长）、张冲（彝族，松江省人民政府副主席）、朱早观（苗族）、吴鸿宾（回族）、杨静仁（回族，陕甘宁边区政府民族事务委员会委员、中国新民主主义青年团中央委员）、朱德海（朝鲜族）、王国兴（黎族）、天宝（藏族）、白寿彝（回族，历史学家）；候补代表为：金汉文（蒙古族）、多杰才旦（藏族）。其他单位还有少数民族代表11人，他们是：刘清扬（回族，女，中华全国妇女联合会正式代表）、翦伯赞（维吾尔族，中华全国社会科学者代表会议筹备会正式代表、历史学家）、齐燕铭（满族，中国共产党候补代表）、周保中（白族，东北解放区正式代表，吉林省人民政府主席）、马坚（回族，宗教界民主人士正式代表）、田富达（高山族，台湾民主自治同盟正式代表）、罗常培（满族，特邀人士，语言学家）、龙云（彝族，特邀人士）、沙彦楷（回族，特邀人士，原民社党革新委员会主席，该组织宣布解散，本人以个人身份参加政协）、赛福鼎（维吾尔族，特邀人士）、阿里木江（乌孜别克族，特邀人士）。

本来新疆伊犁特别区来北平参加新政协的代表为：阿合买提江（新疆保卫和平民主同盟主席）、伊斯哈克伯克（新疆伊犁阿山塔城三区民族军总指挥，中将）、阿里都克里木（新疆保卫和平民主同盟中央委员）、达列尔汗（民族军副总指挥）、罗志（新疆中苏文化协会）等5人。由于在从伊宁飞北平途中，飞机失事，5人全部不幸遇难，改由赛福鼎（新疆保卫和平民主同盟代主席）、阿里木江（新疆保卫和平民主同盟塔城区分会主席）和涂治（汉族）3人来北平，作为特别邀请人士参加会议。

这么多少数民族和他们的代表，以国家主人的身份，完全平等地和汉族代表共同参加国家的政治生活，共商建国大计，在我国各民族大家庭发展历史上还是首次。

在一届政协开会的时候，内蒙古自治政府已经建立两年多了。1945 年 8 月 15 日日本投降不久，在党领导下于张家口成立了内蒙古自治运动联合会，并通过广泛的自治运动，实现了东西蒙自治运动的统一，改变了内蒙古几百年的分裂局面。在此基础上，于 1947 年 5 月 1 日，根据党中央的决定，成立了内蒙古自治政府。1949 年 6 月，新政协筹备会把内蒙古地区和西北、东北、华北、华东、华中、华南六大解放区同列为区域单位之一，称作“内蒙古自治区”。“内蒙古自治区”的名称即由此而来，一直沿用至今。

我是 1949 年 8 月 30 日和乌兰夫同志从乌兰浩特（当时的内蒙古首府）启程，乘火车赴北平参加新政协会议的（其他代表随后才动身）。途经锦州附近，路轨被大水冲坏，滕代远同志正在那里组织力量抢修，等候了几天，才于 9 月 4 日到北平，住在北京饭店。

9 月 7 日，新政协筹备会邀请已经到北平的政协代表开会，会议由林伯渠同志主持。周恩来同志作了《关于人民政协的几个问题》的报告，着重讲了关于参加中国人民政治协商会议的名单及其名额和人选问题以及中国人民政治协商会议组织法和中华人民共和国中央人民政府组织法等问题。在报告中，周恩来同志讲了人民政协所包含的成分是非常广泛的。它的任务是团结工人阶级、农民阶级、小资产阶级、民族资产阶级以及一切爱国人士、国内少数民族和海外华侨，共同反对帝国主义、封建主义和官僚资本主义，建设新民主主义的新中国。在讲到中华人民共和国国家制度时，周恩来同志着重讲了中国的少数民族也应包括在中华人民共和国之内，承认他们的自治权。因此，我们国家的名称叫“中华人民共和国”，而不叫联邦。中国是一个多民族国家，但其特点是汉族占人口的最大多数，少数民族总起来，还不到10%。当然，不管人数多少，各民族间是平等的。首先汉族应该尊重其他民族的宗教、语言、风俗、习惯。这里主要的问题在于民族政策是以自治为目标，还是超过自治范围。我们主张民族自治，但一定要防止帝国主义利用民族问题来挑拨离间中国的统一。恩来同志以英帝国主义对西藏及新疆南部的阴谋，美帝国主义对于台湾及海南岛的阴谋为例，说这些地方有少数民族，但是他们一向是在中国领土之内。同时，恩来同志又批判了清朝、北洋军阀和国民党反动政府压迫少数民族的政策，并说我们应该改变这样的政策，把各民族团结成一个大家庭，防止帝国主义的挑拨分化。今天到会的许多人是民族代表，我们特地向大家解释，同时也希望大家能同意这个意见。我们虽不是联邦，但却主张民族自治，行使民族自治的权利。恩来同志在这里还说道：这次少数民族方面的代表确实比较少，这是一件遗憾的事，原因是有好些少数民族的地方还没有得到解放，不容易找到代表来。内蒙古是解放了的，它便有了双重的代表，少数民族方面的代表和区域代表。恩来同志举了陈嘉庚先生参观内蒙古所得的印象的例子，以说明我国实行民族自治政策是正确的。陈嘉庚先生在人民政协开会前曾去内蒙古参观，回京反映现在内蒙古的蒙、汉二族合作得很好，犹如兄弟一样。恩来同志说：这消息我们听了非常高兴，这足以说明我们的民族政策的成功。

新政协筹备会党组干事会为了做好党内的思想工作，保证开好这次会议，于9月15日召集参加人民政协的共产党员开了一次大会，我记得中央书记处书记、政协党组干事会书记周恩来同志和中央书记处书记刘少奇同志在会上讲了话。恩来同志讲了人民政协的组成、在政协中和党外人士合作以及在政协中学习3个问题，要求同心协力，遵守纪律，团结党外人士，共同开好会议。并且把参加政协的党员分成13个小组，指定了各小组的召集人。内蒙古自治区和国内少数民族单位中的党员编为一个小组，召集人是乌兰夫和刘少奇。少奇同志的讲话着重讲了统一战线问题。

9月21日下午7时，中国人民政治协商会议第一届全体会议在中南海怀仁堂隆重开幕。当大会主席团登上主席台，毛泽东主席庄严宣布大会开幕时，军乐齐奏，礼炮齐鸣。接着，毛泽东致开幕词，当他讲到“我们有一个共同的感觉，这就是我们的工作将写在人类的历史上，它将表明，占人类总数四分之一的中国人从此站立起来了”时，全体代表起立，热烈鼓掌达5分钟之久。

会议第二天，全体代表听取筹备会的工作报告。周恩来同志在关于草拟人民政协共同纲领的经过及其特点的报告中，讲到了新民主主义的民族政策。他指出：其基本精神是使中华人民共和国成为各民族友爱合作的大家庭，必须反对各民族内部的公敌和外部的帝国主义。而在各民族的大家庭中，又必须经常反对大汉族主义和狭隘民族主义的倾向。各少数民族的区域自治、武装权力及其宗教信仰之被尊重，均在条文中加以明确的规定。接着，进行分组讨论。我是共同纲领草案整理委员会委员，参加了委员会的讨论，召集人是恩来同志，开会地点在北京饭店。会议印发了许多参考文件，内蒙古第一届人民代表大会通过的内蒙古自治政府暂行组织大纲和施政纲领也作为参考文件印发了。就在第二天，内蒙古工委、内蒙古自治政府和内蒙古军区向大会发来了贺电。

少数民族代表对共同纲领中民族政策部分特别关心和高度重视，反应非常热烈，都认为党和国家的民族政策是完全正确的，是少数民族所盼望的，反映了广大少数民族人民的意愿。在讨论中，大家对恩来同志关于我国是统一的多民族国家和国内民族关系以及我们解决国内民族问题的民族政策的阐述完全同意和拥护。主要讨论了以下几个问题：

第一，反对两种民族主义问题。代表们认为：我们党一贯主张中国境内各民族有民族平等权利，反对国民党反动集团大汉族主义者对少数民族的歧视和压迫；而在反对大汉族主义的同时，还要反对狭隘民族主义。1940 年毛主席即曾说过：要反对大汉族主义，这是首要的，但同时要注意狭隘民族主义。所以，我们党在执行党的民族政策、处理民族关系问题时，一直在工作中注意克服这两种错误的、有害的倾向，从而使我们党的民族工作成效显著。共同纲领中把过去反对大汉族主义的提法改为反对大民族主义，是由于国民党反动集团大汉族主义的统治已被推翻，处于统治地位的民族压迫制度消灭了，我们党已经是执政党。以马克思主义为指导思想的无产阶级政党——中国共产党，是以实现社会主义、最终实现共产主义为目的，我们坚决反对民族之间的压迫歧视，主张一切民族完全平等，并为自己这一解决民族问题纲领的彻底实现而斗争。所以，在祖国大家庭内各民族都获得解放的情况下，就必须在国内民族关系中反对任何大民族主义，既着重反对汉族中的大民族主义倾向，同时又反对少数民族在其自治区域内对别的民族的大民族主义倾向。反对大民族主义，可以防止和克服民族间的歧视和偏见；反对狭隘民族主义（后来改提为地方民族主义），可以防止和克服民族分裂的倾向，只有这样，才能不断增强各民族的团结互助，实现各民族的友爱合作，把我们国家建设成为统一的多民族的社会主义大家庭。

第二，关于民族区域自治问题。大会开会前，筹委会9月5日印发了共同纲领草案（初稿）。其中，第六章民族政策第三十一条原文为："各少数民族聚居的地区，应按照民族聚居人口多少和区域大小建立民族自治机构。"这里所说的民族自治机构是在少数民族聚居的区域建立的，这就是说少数民族的自治是实行"区域自治"。1945年10月中央对内蒙古就曾指示"内蒙古的基本方针，在目前是区域自治"。因此，当我看到这个初稿时，即向共同纲领整理委员会建议对这条作如下改动："各少数民族聚居的地区实行区域自治。"接着，9月13日重发的《草案》将这条改为："各少数民族聚居的地区，应实行民族的区域自治。"

代表们讨论"民族区域自治"问题时，发言踊跃，充满喜悦，因为这意味着我们国家中的少数民族在其聚居的地区可以实行自治。认为把"民族区域自治"确定为共同纲领一项基本政策，是非常正确的，完全符合我国的国情和国内民族关系的实际。我们党在少数民族地区实行不同规模的区域自治是比较早的。例如中央红军长征到达陕北后，曾于1936年8月西征中，在甘肃、宁夏一带建立过县级自治政权；抗日战争时期，在陕甘宁边区建立过回民乡和自治区（区级政权）。解放战争时期，遵照中央关于内蒙古的基本方针是实行区域自治的指示，通过开展自治运动，成立的内蒙古自治政府，则是我国革命史上第一个规模较大的自治区。"区域自治"的概念是列宁、斯大林提出来的，我们也常常引用。我们也用过"民族区域自治"这一提法，但把"民族区域自治"定为国家解决国内民族问题的基本政策，并写进国家的纲领性文件中，则是从共同纲领开始的，这是我们党运用马列主义解决国内民族问题的创举。

第三，关于政府帮助少数民族发展经济、文化、教育等建设事业的问题。代表们对纲领中作出这样的规定也非常重视。因为代表们都知道，政府的帮助主要是从占全国总人口绝大多数的汉族广大人民中来，汉族不享受任何特权，而担负着帮助少数民族的义务，在旧中国、旧社会是不能设想的，只有新中国、新社会才能做到。在讨论中有些代表还说：在我国的民族大家庭中，讲帮助是民族间的互相帮助，少数民族对汉族也应该帮助，并对国家作出自己最大的贡献。

会议连续几天，进行了大会发言，其中少数民族代表在大会上发言的有：内蒙古自治区首席代表乌兰夫；新疆特邀代表赛福鼎、阿里木江；国内少数民族代表刘格平、张冲、王国兴、朱德海、朱早观、天宝；台湾民主自治同盟代表田富达；中华全国民主妇女联合会代表刘清扬等。代表们在发言中表示了对大会和会议文件的热烈拥护，并热情地向大会祝贺。他们特别对比了新旧中国、新旧社会两个不同历史时代的两种民族关系——民族平等和民族压迫，热情洋溢地歌颂了我国革命解决国内民族问题和各民族共同获得解放所取得的伟大胜利，歌颂了中国共产党的正确领导和民族政策的光辉成就。

9 月 24 日的大会上，新疆代表团代表新疆人民献了锦旗、向毛主席献了维吾尔族的帽子和外衣，由代表赛福鼎致辞，毛主席高兴地穿戴上了衣帽。接着又是西北回族代表吴鸿宾等向毛主席、朱总司令献旗。9 月 25 日的大会上，由两位穿着红绿绸袍民族服装、戴着红黄头巾的蒙古族姑娘，代表内蒙古人民向毛主席、朱总司令献花，一面献花，一面高兴地说：我们内蒙古人民同全国人民一起站起来了。毛主席、朱总司令在全场热烈的掌声中亲切地接过了花，并含笑道谢。

9 月 27 日大会通过《中国人民政治协商会议组织法》和《中

华人民共和国中央人民政府组织法》；并通过4个决议案：一、国都定于北平，改名北京；二、纪年改用公元；三、以《义勇军进行曲》为国歌；四、国旗为红地五星旗。29日通过《中国人民政治协商会议共同纲领》。

会议最后一天（9月30日）下午3时，选举人民政协第一届全国委员会委员和中央人民政府主席、副主席及政府委员。当宣告毛泽东同志当选为中央人民政府委员会主席时，全场起立，热烈鼓掌欢呼。乌兰夫同志被选为中央人民政府委员和政协第一届全国委员会委员，奎璧同志被选为政协第一届全国委员会委员，参加了中央人民政府和政协全国委员会。少数民族代表被选为中央人民政府委员的，还有刘格平、赛福鼎、龙云；被选为政协第一届全国委员会委员的，还有吴鸿宾、张冲、朱早观、天宝、朱德海、王国兴、马坚、赛福鼎、阿不哈依尔吐烈（哈萨克族）。选举完毕，朱总司令致闭幕词。会议在雄壮的国歌声中圆满结束。

10月1日，在天安门广场举行了极其隆重的开国大典。包括少数民族代表在内的政协全体代表登上天安门城楼参加了这个盛大典礼。伟大的中华人民共和国诞生了，一个独立、民主、和平、统一、富强的新中国建立起来了，开始了中华民族历史的新纪元。

庞　真　整理

（选自全国政协文史资料委员会编《中国人民政治协商会议第一届全体会议亲历记》，中国文史出版社2003年版。原标题为《在新中国诞生的日子里——记少数民族代表参加新政协会议的情况》）

创建新中国的盛会

王再天*

参加中国人民政治协商会议第一届全体会议的往事，距今已经53年了。今天回想起来，仍让人心潮起伏、思绪万千。

1949年秋天，在国民党反动派土崩瓦解、人民解放军向尚未解放的祖国大地奋勇进军的日子里，在北平召开了新政协第一届全体会议。为了我们的新政协尽可能全面地代表中国各民族人民、各民主阶级、各民主党派和非党的爱国人士，我们党做了大量艰苦细致的工作。在战争中我们党通过各种途径，分别保护、转移和秘密护送了许多爱国民主人士，使他们安全到达北平，济济一堂，共商国是。对已经解放了的地区，则由各地区民主政权选出代表，参加新

* 王再天：时任内蒙古军区副司令员，人民政协第一届全体会议代表；后曾任内蒙古自治区人民政府副主席，区政协副主席，全国政协委员。

政协大会。我们内蒙古地区代表团由乌兰夫、刘春、王再天、王逸伦、特木尔巴根、朋斯克和当时还不归内蒙古管辖的伊克昭盟代表王悦丰组成。奎璧同志参加国内少数民族代表团。由于当时大西南一线还处在战争状态中，没能成立少数民族的代表团来北平。其他少数民族地区也还刚解放，政权正在建设中，还不能组成单独的地区民族代表团。所以当时只有我们内蒙古是地区少数民族代表团，其他地区的少数民族代表合起来组成国内少数民族代表团。因此，在新政协的第一届全体会议上少数民族代表不是很多，但在当时已是很不容易了。

1949 年 9 月初，我们到达北平。新政协会议把我们内蒙古地区与东北、华北、西北、华东、华中、华南六大解放区并列，称为“内蒙古自治区”。从此，内蒙古地区就有了新中国赋予我们的名称“内蒙古自治区”。

在此之前，我们已于 1947 年 5 月 1 日成立了内蒙古自治政府。作为我党建立的全国第一个省级以上的少数民族自治政权，一直是由东北局领导的。现在新政协把内蒙古与各大区并列，其意义深远。体现出对少数民族自治样板的内蒙古的特殊的重视；对于全国少数民族同胞的特别的尊重。作为少数民族的代表，我们都激动不已。在这里，我们少数民族代表将要与汉族代表一道，行使国家主人翁的权力。一个崭新的、各民族人民共同的家园——中华人民共和国就要在我们的手中建立起来了！

参加新政协会议的代表，有 600 多人，尽可能广泛地代表着全国一切爱国的人们。新政协会议的任务是团结工人阶级、农民阶级、小资产阶级、民族资产阶级以及一切爱国人士，国内少数民族和海外华侨，共同反对帝国主义、封建主义和官僚资本主义，建设一个新民主主义的新中国。我们每一个参加会议的共产党员的心中，充满信心和力量。我们进京“赶考”，一定能够向全国人民交上一份满意的答卷。

在亲身参加解放少数民族，实行民族平等、民族自治的斗争中，我更切身地感受到我们党对少数民族的真心实意的关怀和帮助。由于国民党反动派的反动大汉族主义的政策和日本帝国主义的侵略，历史上的内蒙古地区，政区已被分割，不复存在。由北满、西满、热河、察哈尔、绥远、甘肃、宁夏等省和地区管辖。少数民族同胞遭受着阶级和民族的双重压迫，处于更加悲惨的境遇。中国共产党一贯主张少数民族的平等权利。抗战期间在大青山建立抗日根据地的民主政权中就设立了蒙政处，专门负责做民族工作，推行我们党的民族政策，团结蒙汉民族共同抗日，揭露日本帝国主义挑拨民族矛盾、分裂中国的罪行。日本投降以后，我们党的 3 个中央局：西北局、晋察冀、东北局及其领导下的有关中央分局，在各自管辖的地区中的内蒙古地方大力推行民族平等、民族团结、支持自治的民族政策。分别建立了从省级至县级的多处民主政权和内蒙古民族自治政权。如陕甘宁边区领导下的伊盟民主政权，晋绥解放区的绥远地方民主政权，晋察冀解放区领导的内蒙古自治运动联合会，冀察热辽解放区领导的察哈尔北部、热河北部民主政权，东北局支持建立的东蒙自治政府，西满解放区领导的哲里木盟民主政权等。各解放区党组织和野战军派出过许多干部到内蒙古地区开展工作，发动群众，培养当地干部，特别是民族干部，建党、建政、建军。在这个基础上由晋察冀中央局、东北局直接领导，以内蒙古自治运动联合会这样一种形式把内蒙古东、西部的自治运动统一在一起。先是以自治运动联合会总会直接领导的锡察盟与东部兴安省所领导的兴安盟、纳文慕仁盟等地为基础在 1947 年 5 月 1 日建立了统一的内蒙古自治政府，到新政协开会之前已经把昭乌达盟、呼伦贝尔盟等也统一领导起来。我们今天所看到的内蒙古自治区所辖的全部地区是经过中央、内蒙古和有关各省长期细致的工作，在新中国成立十几年后才全部确定下来的，大致恢复了历史上内蒙古地区的完整。比刚成立自治政府时辖区大得多、人口更是多得多。为了恢复今天的内蒙古，中央后来撤销了热河、察哈尔、绥远三个省以及更多的相关省辖地区、县，才形成今天的内蒙古。

这几十年为内蒙古人民的民族平等、民族解放、民族自治以及民族经济文化的发展，人民生活的提高，我们党付出了许许多多的心血和努力。在建立新中国的过程中和那以后的 50 多年里，我们党忠实地实践了自己的诺言，帮助国内各少数民族打碎旧社会的枷锁，向着平等、自治、团结、富裕、文明的路大踏步地前进。从大革命到创建新中国，许多汉族共产党员、革命战士把他们的汗水和鲜血洒在了内蒙古的大地上。还有许多身经百战的老红军、新四军、老八路和党的中高级干部在帮助我们创建了人民的政权以后，又听从党的召唤，奔赴新的战斗岗位。在他们的培养、帮助下，内蒙古大批蒙汉各族共产党员、革命战士迅速地提高了觉悟，在斗争中成长为无产阶级的坚强战士；为了内蒙古人民的民族解放、平等自治，为了全中国人民的解放和幸福，勇立战功、贡献力量。所有为内蒙古人民的解放事业而流血牺牲、辛勤工作的人，人民是不会忘记的。他们中的许多人的故事，至今在内蒙古人民，特别是老区、牧区的群众和蒙汉各族老干部之中广为传诵。

在建立新中国的这个盛会上，作为一个少数民族代表的中国共产党党员，在为我们党感到光荣、自豪的同时，更加感到建设好我们新内蒙古的责任。在大会上，不仅是像我这样的党员有这种感觉，大家都能感受到：每一个爱国的人，当他站在了这个亘古未有的人民的会场上，那种为中国人民的胜利而喜悦，为数十载艰苦卓绝的斗争而感慨，为成千上万的先烈而哀悼，为我们中华民族的振兴而摩拳擦掌的感觉是怎样地在他的心中激荡。那复杂而振奋的心情是无法用言语形容的。革命先辈何香凝老人的讲话，使我抑制不住激动的热泪；沈钧儒先生、丁玲女士的讲话，同样表达了代表们的心声。还有许多认识的和不认识的代表，他们都在用自己的感受、自己的理想，向全中国、全世界表达：这个新中国是我们的，是中国人民的！我们一定要把她建设好，也一定能够建设好。在大会上，小组讨论会上，许多代表提出了好的建议和设想，大会都予以了充分的重视和采纳。不仅是建国大计，就连部分代表的称呼这样的问题，一经提出确有道理，大会马上就采纳了。此前我们对无党派民主人士一般都沿用了旧称呼为"社会贤达"。但据说是郭沫若先生提出不应再这样称呼。因为旧社会的所谓"社会贤达"，大都是些封建遗老和买办分子，代表旧势力，我们不应沿用这个称呼。这以后就采用"无党派民主人士"了。在讨论共同纲领的时候，我们少数民族代表对民族政策这一部分内容，进行了深入的探讨。我们有幸能够代表全国几十个少数民族的人民，来讨论我们民族大家庭的未来。大家都非常拥护各民族一律平等，反对民族间的歧视、压迫的主张。这是我们党一贯主张和在解放区部分地区已经实行了的民族关系的宗旨。这一主张在我们内蒙古就已经取得了很好的实践，蒙古民族再也不是大汉族主义封建军阀和帝国主义的奴隶，而是内蒙古大地上的真正的主人。现在全国将要全部解放，各少数民族也将像内蒙古人民一样，从此走上平等、幸福、富裕之路。对于民族区域自治的政策，代表们发表了很好的建议。大家都同意新政协筹备期间周恩来同志所作的报告中关于民族政策的意见，同时在会上会下大家都在热烈地探讨。我国少数民族的人口、分布等情况与苏联不大相同，一是少数民族人口占总人口的比例小，有些民族的人口也很少。二是少数民族人口分布是大杂居，小聚居，有些地方有几个民族相邻而居。不适合照搬苏联的加盟共和国、自治共和国那样的国家体制。我们应该根据我们各民族聚居的人口、地域情况，灵活地建立相应大小的民族自治地方。这样，能更好地实行我们的民族政策，也便于民族自治地方的经济文化发展，更有利于各民族间的交往和团结，反对帝国主义挑拨民族矛盾、分裂我们祖国的阴谋。代表们认为，民族区域自治，在我们内蒙古等地实践证明是解决民族问题的好方法，现在共同纲领把这项政策确定为解决国内各少数民族地区政权建设的基本方针，一定能够成功。

新政协大会的600多位代表，来自全国人民中的各民族、各阶级、各阶层。代表分各大区、民主党派、人民团体。在反帝反封建、打倒国民党反动派、建立一个人民的新中国这一共同的政治基础的前提下，又分别代表着人民中的一部分。因此，在他们之间必然地又有各自政治信仰、经济利益、民族风俗习惯等差别和特殊性。在具体建立一个什么样的新中国的问题上，也存在着不同的看法。新政协在中国共产党的积极倡导下，实行我们在解放区实行多年的民主集中制，把各方面的积极性调动起来，推行和谐民主的政治协商制度。在筹备会、小组讨论、正式大会及其他形式的协商讨论中，既耐心细致地说明我们党关于建国的方针、国家的组织制度和草拟的各项文件，又注意发扬民主，让各方面的代表们充分发表意见，吸收他们的好建议和主张。

对于一些不正确的主张，则采取了集思广益，以历史事实和中国社会现实情况为根据，耐心细致地说明情况，让各方面的代表有一个共同的提高。比如：国民党长期推行反动的大汉族主义政策，对蒙古族同胞实行民族压迫和民族歧视。对共产党领导内蒙古人民建立的内蒙古自治政府，却造谣污蔑为"制造民族分裂""支持内蒙独立"。这样，在内地不明真相的人们，也确实有"内蒙古自治是不是要独立"这样的担心。在新政协大会之前，爱国人士陈嘉庚先生亲自到我们内蒙古来了解自治的真相。我们热情地接待了他，我爱人张晖同志当时也参加了接待工作。陈嘉庚先生亲眼看到在内蒙古蒙汉族干部并肩工作，蒙汉人民团结互助，亲如弟兄的现实后，非常高兴。回到北平后，他讲述了自己的亲身体验，宣传了我们民族政策的成功。再如，在大会发言中，有的民主人士对中国革命中各党派的评价和新中国政权组成上有不符合实际的主张，有的甚至还有争权的意思。但在新政协会议上，没有对这些主张提出批评。

接连几天的大会发言，大多数代表对中国共产党领导人民经过 28 年的奋斗，以巨大的牺牲赢得的伟大胜利，给予了由衷的肯定或是切身的回顾。由此，那些持偏见的少数人了解了他们原来所不清楚的中国革命的实际情况，受到了深刻的教育。通过这种新的民主形式，大家互相启发，互相教育，都有了不同程度的提高。当然，即使一些持错误主张的人不改变他们的意见，也不会影响我们大政方针的制定和推行。因为我们的主张是代表着中国各民主阶级、各民族人民的根本利益，并不是只代表我们一党的私利。因为我们的民主制度是保证代表们充分发表意见，有了共同的政治基础，是非会越讨论越明确，不会让错误主张误导大多数代表的。对于非原则的问题，则是采取了求同存异、百家争鸣的态度。通过这样真心实意地实行民主，有效地团结一切爱国的人们，为了建设一个人心所向、朝气蓬勃的人民中国而共同奋斗！

还有一个我在大会上直接经办的事。在参加大会前，我们内蒙古就准备向中央请示一个具体问题。那就是：1947 年内蒙古自治政府成立时制定了自治政府旗帜，作为我们政权的象征。现在新中国成立在即，在有了新的国旗后，我们的区旗是否还使用呢？这类问题本来地方政府直接向中央请示即可。但现在既来参加新政协会，而大会又代行人民代表大会的职权，就应该向大会请示。我向大会秘书长林伯渠同志提出时，他认真地听完，表示不能马上答复，要经大会领导机构研究后再答复。两天后周恩来同志答复我说：你们成立政府时挂自己的旗子，在新中国成立前是理所当然的。现在新中国成立了，我们要有新国旗，其他地区性的旗子没有必要挂了，我们就统一挂国旗吧。现在回想起来，那时对我这样一个地方工作的党内同志的请示为什么那么郑重地对待，决不是偶然的。在长期的革命战争中，我们的决策作风一般是非常高效的，像这样的问题通常是当即口头答复。这次的不同寻常，是因为我当时不仅是党内干部，同时又是我们第一个民族自治区的地区和民族双重身份的代表，大会对代表所提的问题，不以党内党外而有所不同，是同样郑重对待的。

在北平参加政协大会的20多天里，我们一直处于兴奋中。中国有史以来从未有过的这个各民族、各阶级团结一致共建家园的盛会，让我们亲身感受到国家主人翁的光荣和责任。毛主席的开幕词，表达了全体代表的心声。当讲到“我们有一个共同的感觉，这就是我们的工作将写在人类的历史上，它将表明：占人类总数四分之一的中国人从此站立起来了”的时候，会场上每一个人都是那样激动，许多人含着热泪，极其热烈的掌声持续了很久、很久。是啊，中国各民族人民遭受了太多太久的凌辱与苦难；几十年来，党领导人民以无数的鲜血和生命才换来了今天的胜利，这胜利是多么珍贵多么不易呀。从今以后，我们将用自己的双手，创造出一个崭新的强盛的人民的国家。

2002年7月

（选自全国政协文史资料委员会编《中国人民政治协商会议第一届全体会议亲历记》，中国文史出版社2003年版）

政协第一届全体会议前后的回忆

李葆华*

我是北京市的代表，那个时候北京还叫北平，有 3 个人，我一个，还有一个张晓梅，是徐冰同志的爱人，原来是北京市妇联主任。我是中共北平市市委第二副书记。还有一个中学教员，现在记不得名字了。北平就这 3 个政协会议代表。参加大会是跟天津代表合并叫平津代表团，团长是天津的市委书记黄敬，我是副团长。团员还有一个资耀华，一共五六个人，其他的记不得了。资耀华有一本书叫《凡人小事八十年》，前面有一张照片，就是平津代表团合影。那本书因为收拾房子找不到了。这个人是人民银行的，已经去世了。

---

* 李葆华：时任中共北平市委第二副书记，人民政协第一届全体会议代表；后曾任水利部党组书记、副部长，中国人民银行行长，安徽省政协主席，贵州省政协主席，全国政协常委。

大会在怀仁堂召开，主要就是选举了毛主席做主席，选举了国家领导人，决定北平改称北京，首都在北京，决定了国歌、国旗，这些都是在政协会议上决定的。会后参加了人民英雄纪念碑的奠基典礼，先在纪念碑下面把土挖起来，奠基。毛主席、周总理、少奇同志都参加了。一届全体大会有中共代表，还有各民主党派的代表团、群众团体和各地方的代表团。

大会以后还不断开会。当时政协全国委员会秘书长是李维汉同志。全国政协不断出一些文史资料，内容还是比较丰富的，有许多民主党派人士写的回忆，还有些将领写的回忆，当时我在北京都能收到，还是很喜欢看的。另外，每个星期在政协礼堂有电影晚会，也是经常参加观看。其他活动就想不起来了。

那个时候还没有人大，这次会议代行全国人大职权，代表了中华人民共和国正式成立的一次大会，产生了中华人民共和国的第一届领导机关，而且团结了各方面的人士、民主党派。政协就是共产党领导下的各个民主党派共同议政的地方，具有很重要的意义。

（节选自《纵横》2012 年第 6 期）

最高的荣誉

资耀华 *

中国人民政治协商会议第一届全体会议，是一次奠乾坤的大会。根据当时的时局和形势，新政协肩负着崇高的使命和艰巨而重大的任务，它要制定宪法式的共同纲领，作为治国平天下的蓝图；它要选举成立中央人民政府委员会，制定国旗、国徽，决定国都、国歌和纪年；它要向全世界庄严宣告新中国的光荣诞生，并举行开国典礼。这是中国有史以来的特大事件。我有幸参加这样一次重大的盛会和开国大典，使我从肺腑里深深感到，这是我一生一世中最高的荣誉和莫大的幸福。

新政治协商会议筹备会于 1949 年 6 月 15 日成立后，经过 3 个多

* 资耀华：时任上海银行天津分行兼华北管辖行经理，人民政协第一届全体会议代表；后曾任上海银行总经理，全国政协委员，民建中央常委。

月紧张的工作，才决定出参加中国人民政治协商会议第一届全体会议的单位和代表人数。北平、天津两市就是这45个单位中的一个。当时，民主建国会尚未在天津成立分会，所以把我分在平津直属单位，代表一共6人，候补代表1人，由黄敬同志任团长。这对我大有好处。说老实话，当时就革命理论而言，我是极为幼稚的。虽然在日本京都帝国大学经济学院时，曾是河上肇教授的直属门生，读过《资本论》，后来也看过一些革命理论文件，但还是似懂非懂，似通不通。再就革命政治而言，更是近乎无知。现在有黄敬同志任团长，对我大有帮助。本来在天津的时候，黄敬同志平常已从生活、工作到政治思想，对我就照顾得无微不至，使我受到很多教益。现在又在他这个团长领导之下，大小事都可以得到帮助，心里感到由衷的高兴。

中国人民政治协商会议第一届全体会议定于9月21日开幕。我们天津代表于9月18日乘车去北平，同车的还有在天津开会常见面的中国人民解放军总部代表杨成武同志，他谈笑风生，讲了许多抗日战争、解放战争中的可歌可泣的英雄故事。我们听得津津有味，很受鼓舞。会议期间，每天都有大会。此外，还有6个委员会①，委员会都在星期天和夜间开会。我有幸分在共同纲领草案整理委员会，召集人是周恩来。这个委员会共有50多人，都是学习得很好、理论很高的同志。开会时的所有发言，都对我很有教益。尤其听了周恩来的总结发言，真如醍醐灌顶，茅塞顿开，可谓听君一席话，胜读十年书。

大会于9月30日闭幕。10月1日在天安门广场举行了严肃而威武的阅兵仪式，然后是数十万军民尽情欢乐、五彩缤纷、载歌载

① 这6个委员会是政协组织法草案整理委员会、共同纲领草案整理委员会、政府组织法草案整理委员会、宣言起草委员会、国旗国徽国都纪年方案审查委员会、代表提案审查委员会。——编者注

舞的盛大庆祝游行。我在天安门城楼上，由周恩来介绍同毛主席握手，只听到毛主席说："哦！你是天津来的，做了有益的工作，很好！很好！"可惜还没来得及说一句话，就被身后潮水般涌来争同毛主席握手的人挤开了。这次，还见到了当时所有的我们国家最高领导同志，这是平常很难得到的机缘。会议前后，还会晤了几十年不通音讯的一些老学长、老学友、老朋友，特别是李达和田汉同志和我有过特殊关系，这次会面，使我有隔世重逢之感。

田汉同志是我在日本时的救命恩人。他比我早去日本，已考入东京高等师范，并兼管湖南的官费留学生。我考入第一高师后，即到他那里领官费。他看我年轻，问了我许多情况，就要我搬到他附近的人家住，也好照顾。我本来举目无亲，欣然同意了。9 月开始上学。差不多每天放学回寓都可见面。到了秋末冬初，日本全国突然发生西伯利亚流感。我不幸也感染，开始勉强上课，最后起不来了。田汉不见我放学回寓，有点奇怪。到我住所一看，我已经不省人事了。他当即把我送到顺天医院。经过一夜抢救，到了天亮我才稍有知觉，只听到护士说："呵，有救了，回过来了。"又说："多可怜，多年轻，总算有了哥哥送他来。"到了 6 点多钟，田汉又来医院，看我已活过来，很高兴。听医生说："还算万幸，若再迟一点，恐怕很困难了。"田汉要我安心养病，一切费用由他负责，因为官费生有公费治疗。这件事是我终生不忘的。次年，他回国后就不通音讯了。李达同志早已考入第一高师。我考进一高时，他已是高班生。他一直艰苦朴素，勤奋学习。也是看我年轻，对我在学习上特别照顾，真是亦师亦友。但不久，他也回国了，音讯不通。他们二位都是在这次开会才遇见的。

这次无论参加大会、小会，有一个很深的印象，就是感到民主气氛特别浓厚。台上发言，台下可以提问题，也可以补充几句，三言两语，自由发言。这不仅可以集思广益，也可以补充简报之不足。其中有两次大会印象更深，一次是周恩来同志主持，一次是刘少奇同志主持。台下代表争着举手要求发言，甚至发言中互相争议。当时我想，这样的大会真难掌握。可是我看主持人泰然自若，满面春风，而且到了关键处，只要主持人三言两语，就解决问题。尤其在总结发言时，真正显示出掌握会场的能力，把所有的发言和意见兼收并蓄，综合条理，加以分析，条条有着落。既使每个发言人心服口服，又使满堂皆大欢喜，最后，在热烈而长时间的鼓掌声中胜利散会。

回忆那次参加大会和小会，好几次只要听到代表们反官僚资本、反帝国主义慷慨激昂的发言时，总是喜极而流泪。最激动的有两次：一次是毛主席在开幕词上说："占人类总数四分之一的中国人从此站立起来了"；一次是毛主席率领全体代表在天安门广场，隆重举行建立人民英雄纪念碑奠基典礼时，毛主席读碑文"上溯到一千八百四十年，从那时起，为了反对内外敌人，争取民族独立和人民自由幸福，在历次斗争中牺牲的人民英雄们永垂不朽"时，都使我感铭肺腑，泪如泉涌。这不是朴素的感情，也不是偶然的感情冲动，而是发自内心深处的。因为从我出生后，中国就遭逢八国联军攻进北京，此后还听到列强要瓜分中国。我十几岁出国留学，在外国也遭受种种侮辱。我是带着一肚子气回国的。回国之后，从参加工作起，到解放止，一直是在美、日两强之间的夹缝里求生存。当时海关是人家监督，邮政是人家经营，铁路是人家管理，矿山由人家开采，内河航运由外轮霸占，纱厂人家占优势，金融大权由人家统治，外汇牌价由人家决定。民族工商业者的出路，只有在这夹缝中细心地经营管理，妥善地"左右逢源”，精打细算，顾后瞻前。当然没有什么“大锅饭”，“小锅饭”也吃不成。只有每天“找米”下锅，找不到米只有挨饿。可是在这样困难的夹缝里，当时工商界也出现了一些特殊人才，如卢作孚、范旭东、刘鸿生、吴蕴初、聂璐生、荣宗敬、荣德生、张公权、陈光甫、李馥荪、徐新六等等。这些人才，不是天生的，是在夹缝里、侮辱中逼出来的。又如永利化学、民生公司、天厨味精、中华橡胶、申新纱厂、福新面粉厂、中国旅行社等，也都是在艰难困苦中奋斗出来的企业。但回过头来往后看，又有一大批破产的、倒闭的、关门的、清理的、吃官司的、坐牢的、逃跑的，甚至跳黄浦江的。我就是在这样的夹缝中，突然走到尽头，突然又走到了一个海阔凭鱼跃、天高任鸟飞的神州大地。这时是什么心情呢，苦到极处遇到甜，受了委屈的孩子突然看见了妈妈。当时在听到毛主席讲了“占人类总数四分之一的中国人从此站立起来了”，随后又听到“我们的民族将再也不是一个被人侮辱的民族了，我们已经站立起来了”，那一刹那间，我在肺腑中积压了几十年的屈辱、怨愤、委屈、辛酸和苦辣一股脑儿迸发出来，而化为欢欣鼓舞、心花怒放、泪如泉涌！我就是在这样激动不已中发誓，要以身许国，永远跟着共产党！可惜我能力有限，有时还力不从心。40 年来，蹉跎岁月，对国家没有作出特殊贡献。现又垂垂老矣，心有余而力不足。但“位卑未敢忘忧国”，“满目青山夕照明”，有生之年，仍当继续努力奋进。

（选自人民政协报编《风雨同舟四十年》，中国文史出版社 1990 年版）

我曾作为解放军代表参加政协第一届全体会议

戴镜元*

1949 年 3 月，北平已经和平解放，党中央和中央军委、人民解放军总部进入北平，我们也跟着毛主席、朱总司令一起来到北平。

1949 年 9 月 21 日，中国人民政治协商会议第一届全体会议在中南海怀仁堂隆重开幕，我作为中国人民解放军总部推荐的代表很荣幸地参加了这次会议。我们这个代表团叫中国人民解放军总部代表团，一共 13 位同志，团长是朱德总司令，其他参加会议的代表有人民解放军总部代总参谋长、华北军区司令员聂荣臻同志，副司令员杨成武同志，人民解放军总政治部副主任傅钟同志和吕正操同志，军委作战部长李涛同志，还有老红军康克清同志等，我当时是

* 戴镜元：时任中央军委二局局长兼政委，人民政协第一届全体会议候补代表；后曾任人民解放军总参谋部第三部部长。

军长兼政治委员。

作为解放军总部推荐的代表，能参加人民政协第一届全体会议，当然很高兴。因为中国革命从土地革命战争算起，经过了 20 多年，才取得了新民主主义革命的基本胜利。大会开始的时候，毛主席致开幕词，当毛主席讲到“占人类总数四分之一的中国人从此站立起来了”的时候，大家的心情都非常激动，全场欢欣鼓舞。中国人民解放了，大翻身了，站立起来了，不再受帝国主义欺负了！

9 月 21 日大会开幕以后，先是各个代表团分头举行小组会议，讨论大会的日程。22 日开始，大会分别作了关于政协筹备经过的报告、关于中国人民政治协商会议组织法起草经过的报告、关于中华人民共和国中央人民政府组织法起草经过的报告和关于中国人民政治协商会议共同纲领起草经过的报告。听完报告以后，代表们主要对几个报告分小组进行认真的讨论，大家畅所欲言，充分发表自己的意见。作为人民政协第一届全体会议的代表，我感受最深，觉得最重要的一点是，这次会议高度地发扬了民主协商精神，代表们能充分地发扬民主，气氛生动活泼。在分组讨论的基础上，又开全体大会，两项交叉推进。全体大会由各个代表团推荐代表发言，代表所在的小组进行交流，小组会和全体大会相结合，高度的民主最后达到了高度的集中，全体一致通过了《中国人民政治协商会议组织法》《中华人民共和国中央人民政府组织法》和《中国人民政治协商会议共同纲领》。《共同纲领》实际上起到了一个临时宪法的作用，它作为中国人民的大宪章，意义非常重大。

我记得，在讨论《中华人民共和国中央人民政府组织法》的时候，董必武同志作了关于中央人民政府组织法起草经过的报告。讲到国家名称的问题时，有过几种提法，一个是“中华人民民主共和国”，有的代表觉得这个名称长了点，可以用“中华人民民主国”。另外一种意见，主要来自西南联大的教授张奚若先生，他提出改为“中华人民共和国”更适合。董老起草的报告里采纳了张奚若先生的意见，但究竟最后定哪个还是要由人民政协一届全体会议决定。最后，经过大家充分的讨论和研究，决定新中国的名称定为“中华人民共和国”。

再一点，我记忆非常深刻的是关于国歌的问题。在没有正式确定以前，很多人都赞成以《义勇军进行曲》为国歌。但是也有代表提出，根据当前新的形势，中国新民主主义革命已经取得基本胜利，新中国已经成立，《义勇军进行曲》歌词中的个别词句是不是可以做适当地调整，以适应新的形势。但通过小组讨论，最后大家还是一致认为，新民主主义革命虽然已经取得了基本胜利，中华人民共和国也已经成立，但帝国主义亡我之心不死，台湾还待解放，我们还应该居安思危；新中国成立以后，我们还要加速发展生产，加强经济建设和文化建设，加强国防，保卫国家的独立和领土主权完整，维护世界和平。基于这样一个考虑，大家一致认为，《义勇军进行曲》作为新中国的国歌，整个歌词还是适用的，无论从现实来讲，还是从长远来看，《义勇军进行曲》的整个歌词都还有重大的现实意义和深远的历史意义。所以，依据大家一致的意见，整个歌词没有改动，还以原来的《义勇军进行曲》为中华人民共和国国歌。

（选自《纵横》2012 年第 7 期）

难忘的盛会　深刻的教育

廖运周 *

中国人民政治协商会议第一届全体会议召开至今已有36个年头了，我还珍藏着出席会议的代表证和有关资料。每当翻看这些珍贵的纪念品，历史盛会的片片花絮就会在眼前浮现，当时曾使我激动、使我深受教育的件件往事重又浮现。

记得是1949年9月初的一天，下着雨，我带领四十二师在吉安地区攻打江西保安师据守的一个叫白士街的镇子。战斗正在进行，突然接到第二野战军总部从南京发来的电报，通知我将作为二野的代表，参加第一届政治协商会议，并命令迅即赶到南京报到。

我骑着马，沿着赣江进发。沿途，头顶上常常出现盘旋怪叫的

* 廖运周：时任人民解放军二野四十二师师长，起义前任国民党一一〇师师长，人民政协第一届全体会议代表；后曾任沈阳炮兵学校校长，全国政协委员，民革中央常委、副秘书长。

国民党飞机，它们灭亡前的疯狂只能令人更加鄙夷。想到此行的目的，我的心里充满了自豪和欢乐，在这解放的炮声中，新中国就要诞生了。

赶到南京总部，二野代表团 12 名代表和候补代表，除二野副司令员滕代远、已调任晋冀鲁豫军区政治部主任的张南生、二野卫生部长钱信忠和高树勋等已经在北京外，均已在此集中。他们是首席代表、二野司令员刘伯承，二野政治部主任蔡树藩，二野后勤部长杨立三，三兵团战斗英雄、十二军作战处长马宁，四兵团特等战斗英雄卫小堂，五兵团组织部长布克，二野随军女记者曾克。高树勋因当年起义的关系，也编入二野代表团。邓（小平）政委在部署进军大西南的紧张时刻，抽空会见了我们。他对大家说，这次会议不同一般，中国各党派、各人民团体、四万万人民，要共同组织起一个政府，我们在世界上就要以一个崭新国家的形象出现了。你们作为代表，政治地位很高，任务也很重啊。话虽不多，却点明了会议的宗旨和意义，以及作为代表的责任和光荣所在。

9 月 21 日政协会议正式开幕。当毛主席在开幕词中讲到“中国人从此站立起来了”，就像有一股电流通过我的全身，中国人民盼望已久的这一天终于到来了。

讨论分组进行，二野代表团同三野、华东地区合编一组，用陈毅同志的话讲，这是因为二野“还没有地盘”——西南地区还未解放。这个组由陈毅、刘伯承、刘晓同志负责。

每次讨论，代表们很是认真热烈，为了学好文件，许多人熬夜阅读。遇有分歧或认识不清的问题，尤其是关键问题，陈毅同志就召集二、三野代表在一起，由他讲一讲。

《共同纲领》是大会最重要的一个文件，如果说政协会议本身就是一个人民民主统一战线的具体形式，那么《共同纲领》就是最有号召力的旗帜，对《共同纲领》的认识直接关系到统一战线的贯彻和新中国大政方针的实施。当时，一些党员代表，包括我自己，认为《共同纲领》同党的最低纲领还有距离，是否调子太低了。刘伯承几次找二野总部参加会议的几位部长，反复讲毛主席、党中央筹备政协会议、拟订《共同纲领》的主导思想，说明这个《共同纲领》不但要共产党接受，而且全国人民、各民主党派、无党派民主人士和海外爱国华侨，一切热爱祖国的人都能接受，使反对我们的敌人也没有空子可钻。纲领就是宣言，要让全世界知道，新中国是一个民主的国家，不是一党专政的国家；是一个空前团结的国家，不是一个四分五裂的国家。刘伯承同志让他们在组内多听意见，多做工作。陈毅同志还召集二、三野党员代表单独开会，解释了什么是人民民主专政，阐述了中华人民共和国的性质，帮助我们理解《共同纲领》。他说："《共同纲领》是联合政府的纲领，这同党的纲领是不矛盾的。从新民主主义转变到社会主义，是作为《共同纲领》的一个目标而提出的。我们不能用党纲的标准来要求《共同纲领》，它不是共产党一党的纲领，而是统一战线的纲领。"

对政府人选的讨论也十分热烈，经过同各方协商提出的候选名单，体现了统一战线的精神。对于这样一种安排，有的党员代表有意见想不通，甚至讲怪话。这种现象引起了党中央的极大重视，对不正常的思想情绪作了严肃的批评教育。记得陈毅同志两次召集二野、三野代表开会。他平常同大家乐乐呵呵，和气、幽默，这次没有一点儿笑模样，话也讲得严厉："我们有些同志就是不懂统战工作，周副主席作了几次报告，对这个精神还不理解。外边有个说法：早革命不如晚革命，晚革命不如反革命。这是牢骚话！是很错误的。”他以傅作义、程潜为例，肯定了他们起义、和平解放大城市、保护民族文化遗产的功劳。他说：“如果不这样，敌人伤亡一千，我们伤亡八百，有什么好处？！”

选举过后，这种不良情绪还有余波，中央领导刘少奇、周恩来、陈毅同志在中南海给全体党员代表又作过专题报告，给我们以很大的教育。当时一部分军队代表，尤其是来自基层的同志，体会很深，深感开阔了眼界和思路。他们谈到，乍从炮火连天的战场来到都市，参与筹建新中国的工作，对许多没见过的现象不习惯，对许多战场以外的事情没想过，不懂得军队除打仗以外还有重要的战线，还要为建立新中国进行别种形式的斗争。懂得统一战线的宝贵和重要，才能克服狭隘思想。

第一届政协会议能够开成一个团结的盛会，其中蕴含着多少细致周到的工作啊！不仅会上如此，会下党还动员各种力量开展多种活动，征求党外人士的意见。我是大革命时期入党的，参加南昌起义后，受党的指派，打入国民党军队里从事地下工作，直至 1948 年在淮海战役前线率一一〇师起义。这种经历，使我结识了许多国民党军政界人士。二野代表团让我利用这个有利条件，向这些人征求意见，了解情况。在我与他们中一些人的交谈中，强烈地感到党的统一战线的思想光芒，已经照射进他们的心田。陈明仁是原国民党军中一位骁勇能战的将领，曾英勇抗日。抗战胜利后，开始他没有认清蒋介石的面目，在内战中为蒋介石卖过死力。1949 年 8 月在湖南任程潜的第一兵团司令时，协助程潜起义，使湖南得以和平解放。这次他作为特邀代表参加了新政协，交谈中，他感慨地说："共产党真是说话算话，毛主席了不起！我过去给蒋介石那么卖命，最末说我不是老头子一派的，不要我了。蒋介石不讲道理，只讲个人恩怨。共产党才是以团结为怀，对人真心诚意。我过去同解放军打得那么凶，起义了，共产党不记前仇，这么优待我，信任我。不光是对我呀，那些被捉住的，也是很优待。"陈明仁在会议期间，经周恩来同志批准，曾专门去探望了原黄埔同学、关押在山东的王耀武和李仙洲，亲眼看到了党的宽大政策和俘虏政策。他从共产党的实际行动中，认识了党，靠近了党。他说："我看到和懂得了毛主席的思想。"

大会期间，同毛主席、周副主席的会面也给我留下了美好深刻的记忆。

一天晚上，我到六国饭店大厅去听音乐会，坐下后，发现旁边一位观众是周恩来同志。他热情地招呼我，问起我从前的情况。我告诉他大革命时期曾在武汉。他说："噢，你也在武汉。这次来开会的，大革命时期的老同志不少哇。会前我们收到香港的电报，说陈其尤先生将作为致公党的代表。我还以为是译错了电文，把'元'译成了'尤'，以为是武汉政治队学生陈其元呢，实际不是陈其元。"陈其元当时是武汉军事政治学校的学生，《黄埔生活》小报的编辑。过去这么多年，周恩来同志还记得。

我问："周副主席，你知道吗，我的起义部队编为四十二师了。"

周恩来同志笑了："我怎么能不知道？你们起义，是六纵接应的，本应编到三兵团，后来考虑到陈赓也是黄埔毕业的，你们都是黄埔学生，就把你编到陈赓的四兵团去了。"

提到黄埔，我不由想起曾并肩战斗过的孙一中同志。他曾是黄埔一期生，共产党员，叶挺独立团营长，后在洪湖地区担任贺龙的参谋长，1932 年被诬为 AB 团遇害。我问周恩来同志可知道一中，他沉痛地说：“孙一中，我知道，他是个烈士。”

“可他家乡却还把他说成反革命！”我气愤地告诉周恩来同志。

“《关于若干历史问题的决议》不是写得很清楚嘛，那是王明搞的‘左’倾路线，是冤案。你记着，孙一中是烈士，这件事一定要让他们省委给办一办。”

他又关切地问起孙一中家里还有什么人。这一次偶然的交谈，给我留下了很深的印象，对于献身革命的老同志，周副主席是多么关注，多么情深啊！

10 月 5 日，毛主席在中南海宴请出席会议的原国民党部队的起义有功人员，我也荣幸地被邀请。毛主席很客气地对大家说：“开会期间很忙，没有同大家单独见面。会议结束了，你们也快回去了，今天请大家吃顿便饭。”毛主席端着酒杯，到各桌同每个人都亲切碰杯，一再说：“感谢大家。”他的谦恭、诚挚、平易，我已不是第一次感受到。一次代表们正在吃饭，毛主席来了，他很随便地挤到梅兰芳等人一桌，边吃边谈，十分和谐。看节目，他也从不赞成给首长留出好座位，主张大家随意坐。在市委礼堂看《钟馗嫁妹》，是毛主席点的戏，不等主席到，戏就准时开演了。主席进来后，不到前排预备的座席，找个空位坐下了。这次宴请起义人员，又是那样恭敬而亲热地向大家敬酒，毫无逢场应酬的影子。

饭后，毛主席执意要送大家。我们顺着中南海边前行。毛主席问我：“你的部队现在在哪里呀？”

“在广州。”我回答。

主席马上说：“噢，是陈赓兵团哪！”

“是的，陈赓同志是我们司令员。”

“好哇，你们又打了胜仗，在阳江打了个大胜仗，消灭了敌人一个师。”毛主席显得很兴奋。

毛主席日理万机，在政协会议期间，有多少大事要考虑，要处理，但他还亲自部署了二野进军西南的战役，对战斗进程又是何等的熟悉。

36年过去了，记忆犹新。第一届政协成功的经验——实行革命的大团结，建立广泛的统一战线，仍是我们今天工作中要认真遵循的一条重要原则。第一届政协的精神不朽！

张圣芬　整理

（选自石光树编《迎来曙光的盛会——新政治协商会议亲历记》，中国文史出版社1987年版）

光照千秋的建国盛会和开国大典

杜中夫 *

1949 年 9 月，中国共产党领导的人民军队已经推翻了蒋家王朝在大陆的统治，解放战争进入尾声。为了建立一个人民当家做主的新中国，党中央决定在北平召开第一届中国人民政治协商会议，我非常荣幸地被推选为会议的代表。能够参加这样一个筹建新中国的盛会，以主人翁的身份同各界代表及社会名流一起商讨治国安邦的大计，这是我一生的光荣。这次会议距今虽然已经过去了半个世纪，当时参加会议的大多数代表也都作古，可是每当我回想起那段经历，仍然感到十分的激动和幸福。

* 杜中夫：时任人民解放军三野特种兵司令部战车团队长，人民政协第一届全体会议候补代表；后曾任人民解放军装甲兵某部总工程师。

一　革故鼎新　民心所向

当时我在中国人民解放军第三野战军特种兵司令部战车团任队长，我是作为三野的代表出席政协大会的。第三野战军共有12名代表，既有部队司令员，也有基层代表和英模代表，12位代表是粟裕、陈士榘、江渭清、谢胜坤、何基沣、赖少其、王建安、唐国栋、李蓝丁、黎有章、魏来国和我。陈毅司令员率领上海市代表团和我们同往。

对于我们参加这次会议，部队首长十分重视。出发的前一天（9月4日），第三野战军政治部专门召开了一个欢送座谈会。许多首长在会上发表了热情洋溢的讲话。他们一方面抒发对这次政协会议召开的感想，同时还代表三野官兵提出了许多有关新中国成立后军队的地位、军队的待遇和军队的建设等方面的意见和建议。诸如，希望新中国成立后全国人民能够继续支援战争、迅速结束战争；希望政府能重视国防建设，加快部队的正规化速度，提高军队官兵的政治、军事、文化素质。除了上述方针大计外，还涉及兵役制度的建立，荣誉军人及烈军属的待遇，军队与地方的关系等一系列具体问题。在座谈会上，陈毅司令员和粟裕司令员也发表了非常重要的讲话。他们首先强调了这次会议的意义，同时还告诫我们，对于这种会议，我们还只是一个小学生，我们要珍惜这个学习机会，这个会上有许多复杂的问题要我们去解决，不是用武力，而是用政治、用真理去说服人家。

地方的各界群众更是欢欣鼓舞，在我们出发的那天，南京市的群众和部队举行了隆重的欢送仪式，街道两旁人人喜气洋洋，锣鼓喧天，又是秧歌队，又是腰鼓队，比过节还热闹，电影工作者还拍了电影。沿途我们受到了各地群众的热烈欢迎和有关部门的热情接待。由此可以看出我们的人民群众对这次会议的渴望是多么的迫切。有广大人民群众的支持，我们更加充满了信心，我们要努力担负起人民交给我们的重托，认真履行自己的职责，为大会的成功做出自己的贡献。

二　统一战线　再现辉煌

我们是9月8日下午抵达北平的。我们代表团被安排到东交民巷的六国饭店，这个饭店过去中国人民是进不来的，只有那些帝国主义者才有进出的特权，住进六国饭店时，代表们都感慨万千。当天下午，朱德总司令员专门设宴招待了我们。

根据议程，会议要到9月21日才正式开幕，会前主要是召开预备会讨论大会的有关文件。由于开这样一个大会对所有的人来说，都是一件新鲜事，大家都怀着一种激动、兴奋、新奇的心情在期盼着，等待着。9月13日晚上，大会秘书处在北京饭店召集会议，由林伯渠、周恩来先后作报告，介绍新政协之意义以及产生的经过、代表名额及会议的有关文件。

我们从报告中得知，这次召开的中国人民政治协商会议原为“新政治协商会议”。新政协是针对旧政协而言，旧政协是包括国民党反动派在内，是带有妥协性的；新政协是把国民党反动派排除在外，是革命性的。为了一新人民的耳目，故有改为人民政治协商会议的必要。再者，参加这次会议的代表有660余人，就成分来说，从工人阶级、农民阶级、小资产阶级到民族资产阶级都有代表出席；就地区来说，东北到黑龙江，西北到新疆，东南到琼崖（海南岛）、台湾，各省区都有代表出席，包括少数民族和海外侨胞，这是四面八方的大团结，中国人民空前的一大盛会，故应改名为中国人民政治协商会议更能名副其实。另外，新政协在筹备初期预算名额为100余人，因为当时没有预料胜利的速度会那么快，会议代表一下子扩充到660余人，这是党的民主统一战线扩展的结果。从五四以来，中国从来没有这样统一过，这次会议实际上是代表全国人民的一个统一战线。当时，战争还在继续，在全国胜利之后，还要进行土地改革。因此，全国的普选会议在短时间内不可能召开，所以会议还承担了全国人民代表大会的任务。

但是，对于这样一个由各界人士组成的政协会议，来自解放区和军内的党内代表有不少同志想不通。认为天下是我们打下来的，我们为之浴血奋战，前仆后继，为了今天的胜利付出了成千上万的生命。我们打天下坐天下理所当然，可他们（指一些民主党派）怎么能坐享其成呢？真是早革命不如晚革命，晚革命不如不革命。为了帮助大家解决思想问题，提高大家的认识，统一全党的思想，保证大会的圆满成功。9月15日下午在中南海勤政殿召开了一次全体党员代表大会。在会上作动员报告的有林伯渠、周恩来、刘少奇。

林伯渠主要强调了坚持民主统一战线的重要性，认为它是马克思列宁主义同中国革命实践相结合的产物，是我们能够取得今天胜利的三大法宝之一。周恩来则论述了坚持民主统一战线的必要性和重要性。一是政协的组成，代表的成分对我们是有利的。一部分是进步的，所谓进步是经过了10多年的考验，在我们斗争艰苦的时候，他们能支持我们，甚至有些人还流过血。例如沈钧儒先生，他坚决跟共产党走。另一部分是中间偏左有动摇的。但这些人的大趋势是跟我们走的。其余的1/4是中间偏右的，吸收他们主要是因为他们能在某一方面起到我们不能起到的作用。其他一些小党派之所以有资格参加这个会议，是因为在革命困难的时期，他们能站在我们一边。当然我们吸收党派是有严格原则性的，决不为了凑数，这次除了能参加的11个党派①外，其他20余个我们都劝退了。以上这些人选都是经过了10多次的讨论，是非常慎重的。二是合作问题。合作问题特别重要。过去我们是在农村中发展，大都是工农合作，比较简单。今天就大不一样了，管理这么大的一个国家，是困难的。过去在乡村我们是一党领导，再加上军事势力，这样也有困难。现在我们进入了城市，而城市的情形极为复杂，所以困难是非常大的，因此我们必须和各阶层进行合作，这是非常重要的。另外还谈到了学习问题。我们要掌握这个新政权，并且要掌握好，这就要求我们加强学习，因为我们面临的是十分复杂而艰巨的课题。比如说这次的政府组织法、政协组织法、共同纲领等，这是中国建国的大宪章，是毛泽东主席经过长期的研究得出来的，所以我们必须好好学习。最后刘少奇有针对性地对党内存在的错误认识进行了严厉的批评。他指出，我们共产党人今天掌握了领导权，必须要有肚量，要搞好同党外人士的团结。我们行动的好坏会直接影响这次会议的成败。在前几天的分组会上有的同志发表意见不加考虑，这是不对的。我们党内的同志必须做到行动一致，言论一致。

① 党派代表为14个单位（含中国共产党）。——编者注

9月19日，为了贯彻落实中央领导的讲话精神，各代表团党组又分别召开会议。陈毅司令员在六国饭店礼堂召开了第五党组会议。第五党组由华东地方党政代表和二、三野战军代表组成，党组干事为陈毅、刘伯承、粟裕、刘晓、陈士榘、管文蔚。陈毅也对一些党员同志中所表现出来的狭隘的关门主义倾向进行了批评。他认为，我们在这个会议上与其他党派的分歧，不能采取在农村斗争的方式，我们应该有高度的统一性和灵活性。同志们不要误会，因为政治斗争是艺术，比军事斗争复杂得多。我们要在这里好好学习这次统一战线的经验，回去后好开展地方工作，好领导地方的人民代表会议。团结其他党派还有一个意义，那就是它可以考验我们的党员。在我们的党员中有一些人有狭隘的关门主义思想，以为自己了不起，同其他党派在一起工作，可以使我们同志的错误思想得到纠正。

正是由于党中央坚定不移地贯彻了党的民主统一战线政策，及时地纠正了党员代表中的一些错误思想，最大限度地发挥了各界代表的作用，才使得大会开得非常圆满成功。可以说，这次大会是贯彻党的民主统一战线最为成功的一个范例。

三　弘扬光大　民主精神

这次大会不仅是一个团结的大会，更是一个充分发扬民主、畅所欲言的大会。当时毛主席对开好这次大会曾作过这样一个指示："有问题摆在桌面上，不要藏在抽屉里。"会议代表的广泛性说明了共产党人胸怀的宽阔，而充分地发扬民主是希望各个方面都能发出自己的声音来，建立一个能代表最广大人民群众利益的新政权。

首先，新政协筹备会成立的 6 个起草文件及有关方面的工作小组都是由各党派及其他方面的人士联合组成的，共产党只是作为一个方面的代表参加的，而且每个小组的负责人有的是共产党代表，有的完全是党外人士。第一小组（拟定参加会议单位及代表名额）组长李维汉，副组长章伯钧；第二小组（起草会议组织法）组长谭平山，副组长周新民；第三小组（起草共同纲领）组长周恩来，副组长许德珩；第四小组（起草政府组织法）组长董必武，副组长黄炎培；第五小组（起草宣言）组长郭沫若，副组长陈劭先；第六小组（拟定国旗、国歌、国徽方案）组长马叙伦，副组长叶剑英、沈雁冰。13 名负责人中只有 4 名共产党代表参加。

为了充分体现民主建国的方针，各个小组起草的文件和制定的方案交由筹委会通过后，先发给各个代表团分组讨论，讨论意见由小组归纳，呈筹委常委会通过后，再交给各个代表团分组讨论，然后再交筹委会审定，几乎每个文件都要反复磋商八九次之多。直到大家认为意见一致了，再提请大会通过。

这次大会有两个非常重要的任务。一个是审议通过关于国都国旗国歌国徽纪年的决议案；另一个是审议通过《中国人民政治协商会议组织法》《中国人民政治协商会议共同纲领》和《中华人民共和国中央人民政府组织法》3 个纲领性的文件。前者是我们国家外在形象的标志，后者则要说明我们要建立的是一个什么性质的国家。这既是会议的重点，同时也是讨论的热点。与会代表几乎倾注了自己所有的思想、智慧和热情。

在讨论国都国旗国歌国徽纪年几个问题时，争论异常激烈，每一项都有几种甚至是几十种意见。国都涉及南京、武汉、北平 3 个城市，由于这些城市都有着数百年甚至上千年不凡的历史和自己的特点，因此每种意见都有一套言之有据的道理。经过反复的辩论和比较，最后多数人都认为北平是一个有着上千年历史的文化古都，数百年来又一直是中华民族的政治文化中心，作为国都有着其他城市不可比拟的优势，因此才得以通过，并将北平改名为北京。国旗由筹委会第六小组提供的 38 幅图案是从近 3000 幅图案中挑选出来的，可供选择的余地非常大。其中大多数是一些文化名人精心设计的，还有一幅是出自朱德总司令之手。在讨论过程中几乎每一个方案都有人投赞成票，我们认为复字第三号的图案最适当，与会代表经过反复讨论，反复比较，才选定了上海一位名叫曾联松的工人设计的复字第 32 图案——就是现在的五星红旗，并对五星红旗的解释作了一些修改：红色象征革命；星代表中国革命人民大团结。因国歌的征稿没有合适的，当时与会代表一致提议将《义勇军进行曲》作为代国歌，因为它在整个抗日战争中，起到了唤起民众，奋勇抗战的作用。国徽的设计图案由于大多数人不满意，未获通过，拟请专家另行设计。纪年问题共有 3 种意见。一种观点是为了划分时代，显示出新中国与旧中国的区别，可以改元，从新中国成立之日起为中华人民共和国元年。第二种观点是可以另行在中国各宗教或历史原始找一更适当更能表现中华民族的文化历史的年号，因为公历只有 1000 多年，而中国已有 5000 多年的文明史。特别公历是以耶稣生日纪年，与中国的历史文化不相称。第三种观点是由于世界大多数国家采用公历，为了交流的方便，拟用公历为好。结果最后一个意见被大多数人所接受。

三大文件是我们建国的一个大纲，有人称它为立国的大宪章，其重要性不言而喻。它不仅涉及我们的国体、政体，还涉及内政外交军事等多方面的方针大计。它不仅要符合当时的国情，还必须经得起历史的检验。因此大家慎之又慎，可以说是字斟句酌，反复推敲，仔细权衡。首先，为我们创建的这个国家应起怎样一个名字就颇费了一番周折。在此之前，许多人在写文章或演讲时，大多都用“中华人民民主共和国”，在讨论时大家对此争议颇大，有人主张用“中华人民民主国”，有人主张用“中华人民共和国”，也有人提议用“中华人民民主联邦共和国”，意思是对于一些少数民族地区有很大意义。另外，还有一个简称的问题。筹委会起草的三大文件草案上都将“中华人民共和国”简称为“中华民国”，而且得到了一些民革代表如张治中、邵力子等人的赞成。经过代表们反复讨论，充分发表自己的意见，最后一致采用了张奚若先生的主张，即“中华人民共和国”。理由是“共和国”说明了我们的国体，“人民”两字在今天新民主主义的中国是指工人阶级、农民阶级、小资产阶级和民族资产阶级4个阶级的联盟，它已经把人民民主专政的意思表达出来了，不必再把“民主”两字重复一次了。而“人民民主联邦共和国”这个名称是非常错误的，因为那些少数民族地区不是国家，只能成立自治区，所以不能用联邦，用人民共和国最合适，同时也否定了简称“中华民国”的提法，我们不能把今天的人民共和国同国民党的旧政府混为一谈，在名称上要严格地区分开来，简称“中国”就可以了。其次是关于政务院的名称，有人主张用国务院，但考虑国务院包括军事，不太合适，行政委员会容易与政务院下面的4个委员会相混淆，至于部长会议觉得不合实际，而行政院又同原国民党政府名称一致，大家都表示反对，因此最后才使用政务院这样一个名称。其三是在讨论中还曾出现过两种其他的想法，第一种认为到人民代表大会召开之后，就不需要人民政协这样的组织了；第二种认为由于各党派团结一致，推动了新民主主义很快的发展，党派的存在就不会很久了，后来大家在讨论中认为这两种想法是不恰当的，因为它们不符合中国革命的发展和建设的需要，即使将来很长一个时期，政协会议还将对中央政府的工作起协商、参谋和推动作用。其次是新民主主义时期既有阶级存在，就会有各党派的存在。我们的国家就是4个阶级的联盟组成的。各党派的存在是有好处的。在这一问题上不仅是发扬民主的结果，这一款内容的本身就体现着很强的民主精神。对于三大文件的讨论可以说下的功夫最大，花费的时间最多，除以上几方面外，还涉及政权制度、军事制度和外交、经济、文化、民族等政策。至于各个机构的组成，除了广泛地吸收各党派人士外，所有名单也都反复征求了代表们的意见。

可以说，大会通过的所有文件及所有决议都是民主协商的结果。正是由于这次大会充分发扬了民主，广泛地吸收了各个方面的意见，最大限度地集中了更多一些人的智慧，才保证了大会所制定的治国方略及各项决议的正确性。历史的检验便是最好的证明。

四　历史丰碑　千秋永存

9月21日下午7时整，中国人民政治协商会议在中南海正式开幕。新华门，这个封建帝王富丽的园门，在中国历史上第一次赋予新的生命。所有的柱子都用红漆漆过，门框上挂着6个红色的大纱灯，一条大横幅上写着“中国人民政治协商会议第一次全体会议”17个金色的大字，门楣上方悬挂着政协大会的会徽。会场设在怀仁堂，会场布置得十分庄严。主席台正中挂着会徽，两边分别悬挂着毛泽东和孙中山的画像及四面大军旗。当毛主席一走进会场时，全体代表起立，掌声雷动。我是第一次见到毛主席，心情非常激动。我当时的感觉是，毛主席就像一颗明亮的星，照耀着全场，温暖了每一个人的心。

大会开幕前，首先由周恩来报告各界代表人数及到达北平的人数，并代表筹委会提出新的主席团名单和秘书长人选，都得到全体通过。接着由毛主席宣布大会开幕，军乐队奏中国人民解放军进行曲，鸣礼炮54响，然后毛主席致开幕词。在毛主席致辞期间，会场掌声数十次之多，掌声接着掌声，连一些上了年岁的老代表也都兴奋地跳跃起来。

毛主席致开幕词后，全体起立，为在人民解放战争和人民革命中牺牲的人民英雄致哀3分钟，接着有12位代表讲了话。之后由中国共产党代表团临时动议，通过对因准备来北平参加政协会议在香港被国民党反动派杀害的杨杰将军的唁电。

开幕式历时4小时。

22日，由大会秘书长林伯渠作中国人民政治协商会议的筹备工作报告。

由谭平山作《中国人民政治协商会议组织法》起草工作报告。

由董必武作《中华人民共和国中央人民政府组织法》工作报告。

由周恩来作《中国人民政治协商会议共同纲领》起草报告。

23 日至 26 日，各单位 80 余位代表发言，其中刘少奇代表中国共产党发言。27 日，通过政协组织法、政府组织法、国旗、国歌、国都、纪年。28 日休息。29 日，讨论通过议案：

1. 人民政协共同纲领。

2. 通过中央人民政府和全体委员名额。

3. 通过关于选举人民政协全国委员会和中央人民政府全国委员会的决定。

4. 通过主席团常务委员会关于代表提案的审查报告。

30 日，会议继续进行。

1. 选举出人民政协委员会委员 180 名，留出 18 名空额。

2. 选举出中央人民政府委员会主席、副主席、委员和候补委员 56 名。主席为毛泽东，副主席为朱德、刘少奇、宋庆龄、李济深、张澜、高岗。

3. 通过向人民解放军致电和建立人民英雄纪念碑的办法和碑文。

晚 7 时 50 分，朱德副主席致闭幕词，大会正式结束。

1949 年 10 月 1 日下午 3 时，中华人民共和国开国大典在北京天安门广场庄严举行。

（选自《春秋》1999 年第 5 期）

记政协第一届全体会议

刘白羽 *

一

1949 年 9 月 21 日，这人类历史上伟大而光辉的日子来临了。

这是全世界劳动人民心愿所寄托的一天！

下午 7 点开会。6 时，我和苏静、韩先楚坐一辆车，迎着西下的明亮的阳光，向政治协商会议会场出发。中南海西门上面飘着红旗，悬着红灯，进门北面就是怀仁堂，这时乐队不停地奏出嘹亮的乐章，一群一群代表正在拥入会场。我们是双号，从东侧入场。在门口检验证件、签名报到后，就有一个服务员领着我们一直走到

* 刘白羽：时任重庆《新华日报》副刊编辑，新华社军事记者，人民政协第一届全体会议代表；后曾任文化部副部长，全国政协委员。

各自座位上。军队代表在东面，我的座位是第 7 排 110 号。这是我第一次踏进这一神圣的殿堂，我坐下来，环顾了一下会场，雕梁画栋、彩绘斑斓，既华丽又庄严。主席台正面悬着政协的会徽，这会徽设计得庄重典雅，外圈下面是金黄色的麦穗，顶上是蓝色的齿轮，中间下部是半个白色的地球，十分鲜艳地突出红色的中国地图，地球上面展开四面红旗，豆青色的底上有金色细线辐射开去，光芒四射，上有“1949”四个字，顶部有一颗红星，会徽两旁，一面是孙中山像，一面是毛泽东像，台上摆满了盛开的姹紫嫣红的鲜花。我正在端详，会场上突然爆发出极其热烈的掌声，我一看，原来毛主席走来了，他穿着一身深黑色的制服，戴一顶深黑色的帽子，大方、朴素，显示出他作为一个普通劳动者的魅力和风度，他跨着大步，缓缓走进会场。我看看手表，6 点 50 分，真准。刹那间水银灯霍然闪亮，像无数道阳光都集中在毛主席身上。毛主席以其特有的从容，两眼注视着前方，见很多人一面鼓掌，一面起立，他脸上漾出温暖的微笑，手举到帽檐上向大家敬礼，然后，他缓缓走到第 1 排 1 号座位上坐下，掌声还在继续，继续延长……毛主席又站起来，转过身面向会场，向大家招手致意。掌声才渐渐稀落、停止。

乐声停止，鸦雀无声。

整 7 点，中国人民政治协商会议第一届全体会议开幕了。

开幕前，周恩来先走上主席台，代表筹备会作报告。

当他报告了各方面代表人数之后，我觉得他稍稍沉默了一下，他那素来清晰的声音有一点喑哑，他说：

“不能出席的，杨杰代表在途经香港时被暗杀了……”

这一天会议上，中国共产党代表团提出临时动议，发出唁电：

中国国民党革命委员会公鉴：

惊闻杨杰将军在由滇经港来平出席中国人民政治协商会议的途中，惨遭国民党匪帮用最卑劣的手段加以暗杀。本会议全体同人，无不痛悼！杨杰将军多年来为民主事业奋斗，久为反动派所深忌，于今惊遭惨祸；本会议全体同人，除一致决议向贵会表示哀悼外，深信杨将军的死，将会更加激励全国人民，一致努力，把革命进行到底，彻底消灭国民党反动派及其主子美帝国主义在中国的最后残余统治，建设崭新的中国，以慰先烈，而安生者。谨电致唁。

中国人民政治协商会议第一届全体会议

所有的人含着悲愤、含着眼泪举手通过这一唁电。

周恩来随即提议的主席团名单获得通过。会议在军乐声中隆重地开始了。主席团陆续走上主席台就座。第一天会议执行主席为毛泽东、朱德、李济深、沈钧儒、郭沫若。由朱德主持大会进程。

当朱德宣布：中国人民政协筹备会主席、中国共产党中央委员会主席致开幕词时，毛主席缓缓向麦克风走去。

我注意到，他走向麦克风时神情凝重。

整个会场静得很，只有一个声音，一个带有湖南乡音的声音，那样洪亮，那样坚定。使我最激动的，是他讲道：“诸位代表先生们：我们有一个共同的感觉，这就是我们的工作将写在人类历史上，它将表明：占人类总数四分之一的中国人从此站立起来了……让那些内外反动派在我们面前发抖吧，让他们去说我们这也不行那也不行吧，中国人民的不屈不挠的努力必将稳步地达到自己的目的……”他的讲话不断地为热烈的掌声所打断，当他一只手拿着讲演稿，另一只手臂高高扬起，高呼“在人民解放战争和人民革命中牺牲的人民英雄们永垂不朽”时，我的眼睛一下充满泪水，正是这燃起中国革命火种的人，在会议一开始，就掀起一个热潮，一个高峰。

第一天会议上讲话的有刘少奇、宋庆龄、何香凝、张澜、高岗、陈毅、黄炎培、李立三、赛福鼎、张治中、程潜、司徒美堂。

陈毅的讲话最短，但得到掌声最多，正是这个解放军，他仪表堂堂、志气昂扬地往那里一站，传来正在前线泥水中进军鏖战的每个战士的心声，而掌声也立刻从会场上飞出，向每一个战士的心上飞去。

当端庄、娴雅、文静的宋庆龄走向麦克风，会场上立刻响起旋风一样的掌声，她十分从容地轻轻戴上眼镜，从她那温柔而轻细的语言中，一下闪耀出极刚强、坚定的信念，她说：

那么，在国际战线上，这人民胜利的进军又是什么意义呢？中国人民的成就，已经把整个世界的形势改变了。反动势力如果挑起第三次世界大战，唯一结果，就是他们本身的灭亡。这种力量是不能毁灭的，它比之帝国主义的庞大军事力量要大过无数倍。这种力量是未来世界安全的核心，它是从世界和平力量的团结所产生的。

中国人民大众在革命斗争中已经和世界各人民政府，及人民力量完全结合在一起了。这种人民力量的结合，已经改变了历史的均衡。

这是以工人、农民和知识分子为主体的世界亿万人民的伟大力量。让我们献身于阻止文明毁灭的斗争，用每一分力量，保证全世界每一个人都能得到生活上应有的享受。这是说，直到每一间茅舍重建成适当的住屋，大地上的产品能自由流通，工厂的利润获得合理的分配，家庭中的医药保育都由社会供给，我们的工作决不停止。当每个人不分种族、肤色、信仰与居住区域，都能同样获得这些必需品，我们才算达到了目的，这是新中国与新世界的一个号召……

毛主席坐在他的座位上，他非常虔诚、认真地听着每一个人的每一句话，他不断地带头鼓掌。

我忽然听到穹顶上有噼里啪啦的雨点声，而后，惊雷、暴雨隆隆而过，好像天神也在这决定人类历史的伟大转折时刻，对我们的掌声作出热烈的合奏共鸣。

第一天会议进行到夜间 11 时。

锵然一声，乐队奏出《团结就是力量》的乐曲，我们络绎不绝地步出怀仁堂的大门，我们的汽车就停在右侧那个青铜狮附近，很快开出中南海大门。当我们在长安大街行驶时，雨后长街，静无一人，一辆汽车接着一辆汽车，向前望去，红色的尾灯在湿润的地面上拉成一条长长的红线，它曲折、扭动，像从天上落下来的无数道彩虹。

二

从第二天起，毛主席坐回到第 1 排 1 号位置上，他的面前有一个大的白色搪瓷缸，一个每位代表都有的文件袋，一包香烟，在一叠文件上放着一只火柴盒。第三天会议上，下午 3 点 25 分，刘伯承上台发言。由于他所指挥的大军这时正在大西南奋勇作战，歼灭国民党军最后顽敌，当主持会议的刘少奇宣布他的名字，当他从他的座位上一立起来，就爆发了热烈的掌声，这掌声伴随他一步一步走上讲台，站在麦克风前，他向全体代表致以来自辽阔无边的前线上来的敬礼。他一下把我从会场引到遥远的远方，又一下从遥远的远方回到这里。我想到那炎日、暴雨、泥泞，我两眼注视着这位元戎，他从辛亥革命起就为了创建新中国而转战，置身水火，饱经沧桑，在火线上他失去一只眼睛，但是他剩下的一只眼睛更加观微测隐，洞察秋毫。早在国民党统治时代，他就被公认为全国几大军事家之一。他的敬礼，引起更剧烈的掌声。但他站在那里，那样纯朴、自然、镇定，像一个普通的农民，他的讲话也只有几百个字，但不断被掌声打断。最后，他微微鞠了一躬。当他讲话时，毛主席上身向后微仰，凝眉注目，以欣赏、称赞的心情，连连鼓掌。当刘伯承走下台来，从毛主席跟前经过时，毛主席对他点头致谢，他微微一笑，回到自己的座位上。

第三天，会议休息时，毛主席走到怀仁堂后院，那是一个葱茏浓碧的花园。他一个人在阳光下悠闲而自在地缓缓散步，他的脸色有如清风霁月，看来他是满意、愉悦的。一个声音打断了他的思路，周恩来迈着轻快的脚步向他走来：

“主席，跟战斗英雄们合个影吧！”

毛主席一招手说：“好，好，请他们来。”

几位战斗英雄便一道向毛主席走过去。

嚓嚓，嚓嚓，一阵照相机按快门的声音。

开会的铃声也就在这时响起来了。

有一次休息时，毛主席还微微摇着两臂，走到张治中席位上去，坐下来，跟张治中头挨着头款款交谈。在工人献旗献花时，这个工人阶级的儿子、工人阶级的领袖，昂然站立起来，浓黑的长发向后披着，慈眉善目、满面笑容，他高高举起两手向台上鼓掌。特别感人的是，大会的第四天，梅兰芳发言后，执行主席宣布新疆代表献旗。那是一面红底上绣着金色汉文和维文的锦旗，赛福鼎对着麦克风讲话，忽然讲道：“毛主席为我们新疆人民开辟了光明大道，按照我们的民族习惯，要向毛主席献上我们民族的帽子和衣服。”这一句话掀起了欢腾的浪潮。毛主席站起来，缓步向台上走去，他站在讲坛的中央，从赛福鼎手上接过黑色绣花的帽子戴在头上，这一动作引起台上台下欢腾的笑声，而后赛福鼎把一件彩色斑斓、闪闪耀目的维吾尔族的长袍披在毛主席身上，毛主席伸手跟新疆代表一一握手，随即转过身来向台下露出笑脸，毛主席这种像一个天真孩子似的、又端庄又和蔼的微笑是很有魅力的，显出他心如明镜，光可鉴人，这笑容立刻把愉快送到每个人心上，引起如雷的掌声，夹杂着欢呼笑语，这是多么感人的一刻呀，会场上形成一个小高潮。坐在后排的为了观看这一场面，很多人呼啦一声跳起来，有的跷足伸首观看，有的干脆离开座席涌到前面，毛主席这一举动十分合乎人意，顺乎民心，整个会场上每一张脸都变成了一朵盛开的鲜花。

我在这里想记录下两个具有特殊意义的讲话：

一个是程潜：

……本人参加革命45年，追随中山先生把清廷推翻，不幸随即出现了北洋军阀，造成十余年连续不断的军阀混战与镇压中国人民的局势。最后中山先生目击苏联革命伟大的胜利，深知中国革命必须效法苏联，于民国13年坚决改组国民党，确立革命的三大政策——“联俄”“联共”“扶助农工”——因此，国民党内与中国人民、外与反侵略的苏联相结合，得到广大人民的拥护及国际同情，始能进行北伐，打倒北洋军阀。哪知当时政权竟又落入蒋介石及其反动集团的手里，仍蹈袭北洋军阀故伎，压迫人民，自私自利，这是国民党最可痛心的一桩事。厥后为了全国人民团结抗日，我们忍气吞声不惜和蒋介石合作，幸赖全国人民的伟大力量，把日本帝国主义打倒，蒋介石却贪人民之功以为己有，更趾高气扬，穷凶极恶，撕毁政协决议，发动内战，直到今日，还在负隅顽抗。我们革命的目的，本来不在转换朝代，而是要求社会变质；是要把数千年来的封建专制彻底推翻，把近百年来的帝国主义的压迫根本扫除；但是数十年来努力革命，仍旧免不了仅仅变换形式，尤其是革到最后，居然革出一个独裁的法西斯的蒋介石及其四大家族来。蒋介石的专制横暴，比之清廷，比之北洋军阀，甚过万倍，皆有事实证明：蒋介石丢开了日本帝国主义者，又勾结了美帝国主义者；除此而外，蒋介石更增添了培育了一个庞大无比的官僚资本集团，更造成法西斯的特务恐怖统治，真是兆人所指，道路侧目。我们参加了这种所谓革命的人，感到非常惭愧，也非常愤慨……

一个是傅作义：

……我今天出席大会，感觉很惭愧，因为在北平和平解放之前，我还是一个反动派的重要负责人。那时候，我还看不清人民意志的方向，还继续和解放军为敌。到东北战事结束时，我才发现戡乱政策的错误，才认识到中共领导的正确。中国共产党和人民解放军，由小而大，如此迅速地发展，就是人民意志表现的标志。我既然发现了自己行为的错误，我就有过必改，敢于大胆地承认错误，立刻猛回头遵从人民的意志，实现北平和平，脱离反动派，走到人民方面来。虽然北平和平有助于革命的进展，虽然我尽一切努力，保全了有几千年文化积累的古城，几百万劳动人民的生命财产，和可能成为人民首都的一切建筑，但我觉得我还是应该对过去反动的内战负责，我并且向解放军请求以战犯罪来惩处我。人民今天宽恕了我，毛主席的宽大政策，不惟不咎既往，而且还让我追随毛主席之后，追随中国共产党各位代表之后，追随人民解放军各位代表之后，追随各民主党派各民主人士代表之后，参加中国人民政治协商会议，我真是既惭愧，又荣幸，更是无限兴奋……作义这次到绥远时，蒋介石给了我一个“亲切的”电报，说我这次从北平到绥远，正像他当年“西安事变”以后从西安回到南京一样。他说，他当时回到南京以后，由于一念之差，竟铸成今日危亡之大错。所以要我接受他的“教训”，不要自误、误国、误部下。但是我坚决拒绝了他，回到北平来出席政协会议……

一个是国民党的元老。

一个是国民党的元戎。

他们的讲话所以博得掌声，我想决不是由于他们做了历史的见证，更重要的是如百川之趋大海，人心所向，民心所向，在这儿汇合成为广阔而和谐的海洋。

会议继续进行。下午5时，执行主席李德全以十分激动的声音宣布：

“让我报告一个好消息，人民飞机已经凌空而起，即将飞过我们上空，保卫我们的大会！”

她的话音刚落，机群已经隆隆掠空而来，翱翔而去，会场上热烈的掌声与飞机的轰鸣声交织起来响成一片。

正如这霹雳的声音一样，会场上，黄钟大吕，金石铿锵之声，拂天拔地而起，这是中国底层的声音，这是广大人民的声音。一个农村老母亲李秀真走上台来，她微微憔悴的面孔上还看得出当年的俊秀，但披向脑后的短发已经苍白了，她穿着一件对襟的黑布上衣，左胸上排列着3枚奖章，黑裤、白鞋。她慢慢走上讲坛。她说：

我是平原省一个普普通通的农村妇女，今天我很高兴，全国的人民都很高兴。从前我们农村妇女一辈子压在磨盘下，哪里有我们的站处？哪里有我们的地位？今天，都有了……我站在这里，都有了，这幸福是谁给的，都是毛主席的好领导……

饮水不忘挖井人，我们分了田，分了地，我寻思拿什么报答共产党？1942年，我送我的儿子参了军，就在头两年，乡政府给我报信……他……他牺牲了。妈妈失去儿子能不伤心吗？可是我一滴眼泪也没掉，我想，我儿子为人民牺牲了，我就更下劲，更积极地工作，做军鞋、碾军米，支援前线……今天我能够对同志们说什么呢？我说全国人民跟着毛主席走，没有一点差错！

她那柔软而颤抖的声音传遍会场，使人为之心灵颤动。她停了一下，又说：

这几天我吃不下饭，我寻思前线上的孩子能吃得上一口热乎饭吗？……我回到我们村里，要更好地动员老少姊妹们好好生产，支援前线……我们开这个大会不容易啊！这是千千万万人的血汗换来的，我的儿子没有亲眼看见新中国，我做娘的替他看到新中国……

李秀真每一句话都是发自内心的真诚，伤心是真诚的，幸福也是真诚的，她的泪水，她的真诚至深至深地感动了每一个人。

9月27日那一天太激动人心了。

一队小天使，穿得那样鲜艳，笑得那样美丽，涌入会场。

一下子，像太阳光芒四射，照亮了每个人的眼睛。

孩子的小手是柔软的，她们有的摇着鲜花，有的敲着腰鼓，她们舞得那样柔曼又那样矫健，她们小小的脚步却引起大地的轰鸣。鼓声铿铿、咚咚地震响了整个怀仁堂。

这样的苗苗正是我们新世界的未来。

全体都站起来，和着鼓点与步伐鼓掌，掌声骤然一下像火一般炽热起来，毛主席的心灵似乎受到一种极强烈的感染，他站起来向台上走去。毛主席一下被孩子们围起，欢呼、呐喊、笑语、喧哗，毛主席在孩子群中其乐陶陶。

接下来，一个披着漆黑短发的女青年，似乎用跳跃的步子走上讲台，我看到她圆圆的面孔上，两道浓眉下，两颗黑眼睛好像两点火星，她的嘴巴半张着，她在笑，她浑身洋溢着一股蓬勃的朝气，她往麦克风前一站，说：

> 我是一个青年女工，生在贫苦农民家庭，由于中国广大农村在帝国主义、封建主义、官僚资本主义的压榨下破产了，我没有办法在乡下生活，被迫到上海去，才12岁，就不得不到工厂去做养成工。17年来，我先后在英国怡和纱厂、日本内外棉纱厂、国民党官僚资本的中纺一厂做工，像牛马一样过着挨饿受冻的生活，在那整整17年的漫长岁月里，受尽了各种各样的奴役压迫；苦难是说不完的……可是我并没有屈服，尤其是我得到中国共产党的领导之后，我认清了前途，参加了抗日救亡运动，以及工厂内外的各种斗争，反对帝国主义、官僚资本主义对中国工人阶级的压榨与进攻。虽然我们遭受着各种残暴的镇压，被捕坐牢，这并没有把我们吓倒，当时我们坚信，反动派总有一天要完蛋，光明一定要到来……

范小凤是一个真真正正的新女性，她从血污中过来，但她练就一身正气，这就是我们工人阶级的本色。他们和她们最懂得什么是恨，什么是爱，正是这恨与爱燃烧着她，她睁着水灵灵的发光的眼睛，给会议带来热情、带来希望，她的清脆而响亮的声音提高了、震动了整个神圣的殿堂："现在中国人民政治协商会议宣告旧中国的死亡，新中国诞生了，再也没有对工人的奴役，对青年的迫害，对妇女的侮辱与束缚了。今天我一个年轻的女工，能够站在中国人民政治协商会议的讲台上来说话，这是5000年来中国历史上没有的事，我感到无上的光荣！这是中国工人的光荣！中国妇女的光荣！中国青年的光荣！中国人民的光荣！"范小凤这个中国无产阶级的先进的代表人物，她果断、刚强，声声震撼，字字铿锵，她又把会议引向一个新的高潮。

写到这里我必须说几句话，上面我引了几位代表的发言，经过漫长的数十年之后，多少人已不在人间，就是当年像一棵亭亭玉立的玉兰花的范小凤，我想今天也已是一个老人了。可是，我必须把她的言语记在我的书页之上，我不能挽留岁月，但我要留下这年轻的声音，让她永远年轻，永远响亮。

三

9月30日，会议的日程进行到最后一天。

我们要参加选举中国人民政治协商会议全国委员会、选举中央人民政府主席、副主席及全体委员，最后铸成红玛瑙一样鲜红、透明的新中国，它将向全世界发出永远不熄的熠熠闪光。这是多么隆重的一天，人心都热得发烫了。当候选人名单发到每人手上时，我拿着这一张票，觉得心神有点战悸，我想起陶铸那句话：“你不是你一个人，你是代表无数生者和死者去投那神圣的票的。”是的，这就是这神圣的一票。我的座位离毛主席很近，我看到毛主席在他的1号座位上，他推开大搪瓷茶缸、香烟包、火柴盒，铺开粉红色的名单，聚神凝目，一丝不苟地一笔一画地在每一个人的名字上做出记号。全场气氛十分严肃，整个怀仁堂里非常肃静，只听到钢笔在纸上发出嗞嗞的声音，那样轻细，那样柔和。我忽然停住了拿着钢笔的手。一股热浪推上我的心头，难道这只是凭着我个人的意志，写下这一张选票吗？不，此时此刻，大江南北，黄河上下，所有的人都屏息静气，把眼光凝注在我的脸上。刹那间，我觉得我的笔有千斤之重，在我没有觉得的时候，一滴泪水落在选举票上，使我大吃一惊，心慌得怦怦跳起来，还好，泪水落在选票下端，没有濡湿我的笔迹，否则这将是一张废票，我会成为千古罪人。我连忙把心收拢回来，写完我的选票。

4点10分，大会副秘书长余心清在台上宣布开始投票。

所有聚光灯霍然之间从四面八方向各个投票箱所在处投射过来，照得银晃晃一片雪亮。毛主席头一个站起他那伟岸的身躯，他一手拿着选票，缓慢、庄重地向设在台前的第1号红色票箱走去，他走到票箱前，用两只手捏着选票，恭恭敬敬地将它投入票箱，又是一阵掌声像雷一般震响起来。随后一排排一行行，人们络绎不绝地向前走去。

我们所在的会场，东半边，第一个投票的是朱德，他头戴军帽，佩着中国人民解放军的胸章，小心谨慎，戴了一副老花眼镜，向票箱弯下身去。我在4点15分走向设在讲台前东侧、也就是解放军代表座席前面的第 10 号票箱。将票投入票箱箱口那一刹那，我觉得整个心忽然发亮起来，我将票稳妥地送入箱内，感到完成庄严任务的轻松。全场都在蠕蠕而动，顺序渐进，像转一个圆圈一样。等到旋转完毕，全场安静下来，周恩来走到麦克风前，代表主席团提出在天安门正阳门之间，建立纪念碑的建议。

这就是现在我们日日夜夜守着的矗立在天安门广场的白洁的、神圣的人民英雄纪念碑。然后周恩来宣读了碑文，立刻得到全体通过，接着又提议在举行奠基典礼时，由毛泽东代表全体宣读碑文，也由会议决议通过。

由于聚光灯强烈的照射，由于这是最关键的一天，担任大会司仪的余心清，一次一次走上台、走下台，不断通过麦克风调度会场一切活动，他严谨、认真、聚精会神，保证了会场上纹丝不乱，秩序井然，可是他太累了，最后他宣布："请各位代表即刻出发去参加纪念碑典礼！"等他转身向台下走时，我看到他后背衣服已经被汗水湿得黑成一片。

会场上一阵骚动，纷纷起来向外走。可是，我不能去，因为我是监票人，得监视计算选票。如果我不能去，这将是多么大的遗憾，终生无以补救。眼看会场已经空了，怎么办？刚好，我同洪深分在一个组，他也非常想去，于是我们急中生智，商议了一下说："我们催咱们组的计票人快一点，也许还赶得上。"在我们的鼓动之下，我们那一组的年轻人，一面急急查票，一面用笔计算，很快就计算出了结果。我们感谢她们，她们报我们以微笑。于是，我的心里落下了一块石头，我和洪深签了字后，马上转身向外走，幸好门前广场上还停有几辆公用汽车。我们立刻跳上一辆，不容分说，就让司机往天安门急奔。我看看手表已经6点，真是心急如焚，就在这时，我看到一种景象，听到一种声音，原来代表们乘的车队排得很长、很长，落在后尾的汽车还在大街上拥挤不动。大街两旁站满人群，他们纷纷向我们招手欢呼。人同此心，心同此理，这是多么兴奋的、愉快的时刻呀！我摇下车窗，伸出手去不停地向人群招手，我们那司机显然也在十分昂奋之中，这个年轻人眼看着车队都向天安门出发，而他却停在怀仁堂门前着急，看来，他也不愿失去那庄严隆重的机会。广场的红墙下，几百辆汽车停在那里。车没停稳，我和洪深已从两边门上一跃而下。这时已是黄昏，暮霭像烟雾一般笼罩在空中，天安门上灯光明亮，灯光照耀下的红旗格外美丽。我从小就熟悉的这荒凉而又伟大的广场呀，你第一次承受了崭新的历史的足迹。这时广场上黑压压一片人群，我和洪深都算是彪形大汉，挤到举行奠基典礼的中心。刚刚站定，就听到空中响起神圣而又哀婉的乐声，摄影机镁光灯像露水一样倏忽倏忽地急急闪动，在十分严肃的气氛中，我听到周恩来口音清晰、吐字准确的声音，他说：

> 我们中国人民政治协商会议第一届全体会议为号召人民纪念死者，鼓舞生者，特决定在中华人民共和国首都北京建立一个为国牺牲的人民英雄纪念碑。现在，1949年9月30日，我们全体代表在天安门外举行这个纪念碑的奠基典礼。

他的话音一落，人们都静默致哀。我在那一刹那向天空瞥了一眼，我看见天上最后一团红云凝聚在那里，像天神用充满血泪的眼睛凝注着人间，凝注着我们这个地方。我脱帽低头，一片浓浓的鲜红的血从我心灵深处慢慢流过，天上的红云与心头的红血凝为一体。这时我看到毛主席向麦克风前走去，他穿着一身普通的布制服，戴着一顶普通的布制帽，他两手执着写有碑文的一张纸，声音低沉，有一点微微的颤抖：

三年以来，在人民解放战争和人民革命中牺牲的人民英雄们永垂不朽！

三十年以来，在人民解放战争和人民革命中牺牲的人民英雄们永垂不朽！

由此上溯到一千八百四十年，从那时起，为了反对内外敌人，争取民族独立和人民自由幸福，在历次斗争中牺牲的人民英雄们永垂不朽！

在他诵读过程中，我听到我周围一片低低的唏嘘声。天安门！你给日本坦克辗出像蛇一样扭曲的血的印痕还啮疼着我的心灵，而今天，就在这同一地方我们做着皇天后土为之动情、子孙后代不能忘记的业绩。这时我想到北国的冰雪酷寒，南天的骄阳烈日，我亲眼看到多少战友默默倒在我的身边……我再也忍不住，眼泪终于夺眶而出。让我的心灵里淤积的悲哀与痛苦全部宣泄而出吧！一阵声音痛楚地刺伤了我的心，恍然之间，我听出这是铁锹铲土奠基的声音——这不是我曾经听到过的在战场上掩埋遗尸的那种声音吗？我想到历史，我想到祖先，那一切一切，在亡国灭种的灾难中死去的人们呀！你们闭上死去时睁着的两眼吧！今天，你们早已冻得僵硬的灵魂可以感到最后的一丝温暖了。当我坐在车上转回中南海的路上，我的两颊上一直湿濡濡的，我无法抑止，我也无权抑止。我深沉地思索着：难道这一刻，我们只是掩埋过去吗？不，更有决定意义的是我们在开掘未来……

回到怀仁堂会场，灯光如此辉煌、美丽，好像一下把宇宙间的一切光亮都凝聚到这儿来了。我亲身参与创造的新世纪就将诞生了。

7 点 30 分，执行主席刘少奇按铃、开会，随即宣布了选举结果，当宣布道："毛泽东以 557 票当选中华人民共和国中央人民政府主席。"轰天震地的雷声爆炸了，全体代表都站了起来，一面鼓掌，一面欢呼："毛主席万岁！""毛主席万岁！"乐队奏起"东方红，太阳升，中国出了个毛泽东……"历史在这里翻开了一个新的篇章，世界格局在这儿形成了一个伟大的转折。在欢腾无比的热烈气氛中，毛主席巍然站在人海之中，他垂手正立，脸上露出非常严肃的神情，他的紧闭的嘴巴，凝然向前注视的目光，体现出坚强、毅力、果决。是的，他接受的不只是会场上的掌声与欢呼，正是这一刻，他的双肩承担起中国人民、全世界劳动人民以及所有爱好和平的人民的命运，这一个沉重而巨大的重担。

接着宣布：

朱德、刘少奇、宋庆龄、李济深、张澜、高岗 6 位副主席。

至此，大会执行主席宣布主席团的工作结束，下面请新选出的中央人民政府主席、副主席主持大会的闭幕式。毛主席首先走上主席台，全体起立，热烈鼓掌，而后主席、副主席一起站在主席台上。宋庆龄在毛主席的左面，朱德在毛主席的右面。

毛主席站了好一阵，等候热浪平息，但热浪奔腾不止，他终于提高声音宣布："中国人民政治协商会议第一届大会已经圆满成功，现在请朱德副主席致闭幕词。”

当朱德走向台口上的麦克风前，戴起老花眼镜，宣读闭幕词，会场才暂时宁静下来。当他宣读完毕，毛主席站起来正要宣布散会时，一个梦幻般的奇迹出现了：

庄严的讲台上发生了一个巨大的变化，就在他身后的帷幕上，呼啦啦展开一面巨大的五星红旗。这是经过全体代表决议通过、从而在中国大地上展开的第一面五星红旗。它那样庄严、美丽，从这一刻起，它便是我们伟大国家神圣灵魂的象征了。从那以后，它在蓝天下、红日中飘扬在天安门广场上空，同时也飘扬在每一个人的心里。毛主席他们就座之后，毛主席刚要开口，暴风雨般的欢呼、鼓掌又升腾而起，达到整个会议过程中最热烈的高峰。让我们的声音震响全中国，震响全世界吧！让那些看到我们站立起来而喜悦的人欢腾吧！让那些看到我们站立起来而恐惧的人发抖吧！我们挥动双臂，奋力欢呼。

这一切说明殖民主义的锁链决然地、永远地断裂了。这一片光明而神圣的土地上，人不再是奴隶，人终于成了人，人终于成了主人，而且把他们的精力凝聚成为一种强大的力量。在这以后多少年内，西方反动势力，一次又一次，不论是武装的侵略还是和平演变，都没有能够逆转这一伟大的潮流，长江与黄河，不但在我们大地上，而且在我们灵魂中滔滔不息，亘古向前。

毛主席等待着，他一任人们把饱满的感情宣泄出来。伟大的领袖在于深知人们的心灵，他知道他需要做的事就是一任这种感情的迸发震天动地。但时间终于到来了。他毅然决然说出“散会”两个字，于是，最高最高的一次沸腾腾空而起，呼啸而起。

就在这欢腾之夜，在怀仁堂里举行了盛大的庆祝宴会，庆祝新中国的诞生。毛主席高高举起一只手臂，擎着一只酒杯。在整个创造新世纪的过程中，他的风度，他的气魄，是具有无穷魅力的。现在，他要为今夜画一个句点，为明天画一个冒号。他那发自内心深处的洪亮的声音震响了整个大厅，他向全体代表敬酒，自己一饮而尽。狂欢的时刻开始了，整个大厅一片沸腾。人们谈笑风生，相互敬酒。我和 3 位将军坐在一席，在我们相互干杯之后，罗瑞卿用他那永远像咬住钢铁一样的声音跟我说：

“你还记得吧，军事调处执行部时期，咱们在北京饭店开会，还要把水龙头打开呢！”

我在延安时期就认识了罗瑞卿，他当时是抗大的副校长。从红军时起，人们都管他叫“罗长子”，因为他身材高大，由于颊部负过伤，他讲话吐字十分艰涩，但正是如此，增加了他作为军人的刚断的特色。他的确是一个典型的军人，他有一个神情永远留在我的脑际，就是微微皱起眉峰，发出咬断钢铁的刚毅果断的声音。在军调处执行部时期，他穿着黄呢子军装，扎着武装带，十分威武。往事的回忆更增加了今日的热情，在那一场宴会之中，我们那一桌喝干了 4 瓶白酒。我年轻时酒量很大，但也觉得有点醺醺然了。散会后，我向门口走去，在一张桌旁，碰到丁玲，又喝了一杯。但是今夕何夕，兴岂能尽，于是我们又涌到丁玲家，又喝了几杯白酒，这时我们每个人的面孔都泛起红晕，我觉得头晕，但是我们心中都有说不完的话，那是一场情深而意长的谈话。现在我虽然想不起我们都说了什么，但两眼都是向着前方。那时在我们各自面前展开了多么遥远、多么光明的前程。我说我准备立刻回到战争中去。我跟丁玲谈到进军澧县、常德的情景，她对故乡显然怀着无限深情，她有一阵默然不语，然后说："母亲老了，她一生坎坷，为我更是操碎了心，我想接她一道住，让她过一段安静的晚年，你回前线，能帮我找一找母亲，去看看她？"是的，在这可以告慰生者与死者的时刻，谁能不想起亲人，遗憾的是我接受了丁玲的委托，后来由于工作的变动未能兑现。说呀，说呀，我们谈到午夜时分。

（选自全国政协文史资料委员会编《中国人民政治协商会议第一届全体会议亲历记》，中国文史出版社2003年版）

参加人民政协第一届盛会的回忆

曹　铁*

我今生今世获得的最大荣誉和幸福，莫过于参加 1949 年中国人民政治协商会议第一届全体会议和开国大典。我从一个放牛娃成为河南省 8 名代表（含 1 名候补代表）之一，肩负着人民的使命，参加这样的盛会，感到无比幸福。多年来，每当忆及此事，心情久久难以平静。现谨将我在参加这次会议中感触最深的片段，忆述如后。

1949 年 9 月间，领导通知我，让我作为解放区的农民代表，赴北平参加中国人民政治协商会议。霎时思绪翩翩，虽然不知道河南省有多少名代表参加，但据当时安排我参加会议的情景看，人数一定不多。心想，我有何德何能，得以到中央去参加盛会呢？千思万

* 曹　铁：时任河南省郑县堂街区民兵营长，人民政协第一届全体会议代表；后曾任河南省郑县建设科科长。

想，汇成一个念头：共产党确实是贫苦农民的大救星、大恩人。当时我不知感动得流过多少泪。解放前我是个孤儿，6 岁就给地主放牛，11 岁时险遭日军杀害，死里逃生。1947 年 12 月，中国人民解放军第九纵队第二十六旅等部在参加平汉线战斗时，途经我的老家郏县堂街镇，遭到国民党地方武装的阻击。当时我 24 岁，出于对地主恶霸的仇恨，自告奋勇，冒着枪林弹雨为解放军引路、扛梯子，消灭了这股顽匪。解放军进驻堂街寨后，乘势要攻打曹寨，我又只身潜入寨内打开寨门，引导部队捉拿匪徒，在匪首家里搜出步枪 10 多支。同年末郏县解放，自此我更加积极地投入了剿匪反霸和分浮财的斗争。1948 年初，土匪李华林、丁六等人纠合残匪百余人围攻驻李世和庄的堂街区政府。我这时任上李乡农会主席，闻讯后率领部分民兵一方面保护区干部安全转移到谢庄，另一方面凭借着我对地形熟悉，利用有利地形阻击敌人。我们击中数个匪徒后，迫使敌人撤回。1948 年秋，我被提拔为堂街区民兵营长，同年 11 月光荣地加入了中国共产党。我所干的工作微不足道，但组织上却给予我这么多荣誉，我只有加倍努力工作，才对得起党的恩情。

9 月 16 日我离开郏县时，中共郏县县委书记李辉派人用他自己的马送我到许昌。稍事停留后，中共许昌地委两位同志同我一起于 18 日乘火车到北平。在北平车站一下火车，就由中共中央派的小轿车接到中南海。住宿安排得十分周到，服务人员跑前跑后，问寒问暖，照顾得无微不至。安置住下后要洗澡，服务员领我前去，淋浴怎么使、水龙头怎么开等都教得一清二楚。然后换上了一套很合体的毛呢中山装。我心想：领导上考虑得真周全，毛主席比爹娘还要亲。

中国人民政治协商会议第一届全体会议，从 9 月 21 日开始到 30 日结束，一共开了 10 天。初次进入中南海，特别是过去连听都没听说过的怀仁堂，看上去一切都是新鲜的。会场内外到处洋溢着热烈欢庆的气氛，会场内主席台上金光闪闪的人民政协会徽两边，并排悬挂着孙中山、毛泽东的巨幅画像。21 日晚 7 时，在上百盏耀眼的宫灯、日光灯、水银灯高照的会场里，军乐队奏起了雄壮的《中国人民解放军进行曲》。同一时刻，会场外响起了隆隆的礼炮声。中国人民政治协商会议第一届全体会议开幕了。

这次会议，一般是上午小组会或专门小组会，下午大会发言。我记得讨论最多的是《中国人民政治协商会议共同纲领》。说老实话，那时我不过 20 多岁，文化不高，更谈不上理论水平，听许多领导和老者讲得头头是道，很有道理，想记都记不及，小本子上记得密密麻麻，事后再逐字逐句认真领会。

9 月 30 日，大会在热烈而严肃的气氛中选举出中央人民政府主席、副主席、委员和中国人民政治协商会议全国委员会，并在天安门广场举行人民英雄纪念碑奠基典礼后，举行了闭幕式。毛泽东主席和其他 6 位副主席在热烈持久的掌声中走上主席台。毛主席宣布大会胜利闭幕，朱德副主席致闭幕词。他说：中国人民政治协商会议第一届全体会议已经胜利地圆满地完成了全部工作，我们热烈庆贺中华人民共和国的诞生。

回忆参加这次盛会的情景，许多次都使我喜极而流泪。最激动的有两次：一次是毛主席在开幕词中说：“占人类总数四分之一的中国人从此站立起来了。”一次是在 30 日下午毛主席率领全体代表到天安门广场，隆重举行人民英雄纪念碑的奠基典礼。周恩来副主席代表主席团致辞后，毛主席读碑文“……由此上溯到一千八百四十年，从那时起，为了反对内外敌人，争取民族独立和人民自由幸福，在历次斗争中牺牲的人民英雄们永垂不朽”。我深知，我们的国家之所以能像毛主席讲的那样顶天立地地站立起来，受苦受难的中华民族，特别是像我这样苦水里泡大的亿万农民，得以扬眉吐气、当家做主，同牺牲的千百万英雄儿女是分不开的。饮水思源，再一次使我铭感肺腑，泪如泉涌。这绝不是我一时的感情冲动，而是发自内心深处的。诚言苦到极处遇到甜，受到极度折磨的孩子突然见到妈妈，其感情是无法抑制的，故而在毛主席讲到“我们的民族将再也不是一个被人侮辱的民族了，我们已经站起来了”的瞬间，积压在我肺腑几十年的屈辱、怨愤、辛酸苦辣一股脑儿迸发出来，化为兴奋的力量。永远跟着共产党，加倍工作志不移，成了我自立的誓言。

10 月 1 日举行开国大典，全体代表都跟随中央领导登上了天安门城楼。在检阅台上，党和国家领导人以及著名民主人士站在第一、二排，农民代表在第三排。开国大典从下午 3 点开始，一直到晚上 9 点 25 分游行队伍全部走出天安门广场。在举行阅兵式的时候，骑兵、步兵、海军、炮兵、坦克、装甲车等各军种兵种依次排着整齐的队形，英姿勃勃地经过天安门广场，人民空军的 10 多架飞机飞过广场上空。记得当时在天安门广场上和东、西长安街两侧，全都是成千上万的解放军战士和欢呼雀跃的人群。那场面的浩大，气氛的隆重，使我终生难忘。

开国大典结束后，苏联朋友请中国代表吃西餐。当时我坐在毛主席身边不远。欢宴中，我第一个端起酒杯向毛主席敬酒，毛主席十分高兴地举杯一饮而尽。接着有许多代表也争着向主席敬酒。主席身边的工作人员拦住大家，婉言劝止说："主席不能多喝，喝一杯就代表了。"

10月2日，毛主席派工作人员来到代表驻地，向农民代表们一一询问都缺少什么或有什么要求。十几位农民代表有的说缺农具，有的说缺铺盖和其他生活用具。我提了一项要求，说："我缺火（子弹），因为翻身农民要保卫胜利果实，剿匪反霸缺火（子弹）是不行的。"没想到，这平平常常一句话竟引起他老人家的重视，第二天，有关人员就把600发手枪子弹送给了我。我双手接过这饱含着人民领袖对农民亲切关怀之情的礼品，感动得久久说不出话来。

从北京回来，我和中共许昌地委的两名同志顺便在郑州住了一晚，又在许昌住了一晚，然后由许昌地区专员派3名同志，全副武装（1人牵马，2人步行）把我护送到郏县。郏县的县委书记和县长率人到县城东关迎接我。

此后，组织上把我留在县政府机关工作，先后让我担任县建设科科长和县农会副主席。我也越发感到自己责任重大，就更加努力地学习和积极工作。

1998年4月

王润耕　王国田　王文昌　整理

（选自河南省政协文史资料委员会编《河南文史资料》第71辑，1999年版）

回忆参加人民政协第一届全体会议

黄静汶*

一

1949 年 4 月 21 日，中国人民解放军百万雄师过大江，陈毅司令率领的第三野战军进入南京。我们南下工作队随同陈司令参加南京入城式，参观总统府，瞻仰中山陵，游览夫子庙、莫愁湖。随后进驻镇江。

随着部队步步前进，我们工作队也一天一天从镇江靠近上海。5 月 27 日，上海解放。我们进入上海法南地区，住在交通大学宿舍。

上海人民挥旗帜、鸣鞭炮夹道欢迎，高呼“热烈欢迎人民解放

* 黄静汶：时任上海市妇联筹委会主任，人民政协第一届全体会议代表；后曾任上海市妇联副主席，卫生部妇幼卫生司副司长。

军！热烈拥护人民解放军！”送茶、送水、送食物、送军鞋，慰问人民解放军。

上海军事管制委员会成立，陈毅司令任军管会主任。

军管会陈主任任命我为军代表，负责接管蒋介石搞的新生活运动委员会下辖的宋美龄为指导的新生活妇女指导委员会。此时妇女指导委员会已从南京迁到上海。宋美龄已潜逃台湾，总干事张蔼真、副总干事陈纪彝已去香港。总干事办公室主任冯光灌，总务组长谢兰郁，还有生产组长、其他组长和许多工作人员响应党的号召，留守岗位，保护房屋、物资、财产，等待解放，迎接接管。

上海市委第一副书记刘晓同志派王辛南、蒋学杰两同志同我前往接管。

在接管会上我宣布接管政策，对留守人员表示赞扬慰问。说明凡愿留下工作的一律原职原薪，愿到其他地方的给予交通费。总务组长谢兰郁代表全体留守人员欢迎解放，迎接接管，将留会的工作人员名单、职务以及房屋、物资、钱财等各项清册一一点交。王辛南、蒋学杰两同志接收。

二

1949年5月，上海宣布解放，陈毅主任被选任上海市人民政府市长。我被选为上海市人民政府委员，受毛泽东主席任命。

陈市长找我谈话，要我负责筹备上海市妇联。我原想去上海市总工会做女工工作，只得听从陈市长的决定。

上海市妇联筹备委员会组建后，我拜访宋庆龄老前辈请任上海市妇联名誉主任。宋庆龄前辈慨然应允，并坚持于当年 11 月 27 日午夜，亚洲妇女代表团从北京到上海访问时，去火车站欢迎。代表团成员到达上海，走向车站的欢迎会场，远远望见宋庆龄，都非常激动、高兴。“热烈欢迎亚洲妇女代表访问上海！”鼓掌、欢呼的沸腾情景冲破了冬天的寒冷。宋庆龄致欢迎词并向苏联代表团祝贺斯大林元帅七十大寿，苏联代表热烈鼓掌高呼“乌拉”，又是一阵最热烈的祝贺和感谢的掌声。

上海市妇联筹委会开始工作。成立妇联托儿所、家庭妇女会、家庭妇女缝纫工场、街道妇女合作社、工作委员会、音乐美术妇女联合会等组织。妇联宣传、组织全市妇女对抗美援朝做大量工作，捐了多架飞机，其中越剧演员袁雪芬捐一架飞机。妇联组织妇女代表赴朝慰问志愿军。

三

1949 年 9 月，上海市政府通知妇联推荐 1 人出席中国人民政治协商会议第一次全体会议，妇联推荐了我。

在陈毅市长为代表团长的率领下，上海代表团启程赴北平。火车过南京，陈市长去看望江苏省领导刘伯承、邓小平并同刘、邓两位率领的江苏代表团乘同一列车向北平前进。

代表团到达北平安排住处后，请代表们到北平医院照相。不同地方、不同工作的代表穿着各种衣服照了相。女代表有穿旗袍，有穿连衣裙，大襟上衣、长裤的，男代表有穿农民服装，穿长袍马褂，西服革履、中山服、学生服、解放军服的，五花八门，形形色色。政协筹委会负责同志对此作出将服装统一起来的决定，为每位代表缝制一身衣服，女代表一律穿列宁装，男代表一律穿干部服即中山装，全部衣料用延安生产印染的蓝色呢。代表们穿着延安生产的呢料衣万分高兴，激动地说："统统是真正的国货，没有一点洋味儿。"

四

1949 年 9 月 21 日下午，中国人民政治协商会议全体会议在中南海怀仁堂举行，代表们穿着延安生产的蓝呢服，一个个满面笑容，精神焕发，严肃有序地进入会场，在自己代表团的座位就座。

怀仁堂在旧社会是几个朝代的君主、大臣想方设法压迫、剥削人民，镇压革命，屠杀革命志士的地方。当年一般老百姓谁能进来！连远远地站着向这方向望一眼也不可能，也不敢。今天，毛泽东主席领导全国各族人民推翻了三座大山，人民当家作主选出自己的代表进来了，进来堂堂正正地坐着商量国家大事了。代表们都万分高兴、激动，思考自己责任重大，要好好完成任务。

妇女代表团的座位在主席台下面的左边，主席团成员有时是从上面休息室到主席台就座，有时是从大会场走上主席台，这就必然经过妇女代表团的座位。毛主席、朱总司令、刘少奇、周恩来等领导常和妇女代表握手。毛主席对妇女代表说："妇女是半边天，你们要发挥半边天的作用，多多提建议。"各代表团都羡慕妇女代表团的荣幸座位，眼睁睁地望着领导同志和妇女代表讲话。

毛泽东主席庄严宣布："中国人民政治协商会议第一届全体会议开幕。占人类总数四分之一的中国人从此站立起来了！"会场掌声雷动，声震屋瓦，中国人从此站立起来的声音绕梁不息。

毛主席继续说："这次政治协商会议履行全国人民代表大会职责，要讨论通过决定国家名称，国都地点，国家纪年，国旗、国徽、国歌，还要讨论建国共同纲领。"

经过几天多次小会、大会的讨论，通过国家名称为中华人民共和国；国都定在北平、恢复原名北京，国家纪年遵照公历，制定通过国旗。只有国歌，代表团同意用《义勇军进行曲》作国歌，认为雄壮有力，全国人民会唱爱唱，但对其中"中华民族到了最危险的时候"提出需要删除或修改，认为新中国成立，全国人民要把中国建设得繁荣富强，外国没有的我们有，外国有的我们更好，怎么刚建立的新中国，"中华民族到了最危险的时候"？不同意，不同意。毛主席说话了，毛主席说这句话很好，居安思危很重要，新中国成立，中华民族就是到了最危险的时候，国内反动派想让蒋介石来执政，帝国主义者认为"共产党能打天下，不能守天下"，它们想颠覆我们新中国。你们想，这不是最危险的时候吗？唱着这歌，提高警惕，居安思危，保卫国家。这一句很重要。代表们听着，深感提高警惕、保卫新中国的重大意义。决定在没有新国歌之前，原文不改，以《义勇军进行曲》为代国歌。

讨论和通过《共同纲领》，表示要在一切工作中实践。代表们为能在政府机关实现政协《共同纲领》第六条："中华人民共和国废除束缚妇女的封建制度。妇女在政治的、经济的、文化教育的、社会生活的各方面，均有与男子平等的权利。"男女平等这一条，体现在新中国政务院各部的组成，李德全任卫生部部长，史良任司法部部长，钱瑛任监察部部长，张琴秋任纺织部副部长，刘亚雄任劳动部副部长，罗叔章任劳动部副部长兼政务院办公室主任，钱正英任水利部副部长。全国人民热烈赞扬中国在政治上真正实现男女平等，国际上也赞扬新中国政府机构中女部长很多，可称男女平等在国际上的楷模。这是全体代表作出的贡献。

9 月 30 日，毛主席率领代表们到天安门广场。在广场选定的人民英雄纪念碑地点，毛主席挥铲，铲动第一铲土奠基。

1949 年 10 月 1 日，毛主席率领全体代表登上天安门城楼。毛主席向全世界庄严宣布中华人民共和国成立，城楼上和天安门广场上响起了热烈的欢呼声和掌声。

晚上，千万群众庆祝新中国成立，天安门城楼和广场一片欢腾，整个北京成了不夜天。人民群众欢呼跳跃庆祝新中国成立，当年电力不足，即使加上千万群众的灯笼也感电光不足。因此台下群众喊："灯光照天安门城楼，照毛主席！"毛主席喊："灯光照广场，照人民！"显示了人民爱领袖，领袖爱人民的真切情意。

新中国万岁！

2000 年 5 月

（选自全国政协文史资料委员会编《中国人民政治协商会议第一届全体会议亲历记》，中国文史出版社 2003 年版）

一届政协会议见闻

梅　益*

一　巧遇恩师杜国庠

在中国人民政治协商会议第一届全体会议开会前夕，我收到会议秘书处送来的有关文件中有全体代表名单和大会每日程序等。我发现有不少代表是我早就认识的。在大会第三天（9 月 23 日）各单位代表发言名单中第八位发言代表是待解放区民主人士首席代表杜国庠，这是我几十年来一直想见面而没有做到的。杜是我的恩师，我们两人有十几年都一直住在上海，但都未能见面。大会第三天发言代表共 18 人，其中论地区和代表性和杜老

* 梅　益：时任新华社副总编辑，人民政协第一届全体会议代表；后曾任中共中央广播事业局局长，中国社会科学院党组第一书记，全国人大常委会委员，全国政协委员。

相近的人不少，如中国国民党革命委员会主席李济深，华中解放区、中国人民解放军第四野战军代表黄克诚，中国人民解放军第二野战军首席代表刘伯承，教育工作者首席代表成仿吾，中国人民解放军第三野战军首席代表粟裕，社会科学工作者首席代表陈伯达，三民主义同志联合会代表陈铭枢，中华全国民主青年联合总会首席代表廖承志，中国国民党民主促进会首席代表蔡廷锴等，但杜仍作为华南待解放区民主人士的首席代表，可见主席团对他的重视。

在周恩来同志1925年指派杜国庠为广东潮州金山中学校长时，我正好小学毕业，考上金中，因交不上学费，正准备到一家药店当伙计。我为了上不起中学哭了一夜。母亲第二天一早将3元钱给我，说："先拿去吧，别的学费先欠下，下月再交。"第二天我哥哥的同学龚文河（中共党员、烈士）带我去见杜校长。他同意破例收我入学，摸摸我的头说："别哭，要用功。如果本学期期末考试能考一、二、三名，就可免交学费。"这样，一直到1931年我离开金中，都因为考上前三名免交了学费。此外，还让我到图书馆当小工整理图书，打扫卫生，吃一顿中饭，一直到上完高中一年级。如果不是杜国庠校长对一个穷学生的关怀，说不定今天我还是潮州一家中药店的伙计。1931年我从潮州到了北平参加了"左联"，1935年"左联"被破坏，特务要捉我，我跑到上海，在"左联"和"上海文化界救亡协会"工作，我知道杜老是"左联"的负责人，但我没有去看他，因为地下党的纪律规定没有工作关系不许去随便串门。

在怀仁堂后面的休息室我终于找到了杜老，我们分手15年了。他老多了，还很瘦，声音很细，握手的时候我们都激动得发抖。他问我入党了吗？我说我是在“八一三”的炮声里宣誓的。他笑了笑说：“这十几年来，我们已有许多同志牺牲了。蔡英智同志（金中的学生）在西湖被国民党反动派当众枪毙了，龚文河在打游击的时候被活活烧死。我们这些后死者应当拿起他们的枪。我在广东听说你在上海办报纸，我看过，你做得不错，报纸也是枪啊！”这是我怀念了几十年的恩师对我说的。我们终于告别了，他的握手比见面时更有力了。我对他说：“我记住你今天在会上说的话，我决不违背誓言，不会辜负你对我的关怀，一定要踏着先驱们的脚印前进。”

二　青年女工代表范小凤

我和范小凤过去一直在上海工作，以前并不认识她。这次她是作为全国青年女工的代表参加中华全国民主青年联合总会，又作为青年联合总会的代表参加中国人民政治协商会议第一届全体会议的。她很积极热心，又很泼辣，大家都喜欢她。她出生在贫苦的农民家庭，没有办法在农村生活，刚 12 岁就被迫离家到上海在纱厂当养成工。先后在英国怡和纱厂、日本内外棉纱厂、国民党官僚资本的中纺一厂做工，干了 17 年，受尽了各种各样的奴役压迫，可她就是没有屈服，参加了厂内外的各种斗争，经常被捕坐牢。终于熬到上海解放。

范小凤在大家热烈鼓掌后说：今天，我这个青年女工能够站在中国人民政治协商会议的讲台上说话，这是 5000 年来中国历史上从没有的事，我感到无上光荣。我们成为国家的主人，这是无数先烈的流血牺牲换来的，我们也就感到责任的重大。我们有了共产党、毛主席的领导，一定能战胜一切敌人，赢得胜利。会场里响起暴风雨般的掌声，范小凤满脸通红地回到座位。

2001 年

（选自全国政协文史资料委员会编《中国人民政治协商会议第一届全体会议亲历记》，中国文史出版社 2003 年版）

难忘的时刻

范小凤[*]

时光流逝，不以任何人的意志为转移。1949 年 9 月我出席中国人民政治协商会议第一届全体会议，到现在已经 50 多年了。回忆当年参加这次会议，和许多领导人一起讨论制定治国的共同纲领，并且让我代表中华全国民主青年联合总会在大会上发言，至今心情仍然无比激动。

我是一个童工出身的纺织女工，生在贫苦农民家庭，兄弟姐妹又多，非但读不起书，连饭也吃不饱。由于中国广大农村在封建统治下，生产力极为落后，我没有办法在乡下生活，被迫到上海去谋生，才 12 岁，就不得不到工厂去做养成工。开头几个月，连一个钱也没

* 范小凤：时任上海沪西区纱厂党委书记，中国新民主主义青年团中央委员，人民政协第一届全体会议代表；后曾任全国总工会劳动保护部副部长。

有，每天吃一点别人剩下的饭菜，住在一处灶披间里的小阁楼上，头都抬不起来，爬进爬出。后来听人说要给“拿摩温”送礼，才能分配一台机器工作。我就请人给乡下的父亲写信，让他无论如何想办法带些礼品来“孝敬”工头。这样我才分到一台织布机织布，每天总算有二三角钱的工资。可是生活依然苦得不得了，到夏天，我就去拾别人扔掉的西瓜皮，洗干净晒干了，拌点盐，卤起来，可以当几个月的小菜吃。在车间里劳动，那个生产环境简直没法形容，资本家根本不把工人当个人，噪音像打雷一样，照明也非常差。我没有鞋，赤着脚干活，一天 17 个小时，天天弄得筋疲力尽，爬进那个小阁楼，睡那么几个小时，第二天接着干。17 年中，我先后在英国怡和纱厂、日本内外棉纱厂、国民党官僚资本的中纺一厂做工，像牛马一样过着挨饿受冻的生活，在那整整 17 年的漫长岁月里受尽了各种各样的奴役压迫，苦难是说不完的……记得解放前有一首歌，叫《新女性》，歌中唱道：“头回声，响嗡嗡，享福的人们都还在梦中；二回声，赶路匆匆，街头灯影暗，夜色正朦胧；三回声，进厂就开工，东方鱼肚白，太阳还未红。”是这样的，完全是我们工人的生活写照。苦难和压迫并没有使我屈服，尤其是我得到中国共产党的领导之后，我认清了前途，参加了抗日救亡运动，以及工厂内外的各种斗争，反对帝国主义、官僚资本主义对中国工人阶级的压榨与迫害。虽然我们遭受着各种残暴的镇压、被捕坐牢，这并没有把我们吓倒，当时我们坚信，反动派总有一天要完蛋，光明一定要到来！

1949 年 5 月，上海解放了，真正体会到了我们工人阶级翻身当家作主人了。1949 年 9 月中旬，党的组织和工人兄弟姐妹推选我去北平参加中国人民政治协商会议第一届全体会议。当时上海刚解放不久，我是贫苦农家出身的工人，这是我做梦也没有想到的，心情格外激动。在中国共产党的领导下，中国人民经过 3 年的浴血奋战，终于把蒋介石的反动统治推翻了。

我和其他代表一样，满怀激动的心情积极准备赴会。尽管当时的铁路运输条件还不十分好，但是我们作为参政议政的第一届政协代表，国家还是尽了最大的努力让我们坐最好的列车赴京。当时在列车上还可以吃上白面馒头，就感到好得不得了了。到了北平，我是编在中华全国民主青年团中央机关里。

会议是在中南海怀仁堂召开的。开会那天，毛主席宣布第一届政治协商会议开幕并致开幕词，全体代表沉浸在欢庆胜利的喜悦之中。大家感到在中国共产党的领导下，在毛主席、朱总司令的指挥下，中国人民解放军以排山倒海之势打败了国民党反动派的军队，全国大部分重要城市获得了解放。代表们的热烈发言，对自己的国家充满了希望。各民主党派、人民团体都表示要团结在中国共产党的周围，发扬民主，努力建设一个独立、民主、和平、统一和富强的新中国。大家一致推选我在大会上发言，认为我最具代表性，既代表青年，又代表工人，还代表妇女。

“今天我——一个年轻的女工，能够站在中国人民政治协商会议的讲台上来说话，这是 5000 年来中国历史上没有的事，我感到无上的光荣！这是中国工人的光荣！中国妇女的光荣！中国青年的光荣！中国人民的光荣！”

当时毛主席就坐在台下听我的发言。毛主席问坐在他身边的冯文彬同志，台上发言的是哪一个学校的学生？冯说：“她是上海工人阶级的代表。”主席听了很高兴。因为我是作为工人阶级的代表发了言，所以很多代表都争相和我握手，表示祝贺，体现了各阶层人民对工人阶级的支持和拥护。我更感到工人阶级的光荣和重任在肩，暗下决心一定要努力工作，不辜负人们对工人阶级的期望。

会议期间，周总理还专门在中南海设宴招待工农兵代表，宴会后又让大家参加文娱晚会。在晚会上总理听说我是来自上海沪西区的工人代表，就仔细地询问他曾工作过的上海沪西公社的情况，漕家渡一带的工人运动发展如何，等等，并亲切地问我的文化水平，他说第一代工人不认字，你们第二代有一点文化还不错啊！总理平易近人的热情关怀，使我感到做一个工人阶级的代表是多么的光荣！

1949 年 9 月 30 日，毛主席带领全体代表在天安门广场举行人民英雄纪念碑奠基典礼，大家挥锹铲土，深深地怀念革命先烈。这就是至今还屹立在天安门广场上的人民英雄纪念碑，这座碑将永远激励中国人民的子孙后代牢记今天的中国是千百万人抛头颅、洒热血而建成的！

2001 年 2 月

（选自全国政协文史资料委员会编《中国人民政治协商会议第一届全体会议亲历记》，中国文史出版社 2003 年版）

在新中国成立的日子里

谢邦定 *

几十年前，我作为代表，参加了新政协筹备会和第一届中国人民政治协商会议，并被推选为政协委员。1949 年 10 月 1 日，我有幸登上天安门城楼，亲眼见证了新中国的诞生。虽已过去 70 年，但回想往事，依然激动不已，心潮澎湃。

一　出席政协第一届全体会议

新政协筹备会第一次会议后，我一面继续参加《共同纲领》的起草工作，一面准备全国学联组团参加新政协第一届全体会议。8

* 谢邦定：时任全国学联主席，新政协筹备会代表，人民政协第一届全体会议代表；后曾任中国驻突尼斯大使，全国政协委员。

月 18 日，我参加筹备会各单位首席代表座谈会，会议听取李维汉同志所作《新政协代表名单协商经过情形》的报告，并确定了出席新政协代表名单。9 月 17 日，新政协筹备会举行第二次会议，决定将“新政治协商会议”更名为“中国人民政治协商会议”。

9 月 21 日，中国人民政治协商会议第一届全体会议在北京召开。会议的参加单位有 45 个，正式代表和候补代表总数为 662 名。全国学联组成 10 人代表团参加会议，正式代表 9 人，候补代表 1 人，我为首席代表。中央青委负责人冯文彬、蒋南翔、廖承志等同志也分别作为新民主主义青年团和全国青联代表出席会议。在这次会议上，我第一次见到胡耀邦同志，他当时担任人民解放军第十八兵团政治部主任，正在宝鸡准备参加解放大西南的战斗，此次是作为新民主主义青年团代表赴京参会。

9 月 21 日下午 5 时，各界代表从新华门进入中南海，所有代表先在出席单位签到页上签到，然后验证进入怀仁堂。会场主席台布置得庄严、简洁，正面悬挂着孙中山、毛泽东画像和政协会徽，两面侧挂着中国人民解放军军旗。周恩来同志首先代表筹备会提出大会主席团 89 人的名单和秘书长人选，得到大会一致通过。我也荣幸地当选为主席团成员。随后，所有主席团成员登上主席台就位（主席台上未设座位，所以不说“就座”，而是说“就位”）。

晚上 7 时，毛主席以政协筹备会主任、中国共产党中央委员会主席身份宣布大会开幕。军乐队奏起雄壮的《中国人民解放军进行曲》，会场外礼炮齐鸣，全体代表热烈鼓掌，长达 5 分多钟。

毛主席在开幕词中回顾了中国革命的伟大历程，阐述了此次会议的主要任务。他指出，现在的中国人民政治协商会议是在完全新的基础之上召开的，它具有代表全国人民的性质，执行全国人民代表大会的职权，在自己议程中将决定关于成立中华人民共和国的一切事宜。毛主席充满自信地说："我们的工作将写在人类的历史上，它将表明：占人类总数四分之一的中国人从此站立起来了。"毛主席的致辞深深打动着每一位代表。几乎每讲完一句话，会场都会响起雷鸣般的掌声。这一场景，至今仍然刻在我的脑子里。

按照大会日程，我被安排在第四天发言。那时我只有 28 岁，廖承志、晏福民等同志一再鼓励我"不要紧张，用心讲好"。在 10 分钟的发言中，我回顾了五四运动以来，中国学生运动在中国共产党领导下，坚持走与中国革命相结合、与工农相结合的道路，反帝爱国，不怕牺牲、前仆后继的斗争历程，表达了全国学生决心投身建设新中国的伟大事业、贡献自己青春和热血的坚定信念。发言结束，会场响起热烈掌声。我深感，这是人民对学生运动的充分肯定，也是新中国对我们的殷切期望。

大会经过 10 天紧张工作，完成了建立新中国的历史使命：通过了《中国人民政治协商会议共同纲领》《中国人民政治协商会议组织法》《中华人民共和国中央人民政府组织法》3 个奠基性文件；推选 180 人担任中国人民政治协商会议第一届全国委员会委员，此外留出 18 名空额，以便将来容纳新解放地区的适当代表人物；选举 56 人担任中央人民政府委员会委员。毛主席当选中国人民政治协商会议主席和中央人民政府主席。会议还决定，新中国定都北平，北平改名北京；国旗为五星红旗；在国歌未正式制定前，以《义勇军进行曲》为代国歌；采用公元作为中华人民共和国的纪年。国徽的设计将由政协继续讨论并最终确定。

在此次会上，我光荣地被推选为第一届全国政协委员。毛主席、周总理等老一辈无产阶级革命家与各民主党派、各界代表肝胆相照、共商国是的伟大风范，为建立人民共和国所立下的丰功伟绩，永远铭记在我的心中。

9月30日下午会议结束后，全体代表于傍晚6点左右来到天安门广场，参加人民英雄纪念碑奠基典礼。广场上松柏苍翠、暮色苍茫、肃穆隆重。当代表们就位后，周总理代表大会主席团，宣布人民英雄纪念碑奠基典礼正式开始，毛主席首先宣读纪念碑碑文："三年以来，在人民解放战争和人民革命中牺牲的人民英雄们永垂不朽！三十年来，在人民解放战争和人民革命中牺牲的人民英雄们永垂不朽！由此上溯到一千八百四十年，从那时起，为了反对内外敌人，争取民族独立和人民自由幸福，在历次斗争中牺牲的人民英雄们永垂不朽！"随后，毛主席带领全体代表为纪念碑铲土奠基。

当听到毛主席宣读上述碑文时，我思想上有点意外，因为依照我对中国革命的理解，人民英雄应当是指中国共产党成立后牺牲的共产党人和革命先烈，没想到毛主席和中国共产党把1840年鸦片战争以来牺牲的先烈悉数纳入了人民英雄的行列，这使我深受教育，由衷地敬佩毛主席的宽广胸怀、历史眼光和人民情怀。

二　参加开国大典

政协会议期间，我收到了参加10月1日中央人民政府成立庆典的请柬，激动的心情真是难以言表。10月1日中午过后，我手持请柬、佩戴红色胸花，从东长安街步行进入大会警戒区，下午2点半沿天安门城楼西侧台阶登上天安门。

此时的天安门广场红旗飘扬，歌声不断，30 万各界群众汇集于此，翘首等待着伟大历史时刻的到来。当中央人民政府主席毛泽东，副主席朱德、刘少奇、宋庆龄、李济深、张澜、高岗和政务院总理周恩来等出现在天安门城楼中央时，广场上响起长时间的欢呼声。

下午 3 点，中央人民政府秘书长林伯渠宣布，中央人民政府成立典礼开始。

在群众的欢呼声中，毛主席用他带着湖南口音的洪亮声音，向全世界庄严宣告："中华人民共和国中央人民政府已于本日成立了！"广场上顿时欢声雷动，我不禁流下激动的眼泪。我想此时许多人也会和我一样情不自禁。

在《义勇军进行曲》的雄壮旋律中，毛主席按动电钮，新中国第一面五星红旗在广场上冉冉升起。全场肃立，向国旗行礼，54 门礼炮齐鸣 28 响。

升旗仪式后，朱德总司令首先在阅兵总指挥、华北军区兼京津卫戍区司令员聂荣臻陪同下，登上敞篷汽车检阅人民解放军受阅部队。随后，受阅部队列成方阵，迈着雄壮的步伐由东向西通过天安门广场，各式战车、坦克在雄壮的军乐声中隆隆驶来；与此同时，刚刚组建的人民空军 14 架战斗机、轰炸机，凌空飞过天安门广场，接受检阅。毛主席和广场群众不时抬头仰望，鼓掌欢呼。

就在阅兵式进行当中，聂荣臻司令员来到我们身边，指着下面行进中的战车、坦克说："这些坦克大炮都是我们缴获来的。再过几年我们就统统不用了。新中国要发展自己的国防工业，要用自己制造的武器装备！"聂帅的一席话，使我感受到老一辈革命家的气魄和豪情，也深感中国青年在建设国家、巩固国防中肩负的新使命。

阅兵式结束时已近黄昏，长安街华灯初上，一队队群众队伍高举毛主席画像，打着灯笼开始游行。“中华人民共和国万岁！”“毛主席万岁！”的口号响彻云霄。毛主席手扶栏杆，不停地向游行队伍挥手致意，回以“人民万岁！”“同志们万岁！”的口号。

北京大中学生组成的游行队伍是最后一支方队，约有4万多人。贝满女中用红纱布扎起的近4米高的红五星闪闪发光；慕贞女中舞动的红灯笼如同燎原的星火；大学生托举模型的队伍意气风发，有的模型象征新中国现代工业的工厂和大锅炉，有的象征巩固国防的大飞机，尤其是清华大学机械系按1:1比例制作的坦克模型十分逼真。当华北大学和华北人民革命大学的学生高举红旗、火把，火龙般地穿过金水桥时，整个游行气氛达到高潮。同学们在天安门楼下不停地呼喊：“毛主席万岁！”“中华人民共和国万岁！”城楼上也报以热烈的掌声。毛主席高兴地看着这支朝气蓬勃的队伍，不时探出身体向同学们挥手致意。此时的天安门广场，灯火通明、礼花绽放、万众欢腾，人们心潮澎湃……

新中国成立后，中央人民政府各部门迅速组建并展开工作。10月19日，我收到毛主席以中央人民政府主席名义签发的《中央人民政府任命通知书》（府字第0167号），任命我为政务院文化教育委员会委员。10月21日，文化教育委员会在朝阳门内大街召开成立大会，在文教委员会主任兼中国科学院院长郭沫若同志主持下，会议讨论了委员会工作职责和任务，我被确定参加教育方针和政策的讨论与制定工作。从此，我在党的领导下，与全国人民一道，开始了建设伟大祖国的新征程。

作为新中国历史的见证者和参与者，我为祖国建设取得的伟大成就感到自豪和骄傲，更为改革开放所发生的深刻变化和辉煌业绩感到由衷高兴。把马克思主义与中国实际相结合，坚持和加强党的领导，始终以经济建设为中心、坚定不移改革开放，把人民对美好生活的向往作为我们的奋斗目标，这是新中国成立以来最宝贵的经验。我相信，在以习近平同志为核心的党中央领导下，在习近平新时代中国特色社会主义思想指引下，中华民族伟大复兴的中国梦一定能够实现！伟大的中国将永远屹立在世界的东方！

2019 年 3 月

（选自《文史资料选辑》第 173 辑，中国文史出版社 2019 年版）

回顾参加新政治协商会议

孙宗汾*

中国人民政治协商会议第一届全体会议于 1949 年 9 月 21 日召开，距今已 40 个春秋。我当时是以中华全国学生联合会的候补代表参加的。当年的代表如今多已谢世。那时，我还是一个血气方刚的青年人，现在也到了垂暮之年。虽然 40 年过去了，但当时所经历的许多往事，至今仍记忆犹新。

1949 年初，国民党部队已土崩瓦解，溃不成军。中国除了西南、新疆及东南沿海一带之外，大半壁江山均已解放。在这种形势下，由中国共产党倡议，各民主党派及无党派民主人士、人民团体共 23 个单位，热烈响应中共中央 1948 年 4 月 30 日发布的纪念

---

* 孙宗汾：时任武汉市学联主席，人民政协第一届全体会议候补代表；后曾任武汉市人大常委会城建委主任委员。

“五一”劳动节口号。其中有一条内容为“各民主党派、各人民团体、各社会贤达迅速召开政治协商会议，讨论并实现召集人民代表大会，成立民主联合政府。”根据这一项建议，筹备了这一次有别于旧政协的新政治协商会议。

我是在 9 月初随同中南地区政协代表一同乘火车去北京的。当时平汉铁路尚未全部通车，我们一路经郑州转徐州再由津浦路北上去北平。我和张难先、李书城两位老先生分在一个房间里。同车还有武汉地区的李范一、周苍柏、陈经畬、杨显东、李相符和当时留在中南地区工作的宋一平、刘白羽、陈荒煤、欧阳山及邵式平等同志。还有从河南开封上车的嵇文甫、丁力等同志。

政协代表共 662 人，大会会场设在中南海内的怀仁堂。会议前召开过几次党员会议。少奇同志和周副主席（政协会前对周总理的称呼）每次都在会上讲话。那个时候能够见到党内这么多领导同志和全国的知名人士，对我可算是特殊的荣誉了。

分组时我被分到薄一波和蒋南翔同志所主持的小组中，那时候参加会议的代表是从许多行业和地区来的，包括文艺界的一些老战士，如柯仲平、赵树理等都喜欢发表意见，各自谈些不同的观点，主持会议的领导同志耐心地反复地说明解释，道理都讲得很透彻，很有说服力。许多问题直到大家都感到满意，一致赞同为止。这种开会的方式，协商问题的精神，进行思想政治工作的方法和民主的作风，我首次接触，印象很深。

在讨论国旗的设计方案时，代表的兴致很浓。国旗的图案是会前在全国征集的，总体上有两种不同的类型。一种是西方国家所常用的，如三色旗等，形式繁多；再一种是社会主义国家所通用的，一面红旗象征革命，在旗的左上角有不同的标志，代表每一个国家。苏联在红旗的左上角用一颗黄星和镰刀、斧头作为标志。新中国的国旗采用第二种形式，大家没有什么异议。在红旗上用一个什么样的标志来代表新中国呢？有一个图案是在青天白日满地红的原来的中国国旗上，将代表国民党的白日拿掉，换上一颗代表共产党的黄星。有的代表赞成这个图案。另一个图案是毛主席比较欣赏的，在一颗黄星的下面，有一条黄杠，从左到右横贯整个旗面。黄星代表共产党，黄杠据说是象征黄河，代表中国，中国文化源自黄河流域。有许多代表不甚同意这个图案，其中洪深同志认为图案设计不美。许多代表比较赞赏四个小黄星围绕一颗大黄星的图案。毛主席很赞赏大家的意见，认为洪深和许多代表推荐的图案要比前面提到的图案强。大家经过议论，一致地同意了最后的这个图案。我当时有个想法，从表面上看，好像是个图案设计美与不美的问题。但从一些议论和发言中，我感到代表们更关心的是各个阶级的政治地位问题。很有意味的是在通过国旗的那次大会上，邵力子代表起立发言，对国旗的"制法说明"提出异议，认为不应该说是四颗五角小星围绕一颗五角大星，因小星这个名词不雅，一时引起哄堂大笑。周总理坐在主席台下毛主席的身边，立即起立发言："把五角小星改为小五角星，不是很好吗？"顿时，会场上响起一阵热烈的掌声，一致表决同意以五星红旗为我国的国旗。会后将"制作说明"作了修改，并且在通过国旗的决议案中，将原来图案说明中提到的，四颗小星和一颗大星象征着四个阶级围绕在中国共产党的周围，改为象征着中国革命人民大团结。因为共产主义的最终目的是要消灭阶级。阶级关系是变化的，而国旗不能常变。从这些细小情节的处理上，既看到了周总理的机智，也看到中央领导在政治上的远见和在领导艺术上的风貌。

会议一致通过以《义勇军进行曲》为代国歌，即在国歌未正式制定前以《义勇军进行曲》为国歌。这一决定获得全体代表一致同意。周总理在通过这一决议前曾作过解释说，这在世界上已有先例，法国的马赛曲，由于在法国大革命时期，深入人心，家喻户晓，曾多年被采用为代国歌。《义勇军进行曲》的歌声，在那民族灾难深重的年代，曾激励过千百万人奔赴抗日战场，英勇杀敌。它对战争年代成长起来的一代人来说，是与其生命和经历血肉相连的。在当代，想要重新谱写一曲震撼人心的、超过《义勇军进行曲》的国歌，恐怕是很难实现的。时至今日，曾经有人企图改变已经过了时的歌词，并没有为世人接受。

我国的称号是“中华人民共和国”，政府的称号是“中央人民政府”，都是在这次会上决定的。会前在人民政协筹备会的各种文件和毛主席的多次讲话中，提到的我国称号是“人民民主共和国”，政府的称号是“民主联合政府”。我记得在会上对称号的变动议论不多。在共和国的前面加上“人民”两个字，是标志新中国的性质，区别于西方国家，也区别于过去的“中华民国”。“共和国”和“民主共和国”并没有差别，因为共和已包含了民主的内容。

定都北平，将北平改为北京；纪年采用公元，当年为 1949 年。在会上都很顺利地得到通过。

大会于 9 月 30 日闭幕式之前，选举了人民政协全国委员会和中央人民政府主席、副主席及全体委员。

各项选举名单都是在选举前经过党派、团体之间反复协商提出的。选举采取等额选举。等额选举的方式是这次会议首创的，我当时感到很新鲜，并不完全理解。但我在这次会议上体会到“协商精神”的重要。大会选举的成功，获得举国上下一致满意的效果，是由充分协商取得的。如果没有协商精神，采用哪种选举方式，只是形式的不同，不会得到好的效果的。

开国大典的气氛非常热烈。

10 月 1 日全体代表参加了开国典礼，毛主席在天安门城楼上宣布中华人民共和国中央人民政府公告。朱德总司令举行阅兵式，同时宣读了中国人民解放军总部命令。

在开国大典举行之前，毛主席揿动电钮，在天安门广场上升起第一面五星红旗。特别应该一提的是在开国大典前夕，9 月 30 日傍晚，由毛主席主持，政协全体代表参加，在天安门广场上，为中国人民英雄纪念碑奠基。开国大典之后，10 月 3 日召开了中苏友好协会成立大会，苏联派来了以法捷耶夫、西蒙诺夫为正、副团长的代表团，首先承认了中华人民共和国。

（选自武汉市政协文史资料委员会编《武汉文史资料》第 37 辑，内部资料，1989 年）

一心向往共产党

——我参加第一届政治协商会议的回忆

吴羹梅*

一

1948年，中共中央发布纪念“五一”劳动节口号，提出召开新的政治协商会议，成立民主联合政府的号召，迅速得到各民主党派、无党派民主人士以及国外爱国华侨的热烈响应。民建总会当时尚在上海，工作已转入地下，总会常务理事会一致通过响应“五一”号召，但不能公开发表响应通电，特指派章乃器、孙起孟为驻港代表，向中共驻港负责人表示民建已响应“五一”号召，并与其他党派负责人取得联系。随后又决定派章乃器、施复亮、孙起

* 吴羹梅：时任民建总会委员会常委，中国标准铅笔厂股份有限公司总经理，人民政协第一届全体会议代表；后曾任上海制笔工业公司经理，全国政协常委，民建中央常委。

孟 3 人，代表民建北上解放区参加了新政协的筹备工作。

我当时还在上海，在民主运动中，我曾与中共地下党员张锡昌等经常联系。在工商界中同孙晓村、胡子婴、盛康年等同志接触较多。并与何惧同志建立了经常的联系。何惧是沙千里同志的亲密朋友，关系笃厚，在重庆以创办建国机器厂为掩护，进行爱国民主运动。“五一”号召以后，上海工商界的一部分进步人士，提出关于实行“公私兼顾，劳资两利”政策的建议，并公推何惧同志把这个建议送到解放区去。何惧同志不避艰险，欣然就道，对外说是作为我个人的代表，实际是代表上海一部分工商界的。他克服了种种困难，通过了国民党的重重封锁线，在天津又获得了李烛尘同志的帮助，经过沧州、石家庄，于是年 9 月到达中共中央所在地——河北省平山县西柏坡，把我们的建议交给了党中央的有关同志。

1948 年冬，经张锡昌同志的帮助，我见到了上海党组织的负责人刘少文同志。他正式通知我去香港与潘汉年同志取得联系，再由他们安排北上解放区参加新政协的筹备工作。我接受了这样光荣的任务，当然是喜出望外的，但同时又产生了一种忐忑不安的心情，这是因为我一方面正在筹措上海解放前护厂资金，尚无着落；另一方面我只是一家中小工厂的负责人，在工商界中的代表性是不够的；而且自己德才不称，恐难以胜任。经过孙晓村、金学成两同志的鼓励，以及我老伴高静宜的支持，在筹好护厂资金后，本着一心向往共产党的夙愿，决意前往解放区。我把铅笔厂的事务交给副总经理王兰生处理，偕同老伴和子女 3 人，全家五口于 1949 年元旦宣称去南洋打开产品销路，秘密离开上海去香港。到港后，先后与中共香港分局和香港工委负责人潘汉年、许涤新、连贯等同志取得了联系。此时，孙起孟、章乃器、施复亮等同志已经先期去解放区，未得相见。我在港时间不长，参与了民主建国会港九分会的筹备工作，并参加了该分会的成立大会。此时在港的民建会员已有40余人，港九分会于2月中旬成立后，由何民麟、黄玠然等同志负责。

2月底的一天，我乘拉丁美洲一艘500吨的小轮船由港启程去解放区，同行者有民建监事杨美真等人。过台湾海峡和吴淞口时，怕被国民党军舰检查，大家都躲在船舱内，不到甲板上活动。2月25日抵烟台时，正是邓兆祥舰长领导起义的国民党军舰重庆号到达烟台的那一天。我们受到烟台中共负责同志的接待，住一两天，然后转乘敞篷卡车出发。经过天津时，受到黄敬市长的热情接待，于3月8日抵达北平。

到北平后，我和其他民主人士住在北京饭店，先后受到了中共中央领导同志林伯渠、李维汉的接见。我同各党派人士一起参加各种报告会和座谈会，并阅读解放区颁布的各项政策法令，加深了对共产党及其在解放区各方面成就的认识。中共中央各方面负责同志还给我们作报告，介绍情况，他们无不热诚坦率，诲人不倦，使我们深为钦佩。3月25日，毛主席随同中共中央、中央军委迁到北平，我同在京的各界民主人士到西苑机场迎接。毛主席和朱总司令满面笑容地和大家一一握手问好。我在重庆时，承蒙毛主席3次接见，相别4年，而这次恰在全国解放的前夜，又得相见，给我留下极深的印象，永志难忘。

二

人民解放战争节节胜利，势如破竹。4月21日，由于李宗仁国民党政府拒绝在《国内和平协定》上签字，和谈破裂。毛主席和朱总司令发出向全国进军的命令，百万雄师过大江，4 月 23 日解放了南京，宣告了南京国民党政府的覆灭。在这鼓舞人心的时刻，到北平的各界民主人士 59 人得到中共中央统战部长李维汉的通知，党中央同意大家的请求，组成“民主东北参观团”，到东北老解放区参观。这是全国解放前夕的第一个民主人士到老解放区参观访问的团体，不仅可以亲眼看到东北在战后重建政权和经济恢复工作的过程，还可借以理解党对工商业者的政策，大家对于能够得到这个好机会，感到非常兴奋。临行前，李维汉部长面嘱我担任参观团团长，并请中共中央统战部的于刚、管易文和何成湘 3 位同志任副团长，协助工作。我深感党的信任，但以团员中多数是为革命事业尽力、劳苦功高的党内外人士，而自己对东北老解放区的情况又毫无了解，陈述难任团长的衷情。李部长又加勉励，说团长副团长都是为团员服务的，我们把你当作干部使用，又有 3 位副团长共同负责，万望勿辞。我只好决定勉力担任。

民主东北参观团包括陪同参观者及医护、警卫等工作人员共计百人左右，4 月 22 日乘一列附挂软卧和餐车的专列由北平出发，先后到达旅大、鞍山、本溪、安东、沈阳、抚顺、长春、吉林、小丰满、哈尔滨等地，从南到北参观了民主东北老解放区的各大城市，沿途受到当地党政领导同志的热情接待，引导参观，相互交谈。在大连恰逢庆祝“五一”劳动节的盛典，我们看到了 12 万人的集会游行，第一次听到高唱“没有共产党，就没有新中国”的雄壮歌声，深感此歌道出了真理。我马上学会了这支歌，一直不忘，后来每逢民建中常会和全国工商联举行节日联欢集会时，我都放声高唱这支歌，始终坚信中国共产党，坚信社会主义。

在大连、鞍山、本溪主要参观了工业发展的情况。本溪煤铁公司不仅在中国有名，而且在世界上也是有数的，它能生产含磷很少的煤，还可以炼出质量很高的钢，产品运销日本。在日本侵占东北时，最高生产量是：铁46万吨，煤95万吨，焦炭65万吨，使用工作母机1300台，电力10万千瓦，雇工有12万人。日本投降后由国民党接收，设备被破坏，产量大减，到本溪解放时，产量只有日本人管理时期的1/4。这时有一个动人的故事，就是在接收此厂时来了9位党员，他们一无经验，二无金钱，但遵照毛主席教导的“依靠工人，刻苦兴家”8个大字，恢复了生产。他们到厂后，首先请技术工人开诸葛亮会，决定要把原有的1300台工作母机（当时仅存38台）至少找回300台来用于开工，并且接着从9000名工人中推出600位代表，大家出主意。根据工人代表反映，了解到好些机器在国民党接管时期被搬走，在山上、林中、田间做防卫工事了。于是工人们发起贡献器材运动，想方设法冒着零下20摄氏度的严寒收集了300台工作母机，开始恢复生产。工人们保证一年可出铁10万吨，争取超额完成，估计第二年可以出铁55万吨，达到超过以往年产46万吨的纪录。

参观团抵沈阳时，欣闻上海解放，大家异常兴奋。我在招待所里同上海中国标准铅笔厂的王兰生同志通了电话，当得知厂里平安无事，并准备在最短的时间内复工，觉得很高兴和放心。团员分头参观了工业、交通、教育、文艺、司法等各个方面，到处反映出人们崭新的精神面貌。在抚顺主要参观了煤矿，有一处叫作“大揭盖”，是世界闻名的露天煤田，藏量大，产量高。工人们深知自己是国家的主人，都拼命地把国民党遗留下来的烂摊子恢复起来。在长春，我们参观了原国民党东北守将郑洞国的司令部。这个司令部设在长春的中央银行里，银行大楼建筑得非常坚固，外表也十分壮观，原来以为可以在此死守，殊不知其部下倒戈起义，投奔光明。参观团抵哈尔滨后，首先向烈士纪念馆的革命先烈致敬。我们看到了杨靖宇将军和陈焕章将军的遗首，泡在防腐药水之内，加意保护。其遗体曾被日寇剖腹，胃肠中尽是野草，其斗争之艰苦可以想见。我们含着热泪衷心感谢这些烈士为革命为人民而死，烈士的事迹将永为后人所景仰。哈尔滨是个 80 万人口的城市，虽不能与上海相比，而在东北却是一个很大的都市，其市政企业、公用事业，都已从破坏中逐步恢复起来。

哈尔滨有一家公私合营企业——哈尔滨企业公司，于 1948 年 7 月 1 日成立，共有资金 350 亿元（当时纸币），其中公营资本占 53%，私人资本占 47%。人们如果按照旧的想法来推测，会以为董监成员人数应由政府超过半数，以便管理。但事实上并非如此。这家公司共有 15 位董监事，其中 11 人为工商界，只有 4 人是由政府派出的，其中 1 人担任监事长，2 人任常务董事，1 人为董事。政府认为担任董监事不是去争取权利，而是为了发挥管理企业的作用。这个公司的利润分配制度也有几个特点：

（一）公积金是 10%，工商界或许以为公积金提得太少，实际是因为要取得投资人的信任，不愿把公积金提得太多；（二）给股东的分红是 60%，社会福利基金是 10%；（三）最后剩余的 20% 又平均分为 4 份，以其中 5% 作为职工酬劳，但每人所得不能超过工资的一个半月，以 5% 作为劳动保险基金，以 5% 作为职工奖金，对于有发明、创造和特殊贡献的职工公开予以奖励，最后一个5% 作为董监事的酬劳；（四）每位董监事的酬劳不能超过职工酬劳最高额的 3 倍，例如职工最高工资为每月百元，酬劳一个半月应为 150 元，那么董监事的酬劳最多不能超过 450 元。这种利润分配制度在解放初期是值得借鉴的。也的确是贯彻了公私兼顾、劳资两利的政策的。哈尔滨有手工业铅笔厂共 58 家，产品质量较差，但年产达 15 万罗（每罗 12 打），足供军需民用，这是我所意想不到的。

参观团全体同人于 6 月 8 日回到北平。在 40 多天的参观生活中，全体同志受到很深刻的教育。回到北平后，全体团员和陪同人员共 72 人于 6 月 14 日联名致书毛主席陈述感想。信文如下：

敬爱的毛主席：

为了要求亲身体会中国人民革命事业和新民主主义建设的发展，我们一共有五十九个人选择了东北这个地区去参观了四十多天。我们走遍了所有东北重要的城市和若干农村，看了许多厂矿，接触了许多人，也看到许多伟大动人的场面。

首先，使我们感到最重要的是：向来被人看作一盘散沙的中国人民，在中国共产党和主席领导之下，经历了长期的斗争和锻炼，现在已经组织成并教育成钢铁一样的坚强的集体了。政府的民主集中制已经充分发挥了效能——群众有发表意见的绝大自由，而中央的政策又能贯彻到最下层去。这样坚强的集体，在中国历史上是空前的。不久的将来，革命在全国胜利，中国对世界和平事业将起极伟大的作用，是无可置疑的。

其次，我们看到了东北在教育司法方面的改革和经济建设方面的发展，特别是看到广大的劳动人民现在能以国家主人翁的身份发挥前所未有的创造力量，这是中国前途富强并能迅速走上社会主义道路的保证。

由于种种重大的设施与改革，使得整个社会风气显然起了根本的变化。新生的朝气冲洗了旧社会的残渣，勤劳朴实的作风代替了过去的奢侈颓废的病态。在这里，中共干部和党员的优良作风曾起了很大的作用。

综括这次参观所得，使人感觉振奋的地方实在太多了。在此不能一一赘述。我们深深感到，一切优良的成绩，应当归功于人民力量的伟大，归功于中国共产党领导的成功，归功于主席英明的决策和指示。

同人等参观归来，感到今后为人民服务的决心与信念，将愈加坚实，这是可以告慰于主席的。谨向主席致最崇高的敬礼！

民主东北参观团：

吴羹梅	于　刚	邓裕志	李文宜	罗叔章	郑坤廉
王雪莹	王仲元	张曼筠	史东山	梁　均	何成湘
常任侠	高静宜	程绯英	石振明	杨静仁	胡守愚
朱　烈	刘玉厚	高祖文	尹　华	徐　涛	盛志侠
邓子平	李　海	费振东	严信民	储安平	戴子良
王静之	蔡国华	黄适安	冯天正	李伯球	韩兆鹗
郭冠杰	管易文	张　文	谭惕吾	陈此生	林汉达
陈劭先	马思聪	谭冬菁	黄子彦	张西曼	杨子恒

李子诵　李丽莲　胡耐秋　赵　钟　张永池　潘辑武
朱富胜　黄　铸　张默涛　吕集义　石定康　胡一声
陈尚明　马龙章　沈知津　杜若君　金满成　冯伯恒
秦　威　唐远之　孙留云　罗子为　秦元邦　章　培

六月十四日于北平

三

自东北参观回北平后，住在六国饭店。6 月 15 日新政协筹备会正式开会。出席会议的产业界民主人士有 7 人，即陈叔通、盛丕华、李烛尘、包达三、张䌹伯、俞寰澄（未到前由酆云鹤代）和我。当我步入庄严辉煌的勤政殿时，联想起自己以来自国民党统治地区的一个中小工商业者参加这样具有重大历史意义的会议，觉得无比激动。在这里，又一次听到了毛主席深刻感人的宏论，看到了周恩来同志和蔼可亲的笑容；在这里，和各党派、各界的朋友相聚一堂，欢庆胜利、共商国是。旧制度已濒崩溃，新社会即将到来，这是多么令人感奋的时刻！

新政协筹备会首届全体会议闭幕以后，周恩来同志约集各民主党派和工商界的民主人士黄炎培、章乃器、陈叔通、马寅初、吴耀宗等进行座谈，准备赴沪协助陈毅同志做好接管上海的工作。我有幸参加座谈会，再一次聆听周恩来同志的亲切谈话。他说我们去上海的任务是配合军管会宣传党的政策，安定人心，恢复生产，繁荣经济。他说：我们共产党人是为人民服务的，决不会变成官僚资本，到过东北参观的人是可以证实的。我们军队纪律之严明是世界上没有的，根据上海民主人士的建议，我们下令解放军住在马路上不进民房。我们有信心一定能打败残余的国民党军队。上海解放后，为了安定社会秩序和人民生活，政府每天有 1 万吨煤、几万吨粮运到上海，棉花不够纱厂用，到各地及海外采购。帝国主义想威胁利诱我们办不到，我们一定能够依靠自己的力量，使上海全面恢复生产，把上海建设得更好。希望产业界各位多加帮助，多提建议，知无不言，言无不尽，供政府采纳。随后，陈云同志就上海财政经济问题也讲了话。

6 月 23 日，我随邓颖超、黄炎培、陈叔通、马寅初、吴耀宗、许广平、王绍鏊、林汉达、盛丕华、包达三、胡子婴、张䌹伯、张琴秋、邓裕志等一行 70 余人，乘专车离平去沪。25 日抵达上海，上海市副市长潘汉年、副秘书长沙千里、外事处长章汉夫、军管会文化教育管理委员会副主任夏衍及各民主党派和中华职教社等各方面的代表冷遹、胡厥文，妇女界章蕴、黄静汶等到车站欢迎。第二天上海市举行欢迎大会，陈毅市长发表了热情洋溢的讲话，亲如家人，披肝沥胆，听者无不感奋激动。

我们到沪后，列席了上海市第一次人民代表会议，参加了庆祝七一的活动。上海产业界金融界人士举行欢迎我们的茶话会，陈叔通、包达三等许多同志都讲了话，宣传共产党谦虚为怀，善于倾听党外人士的意见，并鼓励大家为恢复上海生产，反对封锁尽心竭力。我们还参加了 7 月 18 日在大东旅社举行的工商界劳军分会成立大会，出席的工商界各业代表计有 300 多人。大会主席团为陈叔通、盛丕华、黄炎培、胡厥文、刘靖基等 15 人。陈叔通致开幕词，胡厥文、蒉延芳等在会上讲了话。我也在会上发了言，主要汇报了参观东北老解放区所看到的东北抗日联军在冰天雪地中艰苦奋战，英勇杀敌的壮烈事迹，号召工商界同志与政府合作，在中共领导下，努力恢复生产，尊重工人权利，前途一定是光明的。7月31日，工商界劳军分会举行庆祝八一建军节联欢晚会，慰劳战斗英雄。陈毅市长出席讲话，讲述建军历史，慷慨激昂，感人肺腑。8月17日，在许涤新主持下，上海市工商业联合会筹备委员会举行会议，商定委员名额88人。8月26日，在中国银行举行筹委会成立大会，选出盛丕华为主任委员，胡厥文、卢绪章、荣毅仁为副主任委员。并推选盛丕华等23人为常务委员，孙晓村为秘书长。在沪期间，我还就中国标准铅笔厂整顿和扩充厂务问题与有关职工进行协商，并与来沪参观铅笔厂的公私合营哈尔滨企业公司负责人杨祝民同志数度研讨，决定将一套制造铅笔设备作为投资与哈尔滨企业公司合作，创办公私合营的哈尔滨中国标准铅笔公司。我厂派梁树禧工程师率领技术员工10余人押运机器于是年6月赴哈尔滨建厂，1950年春投产。我们在上海学习工作和参加各种集会，两个多月后先后返回北平。

四

中国人民政治协商会议第一次全体会议，于1949年9月21日隆重开幕，至同月30日闭幕。当毛主席在开幕词中讲到“占人类总数四分之一的中国人从此站立起来了”的时候，全场掌声雷动，经久不息。我作为工商界15名代表之一（代表陈叔通、盛丕华、李范一、李烛尘、简玉阶、包达三、姬伯雄、周苍柏、俞寰澄、张䌹伯、吴羹梅、巩天民、荣德生、王新元、刘一峰，候补代表酆云鹤、冯少山）

参加了这个大会。会议经过反复深入讨论，民主协商，制定了《中国人民政治协商会议共同纲领》《中国人民政治协商会议组织法》《中华人民共和国中央人民政府组织法》。制定了国旗、国歌，决定了中华人民共和国采用公元纪年，决定定都北平，并改名为北京，选举了中国人民政治协商会议全国委员会。中国从此开辟了一个新的时代。

9月30日下午，在毛主席领导下，与会同人参加了建立人民英雄纪念碑的奠基典礼。

10月1日，中央人民政府在天安门举行开国大典，首都各界30万人民聚集在天安门广场。这一天，长安街上五星红旗迎风招展，蓝天白云下彩色气球凌空飞扬，千只白鸽腾空起，飞龙翔凤，万朵鲜花逐波舞，似海如洋。军乐起奏，礼炮齐鸣。毛主席在天安门城楼上庄严宣告："中华人民共和国中央人民政府委员会于本日在首都就职，一致决议，宣告中华人民共和国中央人民政府的成立。"霎时间欢呼震耳，歌声嘹亮，欢呼新中国的诞生。接着举行阅兵式，朱总司令乘车检阅各兵种。一排排整齐的队伍，雄壮的步伐，豪迈的气概，魁伟的体魄，充分显示了祖国的钢铁长城，是多么地振奋人心！我有幸参加了新中国的开国盛典，内心万分激动，久久不能自已，而今虽已隔36年，但难忘的一切情景，仍感如在目前。

石光树　整理

（选自石光树编《迎来曙光的盛会——新政治协商会议亲历记》，中国文史出版社1987年版）

父子两代人　同台商国是

陈震中 *

1949年9月21日至30日，中国人民政治协商会议第一届全体会议在当时的北平隆重举行。出席大会的有党派代表、区域代表、人民解放军代表、团体代表共45个单位以及特别邀请人士，共推选出662名会议代表。父亲陈已生和我作为正式代表，同时参加了这次中国历史上具有划时代意义的盛会，同场与共产党的领导共商国是，成就了一段佳话。这是我们父子的无限荣光。

* 陈震中：时任全国学联副主席，新政协筹备会代表，人民政协第一届全体会议代表；后曾任上海市体委党委副书记。

父亲的故事之一：立志实业报国

我的老家在海宁的老县城——盐官。父亲陈巳生，字端师，生于1893年6月7日。父亲的一生，可谓历经沧桑风云，但不论时局如何变幻、世事如何变迁，唯有一颗爱国之心、一腔报国之志，始终未变。

1908年，父亲便告别家乡，到上海同兴货号当学徒，3年后进了商务印书馆印刷厂。1931年1月，在欧美留学和游历近两年后，父亲回国出任上海基督教青年会总干事。

九一八事变后，父亲决心走实业救国的道路。他任平安轮船公司副总经理时，因日伪逼迫平安公司的轮船改挂日本旗，父亲愤然离职。他在友人胡咏骐创办的上海宁绍人寿保险公司任副总经理时，战事的严重影响加上日伪的大肆搜刮，社会经济很不景气，他和同事将公司改组为大安物产保险公司。接着，他又先后发起组建创办大上海分保集团、宁兴保险股份有限公司、大安木材股份有限公司。1944年，上海关勒铭金笔厂濒临破产，父亲被委以重任，担任总经理负责该厂经营。

1937年淞沪抗战爆发后，父亲和上海工商界爱国人士一起，投身于抗日救亡，向工商界募捐前线急需的医药食品，支持抗日部队。针对大批难民涌入上海租界、流离失所的问题，他以基督教联合会（沪）非常时期服务委员会执行干事的身份，投入收容所设立和难民收容工作；他向上海慈联会提出开展“难民每日每人一角”运动的建议，希望每家能担负难民一人口粮。1940年至1942年，他和赵朴初先生、丁福保法师等一起分别创办净业孤儿教养院、上海福幼院。他的善举引起了驻沪日军的怀疑，因此遭到审讯，他们问："为什么要办难民收容所？"他理直气壮地回答："我是中国人，眼看自己同胞无衣无食，面临饥饿、冻死，难道能无动于衷、听其自然死去吗？"由于他既有基督教的背景，又是上海工商界中的知名人士，日军也有所顾忌，当天就把他释放了。

抗日战争时期，父亲经常同郑振铎、许广平、雷洁琼、赵朴初等爱国民主人士聚餐，还参加由盛丕华、胡厥文等知名人士组织的"星五聚餐会"，以聚餐的名义传递信息、谈论国事。1938 年 2 月，他出资参加由胡愈之先生发起的"复社"。他还首次翻译出版了美国记者斯诺写的《西行漫记》，又编辑出版《鲁迅全集》等进步书籍。1940 年，他参加了"宪政促进运动"，在斗争中认清了蒋家王朝的真实面目，更认识到中国共产党的正确和伟大，从那时起，他和中国共产党有了联系。皖南事变后，父亲等人通过净业教养院，接收隐藏了突围到上海的 100 多名新四军小战士，并将他们全部安全送往根据地。1944 年，中共上海地下党组织以大安保险公司的名义对关勒铭金笔厂进行投资，父亲不仅不拿自己的分红应得，还为时任中共江苏省委书记刘晓、省委组织部部长王尧山分别安排了副经理董事和董事的公开职位，金笔厂也成了中共地下党组织的活动场所。抗战胜利后，父亲任职的大安保险公司、关勒铭金笔厂、大安木材公司、安通运输公司和华通运输公司，都是中共地下党组织的重要经济来源。

1945 年 12 月，中国民主促进会成立，父亲是 26 位发起人之一，并担任第一届理事会常务理事。次年 1 月，中国民主建国会总会函请在沪理、监事推动上海会务工作，他是 21 位上海分会筹备委员之一，即为上海民建组织的创始人之一。5月，为了扩大争取和平民主力量，进一步开展“反饥饿、反内战、反迫害”斗争，中国民主促进会和上海纺织业、丝织业、机械业等工会以及妇女、文化、医药、银钱、教师、学生等近50个主要人民团体联合组成上海人民团体联合会，代表各界群众40万人，他当选第一届理事，成为29位理事之一。他还参加在包达三先生家中定期举行的“双周聚餐会”，周恩来同志曾到聚餐会讲话，给予他们极大的鼓舞……

父亲的故事之二：赴盛会商国是

1949年7月12、16日，民建和中共华东局统战部先后举行出席新政协会议的代表选举和协商确定代表人选会议，会上父亲被确定为正式代表。后来，父亲和我接到通知，均作为正式代表参加这次盛会。这可把父亲高兴坏了，那些天，他总对我说：“这可是打破旧世界、建设新中国的盛会，是具有划时代意义的盛会。我们不仅代表上海各界，也代表浙江人，一定要把自己的心里话毫无保留地说出来，为建设人民的新中国出上一份力。”

1949年8月3—5日，为了讨论打破帝国主义和国民党反动派残余势力封锁上海的策略和建设新上海方针，举行上海市第一届第一次各界人民代表会议，共有代表650人，父亲被推选为主席团成员。

在赴京参加会议的前夜，我们内心激动、一夜未眠，简单收拾了行李，反复检查了需带上的资料。9月6日，从上海北火车站坐车，赴北平参加会议。一路上，我们都在思考成立一个怎么样的新中国、建设一个怎么样的新中国。到京后，我们被安排在北京饭店。入住后，上海代表团团长刘晓同志，叫我把一份党内文件送给父亲。这让我好奇，记得父亲在家里时，也经常通过信箱收到来自中共地下党组织的信件，这可以看出他同党的关系十分特殊。

1949 年 9 月 21 日，中国人民政治协商会议第一届全体会议召开，次日通过主席团提议，设立 6 个委员会，父亲被列入会议组织法草案整理委员会成员名单，他郑重其事地对我说："肩膀上责任重大呀！"我记得，那些日子，他的脸上成天展露着笑容，一个崭新的中国就要诞生了，他又直接参与了中国的新生工作，岂能不发自内心地高兴呢？30 日，父亲当选全国政协委员。10 月 1 日，全体代表登上天安门城楼，参加开国大典盛会。当毛泽东主席庄严宣告"中华人民共和国中央人民政府今天成立了！"时，一向沉稳内敛的父亲，眼睛里盈满了热泪。10 月 29 日，上海各界近万人在逸园举行欢迎大会，欢迎自北京归来的政协代表及出席世界工联归国的中国代表团。会上，部分政协代表分别发言，我和父亲先后发言。

1950 年 1 月 27 日，华东军政委员会成立，父亲担任华东军政委员会委员、华东人民监察委员会副主任等职务，还在民主党派、人民团体、工商界等担任不少职务。他是一个严以律己的人。在 1951 年的"增产节约"运动中，他将配给他专用的道奇小车主动上交，而成了一位挤公交车上下班的高级干部。后来，组织上再三考虑到他的身体状况和安全保卫的需要，给他配备了一辆三轮车，曾有一篇题为《坐三轮车上下班的省部级干部》的文章作过报道。1951 年 4 月，他作为华东抗美援朝总分会第二副主席，参加中国人民第一届赴朝慰问团，到朝鲜慰问“最可爱的人”——中国人民志愿军。当时，父亲已经生病了，总是肚子疼，晚上只能喝点稀饭，而组织上找他谈要他去朝鲜时，他不顾一切，马上答应。到了朝鲜后，他在慰问大会上致慰问词时说：“我以上海工商界代表的资格向你们保证：我这次回国以后，一定要向上海和全国工商界及各界人士号召发起捐献飞机和汽车运动，来支援你们，誓为你们的后盾。”这一倡议，后来成为中国人民抗美援朝总会发布“六一号召”的一项重要内容。

回国后，父亲不辞辛劳，奔走各地作传达，有时一天传达两三次。那时，他腹背疼痛，时有发作，发病时坐立不安、无法入眠，但仍坚持工作，不肯去医院接受治疗，说有许多事在等着处理，如果进了医院，怕医生不允许他出来办事。1953 年 8 月 3 日，父亲不幸逝世。追悼会上，华东局和上海市党政领导，以及梅兰芳大师等各界名流前来吊唁。

我的故事之一：领导学生运动

父亲的抗日爱国激情和进步思想，对我们的影响很大。当时，我的母亲徐剑英在红十字会为难民服务，姑妈陈祖芬到净业教养院为难童服务。我哥哥陈震东遵父命考入黄埔军校 13 期战车队，参加了抗日战争中著名的昆仑关大战、滇西反攻作战、远征缅甸等战役，后加入人民解放军第三野战军；我和弟弟陈震海都积极参加抗日学生运动，在斗争中加入了中国共产党；我的两个表哥投笔从戎，奔赴苏北参加了新四军。

我是父亲的第二个儿子，1926 年 9 月 7 日出生，5 岁时从海宁老家到上海，到了父亲的身边。

1940 年汪精卫在南京成立汪伪政府时，我正在上海的中学念书，学校里也有共产党组织，当时在党的领导下开展了一次反汪斗争，我也参加了，第一次受到了革命运动的洗礼。后来，我在青年会中学念了 3 年高中。青年会也有我们党的支部，到了青年会中学后，马上有党员来联系我，他是我的同班同学叫张健罗。我后来知道，我们地下学生运动委员会下面分了男中部、女中部等，它们之间是有联系的。

1943 年，我考入上海圣约翰大学医科学习。我到了这所大学后，马上又有党员和我联系了，他是宣传部副部长毛乾丰。有一次，毛乾丰说：我们要抗日、要救中国，要不要去找共产党、参加共产党？他要我考虑，而我没有马上表态，回来后进行了反复思考。我也知道，如果参加了共产党，一旦让日本人抓住，那么就意味着牺牲，但是，我又觉得这是一次机会，我不能放弃，哪怕是牺牲，我也要加入党组织。1945 年 2 月，我正式加入了中国共产党。入党以后就要服从组织安排。当时，经济系是圣约翰大学学生最多的一个系，需要党员去开展工作，组织上要我转到经济系，我没有多想就马上转过去了。实际上我还瞒着家里，父亲只知道我是读医科、将来要做医生的，怎么转到经济系去了？我们对党是完全忠诚的，这种忠诚度超过了对家的热爱；尽管我知道父亲是进步人士，但不知道他是不是同意我转系。

我当时在中共上海地下市委的一个学生运动委员会领导下搞学生运动。1945 年 12 月，美国派了一个五星上将马歇尔来“调停内战”，这时党组织提出“欢迎马歇尔”策略，欢迎他干什么呢？就是要表达广大群众的意愿，希望他公正调停，不许美国支援国民党，还要求美军从中国撤出。在马歇尔住的饭店附近的江西路有一个广场，12 月 20 日，我们在学生界发动在那里递交致马歇尔公开信。当时我们已有 4000 多人，主要是大学、中学的同学。刚要一起去送这封信的时候，突然有一批国民党特务、三青团分子冲出来打我们。我当时是上海市大中学生欢迎马歇尔筹备会主任，领头带着这支队伍，不料背后重重地挨了一脚。后来警察来了，我们上前交涉，警察也没有办法，于是，我们的队伍不仅没有解散反而更壮大了，我们将这次活动演变为反对暴力的第一次学生界大游行。我带着长长的队伍，从江西路到南京路一直下来，走到西藏路再到淮海路，沿途高呼口号，声浪滚滚。

我的故事之二：遭遇“下关惨案”

1946 年 6 月 23 日，这是一个让我难忘的日子。当时，我是圣约翰大学三年级学生、上海学生团体联合会主席。为了反对和阻止内战、呼吁和平与民主，经上海人民团体联合会协商确定，我有幸以学生代表的身份参加“上海人民和平请愿团”赴南京请愿。请愿团由马叙伦先生任团长，共有成员 11 位，有马叙伦、胡厥文、蒉延芳、包达三、张䌹伯、盛丕华、阎宝航、吴耀宗、雷洁琼 9 位知名人士，我和东吴大学的学生自治会主席陈立复作为学生代表。

那天一大早，我骑着自行车赶到上海北火车站。此时，火车站已经聚集了很多人，国民党特务也混在人群中伺机捣乱。上午 8

时左右，欢送的队伍像潮水般涌进北站，车站内外人山人海，标语、横幅铺天盖地。工人们非常活跃，用红色的横幅、各种彩旗和无数标语装饰起来的两辆巨型宣传卡车停在火车站口，被当作大会临时主席台。10时左右，欢送会开始了，百货业的铜管乐队奏起了《反内战》乐曲，几万人和着乐曲齐声高歌。学生代表和大会主席团成员登上主席台时，欢呼声响彻云霄。欢送会主席团由王绍鏊、林汉达、陶行知组成，执行主席王绍鏊在致辞中说："欢送人民代表进京请愿，不是争取和平运动的结束，而是一个开始……"蒉延芳、雷洁琼代表请愿团分别致答谢词，感谢上海各界的热情欢送。随后，陶行知先生健步登上主席台，挥动着手臂饱含激情地发表演讲；林汉达手执大蒲扇走上讲台，对着扩音器很诙谐地进行演讲。接着，我和陈立复也作了发言，呼吁当局减少军事开支，增加教育经费，并表示赴京请愿不达反内战的目的决不罢休。最后，西南联大教授吴晗发表讲话。讲话结束后，南洋女中学生代表走上主席台，赠给我们赴京请愿代表一面锦旗，上面绣着"立刻无条件停止内战"9个大字。上海音乐学院的陈良同学站在车上，扬起双臂带领大家高唱"团结就是力量……""跌倒算什么……"等鼓舞士气的歌曲。代表们在"争取和平，只许成功，不许失败"的口号声中登上火车，车厢内外都贴满了"反内战，争和平"等各式标语、漫画。

火车离开站台后，国民党特务就把车厢两端的门封了起来，不许代表们走出车厢，也不许其他人进入。不久，有几个冒充列车员的人要我们写详细履历，遭到我们拒绝。火车到达苏州和常州时，车厢外与车厢内的标语、漫画被先后撕掉、擦洗掉，还在车厢内张贴了他们预先写好的反动标语。火车抵达镇江时，上来了四五个面庞白白胖胖、泛着红光、身穿纺绸长衫的人，手里拿着纸糊的三角旗，自称是“苏北难民代表”，来向我们“请愿”，控诉共产党“迫害”他们。他们要代表们下车看望、安抚“难民”们，我们没搭理他们。他们见我们默不作声，就高喊着要见马叙伦，对马老先生进行纠缠，火车也不开了。后来，火车站工作人员催促他们下车，火车才慢慢启动。

由于途中受到国民党反动派的暗中阻挠，火车一直到晚上 7 时才抵达南京下关车站。此时，站上没有一个搬运工，我们自己拿着行李下了车。我一下车就看见前来迎接我们的新华社南京分社社长范长江和罗叔章、叶笃义先生以及几位记者，正当我们握手寒暄时，有 3 个自称是“苏北流亡青年”的人挤到跟前，进行纠缠。后又有两个自称“苏北难民”的人，上前要见马老，同我们“谈话”，提出许多荒谬的要求，马老请代表团秘书胡子婴女士代为作答。谁知，话犹未了，忽然有人鸣笛，一群自称“难民”的暴徒便蜂拥而来，顿时骂声四起，一片混乱，把我们包围起来，而两旁排列的宪警却视若无睹、听之任之。在混乱中，我们代表团被有计划地分割成两部分，马老、雷先生、陈立复和我被推推拉拉，进了候车室，其他几位被挤推进了车站餐厅。我们被推进候车室后，立刻有几个宪警来到候车室门口把门。聚集在门外的“难民”大叫大嚷：“非叫姓马的出来不行”“打倒马叙伦”“打倒共产党”……把门的宪警允许“难民”派“代表”进来与我们谈判。开始，他们要求马老带他们去见周恩来；后来这话不说了，又劝我们回上海；继而又要求马老出去和“难民”见见面、讲讲话。在场的宪警也配合他们，企图强迫我们立刻乘夜车返沪。马老闭目端坐，一概不予理睬。双方正在僵持不下之时，阎宝航先生突然闯进候车室。原来，他们听到我们这边大乱，放心不下，于是他挺身而出。当他看到候车室的情形时，十分气愤，便搬了一把椅子，坐下来和“难民代表”谈判。“难民代表”又让他出去向“难民”讲话，他允诺后出去向这些所谓的难民进行宣传和解释。刚讲了几句，有几个“难民”高喊：“不要听！”并狂喊：“跪下来！”“跪下来！”他气得浑身发抖，愤怒地说：“我和日本人打过几年仗，在日本人刀枪下我也没有下过跪，要跪办不到！”这些“难民”见吓不倒他，又大嚷：“要姓马的出来！”马老年事已高，被弄得筋疲力尽，我们当然不能让马老出去。

晚上 11 时，候车室仍被重重包围。我们处境更加险恶，“难民”愈来愈多，宪警愈来愈少，最后在候车室附近只剩下一个宪兵在那里“观阵”了，再一次的凶殴即将上演了。我透过纱窗望去，车站进出的乘客十分稀少，室外挤满了虎视眈眈的“难民”们。为防不测，我把领带解了下来。突然，“难民”堆里一个人敲破窗户钻进候车室，于是大批“难民”一拥而入，他们拿起烟灰缸、汽水瓶和桌椅板凳向我们头上、身上砸来。阎先生和雷先生为了保护马老，拼命以身体挡住暴徒，但挡不胜挡，结果马老还是挨了打。几个打手把我围住，揪我的头发，抓我的衣领，乱拳朝我的头上、胸部、腰部袭来。当时我很气愤，也很紧张，尽管自己年轻，身体比较健壮，作了顽强抵抗，但终究是寡不敌众，被打成重伤。我也不知道哪里受伤了，只觉得头部、背部、身上剧痛。随后，暴徒们一面打，一面把我往候车室外拖，直到我被打倒在地上，后来逐渐失去了知觉。

暴徒的暴行自晚上 7 时开始一直延续到晚上 12 时。马老、雷洁琼、阎宝航、叶笃义和我身受重伤，还有在场采访的记者高集、浦熙修等人均被殴受伤。马老的头部、腰部均被殴；雷先生的头部受木棍重击，身体被皮靴踢伤；阎先生遍体鳞伤，面部受伤最重……所有受伤者，衣服都被撕烂，满身血污。在被打时，马老等身上所带的钢笔、手表及钞票等物，都被暴徒一抢而光。雷先生被打昏时，一群暴徒拥上前，争抢她手中的皮包，因她握得很紧，有一暴徒竟用嘴咬掉了她手上的一块肉，然后将皮包抢走。此外，南京中国银行有一女职员，因公前往车站，也横遭这群暴徒围殴，全身竟被撕得一丝不挂。

不知过了多久，我隐约听见屋外有外国记者的说话声；过了一会儿，我在迷迷糊糊中被抬上一辆敞篷卡车……事后才听说，受伤的代表被车运到了宪兵司令部；当代表们发现不是去医院时，纷纷表示抗议，拒绝下车。正在此时，几个坐吉普车跟踪而来的外国记者仗义执言、提出抗议，要求当局实行人道主义，先送我们去医院。当局无奈，才勉强同意把我们先送医院。于是，我们继续乘坐那辆破卡车去医院。路上，大家看到我躺在车板上像个死人，呻吟之声渐渐没有了，都非常着急，有人还大叫：“快开车，快开车！”可是这辆车仍然晃晃悠悠、慢慢腾腾地走。当车子到达太平路的中央医院分院时，已是 24 日凌晨 2 时。宪兵们把受重伤者抬进医院的前厅，放在水泥地面上，然后四周布岗，如临大敌。正当我们痛苦呻吟之际，周恩来、董必武、滕代远、邓颖超、齐燕铭等中共代表团成员以及郭沫若走了进来，对我们进行亲切慰问。周恩来同志同院方力争，院方才提供了 5 张三等病房的病床，分给了马老、雷先生、阎先生、叶先生和我。

国民党当局眼看事情愈闹愈大，怕弄得不可收拾，24 日上午 9 时，便把我们 5 位受重伤的代表由中央医院分院转到刚刚建成的黄埔路中央医院总院。当天，邓颖超大姐带着毛巾、饼干、牛奶、水果罐头等慰问品来医院看望我们。周恩来同志听说我是这次惨案中受伤最重的，于 25 日下午专程来到我的病房，他穿的是一身比较旧的浅灰色西装，到我的床头嘘寒问暖。刚巧，我的病房看出去是孙中山先生的陵墓，他就指着中山陵愤慨地说，蒋介石完全背叛了孙中山先生的遗嘱，破坏和平统一战线，妄图挑起内战。他还举了很多事例作说明，明明是蒋介石的军队向我们解放区进攻，现在反过来说我们对他们挑衅，我们对他们进攻，这完全是颠倒黑白！他还说，你要好好养伤，你们的血是不会白流的！他讲了相当长的一段时间，给我的印象非常深刻，让我终生难忘。后来，他和董必武同志在梅园新村会见并宴请了请愿代表们，我因伤势较重没有去。听陈立复回来后讲，周恩来同志对代表们到南京请愿表示欢迎，他倾听了代表们的意见，详细介绍了国共谈判的情况，并分析了错综复杂的国内形势。

6 月 29 日下午 3 时许，我们乘飞机离开南京返回上海。我们几个受伤的人是直接从医院坐小卧车去机场的。到机场欢送的有：中共方面的周恩来、邓颖超、廖承志、齐燕铭、李维汉等，民盟方面的沈钧儒、罗隆基、章伯钧、黄炎培、梁漱溟等。我们在登机前向欢送的人群及记者发表名为《告别南京友好》的代电。下午 5 时，飞机在上海龙华机场着陆，上海人民团体联合会的代表、新闻记者及各代表的亲属到机场迎接。

从南京回来后，我在自己家里住了一段时间，已经是6月底了，觉得不安全，父亲和我商量，让我住到山海关路山海里我伯父家里。我在伯父家时也很警惕，怕国民党抓我，为此在阳台上放了一架梯子，如有情况便可从屋顶撤离。有一天，突然一个同学来告诉我，说收到情报蒋介石要逮捕我，叫我马上离开；这时我三弟陈震海也在场，他是我发展的中共地下党员，他也叫我马上离开，接着稍微化了点装，戴了一顶凉帽，叫了一辆三轮车，便辗转到了我舅舅家里，之后我又住到了父亲的一个同事家里。后来，组织上安排我去香港。

香港有很多民主党派人士，也是一个对外的窗口。到香港后，组织上明确我为中国学联驻香港联络处负责人，后来又建立了中国学联驻香港办事处，要我担任对外联络部的部长。当时，我代表中国学联参加了一个由我们党和各个民主党派、民间团体联合举办的双周座谈会。我们还做成宣传屏，对外宣传中国的民主运动，特别是学生运动，并向海外华侨、国际学联宣传。1946年12月，在当时的北平发生了美国海军陆战队士兵强奸北大女学生的暴行，迅即在全国各地掀起了学生抗暴运动；1947年5月，内地的爱国学生运动更是风起云涌，特别是五二〇学生运动爆发及惨案发生，我们不失时机地作报道，也在双周座谈会上作宣传。此外，我们还承担接待任务，对从国统区受到迫害跑到香港的进步人士包括学生，提供吃住服务。那个时候，随着国统区“反饥饿、反内战、反迫害”群众运动的广泛兴起和国民党政府制造白色恐怖的愈演愈烈，不少民主进步人士和爱国学生被迫从内地潜赴香港。来的人多了，住就成了问题。在香港有个叫“青山”的地方，那里有个学校，我在那里找到了夏衍同志，他帮我们在学校里找了一个住的地方，最多时安排了 100 多名学生入住。

我的故事之三：登上天安门城楼

1948 年，按照组织安排，我离开香港到达党中央驻地西柏坡。1949 年 2 月 1 日，中华全国学生第十四届代表大会筹备委员会成立大会召开，我被选为筹委会主任。3 月 1 日，中华全国学生第十四届代表大会在北平艺术专科学校大礼堂开幕，会上，我当选为中华全国学生联合会副主席，兼任联络部长。4 月，我随解放大军南下参加上海解放后的接管工作。

1949 年 6 月 5 日，新政协会议筹备会第一次会议召开，筹备会名单中有我。过去我不太讲这个事情，在我的履历里面也没填。当时，由于我在华东学生联合会担任负责人，又是青年华东工委学生工作组的组长，工作比较忙，所以未能参加整个筹备会会议。后来，我和我父亲以及上海整个代表团一起去参加新政协会议，我们同在一列火车上。从上海到北平的行程蛮简单，我们有专门的火车，虽然不像现在高铁那么方便，但还是比较顺利，就是渡江的时候比较麻烦一点，另外也要防止国民党特务破坏，或者飞机轰炸，不过那时候已经好一点了。到了北平后，筹备会召开第二次会议，决定将“新政治协商会议”定名为“中国人民政治协商会议”。大会期间，我参加了一部分审议，印象比较深的是审议由各民主党派、人民团体一同起草的《中国人民政治协商会议共同纲领》。这次审议是由罗瑞卿同志主持的，他个子高高的，说话非常认真，逐条逐句逐字推敲。我当时很兴奋，有人民当家做主的感觉，也想起了许多往事：想到抗战的时候我父亲的爱国之举，想到我是一个穷大学生，现在参加政协来讨论国家大事……在选举中央人民政府委员会时，有选举权的代表共有 578 人，由于海外华侨代表有两个名额没有补足，所以实际投票的为 576 人，投票者无一人弃权，亦无一张废票。当时，我被大会主席团指定为 60 位监票人之一，安排在第十四组。

10 月 1 日，全体代表参加开国大典，登上了天安门城楼。兴奋啊！年纪轻嘛！在城楼上，大家可以随便挤站，我挤到了离毛主席不远处，我们都站着，毛主席也站着，还看到了周恩来、刘少奇、朱德、林伯渠等中央领导。当毛主席庄严宣告“中华人民共和国中央人民政府今天成立了！”军乐团高奏《义勇军进行曲》、广场中央升起第一面五星红旗时，我倍受鼓舞、非常振奋！中国人民从此站起来了——这是经过那么多的残酷斗争、那么多的英勇牺牲，付出了巨大的代价，才换来了胜利。

朱掌兴　整理

（选自浙江省政协文化文史和学习委员会编《70 年 70 人——庆祝中华人民共和国、人民政协 70 年华诞史料专辑》，浙江人民出版社 2019 年版）

新中国的曙光

葛志成*

一　从国统区到解放区

鞭炮声震耳欲聋，我很难抑制住自己激动而兴奋的心情。1949年的第一天，我是在解放不久的石家庄度过的。

我对石家庄的一切，都感到那样亲切、那样新鲜。我终于回到了自己的家里——从国统区的上海辗转投入了解放区的怀抱。不久前，我还生活在白色恐怖笼罩下的上海。1948年初冬的一天，一个农妇出身的女交通员与我接上关系，她带来了令人欣喜的消息。在

* 葛志成：时任中华全国教育工作者代表会议筹委会委员，人民政协第一届全体会议候补代表；后曾任民进中央副主席，全国政协常委。

此之前地下党组织通知我，要我率领上海教育协会代表团马上离开上海，到解放区去商谈有关新政协的筹备事宜。后来得知，参加新政协的筹备单位，增加了上海人民团体联合会、民主教授等团体单位的代表。

我盼望多年、向往已久的去解放区的愿望，终于实现了！在解放的土地上过新年，吃简简单单的菜饭，同志们感到格外可口、格外开心。大家有说有笑，又说起了我们过敌人封锁线的事：我们一行先乘火车到镇江下车，再乘小木船过江。在“犬牙交错”的拉锯地带，那位机智勇敢的女交通员，带我们闯过了一个个危险的关卡。在苏北，有时整天要“跑情况”，遇到敌人来时，我们就躲到另外的村子里去。那时，同志间的关系很亲密。有位素不相识的同志，他看我穿得单薄，就脱下自己的一件新丝绵长袍，硬是给我穿上了。他说：“你到北方去，这样单薄的衣服是不行的。”

当时白天“跑情况”，晚上赶夜路。我的眼睛近视，戴眼镜。大家照顾我，我小心翼翼地过小独木桥，他们还告诉我：“发亮的、白的地方是水……要当心……”

新年过后的一些时候，组织上通知我去平山县李家庄汇报工作。那是中央统战部所在地，记得我是骑骡子去的。骑牲口行路对我是平生第一次，生长在大城市上海的我，难免显得狼狈。北方的风的确是冷，我的心里却是热乎乎的。我满怀激情详细汇报了上海教师民主运动和统战工作方面的情况。在座听汇报的那位身着普通军装的同志文质彬彬的，他就是李维汉同志。

二　从中国到捷克斯洛伐克

从李家庄回到石家庄不久，我于1949年3月初随着一批干部队伍，穿着军装乘卡车进入刚刚解放了的古都——北平。到北平后，组织上通知我以教师身份作为中国代表团的一名成员，到捷克斯洛伐克首都布拉格，参加第一次世界拥护和平大会，即巴黎—布拉格大会。

代表团经过哈尔滨的时候，参加了有社会各界人士参加的欢送大会。那次，我结识了教育家车向忱同志。

火车在苏联西伯利亚原野上飞驰。车窗外冰天雪地，车窗内春意融融。中国代表团的几位老前辈、老战友、老同志，给我留下了终生难忘的印象。郭沫若神采飞扬，他的演讲才能非凡，极富鼓动性、文学性，令人崇敬。马寅初坦诚率直，乐观豁达，他每天冲凉水澡，总是笑声朗朗的。钱俊瑞是代表团秘书长，他和蔼可亲，轻声慢语，大事小事，事必躬亲。还有刘宁一、徐悲鸿、曹禺、郑振铎、许广平、戴爱莲等各界名流，满载着中国人民的深情厚谊——反对战争、维护和平的美好愿望，驶向布拉格。

4月23日下午4时在布拉格，那天大会正在进行当中，南京解放的消息通过电波传到会场上——中国人民解放军解放了国民党反动政府的首都南京！顿时，整个会场沸腾起来，各国代表起立鼓掌，全场轰动，大家欢呼跳跃，热烈拥抱。欢呼的高潮达数分钟之久，“中国万岁！毛泽东、毛泽东”的呼声响彻会场。很多外国代表和我们一样，也兴奋地流下了眼泪。他们说，中国人民解放的胜利，就是他们的胜利，世界人民把新中国和他们联系在一起了。进步人类的良知倾向新中国。

新中国就要诞生了！中国代表团满怀喜悦踏上了归程。火车穿过春天的欧洲大地，美丽的农舍，战后新建的城镇，田间辛勤劳作的人们，伴随着春的温暖，从车窗外闪过去了。

一个崭新的新中国啊，我们恨不得一下子飞进你的怀抱。

三　勤政殿——难忘的会见

6 月 15 日，全国人民都在盼望的新政治协商会议筹备会隆重开幕了。会场设在中南海的勤政殿。我作为一个教育界的青年代表参加了这次筹备会议。

开幕那天晚上 7 时 40 分，毛主席和其他中央负责同志走进会场，场内顿时响起一片热烈的掌声。

毛主席身穿深灰色中山装，含笑向大家挥手答礼后，坐在主席台右前排 101 号座位上。周恩来坐在毛主席右边，坐在毛主席左边的是朱总司令。

周恩来同志担任大会临时主席。毛主席代表中国共产党讲话，他总结了中国革命的进程，指出了中国今后发展的方向。他说，召开新政协会议的时机，已经完全成熟。这个筹备会的任务，就是完成各项必要的准备工作，迅速召开新的政治协商会议，成立民主联合政府，以便领导全国人民以最快的速度，肃清国民党反动派的残余势力，统一全中国，进行建设工作。全国人民希望我们这样做，我们就应当这样做。毛主席那带着浓重湖南口音的洪亮声音，至今还好似响在我的耳边……

代表们聚精会神地听着。庄严、朴素的会场里，弧形的会议席上，坐着 130 多位代表，他们代表着中国各个革命的阶层。无论是身着工人服和扎着白头巾的工农代表，穿着草绿色军装的解放军代表，还是穿着中山装、西装、长袍马褂的代表，还有兄弟民族的代表，都显得那么团结友爱，喜气洋洋。大家踊跃发言，热烈讨论。整个会议贯穿着团结和谐、实事求是的精神。

会议休息的时候，毛主席走向代表席与同志们握手。毛主席走近我的座位时，我起身迎步走上前去。毛主席微笑着与我握手，问了我的姓名后，亲切地说："噢，你是上海的教师代表，是从华东来的吧！"接着，就坐下来同我谈话。毛主席对上海教师民主运动的斗争情况很了解，他称赞上海教师工作做得好，是支援解放战争的一支重要力量。并说："你的工作做得很好嘛！"我回答说："我们的工作有一点成绩，是党和您领导的结果。"我还转达了上海教师对毛主席的问候。在国统区从事地下工作时，我曾经读过《新民主主义论》《论联合政府》等著作，受到很大教育和启迪。但那是从书本上见到毛主席，现在亲眼见到毛主席，心情自然感到格外兴奋。

周恩来同志是我在筹备会上见到的工作做得最多、最辛苦的一位领导人。他不仅担负大会临时主席，还是《共同纲领》起草小组的组长，他领导小组成员反复征求代表意见进行修改。他说，新政协筹备会的工作是统战工作，新政协的召开，就是人民民主统一战线在组织上的具体组成。并说，统一战线工作是长期的。后来，我正是遵照周恩来同志的这一指示，长期从事党的统战工作的。

筹备会期间，我参加了以谭平山同志为组长的第二小组。我们小组负责起草新政协组织法。在6月18日举行的成立会上，推定谭平山、周新民、王绍鏊、叶圣陶、沈兹九等同志起草讨论提纲。这个组织法，后来成为新政协三大文件之一。

在新政协筹备会议上，还讨论了制订国旗、国徽图案的工作。从来自全国各地和海外的2992幅国旗设计图案中，选定了五星红旗作为新中国的国旗[①]。记得负责拟定国旗、国徽及国歌方案的第六小组组长，是我们中国民主促进会中央主席马叙伦同志。

今天，我虽然已经68岁，但当时还是一个29岁的青年。我的身份是上海小教联的理事长、上海“教协”代表团团长。作为一个普通的教师代表，能够参加这样的重要会议，能够见到毛主席和其他中央负责同志，我感到非常兴奋，非常幸福！

四　新中国的灿烂曙光

9月21日，举世瞩目的中国人民政治协商会议第一届全体会议，在中南海怀仁堂隆重开幕了。这是标志新中国光辉灿烂的开端，是新中国开基立业的盛典。

会场内外洋溢着热烈欢庆的气氛。我看到会场内主席台上金光闪闪的会徽两边，并列着孙中山、毛泽东的巨幅画像，还有“人民政治协商会议万岁”和“全国人民大团结万岁”的醒目标语。当晚7时，在上百盏光辉耀眼的宫灯、日光灯、水银灯高照的会场里，军乐队奏起了雄壮的《中国人民解放军进行曲》。同一时刻，会场

① 回忆有误，新政协筹备会经征集，选出38幅国旗图案，提交人民政协第一届全体会议审定。——编者注

外响起了隆隆的礼炮声。从全国各地来到古都北平的政协代表，怀着无比自豪喜悦的心情，欢聚在怀仁堂的大厅里，兴奋地聆听毛主席的庄严宣告：占人类总数四分之一的中国人从此站立起来了！在掌声翻滚的会场里坐着600多位代表，他们包含了中国人民民主统一战线中各阶级、各民族的代表人物。代表中年纪最大的99岁，最年轻的只有20岁。从代表身份上我看到了人民民主统一战线是如此的广泛，充分显示了我国各族人民空前的大团结。

在这扬眉吐气、团结胜利的大会上，中国民主促进会的首席代表马叙伦走上主席台发言时，声音稳重而又激昂。他说："今天，我们以工农联盟为基础的人民民主统一战线形成了。从此，中国历史展开了新的一页，我们开始建设新的中国……而中国人民政协的意义是具有世界性的，中国人民的胜利对保卫世界和平有着巨大的贡献。"他还意味深长地说，"现在人民革命胜利了，人民政协就要宣告正式成立，但目前伟大的胜利只是万里长征走完了第一步。因此，在会议以后，我们还得认真地把中国人民政协的意义、《共同纲领》的精神和内容向群众宣传，使之深入人心……"马老的讲话，真是具有远见卓识。

9月23日，在庄严的主席台上，我们中华全国教育工作者代表会议筹备委员会首席代表成仿吾同志，也满怀深情激动地发言。他叙述了旧中国教育工作者在反动政权统治下，遭受摧残和压迫，教育事业无从发展，个人才能无处发挥的境遇……

而今天，我们大家坐在盛会的大厅里，在欢笑声中，每个人都亲身感受到，只有在人民民主专政的政权下，在《共同纲领》的指引下，我们教育工作者的愿望才实现了，我们的斗争已取得了辉煌的胜利。

成仿吾同志代表我们教育界 17 名代表郑重表示：我们对大会筹备会议提出的三大历史文件——人民政协组织法、中央人民政府组织法、人民政协共同纲领热烈拥护，并决心尽最大的努力，把《共同纲领》贯彻到教育工作中去。

在小组会议上，我们热烈讨论三大文件的感人场面，至今仿佛还在我的眼前。大家字斟句酌地认真讨论了《共同纲领（草案）》中关于新民主主义即民族的、科学的、大众的新中国教育方针。这个方针的主要任务是提高人民文化水平，培养国家建设人才，并肃清封建的、买办的、法西斯的思想，树立为人民服务的思想。我们 17 名教育工作者代表，一致庄严表示，决心用培养千百万新中国的建设人才的实际行动，拥护这一伟大文献。

在 17 名教育工作者代表中，除了我比较年轻外，大都是当时教育界的老前辈。叶圣陶、陈鹤琴、江恒源三老是我在上海熟悉的。俞庆棠先生是我们教育工作者代表中唯一的女代表，也是我在上海就认识的。钱俊瑞同志是我们一起参加世界拥护和平大会中国代表团的一位领导人。其余的代表都是在大会前或大会中相识的。经过一起开会讨论、会下相互交往，大家都很熟悉了。他们当中有从解放区来的，如晁哲甫、戴白韬、柳湜、江隆基、张如心，也有全国几所著名大学的著名学者，如汤用彤是北京大学的负责人，竺可桢是浙江大学的负责人，林砺儒是厦门大学教授。他们都是笃实正直的学者，是忠诚勤恳的教育家。他们为新中国的教育事业作出了出色的贡献。

林砺儒在小组会发言谈教育工作时，我们小组的同志认为谈得很好。后来大家推选他到大会上去发言，作为首席代表成仿吾发言的补充。林砺儒讲了对《共同纲领》第五章的理解和今后教育工作的重点。他说，今后我们的教育要无保留地为新民主主义政治经济服务，他认为过去强调的那种超政治的教育是错误的，今后的教育工作要以工农为主要对象，他们是今后建设国家的主力军，他们在反动政权压迫下与文化教育隔绝。如今，我们新建立的人民的国家、人民政府就要迅速负责补偿他们的损失。《共同纲领》第四十一条是提高人民文化水准，在目前主要应该是提高工农大众的文化水平。他说，《共同纲领》第四十六条指明：教育方法为理论与实际一致，这就要我们彻底改革旧教育。今后文化教育应成为进行革命和建设国家的工具。因此，必须和人民革命的需要结合起来，必须与国家的经济政治建设结合起来。

当时，给我印象很深的还有一位解放区农民代表的发言，他的话至今还响在我的耳边。他说，我们农民迫切要求用科学文化知识来武装头脑。我们欢迎知识文化界发挥你们的天才，对我们农民进行文化教育，帮助我们农民进一步开化脑筋。这感人的呼声，一直激励着我为新中国的人民教育事业贡献自己的力量。

全体代表一致通过了国旗、国歌、国都和纪年。9月30日，会场上第一次隆重地升起了五星红旗，它庄严美丽，象征着我们人民的大团结，象征着我们即将开国的美好前景。大会通过《中国人民政治协商会议共同纲领》那天，周恩来同志对纲领草案专门作了重要说明，没等表决，他的讲话就获得满堂的掌声。及至表决时，会场上响起雷鸣般的掌声，经久不息。它深切地表达了全体代表的共同心愿和希望，表达了全国人民建设祖国的共同意志。

9月30日，大会热烈而严肃地完成选举中央人民政府委员会和中国人民政协全国委员会后，在全场沸腾的气氛中，胜利地举行了闭幕式。毛主席和其他6位副主席在热烈持久的掌声中走上主席台。毛主席宣布大会胜利闭幕，然后，朱德副主席走到麦克风前致闭幕词。他说，中国人民政治协商会议第一届全体会议的工作，已经胜利地完成了。我们庆贺中华人民共和国的诞生！

当天下午6时，全体代表驱车到天安门广场，参加了人民英雄纪念碑奠基典礼。周恩来副主席代表主席团致辞后，大家为先烈脱帽静默致哀。毛主席宣读了至今矗立在天安门广场的人民英雄纪念碑碑文。这碑文是后来由周恩来同志亲笔书写的。我们默默地悼念为革命献出生命的先烈们，他们将永远激励着我们为革命和建设事业而奋勇前进。

五　10月1日——新中国辉煌的第一页

10月1日，在天安门广场隆重举行了庆祝新中国诞生的开国大典。这一天，首都人民整天沉浸在节日气氛之中。

我们全体政协代表和中央负责同志一起登上了天安门城楼。我满怀喜悦地站在天安门城楼上，放眼望去，沸腾的天安门广场成了红旗的海洋。从参加盛典的30万群众中，不断地爆发出暴风雨般热烈的掌声和欢呼声。

下午3时，军乐队高奏《义勇军进行曲》，54门礼炮齐鸣。这时，万众欢呼毛主席万岁！中华人民共和国万岁！庄严的时刻来到了，毛主席庄严宣告：中华人民共和国中央人民政府今天成立了！毛主席亲自按动电钮，冉冉升起了新中国第一面鲜艳的五星红旗。

在这幸福激动的时刻，我想起了我们中华民族走过的道路。多少中华民族的优秀儿女，前仆后继，为了追求祖国的独立、自由、解放，曾经在战场上、监牢里，在敌人的白色恐怖中，抛头颅，洒热血，才使我们有了今天的胜利！

在1949年，我从上海到石家庄，从北平到布拉格，从勤政殿到怀仁堂……伴随中国人民革命胜利的步伐，度过了终生难忘的一年。

四十春秋，弹指一挥间；

几多壮志，永驻我心田。

（选自《纵横》1989年第2期）

新闻工作者参加新政协杂记

刘尊棋*

中国人民政治协商会议第一届全体会议的召开，至今已40年了，但在有记载的中国历史中实在不过是一瞬间。然而，这一瞬间却不同于4000多年来的任何一个瞬间，它是中国人民从苦难到幸福的转折，是中华民族腾飞的开始。出席这次历史性会议的600多名代表，他们是建国者，是有功之臣。然而，数一数这一代风流人物，现在多半已经故去，健在的只是少数，正所谓“泉下故人多”。

我们代表团的名称是“中华全国新闻工作者协会筹备会”，共有代表14名，即胡乔木、金仲华、陈克寒、张磐石、邓拓、恽逸

* 刘尊棋：时任上海《联合日报》社长，人民政协第一届全体会议代表；后曾任中华全国新闻工作者协会副主席，外文出版社总编辑，全国政协常委。

群、杨刚、邵宗汉、徐迈进、刘尊棋、王芸生、赵超构、徐铸成、储安平。这个代表团的构成是比较偏重大后方的，来自解放区的不到半数。除胡乔木、陈克寒代表新华社，张磐石、邓拓代表《人民日报》，恽逸群代表华东的《大众日报》外，其他绝大多数，在 1948 年以前都是代表大后方的。如金仲华来自上海的《新闻日报》，徐迈进原是重庆《新华日报》的；杨刚原在上海《大公报》（起源是重庆、南京的《新民报》）；邵宗汉原是香港、南洋（槟榔屿）地区的新闻工作者（解放后到北京的《光明日报》工作）；储安平原是上海轰动一时的《观察》杂志主编；徐铸成原是上海、香港《大公报》和《文汇报》的；我则是上海《联合日报》和《联合晚报》的。

实际上，参加政协第一届会议的代表中，新闻界人士并不只有这 14 人。还有一些新闻工作者则是以别的身份参加会议的。例如原《大公报》名记者徐盈参加了“中华民主青年联合总会”，《文汇报》的宦乡和浦熙修参加了“自由职业界民主人士”，《文汇报》原创办人之一李子诵参加了“中国国民党民主促进会”。

我接到以新闻界代表身份参加新政协的通知，是 1949 年 2 月下旬。当时，我正在编辑以“国新社”名义出版的英文周报《远东公报》。接到通知后，我即做一些简单的准备，大约一星期后就到连贯同志家里，先后集合在那里的有十几个人，由连贯同志说明，我们都已被邀请出席在北平举行的新政协会议，准备乘船北上。

2 月底，我带着简单行李从九龙界限街家里搬过海，住进大中华旅馆，翌日又改换到大同旅馆。在这里与王芸生、徐铸成、赵超构等同志会面，得知是一道乘船北上开会去的。几天后我们就启程北上了。我们所乘的是挂葡萄牙国旗的货轮，我们一行除女眷和小孩外，都分别扮作船上的职工。我扮作管舱员，于是换了一套新买的中式粗毛呢对襟衣服。同船北上的大约有 20 多人，现在记得的，除以上我们 4 个新闻记者外，还有陈叔通、柳亚子和他的夫人、包达三、张䌹伯、张志让、沈体兰、曹禺和他的女友、郑振铎父女、叶圣陶夫妇、宋云彬、傅彬然、吴全衡和他的小儿子等。

轮船穿过台湾海峡，沿东海岸北驶，这一段路程比较紧张，因为在台湾海峡当中，随时有被台湾方面截留的危险。经过一个星期后，于 3 月 5 日到达烟台上岸。我们改乘汽车，行至济南，又换乘火车，于 3 月 18 日到达北平。大家在旅馆休息几天后，便按照分配开始了工作。我被分配在新华社，参加《参考消息》的编辑工作。到 4 月中旬，又通知我参加跟随南下部队过江接管京沪国民党机构的工作队。我们于南京解放后的第三天进城，参加军管会的工作。到 6 月底返回北平，参加新政协的筹备工作到人民政协会议。

（选自石光树编《迎来曙光的盛会——新政治协商会议亲历记》，中国文史出版社 1987 年版）

政协大会十日记

徐铸成*

9月21日

人民政协于今日下午7时20分在中南海怀仁堂开幕，6时半即各在华文学校各代表同车往参加，会场布置甚好，中悬中山先生及毛主席像，每3人有一扩音器，以便说话。先由周恩来报告筹备经过，并选出主席团89人，林伯渠为秘书长。

朱德主席，先由毛主席致开会词，接着刘少奇、宋庆龄、何香凝、张澜等讲话。

至11时开会，开会后，忽大雷雨，然散会后，又满天星斗矣。

杨杰于19日在港被国民党特务暗杀，会场一致静默致哀。

---

* 徐铸成：时任上海《文汇报》社长兼总编辑，人民政协第一届全体会议候补代表；后曾任上海市出版局编审，全国政协委员，民盟中央委员。

9 月 22 日　星期四

接宝兄来函，知报已逾四万，闻之甚喜。

中午，在厚德福约同人便饭，到熙修、唐海、嘉尧等。

2 时许赴中南海，3 时，开二次大会，由林祖涵、谭平山、董必武、周恩来等报告，7 时毕会。

晚，赴吉祥看小翠花之《坐楼杀惜》。

9 月 23 日　星期五

接父亲信，知道家中均安好，仑儿所考各校均未取，足见平时功课均不踏实，而东吴中学亦殊平常。

上午 9 时，赴六国饭店开小组会，商国都、国旗、年号等问题。关于国都，一致主张北平，年号则主张用公历，均无异议。国旗应征者 2900 余件，经筹委会小组选出 35 种供大会采择，一般意见，均倾向用第三第四号，第三号全红地，左上角黄是 1/3 处一黄条；第四号为 2/3 红地，上面 1/3 黄地，左角缀以红星，盖红色代表革命，黄色象征和平，红星则代表中共的领导。余亦赞成第四号，以其简单、庄严、美丽，而又无须详细说明也。余不赞成一般所称黄色为代表黄种及黄河文化，盖中国境内有许多少数民族并非黄种，且其文化与黄河无关，国旗应有一般性，否则流于褊狭之大汉族主义矣。

下午 3 时，开第三次大会，主席为马寅初、张奚若、李德全、陈云、乌兰夫（云泽，内蒙古自治区主席），有李济深等 18 人代表各该单位发表意见。其中以刘伯承、粟裕、傅作义、梁希发言最得全场欢迎，掌声始终不绝。刘、粟代表二野、三野，向大会保证，决在短期内肃清西南华南残敌，解放台湾。傅甫由绥远赶回，说明绥远和平解放经过。据说蒋近日有电致傅，谓傅今日与彼在西安事变时仿佛，彼一念之差，致有今日，盼傅为国家为个人，寻脱离解放区。傅除严词斥责外，表示决以将功赎罪之心境，努力于今后新中国之建设。梁氏为自然科学工作者之首席代表，说明自然科学家今后之态度，以及对新中国服务之热忱，不啻为科学家向新中国宣誓，6 时散会。晚饭后，赴东安市场散步，购茶叶及红筷等，盖双亲所需也。又购佩花若干，预备分送亲友及报馆同事，并为小孩们刻铜图章，10 时前即返寓。

北平各界庆祝政协空气甚热烈，马路上游行队伍不绝，且有扭秧歌者。

9 月 24 日　星期六

上午，写寄报馆一信，赴隆福寺，见荒芜益甚，盖庙会每逢九至十四举行也。22 年前，舅氏曾率同游玩，爱护备至，今其墓木已拱矣，今春抵平，曾至附近小食，未逞一游也。

旋在附近烟台馆小食。

下午 3 时开第四次会，有单位主要代表 22 人发言，小精彩，其中夹有新疆等代表献旗，甚为感动。

晚加菜饮酒，并在礼堂开演苏联电影，余则未俟其毕，即返室休息；近日以来，睡眠正常，饭量增加，且水果甚便宜，体重想益增加。前日看护来量血压，余为 118（度），甚为正常，足见健康益有进步矣。能将身体保好，其他一切，正可逐渐求进步。余对政治本少研究，素不知趋合时好，此次政协列为候补代表，友人多有为余不平者，对余则认为余对革命本少贡献，以视老解放区同业之出生入死，得此荣誉，已属分外矣。余不愿妄窃非分，列为候补，反心安理得，俯仰无怍。否则猎等而获，不顾过去，不顾人口，哗众取宠，趋时媚世，一朝得幸，即出而骄人，此最为余所不齿。所惧者时代进步一日千里，中国已以崭新面目前进，必当埋头用功，勤求进步，否则时不我待，淘汰为可怕耳。

9 月 25 日　星期日

上午，与艾思奇、陈鹤琴、茅以升诸兄同游天坛，此次特游回音壁，甚为新奇，又陈列各种奇器等，较上次来时，布置面改进多矣，摄影五六张。

3 时开五次大会，有 20 个发言，最可笑者，吴奇伟报告最后呼口号，竟喊出“中国国民党万岁”，盖彼原为喊“中国共产党万岁”，口滑误喊矣。此版演词，想决难广播矣。

晚，赴吉祥看戏，陈少霖之《捉放曹》，平平而已。荀慧生之《香罗带》，未终局即返。荀年已老，暮年艳装，极不自然，然声音尚好，且不似芸生所说之不堪也。

取所定图章，除为小孩们所刻之铜章外，有余夫妇双印，上有西厢彩刻锦装，弥足珍贵，费 1 万余元，盖本月为我俩磁婚纪念，收归遗细君也。

20 年以来，伉俪之情，与日俱增，闺房之乐，迄今不减新婚，此则毕生乐事，盖当初虽非经长久恋爱，但儿时即企慕，竟结成白头偕老。20 年来，一家粗安，家中和和气气，不能谓非爱妻内助之力，而 12 年来抗战，及解放战事，免于困顿，且名誉事业，略有根基，正所谓家和万事兴也。时代进步，许多人薄贤妻良母，但余则甚以得一贤妻为满足。在此过渡期间，此卑之无甚高论，恐亦非人人所能企达。从今以后，更当努力于事业，对社会多作贡献，同时，更应孝顺父母和爱妻子，勉作正直之人，以用行舍藏。

看到22、23日本报，见开幕日专电均当日登出，而《大公》《解放》均未到，此可见熙修、唐海均甚努力。余亦先有关照，把握时间，甚可欣慰也。又22日社评，想为平心兄执笔，大意均照余信中开列之大纲撰写，比其他各报有内容而不尚空谈；余近来懒于写文，一则自审对各问题无深刻研究，再则每以搬述口号，人云亦云为耻，今后返沪，当努力于基本思想之改造，多看书，细细研究问题，俾不久能多作有益于国家的文字，应不致长为虚名所误也。

今日天气略寒，已似深秋，早晚要穿夹大衣，问上海前数日达九十几度，热得学校临时休假，不知近日亦略冷爽否，南北气候，毕竟不同也。

9月26日　星期一

约陆诒、唐海、陆续至都一处便饭，因今日大会休会，可写作休憩也。饭后，游劝业场，打乒乓球一小时，复至旅行社访绍澍兄，同至中央公园打网球及羽毛球，6时半，雨兄（吴绍澍）请在厚德福便餐，又至开明（现称民主剧场）看戏，小翠花、裘盛戎戏，归已12时，洗澡睡眠，2时许矣。

苏联宣布已有原子弹，此牌摊出，英美大感狼狈，盖前此所以自持者，唯原子弹耳。照目前情形看，和平民主阵营力量益壮大，帝国主义好战之气焰终将下沉，恒久的和平，或可望渐牢固矣。

宁夏将全部解放，马鸿宾、马敦静等均起义投诚，西北的所谓马家军，前此曾煊赫一时，现已全部解体，马步芳、马鸿逵等均远腾海外，从此西北问题将可为水之就下，很快就全部解决，此固解放军威力之大，亦少数民族政策之正确而忠实运用之故。

今日过天安门，见广场正大事修筑，装置100多丈的大旗杆，门楼粉刷一新，闻人民政府定1日成立，2日将在天安门举行盛大之庆祝会，及保卫世界和平示威大会，检阅军队，此盖旷古未有之大盛典也。闻此广场可容群众16万人，殆可谓世界最大之广场矣。

9月27日　星期二

上午，（黄）苗子、郁风来访，郁应孙师毅约，来平担任港报记者，当代为介绍政协新闻处。

下午3时开第六次会，新闻单位代表先一时到场，交换意见。今日大会通过政协组织法及人民政府组织法。

又通过国都设北平，改称北京，纪元用公元，国歌暂以《义勇军进行曲》为国歌，国旗五星红旗，今日因发言者24人，又加以通过六项议案，故至9时半始散会，归家已10时许矣。

北京改北平时（17年）余在北平，又改回称北京，余亦适来平参加会议，对“北平”此一历史名词，可谓有始有终矣。

9月28日　星期三

今日休会，写寄克兄（葛克信）函及家书。

下午，新闻小组商全国委员会及政府委员名单，未参加。

2时先赴联合书店，访邵尚文未晤，至办事处。已粉刷好了，但家具尚未购齐，又至骑河楼、妞妞房，看22年前与瑞弟同寓之公寓，渺不可寻矣。

访雨兄，同至劝业场打乒乓1小时余，居然尚能应付裕如，怅较雨兄略逊。后至清香园沐浴，亦20年前旧游地也。浴后至砂锅居吃饭，更至长安看杜近云、近芳戏，两人均能做戏，惜配角太差耳。

9月29日　星期四

上午，开小组会，商酌大会宣言，余未发表意见。

3时开会，通过共同纲领，大会选举法，及电联合国否认国民党政府代表，5时半即休会，为开会以来最早之一次。

与管文蔚兄同至六国，畅谈两小时许，管兄为余中学同学，23年不见矣，彼先以小学教员参加新四军，屡立大功，10余年来，在苏南北努力解放事业，解放后任苏南行军主任及军管会主任。因彼此同学，故谈话毫无隐饰，彼对大会成功，甚感欣慰，但恐名单发表，一般中小干部要起反感，必须反复教育，因过去对革命毫无贡献，或为革命之对象者，今日一变而列革命政府，群众恐多不易了解统一战线之苦心。又谈及苏南近况，彼谓苏南北行政划分最近可能合并，又谈苏南农村之特殊情况，颇有见地，彼谓苏南北地主之剥削实无异致，但苏南地主，大部兼营工商业及自由职业，故有其反动之面，亦有其进步的一面，又若干农民，又兼作工人，故其无产阶级意识较长，又苏南地主，文化水准较高，彼等不似北方地主之顽强反抗，但种种纠缠，遇事则扩大叫喊，如此次献粮，虽亦有偏差现象，但绝不如外传之盛，大半为地主大张其辞也。

并谈及同学时种种情况，以及诸同学师长之近况，至 9 时始辞归。车夫与余谈，彼随管已七八年矣。

11 时半即就寝，为到平后最早者。

（储）安平兄与余谈，彼之《观察》即将复刊，组织方面大力支持，但恐群众影响难捉摸，又谓彼旅行东北，已草就视察记 25 万字，材料甚新。特别着重人事制度方面，组织方面极为赞赏，促其早日出版，彼事先事后均与组织方面有反复商谈。甚矣，做事之难，余吃亏在不善应付，只知守分做事，毕竟人还是人，总欢喜多请示商量也，《文汇》复刊前后所遭之挫折，此未始非主要原因。故今日私营报刊者，或以《文汇》为最难捉摸，其实《文汇》历史及背景最光明，动机良善，如能好好指导，必能成一好的教育工具，在群众影响中，亦□比《大公》为差。惜乎，余虽不善处理，而当事者亦气度不广，此为国家之损失，殊可慨也。

又闻吴景超近研究马列主义甚好，教书时学生听者亦极多，闻中共方面对其尚有微词，周恩来先生独排众议，谓吴景超能研究马列主义，一可喜；研究而能公开讲，二可喜；讲而能深得群众喜阅，三可喜；吾人应奖掖之，并派人往听。如确讲得好，我们应向他学习，如讲得不好，亦应考察其原因，不可一笔抹杀。盖吾辈革命者无暇作深入研究，正应奖励大家多学习，以提高马列主义在中国之水平也，此种气度及为主义为国家之忠诚，殊令人敬佩。

9 月 30 日　星期五

接父亲函，知家中均好，又接仑儿函，对未能考取国立大学，甚为悔悟，立誓明年必插班清华，姑志之，以观后效。彼已于上周赴之江上学矣。

上午至王府井大街理发，又至东安市场购物，并在隆福寺庙会中购数物，皆父亲来信嘱者。

下午政协最后一次会议，通过宣言，并选出毛泽东为人民政府主席，朱德、刘少奇、宋庆龄、李济深、张澜、高岗等6人为副主席，陈毅、周恩来等56人为委员，又选出毛主席等170余人[①]，为政协全国委员会委员。当毛主席当选时，掌声历久不绝，景况甚为感人，又闻副主席原定为周恩来，因恐全部为南方人，故协商改为高岗，高氏原为西北中共之干，二万五千里长征，中共中央抵陕北，高氏与刘志丹努力配合，奠定党的新基础，近几年来，为东北的最高负责人。

6时，全体委员曾乘车至天安门，举行人民英雄纪念碑奠基典礼，纪念三年解放战争，三十年革命乃至1840年以来为国死难之烈士。仪式极庄严，由毛主席亲自主持。

政协大会闭幕，由朱（德）总司令致闭幕词，计大会共举行8次，历时10日，会后，在北京饭店叙餐，10时始归。

（节选自徐铸成著，徐时霖整理《徐铸成日记》，生活·读书·新知三联书店2013年版。标题为编者所拟）

① 应为180人。——编者注

我参加人民政协第一届全体会议的经过

天　宝*

我作为少数民族代表，出席了新政协第一届全体会议。对赴北平参加会议的经过，至今记忆犹新，难以忘怀。

1949 年 1 月，平津战役胜利结束的消息传到鄂尔多斯草原，极大地鼓舞着各族人民的斗志。就在这个时候，得到了中共中央西北局要我回延安报到的通知。我的心情异常激动，久久难以平静。想到就要回到离别多年的革命圣地，面会日夜思念的首长和同志们，十分高兴；但又为突然要离开数年来与我相依为命，共同战斗的同志和乡亲，感到难舍。我和大家共诉衷情，互为勉励，恋恋不舍地离开了内蒙古，启程去延安。

---

* 天　宝：时任中共中央西北局三边分区伊克昭盟区委书记，新政协筹备会代表，人民政协第一届全体会议代表；后曾任中共四川省委书记，全国人大民族委员会副主任委员，全国政协常委。

自 1943 年 7 月受党的派遣从延安去内蒙古伊克昭盟工作以来，这是我第一次重返延安。这期间，延安曾遭到胡宗南匪帮窜犯，受到严重破坏。此时，一路仍可见到损坏的痕迹，困难还很大。但是，人民在解放战争大好形势的鼓舞下，群情激奋，斗志旺盛，到处可见恢复家园、恢复生产的动人场面。人民当家作主，精神面貌发生了深刻变化。

一到延安，我即去西北局报到。西北局组织部长马文瑞同志接待了我，他告诉我说："中国由我们党领导的第一次政治协商会议即将在北平召开，民主联合政府即将成立，组织安排你作为少数民族代表出席会议。"这时我方知此次返回的任务，不禁心情激动，思绪万千。我这个昔日的奴隶，是跟着党革命，跟随红军长征，在党的直接培养教育下成长起来的。党拯救我们于苦难，没有共产党就没有我们少数民族的一切。自己能作为代表出席这样神圣的会议，体现了党对少数民族同胞的无限关怀，对少数民族地位的充分尊重。

在延安还见到了西南的十几位少数民族同志，他们是各地集中到这里来准备南下的。记得清楚的有：彝族的潘占云、王海民，藏族的扎喜旺徐、沙纳等同志。他们食宿、学习在一起，交流思想，统一认识，清除顾虑，做好南下的准备。

10 天以后，马文瑞同志正式通知我，随西北青年参观团去北平，告诉我到北平后直接去找李维汉同志。他还给李维汉同志写了信，交我随身带去。组织上还特地为我制作了一套粗布夹衣，关照我路上不要用，到开会时再穿，这在当时是特殊的待遇。从延安去北平的一切手续，都由西北局准备妥当了，我们乘一辆大车上了路。

到陕西的绥德时，汽车坏了，我们在此待了几天，待车修好后出发。途中虽然苦一点，但大家有说有笑，心情舒畅，忘记了疲劳，愉快地到了山西的榆次，从这里可以乘火车去石家庄。火车，对我们来说，是首次得见，更是第一次乘坐。大家很好奇，总想看个够，结果闹出个笑话：我去办理乘车手续，叫他们在原地等，但他们离开了。弄得我找他们，他们也找我，谁也找不着谁。当晚的火车开走了，白费一夜，到第二天才乘上。我们虽然乘的是运煤炭的货车，满身满脸都是灰，但在当时已是一种莫大的享受了。大家相视而望，开怀大笑，十分惬意，不知不觉地到了石家庄。

在石家庄，巧遇廖志高同志，睡意顿消，摆谈了很久。我俩自从延安中央党校离别，至今方得见面，倍感亲切。从别后各自的情况，到飞速发展的革命形势，以及面临的艰巨的任务，无所不谈，很是投机，都沉浸在美好的回忆和幸福的憧憬之中。

由于一些地段的铁路桥被炸坏，火车不通，我们一行又从石家庄改乘汽车。行至途中，汽车轮子坏了，无法修理，找一辆马车助行。不巧，马车轮子又放了炮，只好步行。这时已是晚上，见前面有一亮着马灯的小屋，一问，恰是修车店。我们返回把马车拉去修好，打足气，连夜赶路，直到保定，再换乘汽车去北平。

到北平后，我与西北青年参观团分手，单独而行。由于是第一次来北平，不熟悉街道，又不知道李维汉同志的具体住址，只得摸着寻找。走至槐里胡同，见一门前挂有“劳动大学”的牌子，欲进去询问，恰遇守门人是我在延安时认识的一位同志，惊喜万分。我对他说明来意，他说我算是找对门了。原来，这里正是中央组织部，因当时中央机关住址对外还是保密的，所以挂了上面那块牌子。

当晚，我食宿在中央组织部。第二天，他们雇一辆人力车送我去中南海颐年堂旁边的院内，与前来参加会议的农民代表住在一起。

两天后，见到了李维汉同志。他给我介绍了解放战争的形势，人民解放军已做好渡江准备，江南各地相继就要解放，革命在全国最后胜利的时刻已经到来，正在筹备的政治协商会议很快就会召开。他还就少数民族代表问题征求我的意见，他说总想多增加一点名额，但由于当时边疆少数民族地区多数还没有获得解放，在物色人选和交通等方面都有困难，虽然尽了最大的努力，出席会议的少数民族代表还是少了些，而且代表面不够广泛，实为遗憾。

一星期后，受到了周恩来同志的接见。我向他汇报了自己的情况，他语重心长地说："会后你们就要离开这里南下，回家乡去。希望你们发扬成绩，再接再厉，努力工作。为本民族同胞，为全中国的革命和建设事业多作贡献。"周恩来同志热情、亲切的话语，深深鼓舞着我。延安时期老一辈革命家关心少数民族成长的幕幕情景，又浮现在我的眼前：在延安党校，专门设有少数民族班。毛泽东、刘少奇、朱德、周恩来等中央领导同志，时常来看望我们，勉励大家好好学习。有时他们还专门来观看少数民族同志的文艺演出，总是问寒问暖，热情鼓励，给了我们无穷的力量。

那天，当周恩来同志发现我的牙齿有些缺损时，便开玩笑地说："你这样怎么去当代表开会嘛。"随即派人领我去医院补牙，还专门批了镶牙用的金子。

周恩来同志十分注意代表们的思想情况，耐心细致地做工作。起初，一些代表不愿接触民主人士，对国民党起义将领更为反感，吃饭也不和这些人同坐一桌。周恩来同志得知后，反复告诫大家：

“要广交朋友，要和他们同吃住、同学习、同开会。与他们搞好关系，加强团结，这是革命和建设事业的需要。”大家明白了道理，很快扭转了这种局面。照此去办，我们结交了不少新朋友，了解到不少从不知晓的蒋管区内的情况。不仅个人受益匪浅，对南下后的工作开展也很有帮助。

会议筹备过程中，除学习、讨论《共同纲领》等会议文件，商讨会议日程安排外，我还被派到中央统战部工作了一段时间。主要任务有 5 项：一是了解北平地区的少数民族情况；二是去牛街做回民工作；三是到西单了解蒙藏学校情况；四是参加接收达赖、班禅驻北平办事处的工作；五是寻找流散在北平的少数民族学生。现在的西藏自治区政府主席多杰才旦，就是当时找到的一个。

经过 3 个多月的筹备工作，中国人民政治协商会议第一届全体会议，于 1949 年 9 月 21 日在北平隆重开幕，毛泽东致开幕词，庄严宣告：“占人类总数四分之一的中国人从此站立起来了！”会议共进行了 10 天，圆满完成了预定的任务，于 9 月 30 日胜利闭幕。10 月 1 日，北京 30 万人汇集天安门广场，隆重举行中华人民共和国成立开国大典。

（选自石光树编《迎来曙光的盛会——新政治协商会议亲历记》，中国文史出版社 1987 年版）

回国参加新政协

陈嘉庚*

起程回国

1949 年 5 月 28 日早，我在香港搭捷盛轮船启行，6 月 3 日抵天津港内，军管会参谋长王世英先生等数人，来迎接到前德国俱乐部寓所。晚后胡愈之先生等 8 人，从北平来迎。6 月 4 日早由天津车站乘政府专车，11 时半到北平总站。在站相迎者有林伯渠、董必武、叶剑英、李维汉、李济深、沈钧儒、邵力子、蔡廷锴、齐燕铭等新旧朋友数十人，华侨学生百余人。相见均欢欣愉快。寓政府招待所北京饭店。

* 陈嘉庚：时任南洋新加坡南侨总会主席，新政协筹备会代表，人民政协第一届全体会议代表；后曾任第二、三届全国政协副主席，中央人民政府委员，中国侨联主席，全国人大常委会委员。

7 日周恩来先生导往西山见毛泽东主席。刘少奇、陈伯达亦到。晚餐后，谈论中外事，至半夜方归。

11 日朱德总司令请午饭。在此数日间，周恩来、林伯渠、董必武、叶剑英、陈绍禹、李济深、沈钧儒、郭沫若、马寅初、黄炎培，诸先生均来劝我参加新政治协商筹备会议。未开幕时，各会议单位首席，两次往毛主席寓所，讨论开幕办法。

13 日北平市各界开欢迎会，叶剑英主席，各界代表及来宾 200 余人。开会前，胡愈之先生告我，谓南洋各属动乱，此间多未知，嘱提出报告。我乃略述安南、暹罗、缅甸、马来亚、印度尼西亚、菲律宾，自日寇侵入及败后，迄今战乱状况，并以不通国语为歉。郭沫若先生言：心通胜于言通，他前月领导代表团往欧洲参加和平大会，会中代表虽语言多不相通，但意志一致；他与蒋介石语言大通特通，心则完全不通。林伯渠先生则称誉华侨对祖国抗战，出钱出力如何伟大。叶剑英将军谓今日之欢迎会，竟转为东南亚人民解放运动谈论，堪为吾人注意。

人民政协筹备会议开幕

15 日晚 7 时，由北京饭店坐汽车往中南海勤政殿，开新政协筹备会。门口结红彩及悬琉璃灯、大宫灯。签名后由招待员引导入席，场上面讲台两旁为记者席（8 位），中间代表席形成椭圆，共 140 左右位，后面来宾席 50 位。场内壁上插小红旗多丛，每丛 5 支。前国民党和平代表张治中、邵力子及北平和平主持人傅作义，均列在来宾席。今晚中共副主席周恩来任主席，宣布开会后，请毛泽东主席、朱德、李济深、沈钧儒、郭沫若、陈叔通及余相继演说。

在人民政协筹备会议致辞

在人民政协筹备会中，我致辞如下："毛主席，朱总司令，各位代表，各位来宾。今天政治协商会议筹备会正式开幕，是为了邀集各民主党派、各人民团体和各界人士，共同商讨召开新政治协商会议，建立人民联合政府。这是中国历史上一件大事情，是我们世代子孙幸福有关的一件大事情。由于中国共产党毛泽东主席的正确领导，人民解放军的英勇战斗，全中国大部分土地已得到解放，而贪污独裁为全国人民所深恶痛绝的蒋介石反动集团，现在只剩了奄奄一息，海外华侨无不同声欢庆。本人乘此时机回到祖国观光和考察。到北平以后，蒙中国共产党毛主席和各民主党派、各人民团体诸领袖，推选为出席筹备会代表。本人自问才识有限，屡辞不获，深感责任非常重大。海外华侨盼望祖国和平、民主、统一和富强，十分迫切。但由于蒋介石狡诈无信，和国民党反动集团的贪污残暴，人民依然得不到翻身。当抗战时期，本人回国慰劳，亲到重庆、延安，看得十分明白：重庆蒋介石政府，只知道搜刮民脂民膏，恣意挥霍；而延安毛主席和其他中共领导者，则勤劳刻苦，处处为人民打算。抗战结束之后，旧政协开会，本人当时估计要蒋介石还政于民，等于与虎谋皮，决无成功可能。当时中国共产党毛主席却不避危险，亲到重庆和蒋介石商量合作。毛主席一定明白蒋介石狡诈无诚，惟因战后中国人民都盼望和平，为了减少人民的痛苦，有意忍让。本人以当时毛主席往重庆的原因也许在此，所谓尽其在我而已。但蒋介石却因此骄纵，把双方同意签订的协定都撕碎了。现在形势和3年前大不相同，蒋介石独裁政府，已经整个被打垮。大家都知道这首先是中国共产党奋斗的结果。可是中国共产党虚怀若谷，广邀各民主党派、各人民团体及各界民主人士来共商建国大计。正如毛主席时常所说的，遇事和群众商量。因此对中国共产党和毛主席，实在无限钦佩。这次祖国大革命的胜利，对全世界极有影响，对海外华侨也有很大影响，不久全国解放，民主政府成立，华侨在海外地位也可提高，对祖国的愿望快实现了。海外华侨听到新政协筹备会成立的消息，一定非常高兴。本人相信联合政府成立之后，海外华侨绝大多数都会拥护民主联合政府，拥护中国共产党和毛泽东主席。新政治协商会议的筹备工作，由我们23个单位负担，责任实在非常重大。我们筹备会要讨论的日后参加新政协单位和人数，自然比现下筹备会的单位和人数来的更多。本人以为选择新政协代表，却应十分审慎，宁缺毋滥。这是本人所提一点粗浅意见，以供诸位参考。谨祝本会顺利成功！中华人民共和国万岁！”

中国人民政治协商会议第一届全体代表大会开幕

1949年9月21日，中国人民政治协商会议筹备会副主任周恩来，在中国人民政协开幕前，向全体代表报告人民政协代表人数。代表总数662人，内各单位代表510人，候补代表77人，特别邀请代表75人。代表包括5类，计党派代表14个单位，165人；区域代表9个单位，116人；军队代表6个单位，71人；团体代表16个单位，235人；（以上4类包括候补代表在内）特别邀请代表75人。截至本日为止，已到者638人；未到者24人，其中10人系经筹备会特许列名缺席，3人系缺额未补，11人可在会议期中赶到。关于大会主席团89人的名单和秘书长人选提议，得到全场一致的通过，当被通过的主席团登上主席台后，主席毛泽东宣布中国人民政治协商会议开幕，在这个庄严的时刻，军乐队齐奏中国人民解放军进行曲。同时，在会场外鸣礼炮54响，全场代表一致起立，热烈鼓掌至5分钟之久。毛泽东主席的开幕词，生动地扼要地叙述了会议召集的历史条件和历史任务。毛泽东主席宣布："中国人民政治协商会议，在自己的议程中，将要制定中国人民政治协商会议的组织法，制定中华人民共和国中央人民政府的组织法，制定中国人民政治协商会议的共同纲领，选举中国人民政治协商会议的全国委员会，选举中华人民共和国中央人民政府委员会，制定中华人民共和国的国旗和国徽，决定中华人民共和国的国都的所在地，以及采取和世界大多数国家一样的年号。"毛泽东主席的充满说服力量和乐观情绪的演说，几乎每一句都引起了会场雷鸣的鼓掌。

毛泽东主席的开幕词，在长时间掌声中结束以后，全场起立为在人民解放战争和人民革命中牺牲的人民英雄们静默3分钟志哀。

今天开幕式历时4小时，出席代表635人，被邀旁听的来宾300人，国内外记者31人，包括外国记者4人，即苏联塔斯社记者罗果夫，意大利团结报特派员斯巴诺，朝鲜中央社特派员智龙成、李同建。今天会议的执行主席由毛泽东、朱德、李济深、沈钧儒、郭沫若担任。主席台上的布置简洁而美丽。主席台的正面悬挂着中国革命领袖孙中山和毛泽东的画像，中间和两侧悬挂着人民政协的会徽、中国解放军的军旗。会场的休息室内挂满了全国各人民团体、各部队和各地区的贺幛和锦旗。

政治协商大会华侨首席代表致辞

在人民政协大会，余以华侨首席代表名义致辞如下："本席谨代表海外华侨民主人士，对中国人民政治协商会议组织法、中华人民共和国中央人民政府组织法和中国人民政治协商会议共同纲领3个草案，简单地表示如下的意见。一般地说，这3个草案都能够适切地反映出广大人民的迫切的要求，充分地照顾到各民主阶级，各民族的基本利益，对于独立、民主、和平、统一和富强的中华人民共和国的建立有很大的帮助。我们表示完全接受和极力拥护。站在海外爱国华侨的立场，我们特别感到这3个草案，符合我们的愿望。我们海外华侨一向热爱祖国，对于祖国前途抱有很大的期待。可是这二十几年来，我们和我们在国内的眷属吃够了'好话说尽，坏事做尽'的国民党反动政府的痛苦，我们出钱，出壮丁，出技术人员，尽力替祖国服务，但在海外的我们受不到国民党政府的保护，在国内的眷属受尽了这个反动政府的榨取和压迫。我们更不要说在祖国政治实际上有什么发言权了。现在可不同了，海外华侨已成为全中国人民民主统一战线的成员，在由于这个战线所组成的中国人民政治协商会议里头，海外华侨有充分的代表权和发言权，这使得我们华侨在祖国政治中的地位空前提高了。相信侨胞一定感到无限的快慰。中国人民政治协商会议组织法草案，既能够巩固和强化这个有足够的华侨代表的全中国人民民主统一战线的组织，我们对这草案极表同意，这是一。我们华侨的居留地，不是资本主义国家，便是他们的殖民地。过去有不少看到祖国政治黑暗，视客地为故乡。最近几年来，我们华侨在居留地受到一天比一天厉害的痛苦，我们深深体验祖国民主制度，实施人民民主专政，实在是绝对必要。现在中华人民共和国中央人民政府组织法草案即是依据这样一个基本原则来草成，一定能够使新中国政府成为代表与保护华侨和广大人民利益的政府，使中国人民由被压迫地位变成为新社会新国家的主人，这是二。就中国人民政治协商会议共同纲领草案来说，它的内容不只反帝、反封建和反官僚资本主义，而且积极地提出为中国独立、民主、和平、统一和富强而奋斗的具体方针，又恰当，又切实，在各方面都能够满足爱国华侨的要求。比方说，草案中的经济政策一章，高度发挥新民主主义经济的精神，特别提出便利侨汇，一定能够繁荣经济，吸引华侨对祖国工商业的投资，以促进新中国建设。又比方说，民族政策一章，强调民族平等和团结，反对大民族主义和狭隘的民族主义，使身受异族歧视之害的我们华侨感到异常适切。特别是外交政策一章，他规定新中国外交政策的原则为保障本国独立、自由和领土主权的完整，拥护国际的持久和平，和各国人民的友好合作，反对帝国主义侵略政策，和战争政策。这原则的切实执行，不独为中国外交辟一新纪元，而且一定会提高中国在国际上的地位，因而也大大改善华侨在海外的地位。加之外交政策一章，又明白课予中华人民共和国中央政府‘尽力保护国外华侨的正当权益’的义务，将来新政府一定能够对海外华侨的生命财产和权利，予以充分和有力的保护，是可以断言的，这是三。基于上述的认识和信念，本席代表海外华侨民主人士以及爱国侨胞，对于这 3 个草案，愿无保留地予以接受。通过以后，并愿在中国共产党领导之下与各民主党派、各人民团体和其他爱国民主分子，努力促其实现。”

中国人民政治协商会议第一届全体会议胜利闭幕

9 月 30 日，由主席团经连日慎重协商后，提出的中央人民政府委员候选名单，今日经全体会议一致通过。按照选举法的规定，候选名单虽经通过，代表们在选举时，仍然有完全的权利，舍弃名单中任何一人或若干人，而另行选举。选举的手续极为郑重。本日会议的执行主席，刘少奇、李立三、沙千里、梁希、盛丕华，担任选举总监督。另由主席团指定 60 人监票，此次会议有选举权的代表共 578 人，但因海外华侨代表有两个名额，没有补足，所以实际投票的实为 576 人，开票结果，表明投票者无一人弃权，亦无一张废票。选举开始时，由执行主席清点人数后照数发票，主席台旁设票箱 9 个，投票之前由执行主席验看加锁。在投票者分批投入箱后，执行主席当众开启票箱，核对票数无误，即将选票交监票人分 20 组同时进行开票。

本日下午 3 点钟，开始会议，会议的第一个和第二个节目，就是两项选举，选举人民政协全国委员会和选举中央人民政府的主席、副主席、委员。两项选举用了不同的方法：作为中国人民统一战线最高组织的全国委员会的名单，是经过各单位协商的，所以采取了用整个名单付表决的方法。表决的结果，是全体一致通过。中央人民政府的主席、副主席和委员的候选名单，也经过各单位的协商，但是由全体代表用无记名联记的方法选举。当投票完毕，检票人进行检票时，全体代表一致地通过了宣言，向人民解放军致敬电，和竖立人民英雄纪念碑办法和碑文。随即到天安门前广场，举行人民英雄纪念碑奠基礼，然后代表们回到会场，听取关于中央人民政府的选举结果。选举结果报告，引起了会场的狂热鼓掌。当主席宣告毛泽东当选中央人民政府主席时，会场一致起立，热烈鼓掌，并欢呼万岁，至数分钟之久。人民政治协商会议第一届会议的闭幕式，由会议所选出的中央人民政府毛泽东主席和朱德、宋庆龄、刘少奇、李济深、张澜、高岗副主席主持，在毛主席和 6 位副主席登台时，在毛主席宣布闭幕式开始时，以及在朱副主席致闭幕词时，全场再三地热烈鼓掌欢呼。闭幕式以军乐队合奏《义勇军进行曲》为结束，在奏乐时主席台上悬起国旗。全体代表在庄严热烈的空气中起立鼓掌，长久不息。

（节选自陈嘉庚著《新中国观感集》，新加坡怡和轩俱乐部、新加坡陈嘉庚基金、中国厦门集美陈嘉庚研究会 2004 年联合出版。标题为编者所拟）

新中国向海外侨胞招手

司徒美堂*

旧中国由于农村破产，无法谋生，南方沿海各省跑到国外去的侨胞总数约达 1200 万人（其中南北美洲 20 万左右），他们对祖国的争取外汇，贡献实大；但也由于祖国积弱，百余年来，海外华侨成为“无母孤儿”，尝遍了甜酸苦辣的滋味。清朝政府时代，北洋军阀时代，蒋介石时代，一再派出许多人到海外去骗华侨的钱，名之曰：“集合侨资，复兴中国”，“回到祖国，自由自在地经营工商业”。这正摸中了侨胞的苦闷心理，所以大家投了资，一次一次兴高采烈地回来，但又一次一次地在国内受尽冤屈，掉了本钱，咬牙切齿，返到

* 司徒美堂：时任纽约安良工商总会总经理，美洲致公堂监督，新政协筹备会代表，人民政协第一届全体会议代表；后曾任全国人大常委会委员，全国政协委员。

美国，再做“骡仔”。华侨太老实，而骗子的花样又每次不同，高明的骗子，几乎每次都会得手。他们还给美国华侨起了个绰号，叫作“金山丁”，南洋华侨叫作“南洋伯”。广东人叫“笨伯”作“丁”，金山丁是“金山笨伯”的意思，你想可气不可气？

新中国成立前，美洲华侨在广东大的投资有：（1）广东银行，后为宋子文所并吞；（2）广州电车公司，路轨做好，车也定了，当时的军阀要敲100万港元的竹杠始准行车，公司不愿受诈，被迫宣告破产关门；（3）宁阳铁路——即从江门经台山（新宁）到阳江的铁路，中国铁路中这是唯一民办侨资的铁路——行车数十年，抗战时被蒋介石强借铁轨，当事人又盗卖器材，至今荡然无存。许多矿务公司，华侨手存股票，公司早已不见；若干公路、铁路的股权，化为乌有。总之一句话：华侨一生血汗，付之东流。许多老华侨破产之后，老境凄凉，不得终其余年。

那时，华侨返国要受海关关员的敲诈、码头打手的勒索，特务官僚之布置圈套，使华侨上当。蒋军霸占侨胞房屋，侨汇美金变为蒋币废纸，华侨种种遭遇，不能尽述。

我记得有下列几件事：一位台山姓陈的华侨，抗战前存入中国银行大洋5000元，1948年12月去提款，大洋折法币，关金折金圆券，得回金圆券4角5分，银行没有这些小额的金圆券辅币，给他一个价值5角的邮票了事，仅够买半斤米。另一位老华侨携带毕生积蓄美金万元归国，脚刚踏上广州大沙头火车站，就被蒋介石特务以不准携带金银外钞的罪名全数没收了去，老华侨抢地呼天，告诉无门，只有自杀。一位华侨回乡下盖房子，屋已上了梁，材料也都买好，国民党的书记长说他盖屋“有碍本村风水”，非要他拿出钱来消灾不可。他不给钱，宁可把房子丢了，跑回美国去，发誓再不回来。

华侨在海外饱受凌辱，回到祖国，复受鱼肉，真是一场噩梦！

可是，噩梦是到了完结的时候了，光明璀璨的中华人民共和国向“海外孤儿”招手，华侨何等高兴！一批批的人回来，人人有生存、温饱和发展的机会。另方面，过去压迫过我们的那一群四大家族的牛鬼蛇神逃到美国去了，这是一个很不错的对照。

一　我回到新中国

1949年8月，中国人民政治协商会议前夕，我从生活过60多年的美国回来了，8月中抵香港，9月4日抵北平。飞机一落在香港启德机场，香港政府的警车就来监视我；我住在旅馆，有人相陪；我出街，有车子吊在尾后；我上茶楼喝茶，也决不寂寞；直至我乘岳阳轮北上，警车还送到码头上。我记得那辆十分小心地“保护”着我半个月的车子，号牌是“8692”号。

离美时，许多华侨朋友替我饯行，关心我这么年老脚跛，怎好单人独马地飞越半个地球？关心战争尚未完全结束，能不能安全开会？但众口一词地说：“回去吧，带着我们华侨对祖国仰望的心回去向大会致敬，向毛主席致敬，向解放军致敬！同时请大家不要忘记海外华侨的痛苦！我们盼望这一天实在盼望得太久了……”是的，正如爱国的美洲华侨所瞩望的一样，在人民政协开幕典礼大会上，我用最炽热的声音，向毛主席和朱总司令致敬，并祝贺祖国的强盛！我回到北京以后，反动派是跳起来了，在纽约那边叫嚣，说要开除我致公堂的堂籍。民治党的喽啰却说：华侨并没选举我当代表去出席“共产党的政协”。移民局的“出番”放出恐吓空气：司徒美堂休想再回到美国来。联邦调查局大员四出访查，看哪一位侨胞跟我保持联络，予以警告。国民党的余孽是更加得意了，他们认为我这一走，去了他们的眼中钉，并且造成了致公堂、安良堂和其他侨团的分化。未回国之前，一些反动派和中立派和我见面时还是笑哈哈，弯腰握手，礼貌周到；回国之后，他们有着不能遏止的愤恨，狺狺狂吠露出真面目来。过去我不大能体会到“阶级斗争的残酷性”这个名词，现在上了一课，十分懂得了。

二　思想上解决了好几个问题

我回来已经15个月了，看得很多，知道得很多。单以我个人来说，解决了好几个问题。一般说来，这是大部分华侨间存在的问题：

第一，我们这个中央人民政府，不是如美国报纸所说的那样是“独裁的政府”，而是名副其实的人民民主专政的政府，由共产党领导，以工农联盟为基础的团结各民主党派、各人民团体、少数民族、爱国人士所共同组成的政府，1200万华侨也包括在内。现在施政的纲领，是《共同纲领》，这个纲领经过政协全体代表三番四复的讨论，我本人也提过了关于“便利侨汇”的意见，为大会所接纳，写进《共同纲领》去。政协全国委员会第二次会议土地改革法中有关华侨土地问题的意见，我提出了几次建议，都为大家所尊重，转到侨乡作为华侨土改时的参考。又关于中华人民共和国是否要有个简称的问题，我和一些代表提出的意见，亦为大会所接受。所有这些，就是民主！我年幼失学，14岁出门，只读过私塾4年，所知有限。但如有可取的意见，即会为大家所采用，民主的可贵处，就在于此。在美时对这一连串问题的疑虑，很快澄清。

第二，我们这个中央人民政府是一个有魄力、有效能、为人民热诚服务、使之各得其所的政府。美国报纸说我们只会打仗、搞政治，但必然在经济建设阵线上惨败，可是，决不。中央人民政府在经济阵线是胜利了。记得回国途中与回国初期我常常这样想：中国如此之大，又被蒋政权帝国主义榨得如此之穷，物价飞涨，通货贬值，天灾人祸，哀鸿遍野，怎样马上搞得好，这是一；其次，照顾得了工农，就冷落了工商，弄好了城市就疏忽了乡村，4个朋友，千头万绪，怎样合作得好？可是因为中央人民政府是由共产党领导的有魄力有效能的政府，是中国有史以来所不曾有过的好政府，经过很短时间，消灭了通货贬值物价飞涨之苦，连贯南北的京粤铁路也通了。再者经过半年的调整公私关系，使各得其所成为事实。今年3月，我返广州，路经上海，两地工商界，愁眉不展，对我诉苦；最近两三个月以来，大家都来信说"生意好转，共产党真有办法"了。至于救灾运动，一年来大力开展，解决了不少问题。如果这种灾荒是在新中国成立以前，至少要死三几千万人呀！一年来政府的成就是巨大无比的，我过去的担虑是多余的。

第三，我们中国有力量。1949年10月1日我在红旗似海的天安门上参加开国大典，看见中国人民解放军，坐着卡车、驾着坦克、骑在马上、拉着大炮、列队而过，威风凛凛，军容极盛！另外还有海军。天空上则飞机盘旋。在兵器展览会里，名副其实是美国兵器展览，好家伙！解放军想要什么，杜鲁门一声"送到"。他先交给蒋介石"剿"民，人民改从蒋军手中用血肉用头颅把它夺过来。解放军消灭蒋军800万，解放全中国，中国人民靠着自己的力量（加上国际的支援）打天下，解决自己的历史命运。共产党所领导的500多万正规化解放军不再是当年的游击队，我们的雄壮兵力足以反抗帝国主义的侵略。在美时我还担心美国来打我们，我们会吃亏，这一下可太好了，我们中国真有力量，任何帝国主义敢于进犯是一定碰得头破血流的。

三　华侨资本的出路

在国外，华侨省吃省穿，以其每年血汗所得，寄回祖国，赡养家人，这就是侨汇的来源。侨汇经常起着繁荣侨乡经济、促进侨乡生产、支援祖国建设的积极作用。侨汇有爱国爱乡的意义。抗战期中，侨汇负担了很大一部分的抗战经费。可恨的是，旧政府侵吞了侨汇、饿死了侨眷，侨胞的血汗变为四大家族在花旗银行的私蓄。新中国成立后，国家是人民的国家，人民政府关怀华侨的正当权益，侨汇的这种爱国意义才获得了空前的发展，发挥了更大的作用。政府又充分保障了侨眷对侨汇的所有权和使用权，因此给华侨很大的鼓舞。

《共同纲领》上“便利侨汇”的条文，政府早已把它付之实现。一年来执行结果，侨胞大感满意。据华侨来信反映，土改法上对于华侨土地房屋之规定，已打消了他们原来的疑惧。这两件事说明：华侨开始认识新中国，他们已了解华侨资本在中国还有出路，还可以安居乐业地发展一番工商业，人民政府对待华侨是采取保护和扶助的态度。以华侨那种刻苦耐劳、省吃省穿的精神，返到祖国来不是也可以获得温饱和发展吗？这样，华侨资本会陆续地返回祖国，参加建设。

具体的方法，人民政府自会正确周详地拟定，一定可以保证侨资的合理发展，获得正当利润，这里我按下不谈。

（选自《文史资料选辑》第 171 辑，中国文史出版社 2019 年版）

宗教界在一届政协会议上

邓裕志*

随着人民解放战争胜利形势的迅猛发展，中共中央于 1948 年 5 月 1 日号召建立统一战线，打倒蒋介石，迅速召开新政治协商会议，成立民主联合政府。我们知道后异常高兴，爱国的同工们互相传告，大家一致认为这个号召与我们渴望祖国独立、民主、富强，反对内战是一致的，都打心眼里拥护。不久，许广平大姐托人带口信来，要我参加将于 1949 年 3 月在北平举行的全国妇女代表大会。1949 年初，我从上海经香港乘船北上。途中遇到国民党海军盘查，船长诡称是往南朝鲜仁川的，但他们仍尾随不放，进入渤海湾后，又遇到另一条国民党的船，一前一后将我们夹在中间，直到近仁川时才解围。我们的船掉头到山东青州登陆。在那里，受到中共中央

* 邓裕志：时任中华基督教女青年会全国协会劳工部主任干事，新政协筹备会代表，人民政协第一届全体会议代表；后曾任中国基督教三自爱国运动委员会副主席，全国政协委员。

华东局负责同志以及许世友等同志的接见。然后经过烟台，由陆路直达北平，我及时参加了全国妇代会，并当选为全国妇联执委。

接着，我又得到被邀参加将于9月举行的新政治协商会议的通知。被邀参加会议的宗教界民主人士共8人，佛教2人，伊斯兰教1人，基督教5人。基督教5人为：吴耀宗（中华基督教青年会全国协会出版部主任）、邓裕志（中华基督教女青年会全国协会劳工部主任干事）、张雪岩（《田家半月刊》主编）、赵紫宸（燕京大学宗教学院院长）和刘良模（中华基督教青年会全国协会事工部主任）。我们5人思想转变或早或迟，但我们都是主张民主、反日、反蒋、反对美帝国主义，接受共产党在政治上的领导，不满基督教中存在的某些保守、腐败和它与帝国主义、封建主义的联系，期望基督教有所革新，在新时代里成为一个建设力量的支柱。

回顾新中国成立前后，中国基督教的情况是复杂的。它仍处于美国和欧洲国家基督教教会的影响和控制之下。它的经济来源大部出自西方国家。当时在中华基督教全国协进会担任重要职务、曾做过蒋介石顾问、有着很大影响的美国传教士毕范宇，就曾在一些基督教全国性会议上扬言“共产党来了要逼迫宗教”，煽动教会工作“要退到家庭”“要以乡村为重点”“要加强影音工作”，等等。中华基督教全国协进会还成立基督教应变委员会，集合中国基督教领袖和西方传教士交流情报，研究应付解放的对策。在这种情况下的中国基督教徒不少人对当时的形势抱着观望怀疑以至反对的态度，甚至把共产党比作洪水猛兽，抱着恐惧的心情，等待时局的发展，觉得命运掌握在别人手里。

吴耀宗先生比我先期到达北平。中共中央负责统战工作的罗迈

（即李维汉）同志，当时亲自向吴耀宗阐明共产党对宗教的态度。他说，按共产主义学说，宗教是一种社会现象，又是带群众性的，信仰它的很多人是被压迫、被剥削的。所以我们认为只有整个社会问题解决，宗教问题才能解决。在这样的意义上，我们才承认宗教信仰自由。对于具体的个人，只要不反动、不卖国，就给予保护。罗迈同志的话表明共产党的宗教信仰自由政策绝非暂时的策略而是出于诚意。它将消除基督教徒存在的疑惧心理。

政协会议举行之前，我们已经在北平的民主人士，在毛主席倡议、周恩来同志安排、邓颖超大姐的带领下，到东北老解放区参观，耳闻目睹老区政治建设、经济建设的具体情况，更增强了我对共产党能把国家治好的信心。回到北平后，周恩来同志多次邀我们开座谈会，启发我们、开导我们。他语重心长地说，中国人民要有志气，要把自己的事办好；民主党派要把民主党派的事办好；基督教要把基督教的事办好。基督教有位吴耀宗先生是思想家，他有能力把基督教的事办好。那时，邓大姐也启发我。她说，共产党与基督教虽然在世界观上不同，但在爱国这点上，我们是一致的：你们信教归你们信，我们可以求同存异，共同合作，又说，你今后可以把女青年会搞得更好。邓大姐的话消除了我曾存在的认为政教分离、基督教人士不宜参预国是的疑虑，共产党善于拿出正确的政治主张，团结朋友，平等待人，尊重民意。1938 年我在汉口第一次见到周恩来同志和邓大姐时就深有感受。那时，他们接受邀请亲临汉口基督教女青年会参观指教。席间，周恩来同志殷殷勉励我们女青年会同事要坚持抗战，支援前线，巩固后方。他还说：你们完全有条件由中国人自己办女青年会。中国共产党领导的统一战线早已深入人心，这就是人民政治协商会议的可靠基础。

吴耀宗先生和我在 1949 年 6 月先参加新政协筹备会议，我们二人都是宣言起草小组的成员。那时，吴耀宗属无党派人士方面，我属妇联方面。我们得悉会议代表中有许多位是基督教徒和其他宗教徒，感到代表中还应有“宗教界”这一界别，把宗教人士集中在一起，就能更有力地发挥他们的代表作用。这一意见被采纳了。在正式会议时便将前述 8 位代表抽出来组成“宗教界”。新政协会议代表中还有李德全、余心清、沈体兰、阎宝航、辛志超、刘王立明、吴贻芳等是基督教徒。

9 月 21 日，新政协会议开幕了。这次会议代行全国人民代表大会的职权，制定了作为国家大法的《共同纲领》，成立了中央人民政府。10 月 1 日毛主席在天安门城楼上宣布中华人民共和国中央人民政府的诞生。这是从鸦片战争后 100 多年以来，中国人民反对帝国主义、反对封建主义、反对官僚资本主义流血斗争所取得的伟大成果。人民成了国家的主人，这是一个翻天覆地的变化。对我来说，一个基督教界妇女能够与各界代表一起共同参预国是，也是一个没有料想到的巨大变化。

会议中，在讨论《共同纲领（草案）》时，我们宗教界代表自然关心到其中对于宗教信仰自由的规定。记得是佛教代表首先提出，在以马列主义为主导思想的不信宗教的环境里，更有必要在国家大法中标示出人民享有宗教信仰自由的权利。大家认为《共同纲领（草案）》关于人民权利的表述只提“信仰自由”，这样只是把宗教信仰自由概括在一般人民权利中是不够明确的；同时只在民族政策中规定少数民族享有“宗教信仰自由”是不够的。结果，会议对《共同纲领（草案）》关于人民权利的规定作出重要的修改，将“信仰……的自由权”改为“宗教信仰……的自由权”。使宗教信仰自由的权利在国家大法中得到明确的保证。这使我深深感到不信宗教的共产党对宗教信仰者的尊重。

政协会议以后，吴耀宗、刘良模和我先在上海向基督教界人士作了会议传达。以后又由政协宗教界代表中的基督教人士和中华基督教全国协进会、中华基督教青年会全国协会和中华基督教女青年会全国协会组成基督教访问团，到全国各主要城市，向当地基督教团体传达政协会议的意义和议决案。传达中我们针对基督教界人士的思想状况，主要谈了3个问题：（一）政协是统一战线的表现，而统一战线包括了基督教界；（二）《共同纲领》是最适合当时形势的纲领（我个人在一些场合也传达了其中有关经济政策部分）；（三）民主集中制在会议中的表现；也谈到宗教信仰自由问题。在上海传达时，吴耀宗指出，基督教和男女青年会遇到的很多问题，其中极大部分是由于基督教本身与旧力量存在着过于密切的联系，没有很好解决。我在传达中提到基督教是由西方传来的，现在应有中国化的基督教，中国基督教已到了划时代的阶段。刘良模在传达中说，中国基督教要自立自养，成为中国化的教会。访问团到各地时，还帮助教会与地方当局取得联系，并将地方教会遇到的问题向上反映，求得解决。我们的传达和访问引起基督教人士的普遍重视，使广大基督教徒更加了解新中国前进的方向，统一战线的意义和共产党领导的重要性，以及基督教在新时代中的地位和应做的努力。

现在，人民政协诞生40年了。40年来，我们的社会主义祖国在中国共产党领导下发生了翻天覆地的变化。中国基督教也早已在以吴耀宗为首的爱国爱教人士带领下，改变了过去“洋教”的面貌，实现了中国化的教会。由于党和政府的关怀，人民政协的协助，在十年浩劫中遭破坏的宗教政策已经逐步落实，宗教信仰自由已经重新得到保障。广大基督教徒大大提高了爱国主义和社会主义觉悟，正在和全国人民一起投入祖国的四化建设。

我坚信我们的社会主义祖国必将日益昌盛，我坚信沿着爱国爱教道路前进的中国的基督教，将以更新更好的姿态出现于中国和世界。

（选自人民政协报编《风雨同舟四十年》，中国文史出版社1990年版。原标题为《建设中国化的教会——宗教界在一届政协会议上》）

1949年参会日记

张元济*

9月21日

得筹备会通知，定于本日下午7时在怀仁堂开会，并附到签到片一叠。（凡12张，余席次在170。）[①] 席次表（附图一册）。

邓兆祥来，代李明灏约于本日9时在本店133号开会。

邓兆祥代传李明灏约，于上午9时在133号室黄琪翔（梅县）处会议。到者张难先（130，湖北）、胡子昂（246，四川巴县）、李书城（字晓圆，湖北，129）、宁武（字孟言，132，东北海城）、张酥村（120，广东）。以上5人均初见。李明扬、周孝怀及余，凡

---

* 张元济：时任商务印书馆董事会主席，人民政协第一届全体会议代表；后曾任上海市文史研究馆馆长，全国政协委员。

① 括注的内容均为原书中作者自注。——编者注

9 人。李君明灏历举开会程序及应知事项。发言人推定张难先，并由伊起草。孝怀言与余向不参加任何党派，亦不问外事，此次系特别情形，应于发言时为之说明。张、胡、李、宁、张醁村自称昔年曾入同盟会。黄似未声明。李明灏则言本为老国民党，近决脱离云。

访李步青（第二次，初访未遇）131 号，并晤其子女。

访陈荫南，122，安徽泗县人。谆谆问及朱介人家事。

访邓兆祥，138，广东人，重庆舰长，归于中共者。遇林遵于座。

下午 6 点钟赴中南海怀仁堂开会，与邵式平、吴贻芳同车而往。余被推为主席团之一，登台排列照相后归原席（第 170 席）。英儿随往。因未领得出入证，被阻于门外。后经人介至秘书处，取得联络秘书，开会中休息时便可入至会场。10 时半散会，先是大雷雨，此时已止。人多车挤，候于门外者约半小时，抵寓已 11 点半钟矣。

9 月 22 日

朝餐后访张难先、胡子昂、宁武、张醁村、李书城（未遇）。于本店。叔通来。周孝怀、江翊云、赵（尧生同年之子）来。张难先来。周士观来。（松孙同年之弟，239。）

宁武，字孟言，言离家 18 年，现被举为东北政治委员会委员，会事毕后，拟即返东北。谆谆问及沈阳分馆事。意甚关切。云遇事极愿帮助。宁君寓上海龙路有年。

午后 2 时半赴怀仁堂开会。是日周恩来演说甚久。7 时半散会。抵寓将 8 时矣。

得周莼彦信。（昨日事。）自言曾由徐振飞介绍，入商务印书馆任校对。后离馆，今失业，思复来。寄有所撰《编书刍言》一册来。

9 月 23 日

天头　余反对用西历。

晨 9 时赴勤政殿开会，偕李明灏同车往。召集人为沈雁冰。讨论国旗（余主用“后”字第四号）、国都（均主北京，众无异词）。至纪年一节，余以采用公历，合于世界大同之义，但目前尚难达到此境。至以现在为划时代，则民国犹是民国、民主犹是民主，不妨仍继续称民国纪元，今年为 38 年，且采用公历今年为 1949，一则我国历史已有 4300 余年，多数不知历史者不免误认我国立国只有 1900 余年，似失立国性；二则公历以耶稣降生为始，于我国回族、藏族不免有影响宗教之戟刺。经众人讨论，辩论再四。叔通亦力主公历。后有人提出以原议及余之主张提交总会斟酌。后孝怀主张改元，议论甚为透彻，亦提交总会讨论。

午后 3 时开大会，余请假。

张志让乞余追述戊戌政变事，拟登入《新建设》杂志，偕北大学生 3 人：宓汝成（浙江宁波）、陈昌杭（四川成都）、吴家麟（福建福州）来为余记录，并代借到梁卓如所著《戊戌政变记》3 册，送来备考。又携示《新建设》所载吴泽《记戊戌政变》一文，畀余阅看。（所记颇多错误。）余就记忆所及，为三君讲述。殊觉凌乱。至 3 时而毕。辞去。余告知如有须与我讨论者，请再来。

得陈夙之 20 日信、拔可 19 日信。

9 月 24 日

访李书城，晤金绍先（云渠，湖北兴国州人，今改称汤新）、饶凤璜（聘卿，湖北恩施人）及李步青。又访邵式平。（现任江西省主席，谈次知为万里长征之一人。瑞金、延安均为旧游之地。计其足迹，不止半中国矣。）又访黄琪翔。（与公度、幼达昆仲同为一族，军人出身。）

《光明日报》记者谢公望来访。询余身世及对新政府之感想。赠与《刍荛之言》及《新治家格言》《奇女吟》各一件，并告以如以余答语登报，请先以稿本见示。

祥保来，还以软玻璃气垫一具，并以叉烧肉来。

午后 2 时半到怀仁堂开会。主席宣布休息时，余即与英儿乘车先回寓。

9 月 25 日

与陈毅信，索游天坛影片，乞询价见示，照缴。

9 时半出门访陈云于朝阳门大街 117 号。旧称九爷府，后被收为励志社，今为财政管理处。据招待者云，不在。留一函而出。

到祥保处。小英入巷，邀岷源、祥保出，余候于车内。同入后门，先游御花园，古木丰蔚，致有清趣。内有授宣统英文之庄士敦书室在斋。出经坤宁宫、交泰殿、乾清宫、保和殿、中和殿、太和殿、太和门，出午门登车，复至祥保处午饭，饭毕 2 时半赴怀仁堂开会。有代表诸人演说，至 10 人而止。宣布休息，余即率英儿乘 75 号车回寓。

陈友松与祥保同寓，乘便往答。谈片刻而出。

得珑孙信，21 日复，附来金钱孙同年信。

以代表名册托邓子平代查代表寓本店者所居室号。本日乘英儿借自新华银行之汽车。车号为 506。夜间招待处带裁缝来量身材，欲为余制棉衣一袭。却之再三，坚不允，因许之。

9月26日

陈叔通、马寅初、沈子槎、包达三、张䌹伯、邱文奎约在米市胡同19号谭宅午餐。同座有张澜、陈嘉庚。9时，本店7号室有女士电话，通知周恩来约今日上午11时半午餐，并云有事面商。其语音不甚清晰，余遂往访。询知为紫非女士，在此担任工作者。（余问何姓，答云向不著姓，实姓张。）余告以本日已有陈叔通诸人邀于12时午餐，已允许在先，只可辞谢。女士言周君事太繁，不能预先早约。今有宁武、张难先、李步青、周善培均在本店，在他处有张澜。余示以陈叔通诸人请柬，渠指叔通、马寅初均在被邀之列。周君即约在本店设席。余告陈君之约不能推辞，当早散，于2时赶回，如未散，准当参与。

邵式平来，谈及长征时经大渡河、金沙江间有从未开化之民族，自称只管以汉族为奴隶，称为白骨。

韦捧丹来，询余在此有无觉得不适不便之处，并对会议有无意见。答以余等在此招待周到，可感。又告以对《共同纲领》曾提出撤销“禁止肉刑”字及“推广海运”已采列。又提出“爱科学”一项与上下文不甚相称，未被采用。余无他意见。

阎宝航来述周恩来意，邀余明日在会场发言。余云时间太短，亦不能畅所欲言，请作罢。俟异日有机会再陈管蠡之见。

叔通来电话，拟应周恩来之约，将原约展缓，在本日午后4时。

商务印书馆交到上海寄来衣履4件。

天头 讨论简称“中华民国”4字。

陈叔通来，偕往应周恩来、林伯渠之招，座谈于本店客厅。到者凡数十人，知者有张澜、符定一、何香凝、陈嘉庚、吴玉章、梁希、徐特立（介绍者告余，徐为毛泽东之师）、李锡九、沈钧儒、黄炎培、马寅初、马叙伦、彭泽民、沙彦楷、周孝怀、简玉阶、沈雁冰、司徒美堂、庄明理、高镇之、李步青、张难先、何燮侯、宁武、邵力子诸人。周恩来起言，前提出3案，屡经小组讨论，归束大致无甚异同。独中华人民共和国名称下加括弧简称中华民国，每次会议均有人言似属赘旈。当草案叙入之时，系为顾及一部分人之意见，谓宜勿忘创始革命之绩。究应如何定名方为妥协。今日承毛主席之命，特约诸长老至此讨论。有人言应删去此4字。余即继言，赞成删去。何香凝起而抗议，邵力子和黄炎培则折衷其说，谓可暂留。余如陈叔通、陈嘉庚、马寅初、高镇五、李锡九、徐特立、周孝怀、简玉阶、宁武诸人均主删。沈衡山则言去此4字并无忽视辛亥革命之意。于是周恩来取其说作为结论。旋即入席。余居首座，何香凝居余左，沙彦楷居余右。何燮侯、陈叔通、马寅初、夷初同席。周居主位。2时过即散。

陈通衡来。邓子平介绍称系统一战线部员，特来慰问。询知为衡山人。谈至5时而去。

叔范侄来，云沈汝兼已抵京，约余及英儿至其宅。余云连日开会，无暇，容会罢再约。留电话而去。（北大出纳组五，1921。）

吴家麟来，持所记追忆戊戌政变问答稿交余复阅。属其明日来取。渠在午后7时。

偕叔通至米市胡同19号谭宅，晤主人张絅伯（言论甚时髦）。沈子槎、邱文奎。未几，包达三亦至。客为陈嘉庚及其通译庄明理。陈只作厦门语，故需通译也。后至者张春芳、罗隆基。散席已

7时半矣。

送叔通回北京饭店，余即归寓。

得源侄妇22日信，云祥保托曾太太汇款170000元已领到，又接到陇海路局汇来74000元。

9月27日

江翊云来。（昨日交来裱成梁启超书札手卷，属余题记。）

访周士观，未值，秉农山，亦未值。与李明扬一谈而出。（询其字曰师广。）

托邓子平探问新疆3代表及蒙、回、彝、苗族代表住址。旋来告内蒙古代表住大佛寺西大街34号，少数民族住大取灯胡同3号。

昨晚归自谭宅，觉饮啖过多，微觉不适。晨起如厕，粪溏薄，早餐后遂泄泻。即服药饼，初隔3时一次，后改4时，凡4次。

与秘书处信，本日不克赴会，请假1日。

7时，吴家麟来，以修正戊戌政变的回忆稿交付，并还与《戊戌政变记》3册。吴君交来胡思壮所撰《戊戌履霜录》2册，留阅。

至晚泄泻渐止，夜起服药2次。

9月28日

起后腹疾就痊，早餐后周孝怀来，告知今日休会。

同寓共组宁武、张难先、李书城、周善培、李明扬、张稣村、胡子昂、黄琪翔约往王府井大街同生照相店摄影。李明灏、何燮侯亦至。团体照一张、单身一张。黄琪翔以伊年龄最幼、余最长，又约共照一张。遇赵朴初、巨赞法［师］，又遇回族马坚。（云南蒙自，现在北大教阿拉伯史。）到北京饭店访陈其尤（一号）及沈雁冰、陈叔通。

张难先召集在黄琪翔房内开讨论选举名单。余列入全国政治委员会名单内，请难先代辞。

得陈夙之电。复文曰：“定三十二号，尺寸大小不规定，但横直为三与二之比。”约伊见恩来，交与译文，代发。

9月29日

早餐后访江翊云。（渠昨日来，适祥保在室内，渠告以拟约70岁以上代表聚集一次。）知邀余与孝怀3人发起，在王府井大街萃华轩，称作聚餐摄影，知单已托秘书处代发，订在10月3日正午。

资耀华来，转述周恩来托转达《共同纲领》未采用“爱科学”3字之理由。

10时，张难先召集本组同人在黄琪翔室内开会，述昨又讨论选举名单，有人反对章〇〇，属同人谅解勿于会场提异议。又讨论宣言稿。黄琪翔认为全文不能合用，应重拟。李书城指宣言包括毛主席，不能用如“毛〇〇所说”字样。胡子昂言应对联合国不承认蒋之代表，对国内不能说反对共产党，如反对，是反对自己人民。黄琪翔又言陈其瑗、张文、冷遹3人不应掺入特邀单位内，应另列。全体赞同。由难先代表转达。

许赤诚、丁佩瑜来访，坚约便饭。余云容再订期。

以《中华民族的人格》1册、《新格言》1份赠张难先。前日以扇面1页属书，补记于此。

李步青（字仲英，其女也）以幅纸来属书。

午后2时半赴怀仁堂，5时半散。

晚8时在勤政殿开主席团会议，托叔通代请假。

夜发陈夙之电。文曰："顷见规定国旗正式尺寸五种（甲、乙、丙、丁、戊，如原文数字），均以公分计。济。"

伊见思代购《林文忠公政书》一部，拟赠毛泽东。

9月30日

以《中华民族的人格》一册赠吴玉章。先是吴以所撰《中国历史教程绪论》见贻，报之也。

9时，张难先在133号开会。本组同人惟李明灏未到。难先报告已另起草，陈、张、冷3人已另列。并选代表方法：中央政治委员用无记名投票，同意者于本人姓上加○，否则加 ×，随举一人补充，任何人均可等语。少缓由其女公子交到名单一纸。

午后2时过，赴中南海开会。通过全国政治委员会名单，又中央政治委员亦有候选名单分发。主席声明同意者加○，否则加 ×。余以为素不相知者，无同意不同意之可言，拟质诸主席。邻座诸人阻勿言，谆劝以加○为妥。余勉之。主席宣布讨论通过宣言。

天头 余发言，拟于宣言稿加"保全我国领土"字样。

余报名发言，谓近读《参考消息》，有人觊觎我西藏，又云南、两广边界外，亦对我有啧言。鄙意拟于五节"解放全国领土"句"解放全国"加逗点，下加"保全我国的"5字。此有两层意见：前一层即毛主席开幕词中不许任何帝国者再来侵略我们的土地；后一层即《共同纲领》第十条、第五十四条保卫中国领土主权完整。鄙见拟请于宣言中郑重声明，是否可采，请裁度。我言下之意不许别人侵略我，我亦只保全我之领土，并无侵略他人领土之意。有 241 号许德珩君继起发言，主张维持原案。周恩来君在台上提议巩固国防之下，保全我们的领土字样。主席征问余是否同意。当［即］答以同意。

当检点选举中央政治委员票时，宣布在天安门间建立纪念烈士碑，邀全体代表前往行奠基礼。余随往。约一时礼毕，复回至怀仁堂。主席宣布投票结果，掌声不绝，不久即闭幕。

归寓已 8 时过，厨房已熄火矣。余以饼干充饥。英儿出外就食。

得夙之信，并附来黄荫普信。

10 月 1 日

晨微雨，午饭后渐晴霁。

是日通知下午 3 时在天安门楼上行政府成立礼，升旗、阅兵、游行。余挈英儿同往。拾阶而上，见游行队列坐广场，蜂屯蚁聚。届时赞礼宣布开会，作乐鸣炮，宣读公告。继朱德阅兵，先步兵，后机关枪，次炮兵，次海军，继骑兵，继坦克车，而飞机则遨翔上空，寥寥无几。行伍行毕，游行方始。余即率英儿下楼与胡子昂同车归寓，时方 6 时。

8 时半即睡。闻外间游行欢呼声至夜半方止。

与毛泽东信，赠与《林文忠政书》1 部。

（节选自张元济著《张元济日记》，商务印书馆 2018 年版。标题为编者所拟）

参加一届政协会议前后的感受

袁雪芬*

当我刚结束47天地方戏剧研究班学习生活之际，还来不及小结个人的学习收获，就接到中共上海市委统战部副部长周而复的当面通知，要我与梅兰芳、周信芳、程砚秋作为特邀代表，去北平参加中国人民政治协商会议第一届全体会议。这一突如其来的任务，使我手足无措。我不假思索地说："我有何德何能与艺术大师们去参加这么庄严神圣的会议，再说我只是一个不问政治的普通演员，只要求让我好好地演戏而已，请另找一位比我更合适的人吧！"这使周而复感到意外，他没有想到我会这样回答他。

记得上海解放后不久，于伶先生就对我说："我希望你不单成

* 袁雪芬：时任上海市戏剧电影工作者协会越剧委员会委员，人民政协第一届全体会议代表；后曾任中国戏剧家协会副主席，全国人大常委会委员。

为艺术家，还应该成为政治家”，“……政治是什么？是是非和爱憎。你有明确的是非观和爱憎观，你的生活和演出都反映出了有非常明确的爱憎观念；这是非常单纯的，也是非常可贵的，你比人家高明之处，是你反对压迫和要求进步，往往行动在先而认识在后，你已被卷入政治而你不承认是政治；你有鲜明的政治素质，应该成为艺术家和政治家。”尽管于伶先生曾批评过我行为在前，认识在后，指出政治即爱憎是非的问题，可碰到具体事，我那“超政治”的思想又冒了出来。于伶先生又一次对我说：“参加政治协商会议的代表是中央决定的（后来在周恩来书简中看到关于当年提议我当第一届全体会议特邀代表的事），不是随便可以换人的。你与三位艺术大师去参加会议，讨论治国的共同纲领，是非常光荣的。你戏中常常提到上京赶考，你连京城都没有去过吧？这次你上京去考一个状元回来不好吗？”我就这样被于伶先生说动了。临走前，他笑着说：“送孩子上京考状元去了。”

从上海去北平，要过长江、黄河。火车到南京下关，人下车后，与火车分别摆渡过江。这些都让我感到新鲜。极目四野，心境拓展，有一种从未有过的舒畅。尽管从小随科班由嵊县顺曹娥江到绍兴，又从钱塘江到杭州，然后又到黄浦江畔的上海演出，已成为一个远行者了，可是从上海到北平需 29 小时的火车行程，与此前相比，这才是真正的远行。车上与工人范小凤、学生运动者张本等交谈的同时，也担心着自己如何参加这么庄严会议的问题！

一到北平就被安排在东交民巷六国饭店，与我同住的是部队医生李兰丁，她年龄与我相仿。看她一身旧军装非常朴素严肃，与她一比，我穿着灰色格子呢的夹克衫，显得洋气了。我与她除了打招呼外也没有交谈。第二天一早，服务员给我送来了一杯牛奶、两个鸡蛋就要走，我叫住他问：“还有一位的牛奶、鸡蛋呢？”他回答我：“这是周恩来副主席特意关照给您的，听说您在旧社会生过肺病，所以给予特别照顾。”我听到这句话，怎么也抑制不住内心的激动，热泪盈眶！我还从未见过周副主席，他是日理万机的共产党领导，怎么得知我这个演戏者曾得过肺病的呢？记得 1942 年春，因搭档马樟花被迫害致病而死，它激起我愤愤不平而咯血不止。前后台老板以及所谓我的保护人舅舅，让我吃点八卦丹，仍逼我上台演出。真是两种社会两重天啊！那样刻骨铭心的感受，怎么能忘怀呢！

紧接着通知我与一些特邀代表去见周副主席。先是满头银发的长者林伯渠同志出来，和蔼可亲地与我们一一握手。不一会儿，周副主席出来了。他身穿深蓝色的中山装，两道浓眉，光芒四射的眼神，精力非常旺盛，显得气度非凡。我见他与代表们像故友重逢那样一一热情握手，而且总有着惊人的记忆力，能讲出几十年前在重庆、南京、武汉等地的一些人和事，真是谈笑风生话友情。见到我时，他像见到熟人一样亲切握手，说：“我早就认识你了！1946 年在上海看过你演出《凄凉辽宫月》。”这时我才知道，当年报上登的中共代表看越剧，原来就是周副主席啊！虽是第一次见面，他使人毫无拘谨，感到如同长辈一般亲切。周副主席对我们说：“非常欢迎大家到北平来参加会议，中国人民盼了多少年，这一天终于盼到了。希望你们来，一同讨论共同纲领，商量国家大事。”

我当时感觉得到周副主席讲话的分量，原来要大家来讨论商量国家大事的。被旧社会视为戏子的我，竟然也能参加商量国家大事了！我只有用心听，用眼看，用心思考，这是难得的学习机会。

开会前，邓颖超大姐接我去中南海住所吃饭。那是临时住所，一间一隔为二，分为餐厅和卧室，让人感到共产党领导人的俭朴生活。一起吃饭的还有孙维世。饭后大姐带我到怀仁堂看程砚秋等演出的京剧专场。刚坐下看到毛泽东主席来了，邓大姐让我去见毛主席。毛主席与我握手时说："欢迎，欢迎，第一届文代会你没有来，这次政协会议欢迎你参加。"我竟讲不出一句话，只是不断点头。

又一次，周副主席设家庭便宴，欢迎郭兰英、李波等在世界青年联欢节比赛演唱《翻身道情》等得奖回国。张学思（张学良的弟弟）和我也被邀参加了，毛主席带着小女儿李讷也来参加余兴活动。郭兰英与李波演唱得奖唱段后，要我也唱一段，我只好唱了一段《卖青炭》中"三翻十二郎"。然后跳舞开始，陈毅市长过来邀我跳舞，我摇摇头说：我不会跳舞的。大家感到意外，来自大上海的演员不会跳舞！我听到陈毅市长毫不介意地说："这孩子很单纯。"邓大姐过来问我："雪芬同志，你为何不跳舞呢？"我回答："我不喜欢跳舞，所以不会跳。"毛主席接着说："我来收你作学生，这不叫跳舞，这叫听音乐走路……"毛主席一边和我听音乐"走路"，一边问我越剧改革中演过《西厢记》中张生等的情况。我眼看天花板，听着音乐"走路"的心情仍很紧张，问毛主席怎么知道我演过张生的？毛主席说看过《雪声纪念刊》，了解了一些越剧改革的情况。最后我向毛主席道歉：踏痛了您的脚了，说明我是不会跳舞的。这十分尴尬的窘况，今天仍记忆犹新。其实舞台上的舞蹈比交谊舞复杂得多，不喜欢交谊舞的我就是不学。自己所厌恶的喝酒、赌钱、跳舞、交际等，不管国内国外活动，我行我素，宁愿尴尬也不附和。

在政协会议期间，我除了用心听着，很少开口。除毛主席的报告、周副主席的《共同纲领》起草报告外，身经百战的指挥员和战斗英雄、劳动模范、起义将领、各民主党派、工商界和各阶层代表的发言，都深深地吸引着我。我亲眼看到天安门前一群建筑被推倒，将建造广场。我参加了在广场中间建造人民英雄纪念碑的奠基典礼，看到以毛主席为首的中央领导铲土奠基。我的心中洋溢着喜悦和兴奋：在旧世界的废墟上，一个新的人民共和国就要诞生了，我有幸成为这一神圣时刻的目击者和参与者，这是一生最大的幸福。

1949 年 10 月 1 日，我们代表跟随新选出的以毛主席为首的中央人民政府领导登上天安门城楼，参加了开国大典，广场人群一片欢腾。我似乎情不自禁地挺直了腰杆，这划时代的一刻永驻我的心中。我作为中华民族的一员而感到自豪！历时 7 个小时的游行巨龙，浩浩荡荡，充分显示了人民的力量，也激励着自己的斗志。

在把北平改为北京的 40 多天政治生活中，我吸取了大量的政治营养，开拓了政治视野。尤其同室的李兰丁讲起自己从学生参加革命队伍，到改造成为一位革命军人的经历，深深启发着我。这不正是周副主席安排李兰丁与我同室的良苦用心吗！虽然我与她年龄相仿，可是从她身上感到有种自觉的意识，而这恰恰是我缺乏的。如何使自己成为一个自觉的革命者呢？于是我萌发了入党要求，把丰富的政治营养化为人生的追求了。

在京开会期间，周副主席与邓颖超大姐多次接我去吃饭交谈。一次周副主席说：“我放张唱片给你听听。”一听，竟是《凄凉辽宫月》。那唱片是于伶先生要去送朋友的，原来他送给了周副主席。

又一次，周副主席与邓大姐与我共餐后，向我了解越剧历史和发展状况。他问，为什么越剧全是女演员以及越剧与绍兴大班的关系等问题。我回答：越剧与不少戏曲剧种一样，都是从说唱形式演化而来的。越剧早期是由农民自娱自乐的唱书班唱［落地唱书调］开始的，后来在稻田或香火堂前搭上门板串戏，演唱的都是反映农村生活的小戏，后用弹词本和民间传说来表演。男小歌班与绍兴大班的共同点，都是一桌两椅传统的表演（小歌班是向绍兴大班学习的）。不同的是，男小歌班历史短，它的唱腔［落地唱书调］［吟哦调］［正调］都是无伴奏的接腔、帮腔唱法。几百年历史的绍兴大班，唱腔高亢激越，属于梆子系统，演的多半是历史题材，所以称为大班。我就哼了两句来区别大班和小歌班。周副主席即兴唱了两句绍兴大班唱腔，邓大姐与我听得哈哈大笑！周副主席接着问：男班怎么变成了女班的呢？我回答：据说男班艺人从嵊县、杭嘉湖到上海，由于演出粗糙简陋，很难立足上海。即使最后一次到上海有所改进，也难与其他剧种相比。看到全部女孩演的小京班髦儿戏受欢迎，得到启发的男班艺人纷纷回嵊县招收女孩学小歌班。再说嵊县农村破产，养女无望，故女孩子大多是被溺死或做童养媳的命运，一旦可以学戏赚钱，胜过做童养媳，所以在 20 年代就出现了“女小歌班”。周副主席听得很认真，说：“我知道你们都是来自浙江农村的苦孩子，听说你们在上海是在要保证剧场卖座的前提下进行改革演出，真是不易呀！”

在一次饭后，邓大姐说：“雪芬同志，我们陪恩来同志散散步吧，他已好几天得不到休息了！”我就跟随他俩在园中散步。周总理回过头来对我说：“年轻人，与我写写信吧！你有什么想法，遇到什么问题困难都可以写，我们交个朋友嘛。”我连连说：“好，好！只是我的字写不好，有事，我会叫人替我写信告诉您的。”周总理马上说：“我知道你是从小学戏的苦孩子，没有能好好地读书，我不看你字写得好不好，我要看你的真情实感嘛！”我从众多革命者身上受到过教育，对我教育最大的莫过于周总理与邓颖超大姐他们对我的言传身教了。他俩是共产主义的化身，水晶般的透明。他们似乎在启迪我像他们那样活着才有意义。于是我在离京返沪前夜，再次来到总理、大姐处时，就对他俩表白：来北平开会前，我还欣赏自己是个超政治的只愿演好戏的演员。这40多天来的所见所闻，促使我要做一个清醒的自觉者，我要求入党成为一名共产党员。总理与大姐听后，说：“很好。你过去在旧社会有过斗争，但要求入党做一名共产党员不是为了个人。有这要求，可以回去向当地组织提出。”

参加第一届中国人民政治协商会议，是我一生中最难忘的一件事，是我真正认识政治和自觉关心、参与政治活动的开始。至1998年以前（除“文革”期间），我一直担任上海市和全国人大代表及全国人大常委会委员，直接参与国家大事的讨论。我始终牢记自己的神圣职责——人民代表，一切要以人民利益为重，也一直身体力行地去这么做。

（选自全国政协文史资料委员会编《人民政协纪事》，中国文史出版社2004年版）

新政协召开前后琐忆

沙　里*

一　北平春来早

1949 年 1 月，我还是华北大学的一名学生。我们欢度春节的秧歌队在“打到南京去，活捉蒋介石”的口号声中，正兴高采烈地沿着正定古老的城墙扭到西门，突然学校派人来找我，说成仿吾校长有急事要我立即回学校。

在校长办公室，已经坐着好几位同学，校长以无比兴奋的声调说，现在北平马上就要解放了，组织上决定派你们回北平，向中央统战部报到，参加筹备新政协的工作。

* 沙　里：时为华北大学学生，在中共中央统战部工作；后曾任全国政协委员、副秘书长。

当天下午，我们到了石家庄，在申伯纯同志带领下向北平进发。那时，北平和平解放的协议虽已达成，但还不能入城，我们只能在前门外打磨厂的一家小客店住下，等待参加 2 月 3 日的入城仪式。

北平春来早，这天上午，古城万众欢腾，盛况空前。申伯纯到东交民巷从叶剑英同志处领受给中央统战部的任务是：（1）接收中南海。（2）接收北京饭店和六国饭店。（3）接收国民党励志社华北区分部。励志社属黄仁霖系统，表面上是提供一部分国民党军官和美军吃喝玩乐的机构，它有几处颇大的物资仓库和若干高中级招待所。北平军管会任命金城为接收励志社的军代表，我担任接收小组组长。组员有王左军和石长青。很显然，叶帅的这一指示是为筹备新政协做准备的。

2 月 3 日这一天上午，我们一行 20 来人在前门外插入大队伍，在鼓乐和欢呼声中穿过五牌楼、前门、天安门，从新华门进入中南海。环南海绕了一圈，东八所、勤政殿、丰泽园、瀛台、春藕斋……一片荒凉，寂无人声。太液池（南海）一池污泥浊水，到处是垃圾。原国民党特别刑事法庭的房子里，堆满了许多原是为我们这些北平学生准备的脚镣、手铐和其他刑具；还有许多不知从哪家书店没收来的马列主义新书，其中就有许多精装本《列宁主义问题》，是苏联出版的。当天晚上，我们也只能睡在居仁堂的沙发上。

原定在哈尔滨召开的新的政治协商会议，北平和平解放后改在北平举行了。为了迎接新政协的召开，进城后不久，中央统战部即由申伯纯、金城、周子健等同志负责组建“交际处”，接待应邀前来参加新政协的代表。

许多民主人士在党的“五一”号召发布后，已于1948年底分别来到东北和华北解放区，他们是经过秘密通道进入解放区的。北平和平解放以后，另一些民主人士及其家属、随员又陆续从香港以及全国各待解放地区，由党组织护送来北平。

为了工作方便，中央统战部（当时在中南海）把交际处设在南池子南口的怡园饭店，北平军管会把北京饭店、六国饭店和翠明庄（南池子1号，原国民党励志社第八招待所，军调部时期，这里是中共代表团驻地，因接待对象是“八路军”故被称为第八招待所）划归中央统战部管理。

随着解放军4月渡江，南京解放，从香港和海外又回来了许多知名知识分子、留学生，如香港达德学院的一批学生，也随黄药眠、钟敬文等教授来新中国参加工作。他们都是由中央统战部交际处接待，因此交际处的任务十分繁忙。这时又增加了4家饭店，它们是永安饭店（前门外西河沿）、惠中饭店（珠市口）、远东饭店（李铁拐斜街）和西单饭店（大栅栏西口），都归中央统战部派人直接管理。我们接待的这些客人，是来自原解放区以外的第一批知名知识分子。政协会议以后，新中国成立，他们中有的人就是联合政府的组成人员。

一届政协大会的全体代表的主要住所是北京饭店、六国饭店和翠明庄。新中国成立后，投奔新中国的留学生和其他青年学生，都由中央统战部通过中央人民政府人事部，分别按其本人志愿分配到各部门和各地区参加工作。

为了满足绝大多数人在参加工作前学点马列主义和有关政策的要求，中央统战部经中央批准，在华北人民革命大学设立了一个政治研究院——华北人民革命大学政治研究院。政治研究院连续举办了4期，约有500人参加学习。结业后，依照学员本人的志愿和其原有的资历、学历等，由中央人民政府人事部面向全国分配工作，也为各民主党派输送了部分干部。

二　群贤毕至　少长咸集

1948年，中国共产党关于召开新的政治协商会议的“五一”号召发布以后，立即得到各民主党派和全国其他各界人士包括爱国华侨的热烈响应。

新政协会议的召开，意味着一个新的中国即将诞生，这是几代中国人梦寐以求、也是近百年来无数爱国志士为之奋斗牺牲追求的目标。“五一”号召以后，从香港、海外归来，以及各个渠道介绍来愿意为新中国服务的各界知识分子、一些公开宣布与国民党决裂的原国民党中上层人士，以及上述各类人员的随从家属和青年学生，纷沓而至，人流如潮。

据当时在香港工作的夏衍同志回忆：“为了筹备召开新的政治协商会议，大批民主党派领导人、工商业家、文化界人士，都要从西南、西北、华中、上海等地转到香港，再由我们租船把他们送往……单就护送民主人士这一件事，历时一年多。据不完全估计，经香港坐船到解放区的知名人士如沈钧儒、黄炎培、马寅初、郭沫若……还有许多作家、演员……最少也有350人以上。”这件事“完全是汉年同志‘牵头’的，事无巨细……一直到妥善地送他们上船，他无时无刻不为这些事操心”。

8月份开始，滞留在香港的民主人士，在党组织的护送下先后分4批到达东北解放区：第一批有沈钧儒、谭平山、蔡廷锴、章乃器等，于9月18日到达哈尔滨；第二批有郭沫若、马叙伦、许广平、王昆仑、曹孟君、韩练成等，经安东转哈尔滨；第三批有李济深、朱蕴山、沈雁冰、彭泽民、邓初民、洪深、梅龚彬、孙起孟等30余人，于1949年1月7日到达大连；第四批有黄炎培、俞寰澄、盛丕华等，时天津、北平已经解放，他们于3月25日到达北平。这时先期到达东北解放区的民主人士李济深、沈钧儒等已于1月25日到达北平。由于战局的迅速发展，原定在哈尔滨召开的新的政治协商会议，已经有条件在北平召开了。

与滞港的民主人士分批到达解放区的同时，在平、津、沪等地的民主人士符定一、胡愈之、吴晗、周新民、周建人、雷洁琼、楚图南、田汉等，分别秘密经苏北、山东、泊头转石家庄，再到中共中央城市工作部所在地李家庄。为了适应新形势下统一战线工作的需要，这年9月，中共中央城市工作部改组为中共中央统一战线工作部。

在这期间，我认识了许多民主革命运动中的知名人士，其中有钟敬文，那时候他还是一位中年学者。在国民党统治区，他因受迫害移居香港，和黄药眠教授一起在达德学院任教。北平和平解放后，大约是1949年5月，他们一批拥护共产党召开新的政治协商会议、成立新中国的“五一”号召的爱国知识分子，在党的香港工委安排下，乘坐英商太古公司的客货轮“岳州”号秘密离开香港，在已经解放了的天津塘沽登陆。同来的还有他们的学生周曾铮、池金良、张正吾等。他们都是来为新中国效力的。

在天津负责接待的天津交际处处长连以农，亲自陪同“岳州”轮载的大批人员来到北平。连以农随即也就留在中央统战部交际处任副处长，政协大会后又被派到政协机关，主持当时全国政协唯一的机构——“秘书处”的工作，他“勤俭持家”经营初创的政协机关，并能很好地与当时在政协机关工作的许多党外人士合作共事。从此他的一生都奉献给政协事业，令人怀念。

到达天津的“岳州”轮，满载着新中国的知识财富——一大批为新中国服务的知识分子。其中有的是参加第一届文艺界代表大会的知名人士，如名演员舒绣文、《新民报》副刊主编诗人陈迩东、漫画家张文元、小说家巴波夫妇、画家方青等。还有《资本论》的最早翻译者王亚南和他的夫人，后来是《上海的早晨》的作者周而复，郭沫若的家属于立群以及她的 3 个孩子（最大的约 8 岁）都在这条船上。于立群和孩子们是来北平和郭老团聚的；黄药眠教授年逾不惑，但他还是新婚，夫人同来；钟敬文教授则一家四口，夫人陈秋帆教授，儿子钟少华那时还是个刚上小学的孩子，少华的妹妹则还在襁褓中……我和少华也是在这时认识的。20 世纪 90 年代，我和他在中日关系史学会见面时，少华已是卓有成就的学者，并且已经有了孙子。

他们这一批滞留或避居香港的爱国民主人士以及其他爱国知识分子，毅然回到北平，是冒着被国民党特务杀害的危险的。杨杰将军，由云南绕道香港，在来平参加新政协大会途中被国民党特务杀害即是例证，其他各民主党派在港的领导人也都不同程度地受到特务的恐吓。

三　盛典撼人心

1949 年 6 月 15 日，新政治协商会议筹备会第一次全体会议在中南海怀仁堂开幕。参加筹备会的有党派、团体、民族、华侨等各界 23 个单位，代表 134 人，会议历时 5 天。

大会通过了《新政治协商会议筹备会组织条例》，确定 45 个参加单位和代表名额。选出毛泽东等 21 人组成常务委员会，负责日常事务。常委会推定毛泽东为主任，周恩来、李济深、沈钧儒、郭沫若、陈叔通为副主任；李维汉为筹备会秘书长，齐燕铭、余心清、孙起孟、阎宝航、罗叔章、周新民、连贯、宦乡、沈体兰为副秘书长。筹备会分 6 个小组，完成下列各项任务：

（一）拟定参加新政协的单位及代表人数（为第一组，下依次）。

（二）起草组织条例。

（三）起草共同纲领。

（四）拟定中华人民共和国中央人民政府组织法。

（五）起草大会宣言。

（六）拟订国旗、国徽、国歌方案。

李维汉、谭平山、周恩来、董必武、郭沫若、马叙伦依次为各组组长。

大会开幕前夕，李维汉同志因腿部受伤，秘书长一职由林伯渠代理。

筹备会代理秘书长林伯渠在报告中说："对于参加中国人民政治协商会议的单位及其代表名额与名单的问题，筹备会是用非常慎重、非常严肃的态度来处理和拟订的"，"筹备会所拟订的名单分为5类，除前述4类共45个单位（按：四类是指党派、区域、军队、团体），代表510人，候补代表77人外，第五类为特别邀请代表，经筹备会常委会与各方面协商定为75人”。经过3个月的紧张工作，筹备会的各项任务基本完成了。

1949年9月21日晚7点，中国人民政治协商会议在中南海怀仁堂开幕。会场上灯光辉煌，光芒四射的人民政协大徽章高悬在会场前。主席台前鲜花与松柏围绕，正面悬挂着孙中山和毛泽东的画像，画像中间是人民政协会徽，两侧是中国人民解放军的四面军旗……“毛主席来了！”“毛主席来了！”全场起立，雷鸣般的掌声，打破了短暂的静寂，怀仁堂又活跃起来。7时26分，毛主席以洪亮而又淳厚的湖南口音庄严宣布：“全国人民所渴望的政治协商会议现在开幕了。”顷刻间军乐齐鸣，同时在会场外鸣礼炮54响，全场起立，热烈鼓掌达5分钟之久，使这座长期沉寂的古老殿堂淹没在声浪之中，怀仁堂沸腾了。

“我们的工作，将写在人类的历史上，它将表明，占人类总数四分之一的中国人从此站起来了。”少奇同志高度评价中国人民政治协商会议在中国人民的革命大团结中的作用，他说：“中国人民政治协商会议的开幕，就是表示这种新的全国人民的革命的大团结及其在组织上的最后形成。”特别邀请人士宋庆龄盛赞“这是一个历史的跃进，一个新中国的诞生，在中国共产党的领导下，孙中山先生的民族、民权、民生三大主义的胜利实现，得到了可靠的保证”。最感人肺腑、催人泪下的还是海外赤子、83岁的司徒美堂的讲话，他说：“海外华侨一向热爱祖国，效力革命，但从来得不到祖国真正的爱护，以致在海外受帝国主义的凌辱压迫，回到国内便受贪官污吏的剥削欺骗，所以很长时期热望一个独立、自由、民主、统一的新中国的出现。今天，……这个愿望实现了，使我们感到万分的兴奋。”

中国人民政治协商会议第一届全体会议代表662人，团结面十分广泛，有各民主党派和无党派民主人士，有各民主阶级的代表，包括11个少数民族和各国华侨的代表；当时从已知年龄的602人的统计，年龄最高的代表是萨镇冰，93岁（未到会）；83岁的两人，司徒美堂和张元济。其余：

70岁至79岁的有吴玉章、徐特立、何香凝、张澜等21人，占3.5%；

60岁至69岁的75人，占12.5%；

50岁至59岁的147人，占24.4%；

40岁至49岁的235人，占39.0%；

30岁至39岁的96人，占16.0%；

25岁至29岁的16人，占2.7%；

24岁以下的9人，占1.5%。

代表中年龄最小的21岁，是台湾高山族的台盟代表田富达。

1949年9月30日这一天下午，是政协一届全体会议的第八次大会。这次大会的议程有：一、选举人民政协全国委员会；二、选举中央人民政府主席、副主席和中央人民政府委员会委员；三、通过各项决议：大会宣言、致中国人民解放军慰问电、建立人民英雄纪念碑和碑文。

决议通过后，600多名代表怀着极其兴奋的心情，排着长队依次通过主席台前的票箱，投下这神圣的一票。这是中华人民共和国诞生的瞬间，标志着中国人民半个世纪以来，企盼已久的“建设独立、民主、和平、统一、富强的新中国”在中国共产党领导下实现了。

由于当时还是手工计票，一时计算不出结果，全体代表便利用计票的间隙，到天安门广场举行人民英雄纪念碑奠基典礼。

下午6时，周恩来在纪念碑基石前致辞：“我们中国人民政治协商会议第一届全体全议为号召人民纪念死者，鼓舞生者，特决定在中华人民共和国首都北京建立一个为国牺牲的人民英雄纪念碑。现在，1949年9月30日，我们全体代表在天安门外举行这个纪念碑的奠基典礼。”致辞后，全体代表和会议工作人员脱帽肃立，向人民英雄致哀。然后，毛主席宣读纪念碑碑文，追念100多年来为新中国的诞生而英勇献身的人民英雄们。宣读毕，毛主席和参加政协各单位首席代表依次铲土奠基。然后，代表们回到会场听取宣布关于中央人民政府的选举结果，紧接着举行中国人民政治协商会议第一届全体会议的闭幕式。

新选出的中央人民政府委员会主席毛泽东和朱德、刘少奇、宋庆龄、李济深、张澜、高岗6位副主席，依次在全场热烈欢呼声中登上主席台。当毛主席宣布闭幕式开始时，全场再三热烈欢呼，掌声如雷，经久不息。在新国歌的军乐声中，主席台上悬挂起新制的光彩夺目的五星红旗……朱德副主席致闭幕词，他说，中国人民政治协商会议第一届全体会议的工作，已经胜利地完成了。我们全体一致，宣告了中华人民共和国的成立。

全体代表在庄严热烈的气氛中，起立鼓掌。

这时时间已是晚上近9点，大家还没有吃晚饭。代表们和全体工作人员，在欢乐中回到北京饭店代表们的寓所聚餐。饭菜很简单，只不过在代表们的日常伙食上加了几道菜，是按解放区老传统的聚餐，不是宴会。上千人的聚餐，可以说盛大了！那时北京饭店虽是旧北京最豪华的一家饭店，但和后来的北京饭店比，还是很简陋的。

我作为一名工作人员，有幸参加这一届政协和共和国第一餐。毛主席此晚也破例有敬必饮，开怀举杯。席间气氛热烈，大家都举着酒杯争先恐后拥向第一桌，把毛主席团团围住。直到齐燕铭同志宣布，餐后中央人民政府主席、副主席、委员还要留下开会，才停止了敬酒。夜已阑，兴未尽，在幸福的情思中，人们渐渐离去。

第二天，毛主席主持召开中央人民政府委员会第一次会议，会上推选林伯渠为秘书长，任命周恩来为政务院总理兼外交部长。

当这项载入史册的决定协商完毕的时候，大家似乎都已忘记了时间已是10月1日凌晨了。

当时的天安门广场比现在小得多，中间还隔着一堵旧紫禁城的围墙，大会会场，只是临时在围墙上打开4道便门，10月1日下午，广场上聚集着首都各界30多万群众。郊区的农民，天未亮就动身了；城里的工人、学生、机关干部……也从上午就开始集合。天安门前，一片人和红旗的海洋。下午3时，秘书长宣布庆典开始，“请毛主席升国旗”。接着毛主席启动城楼上的电钮，一面崭新的五星红旗在蓝天下冉冉升起。数十万双眼睛湿润了，流泪了……这是喜悦的泪、希望的泪，我们终于看见了新中国的诞生！

在军乐声中，大家默默地数着那由54门礼炮齐鸣的28响，毛主席宣读了中央人民政府公告，向全世界庄严宣布：中华人民共和国成立了！

阅兵式开始，朱总司令绕场两周，受检阅部队足足过了3个小时，当天安门上空掠过我们自己的空军时，人们仰着头，高喊："人民空军万岁！"

已整整站了一天的群众，在宣布散会以后仍不肯离去，拥向金水桥，向毛主席欢呼致敬。在城楼上的毛主席也向大家回礼招手，并不断高呼："同志们万岁！""人民万岁！"望着这被欢呼声和红旗裹着的海洋，陈毅同志道出了人们的心声："看了这，总算是此生不虚了。"萧乾老人在参加开国庆典后写的《我看见了中国的重生》一文中说："从人的森林里拔出，容我先喘口气；不，等不了喘气，就先结结巴巴地说，如果重生是奇迹，今天我亲眼看见了五千年老中国的重生。这是数千万双眼睛目睹了的铁的事实。"

（选自《文史资料选辑》第155辑，中国文史出版社2009年版）

回忆新政协的成立

方荣欣*

1948年4月30日，中共中央发布纪念“五一”劳动节口号，号召各民主党派、各人民团体及社会贤达，迅速召开政治协商会议，讨论并实现召集人民代表大会，成立民主联合政府。各民主党派、各人民团体、各界民主人士、海外华侨等相继发表声明、宣言和通电，响应中共中央“五一”号召。随后，响应“五一”号召的各民主党派、各人民团体、各界民主人士、少数民族人士和海外华侨的代表人士，从全国各地陆续到达解放区，与中共代表共同协商召开新政协会议有关事宜。1949年6月15日，新政治协商会议筹备会在北平正式成立并举行第一次会议，一共进行了5天，出席的

* 方荣欣：时任农工党北平市党务整理委员会委员，新政协筹备会秘书处第一科科长；后曾任农工党中央常务副主席，全国政协委员。

计有新政协原提议人中国共产党与赞成中共此项主张的各民主党派、各人民团体、各界民主人士，国内少数民族和海外华侨代表人物等，一共是23个单位134人。全体一致通过了《新政协筹备会组织条例》，并根据这个条例选出了常务委员会，负责办理经常工作。常委会推举毛泽东同志为主席，周恩来、李济深、沈钧儒、郭沫若、陈叔通等为副主席，李维汉为秘书长。

筹备新政协时，负责统战工作的李维汉同志号召各民主党派都要协助筹备工作，经章伯钧和季方同志的推荐，农工党中央决定让郭则沉和我参加新政协的筹备工作。郭则沉是农工党员，但在民盟任职，他代表民盟，我代表农工党。8月我们就到了新政协筹备处，分管和承担会务工作。由于我们对民主人士比较熟悉，所以，我还负责在怀仁堂迎送参加会议的民主人士的工作。

1949年9月21日，中国人民政治协商会议第一届全体会议在北平中南海怀仁堂开幕，怀仁堂是梁启超的儿子、清华大学的教授梁思成设计的，梁思成也是政协代表。代表农工党出席会议的正式代表有彭泽民、郭冠杰、李士豪、何世琨、杨逸棠、张云川、郭则沉、王深林、严信民、杨子恒10人，候补代表有王一帆、李健生；代表华东、华南、西北解放区的代表有季方、李伯球、韩兆鹗；黄琪翔是特邀代表；章伯钧和丘哲作为民盟代表出席会议。会议期间，章伯钧、彭泽民都是主席团成员。政协会议从21日开到30日，一共开了10天。

21日下午7点，600多位政协代表走向怀仁堂。每个代表都拿着一个贴着近照的证件，交警卫查验之后入场，毛泽东主席也不例外。

会场门口的桌上，摆着一本《中国人民政治协商会议第一届全体会议签名册》。原木制作大尺寸封面，棕色底版，浅绿色字样，由林伯渠题词。打开来，是折叠的宣纸，每页上端水印政协会徽。毛主席走到签名册前，提起毛笔写下："中国共产党代表团毛泽东。"朱德、刘少奇、周恩来、任弼时、宋庆龄、李济深、张澜等都在他的签名之后签下自己的名字。① 一本签名册，聚集了 600 多位中国现代名人。他们来自全国各民主党派、各人民团体、各区域、人民解放军、国内各少数民族、国外华侨及爱国民主人士。

大会开始，毛主席走上主席台，第一次大会的其他执行主席朱德、李济深、沈钧儒、郭沫若也走上主席台。毛泽东庄严宣告："中国人民政治协商会议第一届全体会议开幕。"毛主席宣布完开幕后，顿时，军乐奏响《中国人民解放军进行曲》，因为这个时候国歌还没有确定，演奏这首曲子才能表达代表们的胜利决心；礼炮轰鸣，代表鼓掌。按照国际惯例，礼炮一般有 18 响或 21 响。今天，毛主席要求鸣放 56 响，我们领会这是代表全国 56 个民族。② 怀仁堂在惊天动地的声乐声中显得格外辉煌。大家都用满怀崇敬的眼光注视着台上的毛主席，毛主席几次想发言，可代表们还在鼓掌。掌声，乐声，礼炮声，一直持续了几分钟。

毛主席说："现在的中国人民政治协商会议是在完全新的基础之上召开的，它具有代表全国人民的性质，它获得全国人民的信任和拥护。因此，中国人民政治协商会议宣布自己执行全国人民代表大会的职权。"会议将"宣布中华人民共和国的成立"，"我们有一个共同的感觉，这就是我们的工作将写在人类的历史上，它将表

① 根据有关资料，毛主席等代表并非在开幕当天签到。——编者注

② 鸣放礼炮 54 响，代表当时 54 个民族。——编者注

明：占人类总数四分之一的中国人从此站立起来了”。“我们的民族将再也不是一个被人侮辱的民族了”。“我们团结起来，以人民解放战争和人民大革命打倒了内外压迫者，宣布中华人民共和国的成立。”毛泽东的讲话发出了时代的最强音，它向全世界宣告，半殖民地半封建的历史结束了，新的人民民主的时代开始了。毛泽东致开幕词后，刘少奇、宋庆龄、何香凝、张澜、高岗、陈毅、黄炎培、李立三、赛福鼎、张治中、程潜、司徒美堂等发言。

最后，大会通过一项临时动议：以中国人民政治协商会议第一届全体会议的名义，向杨杰代表的家属及国民党革命委员会致唁。杨杰是位进步的爱国民主人士、军事家，1945 年在重庆国共谈判时期，杨杰作为民主人士就与周恩来的关系很密切。当时，周恩来经常宴请和会面的民主人士如于右任、孙科、左舜生、沈钧儒、张申府、章伯钧、屈武、郭沫若、陈铭枢、黄炎培等等，其中就有杨杰。杨杰因策划西南 5 省国民党军队起义，9 月 19 日被蒋介石派遣的特务杀害。9 月 20 日，周恩来得知杨杰被刺，但他在中南海最后确定代表名单时，并没有把杨杰的名字划去。所以，大会才有了这项临时动议。

开幕式完毕后，即召开第一次主席团会议。毛泽东等任主席团常务委员会委员。9 月 22 日，会议主要议程是听取会议筹备会的报告：（1）中国人民政治协商会议第一届全体会议秘书长林伯渠代表筹备会所作的《中国人民政治协商会议筹备工作报告》，大会一致批准。（2）筹备会第二小组组长谭平山报告《中国人民政协组织法草案》起草经过和特点。筹备会第四小组组长董必武报告起草《中华人民共和国中央人民政府组织法》起草经过和特点，筹备会第三小组组长周恩来报告《中国人民政治协商会议共同纲领》的起草经过和特点。

9月23日，会议进入大会发言的主要阶段，李济深、黄克诚、刘伯承、傅作义等18位代表先后发言。9月24日，朱德、沈钧儒、陈嘉庚等22位代表发言。25日，郭沫若、刘晓、贺龙、朱学范等20位代表发言。大会以外，中国人民政治协商会议组织法草案整理委员会、中华人民共和国中央人民政府组织法草案整理委员会及大会提案整理委员会分别举行会议。

9月25日晚，毛主席和周恩来在中南海丰泽园主持召开关于国旗、国歌的座谈会。在毛主席主持这次座谈会之前，张治中来到毛主席的住处。交谈中，张治中问毛主席："现在大家都在议论国旗图案，你的意见呢？"毛泽东表示："我同意一颗大五角星加一条黄河的那种，你觉得怎样？"张治中明确回答说："我反对用这种国旗图案，中间加一条横杠，把红旗劈为两半，不成了分裂国家了吗？而且杠子不能代表河流，在中国人的传统意识中，杠子是'金箍棒'，国旗中间摆上一根'金箍棒'干吗？"毛主席听了之后，感到有道理。他对张治中说："这是一个严重的问题。不过，有不少人主张用这幅，也有其理由。这样吧，我再找几个人商量一下。"

在25日晚上的座谈会上，毛主席等一些代表发言后说："过去我们的脑子老想在国旗上划上中国的特点，因此划上一条横杠代表黄河。其实，不少国家的国旗也不一定有那个国家的特点，苏联的斧头镰刀，也不一定代表苏联特征，哪一国也都可以有同样的斧头镰刀。美、英等国的国旗也没有什么该国的特点。代表国家特征的东西可以在国徽上表现出来。"

说到这里，他拿起一张放大了的五星红旗的图案式样说："大家都说这个图案好，中国革命的胜利是在共产党领导下以工农联盟为基础，团结了小资产阶级和民族资产阶级，共同斗争取得的，这是中国革命的历史事实。今后还要共同努力建设社会主义。我看这个图案反映了中国革命的实际，表现我们革命人民大团结。现在要大团结，将来也要大团结。因此，现在也好，将来也好，又是团结，又是革命。"毛主席的话刚落，会场上响起了热烈的掌声，赞成他的意见。

9月26日，马叙伦在北京饭店又一次主持会议，会上最后确定复字32号图案作为提交政协大会审议的国旗样式。当然，对复字32号图案也做了一点修改。原设计图中，大五星中有斧头镰刀，经过筹委会第六小组讨论删去，认为五星红旗中大可不必出现镰刀、斧头，一颗大星就代表了中国共产党的领导。秘书彭光涵在原稿上写有"去镰刀斧头"5个字。图案其他部分未作修改。

鉴于有的代表对图案的不同理解，这次根据毛主席的讲话对五星红旗作了如下说明：红色象征革命，星象征中国革命人民大团结。

国号，也是政协会上热烈争论的问题。关于新中国的名称，毛泽东主席在《新民主主义论》中曾使用"中华民主共和国"；1948年初，又几次在党内文件中使用"中华人民共和国"；但是，从8月1日复香港民主人士电至筹备会召开，毛主席在新政协有关文件中又改称"中华人民民主共和国"。筹备会上，大家认为："人民"与"民主"同义，"民主"又与"共和"重复。黄炎培等人主张"中华人民民主国"，张奚若主张"中华人民共和国"。后来，大家同意后者。

但是，民革的陈劭先提出：中华人民共和国之后，应加括号简称中华民国。这就引起争议。国号之争，连毛主席也难以定论。26日，关于国号问题在东交民巷六国饭店继续讨论。黄炎培第一个发言："老百姓教育落后，感情上习惯用中华民国，一旦改掉，会引起不必要的反感。留个简称，一年之后再去掉，并无不可。"何香凝接着说："中华民国是孙中山先生革命的一个成果，是用许多先烈的鲜血换来的。关于改国号问题，我个人认为，如能照旧用它，是好的；如果大家不赞成，我也不再坚持己见。"

司徒美堂发言："我也是参加过辛亥革命的人，我尊敬孙中山先生，但对中华民国4个字，则绝无好感！我的理由是，那是中华官国，与民无涉。我试问，毛泽东先生领导的这次革命，是不是跟辛亥革命不同？如果大家认为不同，那么，我们的国号应该叫中华人民共和国。国号是个庄严的东西，一改就好，为什么要三年后再改呢？"马寅初立即表示赞同，还说："加个简称，简直是不伦不类，不像话！"张澜、陈叔通都表示同意。

沈钧儒是个法律学家，他从法律的观点阐述："有些群众还在写中华民国，那是他们的一时之便，我们也不必明令禁止。至于堂堂的立国文件里加上简称中华民国的括弧，这的确是法律上的一大漏洞。遍观世界各国国号，只有字母上的缩写，而没有载之文件的其他简称。"

先后发言18人，16人主张不用这个"中华民国"简称。国有事，问三老。周恩来最后总结说："我要把大家的意见综合起来，送给主席团常委参考，并由主席团常委作出最后决定。"政协大会最后通过的《共同纲领》中，国号是"中华人民共和国"，没有简称。

9月27日，新政协举行全体会议，代表们以举手和热烈掌声一致通过了中华人民共和国的国旗为五星红旗。这一天还通过了《中国人民政治协商会议组织法》《中华人民共和国中央人民政府组织法》；中华人民共和国的国都定于北平，自即日起改名北京；中华人民共和国采用公元纪年，今年为1949年；中华人民共和国的国歌未正式制定前，以《义勇军进行曲》为国歌。

五星红旗的设计者名叫曾联松，是长期从事计划和财务工作的。曾联松原籍浙江瑞安，写得一手好字。1935年曾参加了响应北京一二·九学生运动集会游行。1949年8月中旬，曾联松将设计好的五星红旗图案稿寄给了全国政协筹备会。新中国成立，中央人民政府委员会办公厅去函告知曾联松所设计的国旗已被采用，并寄赠《人民政协纪念刊》一册和人民币500万元（相当于新币500元）。第二年国庆节，曾联松被邀请登上了天安门观礼台。

我的主要任务是会务工作，虽然十分繁忙，但大家的心情都非常兴奋和愉快，根本不知道累，不知不觉，会议接近了尾声。9月28日，全体会议休会，各单位及共同纲领草案整理委员会于当日下午分别举行会议。29日，继续进行全体会议，通过的议案有：（1）《中国人民政治协商会议共同纲领》；（2）中央人民政府副主席和全体委员名额；（3）中国人民政治协商会议全国委员会和中央人民政府委员会的规定；（4）主席团常务委员会关于代表提案的审查报告。

9月30日，中国人民政治协商会议第一届全体会议举行最后一天的会议，任务是选举中国人民政治协商会议全国委员会；选举中央人民政府主席、副主席和政府委员。选举结果是：毛泽东任主席，朱德、刘少奇、宋庆龄、李济深、张澜、高岗任副主席。中央人民政府委员有：陈毅、贺龙、李立三、林伯渠、叶剑英、何香凝、林彪、彭德怀、刘伯承、吴玉章、徐向前、彭真、薄一波、聂荣臻、周恩来、董必武、赛福鼎、饶漱石、陈嘉庚、罗荣桓、邓子恢、乌兰夫、徐特立、蔡畅、刘格平、马寅初、陈云、康生、林枫、马叙伦、郭沫若、张云逸、邓小平、高崇民、沈钧儒、沈雁冰、陈叔通、司徒美堂、李锡九、黄炎培、蔡廷锴、习仲勋、彭泽民、张治中、傅作义、李烛尘、李章达、章伯钧、程潜、张奚若、陈铭枢、谭平山、张难先、柳亚子、张东荪、龙云。会议还选举毛泽东、刘少奇、周恩来、林伯渠、董必武等 180 人任人民政协全国委员会委员。

在这次会议上，章伯钧、郭冠杰分别当选政协第一届全国委员会常委、委员。章伯钧、彭泽民当选为中华人民共和国中央人民政府委员。

中央人民政府的组成充分体现了中国共产党领导的多党合作制度，人民政府体现了毛泽东关于联合政府的思想，如在中央人民政府主席和副主席 7 人中，民主人士占 3 名，56 名中央人民政府委员中，非共产党人士几乎占 50%；政务院从总理到委员、副秘书长的 26 人中，非中共人士占了 14 人。其他各部、委、署、院中，非共产党人士约占 1/3，有的部委占 1/2 以上，并且许多民主党派人士当上了部长或主任。21 个部中担任部长副部长的非中共人士有 26 人之多。其中民主建国会的黄炎培、杨卫玉担任轻工业部的正副部长，史良（民盟）任司法部长，朱学范（民革）任邮电部长，章伯钧（民盟）任交通部长，李书城（民主人士）任农业部长，马叙伦（民进）任教育部长，傅作义（起义将领）任水利部长，梁希（教授，原南京大学校务委员会主任）任林垦部长。

中央人民政府的全部人选是事先经过充分协商的，因而也是最恰当的，它集中了各民主党派、各人民团体、各少数民族、国外华侨及其他爱国民主分子的领导人物，体现了工人阶级领导、以工农联盟为基础的、团结各民主阶级的统一战线的联合政府性质。中央人民政府的组织原则是民主集中制。政府委员职责分明，人尽其才，发挥了高效能。中央人民政府厉行廉洁奉公，为中华人民共和国的建设尽职尽责。各民主党派的领导人分别参加了中央和地方各级人民政府的工作，标志着民主党派地位的根本变化。它们不再是旧中国反动政权下的在野党，而成为新中国人民民主专政政权的参加者，在中国共产党的领导下，和共产党一道担负起管理国家和建设国家的历史重任。从此，各民主党派走上了新的历史道路。

10 月 1 日，中华人民共和国中央人民政府委员会在中南海勤政殿举行第一次会议，正副主席和全体委员宣布就职。农工党章伯钧、彭泽民出席了会议并宣布就职。会议推选林伯渠为中央人民政府委员会秘书长，任命周恩来为中央人民政府政务院总理兼外交部长，毛泽东为中央人民政府革命军事委员会主席，朱德为中国人民解放军总司令，沈钧儒为中央人民政府最高法院院长，罗荣桓为中央人民政府最高检察署检察长。

中国人民政治协商会议的召开和中华人民共和国的建立，是中国共产党领导全国人民经过长期奋斗所取得的伟大胜利成果，这一成果的取得，是包括各民主党派在内的全国人民在中国共产党的领导下，多年奋斗的结果。

新中国 1949 年 10 月成立后不久，就到了 1950 年元旦，中央人民政府决定在北京饭店举行新年团拜会，我当时担任中央人民政府办公厅一科科长，我的任务是管首长签到。办公厅副主任余心清和我站在宴会厅门口迎候。下午7点，中央人民政府委员和中央各部、委、会领导偕夫人陆续来到北京饭店宴会厅。离晚会开始还有五分钟，大家都已经入座，这时，我看到毛主席健步走过来，毛主席看到余心清就和他握手。余心清说了声："祝主席健康！"主席说："谢谢。"随后毛主席就和我握手，当时我油然而生了一种幸福感，由于过于激动，我说不出感激的话，抑制不住内心的激动，也学着余心清说了一句："祝主席健康！"毛主席点头微笑。之后我连忙拿起签字桌上的毛笔，恭恭敬敬地递给毛主席，毛主席接过毛笔，在签到册上熟练地写下了"毛泽东"3个遒劲的字。当我亲眼看见毛主席在我的面前亲手写下"毛泽东"这个令全国人民爱戴的名字时，我的心仿佛快要跳出来了。这时，周围的工作人员都用非常崇敬的目光注视着毛主席的一举一动，非常激动，看到毛主席同我握手，大家更是啧羡不已。签名之后，毛主席缓缓地、稳健地走进会场。随后，朱德、刘少奇、周恩来、任弼时等中央领导人都签下了自己的名字。毛主席等领导人刚落座，邓颖超委员站起来，高声说："给毛主席拜年！"顿时全体起立鼓掌致意，毛主席说："谢谢大家！"气氛极为热烈。这么多年来，我对这件往事始终记忆犹新，难以忘怀，每每回忆当时的情景，我的心情就久久不能平静。

（选自全国政协文史资料委员会编《人民政协纪事》，中国文史出版社2004年版）

在新政协秘书处工作的难忘日子

孙小礼*

如果有人问我："你有生以来哪一件事情使你最高兴、最激动？"我将毫不迟疑地回答说："1949 年新中国的诞生！"

我之所以这样回答，还有一个特殊的原因，就是我有一段在新政协秘书处工作的经历，亲身参加了筹备新中国成立的人民政协会议的一些会务工作。时间虽然短暂，但那确实是我一生中最难忘的宝贵时日。那紧张忙碌而又极度振奋的日日夜夜，至今记忆犹新。

---

* 孙小礼：时为新政协筹备会秘书处议事科工作人员；后曾任北京大学科学与社会研究中心主任。

一　进入中南海

1949年夏，我已17岁，刚从贝满女中高中毕业。8月中旬的一天，北平市团市委通知我去，告诉我：中央有一项紧急政治任务，需要从北平市高中毕业生中抽调20名党员或团员去参加工作，时间大约两个月，工作期间不能离开、不能回家。团市委已选出20人，我是其中的党员之一，我当即表示愿意去。于是要我准备好被褥和必要的衣物，在8月20日中午1时到团市委门口集合，有车送我们到工作地点，是什么地方到那里就知道了，当天却不能告诉我。我从这位干部的谈话口吻中感觉到是要去一个神圣的崇高的革命岗位，正有紧张的战斗任务在等待着我们。

我准时去团市委集合，20个人陆续到齐，有19名男生，只有我一人是女生。我们各自提着行李上了一辆大卡车，卡车经过东交民巷、西交民巷，一直开到中南海的东门。门是关着的，司机下去与门卫联系之后，门为我们打开了。卡车进门就沿着海边的小道缓缓而行，最后停在了勤政殿的门口。一位穿灰色制服的男同志招呼我们下车，把我们领进勤政殿的一个会议室。啊！原来我们的工作地点是在中南海。

二　丁大姐的叮嘱

在会议室坐下之后，一位胖胖的女同志站起来向我们讲话。这位大姐首先代表新政治协商会议筹备会秘书处欢迎我们来工作，向我们介绍了筹备会的机构设置概况，秘书长是李维汉，还有6位副秘书长：孙起孟、阎宝航、宦乡、连贯、罗叔章、齐燕铭。秘书处的工作由齐燕铭直接领导。然后她介绍自己叫丁洁如，是秘书处副处长。她说，新政协还有一个月就要开会了，筹备工作非常紧张，人手不够，所以从大学生和高中毕业生中抽调一批党团员来补充秘书处的力量。她恳切地鼓励我们："你们是先进的优秀的青年，相信你们能全心全意地为人民服务，作为一批得力的生力军，你们一定能为新政协的召开，为成立统一的新中国作出贡献。"接着她又叮嘱说："我们所从事的是一项非常严肃、非常重要的政治任务，不但要认认真真地工作，而且要严格地遵守组织纪律，不该去的地方不要去，不该问的事情不要问，不该拿的东西不要拿……"最后她宣布对我们的工作分配，在念到去议事科工作的人员名单时，我听到了自己的名字。

三　分到议事科

我们一批分到议事科的人立即跟着一位男同志到了勤政殿西北侧的议事科办公室。

议事科的科长孙传禄，副科长迟先达、李鸿礼，记录组组长左达，副组长陈然等人已经在办公室等着我们。相互一一报名介绍之后，孙科长向我们解释"议事科"是什么意思，所谓"议事"，就是会议的各种事务。例如，制作会议代表名册、发会议通知书、安排会议代表报到、在各种大大小小的会议上作记录、大会投票时统计票数，以及会议上的各种临时性任务。他要我们作好思想准备，任务非常繁重，经常要开夜车的。但是当天首先要把食宿安顿好。

孙科长还提到，李维汉同志过几天要和筹备会全体工作人员见面。但是 8 月下旬，李维汉摔伤了腿，就由林伯渠代理秘书长了。林伯渠同志向全体工作人员讲了一次话，勉励大家努力工作，一定要把这次有重大历史意义的新政协会议开好。在这次会上还见到了 6 位副秘书长。

四　住进西芭所

那天下午，议事科的同志先带我们去到住处——西芭所。走进里面的一个四合院，男士们都住进了那间大北屋，而我一人被安排在西厢房，房里有两张床，一个桌子和两把椅子。晚饭以后，我们这批新来的人一起到海边散步，直到天色已黑才回到西芭所。我刚进屋，一位中年妇女端着脸盆进来了，后面还有人帮她抱着铺盖卷。她一见我就说：“你就是新来的吧，领导叫我搬到这里来住，就是为了陪你！”她边说边整理东西，不几分钟，说了一句“我正忙着呢！”就走了。我和她同住两个来月，每天各自早出晚归，我经常半夜才回来，或者她已睡了，或者她还没有回来。早上我一睁眼起床就赶紧往食堂或办公室跑，或者她已走了，或者她还在睡着，两人几乎没有说话的机会，以至我始终不知道她的名字。

第二天早上，科里发给我们每人一套灰布制服，一枚印着“中南海”3 个红字的银灰色圆形徽章，还有 8 月份的津贴，这是我平生第一次领工作服，第一次领津贴，美滋滋的感觉溢于言表。

五　开始工作

我们都穿上了灰色干部服，佩戴上中南海的徽章，等待着给我们布置工作。迟先达同志在桌上铺了一张大纸，准备好了笔墨，让我们每个人都用毛笔签个名，于是我们一一写了自己的名字。接着，左达和陈然带我们分别去参加会议，发给我们纸笔，要我们在会上做尽可能详细的记录。

第二天早上，科长向我们宣布了分工：夏国治、高镇宁、梁秀峰和大学生张敦礼等人到记录组，显然他们是记录得比较好的。左达、陈然把他们带到东边的办公室去谈工作了。我和毛世民、张允、李希玉 4 人就留在科长办公室，由迟先达副科长指导我们工作。在靠门口的地方为我们摆了两两相对的 4 张办公桌。

迟先达同志对我们说："你们几个人的毛笔字都写得不错，现在给你们的第一项任务就是写信封。"他发给我们每人一份"参加新政治协商会议筹备会的各单位代表名单"和一大摞信封，要我们立刻就动笔，因为要给代表发通知书。

从这一天起我们作为工作人员就忙碌不停了，几乎天天都要开夜车，时常困倦不堪。但每天夜晚食堂都把煮好的挂面作为夜宵送到办公室，只要一碗热乎乎的挂面吃下肚，我们又精神抖擞起来了。

六　背代表名单

对于写毛笔字，我不发怵，因为从小就习惯用毛笔，但是写这样重要会议的通知书信封，我觉得要尽可能写得好一些，迟先达同志也要求我们必须把字写得端正清楚，所以我总是认认真真地一笔一画地写，速度当然快不了。不料还经常会出错，错了一个字，涂改太难看，只能重写，这样就更是忙上加忙。任务常常很紧急，越急就越爱出错。因为速度慢，我们只能加班加点，连连开夜车以便按时完成任务。

孙传禄科长看出了我们的毛病，他说："你们要熟悉代表的名字，应该把各单位代表的名字都记熟，这样可以减少错误。"

我们觉得他说得对极了，于是下决心把全部代表名单背下来：新政协筹备会有23个单位共134位代表；第一届人民政协全体会议则有46个单位662位代表。我们反复念、反复背，而且反复地互相考问，以增强记忆。经过一番艰苦的努力，我们对代表名字熟悉多了，但还是有记不准的情况出现。

七　毛泽东报到

人民政协开会之前要组织好600多名代表的报到。这项任务由丁洁如大姐总负责，动员了许多同志参加。具体分工时，让我分管中国共产党代表的报到，我表示一定要尽心尽力做好。

代表报到的签名纸已经印好，是白色宣纸，上端印着中国人民政治协商会议的会徽，中间印了一个大方框，内分五行。迟先达同志交代说：代表签名一律用毛笔，第一行写单位名称，由各单位的首席代表写；第二行是首席代表签名；自第三行起是各单位的其他代表签名，每行上下可写两个名字。

政协代表报到处分设在勤政殿、怀仁堂等几处地方。各党派代表的报到处设在勤政殿正门内的大厅里。中国共产党的正式代表16人、候补代表2人。陈云同志是第一个来报到的，我请他在第三行上端签了名，之后，刘少奇、周恩来等代表都先后来报到签名。首席代表毛泽东是最后一位报到的。

9月17日上午，迟先达同志通知我："今晚7时毛主席来勤政殿开会，同时就来报到。有摄影记者拍照，可能还要拍电影，你要做好准备。"于是我忙着挑选最好的毛笔、最好的砚台、最好的墨……突然，我想起一个问题：毛主席在前两行写字，而后面3行已经写满了名字，这样拍摄出来是不是不大好看？我问先达同志怎么办。他想了一下，要我给他一张未用过的签到纸，他沿着第三行的竖道把纸折叠起来，盖上已签满了名字的后3行，这样，乍一看，就像一张新的签到纸了。我很高兴，佩服先达同志真聪明，但我又想到一个新问题："如果毛主席大笔一挥，把字写到盖在上面的白纸上，岂不糟糕啦！"他笑着对我说："这就是你的事了，你必须对毛主席讲清楚，只能把字写在前两行之内。"

晚上我提前到了报到处，等着毛主席来报到。那天许多人已先来到勤政殿，毛主席一进门就被他们围住了，一一与毛主席握手问好。过了好一会儿，毛主席才来到报到处，郭沫若、李济深、马寅初、乌兰夫等人跟着簇拥到他的身旁，说要看毛主席写字。这时四周灯光齐亮，好几个照相机镜头已对准毛主席。待他一坐下来，我就大声地说："毛主席，请您在第一行写党派名称：中国共产党，在第二行写名字，请不要写到第三行里去。"他诧异地问我："什么，到底要我怎么写？"我又大声地重说了一遍，最后干脆补了一句："就是只在这两行之内写，不要写到上面这张纸上。"他笑了笑，像是看穿了我们所做的手脚，说：“好吧，我照你说的写。”他在第一行写了“中国共产党”，在第二行内写了“毛泽东”。然后他放下笔起身离开，周围的人也同时散去。啊！这时我才松了一口气，终于顺利地完成了中国共产党代表的签到任务。

后来，在20世纪70年代和80年代的两次有关的展览会上，我看到了毛主席在新政协签到的照片，解说词中都说毛主席作为中共代表第一个签到。其实应把“第一个”3字去掉才符合实际，作为当事人的我，心里很明白，但是别人哪能知道这个过程的底细呢？

八　宋庆龄报到

第一届中国人民政治协商会议有“特别邀请人士”75人，为了工作方便，秘书处也把“特别邀请人士”算作一个单位，即第46个单位，第一名就是举世闻名的宋庆龄女士。

宋庆龄是从上海专程来北平参加人民政协会议的，由邓颖超、廖梦醒和管易文陪同她乘火车于8月28日下午抵达北平。毛泽东、朱德、周恩来、林伯渠、董必武和各个民主党派的负责人李济深、何香凝、沈钧儒等，以及无党派人士、各人民团体的代表郭沫若、蔡畅等数十人到车站迎接，在北平火车站举行了隆重的欢迎仪式。

领导决定由我和荆惕华两位女同志来负责宋庆龄的报到，我们高兴地接受了这一任务。在我的心目中，宋庆龄从来就有着极为崇高的形象，过去我们都称孙中山为国父，称孙夫人为国母，但是却没有机会见到她，现在要亲自安排她来签到，怎能不高兴呢？

在准备过程中，迟先达同志告诉我们一个情况：宋庆龄不习惯用毛笔写字。他说：我们应该尊重她的习惯，为她的签到准备一支钢笔。为此，我们在签到的宣纸上试用了好几支笔，才挑出一支比较合适的钢笔。

9月中旬末的一天，天气晴朗宜人，我们在怀仁堂门口的报到处等待着。宋庆龄由管易文陪同着来签到了，她用钢笔很工整地写下了自己的名字。然后我们目送她们走进一辆小汽车，随即驶离了怀仁堂。

在9月22日的《人民日报》上，有一整版刊登了人民政协会议的照片，其中有宋庆龄到政协报到的照片，照片中有荆惕华和我站立在签到桌旁。周围的同志看着这张照片对我说："哟！你们两人竟然被拍进了这个历史镜头！"

30多年以后，在1983年参观宋庆龄故居的时候，我又看到了这张照片，我对同去的朋友说："那就是我。"这话被宋庆龄故居负责人杜述周同志听到了，他立即向我询问起来，感叹道："好多年了，一直不知道这两位女同志是谁！"他热情地让我留下姓名和地址，可惜我已不知道荆惕华的去向。他说："你们自己也保存有这张照片吧？"我说："没有，那时工作很忙，纪律又严，我们不敢去要照片，特别是与自己有关的照片。其实我们常碰到摄影记者侯波、陈正清等人，但从来没有向他们提出过要求。"他表示一定要翻拍了寄给我。果然，几天以后，我收到了杜述周同志寄来的两张5寸的翻印照片，让我留作纪念。

九　大会琐记几则

大会开始了，我的任务是在会场门口向代表们收签到卡，以统计每次大会的到会人数。当会议议案交大会表决时要参加会场上的数票工作（赞成的多少，反对的多少，弃权的多少）以及各种交办的为代表服务的工作。领导还嘱咐我：作为一名女工作人员，要多关照女代表。记得我曾为子弟兵的母亲戎冠秀用毛笔抄写她的发言稿，为陆璀代表取送材料，为张晓梅代表带路等。

在会议期间，有几个情景，虽说是琐事，至今还历历在目。

有一天，周恩来同志突然走进了怀仁堂旁边会议工作人员的办公室，他看到散落在桌上和地上的回形针，拿起一个对我们说："不要乱扔，还可以继续用嘛，你们要注意节约。"

有一次开大会的时候，下起了大雨，周恩来要会议工作人员立刻去买伞，以保证散会时大家不淋雨。600 多名代表加上 300 多名旁听的来宾和记者，共要买 900 多把。

这两件事使我懂得：该节约时必须节约，不能浪费；该花费时就得花费，不能吝啬。

会场上代表们都是喜气洋洋的。有一天蔡畅同志穿得挺漂亮，与李富春同志手挽着手走进来，一位大姐说："你们真像一对新婚夫妇啊！"蔡大姐高兴地说："是吗，那今天就算是我和富春重新举行婚礼吧！"她说得轻松大方，而李富春却腼腆得不知如何是好，惹得大家都笑了，还有人鼓掌祝贺。

最为活泼的是廖承志，他是中华民主青年联合总会的首席代表，在任何时候他都是笑呵呵的，爱开玩笑。有一次，在会议休息时，他跑到新民主主义青年团的代表座位，先摸摸胡耀邦的头，又揪揪蒋南翔的耳朵，还用双手从后面把冯文彬的眼睛蒙住，冯文彬好不容易才挣脱出来，又气恼又好笑地说："你别再调皮捣蛋了，好不好？”一位老大姐说：“小廖啊，你还是这么爱打打闹闹，真是青年人的头儿！”旁边一位代表纠正说：“是娃娃的头儿！”

10月1日下午在天安门前举行开国大典，作为工作人员，我们提前来到了天安门的城楼下。因为没有布置我上天安门的具体任务，所以我就一直站在城楼下未动。快散会时，议事科的好多人从天安门城楼下来了，问我为什么不上去？我说：我以为我没有城楼上的任务就不该上去。他们说他们也并非都有任务，只要是工作人员都能上去，笑我太呆太傻了。我也为自己失去了在天安门上俯视那壮观场面的机会而深感遗憾。

十　告别中南海

人民政协会议结束以后，我们只有一些收尾性的工作了。告别中南海的日子已经临近，产生了依依不舍的心情。记得我曾对科长说：“下次政协开会，我们愿意再来服务，一定会比这次工作得好。”

孙传禄科长召开了一个告别性的会，他恳切地对我们说：“秘书处的工作已告一段落，从各地抽调来的同志都要回去了，你们也要离开了。你们还很年轻，应该继续到大学学习，多学些本领参加新中国的建设。”会后，议事科的全体同志在怀仁堂门前摄影留念，同志们相互道别。

（选自全国政协文史资料委员会编《中国人民政治协商会议第一届全体会议亲历记》，中国文史出版社2003年版）

一个新闻记者看新中国诞生

李　庄*

一个新闻记者有机会采访新中国诞生这件旷古盛事，用老话说是“三生有幸”。当时我有幸上天安门，进怀仁堂、勤政殿，访问众多政要、名流，写了些记述文字。在工作过程中，个人也获得终生难忘的教益。

岁月悠悠，转眼半个世纪。我们国家变化太大了，北京变化太大了。天安门永远雄伟壮丽，1949 年 10 月 1 日，我在毛泽东主席附近，看他用扭转乾坤的巨手按下升起五星红旗的电动开关。怀仁堂当时是北京能容纳上千人开会的设备最好的场所，如今从规模、设施而言，已不大有人提起了。勤政殿金碧辉煌，原为清帝日常听

* 李　庄：时任《人民日报》记者；后曾任人民日报社总编辑。

政之所，中共中央也一度用为办公、会议场地，如今仅留名词。当时能在这些地方进进出出，为许多同行所艳羡。我深知这是党和大会给予共产党中央党报的照顾和尊重，对个人来说毫不重要。因此在工作中如临渊履冰，兢兢业业，写了若干记述文字。现在拿来看看，也许只能说“惭愧”二字。

当时党领导的人民解放事业如日中天，残余蒋匪退集西南一隅，全歼指日可期。蒋介石怕死，已躲到台湾，我们国家已掀开新的一页。

广大人民心情舒畅。中国人民政治协商会议在北平举行，北平人心情更加舒畅。行人走在街上，依然那样从容，嘴里却唱起“解放区的天是明朗的天”，老人都变得年轻了。

我一边工作，一边学习，这是在根据地养成的习惯。人民政治协商会议是个大课堂，从共产党领导人和许多委员的言行中，我看到“民主、谦慎、从善如流、平等待人”的作风，几十年牢记心上，学习、自励。可惜以后大约有一代人的时间，特别是十年动乱期间，大量事实与此相悖，给国家、人民造成严重损害；当然也取得了宝贵的经验教训。

1949 年 9 月全国人民看着北平，是因为当时举行的中国人民政治协商会议代行全国人民代表大会的职权，制定起临时宪法作用的《共同纲领》；选举中央委员会主席、副主席，建立中华人民共和国。在召开中国人民政治协商会议之前，中共中央同各民主党派、人民团体代表人物通过各种方式反复协商，对建立新中国的各项重要问题取得广泛共识。大会正式讨论《共同纲领》的时候，全体代表严肃认真，字斟句酌，一个标点都不放过。但一个现象引起我的注意：从内容到文字，会上都未提出实质性意见。就在草案付诸表决的时候，有个委员提出一个重要意见：由于我们国家将来要建设社会主义——共产主义，现在就该在《共同纲领》中写明这个远景，“以激励全国人民为此奋斗”。中共中央认为社会主义——共产主义当然是我们的奋斗目标，但从革命不断发展和革命发展的阶段性考虑，目前在《共同纲领》中以不提这个目标为宜。刘少奇委员受党中央委托，在大会郑重发言，充分肯定上述建议的积极意义，同时指出：社会主义——共产主义是我们共产党人终生奋斗的目标，但作为社会制度，却是相当长久的将来的事情，如果在目前制定的《共同纲领》中写上这个远景，“很容易混淆我们在今天所要采取的实际步骤”，我们认为以不写为宜，请予考虑。中共另一位领导人，政协筹委会第三组组长周恩来介绍《共同纲领》起草情况时，也谈到同样的意思。众委员认为这个论断有理，一致表示同意。谁知没有几年，这个正确论断就被放弃，我不记得听人谈过充分的理由。

《共同纲领》的决议，主席、副主席的选举，都是全票通过，有些西方人士似乎难以理解。其实，这是中国民主的特点和优点：会前准备、酝酿充分，会中很少斗口哓舌，会后不留遗憾。我们的效率和气氛都是良好的。

关于国号的讨论就热烈多了，有相当多的不同看法。我心里说，这好像一场知识竞赛。有的委员主张定名“中华人民民主共和国”，有的委员主张定名“中华人民民主国”，各自陈述的理由都很充分，张奚若委员发言比较靠后，他主张定名“中华人民共和国”。他说：共和国说明国体，人民指工人、农民、小资产阶级、民族资产阶级，含义准确，表述简明，请诸位委员审议。大家同意他的意见，决议以发表宣言的方式宣告中华人民共和国成立。张委员说话沉稳，言简意赅。我长时间默想：知识，知识，知识的力量真是无穷尽的。

政协会议讨论国旗图案最热烈，而且有起伏。中国曾经有过几个国旗：逊清的黄龙旗，北洋军阀政府的五色旗，国民政府的青天白日满地红旗。从寓意到图案，现代人想想要发笑。为集思广益，设计能代表新中国的庄严、大方、寓意深远的国旗，政治协商会议筹备委员会曾经向全国征求国旗图案，得 2992 案。应征者有工人、农民、解放军指战员、教师、干部和著名艺术家，也有远在印度尼西亚、马来西亚、朝鲜和美洲的华侨，充分显示了中国人的爱国热情。朱德、郭沫若等委员也设计过国旗图案，只是都未入选。筹委会从中选出 38 案，供代表考虑。374 位委员主张选用第一、第二或第三案，人员过半数。这三案都是纯红底，红底上加一黄星、一黄带——红底象征革命，黄星象征共产党领导，黄带象征中华民族发祥地黄河；区别仅仅在于黄星的大小、位置，黄带的长短、宽窄稍有不同。毛泽东也看中三案中的一个，看来是定准了。我曾把这个方案写进一篇特写里，想“得风气之先”。但是早了。一些代表虽居少数，却坚决反对，张治中委员的意见有代表性，他认为上述方案决不可用。他说红底代表革命，黄星代表共产党的领导，立意都好。中间加一条黄带，如果被理解为把国家、革命分裂为二，就很不好。他认为中国人才众多，完全可以做出更好的设计。众委员认为他的意见很有道理，有的放弃原来的意见，转而同意张治中委员的主张。毛泽东也放弃原来的想法，同意张治中的主张。讨论国旗图案的说明词时，也出现不同意见。原说明词是一大星代表共产党，四小星代表工人、农民、小资产阶级、民族资产阶级。有的委员说，我们国家要不断发展，进入社会主义后，民族资产阶级不存在了，国旗要不要改变？毛泽东认为有道理。提议改说明词，释为大星代表共产党的领导，小星代表中国人民革命大团结。大家都说好，方案定了。付诸表决的时候，有的委员又提出意见："国旗上角，黄色大星旁绕四小星"，这个说法必须另拟，因为小星有别解（古代称妾为小星）。当日执行主席周恩来认为这个意见好，并建议改释文为"国旗上角有五黄色星"。全场热烈鼓掌，一致通过。

中国人民政治协商会议共有 662 位代表，除了因事因病请假者，经常到会者 638 人。他们曾在不同的情况下为新中国的诞生尽力，每个人的斗争事迹都可写成专门文章。但因长期战乱、环境动荡、地区分割，有些人的事迹并不普遍为国人所知。人民日报有一件事做得好：写访问记，介绍委员的事迹和政见。从 1949 年 9 月下旬到 10 月上旬，刊登了 54 篇访问记，如果加上 95 篇发言（有少数委员既有访问记又有发言），占委员总数比例相当高。人民日报 24 位同志参加了撰写访问记的工作。当时报社工作人员少，外出记者全部调回北平，又抽出一些编辑参加，还聘请了一些社外作者。

我的任务主要是大会采访，也抽空访问一些受人注目的代表。我访问过华侨代表司徒美堂，这位 83 岁的老人是全场的长者。他旅居美洲 69 年，17 岁参加"反清复明"运动，辛亥革命前后以大量经费支援孙中山，抗日战争期间发起组筹饷局，提供现金和军用物资支援抗战。他说："辛亥革命、抗日战争都很辉煌，可惜成果不永。毛公领导人民革命垂 30 年，得此成就，令人耳目一新。"我访问过戎冠秀，这位中年农村妇女在晋察冀边区家喻户晓。她在日寇眼皮底下掩护、照顾八路军伤病员，舍生忘死。她讷于言辞，所说“那些20来岁的伤员都是我们的孩子”，令人终生不忘。我访问过傅作义将军。他在半年多前还是战争罪犯，现在是政协特邀代表。他为北平和平解放立了功。但是，他不对我谈北平和平解放，也不谈绥（远）东抗战反击日寇打第一枪，只谈作为军人执行乱命的罪过和我们国家的光明前景，更加令人钦敬。这些有特点的委员，人民日报都有介绍。

50年过去，两代人成长起来。披荆斩棘的创业人相继仙逝，万千后继者接过他们留下的革命火炬。我们国家前程似锦。

（选自《新闻战线》1999年第10期）

缔造新中国的历史盛会

——回忆采访首届政协会议及开国大典

季　音*

在记者生涯中，难以忘怀的是 1949 年 9 月下旬，作为南京《新华日报》特派记者，我参加了新中国诞生的历史盛会——首届人民政协会议和开国大典的采访。从 9 月 21 日开幕，到 10 月 1 日宣布中央人民政府成立，恰好是 11 天。这是翻天覆地的 11 天，也是震撼全世界的 11 天。68 年过去了，回忆往事，仍历历在目。

一　人民政协第一天

9 月 18 日深夜，我带了译电员小刘从南京下关渡江，在浦口搭

---

* 季　音：时任南京《新华日报》特派记者；后曾任人民日报社农村部主任。

平沪列车北上。那时，铁路交通刚刚恢复，一切从简，没有卧铺，我俩坐的是硬席座位，列车整整奔驰了两天两夜，才到达北平（如今的北京）。尽管旅途不顺畅，但我们第一次坐上人民自己的列车，又是去参加这千载难逢的历史盛会，十分兴奋。

到达北平后，即去人民政协会议秘书处报到。大会工作人员十分热情，把我们安排到前门外西河沿的一间旅馆住下，和我同房间的是浙江日报记者于冠西。前来参加大会采访的记者有数十人，包下了西河沿的两家旅馆。当时大西南和华南还没有完全解放，因此没有那些地方的记者。

9 月 21 日是首届人民政协会议的第一天。中午，我换了套整洁的衣服，来到中南海。此时，来自全国各地的代表们也纷纷走向大会会场怀仁堂，门口的乐队奏着欢快的乐曲，周围的气氛庄严而热烈。走过一段红旗夹道、宫灯高悬的路，就到了怀仁堂正门——垂花门，从这里进去便是会场。

会场上人声鼎沸，到处洋溢着团聚的欢欣。代表们情绪热烈而亢奋，这里握手，那里拥抱，有些代表显然是遇到了久别的老战友，竟激动地抱成一团。

晚上 6 时 50 分，全场响起热烈的掌声，毛主席缓步走进会场，不住地挥手向人群致敬，然后走到中共代表第一号的席位上。这次政协会议代表共 662 人，代表席以一个半圆形环绕着主席台。

没几分钟，掌声又响起，走来的是朱德总司令，他坐到中共代表席第二号。接着走过来的是刘少奇同志，后面是提着小皮包、穿着黑旗袍的宋庆龄先生，张澜先生……

7 时整，毛主席走上主席台，宣布首届人民政协会议开幕。令人惊叹的是，会场外竟下起了滂沱大雨，一时间雷声隆隆、电光闪烁、暴雨如注，雷雨声和礼炮声交响成一片，组成了庆贺新中国诞生的交响曲。

神奇的是，到宣读开幕词时，竟然云收雨停，满天星斗，天地间顿时无比清爽。毛主席庄严地宣布："诸位代表先生们，我们有一个共同的感觉，这就是我们的工作将写在人类的历史上，它将表明：占人类总数四分之一的中国人从此站立起来了。"毛主席的话，引起了全场一阵又一阵雷鸣般的掌声。

二　伟大首都的诞生

在以后的几天里，人民政协会议有时是分组讨论，有时则召开全体会议。讨论的都是国家大事，《共同纲领》是讨论的重点，其他如首都的确定，国歌、国旗、国徽等等的选择，也都是讨论的热点。人民政协对所有有关建国的大事，一概采取充分发扬民主、广泛听取各方意见的态度。大会秘书处同志告诉我，在几个月前，他们就向海内外人士发出了征求意见的信件，希望一切爱国人士发挥自身聪明才智，提供新的国歌、国旗、国徽作品。信件发出后，海内外反响热烈，许多爱国华侨寄来了精心设计的各类作品。大会筹备处共收到国旗图案 2992 件，国徽图案 900 幅，国歌曲 6332 首，国歌词 692 首。为了慎重挑选这些人们费心制成的作品，大会筹备处聘请徐悲鸿、梁思成、艾青、马思聪、吕骥、贺绿汀、姚锦新等著名专家做顾问，精选这些作品，提出初步意见，供大会代表讨论。

会议期间，大会在北京饭店开辟了一间"选阅室"，广泛征求代表们的意见。我也参观了这间“选阅室”，果然是琳琅满目，美不胜收，许多国旗的设计极有特色，有的国旗图案突出黄河、长江两大流域，有的突出珠穆朗玛峰……

在分组讨论期间，我或者旁听，或者是抓紧时间采访代表。先后采访了解放军琼崖纵队副司令员马白山等人，写了几篇访问记。有一次我到一个分组旁听，代表们正在热烈地讨论首都的选址问题，先是一致否定了南京，认为南京是国民党政府的首都，是半封建半殖民地中国的缩影，决不可取。有的代表主张设在武汉，认为武汉地处中原，是中国的中心。有的主张设在哈尔滨，那里靠近苏联老大哥。还有的代表主张设在西安，那里是中国的古都。但更多的代表主张建都北平，并恢复称为北京。

9 月 27 日下午，人民政协会议的第七天，召开了全体代表大会。这一天是不平凡的一天，缔造新中国的千秋大业迈出了重要一步：通过了《中国人民政治协商会议组织法》《中华人民共和国中央人民政府组织法》；决定定都北平，改名为北京；中华人民共和国采用公元纪年，不再用“中华民国”；以《义勇军进行曲》为代国歌；国旗选定为五星红旗，象征在中国共产党领导下的全国各族人民大团结。

时钟指向晚上 10 点钟，大会主席周恩来大步走向主席台，以洪亮、坚定的声音，庄严地宣布：“从现在起，中华人民共和国定都于北京！”全场 600 多名代表起立，以雷鸣般的掌声，迎接这个神圣时刻的到来：从 1949 年 9 月 27 日晚上 10 点开始，北京将屹立于全世界。

三 人民英雄永垂不朽

首届人民政协会议闭幕式前，有一项重要活动：在天安门广场举行人民英雄纪念碑奠基典礼。

我提前来到天安门广场采访。这时天色已黄昏，广场是红旗的海洋，灯光在夜空里绣出了天安门的轮廓。在平坦的广场上，已竖起高达 22 米的白色旗杆，准备开国大典时升起第一面五星国旗。不久，代表们也列队来到广场。

周恩来同志是走在队伍最前面的人。他一到广场，就在准备竖碑的地方察看地形。接着毛主席和朱总司令也来了，在准备竖碑的地方，几个人聚在一起。纪念碑还未刻好，这里只是先埋下一块基石，今天要举行的就是奠基典礼。

汽车陆续驶进广场，前来的代表们越来越多，几个青年代表搀扶着 83 岁的华侨代表司徒美堂先生，两个女服务员搀着何香凝先生最后走进广场。天越来越黑，天安门附近也显得更加光芒四射。毛主席看到时候已不早，代表们也已经站好了队列，就转身大声说：“首席代表站到前面来！”

朱德总司令、贺龙将军、刘伯承将军、陈毅将军、罗荣桓将军……都闻声走过来，排成了一列，毛主席自己站到队列的第一个。

周恩来同志大声宣布：“为国牺牲的人民英雄纪念碑奠基典礼开始！”

于是，乐队先奏起了国歌，又奏起了哀乐，大家脱下帽子，以毛主席为首的全体政协代表，怀着沉重的心情，默默地低下头。天安门广场沉默了，整个北京城沉默了，只有低沉的哀乐在天空中回响……“吃水不忘挖井人”，中国人民忘不了为争取今天的胜利，在昨天和前天悲壮地倒下去的无数兄弟，他们就是为了今天的胜利，用自己的血肉之躯为我们铺平了前进的道路，我们是踏着先烈开辟的道路走过来的……

乐声中止，毛主席抬起头来，沉重地缓步走到扩音器前，宣读碑文：

> 三年以来，在人民解放战争和人民革命中牺牲的人民英雄们永垂不朽！
>
> 三十年以来，在人民解放战争和人民革命中牺牲的人民英雄们永垂不朽！
>
> 由此上溯到一千八百四十年，从那时起，为了反对内外敌人，争取民族独立和人民自由幸福，在历次斗争中牺牲的人民英雄们永垂不朽！

接着，毛主席静静地走到纪念碑基石前，挖起一锨土，培到基石边上，朱总司令紧随在后，后边是几位将军，政协代表，一个接着一个前去培土，乐队继续奏着深沉的乐章，整个北京城沉浸在悼念先烈们的哀思中……

四　开国大典

1949 年 10 月 1 日，这个日子将永远记载在人类历史上。

这天，一个伟大的国家——中华人民共和国诞生了，正式宣布首届中央人民政府成立。

9月30日晚，人民政协召开了最后一次会议，会上一致选举产生了中央人民政府主席与副主席，主席是毛泽东，副主席是朱德、刘少奇、宋庆龄、李济深、张澜、高岗。大会一致通过选举产生了56位中央人民政府委员会委员。全场以最热烈的掌声，庆贺中央人民政府成立，欢呼以中国共产党为领导的全国人民的大团结。

10月1日下午2点，召开了第一次中央人民政府委员会会议，全体委员宣誓就职。3点，中央人民政府委员会秘书长林伯渠宣布典礼开始。中央人民政府主席、副主席、各委员就位。

天安门广场上红旗如林，人群似汹涌的大海，几十万群众为亲临开国大典而无比兴奋。

大会开始，毛主席走上去按动电门，中华人民共和国的第一面五星红旗沿着22米高的白色旗杆，在如潮的欢呼声中升到高空，迎风飞舞。

随即，毛主席庄严宣告："同胞们，中华人民共和国中央人民政府今天成立了！"他宣读了中央人民政府的公告和中央人民政府委员会第一次会议的决议，接着郑重宣布："本政府为代表中华人民共和国全国人民的唯一合法政府，凡愿遵守平等、互利及相互尊重领土主权等项原则的任何外国政府，本政府均愿与之建立外交关系。"

毛主席的话，又引来了广场上几十万群众山呼海啸般的欢呼声。

阅兵开始了。朱德总司令和聂荣臻将军坐着吉普车驶出天安门。在阅兵指挥官聂荣臻将军的车后面，跟着浩浩荡荡的人民解放军各式兵种的队伍，一队队走过天安门检阅台，有陆军、人民海军、坦克兵团、装甲车兵团、各式炮兵，有的战车上高举着“功臣号”等字样的旗帜，表明他们曾是著名的辽沈战役、淮海战役等战役的立功者。不一会儿，天空机声大作，主席台上的人一齐欢呼起来，毛主席和周围人高兴地向天上挥手，原来新中国年轻的人民空军已飞临上空，3 架一小队，一队又一队地飞过天安门上空，天上的飞机声和地上的坦克车声隆隆地响成一片……

在人民解放军行列后边的，是 30 万人的群众游行队伍，如森林般的旗帜，花的海洋，数十万人高呼：“庆祝中央人民政府成立！”“中华人民共和国万岁！”“中国共产党万岁！”

入夜，放起了烟花，灿烂的火花照亮了北京城，北京人民度过了一个狂欢的不眠之夜。

11 天的采访活动结束了。这是十分忙碌的 11 天，也是毕生难忘的 11 天。在怀仁堂会场上，我听到陈毅司令员说：“能参加这次盛会真是不虚此生。”他的这句话，说出了与会者的心声。

（选自《新闻战线》2017 年第 11 期）

记首届政协会议开幕

陆　诒*

中国人民政治协商会议第一届全体会议于1949年9月21日在北平中南海怀仁堂隆重举行。当时我是上海《新闻日报》记者，曾与上海《解放日报》记者林淡秋和《文汇报》记者唐海一起采访并报道了这次会议的全过程。

中国人民解放军正在为最后消灭华南和西南的反动残余势力而浴血奋战。为了提高警惕，防备敌机空袭，那天会议特定在下午7时开始。新闻记者习惯于会议前半小时到场，6时半，我们3个人便进入怀仁堂，会场里到的人尚寥寥无几，靠近主席台的记者席上也没有人。还是唐海机警，估计到先来的同业可能已在场外活动

* 陆　诒：时任上海《新闻日报》记者；后曾任《新闻日报》副总编辑，民盟中央委员、上海市副主委，全国政协委员。

了，他提议我们也到院子里去走走。

果然不错，有几位记者正跟随毛主席和民盟代表史良在院子里散步、谈天，还摄影。机不可失，我们立刻走拢去。身穿藏青毛料西装、满面笑容的史大姐首先同我们亲切招呼，并自告奋勇为我们向毛主席作介绍。按照老习惯，我们每个人先摸出自己的名片，请她转交。毛主席接过名片，和我们一一热烈握手。尔后，非常风趣地对林淡秋说："你的大名很风雅。"又对唐海说："唐朝的海，你的大名好记！"毛主席同我握手时，问我："我们好像在延安见过面的嘛，是不是？"我说："是的，那是在 1937 年 12 月初，太原失守以后，我到延安访问过主席。"他笑着说："噢！原来如此。"

那天，毛主席穿一套藏青色咔叽布料的中山装，脚上穿一双黑皮鞋，面色红润，精神抖擞。他同我们随便交谈，显得轻松愉快。他指着我们 3 个人说："你们上海来的记者不但有钢笔作为自己的武器，还带有照相机，可以说装备上占有优势。你们能不能在工作上打胜仗？"又指着女记者高汾穿的一双镂空皮鞋说："这可称为'空前绝后'吗？"他那种讽喻迭出、妙语连珠的风格，引起大家的连续笑声。

这时，周恩来匆匆赶来，催促毛主席和史良等进入会场，我们也紧跟进去，到记者席上就座。

下午 7 时整，举行开幕式。先通过主席团和秘书长名单，第一天的大会由毛泽东、朱德、李济深、沈钧儒、郭沫若担任执行主席，出席的政协代表 634 人①，被邀来宾 300 人。毛主席旋即宣布

① 据当天的新华社电，出席会议的代表为 635 人。——编者注

大会开幕，军乐队奏乐，鸣礼炮 54 响。

毛主席致开幕词，他的抑扬顿挫的湖南话，声声入耳，振奋人心。他特别提醒我们：“我们的人民民主专政的国家制度是保障人民革命的胜利成果和反对内外敌人的复辟阴谋的有力武器，我们必须牢牢地掌握这个武器。”又说：“只要我们坚持人民民主专政和团结国际友人，我们就会是永远胜利的。”40 年了！这几句话，值得温故知新！

接着，刘少奇发言。他代表中国共产党全体党员以极端愉快和热烈的心情庆祝人民政协开幕，庆祝即将由这个会议产生的中华人民共和国及其中央人民政府的成立。大会发言的代表，还有宋庆龄、何香凝、张澜、高岗、陈毅、黄炎培、李立三、赛福鼎·艾则孜、张治中、程潜、司徒美堂。

最后，通过一项临时决议，以政协第一届全体会议的名义，分别致电中国国民党革命委员会和杨杰代表的家属，表示吊唁。

（选自人民政协报编《风雨同舟四十年》，中国文史出版社 1990 年版）

陈毅同志在新中国成立前后的一些活动

沈北乐 *

一　率团赴京

1949 年 9 月中旬，陈毅同志以华东军区和第三野战军司令员、上海市市长的身份，率领华东地区各民主党派、地区、军队、人民团体、少数民族、宗教、特邀等各界代表七八十人，赴北平出席中国人民政治协商会议第一届全体会议，并参加开国大典。他是华东解放区的首席代表。随团的主要工作人员：中共华东局和上海市委组织部长刘晓同志负责代表团的组织工作，他又是上海各人民团体的首席代表；上海市府办公厅交际处处长梅达君同志为代表团的联络秘书，他又是中国民主促进会的正式代表，他的中共党员身份已

* 沈北乐：时任上海市政府办公厅秘书室主任；后曾在上海市财贸党校工作。

公开；我为陈毅市长的政治秘书，时任市府办公厅秘书室主任；中共华东局机要处的陶旭斌同志为机要秘书，处理机要电报文件。

代表团一行由上海乘专列火车起程。车过南京停留一夜，代表们住在车上。陈毅同志下车去第二野战军刘伯承司令员、邓小平政委处，在那里住了一宿，次日清晨吃了一顿美味的西餐早点。招待负责人介绍说，这位厨师原来是侵华日军总司令冈村宁次挑选来做西餐的。起程时刘司令员也上了列车，由南京去的代表增挂了车厢。车过泰安时停车，陈、刘司令员走下车厢换换空气，好多代表围了上来，夏公（夏衍是华东解放区代表）反映说，有的代表提议顺便上泰山一游。刘司令员说，由陈军长决定。军长沉默了一下说："先看明清，再览秦汉，到北平去游览吧。"列车继续前行，到济南停了半天，陈、刘司令员去山东省委，稍俟逗留后，由康生陪同到大明湖，在趵突泉附近的亭内招待吃中饭。饭后继续北上，由济南去的代表又增挂了车厢。

由南京至济南的途中，陈毅同志指示我们到各车厢看望问候各位代表。在刘晓同志的组织下，由梅达君、沙千里（时任上海市府副秘书长，又是中国人民救国会的正式代表）、陶旭斌和我分两组访问。代表中许多人都是早已认识了的，知名度较高的有粟裕、许世友、管文蔚、江渭清、季方、龙跃、赖少其、沙文汉（张登）、冯雪峰、韦悫、吴克坚、恽逸群、戴白韬、陈叔通、盛丕华、胡子婴、胡厥文、赵朴初、刘思慕、巴金、马思聪、张本、汤桂芬、白杨、袁雪芬等人。代表们除特邀、党派、工商界中的个别人年龄较大者外，50岁以上的人很少，多是40岁上下、30多岁，也有20多岁的，年富力强。

抵达北平后，陈市长及随行人员住进北平饭店，党派、特邀代表也住此。地区、军队、团体等代表住六国饭店。住了三四天，中央办公厅通知，陈毅同志要搬住中南海内，便于参加高层会议。我们即随他迁去，住一四合院内，邓小平政委住正房右侧房间，陈毅市长住左侧正房，刘司令员住左侧厢房，秘书人员住右侧厢房。搬进中南海的第二天，政务院机管局给首长们送来新制的呢衣裤帽，刘司令员穿上十分高兴，对我们说："在苏联时穿过，回国后就没得穿了。"要我为两位司令员摄一张照片。第二天清早，两人穿着新装，走到瀛台附近桥上，摄了一张合影作纪念。刘司令员兴致高，一人又照了一张。

二　会见华侨民主人士

陈毅市长一到北平，要求会见或请他去作报告的人很多，每天要预先安排他的日程。其中陈市长会见国外华侨民主人士代表，给人印象深刻。这是应陈嘉庚先生（南洋华侨）的请求，会见在代表住处六国饭店，除陈先生外，还有司徒美堂（美洲华侨）、陈其瑗（美国华侨）、庄明理、戴子良（马来亚华侨）、黄振东（印尼华侨）等代表，梅达君同志和我随行。会见时，陈毅同志对陈嘉庚先生等的爱国热忱予以赞美，并表钦佩，随后，他话锋一转，对他们宣讲中国共产党领袖的伟大和正确。他说，中国共产党领导中国革命的理论是马列主义，但仅有马列主义的基本原理不能解决中国革命的实际问题，经过全党的奋斗，特别是党的领袖毛泽东同志，把马列主义的基本原理同中国革命的实际结合起来，中国革命的问题才得到正确解决。他举例说，中国社会的性质，革命的动力、前途，战略与策略，对资产阶级的态度，中国革命的民族民主两重性等等，长期在党内外争论不休，只有毛泽东同志提出中国资产阶级的两面性和对他又联合又斗争的两面政策，对中间势力的地位，采取革命的两面政策，才彻底解决了中国革命的理论问题和实际问题。他反复详细讲述了上面的这些话之后，风趣轻松地说："我以前在同他共事中，称呼他是老毛，后来在共同的革命斗争中，一步一步感到他的思想和概括能力比我们高出许多，比我们看得更远，比我们正确，不能不肃然起敬，慢慢地自然而然地改口不叫老毛了，叫毛主席这 3 个字，恭恭敬敬地叫啰！"当时他对毛主席流露出的深厚感情，感染了陈嘉庚等人士。

三　在北大、清华演讲

最能表现陈毅同志风采、使人难以忘怀的，是张奚若请他向北大、清华师生作的一次讲演。安排好日程后，一清早，年轻的著名历史学家吴晗教授特地来中南海迎接。学校门口，全校师生夹道欢迎，争看传奇人物新四军军长陈毅将军，人群拥挤通道，陈军长下车步行，高举双手鼓掌还礼。张奚若校长和教授们把陈毅同志迎候至接待室，介绍了在场的教授如著名中国建筑学家梁思成、著名社会学家费孝通、著名心理学家潘光旦等，然后引导陈毅同志去学校大操场登台讲演。

陈毅同志说了一段轻松的话。他说一到校门口，万人空校，夹道欢迎。当然啰，因为我的名气不小。新四军军长、中国人民解放军第三野战军司令员兼华东军区司令、中国第一个大城市上海市军管会主任兼市长、中共华东局、上海市委书记，好大好多的头衔呵！旧话说，状元名下看文章，状元嘛，文章一定好啰！我看不一定，状元的文章篇篇都好吗？不一定。这些话一讲，使全校师生活跃起来。他接着说，1924年、1925年，我在北京念书，上中法大学，有时也到北大来旁听，旁听生，今天的同学们都是北大、清华正科生，比我高一等（下面的学生发出笑声，全场一片轻松愉快的情绪）。那时我也作过讲演。李大钊同志对青年发表演说，我跟在后面，听的人很多，他讲完了，我跳上台去讲起来，不到几分钟，下面的听众纷纷走了，我赶紧收场跳下台来。学问不多，讲得不好，又没有名气，人家当然不听你的。接着他的话一转，十分严肃地说起近百年来中国怎样沦为半封建半殖民地，中国共产党艰苦奋斗，流血牺牲，经过二万五千里长征，南方三年游击战争，掀起了抗日战争，赶走了日本侵略军，经过解放战争，打败了蒋介石的军队，推翻了国内的反动统治政权，一个崭新的独立民主统一的新中国将宣告成立。他教育青年学生们努力学习，投入新中国各项建设事业中去，为人民服务。他具体地用在南方坚持三年游击战争和渡江战役的准备两件事实来教育同学们。他说在红军主力出发长征后，赣南的三年游击战争是最困难艰苦的日子，整年整月在森林里、山洞里，昼伏夜出，风餐露宿，敌人围剿、搜山、烧山，用种种手段想消灭我们。我们就是依靠人民群众的掩护和支持，开展灵活的游击战争。实践证明，中国共产党人是不可战胜的。他稍一停顿又说：若问三年游击战争有没有一点好的事情呢？当然有。上面说的人民群众掩护支持我们，我们变成了群众中的一员，同人民血肉相连，生死相依，苦乐与共，对一个共产党员来说，就是天大的好事。游击战争教育了我们，共产党一刻也不能脱离人民群众，什么时候离开了人民，不知道群众所想的所要的，不为人民谋福利，去搞私利，我们就会被打败被消灭。他停顿了一下又诙谐地说，还有的好事就是空气，空气新鲜，新鲜空气。

他接着讲了渡江战役的艰苦准备。他说 4 月 21 日一天内，我们的几十万人民解放军跨过长江，反动派军队崩溃逃跑。你们从报上读新闻，好像是非常轻松的，哪里知道渡江前的准备，用了多少力量，克服了多少困难，才取得了渡过长江的胜利。渡江的解放军大部分是北方人，不习水性，上了船站不稳，看到水头要晕，走上船跳板就害怕。怎么解决这个问题呢？依靠的还是人民群众，请老百姓出主意，做先生。3 月间，解放军成群结队在长江北岸巢湖沿岸，练习上船下船、摆渡撑船、上帆下帆，人和武器一齐练，把枪炮搬上又搬下。又学习撑船渡过湖面，学习筑坝、翻坝。把木船从许多小河流撑入长江，甚至从陆上背起来，在发动进攻时，在短时间内由小河撑进长江里。又请教老百姓教会用土办法做救生圈，把木板做成一块三角板，中间挖空，放在人身肋下像夹着一面枷，再用十来斤稻草捆扎在上身周围，人一下水就浮起来。师长、军长都一齐练习，每个军在一个月内练成二三千水手，北方人练成了水军。4 月上旬渡江的准备全部完成，4 月 21 日朱总司令一声令下，几十万解放军打过了长江。

讲演结束，全场掌声雷鸣，经久不息。

陈毅同志用具体生动的语言，对青年学生的教育，句句打动人心，他的讲话使青年人懂得，任何革命斗争或建设事业，都要付出艰苦的努力。现在党领导的改革，更是一个长期的艰难曲折的历史过程，而不是像有些青年人幻想的那样，很快就能变好。重温陈毅同志当年对北大清华学生的讲话精神，仍然很有教益。

四　在人民政协开幕式上的讲话

陈毅同志讲演或作报告，从来不照念秘书给他准备的讲稿，至多引用一些数字资料和搜集的思想反映而已。听过他讲话的人，都会感到他的学识渊博，说话豪迈直爽，他讲话时而十分严肃，时而轻松谈笑，毫不枯燥，使人感到亲近愉快。他讲话针对人的思想，解决思想问题，襟怀坦率，肝胆照人。他说话如江河直下，气势磅礴，诗词典故，随手拈来，风趣诙谐。但是，开国前夕他在中国人民政治协商会议第一届全体大会上的讲话，却别开生面。

1949 年人民政协一届全体会议从 9 月 21 日开始到 30 日结束。会议第一天，毛主席致开幕词，当天安排讲话的各方面首要人物有 12 位：刘少奇、宋庆龄、何香凝、张澜、高岗、陈毅、黄炎培、李立三、赛福鼎、张治中、程潜、司徒美堂。陈毅司令员代表中国人民解放军讲话，他一字一句地照念他自己写的讲稿：

“……中国人民政治协商会议第一次全体会议今天正式开幕。他站在中国人民民主革命胜利的高点，宣布国民党反动统治的灭亡，宣布中华人民共和国的诞生。中国人民从此大翻身，从此自己掌握自己的命运。从此以自己的劳动与智慧，按照自己的意志，来建设一个人民民主的新中国。这是旧历史的结束和新历史的开端。中国人民解放军 400 余万指战员，能派遣代表出席人民政协大会，躬逢空前的人民革命盛典，认为是无上光荣。在此，我谨代表中国人民解放军全体指战员表示无条件拥护人民政协大会；愿在大会领导之下将人民革命战争进行到底，保证新中国建设的顺利进行。中国人民解放军随时准备着，听候中央人民政府的调用，为消灭残余敌人和保卫新中国的独立自由而奋斗到底！……”

不到3分钟他就念完讲稿，全文只有300多个字，是这次大会的讲话和发言中最短最好的绝唱，也是我所知的他唯一的一次照念讲稿。

五 “我的兴趣在文艺”

开国大典后，代表们陆续离北京回程。在陈毅同志的指示下，夏衍、梅达君同志陪同斯大林派来参加新中国开国大典的观礼团，乘专列火车到上海访问演出。该团以法捷耶夫为总团长，西蒙诺夫为副总团长，包括文艺、芭蕾舞、红军歌舞3个分团，300多人。他们的演出曾轰动了上海。陈毅同志仍留在北京，参加中央会议。当时简略知道的讨论题目，一是向待解放区西南、华南、大西北进军的问题；二是大行政区的建制和人事安排。在这期间，陈毅同志要我到中央办公厅找杨尚昆主任要了一封介绍信，去北京图书馆查阅他1925年左右在北京晨报副刊上用曲秋笔名写的文章，我抄下了好多篇他的文艺作品，如《十年升沉》《西山埋葬》《生日》《归来的儿子》《译米塞诗两首》《文学家你走哪一条路？——劳动文艺的重要观点》等。记得解放战争初期，陈毅同志对参加军调处的美军雷克上校曾说过：“我的兴趣不在军事，更不在战争，我的兴趣在文艺。我愿做记者，我喜欢写小说，当我的书出版时，我将首先送一本给你。”这是作为军事家、政治家、文化人三者兼备的陈毅将军，在蒋介石发动内战期间，对来我国担任军事调处角色的美国军人所说的富有斗争策略的话。

1991年5月于上海

（选自中国人民政治协商会议上海市委员会文史资料委员会编《上海文史资料选辑·风范永存——忆陈毅市长》第68辑，上海人民出版社1991年版）

父亲齐燕铭在新中国成立前后

齐翔延[*]　齐翔安[**]

父亲齐燕铭在新中国成立前后曾担任政协筹备委员会的副秘书长，中央人民政府办公厅主任、政务院副秘书长，参与了中央人民政府的筹建及建设工作。

今年是中华人民共和国成立60周年，回顾父亲为新中国的建立所做的工作，是一件很有意义的事。

一　被派往北平筹备政协会议

1948年9月26日，中央决定将中央城工部改名为中央统一

*　齐翔延：齐燕铭之女，曾在中国社会科学院马列研究所工作。

**　齐翔安：齐燕铭之女，曾任首都医科大学宣武医院党委书记。

战线工作部，首要任务是负责党中央就召开中国人民政治协商会议的各项事宜，与各民主党派、无党派爱国人士进行协商，做好各项具体准备工作。父亲除负责与民主人士的政治联络和协商工作外，还兼任政权室主任，负责城市政策研究和统战工作。当时许多知名人士纷纷从全国各地来到平山县李家庄，都由统战部接待，除与他们商讨筹备政协会议事宜外，还安排他们的生活，组织他们学习时事，为他们作战争形势报告。父亲作为统战部秘书长，许多事都是由他组织安排。他还组织政权室的同志拟定宪法草案，绘制《中央人民政府组织机构系统表》，对新中国政权设置问题进行调查研究。

1949 年 1 月 31 日，北平和平解放。当天，父亲接到周恩来的电话，要他同周子健、申伯纯立即到西柏坡接受新任务。他们赶到西柏坡时已是 2 月 1 日凌晨，周恩来仍然伏案工作。他招呼连夜从李家庄赶来的父亲等人坐下，让警卫员端上热茶后说，叶剑英来电告知平津战役宣告结束。现在你们要尽快出发，赶往北平筹备新政协的召开，这是首要任务。其次，要接管中南海，成立中南海办事处，负责房屋管理和卫生工作；接管香山，将它作为党中央驻地；接管北京饭店、六国饭店、德国饭店等大饭店，为接待各地民主人士作准备。同时请他们把住在李家庄的民主人士周建人、胡愈之、符定一、韩兆鹗、雷洁琼、沈兹九、何惧等一起带到北平。楚图南回忆从李家庄赴北平的经过时说："我和周建人、胡愈之等几十人组成一队，由燕铭同志照应着，到达石家庄后住了一天，打前站的同志说，定县附近还有傅作义的不少部队，其动向如何尚不清楚。齐燕铭同志当即决定我们暂留石家庄。他只身带一支卡宾枪连同一名司机驾吉普车去定县了解情况，并嘱咐我们没有接到他电话之前不要离开石家庄（当时大家看齐燕铭一人和一名司机上路心中颇感不安。符定一即说：‘齐先生可要注意安全！不过据我预测，你此行吉利。’齐燕铭说：‘托符老的福了！’说完他即在夜幕中赶赴定县）。后接到他电话说无事，我们才顺利出发。这使我感到燕铭同志既有深湛的文化艺术修养，又有燕赵之士的豪情，更有一个坚强革命者的机智和勇敢，这给我的印象非常深刻。”

2月3日早，父亲一行抵达北平，并参加了人民解放军入城式。解放军高级将领和从各地来的民主人士、各界代表数百人，在前门箭楼上检阅了入城部队。

在父亲的具体组织安排下，金城、申伯纯等接管了中南海的房屋，以及香山、北京饭店、六国饭店、德国饭店等；在丰泽园成立了中南海办事处，为中央领导机关迁入北平做各种准备工作；并将给中央领导同志居住和活动的颐年堂、准备政协筹备会办公开会的勤政殿和开大会用的怀仁堂，定为清理修缮的重点。

在此期间，父亲还协助统战部长李维汉向中央报告各党派民主人士的动态，协助民主党派搞好组织建设，对他们提出的各种困难和问题，则及时向周恩来和中共中央反映、汇报。

1949年3月25日，毛泽东等中央领导乘火车到达北平，下午在西苑机场举行了阅兵式，并与来自各地的民主人士见面。

从机场回来以后，有人电话通知父亲去益寿堂。原来毛泽东当晚要同民主人士谈话，并举行一次便宴，要父亲拟定名单。父亲很快拟出一个先期到达北平的民主人士名单，并得到毛泽东、周恩来的审阅同意。毛泽东要父亲立即通知有关人员，派车将出席便宴的民主人士接来。

二　参与筹备和出席政协一届全体会议

1949年6月11日，周恩来和民主人士、各界代表人物经过反复协商后，在中南海勤政殿举行了政治协商会议筹备会预备会议。16日晚，筹备会常务委员会举行第一次会议，推举毛泽东为常务委员会主任，周恩来等5人为副主任；批准李维汉为秘书长，齐燕铭等9人为副秘书长。

政协筹备会分6个工作组，分别负责拟定参加政协的单位和代表，起草组织条例，起草共同纲领，拟定中华人民共和国组织方案，起草大会宣言，拟定国旗、国歌、国徽。父亲对每个组的工作都要顾及。

7月10日，中共中央组成政协筹备会党组干事会，父亲为21位干事之一，协助周恩来、林伯渠、李维汉等负责党派工作。党派工作的首要任务是搞“名单学”。所谓“名单学”，即人事的筹划安排。召开政协会议，首先要确定由哪些党派团体参加，并进一步商定由哪些人物参加，因为当时的条件不可能实行选举制，只能通过协商。中央领导对各界代表的确定极为慎重，要一一调查了解清楚，又要向有关单位反复征求意见，而且这一切工作都要在极短时间内完成。这时，父亲作为周恩来和李维汉的助手，其工作紧张繁忙程度可想而知。一天晚上，由于天黑路灯不亮，李维汉一脚踩进了下水井，当即骨折，因送医院救治不能再参加筹备政协的工作，父亲的工作便愈加繁重。

在召开政协会议的号召发出以后，除了中央确定邀请的民主党派、无党派民主人士外，当时还有自荐要求参加的“党派”和个人。父亲协助李维汉做了认真的调查研究，有理、有据地找他们个别谈话。例如对“少年劳动党”的主席安若定，指出该党成分复杂，且毫无民主运动历史，并批评其虚报党员人数等，劝其自动解散组织。安若定接受建议后，他个人被吸收参加政协会议。对其他凡在民主革命中有好的表现的代表人物，都作了妥善安排。8 月 29 日，政治协商会议筹备会确认中共参加政协代表名单，父亲为候补代表。在政协会议召开之前，党中央还夜以继日地抓紧拟定各项重要文件，父亲参与了《中国人民政治协商会议共同纲领》的起草、印发和征求意见工作。

1949 年 9 月以后，共同纲领的起草工作进入最后阶段。从 9 月 3 日至 13 日，毛泽东至少 4 次对草案稿进行了悉心的修改，改动总计 200 余处。他在改过 9 月 11 日稿后又批示：“乔木：即刻印一百份，于下午 6 时左右送交勤政殿齐燕铭同志，但不要拆版，俟起草小组修正后，再印一千份。”

9 月 4 日，父亲在中共中央统战部主办的政协代表茶话会上，补充介绍了政治协商会议筹备的情况，包括代表的产生过程、代表的组成、会议的中心议题、共同纲领的起草修改，以及《中国人民政治协商会议组织法（草案）》《中华人民共和国中央人民政府组织法（草案）》修改起草等情况。政协“名单学”未了，又延伸到中央人民政府各部人选安排上，特别是党外民主人士的安排，必须由中央统战部拿出方案，大量的具体工作也都由父亲来完成。在讨论国徽的设计时，因为梁思成夫妇未曾出席，他就亲自去清华大学拜访。为父亲诚意所感动，梁思成亲手制成国徽模坯，由父亲的秘书张可凡取回来。

9 月 21 日，中国人民政治协商会议第一届全体会议在中南海怀仁堂隆重举行。父亲作为中共参加政协会议的候补代表参加了开幕式。

9 月 30 日晚 9 时，全体代表到北京饭店用餐。餐厅里热闹非凡，毛泽东等领导人坐在第一桌，代表们纷纷离座走过去，向他和几位副主席敬酒。毛泽东这天晚上也破例有敬必饮，开怀畅饮，直到父亲宣布餐后中央人民政府主席、副主席、委员还要留下开会，代表们才停止了敬酒。

对于父亲筹备和参加政协会议期间的工作情况，当年与他同为政协筹备会常务委员会副秘书长的孙起孟回忆："当时几位副秘书长中，燕铭同志是李维汉秘书长的主要助手，上下、左右、内外的事情，几乎无一不与，同志们也都乐于和他商量、请教……他勤奋惊人，睡觉是化整为零。因为毛主席、周总理主要是夜晚工作，他则除夜里工作，白天照样勤奋工作，有时坐在那里抽空合一会儿眼，一听说有什么事，他马上十分清醒地处理问题，从不误事。说他是不知疲倦地工作，毫无愧色。"

（选自《百年潮》2009 年第 9 期）

襄与盛举　共商大计

邓成城*

中国人民政治协商会议第一届全体会议召开55周年纪念日即将来临，这次会议是中国人民政治生活中极其重大的事件。我的父亲邓宝珊将军是这次会议的参加者，作为一名孙中山先生事业的追随者，中山先生建立“新中国”的理想也一直是他梦寐以求的愿望。在人民共和国诞生并走向欣欣向荣的年代里，他精神振奋，参加了许多重大的政治活动，我就自己所闻他的活动片段作一回忆，以助人们了解历史，开拓未来，增强建设中国特色社会主义事业的信心。

父亲是国民党军队中长期主张并力行国共合作的爱国将领。不仅在两次国共合作中真诚与共产党人合作，即使在革命低潮时也从

* 邓成城：邓宝珊之子，曾任甘肃省政协副主席，全国政协常委、文史资料委员会副主任，民革甘肃省主委。

未改变和动摇过初衷，尽力保护共产党人和进步人士。他 1949 年 1 月协助傅作义将军完成了北平和平起义，实现了他早在 40 年代初对中共领导人表示的“只要有机会，决当为人民革命事业尽一番力”的诺言。1949 年 3 月，毛泽东、周恩来在西柏坡亲切会见了傅作义将军和父亲，肯定并赞扬了他们的义举，商谈了绥远和平解放和对他们工作安排等问题。同年 8 月 28 日，两位将军同乘一辆铁甲车头到绥远，从归绥（今呼和浩特）到美岱召，又到包头会见了国民党军政人员，反复耐心地讲明形势，动员他们起义，并给所有部队发放了慰问金。虽然其间因为广州国民党政府派前国防部长徐永昌去绥，引起了反共势力的又一阵喧嚣，但毕竟大势已去，傅、邓两将军走和平之路的坚定决心丝毫未受影响，绥远起义于 9 月 19 日终于实现。父亲在绥远还做了争取马鸿宾起义的工作，为宁夏的解放作出了贡献。20 日晚，傅作义将军和父亲以及绥远起义将领孙兰峰乘车回北平，准备参加人民政协会议。22 日上午，他们到达北平西直门车站，受到了时任华北军区司令员聂荣臻、政委薄一波的热情迎接。在新政协会议召开的前夕，父亲他们就是在这样紧张的行程中度过的，他们为此感到无限欣慰，因为他们是在为新中国的诞生而努力奋斗。

会议成立了 6 个分组委员会，分别负责政协组织法、共同纲领、政府组织法的草案整理、宣言起草、国旗国徽国都纪年方案审查、代表提案审查等工作。父亲参加了郭沫若为召集人的宣言起草委员会。大会要求发言者甚众，父亲被安排在 9 月 25 日的全体会议上发言。他首先说：“中国人民政治协商会议，在全国人民的热烈盼望下，在全世界爱好和平的人民热烈盼望下，胜利地召开了，这是一件历史上空前的大事。英勇的中国人民，不仅打垮了帝国主义的武装干涉，打垮了国民党反动派的血腥统治，而且开始建设自己独立、民主、和平、幸福的新中国了。”在接下来的发言中，他向尚待解放地区的国民党人士发出了呼吁：“我愿意劝告西北、西南、华南、台湾等待解放区的真正的爱国分子，不要徘徊，不要犹豫，赶快冲破黑暗，走向光明，坚决地、毫不保留地向人民靠拢！”他还以绥远解放为例，说明人民解放事业的洪流已是势不可挡，西藏、台湾迟早都是要纳入统一的祖国之中的。最后，他心情激动地表示：

> 各位代表先生们，今天我们中国有了这样一位英明的人民领袖——毛主席，有了这样一个坚强的人民政党——中国共产党，有了这样一支无敌的人民军队——人民解放军，有了这样许多为统一战线奋斗的民主党派和民主人士，以及四万万七千五百万觉醒的人民，我们坚决地相信：独立、民主、和平、繁荣的新中国必将永远屹立于世界。让那些国内外反动派在人民面前发抖吧，我们高呼：
>
> 中国人民政治协商会议胜利成功！
>
> 中华人民共和国万岁！
>
> 毛主席朱总司令万岁！

会议的第三天，即 9 月 23 日，毛泽东主席、朱德总司令特别宴请了在人民解放战争中起义的国民党爱国将领，应邀参加的有程潜、张治中、傅作义、邓宝珊等 26 人，作陪的有李济深、周恩来、陈毅、刘伯承、聂荣臻等。席间，毛主席频频提议为他们的义举和功绩干杯！他说：由于国民党军中一部分爱国军人举行起义，不但加速了国民党残余军事力量的瓦解，而且使我们有了迅速增强的空军和海军。这充分体现了中国共产党对他们功绩的肯定，这一历史评价也永远载入史册。

父亲通过参加会议，进一步感受到即将诞生的新中国的光明前途，思想境界有了一次新的升华。他看到人民政协和它选举产生的中央人民政府汇集了大批爱国进步人士和优秀干部，真可谓“猛将如云，谋臣似雨”，为此而欢欣鼓舞！新中国建立后，父亲参政议政的积极性很高，仅以我所看到的 1950 年 6 月召开的人民政协一届二次会议会刊中反映的情况，在 60 项会议提案中，父亲提出的和附议的就有 9 件。他提出在甘肃省会兰州创办一所可容纳千名学生的民族学院，“培养少数民族的干部，以适应工作需要”。会议审查意见是：“西北创办民族学院，政务院业已决定。来案仍送中央人民政府核办。”1950 年 8 月，新中国第一所民族学院——西北民族学院（现名为“西北民族大学”）正式开办招生。他又提出“统一规定工作人员薪资小米（或面粉）价格案”。其理由是：“目前各地工作人员（供给制干部在内）的薪资小米价格，参差不齐。譬如兰州的粮食价格在西北各地中较低，而日用品的价格较高，因此一个每月 20 袋面粉的教授在兰州只能得到 30 万元左右（在西安可以得到六七十万元），很难维持一家的生活，因而情绪低落，影响工作。这种情况应有加以调整的必要。同样，供给制干部的供给标准，也因为受到粮价较低的影响，伙食标准无形降低。”解决办法是：“（1）工作人员的薪资按当地折实单位牌价计算；（2）以各大行政区为单位规定统一的薪资计算价格。譬如西北大行政区以西安的粮价作计算薪资的标准。”这一提案受到了重视，问题得到了解决。

第一届全体会议召开前后，毛泽东、周恩来对傅作义将军和父亲的工作安排问题十分关心，为此征求了党内外人士的意见。比如关于父亲的工作，就和邵力子先生以及中共中央西北局的同志商谈过。开国大典后，中央人民政府任命傅作义将军为水利部部长，决定父亲回甘肃任省人民政府主席。毛主席曾就此事给父亲讲，蒋介石不信任你，始终不让你当甘肃省主席。我们让你回甘肃工作，献身桑梓，相信你一定会做好工作。50 年代，爱国民主人士担任省主席的还有程潜先生，一时之间有“南程北邓”之谓。消息传出，中共中央西北局的领导人彭德怀、习仲勋即来电向父亲热情表示祝贺和欢迎。新中国成立前夕，毛主席还曾对傅作义将军和父亲表示，希望他们参加党派工作。提出请他们组织一个党派，参政议政。傅作义将军表示，自己一直是个军人，不懂党务，搞不来。父亲说：“我们没有这方面的经验，不会办党。”此事遂不再提起，但他们明白，这是毛主席对他们政治上的关心，想让他们更多地参与政治活动。邵力子先生是父亲的老朋友，父亲对他视为兄长，他一直说服父亲参加民革的工作，他认为西北军留在大陆的将领很多，父亲在他们中是有影响的人，在西北的国民党人士中，父亲很有代表性。1953 年父亲终于加入了民革，在西北地区民革的工作中，发挥了自己的作用。1956 年后，父亲一直担任民革中央副主席。

1954 年国庆前夕，全国人大一次会议召开，父亲作为甘肃省选出的全国人大代表参加了会议，并被选入 79 人组成的主席团，接着当选为国防委员会委员。

从人民政协首次会议到一届人大会议后的一段时间里，父亲作为爱国民主人士代表，积极参政议政，表现了极大的工作热情。50年代的初期和中期，他对省政府工作抓得很具体，为了掌握实际情况，他每年都用不少时间下乡视察指导工作，足迹遍布全省各县。1954年他陪同习仲勋同志到甘肃一些地方视察农业，提出了许多宝贵意见，受到中央高度重视。1956年秋，他到甘肃中部干旱地区的会宁县视察，主动要求到该县最干旱的硝沟坪去看看。黄土高原缺乏绿色植被，水土流失严重，一道道深沟大壑，交通十分困难。他时而和大家一起下车步行，时而又一起推汽车上坡，几经周折，才到达目的地。返途中天黑又遇到大雨，河水暴涨，车不能过，他和大家一起爬坡抵达县城。当县里领导向他表示歉意时，他却高兴地说："我今天看到了甘肃最干旱的地方，也体会到山区群众生活的艰辛，此行是很值得的，一点辛苦算不了什么。"在场的人听了都十分感动。在各县视察时他提出要去边远偏僻的山区，如遇劝阻，他坚持非去不可。深入基层，掌握具体情况，不仅使他在领导工作中做到了心中有数，而且能及时纠正一些工作中的问题。

岁月荏苒，但这一切都没有被淡忘，也不应当被忘记。前事勿忘，后事之师，人民政协树立的政治民主的范例及其深远影响，是很值得我们总结、发扬的。

（选自全国政协文史资料委员会编《人民政协纪事》，中国文史出版社2004年版）

新中国成立前后的司徒美堂

司徒丙鹤*

一　何香凝为美老撰写的墓志

1955年5月8日辛亥革命老人，美洲爱国侨领、洪门致公堂总监督司徒美堂先生，病逝于北京北池子83号住宅。首都各界人士在中山公园举行隆重的公祭仪式，遗体土葬于西郊八宝山之阳。其后，何香凝女士为之亲撰墓志，勒石于墓旁，保存至今。全文如下：

司徒美堂先生，广东开平人，生于一八六八年。十四岁

* 司徒丙鹤：时为司徒美堂联络秘书；后曾任广州《新商晚报》社长，中国侨联联络部副部长。

赴美国，十七岁加入洪门致公堂，其后追随孙中山先生，参加辛亥革命，帮助筹款，并组织安良堂，被选任为总理，先后达三十年，对团结华侨，互助互济，兴学办报，都有良好影响。抗战爆发，发动美洲华侨捐款，出力很多。一九四一年皖南惨案爆发,先生发表通电向蒋介石政府表示抗议。太平洋战争时期，先生行抵香港，被日本侵略军当局拘捕，先生表现了高度的民族气节,拒绝伪命,化装逃走。一九四二年任重庆华侨参政员时，出席八路军重庆办事处的欢迎会，发表了坚持抗战、反对投降的言论，并揭露反动政府祸侨害侨的罪行。一九四三年，先生赴美洲各国，报导抗日民主根据地和中国共产党领导人民英勇抗战的真实情况。一九四五年三月，先生在美改组致公堂为“中国美洲洪门致公党”，并被选为主席。同年四月，被聘为联合国筹备会中国代表团的华侨顾问。抗战胜利后，先生偕美洲华侨代表返国,参加当时的民主政治运动。国民党反动派发动内战，破坏和平，先生愤而去香港，发表拥护中国共产党“五一口号”的声明，上书毛主席致敬，愿意接受共产党领导。一九四八年冬，先生再度赴美，发动华侨支持祖国人民的解放斗争。全国解放，先生代表美洲华侨回国参加中国人民政治协商会议。先生经常游历祖国各地，积极参加各项政治运动，对国外侨报发表言论，号召华侨团结在祖国的周围，为祖国社会主义工业化，为解放台湾，为保卫世界和平而贡献力量。

先生曾任中华人民共和国中央人民政府委员、人民代表大会常务委员、中国人民政治协商会议第二届全国委员会委员，华侨事务委员会委员等职。

司徒美堂先生旅居美国六十九年，一直站在爱国立场，进行各种工作。先生为人慷慨侠义，急人之难，热心华侨公益事业，他是美洲方面的爱国华侨领袖。司徒美堂先生一生所走的道路，反映着国外爱国华侨自从鸦片战争以来所走的道路。国外华侨这新的一代对于他们老一代华侨的开路先锋作用，对于他们所起的先行者的作用，是永远不会忘记的。

一九五六年十二月八日何香凝撰

这是由何香凝口述，着我笔录，经廖承志过目，转交国务院机关事务管理局去刻石的。字里行间，洋溢着两位革命老人的战斗友谊。

时光流逝，不觉31周年。美堂老人爱国忧民的精神，永远活在广大华侨的心中。年来，广东开平县侨乡的人民，发动筹建司徒美堂纪念馆，以昭垂后世。因为我任美堂先生的秘书多年，乡亲来函询及有关革命文物史料，从而使我又一次重温美堂老人“烈士暮年，壮心不已”的往事。

二　漫长曲折的道路

1948年秋[①]，我在香港启德机场送走了美堂老人；1949年夏，中国解放战争形势急转直下，我又在香港启德机场迎接他自美国飞来。那时，他已高龄80有余，手持黄兴夫人所赠的特制手杖，步履有些不便，但精神饱满，斗志旺盛，耳聪目明，记忆力强。

① 《墓志》记为“1948年冬”。——编者注

司徒美堂14岁离乡，在美居住69年。太平天国失败后，他参加了反清复明的洪门；组织了致公堂和安良堂，并长期担任领导工作；他追随孙中山先生搞辛亥革命；后来又和宋庆龄女士联络，捐款支持抗日战争；最后，上书毛泽东主席，拥护中国共产党的主张，飞越半个地球，归来出席中国人民政治协商会议，当选为中华人民共和国中央人民政府委员。据我所知，这中间经历了许多艰难险阻，有人支持，但也有人反对；甚至离美前夕，孔祥熙还劝他“慎重考虑”；致公堂和安良堂的弟兄，则发生各种不同意见。他力排众议，发扬“忠诚爱国，义气团结，义侠除奸”的洪门精神，奔向爱国大道，诚非易事。正如廖承志在悼词中所指出：“司徒美堂先生所走的道路，反映着国外爱国侨胞自鸦片战争以来所走过的道路。”又如习仲勋在中国致公党成立60周年纪念会上所指出：洪门致公堂元老司徒美堂先生是爱国华侨的杰出代表人物。

有关美堂老人的旅美69年的历史，1950年我曾根据他的口述，笔录10余万言，连载于北京的《光明日报》，后来由香港《文汇报》收入《祖国与华侨》一书。1960年，我承全国政协文史资料研究委员会杨东莼先生之约，又写了《司徒美堂与美洲洪门致公堂》长文约4万言，刊于《文史资料选辑》第38辑上。不过美老晚年居住京华丰富多彩的政治生活，尚语焉不详。

时至今日，我也由壮而老，不觉到了古稀之年，再承江门市侨办主任吴淡初之约，要详述这段历史，在《五邑侨史》刊出，为了不让史料随日月消逝而泯灭，乃欣然命笔。

三 上书毛泽东的经过

1948年，中共中央发布纪念“五一”劳动节口号，号召召开没有反动分子参加的新的政治协商会议，讨论成立民主联合政府问题，得到全国人民、各民主党派以及国外华侨的热烈响应和拥护。

8月12日在香港建国酒店七楼航空厅，司徒美堂举行记者招待会，对中央社、《华商报》、《大公报》、《华侨日报》、《工商日报》、《星岛日报》等10多个报社的记者，发表《国是主张》。这是他1946年自美国回国，拒绝参加国民党单方面擅自召开的“国民代表大会”，愤然来港，隐居多时之后，以美洲洪门致公堂元老身份的第一次公开发言。大意说，自去年底来港，格于环境，未能与新闻界诸君见面请益，十分抱歉。当前国内形势大变，谁为爱国爱民，谁为祸国殃民，一目了然。本人虽然年迈，但一息尚存，爱国之志不容稍懈。中国乃四亿五千万人之中国，非三五家族所得而私，必须给人民以民主自由。本人即将返美参加洪门大会，讨论国内形势，提出政治主张，以贯彻洪门革命目标。

这番话出自一位追随孙中山先生参加辛亥革命的爱国华侨领袖之口，字里行间，不满蒋介石之意分量不轻，马上成为港报的头条新闻，轰动一时。

招待会过后，司徒美堂与李济深、蔡廷锴、陈其瑗、陈其尤、连贯等人有所接触，交换意见。

司徒美堂返美前夕，1948年10月，中共华南分局连贯先生设宴为之饯行，地点在香港铜锣湾沈钧儒先生的空房中，出席作陪的有谭天度、饶彰风、罗理实等人。司徒美堂叫我起草，即席亲书

《上毛主席致敬书》，表示真诚接受中国共产党领导，向“出斯民于水火”的毛润之先生致敬；郑重表示：“新政协何时开幕，接到电召，当即回国参加。”原信签字盖章，郑重认真，敬托华南分局代为转呈。此信写于 1948 年 10 月 23 日，当时南北交通未恢复，投递费时，隔了 80 多天，即 1949 年 1 月 20 日才由毛主席作复。据回忆，毛主席复信到达纽约之日，解放军已经渡过长江，南京政府覆灭了。

与此同时，在香港的中国致公党主席陈其尤及郑天保、陈演生、黄鼎臣等人，也先后设宴欢送司徒美堂。席间，陈其尤请司徒美堂以“洪门老人”身份发一声明，原稿措辞晦涩，未能达意，美老又指示我另拟一文，签字盖章交给陈其尤，约定于 10 月 30 日他抵达美国之后，在香港各报发表。这就是《司徒美堂拥护中国共产党召开新政协的声明》。声明斥责“蒋介石玩弄阴谋，背信弃义，撕毁政协决议，发动内战”，对于“中共及民主党派所号召以四大家族除外之新政治协商会议，进行组织人民民主联合政府之主张，余认为乃解决国内政治问题唯一良好之方法，表示热烈拥护，并愿以八十有二之老年，为中国解放而努力”。该声明签署的时间是 1948 年 10 月 18 日。

四　秘密经过台湾海峡北上

司徒美堂接到参加人民政治协商会议的邀请通知，1949 年 8 月 9 日乘飞机离开美国纽约，8 月 13 日抵达香港。那时香港已发生工会领袖朱学范坐黄包车（人力车）在街上被人撞伤。因此，美老坐的飞机一降落，香港政府就派出警车前来“保护”。以后住在旅店或家里，就有人在周围“站岗”，一出街，就有车子跟在后面；上茶楼饮茶，也有人在对面桌上“奉陪”。如此半个月，真是前呼后拥，形影不离。

直至美老乘坐太古公司的岳阳轮北上，警车也送到码头，看着轮船启航。美老幽默地对我说：“真应写信感谢港督葛量洪阁下的盛情照料。”海轮要通过台湾海峡，诚恐有人暗算。北航是采取秘密形式的。我们被告知，应作最坏打算，准备毁灭一切身份证明。甚至有被国民党战舰拦截拘留到台湾的危险。因为半年前民主人士李济深、郭沫若、蔡廷锴、陈其尤等人的突然秘密离港，那些负责监视的人事前竟无所觉，闹了“笑话”，现在变得几个方面都“从严”，空气有点紧张。至于饱经风浪的美老，却一直处之泰然。他说：“人生自古谁无死，留取丹心照汗青。”

在头等舱的，有黄琪翔将军、李承儒教授等人。我们慢慢混熟了，什么都说。航行多日，风浪滔天，也经常遇到一些战舰，彼此交换了电讯旗号，就过去了，未有人上来搜查。6日之后，我们平安抵达红旗飘扬、有解放军守卫的塘沽港口。天津市交际处连以农处长前来迎接。我们下榻于天津旅店，翌晨早饭后即转往北平，受到中共首长及友好的欢迎，住在北京饭店114号房。

五　政协会议期间的北京饭店

北京饭店原是英国、法国商人经营几十年的“豪华”饭店，沦陷期间，被日本人强行收购，抗日胜利后由北平市政府接管。楼高八层，有新旧两幢，坐落王府井南口，面对东交民巷，历来是北洋军阀花天酒地和逃避政争的“租界”。侍应生必须长袍马褂，瓜皮小帽而口操英语。现在来北平参加政治协商会议的各方代表人物，大部分住在这里。

北京饭店警卫森严。我们办好住房手续，领了出入证，还领了饭票。饭票是免费由政协大会招待的。早、午、晚3餐，采取10人共席制，5菜1汤，外加咸菜点心。每人把饭票放在席上，由服务员收走，人满开饭，随便就座，不分等级。

我是长期在粤港当记者的人，从大餐厅一眼望去，很多是旧识的“新闻对象”，更多的久闻大名如雷贯耳的知名人士，也先后在餐厅上“同台食饭”。每天我陪着美堂先生和大家会面握手，互道“久仰”之意。我们见到了李济深、张澜、黄炎培、许德珩、谢雪红、章伯钧、李德全、史良、蔡廷锴、李子诵、马叙伦、李书城、李烛尘、梅兰芳、周信芳、张奚若、郭沫若、茅盾、许广平、周恩来、林伯渠、董必武。

六　侨领两老的会见

南洋侨领陈嘉庚，恰巧住在北京饭店112号房，中隔大客厅，和我们是邻居。一天，司徒美堂和陈嘉庚正式在大客厅会见了。

在积弱的中国，两老年少出洋，走过曲折道路，其后一成工商巨子，一成致公堂元老。他们都参加了辛亥革命，长期从事华侨团结爱国工作，晚年则一个代表美洲，一个代表南洋，同来参加政协，迎接新中国的诞生。

嘉老籍贯福建，为人严肃，生活俭朴，分析时势，则周详缜密。美老籍贯广东，粗通文墨，性格豪放，讲江湖义气，疾恶如仇。两人漂洋过海达半个世纪以上，然均不能操国语，只好各带翻译，互以标准的闽南和四邑乡音交谈。于是我和庄明理先生分别当了“翻译”。

两位侨领老人带来了华侨对于祖国富强的祝愿。嘉老年已 76，美老则是比他大 7 岁，两老万里迢迢，回归北平，这行动本身就叫人感动。就晚年生活言，美老滴酒不饮，大抽吕宋烟，无时或停，喜穿西装而少穿唐装。嘉老每餐则半杯甜酒，一碗地瓜粥，几块蚝煎，坚不吸烟，见人吸烟亦加劝诫，甚至为文反对开会时吸烟的陋习；他衣着随便，中西合璧，下穿唐裤，上穿西装。两老均为爱好读书、自强不息之人。嘉老案头喜以《史记》《古文观止》《聊斋志异》和《验方新编》自随，终年翻阅，许多章节能够背诵。美老喜读《水浒传》《三国演义》和戏剧故事，而且每晚必读内部发行的《参考消息》，以了解世界时事。

自此以后，我和这两老时有过从，受益不浅。当美老 1955 年 5 月 8 日晚于北池子住宅心脏停止跳动时，我侍立床前；嘉老于 1961 年 8 月 12 日零时病逝北京协和医院时，我和钟庆发先生也恰恰侍立床前。两老的丧礼，十分隆重，我也从旁参加了治丧工作。几十年来，爱国老人的高风硕德，时刻鼓舞指引着我知所奋勉。

七 瀛台之宴

1949 年 9 月 17 日，星期天下午 2 时半，政治协商筹备会第二次会议在北平中南海挂着宫灯的勤政殿内举行。当时，我的任务是政协联络秘书，指定协助美老工作。会上，我们第一次会见了 56 岁的毛泽东主席。他头戴列宁帽，身穿灰色军上衣，草青裤子，黑色皮鞋，身材魁伟，前额发亮，向与会者挥手，坐在第一号席位上；由于事务繁忙，长期熬夜，他脸上稍露疲劳之相。他不停地抽烟，阅读文件，思考问题。

会上，周恩来报告政协筹备经过。他富于辩才，精神焕发，语言铿锵，解说复杂问题条理分明。全体代表一致通过有关文件，并通过《向毛主席、朱总司令致敬电》。会上，毛主席没有发言。会毕，他步出会场，司徒美堂迎上去和他握手。毛主席笑着说："老人家，欢迎您！"毛主席还问了我的名字怎么写，在手掌上比画着，态度从容亲切。

为了庆祝政协筹备工作的胜利结束，迎接政协的正式召开，全体代表参加了毛主席设在瀛台大殿的晚宴。瀛台是"戊戌政变"后光绪皇帝被囚禁的地方，50 年光景，当年陈设，依稀可辨。

宴会时，和毛主席同坐"第一桌"的，有何香凝、陈嘉庚、司徒美堂、陈叔通、许德珩、郭沫若、李立三等，庄明理和我，则以"翻译"资格同席。

毛主席富于幽默感，谈笑风生，并不断为老人夹菜敬酒。他说："我们这一桌什么人都齐了：有无产阶级李立三；有无党派民主人士、文学家郭沫若；有民主教授许德珩；有工商界前清翰林陈叔老；还有妇女界廖夫人及华侨两老人……这是统一战线的胜利。"

他接着说，自鸦片战争 109 年以来，中国人民进行了长期的革命斗争，第一个反抗英帝国主义的英雄是林则徐，其后是太平天国、义和团、戊戌政变、辛亥革命以至现在的解放战争。历史学家、文学家们把这一段时期的人物写成一部有系统的作品，我看是蛮好的……他还评价了康有为、梁启超，提起清华大学教授梁思成设计改建怀仁堂，作为政协会场的经过。毛主席认为“梁思成很有学问”。

毛问司徒美堂高寿。司徒答：“已经83岁，在美国生活69年。”毛说：“好呀，老当益壮，干一杯！”司徒送毛主席一支吕宋烟，毛当场吸起来，烟灭了，又收回放在口袋里。听人说，他的口袋常常有一截截的烟头，这是艰苦战斗岁月的遗习。

饭后，全体代表到怀仁堂观看京剧《野猪林》，由李少春、袁世海和吴素秋主演。毛主席坐在第三排中央，美老与我坐在第四排中央，我们眼见戎马半生的毛主席对京戏真是全神贯注，一直看到深夜1点钟，散场时还和大家一一握手告别，彬彬有礼。

八　国号之议

“中华人民共和国”国号的决定，曾有一场争论。1949年9月21日政协已经开幕。9月25日深夜，收到周恩来、林伯渠两人署名的午宴请柬：“9月26日上午11时半在东交民巷六国饭店举行午宴，并商谈重要问题，务请出席。”是日上午11时，我随司徒美堂坐汽车前往。人陆续到齐了，一看原来多是70岁以上的老人，大约二三十位，计有张元济、何香凝、周致祥（孝怀）、符定一、马寅初、徐特立、吴玉章、张澜、黄炎培、简玉阶、陈叔通、沈钧儒、陈嘉庚、司徒美堂、林伯渠、张难先、郭沫若、茅盾等；其中只有几位不到70岁。

周恩来叫人关闭了餐厅的大门，开始讲话：今天请来赴席的，都是辛亥革命时期的长辈，有三几个人不是，来听取长者的发言。我国有句老话，叫作“就教长者”，今天的会就是如此。在讨论三大文件时，各位看见《共同纲领》中的国号“中华人民共和国”之下，有一个“简称中华民国”的括弧。这个简称，有两种不同的意见，有的说好，有的说不必要了。常委会特叫我来请教老前辈，看看有什么高见。老前辈对“中华民国”这4个字，也许还有点旧感情。

第一个发言的是黄炎培（民建），他说由于老百姓教育落后，感情上习惯用中华民国，一旦改掉，会引起不必要的反感，留个简称，是非常必要的。他还说，政协3年一届，3年之后，我们再来除掉，并无不可。

接着，辛亥革命老人、三大政策坚决支持者何香凝发言。她当年72岁，是孙中山在日本组兴中会时5同志中的一人。她说：“中华民国是孙中山先生革命的一个结果，用许多烈士鲜血换来的。关于改国号问题，我个人以为，如果能照旧用它，也是好的，大家不赞成，我就不坚持我的意见。”

再是前清进士周致祥，据说辛亥革命后“归隐”38年，生平不写民国国号，但目前拥护共产党和毛主席。他说，我反对仍要简称，什么中华民国，这是一个祸国殃民、对群众毫无好感的名称。20多年来更被蒋介石弄得不堪言状了。我主张就用中华人民共和国，表示两次革命的性质各不相同。

司徒美堂听了我的口译，站起来要求发言。他说：“我没有什么学问，我是参加辛亥革命的人，我尊敬孙中山先生，但对于中华民国4个字，则绝无好感。理由是中华‘官国’，与‘民’无涉。22年来更给蒋介石与CC派弄得天怒人怨，真是疾首痛心。我们试问共产党所领导的这次革命是不是跟辛亥革命不同？如果大家认为不同，那么我们的国号应叫中华人民共和国，抛掉中华民国的烂招牌。国号是一个极其庄严的东西，一改就得改好，为什么要3年之后才改？语云：‘名不正则言不顺，言不顺则令不行。’仍然叫作中华民国，何以昭告天下百姓？我们好像偷偷摸摸似的。革命胜利了，连国号也不敢改。我坚决反对什么简称，我坚决主张光明正大地用中华人民共和国的全称。”

司徒的语言响亮，听者都报以热烈掌声。

马寅初站起来，拥护司徒美堂的主张，并加以补充，说简称实在不伦不类，不像话。张澜、陈叔通、车向忱也赞成此议；车向忱还从教育群众方面阐述说，关于人民一时不能接受，这只是宣传教育问题，慢慢地教育，让人民认识我们这次革命政权的性质，万万不可因噎废食。老百姓是否反对用新国号呢？我看不见得。

法律家沈钧儒从法律观点来解释简称问题。他说，有些群众还在写中华民国，那是他们的一时之便，我们也不必明令禁止。至于堂堂的三大文件里加上简称中华民国的括弧，这的确是法律上的一个大漏洞，不合法律观点，也万万不应如此。遍观世界各国国号，只有字母上的缩写，而没有载之于立国文件上的其他简称。将来在行文上，用国家名义与别国订约上，也有不便。所以我也主张不用那个“简称中华民国”。

陈嘉庚至此发言，讲厦门话，由庄明理翻译。他同意不用那个简称。他说，大家对中华民国绝无好感，落后的人会一时不习惯，过些时日就好了。

最后，周恩来作小结，并说明何以文件草案上有了这个括弧“简称中华民国”的原因。“我要把这些意见综合送给主席团常委参考，并由主席团常委作出最后决定。”

下午1点半吃饭，黄炎培和简玉阶是素食者，另设素席。简玉阶每饭必祷告上帝，今天午宴，也是如此，外表十分严肃。这也算是在一场严肃论争之后的一个“小插曲”。

九　参加开国盛典

1949年10月1日，在红旗似海的天安门广场上，首都50万人民举行庆祝中华人民共和国成立大会。我随司徒美堂在天安门城楼东侧第二个大灯笼下，参加这个开国盛典。

前一天——9月30日晚上8时，人民政协才胜利闭幕，美老被选为由63人组成的中央人民政府委员会的委员，被通知留下吃晚饭。饭后已经10时，大家出席勤政殿里举行的中央人民政府委员会的预备会议，讨论明天开国大典的秩序文告和阅兵等事项。会议由毛主席主持，解放军代总参谋长聂荣臻和罗瑞卿报告了庆祝大会的筹备工作。广场前面，庆祝人数估计为50万。阅兵，有步兵、骑兵、炮兵、特种兵等5个师，共5万人，还有飞机。会上草拟中华人民共和国中央人民政府的第一号公告，宣布政府成立、就职及施政方针。

晚12时半始散会。回家途中，准备10月1日阅兵和游行的队伍，已在开始集中，锣鼓喧天，街上灯火通明，一片欢腾气象。北京饭店门前东单广场上战马嘶叫，坦克车移动，炮衣已经褪下，作了充分的准备，迎接检阅。

10月1日下午2时，中南海勤政殿举行中央人民政府第一次会议，到会的有毛泽东、朱德、刘少奇、宋庆龄、李济深、周恩来、司徒美堂、陈毅等51人（12人缺席）。

毛主席今天红光满面，特别兴奋，服装整齐，站起来说："我宣布，我们中央人民政府的全体委员现在就职了。"

他解释说："为着革命斗争，实际上早已就职。"大家欢笑鼓掌。毛主席再宣布："中央人民政府即在今日成立。""向全世界发出成立的公告。"

会议座位采取"U"字的形式，委员们面对毛主席，聆听了这个庄严的宣告。

宣告完了，通过下列各案：

（1）选举林伯渠为中央人民政府秘书长；（2）任命周恩来为中央人民政府政务院总理兼外交部长；（3）任命毛泽东为革命军事委员会主席；（4）任命朱德为中国人民解放军总司令；（5）任命沈钧儒为最高人民法院院长；（6）任命罗荣桓为最高人民检察署检察长；（7）责成上列人员从速组成各项政府机关，推动各项政府工作；（8）决定接受共同纲领为中央人民政府施政方针；（9）决定向各外国政府宣布中华人民共和国中央人民政府为中国唯一合法政府，并愿与各国建立平等的外交关系。

会议毕，全体委员驱车出中南海东门，经故宫西华门上天安门城楼，这时已是下午2时40分，我也陪着司徒美堂随着大家登上了城楼。放眼远望，真是壮观啊！30万人分布在"且"字形广场上的四周，红旗、标语、提灯、气球、化装表演，像一个海洋在翻浪。当毛主席出现在天安门城楼主席台时，突然，有如地动山摇一般，30 万个喉咙放声向他高呼万岁。

毛主席脱了帽子，向群众挥手致意，然后也跟着鼓起掌来。于是台上台下“万岁”“万岁”之声，使得天安门上的大红灯笼也为声浪所激动了。

3 时整，庆祝大会开始，毛主席按一按天安门上的电钮，天安门前的国旗——五星红旗冉冉上升，迎着灿烂的阳光和清爽的金风飘扬。奏国歌《义勇军进行曲》。54 门礼炮，齐放 28 响。礼炮声震动了天安门。毛主席宣读“中央人民政府公告”，每一句话都为掌声和欢呼所打断。阅兵式开始，由朱德总司令任检阅司令员，聂荣臻任总指挥，两人乘坐敞篷车检阅队伍。有的人笑说：“这是机械化时代，可用车代骑了。”检阅毕，朱德总司令回到城楼，宣读中国人民解放军总部的命令，命令全体指战员，解放全中国，高呼“在解放战争中牺牲的人民英雄永垂不朽！”

受检阅的部队从天安门前作分列式行进，接受领导人的检阅，由东而西，历时 3 小时。以海军两排为前导，其次是一个步兵师，一个炮兵师，一个战车师，一个骑兵师。行进中途，天空中飞翔着战斗机、蚊式机和教练机共 17 架，并散发庆祝传单。大家仰空而望，向人民的新空军鼓掌致敬。在阅兵 3 小时中，鼓掌与欢呼，一个高潮接着一个高潮。站在天安门国旗下的铜管军乐队从开头到结束，轮流演奏《你是灯塔》《团结就是力量》《我们的队伍向太阳》《东方红》等歌曲，没有中断过。

天色已晚，群众游行开始，高举火炬和灯笼，广场上的霓虹灯大放光明，彼此辉映；全场一片红光泛荡，五彩焰火在天空中放出灿烂的火花。群众从早上到现在，已经欢腾了 12 小时，吃着带来的干粮和开水，热情旺盛，经过天安门，高呼万岁。毛主席向台下的人挥手，回答："同志们万岁！"这时秋凉已深，按规定，一些年老的委员可以自由休息了，司徒美堂偕我和政协代表李子诵，退出天安门城楼，同到东安市场里的"东来顺"吃了一顿极其可口的北京涮羊肉。开国大典的兴奋加上酒兴，3 人为之同醉。

十　陈毅将军谈"上海之战"

1949 年 10 月 19 日下午，我随美老在北京饭店礼堂，听指挥解放军解放上海的现任上海市市长陈毅将军作《关于上海之战的经过及目前上海情况的报告》。史料十分珍贵。陈毅将军身体健壮，两眼炯炯有神，秃发丰额，声音洪亮，带有四川口音。

他说，解放上海之前，党中央和毛主席对上海之战作了通盘的估计，蒋介石想守长江讨价还价是不可能的，长江变成了"短江"。在石家庄讨论了解放上海的战略问题。毛主席指出：解放上海没有多大问题，时机已经成熟，军事情形很简单。但如何接管上海，管理得好，却要进行一番巨大的工作。

黄维兵团在淮海被消灭以后，李弥兵团无多大作为，我和刘伯承同志等从徐州启程，当时考虑的问题是"渡过了长江之后，多少时间才能解放上海？"我们决定 5 月解放上海，用 4 个兵团的兵力。

报告到这里，全体热烈鼓掌。

陈毅将军回忆，当时第一个估计：帝国主义会不会利用上海发动对我干涉？毛主席指出，帝国主义不可能这样做。如果他们敢来过问，我们也有力量打倒它。当我们渡江时，英国有军舰在长江游弋；4 月 21 日我们把“紫水晶号”打击之后，他们觉得人民力量不可侮，也晓得人民已有充分准备，故此“知难而退”。

第二个估计：上海是重要军事据点，蒋介石有海陆空军。上海会有一场恶战，市民要遭受惨重损失。蒋军在上海外围建碉堡，工事好而且多，准备打仗，他们拆毁了许多厂房，到处堆起障碍物。如果打得太久，人民就很痛苦了。

毛主席指示解放上海，破坏越少越好，要完整地拿过来。这里又是工商业大城市，要恢复生产，支援解放战争和发展经济建设。5 月 23 日我们占领上海，5、6、7、8、9 等月是军管时期，以后部队就四面调走，继续南下，解放全中国。

报告生动真实，全场气氛活跃，掌声四起。美老内心十分崇拜陈老总，以后多次经过上海时，都曾拜访面谈。

十一　紫禁城下 6 年

听完了陈毅将军的上海之战的报告，素有“功成身退”思想的美老，一天忽然对我说：“辛亥革命后孙中山叫我做官，我没做；现在大会已经开完，我也要回香港、美国去了。”他将此意请廖承志向周恩来总理反映。周总理叫人竭力挽留，说这不过是万里长征迈出的第一步，国家的战争创伤很重，要大家同心协力，恢复经济，发展生产，改善人民生活。

美老被说服，留下来了。我们也从北京饭店搬到了北池子 83

号的一个四合院，作久居之计。住宅西邻雄伟的紫禁城和澄碧的筒子河。推窗一望，城墙与角楼相映成趣，晚霞与归鸦点缀黄昏的静寂。看来美老很满意这种深有“思古之幽情”的去处来安度晚年，于是他在这儿一直生活了 6 年之久。

我随侍在侧，住在院内的西厢，很为当前美景所迷，因名自己的房子为“筒子河书斋”，发生了筒子河之恋。

紫禁城与筒子河，一年四季，从早到晚，呈现在我们这些广东人眼中的是神奇的世界，也激发了美堂老人的童心复苏。他在院子边开了一个门，可以下河。晨光熹微，我们正恋着热被窝，就为众多的京剧演员面向城墙“吊嗓”所吵醒，流水行云，大有“声裂金石”之势。美堂老人喜看戏剧，他对我们说：“你看京剧‘名角’所下的功夫多么苦，多么硬！”河结冰了，越来越厚，可以行人。无数穿着红毛衣的精力旺盛的小孩，则在冰上用自造冰橇溜冰，天真烂漫，笑语声喧，其行如飞，追之莫及。河鱼在冰封之下觅食难，不少人就蹲在河上凿冰垂钓，饿得发慌的鱼儿爱上钩，一两小时垂钓者就满兜而归，饱餐一顿。春天化冰，河底暖流经常发出隆然的碎冰之声，把人吓一跳。初时不知是什么事情，后来也惯了。严寒将尽，树枝抽芽，本是光秃秃的，忽然染上了浅绿，又忽然长出了叶子，又忽然满树郁郁葱葱，有的还开了花，古人所谓“忽见陌头杨柳色”者是。南方四季常青，我们很少领略这种天然奥秘，见了心醉。夏天，服务员用长绳鱼钩安上鱼饵（牛肉）去钓鱼，晚上放钓，明早一拉绳，就是一条几斤重的大鱼上钩。美老不吃鱼，但欣赏这种钓法。

秋天明月当空，河水倒映蓝天月影，特别明丽，是美老和家人赏月的好时候。盛夏中午浓荫覆地，宫柳婆娑，远处传出阵阵的蝉声，幽静、悠扬而又带点疲乏。这每每是美老午睡初醒，我们喝着咖啡，阅读和讨论《参考消息》的时候。每逢“五一”“十一”之夜，推开西窗，黑夜中忽见繁花万朵，掠天而过，又是看天安门焰火的热中带静的角落。还有大门外各种叫卖的“市声”，打小鼓的、剃头的、卖金鱼、卖驴肉、炒灌肠、酸梅汤和冰棍的……都以他们各自的叫卖“号子”来吸引顾客，奇特而新鲜。

这位幼小离乡、旅美69年的美老，常常用特别亲切的心情，和家属儿童及青年警卫员来享受这种民族风情。头一年冬天，抗美援朝开始，美老很激动，口述旅美69年的生活回忆，来揭发美帝国主义的侵略面目，并以陈毅将军的“上海之战”的报告中体会到“正义之师天下无敌”的道理，叫我笔录，连载在北京《光明日报》上。不少报纸加以转载，并印成单行本出版，得到各方重视。毛主席多次对美老当面称赞：“老人家，写得好呀！”此书由谢觉哉和何香凝作序言，司徒乔插图，《光明日报》总编辑邵宗汉看大样。在那个时刻，书虽小，而意义则不简单。

美老长期担任美洲致公堂和美国安良堂的领导职务，社会交游广，本人又慷慨仗义，急人之难，有豪侠作风。现在这个北池子住宅，遂成为不少归侨、侨眷及友好的“望门投止”之所。我记得，这里住过许多知名人士，如从美国归来的艺术家司徒乔、冯伊湄夫妇及其3个女儿和岳母；美国留学生金冬日、范绮华夫妇及其女儿；孙中山的侍卫长、加拿大归侨马湘夫妇及其两个儿子；粤剧泰斗薛觉先、唐雪卿夫妇；马列学院研究生梅重清；北京大学、人民大学学生赵元铭、司徒行、司徒光；协和医院护士卢小鹏；外语学院院长刘仲容；美国留学生、飞机师司徒芬；天津市副市长许建国、方林夫妇及其岳父；美国安良堂人士梅友新等。来访座谈的各方人士也不少，朱德总司令和周恩来总理分别来过一次，经常的座上客计有名导演司徒慧敏，及蔡楚生的太太陈曼云；李公朴夫人张曼筠；美国归侨干部林棠、何植芬、陈其瑗、唐明照、余光生；广东文人叶恭绰；上海名流章士钊；京剧演员梅兰芳；北京画家汪慎生；张学良的部下荆有岩；粤军宿将蔡廷锴、陈铭枢、蒋光鼐；辛亥革命老人何香凝、张难先、彭泽民；大学教授梅龚彬、邓初民；评剧演员新凤霞；鲁迅夫人许广平；文艺家黄苗子、郁风、吴祖光；香港报界费彝民、李子诵；等等。至于各地侨领就更多了，如菲律宾黄长水；泰国蚁美厚；印尼司徒赞、黄洁；新加坡庄希泉、李铁民、王源兴等。真是诸子百家，三教九流，美老的社交是广泛的。

有人来访，美老都热情接待，时间方便的话，便邀同上馆子吃一顿；逢节日、星期六或星期天，家中客饭常常是三至五桌，热闹得很。我帮美老接待客人，变成一件“大差事”，至于各方的来信来访，每月有三两百件，真是复不胜复。

新中国成立初期一两年，百废待兴，人民政府的会议特别多。美老是“逢会必到，逢到必早”，而且坚持到散会才走。由于毛主席通宵工作，中央人民政府的会议大部分都在每日下午3时后才召开，到黄昏谈不完，才由周恩来总理向毛主席请示。毛主席答：“吃了晚饭再开。”于是我们就在中南海勤政殿餐厅吃饭，10人一桌，随便就座，不分等级，许多时候与毛泽东、刘少奇、周恩来、朱德、陈云、邓小平同桌。吃过晚饭再开会到深夜12时。这一种会每每长达8小时，而美老则坚持到底，决不中途退席，其坚韧精神，使人惊奇！

有两件生活小事，使美老永志难忘。第一件是政协开会时，由于美老年老足跛，不良于行，而中南海里的大殿堂，汽车又不能开到门口，周恩来总理指示大会秘书处为美老特制藤椅，由工作人员抬着走（相当于轿子）。有人称这种待遇叫作“特赐金銮殿乘舆”。美老表示心中受之有愧，深为感激。第二件，天气严寒，美老匆忙自美归来，衣服不足。周恩来又命人带美老到前门大栅栏瑞蚨祥以特制名贵的水獭领子狍毛大衣一件相赠。美老深感中共领导对华侨老人的尊重关怀，引为殊荣。老人去世后，其家人坚持要将这件大衣转送给我，作为当秘书多年的纪念。“文革”期间，我家被抄，此大衣秘藏于别处，由我在《工人日报》工作的儿子保管，得免于难。时至今日，我准备将它送回开平司徒美堂纪念馆，作为一件革命文物传之后世。

1986 年 3 月 12 日于香港

（节选自《文史资料选辑》第 110 辑，中国文史出版社 1987 年版。原标题为《司徒美堂老人的晚年》）

陪同父亲张元济出席人民政协会议

张树年*

1949年8月23日父亲得陈叔通信，知人民政协会议即将召开，父亲作为特邀代表，被邀出席会议。父亲即复一函，称："请善为我辞政协代表。"认为"脑力衰退、健忘……素性戆直，不喜人云亦云。若缄默不言，实蹈知者失人之咎；若任情吐露，又招交浅言深之讥"。后叔老又来信，称特邀代表均由毛主席亲自决定，务请来平参加会议。父亲遂决定晋京。

9月初，上海市军管会周而复、梅达君两位同志来，正式通知中央特邀父亲去北平，出席人民政协第一届全体会议。经乐文照医生检查，认为父亲身体基本正常，可以远行。父亲请求带家人陪往

* 张树年：张元济之子，曾任上海市文史研究馆馆员。

照料，经批准由我陪同。

9月6日起程，8日下午到达北平。陈叔通、黄任之、俞寰澄以及商务印书馆北平分馆经理伊见思在车站迎接。我们下榻在东交民巷六国饭店。父亲一进卧室（二楼130室）就告我，宣统三年夏，中央教育会结束后，曾来此休养数日。时代不同，房屋依旧。

有一天傍晚，周恩来副主席来六国饭店看望父亲，谈约半小时。临行嘱我陪父亲出席会议，秘书处将为我准备入场证件。又数日，周副主席、林伯渠秘书长在御河桥军管会（原日本使馆）设宴招待各代表。林伯渠须发皆白，招呼代表们入席。周恩来后至，与客一一握手。共设六席，父亲坐第一席，居首座。同席有陈明仁、侯德榜、茅以升、任鸿隽、陈巳生、蒉延芳等。我在第六席。同桌除我以外，皆政协委员，其中一位系南开大学杨教授。

开国大典后第二天，陈云同志来看望父亲。他早年曾在商务印书馆工作，对商务很有感情。上海解放后不久，他来我家看望父亲，告诉父亲说他刚去过东北，见商务印书馆沈阳分馆营业情况很好，叫父亲放心。这次去北平，他又来探望。见到我就对我说："你小时候，我在商务发行所店堂内，常见到你。那时你才六七岁吧。"

朱德总司令也来访过。父亲与总司令谈国防事。父亲说今后将不再有内战，外人侵略也将绝迹。朱总司令认为还得充实军备。

一　参加政协会议

政治协商会议设有若干工作委员会，父亲是《共同纲领》草案整理委员会成员。周恩来是召集人。有一次在中南海勤政殿讨论

《共同纲领》修正稿，父亲看到第十七条最末一句有“禁止肉刑”4字，即起立发言，解释了“肉刑”乃古代的一种酷刑，并非指鞭笞。父亲还介绍了“肉刑”的历史沿革。他说我国早已废止肉刑，自汉文帝禁肉刑，以后南北朝曾经恢复，唐宋以来均无之。际此文明进化时代，在纲领中写入“肉刑”二字，于我国面子甚不好看，建议删去。父亲还提议列入“发展海运”一条，以及我国“只要保全自己的领土，绝没有侵略别人之意”。这些建议均为会议采纳。

9月21日晚，人民政治协商会议第一次全体会议在中南海怀仁堂开幕。下午6时，我陪同父亲乘车前往，同车有邵式平、吴贻芳。我凭大会秘书处所发“联络秘书证”进入会场，在会场末座就座。

张志让先生请父亲追述戊戌变法事，拟登入《新建设》杂志。由3位北大学生：宓汝成（浙江宁波人）、陈昌杭（四川成都人）、吴家麟（福建福州人）作记录。经整理修改，父亲审阅定稿，题为《戊戌政变的回忆》。

二　会晤毛泽东主席

毛泽东主席曾先后约见父亲两次。第一次是9月19日下午。陈毅市长驱车至六国饭店，来接父亲同往天坛一游。父亲与毛主席在祈年门相见。同游者有程潜、李明扬、陈明仁、粟裕和刘伯承等。在游览了祈年殿、圜丘坛、回音壁几处著名建筑后，来到回音壁外古柏下休息。毛主席问父亲戊戌变法情形和光绪召见时的礼仪，父亲一一作了回答。毛主席说商务印书馆出版的书有益于人民大众。

他读过商务出版的《科学大纲》，从中得到很多知识。游罢由陈毅送我们返回旅馆。是晚父亲说一生没有过上太平盛世，内战外患相继不绝，看来从今以后和平统一有望了。

第二次是 10 月 11 日晚。陈毅市长来邀父亲赴中南海颐年堂毛主席住所座谈，并共进晚餐。在座有粟裕将军和周善培（孝怀）先生等。毛主席请大家对今后国家的建设提建议。父亲提议："一、应令下情可以上达。报纸宜酌登确有地址、姓名之来稿，以广言路。……二、建设必须进行，最要为交通，其次为农业，再次为工业。抗战八年，内战三年，民穷财尽，百端并举，民力实有不逮，不能不权衡缓急。"在教育问题上，谈及读经，父亲认为"此难施诸大众。将来大学不妨别立专科，听人研究"。进餐时已很晚了，菜肴简单，有几个菜中都放了红辣椒。在座除我们父子外，都是湘、川籍人，爱吃辣味。晚餐后又谈了一会儿，仍由陈毅送我们回六国饭店，时已深夜。

三　开国大典

9 月 30 日下午，父亲赴怀仁堂参加人民政协第一届全体会议闭幕式。会上通过政协全国委员会名单。父亲当选为中国人民政治协商会议第一届全国委员会委员。大会选举了中央人民政府组成人员。计票期间，父亲随毛主席等赴天安门广场为人民英雄纪念碑行奠基礼。

10 月 1 日下午，我随父亲登上天安门城楼，参加中华人民共和国开国大典。城楼有 70 余级台阶。父亲拾级而上，到城楼西侧，刚站定，就有服务人员送来椅子。父亲坐下，我站在他的后面。

3时整，庆典开始，奏国歌、鸣礼炮。毛主席庄严宣告中华人民共和国中央人民政府成立。“占人类总数四分之一的中国人从此站立起来了！”接着朱总司令阅兵。一队队迈着整齐步伐的部队方阵通过天安门城楼接受检阅，天空中还飞过空军战机。接着，群众游行开始，几位老年代表陆续退席，父亲率我同胡子昂先生同车回六国饭店休息。

（节选自张树年著《我的父亲张元济》，百花文艺出版社2006年版。标题为编者所拟）

王芸生参加人民政协第一届全体会议前后

王　鹏*

王芸生（1901—1980）是我国老一辈新闻工作者，无党派爱国民主人士。新中国成立后，历任中国人民政治协商会议第一届全体会议代表，全国政协第一届全国委员会委员，第二、三、四、五届全国委员会常务委员会委员，第一、二、三、四、五届全国人民代表大会代表，《大公报》总编辑、社长，中华全国新闻工作者协会副主席，中日友好协会副会长。

1948 年 10 月 30 日，作为《大公报》总编辑的王芸生在上海接到中共地下党转达的毛泽东同志的邀请，要他尽快离开上海到香港候船，以全国新闻工作者代表的身份，到北平参加新政协会议。王

*　王　鹏：王芸生之孙，曾任北京市政协办公厅副主任。

芸生为掩人耳目，对外界说是到台湾休假，而顺利到达香港。1949年3月18日，他与柳亚子、马寅初、陈叔通等到达解放后的北平，5月27日，他又随解放大军回到了上海。9月4日，他和梅兰芳、恽逸群、金仲华、赵超构等一行30人，乘坐北上列车，5月到达北平，直至10月13日离开北京。其间，在北平（1949年9月27日后改称北京）逗留37天，参加了中国人民政治协商会议第一届全体会议、中华人民共和国开国盛典和中国人民政治协商会议第一届全国委员会第一次会议。

王芸生出身贫寒，经历了不同的时代。作为一名知识分子，他历尽坎坷，最后选择了跟共产党走的道路。此次，他受到毛泽东同志的邀请，到北平参加新政协，心情无比激动。王芸生兴奋地说："在这个大年代里，人民革命震动了全中国，纵使在极冷清角落的一潭死水，也要屡起涟漪而终于波动起来。我是一个职业报人，二十几年来，百忧感心，万事劳形，国家兴旺，息息关心，但因在做报期间，始终抱着司马迁'戴盆何能观天'的观念，未能直接参与政治，所以总还与'匹夫有责'隔了一层。但到1949年，我再不能做微起涟漪之水了，毅然投入汹涌前进的洪流。1949年春天，我曾经到北平住了两个月，清算了自己，也改造了自己，抛弃了消极玩世而自以为清高的习性，锻炼起积极振作而为人民服务的精神，以期对人民的新中国能尽沧海一粟的努力。"

王芸生作为一家民间报纸的代言人，经常用手中的笔针砭时弊。这次，他名列中国人民政治协商会议的代表之一，有的朋友对他说："还是在台下看戏吧！"他毫无踌躇地说："我要扬弃那种消极旁观的旧态度，而不顾能力不够、学识不足的缺陷，愿意把自己作为壤土细流之献。”北平之行，王芸生经历了旧中国的灭亡、新中国的诞生。他对参加一系列建国活动做了详细的笔记，并在生前做过片段回忆。

一　第一个报告会

9月7日晨，王芸生向人民政协报到，参加中国人民政治协商会议的筹备会。当日下午3时至6时半，听周恩来副主席报告人民政协三大文件的内容和起草经过。王芸生回忆说：“在北京饭店的大礼堂里，坐满了七八百人，这时北平虽已有了秋意，屋虽大而人多，电扇齐摇，空气仍是热的……周副主席在掌声中走上了讲台，娓娓道来，讲者不倦，听者更是留心，总有近半数的人是耳手并用，边听边记。”

作为有20年新闻工作经验的职业记者，王芸生自然不会放过新中国成立的每一个细节。他记录下了周恩来副主席所讲的6个问题。周副主席讲道：第一，从去年的“五一”号召到最近，我们所筹备的会议一直叫“新政协”。新政协与旧政协是相对而言的，其实，形式、内容以至它的意义，都完全不同了。因此，觉得“新政协”这个名称是不甚合适了，筹备会决议正名为“中国人民政治协商会议”，简称“中国人民政协”。第二，中国人民政治协商会议不仅仅是一个会议，乃是中国人民民主统一战线的组织形式。这个统一战线始于1925年开始的大革命时代，北伐将近胜利，蒋介石叛变了大革命；对日抗战，也是统一战线进行的，在抗战胜利的过程中，又被蒋介石破坏了；现在是在人民解放战争中完满建立了中国人民民主统一战线。人民政协就是统一战线的组织形式。第三，人民政协全体会议开过之后，在中央设全国委员会，在地方设地方委员会，执行统一战线的工作。现在各地举行的各界代表会议，实际就是地方的人民政协。在军管时期，人民政协的地方委员会更要常开，一个半月或两个月开会一次。第四，中华人民共和国是多民族的，要使之成为各民族友爱合作的大家庭，却不是民族联邦。我们的民族政策是，各民族一律平等，团结互助。少数民族有自治权，不是自决权。第五，政权制度是民主集中制，是人民代表大会的制度，将来举行普选。人民选举的叫“大会”，党派推举的叫“会议”，是有分别的。普选之前，人民政协代行全国人民代表大会的职权。第六，人民政协总结了北伐大革命、土地革命、对日抗战、人民解放战争等四个革命时期。人民民主统一战线的联合政府，是长期合作的。

听了周副主席的报告后，王芸生深有感触地说：“这在我是上了一次政治讲习课。”

二　讨论《共同纲领》

9 月 8 日晚上，全体代表都接到了《中国人民政治协商会议共同纲领（草案）》的初稿，连夜批读。

9 日上午 10 时到下午 6 时半，会议就《共同纲领（草案）》进行分组讨论。王芸生参加的小组讨论会由周恩来副主席主持，参加者有宋庆龄、陈嘉庚、程潜、陈铭枢、陈毅等。周恩来副主席说明《共同纲领》的要义和精神后，代表们即纷纷发言。有的代表提出：新民主主义社会是一个过程，终须走到社会主义社会，《共同纲领》

为何不明白指出？经过充分讨论，大家形成一致意见后，认为《共同纲领》是新民主主义社会的，它有现实性，有时间性，是相当时期的过渡纲领，所以无须远远地标出社会主义。“总纲”不提社会主义，但在“经济政策”一章中指出了社会主义的趋势：“国营经济为社会主义性质的经济”，是“主要物质基础和整个社会的领导力量”，“合作社经济是半社会主义性质的经济”。有的代表提出：义务教育是重要的，第47条中“有计划有步骤地实行普及教育”，是否包含有义务教育的意思在内？周副主席答复是包括的，但不明白写出，因《共同纲领》是有时间性的，不必好高骛远；否则，开了支票而不兑现，是不好的。《共同纲领》草案的初稿上曾列举了各省区的名称。这样，有一种意义，就是列举出台湾和西藏，使帝国主义知道我们决心使之解放。但将来省区或行政区划势须调整，还要修改《共同纲领》未免不便。这一点，在再稿中删去了。有的代表提出：《共同纲领》中为何“人民”与“国民”并用？周副主席解释说，“国民”是广义的，凡具有国籍的皆是国民。而“人民”是革命的民主阶级，即工人阶级、农民阶级、小资产阶级和民族资产阶级，是这4个阶级的联合专政，权利是属于“人民”的。有的代表提出，“监察”与“检察”如何区别？答复是，“检察”是司法的，检察官是代表国家起诉的。“监察”是行政性质的，是专门监督政府机关和公务人员的。这制度已在华北人民政府中试行，甚有成就。有的代表主张在“军事制度”一章中体现国际主义的精神，以有别于一般的军队。经考虑，《共同纲领》第21条的“以革命精神和爱国主义精神教育部队的指挥员和战斗员”，其中的“革命精神”就已包括了国际主义的精神。有的代表以为在《共同纲领》第5条“人民基本自由”项下应该增加“罢工自由权”。新民主主义的人民民主专政是以工人阶级为领导，但既有资本家存在，劳资斗争总是有的，所以工人阶级不能放弃此武器。但经考虑，终未加入“罢工”二字。历时一整天的小组会气氛活跃，各位代表的发言严肃认真。

9月14日下午2时至7时，王芸生参加了扩大的小组会，讨论新一稿《共同纲领》。会议由章伯钧和李烛尘两位召集，刘少奇副主席参加指导。当时的讨论主要集中在两个问题上。第一是在《共同纲领》第1条“中华人民共和国”之下加上了括弧的“简称中华民国”6字。多数代表发言，不赞成这个简称，以为当前是空前的大革命，自有开国的规模，何必作此留恋？这当然也反映着代表的感情，但从远大着想，这简称非但不简，且是累赘。刘少奇副主席解释道：“这是有的代表提出的。我们中共并不反对加这几个字。”后来，经马叙伦、梁希等9位代表正式提案，最终把这个简称取消了。第二是人民政协的继续存在问题。《共同纲领》第13条中说，“在普选的全国人民代表大会召开之前，中国人民政治协商会议的全体会议执行全国人民代表大会的职权”，“在普选的全国人民代表大会召开之后，中国人民政治协商会议得就有关国家建设事业的根本大计及其他重要措施，向全国人民代表大会或中央人民政府提出建议案”。这就出现了人民政协将继续存在的问题。若干代表提出询问，经刘少奇副主席解释，人民政协是以统一战线的组织形式而存在的。今天存在，到普选的全国人民代表大会召开后仍需存在。不过那时不代行全国人民代表大会的职权，而作为各党派各人民团体及各民族统一战线对国家大计事先协商幕后建议的机关。那时组织的规模也许要小些，但仍存在。这正是统一战线有效的应用。

三　讨论两个《组织法》

9月15日，王芸生和14位新闻界的代表，讨论《中国人民政治协商会议组织法（草案）》和《中华人民共和国中央人民政府组织法（草案）》。此次讨论集中议论了3个问题：

一是个人代表的地位问题。在《中国人民政治协商会议组织法（草案）》第二章“参加单位及代表”中，其第2条的后半段：“个人经中国人民政治协商会议全国委员会协议邀请者，亦得参加中国人民政协的全体会议，并得被选为全国委员会委员。”这里为何特别提出个人代表的问题？其第4条说：“凡参加中国人民政协的民主党派或人民团体，对全体会议及全国委员会所通过的决议如有不同意时，除根据少数服从多数的民主原则负责遵行不得违反外，以待下届会议提出讨论；如对重要决议根本不同意时，有申请退出中国人民政协的自由。”这里为何不提个人代表也有此权？在这两点上，大家相互磋商后认为，人民政协的组织成分，主要骨干在于各民主党派及各人民团体，人民政协的筹备会即由这主要成分而组织。为了使人民政协的代表性更完备，所以设了特别邀请的代表。但今后的人民新中国，必要组织化，等到人民团体组织充分发展之后，全国人民皆有了组织，那时人民政协可能就没有个人代表了。这当然是当时人们的理解和认识。

二是行政机构的分类指导问题。《中华人民共和国中央人民政府组织法（草案）》第18条：“政务院设政治法律委员会、财政经济委员会、文化教育委员会、人民监察委员会及下列各部、会、院、书、署、行，主持各该部门的国家行政事宜。”政务院与各部之间又设了几个委员会，分类指导各部，不嫌重复吗？在小组讨论时，曾有人提出这个问题，但经过讨论大家认为这是必要的。因为在政务院之下的行政机构有30多个单位，负责的官员在百人以上，假使政务院开例会都要参加，人太多了，且必有彼此不相涉及的事务在讨论，必有许多人枯坐耗时。这样用政法、财经、文教等委员会分类指导，就灵活集中而有效率了，所以并不重复。

三是经济文化两大重点问题。政务院下的30个机构，16个属于经济部门，6个单位属于文化部门，这就看出重点所在，是经济建设和文化建设。财经一类的机构，在中央人民政府组织法草案的变动上也可看出重点精神。譬如燃料工业部，曾一度改为矿业部，最后仍改为燃料工业部。这就看出重点是置于煤炭和石油上，至于金属矿产便可划归重工业部了。又如食品工业部，草案上最初是化学工业部，最后改为食品工业部，是把重点置于食上。纺织工业部特成一部，而不属于轻工业部，是把重点置于衣上。又在中央人民政府组织系统表上，把海关总署隶属于贸易部，而不属于财政部，就是注重计划贸易，保护贸易，而不是财政性质的。

四　惊天动地的大事

中国人民政治协商会议第一届全体会议于1949年9月21日下午7时在北平中南海怀仁堂开幕了。600多位代表在下午7时前都已到会就位了。7时整，人民政协筹备会副主席周恩来报告代表名额和到会代表人数，然后提出主席团89人的名单和秘书长人选的提议，全场鼓掌通过。王芸生对这一历史性时刻有过生动的记载：“89

位主席团成员和秘书长登台就位，水银灯通明，开麦拉（照相机）大动员，这是人民政协的第一个镜头。毛泽东同志昂然立在正中，朗声宣布‘中国人民政治协商会议开幕’。在这时，乐声大作，场外鸣礼炮 54 响，象征参加人民政协的 54 个单位。全体代表一致起立，热烈鼓掌。毛泽东同志致开幕词，硕大声宏，字字沉着有力，立言雄伟，是一篇开国的大文章。在会议进行中，天降大雨，雷声隆隆，到深夜散会时，又复满天星斗。开会时的一阵雷雨，可能是礼炮震荡了云层所致。总之，人民政协开幕，是象征 4 亿多中国人民站立起来了，这当然是一件惊天动地的大事。”

人民政协的全体会议，逐日举行，一片庄严气象，内容始终和谐一致，充分表现了新民主政治的协商效能。任何大大小小的问题，皆于事前协商，必求得全体了解并意见一致了，然后才提到全体会议上来。因此，人民政协的全体会议特别显得庄严、和谐、一致。尤其是三大文件，在全体会议席上，除了几个字的文字修正外，皆是全无异议，一致通过。若干旁听的人或感觉新异，这样的大会为何不见什么辩论。其实，主要的辩论磋商都在全体会议外的分组会里协商妥当了。

全体会议共举行了 7 次大会。其间，有两个动人的场面，值得一提。一是 23 日下午的全体会议，以傅作义将军的发言获得的掌声最多。因为他刚从绥远赶回来，说服董其武等起义，使绥远兵不血刃即走到人民中国这方面来。同时，他在发言里报告了一件事，就是他到绥远时，蒋介石还给他打了一个电报，说：“你这次回到绥远，正如同我在西安事变时回到南京，我深悔不该和共产党共同抗日，现在希望你不要上当。”但是，傅作义将军说：“我现在还是站在人民的面前！”这句话特别响亮有力，全场一片掌声。二是 24

日下午，新疆代表团代表向人民政协献旗，并向毛主席献维吾尔族的帽子和外衣。毛主席当场戴上维族的帽子，穿上维族的外衣，全场掌声雷动，乐声悠扬。

27日的大会，通过了《中国人民政治协商会议组织法》和《中华人民共和国中央人民政府组织法》；国都定为北平，即日起改为“北京”；纪年采用公元；国歌未正式制定前，以《义勇军进行曲》为代国歌；国旗为五星红旗。把国都定为北平，改北平为北京，会内会外，大会小会，意见全同，未经任何讨论，这可见人心之一致。采用公元纪年，会前曾有斟酌，及至毛泽东的开幕词明言人民政协将“决定中华人民共和国采取和世界大多数国家一样的年号”，大家都同意了。国歌问题，许多人感觉《义勇军进行曲》的内容与当前情况不甚吻合；但所征到的国歌草案皆无适宜的，遂决定在正式国歌未制定前，以《义勇军进行曲》代之。《义勇军进行曲》气魄雄伟，不仅家喻户晓，而且全世界人民都知道它。歌词内容，有历史的情感与意义，值得回顾与前瞻。例如法国国歌《马赛曲》，也早与法国情况不合了，但合于法国的历史。所以，《义勇军进行曲》天然是属于中国国家和人民的。关于国旗的决定，在候选图案中，多数代表是倾向于一颗黄星及一道黄条的红旗；但有些代表痛切陈词，坚持不可，确是言之成理，制成五星红旗悬挂起来，的确美丽壮观，比一道黄条的好，扩大的小组会就采纳了这少数人的意见，而获得全体会议的通过。

29日下午的大会，继续讨论《共同纲领》。周恩来副主席说，《共同纲领》已经过反复讨论，四易草案，到今天的全体会议上已无问题，建议付诸表决，在场的代表一致举手。毛主席说：“有反对者请举手。”无人举手。毛主席又说：“有怀疑或弃权者请举手。”

仍无人举手。最后，毛主席宣布："全体一致通过。"全场爆发一片热烈的掌声，乐声随之而起，中国人民的"大宪章"在此庄严气象中诞生，这是人民政协的一个重要日子。

30日下午的大会，选举产生了人民政协第一届全国委员会；选举了中央人民政府主席、副主席和委员，中华人民共和国及其中央人民政府乃告正式诞生。选举是采用票选进行，按规定选票只可少选，不能多选，多写了作为废票。到会的正式代表576人，代表们写好选票后，依次将选票投入票匭。监票人当场打开10个票匭，不多不少。毛主席宣布选举有效，全场鼓掌。在监票人分组开匭点票期间，全体代表到天安门前为人民英雄纪念碑行奠基礼。

人民英雄纪念碑建立在北京天安门外中华门（50年代初拆除）内的人民广场上，代表们在毛主席的率领下，集合在碑基前，奏乐、默哀、奠基。由毛主席宣读碑文。当代表们奠基时，天安门前五星红旗高悬，明灯照耀，天上挂着上弦的眉月，亮晶晶的星子在眨眼，气氛庄严。这足以象征109年以来，反帝反封建反官僚资本的大革命的成功。

奠基活动完毕，全体代表又回到政协会场。选票已清点完毕，宣布选举结果。最后，毛主席大声宣布："中国人民政治协商会议第一次全体会议闭幕了！"朱德总司令致闭幕词后，奏国歌，全场一片欢呼。这时已近晚9时，全体代表步行到北京饭店聚餐，人人快乐吃喜酒，深夜席散，喜气洋溢于九城。

五　开国盛典

1949年10月1日，是伟大庄严的一日，中国人民永远不会忘记它。这一天是中华人民共和国的开国日，在天安门前举行了盛典。

当天下午 3 时前，王芸生和其他代表一起登上了天安门城楼。他说：“举目天安门前的人民广场，人如大海，旗翻红浪，平时未曾见过的一个大场面就在眼前。我庆幸个人此生不虚，更庆幸中国由此进入了人民民主的时代。”

在开国盛典上，毛主席宣布中华人民共和国中央人民政府成立，朱德总司令下达了阅兵令。由分列阅兵到群众游行队伍出场完毕，已是晚 9 时多了。

王芸生事后说，那天的场面，我是站在城楼上，固然大开眼界，而毕竟未曾列身在群众队伍里，还是隔了一层。在群众游行的队伍里，动人的故事就更多了。清华、燕京的师生从清晨 4 时集合，从西郊徒步到天安门前，潘光旦教授架着两支拐跟着走，金岳霖教授一直走着……

开国大典后不久，10 月 9 日下午 3 时，中国人民政治协商会议第一届全国委员会在中南海勤政殿进行第一次会议。

在会上，马叙伦委员提议[①]，定 10 月 1 日为“国庆日”；谢雪红委员提议，国旗旗杆的顶端应规定统一的样式。委员们一致同意，送请中央人民政府采纳实施。

（选自北京市政协文史资料委员会编《北京文史资料》第 60 辑，北京出版社 1999 年版）

① 国庆日是马叙伦委托许广平在会上提出的，他当天因病未能参会。

黎族代表王国兴赴京出席首届政协会议的经过

王家贤*

黎族代表上北京，参加第一届全国政协会议，参与建国大政，这是黎族政治史上开天辟地的大事。时海南尚未解放，处在国民党10多万重兵压境的情况下，作为黎族代表的王国兴如何闯险关，破阻力，完成这一历史使命的？现将父亲当年对我所述，追忆如下。

一 电传黎民上北京

1949年6月28日，中共中央统战部给琼崖区党委书记冯白驹拍来了电报："黎民中能否派一代表参加新政协，如有适当人选，

* 王家贤：王国兴之子，曾任海南省政府民宗委主任。

望即开报姓名简历并准备经港赴平速复。”

琼崖区党委将意见报告党中央以后，党中央于 7 月 10 日又来电指示：“同意派王国兴为黎族代表，望即设法派适当同志当翻译，护送他安全到港来平。”

琼崖区党委做了周密、巧妙的安排。委派曾在鹦歌岭与王国兴共同战斗过的党代表、临高县委副书记朱家玖沿路护送出海。又派新华社琼崖分社记者冯子平作为翻译（秘书）陪同赴京。冯子平同志是前琼崖工农红军总司令冯平烈士的侄子，当年 19 岁。一年前他从泰国侨居归来，正巧可以同我父亲国兴扮作父子，用冯子平回国接父亲出国侨居的名义出海赴港。冯子平护照的名字是冯裕深，我的父亲国兴化名为冯凤吉。

临行前夕，我的父亲来到黎族干部训练班，向学员们告别，语重心长地说：“我要到很远的地方去，如果我回不来了，你们一定记住：我们黎人只有一条光明的路，就是跟共产党干革命到底。”

二　松涛渡口巧应付

8 月初的一天，他们一行 3 人从白沙县的毛贵（今属通什市毛阳镇辖）动身，跋山涉水，步行了好几天，将到南渡江渡口（今琼中县松涛渡口）时，发现渡口被敌人严密封锁。他们随机应变，乔装打扮。朱家玖扮成富商，我父亲和冯子平化装成挑夫，头戴儋州笠，身穿汉族服装，脚穿草鞋，肩挑一对竹箩。渡口哨所检查来往行人很严，哨兵见他们走近，提起枪大声吆喝：“干什么的，往哪里去？”朱家玖镇定地款款大方地说：“往那大进货的。”他嘴上答话人已走到哨兵跟前，将一包东西塞到哨兵手里。哨兵又问："你们看见黎匪头王国兴吗？"我的父亲用海南汉语答道："做挑夫一年都得不到100元光洋，要是我见到国兴，早就割他头颅拿去领赏1000光洋啦！"哨兵信以为实，便拉开铁门，放他们过去了。

他们越过封锁线，急匆匆赶路，终于来到儋县的泊潮村。临高县委指定由县长符英华、女船民黄金女前来接应。黄金女划来一只小艇，将他们一行送到临高县新盈的头咀港，准备潜渡琼州海峡。

三　智勇潜渡伯陵线

时陈济棠和余汉谋为海南特区行政长官公署的正副长官，薛伯陵为海南岛防卫司令部的总司令，率国民党的二十一兵团，共6个军2个师15万余人，竭力加强包括雷州半岛、海南岛沿海的防御工事，海陆空机动配合，构成一条以薛伯陵名字命名的"伯陵防线"，妄图阻止琼崖纵队北上联络和解放军南下渡海，并极力吹嘘这条防线"固若金汤，坚不可摧"。

当时，海南岛沿海各港口几乎全部控制在蒋军的手中，北起临高、西至乐东均有坚固防御工事。每当夜晚，沿海蒋军碉堡的探照灯不停地照射海面，巡逻舰艇沿着航道来往巡逻，潜渡琼州海峡非常艰险。

我父亲国兴扮装侨客：身穿西装，颈系领带，俨然是一个富裕华侨。他的"儿子"冯子平提着一个考究的手提袋，随身紧跟。

夜刚来临，他们悄悄地上了一只小渔船，向茫茫大海驶去。远远看见敌人的探照灯在海面上划来划去，照得一片亮白。大家知道要经过敌人碉堡了，船上的同志做好战斗准备。我父亲镇定地说："不要惊慌，入船舱坐稳，金女快快把船驶近碉堡，沿岸航行，探照灯就照不着了。"敌人的探照灯由远至近，又由近而远照来照去，都照不着这一只小渔船。由于小船贴岸航行，终未被发现。待探照灯一熄灭，小船便开足马力，向大海疾航，冲过碉堡控制的封锁线。不久，他们听到敌人巡逻艇的马达声，由远而近要从前面冲来。朱家玖忙问："怎么办？"父亲对黄金女说："你快掉转船头往回走，避过敌人的巡逻艇。"不一会儿，便与巡逻艇拉长了距离，巡逻艇声音消失了。小渔船又朝正北方向前进。

在这漆黑的夜晚，在那惊涛骇浪之中，他们随时有被恶浪吞没的可能，后面有敌人数万驻军，前面是国民党重兵盘踞的雷州半岛，他们随时都有被敌人发现的危险。此时此刻，我父亲毫无畏惧，心里只有兴奋和激动。渐渐东方泛起鱼肚白，当海雾慢慢散开后，他们看见不远的岸上有敌人巡逻队，正在他们预定的登陆点盘查。朱家玖同志从怀里取出手榴弹。我的父亲和子平隐蔽在船舱里，黄金女也停止划桨，一时紧张得叫人透不过气来。好一阵，敌人巡逻队走开了，他们乘隙赶紧上岸，进入徐闻县境，在岸上不远的一个小渔村里，他们同粤桂边区纵队的联络员接上了头。

时蒋军在琼雷交界地防守严密，父亲一行虽有武装护送，也只能昼伏夜行。白天，住在老乡的家里，夜里急急忙忙赶路，经过几个夜晚急行才到达粤桂边区纵队总部，得到粤桂边区纵队司令梁广同志非常热情的招待，司令员还派了 6 名武装人员护送我父亲他们过境。

四　有惊无险西营关

是日晚上，在湛江市郊的一个农民家里住宿。第二天，由湛江市地下党联络员将他们送上一艘从西营（霞山）开往香港的轮船。

上船的时候，遇到西营关口国民党巡察队查问：“做什么的？往何地去？”又问，“你是黎族人吗？”我父亲意识到是国民党得到情报，正通缉逮捕他。急中生智便假装哑巴“咦噜咦噜叽叽咕咕”说不出什么话来。蒋军巡察队长发火骂道：“他妈的，你是个哑巴？”这时冯子平顺水推舟接口说：“他是我的父亲。三年前得了重病，再说不出话来了。父亲哑语意思是说，他前往泰国侨居，在此有幸和你们相遇，赠送给你们一份见面礼物为留念。”冯子平一边解释，一边凑近队长跟前，将100元光洋塞到队长手里。队长便说：“啊，你父子俩是华侨先生。有证件吗？”冯子平从手提袋里拿出前往泰国侨居的护照和证件：“湛江市琼崖同乡会会员证，NO地397号湛江市琼崖同乡会理事会，中华民国38年8月17日”。“姓名：冯凤吉；性别：男；年龄：52岁；籍贯：文昌；职业：商；出址：赤坎湛江市琼崖同乡会理事会。中华民国36年12月10日。”队长接过证件看后，说：“小人错怪，对不起！”站在身旁的一个士兵小声说：“队长，那个老头好像海南黎匪头王国兴。”队长满不在乎地说：“是个屁，他是个哑巴，国兴非哑巴！”说完就走了。就这样，我父亲顺利地登上轮船前往香港。

五　香港—青岛—北京

他们乘船抵达香港时，中共中央香港分局的同志已在码头上等候迎接了。

在香港，我父亲见到琼崖纵队原四支队队长、时已晋升为琼崖纵队副司令员的马白山同志，喜出望外。原来马白山也是应党中央的邀请，代表琼崖纵队赴京参加全国首届政协会议的。为了安全，马白山同志是单独秘密渡海到香港的。中共中央香港分局书记方方同志设宴招待了马白山和我父亲一行。

8 月 30 日，中共中央电告冯白驹司令："马白山、王国兴两同志已安抵港拟直接北来。"

在香港住宿 3 天后，马白山和父亲等一行乔装华侨登上了一艘外国轮船。马白山和冯子平穿着笔挺的西装，我父亲则穿着一般汉族老人的宽大的唐装，每个人都提着崭新的漂亮的高级小皮箱。在外人看来，这一行"金山伯"衣锦荣归唐山省亲，现在是要回"金山"去了。他们登上海轮，才知道同船的还有华南其他地区的赴京代表，20 多人。在各人的船舱里，早已预备好伪装身份的行李，给马白山和我父亲的是两大箱古籍书。这是为应付国民党稽查队准备的：万一轮船在海上被截搜查时，这些书将是他们一行东渡日本旅游的身份见证，是为了预防万一的慎重措施。他们所乘的大轮船顺利地通过台湾海峡，从祖国的南海驶经东海抵达黄海，在山东省青岛靠岸了。代表们受到山东解放区人民和人民解放军的热情欢迎。

在山东解放区参观几天之后，乘着人民自己的火车直上北平。我父亲经过数十天的艰苦行程，辗转万余里，终于投入了党中央的怀抱。

六　参加开国大典

一到北京，我父亲就被接到少数民族代表团驻地——民族招待所。党中央早就为他准备好一整套过冬服装：头戴一顶暖和的鸭舌帽，身穿一套崭新的中山装，脚穿鞋袜，一应物品俱全，还配给一件皮衣和一支很漂亮的铜制的水烟筒。这支漂亮的水烟筒父亲爱不释手，总是随身带着，返琼后，逢人便说："嗳，这是从北京带回来的。"

1949 年 9 月 21 日，全国首届政协会议正式开幕。会议期间，大会对黎族人民怀着崇高的敬意，邀请父亲代表国内少数民族作大会发言。父亲既紧张又兴奋。由子平同志代拟写发言稿时父亲说："就写两点吧，首先，一定要讲历来统治阶级都不把黎人当人看待，只有共产党领导，黎人才有出路。第二，要说明自己只有跟共产党走，才能摆脱苦难，获得解放。"

在这次会议上，我父亲当选为全国政治协商会议第一届全国委员会委员，同时，被任命为中央民族事务委员会委员，并参加了 10 月 1 日的开国大典，同党和国家领导人一起登上天安门城楼。

10 月中间，父亲同华南地区的代表们乘火车到江西南昌，然后从南昌乘汽车南归。当他们回到广州的时候，广州已经解放了，正在着手组织解放海南岛的战役。

王一生　王才斌　整理

（选自海南省政协文史资料委员会编《海南文史资料》第 7 辑，海南出版公司 1994 年版）

中国人从此站立起来了*

（一九四九年九月二十一日）

毛泽东

诸位代表先生们，全国人民所渴望的政治协商会议现在开幕了。我们的会议包括六百多位代表，代表着全中国所有的民主党派、人民团体、人民解放军、各地区、各民族和国外华侨。这就指明，我们的会议是一个全国人民大团结的会议。

这种全国人民大团结之所以能够成功，是因为我们战胜了美国帝国主义所援助的国民党反动政府。在三年多的时间内，英勇的世界上少有的中国人民解放军，战胜了美国援助的国民党反动政府所有的数百万军队的进攻，并使自己转入反攻和进攻。现在，数百万人民解放军的野战军已经打到接近台湾，广东、广西、贵州、四川

* 这是毛泽东在中国人民政治协商会议第一届全体会议上的开幕词。

和新疆的地区去了，中国人民的大多数已经获得了解放。在三年多的时间内，全国人民团结起来，援助人民解放军，反对了自己的敌人，取得了基本的胜利。在这个基础上，召开了今天的人民政治协商会议。

我们的会议之所以称为政治协商会议，是因为三年以前我们曾和蒋介石国民党一道开过一次政治协商会议。那次会议的结果是被蒋介石国民党及其帮凶们破坏了，但是已在人民中留下了不可磨灭的印象。那次会议证明，和帝国主义的走狗蒋介石国民党及其帮凶们一道，是不能解决任何有利于人民的任务的。即使勉强地做了决议也是无益的，一待时机成熟他们就要撕毁一切决议，并以残酷的战争反对人民。那次会议的唯一收获是给了人民以深刻的教育，使人民懂得：和帝国主义的走狗蒋介石国民党及其帮凶们决无妥协的余地，或者是推翻这些敌人，或者是被这些敌人所屠杀和压迫，二者必居其一，其他的道路是没有的。中国人民在中国共产党的领导之下，在三年多的时间内，很快地觉悟起来，并且把自己组织起来，形成了全国规模的反对帝国主义、封建主义、官僚资本主义及其集中的代表者国民党反动政府的统一战线，援助人民解放战争，基本上打倒了国民党反动政府，推翻了帝国主义在中国的统治，恢复了政治协商会议。

现在的中国人民政治协商会议是在完全新的基础之上召开的，它具有代表全国人民的性质，它获得全国人民的信任和拥护。因此，中国人民政治协商会议宣布自己执行全国人民代表大会的职权。中国人民政治协商会议在自己的议程中将要制定中国人民政治协商会议的组织法，制定中华人民共和国中央人民政府的组织法，制定中国人民政治协商会议的共同纲领，选举中国人民政治协商会议的全国委员会，选举中华人民共和国中央人民政府委员会，制定中华人民共和国的国旗和国徽，决定中华人民共和国国都的所在地以及采取和世界大多数国家一样的年号。

诸位代表先生们，我们有一个共同的感觉，这就是我们的工作将写在人类的历史上，它将表明：占人类总数四分之一的中国人从此站立起来了。中国人从来就是一个伟大的勇敢的勤劳的民族，只是在近代是落伍了。这种落伍，完全是被外国帝国主义和本国反动政府所压迫和剥削的结果。一百多年以来，我们的先人以不屈不挠的斗争反对内外压迫者，从来没有停止过，其中包括伟大的中国革命先行者孙中山先生所领导的辛亥革命在内。我们的先人指示我们，叫我们完成他们的遗志。我们现在是这样做了。我们团结起来，以人民解放战争和人民大革命打倒了内外压迫者，宣布中华人民共和国的成立了。我们的民族将从此列入爱好和平自由的世界各民族的大家庭，以勇敢而勤劳的姿态工作着，创造自己的文明和幸福，同时也促进世界的和平和自由。我们的民族将再也不是一个被人侮辱的民族了，我们已经站起来了。我们的革命已经获得全世界广大人民的同情和欢呼，我们的朋友遍于全世界。

我们的革命工作还没有完结，人民解放战争和人民革命运动还在向前发展，我们还要继续努力。帝国主义者和国内反动派决不甘心于他们的失败，他们还要作最后的挣扎。在全国平定以后，他们也还会以各种方式从事破坏和捣乱，他们将每日每时企图在中国复辟。这是必然的，毫无疑义的，我们务必不要松懈自己的警惕性。

我们的人民民主专政的国家制度是保障人民革命的胜利成果和

反对内外敌人的复辟阴谋的有力的武器，我们必须牢牢地掌握这个武器。在国际上，我们必须和一切爱好和平自由的国家和人民团结在一起，首先是和苏联及各新民主国家团结在一起，使我们的保障人民革命胜利成果和反对内外敌人复辟阴谋的斗争不致处于孤立地位。只要我们坚持人民民主专政和团结国际友人，我们就会是永远胜利的。

人民民主专政和团结国际友人，将使我们的建设工作获得迅速的成功。全国规模的经济建设工作业已摆在我们面前。我们的极好条件是有四万万七千五百万的人口和九百六十万平方公里的国土。我们面前的困难是有的，而且是很多的，但是我们确信：一切困难都将被全国人民的英勇奋斗所战胜。中国人民已经具有战胜困难的极其丰富的经验。如果我们的先人和我们自己能够渡过长期的极端艰难的岁月，战胜了强大的内外反动派，为什么不能在胜利以后建设一个繁荣昌盛的国家呢？只要我们仍然保持艰苦奋斗的作风，只要我们团结一致，只要我们坚持人民民主专政和团结国际友人，我们就能在经济战线上迅速地获得胜利。

随着经济建设的高潮的到来，不可避免地将要出现一个文化建设的高潮。中国人被人认为不文明的时代已经过去了，我们将以一个具有高度文化的民族出现于世界。

我们的国防将获得巩固，不允许任何帝国主义者再来侵略我们的国土。在英勇的经过了考验的人民解放军的基础上，我们的人民武装力量必须保存和发展起来。我们将不但有一个强大的陆军，而且有一个强大的空军和一个强大的海军。

让那些内外反动派在我们面前发抖吧，让他们去说我们这也不行那也不行吧，中国人民的不屈不挠的努力必将稳步地达到自己的目的。

在人民解放战争和人民革命中牺牲的人民英雄们永垂不朽！

庆贺人民解放战争和人民革命的胜利！

庆贺中华人民共和国的成立！

庆贺中国人民政治协商会议的成功！

（选自《毛泽东文集》第5卷，人民出版社1996年版）

中国人民大团结万岁*

（一九四九年九月三十日）

毛泽东

全国同胞们：

中国人民政治协商会议第一届全体会议业已胜利地完成了自己的任务。

这次会议，包含了全中国所有的民主党派、人民团体、人民解放军、各地区、各民族、国外华侨和其他爱国民主分子的代表，代表了全国人民的意志，表现了全国人民的空前的大团结。

这种全国人民的大团结，是中国人民和人民解放军在中国共产党领导之下，经过长期的英勇奋斗，战胜了美帝国主义援助的蒋介石国民党反动政府之后所获得的。一百多年以来，中国人民的先进

* 这是毛泽东受中国人民政治协商会议第一届全体会议委托起草的会议宣言。其中“在人民领袖毛泽东主席领导之下”一句，是会议通过宣言时代表们提议增加的。

分子，其中杰出者有如领导辛亥革命的伟大革命家孙中山先生，为了推翻帝国主义和中国反动政府的压迫，领导广大的人民，进行了不断的斗争，百折不挠，再接再厉，到现在，终于达到了目的。当着我们举行会议的时候，中国人民已经战胜了自己的敌人，改变了中国的面貌，建立了中华人民共和国。我们四万万七千五百万中国人现在是站立起来了，我们民族的前途是无限光明的。

在人民领袖毛泽东主席领导之下，我们的会议齐心一志，按照新民主主义的原则，制定了中国人民政治协商会议组织法，制定了中华人民共和国中央人民政府组织法，制定了中国人民政治协商会议共同纲领，决定了中华人民共和国定都于北京，制定了中华人民共和国的国旗为五星红旗，采用了义勇军进行曲为现时的国歌，决定了中华人民共和国的纪年采用世界公元，选举了中国人民政治协商会议全国委员会，选举了中华人民共和国中央人民政府委员会。中国的历史，从此开辟了一个新的时代。

全国同胞们，中华人民共和国现已宣告成立，中国人民业已有了自己的中央政府。这个政府将遵照共同纲领在全中国境内实施人民民主专政。它将指挥人民解放军将革命战争进行到底，消灭残余敌军，解放全国领土，完成统一中国的伟大事业。它将领导全国人民克服一切困难，进行大规模的经济建设和文化建设，扫除旧中国所留下来的贫困和愚昧，逐步地改善人民的物质生活和提高人民的文化生活。它将保卫人民的利益，镇压一切反革命分子的阴谋活动。它将加强人民的陆海空军，巩固国防，保卫领土主权完整，反对任何帝国主义国家的侵略。它将联合一切爱好和平自由的国家、民族和人民，首先是联合苏联和各新民主国家，以为自己的盟友，共同反对帝国主义者挑拨战争的阴谋，争取世界的持久和平。

全国同胞们，我们应当进一步组织起来。我们应当将全中国绝大多数人组织在政治、军事、经济、文化及其他各种组织里，克服旧中国散漫无组织的状态，用伟大的人民群众的集体力量，拥护人民政府和人民解放军，建设独立民主和平统一富强的新中国。

为人民解放战争和人民革命而牺牲的人民英雄们永垂不朽！

中国人民大团结万岁！

中华人民共和国万岁！

中央人民政府万岁！

（选自《毛泽东文集》第5卷，人民出版社1996年版）

中国人民政治协商会议共同纲领

（一九四九年九月二十九日中国人民政治
协商会议第一届全体会议通过）

序　言

中国人民解放战争和人民革命的伟大胜利，已使帝国主义、封建主义和官僚资本主义在中国的统治时代宣告结束。中国人民由被压迫的地位变成为新社会新国家的主人，而以人民民主专政的共和国代替那封建买办法西斯专政的国民党反动统治。中国人民民主专政是中国工人阶级、农民阶级、小资产阶级、民族资产阶级及其他爱国民主分子的人民民主统一战线的政权，而以工农联盟为基础，以工人阶级为领导。由中国共产党、各民主党派、各人民团体、各地区、人民解放军、各少数民族、国外华侨及其他爱国民主分子的代表们所组成的中国人民政治协商会议，就是人民民主统一战线的组织形式。中国人民政治协商会议代表全国人民的意志，宣告中华人民共和国的成立，组织人民自己的中央政府。中国人民政治协商会议一致同意以新民主主义即人民民主主义为中华人民共和国建国的政治基础，并制定以下的共同纲领，凡参加人民政治协商会议的各单位、各级人民政府和全国人民均应共同遵守。

第一章　总　纲

第一条　中华人民共和国为新民主主义即人民民主主义的国家，实行工人阶级领导的、以工农联盟为基础的、团结各民主阶级和国内各民族的人民民主专政，反对帝国主义、封建主义和官僚资本主义，为中国的独立、民主、和平、统一和富强而奋斗。

第二条　中华人民共和国中央人民政府必须负责将人民解放战争进行到底，解放中国全部领土，完成统一中国的事业。

第三条　中华人民共和国必须取消帝国主义国家在中国的一切特权，没收官僚资本归人民的国家所有，有步骤地将封建半封建的土地所有制改变为农民的土地所有制，保护国家的公共财产和合作社的财产，保护工人、农民、小资产阶级和民族资产阶级的经济利益及其私有财产，发展新民主主义的人民经济，稳步地变农业国为工业国。

第四条　中华人民共和国人民依法有选举权和被选举权。

第五条　中华人民共和国人民有思想、言论、出版、集会、结社、通讯、人身、居住、迁徙、宗教信仰及示威游行的自由权。

第六条　中华人民共和国废除束缚妇女的封建制度。妇女在政治的、经济的、文化教育的、社会的生活各方面，均有与男子平等的权利。实行男女婚姻自由。

第七条　中华人民共和国必须镇压一切反革命活动，严厉惩罚一切勾结帝国主义、背叛祖国、反对人民民主事业的国民党反革命战争罪犯和其他怙恶不悛的反革命首要分子。对于一般的反动分子、封建地主、官僚资本家，在解除其武装、消灭其特殊势力后，仍须依法在必要时期内剥夺他们的政治权利，但同时给以生活出路，并强迫他们在劳动中改造自己，成为新人。假如他们继续进行反革命活动，必须予以严厉的制裁。

第八条　中华人民共和国国民均有保卫祖国、遵守法律、遵守劳动纪律、爱护公共财产、应征公役兵役和缴纳赋税的义务。

第九条　中华人民共和国境内各民族，均有平等的权利和义务。

第十条　中华人民共和国的武装力量，即人民解放军、人民公安部队和人民警察，是属于人民的武力。其任务为保卫中国的独立和领土主权的完整，保卫中国人民的革命成果和一切合法权益。中华人民共和国中央人民政府应努力巩固和加强人民武装力量，使其能够有效地执行自己的任务。

第十一条　中华人民共和国联合世界上一切爱好和平、自由的国家和人民，首先是联合苏联、各人民民主国家和各被压迫民族，站在国际和平民主阵营方面，共同反对帝国主义侵略，以保障世界的持久和平。

第二章　政权机关

第十二条　中华人民共和国的国家政权属于人民。人民行使国家政权的机关为各级人民代表大会和各级人民政府。各级人民代表大会由人民用普选方法产生之。各级人民代表大会选举各级人民政府。各级人民代表大会闭会期间，各级人民政府为行使各级政权的机关。

国家最高政权机关为全国人民代表大会。全国人民代表大会闭会期间，中央人民政府为行使国家政权的最高机关。

第十三条　中国人民政治协商会议为人民民主统一战线的组织形式。其组织成分，应包含有工人阶级、农民阶级、革命军人、知识分子、小资产阶级、民族资产阶级、少数民族、国外华侨及其他爱国民主分子的代表。

在普选的全国人民代表大会召开以前，由中国人民政治协商会议的全体会议执行全国人民代表大会的职权，制定中华人民共和国中央人民政府组织法，选举中华人民共和国中央人民政府委员会，并付之以行使国家权力的职权。

在普选的全国人民代表大会召开以后，中国人民政治协商会议得就有关国家建设事业的根本大计及其他重要措施，向全国人民代表大会或中央人民政府提出建议案。

第十四条　凡人民解放军初解放的地方，应一律实施军事管制，取消国民党反动政权机关，由中央人民政府或前线军政机关委任人员组织军事管制委员会和地方人民政府，领导人民建立革命秩序，镇压反革命活动，并在条件许可时召集各界人民代表会议。

在普选的地方人民代表大会召开以前，由地方各界人民代表会议逐步地代行人民代表大会的职权。

军事管制时间的长短，由中央人民政府依据各地的军事政治情况决定之。

凡在军事行动已经完全结束、土地改革已经彻底实现、各界人民已有充分组织的地方，即应实行普选，召开地方的人民代表大会。

第十五条　各级政权机关一律实行民主集中制。其主要原则为：人民代表大会向人民负责并报告工作。人民政府委员会向人民代表大会负责并报告工作。在人民代表大会和人民政府委员会内，实行少数服从多数的制度。各下级人民政府均由上级人民政府加委并服从上级人民政府。全国各地方人民政府均服从中央人民政府。

第十六条　中央人民政府与地方人民政府间职权的划分，应按照各项事务的性质，由中央人民政府委员会以法令加以规定，使之既利于国家统一，又利于因地制宜。

第十七条　废除国民党反动政府一切压迫人民的法律、法令和司法制度，制定保护人民的法律、法令，建立人民司法制度。

第十八条　中华人民共和国的一切国家机关，必须厉行廉洁的、朴素的、为人民服务的革命工作作风，严惩贪污，禁止浪费，反对脱离人民群众的官僚主义作风。

第十九条　在县市以上的各级人民政府内，设人民监察机关，以监督各级国家机关和各种公务人员是否履行其职责，并纠举其中之违法失职的机关和人员。

人民和人民团体有权向人民监察机关或人民司法机关控告任何国家机关和任何公务人员的违法失职行为。

第三章　军事制度

第二十条　中华人民共和国建立统一的军队，即人民解放军和人民公安部队，受中央人民政府人民革命军事委员会统率，实行统一的指挥，统一的制度，统一的编制，统一的纪律。

第二十一条　人民解放军和人民公安部队根据官兵一致、军民一致的原则，建立政治工作制度，以革命精神和爱国精神教育部队的指挥员和战斗员。

第二十二条　中华人民共和国应加强现代化的陆军，并建设空军和海军，以巩固国防。

第二十三条　中华人民共和国实行民兵制度，保卫地方秩序，建立国家动员基础，并准备在适当时机实行义务兵役制。

第二十四条　中华人民共和国的军队在和平时期，在不妨碍军事任务的条件下，应有计划地参加农业和工业的生产，帮助国家的建设工作。

第二十五条　革命烈士和革命军人的家属，其生活困难者应受国家和社会的优待。参加革命战争的残废军人和退伍军人，应由人民政府给以适当安置，使能谋生立业。

第四章　经济政策

第二十六条　中华人民共和国经济建设的根本方针，是以公私兼顾、劳资两利、城乡互助、内外交流的政策，达到发展生产、繁荣经济之目的。国家应在经营范围、原料供给、销售市场、劳动条件、技术设备、财政政策、金融政策等方面，调剂国营经济、合作社经济、农民和手工业者的个体经济、私人资本主义经济和国家资本主义经济，使各种社会经济成分在国营经济领导之下，分工合作，各得其所，以促进整个社会经济的发展。

第二十七条　土地改革为发展生产力和国家工业化的必要条件。凡已实行土地改革的地区，必须保护农民已得土地的所有权。凡尚未实行土地改革的地区，必须发动农民群众，建立农民团体，经过清除土匪恶霸、减租减息和分配土地等项步骤，实现耕者有其田。

第二十八条　国营经济为社会主义性质的经济。凡属有关国家经济命脉和足以操纵国民生计的事业，均应由国家统一经营。凡属国有的资源和企业，均为全体人民的公共财产，为人民共和国发展生产、繁荣经济的主要物质基础和整个社会经济的领导力量。

第二十九条　合作社经济为半社会主义性质的经济，为整个人民经济的一个重要组成部分。人民政府应扶助其发展，并给以优待。

第三十条　凡有利于国计民生的私营经济事业，人民政府应鼓励其经营的积极性，并扶助其发展。

第三十一条　国家资本与私人资本合作的经济为国家资本主义性质的经济。在必要和可能的条件下，应鼓励私人资本向国家资本主义方向发展，例如为国家企业加工，或与国家合营，或用租借形式经营国家的企业，开发国家的富源等。

第三十二条　在国家经营的企业中，目前时期应实行工人参加生产管理的制度，即建立在厂长领导之下的工厂管理委员会。私人经营的企业，为实现劳资两利的原则，应由工会代表工人职员与资方订立集体合同。公私企业目前一般应实行八小时至十小时的工作制，特殊情况得斟酌办理。人民政府应按照各地各业情况规定最低工资。逐步实行劳动保险制度。保护青工女工的特殊利益。实行工矿检查制度，以改进工矿的安全和卫生设备。

第三十三条　中央人民政府应争取早日制定恢复和发展全国公私经济各主要部门的总计划，规定中央和地方在经济建设上分工合作的范围，统一调剂中央各经济部门和地方各经济部门的相互联系。中央各经济部门和地方各经济部门在中央人民政府统一领导之下各自发挥其创造性和积极性。

第三十四条　关于农林渔牧业：在一切已彻底实现土地改革的地区，人民政府应组织农民及一切可以从事农业的劳动力以发展农业生产及其副业为中心任务，并应引导农民逐步地按照自愿和互利的原则，组织各种形式的劳动互助和生产合作。在新解放区，土地改革工作的每一步骤均应与恢复和发展农业生产相结合。人民政府应根据国家计划和人民生活的需要，争取于短时期内恢复并超过战前粮食、工业原料和外销物资的生产水平，应注意兴修水利，防洪防旱，恢复和发展畜力，增加肥料，改良农具和种子，防止病虫害，救济灾荒，并有计划地移民开垦。

保护森林，并有计划地发展林业。

保护沿海渔场，发展水产业。

保护和发展畜牧业，防止兽疫。

第三十五条　关于工业：应以有计划有步骤地恢复和发展重工业为重点，例如矿业、钢铁业、动力工业、机器制造业、电器工业和主要化学工业等，以创立国家工业化的基础。同时，应恢复和增加纺织业及其他有利于国计民生的轻工业的生产，以供应人民日常消费的需要。

第三十六条　关于交通：必须迅速恢复并逐步增建铁路和公路，疏浚河流，推广水运，改善并发展邮政和电信事业，有计划有步骤地建造各种交通工具和创办民用航空。

第三十七条　关于商业：保护一切合法的公私贸易。实行对外贸易的管制，并采用保护贸易政策。在国家统一的经济计划内实行国内贸易的自由，但对于扰乱市场的投机商业必须严格取缔。国营贸易机关应负调剂供求、稳定物价和扶助人民合作事业的责任。人民政府应采取必要的办法，鼓励人民储蓄，便利侨汇，引导社会游资及无益于国计民生的商业资本投入工业及其他生产事业。

第三十八条　关于合作社：鼓励和扶助广大劳动人民根据自愿原则，发展合作事业。在城镇中和乡村中组织供销合作社、消费合作社、信用合作社、生产合作社和运输合作社，在工厂、机关和学校中应尽先组织消费合作社。

第三十九条　关于金融：金融事业应受国家严格管理。货币发行权属于国家。禁止外币在国内流通。外汇、外币和金银的买卖，应由国家银行经理。依法营业的私人金融事业，应受国家的监督和指导。凡进行金融投机、破坏国家金融事业者，应受严厉制裁。

第四十条　关于财政：建立国家预算决算制度，划分中央和地方的财政范围，厉行精简节约，逐步平衡财政收支，积累国家生产资金。

国家的税收政策，应以保障革命战争的供给、照顾生产的恢复和发展及国家建设的需要为原则，简化税制，实行合理负担。

第五章　文化教育政策

第四十一条　中华人民共和国的文化教育为新民主主义的，即民族的、科学的、大众的文化教育。人民政府的文化教育工作，应以提高人民文化水平、培养国家建设人才、肃清封建的、买办的、法西斯主义的思想、发展为人民服务的思想为主要任务。

第四十二条　提倡爱祖国、爱人民、爱劳动、爱科学、爱护公共财物为中华人民共和国全体国民的公德。

第四十三条　努力发展自然科学，以服务于工业农业和国防的建设。奖励科学的发现和发明，普及科学知识。

第四十四条　提倡用科学的历史观点，研究和解释历史、经济、政治、文化及国际事务。奖励优秀的社会科学著作。

第四十五条　提倡文学艺术为人民服务，启发人民的政治觉悟，鼓励人民的劳动热情。奖励优秀的文学艺术作品。发展人民的戏剧电影事业。

第四十六条　中华人民共和国的教育方法为理论与实际一致。人民政府应有计划有步骤地改革旧的教育制度、教育内容和教学法。

第四十七条　有计划有步骤地实行普及教育，加强中等教育和高等教育，注重技术教育，加强劳动者的业余教育和在职干部教育，给青年知识分子和旧知识分子以革命的政治教育，以应革命工作和国家建设工作的广泛需要。

第四十八条　提倡国民体育。推广卫生医药事业，并注意保护母亲、婴儿和儿童的健康。

第四十九条　保护报道真实新闻的自由。禁止利用新闻以进行诽谤，破坏国家人民的利益和煽动世界战争。发展人民广播事业。发展人民出版事业，并注重出版有益于人民的通俗书报。

第六章　民族政策

第五十条　中华人民共和国境内各民族一律平等，实行团结互助，反对帝国主义和各民族内部的人民公敌，使中华人民共和国成为各民族友爱合作的大家庭。反对大民族主义和狭隘民族主义，禁止民族间的歧视、压迫和分裂各民族团结的行为。

第五十一条　各少数民族聚居的地区，应实行民族的区域自治，按照民族聚居的人口多少和区域大小，分别建立各种民族自治机关。凡各民族杂居的地方及民族自治区内，各民族在当地政权机关中均应有相当名额的代表。

第五十二条　中华人民共和国境内各少数民族，均有按照统一的国家军事制度，参加人民解放军及组织地方人民公安部队的权利。

第五十三条　各少数民族均有发展其语言文字、保持或改革其风俗习惯及宗教信仰的自由。人民政府应帮助各少数民族的人民大众发展其政治、经济、文化、教育的建设事业。

第七章　外交政策

第五十四条　中华人民共和国外交政策的原则，为保障本国独立、自由和领土主权的完整，拥护国际的持久和平和各国人民间的友好合作，反对帝国主义的侵略政策和战争政策。

第五十五条　对于国民党政府与外国政府所订立的各项条约和协定，中华人民共和国中央人民政府应加以审查，按其内容，分别予以承认，或废除，或修改，或重订。

第五十六条　凡与国民党反动派断绝关系、并对中华人民共和国采取友好态度的外国政府，中华人民共和国中央人民政府可在平等、互利及互相尊重领土主权的基础上，与之谈判，建立外交关系。

第五十七条　中华人民共和国可在平等和互利的基础上，与各外国的政府和人民恢复并发展通商贸易关系。

第五十八条　中华人民共和国中央人民政府应尽力保护国外华侨的正当权益。

第五十九条　中华人民共和国人民政府保护守法的外国侨民。

第六十条　中华人民共和国对于外国人民因拥护人民利益参加和平民主斗争受其本国政府压迫而避难于中国境内者，应予以居留权。

（选自政协全国委员会办公厅、中共中央文献研究室编《人民政协重要文献选编》上册，中央文献出版社、中国文史出版社 2009 年版）

中国人民政治协商会议组织法

（一九四九年九月二十七日中国人民政治协商会议第一届全体会议通过）

第一章　总　则

第一条　中国人民政治协商会议（以下简称中国人民政协）为全中国人民民主统一战线的组织，旨在经过各民主党派及人民团体的团结，去团结全中国各民主阶级、各民族，共同努力，实行新民主主义，反对帝国主义、封建主义及官僚资本主义，推翻国民党的反动统治，肃清公开的及暗藏的反革命残余力量，医治战争创伤，恢复并发展人民的经济事业及文化教育事业，巩固国防，并联合世界上以平等待我之民族及国家，以建立及巩固由工人阶级领导的以工农联盟为基础的人民民主专政的独立、民主、和平、统一及富强的中华人民共和国。

第二章 参加单位及代表

第二条 凡赞成本组织法第一条之规定的民主党派及人民团体，经中国人民政协全国委员会协商同意，得参加中国人民政协；个人经中国人民政协全国委员会协议邀请者，亦得参加中国人民政协的全体会议，并得被选为全国委员会委员。

第三条 每届中国人民政协全体会议的参加单位、名额及代表人选，由上届中国人民政协全国委员会协商定之，但第一届由中国人民政协筹备会协商定之。

第四条 凡经中国人民政协全体会议及全国委员会通过的决议，各参加单位及代表均有信守及实行的义务。

凡参加中国人民政协的民主党派或人民团体，对全体会议及全国委员会所通过的决议如有不同意时，除根据少数服从多数的民主原则负责遵行不得违反外，其有不同意见得保留之，以待下届会议提出讨论；如对重要决议根本不同意时，有声请退出中国人民政协的自由。

第五条 中国人民政协的参加单位或代表或全国委员会委员，如有违反中国人民政协的组织法、共同纲领或重要决议而情节严重者，得由中国人民政协全体会议或全国委员会视其情节严重的程度，分别予以警告，撤换代表，撤销委员资格或撤销参加单位等处分。由全国委员会所给予的处分，如被处分者不服，得向下届全体会议提出申诉。

第三章　全体会议

第六条　中国人民政协全体会议，每三年开会一次，由全国委员会召集之。全国委员会认为有必要时，得提前或延期召集之。但第一届由中国人民政协筹备会召集之。

第七条　中国人民政协全体会议的职权如下：

一、制定或修改中国人民政治协商会议组织法；

二、制定或修改由参加中国人民政协的各民主党派及人民团体共同遵守的新民主主义的纲领即中国人民政治协商会议共同纲领；

三、在普选的全国人民代表大会召开以前，执行全国人民代表大会的职权：

甲、制定或修改中华人民共和国中央人民政府组织法；

乙、选举中华人民共和国中央人民政府委员会，并付之以行使国家权力的职权；

丙、就有关全国人民民主革命事业或国家建设事业的根本大计或重要措施，向中华人民共和国中央人民政府委员会提出决议案。

四、在普选的全国人民代表大会召开以后，就有关国家建设事业的根本大计或重要措施，向全国人民代表大会或中央人民政府委员会提出建议案；

五、选举中国人民政协全国委员会。

第八条　中国人民政协全体会议，须有参加代表过半数的出席，始得开会；须有出席代表过半数的同意，始得通过决议。

第九条　中国人民政协全体会议设主席团，由全体会议选举之。主席团名额，由每届全体会议临时规定之。

第十条　中国人民政协全体会议设秘书长一人，由全体会议选举之。设副秘书长若干人，由主席团选任之。在秘书长及副秘书长之下，设秘书处。

第十一条　中国人民政协全体会议得设各种委员会，其组织办法另定之。

第十二条　中国人民政协全体会议议事规则，由主席团制定之。

第四章　全国委员会

第十三条　在中国人民政协全体会议闭幕后，设立全国委员会，其职权如下：

一、保证实行中国人民政协全体会议及全国委员会的决议；

二、协商并提出对中华人民共和国中央人民政府的建议案；

三、协助政府动员人民参加人民民主革命及国家建设的工作；

四、协商并提出参加中国人民政协的各单位在全国人民代表大会代表选举中的联合候选名单；

五、协商并决定下届中国人民政协全体会议的参加单位、名额及代表人选，并召集之；

六、指导地方民主统一战线的工作；

七、协商并处理其他有关中国人民政协内部合作的事宜。

第十四条　中国人民政协全国委员会的委员及候补委员，由中国人民政协全体会议选举之；其名额由每届全体会议临时规定之。

中国人民政协全国委员会每半年开会一次，由全国委员会常务委员会召集之。常务委员会认为有必要时，得提前或延期召集之。

第十五条　中国人民政协全国委员会互选常务委员若干人，主席一人，副主席若干人，组织常务委员会主持会务。

第十六条　中国人民政协全国委员会设秘书长一人，由全国委员会选举之。设副秘书长若干人，由全国委员会常务委员会选任之。在秘书长及副秘书长之下，设秘书处。

第十七条　中国人民政协全国委员会的工作条例，由全国委员会常务委员会制定之。

第五章　地方委员会

第十八条　在中心城市、重要地区及省会，经中国人民政协全国委员会决议，得设立中国人民政协地方委员会，为该地方各民主党派及人民团体的协商并保证实行决议的机关。

第十九条　中国人民政协地方委员会的组织条例，由中国人民政协全国委员会制定或批准之。

第六章　附　则

第二十条　本组织法经中国人民政协全体会议通过后施行。

（选自政协全国委员会办公厅、中共中央文献研究室编《人民政协重要文献选编》上册，中央文献出版社、中国文史出版社2009年版）

中华人民共和国中央人民政府组织法

（一九四九年九月二十七日中国人民政治协商会议第一届全体会议通过）

第一章　总　纲

第一条　中华人民共和国是工人阶级领导的，以工农联盟为基础的，团结各民主阶级和国内各民族的人民民主专政的国家。

第二条　中华人民共和国政府是基于民主集中原则的人民代表大会制的政府。

第三条　在普选的全国人民代表大会召开前，由中国人民政治协商会议的全体会议执行全国人民代表大会的职权，制定中华人民共和国中央人民政府组织法，选举中华人民共和国中央人民政府委员会，并付之以行使国家权力的职权。

第四条　中央人民政府委员会对外代表中华人民共和国，对内领导国家政权。

第五条　中央人民政府委员会组织政务院，以为国家政务的最高执行机关；组织人民革命军事委员会，以为国家军事的最高统辖机关；组织最高人民法院及最高人民检察署，以为国家的最高审判机关及检察机关。

第二章　中央人民政府委员会

第六条　中央人民政府委员会，由中国人民政治协商会议的全体会议选举中央人民政府主席一人，副主席六人，委员五十六人，并由中央人民政府委员会互选秘书长一人组成之。

第七条　中央人民政府委员会，依据中国人民政治协商会议全体会议制定的共同纲领，行使下列的职权：

一、制定并解释国家的法律，颁布法令，并监督其执行。

二、规定国家的施政方针。

三、废除或修改政务院与国家的法律、法令相抵触的决议和命令。

四、批准或废除或修改中华人民共和国与外国订立的条约和协定。

五、处理战争及和平问题。

六、批准或修改国家的预算和决算。

七、颁布国家的大赦令和特赦令。

八、制定并颁发国家的勋章、奖章，制定并授予国家的荣誉称号。

九、任免下列各项政府人员：

甲、任免政务院的总理、副总理，政务委员和秘书长、副秘书长，各委员会的主任委员、副主任委员、委员，各部的部长、副部长，科学院的院长、副院长，各署的署长、副署长及银行的行长、副行长。

乙、依据政务院的提议，任免或批准任免各大行政区和各省市人民政府的主席、副主席和主要的行政人员。

丙、任免驻外国的大使、公使和全权代表。

丁、任免人民革命军事委员会的主席、副主席、委员，人民解放军的总司令、副总司令，总参谋长、副参谋长，总政治部主任和副主任。

戊、任免最高人民法院的院长、副院长和委员，最高人民检察署的检察长、副检察长和委员。

十、筹备并召开全国人民代表大会。

第八条　中央人民政府主席，主持中央人民政府委员会的会议，并领导中央人民政府委员会的工作。

第九条　中央人民政府副主席和秘书长，协助主席执行职务。

第十条　中央人民政府委员会的会议，两个月举行一次，由主席负责召集。主席根据需要，或有三分之一以上的中央人民政府委员的请求，或政务院的请求，得提前或延期召开会议。中央人民政府委员会的会议，须有委员过半数的出席始得开会，须有出席委员过半数的同意始得通过决议。

第十一条　中央人民政府委员会设办公厅，并根据需要，得设其他附属工作机构。

第十二条　中央人民政府委员会的组织条例，由中央人民政府委员会制定之。

第三章　政务院

第十三条　政务院由中央人民政府委员会任命总理一人，副总理若干人，秘书长一人，政务委员若干人组成之。政务委员得兼任各委员会的主任委员和各部的部长。

第十四条　政务院对中央人民政府委员会负责，并报告工作。在中央人民政府委员会休会期间，对中央人民政府的主席负责，并报告工作。

第十五条　政务院根据并为执行中国人民政治协商会议共同纲领、国家的法律、法令和中央人民政府委员会规定之施政方针，行使下列职权：

一、颁发决议和命令，并审查其执行。

二、废除或修改各委、部、会、院、署、行和各级政府与国家的法律、法令和政务院的决议、命令相抵触的决议和命令。

三、向中央人民政府委员会提出议案。

四、联系、统一并指导各委、部、会、院、署、行及所属其他机关的相互关系，内部组织和一般工作。

五、领导全国各地方人民政府的工作。

六、任免或批准任免第七条第九款乙项规定以外的各县市以上的主要行政人员。

第十六条　政务院总理主持政务院全院事宜。政务院副总理和秘书长协助总理执行职务。

第十七条　政务院的政务会议，每周举行一次，由总理负责召集。总理根据需要，或有三分之一以上的政务委员的请求，得提前或延期召开会议。政务院的会议，须有政务委员过半数的出席始得开会，须有出席政务委员过半数的同意始得通过决议。政务院的决议和命令，以总理单独签署行之，或由总理签署外并由有关各委、部、会、院、署、行的首长副署行之。

第十八条　政务院设政治法律委员会、财政经济委员会、文化教育委员会、人民监察委员会和下列各部、会、院、署、行，主持各该部门的国家行政事宜：

内务部；

外交部；

情报总署；

公安部；

财政部；

人民银行；

贸易部；

海关总署；

重工业部；

燃料工业部；

纺织工业部；

食品工业部；

轻工业部（不属上述四部门之工业）；

铁道部；

邮电部；

交通部；

农业部；

林垦部；

水利部；

劳动部；

文化部；

教育部；

科学院；

新闻总署；

出版总署；

卫生部；

司法部；

法制委员会；

民族事务委员会；

华侨事务委员会。

政治法律委员会指导内务部、公安部、司法部、法制委员会和民族事务委员会的工作。

财政经济委员会指导财政部、贸易部、重工业部、燃料工业部、纺织工业部、食品工业部、轻工业部、铁道部、邮电部、交通部、农业部、林垦部、水利部、劳动部、人民银行和海关总署的工作。

文化教育委员会指导文化部、教育部、卫生部、科学院、新闻总署和出版总署的工作。

为进行工作，各负指导责任的委员会得对其所属各部、会、院、署、行和下级机关，颁发决议和命令，并审查其执行。

人民监察委员会负责监察政府机关和公务人员是否履行其职责。

第十九条　各部、会、院、署、行，在自己的权限内，得颁发决议和命令，并审查其执行。

第二十条　政务院设秘书厅，办理日常事务，并管理文书档案和印铸等事宜。

第二十一条　政务院及各委、部、会、院、署、行、厅的组织条例，由中央人民政府委员会制定或批准之。

第二十二条　各委、部、会、院、署、行、厅，于必要时，得由中央人民政府委员会决议增加，减少，或合并之。

第四章　人民革命军事委员会

第二十三条　人民革命军事委员会统一管辖并指挥全国人民解放军和其他人民武装力量。

第二十四条　人民革命军事委员会设主席一人，副主席若干人，委员若干人。

第二十五条　人民革命军事委员会的组织及其管理和指挥系统，由中央人民政府委员会制定之。

第五章　最高人民法院及最高人民检察署

第二十六条　最高人民法院为全国最高审判机关，并负责领导和监督全国各级审判机关的审判工作。

第二十七条　最高人民法院设院长一人，副院长若干人，委员若干人。

第二十八条　最高人民检察署对政府机关、公务人员和全国国民之严格遵守法律，负最高的检察责任。

第二十九条　最高人民检察署设检察长一人，副检察长若干人，委员若干人。

第三十条　最高人民法院及最高人民检察署的组织条例，由中央人民政府委员会制定之。

第六章　本组织法的修改权及解释权

第三十一条　本组织法的修改权，属于中国人民政治协商会议的全体会议；在全体会议闭会期间属于中央人民政府委员会。本组织法的解释权，属于中央人民政府委员会。

（选自政协全国委员会办公厅、中共中央文献研究室编《人民政协重要文献选编》上册，中央文献出版社、中国文史出版社2009年版）

关于中华人民共和国国都、纪年、国歌、国旗的四个决议案

（一九四九年九月二十七日中国人民政治协商会议
第一届全体会议通过）

一、全体一致通过：中华人民共和国的国都定于北平。自即日起，改名北平为北京。

二、全体一致通过：中华人民共和国的纪年采用公元。今年为1949年。

三、全体一致通过：在中华人民共和国的国歌未正式制定前，以《义勇军进行曲》为国歌。

四、全体一致通过：中华人民共和国的国旗为红地五星旗，象征中国革命人民大团结。

（选自政协全国委员会办公厅、中共中央文献研究室编《人民政协重要文献选编》上册，中央文献出版社、中国文史出版社2009年版）

中国人民政治协商会议第一届全体会议代表名单

一、党派代表（14 个单位，正式代表 142 名、候补代表 23 名）

中国共产党（正式代表 16 名，候补代表 2 名）

毛泽东　刘少奇　周恩来　林伯渠　董必武　陈　云
彭　真　郑位三　王稼祥　陆定一　吴玉章　徐特立
刘澜涛　李维汉　李克农　安子文
候补代表：邢西萍（徐冰）　齐燕铭

中国国民党革命委员会（正式代表 16 名，候补代表 2 名）

李济深　何香凝（女）　柳亚子　李德全（女）　张　文
李锡九　陈劭先　朱蕴山　梅龚彬　余心清

王葆真　杨　杰　李任仁　刘积学　陈汝棠　赖亚力

候补代表：吕集义　郑坤廉（女）

中国民主同盟（正式代表 16 名，候补代表 2 名）

张　澜　沈钧儒　章伯钧　张东荪　罗隆基　史　良（女）

周新民　楚图南　丘　哲　周鲸文　费孝通　李相符

李文宜（女）　胡愈之　辛志超　刘王立明（女）

候补代表：叶笃义　罗子为

民主建国会（正式代表 12 名，候补代表 2 名）

黄炎培　章乃器　胡厥文　施复亮　胡子婴（女）

孙起孟　陈已生　章元善　盛康年　冷　遹　杨卫玉　沈子槎

候补代表：陈维稷　莫艺昌

无党派民主人士（正式代表 10 名，候补代表 2 名）

郭沫若　马寅初　张奚若　李　达　董鲁安（于力）　符定一

欧阳予倩　洪　深　吴有训　王之相

候补代表：丁西林　周谷城

中国民主促进会（正式代表 8 名，候补代表 1 名）

马叙伦　许广平（女）　周建人　王绍鏊　梅达君　徐伯昕

林汉达　雷洁琼（女）

候补代表：严景耀

中国农工民主党（正式代表 10 名，候补代表 2 名）

彭泽民　郭冠杰　李士豪　何世琨（何文朴）　杨逸棠（杨伯恺）
张云川　郭则沉　王深林　严信民　杨子恒
候补代表：王一帆　李健生（女）

中国人民救国会（正式代表 10 名，候补代表 2 名）

李章达　沙千里　沈志远　千家驹　萨空了　曹孟君（女）
闵刚侯　方与严　宋云彬　孙晓村
候补代表：秦柳方　张曼筠（女）

三民主义同志联合会（正式代表 10 名，候补代表 2 名。空缺正式代表 1 名）

谭平山　陈铭枢　郭春涛　王昆仑　许宝驹　吴茂荪　萧隽英
李世璋　谭惕吾（女）
候补代表：于振瀛　田竺僧

中国国民党民主促进会（正式代表 8 名，候补代表 1 名）

蔡廷锴　蒋光鼐　陈此生　李民欣　秦元邦　林一元　谭冬青
司马文森
候补代表：李子诵

中国致公党（正式代表 6 名，候补代表 1 名。空缺正式代表 1 名、候补代表 1 名）

陈其尤　黄鼎臣　官文森　雷荣珂（田凡）　严希纯

九三学社（正式代表 5 名，候补代表 1 名）

许德珩　黎锦熙　袁翰青　吴藻溪　薛　愚

候补代表：叶丁易

台湾民主自治同盟（正式代表 5 名，候补代表 1 名）

谢雪红（女）　杨克煌　李伟光　王天强　田富达

候补代表：林铿生

中国新民主主义青年团（正式代表 10 名，候补代表 2 名）

冯文彬　蒋南翔　胡耀邦　宋一平　陆　平　王治周

张　本（女）　杨　述　高景芝（女）　王明远

候补代表：许世平　张　凡

二、区域代表 (9 个单位，正式代表 102 名、候补代表 14 名）

西北解放区（正式代表 15 名，候补代表 2 名）

马明方　王维舟　杨明轩　武新宇　李景膺　范子文　马健翎

杜延庆　张子芳（女）　王德彪　成柏仁　韩兆鹗　苏资琛

李象九　杨拯民

候补代表：房文礼　金山寿

华北解放区（正式代表 15 名，候补代表 2 名）

薄一波　杨秀峰　宋劭文　朱良才　蓝公武　林　铁　赖若愚

张　苏　高克林　潘复生　唐延杰　邢肇棠　薛　迅（女）

沙可夫　周叔弢

候补代表：刘少白　甄荣典

华东解放区（正式代表15名，候补代表2名）

陈　毅　许世友　周　兴　管文蔚　梁从学　孙仲德

夏　衍（沈端先）　沙文汉（张登）　龙　跃　张　林

韦　悫　李坚真（女）　张福林　季　方　李伯龙

候补代表：计雨亭　刘民生

东北解放区（正式代表15名，候补代表2名）

高　岗　高崇民　李运昌　周保中　汪金祥　周　桓　何长工

车向忱　张维桢　邹大鹏　于毅夫　吕　骥　杨克冰（女）

李　荒　李国钧

候补代表：张德馨　赵文全

华中解放区（正式代表15名，候补代表2名）

黄克诚　刘子久　吴芝圃　邵式平　陈再道　潘梓年　谭余保

郑绍文　蔡书彬　夏之栩（女）　罗厚福　陈经畬　嵇文甫

杨显东　张仲鲁

候补代表：陈荒煤　王一鸣

华南解放区（正式代表8名，候补代表1名）

连　贯　刘达潮　区梦觉（女）　乔　木（冠华）　李伯球

欧阳山　王雨亭　李独清

候补代表：廖梦醒（女）

内蒙古自治区（正式代表 6 名，候补代表 1 名）

乌兰夫（云泽） 王悦丰 刘 春 那木济勒色楞（王再天）

王逸伦 特木尔巴根

候补代表：朋斯克

北平、天津两直属市（正式代表 6 名，候补代表 1 名）

黄 敬 李葆华（赵振声） 郭尚义 刘先磊 张晓梅（女）

资耀华

候补代表：徐楚波

待解放区民主人士（正式代表 7 名，候补代表 1 名）

杜国庠 张唯一 任 谦 侯方岳 周钦岳 周士观 黄药眠

候补代表：李侠公

三、军队代表 (6 个单位，正式代表 60 名、候补代表 11 名)

中国人民解放军总部（包括直属兵团及海、空军，正式代表 12 名，候补代表 2 名）

朱 德 聂荣臻 吕正操 李 涛 傅 钟 杨成武 李国英

王 铮 杨奇清 张学思 康克清（女） 刘善本

候补代表：贺绿汀 戴镜元

中国人民解放军第一野战军（正式代表 10 名，候补代表 2 名）

贺　龙　徐向前　罗瑞卿　赵寿山　王世泰　李　贞（女）

孙志远　王　昭　任白戈　左协中

候补代表：杜冠仁　陈　播

中国人民解放军第二野战军（正式代表 10 名，候补代表 2 名）

刘伯承　滕代远　杨立三　蔡树藩　钱信忠　卫小堂　布　克

廖运周　曾　克（女）　高树勋

候补代表：张南生　马　宁

中国人民解放军第三野战军（正式代表 10 名，候补代表 2 名）

粟　裕　王建安　江渭清　陈士榘　谢胜坤　唐国栋　何基沣

魏来国　黎有章　赖少其

候补代表：李兰丁（女）　杜中夫

中国人民解放军第四野战军（正式代表 10 名，候补代表 2 名）

罗荣桓　李天佑　韩先楚　苏　静　钟赤兵　刘梅村　曾泽生

张　轸　刘白羽　丁志辉（女）

候补代表：胡奇才　黄达宣

华南人民解放军（正式代表 8 名，候补代表 1 名）

张云逸　古大存　陈漫远　马白山　吴奇伟　冯乃超　罗范群

黄　宇

候补代表：李进阶

四、团体代表(16个单位，正式代表206名、候补代表29名)

中华全国总工会(正式代表16名，候补代表2名)

李立三　朱学范　刘宁一　陈　郁　李颉伯　许之桢
陈少敏(女)　栗再温　康永和　易礼容　丘　金(丘坚一)
赵占魁　杨之华(女)　张　祺　李凤莲(女)　顾锡章
候补代表：沈　鸿　周　颖(女)

各解放区农民团体(正式代表16名，候补代表2名)

张　晔　杨耕田　胡　明　王国华　强自修　王国权　刘玉厚
李秀真(女)　黄　岩　万众一　杨万选　朱道平　韩东征
曹　铁　张振铎　赵有田
候补代表：朱富胜　石振明

中华全国民主妇女联合会(正式代表15名，候补代表2名)

蔡　畅(女)　邓颖超(女)　帅孟奇(女)　张琴秋(女)
刘亚雄(女)　张秀岩(女)　李培之(女)　张金保(女)
沈兹九(女)　刘清扬(女)　罗　琼(女)　陆　璀(女)
陈波儿(女)　黄静汶(女)　杜君慧(女)
候补代表：龚普生(女)　翟淑珍(女)

中华全国民主青年联合总会(正式代表12名，候补代表2名)

廖承志　吴　晗　钱三强　高　棠　何　礼　董　昕　何其芳
曹　禺　龚　澎(女)　梅　益　杨　文　范小凤(女)

候补代表：徐　盈　杨涤生

中华全国学生联合会（正式代表 9 名，候补代表 1 名）

谢邦定　晏福民　马　骏　聂维庆　李秀贞（女）

周寿昌　黄鹤祯　丁　力　方光宇（女）

候补代表：孙宗汾

全国工商界（正式代表 15 名，候补代表 2 名）

陈叔通　盛丕华　李范一　李烛尘　简玉阶　包达三　姬伯雄

周苍柏　俞寰澄　张䌹伯　吴羹梅　巩天民　荣德生　王新元

刘一峰

候补代表：酆云鹤（女）　冯少山

上海各人民团体（正式代表 9 名，候补代表 1 名）

刘　晓　朱俊欣　吴克坚　冯雪峰　汤桂芬（女）

沈体兰　罗叔章（女）　蒉延芳　陈震中

候补代表：邱文奎

中华全国文学艺术界联合会（正式代表 15 名，候补代表 2 名）

沈雁冰　周　扬　郑振铎　丁　玲（女）　田　汉　萧　三

柯仲平　赵树理　阳翰笙　巴　金　徐悲鸿　蔡楚生

史东山　胡　风　马思聪

候补代表：艾　青　曹靖华

中华全国第一次自然科学工作者代表大会筹备委员会（正式代表 15 名，候补代表 2 名）

梁　希　李四光　侯德榜　贺　诚　茅以升　曾昭抡　刘　鼎
严济慈　姚克方　恽子强　涂长望　乐天宇　丁　瓒　蔡邦华
李宗恩

候补代表：靳树梁　沈其益

中华全国教育工作者代表会议筹备委员会（正式代表 15 名，候补代表 2 名）

成仿吾　叶圣陶　钱俊瑞　林砺儒　张如心　晁哲甫　陈鹤琴
俞庆棠（女）　竺可桢　江恒源　汤用彤　叶企孙　杨石先
戴白韬　柳　湜

候补代表：江隆基　葛志成

中华全国社会科学工作者代表会议筹备会（正式代表 15 名，候补代表 2 名）

陈伯达　陈绍禹　范文澜　谢觉哉　邓初民　王学文　艾思奇
何思敬　翦伯赞　侯外庐　张志让　阎宝航　钱端升　樊　弘
吴觉农

候补代表：李木庵　胡　绳

中华全国新闻工作者协会筹备会（正式代表 12 名，候补代表 2 名）

胡乔木　金仲华　陈克寒　张磬石　邓　拓　恽逸群

杨　刚（女）　邵宗汉　徐迈进　刘尊棋　王芸生　赵超构

候补代表：徐铸成　储安平

自由职业界民主人士（正式代表 10 名，候补代表 2 名）

潘震亚　宦　乡　李承干　林仲易　徐永祚　洪式闾　褚应璜

浦熙修（女）　孙荪荃（女）　陈乙明

候补代表：白　杨（女）　林葆骆

国内少数民族（正式代表 10 名，候补代表 2 名）

刘格平（回族）　张　冲（彝族）　奎　璧（蒙古族）

朱早观（苗族）　吴鸿宾（回族）　杨静仁（回族）

朱德海（朝鲜族）　王国兴（黎族）　天　宝（藏族）　白寿彝（回族）

候补代表：金汉文（蒙古族）　多杰才旦（藏族）

国外华侨民主人士（正式代表 15 名，候补代表 2 名）

陈嘉庚　司徒美堂　陈其瑗　戴子良　费振东　蚁美厚

缅甸华侨代表一人　黄长水　日本华侨代表一人

刘思慕　李铁民　周　铮　侯寒江　庄明理　赵令德

候补代表：林　棠　张殊明

宗教界民主人士（正式代表 7 名，候补代表 1 名）

吴耀宗（基督教）　赵朴初（佛教）　邓裕志（女，基督教）

张雪岩（基督教）　马　坚（伊斯兰教）

巨　赞（佛教）　赵紫宸（基督教）

候补代表：刘良模（基督教）

五、特别邀请人士(75名)

宋庆龄（女） 伍云甫 熊瑾玎

陶孟和 陆志韦 罗常培 高镇五 陈望道 李步青
吴贻芳（女） 曾昭森 梁思成 任鸿隽
卢于道 陈修和 钱昌照 谢家荣 秉　志

萨镇冰 张难先 李书城 张元济 何燏时 龙　云
黄琪翔 李明灏 李明扬 张醁村 胡子昂
宁　武 周善培

陈瑾昆 张曙时 安文钦 张鸿鼎 张伯秋 陈荫南

张治中 邵力子 章士钊 黄绍竑 刘　斐 李　烝
卢郁文 颜惠庆 江　庸 汪世铭 沙彦楷

许闻天 邓昊明

程　潜 陈明仁 傅作义 邓宝珊 董其武 孙兰峰
林　遵 邓兆祥 程星龄 周北峰

周信芳 梅兰芳 程砚秋 袁雪芬（女）

赛福鼎 阿里木江 涂　治

刘英源 阎存林 戎冠秀（女） 李德林 李时良
董和亭 曹凤岐 周建寅

（选自全国政协研究室编《中国人民政协全书》，中国文史出版社1999年版。有修订）

政协文史“亲历、亲见、亲闻”文库

人民政协与新中国成立

·第七辑·

《“三亲”文库》编纂工作委员会　编

中国文史出版社

1949 年 10 月 1 日下午 3 时，庆祝中华人民共和国中央人民政府成立典礼在北京天安门广场隆重举行，毛泽东主席宣读《中华人民共和国中央人民政府公告》。

中華人民共和國中央人民政府公告

中華人民共和國中央人民政府主席　毛澤東

《中华人民共和国中央人民政府公告》。

新中国第一面五星红旗在天安门广场上升起。

开国大典上举行了隆重的阅兵式。图为中国人民解放军总司令朱德在阅兵总指挥聂荣臻陪同下，检阅中国人民解放军陆海空三军受阅部队。

步兵方队分列式。

海军方队雄姿。

坦克方队接受检阅。

空军战鹰飞过天安门广场上空。

首都30万群众在天安门广场集会，欢庆中华人民共和国成立。

第七辑　选编说明

新中国从中央到地方的各级人民政权，是在彻底打碎旧的国家机器后在全新的基础上建立起来的。1948 年 9 月成立的华北人民政府，为新中国的政权建设和经济建设积累了初步经验，并以较为完整的行政系统，为中央人民政府的成立做了组织上的准备。中央人民政府各机构和各部门在此基础上组建起来，一经宣布成立，即正常运转，开始工作。

1949 年 10 月 1 日下午 2 时，新选出的中央人民政府委员会在中南海勤政殿举行第一次会议，宣布就职。3 时，庆祝中华人民共和国中央人民政府成立典礼在天安门广场隆重举行。毛泽东主席庄严宣告：中华人民共和国中央人民政府今天成立了！朱德总司令检阅了人民军队。典礼结束后，首都群众举行盛大的庆祝游行，迎接新中国的诞生。

本辑史料 56 篇，主要收录全国政协及地方政协征集、政协委员及其联系的各界人士撰写的文史资料，辅以回忆录、日记等“三亲”史料，并选录若干重要文献。收录的文章主要分为两个部分：中央人民政府成立，通过收录华北人民政府、中央人民政府成立背景和经过的“三亲”史料，以完整体现中共中央对建立新中国的酝酿、决策过程，以及新政权的建设情况；开国大典，通过中央人民政府成立典礼亲历者、知情者的回忆，展现中国人民争取民族独立和人民解放取得历史性胜利的激情和豪迈。

总体上，根据作者在人民政协第一届全体会议参加单位顺序、作者身份以及事件发生先后时间综合编排稿件。其中，开国大典部分，以出席盛典的中央人民政府委员会暨人民政协第一届全体会议代表、知情者、工作人员、受阅官兵、游行群众的作者顺序排列。

目　录

第七辑　开国大典

胡乔木	人民大革命胜利前夕	001
滕代远	为新中国铁道事业奠基	039
萧　克	再办军校	044
马永顺	华北人民政府成立实录	056
赵秀山 赵军威	与党外民主人士合作不允许一点马虎	088
王丙乾	新中国财政奠基于华北	099
薛暮桥	在中财部和中财委	109
石　雷	回忆筹建中国人民银行片段	121
安　岗	华北局的机关报《人民日报》	135
杨献珍	少奇同志对党校建设的关怀和指导	141
荣高棠	中央团校建立之初	146
童小鹏	新中国首届“内阁”	149

王仲方　公安部是怎样成立的 …… 154
陈守一　回忆和谢老在一起工作的日子 …… 158
王　健　新中国成立初期的沈钧儒 …… 164
罗　琼　新中国首部《婚姻法》出台始末 …… 171
凌　青　从中央外事组到中华人民共和国外交部的成立 … 174

杨成武　开国大典阅兵式 …… 187
刘白羽　那一刻，古老的民族复活了 …… 195
王国权　参加新政协和开国大典的回忆 …… 204
赖少其　我见到了伟大领袖毛泽东 …… 211
陆　璀　开国大典时我在天安门城楼上 …… 217
杨　刚　毛主席和我们在一起 …… 220
徐铸成　余生平永不能忘之一日 …… 226
司徒丙鹤　毛泽东在开国前后 …… 229
李银桥　毛泽东升起第一面五星红旗 …… 238
王鹤滨　在毛主席身边 …… 246
张人凤　先祖张元济参加开国盛典前后 …… 258
余　云　孙起孟忆开国大典往事 …… 269
张致祥　装扮天安门　举国同欢庆 …… 273

周令钊　为开国大典绘制毛主席画像 …… 282
侯　波　我为共和国拍照 …… 290
丁一岚　终生难忘的开国大典转播工作 …… 293
杨兆麟　我为开国大典忙直播 …… 299
鲁　生　终生难忘开国大典的采访 …… 303
田　申　在开国大典的国歌声中 …… 307
刘秀荣　迎接解放和参加开国大典 …… 314
罗　浪　我与礼乐之神 …… 318
徐博文　为开国大典升旗仪式保电 …… 323
刘向勃　开国纪念章唤起的回忆 …… 326
慕丰韵　保卫开国大典 …… 331
李永清　我守卫在天安门城楼上 …… 336
邢海帆　难忘的开国大典受阅飞行 …… 343
孙　坤　我光荣地参加了开国大典阅兵仪式 …… 350
孙学周　开国大典阅兵式上的骑三师 …… 353
胡经益　作为海军代表参加开国大典 …… 359
杨大辛　亲历开国盛典 …… 364
钱听涛　开国大典回顾 …… 369
蔡振义　开国盛典中的“二七”工人 …… 377

张继亮　南苑农民参加开国大典 …… 381
王乐洲　忆开国大典盛况 …… 388
邓旺兴　参加开国大典的回忆 …… 394
韩进英　参加开国大典前后见闻 …… 398

重要文献选编

中华人民共和国中央人民政府公告 …… 404
中华人民共和国中央人民政府主席、副主席及委员 …… 406
中国人民政治协商会议第一届全国委员会主席、副主席、常务委员和秘书长名单 …… 408

人民政协与新中国成立大事记 …… 410

编后记 …… 422

人民大革命胜利前夕

胡乔木[*]

随着人民解放军转入战略反攻，中国革命的高潮迅速到来了。从 1948 年初到 1949 年中，毛主席领导全党为夺取全国政权做了政治上和组织上的准备，指挥人民解放军各野战军与国民党军队展开战略决战，并为新中国绘制了蓝图。那段时间，毛主席神采焕发，文才武略发挥得淋漓尽致，充分显示出人民大革命胜利前夕一代伟人的气魄。他作出的战略决策和制定的一系列方针政策，不仅使我们党赢得了军事上的辉煌胜利，而且为新中国奠定了立国之基，使我们把军事胜利成功地转化为持久的政治胜利。

---

* 胡乔木：时任中共中央宣传部副部长、毛泽东秘书，新政协筹备会代表，人民政协第一届全体会议代表；后曾任第十二届中共中央政治局委员，第十一届中共中央书记处书记，全国政协常委。

一　土地改革中的纠“左”与具体政策策略的制定

1948年上半年，战局的发展比较平稳，这使毛主席有可能把相当精力用于指导各解放区的土地改革工作。从陕北的杨家沟迁移到河北的西柏坡，毛主席沿途注意调查研究，了解土改情况。

对旧的土地制度实行改革，是民主革命的中心内容，也是保证解放战争胜利的基本条件之一。解放区的土地改革，从1946年党中央发布“五四”指示后就已展开。1947年10月，党中央公布《土地法大纲》，明确宣布废除一切封建性和半封建性剥削的土地制度，原则上采取平分土地的办法，实行“耕者有其田”的土地制度。这就充分地调动了广大农民的革命和生产积极性。土地改革运动按照新方针迅速深入地发展。但是，在纠正了前一阶段右的偏向后，土改运动中又出现了“左”的偏向，主要是侵犯一部分中农的利益、破坏中小工商业以及在一些地区发生了乱打乱杀现象。这些新问题引起了毛主席和党中央几位负责同志的高度重视。

1947年底，中央召开十二月会议，着重研究了如何分析阶级的问题，讨论了对中农、中小资产阶级、党外人士和知识分子的政策。毛主席明确提出，要保证土地改革的主流必须反对“左”的浪花。新年前后，他反复告诫党的高级干部，既要反对右的倾向，也要反对“左”的倾向，当前尤其要反对“左”的危险倾向。对于这次纠“左”，毛主席在方法上很谨慎，但态度很坚决，尤其对高级干部抓得很紧。元旦过后，毛主席在致各地领导同志的电报中不断询问纠“左”的情况。在元月、2月，他草拟的重要决定和指示大都与此有关。其中几篇重要指示后来被收入《毛泽东选集》第4

卷。此外，他还审阅修改了弼时和恩来同志起草的有关文件，并主持制定了其他一些文件。

回顾起来，毛主席亲自掌握的这次纠“左”有两个显著特点：第一，把纠正错误倾向与充实党的土改政策结合在一起，重点放在制定具体的政策策略上；第二，中央提出的政策在贯彻之前，先征求各地同志的意见，经过几上几下才形成正式决定。那段时间，毛主席不仅与在中央工作的少奇、恩来、弼时等同志讨论土改政策问题，还经常与小平、仲勋、陈毅、彭真、一波、粟裕等许多同志通电交换意见，及时对不同地区的经验教训加以总结。因此，这次纠“左”很有成效，纠“左”的过程也就是把土地改革引向深入的过程。

大家知道，正确地在农村中划分阶级是土地改革面临的一项十分复杂、十分细致而又工程极其浩大的工作。可以说，这是保证土地改革沿着正确轨道顺利进行的关键。毛主席指出：“我们必须按照实际情形去划分阶级，进行土改，决不可将本来不是地主富农的人们人为地划成地主富农，错误地扩大打击面，打乱革命阵线，帮助敌人，孤立自己。这是一个极端重大的问题，必须引起全党同志的注意。”他要求所有从事土地改革工作的同志必须严肃地检查这个划分成分的问题，发现错误必须纠正。当时，错划了一些人的成分是各解放区土改中普遍存在的一个问题。为什么会发生这种情况呢？毛主席发现，在观察及划分阶级的问题上，在党内一部分干部中广泛地存在着非马克思主义的思想，参加土改的大多数工作人员不懂得划分阶级成分的方法。他认为，要纠正和避免这类错误仅由领导提出批评是不行的，还必须制定一个完备的文件，在土地法大纲各项原则的基础上具体明确地提出对各阶级阶层人的政策，使我们的工作人员在处理实际问题时有所依据。

1948 年 2 月，由毛主席亲自主持，准备了一个重要文件：《中共中央关于土地改革中各社会阶级的划分及其待遇的规定》。这个文件有 25 章，共 2 万余字。前 5 章分别论述中国的社会经济形态，目前的阶级关系和人民民主革命，划分阶级的标准，通过阶级成分的方法，家庭成分和本人的成分，以下各章对中国社会各阶级的状况和我党的政策逐一做了详尽的分析和说明，最后两章是关于犯罪分子的处理和人民法庭的工作原则。像这样一份带有很强的理论性和实践性，全面而系统地论述中国社会阶级问题的文件，以前还没有过，因此，毛主席对它的重视是不同寻常的。他先后召集恩来、弼时等同志开了几次会，就有关问题给他们写了 7 封信，并确定由胡乔木起草。在前两章，毛主席增加了较多的理论论述，可以说基本上是他的思想。后面各章，他逐段做了推敲、修改。2 月 15 日，初稿完成，毛主席立即让新华社电台拍发全国各中央局、中央分局，要求各地召集会议，逐条讨论，向中央提出意见。这一讨论延续了几个月。后来，这个文件没有公开发表。原因可能是毛主席始终觉得它不够成熟，形势的迅速发展又使他无暇再思考这个政策性非常强，文字要求十分细密的问题。但是，由于文件对划分阶级的方法从基本理论和具体政策两方面做了明确规定，并在各地高级领导干部中进行了认真深入的讨论，它对土地改革运动还是起到了重要的指导作用。新中国成立初期，在全国范围内实行土地改革的时候，毛主席还请少奇同志参阅此件。

土地改革中，毛主席主持制定的另一个重要的政策是把解放区划分为3类，在实施土地法时采取不同策略。在这个决策形成的过程中，各地领导同志的意见起了很重要的作用。

1月4日，仲勋同志写了一份报告给西北局并中央。他提出，土地革命时期建立的老区与抗战时期建立的新区基本情况不同，老区中农多，少地无地的贫雇农最多不超过总户数的20%，许多原先的地主富农土地早已被没收，参加劳动最少在8年以上，成分已经转化。他认为，在老区发动群众运动要坚决反对“左”倾形式主义，如以一般概念进行老区土改，必犯原则错误。几天后，报告送到中央。毛主席看了非常重视，批示说：“我完全同意仲勋同志所提各项意见。望照这些意见密切指导各分区及各县的土改工作，务使边区土改工作循正轨进行，少犯错误。”同时，他还提议仲勋和其他一些领导同志到各县巡视。1月20日，根据仲勋同志再次汇报的西北老区情况，毛主席批示，要求华北、华中各老解放区有相同情形的，一定要密切注意“左”的错误，并指出“凡犯有‘左’的错误的地方，只要领导机关处理得法，几个星期即可纠正过来，不要拖延很久才去纠正”。仲勋同志的建议是针对西北老区的，毛主席在吸收和采纳这些意见时将老区的范围扩大至包括抗战时期建立的所有根据地。

这段时间，毛主席考虑更多的是新区土改政策问题。1月14日，毛主席给小平同志一封电报，提出几个问题请他回答。主要是新区土改究竟是按照土地法大纲平分，还是暂不动富农和某些小地主；是否要把新区划分为巩固区和游击区，采取不同政策；以及在新区如何争取更多的阶层和人士与我党合作。1月22日，毛主席又就新区土改给粟裕同志一封长电，初步提出新区土改应当分为两个阶段：第一阶段没收分配地主阶级的土地，富农的土地原则上不动；第二阶段，再平分一切封建阶级的土地。他还修改了原先在一年内彻底平分土地的设想，提出争取在三年内有步骤地完成土改。毛主席说，土改工作不能性急，“平分土地是反封建斗争的最高目标，必须经过几个阶段，几番手续，才能达到目的，不是一次可以彻底完成”。

在考虑比较成熟之后，2 月 3 日，毛主席在致少奇同志的电报《在不同地区实施土地法的不同策略》中，概括地提出了分 3 类地区实行土改的基本原则。即：在日本投降以前建立的老解放区，只需调整一部分土地，不是再来分配一次土地；占解放区绝大部分的半老区，也就是在日本投降至大反攻两年内所解放的地区，应完全实行土地法，普遍地彻底地平分土地；在大反攻后新解放的地区，应分两个阶段实施土地法。随后，毛主席又分别致电各大区的领导同志，征求他们的意见。对各地的经验和建议毛主席十分重视。例如，收到小平同志 2 月 8 日关于新区土改的电报后，他很快就批示转发，并说：“小平所述大别山经验极可宝贵，望各地各军采纳应用。”2 月 15 日，在进一步吸收各地经验的基础上，毛主席起草了《新解放区土地改革要点》，对新区如何开展土改工作做了全面细致的说明。22 日，恩来同志起草了《老区半老区的土地改革与整党工作》的指示，经毛主席修改后，公开发表。区分不同地区、采取不同策略实施土地改革的意义是很大的。它使老区半老区更巩固，我们的农村工作可以顺利地转向恢复生产，发展经济，有力地支援前线；在新区使我们能够避免乱子，很快站稳脚跟，有条不紊地开展工作。可以说，到这个时候，我们党的土地改革政策已经大大丰富和成熟了，土地改革运动也迅速走上正轨。

这次“左”的倾向虽然主要出现在土改运动中，但波及范围较大，实际是个带有全局性的问题。在中国这样一个农村人口占绝大多数的国家，土改运动触及面极广，它影响着我们党与社会各阶级、各阶层的关系，影响着革命队伍内部的众多成员，特别是那些非工人和贫雇农出身的干部；同时，土改政策也与我党的工商业政策、统一战线政策等一系列政策有着极为密切的联系。这段时间，朱总司令提出了关于工商业职工运动中“左”的问题，彭德怀同志也报告了工商业税收政策中的冒险主义问题，毛主席都作了批示。

在纠“左”过程中，毛主席提出了一个重要的理论问题，这就是要划清马克思主义同农业社会主义的界限。它的提出解决了土改中“左”的错误产生的思想根源。1948 年 4 月，毛主席在晋绥干部会议上发表讲话时说：“我们赞助农民平分土地的要求，是为了便于发动广大的农民群众迅速地消灭封建地主阶级的土地所有制度，并非提倡绝对平均主义。谁要是提倡绝对平均主义，那就是错误的。现在农村中流行的一种破坏工商业，在分配土地问题上主张绝对平均主义的思想，是一种农业社会主义的思想。这种思想的性质是反动的，落后的，倒退的，我们必须批判这种思想。”毛主席提出这个问题后，中央的几位领导同志非常重视。7 月，经他们审定，以“新华社信箱”的形式发表了一篇文章《关于农业社会主义的问答》。其中指出，毛主席所批判的农业社会主义思想，是在小农经济基础上产生出来的一种平均主义思想。抱有这种思想的人们，企图用小农经济的标准，来认识和改造全世界，以为把整个社会经济都改造为划一的“平均的”小农经济，就可以避免资本主义的发展，就是实行社会主义。但其结果，绝不是什么社会主义的农业，而是社会生产力的破坏与倒退。因此，新民主主义国家在实行土地改革后，要避免农民群众重新分化，绝不能采取平均主义的办法，而是实行在无产阶级及其政党领导之下的一系列的新民主主义经济政策，并在最后实行社会主义的制度。

由于毛主席采取了坚决的态度和有效的措施，一度在基层中相当普遍地存在着的“左”的情绪和平均主义思潮在不到半年的时间内基本得到纠正。这不仅对土地改革具有重要意义，对我党不久将实行的工作重心从农村向城市的转移也具有重要意义。这种“左”的和平均主义思想如果不及时解决，我们党很可能过不好接管城市这一关。

二　集中权力于中央，加强党的统一领导

为保证解放战争的顺利进行，为使我们党能够胜任即将负担的领导全中国的使命，加紧党的自身建设已变得刻不容缓。在贯彻实施土地法大纲以后，党中央有步骤地开展了清理基层组织的工作。这主要是为配合土改，解决党内存在的某种程度上成分不纯（地主富农分子）、思想不纯（地主富农思想）和作风不纯（官僚主义和命令主义）的不良现象。在1948年，除继续完成上述工作外，毛主席又强调集中权力于中央，加强党的统一领导。为此，他提出在各中央局和分局建立严格的报告制度，健全党委制，扩大党内民主，改进宣传工作，培训大批干部等。采取这些措施是为了强化全党的指挥系统，提高各级干部的领导水平和政策水平，为实现夺取全国

政权的任务做好组织上的准备。

建立严格的报告制度是毛主席抓得最紧的一环。1月7日，他为党中央起草了《关于建立报告制度》的指示；3月25日，他又草拟了一个补充规定。这两份指示要求，从这一年起，各中央局和分局，由书记负责，自己动手，每两个月向中央和中央主席作一次综合报告。内容应包括该区军事、政治、土地改革、财政经济、整党、外交、工青妇运、宣传和文化等各个方面。报告不必长，每次着重写几个问题，但必须带有“政策性的综合”。不仅各中央局和分局向下级发出的一切有关政策及策略性质的指示要报告中央，而且下级向上级所作的报告凡涉及重要的政策及策略也要告知中央。为防止压制不同意见，毛主席还说明，每一个中央委员、中央候补委员均有单独向中央或中央主席随时反映情况及陈述意见的义务和权利，他们中的任何人给中央或中央主席的电报，各中央局、分局必须照转。在这一制度开始实行之后，毛主席经常督促，要求各兵团及各地负责同志“将这件事作为一种绝对不允许违反的指令”。

4月10日，毛主席在一份党内指示中提出，要“将全国一切可能和必须统一的权力统一于中央。”他说：“中国新的革命高潮的到来，我党已经处在夺取全国政权的直接的道路上这一形势，要求我们全党全军首先在一切政治上的政策及策略方面、在军事上的战略及重大战役方面的完全统一，经济上及政府行政上在几个大的区域内的统一，然后按照革命形势的发展进一步地考虑在军队的编制和供应上，在战役行动的互相配合上，以及在经济上在政府行政上（那时须建立中央政府）作重大的统一……各地领导同志必须迅速完成在这方面的一切必要的精神准备和组织准备。”建立严格的报告制度就是这种必要准备之一。当时，一些地方的领导人在遇到重大问题时往往事前不请示，事后不报告，甚至还有擅自修改中央的或上级党委的政策和策略的情况。在《中共中央关于九月会议的通知》中，毛主席指出，这种现象的产生是由于我党我军长期处于被敌人分割的、游击战争的和农村的环境之下，为使各地方的党组织和军队能够发挥自动性和积极性，中央曾允许各地方保持很大的自治权，以渡过严重的困难局面，但同时也导致了某些有损革命事业的无纪律状态和无政府状态，地方主义和游击主义。“目前的形势，要求我党用最大的努力克服这些无纪律状态和无政府状态，克服地方主义和游击主义，将一切可能和必须集中的权力集中于中央和中央代表机关手里，使战争由游击战争的形式过渡到正规战争的形式……使党的工作的重心逐步地由乡村转到城市。”毛主席的这些指示阐明了建立严格的报告制度的重要意义。

在中央发出建立严格的报告制度的指示之后，各地区领导同志一般都能按时向中央报告。例如，小平同志在大别山那样紧张的环境中做了几次很好的报告，毛主席十分满意。但是，也有少数地区因迟迟不做报告而受到主席的严厉批评。其中，要数林彪受到的批评最多。3 月下旬，毛主席离开陕北，东渡黄河，前往西柏坡。途中，他打电报给林彪并东北局，批评他们已两次没有发来政策性综合报告。8 月上旬，毛主席以中央名义再次批评林彪和东北局，指出各中央局、分局、前委的负责同志均已严格遵照实行中央规定的报告制度，唯独东北局没有实行，3 月、5 月、7 月 3 次报告均未做，亦未声明理由。8 月 15 日，毛主席第三次致电催促林彪并严厉地说：“你们收到中央规定报告制度 6 个月以后才声明理由，是不对的，并且这些理由是不能成立的”。“我们完全不了解你们在这件事上何以采取这样的敷衍态度”。“关内各中央局领导同志所处环境，均不如你们好，均无如你们那样畅通的交通工具”，何以他们能按规定做报告，而你们则反而不能做。“在这件事上在你们心中存在着一种无纪律思想”。在毛主席的严厉批评和一再催促之下，林彪才向中央写了综合报告并做出检查。收到东北局来电后，毛主席于20日、22日两次复电，指出：“必须有此种报告并要有多次此种报告之后，才能使我们看得出一个大战略区的全貌。对于写作此种报告的同志亦有一种好处，就是他必须在写作时既要联系又要超脱各项具体问题各项事务工作，在全局上在共同性上好好思索一会。而这种思索则是一个领导同志所不可缺少的。缺少了此种思索，领导工作就会失败”。毛主席还指出：你们这次检讨是有益的，在这个问题上如果没有像你们现在所作的这种认真的自我批评，“就不可能克服完全不适用于现在大规模战争的某种严重地存在着的经验主义，游击主义，无纪律状态和无政府状态”，“只有解决这一问题，才能由小规模的地方性的游击战争过渡到大规模的全国性的正规战争，由局部胜利过渡到全国胜利。这是许多环节在目前时期的一个中心环节，这一个环节问题解决了，其他环节就可以顺利解决”。

经过毛主席的严格督促，各地加强了请示报告。当年秋天，中央召开九月会议时，党的高级干部对于“将全国一切可能和必须统一的权力统一于中央”这一点已经有了充分一致的认识，一些地方存在无纪律无政府现象也基本克服。

我们党即将成为全中国的领导者，但怎样才能实现领导、怎样才能成为好的领导者，许多同志并不清楚。1948 年上半年，毛主席在一些文件和指示中对领导和被领导的关系问题，对政策和群众实践活动的关系问题作了理论上的阐述。这些思想对做领导工作的同志来说是很有教益的。

在1月召开的西北野战军前委扩大会议上，毛主席作了长篇讲话，着重谈统一战线和政策问题。他强调：“没有全民族绝大多数人口参加的统一战线，革命胜利是不可能的。”针对当时一些“左”的做法侵犯了一部分中农、中小资产者、开明绅士和知识分子的利益，毛主席说：“我们的政策要正确，如果我们这方面的政策不对，统一战线犯了错误，还是不能胜利。共产党越发展越多，会变成越发展越少。”那么，怎样才能保证统一战线的不断扩大和共产党的领导地位呢？在几天后通过的《关于目前党的政策中的几个重要问题》的决议中，毛主席对革命统一战线中领导者与被领导者的关系作了精辟论述。他指出：“领导的阶级和政党，要实现自己对于被领导的阶级、阶层、政党和人民团体的领导，必须具备两个条件：（甲）率领被领导者（同盟者）向着共同敌人作坚决的斗争，并取得胜利；（乙）对被领导者给以物质福利，至少不损害其利益，同时对被领导者给以政治教育。没有这两个条件或两个条件缺一，就不能实现领导。”这段话言简意赅，道出了领导者与被领导者关系的实质和实现领导的基本条件。它既是有感而发，也是对我们党从大革命时期直至解放战争时期统一战线工作经验的深刻总结。

不久，毛主席又对党的政策与群众实践活动的关系问题做了总结。在3月6日致少奇同志的电报中，毛主席说：“凡政策之正确与否及正确之程度，均待经验去考证；任何经验（实践），均是从实行某种政策的过程中得来的，错误的经验是实行了错误政策的结果，正确的经验是实行了正确政策的结果。因此，无论做什么事，凡涉及群众的，都应有界限分明的政策。”这段话有两个要点：第一是说政策的正确与否有待群众实践活动的检验，而群众实践活动的结果又取决于党的政策是否正确；第二是说直接指导群众行动的政策必须具体明确，仅作一般原则性的说明是不够的。毛主席对第二个要点是很强调的。根据从土改运动中取得的经验，他说：我感觉各地所犯的许多错误，主要的是由于领导机关所规定的政策缺乏明确性，未将许可做的事和不许可做的事公开明确地分清界限，“任何政策，如果只作简单的说明，而不作系统的说明，即不能动员党与群众，从事正确的实践”。以后，政策问题，凡属需基层干部党员或连队战士加以贯彻执行的，毛主席一概要求制定得具体明确。有了正确的政策，这还只是问题的第一步。第二步是如何把正确的政策贯彻到群众中去，转化为群众的自觉行动。关于第二步的问题，毛主席有两段非常著名的话，这就是4月2日在对《晋绥日报》编辑人员的谈话时所说的：“我们的政策，不光要使领导者知道，干部知道，还要使广大的群众知道”；“善于把党的政策变为群众的行动，善于使我们的每一个运动，每一个斗争，不但领导干部懂得，而且广大的群众都能懂得，都能掌握，这是一项马克思列宁主义的领导艺术。”

要加强党的领导，仅提出正确的原则和政策还不行，还必须健全领导制度。5月27日，毛主席到达西柏坡与中央其他领导同志会合。从这时起，为便于研究形势和处理各种重大政策性问题，毛主席决定中央领导同志实行集体办公。这就为全党树立了集体领导的榜样。当时，集体办公会议一般由恩来同志主持，参加者除了少奇、朱德、弼时同志外，还有董老、剑英和中央各部门负责同志。为使集体领导成为各级党组织自觉遵守的一项制度，在9月召开的政治局会议上，毛主席起草了《关于健全党委制》的决定。这个决定指出，党委制是保证集体领导、防止个人包办的重要制度，领导机关个人包办和个人解决重要问题的习气必须加以改变。决定规定，今后从中央到各级党政军机关、民众团体、通讯社和报社等党组都必须健全党委会议制度，一切重要问题均须交委员会讨论，由到会委员充分发表意见，做出明确决定，然后分别执行；但集体领导和个人负责，二者不可偏废。在这次会议上，毛主席还提出要发展党内民主。他说："党内是有民主的，但是不足，缺乏，现在要增加，办法是用代表大会、代表会议代替干部会。"根据毛主席的意见，会议还就这个问题通过了专门决议。不久，在七届二中全会上，毛主席又具体提出了党委会工作的十二条方法，进一步充实了党委制的内容。

这些措施的提出使我们党的民主集中制变得比较完善了。历史地看，解放战争时期也是我们党民主集中制搞得最好的时期之一。

三　两次政治局会议和三大战役的决策

1948年9月至1949年1月，是解放战争取得决定性胜利的时期。

决战前夕，党中央在西柏坡召开了一次政治局会议。这是近3年来到会人数最多的一次中央会议。会议开了6天，从9月8日至13日。参加会议的有毛主席、少奇、恩来、朱德、弼时、彭真、董老7位政治局委员，还有中央委员和中央候补委员14人，以及重要工作人员 10 人。召开这样一个会议，从一个侧面说明形势已经发生了很大变化。在这以前，绝大多数中央委员都分散在各解放区，交通十分困难，不可能举行这样大的会议。会议开始后，首先由毛主席作报告，谈了 8 个问题。随后，大家围绕毛主席提出的要点结合自己负责的工作进行讨论。大家发言时，毛主席经常在关键的地方插几句话。会议的气氛很活跃也很热烈。最后，毛主席作会议总结。这次会议反映出我们党内的思想、意志和纪律已达到高度统一。

毛主席在报告中首先重申了 1946 年提出的对国际形势的 3 点估计。即：世界大战的危险“必须而且必能克服”，美苏之间在若干国际问题上将或迟或早达成妥协，美苏之间的妥协是苏联及一切民主力量向反动派力量作斗争的结果，并不意味着各国人民都必须向反动派妥协。他说：“反动派从古以来，对民主势力就是两条原则，能消灭者一定消灭之，暂时不能消灭者留待将来消灭之……我们对反动派也应采取同样两条原则，我们今天是第一条。”在讨论中，许多同志谈到，几次看到美国气势汹汹，担心世界战争会打起来，担心美国会直接干涉，但两年多来国际形势的发展证实了毛主席的估计，美国是纸老虎，外强中干，这就解除了人们思想上的一个很大顾虑。不过，党中央当时并没有排除美国在局部地区实行直接干涉的可能性。恩来同志在发言时提醒说，还有一种可能，即是美帝出兵，我们不能不作此估计，但大批的、几十万上百万恐怕不可能。美国可能由此控制一些最大的城市，使我更需组织大的力量去围歼，夺取胜利所需的时间可能长些。

毛主席讲的第二点是解放战争第三年的战略方针。这是会议讨论的重点。毛主席提出：“我们的战略方针是打倒国民党，战略任务是军队向前进，生产长一寸，加强纪律性，由游击战争过渡到正规战争，建军五百万，歼敌正规军五百个旅，五年左右根本打倒国民党。”毛主席当时所说的 5 年时间是从 1946 年中算起，预计到 1951 年中完成消灭国民党军主力的任务。关于这一点，他在作结论时又补充说明，所谓蒋政权就是表现在他的军队上，我们一时打不到江南去也不要紧，蒋的力量 80% 在江北，消灭了他的力量，也就算把他打倒了。

关于要不要公开宣传“五年左右根本上打倒国民党”的问题，毛主席说，我原则上不反对，但现在倾向于讲困难一些。毛主席估计，可能遇到两种困难，一种是大的，我们对整个形势作了错误的判断，还有一种是比较小的。他说，我们党曾遇到过两次大困难，是在两次大错误之下产生的，1927 年的大革命失败和 1935 年的万里长征。后来的困难比较不同，也比较容易克服。今后的困难就是假设我们估计错误，世界战争爆发了，而且爆发得很快。战争不爆发，对中国革命有利得多，国际方面可能援助我们，再有 3 年就能打倒国民党。如果我们估计不足，大战来了怎么办，还不是要干？还不是要打？天要下雨娘要嫁人，有什么办法。中国共产党是一个打仗的党，也不怕，我们对此有了精神准备。其他的困难有大的旱灾、指挥失误、军事上不顺利。毛主席说，这些都有可能使战争延长。在讨论中，来自前线的同志大多谈到，经过两年战争国民党更加困难了，但我们面临的困难也很大。为了支援前线，各解放区的负担已达到极限，特别是农村劳动力十分缺乏，继续从解放区征兵扩军几乎已不可能。许多同志提出要把战争负担加到敌占区去，部队兵源的补充主要依靠俘虏敌军。在总结时，毛主席强调既要充分估计困难，也要充分估计克服困难的可能性。

在会上，毛主席还明确了一个重要的战略问题，这就是要把战争打下去，不给敌人以喘息之机，直到取得最后胜利。毛主席说，如果李宗仁等人出来成立政府，搞个曲折，那时有两种情形，或拒绝和谈，或进行和谈。如果群众觉悟，要打下去，认识到和谈就是让敌人休息后再打，是费力的，则打之；如果没有这种觉悟，要和，那就和谈，一面谈，一面打，努力做到继续打下去，不上他们的当。总之那时看人民的觉悟，党内党外群众的觉悟，但始终不要关死门；那时如果说要谈，就派代表去谈，在谈判中教育群众。毛主席预计的这种情况实际上很快就出现了。由于思想上策略上已有所准备，事到临头处理得很好。

会议期间还讨论了其他一些重要问题。其中，有些问题，如加强纪律性、发展党内民主和准备干部等前面已作了叙述；还有一些问题，因与对新中国的构想有关，留待稍后再叙述。

九月会议一结束，毛主席立即把全副精力投到对三大战役的指挥。经过解放战争第二年的作战，我军由战略防御转入战略进攻，敌军则由战略进攻转为战略防御。大约在 1948 年初，毛主席就开始考虑要打几场大仗，但想法还不明确。此后，经过几个月的反复酝酿，到 7 月至 10 月间，三大战役的轮廓陆续变得清晰起来。

解放战争进入第三个年头，总的战略形势有两个突出特点：第一，国民党军在总兵力上还占有一定优势，但它的大部分力量已被钉死在东北、华北和华东的大城市和交通线上，处于被我军分割的状态，机动兵力比我们要少得多，因此我军掌握着战略主动权。第二，在组织辽沈、淮海、平津这 3 个决定性战役时，我军在各个战场上面对的都是敌方拥有数十万人的重兵集团，而在各战区的敌我兵力对比上，我军尚未占优势或仅占相对优势。在这种情况下，主动寻求战略决战，每战务求全歼敌军，不仅需要极大的魄力、决心和勇气，还必须全局在胸，有周密细致的安排，并准确把握每次战役的时机以及每个环节的衔接。一旦指挥失当，发觉处境不利的敌人就可能实行战略撤退，与其他军事集团靠拢，重新组织防御，使我军失去大规模歼敌的机会；特别是每场战役的首战，如果受挫就可能影响整个战役。任务很艰巨，战场形势又瞬息万变。说毛主席的军事指挥艺术高超，高超在什么地方，不了解这些情况就难以理解。关于三大战役，人们已写得很多，特别是许多亲身经历这些战役的老同志写了回忆录。这里仅就毛主席决策的关键之处简略地说几点。

在辽沈战役中，毛主席最重要的决策是以极大的决心，选择敌人防御相对薄弱而对全局来说又最关键的锦州作为突破口，实施出其不意的打击，从而取得整个战役的主动。从东北战场局部来看，依次打长春、沈阳、锦州似乎更为稳妥，风险较小。当然也有一定的困难，比如我们的部队还不善于对设防坚固的大城市作攻坚战。但是，这样打最大的问题是有可能迫使原先处于是撤是守举棋不定的卫立煌集团拼全力打通北宁线，将主力撤往锦州一带，守住东北通向关内的咽喉要道，进而伺机转用于华北、华中战场。从消灭蒋军有生力量的全局来看，这是很不利的。因此，早在 1948 年 2 月 7 日，东北我军正开展冬季攻势时，毛主席就根据这种可能致电林彪、罗荣桓、刘亚楼，指出“对我军战略利益来说，是以封闭蒋军在东北加以各个歼灭为有利”，要求他们下一步作战应考虑以主力转至北宁路，截断敌军由陆上撤向关内的通路，抓住敌人予以各个歼灭。冬季攻势结束后，东北野战军首长于4月中旬致电中央军委，认为南下北宁路及入关作战极为困难，提议先打长春，并以此吸引沈阳之敌增援而歼灭之，得到军委同意。此后，他们又数次变更计划，至7月中旬，提出还是以南下作战为好，但仍有所犹豫。结果，受到毛主席严厉批评。9月7日，毛主席和中央军委下最后决心，作出战略决断，指示东北野战军将主力使用于锦州至唐山一线，攻克锦州、榆关、唐山诸点。“而置长、沈两敌于不顾，并准备在打锦州时歼灭可能由长、沈援锦之敌。”毛主席还要求林彪、罗荣桓等“确立你们前所未有的打大歼灭战的决心，即在卫立煌全军来援的时候敢于同他作战”。辽沈战役从9月12日发动至11月2日结束，完全实现了毛主席的战略意图，歼敌47万，解放了东北全境，并为解放平津和全华北创造了条件。

辽沈战役刚一结束，淮海战役就开始了。这场战役是我军在数量上仍处于相对劣势的情况下发动的大决战。毛主席在决策过程中最突出的一点是，根据全国形势的巨大变化，及时调整战略部署，扩大战役规模，将原先准备分几步实现的战略意图一举完成。这就是人们所说的从“小淮海”到“大淮海”。9月24日，在济南战役临近结束时，华东野战军粟裕同志向中央提出下一步举行淮海战役的建议。第二天，毛主席复电同意并加以指示。至10月中旬，确定淮海战役的作战任务主要是消灭国民党军刘峙集团主力的一部，开辟苏北战场，使山东、苏北打成一片。根据这一部署，淮海战役后尚需根据情况再打几仗，才能把固守在徐州一带的敌人全部吃掉。但是，在战役发起前，战场形势出现了两个变化：第一，10月下旬，中原野战军按照中央军委的预定部署顺利攻占郑州、开封，主力得以挥师东进；第二，辽沈战役于11月2日结束，全国军事形势发生重大变化，敌我力量的总对比改变了。这两点变化，特别是第二点变化促使毛主席下决心打一场规模更大的战役。11月1日，毛主席根据粟裕同志的建议，决定淮海战役由小平、陈毅同志统一指挥。11月7日，战役按照预定计划发起的第二天，毛主席发出指示，扩大淮海战役原定规模，准备全歼以徐州为核心的刘峙集团。以刘伯承、陈毅、邓小平、粟裕、谭震林5位同志组成的总前委出色地贯彻了这一战略意图。经过两个月零三天的激战，淮海战役胜利结束，歼敌55万余人。这场战役的结果，正如毛主席在11月16日致淮海战役总前委电所说："此战胜利，不但长江以北局面大定，即全国局面亦可基本上解决。"

平津战役是三大战役的最后一个。辽沈战役结束后，面对不利形势，傅作义集团需要迅速作出抉择的严重问题是固守平、津、张、唐地区，还是实行战略撤退。对我军来说，这场战役决策的关节点首先在于能否稳住傅作义集团，为将其就地歼灭创造条件。毛主席形容敌人已是"惊弓之鸟"，他巧妙地布下了一张天罗地网，使这只"惊弓之鸟"在不知不觉中就陷入灭顶之灾。11月18日，毛主席决定东北野战军提前结束休整，隐蔽入关，以最快速度行进，突然包围唐山、塘沽、天津3处敌人。11月23日，战役第一阶段开始，我军按照毛主席和中央军委的作战指示，首先攻击张家口、宣化诸点，吸引东面之敌西援，拖住平津之敌，使其难下从海路逃走的决心，同时为东北野战军主力入关，完成对天津、北平、塘沽地区之敌的分割包围争取时间。随后，毛主席又提出"围而不打""隔而不围"的战术原则，以待整个部署完成之后，再各个歼灭。到12月20日，战役第一阶段结束，毛主席的部署完全实现了，我军此时已胜券在握。平津战役决策中的另一个特点是军事打击和政治争取相结合。在进行战役部署时，毛主席就提出要“争取使中央军不战投降”，并指出“此种可能很大”。从12月中旬起，毛主席陆续发出指示，直接指导与傅作义的谈判。但是傅作义一直犹豫动摇，直到我军解放了天津、张家口之后，才表示愿意接受我党我军提出的和平条件。1949年1月31日，北平和平解放，平津战役结束。此役歼灭和改编了52万国民党军，并创造了解决国民党残余部队的“天津方式”“北平方式”和后来实行的“绥远方式”3种形式，这对进一步加速解放战争的进程具有重要的战略意义。

三大战役的胜利实现了毛主席在九月会议上提出的把国民党军队主力消灭在长江以北的设想，为夺取全国胜利奠定了坚实的基础，使原来预计的战争进程大为缩短。还在辽沈战役刚刚结束，淮海战役正激烈展开时，毛主席就对全国形势作出了新的判断。11月14日，他在为新华社写的评论《中国军事形势的重大变化》中兴奋地宣布：中国的军事形势现已进入一个新的转折点，即战争双方力量对比发生了根本的变化。人民解放军不但在质量上，而且在数量上已经占有优势。这是中国革命的成功和中国和平的实现已经迫近的标志。“现在看来，只需从现时起，再有一年左右的时间，就可能将国民党反动政府从根本上打倒了。”两个半月以后，平津战役的结束进一步加快了全国形势的变化。在1948年的最后一天，毛主席为新华社写了新年献词，提出“将革命进行到底”的任务，着重揭露了中国反动派和美国政府正在推行的“和平”阴谋，说明“敌人是不会自行消灭的。无论是中国的反动派，或是美国帝国主义在中国的侵略势力，都不会自行退出历史舞台”。革命人民对垂死的敌人绝不能妥协，必须将革命进行到底，而不允许半途而废。

1949 年 1 月 6 日至 8 日，党中央在西柏坡村再次召开政治局会议。这次会议的重要性在于它对九月会议以后全国形势的发展作了总结，提出了全党在新的一年里的 17 项任务，包括：渡江南进，使人民解放军进一步正规化；提高工农业生产，继续土地改革和整党工作；召开党的七届二中全会；召开政治协商会议，宣告中华人民民主共和国成立，组织中央政府，并通过共同纲领等。显然，随着三大战役的结束，我党的工作重心正迅速地从打倒旧政权向建立新国家转移。

在一月会议上，毛主席及时提出了值得全党警惕的几个问题。首先是“不要使胜利冲昏自己的头脑”。他说，胜利冲昏头脑，今天更有可能，胜利越大，包袱越大，紧张困难时易团结。这必须警惕，要教育干部，首先是要使高级干部懂得，战争打完了，真正要做的事情才开始，届时很可能感觉打仗还容易些。列宁说过“推翻敌人容易，建设国家难”。要把因为胜利而带来的思想包袱丢下，否则就会损坏一些干部。其次，毛主席指出，阶级关系已发生了根本变化，广大群众脱离国民党转到我们方面来了，自由知识分子也向我们找出路。现在，站到我们这方面来的民主人士中，有的是右的，来不轻易，风色看好才来的。我们已有了胜利的把握，国民党军事上、政治上、经济上都处于极大混乱与崩溃状态中。他再次强调，在这种时候，必须将革命进行到底，不容妥协。最后，毛主席提出要警惕美国直接出兵占领中国沿海若干城市和实施“内部破坏”政策的问题。他说，关于美国出兵的问题，不去讲它不出兵，而是准备它出兵，并准备与之打，以取得主动，而不至于手足无措。应该认识到，我们力量越大，美国干涉的可能越小，帮助国民党打的可能也越小。半年来美国对华政策摇摆不定，对蒋介石的兴趣也不那么高了。美帝在中国已经臭了，但害怕美帝的心理并未解决。对看不见的东西，人们就容易怕，国民党即以这些看不见的东西吓人。美帝的政策有两面，一面是帮助国民党打我，另一面是唆使右派组织反对派，要求否决权。将来，美帝甚至可能承认新中国，以便派人搞破坏工作，必须提高警惕。以上 3 个问题，毛主席在 1949 年初反复讲过多次，目的就是一个，防止胜利前夕再出现曲折，防止取得全国政权后又出现李闯王式的失败。

解放战争的顺利进展使蒋介石政府陷入一片混乱。由于在军事上已无计可施，国民党果然如毛主席预料的，开始了所谓“和平攻势”。蒋介石在元旦发表的声明中宣称，愿意和中国共产党进行和平谈判，并提出了保存伪宪法、伪法统和反动军队等项条件[①]。与此同时，国民党内以李宗仁、白崇禧为首的桂系人物则在密谋策划倒蒋活动；他们打算在蒋介石下野后，与我党谈判，达成所谓“局部和平”，以争取时间和美援，摆脱困境，实现划江而治。

为揭露国民党利用和平谈判来保存反革命实力，毛主席立即为新华社写了一系列评论文章。对于举行和平谈判问题，毛主席表明了我党的严正立场。1 月 14 日，在《中共中央毛泽东主席关于时局的声明》中，毛主席提出了我党与国民党进行和平谈判的 8 项条

① 蒋方提出的和谈条件是：“和议无害于国家的独立完整，而有助于人民的休养生息，只要神圣的宪法不由我而违反，民主宪政不因此而破坏，中华民国的国体能够确保，中华民国的法统不致中断，军队有确实的保障，人民能够维持其自由生活方式与目前最低生活水准。”

件[①]。为避免党内干部和民主人士发生误解，第二天，毛主席向党内指示，说明我方提出之8个条件是针对蒋介石5个条件的，双方条件都是对方不能接受的，战争必须打到底；提出这些条件的目的是给人民解放军及国民党区域被压迫人民一个打击国民党的武器，揭露国民党所提和平建议的虚伪性及反动性。

在我方公布了8项和平条件后，蒋介石于1月21日宣告“引退”。李宗仁出任国民党政府代总统。到这个时候，中国人民的解放战争可以说已进入了最后阶段。

四　七届二中全会与新中国的大政方针

1947年10月10日，毛主席在《中国人民解放军宣言》中第一次公开提出“打倒蒋介石，建立新中国”的口号，这标志着建立新中国的任务已提到现实议事日程上来。不过，当年年底在杨家沟举行中共中央扩大会议时，毛主席还是说，现在不考虑组织中央政府，要等蒋介石更困难，我们更胜利。1948年形势发生很大变化。毛主席在九月会议结束时说：“关于几年胜利的问题，过去所讲的只是可能性，对发展前途的分析谈谈就是了，并未提到会议上，就是提出讨论也无结论……现在战争已有两年多了，情况更清楚些，可以带确定成分来讲了。”到这时，党中央和毛主席对建立新国家所要解决的各种基本问题已有了比较成熟的设想。1949年初，大局

① 我方宣布的和平条件是：（一）惩办战争罪犯；（二）废除伪宪法；（三）废除伪法统；（四）依据民主原则改编一切反动军队；（五）没收官僚资本；（六）改革土地制度；（七）废除卖国条约；（八）召开没有反动分子参加的政治协商会议，成立民主联合政府，接收南京国民党反动政府及其所属各级政府的一切权力。

已定。1 月政治局会议具体规定了迅速解放全中国的各项任务，并明确提出，北平解放后，必须召集党的七届二中全会，以便决定和通过各项大政方针，为建立新中国做好直接的准备工作。

3 月 5 日至 13 日，中国共产党第七届中央委员会第二次全体会议在西柏坡村召开。全会期间，共举行了 8 次全体会议。第一次会议在 3 月 5 日下午开始，由毛主席作重要报告，讲了 10 个问题。此后，每日开半天大会，由中央各部门和各地区负责同志汇报工作，围绕主席的讲话进行讨论。13 日大会闭幕，毛主席作总结发言，简要评价了各地的工作，对个别问题作了补充说明，并系统地讲述了党委会的工作方法。毛主席在开幕式上的报告和党委会的工作方法后来都收入《毛泽东选集》第 4 卷。

胜利前夕，我们党各方面的工作都面临着转变，七届二中全会可以说是实现这一转变的枢纽。从 1948 年九月会议到 1949 年七届二中全会，毛主席等中央领导同志几次对这个问题作了深入探讨。总的来说，这个转变是由革命战争向和平建设的转变，当务之急是党的工作重心由乡村向城市的转变；从长远来看，还将有一个由新民主主义革命向社会主义革命的转变，由农业国向工业国的转变。

在七届二中全会上，毛主席着重强调了党的工作重心由乡村移到城市。他说，要以二中全会分个界，总结过去，重心在农村，现在要转到城市，不转过来不得了，要犯路线错误。进入城市，管不好，学不会，不能立住脚，就要亡国。他提出，进入城市后要依靠工人阶级，城市工作的中心是恢复和发展生产。他还说，二中全会就是“城市工作会议”，由城市到农村，再回到城市，这是中国的辩证法。现在看来，由农村到城市，好像问题很简单，似乎是理所当然。但在当时，大多数同志思想上并不明确。所以，毛主席提出来之后，会上大家讨论得很热烈。邓子恢同志的发言很有代表性，也很能说明问题。他说，今后工作中心转入城市，进城后依靠工人阶级，抓紧恢复与发展生产，毛主席把这两个问题明确肯定地提出来非常必要。进城后依靠谁，思想上模模糊糊，郑州、开封首先抓贫民及苦力工人，忘了产业工人，这是普遍现象，依靠工人阶级的思想不明确。城市工作的中心是恢复生产，这一点我以前就不了解，以为要在发动工人之后，才搞生产；不解决工人的生活问题，你怎样搞工人运动呢？

要实现由农村向城市的转变，当时有一个非常突出的问题，这就是大批干部从哪里来？毛主席历来重视干部问题。从 1948 年初起，他多次提出要重视知识分子干部，吸收知识分子特别是有知识有经验的工程师、技师及职员加入革命队伍。在九月会议的通知中，他提出准备干部不仅要依靠老解放区，还必须注意从国民党统治的大城市中去吸收干部，那里有许多工人和知识分子能够参加我们的工作。在七届二中全会上，他又提出“必须准备把二百一十万野战军全部地化为工作队……必须把二百一十万野战军看成一个巨大的干部学校”。这一系列措施基本上解决了缺乏干部的问题。当然，在准备解放大城市时，我们还是深感有知识懂技术的干部太缺乏。例如，中央决定让陈毅同志负责将来接收上海。陈毅同志就在二中全会上提出，“希望全党抽调干部帮一把”，“最头痛的”是接收，二十几个部门要配干练的干部，还要懂高等技术，“希望中央如当年全党抢东北一样”。那时，全党齐心协力。这里特别要说一句，在接收城市的工作中，白区地下党的同志作出了重大的贡献。

七届二中全会还讨论并通过了有关政治、经济、外交方面的大政方针。这些大政方针实际在这次会议之前就已基本确定下来。为此，毛主席作过长时间的思考，党中央也进行过多次讨论。这 3 方面方针涉及的问题很多，这里只能谈几个对新中国后来的发展最有影响的问题。

在政治方面，国体和政体是建立新国家时首先要回答的问题。抗日战争期间，毛主席即对这个问题有所思考。在《新民主主义论》中，他提出新民主主义共和国的“国体——各革命阶级联合专政”，“政体——民主集中制”，“并由各级代表大会选举政府”；后来，在《论联合政府》中，他又对这些原则作了更加具体的论述。解放战争时期，毛主席对这个问题的思考与抗战时期的思考有承接关系。不过，在这两个时期的转换中，中国新民主主义革命的总任务虽然没有改变，但国共合作再次破裂，国内的阶级关系出现重大变化。新中国的国体必然与原先设想的国共联合政府有重大不同。1945 年底，毛主席曾一度考虑重新采用土地革命战争时“工农民主专政”的提法；但这个提法有比较明显的缺陷，它不能反映我们党对民族资产阶级的政策。毛主席那时已明确主张在未来新中国的政权中应有民族资产阶级的政治代表参加。

新中国成立前夕，毛主席对国体问题思考的关键，在于怎样对各阶级在未来新国家中的地位作出全面严谨的论述和提纲挈领的概括。早在 1948 年 1 月起草的《关于目前党的政策中的几个重要问题》中，毛主席就指出：新民主主义的政权是工人阶级领导的人民大众的反帝反封建的政权。所谓人民大众，包括工人阶级、农民阶级、城市小资产阶级、民族资产阶级，而以工人、农民和其他劳动人民为主体。这个人民大众组成自己的国家并建立代表国家的政府，工人阶级经过自己的先锋队中国共产党实现对于人民大众的国家及其政府的领导。这个人民共和国及其政府所要反对的敌人，是外国帝国主义、本国国民党反动派及其所代表的官僚阶级和地主阶级。这段话清楚地说明了各阶级在新中国的地位。4月，他在晋绥干部会议的讲话中对这个问题又作了进一步论述。6月，中共中央宣传部发出《关于重印〈左派幼稚病〉第二章前言的通知》，其中有这样一句话："列宁在本书中所说的，是关于无产阶级专政。今天在我们中国，则不是建立无产阶级专政，而是建立人民民主专政。"这是目前查到的最早使用"人民民主专政"这个概念的文件。随后，毛主席在政治局九月会议的报告中提出："建立无产阶级领导的以工农联盟为基础的人民民主专政。打倒帝国主义、封建主义和官僚资本主义的反动专政。我们政权的阶级性是这样：无产阶级领导的，以工农联盟为基础，但不是仅仅工农，还有资产阶级民主分子参加的人民民主专政。"与年初的那段论述相比，这里肯定了"人民民主专政"的提法。在1949年一月会议上，毛主席对人民民主专政的含义作了进一步的解释。他说：人民民主专政也是独裁，人民民主独裁，即以其人之道还治其人之身。人民内部是民主，对敌人是独裁。他特别指出：对这个问题宣传得不够，甚至党内也有人弄不清，一听独裁就脸红，其实独裁是对敌人，对一切反革命分子阶层、集团、党派。这是基本问题，必须讲清。讲清就有主动权，否则就没有主动权，没有道理好讲。半年以后，毛主席自己动笔写了《论人民民主专政》，把这个道理讲给全国人民听。

关于政体问题，毛主席一直坚持《新民主主义论》和《论联合政府》中提出的主张，认为人民民主专政国家应该采取民主集中制的各级人民代表会议制度，中央和地方各级政府，都应当由各级人民代表大会选举。新中国成立前夕，这个问题在党内没有不同意见，但需要进一步明确；更重要的是，需要向与我党合作的民主人士解释清楚，得到他们的赞同。在九月会议上，毛主席说："建立我们政权的制度是采取议会制呢？还是采取民主集中制？过去我们叫苏维埃……这是死搬外国名词，现在我们就用'人民代表会议'这一名词。我们采用民主集中制，而不采用资产阶级议会制。议会制袁世凯、曹锟都搞过，已臭了。在中国采取民主集中制是很合适的。我们提出开人民代表大会……我看我们可以这样决定，不必搞资产阶级的国会制和三权鼎立等。"到召开七届二中全会时，这个政体的问题已经成为定论。因此，毛主席的报告在讲到政权问题时，着重强调的是吸收党外民主人士参加新政权的建设和工作。

新民主主义的中国必然要求一个与它相对应的经济形态。毛主席是以变动的和发展的眼光来看待这个问题的。他思考的核心是怎样把中国半殖民地半封建的经济形态转变为新民主主义的经济形态，并保证这种经济形态的社会主义发展方向。这也是与革命的转变相联系的一个重要问题。新中国成立前夕，除在全国广大地区实行土地改革之外，我们党还作出了两个具有深远影响的决定，一个是没收官僚资本归国家所有，另一个是坚持国营经济的领导地位，并对私人资本主义采取限制和利用的方针。这两个决定改变了中国现代产业最主要部分的社会属性，从整体上保证了新民主主义经济的社会主义方向。

毛主席首次提出没收官僚资本归国家所有，是在1947年底《目前形势和我们的任务》的报告中。他说："没收封建阶级的土地归农民所有，没收蒋介石、宋子文、孔祥熙、陈立夫为首的垄断资本归新民主主义国家所有，保护民族工商业。这就是新民主主义革命的三大经济纲领。”在 1948 年九月会议期间，毛主席解释说，官僚资本在六大以后 20 年中有了很大发展，我们对它的认识有一个过程。六大决议里没有没收官僚资本，没有联合中小资产阶级。这个纲领对中国资产阶级，采取“经济上根本不动它，政权里根本不要它”的政策。写《新民主主义论》时，民族资本与官僚资本之区别当时尚未在我们脑子里明朗。现在政权里可容纳资产阶级代表，这一条缓和些，经济上没收官僚资本，这一条激烈些。大工业、大银行、大商业不管是否为官僚资本，全国胜利后一定时期内是要没收的。这是新民主主义经济的原则。以往讲到新民主主义经济中的社会主义因素，只讲了政治条件，无产阶级领导，而没有讲没收官僚资本。官僚资本一经没收就属社会主义部分。在七届二中全会的报告中，他总结了这一步骤的意义：“没收这些资本归无产阶级领导的人民共和国所有，就使人民共和国掌握了国家的经济命脉，使国营经济成为整个国民经济的领导成分。”

坚持国营经济在整个国民经济中的领导地位，从整体上保证新民主主义经济的社会主义方向，这是毛主席十分强调的。他在 1948 年九月会议上说，我们的政权不完全是社会主义的，而是新民主主义的，但由社会主义领导。我们政府、企业、银行的资本是社会主义性质的，合作社在无产阶级领导下也带有社会主义性质。社会主义性质这种话应该讲，但整个国民经济还是新民主主义经济，即社会主义经济领导之下的经济体系。针对当时流行的“新资本主义”提法，毛主席说，这个提法有毛病，因为“新”字可能了解为新性质，但应该是新条件下的资本主义，即是在社会主义经济领导之下的资本主义，它处于被领导地位。在 1949 年一月会议上，毛主席又说，不要以为新民主主义经济不是向社会主义发展，而认为是自由贸易、自由竞争，向资本主义发展，那是极其错误的，我们历来反对。国营经济量不大，但是占统治地位，依靠国营经济向社会主义发展很有前途。

怎样对待中等的私人资本主义经济，这是新民主主义经济政策中十分重要的另一个问题。新中国成立后，我们党提出了“利用、限制、改造”的方针。在当时的条件下，毛主席的思想中主要是“利用”和“限制”两条。在九月会议上，毛主席说，六大和七大都承认资本主义在民主革命胜利后有个发展，原因是它不可避免，资本主义太少了，还需要它。现在，是有条有理地向官僚资本及不利于国计民生的资本进攻，对于有利于国计民生者则根本不是进攻，而是合作妥协。不久，毛主席又点明，必须对私人资本主义有所限制并有所斗争。10月下旬，他在致少奇同志的一封信中说：“就我们的整个经济政策说来，是限制私人资本的，只是有益于国计民生的私人资本，才不在限制之列。而有益于‘国计民生’，这就是一条极大的限制，即引导私人资本纳入‘国计民生’的轨道之上。要达到这一点，必须经常和企图脱出这条轨道的私人资本作斗争。而这些私人资本虽然已经纳入这条轨道，他们总是想脱出去的，所以限制的斗争将是经常不断的。”

当时，毛主席和党中央其他领导同志设想，新民主主义社会将持续较长时间，大约十几年，以后再以不流血的方式向社会主义转变。因此，毛主席提出在坚持社会主义方向的问题上要反对两种倾向。在1949年一月会议上，他指出，坚持社会主义方向，一方面必须反对右倾，向资本主义发展；但另一方面，必须谨慎，不要急于社会主义化。现在我们掌握了命脉，对于不操纵国计民生的私人资本主义发展不要怕，对它的积极性要利用，在若干计划性统一性之下，允许自由贸易、自由竞争。要利用一切无害于新民主主义的私人资本主义，而对有害的则加以限制。在十几年之内解决这些问题。总之，这就是要稳健，不要希望太快社会主义化，否则要犯大错误。当然，以后的实际进程和这时的预想有所不同。1953年，我们党提出过渡时期的总路线，采取了逐步向社会主义过渡的办法。这是后话。

1948年春，随着解放战争的顺利进展，英、苏、法等一些外国政府先后通过一些渠道向我们试探，表示愿与我们建立某种形式的外交关系。毛主席和恩来同志大约也在这时开始从建立新国家的角度考虑对外关系问题。外交方针政策的形成大致在1949年1月至7月间。这个过程以中国人民解放军占领南京为界，可以分为两个阶段：前一个阶段，主要的外交政策和基本的原则立场已经提出；但某些重大的外交决策直到后一个阶段才确定下来。这是因为外交事务从来不是单方面的，在成立新政府之前，党中央、毛主席还需要观察各方面的反应。

新中国成立前夕，我们在外交方面采取的一项主要政策是，不承认外国政府现在派驻中国的代表为正式的外交人员，不承认国民党政府与各国建立的旧的外交关系，也不急于取得帝国主义国家对我们的外交承认。我们在外交方面坚定不移的立场是，在原则上，帝国主义在华特权必须取消，中华民族的独立解放必须实现。采取不承认政策的目的是使我们在外交上立于主动地位，不受过去任何屈辱的外交传统所束缚，有利于肃清帝国主义在中国的势力和影响。这一方针和立场，毛主席用简练而生动的语言作了概括，就是“另起炉灶”和“打扫干净屋子再请客”。

把“不承认”作为一项主要的外交政策，是在1949年1月召开的政治局会议上确定下来的。在这次会议上，毛主席说，现在帝国主义在中国没有合法地位，不必忙于要他们承认。我们是要打倒它，不是承认它。但政策不乱，侨民要保护。将来要通商，可以考虑，但亦不忙。忙的是同苏联及民主国家通商建立外交关系。恩来同志说，外交政策以不承认为好，对帝国主义国家要观察，根据需要将来再说。总的观念是百年来受压迫，现在站起来了。应该有这样的气概。他指出，在外交上应注意3个区别：新民主主义阵线与帝国主义阵线的划分，帝国主义与人民的区别，帝国主义之间的矛盾要加以利用。要宣传帝国主义不足畏惧，要认识能够自力更生，但并不拒绝外援。在对各项具体政策作出说明时，恩来同志说，总的精神是按问题的性质及情况分别处理，以对我有利为主，坚决禁止帝国主义分子的一切非法活动。我们现在已摆脱了锁链，家业很大，有些事他非找我不可，我们不必急。现在经验少，将来会摸出一套办法来。会后，由恩来同志起草并经毛主席修改的《中央关于外交工作的指示》全面反映了这次会议的精神。在3月召开的七届二中全会上，毛主席再次强调了中国革命的反帝性质，并进一步指出：“关于帝国主义对我国的承认问题，不但现在不应急于去解决，而且就是在全国胜利以后的一个相当时期内也不必急于去解决。我们是愿意按照平等原则同一切国家建立外交关系的，但是从来敌视中国人民的帝国主义，决不能很快地就以平等的态度对待我们，只要一天它们不改变敌视的态度，我们就一天不给帝国主义国家在中国以合法的地位。”

明确宣布新中国将联合苏联，站在国际和平民主阵营一边，这是新中国成立前夕我们采取的另一项重要的外交政策。过去我们与苏联是党与党之间的关系，现在要从国家关系的角度加以考虑，这是很不同的。毛主席对中苏关系极其重视，把它置于新中国对外关系的首位。1948 年 4 月初，他曾准备秘密访问苏联，与斯大林讨论关于中国革命、建立新中国和中苏关系等问题。但那时斯大林认为时机还不成熟，不愿意让毛主席去。以后，毛主席又几次致电斯大林提出访苏问题，但由于种种原因最终也未能成行。1949 年 1 月底，斯大林委托苏共中央委员阿·米高扬来华了解中国革命形势，这使毛主席有机会直接向苏联领导人全面介绍中国革命的情况和我们党的内政外交政策。这次会谈对以后中苏两国关系的发展起了重要的推动作用。不久，在七届二中全会的总结发言中，毛主席就十月革命和中国革命的关系讲了很长一段话。他说：“我们不能设想，没有苏联，没有欧洲的及美国的工人，吸引美帝国主义的力量在西方，我们中国也能胜利。我说，东方的空气较薄弱，而西方的气压很重，我们就在东方冲破帝国主义力量比较薄弱的这一环……我们与苏联应该站在一条战线上，是盟友，只要一有机会就要公开发表文告说明此点，现在非党人士中，也要说明此点，也要做这种宣传。”4 月 3 日，中共与各民主党派联合发表了由毛主席亲自草拟的《反对北大西洋公约联合声明》，第一次公开点明了苏联是新中国的盟友。此后，毛主席又在 6 月 30 日发表的《论人民民主专政》

中提出著名的“一边倒”。不过，他所说的并不是倒向某个具体国家，而是“倒向社会主义”。

新中国成立前夕，还必须明确提出外国与我国建交的条件，并着手做好与此有关的准备。在建交的问题上，毛主席、党中央既有坚定的原则立场，又有高度的灵活性。4月中旬，国共两党在北平举行的和平谈判破裂，毛主席和朱总司令于21日发布《向全国进军的命令》。23日，南京解放。30日，毛主席在为中国人民解放军总部发言人起草的《为英国军舰暴行发表的声明》中，严正宣告：“中国人民革命军事委员会和人民政府愿意考虑同各外国建立外交关系，这种关系必须建立在平等、互利、互相尊重主权和领土完整的基础上，首先是不能帮助国民党反动派……外国政府如果愿意考虑同我们建立外交关系，它就必须断绝同国民党残余力量的关系，并且把它在中国的武装力量撤回去。”

为什么选择这个时机提出建交的条件？南京解放前夕，有一个非常重要的动向，这就是除苏联大使随同国民党政府去了广州外，美国和多数国家的使节仍留在南京。这个动向引起了毛主席和恩来同志的密切注意，并有所布置。4月上旬，恩来同志派遣黄华同志随南下工作队赶赴南京，并指示他可以与司徒雷登进行私人接触。中旬，在向一部分民主人士作关于和平谈判的报告时，恩来同志就外交问题说：和平实现后，我们会实事求是地处理。各国大使馆在那里，“我们既不断绝，也不急于建立外交关系。如果急于要求承认，就会陷于被动。帝国主义若要同我们建立外交关系，就要按平等原则进行谈判”。4月28日，在宣布建交条件之前，毛主席起草了中央军委给渡江战役总前委的指示，其中指出：“我们认为如果美国及英国能断绝和国民党的关系，我们可以考虑和他们建立外交关系的问题”；“美国援助国民党反共的旧政策已破产，现在似乎正在转变为和我们建立外交关系的政策”。5月初，司徒雷登提出与黄华同志会面的要求。10日，毛主席指示说，黄华可以与司徒见面，作非正式谈话，以侦察美国政府之意向为目的，并按解放军总部发言人声明表示我们的原则立场。6月上旬，司徒雷登又经其私人秘书傅泾波表示，希望访问北平，与周恩来会面。经恩来同志指示，6月28日，黄华正式答复司徒雷登，“已获北平来电：同意准许司徒去燕京一行，彼希望与当局晤面事亦有可能”。但美国最高当局很快作出了司徒雷登在任何情况下都不得访问北平的决定。

那个时候，党中央、毛主席的内部考虑是，在建交问题上，帝国主义提出足以束缚我们手脚的条件，我们当然不能答应。但我们可以采取积极办法争取这些国家的承认，以便我们能够取得合法地位去进行国际活动；也可以等一等，不急于争取这些国家的承认，以便肃清内部，避免麻烦。两种做法各有利弊。不过，如果帝国主义国家决定采取承认新中国的政策，我们就准备和这些国家建立外交关系。7月初，少奇同志访问苏联时，曾把党中央的上述考虑和基本的意见向苏方作了通报。尽管我们不急于解决帝国主义国家对我国的承认问题，但我们确实也作了在具备条件时与它们建交的准备。这是当时的实际情况。它表明党中央、毛主席是以非常现实的态度来处理外交事务的。新中国成立后，美国迅速宣布继续支持蒋介石，不承认新中国。这样，中美之间根本谈不上建交问题了。

少奇同志访问苏联，是我党在新中国成立前夕采取的重大外交步骤。这次访问为新中国成立后中苏关系的发展奠定了基础。访问期间，少奇同志代表中共中央向苏共中央提交了全面介绍中共内外政策的书面报告。在会谈中，斯大林表示，他完全赞成中国党对民族资产阶级的政策，赞成在中国实行人民民主专政的政体，赞成中共采取的外交原则。斯大林估计，列强很快就会承认新中国。他建议，中共不必急于要求各帝国主义国家承认。他说，你们有很好的法宝，就是帝国主义要和你们做买卖，你们可能从帝国主义方面获得很多让步，你们可以先和他们做好买卖，再谈承认问题。

关于中苏关系，斯大林说，中国新政府一成立，苏联就立即承认你们；两国关系建立之后，毛泽东同志就可以访问苏联，如他不便来，苏联可派代表团到中国去。双方还就如何解决中苏条约问题交换了意见。少奇同志代表中共中央向苏联提出 3 个方案：（1）由新中国政府宣布这个条约继续有效，不加任何修改；（2）由两国政府代表重新签订一个新的中苏友好同盟条约；（3）由两国政府代表换文，暂时维持这个条约的原状，但准备在适当时机重新加以签订。当时，斯大林说，他此前在与毛泽东交换的电报中已有过声明，说这个条约是不平等的，因那时与国民党打交道，不能不如此。美国在日本驻兵很多，蒋介石又勾结美国，苏联在旅顺驻兵是为了抵制美蒋武装力量的自由行动，保护苏联，同时也保护中国革命的利益。他表示，如果中共需要苏联从旅顺立即撤兵，以便中共在政治上有更多的回旋余地，苏联军队现在就可以从旅顺撤退。他还说，中共方面所提的 3 个处理方案都不需要，毛泽东来莫斯科时可以解决这个问题。后来，从毛主席 1950 年访苏的情况来看，斯大林在处理这个问题时并不像他表示的那样痛快，双方还是经历了一场斗争才签订了《中苏友好同盟互助条约》。实际上采纳了我党提出的第二种解决办法。从当时的历史条件来看，这是对我国最为有利的方式。少奇同志的访问，不仅解决了新中国成立后苏联和东欧国家迅速承认我国的问题，还解决了苏联向我国提供援助的问题，不仅是物质援助，还有技术专家，这都是新中国成立后的经济恢复和建设所需要的。

在会谈中，斯大林高度赞扬了中国马克思主义所取得的成就。他说，苏联人及欧洲人要向你们学习，一个民族必须向另一个民族学习。斯大林还委婉地就苏共在中国抗战结束后所提过的一些不恰当的建议表示了歉意。他说：我们是不是扰乱或妨害了你们呢？毛泽东同志到重庆是有危险的，CC 等特务有害他的可能。当时美国人曾对我们说，中国国民党要和平，为什么中国共产党不要和平？我答复说，中国共产党的事，我们管不着。他还询问了中国共产党在美国政府参与的和平运动中是否遭到损失。少奇同志说：在和平运动中，中共中央的头脑是清醒的，但有个别负责同志对和平有所幻想，受了若干不大的损失。但那次和平运动很有必要，结果，我们孤立了美蒋，使我们后来能够推翻国民党，打倒蒋介石。这时，斯大林说：“胜利者是不能审判的，凡属胜利了的都是正确的！”

（节选自胡乔木著《胡乔木回忆毛泽东》，人民出版社2003年版）

为新中国铁道事业奠基

滕代远 *

1948 年 11 月，我接到中共中央军委的电令，要我以华北人民政府交通部做基础，在石家庄成立“中国人民革命军事委员会铁道部”，委任我为部长和党委书记，负责积极筹备成立机关与召开全国铁路工作会议、党委会议，以便加紧进行抢修铁路，保证通车，担当起运输任务；要我第一个从解放军转到做经济方面工作的人，这是军委副主席周恩来同志向我口头发出的指示。

1949 年 1 月 10 日，我正式收到中国人民革命军事委员会的委任令，担任军委铁道部部长。1 月 15 日，我于华北解放区石家庄市内，召开了中共中央军委铁道部委员会扩大会议，第一次全国铁

---

* 滕代远：时任中央军委铁道部部长，人民政协第一届全体会议代表；后曾任第四届全国政协副主席，铁道部部长，全国政协委员。

路工作会议，传达了中央军委的指示精神；宣布中国人民的铁路，从今日起，在伟大领袖毛主席为首的中国共产党英明领导下，要以毛泽东思想武装铁路职工的头脑，依靠工人阶级，加强党的领导，发动广大的铁路职工，组织群众，相信群众，依靠群众，一定要大力抢修桥梁、线路和有关设备，把运输事业管理好，保证运输，尤其要保证军运、粮食和煤炭的运输，把新修的铁路建设好，把铁路机车、车辆工厂办好，特别要把铁路职工及其家属在政治上、思想上，用马克思主义、列宁主义、毛泽东思想武装起来；提高铁路职工的革命觉悟，提高工作积极性，有力地支援我人民解放军的行动，做到军队打到哪里，铁路就修到哪里；有力支援人民解放战争的胜利前进，实现全国铁路的统一领导，促进国民经济工作的发展。宣告我们的人民铁路企业为国营的社会主义企业。

旧中国铁路，是从 1876 年开始修建的，到 1948 年 11 月成立中国人民革命军事委员会铁道部时为止，共有 72 年时间，累计修建铁路（包括台湾、海南岛的铁路）约为 26857 公里。

1949 年 2 月，我率领数十人进入北平办公。首先了解铁路的有关情况，编制抢修、运输计划等等。当时，我们掌握铁路的通车里程为 12000 公里，铁路职工 40 万人。

1949 年 3 月，我在西柏坡出席了毛主席亲自主持召开的党的七届二中全会。

毛主席在报告中说："夺取全国胜利，这只是万里长征走完了第一步……中国的革命是伟大的，但革命以后的路程更长，工作更伟大、更艰苦。这一点现在就必须向党内讲明白，务必使同志们继续地保持谦虚、谨慎、不骄、不躁的作风，务必使同志们继续地保持艰苦奋斗的作风。”当时听完了毛主席的报告之后，我第一个发了言，除拥护主席的报告外，还表示了在以毛主席为首的党中央领导下，愿意做一辈子铁路工作。

不久，我编组 3 个专列，到涿州车站迎接以毛主席为首的党中央及其机关工作的同志们，坐上火车进入北平办公，以便领导全国的革命取得胜利。这是我们铁路职工同志们最幸福、最光荣的一件大事。随后，中央领导同志检阅了解放平津的中国人民解放军第四野战军的部分指战员，接见了各民主党派和无党派民主人士。

北平、天津两市解放后，我们抓紧了对铁路的抢修。在两个半月左右时间里，争取了通车里程 1000 多公里，主要是修复北平、天津两市周围的铁路，包括北平经天津到山海关、到张家口、到平汉铁路涿州和天津到德州等线路。沟通了东北与华北，支援了人民解放战争，运送我们的第二、第三和第四野战军南下，胜利地完成与保障百万大军渡过长江的作战，解放了南京、上海和武汉，基本上推翻了国民党蒋介石的反动王朝，迅速地解放全中国。

此外，我还抓紧派出铁道兵团的 4 个师，对洛阳、潼关到蚌埠的黄河桥、汨罗江桥、衡阳湘江大桥进行抢修，做到了在 1949 年 5 月 1 日，办理北平直达东北沈阳的铁路通车；7 月 1 日又办理了北平直达南京、上海的铁路通车。这些工作的完成，对东北地区粮食运入关内，北方的焦煤运入上海，南北物资交流，克服经济困难，粉碎敌人的封锁，巩固新生的无产阶级政权，都起了决定性的意义。

我还抓紧进行了民主改革的工作，坚持群众路线，遇事多和群众商量，做群众的小学生。我们的责任是向人民负责，向党负责，每句话，每个行动，每项政策，都要适合人民的利益，要适合党的方针和路线。采取了突破一点，取得经验，然后利用这种经验去指导其他地区和单位。

1949 年 7 月 1 日，我们在北平召开了全国铁路工人代表大会，选举产生了全国铁路总工会。更进一步动员铁路职工，从各方面积极努力工作，增产节约，抢修线路和桥梁，保证运输，真正起到火车头的先锋作用。

从 1949 年 3 月起到 1949 年 10 月止，我们铁路职工和铁道兵团全体指战员，坚决贯彻执行伟大领袖毛主席的教导，艰苦奋斗，自力更生，又抢修了通车里程 4475 公里。总之，我们积极生产，更加努力地工作，用实际行动欢庆中华人民共和国的成立。截至 1949 年年底，共计抢修通车里程 8200 公里，超过年初计划 3 倍以上。其中有 3569 公里的线路、桥梁、房屋、设备等被敌人破坏非常严重，要修复差不多要花费等于新建一段铁路所用的材料、经费和人力。敌人估计我们 10 年、20 年时间都恢复不起来，而我们只用了不到 1 年的时间，就把它修复通车了。

1949 年 10 月 19 日，我接到中华人民共和国毛泽东主席任命我为中华人民共和国中央人民政府铁道部部长的委任状，以及任命我为中央人民政府政务院政务委员、中央人民政府政务院财政经济委员会委员等的委任状，我感到自己的责任更艰巨了，更应该谦虚、谨慎、不骄、不躁，应该更好地尽到共产党员的职责，吃苦在前，享受在后。

1949 年 12 月 6 日，伟大领袖毛主席坐火车从北京启程赴苏联访问，由苏联驻华大使和苏联在华经济总顾问陪同，还有毛岸英等同志偕去。我和中共中央东北局副书记、东北人民政府副主席李富春，中央社会调查部部长李克农以及外交部、公安部的同志等上车添乘。7 日到达沈阳，下车过夜，8 日到达哈尔滨，9 日到达满洲里我国边境车站，换乘从苏联莫斯科来的专列。1949 年 12 月 16 日，安全地、胜利地到达莫斯科车站，受到了莫洛托夫等人热烈的欢迎，这时才向世界发布了新闻消息，我国人民也才公开地知道了，大家非常高兴。我和李富春、李克农、毛岸英等于山海关、满洲里车站都照了相片，并在满洲里车站同伟大领袖毛主席一起照了相片，留作纪念。1949 年底，我国人民铁路已经获得解放，归人民所有的铁路线是 27794 公里，已经办理通车的里程是 21046 公里。就是说，比 1948 年底通车里程，增加 80%，我们的铁路职工也增加到 50 万人了。毛主席说："我们必须全心全意地依靠工人阶级，团结其他劳动群众，争取知识分子。"我从工作实践当中，深刻地感悟到这个理论的正确。

（选自《党史纵览》2019 年第 10 期）

再办军校

萧　克*

石家庄解放后，晋察冀和晋冀鲁豫两大解放区完全联成一片。1948 年 5 月 9 日，中央发出文件，将晋察冀与晋冀鲁豫两区合并为华北解放区，并成立了华北局、华北军区等机构。同时，中央还提出要创办大党报、大党校、大军校。两区合并，华北成为当时全国最大的解放区，对于全国的解放战争极为有利；华北这些机构的组建，为未来新国家的建立打基础，这是中央当时的一个重要战略步骤。

5 月上旬，我正在前线指挥保卫石家庄的战斗，接到军委任命我为华北军区副司令员兼华北军政大学副校长的通知。5 月 30 日，石家庄保卫战结束不久，我即前往设在石家庄西郊南新城村的华北军

* 萧　克：时任华北军区副司令员兼华北军政大学副校长；后曾任第五届全国政协副主席，国防部副部长。

大就职。华北军大是根据中央关于办“大军校”的指示组建的。所谓“大军校”，就是将晋冀鲁豫军区军政大学二分校和晋察冀军区军政干部学校等单位合并。我们当时分析，组建“大军校”也是为新中国成立后军队建设打基础。校长政委由军委参谋长叶剑英兼任，朱良才为副政委，我为副校长，谭家述为教育长，陶汉章为训练部长，李钟奇为校务部长。

受命之后，我深感肩负任务的重要。红军时期，我作为军事指挥员曾经两次办教导队，对治校与治军的关系，有切身体会。

中央决定让我再办军校，我感到与红军时期相比，责任更加重大了。红军时期，战事频繁，条件艰苦，不可能有较长时间和正规的训练，只有边打边训，才能应付战争环境。而华北军大建立时期，全国战局正在不断变化，共产党即将夺取全国政权的大势已经明显了。军校不仅要直接为战争服务，还要从不久将要建立新中国国防建设着想，为我军未来的正规化的建设培养人才。

我到华北军大时，叶剑英校长、朱良才副政委等都已先到了。学校设政治、教育、校务 3 个大部和校首长办公室，校首长和 3 大部直接领导各学员大队。同时学校自上而下成立了党的各级组织。校党委由叶剑英、我、朱良才和教育部部长谭家述、校办公室主任薛子正、政治部副主任李克如等 6 人组成，叶剑英为党委书记。校党委实行集体领导下的首长分工负责制。

叶剑英负责全校总的领导并主管教育。我分管行政，朱良才管党政。6 月 11 日，召开全校连以上干部大会，宣布华北军政大学正式成立。7 月 1 日，学校正式开学，举行了隆重的开学典礼。学校初建，工作很多。主要工作由叶帅负责，我们是助手。根据我在红军时期的经历和对当时形势的分析，对几个问题做了认真的思考，并在不同场合加以强调或提出建议。

第一，要把华北军大办成正规学校，并使其首先成为全军正规化的模范。

这是当时我们即将夺取全国胜利的必然要求。正规化，对于我们这支军队来说是一个新名词。但我认为中国历代的统治者取得政权后，都会把管理国家的一套规章制度建立起来，这就是正规化。当时我们在华北已有大部分政权，因此在这个时候搞正规化也是适宜的。我们过去在战争中办学校，往往是“现炒现卖”，课程不完备，不系统，现在要办成正规学校，就要制定明确的教学方针，培训有专门知识的教员队伍，统一教学行政制度，编写成套的教材，以及制造各种教学用具，等等。

第二，为战争服务。这时解放军节节胜利，不久就要南渡长江，解放全国，需要大批干部。办正规学校，是从即将取得全国政权的基础上考虑的，但当时还在战争中，要及时输送大量干部到前线。因此，办学的宗旨还是为应付当前战争所急需。

第三，要使教员成为专家，精通一两门专门知识。教员不仅要有“诲人不倦”的态度，首先要有“学而不厌”的精神，才有本钱去诲人。前述几个问题，得到大家赞同和支持，并逐渐贯彻到办学校的实践中。

古代有一句军事名言：“以不教而战，是谓弃之。”当时叶剑英把这句古语加以展开，提出“不教而战，是谓弃之，不学而教，是谓害之”的警句，激励干部安心办校，动员大家努力学习，他认为军队一定要有教育，要经过严格的训练。如果把不经过教育与训练的部队拉出去打仗，那就是等于让部队去作无谓的牺牲。我们的军队一向重视教育和训练，无论在前方还是在后方，只要有一点时间，就抓紧进行军事、政治教育。创办华北军大，就是为了适应新的形势，加速为我军培养干部造就人才。确实，取得全国政权后要办更多学校，办学校就要准备教育人才。人们提出：“教育者应先受教育。”根据当时对战争形势和发展前景的分析和预测，军委确定华北军大的教育任务是：尽快培养团级干部500名，营级干部1000名，炮兵、工兵、摩托、参谋、政工干部约2000名；还要培训一批旅级为战争结束后将要创办高级军事学校准备师资。这样，共收学员四五千名。我们当时还没有正规营房，任何干部和学员都住老百姓家。

学校成立初期，学员文化程度、工作经历各不相同，从旅团级干部到战士都如此。他们之中有军事指挥员、政工干部、后勤和地方武委会干部，还有刚解放过来的青年军官。学员和学校工作人员，当时的思想情况也比较复杂。不少人认为，华北军大的成立，不过是精兵简政，合并几个单位而已。

有些机关干部，不安心学校工作，想到前方去。有些学员有种种个人考虑，不安心学习，其中一些工农出身的学员，又担心文化程度低学不好。还有一些旧军官，对革命形势认识不清，思想不稳定，等等。针对学校中存在的各种消极思想，开学前后，我们召开了一系列党政会议，进行思想和纪律整顿。说明我军正向着大规模正规作战的方向迈进，中央军委和华北局要求部队与学校教育，必须严格正规，强调纪律、集中与统一，反对无政府主义、无纪律现象，反对游击习气。号召全校同志要认清战争的大好形势，认清自己的职责，克服不利于工作、学习，不利于团结的各种消极情绪，愉快地接受党赋予培养干部和来学校学习的光荣任务。要求教员和各级领导，要从政治上、军事上以及科学文化知识上帮助学员，使他们经过短时期的训练，奔赴战场，当好指挥员。

针对学员中有些人怕南下的思想，我专门作了一次以《打到全国去》为题的讲话。那时三大战役正在胜利进行，整个华北即将全面解放，人人都意识到我们就要统一全国，要南下过长江。华北军政大学的学员绝大部分为华北籍，不少人怕毕业后南下，主要是怕南方的气候热，怕吃不惯大米。他们这些不切实际的想法，多是从历史上的战例和传说中（如曹操南下不服水土等）推测而来的。也有的人怕家里无人照顾等。我很注意他们的这些思想情绪，在讲话中特别强调人民解放军是全国人民的军队，敌人退到哪里，我们就要追到哪里，即便天涯海角，也要跟踪追击。如今南方尚未解放，我们在北方能睡得着觉吗？我说，南方确实比北方热，但也和北方比南方冷一样。

长征时期，红军大都是南方人，但到了北方照样能打。吃大米也是如此，很多南方人到了北方，多年吃馍、吃小米、吃苞谷，也一样打仗。生活习惯问题可以逐渐适应，最主要的是精神上不要泄气，使学员既安心学习，又随时准备行动。

为了保证学校工作的顺利进行，我们还要求各部门制定党政工作制度。同时，还通过创办《华北军大》校刊，组织开展竞赛、立功创模和各种文体活动，使学校各项工作进行得生动活泼，激发了学员的学习热情。

叶剑英校长对当时迅速发展的革命形势，了解得快而准确。这是因为他对国际国内军政情况知道得多，又具有卓越的分析能力。这对军大领导和工作安排很有好处。中央军委和华北局认为，华北军大第一期毕业将是 1949 年的秋天，那时革命战争可能在江南山区、水网地区以及西南、东南山区进行。要求华北军大的教学应着重进行山地、水地作战的战术技术训练，还应当加强攻坚战的战术技术和各兵种合同战术的教育。据此，华北军大提出的教学方针是：培养成千上万的政治上坚定、能掌握与运用毛泽东军事思想、进行正规建军和正规作战的军政干部，以适应战争形势发展的需要。

开学后不久，由于学员文化程度参差不齐、工作经历不同的特点，对学员进行了考试和分科编队。然后召开有各大队领导参加的校党委扩大会，公布考试成绩和编队名单。全校学员共 7238 人，编成 8 个大队和 3 个直属队。即两个营级干部大队，还有团级干部、炮兵、工兵、政工、参谋、预科学员各编 1 个大队，以及台湾、华南、高干等 3 个直属队，军大还附设 1 所步兵学校，这时有学员 4948 人，两校合计，共有 12186 人。为了既考虑当时战场的需要，又着眼于未来战争发展的要求，我们确定教学的基本内容是：军事教育讲授“战术概则”，包括进攻战、山地战、水网河川地作战的战术及各种合同战术。在技术上，着重训练炮兵和工兵。炮兵以山炮为重点：工兵以爆破和架桥为主，其次进行坑道作业与筑城训练。

当时还打算成立摩托化训练班，准备建立摩托化部队。政治教育，除学习马列主义基本理论、中国革命与中国共产党等专门课程外，特别强调党的政策教育，包括新民主主义革命总路线、总政策、土地政策、城市工商业政策、新区政策、俘虏政策等。部队管理教育，主要学习人民解放军的建军原则及管理部队的方式方法。

建校之初，没有现成的教材，就把国内外军事学校的基本教材收集起来，然后按照军大的教学要求，组织力量，自己编写。经过半年的努力，全校有计划地编译了30多种通俗的军事教材，编写了20余种政治教材。为充实教学内容，我们还抽出一部分有军事理论又有文化的教员组成参战组，先后参加了太原和济南战役，收集作战经验和有关资料，回来帮助教员和学员及时了解前线的最新情况，以战教战，使学校教育与战场实际紧密结合，也就是理论与实际相结合。

华北军大建校后，师资力量严重不足，根据我们对教员队伍状况的调查，当时几个单位合并起来，能够担负教学任务的只有30余人。按教学单位计算，军事教员就缺3/4。我们当时曾提出解决教员不足的两个方案：一是向上级请调，补足缺额；二是开办训练班，培养新教员。但前者不现实，后者一时办不到。

怎么办？叶剑英当时明确地提出："在那些脱离敌人营垒的旧军官和被我们俘虏过来的人中，吸收一些有真才实学的人来学校任教。"他称之为"搬师请贤"。这件事缘起于朱老总的指示。在我到军大之前，朱老总有一次到学校来，他对叶剑英说："我们很快就要胜利了，但许多同志过去没有时间学习，有文化的不多。战争结束后，我们还要准备办个高等军事学府，招聘一些起义军官来任教。"叶剑英把朱老总的指示和他的想法告诉我，我觉得朱老总对今后培养高级军事干部很有远见，积极拥护。我们除了在我军中挑选一些有文化、有知识、有实战经验的干部来当教员外，还挑选有文化和军事知识的俘虏和起义人员。不仅在晋察冀范围内挑选，还派人到就近解放区去挑。学校陆续接受了许多军事人才，他们有自愿来报考的、有起义的、有解放过来的。对来到华北军大这个华北当时最高的军事学府并准备当教员，非常高兴。到校后的第一个春节，有的还把家属接来。过春节那天，我们设宴与他们一起欢度节日。席间，猜拳行令都很融洽。

对于使用旧军事人才，开始有的同志不大理解，曾有过一些议论。个别学员甚至说："常败将军教常胜将军，这是给自己抹黑！"有的老教员也说："过去没有他们，我们也一样办教育。"听到这些反映，我们及时做思想工作。叶剑英还在校党委会上专题讲了这个问题。他说："争取、团结、改造、使用旧军队和旧军官问题，在党的七大文件中，已有明确的论述。中国的旧军队、旧军官，有几百万人，不能简单地对待，必须争取、改造和使用他们。因为这不是少数人的问题，我们的眼睛要看到几百万。"叶剑英在讲到争取、改造旧军官的可能条件时，我印象特别深的是，他引用了《共产党宣言》中的一段话："在阶级斗争接近决战的时期，统治阶级内部的、整个旧社会内部的瓦解过程，就达到非常强烈、非常尖锐的程度，甚至使得统治阶级中的一小部分人脱离统治阶级而归附于革命的阶级，即掌握着未来的阶级……特别是已经提高到从理论上认识整个历史运动这一水平的一部分资产阶级思想家，转到无产阶级方面来了。"叶剑英以马克思、恩格斯的思想来统一大家的认识，并要求学校各级党的领导人及有关同志，对旧军官要做到思想上重视，态度上诚恳，政治上平等，生活上关心。因此，这些旧知识分子都能心悦诚服地接受帮助、教育，政治思想水平不断提高，在教学中发挥了积极作用。如曾任傅作义中将参谋长的郭宗汾，是个工兵专家，根据他的表现和能力，我们还让他当了军大的工兵主任。曾经当过国民党广西整编军军长的韩练成（后来加入共产党，任兰州军区副司令，已病故），原在国民党陆军大学教过战略课，到军大后我们安排他教统帅（战略）课程。他们亲身感受到人民军队对他们的信任，积极发挥自己的专长，做好教学工作。

在争取、改造、团结旧军官中，叶剑英的言传身教起了好作用。他早年追随孙中山先生革命，尔后在黄埔军校执教，参加北伐战争，大革命失败后，是广州起义主要领导者之一，后又去苏联共产主义劳动大学学习。回国后，到中央苏区任军委参谋长、红军学校校长，抗日战争时期任八路军参谋长，又搞过多年统战工作，军事政治、外交，行行俱能。旧军官出身的教员，虽然大都出自中外各种军事学校，但在叶剑英面前，多属晚辈。他们敬佩叶帅，听从他的教诲。

叶帅诚恳地对他们说，我和你们一样，都是从旧社会过来的，旧军队那个样子再拿到革命队伍中来，有多大意思呢？人过来了，架子也要放下来；架子放下来，才能从思想上站过来。他的话很有分量，能启发人。叶剑英不以云南讲武堂和黄埔的老资格和留学生自居，而是以诚相待，使一些原来对共产党有成见的人，逐渐消除了成见。记得有一位姓周的教授，资格老，水平较高，在同行中有一定威信，人皆呼之为周老。叶帅尊重他，常同他商量教学中的问题，并通过他做旧军官的思想工作，效果较好。

华北军大任教的旧军官，经过革命思想的教育和熏陶，成为我军建设的有用之材。1950 年 3 月我到军委军训部工作，将这 300 多人一分为三：大部分去刚创办的南京军事学院当教员；有一小部分约 20 名较年轻的到北京参加军训部工作；一部分仍留华北军大（改为训练中、高级干部）任教。过去我就赞成使用旧军人中有知识、有技术的人为革命做工作。但对争取旧军人的思想认识还不高，经过叶剑英的言传身教，思想提高了，方法也改进了。

在华北军大我又读了列宁的《青年团的任务》，更认识到华北军大对旧军人的使用和信任，是列宁主义作风。过去我办学校，全为适应游击战、运动战。这次到华北军大，意识到我们即将夺取全国政权，现在打仗、消灭敌人，缴获的多为美日现代化的装备。将来有全国政权和经济基础的时候，正规化、现代化建设必然会提到我军面前，因此，我们就开始考虑夺取全国政权的条件下军队训练的问题。原来的晋冀鲁豫和晋察冀军区的学校，培养的对象主要是连、排、班基层干部和战士，教学内容一般以班排战术和技术训练为主。华北军大则以培养营、团指挥员及炮、工、参谋、政治工作等专业干部为主，教学内容除本级战术外还有合同战术，而且更理论化了。这样由原来各学校来的教员的教学水平和教学经验，都感到不够。教与学的矛盾越来越突出。有的学员感到学的还是老一套，没有什么可学的；有的怕学的东西到前线用不上，急于想走出校门参战；有的教员用来说明原理原则的事例，与学员经历的作战经验不一致；等等。针对教学中出现的这些矛盾，叶剑英提出教学要走群众路线和教学民主。教员教什么，如何教，要征求学员的意见。学校教育小组的同志，要深入课堂和训练现场，及时发现问题解决问题，集中群众中的好意见、好经验，加以推广。

经过一段时间的摸索和总结，重点抓了教学过程的 3 个阶段。

一是教学准备阶段。教员在授课前，深入调查学员的实际水平，听取学员对所授课目的意见和要求，然后根据学校的教学计划，拟定授课提纲。提纲写好后，召开有学员代表参加的教育准备会进行试讲，然后讨论、修改授课提纲。

二是教学实施阶段。上课时，规定教学组的教员要全部参加，主讲教员讲完后，其他教员可以补充，学员可以质疑。这样，有利于教员把握教学的重点和难点，把教材和教法有机地统一起来，这一阶段，还规定营团两级学员，每人准备一份自己指挥或亲自参加的典型战例，待教学进度到某一问题时，教员只作启发诱导，由学员来讲战例。这时，学员成为教员，教员也是学员。采取这种方法，使原理原则与实战经验结合起来，弥补了无实战经验教员的不足，取长补短，真正做到“教学相长”。

三是教学检查阶段。主要是通过定期召开教育检讨会和学员代表座谈会，对全校的教学计划、教材内容、教学方法以及教学保障工作进行检讨，肯定成绩，找出问题，及时改进教学工作。随后，不论是军事科目，还是政治科目，都实行期中和年终考试（考核），以检查教学效果。

为了加强教员队伍建设，提高教学水平，我们要求全校干部和教员，加强自身的学习。要有刻苦钻研的精神，主动接受新鲜事物，不断提高自己的政治水平和业务能力。提出教员要当专家，要精通一两门业务。叶剑英提出的“不学而教，是谓害之”的警句深入人心，使干部和教员都认识到学习的重要性和迫切性。叶帅反复强调要虚心好学，号召教员与教员、教员与学员、学员与学员之间，要相互学习，相互为师。他说，每个人都要有不耻相师的精神，不论对方身份如何，级别高低，年龄大小，只要“闻道在先”，在某一方面比自己懂得多，就应当认认真真、老老实实向他学习。这样，才能做到在任何地方都有老师，在什么场合都可获得学问。叶剑英还要求大队以上领导干部，每个人都要结合业务选学一门课程，并力求精通；要进一步提高领导思想，改进工作作风，培养独立解决问题的能力；要充分认识到学习是党赋予的光荣任务，是时代对干部提出的迫切要求。在全校开展的学习热潮中，叶剑英以身作则，他不仅受过正规军事和政治学校的教育，而且长期从事革命战争，有丰富的工作和战争经验。最使我敬仰的是他爱读书。在华北军大与他共事的时间不长，这方面感受最深。有一次，他对我说，列宁对恩格斯写的《家庭、私有制和国家的起源》这本书评价很高，对他写作这本书非常敬佩。我想列宁都敬佩的著作，我也应该读。就在这个期间，认真地读完了这本书。20 世纪 80 年代，中国大百科全书和军事百科全书要我写“战争”条目，我又再读这本书，受益不浅。叶剑英这种认真读书的精神，使我受到不少启发和教益，使华北军大出现了浓厚的读书的空气。也使我能坚持“手不释卷”的习惯，以及更注意读马列的著作。

北平和平解放前夕，叶剑英奉命前往北平当军管会主任。次年春，我也调离军大，随第四野战军南下。

（选自西柏坡纪念馆编《西柏坡记忆》第 3 卷，中央文献出版社 2010 年版）

华北人民政府成立实录

马永顺*

中国人民解放战争胜利前夕，中共中央和毛主席为把华北解放区作为后方基地，继续在人力、物力、财力等方面支援前线，并为全国解放后成立中央人民政府进行尝试和准备，决定将晋察冀、晋冀鲁豫两大解放区合并，并且以民主程序召开人民代表大会，选举产生华北人民政府。实践证明，党中央和毛主席的决策是具有重大历史意义的举措。华北人民政府的成立，不仅在支援前线方面发挥了重要作用，而且按照民主程序建立起来的民主联合政府，为中央人民政府的建立提供了丰富的经验。

* 马永顺：时任华北人民政府办公厅文书科副科长；后曾任全国政协办公厅秘书局局长。

一 成立华北人民政府的历史背景和决策过程

把中国建成为一个独立、自由、民主、统一和富强的新国家，成立民主的联合政府，一直是中国共产党人追求并为之奋斗的目标。

抗日战争胜利后，1946 年初，国共两党签订了停战协定，并召开了政治协商会议，通过了《和平建国纲领》等协议，中国出现了和平建国曙光。但是蒋介石背信弃义，坚持国民党独裁专政，不顾全国人民的强烈反对，撕毁了协议，于 1946 年 6 月发动了全面内战，调集 160 万大军向我各解放区全线进攻，妄图 3 至 6 个月一举消灭人民革命军事力量，消灭中国共产党。

解放区军民对于蒋介石的倒行逆施，同仇敌忾，英勇反击，仅仅用了 8 个月的时间，就挫败了国民党军队的进攻，使其损失了 71 万兵力。与此同时，国民党统治区人民反蒋反内战也出现了高潮。在此形势下，中共中央于 1947 年 2 月发出《迎接中国革命的新高潮》的党内指示。指出："目前各方面情况显示，中国时局将要发展到一个新的阶段。这个新的阶段，即是全国范围的反帝反封建斗争发展到新的人民大革命的阶段。现在是它的前夜，我党的任务是为争取这一高潮的到来及其胜利而斗争。"

1947 年 10 月 10 日《中国人民解放军宣言》中明确号召："联合工农兵学商各被压迫阶级、各人民团体、各民主党派、各少数民族、各地华侨和其他爱国分子，组成民族统一战线，打倒蒋介石的独裁政府，成立民主联合政府。"

为了适应新形势的需要，此前，以刘少奇、朱德为首的中央工作委员会于 4 月到达晋察冀边区平山县。在中央工委亲自指导下，我晋察冀边区军民在取得清风店战役的重大胜利后，又于 11 月 9 日发起解放石家庄的战役，仅经过两三个昼夜激战，于 12 日攻克了这个华北的重要交通枢纽和军事要地，使晋察冀和晋冀鲁豫两大解放区连成了一片。同时，我人民解放军在全国转入了战略进攻，使国民党军队完全处于被动地位。

在大好形势下，为推进全国革命战争的迅速发展，1948 年 2 月 16 日刘少奇同志向中共中央提出将晋察冀和晋冀鲁豫两个解放区合并的建议。他说，这两个解放区的分界线，原系被敌人封锁分割，故我们亦不得不打破地理、历史及经济诸条件，而依照敌人的封锁线来划分我们的行政与工作区域，这是正确的。但自正太、德石两路及石家庄、元氏之敌完全消灭以后，两区分界线的客观原因与必要，即已全不存在。因此，这条分界线的继续维持，即显出其违反地理、历史诸条件，严重妨害解放区经济、政治、军事与文化的发展，而成为一种完全人为的障碍。这两大解放区完全合并与统一后，即成为关内的基本解放区，发动 5000 万人民统一的力量，去支援西北、中原与华东，是不可限量的。

毛主席接电后很快复电刘少奇同志，提议中央工委约集两解放区和山东解放区的负责人，进行酝酿讨论。经过一段时间的讨论协商，中共中央形成了一致的意见。

1948 年 3 月 20 日，毛主席和中共中央机关离开延安之前，毛主席向全党发出的《关于情况的通报》中指出“本年内，我们不准备成立中央人民政府，因为时机还未成熟”，“目前我们正将晋察冀区、晋冀鲁豫区和山东的渤海区统一在一个党委（华北局）、一个政府、一个军事机构的指挥下（渤海区也许迟一点合并）”。晋察冀、晋冀鲁豫两区“大约短期内即可完成合并”，“这样可以有力地支援南线作战”。“该区的领导中心设在石家庄。中央亦准备移至华北，同中央工作委员会合并。”从这个《通报》可以看出，统一华北领导，建立统一的政府，是中共中央在领导全国解放战争进程中的一个重大战略决策，对解放全国有重大的深远意义。

1948 年 4 月 12 日，毛主席等中央领导同志到达晋察冀边区阜平县城南庄。这时，解放战争形势已发生根本变化，蒋家王朝行将覆灭，人民革命胜利指日可待。4 月 30 日，中共中央发布了“五一口号”，更进一步号召“各民主党派、各人民团体、各社会贤达迅速召开政治协商会议，讨论并实现召集人民代表大会，成立民主联合政府”。这一号召，立即得到各民主党派的热烈响应。这表明，在中国实现人民民主专政，成立民主联合政府的条件已趋成熟，新中国的曙光即在前头。华北人民政府的成立，成为成立新中国中央人民政府的第一步。

1948 年 5 月 9 日，中共中央正式作出决定：晋察冀、晋冀鲁豫两个解放区合并，“两个中央局合并为华北中央局，以刘少奇兼华北中央局第一书记，薄一波为第二书记，聂荣臻为第三书记”。将两个“军区合并为华北军区，以聂荣臻为司令员，薄一波为政委，徐向前为第一副司令员，滕代远为第二副司令员，萧克为第三副司令员，赵尔陆为参谋长，罗瑞卿为政治部主任，蔡树藩为副主任”。“两边区政府在华北人民代表会议未召开前，暂成立华北联合行政委员会，以董必武为主席，黄敬、杨秀峰为副主席，宋劭文为秘书长”，由他们依法进行华北人民政府的筹备工作。

华北人民政府就是在这样一个特定的历史条件下，在党中央直接领导下组建的。它为建立中国共产党领导下多党合作的人民民主政权提供了实践经验。它是成立中华人民共和国中央人民政府的前奏和雏形。

二　两边区政府奔赴平山县王子村联合办公

毛主席等中央领导到达晋察冀边区阜平县城南庄，随后又前往平山县西柏坡和中央工委合并（中央工委取消），这些消息和关于两大解放区合并的消息，早有传闻，两边区已做了必要的准备。1948 年 5 月 9 日中共中央正式作出决定后，晋察冀边区政府领导立即向机关干部进行了传达，并于 5 月 16 日起程，18 日到达了平山县县城西边的王子村。随后晋冀鲁豫边区政府的同志也陆续到达。当时我在晋察冀边区政府文书科工作，初到王子村时，各方面都未做好准备，大家只好先临时分散住在老乡家里。这里是老解放区，人民群众对共产党、人民政府和八路军有深厚感情，他们都主动让出房子给我们住。刚到达那天，我们两三位同志入住在一户老乡家，当时屋里还堆着一些杂物和柴草，这家的大叔、大婶很热情地帮助我们把屋里清理得干干净净。我们有几匹骡马无处喂养，便将村边一个庙做了马棚。据说这个庙是此村老百姓求神盼雨的地方，群众有些议论，后来重新盖了一个简易的马棚，将庙腾了出来，恢复原貌。

那时大家心里没底，不知以后住在哪里，怎么办公，再加上晋冀鲁豫边区政府的同志未到，无事可做，有的同志情绪不安，发牢骚："我们到这里，算是干什么的？"

大约过了几天，我们文书科被分配到王子村西北角，东西向的一条街的路南，大门朝北开的一个四合院。路北斜对面是华北财经办事处黄敬同志住处。我记得我们这个四合院是两进院，一进门的院（比较大）是机要室。南房是一个穿堂屋，两边各有一间屋是我们的办公室。穿过堂屋是一个小院，有两间里外屋做男同志宿舍兼办公室。我们这个四合院还与秘书处的院相通。

经过清扫、布置，办公、住的地方基本上就绪了，可是仍然没有工作，大家心情着急，议论纷纷。与我们同来的一位秘书同志为稳定我们的情绪说，大家不要着急，成立华北人民政府不是一说成立就能成立起来的，它要经过一定的民主程序、选举才能产生。我们现在是两个政府先联合办公，名字叫晋冀鲁豫、晋察冀临时行政委员会，仍由杨秀峰主席和宋劭文主任负责。

不久，晋冀鲁豫边区政府的同志陆续来到。他们文书科有两三人，科长是杨主席的秘书赵秀山兼任，不和我们一起办公。我们这里有四五个人，经过大家相互介绍，情绪都还好，但也有同志感到他们的作风和我们不一样（他们当时是从城市里来的）。5 月 30 日，我们两个政府的文书科开始联合办公。6 月 12 日，根据两边区参议会发出的两边区政府在华北人民政府成立前，采取联合办公形式的通知，领导上正式宣布两个边区政府合署办公，一切行文均署两个边区政府名义。在党内，则由董必武、黄敬、杨秀峰负责（这里需要说明，有些史料、文件在叙述华北人民政府成立过程中，把当初华北两边区政府联合办公说成是“华北联合行政委员会”，这是不对的。实际上并未成立“华北联合行政委员会”，一切行文中也未使用过这个机构名称）。这时，我们两边区政府的秘书机构已完全合在一起，成立了秘书处及文书科。秘书处正副处长由杜毓沄、杨振亚担任；李剑飞等是秘书；文书科正副科长仍分别由赵秀山和我担任。此间，筹备召开华北临时人民代表大会及华北人民政府组织方案的文件也逐渐多起来了。华北人民政府所属的各职能部门也陆续组织起来了。我在6月13日的日记中写道：

> 经过整顿，机关总算安顿下来了，工作比较正常了，大家也逐渐地熟悉和习惯下来，“南北不同”的看法也随着时间消逝下去，基本上消除了互相之间的隔阂。这一点，杨主席在各种会议上经常教育大家，强调说，同志们在一起工作一定要讲团结，互相尊重。
>
> 机关工作已经安定，其他事情也要搞起来。这就是我们一向所习惯的，也是当成任务做的——生产、种地。总务科已将租到的土地，按各单位人数多少分给我们八分地。前几天已经初步把地掘松，不几天还要开展全体人员参加的浇水、栽种。业余时间在田间种地劳动，真是一种快乐的工作。当太阳偏西了，我们吃过晚饭，大家扛起各种工具，高高兴兴，有说有笑，走向原野，“同志们，好好干吧，西红柿长大后，让你多吃几个”。整个田野，充满着欢乐。

那时，北平、天津、太原等城市尚未解放，国民党的飞机经常飞来平山地区空袭，所以，我们还在王子村的西沟岸边挖了防空洞，每当听到警报响，便立即转移到防空洞躲避。

三　筹备召开华北临时人民代表大会

根据党中央和华北局的指示精神，华北人民政府的产生，应经过一定的民主程序、民主协商，合理合法地建立起来，即首先召开两解放区参议会联席会议，决定召开华北临时人民代表大会，选举产生华北人民政府。

据此，1948 年 6 月 11 日晋冀鲁豫边区参议会议长薄一波、晋察冀边区参议会议长成仿吾联名发出了定于 6 月 26 日召开两边区驻会参议员联席会议的通知。

6 月 26 日，两边区参议会驻会参议员联席会议在石家庄如期举行。出席会议 14 人，超过两边区驻会参议员总数的 2/3，符合法定人数。两边区政府的杨秀峰主席、宋劭文主任应邀列席了会议。会议推举成仿吾议长为主席主持会议。他对召开这次会议的缘由作了说明之后指出："本人相信，华北 4500 万人民正盼望着一个统一的华北民主政府的迅速诞生。"与会参议员们都热烈发言，进行了讨论，薄一波议长发言中对全体议员一致同意中共华北局的建议表示感谢。会议最后表决，一致通过《关于召开华北临时人民代表大会的决议》。《决议》说："随着华北形势的发展，两解放区已形成统一的华北解放区。两边区政府应即适应客观需要，由业已联合办公的两边区政府立即筹备，迅速召开华北临时人民代表大会，产生华北统一的政府。"

为筹备代表大会，会议推举薄一波、杨秀峰、宋劭文、戎子和、张友渔组成筹备委员会，并成立筹备处，负责华北临时人民代表大会召开的有关事宜和会议文件的起草工作。具体分工：薄一波、杨秀峰、宋劭文、戎子和、张友渔负责起草大会的几个重要文件；宋劭文、平杰三担任筹备处正、副主任，负责大会事务方面的筹备工作。

根据两边区参议会联席会议的决议，晋察冀边区行政委员会和晋冀鲁豫边区政府于7月11日联合发出了《关于召开华北临时人民代表大会暨代表选举办法的决定》（以下简称《决定》）。《决定》内容包括大会任务、代表名额、代表资格、代表选举办法及选举事务等7项。

关于大会任务：制定华北统一的民主联合政府的组织法并选举华北人民政府委员会及政府主席、副主席；决定华北统一的民主联合政府的施政方针；制定各级人民代表会议的组织法及选举法等。关于代表名额，规定：587人，分为区域代表、职业或团体代表及聘请代表3种。并对这3方面代表的分配、产生作了详细规定。关于代表资格，规定：凡反对蒋介石独裁统治，拥护民主，赞成民族独立和土地改革，年满18岁的华北人民，除患神经病及被剥夺公民权者外，不分阶级、职业、性别、信仰、资历等均可当选为代表。

关于代表选举办法，规定：区域代表，凡已有人民代表会议的县市，均由各县市人民代表会议选举；未成立人民代表会议的县市，由县市政府召集共产党的县市委员会及县市各人民团体（工会、农会、武委会、妇女会、青年团、学生会、教职员联合会、商会等）举行联席会议推选；分配到各行署区及各市的妇女代表、职工代表、地方军队代表、文化界代表均由各行署区、各市的人民团体、各地方军区，分别召开适当的会议选举；分配到两边区级的妇女代表、职工代表、文化代表，由边区的各人民团体召开适当会议选举；华北军区代表由华北军区选举；回民代表由各行署区及石家庄市回民团体选派，聘请代表，由两边区政府从两大解放区及蒋管区华北各城市聘请。

关于选举事务，规定：区域代表及分配于各行署区及各市职业或团体代表的选举事务，由行署、县、市政府办理，并限于7月25日前将代表选举完毕上报。两边区级职业或团体代表的选举事务，由该人民团体、部队自行办理。

为了引起各级党委对这次选举人民代表的重视，保证华北临时人民代表大会的顺利召开，中共华北局还向各区党委、直属市委发出了专门指示，提出了具体要求。所以，即使在那时的特殊环境下，各地区都按时完成了代表的选举任务。

《决定》公布后，迅速传遍了华北解放区广大的城镇和乡村。从7月中旬开始，千百万人民群众在紧张地生产、支前的同时，又踊跃投入选举代表的活动中。许多县，在选举前召开村干部扩大会议，讨论此次选举的意义和办法，分别到群众中宣传、酝酿，然后召开区人民代表会议进行预选。各区预选中当选的代表，集中到县里展开竞选，再进行正式选举。赵县有一位社会贤达人士代表，从前是一地主，在竞选时说："我跟着毛主席、共产党走了8年，我已经和地主阶级分裂，决心和美帝国主义及其走狗蒋介石斗争到底。如果选上我，我一定贡献出我所有的力量。"

在城市工商业代表的选举中，有的市采取按行业划组，有的按街道，有的专门成立选委会。泊头市就是把各行业划分成小组，每10家预选代表1人，然后再正式选举出全市的3名代表。7月21日这一天，在全市进行正式选举时，许多商民自动刷写庆祝标语，会场扎起高大的彩牌楼，预选出来的代表对号入座，进行不记名投票。第一次投票结果，有两人正式当选为代表。还有一代表名额，因为两候选人得票相等，经过再度展开竞选，重新投票，其中一位得票超过另一位当选为正式代表。当时，从平津来华北大学学习的10余位学生目睹了这一切，都说："我们第一次看到真正的民主了。"晋城有731家坐商，应选出正式代表1人。他们分为9街进行选举，共选出候选人12名，经过投票，最后选出正式代表1人。回民对单独选举代表极为满意。冀南地区威县、临清等7县，均由回民村选出代表并与各县清真寺教长、乡老（管事人）一起进行正式选举，结果威县清真寺的教长当选。临清县回民公会会长说："过去国民党统治时期，无论什么代表，回民都很难选上，现在回民能单独选自己的代表，这就真正保障了少数民族的权利。"

经过各地区、各有关团体、各方面的努力和广大人民群众的积极参加，至7月底共选出代表598人。《决定》原规定代表名额为587名，公布后，又新收复了一些县、市，故代表名额增为598名，其中：县区域代表286人，市区域代表15人，军队代表35人，妇女代表50人，职工代表35人，商会代表31人，回民代表7人，文化界代表15人，社会贤达等代表93人，政府聘请代表31人。这些代表中有开明绅士、自由职业者、工商业资本家、工人、农民、高级职员、文化工作者、民主同盟盟员、其他民主人士等方面，代表了华北五省（山西、河北、平原、察哈尔、绥远省）、二市（北平、天津市）的4500余万人民。

出席华北临时人民代表大会的各地代表全部选出，以及有关大会各项议程的文件基本完成以后，我们在7月底8月初陆续到石家庄参加大会的服务工作。我记得，当时去石家庄的工作人员，主要是筹备处下设的秘书处（包括秘书科、记录科、提案整理科）等方面的同志，住宿、办公在石家庄中山路西端、路南的一座大楼内。总务处、警卫处的工作，大部分是由石家庄市政府负责。

四　举行华北临时人民代表大会预备会

为了确保开好大会，领导在大会开幕前作了十分周密的计划，稳步渐进、环环相扣，使每项议题都尽量做到民主协商、符合民意，大家满意。

8月4日，两边区政府的负责人杨秀峰、宋劭文邀请全部聘请代表（大多数是党外人士），各区域代表团、各职业团体代表团各推代表1人参加，举行了一次座谈会，与他们协商讨论大会主席团产生方法，成立代表资格、提案审查委员会，以及大会日程、大会议事规程等有关问题。

8月5日晚8时，召开大会第一次预备会。会议由宋劭文代表主持（晋察冀边区行政委员会主任）。

会上听取了筹备处副主任平杰三同志作的筹备情况的报告。一、代表情况：《决定》代表法定名额原为587名，后来由于太原军区成立及冀中胜芳之解放，代表名额增加为598名，已报到523名，尚有75名，有的因在前方打仗，有的接到通知晚，正在路上，还有少数因病。二、筹备处组织情况：分3处（秘书处、总务处、警卫处），每处分3科，秘书处设秘书科、记录科、提案整理科，总务处设招待科、卫生科、事务科，警卫处设指挥科、内保科、警卫科。大会职员共190名。三、大会防空问题：目前所受的威胁主要是空袭，因此防空很重要。为了大会安全，大会名称是：石家庄生产工作会议。为防止暴露目标，会场证在进会场时戴上，出会场时就摘下来。各位代表要少带警卫人员，以免在街上暴露。空袭时，按市里的“防空须知”办理，在住地已有防空壕，防空时就地躲避。若遇连续轰炸，就转移到郊外，届时听警卫处统一指挥。会议讨论通过：大会主席团组成名额为33人；大会议事规程；代表资格审查委员会委员名单；将筹备处组织机构移做大会秘书处组织机构。

在讨论《大会议事规程》时，有些代表对《规程》中规定每一议案的表决只有“同意”和“反对”有不同意见，提出应增加“怀疑”，发生了分歧和争论。经过充分讨论，取得了一致意见，修改为“每一议案均用同意、反对、怀疑三方面表决之”。

8月6日晚8时，召开第二次预备会议，宋劭文主持，代表资格审查委员会召集人杨秀峰作了代表资格审查的报告。

会议根据代表联署提出的候选人，由大会秘书处整理出候选名单，采取举手方式选举董必武等33人组成大会主席团。主席团中包括共产党、民主同盟、社会贤达、工人、农民、妇女、少数民族以及国民党统治区等各界人士。

8月6日夜1时，大会主席团举行第一次会议，出席31人（2人赴前线缺席）。会议由董必武主持。会议决议事项：一、推举董必武、蓝公武、聂荣臻、杨秀峰、薄一波为常务主席；二、主席团主持代表大会，采取分组轮流方式，每次3人一组；三、大会秘书长由宋劭文担任，副秘书长由平杰三担任，提请次日大会开幕前续开的预备会通过确定；四、次日开幕典礼，推举董必武当主席并致开幕词。8 月 7 日晚 7 时半，主席团举行第二次会议。31 人出席，2 人缺席（在前线）。会议由董必武主持，通过了大会秘书处所拟的《华北临时人民代表大会议事议程》，共有 6 项：

1. 开幕。

2. 工作报告及讨论。

3. 中共华北局关于华北解放区施政方针的建议。

4. 提案讨论：

（1）华北人民政府组织大纲（草案）。

（2）村、县（市）人民政权组织条例（草案）。

（3）村、县（市）人民代表会议代表选举条例（草案）。

（4）农业税税则（草案）。

（5）其他（由主席根据情况另安排）。

5. 选举华北人民政府委员会。

6. 闭幕。

会议还决议：大会时间预定 10 日，凡关于代表递补事项，先交代表资格审查委员会审查。

五　华北临时人民代表大会隆重开幕

1948 年 8 月 7 日晚 8 时，华北临时人民代表大会在石家庄市中山路上的石家庄电影院隆重开幕。场内布置得简明、朴素、庄严。主席台正中央挂着毛主席、朱总司令的巨幅画像，画像两侧各有 3 面党旗。主席台口上方悬挂着自右至左书写着“华北临时人民代表大会”的横幅。会场周围还张贴着一些庆祝大会召开的标语口号。

开幕式程序是：

第一项：宣布开幕。

第二项：奏乐（《八路军进行曲》）。

第三项：主席团就座。

第四项：大会主席宣布开会。

第五项：大会主席董必武致开幕词。

第六项：来宾讲话（中原军区邓小平将军讲话）。

第七项：代表讲话（滕代远代表中共华北中央局、解放军华北军区讲话，还有回民代表何其宽、民盟代表尚钺、职工代表凌必应、法律界代表陈瑾昆、民盟代表李何林及国统区学生代表等 9 人讲话）。

8 月 7 日晚 7 时刚过，各地区的代表就陆续来到会场。他们在门口佩戴上会场证，一一签到。8 时整，先由宋劭文主持了大会第三次预备会。他报告今天大会出席代表 542 人后，大会通过宋劭文为大会秘书长，平杰三为大会副秘书长。

8 时 15 分，大会秘书长宋劭文根据开幕式程序宣布华北临时人民代表大会开幕。奏乐——《八路军进行曲》。主席团就座。

紧接着大会主席董必武主持大会并致开幕词。他说：“我们华北临时人民代表大会宣布开幕了。它是临时性的，也是华北一个地区的。但是，它将成为全国人民代表大会的前奏和雏形。因此，它是中国民主革命历史中划时代的一次大会，在中国民主革命历史上将占有光辉的篇章。”他还说：“人们说，20 世纪是人民的世纪。在 20 世纪前，历史都是少数人统治多数人，少数人剥削多数人。资本主义国家内资产阶级所说的民主，是旧民主主义的民主，实际仍是少数人统治着大多数人。到了苏联十月革命胜利，苏联劳动人民推翻了旧的统治，废除了剥削制度，人民才真正翻了身，自己管理自己的事，真正实现了人民的民主。”以后“许多国家的人民夺取了政权，建立起新的民主制度”。“我们现在的人民代表大会，正体现了 20 世纪是人民的世纪”，“体现了我们解放区的政权是革命的政权，是人民的政权，是新民主主义的政权”。

董必武还指出：我们之所以能开这样一个人民代表大会，是有一定的条件的，“首先，是我们华北解放区已基本上完成了土地改革”，农村面貌一新，农民获得了逐步改善生活的基础。没有这个条件，开这样的代表大会是不可能的。“其次，是解放战争的胜利。”没有这个条件，要想开这个大会也是不可能的。“赢得这个条件是全华北同胞努力的结果，是各解放区同胞努力的结果，特别是解放军指战员和后方的参战人员勠力奋斗，不顾牺牲流血的结果。”讲到这里，他说：“为了纪念前后方英勇牺牲的烈士，我请大会代表诸先生起立，静默 3 分钟向他们致哀！”（全体起立默哀）他又说：“为了表示对华北人民获得解放的庆贺，我提议用大会名义向人民领袖毛泽东主席、朱德总司令及其所率领的解放军指战员和后方参战人员致以诚恳热烈的敬意！”话音刚落，全场再次起立，掌声雷动，经久不息。“向毛主席致敬”“向朱德总司令致敬”“向解放军致敬”的口号声此起彼伏，不绝于耳。

董必武讲了这次代表大会将要讨论确定华北当前的重大任务后说：“我们已受华北人民的托付，我们一定能够达到目的，完成任务。”

董必武致开幕词后，来宾邓小平讲话，代表滕代远等9人发言。

大会通过了决议：拟电向毛主席、朱总司令、各兄弟解放区致敬；通过大会议事日程。

8月9日晚7时，举行第一次大会。大会由主席凌必应主持。会议听取了代表资格审查委员会杨秀峰作的第二次审查报告；听取了宋劭文作的《关于晋察冀边区行政委员会三年来的工作报告》；听取了杨秀峰作的《关于晋冀鲁豫边区政府两年来的工作报告》。8月10日晚7时，举行第二次大会。大会由主席于力、邢肇棠、高元贵主持。会议听取聂荣臻作的军事报告（作为政府报告的军事部分），通过了组织政府工作报告审查委员会的名单。

8月11日晚7时，举行第三次大会。大会由主席柯庆施、陈瑾昆、赵辉楼主持。会议听取了薄一波代表中共华北局作的《关于华北解放区施政方针的建议》。

会议通过了此前经大会主席团第三次会议通过的组织华北解放区施政方针，华北人民政府组织大纲，村、县（市）人民政权组织条例及人民代表会议选举条例，农业税（暂行）税则等文件草案和提案共5个审查委员会的名单。还通过了向正在哈尔滨开幕的第六次全国劳动大会致贺的通电。

8月12日晚7时，举行第四次大会。大会由主席蓝公武、何其宽、郭影秋主持。会议听取了杨秀峰作的《华北人民政府组织大纲（草案）》的说明，谢觉哉作的《村、县（市）人民政权组织条例（草案）》及《村、县（市）人民代表会议代表选举条例（草案）》的说明，戎伍胜（戎子和）作的《华北解放区农业税暂行税则（草案）》的说明。

大会收到代表提案共1180件。通过提案审查委员会下分军事、政治、农业、工商、民政、财政、文教、交通、黄河水利等9个审查小组的名单。

8月13、14、15日3天，各种审查委员会、各代表小组分别对施政方针建议、两边区政府工作报告、各种条例草案等文件及提案进行了紧张、认真负责地审查讨论。各种审查委员会并提出了审查报告。

8月14日，华北临时人民代表大会党组干事会召开了出席会议中的党员代表大会，董必武在会上特别强调了团结党外人士的重要性问题，指出："要真正彻底消灭国民党，还要费很大力量，争取更多的人们。"他还强调必须发扬民主的问题，指出："过去在农村中，我们讲民主很少，在政权中还有军政府的形式，这一套不行，必须善于运用政权团结人民。现在将来都要用民主方式，发扬民主精神。""要倾听不同意见，不要一听不同意见就不耐烦；要坚持说理态度，说得使人心服；要坚持少数服从多数。"

8月15日，大会主席团举行第四次会议。董必武主持会议。会议通过《华北人民政府委员会委员选举办法》，并从代表中提出25人名单，负责选举事务，提交大会通过后执行。

同时，会议还提出两项议案，提请大会通过：

1. 在今后两年内正式召开华北人民代表大会。

2. 在华北人民政府委员名额39人中，本届大会只选27人，保留12人的名额，责成华北人民政府在新解放区、在新解放城市、在蒋管区及在可能统一联合之兄弟解放区中随时聘请。

8月16日晚7时，举行第五次大会。大会由主席滕代远、孙毅、贾心斋主持。会议听取各种审查委员会的审查报告，每个报告后经代表讨论，进行表决通过。会议通过了以下决议和条例等文件：

1.《关于两区政府工作报告的决议》。决议指出，从抗日战争到人民解放战争，两区政府都能适应战争形势，符合人民要求，随时掌握政策，克服困难，忠诚勇敢地执行自己的任务。特别是在8年多的抗日战争后，紧张地动员一切人力、物力、财力，坚决反对蒋介石卖国内战和彻底消灭封建剥削制度的土地改革的两大任务上，是有很大成绩的。在建立新民主主义政治、发展生产、繁荣经济、开展文化教育等方面都有相当成绩。大会认为两区政府基本上完成了华北人民所托付的任务。同时，大会指出：两区政府工作还存在着某些缺点，表现在动员民力、支援战争上尚缺乏精确计算，在某些工作环节上发生过纪律松弛状态，以及在领导上还存在某些程度的官僚主义作风。大会完全同意两区政府在工作报告中的自我检讨与及时纠正的办法。

2.《华北人民政府组织大纲》。

3.《华北解放区施政方针》。

4.《村、县（市）人民政权组织条例》及《村、县（市）人民代表会议代表选举条例》。

会议还通过了8月15日主席团第四次会议提请通过的《华北人民政府委员会委员选举办法》，以及主席团提出的两项议案的决议：

1. 在今后两年内正式召开华北人民代表大会。

2. 在华北人民政府委员名额39人中，本届大会只选27人，保留12人，责成华北人民政府在新解放区、在新解放城市、在蒋管区及在可能统一联合之兄弟解放区中随时聘请之。

在8月16日大会之后，代表们根据政府委员《选举办法》中关于“每一代表均可自由提出候选人，但须有10人以上之连署方为有效”，并“于8月17日晚10时截止，过时无效，提出人须将提出的候选人用书面介绍履历”的规定，积极酝酿、讨论，提出了70人为候选人。大会秘书处按照代表提出的先后顺序，排印出候选名单，选举时即作为选票，由代表用无记名连记法，“从候选名单内自由圈定”自己信任的人。

8月17日晚7时，举行第六次大会。大会由主席薄一波、杨秀峰、尚钺主持。会议听取了农业税暂行税则审查委员会对《农业税暂行税则》的审查报告，并经代表讨论后，大会表决通过了《华北解放区农业税暂行税则》。讨论中对于税则草案中关于照顾贫雇农问题、免税问题发言热烈，并有争论。会议还听取了提案委员会及各专门小组对各有关提案的审查报告，大会讨论后通过。大会共收到提案1180件。

在16日、17日的大会讨论中，充分发扬了民主，特别是有些党外人士发言十分积极。他们无所顾忌，畅所欲言。如蓝公武、陈瑾昆、于力、李何林、丁易等先后发言，有的人还多次发言。

8月18日晚7时，举行第七次大会。大会由主席丁易、田秀娟、徐维廉主持，宣布今天会议出席代表532人，首先通过主席团在代表中提出的专门负责办理选举事务的25人名单。主席宣布程序，并宣布会场内除必需的会场工作人员外，其他旁听、列席等人员退出会场。此后，工作人员与各代表小组重新清点了代表人数，负责选举事务的同志（会场工作人员协助）检查票箱、向代表发票。票箱设在主席台前面。代表全部写完选票以后，主席宣布投票。代表们按照事前划定的路线、顺序投票后仍回到自己位子上入座。正当代表们井然有序地进行投票时，一声巨响从会场外面传来，房屋震动，电灯熄灭，会场一片漆黑。大家心里明白，是敌机空袭，电线被炸断。宋劭文、平杰三高声大喊："大家原地不要动！不要动！"这时有的人坐着，有的人站着，静静地等待着……过了10多分钟后，电灯亮了，投票继续有条不紊地进行下去。投票完毕，负责选举事务的同志（会场工作人员协助）清点票数。主席宣布：发票532张，收回532张，发出和收回票数相符，选举有效。此后，专门负责选举的同志分组唱票、计票，经过两个多小时紧张而仔细的工作，计算出各位候选人所得票数。在70位候选人中选出27人当选政府委员。这时，时针已指向深夜11时半多。当大会主席宣布董必武、聂荣臻、薄一波、徐向前、滕代远、黄敬、谢觉哉、范文澜、成仿吾、杨秀峰、宋劭文、南汉宸、戎伍胜（戎子和）、凌必应、张苏、陈瑾昆、蓝公武、于力、邢肇棠、薛迅、殷希彭、赵尔陆、贾心斋、晁哲甫、刘雨辰、徐正、王复初27人当选为华北人民政府委员会委员时，全场爆发出热烈掌声。

8月19日，华北临时人民代表大会胜利闭幕。大会由主席蓝公武主持，并致闭幕词。他说："华北临时人民代表大会完成了任务，今天光荣闭幕。"他深有体会地指出，这次大会有两个特点：一是对《村、县（市）人民政权组织条例》《村、县（市）人民代表会议代表选举条例》经过了讨论、审查，原则通过交政府再详细讨论制定；对《农业税法案》是全部通过，又提出了几点意见，交政府斟酌颁布实施。"这种表决方法，在旧民主政治里边是没有的，在旧民主国会否决或通过及至修改，都是不管内容如何，只顾及少数人的利益，或作为争权夺利的工具。而我们这个大会所有代表充满了为人民服务的精神，所以对每一法案的通过都非常慎重，并考虑到将来实行的结果，提出许多宝贵的意见呈政府斟酌修改实行。这给世界立法史上开创了先例。”二是有 1000 多件提案“都是人民提出的，审查委员会对这些提案并没有一点疏忽，那样多的案子，都经过了细致的讨论。审查报告不是空空洞洞的‘交政府实行’，它并提出了这些议案应该怎样处理，附加了许多正确意见后提交政府”。

他还指出：在十几天的会议当中，所有代表都表现了真正为人民服务的精神。这次大会虽然在程序上还不十分完备，但在行动上则表现了真正的革命精神，大会光荣地完成了任务。最后他说：我还想利用这个机会，对即将成立的华北人民政府表示一点意见。将来的任务是很繁重的，第一个重要任务是支前，彻底消灭蒋介石反动势力；第二个重要任务就是按照完备的民主程序来建立村县（市）人民政权。“村县（市）人民政权是新民主主义政权的基础，共产党多少年来就抱着这个理想，毛主席天天在挂念着它的实现，但因过去环境不同没有完全实现，而今天由于人民解放军的军事胜利，华北解放区比较巩固了。在这里可以开始建立进一步的完整的村县（市）人民政权。”“在华北开下一个先例，全国按着进行。”“大会胜利完成了任务，大家都感觉很光荣，我希望各位代表还要继续努力把这个支前和建立民主政权工作胜利完成，因为这不仅是政府的任务，大家都有责任。”

大会在热烈掌声和欢呼声中胜利闭幕。

六　华北人民政府宣布成立

华北临时人民代表大会于8月19日闭幕，当选委员于8月21日在石家庄举行过一次座谈会，当时因为前线工作忙等原因，聂荣臻、徐向前等多位委员不能出席，故决定委员会暂缓召开。9月上旬、中旬，委员们陆续回到王子村。9月20日至24日，举行了华北人民政府委员会第一次会议。

9月20日上午，国民党飞机又一次飞来平山空袭。这次空袭，轰炸了与王子村仅有1里地的平山城西关，许多房屋、店铺被炸毁、燃烧着，过去整齐的街道被碎砖烂瓦堵塞着，被炸死、炸伤的老乡从炸毁的房屋中抬出。我和商正拨从石家庄回来，正路过这里，目睹了这一片凄惨的景象。我们赶紧回到机关，王子村没有受到空袭。

这天晚7时，华北人民政府委员会第一次会议在新建的一座简易会议室举行。出席委员22人：董必武、聂荣臻、薄一波、滕代远、黄敬、谢觉哉、杨秀峰、宋劭文、南汉宸、戎伍胜（戎子和）、凌必应、陈瑾昆、蓝公武、于力、邢肇棠、殷希彭、赵尔陆、贾心斋、晁哲甫、刘雨辰、徐正、王复初。因事缺席5人：徐向前、范文澜、成仿吾、张苏、薛迅。

会议未正式开始前，委员们先推举董必武委员为临时主席，主持会议。董必武提议先通过了华北人民政府委员会第一次会议的议程：

1. 依据华北人民政府组织大纲，选举主席、副主席；

2. 处理华北临时人民代表大会决议事项；

3. 冀钞、边钞与北海钞、农钞统一通使案；

4. 审议两边区政府联合办公提请审议的条例草案；

5. 任命华北人民政府各部、会、院、行、厅局负责人。

接着会议进行第一项议程，选举董必武为华北人民政府主席，薄一波、蓝公武、杨秀峰为副主席。随即通过任命华北人民政府所属各部门负责人名单：

民政部部长：蓝公武（兼）

副部长：雷任民

教育部部长：晁哲甫

副部长：刘皑风

财政部部长：戎子和（戎伍胜）

副部长：吴波

工商部部长：姚依林

副部长：林海云

农业部部长：宋劭文

副部长：张冲

公营企业部部长：黄敬

副部长：刘鼎、徐达本

交通部部长：武竞天

副部长：刘建章、张文昂

卫生部部长：殷希彭

公安部部长：许建国

副部长：杨奇清

司法部部长：谢觉哉

副部长：郭任之

华北财政经济委员会主任：董必武（兼）

副主任：薄一波（兼）、黄敬（兼）、方毅

华北水利委员会主任：邢肇棠

副主任：徐正、王化云

华北人民法院院长：陈瑾昆

华北人民监察院院长：杨秀峰（兼）

副院长：黄松龄、于力

监察委员：张曙时、张慕尧、王复初、王承周

华北银行总经理：南汉宸

副总经理：胡景云、关学文

华北人民政府秘书长：陶希晋

副秘书长：金城、董越千

劳动局局长：栗再温

副局长：赵国强

至此，华北人民政府的组建工作已顺利完成。在主席、副主席、委员及所属各部、会、院、行、厅局的领导人中，包括了中共党员和党外人士（教授、专家、学者等）。

会议依据议程，逐项讨论了华北临时人民代表大会原则通过、交由华北人民政府修改公布的《华北区农业税暂行税则》及《华北区工商业所得税暂行条例》草案；讨论了华北临时人民代表大会交付华北人民政府处理的163件提案，决定交各有关部门按照临时人民代表大会提出的“执行”“斟酌办理”“参考”3种处理意见，进行研究并报主席批准作出处理。

会议通过了两边区政府联合办公草拟的《区人民政府暂行组织条例》《村人民政府暂行组织条例》。两个暂行条例分别规定了区、村人民政府的组织机构、职权范围及人员组成。

会议讨论了两边区政府联合办公提出的有关政治、经济、文化、教育等方面21种条例草案。政府委员会将组织6个审查委员会进行分组审查后，再经政府委员会会议通过。

会议还讨论了华北人民政府机关建设的有关问题。指出：华北解放区已处于相对安定的环境，政府实行正规化的工作制度是很必要的，也是可能的。大家认为过去战争环境下所形成的那种游击习气、工作作风，现在都应当克服掉，按照正规化的要求建立规章制度。为此，会议详细讨论了两个边区政府在联合办公时，根据两边区政府过去已有的规章制度，取其所长，并结合当前新的环境和要求草拟的《华北人民政府各部、会、院、行、厅、局组织规程》，决定进一步修改后提请政务会议通过实施。

9月26日晚7时，华北人民政府在王子村边的广场上举行机关全体工作人员大会，宣布华北人民政府成立和庆祝济南解放。董主席、各位副主席和各部、会、院、行、厅局负责人出席会议就职视事。董主席在就职讲话中说：华北人民政府今后的任务“首先，要建立各级人民政权，建立人民代表会议，主要是村、县两级。其次，在经济方面，要从各方面发展生产，国营的、私营的和合作社的诸种经济都要发展。即照毛主席所号召的‘生产长一寸’去办”。“再次，文化教育方面，过去各处曾有很多成绩，但不可否认也有好多弱点。如教育受战争影响，一般不正规。”“现在我们已有了大块巩固区域，教育即应向正规发展。其他社会教育、戏剧、小说、诗歌、国画、木刻等文艺工作，过去都有过成绩，但还不够，仍须努力。所有这些工作的一致目的，是为了我们的力量更大，支援前线更好。”

董主席在就职讲话中强调指出：“现在政府各部门都成立起来了，这个政府是由游击式过渡到正规式的政府。正规的政府，首先要建立一套正规制度和办法。过去好多事情不讲手续，正规化起来，手续很要紧。有人说这是形式。正规的政府办事情就要讲一定的形式，不讲形式，光讲良心和记忆，会把事情办坏的。当然，我们不是形式主义者，我们不要过去反动政府那样烦琐的公文手续，但有一点是必要的……今后大家会遇到一些过去没有过的制度和办法，大家不要不高兴，我们是人民选举出来的，我们要向人民负责，人民要求我们办事要有制度、有纪律，无制度、无纪律一定办不好事情。政府规定的制度一定要遵守，不遵守就是违反纪律。”

杨秀峰副主席的讲话强调说，在华北人民政府成立后，大家要按照华北临时人民代表大会对两个边区政府工作决议指出的问题，深入检查一下，过去没有做好的，今后要好好补救。华北军区司令员、华北人民政府委员聂荣臻，司法部部长谢觉哉，人民法院院长陈瑾昆，华北水利委员会主任邢肇棠，先后讲了话。大会进行到晚9时结束。

同日，董主席和各位副主席签署了第一号《华北人民政府通令》，令知各级政府和部门，华北人民政府成立，兹即日起，启用华北人民政府印信，撤销原晋冀鲁豫边区政府及晋察冀边区行政委员会。27日，又发出《华北人民政府布告》，向社会宣告华北人民政府成立。

华北人民政府成立后，正当全机关上上下下都在积极组织贯彻华北临时人民代表大会的各项决议，继续调集干部，建章立制，整顿工作秩序，并且按照华北各机关协商的方案，将华北人民政府领导机关（包括政府主席、副主席，秘书长、副秘书长及秘书厅的秘书、机要、总务等单位）陆续搬迁到新的办公地址——东冶村时，华北人民政府委员、华北军区副司令员滕代远紧急向董必武、杨秀峰通报：国民党傅作义军队企图偷袭石家庄及平山地区，要求机关全体人员立即转移。10 月 26 日秘书厅发出《关于转移应注意事项的通知》，特别强调了群众纪律和保密的问题。此后，在一天晚上，全体机关人员到井陉火车站集合，乘火车转移到山西阳泉平定一带。

傅作义军队偷袭计划失败后，11 月上旬末，华北人民政府领导机关返回平山，进驻到东冶村。11 月 11 日，秘书厅召开了厅务会议，对这次转移进行总结并讨论了如何安置工作。很快各单位安置就绪，各项工作继续全面展开。11 月 18 日，董主席召开了第三次政务会议，他首先指出："这次会议因备战转移未能按时开，积压较多，应该紧凑讨论。"会议正式通过了《华北人民政府办事通则》（原称《华北人民政府各部、会、院、行、厅、局组织规程》）并批准施行。

《通则》共有 19 条，对机关办公、行文、会议等制度及工作要求都作了详细、明确的规定。例如：

办公制度，规定每日办公 8 小时，星期日休息，办公时间不得擅离职守，假日采取值班制，办公时间外，如遇有紧急公务或群众来接洽事宜，应随时处理。

文电的行文，规定了哪些性质的文电以主席、副主席名义行文，哪些性质的文电以各主管部门名义行文。

公文种类，规定以主席、副主席名义的行文为函、令、指示、决定、批复、通知、通报等 11 种；以各主管部门名义的行文为令、函、指示信、通报等 6 种。

同时，对公文的拟稿、审稿、签发也作了规定。公文程式由秘书厅统一制定。

会议制度，规定政务会议每半月举行一次，由主席或主席指定副主席召集，各部门负责人参加；各部门工作会议每星期举行一次，各处负责人及科长参加。

凡属有关方针政策、重要计划及各项法令规章之决定和颁订或变更，各部门均应呈报主席先行请示，并事后报告备案。

《通则》还对保密、文电收发处理，以及干部任免、经费预算等作了规定。

这个《通则》，对于华北人民政府成立后，克服游击作风，办事无规矩，严格工作纪律，办事有章可循，发挥了重要作用，使机关各项工作较快地走上正规化。这个《通则》，对新成立的中央人民政府制定和建立机关工作制度、保证日常工作迅速运转起来，提供了重要经验。

会议讨论通过了《华北人民政府关于成立中国人民银行发行统一货币的命令》，并于 11 月 22 日颁布。《命令》指出：为适应国民经济建设之需要，经商得山东省政府，陕甘宁、晋绥两边区政府之同意，统一华北、华东、西北三区货币，决定：华北银行、北海银行、西北农民银行合并为“中国人民银行”，并于 12 月 1 日起，发行中国人民银行钞票，作为华北、华东、西北三区的本位货币，统一流通。12 月 1 日发行新币的当日，华北人民政府还发布了金字第 4 号布告，在石家庄市、平山县城等地张贴，正式向社会宣告中国人民银行成立，并发行解放区统一的货币，任命南汉宸为中国人民银行总经理。这是中国金融史、经济史上划时代的举措。它对繁荣经济、支援前线和新中国成立后迅速统一全国货币都起了重要作用。正如中央领导曾说：我们是带着自己银行进城的。

这次会议还讨论通过了关于政权、财经、文教等方面一系列的重要法令、法规。

1948 年 11 月以后，解放战争进入了决战阶段，形势发展异常迅速。辽沈战役胜利结束，接着淮海战役开始，与此同时，全国其他各个战区也捷报频传。毛主席在为新华社写的评论中敏锐地指出："中国的军事形势现已转入一个新的转折点。""原来预计的战争进程，大为缩短"，现在看来，只需"再有一年左右的时间"，就可打倒国民党反动政府了。随后，平津战役胜利结束，北平于 1949 年 1 月 31 日和平解放，形势起了根本变化。华北人民政府于 2 月中旬迁往北平，20 日即宣布正式开始办公。7 月 25 日，董主席在华北人民政府委员会第三次会议（即华北人民政府委员会最后一次会议）提出，做好准备，参加中央人民政府工作。

七　中央人民政府在华北人民政府的基础上建立

华北人民政府的组织机构，为新中国中央人民政府政务院的机构设置打下了坚实基础；华北人民政府的各项工作规章制度，经过一年多的逐步完善和规范亦为政务院各项工作迅速、有序地运转起来，提供了宝贵的经验。

1949 年 10 月 1 日，中央人民政府宣告成立了。

周恩来被中央人民政府任命为政务院总理后，10 月 21 日，他在宣布政务院成立的第一次政务会议上讲话时说：政务院及所属的各委、部、院、署、行是以华北人民政府及其所属部门为基础组建起来的。工作人员来自 3 个方面：一是解放区的干部，二是国民党旧政府人员，三是社会上的知识分子和青年学生。接着在 25 日政务院第二次政务会议上，决定请示中央人民政府毛主席发布命令，宣布华北人民政府工作结束，并向中央人民政府政务院移交。毛主席于 10 月 27 日向华北人民政府董必武主席发出命令：中央人民政府业已成立，华北人民政府工作着即结束。原华北人民政府所辖五省二市改归中央直属。中央人民政府的许多机构，应以华北人民政府所属有关各机构为基础，迅速建立起来。希即令所属各单位分别与本府所属各有关机构接洽办理交接，并于数日内将交接手续办理完毕为要。

10 月 28 日，董必武主席根据毛主席的命令，向所属各单位发出通知：本府定于 10 月 31 日结束，停止办公。除电令华北各省市人民政府自 11 月 2 日起遵照改归中央人民政府直属并通报外，希本府所属各单位迅速分别与中央人民政府所属各有关机构进行接洽交接事宜。务于 10 月 31 日前将交接手续办理完毕，并将交接清册报来一份，以备汇报中央备案。同时董必武还专门向毛主席作了《关于结束华北人民政府工作的报告》。

10 月 31 日，在中南海勤政殿举行了华北人民政府向中央人民政府政务院正式移交会议。政务院副总理、华北人民政府主席董必武，华北人民政府副主席蓝公武、杨秀峰，中央人民政府委员会办公厅主任兼政务院代秘书长齐燕铭等领导出席了会议。董必武在会上说：华北人民政府自1948年9月以来迄今共13个月，在全体工作人员的努力下，完成了支援前线及发展生产两大任务，圆满完成了它的使命，正式宣告结束。他号召全体工作人员总结以往经验，在新的工作岗位上加倍努力，完成今后更艰巨的建设任务。

（选自《文史资料选辑》第155辑，中国文史出版社2009年版）

与党外民主人士合作不允许一点马虎

赵秀山[*]　赵军威[**]

中共中央和毛泽东主席一贯重视民主人士参政议政。1948 年 5 月，晋冀鲁豫和晋察冀两大边区合并统一为华北解放区。在华北解放区政权组建过程中，毛主席曾两次直接纠正统战方面的不妥当做法，留下了一段佳话。但因为种种原因，流传不广，知道的人不多，甚至影响到了严肃党史著作的编写。笔者（赵秀山）当时先后在晋冀鲁豫边区政府、华北人民政府工作，并任华北人民政府副主席杨秀峰的秘书，了解一些内情，供有关专家和广大读者参考。

1947 年下半年，华北的解放战争形势发生了重大转折。刘邓大

---

* 赵秀山：时任华北人民政府副主席杨秀峰的秘书；后曾任财政部司长，中央财政金融学院党委副书记。

** 赵军威：《华北解放区财经纪事》编者之一。

军和陈谢兵团，从晋冀鲁豫边区率先打到国民党统治区，揭开了解放战争战略进攻的序幕。晋察冀边区野战军在取得清风店战役大捷之后乘胜解放了石家庄，使两大边区完全连成一片，华北局面为之一新。

驻在石家庄附近的中央工委审时度势向中共中央（正转战陕北）提出报告，拟将两边区合并统一。中央指定由工委与有关地区研究、讨论。在取得各方面同意之后，1948 年 5 月 9 日，中央发出文件，郑重宣布，将晋冀鲁豫和晋察冀两边区合并统一为华北解放区，这是中国解放区发展历史上的一个里程碑。

毛主席对华北两大边区的合并统一极为重视。他把这一决定与解放战争全面胜利之后建立中央人民政府的大事挂钩，在离开陕北前向全党发出的《关于情况的通报》中指出："本年内我们不准备成立中央人民政府。目前我们正将晋察冀区、晋冀鲁豫区和山东渤海区，统一在一个党委（华北局）、一个政府、一个军事指挥机构的指挥下。"

在华北两边区合并统一进程中，中央和毛主席不仅重视党委、军区的组建，而且格外重视政权的组建。

众所周知，夺取政权，建设政权，是党的革命纲领的重要内容。在华北两边区合并统一的过程中，政权的组建工作，摆在中央工委和华北局的重要位置上。

1948 年 4 月 30 日，中共中央发布"五一口号"，其中内容之一是"成立联合政府"。这就加重了华北政权建设的任务，它将为"五一"口号中号召的"团结各民主党派、各人民团体、各社会贤达建立联合政府"预为演习。

还有一个重要情况，对华北政权的组建工作有重大影响。这一时期毛主席发表了一系列指示，端正党的各条战线的具体政策，反对土改中的“左”倾偏向。毛主席还批评过土改中“抛弃开明士绅”的错误，极其严厉地指责晋绥边区一些人批斗刘少白（晋绥参议会副议长）是“蠢事”，对陕甘宁边区个别领导人不想参加著名民主人士、边区政府副主席李鼎铭的追悼会“发了脾气”。总之，毛主席对“有些是完全违背马克思主义原则立场和完全脱离中央路线的”“左”倾错误，是毫不留情的。

历史经验和毛主席的指示，为华北两大边区合并统一期间的政权建设工作提供了借鉴和方向。华北局在组建华北新政权时，是小心谨慎的，每一步骤、每一举措都是事先请示、事后报告，以防出现差错，特别是防止再犯毛主席正在抓紧纠正的“左”倾错误。总体上说，组建政权的工作办得很好，很顺利。但是，有两项重大决策，出了纰漏。党中央和毛主席发觉后，曾严肃地给予批评，并督促立即改正。

第一件事是：毛主席认为不经过两边区参议会就撤销两边区政府，另立华北联合行政委员会不妥。

1948 年 2 月 16 日，刘少奇同志向中央提议完全合并晋察冀与晋冀鲁豫两区时，提出两个边区政府“暂不宣布合并，但可合并办公，待召集两区统一的人民代表大会时再宣布合并”。

刘少奇同志的意见是正确的。但是，1948 年 5 月 9 日中央发出的通知明确宣布：“晋冀鲁豫及晋察冀两边区政府在华北人民代表会议未召开前，暂时成立华北联合行政委员会。以董必武为主席，黄敬、杨秀林（即杨秀峰）为副主席，宋劭文为秘书长。”

以上两个文件、两种提法均白纸黑字，有案可查。

但是，后一个文件中提到的“华北联合行政委员会”却从未见它正式办公、启用印信，亦未见过它的任何活动遗迹。这看来是一个谜。其实，当时在两边区政府工作的人员都知道，“华北联合行政委员会”压根儿就没有建立。董必武、黄敬、杨秀峰从未到职。中央的那个决定并未实施。

这件事的“底细”，即现代语言说的“新闻背后的新闻”，究竟是怎么回事呢？

事情的缘由是，董必武当时在内部传达，毛主席觉得，两边区政府都是由“三三制”的两边区参议会选举成立的，不经过参议会，就把两个名声在外的政府机关悄然撤销，另立华北联合行政委员会，不合法理，很不妥当。毛主席认为，刘少奇提出的由两个边区政府联合办公，完全可以合法地实施华北人民代表大会召开之前的过渡政府的职能。这就是华北联合行政委员会没有挂牌的原因。董老在传达时还说，华北联合行政委员会名不正、言不顺，我不去。

参议会是战时民主制度的好形式，是党的统一战线政策在政权建设上的集中体现。参议会章程规定：参议会是“本区最高人民代表机关”，也是本边区行政的“最高权力机关”。它有权决定本边区的施政方针和工作计划，有权制定本边区单行法律，有权选举、罢免本区最高政府的组成人员，有权弹劾、监督各级政务人员，有权审订本边区的财政预决算。两边区参议会在两边区人民中享有较高威信。

土改时期，大多数参议员拥护党的土改政策，少数参议员站在农民的对立面。有些地方，因受“左”倾思想支配，把赞成反蒋、土改的一些参议员也当作地主看待。还有些人说参议会是

“士绅会”，批判它“往来无贫雇，谈笑皆地主”，参议会和参议员的合法地位受到损害。更有甚者，晋察冀边区直属机关竟幼稚地组织“贫农团”，对参议员和出身不好的领导同志胡乱批斗，在批斗时给他们的座位挂“王八蛋”牌子。这些现象虽立即被纠正制止，并对一些造成错误的主事人予以惩处。但是，两边区合并时，两边区参议会仍处于瘫痪状态。有关两边区政府如何合并的大事，确实没有和参议会通气，更没有向参议会正式报告，请求审查。这不仅是不尊重参议会的表现，而且是违反民主政治原则和统一战线政策的偏向。再者，当初两边区政府都是冲破国民党的压制、摧残、迫害，经参议会郑重选出后在全边区群众热烈欢庆中堂堂正正、庄严隆重地成立的。两边区政府多年来发布过无数的推进抗战大业的政令，实施过许多民主政治、富民经济、进步文化等方面的善举，一直受到人民拥护，群众把边区政府视为自己利益的保护者。而今，却不声不响地撤销，很不严肃，势必降低政府的威信。这一情节，也有人向中央反映。鉴于上述原因，成立华北联合行政委员会的决定并未实施。

这就是背后新闻。

根据中央新决定和各位领导同志的指示，两边区政府从 1948 年 5 月至 9 月，实行联合办公，照常行使既定的职权。一切工作、一切政令、一切会议都由晋冀鲁豫边区政府、晋察冀边区行政委员会联衔办理，均由两边区政府领导人杨秀峰、张友渔、戎伍胜（即戎子和）和宋劭文署名。直到华北人民政府宣告成立时，才一并宣布“自即日起，原晋冀鲁豫边区政府及晋察冀边区行政委员会宣告撤销”，此前一日，华北人民政府发出启用印信通令时，也通令“前晋冀鲁豫边区政府及晋察冀边区行政委员会已于即日结束”。这一过程，完全合法合理，而且郑重其事，显示经参议会选出的两边区政府做到了善始善终。

从这一事件中，不仅看到了毛主席和党中央尊重参议会，尊重民主人士，注意发挥民意机关的职权，而且看到了党中央在统战政策上不允许有一点马虎。

第二件事是，毛主席指示，华北人民政府主席、副主席中必须有一位民主人士，如果做不到，那华北人民政府就暂缓成立。中共中央对参议会的态度明确后，两边区参议会也开始进行日常工作。

1948 年 6 月 26 日，晋冀鲁豫边区参议会和晋察冀边区参议会在石家庄召开了两边区参议会驻会参议员（相当于参议会的常委）联席会议。会议由晋冀鲁豫边区参议会议长薄一波、副议长邢肇棠，晋察冀边区参议会议长成仿吾、副议长于力共同主持。两边区政府领导人杨秀峰、宋劭文、戎伍胜等列席了会议。会议首先听取薄一波代表中共华北中央局作关于华北两边区合并统一及召开华北人民代表大会选举成立华北人民政府的说明，并经参加会议的参议员认真讨论后，一致同意薄一波的意见并通过两边区参议会对这一议案的正式决议。有的参议员认为华北仍处战时，此次大会的召开也显急促，建议大会增加“临时”二字以便留有余地，这一建议也获得一致通过。至此华北政权的统一合并和筹备华北人民代表大会事项，完成法律程序。

7 月 11 日，两边区政府遵照两边区参议会决议，联合发出《关于召开华北临时人民代表大会暨代表选举办法的决定》，同时宣布，华北临时人民代表大会筹备处组成。宋劭文、平杰三（华北局秘书长）分任正、副主任。

为促使各级党委高度重视华北临时人民代表大会的选举和其他工作，华北局专门发出通知，要求各级党委支持大会的筹备，保证大会顺利召开。

1948 年 8 月 7 日，华北临时人民代表大会在石家庄隆重开幕。出席大会的代表（包括国民党统治区人民团体的代表）541 人。战争时期召开这样大规模的会议，不仅两边区历史上空前，全国其他解放区也罕见。这自然引起全国（包括国民党统治区）的关注。会议原定 10 天左右，遵照刘少奇的指示，为更多吸取党外人士意见，延长了数日。

大会前一段，杨秀峰、宋劭文分别作两边区政府两年工作报告，薄一波代表华北局提出今后施政方针的建议，聂荣臻作华北军区战争形势分析。来宾邓小平作我军外线作战情况报告。会议如期、有序、顺利进行。当大会议程转入选举华北人民政府组成人员阶段时，却出现了较大波动。起因是：会前明确宣布，华北临时人民代表大会的重要任务是选举华北人民政府委员会及政府主席、副主席，组成华北人民政府。会中临时改为大会只选政府委员会委员，政府主席、副主席改由“大会选出的华北人民政府委员会各委员互选”。由于两边区历届政府主席、副主席都是经过参议会全体参议员直选，华北临时人民代表大会却临时改变选举办法，因而不少代表持保留态度。少数代表则强烈要求按照原定选举办法行使代表直接选举主席、副主席的权利。尽管主席团成员、《华北人民政府组织大纲》起草人杨秀峰说明：“主席副主席由委员互选可以减少为适应工作需要而作的人员调动之困难，亦适合委员会组织原则”，并以少数服从多数表决通过了这一“变通”。但是，许多代表仍然很不“理解”，有些民主人士也觉得“离奇”。

经过全体代表无记名投票，选出董必武、聂荣臻、薄一波、徐向前、成仿吾、杨秀峰、谢觉哉、黄敬、宋劭文、滕代远、凌必应、戎子和、蓝公武、范文澜、晁哲甫、薛迅（女）、张苏、于力、赵尔陆、殷希彭、南汉宸、邢肇棠、徐正、贾心斋、陈瑾昆、刘雨辰、王复初等 27 人为华北人民政府委员。

由于当选委员没有立即举行会议互选主席、副主席，大会闭幕时，只公告说选出了华北人民政府组成人员，没有宣布华北人民政府成立，也没有接着举行华北人民政府成立典礼，更不能举行主席就职仪式。

以上这些有违常规的情况，也引起了社会各界的议论。个别地方竟出现“华北临时人民代表大会开糟啦，连主席也选不出来”的谣言。

事情到了这一步，董必武、薄一波、杨秀峰、宋劭文等领导人觉得有必要分别向党员和一些非党员代表讲清问题，坦率地交交底。他们交底的内容已找不到文字记录，但大致情况许多人都记得。这就是：毛主席和中央其他领导人认为华北临时人民代表大会开得很好，但是，在两个问题上有缺陷：一是出席会议的代表中，党员人数过多，全体代表 541 人，党员 376 人，占 2/3，比例过大。二是华北人民政府主席、副主席候选人名单中，缺少非党人士。第一个问题已经无法改变，第二个问题，中央要求想方设法补救。毛主席认为，华北人民政府并非地方政府，它是解放区第一个领导多个省、市的高级政府，是未来的中央政府的前身，全国各地（包括蒋管区）都在瞪着眼看华北人民政府的人事安排。为了更好地落实“五一口号”的要求，更好地体现统战政策，更好地发挥人民大团结的作用，政府主席、副主席中一定要加一位民主人士，而且要使这位民主人士有职有权。毛主席很严肃地说：如果选不出民主人士担任副主席，那华北人民政府就暂缓成立。有关新闻，新华社不予广播。

大会主席团认真研究了毛主席的指示，接受批评，下决心改正。可是，大会的党内党外代表，对中央这一决定，毫无思想准备，而党外人士似乎比党内人士还觉得突然，自觉难当重任。这就是说，学习毛主席的指示思想，落实中央精神，还需要在党内、党外做深入细致的工作。否则，仓促草率地提出名单，难于取得统一认识。此时，大会已经快要闭幕，许多代表离开工作岗位已有个把月（那时交通不便，有的代表从本地到石家庄需十几天路程。赶到后，又先后开了近20天的会）。他们当中大多是实际工作者（县委书记、县长），急需返回岗位主持支前、生产，会议实难再拖长。根据以上种种情况，大会主席团决定变通选举法，将华北人民政府主席、副主席的选举，改为会后进行。这样做，既可确保选出适合的民主人士担任副主席，也不违反民主制度。事实上，民主人士副主席，也只能从27个委员中产生，不可能另找人选。这样的变通，从表面上看政府主席未经代表直选，有违常规，从本质上看，却很实在。

参与这件事较多的杨秀峰意味深长地说：这样办有好处也有坏处。“两害相权取其轻，两利相权取其重。”宁可在技术上出缺点，不能在原则上（指落实民主人士参政）犯错误。变通选举法的唯一目的就是选出民主人士当副主席，我们党没有任何私利，人民会谅解、认可的。党内外代表在不同场合听到董必武、薄一波、杨秀峰等人诚恳、直爽的说明后，深感毛主席英明伟大、高瞻远瞩。这一奇特事件就此彻底解决。

从 1948 年 8 月 19 日华北临时人民代表大会闭幕到 1948 年 9 月 20 日华北人民政府委员会第一次会议，共一个月零几天。其间，华北局领导向党内外做了大量思想工作，并分别与各位著名民主人士坦诚讨论。当时，大会选出的政府委员 27 人中，非党人士共有 8 位。他们是：蓝公武（著名政论家、记者、教授，因在北平发表抗日言论被日伪政权逮捕。日本投降后进入解放区，担任过察哈尔教育厅厅长）、于力（文字学家、教授、晋察冀边区参议会副议长）、邢肇棠（晋冀鲁豫边区参议会副议长，此前担任过国民党军队的副军长，被蒋介石迫害后进入根据地）、徐正（水利专家，晋察冀边区行政委员会农林处技正）、贾心斋（豫北社会贤达、冀鲁豫行署副主任）、陈瑾昆（著名法学家，因在北平中山堂进行反内战讲演，被国民党政府逮捕，释放后进入解放区）、刘雨辰（陶瓷专家、晋冀鲁豫边区政府委员兼建设厅副厅长）、王复初（实业家，晋察冀边区某私营工厂经理）。以上这 8 位先生中，有 4 位不仅在华北有名望，而且在全国也有较高的知名度。这 4 位即蓝公武、于力、邢肇棠、陈瑾昆。经党内党外反复酝酿比较，又经 8 位非党人士互相举荐，最终商定蓝公武为政府副主席候选人。

此事确定后又涉及候选副主席的排名次序问题。杨秀峰（党员副主席候选人）主动提出为使全社会尊重民主人士，并使民主人士有职有权，可将蓝公武的名字列在他前面。他还为此亲自向许多党外党内不同意这样办的同志做了说服工作。他的这一大公无私精神受到董必武、刘少奇、毛泽东的称赞。

党外副主席人选及副主席排名次序确定后，华北人民政府委员会举行了第一次会议。委员互选董必武为主席，薄一波、蓝公武、杨秀峰为副主席。经主席、副主席商定，提请委员会第一次会议任命了各部、会、行、厅、局的首长。上述8位非党政府委员，都是部门负责人的首选对象，并都被任命为各部门负责人。蓝公武兼任了华北人民政府民政部部长，于力担任了特别新设的华北监察院的副院长，邢肇棠担任了华北水利委员会主任，陈瑾昆担任了华北高等法院院长，其余非党人士也按各自的专业特长担任了有关部门的负责工作。

华北人民政府组建过程中的这段统战史，是值得重视、仔细研究的。中华人民共和国的中央人民政府，一经宣布成立，即能正常运转，开始工作，全面有序有效地行使国家机关职能，这在中外革命时期新政权变革历史上极其少有。取得这一成效靠的就是事先成立的这个“和党外民主人士合作”的华北人民政府的过渡。正如政务院总理周恩来所说：“政务院和它下属的四个大委员会和三十个行政部门是以华北人民政府为基础组建的。”中央人民政府还按照华北经验，更广泛地吸收民主人士参政。中央人民政府6位副主席中有3位是民主人士。差不多每个部都有民主人士担任部长、副部长，有的部，非党部长、副部长还不止一人。

（选自《百年潮》2012年第6期）

新中国财政奠基于华北

王丙乾*

新中国财政部是在华北人民政府财政部的基础上建立起来的。在解放战争后期，中共中央进驻西柏坡，一面指挥全国解放战争，一面开始筹组新政府。华北原来的各级机构在新中国政府的组建中扮演了重要角色，新中国财政部的雏形就形成于这一时期。我最早在冀中财政厅从事财政工作，有幸亲历了这一段历史。

一　在华北初涉财政工作

1925年6月26日，我出生在河北蠡县北宗村。蠡县位于河北

* 王丙乾：时任华北人民政府财政部审计处副科长；后曾任第八届全国人大常委会副委员长，国务委员兼财政部部长，世界银行理事会中国理事。

省保定市东南部，京津石三角腹地。1937 年 7 月 7 日，日军在卢沟桥挑起战争，抗日战争全面爆发。北平、天津、保定等大城市相继陷落，冀中平原成了敌占区。国民党军队溃退后，中国共产党迅速在这里开辟了第一个抗日根据地。中国共产党“创建敌后抗日根据地”“保家卫国”“与华北人民共存亡”的口号，受到广大河北民众的热烈拥护和响应。我在抗日战争爆发后的第二年参加革命，那年我 13 岁。此前一直在家乡上学，先是在本村读私塾，由本家三爷教我。后来上了村里的小学，以后到蠡县上高级小学，上了一年多，抗日战争就爆发了，在日寇的轰炸下，学校被迫解散了。

1938 年，八路军一二〇师来到我村，因为我字写得好，三纵队的一个队长看中了我，但因年龄太小，就让留在县里。我们一起出去了七八个人，有的去了妇救会，有的去了青救会。当时蠡县县委办干部培训班，招我去当勤务员，也就是端茶送水，后来就留在蠡县县委机关，继续当勤务员，再后来就做刻字员。

当时能够为抗日工作，是很兴奋的。我非常努力地学习写仿宋字，练习刻写蜡纸的技术。当时蜡纸、纸张都非常紧张，为了不浪费，都要特别仔细。在工作中，我自己还摸索出不少刻写技术。其间养成的细致工作习惯，对我日后从事财政工作帮助很大。

刻写工作也让我进步很快。它不仅能让我先学习到党的文件，而且还能逐字阅读，既掌握了学习方法，又提高了政治觉悟。记得刚开始刻字的时候，刻一篇王明写的《为中共更加布尔什维克化而奋斗》的文章，我对布尔什维克是什么意思还不清楚，随着刻文件看文件的逐步增多，我在各方面都有了很大提高。当时条件虽然艰苦，但冀中人民在党的领导下，干劲十足，斗志昂扬，充满了革命乐观主义精神。当时不仅印机关文件，还编印了不少文化读物。中共冀中区党委还发起了“冀中一日”的写作运动。最后选编了四册《冀中一日》，新中国成立后还正式出版过。可惜我们印刷用的纸也是根据地试制的麦秆纸，经不起潮湿，保留下来的很少。

1940年，我加入了中国共产党。8月被安排到冀中九分区地委机关工作，最初也是做刻字员，其间还做过收发工作。著名的抗日小说《敌后武工队》就是以我们冀中九分区的抗日战斗事迹写成的，读这本书感觉特别亲切。我也亲身参与了一场伏击战，当时我们九分区的供给部部长让日本人抓去了，说是要从某条道路押送，九分区就派手枪队去营救，书记让我也跟着去。我们在道路旁埋伏，准备打个伏击战。不料，敌人却走了另外一条路。

环境越是艰苦，我们的斗争意志越是坚强，学习也更加刻苦。因为肯钻研，我一度被安排到材料室做研究人员，做了一段研究和写文件的工作。后又调到冀中九分区白洋县委任秘书，就在白洋淀一带。因为敌情复杂，我们经常转移。这个村住几天，那个村住几天。敌人来了，我们有时躲在鸡窝下面的地道里，有时躲在夹壁墙里。在老百姓的保护下，每次都化险为夷。有时候敌人来扫荡，我们就跑到他们据点去。在抗战后期，敌人更加疯狂地对根据地进行大扫荡，特别是1942年冈村宁次发起的“五一”大扫荡十分残酷。当时冀中炮楼成林，公路成网，人说是“出门登公路，抬头见炮楼”。我们当时就住在船上，躲进芦苇荡里。芦苇荡里的水很深，沟汊多，日本鬼子进不去。我们的船也小，每条船只能住两三个人。在船上坚持了很长时间，吃喝都在船上，我们虽不是雁翎队，但生活和雁翎队也差不多。那时有些县委坚持不下去就撤到路西的太行山区，而我们一直在冀中坚持。分散的时候，我们带了一部电台，由于消息闭塞，得不到外界的信息，大家想办法收听延安广播，再由我负责编辑刻印成小报，发送到九分区十几个县，很受欢迎。由于日军的扫荡，我们只好坚持边躲、边跑、边编。

1945 年 8 月 15 日，日本投降了。当时大家很兴奋，以为要和平了，没有想到内战又起。我最初在冀中九分区做了一段审计工作，1946 年 5 月被组织调到冀中行署审计委员会，任审计干事。行署设在河北省河间县，当时冀中行署党委书记是林铁同志，行署主任是罗玉川同志，军区司令员是孙毅同志，他们 3 人是冀中行署的主要领导，也是审计委员会的领导。审计委员会配备 1 名秘书、2 名干事。审计委员会的干部生活一度由军区管，给我们发了军装，实行军事化管理，后来改由行署财政厅管，那时的厅长叫宋景义。

此时正是国民党发动全面内战前夕，解放区正在做长期斗争的准备，工作很紧张。1946 年 7 月 20 日，中共中央《以自卫战争粉碎蒋介石进攻》的文件中指出："为着粉碎蒋介石的进攻，必须作持久打算。必须十分节省地使用我们的人力资源和物资资源，力戒浪费。"根据中央指示，审计制度更加全面细致。当时的审计工作包括边区各级政府、机关、学校、部队的会计账簿、表格、单据等财会制度的建立情况，经费、粮秣、被服、生产自给等收支预算的审定和决算的核销情况；各级银行、贸易公司、公营企业的财务情况；粮食、税收、罚款、没收等一切收入的归公情况；各种税率的执行情况。不仅要了解和掌握财经供给力量、人民的负担量、财政供养人口数，还要了解贪污浪费及生产节约等情况。当时对边区、行署、县三级审计机构设置以及审计的范围、职权都有明确的制度规定。

在审计委员会，我主要负责编预算，编好后还要到晋察冀边区汇报，主要是向吴波同志汇报。吴波同志当时是晋察冀边区财经办事处处长，他总夸奖我们预算编得好。后来晋察冀、晋冀鲁豫两个解放区合并，成立了联合财政厅。有一次预算由行署通过了，领导让我骑自行车直接送到联合财政厅去。为了让我在路上能保护自己，给了我支枪。当时行署每年要编一本预算，但一不给钱，二不给粮，只是批准而已。各行署也都是自行筹款筹粮，边区也没有钱补。后来吴波同志看我预算编得好，边区也正好缺人，就把我调到边区财政厅。我记得是坐着大马车过去的。到了边区财政厅，我的工作还是编预算。

边区预算很简单，我们称为“概算”。概算收入主要有农业税、工商税、罚没收入、公产收入、缴获收入和机关生产收入。在解放战争时期，农业税大约占边区概算总收入的75%—80%，工商税占19%—24%。缴获收入主要是在战争中从敌人手上缴获的枪炮、弹药等，概算中没有列具体数字。机关生产主要用于补助供给标准不足的部分，没有具体列入概算。概算支出主要有军费、行政费、建设费、文教费、社会救济费等，其中军费占到80%左右，其他合计占到20%。当时我们概算收支可以说基本接近平衡，赤字不大，占到概算的10%—25%。虽然战争频繁，情况多变，但是概算编制中，军政人员的编制和供给标准都有具体规定，而且上下一致，计算起来比较方便。预算收入方面的编制和执行都不容易，当时取之于民的事不少，人民负担也是比较重的，我们不能忘记，是人民支持了我们的革命事业。

我们党始终重视财经工作，在开展武装斗争、建设根据地的过程中，财政管理经验也不断积累和丰富。毛泽东同志提出了“发展经济，保障供给”的经济工作和财政工作的总方针，我们依靠人民群众办财政，不断完善各项财政政策和制度，财政工作在土地革命、抗日战争、解放战争各个时期都作出了巨大贡献，也为新中国成立后的财税工作提供了丰富的经验，打下了坚实的基础，培养了大量的人才。

我们新中国的财政事业就是在根据地财政中孕育成长的。

二　华北财政部的成立和发展

革命形势发展迅速，中国人民解放军在各条战线胜利的消息不断传来。1947 年 11 月，解放军一举攻克了华北重镇石家庄。石家庄的解放不仅使我晋察冀、晋冀鲁豫两大区连成一片，而且石家庄是中国人民解放军攻克的第一座大城市，接收和管理石家庄为此后我们进行城市工作提供了重要经验。

石家庄解放后，党中央决定晋察冀与晋冀鲁豫两个区合并为华北解放区，大体包括当时的河北、山西、绥远、察哈尔、平原五省及北平、天津二市。华北地区各根据地在抗战时期，就在政权建设、经济发展以及文化教育等方面取得了很大成绩，为华北地区在解放战争时期的发展奠定了基础。1948 年 5 月 27 日，毛泽东同志和党中央进驻西柏坡，西柏坡从此成为当时中国革命的领导中心。华北解放区在中央工委的领导下，地位和作用也日益突出。

晋察冀、晋冀鲁豫两个边区政府合并后，组成了华北人民政府。当时组建华北人民政府的目的是“把华北解放区建设好，使之成为巩固的根据地，从人力、物力上大力支援全国解放战争；探索、积累政权建设和经济建设的经验，为全国解放后人民共和国的建立做准备”。1948 年 8 月 7 日，华北临时人民代表大会在石家庄的一家电影院召开，出席会议的代表共 598 人，代表华北五省二市 4500 万人民。大会总结了华北解放区两年来的工作，确定了今后的施政方针和工作任务，选举产生了华北人民政府委员会，董必武同志为主席，薄一波、蓝公武、杨秀峰同志分别为第一、第二、第三副主席。9 月 26 日，华北人民政府正式成立，即日起，晋察冀边区行政委员会和晋冀鲁豫边区人民政府撤销。华北人民政府当时并没有在石家庄办公，而是设在平山县的王子村，这里离西柏坡和石家庄都很近。

华北人民政府成立了秘书厅、民政部、教育部、财政部、工商部、农业部、公营企业部、交通部、卫生部、公安部、司法部、劳动局、华北财政经济委员会、华北水利委员会、华北人民法院、华北人民监察院、中国人民银行等正规化的政府机构。

当时中央成立华北人民政府，就是为了探索出一条在全国执政的经验之路。事实上，仅存在一年多的华北人民政府为我们从分散的地方根据地政权转向全国政权作出了极为重要的尝试和努力，此后新中国的中央人民政府就是在这个基础上组建起来的。

由于华北人民政府是在合并晋察冀与晋冀鲁豫两大边区政府的基础上建立起来的，政府的组织机构与人员配备多以两大边区政府的原有机构、人员为基础。1948 年 11 月，我被组织安排到华北人民政府财政部审计处任副科长，当时部长是戎子和同志，副部长是吴波同志。华北人民政府财政部实际上是后来中华人民共和国财政部的雏形。

在华北人民政府成立的同时，还成立了华北财政经济委员会（以下简称华北财委），具体领导和管理各项经济工作。主任由华北人民政府主席董必武同志兼任，副主任有薄一波（兼）、黄敬同志，委员有曾山、贾托夫、姚依林、南汉宸、戎子和、杨秀峰、宋劭文、武竞天、赵尔陆同志。最初秘书长是方毅同志，但方毅同志没有到任，后改为宋劭文同志。华北财委成立后，中央决定委托华北财委统一领导华北、华东、西北的财政金融、贸易、交通等各项经济工作。

华北人民政府成立后，积极发展生产，为整个解放华北地区而奋斗。并继续以人力、物力、财力支援前线，以保障解放战争在全国的胜利。在财经方面的主要工作有：

（1）有计划、有步骤地组织各种生产建设，努力恢复和发展生产。

领导华北人民基本上完成了土地改革，努力发展工商业，使工商业得到逐步的恢复和发展；扶植私营企业，发展国营工商企业，有计划、有系统、有步骤地组织供销合作社；保护自由贸易，正确管理；编制华北经济建设计划，以国营经济做领导，以便把华北的整个国民经济逐渐推向有组织、有计划的发展道路。

（2）改革税制，整顿税收，力求不再加重人民的负担。

首先，为适应土地改革后的农村新形势，颁布了新农业税则，废除农业统一累进税，实行扣除免税点后按常年应产量的比例征收制。其次，在城市税方面，将原来的 52 种税减少为 20 种。将商业税与所得税合并，统一货物税税目和税率，方便各种货物畅通。为发展工业，规定工业减征10%—40%，使工业税负轻于商业。为奖励合作社经济，合作社完全免税。

（3）统一货币，发行人民币。

华北人民政府的一项重要工作就是统一货币，发行人民币。当时各解放区发行的有晋察冀边币、冀南币、北海币、西北农民币、陕甘宁贸易公司流通券、东北币、长城币、内蒙古银行币等8种货币。有6种比价，北海币和冀南币的比价是1 ∶ 1，与晋察冀币的比价是1 ∶ 10，与西北币的比价是1 ∶ 20，很容易发生混乱和影响金融。华北人民政府第三次政务会议决定统一华北、华东、西北三区货币，将华北银行、北海银行、西北农行合并成立中国人民银行，所有发行货币及对外一切债权债务均由中国人民银行负责承担，并任命南汉宸同志为中国人民银行总行行长。1948年12月1日，中国人民银行在石家庄发行了第一套第一批人民币——伍拾元券、贰拾元券、壹拾元券三种面值。

（4）初步统一财经。

华北财委和财政部在中央人民政府成立之前实际代行统一制定全国财经方针、政策，统一管理除东北以外的各解放区的财经工作。中共中央1948年9月政治局会议决定由华北人民政府“将华北、华东（有人口4300万人）和西北（有人口700万人）三区的经济、财政、贸易、金融、交通和军事工业的领导和管理工作统一起来，以利支援前线，并且准备在不久的将来，将东北和中原两区的上述工作也统一起来”。1948年10月，华北人民政府发出了《关于统一华北财政工作的决定》，指出：为统一全区财政税收政策，适应目前战争形势要求，在财政困难及制度不统一的情形下，加强财政工作之集中统一，使一切力量用于战争，使一切制度完全一致，粮食（税）收支调度更有计划，战争供应更加及时。因之，全区财务行政方针，执行集中统一制。华北人民政府在财经方面取得了重大成绩，完成了平津、徐州、晋中、察绥四个战役的支前任务，用巨大的人力、物力和财力去支援其他地区的作战。华北财政部也发挥了重要作用，为新中国财政部的成立打下了一个很好的基础。

（节选自王丙乾著《中国财政 60 年回顾与思考》，中国财政经济出版社 2009 年版）

在中财部和中财委

薛暮桥 *

1948 年 5 月 23 日，周恩来副主席从陕北来到西柏坡，26 日毛主席也来了，这里就成为党中央领导核心的驻地。恩来同志到了以后，我们向他报告华北金融贸易的情况。他听了以后说："不能再搞联合政府了（指华北财经联合办事处），要搞统一经济。"此后不久，党中央决定取消华北财经办事处，成立中央财政经济部，董必武同志任部长，我任秘书长。财办的副主任杨立三同志任军委总后勤部部长；南汉宸同志负责筹建中国人民银行，准备发行全国统一的货币（即人民币）。

周恩来同志这时任党中央军委副主席兼总参谋长，我们大家称

---

* 薛暮桥：时任中共中央财政经济部秘书长；后曾任政务院财经委员会秘书长，国家统计局局长，国家计委副主任，全国政协委员。

他周副主席。他习惯于在晚间办公，规定处理财经、后勤工作的时间是晚10时至次晨2时。董老年高，晚间早睡，由我和杨立三两人按时到周副主席的办公室，在他的直接领导下处理日常工作。为此他叫我们两人到作战室（即他的办公室）去，向我们详细讲了解放军的全部编制、作战计划等机密情况。他说这里是“作战室”，讲的一切要绝对保守机密。从此，我们两人实际上就成为周恩来副主席管理经济（主要是战争供应）工作的秘书。不久，中央决定把晋冀鲁豫、晋察冀解放区合并成为华北区，成立华北局，少奇同志兼任华北局第一书记；成立华北人民政府，董老出任华北人民政府主席。中央财政经济部实际上由周副主席直接领导。

新成立的中国人民银行设在石家庄，1948年12月1日开始发行全国统一的人民币。在这以前，华北地区已经统一发行冀南币（原晋冀鲁豫货币），华东地区已经统一发行北海币，这两种货币等价流通。此外，还有晋察冀币、西北农民币、陕甘宁币（当时称“边币”）等，仍在流通。由于军费开支浩大，财政入不敷出，不得不靠银行透支，因此物价仍然不能稳定。为着保持冀南币与北海币等几种货币的比价，中央决定各地增发货币须经中央批准，并令中财部5天上报一次各地物价情况。人民币发行后，停止发行各解放区货币。冀南币、北海币均按100 ∶ 1兑换人民币。这样各解放区、野战军的财政开支，约有半数由中央用人民币供给了。中央令各地区提出1949年财政收支预算和要求，发行人民币的数额，经中央审查决定。

为了审批各地货币发行和财政预算，我向周副主席报告了在邯郸会议和石家庄会议中所得出的货币流通规律，即在其他情况不变的情况下，物价与货币发行数量同步增长；各解放区不论货币发行多少和物价高低，每一人口的平均货币流通量都相当于30斤小米。抗日战争以前，全国平均每人的货币发行量大体上是银洋3元。解放区大多在农村，商品流通远不如城市，所以货币发行量大体上是银洋1元，即相当于30斤小米的价格。如果货币增加1倍，物价也上升1倍，仍是30斤小米。按照当时生产和生活水平，每100个居民只能养活两个脱产人员，超过此数就要依靠“外援”，即由中央发行货币来供应。我们依靠这些规律和数据来审批各地的货币发行和财政预算，大体上做到公平合理。周副主席对我说，做经济工作必须懂得经济规律，掌握各种数据，否则肯定是要犯错误。

上面谈的关于每100个居民只能养活两个脱产人员的结论，是我根据财政供给与人民负担的关系计算的。按照当时华北解放区的一般状况，人民平均收入在400斤小米上下，脱产人员的开支约4000斤小米。根据经验，人民负担最高不能超过2%，超过此限，人民生活就很困难，因而脱产人员不能超过2%，这样才能达到收支平衡。事实上，除了华北解放区外，山东、西北、东北各解放区的脱产人员均超过2%，因此人民负担不了。形成的亏空，一部分靠工商税收等来解决，大部分靠发行透支来解决。脱产人员不超过2%，是保证财政收支平衡的必要条件。如果脱产人员超过2.5%，而又单靠发行货币透支解决，就有危险了。

从1948年初开始，国民党政府发行的法币由恶性膨胀走向崩溃。1—3月法币发行量在3个月内增加1倍，4、5月间两个月增加1倍，6月份1个月就增加1倍。到8月份，法币发行总额达到604.5万亿元；如加上东北流通券，发行总额达到660万亿元的天文数字。物价犹如脱缰之马，飞速猛涨，每个月都有一两次剧烈波动。国民党占领区的物价，1948 年 8 月比抗日战争爆发时上升 150 万倍，人们开始拒收法币，农村中出现恢复到实物交换的情况，城市中出现金银、外币变成流通手段的趋势。国民党政府迫于法币崩溃的形势，于 1948 年 8 月 19 日宣布“币制改革”，以金圆券取代法币，同时冻结物价。金圆券每元兑换法币 300 万元。在一段短时间内，国民党占领区物价突然稳定，而且略有下落。它们的报纸大肆吹嘘物价如何稳定。我与中财部的同志共同研究，看出这是由于国民党占领区用高于物价指数 1 倍的价格兑换法币，使货币流通量减少一半，金圆券的币值提高 1 倍。同时，金圆券刚刚发行，市场上一时现钞不足。这些因素导致国民党占领区物价的短暂稳定。我们判断，由于国民党政府每月的财政赤字都靠发行货币来弥补，3 个月后其货币发行量将增加 1 倍，物价必然继续上涨；也有同志估计能够稳定半年。

晚间讨论时，周副主席和刘少奇、任弼时等同志都来参加。讨论结束，周副主席作结论同意我们的意见，估计国民党占领区物价至多只能稳定 3 个月，并叫新华社按此精神发表评论。结果，国民党政府在 8 月 19 日是以 2.2 亿金圆券收兑 660 万亿旧法币，到 10 月底，金圆券发行额已激增至 15.9 亿元。通货如此膨胀而又强制限价，使黑市物价在 10 月底已比 8 月 19 日的限价上涨 6 倍左右。11 月 1 日，国民党政府被迫宣布放弃限价政策，物价立即如同洪水决堤，一发而不可收拾。算起来，国民党政府实行“币制改革”只有两个半月就物价猛涨，证明我们的预测是完全正确的。周副主席对此补充说，比预期提早半个月，是因为我军又打了几个大胜仗。他在这里说的是我东北野战军在 9 月 12 日—11 月 2 日取得了辽沈战役的胜利，解放东北全境；华东我军在 9 月 16 日—24 日攻克济南；以及华东、中原两个野战军协同作战，于 11 月 6 日开始发起淮海战役。

国民党政府摇摇欲坠之时，更加滥发货币。金圆券发行额 1949 年 1 月达 208 亿元，4 月猛增至 5 万多亿元，5 月底增加到 68 万亿元。物价上涨之猛，开创了古今中外的空前纪录。金圆券发行不到 10 个月就彻底崩溃。有人统计，1936—1949 年，在国民党统治下，货币发行共增加 1768 亿倍，物价上涨 2500 亿倍，其他任何国家的通货膨胀和物价上涨纪录都远远望尘莫及了。

临近人民解放战争全国胜利这段时间，周副主席特别重视货币问题。因为不但国民党占领区的军费开支绝大部分靠增发货币，我们解放区也不能不部分地增发货币来弥补财政赤字。人民币发行以后，地方货币停止发行。各地的公粮、税收等都由地方掌握，中央唯一能够支配的是人民币。周副主席亲自掌握人民币的发行权，以此来公平合理地支援各野战军和地方的需要。

1949 年 1 月 31 日北平和平解放，南汉宸同志立即进城接收国民党的金融机构，把中国人民银行总行迁至北平。周副主席命我于 2 月 2 日赶赴北平，先见南汉宸，协助清查印钞票所需要的凹版机和纸张，计算印刷能力；同时按他的指示去见已先到北平的陈云同志和董必武同志，请示货币发行方针。董老偏重稳定物价，按每月上升 10%计算。陈云同志说：货币发行方针应当首先保证解放战争的需要，其次才是稳定物价。三大战役胜利后，战争将向全国展开，军费开支浩大，物价应按每月上涨 20%计算，甚至有可能达到

30%。为什么要首先讨论这个问题，因为这关系到人民币的印制计划。当时人民币的最大票面额已为50元和100元，按陈云同志的方针就应当准备印制500元和1000元的人民币，否则就不可能满足需要。

我回西柏坡后，立即向周副主席报告。他同意陈云同志的意见，并且告诉我，中财部即将改为中央财政经济委员会，由陈云同志任主任。周恩来同志的工作作风向来是认真细致，他根据我所提供的印钞能力，来具体规划什么时候开始印制500元、1000元的大票面额人民币，各种票面额的印制比例，以便既满足战争需要，又不过分刺激物价。我从晚10时工作到次日晨6时，画出各种面额人民币印制进度表，立即电告南汉宸同志。此后，周副主席不但决定人民币的印制，更重要的是由他决定人民币的分配，每一次都要他批准。当然是批给各中央局和各野战军，再往下如何具体分配，则由下面自己决定。

周副主席对我们的态度和蔼可亲，但要求是很严格的。任何一件事，在决定前都要详细询问，要我们提出建议，由他来作决定；再由我们起草复电，由他批发，一天也不能耽误。为着立即答复他的问题，我把重要事件和数据抄在一个小本子上，随身携带，以便随时答复他提出来的问题。2月末，大连市委来电，说大连造纸厂（当时解放区唯一能造印钞纸的工厂）造纸的铜线网，被蒋军掠夺运到天津去了，请天津市委立即查明送回大连。这时周副主席正参加党的七届二中全会，有几天没有到办公室来办公。我为中央起草给天津市委的电报，用急电自己批发。周副主席看到后批评我办事太草率，以为发一个电报就一定能把事情办妥。他立即亲自命令派一辆卡车，要我当晚（已经子夜1点钟）派一干部专程去天津询问，批评我还像一个“书生”，没有战斗作风。幸而我派的干部到天津时，天津市委已把铜线网送到大连，这才使他心情平静下来。他心中想着铜线网迟到大连一天，就要少制造多少印钞纸，影响军费供应，他批评我是有充分道理的。

在这同时，刘少奇同志常找我去谈经济政策问题，特别是合作社问题。2月8日，我请刘少奇同志为中财委的干部（也有其他单位的干部参加）作《关于新中国经济建设的方针与问题》的报告。报告除谈了新中国的5种经济成分，特别是对民族资本主义经济的政策外，还详细地谈了合作社问题，这是从我国当时小农经济仍占绝对优势的实际情况出发的。他说：“有的同志问，国营经济与合作社经济何者重要，生产合作社与供销合作社何者重要。不要这样提问题，两者都重要。国营经济与合作社经济应当互相结合，建立同盟。我们今天要同资本主义竞争，谁领导了市场，谁就领导了国民经济。用什么办法领导市场，不能用行政命令，而必须通过供销合作社，用商业办法战胜资本家。”俄国十月革命胜利后，列宁认为领导小农经济比领导资本主义经济困难得多。我国用供销合作社把小农经济团结在国营经济的周围，使私营经济陷于孤立，社会主义国营经济就开始取得在市场上、后来取得对整个国民经济的领导地位。

受少奇同志谈话和报告的启发，我写了一篇题为《论新民主主义合作社》的文章。文内指出，“新民主主义的合作社，是新民主主义国家扶助农民、手工业者以及广大消费者，并进而改造小农业和小手工业的主要工具。”“今天合作社经济的主要任务，应当是扶助小生产者和广大的消费者，帮助他们解决生产中和生活上的各种困难，并在国营经济领导之下，与私营资本主义的投机破坏行为作斗争。”文章分析了合作社经济的形式及其作用，认为合作社经济主要采取 3 种形式，即小型的生产合作社（农业生产中的互助组、变工组、手工业生产中的小型合作社）、供销合作社和消费合作社；还有信用合作社、运输合作、医疗合作等，也在群众生产和人民生活中起了部分作用，但它们一般可以成为供销合作社或消费合作社的兼营业务，不一定要成为单独的组织。文章强调“要发展合作社经济，通过合作社来扶助广大的农民和手工业者，并使他们的个体经济逐渐地集体化，在国营经济的领导下，一步步地朝着社会主义方向前进。”

这篇文章写好后，我送给刘少奇同志审阅。当时中央机关忙于自西柏坡迁往北平，此文被捆在少奇同志的档案中，未经他过目。直到 1986 年，才由中央文献研究室刘少奇组发现，归还给我，1988 年在《薛暮桥学术精华录》上公开发表。

1949 年 3 月 13 日，中共中央七届二中全会胜利闭幕。3 月 25 日，党中央和解放军总部由西柏坡移至北平。我与中财部和中央其他机关的大部分同志也在此见面了。但他一有空就找我去问经济工作情况。不久，陈云同志来到北平，领导新成立的中央财经委员会的工作。我们在东交民巷和正义路的转角处找到一个办公室，我和廖季立同志先搬到城里。陈云同志又调来曹菊如、钱之光两位同志帮助工作。这年 7 月 12 日，中财委搬到朝阳门内一个大院（原是清朝的九爷府）办公。除原在香山的中财部的干部外，宋劭文、周荣鑫同志等华北财委的干部也并入中财委，已有干部五六十人。

中财委成立后的第一件大事是稳定物价。过去以为大城市解放后能够容纳更多的人民币，物价可望稳定。事实恰恰相反，我们在财政经济和金融流通领域内所面对的情况更加复杂，一方面是开支日益浩大；另一方面是国民党统治垮台后遗留的问题甚多，流通领域同样存在着尖锐的斗争，需要经过巨大的努力，才能有效地遏制通货膨胀，控制和稳定物价。

首先是要确立人民币为唯一通货的地位。随着解放区的扩大，人民政府以人民币收兑和排挤金圆券，将它从流通领域驱逐出去。这方面的工作本没有什么障碍，却遭到银圆、黄金和外币的对抗。国民党统治下长期的通货膨胀在流通领域遗留两个突出的后遗症：一是投机活动猖獗，不但工商业资本投机成性，而且形成一批专事投机的资本，在市场上兴风作浪；二是人们对货币存在着不信任的心理，一有风吹草动就纷纷争购银圆、黄金和外币。当人民币开始大量进入市场时，投机资本就哄抬金银、外币价格，阻挠人民币占领市场，并刺激物价上涨。

在全国经济中心上海，由于金融投机分子哄抬，从 1949 年 5 月 27 日全市解放到 6 月 9 日短短十几天内，银圆价格上涨 5 倍，黄金美钞也按相似幅度上涨。许多商人继续以金银而不是按人民币计价，银圆买卖遍布大街小巷。为此必须坚决取缔金银、外币投机，将其排斥在货币流通领域之外。6 月 3 日，上海军管会禁止一切外币在市场流通，外汇外币均须存入银行，任何人不得经营和买卖。6 月 10 日，又禁止以金银计价和流通，取缔黑市交易，一举查封金融投机市场的集中点，逮捕大批投机奸商，分别处以徒刑和罚款。同时大造舆论，广泛发动群众，取缔银圆黑市交易。在上海制止金融投机风潮，为人民币全面占领市场扫除了障碍。但这只是胜利的起步，并没有结束通货膨胀。

由于进行三大战役，百万大军过江，以及向全国大规模进军，军费开支日益大批经费。而且，接收一个城市，尤其是大城市，就等于接收一个被国民党丢弃的“烂摊子”。被俘的国民党军人，除自愿回家者外不能遣散。原国民党政府机关及相关机构的公职人员，除有罪行的已经逃跑外，其他人员也需要收容下来。至于文教卫生等机构的人员，当然全部收容，量才录用。这就在财政上背了一个“大包袱”。

上述种种原因造成财政支出飞快增长，而收入却因战争状态而增长很慢。1949 年除东北地区财政赤字较小（占支出的 5.5%）以外，关内地区的财政赤字，占全部支出的 65.9%。1948 年 12 月—1949 年 12 月，人民币发行额从 185 亿元增加到 3 万亿元，增长 160 多倍。这样的通货膨胀速度也是解放区前所未有的。尽管这主要是由于向全国胜利进军出现的特殊的暂时现象，但不论出于何种原因，只要通货膨胀，物价也就必然上涨。

1949 年 4 月，平津解放不久，平津、华北和西北地区出现第一次物价大波动，天津的综合物价指数，5 月中旬比 3 月份上涨 1.2 倍。政府一面疏通粮食运输，掌握粮食和其他物资，在国营贸易公司之下分别建立粮食、花纱布、百货、山货等专业公司，并在平津建立 40 个粮食、纱布营业处和零售店，直接供货，平抑物价；一面设法吸引游资，紧缩通货，开办“折实储蓄”，保证存款者不因物价波动而遭损失，促进了存款的增长。至 5 月中旬，这次物价涨风逐渐平息。

1949年7月物价又一次暴涨，涨势比4月间更猛。我百万大军过长江以后，向全国进军需要更多财力物力，新解放大片地区需要中央拨款支援。又加7月份华东、华北先后暴雨成灾，上海先是粮价暴涨，随即扩展到纱布等价格上涨，地区扩展至天津、武汉及中原一带。上海是全国投机资本家的大本营，他们囤积居奇，哄抬物价，不惜借取黑市高息贷款，从事投机。7月15日上海日拆暗息升至35‰（折合月息105%），80%的黑市放款被用于粮布投机。7月16日一天，上海每石米价由5万元升至6.7万元。因此，陈云同志率宋劭文等同志亲赴上海，筹划如何稳定物价。

鉴于这次物价波动是粮食和纱布带头上涨，政府花了很大力气从华东各省及中原、华北、东北调运粮、棉、煤、盐等物资支援上海，使上海纺织业摆脱缺乏进口棉花而大批停产的局面，在7月份全部开工。国家掌握着充足的物资，向市场抛售棉纱、棉布、大米、面粉，控制物价上涨幅度。在打击投机活动方面采取必要的行政手段，加强管理，查办不法奸商，对承认错误表示悔改的投机商人予以教育释放，对极少数情节恶劣罪犯予以刑事处分。上海还对工人、学生、公教人员实行平价配售粮食，以照顾广大劳动人民的利益。历时一个多月，物价波动在8月初平息下来。综合物价指数上升幅度，天津为2倍，上海为1.5倍。

7月27日—8月15日，陈云同志在上海召开华东、华中、华北、东北、西北地区的财政经济会议。陈云同志在几次会议中指出，物价上涨的根源是通货膨胀，通货膨胀的根源是军费开支浩大，财政入不敷出，只有在战争胜利结束、财政收支趋向平衡的时候，才有可能稳定物价。在目前，我们可能做到的是掌握粮食、纱布等重要物资，有计划地吞吐，与投机资本家斗争，控制物价上升。会议确定的全力支持解放战争彻底胜利和尽可能控制物价上涨幅度的方针，大大提高了我们在稳定物价斗争中的主动性和计划性。

上海解放后，我们连去上海接女儿探望老母的时间也没有。在上海开财经会议结束后，宋劭文同志要回京，我拜托他把我在上海的大女儿宛琴带回北京。当时宛琴已经14岁了，从她懂事起，就没有见过自己的爸爸妈妈，而且祖母嘱咐她不要问爸爸妈妈在哪里。祖母虽然十分疼爱她，总不能代替父母，她日夜想念我们。解放军刚进上海，她在大街上站了半天，总希望在队伍中突然发现自己的父母。我们呢，夜以继日地紧张工作，躺在床上时，往往想起她和老母亲。罗琼经常带着歉意地说：我欠女儿、老母债太多了。我总安慰她说，当女儿长大，知道我们在干什么的时候，会谅解我们的。那时干革命、照顾家，确实难于两全。

（节选自薛暮桥著《薛暮桥回忆录》，天津人民出版社2006年版）

回忆筹建中国人民银行片段

石　雷*

一　新中国本位货币——人民币的诞生

1948年12月1日，华北人民政府发出布告，宣布：成立中国人民银行，发行中国人民钞票，并定为华北、华东、西北三区的本位货币。同一天上午9时，我将第一批中国人民银行钞票——50元券，付给了平山县（河北省）银行。至此，新中国本位货币——人民币诞生于世了。为了纪念中国人民银行的成立和筹建中国人民银行工作胜利完成，我特将发行的第一号（I　II　III—00000001）人民币收存至今留念。

* 石　雷：时任晋察冀边区银行发行科科长，华北财经办事处中国人民银行筹备处干部；后曾任中国人民银行计划司副司长。

中国人民银行钞票发行，比计划提前了一个月。中央原计划，1948 年，将华北、华东、西北三大区的货币固定比价，相互流通。创造全国货币统一的条件。1949 年 1 月 1 日再成立中国人民银行，发行中国人民银行券，并根据稳定物价方便流通的原则，确定了人民银行钞票对各解放区地方货币的比价，以统一全国货币。但人民解放战争胜利形势发展很快：11 月 2 日东北全境解放；淮海战役顺利进行；东北野战军进关，平津解放在即。此时的形势，正如毛泽东同志所说，中国的军事形势现已进入一个新的转折点，即战争双方力量对比已经发生了根本变化。人民解放军不但在质量上早已占有优势，而且在数量上现在也已经占有优势。这是中国革命的成功和中国和平的实现已经迫近的标志。而新解放的地区，大多是几个解放区接合部位。货币种类多，比价不一，不仅影响着野战军作战，商民往来，也影响着市场的稳定。货币的统一，已是刻不容缓。

1948 年 11 月 18 日，华北人民政府召开了第三次政务会议。董必武主席临时加了两项议题。其中之一，即是“关于发行统一钞票问题”。当时的中国人民银行筹备处主任、华北银行总经理南汉宸同志向政务会议报告说：去年华北财办成立后，曾议定发行统一钞票，成立了中国人民银行筹备处。今年，先固定了晋察冀边币与冀南钞的比值；华府成立后，又固定了冀钞、边钞与北海钞及西北农民币比值，互相流通。现在华北区有 4 种钞票流通，虽比互不流通时较便，但货币种类多，比价不一，人民使用仍感不便。如若接管平津，与东北接壤，流入市场的货币种类将更多（当时市场上票子有晋察冀边币、冀南币、北海币、西北农民币、陕甘宁贸易公司流通券、东北币、长城币、内蒙古人民银行币 8 种，人称“八国联军围平津”。而 8 种票子有 6 种比价），可能发生混乱，影响金融。因之，必须统一发行钞票，只准一种票子进平津。事关华北、华东、西北、东北等区。已电商各区统一发行。现在情况，已不容迟缓。华北银行、中国人民银行筹备处虽已做了准备，但如何进行仍请核议。

与会委员认真地讨论了南汉宸同志的报告。有的说“要快点发，要有平津解放前印发，愈快愈好”；有的说“市面需要统一和大额票子”，“票面额比价要大些，现在虽尚不能一元抵战前一元，至少要能抵一角”，等等。最后会议一致通过定议：发行统一货币，现在已刻不容缓；应即成立中国人民银行，并任命南汉宸为中国人民银行总经理。一面电商各区，一面加速准备。

董必武主席最后结论说：货币统一现在已有准备，且步骤很好，物价未受影响。我们的货币不仅种类多，且一个银行的花纹样式也不一样。原曾准备四区在今年统一。现在准备成立（中国人民银行）是形势迫切需要。中国人民银行，要以各地区银行为基础，将来华北银行为总行，各区为区行。华北财办计划（人民银行券）一发行，立即收回各地区票子，可能不易办到，与各区商议逐步收回，对人民、对作战均有好处，等等。

华北人民政府根据政务会议精神，1948 年 12 月 1 日发出了《关于发行新币的布告》。《布告》说：为适应国民经济建设之需要，特商得山东省政府、陕甘宁、晋绥两边区政府的同意，统一华北、华东、西北三区货币，决定：一、华北银行、北海银行、西北农民银行合并为中国人民银行，以原华北银行为总行，所有三行发行之货币，及其对外一切债权债务，均由中国人民银行负责承受。

二、于本年12月1日起，发行中国人民银行钞票；（下称新币）定为华北、华东、西北三区的本位货币，统一流通，所有公私款项收付及一切交易均以新币为本位货币。新币发行之后，冀币（包括鲁西币）、边币、北海币、西农币（下称旧币）逐渐收回。旧币未收之前，旧币与新币固定比价，照旧流通，不得拒用。新旧币比价规定如下：新币对冀币、北海币均为1∶100，即中国人民银行钞票1元等于冀南银行钞票或北海银行钞票100元。新币对边币为1∶1000，即中国人民银行钞票1元等于晋察冀边区银行钞票1000元。新币对西农币为1∶2000，即中国人民银行钞票1元等于西北农业银行钞票2000元。上规定，望我军民人等一体遵行，等等。

二　人民币是各革命根据地货币胜利发展的成果

人民币并非从天上掉下来的，也不是从地下钻出来的，更不是什么一时心血来潮的产物。它是人民建立全国政权的需要，是国家政治、经济统一的必须，是急需结束国民党反动政府恶性通货膨胀、货币混乱的需要。人民币是中国人民艰苦奋战几十年胜利的产物，是各革命根据地货币胜利发展的必然，从历史看，各革命根据地货币逐步发展成全国统一的本位货币——人民币，是经历一些不同历史时期的：

第一个时期，是1926年—1937年7月，即第一次和第二次国内革命战争时期。这个时期的特点，各革命根据地初建银行和发行票币，但由于没有经验及其他一些原因，未能使其发展为全国统一的本位货币。

北伐战争时期，湘、鄂、赣、粤等省的广大贫苦农民，随着北伐战争的胜利进展，相继建立起农民协会，这是农民自己的革命组织。农民协会，不仅在政治上、经济上打击土豪劣绅、地主，而且积极组织起农民武装，实行一切权力归农会。还有些地方的农民协会建立了消费、贩卖、信用合作社，以此来对抗地主和不法商人卡借钱粮、重利盘剥，保护自己利益。有的还建立了银行发行“流通券”，以筹集资金方便借贷。如 1927 年 1 月，湖南省浏阳县东乡农民协会建立了“平民银行”，发行临时兑换券和信用券；湖北黄冈县农民协会也成立了“农民协会信用合作社”发行流通券。农民自己组织起来发钞票，这在中国货币史上是破天荒的一件大事。它是长期无权的中国人民第一次发行钞票，也是今天人民币的起始。由于没有掌权的经验，到 1927 年 7 月，随着北伐战争的失败而被迫解散、停止发行和流通了。

1927 年秋，毛泽东同志率领的秋收起义部队创建了以宁冈为中心的湘赣革命根据地，恢复了党组织，建立起苏维埃政权。其他地区也相继建立起根据地。随着革命的发展和根据地的扩大，又先后建立了银行发行票币。如湘赣、闽浙赣、闽西、川陕边等革命根据地银行发行之票币等。1931 年 11 月，中华苏维埃共和国临时中央政府又建立了中华苏维埃共和国国家银行，发行票币，根据地银行发行票币，对支持生产、方便商民往来、支持革命战争起了很大的作用，也深受群众的拥护。但在敌人重重封锁下，各根据地票币只能在局部地区行使，就是中华苏维埃共和国国家银行的票币也只能在中央苏区流通，1934 年 10 月，随着我军先后撤出根据地长征，到 1936 年底，除中华苏维埃共和国国家银行西北分行发行的票币外，其他根据地的票币均被迫停止发行和流通了。而中华苏维埃共和国国家银行西北分行，于1937年秋，根据国共合作的需要改为陕甘宁边区银行，其发行的票币也由陕甘宁边区银行逐步收回。

总之，抗日战争前，各革命根据地发行的票币，无论是第一次或第二次国内革命战争时期发行的，由于种种原因，均未能发展成为全国统一的本位货币。

第二个时期，是1937年7月—1946年末，即抗日战争和抗战胜利后，到国民党反动派发动全面内战时期。这个时期的特点，各抗日根据地相继建立了银行，发行票子；抗日战争胜利后，各大解放区在本区内进行了初步的货币统一，后因国民党反动派发动全面战争而被迫停止了。

抗日战争时期，敌后抗日军民在中国共产党的领导下，先后创建了抗日根据地进行游击战。这些抗日根据地也相继建立了银行，发行了票子。大的银行有：陕甘宁边区银行，晋绥的西北农民银行，晋察冀边区银行，晋冀鲁豫边区的冀南银行、鲁西银行，山东的北海银行，华中地区的大江、盐阜、淮海等银行。这些银行发行的货币，在抗日战争中发挥了很大的作用，它维护了当时的“法币”，不使日本帝国主义套取我国外汇；驱逐了敌币，保护了人民财产，发放贷款支持生产，支持了抗战经费；等等。抗日战争胜利后，根据地扩大了，彼此被分割的状态基本被打破，部分根据地也联成一片。随着生产的发展，物资的交流，商民往来日益增多，而原来的区域性银行、货币已不能适应形势的发展。因此，一些大的解放区即着手进行了本区内的货币统一。如华中解放区，把盐阜、江淮、大江、江南、淮南、淮北、淮海等银行合并为华中银行，统一发行货币，收回其他几个银行的票子。晋察冀边区，以边币统一了冀中、冀热辽及一些地、县经济单位发行的各种流通券。晋冀鲁豫边区以冀南币统一了鲁西币，及太行、太岳版的各种票币，等等。这些区域性的货币统一，给人民带来方便，很受群众拥护。但此项工作尚未完成，国民党即发动了全面的内战，大举向解放区进攻，侵占了解放区许多地区，迫使区域性的货币统一工作不得不停顿了下来。

第三个时期，是 1947 年—1948 年 1 月，即人民解放军转入反攻，全国解放和中华人民共和国成立的前夕。这个时期的特点，是各大解放区的货币逐步固定比价混合流通，积极筹建中国人民银行，发行统一货币，为全国货币统一创造条件。

1947 年春，我们处于中国历史上一个巨大的转变时期。爱国自卫战争，经过几个月的艰苦奋战，取得了重大胜利，并即将转入全面反攻，土地改革已在各区展开，有的大体完成，农村经济正在发生变化；各解放区不断扩大和巩固；商民交往、物资交流日益发展。原来区域性的货币已成为发展经济的障碍，急需进行金融贸易的统一，以更好地支援解放战争，适应形势的发展。

1947 年 4 月，党中央根据当时政治、军事和经济形势的需要，决定成立华北财政经济办事处（简称华北财办），由董必武同志为主任，晋冀鲁豫、晋察冀、华东、晋绥各派一位副主任，以统一各解放区的财政经济政策和调剂各解放区的财政收支。为了贯彻中央指示精神，1947 年四五月间，中央委托晋鲁豫中央局召开了有晋察冀、华东、西北、晋冀鲁豫参加的华北财经会议（会议地址，在晋冀鲁豫中央局所在地——武安县冶陶镇，此地在邯郸近郊，故后称邯郸华北财经会议），这是解放区第一次财政经济会议。会议进行期间，董必武同志经长途跋涉赶到会上，听取汇报，并就解放区的财政、经济统一问题同参加会议的负责同志进行了深谈。以后不久即任命南汉宸、杨立三、薛暮桥等同志为华北财办的副主任，组成领导班子，展开了解放区财经统一工作。华北财经会议交流了各解放区财政、经济工作的经验，确定了今后财政、经济工作的基本方针，以及如何保证自己战争的财粮、供给等问题。会议决议指出：各解放区的货币贸易关系，应即进行适当调整，便利人民物资交流，使我对敌经济斗争力量加强，步调一致。会议决定，邻区物资交流，应与内地贸易采取同样政策（通过敌人封锁时须有适当措施以免走私偷税），进口出口采取一道税利，邻区已征的不再重征。各区货币应相互支持，便利兑换，帮助邻区采购必需的外货，推销剩余土产，互相调剂，减少对蒋占区的依赖，等等。

根据华北财政经济会议精神，1947 年七八月间，晋察冀边区银行、北海银行、冀南银行在德石路、津浦路沿线的沧州、泊镇、德州、深县、宁晋、新河等接壤地区建立联合兑换所和货币混合流通区。在混合流通区内，各种货币可以自由地流通、携带、保存、兑换，但到对方区，必须兑换成对方的货币。还相互增设了一批通汇地点。这些措施，大大方便了群众，促进了物资交流。

1947 年下半年，我军转入战略反攻。由此，“破坏了蒋介石将战争继续引向解放区，企图彻底破坏解放区的反革命计划。现在，战争主要地已经不是在解放区内进行，而是在国民党统治区内进行了，人民解放军的主力已经打到国民党统治区域里去了。”此时，陇海路以北、平绥路以南广大解放区不仅连成一片，而且有了一个相对稳定的，可能有计划进行生产和建设的环境。随着经济交往、贸易往来日益增多，原来在接壤地区混合流通，相互兑换票子的办法不能适应。同时，中原新的解放区需要人民的货币去占领阵地，驱逐蒋币。

1947 年 8 月 1 日，董必武同志草拟了华北财办组织规程。其中，华北财办的任务第五条是“筹建中央财政及银行”。后经工委同意报请中央审核。8 月 16 日中央批准了董老所提“华北财经办事组织规程”。1947 年 10 月 2 日，董必武同志根据山东张、邓 9 月 14 日电报“建议立即成立联合银行或解放银行，以适应战争，愈快愈好”的建议，向中央建议，组建中央银行统一发行货币。除派南汉宸同志赴山东商谈建立银行的具体办法外，还建议“银行的名称拟定为中国人民银行”，请中央考虑示遵，并希望银行的名称早定，以便“印钞时要用”。

1948 年 12 月 8 日，中央对董老“关于建立全解放区银行”建议作了指示。指示说，下列问题请加考虑：

一、总行建立并发行票币后，各解放区地方银行发行之票币是否收回，还是平行流通。如不收回，是否还能继续发行，如果均须收回，则总行有无供给各区大量票额的能力。

二、在目前，全国解放区财政、贸易、税收等尚未集中统一，还是仍分归各区管理经营，总行是否有足够物资力量保障新票币的相当稳定，不然有无更易引起金融波动之危险。

三、总行发行统一票币，本为着各解放区间汇兑便利，利于物资交流、贸易经济发展，财政盈亏，脱产人员与人口的比例均不一致，为着保障新币的稳定，势必要在票面上加盖限制流通区域范围章记。这样又还是免不了各区之间比价的差额。是否又将产生汇兑不便与现在相同的情形。

四、根据上面各种情况，目前建立统一的银行是否有点过早。（进行准备工作是必要的。至于银行名称，可以用“中国人民银行”。）

五、如果统一的银行暂不成立，但南线出征大军（刘、邓、陈粟、陈谢等）需要大量票币，可否在豫、皖、苏设立中原银行，由该行发行一种临时流通券（要托太行印），分发出征各军使用，或即要托太行银行代发一种中原流通券……

华北财经办事处，遵照中央指示，积极筹建中国人民银行，同时逐步把各解放区的货币固定比值相互流通，为新中国统一货币创造条件。

1.成立了“中国人民银行筹备处”，为建立中央银行准备条件。筹备处由南汉宸同志兼主任，1947年10月调晋察冀边区银行任副经理的何松亭同志主持日常工作，调晋察冀边区银行发行科长石雷同志做有关钞票的印制准备发行等具体事务工作。略后，又调来武子文、秦炎、孙及民、王厚溥、周励及赵善普等6位同志。从而开始了人民银行的筹建工作。1948年元旦，由何松亭同志带领筹备处同志到西柏坡给董老拜年。董老指示：调你们几位同志来，就是为建立中央银行做准备的，今后你们的任务是搞调查研究，提建议。了解各解放区的财政、经济、金融情况，研究解放区票子怎么统一，中央银行怎么建立，中央银行票子怎么发行，城市金融怎么管理，国民党银行怎么接受，还要抓紧票子的印制，等等。董老的谈话，为中国人民银行筹备处的工作指明了方向。

为了加速人民币的印制，南汉宸同志亲自请董老给中国人民银行票子题字。董老很高兴地接受了请求，他在一整张纸上，横竖写了“中国人民银行”“中华民国”“壹、贰、叁、肆、伍、陆、柒、捌、玖、拾、百、千、万”“圆、角、分”“一、二、三、四、五、六、七、八、九、十、年”许多字，由我取回，并立即送到晋察冀边区印刷局制版印刷。到 1948 年 11 月底，已积存印好的票子五六马车，为人民币发行创造了条件。

为了加速人民币的印制，董老还请东北局代印人民币。1948 年 5 月，还派中央财政经济部吕克白同志，趁到东北交流关内各解放区财政经济工作经验之机，顺便检查代印人民币的情况，并商定妥善运到关内的路线。东北局及东北银行经理曹菊如同志很支持这项工作，由在佳木斯的东北银行印钞厂代印。为防止意外，新印的人民币不切开，不加印号码签章。印好后，由大连经烟台，于 1949 年 2 月初运达石家庄，石雷同志接收后，立即转交在石家庄的印刷三厂厂长孟冠洲同志，由该厂加工成成品，增加人民币的发行力量。为了筹集中国人民银行发行准备金，还向各大区要了印钞纸、食盐、布、粮食等物资。

2. 成立中州农民银行。根据中央“如果统一的银行暂不成立，但南线出征大军需要大量货币，可否在豫、皖、苏设立中原银行”的指示，决定成立中州农民银行。并于 1947 年 11 月安排冀南银行印刷厂制版印制。1948 年 1 月 25 日，中原局发出了《关于发行中州农民银行钞票的决定》，指出：“为彻底摧毁蒋匪集团及地主阶级在农村中的经济控制，准备建立完全的农民的经济秩序，建立革命根据地，并部分的解决当前财经困难，决定发行中州农民银行钞票……”经过几个月的准备，在思想上统一了认识，在物资（包括银圆）上有了一定的储备。于1948年6月1日发行了中州农民币，在与国民党政府的“法币”“金圆券”的斗争中占领了中原解放区市场。

为了使中原和华北地区物资交流畅通，华北、中原两区商定，在陇海铁路以北，黄河以南的狭长地带作为两区货币的混合流通地区，并设立联合兑接所。越出此区，要兑换成对方货币，还增设了通汇地点，便利商民的经济往来。

3. 华北、西北、华东三区货币实行固定比值相互流通，为全国货币统一流通创造条件。

1948年四五月间，华北财办在石家庄召开了金融贸易会议。董老主持了这次会议。会议指出：目前我们的货币制度，由于战争环境，还存在着两大缺点，一个是不稳定，一个是不统一……为着生产的发展，繁荣经济，便利各地区的物资交流，避免交换中的不应有的损失，我们必须使我们的货币相当稳定，并把各地区的货币统一起来。但是由于战争的环境，交流困难，财政工作在领导上还没有完全统一，所以货币发行统一不应当操之过急。

根据中央逐步实现货币统一的精神，1948年1月，陕甘宁边币与西北农民币固定比价混合流通，比价为2∶1，即2元陕甘宁边币等于1元西北农民币，并停止了陕甘宁边币的发行。1948年4月15日，冀南币与晋察冀边币固定比价混合流通，比价是1∶10，即1元冀南币等于晋察冀边币10元，并停止晋察冀边币的发行，华中币与北海币也以1∶1混合流通。此外，还根据金融贸易会议决议，在晋东北即晋绥与华北接壤地区成立了华北银行，西北农民银行联合兑换办事处。

1948 年 7 月 14 日，中央同意谭震林同志关于“先将冀南钞与北海钞固定一对一的比值上，并容许两种钞票在华东、华北两大区相互流通”的提议，指示华北局、华东局两区商议具体办法。并于 8 月 15 日实施。7 月 21 日中央又同意薄一波同志“将华北与晋绥、西北三区货币也作同样规定”的建议后指出：“中央认为，为使上述三区人民不再遭受由于货币不能通用的人为损失，并使今后发展及目前晋中作战三区货币应采取与华北和华东的同样办法，固定比值准许在三区互相通用，通用日期，应同样规定为 8 月 15 日。”但由于三区货币统一于党、政、军领导机构建立之前和财经政策方针组织领导统一之间，有些问题不易解决以及比值问题而推迟到 10 月。10 月 15 日，宣布华北、华东两区货币固定比价互相流通，其比价，北海币与冀南币 1 ∶ 1，与晋察冀边币 1 ∶ 10。10 月 20 日，宣布华北与西北两区货币固定比值混合流通。其比价西农币与冀南币为 20 ∶ 1，与晋察冀边币是 2 ∶ 1。至此平绥路以南，陇海路以北，包括华北、华东、西北 5000 多万人口的三大解放区货币互相流通了。为全国货币统一，人民币的发行创造了良好的条件。

第四个时期，是 1948 年 12 月前后，进行宣传解释，使人民币顺利发行的时期。

为了使人民币顺利发行，避免市场波动，并使人们了解发行新币的意义，在人民币发行前后进行了大量的宣传解释工作。1948 年 11 月 25 日，以中国人民银行总行的名义指示各基层行：首先在内部进行教育，使所有同志了解发行人民币的重要意义和必要性。同时以各种形式向群众宣讲解释华北人民政府布告的内容，使群众乐于接受人民币。向人民宣传：①为什么要发行中国人民银行券；②人民券和其他旧币的比值是怎么规定的；③人民券的币值为什么比各区地方币都高；④新币的购买力比旧币高会不会引起物价上涨；⑤人民券的腿有多长；⑥人民券发行后，地方货币怎么办；⑦人民券发行后，以前的债权债务关系怎么办；⑧人民券与伪金圆券的区别在哪里；等等。与此同时，更主要的是新华社及人民日报、地方报纸大量宣传发行人民币的意义、作用，说明今天发行人民币是革命发展的需要，以及新币发行后对旧币人民政府负责收兑和蒋介石伪金圆券的本质不同，并号召人民予以支持等等。总之，在党的领导下，在华北人民政府领导下，人民币的发行是顺利的，没有引起金融不稳和市场波动，信誉也很好，从而顺利地实行了新中国货币初步统一的工作。

（选自《中国金融》1987 年第 4 期）

华北局的机关报《人民日报》

安　岗*

随着解放战争的胜利，1948 年春，出现了有 1 亿人口的华北解放区。这个解放区包括晋冀鲁豫解放区和晋察冀解放区，成立了中共中央华北局和华北人民政府。晋冀鲁豫《人民日报》和晋察冀解放区的《晋察冀日报》合起来，组成了华北局的机关报《人民日报》。

1948 年 5 月间，晋冀鲁豫中央局和党中央通知我们到河北平山去，到那里和《晋察冀日报》的同志一起组建华北《人民日报》，大家听了都非常兴奋。当时心情是矛盾的：一方面感到我们越走越接近北平、天津这些大城市，接近了大城市，就是接近了胜利。当

* 安　岗：时任晋冀鲁豫《人民日报》副总编辑；后曾任《人民日报》副总编辑，《经济日报》总编辑，全国政协委员。

时大家议论的话题就是到了北平怎么样办报，怎么样把报办得适合大城市人民来看，如何把党的声音为新的读者就是城市的读者、新解放区的读者所接受。大家都感觉到胜利来的比我们想象的快得多，我们的思想有点跟不上形势的发展。另一方面，很快就要离开在这里生活和战斗多年的农村，感情上有些依依不舍。在武安河西村把晋冀鲁豫《人民日报》最后一期出版后，我特地看望了河西村的老乡们，向他们告别，感谢他们在困难条件下，为报纸出版出了力。

我是最后离开武安河西村坐上大卡车向平山进发的。在平山我们住的村子是里庄。在这里认识了《晋察冀日报》的同志，这些同志中间当时有王亢之同志，有李千峰同志、周明同志、杨永直同志，还有画家蔡若虹同志，等等。王亢之同志对编辑和行政工作都很有办法，他工作很辛苦，对于很多问题都有很好的见解。两个根据地刚刚合到一起，同志之间难免会有一些山头的隔阂，由于有像亢之、千峰这些同志的努力，很快就消除了隔阂，形成一个新队伍。在这以前，我们的脑子里装的基本上都是土地改革之类的问题，这时候意识到光停留在这方面是不能进城办报的。所以，在平山办华北《人民日报》对于我们以后进北平办《人民日报》是一次很好的演习。由于战争发展得快，这个演习的时间太短了。当时，战争情况变化得非常快，政治斗争、军事斗争那样尖锐，中央不可能有很多的时间考虑报纸的事情，就在这种情况下，为了提高报纸工作人员的素质，还特地从《人民日报》抽出一批同志组织了一个华北记者团，到党中央所在地去学习，实际上是一个记者训练班。到训练班讲演的人很多，有不少领导同志，如刘少奇、彭真同志等。当时，我们都认为这是为了准备办全国性的报纸而做的一种新闻理论、新闻思想、新闻作风的准备。其中，刘少奇同志的讲话，可以说时间过得越久影响越大。少奇同志提出记者要了解政策在群众中的反映和执行情况。少奇同志要求我们独立地去考察一个政策制定实行的时候，究竟是对发展生产有利还是没利，效果好还是不好，群众拥护还是不拥护。这些话解放了我们的思想，提高了我们的认识，对我们是一个深刻的教育。我认为，直到现在我们还没有很好地做到这一点。少奇同志要求我们按照事物本来的面目去进行报道，他没有抽象地去谈新闻的真实性问题，而是用辩证唯物主义的观点，让记者观察生活、观察社会、观察党的政策在下面的执行情况，他要求我们表现人民群众，而且要求要表现得精彩，他担心我们在舆论阵地上负不起历史交给我们的责任，担心由于我们的不成熟而发生这样那样的失误，而急切地希望我们能够有一个成熟了的马克思主义的思想。少奇同志的讲话对我来说是终生难忘的。

为了研究怎样办好报纸，我曾被召到当时中央所在地西柏坡一次。在西柏坡我第一个见到的就是少奇同志。一见面他就问我，你是哪个山头的？我说，我是太行山阳泉煤矿干游击队的。少奇同志说，你怎么办起报来了呢？我说，就我的文化来说，也不过是个中学生，但是，从 1938 年我就接受朱总司令的任务，在太行山办起了《胜利报》，一直办到现在的《人民日报》。少奇同志听了笑了起来，他说，这很好。新闻工作者光有文化不行，还要在各种斗争的考验中去锻炼成长。你们的任务更大了，你们现在要准备办全国的报纸，要做很好的准备。当时我在西柏坡大饭堂吃饭的时候，见到刘少奇同志和恩来同志及其他各位领导同志。他们在饭桌上谈论进了北平全国解放后我们要采取什么样的政策，来把中国的事情办好。恩来同志谈论国家资本主义，谈论列宁和俄国的情景，我听得特别清楚。从饭桌的谈话中间使我感觉到，当时的党中央有很浓厚的理论空气，他们谈论的是解放大城市以后，我们的政策的理论根据，这一点对于我来说是一个刺激，我当时就想到我们的思想还是停留在实际工作和具体问题上，没有在政策上、理论上、观念上研究些新的问题，以适应北平解放的新形势。少奇同志提醒我们要早做准备，准备什么，我从这里找到点答案。

回到平山后，我们已经不能像在晋冀鲁豫那样，去研究一个村的“三查三整”的问题，一个基层的生产问题，我们开始研究如何对待资本家和工商业的政策问题、市场问题、大城市的各种经济问题。

华北《人民日报》办的时间不长，最难忘的是党中央在我们身边，我们是在党中央身边办报的。有一天晚上，各个版已付印，我就休息了。当时因形势很紧张，在我睡觉的房间安了一部电话，刚睡下，电话就响起来了，是乔木同志打来的。乔木同志让我拿笔和纸，说他要给我传一条消息，并且说这条消息明天见报。我说报纸已付印，很快就印出来了。他说你把它先停下来，将这条消息换上去。消息的内容是：告诉傅作义，他要偷袭石家庄，我们知道了，也知道他要用骑兵来突然袭击。我们已经做了准备。还指出北平防守空虚，问他们还要不要北平？乔木同志说，这条新闻是毛主席写的，要印成传单，发到保定和各个敌占区，让傅作义能看到，同时也在报上登出来，当时我问这条消息放到什么位置上。他说放到头条位置不好，这个消息还得让他们看得见，所以当时就决定把这条消息放到版面的中间，连标题的字号都做了研究。乔木告诉我报纸晚出一点不要紧，但是一定要让敌人能看到。我们完成了这一任务。傅作义部很快就停止了前进。毛主席在解放北平的前夕，用这条新闻，退了偷袭之敌人。

华北《人民日报》时期，也曾经犯过错误，受过批评。当时的华北局政策研究室主任李哲人同志，送来一个8000字左右的华北地区自然灾害综合材料。我当时认为，我们决不能因为胜利而放松同自然灾害的斗争，而当时的条件不可能经常报道灾情，发一个综合情况，使人们对于灾害有一个总的了解还是必要的，就同意发了这篇文章。这篇文章发表之后不久，就受到了一位主管报纸的同志的批评，说这篇报道把灾害综合起来不加分析，不把重点放到如何与灾害斗争方面，客观地报道灾害的情况，就是客观主义的错误。在当时，这个批评是很严厉的，客观主义与资产阶级的帽子是连在一起了。但是，当时我并不完全认为这个批评是对的，我认为结论可以让读者自己去做，报纸应着重告诉读者事实。但是，在接近全国胜利的前夕，中央强调加强组织性和纪律性，所以尽管在思想上我还不大理解，我也承担了错误的责任，写了检查。有一天，一波同志来到了报社，在磐石同志的办公室，我对一波同志说，这个材料是我发的，我对这个错误负责任，磐石同志没有看过。一波同志说，我知道这材料是华北局政策研究室的同志们搞的，是他们送给你们发表的，你们可以接受教训，但是这个事情我要负责任的，你们不要紧张了。出一点像这样的问题从办报来说是难免的，何况这又不是你们要发的，华北局和我要为你们分担责任。尽管我对这个批评还有不同意见，但是这时我感到内心是服气的，我觉得领导能有这样的态度，我们这个报纸是能大胆地办下去的。

1948 年 12 月初，从华北《人民日报》派出了第一批解放北平接管报纸的队伍，我们的这支先头部队的负责人是袁勃同志。袁勃同志有强烈的爱和憎，他把新闻工作的责任感，把对人民、对革命事业的感情倾注在编辑工作中。我曾说过这样一句话，梁启超的文章，笔尖是带感情的，而袁勃是编报带感情。

北平解放后，我们把在平山的最后一期《人民日报》出版后，就把编辑部的用品、资料都装在一部 10 轮大卡车上，我和编辑部的几个同志一块坐在大卡车上面，当夜 10 点左右开进了北平城。

看到了北平城，我有一种游子归来的感觉。这个游子就是游击战士。北平，是我党从事过抗日活动的地方。我离开这里，开始是当了持枪的游击战士，以后又当了拿笔的新闻战士，现在怀着一个战士所有的胜利的自豪感，回到了北平城的怀抱。到了北平，我们立刻投入紧张的报纸出版工作中。

（选自西柏坡纪念馆编《西柏坡记忆》第 3 卷，中央文献出版社 2010 年版）

少奇同志对党校建设的关怀和指导

杨献珍 *

刘少奇同志自 1948 年到 1957 年，曾直接领导过马列学院即高级党校的工作。这是中央党校欣欣向荣、兴旺发达的 10 年。在这 10 年里，中央党校的各项工作取得了一定的成绩，积累了一些行之有效的成功经验，形成了一套刻苦学习、联系实际、实事求是、勤俭办校和教职员工为学员服务的优良校风和传统。这一切都是同少奇同志的亲切关怀和正确领导分不开的。他对党校的工作做过很多指示，这些指示直到今天仍有很大的现实意义，值得我们总结继承、发扬光大。

---

* 杨献珍：时任中共中央马列学院教育长；后曾任中共中央高级党校党委书记兼校长，全国政协常委。

一　提高干部的理论水平

远在 1948 年 7 月，党中央就决定："为着适应时局发展的迫切需要，中央决定创办高级党校，名为马列学院，以刘少奇为院长。""马列学院的任务，为比较有系统地培养具有理论知识的党的领导干部和宣传干部。"

中央发布这个决定的时候，正是中国人民解放战争处在最激烈的决战关头，形势的胜利发展，解放区的迅速扩大，使得补充干部成为一项十分紧迫的任务。而随着解放战争的顺利进行，民主革命已经胜利在望，党的工作重心即将从乡村转移到城市，从战争环境转移到和平环境，为了适应这一转变，也迫切需要提高干部的马列主义理论水平。在当时干部十分缺乏的情况下，还要把一部分同志从实际工作岗位上抽调出来，到马列学院去专门读书，这样做岂不是与革命形势背道而驰吗？不，恰恰相反，这正好表现了党中央的远见卓识。

我们党一向重视用马列主义的基本理论来培养教育干部，特别是每当革命面临重大转折的时期，更注意提高干部的理论水平，为即将到来的革命新时期准备合格的干部。而在这项具有战略意义的任务中，办党校是一个重要的方式。

我们党历来就有办好党校的传统。从办农民运动讲习所，到办抗日军政大学和延安中央党校；从各个革命根据地，到处于地下斗争状态的白区，我们党都在思想上和组织上为大力开展更大规模的斗争做好准备，所以，当时党中央决定创办马列学院，任命少奇同志为院长，充分表现了党中央对这个问题的高度重视。

同年 9 月，在党中央召开的工作会议上，又进一步讨论了提高干部理论水平的问题，毛泽东同志还在为中央起草的关于九月会议的通知中强调指出：“提高干部的理论水平，扩大党内的民主生活，成为完成上述任务的重要环节。”

少奇同志后来在对马列学院第一期、第二期学员的几次讲话中，也都讲到了通过办马列学院提高干部理论水平的重要意义，他说：“学习马列主义对中国革命、对党和人民都很重要。”“我们党如果没有很多理论干部，就不可能领导这么大的国家走向社会主义。”“理论是实践的指针，没有理论，工作就是盲目的，无前途的，无生命的。有人不懂理论，又要站到指挥台上，成吗？不成的，现在还可以，以后就不成了。”

这些话讲得多么好啊！我们的党是建立在马列主义基础上的党，是以马列主义为指导思想的党，世界革命的历史和中国革命的历史表明，马列主义是唯一正确的科学。不懂得马列主义基本理论，是无法正确地领导革命和指挥国家各项建设事业的。遗憾的是，少奇同志在当年向我们提出的这个忠告，并没有引起全党应有的重视，以致我们今天听起来仍富有强烈的现实意义。

少奇同志还说：“我们办马列学院的目的就是要提高党的干部的理论水平，使各方面负责的干部具有（或多少具有）马列主义的理论。”“马列学院是提高党的理论水平的方法之一，而且是很重要的方法。将来还要办中级党校、初级党校，要以马列学院为中心，在全党理论学习中起指导作用，使全党理论有所提高。”

二　名副其实的院长

根据中央的决定，我们在 7 月底就紧张地投入了马列学院的筹备工作。在整个筹办过程中，面临很多问题，如寻找校址，选调哪些同志到马列学院工作，招生条件怎么掌握，以至招生考试出哪些题目，录取多少学员等，少奇同志都亲自参加研究确定。8 月中旬，他为我们拟定了第一期招生的试题和要求：“《我所了解的马克思主义》《我对中国社会各阶级的认识》，自拟一篇，写自己最熟悉的、了解比较深刻的问题。”并且列了第一学期的课程，初步商定了授课教员的名单。10 月初，我向他汇报了招生考试的成绩和录取的情况。他向我们指出：鉴于培养理论干部的意义重大，应适当增加录取的人数。他又针对学员（包括 3 名来自北平的青年）的特点，提出了学习中应该注意的问题。

经过不到 4 个月的筹备，马列学院第一期于 1948 年 11 月 8 日在河北平山县李家沟口开学了。开学不久，1948 年 12 月，少奇同志就来校给第一期学员讲话。

后来，第二期学员开学（1950 年 9 月，学校已迁到北京）和第一期学员毕业（1951 年 7 月），他都亲自来校给学员做报告。在这几次报告中，他从学习马列主义理论的重要性、目的性到学习态度、学习方法，从国际国内形势到党员个人修养，谆谆教导，语重心长，使学员深受教育。他特别针对学员中轻视理论学习的倾向，反复阐述提高全党干部的理论水平对今后革命和建设的重大意义，启发学员努力掌握和运用马列主义理论，有力地提高了大家学习理论的积极性和自觉性。有的学员在听报告后座谈说：“少奇同志是我们名副其实的院长。”

三　中央马列学院旧址

少奇同志在兼任马列学院院长将近 5 年的时间内，虽然身负党和国家重任，公务繁忙，但对于党校工作，无论是教学计划、课程设置、思想教育，还是机构变动、人事安排、校舍建筑他都亲自过问，甚至连开除一个学员学籍的布告，他也作了修改，方退回学校发布。凡是我们有所请示，他总是及时批复，作出明确的指示，我们没有考虑到的问题，他也经常主动向我们提出来。如1951年5月，他指示马列学院要扩大招生，要我们向有关同志提出临时性的校舍建筑方案。接着，又给我们写信，规定校舍建筑的原则："建筑标准以在延安或西柏坡时的建筑为原则，稍加一些改良和计划性即可，即以卫生、不冷、能住人、便宜、迅速为合格，并准备在十年之后再建筑正式校舍。请你作出计划并取得陈云同志同意后再来和我一谈。"后来他又当面对我说：扩大招生不能不盖些房子，但目前国家财政比较紧，不能拿出很多钱来盖房子，可先盖些简易的平房，以后国家财政宽裕了，再建筑现代化的校舍。按照这一精神，我们在9月间提出了建筑一批平房和一座图书馆的计划方案。少奇同志在批准这个方案后，不久又写信给我说，1952年要增招200名学员，需再增建相应的校舍，嘱咐我们及早拟订扩建的计划。遵照少奇同志的指示，我们很快又盖起了一批节约耐用、居住便利的平房，既为国家节省了资金，又满足了扩大招生的需要。

（选自《缅怀刘少奇》编辑组编《缅怀刘少奇》，中央文献出版社1988年版）

中央团校建立之初

荣高棠*

1949 年 9 月，我被调到中央团校任教育长，年底我就奉调离开了团校，在团校只工作了 3 个多月的时间。由于在校时间短，又过了几十年，因此许多事情都淡忘了。然而，当时团校生活的优良作风，还是给我留下了很深的印象。

我在团校期间，正值团校初创，一切都是白手起家。没有校舍，没有课堂，连课桌板凳都没有。大家分散居住在当地农民家里，在炕头上看书、备课、讨论、记笔记，在露天的空场上坐着小马扎上课、开会。吃饭时大家就在伙房前的空地上一蹲，席地而

---

* 荣高棠：时任中央团校教育长；后曾任中华全国体育总会副主席，全国人大常委会委员，全国政协常委。

餐。一日三餐，就靠小米饭、窝窝头和熬大锅菜，偶尔吃上一顿馒头和有肉的菜，就算是很好的改善了。全体人员都实行供给制，穿的是旧军装，过着半军事化的生活。学员们除了学习，还要进行军训，参加劳动，做群众工作。

在这种情况下，同志们的情绪始终很高。当时，全国战场形势很好，人民解放军开始向国民党军队展开了伟大的战略决战，中国人民取得最后胜利的前景极大地鼓舞着每一个人。学员们都殷切期望自己能尽快地成为一个合格的革命战士，早日投入火热的斗争，为中国人民的解放事业贡献自己的青春。在崇高理想的激励下，大家兢兢业业地学习，踏踏实实地工作，处处严格要求自己，勇于在困难的环境中磨炼自己，不但不以此为苦，而是引以为荣；同时，又千方百计地克服困难，尽可能地丰富自己的生活。在紧张的学习、训练之余，大家因地制宜，积极开展多种文体活动，唱歌、打腰鼓、扭秧歌、举办联欢会、开小型运动会等，生活气氛十分活跃，充满了革命乐观主义精神。物质生活虽然清苦，但精神生活非常充实。

大家之所以能在那种条件下始终保持高昂的斗志，除了崇高的理想和坚定的信念，还有一条，那就是上上下下都具有同甘共苦的精神。在团校，无论是干部、是教员，还是学员，无论是共产党员还是一般群众，都过着同样简朴的生活，没有一个特殊人物。大家同吃、同住、同学习、同劳动、同娱乐，喜怒哀乐融汇在一起，关系十分融洽，感情也很深。同志们从集体中感受到革命队伍的温暖，从中汲取无穷的力量。群众从干部和党员身上看到榜样，看到了我党我军的优良传统，干部和党员又为群众的激情所鞭策。共同的理想和同甘共苦的精神形成了强大的凝聚力，把大家紧紧地团结在一起。尽管工作很辛苦，学习很紧张，教学和生活中的困难也很多，可大家毫无怨言，心情非常舒畅。

团校是一所培养青年干部的学校，它不同于社会上任何普通的学校，也不同于我们党创办的其他学校。它不仅具有鲜明的革命性，还具有突出的青年特点，因此，无论在教学活动还是在日常生活中，我们不仅坚持对学员进行共产主义人生观教育和马列主义、毛泽东思想教育，帮助他们树立劳动观点、群众观点和为人民服务的观点，而且，还非常强调青年们的作风培养，坚决摒弃任何旧学校的不良风气，尤其反对那种老气横秋、暮气沉沉的“小老头”作风。当时，团校的学员来自各个地方，个人经历、家庭背景、思想文化修养也各不相同，可他们在团校生活的熏陶下，都在不断地克服自身的弱点和缺点，充满了蓬勃向上的革命朝气。在团校工作人员中，也有一些年岁稍大的同志，党中央一些年事已高的革命前辈也多次到团校来讲课、参加活动，当他们来到青年们中间时，都不能不被充满活力的青春气息所感染，觉得自己也变得年轻了。

（选自袁天锡、李国宝编《青春如歌：中央团校五十周年纪念文集 1948—1998》，国家行政学院出版社 1998 年版）

新中国首届“内阁”

童小鹏*

开国大典那一天，周恩来被中央人民政府委员会任命为政务院总理之后，便集中主要精力筹建新中国第一届“内阁”——中央人民政府政务院。但是，政务院及其下属机构所需要的为数众多的工作人员从哪里来呢？政务院副总理和所属各部主要人员怎样配备呢？这是毛泽东、周恩来和中共中央领导人在组建政务院时首先碰到的两大问题。经过毛泽东、周恩来等的反复考虑和研究，最后一致商定：首先将华北人民政府撤销，把这个班底拿过来作为政务院的基础，并参照华北人民政府的经验组织政务院；然后再陆续从其他几个大行政区抽调一部分人（特别是负责人）来充实和加强政务

* 童小鹏：时任中共中央统战部副秘书长；后曾任中共中央统战部副部长，全国政协常委。

院。邓小平、李富春、高岗、贺龙、陈毅、邓子恢、习仲勋等，就是在这以后陆续从各大区调到北京工作的。

新中国首届“内阁”是一个民主联合政府，必须考虑安排民主人士。对民主人士的安排，是周恩来筹建政务院时非常重视的一个问题。他认为，民主党派在争取中国人民解放事业的斗争中同我党亲密合作，作出过重要的贡献，对各民主党派的主要领导人都应该有所安排。但是，怎样在配备上取得平衡，却是一件极为复杂的事情。因为周恩来在国统区工作的时间比较长，对各党派民主人士的情况比较熟悉，并同他们有着密切的交往。因此，民主人士的任职名单大多数是由他提出来报告党中央决定的。之前，他先听取中央统战部关于民主人士的安排意见，还亲自做了大量平衡和协调工作。那时候，我在统战部任副秘书长，深深感到周恩来费尽心思，深谋远虑，力尽综合平衡之功，使各民主党派主要领导人和无党派民主人士头面人物、知名人士，差不多都安排进了政务院及其下属机构。

周恩来首先提名对和平解放北平立了大功的起义将领傅作义担任水利部部长。傅作义在绥远时，曾在兴修河套水利工程方面做过许多工作，因此周恩来便提名傅担任水利部部长，并安排李葆华到水利部当副部长、党组书记，协助傅工作。周恩来很尊重傅作义，请他推荐人选参加水利部领导班子，傅向周恩来推荐了两位民主人士，一位是原国民党黄河治理委员会比较负责的技术专家张含英，一位是曾任国民党中央执行委员会执行委员、北平市市长的刘瑶章。其次，劝说过去几十年一直不愿做文官的工商界主要代表人物黄炎培担任公职，由他出任政务院副总理兼轻工业部部长。中国民建会主委黄炎培有出世思想，曾多次拒绝旧政府的高官厚禄。1949年3月，他来到解放后的北平也无意做官。10月11日晚，周恩来前往安儿胡同黄炎培家中拜访，诚恳地提出请他担任政府公职。黄炎培仍抱定初衷，说：“1946年我才68岁，已觉得年老了，做不动官了。如今72岁了，还能做官吗？”周恩来充满敬意地说：“这不同于旧社会做官，现在是人民的政府，不是做官，是做事，是为人民服务。”经过两个多小时的恳谈，黄炎培被说动了，但他表示要考虑考虑。12日早晨，黄炎培征询了江问渔、杨卫玉等好友的意见，他们一致认为，在周恩来代表中共中央求贤的盛情邀请之下，应该接受在政务院的职位。这天晚上，周恩来再次登门听取黄炎培的答复。这时，黄老高高兴兴地向周恩来表示，他愿意出任政务院副总理兼轻工业部部长。再次，是提议无党派民主人士李书城担任农业部部长。为什么要委任一位大家不甚了解的人来当农业部部长呢？周恩来解释说，他是同盟会的早期会员之一，辛亥革命首义后在武汉当过革命军总司令黄兴的参谋长，继之投入了讨袁护国战争和护法战争，在旧民主主义革命中起过重要的作用；同时，中共一大就是在他家召开的，在中国人民的解放事业中，他还做过一些有益的工作。这样安排，体现了照顾民主人士的各个方面。周恩来派薄一波去找李书城谈话，便请出了李书城出任新中国第一任农业部部长。此外，周恩来也请了在旧社会拒绝高官厚禄的耿介之士、著名林业学家梁希出任林垦部部长。

10月19日下午，在经过党中央决定并同党外有关人士协商后，毛泽东主持召开中央人民政府委员会第三次会议，正式任命董必武、陈云、郭沫若、黄炎培为政务院副总理，李维汉为政务院秘书长；任命朱德、刘少奇、周恩来、彭德怀、程潜为人民革命军事委员会副主席，徐向前为总参谋长。同时，正式通过政务院下属委、部、会、院、署、行主要负责人的任命名单，周恩来兼任外交部部长。民主党派、无党派人士在这项任命中占了相当大的比重：在 4 个副总理中，有黄炎培、郭沫若两位民主人士；21 名政务院领导成员中，民主人士占 11 人；政务院下属 34 个机构的 109 个正副职位中，民主人士占 49 个，其中 15 个正职。他们是轻工业部部长黄炎培，邮电部部长朱学范，交通部部长章伯钧，农业部部长李书城，水利部部长傅作义，林垦部部长梁希，粮食部部长章乃器，司法部部长史良，教育部部长马叙伦，卫生部部长李德全，文化部部长沈雁冰，文化教育委员会主任、科学院院长郭沫若，人民监察委员会主任谭平山，华侨事务委员会主任何香凝，出版总署署长胡愈之。对以上安排，许多民主人士非常感动，称赞道："周总理不愧为'周'（指考虑问题周到、完备）总理啊！"

政务院的人事安排就绪后，周恩来于 10 月 21 日召集第一次政务（扩大）会议，宣告政务院成立，总理、副总理、政务委员以及下属 34 个机构的负责人正式就职。他在政务院成立大会上作了《关于政务院的成立和政府机关的组织与干部问题》的报告，指出："政务院是首脑部，在中华人民共和国中央人民政府领导之下，进行国家事务工作。"他还强调：政务院既已成立，各部门都应该有一个组织法，以便依法办事。一个月后，即 11 月 21 日，周总理于中南海勤政殿东会议室召集政务院机关工作人员开会并讲话。那时候，政务院工作人员只有 95 人，主要是秘书、警卫、行政人员。他对大家说："人民的国家、人民的政府刚刚建立，我们要在革命秩序里创造新的社会。所以，我们要改革，要创造，不要因循守旧，不要只做‘循吏’。大家要善于发现和接触新事物，勤劳加智慧，富有创造性地把革命工作做好，全心全意为人民服务。”他还谈到政务院与旧官僚机构的本质不同。他说：“中南海是过去的封建皇帝待的地方，在这个黄圈圈里都是穿黄马褂的人，是个与民隔绝又统治百姓的禁城。现在解放了，我们在中南海工作，就要打破往日的‘黄圈圈’，与人民同呼吸、共命运，当真正的人民公仆，为人民服务，为中央人民政府服务，及时把中央人民政府毛主席的指示和党中央的方针、政策传达下去，把初建的国家建设好。”周恩来这次讲话，给政务院工作人员予深刻的教育，迅速形成廉政、勤政、高效率地为人民服务的好作风。自此始，政务院在周恩来总理的直接领导下，兢兢业业，勤政廉明，艰苦朴素，积极认真，开展建国初期繁忙的政务活动，为新中国政权的巩固和发展，为国民经济的胜利恢复，为全国各族人民的团结合作，为领导中国人民胜利地从新民主主义进入社会主义而奋斗不懈。

中华人民共和国以巨人的雄姿屹立在东方。这是100多年来无数革命先烈奋斗牺牲的结果。特别是1921年以来，中国共产党领导中国人民不屈不挠、英勇奋斗的结果。

（节选自童小鹏著《在周恩来身边四十年》下册，华文出版社2006年版）

公安部是怎样成立的

王仲方*

中央人民政府公安部的前身是中共中央军委公安部，而军委公安部又是在华北人民政府公安部的基础上建立的。我当时在华北公安部工作，亲身经历了中央公安部成立的历史。

1949 年 4 月 25 日，中央军委决定，第十八、十九兵团调入第一野战军，向西北进军。5 月 14 日，部队正在准备出动，毛泽东致电罗瑞卿："部队开动时，请来中央一叙，部队工作找人代理。"6 月初，罗瑞卿向已经到职的继任政委李志民交代了工作，和司令员杨得志等话别后，便与赴青岛休养的徐向前同乘火车到达北平。

几天后，周恩来找罗瑞卿谈话，要他出任即将成立的中央人民

* 王仲方：时为华北人民政府公安部工作人员；后曾任中国法学会会长，全国政协委员。

政府的公安部部长（在政府建立之前归军委建制）。罗提出，希望随四野南下，并认为由中共中央社会部部长李克农出任公安部部长更合适。周恩来对他说：“各人有各人的事，李克农有李克农的事，你就不要讲价钱了。”周恩来告诉他，中央已经决定，“今晚毛主席还要接见你，你就不要再提上前线的事了。”当晚，毛泽东在双清别墅接见了罗瑞卿。毛泽东一见面就对罗瑞卿说：“听说你不愿意干公安部部长，还要去打仗？现在要建立新的国家政权了，我们都不干，都去打仗，那行吗？”罗瑞卿认识到让他当公安部部长是形势的需要，便愉快地接受了任务。

1949 年 7 月 6 日，中共中央革命军事委员会决定，在军事委员会下设立公安部，统辖各地公安机关的工作，并任命罗瑞卿为公安部部长。军委公安部是为筹建新的中央人民政府做准备而建立的。7 月 8 日、7 月 9 日，周恩来两次主持召开中共中央汇报会议，商讨情报、公安两部门的机构设置与领导人选等问题。

按照周恩来的指示，罗瑞卿在原中共中央社会部李克农部长的协助下，立即着手筹建公安部。首先以中共中央华北局社会部的全体人员加上中共中央社会部的部分机构，作为组建公安部的基础。中央又任命原华北局社会部部长杨奇清为公安部副部长，协助罗瑞卿工作。

在此之前，领导各解放区公安机关工作的是中共中央社会部。面临全国解放的新形势，中共中央及中央军委于 1949 年 8 月 9 日给各解放区中央局及分局的电报指出：“为了分工，以便更好地建设我们的保卫与情报工作，决定取消中央社会部，另成立情报、公安两部（中央政府成立时，为政府的情报、公安两部）。”同时，罗瑞卿代军委起草了给各野战军前委的电报："军委公安部已开始工作，其组织形式拟定设置政治保卫、经济保卫、边防、武装、治安行政、人事等六局及一办公厅，惟干部无人。决定由一、二、三、四野战军，各抽调军级政治干部一人来担任局长。其条件：（一）现任军政委或军副政委、军政治部主任者；（二）思想正确，作风正派，历史完全清白者；（三）有中级最好高级的文化程度，思想工作能力亦较强者；（四）最好本人自愿改行者。我们建议：一野调军副政委蔡顺礼，二野调军政委雷荣天；三野、四野请你们按上述条件各提出二至三人，由我们各决定一人。你们意见如何，盼速复。"经各野战军协商，除雷荣天、蔡顺礼外，又调来徐子荣、卓雄、邓少东等军级干部进入公安部。

军委公安部成立，正是中共中央积极筹备召开新政治协商会议（后改名中国人民政治协商会议），建立新中国及国家政权的重要时刻，公安部把保卫全国政协顺利召开，作为自己中心任务，做出周密的部署。罗瑞卿亲自领导，并派出一批得力干部到政协等各处担负保卫工作。中国人民政治协商会议第一届全体会议的圆满成功，开国大典的圆满成功，证明了中央成立军委公安部的决定是正确的。

1949 年 10 月 19 日，中央人民政府委员会第三次会议决定：任命罗瑞卿为中央人民政府公安部长，杨奇清为副部长。中央人民政府命令发布后，人民革命军事委员会公安部即行撤销，改名为中央人民政府公安部。

1949 年 11 月 1 日，中央人民政府公安部宣告正式开始办公，启用印信。

公安部办公厅，是从华北公安部办公室扩充建立的。设办公厅主任、副主任，下设秘书处、研究室、机要处、编译处、警卫处、行政处，外设印刷厂。办公厅主任徐子荣、副主任刘复之、李国章。徐子荣担任公安部副部长后，由刘复之任主任，副主任先后有席国光、王仲方、尹肇之、任岳、嵇直、关子展、季宗权。秘书处处长潘启哲（后为王仲方），研究室副主任王仲方，机要处处长张万，警卫处处长丁美玉，编译处处长姚艮，行政处处长宋德贵。印刷厂厂长张福年。

为了补充公安部建立所需人员，先后从华北补训兵团、华北军政大学、华北革命大学、苏南公学以及各地的党委系统，协调了大批骨干力量和青年知识分子，为公安部的干部队伍建设奠定了坚实的基础。这批当年的青年干部，已成为公安部一代又一代的领导骨干。

军委公安部成立于华北公安部原址——北京东城区东堂子胡同28号。这是新中国成立前国民党法院的职员宿舍，一座院落很大的四合院，还有一个小花园，据说是清朝的一座驸马府。院子套院子可住百余人。

军委公安部成立后，罗瑞卿部长的办公室设在东堂子胡同隔壁无量大人胡同一座独院小楼。彼此距离很近，来往送文件都还方便。华北公安部原来只有两辆车，一部是从国民党手中接收的小汽车，一部是从军队带过来的吉普车。罗部长的车，是李克农部长送的一辆灰色别克车。

（选自《人民公安》1999年第5期）

回忆和谢老在一起工作的日子

陈守一 *

谢觉哉同志是我党著名的老战士，也是党内较早的一位法学教育家和司法工作领导人。他在战争年代就致力于革命根据地的政权建设，新中国诞生后又为人民司法制度的建设和法学教育事业的发展呕心沥血，忘我工作。谢老十分关心我国社会主义民主与法制的建设，他身体力行，用自己毕生的精力，为加强我国政权建设和法制建设谱写了光彩夺目的篇章。同许多革命烈士和先辈一样，谢老的一生闪烁着共产主义觉悟、革命胆略、历史责任感的光辉，不愧为伟大的、革命的一生！

---

* 陈守一：时任华北人民政府司法部第二处处长；后曾任司法部第五司司长，中国法学会副会长，全国人大常委会委员。

我曾有幸在谢老直接领导下工作，他那崇高的革命品德和献身精神，对工作的极端负责任和一丝不苟的作风、对同志的满腔热忱，给我留下了极为深刻的印象。

谢老对马克思列宁主义的国家观和法律观有很透彻的了解，并把这些理论与具体实践相结合，用来指导民主政权的建设和司法工作的开展。1948 年下半年，华北人民政府在河北平山县成立。谢老担任了人民政府的司法部长。当时，正是全党工作重点从农村转移到城市的时期，司法工作如何适应革命转变的发展形势，便成了亟需解决的一个迫切问题。我们的司法干部主要来自老解放区。这些干部革命热情很高，但普遍缺乏法律专业知识，主要是凭党的有关政策和老解放区的司法实践经验进行工作的。随着革命战争全面胜利的到来，我们要接收的大中城市越来越多。在这种情形下，大家对于在新的地区怎样开展司法工作，怎样建立革命的民主与法制秩序，以及对旧法律应该采取什么态度等等，感到问题成堆，茫无头绪。面对这些问题，谢老明确地指出，当务之急是提高原有司法干部的专业知识水平，必须让同志们都学会运用马列主义的国家观和法律观去解决实际问题，同时还要抓紧培养和造就一支懂得法律、熟悉政策的司法干部队伍，这样才能适应革命司法工作的新的发展需要。在谢老的倡议下，华北人民政府很快就着手法律教育，在平山县开办了司法干部轮训班。我当时任司法部第二处处长，在谢老的领导下也参加了这个轮训班的组织工作。当时在考虑教材问题时，适逢中央法委正在起草关于废除国民党的六法全书、确定解放区的司法原则的《二月指示》，于是我们高兴地决定就以《指示》草案为教材。教材确定之后，就是教员问题了。谢老那时已是 60

多岁的老人了，但有一股子老骥伏枥的精神，当仁不让地承担起轮训班主要课程的讲授任务。他每次讲课总是注意理论联系实际，侃侃而谈，形象生动，深入浅出。学员们听他老人家讲课总感觉兴趣盎然，听得懂，记得住。过去，大家对法的阶级性、法的本质和作用，法律同政治、同党的政策的关系，我们的司法工作为什么要坚持从实际出发、坚持群众路线，特别是对民主与法制的辩证关系，以及为什么要发扬民主和加强法制的问题，大都不甚了了，知其然而不知其所以然，听了谢老的课以后都觉得思想豁然开朗了。谢老讲课的效果是那样好，可奇怪的是他每当讲课时，事先都不定具体题目。记得我曾半开玩笑地对他说："你讲课还是要定个题目好，我们也好整理你的讲稿啊！"谢老一听乐了，他微笑作答："我这只是一般讲话呀，不用搞什么题目了，更不要编什么章节、著作。如果一定需要有题目的话，就写上'我在司法干部轮训班上的讲话'好不好？"的确，他讲课时没半点"学究气"，是从不分章节的，但他心中有数，讲起来有条有理，逻辑严谨，说服力很强，又十分生动活泼。有的学员在总结自己的学习时说："谢老的讲话给了我们一把钥匙、一张蓝图。"这"一把钥匙"，是指让大家掌握了马克思主义的国家观和法律观；"一张蓝图"，是指向大家展示了开展新中国司法工作的壮丽前景。像谢老主持的这种干部轮训班，对于解决司法干部缺乏专业知识的问题，确实起到了很好的作用。许多同志经过轮训后工作能力大有提高，做出了不少成绩。直到后来每当大家提到谢老当年讲课的情景时，对于他那种老当益壮、以身作则、诲人不倦的精神，都是赞不绝口。

谢老不仅注重抓紧司法干部的业务知识学习，而且在实际工作中也时时对我们加以关心和帮助。在人民革命战争节节胜利的日子里，谢老的信任和指导给了我们很大的鼓舞。当时，在华北人民政府所辖的5个行署、1个直辖市的自新院、监狱、看守所、拘留所内，关押着不少已决、未决犯。怎样处理这些犯人，各单位还没有什么具体办法。而对这些犯人的处理，又是关系到新生革命政权能否在群众中取得威信并影响土改、支前等各项工作能否顺利进行的一个重要问题。敌人也在以此来诬蔑我们“管理不了城市”。事实上，我们接管的城市越多，这个问题也越突出。谢老很重视这个问题。在他看来，这个问题解决得好与不好，是关系革命司法工作能否在新区迅速打开局面的一个关键。为全面掌握情况，谢老安排不少人去各地的监所进行实地调查。根据谢老的指示，我也调查了获鹿县和平山县的监所情况，并根据调查材料，向谢老写了一份报告，题为《处理监所已决未决犯的暂行办法》。谢老看到报告后，亲笔写信对我的工作加以鼓励，并详细作出了具体的指示和意见，使我们的调查工作在原有基础上得以进一步深入。不久，谢老又与董老、杨秀峰等领导同志磋商，以华北人民政府名义发布了《处理监所已决未决犯的办法》的训令，以行署为单位成立中心领导小组，具体实施这个《办法》。谢老具体负责领导这项工作，他要求各中心小组的干部每月就这项工作进行总结汇报，切实掌握实际情况，把工作彻底深入下去。在谢老领导下，处理监所已决未决犯的工作取得了很大的成绩，我们的司法干部也在实际工作中得到了锻炼。但每当再提起这件事时，谢老从不归功于已，而是把功劳记在其他同志的身上。透过这件事，也充分表现了一位老共产党人的崇高品德。

新中国成立前，谢老为发展我国自己的法学教育事业，就已倾注了极大的心血。北平和平解放后，为了训练在职司法干部和改造旧司法人员，开展我们自己的法学教育事业，谢老和其他领导同志一起，创建了中国政法大学。毛泽东同志亲自为政法大学题写校徽，由谢老担任校长。我也随同谢老来到政法大学，负责第一部的工作。到 1949 年八九月间，中国人民大学成立，政法大学与之合并。在这短短的几个月中，谢老身为校长，仍经常亲自给学生们讲课，特别是他对于民主建设方面的精辟论述，给同学们留下了很深的印象。1954 年，谢老又与董老、彭真等同志一起倡议恢复北京大学法律系。在他们的倡议与帮助下，新北大法律系成立了，组织上安排我负责这个系的工作。这时的谢老，已担任了政务院内务部部长，但他还是把开展法学教育工作看成自己分内的事，时时关心新建法律院系的发展情况。我到北大工作后，虽然与谢老的接触比较少了，但仍然不时从他那里得到鼓励和帮助。内务部曾接收了某旧机关的一批政法书籍，被束之高阁。谢老一直在考虑怎样让这批书籍发挥应有的作用。我到北大法律系后，谢老专门找我商量，要把这批书籍从内务部转给北大法律系。他幽默地对我说："这批书可以给你，但我们要用时可还有取回的权利。"我说："不但这些书你可以随时使用，我们系里的任何图书都可以供你随时使用。"就这样，这批闲置的政法书籍在谢老的安排下找到了用武之地。

谢老待人谦和，作风平易近人。他不仅对建设我国社会主义民主有过卓越贡献，而且以身作则，堪称为按民主原则办事的典范。和他在一起工作，就像一家人一样，丝毫感觉不到领导与被领导的关系。我们一起商量研究工作，他从不向下级发"指示"，而总是微笑着与你交谈，使你既能充分表达自己的意见，也能完全理解他的看法。谢老严于律己，宽以待人。当我们的工作一旦有了成绩或者有了失误，他从来也不喜怒形于色或动辄批评，而是讲究把表扬与批评寓于平常的谈话之中，这样既使受表扬的人感到鼓舞，也使受批评的人心悦诚服。记得有一次，我在工作中遇到了一些困难和矛盾，去向谢老诉说。他安慰我说：“没什么，这是自己内部工作上的矛盾，不要放在心上，对方慢慢也会想通的。你还是要把精力放在主要工作上，对这些小事应肚量大些，能够忍让。我完全相信你能够处理好这些矛盾的。”谢老的几句话，给我以很大的启迪。这是几句普通的话，但却包含着谢老对同志的一片热忱。多少年来，我一直把这些话作为工作中的座右铭。这件事已过去多年了，每逢我想起这一切，谢老的音容面貌就浮现在眼前。

我们国家正处在新的历史时期。我国社会主义的法学事业生机勃勃，前程无量。谢老为我国司法工作和法学教育事业鞠躬尽瘁，他的夙愿正在为后人变为现实。他虽然已与世长辞，但是我们不会忘记他为我国革命和建设事业所作的卓越贡献，不会忘记他为我国革命法制建设留下的可贵的精神财富。我虽然已经 78 岁了，但自觉更有责任像谢老那样，在自己的有生之年，以老骥之志，为社会主义法学事业再尽绵薄之力，这样方可告慰先贤，无愧于后哲。

（选自《法学杂志》1984 年第 3 期）

新中国成立初期的沈钧儒

王　健*

新中国诞生了，中华民族五千年历史翻开了崭新的一页。

这天我记有日记，我原原本本抄录下来，作为我的回忆。这是最有意义的一天，最值得纪念的一天，也是一生最难忘的一天。

10月1日（星期六）

今天起了个大早，把房间收拾了一下，九点钟和方菁（萨空了夫人，我们住同院）一起去北京饭店集合。首先看到了香港简小姐（企业家简玉阶的女儿）和小黎（黎章民，西南联大学生，与简小姐是夫妇），还有很多各地来的熟人，大家互相

* 王　健：时任沈钧儒秘书；后曾任民盟中央副秘书长、文史委员会主任。

问候倍感亲切。

11 时我们结队走到天安门，一路红旗招展，群众如潮。我们的观礼位置是在天安门对面西侧旁观礼方阵，也不少熟人。突然在旁边的方阵发现了李绥（香港“文研”的同志）和新地（国男香港培侨的同学，名记者陆诒的女儿）。因领队的有话，大家不要随便走动，所以未能去与她们聊天。这时大家望着天安门城楼上，首长们走来走去，当魁伟高大的毛主席出现在主席台中间时，全场沸腾，欢呼雷动。下午三时典礼开始，乐队奏起国歌，这是大家最熟悉的《义勇军进行曲》。国歌毕，毛主席庄严地向全世界宣布：“中华人民共和国中央人民政府成立了！”接着毛主席亲自按着电钮，新中国的第一面五星红旗冉冉升起。这时在军乐声中礼炮齐鸣。毛主席宣布中央人民政府公告。其后阅兵式开始，朱德总司令检阅海陆空各兵种部队，飞机列队在天安门上空飞翔。各部队雄赳赳、气昂昂经过主席台接受检阅。群众开始游行时天色已晚，街上店铺也挂起了红灯，和红旗相映，顿时成了一片红色的海洋。群众队伍经过天安门时，与城楼上招手欢呼，向主席台致敬。直到晚间九点多群众游行结束，我们回到家里，全城仍沉浸在狂欢中。

入夜，久久难眠，心情激荡，思绪万千。我想起观礼时身旁那位劳模讲的一句话：“这是万年不遇的大事啊！”是的，一个腐朽的中国灭亡了，一个新的中国诞生了，这确是一件万年不遇的大事。几十年来，在中国共产党的领导下，多少英雄先烈、人民大众艰苦奋斗、流血牺牲不就是为了这一天吗？我一生有幸，生在中国，长在这个年代，亲眼看到三座大山推倒了，万年不遇的，这还是刚刚开始，历史将按照共产党指引的方向走下去。我作为一名中国人，作为一个共产党人感到骄傲！感到自豪！

毛主席在宣布中央人民政府公告里，任命沈老为最高人民法院院长，这是新中国的第一任大法官。是全国人民众望所归，沈老当之无愧。

中央人民政府公告宣布后，接着就是根据政府组织法，组织政府和考虑政府任命名单问题。10月7日周恩来特来沈老家和沈老谈政府人事安排问题，听取沈老意见，我和周总理随从秘书何谦聊天，他说总理已跑了好几家去交换意见，准备中旬提出一个名单来再征求大家意见。15日沈老带回一张名单，我们（包括和沈老同住的胡愈之、沈兹九、萨空了等人）先议论了一番，几天内各党派先后开会讨论。据闻讨论时争执很多，等到名单正式通过发表时，我和原来的名单对照，是有不小的变动，我深深体会到“政治协商，民主监督”确实起了作用。名单中不少是党外人士，如宋庆龄、张澜任国家副主席，郭沫若、黄炎培任政务院副总理，史良任司法部长，章伯钧任交通部长等，共30多名党外人士任部长、省长职务。这就是在中国共产党领导下多党合作的联合政府，今天实现了。

新的政府里设有情报总署部门，原来在东皇墍社会部一室的同志们都在这个署里办公。机关离东总布胡同只有几个胡同，我和同志们常来常往，特别是署里周末举行舞会，我是常客。署长是邹大鹏，我没有见过。罗青长同志后来出任中共中央调查部部长。

沈老上任之后，在党中央和中央政府领导下，即着手建立和健全司法机构以及选拔司法人才，以《共同纲领》中规定的“废除国民党反动政府一切压迫人民的法律、法令和司法制度，制定保护人民的法律、法令，建立人民司法制度”为原则，在全国各地筹建各级人民法院。一个多月后高院工作逐渐走向正轨。我被任命为院长秘书、法院的机要秘书。我的编制是法院秘书厅，我的机要工作是由政务院机要处直接领导的。

机要工作没有时间性，机要处机要通信员随时随地送一个皮夹子，皮夹子加锁，只有机要处和我有钥匙开锁。常常在半夜送来，最多的是地方各级法院的机要文件。凡是处以死刑的案件，一律送最高人民法院裁决。河北省刘青山、张子善案件，地方判了死刑，半夜送来，我一早送给沈老和有关副院长签字裁决。溥仪从苏联引渡到抚顺劳改管理所，我是从机要电报知道的。这个工作开始时我觉得很新奇，做久了也习以为常了，但始终自己警惕着“保密观点”。

沈老的家庭也有了变化，沈老的三儿沈叔羊全家、大儿沈谦和夫人先后从上海搬来，沈老可享天伦之乐，这对老人是个极大的安慰。同时沈家人也请来一位有点亲戚关系的青年人徐辅中来管家务和会计。警卫班也加强了，住在附近的宋庆龄公馆是由一个警卫排负责保卫，沈老家由班长刘连杭负责，后来刘成了沈老的警卫秘书。当时最需要的是沈老随身的生活秘书，我的工作就可以减轻多了。

沈老新家几乎是每天宾客盈门。新中国成立后，苏联及东欧社会主义国家纷纷和中国建交，互派大使。苏联大使和其他外国朋友也登门拜访；还有的是党的领导同志有事来商量，征求意见；民盟、救国会的同志来开会；老朋友来探望，还有来求职的、要官的；加上法院每天转来一批批沈老的信件，我的工作要比北京饭店时期更加复杂忙碌了。沈老已是年过古稀的老人，天天不但应付家里来客，还要外出参加各种会议。新成立的会很多，如中苏友好协会、新法学研究会、国际性的会议中国成立分会等。参加高院、民盟会议和各种纪念会、座谈会。特别是中央领导召集的会，总是在晚上。一次是毛主席拟在12月间赴苏联祝贺斯大林70诞辰，约请沈老等赴中南海晚餐，商谈两国的政治经济问题，谈到深夜。我和家人、警卫也都等到深夜。国男看我每天不知在忙些什么，她不喜欢我的工作，她希望新中国成立后我能踏踏实实地做点实事，我也有同样的想法。我们谈到“党性”和“个性”问题，党性是要一切听党的安排，因此我们做了自我批评，有些想法是党性不强、个人主义的表现，值得警惕。有一天瞿秋白的夫人杨之华来看沈老，沈老正在会客，我陪着杨大姐聊天，我要求她谈谈过去苏区、白区革命斗争的故事，她谈了些亲身经历，也提到一些秘密通信员、联络员的故事，对我教育很大。对我来说，就是要甘心做一个党所需要的螺丝钉，这就是党性。

1949年11月15日民盟召开第一届中央委员会第四次全体扩大会议，12月20日会议结束。历时35天，会上充分地暴露了民盟内部的矛盾。主要是有宗派活动，闹不团结。特别是罗隆基和章伯钧的关系已然成了水火不能相容的地步。就在民盟的会议期间，救国会于12月18日发表了《救国会结束宣言》。是日救国会在北京饭店举行招待会，除在京的救国会会员外，并邀请了党的领导和各民主党派负责人以及社会名流。周恩来总理因故迟了半小时也赶来参加。下午时开会，沈老致辞后由胡愈之宣读《救国会结束宣言》。《宣言》里说：“救国会所号召的政治主张已全部实现，它所负担的历史任务已胜利完成，救国会的同志已经参加到不同的岗位上工作，不少同志参加了共产党，大部分参加了民盟和其他各党派。我们的同志从来没有把救国会看作一个自己的山头或自己的小圈子，因此救国会这一组织形式的消灭将更便于我们同志们在各种岗位更积极地努力。”救国会宣告结束，这“一切是由时代决定的”。宣言最后宣布成立救国会纪念委员会，沈钧儒、史良、沙千里、沈志远、千家驹、胡愈之、萨空了、曹孟君、王健 9 人为委员，负责收集整理出版救国会烈士及救国会史料工作。最后，来宾中李济深、张澜、马叙伦、章伯钧致辞，周恩来总理也即席讲了话，沈老致了答谢词。事后据闻毛主席从苏联回来后听说救国会结束事，对有关部门提出了批评。

民盟的四中全会已到了尾声。毛主席和周恩来总理分别接见了出席会议的全体人员并讲了话，毛主席语重心长地和大家谈了心，毛主席说：新中国的建立如“大厦将建，独木难支”，需要多党派齐心努力，共建大厦……一个政党是不能不犯错误的，一个党内有许多山头，但是要克服山头主义，没有不团结的理由。都是民主人士、革命同志，只要应用批评和自我批评的武器，就会无往而不胜。毛主席的讲话给与会同志很大鼓舞和教益。大会通过了《政治报告》和盟章等文件，终于 12 月 20 日结束。一个星期后又召开了五中全会，张澜被选为民盟中央主席，沈老被选为副主席。

在北京饭店时期，民盟成立了一个临时工作委员会的组织，辛志超负责整顿组织、盟员重新登记的工作。当时，我的想法是救国会既已结束，民盟也无必要参加。所以我一直没有登记，也没有参加四中全会的任何工作。沈老被选为民盟副主席后，我去见党的组织关系联系人王韧同志，当时他已是外交部某司司长，谈到民盟问题，他提出，经过党的考虑，今后要我还和民盟保持联系，至于是否参加民盟具体工作，要和沈老商量决定，因此我重新登记了，恢复了盟的组织关系，但仍保持秘密党员的身份。

12 月初，沈老提出要在家里组织俄语学习班，希望家里人都参加学习，沈老也愿参加。经朋友介绍找到一位俄国人，据警卫班了解，这个俄国人是位中学俄文教师，没有劣迹，为人正派。我们请他每周二、四晚 8 点到 10 点来家里教俄文，他讲一口流利的中国话，大家都称呼他为谢先生，家里参加的有 9 人，我和方菁、华庆莲（沈叔羊的爱人，中学老师）、沈人骅等人。沈老不固定参加。现在新中国是“一面倒”，学校都要学俄文，英文几乎无人过问了。1950 年我学了一个时期就感觉到，学习语言是要几分天才的，我就没有这点天才，所以学习成绩差。我们学了一年后，华庆莲在学校不但教英文而且还教俄文。我的俄文没学好，英文和法文也都生疏了。

（节选自王健著《八十年生平纪事》，群言出版社 2016 年版。标题为编者所拟）

新中国首部《婚姻法》出台始末

罗　琼*

一　少奇同志布置新任务

1948年9月，解放战争进入了全面战略反攻阶段。此时，中央妇委召开了一次解放区妇女工作会议。会议期间的一天傍晚，邓颖超对妇委会的同志们说："少奇同志让咱们过去一趟，要布置新的任务。"

从东柏坡到西柏坡也就二三里地，转眼间就到了。刘少奇与王光美刚刚结婚不久，住在两间土墙瓦顶房里。刘少奇热情地把我们迎进屋里，请我们吃花生和红枣。在询问了会议情况后，刘少奇说："再有一年左右时间，我们就能从根本上打倒国民党反动统治，

---

*　罗　琼：时为全国妇联执委、常委，人民政协第一届全体会议代表；后曾任全国妇联副主席，全国人大常委会委员，全国政协常委。

建立起一个新民主主义的国家。新中国成立后，我们这么个五亿多人口的大国，没有一部婚姻法岂不乱套了？这个任务交给你们中央妇委，你们马上着手，先做些准备工作。”

二　推倒重起好几次

解放区妇女工作会议结束后，中央妇委立即成立了婚姻法起草小组，由邓颖超主持。中央妇委借用了东柏坡老乡的两个小院，前院的两间土屋办公用，几位大姐和工作人员住在后院两间土屋。

起草小组成员中，真正学过法律的只有毕业于复旦大学法律系的王汝琪。她们首先派出工作组对婚姻问题进行专题调查。调查表明，当时在已解放的地区，婚姻案件占民事案件的比例很高。邓颖超说，土改在改正成分时，有些农村拿“破鞋”作为帽子加在一些妇女的身上，或者拿“破鞋”作借口剥夺她们应得的土地权。比如有一个不大的村子，就有 80 多个妇女被划为“破鞋”，加上这个帽子剥夺了她们应得的权利，甚至连她们的婚姻自由、选举权、被选举权都被剥夺。可怕的是，我们的一些干部在这个问题上也不加以区别。有些同志谈到，一些地方在土改中干涉婚姻自由，甚至命令所有寡妇一定要嫁贫雇农光棍，把妇女当成胜利果实分配。

每次讨论都是王汝琪作记录，然后她再拿出新整理过的稿子，供大家讨论。七八个人围坐在炕上，窗外寒风呼啸，屋里却争论得热火朝天。

三　中央同意离婚自由

当时争论最大的是离婚自由问题。反对的人认为，在农村，离婚自由了，必定要触动到一部分农民的切身利益，他们必将成为反对派。另外，怕进城以后，一些干部以“离婚自由”为借口，另有新爱，把农村的原配抛弃了。

邓颖超则态度鲜明，主张写上“一方坚持离婚可以离婚”这一条。她说：“我主张这一条。婚姻问题上妇女的痛苦最多。妇女要求离婚，往往不允许，即便在党内也如此。所以‘一方坚持要离就让离’是主要根据妇女利益提出的。如果加上很多条件，反而给下边的干部一个控制的借口。”当时，坚持这一条的人只占少数。

1949 年 3 月 23 日，中共中央离开西柏坡，向北平挺进。《婚姻条例》草案又经过一番修改。对争论最大的离婚自由问题，中央法制委表态同意离婚自由，理由是离婚结婚自由，是反对封建的新民主主义革命对解放妇女的一个基本要求。草案除少数条文外，多的曾修改 30 至 40 次以上。1950 年 5 月 1 日，中央人民政府正式颁布了《中华人民共和国婚姻法》。

（选自西柏坡纪念馆编《西柏坡记忆》第 3 卷，中央文献出版社 2010 年版）

从中央外事组到中华人民共和国外交部的成立

凌　青*

一　中央外事组在山西临县诞生

1947 年国民党进攻延安前夕，美军联络组撤出延安。当时，美军组长是一位名叫赛尔斯的上校军官。他们是分批撤退的，最后只剩下几个人，赛尔斯最后走。撤退时间，我记得是在 3 月 7 日。就在美军联络组撤走前两个多月，赛尔斯上校还举行新年招待会，刘少奇夫妇、朱总司令夫妇都出席了，气氛友好。赛尔斯上校走时，送他上飞机的中方代表只有我了①，没有更大的官送他了。他上了飞机，频频

* 凌　青：时任中共中央外事组成员；后曾任中国常驻联合国代表，福建省政协副主席，全国政协委员。

① 作者当时在中央军委外事组工作。——编者注

向我们挥手致意，但这时，国民党军队已在美国武器装备支持下向延安进发了。国民党军队占领延安空城的时间是3月19日。

美军官兵撤走后，我们自然也没有必要再待在延安。我同马牧鸣、毛立青等同志一起背着行李、背包，从延安撤出，一直走到黄河边，夜渡黄河，继续随着中央队伍走，也不知道目的地是什么地方。后来，走到山西临县三交镇附近，朱总司令的警卫员李树槐（新中国成立后任公安部警卫局局长）骑马赶过来，传达上面的指示，说是就地停下，不走了。我们就在三交镇附近住了下来。后来才知道这一带就是当时中共中央后方党委的驻地，党委书记是叶剑英，杨尚昆、邓颖超担任副书记。毛泽东、周恩来、任弼时等中央领导都在陕北前线打仗，原延安中央机关中不需要留在陕北的，也都聚在了这里。

过了一个多月，记得是在1947年5月1日，叶剑英、王炳南把我们这些人找在一起，宣布中共中央外事组成立和外事组领导成员名单。外事组主任就由叶剑英担任，副主任是王炳南。王炳南是20世纪20年代就入党的老党员，一直协助周恩来搞统战工作，西安事变时，曾为我党统战事业作出过重要贡献。外事组设顾问一人，是马海德。下面设3个处，即研究处、编译处和新闻处。研究处处长是柯柏年，当时没有副处长，1948年，张香山来任副处长。编译处处长是徐大年（新中国成立后名徐永煐）。徐永煐是20世纪20年代入党的老同志，也是唯一长期在美国工作，直至1947年延安撤退前才回国的党内有留美经验的同志。编译处副处长是章文晋。章文晋是周恩来同马歇尔谈判时的翻译和助手，英文好，工作作风细致认真。新闻处处长是董越千。董越千在晋察冀军区时曾给白求恩当过英文翻译。新中国外交界的重臣或元老级干部，如黄华、乔冠华、龚澎当时都没有在外事组。黄华随刘少奇和朱德的中央工作委员会到晋察冀军区的阜平去了，后到西柏坡，续任朱总司令秘书。乔冠华、龚澎都留在香港工作，没有回来。另一元老陈家康代表中国青年组织到布拉格开会，也没有到外事组。

处下面设有科。研究处设两个科，第一科科长就是我，负责编《美国手册》；第二科科长是吴青（女）。吴青是燕京大学学生，较早加入共产党，后来代表中国去布拉格参加国际妇联的工作。吴青走后，由王朴继任科长。王朴英文好，抗战末期参加东江纵队工作。第二科负责编《供您参考》。这是一个不定期的内部刊物，根据当时所获得的有限的外国报刊材料编写，由柯柏年主编。

编译处下只有一个科，科长是马牧鸣。该处负责翻译中国共产党第七次代表大会的几个主要文件，即毛主席的《论联合政府》、刘少奇的《论党》、朱总司令的《论解放区战场》。

新闻处下设两个科，一个科长叫陈应，另一科长是刘华锋。除3个处外，还设一个行政科，科长是曾远辉（后任满洲里外事处处长），副科长是郭戈奇（后任成都大学教授）。

1947年5月1日，叶剑英主任向中央就上述情况作了报告，指出："外事组包括南京、北平、延安3处外事人员，已于5月1日改组，现有工作人员20余人，分为3处。"并详细报告了各处工作计划。其中，研究处的题目有："一、四外长会议后形势与中国问题；二、美国经济恐慌；三、英美矛盾与美国走向孤立；四、党的外交政策。"编译处主要是上述各译题。关于新闻处工作，则报称："参考材料每日印五六页，已出11期。"

当时解放战争开始，敌强我弱，忙于打仗，实际上没有什么外事工作，为什么还要成立一个外事组呢？这是根据周恩来的意见办的。周恩来认为，这批干部有一些外事经验，也懂一点外文，可能成为新中国搞外交的骨干。不要走散了，以后不好找。应该成立一个机构把他们保留下来。

我们这些人来自四面八方，如有从北平军调处执行部回来的，包括柯柏年、王光美、董越千、刘华峰、王朴等同志；有从重庆、上海、南京回来的，如王炳南、章文晋等同志；有从延安出来的，有我和马牧鸣等。外事组当时聚集了二三十名干部，这些人中相当一部分人后来成为外交工作的骨干。张香山新中国成立后做过中共中央联络部副部长；徐永煐新中国成立后做过外交部美澳司司长，后转抓中央编译工作，主持翻译毛选；章文晋新中国成立后任外交部副部长、驻美大使；董越千新中国成立后做过外交部国际司司长、办公厅主任、部长助理、驻瑞典大使；张颖（章文晋夫人）曾任全国文联书记处书记；吴青后来代表中国参加国际妇联工作；马牧鸣任外交部翻译室主任，驻尼泊尔、西班牙大使；陈应20世纪60年代任驻蒙古使馆参赞；刘华锋任中共中央办公厅副主任；陈浩长期担任周恩来的外事秘书；王凝任外交部办公厅副主任；褚启元任驻津巴布韦大使；陈佩明任新华社高级记者、国际部主任；刘文仲任外交部档案室主任；孙少礼任外交部新闻司专员；赵颖任外交部干部司副司长；等等。

二　外事组的日常工作

外事组成立后，与其他部门并称为中央八大机关。究竟是哪八大机关，我也说不清楚，大概是中央组织部、中央宣传部、中央统战部、中央社会部、中央办公厅、军委办公厅，等等。当时，周恩来虽然正转战陕北，协助毛主席指挥解放战争的全局，异常忙碌，但他仍然十分关心外事组的工作。1947 年 7 月 31 日，他给叶剑英主任的指示信中指出，外事组的几件工作就是："译好毛主席重要著作及少奇关于修改党章报告，编译两三本介绍解放区的小册子（如土地改革、爱国自卫战争），编译两三本研究国际问题的工具书（如美国手册、译词统一表、美共介绍等），有系统地研究几个国际专门问题（如美国独占资本或经济恐慌，联合国与战后各种国际会议，战后世界贸易问题等）。"并指示叶剑英主任设法"为外事组从外边订购最低需要的外文报纸杂志两份，委托黄华同志转交"（叶剑英、黄华当时均在河北省平山县）。在此前后，他还给王炳南写信说："对于外事组，应将重心放在翻译几本毛主席的重要著作，编译几本有关美国的工具书，编译几本有关解放区基本政策的小册子，就是为这些事，花一二年功夫，都要得。"11 月 10 日的信中又说："编译方面，译毛、刘著作，望仍照原计划进行，勿停勿懈。编小册子，目前只能编写解放战争及土改两种，今冬明春要将解放战争写出就很好。美国手册，能在明春编成也很好。"周恩来还考虑到外事组干部相当部分是年轻干部，只参加过地下工作或学生运动，没有经过很多锻炼和考验，因此，特别指出："你们应以三分之一的人数轮流参加土地改革，到群众中去锻炼。"刘少奇也说过，我们这些人接触资产阶级多，接触工农群众少，应当加强基层锻炼。中央外事组就是根据中央领导同志的这些指示安排工作的。

外事组的生活是紧张而活泼的。初期，大家一起帮新华社翻译电文。新华社收到的外电，时间要求紧，他们没有足够的力量，就由我们帮助翻译，出参考资料，感到忙碌。后来，把工作交还新华社，按各处分工办事，就没有那么累了。我负责编《美国手册》，在柯柏年领导下，该翻译就翻译，该编辑就编辑，基本做到了按部就班，到新中国成立前夕，全书基本完成，按问答式写，分若干题，每题都有问有答。柯老的意思是：这本手册是解放区第一本介绍美国基本情况的书。应当尽量做到简单明了，易查易懂。《美国手册》在解放初期出版，虽然内容还显简单粗糙，但在当时的条件下，还是有一定参考价值的，全书前后共印出 4 版。

编书之余，我受命就在本村和附近村落参加土改，这是根据周恩来的指示安排的。有些同志投入全部时间，我没有参加全过程，只参加一些批斗地主的大会，听群众“倒苦水”，批地主剥削。当时我只认为自己出身不好，应该接受阶级教育，没有什么其他考虑。那时候参加运动也只是听听会，没有其他事。以后，学习了《土地法大纲》，对土改的认识才深入了一步。

外事组支部生活是正常的，定期开小组会和支部大会；还选举模范党员，当选的是美籍中共党员马海德。马海德同志以外籍人士，远渡重洋，来和我们同甘苦、共患难，很不容易，所以大家一致同意选他。发展党员的工作也抓得很紧，王光美、马牧鸣、任新韦等同志都在这时相继入党。王光美入党时，我是小组长，同她谈过话，后来有人误传我是她的入党介绍人，实际上她的介绍人是张香山的夫人孙少礼，另一人可能是柯柏年或王朴，记不清了。

山村的生活是简朴而又枯燥的。那时不可能有多少娱乐，业余生活甚至比延安还差，因为延安时期人多，可以互相来往，周末有时组织些舞会。但这时，大家都圈在一个小村子里，没有这个条件。主要业余活动当时只有一件，就是打扑克——桥牌。褚启元的“桥艺”精湛，教会了不少学生。每逢休息时，柯柏年经常和我们在一起打牌消遣。偶尔想跳舞时，也利用老乡的打麦场组织舞会，因为这样的场地比较平坦，刘少奇和周恩来都来过。和延安一样，跳起舞来，人们完全没有什么领导、被领导的区别，都一起欢跳，一起聊天。

刘少奇在和王光美结婚前，到外事组看过她，和我们也打招呼。他平易近人，只是他带来的警卫出于保卫首长安全的责任心，把住屋门，严格进出，如果里面动静大了，他还要探头探脑往里看，生怕出事。王光美后来同我们谈起这一点，感到很尴尬。大家也都不禁异口同声地感叹：千万不要做大首长，做了大首长，连谈恋爱都不方便。

1948 年春，中央决定，外事组转移到以刘少奇和朱总司令为首的中央工作委员会在西柏坡的驻地。因为这时战局已有较大变化，原在陕北坚持的毛主席和周恩来等也在向西柏坡集中。留在山西的后方党委准备取消。接到命令后，我们就打点行装，准备行军。外事组领导派董越千、褚启元、毛立青等同志打前站，因为董越千长期在晋察冀工作，熟悉情况，褚启元和毛立青年轻、精干，先走一步，可为全组做好安排。我随大队前进，但这次就和去延安时大不一样了，因为路上没有一个敌军，没有一个碉堡，也不需昼宿夜行，随时可以大摇大摆地走。过雁门关时，很多同志还特别注意观察一下这个雁北名关，凭吊一下古战场。

这样，用了不到一个月的时间，就到达了我阔别四五年的河北省平山县、建屏县一带。先到西柏坡的同志们已经为我们安排好驻地，大队人马就在离西柏坡不远的柏里村住下。王炳南在路上就向大家宣布我军已收复延安的消息，大家在极度兴奋的心情中，放下了行李。中央外事组就这样从晋西北转到西柏坡附近，一住又大约一年。战事发展越来越顺利，新中国的诞生已是指日可待了。

三　站稳立场成了外事组的守则之一

时光流转，一晃眼到了 1949 年的 1 月。有一天，我们接到通知，要到西柏坡听周恩来的报告。西柏坡离我们外事组的驻地还有好几里地，当时规定是科长以上干部去。王炳南就带着我们大家去了。周恩来给我们作了一次外事报告，这是我听到的周恩来所作的涉及外交政策的第一个报告，也很可能是他关于这方面的第一个报告。可惜没有记录，但大体意思我还记得。

周恩来告诉我们：过几天，人民解放军就要向天津发起总攻，大家应该做好准备，前往天津，以后你们要去接管天津外事工作。他首先分析了解放区战场的形势，提出原来我们估计要 5 年才能胜利，现在看起来不用这么长时间。周恩来这番话令大家都感到十分振奋。1946 年 7 月才开始大打起来，经过 1947 年、1948 年到 1949 年初才 3 年不到，原来估计要到 1952 年可能获胜，没想到 1948 年底就形势大变了。

周恩来长达一个多小时的报告大体上分两大部分：第一部分

是关于外事政策方面。周恩来详细谈到进城后如何做好外事工作。报告没有全面分析国际形势和外交政策，主要是讲进城后的涉外问题。强调进城后，首先要稳定局势，涉外工作要为这一目的服务。对帝国主义分子和帝国主义国家的人民要加以区分。对原帝国主义国家使领馆外交官在未和我建交前，均按侨民对待。对外国人的财产要保护，不没收。并提到河北省献县天主教堂神父受保护，土改时没有动他们的财产，表扬了这种做法。对外商企业可以允许其营业，但要接受我们的管理。这些大的原则定下来，体现了在外交工作上的区别对待精神，在外交斗争中的有理、有利、有节的原则，给初期外交工作的开展打下了良好基础，也规范了一些重大的方针性问题。第二部分是外事工作干部本身应注意的事项。周恩来当时特别强调纪律，外事干部遇事要多请示报告，外事干部就是文职的解放军，外事工作对外影响大，所以外交无小事，外交大权在中央，各地不得擅自行事。周恩来对干部的要求，以后发展为 16 个字的完整表述：“站稳立场，掌握政策，熟悉业务，严守纪律。”这成为外事干部的基本守则，一直沿袭至今。

从西柏坡到天津，我们大家这次就不是用脚走路了，而是乘坐一辆大汽车先到了石家庄，在石家庄停了一夜，就从石家庄经过冀中大平原，一直开到天津郊外。一路上，大家都满怀着胜利的喜悦心情，也憧憬着未来的光辉前景。

我们到天津郊外时，天津刚刚解放。我们进了天津城后，住在天津的罗斯福饭店。罗斯福饭店现在可能没有了，也可能改了名。在罗斯福饭店住下来以后就进一步分工，一部分留在天津外侨事务处，黄华、章文晋、马牧鸣等人都留在天津了。黄华、章文晋分别是天津军管会外侨事务处的正、副处长。但是没隔多久，黄华就离开了天津，调到南京，转任南京外侨事务处处长。黄华也是燕京大学出身，他去南京主要为的是联系新中国成立前的美国末任驻华大使司徒雷登方便。司徒雷登曾是燕京大学的校长，当时有意访问北平，与中共接触。黄华走了以后，章文晋接任外侨事务处长。章文晋后来又调到外交部。我没有到天津外侨事务处，而是继续往北平走，王炳南、柯柏年都是往北平走。我到北平郊外时，北平还没有解放，我军在和傅作义谈判。在郊外过了一段时间，后来北平解放了，我们进了城，还是在外事组，就住在和平门西松树胡同一个四合院里。

进城后，到外交部成立前，外事组名义上没有解散，但分成两部分。王炳南带着王凝、王朴、曾远辉等同志，还吸收了一些新人，包括韩叙等，在御河桥北平市军管会所在地办公，筹办外交部成立事宜。柯柏年则除参加王炳南主持的工作外，还担任市军管会主任叶剑英的主要助手，主持北平市外侨事务处，协调处理北平市的涉外事务。我留在松树胡同办公，根据柯柏年的指示，搜集日本侵华造成我国各种损失的材料，可能是预备有朝一日向日方索赔。这件事做了一阵子，没有大结果，也没有派上用场。在这期间，外事组研究处在松树胡同又吸收了一些新同志，其中有张再、龚理嘉、严梅生等。张再后来担任过中国驻澳大利亚大使。

中华人民共和国成立的前一天，王炳南召集了解散中央外事组的会议，我参加了。我记得王炳南宣布了外交部科长以上干部名单。外交部成立的时候，司长的级别都是很高的，柯柏年是美澳司司长，伍修权是苏欧司司长，夏衍是亚洲司司长，不过夏衍在上海，没到任。当时周恩来兼任外交部长，副部长是王稼祥、李克农、章汉夫，王炳南任办公厅主任。王稼祥被任命后，实际上没在外交部上班，马上被任命为第一任驻苏联大使。章汉夫在上海当军管会外侨事务处处长，因为当时刚解放，上海的情况还很复杂，在这个帝国主义的老巢里，好多西方的企业怎么处理，需要有个大员在那里亲自掌握，所以章汉夫就去了。实际上主持外交部工作的是李克农，但李克农本人又是党中央的总情报部部长。他的任务很重，所以更具体的工作实际上就是王炳南做。外交部成立后，我担任了美澳司美国科的第一任科长。当时外交部编制是除办公厅辖处级单位外，各业务部门都是司、科两级。中央各部统一改部、司、处三级制是 20 世纪 60 年代以后的事了。这是后话。

1949 年 10 月 1 日，中华人民共和国中央人民政府成立。外交部正式成立的日期也应该是这一天，因为在中央人民政府成立的公告中，就已经明确声明："但凡遵守平等、互利及相互尊重领土主权等各项原则的任何外国政府，本政府均愿与之建立外交关系。"随后，周恩来总理又以外交部长身份发表致各国政府公函表示："中华人民共和国与世界各国建立正常的外交关系是需要的。"外交部长已经出面，而外交部尚未正式成立。外交部的正式成立大会则是一个多月以后的事，在老外交部大楼里，正式宣布了新中国外交部的组织机构和人员配备。

四　外交部成立

外交部成立大会是 11 月 8 日在老外交部大礼堂举行的。这幢建筑是德国式的，很有气魄，雄伟壮观；分上、下两层，砖砌的，楼顶很高，楼梯很宽。它是清朝末年直至北洋政府时代办理外事的老衙门。大楼所在的胡同就以“外交部街”命名，直到现在这个名称还没有变。记得在1953年朝鲜停战以后，我陪中立国监察委员会主席、印度代表柯尔将军和他的顾问访问北京，当汽车拐进外交部街的时候，狭窄的胡同，嘈杂的人群，不起眼的旧式矮房令他吃惊。他曾问我一句：“你把我带到哪里去了？”大概他以为像外交部这样的大机关一定会在通衢大道上。可是，当汽车拐进大门，在外交部高楼前停下，我领他们进入楼内时，他又“嘘”了一声，感叹建筑物的堂皇富丽、气势恢宏。这幢建筑曾经书写过一幕又一幕旧中国的屈辱外交史，但也就是从这里，新中国独立自主的外交闪现了最初的光辉，并且逐步影响全世界。在这里办公，真是觉得沧桑巨变，感慨万千。当然，也十分自豪，对新中国未来的美好前景充满希望。

外交部的大礼堂也是很大的一个大厅。外交部成立初期，在北京饭店宴会厅盖成以前，就在这里举行国庆晚宴，加上周边的办公室，一起招待外宾。

11月8日晚上8时，成立大会就在外交部大礼堂举行。主席台墙上挂着毛主席像，台上铺有地毯，放着鲜花，并且设有一个小的记录席。台下并不是一排排的长椅式座位，而是用很多小圆桌子围起来的形成半圆形的会议桌，因为当时参加大会的人数不多，而且好多重量级人物都没参加。例如，王稼祥去苏联当大使，章汉夫在上海，陈家康在国外，黄华在南京，章文晋在天津，其他很多干部尚未调来，只有原中央外事组在北京的人员、北京外事处的人员和一些新调来的大学生参加大会。人们记得，参加大会的只有约 170 人。会议安排得很好，所有参加的人后来也都感到十分兴奋，但唯一遗憾的是，像这么一个重要的又有历史意义的大会，居然没有留下一张合影照片！

外交部成立时，干部只有 248 人。据统计，当时科长级以上干部是 47 人，一般干部 201 人。其中抗日战争或更早参加革命的有 68 人，新中国成立前后参加革命的是 180 人。文化程度方面，留学生 17 人、大学生 140 人，两者合计占 63%；懂外文干部约 140 人，占 56%，非外文干部 108 人，占 44%。此后不久，又从部队调来一批将军，如耿飚、黄镇、姬鹏飞、袁仲贤、彭明治、王幼平等，担任新中国第一批驻外大使。新中国的外交队伍如同整个中国革命队伍一样，从小到大，从弱到强，不断发展壮大。

（选自西柏坡纪念馆编《西柏坡记忆》第 1 卷，中央文献出版社 2010 年版）

开国大典阅兵式

杨成武*

1949年的每一个日子，都是令人兴奋的。中国人民解放战争即将在全国取得胜利，一个新型的人民共和国就要诞生了。“七一”后，中共中央成立了以周恩来为主任，彭真、聂荣臻、林伯渠、李维汉等同志为副主任的开国大典筹备委员会，拟定开国大典包括三大项目：（1）中华人民共和国中央人民政府成立典礼。（2）中国人民解放军阅兵仪式。（3）人民群众游行活动。

作为开国大典一个重大项目的阅兵仪式，是我军历史上最盛大、最庄严的一次庆典。朱德总司令任阅兵司令员，聂荣臻代总参谋长任阅兵总指挥，我和唐延杰、唐永健、刘仁、肖明、肖松

* 杨成武：时任开国大典阅兵指挥部副总指挥，人民政协第一届全体会议代表；后曾任第六届全国政协副主席，人民解放军副总参谋长，中央军委副秘书长。

等同志为副总指挥。下设阅兵指挥所，我兼指挥所主任，唐延杰兼副主任。

我与唐延杰受命后的第一项工作，是在军委首长指导下，主持起草《阅兵典礼方案》。方案的内容包括受阅部队的选调、编组、阅兵程序、阅兵礼乐以及受阅前的训练等。阅兵式分为两个部分，即“检阅式”和“分列式”。检阅式是指受阅部队在静止状态下，接受阅兵司令员的检阅；分列式则是指受阅部队在行进状态下，接受党和国家领导人、各界人民代表的检阅。《阅兵典礼方案》拟出后，毛泽东、朱德、刘少奇、周恩来和任弼时等中央领导同志，在中南海怀仁堂接见了负责阅兵事宜的有关人员。接见时听取了聂荣臻同志有关阅兵仪式的基本设想以及我关于阅兵方案中主要内容的汇报。当时在座的中央领导人都先后讲了话，作了指示。毛泽东同志说，我们历来主张慎重初战，这次阅兵也是初战，开国第一次嘛，一定要搞好。

的确，举行阅兵式对当时的我军来说，是一个全新的课题。它虽然不像在硝烟弥漫的战场上那样紧张、激烈，但是作为数百万中国人民解放军的代表，要在一定的时间和空间里表现出一往无前的英雄气概，以振奋民族精神，同样也是很不容易的。

受阅部队的人员总计 1.64 万多名。其海军代表部队由海军学校与华东舰队各一个排编成；陆军代表部队大部分来自第二十兵团，即平津卫戍部队，有步兵师、炮兵师、战车师（含摩托化步兵团、装甲车团、坦克团）、骑兵师各一个组成；空军代表部队由飞行员及其驾驶的 17 架飞机组成。

此前，我不仅查阅了许多有关阅兵的资料，而且四方求教，走访了当时在北平的我军高级领导人。刘伯承司令员早年留学苏联，知悉莫斯科红场阅兵的情况。他对我谈了有关的细节后，通俗而又具有概括性地说：阅兵无非就是展示一种特定内容的仪礼，一种形式。这种形式搞好了，目的也就达到了。归根到底一句话，马粪蛋外面光！他的这一诙谐比喻引得我们都笑了。我访问陈毅司令员时，他以富于鼓动性的声调说：没有什么了不起，多少大仗都打胜了，还愁搞不好一次阅兵？不就是队列嘛！通过队列，把我们的军威显示出来，让中国老百姓看看，这就是自己的军队，这就是新中国的军队。我还访问了原国民党政府东北军的几位老将军，了解他们以往阅兵的做法。当时在我国的苏联顾问也为我们阅兵提出了一些很好的意见。

7月底，受阅部队分别集结于北平市郊，开始进行训练。训练期间，阅兵司令员朱德亲临西北郊炮兵驻地视察。阅兵部队的指战员见到朱老总，都说朱总司令像个老兵，很威严但又慈祥，没有架子。二十兵团炮团参谋黄云桥告诉我们一件事，说朱总司令乘坐的是一辆吉普车，由于道路不平，车子突然熄火了。这时，参加阅兵训练的部队指战员一拥而上，推着车走，使车子又重新发动起来。

受阅部队的训练，是按照总参和阅兵指挥所的要求，按军种划分训练场地，由各部队首长负责组织实施的。为了了解情况，我和唐延杰经常分头到现场观看。在天坛阅兵训练场，我见到了来自天津警备部队的干部战士，他们是二十兵团一一九师的。天坛围墙外的空地就是他们的训练场，场地边沿搭着他们宿营的帐篷。战士都有一种光荣感，理解自己是代表人民解放军的整体接受检阅的，总担心别到时出个什么差错，影响军威，因而训练中都很认真。有的战士见了我，将鞋子脱下来说，司令员，你看！才穿几天的新布鞋底就破了。我说：还得准备磨破几双鞋！天天拔慢步，练分解动作，腰酸腿痛的，这对刚从枪林弹雨中冲过来的指战员来说，算不得什么苦，只是有些老兵认为太单调、太枯燥。于是，每到一个训练场，我都少不了讲一讲阅兵的意义。此外，我还到了空军和海军的阅兵训练驻地。海军分队中，大多是刚刚穿上海军服的陆军战士，也有海校的教员，还有原国民党海军起义的官兵。空军的受阅飞行大队，我去看望过他们。飞行员们的经历都不简单，或是我国第一所航校即哈尔滨航校培养出来的第一代飞行员，或是从特殊地区归来的中共地下党员，或是国民党政府空军驾机起义者。陆军序列中的骑兵代表部队，由华北骑三师组成。这支部队的成员多数来自内蒙古大草原，他们在市郊沙河镇集结，由六十八军参谋长宋学飞组织训练。

各军种在分训的基础上，均就地进行了合练。然后，阅兵指挥所在天安门前组织了两次地面部队合练。为不影响市区交通，每次合练都在夜间进行。

天安门城楼是开国大典的主席台，也是我们阅兵的检阅台。当时天安门前 11 公顷范围内，是一个“T”形的场地，东、西、南三面都有围墙和牌楼。东、西牌楼各有券门三阙，被称为东三座门、西三座门。以天安门为中心点，长安街东西 400 米内，是阅兵分列式的行进路线。每次合练，都进行到拂晓才结束。除了阅兵部队，参加游行的群众队伍也分批来这里熟悉集会位置和进行游行演练。当时划定天安门东西两侧观礼台为机关团体区域；集会联合指挥部设于西城台，另有几个指挥分所分别设于广场上；除长安街中段为阅兵分列式行进路线外，长安街东段南侧属于不参加分列式的武装部队集会区域，军乐队居于其中间部位；其后是以铁路工人为主的工人和农民，其余区域分别划归团中央、学生、工人和广大市民。人民群众集会与游行，主要由中共北平市委和市政府负责组织。

在阅兵仪式筹备过程中，聂荣臻同志事无巨细，均非常认真，多次强调说，我们这支军队踏过雪山草地，从金沙江到黑龙江，从长白山到南海边，英勇作战，用鲜血和生命换来了今天的胜利。在这次阅兵中，我们一定要展示出这种精神面貌。他还三番五次地听取了我们阅兵指挥所的工作汇报。他当时身兼数职，除了担任平津卫戍区司令员、华北军区司令员、代总参谋长等军队职务外，还担任了北平市市长的职务。繁忙之际，阅兵总指挥聂荣臻还是很周到地指导了阅兵筹备工作。在谈到防空问题时，他下了一道极为严格的命令：万一遇到敌机空袭时，要原地不动，保持阵容，保持队形！他连队伍行进时车辆熄火与骡马失蹄、拉屎、拉尿的对应措施，也都一一询问到了。

北平市喜庆的气氛一天比一天浓厚。古老的新华门张灯结彩，红旗招展，门前欢声笑语不断。9 月 21 日至 30 日，中国人民政治协商会议在中南海召开。毛泽东同志在开幕词中庄严地宣布：占人类总数四分之一的中国人从此站立起来了。这次政协会议选出了中央人民政府委员会的成员，一致选举毛泽东为中华人民共和国中央人民政府主席，朱德、刘少奇、宋庆龄、李济深、张澜、高岗为副主席。

由于担负了阅兵指挥所的工作，政协会议期间我主要是出席全体会议。选举的那天，各民族代表争相献花、献锦旗。锦旗上的献辞有的写着“主权在民”，有的绣着“人民救星”。新疆代表向毛泽东主席献了一套民族服装。儿童腰鼓队也进入会场，在座位间的通道上排成两路纵队，为代表们表演，天真的脸蛋，整齐的动作，脆嘣嘣的鼓点，令人激奋不已。

阅兵准备工作，在喜庆的日子里进行。为了迎接那举国欢庆的一天，我们反复审定阅兵的每一步骤乃至每一细节。

10 月 1 日，1949 年的 10 月 1 日，这个辉煌的划时代的日子就要来到了。

为统一行动，我和唐延杰受命以阅兵指挥所正、副主任的名义，预先向受阅的海、陆、空代表部队下达了一道命令，命令中规定了各部入城路线、集结待阅地点、各指挥分所的现地位置，并重申了以前阅兵会议规定的注意事项。30 日午夜，各部队开始入城集结。我的指挥位置设在天安门东侧的城墙根，以有线电话与各指挥分所联系。

10 月 1 日下午 2 时，中南海内开始举行中央人民政府委员会第一次会议，正、副主席宣布就职，并互选林伯渠为秘书长，任命周恩来为政务院总理兼外交部长；毛泽东兼中央人民政府军事委员会主席；朱德兼人民解放军总司令；沈钧儒为最高人民法院院长；罗荣桓为最高人民检察署检察长。

30 万军民集聚于天安门广场。人群和旗帜、彩绸、鲜花、灯饰，汇成了喜庆的锦绣的海洋。

下午 3 时，大地欢声雷动。毛泽东和朱德两位伟人一前一后，沿着城楼西侧的古砖梯道，最先登上天安门城楼。

林伯渠宣布开会。在定为国歌的《义勇军进行曲》乐曲声中，中央人民政府主席、副主席和委员就位。

在国歌的乐曲声中，人民领袖毛泽东庄严宣布：中华人民共和国中央人民政府今天成立了!

在国歌的乐曲声中，毛泽东亲自按动电钮，升起了中华人民共和国第一面五星红旗。在那第一面国旗冉冉升起的时候，54 门礼炮齐放 28 响，如报春惊雷回荡天地间。

升旗之后，毛泽东宣读中华人民共和国中央人民政府公告说中央人民政府是代表中华人民共和国全国人民的唯一合法政府。

公告宣读完毕，林伯渠秘书长宣布阅兵开始。阅兵司令员朱德身着戎装，走下天安门城楼，乘敞篷汽车通过金水桥，迎候在桥南的阅兵总指挥聂荣臻即致军礼并报告：受检阅的海、陆、空代表部队均已准备完毕，请总司令检阅!

在《三大纪律八项注意》等军乐乐曲的连续鸣奏中，朱德总司令由聂荣臻总指挥同车陪同，检阅了肃立受阅的三军部队。接着，朱总司令重登天安门城楼，宣读《中国人民解放军总部命令》：迅速肃清国民党反动军队的残余，解放一切尚未解放的国土，肃清土匪和其他一切反革命匪徒，镇压他们的一切反抗和捣乱行为……

检阅式完毕便是分列式。于是，我用电话向东三座门外的指挥分所发出相应的命令。那是最幸福的也是最紧张的时刻。党和国家领导人、各界民主人士都在注视我们，30 万群众都在注视我们。我们将要把人民军队 20 多年的战斗历程，在短暂时间内的行进中显示出来，将要把整个人民军队的风貌，通过有限的行动反映出来。

最先通过天安门主席台前的是代表人民海军的水兵分队，他们身着崭新的水兵服，以“八一”军旗为前导，由东向西行进。紧接着的就是多兵种的陆军代表部队。步兵师的战士们踏着《八路军进行曲》的节奏，雄赳赳地走过来了。在《军队进行曲》和《坦克进行曲》的伴奏声中，炮兵师、战车师的队伍也相继隆隆地开过来了。这时，人民空军的飞机一批又一批地飞经天安门广场的上空。在天安门前，天上地上，浑然一体，形成雄伟的立体武装阵容。万众仰望。毛泽东等领导人也兴奋地昂首注视祖国领空的保卫者。

机影还未完全消失，激越的《骑兵进行曲》引出了壮观的骑兵师队伍。军马的毛色或全红，或全白，或全黑，骑手们身着草绿军服，握枪挎刀，威风凛凛。

两个多小时之后，欢腾的群众游行队伍通过天安门前，向新的中央人民政府领导人致意，向高高飘扬的五星红旗致意。是啊，我们胜利了，这是人民的胜利。这个胜利来得多么不易啊！为了迎来这一天，我们的党、我们的军队和我们的人民艰苦奋斗了几十年！无数的革命先烈也都是为了这一天的到来，献出了宝贵的生命啊！我注意到，这一天天气并不是很晴朗的，日光不强，云影朦胧，然而，自古以来中华民族又何曾有过如此光明辉煌的日子？开国大典和开国大典阅兵式，给我留下了莫能淡忘的壮观图景，也给我留下了军人的光荣，当然还有军人的新的使命。

（选自北京市政协文史资料委员会编《庄严的庆典——国庆首都群众游行纪事》，北京出版社 1996 年版）

那一刻，古老的民族复活了

刘白羽*

1949年10月1日下午，我跟钟赤兵乘一辆汽车，按照指定路线，从东华门来到天安门后面，经过检验代表证后，我们走上东面的坡道。长长的坡道上砖缝里长着一丛丛小草，倾斜而没有台阶。所以没有台阶，据说是因为在皇朝年代，骑兵可以从下面直接走上城头。几十年后，我到了嘉峪关，那个威震西疆、御防强胡的战城，看到所有登城的道路都是马道，我想那样有便于推上火炮、弹石，凭高设险，以利作战。至于上天安门的路为何如此，我没研究过，反正皇帝老儿有人抬着御辇，没有台阶也许免得颠簸吧？道路一曲一折，就到了天安门城头，只见上面一片

* 刘白羽：时为新华社军事记者，人民政协第一届全体会议代表；后曾任文化部副部长，全国政协委员。

红旗招展，喜气洋洋。我走到城楼最前面，扶着雕塑的石栏向下一看：这是怎样一个令人神魂迷醉的伟大的世界啊！正面广场上人山人海，红旗飘荡，像一片被灿烂朝霞照得通红的海洋。玉带河前，东西长安街上都站满整整齐齐的人群，凝然不动，肃穆庄严，大家都在屏息静气地等候着一个时刻的来临。准确得很，2点40分，排列在天安门下面的乐队铿然一响，奏起《团结就是力量》的乐曲。毛主席偕同全体政府委员从西面走上了城楼，人群很自然地让出一条路，我恰恰站在路旁第一排，毛主席一面走一面跟大家一一握手，他走到我跟前来了，他紧紧握了一下我的手，微微向前倾着伟岸的身躯，两眼望着我，点头微笑。这时我的心情十分激动，从延安起，我不知道和毛主席握过多少次手，但这一次，在这庄严而隆重的时刻，却是一次不平凡的握手，永远值得纪念的握手。当毛主席出现在天安门城头玉石栏杆前面，天安门广场全场那么多人都看到了他，都跳起脚来不停地欢呼，人海激荡了，人海沸腾了。人们手上举着红的旗帜、红的横幅、红的五角星、红的灯笼，都像一簇簇火花在跳跃，在飞舞。人民心里有多少热，多少爱，多少悲哀，多少痛苦，一下都向着所爱慕、敬仰的这个人倾吐出来。后来一个电影摄影师告诉我，很多人泪流满面，非常感人，连他端着摄影机的手也颤抖起来了。《团结就是力量》的乐声连续不断地重复奏响，通过高悬在天安门广场各处的扩音器，金石铿锵，有如大海在人群中翻转回旋。当宣布开会时，所有的声音戛然而止，那么多人静得连一点声音都没有，十分肃穆、十分庄严。这时由毛主席亲自按动电钮，一面五星红旗顺着立在天安门广场上的旗杆缓缓地、缓缓地升了起来，晴空万里、天空蔚蓝，所有人的眼睛都凝注着它，最后升到顶端，像一片鲜红的云霞随风冉冉飘动。到了鸣礼炮时，我听见东面，那座黄瓦红墙、凯旋门式的三座门外面隐隐传来喊口令声，紧跟着腾起一股硝烟，突然一声霹雳，54 门礼炮一道发出嘹亮威严的啸声，一阵接着一阵，响了 28 次，时间延长 20 分钟之久。这时，脚下的地面微微颤抖，我的心也在不停地震动。在战场上我多少次听到过炮火隆隆的怒吼，只有这时它成为欢乐的歌唱。

3 点整，毛主席离开他的位置向麦克风走去，在那儿，他庄严地宣读了中华人民共和国中央人民政府公告。他的声音清澈洪亮，充满了全国人民的豪情壮志，凝聚着几千年中华民族的神魄：“……中华人民共和国中央人民政府委员会，于本日在首都就职，一致决议：宣告中华人民共和国中央人民政府的成立，接受中国人民政治协商会议共同纲领为本政府的施政方针……”他的声音从四面城墙上发出嗡嗡的、清晰的而又先后次序不同的回音。是的，从这一刻，古老的城墙复活了，古老的北京复活了，古老的民族复活了。

就在这时，拿破仑的话忽然升上我的心头，他说过这样一句名言：“中国是什么？是一头躺着昏睡的雄狮。让它醒来吧！一旦醒来，它将震撼世界。”

是的，现在代表着几亿人民意志，从天安门广场上发出的声音，不就是在宣告，使全世界为之震撼的东方睡狮醒来了吗？

我从城楼上俯视，看见朱总司令全副戎装，军帽上一颗红五星像一朵小火花一样发亮，立在一辆敞篷的汽车上，从天安门里开出来，轻轻驰过玉石桥。我仿佛听到了崭新的车轮碾过地面的呲呲声。

从东面远处传来嘹亮的军号声，检阅开始了，全场掠过一阵惊雷，掌声响成一片。当朱总司令的车开到长安街上，从东面有一辆吉普急驶而来，蓦然停在朱总司令车前，车里是检阅总指挥聂荣臻。他笔直地立正、敬礼、报告，然后他的吉普跟随在朱总司令车后，穿过那凯旋门式的三座门中间的一座，向东单牌楼方向驶去，从列队于长安街两侧的部队面前缓缓走过，走到哪里，哪里就喊起口号，那声音如滔滔巨浪一直震撼着我的耳鼓。

过了一阵，朱总司令从东面转回天安门广场，又向西驶去，检阅肃立在西长安街头的队伍。就在这时，天空上突然爆裂出一朵礼花，紧跟着，无数照明弹、红色曳光弹万花筒般在高空中像电光烁然一闪，然后一条条黑烟蜿蜒而下，有如万千璎珞，微微飘荡。紧接着又一簇升腾而起，闪闪发光……突然，又响起欢呼声，原来朱总司令的汽车由西面回来，向东横掠全场，再折回头在群众队伍面前缓缓行过，进行最后、最隆重的检阅。群众继续不断地欢呼，朱总司令一直把手掌举在帽檐上向大家敬礼，然后汽车由广场中心驶入天安门。

朱总司令上城楼后，走到麦克风前，罗荣桓、陈毅、刘伯承、贺龙肃立在他的身旁，朱总司令宣读了中国人民解放军总部的命令："……我命令中国人民解放军全体指战员、工作员，坚决执行中央人民政府和伟大的人民领袖毛主席的一切命令，迅速肃清国民党反动军队的残余，解放一切尚未解放的国土……"我作为一个军人，不是在火线上，而是在天安门上肃立接受命令——这时我想到在南方泥泞中跋涉前进的战士们，我如果能够同他们在一道接受这一庄严的使命不是更好吗？这时我下定决心回到前线去，我恨不得立刻飞到那里去。

当宣布阅兵式开始时，东面不停地响起嘹亮的军号声，广场上倒鸦雀无声，原来站在天安门下列成方阵的乐队，忽然移动，向东面走去……聂荣臻乘吉普车驶至天安门前，仰头敬礼，报告请求检阅。乐队从东面开始参加了检阅行列，变成大军的前导，铜鼓铜号都在阳光下闪闪发亮，奏出威武雄壮的乐曲。跟在后面的是海军，举着红色军旗的排头兵带领他们步入广场，海军军装的白色、蓝色组成了一幅画面，像蓝色海洋推着雪白的浪花在荡漾，在推进。从天安门上的广播器里传出《解放军进行曲》震天撼地的声音，有如一阵飓风，在军队检阅的过程中，它一遍又一遍地奏响。多少年来，我们唱着它战斗，而今又唱着它检阅，这意味多么深长呀！海军后面是头戴钢盔的陆军，所有受检阅的人们走到天安门前，一律改为正步，两手持枪向前，每一刺刀尖上闪亮一点银花，唰地一声，所有战士都把头转向右面，向天安门上行注目礼，一起一落的脚步形成活跃、整齐的线条，皮鞋在古老的石板地上敲出了咔咔的声音……

忽然，天上传来隐隐雷声，广场上所有的人都循声翘首东望，4点15分，当步兵炮队正在行进，一阵巨大的隆隆声从天而降，所有人都蹦跳起来欢呼，向天空招手，招手。

我们的机群飞临上空，一组一组编队飞达天安门时，微微摇动两翼致敬，呼啸着向西飞去，而后分散开来，在四面八方分散缓缓飞行，保卫着祖国的领空。

卡车牵引的野炮、榴弹炮、重型榴弹炮、高射炮缓缓驰过，而后，摩托化部队闪了过去。5点，以坦克为前导的装甲部队一出现，从人海中掀起欢腾的呼声。最后，一阵狂风暴雨的沙沙声响起来，我循声看时，不禁心中为之一震，骑着一色蒙古马的骑兵以极其精壮、极其飒爽的神姿跃然而至。当红的马群奔驰而过时，我想起古人横戈跃马、衔枚疾走的情景，我想到“落日照大旗，马鸣风萧萧”的诗句，我觉得这红色的马群像是从历史深处驶至雪亮的今天，它们淘尽风霜、洗尽征尘，翻起银色的马蹄。不知不觉间，我忽然发现脸颊上沾湿了泪水，是因为这红色的马群吗？不。

我为了我们在战火中悲壮的奔驰。

我为了我们在和平中欢腾的奔驰。

一时之间，我的心灵在发热、在震颤。

毛主席在这一天里从头到尾一直屹立城头，他的面容变幻复杂——他有时严肃，有时微笑，我无法知道毛主席想了什么，但从他眉头的一颦一展中看得出他内心的激荡。有时他两手扶着玉石栏杆，在部队每一次向天安门城楼上敬礼时，他都摇着手频频致敬。我无法知道他的思绪，不过几十年之后，在《蝶恋花》那首词中，“忽报人间曾伏虎，泪飞顿作倾盆雨”的句子，不正透露出一线那一伟大时刻的信息吗？

天近黄昏，继军队检阅之后，群众游行开始了。这时人群中一片红灯亮了起来，远远看上去像红色的海洋，细细看又像晶亮的血珠，随着游行人群，无数红灯、无数火炬在摇曳，不过可不像军队那样整齐严肃，人们自由、奔放、欢乐，使得满场腾舞着一条一条火龙。广场四面八方的探照灯一下一齐打开来，把偌大的广场照得通明如昼，游行的人们欢唱，广场上的人们欢唱，当走过天安门前时，千万只手向着城楼上招晃，高喊：

“毛主席万岁！”“毛主席万岁！”……

看起来毛主席十分感动。

他的手一直不停地向大家挥动，高呼：

“人民万岁！”“人民万岁！”……

“毛主席万岁！”……

“人民万岁！”……

下面不停地喊着，上面不停地喊着，山鸣谷应，上下交融，这情景实在动人极了。

人群像火山爆发后流泄的熔岩，不停地、不停地移动着、移动着。

游行行列过了很久，在接近尾声时，我和艾思奇、何其芳到大殿休息室里去饮了一点茶，实在说，我们的嗓子也有些沙哑了。但是，毛主席的声音一直那样洪亮，这一天他这种非凡的、伟大的神魄是十分激动人心的。正在这时，忽然从外面传进来一种奇特而又格外嘹亮、格外清晰的声音，使我感到惊奇，难道人群拥上了天安门吗？于是我们放下茶杯，连忙跑了出来。一看，啊，一个场面使我目瞪口呆——由于时间过久，城楼上有些老人已经在工作人员劝说下退席了。但是，周恩来、刘少奇、朱德紧紧跟毛主席站在一起。我走到玉石栏杆前一看，原来游行队伍走完了，一直站立在从天安门到前门之间这片广场上的人，忽然自发地向天安门奔跑过来，这简直是不可阻挡的洪流，他们那一片杂乱的脚步声，像海上的狂涛轰隆、轰隆地席卷而来。他们跑过了广场，还在跑，跑过了金水河上的玉石桥，还在跑，一直到天安门城墙下面，他们翘首仰望，摇着手臂，跳着两脚，热烈鼓掌，嘶声欢呼——探照灯照明了城上的毛主席，也照明了城下的人群——这是严密而周到的计划中没有的安排，但是，在这千金一刻的时间，群众自发地进行了伟大的创举。我先是看见杨刚，她一个人孤零零地站在那里，她涕泪滂沱，哭得那样坦然、那样热诚。她的哥哥杨枣被反动派惨杀而死，我想他的神魄此时也从天上同样激动地哭泣。我再看毛主席，他的神态十分异常，他显然激动了，似乎强忍着心中的激情，不让它倾泻而出，但他的眉宇、他的眼神说明他已经难以自持。下面喊一声："毛主席万岁！"他就喊一声："人民万岁！"……人民对毛泽东的热爱至此达到了这一日的顶峰，我的心灵像铜钟一样敲出洪亮的巨响。这热潮无法抑制，一直延长到9点半钟。忽然，向西面散去的人群，从扩音器里听到这里这种无法形容的沸腾，呼啦一下又折转身来，席卷大地，奔涌而回。简直像战场上决战的那一刻，人们呼喊着、狂奔着。他们手上高举的火把、灯笼熊熊燃出一片动人的红色。这时，由毛主席带头，后面是周恩来、刘少奇、朱德，先向东走到天安门城楼的东角，向人群欢呼、致敬；而后，又折身向西，走到天安门城楼的西角，向人群欢呼、致敬。当西面回转来的人群铺天盖地而来时，毛主席用他的那发自肺腑的热情而嘹亮的声音宣布：

"你们太辛苦了……今天散会了……"

沸腾的人海还在回旋激荡，一时静止不下来。

毛主席只好决然转过身，向天安门下走去，我们跟在后面，当我蓦地回头，我又一次看见杨刚，在苍茫夜色中，还是孤零零一个人站在那里，默默地流着热泪……

（节选自全国政协文史资料委员会编《中国人民政治协商会议第一届全体会议亲历记》，中国文史出版社2003年版。标题为编者所拟）

参加新政协和开国大典的回忆

王国权*

1949年3月，中国共产党七届二中全会提出了召开新政协和成立民主联合政府的建议。在这里谈到新政协会议，我们会自然地联想到旧政协会议。抗日战争胜利后，1946年1月10日在重庆曾经召开过有各党派代表和社会贤达出席的讨论和平建国方案的政治协商会议，被人们称为“旧政协”。所谓新政协就是相对于旧政协而言。

1949年6月，我作为热河省委书记，和黑龙江省委书记赵德尊同志以东北地区区域代表身份赴北平出席新政协筹备会。来到北平后，我们住在东交民巷华安饭店。当时北平天气很热，饭店内没有

---

* 王国权：时任中共热河省委书记，人民政协第一届全体会议代表；后曾任民政部副部长，全国人大常委会委员。

电扇等降温设备，服务员把几个大缸放在屋里，缸里面再放上冰块用来降温。

在政协筹备会议召开之前，我还参加了中央进城后召开的第一次会议，这次会议对新政协的筹备工作进行了布置和安排。

1949 年 6 月 15 日，新政协筹备会第一次全体会议在中南海勤政殿举行。出席这次会议的有中国共产党和赞成共产党主张的各民主党派、各人民团体、各界民主人士、国内少数民族和海外华侨，共 23 个单位 134 人。这次筹备会议通过了《新政协筹备会组织条例》，推选毛泽东主席为筹备会常委会主任，周恩来、李济深、沈钧儒、郭沫若、陈叔通为副主任，李维汉为秘书长。会议决定成立 6 个工作小组，分别负责新政协的各项筹备工作。这 6 个工作小组的主要任务是：（1）拟定参加新政协会议的单位及其代表名额；（2）起草新政协组织条例；（3）起草共同纲领；（4）拟定中华人民民主共和国政府方案；（5）起草宣言；（6）拟定国旗、国徽及国歌方案。

新政协筹备会议是在非常民主的气氛中进行的。会议开始时，毛泽东同志致辞。最后他呼了 3 个口号，其中 1 个口号是：中华人民民主共和国万岁。在会议期间，对于人民民主共和国这一提法，张奚若先生提出了质疑。他提出应该把民主两字去掉，张奚若先生说：我看叫中华人民共和国好，有人民就可以不要民主两字，焉有人民而不民主哉？且民主一词来自希腊字，原意与人民相同，去掉民主两字从字面上的解释也是很容易明白的，是共和而非专制，是民主而非君主，是人民而非布尔乔亚国家。最后，大会经过充分民主讨论协商，确定国名为中华人民共和国。

1949 年 9 月 17 日，新政协筹备会召开了第二次全体会议。周恩来同志代表常委会作了关于筹备会议的报告。会议决议：（1）批准常务委员会的筹备工作报告；（2）基本通过常委会所提出的《中国人民政治协商会议组织法（草案）》《中华人民共和国中央人民政府组织法（草案）》，并授权常委会提交中国人民政治协商会议第一届全体会议；（3）关于起草大会宣言和拟定国旗、国歌、国徽两项工作，同意原担任此两项工作的第五小组和第六小组直接向中国人民政治协商会议第一届全体会议主席团提出报告；（4）关于中国人民政治协商会议的开幕日期，授权常委会决定并召集；（5）通过常委会所提出的“中国人民政治协商会议第一届全体会议主席团及秘书长名单”。

这次会议正式决定将新的政治协商会议定名为“中国人民政治协商会议”。

1949 年 9 月 21 日晚 7 时，决定中国人民今后命运的中国人民政治协商会议第一届全体会议，在中南海怀仁堂隆重举行。怀仁堂内外装饰一新，主席台墙上悬挂着孙中山先生和毛泽东主席的画像。7 时整，毛泽东同志从主席台的正席上站起来，宣布大会开幕。礼炮声过后，毛泽东同志用那带有浓重湖南乡音的“普通话”庄严地说：“诸位代表先生们，我们有一个共同的感觉。这就是我们的工作将写在人类的历史上，它将表明：占人类总数四分之一的中国人从此站立起来了。”毛泽东同志在开幕词中说：“我们的会议之所以称为政治协商会议，是因为三年以前我们曾和蒋介石国民党一道开过一次政治协商会议。那次会议被蒋介石国民党破坏了，但已在人民中留下不可磨灭的印象。”他说，现在的中国人民政治协商会议是在完全新的基础上召开的，它具有代表全国人民的性质，它获得全国人民的信任和拥护，它宣布自己执行全国人民代表大会的职权……

9月27日，大会继续举行。会议通过：（1）中国人民政治协商会议组织法；（2）中华人民共和国中央人民政府组织法；（3）中华人民共和国的国都定于北平，自即日起改名北京；（4）中华人民共和国的纪年采用公元，今年为1949年；（5）中华人民共和国的国歌未正式制定前，以《义勇军进行曲》为国歌；（6）中华人民共和国的国旗为五星红旗，象征中国革命人民大团结。9月29日，会议通过了《中国人民政治协商会议共同纲领》。这是全国人民意志和利益的集中表现，是革命斗争经验的总结，也是中华人民共和国在相当长的历史时期内的施政准则，这是一部建国纲领，它起了临时宪法的作用。

9月30日，人民政协第一届全体会议举行最后一次会议。会议选举毛泽东为中央人民政府主席，朱德、刘少奇、宋庆龄、李济深、张澜、高岗任副主席，陈毅等56人任中央人民政府委员；选举毛泽东等180人为人民政协全国委员会委员。会议还通过了人民政协第一届全体会议宣言，朱德同志在会上致闭幕词。

中国人民政治协商会议第一届全体会议，自9月21日开幕至9月30日闭幕历时10天，自始至终洋溢着民主、团结、和谐的气氛和实事求是的精神。会议期间，毛泽东、朱德、周恩来、任弼时等领导同志同代表们在勤政殿前合影留念。一次，在会议休息期间，我见到了毛主席，那天主席的心情特别好，非常幽默地对我说："你就是国权同志吗？你是有国又有权啊。"说着，主席拉着我的手一起照了相。四十几年过去了，主席当时的音容笑貌仍然清晰地印在我的脑海里。

10月1日，是当时四万万七千五百万中国人扬眉吐气的日子。经过28年的浴血奋战，中国共产党终于在中国这块土地上确立了她的领导地位。古老的中华民族随着这一历史巨变与百年来的屈辱诀别。下午2时，北京工、农、兵、学、商及社会各界人士30万人汇集天安门广场。我作为第一届全国政协会议的代表，荣幸地登上了天安门城楼，参加开国大典。我和一些民主人士站在天安门城楼的西侧。这是一个激动人心的时刻，下午3时，毛泽东主席佩戴着写有“主席”烫金字样的红色锦缎飘带从天安门北面西侧的梯道健步登上天安门城楼。紧随其后的有朱德、刘少奇、宋庆龄、李济深、张澜、高岗等。这时，天安门城楼上扩音器中传出了播音员激动人心的声音：“毛主席登上了天安门！”“毛主席来了！”顿时，天安门上下掌声雷动，如暴风雨一般，经久不息。

毛主席登上天安门城楼后，站在前排正中。这时中央人民政府秘书长林伯渠宣布典礼开始。毛主席站在麦克风前庄严地向世界宣告：中华人民共和国中央人民政府今天成立了！54门礼炮齐放28响，在国歌声中，毛主席亲自按动升旗电钮，一面鲜艳的五星红旗冉冉升起。

站在天安门上，望着这冉冉升起的五星红旗，我不禁思绪万千。

我想起了黄河，想起了黄河岸边的父老乡亲，那里是生我养我的地方……

我想起了逃亡日本，为了宣传抗日，遭到日本警方24小时的拘禁……

我想起了延安，在抗大的窑洞里，学员们坐在砖头上听毛主席讲辩证唯物主义和历史唯物主义……

我还想起了烽火硝烟的晋察冀抗日战场，想起了八年浴血奋战、热血洒疆场的战友们，正是他们用热血染红了这面鲜红的旗帜……

在天安门广场上，毛泽东主席宣读了《中华人民共和国中央人民政府公告》，宣告中华人民共和国中央人民政府委员会于本日在首都就职，责成他们从速组成各项机关，推行各项政府工作。

公告宣读完毕，林伯渠宣布阅兵开始。朱德总司令在聂荣臻总指挥的陪同下，检阅了1.64万名官兵组成的三军部队。之后，朱总司令重登天安门，发布《中国人民解放军总部命令》：命令中国人民解放军迅速肃清国民党反动军队，解放一切尚未解放的国土！在雄壮的进行曲中，人民解放军步兵、炮兵、骑兵、坦克兵等部队通过天安门广场；在飞机马达的轰鸣中，一架架银白色的战鹰掠过天安门的上空，这是新组建的人民空军部队。

阅兵式结束了。群众游行队伍开始通过天安门广场，人们发自内心地高呼："庆祝中华人民共和国成立！""毛主席万岁！"

待群众游行队伍全部通过天安门广场后，天空降下了蓝色的帷幕。这时，聂荣臻司令员宣布："现在开始施放礼花！"顿时，五颜六色的礼花在天安门上空竞相开放。在万众欢腾中，周恩来总理等共和国领导人走下天安门，走过金水桥，同广场上联欢的人民群众一起载歌载舞，欢庆共和国成立这个伟大的节日，欢庆中华民族的新生。

光阴似箭，46年过去了。许许多多的往事都被遗忘了，然而，

46 年前参加政协第一届全体会议和开国大典的情景却永远留在了我的记忆中，留在了我的脑海里。每当我回忆起当时的情景，心情总是久久不能平静。我们的党啊，她能够领导人民推翻旧世界，更能够领导人民走向更为光辉灿烂的未来。

（选自北京市政协文史资料委员会编《庄严的庆典——国庆首都群众游行纪事》，北京出版社 1996 年版）

我见到了伟大领袖毛泽东

赖少其 *

1949 年 9 月 21 日下午 7 时，中国人民政治协商会议第一届全体会议在中南海怀仁堂开幕了，这是伟大中国人民翻身的日子，可纪念的日子啊！主席台上，悬挂着中国人民伟大领袖毛主席和伟大的爱国主义者孙中山先生的画像，中间是人民政协的大徽章，被金黄的绸布衬托着发着光辉。以红星代表无产阶级（通过共产党）的领导，齿轮代表工人，嘉禾代表农民，以工人农民为基础的，在中国的地图上插着四面红旗，在地球之上，光芒照耀着世界，这是团结的、民主的、胜利的、有力量的民族的象征。两边插着四面解放军的军旗，代表四大野战军，横额上大书："中国人民政治协商会

* 赖少其：时任人民解放军三野八纵宣传部部长，人民政协第一届全体会议代表；后曾任中共安徽省委宣传部副部长，全国政协委员。

议万岁！”会议上，宫灯和日光灯辉耀，这个封建帝王的宝座，已经被代替为人民的讲台，乾隆皇帝的题字虽然存在，已经成为历史的残迹，四厢的壁上，挂满庄严的贺幛。座位像各国议会一样，成半弧形的向主席台围绕着，在这座位中间的，一边是党派的代表，以毛主席为首，另一边是解放军的代表，以朱总司令为首，600多位代表，正是围绕着毛主席和朱总司令举行自己的决定民族命运的会议。这在中国几千年来的历史上是空前的。

主席台前的大钟正好指到7时，伟大的毛主席和朱总司令手持代表证，光辉地进入会场了。这是多么荣耀啊！多么明亮啊！多么热烈啊！“毛主席万岁”的欢呼，被沐浴在欢欣的声浪和光波的大海里，这个海，是如此广大，以至澎湃不息，这是四万万七千五百万人的海啊！全中国全世界的人民都关心这个海洋的潮汐。毛主席，这时代的巨人，庄严地站立在主席台上，向全世界人民宣布：“占人类总数四分之一的中国人从此站立起来了！”毛主席代表中国人民力量的伟大铁拳高高地举起。毛主席的每句话，都得到人们的欢呼。毛主席是中国人民胜利的象征，是民族的自尊。毛主席说：“让那些内外反动派在我们面前发抖吧！”

我就在这个会议上，每天见到毛主席。毛主席每次会议都到得最早，每次到会都和他亲密的战友和革命的友人握手，每个经过毛主席身边的人都向他致敬，毛主席总是站立起来，和他亲密地交谈。毛主席是最守会场纪律的代表。

24日的会议上，在军乐声中，新疆代表向毛主席献“民族帽”（一顶是大的黑色的羊毛帽，一顶是小的像高尔基戴的那样的帽）和一件“民族衣”。新疆的代表把帽戴在毛主席的头上，把衣披在毛主席的身上，赛福鼎代表维吾尔族庄严地说：“按我们维族固有的民族习惯，向最敬爱的人，亲爱的毛主席，献民族帽和民族衣……”毛主席满脸红光焕发，亲热地握着新疆代表的手，这是民族团结的象征哪！这正如西北回族向毛主席献旗，旗上所写的：“中国人民的舵师。”亲爱的勇敢勤劳的舵师，这舵师不是别人，正是中国各族人民敬爱的毛主席。在26日的晚会上，从各民族大联合的大歌舞中，表现着在毛主席领导下各族人民的欢欣鼓舞和伟大的团结。这里可以看出：中国人民是怎样敬爱自己的领袖，各族人民的文化都有他自己伟大的将来，代表各民族的舞衣在自己的领袖面前已自由地飞舞起来。

我不能忘记这历史上黄金般的时刻，这是毛主席伟大领导和人民大革命胜利的成果。这个时刻，便是1949年9月27日，下午7时25分一致通过了《中国人民政治协商会议组织法》，8时51分通过了《中华人民共和国中央人民政府组织法》，9时3分通过“中华人民共和国的国都定都北平，并改名为北京”。从这一刻起，北平已改名为北京。9时7分半通过“中华人民共和国的纪年采用公元。今年为1949年”。9时10分半通过“在中华人民共和国的国歌未正式制定前，以《义勇军进行曲》为国歌”。9时33分通过“中华人民共和国的国旗为五星红旗”，象征着中国革命人民的大团结。29日下午4时15分一致通过了中国共产党中央提出的，经过几十次讨论了的《中国人民政治协商会议共同纲领》，这是中国人民的大宪章。这个和中国人民的命运相关的时刻，是多么宝贵的完成自己的使命的时刻。

9月30日这是会议的最后一天。选举中国人民政治协商会议全国委员会委员 180 人，选举中央人民政府主席、副主席 6 人、委员 56 人。下午 6 时由毛主席领导全体代表至天安门广场举行为国牺牲的人民英雄纪念碑奠基典礼。这时，大群的装甲车和坦克车正在天安门前通过，天安门上的霓虹灯照耀着玉阶，门上的彩带随风飘扬。毛主席亲自集合队伍，首席代表都站在前排。第一次国歌献给为国牺牲的烈士，表示他们的功勋，和说明人民祖国是在怎样艰难的情况下缔造。周恩来同志说："我们中国人民政治协商会议第一届全体会议，为号召人民纪念死者，鼓舞生者，特决定在中华人民共和国首都北京，建立一个为国牺牲的人民英雄纪念碑。现在是 1949 年 9 月 30 日，我们全体代表在天安门外举行这个纪念碑的奠基典礼。"全体代表都脱帽致哀。此时，空旷的广场，静寂无声，人们都以沉痛和感激的心情，纪念为革命牺牲了的同志。毛主席亲自念着碑文："三年以来，在人民解放战争和人民革命中牺牲的人民英雄们永垂不朽！三十年以来，在人民解放战争和人民革命中牺牲的人民英雄们永垂不朽！由此上溯到一千八百四十年，从那时起，为了反对内外敌人，争取民族独立和人民自由幸福，在历次斗争中牺牲的人民英雄们永垂不朽！"毛主席念完了碑文以后，第一位执锨铲土，进行奠基，并领导首席代表绕基石一周。

代表们从天安门外回到怀仁堂，听候选举的结果。主席宣布"毛泽东当选为中央人民政府主席！"即刻，代表们都跳跃起来，掌声雷动，一次接着一次地高呼"毛主席万岁！""毛主席万岁！"这种热烈的情形是开会以来的最高峰。这次会议有选举权的代表是 578 人，实际投票为 576 人，开票结果，没有一人弃权，也没有一张废票。当会议闭幕时，由朱总司令致闭幕词。然后，一面伟大灿烂的五星红旗从主席台高高举起，毛主席和6位副主席在大旗的前面，在国歌的吹奏下，承受全场历久不息的热烈欢呼！这是向伟大的旗和伟大的旗手欢呼！这是毛泽东的旗在人民革命胜利面前的欢呼！

10月1日，第一个开国纪念日，这是100多年来中国人民所希望的日子，近30年来中国共产党人和革命人民不惜牺牲流血追求的日子，这个日子终于来到了。在下午3时，毛主席胸前挂着鲜红的锦绸，上书“中央政府主席”的金字。当毛主席出现在天安门上时，群众向毛主席欢呼万岁。毛主席当即宣布：“中华人民共和国中央人民政府今天成立了！”毛主席亲自开动有电线通往广场中央国旗旗杆的电钮，使第一面五星国旗徐徐地上升，在22.5米高的旗杆上随风飘展。54门大炮代表五四运动[①]，齐发28响代表共产党28年来领导中国人民革命的伟大胜利。一时浓烟弥漫，把整个北平都震动了。会场上，一条黄狗吓得向西逃跑，让中外的反动走狗们，像这条狗一样地震惊吧！让全国人民高兴吧！看啊，军乐队正在奏着国歌，此时，从天安门上的玉栏杆向着人民广场望去，从前门以北，无数的红星与红旗织成了跳动的华丽的地毯。毛主席宣读了中华人民共和国中央人民政府的公告。阅兵式开始时，华北军区司令员兼京津卫戍司令员聂荣臻任阅兵总指挥，乘坐小吉普车先由天安门驶出。朱总司令任检阅司令员，也乘坐小吉普车由天安门驶出。此时军号齐鸣，总司令阅兵开始了。大约有半个钟头的时间，前门外面的礼炮在空中炸响，星光闪烁，化成千变万化的神奇

① 一说，代表当时的54个民族。——编者注

水墨画。总司令又回到主席台，宣读人民解放军总部命令，受检阅的部队经过主席台，从东向西，以人民海军为前导，接着是一个步兵师，一个炮兵师，一个战车师，一个骑兵师，17 架飞机从广场上空从东向西掠过。毛主席和朱总司令向受检阅的部队一一敬礼。阅兵式共经过 3 个钟头。这时天色已晚，开始检阅人民的行列。天安门广场，人群动起来了，变成红灯的海，像两道河流，一条向东，一条向西，礼花从四面八方打上天空，在空中化成五光十色，爆炸了，欢腾啊，人们的心都和礼花一样在爆炸啊！无数的人，无数的手向着毛主席的方向流，喊着：“万岁！”“毛主席万岁！”人群的流，越流越急，都在毛主席的面前跳跃，高呼：“万岁！”“毛主席万岁！”毛主席对着播音机，不断地回答着人民的高呼，毛主席高呼：“万岁！同志们万岁！”毛主席从下午 3 点钟一直到晚上 10 点多钟，没有休息，也没有吃饭，最后毛主席还高呼：“万岁，同志们万岁！”

（选自全国政协文史资料委员会编《中国人民政治协商会议第一届全体会议亲历记》，中国文史出版社 2003 年版）

开国大典时我在天安门城楼上

陆　璀*

1949年的上半年，我在法国巴黎，代表中国解放区妇女联合会在国际民主妇联书记处担任中国书记的工作。1949年4月下旬，第一届世界和平大会在巴黎举行。那是第二次世界大战后，全世界爱好和平人士的第一次大聚会。我国由郭沫若同志率领了一个有各界人士参加的大代表团前往参加。到了布拉格后，因法国政府拒绝发给签证而不能到巴黎。大会的组织者就毅然决定：世界和平大会在巴黎和布拉格两地同时召开，一方面是表示对法国政府的抗议，一方面也是和平力量的一次大示威。中国代表团就在布拉格参加大会。我也是代表团的成员，因为正在巴黎，就在巴黎参加。恰巧，大会期间，我人民

* 陆　璀：时任国际民主妇联书记处书记，人民政协第一届全体会议代表；后曾任中国人民对外友好协会副会长，全国政协委员。

解放军强渡长江，于4月23日一举解放了国民党政府的首都南京。当大会主席——法国大科学家约里奥·居里满面笑容地向大会宣布这个好消息时，会场上顿时欢声雷动，“Bravo！”“乌拉！”各种语言的欢呼声同时响起，并纷纷向中国代表表示祝贺……这一动人场面，我迄今记忆犹新。它证明：“我们的革命获得全世界广大人民的同情和欢呼，我们的朋友遍于全世界。”

由于中国解放战争的节节胜利，国际民主妇联就决定，当年年底之前，要在解放后的中国北平召开第一次亚洲妇女代表会议。为此，我需要回国来筹备。

没想到，7月7日刚到北京，正赶上当晚天安门前举行群众大会，纪念七七抗战12周年。毛主席、刘少奇、周恩来、朱德等领导同志和民主党派的负责人都登上了天安门城楼。刚从国外回来的我，幸运地和全国妇联主席蔡畅同志一起，第一次登上了天安门城楼。在金碧辉煌的城楼上，我见到了毛主席、刘少奇、周恩来、朱德等同志，还见到了我所熟悉的全国各界救国联合会的领导人沈钧儒老先生和章乃器、史良等。置身于这样庄严、隆重而又欢乐、祥和的场面中，我欣喜至极，几疑是梦！

同年9月21日至30日，我光荣地作为全国妇联代表之一，参加了中国人民政治协商会议第一届全体会议。在第一天的开幕式上，聆听了毛主席致的开幕词。他说：“中国人民政治协商会议宣布自己执行全国人民代表大会的职权”“我们的工作将写在人类历史上。它将表明：占人类总数四分之一的中国人从此站立起来了！”这时，会场上全体起立，掌声雷动，经久不息。我激动得热泪盈眶，只知道一个劲儿地鼓掌。在这10天的会议中，我们讨论并通过了具有临时宪法性质的人民政协《共同纲领》，讨论并决定了国都、国旗和国歌等等。

会议最后还进行了选举，选举毛泽东为中央人民政府主席，朱德、刘少奇、宋庆龄等6人为副主席。现在回想起来，这里还有我投的光荣的一票呢！

高潮是在10月1日下午3时。隆重的开国大典在天安门举行。北京30万人齐集在广场上。广场上彩旗招展，一片欢腾。毛主席等党和国家领导人和全体政协代表都登上了天安门城楼。我也因此得以荣幸地站在天安门城楼上参加典礼。在毛主席身边不远的地方，我聆听了他庄严宣布："中华人民共和国中央人民政府今天成立了！"接着，第一面五星红旗在广场上冉冉升起，军乐队奏起了雄壮的国歌，然后是轰鸣的礼炮声和广场上爆发出震天动地的欢呼声。毛主席还宣读了中央人民政府的"公告"。然后，举行了盛大的阅兵式和群众游行。我清楚地记得，游行队伍刚刚过去，广场上的人群就大潮般涌向天安门城楼，在金水桥的南侧停下，"中华人民共和国万岁！""中国共产党万岁！""毛主席万岁！"的欢呼声铺天盖地。毛主席微笑着，一面频频招手，一面回呼"人民万岁！"当时在城楼上的同志们都感到，看到了今天这个场面，真可算是"不虚此生"了！此情此景，真是毕生难忘！

50年的风雨，50年的辉煌。我深信，中国人民在党的领导下，必将风雨兼程，在新的世纪创造出新的更大的辉煌！

（选自全国政协文史资料委员会编《中国人民政治协商会议第一届全体会议亲历记》，中国文史出版社2003年版）

毛主席和我们在一起

杨　刚[*]

亲爱的上海兄弟姐妹们：

我必须把这篇通讯直接写给你们，才能够把这一次首都人民庆祝中央人民政府成立大会上的一切，尽可能真实地传达给你们。说尽可能真实是容易的，要做到，可是很难。因为10月1日这一天是太伟大、太丰富了。甚至在今天，24个小时之后，它的余风还在。街上还是红红绿绿的跳舞队、秧歌队、游行队。24个小时之后，依然满街都是红旗，都是锣鼓。从湖北来的老先生、老太太摇头赞叹，说昨天那一场大会是“从来没有过！从来没有过！”从上海来的老先生说：“啊，总算活到了这一天，

*　杨　刚：时任上海《大公报》军代表，人民政协第一届全体会议代表；后曾任《人民日报》副总编辑。

见到了！”从华北来的人激动得发不出声音，只是连续地、低低地赞叹：“啊，好伟大呀！好伟大呀！”从华南来的人也说：“这是有生以来没有见过的啊！”上海的兄弟姐妹们，你们晓得陈毅市长。昨天，陈市长望着天安门前红旗的大海，激动地说：“看了这，总算是此生不虚了！”这是确实的。昨天天安门广场的大会，完全具体地表现了一个初诞生的新国家的气象和本质：伟大、庄严、团结、民主，尤其是领袖与人民的融合一致。它使人人相互亲爱，使人人要求向上，要求自己学好。

广场是南北从中华门到天安门，东西从太庙到中山公园的一个大十字。全场容量有的说是 20 万人，有的说是 30 万人。新造的旗杆在广场内正对天安门。人民英雄纪念碑的奠基地点在旗杆以南。在开会以前，向筹委会登记要参加庆祝大会的人数太多，筹委会怕广场不能容纳，再三限制下来的结果，光是从旗杆到中华门，即十字形垂直线的下半截，那一部分所登记的人数已经是 20 万人。十字形的横臂那一部分，除了一条马路之外，御河内外以及马路外边全是队伍，军队还不算在内。因为军队是 4 个师，根本就不在广场里面。广场外面两边街道上还有没能入场的群众队伍。即便是经过了限制，广场果然还是容不下这么多人。群众要求带锣鼓音乐队也不能办到。因为如果是几十万人都在场上打起锣鼓、扭起秧歌来，大会也就无法开了。事实上，到后来，群众自己的呼喊，已经大大地补足了锣鼓的声音。

队伍从早上六七点钟就到了广场，按照预定的地点排列。农民队伍是四五点钟就从乡下动身来到天安门，参加这个他们第一次能够参加的大会。远远望去，整个广场上红旗翻卷像红海奔腾。在红旗下面，一片片的是穿了各种颜色衣服的队伍。有的是深蓝色，有的是浅蓝色，有的是浅黄色，有的是灰色，清清楚楚好像是精工规划的花圃一样，丝毫不相混杂。广场前面，白玉桥两边搭起了两座台：一座指挥，一座是昨日早上刚刚到北京的苏联代表团。再前面就是天安门楼上是毛主席和中央人民政府的各位领袖。

红旗飘卷，队伍静候。正在这时，城楼上面主席台前忽然发出了有历史意义的庄严声音，山鸣谷应，四处都响起惊天动地的声音。中国人民伟大的领袖、中央人民政府主席毛泽东宣布："中华人民共和国中央人民政府成立了！"于是广场上的欢呼声，立刻翻江倒海地爆发，与城楼上互相呼应。这时候，按照预定程序，主席亲自升起了中华人民共和国的五星红旗！这是经过电流来操纵的。城楼上有一个电钮开关，按相反方向写好了"升""降"二字。主席把电钮拨向"升"字，我们的红旗就顺了旗杆自己向上飞升。主席看着旗子，说："升得好！"主席说出了我们千千万万翘首瞻仰旗子的人心里的话。我们的旗子从此端严而稳重地向上升了！

接着礼炮惊天动地震响起来。每一炮所发出的巨大声响，据说都是由 54 尊大炮同时发出来的。54 尊炮同时发出 28 响礼炮，那声音真是山摇地动，象征全国人民坚强而雄伟的团结力量。

掌握着人民坚强而雄伟的力量，主席向人民、向全世界宣读了政府第一号公告，确定地指出中央人民政府是代表中国人民的唯一合法政府，它愿意与任何遵守平等、互利及互相尊重领土主权等项原则的外国政府建立外交关系。这对于帝国主义国家，尤其是整天想封锁中国、扼杀我们的美帝国主义，将是个难题，会使它头痛又头痛。

转眼就是阅兵了。4 个师的部队全在广场外面东边等候。总司令下令阅兵时，4 位野战军的将领分列左右，站在总司令旁边。第一野战军是贺龙将军，第二野战军是刘伯承将军，第三野战军是陈毅将军，第四野战军是罗荣桓将军。阅兵令下，就由原来在广场东端站在指挥车上的聂荣臻将军引导，4 个师以连为单位，列成方阵，由东而西，缓缓入场，一个接一个地从主席台下白玉桥边走过去。队伍的服装、颜色、队形、行动完全整齐一致，每一个方阵都像一个人一样行动。甚至于连马队里所有马的腿脚都是一出一进完全一致的。所有成排的坦克、大炮、汽车，都是比齐了一字形地前进，绝无任何参差，使一字显得没有丝毫歪曲。当阅兵进行的时候，人山人海、红旗飘扬的广场军乐队奏着《解放军进行曲》，雄壮的乐声和整齐的步伐配合，在大地上动荡。正在这时，17 架飞机飞临上空，广场爆发了如雷的掌声。飞机里除了我们的空军外，还有诗人马凡陀。

当广场上的人民队伍出发时，已是黄昏。星星点点，灯笼火把接二连三地燃了起来，很快，整个广场在夜色中透明了，并且颤耀着红的星星、黄的星星，紫红的、大红的、金黄的、橙黄的，愈向夜，广场愈益像大地自身活了一样，遍地灯笼火把颤颤跳荡，像人民无边无际的欢乐和希望化身，在我们面前跳跃。队伍分东西两个方向，向外出动。蓝色的拿着紫色灯笼的队伍，黄色的拿着大红灯笼的队伍，灰色的拿着金红火把的队伍，浅蓝的拿着深桃红灯笼的队伍，还有黑色的拿着黄色灯笼的队伍，蜿蜿蜒蜒，交互环绕，像一幅巨大的活动的织锦，各按各的方向走出会场。队伍行动时唱着歌，但更多的是喊口号，时常是连续不断地喊着："毛主席万岁！"这使得广场不但是以颜色和光辉活跃着，同时它还在连续不断地发出巨吼！地面这时又从许多角落放起了无数五彩照明灯球，像整个开了灿烂的光明的花朵。

毛主席一直是和人民在一起的。从下午 3 点到晚上 10 点，主席一直是站在城楼边上望着下面的群众。他脸上的表情时而庄严，时而微笑，他的手几乎一直是高举起来，向群众有力而迅速地摆动，时时刻刻听见他向着群众高呼，这是一种人民共同的呼声。他的半个身子时常是伸出栏杆外面去，举手招呼群众。在这里，完全看出主席是怎样全心全意地热爱人民，他的这些动作，完全是由于他内心深处对人民强烈的、阶级的爱情，使他自自然然就会这样随时不断满含着召唤地高呼，使他的手老是要举起来招呼人民，使他像母亲一样地向人民把身子伸出栏杆外面去，要把他们看得更清楚一点。

广场上川流不息的群众，最初似乎没有看到城墙上自己的领袖在招呼他们，因为城楼上的灯光并不是很强的。他们一面呼着口号，一面走到面对城楼的时候，就要站住，更高地呼喊。当他们呼喊"毛主席万岁！"的时候，主席就从播音器里面高呼："同志们万岁！"并且时时用亲切的呼声和群众的呼喊相应和。很快，群众就发现了自己的领袖还在他们中间，并且用高呼和他们说着最亲切的言语，他们立刻就要求打破原来向东西分走的路线，而要一直朝北过白玉桥向天安门城楼走来，然后再由白玉桥上转出去。他们的要求成功了。于是一条条红色的火龙似的群众都向主席走来，他们挤在桥上，拼命从肺腑里发出呼喊："毛主席万岁！"主席从楼上回答他们，楼上楼下一呼一应。群众是欢呼跳跃，主席温厚而慈祥的手，在空中摇动不停，累了，便另换一只手，他的全身凝聚着力量，他的脸上发出庄严而慈祥的光辉。有人害怕主席会疲倦，但主席丝毫也不觉得，放了椅子在他背后，他也不肯坐下去。这时候，领袖和人民的完全融合一致是具体显现出来，一种伟大的、严肃的、温柔的幸福之感，贯穿着人们的全身。有人哭了。有人暗暗地赞叹不已，说："怎么知道中国还有这一天呢！"

这时候，原来已经出了广场的许多人听到这样情形，又回来了。他们是很早就出了广场参加了游行的。他们的队伍已经散了，但是又集合了走回广场来。是队伍，就自己在广场上重新摆起方阵，奏起军乐。是一般人民，就集合了走到桥上来大声喊口号，大声唱歌，尽情欢乐地跳跃舞蹈。大会指挥在播音台上再三劝告他们回家去休息，才逐渐地散去。

亲爱的上海兄弟姐妹们，我不能不把这个伟大的日子这样烦琐地报告你们。这是由于我无能的笔，没有法子把像昨天，乃至于毛主席领导建立国家的这十天以来的历史时刻，恰如其分地向你们转述。但是我确信有一点是真的，那就是：

我们几千年来的希望，我们几千年来的要求，要一个独立、民主、和平、统一、富强五者俱备的国家的要求——在过去常常使人称为是白日大梦，或者是唱高调，现在这个几千年的大梦一定会实现了。昨天我亲眼看见的庆祝大会，就是保障。

（选自柳斌杰主编《中国名记者》第4卷，人民出版社2014年版）

余生平永不能忘之一日

徐铸成[*]

今日为余生平永不能忘之一日，人民政府正式成立，天安门前之壮伟景况，恐中国二千多年历史上所空前也。2 时赴会场，满街已遍处悬五星红旗，至天安门，由门后登台，举眼一看，由天安门至中华门已一片红色，在场群众，当在 20 万左右，西皮市及户部街亦均为民众挤满。3 时大会开始，宣布中华人民共和国中央人民政府成立，毛主席等就位，鸣礼炮百余响，旋由毛主席发第一号公告，林伯渠为人民政府秘书长，周恩来为政务院总理，沈钧儒为最高法院院长，罗荣桓为最高检察长，毛主席为军事委员会主席，朱德为人民解放军总司令。

---

* 徐铸成：时任上海《文汇报》社长兼总编辑，人民政协第一届全体会议候补代表；后曾任上海市出版局编审，全国政协委员，民盟中央委员。

4时开始检阅，极为隆重，参加检阅者，计有步兵一师，骑兵一师，炮兵一师，机械化一师，另有飞机14架[①]，此为余首次所见之人民空军，所有炮兵机械部队之武装，均为美国器材，由国民党军队手中缴来者。

游行开始，场面尤为空前伟大，毛主席万岁之呼声，响彻云霄，群众秩序井然，而均以一见毛主席为荣，盖均衷心感激毛主席为国之功绩，此种场面，每令人感泣。余今日亦数次泪下，不能自禁，至9时许，群众游行队伍始渐散去。

忆17年北平曾有一次群众大会，为庆祝北伐者，余时甫充新闻记者，以此比今，实不啻霄壤，然在国民党执政时期，此尚为"绝后"之盛况也。今日余与郭春涛兄言之，彼亦不胜感慨，盖当时彼为冯玉祥代表，亦发表演说之一人也。

今日有苏联嘉宾多人参加，一部为专家，来作我建议方面之顾问人才，一部则为今日甫到京之作家，为参加明日之保卫世界和平大会来者，有名作家法捷耶夫及西蒙诺夫等，法捷耶夫之作品余未读过，西蒙诺夫之《俄罗斯问题》名作，则早经拜读过矣。

郭根兄来函，报仍在涨，但因纸荒，不敢尽量放手，否则当超过6万矣。又谓《大公》对我之列为候补，备至讥刺，亦甚浅薄矣。郭兄谓："过去的已永成过去，政治是现实的，今后当格外努力。"实为金玉良言。但我认为今日能身逢3000年未有之盛，已属本事，而能参加此开国盛典，更为非常的荣誉，此种荣誉，应视为是中共数十年苦斗所得，而谦让于人分享者，凡受到者，均应感激

① 实为17架。——编者注

惭愧而不应再计较任何高低，至别人之如何如何，则吾人正不必代为想象也。在报馆言，余当然应以全力求其复兴，恢复其光荣之历史，改正过去之褊狭观念，第一步先把报做好再说。

今日想写一通信寄沪，苦难落笔，明天当努力写成之。

李书城先生为20年前旧识，此次亦为特邀代表，精神风采仍如15年前，不似68岁之高龄。据今日对余说，孔庚现仍居武昌，政府未加任何处置，真可谓宽大矣。此种宽大政策，在有些方面，的确甚有收获。为新疆绥远之和平解放，虽为时势使然，然对张治中、傅作义之宽大处置，亦可能为一重要因素也。

（节选自徐铸成著《徐铸成日记》，生活·读书·新知三联书店2013年版。标题为编者所拟）

毛泽东在开国前后

司徒丙鹤*

北京雄伟的天安门与中国现代史有密切关系。1949 年 10 月 1 日，毛泽东以中华人民共和国中央人民政府主席的身份，首次登上天安门城楼，宣布新中国的诞生，则是“中国人民站起来了”新的历史时期的开始。作为美洲的华侨爱国人士、辛亥革命老人司徒美堂先生的秘书，我有机会随美老北上，参加了庆祝大会前的筹备会和政协大会，也有幸在天安门城楼上目睹了红旗似海、普天同庆的场景。此情此景，毕生难忘。

* 司徒丙鹤：时为司徒美堂的联络秘书；后曾任广州《新商晚报》社长，中国侨联联络部副部长。

一　瀛台夜宴　谈笑风生

1949 年 9 月 17 日，新政协筹备会议的工作就绪，将新的政治协商会议定名为“中国人民政治协商会议”。据记忆，来自国内外的政协筹备会代表应为 134 人，这天 6 人缺席告假①。下午 3 时 35 分（应为 3 时），会议在中南海金碧交辉、红毯覆地的勤政殿内举行。

我第一次看见身材魁伟、额头发光的毛泽东主席，迈着稳健的步伐走到了大厅。到会代表情绪活跃，都起立致敬，鼓掌欢迎。毛泽东头戴列宁帽，身穿灰色军装上衣和草青裤子，脚踏粗厚巨大的黑皮鞋，高举右手，微笑点头，向代表们致意，坐在编号为第一号的座位上。

主席台上坐着毛泽东、周恩来、李济深、沈钧儒、郭沫若、陈叔通等人。秘书长李维汉因伤足请假，副秘书长林伯渠宣布开会。周恩来报告新政协筹备经过，大意说，为中国人民所渴望的政治协商会议，经过 3 个多月的筹备，现在已大致就绪。全体代表热烈鼓掌，表示祝贺。

报告后，各单位代表起立发言，建议通过报告文件。代表们还一致表示，要向毛主席、朱总司令致敬。至此，全体代表热烈长久鼓掌，水银灯频频闪光，摄影记者们把这个重要的历史转折场面摄进胶卷，载入史册。

会毕已是下午 5 时整。毛泽东步出会场，来自美洲的华侨爱国

① 据《五星红旗从这里升起》记载，代表实到 126 人，5 人缺席，3 人告假。——编者注

人士、辛亥革命老人司徒美堂先生上前问候，毛泽东伸出巨大坚实的手掌和他紧握。当时我恰恰在旁，齐燕铭向毛泽东介绍，毛泽东也跟我握手，还按老习惯用指头在我的手心上比画，问我的名字怎样写。

会后，全体代表参加了毛泽东设在瀛台的夜宴，庆祝政协筹备工作的胜利结束。

瀛台是戊戌政变时慈禧太后囚禁光绪皇帝的地方，50 年光景，依然可见当年的建筑彩绘和摆设。座中有人感慨："改良主义变法不能解决中国的皇帝问题，今天，我们把它解决了。"大家认为说得对。

宴会时与毛泽东同席的有李立三、郭沫若、许德珩、何香凝、陈叔通、陈嘉庚、司徒美堂等人。因华侨两老不懂普通话，庄明理先生和我被安排与毛泽东同席，担任翻译。毛泽东给人的初步印象是位刚强而富于幽默感的人。他频频为几位老人夹菜肴，向大家劝酒。席间他谈笑风生，中外古今，高谈阔论。毛泽东说：好呀，我们这一桌什么人都有了，有无产阶级李立三，有无党派民主人士、文学家郭沫若，有民主教授许德珩，有工商界、前清翰林陈叔通，还有妇女界廖夫人和华侨……这就是统一战线。

毛泽东还兴趣甚浓地跟同桌人畅谈历史：自鸦片战争 109 年来，中国人民进行了长期的革命斗争，第一个鸦片战争中的英雄是林则徐。其后是太平天国、戊戌政变、义和团、辛亥革命，以至现在的解放战争。历史学家、文学家们把这一段时期的人物写成一部有系统的作品，我看是满好的。郭沫若插话：这里就是戊戌政变光绪被囚的地方。毛泽东说：戊戌政变前期和后期的意义不相同，康有为、梁启超等人在前期是进步的，没有后来变成保皇党那样反动。梁启超在中国文学的贯通上有他一手，以前我也爱读他的文章，可民初以后，他却公然与革命为敌。

至此，毛泽东提起了梁启超的儿子、清华大学教授梁思成：有人提议叫梁思成当政协代表。他在美国留过学，搞建筑工程，有心得，将来我们开会的怀仁堂政协会场，就是梁思成设计修建的。

毛泽东博闻强记，概括力强，对于中国历代人物和事件都记得清楚。据笔者印象：毛泽东的前额颀硕丰满，头发漆黑浓密，两眼炯炯有神，当时年已 56 岁，仍然不用戴老花眼镜。日理万机，常常工作到天亮才睡觉。

有人问："主席的健康情况可好？"毛泽东答："关于健康，我早已超过预算，同时犯了严重的自由主义，常常受到老婆的批评。"话未讲完，大家哄堂大笑。毛泽东解释说："1938 年，医生说我肺痨，只有 10 年命，现在屈指一算，1938 至 1948 年，10 年过了，我还在这里和各位喝酒，不是超过预算是什么！其次，我晚上不睡觉，自由主义地游来游去，老婆很是不满。因我过的是自由主义的生活方式……"大家听了，不禁又哄堂大笑了一回。

席上，毛泽东问候每人的情况，还问司徒美堂的高寿。美老答："已经 83 岁，在美国生活了 69 年。"毛说："好呀！老当益壮，干一杯！"毛泽东很爱抽香烟，美老给毛泽东递过一支用铁盒装着的雪茄，毛泽东拿着盒子左瞧右摇，前拉后压，弄不开，他笑着说："这是美国式的烟，好难开呀！"我替他剥开封口胶布，并为他划火柴，他连忙把手上那半截香烟搓灭，然后吸雪茄，他毫不讳言自己还不熟悉这种生活方式，表现"拙直"。

饭后，毛泽东和全体代表再到怀仁堂看李少春与袁世海合演的京剧《野猪林》。毛泽东在第三排当中，神采奕奕，全神贯注，散场时还和大家握手告别。

二　在首届政协会议上

人民政协第一届全体会议，当有关文件起草就绪，各方面代表基本到齐之后，在 9 月 21 日至 30 日召开，地点设在北京中南海富丽堂皇的怀仁堂。怀仁堂本是清宫御苑一个巨大的四合院，中央是天井（北京人叫院子）。建筑学家梁思成奉毛泽东之命，就在天井上加盖了一个可容千人的礼堂，与原有宫殿古建筑浑然一体，天衣无缝，既省时省钱，又有民族特色，表现了艺术家的匠心独运，成为毛泽东与政协代表研讨开国大计的殿堂。

会上戒备森严。每个代表及工作人员都凭贴着本人近照的证件入场，交警卫人员检查通过，并禁止携带武器。连毛泽东、刘少奇、周恩来、朱德也不例外。毛泽东排在第一排第一号席位，华侨的席位在会场后面。

56 岁的毛泽东致开幕词，湖南口音浓重。也许由于长期熬夜和吸烟之故，说话时有干咳。在电影记者强烈的灯光照射下，他还有些不习惯。但无疑，他是众望所归的人民领袖。

9 月 30 日大会闭幕时通过的《大会宣言》，原由毛泽东起草，文内初无“在人民领袖毛泽东主席领导之下”的字句，是会议通过宣言时代表提议增加的。

我当过记者，采访过不少新闻大场面和新闻大人物，拜访过总统、总督、将军、神甫、财阀、工商界大老板、县长、狱吏、交际花以至“小瘪三”。但小小的一个会场，一下子集中这么多功勋彪炳、中外驰名的“一代风流人物”，还是首次，真是叫我目不暇接，眼花缭乱。表面望去，男女代表们几乎都穿列宁服或绿色军装，质朴无华，个性不显。在这个庄严的大会上，600 多代表正讨论着《共同纲领》、中央人民政府组织法、新中国的名称、国都定于何处、唱什么国歌、挂什么国旗、采用什么纪年等关系着中国人民命运的重大议程。文件草案和图表，每人发了一纸袋，按党派、职业、地区、民族、华侨几十个方面进行小组讨论。有些问题容易取得一致意见，如定都于北京；采用公元纪年；以《义勇军进行曲》为国歌等。只是国号和国旗议论较多。征集而来的国旗图案有近 3000 张，后筛选出几十张。听说毛泽东初时打算选择那个有星星和黄河的样本，有某知名人士说，满地红上一条黄杠，看来似乎将中国一分为二，不好不好，最后才改为五星红旗，由大会通过了。

三　勤政殿内商国事

1949 年 9 月 30 日晚 8 时，人民政治协商会议刚刚胜利闭幕，被选为中央人民政府委员会的委员（63 人）及有关工作人员留下吃晚饭。饭后已深夜，大家赶忙出席中南海勤政殿里举行的中央人民政府委员会的预备会议，讨论翌日（10 月 1 日）开国大典的秩序、文告和阅兵等事项。会议由毛泽东主持，解放军代参谋长聂荣臻报告了庆祝大会的筹备工作：（1）庆祝大会于 10 月 1 日下午 3 时在天安门举行，首长上天安门城楼，外宾在楼下的 4 个看台上，人民团体、群众和部队在广场前面。庆祝人数估计 30 万。（2）全国放假 3 天以资庆祝。（3）阅兵：有步兵、骑兵、炮兵、特种兵等 5 个师，还有飞机。（4）会上草拟中华人民共和国中央人民政府的第一号公告，宣布人民政府成立，委员就职及施政方针（张治中委员临时动议：公告中加入全体委员 63 人的名单，大家通过，毛泽东表现了相当的民主作风）。（5）草拟外交部长周恩来致各国政府的照会，夹在公告内，送交各国政府。（6）明天（10 月 1 日）举行中央人民政府第一次会议，宣布就职，人民政府成立。

晚 12 时半散会，回北京饭店途中，看见准备阅兵和游行的队伍已经开始集中，街上锣鼓喧天，灯火通明，一片欢腾气象。北京饭店门前的东单广场上更是战马嘶鸣、坦克车移动、炮衣已经褪下……各就各位迎接检阅。

10 月 1 日下午 2 时，中南海勤政殿举行中央人民政府第一次会议，共 51 人到会。毛泽东红光满面，特别兴奋，服装整齐，站起来巨掌一挥说："我宣布：我们中央人民政府的全体委员现在就职了。"他解释说："为着革命斗争，我们实际上早已就职。"大家鼓掌。毛泽东再宣布："中央人民政府即在今日成立。"

会议座位采取"凹"字的摆放形式，委员们面对毛泽东，聆听了这个庄严的宣告。宣告读完后，会议通过了 9 项决议，并决定向各外国政府宣布中华人民共和国中央人民政府为唯一合法政府，并愿与之建立平等的外交关系。

四　天安门城楼上

会议毕，全体委员跟着毛泽东乘专车出中南海东门，经故宫西华门直上天安门城楼，这时已是下午2时40分。因工作关系我也随着委员们同行。站在城楼栏杆放眼远望，真是壮观！30万人分布在千步廊“且”字形广场上的四周，红旗、标语、提灯、气球、化装表演，像海洋在翻浪。当毛泽东出现在天安门城楼主席台时，突然，有如地动山摇一般，30万人齐声欢呼。毛泽东脱了帽子，向群众挥手致意，然后鼓掌，似乎天安门城楼上的特大号红灯笼也为声浪所激动了。

3时整，庆祝大会开始，党政首长站得不那么整齐，不像后来《开国大典》名画那样。艺术容许夸张，实情并非如此。毛泽东一按电钮，广场上的国旗——五星红旗迎着秋阳、乘着金风飘飘上升。接着奏国歌、鸣炮，《义勇军进行曲》回旋于广场上空；54门礼炮齐放28响，震动了天安门。毛泽东宣读中央人民政府公告，每一句话都为掌声和欢呼声所打断。阅兵式开始，朱德任检阅司令员，聂荣臻任总指挥。检阅毕，朱德回到城楼，宣读中国人民解放军总部的命令，命令全体指战员，解放全中国，高呼“在解放战争中牺牲的人民英雄们永垂不朽！”我看见，许多首长潸然泪下。

接着受检阅的部队从天安门前作分列式行进，接受领导人的检阅。天空中飞翔着战斗机、蚊式机和教练机，并散发着庆祝传单，大家仰望，向人民的新空军鼓掌致敬。站在天安门国旗下的铜管乐队从开头至结束，轮流演奏《你是灯塔》《团结就是力量》《我们的队伍向太阳》《东方红》等歌曲。

天色已晚，群众游行才开始。火炬、灯笼、广场上的霓虹灯彼此辉映，五彩焰火在天空中放出灿烂的火花。群众热情旺盛，经过天安门时，高呼“毛主席万岁”，毛泽东挥手致意，答以“同志们万岁！”始终没有离场。

从此，每年的“五一”劳动节和“十一”国庆节，北京都有几十万人的庆祝游行，毛泽东都一再上天安门检阅，形成一种制度。

（选自北京市政协文史资料委员会编《北京文史资料》第 47 辑，北京出版社 1993 年版）

毛泽东升起第一面五星红旗

李银桥[*]

一　凌晨6点他仍伏案工作

1949年10月1日清晨6点，周恩来已经是第三次把电话打到我们卫士值班室。

“主席睡觉了吗？”

“还没有啊。”

“你们要催促他休息么，下午2点还要开会，3点钟还要上天安门，你们要想办法劝他早些休息。”

我走进毛泽东办公室，屋子里烟味不小。毛泽东仍在伏案办公。

---

* 李银桥：时任毛泽东的卫士组长；后曾任天津市公安局副局长，人民大会堂管理局副局长。

“主席，休息吧。”我小声劝着，把周恩来讲的话报告给他。

毛泽东不作声，继续看着写着。直到写完，才立起身，走到院子里散步。

这是睡觉前的活动。10分钟后，他说：“银桥，我睡觉吧。”

我服侍他洗澡，上床。那天没有替他按摩。他说：“没事了，你去吧。下午1点钟叫我起床。”

我退出来，在值班室坐守。毛泽东床头有电铃按钮，直通值班室。值班室有桌椅，有个床铺。卫士值班分正班副班两名。正班负责毛泽东的休息，通宵不能睡觉。副班负责江青的休息，晚上可以睡觉。

那天我是正班，一上午没敢合眼。毛泽东虽然破例早睡，但凭我的经验推测，他不会很早入睡的，辗转反侧，思绪不断，很可能到午前才能入睡。所以，我不能等他按铃召唤，须主动去叫醒他。误了开国大典可是“历史性错误”。

下午1点，电铃没响，我就径直走进毛泽东卧室。

“主席，主席。”我叫了两声。

“嗯？”毛泽东睁开眼，看见了我。“嗯！”他又哼一声，发出声响地做了一个深呼吸。

“1点了。”我将毛毯搭在床栏上，枕头垫在毯子下，扶他依栏而坐。

我将一杯热茶放在床头柜上，他左手端茶呷一口，右手照例一伸，抓起放在床上的报纸，浏览起来。

毛泽东历来起床后都不会马上下地，总要在床上待一个小时左右，喝茶读书。今天要参加开国大典，他也不改这一习惯。

我轻手轻脚地为他准备参加盛典的“礼服”。

这是一套中山制服。料子是生活秘书叶子龙送来的黄色美国将校呢。我拿到王府井请王子清师傅做的。王子清从法国留学回来，专门剪裁服装。他工作的那个服装店就是王府井雷蒙服装店的前身。毛泽东和江青的衣服都是由王子清师傅裁剪缝制，我也曾带李敏、李讷去那里做过衣服。

“主席，1 点半了。”我卡着时间，打断他读报，将这套专为参加开国大典缝制的制服帮他穿好，然后照顾他下地。我围绕他转着打量，将衣服抻平理顺，请他去吃饭。

毛泽东吃饭很快，不一会儿便放了筷子。稍事休息，2 点钟步行至勤政殿。

朱德、刘少奇、周恩来、任弼时、宋庆龄、李济深、张澜等国家领导人已在这里集合，他们召开了中央人民政府委员会第一次会议，委员们宣布就职，并宣布中央人民政府即于本日成立。

会后，大家都很兴奋，愉快地交谈起来。

2 点 50 分，领导人分别上车，车队从勤政殿的门口出发，出中南海东门，5 分钟后便到天安门城楼的后边。大家互相招呼着集合好，毛泽东在前，其他领导人顺序跟上。

那时，没有电梯，我便搀扶毛泽东从城楼西头的楼梯，一步一级上了 100 个台阶，登上了天安门。途中，毛泽东不时停下来，等后边年纪比他更大的领导人。3 点钟，准时出现在天安门城楼上。我听到广播员激动的喊声：

“毛主席来啦！毛主席健步登上天安门城楼！”

那时的天安门广场是个十字形，东西从太庙到中山公园，南北从中华门到天安门的一个大十字，可容纳 20 万到 30 万人。从天安门城楼上远远望去，无数面翻卷的红旗汇成一片波浪起伏的大海。红旗下面，一片片穿了各种颜色服装的队伍五彩缤纷，像精工规划的花圃。天安门城楼下，金水桥两边搭起两座台：一座是指挥台，一座是苏联代表的观礼台。

二　升起第一面五星红旗

林伯渠秘书长宣布大典开始。毛泽东走到麦克风前，庄严宣布："中华人民共和国中央人民政府今天成立了！"

刹那间，广场上欢声如雷，呼声如潮，与城楼上互相呼应。毛泽东这时的表情庄严神圣，按照预定程序，他按动装在城楼上的电钮，将中华人民共和国的第一面五星红旗升了起来。

毛泽东望着广场上徐徐升起的五星红旗，情不自禁地大声喊了一句："升得好！"

话音才落，礼炮在军乐声中惊天动地地鸣响了。那是由 54 尊炮同时发出 28 响，将那伟大、庄严、团结的气氛推向了高峰。据说 54 尊大炮代表了全国 54 个民族（现为 56 个），象征全国各族人民坚如钢铁的团结力量。那 28 响则代表 28 年，即中国共产党从 1921 年诞生，领导全国人民经过 28 年奋斗，到 1949 年终于建立了新中国。

礼炮响过，毛泽东向全世界宣读了政府第一号公告，明确指出中央人民政府是代表中国人民的唯一合法政府，它愿意与任何遵守平等、互利及互相尊重领土主权等项原则的外国政府建立外交关系。

接着，阅兵式开始了，由朱德担任检阅司令员，聂荣臻担任总指挥。

朱总司令驱车检阅各兵种部队以后，回到天安门城楼上，下达阅兵令。他的左右站了 4 位野战军将领：贺龙、刘伯承、陈毅、罗荣桓。受阅部队由聂荣臻站在指挥车上率领，4 个师的部队以连为单位列成方阵，从东向西入场。步兵、骑兵、坦克、大炮、汽车，都是比齐了一字形，在《人民解放军进行曲》的军乐声中，一阵接一阵由主席台前的金水桥边走过。

由十几架飞机组成的编队飞临上空时，30 万人的广场沸腾了。人们挥动帽子、手帕，一个劲儿地欢呼、跳跃。

阅兵式进行 3 个小时，直到黄昏。天安门广场上忽地一下子灯火齐亮，花炮竞响。在热烈的气氛中，欢呼的群众开始游行。当群众队伍经过天安门时，都高兴得手舞足蹈，呼喊声一阵高过一阵：

“中华人民共和国万岁！”

“毛主席万岁！”

毛泽东已经站了好几个小时，周恩来再三劝说让他休息一下，他才走进休息室坐下来，一边吸烟一边跟程潜先生交谈。可是，周恩来又走进来了，说：“主席，游行的群众看不见你了，他们都停下来不肯前进了。看来你还得站下去。”

毛泽东起身说：“好吧，疲劳也得去啊！”他把香烟熄在烟缸中，向程潜先生抱歉地笑了笑，又回到主席台上。

晚上，城楼下遍地点起灯笼，紫红、大红、桃红、金黄、橙黄、明黄……像人民的希望在广场上跳跃闪烁。群众举着灯笼蜿蜿蜒蜒，交互环绕，就像一幅巨大无比的活动起来的织锦。歌声口号声海潮一样起伏不停，最响亮的声音始终是“毛主席万岁！”

面对群众的欢呼，毛泽东脸上始终焕发着庄严慈祥的光辉。服务员搬来一张椅子，我请毛泽东坐下，他不肯坐。从午后 3 点到晚上 10 点（除吃饭外），始终与人民在一起，始终举着一只手，时而庄严地停在空中，时而迅速有力地挥动几下。右手举累了就换左手，左手累了又换右手。当万岁声越响越高时，毛泽东情不自禁探身栏杆外，去伸手招呼群众。终于，他面对麦克风高呼：“同志们万岁！”“人民万岁！”

退场群众发现领袖仍在他们中间，并且通过广播高声和他们讲着亲切的话，便改变了原来向东西分走的路线，潮水一般涌向天安门，挤在金水桥上，拼命喊：“毛主席万岁！”“毛主席万岁！”

毛泽东也在城楼上激动地呼喊：“同志们万岁！”“人民万岁！”

城楼上下一呼一应，群众沸腾了！跳跃舞蹈，沉浸在狂欢的热烈气氛之中。

陈毅同志激动地放开大嗓门：“看了这，总算此生不虚度！”

大典结束后，毛泽东乘车回到菊香书屋，激动地说：“人民喊我万岁，我也喊人民万岁，这才对得起人民呀。”

三　毛泽东的开国大典礼服

那时，人民解放军的军衣还没制定统一式样，人们对军装的概念似乎只是以黄色为标准。所以，毛泽东对他那套开国大典的黄呢子制服也视为“军衣”。参加大典之后，因为叶子龙送来的黄呢子料还有不少，我又请王子清师傅为毛泽东做了3套相同式样的制服。

朝鲜战争停战协定签订之后，毛泽东对我们卫士说："我们可以脱军衣了。我脱，你们也脱。"

此后，我们卫士都脱下军衣，再不曾穿过。毛泽东也再不曾穿过那套开国大典穿的"军衣"。

几个月后，就是1954年初，毛泽东对江青说："黄军衣我不穿了，你看送给谁就送给谁吧。"

江青把我叫到她的办公室，沙发上放了4套黄制服。江青说："银桥，这些衣服主席不穿了，送你1套，马武义1套，赵鹤桐1套，李家骥1套。"

我"嗯"了一声，动手翻翻那几件衣服，说："还有孙勇怎么办？"

"噢——要不这样吧，你和孙勇一人两套吧。"江青说道。

我负责内卫，孙勇是负责外卫的副卫士长。在分衣服时，我将那4套黄军衣打开，特地挑出了毛泽东参加开国大典穿的那套衣服，再从另外3套里拿了1套，抱回自己家。剩下的两套就送给了孙勇。

可是，毛泽东的衣服我穿着肥大，实在有碍观瞻。我决定把衣服改一改。我爱人韩桂馨半开玩笑半认真地说："你可别瞎改呀。这要是在旧社会，那衣服就算皇帝登基的龙袍呢！"

我说："现在不是新社会嘛！主席一再说：'我是国家主席，是人民公仆，不是皇帝。'你瞎扯什么？"

就这样，我将具有历史意义的这套衣服裁剪了，改成了适合我身材的衣服，穿起来精神了，当时很满意很高兴。

1967年，天津历史博物馆收集重要历史文物，来找我。听说开国大典毛主席穿过的衣服在我这里时，他们就收走了这套衣服。后来，天津历史博物馆又给我复制了一套新衣。

毛泽东主席逝世后，中国历史博物馆寻找开国大典毛泽东穿过的衣服。我说："被天津历史博物馆的同志收走了。"中国历史博物馆让我跟天津要回来，天津那边没有给。至今仍然在天津历史博物馆放着。

（节选自李银桥著《在毛泽东身边15年》，河北人民出版社1991年版。标题为编者所拟）

在毛主席身边

王鹤滨 *

毛主席登上天安门，宣告了中华人民共和国的诞生，这是中国历史上最伟大的事件。这次政权的更迭本质上不同于历史上任何政权的交替。毛主席登上天安门表明了中国社会性质的巨变，从半封建半殖民地的社会形态一跃而成了社会主义，标志着近百年来中国人民浴血斗争的胜利。过去受人任意宰割的、屈辱的旧中国一去不复返了，中国人民从此站起来了，过去被讥讽为“东亚病夫”的旧中国新生了，它以崭新的姿态列入世界上独立国家之林。中国的独立、新中国的诞生改变了世界力量的对比。沉睡的中国被唤醒了，虽然在今后的道路上还是非常艰辛的，会出现

---

* 王鹤滨：时为毛泽东的保健医生、生活秘书；后曾任核工业部安防卫生局局长，苏州医学院常务副院长。

各种各样的困难，正如毛主席所阐述的，这只是万里长征的第一步，但毕竟在独立富强的大路上起步了。

一　五大书记都是“海量”

我向毛主席报到之后，因为迎接开国大典，全国上下忙了起来，中南海更是热火朝天、喜气临门，格外地忙碌和热闹起来。

在中央领导同志们身边工作的人员，都穿上了清一色的新工作服。从王府井请来了一位著名的、私人开业的王裁缝师，据说他曾留学法国，学习服装设计，算是专家高手了。他在毛主席的办公室为主席量了衣服，不到几天又在这里为毛主席试样，给他做了一身绿色的呢中山服和帽子。衣服做得很合身，选择这种颜色大概是与多年的戎马生涯有关，在色彩的感觉上总摆脱不了军服的色调。同时还给毛主席做了一双软橡胶底的棕色牛皮鞋，这双鞋很适合毛主席那双又宽又厚实的农民所特有的大脚，看上去真是上下焕然一新了。毛主席参加的各种会议很多。9 月 21 日政协第一届全体会议上，毛主席在怀仁堂致开幕词，总结了 3 年多时间里第三次国内革命战争基本上取得了胜利，并向全世界发出了时代的最强音：“占人类总数四分之一的中国人从此站立起来了！”

在以后的会议中，确定了毛主席提议的五星红旗为国旗；通过了以田汉、聂耳写词谱曲的《义勇军进行曲》为代国歌；通过了北平改称为北京，首都设在北京；确定了国体、政体，国名为中华人民共和国等议案。

9 月 30 日，大会选举国家领导人。投票后，毛主席带领全体代表乘车来到天安门，举行人民英雄纪念碑奠基仪式，为在革命战争中、为1840年以来的、为反对国内外敌人、争取民族独立和人民自由幸福而牺牲的人民英雄树碑纪念。毛主席带领全体代表和工作人员向牺牲的人民英雄致哀，毛主席用悲壮的声音宣布了碑文。接着，彭真同志将一把铁锨递给毛主席，主席将第一锨土埋向基石，随后其他领导人和代表们一一为纪念碑铲土奠基。

奠基典礼毕，毛主席又率政协代表返回怀仁堂政协会场。选举揭晓，政协会议达到最高潮，暴风雨般的掌声经久不息，祝贺毛泽东当选为中华人民共和国中央人民政府的第一任主席。

在此期间，宴会很多，为此特成立了检验室，我被公安部任命为检验室主任。为保证中央领导同志以及从全国各地、各阶层、各民族集中到北京来的知名人士和优秀人物的安全，要保证食品的卫生、无毒，每次宴会都必须进行检验。为了保证中央五大书记的健康，要消除由于健康原因不能登上天安门的因素，在大典前，在国宴开始时，汪东兴和李福坤（警卫局的副局长）把我叫到他们的面前，低声嘱咐说：“鹤滨同志，不能让中央领导同志因饮酒过多而不能登上天安门。无论如何不能醉倒一个，你要想想办法。”大概领导同志想叫我拿出能解酒的灵丹妙药来，这是非专业人员很自然的想法。出于对保卫工作的要求，首长们的安全及要保证登上天安门的政治任务，他们想我一定有解酒的药，像某些解毒药物一样，能抵消毒物的毒性，一经吃下就不会醉，醉了一吃就醒。我根本没有这种药，将来也许永远不会有那么灵的药。

宴会已经在怀仁堂的大厅中进行了。首长和国宾们都已坐在桌旁就要祝贺举杯了，哪里去找解酒不醉的药啊？任务又是不能推卸的，我怎么办？在那样热烈而兴奋的场合，我能不能走到一个书记一个书记的面前去劝说少饮酒呢？当他们举杯祝酒时，我能跑过去“掣肘”吗？那不是太煞风景了吗！我如何完成这一任务呢？……啊！办法终于想出来啦，就叫急中生智吧。事不宜迟，用茶水代替葡萄酒，用白开水代替茅台酒，给参加宴会的首长们喝。经过首长杨尚昆的首肯就执行了。我先做了一下试验，倒在高脚玻璃杯中的白开水和茶水，用肉眼看去是无法与白酒和红葡萄酒分开的，只要不喝是无法分辨真假的。于是，我们利用刚倒完的空酒瓶子迅速地装满了几瓶特制的“茅台”和“通化葡萄酒”。我马上和几位卫士长当起“招待员”来，把我们的“特酿好酒”斟进首长们的高脚杯中。

五大书记中，大概少奇同志是酒量最小的。我想这可能是他长期做地下工作养成的习惯，因为酗酒是最容易坏事的，不准酗酒恐怕也是做地下工作的一条纪律。但在这大典前夕的喜庆日子里，为了应酬嘉宾，又不能不喝，尤其是苏联“老大哥”，可以说个个都称得上是“英雄海量”，这样使少奇同志很被动，少喝了有失礼貌，多喝了又没有酒量，为难劲是可想而知的。当他喝了我酿的特制“通化葡萄酒”后，满意地特向我投射过来一缕微笑，表示赞许和感激。这一缕微笑是对我最大的奖赏和鼓励，我也兴奋地微笑着。少奇同志饮过特制“通化葡萄酒”后胆子壮了起来，而且举起“茅台”酒主动地向客人敬酒，向苏联同志碰杯挑战了，并且一饮见杯底。突然，一位苏联客人手持酒杯，浓香的茅台酒满满地鼓出在酒杯的口缘上，走到少奇同志面前祝酒。少奇同志的卫士长马上给首长斟上了特制的“茅台”。少奇同志刚要伸手举杯，苏联朋友迅速地将自己的酒杯送到少奇同志的手里，同时将那杯特制“茅台”从他手中拿过来一饮而尽。这是苏联的礼节喝换杯酒，表示亲密无间的最深的友情。当他把酒喝到口中时，就哇里哇啦地讲了几句，在场没有翻译，也不知道他说的是什么，大概是觉得这“茅台酒”怎么这样淡而无味呀。我们很担心“秘密武器”被识破了，赶快给他斟了一杯茅台酒，同时迅速地将少奇同志手中的那杯茅台酒用特制的“茅台”换了下来，两人同时举杯喝了下去。苏联客人品了一下，也就不哇里哇啦地叫了，他仍然频频畅饮如故，没有影响他吃酒的劲头。我们这才放下心来。

周总理是能喝几杯的，这大概是多年外交活动的锻炼吧。当他喝下这特制“酒”后，立刻转过头来，用严厉和疑虑的眼神向我这位“临时招待员”射了过来。总理对工作的要求是很严格、很认真的，从来一丝不苟，在这重大的外交场合更来不得半点马虎。那眼神是在批评我们这些“临时招待员”为什么这样不称职，粗枝大叶，怎么把水当成酒了，如果这错误发生在客人身上，那是多么无礼。他又用带着歉意的眼神看了看客人，见他们并无任何反应，都在兴奋地开怀畅饮，也就把我们放过去了，倒也没有责备我们。因为事先来不及向总理汇报我们的措施了，他是怕我们在外交场上露怯。他的秘书何谦走到总理身旁耳语了几句，大概是向总理报告了我们的措施，总理又回转头来用缓和的目光看了我一眼，国宴仍在欢畅的气氛中进行。

毛主席喝下“特酿酒”后没动声色，好像什么也没有察觉。我距离朱总司令和任弼时同志较远，没看到他们的反应。

这样，宴会下来，畅饮的首长们，脸都未红，都是“海量”。

二　毛主席登上天安门

我得到通知，10 月 1 日开国大典时让我上天安门工作。

10 月 1 日，毛主席醒后，我去了解了一下他老人家的健康情况。之后，就随警卫处的车先去天安门等候。由于我的工作性质所决定，毛主席每次外出、开会，或到外地视察，乘汽车时，我都是坐在他老人家身旁的。开国大典时因为毛主席要与其他国家领导人同车，我就没有跟随主席一起去了。

将近下午 3 时，毛主席和其他国家领导人都来了。登上天安门的中国领导人都佩戴着红色锦缎飘带，上面印有竖写烫金字的职务名称。毛主席左胸前缀垂着红锦缎飘带，飘带的中央有闪着金光的“主席”烫金二字。飘带的下部，剪裁成了燕尾状，随着走动和秋风的吹拂，在毛主席绿色服装的衬托下飘舞，真是万绿丛中一点红了。其他国家领导人也都在左胸前佩戴着红色锦带，印着不同的职称。他们衣着的色调和式样不很相同，但是不管什么颜色的衣服，佩上这红锦缎的飘带都是光彩夺目，个个精神焕发、神采奕奕。

工作人员和服务人员则佩戴着棕色的锦缎飘带。上面印着“工作人员”“服务人员”或“记者”烫金字样，这锦缎飘带也就成了走上天安门的证件。

古老的、500 多年的天安门被彩饰一新，显得更加雄伟壮丽。毛主席带头沿着天安门北面西侧的大砖垒成的梯道向上健步走去。此时，早就等候在那里的摄影师们，看到毛主席为首的党和国家领导人向上走来时，立即打开了摄像机的旋钮，一边向上退行着，一边将国家主要领导人的英姿纳入了摄像机的镜头。随着摄像机的开动，我们这些随行人员立即闪向阶梯的左侧躲开镜头。我走在距离毛主席数米远的后面，也是所有随行人员的后面，因此对避开镜头的反应也就最迟钝了。当我发现随行人员闪躲时，尚未理解发生什么事情，这时传来叶子龙同志的声音："王大夫！闪开点！"听到声音，我明白了，立即从阶梯的偏右侧，迅速跨向左侧，想避免摄像机把我摄进去。以后从电影中看到还是有个人影在毛主席一行的背后闪动了一下，虽然看不清面貌是谁，但我总觉得破坏了整个画面，不动也许更好些。我感到非常内疚，因为这不是拍电影，不可能重拍。

当毛主席带头走上天安门时，设在天安门上的扩音器中放出播音员的声音：

"毛主席来啦！"

"毛主席健步登上了天安门！"

顿时，天安门上下掌声雷动，如暴风骤雨一般，经久不息。数十万双眼睛一齐射向天安门，身着节日盛装的群众，像盛开的花朵，铺满整个天安门广场，在阳光的辉映下分外妖娆。广场上的红旗在蓝天的衬托下，像彩霞一般随风飘动，人们兴奋欣喜的面孔汇成欢乐的海洋。

这时，林伯渠宣布开国大典开始。

毛主席站在天安门上的麦克风前，向广场群众、向观礼台上的同志和外国朋友巡视了一周，投去喜悦问候的目光，挥手示意。接着，他庄严宣布：

“中华人民共和国中央人民政府今天成立了！”

这洪亮、豪迈的声音，震动了寰宇。它穿过高山，越过海洋，向全国人民、向全世界庄严地宣告了新中国的诞生。此刻，毛主席按动了升旗的电钮，在军乐团演奏的代国歌声中，第一面五星红旗冉冉升起，在蔚蓝色的天空里显得更加鲜艳。继之响起了54门大炮的同时轰鸣，震天动地，连续28响。礼炮过后，毛主席宣读了中央人民政府的公告。豪迈地向全国、向世界宣告了新中国的国策。

阅兵式开始了。在天安门前的金水桥畔，阅兵总指挥聂荣臻向朱德总司令致军礼。朱总司令还礼后，聂荣臻总指挥向总司令报告说：各军种已经准备好，待命接受总司令的检阅。朱总司令乘阅兵车在聂荣臻总指挥的陪同下检阅了各军种的队伍，然后驱车回到天安门上，朱总司令站在天安门上的大殿楼前宣布：

“阅兵式开始！”

一声令下，在军乐声中，陆、海、空各军种的指战员，迈着矫健整齐的步伐由东向西走来，接受毛主席等国家领导人的检阅。当队伍进入东三门后，正步前进，到天安门主席台的东侧时，在口令的指挥下：

“敬礼！”

行进的指战员立即像闪电一样将面部向主席台侧过来行注目礼，同时将枪支上举，行持枪礼，向毛主席等国家领导人及解放军首长们致敬。主席台上的将军们以军礼回敬，毛主席及其他国家领导人举手回礼。当十几架银色战斗机编队飞过天安门上空时，天安门上下的人们热情地鼓起掌来，热情欢呼新中国年轻空军的建立。

阅兵式过后，群众游行开始。这五彩缤纷的人流，经过天安门时，时而拥向金水桥边，时而停止了脚步，或放慢步伐，翘首向上，想把毛主席看得清楚些，想使队伍停止下来，最好连时间也不要流逝，使他们和领袖的对视固定在时空里。虽然播音员的声音再三催促游行队伍快行进，游行的人们哪里肯听。这天安门上的主席台像座巨大磁石，把游行群众都吸引在金水桥前，只是后来的游行队伍推动着前面的队伍，才使游行大队能缓慢地被推过天安门。“毛主席万岁！”工人群众向毛主席喊出了由衷的祝愿。

“工人同志们万岁！”从扩音器中传出了毛主席洪亮的声音。

“毛主席万岁！”获得土地的农民向毛主席喊出了发自肺腑的声音。

“农民同志万岁！”立即传来毛主席向农民祝愿的回声。

“毛主席万岁！”职工群众队伍爆发出向毛主席的衷心祝愿。

“同志们万岁！”毛主席用手挥舞着致敬。

工人、农民、职工们听到毛主席向他们祝愿的声音，都兴奋得热泪盈眶了。他们欢呼雀跃，热情地、用力地鼓起掌来……

整个阅兵和群众游行的时间拉得很长。在这期间，毛主席很少到天安门上的大厅里休息，即使到大厅里休息片刻，也是安排了会见代表的任务。毛主席刚刚拿起茶杯喝两口，就找来程潜将军谈起话来，经劝说毛主席才拿起点心，刚刚吃了两口，周总理走了进来为难地说：

“主席，游行群众站在那里不走了，要见主席！”是啊！谁也代替不了毛主席在人民群众中的威望和那高大的形象，谁也代替不了他站在主席台上。毛主席只好劳累了，只好在主席台上站得久些，再久些，毛主席喝了一口浓茶，把口中的点心急速地冲下食道，匆匆地随着总理迈出休息厅，向着主席台的中心位置走去。此时，游行群众正拥挤在金水桥南侧，有节奏地齐声高呼着：

“毛主席！毛主席！毛主席！……”

这是“持久战”的讯号，不见到毛主席是不甘心走的，以表达他们对毛主席热爱、崇敬和想看看他容颜的决心。当群众看到毛主席出现在主席台上时，顿时响起了热烈的掌声和欢悦的喊声。人们眼里带着幸福的泪花，跳跃着、欢呼着……然后才恋恋不舍地离去。一批又一批的游行群众就是这样走过了天安门前。担任“服务员”的尹莘笙小姑娘，看到毛主席站得太久，就搬来一把椅子请主席坐下来。毛主席微笑着轻轻地一摆手拒绝了。他对这位姑娘的关心，以微笑表示感谢，但不愿意让游行群众等着。同时他也不愿意坐着挥手将自己在领导群中显得特殊起来，这里还有比他年纪更大的同志和朋友。

突然，天安门广场、东西长安街南北两侧的电灯齐亮，燃点起了晚间灯火。这时兴奋的人们才发觉天已经暗了下来，夜幕拉开了。节日的夜景更显得美丽动人。灯光、星光交织在一起，好像银河落下九天，横卧在中华人民共和国首都的天安门前。

游行结束时，广场上观礼的群众，一齐拥向天安门前的金水河上的御路桥畔，都想尽情地看看毛主席和其他国家领导人的英姿、风采，接受他们的检阅。兴奋的群众翘首提踵，热情高呼：

“毛主席万岁！”

“同志们万岁！”毛主席在麦克风前挥着手，亲切而洪亮地喊着。

“毛主席万岁！”

“同志们万岁！”

毛主席挥动着高举的手，在天安门上，从西头走向东头，又挥着手，从东侧回到西侧，与观礼台上的外宾、国家干部、各界人士、工人和农民的代表们以及解放军军官、英雄、各界先进人物等挥手致意和告别……

我在毛主席身边工作的数年中，每次国庆节都随着他老人家登上天安门工作。我离开毛主席身边工作之后，1959 年国庆 10 周年时，又有机会在天安门上工作。

在其中一次国庆节，群众游行队伍通过天安门前的广场时，突然，一个戴着绣有花纹帽子的维吾尔族的老人，从群众队伍中挤出，径直朝着天安门的方向走来，维持秩序的值勤标兵并未阻拦。在他那饱经风霜的面庞下，飘撒着银白色的长须，被衬托在蓝色花条纹长衫的胸前，那银须的尖部超越了腰间紧束着的粗的布腰带，老人的右肩上，还背着一个白色的褡裢。不知道他经过了多少时间，才跋涉到北京参加国庆游行。看来老人的目的是想要亲眼见见民族大家庭的领袖——毛主席。他走到金水河中间的御路桥上，选定了最佳的位置，希望尽可能清楚地看到毛主席。他抬着头，用半仰视的目光向天安门上主席台搜索着，当他终于看到了毛主席时，面部显出了幸福的、满足的微笑。于是他把绣花小帽摘下来持在左手，然后将右手放在胸前，手掌按在心脏搏动的位置，深深地弯下腰去，虔诚地向毛主席行了个 90 度的大鞠躬礼。毛主席看到了老人，于是把身体尽可能地向前探着，以最大可能地缩短和老人之间的距离。他挥起了右臂，上下摆动着向老人亲切地致意。这无声的交谈、无声的问候、无声的祝愿，代替了千言万语，胜似千言万语。这动人的场面，吸引住了游行队伍，游行群众停止了前进，都注视着这位老人和毛主席的动作；这动人的场面也吸引住了观礼台上、天安门上的人们，千万只目光闪动在毛主席和老人之间，游行队伍滞住了，台上台下的人们都被这一情景感动了，震住了……

老人的行动表达了各族人民的心愿，毛主席的回礼也是向全国各民族人民的致敬。

三　十月的焰火

在东西长安大街南北两侧人行道旁，各竖起了一排高而坚固的粗钢管灯座，像手臂一样将硕大的球形路灯朝天举着。每簇灯群由 10 个炽亮的大灯组成，把大街照得如同白昼，给节日的夜晚添加了火热的气氛。

10 月的夜晚有些凉了。毛主席穿上了那件棕红色的毛衣，在儿女们的簇拥下，坐在天安门上观看焰火。面朝广场坐在轻便的藤椅上，他吸着香烟，任轻柔的烟云在眼前飘动着。他泰然自若地享受着天伦之乐，体会着这大业初建的喜悦，恢复着在主席台上站立了五六个小时的疲劳。

（选自西柏坡纪念馆编《西柏坡记忆》第 2 卷，中央文献出版社 2010 年版。原标题为《开国大典前后》）

先祖张元济参加开国盛典前后

张人凤 *

1949 年 5 月，上海解放。那时我刚插班进入小学 3 年级念书。入学前，我每天有不少时间在祖父陈设简朴、堆满了书籍和往来书信等文件资料的卧室兼工作室中度过，熟悉他生活起居的规律，也熟悉大部分来拜访他的客人——主要是商务印书馆的工作人员或与他年龄相仿、退休的老同事。解放了，家里来过几位新客人，他们是上海市市长陈毅，中央领导人、早年在商务印书馆工作过的陈云，还有华东局统战部的领导等。

---

* 张人凤：张元济之孙，曾任上海市文史研究馆馆员。

一

我的祖父张元济（菊生）先生，早年参加戊戌维新运动，以创办通艺学堂传授外语和西方社会、自然科学知识的实际行动支持康有为、梁启超的变法。失败后来到上海，先在南洋公学（上海交通大学前身）主持译书院工作，不久投身商务印书馆，以其毕生精力经营管理，该馆可以称为我国近代出版事业的标志。1932 年起，商务印书馆接二连三地遭到日本帝国主义毁灭性的破坏，祖父含辛茹苦经营的事业和当时苦难的中国一样，到新中国成立前夕已是一片破败，举步维艰了。

6 月初的一天，陈毅市长偕同华东局统战部秘书长周而复同志亲自登门拜访。经过推心置腹的交谈，祖父一改几十年不涉足政治的惯例，欣然参加多项政治活动和重要会议，为上海解放初期的稳定秩序、恢复经济献计献策。

8 月 24 日晚上，上海市人民政府交际处处长梅达君来访，转述中央来电邀请出席中国人民政治协商会议全国会议之事。其实，祖父早一天已从陈叔通的来信中得到了这一消息。陈是祖父的好友，1915 年因在北京反袁世凯而受到很大的压力，祖父电邀他南来上海，入商务印书馆。陈在商务内部机构设置、各部门关系协调等方面做了许多工作。后来参加爱国民主运动，1947 年与祖父等 10 位文化、教育界的老人联名写信给国民党上海市长吴国桢，要求释放被捕进步学生。这封信成为有名的“十老上市长书”。1949 年，陈先期到北平参加新政协的筹备工作，这时他先给老友透了一点消息，意在有所思想准备。

祖父这时已是83岁高龄，得到通知后的心情是矛盾的。一方面感到激动、兴奋，一辈子企盼的国家统一、强盛的太平盛世果真来到了；另一方面毕竟年事已高，10多年没有离家远行了，怕体力上不能胜任。故他初以“年力衰迈，方染微恙，不便远行”为由，复信梅达君，又复信陈叔通，请他“善为我辞政协代表”。9月初，陈叔通又来信透露了内部消息，说祖父列为特邀代表，而特邀代表均由毛主席亲自审定，请不要再推辞。这样，祖父决定北上。同时大会筹备处也作出安排，让我父亲陪同前往，以便生活上随时照料。行前又为安全起见，请数年来一直为他诊治的内科专家乐文照医师做了全面的体检。

9月6日，上海代表启程北上。傍晚，代表们在上海大厦（当时称百老汇大厦）集合，乘车至北火车站北区进站。为了防备敌机可能的空袭，火车在夜幕中启行。同行的有茅以升、赵朴初、盛丕华、蒉延芳、袁雪芬等。其时，津浦铁路恢复交通不久，淮河大桥被炸断还未修复，火车只能由临时便桥通过。全程行车44小时，8日下午抵达北平。代表们下榻在六国饭店。周恩来副主席于11日傍晚到饭店探望代表，与大家交谈了半个小时。他临走时还特地告诉父亲，大会期间可以陪同祖父进入会场，他已与大会秘书处做好了安排。

二

9月20日之前是会议的准备阶段，主要活动是代表分小组讨论《共同纲领》修正稿。14日下午，祖父参加了在中南海勤政殿第一会议室举行的小组会，与会的代表有刘少奇、陈毅、章伯钧、陈叔通、李烛尘、陈鹤琴、王芸生等。小组会上大家毫无拘束，各抒己见。祖父对原稿第 17 条“禁止肉刑”一款提出了意见。他认为：我国自汉文帝废止肉刑之后，南北朝似曾有恢复，但唐宋之后已经禁绝。稿中所谓“肉刑”可能指鞭笞，可民国以来也已废止，若在今日文明进化时代，再写上这几个字，于我国的面子反而不甚好看。在另外的一次小组会上，祖父建议在《共同纲领》第 36 条中补入“发展海运业”一款。他的这两条建议后来都被采纳，老人为之兴奋不已。

9 月 26 日大会工作人员告知，周恩来、林伯渠邀请代表在六国饭店午餐，并有要事商谈。几天前，陈叔通、马寅初等就约了祖父、张澜、陈嘉庚等外出聚餐，这时老人们只能将原定的聚会推迟，准时来到。这天应邀出席的代表有数十人，其中有张澜、何香凝、陈嘉庚、吴玉章、徐特立、沈钧儒、黄炎培、马寅初、马叙伦、沈雁冰、司徒美堂、庄明理、邵力子等。周恩来首先发言，他说：在讨论《共同纲领》时，对国名中华人民共和国，有代表提出不忘辛亥革命之功绩，宜加括号注明“简称中华民国”，为此讨论过几次，今天受毛主席委托，请各位长老发表意见，怎样定名方为妥当。周恩来讲话后，代表们纷纷发言，祖父与陈嘉庚、马寅初、宁武等大多数代表认为应删去“中华民国”4 字；有的代表主张保留，也有人主张折中，作为暂时保留。最后沈钧儒发言，认为删去“中华民国”4 字，并无忽视辛亥革命之意。周恩来即以沈老之说作为定论。会后大家入席，周恩来坐主位，祖父应邀坐在他的左边，是客位的首席，当时大约是按年龄排定座次的。

中国人民政治协商会议第一届全体会议于9月21日晚开幕。会议安排在晚上，也是为了安全上的考虑，会场设在中南海怀仁堂。祖父与侨界代表司徒美堂是代表中最年长者，进入会场时有工作人员上前搀扶，都被婉言谢绝。祖父被推选为主席团成员，登台与全体代表见面，并摄影。摄影毕，返回原座位入座。大会聆听了毛主席的开幕词。这天完成全部议程后，22：30才散会。

最后一次大会，即闭幕式在9月30日举行。大会选出了国家领导人，当宣布选举结果时，掌声久久不绝。祖父在这次会上当选为中国人民政治协商会议第一届全国委员会委员。当讨论大会宣言的时候，祖父提出：在“解放全国领土”一句内的“解放全国”后加逗点，加上“保全我国的”5字。他的意思是不许别人侵略我们，我们也只保全自己的领土，绝无侵略他人之意。许德珩代表发言表示不要改动，维持原稿。这时周恩来在主席台上提议：在“巩固国防”之下加“保全我们的领土”字句。毛主席问是否同意。祖父表示同意。在统计选举票时，祖父随同毛主席等一起到天安门广场，为人民英雄纪念碑奠基。

10月1日下午3时，在天安门城楼举行开国大典。代表们按通知先行到达，祖父沿着石阶缓步登上天安门城楼，在城楼东端挑了一把椅子坐下，我的父亲站在他的背后。城楼上的代表和集合在广场上的游行队伍，心情激奋地聆听毛主席对全世界的庄严宣告：中华人民共和国中央人民政府成立了！接着是朱德总司令阅兵，队伍整齐的步兵、炮兵、水兵、骑兵和坦克依次通过主席台前，飞机翱翔上空。阅兵毕，群众游行开始。祖父和几位年老的代表先行退席，回旅馆休息。这天晚上游行队伍的欢呼声、口号声至半夜方息。祖父习惯于早睡，8 时半就上床，但心情一直不能平静，久不能寐。他回想起数十年来亲身的经历和祖国饱受帝国主义欺凌的苦难历史，又为晚年终于亲见太平盛世的到来而欣喜万分。他披衣而起，给毛主席写了一封祝贺信，信中写道："昨日会推元首，我公荣膺之选，为吾国得人庆也。英伦三岛昔以鸦片强迫售我，林文忠焚毁，乃愿辄于半途，酿成辛丑条约之惨。桎梏百年，贫弱日甚，后虽设禁，终多粉饰。我公发愤为雄，力图自强，必能继前贤，铲此烟毒，一雪此奇耻。"几天前，他请商务印书馆北京分馆的同事，买了一部版本最好的线装本《林文忠政书》，第二天请人转送给毛主席。1840 年鸦片战争，帝国主义以炮舰打开了清王朝闭锁的国门，中国开始沦为半封建半殖民地，任凭列强宰割。民族英雄林则徐虽奋起反抗，但不足以挽回失败的命运。祖父此时深信不疑的是 100 年来中国人民为独立自强的抗争，到今天，在中国共产党的领导下，取得了决定性的胜利，历史的新一页被揭开了。

三

祖父在北京期间，受到了毛主席的两次接见。9 月 19 日下午，祖父本来没有安排活动，打算在旅馆休息一下，父亲就抽空独自去天坛游览。2 时半，陈毅驱车来六国饭店，说毛主席邀请你去游天坛，还约李明扬代表同行。祖父同李一起坐上陈毅的汽车，陈毅说毛主席在天坛等候。他们到达时，毛主席已等在祈年殿门外了。毛主席与祖父握手互致问候。陈毅介绍了在场的刘伯承、粟裕、程潜、李明灏、陈明仁等。大家一起先参观了东厢房的铜制祭器陈列。说来也巧，我的父亲也独自在那里参观，见到了毛主席为首的大队人马，祖父随即把他介绍给毛主席等人，大家一同登上祈年殿，又一同步行至南端的圜丘坛。游毕大家在皇穹宇墙外树荫下小坐，喝茶休息。毛主席是很健谈的，他告诉祖父，他年轻时读过许多商务印书馆出版的书，从《科学大全》中获得了不少新知识，他认为商务出的书有益于民众。毛主席又问及戊戌变法的情形，询问光绪皇帝召见时的礼仪怎样，又问当年在清政府做官时的俸禄有多少。祖父都一一作答。毛主席还说：这次革命实际是人民革命，不只是共产党一家所为，你看重庆号军舰起义，舰上700余人，并没有一个共产党员，就可以证明这一点。

另一次接见是在10月11日，那天傍晚祖父正在吃晚饭，陈毅来了，说主席请你和周善培（孝怀）老先生到他寓所叙谈并进晚餐。很快两位老人应邀来到主席在中南海的寓所。这一天客人很少，除了两老由他们各自的小辈陪同之外，还有陈毅和粟裕。这一晚上宾主畅叙，谈了许多方面的问题。祖父建议：应设法让下情可以上达，有些事如果报纸不便说，可以用选登读者来信的办法，但必须是有真名实姓、确实地址的读者。毛主席说可以先在一家报纸上做一个样子，辟出一个专栏。他们又讨论了新中国的建设，祖父说国家经过八年抗战、三年内战，可以说是民穷财尽，如果搞建设百端并举，可能力量不够，不能不权衡缓急。他建议：建设首先是交通，其次是农业，再次是工业，工业中先轻工业后重工业。毛主席介绍了鞍山的铁矿和钢铁厂，说造铁路需要钢轨呀。谈到征粮，陈毅说河北、山东比江浙负担重，江浙还没有征兵，无锡有一户有田7万亩，征数很少还不肯缴，不能不给予惩儆。祖父认为有田者有的匿报，使实报者吃亏。毛主席说现在有几十万大军正移向江西、福建，这样江浙的负担可以减轻一些。当周善培谈到读经时，祖父坚持他几十年来的一贯主张，认为不可提倡，只能由某些大学设立专科，让少数学生作为一项研究。祖父还对有人希望以罗马拼音字代替汉字表示担忧，认为我国之所以能统一，有统一语言、文字是一重要因素，多种民族、多种方言用拼音字各切各的音，会使统一的文字走样。宾主之间还谈了许多。晚餐的菜肴共10味，都比较简单，盘子也比较小，几位湖南、四川籍人士专爱拣盘子里的红辣椒吃。10时45分客人辞出，返回旅馆。

10月10日，朱德总司令到旅馆来看望祖父。他们的话题当然是从国防上说起。祖父说以后我们将不会有内战，外来的侵略也会绝迹了。朱总司令说，现在我军的军备还不算充足，还要努力。他们又谈了钢铁生产，朱德说东北的钢铁明年可以生产40万吨。陈云同志也来看望，那是在开国大典后的第二天。他早年曾在商务印书馆工作，在那里领导上海的工人运动。上海解放不久，他趁来上海公务活动之便，到我家来过。他告诉祖父，说他刚去过东北，见商务印书馆沈阳分馆营业情况很好，叫祖父放心。陈云这次在北京见到我父亲说：“你小时候，我在商务发行所店堂内常见到你。那时你才六七岁吧。”

整个大会期间的活动安排是比较宽松的，祖父在北京住了40天，和许多老朋友见了面，也结识了更多的新朋友。

四

祖父在政协会议之余，所关心的第一件事还是商务印书馆。他为商务印书馆花去了半个世纪的精力，曾经有过辉煌，然而在日寇的炸弹声中、在40年代后期国民党政府造成的恶性通货膨胀之中，不仅无法重现昔日的光彩，相反，厂房遭毁，设备遭劫，人才流失，资金短缺，近乎到了难以为继的地步。这时他多么希望新中国的成立，会给这个老企业带来新生的曙光，他希望更多地了解新中国的出版方针，以及老朋友们所能提供的各种建议。商务印书馆曾经聚集过大批人才，据说二三十年代商务编译所的力量是同时期国内任何一所大学无法与之相比的，不少人后来走上了进步、革命的道路，其中一些人这次聚首北京躬逢盛典，祖父一到北京，就于9月11日招待商务旧友郭沫若、沈雁冰、胡愈之、沈钧儒、叶圣陶、宋云彬、马寅初、黄炎培、郑振铎、周建人、陈叔通。在此期间，还多次与这些旧友交谈。例如10月11日时任出版总署署长的胡愈之与郑振铎来访，胡介绍了今后出版社将有所分工、各专一门的构想。两天以后他又陪同中宣部长陆定一同来看望，谈了出版社之间的分工合作，出版社与新华书店之间应相互扶持等，还谈了新中国成立初期党对出版事业的方针、政策。他还为商务印书馆物色一位合适的总编辑与陈叔通、沈雁冰多次商谈，他们谈到的人选有沈雁冰、郑振铎、宦乡，但这几位先后在政府部门任职，无法再就此职，此事一时未能解决。

祖父本人在学术上的专长是古籍的研究、校勘，由他主持校勘、商务印书馆在二三十年代影印出版的大型古籍丛书《四部丛刊》和《百衲本二十四史》被誉为民国时期我国古籍研究的最大成果之一。他在学术研究方面有不少好友在北京，他首先去访问的是老友傅增湘。傅老是四川江安人，比祖父年幼5岁，他们是在1911

年清政府学部召集的全国教育会议上认识的，后来两人在古籍购藏、校勘、版本研究、影印出版方面互相讨论帮助，往来书信现在存世的就有30多万字，已收集成书出版。1949年时，傅老已卧病在床，说话困难，祖父去看了他两次，告诉他沪上几位老友的近况，傅老还示意让家人取出几种珍藏的书给祖父看，最后老友唏嘘而别。

10月6日，祖父应故宫博物院院长马衡的邀请，与郑振铎一同前往观看所藏的珍本古籍。故宫后部的御花园，古木参天，宾主先在绛雪轩小憩，然后看了所藏宋元版珍本约20种，其中以宋本《经典释文》和唐写本《切韵》为最佳。《切韵》是龙鳞装，祖父说他从未见过这种装订式样。主人又出示清光绪十八年（1892年）的黄榜，即祖父参加殿试后中进士的那份黄榜。

五

我的堂姊张祥保自幼由祖父抚养，祖孙感情很深，大学毕业后去北京大学任教，离家已有3年。此次在京相聚分外高兴。祥保姊抽空陪祖父游览了故宫、北海，为祖父准备了可口的佳肴，又一起访问了北京大学、辅仁大学、燕京大学和清华大学等几所北京最著名的高校，拜访了陈垣、翦伯赞、陆志韦、张东荪、梁思成等好多位学者，应燕京大学教授严景耀、雷洁琼夫妇的邀请，在他们燕大内的寓所中留宿两宵，参观学校校舍、图书馆，晚间与友人畅谈。

10月17日，祖父写信给周恩来总理辞行。信中说：“政协最后集会，弟于宣言谬陈管见，意在禁人侵略，自求保全，非我领土，断无侵略。仰荷明察，许为采纳。今广州已下，香港近在肘腋，正宜善为利用，国力、民生两有裨益，必早在荩筹之中，正无俟饶舌也。我公日理万端，务祈节劳珍重。”19日乘车离京，21日返抵上海。

祖父回来了，一时家中热闹起来，每天一家人围坐餐桌的时候，就是听祖父、父亲给我们讲北京40天的见闻。祖父带回来两样东西，我一遍遍地翻阅，至今印象极深。一是中国人民政治协商会议第一届全体会议的大型纪念册，8开精装本，有全体代表的照片，会议和开国大典的照片等。我看了以后，很快记住了国家领导人的名字。这本纪念册在祖父去世之后捐赠给了上海图书馆。另一件是毛主席邀游天坛时所摄的一套24张照片，那是事后几天陈毅送到旅馆的。这套照片是不怕“文革”浩劫的，所以一直在我家中珍藏着，近年来一再被人翻拍，刊登在有关祖父的多种传记和研究专著之中。据说新华社著名摄影记者侯波女士到浙江海盐参观张元济图书馆，进入张元济先生纪念室，见到放大了的毛主席和祖父面对面谈话的照片，高兴得惊叫起来：“瞧，这张相是我照的！”这是后话了。

（选自上海市政协文史资料编辑部编《上海文史资料选辑》第88辑，内部资料，1998年）

孙起孟忆开国大典往事

余　云*

1985 年 5 月，我陪孙起孟同志（时任全国政协副秘书长）在休宁县齐云山参观。孙老 1911 年出生于休宁，9 岁时离开故乡，此后就一直没有回来过。尽管人世沧桑几十年，然而孙老依然还会说地道的休宁地方话，这正是：少小离家老大回，乡音无改鬓毛衰。

大家说笑着，游览着，谁知天公不作美，下起雨来了。雨越下越大，风也越刮越紧，我们只得走进一家农舍避雨，热情的主人赶紧端出椅凳让我们坐。这家农舍的墙上挂着一幅《开国大典》的宣传画（不是董希文那幅名画的复制品），画面上，红旗招展，万众欢腾；天安门城楼上，领袖们正愉快地交谈着。朱总司令、宋庆龄以及其他

* 余　云：俞乃蕴笔名，曾任安徽省政协副秘书长。

国家领导人的胸前，都挂着长方形、红底烫金的开国大典出席证。

我们的话题就从这儿展开了。孙老指着宣传画对我们说：“这是艺术的真实，不是生活的真实。”当时，孙老担任中国人民政治协商会议第一届全体会议副秘书长、政务院副秘书长，也在天安门城楼上。他说，我看到宋庆龄副主席没挂开国大典出席证，想下楼到大会秘书处去拿吧，时间已来不及了；不佩戴上吧，又感到在开国大典时不该有这一疏忽。孙老说到这里，我冒失地插了一句：“把您的出席证给她挂上不就行了吗？”孙老莞尔一笑：“我是大会的工作人员，哪有资格佩戴开国大典的出席证呢？”他接着叙述：“这时，朱总司令正伏在天安门城楼的栏杆上，望着广场上欢腾的人群，兴高采烈地和开国元勋们交谈着。我赶忙走过去，悄悄地跟朱总司令说，宋庆龄先生没佩戴开国大典的出席证，现在去拿已经来不及了……没等我把话说完，朱老总就指着胸前的出席证对我说，你把这送给她。于是，我从朱老总的胸前取下出席证，送给宋庆龄副主席挂上了。”

孙老这段珍贵的历史回忆，引起大家无限遐思。门外，春雨飘飘洒洒，下个不停。恰巧，我随身携带了一本徐铸成的新著《新闻丛谈》（浙江人民出版社出版）。在他于1949年9月至10月“参加全国政治协商会议”的日记中，有这么一段：

9月25日　　星期天

三时，开五次会，有二十个代表发言，最使全场惊奇者，吴奇伟发言后，竟举手高呼“中国国民党万岁！”盖原拟喊“中国共产党万岁！”因过去习惯，脱口误喊也。此“精彩”录音，定不能编入广播矣。

徐铸成是一位报界耆宿，曾长期主持《文汇报》，是出席全国政协会议的候补代表，这段记录当是他的亲历。

吴奇伟是国民党军队的起义将领，作为华南人民解放军出席一届政协的代表，曾任一届全国政协委员和广东省人民政府委员。

我和孙老谈起这则史料时，孙老笑了："徐铸成的日记，是真实可信的。我当时没有注意，不知道这件事，也没有人向我说过。吴奇伟将军在国民党军队干了几十年，那样的口号喊惯了，在大会上稍不留神，脱口而出，那也是很可能的。他要是在'文革'中这么一喊，那就闯出大祸了。"

经历了半个多世纪的老人，继续向我们讲述着开国大典的往事：

那是1949年9月30日的晚上，北京饭店举行盛大宴会，庆祝政协第一届全体会议胜利闭幕，祝贺新中国的诞生。一席终了，孙老有些醉意了。

这天晚上，正好是孙起孟值班。由于数日来过度劳累，又多喝了几杯，不禁昏昏欲睡。大约到凌晨一两点钟，周恩来同志来到天安门值班办公室，检查10月1日开国大典的各项准备工作。孙老说，那天我多喝了两杯，总理问我有关大会的准备工作，我当时头脑嗡嗡作响，肯定汇报得不详尽。总理一点没有责备，而是亲切地对我说："你太累了，休息吧，我去看看。"我记得那天晚上在天安门城楼值班的是薛子正同志，他向总理作了详尽的汇报。后来，薛子正告诉我，总理还亲自登上城楼，一一做了检查，像天安门城楼的扩音器响不响，天安门城楼上升旗的电钮是否灵光，连毛主席在开国大典时坐的椅子是否稳当，等等，都一一做了检查。总理在城楼亲自试了一下升国旗的电钮，表示满意，又特别安排两个战士第二天守卫在旗杆下，万一电钮失灵，好让战士们把五星红旗升上去，确保万无一失。

那天，大家谈兴正浓，也都等着孙老打开话匣，掀开那尘封的史册。

孙老说，现在有些报刊上说，毛主席在天安门城楼宣告：中国人民站起来了！其实，毛主席在开国大典上并没有说过这句话。

毛主席于 1949 年 9 月 21 日在政协第一届全体会议上的开幕词中说道：

> 诸位代表先生们，我们有一个共同的感觉，这就是我们的工作将写在人类的历史上，它将表明：占人类总数四分之一的中国人从此站立起来了。

那天在开国大典上，毛主席宣读的是中央人民政府的公告。毛主席宣布："中华人民共和国中央人民政府今天成立了。"

事后，我查阅了《毛泽东选集》第 5 卷以及《人民日报》 1949 年 10 月 2 日的有关报道，也印证了孙老的记忆是准确无误的。

那天，大家静静地聆听着孙老的谈话，如沐春风。

骤雨初歇，湛蓝的天空，苍翠的山峦，显得那么生机勃勃。

（选自《江淮文史》2009 年第 6 期）

装扮天安门　举国同欢庆

张致祥*

1949年，中国共产党领导中国人民经过28年艰苦卓绝的奋斗，终于取得全国解放的胜利。当年7月，中共中央已确定定都北京，成立了以周恩来为主任，彭真、聂荣臻、林伯渠、李维汉等为副主任的开国大典筹备委员会。

开国大典要举行阅兵式，这项准备工作从7月下旬就进行了。关于在北京哪个地点举行，华北军区提了两个方案：一是在天安门，二是在西苑机场，筹委会倾向于第一个方案。经过论证，周恩来同志在9月2日批定，在天安门广场举行开国大典，时间定在新的人民政治协商会议闭幕、中央人民政府成立之后。天安门城楼和

* 张致祥：时任华北军区政治部宣传部部长；后曾任中共中央对外联络部副部长，全国人大常委会委员，全国政协委员。

天安门南广场的布置这一紧张（离开国大典仅20多天）、繁重（从修葺到装饰）的工作就开始了。

9月初，周恩来同志把天安门的布置工作交由我负责。我当时担任华北军区政治部宣传部长。接受任务后，我既兴奋又紧张。兴奋的是，我们党奋斗了28年，现在终于推翻了万恶的旧社会，建立起人民的新中国；紧张的是，时间紧、人手少、任务重，自己又从来没有搞过，看来是些技术性的工作，实际上哪一点出了差错，都将造成不良的政治影响。但是既然已经把任务交给了我，没有二话可说，只有勇敢地、细心地把它担起来。

一　为天安门着红装

我把华北军区战友文工团搞舞台美术的苏凡同志找来，他带领文工团的美术工作者，其中主要有两位日籍美术家——小野和森茂（他们已长期在战友文工团的前身抗敌剧社负责舞台美术设计，是反对日本法西斯同我们一起战斗的战友），帮我来搞天安门这一政治大舞台的美术装饰设计工作。

我们驱车去看天安门城楼和城楼内外的情况。城楼四面的红色墙皮，经过长期的风吹雨打，已片片脱落；瓦缝中长着一簇簇狗尾草，门楼堞上的荆蒿长得有一人高。城楼北面、午门前面的广场长满了荒草，并且有一堆堆瓦砾和垃圾。金水桥南面、东西三座门中间石板路坎坷不平。看了现场以后，决定先搞两件事：一、请北京市人民政府清理现场，对城墙进行修葺，把午门外的西廊庑的房子腾出来，作为我们的工作室，把西廊庑东的空场作为我们的制作场地；二、请小野和森茂尽快把天安门城楼的美工设计方案搞出来，报请筹委会批准。

为了帮助他们设计，我和苏凡拿着长皮尺四处丈量，测准每个数据，供小野和森茂绘图用。后来，他们还亲自丈量，予以核实。

清理和整修工作紧张有序地进行着，工人同志出了大力，流了不少的汗水。

小野、森茂的设计绘图工作夜以继日地进行着，大约用了一个星期的时间，绘制了 20 张图纸。他们用大红——中国人最喜欢的、象征着喜庆的大红，为主色调，天安门城楼上的大红柱之间，悬挂上 8 盏特大的红宫灯，城堞的东西两侧竖起 8 面红旗，城楼正面门洞上方挂上毛主席像，门洞两侧，挂上两条大标语。金水桥桥栏上还饰以红彩球。

设计图纸送到周恩来同志办公室已是夜深人静。周恩来同志对城楼悬挂 8 盏大红宫灯、竖立 8 面红旗深表满意，但认为金水桥栏上扎彩球可以不用，“突出城楼就够了”，大会要庄严。

设计图纸经过批准后，制作工作立即开始紧张地进行。大红宫灯 1 米高，绘图易，制作难。宫灯是中国的特产，但从来没有人做过这样大的宫灯。苏凡同志想起只有去故宫找扎宫灯的艺人。他在故宫的档案中，终于找到了一位已经 70 多岁的老艺人。苏凡亲自到丰盛胡同把他请出来，上了天安门城楼[①]。老艺人看了看图纸，端详了现场，“艺高人胆大”，他认为可以制作，因为宫灯体积特大，不能到处搬动，必须在城楼上制作，还得由他去找几个徒弟当

① 此说法或与事实不符。——编者注

助手。我们喜出望外，同意了他提出的要求，让老艺人和他的徒弟买了材料，开始制作。两位日籍美术家负责绘制装饰宫灯的云头和黄金流苏。他们整整三天三夜在城楼上吃住，没有走下城楼一步，终于把八盏大红宫灯扎好了。我调来十几位解放军战士把沉重的宫灯挂起来。小野他们怕宫灯随风晃动，在红柱旁钉上铁环，用钢丝在两旁固定起来。这样，终于按照周恩来同志的要求，在“十一”开国大典以前把宫灯挂了起来。

城楼前面的两条大标语，按照设计，白宋体字、红地、白框，每个字高 2 米，宽 2.2 米，由小野、森茂绘制。城楼西侧是“中华人民共和国万岁”，东侧是“世界人民大团结万岁”。标语是经请示胡乔木同志审定的，他指示这两条标语要有长久性。

画毛主席像是件严肃的政治任务，要求油画大师必须有传神之笔。这一任务由钟灵同志负责，请中央美术学院周令钊教授来画。肖像是根据毛主席同意的一张便装照。要把方寸的照片放大为高 6 米、宽 4.6 米的肖像，真是不容易。我们在天安门城楼北面的西南角上搭了高架，把画布架起来。周令钊同志非常辛苦，整天爬上高架去画，爬下来仔细端详，用了 10 多天的时间，画好了。大家都认为惟妙惟肖，不仅形似，而且神似。于是请周恩来同志审查。他认为画得好，只是便装照领子上的风纪扣是敞着的，也照着画了，指出这样不够庄重[①]。周令钊就连夜修改，保证了开国大典前把毛主席的画像挂到城楼上。

天安门前的广场，人民英雄纪念碑在 9 月 30 日奠基。碑基前竖

① 与他人回忆不同。——编者注

立了中国民主革命的先驱孙中山先生的画像。靠近马路的南侧，竖立起马克思、恩格斯、列宁、斯大林 4 人的画像，他们是马列主义的创始人和继承者，用他们的画像来说明中国革命的发展轨迹和根据。这样的布置都是中央决定的。城楼前、东西三座门间的石板道经过修整也平整多了。当时没有起掉石板，改筑柏油马路，怕阅兵坦克通过时把路碾坏。

开国大典应普天同庆，筹委会决定在城楼前东西两侧、金水桥的北面搭起观礼台（观礼台和城墙之间留出通道），让中央各部门的负责同志、在中国长期工作的外国专家和外宾观礼。因为时间过紧，当时不可能搞永久性建筑，只能用杉篙、木板搭起临时性的看台。看台搭好，怕不牢靠，调来了部队，在看台上站得密密麻麻的，还在上面蹦蹦跳跳，看是否经得住。这样的事情不大，但必须保证万无一失，以免出事，让敌视新中国的人造谣说“垮台了”，造成不良的政治影响。

二　毛主席亲自升起第一面五星红旗

天安门广场人民英雄纪念碑基石北侧的石板道上，竖起一根 22.5 米高的旗杆，已油漆一新，用钢筋混凝土墩固定起来，配上升旗用的绳索和滑轮。这个工程是由北京市人民政府工程局承建的。一天深夜，我和一些同志站在旗杆下面，研究着开国大典当天如何升旗。用升旗手，不行。新中国第一面国旗必须由毛主席亲自升，因为是毛主席领导共产党缔造了新中国。但是又不能请毛主席走下城楼，升旗后再登上城楼，那样会出现二三十分钟的空场。正在为难，军委电信总局的李岩同志建议，可以设计制造一个自动升降器，把电钮安在城楼，毛主席只要就近一伸手按动电钮就行了。我当即同意，请他回去设计制作。李岩同志回去后，连夜把电信机械修理厂的实验室主任苏冶同志从睡梦中叫起来，交代了任务。经过几天的奋斗，制成了。我们立即利用夜深人静的时间，用一面和五星红旗一样大小的红旗做升旗实验。按动电钮，红旗冉冉升起。大家正在高兴，不好，旗子快到杆顶时却卷进了滑轮，怎样也扯不下来。我让一个同志马上打电话找有云梯的灭火汽车来。云梯来了，却升不到旗杆的高度。这时一位工人同志自报奋勇地说："我爬上去把它取下来。"只见他熟练、轻快地攀上旗杆，爬到杆顶，把旗取了下来，大家同声叫好[①]。但是问题并没有完全解决。我对同志们说，升旗可是大事，幸而我们做了实验。如果开国大典那天出了事，可成了政治问题。要是升了一半上不去，岂不成了升半旗的政治事故！像今晚这样卷进滑轮又该怎么办？好在李岩、苏冶同志都是专家，他们提出搞个时间控制器，旗升到杆顶立即自动关闭。又经过多次实验，直到万无一失。大约在9月28日夜里经过阅兵、群众游行的总预演，周恩来和筹委会其他领导同志的验收，我心里一块石头才放下去。

我国的国旗图案是五星红旗，是人民政治协商会议于9月27日通过的。图案交到美术供应社，请赵文瑞同志缝制。国旗长460厘米、高338厘米。赵文瑞同志没日没夜地工作，在9月30日下午1点钟缝制完成，保证了开国大典上毛主席亲手升上中华人民共和国

① 与他人回忆不同。——编者注

国旗的顺利进行。[①]

三　《东方红》乐曲响彻云霄

开国大典的军乐队由中国人民解放军华北军区政治部的军乐队担任。罗浪、王建中同志为正副总指挥。说起这个军乐队的历史来由也挺有意思。在那战火纷飞的年代，晋察冀军区并没有什么军乐队。1947 年 10 月里，晋察冀军区野战兵团在罗瑞卿同志的指挥下，在保定南的清风店、明月店一带聚歼了国民党第三军的主力及其军部，把该军军长罗历戎连同三军的军部和军乐队俘虏过来。这就是战史上有名的清风店战役。当时担任军区抗敌剧社（进入北京后改名为战友文工团）乐队队长的罗浪同志问我对三军的军乐队如何处理，意思是想留下来，不要遣散。我同意他的意见，请示聂荣臻同志同意后，要罗浪同志对该军乐队人员进行思想政治教育，争取全部留下来，再补充新的学员，进行训练后，编成我们的军乐队，将来会有用场。果然 1949 年 9 月，它被派为人民中国的诞生演奏嘹亮的国歌和其他革命乐曲。

军乐队随着开国大典的顺序演奏些什么乐曲必须定下来，以便安排和训练。这都经过研究讨论，报请批准。首先，在毛主席登上天安门城楼时，奏三遍流传很广的陕北民歌《东方红》乐曲，让整个参加典礼的人知道毛主席来了。其次，开国大典定在 10 月 1 日下午 3 时开始，奏三遍国歌——《义勇军进行曲》，曲终时，28 响的

---

① 回忆有误。赵文瑞缝制的国旗被用于 1949 年 9 月 30 日下午 2 点召开的中央人民政府委员会第一次会议会场，开国大典上毛主席升起的国旗的缝制者为宋树信。——编者注

礼炮刚刚响完，国旗正好升到杆顶，迎风飘扬。接着朱德总司令由聂荣臻同志陪同检阅海陆空三军，这时奏《解放军进行曲》。分列式开始后，奏起《抗日军政大学校歌》《三大纪律八项注意》《军队和老百姓》《没有共产党就没有新中国》等乐曲。群众游行开始，队伍一进入东三座门，就奏起《团结就是力量》《保卫胜利果实胜利前进》等乐曲。这些乐曲的选择和编排，是按照罗浪、王建中同志的意见办的，采用那些足以反映我们的战斗历程和有中国特色、为中国人民熟悉的乐曲，没有采用外国的进行曲。

演奏哪些乐曲及其顺序解决了，但是限于当时的条件——没有报话机一类设备，当毛主席登上天安门，城楼上怎样通知罗浪开始奏《东方红》呢？我偶然看了一下城楼上的红旗，想了想，何不用块小红绸子在城墙上向罗浪同志挥一挥，让他指挥奏乐。这是个落后的办法，但解决了问题。我同罗浪约定就这么办。“十一”那天下午 2 点半以后，我一直守候在城楼西侧毛主席拾级登楼处，看着毛主席和中央领导同志一级级往上登。在主席登上最后一级时，我立即朝着军乐队挥动了红绸，《东方红》嘹亮的乐曲奏起来了，广场内和东三座门外等待检阅的三军官兵、参加游行的群众都知道毛主席上了天安门，顿时万众欢腾起来，掌声、口号声响彻云霄。

军乐队在开国大典当天下午连续演奏了 3 个小时，有的同志嘴都吹肿了，汗流满面，但没一个人叫一句累。他们心灵深处充满了光荣感、兴奋和喜悦。后来军委下令上调这个军乐队，我们全部上交，以后经扩充成为人民解放军的军乐团。

四　其　他

开国大典我在城楼值勤，刘仁同志还交代我和荣高棠两个人用扩音器领呼口号。我嗓子沙哑，不如高棠同志洪亮。既然是光荣任务，是不能推却的。给我留下深刻印象的是，开国大典结束时，毛主席走到城楼东南角，喊了一句最有深刻意义的口号：“人民万岁！”道出了根本，一切为了人民，一切归功于人民！

在结束这篇回忆时，必须说，开国大典的布置工作之所以顺利完成，应当归功于众多的美术家（包括那两位已经去世、令人怀念的日本朋友）、电器工程师、优秀的艺人和工人同志的辛勤劳动，还有周恩来、聂荣臻、彭真、杨尚昆等领导同志的指点、督促和检查。我在其中只起了上下左右的联系工作而已，当然，也和大家一起度过了不少的不眠之夜。

（选自北京市政协文史资料委员会编《庄严的庆典——国庆首都群众游行纪事》，北京出版社 1996 年版）

为开国大典绘制毛主席画像

周令钊 *

一　在北平艺专迎接解放

1948 年 9 月，冯法祀带着徐悲鸿的聘书，来上海育才学校邀我去国立北平艺专任教。我说，我高兴去，但要派一位艺专的高才生来接替我的工作，艺专派了马三和来育才，我去了国立北平艺专。见到徐校长，他说聘我为讲师，我要求从助教做起，徐先生说："你的画我们看过，你的工作经历我们都了解，应该做讲师，就这么定了。"

艺专最早有国画系、油画系、雕塑系和音乐系。后来，音乐系

* 周令钊：时为北平艺专讲师，中央美术学院教师；后曾任中央美术学院教授。

迁出，成立了音乐学院。我来时增设图案科，后改名实用美术系，系主任叶浅予，系分3科——染织科、陶瓷科、印刷科，我在印刷科教素描、水彩、插图、招贴。

分给我的宿舍在东单苏州胡同里的五老胡同，房子小而旧，分里外间，木地板缝很宽，我很怕铅笔掉进去，又怕老鼠钻出来。铺上芦苇地席，从小市买来的老家具便宜又好看，同学们都欣赏我的房子布置。一次，陈若菊和同学们来玩儿，坐在床上，床一坐就垮了，藏在被罩下的脏衣服撒了一地，很不好意思。北平很大，故宫三大殿、东西宫，3天游不全，还有颐和园、长城、中山公园、太庙（后改为北京市劳动人民文化宫）、北海。那时的中南海可以随便进出，破旧的天安门屋顶上长着草。

上水彩课，我常带学生去那些地方写生，他们很高兴。抗战时我去过云贵、两广，还去过缅甸，常和同学们谈起如何画南方风景。谈到抗敌画会、抗敌演剧队，如何上前线宣传抗日，同学们更是爱听。

北平已被围城，城外都是解放军，听得见城外的炮声。因为要保护北平的文化古迹，解放军正与傅作义谈判和平解放。城内一阵静默，我们焦急地等待谈判结果。城内仍是黎明前的黑暗，国民党大刀队乘着警车在街头巷尾检查行人，遇有问题，就地正法。艺专地下党组织进步师生在各个宿舍秘密创作迎接解放的木刻画传单。当时我们是流水作业，确定了传单的主题，我就在五老胡同宿舍作画稿，画好了照例藏在芦苇地席下。一天，王育中到我这里来取画稿送到别的宿舍去刻印。他骑着自行车到苏州胡同口，看到东单街口大刀队正在搜查行人，王育中身上有传单作者的名单和地址，他马上下车装作弯腰整车链，暗将名单吞进肚中，后来讲给我们听，大家都为他捏了一把汗。

苏州胡同的街对面是东单广场，原来是体育场，一段时间内成为临时飞机场，停了几部小飞机，以备京城的少数达官贵人飞台湾用。国民党中央的张道藩劝说徐悲鸿飞台湾，国立北平艺专地下党的侯一民、冯法祀去请徐校长留下，田汉也专程来北平会见徐校长，徐校长自愿留下，迎接解放。

解放军和傅作义的谈判最终成功了，北平的和平解放使故宫等重要文化古迹得以保存。解放军进城，先头部队到了铁狮子胡同。艺专师生赶到北京大学红楼，乘解放军的汽车，开到解放军驻地。那里早已排好队，等我们到达。先是唱解放区的歌，我们早已会唱，大家一同唱，军民一同唱，军民一条心。街道儿童围着解放军，大胆的孩子扯扯解放军的衣角，解放军一边唱歌，一边招呼小孩，与民同乐，亲如一家人。我们迎来的是人民自己的军队，欢天喜地，激动流泪。

北平市民兴高采烈地迎接解放军进城，艺专师生怀着极大的热情画了多幅大画，摆放在天安门前迎接解放。

二　为开国大典绘制毛主席画像

1949 年 1 月底，北平解放了。2 月，北平地下党公开举行誓师大会。侯一民叫我一同去国会街现新华社驻地画领袖像。我画毛主席，他画朱总司令。画比较大，我打格放大再画。那时的侯一民还是个 18 岁的学生，初生牛犊不怕虎，他不打格拿起笔就画，比例的把控就难多了。这可能是我解放后第一次画毛主席像。

北平和平解放，中国共产党希望和平解放全中国，为此举行了国共谈判，要艺专设计布置六国饭店的和谈会场。我带图案科的一班学生进驻饭店，我们的设计方案是，中间为会议桌，主座背面墙上挂毛主席的红底黑白像，会议桌两侧共 8 根柱子，上挂和平谈判 8 项条件，红底黑字，字牌上方是白色和平鸽展翅飞翔的图案。会场气氛生动和谐。和谈主持人是周恩来，南京方面的代表有张治中、邵力子、黄绍竑等 7 位，他们对会场布置很满意。据说谈得很好，但最终由于蒋介石的干扰，和谈告败。结果是解放军百万雄师过大江，攻占总统府，赶走蒋介石，建立新中国。这应该是我在北平解放后画的第二个毛主席像。

当时许多全国性的大会借用艺专的大礼堂召开，1949 年 4 月，新民主主义青年团第一次全国代表大会召开，朱德参加并作报告；全国学联第一次代表大会召开，任弼时参加并作报告。这两次都在艺专大礼堂举行，学校安排我带领实用美术系学生设计、布置会场，剪贴横幅会标，中间挂毛主席像，两边马克思、恩格斯、列宁、斯大林像，领袖像由我画。

10 月 1 日，天安门将举行中华人民共和国开国大典。据说是大会主持人通过学校党委书记江丰同志，要我为开国大典画悬挂在天安门上的毛主席像。我特别高兴，一是旧中国即将变成新中国，二是我有幸获得这项光荣任务，三是我为老乡毛泽东画像。第二天一早我就和江丰同志步行去了天安门，从不同角度勘察挂像现场，定画像大小，考虑作画地点及画像安装方案，设计画像脚手架，等等。我提出要当时还是学生的陈若菊做我的助手，组织上同意了。

一切准备停当，我和陈若菊兴奋地奔上了天安门。

我们是在天安门城楼上大殿外东侧墙边作画。画幅约 6 米 ×4.6 米，画布遇风易起褶皱，画在马口铁皮上较平整。没有放大机，就打格放大，尺子不够长，便用粉线袋弹格放大；没有升降机，便搭脚手架，爬上爬下退远看效果。主席像是根据摄影家郑景康拍摄的黑白照片创作的，戴八角帽，敞衣领，头稍侧，微笑，下部有毛主席书法“为人民服务”[①]（字是按领导要求写的）5 个字。10 多天日出而作、日落而归，按期画好。聂荣臻市长来看过，他认为很像，只是开国大典是庄严的日子，主席的风纪扣还是扣起来好。他走后，我们“扣上了风纪扣”，大功告成。回到家中，刚要休息就听到敲门声，天安门来人说：“像已挂好，周总理等中央首长看过，认为像下方还是不写字好。”我立即和他们乘上汽车赶到天安门。几个聚光灯把像照得通亮，3 架木梯绑成一架长梯靠在像上，我拿着画具爬上去，梯子一闪一闪的，脚下是黑黑的门洞，好在我没有恐高症，涂去字后再画成衣服，画完一部分下梯，挪动梯子再上梯画另一部分，反复数次，终于修得天衣无缝了。这时东方泛白，还有几小时开国大典就开始了。

10 月 1 日一早，我和陈若菊赶到学校，随队伍一起去参加开国大典。艺专的队伍位于天安门东南侧，在现在国家博物馆北门位置。远看主席像画的效果，也听了下周围同志们的反映，都说好，我们放心了、高兴了。

那天是中华人民共和国成立的第一天，毛主席和共产党领导全

① 应为“人民的胜利”。——编者注

国人民共同奋斗，无数先烈的牺牲得来一个全新的中国，将来的日子会更加美好。

红旗招展，掌声雷动。中华人民共和国国旗升起，中华人民共和国国歌响起。毛主席操着湖南乡音向全世界庄严宣布：“中华人民共和国中央人民政府今天成立了！”湖南乡音令我感到无比亲切。祖国前途光辉灿烂，我和全国人民一起激动高呼“毛主席万岁”！

新中国成立后，文管会接管了国立北平艺专，艾青、莫朴、王朝闻、蔡仪、金浪，华北大学三部的李琦、冯真、邓澍、顾群、洪波来到艺专，他们被并入艺专，成立中央美术学院。江丰任党委书记，徐悲鸿任院长，请毛主席题写了美院招牌“中央美术学院”。美院成立了，大家庆贺。我在实用美术系，系主任先是叶浅予，后来是张仃，教员有孙昌煌、田世光、黄均等，张光宇从香港回来也到实用美术系。美院还有国画系、油画系、雕塑系、美术史系。

三　为新中国造型

1949 年，国家百废待兴，许多美术设计任务，纷纷找到美术学院，实用美术系正逢其时，设计任务应接不暇。

团中央的娄霜同志要我设计团旗。我问他青年团的宗旨和作用，他说青年团是先进青年的组织，青年团员要紧密地团结在党的周围。我在纸上画个五角星象征执政党中国共产党，又在五角星外画一个圆圈，象征共青团员围绕在党的周围。几分钟后我的设计完成了，娄霜很满意，认为创意简洁明了，我又画了一张色彩草图，由娄霜同志带回团中央，和各地送来的许多团旗图案放在一起，请中央领导挑选。毛主席在我这幅设计图上写了“同意此式”。刘少奇、周恩来都认可，不久团旗就飘扬起来了。中国共产主义青年团成立 62 周年的时候，团中央办公厅主任来看我，带来经毛主席批示的团旗画稿复印件，给我留作纪念。从没有想过还能看到几十年前的设计稿，我非常激动，永远留念。

少先队的同志、我的学生刘易晏也来找我参加设计绘制了星星火炬少先队队旗。后来我的儿女也都是少先队员，戴着红领巾在队旗下宣誓。

1950 年 9 月下旬的一天，总工会的同志拿来毛主席亲笔书写的“生产战线上的模范”的一张图画纸，要我设计一幅集体模范奖状，我在那张纸上画了工农兵的形象和装饰边框，印制出来发给全国劳模，能在毛主席题过字的图画纸上作画，心中无比高兴。

国徽设计先是全国征稿，后来成立中央美院和清华大学两个设计小组。清华组长是梁思成，营建学系的几位教师参加设计；美院组长是张仃，设计组成员有实用美术系的张光宇和我。最初交出的设计方案：清华大学营建学系梁思成小组设计的是一个玉璧，象征完璧归赵，还政于民；美院张仃、张光宇设计的方案里有齿轮麦穗，中间一个大五角星，下面是天安门。我觉得一个大五角星，太像越南国旗国徽。开国大典时新中国的国旗——五星红旗已飘扬在天安门广场上空，我就画了一张五星红旗下的平面装饰天安门，也有齿轮麦穗谷穗的设计草图，主色调为红金。通过组长张仃同志作为美院提案一并转交上去，请领导定夺。后来听参加方案讨论回来的张仃同志说，以中央美院组的方案为主展开深入设计，我认为可能是我们的方案涵盖了国徽的全部重要元素。最终的国徽成型工作交给清华大学，由高庄先生做的浮雕。我能参加国徽的集体创作，非常高兴。高庄先生是我在武昌艺专时的班主任，能和老师一起为国徽设计制作尽一份力，我感到非常光荣。[①]

2019 年 8 月

（选自《文史资料选辑》第 173 辑，中国文史出版社 2019 年版。原标题为《为展示新中国形象而设计》）

① 中华人民共和国国徽图案经过了多轮的设计与修改，最终方案于 1950 年 6 月经中国人民政治协商会议第一届全国委员会第二次会议讨论通过、提请中央人民政府委员会核准公布，是集体智慧的结晶。——编者注

我为共和国拍照

侯 波*

自1949年起，我担任毛主席和中央首长的随行摄影记者达12年之久。在那4000多个日日夜夜中我拍摄了成千上万张照片，真实地记录了共和国年轻时代的风貌。当然，我印象最深刻的，还是开国大典。

开国大典前夕，领导人十分忙碌。9月21日新政治协商会议隆重召开，30日晚8时胜利闭幕。我一直负责会场的拍摄工作。看得出，首长们是紧张的，也是疲劳的，而仍然精神饱满地与各界人士讨论和制定着国家的根本大法。

我当时也很兴奋，回忆起我这个苦孩子，14岁到延安，是“吃延安人民的小米长大的”（毛主席语）。我知道老百姓所受的苦，

* 侯 波：时任北平电影制片厂摄影科科长，中共中央领导随行摄影记者；后曾任中国女摄影家协会主席。

也体会得出革命胜利的来之不易，那真是千千万万个先烈的鲜血换来的。过去“三座大山”压在中国人民头上，没人看得起我们。现在共产党领导人民推翻了反动的统治，中国人民真正做了自己的主人，就要扬眉吐气地屹立在世界的东方，这是中国有史以来最值得欢欣鼓舞的大事，怎不使人兴奋，怎不令人激动！

庆典的准备工作很紧张，天安门城楼上一面开会，工作人员一面布置。当时国家非常困难，没有条件也没有时间打扮这个庄严的地方。首都人民以高度的热情清除了天安门两侧和长安街等处的垃圾，拔掉了杂生的荒草，把天安门及广场打扫得干干净净。虽然没什么装饰，却是朴素大方，8 盏红红的宫灯给城楼增添了无尽的喜庆氛围。

10 月 1 日下午 3 时整，毛泽东、周恩来、刘少奇、朱德、宋庆龄和各民主党派的代表人物走上天安门城楼，整个天安门广场沸腾了。在广场上奏起慷慨激昂的国歌，一面“血”染的五星红旗在 54 门礼炮震天动地的响声中冉冉升向高空，毛泽东向全国各族人民和全世界人民庄严宣告：中华人民共和国中央人民政府今天成立了！我看到天安门广场上数十万双含着莫大幸福的眼睛和数十万双充满感激的手，朝着伟大的领袖毛主席欢呼万岁！我从照相机的镜屏上也看到毛主席不断地扬起双手向大家高呼：“同志们万岁！”“人民万岁！”

当时天安门城楼的围墙不像现在有栏杆，只覆着光秃秃的琉璃瓦。我拿着一个 120 相机，捕捉着每一个珍贵的瞬间。那时能得到一些胶片是很不容易的，必须节约着用，拍一张是一张，因此现在看当时拍的照片，几乎每一张只有一个底片。领导同志则不喜欢给他们照，总是说“给群众多照些”。

记得拍摄开国大典党和国家领导人检阅游行队伍那张照片时，

为了取景更加理想，我不得不把身子仰到围墙外边。周总理正好站在我面前，忙过来拉住我的衣角，还不住叮嘱我，别紧张，小心一点。当时我激动极了，强忍着就要夺眶而出的泪水按下了快门。这张珍贵的历史照片有许多人都看见过，但却极少有人知道有过这样一个使我终生难忘的故事。在我的镜头前，屹然站立着一群时代的伟人。他们之所以伟大，就在于他们来自人民，理解人民，惦念着人民。他们的衣着、举止是多么的平凡，但他们的人格、胸怀和气魄却是无与伦比的伟大！

开国大典从下午 3 时一直持续到晚 9 时，毛主席一直在向欢呼的人群挥手致意，到晚间已有些支撑不住，就弯腰伏在围墙上。这时，我站上了围墙，两个同志扶着我的腿。当时只想着把中国人民当家作主人这段历史记录下来。

我曾拍摄过一张毛主席宣布共和国成立的照片，主席的嘴是张着的，周围站着其他领导人。40 多年后，我和徐肖冰办展览时，不少群众一定要在这张巨幅照片下留影，说是可以感受到当年激动人心的气氛。我不禁为之感动。是啊，光阴荏苒，46 年弹指一瞬，那辉煌的场面恍如昨日。作为当年庆典的忠实记录者，抚今追昔，我由衷地怀念那庄严而热烈的时刻。

窦　坤　整理

（选自北京市政协文史资料委员会编《庄严的庆典——国庆首都群众游行纪事》，北京出版社 1996 年版）

终生难忘的开国大典转播工作

丁一岚*

从 1945 年我在晋察冀解放区参加广播电台的工作，至 1985 年离休，整整干了 40 年。至今刚好半个世纪了（其中有 7 年是在播音工作岗位上）。

光阴荏苒，许多往事都渐渐淡忘了。但是，在国家、民族的历史上，在个人的经历中，有些重大事件，却是终生难忘的。1949 年 10 月 1 日，我参加了中华人民共和国开国大典的实况转播工作，那一幕幕情景，永远生动而深刻地铭记在我的心中。

在中国人民的广播史上，这是第一次对全国进行重大政治庆典的实况转播，由所有的地方电台联播。早在一个多月以前，中央

* 丁一岚：时为北京新华广播电台播音员；后曾任中国国际广播电台台长。

广播事业局的领导廖承志、李强、梅益、温济泽、李伍等同志，就主持制定大典的整个广播工作计划，分工领导编辑、采访、播音、技术、行政等方面的准备工作。播音是整个编采工作的最后一道工序，又处于直接与亿万听众交流思想感情的第一线，需要全身心投入准备工作。我和共同担当播音任务的齐越为熟悉各方面的情况，参与编辑、记者研究讨论广播稿件，细心领会稿件内容，仔细揣摩怎样掌握宣传的精神，如何把稿件的重点、感情准确地表达出来。

当时的技术装备是很简陋的。为了使整个广场都能听到天安门城楼上的声音，普通的扩音机是不能适应的。于是，由 1940 年创建人民广播时负责技术工作的傅英豪同志设计并制作了几部新型扩音机，把 9 只喇叭装置在一起，分设于广场的适当位置，形成强大的音量，我们称之为“九头鸟”。虽然解决了广场内部的音响问题，但是，朱德总司令将要从东长安街那边阅兵的音响还无法传送到设在天安门城楼下的机房，再转播出去。工程师黄云同志在检阅车的挡风玻璃板上安装一只话筒，在车的尾部安装一个小喇叭，另在记者和技术人员的采访车上，装备一部钢丝录音机，在演习的时候，跟随在检阅车之后，事前录下音来，精确计算了时间，在开国大典这天播放这一录音，巧妙地解决了这一难题。

9 月下旬要向各地方电台发出联播的通知，9 月 30 日还要向全国听众和新华社、各报社发出预告。这项全新的节目应该取个什么名称呢？梅益、温济泽等同志一起商量，想出了“实况转播”这个业务用语，即把现场的真实情况和音响，通过广播的技术设备和播音员的解说，转播给全国乃至国外听众。大家都认为这个新的词语恰当地反映了这个新节目的含义，所以一直沿用到今天。

经过一个多月的紧张工作，一切准备就绪了。10 月 1 日下午 2 时左右，我们来到天安门城楼。播音工作的位置安排在城楼西侧。没有播音室，只有一个话筒立在那里，这是一只普通的话筒，但今天却显得那么不同寻常。我穿了一件蓝色双排扣列宁服，与齐越并肩肃立在话筒前，像是待命投入战斗的士兵。2 时过后，主持大典筹备工作的周恩来同志提前来到主席台，以他一贯严谨的作风，仔细检查了各项工作。

我和齐越站在天安门城楼上，俯瞰广场。排山倒海的欢呼声、嘹亮的歌声、不尽的红旗，汇成了欢乐的海洋。城楼上下，所有的人们都在等待着，等待领导着中国人民经历了艰苦卓绝的奋斗，取得了伟大胜利的一代开国伟人的来临，等待那个庄严的划时代的时刻。2 时 55 分，毛泽东、刘少奇、朱德等党和国家领导人从城楼西侧长长的台阶上，健步走上天安门城楼。当他们一一从我们面前经过，走向主席台时，我和齐越激动地对着话筒说党和国家领导人登上了天安门城楼！霎时间广场一片沸腾，口号声连绵不断。

3 时整，中央人民政府秘书长林伯渠宣布盛典开始，请毛主席讲话。毛泽东主席以洪亮而又浓重的湖南乡音庄严宣布：“同胞们！中华人民共和国中央人民政府今天成立了！”一语千钧，宣告了中华民族历史上灾难深重的黑暗岁月的结束，一个光辉灿烂的新时代的开始。这划时代的声音，通过无线电波传播到长城内外，大江南北，滔滔东海之滨，莽莽青藏高原，解放区的天和那些未被解放的国土，并且飞越疆界，远达海外。广场上刚刚静下来凝神倾听伟人声音的 30 万群众又欢腾起来，齐声高呼：“中华人民共和国万岁！”“中央人民政府万岁！”“毛主席万岁！”海潮般的声浪回荡在广场上空。

我和齐越兴奋而又认真地交替朗读着广播稿，把眼前这一幕幕动人的场面及时告知海内外的亿万听众。当林伯渠秘书长宣布“奏国歌，请毛主席升国旗”时，毛主席在主席台上庄重地按动电钮，只见鲜艳的五星红旗在广场中央徐徐升起。五星红旗伴随着激扬雄壮的《义勇军进行曲》飘扬在蔚蓝的天空。

我望着冉冉上升的国旗，激动地对听众说：“中华人民共和国的国旗，现在正由毛主席亲手把她升起。”我及时地向听众介绍了当时广场上的情景：“参加大会的 30 万人都整齐肃立致敬，注视着人民祖国的庄严而美丽的五星红旗徐徐升起。各队带队指挥员行举手礼，在队列中间的干部和战士，以及执行勤务的工作人员都肃然立正。”国旗在升高，我越说越兴奋、激动：“国旗已经上升到旗杆的顶尖，开始在人民首都的晴空迎风招展。她象征着中国的历史已经进入一个新的时代，我们的国旗——五星红旗将永远飘扬在人民祖国的大地上。”

对于那个时代经过炮火硝烟洗礼的年轻人来说，《义勇军进行曲》是多么熟悉、多么亲切。我参加革命，奔赴延安，在革命队伍中冒着敌人的炮火前进的一段段往事，油然浮现在眼前……

抗战爆发前，我在天津三八女中上学时，受到一些地下党师生的影响，参加了学生抗日救亡活动。我学会的第一支救亡歌曲就是《义勇军进行曲》，这支催人奋进的歌，鼓舞着我们挺起胸膛参加“呼吁抗战，反对日本帝国主义”的示威游行。卢沟桥事变后，我们许多平津流亡同学长途跋涉奔赴革命圣地延安。沿途行军也高唱着这支歌。如今她成为我们的国歌，她教育我们不要忘记灾难的过去，更应万众一心，坚定勇敢地开拓未来。

在延安学习一年，1938 年底我响应党的号召到了华北敌人后方，开始做妇女工作，1942 年后到晋察冀日报社工作。1945 年抗战胜利时，我还在报社。一天，突然接到电讯，日寇投降了！报社当晚紧急突击出了《号外》，发表了日寇投降的喜讯和朱德总司令宣布各解放区部队进军接受敌伪军投降的命令。为了把这个特大喜讯很快地传播出去，我们成立了宣传队，到附近党政军机关驻扎的村庄去宣传。我普通话讲得不错，就让我宣读进军命令和胜利喜讯。拂晓回报社途中，大家在一起说笑，有人说："丁一岚，你的声音还挺响亮，将来我们解放大城市，有了广播电台，你去当播音员好了。"当时是随便说说的，想不到还就真的成了现实，那时我 24 岁。从那以后，我在张家口和后来设在阜平的新华广播电台当播音员，以话筒为武器，把一条条令我广大军民振奋、令敌人丧胆的消息，通过电波传遍全国。

眼前，铁流滚滚东来，各兵种分列式从东长安街陆续进入广场。齐越以他特有的庄严、浑厚的声音向听众介绍着各个兵种，对海军、步兵、炮兵、装甲兵、坦克兵、骑兵及空军编队经过天安门的雄姿一一作了详尽的介绍。当最后一个方队走出广场后，参加欢庆盛典的群众队伍连续不断地通过广场，这时天色已经暗下来了，整个广场和东西长安街两侧的灯大放光明。正阳门外，五彩缤纷的焰火腾空而起。直到晚上 9 时 20 分，林伯渠秘书长宣布庆祝大会结束了，毛主席和国家领导人们走下主席台，到城楼两侧向停留在广场中的群众和值勤的同志们挥帽致意，问候大家："同志们辛苦了！"群众也高呼"毛主席万岁！""共产党万岁！"至此，我们宣布实况转播结束。

孰料最热烈的高潮却在这时出现了。当广场前方的军乐队奏着欢快的进行曲向金水桥畔走来时，广场后部的群众高举着鲜花、红旗和灯笼，高呼着“毛主席万岁，万万岁！”像彩色的巨浪，拥向金水桥边。毛主席和其他领导人，微笑着向群众亲切招手。毛主席向城楼下呼喊：“同志们万岁！”“人民万岁！”城楼下的群众“毛主席万岁”的呼声更高昂了。城楼上下，互相呼应。人民爱戴领袖，领袖热爱人民。这是发自心底的爱，是民心所向的爱，是最为真诚的爱。但是，由于我们的转播已经结束，没能将这动人的场面介绍给全国听众，至今想起来，仍然深感遗憾。

转播这次盛典实况，是缜密组织的集体创作，除了直接参加工作的各级领导、编辑、记者、技术人员和行政工作人员以外，还有大批间接参加工作的同志辛勤的劳动。每当我回忆起46年前的这一次转播时，心中对他们充满敬意。我尤其怀念我的播音伙伴齐越同志。开国大典时我们没有留下播音时的照片，真是件憾事。恰巧，1985年北京广播学院组织拍摄纪念人民广播创办35周年历史回顾电视片，他们约我和齐越又登上了天安门城楼，再次来到开国大典时我们播音的位置上，补照了一张照片。谁能料到两年前，齐越同志离开他热爱的播音事业，离开他亲密的战友和亲人，永远离去了。我珍藏着这张在天安门上的合影，它使我永远不会忘记开国大典那一天。

（选自北京市政协文史资料委员会编《庄严的庆典——国庆首都群众游行纪事》，北京出版社1996年版）

我为开国大典忙直播

杨兆麟[*]

1949年10月1日的开国大典，举国同庆，永远彪炳史册。而开国大典的实况广播工作，也是中国人民广播史上的重要一页。

早在开国大典一个多月之前，北京新华广播电台（中央人民广播电台前身）各有关部门就开始进行准备工作。胡若木、高而公和我分工编写实况广播稿，我们一次又一次地到郊外去采访阅兵式和分列式演习的队伍，并且到参加游行的各机关、团体、学校、工厂、农村去了解情况。

当时的技术装备相当简陋。要使整个天安门广场都能清楚地听到城楼上主席台的声音，并且传播到全国，只有一个喇叭的普

---

* 杨兆麟：时任北京新华广播电台编辑部秘书；后曾任中央人民广播电台台长。

通扩音机是不能适应需要的。1940 年创建延安新华广播电台时期负责技术工作的傅英豪设计、制作了一种大型扩音机，把 9 只喇叭装置在一块板子上，形成强大的音量，我们把它叫作“九头鸟”，在广场上架设了好几个，把问题解决了。技术上还有一个大难题，朱德总司令阅兵时，要乘检阅车从广场中央驶向东长安街，然后再返回广场。在广场以内的音响问题已经解决，可是，检阅车一开出广场，那边的音响就无法传回设在天安门城楼下面的机房了。工程师黄云想出一个办法，在检阅车的挡风玻璃板上安装一只话筒，在车的尾部安装上一小喇叭，同时在记者和技术员的采访车上安装机器录音，采访车还要尾随其后。事关重大，要报请阅兵指挥部批准。我们向指挥部说明了情况，他们很理解让全国人民听到阅兵情况的重要性，就批准了这个方案。在西郊飞机场演习时，我和黄云乘坐采访车，紧跟着检阅车，朱总司令向受阅部队高呼：“同志们辛苦了！”战士们齐声回答：“为人民服务！”这些呼应的声音都录了下来。由于车速和时间都有严格规定，我们录音的长短同样经过了精确计算，准备到 10 月 1 日按照程序播放。

经过一个多月的紧张工作，一切准备就绪。这一天，晴空万里，阳光灿烂。俯瞰广场，受阅部队全体肃立，广场的南部站满了各界群众，都在静静地等待着那个庄严的时刻。

下午 2 点 55 分，毛泽东、刘少奇、朱德等党和国家领导人，健步走上城楼。主持庆典筹备工作的周恩来，早已提前来到城楼上，以他一贯的严谨、负责的作风，仔细检查了各项工作，特地过问了实况广播的准备情况。

3点钟，庆典准时开始。毛泽东以洪亮的声音庄严宣告：“同胞们，中华人民共和国中央人民政府今天成立了！”整个广场欢声雷动，通过无线电波，传播到全国的城市和乡村，并且远达海外。千千万万的人都聚集在收音机和高音喇叭周围，聆听着首都的声音，热烈庆祝新的历史时刻的到来。

我们4个人在天安门城楼第二个旗杆下面。丁一岚和齐越认真地交替朗读实况广播稿，把眼前的动人情景报告给海内外的亿万听众。胡若木和我由于事前进行了采访，撰写了广播稿，具体了解庆典的程序，用手指或者点头示意，告诉他们应该播出哪一段。

阅兵结束后，整个天安门广场和东西长安街，华灯齐放，光彩夺目。等候在东长安街和东单一线的群众游行队伍，挥舞着各色鲜花和彩旗，浩浩荡荡，欢呼着通过天安门广场。正阳门外一阵轰响，五颜六色的礼花飞向夜空。直到晚上9点20分，庆典快要结束了，毛泽东大声向广场上的群众说：“同志们辛苦了，大会结束了。”按照原定的程序，我们在9点25分宣布了实况广播结束，整个广播持续了6个半小时。

我们本以为胜利地完成了任务，可是，却出现了事前无法预料的情况。聚集在广场南部的群众，高举着鲜花和彩旗，像潮水一般涌到了金水桥边，向天安门城楼上欢呼、雀跃，场景非常热烈。我们看到，毛泽东等领导人面对热情高涨的群众，似乎不忍马上离去，缓步走向城楼的东端，不断地向群众招手致意。又转身向西走来，从我们面前经过，到了城楼的西端，向这边的群众招手致意，才一同走下城楼。目睹着眼前这种生动的场面，我们 4 个人都束手无策，而且已经广播了结束语，只好留下深深的遗憾。

［选自田浩编《读·党史（第 16 辑）·开国大典：中国人从此站立起来了》，中共党史出版社 2013 年版］

终生难忘开国大典的采访

鲁 生*

在这举国上下热烈而隆重庆祝中华人民共和国成立50周年之际，我也和全国各族人民一样，沉浸在无限的欢乐和喜悦之中。因为我参加了开国大典的采访，终生难忘。

那是1949年新中国成立前夕，人民日报、新华社华北总分社传达了一个光荣的任务，要我和9位从前线调来的记者，参加开国大典的采访。这是一个特大的喜讯。大家都高兴地跳起来。而更高兴的是我，终于盼来了能实现为共和国而战的英烈们对我嘱托的好时机。

在抗日战争和解放战争年代，我长期做随军记者，每参加一

* 鲁 生：时任《人民日报》记者；后曾任民族团结杂志社社长。

次战役或战斗都要访问一些战功赫赫的重彩号。如一等杀敌英雄赵金生，他在连队兼任三员，即通讯员、司号员、战斗员。在战斗中，一会儿冲出火线调援兵，一会儿又用号声迷惑敌人，使鬼子不知不觉地走进我军的设伏圈被消灭。又如虎胆英雄王安国，攻上城头时，向敌人左右开弓，刺倒40多个鬼子，使后继部队顺利地登上了城头。又如模范指挥员郑管长，在执行打援任务时，指挥一个营歼敌一个团，保证了战役的最后胜利。这些为消灭日寇、建立新中国而战的英雄们，在解放战争时又立了新功。抗战中曾负重伤的赵金生，到解放战争时已晋升为连长。在解放山西同蒲前线的大小战斗中，他的连多是担任第一梯队。三打侯马、二打曲沃的战斗中，他总是冲锋在前。他的连和他个人杀敌最多，挂彩也最多。到解放曲沃战斗时，他个人负伤已达百多次。曲沃战斗结束，他负了重伤躺在担架上，当他见到我来看他时，想坐起来跟我讲话，动了几次起不来，我赶快跑到担架前握住他的手说，金生啊！你千万不要动，有话你就躺着说。他声音很微弱，但我至今依然记得很清晰。他说：鲁记者啊！我这次挂彩比哪次都重……我是不愿到后方医院去的，去了就不能回前线了。我很小就没了娘，是党、毛主席把我从一个不懂事的孩子，教育成了一名解放军战士，我本想胜利后亲眼看看毛主席，当面感谢他老人家。……现在只有委托你代我们做了。你是记者，到全国解放建立新中国时如果你没“光荣”（战士们称牺牲叫光荣），有机会见到毛主席，你一定要代我们问候他老人家。并代我们多喊几声“毛主席万岁！”

随着解放战争的胜利进行，战役和战斗一个接一个。向我提出和金生一样要求的，已有数百人之多。因此当我接到参加开国大典的通知时，想到多年来梦寐以求的好时机真的来到了，兴奋得我一夜都没有睡着。通知规定下午 3 点开会，可我一大早就忙碌起来，为了做好采访前的准备工作，我们提前吃了午饭。到上午 9 时，把记者证、通行证和采访所用的一切都带上，直向天安门广场进发。

进入广场前，我们还以为来早了，走近广场方才发现，广场上的各路群众、干部队伍，都在紧张有序地入场。其中少年儿童的一大片队列已经整齐地排列在广场的正中。穿着整洁新军装的解放军卫兵要我们出示证件，他们看过证件后，还问我们是否还有别的证，这时我们才知道我们记者只能在广场和观礼台上活动，要上天安门城楼还得另外有证。于是我们要求先到观礼台上看看，卫兵说时间不到，不准上。在我们的再三要求下卫兵才同意了先上去看看。看过后我们 3 人议定，到大会开始时，要到观礼台上来，这里采访、拍照都方便。

下午 2 时半，忽然看到天安门城楼上的领导同志们都鼓起了掌，原来是毛主席来到了天安门城楼。毛主席的出现，在天安门广场的人们立时响起热烈的掌声，“毛主席万岁！”“共产党万岁！”的口号声惊天动地。这时我高举双臂，使劲地喊着“毛主席万岁！”心里想着数以百计为共和国而战的英雄们，心中默默祝祷：为共和国而战的革命英烈们，你们在前线嘱托我做的事，我今天做到了！请你们在九泉含笑吧。

开国大典宣布开会时，高音喇叭播出了毛主席洪亮的声音：“中华人民共和国中央人民政府今天成立了！”毛主席庄严的宣告，整个天安门广场的人们又沸腾起来。“中华人民共和国万岁！”“毛主席万岁！”的口号声响彻云霄。我又一次振臂高呼“毛主席万岁！”心里仍想着英烈们的嘱托，眼里流着激动的泪，我想今天我们取得的伟大胜利，多么来之不易！这是千千万万的革命英雄和革命先烈们用热血生命换来的。于是我又不由自主地喊出了“为共和国而战的革命英雄和革命先烈们万岁！”

（选自泽州县政协编《泽州文史资料》总第5辑，2001年版）

在开国大典的国歌声中

田　申*

我曾在位于丰台区的装甲兵技术学校任职。1949年10月1日，中华人民共和国开国大典时，我有幸作为中国人民解放军装甲兵受阅部队的一员，在天安门广场听到毛主席向全世界庄严地宣告："中华人民共和国中央人民政府成立了！"当军乐团奏起雄壮铿锵的新中国国歌——《义勇军进行曲》的时候，我禁不住热血沸腾，眼泪顿时刷刷地流下来，眼前模糊一片，多少往事涌上心头。百年来中国人民受尽了帝国主义和反动统治者的欺凌压迫，在中国共产党的领导下终于赢得了光明和自由，一个由人民自己当家作主的人民共和国诞生了，但这是由多少烈士的鲜血和

---

* 田　申：田汉之子，时任华北军区战车团代团长；后曾任解放军装甲兵技术学院训练部副部长，黄埔军校同学会副会长。

生命换来的啊！

在开国大典以前，我父亲田汉参加了中国人民政治协商会议第一届全体会议的国旗、国歌、国徽小组，这都是要在大典时使用的，因此工作非常急迫而繁忙。而我当时正带着华北战车团的部队在复兴门外沙沟一带进行操练。记得在 9 月 27 日的晚上，我在永定路临时指挥所接到华北特种兵高际信司令员的电话，他那时列席政协会议，告诉我一个特大喜讯：《义勇军进行曲》已被决定作为国歌了。我听了几乎兴奋得要跳起来，这不仅因为这首中华民族的战歌是田汉和聂耳的杰作，而且也是在抗日战争以前就已经唱遍了全中国，鼓舞着中国人民走向抗日最前线的歌曲。选择这首歌为国歌，无疑是英明而正确的。每当我听到激昂雄壮的《义勇军进行曲》，脑海中立刻就会浮现青年聂耳的身影，英姿飒爽，朝气蓬勃，和蔼可亲而又坚韧不拔。1931 年他从云南来到上海时才 19 岁，由于和我父亲的结识，我和他也成为好朋友。我那时上小学，把他当作大哥哥。父亲最初介绍他参加“左联”安娥、任光、张曙等人的音乐小组。1933 年田汉又介绍他参加了中国共产党。在上海的 4 年间，是他和田汉合作最密切的时期，也是他创作最旺盛的时期。我还记得他当时教我唱《毕业歌》的情景：

“我们今天是桃李芬芳，明天是社会的栋梁；我们今天是弦歌在一堂，明天要掀起民族自救的巨浪！”他热情洋溢地打着拍子为我领唱，多么寓意深远的歌词，多么激昂慷慨的曲调。影片《桃李劫》映出后，这首歌很快传遍全国，尤其是青年学生几乎人人会唱。1934 年，我父亲以码头工人抗日斗争为题材创作的新歌剧《扬子江暴风雨》在上海演出，聂耳担任导演、主演和作曲。他扮演码头工人老周，我在剧中扮演他的孙子小栓子。在排演期间，我和他形影不离，亲眼看到他超人的才华和坚韧不拔的工作精神。那时排演该剧是没有任何报酬的，我们中午就是买几个烧饼就着酸梅汤吃。听他讲家乡云南的风光和趣事，我听得都入迷了。

演出开始了，当码头工人发现搬运的木箱是日本帝国主义用来打中国人的军火坚决不搬时，日本兵凶残地开枪镇压。我扮演的小栓子被打死了，老周悲痛万分地将小孙子抱在怀中，带领码头工人把军火箱都抛入黄浦江中，并愤怒地向日本兵冲过去。码头工人齐声怒吼地唱着："我们并不怕死，不用拿死来吓我们，我们不做亡国奴，我们要做中国的主人！"在全剧的高潮中，全场观众群情激愤，都站了起来，振臂高呼："打倒日本帝国主义！"雷鸣般的口号声此起彼伏，经久不息。我躺在聂耳的怀里，感到他的热泪一滴一滴地落在我的脸上。他哪里是在演戏啊！他是以全部生命、全部热血，投入了抗日的斗争！

1935 年，田汉将刚写完的电影剧本《风云儿女》交给夏衍，还附上了该剧的主题歌《万里长城》的第一段所改成的《义勇军进行曲》，电影故事的分镜头台本还没有来得及写。4 月 19 日夜，当田汉和梅兰芳剧团研究访苏联演出的剧目后，回家时即被捕了，电影剧本由夏衍继续完成。聂耳听到田汉被捕的消息，立即找到夏衍说："听说田先生的《风云儿女》里有一首主题歌，请交给我作曲吧，我相信田先生一定会同意的。"他拿去后很快就完成了，这是聂耳和田汉最后一次的合作，也是聂耳的绝唱。随着电影《风云儿女》的映出，这支雄壮的战歌很快就唱遍了全中国，影响到全世界，在中国人民的抗日战争中、在世界反法西斯战争中给各国人民以极大的鼓舞力量！

我父亲被捕后，聂耳也被列上了黑名单。党为了保护干部，就派聂耳经日本赴苏联学习。谁知在他到日本仅3个月后，于1935年7月17日竟因在日本鹄沼海滨游泳，被汹涌的海浪吞没，年仅23岁。中国人民的一代音乐天才，用他铿锵的曲调鼓舞人民对日作战的斗士，从此永远离开了我们。

当我父亲在南京狱中听到这个噩耗时，顿时感到极大的震惊和悲痛，他捶胸顿足，痛哭失声，写了一首挽诗以寄托他对这位忘年知己和亲密战友的哀思。

一系金陵五月更，故交零落几吞声。
高歌共待惊天地，小别何期隔死生。
乡国只今沦巨漫，边疆次第坏长城。
英魂应化狂涛返，好与吾民诉不平。

这首挽诗于今镌刻在昆明西山聂耳的墓旁，滇池的碧波荡漾，永远吟唱着这一对亲密战友的永生！

马达轰鸣着，我们的战车又在烈日下操练了，坦克的履带滚滚向前扬起一道道黄尘，华北特种兵战车团受聂荣臻总长指示和东北战车师战车团共同参加开国大典的阅兵分列式。我当时是华北战车团的代团长，和团政委贾林野接受了这一光荣的任务。由于战车都是从华北各地缴获搜集来的，日式的多，美式的少，加之又缺乏零部件，修复起来，困难很多。但为了迎接开国大典，团修理连发挥冲天干劲，夜以继日地修复了 20 多辆。我们选择了最优秀的坦克驾驶员参加了大典前的 3 个月集训，主要是苦练编队队形，4 辆一排，要前后对正，左右看齐，以严整的队形通过天安门东西三座门之间的广场。以每小时 15 公里的速度概算，由东三座门运动至西三座门约需 8 分钟。这 8 分钟内车辆绝对不能熄火，而且要以一个绝对整齐的方队行进，接受毛泽东主席的检阅。要求虽然简单，但难度却相当大。那时的战车缺乏通信工具，既没有电台又没有车内通话装置，而除少数指挥员外，其余战车都要求盖上顶盖，车长和驾驶员只能凭潜望镜在车内观察。因此，保持战车的纵横整齐，只能靠平时肉眼的观察和体会。经过 3 个月的苦练，虽然前后左右车辆的驾驶员之间都基本上形成了默契，但以这种临时编组的战车要保证在天安门前绝对万无一失，在我们指挥员的心中还是没有底。随着 10 月 1 日的临近，我们将全团的坦克和装甲车辆都喷上了伪装漆，并喷上了军徽和编号，显得焕然一新。不过这都是蒋介石运输大队送来的战利品，我们坚信不久的将来，我们将驾驶我国制造的新型坦克昂首前进。

在 9 月末，我们又利用两个夜晚到天安门去现场演练，难点就是从东单出发到东三座门后，因为只有 3 个门洞，只能过 3 辆车，而第四辆则须从三座门以南缓行再加入行列保持队形，这个课题使我们又反复练了几遍。

9 月 30 日晚上，我们饱餐战饭，我和贾政委对将接受检阅的战车一辆一辆地检查一遍，对干部和驾驶员又叮嘱一番，一切准备就绪。10 月 1 日拂晓，受阅车辆开始编队行进，经复兴门到东单列队待命。官兵们都精神振奋，情绪高涨，忘记了疲劳和饥饿，等待庄严时刻的到来。

下午 3 时，礼炮齐鸣 28 响，鲜艳的五星红旗在庄严的国歌声中从天安门广场中心徐徐升起，引起全场群众的掌声、欢呼声，使人们心花怒放。在林伯渠秘书长宣布阅兵式开始后，朱德总司令走下天安门城楼，乘坐敞篷汽车通过金水桥，接受阅兵总指挥聂荣臻的报告，在军乐声中，朱总司令由聂总指挥陪同乘车检阅了海陆空三军部队，检阅完后由杨成武指挥举行分列式。战车方队是在炮兵方队之后进入天安门的，车辆约在 3 时 30 分发动，按预定队形各车前后距离 30 米通过天安门，接受毛主席和中央领导的检阅。真是万幸，我们的战车隆隆地通过天安门，恰巧与天上飞过的战鹰编队同步，十分雄伟。在方队全部顺利地通过西三座门后，大家悬在心中的一块石头才算落了地。3 个月来冒着烈日黄沙的苦练总算结出了硕果。

岁月如流，共和国经历了 50 个春秋的风云起伏，特别是在邓小平理论指导下 20 多年的改革开放，祖国欣欣向荣，即将迎来她的 50 华诞。党中央将举行隆重的阅兵式来庆祝这一盛典，一定会展示举世瞩目的新式装备和武器，与开国大典时相比，那将是一个令中国人民自豪的飞跃变化。50 年过去了，然而我对当年开国大典盛况的每一个场景仍然历历在目，记忆犹新，永生难忘，因为那是我一生最难得的幸遇啊！

新中国成立以来，国歌也遭遇了风雨沧桑、跌宕变化的命运。

先是在“文化大革命”期间，田汉被“四人帮”诬陷为“叛徒”，将国歌原词作废，后受“两个凡是”的影响，被集体填词取代。但历史毕竟是人民写的，毕竟在抗日烽火的岁月中，亿万人民是高唱着这支中华民族的战歌走向抗日前线的，毕竟是新政协一致通过并得到毛泽东主席和周恩来总理肯定的，1982年五届人大五次会议通过决议，恢复《义勇军进行曲》为中华人民共和国国歌。

国歌的创作者田汉在31年前被“四人帮”迫害致死，骨灰无存。在他的骨灰盒中存放着他的一支笔、一首《义勇军进行曲》和一本《关汉卿》。聂耳则早在64年前即被日本海的浪涛卷去了年轻的生命。但他们毕生为中华民族的振兴而战斗的爱国主义精神将永垂不朽！

新中国建立50年来取得了辉煌的成就。我国人民将在中国共产党的领导下，把祖国建设得更加繁荣富强。

1999年

（选自北京市政协文史资料委员会编《北京文史资料精选·丰台卷》，北京出版社2006年版。原标题为《永生难忘的开国大典》）

迎接解放和参加开国大典

刘秀荣*

我的祖辈父辈都是戏迷，我的祖籍是浙江绍兴，家族从事茶商，有了钱以后，就追求戏曲艺术。我的祖父爱唱高派花脸，平时在家经常唱《斩黄袍》等高派戏。受祖父的熏陶，我们全家都是戏迷。在祖父、父亲、姑姑的影响下，我也成了一个小戏迷。1947 年，我 11 岁就参加了国民党青年远征军二〇八师的四维戏剧学校。戏校学生名字里都有一个“维”字，代表“礼义廉耻”国之四维。当时我在学校的名字叫“刘维蔓”。

当时我们的校歌是田汉先生写的，歌词非常具有进步意义，我们每天早晨都要集体唱这首歌，斗志昂扬。歌词是：我们是风

* 刘秀荣：时为四维戏剧学校学员；后曾任国家京剧院艺术指导委员会顾问，中国戏曲学院荣誉教授，全国政协委员。

雨中生长的新苗，我们踏遍了千万重山海，我们忍受了七八载的辛劳。我们要为新时代歌唱，我们要替老百姓呼号！同学们，这是艰难的工作，但也是伟大的创造。进步的必须学习，腐败的必须丢掉。我们要把锈铁磨成针，我们要在逆水里撑篙。同学们，我们虽然幼小，将受人民夸耀。坚持改革的旗帜，向光明的大道。

我们不仅是演出前唱校歌，开会时唱校歌，即使是当时给国民党的官兵演戏，在演戏之前也要唱校歌，这是我们宣传革命的方式。

田老当时经常到学校来，非常关心我们。各方进步人士都在替我们争取改善我们的生活条件。

四维剧校只延续了 3 年，到了 1949 年，北平围城。当时学校的一些领导和国民党的一些军队都去了台湾。当时，他们也想把学校带到台湾，但是走的人太多，飞机坐不下。另一方面，田汉先生通过民主人士马彦祥先生给四维剧校的师生带话："四维剧校的师生原地待命，不要随便跟谁走。我们会派人去联系。"当时我们学生都很小，都不懂，但是我们的老师和主任都理解了，所以我们就都往城里逃。逃到西直门的时候，大炮和枪子儿就在我们的头上打响了，就像现在的电影里演的那种状态一样。我们找到一辆大卡车，把戏装和老师、师娘安置到大卡车上。像我，当时比较小，小的女同学可以上卡车上。剩下的男同学和年轻力壮的就都跟着大卡车跑。我们逃进了西直门，城门就关了。进了城，我们就住在虎坊桥梁家园小学。当时因为围城，小学停止了教学，我们就在学校里打地铺。我记得我们在学校里住了不到一个月，一天早上我就听到外面在唱"解放区的天是明朗的天，解放区的人民好喜欢。民主政府爱人民哟，共产党的恩情说不完。”老师们就说：“同学们！快起床！八路军进城啦！北平解放啦！”我们全冲到学校门口，一看，解放军全穿着灰军装、戴着灰帽子、红色的帽徽、红色的领章、扛着枪，特别有秩序地，雄赳赳气昂昂地走过。我们看了非常激动，所以我现在还对《解放区的天》这首歌记忆犹新。

还有一点，我在四维剧校的时候，尽管受到进步人士的关怀，但是那毕竟是个旧戏班子。我们这些孩子当时就是小戏子，确实是不被人尊重。人家有堂会或者首长要看看或者到什么地方去给演戏，就不被人尊重，感觉自己没有地位。所以我对另一首歌的印象也非常深，就是《没有共产党就没有新中国》。我觉得这首歌的歌词不是口号，而确实是我亲身的体会。我和我老伴亲身经历了新中国的成立，我们亲自参加了开国大典，亲眼看见毛主席在天安门城楼上向全世界宣告“中华人民共和国中央人民政府今天成立了”。这是我和我老伴最激动最难忘的一件事。我记得参加开国大典的时候，虽然我们被华北军区文委会接管，戏曲学校还没成立，但是政务院决定让这个学校参加开国大典，把我们列在了中学生的队伍里。

开国大典那天我们 4 点钟就起来了，在东单的青年艺术剧院等候。那天的伙食给我们改善得特别好，吃的是懒龙，学校给我们一人带了两大块，那时候吃着特别香。

游行时我们女孩穿的是农民的衣服，拿着镰刀，男孩穿的是工人的衣服，拿着斧头。镰刀和斧头组合就是党徽。当时请了歌舞剧院的人教我们扭秧歌。接管了我们之后，我们学校的第一任领导是史若虚同志。史教务长当时告诉我们：

“你们现在是国家的主人了，不是小戏子了。你们受到党和国家的尊重。我们要好好把你们培养成戏曲的人才。”所以那个时候我们就特别感慨“我是国家的主人了，我不是小戏子了，我受人尊重了”。我们当时就以这种心情到的天安门。我们扭着秧歌到天安门前，都不愿意走。指挥就说：“同学们，一定不要停留，快走快走。”我们见了毛主席，心情特别激动，都在那里扯着嗓子喊：“毛主席万岁！共产党万岁！”我们一边望着毛主席，一边往前走。一直走到了西单，一拐弯，男同学激动的心情无法平静就开始翻跟头，有的翻虎跳，有的翻旋子。他们一下子就把我们也感染了，我们女孩子不会翻跟头，就拿着镰刀串翻身，这样一直从西单回到我们的驻地北池子。

回到驻地之后，我们依然是跳啊唱啊。一直到夜里 11 点多，有的人还在兴奋地议论纷纷，说：“你看见毛主席了吗？我看毛主席怎么那么大啊！那么高啊！”大家七嘴八舌说得热闹。老师说：“同学们，该睡觉啦，该休息啦。”大伙儿才去休息。我和我老伴，亲身经历了新中国的成立，亲眼见证了我们国家从成立到辉煌的历程。这是非常难忘的，铭刻在我们心里的。

2014 年

（本文为首次发表，原标题为《在四维戏校学戏的日子》）

我与礼乐之神

罗　浪*

1949 年开国大典中，演奏那雄壮、洪亮乐曲的军乐队，被人们赞誉为礼乐之神。我曾经参加过令我终生难忘的开国大典，也负责过我国军乐团的筹建与组织工作。每逢国庆之际，我不禁思念起我在军乐团（队）的一些往事。

早在解放战争时期，1947 年晋察冀军区已成立了一个军乐队，我担任指挥。那时条件艰苦，中西乐器混合使用，演奏一些革命歌曲改编的乐曲。到了 1949 年，乐队不过 80 人。

开国大典前一个月，晋察冀军区政治部副主任张致祥传达了组织联合军乐队的口头通知，由我和王建中负责组织训练。

---

*　罗　浪：时任开国大典联合军乐队总指挥；后曾任解放军军乐团总指挥，中央广播乐团团长。

军乐队包括晋察冀军区军乐队约80人、华北人民文工团管乐队约20人，再加上受阅部队军师两级军乐队约100人，共200人左右。列队受阅联合军乐队约195人，排成横20人、纵10人的宽排面队形。由于乐器组成关系，最后一排低音乐器较大，所以不是20人。多余乐器演奏员为预备队员。

开国大典总指挥是聂荣臻代总长，副总指挥是兵团司令员杨成武，兼阅兵指挥部主任。开国大典群众游行总指挥是刘仁。联合军乐队受双重领导。

阅兵指挥部于9月初在中山公园来今雨轩召开各部队负责人会议，会上除汇报部队训练情况外，碰到一个难题，即阅兵典礼乐曲问题。当时有三种意见。第一种意见是用旧军队阅兵的乐曲，如欢迎曲、阅兵进行曲、分列式进行曲等，基本是德国、日本所采用的乐曲；第二种意见是主张采用苏联乐曲，认为我们新中国是社会主义国家，不能用资本主义国家通用的乐曲；第三种意见是我提出来的，主张利用在华北军政大学结业典礼阅兵时所演奏的由我军一些歌曲改编的乐曲。一时意见难以集中。杨成武司令员让我写一个阅兵乐曲曲名及群众游行的乐曲曲名交阅兵指挥部。指挥部将3种意见上报总指挥，总指挥又请示军委主席、副主席。经毛主席批示“以我为主”，决定采用所报的曲目为开国大典乐曲（此为指挥部传达的，我未见批件）。我报的曲目是：（1）阅兵式奏《东方红》《军大校歌》《三大纪律八项注意》《解放军进行曲》。（2）分列式为《解放军进行曲》《骑兵进行曲》《战车进行曲》等。（3）群众游行为《新民主主义进行曲》《没有共产党就没有新中国》《团结就是力量》《民主青年进行曲》《向胜利挺进》等。（4）烈士碑奠基奏《哀乐》。国歌虽然于9月27日已经通过，但到9月30日才正式通知，因排练匆促，只用主调加空八度低音伴奏。

训练时间比较紧，大约只有3周时间，最后一周要跟部队合练。各军乐队在东总布胡同集中，在外交部街一个中学操场排练，每日还要到东单广场练分列式，最后跟部队合练是在黄寺华北炮兵司令部大院进行。阅兵指挥部有不少苏联顾问，每次合练后都提了不少意见，如军乐队的乐器不统一，他们建议要整新。我们根据指挥部指示，把大小军鼓都喷成银白色，并且排列在第一排，这样就整齐划一，而且鼓音突出，便于徒步作分列式的部队听鼓点。这个队形从此一直保持下来，为历届国庆阅兵时军乐队所采用。

9月30日下午，队员们擦号、着装检查，准备好开国大典的演奏。同日，军乐队派40人乐队参加政协闭幕式及天安门前人民英雄纪念碑奠基典礼，哀乐由张则恭指挥。

开国大典当天早晨，队员们起得较晚，为的是多休息，精神饱满地迎接伟大时刻的到来。中午12时进入天安门东侧军区库房大院休息，1点钟集合列队，按规定检查着装及携带乐器，有阅兵指挥部参谋及保卫干事参加。检查完毕，即由总领队——总指挥罗浪、副总指挥王建中率领，分两队，一队由张则恭分指挥带队，一队由张仁辅分指挥带队进入天安门，于下午2时向总指挥部报告列队完毕。这时军乐队第一排紧靠电车道南轨道北侧、面对天安门，分指挥手执指挥红旗站于轨道前，总指挥手戴白手套，站于电车道北侧，面对天安门，注视天安门左侧第一旗杆下的典礼指挥张致祥。

2时50分，张致祥挥动白手套（张致祥同志回忆为红绸子）[①]，军乐队奏起第一支乐曲《东方红》（这是9月30日指定的欢迎曲），毛主席等中央领导人登上天安门，向天安门前部队及群众挥帽致意。3时，典礼司仪林伯渠宣布“中华人民共和国开国典礼现在开始”。当时气氛严肃、热烈又紧张，司仪只提“升旗”“鸣礼炮”，而没有宣布“奏国歌”。我指挥军乐队准备演奏，等待司仪发命令，但未听到声音。约半分钟后，按原来规定程序，我只好机动指挥奏起国歌。毛主席宣布“中华人民共和国中央人民政府今天成立了！”全场欢呼。司仪宣布阅兵式开始后，军乐队奏《解放军进行曲》。聂荣臻代总长由东三座门乘敞篷车开到东华表，朱总司令乘敞篷车由天安门出来过金水桥，在东华表两车相遇，乐声暂停。聂代总长报告：“中国人民解放军三军列队完毕，请检阅！”朱总司令回礼后，驱车由东而西检阅部队，乐队奏《军大校歌》《三大纪律八项注意》《解放军进行曲》等我军军乐曲。阅兵式结束，朱总司令、聂代总长登上天安门，发表了继续进军、解放全中国的命令。紧接着是分列式、徒步方队行进演奏《解放军进行曲》，骑兵部队行进演奏《骑兵进行曲》，炮兵部队行进演奏《炮兵进行曲》，坦克部队、飞行大队行进奏《战车进行曲》和《航空员进行曲》。最后，联合军乐队纵队向东，至东三座门列队击鼓向天安门前进。到敬礼线奏《解放军进行曲》，总领队行举手礼，副总指挥王建中执旗指挥。到西三座门奏乐毕，全部阅兵结束。这时乐队由西三座门南侧以纵队向东，到天安门

① 1951年以后，改为挥动小红旗。——编者注

前原军乐队位置为群众游行演奏，曲目有《新民主主义进行曲》《没有共产党就没有新中国》《团结就是力量》《民主青年进行曲》《向胜利挺进》《灯塔》《解放区的天》等。清华大学游行队伍进入东三座门时，为了突出游行的学生，我们停止了演奏。清华的管乐队奏着《团结就是力量》走过天安门。毛主席等在天安门城楼上的中央领导人及观礼台上的观礼者观看清华大学、辅仁大学、燕京大学的游行队伍，并频频向学生挥手致意。游行结束，天安门前红墙内外群众欢呼着涌向金水桥边，军乐队则演奏着《团结就是力量》的乐曲以密集队形走向金水桥边，场面热烈而震撼人心。

（选自北京市政协文史资料委员会编《庄严的庆典——国庆首都群众游行纪事》，北京出版社 1996 年版）

为开国大典升旗仪式保电

徐博文 *

1949 年 9 月召开的中国人民政治协商会议第一届全体会议决定成立中华人民共和国，确定 10 月 1 日在天安门广场和天安门城楼举行开国大典。大典的重要仪式之一，是在天安门广场升起中华人民共和国的第一面国旗。这个有历史意义的仪式，是由毛泽东主席在天安门城楼上亲自按电钮，通过地下电缆，以远方控制方式，操纵旗杆下的电动升旗装置而完成的。当时在广场观礼的干部和群众，目睹这一划时代的历史盛况，无不感到荣幸和激动。而我们参加准备工作的人员，则唯恐装置出意外差错，电源出意外事故，从提心吊胆极度紧张，待到升旗完毕，转为欢庆成

* 徐博文：时任冀北电力公司北平分公司供电科科长；后曾任水电部电力科学研究院副院长。

功，心情久久不能平静！40年后的今天，我们当年参加这项准备工作的人员，多数已是古稀之年，每逢国庆纪念或是来到天安门广场，总是心情激荡，引起无限怀念。

这项远方操作的电动升旗工作，是由大会筹备组负责，经北平市有关单位分工承担通力合作而成。当时，我在冀北电力公司北平分公司负责北平市的供电工作。9月的一天，公司军代表陪同筹备组一位秘书，向我交代并责成我研究这项任务。我考虑这项工作的原理虽简单，技术也不复杂，但在当时条件下，国内尚无现成设备和装置，时间又特别紧迫，而且责任重大，完成确有一定困难。为此，我建议，各单位应通力合作，各尽所能，主动支援，由筹备组派员总其成。

这个意见得到认可以后，我们提出总设计方案，分别由筹备组转交有关单位承担。我们负责双电源，要求任何情况下不能断电；市工务局负责穿过长安街地下的控制电缆施工，要求如期完成，不影响交通，不误开国大典；控制升降旗过程的水银开关，由有关单位提供，要求调整到升旗一定到顶，降旗不能触地，不能有误动作；电动升旗装置也指定单位负责，我们提供其操作主开关。这项工作布置后，进行得很顺利，各单位积极配合，如期完成组装任务。

组装成功以后，我们进行了几次调整试验，一切装置运行正常，没有发现任何差错与误动；并且摸清了掌握风向、避免国旗卷到旗杆上的规律。

9月30日我接到通知，聂荣臻市长要亲自检查升旗设施。当晚我和军代表及有关单位人员来到天安门广场等候。不久，聂市长与随行人员来了，他亲切地同我们一一握手，并详细地询问了装置的情况。接着，我们做了升旗表演，聂荣臻也表示满意，尔后，他转而问我，电源有无保证？我说是双电源供电。又问电源的来源？我答，一路是来自石景山电厂经前门变电站到广场，另一路是来自平津唐电网经东城变电站到广场，以人工切换互为备用，因为当时还没有自动切换装置。聂市长说如果双电源同时出现故障，那就断电了，这还不是万无一失，我们一定要考虑万无一失，有备无患。于是他向随行人员交代说：开国大典一定还要准备人工升旗作后备，用绳子同时另系一面国旗隐蔽起来，派战士做好准备。万一断电或装置失灵，立即改用人工升旗，做到第一面国旗按时顺利升到杆顶。

1949 年 10 月 1 日隆重举行开国大典的时刻到了，我极兴奋而紧张地守在调度电话旁，密切监视供电网的运行情况，准备着事故处理的必要措施，以确保天安门广场的供电电源。当广播中传出“请毛主席升国旗”的洪亮声音时，我无比激动，异常紧张，几天来心神不定、忐忑不安的心情达到高峰，直到五星红旗冉冉升到杆顶，掌声顿起才使我如释重负，转而欢欣鼓舞，我们终于圆满地完成了任务。这种心情，每年国庆都会重温一次，岁月更替已历 40 春秋，今年回忆往事，更是思绪万千，爰为纪实，以示无限怀念！

（选自人民政协报编《风雨同舟四十年（1949—1989）》，中国文史出版社 1990 年版。原标题为《光荣的使命》）

开国纪念章唤起的回忆

刘向勃*

这枚标有“1949.10.1”的中华人民共和国中央人民政府成立纪念章，伴随着我历经了时代的风风雨雨，在身边已珍藏了50个年头。我在时隔半个世纪后的今天望到它，当年开国大典举行前后的许多往事，便会立即清晰地浮现到眼前。

1949年，我在北平市人民政府新闻处工作。

起初我们北平市人民政府办公厅直属的各个处和市属的一些局设在府右街（新中国成立前北平市政府的旧址）。这年9月，为了给即将成立的中华人民共和国中央人民政府政务院提供办公处所，大院里所有市级单位全部搬出：市府直属各处迁到西长安街2号，其他的局

* 刘向勃：时为北平市人民政府新闻处工作人员；后在农业部工作。

则分别迁到东西城。1949年10月1日，毛主席在天安门城楼亲手升起我国第一面五星红旗，向全世界庄严宣告：“中华人民共和国中央人民政府今天成立了！”当天，白底黑字宋体竖写的“中央人民政府”牌匾即在中南海新华门内迎门的影壁上挂出，政务院的牌匾则挂在了（西花厅迤南）府右街北口路东——前北平市人民政府的大门处。

北平解放后，在天安门前举行人数以数十万计的各界群众大会，是从1949年7月7日中国共产党与各民主党派联合举行的“纪念七七大会”开始的（在此之前，天安门城楼前面北平从没有举行过数以十万计的群众集会），这是一次纪念七七抗日战争爆发12周年并庆祝新政治协商会议筹备会成立的盛大集会，预示了新中国的即将诞生。7月7日，纪念大会原定下午3点开始，临近开会时突然获悉国民党飞机前来空袭的情报，大会决定停开，群众进行疏散。这时聚集在天安门前举着红旗、扛着横幅、敲着锣鼓的群众队伍相继撤离会场，向东西长安街和南面的前门3个方向散去。由于缺少举行这样大规模活动的经验，这天事先又未在会场外的路口设置疏散指挥，一个小时过去，东西长安街及附近的胡同里仍聚集着不少未疏散走的群众。这时，天安门城楼上的扩音器传来大会继续举行的通知，未疏散远的群众闻讯立即掉头返回天安门会场原来指定的位置。大会二次集合完毕已是晚上7点多钟，开会不久天上便降下瓢泼大雨。参加大会的20万群众饿着肚子、头顶着一阵紧一阵慢的雨水，站立在天安门前马路南侧千步廊的树林里，任雨水顺着每人的脸颊、脖颈、衣襟、裤脚流到地上，聚精会神地聆听着天安门城楼上每一位代表的发言。这天的大会直开到午夜方才结束，我们单位离会场最近，在府右街南口，回到宿舍拧干浸透雨水的衣裤，已是凌晨两点多钟。

有了这次大会的经验和做了充分的组织准备，10 月 1 日开国大典那天，大会总指挥部在天安门前的东、西两个三座门和会场南端的中华门等几个入口处均设立了分指挥部，负责引导前来参加大会的队伍入场，并把队伍带到场内指定的位置。我所在的北平市人民政府直属机关，由李化民同志任分指挥，率领各个处的青年干部 30 余人佩戴着印有“纠察”字样的红布胸章把守在西三座门入口。所谓分指挥部，仅有临时从中山公园借来的几张方桌，摞起来权做指挥台。指挥人员站在桌子上面用手里拿着纸板弯成的话筒喊话。分指挥部连一台必需的电话也没有，和大会总指挥部的联络全靠我们这些小伙子的两条腿跑来跑去。

是日，大会在中山公园门前金水河南侧设立了一座供中外贵宾观礼的看台，包括看台两端的上下扶梯，全部是请北京的棚匠用杉篙木板搭成的，周围又用彩条布把杉篙遮盖装饰起来。除此之外，为开国大典准备的另一项设施，就是坐落在广场北端、正对天安门中央刚刚竖起的 30 多米高的金顶银白色的旗杆，和在旗杆下汉白玉石须弥座内新埋设的一条通往天安门城楼的地下电缆。为了大典时毛主席站在天安门城楼上即可亲手升起广场旗杆上的五星红旗，特在城楼上设了一个扳动开关。

新竖起的旗杆是用下粗上细的铁管连接焊成。不料 9 月 30 日下午旗杆试用时，旗子升到顶端后，绞到钢丝绳里退不下来。这时为油漆旗杆搭起的脚手架早已拆除，重新搭起已来不及，叫来消防大队的云梯高度也够不到，这时距次日开国大典上毛主席亲手升旗仅有十几个小时，真是火烧眉毛。大家伫立在周围，仰着头眼巴巴地望着旗杆顶端，谁也想不出好办法。忽然人群中有人说，通县有个棚匠（记不太准，可能叫“小辫刘”）是攀高的能人，他可以爬上这么高的旗杆。随后筹备会立即派车接来这位能人。据说他来后没费吹灰之力，借着灯光很快就爬到旗杆顶端，轻而易举地解开了绞在钢丝绳上面的死扣，这样才保证了第二天旗杆的使用。[①] 可惜事后没能及时追访这位登高英雄，只好在这里为他留下一点追忆。

开国大典的另一项准备工作，是在广场南端置放一块大约一立方米大小的“人民英雄纪念碑”奠基石。为纪念自 1840 年以来为我国革命事业英勇牺牲的先烈们，新中国将在天安门对面竖起一座丰碑——人民英雄纪念碑。开国大典的头一天——1949 年 9 月 30 日晚 7 时左右，毛主席来到了广场，亲手挥锨为人民英雄纪念碑破土奠基，随后他又为纪念碑题写了“人民英雄永垂不朽”8 个大字，准备镌刻在人民英雄纪念碑（1952 年 8 月 1 日正式动工兴建，1958 年 5 月 1 日落成）的碑身正面上。

开国大典是在 1949 年 10 月 1 日下午 3 时举行的。（从 1950 年起每年的五一国际劳动节游行和十一国庆节游行一律改到上午 10 时开始。）这天我被指派在西三座门的分指挥部担任“纠察”。上午 7 点钟吃过早饭，我们就赶到中山公园门前进入了岗位。这时，已有不少队伍举着红旗，打着横幅，敲着锣鼓从四面八方向会场走来。这一天，我们 30 多个担任“纠察”的同志，从清晨到岗，直站到大典结束，很晚才回到机关。在会场内没吃饭，没喝水，喉咙都喊哑了，两腿一刻也没拾闲，但却没有人感到一丝疲倦。我直到午

① 与他人回忆不同。——编者注

夜躺到床上还久久不能入睡，仍沉浸在白日天安门开国大典的兴奋之中，为自己今生有幸参加新中国诞生的盛典而自豪。以后连续两年的“五一”和“十一”，我又幸运地被抽调到天安门大会筹备会宣传部的新闻处服务，有机会目睹了天安门广场每一年的新变化，观看到新中国成立初期一年比一年更加绚丽的形形色色的游行彩车、一次比一次更加威武的人民解放军的队列，和那望着天安门城楼舍不得离去的浩浩荡荡的群众游行队伍，从而深深地感受到我们伟大的祖国正在日益走向繁荣富强！

这也正是历时50年，特别是能以闯过那场史无前例的浩劫，开国纪念章珍藏到今天，并决心将它作为“传家宝”交给我的儿子、孙子，世世代代传下去的力量源泉所在。

这枚直径16毫米，顶端是五星红旗，下面是华表和天安门城楼图案的“中华人民共和国中央人民政府成立纪念”章，是开国大典后颁发给我们参加大会服务的人员留作纪念的。据筹备会经手制作纪念章的夏允恭同志对我说，纪念章制作的枚数不多，只送给登上天安门城楼参加开国大典的中央领导同志每人一枚，其次就是为大典服务的部分同志，估计制作量2000枚左右。他还说纪念章是当时设在北池子的人民美术工作室的工厂承做的，筹备会还特为纪念章制作批给工厂二两黄金做原料。50年过去了，我想它的含金量已远远不止是当初的那一点点；随着我们共和国的成长、壮大，体现在这枚纪念章上的含金量每天都在不断地增长着。

（选自北京市政协文史资料委员会编《北京文史资料》第60辑，北京出版社1999年版）

保卫开国大典

慕丰韵*

1949年8月，为了协同有关部门共同做好第一届中国人民政治协商会议和开国大典的安全保卫工作，北平市公安局成立了便衣警卫大队，调我和闵步瀛同志前去负责组建。

便衣警卫大队部设在北长街一处没收的国民党官员的住宅里，位于故宫护城河畔。大队由3部分力量组成：北平纠察总队抽调一个连队，担负路线便衣警卫；华北军区情报处所属部分侦察员，担负党和国家领导人住地、活动场所附近的定点秘密警卫；从应届毕业的中学生中选调40名女青年，参加会议服务工作，履行警卫任务。大队设内勤、外勤两个组，共有干部400余人。闵

* 慕丰韵：时任北平市公安局便衣警卫大队政委；后曾任公安部边防保卫总局局长，公安部咨询委员会副主任。

步瀛同志任大队长，我任政委。大队后更名为市公安局警卫科，我任科长，李宁同志任副科长，警卫科迁到王府井西堂子办公。

这时，距中国人民政治协商会议第一届全体会议的召开和开国大典只有一个多月的时间，我觉得时间紧迫，任务繁重，压力很大。我同李宁同志经过认真的商量后，决定尽快熟悉人员状况。3支警卫力量，是从各个方面选调的，他们不熟悉我们，我们也不熟悉他们。领导干部如不了解自己的警卫力量，就把他们派到接近党和国家领导人的岗位上去执行警卫任务，那是十分危险的。其次，尽快了解警卫工作的环境，并对周围的情况了解清楚后，逐一绘图、标记、建档。

通过多种细致的工作，我们把全队党员、干部充分发动起来了，积极性充分调动起来了，大家一心一意扑在工作上。警卫一队的同志们负责党和国家领导人住地、活动场所和主要路线的秘密定点警卫。他们都是入党多年的好干部，党需要他们脱掉军装，脱掉干部服，化装成蹬三轮车的、修鞋的、收破烂的、摆小摊的去执行警卫任务，没有一个人说“不”字。他们不熟悉掩护的职业，就在实践中观察学习，真正做到了装什么像什么，卖什么喊什么。不论刮风下雨还是烈日炎炎，都坚守在岗位上，一丝不苟地履行自己的职责。

每次警卫任务，都是由中南海警卫处通过专线电话下达。我们接到下达任务后，按照要求立即布置好。李宁同志下到各队掌握情况，我在办公室坐镇指挥，任务结束后，将情况上报市公安局和中南海警卫处。

1949年9月21日，中国人民渴望已久的中国人民政治协商会议第一届全体会议在中南海怀仁堂隆重开幕。头几天在汪东兴同志主持下，在中南海召开了有关部门的会议，对政协会议和开国大典的警卫工作做了全面的部署。对空监视和军事警戒由华北军区负责；城区的社会治安由市公安局和公安总队负责；在中南海外面的会议、首长住地、路线秘密警卫由我们便衣警卫大队负责；为便于协调各方面的工作，汪东兴同志负责总的指挥。

9 月 30 日，开国大典的前夕，警卫工作做了一次全面检查和演练。从天安门城楼到新搭起来的观礼台都用扫雷器搜索了一遍，排除危险性后，将这些地方由警卫人员封锁起来，确保安全。

1949 年 10 月 1 日，中央人民政府在天安门广场隆重举行中华人民共和国开国大典。我们便衣警卫大队的任务是保证观礼台上的人员和群众队伍的安全。我们把警卫力量用服务员和工作人员的形式，散布在观礼台上和群众中，我的指挥岗位设在天安门下面的金水桥畔。

30 万人的群众游行队伍和接受检阅的中国人民解放军陆、海、空部队，刚过中午 12 点，就整齐地集合在天安门前和东西长安街上。密林般的红旗迎风招展，“中华人民共和国万岁”“全世界人民大团结万岁”的巨幅标语，高大的毛主席画像，高悬在天安门红墙上。天安门广场人山人海，从天安门城楼望去，广场上无数面翻滚的红旗和标语汇成一片红色的海洋。红旗下面，穿着各种颜色服装的队伍五彩缤纷。人们都在以激动、喜悦、迫切的心情等待着伟大的神圣时刻的到来。

下午 3 时许，毛泽东、朱德、刘少奇、周恩来、宋庆龄、李济深、张澜等领导同志出现在天安门城楼上。新华广播电台的播音员丁一岚立即在实况播音话筒前说道："亲爱的同志们、朋友们，毛泽东主席登上了天安门城楼！"男播音员齐越紧接着播道："中央人民政府的全部委员登上了天安门城楼！"顿时，天安门广场上的人群沸腾起来，欢呼声经久不息。

中央人民政府秘书长林伯渠宣布中华人民共和国成立大会正式开始。毛泽东主席走到麦克风前，用他那带着浓重的湖南口音的普通话庄严宣布："中华人民共和国中央人民政府今天成立了！"军队立即奏起了国歌——《义勇军进行曲》，雄壮激昂的乐曲，在天安门上空回荡着。国歌声中，毛泽东主席亲自按动电钮，升起了中华人民共和国第一面五星红旗。

当广场上 30 万人肃立致敬，注视着五星红旗冉冉升起的时刻，54 尊山炮齐放了 28 响。54 尊山炮代表当时已知的我国 54 个民族，28 响标志着中国共产党成立 28 年领导人民英勇奋斗的历史。

升旗和礼炮响过之后，毛泽东主席宣读了中华人民共和国中央人民政府公告。随后，林伯渠宣布阅兵式开始。

在聂荣臻总指挥的同车陪同下，朱德总司令车出三座门，沿着东长安街、东单广场，直到东交民巷，按顺序检阅了肃立受阅的中国人民解放军陆、海、空三军部队。

中央军委公安部的同志们也着装整齐，列队排在天安门广场，同首都 30 万军民共庆这一盛大的光辉节日。

罗瑞卿部长始终站在毛主席的身后，不禁使人联想到保卫国家保卫党保卫人民保卫建设的重任，不仅要靠人民解放军，同时也落在人民公安战士的肩上。

晚间，天安门广场灯火辉煌，灯笼火把在东西长安大街上聚起一片火光烛浪。那时，还没有礼花可放，弄了些烟花筒令部队燃放，红的、绿的、白的火球划破夜空，直冲云霄。东西长安街被观看提灯会的人们挤得水泄不通。

提灯会结束，会场中心的群众自发地伴随着长安街上的高音喇叭播放的革命歌曲跳舞、唱歌，跳呀！唱呀！一直到第二天凌晨3点钟，才陆续散去。我们的警卫力量撤回到住地，太阳已从东方升起，红霞布满天空。

这一天，平安无事。我们便衣警卫大队和其他同志们一起圆满地完成了中国人民政治协商会议和中华人民共和国开国大典的安全保卫工作任务。

［选自田浩编《读·党史（第16辑）·开国大典：中国人从此站立起来了》，中共党史出版社2013年版］

我守卫在天安门城楼上

李永清*

“中华人民共和国中央人民政府今天成立了！”

这是开国大典时毛泽东主席在天安门城楼上向全世界的庄严宣告。每当我想起毛主席的声音，想起开国大典的场面，我就心潮起伏，热血沸腾，千百万革命英烈为之抛头颅、洒热血的理想，今天实现了，哪能不激动！而更加使我激动，难以忘怀的是：开国大典那天，我正守卫在天安门城楼上，是共和国天安门城楼上的头班岗！我，一个太行山麓穷苦农家的孩子，从沁县的陡沟走到了北京天安门城楼的警卫岗上，光荣、幸福、激动、自豪的心情交织在一起，难以言表。我们没有辜负父老

* 李永清：时为中央警卫团警卫。

乡亲们的重托……

1949 年是中国人民开始新纪元的一年。自 1948 年底辽沈战役歼敌 47 万余人之后，接着于 1949 年 1 月 6 日开始进行淮海战役，击毙邱清泉，生俘杜聿明，歼敌精锐部队 55 万余人；同月，即 1949 年 1 月又取得平津战役的胜利，歼灭和改编国民党军队 52 万余人，31 日我军进入北平。一个个大胜大捷，鼓舞着我们在党中央周围的警卫战士，谁都明白，全国解放的日子就要到来了。这时正是寒冬腊月，但谁都不畏严寒，不怕风雪。一天早上，我在陆定一同志的门前站岗。陆定一同志叫我到屋内暖暖身子，吃点早饭。我怎么能随意打扰首长呢？婉言谢绝，首长看我不回去，就回屋把他的爱人叫出来，让她替我站岗，叫我回屋内暖和暖和，吃点饭。我说这是纪律，不能回屋，再次谢绝了首长的好意。可首长的关怀却久久温暖着我的心房。这些天，我在站岗时，看到毛主席和中央各位首长都很繁忙，夜间的灯光亮到后半夜，有时直到天明。

1949 年 3 月 5 日至 13 日，党中央在这里召开了党的七届二中全会。中央警卫团负责大会保卫工作，我们手枪连的警卫任务加重了，需要增设不少岗哨，以保证大会的安全。由于人员少，任务重，我和段永泰同志两人一岗，岗位在大会会场门前，他下去，我上来，虽然睡不好又很累，但始终精神饱满地执行着会场入口处的警卫任务，直到大会胜利闭幕。

会后毛主席和中央机关向北平迁移。我们于 3 月 23 日一早从西柏坡出发，乘汽车跟随毛主席和周副主席赴北平，24 日傍晚到达涿县。在涿县吃过晚饭，夜 12 时后乘去北平的专列火车，于 25

日凌晨抵北平清华园车站，李克农等首长在车站等候迎接。毛主席和周副主席乘车到了颐和园景福阁休息吃饭，下午2点之后，领导选派我和张万宝等几名警卫战士，只佩带手枪执行新的警卫任务。3点多我们几个乘后卫汽车，跟随毛主席、朱总司令、周副主席等党中央首长的小卧车，到达西郊飞机场，这时5点多。飞机场排列着很多中国人民解放军，有坦克、重炮、高射炮等机械化各军兵种，武器几乎全部是缴获国民党军队的美式装备。党、政、军负责人和各界群众代表分列在进口处，欢迎毛主席和周副主席等。毛主席等中央首长小卧车和我们的警卫汽车，都停放在飞机场东面的进口处，我们在停车地点做警卫工作。

毛主席、朱总司令、周副主席等党中央首长下车后，健步走到入口处和等候的党政军负责人、群众代表一边握手，一边说话，机场内奏着军乐。在机场上，毛主席、朱总司令、周副主席等中央首长乘上敞篷吉普车，绕着跑道，检阅中国人民解放军，听到解放军战士高呼：毛主席万岁！朱总司令万岁！中国人民解放军万岁！检阅完毕，太阳已快落山，毛主席等中央首长乘车回到颐和园景福阁，在这里吃过晚饭已是黑夜，我们乘车保卫毛主席等中央首长到香山公园住下。毛主席住在双清别墅，朱总司令、周副主席等中央首长分别在双清别墅上面、香山寺下面一些院内住下。

记得有一天晚饭后，我在双清院内站岗放哨时，毛主席出来散步，看到我在放哨，就问我是什么地方人，家里还有什么人，连队伙食好不好等。我激动而又拘谨地回答了主席的问话。5月，毛主席住进了中南海丰泽园，我们也随从而至。

6月初，领导选派我和张万宝等十几名警卫战士到中南海勤政殿，担任新的政治协商筹备会议会场内外警卫任务。6月15日新的政治协商会议筹备会在勤政殿开幕，会场布置得朴素庄严，主席台上插着6面解放军的军旗，60面红旗分别排列在12个方柱上。130多位代表，除解放军代表穿着草绿色军装外，其余代表有的着西装，有的着长袍马褂，农民代表身着白色土布褂子。

晚7点多，毛主席、朱总司令偕同李济深、沈钧儒等民主人士进入会场。毛主席身着灰色制服，精神饱满地进入会场，代表们看见毛主席来了，顿时响起一片热烈的掌声，毛主席向代表们招手致意，而后坐在主席台前排。毛主席左边是朱总司令，右边是周副主席。当周副主席宣布：新的政治协商会议筹备会开幕，会场内立刻爆发出长时间的掌声。接着毛主席代表中国共产党讲话，他总结了中国革命的进程，指出了中国将往哪里走的方向，人们静静地听着主席的讲话。朱总司令代表人民解放军发表声明：人民解放军是中国民主运动的忠实支持者，而现在他就是新政治协商会议及即将成立的民主联合政府的最忠实的支持者。这时会场内长时间响起热烈的掌声。之后，李济深、沈钧儒等各方面人士讲话。毛主席仔细地听着他们的讲话，热情地为别人鼓掌。我们带着枪警惕地保卫着会场内外和首长的安全，一直到6月19日下午大会圆满结束。

漫长的战斗历程，迎来了共和国的开国大典。我们要担负开国大典的警卫任务，而且要警卫大典的会场核心——天安门城楼。那是1949年9月的最后一天，领导从手枪连挑选了20多名警卫战士，其中有好几名是山西沁县籍的，去警卫天安门城楼上下的安全。我和张万宝等同志都是在“二月二”参军时被挑选为保卫毛主席先锋队的战士，此时又同时被分配担任天安门城楼上门前的警卫任务。接受任务后，20 多名警卫战士高兴得一夜没有合眼。我们先对天安门城楼内外进行了检查，就开始轮流上岗执行任务。我在东门口，张万宝同志在西门口。

10 月 1 日那天，天气格外晴朗。太阳刚刚从东方升起，中央机关的一些工作人员，就来到天安门城楼上做准备工作。上午，聂荣臻司令员来到天安门城楼上，对警卫工作逐一做了检查，交代了许多注意事项，还特别指示我们城楼上的所有人员，不要到台阶下的栏杆边去向下观望，忘记自己的职责和岗位。中午 12 点，各条街巷整队来的工人、学生、机关干部等队伍就开始陆续进入广场。人民解放军的军乐队，排列在广场中央的旗杆下。中国人民解放军各军兵种的受阅部队，在东长安街汇集，准备接受检阅。党中央和刚刚由中国人民政治协商会议第一届全体会议选举出来的中央人民政府的领导人，也陆续登上天安门城楼，他们一一从东门或西门我们的哨位走过。有些年事已高的我们就走过去搀扶走下台阶。在城楼上，他们握手言欢，笑容满面，谈笑风生，互道祝贺，亲切交谈。下午快 3 点的时候，毛主席、朱总司令、周总理等领导人来了，登上了天安门城楼，霎时城楼上掌声雷动，整个广场万众欢腾，高呼：中国共产党万岁！中华人民共和国万岁！毛主席万岁！掌声、欢呼声、口号声响彻云霄。

下午 3 时整，秘书长林伯渠宣布典礼开始，军乐队高奏《义勇军进行曲》，礼炮轰鸣，毛主席亲手按动电钮升起了新中国的第一面五星红旗。接着，毛主席在天安门城楼上发表具有伟大历史意义的讲话，宣读了中央人民政府公告，向全世界庄严宣告：中华人民共和国中央人民政府今天成立了！这时，广场上群情激昂，“中华人民共和国万岁！”“中国人民解放军万岁！”的口号声和欢呼声再次响彻云霄，多少人激动得流下了热泪。此时此刻，我也被这伟大的时刻、伟大的场面所激动、所陶冶，股股热流涌上心头，止不住泪水盈眶。朱总司令等首长走下城楼，驱车检阅了中国人民解放军等各军兵种部队。回到天安门城楼主席台上，发布了给中国人民解放军的命令。随即，受阅的中国人民解放军各军兵种，以分列式队形通过主席台前，由东长安街向西行进，历时3个小时。我站在天安门城楼上的东门，虽看不见受阅的中国人民解放军各军兵种的方队通过天安门城楼前的实况，但步兵的脚步声、骑兵的马蹄声、机械化部队的轰鸣声和空军临空的响声，在我心中留下了永久的记忆。

阅兵结束，天色已晚，天安门城楼和广场灯火辉煌，欢呼的工人、学生、机关干部的队伍，高呼口号经过天安门城楼和观礼台前时，毛主席热情高呼：同志们万岁！同时探出身子，高举帽子向群众招手致意。工人、农民、学生、机关干部更加激情振奋，热情洋溢，欢呼跳跃。广场欢声的波涛此起彼伏。伴着夜幕的降临，礼花腾空而起，五彩缤纷，闪烁在广场四周和空中，广场上的群众载歌载舞，尽情欢呼、歌唱。游行群众高举红灯的队伍，由广场分赴全城街道，全城都沉浸在大节大庆大典的一片欢乐之中。直到晚9点半左右，毛主席、朱总司令、周总理等党和国家领导人，才陆续离开天安门城楼，回到各自的住地。但天安门城楼上还有许多党、政、军领导人和各方面的知名人士，还在交谈着胜利的感慨，分享着大典的欢乐，观看广场的空前盛景，和广场的群众一直持续到深夜才陆续离去。

我们从1日的凌晨至2日的黎明，一直守卫着天安门城楼，直到10月2日8时才将守卫天安门城楼的警卫任务，交给兄弟警卫部队，整队回到中南海。

回到住地，组织上给我们每人一份登载着开国大典盛况的报纸。我们读着想着，在天安门城楼上的一天两夜，我的心情久久不能平静，仍沉浸在幸福之中。新中国诞生是在中国共产党、毛主席的正确、英明领导下，经历了千辛万苦，无数革命先驱流血牺牲，才有今天，来之不易啊！中国共产党是一个伟大的党、光荣的党、正确的党，她能创立一个新中国，也一定会建设一个繁荣富强的现代化的社会主义新中国。

（选自沁县文史资料委员会编《沁县文史资料》第5辑，内部资料，1991年）

难忘的开国大典受阅飞行

邢海帆*

1949 年 10 月 1 日，在我们伟大祖国诞生的这一天，我曾带领空中受阅飞行部队，准确整齐地通过天安门上空，接受党中央、毛主席及国家领导人的检阅。我一生从事飞行事业，经历过无数次的飞行，但这次开国大典受阅飞行却是我终生难忘的一次。

一　受命为受阅飞行总领队

1948 年底，我随叶剑英参谋长到北平参加接收国民党空军的工作。不久，我奉命到东北老航校组织 P–51 战斗机训练飞行。

*　邢海帆：时任北平空军作战飞行部队代理中队长，开国大典空中受阅飞行部队总领队；后曾任解放军空军学院教员。

1949 年 8 月的一天，组织上要我带领 7 架 P–51 战斗机飞回北平。当时，我以为是让我回北平担任防空任务。因为，1949 年 5 月，盘踞在大陆的国民党残余空军从青岛、汉中等地起飞，轰炸北平的南苑机场，使刚解放不久的北平受到了威胁。1949 年 7 月，军委航空局根据中央的指示，决定成立一支空军作战飞行部队，从各军区航空处和东北老航校抽调战斗机和飞行员，担任北平的防空任务。我想，这一次回北平准是担任防空任务。我回到北平后，组织上让我代理队长，因为，这支飞行部队刚成立不久，队长徐兆文同志在训练中受了伤，不能飞行，故组织上决定由我来代理队长。后来我听说，我们不仅要担负北平的防空，而且还要准备参加开国大典的空中受阅。

1949 年 9 月 1 日，军委航空局常乾坤局长召集华北军区航空处和我们这支飞行部队的负责同志开会，正式下达和布置开国大典空中受阅的任务。这样我既是代理队长，又是空中受阅的总领队。

接受任务后，我心情非常激动，思绪万千。我想起自己的飞行生涯：1937 年七七事变之后，我满怀激情，抱着打日寇、航空救国的想法，参加了国民党空军，在昆明学飞行。毕业后，我以优异的成绩取得了赴美国学习的机会，在美国学了一年多的飞行技术和战术动作。本来我已被编入美国战斗飞行部队，准备同美国飞行员一起共同打击日军，后来由于国民党政府没有正式对日宣战，我们不能参加美国的空军飞行部队作战，只好回国。回国后，由于蒋介石的不抵抗政策，我们未能立即同日军作战，只能到处躲避日机。当时我心里气愤极了，眼睁睁看着日军的飞机狂轰滥炸，残杀无辜，作为中国的空军飞行员，虽有一身过硬的飞行本领，却不能升空去和敌机搏斗，而要和所有人一样跑防空，这是何等的耻辱！直至抗战胜利前夕，我才参加了两次对日的空中战役。当时，我满怀仇恨，狠狠打击敌机，击落敌机 1 架，击毁地面敌机 7 架，总算为中国人出了一口气。我还参加过“驼峰”空中运输队的空中保障工作，在国内同美国飞行员合作，共同抗日。

抗日战争结束后，本想我们中华民族应该强盛起来了，我们中国的空军也应该壮大了，可是，万万没想到，抗战刚一结束，人民还没有享受一天安居乐业的日子，内战又爆发了。目睹国民党反动派利用我们空军的飞机去屠杀自己的同胞，我悲愤却又茫然，但我绝不去干这种伤天害理的事。于是，我借故退出了战斗部队，到笕桥航空学校当了飞行教官。

在抗日战争期间跑防空时，我就悄悄地看革命书籍，接受马克思主义的教育，对共产党早就向往。到航空学校后，有机会接近共产党的地下组织，在党的教育培养下，我秘密地加入了共产党。1948 年 8 月，党组织决定让我到解放区去。当时，我很高兴，总算盼到这一天了，我要回到自己的队伍里去了。可是，也有一些好友劝我，不要走这条路：何必放着高官厚禄不要、荣华富贵不享，偏要去山沟里受苦呢？飞行员是“空中骄子”，论我当时的资历和地位，如果讲享受，我的待遇还是蛮不错的。我对他们说：“人各有志，请多谅解。”于是，在党组织的帮助下，我携儿带女，全家一起来到了解放区……

现在，党把这么重大而又光荣的任务交给了我，我要使出全部力气，全力以赴，完成好这个任务。

二　紧张的飞行训练

开国大典空中受阅任务接受下来之后，各项准备工作立即开始。首先是参加受阅的飞行人员和飞机，陆续从各军区航空处和东北老航校调来了。大家一到南苑机场，听说要参加开国大典空中受阅，都很高兴，劲头也很足。但是，面临的困难也不少：一是时间紧，从 9 月 1 日到 10 月 1 日的开国大典，只有 1 个月的时间，这对于我们这支刚组建起来的第一次组织空中受阅的飞行部队来说，无疑是太短了；二是飞机杂、器材旧，参加空中受阅的 17 架飞机中，有 P–51 型战斗机、“蚊式”轰炸机，还有 C–46 运输机和教练机，各种机型飞行速度不一样，飞机的器材陈旧，有些飞机是东拼西凑组合起来的，就是同一类型的飞机，性能上也有差异；三是参加受阅的飞行人员来自四面八方，互不熟悉，有来自国民党起义的飞行员，如著名的刘善本及阎磊、杨培光等，也有在新疆学习飞行归来当教官的同志，像方槐、安志敏等，还有刚从老航校培养出来的年轻的优秀飞行员，如当年只有 20 多岁、现任空军副司令员的林虎同志。这些飞行人员刚从全国各地集合在一起，要在短短的一个月的时间里达到互相了解、密切配合、圆满地完成空中受阅的任务，困难是不小的。

但是，当时的工作很好做，就是充分相信大家，大家也互相信任，群策群力。虽然每人来自不同的地方，有着不同的经历，驾驶不同机种的飞机，却从没有人说三道四，大家心里只装着一件事，就是要千方百计地把空中受阅搞好，力求全队能准确、整齐地通过天安门上空，以接受党中央、毛主席和国家领导人的检阅。

为了使全队能准确、整齐、安全地通过天安门上空，我和地面指挥员及各分队长一起，反复研究，制定了方案，对各种可能出现的情况都做了准备。比如，为了防止在开国大典这一天敌人从空中来捣乱，我们研究决定，在 P–51 战斗机分队中，由分队长赵大海和飞行员阎磊带弹飞行，一旦有敌情，马上出击。为了使几种不同速度的飞机能保持好空中编队，我们经过反复航行计算和图上作业，并进行多次演练，确实可行之后，由我先单独试飞。那天，我驾驶 P–51 战斗机从南苑机场起飞后，以通县的双桥广播天线铁塔为起点，按 270° 飞行，结果与地面计算的一样，我准确地通过天安门上空。当时，我们没有导航设备，只凭两只眼睛观察地标和保持罗盘飞行。这次试飞的成功，我信心更加增强了。接着我又带领各分队的队长进行一次空中实地演练，大家飞下来后，对受阅方案心里更有底了。

9 月 23 日，我们全队进行预演，实地通过天安门上空。这一天，参加受阅的 17 架飞机，分成 6 个分队，按不同机型，组成不同的队形，逐一通过天安门上空。飞在前面的是 9 架 P–51 战斗机，由我带队，分成 3 个分队，各编成 3 个“品”字队形，接着是第四分队的两架“蚊式”轰炸机，排成“一”字队形，后面由 3 架 C–46 运输机组成的第五分队，最后由 3 架教练机组成的第六分队也编成“品”字队形。根据指挥部的决定，在 9 架 P–51 战斗机通过之后，右转弯回过头来接着教练机再通过天安门一次。

这次预演非常成功，当大家满怀喜悦返回机场时，地面指挥员又传来喜讯。原来，在我们预演通过天安门上空时，正值举行中国人民政治协商会议，委员们听到飞机的轰鸣声，问这是怎么回事，哪来的飞机？周恩来副主席告诉大家，这是我们空军自己的飞机，是来保卫我们政治协商会议的。委员们听说是自己的飞机，都非常高兴。我们飞行员听后受到很大鼓舞，大家表示，一定要遵照周副主席的指示，做好战斗准备，歼灭敢于来犯之敌，保卫政治协商会议顺利进行；同时，认真搞好训练，胜利完成开国大典的空中受阅任务。

三　难忘的开国大典飞行

1949 年 10 月 1 日，这是我们伟大的新中国诞生的日子。这天清早我们 5 点钟就来到机场，战斗机飞行员做好了战斗起飞准备，其他飞行员做好了受阅准备。下午 3 点整，从机场的广播里传来了首都 30 万军民隆重举行开国大典的盛况，飞行员们听了都非常高兴，同时也很激动，因为，马上就要接受检阅了。

下午 4 时，无线电里传来了空中受阅飞行部队地面指挥员油江同志发出的 “起飞” 命令，参加受阅的 17 架飞机依次起飞，然后按预定计划的航线、高度、速度出航，在通县上空编队集合，盘旋待命。4 时 35 分，无线电里传来了 “空中受阅开始” 的命令，这时，我带领这支空中受阅飞行部队，满怀信心地飞向天安门上空，接受党中央、毛主席的检阅。当时的队形是：飞在前面的是 9 架 P–51 战斗机，高度 920 米，分为 3 个分队，各分队成 “品” 字队形，第一分队长由我兼任，左右僚机飞行员分别是孟进、林虎；第二分队长是杨培光，左右僚机飞行员是阎磊、王延洲；第三分队长是赵大海，左右僚机飞行员是谭汉洲、毛履武；接着由两架“蚊式”轰炸机组成“一”字队形的是第四分队，高度760米，分队长是邓仲卿，飞行员王玉珂；他们后面是由3架C–46运输机组成的第五分队，分队长刘善本，同座飞行员杨宝庆，左右僚机飞行员是徐俊英、姚俊和谢派芬、王洪智；最后是由3架教练机组成的第六分队，高度550米，编成“品”字队形，分队长方槐，同座飞行员杜道时，左右僚机飞行员是安志敏、任永荣。当我带领9架P–51战斗机通过天安门之后，按计划右转弯回过头来接着教练机的后面又通过一次，然后左转弯到南苑机场着陆。

当晚，我带领几名参加受阅的飞行员代表，身着飞行服，参加国宴，刘少奇副主席、周恩来总理亲切接见了我们，并赞扬我们说：“你们飞得好！”听到中央首长的夸奖，我们无比高兴。

虽然开国大典飞行已经过去了38年，我现已71岁，但是，这次开国大典的飞行却使我终生难忘。

秦政忠　肖邦振　整理

（选自《纵横》1987年第6期）

我光荣地参加了开国大典阅兵仪式

孙　坤*

我叫孙坤（又名孙万林），洪洞县赵城镇北街村人。1948 年我在石家庄华北军政大学政治大队学习，当时 24 岁。同年 8 月份毕业后，分配到总队政治部宣教科任宣教干事，华北军大的校长兼政委是叶剑英，副校长是萧克。1949 年 1 月，我所在的部队由石家庄搬到北京长辛店军营，当时华北军政大学一总队部队长柴铁根、政委是张如山。1 月份华北军大接到上级命令在北平开始招生，在总队成立两个大队。同年 5 月我校接到军委总参谋部命令，要求我校组织两个方阵参加 10 月 1 日开国大典的阅兵。

我所在的军大进行了严格的受阅兵选拔，选拔标准为：身高

* 孙　坤：时任华北军政大学总队政治部宣教科干事。

1.80 米以上、五官端正、思想积极、有一定文化基础，共计选拔了800 人，两个受阅方阵（每个方阵 400 人）。为了能够达到阅兵的队列要求，全体干部战士进行了严格的受阅训练。每天上午一小时，下午一小时。从炎炎酷暑的 6 月一直到秋风爽爽的 9 月，可以说我们每个战士都经历了常人难以忍受的打磨。但是，作为千万名解放军战士中能参加开国大典阅兵中的一员，是我们一辈子的荣耀，一想到这些我们就能以百倍的精力投入新一轮的训练。

1949 年 10 月 1 日清晨，我们所有受阅官兵整装待发，6 点 30 分，全体官兵英姿飒爽地开进到北京王府井大街等待受阅。在这让每个人铭记的历史时刻，等待受阅的心情是那么的激动。下午 3 时，由中央人民政府秘书长林伯渠宣布大典开始，毛主席宣布："中华人民共和国中央人民政府今天成立了！"升五星红旗，唱中华人民共和国国歌，礼炮响 28 响。朱总司令乘坐敞篷车进行阅兵，到每一个受阅的部队前说"同志们好"，被检阅的军人喊"为人民服务"。然后朱总司令上天安门城楼向毛主席报告："检阅部队就绪"，接着分列式开始。被检阅的部队由东长安街三座门进入天安门，接受毛主席检阅，我参加的两个方队，第一个方队由柴铁根总队长带队，第二个方队由张如山政委带队，我的位置是第二方队第一排的第一列第二名。两个方队的后面是海军方队，然后是两个持枪步兵方队，接着是炮兵。炮兵过去是装甲兵（坦克兵），后面是骑兵。这时天上有航空兵驾驶 6 架飞机 ① 飞过天安门上空。参加检阅的还有在京各大院校的学生、各大厂矿的

① 应为 17 架。——编者注

工人、四季青村的农民，工商界及其他各界群众也参加了阅兵仪式。在天安门广场参加检阅的学生和群众把手中的彩色气球放飞到天空，跑到金水桥高呼毛主席万岁！

今年是新中国成立60周年，也是我参加开国大典阅兵仪式60周年。回顾当年的情景，记忆犹新，历历在目，我深感作为一名老军人感到无上光荣，更看到新中国60年间翻天覆地的变化，深感只有祖国的强大，军队的威武，才有人民的幸福。

2009年

卢顺林　整理

（选自临汾市政协编《临汾文史资料全卷》第12册，内部资料，2016年）

开国大典阅兵式上的骑三师

孙学周 *

我 1928 年 1 月出生，如今已迈入耄耋之年。回首往事，一生中感到最为荣幸的是 1949 年 10 月 1 日，在北京天安门广场，以一名普通战士的身份，参加了中华人民共和国开国大典阅兵式。

1945 年 8 月，抗日战争胜利之后，全国人民渴望和平民主，要求民族独立，期盼建立一个新民主主义的中国。但是，国民党反动派在美帝国主义的支持下，蓄谋发动内战，在完成其军事部署后，悍然撕毁国共双方达成的“双十协定”，于 1946 年 6 月底，调集其正规军的 80%兵力，计 158 万人，向中国共产党领导的解放区发动了全面进攻。张家口是晋察冀边区首府，是我军解放的

* 孙学周：时为人民解放军骑兵第三师一团战士。

第一座中等城市，加之地处长城要塞，因此成了敌人进攻的重要地区。为了做好自卫反击准备，8 月份我的家乡赤城县马营乡，根据上级指示精神，决定招收 20 余名进步青年，成立区武装工作队。那年我正好 18 周岁，听到消息后，便积极报名，并获得了批准。武装工作队，简称武工队。其主要任务是，偷袭摧毁敌乡、保政权，打击散兵游勇，镇压地主恶霸，维护社会治安，配合主力部队作战。1947 年 5 月，根据形势发展需要，马营区武工队编入赤北县大队。赤北县大队是营级编制，下辖 3 个连，有 120 多名战士。1947 年 10 月，冀热察军区察北军分区组建骑兵部队，赤北县大队纳入骑兵一团，我在通讯排当战士。后来骑兵部队逐渐扩大，由 1 个团发展到 3 个团。1948 年底，察北地区全境解放，察北军分区所辖的 3 个骑兵团改编为中国人民解放军骑兵第三师。骑三师在解放战争的战略决战阶段，先后参与了平津战役、绥远战役、太原战役，为新中国的诞生立下了不朽功勋。

1949 年 5 月，太原解放之后，骑三师返回张家口地区进行休整。6 月初，部队奉命集结到张北县馒头营附近的几个村庄进行操练，为庆祝建军 22 周年的阅兵做准备。从昔日骑马驰骋疆场转到今日在直线加方块的操场上走队列，这对广大指战员来说，无疑又是一次严峻的考验。当时正值盛夏，坝上草原气温很高，战士们每天上午操练 4 小时，下午操练 4 小时，累得大汗淋漓，人困马乏。两个月下来，每个人都瘦了一大圈，体重下降最少七八斤。7 月底，部队在万全县宣平堡举行阅兵试演。8 月 1 日，到张家口东山坡参加了察哈尔军区举行的庆祝建军 22 周年阅兵式。9 月初，我们师又接到新的命令，开赴北京市通县沙河一带继续进行阅兵演练，准备参加开国大典。同时部队首长向战士们传达了毛主席的重要指示：开国第一次，一定要搞好，不许搞坏。大家对承担这样的任务，既感到光荣，思想上也有压力。我所在的骑兵一团，驻扎在沙河镇的北店村。战马都是派人到坝上几县和内蒙古草原精心挑选出来的。每匹马每日配供12斤干草、8斤料（黑豆、高粱），个个养得膘肥体壮，毛色新鲜而有光泽。连队战士的伙食标准也比平时高。训练期间，贺龙、聂荣臻等我军高级将领，多次到现场观摩、指导。虽然骑兵分列式动作的难度要比步兵大，训练艰苦，但大家精神非常饱满，没有一个人叫苦叫累。为了确保开国大典的阅兵式万无一失，部队还利用夜间来往车辆和人员稀少的空隙，组织我们到天安门广场进行了两次预演。

1949年10月，这非同寻常的一天很快来到了！我们满怀着喜悦的心情，凌晨两点钟就起床了，先是精心服侍战马，然后一丝不苟地整理行装。8点钟部队从沙河动身，9点钟进入天安门广场指定地点。中午时分，参加开国大典的30万军民，在天安门广场和东单一带集结就绪。

2时55分，毛泽东和其他中央领导同志登上天安门城楼，军乐团立刻奏响《东方红》乐曲。3时整，中央人民政府秘书长林伯渠宣布庆典开始。毛泽东主席庄严宣告："中华人民共和国中央人民政府今天成立了！"接着军乐团奏中华人民共和国国歌《义勇军进行曲》，54门礼炮齐鸣28响，毛泽东亲手按动电钮，五星红旗冉冉升起。那一刻，广场上数十万军民的双眼仰望着高高飘扬的五星红旗，个个无比激动，许多人情不自禁地落下了幸福的泪水。接着毛泽东在热烈的欢呼声中宣读中央人民政府公告。公告的主要内容：一是公布中央人民政府主席、副主席、各位委员名单；二是宣告接受《中国人民政治协商会议共同纲领》为中央人民政府的施政方针；三是任命周恩来为政务院总理（兼外交部长）。公告宣读完毕，阅兵开始。中央军委副总参谋长、华北军区兼平津卫戍区司令员聂荣臻任阅兵总指挥。中国人民解放军总司令朱德在聂荣臻总指挥陪同下，驱车检阅了各兵种部队。然后朱总司令返回主席台，宣读《中国人民解放军总部命令》，命令人民解放军迅速肃清国民党一切残余武装，解放尚未解放的国土。接下来，开始进行盛大的阅兵分列式。受阅的部队在《解放军进行曲》中，由东经天安门主席台前缓缓向西行进。

走在阅兵分列式最前面的是 1949 年 4 月 23 日刚刚成立的人民海军方队。他们由华东海军和安东海军学校的官兵组成。年轻的水兵们头戴白色水兵帽，肩上飘着黑色金锚飘带，身上穿着天蓝色海军服，背挎钢枪，步伐整齐，英姿飒爽。

紧随海军之后的是步兵师分列式。8100 名官兵头戴绿色钢盔，身着崭新的黄军装，胸佩白底蓝字的“中国人民解放军”符号，组成了 55 个步兵方队，显示了人民军队的强大阵容和威严气势。

在步兵师后面出场的是炮兵师分列式。前面由卡车牵引排成“一”字形，横列陆续前进的是 92 门各式火炮。后面跟进的是美制 150 榴弹炮和 105 榴弹炮，还有日式 90 炮和 38 炮、75 高炮。

接着入场的是战车师。战车师由坦克部队和装甲车部队组成。所用坦克和装甲车分为两路齐头并进。领队战车上的军官笔直站立举手向观众致礼。

阅兵分列式最后上场的是我们骑兵师。骑兵师分为两个序列行进，一个是骑兵方块队，另一个是骡马拖挽的75野炮队。骑兵方块队一共5个，每个方块队以连为单位组成，纵向8排、横向8排，配备64匹马，64名战士。每个方块队的马均为一色，依次为白马连、黄马连、红马连、青马连、黑马连。战马身上都备着新做的木头鞍子，头上罩着皮笼头。战士们头戴绿钢盔，身穿斜纹布料黄军装，脚着黑马靴，左腰间佩带着由哈尔滨市制作的专用战刀，刀鞘呈黑色，刀柄由白铝镶包，右肩背挎着德制七九步枪，手持紫红色马鞭，十分威武。骡马拖挽的75野炮队，分6路纵队，在方块队之后小跑步跟进。

受阅的人民空军，是在战车师轰鸣开进广场的那一刻出现在天安门上空的。他们是空军南苑飞行队。这支部队成立于1949年8月15日，是新中国第一支升空作战执行各种飞行任务的空军部队。这次受阅的战机共出动17架，在空中按顺序排为5列飞行。当它们经过广场时，人群中爆发出雷鸣般的鼓掌声和经久不息的欢呼声，把阅兵推向最高潮。整个阅兵式，持续了两个半小时，将近6点钟结束。接着群众开始游行，热烈的场面一直持续到晚上9点多钟。

这里还需提及的是，1950年10月1日，我们骑三师又一次参加了国庆一周年阅兵式。参加这次阅兵式不单我们骑兵师，还增加了内蒙古军区的一个骑兵师，共两个师。这次阅兵骑兵部队的装束也有了改变，马鞍子由皮制的取代了木制的，马的颜色由过去的杂色变为白色，战士的服装由斜纹布料变为人字呢。当我们骑兵部队驾驭着1900匹齐刷刷的白马，以6路纵队通过天安门广场时，引起了人们格外注目，成为那年阅兵式上的一道亮丽风景。

岁月如梭，弹指一挥间，中华人民共和国即将迎来她的60华诞！此时忆起开国大典阅兵的情景，使人生出几多感慨！客观地说，当年阅兵式上展示的各式轻重武器，几乎没有我们自己造的，大都是战争年代从敌人手中缴获的战利品，牌子多样，型号不一，出自十几个国家，甚至有的是别国淘汰的旧品。以此可推测出当时我军的武器装备该有多么简陋！为有牺牲多壮志，敢教日月换新天。从新中国成立时那样的落后基础开始，经过几代人的不懈努力，如今中国人民解放军已真正成为位居世界前列的军事力量，作为一名从解放战争硝烟中走过来的老兵，我为此感到无比欣慰！

任树堂　整理

（选自张家口市政协文史资料委员会编《张家口文史》第6辑，内部资料，2008年。原标题为《参加开国大典阅兵式的回忆》）

作为海军代表参加开国大典

胡经益[*]

1949年2月25日，我参加重庆号巡洋舰起义后，党安排我到中国人民解放军安东（现丹东）海军学校学习。作为新中国第一代海军的一员，我感到无上光荣。在军校生活中，最使我难忘的是作为人民海军代表的一员参加开国大典的一段经历，回首往事，历历在目。

一　神圣使命

记得1949年8月下旬的一天，海校政委朱军，通过校部广

* 胡经益：时为人民解放军安东海军学校学员。

播发布命令，指名50名海军学员迅速持枪到第一大队操场集合待命，其中有我的名字。我们随即列队听令，朱政委当即宣布，有紧急光荣的任务，要我们去完成。当时并未告知其他情况，我们连去向也不知道，又不便打听，作为军人，应以服从命令为天职。散队后，我们带好行装，整队赴火车站，那里早已备好一节空车厢，里面还放有白花花的肉包子、香肠等食物。一路上，我们虽不知执行什么任务，但大家都精神饱满，谈笑风生。车到沈阳后，稍事休息，又向北平方向进发，到达北平车站后，就有解放军总部首长和我们安东海校校长邓兆祥、副校长张学思（张学良之弟）在车站欢迎我们。

到达北平后，听首长们介绍，始知这次来北平执行的任务，是代表全国海军参加开国大典，接受毛主席、朱总司令的检阅。喜讯传来，令人欣喜若狂。这时，我们才知道当时首长不告诉我们真情的原因，因为国民党在安东等地有潜伏特务，为防止万一才这样做的。

在兵营里，每日从早到晚都是进行肩枪列队训练，因为我们原来在英国皇家海军学校学习时，都是以英式操典为主，教官也是英国人，连口令也用英语发令，所以改变操法比较不容易。约10天后，总部还派来了北平市高级裁缝师，为我们受阅人员定做海军蓝呢服军装，备受阅之用。在训练和试阅时，彭德怀将军、刘伯承将军、聂荣臻将军、杨成武将军常到兵营视察、讲话，内容主要说明检阅的重要性，检阅成功与否比解放上海还重要。毛主席指示说，这次阅兵是初战，开国第一次，一定要搞好。我们想这次受阅是代表数百万中国人民解放军的，要表现出我中国人民解放军的英雄气概。检阅不单是给我国人民看的，也是给以美帝国主义为首的帝国主义者们看的，以显示我人民解放军的威武强大，中国人民是不可欺负的。

二　伟大时刻

伟大的时刻终于来到了，1949 年 10 月 1 日，早晨 8 点，解放军总部派两辆专车，送我们到天安门左侧待命，其他一些部队都是在 9 月 30 日午夜开始入城集结的。参加受阅的有海军、陆军、空军，陆军包括步兵、坦克兵、运输兵、炮兵、骑兵。当时，我们站在受阅部队的最前面，受阅部队的总指挥是聂荣臻将军。

毛主席等中央党政军首长们登上天安门城楼后，毛主席亲自按动电钮，五星红旗徐徐上升，毛主席用湖南口音向全世界宣布：中华人民共和国中央人民政府今天成立了！聚集在天安门广场的 30 万人民群众高举红旗，热烈欢呼，口号声、欢呼声如同呼啸的海涛此起彼伏。同时，礼炮齐鸣，军乐队奏国歌。随后，阅兵开始，朱总司令由总指挥聂荣臻将军陪同，乘坐敞篷吉普车检阅各受阅部队。车开到我们面前时，我们即举行执枪注目礼，并齐声欢呼：“总司令好！”总司令也大声回呼：“同志们好！”检阅完毕后，总司令又登上天安门城楼。聂荣臻总指挥命令我们向右转，通过天安门，受以毛主席为首的党政军领导检阅，总指挥聂荣臻将军走在最前面。随后，由我们 4 名代表护举的军旗为前导，紧跟在军旗后面的是我们的列队。当我们肩枪正步走，面朝右，向天安门城楼上首长致敬时，只见毛主席举帽高呼：“人民海军万岁！”这时，站在天安门广场上的群众又沸腾起来了，口号声、欢呼声不绝于耳。我们通过天安门城楼后，聂总指挥命令我们列队在大道旁观看游行。解放军各兵种的受阅部队都精神抖擞，以整齐的步伐通过天安门。最后是30万群众的大游行，广场上红旗招展，锣鼓喧天，那壮观的场面真令人永世难忘。这次检阅大振军威、国威，给帝国主义者们很大的震惊。

三　亲切关怀

10月2日后，解放军总部安排我们参观故宫、颐和园、北海公园等地。这些地方，都是过去皇帝、皇后享乐之处。参观使我们懂得了封建皇帝生活的腐化，更加痛恨骑在人民头上作威作福的剥削者。我们能参观这些地方，能享受这良好的待遇，是我们所想不到的，对此，我们暗下决心，一定好好学习，为中国海军建设作出应有贡献。

10月10日下午3点，我们接到邀请书，朱总司令在北京饭店举行宴会，招待我们，还派两部大客车来接我们。走进北京饭店大门，就有专人接待，签到后进入大厅，只见有海军、空军、陆军的代表，他们都是久经沙场的指挥员。朱总司令按时到达后，我们都起立以热烈掌声向他致敬，他满面笑容、和蔼可亲，也鼓掌向大家致意。看到这番情景，回想起1948年冬季，蒋介石、李宗仁、何应钦、蒋经国等好多国民党头目，先后到重庆舰巡视“看望”我们，都是不可一世，神气十足地对待我们。不是训话，就是读军人读训的条文（一本小册子），要我们做他们的驯服工具。总司令的亲切关怀、平等待人与他们相比，真有天壤之别。参加赴宴的人员都按席入座，我在第七桌，总司令是第三桌，相隔很近。总司令座席上有高岗、聂荣臻将军、邓兆祥校长、张学思副校长，还有林遵等作陪（林原为国民党江防舰队司令员）。总司令在席间给我们讲话，他把祖国比成一个花园，如有野兽侵犯，要我们保卫她，讲得很生动。好多人都以喜悦的心情向他敬酒，他都不拒，后来还是聂荣臻将军提，总司令年岁大了，最好每桌派一人敬酒，还由聂将军代喝。散席后，又用车送我们到中山公园，在那里举行露天音乐会招待我们，演出人员是以苏联西蒙诺夫为首的文化代表团的功勋演员，也有我国著名的女高音歌唱家郭兰英，每次谢幕，我们都热情鼓掌。朱总司令在百忙中也去参加了晚会。

以上所述，虽是40年前的事，但记忆犹新。今年是中华人民共和国成立40周年的日子，作为亲身参加开国大典的我特写此文，以作纪念。

1989年9月

（选自洪湖市政协学习文史资料委员会编《洪湖文史》第5辑，内部资料，1989年。本文原标题为《在开国大典的日子里》）

亲历开国盛典

杨大辛*

我这一生经历过若干政治历史大事，其中留下印象最深刻的是1949年参加中华人民共和国的开国大典，震撼心灵，毕生难忘。那一年我24岁。

我怎么会有如此机遇？此事得从我在新中国成立前的经历说起。1945年抗日战争胜利的当年12月间，我联络几位同学集资在辽北路开设了一家仅有一间门面的小书店——知识书店，经销宣传鼓吹民主运动与时事评论之类的图书杂志。店堂虽小，顺应潮流，读者纷至沓来。转年5月，共产党地下组织出资接办书店，仍让我担任经理，从此知识书店成为地下党领导的文化单位，利用合法阵地

* 杨大辛：时任知识书店经理；后曾任天津市政协文史委副主任。

向国民党统治区的广大群众传送革命舆论与时代信息，并多次掩护往来于解放区的同志。书店处于国民党特务的监视下，唯有谨慎从事，机警应变。1949 年 1 月天津解放，在军管会文教部的领导下，书店迁至繁华的罗斯福路（今和平路），扩大经营并设立编辑部，出版配合政治形势的读物，不久又奉命收购原益世报馆的机器设备，组建印刷厂。至此，知识书店变为集出版、发行、印刷于一体的新兴的文化产业。是年 8 月，中共中央宣传部下达通知，于 9 月下旬在北平（北京）召开全国新华书店出版工作会议，为此军管会文教部决定派我与李秉谦（读者书店经理）列席会议。这就是我得以参加开国大典的由来。

参加新华书店出版工作会议的各地代表共 110 多人，住在中宣部出版委员会招待所（东总布胡同 10 号）。10 月 1 日上午，天气有些阴沉，代表们提前吃过午饭，集合出发，步行至天安门。抵达后，由大会工作人员指引，列队站在天安门西侧，靠近中山公园。此时天已放晴，风和日丽，仰望修葺一新的天安门城楼，正中高悬毛泽东画像，东西两侧横列巨型标语："中华人民共和国万岁！""中央人民政府万岁！"城楼上，梁柱窗棂金碧辉煌，檐下 8 盏特大宫灯艳丽夺目，两端 8 面红旗随风飘扬，这座古老的城楼被装扮得充满青春气息。城楼前临时搭建的观礼台上宾客云集，对面广场人山人海（据第二天媒体报道群众达 30 万人），面面旗帜招展，阵阵歌声嘹亮，好一派气势磅礴的群众欢庆场面！为时不久，党和国家领导人、各民主党派的知名人士以及党政军各部门的首长陆续登上城楼，当毛泽东主席的伟岸身影出现时，广场上顿时爆发雷鸣般的欢呼声，响彻云天，提示伟大的历史时刻即将到来！

下午3时整庆典开始。毛主席以其凝重而洪亮的声音庄严宣布：“中华人民共和国中央人民政府今天成立了！”然后在城楼上亲自按动电钮，新中国的第一面五星红旗在广场上冉冉升起，与此同时响起国歌《义勇军进行曲》，接着又传来隆隆的礼炮声，1响、2响、3响……总共鸣放28响（后来听说是象征自1921年建党至1949年夺取政权经过28年的历程）。毛主席宣读《中华人民共和国中央人民政府公告》：“本政府为代表中华人民共和国全国人民的唯一合法政府。凡愿遵守平等、互利及互相尊重领土主权等原则的任何外国政府，本政府均愿与之建立外交关系。”极具震撼力的伟大声浪，响彻北京，传遍神州，震动世界。苦难的祖国从此人民当家作主，开创历史的新纪元！

接下来，举行阅兵式与群众游行。首先，朱德总司令宣读《中国人民解放军总部命令》，号召中国人民解放军全体指战员“坚持执行中央人民政府和伟大的人民领袖毛主席的一切命令，迅速肃清国民党反动军队的残余，解放一切尚未解放的国土，同时肃清土匪和其他一切反革命匪徒，镇压他们的一切反抗和捣乱行为”。然后检阅开始，步兵、骑兵、炮兵、装甲兵、高炮兵、火箭炮兵以及坦克兵等方队，雄赳赳地陆续通过天安门，更为激动人心的是十数架战斗机编队掠过天安门上空。解放军建立了自己的空军，也已经拥有先进的武器装备与战争手段，毛主席曾风趣地说过：“华盛顿是我们的兵工厂，而蒋介石是我们的运输队长。”阅兵之后，浩浩荡荡的群众游行队伍如潮水般地涌来，工人、农民、知识分子、机关干部、文艺工作者、学生、市民队伍，挥动花束，纵情欢呼，载歌载舞地通过天安门，呈现出另一番气壮山河的雄伟景象。整个庆典进行了将近3个小时，在我的脑海里留下了最深刻、最美好的忆念，至今已经过去了60年，其情其景依然历历在目。

行文至此，附笔有关新华书店出版工作会议的一些情况。新华书店1942年始创于延安，战争年代一直活跃在各抗日敌后根据地和解放区，但由于战争环境复杂残酷，各地书店在很大程度上处于各自为政的状态。建立了全国政权之后，新华书店面临的迫切任务就是迅速走向集中统一，建立健全中枢领导机构和全国的发行网络，实行企业化、专业化，以担负起国家的出版任务，发展人民出版事业（当时新华书店是出版、发行合一体制，人民出版社尚未建立）。此次会议的召开，就是为了实现这个目标。9月26日开始举行预备会议，10月3日正式开幕，朱德总司令莅会致辞，特别强调前不久毛主席在人民政治协商会议上讲的“随着经济建设的高潮到来，不可避免地将要出现一个文化建设的高潮”。这句话成为这次会议讨论的中心话题。毛主席特为这次会议写来“认真做好出版工作”的题词，更激励大家认清自己所肩负的重任，无不激情满怀地准备完成新的使命。会议开得顺利而圆满。

10月18日，会议闭幕前夕，突然传来令人振奋的消息：毛主席将接见代表。下午5时许，全体代表乘车驶向中南海。抵达丰泽园后，被告知毛主席开会尚未归来，有人引领我们进入颐年堂休息。过了半个多小时，我们被召唤到院中，排成一字长队。顷刻间门外有汽车声，毛主席的雄伟身躯出现了。大家热烈鼓掌，毛主席招手致意。陪同前来的中共中央宣传部陆定一部长与出版总署胡愈之署长逐人介绍，毛主席一一握手。当来到我和李秉谦面前时，陆部长特意说明：“天津地下党过去在白区开办的两家书店，他们做了许多工作。”我紧紧地握着毛主席那扭转乾坤的巨掌，心情激动，眼睛湿润了……回到招待所的这一夜，我久久不能入睡，思前虑后，下定决心，遵从毛主席“认真做好出版工作”的教导，矢志不渝地致力于人民出版事业。

不曾料到，1951 年组织上调我到市政府任职，离开了出版工作单位。此后从政 20 余载。又一次不曾料到的是，1978 年组织上调我到市政协，主持文史资料的编辑工作，又回归出版工作岗位。时过境迁而激情依旧，我尽心尽力地勤奋工作，直到 1992 年离休。而后又被安排为文史资料委员会顾问，离而不休，发挥余热。感叹人生多变，身不由己，但毕竟了却了我“认真做好出版工作”的平生夙愿，亦无憾矣！

（选自天津市政协文史资料委员会、天津市口述史研究会编《我与共和国六十年》，天津人民出版社 2010 年版）

开国大典回顾

钱听涛 *

1949年我参加了天安门前的开国大典，常引为终身幸事。岁月无情，有些细节也模糊了。近年打开存箧，居然找出了一本1949年的发黄了的日记，详记了开国大典前后的生活，更高兴的是找出了一张在会场上领到的“庆祝中国人民政治协商会议成功和中华人民共和国中央人民政府成立口号”，8开油印，30条口号仍很清晰。中国革命博物馆的同志知悉后把这张口号连同新中国成立前夕我保存下来的几张报纸号外等都征集收藏走了。我检阅史籍，追寻旧踪，过去不了解的许多史实呈现在眼前，记忆中模糊的细节又清晰起来，共和国华诞的一幕幕，呈现在眼前。

---

* 钱听涛：时为华北人民革命大学第四部学员；后曾任中共中央党史研究室研究员。

一　聂荣臻任阅兵总指挥

开国大典前中央人民政府及政务院尚未成立，筹备工作主要由刚成立的北平市人民政府承担。事亦凑巧，市长兼军管会主任叶剑英 8 月就被内定调华南工作，准备解放广东，9 月初就到江西赣州去了。中央任命时任副总参谋长、华北局第三书记、华北军区司令员、京津卫戍司令员的聂荣臻接任。当中央决定在开国大典上要进行阅兵时，中央军委又任命他担任阅兵总指挥。虽然北平市各机关团体、各民主党派共 25 个单位到 9 月 21 日才正式集会成立筹委会，并公推聂荣臻为主任委员，但实际筹备工作早已开始。从整修天安门会场、树立旗杆、组织群众、准备鸣放礼炮焰火，特别是训练受阅部队，以及布置保卫会场安全等，都要在一个多月时间中完成。

开国大典的安全工作十分重要。北平解放不久，城内潜伏特务难以一下肃清，而且国民党飞机还会来袭扰。当年 5 月 4 日，国民党就从青岛派出 6 架 B–24 型轰炸机轰炸南苑，投弹 30 枚，毁伤我飞机 4 架，房屋 196 间，死伤 24 人，因此聂荣臻一直十分重视防空问题。我们空军还未正式组建。军委有一个航空局，专门在南苑机场组建了一个飞行中队，担任北平防空。聂荣臻考虑很细，下令万一敌机前来，在场人员一定要原地不动，不能乱跑，听从指挥，对受阅的 1978 匹战马也都做了安排。当然这一切是在中央领导之下进行的，周恩来常常具体过问。如 10 月 1 日中央领导人的车队如何从中南海开到天安门下，周恩来带罗瑞卿都曾亲去检查。

二　庆典前中央人民政府举行首次会议

当时的中央人民政府是9月30日由人民政协第一届全体会议选出的。主席毛泽东，副主席朱德、刘少奇、宋庆龄、李济深、张澜、高岗，委员有陈毅、贺龙、李立三、林伯渠、叶剑英、何香凝等56人，当日下午6时，全体代表利用统计选票时间在天安门广场参加人民英雄纪念碑奠基典礼，尔后回到会场才宣布上述结果。简短隆重的闭幕式，由毛泽东主持，朱德致闭幕词，奏《义勇军进行曲》。主席台上第一次悬挂了五星红旗。散会时天已经很晚了。

习惯晚上办公批阅文件的毛泽东，这一天夜以继日一直工作到10月1日清晨6点多。

中央人民政府委员会首次会议于10月1日下午2时在勤政殿召开。全体宣布就职，中央人民政府正式成立。随即，选林伯渠为秘书长，任命周恩来为政务院总理兼外交部长，毛泽东为人民革命军事委员会主席，朱德为人民解放军总司令，沈钧儒为最高人民法院院长，罗荣桓为最高人民检察署检察长，并责成他们从速组成各项政府机关。会议还宣布接受共同纲领为施政方针，并通知各外国政府只有这个政府才是中国唯一合法政府，并愿与各国建立平等的外交关系。

会议开完，全体领导人乘车出中南海东门，到天安门后下车登楼，下午3时庆典准时开始。

三　开国大典时的天安门会场

举行开国大典时天安门修葺一新，城楼上横标为“中华人民共和国中央人民政府成立典礼”，正中悬挂毛主席的巨幅画像（40年代着冠照）。两旁的标语，东为“中央人民政府万岁”，西为“中华人民共和国万岁”。没有国徽，因为9月25日、26日政协的座谈会及审查委员会上认为还要修改，所以27日全体会议上只通过了国旗、国歌、国都、纪年4个决议。

那时，东西三座门（正式名称为长安左门、长安右门）及南面长长的甬道，甬道两边长长的红墙，正南门即砖石结构的中华门都还存在，形成了一个“丁”字形的封闭的会场。与8个月前北平刚解放时的天安门前比较，可说是焕然一新，宽广平坦得多了。此外在现在国旗旗杆的地方已竖了一根当时看来已很高的旗杆，旗杆上有一个金色的顶。中华门外正阳门、前门箭楼两旁的许多建筑物上都张灯挂旗。“北平东站”“北平西站”的大字一夜间都改成“北京东站”“北京西站”了。会场里的工人、学生、干部、市民、城防部队都举了临时赶制的五星红旗及其他红旗、红灯和彩色小旗，特别是用红绢糊的大小不同的五角星灯，真是成了红旗红灯的海洋，只有市民中戴了小白帽的回民同胞举着绿底白色的星月旗，显得分外不同。会场上的群众共达30万人，分区席地而坐，很有秩序。金水桥北没有现在的观礼台，但搭了两个简单的台子，一个供大会指挥用，一个给唯一的外宾观礼团，这就是前一天刚到的以法捷耶夫为首的苏联文化艺术科学工作者代表团。受检阅部队则站在东长安街。

那时交通工具少，群众近则列队步行来，远的坐火车来。我当时所在的单位，临时编为华北革大第四部，住在西苑大院。华北革大七八千人的队伍迤逦一里许要步行到清华园车站。天未亮起床，到车站已 7 点，乘装煤的黑敞篷车，走了两小时才到前门车站。经过西直门车站时还见到门头沟工人也坐火车来。虽然“旅途”这样艰苦，但大家情绪高涨。在前门席地而坐等到下午两点才安排进入会场，午饭是馒头凉水，每人领到 3 块糖、两个梨，是节日优待。

四　毛主席在天安门上讲话

庄严隆重的开国大典终于在 10 月 1 日下午 3 时开始。那天早晨是阴天，上午和中午还下了一点小雨，但下午却放晴了，真是老天也和万民同庆。典礼的程序是：中央人民政府秘书长宣布开会；中央人民政府主席就位，副主席就位，委员就位；奏《义勇军进行曲》；中央人民政府主席宣布中华人民共和国中央人民政府成立，并升国旗（同时鸣礼炮，礼炮毕）；中央人民政府主席宣读中央人民政府公告；阅兵；游行。

提到开国大典，人们很容易想到毛泽东主席那句震古烁今的名言：“中国人民从此站立起来了。”然而这句话，并不是毛泽东在天安门城楼上讲的，而是在此之前的 9 月 21 日的政协开幕词中讲的。原文是“诸位代表先生们：我们有一个共同的感觉，这就是我们的工作将写在人类的历史上，它将表明：占人类总数四分之一的中国人从此站立起来了。”

还可提及的是升国旗、鸣礼炮。毛主席按动电钮，五星红旗冉冉升起。在场群众都把红旗红灯高高举起，成了一片红色的海洋。鸣礼炮从北平解放后已是第三次。第一次是7月7日晚天安门20万群众纪念抗战12周年及政协筹委会召开时放的。第二次是9月21日新政协开幕时鸣了礼炮54响。这次开国大典则以54门礼炮鸣28响，54门礼炮象征全国54个民族（当时还未有现在56个民族之说），28响象征中国共产党领导全国人民经历28年艰苦奋斗才取得新民主主义革命胜利。

五　朱总司令下达总部命令

毛主席宣读完公告后，阅兵开始。检阅司令员是中国人民解放军总司令朱德，阅兵总指挥是聂荣臻。

首先由聂荣臻陪同朱总司令坐敞篷车开始检阅。检阅毕，朱总司令回到城楼主席台宣读《中国人民解放军总部命令》，命令的最重要内容为："坚决执行中央人民政府和伟大的人民领袖毛主席的一切命令，迅速肃清国民党反动军队的残余，解放一切尚未解放的国土，同时肃清土匪和其他一切反革命匪徒，镇压他们的一切反抗和捣乱行为。"因为当时华南的两广海南、华东的福建一部分、西南全部（四川、西康、贵州、云南、西藏）均未解放，新疆虽宣布和平起义，解放军尚未到达迪化（乌鲁木齐），更不要说还有台湾，所以朱总司令的命令是有针对性的。命令宣布后，进行分列式。受阅部队以海军两个排为前导，接着是一个步兵师、一个炮兵师，一个战车师、一个骑兵师相继跟进。空军包括战斗机、蚊式机、教练机共 17 架在全场上空自东向西飞行受阅。前后历时 3 小时。

六　难忘的群众大游行

整个阅兵结束后，群众游行开始。一批批群众队伍，无不迫切希望走到城楼前，看到衷心敬爱的毛主席，天很快黑了下来，天安门城楼上的灯光突然照亮，上面是一串红橙色的灯，下面好像是 3 道粉青色电虹灯，再加上巨大的探照灯光射向全场，灯光闪闪，好似波浪。

等到 8 点多钟，华北革大七八千人的队伍才在华北大学之后行动。队伍慢慢走近金水桥，只听见城楼上扩音器传出“万岁”“万岁”的声音，才知道是毛主席在回应华大同学的欢呼。我们紧跟着走过金水桥，大声高呼“毛主席万岁”，这时才见到城楼上大宫灯前毛主席那魁梧的身躯，他不戴帽子，挥动着手用湖南口音高呼“万岁”，有时还喊“同志们万岁”，这时我们都感到毛主席看见我们了，口号喊得更为起劲，血都要沸腾了。我们还看到少奇同志，看到他身旁的女同志，我们猜一定是宋庆龄副主席。我们把手举到头顶鼓掌，主席台的领导人也鼓掌，人民的领袖们真是和我们心连心。

这就是有历史意义一天的实录。

要补叙一句：把 10 月 1 日定为中华人民共和国国庆日并不是在开国大典之日。10 月 9 日政协第一届全国委员会举行第一次会议，患病缺席的马叙伦委员托许广平委员提出建议：定每年 10 月 1 日为国庆，获得通过。但只作为建议送政府决定。同年 12 月 2 日中央人民政府委员会召开第四次会议时决定接受此建议。从此“十一”成为我们伟大祖国的国庆节，至于现在的国徽一直到 1950 年 9 月 20 日才以《中央人民政府命令》的形式公布。

［选自田浩编《读・党史（第 16 辑）・开国大典：中国人从此站立起来了》，中共党史出版社 2013 年版］

开国盛典中的“二七”工人

蔡振义 *

1948 年 12 月 14 日，是长辛店铁路工人永生难忘的日子，因为这一天是受尽磨难的工人彻底脱离苦难、开始当家做主人的日子。这一天的清晨，太阳从永定河的对岸升起，耀目的曙光照亮了长辛店。人们开门一看，街头巷尾站满了穿着黄绿色军装、戴着军帽的解放军战士。战士们一声声“大叔”“大婶”地打招呼，工人及其家属个个喜笑颜开，奔走相告：毛主席的队伍来了！

15 日早晨，工厂照例地响起了汽笛，工人们喜气洋洋地上了班。接管组的同志对大家说：“二七大罢工时，共产党就在这里领导，现在又回来了，从今天起，大家解放了！”

---

* 蔡振义：时为长辛店铁路工人。

孙茂林、左士俊、杭宝华、孙宝玉等“二七”老工人们亲热地围着接管组的同志们，像见了久别的亲人一样高兴地互相问候、谈笑。高起、陈境等一些地下党员看到接管工厂的还有自己的老上级，更是兴奋。尤其是老党员杨宝嵩竟然找到了22年前领导过自己的肖明同志，激动得热泪直流，连话都说不出来了。

工厂刚开始生产，工作组就提前发了新中国成立后的第一次工资，那是黄灿灿的小米，还有乌金发亮的煤，小米一次发了三四百斤。这是自日寇侵华8年、国民党反动统治3年多以来，工人们全家老小头一次吃上了饱饭，尝到了“家里有粮，心里不慌”的幸福滋味。工人白庆华买了张毛泽东的大画像贴在正屋当中的墙上，还配上了对联。上联是“人民解放太平年”，下联是“民主政策乐安然”，横批是“努力生产”。这是全厂工人们心情的写照。

1949年9月中旬的一天，工厂领导传达了10月1日组织工人们进城参加中华人民共和国开国大典的消息。喜讯传开，整个工厂沸腾了，新教唱的《咱们工人有力量》的歌声，在工厂、在宿舍区里回荡，不少工人上了白班接着又上夜班，领导轰都轰不走。工人们都憋着劲要带着出色的生产成绩进城去参加大典，去见毛主席哩！

9月30日晚12点，我们2000多参加开国大典的工人，拿着红红绿绿的小彩旗，精神抖擞地集合了。老工人穿起只有过年过节才穿的衣服，小伙子们别出心裁，学着当年红军战士的模样，人人头戴一顶自己花钱缝制的蓝色八角帽，浑身上下透着精神。这天晚上，长辛店几乎家家户户都亮着灯，沉浸在无比幸福的兴奋之中。

10月1日凌晨两点，我们分乘两列货车向北京城进发。一路上，虽然大家席地而坐在运货的槽车上，但人人都觉得特别舒服，欢声笑语满车厢，两车之间互相拉歌的歌声此起彼伏。这边唱“解放区的天是明朗的天”，歌声刚落，那边又唱起了“东方红，太阳升，中国出了个毛泽东”，嘹亮的歌声，震荡原野，划破夜空，迎来大地的黎明。

天蒙蒙亮时，列车徐徐驶入北京前门火车站，我们高举着标语，手挥着彩旗，排成八路纵队，浩浩荡荡地向天安门广场进发。人人抬头挺胸，高呼口号，豪情满怀。锣鼓队更是拉开了架势，铆足了劲，敲打起来。似乎古老的京城也年轻了。喷薄而出的一轮红日更是把天安门城楼镀上了一层灿烂的金光。石板路上响起了清脆的脚步声，千百支队伍正从四面八方向广场汇集，千万面红旗汇成了浩荡的海洋。

下午3时，毛泽东、朱德、刘少奇、周恩来等一大批伟人健步登上天安门城楼。广场上人头攒动，旗帜飘扬，欢呼声、口号声震天动地，天安门前成了狂欢的海洋。

林伯渠宣布大会开始后，广场上安静了。中央人民政府、人民革命军事委员会主席毛泽东那洪亮而又浓重的湖南乡音在天安门上响起：“中华人民共和国中央人民政府今天成立了。”欢呼声突然在广场上爆发出来。我们的队伍不知谁带头喊了声“毛主席万岁！”人们齐声高呼：“毛主席万岁！”在欢呼声中，毛主席按动电钮，第一面五星红旗在广场上空冉冉升起。军乐声中，54门礼炮齐鸣28响。

《义勇军进行曲》奏过，毛主席宣读了中央人民政府公告，朱德总司令向人民解放军下达了解放全中国的命令。随即便开始了盛大的阅兵式。人民解放军陆海空三军雄赳赳气昂昂地经过天安门广场接受毛主席和中央领导同志的检阅，使庆典进入又一个高潮。

阅兵式后，波澜壮阔的群众游行开始了，我们工人队伍走在群众队伍的最前头。我们沿途一路高呼口号，队伍所到之处，一片掌声。欢天喜地的声浪，遮天蔽日的红旗，整个北京城沸腾了，整个中国崛起了，整个世界都在聆听来自东方的最新信息。

我们工人用 3 句口号呼喊出了我们全部的感情和美好的愿望：

中华人民共和国万岁！

中央人民政府万岁！

毛主席万岁！

根据“二七”老工人刘东祥等座谈、回忆整理

（选自北京市政协文史资料委员会编《庄严的庆典——国庆首都群众游行纪事》，北京出版社 1996 年版）

南苑农民参加开国大典

张继亮 *

南苑区是 1948 年 12 月当地解放时建立的，隶属于北平市委、市政府管辖（1958 年 6 月，按照市区规划：南苑区一分为三，分别划归丰台区、朝阳区和大兴县所属）。笔者当时正在南苑区工作，不但参加了开国大典和盛会后的游行，而且还耳闻目睹了不少当时的情况，今天把它写出来，作为新中国成立 46 周年的纪念，也是本人一次美好的回味。

记得 1949 年 9 月 30 日上午，南苑区委召开会议，向从区委、区政府抽调的有关干部，宣布南苑区农民参加开国大典游行的一些事项，以及经南苑区委研究的意见和部署。全区参加开国大典游行

---

* 张继亮：时为北平市南苑区教师；后曾任中共北京市丰台区委农村工作部部长。

的1000多人，80%以上是翻身解放后的农民，其余的是机关干部、教师、工商业者、医务人员等。参加开国大典游行人员的名额数字，分配到各村和各单位，同时把抽调的干部分配下去，每个村1至2人，负责传达参加开国大典游行的注意事项和要求，审定参加的人员，以及参加庆典和游行的领队等。会后，各自迅速到达所分配的地方，召集会议、研究方案、组织队伍。

南苑区东南最边缘的石太庄村，是我党建立的大兴县抗日民主政府五联区主要的活动地区，建立党的组织也比较早。9月30日下午，在研究谁去参加开国大典游行时，年过花甲的老党支部书记焦玉海首先报名要求参加。大家关心他怕他年岁大身体吃不消，劝他不要参加，把名额让给别人。怎么说他也不同意。他说："正是因为年岁大了，趁着身体还可以时，参加开国大典去看看毛主席，看看中央和国家的那些领导人。中华人民共和国成立了，再也用不着担心日本鬼子的讨伐，国民党军队的'围剿'，今后要跟着党建设新家园，我怎么能不去呢！"他参加开国大典仪式后，经常在党员会、干部会、群众会上讲述开国大典游行的盛况，述说毛主席怎样向游行队伍招手等。他说这是他有生以来最高兴的一件事，喜悦的心情要和大家分享。

小红门村在研究参加开国大典游行的人员时，村长王盛斌提议说："在摧毁伪保甲，建立村政权，动员伪军、警、宪人员登记，收缴社会上的枪支弹药等工作中，村里的小青年们出力不小，这回让他们多去些人。"这个意见得到了大家的赞同，并决定让马春荣（入党后，担任小红门村党支部宣传委员，兼任青年团的村支部书记）为带队人之一。30多名准备参加开国大典游行的青年人，个个喜出望外，他们找来锣鼓，在村政府门前的广场上敲打起来，连唱带跳，边歌边舞，招来很多人前来围观，天已经很晚了还不离去。村干部孙凤宝、李月亭、黄宝贵等劝说他们回去休息，磨破了嘴皮也说不动他们。已经是深夜12点多了，小红门派出所所长高谦和村里主要干部以及治保委员会人员，研究节日保卫工作散会后，出来对他们说："你们应该赶快回去休息，明天好有精神参加游行，因为时间已经不早了。再说你们也不能就这样去接受毛主席的检阅呀！要换上干净的衣服，还要让家里人给做点干粮带上，好在路上吃。"经他这么一说，这些人才回家去休息。

会上研究时，确定是早晨6点钟集合，7点钟从小红门村出发，以区里来的同志的手表时间为准。不知道是谁把手表的时间往前拨了两个多钟头，有些人刚回到家，还没来得及脱衣躺下睡一会儿，就听到有人在街上喊："参加开国大典游行的同志集合了！赶快到村政府集合！"这时，天色还很黑，可是那手表的指针一点也不错。工夫不大，参加开国大典游行的人员，一个不差地全部到齐，每个人都穿上了整齐、干净的新衣服。经检查一切合乎要求，于是便整队出发。当他们到达指定地点时，还没有别的单位来。他们抢了个第一。随后，才听到歌声、哨声和"一、二、三、四"的口号声，知道别的村的队伍也来了。

当时，南苑区对参加开国大典游行队伍的要求是：10月1日上午9时，在永定门外侯庄集合，10点钟到达指定地点——天坛西门；南苑镇以北各村的队伍，步行到侯庄；南苑镇以南各村的队伍，因路程较远，8时前到南苑火车站，坐火车到永定门，再到侯庄集合，游行结束后，再回永定门坐火车开往南苑。那次所坐的火车是没有顶棚，只有槽帮的大敞车。那些没有出过远门、没有坐过火车的农民，上了火车以后，满怀喜悦的心情直挺挺地站在车厢里，从心眼儿里高兴。带队同志怕车启动后摔着人，让大家坐下，可谁也不肯坐下，都想看看四周的景色。火车到达了永定门车站，又整队赶往侯庄的集合地点。

时间还不到 9 点钟，各村参加开国大典的游行队伍已经陆续到齐。为了提前到达市里指定的报到地点，清点人数后，便集合队伍出发了。当到达天坛西门时，那里已经有很多的人。10 点钟，我们准时在市里同志的指挥下，跟随其他单位队伍的后面，往北向珠市口进发。到达珠市口后，往东到磁器口又往北，进崇文门到东单，从东单再往西到了东三座门，就在东三座门西边，长安街路南，这才算到了指定的位置。就这一段路程，用了 3 个小时，快 1 点时才到达。因为路上遇到许多参加游行的队伍，走走停停，有时又要跑一段。一切都要按计划行事，哪个单位在前，哪个单位在后，谁在左谁在右，都有一定的次序，一点都不能错位，完全听从指挥进入大会会场。

当我们到达指定地点后，看到过去年久失修、破旧不堪的天安门城楼已经修饰一新，就连长安街上的东、西三座门和长安街北边的墙，都粉刷成红色。毛主席的画像挂在天安门城楼的正中；零乱荒芜、杂草丛生的天安门广场，也进行了清理。清除了地面上的障碍物，补修了沥青石渣路面。很多地方还植树、种花、种草，进行了绿化美化的工作。大家在这焕然一新的广场上，唱歌、跳舞、挥动红旗，等待着那庄严时刻的到来。这时，各单位的领队不断地整理队伍，清点人数，防止外人进入。有时也常听到天安门城楼上的扩音器里发出调动游行队伍的命令，以及播放的音乐和人们交谈的声音。所以在这距开会前的两个钟头里，丝毫没有一点寂寞的感觉，一切都是那样的新鲜、动情。

下午 3 时整，中华人民共和国开国大典隆重举行，聚集在天安门广场及其附近的首都 30 万人，聆听着毛泽东主席宣读了中央人民政府公告，宣布中华人民共和国中央人民政府今天成立了。在红旗漫卷的人海里，爆发出雷鸣般的掌声与长时间的欢呼声。毛泽东主席亲自按动电钮，瞬时间，我国第一面五星红旗在《义勇军进行曲》的雄壮乐曲中冉冉升起。顿时，54 门礼炮齐鸣 28 响。中国人民解放军总司令朱德下达命令，阅兵式开始。当朱总司令站在敞篷汽车上，检阅陆、海、空三军时，车队缓缓地从我们的队伍前面通过，大家清楚地看到朱总司令健康的体魄，威武的雄姿，无不肃然起敬，报以热烈的掌声并高呼："中华人民共和国万岁！中国人民解放军万岁！"阅兵式后，群众游行队伍通过天安门，接受毛主席和中央领导人检阅。

在群众游行队伍走到天安门前时，人们不停地振臂高呼："毛主席万岁！中国共产党万岁！中华人民共和国万岁！"欢呼声此起彼伏，在天空中震荡着。人们在欢呼的同时，两只眼睛凝视着天安门城楼上，泪水迷住了眼睛，就赶紧把它擦掉，只想清清楚楚地看看伟大领袖毛主席，看看中央其他领导同志。为了能够仔仔细细地多看两眼，人们在天安门前站着不走，挤成了一团，有人的鞋子都被踩掉了，等工作人员催着让走时，一看队伍已经走了很远，赶紧跑着去追赶队伍，又有的人把鞋子跑丢了。据说事后清洁工清扫广场时，有很多丢失在这里的鞋子。队伍已经离天安门很远，长安街上的西三座门都过了，人们还不时地回过头来张望，希望能再看毛主席一眼。

就在群众游行队伍通过天安门时，善解人意的毛主席，在天安门的城楼上，从中间走到东头，又从东头走到西头，频频向游行的群众招手，挥帽致意。在人们高呼毛主席万岁时，他举帽高呼："人民万岁！"他那纯正浑厚的湖南口音从扩音器里传出，听得清清楚楚。有肯动脑筋、爱琢磨事的人事后提出，游行群众高呼毛主席万岁时，毛主席为什么高呼人民万岁？有人回答说："是毛主席要求人们把人民当家作主的政权，一代一代地传递下去，保证江山永不变色。"大家对这个意见表示赞同，认为有一定的道理。那天，南苑区农民的游行队伍过了西单以后才允许疏散，但不准停留，以免影响后边游行队伍的通过。

在南苑区农民参加开国大典游行的队伍里，还有来自学校的教师代表。当时他们正在南苑镇参加区委和区政府组织的学习班，学习社会发展史、毛主席的《论人民民主专政》以及新民主主义的教育方针等。这次开国大典游行的教师队伍，是以在此次学习班上被批准入团的新民主主义青年团员为主，吸收部分身体健壮的中老年教师参加，共计 20 多人。笔者当时是负责组织这个队伍的成员之一。这些人本来是可以坐火车抵达永定门的，然而大家却商量要列队走到集合地点。经区委同意后，大家高兴地跳了起来，一个个精神抖擞，雄赳赳、气昂昂地迈着整齐的步伐，一边高歌、一边行进，很快到达指定的地点。这些人，徒步走到集合地点，又随着大队走到天安门。游行结束后回到南苑镇驻地，稍微休息吃些东西，一些人搭伴骑上自行车，又去天安门看放焰火了。因为是零散人员，又没有介绍信，到珠市口就不让再往北走了。那里有很多的人，都是等着看放焰火的，而且人越聚越多，要想出去已经很不容易了。一直到放完了焰火人们散去，才骑车回来。这时已经是深夜了，没到城内看放焰火的同志，还在谈论着站在南苑北大桥上看焰火的情景，他们说看得特别清楚。进城去的几个人，讲述了城内的所见所闻，以及参加游行的感受，兴奋的心情使人不感到一点疲倦，也没有一点睡意。

今天，在回忆当年参加开国大典游行的情景时，很自然地勾起对毛主席、周总理、朱老总等老一辈无产阶级革命家的怀念。是毛主席和中国共产党领导全国人民推翻了压在中国人民头上的“三座大山”，才迎来了全国人民的解放。新中国成立后，又领导全国人民进行社会主义建设。经过 40 多年的艰苦奋斗，特别是在党的十一届三中全会以来，邓小平同志提出了建设有中国特色社会主义的理论，两个文明建设出现了前所未有的大好形势。目前，全国人民正在建设有中国特色的社会主义的大道上，进一步解放思想，加快改革步伐，向小康的目标迈进。我想，那些全心全意为中国人民的独立和富强而奋斗了一生的老一代领导人，他们虽然离开了我们，但仍然活在我们的心中。他们若是在天有灵的话，看到今天的情景，也一定会高兴的。

（选自北京市政协文史资料委员会编《庄严的庆典——国庆首都群众游行纪事》，北京出版社 1996 年版）

忆开国大典盛况

王乐洲 *

1947 年，我考入国立十中师范部，但内心却想上大学。1948 年 5 月初，我在郑州街头看到一则“到台湾上军校三年后可保送入大学”的招生广告，便与一些同学一道报了名，5 月 15 日离郑（同行者 50 余人），6 月 4 日到达台南市郊，被编入国民党第三十一军第二〇五师第六一五团当兵，方知受了骗，懊悔不已。同年 10 月 1 日，我所在的部队又以“调广州守总统府”为名，被调至北平，我再次受骗。

1949 年 1 月 31 日北平和平解放，我于 4 月 6 日考入东北军事政治大学。该校属中国人民解放军第四野战军序列，本部驻黑龙江省境内，系 1945 年 12 月由中国人民抗日军事政治大学改建。我入

* 王乐洲：时任东北军事政治大学第六团第十一中队第三班班长。

校时，林彪兼任校长，倪志亮任副校长，吴溉之任副政治委员。该校共办了 11 期。其中第 11 期原有 5 个团，北平和平解放后又从原国民党军第二〇五师报考的 3000 多名士兵中录取了 1000 多人，在北平安定门外黄寺设立第六团，团长袁渊，政治委员霍丁，全团下辖 4 个大队（12 个中队）。我被分配到第十一中队第三班任班长。1949 年 7 月，校直机关和第一、第二、第三、第五团由齐齐哈尔移驻武汉（第六团亦于 10 月 10 日离京，月底到达武汉），后改称人民解放军中南军事政治大学，并相继设立河南、湖北、湖南、江西、广东、广西等分校。

我们除学习军事、政治、历史等课程外，团领导还经常组织大家学习时事，以便及时了解国内外大事。特别是 9 月下旬中国人民政治协商会议第一届全体会议期间，我们每天都认真学习《人民日报》刊登的有关报道，深受教育和鼓舞。9 月 30 日傍晚，我们中队接到团部的紧急通知：上级指定我团明天参加开国大典。大家听后兴奋不已，连夜赶制开会时用的小红旗。

10 月 1 日上午 8 时许，随着一阵嘹亮的集合号声，各中队陆续列队来到团部。袁团长首先讲话：我们团今年 7 月 7 日曾参加北平各界纪念七七抗日战争 12 周年大会，今天的会比那次还要隆重、盛大，大家一定要以新的姿态去参加这次盛会。霍政委接着说：这是党中央和解放军总部对我们团的最大信任和关怀，我们一定要模范地遵守大会纪律，为开好这次盛会尽力。随后，我们团以大幅红旗为前导，在团长、政委的率领下，排成三路纵队出发，进入安定门。

沿途我看到，道路两旁的建筑物上悬挂着一面面鲜艳的五星红旗，迎风招展。自从 9 月 28 日《人民日报》刊登《国旗制作方法》

后，北京城内的红布、黄布很快被抢购一空，于是人们就买来白布染成红色和黄色，日夜赶制五星红旗，以庆祝新中国的诞生。队伍穿过一条条披着节日盛装的街道，我们频频挥动手中的小旗，高呼口号，进入宽敞的长安街，直奔天安门。

经过严格的安全检查和精心装饰的天安门城楼显得格外庄严雄伟，金碧辉煌。城楼上方重檐内悬挂着巨大横幅，上书“中华人民共和国中央人民政府成立典礼”。城楼上绘有吉祥如意图案的栋梁间悬挂 8 盏红色巨型宫灯，城台两侧 8 面鲜艳的红旗迎风飘扬。毛泽东主席的巨幅画像悬挂在正中券门的上方，两侧的红墙上分别挂着“中华人民共和国万岁”和“中央人民政府万岁”的巨幅标语。

我团的队伍在天安门前稍事停留，即由庆典的组织者引导至广场右侧的第一排。这是一个极好的位置，向前可以清楚地望见天安门城楼，向后整个广场则一目了然。这时，首都各界群众的游行队伍正从四面八方向广场上汇集，不久就形成 30 万众的人海。天安门广场上彩旗飘扬，嘹亮的歌声此起彼伏，一浪高过一浪。

下午 2 时 55 分，毛泽东主席、朱德副主席等开国元勋们健步登上天安门城楼，扩音器里传出了北京新华广播电台播音员丁一岚的声音：“毛主席来了……”军乐队奏起了《东方红》乐曲。身材魁伟的毛主席神采奕奕，来到城楼前边，向全场群众频频挥手致意。顿时，雷鸣般的掌声、欢呼声、口号声响彻天安门广场，经久不息。袁团长、霍政委都是跟随毛主席转战南北的老战士，曾多次见过毛主席，但此时毛主席是第一次以新中国中央人民政府主席的身份出现在天安门城楼上的，所以他们的心情都异常激动，不断带领全团干部、学员振臂高呼：“毛主席万岁！”

时针终于指向下午3时这一最激动人心的时刻。中央人民政府秘书长林伯渠宣布中华人民共和国中央人民政府成立典礼正式开始。毛主席迈步走到天安门城楼正中，中央人民政府的各位副主席、委员亦就位。毛主席庄严地向全世界宣告：“中华人民共和国中央人民政府今天正式成立了！”此后，热烈的欢呼声再次从我们团的队伍中，从广场上的每一支游行队伍中响起，犹如一阵阵春雷回响在广场上空。

林伯渠秘书长宣布“请毛主席升国旗”，毛主席健步走到安装在天安门城楼上西南角的升旗装置前，按下电钮。此时，象征着全国革命人民大团结的五星红旗，顺着天安门广场上的旗杆冉冉升起。天安门东侧的礼炮队以54门齐射，共28响。我团干部、学员一律以左手持小红旗，举起右手行军礼，仰望着正在升起的五星红旗，眼眶里噙着晶莹的泪花。升国旗、鸣礼炮毕，我们激动的心情已然不能自已，幸福的热泪夺眶而出，挥动着小旗不断高呼：“中华人民共和国万岁！”

接着，毛主席以洪亮的声音宣读了《中华人民共和国中央人民政府公告》：“中华人民共和国中央人民政府委员会于本日在首都就职，一致决议：宣告中华人民共和国中央人民政府的成立……同时决议：向各国政府宣布，本政府为代表中华人民共和国全国人民的唯一合法政府。”毛主席宣读《公告》完毕后，广场上又一次响起狂风暴雨般的掌声和欢呼声。我们团的干部、学员一面使劲地鼓掌，一面不停地高呼：“中央人民政府万岁！”

下午4时多，阅兵式开始。阅兵总司令、中国人民解放军总司令朱德在阅兵总指挥、华北军区司令员兼京津卫戍区司令员聂荣臻的陪同下，在《中国人民解放军进行曲》《三大纪律八项注意》等军乐声中检阅阵容严整、威武雄壮的人民解放军部队。当朱总司令乘坐的敞篷汽车来到我们团的队列前时，总司令以他那浓重的四川口音亲切地喊道："同志们好！"我们在袁团长、霍政委的带领下向总司令行军礼，激动地齐声高呼："总司令好！"我们目送总司令的汽车驶出很远，才行军礼毕。

朱总司令检阅部队后回到天安门城楼上，庄重宣读《中国人民解放军总部命令》："中国人民解放军全体指战员、工作员，坚决执行中央人民政府和伟大的人民领袖毛主席的一切命令，迅速肃清国民党反动军队的残余，解放一切尚未解放的国土……"此时，全团干部、学员认真聆听着每一个字，人人心潮激荡，热血沸腾，深为自己所肩负的光荣神圣的使命而感到骄傲和自豪。待朱总司令宣读完毕，"中国人民解放军万岁"的口号声和欢呼声以排山倒海之势，迅速响遍整个天安门广场。

战旗猎猎，军乐嘹亮，在"八一"军旗的引导下，由人民解放军海军、步兵、炮兵、战车、骑兵组成的一个个方阵，依次由东向西通过天安门城楼，接受检阅。忽然，10 余架人民解放军空军的飞机伴随着巨大的轰鸣声，编队由东向西飞越天安门广场，与地面的受阅部队遥相呼应，天地之间顿时形成坚不可摧的立体阵容，蔚为壮观。这时我清楚地看到，在天安门城楼上，毛主席、朱总司令等开国元勋们正不停地向空中挥手。我们团的队列在袁团长、霍政委的带领下，响起整齐而又响亮的掌声。一时间广场上掌声雷动，犹如万顷巨浪，奔腾咆哮。

阅兵式结束时，天色已晚，广场上成千上万的灯笼、火把相继点燃，使整个广场很快成为灯的海洋；无数五颜六色的信号弹腾空而起，交相辉映，照亮夜空。一支支由工人、农民、解放军、机关干部、青年学生、工商业者等组成的游行队伍，宛如一条条五彩缤纷的巨龙，在热烈的欢呼声、口号声中经过天安门城楼前的大道，向东、西长安街奔腾而去。当我团的队列行进至天安门前时，全体干部、学员一律行军礼，大家目不转睛地仰望着城楼上的毛主席，不停地齐声高呼："毛主席万岁！"我们看到，毛主席正从城楼的栏杆边探出身子，频频向我们挥手，还在麦克风前高呼："同志们万岁！"我们的队列走出很远了，"毛主席万岁""同志们万岁"的欢呼声仍不断从天安门广场传来。当夜，整个北京城都沉浸在节日的狂欢之中。

游行归来，已是深夜12时了，大家仍兴奋不已，毫无倦意。我回到中队，吃饭、盥洗完毕，上床休息时已是10月2日凌晨1时。我心潮起伏，辗转反侧，难以入眠，开国大典上那一幕幕激动人心的场景不断在眼前浮现，同时也为自己能够从一名曾受国民党反动派欺骗、愚弄的无知青年而成为人民解放军的一员深感荣幸和自豪。这时，我们中队的收音机里正在广播10月1日《人民日报》社论《中华人民共和国万岁》："前程无限光辉的中华人民共和国已经诞生，四万万七千五百万中国人民开始自己当权管理国家，我们这个古老的东方民族揭开了历史的新的巨册……"

（选自河南省政协文史资料委员会编《河南文史资料》第71辑，1999年版）

参加开国大典的回忆

邓旺兴 *

1949 年 9 月，正是金秋季节，天高气爽。在我们伟大祖国的首都——北京，到处呈现着一派沸腾的景象：街上商店的门面粉刷一新；天安门南边扩建成了南北狭长的广场；金水桥前边高大的华表，向后移了几米，天安门城楼经过重新彩绘，更显得金碧辉煌；城楼下的红墙两边出现了两条大字标语：“中华人民共和国万岁”“世界人民大团结万岁”，从早至晚不时听到断断续续的锣鼓声；东交民巷北边的草场上几十门高射炮昂首指向天空。

10 月 1 日早晨，下了一场小雨，把北京清洗得干干净净。7

* 邓旺兴：时为北京店员工会成员；后曾任奇村中学副校长，忻州市政协委员。

点半钟，我提着红五星灯笼，带着干粮，去厂甸公园集中在店员工会的队伍里，向天安门广场出发。沿途所见：有些楼房从顶到底，挂着长幅红布标语；大街小巷张灯结彩，一派节日气氛；首都各界群众30多万人汇集在一起，喜气洋洋地涌进广场；天安门城楼两边，8面红旗迎风招展；城楼上的特大红纱灯分外引人注目，天安门两边搭起了观礼台；广场中停放着一辆四面安装大喇叭的指挥车。我有幸被委派为联络员，臂上佩戴红袖章，随时和指挥车联系，传达注意事项。下午两点，参加大会的队伍已全部到齐。这时彩旗飘舞，歌声四起，唱得最多的歌是《没有共产党就没有新中国》《你是灯塔》和《咱们工人有力量》。在锣鼓喧天、欢声雷动中，热烈庆祝中华人民共和国中央人民政府成立，热烈庆祝中国人民政治协商会议成功。此时，参加开国大典的陆、海、空三军检阅部队，整齐地排列在东长安街和崇文门大街上。当天的首都报纸上，刊登着郭沫若先生在新中国成立前夕写的《新华颂》：

人民中国，屹立亚东。光芒万道。辐射寰空，艰难缔造庆成功，五星红旗遍地红。生者众，物产丰，工农长作主人翁，使我光荣祖国，稳步走向大同。

下午3点，阳光灿烂，万里晴空，开国大典隆重举行。林伯渠秘书长宣布大会开始。在万众欢呼声中，毛泽东主席向全世界庄严宣告：“中华人民共和国中央人民政府成立了！”“中国人民从此站起来了！”接着，毛泽东主席亲自按动电钮，将第一面五星红旗升起在天安门广场22.5米高的旗杆上。此时，54门礼炮齐鸣28响，军乐队高奏国歌，全场肃立，向国旗致敬。

毛主席还亲自宣读了中央人民政府公告：“本政府为代表中华人民共和国全国人民的唯一合法政府。凡愿遵守平等、互利及互相尊重领土主权等项原则的任何外国政府，本政府均愿与之建立外交关系。”毛泽东宣读完公告后，举行了盛大的阅兵式和群众游行。在阅兵式上，朱德总司令发布了《中国人民解放军总部命令》。阅兵式进行了两个半钟头，步兵、炮兵、骑兵、装甲战车部队皆以等距离、等速度，整团、整师健步行进；年轻的人民海军部队和人民空军机群，第一次出现在人民面前。

约5时许，游行开始了。开始走过天安门的是身经百战屡立战功的军官们。接着是各兵种以各自的队形，由东向西面对天安门城楼行注目礼，在《解放军进行曲》的乐声中缓缓行进。一队队的坦克、炮车，闪光发亮，形成滚滚铁流，显得分外雄壮；当天空战斗机运输机编队低空飞行、掠过天安门时，全场爆发出阵阵的掌声。宣传机把传单撒下广场，好像彩蝶纷飞，把喜讯报给了人们。特别是骑兵以红马队、白马队、黄马队、黑马队列成方阵，踏着有节奏的步伐、保持等距离的速度前进。

广场内的群众游行队伍，从金水桥中间到天安门城楼下接受检阅，再从两边桥上退出东西长安街各自疏散。此时天色已暮，天安门广场华灯初放，焰火腾空。游行群众各自都把灯笼点着，霎时成了一个灯的海洋，真是“火树银花不夜天”。当我们的队伍走过金水桥时，在明亮的灯光下，看见毛主席探出身子挥手高喊：“同志们万岁！”“人民万岁！”人们高兴地把手中的灯笼抛向空中，高呼“毛主席万岁！”“毛主席万岁！”直至我们走出西三座门时，还不时从喇叭里传出毛主席高呼“人民万岁”的声音。整个庆典，至午夜才尽欢而散。

今年，我们伟大的中华人民共和国已越过了40个春秋。然而40年前开国大典的情景，仍旧历历在目。回忆那一幕幕感人的场面，不啻是一次幸福、美好的享受。

（选自忻州市政协文史资料研究委员会编《忻州文史资料》第5辑，内部资料，1989年）

参加开国大典前后见闻

韩进英 *

1949 年 2 月北平和平解放后，我从济南到了北平，在北平崇德中学上初中三年级。这是一所英国教会办的学校，教英语的教师很多就是英国牧师。当时美国驻华领事馆仍在北平，它的文化处每周都在学校中散发宣传美国文化的电影票。学生的思想认识也很混乱，政治教师许多是刚脱下军装的解放军的文化教员，来学校筹建中共支部的也多是公开了身份的地下党员。记得在一次政治课课堂上，有一个学生问："老师，国民党说共产党是匪，共产党说国民党是匪，到底谁是匪？"那教师还真有水平，他说："这个问题你走出校门去问工人、农民和老百姓，他们说谁

* 韩进英：时为北平崇德中学学生，中国新民主主义青年团团员；后曾任济南市政协港澳台侨和外事委员会主任。

是匪，谁就是。”更甚者，学校中的国民党员和三青团员公开闹事，他们在下课休息时喊“一、二”，学生竟然又唱起国民党时期的国歌。我是从解放区来的学生，自然对此不能容忍，为此双方打得头破血流。奇怪的是校领导反而斥责我们野蛮、动粗，当时的形势可见一斑。

由于北平是和平解放，国民党特务将2000名手持武器的宪兵就地解散，加上潜伏特务的破坏，城中不时响起刺耳的枪声。解放军进驻公安派出所后，对当地情况不熟悉，为此中共北平市委抽调一批北大、清华大学的原地下党员和进步学生充实到公安部门，经过一段整顿，北平的社会秩序大为好转。毛主席和党中央进北平时，沿街都是解放军真枪实弹，可谓三步一岗、五步一哨，这在当时严峻的治安形势下，也是不得已的。北平和平解放后，美、英等国在华的教会活动频繁，有的教会内居然设有美蒋特务的电台，教会学校中的外籍教师，对共产党很不友好，有的公开煽动学生不要参加我们的政治活动。在我们崇德中学，就有一个英籍教师叫芮德兰，她公然不让学生参加庆祝五一的游行，居然在学生中散布拥蒋反共言论。对待所有这些现象如不采取断然措施，将会给共和国的诞生带来意想不到的损失。为此，北平市军管会下令：立即取缔教会中私设的电台，驱除破坏中国人民解放事业的帝国主义分子。当北平市军管会的代表在我们崇德中学当场宣布“限芮德兰48小时离境”时，学生们沸腾了，几百人把芮德兰的宿舍围得水泄不通，高呼口号：“打倒帝国主义分子芮德兰！”“芮德兰滚回去！”这个满头白发的英国女人，吓得直发抖，她在军管会派人护送下，绕道天津去了香港，这就是当时轰动一时的所谓“芮德兰事件”。

解放后，北平市当局为群众做了几件深得民心的好事：一是处决了几个囤积粮食、哄抬粮价的大奸商；二是清除了大街小巷的生活垃圾，据说有些小垃圾山从日伪时期就没人过问；三是在4月份一个晚上全市统一行动，把妓女统统抓起来，取缔了妓院，人们对此无不拍手称快。

1949年4月，团中央正式成立（团中央书记是冯文彬），并立即发展了第一批青年团员。当时团的正式名称是中国新民主主义青年团。我就是新中国首批被发展的青年团员，共500名，团员中有工人、农民、解放军和学生，我们在北海公园树林中草坪上宣誓入团，然后在草坪上跳集体舞、唱苏联歌曲。

自1949年6月开始，党中央就加紧了筹建新中国开国大典的步伐，首先是邀集各民主党派和民主人士到京，与中央首长共商国是；其次是广泛发动群众，从思想、物质上做准备工作。当时的天安门广场面积比现在小得多，东西长安街在天安门两侧各有一座叫“三座门”的小城门，广场东西两侧各有一段南北走向的红墙，广场上有许多树，地上长满了野草。团中央就组织我们义务劳动，经过近一个月的修整，天安门广场焕然一新。

1949年9月，人民政协第一届全体会议开幕后，会上讨论在何处定都，用何种式样的国旗、国歌，代表们各抒己见，非常民主。有的说：“南京是六朝古都，打败了国民党，仍应定都南京。”山东的代表提议：“山东济南是全国第一个解放的特别市，地处中原一带，南北交通便利，背靠黄河，应定都济南。”当然，同意定都北平的是多数。关于国歌也众说纷纭，有人提议，将岳飞的《满江红》古曲，重新填词作为国歌；但多数人认为，法国人把马赛曲作为国歌是为了不忘过去，我们为什么不用《义勇军进行曲》做国歌呢？且全曲雄壮、有力，歌词激昂、悲壮，能体现民族精神。大会最后决定：将北平市更名为北京市，作为首都；五星红旗为国旗；将《义勇军进行曲》定为中华人民共和国代国歌。

在会议召开前，团中央组织我们搞了一次游行，时间是9月中旬的一个晚上，中心内容是：我们要选毛主席。那天下午6时，各大中学校学生，举着红旗，浩浩荡荡地来到了中南海南边的新华门前，高呼："中国共产党万岁！""我们要选毛主席！""毛主席万岁！"这时各民主党派的负责人和部分著名无党派民主人士如黄炎培、郭沫若等也都来到新华门城楼上，他们对着麦克风高呼："我们也要选毛主席！"顿时在游行队伍中响起了热烈的掌声和欢呼声。在新华门外维护秩序的解放军战士，从新华门内给游行队伍送来了茶水。由于游行队伍人数太多，加之，走到新华门前就停下来呼口号，等到我们的队伍到新华门前时，已是晚上9点多钟。解放军负责同志怕学生饿，又从新华门内挑来几大筐馒头和点心让学生吃，但参加游行的学生情绪激动，早已忘记了饥饿。这是一次组织得很好的游行，队伍井然有序，它表达了群众的心愿，反映了民意。

随着开国大典的日益临近，各项准备工作都在抓紧进行，各单位、学校、人民团体都要买红布做国旗，一时间红布脱销，据说又抓紧从东北调运了一批。各学校学生为了统一服装都犯了愁。那时群众生活很苦，物资缺乏，统一着装谈何容易，于是学生和家长到处走亲访友，互通有无借服装。各单位买红旗，学国歌，练方队，节日气氛越来越浓。解放军为了搞好受阅，在天安门前已预演过一次，据说阅兵总指挥仍不满意，为了不影响白天的交通，部队连夜在天安门前操练。我们前去观看，尽管已是秋天，但见指战员早已练得挥汗如雨，指挥员那洪亮又嘶哑的口令声此起彼伏，好不威严。所有这一切向人们显示，我们中国人民经过百年的反帝斗争，中国共产党领导人民经过 28 年的奋斗，终于夺取了政权，属于人民的年轻的共和国即将诞生了。

10 月 1 日，天气有云，时有零星小雨，我们一清早就带上干粮和水壶，整队来到了天安门广场，站在军乐队的西侧，等啊！等啊！一直不见动静，据说是要等天气好转后，飞机才能起飞受阅。我们一直站在那里等待这一庄严的时刻。当天安门城楼上党和国家领导人出现时，我们跳跃、欢呼，口号声不绝于耳，毛主席穿着一身黄色中山装格外显眼，他不停地向群众招手，当人们稍稍平静后，扩音器里传出了中央人民政府秘书长林伯渠的声音："同志们！庆祝中华人民共和国中央人民政府成立典礼，现在开始！"几百人的军乐队顿时奏起了雄壮的国歌，毛主席在天安门城楼上向前迈了一步，按下电钮，鲜艳的五星红旗冉冉升起。这首次奏响的国歌和这面首次升起的国旗，标志着我们人民共和国的正式成立，中国人民从此站起来了。人们仰望着随风飘扬的五星红旗，热泪盈眶。在毛泽东主席致辞后，接着是解放军的分列式开始，走在最前面的是身着呢制水兵服的海军方队，北京那时很少有水兵出现，尽管这个方队人数最少，却受到人们的热烈称赞。然后是步兵方队，那闪闪发亮的刺刀配合着《解放军进行曲》，向世人展示这是一支不可战胜的力量。当坦克群隆隆地驶过天安门时，天空中出现了空军的品字形编队，毛主席和中央领导人一再仰望天空并热情鼓掌，站在天安门广场上的群众，只恨两只眼睛不够用。解放军分列式后，盛大的群众游行开始了。那时组织国庆游行自然是首次，参加游行的人数太多了，当华灯初上时，才轮到我们在天安门广场始终站着的学生队伍。我们一拥而上，高呼口号，大家都想再走近些看看国家领导人的风采。毛主席摘下帽子，不停地晃动着向群众致意，这样热烈激动的场面延续了近 10 分钟，彭真市长宣布大会结束，我们才慢慢离去。

回忆往事，我为能在新中国成立前首批参加青年团而自豪，为能参加中华人民共和国的开国大典而感到光荣！

（选自济南市政协文史资料委员会编《济南文史集粹（上）》，内部资料，2000 年）

中华人民共和国中央人民政府公告

（一九四九年十月一日）

自蒋介石国民党反动政府背叛祖国，勾结帝国主义，发动反革命战争以来，全国人民处于水深火热的情况之中。幸赖我人民解放军在全国人民援助之下，为保卫祖国的领土主权，为保卫人民的生命财产，为解除人民的痛苦和争取人民的权利，奋不顾身，英勇作战，得以消灭反动军队，推翻国民政府的反动统治。现在人民解放战争业已取得基本的胜利，全国大多数人民业已获得解放。在此基础之上，由全国各民主党派、各人民团体、人民解放军、各地区、各民族、国外华侨及其他爱国民主分子的代表们所组成的中国人民政治协商会议第一届全体会议业已集会，代表全国人民的意志，制定了中华人民共和国中央人民政府组织法，选举了毛泽东为中央人民政府主席，朱德、刘少奇、宋庆龄、李济深、张澜、高岗为副主席，陈毅、贺龙、李立三、林伯渠、叶剑英、何香凝、林彪、彭德怀、刘伯承、吴玉章、徐向前、彭真、薄一波、聂荣臻、周恩来、董必武、赛福鼎、饶漱石、陈嘉庚、罗荣桓、邓子恢、乌兰夫、徐特立、蔡畅、刘格平、马寅初、陈云、康生、林枫、马叙伦、郭沫若、张云逸、邓小平、高崇民、沈钧儒、沈雁冰、陈叔通、司徒美堂、李锡九、黄炎培、蔡廷锴、习仲勋、彭泽民、张治中、傅作义、李烛尘、李章达、章伯钧、程潜、张奚若、陈铭枢、谭平山、张难先、柳亚子、张东荪、龙云为委员，组成中央人民政府委员会，宣告中华人民共和国的成立，并决定北京为中华人民共和国的首都。中华人民共和国中央人民政府委员会于本日在首都就职，一致决议：宣告中华人民共和国中央人民政府的成立，接受中国人民政治协商会议共同纲领为本政府的施政方针，互选林伯渠为中央人民政府委员会秘书长，任命周恩来为中央人民政府政务院总理兼外交部部长，毛泽东为中央人民政府人民革命军事委员会主席，朱德为人民解放军总司令，沈钧儒为中央人民政府最高人民法院院长，罗荣桓为中央人民政府最高人民检察署检察长，并责成他们从速组成各项政府机关，推行各项政府工作。同时决议：向各国政府宣布，本政府为代表中华人民共和国全国人民的唯一合法政府。凡愿遵守平等、互利及互相尊重领土主权等项原则的任何外国政府，本政府均愿与之建立外交关系。特此公告。

中华人民共和国
中央人民政府主席　毛泽东

一九四九年十月一日

（选自《毛泽东文集》第6卷，人民出版社1999年版）

中华人民共和国中央人民政府
主席、副主席及委员

主　席：毛泽东

副主席：朱　德　刘少奇　宋庆龄　李济深　张　澜　高　岗

委　员：陈　毅　贺　龙　李立三　林伯渠　叶剑英　何香凝
林　彪　彭德怀　刘伯承　吴玉章　徐向前　彭　真
薄一波　聂荣臻　周恩来　董必武　赛福鼎　饶漱石
陈嘉庚　罗荣桓　邓子恢　乌兰夫　徐特立　蔡　畅
刘格平　马寅初　陈　云　康　生　林　枫　马叙伦
郭沫若　张云逸　邓小平　高崇民　沈钧儒　沈雁冰
陈叔通　司徒美堂　李锡九　黄炎培　蔡廷锴

习仲勋　彭泽民　张治中　傅作义　李烛尘　李章达
章伯钧　程　潜　张奚若　陈铭枢　谭平山　张难先
柳亚子　张东荪　龙　云

（选自政协全国委员会办公厅编《开国盛典——中华人民共和国诞生重要文献资料汇编》上册，中国文史出版社2009年版）

中国人民政治协商会议第一届全国委员会主席、副主席、常务委员和秘书长名单

（一九四九年十月九日中国人民政治协商会议第一届全国委员会第一次会议通过）

主　　席： 毛泽东

副 主 席： 周恩来　李济深　沈钧儒　郭沫若　陈叔通

常务委员： 毛泽东　刘少奇　周恩来　李维汉

李济深　王昆仑　蒋光鼐

张　澜　沈钧儒　章伯钧

黄炎培　陈叔通　章乃器

郭沫若　马叙伦　张奚若

杨秀峰　乌兰夫

朱　德　林　彪

刘宁一　邓颖超　冯文彬

沈雁冰　梁　希

吴鸿宾

陈嘉庚

邵力子

秘 书 长：李维汉

（选自政协全国委员会办公厅编《开国盛典——中华人民共和国诞生重要文献资料汇编》上册，中国文史出版社 2009 年版）

人民政协与新中国成立大事记

1945 年

4 月 23 日—6 月 11 日　中国共产党第七次全国代表大会在延安举行。毛泽东致开幕词，向大会提交《论联合政府》政治报告并作口头报告。大会把毛泽东思想确立为中国共产党的指导思想并载入党章。大会强调，当前最重要的，是要求立即废止国民党一党专政，建立民主联合政府。

8 月 15 日　日本天皇裕仁以广播形式发布《终战诏书》。日本无条件投降。

8 月 28 日　毛泽东率中共代表团赴重庆与国民党代表进行和平谈判。10 月 10 日，国共双方签署《政府与中共代表会谈纪要》（即“双十协定”）。国民党政府接受中共提出的和平建国的基本方针。双方确定召开各党派代表及社会贤达参加的政治协商会议，共商和平建国大计。

1946年

1月10日—31日　有国民党、共产党、民主同盟、青年党和社会贤达的代表参加的政治协商会议在重庆举行。会议通过了政府组织案、国民大会案、和平建国纲领案、军事问题案、宪法草案等5项协议。

4月28日　哈尔滨解放。

6月26日　国民党撕毁停战协定和政协协议，悍然进攻中原解放区。其后，国民党军向其他解放区展开大规模进攻。全面内战由此爆发。

11月15日—12月25日　由国民党一党包办的"国民大会"召开，制定了《中华民国宪法》。中国共产党和各民主党派、各人民团体，均严正声明不承认国民党背叛政协协议而召开的"国大"和它所通过的"宪法"。蒋介石在政治上陷于孤立。

11月21日　中共中央在延安召开会议，决定用"打倒蒋介石"作为最后解决国内问题的方针。

1947年

3月18日—19日　中央机关撤出延安，开始转战陕北。

5月20日　南京、上海、苏州、杭州学生5000余名走上南京街头，高呼"反饥饿""反内战"等口号，遭到反动当局镇压。同日，北平7000余名学生也举行了"反饥饿""反内战"示威大游行。

是年，全国20多个大中城市中先后有300余万工人罢工。在农村，广大农民反抗抓丁、征粮和征税，在共产党的领导和推动下，以学生为先锋的爱国民主运动同国民党政府之间的斗争，逐步形成配合人民解放战争的第二条战线。

6月30日　刘伯承、邓小平率领晋冀鲁豫野战军主力强渡黄河，揭开战略进攻的序幕。8月下旬，陈赓、谢富治率领晋冀鲁豫野战军一部渡过黄河，挺进豫西。9月，陈毅、粟裕率领华东野战军主力越过陇海铁路南下，进入豫皖苏平原。三路大军打到外线，布成“品”字形阵势。

10月10日　中国人民解放军总部发表宣言，提出“打倒蒋介石，解放全中国”的口号。

11月12日　石门（今石家庄）解放。

12月25日—28日　中共中央在陕北米脂杨家沟召开扩大会议。会议通过毛泽东提交的《目前形势和我们的任务》书面报告。报告阐明党的最基本的政治纲领和新民主主义革命的三大经济纲领，提出十大军事原则。

1948年

4月25日　毛泽东致电刘少奇、朱德、周恩来、任弼时，提出召开中共中央书记处会议，讨论“邀请港、沪、平、津等地各中间党派及民众团体的代表人物到解放区，商讨召开人民代表大会并成立临时中央政府”等重要问题。

4月27日　毛泽东写信给晋察冀中央局城市工作部部长刘仁，要他告知张东荪、符定一，中共准备在当年秋季召开各民主党派、各人民团体的代表会议，会议名称拟称为政治协商会议，开会地点在哈尔滨。

4月30日—5月7日　中共中央在城南庄召开书记处扩大会议。会议的中心议题是研究如何促进和迎接中国革命全面胜利的到来。会议第一天讨论并通过了经毛泽东修改的《中共中央纪念“五一”劳动节口号》。

4月30日　中共中央发布纪念“五一”劳动节口号，提出“各民主党派、各人民团体、各社会贤达迅速召开政治协商会议，讨论并实现召集人民代表大会，成立民主联合政府！”

5月1日　毛泽东致函在香港的李济深、沈钧儒，具体提出了召开政治协商会议的时间、地点、参会党派和原则、实施步骤等。

同日　中共中央电示上海局、香港分局，拟邀请各民主党派代表李济深、冯玉祥、何香凝等29人来解放区开会，讨论关于召开人民代表大会并成立民主联合政府、加强各民主党派各人民团体的合作及纲领政策等问题。

5月4日　陈嘉庚代表新加坡华侨致电毛泽东，率先响应中共号召。

5月5日　李济深、何香凝、沈钧儒、章伯钧、马叙伦、王绍鏊、陈其尤、彭泽民、李章达、蔡廷锴、谭平山、郭沫若等12位民主人士联合致电毛泽东并通电国内外，响应中共“五一口号”。

5月8日　《华商报》主办“目前新形势与新政协”座谈会，20余名民主人士应邀参加。

5月9日　中共中央决定将晋察冀和晋冀鲁豫两个解放区及其领导机构合并，组成华北局、华北联合行政委员会。

5月27日　毛泽东同志率中共中央机关来到西柏坡。

6 月 4 日　在香港的各界人士冯裕芳、柳亚子、茅盾、章乃器、朱蕴山等 125 人联名发表声明，响应中共“五一口号”。

6 月 13 日　毛泽东起草中共中央致上海局、香港分局电，请他们就召开新政治协商会议的时间、地点、召集人、代表名额以及人民代表会议何时召集及如何召集等事项，征询各民主党派、人民团体、社会贤达的意见。

6 月 30 日　中共中央香港分局召开各民主党派民主人士座谈会，讨论召开新政协会议的时间、地点、与会代表等具体问题。

8 月 1 日　毛泽东复电李济深等 12 人，希望他们就召开新政治协商会议的时间、地点、召集人、参加会议者的范围以及会议应讨论的问题等提出意见。

8 月 1 日—22 日　全国第六次劳动大会在哈尔滨举行。会议决定恢复中华全国总工会。

8 月 7 日—19 日　华北临时人民代表大会在石家庄召开，华北联合行政委员会改为华北人民政府。在此前后，华北各地 3 万人口以上的城市，先后召开了各界代表会议。

9 月 1 日　接到中共中央邀请，从美国回国准备参加新政协的冯玉祥，因搭乘的苏联“胜利号”轮船在横渡黑海途中失事，不幸罹难。

9 月 8 日—13 日　中共中央政治局扩大会议在西柏坡召开。会议提出建设 500 万解放军，用 5 年左右时间（从 1946 年 7 月算起）从根本上打倒国民党反动统治的战略任务。

9 月 12 日　辽沈战役打响，11 月 2 日胜利结束，东北全境解放。

9 月 13 日　第一批集中从香港北上的民主人士沈钧儒、谭平山、章伯钧、蔡廷锴等，秘密乘坐苏联“波尔塔瓦号”货轮，起程离开香港。27 日到达朝鲜罗津港。29 日乘火车抵达哈尔滨。

9 月 20 日　中共中央分别致电香港分局和华北局，提出邀请在香港和江南地区的李济深等 77 位民主人士和在平津地区的张东荪等 24 位民主人士前往解放区，并指出“北来人士，拟先集中哈尔滨招待商谈；华北人士如直进解放区，则集中华北。视战事发展，明春或来华北，或即在哈市召开新政协。”

9 月 24 日　济南解放。

9 月 26 日　中共中央发出《关于城工部改名为统战部及该部工作任务等问题的指示》，决定将中央城市工作部改名中央统一战线工作部，管理国民党统治区的工作、国内少数民族工作、政权统战工作、华侨工作及东方兄弟党的联络工作，并具体负责筹备召开新政协的工作。

同日　华北人民政府正式成立，董必武任主席。

10 月 19 日　长春解放。

10 月 22 日　郑州解放。

10 月 23 日　开封解放。

11 月 2 日　沈阳解放。

11 月 6 日　淮海战役打响，次年 1 月 10 日胜利结束。长江中下游以北广大地区解放。

11 月 24 日　郭沫若、马叙伦、许广平、陈其尤、丘哲、翦伯赞、曹孟君、沈志远、侯外庐、冯裕芳、许宝驹等民主人士秘密乘坐“华中轮”离港北上。12 月 3 日，在安东（今丹东）附近大东沟登陆，6 日乘火车抵达沈阳。

11月25日　中共中央代表同民主人士达成《关于召开新的政治协商会议诸问题的协议》。协议规定了新政协筹备会的组成单位、主要任务以及新政协的参加单位、召开时间、实现目标等。

11月29日　平津战役打响，次年1月31日胜利结束。华北全境基本解放。

12月26日　李济深、朱蕴山、茅盾、梅龚彬等民主人士，乘坐苏联货轮“阿尔丹号”，从香港起航北上。1949年1月7日，抵达大连。

12月30日　毛泽东为新华社撰写《将革命进行到底》的新年献词。文章指出，“一九四九年将要召集没有反动分子参加的以完成人民革命任务为目标的政治协商会议，宣告中华人民共和国的成立，并组成共和国的中央政府”。

1949年

1月6日—8日　毛泽东主持召开中共中央政治局会议，讨论目前形势和任务。

1月14日　根据中共中央的决议，毛泽东发表《关于时局的声明》，提出以彻底消灭反动势力为基础的八项和谈条件。

1月15日　天津解放。

1月16日　周恩来在李家庄与民主人士座谈，向他们报告了解放战争的发展情况，阐述毛泽东《关于时局的声明》。

1月21日　合肥解放。

1月22日　各民主党派领导人及民主人士55人联名发表《对时局的意见》，拥护毛泽东提出的8项和平主张，反对国民党政府的假和平阴谋，表示“愿在中共领导下，献其绵薄，共策进行，以期中国人民民主革命之迅速成功，独立、自由、和平、幸福的新中国之早日实现”。

1 月 31 日　北平和平解放。

2 月 1 日　到达解放区的各民主党派、各界代表人物李济深、沈钧儒、马叙伦、郭沫若等 56 人致电中共中央主席毛泽东和朱德总司令，庆祝北平和平解放和人民解放军取得的伟大胜利。2 月 2 日，毛泽东、朱德复电民主人士。

2 月 23 日　李济深、沈钧儒、马叙伦、郭沫若等 35 位在东北的民主人士在中共中央代表林伯渠陪同下，乘“天津解放号”专列由沈阳出发，25 日抵达北平。

2 月 24 日　毛泽东、周恩来在西柏坡会见受李宗仁派遣的颜惠庆、邵力子、章士钊、江庸，达成关于国共和平谈判的非正式协定。

2 月 26 日　中国人民解放军平津前线司令部、北平市军事管制委员会、北平市人民政府、中国共产党北平市委员会在中南海怀仁堂举行盛会，热烈欢迎由东北、天津、李家庄来平及留平的各方民主人士、各团体的代表。

2 月 28 日　柳亚子、陈叔通、马寅初、叶圣陶等一行人乘“华中号”货轮从香港起航。3 月 5 日，在烟台登陆，后经过山东解放区，于 3 月 18 日抵达北平。

3 月初　正式组成中华全国学生联合会。

3 月至 4 月　全国妇女代表大会第一次大会在北平举行，成立中华全国民主妇女联合会。

3 月 5 日—13 日　中共七届二中全会在西柏坡召开。全会规定了党在全国胜利后在政治、经济、外交方面应当采取的基本政策，指出中国由农业国转变为工业国、由新民主主义社会转变为社会主义社会的发展方向。全会讨论了党的工作重心由乡村转移到城市的问题，批准由中国共产党发起的关于召开新的政治协商会议及成立民主联合政府的建议，批准毛泽东关于以 8 项条件作为与国民党南京政府进行和平谈判的基础的声明。

3 月 14 日　黄炎培、盛丕华、俞寰澄等一行从香港起程北上，于 3 月 25 日抵达北平。

3 月 21 日　周新民、刘王立明、杨子恒、曾昭抡等 250 多位各界人士乘坐“宝通号”货轮驶离香港，于 3 月 27 日抵达天津。

3 月 23 日　毛泽东率领中央机关离开西柏坡，向北平进发，25 日进驻北平。

4 月 1 日　中共代表团同国民党政府代表团在北平开始进行和平谈判。中共代表团首席代表为周恩来，代表分别为林伯渠、林彪、叶剑英、李维汉、聂荣臻；国民党政府代表团首席代表为张治中，代表分别为邵力子、章士钊、黄绍竑、刘斐、李蒸。经过协商，中共代表团于 15 日提出《国内和平协定》（最后修正案），并宣布 4 月 20 日为最后签字时间。国民党政府拒绝签字，和谈宣告破裂。

4 月 11 日—18 日　中国新民主主义青年团第一次全国代表大会在北平召开。

4 月 21 日　毛泽东、朱德发布《向全国进军的命令》。20 日夜到 21 日，人民解放军发起渡江战役。

4 月 23 日　南京解放，宣告国民党统治覆灭。

4 月 24 日　太原解放。

5月3日　杭州解放。

5月5日　李达、王亚南、姜椿芳、钟敬文等100多位民主人士与文化界人士乘“岳州号”货轮，驶离香港北上，于5月14日抵达天津。

5月16日、17日　武汉三镇解放。

5月20日　西安解放。

5月22日　南昌解放。

5月27日　上海解放。

6月15日—19日　新政治协商会议筹备会第一次全体会议在北平中南海勤政殿召开。中国共产党和各民主党派、各人民团体、各界民主人士、国内少数民族、海外华侨等23个单位的134位代表参加会议。会议通过了《新政治协商会议筹备会组织条例》《关于参加新政治协商会议的单位及其代表名额的规定》；选出了筹备会常务委员会，推选毛泽东为主任，周恩来、李济深、沈钧儒、郭沫若、陈叔通为副主任。常委会下设6个小组，分别承担拟定参加新政治协商会议的单位及其代表的人数、起草新政治协商会议组织条例、起草共同纲领、起草中华人民民主共和国政府方案、起草宣言、拟定国旗国徽国歌方案等具体任务。

6月24日　中国民主同盟领导人张澜、史良、罗隆基、郭春涛、王葆真等由上海抵达北平参加新政协筹备工作。

6月30日　毛泽东发表《论人民民主专政》一文，总结中国共产党领导民主革命28年的经验，阐明即将成立的中华人民共和国的性质，各阶级在国家政权中的地位以及新中国内政外交的基本政策。

7月　中华全国文学艺术工作者第一次代表大会在北平召开，

成立中华全国文学艺术界联合会。同时，全国自然科学工作者、社会科学工作者、教育工作者、新闻工作者的代表也举行会议，分别成立全国性组织的筹备委员会。

8月4日　长沙和平解放。

8月17日　福州解放。

8月26日　兰州解放。

8月27日　参加新政治协商会议的阿合买提江等5位新疆代表，在飞往北平途中因飞机失事不幸遇难。

8月28日　在邓颖超、廖梦醒的陪同下，宋庆龄由上海抵达北平。毛泽东、朱德、周恩来、林伯渠、董必武、李济深、何香凝、沈钧儒、郭沫若等人前往车站欢迎。

9月5日　西宁解放。

9月17日　新政治协商会议筹备会第二次全体会议在北平举行，由常务委员会副主任周恩来报告3个月来的筹备工作。会议一致通过将“新政治协商会议”改称“中国人民政治协商会议”，将《中国人民政治协商会议组织法（草案）》《中华人民共和国中央人民政府组织法（草案）》《中国人民政治协商会议共同纲领（草案）》提交中国人民政治协商会议第一届全体会议审议等项决议。

9月19日　中国人民政治协商会议第一届全体会议代表、中国国民党革命委员会中央执行委员杨杰在香港被国民党反动派暗杀。

同日　绥远省和平解放。

9月21日—30日　中国人民政治协商会议第一届全体会议在北平举行。会议代行全国人民代表大会职权，为新中国诞生作了全面准备。会议通过了具有临时宪法性质的中国人民政治协商会议共同纲领和中国人民政治协商会议组织法、中华人民共和国中央人民政府组织法，作出关于国都、纪年、国歌、国旗的决议，选举产生政协全国委员会和中央人民政府委员会。这也标志着人民政协制度正式确立。

9月23日　银川解放。

9月26日　新疆省和平解放。

9月30日　人民英雄纪念碑奠基典礼在天安门广场隆重举行。

10月1日　下午2时，中央人民政府委员会由毛泽东主持举行第一次会议，一致决议：接受《共同纲领》为本政府的施政方针，任命周恩来为中央人民政府政务院总理兼外交部部长，毛泽东为人民革命军事委员会主席，朱德为人民解放军总司令。3时，庆祝中华人民共和国中央人民政府成立典礼在北京天安门广场隆重举行。毛泽东在天安门城楼上庄严宣告："中华人民共和国中央人民政府今天成立了！"

10月9日　中国人民政治协商会议第一届全国委员会第一次会议举行。会议选举毛泽东为政协第一届全国委员会主席，周恩来、李济深、沈钧儒、郭沫若、陈叔通为副主席，李维汉为秘书长；选举毛泽东等28人为常务委员。会议通过向中央人民政府的建议案：建议10月1日为中华人民共和国国庆日。

编后记

在全国政协领导同志的亲切关怀和指导推动下，《“三亲”文库》第二个专题《人民政协与新中国成立》卷出版面世了。

为持续推进《“三亲”文库》编纂出版工作，全国政协办公厅专门成立编纂工作委员会，十三届全国政协副主席兼秘书长李斌任主任，十三届全国政协副秘书长邹加怡、刘家强，十三届全国政协文化文史和学习委员会主任宋大涵任副主任。全国政协各专门委员会相关领导同志以及办公厅相关室局和直属单位负责同志，各省、自治区、直辖市政协分管文史工作的副主席任编委。特别邀请知名专家学者王蒙、陈福今、谢春涛、金冲及、李忠杰、冯骥才、张海鹏、王奇生、黄兴涛担任顾问。

用“三亲”史料反映“人民政协与新中国成立”这一重大历史事件，

在政协文史资料工作中尚属首次。为保证编辑质量，文库编纂工作委员会组建《人民政协与新中国成立》卷编辑组和编审组。十三届全国政协副秘书长刘家强担任编辑组组长，中国政协文史馆和中国文史出版社负责同志刘华林、彭远国、李红梅、段敏任编辑组副组长。同时，邀请中共党史、新中国史、人民政协史方面的专家学者刘佳义、李君如、卞晋平、陈喜庆、李忠杰、陈惠丰、黄小同、李树泉、刘仰东组成编审组，负责审稿工作。

2021年以来，编辑组全面梳理各级政协征集出版的有关人民政协与新中国成立内容的“三亲”文章，系统收集民主党派、人民团体等政协组成单位的相关资料,并抢救性征集补充了部分珍贵史料。以研讨会、审稿会、发函等形式，广泛征求有关领导同志、专家学者和各省、自治区、直辖市政协的意见和建议。在认真梳理吸收大家意见和建议的基础上，数次调整完善结构、反复筛选优化稿件。目前，全书共7辑，选文374篇，240余万字，分为总序、前言、正文、大事记、编后记5个部分。全国政协机关长期从事文史工作的领导同志和有关专家审读了全部书稿，各省、自治区、直辖市政协文史委审改了与本地相关文稿，部分稿件作者后人核实了相关文稿。

全国政协领导同志高度重视、十分关心本书的编纂出版。中央宣传部、中央统战部、中央党史和文献研究院对图书出版给予了有力指导和帮助。各民主党派中央，各省、自治区、直辖市政协积极提供有特点有分量的稿件。

中国政协文史馆负责本书具体编纂工作，王文波、吕潇潇、扈增林、薄宁、程子莹担任编辑。中国文史出版社负责出版工作，王文运、张春霞、梁洁、李晓薇、赵姣娇、梁玉梅、徐玉霞、卜伟欣、牛梦岳、高贝、薛媛媛、薛未未等责编，承担大量编校任务。中共河北省委统战部的史宝强同志提供了许多资料。宋维峰、李肖静、李春杰、宋易等同志参与了部分图片资料收集和校稿工作。

在此，我们向所有关心、支持和参与本书编辑出版工作的领导同志、专家学者和同志们表示衷心感谢！

编　者

2022 年 12 月